CB065255

JOSÉ FERRATER MORA NO BRYN MAWR COLLEGE
(Foto: Bern Schwartz)

DICIONÁRIOS

Dicionário bíblico-teológico — *Johannes B. Bauer*
Dicionário cultural da Bíblia — *VV. AA.*
Dicionário de filosofia (4 vols.) — *José Ferrater Mora*

JOSÉ FERRATER MORA

DICIONÁRIO DE FILOSOFIA

TOMO I
(A-D)

Edições Loyola

Título original:
Diccionario de Filosofía, tomo I (A-D)
Nueva edición revisada, aumentada y actualizada por el profesor Josep-Maria Terricabras (director de la Cátedra Ferrater Mora de Pensamiento Contemporáneo de la Universitat de Girona)
Supervisión de la profesora Priscilla Cohn Ferrater Mora (Penn State University)
© 1994: Priscilla Cohn Ferrater Mora
© da revisão atualizada: Josep-Maria Terricabras
Direitos exclusivos: © 1994, Editoral Ariel, S.A., Barcelona
ISBN: 84-344-0500-8 (obra completa)
84-344-0501-6 (tomo I)

A presente edição foi traduzida mediante ajuda da
DIRECCIÓN GENERAL DEL LIBRO, ARCHIVOS Y BIBLIOTECAS DEL MINISTERIO DE EDUCACIÓN Y CULTURA DE ESPAÑA.

Edição: Marcos Marcionilo
Tradução: Maria Stela Gonçalves, Adail U. Sobral, Marcos Bagno e Nicolás Nyimi Campanário
Preparação: Nicolás Nyimi Campanário e Luciana Pudenzi
Capa: Manu
Diagramação: Maurélio Barbosa
Revisão: Renato da Rocha Carlos

Edições Loyola Jesuítas
Rua 1822, 341 – Ipiranga
04216-000 São Paulo, SP
T 55 11 3385 8500/8501 • 2063 4275
editorial@loyola.com.br
vendas@loyola.com.br
www.loyola.com.br

Todos os direitos reservados. Nenhuma parte desta obra pode ser reproduzida ou transmitida por qualquer forma e/ou quaisquer meios (eletrônico ou mecânico, incluindo fotocópia e gravação) ou arquivada em qualquer sistema ou banco de dados sem permissão escrita da Editora.

ISBN 978-85-15-01869-7

2ª edição: 2004
© EDIÇÕES LOYOLA, São Paulo, Brasil, 2000

APRESENTAÇÃO

Foi para mim uma satisfação poder encarregar-me de supervisionar a nova edição atualizada do *Dicionário de Filosofia* de meu falecido marido. Na realidade, não faço mais que cumprir seu desejo: em diversas ocasiões ele falou da atualização do DICIONÁRIO, que deveria refletir e discutir a investigação acadêmica e as conquistas científicas mais recentes. Mas não queria fazê-lo ele próprio. "Quero fazer outras coisas" — dizia. Entretanto, continuava a manter-se a par das últimas publicações e preenchia inumeráveis fichas para a nova bibliografia do DICIONÁRIO.

Durante a última década de sua vida, e já sem a pressão de ter de trabalhar no DICIONÁRIO, José continuou a desenvolver mais plenamente suas idéias filosóficas originais em livros como *De la materia a la razón*, *Ética aplicada* ou *Fundamentos de Filosofía*, ao mesmo tempo que publicou novas edições revistas de *El ser y la muerte*. Ele continuou a escrever numerosos artigos, também para jornais, alguns dos quais foram publicados em *Ventana al mundo* e no póstumo *Mariposas y supercuerdas*. Aperfeiçoou suas habilidades narrativas em *Siete relatos capitales* e *Voltaire en Nueva York*, até sentir-se suficientemente seguro para escrever cinco romances — *Claudia, mi Claudia*, *Hecho en Corona*, *El juego de la verdad*, *Regreso del infierno* e *La señorita Goldie* —, assim como o livro de pequenas narrativas *Mujeres al borde de la leyenda*. Ele chegara a começar um livro de pequenas narrativas intitulado *Hombres al borde de la locura*. Entre as "outras coisas que queria fazer", estava *El mundo del escritor*, um livro que planejara por pelo menos vinte anos.

Embora o tivesse desejado, ele não pôde chegar a ver a revisão do DICIONÁRIO. E depois de sua morte a magnitude da tarefa tornava essa revisão desalentadora, ainda que eu soubesse que ele gostaria de uma nova edição. Quem poderia tomar as decisões que, em minha opinião, somente José podia tomar? Quem teria os conhecimentos, o talento e a habilidade necessários? Que pessoas estariam dispostas a dedicar tanto tempo, a gastar tanta energia numa obra tão imponente? Não esperava encontrar um substituto para meu falecido marido, mas pensei que talvez uma equipe de pessoas fosse capaz de fazer a atualização. Então me lembrei de que José recusara essa idéia, possivelmente porque uma equipe assim não entenderia a unidade de pensamento que constitui uma das grandes conquistas do DICIONÁRIO.

Penso, pois, que a pessoa ideal para trabalhar no DICIONÁRIO foi a mesma pessoa que tão habilmente dirigiu a Cátedra Ferrater Mora da Universidade de Girona, a pessoa que com tanto interesse cuidou também da instalação da Biblioteca Ferrater Mora e da coleção de cartas que ele conservou durante, ao menos, os últimos quarenta anos de sua vida.

Estou satisfeita de ver publicada uma nova edição do DICIONÁRIO, especialmente quando recordo quanto ele me ajudou não só nos meus tempos de estudante, quando meus conhecimentos de filosofia eram, digamos, escassos, mas também quando eu me preparava para os exames de doutorado, e até muito depois. Parecia que, quanto mais sabia, tanto mais eu descobria nos diversos verbetes do DICIONÁRIO.

Também estou satisfeita porque sei que estou realizando a vontade de meu marido. Num testamento muito informal, ele escreveu: "Desejo que minha querida esposa tenha a força necessária para viver ainda por muitos anos e para fazer, no decorrer deles, tudo o que julgar melhor para manter viva a memória dos pensamentos que expressei em meus escritos". Assim procurei fazê-lo e continuarei fazendo. Estou certa: José estaria satisfeito por seu DICIONÁRIO continuar vivo.

PRISCILLA COHN
viúva de Ferrater Mora
Penn State University

PRÓLOGO À NOVA EDIÇÃO

José Ferrater Mora morreu repentinamente no dia 30 de janeiro de 1991, em Barcelona, sua cidade natal, à qual fora para uma breve visita, partindo de Bryn Mawr (Pensilvânia), onde residia havia mais de quarenta anos.

Para conhecer de fato a obra filosófica que Ferrater Mora deixa atrás de si é preciso conhecer as dúzias de livros e as centenas de verbetes que escreveu. São eles os melhores fiadores do Ferrater filósofo: ao longo destas páginas, descobrimos seu vastíssimo saber, o rigor e a originalidade de seu pensamento, a clareza e o brilhantismo de seu estilo. O pensamento de Ferrater é sempre exemplo de honestidade intelectual, nos antípodas de todo sectarismo, tanto quando ele exercita o integracionismo como quando apenas compila — com precisão e naturalidade — o que de melhor encontra nas idéias e opiniões dos outros, mesmo quando se distanciam muito das suas. Recordemos suas palavras: "Como o próprio Leibniz disse em certa ocasião: *je ne méprise presque rien*; nada ou 'quase nada' deve ser menosprezado; tudo, ou 'quase tudo', pode ser integrado e harmonizado; o 'mundo melhor' é, de todo modo, 'o mundo mais pleno'".

O Dicionário de Filosofia ocupou um espaço importante na vida de Ferrater por mais de quarenta anos. A primeira edição, num único volume, foi publicada em 1941; a sexta e última edição, já em quatro volumes, em 1979. Além disso, Ferrater foi preparando, até meados dos anos 1980, idéias e fichas para uma nova edição. Desde o primeiro momento, o dicionário foi concebido e redigido pessoalmente por ele. Não surpreende, pois, que esta obra, única em seu gênero, se tenha transformado, com o passar dos anos, no testemunho mais compacto e impressionante das virtudes e da estatura filosóficas de seu autor; nem sequer surpreende que essa estatura e essas virtudes tenham obtido reconhecimento unânime, ultrapassando os países de língua espanhola.

O objetivo desta nova edição — 15 anos após a última edição preparada por Ferrater — pode ser formulado de um modo simples: desejou-se atualizar o dicionário conservando fielmente o caráter da obra e, de maneira muito especial, dois aspectos sublinhados já pelo autor em seu *Prólogo à Sexta Edição*: por um lado, o rigor e a exatidão da informação; por outro, a abertura ampla e ecumênica do dicionário. Nesse sentido — e afora a inevitável introdução de correções —, a atualização consistiu basicamente em: *a)* atualização de datas e dados biográficos, assim como das listas bibliográficas; *b)* incorporação de novo texto quando o requeriam a evolução recente do pensamento de um autor ou a nova interpretação de um conceito, assim como a incorporação de alguns verbetes novos sobre pessoas e conceitos. Apenas nos casos de novas incorporações — isto é, só no que se refere ao item *b)* —, o texto acrescentado foi explicitamente marcado como tal com um duplo ponto (••) no início e no final do texto. Pretendeu-se com isso enfatizar, precisamente, a escrupulosa fidelidade mantida em relação ao texto original.

Na atualização da obra, tive a sorte de contar com a ajuda de numerosos amigos e especialistas dos cinco continentes, que me enviaram suas valiosas informações e sugestões. É-me impossível citar nomes sem correr o risco de esquecer-me de algum. Meus agradecimentos a todos eles. Sou particularmente grato aos colegas da Cátedra Ferrater Mora de Pensamento Contemporâneo da Universitat de Girona, no interior da qual se elaborou a atualização do DICIONÁRIO. Devo mencionar, com especial reconhecimento, a dedicação e eficiência da senhora Marta Masergas, bolsista da Cátedra, de cuja abnegada colaboração esta edição se beneficiou grandemente.

JOSEP-MARIA TERRICABRAS
Diretor da Cátedra Ferrater Mora de Pensamento Contemporâneo
da Universitat de Girona
Girona, 30 de outubro de 1994

PRÓLOGO À SEXTA EDIÇÃO

A edição anterior em dois volumes deste DICIONÁRIO é a quinta, publicada em 1965 e concluída em 1963. A partir de 1965, ele foi reimpresso três vezes — em 1969, 1972 e 1975 —, mas como só foram introduzidas ligeiras correções deve-se continuar a considerar como quinta a edição anterior, de 1965. (Para a diferença entre 'edição' e 'reimpressão', vejam-se as "Advertências para o uso das bibliografias", 5B.)

São as seguintes as mudanças que esta edição — sexta, em quatro volumes — apresenta em relação à anterior:
1. 756 verbetes novos, incluindo-se artigos sobre pessoas, conceitos e correntes.
2. Modificaram-se, ampliaram-se ou reescreveram-se por completo 542 verbetes.
3. A bibliografia foi corrigida, comprovada, ampliada, atualizada e reordenada. O número de títulos novos passa de 6.000.
4. Corrigiram-se milhares de erratas da edição e das reimpressões precedentes.

O número total de verbetes desta edição é de 3.154, que se distribuem da seguinte maneira: pessoas, 1.756; conceitos, incluindo locuções e termos especiais, 1.398. As remissões em ordem alfabética entre verbetes são mais de 2.000.

Em termos absolutos, esta edição tem cerca de cinqüenta por cento de material novo em relação à anterior. Se se levam em conta as mudanças a que me refiro no item 2 acima, é possível que cerca de sessenta ou sessenta e cinco por cento do material desta obra seja novo.

Uma parcela considerável do novo material se refere à filosofia contemporânea, mas continuei atento a todos os períodos da história da filosofia e mantive a tendência das edições anteriores de apresentar os conceitos em sua história. Incluí bom número de autores e conceitos que não são demasiado conhecidos, mas sem os quais não se poderia delinear o vasto quadro do pensamento filosófico. Conservei igualmente a tendência de incluir algumas figuras, conceitos e tendências que, embora não estritamente filosóficos do ponto de vista convencional, me parecem ter um inegável interesse filosófico.

Numa obra deste tipo, ao contrário das monográficas, não é possível dizer tudo sobre uma única coisa, mas é preciso dizer algo sobre muitas coisas. O especialista em matemática ou em lógica julgará insuficiente o verbete sobre o axioma da escolha, mas espero que encontre algo interessante no verbete sobre a vontade de poder; o especialista em ética mostrará perspicácia em não consultar os verbetes (ou em não prestar muita atenção a eles) sobre a noção de imperativo ou sobre a falácia naturalista, mas talvez aprenda algo com o verbete sobre o teorema de

Craig; o medievalista não verá muita utilidade nos verbetes sobre Apelação, Apelativo ou sobre Henrique de Harclay, mas pode aprender algo consultando os verbetes sobre estruturalismo, materialismo histórico ou a indeterminação da tradução. Neste DICIONÁRIO diz-se algo sobre tantas coisas, que isso pode até constituir uma especialidade.

De todo modo, a obra contém uma multiplicidade de informações que não é fácil encontrar em outras obras. Desse ponto de vista, não se deve avaliar a importância de um verbete por sua extensão. Muitos verbetes remetem a outros num sistema de remissões que dá à obra uma estrutura (informalmente) sistemática.

Não se pode escrever o equivalente a trinta volumes de tamanho comum e cuidar do estilo como se se tratasse de um ensaio. Mas procurei ser o mais claro possível. Para ser honesto, desejo observar que em certas ocasiões a falta de clareza pode dever-se antes ao fato de alguns pensamentos de vários dos filósofos transcritos serem obscuros.

Embora eu prefira a este DICIONÁRIO alguns outros escritos meus que considero mais originais, não me arrependo de ter dedicado a ele um esforço sistemático. Creio que obras como estas são necessárias ao avanço da filosofia e que, além disso, podem contribuir para reduzir o notório déficit entre as importações e as exportações culturais entre países de língua espanhola*.

Mesmo tendo progredido nos últimos tempos, essa língua não alcançou ainda a reputação intelectual de várias das línguas que ultrapassaram as fronteiras dos países em que são normalmente usadas. Estas línguas são, em proporção bem diversa da difusão cultural, o inglês, o francês, o alemão e o russo (por várias razões — algumas simplesmente pedagógicas —, ainda não se pode dizer o mesmo de línguas de tão grande alcance demográfico e cultural como o árabe e o chinês). Não é excepcional encontrar pessoas procedentes de países de língua espanhola que conheçam uma ou várias línguas, pelo menos no que tange às três primeiras mencionadas. Mas é ainda bastante raro encontrar entre os usuários de quaisquer delas pessoas que, para propósitos culturais e científicos distintos das especialidades classificadas como "estudos hispânicos" ou "hispano-americanos", conheçam, ou leiam, o espanhol. (Consultem-se as listas de "Livros recebidos" em algumas revistas filosóficas de grande prestígio e impecável impressão: a negligência na impressão de pessoas e de títulos hispânicos é quase patética.)

O caráter relativamente marginal do espanhol em esferas culturais distintas da literatura ou das artes se deve a diferentes fatores — entre eles, políticos e econômicos —, mas igualmente ao fato de não haver ainda em espanhol a abundância e a qualidade de trabalhos de pesquisa e de repertórios científicos e filosóficos que existem nas línguas supracitadas, especialmente em inglês, francês, alemão e russo. Tudo o que contribuir para aumentar a quantidade e a qualidade de trabalhos desse tipo e de repertórios deverá sem dúvida redundar em benefício para a língua, bem como para a cultura em que forem produzidos.

Quero fazer constar que, por si só, isso não constituiria razão para empenhar-se em produzir semelhantes trabalhos e repertórios, nem sequer para criar a infra-estrutura educativa e cultural que permita a formação de um grande número de pessoas capazes de levá-los a cabo. Fazer estas coisas por motivos nacionais ou, como no caso do espanhol, plurinacionais, seria suspeito. O importante é que o benefício seja não apenas nacional, ou plurinacional, mas também, e sobretudo, social. De todo modo, no atual estado de coisas, nenhuma língua — e, com isso, nenhuma cultura — é inteiramente respeitada se, por maiores que sejam suas contribuições em termos estéticos e literários, não se faz acompanhar de contribuições criativas e ordenadoras suficientes nos aspectos filosófico e científico.

Este DICIONÁRIO destina-se principalmente à circulação entre usuários da língua em que está escrito. Mas espera-se que seja consultado também por pessoas de outras línguas. Ele oferece

---

* O que se diz aqui do espanhol vale igualmente para o português [n. do E.].

a esse respeito uma vantagem que nem sempre é encontrada nos grandes repertórios produzidos em algumas das línguas mais ou menos universais antes citadas. É comum que esse tipo de repertório — especialmente em filosofia, na qual pesam tanto as tradições nacionais, e às vezes até as meramente provinciais — se restrinja a temas, problemas, figuras e referências bibliográficas dos respectivos países. Tampouco é raro, ademais, que os autores recortem a paisagem de maneira a vê-la apenas da cor do cristal através do qual a olham. Creio que esta obra é mais ampla e ecumênica que muitas das mencionadas. Tem evidentemente suas limitações. Embora contenha informações sobre figuras e conceitos básicos da chamada "filosofia oriental", ela trata principalmente da denominada "filosofia ocidental", a partir da Grécia. Nela prevalecem, além das filosofias nas línguas grega e latina, as que procedem de autores usuários — sejam ou não nativos dos países correspondentes — das línguas alemã, francesa, inglesa, italiana, russa e línguas hispânicas, assim como, embora em menor proporção, das línguas holandesa, polonesa e escandinavas. Dentro dessas limitações, contudo, procurei ampliar ao máximo o horizonte, dando abrigo, na medida de meus conhecimentos, a figuras, tendências e conjuntos de conceitos procedentes de regiões, línguas e culturas bastante diversas. Em particular, e ainda que eu tenha minhas preferências filosóficas — de resto, pouco dogmáticas —, procurei ser eqüitativo com variadas correntes. Eu o fiz em nome não do ecletismo, mas do rigor e da exatidão da informação.

O término da preparação desta edição coincidiu com o último dia do ano de 1976. Entre a conclusão de uma obra das proporções desta e sua publicação há tempo suficiente para que o autor sinta com freqüência a tentação de fazer acréscimos e mudanças: uns, por corresponder ao período entre o encerramento do manuscrito e sua publicação; outras, por se terem descoberto omissões. De todo modo, é certo que no ínterim haverá aumentado a já esmagadora bibliografia filosófica.

Salvo um pequeno número de acréscimos de última hora, rejeitei a tentação citada, porque numa obra como esta o único jeito é fixar um limite temporal — de qualquer maneira, sabe-se de antemão que é incompleta — e também porque os acréscimos ou modificações, durante o período de impressão e correção de provas, são onerosos para o editor.

J. FERRATER MORA
Bryn Mawr, Pensilvânia, dezembro de 1976.

NOTA: Leopoldo Montoya pôs em ordem cronológica, e em ordem histórico-cronológica, as fichas bibliográficas que preparei desde a publicação da edição anterior desta obra; ele introduziu subdivisões temáticas em muitas bibliografias e verificou a correção de numerosos títulos e datas de obras. Sugeriu também que se seguissem as duas importantes regras expressas nas seções 1 e 2 das "Advertências para o uso das bibliografias", tendo redigido, para isso, essas seções.

ADVERTÊNCIAS PARA O USO DESTA OBRA

1. A posição do verbete no alfabeto é determinada pela primeira palavra do verbete, quando há mais de uma palavra. Assim, por exemplo, A PRIORI precede ADEQUADO. Em verbetes nos quais a primeira palavra é a mesma, a posição no alfabeto é determinada pela palavra seguinte. Assim, A PRIORI precede A SE.
   Os hífens contam como espaços em branco. Por conseguinte, em verbetes nos quais figura uma palavra com hífen, a posição no alfabeto é determinada pela expressão que figura antes do hífen.
   Para facilitar a consulta de certos verbetes cujos nomes costumam ser escritos com hífen, duplicou-se a letra. Assim, CO-REFERÊNCIA e NEO-RACIONALISMO figuram como CORREFERÊNCIA e NEORRACIONALISMO. No corpo dos verbetes correspondentes, no entanto, conservou-se amiúde o hífen.

2. Os nomes de autores em que figuram partículas como 'de', 'del', 'von', 'van' etc. se acham no lugar que corresponde à letra inicial do sobrenome depois da partícula.
   Nos autores antigos ou medievais em que partículas como 'de' figuram depois do nome de batismo, este nome figura como nome inicial (ver 3).
   Os nomes que contêm trema (ä, ö, ü) são ordenados alfabeticamente sem levar em conta este último. Assim, por exemplo, BÖHM precede BOHR e HÄBERLIN precede HABERMAS.

3. Os nomes de autores medievais, e de alguns do século XV, figuram geralmente na letra que corresponde a seu nome de batismo (Adelardo de Bath; Domingos Gundisalvo; Guilherme de Champeaux; Guilherme de Ockham; João Gerson; Pedro Lombardo; Roberto Kilwardby etc.). Não obstante, há algumas exceções (Abelardo [Pedro]; Bacon [Rogério]; Duns Scot [John]; Scot Erígena [John]; Lúlio [Ramon] etc.), casos em que nos ativemos a critérios muito disseminados pelo menos em textos de língua espanhola. Em alguns casos, o critério adotado é flutuante (assim, Marlini [João]; Swineshead [Ricardo], mas Tomás Bradwardine); isso se baseia em usos anteriores já bastante arraigados. Para evitar perplexidades na localização desses nomes, introduzimos indicações nos lugares em que alguns leitores poderiam esperar encontrar o verbete correspondente. Algumas indicações desse tipo foram introduzidas também para certos nomes de autores fora da época citada. Os nomes de autores canonizados figuram no lugar habitual (Boaventura [São]; Tomás de Aquino [Santo] etc.; observemos, todavia, Moro [Santo Tomás]).

4. Exceto em casos nos quais, sob a aparência de rigor, se teria caído no pedantismo, levou-se em conta a distinção entre o uso e a menção dos sinais. Ativemo-nos, pois, na maioria dos casos, ao artifício indicado no verbete MENÇÃO.
   Não se empregaram aspas simples ao se mencionarem expressões em língua não-espanhola. Sua impressão em itálico ou em alfabeto distinto do latino é suficiente para indicar que essas expressões são usadas, sobretudo quando anunciadas por 'O termo...', 'A voz...', 'A palavra...' e locuções similares.

5. Para a leitura dos sinais lógicos, ver o verbete NOTAÇÃO SIMBÓLICA. Informações complementares a esse respeito se encontram em outros verbetes como: ÁRVORE; CLASSE; CONECTIVO; QUANTIFICAÇÃO, QUANTIFICACIONAL; QUANTIFICADOR; DESCRIÇÕES (TEORIA DAS); FUNÇÃO; IDENTIDADE; LETRA; MODALIDADE; PARÊNTESES; PROPOSIÇÃO; SILOGISMO.

6. Para as transcrições de nomes árabes, hebraicos, sânscritos e chineses, usaram-se as regras mais comuns em português. Na transcrição de nomes russos, seguimos normas facilmente reconhecíveis pelas pessoas familiarizadas com o idioma. Na grande maioria dos casos, os nomes gregos não foram transcritos. Nas poucas ocasiões em que nos afastamos dessa norma, poder-se-ão reconhecer facilmente os caracteres gregos dos quais procede a transcrição, mas advertimos que 'χ', foi transcrito por 'ch'.

7. Usaram-se iniciais minúsculas em termos abstratos que designam ramos do saber (física, biologia etc.), disciplinas filosóficas (ética, lógica etc.), atividades humanas ou setores da realidade (cultura, ciência, vida etc.). Entretanto, usou-se inicial maiúscula em 'Natureza', quando esta designa a realidade natural, para distingui-la de 'natureza', empregada para referir-se à forma ou à índole de um ser; em 'História', quando designa a ciência histórica, para distingui-la de 'história', referente à realidade histórica; em 'Direito', quando designa a ciência do Direito, para distingui-lo de 'direito', usado em contextos como 'o direito de fazer algo'; em 'Estado', quando designa certa organização social humana, para distingui-lo de 'estado', utilizado em contextos como 'o estado da questão'. Também se usaram iniciais maiúsculas nos casos em que o termo correspondente desempenha um papel especial ou fundamental num sistema (a Idéia em Hegel, a Vontade em Schopenhauer etc.) ou nos quais se desejam ressaltar certos conceitos (Absoluto, Causa primeira etc.).

8. Transcreveram-se os nomes de autores gregos e latinos de acordo com as normas habituais. Em muitos casos, os nomes originais latinos foram indicados em seguida. Transcreveram-se igualmente os nomes latinos de autores medievais, embora se tenham indicado quase sempre na seqüência os nomes originais latinos e, na maioria dos casos, os nomes (com freqüência muito variados) de origem "nacional". Esses autores aparecem na ordem indicada no item 1. Quando se tratava de um nome russo muito conhecido em português sob uma transcrição determinada, adotamos esta última sem prejuízo de acrescentar em seguida nossa própria transcrição. Para os nomes de autores chineses, seguiram-se as normas usuais; às vezes, foram latinizados (como, por exemplo, em Mêncio), embora indicando-se depois, neste caso, a transcrição portuguesa da expressão original chinesa; às vezes se empregou diretamente a transcrição portuguesa (como em Chuang Tsé). Quando o nome chinês consta de três partículas, a primeira (que designa o nome de família ou sobrenome principal) é escrita separadamente das outras duas. Estas duas últimas estão ligadas por um hífen, usando-se para a inicial da primeira uma letra maiúscula e para a inicial da segunda uma letra minúscula.

9. Em sua maioria as abreviaturas usadas nesta obra podem ser lidas sem dificuldade (assim, 'vol.' ['volume']; 't.' ['tomo]; 'p.' e 'pp.' ['página' e 'páginas']; 'nasc.' ['nascido em' ou 'nasceu em']; 'cad.' ['caderno']; *op. cit.* ['obra — *opus* — 'citada']; 'cf.' ['conferir'] etc.). Não obstante, indicamos em seguida a leitura de algumas abreviaturas que podem apresentar dificuldades.

'*ca.*' — lê-se *circa* ('aproximadamente', 'em torno de').

'*fl.*' — lê-se *floruit*. Designa a data ou as datas em que se supõe que determinado autor tenha "florescido" ou tido sua 'acmé' ou 'apogeu'. '*fl.*' só é usado quando se desconhecem as datas de nascimento ou de falecimento de um autor, mas se possuem sobre ele, em contrapartida, informações cronológicas habitualmente mais completas que simplesmente o século ao qual — ou os séculos aos quais — pertence.

'rev.' — lê-se 'revisto' ou 'revista'.

'aum.' — lê-se 'aumentado' ou 'aumentada'.

'N. S.' — lê-se 'Nova série' (ou *Nueva Serie, Nouvelle série, New Series* etc.).

'N. F.' — lê-se *Neue Folge* (Nova série).

'*Proc.*' — lê-se *Proceedings*.

'*PL*' — lê-se *Patrologia latina* (da série *Patrologia latina*, de Migne; ver PATRÍSTICA).

'*PG*' — lê-se *Patrologia graeca* (da série *Patrologia graeca*, de Migne; ver PATRÍSTICA).

'ed.' — lê-se *edidit*.; 'ed.' — lê-se 'edição', 'editor', 'editado por' etc. Advertimos que usamos 'editado por' (ou seus equivalentes) no sentido de 'edição aos cuidados de' ou 'edição dirigida por' e que se deve distinguir 'editado por' de 'publicado por'. Esta última expressão é reservada exclusivamente à pessoa, empresa ou instituição que teve a seu cargo a impressão material e a distribuição comercial da obra.

O duplo ponto (••) no começo e no final de um texto indica que o fragmento ou verbete foi acrescentado na nova edição atualizada de 1994.

Os colchetes que se encontrarão em certos nomes que dão título ao verbete respectivo — como, por exemplo, AUSTIN (J[OHN] L[ANGSHAW]) — têm por finalidade esclarecer esses nomes, mas salvaguardando a forma como o autor assina seus livros.

Para a leitura completa de 'Diels-Kranz', 'Pauly-Wissowa', 'Prantl' e 'Ueberweg-Heinze', ver os verbetes PRÉ-SOCRÁTICOS, FILOSOFIA GREGA, PRANTL (KARL) e FILOSOFIA (HISTÓRIA DA).

10. Não se usarão abreviaturas (de revistas ou livros), exceto nos casos em que o título correspondente foi mencionado algumas linhas antes ou em que se trata de obras muito conhecidas que costumam ser citadas de acordo com normas universalmente aceitas na literatura filosófica; por exemplo: *KrV* (para *Kritik der reinen Vernunft*, ou *Crítica da razão pura*, de Kant); *S. theol.* (*Summa theologica*, de Santo Tomás); *Met.* (*Metaphysica*, de Aristóteles); *Soph.* (*Sophistes* ou *O Sofista*, de Platão) etc. Quando no texto do verbete se mencionou alguma obra que não pertence ao grupo anterior com o título abreviado ou reduzido, a própria obra, com seu título completo, figura na bibliografia.

De acordo com a norma habitual, usaram-se abreviaturas de títulos latinos para as obras de autores clássicos gregos, em particular Platão e Aristóteles. Para maiores informações sobre o assunto, ver os verbetes ARISTÓTELES e PLATÃO.

11. As citações das obras em que há consenso com referência à paginação (Platão, Aristóteles, Kant etc.) seguem as normas habituais. O mesmo ocorre com as citações de obras em que há acordo sobre a divisão em livros, partes, capítulos, seções, tratados, artigos, parágrafos etc. (Plotino, Santo Agostinho, Santo Tomás etc.). Para outras obras, assinalam-se a data da primeira edição (ou de edições posteriores se houve mudanças) e o livro, capítulo ou

parágrafo correspondente, em alguns casos, ou o número ou números de página ou páginas, em outros. Em citações procedentes de edições críticas, indicaram-se em grande número de casos o nome ou nomes dos editores. Às vezes se indicam ao mesmo tempo o livro, capítulo, seção etc. e o volume e página ou páginas procedentes de uma edição crítica (é o que ocorre, por exemplo, com a edição de Adam e Tannery para Descartes, com a edição de H. Glockner para Hegel, com a série das *Husserliana* para Husserl etc.).

12. No corpo da maioria dos verbetes figuram remissões a outros verbetes; sua função é suplementar a informação que figura no verbete correspondente. No entanto, com o fim de não sobrecarregar a obra com remissões, não as introduzimos sempre que aparecem o nome de um autor, um conceito ou um tema a que se dedicaram verbetes, especialmente quando se trata de autores ou de conceitos ou temas acerca dos quais praticamente não há dúvidas de terem sido tratados nesta obra.

13. Além das remissões no corpo dos verbetes, há remissões a nomes de autores, conceitos ou temas aos quais não se dedicaram verbetes, mas que são tratados no corpo de outros. Essas remissões figuram em parágrafos à parte entre verbetes ou entre outras remissões.
  Essas remissões, assim como as indicadas no parágrafo anterior, não podem ser tão completas como as que constariam num "Índice de autores" e num "Índice de temas" exaustivos, mas esperamos que o uso regular desta obra crie um hábito que permita ao leitor não menosprezar esses "Índices".
  De qualquer forma, sobre um autor, conceito ou tema, há sempre mais informações do que as que figuram nos verbetes correspondentes.

14. No final da obra, há um "Quadro cronológico". As advertências para seu uso aparecem no começo deste mesmo "Quadro".

15. Para o uso das bibliografias, ver as "Advertências" que vêm a seguir. Algumas das que constam desta série servem igualmente para a próxima.

ADVERTÊNCIAS PARA O USO DAS BIBLIOGRAFIAS

1. Os verbetes sobre autores incluem uma bibliografia razoavelmente completa das obras do autor em ordem cronológica e uma bibliografia, também em ordem cronológica, de escritos sobre o autor. Indicam-se também, quando os há, repertórios bibliográficos, índices, léxicos, comentários a obras determinadas e edições de obras selecionadas e completas, assim como edições críticas.

2. Se não aparecem em seções, as bibliografias sobre conceitos ou temas estão ordenadas cronologicamente. Quando a bibliografia sobre um conceito ou tema o requeria, seja pela natureza do conceito ou do tema, seja pela amplitude da bibliografia, ela foi dividida em várias seções separadas por parágrafos e de acordo com subtemas. Há quase sempre uma divisão entre obras sistemáticas e obras históricas. As primeiras estão ordenadas cronologicamente dentro de cada parágrafo. As últimas estão ordenadas historicamente; assim, todas as obras sobre Platão precedem as obras sobre Aristóteles, Plotino, Santo Tomás, Descartes, Kant, Hegel etc.

3. Em muitos verbetes sobre conceitos ou temas devem ser igualmente levados em conta os dados bibliográficos que possam figurar no corpo do verbete.

4. Embora as bibliografias, tanto sobre autores como sobre conceitos ou temas, costumem ser extensas, foi necessário proceder a uma seleção. Como regra geral, a ênfase na seleção é maior no que se refere a trabalhos recentes do que no que diz respeito a trabalhos mais antigos.

5. Com relação aos dados de publicação, devem ser levados em conta os seguintes pontos:

    A) Não se mencionaram os lugares de publicação e os nomes de empresas ou instituições responsáveis por ela, pois isso teria ampliado excessivamente as bibliografias. Em várias obras atuais, além disso, há mais de uma empresa ou instituição responsável pela publicação, inclusive tendo sido a obra publicada simultaneamente em diversos lugares. Não se seguiu essa regra no que se refere a lugares de publicação quando, como ocorre no princípio da época moderna, esse dado pode ter um interesse histórico.

    B) Indicou-se a data de publicação da primeira edição e, quando existente, da última edição, entendendo-se por edição, neste último caso, toda publicação da obra que tenha sido revista ou ampliada e não simplesmente reimpressa. Em vários casos indicaram-se datas de algumas edições intermediárias entre a primeira e a última.

C) A data entre parênteses que figura às vezes depois da expressão 's.d.' é a data provável de publicação da obra correspondente.

D) A prática seguida em edições anteriores deste DICIONÁRIO de indicar as séries a que pertencem muitas das obras citadas foi suprimida nesta edição por razões análogas às indicadas no item A acima. Suprimiram-se, pois, as referências a séries como *Corpus Platonicum Medii Aevi, Monographien zur Philosophischen Forschung, International Encyclopedia of Unified Science, Que sais-je?, Zetemata, Janua linguarum, Phaenomenologica, Epimeleia, Biblioteca di filosofia, Acta Salmaticensia, Breviarios* etc. Às razões mencionadas acrescenta-se a de que na época atual muitos nomes de séries são simplesmente rótulos de classificação de publicações em catálogos. Fez-se exceção a essa regra em alguns casos em que, tanto no que se refere à catalogação em bibliotecas como no que tange à prática acadêmica, as obras de que se trata são encontradas por referência à série e não ao título particular de um livro dado. Isso ocorre, por exemplo, nos *Kant-Studien* (Ergänzungshefte), *University of California Publications in Philosophy, Göteborgs Högskolas Årskrift* e, em alguns casos, nos *Beiträge zur Philosophie (und Theologie) des Mittelalters*.

E) Nas datas de publicação de livros das últimas décadas, especialmente em primeiras edições, encontrar-se-á às vezes um ano de diferença em relação a datas mencionadas em outros repertórios. Isso se deve ao fato de que em vários casos há duas datas: uma de registro da obra e outra de publicação.

6. As menções a ensaios ou artigos em revistas, anuários etc. seguem a norma generalizada na prática acadêmica internacional de citar, nesta mesma ordem, o nome do autor, o título do trabalho em letra comum e entre aspas, o título da revista, anuário etc. em itálico, o número do volume ou tomo, se o houver, o ano de publicação (entre parênteses) e a paginação do trabalho.

7. Para obras coletivas, indicaram-se os nomes de dois ou mais autores seguidos da expressão *et al.* (e outros) e, no final, o nome do editor ou dos editores no sentido de 'editor' ou 'editores' assinalado nas "Advertências para o uso desta obra".

8. Os títulos em línguas estrangeiras de obras *de autores* aos quais foram dedicados verbetes específicos foram traduzidos nesses verbetes e figuram (entre parênteses) depois dos títulos originais e das datas de publicação, exceto quando se trata de obras em francês, inglês, italiano, português, catalão e latim, que se deixaram sem traduzir, ou exceto também quando, mesmo escritos em idiomas distintos dos mencionados, o original se parece muito com o que seria sua tradução. Os títulos em línguas estrangeiras *sobre autores* ou os que figuram nas bibliografias *dos conceitos* não foram traduzidos, salvo quando às vezes se desejou chamar a atenção do leitor para a existência de determinado título em algum idioma menos facilmente acessível que outros (polonês, russo, japonês, sueco, holandês, grego moderno etc.).

9. Quando há tradução portuguesa de uma obra tanto de autores como sobre autores e conceitos, esta foi expressamente indicada depois do título original.

10. Algumas das advertências que constam nas "Advertências para o uso desta obra" servem igualmente para esta série relativa à bibliografia.

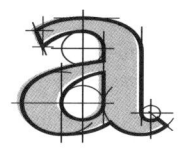

A. A letra maiúscula 'A' tem vários usos em textos filosóficos.

1) Aristóteles emprega-a muitas vezes (por exemplo, em *Analytica Priora*) para representar o predicado de uma proposição em fórmulas como '*A B*', que se lê '*A* é predicado de *B*'. Ao apresentar os silogismos categóricos, a letra '*A*' faz parte do condicional:

Se *A* é predicado de todo *B*,

que constitui a premissa maior do silogismo em modo *Barbara* (VER) e na literatura lógica posterior se apresenta de diversas formas, em algumas das quais se exprime a estrutura condicional dessa premissa, como em:

Se todo *B* é *A*

e outras nas quais (erroneamente) ela é omitida, como em:

Todo *B* é *A*.

2) Os escolásticos e todos os tratadistas lógicos posteriores usaram a letra '*A*' (primeira vogal do termo *affirmo*) para simbolizar a proposição universal afirmativa (*affirmatio universalis*), que tem como um de seus exemplos o enunciado:

Todos os homens são mortais.

Em textos escolásticos encontra-se com freqüência o exemplo dado por Boécio:

Omnis homo iustus est.

E em grande quantidade de textos lógicos a letra '*A*' substitui o esquema 'Todo S é P', sobretudo quando se introduz o chamado "quadro de oposição" (VER).

Nos textos escolásticos diz-se de *A* que *asserit universaliter* ou *generaliter* (afirma universalmente, ou geralmente). Também se usa a letra '*A*' para simbolizar as proposições modais em *modus* afirmativo e *dictum* negativo (ver MODAL), isto é, as proposições do tipo:

É necessário que *p*,

na qual '*p*' representa um enunciado declarativo.

3) Em muitos textos usa-se a letra '*A*' como um dos termos componentes da fórmula que expressa o chamado "princípio de identidade". Na maioria dos textos clássicos esse princípio é expresso pela fórmula:

$$A = A \qquad (1).$$

É freqüente (ver IDENTIDADE) interpretar 'A' na fórmula (1) como representando um objeto qualquer. Neste caso, (1) equivale a uma das chamadas *notiones communes*, κοιναὶ ἔννοιαι, especificamente a que anuncia: 'Toda coisa é igual a si mesma'. A lógica atual expressa (1) mediante as fórmulas:

$$p \to p,$$
$$p \leftrightarrow p,$$

se a identidade se refere à lei ou ao princípio de identidade apresentado na lógica sentencial, ou mediante a fórmula:

$$\wedge x \, (x = x),$$

se a identidade se refere à lei de reflexividade representada na lógica da identidade. A fórmula (1) é a mesma que se usa na lógica atual para expressar a lei de identidade na lógica das classes, em vista do uso de '*A*' para representar uma classe (cf. *infra*, seção 5).

4) A letra '*A*' foi usada por vários idealistas alemães, especialmente Fichte e Schelling, nas fórmulas que servem de base para suas especulações sobre a identidade de sujeito e objeto. Às vezes, Fichte usa '*A = A*' como se fosse um condicional, interpretando-o assim: 'Se *A* existe, *A* existe'. Schelling usou a letra '*A*' acompanhada de outros sinais diversos. Mencionamos dois casos.

a) Os sinais '+', '−' e '=' antepostos ou sobrepostos à letra. Exemplos disso são '−*A*', que representa o ser em si, '+*A*', que representa o ser fora de si, e '=*A*', que representa o ser consigo mesmo, ou, como diz Schelling, o sujeito-objeto ou totalidade. Outro exemplo é a fórmula:

$$\frac{\overset{+}{A = B} \quad \overset{+}{A = B}}{A = A}$$

que é, segundo esse filósofo, a forma do ser da absoluta identidade. Nesta fórmula, '+' se lê 'o predomínio de um sobre o outro' (*Darstellung meines Systems der Philosophie*, 1801).

b) Os expoentes acrescentados a '*A*', tal como em 'A^1', 'A^2', 'A^3', que representam, no vocabulário de Schelling, *potências de A*. Assim, esse filósofo usa fórmulas como '$A = A^1$', '$A = A^2$', '$A = A^3$'. Referimo-nos a este uso no verbete POTÊNCIA.

5) A letra 'A' é usada em muitos textos lógicos como símbolo de uma classe (VER) e constitui então uma abreviatura dos chamados "abstratos simples". Às vezes, emprega-se essa letra em minúscula, '*a*', com o mesmo propósito. Além de '*A*' ou '*a*' usam-se igualmente como símbolos de classes '*B*' ou '*b*', '*C*' ou '*c*'.

6) Jan Łukasiewicz usa '*A*' para representar o conectivo '*ou*' ou disjunção (VER) exclusiva, que simbolizamos por 'v'. '*A*' antepõe-se às fórmulas, de modo que '*p* v *q*' se escreve na notação de Łukasiewicz '*A p q*'. O mesmo autor usa às vezes '*A*' como uma das constantes da lógica quantificacional (além de '*E*', '*I*', '*O*'). Com a letra '*A*', forma-se a função expressa mediante '*Aab*', que se lê 'Todo *a* é *b*' ou '*b* pertence a todo *a*'.

7) Jean de la Harpe usa '*A*' como sinal de asserção (VER).

A, AB, AD. As preposições latinas *a, ab* (= *a* antes de vogal) e *ad* figuram em numerosas locuções latinas usadas na literatura filosófica, principalmente escolástica, em língua latina, mas também em outras línguas; algumas dessas locuções, de resto — como *a priori, a posteriori, ad hominem* —, são de uso corrente.

A seguir oferecemos uma lista de várias dessas locuções, seguindo a ordem alfabética. Em alguns casos traduzimos ou parafraseamos a locução ou assinalamos em que contexto ou contextos é usada ou pode ser usada. Em outros, remetemos aos verbetes que foram dedicados a locuções determinadas ou aos verbetes em que algumas locuções foram introduzidas ou usadas.

A contrario - A pari. Essas duas locuções foram usadas originalmente na linguagem jurídica para indicar que um argumento usado com respeito a determinada espécie é aplicável a outra espécie do mesmo gênero. No argumento *a contrario* procede-se por divisão; no *a pari* por identificação. Da esfera jurídica essas expressões foram levadas para outras disciplinas. O raciocínio *a contrario* foi definido como o que procede de uma oposição encontrada numa hipótese a uma oposição nas conseqüências dessa hipótese. O raciocínio *a pari* foi definido como o que passa de um caso (ou de um tipo de caso) a outro.

A dicto secundum quid ad dictum simpliciter [ou "de uma afirmação relativa para uma afirmação absoluta": παρὰ τὸ ἁπλῶς ... μὴ κυριῶς]. Esta locução se refere a um raciocínio que consiste em afirmar que, se um predicado pertence a um sujeito sob algum aspecto ou de modo relativo, ele lhe pertence em todos os aspectos ou de modo absoluto (se S é P em relação a algo, S é sempre e em todos os casos P). O raciocínio em questão é um sofisma (VER) chamado "sofisma por acidente". Para indicar que esse raciocínio não é válido, usa-se a fórmula *A dicto secundum quid ad dictum simpliciter non valet consequentia*.

A digniori (ver *infra*).
A fortiori (VER).
A non esse etc. (ver *infra*).
A pari (ver *supra*).
A parte ante, a parte post (VER).
A parte mentis (ver *infra*).
A parte rei (VER). Enquanto *a parte rei* indica "segundo a própria coisa", *a parte mentis* indica "segundo a mente" ou "segundo o entendimento" (*secundum intellectum*). *A parte rei* e *a parte mentis* são formas de distinção (VER). Em vez de *a parte rei*, diz-se também *ex natura rei* [*distinctio ex natura rei*].

A perfectiori (ver *infra*).
A posteriori (ver A PRIORI).
A potiori - A digniori - A perfectiori. A definição de uma coisa *a potiori* é a que se efetua levando em conta o melhor [o mais digno; o perfeito] que há na coisa definida.

A priori (VER).
A quo - Ad quem. Ao falar do movimento (VER) como movimento local, a locução *a quo* é usada para indicar o ponto de partida, e a locução *ad quem* para indicar o ponto de chegada do movimento de um móbil. *A quo* e *ad quem* podem também se referir a um raciocínio em que indicam respectivamente o ponto de partida e o fim ou a conclusão.

A se (VER).
A simultaneo (ver DEUS; ONTOLÓGICA [PROVA]).
Ab absurdo - Ab absurdis. Estas locuções são usadas para indicar que uma proposição parte de algo absurdo ou de coisas absurdas.

Ab alio (ver A SE).
Ab esse ad posse. Na teoria das conseqüências (ver CONSEQÜÊNCIA) modais, usou-se uma série de locuções por meio das quais se indica se uma conseqüência é ou não válida. Eis algumas:

Ab esse ad posse valet [*tenet*] *consequentia* [*illatio*] e também *Ab illa de inesse* (VER) *valet* [*tenet*] *illa de possibili*. Pode-se concluir da realidade a possibilidade, isto é, se X é real, então X é possível.

Ab oportere ad esse valet [*tenet*] *consequentia* [*illatio*]. Pode-se concluir da necessidade a realidade, isto é, se X é necessário, então X é real.

Ab oportere ad posse valet [tenet] consequentia [illatio]. Pode-se concluir da necessidade a possibilidade, isto é, se X é necessário, então X é possível.

A non posse ad non esse valet [tenet] consequentia [illatio]. Pode-se concluir da impossibilidade a não-realidade, isto é, se X é impossível, então X não é real.

Podem ser formuladas outras conseqüências modais do tipo anterior, cada uma das quais corresponde a um teorema da lógica modal.

Ab universali ad particularem. Esta locução se refere ao raciocínio em que se passa de uma proposição universal (como 'todo S é P') a uma proposição particular (como 'alguns S são P'). O raciocínio é válido, o que se expressa mediante a locução *Ab universali ad particularem valet [tenet] consequentia [illatio]*. Também é válido o raciocínio que passa de uma proposição particular a uma infinita [indefinida] ou uma singular; a fórmula completa reza: *Ab universali ad particularem, sive infinitam sive singularem valet [tenet] consequentia [illatio]*. Não é válida, em contrapartida, a passagem de uma proposição particular a uma universal, o que se expressa por: *A particulari ad universalem non valet [tenet] consequentia [illatio]*.

Ab uno disce omnes. A partir de um, conhecem-se os outros. Esta locução, usada originalmente referindo-se a pessoas (e especialmente a uma pessoa de um grupo, representativa do grupo), pode ser usada de forma mais ampla para indicar que a partir de um exemplo é possível conhecer todos os outros exemplos (ao menos da mesma classe); que a partir de uma entidade se podem conhecer todas as outras entidades (ao menos da mesma classe).

Ad absurdum (ver ABSURDO).

Ad aliquid. Esta locução equivale a 'relativo a', 'relativamente a' e se refere ao ser relativo, ὄν πρὸς τι (ver RELAÇÃO). Usa-se de várias formas, entre as quais mencionamos as seguintes:

Ad aliquid ratione alterius (= *secundum aliquid*). O que tem relação com algo segundo outra coisa.

Ad aliquid secundum se. O que tem relação com algo segundo seu próprio ser [= modo de ser essencial].

Ad aliquid secundum rationem tantum. O que tem relação com algo segundo a mente ou segundo o entendimento.

Ad aliquid secundum rem. O que tem relação com algo segundo a própria coisa.

Ad extra - Ad intra. *Ad extra* refere-se a um movimento transitivo ou transcendente; *ad intra*, a um movimento imanente (ver EMANAÇÃO; IMANÊNCIA; TRANSCENDÊNCIA).

Ad hoc (VER).

Ad hominem (VER).

Ad humanitatem. Um argumento *ad humanitatem* é aquele que se supõe válido para todos os homens sem exceção. Ele é considerado, às vezes, um argumento que vai além de todo indivíduo particular e, enquanto tal, um argumento *ad rem*, isto é, segundo a própria coisa considerada.

Ad ignorantiam (VER).

Ad impossibile (ver ABSURDO).

Ad intra (ver *supra: Ad extra*).

Ad judicium (VER).

Ad personam. Um argumento *ad personam* é, na verdade, um argumento *contra* determinada pessoa, fundando-se em suas efetivas ou supostas fraquezas.

Ad quem (ver *supra: A quo*).

Ad rem (ver *supra: Ad humanitatem*).

Ad valorem. Pode ser denominado *ad valorem* um argumento que se funda no valor da coisa ou das coisas consideradas ou defendidas.

Ad verecundiam (VER).

A FORTIORI. A expressão *a fortiori* é definida de vários modos, que podem ser reduzidos a dois. 1) Diz-se que um raciocínio é *a fortiori* quando contém certos enunciados que, segundo se supõe, reforçam a verdade da proposição que se tenta demonstrar, de tal maneira que se diz que essa proposição é *a fortiori* verdadeira. O *a fortiori* representa o *tanto mais que* com que se exprime gramaticalmente o fato de que a uma parte do que se alega como prova vem acrescentar-se a outra parte, corroborando o afirmado. Usa-se com freqüência este tipo de raciocínio quando se quer anular toda objeção possível (e considerada verossímil) contra o enunciado. Um exemplo de raciocínio *a fortiori* nesse sentido é: "Lope de Vega é um poeta, tanto mais que nas passagens de sua obra em que não pretendia exprimir-se poeticamente empregou uma linguagem predominantemente lírica". 2) Argumento *a fortiori* é também o nome dado a um raciocínio em que se usam adjetivos comparativos tais como "maior que", "menor que" etc., de tal modo que se passa de uma proposição à outra em virtude do caráter transitivo desses adjetivos. Um exemplo de argumento *a fortiori* nesse sentido é: "Como João é mais velho que Pedro, e Pedro é mais velho que Antônio, João é mais velho que Antônio". Na lógica clássica considera-se às vezes esse argumento uma das formas do silogismo chamado *entimema* (VER). Mas, como os adjetivos comparativos citados exprimem na maioria das vezes relações, daí decorre que o estudo do argumento *a fortiori* pode ser realizado dentro da lógica atual na teoria das relações (ver RELAÇÃO).

O sentido 1) é predominantemente retórico; o 2), lógico. Este último sentido foi examinado por Arthur N. Prior ("Argument *a fortiori*", *Analysis*, 9 [1948-1949], 49-50). Prior indica que, embora um argumento como

"Tudo o que é maior que algo maior que C é maior que C" seja um modo de dizer "Os argumentos *a fortiori* são válidos", pode-se efetuar a redução requerida sem inserir nenhuma premissa e limitando-se a reformular as premissas dadas. Aplicada ao caso anterior, a reformulação tem o seguinte resultado:

"Todo o tamanho que B tem é tamanho que A tem, e A tem algo de tamanho que B não tem;

Todo o tamanho que C tem é tamanho que B tem, e B tem algo de tamanho que C não tem;

Portanto, todo o tamanho que C tem é tamanho que A tem, e A tem algo de tamanho que C não tem".

A PARTE ANTE, A PARTE POST. Na literatura escolástica distingue-se a expressão *a parte ante* de *a parte post*. Por exemplo, diz-se que a alma existiu *a parte ante* (*a parte ante perpetua*), se seu ser é anterior ao corpo, e *a parte post* (*a parte post perpetua*), se não antecede o corpo, mas antes começa com este. Em ambos os casos se supõe, entretanto, que a alma permanece depois da dissolução do corpo (*post dissolutionem a corpore maneat, duret post perpetuo a corpore separata*).

A PARTE REI. Os escolásticos usam a expressão *a parte rei* para significar que algo é segundo a própria coisa, isto é, segundo a natureza da coisa ou, de maneira mais simples, segundo ela mesma. Por exemplo, pode-se perguntar se as coisas naturais são *a parte rei* ou se resultam tão-somente da operação do entendimento. Por conseguinte, o ser *a parte rei* opõe-se ao ser *secundum intellectum*.

A POSTERIORI. Ver A PRIORI.

A PRIORI. Em *Met.* Δ 11, 1018b 30-35, Aristóteles fala do anterior, πρότερον, e do posterior, ὕστερον, e afirma que o anterior segundo a razão, κατὰ τὸν λόγον, se distingue do anterior segundo a sensação, κατὰ τὴν αἴσθησιν. Segundo a razão, o anterior é o universal; segundo a sensação, o individual. Disso pode-se depreender que segundo a razão o individual é posterior, ao passo que segundo a sensação o universal é posterior. Em *An. post.* I,2,71 b 30-72 a 9, Aristóteles distingue o anterior por natureza, φύσει, e o anterior com respeito a nós, πρὸς ἡμᾶς, assim como entre o que é mais conhecido por natureza e o que é mais conhecido por nós. Os objetos mais próximos da sensação — os objetos sensíveis — são anteriores e mais conhecidos por nós. As coisas mais afastadas dos sentidos, em contrapartida, são anteriores e conhecidas de modo "absoluto" (prévio a todo conhecer). Essas distinções aristotélicas encontram-se na base de grande número de distinções similares entre vários filósofos medievais, ao tratar de que coisas são anteriores, *priora*, ou posteriores, *posteriora*, seja na ordem da realidade, seja na do conhecimento. No que diz respeito a esta última, Alfarabi,

Averróis e outros filósofos árabes seguiram a distinção aristotélica entre o "saber que", ὅτι, e o "saber por quê", διότι. Este último é um conhecimento de causas; o primeiro, de efeitos. O saber por que ou que parte de causas, *propter quid*, é anterior, porque vai da causa ao efeito: é um conhecimento *a priori*. O saber que ou que parte de efeitos, *quia*, é posterior, porque vai do efeito à causa: é um conhecimento *a posteriori*. As expressões *a priori* e *a posteriori* são atribuídas a Alberto da Saxônia, mas se encontram igualmente em Santo Tomás e em Guilherme de Ockham. Contudo, a definição formal dos dois tipos de *demonstratio* — *a priori* e *a posteriori* — procede de Alberto da Saxônia (Prantl, IV, 78; comentário de Alberto a *An. post.: In An. Post.* I, q. 9): a *demonstratio ex causis ad effectum* (prova que vai das causas ao efeito) é chamada *demonstratio a priori* e *demonstratio propter quid*, enquanto a *demonstratio ab effectibus ad causas* (prova que vai dos efeitos às causas) é denominada *demonstratio a posteriori* e *demonstratio quia*. Esse uso terminológico persiste em escolásticos posteriores, assim como em autores como Zabarella, Descartes e Leibniz. A transição entre esse modo de entender a distinção entre *a priori* e *a posteriori* e as disputas sobre a natureza e a origem do conhecimento humano na época moderna clássica não é brusca. Com Descartes, Leibniz e Locke, a atenção se volta para o papel desempenhado pela razão e pela experiência no conhecimento. Na medida em que o conhecimento pela razão é um conhecimento segundo princípios que se apreendem clara e distintamente, é um conhecimento *a priori*. O conhecimento por experiência é, em contrapartida, conhecimento *a posteriori*. Para os empiristas o conhecimento *a posteriori* é um conhecimento anterior, no sentido de que é prévio ao conhecimento de causas e de princípios de todo tipo. Para os racionalistas o conhecimento *a priori* é anterior, por não ser simplesmente derivável da experiência ou dos sentidos. Nesse sentido a linha que separa racionalismo e empirismo não é, contudo, perfeitamente clara. É possível admitir que os conhecimentos são adquiridos *a posteriori* ou por experiência e ao mesmo tempo manter que só podem justificar-se *a priori* ou mediante a razão. Os autores modernos em que se percebe com mais clareza a distinção entre *a priori* e *a posteriori*, antes de Kant, são Hume e Leibniz, que diferem radicalmente num aspecto e coincidem em outro. É preciso levar em conta para isso outra distinção introduzida por esses autores: a proposta por Hume em *Enquiry*, IV, 1, de "todos os objetos da razão ou da investigação humana" entre "relações de idéias" (*Relations of Ideas*) e "fatos" (*Matters of Fact*) e a estabelecida por Leibniz entre verdades de razão e verdades de fato (ver VERDADES DE RAZÃO, VERDADES DE FATO). Trata-se de duas distinções semelhantes à estabelecida entre enunciados analíticos e sintéticos (ver ANALÍTICO E SINTÉTICO). Para Hume, as relações de idéias são, como os enunciados analíticos, *a priori*, isto é, não procedem da experiência. Por outro lado, não proporcionam nenhuma informação sobre a realidade. São descobertas pela "mera operação do pensamento" e podem ser comparadas a regras de linguagem. Para Leibniz, as verdades de razão são eternas, necessárias, inatas e *a priori*, ao contrário das verdades de fato, que são empíricas e contingentes: "A razão — escreve Leibniz — é a verdade conhecida cujo enlace com outra verdade menos conhecida leva-nos a dar nosso assentimento à última. Mas de modo particular, e por excelência, é chamada de razão se é a causa não apenas de nosso julgamento, mas também da própria verdade que se chama igualmente razão *a priori*, e a causa nas coisas corresponde à razão nas verdades" (*Théodicée*, IV, xvii, 1). As verdades *a priori* não se acham, contudo, sempre presentes na mente; são as verdades que devem ser reconhecidas como evidentes quando se apresentam, como diria Descartes, a "um espírito atento". No sentido kantiano (cf. *infra*) de 'sintético', os enunciados *a priori* não são sintéticos, nem em Hume nem em Leibniz. Em nenhum caso os predicados nesses enunciados são contingentes ou exprimem fatos contingentes. Nisto, Hume e Leibniz coincidem. Diferem, em contrapartida, no seguinte: enquanto para Hume os enunciados *a priori* são tautologias, para Leibniz são verdades eternas.

Se as verdades eternas estão "na mente", parecerá haver estreita relação entre o sentido de *a priori* em Leibniz e em Kant. E os autores que insistiram no caráter "leibniziano" da epistemologia de Kant enfatizaram essa relação. Não obstante, há diferenças básicas entre o *a priori* leibniziano e o kantiano. A noção de *a priori* em Kant representa uma nova fase na história deste conceito, a tal ponto que é comum referir-se sem maiores preâmbulos a Kant quando se fala dele.

Para Kant, os conceitos e os juízos *a priori* têm de ser pensados com caráter de necessidade absoluta. Isso não quer dizer que eles sejam puramente formais. Se assim fosse, seria preciso desistir de pretender enunciar proposições universais e necessárias relativas a fenômenos naturais. Não significa tampouco que sejam verdades eternas no sentido de Leibniz, verdades acerca da realidade tal como ela é em si mesma. Toda metafísica baseada em puros conceitos de razão *a priori* transcende a experiência possível e resulta de uma pura especulação racional, na qual não há nenhum elemento empírico. Kant considera o conceito de *a priori* em relação com o problema da dependência da experiência. O conhecimento *a priori* é independente da experiência, ao contrário do conhecimento *a posteriori*, que tem origem na experiência (*KrV* B 2). A independência da experiência deve ser entendida de modo absoluto, não com referência a determinados aspectos ou partes da experiência. Os modos de conhecimento *a priori* são puros quando não há neles nenhuma mescla de elementos empíricos (*op. cit.*, B 3). "Toda mudança tem uma causa" não é para Kant uma proposição absolutamente *a priori*, porque a noção de mudança procede da experiência. Por outro lado, a noção de causa é um elemento *a priori* que penetra em nosso conhecimento e sem o qual não se poderiam formular enunciados universais e necessários de caráter causal como os que se formulam na ciência da Natureza.

A rigor, falar de "conhecimento *a priori*" é impróprio. O conhecimento não é *a priori*, nem há partes do conhecimento que sejam *a priori*. O que é *a priori* é antes o que torna possível o conhecimento. Por isso, o conceito kantiano de *a priori* não é nem metafísico nem psicológico, mas epistemológico (ou "transcendental"). O problema de que Kant se ocupa na *Crítica da razão pura* não é o da origem do conhecimento (como em Locke ou em Hume), mas o de sua validade, ou validação (ou justificação).

Depois de introduzir as noções de *a priori* e *a posteriori*, Kant introduz uma distinção entre juízos analíticos e sintéticos (ver ANALÍTICO E SINTÉTICO). Todos os juízos *a posteriori* são sintéticos. Por diversas razões, avaliara-se que os juízos *a priori* são analíticos. Mas se todos os juízos sintéticos fossem *a posteriori* não haveria possibilidade de um conhecimento universal e necessário. Esse tipo de conhecimento requer, segundo Kant, a existência de juízos sintéticos *a priori*. Portanto, o *a priori* não é sempre e unicamente analítico. Se assim fosse, nenhum conhecimento relativo à Natureza poderia constituir-se em ciência. Nem mesmo o senso comum pode prescindir de modos de conhecimento *a priori*. Perguntar se há juízos sintéticos *a priori* na matemática e na ciência da Natureza (física) equivale a perguntar se essas ciências são possíveis, e como o são. A resposta de Kant é afirmativa em ambos os casos, mas isso se deve ao fato de que o *a priori* não se refere às coisas em si (ver COISA EM SI), mas às aparências (ver APARÊNCIA). Os elementos *a priori* condicionam a possibilidade de proposições universais e necessárias. Em contrapartida, não há na metafísica juízos sintéticos *a priori* porque o *a priori* não se aplica aos *noumena* (ver NÚMENO). Kant trata na *Crítica da razão pura* (na qual elaborou com mais detalhes a idéia da aprioridade) das formas *a priori* da intuição (espaço e tempo) e dos conceitos *a priori* do entendimento ou categorias.

Mikel Dufrenne (cf. *op. cit., infra*, pp. 11ss.) indicou que se podem distinguir dois grupos de problemas relativos à concepção kantiana do *a priori*. Por um lado, problemas relativos à natureza do sujeito enquanto "portador" do *a priori*. O *a priori* funda a objetividade na medida em que um sujeito constituinte (ver CONSTITUIÇÃO, CONSTITUTIVO) possibilita a experiência. Mas há aqui, a rigor, dois elementos: uma condição surgida da natureza subjetiva e uma condição formal da experiência como tal. Se se acentua o primeiro elemento, tende-se a uma concepção psicológica do sujeito transcendental; se se enfatiza o segundo, a tendência é uma eliminação de todo sujeito como sujeito. Por outro lado, há problemas concernentes à relação entre sujeito e objeto. Essa relação é para Kant transcendental (VER); não se trata de produção do ente, mas de determinação da objetividade do objeto (de sua cognoscibilidade enquanto objeto). Mas aqui se pode considerar ou que o sujeito transcendental absorve o objeto em sua objetividade de modo total, de maneira que as condições do objeto são equivalentes às modificações do sujeito, ou que o objeto absorve por inteiro o sujeito. Parece, de todo modo, que, admitindo-se que o *a priori* tem sua fonte num sujeito de conhecimento, é impossível evitar as questões ontológicas que Kant se propunha justamente evitar até ter desobstruído por completo o caminho para a metafísica mediante a filosofia transcendental.

A doutrina kantiana foi ao mesmo tempo criticada e elaborada pelos idealistas alemães pós-kantianos. Exemplo dessa dupla atitude é a de Hegel. Por um lado, Hegel aceita a concepção do *a priori,* na medida em que admite (ao menos ao expor a doutrina de Kant) que a universalidade e a necessidade devem ser encontradas *a priori*, isto é, na razão (*Vorlesungen über die Geschichte der Philosophie*. Teil III, Abs. iii. B; Glockner, 19: 557). Por outro lado, Hegel considera que as expressões *a priori* e 'sintetizar' usadas por Kant são vagas e até mesmo vazias (*Logik*, Buch I, Abs. II, Kap. ii. A. Anm. 1; Glockner, 4: 250). De modo surpreendentemente semelhante ao modo pelo qual a noção de *a priori* foi elaborada pelos fenomenólogos, Hegel avalia que até a determinação do sentimento possui elementos (ou "momentos") *a priori* (*loc. cit.*), estendendo com isso a noção de aprioridade ao que não é exclusivamente intelectual.

Entre as novas maneiras de considerar a noção de *a priori* que circularam no primeiro terço do século XX, destaca-se a de Husserl. Desde as *Investigações lógicas* (Investigação Quinta, § 45), Husserl distinguira intuições sensíveis de intuições categoriais. A possibilidade de uma intuição categorial — e da "percepção categorial" — equivale à possibilidade de apreender "momentos não-reais". Estes não são, contudo, estruturas puramente formais, vazias de todo conteúdo. Eles não têm, portanto, um conteúdo real ou, de todo modo, não têm um conteúdo sensível. Mas são objetos de intuição, logo, correlatos de um ato de apreensão. Trata-se de unidades ideais de significação (ou de significações com formas categoriais). A intuição categorial é *a priori*, mas não por ser puramente "analítica", e menos ainda meramente tautológica, nem tampouco por ser o resultado da atividade de um sujeito transcendental. A intuição de essências no sentido husserliano de 'essência' (VER) é uma intuição categorial *a priori*. O *a priori* não é simplesmente identificável com o puramente formal. Não é tampouco um conjunto de formas que moldam uma matéria sensível dada à experiência. O *a priori* é independente do real (sensível), na medida em que as significações podem não se "realizar"; ao mesmo tempo, no real (sensível), o *a priori* (a intuição categorial) pode encontrar sua "realização". Husserl fala de uma "percepção do universal" (*op. cit.,* § 52); "o *vermelho*, o *triângulo* da mera fantasia, é especificamente o mesmo que o *vermelho*, o *triângulo* da percepção". Não há diferença entre o conceito de algo real e o de algo não real (como o resto Kant já, ou também, o afirmara); as intuições *a priori* podem ser sintéticas (no sentido de ter um conteúdo). Não é preciso que o conteúdo seja sensível. Há, como diz Husserl em *Ideen* (§ 16), verdades essenciais sintéticas. Trata-se de verdades *a priori* que não são especificações de verdades ontológico-formais. O domínio do *a priori* inclui verdades formais e verdades "materiais". As materiais são as que correspondem a ontologias regionais: abrangem axiomas regionais que definem sistemas de categorias regionais. Têm seu próprio fundamento ontológico; é um erro pensar que um axioma em sua ontologia regional é uma simples variável que, substituída por uma constante, dá lugar a um axioma em ontologia formal. Em suma, fica invalidada toda identificação entre o *a posteriori*, o empírico e o material, por um lado, e o *a priori* e o formal, por outro.

Estas idéias de Husserl foram desenvolvidas na longa seção sobre "formalismo e apriorismo" que constituía o fundamento ontológico e metodológico da ética axiológica de Scheler (cf. *Der Formalismus in der Ethik*, Parte I, ii, *Gesammelte Werke*, 2, pp. 68-130). "Designamos como *a priori* — escreve Scheler — todas as unidades ideais de significação e proposições que negligenciam todo tipo de posição [*Setzung*, possivelmente no sentido transcendental kantiano] dos sujeitos que as pensam e de sua constituição natural real, e que negligenciam todo tipo de posição de um objeto a que são aplicáveis, e que são dadas pelo conteúdo de uma *intuição imediata*." Como se negligencia toda "posição", prescinde-se de "posições" como o ser real, não-real, aparente, efetivo etc. Enganemo-nos ou não ao considerar um ser vivente, em ambos os casos temos a essência intuitiva da "vida". O elemento *a priori* não é nenhuma forma de proposição ou ato de julgar, como pensava Kant; pertence à esfera do "dado". Há, como afirma Scheler nessa e em outras obras, "fatos fenomenológicos" (ver FATO) suscetíveis de ser apreendidos *a priori*. Esses fatos são fatos "puros", objeto de intuição essencial *a priori* e não de induções com base em observações. "Fica bem claro — prossegue Scheler — que o domínio do *a priori-evidente* nada tem a ver com o do '*formal*' e que a oposição '*a priori-a posteriori*' nada tem a ver com a oposição '*formal-material*'". Segundo Scheler, o domínio dos valores não resulta de uma apreciação subjetiva nem de alguma imposição (subjetiva) *a priori*; é um conjunto de "fatos" de caráter peculiar, apreensíveis mediante "intuição emotiva".

C. I. Lewis admite a necessidade do *a priori* (em virtude do fato de não haver conhecimento possível sem interpretação) e o proclama independente da experiência, "não porque prescreva uma forma que a experiência deva cumprir ou antecipe alguma harmonia preestabelecida do dado com as categorias da mente, mas precisamente porque não prescreve *nada* ao conteúdo da experiência" (*Mind and the World Order*, 1929, p. 197). O *a priori* é verdadeiro não importando a *que* se refere. Todavia, segundo acrescenta Lewis, o *a priori* antecipa caracteres do real (sem o que careceria de toda simplificação), mas do real enquanto "categorialmente interpretado". Isso tem três conseqüências. Primeiro: recusa das concepções tradicionais — entre elas, a kantiana — do *a priori*. Segundo: caráter formal do conhecimento *a priori*. Terceiro: negação de que o mencionado caráter formal equivalha a ausência de significação. Os princípios *a priori* representam, de acordo com Lewis, "princípios de ordem" e "critérios do real" (*op. cit.*, p. 231). Ao determinar as significações, a mente engendra um tipo de verdade sem o qual não haveria outra verdade possível. Os critérios últimos desse tipo de verdade são pragmáticos. A concepção do *a priori* de C. I. Lewis expressa seu "pragmatismo conceitual". Isso não equivale a submeter o "formal" a uma decisão arbitrária, mas é o resultado do fato de que toda classificação categorial e interpretação do real são "nossa" classificação e "nossa" interpretação.

Em suma: há diversos modos de entender a noção de *a priori* (e a noção correlata de *a posteriori*). É possível ligar o *a priori* ao analítico e ao necessário, e o *a posteriori* ao sintético e ao contingente. Pode-se considerar então que todos os enunciados (juízos, verdades etc.) *a priori* são analíticos e necessários e que todos os enunciados (juízos, verdades etc.) *a posteriori* são sintéticos e contingentes. Isso se refere às vezes à estrutura dos enunciados correspondentes (juízos, proposições etc.), às vezes a seu *status epistemológico* — isto é, ao fato de serem dependentes ou independentes da experiência — e às vezes a ambas as coisas ao mesmo tempo. Leibniz e Hume se interessaram principalmente, ainda que por razões diversas, pela natureza dos enunciados *a priori* e *a posteriori* (ou, concomitantemente, pelas verdades de razão e pelas verdades de fato; pelas relações de idéias e pelos próprios fatos). Entretanto, o interesse pela natureza desses enunciados ligava-se igualmente ao problema de seu lugar, ou de sua origem, na mente humana. Kant mostrou especial interesse pela questão do *a priori* do ponto de vista epistemológico. Em todo caso, enquanto para Leibniz e Hume não podia haver enunciados que fossem a um só tempo *a priori* e sintéticos, a noção de "sintético *a priori*" é básica para a fundamentação da matemática e da ciência natural em Kant, bem como para uma possível fundamentação da metafísica. Para Husserl, cabe dissociar o *a priori* do não-empírico, em virtude das apriridades "materiais". Na época contemporânea, os positivistas lógicos seguiram a tradição de Hume e acrescentaram a ela a equiparação da apriridade ao caráter tautológico dos enunciados analíticos. Não tardaram a se manifestar, entretanto, opiniões muito diversas, quatro das quais mencionaremos:

Por um lado, o interesse pelos chamados "esquemas conceituais" — de quadros específicos de conceitos a amplos paradigmas — na constituição do conhecimento primeiro — e depois na validação de teorias — levou a considerar que os fatos estão "carregados de teoria". Se isso ocorre, pode-se recorrer novamente, *mutatis mutandis*, à noção kantiana de sintético *a priori*. Ao contrário de Kant, não se trata de um domínio transcendental que conforma o material da experiência tendo em vista o conhecimento, mas simplesmente do fato de que a constituição de teorias e as mudanças de teorias não estão ligadas, como acreditava o empirismo tradicional, a verificações estritas, e inclusive a falseamentos, de teorias por fatos. As teorias continuam aplicando-se aos fatos, mas não são admitidas, ou abandonadas, meramente por falta de verificações adequadas, ou por contra-exemplos.

Em segundo lugar, as dúvidas relativas à dicotomia "analítico-sintético" (ver ANALÍTICO E SINTÉTICO) levaram a rejeitar a equiparação "*a priori*-analítico" e "*a posteriori*-sintético". Isso não significa ainda admitir, ou readmitir, as opiniões kantianas ou neo-kantianas, mas equivale a supor que, se não há ruptura entre analítico e sintético, não se pode simplesmente associar *a priori* ou *a posteriori* a nenhum deles.

Em terceiro lugar, tendências expressas em várias vertentes do estruturalismo e na hipótese inatista de Chomsky supõem que há estruturas profundas no conhecimento (ou na linguagem). Não há uma relação biunívoca entre os dados proporcionados pelos sentidos, ou os estímulos, e as respostas a esses dados ou estímulos. Em virtude disso, poder-se-ia supor que o sujeito fornece elementos do tipo dos que se designaram como *a priori*. Há certa relação entre uma tese apriorística e uma tese estruturalista ou inatista, embora esta última seja empírica e não especulativa.

Por fim, puseram-se em dúvida tanto a equiparação entre o *a priori* e o necessário como a idéia de que não pode haver nenhuma relação entre necessário e *a posteriori*. Se, como indicou Kripke, determinado fato poderia ter sido diferente de como é, mas ao mesmo tempo não pode ter tido outras causas que não as que efetivamente teve, ter tido essas causas, e não outras, é uma verdade necessária. Não é, no entanto, uma verdade *a priori*, mas *a posteriori*, isto é, as causas de referência são conhecidas *a posteriori*. Em outros termos, Kripke mantém que *a priori* não é (necessariamente) equivalente a 'necessário' e que *a posteriori* não é (necessariamente) equivalente a 'contingente'. Isso torna possível falar de um enunciado que é *a priori* e contingente, assim como de um que é *a posteriori* e necessário. "'*Pode* ser conhecido *a priori*' não significa '*deve* ser conhecido *a priori*'." Dito de outro modo: "Há ao mesmo tempo verdades necessárias *a posteriori* e provavelmente verdades contingentes *a priori*" ("Naming and Necessity", em *Semantics of Natural Language*, 2ª ed., ed. Donald Davidson e Gilbert Harman, 1972, pp. 261.263). Ora, embora qualquer verdade necessária seja *a priori* ou *a posteriori*, ela não pode ter-se tornado distinta do que é: "No caso de algumas verdades necessárias *a posteriori*, podemos dizer que, em determinadas situações de evidência qualitativamente idênticas, determinado enunciado qualitativo correspondente poderia ter sido falso" (*op. cit.*, p. 333). Esta mesa que está em meu quarto e é feita de madeira (ver Propriedade) possui, por ter sido feita de madeira, a propriedade essencial de ser (ou de ter sido feita) de madeira, mas, "numa situação qualitativamente idêntica a esta mesma com respeito a toda a evidência prévia", a casa podia ter contido uma mesa feita de gelo em vez desta mesa feita de madeira (*op. cit.*, pp. 332-333).

Além dos textos a que se fez referência no verbete, podem ser consultadas as obras que se seguem.

⊃ Análise da noção de *a priori*: Narziss Ach, *Ueber die Erkenntnis a priori, insbesondere in der Arithmetik*, 1913. — Nicolai Hartmann, "Ueber die Erkennbarkeit des Apriorischen", *Logos* 5 (1914-1915), 290-329; reimp. em *Kleinere Schriften*, III, 1958, pp. 186-218. — A. Pap, "The Different Kinds of *A Priori*", *Philosophical Review*, 53 (1944), 464-484. — Héctor Neri Castañeda, "Analytic Propositions, Definitions and the *A Priori*", *Ratio*, 2 (1959), 80-101. — Mikel Dufrenne, *La notion d'a priori*, 1959. — Veja-se também a bibliografia do verbete Analítico e sintético.

Para o *a priori* na teoria física: A. Pap, *The A Priori in Physical Theory*, 1946.

Sobre o *a priori* em diferentes autores e correntes: M. Guggenheim, *Die Lehre vom apriorischen Wissen in ihrer Bedeutung für die Entwicklung der Ethik und der Erkenntnistheorie in der sokratisch-platonischen Philosophie*, 1885. — Nicolai Hartmann, *Das Problem des Apriorismus in der platonischen Philosophie*, 1936 (Sitzungsber, der preuss. Ak. der Wiss. Phil. hist. Kl. XV [1935]; reimp. em *Kleinere Schriften*, II, 1957, pp. 48-85). — Aline Lion, *Anamnesis and the A Priori*, 1935. — L. di Rosa, *La sintesi a priori: S. Tommaso e Kant*, 1950. — A. Silberstein, *Leibniz Apriorismus im Verhältnis zu seiner Metaphysik*, 1904. — A. Sicker, *Der Leibniz-kantische Apriorismus und die neuere Philosophie*, 1900. — C. Hellström, *On Hume's apriori begrepp*, 1925. — G. Cesca, *La dottrina kantiana dell'a priori*, 1885. — Rudolf Eisler, *Die Weiterbildung der Kantschen Aprioritäẗslehre bis zur Gegenwart*, 1895. — Ake Petzäll, *Der Apriorismus Kants und die "Philosophia pigrorum"*, 1933. — C. Mazzantini, *Il problema delle verità necessarie e la sintesi a priori di Kant*, 1935. — Bella K. Milmed, *Kant and Current Philosophical Issues: Some Modern Developments of His Theory of Knowledge*, 1961 (especialmente caps. 2, 3, 5 e 7). — Hans-Ulrich Hoche, *Nichtempirische Erkenntnis. Analytische und synthetische Urteile a priori bei Kant und bei Husserl*, 1964. — Harald Delius, *Untersuchungen zur Problematik der sogenannten synthetischen Sätze a priori*, 1963. — Moltke S. Gram, *Kant, Ontology, and the A Priori*, 1968. — Lothar Eley, *Die Krise des Apriori in der transzendentalen Phänomenologie E. Husserls*, 1962. — J. N. Mohanty et al., *The Phenomenological Realism of the Possible Worlds*, 1974, ed. Anna-Teresa Tymieniecka (sobre Husserl). — Ingeborg Wirth, *Realismus und Apriorismus in Nicolai Hartmanns Erkenntnistheorie*, 1965. — Z. Vendler, "Summary: Linguistics and the *A Priori*", em C. Lyas, ed., *Philosophy and Linguistics*, 1971, pp. 245-265. — K. Cramer, "Non-Pure Synthetic A Priori Judgements", em Lewis Beck, ed., *Proceedings of the 3rd International Kant Congress*, 1972, pp. 246-254. — S. B. Rosenthal, *The Pragmatic A Priori: A Study in the Epistemology of C. I. Lewis*, 1975. — R. Christensen, *Lebendige Gegenwart und Urerlebnis. Zur Konkretisierung des transzendentalen apriori bei Husserl und Reininger*, 1981. — R. Hahn, *Die Theorie der Erfahrung bei Popper und Kant. Zur Kritik des kritischen Rationalismus am transzendentalen Apriori*, 1982. — W. Harper, "Kant On the 'a priori' and Material Necessity", em R. E. Butts, ed., *Kant's Philosophy of Physical Science*, 1986, pp. 239-272. ⊂

A SE. No vocabulário latino da escolástica, é comum distinguir as expressões *a se* e a expressão *ab alio*. *A se* significa "por si", "por si mesmo", "a partir de si", "a partir de si mesmo", "procedente de si", "procedente de si mesmo"; *ab alio* significa "procedente de outro". Por esse motivo, um ser *a se* é considerado um ser independente, ἄναρχον. Diz-se que Deus é *a se* (*subs*-

tantia a se) — e também *per se, ex se* —, pois tem seu princípio (ou causa) de existir em si mesmo. Em contrapartida, de uma entidade criada se diz ser *ab alio*, porque não tem o princípio (ou causa) de existir em si mesma, mas em outra realidade (em Deus). Esta última distinção é radical, pois se refere à raiz do ser e do criado.

Pode-se, porém, distinguir entre o ser *a se* e o ser *ab alio* num sentido menos radical. Assim, por exemplo, se diz que uma entidade procede de outra quando tem simplesmente nesta outra sua origem (com freqüência causal): *lux est a sole* (a luz procede do sol). A distinção entre *a se* e *ab alio* é com freqüência paralela à distinção entre *in se* (VER) e *in alio*, mesmo quando se tende a empregar a primeira ao se fazer referência ao princípio do qual procede uma entidade, e a segunda ao se falar do ser de uma entidade. Quando se sublinha o motivo da procedência, usam-se as expressões *a se moveri* (que se contrapõe a *ab alio moveri*) e *a se procedere* (que se contrapõe a *ab alio procedere*). Quanto ao mais, o proceder de outra entidade pode ser entendido em dois sentidos: segundo o ser real (*secundum esse reale*) e segundo o ser intencional (*secundum esse intentionale*). Para o significado de 'ser intencional', ver INTENÇÃO, INTENCIONAL, INTENCIONALIDADE.

Diz-se também do ser *a se* que possui asseidade (*aseitas*). Tal como vimos para o ser *a se*, a asseidade pode ser afirmada, de modo geral, como característica de todo ente que procede de si mesmo — e, portanto, *do ente*, ou, de modo (ontólogico-formalmente) menos geral, como o *constitutivum metaphysicum* de um ente determinado, mas único: Deus. Alguns autores se inclinam para o primeiro e dão diferentes razões para apoiar sua opinião: que a noção de referência é demasiado formal e convém apenas ao ente enquanto ente, que reduzir a asseidade a Deus acarreta o risco de absorver Neste todos os outros entes etc. Outros, ao contrário, se declaram partidários do segundo e alegam em favor de sua tese que a asseidade pode ser predicada unicamente da realidade na qual a essência subsiste em toda a plenitude do ser, isto é, que possui todas as perfeições, tanto intensivas como extensivas.

Walter Schultz, em sua obra sobre o conceito de Deus na filosofia moderna (tradução esp.: *El Dios de la metafísica moderna*, 1961, p. 63), enfatiza que tradicionalmente se entendera *a se* como negação de *ab alio*, isto é, como *non ab alio*. Assim entende *a se* o teólogo tomista Ceterus em sua polêmica contra Descartes, que afirmava que, se se leva em conta a onipotência de Deus, pode-se entender o *a se* positiva e não negativamente. Um texto das "Respostas às objeções" (AT, VII, 110) confirma essa concepção positiva de *a se*, a qual, segundo Schultz, pode ter influenciado Spinoza na idéia que ele formulou acerca da *causa sui*, ou causa de si mesmo.

A SIMULTANEO. Ver DEUS; ONTOLÓGICA (PROVA).

AALL, ANATHON (1897-1943), nasc. em Nasseby (Tromsö, Noruega), foi *Privatdozent* em Halle (1904-1908) e professor em Cristiânia [Oslo a partir de 1925] (desde 1908). Distinguiu-se primeiro por seus estudos de história da filosofia e da religião e depois por estudos de psicologia experimental. Cultivou também a filosofia da Natureza e a metafísica.

História da filosofia e "filosofia da existência" — enquanto "filosofia da realidade" — estão, segundo Aall, estreitamente relacionadas entre si. A história da filosofia não é apenas exposição cronológica de formulações e sistemas filosóficos, mas também, e principalmente, estudo do modo como essas formulações e sistemas se desenvolvem em situações históricas dadas. Não é possível separar arbitrariamente a sofística grega e a democracia ateniense, ou a psicologia experimental e a sociedade industrial moderna.

A filosofia da Natureza como base para uma filosofia crítica da existência, ou da realidade, apóia-se na investigação psicológica. Particularmente interessante é a psicologia dos sentidos; as conclusões que se tiram dela são opostas a todo reducionismo, seja este mecanicista ou energetista. Aall rejeita o reducionismo como pressuposto que conduz a um inadmissível monismo metafísico. Os coeficientes fisiológicos observáveis e o exame de atos mentais provam que a realidade é de caráter "funcional". A análise psicológica crítica das noções de energia, tempo e movimento é um ingrediente fundamental de uma "crítica da existência real". Aall desenvolve uma "filosofia da existência real" de caráter pluralista, em virtude da qual, segundo escreve ele numa auto-exposição de sua filosofia (1924), "o próprio espírito e sua vida, os próprios conteúdos empíricos de índole não-mecânica possuem uma realidade independente".

↪ Principais obras: *Der Logos. Geschichte seiner Entwicklung in der griechischen Philosophie und der christlichen Literatur*, 2 vols., 1896-1899; reimp. 1966 (*O Logos, História de sua evolução na filosofia grega e na literatura cristã*). — "Om Sansynliget og dens betydning logisk betraktet", *Tidskr. f. Mathematik og Naturvindenskab* (1897) ("Sobre a probabilidade e suas condições do ponto de vista lógico"). — *Macht und Pflicht. Eine Natur- und Rechtsphilosophische Untersuchung*, 1902 (*Poder e Dever. Uma investigação de filosofia da Natureza e filosofia do Direito*). — *Ibsen og Nietzsche*, 1906. — *Henrik Ibsen als Dichter und Denker*, 1906 (*H. I. como poeta e pensador*). — *Logik;* 3ª ed., 1921. — "Filosofien i Norden", *Videnskapselsk, Skr. hist. fil. kl.*, nº 1 (1918) ("A filosofia na Noruega"). — *Psykologi*, 1926. — *Socialpsykologi*, 1938. — Além disso, há numerosos escritos, publicados em revistas, sobre temas de psicologia experimental, de História da filosofia e de filosofia da Natureza. Particularmente importantes para sua filosofia são os escritos: "Gibt es irgendeine andere Wirklichkeit als die mechanische?", *Zeitschrift für Philosophie*, 162 (1917) ("Há alguma outra realidade além da realidade mecânica?") e "The Problem of Reality", *Journal of Philosophy*, 22 (1925), 533-547. Depoimento: em R. Schmidt, ed., *Die Philosophie der Gegenwart in Selbstdarstellungen*, 1924, vol. V. Ver: F. Fluge, "A. A.: In Memoriam", em *Norsk pedagogiak tidskrift* (1943), 49-54. **c**

ABAD CARRETERO, LUIS. Ver INSTANTE.

ABANO, PEDRO DE. Ver PEDRO DE ABANO.

ABBAGNANO, NICOLA (1901-1990), nasc. em Salerno (Itália); foi professor (desde 1936) na Universidade de Turim. Abbagnano é conhecido por seus estudos de história da filosofia medieval, renascentista e moderna, bem como por seu dicionário de filosofia. Sua maior contribuição filosófica é a elaboração de uma forma original de existencialismo (VER) que, embora influenciada pelas correntes existencialistas alemã e francesa, não é um reflexo delas; o mais interessante no existencialismo italiano de Abbagnano é conseqüência de um desenvolvimento "autônomo" a partir da situação, uma vez que elaborou seu existencialismo em oposição a várias teses capitais do existencialismo europeu de sua época.

Em seu primeiro livro, Abbagnano rejeitava não só as concepções "clássicas" da verdade como também as propostas pelas correntes irracionalistas, modernistas, intuicionistas, historicistas e idealistas neo-hegelianas. Em confronto com elas, preconizava um critério metafísico capaz de superar os relativismos, mas ao mesmo tempo liberto de pressupostos abstratamente racionais — ou apoiados num vago e abstrato "princípio de racionalidade" —, assim como de toda idéia de uma consciência absoluta tal como a postulada pelo idealismo. O critério proposto por Abbagnano não era nem puramente irracional nem puramente racional. Não era um critério inteiramente subjetivo ou completamente "objetivo", sem ser tampouco um compromisso eclético entre esses extremos.

Abbagnano elaborou uma idéia de existência (VER) em que a noção de possibilidade (VER) desempenha um papel capital. Todas as formas de existencialismo são, de acordo com Abbagnano, variantes de um existencialismo negativo: a idéia de possibilidade é nelas eliminada, sendo substituída pela impossibilidade, ou pela potencialidade, que é determinabilidade. Diante dessas formas de existencialismo, Abbagnano defende um existencialismo positivo, fundado na idéia de possibilidade transcendental. A existência não necessita de nenhum "horizonte" que a delimite, porque é ela mesma seu próprio horizonte, sua própria possibilidade de ser. Os modos no âmbito dos quais "a existência" se manifesta são o esforço (*impegno*), uma decisão (*decisione*), a escolha (*scelta*) e a fidelidade (*fedeltà*). São modos existenciais, não-subjetivos. A unidade desses modos constitui a estrutura da existência. É necessário evitar todo imanentismo idealista e, para isso, deve-se insistir na "transcendência" da existência. Abbagnano elaborou uma concepção própria da relação (*rapporto*) entre a existência e o ser. A existência é relação constante com o ser, de modo que os atos existenciais transcendem para o ser — ou para a realidade. Isso permite, segundo Abbagnano, justificar metodologicamente a "objetividade" real e não meramente abstrata da existência. Em muitos aspectos, Abbagnano aproximou-se do naturalismo e do positivismo, embora repudiando o "cientificismo ingênuo" deste último.

➲ Principais obras: *Nomes e temas da filosofia contemporânea*, Dom Quixote, s.d. — *Le sorgenti irrazionali del pensiero*, 1923. — *Il problema dell'arte*, 1925. — *Il nuovo idealismo inglese e americano*, 1927. — *Guglielmo de Ockam*, 1931. — *La nozione del tempo in Aristotele*, 1933. — *La fisica nuova. Fondamenti di una teoria della scienza*, 1934. — *Il principio della metafisica*, 1936. — *Lineamenti di pedagogia*, 1936. — *La struttura dell'esistenza*, 1939 (trad. esp.: *La estructura de la existencia*, 1958). — *B. Telesio (I. Telesio, II. Telesio e la filosofia del Rinascimento)*, 1941. — *Introduzione all'esistenzialismo*, 1942, 2ª ed., 1947 (trad. esp.: *Introducción al existencialismo*, 1955). — *Filosofia, Religione, Scienza*, 1947 (trad. esp.: *Filosofía, religión y ciencia*, 1961). — *Esistenzialismo positivo*, 1948 (trad. esp.: *Existencialismo positivo*, 1953). — *História da filosofia*, Presença, 14 vols., várias vezes reeditada. — *Storia del pensiero scientifico*, 1951 ss. — *Possibilità e libertà*, 1956 (trad. esp.: *Filosofía de lo posible*, 1957). — *Problemi di sociologia*, 1959 (coleção de artigos [1951-1958]); 2ª ed. ampliada, 1966. — *Dicionário de Filosofia*, Martins Fontes, 1998. — *Per o contro l'uomo*, 1968. — *Critical Existencialism*, 1969. — *Fra il tutto e il nulla*, 1973. — *Filosofi antichi e nuovi*, 1975. — *A sabedoria de vida*, Vozes, s.d. — *A sabedoria da filosofia,* Vozes, 1991. — *Questa pazza filosofia*, 1988. — *Scritti esistenziali*, 1988. — Com Aldo Visalberghi: *História da pedagogia*, Horizonte, 4 vols., s.d.— Com Giovanni Fornero: *Filosofi e filosofie nella storia*, 3 vols., 1986. — *Bergson – O idealismo anglo-americano e o italiano*, Presença, 1979.

Depoimentos: "Metafisica ed esistenza", em *Filosofi italiani contemporanei*, 1944, pp. 9-25, e em *La mia prospettiva filosofica*, 1950, pp. 9-28. — "Sul metodo della filosofia", em *La filosofia contemporanea in Italia*, 1958, pp. 9-28. — "La mia prospettiva etica", em *Ethica*, 1965, pp. 39-49. — *L'uomo, progetto duemila*, 1980, diálogo com Giuseppe Grieco. — *Ricordi di un filosofo*, 1990.

Bibliografia: B. Maiorca, *Bibliografia degli scritti di e su N. A. (1923-1973)*, 1974.

Ver: V. Fatone, *La existencia humana y sus filósofos*, 1953, cap. X. — G. Giannini, *L'esistenzialismo positivo di N. A.*, 1956. — María Angela Simona, *La notion de liberté dans l'existencialisme positif de N. A.*, 1962. — Adriana Dentone, *La "possibilità" in N. A.*, 1971. — G. Lesnoff-Caravaglia, *Education as Existential Possibility*, 1972. — G. De Crescenzo, "Uomo, possibilità e trascendenza: Rilleggendo Nicola Abbagnano", *Filosofia*, 39 (1988) 45-70. — A. Quarta, "Nicola Abbagnano tra esistenzialismo e neoilluminismo", *Il Protag.* (1988-1989), 3-30. ℂ

ABBT, THOMAS (1738-1766), nasc. em Ulm, foi professor de filosofia na Universidade de Frankfurt am Oder e de matemática em Rinteln, mudando-se depois para Berlim, onde travou amizade com Moses Mendelssohn e Lessing. Foi também inspetor de ensino. Abbt distinguiu-se como um dos filósofos populares (ver FILOSOFIA POPULAR), abordando temas que considerava úteis, ao contrário dos filósofos acadêmicos, dados a elucubrações vãs. Defensor dos direitos de Frederico II, Abbt opôs-se ao cosmopolitismo e preconizou o patriotismo prussiano; o amor à pátria é, segundo Abbt, um dos primeiros deveres, se não o primeiro, de todo súdito. Abbt dedicou-se a questões pedagógicas e, em especial, a tipos e caracteres humanos segundo funções e hierarquias sociais, que são, em sua opinião, mais importantes que os temperamentos individuais.
⊃ Obras: *Vom Tode fürs Vaterland*, 1761 (*Da morte pela pátria*). — *Vom Verdienst*, 1765 (*Do mérito*). — *Geschichte des menschlichen Geschlechts*, 1766 (*História do gênero humano*). — Escritos vários: *Vermischte Schriften*, ed. por C. F. Nicolai, 5 vols., 1770-1780.
Ver: O. Claus, *Die historisch-politischen Anschauungen T. Abbts*, 1905. — Gertrud Brück, *Die Bedeutung Justus Mösers fürs Leben und Denken Th. Abbts*, 1937 (tese). — H. J. Körber, *Die Staatsanschauung Th. Abbts als Beispiel für die Möglichkeiten deutschen Staatsdenken im achtzehnten Jarhhundert*, 1941. ℂ

ABDERA, ESCOLA DE. Às vezes se encontra nas histórias da filosofia grega a expressão 'Escola de Abdera' para designar o chamado atomismo de alguns dos filósofos pré-socráticos (Leucipo, Demócrito). O nome provém do lugar de nascimento de Demócrito: Abdera, colônia jônica da Trácia (onde também nasceu Protágoras). Por esse motivo, Demócrito é também chamado "o abderita". Entretanto esse nome como a expressão que designa a escola podem ser considerados tão-somente recursos mnemotécnicos. Com efeito, na época dos atomistas, a atividade filosófica grega estava centrada em Atenas, e o período durante o qual floresceu a Escola de Abdera é o chamado "período ático". Além disso, Demócrito viajou muito por diversos países do Oriente Próximo, e se diz até que teve contato com os hindus. Finalmente, Leucipo, um dos membros da Escola, não nasceu em Abdera, mas em Mileto, e parece ter sido discípulo de Parmênides. Isso leva à suspeita de que há relação entre os eleatas e a Escola de Abdera, relação que se confirma quando percebemos que cada um dos átomos de Demócrito (ver ATOMISMO) parece ter sido concebido por analogia com a esfera de Parmênides.
⊃ Para a bibliografia, ver FILOSOFIA GREGA e PRÉ-SOCRÁTICOS. ℂ

ABDUÇÃO. A teoria da abdução desempenha um papel capital na filosofia de Peirce, que usou vários termos além de 'abdução' — 'retrodução' (VER), 'presunção', 'hipótese', 'inferência hipotética' —, mas o primeiro parece ter a preferência, possivelmente nele mesmo e também em seus comentadores.

Peirce começou com um estudo da inferência silogística (e daí sua referência à concepção aristotélica da *apagoge* [VER] enquanto redução das figuras do silogismo [as três primeiras figuras] à primeira figura [VER], e em particular a *Barbara*). Um dos resultados de suas investigações a esse respeito é que, mesmo que cada figura envolva princípios da primeira, a segunda e a terceira têm ao mesmo tempo princípios próprios. Mais tarde, Peirce examinou os princípios de inferência também nas relações.

As referências de Peirce à abdução, assim como à hipótese e à retrodução, são muito numerosas em seus escritos, como o atesta um exame dos índices de temas dos *Collected Papers*. Destacaremos alguns pontos importantes com referência a mudanças experimentadas pela noção de abdução, e especialmente por seu uso em Peirce.

Um dos pontos fundamentais na teoria (ou teorias) de Peirce a esse respeito é que os processos mentais, tanto de descoberta como de justificação ou explicação, são inferenciais. Isso quer dizer que pode haver razões para as inferências (que são, elas mesmas, "razões"), até mesmo quando se formulam proposições ou se chega a conclusões aparentemente por mera "conjetura" ou "intuição". Psicologicamente pode ter havido uma conjetura ou uma intuição, mas estas são explicáveis de modo lógico. A lógica atinge, pois, mais que processos formais dedutivos.

Outro ponto capital é a idéia de que a inferência é classificável de imediato em dois tipos: dedutiva (ou analítica) e sintética. A inferência sintética não é, porém, como muitos autores pensavam (e continuam pensando), só indutiva. Por um lado, há a indução; por outro, a hipótese (entre outros abundantes *loci*, ver *Collected Papers*, 2.623). Um exemplo, entre muitos outros, dado por Peirce ajuda a compreender em que consiste cada uma dessas inferências.

Se entro num quarto em que há vários sacos que contêm diversos tipos de feijão e, depois de investigar, descubro que um dos sacos contém apenas grãos de feijão branco, posso inferir como probabilidade, ou conjetura razoável, que, dado um punhado de feijão branco, este procede do saco que contém somente feijão branco. Com isso, formulo uma hipótese, distinta de uma indução e de uma dedução, isto é, infiro um caso partindo de uma regra e um resultado. Consideremos agora os três tipos de inferência com base no exemplo citado: 1) Dedução: A regra é: "Todos os tipos de feijão são brancos". O caso é: "Estes grãos de feijão procedem deste saco". Conclusão: "Estes grãos de feijão são brancos". 2) Indução: O caso é: "Estes grãos de feijão procedem deste saco". O resultado é: "Estes grãos de feijão são brancos". Regra: "Todos os grãos de feijão deste saco são brancos". 3) Hipótese (ou seja, abdução): A regra é: "Todos os grãos de feijão deste saco são brancos". O resultado é: "Estes grãos de feijão são brancos". Caso: "Estes grãos de feijão procedem deste saco".

Há muitos outros exemplos possíveis de hipótese ou abdução. Se se encontram fósseis de peixes em solo muito profundo, formulo, para explicar esse fenômeno, a hipótese de que em outra época essa terra devia estar coberta pelo mar. Se numerosos documentos se referem a um conquistador chamado Napoleão, embora nunca o tenhamos visto, não podemos explicar os documentos indicados sem formular a hipótese de que Napoleão existiu.

Embora durante certo tempo Peirce tenha considerado independentes as três formas de inferência indicadas, sua crescente inclinação a conceber a lógica como método de investigação, ou ao menos como um conjunto de procedimentos que abrangem os métodos de investigação, levou-o à idéia de um "método dos métodos" e, concomitantemente, à idéia de que cada uma das três formas de inferência é um passo no caminho da investigação. A abdução, ou inferência hipotética, é a forma de inferência que acrescenta algo ao conhecimento, formando teorias. A indução completa o processo da busca, encontrando fatos confirmatórios das teorias.

Nem sempre ficam claras em Peirce, se a abdução é uma conjetura, as razões que levam à conjetura ou as razões que, uma vez formulada a conjetura, explicam por que se escolheu essa conjetura e não outra. Nem sempre fica claro, tampouco, se a abdução diz respeito à descoberta ou construção de uma conjetura ou hipótese, ou então à seleção ponderada de uma conjetura ou hipótese entre várias. K. T. Fann (*Peirce's Theory of Abduction*, 1970) abordou esses assuntos pormenorizadamente, mostrando em que casos Peirce parece inclinar-se por uma ou outra das mencionadas concepções da abdução e em que outros casos inclui várias concepções — por exemplo, descoberta e seleção de uma conjetura ou hipó-

tese — em uma. Fann trata também da questão da justificação da abdução, questão que não foi resolvida por Peirce e que até agora permanece irresoluta, já que não parece haver instância superior à abdução.

Por suas insistentes investigações sobre a abdução, a função das hipóteses e conjeturas na ciência e no conhecimento em geral, bem como por sua distinção entre abdução e indução, Peirce foi um dos filósofos — possivelmente o primeiro — que desenvolveram os temas de uma "lógica da descoberta" (ver DESCOBERTA). "Embora fale às vezes da abdução como sendo essencialmente um tipo de instinto de conjetura — escreve Fann (*op. cit.*, p. 55) —, Peirce defende explicitamente que, além de se poder dar conta psicologicamente da descoberta, há definitivamente uma *lógica* da descoberta", e isso, sobretudo, em virtude de sua concepção normativa, não "descritiva" (e, poder-se-ia acrescentar, não exclusivamente analítico-formal), da lógica.

➯ Ver: K. T. Fann, *Peirce's Theory of Abduction*, 1970. — W. H. Davis, *Peirce's Epistemology*, 1972. — P. Skagestad, *The Road of Inquiry: Charles Peirce's Pragmatic Realism*, 1981. — Douglas R. Anderson, "The Evolution of Peirce's Concept of Abduction", *Transactions. Charles S. Peirce Society*, 22 (1986), 145-164. — R. J. Roth, "Anderson on Peirce's Concept of Abduction: Further Reflections", *ibid.*, 24 (1988), 131-139. ᘓ

ABELARDO, PEDRO [Abailard, Pierre] (1079-1142), chamado de *Peripateticus palatinus*, nasc. em Le Pallet, no condado de Nantes, estudou em Paris sob a direção de Guilherme de Champeaux, cujas doutrinas combateu violentamente. A fim de ensinar suas próprias doutrinas, Abelardo fundou uma escola em Melun, mais tarde transferida para Corbeil. Pouco depois, não obstante, regressou a Paris para estudar de novo com Guilherme de Champeaux. Confirmada sua oposição ao mestre, conseguiu muitos discípulos. O mesmo lhe ocorreu em Laon, onde foi estudar com Anselmo de Laon. Depois disso retornou a Paris e abriu uma escola na montanha de Santa Genoveva, obtendo imenso êxito. A tormentosa vida de Abelardo não se restringiu, entretanto, a suas incessantes polêmicas e seus discutidos livros; seu célebre amor por Heloísa, sua entrada na vida religiosa, sua vida de *magister* errante, as acusações de São Bernardo e a condenação de várias de suas teses nos concílios de Soissons (1121) e de Sens (1140) contribuíram para formar a imagem de um Abelardo inquieto, que não por acaso se transformou em tema de inspiração romântica.

Afirmou-se às vezes que Abelardo foi o fundador do método escolástico. Embora essa opinião seja discutível, parece certo que, com sua obra *Sic et Non*, difundiu amplamente o método baseado na contraposição das autoridades patrísticas, tendo em vista sua harmonia e conciliação no âmbito dos dogmas e também a fundamentação racional destes. Por conseguinte, o chamado racionalismo teológico de Abelardo — que induziu alguns historiadores, com evidente exagero, a considerá-lo um "ilustrado" *avant la lettre* — não é senão uma oposição tanto aos teólogos que se negavam a aplicar a dialética (VER) às coisas divinas como aos que a transformavam na única ciência da divindade. Porém, se não foi um fundador, Abelardo foi sem dúvida um grande impulsionador, de maneira que sua influência deve ter sido ainda maior do que o permitem suspeitar as marcas deixadas na escolástica posterior. Seus pontos de vista são muito diversos, mas os que nos interessam são primordialmente dois: um se refere à doutrina dos universais; o outro, à ética.

Abelardo se opôs tenazmente ao realismo (VER) defendido por Guilherme de Champeaux, mas o fez de igual forma ao nominalismo (VER) preconizado por Roscelino de Compiègne. Isso levou alguns autores à conclusão de que a posição de Abelardo foi uma preparação para a tese do realismo moderado, mais tarde fundamentado por Santo Alberto Magno e Santo Tomás de Aquino. Essa opinião é hoje considerada excessivamente simplista. Não surpreende, pois, que tenha havido entre os historiadores da filosofia medieval um vivo debate sobre qual era a "verdadeira posição" de Abelardo quanto ao problema que nos ocupa. Duas interpretações se opuseram: a dos que afirmaram que Abelardo foi um conceptualista, tendo interpretado os universais como "concepções do espírito", e a dos que sustentaram que, apesar de sua crítica a Roscelino, ele no fundo se manteve no âmbito da mesma corrente nominalista que se desenvolveu desde o citado filósofo até Guilherme de Ockham. Para intervir neste debate, convém ver o que Abelardo pensava sobre os universais à luz da dupla crítica de Roscelino e Guilherme de Champeaux. Ora, é claro que para Abelardo os universais não eram — como para Roscelino — meras *voces*, já que estas eram concebidas como realidades mentais. Mas tampouco eram — como para Santo Anselmo ou, mais ainda, para Guilherme de Champeaux — coisas, *res*. Em sua crítica a esta última posição, Abelardo pareceu ter levado Guilherme de Champeaux a uma atenuação de sua posição no sentido do realismo da indiferença (VER). Mas, uma vez estabelecido isso, é necessário ver o que Abelardo positivamente ensinava acerca dos universais. Pode-se esquematizar sua posição do seguinte modo: o universal é um nome, um *nomen*, e o nome de uma *vox significativa*. Trata-se então de elucidar o sentido da significação e de examinar sua relação com o significado. Para conseguilo, Abelardo dedicou considerável esforço à análise lógica da predicação. Ele percebeu imediatamente que predicar algo de uma multiplicidade é uma função exercida pelos vocábulos, os quais *convêm* com várias entidades. Com isso, introduziu-se um novo conceito: o de "conveniência". É um conceito difícil de definir. Isso porque essa conveniência parece muito próxima do *status* mediante o qual os realistas muito moderados designavam o "encontro" em vários indivíduos de um caráter comum. Diante dessas dificuldades, não espanta que Abelardo deixasse às vezes sua posição num estado muito menos preciso do que supõem alguns historiadores da filosofia. De fato, a única coisa que se pode afirmar com relativa segurança é que Abelardo foi um realista *contra* Roscelino e um nominalista *contra* Guilherme de Champeaux, sem chegar a ser um realista moderado. É verdade que Abelardo afirma na lógica chamada *Ingredientibus* que "gêneros e espécies significam de fato coisas que existem verdadeiramente". Mas a significação de 'existir verdadeiramente' não é claramente definida. Diremos, pois, que a solução de Abelardo *parecia* tender a uma oscilação entre a realidade do "encontro" do comum nos indivíduos e a concepção do universal como uma intelecção da mente. Este último aspecto foi sublinhado por Abelardo, sobretudo quando quis opor-se à concepção dos universais como "coisas" ou "naturezas". Mas reduzir a ela toda a doutrina de Abelardo sobre os universais é simplificar sua posição de modo excessivo.

No âmbito da ética manifestam-se em Abelardo oscilações semelhantes. Por um lado, ele parecia tentar substituir a forma externa da remissão do pecado pela vivência íntima do arrependimento. Por outro, parecia com isso destacar unicamente a importância da consciência moral, sem tentar suprimir a autoridade delegada de Deus. É certo que a distinção entre o delito e o pecado alude à concepção da intenção como fundamento da bondade ou da maldade. Mas essa bondade ou essa maldade nunca são completamente subjetivas. Abelardo pretendia menos ainda suprimir o castigo efetivo do delito, pois, embora tenha escrito no cap. V de sua *Ética* que "o ato do delito não é um pecado em si mesmo", o filósofo alertou em seguida para o fato de que a impossibilidade, na ordem humana, de fazer o que Deus faz — perscrutar a verdade no coração — impõe que se julgue a maldade segundo o ato, e não segundo o espírito com que é executado. Assim, a fundamentação da bondade ou da maldade na intenção é antes um limite extremo que uma propriedade efetiva do ato; não apenas a intenção deve ser preenchida em cada caso com um conteúdo que a torne real, como também a realidade desse conteúdo deve coincidir com a lei divina. Também aqui a posição de Abelardo é oscilante; ainda que sem dúvida enriqueça seu pensamento, esse fato torna impossível expô-lo de modo simplificado.

⊃ Entre os escritos de Abelardo devem-se citar, além de sua autobiografia, *Historia calamitatum*, o *De unitate et trinitate divina* (escrito em 1120, condenado em 1121); o já mencionado *Sic et Non* (1122), também denominado *Compilatio sententiarum* ou *Sententiae ex divinis scripturis collectae*; a *Theologia christiana* (1123 ou 1124); a *Theologia* (cuja primeira parte, conservada, é a *Introductio ad theologiam*), datada de um período que oscila entre 1125 a 1136 ou 1138; a *Ethica* ou *Scite te ipsum*, de data incerta, mas posterior a 1125; o *Dialogus inter Philosophum, Iudaeum et Christianum* foi escrito no final de sua vida. — As principais obras lógicas de Abelardo são: *Introductiones parvulorum* [glosas a Aristóteles, a Porfírio e a Boécio]; *Logica ingredientibus* [glosas a Porfírio]; *Logica nostrorum petitioni* [glosas a Porfírio]; *Dialectica*. Esta última compreende cinco tratados: I [antepredicamentos, predicamentos (categorias), pós-predicamentos]; II [silogismos categóricos]; III [tópicos]; IV [silogismos hipotéticos]; V [divisão e definição].

Edições de Abelardo: *Petri Abelardi Opera*, Paris, 1616, por Ambroise, muito incompleta; *Ouvrages inédits d'Abélard*, por Victor Cousin, Paris, 1836; versão refundida e ampliada dessa edição pelo próprio Cousin: 2 vols., 1849-1859, com um estudo sobre Abelardo reproduzido em *Fragments philosophiques*, II, pp. 1-217; edição de Migne P. L., CLXXVIII. Alguns textos mais completos e outros até então desconhecidos foram publicados mais tarde. Convém mencionar em relação a isso: a publicação por Geyer da lógica chamada *Ingredientibus* e da lógica *Nostrorum sociorum petitioni* (cf. Peter Abelards, *Philosophische Schriften*, I, 1919; II, 1921; III, 1923; IV, 1933; reed. 1973); a publicação da *Dialectica*, com base no MS. Lat. 14.614 da Bibliothèque Nationale, de Paris, por L. M. de Rijk, 1956 [a seção sobre os predicamentos, Parte I, não figura neste MS.; 2ª ed., completa, 1970]; a edição feita por L. Minio-Paluello de textos lógicos inéditos: *Abaelardiana Inedita* (1. *Super Periermeneias XII-XIV*. 2. *Sententiae secundum M. Petrum*), em *Twelfth Century Logic: Texts and Studies* II, 1958; ed. crítica de *Historia calamitatum*, por J. Monfrin (Paris, 1960); ed. da *Ethica*, por L. M. de Rijk (trad. esp.: *Ética o conócete a ti mismo*, 1971; nova ed., 1990); também a *Theologia Summi Boni*, editada na íntegra pela primeira vez por Heinrich Ostlender (1939); ed. do *Dialogus inter Philosophum, Iudaeum et Christianum*, por R. Thomas, 1970 (trad. esp., 1988). — Ed. crítica de *Sic et Non*, por Blanche B. Boyer e Richard McKeon, 2 fascículos, 1976.

Ver: Ch. de Rémusat, *Abélard, sa vie, sa philosophie et sa théologie*, 2 vols., 1845. — E. Vacandard, *P. A. et sa lutte avec Saint Bernard, sa doctrine, sa méthode*, 1881. — A. Hjelml, *Den helige Bernard och Abaelard*, 1898. — J. Schiller, *Abaelards Ethik im Vergleich zur Ethik seiner Zeit*, 1906. — F. Schreiter, *Petrus Abaelards Anschauungen über das Verhältnis von Glauben und Wissen*, 1912. — P. Lasserre, *Un conflit religieux au XIIe siècle*, 1930 [trad. esp.: *Abelardo contra San Bernardo*, 1942). — C. Ottaviano, *Pietro Abelardo, la vita, le opere, il pensiero*, 1930. — J. G. Sickes, *Peter Abaelard*, 1932. — F. Hommel, *Nosce te ipsum. Die Ethik des Peter Abaelard*, 1947. — A. J. Luddy, *The Case of Peter Abelard*, 1948. — M. T. Beonio-Broechieri Fumagalli, *La logica di A.*, 1964 (inclui ensaios publicados em *Rivista critica di storia della filosofia*, 13 [1958], 12-26, 280-290; 14 [1959], 3-27; 15 [1960], 14-21; 18 [1963], 131-146. — A. Victor Murray, *A. and St. Bernard: A Study in Twelfth Century "Modernism"*, 1967. — Ángel J. Cappelletti, *A.*, 1968. — Leif Grane, *P. A. Philosophie und Christentum im Mittelalter*, 1969. — J. Jolivet, *Arts du langage et théologie chez A.*, 1969. — M. D. S. Luscombe, *The School of P. A.: The Influence of Abelard's Thought in the Early Scholastic Period*, 1969. — G. Verbeke, L. Engels et al., *P. A.*, 1974 (Proceedings of the International Conference, Louvain, 10/12-V-1971, ed. E. M. Buytaert). — Martin W. Tweedale, *Abailard on Universals*, 1976. — L. Urbani Ulivi, *La psicologia di A. e il "Tractatus de intellectibus"*, 1976. — R.-H. Bautier, Jacques Verger et al., *Abelard en son temps*, 1981 (Actas Colloque International, 14-19 de maio de 1979). — P. L. Williams, *The Moral Philosophy of Peter Abelard*, 1980. — R. Thomas, ed., *Petrus Abaelardus (1079-1142). Person, Werk und Wirkung*, 1980. — K. M. Starnes, *Peter Abelard: His Place in History*, 1981. — J. Verger, J. Jolivet, *Bernard-Abelard ou le cloître et l'école*, 1982. — K. Jacobi, "Abelard und Frege. The Semantic of Words and Propositions", em *Atti del Convegno Int. di storia della logica*, Bolonha, 1983, ed. V. M. Abrusch, E. Casari, M. Mugna, pp. 81-93.

Sobre Abelardo e Heloísa: G. Moore, *Heloïse et Abélard*, 2 vols., 1921. — J. Huizinga, "Abaelard", *Handelingen en levensberichten van de Maatschappij der Nederlandsche Letterkunde te Leiden* (1934-1935), pp. 66-82 (trad. esp. no volume do autor: *Hombres e ideas*, 1960, pp. 157-172). — É. Gilson, *Heloïse et Abélard*, 1938; 3ª ed. rev., 1984. — J. T. Muckle, "The Personal Letters Between Abelard and Heloise: Introduction, Authenticity and Text", *Mediaeval Studies*, 15 (1953), 47-94. — *Id.*, "The Letter of Heloise on Religious Life and Abelard's First Reply", *Mediaeval Studies*, 17 (1955), 240-281. — R. Pernoud, *Héloïse et Abélard*, 1970. — L. Melling, *Abelard and Heloise*, 1970. — D. W. Robertson, *Abelard and Heloise*, 1974. — N. C. Truci, "Alcuni problemi di interpretazione nell'epistolario di Abelardo ed Eloisa", *Filosofia*, 26 (1975), 257-270. — P. Dronke, *Abelard and Heloise in Medieval Testimonies*, 1976. — G. Mish, *Abälard und Heloise*, 3ª ed. da tiragem do vol. III/1 de *Geschichte der Autobiographie*, 1986. — A. Nye, "Philosophy: a Woman's Thought or a Man's Discipline? The Letters of Abelard and Heloise", *Hypatia*, 7 (3) (1992), 1-22. O. Vilela, *O drama de Heloisa e Abelardo*, 1999. ☛

ABENALARIF (Abu-l-'Abbās Ahmad bn Muhammad bn Mūsā bn Ibn 'Atā' Allāh Ibn Al-'Arīf) (1088-1141), nasc. em Almeria. Formou-se no sufismo (ver FILOSOFIA ÁRABE) com vários mestres que, segundo Asín Palacios, procediam da escola masarri (ver ABENMASARRA). As tendências de Abenalarif eram uma combinação de metafísica massarri e mística neoplatônica. Segundo Abenalarif, não há comparação nem analogia possível entre Deus e as coisas e, portanto, entre Deus e o homem. Deus é tudo, e as coisas são nada; contudo, o homem pode, mediante o desprendimento de tudo o que é e lhe pertence, ascender, ao longo de uma série de "moradas", à união mística com Deus, que é união de tudo e nada. No ato da união da pessoa — ou, melhor dizendo, do "sábio" e do "iniciado" — com Deus desaparece todo vestígio de materialidade e até todo vestígio de realidade que não seja a pura realidade de Deus enquanto misticamente contemplado. Abenalarif exerceu grande influência, tendo inclusive formado uma "escola alarifiana".

➲ Das obras de Abenalarif conserva-se apenas o *Mahāsin al-Maŷālis*; ver Miguel Asín Palacios, "El místico Abu-l-'Abbas Ibn al-'Arif de Almería y su '*Mahāsin al-Maŷālis*", em *Obras escogidas*, 1946, pp. 219ss. — Ver também Miguel Cruz Hernández, *Historia de la filosofia española. Filosofia hispano-musulmana*, tomo I (1957), pp. 301-306. ☛

ABENALSID (Ibn al Sīd) (1052-1127), nasc. em Badajoz, tendo-se mudado sucessivamente para Albarracín, Toledo, Saragoça e Valença, onde faleceu. Seu pensamento filosófico, expresso e sistematizado sobretudo no *Kitāb al-hadā'iq* (*Livro dos círculos*), é uma combinação de idéias neoplatônicas e neopitagóricas, com predomínio destas últimas. Abenalsid admite a doutrina da absoluta unidade do Ser Supremo e a doutrina dos graus de realidade paralelos aos graus de perfeição. Ao contrário de autores que, como Abenmasarra e o contemporâneo de Abenalsid, Abenalarif (VER), tendiam a purificar a idéia do Ser Supremo a ponto de distinguir este último de sua ciência, Abenalsid destaca o caráter de inteligência pura de Deus, o qual é modelo de todo conhecimento, de modo que o conhecimento de qualquer coisa é, em última análise, uma aproximação maior ou menor do conhecimento de Deus e do conhecimento que Deus possui. Abenalsid desenvolveu a doutrina da criação baseada em emanações, e a doutrina da alma humana fundada nos graus de conhecimento.

➲ O citado *Kitāb al-hadā'iq* (*Livro dos círculos*) foi publicado e traduzido por Miguel Asín Palacios em *Al--Andalús*, V (1940), 45-154; reimp. em *Obras escogidas*, de Asín, tomos II e III (1948), pp. 485-562. Além dessa obra, devem-se a Abenalsid, entre seus livros de caráter filosófico e teológico: *Kitāb al-iqtidāb fī sarh adad al-kuttāb* (*Livro da improvisação*), ed. Beirut, 1901. — *Kitāb al-insāf fī al-tanbīb 'alà al-asbāb al-mūyiba liijtilāf al-umma* (*Livro do aviso equânime acerca das causas que geram as discrepâncias de opinião no Islã*), ed. Cairo, 1901. — *Kitāb al-masā'il* (*Livro das Questões*), ed. em parte por Asín, *Al-Andalús*, 3 (1935), 345-389. — Ver Miguel Cruz Hernández, *Historia de la filosofia española. Filosofia hispano-musulmana*, tomo I (1957), pp. 307-322. ☛

ABENARABI (Abū Bakr Muhammad bn 'Alī Ibn 'Arabi) (1164-1240), nasc. em Múrcia e se mudou muito jovem para Sevilha, viajando depois pela África do Norte e pelo Oriente Próximo; os últimos lugares onde morou foram Bagdá e Damasco, tendo aqui falecido. Embora Abenarabi tivesse conhecimento de Aristóteles, de Alfarabi e de Averróis, seu pensamento se orientou pelo neoplatonismo, com influências de Abenhazam e, sobretudo, de Abenalarif (VER). Seguindo essa linha, Abenarabi destacou o caráter puro e absoluto de Deus como unidade suprema e negou a possibilidade de analogia entre Deus e o criado. Isso impede o conhecimento de Deus, mas não a possibilidade de uma "ascensão mística". Abenarabi dividiu todo ser em três: o ser absoluto; o não-ser absoluto ou nada; e o ser intermediário, que se acha entre o ser absoluto e o não-ser absoluto. Este último ser é o reino da possibilidade de ser, situado aquém da existência e da não-existência. Como no neoplatonismo, Abenarabi explica os seres criados por meio de uma processão hierárquica de gêneros e espécies a partir do ser necessário. Importante, no pensamento de Abenarabi, é a doutrina do amor, que se articula numa série de graus que vão da mera simpatia ou inclinação ao puro amor à pessoa enquanto pessoa independentemente das circunstâncias. A produção do criado mediante processão é consequência do Amor divino superabundante. Deve-se observar que os graus do amor de que fala Abenarabi não são simplesmente graus que vão do amor "material" ao amor "espiritual"; no amor "material" pode manifestar-se algo puramente espiritual.

➲ Abenarabi foi um autor muito fecundo, sendo-lhe atribuídas mais de quatrocentas obras filosóficas, teológicas, místicas, ascéticas, poéticas etc. São especialmente importantes: *Kitāb al-Futūhāt* (*Livro das Revelações de Meca*), ed. 1876 (trad. em parte por Miguel Asín Palacios em *El Islam Cristianizado* [1931], pp. 450-518). — *Kitāb Šarh fusūs al-hikam* (*Livro comentário às pérolas da sabedoria*), ed. em 1891. — *Kitāb mawāqi' al-nuŷūm* (*Livro do descenso dos astros*), ed. 1907 (trad. em parte por Asín Palacios em *op. cit.*, pp. 378-432). — *Kitāb al-tadbīrāt al-Ilāhiyya* (*Livro da Política divina*), ed. 1919 (trad. em parte por Asín Palacios, *op. cit.*, pp. 353-370). — *Kitāb tuhfat al-safara* (*Livro da dádiva da viagem mís-

tica), ed. 1882 (trad. em parte por Asín Palacios, *op. cit.*, pp. 277-329). — *Risālat al-anwār* (*Epístola das luzes*), ed. 1914 (trad. em parte por Asín Palacios, *op. cit.*, pp. 433-449). — *Risālat al Amr al-muḥkam* (*Epístola do preceito taxativo*), ed. 1897 (trad. em parte por Asín Palacios, *op. cit.*, pp. 300-351). — *Kitāb Dajā'ir al-a'lāq* (*Livro do tesouro dos amantes*), ed. 1904. — *Al-Diwān al-akbar* (*O grande divan*).

Ver: Miguel Asín Palacios, *op. cit.*, pp. citadas e, especialmente sobre a vida e o pensamento de Abenarabi, pp. 96-173. — Miguel Cruz Hernández, *Filosofia hispano-musulmana*, tomo I (1957), pp. 267-294. — Henry Corbin, *L'imagination créatrice dans le soufisme d'Ibn 'Arabi*, 1958, 2ª ed., 1977 (trad. esp., 1993). — R. Landau, *The Philosophy of Ibn 'Arabi*, 1959. — S. H. Nasr, *Three Muslim Sages: Avicenna, Suhrawardi, Ibn 'Arabi*, 1964. — M. Kassem, "El problema de la predestinación y del libre albedrío en Leibniz y en Ibn 'Arabi", *Pensamiento*, 30 (1974), 149-172. — T. Izutsu, *A Comparative Study of the Key Philosophical Concepts in Sufism and Taoism: Ibn 'Arabi and Lao-Tzu, Chuang-Tzu, part 1*, 1966. — José M. Serrano, "Ibn 'Arabi o la renovación espiritual del sufismo", *Themata* (1989), 177-196. A. V. Smirnov, "Nicholas of Cusa and Ibn 'Arabi: Two Philosophies of Mysticism", *Philosophy East and West*, 43 (1) (1993), 65-85. ℂ

ABENGABIROL. Ver Avicebron.

ABENHAZAM (Abu Muhammad Alī bn Aḥmad bn Sa 'īd Ibn Ḥazm) (994-1063), nasc. em Córdoba e viveu nessa cidade grande parte de sua vida, passando por dificuldades políticas que o levaram ao cárcere, a um breve desterro em Aznalcázar, de novo à prisão e a um refúgio em Játiva, e de novo ao cárcere. Abandonando a atividade política, dedicou-se inteiramente aos estudos, especialmente de teologia e Direito, e foi para Huelva, onde faleceu.

Abenhazam é hoje conhecido sobretudo por sua obra *Tawk al-Ḥamāma* (*O Colar da Pomba*), na qual discorre amplamente sobre a natureza e as formas do amor, concebido como atração entre almas afins, ou partes de almas afins, e no qual se descobrem diversos graus, o supremo dos quais sendo o amor como "fusão". Além dos graus do amor, Abenhazam descreve suas diferentes intensidades e suas várias causas, em particular a causa principal — a beleza —, que também apresenta diversas formas e graus. Américo Castro, que examinou o que foi denominado "a proximidade *formal*" entre *O Colar da Pomba* e o *Livro do Bom Amor*, do Arcipreste de Hita, destacou o caráter "pessoal" da idéia do amor em Abenhazam: "Ibn Hazm fala de algumas vidas, a sua, e as dos outros, imersas no amor" (*op. cit.* na bibliografia, p. 414).

Mas o pensamento de Abenhazam não se reduz à sua doutrina do amor e de suas formas. Ele escreveu numerosas obras filosóficas em que abordou temas como a classificação dos saberes, a natureza do conhecimento, o conhecimento de Deus, a questão das relações entre fé e razão, o problema da substância, da essência e da existência, a alma, as virtudes etc. Em sua classificação dos saberes, Abenhazam indica haver três tipos de saberes humanos: saberes próprios de um povo (como teologia, história); saberes universais (como matemática, medicina, filosofia); e saberes mistos (como poética, retórica). Seguindo em ampla medida Aristóteles, Abenhazam estuda o processo do conhecimento como conhecimento sensível que leva à discriminação entre o verdadeiro e o falso, e, no final, a um sentido distinto dos outros cinco, o sexto sentido ou comum, que apreende os princípios primeiros por meio dos quais se efetuam as demonstrações. Segundo Abenhazam, o conhecimento das coisas e dos princípios da demonstração não é contrário às verdades da fé, nem tampouco completamente independente delas. O conhecimento das coisas e dos princípios da demonstração não basta para alcançar as verdades da fé, pois estas não derivam daquele; entretanto, só o conhecimento profundo da "filosofia" pode harmonizá-la com os princípios da "teologia". Estes princípios são racionais e nos mostram justamente a diferença entre a realidade eterna e necessária de Deus e a realidade temporal e contingente das coisas. Isso não significa que a razão possa penetrar na essência divina. A revelação é necessária, e não apenas para as verdades da fé, mas também, de algum modo, para as outras verdades, fundadas no que a revelação transmitiu.

Abenhazam elaborou detalhadamente a teologia natural, abordando a natureza de Deus e as provas de sua existência com base na análise das diversas opiniões relativas ao assunto, para concluir com "a verdadeira sentença" e as provas dela, de modo semelhante ao tradicional escolástico e, em particular, ao de Santo Tomás. Para isso, Abenhazam faz uso de conceitos filosóficos básicos como os de substância, atributo, ser necessário, ser possível, ser impossível etc. No âmbito de sua teologia natural, tratou também pormenorizadamente das questões capitais da liberdade humana e da predestinação, opondo-se por igual ao fatalismo completo e ao completo "indeterminismo", e defendendo a idéia de que o homem precisa da graça divina — uma graça suficiente e uma graça eficaz — para incliná-lo ao bem, mas que essa graça não é completamente "irresistível".

Na controversa questão da relação entre essência e existência, Abenhazam preconiza a distinção real entre elas nas coisas criadas, ou, pelo menos, a idéia de que, em tais coisas, a existência é extrínseca à essência; em contrapartida, em Deus elas são idênticas. Isso não quer dizer que a doutrina de Abenhazam a esse respeito seja igual à tomista, entre outras razões pelo fato de que

nela os termos empregados não têm exatamente o mesmo sentido (*māhiyya*, "essência"; *anniyya*, "existência"). Todavia, é característico de Abenhazam, nesta e em outras questões filosóficas fundamentais, uma atitude "moderada".
➲ Trad. e comentário do *Tawk al-Ḥamāma*, por Emilio García Gómez: *El Collar de la Paloma*, 1952. — Entre os outros escritos de interesse filosófico de Abenhazam, citamos: *Kitāb fī Marātib al-'Ulūm* (*Livro sobre a classificação das ciências*). — *Kitāb al-taqrīb li-hudūd al-Kalām* (*Livro para facilitar a compreensão do raciocínio*). — *Kitāb al-ajlāq wa-l-sīr* (*Livro dos caracteres e da conduta*) (trad. esp. de Miguel Asín Palacios, 1961). — *Kitāb al-iḥkām fī uṣūl al-aḥkām* (*Livro dos princípios dos fundamentos jurídicos*). — *Kitāb al-fiṣal* (*Livro das soluções divinas*) (trad. esp. de Asín Palacios em *Abenhazam*, ver *infra*). — *Faṣl fī Ma'rufat al-nafs bi gayri-hāwa ŷahal-ha bi-ḏātihā* (*Artigo sobre o conhecimento que a alma tem das coisas diferentes dela e da ignorância que possui de si mesma*).
Fundamental para Abenhazam é Miguel Asín Palacios, *Abenhazam de Córdoba y su historia crítica de las ideas religiosas*, 5 vols., 1927-1932. — Ver também I. Pellat, "Ibn Hazm, bibliographe et apologiste", *Al-Andalús*, 19 (1954), 53-102. — R. Arnáldez, *Grammaire et théologie chez Ibn Han de Cordoue. Essai sur la structure et les conditions de la pensée musulmane*, 1956. — Miguel Cruz Hernández, *Historia de la filosofía española. Filosofía hispano-musulmana*, vol. I (1957), pp. 239-293. — S. Gómez Nogales, "La filosofía de la naturaleza y la psicología según Abenhazam", em *La filosofia della natura nel Medioevo*, Atti III Congr. In. Filos. Med., Milão, 1966, pp. 190-208. — A obra de Américo Castro mencionada *supra* é *La realidad histórica de España*, 1954 [edição refundida de *España en su historia*, 1948; edição renovada, 2 vols., 1963-1964]. ℂ

ABENJALDUN (Abd al-Rahman Ibn Jaldūn) (1332--1406), nasc. em Túnis. Seus antepassados viveram por vários séculos na Espanha (principalmente em Sevilha). Seus pais mudaram-se para a África do Norte pouco antes de Sevilha ser tomada por Fernando III, o Santo.
O próprio Abenjaldun foi à Espanha em 1362, a serviço do rei de Granada, e esteve como seu embaixador na Corte de Pedro, o Cruel. Em 1375 retirou-se para Orán, onde escreveu quase toda a sua obra histórica. Em 1382 foi a Alexandria, visitou o Oriente Próximo e faleceu no Cairo. Embora Abenjaldun tenha se ocupado igualmente de questões metafísicas, sustentando a doutrina tradicional da gradação contínua do ser num sentido semelhante ao neoplatônico, sua contribuição filosófica mais importante consiste na doutrina da história, exposta nos *Prolegômenos* à sua *Historia universal*. Segundo Abenjaldun, "a História é o relato do ocorrido na sociedade humana ou civilização mundial: das mudanças operadas na natureza dessa sociedade, tais como o estado de selvageria, a sociabilidade e a solidariedade dos grupos; das revoluções e revoltas de um grupo contra o outro, com os decorrentes resultados da formação de novos reinos e Estados; das diferentes atividades e ocupações dos homens, tanto para conseguir o sustento como no âmbito das várias ciências e ofícios; e, em geral, das transformações a que é submetida a sociedade por sua própria natureza". Pode-se dizer que a história se desenvolve de acordo com leis, que são leis de grupos sociais. Estas leis, obtidas indutivamente, se aplicam a todas as sociedades. As leis histórico-sociológicas são, porém, peculiares à humanidade e não podem ser reduzidas às circunstâncias físicas ou geográficas. Dessa maneira, é possível ordenar o aparente caos da história e proporcionar modelos para entender as incessantes mudanças sociais. É fundamental na investigação de Abenjaldun o conceito de solidariedade social: esta se deve ao impulso de autoconservação das sociedades e explica a necessidade da autoridade. Muito importante na fase tribal e nômade, esta solidariedade constitui — unida à solidariedade religiosa — o fundamento da criação dos Impérios e dos Estados. Ora, uma vez constituído um Império, o impulso dinâmico da sociedade decresce; afrouxadas pelo luxo, pela segurança e pela indolência, as sociedades vivem um processo de dissolução. Uma série de etapas bem precisas conduz do impulso inicial nômade de criação imperial ao momento final de desintegração da sociedade, que é então dominada por outra comunidade ainda em estado nômade e, por conseguinte, em perfeita coesão social, e assim sucessivamente, num processo interminável. É óbvio que o modelo concreto histórico e social da filosofia da história de Abenjaldun é constituído pelos fatos da história norte-africana por ele conhecidos, mas há em sua sociologia leis de transformação social que poderiam aplicar-se — e, em sua intenção, se aplicam — a todas as sociedades.
➲ A doutrina histórico-filosófica de Abenjaldun encontra-se nos *Prolegómenos* a sua *Historia universal*. Esses *Prolegómenos* (*Muqaddima*) dividem-se em seis partes, que abordam: (I) a sociedade humana em geral, as classes e a distribuição geográfica; (II) as sociedades nômades; (III) os Estados e organizações políticas; (IV) as sociedades sedentárias; (V) a produção e a economia; (VI) a aquisição de bens. Primeira trad. completa dos *Prolegómenos* (para o inglês): Ibn Kaldûn, *The Muqaddimah*, por Frank Rosenthal, 3 vols., 1959 [Bollingen Series, 43], com intr. crítica e bibliografia (esta última preparada por W. J. Fischer). Essa trad. inclui passagens omitidas na trad. francesa de W. M. de Slane (1862-1868).

Ver: T. Hussein, *La philosophie sociale d'Ibn Khaldoun*, 1918. — N. Schmidt, *Ibn Khaldun*, 1930. — G. Bouthoul, *Ibn Khaldun*, 1930. — Kamil Ayad, *Die Geschichte und Gesellschaftslehre Ibn Khalduns*, 1930. — E. Rosenthal, *Ibn Khalduns Gedanken über den Staat*, 1932. — J. Ortega y Gasset, "Abenjaldún nos revela el secreto", *El Espectador*, VIII (1934), pp. 9-52, publicado em *O. C.*, tomo II, pp. 669-687. — Mohammad Abb Allah Inan, *Ibn Khaldun: His Life and Work*, 1941. — Sati 'al el Husry, *Dirasat 'an Muqadimat Ibn Jaldún*, 2 vols., 1943. — Muhsin Mahdi, *Ibn Khaldûn's Philosophy of History. A Study in the Philosophic Foundations of the Science of Culture*, 1956 [ed. americana, 1957]. — Yves Lacoste, *Ibn Khaldoun: Naissance de l'histoire, passé du tiers monde*, 1966. — Walter J. Fischel, *Ibn Khaldun in Egypt: His Public Functions and His Historical Research (1382-1406). A Study in Islamic Historiography*, 1967 (com extensa bibliografia). — Nassif Nassar, *La pensée réaliste d'Ibn Khaldun*, 1967. — Mohammed Aziz Lahbabi, *Ibn-Khaldun*, 1968. — F. K. Abu-Saif, "Ibn-Khaldun, Society and Education", *Journal of Thought*, 10 (1975), 143-150. — M. M. Rabi, *The Political Theory of Ibn Khaldun*, 1967. — F. Shehadi, "Theism, Mysticism and Scientific History in Ibn Khaldun", em M. Marmura, ed., *Islamic Theology and Philosophy*, 1984, pp. 265-279. — R. E. Lana, "Ibn Khaldun and Vico: The Universality of Social History", *Journal of Mind Behaviour*, 8 (1987), 153-165. ⊂

ABENMASARRA (Muḥammad ibn Masarra) (883--931), nasc. em Córdoba, onde formou um círculo ascético de tendências muʾtazilīes (ver FILOSOFIA ÁRABE). Suspeito de heterodoxia, partiu com alguns de seus discípulos para a África do Norte, chegou a Medina e a Meca, e regressou a Córdoba durante o reinado de Abderramã III. Abenmasarra formou uma escola, a chamada "escola masarri", que se estendeu pela Espanha muçulmana e teve dois centros principais: um em Córdoba e outro em Pechina (Almeria). Alguns membros da escola masarri ultrapassaram o mestre em vários pontos doutrinais, especialmente na pregação de um comunismo que aspirava a abolir toda propriedade privada e na negação de toda possibilidade de ciência divina.

Influenciado por Fílon, pelo gnosticismo e pelo neoplatonismo, em particular por Plotino, Abenmasarra concebeu Deus como Unidade perfeita e suprema, cujo conhecimento só pode ser alcançado por via mística, isto é, por uma "fusão" da alma com Deus. A Suprema unidade estava envolvida, antes da produção do mundo, por uma espécie de névoa indiferenciada que formava a matéria primeira. Desta surgem todas as coisas, as quais não podem proceder diretamente de Deus, cuja perfeição ficaria maculada se se relacionasse de modo direto com o produzido. Deus "atua", por assim dizer, sobre a matéria primeira, produzindo-se então uma série de emanações, cada uma das quais produz, por reflexo, uma emanação ou hipóstase inferior a ela. Assim surgiu o Intelecto Universal, possuidor de toda ciência. O que esse Intelecto "escreve" produz a Alma Universal, da qual emana a Natureza pura. Produz-se então a matéria segunda, da qual surgiram o Corpo universal e todas as coisas do mundo, inclusive os espíritos imateriais.

Abenmasarra acentuou ao extremo a pureza de Deus como suprema Unidade, de tal maneira que negou que Deus pudesse possuir a ciência dos universais; se isso acontecesse, Deus não seria Uno, mas se desdobraria entre Ele e Sua ciência. Abenmasarra defendeu igualmente o livre-arbítrio humano e preconizou o uso desse livre-arbítrio de forma que se pudesse conseguir a felicidade eterna ou libertação de todos os grilhões corporais. Com essa finalidade, instituiu uma série de regras de vida espiritual nas quais sobressaíam a humildade, a oração, a penitência e a mortificação.

⊃ Entre as obras escritas por Abenmasarra, destacaram-se o *Kitāb al-tabṣira* (*Livro da explicação perspicaz*) e o *Kitāb al-hurūf* (*Livro das letras*). Estas e as outras obras produzidas por Abenmasarra se perderam, mas o pensamento de nosso autor foi reconstruído por Miguel Asín Palacios em sua obra *Ibn Masarra y su escuela. Orígenes de la filosofía hispano-musulmana*, 1941 [ed. no volume de *Obras escogidas*, 1946, pp. 5--216]. — Ver também Miguel Cruz Hernández, *Historia de la filosofía española. Filosofía hispano-musulmana*, tomo I (1957), pp. 221-238. ⊂

ABENTOFAIL, também chamado Abubaker, Abubacher, Abubather (Abū Bakr Muḥammad bn ʿAbd al-Mālik bn Muḥammad ibn Ṭufayl al-Qaysī (antes de 1110-1185), nasc. em Guádix, exerceu a medicina em Granada, foi vizir e médico pessoal do Sultão almóada Abū Yaʿqūb Yūsuf (Averróis o sucedeu no cargo de médico), e faleceu no Marrocos. Considerava-se a si mesmo discípulo de Algazel e de Avicena, mas sobretudo de Avempace, cuja noção da união do entendimento humano com Deus foi posta por Abentofail no centro de sua meditação filosófica. Tal como no *Regime do Solitário*, de Avempace, também na obra de Abentofail se tratava de ver até que ponto um homem em completa solidão poderia alcançar a mencionada união. Para isso, Abentofail apresentou em sua obra *Risāla de Ḥayy ibn Yaqẓān fī asrār al Hikmat al Maĕrigiyya* ou *Epístola de Ḥayy ibn Yaqẓān* (ou do *Vivente, filho do Vigilante*) *acerca dos segredos da filosofia iluminativa*, mais conhecida no mundo ocidental pelo nome de *O Filósofo autodidata*, narração cujo herói principal é Ḥayy bn Yaqẓān. Este se encontra numa ilha deserta, mas, dotado de grande inteligência, chega a descobrir por si próprio as principais e mais elevadas verdades sobre o mundo e sobre Deus, até desembocar na união mística com a divindade. Ele se encontra depois com Asāl, que foi à ilha para dedicar-se à vida ascética, e aprende com ele a linguagem humana. De posse desta, surpreende o mestre com o conhecimento completo da verdadeira religião e filosofia. Apresentado ao rei Salaman, de uma ilha vizinha, tenta comunicar-lhe as sublimes verdades descobertas, mas tanto Ḥayy bn Yaqzān como Asāl chegam à conclusão de que essas verdades não podem ser transmitidas àqueles que vivem atados pelos sentidos; terminam, pois, por retirar-se a fim de continuar vivendo em posse da verdade divina.

No decorrer de sua *Risāla*, precedida por uma exposição e discussão das opiniões de Avempace, Avicena, Algazel e Alfarabi sobre o êxtase e a mística, Abentofail narra as sucessivas descobertas naturais e espirituais de seu protagonista e, em particular, o modo gradual pelo qual atingiu o conhecimento do Ser Necessário, a quem tenta assemelhar-se, abstraindo-se por inteiro da vida material até chegar à visão de sua essência. A obra de Abentofail foi às vezes interpretada como uma defesa do homem natural, não pervertido pela cultura (ou, melhor dizendo, pelo predomínio nela das coisas naturais), mas é mais plausível explicá-la como uma das manifestações da mística muçulmana e como uma das tentativas de solucionar o problema da relação entre a religião revelada e a filosofia. A conclusão é que apenas a razão, sempre que esteja liberta dos sentidos, pode chegar ao conhecimento das verdades supremas.

⮕ A *Risāla* de Abentofail foi traduzida para o hebraico e comentada por Moisés de Narbona em 1349. A primeira versão latina é a de Eduard Pococke: *Philosophus autodidactus, sive Epistola Abi Jaafar ebn Tophail de Hai ebn Yokdhan, in qua ostenditur, quomodo ex Inferiorum contemplatione ad Superiorum notitiam Ratio humana ascendere possit*, Oxford, 1671. A primeira versão espanhola é a de Francisco Pons Boigues: *El Filósofo autodidacto de Abentofail*, Saragoça, 1900, com prólogo de M. Menéndez y Pelayo. A melhor versão espanhola é a realizada com base na edição de León Gauthier (Alger, 1900) por A. González Palencia: *El filósofo autodidacto*, Madri, 1934 [Publicaciones de las Escuelas de Estudios árabes de Madrid y Granada, Série B, nº 3].

Ver L. Gauthier, *Ibn Thofail. Sa vie, ses oeuvres*, 1909. — B. H. Siddiqi, "The Philosophy of Hai Ibn Yaqzan", *Pakistan Philosophical Congress*, 5 (1958), 327-334. — Id., "From Havy Bin Yaqzan to 'the Children of Light'", *ibid.*, 10 (1963), 67-80. — Sami S. Hawi, "A Twelfth-Century Philosophy of Science", *Pakistan Philosophical Journal*, 11 (1973), 15-36. — Id., id., *Islamic Naturalism and Mysticism: A Philosophic Study of Ibn Tufayl's Hayy Bin Yaqzan*, 1974. ⮕

ABERTURA. Heidegger falou de "abertura" em vários sentidos: um deles é o da verdade (VER) como abertura, isto é, a idéia de que, longe de a verdade ser a correspondência de um juízo com o julgado, é o que torna possível certo "comportamento" do ajuizar. Quando este se comporta na forma do "estar aberto", encaixa-se no âmbito de "abertura" no qual se revelam as coisas "julgadas".

A noção de "abertura" enquanto "abertura ao mundo" foi desenvolvida por vários cultivadores da chamada "antropologia filosófica" (como Helmuth Plessner, Arnold Gehlen e Michael Landmann). O exame da constituição da realidade humana em seu mundo mostra que essa realidade não se encontra necessariamente "fechada" por seu próprio ambiente biológico — ou ecológico —, mas que pode abrir-se ao mundo circundante, de modo que sai então da relação "normal" *organismo-meio*. Tanto certas atividades biológicas do homem como, sobretudo, suas atividades culturais — e, evidentemente, a criação de objetos e instituições culturais — são, segundo os autores mencionados, uma conseqüência da "abertura ao mundo". Esta pode ser considerada, portanto, uma categoria fundamental da antropologia filosófica, na qual cabe especificar outras categorias, como as de aculturação, hábito, tradição, criatividade, historicidade e caráter social (ou "socialidade").

ABSOLUTO. Entendeu-se por *absolutum*, no vocabulário filosófico latino, "o que é por si mesmo" (καθ' αὐτό). 'O absoluto' ou 'o Absoluto' — substantivações de 'o ser absoluto', 'o ente absoluto' — foi identificado com 'o separado ou desligado de qualquer outra coisa' (*ab alio solutum*); portanto, com 'o independente', 'o incondicionado' (VER). A expressão 'o Absoluto' foi freqüentemente oposta às expressões 'o dependente', 'o condicionado', 'o relativo'. Ora, essas filigranas verbais não são consideradas suficientes por muitos filósofos; grande número de pensadores tentou não apenas definir a expressão 'o Absoluto' como também averiguar sua natureza. Levantaram-se vários problemas a esse respeito. Examinaremos aqui cinco deles: (I) o da distinção entre diferentes tipos de Absoluto; (II) o das várias contraposições entre o Absoluto e os entes não-absolutos; (III) o da possibilidade de referir-se ao Absoluto ou a um Absoluto; (IV) o dos diversos modos de conceber o Absoluto; e (V) o das formas adotadas no curso da história da filosofia pela idéia do Absoluto. Observemos que a sucessão destes problemas não segue uma ordem lógica. Com efeito, a solução dada à questão (III) condiciona todas as restantes e, por conseguinte, também a solução do problema formulado em (I). Contudo, colocamos este último em primeiro lugar porque a maioria dos debates travados pelos filósofos acerca do Absoluto, aos quais nos referiremos depois, girou em torno de um dos tipos do Absoluto mencionados nessa primeira seção.

I. Por um lado, há uma distinção fundamental estabelecida por muitos autores (especialmente de tendência escolástica): a distinção entre o Absoluto puro e simples ou Absoluto por si, *absolutum simpliciter* (καθ' αὐτό), e o Absoluto em relação a outra coisa ou Absoluto em seu gênero, *absolutum secundum quid* (κατὰ τί). O Absoluto *simpliciter* é equiparado por alguns a Deus; outros preferem, a esse respeito, referir-se ao Princípio (de todo ser), à Causa (por antonomásia), ao Ser, ao Uno etc. No âmbito do Absoluto *secundum quid*, distinguem-se outros tipos de Absoluto: por exemplo, o Absoluto por causa interna (por matéria e forma), o Absoluto em sua forma externa etc. Por outro lado, há uma série de distinções menos tradicionais que as anteriores, mas não menos freqüentes na literatura filosófica moderna: as distinções entre o Absoluto que permanece em si mesmo e o que se autodesenvolve ou se automanifesta (seja 'lógico-metafisicamente', seja temporalmente), o Absoluto em sentido formal e o Absoluto em sentido concreto, o Absoluto racional e o irracional, o Absoluto como realidade e o Absoluto como princípio, o Absoluto isolado e o relacionado, o imanente e o transcendente, o infinito e o finito, o experimentável e o não-experimentável etc. Por fim, há certas distinções que se fundam em modos pelos quais o Absoluto foi concebido por vários autores; essas são as distinções propostas por Bruno Brülisauer (*op. cit.* bibliografia, pp. 90-95) entre a idéia do Absoluto como substância (em Descartes: substância completa; em Spinoza: substância própria), o Absoluto "transcendental" (em Kant: do nível epistemológico a um ideal transcendental e à subjetividade transcendental; em Husserl: como absoluto transcendental e transcendente), o Absoluto como sujeito absoluto (em Fichte, Schelling e Hegel) e o Absoluto como transcendência não-pensável (em Jaspers: idéia do "compreensivo"). Também é possível conceber o Absoluto, segundo o mencionado autor, como transcendente ou como imanente, como em repouso ou em movimento, como singularidade individual e como algo geral indeterminado, como racionalmente completo e como algo "mau" oposto ao racional.

A maioria das concepções do Absoluto refere-se ao Absoluto *simpliciter* a que nos referimos na primeira das distinções aludidas, e nos atemos principalmente a essa concepção nas próximas seções.

II. Lê-se com freqüência na literatura filosófica que o Absoluto se contrapõe ao dependente, ao condicionado e ao relativo, e assim já o enfatizamos no começo deste verbete quando nos referimos à expressão 'o Absoluto'. Não obstante, convém distinguir duas contraposições: 1) o Absoluto se contrapõe ao *dependente* e 2) o Absoluto se contrapõe ao *relativo*. Os autores tradicionais (principalmente escolásticos) inclinaram-se amiúde à primeira contraposição e alegaram que só ela permite solucionar a questão da relação que se pode estabelecer entre o Absoluto — ou um Absoluto qualquer — e os entes não-absolutos. Os autores modernos preferiram a segunda contraposição. Sob esta luz, edificaram-se não poucas doutrinas metafísicas. É o que ocorre com o monismo (VER) — que pode ser definido como a tentativa de redução de todo o relativo a um Absoluto —, com o fenomenismo (VER) — que pode ser definido como a tentativa de referir todo o Absoluto a algo relativo, embora se transplantando com freqüência a este os caracteres que correspondem àquele —, com o dualismo (VER) ou o pluralismo (VER) — que podem ser definidos como a tentativa de "dividir" o Absoluto em duas ou mais entidades absolutas. Assim ocorre também com o realismo metafísico, com o idealismo absoluto, com o condicionalismo, com o imanentismo, com o transcendentismo etc., que, embora não sejam respostas *diretas* ao problema do tipo de contraposição que se deve estabelecer entre o Absoluto e o Não-Absoluto, se vêem obrigados a adotar uma atitude diante do problema — a qual pode consistir, como vimos, em negar um dos termos da contraposição. Referimo-nos também a esse ponto, de outra perspectiva, no verbete sobre a noção de fenômeno (VER), em particular ao abordar as distintas formas aceitas de relação entre o fenômeno e o em si.

III. Muitos filósofos do passado admitiram de algum modo ou a existência do Absoluto — ou de um Absoluto — ou, no mínimo, a possibilidade de falar com sentido acerca de seu conceito. Não foi necessário para isso sustentar uma metafísica inteiramente racionalista; concepções de índole empirista ou "experiencialista" sobre o Absoluto (como o mostra o exemplo de Bradley) não ficam excluídas por completo. Em contrapartida, certo número de filósofos — especialmente abundantes no período contemporâneo — se negou a incluir em seu pensamento a idéia de um Absoluto. Essa negação pode assumir três formas. Por um lado, pode-se negar que exista um Absoluto e considerar o que se diz sobre ele como resultado da imaginação; as especulações em torno do Absoluto — alegam os autores que preconizam esse tipo de negação — não são propriamente filosóficas, e menos ainda científicas, mas literárias ou poéticas. Por outro lado, pode-se negar que seja legítimo desenvolver algum conceito do Absoluto, especialmente porque toda tentativa desse tipo desemboca em antinomias (ver ANTINOMIA) insolúveis. Por fim, pode-se negar a própria possibilidade de empregar com sentido a expressão 'o Absoluto', afirmando que essa expressão carece de referente observável ou viola as regras sintáticas da linguagem. A primeira opinião foi mantida por muitos empiristas; a segunda, por numerosos racionalistas (de tendência imanentista); a última, pela maioria dos neopositivistas.

IV. Os que admitem a possibilidade de conceber um Absoluto não estão, contudo, sempre de acordo com relação ao modo como se deve introduzir sua idéia. Alguns avaliam que o órgão normal de conhecimento do Absoluto é a razão (em especial a razão pura ou especulativa). Outros defendem a experiência (seja a experiência comum, seja uma experiência especial e excepcional que certos autores consideram especificamente metafísica). Alguns consideram que nem a razão nem a experiência são adequadas — ou suficientes — a esse respeito, já que o Absoluto não é nenhuma coisa determinada (só o Não-Absoluto — dependente, condicionado ou relativo — é algo determinado), não sendo, por conseguinte, nem pensável nem, propriamente falando, "dizível", mas apenas intuível. A intuição proposta pode ser, de resto, de diversos tipos: intelectual, emotiva, volitiva etc. Outros assinalam que todo dizer acerca do Absoluto é inevitavelmente tautológico, pois não pode sair da frase: "O Absoluto é o Absoluto". Segundo estes, não há outra solução senão passar da idéia do Absoluto à de um Absoluto, e de seu aspecto formal a seu aspecto concreto. A única elucidação possível sobre o Absoluto será então a que consiste em mostrar que o absoluto existe, em vez de pretender indicar o que é o Absoluto qua Absoluto.

V. A última posição nem sempre se manifestou explicitamente, mas foi a mais comum na tradição filosófica. Com efeito, mesmo certos autores que estiveram pouco ou nada inclinados a uma análise do conceito do Absoluto admitiram em seu pensamento conceitos que se referem ao que é habitual pensar como uma entidade absoluta. Eis vários exemplos: a Esfera, de Parmênides; a Idéia do Bem, de Platão; o Primeiro motor imóvel, de Aristóteles; o Uno, de Plotino; a Substância, de Spinoza; a Coisa em si, de Kant; o Eu, de Fichte; o Espírito absoluto, de Hegel; a Vontade, de Schopenhauer; o Inconsciente, de Eduard von Hartmann. Toda aceitação de uma realidade primária, radical, fundamentadora etc. pode ser equiparada à aceitação da existência de um Absoluto. Ora, entre as formas adotadas pela idéia do Absoluto cabe incluir não apenas os conceitos que se referem a uma realidade, mas também os que exprimem um princípio. Assim, a admissão da existência de uma "lei do Universo" que seria a lei do Universo faz parte igualmente da história do conceito do Absoluto. Comum a todas as concepções citadas é a suposição de que somente um absoluto pode ser o Absoluto. Alegou-se que, com isso, se é infiel à idéia do Absoluto, pois este deve ser tão incondicionado e independente que não pode estar submetido às condições impostas por nenhuma das entidades mencionadas ou por nenhum dos princípios que poderiam ser descobertos. Mas não é fácil escapar de outro modo à dificuldade apontada no final de (IV), dificuldade que alguns autores consideram a mais fundamental com que o conceito do Absoluto pôde deparar.

➲ Obras gerais sobre o conceito de Absoluto: S. Ribbing, *Om det absolutas begrepp*, 1861. — E. Braun, *La logique de l'absolu*, 1887. — Bratislav Petronievitch, *Der ontologische Beweis für das Dasein des Absoluten*, 1897. — Cyrille Blondeau, *L'absolu et sa loi constitutive*, 1897. — Josef Heiler, *Das Absolute, Methode und Versuch einer Sinnerklärung des "Transzendentalen Ideals"*, 1921. — Max Planck, *Vom Relativen zum Absoluten*, 1925. — Damodar Londhe, *Das Absolute. Ein Entwurf zu einer Metaphysik des Selbst*, 1934. — S. E. Rohde, *Zweifel und Erkenntnis. Ueber das Problem des Skeptizismus und den Begriff des Absoluten*, 1945. — F. J. Matchette, *Outline of a Metaphysics. The Absolute-Relative Theory*, 1949. — J. Möller, *Der Geist und das Absolute*, 1951. — M. Vincint, *De l'apparence vers l'absolu. Essai sur la connaissance*, 1955. — Henry Duméry, *Le problème de Dieu en philosophie de la religion. Examen critique de la catégorie d'Absolu et du schème de transcendence*, 1957. — Wolfgang Cramer, *Das Absolute und das Kontingente, Untersuchungen zum Substanzbegriff*, 1959; 2ª ed., 1976. (Sobre o Absoluto e seus "momentos", ver cap. VIII.). — Jean Grenier, *Absolu et choix*, 1961. — J. N. Findlay, *Ascent to the Absolute: Metaphysical Papers and Lectures*, 1970. — International Cultural Foundation (ICF), ed., *The Search for Absolute Values*, 2 vols., 1976. — Id. *Absolute Values in a Changing World*, 2 vols., 1977. — *Absolute Values and the Creation of the New World*, 2 vols., 1983 (XI Conferência Internacional sobre a Unidade das Ciências, 25-28 nov. 1982, Filadélfia). — T. L. S. Sprigge, *The Vindication of Absolute Idealism*, 1983. — *Absolute Values and the New Cultural Revolution*, ed. I. C. U. S., 1984. — C. Dahlhaus, R. Lustig, *The Idea of Absolute Music: Carl Dahlhaus*, 1989.

Crítica analítica do conceito do Absoluto: R. Carnap, *Logische Syntax der Sprache*, 1934 (pode-se equiparar a crítica do Absoluto à crítica de outras *Pseudo-Objektsätze* dadas nos §§ 78 ss.). — A. J. Ayer, *Language, Truth and Logic*, 1936; 2ª ed. rev., 1946. — Vários autores: *Proceedings of the American Catholic Philosophical Association*, vol. 22, 1947.

Sobre o conceito de absoluto em vários autores ou direções filosóficas: Luigi Pelloux, *L'Assoluto nella dottrina di Plotino*, 1941. — Gerhard Huber, *Das Sein und das Absolute. Studien zur Geschichte der ontologischen Problematik in der spätantiken Philosophie*, 1955 (inclui um apêndice que aborda a idéia de absoluto em vários autores medievais e modernos). — S. Scimè, *L'Assoluto nella dottrina del Pseudo-Dionisio Areopagita*, 1949. — Mary Camilla Cahill, *The Absolute and the Relative in St. Thomas and in Modern Philosophy*, 1939 (tese). — J. Barron, *The Idea of Absolute in Modern British Philosophy*, 1929. — Hans Radermacker, *Fichtes Begriff des Absoluten*, 1970. — Joseph Alexander Leighton, *Typical Modern Conceptions of God: The Absolute of German Romantic Idealism and of English Evolutionary Agnosticism*, 1902. — C. Fabro,

L'Assoluto nell'esistenzialismo, 1954 (especialmente em Kierkegaard). — Bruno Brülisauer, *Der Begriff des Absoluten in der neuzeitlichen Philosophie*, 1969 (tese). — D. I. Trethowan, *Absolute Value: A Study in Christian Ethics*, 1970. — P. Hutchings, *Kant on Absolute Value*, 1972. — B. M. Stafford, *Symbol and Myth: Humbert de Superville's Essay on Absolute Signs in Art*, 1979. — A. White, *Absolute Knowledge: Hegel and the Problem of Metaphysics*, 1983. — J.-L. Nancy, P. Lacoue-Labarthe, *The Literary Absolute: The Theory of Literature in German Romanticism*, 1988. — A. M. Matteo, *Quest for the Absolute: The Philosophical Vision of Joseph Marechal*, 1992. — W. Desmond, *Art and the Absolute: A Study of Hegel's Aesthetics*, 1986, 2ª ed., 1992. Ͼ

ABSTRAÇÃO, ABSTRATO. O verbo grego ἀφαιρέω (ἀφαιρεῖν), que se traduz por 'abstrair', costumava ser usado para designar o ato de tirar algo de alguma coisa, separar algo de algo, privar alguém de algo, pôr algo à parte, arrancar algo de alguma coisa etc. O nome correspondente é ἀφαίρεσις, que se traduz por 'abstração' e significa a ação e o efeito de "tirar", "arrancar", "privar", "separar" etc.

Tanto ἀφαιρεῖν como ἀφαίρεσις eram usados em contextos muito diversos e com vários significados, mas eles se acham associados ao ato e à ação e efeito de "separar", "arrancar" etc. Assim, ἀφαιρεῖν podia ser empregado para designar o ato de declarar que um indivíduo passava a ser um cidadão, já que então era ele "arrancado" ou "tirado" da escravidão, ou para indicar a revogação de um decreto, que passava a ficar "separado do" (ou fora do) corpo legal em que figurara até então. O mesmo verbo era empregado como equivalente de 'subtrair' numa operação aritmética e podia ser usado igualmente para designar a ação de suprimir uma letra inicial (como em αἶα ← γαῖα). Ἀφαίρεσις contrapõe-se a πρόσθεσις, "soma", "colocação de uma coisa sobre outra", com o acréscimo de uma letra ou sílaba (próstase).

Similarmente, o verbo latino *abstraho* (*abstrahere*) foi usado em vários contextos para designar as operações de separar, destacar, arrancar de, afastar-se de, renunciar a, subtrair etc. Exemplos destes usos são: *abstrahere ... e sinu patriae*, que significa 'arrancar alguém de sua terra natal'; *abstrahere ... de conspectu matris*, que significa 'arrancar alguém do seio da mãe'; *senectus a rebus gerendis abstrahit*, que significa 'a senectude (os velhos) se retira dos assuntos públicos'; *omnia in duas partes abstracta sunt*, que significa 'o Estado (literalmente: tudo) dividira-se em dois campos'; *animus a se corpore abstrahit*, que significa 'a alma encontra-se separada do corpo'.

Os termos 'abstrair' e 'abstração' (ou os correspondentes vocábulos gregos e latinos) foram usados por filósofos antigos e medievais em sentidos variados, embora análogos, mas especialmente desde Aristóteles esses termos começaram a adquirir, além de seus usos mais comuns, certos significados "técnicos" ou "especializados". Estes foram os que se concretizaram na noção de abstração como a ação e o efeito de separar conceptualmente algo de algo, isto é, de pôr algo (alguma característica ou propriedade, sobretudo) mentalmente à parte. Nesse sentido pode-se destacar uma característica ou uma propriedade de um objeto — por exemplo, determinada cor ou determinada forma, deste ou daquele objeto — com a finalidade de considerar essa característica ou propriedade "separadamente"; mas se pode de igual modo destacar o que se avalia ser uma característica ou propriedade comum a vários objetos — por exemplo, a cor azul de vários objetos azuis — e considerar então o que se separa como algo "geral" ou "universal". Pode-se também isolar certos "objetos" — por exemplo, o círculo ou o triângulo, considerados "separadamente" dos objetos circulares ou triangulares, ou de possíveis objetos circulares ou triangulares (pode-se "abstrair" um miriágono, embora não haja nenhum objeto de mil lados).

O verbo ἀφαῖρειν é encontrado em várias passagens dos escritos de Platão (*Phaed.* 67 A, 69 B; *Rep.* VII, 524 B; 534 B; *Parm.* 158 C; *Pol.* ["O Político"], 280 C; *Phil.* 26 A; *Tim.* 35 B), mas não parece que seu uso seja "especializado". De fato, Platão emprega vários verbos — χωρίζειν, ἀφορίζειν, ἀποτέμνειν — em sentidos bastante similares, e quase sempre se trata de dar uma idéia de algo "separado de algo". Assim, por exemplo, em *Rep.* VII, 534 B, Platão usa ἀφαιρεῖν para falar da separação do Bem (da Idéia do Bem) com referência às outras idéias; em *Phaed.* 67 C, ele usa χωρίζειν para referir-se à separação entre o corpo e a alma, ἀπὸ τοῦ σώματος τὴν ψυχήν. Neste último caso, temos um uso "corrente" da noção de "abstração", isto é, entendemos o que traduzimos por 'abstração' como uma separação. Isso se repete em *Phaed.* 67 D: λύσις καὶ χωρισμὸς ψυχῆς ἀπὸ σώματος. A questão é saber se no primeiro caso se entende a separação como "abstração", tal como costumamos entendê-la hoje, ou, melhor dizendo, tal como foi entendida desde Aristóteles nos textos de muitos filósofos.

Se consideramos, de acordo com Platão, que há nas idéias, metafisicamente falando, "mais" do que nas coisas, de modo que essas idéias, longe de serem uma "diminuição" da realidade (como ocorre quando se tem mentalmente a idéia de uma cadeira e não a própria cadeira), são uma "potenciação" da realidade; e se, além disso, supomos que as idéias são obtidas mediante "abstração", deveremos concluir que para Platão o "abstrato", enquanto "universal", é mais real que o particular e singular. Pode-se falar então, como se fez amiúde, de um "realismo da abstração". Mas isso é um anacronismo, já que Platão não entendia por 'abstrair' e 'abstração' (isto é, pelos vocábulos gregos correspondentes) o mesmo que se entendeu depois. Se se aplica a Platão o sentido posterior de 'abstrair' e 'abstração', pode-se concluir que esse autor teve determinada concepção da abstração: a que se qualificou às vezes de "abstração metafísica". Não há inconveniente em cometer esse anacronismo desde que se tenha consciência dele. Mas é mais fiel às intenções e à linguagem de Platão, em vez de se falar de "abstrair", "abstração" e "abstrato", falar de "separar", "separação" e "separado" no sentido em que abordamos a noção de separação (VER).

Aristóteles, que também usou os termos ἀφαιρεῖν e ἀφαίρεσις em vários sentidos "correntes" e tratou da noção de "separação" no significado platônico para submetê-la a crítica, elaborou uma noção mais técnica e especializada de 'abstrair', 'abstração' e 'abstrato' em várias passagens, entre as quais citamos *An. post.* I, 81 b e II, 19, 99 b 17-100 b 17; *Met.* 1061 a-b; *De an.* III, 431 b; *De coelo*, 299 a 16. Não é fácil discriminar vários significados de "abstração" em Aristóteles, mas em muitos casos esse autor se interessa por um modo de conhecer que é o "abstrair", isto é, por um conhecimento que obtém, mediante abstração, ἐξ ἀφαιρέσεως, certos tipos de objetos ou "realidades". Assim, por exemplo, obtêm-se mediante abstração os chamados "matemáticos" ("objetos matemáticos"); estes existem "na abstração", ἐν ἀφαιρέσει (*De an.* III 431 b) e não "por si mesmos", καθ αὐτά, como crêem Platão e os pitagóricos. "Os (objetos) matemáticos" não se acham "metafisicamente" separados, isto é, não são, propriamente falando, substâncias, mas é possível separá-los da matéria mediante conceitos, ao contrário dos objetos "físicos", que não são conceptualmente separáveis da "matéria". Temos aqui dois tipos ou, como se disse depois, "graus" de abstração. O problema é saber se há outro tipo ou "grau" de abstração que possa dar origem a objetos "inteligíveis", puras "formas". Parece que não é possível, a não ser que se suponha uma "matéria inteligível" (cf. *Met.* Z, 7, 1036 a), da qual caiba "abstrair". Se tal "matéria" existe, teremos então três formas de abstração: matemática, física e "metafísica" ou "inteligível".

As doutrinas aristotélicas da abstração passaram a fazer parte da filosofia medieval principalmente por meio dos comentários de Boécio ao *Isagoge* de Porfírio. Até o século XIII, muitos autores seguiram a tese de que a mente pode abstrair "formas" das coisas sem que isso queira dizer que essas "formas" estejam realmente separadas das coisas; esta tese poderia ser denominada "conceptualismo da abstração" e exerceu influência sobre quase todos os filósofos que mantiveram alguma posição intermediária entre o realismo e o nominalismo na doutrina dos universais (VER). Em todo caso, numerosos filósofos medievais usaram a noção de abstração em sua explicação da origem e estrutura do conhecimento. Outros filósofos, talvez tão numerosos quanto os anteriores, não se ocuparam, em contrapartida, de questões relativas à abstração. Isso aconteceu especialmente com os pensadores que seguiam mais fielmente a tradição agostiniana e para os quais, tal como para Santo Agostinho, a alma é "iluminada" por Deus (ver ILUMINAÇÃO), de maneira que, ao possuir as Formas, ela não precisa extraí-las das coisas mediante abstração. O debate entre os que poderiam ser chamados de "abstracionistas" e os que poderiam qualificar-se de "iluministas" ocorreu também, embora de formas muito distintas, na filosofia árabe. Nesta, mais ainda que na medieval cristã, fizeram-se esforços para conciliar a tradição neoplatônica — uma das raízes intelectuais do agostinismo — com a aristotélica. Dá testemunho disso Avicena, que influenciou, ademais, filósofos escolásticos cristãos. Avicena considerou que há diversos graus de abstração a partir da abstração sensível, mas que, ao mesmo tempo, a mente individual humana recebe as emanações das Formas imateriais no processo da atividade "intelectiva". Tal concepção da mente humana individual funda-se em parte na idéia de uma dupla orientação dessa mente na direção das coisas sensíveis e das Formas inteligíveis; essa "dupla orientação" constitui uma das características do pensamento de vários autores cristãos, como Mateo de Aquasparta.

Por outro lado, os nominalistas opuseram-se à tese de que o "abstraído", mesmo que meramente "conceitual", seja "universal"; o "abstraído" é sempre singular, mesmo quando pode servir para comparações com outras "entidades abstraídas" similares. Guilherme de Ockham insistiu no fato de que não se pode pensar separadamente (por abstração) o que não existe separadamente (abstraído). Isso não significa que seja impossível pensar uma qualidade de um objeto independentemente de outra qualidade do mesmo objeto. Ao contrário dos "iluministas" em sentido mais estrito, os nominalistas não se recusaram a usar a noção de abstração. Assim, por exemplo, Ockham afirma que há uma abstração que consiste em apreender uma coisa sem apreender a outra (a brancura do leite sem seu sabor; cf. *supra*); uma abstração mediante a qual se separa do singular um conceito universal (embora não existente por si); e uma abstração por meio da qual se afirma um predicável de um sujeito sem afirmar outro predicável igualmente admissível como atributo (como ocorre na abstração matemática) (*Exp. super Physicam*, fol. 111; II *Sent.* q. 14 e 15, cit. em Léon Baudry, *Lexique philosophique de Guillaume d'Occam*, 1957, s. v. "Abstractio", p. 6). O primeiro e o terceiro tipos de abstração são os que parecem interessar mais, se não exclusivamente, muitos autores nominalistas.

Em alguns textos escolásticos, encontra-se uma distinção entre o ato de conhecimento absoluto e o comparativo. O ato absoluto é uma abstração mediante a qual se conhece a própria coisa "ab-solutamente" ("separadamente"), ou seja, a própria coisa abstraída de toda relação com outra coisa (em que 'coisa' pode ser 'propriedade'). Este ato é às vezes tido por negativo porque se negligenciam certas características da coisa submetida a abstração, mas é julgado positivo por não deixar de lado as características abstraídas. Quando no ato positivo da abstração se faz presente a natureza, ou forma, do objeto considerado, a abstração é de caráter intelectual.

Por seu turno, esta abstração intelectual pode ser de primeira intenção, quando se obtém um conceito universal ou essência; e de segunda intenção, quando se obtém um conceito transcendental (VER). A abstração de segunda intenção funda-se na de primeira intenção. Santo Tomás (*S. theol.* I, *q.* XL, a 3) fala de dois tipos de abstração: 1) A abstração por meio da qual se separa o geral do particular. Exemplo: *animal* separa-se de *homem*. Esta abstração "destrói" os objetos separados, como ocorre quando se separa do homem sua racionalidade. 2) A abstração por meio da qual se separa a forma da matéria. Exemplo: *círculo* separa-se de *todo corpo sensível circular*. Esta abstração não "destrói" nenhum dos dois objetos sobre os quais opera, como acontece quando se separa *círculo* de *matéria circular* e se conservam ambas as idéias. No que se refere a Deus, embora se separem as propriedades não-pessoais, o espírito continua a conservar a idéia de hipóstase. Santo Tomás fala também (*S. theol.* I, q. LXXXV, a 1 ad 1) da divisão da abstração em abstração por meio de composição e por meio de divisão.

Fundando-se em Santo Tomás, especialmente em *S. theol.* I, q. XL, art. 3, obj., Cajetano (*Comm. in De ente et essentia*, proemium, q. 1) e João de Santo Tomás (*Cursus philosophicus. Logica*, Pars 2, q. 27, art. 1) propuseram uma doutrina relativa a várias espécies e graus de abstração, aceita por muitos autores escolásticos e neo-escolásticos e popularizada por Jacques Maritain (*Distinguer pour unir ou les degrés du savoir*, nova ed. 1932, Parte I, cap. 2, pp. 71 ss.). João de Santo Tomás começa por distinguir a abstração extensiva ou abstração de totalidades universais (abstração total, *abstractio totalis*) e a abstração formal ou abstração de tipos inteligíveis (*abstractio formalis*). A abstração total "separa um objeto dos inferiores de que é predicável; esta espécie de abstração é uma condição geral para as ciências, já que estas não se ocupam de indivíduos, mas de universais"; assim, a abstração total é "abstração ou extração do todo universal pela qual extraímos 'homem' de 'Pedro' e de 'Paulo', 'animal' de 'homem' etc.., passando assim a universais cada vez mais amplos" (Maritain, *op. cit.,* p. 71). A abstração formal — que segundo João de Santo Tomás não é ato do intelecto, nem denominação intrínseca resultante de tal ato, sua não "abstratibilidade objetiva" — é "a que separa aspectos formais do que é material ou potencial, constituindo ou fundando desse modo a inteligibilidade"

(*loc. cit.*). Maritain esclarece que, mediante essa abstração, "separamos dos dados contingentes e materiais o que pertence à razão formal ou à essência de um objeto do saber" (*op. cit.,* p. 72). De acordo com João de Santo Tomás, o objeto de conhecimento torna-se inteligível de diversos modos segundo se encontre mais ou menos separado da matéria e das condições materiais (nos sentidos aristotélicos de 'matéria' e 'material').

Como as diferenças entre as ciências são função do grau de abstração formal próprio de cada uma, devem-se considerar vários graus de abstração formal. Seguimos a exposição de Maritain a esse respeito.

1) Primeiro grau de abstração, próprio da *Physica*, a qual, segundo João de Santo Tomás, "abstrai meramente da matéria singular e considera o mundo sensível". Maritain acentua que, mediante este grau de abstração, "o espírito pode considerar objetos abstraídos e purificados só da matéria enquanto funda a diversidade dos indivíduos no interior da espécie, enquanto é princípio de individuação; (...) o espírito considera então os corpos em sua realidade móvel e sensível, os corpos revestidos de suas qualidades e propriedades experimentalmente comprováveis; tal objeto não pode nem *existir* sem a matéria e as qualidades ligadas a ela, nem *ser concebido* sem ela" (*Degrés,* p. 71).

2) Segundo grau de abstração, próprio da *Mathematica*, a qual, segundo João de Santo Tomás, "abstrai, além disso, da matéria sensível e considera a quantidade". Para Maritain, "o espírito pode considerar objetos abstraídos e purificados da matéria na medida em que funda, em geral, as propriedades sensíveis, ativas e passivas, dos corpos; então considera unicamente certa propriedade que separa dos corpos (...) a quantidade, nome ou extensão em si: objeto do pensamento que não pode *existir* sem a matéria sensível, mas pode *ser concebido* sem ela" (*op. cit.*, pp. 71-72).

3) Terceiro grau de abstração, próprio da *Metaphysica*, a qual, segundo João de Santo Tomás, "abstrai inclusive da matéria inteligível e considera a substância ou o ser". Para Maritain, este grau de abstração se dá quando o espírito considera "objetos abstraídos e purificados de toda matéria, sem reter nas coisas mais que o próprio ser nelas embebido, o ser enquanto tal e suas leis: objetos de pensamento que não apenas podem *ser concebidos* sem a matéria, como também podem *existir* sem ela, seja por nunca existirem na matéria, como Deus e os espíritos puros, seja por existirem tanto nas coisas materiais como nas imateriais, como a substância, a qualidade, o ato e a potência, a beleza, a bondade etc." (*op. cit.,* pp. 73-74).

As doutrinas anteriores não têm a pretensão de resolver todos os pontos controversos. Assim, João de Santo Tomás reconhece que cada um dos três gêneros de ciência contém diversas espécies de ciência, não sendo fácil "mostrar como a abstração dá conta da diversidade específica das ciências". Maritain procura enfrentar a questão da complexidade da *Physica* distinguindo dois tipos de ciências: ciências de constatação, especialmente indutivas, ou ciências empíricas da Natureza sensível, e uma ciência do ser corporal explicativa, ou filosofia da Natureza sensível. Ele reconhece igualmente que não é fácil (embora não julgue impossível) dar conta da estrutura da ciência físico-matemática moderna em função dos graus de abstração (*op. cit.,* pp. 80ss.).

De todo modo, os autores escolásticos que adotaram as doutrinas apresentadas, e em particular Maritain, alegaram que a distinção entre abstração total e formal é necessária para evitar os "erros" em que caíram quase todos os autores modernos (empiristas, nominalistas, positivistas etc.) por não terem levado em conta essa distinção e por terem tendido a considerar exclusivamente o aspecto "total" da abstração. Isso os impediu de reconhecer o caráter peculiar da abstração total e os levou quase sempre a negar a possibilidade de uma *abstractio formalis metaphysica*.

Embora muito numerosos, os filósofos modernos a que Maritain alude diferem entre si muito mais do que esse autor sugere. Podem ser encontradas referências à abstração ou ao uso de procedimentos abstrativos em Descartes; isso acontece quando ele indica que se pode ter noções distintas da extensão e do pensamento como constituindo respectivamente a natureza dos corpos e da alma (*Princ.* I, 63). Cartesianamente, os autores da *Logique* de Port-Royal assinalam que "é possível considerar um modo sem fazer uma reflexão distinta sobre a substância da qual ele é modo", coisa que se deve à *"abstração do espírito"* (*Logique*, Parte I, cap. V). Em geral, a abstração é a possibilidade que nosso espírito tem de "considerar uma parte sem considerar a outra, porque essas partes são realmente distintas" (*loc. cit.*), o que significa que, quando as partes não são realmente distintas, não se executa nenhuma abstração ao considerá-las.

A noção de abstração é fundamental nos autores chamados "empiristas", mas há grandes diferenças entre eles a esse respeito. Locke avalia que a função da abstração é formar idéias gerais, que se obtêm quando se abstrai ou se separa das idéias tudo o que determina que uma entidade dada seja uma existência particular. As idéias gerais representam mais de um indivíduo: "As palavras se tornam gerais ao transformar-se em signos de idéias gerais" (*Essay*, III, iii, 6; esta é a citação de Locke que figura, entre outras obras do mesmo autor, nos *Principles* de Berkeley, Introdução, 11, e que Berkeley examina criticamente). As idéias tomadas de existências particulares "tornam-se representantes gerais de todas as da mesma espécie" (*op. cit.,* II, xi, 9). Deve-se ter em mente que, para Locke, o universal e o geral exibidos pelas "idéias gerais" se acham nestas e não nas próprias coisas (*op. cit.,* III, iii, 11). Apesar dos cuidados de Locke, Berkeley julgou que ele tinha errado, como tantos outros filósofos, ao considerar que se podem forjar "idéias abstratas" ("idéias gerais abstratas"). Não é possível, de acordo com Berkeley, representar qualidades sensíveis fora da percepção (não se pode representar o movimento fora de um corpo que se move), nem qualidades sensíveis gerais (a cor em geral, à parte do vermelho, do verde etc.), nem o triângulo em geral ou a triangularidade (afora ser retângulo, obtuso ou escaleno), nem o homem (afora ser branco, negro, alto, baixo etc.), nem a extensão (afora ser linha, superfície, sólido etc.). Podem-se usar legitimamente palavras gerais, como na proposição "a mudança de movimento é proporcional à força impressa", mas isso não serve de base à manutenção da idéia de movimento sem corpo que se mova ou sem nenhuma direção ou velocidade determinada, pois se limita a indicar unicamente que essa proposição é verdadeira aplicada a quaisquer corpos que se movam em quaisquer direções (*Principles*, Int., 11). Por isso, Berkeley não se opõe às idéias gerais, mas tão-somente às idéias gerais *abstratas*, ou idéias gerais formadas por abstração (*op. cit.,* 12). As idéias gerais são apenas idéias particulares que se tornam gerais por transformar-se num signo (não um signo de algo abstrato e geral, mas de todas as idéias particulares às quais a idéia geral pode ser aplicada [*loc. cit.*]). Só adotando essa atitude, conclui Berkeley, se sai dos "inextricáveis labirintos de erro e disputa" em que se enredaram os escolásticos, "esses grandes mestres da abstração", por causa das noções abstratas (*op. cit.,* 16). Estas conclusões se devem a Hume, para quem a recusa das idéias abstratas por parte de Berkeley é "uma das maiores e mais valiosas descobertas dos últimos anos (*Treatise*, I, vii).

Discutiu-se se a crítica de Berkeley a Locke é justa. T. D. Weldon (*Kant's Critique of Pure Reason*, 2ª ed., 1958, pp. 164 ss.) julga que não, já que Berkeley não parecia levar em conta o que Locke realmente pensava (embora expressasse mal) a esse respeito, isto é, que as idéias gerais são "ficções e estratagemas mentais" (cf. *Essay*, IV, vii, 9; ver A PRIORI) e que não é fácil forjá-las, porque — como ocorre com a idéia geral do triângulo, que não deve ser nem retângulo, nem isósceles nem escaleno, mas que deve ser ao mesmo tempo todos eles — numa idéia geral "se juntam várias partes de idéias distintas e inconsistentes" (Locke, *loc. cit.*). Nesse sentido, uma idéia geral é como o desenho de um objeto — por exemplo, um cavalo —, que pode ser reconhecido como sendo o desenho de um cavalo sem que se indique se é gordo ou magro, branco, negro ou pardo. Weldon observa que a noção kantiana de esquema (VER) em geral é igual à mencionada noção lockiana de idéia geral suplementada pela de síntese, com o fim de evitar a crítica de Berkeley. A noção kantiana de esquema, porém — aponta também Weldon —, é mais complexa, e possivelmente mais frutífera, que a noção lockiana de idéia geral, porque incorpora a idéia de uma "regra para formar esquemas".

Hamilton relacionou a noção de abstração com a de atenção (*Lectures on Metaphysics and Logic*; *Met.* XIII) e enfatizou que precisão, atenção e abstração "são nomes correlatos do mesmo processo", sendo os dois primeiros quase intercambiáveis entre si. "Atenção e abstração — escreveu Hamilton — são o mesmo processo visto em distintas relações. São, por assim dizer, os pólos positivo e negativo do mesmo ato" (*op. cit.*; *Logic*, VII). Segundo Dugald Stewart, a abstração é o "poder que o entendimento tem de separar as combinações que lhe são oferecidas" (*Elements*, II, iv, 1). Na maioria dos autores empiristas, a noção de abstração tem um sentido principalmente psicológico — ou "mental" — e epistemológico — com possíveis conseqüências "metafísicas" —, ao passo que em outros autores, como muitos escolásticos, ela tem um sentido principalmente metafísico, com conseqüências epistemológicas.

Fichte considerou que a abstração permite separar conceptualmente o que aparece unido na consciência. Nesta coincidem a mente e a coisa, mas, mediante abstração, cabe separar a mente, como mente em si, da coisa, como coisa em si. Pode-se separar igualmente um existente possível (para nós) de toda existência, o que não proporciona um conceito de existência em geral, seja positiva ou negativa, mas o de fundamento do predicado de existência em geral (*Wissenschaftlehre*, I, 456, ed. I. H. Fichte). A abstração permite esvaziar "Eu sou" de todo conteúdo específico e passar à proposição lógica fundamental "A = A" — a qual, contudo, não é para Fichte dedutível de "Eu sou", ocorrendo antes o oposto (*op. cit.*, I, 98-99). A abstração não é mera separação do universal a partir do particular; como abstração absoluta, executada pela razão, permite chegar à pura reflexão da consciência de si mesma, ou dela aproximar-se.

Maritain (*op. cit. supra* e especialmente *Sete lições sobre o ser*, II, 2) tomou Hegel como alvo principal de sua crítica da noção moderna de abstração; segundo esse autor, a idéia hegeliana de Ser, com um conteúdo nulo que a equipara à idéia de Nada, se deve a não ter ele distinguido entre os aspectos total e formal da abstração. Contudo, Hegel entende 'abstração' de modos que às vezes diferem bastante de usos prévios e que, além disso, são bastante distintos entre si, embora formando uma espécie de "desenvolvimento". Por exemplo, na *Fenomenologia*, Hegel entende 'abstração' sobretudo como uma atividade mental por meio da qual se efetua uma separação (*Trennung*) ou singularização (*Vereinzelung*) de um aspecto particular de uma totalidade concreta. Obtém-se dessa maneira um universal esvaziado de sua particularidade e individualidade. Segundo Hegel, este tipo de abstração, próprio do entendimento (*Verstand*), solapa a realidade — que é concreta, mas também universal — de sua riqueza; daí o sentido pejorativo dado por Hegel a essa forma de abstração, embora reconheça sua utilidade na marcha rumo à compreensão "racional" — e "total" — da realidade. Tal sentido de 'abstração' é "fenomenológico" e não "científico" — no sentido que Hegel dá a estes dois adjetivos. Nesse mesmo sentido "negativo" e "pejorativo", todavia, residem os germes de uma noção mais "positiva" da abstração, pois não apenas os momentos negativos na dialética da consciência são "necessários", como também ocorre que, ao se negar uma "determinação", se "põe" outra. Assim, a negação da abstração é ao mesmo tempo "constitutiva".

Ora, esse ato de "constituição" é possível apenas porque, em sua marcha dialética, a consciência não se detém nos produtos abstraídos — sejam o "conteúdo sensível" ou os "meros universais" —, deixando-os subsistir independentemente. A consciência assume esses "signos negativos" que são as abstrações e se "apropria" deles. Quando isso acontece, a forma continua sendo abstrata, mas o conteúdo é concreto; já não se trata, pois, do "meramente abstrato", mas do "abstrato enquanto se encontra no elemento do pensar". O sentido mais "pleno" de 'abstração' aparece na *Fenomenologia*, mas atinge seu ponto máximo na *Lógica* e na *Enciclopédia* (especialmente no § 382 de "A filosofia do espírito"). Vai-se atingindo desse modo uma noção, ou uso, de "abstração" que é "sistemático" por ser "dialético" (e também o inverso). O concreto — o universal concreto — torna-se "a verdade do abstrato"; o concreto é "para si" o que o abstrato é meramente "em si". O abstrato continua sendo "imediato", "indeterminado" e "unilateral", ao contrário do concreto (VER), mas o caráter mediato, a determinação e a totalidade estão implícitos nele. O abstrato é para Hegel puramente negativo só quando fica isolado do movimento dialético. Por isso, Hegel diz que o abstrato — no último sentido indicado — o é somente com referência à forma, mas em si mesmo é algo concreto, sendo a unidade de diversas determinações (cf., entre outros, *Vorlesungen über die Geschichte der Philosophie*, Einleitung, A 2; Glockner, XVII, 53). Em suma: quando o abstrato é considerado só formalmente, não é o verdadeiro; sua verdade é meramente parcial. Quando considerado "filosoficamente", em compensação, pela operação da razão (*Vernunft*) e não meramente do entendimento, ele "realiza" o universal em sua "concretude".

Entre os autores do século XX para os quais as noções de abstração e de abstrato desempenham um papel capital, figuram Whitehead e Husserl. Referimo-nos ao primeiro no verbete ABSTRAÇÃO EXTENSIVA. Quanto a Husserl, concebeu o abstrato e o concreto não em virtude de sua separação ou não-separação de um todo, isto é, em função de sua subsistência ou não-subsistência. A teoria husserliana da abstração faz parte de uma "teoria das formas puras dos todos e das partes" e inclui, além da noção de "abstrato", as de "concreto", "pedaço", "momento" e "parte física". As definições fundamentais são: *"Denominamos pedaço toda parte que é independente relativamente a um todo T. Denominamos momento (parte abstrata) do mesmo todo T toda parte que é não-independente relativamente a esse todo"*; as *"partes abstratas podem ter pedaços, e* [os] *pedaços podem ter partes abstratas"* (*Investigaciones lógicas, III,* § 17, trad. Morente-Gaos). "Dado que uma parte abstrata é também abstrata em relação a qualquer todo mais amplo e, em geral, a qualquer conjunto de objetos que compreenda esse todo, disso decorre que um abstrato em consideração relativa é *eo ipso* abstrato em consideração absoluta. Esta última pode ser definida como caso-limite da relativa, caso em que a relação vem determinada pelo *conjunto total* dos objetos em geral; dessa maneira, pois, não necessita de uma definição anterior do abstrato ou não-independente em sentido absoluto. De acordo com isto, um *abstrato puro e simples* é um objeto que está num todo, em relação ao qual é parte não-independente" *(loc. cit.).* Esta última caracterização é básica, já que mostra que a noção de abstrato não está necessariamente correlacionada com a de "universal"; está correlacionada com a de não-independência em relação a um todo.

Várias concepções do abstrato e da abstração apresentadas até agora têm uma dimensão lógica, mas esta não é a única nem a mais importante. Em contrapartida, o aspecto lógico predomina em autores como Frege, Russell e muitos lógicos e filósofos da matemática. Disso resultam mudanças importantes na concepção da abstração. Uma delas é a idéia de Frege de que, ao contrário de propriedades extraídas mediante abstração de objetos singulares, os números cardinais não resultam de abstrações desse tipo nem, a rigor, de nenhum outro tipo, já que esses números são propriedades de propriedades. O que se procura fazer neste caso é, pois, evitar usar um "princípio de abstração". Segundo alguns lógicos, a abstração não se refere a propriedades comuns a vários entes, mas a tipos de objetos relacionados entre si por alguma propriedade. O ponto de partida da abstração, que na lógica clássica era intensional ou compreensivo, se torna aqui extensional. Em parte da nova lógica, o conceito de abstração está, pois, estreitamente relacionado com a noção de classe. Mas, como cada relação (VER) transitiva, simétrica e reflexiva dá origem a uma classe, resulta que, ao contrário do que ocorria nos processos abstrativos tradicionais, não é necessário atender a uma crescente multiplicidade de propriedades. Se, por exemplo, procuramos definir, de acordo com Russell, a propriedade abstrata "direção espacial", reduzi-la-emos previamente à relação transitiva, simétrica e reflexiva de "paralelismo entre linhas retas", com o que a direção de uma linha é interpretada como a classe de linhas paralelas a esta linha (cf. Reichenbach, *Elements of Symbolic Logic,* 1947, § 37). O mesmo ocorre com a definição abstrativa da noção de peso. Não se trata já de uma propriedade abstrata do corpo; o peso de um corpo designa antes a classe de todos os objetos que possuem o próprio peso do corpo em questão. Reichenbach assinala que Leibniz já observara que a definição da igualdade de uma propriedade é logicamente anterior à definição de tal propriedade. Tenta-se com isso responder à objeção da lógica tradicional com referência à prioridade da entidade que deve ser definida, objeção que vai justamente num sentido inverso ao de Leibniz e ao da nova lógica. Com efeito, diz Reichenbach, "um adepto da lógica tradicional objetaria que com o fim de definir o mesmo peso devemos primeiramente definir o peso e depois proceder pela adição da diferença específica ao gênero. Mas não há razão para insistir nesse método pouco prático. É admissível conceber a noção do próprio peso como algo anterior ao conceito de peso e definir o último em termos do primeiro. Essa concepção corresponde ao procedimento efetivo usado na determinação empírica do peso de um corpo. A balança é um artifício que indica não o peso, mas a igualdade de peso. Dizer que um corpo pesa duas libras significa, portanto, o mesmo que dizer que o corpo tem o mesmo peso de um certo padrão" *(loc. cit.).* A "definição por abstração" baseia-se nesse procedimento e nessa inversão da prioridade tradicional.

Para um esclarecimento sobre o termo 'abstrato' tal como usado na lógica das classes e na das relações, ver CLASSE; RELAÇÃO.

Segundo Robert Feys (que para isso se baseou provavelmente em exposições de Alonso Church), a noção de *abstrato* na lógica formalizada designa a operação que dá origem a perífrases abstratas. Umas são da forma '*xP*' (sendo '*P*' uma proposição), que Feys chama de *abstratos proposicionais* (abreviatura de 'perífrases abstratas proposicionais'). As outras são da forma 'λ *x M*' (sendo '*M*' uma expressão bem formada qualquer), que Feys denomina *abstratos combinatórios* (abreviatura de 'perífrases abstratas combinatórias'). As primeiras aparecem na lógica usual; as últimas, na lógica combinatória. Embora só implicitamente, essas duas formas se achavam já em Frege. Sua análise mostra que a abstração pode ser entendida sob um aspecto "conceptualista" (o único que, sendo propriamente lógico, corresponde à "lógica positiva"), pois qualquer outra interpretação (realista, nominalista ou "conceptualista" no sentido tradicional), sendo metalógica, deve ser excluída da lógica *stricto sensu* mesmo quando considerada filosoficamente legítima. De acordo com Frege, podem-se usar as expressões 'abstratos proposicionais' e 'abstratos combinatórios' sem necessidade de uma interpretação metalógica.

Além das obras mencionadas no texto do verbete, ver as seguintes.

⊃ Abstração em geral: H. Schmidkunz, *Ueber die Abstraktion*, 1889. — J. Laporte, *Le problème de l'abstraction*, 1940. — Giovanni Fausti, *Teoria dell'Astrazione*, 1947. — R. Bianchi-Bandinelli, *Organicità e astrazione*, 1956. — Eino Mikkola, *Die Abstraktion. Begriff und Struktur. Eine logisch-semantische Untersuchung auf nominalistischer Grundlage mit besonderer Berücksichtigung des Lateinischen*, 1964.

Abstração e dialética: L. Jordan, *Schule der Abstraktion und der Dialektik. Neue Wege begrifflichen Denkens*, 1932. — D. Sayer, *The Violence of Abstraction: The Analytic Foundations of Historical Materialism*, 1987.

Abstração ontológica e metafísica: N. Balthasar, *L'abstraction métaphysique et l'analogie des êtres dans l'être*, 1935. — D. A. Bonevac, *Reduction in the Abstract Sciences*, 1982. — E. N. Zalta, *Abstract Objects: An Introduction to Axiomatic Metaphysics*, 1983. — B. Hale, *Abstract Objects*, 1988. — K. Campbell, *Abstract Particulars*, 1990.

Abstração e lógica: E. Jacques, *Levels of Abstraction in Logic and Human Action*, 1978. — Y. N. Moschovakis, *Elementary Induction on Abstract Structures*, 1974. — J. J. Katz, *Language and other Abstract Objects*, 1981. — L. Wright, *Better Reasoning: Techniques for Handling Argument, Evidence, and Abstraction*, 1982. — M. Furberg, T. Wetterstrom, C. Aberg, eds., *Logic and Abstraction: Essays Dedicated to P. Lindstrom on His Fiftieth Birthday*, 1986.

Definição por abstração: H. Scholz e H. Schweitzer, *Die sogennante Definition durch Abstraktion. Eine Theorie der Definitionen durch Bildung von Gleichheitsverwandtschaften*, 1935. — A. Pikas, *Abstraction and Concept Formation*, 1965.

Abstração em vários autores e correntes: P. Gohlke, *Die Lehre von der Abstraktion bei Plato und Aristoteles*, 1914. — Ulrich Dähnert, *Die Erkenntnislehre des Albertus Magnus gemessen an der Stufen der "Abstractio"*, 1934. — L. M. Habermehl, *Die Abstraktionslehre des heiligen Thomas von Aquin*, 1933. — A. Rebollo Peña, *Abstracto y concreto en la filosofía de Santo Tomás*, 1955. — Gustav Siewerth, *Die Abstraktion und das Sein nach der Lehre des Thomas von Aquin*, 1958. — G. Van Riet, "La théorie thomiste de l'abstraction", *Revue philosophique de Louvain*, 50 (1952), 853-893. — J. Rohmer, *La théorie de l'abstraction dans l'école franciscaine d'Alexandre de Halès à Jean Peckham*, 1928. — Mario H. Otero, "La crítica de la abstracción y la teoría del mundo en Berkeley", *Cuadernos uruguayos de filosofía*, I (1961), 45-103, ed. separada, 1961 (tese). — Erhard Oeser, *Begriff und Systematik der Abstraktion*, 1969 (Aristóteles em Santo Tomás, Hegel e Schelling). — Eduard von Hagen, *Abstraktion und Konkretion bei Hegel und Kierkegaard*, 1969 (tese). — Julius R. Weinberg, *Abstraction, Relation, and Induction: Three Essays in the History of Thought*, 1965. — Jules Vuillemin, *La logique et le monde sensible: Étude sur les théories contemporaines de l'abstraction*, 1971. ⊂

ABSTRAÇÃO EXTENSIVA. Segundo Whitehead, há entidades que são *relata* de outras entidades. Tais entidades, denominadas "acontecimentos" (*events*), podem ser descritas como "o caráter específico de um lugar ao longo de um período de tempo" (*The Concept of Nature*, 1920, p. 52). Os acontecimentos que são discernidos exibem uma estrutura que se manifesta em duas relações: a extensão e a "cogrediência". A extensão é uma relação básica entre acontecimentos. A cogrediência é uma relação entre um acontecimento e um ponto de vista.

Essa noção de "acontecimento" permite, de acordo com Whitehead, superar a tendência à "bifurcação da Natureza", característica da época moderna clássica, em especial da filosofia subjacente ao mecanicismo, e deu lugar ao dualismo do físico e do psíquico. Os acontecimentos de que ele fala são compreensíveis no âmbito de uma métrica espácio-temporal, para cuja construção se usa o método denominado "abstração extensiva".

A métrica espácio-temporal de referência é, porém, apenas o ponto de partida para uma metafísica; em todo caso, essa métrica sofre revisões ao ser incorporada a um sistema metafísico dentro do qual funciona como descrição do chamado "contínuo extensivo". Esse contínuo é uma potencialidade real, a qual se distingue da atualidade real, que é o "processo".

Ora, mesmo em sua forma revista, a concepção de Whitehead faz uso das noções fundamentais elaboradas no método da abstração extensiva. Para começar, a continuidade dos acontecimentos exibe propriedades similares às do contínuo matemático. Assim, por exemplo, o que se denomina "uma rota" é um segmento linear entre dois acontecimentos-partículas, de modo que uma rota abarca "um número infinito de acontecimentos-partículas, além de seus pontos terminais" (*An Enquiry Concerning The Principles of Natural Knowledge*, 1919, p. 124). A rota é definida mediante um "conjunto linear abstrativo", o qual, por sua vez, é definido por meio de grupos de acontecimentos que preenchem condições especificadas.

Apoiado nessas e em outras noções "físico-matemáticas", Whitehead desenvolve a idéia de hierarquia abstrativa. Ao introduzir essa idéia, ele introduz igualmente a noção metafísica de "objeto eterno", o qual pode ser compreendido sem necessidade de referir-se a "ocasiões particulares de experiência", isto é, a realidades "concretas". O abstrato — e a hierarquia abstrativa que se forma — transcende as ocasiões particulares, mas isso não significa que ele fique isolado dessas ocasiões particulares, isto é, do que atual e efetivamente ocorre. O método de extensão abstrativa vem justamente afastar a distinção tradicional entre abstrato e concreto e permite compreender o "progresso" (no pensamento) ao longo de sucessivos graus de "complexidade crescente". "Qualquer hierarquia abstrativa — escreve Whitehead — , finita ou infinita, baseia-se em algum grupo definido de simples objetos eternos. Esse grupo é denominado a base da hierarquia. Assim, a base de uma hierarquia abstrativa é uma reunião de objetos de complexidade zero" (*Science and the Modern World*, 1925, cap. X).

ABSURDO. 'Absurdo' significa, literalmente, "fora de tom" (*absurdus*; também *absonus*). *Absurdus* equiparava-se a *ineptus*, inepto, e também a *stultus*, néscio. Chama-se habitualmente de "absurdo" o que está fora do trilho "normal" e "ordinário", o que se opõe ao senso "comum" ou se afasta do senso "comum".

Pode-se aplicar o adjetivo 'absurdo' a uma coisa, a uma situação, ao caráter de uma pessoa, a um ato etc. Cícero (*De Oratore*, III, 41) falava de uma *mollis vox, aut mulieribus*, voz que estava "fora de tom", *absurda, absona*. É comum falar de proposições absurdas ou de crenças absurdas, podendo-se fazer, a esse respeito, uma distinção entre ambas; com efeito, podem-se conceber crenças absurdas exprimíveis em proposições que não têm um aspecto absurdo.

É também freqüente dar um sentido lógico — ou, se se quiser, "ilógico" — a 'absurdo', equiparando, além disso, 'absurdo' a 'ilógico'. A expressão "redução ao absurdo", *reductio ad absurdum* (ver REDUÇÃO), designa um tipo de raciocínio que consiste em provar uma proposição, *p*, assumindo a falsidade de *p* e demonstrando que da falsidade de *p* decorre uma proposição contraditória com *p*. Fala-se igualmente a esse respeito de redução ao impossível, *reductio ad impossibile*.

Atribui-se a Tertuliano (VER) a frase *Credo quia absurdum*, "Creio porque absurdo". Sobre o que Tertuliano escreveu a esse propósito, ver CREDO QUIA ABSURDUM.

Na acepção indicada no princípio, uma frase pode ter sentido e ser absurda. Há outra acepção de 'absurdo', estreitamente ligada a 'sem sentido'. É a proposta por Hobbes. A possibilidade de uma afirmação geral que não seja verdadeira é para esse autor inconcebível: "Se um homem me fala de um *retângulo redondo*; ou de *acidentes do pão no queijo*; ou de *substâncias imateriais*; ou de um *sujeito livre*, de uma *vontade livre* ou de qualquer coisa *livre*, mas livre de ser impedida por algo oposto, não direi que ele se encontra em erro, mas que suas palavras carecem de significação; isto é, são absurdas" (*Leviatán*, trad. esp. M. Sánchez Sarto, 1940, p. 35). Segundo Hobbes, as causas de se formularem enunciados absurdos são principalmente as seguintes: a falta de método ao não estabelecerem as significações dos termos empregados; a atribuição de nomes de corpos a acidentes ou de acidentes a corpos; a atribuição de nomes de corpos a expressões; a atribuição de nomes de acidentes de corpos situados fora de nós aos acidentes dos próprios corpos; a atribuição de nomes de acidentes a nomes e expressões; o uso de metáforas e figuras retóricas em lugar dos termos corretos; e o emprego de nomes que nada significam e se aprendem rotineiramente (*op. cit.*, p. 36).

Além dos caps. IV e V do *Leviatã*, Hobbes dedica à diferença entre o erro (em nossa linguagem, o predicado 'é errôneo') e o absurdo (em nossa linguagem, o predicado 'é absurdo') passagens de várias outras obras (*Human Nature*, V; *De corpore*, III), repetindo às vezes as mesmas frases (sendo o tratado *Human Nature*, 1640, anterior ao *Leviatã*, 1651, e ao *De corpore*, 1655, ele pode ser considerado o primeiro texto de Hobbes a esse respeito, mas citamos o *Leviatã* por ser o mais conhecido e possivelmente mais consultado hoje em dia). No *De Corpore*, Hobbes oferece, além disso, uma "tabela do absurdo", na qual proporciona uma classificação de tipos de proposições (empíricas, às quais se aplicam os predicados 'não é errôneo' e 'é errôneo'; analíticas, às quais se aplicam os predicados 'é verdadeiro' e 'é falso'; e propriamente fictícias — ou, melhor dizendo, simplesmente imaginárias —, às quais se aplica o predicado 'é absurdo'). Há freqüentes absurdos, por exemplo, quando se usam nomes de uma classe de entidades como se estas pertencessem a outra classe de entidades, ou seja, quando se comete o que se denominou "Falácia categorial" (VER).

A noção de "absurdo" tem lugar de destaque no pensamento de vários autores que se ocuparam da "dimensão existencial" na vida humana, seja sob forma principalmente religiosa ou "atéia". Kierkegaard recorre à noção de absurdo em várias obras, como *Temor e tremor*, *Doença até a morte* e a *Apostila não científica conclusiva às 'Migalhas filosóficas'*. Nesta última, o autor pergunta "Que é o absurdo?" e responde que é "o fato de que a verdade eterna se tornou temporal, que Deus se encarnou, nasceu, cresceu etc., como qualquer outro ser humano individual e sem distinguir-se de outros indivíduos" (cap. II: "A verdade é a subjetividade"). "O absurdo — escreve ele no mesmo capítulo dessa obra — é justamente, em virtude de sua repulsão objetiva, a medida da intensidade da fé na intimidade. Suponhamos que um homem deseje adquirir a fé. Tem início a comédia. Ele deseja ter fé, mas também proteger-se mediante uma investigação objetiva e seu processo de aproximação. Que ocorre? Com a ajuda do processo de aproximação, o absurdo torna-se algo distinto;

torna-se provável, crescentemente provável, extremada e marcadamente provável." O homem está então disposto a crer nele, embora de forma distinta da que crêem os sapateiros e os alfaiates (uma fé distinta, pois, da que se denominou "a fé do carvoeiro"). Ele pode quase conhecê-lo, mas é impossível crer nele, "pois o absurdo é objeto de fé, e é o único objeto em que se pode crer". Kierkegaard quer distinguir o absurdo em sentido "corrente" do absurdo em sentido "religioso" (que, de resto, não é nem uma fé cega nem uma fé num fato histórico). A "aproximação" é inútil; é preciso dar o "salto" para a fé, para o "absurdo" da fé. Do ponto de vista do absurdo da fé, a objetividade é absurda — e "repugnante".

A noção de absurdo tal como apresentada por Kierkegaard foi criticada por Brand Blanshard ("Kierkegaard on Religious Knowledge", mimeo. 1965). Segundo Paul G. Kuntz ("Making Sense of the Absurd", mimeo, 1967), Blanshard examina cinco sentidos de 'absurdo' em Kierkegaard: crer numa contradição; cometer uma má ação porque Deus manda fazê-lo; apegar-se apaixonadamente ao improvável ou paradoxal; "suspender" um princípio que se continua usando; sentir o mundo absurdamente. Nenhum destes sentidos pode ser levado "a sério" se se leva em conta a "ironia" de Kierkegaard; portanto, eles não podem ser criticados "racionalmente". Por outro lado, mesmo que se suponha que esses sentidos de 'absurdo' não têm sentido, há outros que o têm, até "racionalmente"; de acordo com Kuntz, são os seguintes: experimentar o que não corresponde às expectativas ou crenças comuns, individuais ou sociais; comunicar algo significativamente mediante um paradoxo; reconhecer que a lógica lida apenas com o abstrato e não pode esgotar o concreto; escolher valores para nós porque nos achamos objetivamente prescritos pela Natureza; respeitar o acaso real nos acontecimentos e procurar dar conta dele metafísica e ontologicamente.

Algumas dessas cinco acepções de 'absurdo' que têm sentido se encontram, afirma Kuntz, em vários autores contemporâneos. De imediato, em Albert Camus, que costuma ser o mais citado quando se fala da noção de absurdo. De maneira geral, relaciona-se essa noção com algumas das características do existencialismo (VER), e isso tem alguma razão de ser, mas só na medida em que vários autores considerados existencialistas, justificadamente ou não, se referiram ao absurdo (ou ao que parece ser absurdo) na vida humana. Isso ocorre quando, por exemplo, Sartre indica que a escolha na qual se manifesta a "liberdade do Para si" é uma escolha que "carece de ponto de apoio"; ao ditar a si mesma seus próprios motivos, "pode parecer *absurda*, e o é, de fato" (*L'Être et le Néant*, p. 558; ed. br.: *O ser e o nada*, 1998). Contudo, "essa escolha é absurda não porque carece de razão, mas porque não teve possibilidade de não escolher..."); não é absurda no sentido em que, num universo racional, parece surgir um fenômeno que não parece estar ligado a outro por *razões*: é absurda no sentido em que é aquilo pelo qual todas as razões vêm a ser razões, aquilo pelo qual a própria noção de absurdo recebe sentido. É absurda na medida em que se encontra para além de todas as razões" (*op. cit.,* p. 599). Desse ponto de vista, o absurdo não é contra-racional, mas fundamento do racional. Por outro lado, ao criticar justamente "o existencialismo", Camus proclama "a lucidez diante do absurdo" (a mesma "lucidez" que arrebata e ao mesmo tempo mantém as personagens centrais em *O estrangeiro, A peste* e *A queda*). Camus não se ocupa, no entanto, de uma filosofia absurda, mas de "uma sensibilidade absurda que pode achar-se difundida na época" (*O mito de Sísifo*, 1942). É a sensibilidade que se manifestou, extralucidamente, em Franz Kafka e nas múltiplas variantes do chamado "teatro do absurdo" (Martin Esslin). Deve-se distinguir, porém, a descrição e o reconhecimento de elementos "absurdos" na vida humana da exaltação desses elementos. Segundo Gabriel Marcel (*Homo Viator*, 1944, pp. 259ss.), essa exaltação é a preconizada, em sua opinião erroneamente, por Camus — pelo menos quando ele escreve que "o absurdo é uma paixão, a mais dilaceradora de todas", ou quando afirma que o absurdo é a primeira de "minhas verdades" — e por autores como Georges Bataille (em *L'expérience intérieure*; trad. esp.: *La experiencia interior*, 1972) e, em geral, por todos os que "recusam a salvação". Marcel afirma que essa espécie de "vontade de absurdo" não é uma experiência "originária" e "primitiva", mas uma seqüela de Hegel, Kierkegaard e Nietzsche, e em particular do último, que "jogou seu jogo a fundo — até à loucura e até à morte" (*Homo Viator*, p. 277).

⇨ Ver: Manuel de Diéguez, *De l'absurde. Précédé d'une lettre à Albert Camus*, 1948. — Annibale Pastore, *La volontà dell'assurdo. Storia e crisi dell'esistenzialismo*, 1948. — Ismael Quiles, S. J., *Jean-Paul Sartre. El existencialismo del absurdo*, 1949. — Joseph Möller, *Absurdes Sein? Eine Auseinandersetzung mit der Ontologie J. P. Sartres*, 1959. — Sobre o absurdo em Hobbes: S. Morris Engel, "Hobbes' 'Table of Absurdity'", *Philosophical Review*, 70 (1961), 533-543. — W. F. Haug, *Kritik des Absurdismus. Untersuchungen zur Konstruktion des "Absurden" vor allem bei J.-P. Sartre*, 1966, 2ª ed., 1977. — B. Rosenthal, *Die Idee des Absurden. Friedrich Nietzsche und Albert Camus*, 1978. — H. Gene Blocker, *The Metaphysics of Absurdity*, 1979 [Camus, Sartre, Ionesco, Beckett]. — D. A. Crosby, *The Specter of the Absurd: Sources and Criticisms of Modern Nihilism*, 1988. — B. G. Shapiro, *Divine Madness and the Absurd Paradox: Ibsen's Peer Gynt and the Philosophy of Kierkegaard*, 1990. ⇦

ABU SALT (Abū Ṣalt Umayya bn Abdal-'Azīz bn Abū Ṣalt) (1067-1134), nasc. em Denia (Alicante). Parece ter residido algum tempo em Sevilha e depois no Cairo e em Alexandria; de qualquer modo, dirigiu-se, por volta de 1111, a Túnis, tendo falecido em al-Mahdiyya, em Túnis.

Abu Salt escreveu numerosas obras sobre diversos temas (poéticos, científicos, filosóficos etc.). Dos escritos filosóficos, manteve-se seu *Taqwīn al.Diḥn* (*Correção da mente*), obra de caráter lógico na qual se faz uso das partes essenciais do *Organon* aristotélico (*Categorias, Sobre a interpretação* e os dois *Analíticos*) e da *Isagoge* de Porfírio. A lógica de Abu Salt é ao mesmo tempo uma teoria do conhecimento, pois estuda as condições da demonstração como conhecimento verdadeiro, dedicando especial atenção à demonstração silogística. Entretanto, a demonstração silogística constitui apenas a parte formal da demonstração; para que o conhecimento seja verdadeiro, é preciso que o sejam as premissas nas quais se deve demonstrar a verdade por meio da causa. Esta é o fundamento do conhecimento verdadeiro e nela se funda o conhecimento do que são as coisas de que se fala nas premissas. Abu Salt segue fundamentalmente Aristóteles em suas teorias do silogismo e da demonstração, mas introduz algumas modificações na doutrina aristotélica da proposição e da classificação das proposições levando em conta a estrutura da língua árabe (por exemplo, a divisão do verbo em substantivo e não-substantivo).

⊃ O *Taqwīm al-Diḥn* foi traduzido e publicado por Ángel González Palencia em 1915. Ver Miguel Cruz Hernández, *Historia de la filosofía española. Filosofía hispano-musulmana*, tomo I (1957), pp. 323-336. — N. Rescher, *Studies in the History of Arabic Logic*, 1963. ⊂

ABUBÁKER. Ver Abentofail.

ABULIA. Em linguagem corrente, emprega-se 'abulia' para designar o estado de uma pessoa a quem falta vontade. Supõe-se que aquele que tem abulia, o abúlico, carece de energia para querer alguma coisa; que não tem, a rigor, energia para querer nada. O abúlico é, neste sentido, o indiferente. O sentido de 'abulia' como indiferença é, em geral, pejorativo, ao contrário do sentido de 'ataraxia' (também traduzido amiúde por 'indiferença' ou por 'imperturbabilidade'), que foi tida, em especial pelos estóicos, como virtude (ver Ataraxia).

Em psicologia, falou-se de "abulia" para designar um estado de alteração dos fenômenos volitivos. Há vários tipos de abulia. Os dois principais dizem respeito à decisão (incapacidade de tomar uma decisão) e à ação (incapacidade de fazer algo determinado, ou de agir, embora se tenha chegado a uma decisão). Alguns autores consideraram que não há, e até que não pode haver, abulia na decisão. De acordo com isso, a abulia é só a inação enquanto falta de "impulso" para agir.

A palavra 'abulia' é uma transcrição do grego ἀβουλία (literalmente: "sem vontade", "sem querer", mas não no sentido da chamada "noluntade" [ver]).

A vontade ou querer que é negada na abulia é afirmada na chamada εὐβουλία, termo com o qual Aristóteles dava a entender a boa deliberação [*Eth. Nic.* VI, 9, 1142 b 5), que deve ser distinguida da disposição de ânimo, da habilidade na conjetura e do conhecimento das coisas naturais.

ACADEMIA FLORENTINA. A chegada do filósofo bizantino Georgios Gemistos Plethon (ver) à corte florentina de Cosme de Médicis e os ensinamentos que deu nessa corte acerca das filosofias platônica e neoplatônica induziram Cosme a fundar a chamada *Academia Florentina* ou *Academia Platônica de Florença* em 1459. A Academia foi protegida igualmente por Lorenzo de Médicis. Seus principais membros foram, além de Plethon, o Cardeal Bessarion, Marsilio Ficino e depois Pico della Mirandola. A tendência comum foi, antes de tudo, o elogio de Platão. Mas como Platão foi com freqüência interpretado em sentido neoplatônico, a Academia Florentina pode ser considerada tanto platônica como neoplatônica. Outras características comuns foram: oposição ao aristotelismo e, em particular, ao averroísmo; fortes tendências humanistas e a decorrente importância conferida ao "bem dizer" e à eloqüência em filosofia; tentativas de conciliar o platonismo com o cristianismo. Dentro disso, há características particulares devidas aos diferentes membros. Referimo-nos a alguns deles nos verbetes dedicados a Marsilio Ficino e a Pico della Mirandola (por exemplo, certas tendências ao uso da cabala e à busca de um Deus verdadeiro em todas as religiões por parte deste último autor). Acrescentaremos aqui que, entre outras particularidades de vários membros da Academia, está a de ter procurado acolher muitas idéias aristotélicas. A infiltração do aristotelismo ocorreu às vezes sem que se tivesse consciência disso. Em outras ocasiões, porém, os próprios autores insistiram na necessidade de, pelo menos, um estudo sério das doutrinas de Aristóteles. É o caso do Cardeal Bessarion (ver).

Outros autores da mesma geração de Pico della Mirandola não podem ser considerados membros da Academia Florentina em sentido estrito, mas as fortes influências recebidas do platonismo renascentista, que coincide em vários pontos com doutrinas dos filósofos mencionados no parágrafo anterior, permitem agrupá-los, se não sob o nome de "acadêmicos florentinos", ao menos sob o de "platônicos italianos", pois, embora um deles, Leão Hebreu (ver), tenha nascido em Lisboa, também viveu longo tempo na Itália e publicou ali suas obras. Figuram entre eles o mencionado Leão Hebreu e G. Savonarola (ver). Em seus famosos *Dialoghi d'amore*, Leão Hebreu formulou uma doutrina platônico-mística do amor intelectual que às vezes foi considerada um precedente da teoria spinoziana. Savonarola, mais conhecido como reformador religioso que como filósofo, foi autor de um *Compendium totius philophiae*, influenciado pelo platonismo, mas com certas características aristotélicas. Aos platônicos humanistas pode-se acrescentar um alemão: Johannes Reuchlin (VER), defensor do humanismo no quadro de um neoplatonismo cabalista. Deve-se observar, além disso, que o platonismo e o neoplatonismo influenciaram muitas outras correntes do Renascimento, inclusive algumas que pareciam opostas a Platão; é o caso das renovações do estoicismo e do epicurismo a que nos referimos nos verbetes correspondentes.

⮕ Ver: R. Sieveking, *Die florentinische Akademie*, 1812. — L. Ferri, "Il Platonismo nell'Accademia Fiorentina", *Nuova Antologia* (julho de 1891). — A. della Torre, *Storia dell'Accademia platonica di Firenze*, 1902. — M. Heitzman, "Studja nad Akademia platonska we Florencii", *Kwartalnik Filozoficzny* 10 (1932), 11 (1933), 12 (1935). — N. A. Robb, *Neoplatonism of the Italian Renaissance*, 1935. — Paul Oskar Kristeller, "The Platonic Academy of Florence", *Renaissance News*, 16 (1961), 147-159, reimp. em sua obra *Renaissance Thought, II. Papers on Humanism and the Arts*, 1965, pp. 89-101. — H. L. Stewart, "The Platonic Academy of Florence", *Hibbert Journal*, 43, pp. 226-236.

Para as obras de Marsilio Ficino, Pico della Mirandola, Plethon, Bessarion, Leão Hebreu, Reuchlin e Savonarola, ver os verbetes correspondentes. C

ACADEMIA PLATÔNICA. A escola fundada por Platão recebeu o nome de Academia por estar situada nos jardins dedicados ao herói ateniense *Academos*. Sua principal função *oficial* pareceu ser o culto das musas, pois uma escola filosófica ateniense devia ser em princípio uma comunidade destinada ao culto, um θίασος (Diógenes Laércio, III, 25), com sacrifícios regulares ou comuns, κοινά ιερά. Mas, além do culto ou em torno dele, desenvolveu-se uma intensa atividade filosófica e científica (esta última especialmente nas esferas da matemática, da música, da astronomia e da divisão e classificação, todas elas consideradas, ao menos por Platão, como propedêutica para a dialética). A Academia platônica não pode ser considerada uma Academia em sentido moderno (W. Jaeger), mas, embora alguns autores (E. Howald) tenham reduzido as atividades desta às do culto, esta tese foi tida como muito exagerada (K. Praechter, H. Cherniss). Com efeito, era importante na Academia a atividade pedagógica, que se manifestava em forma de lições e de diálogos. Deve-se observar que a Academia platônica — e também a este respeito há notáveis diferenças entre ela e o Liceu (VER) aristotélico — irradiava influência, pelo menos na época de Platão e graças, em grande parte, à sua personalidade, não apenas no domínio religioso, moral e científico, mas também no político.

A Academia platônica teve longa vida. De fato, ela persistiu até 529, ano em que foi fechada por decreto do imperador Justiniano, embora — convém advertir — mais por motivos religiosos que filosóficos, pois o platonismo continuou a influenciar consideravelmente a filosofia bizantina (VER). Ora, a persistência da Academia não significa que tenha havido nela continuidade filosófica, nem mesmo que tenha havido acordo entre os escolarcas ou os membros da escola com referência aos ensinamentos de Platão, até os mais fundamentais, como a teoria das idéias. As críticas de Aristóteles a Platão permitem perceber claramente essas discrepâncias. Visto que, como o mostrou Harold Cherniss, Aristóteles não se baseou para suas críticas em supostas lições orais de Platão, deve-se supor ou que se trata de uma interpretação *sui generis* do Estagirita ou, como parece mais provável, de uma crítica da elaboração da doutrina de Platão por parte dos discípulos mais próximos deste. Ora, esses discípulos pareceram afastar-se consideravelmente do platonismo. Assim, já o primeiro escolarca sucessor de Platão, seu sobrinho Espeusipo, rejeitou a teoria das idéias.

Conhecemos a sucessão dos escolarcas por meio da *Crônica* de Apolodoro (*Fasti Apollodorei*) e demos uma lista destes segundo aparece em Ueberweg-Praechter (de acordo com as investigações de K. Zumpt, E. Zeller, S. Mekler e F. Jacoby) no verbete Escolarca (VER). Contudo, essa lista compreende também vários filósofos neoplatônicos. Ora, é costume excluir estes filósofos do que se considera o período "clássico" da Academia Platônica, que abrange desde Platão até Teomnesto de Naucratis. Neste verbete, limitar-nos-emos a esse período e dividiremos a Academia, de acordo com a tradição, em três períodos: *Academia antiga, Academia média (ou segunda Academia), Academia nova (ou terceira Academia)*. Os limites entre as duas últimas são imprecisos. Além disso, alguns consideram o período iniciado por Fílon de Larissa (VER) uma *quarta Academia*, também denominada *Academia novíssima*. Quanto a outros aspectos da tradição platônica num sentido mais geral, expomo-los no verbete Platonismo (VER).

Os principais representantes da *Academia antiga* são Espeusipo, Xenócrates, Heráclides Pôntico, Pólemon, Crates e Crântor. Como figuras menores, podemos mencionar Hermodoro e Quíon, ou Xíon. Dos verbetes dedicados aos primeiros, podem-se deduzir as tendências principais que dominaram a Academia durante esse período: idéias pitagorizantes, afirmação de que a percepção proporciona também conhecimento, investigações sobre os graus do saber, mescla de características ascéticas com outras hedonistas (como em Pólemon e Crântor), certas tendências que aproximaram alguns acadêmicos (por exemplo, Crates) do cinismo. O principal representante da *Academia média* é Arcesilau. Como figuras menores, podemos mencionar Laquides, Telecles, Euandro e Heguesino. Característicos deste período são o antidogmatismo e o ceticismo moderado na teoria do conhecimento. Os principais representantes da *Academia nova* são Carnéades e Clitômaco. Este período não se distingue substancialmente do anterior com referência ao conteúdo filosófico, mas acrescenta ao antidogmatismo o probabilismo (VER). Os acadêmicos médios e novos polemizaram amiúde contra o estoicismo. Às vezes incluem-se entre os acadêmicos novos Fílon de Larissa e Antíoco de Ascalon, mas, como veremos nos verbetes sobre eles, sua inclinação para o dogmatismo moderado (que consideravam mais fiel ao espírito e à letra de Platão), para um entendimento com os estóicos e para o ecletismo faz com que eles sejam freqüentemente considerados membros da chamada *Academia novíssima*. Desde essa época, a filosofia da Academia se bifurca em duas direções. Por um lado, para o neoplatonismo, em particular daqueles que são tidos por precursores dessa tendência. Por outro lado, para o que se poderia chamar o platonismo eclético. Este último tem uma estreita relação com o ecletismo de Antíoco de Ascalon e consiste num esforço para harmonizar as idéias platônicas com as peripatéticas e as estóicas, num forte interesse pela mística pitagorizante e numa freqüente inclinação para a discussão de problemas teológicos. Os principais representantes dessa tendência são Eudoro de Alexandria, Plutarco de Alexandria, Téon de Esmirna, Albino, Nigrino, Nicostrato, Ático, Celso, Máximo de Tiro e Severo. Os verbetes dedicados a esses pensadores permitem ver quais foram seus principais problemas e suas doutrinas mais características.

➲ Ver: Th. Gomperz, "Die Akademie und ihr vermeintlicher Philomacedonismus", *Wiener Studien*, 4 (1882), 102-120. — H. Usener, "Die Organisation der wissenschaftlichen Arbeit in der platonischen Akademie", 1884 (reimpresso em *Kleine Schriften*, III, 1912). — L. Keller, "Die Akademie der Platoniker im Altertum", *Monatshefte der Comeniusgesellschaft*, 1899. — O. Immisch, "Die Akademie Platons und die modernen Akademien", *Neue Jahrbücher für klassische Philologie*, 150 (1894), 421-442. — E. Howald, *Die platonische Akademie und das moderne Universitas litterarum*, 1921. — P. L. Landsberg, *Wesen und Bedeutung der platonischen Akademie*, 1923. — Pan Aristophron, *Plato's Academy: The Birth of the Idea of Its Rediscovery*, 1934. — O. Gigon, "Zur Geschichte der sogennanten Neuen Akademie", *Museum Helveticum* (1944). — H. Chemiss, *The Riddle of the Early Academy*, 1945 (também do mesmo autor: *Aristotle's Criticism of Plato and the Academy*, I, 1944). — Hans Herter, *Platons Akademie*, 2ª ed., 1952. — O. Seel, *Die platonische Akademie. Eine Vorlesung und eine Auseinandersetzung*, 1953. — J. Dillon, *The Middle Platonists, 80 B.C. to A.D. 220*, 1977. — Id., "The Academy in the Middle Platonic Period", *Dionysius*, 3 (1979), 63-77. — H. Tarrant, *Scepticism or Platonism? The Philosophy of the Fourth Academy*, 1985. — L. Rizzerio, "Platon, l'École de Tübingen et Giovanni Reale", *Revue Philosophique de Louvain*, 91(89) (1993), 90-110.

Importantes referências à Academia também são encontradas, entre outras obras, no volume sobre Platão de Wilamowitz-Moellendorf e no volume sobre Aristóteles de W. Jaeger.

Embora se refiram à questão do autor ou autores das obras de Platão, também lançam luz sobre os problemas referentes à Academia platônica os trabalhos de Joseph Zürcher, *Das Corpus Academicum* (τὸ Σύνταγμα Ἀκαδημικόν). *In neuer Auffassung dargestellt*, 1954, e *Lexicon Academicum*, 1954.

Índice de filósofos acadêmicos: *Academicorum philosophorum index Herculanensis*, ed. S. Mekler, 1902; 2ª ed., 1958. **C**

AÇÃO. A noção de ação foi empregada em múltiplos sentidos e contextos, como se pode ver nos seguintes exemplos: "Mercedes realizou uma boa ação"; "Com a ação de suas mãos, o orador suscitou uma salva de palmas"; "A ação do ar é indispensável para diminuir a contaminação atmosférica"; "A ação dos músculos nos gatos é mais rápida que a ação dos músculos nos rinocerontes", "As palavras de Sisebuto deixaram Rosalinda sem ação"; "A ação é o oposto da paixão"; "A ação é o oposto da contemplação" (ou "sucede à contemplação" ou "é uma forma de contemplação" etc.). Às vezes, pode-se substituir 'ação' por 'atividade'; às vezes, entende-se 'ação' como 'ato' de operação de uma potência (ver ATO e ATUALIDADE). 'Ação' é um bom exemplo desse tipo de vocábulos que têm tantos e tão diversos sentidos que é pouco recomendável usá-los fora de contexto ou sem especificar seu emprego.

Na literatura filosófica, tende-se a empregar 'ação' em estreita relação com 'ato', 'atividade', 'operação', 'produção', 'prática' etc.; em todo caso, costuma-se restringir a noção de ação à operação de um agente. Este pode ser, em princípio, qualquer ser orgânico, mas quase sempre se limita a um ser humano.

Uma das primeiras elucidações filosóficas do conceito de ação se encontra em Aristóteles. Denomina-se tradicionalmente "ação" uma das categorias aristotélicas (ver CATEGORIA). Exemplo da categoria "ação" é '(ele) corta' (*Cat.* 1b-2a). A ação é uma categoria distinta da paixão; melhor dizendo, a paixão como categoria é a ação virada do avesso, ou o caráter passivo de uma ação. Exemplo de "paixão" nesse sentido é 'está cortado' (*loc. cit.*).

Em *Eth. Nic.* VI, 1140 a, Aristóteles propôs uma distinção entre "ação" (atividade, ato), πρᾶξις, e "produção", ποίησις. A ação é o processo, e também o resultado, de atuar, πράττειν, que segundo Aristóteles é conseqüência de uma escolha (VER) deliberada. A ética e a política, enquanto ciências "práticas" (ao contrário das ciências "teóricas"), ocupam-se das ações. A produção é o processo, e também o resultado, de fazer (algo), ποιεῖν. A ciência que se ocupa da produção ou "poiesis" é a "poética", num sentido muito amplo deste termo, ou seja, no sentido de uma ciência produtiva ou ciência das produções. A ação não está incluída na produção e vice-versa; tal como Aristóteles indica, "atuar não é fazer, nem fazer é atuar". Todavia, considerou-se às vezes que o fazer é o que sucede à ação ou, em todo caso, que a produção (de algo) sucede à ação e, de maneira inversa, que algo se produz quando se atua neste ou naquele sentido. Em numerosos casos, mostra-se difícil distinguir ação e produção, e mais ainda atuar e fazer. Na linguagem comum, estes dois últimos verbos são amiúde empregados indistintamente.

Discutiu-se com freqüência se, e em que sentido, ou até que ponto, a ação (assim como a produção) está relacionada com o pensamento ou, no vocabulário tradicional, com a contemplação (VER) ou "teoria". Há duas interessantes opiniões extremas a esse respeito. Uma se encontra em Plotino e diz: "Eis aqui os homens: quando a contemplação se enfraquece neles, dedicam-se à ação, que não passa de uma sombra da contemplação" (*Enn.* III, viii, 4). A outra se encontra em Marx: "Os filósofos se limitaram a *interpretar* o mundo de diferentes modos; mas a questão é *transformá-lo, mudá-lo*" ("Teses sobre Feuerbach". Tese XI). Na verdade, os sentidos que os citados autores dão aos termos que usam — 'ação', 'contemplação', 'interpretar', 'transformar' — só são adequadamente compreensíveis no contexto das respectivas concepções, assim como no âmbito dos correspondentes contextos históricos. Não se pode concluir, simplesmente, que Plotino defende a contemplação diante da ação, ou a teoria diante da prática, e que Marx faz exatamente o inverso; a contemplação plotiniana não é a interpretação do mundo na acepção marxiana, e a ação plotiniana não é tampouco a *práxis* de Marx. Mas, em alguma medida, Plotino expressava uma tendência arraigada entre muitos pensadores antigos, e que persistiu na Idade Média, segundo a qual a contemplação é a culminação da vida humana, enquanto Marx exprimiu — entre outras coisas — uma tendência que se foi impondo na época moderna e segundo a qual a ação é uma dimensão fundamental, se não a mais importante, da vida humana. Em todo caso, na época moderna foram se tornando mais importantes que nas épocas antiga e medieval as questões relativas à ação humana, especialmente no aspecto da produção de bens e da transformação do mundo, tanto físico como social.

Os escolásticos distinguiram vários modos de agir ou operar, *agere*, isto é, vários tipos de ação. Teologicamente, distinguiram o *agere ad intra*, atuar "para dentro", e o *agere ad extra*, o atuar "para fora". O *agere ad intra* é um atuar imanente em Deus, como ocorre quando do Deus pensa ou ama. O *agere ad extra* é um atuar transcendente, como acontece quando Deus cria o mundo. Concomitantemente, eles distinguiram no homem, enquanto agente, *agens*, a ação imanente, *immanens*, e a ação transitiva, *transiens*. Na primeira, a ação permanece no sujeito, como quando este sente ou pensa. Na segunda, a ação sai do sujeito, como quando este executa de fato "uma ação", tal como pegar um objeto, assinar um contrato, moldar uma estátua. A ação imanente é a atividade num dos sentidos aristotélicos; a ação transitiva é a produção. Na vontade, muitos escolásticos distinguiram dois atos: o chamado *actus elicitus*, ou operação da vontade, e o chamado *actus imperatus*, ou ação dirigida pela vontade. O *actus imperatus*, ou ato ordenado (pela vontade), é o fim da operação da vontade.

De um ponto de vista mais geral, estabeleceu-se uma distinção entre ação e paixão; "A ação de acordo com a primeira imposição (VER) do nome assinala a origem do movimento. Pois assim como o movimento, conforme se encontre no móvel de algo que se move, recebe o nome de *paixão*, a origem de tal movimento, na medida em que começa em algo e termina naquilo que se move, é qualificada de *ação*" (Santo Tomás, *S. theol.* I, q. XLI a 1, ad 2).

Metafisicamente, foi comum a muitos escolásticos distinguir — e amiúde contrapor — o ser, *essere*, e o agir ou operar, *agere, operari*. Uma tendência muito difundida — que de algum modo corresponde, do ponto de vista epistemológico, ao "primado da contemplação" a que nos referimos anteriormente — foi a de manter antes de tudo "o ser" e afirmar que só em virtude da existência de um ser há um atuar ou operar. Não existe, pois, um puro agir ou operar prévio ao ser: *operari sequitur esse, agere sequitur esse* (o operar segue o ser). Na medida em que o agir ou o operar é um chegar a ser ou devir, *fieri*, mantém-se igualmente que *fieri sequitur esse*, o chegar a ser ou devir segue o ser.

Podem-se encontrar tanto na metafísica antiga como na medieval tendências segundo as quais o ser consiste no agir ou operar, mas esta idéia está muito mais amplamente difundida na metafísica moderna. Encontramo-la na idéia de que algo é real só na medida em que exerce alguma ação e justamente aí onde exerce a ação. Um exemplo dessa concepção é a metafísica (e a física) de Leibniz, assim como todos os sistemas em que uma substância é, em última análise, um "ponto de força". A noção de ação desempenha um papel importante no idealismo alemão; o exemplo mais citado é o da noção de *Tathandlung* (VER) em Fichte. Goethe parecia querer resumir o que Spengler chamou acertadamente de "alma fáustica" — ao contrário da "alma apolínea" e também da "alma mágica" — ao levar Fausto a dizer: "No princípio foi a Ação" (*Im Anfang war die Tat!*), em que 'Ação' substitui 'Verbo' (Logos) no começo do Evangelho de São João: "No princípio foi o Verbo".

Muitas tendências filosóficas do século XIX e do século XX deram grande atenção à noção de ação em suas múltiplas variantes: impulso, esforço, produção, transformação etc. Citam-se a esse respeito Marx, Nietzsche, o pragmatismo, Bergson, Sorel etc. É óbvio que as diferenças entre esses pensadores e tendências são tão consideráveis que a expressão 'filosofia da ação' sob a qual eles são às vezes agrupados é muito inadequada.

Por outro lado, denominou-se "filosofia da ação" um tipo de pensamento desenvolvido na França por autores como Ollé-Laprune e Maurice Blondel (VER). Este último desenvolveu uma metafísica da ação que visa integrar a contemplação e pretende constituir o ser por meio da ação. A "lógica da ação" de Blondel não nega a "lógica do ser", mas a abarca como um modo subordinado de conhecimento. Segundo Blondel, a palavra 'ação' pode ser entendida de três modos, que constituem fases correspondentes no desenvolvimento da ação (humana): "1) A ação indica primeiramente o ímpeto iniciador no que tem de vivo e de fecundo, de produtivo e de finalizador ao mesmo tempo. 2) A ação pode designar (aí onde uma operação discursiva e complexa se torna indispensável para que se realize) a série contínua e progressiva dos meios empregados: processo necessário para a execução do desígnio inicial que deve percorrer o intervalo que separa o projeto do efeito e, segundo a expressão escolástica, o *terminus a quo* do *terminus ad quem, per gradus debitos*. 3) A ação pode significar, por fim, o resultado obtido, a obra conseguida, o término realizado. Pode-se então considerar esse resultado menos como um objeto bruto que como uma espécie de criação viva em que a eficácia e a finalidade conseguiram unir-se valorizando todas as potências mediadoras que serviram para essa maravilhosa inovação, evocada por essa pequena palavra cheia de misteriosas riquezas: agir" (*L'Action*, 1936, I, pp. 40-41).

A noção de ação é central em várias direções do pensamento contemporâneo, mesmo que não sejam agrupadas, ou agrupáveis, sob o nome de "filosofias da ação". Entre essas direções, destacam-se o pragmatismo, o existencialismo, o marxismo e uma das últimas fases da filosofia analítica.

"O conceito de ação — escreve Richard I. Bernstein (*op. cit. infra*, p. 173) — associou-se intimamente ao movimento pragmático desde que o termo 'pragmatismo' alcançou popularidade filosófica durante a última década do século XIX. Na opinião de muitos críticos, o pragmatismo é pouco mais que o pernicioso lema de que toda investigação, conhecimento e pensamento têm lugar em vista da ação — onde a ação é entendida de forma extremamente mundana ou vulgar". Isso não é correto, de acordo com o mencionado autor, numa interpretação tão unilateral e superficial, mas tem lampejos de verossimilhança se considerarmos que o conceito de ação é muito complexo inclusive em cada um dos pragmatistas mais importantes — Peirce, James, Dewey, Mead — e que, em todo caso, não exclui — antes inclui ou integra — a racionalidade da conduta. Os autores a que se aludiu coincidem em considerar o sujeito humano um verdadeiro "agente" que, portanto, atua no mundo e entre seus semelhantes, sendo, no sentido literal da palavra, um "artífice". O pensamento é ação, mas só na medida em que é investigação e constante ponderação ao longo da existência.

No chamado (simplesmente por comodidade de vocabulário) "existencialismo", ou "filosofia existencial", o mero fato de afirmar que a existência humana consiste em estar no mundo leva a destacar também seu caráter de "agente" ou de "atuante". Mas, além disso, e sobretudo, leva a considerar que o importante no fazer do "agente" não é o fazer algo, mas o "fazer-se a si mesmo". Desse ponto de vista, o "existencialismo" conduziu o tema da ação a uma espécie de paroxismo (essa é uma das razões pelas quais se mencionou às vezes Fichte). Se fazer é fazer-se a si mesmo, o próprio ser (humano) é, no fundo, atuar. Sartre ligou explicitamente a ação à realização do projeto (VER). É certo que, como ele escreve em *L'Être et le Néant* (p. 508), "atuar é modificar a *figura* do mundo, dispor de meios em vista de um fim, produzir um complexo instrumental e organizado de tal maneira que, por uma série de encadeamentos e enlaces, a modificação introduzida num dos elos produza modificações em toda a série e, no fim, produza um resultado previsto". Mas isso não é, segundo Sartre, o que importa. A ação é, antes de tudo, intencional; como tal, ela implica reconhecer que há um *desideratum*, e isso equivale a dizer que há nela uma "negatividade" (*négativité*). Mais que qualquer outro pensador dessa tendência, Sartre vinculou o fazer com o fazer-se e o fazer-se com a liberdade. Isso se exprime claramente em duas frases: "Um primeiro olhar sobre a realidade humana nos mostra que, para ela, ser se reduz a fazer" (*op. cit.*, p. 555); "Mas, se a realidade humana é ação, isso significa evidentemente que sua determinação para a ação é, por si mesma, ação" (*op. cit.*, p. 556). Isso não quer dizer que a realidade humana possa fazer o que quiser, já que a liberdade é escolha de seu ser, mas não fundamento de seu ser. Mas o fato de que a realidade humana não possa em nenhum caso não escolher-se (a si mesma) torna impossível que possa não atuar. Até a própria decisão de não atuar é já uma ação.

Embora a noção de ação examinada por vários filósofos de inclinação existencial seja ação individual e pessoal, o que se denominou, segundo os casos, a "facticidade", a "circunstância", o "ser com outro" etc. levou a considerar a ação como ação interindividual, interpessoal e também social. Isso ocorreu já entre os pragmatistas, especialmente com Dewey e Mead. Muitos sociólogos que se dedicaram ao problema da ação entenderam-na como "ação social", e a influente obra de Talcott Parsons sobre a estrutura da ação social (1949) enfatizou a importância das normas e dos fatores institucionais na ação humana. Uma ciência geral da ação (da prática ou da práxis) (ver Praxiologia) foi desenvolvida por Kotarbinski (ver). Os marxistas entenderam 'ação' principalmente do ponto de vista social (ainda que em sentido diferente do de Talcott Parsons). Em todo caso, a concepção do homem como ser ativo, e da filosofia como um possível sistema de normas para agir tendo em vista a transformação do mundo, é fundamental no marxismo. Os marxistas, porém, falam menos de ação que de práxis (ver), motivo pelo qual abordamos algumas das características desse complexo e matizado conceito no verbete indicado.

Os filósofos analíticos e "pós-analíticos", em especial depois do abandono do reducionismo próprio das tendências positivistas e cientificistas, ocuparam-se amplamente do problema da ação. Isso foi feito de muitos modos: examinando-se a relação entre normas e ações; elaborando-se uma "lógica da ação" vinculada com a lógica deôntica (ver Deôntico); estudando-se termos da linguagem corrente em que se expressam ações ou tentativas de ações ("Eu o farei se puder"; "Não sou responsável por essa ação" etc.); estudando-se o conceito de ação em relação com os conceitos de intenção, deliberação, escolha e decisão; averiguando-se a diferença entre 'suceder' e 'atuar'; analisando-se o *status* da entidade chamada "agente", ao contrário da noção de causa; estabelecendo-se diferenças entre causas e razões; perscrutando-se a forma lógica de expressões em que intervêm verbos de ação; analisando-se a estrutura das chamadas "ações básicas" etc.

O chamado "problema da ação" resolve-se, analiticamente, numa miríade de questões. Entre elas, pode-se mencionar, à guisa de exemplo, a que vem a seguir.

Supondo que haja boas razões para que alguém, A, tenha feito algo determinado, isto é, tenha efetuado uma ação, T, trata-se de saber se essas razões são a causa de T ou se são apenas uma parte — e que tipo de "parte" — de T. No primeiro caso, afirma-se que as razões são causas. No segundo caso, presume-se que haja causas que incluem razões. É comum dar o nome de "causalismo" à teoria segundo a qual as razões são causas e de "anticausalismo" à teoria segundo a qual as razões fazem parte das causas. Mesmo assim, há disputas sobre o modo como se deve entender a noção de causa. Entendido de maneira estrita, o mencionado causalismo tem de identificar as razões com processos neurofisiológicos; interpretado de modo mais amplo, não é preciso aceitar essa identificação.

Se R é uma razão pela qual A realizou uma ação, T, cabe perguntar se R explica ou não T. Se o explica, cabe perguntar se pode haver ou não outra explicação que não a causal. Se não existe outra explicação, então obviamente R é ao mesmo tempo razão e causa de T, por ser explicação de T. Se há outra explicação além da causal, então T é equivalente a uma intenção, um propósito, uma resolução etc.

É importante saber, pois, se as "razões-explicações" ("intenções-propósitos" etc.) são ou não fundamentalmente diferentes das causas, se só elas ou se apenas as causas — ou uma combinação de ambas — explicam uma ação.

É compreensível que uma das mais insistentes controvérsias no âmbito da filosofia analítica da ação tenha ocorrido entre os chamados "causalistas" e os chamados "finalistas" ou "teleologistas". Não se devem confundir os primeiros com partidários do "determinismo" nem os últimos com partidários do "indeterminismo", do "livre-arbítrio" etc., ainda que, de fato, os últimos falem como se rejeitassem, para efeito de descrição, todo determinismo. Por outro lado, nem sempre é claro se a discussão a que nos referimos acontece principalmente, se não exclusivamente, em nível epistemológico — e, dentro dele, em nível lingüístico — ou se diz respeito ao modo como se entende realmente o que é um "agente" que opera ou age "por si mesmo" e que, justamente por isso, merece o nome de agente. Certos autores que adotaram um ponto de vista "finalista" ou "teleológico" indicaram que se trata simplesmente do uso de um vocabulário mais adequado à explicação de ações humanas que o vocabulário causal (incluindo-se qualquer possível vocabulário causal nas ciências sociais). Outros estabelecem uma distinção entre a conduta humana, individual ou social, e quaisquer outros processos ou fenômenos; se só o estudo dos últimos é científico, então o comportamento humano não é suscetível de estudo científico no sentido próprio do termo. Vários autores avaliam que a necessidade de recorrer a uma análise da conduta humana — ou dos termos mediante os quais se exprimem ações humanas — que não apele a explicações científicas para o uso não exclui a possibilidade de futuras explicações científicas. É bastante comum julgar que, embora não sejam causas, as ações podem exercer efeitos de natureza causal.

➲ Obras históricas: Gianni Vattimo, *Il concetto di Fare in Aristotele*, 1961. — Joseph de Finance, *Être et agir dans la philosophie de Saint Thomas*, 1945. — R. J. Bernstein, *Praxis and Action: Contemporary Philosophies of Human Activity*, 1971. — D. Gimaret, *Théories de l'acte humain en théologie musulmane*, 1980. —

M. Oesch, *Das Handslungsproblem. Ein systemgeschichtlicher Beitrag zur ersten Wissenschaftslehre Fichtes*, 1981. — D. Charles, *Aristotle's Philosophy of Action*, 1984. — R. Sokolowski, *Moral Action: A Phenomenological Study*, 1985. — B. Inwood, *Ethics and Human Action in Early Stoicism*, 1985. — F. Schalow, *The Renewal of the Heidegger-Kant Dialogue: Action, Thought, and Responsibility*, 1992. — R. McInerny, *Aquinas on Human Action: A Theory of Practice*, 1992.

Obras gerais: Giovanni Cesca, *La filosofia dell'azione*, 1907. — E. de Roberty, *Sociologie de l'action. La genèse sociale de la raison et les origines rationelles de l'action*, 1908. — M. Pradines, *Principes de toute philosophie de l'action*, 1909. — H. Gomperz, *Die Wissenschaft und die Tat*, 1924. — A. Mochi, *De la connaissance à l'action*, 1928. — M. Malgaud, *De l'action a la pensée*, 1933. — L. Stefanini, *Mens Cordis. Giudizio sull'attivismo moderno*, 1934. — W. M. Schering, *Zuschauen oder Haldeln? Beitrag zur Lage und Aufgabe der Psychologie*, 1937. — W. Grebe, *Der tätige Mensch. Untersuchungen zur Philosophie des Handelns*, 1937. — M. Riveline, *Essai sur le problème le plus générale: action et logique*, 1939. — A. Marc, *Dialectique de l'action*, 1954. — Jean Brun, *Les conquêtes de l'homme et la séparation ontologique*, 1961. — Joseph de Finance, S. J., *Essai sur l'agir humain*, 1962. — M. Philippe, *L'activité artistique. Philosophie du faire*, 1970. — P. Ricoeur, *La sémantique de l'action*, 1977. — A. Gaud e J. Shotter, *Human Action and Its Psychological Investigation*, 1977. — F. A. Olafson, *The Dialectic of Action*, 1979. — M. Schmid, *Handlungsrationalität. Kritik einer dogmatischen Handlungswissenschaft*, 1979. — J. Hornsby, *Actions*, 1980. — F. Kaulbach, *Einführung in die Philosophie des Handelns*, 1982. — M. A. Simon, *Understanding Human Action*, 1982. — M. H. Robbins, *Promising, Intending, and Moral Autonomy*, 1984. — C. J. Moya, *The Philosophy of Action: An Introduction*, 1990. — C. Ginet, *On Action*, 1990. — F. Schick, *Understanding Action: An Essay on Reasons*, 1991. — M. Neuberg, *Philosophie de l'action*, 1993.

Para a ação em sentido blondeliano: A. Gardeil, O. P., "L'Action. Ses exigences objectives", *Revue Thomiste*, 6, (1898), 125-138, 269, 294; "Ses ressources subjectives", *ibid.*, 7 (1899), 23-29; "Les ressources du vouloir", *ibid.*, 7 (1899), 447-461; "Les ressources de la raison pratique", *ibid.*, 8 (1900), 377-379. — J. Roig Gironella, *La filosofía de la acción*, 1943. — Henry Duméry, *La philosophie de l'action. Essai sur l'intellectualisme blondélien*, 1948. — Ulrich Hommes, *Transzendenz und Personalität. Zum Begriff der Action bei M. B.*, 1972.

Para a ação em sentido pragmatista, ver a bibliografia de PRAGMATISMO; além disso: Richard J. Bernstein, *Praxis and Action*, 1971, Parte III.

Para ação em sentido existencial e existencialista, cf. a bibliografia de EXISTENCIALISMO e a obra cit. de Bernstein, *supra*, Parte II.

Para a ação em sentido marxista, a bibliografia de PRÁXIS, e Bernstein, *op. cit.*, Parte I.

Para ação em sentido de Kotarbinski, ver a bibliografia de PRAXIOLOGIA.

O problema da ação foi tratado igualmente por Alfred Schutz (VER). Cf. Erwin R. Strauss e Richard M. Griffith, eds., *Phenomenology of Will and Action*, 1967.

Para a abordagem analítica e "pós-analítica" de ação: R. S. Peters, *The Concept of Motivation*, 1958. — G. E. M. Anscombe, *Intention*, 1958. — A. I. Melden, *Free Action*, 1961. — Stuart Hampshire, *Thought and Action*, 1959. — Anthony Kenny, *Action, Emotion, and Will*, 1963. — Georg Henrik von Wright, *Norm and Action: A Logical Enquiry*, 1963. — Id., *An Essay in Deontic Logic and the General Theory of Action*, 1968. — Donald Davidson, "Actions, Reasons, and Causes", *Journal of Philosophy*, 69 (1963), 685-700, incluído em Myles Brand, ed., cf. *infra*, pp. 67-70. — Id., "The Logical Form of Action Sentences", em Nicholas Rescher, ed., *The Logic of Decision and Action*, 1966, pp. 81-95. — Charles Taylor, *The Explanation of Behaviour*, 1964. — Richard Taylor, *Action and Purpose*, 1966. — A. R. Louch, *Explanation and Human Action*, 1966. — H. A. Simon, A. Ross Anderson, D. Davidson et al., *The Logic of Decision and Action*, 1966, ed. Nicholas Rescher. — G. P. Henderson, Aurel Kolnai et al., *The Human Agent*, 1968. — Malcolm Knox, *Action*, 1968. — D. G. Brown, *Action*, 1968. — Theodore Mischel, Donald T. Campbell et al., *Human Action: Conceptual and Empirical Issues*, 1969, ed. Theodore Mischel. — Alvin I. Goldman, *A Theory of Human Action*, 1970. — A. I. Melden, G. Ryle, D. Davidson et al., *The Nature of Human Action*, 1970, ed. Myles Brand. — David A. J. Richards, *A Theory of Reasons for Action*, 1971. — Richard J. Bernstein, *Praxis and Action: Contemporary Philosophies of Human Activity*, 1971 (cf. *supra*). — Glenn Langford, *Human Action*, 1971. — R. Binkley, R. Bronaugh, A. Marras, eds., *Agent, Action, and Reason*, 1971 (contém bibliografia de filosofia da ação). — David Rayfield, *Action: An Analysis of the Concept*, 1972. — Roy Lawrence, *Motive and Intention: An Essay in the Appreciation of Action*, 1972. — Irving Thalberg, *Enigmas of Agency: Studies in the Philosophy of Human Action*, 1972 (coleção de estudos). — Peter Winch, *Ethics and Action*, 1972 (coleção de ensaios). — Arthur C. Danto, *Analytical Philosophy of Action*, 1973. — C. H. Whiteley, *Mind in Action: an Essay on Philosophical Psychology*, 1973. — Donald Gustafson, "A Critical Survey of the Reasons vs. Causes Arguments in Recent Philosophy of Action", *Metaphilosophy*, 4 (1973), 269-

297. — Lennart Nordenfelt, *Explanation and Human Actions*, 1974. — Lewis White Beck, *The Actor and the Spectator*, 1975. — Héctor-Neri Castañeda, *Action, Knowledge, and Reality*, 1976. — Id., *Thinking and Doing: The Philosophical Foundation of Institutions*, 1977. — A. C. Danto, W. Sellars, A. Baier *et al., Action Theory: Proceedings of the Winnipeg Conference on Human Action*, 1976, ed. Myles Brand, Douglas Walton (Reunião em Winnipeg, Manitoba, Canadá, 9-11-V-1975). — Irving Thalberg, *Perception, Emotion, and Action*, 1977. — Bruce Aune, *Reason and Action*, 1977. — Judith Jarvis Thomson, *Acts and Other Events*, 1977. — Raimo Tuomela, *Human Action and Its Explanation: A Study of the Philosophical Foundations of Psychology*, 1977. — J. Mosterín, *Racionalidad y acción humana*, 1978. — L. H. Davis, *Theory of Action*, 1979. — G. M. Wilson, *The Intentionality of Human Action*, 1980. — D. Davidson, *Essays on Actions and Events*, 1980. — R. Tuomela, *A Theory of Social Action*, 1984. — P. K. Moser, ed., *Rationality in Action: Contemporary Approaches*, 1990. — K. Lennon, *Explaining Human Action*, 1991. — A. O. Rorty, *Mind in Action: Essays in the Philosophy of Mind*, 1991. — A. R. Mele, *Springs of Action: Understanding Intentional Bahavior*, 1992. ⊂

AÇÃO (PRINCÍPIO DA MÍNIMA). No verbete ECONOMIA, referimo-nos ao princípio da economia do pensamento ou lei do mínimo esforço no processo das operações mentais. Abordaremos aqui um princípio análogo, mas relativo aos processos da Natureza: o chamado princípio da mínima ação. Ele pode ser enunciado da seguinte maneira: "A Natureza opera sempre empregando o menor esforço ou energia possíveis para conseguir um dado fim". Embora esse enunciado tenha — pela introdução do termo 'fim' — um aspecto teleológico, não deve ser interpretado *sempre* como se fosse uma lei teleológica. Ele pode ser interpretado de um ponto de vista mecanicista como expressando um modo de operação segundo o qual um processo natural — por exemplo, o deslocamento de um corpúsculo — ocorre de tal modo que sua quantidade de ação seja a mínima possível. Este é o sentido que tem quase sempre o princípio da mínima ação naquele que costuma ser considerado habitualmente seu descobridor: Pierre-Louis Moreau de Maupertuis. Esclarecemos no verbete o significado preciso de 'ação' no âmbito do princípio e das discussões a que deram lugar as *Memórias de Maupertuis às Academias de Ciências de Paris* (1744) e de Berlim (1746). Parece de qualquer maneira que idéias análogas ao princípio de Maupertuis se encontram em vários autores da época (Euler, Leibniz, Fermat). Assim, por exemplo, L. Euler mostrou em seu *Methodus inveniendi lineas curvas maximi vel minimi proprietate gaudentes* (1744) que, nas trajetórias descritas por corpos movidos por forças centrais, a velocidade multiplicada pelo elemento da curva dá sempre um mínimo. Além disso, não só Leibniz mas também Fermat demonstrou em suas explicações das leis da refração que um corpúsculo de luz que se desloca de um ponto A para um ponto B atravessando meios distintos (a diferentes velocidades) efetua seu percurso no menor tempo possível.

Dizíamos antes que o princípio foi interpretado ou mecânica ou teleologicamente. A primeira interpretação foi a dominante no século XVIII, e até se pode dizer que o princípio assim entendido foi descoberto apenas nesse século, mesmo levando-se em conta o fato de que o próprio Maupertuis o aplicava não só aos fenômenos físicos como também ao Ser Primeiro em sua produção das coisas. Em compensação, se o consideramos do ponto de vista teleológico, o princípio em questão tem muitos precursores. Com efeito, ele foi formulado, com mais ou menos clareza, em todos os casos nos quais se insistiu na chamada *lei de parcimônia* na Natureza. Encontram-se exemplos em Aristóteles (*De gen. et cor.*, II 10, 336 a 27 ss.), Ptolomeu (*Almagesto*, III 4 e XIII 2), Averróis (*Comm. in Met.*, XVII ii 4; *Comm. Venetiis* VIII f. 144 vb), Roberto Grosseteste (cf. A. C. Crombie, *Robert Grosseteste and the Origins of Experimental Science*, 1953, pp. 85-86; *De Sphaera*, ed. Baur, 1912) e provavelmente em outros autores. Um dos problemas levantados quando adotamos tal interpretação é se o princípio da mínima ação deve ser entendido como um princípio real da Natureza ou como uma regra pragmática (caso em que o princípio da mínima ação é equivalente ao da economia do pensamento). Nem sempre é fácil definir em que sentido ele é usado pelos autores mencionados, mas pode-se afirmar como plausível que, enquanto Aristóteles, Averróis e Grosseteste o consideravam um princípio real, Ptolomeu o formulou como pragmático. Não é fácil ver que sentido tem o princípio em questão em Newton, pois, embora esteja formulado como uma "Regra de raciocínio em filosofia" [sendo "filosofia", aqui, "filosofia natural", isto é, "física"] no princípio do Livro III de seu *Philosophiae naturalis principia mathematica* (Regra I), ele oferece vários aspectos: o de um princípio do pensar, o de uma suposição sobre a realidade e até — no âmbito de uma "filosofia" mecanicista — o de uma imagem teleológica. Eis sua formulação: "Não devemos admitir mais causas das coisas naturais do que as que são ao mesmo tempo verdadeiras e suficientes para explicar suas aparências. A esse respeito, os filósofos dizem que a Natureza não faz nada em vão, e que algo é tanto mais em vão quanto menos serve; pois a Natureza aprecia a simplicidade e não se veste com os luxos das causas supérfluas".

Assinalamos antes a relação que às vezes há entre o princípio da mínima ação e o chamado princípio de economia (VER). Ao falar deste último no verbete correspondente, referimo-nos à doutrina de Avenarius. Completamos agora a informação ali proporcionada, visto que o próprio Avenarius deu ao princípio de economia um nome muito parecido ao do princípio da mínima ação: o princípio do gasto mínimo de energia (*Prinzip des kleinstein Kraftmasses*). Assim, na obra em que ele apresentou pela primeira vez este princípio (*Philosophie als Denken der Welt gemäss dem Prinzip des kleinstein Kraftmasses*, 1876; há uma trad. esp.: *La filosofía como el pensar del mundo de acuerdo con el principio del menor gasto de energía*, 1947), o citado autor afirmava que toda a atividade da alma é regida por um princípio de economia sem o qual não seria possível a conservação do indivíduo. Segundo esse princípio, a alma procura obter o maior resultado possível com o menor esforço possível. Se aplicamos este princípio ao ato da apercepção, damo-nos conta de que ele ocorre dessa forma, de que o que se tem de aperceber é assimilado pela atividade aperceptiva, a qual lhe dá forma e sentido de acordo com as experiências anteriores. Formam-se com isso hábitos intelectuais, cuja organização constitui o fundamento do conhecimento. Toda a vida espiritual é regida por essas formas, as quais consistem em última análise ou em reduzir o desconhecido ao conhecido ou em subsumir as representações particulares sob conceitos gerais. Assim, o princípio do gasto mínimo de energia opera de um modo onipresente na atividade destinada a compreender o mundo, pois sem esse princípio não haveria nem a mencionada redução nem a citada subsunção. Quando a realidade que se procura perceber é o todo, a filosofia se encarrega disso, de modo que a atividade filosófica como pensar do todo pode ser definida como um pensar do mundo segundo o princípio do gasto mínimo de energia.

Formularam-se várias objeções ao princípio da mínima ação nesta última formulação. Mencionaremos duas. Uma delas destaca o fato de que a idéia do princípio em questão se baseia no pressuposto indemonstrado de que os organismos biológicos procuram ajustar inteiramente o esforço aos fins, quando o que ocorre de fato é quase sempre o contrário: o organismo gasta uma energia muito maior do que a que lhe "caberia" segundo a ação que se propõe desenvolver. Em suma, o organismo biológico é, de acordo com essa objeção, antes um dissipador que um poupador de energia. A outra objeção diz respeito à verificação de um princípio do tipo do abordado aqui. Com a finalidade de verificar esse princípio (afirma-se), recorre-se a noções como as de "energia" e "gasto de energia". Embora essas noções possam ser fisicamente quantificadas, quando se aplicam ao comportamento dos organismos são sumamente vagas. Pode-se perceber que esta objeção é igualmente aplicável àqueles que sustentam que os organismos são "dissipadores de energia". Com efeito, "dissipar (organicamente) energia" é tão vago e impreciso quanto "poupar (organicamente) energia".

⊃ Ver o final da bibliografia do verbete ECONOMIA. — Além disso: P. E. B. Jourdain, "The Principle of Least Action. Remarks on Some Passages in Mach's Mechanics", *The Monist*, 22 (1912), 285-304. — *Id.*, "Maupertuis and the Principle of Least Action", *ibid.*, 22 (1912), 414-459. — *Id.*, "The Nature and Validity of the Principle of Least Action", *ibid.*, 23 (1913), 277-293. — P. Brunet, *Étude historique sur le principe de la moindre action*, 1938. — M. Guéroult, *Dynamyque et métaphysique leibniziennes*, 1934. — W. Tega, "Il Newtonianismo dei 'philosophes'", *Rivista di Filosofia*, 66 (1975), 369-408. — A. Vartanian, "Diderot and Maupertuis", *Revue Internationale de Philosophie*, 38 (1984), 46-66. — M. Feher, "The Role of Metaphor and Analogy in the Birth of the Principle of Least Action of Maupertuis (1698-1759)", *International Studies in Philosophy of Science*, 2 (1988), 175-188. ⊂

ACASO. Vincent Cioffari (*op. cit. infra*, p. 105) observa que o verso de Dante: *Democrito che il mondo a caso pone* (*Inferno*, IV, 136) foi considerado por muitos autores uma interpretação errônea dada pelo poeta às doutrinas cosmológicas do atomista grego. Baseando-se na autoridade de Eduard Zeller (*Phil. der Griechen*, 12ª ed. I, 789), alguns historiadores da filosofia enfatizaram que na cosmologia de Demócrito se afirma que o universo é regido pelo princípio de necessidade. Ora, pode-se ver nos autores antigos (Aristóteles, *Phys.*, II 4; Cícero, *De natura deorum*, I, 24-66) que Demócrito afirmara que a formação do céu e da terra ocorre por acaso, ou, como escreveu Cícero, "*concursu quodam fortuito*". Pode-se, pois, fazer remontar a idéia filosófica de acaso aos pré-socráticos. Alguns afirmam que em Demócrito acaso se refere unicamente à "necessidade cega", afirmação com a qual terminam por identificar o conceito de acaso com o de fortuna (pelo menos na medida em que este último é equiparado às noções de fado ou destino [VER]). Isso equivale, ademais, a identificar o conceito de acaso com o de completa ausência de finalidade. Cioffari, por sua vez, prefere (baseando-se em Aristóteles e em vários comentadores: Simplício, Proclo etc.) interpretar a noção democriteana de acaso como a de ausência de uma causa eficiente definida.

Esta última noção se deve a Aristóteles (*Phys.*, II 5, 197 a 8: "Mister é que sejam indefinidas as causas do que acontece por acaso"). Mas Aristóteles não aceitou as idéias de Demócrito. Pelo contrário, criticou-as porque declarou absurdo que o céu — que obedece a movimentos mais regulares que qualquer coisa da terra — tivesse sido produzido por acaso ou fosse algo em que ocorrem acontecimentos fortuitos. O acaso é algo que ocorre — quando ocorre — nas "coisas terrestres" e especialmente nos acontecimentos humanos.

Aristóteles forneceu a primeira análise detalhada do conceito de acaso da história da filosofia ocidental. Depois de examinar os quatro diferentes tipos de causas (material, formal, eficiente, final [ver CAUSA]), o Estagirita se pergunta (*Phys.*, II 4, 195 b 30 *ss.*) se há outro tipo de "causa". De momento, parece haver dois outros tipos: o acaso (αὐτόματον, traduzido para o latim por *casus*) e a sorte ou fortuna (τύχη, traduzido para o latim por *fortuna*). Ambos os tipos de "causas" referem-se a tipos de acontecimentos que se distinguem dos acontecimentos comuns por um traço preeminente: a excepcionalidade. Nem o acaso nem a sorte se vinculam com coisas que acontecem "sempre" ou sequer "na maioria das vezes". Mas o acaso e a sorte são causas "reais", embora expressem um tipo de causalidade por acidente (*causa per accidens*). Quando um arquiteto de pele pálida ou com dotes musicais constrói uma casa, o arquiteto é a causa direta (ou uma das causas diretas) da construção da casa. O arquiteto é necessário para a construção da casa, mas não é preciso para esse fim que ele tenha a pele pálida ou possua dotes musicais.

A distinção entre acaso e sorte corresponde *grosso modo* à distinção entre o que ocorre "acidentalmente" nos fenômenos naturais e o que acontece "acidentalmente" nos assuntos humanos. O fato de ser acidental exclui que seja necessário. Mas não implica que seja absurdo ou inexplicável. Comum ao acaso e à sorte é o fato de designar acontecimentos "excepcionais" que têm lugar quando se entrecruzam séries causais independentes. Quando um esquilo come uma espiga de milho, cruzaram-se duas séries causais: a série "vida e movimento do esquilo" e a série "crescimento da espiga de milho", produzindo-se o acontecimento excepcional e inesperado (mas não inexplicável) chamado *acaso*. Quando alguém se dirige à ágora para comprar azeite e encontra ali alguém que lhe devia dinheiro e que lhe paga, o dirigir-se à ágora é a *causa per accidens* do pagamento da dívida. Duas séries causais independentes — *A*, que vai à ágora com um propósito, *x*; *B*, que vai à ágora com um propósito, *y*, mas não sendo nem *x* nem *y* "cobrar uma dívida" e "pagar uma dívida", respectivamente — encontram-se, produzindo-se o acontecimento excepcional e inesperado (mas não inexplicável) chamado *sorte* ou *fortuna*: o pagamento da dívida. Sem dúvida, há muito que debater em ambos os casos. Do primeiro exemplo é possível dizer que poderia muito bem ocorrer que os esquilos comessem normalmente espigas de milho, motivo pelo qual, de modo habitual, e não apenas excepcional, se produziria a destruição das espigas pelos esquilos, caso em que faltaria o elemento de excepcionalidade requerido. Do segundo exemplo seria possível dizer que, ainda que o propósito *x* fosse "cobrar a dívida", poderia haver grande parcela de sorte no tê-la cobrado efetivamente se *B* tivesse a tendência de não pagar as dívidas.

O acontecimento por sorte ou fortuna tem uma característica que o acontecimento por acaso não possui: o fato de que, podendo ser objeto de um propósito, o acontecimento ocorra, pelo menos numa das duas séries causais, sem propósito. A sorte é maior quando aquele que vai à ágora para comprar azeite não tem naquele momento o propósito de cobrar sua dívida. Porém, uma vez mais, o fato de tê-la cobrado não é inexplicável nem misterioso. A sorte ou fortuna — tal como o acaso — não são fundamentos irracionais dos acontecimentos, mas, como escreveu Aristóteles, "privações": a sorte é uma privação do engenho humano, e o acaso é uma privação da natureza (*Met.*, Λ 3.1070 a 8). É o que exprime Santo Tomás em seu comentário ao Estagirita: *"Fortuna et casus sunt quasi defectus et privationes naturae et artis"* (*In Met. Aristotelis comm.*).

As idéias de Aristóteles antes descritas foram discutidas (e, em sua maioria, aceitas) por vários comentadores antigos (em particular por Simplício). Mas certo número de autores tendeu a abordar a questão do acaso — e especialmente da sorte ou fortuna — como idêntica, ou ao menos similar, à do destino (VER). Do ponto de vista aristotélico, os conceitos de acaso, sorte e fortuna são não apenas diferentes do conceito de destino (ou fado), como até opostos a ele: os primeiros conceitos descrevem acontecimentos contingentes; o último (ou últimos), acontecimentos supostamente predeterminados. Se se imagina que os acontecimentos denominados "fortuitos" são, a rigor, conseqüência de uma necessidade, ἀνάγκη, mas de uma necessidade "pré-dita" ou "pré-estabelecida" mediante certa força (pessoal ou impessoal), o acaso (ou melhor, a sorte ou fortuna) será equivalente ao destino, εἱμαρμένη, *fatum*. O destino será a "sorte" que couber a cada um (e até a cada "coisa") num encadeamento universal freqüentemente apresentado de modo popular na imagem da roda cósmica ("a roda da Fortuna"). Estas últimas idéias coincidiam com certas concepções "populares" e, ao mesmo tempo, estavam vinculadas a diversas representações metafísico-cosmológicas das quais encontramos exemplos nos órficos e em Platão (no qual a sorte ou fortuna, τύχη, aparece às vezes ligada à "oportunidade", καιρός [*Leg.*, 709 B]) e, em parte, nos estóicos. "A confusão da Fortuna com o Destino [Fado], sempre prestes a emergir nem bem estabelecida a oposição entre ambas, devia ser destacada pelos estóicos como algo de fato, se não de direito. A [idéia de] transcendência [defendida, entre outros autores, por Platão] conseguira manter as idéias à parte, se não para Deus, ao menos para o homem. Mas, na concepção estóica da causalidade como algo imanente e necessário, isso já não era possível. A Fortuna podia ser para os estóicos no máximo um elemento subjetivo, uma compreensão deficiente ou incompleta da concatenação causal produzida pelo fado" (ver Cioffari, *op. cit., infra*, p. 45 [as expressões entre colchetes são nossas]). Referimo-nos a várias idéias sobre o destino como fundamento da (boa ou má) fortuna em DESTINO, e ao destino como resultado de uma ação divina, no verbete PREDESTINAÇÃO.

Na Idade Média, a expressão *casus vel fortuna* (ou "causa por acidente de algo que ocorre excepcionalmente") se contrapõe a *natura* ("o que acontece sempre ou quase sempre"). Segundo Pierre-Michaud Quantin (*op. cit. infra*, pp. 73-101), Simão de Tournai, no fim do século XII, opôs a *potentia casus* (contingência) à *potentia natura*. A primeira é "casual" e "imprevista", ou "involuntária", ao contrário da segunda, que é "causal" e "prevista".

Com a introdução do aristotelismo no Ocidente, voltou-se a discutir as distinções propostas por Aristóteles. Isso pode ser visto em Alberto Magno e Santo Tomás de Aquino, que empregaram as mencionadas expressões *casus* e *fortuna*. Santo Tomás tratou detalhadamente dessas questões em vários escritos. Importantes a esse respeito são: *Cont. Gent.* I, 72; II, 92; III, 72, 74, 86, 92; *S. theol*. I, q. CIII; II, IIa, q. XCV; *In Met. Arist*., comm. lec. iii; *In Phis. Arist.* comm., II, lect. 7.

O problema do acaso, especialmente como sorte ou fortuna, foi amplamente abordado durante o Renascimento (por exemplo, por Marsilio Ficino) tanto em textos filosóficos como em literários. Uma nova identificação dos conceitos de "sorte" ou "fortuna" e "destino" se instaurou, baseando-se em "tradições populares", nos estóicos e em certas especulações antropológico--cosmológicas. Na medida em que foi dominante durante a época moderna a idéia de um encadeamento causal estrito (pelo menos nos processos naturais), os filósofos modernos mostraram pouca inclinação a dedicar-se de novo ao problema. Mas, a partir do século XIX, proliferaram as análises sobre o conceito de acaso. Opiniões mantidas a esse respeito foram as seguintes: 1) Há efetivamente acaso em toda a realidade, tanto a natural como a social ou histórica; 2) não há acaso na natureza, mas o há na história; 3) o acaso não existe senão como conceito; sustenta-se que há acaso só porque se desconhecem alguns elementos no encadeamento rigoroso universal de todos os fenômenos.

Entre os que defenderam a teoria de que há de fato acaso, mencionamos Peirce, Cournot, Boutroux, Émile Borel e François Meyer. Segundo Peirce, o acaso (*chance*) é um princípio real. Peirce considera o *tychismo* (afirmação do acaso) uma das grandes categorias cosmológicas, ao lado do *synechismo* (afirmação da continuidade) e do *agapismo* (afirmação da evolução). Cournot defendeu uma teoria sobre o acaso semelhante à aristotélica. De acordo com Cournot, há dois tipos de séries causais: as solidárias (que expressam a ordem) e as independentes entre si (que expressam o acaso). "Os acontecimentos produzidos pela combinação ou pela coincidência de outros acontecimentos pertencentes a séries independentes são os que se denominam acontecimentos fortuitos ou resultados do acaso" (*Essai* [cf. *infra*], t. I, p. 51). Boutroux examinou o problema do acaso em estreita relação com a questão da contingência (VER). Segundo Borel, a necessidade e o determinismo podem ser afirmados da realidade globalmente, mas não das realidades em particular; quanto mais particular uma realidade, tanto mais fortuita ela é. O acaso pode ser abordado mediante leis estatísticas que tendem a transformar-se, mas sem nunca consegui-lo, em "leis absolutas". Borel indica que as leis deterministas exprimem "o estado mais provável". Para François Meyer (cf. *infra*), o universo em estado corpuscular, que obedece a leis estatísticas da mecânica quântica, representa "o estado de menor probabilidade"; o universo "formado" representa "o estado de maior probabilidade".

Para Bergson, a idéia de acaso oscila entre a idéia de causa eficiente e a de causa final sem deter-se em nenhuma das duas. O acaso não é, segundo esse autor, uma ordem, mas a idéia que temos de uma situação. Portanto, não pode ser entendido sem misturar à idéia do fortuito nossa atitude "expectante". Alguns autores qualificam de fortuito o que se opõe à intenção, quando a idéia de acaso é — escreve Bergson — apenas "uma intenção esvaziada de conteúdo", um fato que só adquire sentido em referência ao ser humano. O acaso não se opõe, entretanto, à intenção, ao contrário: acaso e intenção são dois aspectos de uma mesma realidade, ambos opostos ao mecânico. Se se crê, por exemplo, que todos os fatos abrigam uma intenção, o acaso é aparentemente eliminado. Mas, como afirma Bergson, pode-se descobrir que o acaso é a intenção puramente formal (sem conteúdo). Do contrário, tudo poderia ser explicado mecanicamente. A paradoxal identificação do intencional com o fortuito se deve ao fato de que ambos são resultados de uma "expectação".

A noção de acaso ocupou muitos filósofos e cientistas. Falou-se de acaso em relação com a noção de probabilidade (VER), mas não é seguro que as duas noções tenham o mesmo sentido, nem mesmo quando se fala de "graus de acaso" em conexão com "graus de probabilidade". Pode ser confuso falar de acaso em relação ao movimento molecular dos gases, que obedece a leis estatísticas. No "experimento mental" proposto por Maxwell, ao fazer intervir um "demônio", que escolhe as partículas de uma câmara que se deixam passar a outra, a escolha (*choice*) engendra entropia. A própria escolha é uma quantidade termal. Não se trata, de todo modo, de um acaso, a menos que identifiquemos o significado de 'acaso' com o de 'aumento de desordem'.

A noção de acaso foi tratada por Jacques Monod em íntima relação com a teleonomia. Referimo-nos à concepção de Monod sobre este ponto no verbete TELEONOMIA.

A multiplicidade de significados de 'acaso' leva a se fazer uma destas duas coisas: distinguir as acepções de 'acaso' ou procurar oferecer uma definição formal de 'acaso'.

A primeira coisa foi proposta por D. Sztejnbarg (*op. cit. infra*), que afirma haver quatro grupos de significação do termo 'acaso': 1) Significações relacionadas direta ou indiretamente com o conceito de causa ou com o de lei natural; 2) significações definidas em função do conceito de probabilidade ou de dependência estatística; 3) significações que opõem o acaso à finalidade — sendo também variável a significação deste último conceito; 4) significações que opõem o fortuito ao "essencial".

A segunda coisa foi efetuada por matemáticos, especialmente por A. N. Kolmogorov e Gregory J. Chaitin. Este último apresenta (*art. cit. infra*) de modo intuitivo uma definição de 'acaso' em termos da teoria da informação. Considerem-se as duas séries numéricas:

01010101010101010101   (1)
01101100110111100010   (2)

1) repete 01 dez vezes; 2) provém de jogar cara ou coroa vinte vezes. 1) segue certo padrão; 2) não parece seguir nenhum, já que não parece ser possível prever a seqüência de uns e de zeros que serão gerados pelo procedimento. Há a tentação de afirmar que jogar cara ou coroa é a origem da probabilidade, mas 1) é uma possibilidade entre 2^{20}. Portanto, a origem da probabilidade não pode ser o critério diferenciador entre 1) e 2). Esse critério é dado pelo programa que permite engendrar 1) ou 2). 1) é engendrável mediante um programa cuja fórmula é "escreva-se 01 dez vezes". A fórmula mediante a qual se engendra o programa que dá por resultado 2) é exatamente 2); o programa equivale à enumeração dos elementos da série. Pode-se dizer, pois, em geral, que uma série é completamente fortuita quando não pode ser "comprimida" num algoritmo por meio do qual são dadas instruções que engendram a série. Uma série "comprimível" mediante um algoritmo não é fortuita. No entanto, há diversos graus de acaso. Esta definição formal de 'acaso' tem seus limites porque, dada uma série — especificamente uma série numérica —, não se pode saber, em geral, se é fortuita ou se parece sê-lo.

➲ Ver as referências a Aristóteles, Platão, Santo Tomás etc. no texto.

O livro de Vincent Cioffari é: *Fortune and Fate from Democritus to Thomas Aquinas*, 1935 (tese) [outras obras do mesmo autor: *The Conception of Fortune and Fate in the Works of Dante*, 1940. *Fortune in Dante's Fourteenth Century Commentators*, 1944; ambas monografias].

Para as concepções medievais: Pierre-Michaud Quantin, *Études sur le vocabulaire philosophique du moyen âge*, 1970, pp. 73-101 (reimp. de "Notes sur le hasard et la chance", em *La filosofia della natura nel Medioevo*, 1966. Atas do III Congresso Internacional de Filosofia Medieval [Milão], 1966, pp. 156-163).

Para Peirce: "The Doctrine of Chances", *Popular Science Monthly*, 12 (1878), 286-302; *Collected Papers*, 5: 538-410.

Para Augustin Cournot: *Essai sur les fondements de la connaissance et sur les caractères de la critique philosophique*, 2 vols., 1951 (também: *Exposition de la théorie des chances et des probabilités*, 1843). Sobre Cournot: A. Darbon, *Le concept du hasard dans la philosophie de C.*, 1911, e Jean de la Harpe, *Du ordre et du hasard. Le réalisme critique d'A. C.*, 1936. — S. W. Floss, *An Outline of The Philosophy of A. A. Cournot*, 1941.

Para E. Borel: *Le hasard*, 1932 (trad. espanhola: *El azar*, 1948).

Para F. Meyer: *L'accélération évolutive*, 1947, e *Problématique de l'évolution*, 1954.

Para Bergson: *L'évolution créatrice*, 1907, cap. III.

Para D. Sztejnbarg: "Analiza projecia przypadku. Przyczynek do stownika filosoficznego", em *Fragmenty filozoficzne*, 1934, pp. 167-179; resumo pelo autor em *Studia philosophica*, I (1935), 486-487.

Para a concepção do acaso em termos da teoria da informação: S. C. Dodd, "How Random Interacting Organizes a Population", *Synthese*, 12 (1960), 40-70. — H. Tornebohm, *Information and Confirmation*, 1964. — Gregory J. Chaitin, "Randomness and Mathematical Proof", *Scientific American*, vol. 232, nº 5 (maio, 1975), pp. 47-52. — M. Barbieri, "La creazione dell'informazione", *Epistemologia*, 11 (1988), 283-292.

Outras obras sobre o problema: W. Wildelband, *Die Lehre vom Zufall*, 1870. — John Venn, *The Logic of Chance*, 1876. — Léon Ollé-Laprune, *Le hasard, sa loi et ses conséquences dans les sciences et la philosophie*, 1906. — H. E. Timerding, *Die Analyse des Zufalls*, 1915. — A. Lasson, *Über den Zufall*, 1918. — G. Just, *Begriff und Bedeutung des Zufalls im organischen Geschehen*, 1925. — E. Stern, *Zufall und Schicksal*, 1926. — G. E. Spaulding, *A World of Chance, or Whence, Whither, and Why*, 1936. — J. Segond, *Hasard et contingence*, 1938. — Richard Hertz, *Chance and Symbol*, 1948. — Max Born, *Natural Philosophy of Cause and Chance*, 1949, nova ed., 1964, com dois Apêndices [Waynflete Lectures. Oxford, 1948]. — Pius Servien, *Hasard et probabilités*, 1949. — *Id., Science et hasard*, 1952. — Wilhelm von Scholz, *Der Zufall und das Schicksal*, 1959. — A. J. Ayer, "Chance", *Scientific American*, vol. 213 (1965),

44-54. — Steven M. Cahn, *Fate, Logic, and Time*, 1967. — Jacques Monod, *Le hasard et la nécessité: Essai sur la philosophie naturelle de la biologie moderne*, 1970. [Sobre Monod: M. Barthélemy-Madaule, *L'idéologie du hasard et de la nécessité*, 1972; J. Chiari, *The Necessity of Being*, 1973; J. Lewis, ed., *Beyond Chance and Necessity: A Critical Inquiry into Prof. J. Monod's "Chance and Necessity"*, 1974; A. E. Wilder-Smith, *God, To Be or Not To Be: A Critical Analysis of Monod's Scientific Materialism*, 1975.] — F. Jacob, *La logique du vivant*, 1970. — Arthur Burks, *Cause, Chance, and Reason*, 1977. — W. H. Thorpe, *Purpose in a World of Chance: A Biologist's View*, 1978. — J. Bonitzer, *Philosophie du hasard*, 1984. — M. Eigen, R. Winkler, *Laws of the Game: How the Principles of Nature Govern Chance*, 1983. — S. L. Jaki, *Chance or Reality and Other Essays*, 1986. — M. Mandelbaum, *Purpose and Necessity in Social Theory*, 1987. — M. Thornton, *Do We Have Free Will*, 1989. — G. Gigerenzer et al., *The Empire of Chance: How Probability Changed Science and Everyday Life*, 1989. — M. Gelven, *Why Me? A Philosophical Inquiry into Fate*, 1991. — J. Seifen, *Der Zufall: eine Chimäre?*, 1992.

As obras anteriores costumam tratar da questão do acaso de um ponto de vista filosófico geral, mas algumas delas levam em conta essa questão da perspectiva científica, e em particular considerando a noção de probabilidade. A obra de A. W. Bankin, *Choice and Chance: A Libertarian Analysis*, 1960, tem presente sobretudo a questão do acaso em relação com a escolha entre várias decisões possíveis. É preciso completar a bibliografia indicada com várias das obras mencionadas em outros verbetes, tais como Causa; Contingência; Determinismo; Incerteza (Relações de); Indução; Liberdade; Probabilidade.

Para obras históricas (além de Vincent Cioffari, *supra*), ver: Curt Leo von Peter, *Das Problem du Zufalls in der griechischen Philosophie*, 1910. — Helene Weiss, *Kausalität und Zufall in der Philosophie Aristoteles*, 1942, reimp., 1967. — M. Julienne Junkersfeld, *The Aristotelian-Thomistic Concept of Chance*, 1945. — Arnd Zimmermann, *Tyche bei Platon*, 1966. — D. H. Mellor, *The Matter of Chance*, 1973 (sobre Peirce, Ramsey, Popper, Braithwaite e Hacking). — B. S. Turner, *For Weber: Essays on the Sociology of Fate*, 1981. — H. Liebersohn, *Fate and Utopia in German Sociology, 1870-1923*, 1988. — I. Hacking, *The Taming of Chance*, 1990 (estudo sobre a probabilidade, determinismo, informação e controle no século XIX). — P. D. Fenves, *A Peculiar Fate: Metaphysics and the World-History in Kant*, 1991. ⊂

ACHILLINI, ALESSANDRO (1463-1512), nasc. e estudou em Bolonha e nela também ensinou lógica (1484-1487), filosofia (1487-1494), medicina (1494-1497) e filosofia e medicina ao mesmo tempo (1497-1506). De 1506 a 1508, lecionou em Pádua, e, de 1508 até sua morte, de novo em Bolonha.

Achillini foi um dos mais destacados averroístas (ver Averroísmo) da chamada "Escola de Pádua" (ver), embora tenha lecionado em Bolonha durante a maior parte de sua vida. De modo geral, ele seguiu fielmente as doutrinas e os comentários aristotélicos de Siger de Brabante. No que se refere ao problema do intelecto (ver) — questão central na disputa entre averroístas, alexandristas e tomistas —, Achillini manteve, de acordo com Siger de Brabante, uma distinção entre o intelecto em si (imutável) e a alma racional. Segundo Achillini, a "alma sensitiva" prepara a "alma intelectiva"; em todo caso, a alma pode conceber sem necessidade de "imagens" (*phantasmata*). Achillini não ignorava as dificuldades levantadas pela doutrina averroísta da "unidade do intelecto", mas tentou solucioná-las — de forma não estritamente averroísta — mediante a suposição de que há na alma individual um princípio corruptível. Em seus escritos físicos, Achillini debateu o problema relativo a haver ou não "um máximo" e "um mínimo" — o problema que fora tratado por Heytesbury (ver), entre outros — e se opôs à teoria do ímpeto (ver).

⊃ Obras: *Quodlibeta de intelligentiis* [discutidas em Bolonha em 1494], nova imp., 1506. — *De orbibus*, 1498. — *Opus septisegmentatum*, 1501 [compreende vários escritos: tratados pseudo-aristotélicos; um fragmento do *De intellectu* de Alexandre de Afrodísia em trad. de Gerardo de Cremona etc., com o opúsculo *De universalibus*, de Achillini]. — *Quaestio de subiecto physiognomiae et chyromantiae*, também denominada *De Chyromantiae principiis et physiognomiae*, 1503 [inclui o escrito de Bartolomeo Coclite: *Chyromantiae ac physiognomiae anastasis*]. — *De potestade syllogismi*, 1504. — *De subiecto medicinae*, 1504. — *De elementis*, 1505. — *De distinctionibus*, 1510. — *De physico auditu*, 1512. — Póstuma: *De motuum proportione*. — Achillini é também autor de vários escritos de anatomia, dentre os quais citamos: *De humani corporis anatomia*, 1516. — *Annotationes anatomicae*, 1520. — Achillini deixou inéditos muitos escritos, a maioria esboços.

A primeira ed. (incompleta) de obras apareceu em 1508. — Uma edição mais completa é: *Opera omnia*, Veneza, 1545, ed. Panfilo Minti.

Ver: L. Münster, "A. A., anatomico e filosofo, professore dello Studio di Bologna (1463-1512)", *Rivista di storia delle science medicine e naturali*, 15 (1933), 7-22, 54-57. — Giuseppe Saita, *Il pensiero italiano nell'Umanesimo e nel Rinascimento*, vol. II, 1950, pp. 426-440. — Bruno Nardi, *Saggi sull'aristotelismo padovano del secolo XIV al XVI*, 1958, pp. 179-279. — John Herman Randall, Jr., *The School of Padua, and the Emergence of Modern Science*, 1961, pp. 81-82.

— Herbert Stanley Matsen, *A. A. (1463-1512) and His Doctrine of "Universals" and "Transcendentals": A Study in Renaissance Ockhamism*, 1975. — A. Poppi, *Causalità e infinità nella scuola padovana dal 1480 al 1513*, 1966, pp. 186-193. ℭ

ACIDENTE. O que ocorre (συμβαίνει, *accidit*) a algo sem constituir um elemento essencial ou derivar de sua natureza essencial é um acidente (algo "acidental"). Aristóteles definiu o acidente, συμβεβηκός, da seguinte maneira: "O acidente é o que, apesar de não ser nem definição nem o próprio [propriedade] nem gênero, pertence à coisa; ou o que pode pertencer a uma só e mesma coisa, seja ela qual for; como, por exemplo, *estar sentado* pode pertencer ou não a um mesmo ser determinado, e também *branco*, pois nada impede que a mesma coisa seja ora branca, ora não-branca. A segunda dessas duas definições é a melhor, pois se se adota a primeira é preciso, a fim de compreendê-la, saber já o que são a definição, o próprio e o gênero, enquanto a segunda se basta a si mesma para compreender o que é em si aquilo de que se fala" (*Top.*, I 5, 102 b 4 ss.). O acidente é "o que pertence a um ser e pode ser afirmado dele em verdade, mas não sendo por isso nem necessário nem constante" (*Met.*, Λ 1025 a 13-5). O acidental se distingue por isso do essencial. Distingue-se também do necessário, de tal modo que o acidente é fortuito e contingente, pode existir ou não existir. Perguntou-se às vezes se há uma ciência dos acidentes, isto é, do ser por acidente, κατὰ συμβεβηκός. Aristóteles responde negativamente a essa questão. Embora uma resposta taxativa à pergunta seja difícil, deve-se reconhecer que a ciência — seja por dar atenção preferencial às essências ou naturezas, seja por pretender explicar o que é necessariamente como é, seja ainda por sublinhar o universal ou a lei — tende a evitar o acidental.

Muito influente foi a doutrina do acidente apresentada por Porfírio em seu *Isagoge* como parte da teoria dos chamados predicáveis (VER). Falamos dessa teoria com mais detalhe no verbete em questão. Limitar-nos-emos aqui a observar que Porfírio define o acidente da seguinte maneira: "O acidente é o que se produz e desaparece sem causar destruição do sujeito [sujeito-objeto]. Divide-se em duas espécies: uma é separável do sujeito; a outra, inseparável. Assim, dormir é um acidente separável; ser negro, embora seja um acidente inseparável para o corvo e para o etíope, não impede que haja a possibilidade de conceber um corvo branco e um etíope que perca sua cor sem que o sujeito seja destruído. Também pode ser definido assim: o acidente é o que pode pertencer ou não ao mesmo sujeito, ou, finalmente, o que não é nem gênero, nem diferença, nem espécie, nem o próprio e, não obstante, subsiste sempre num sujeito".

Seguindo Aristóteles, Porfírio e, em particular, Boécio, os escolásticos abordaram com grande detalhe a noção de acidente. Muitas são as definições dadas de 'acidente' (segundo Léon Baudry, Guilherme de Ockham dá nada menos que quarenta e duas definições, embora elas possam reduzir-se a cinco essenciais). Em geral, a doutrina do acidente é tratada pelos escolásticos — em especial pelos neo-escolásticos — em duas seções: na lógica e na ontologia. Do ponto de vista *lógico*, o acidente aparece, ao lado da substância, como um dos gêneros supremos das coisas, entendendo-se por isso os gêneros lógicos e ainda não os transcendentais. O acidente é então acidente *predicável*, ou seja, o modo pelo qual algo "é inerente" a um sujeito. Do ponto de vista *ontológico*, o acidente é *predicamental* ou *real*, isto é, expressa o modo pelo qual o ente existe. Diz-se deste acidente que naturalmente não é em si, mas em outro, motivo por que o acidente possui metafisicamente uma espécie de alteridade. O acidente ontológico divide-se então em *absoluto* e *modal*, mas o acidente absoluto não é de maneira alguma equiparável à substância e ao ser que existe ou pode existir por si, pois é próprio do acidente *não* ser *per se*. Daí decorre que os escolásticos vejam no acidente algo realmente distinto da substância, algo que precisa de um sujeito. A fórmula que convém ao acidente é, portanto, a de que seu *esse est innesse*, a de que seu ser é "estar em", ou seja, "em outro". Assim o exprime Santo Tomás ao enunciar que o acidente é *res, cuius naturae debetur esse in alio* (*S. theol.*, III, 9. LXXVII a. 1 ad 2). Ou o Pseudo-Grosseteste ao definir o acidente em termos de inerência: "O acidente é aquilo cujo ser consiste apenas em ser inerente a algo". Por outro lado, o problema da distinção ou separação entre acidente e substância estava estreitamente vinculado ao problema de sua individualidade, ao da produção do acidente e mesmo ao do próprio acidente enquanto forma, isto é, com sua *accidenteitas*. Ora, a distinção real entre acidente e substância, apesar da postulada inerência daquele, não corresponde a muitas das direções da filosofia moderna, sobretudo da metafísica do século XVII, para a qual o acidente se apresenta como um aspecto da substância. O acidente chama-se então quase sempre *modo* (VER), e se considera, tal como ocorre em Spinoza, afecção da substância. Mas ao ser inserido, por assim dizer, dentro da substância o acidente tende a identificar-se com ela e a anular toda distinção possível, pois se descobre uma só, e não várias maneiras de inerência. Há, em suma, uma única maneira de o modo ser afecção da substância, e não uma trama de relações como as de *parte-todo, efeito-causa, conseqüência-princípio* etc. Esta concepção podia constituir a base para uma ulterior negação do próprio conceito de substância, pois isso não implicava a negação do real, mas a atribuição, ao real, de fenomenalidade.

Denomina-se impropriamente "definição pelo acidente" a que tem lugar mediante a indicação dos caracteres ou notas acidentais do objeto-sujeito. Quando essa determinação pretende ser uma verdadeira definição, fala-se de "sofisma (ou falácia) do acidente". A conversão pelo acidente é a que ocorre quando se deduz da afirmativa universal uma afirmativa particular: todo *S* é *P*; algum *P* é *S*.

⊃ Ver: R. G. Fontaine, *Subsistent Accident in the Philosophy of Saint Thomas and His Predecessors*, 1950. — D. W. Theobald, "Accident and Chance", *Philosophy*, 45 (1970), 106-113. — M. Durrant, "Essence and Accident", *Mind*, 84 (1975), 595-600. — M. J. Kelly, "'Subject', 'Substance', and 'Accident' in St. Thomas", *New Scholasticism*, 50 (1976), 232-236. — J. Annas, "Aristotle on Substance, Accident and Plato's Forms", *Phronesis*, 22 (1977), 146-160.

Sobre o sofisma (ou falácia) do acidente: A. Black, "Philoponus on the Fallacy of Accident", *Ancient Philosophy*, 7 (1987), 131-146. — H. G. Gelber, "The Fallacy of Accident and the 'dictum de omni'", *Vivarium*, 25 (1987), 110-145. — A. A. Bueno, "Aristotle, the Fallacy of Accident, and the Nature of Predication: A Historical Inquiry", *Journal of the History of Philosophy*, 26 (1988), 5-24. ⊂

ACKERMANN, WILHELM (1896-1962), nasc. em Herscheid (Vestefália), foi professor honorário de lógica matemática na Universidade de Münster. Ackermann colaborou com seu mestre David Hilbert, de quem foi o mais fiel discípulo, em trabalhos de formalização da aritmética e axiomatização da matemática. Os *Grundzüge* (cf. infra) — uma das obras básicas de lógica contemporânea — foram publicados por Hilbert em colaboração com Ackermann, sendo conhecidos como "o Hilbert-Ackermann" ou "os *Fundamentos de Hilbert-Ackermann*". A principal contribuição de Ackermann em metalógica e matemática é seu trabalho sobre o problema da decidibilidade.

⊃ Escritos: "Begründung des 'tertium non datur' mittels der Hilbertschen Theorie der Widerspruchsfreiheit", *Mathematische Annalen*, 93 (1924), 1-36 ("Fundamentação do 'tertium non datur' mediante a teoria da consistência de Hilbert"). — "Zum Hilbertschen Aufbau der reellen Zahlen", *ibid.*, 99 (1928), 118-133 ("Para a construção hilbertiana dos números reais"). — "Ueber die Erfüllbarkeit gewisser Zahlausdrücke", *ibid.*, 100 (1928), 638-649 ("Sobre a verificação de certas expressões numéricas"). — *Grundzüge der theoretischen Logik*, 1928; 2ª ed., 1938 (em colaboração com Hilbert). — "Zur Widerspruchsfreiheit der Zahlentheorie", *Mathematische Annalen*, 117 (1940), 162--194 ("Para a consistência da teoria numérica"). — *Solvable Cases of the Decision Problem*, 1954.

Biografia: H. Hermes, "In Memoriam Wilhelm Ackermann 1896-1962", *Notre Dame Journal of Formal Logic*, 8 (1967), 1-8.

Ver: W. N. Reinhardt, "Ackermann's Set Theory Equals ZF", *Annals of Mathematical Logic*, 2 (1970), 189-249. — C. Calude, S. Marcus, I. Tevy, "Sur les fonctions recursives qui ne sont pas recursives primitives", *Philosophie et Logique*, 19 (1975), 185-188. — D. Sing, "On Ackermann's Theory of Sets", *Notre Dame Journal of Formal Logic*, 18 (1977), 591-595. — R. Mc Beth, "A Generalization of A.'s Function", *Zeitschrift für Mathematische Logik und Grundlagen der Matematik*, 26 (1980), 509-516. — K. Gloede, "On a Collection of Classes in Ackermann's Set Theory with Axiomschema of Foundation", *ibid.*, 26 (1980), 517--522. — W. Buszkowski, "Concerning the Axioms of Ackermann's Set Theory", *ibid.*, 31 (1985), 63-70. — J. M. Dunn, R. K. Meyer, "Gentzen's Cut and Ackermann's Gamma", em J. Norman, R. Sylvan, eds., *Directions in Relevant Logic*, 1989. ⊂

ACONCIO, GIACOMO [Aconzio, Concio; Acontius, Jacobus] (entre 1492-1520-ca. 1578), nasc. em Trento, foi engenheiro de profissão, mas se interessou por muitos problemas, especialmente pelos teológicos e metodológicos. Secretário do Cardeal Maruzzo, rejeitou mais tarde a doutrina papal, refugiando-se em Estrasburgo, Suíça, e, por fim, na Inglaterra, onde defendeu um protestantismo radical, sendo protegido da rainha Isabel. Bayle dedicou-lhe um verbete em seu *Dictionnaire*, mas depois ele caiu no esquecimento; em sua *Histoire de la philosophie moderne* (tomo II, 1958, pp. 2 ss.), J. M. Degérando chama-o "un ingénieur italien, aujourd'hui oublié", mas afirma que ele "foi o primeiro a ter o mérito de viver e proclamar as verdades mais tarde desenvolvidas por Bacon e Descartes". Degérando refere-se com isso à obra de Aconcio sobre o método (ver bibliografia), em que o autor enfatiza que o estudo do método é fundamental para a aquisição de conhecimentos verdadeiros e para a adequada comunicação desses conhecimentos (o que faz da metodologia de Aconcio uma doutrina a um só tempo lógica, gnosiológica e pedagógica). Aconcio começa por delimitar a esfera do cognoscível: só se podem conhecer as coisas que são finitas e também imutáveis. Depois, ele indica que todo conhecimento "deduzido por via de raciocínio" supõe uma verdade "primitiva, imediata, natural e independente do raciocínio". O método deve conduzir à aquisição dessas noções primitivas e básicas das quais dependem os outros conhecimentos. As noções em questão não são as que se conhecem primeiro na ordem do tempo; são as primeiras só na ordem da evidência. Assim, as noções particulares são cronologicamente anteriores às mais gerais, mas estas precedem aquelas no que tange à sua posição na hierarquia das verdades. Tudo isto parece fazer de Aconcio um "racionalista".

Contudo, deve-se levar em conta que ele distingue o conhecimento do abstrato e o conhecimento de experiência e propõe separar de imediato um do outro. Mas essa separação não pode persistir indefinidamente; com efeito, ao conhecimento de experiência se aplica já um modo — ou, melhor dizendo, diversos modos — de análise que tem de ser levado a cabo segundo princípios racionais. Em última análise, o melhor método de conhecimento é o que vai dos efeitos às causas e dos fins aos meios, mas de acordo com a ordem das evidências que se vão obtendo no processo do conhecimento. Trata-se, pois, de um método indutivo-analítico.

Em sua época, Aconcio ficou famoso sobretudo pela coleção de escritos agrupados sob o título *Estratagemas de Satanás*. Esses "estratagemas" eram para o autor os credos dogmáticos cristãos. O caráter radical da crítica de Aconcio a esse respeito suscitou a hostilidade não só dos católicos, mas também de alguns protestantes, os quais julgaram que ele levara demasiado longe sua atitude crítica.

⊃ Obras: *De methodo, hoc est, de recta investigandarum tradendarumque artium et scientiarum ratione* (Basiléia, 1558; reimp. 1971), numa coleção de escritos intitulada *De studiis bene instituendis*. — *Strategemata Satanae* (Basiléia, 1565); outra ed. (Basiléia, 1610) com uma carta do autor intitulada "De ratione edendorum librorum". Foi publicada uma versão francesa dos *Estratagemas: Les Ruses de Satan* (Basiléia, 1565). — Edição crítica do *De methodo* e outros escritos de Aconcio, com trad. italiana e notas: G. Radetti, ed., *De methodo; Dialogo di Giacomo Riccamati; Somma brevissima della dottrina cristiana; Una esortazione al timor di Dio; Delle osservazioni e avvertimenti che aver si debbono nel legger delle istorie; Lettere*, 1944. — Edição crítica dos *Estratagemas*, com trad. italiana e notas: G. Radetti, ed., *Strategematum Satanae libri VII*, 1946 [ambas as edições críticas na Edizione nazionale dei Classici del pensiero italiano].

Ver: A. Gonzo, *Il metodo di I. A. tridentino*, 1931. — W. Köhler-E. Hassinger, *Acontiana*, em *Abhandlungen der Heidelberger Akademie der Wissenschaften*, Phil.-hist. Kl. 1932, VIII. — E. Hassinger, *Studien zu I. A.*, 1934. — P. Rossi, *G. A.*, 1952. — Ch. D. O'Malley, *J. A.*, 1955. — Ver também "Introdução" de G. Radetti às eds. indicadas *supra*, e Giuseppe Saitta, *Il pensiero italiano nell'Umanesimo e nel Rinascimento*, vol. III (*Il Rinascimento*), 1951, pp. 510-514. — A. Crescini, *Le origini del metodo analitico. Il Cinquecento*, 1965, cap. 9, pp. 225-242. ⊂

ACOSMISMO. No sentido de "não-cosmos" (a-cosmos) ou "não-mundo", o acosmismo nega que haja cosmos ou mundo. A única coisa que o acosmista diz que há é, pois, a divindade. Em geral, o acosmismo parte da idéia de que todas as realidades se reduzem a uma única "Realidade". Se essa realidade é divina, então o mundo fica absorvido nela e é, em conseqüência, negado.

O termo 'acosmismo' foi usado por Fichte e Hegel — e é conhecido especialmente pelo uso feito dele por Hegel na *Enciclopédia* (§ 50) — em relação com a interpretação dada ao sistema de Spinoza. Este sistema fora denunciado como ateu pela identificação de Deus com a Natureza (*Deus sive Natura*) e, em geral, pela consideração de que há apenas uma realidade. Se esta realidade é de tipo "mundano", evidentemente se elimina toda realidade supramundana, isto é, Deus. Por outro lado, é possível sustentar o inverso: que a realidade "una" afirmada é toda ela divina, com o que se nega o mundo, tendo como resultado o "acosmismo". O acosmismo opõe-se então tanto ao ateísmo como ao panteísmo. Fichte, por exemplo, afirmou que seu sistema não era ateísta (ateu) e que talvez pudesse ser qualificado de acosmista.

ACRACIA. Literalmente, ἀκρασία, *acracia*, significa "sem poder", "impotência". O "ácrata", ἀκρατῆς, não tem poder sobre coisa alguma. Especificamente, não tem poder sobre si mesmo. É, pois, incapaz de dominar-se. Por isso, equiparou-se a acracia à incontinência. A ἀκρασία contrapõe-se à ἐγκράτεια (*enkrateia*), que é a "continência" no sentido da autodisciplina (ἀκράτεια é uma forma lingüística anterior a ἀκρασία).

Especialmente desde Aristóteles, que aborda o assunto em *Eth. Nic.* VII, 3, 1147 b-1148 b, discutiu-se se a acracia implica ou não o reconhecimento do que o "ácrata" teria de fazer no caso de não deixar-se levar pela incontinência. Aristóteles sustenta que a acracia é própria do homem; os animais não podem ser "ácratas" porque não possuem juízo universal, mas "tão-somente imaginação e lembrança de coisas particulares". Por outro lado, ele afirma que, embora no estado de acracia o homem possa reconhecer o que deveria fazer se se disciplinasse a si mesmo, ele o reconhece, primeiro, na medida em que se trata de uma situação particular e depois de um modo mais ou menos "velado" (algo como um bêbedo que recita versos de um poeta).

Foi habitual em muitos autores antigos denunciar a acracia. Se esta é um relaxamento da tensão pela qual o sujeito se domina e se disciplina a si mesmo, conduz a não seguir as normas tidas por retas, e isso mesmo no caso de reconhecer que se trata de normas retas.

De modo geral, o termo "acracia" não foi usado na época moderna. Em contrapartida, é ainda comum empregar o termo 'ácrata' no sentido de 'anarquista'. Neste caso, 'ácrata' e 'acracia' significam algo diferente do que foi indicado antes. A ausência de poder é equiparada à ausência de coação e ao aumento concomitante da liberdade do indivíduo. O "ácrata", no sentido moderno, justamente por sê-lo, disciplina-se a si mesmo e não tem necessidade de nenhuma disciplina exterior.

•• Donald Davidson impulsionou um novo debate sobre a *acracia* entendida como fraqueza da vontade. Em seu artigo de 1970 "How is Weakness of the Will Possible?" (incluído como cap. 2 em seu *Essays on Actions and Events*, ver bibliografia *infra*), Davidson diz que "a vontade de um agente é fraca se age — e o faz intencionalmente — contra seu próprio juízo reto" (p. 21). Esse agente age então de forma "incontinente". Com isso, Davidson defende uma concepção de "incontinência" mais geral que a de costume, visto que para ele é irrelevante que o agente *saiba* que seria melhor atuar de outro modo. O interesse de Davidson recai antes sobre a atitude ou a crença do agente que sobre seu conhecimento, motivo pelo qual lhe basta que o agente aja de forma distinta da que crê melhor para se poder dizer que sua ação é *incontinente*. Ao mostrar a plausibilidade da existência de ações incontinentes, Davidson observa o aparecimento de um paradoxo: com efeito, a existência de ações incontinentes parece contradizer a doutrina comumente aceita segundo a qual um agente que atua de forma intencional atua sempre guiando-se por aquilo que julga ser o melhor.

O artigo de Davidson suscitou numerosos trabalhos sobre o tema (ver bibliografia *infra*).••

↪ Sobre a acracia em Aristóteles, ver: J. J. Walsh, *Aristotle's Conception of Moral Weakness*, 1960. — M. Bedard, "L'akrasia chez Aristote ou l'echec de l'education morale", *Dialogue* (Canadá), 15 (1976), 62-74. — A. O. Rorty, "Akrasia and Pleasure: 'Nicomachean Ethics' Book 7", em *id.*, *id.*, ed., *Essays on Aristotle's Ethics*, 1980, pp. 267-284. — D. Mc Kerlie, "The Practical Syllogism and Akrasia", *Canadian Journal of Philosophy* (1991), 299-321. — D. Kerdeman, "Educating Ethical Behavior: Aristotle's Views on Akrasia", *Proceedings. Philosophy of Education*, 48 (1992), 81-89. — M. Mauri Álvarez, "L'akrasia' nell'Etica Nicomachea", *Sapienza*, 46(1) (1993), 71-78.

Para continuar a discussão iniciada por Davidson e apresentada no texto, ver, entre outros: C. C. W. Taylor, "Plato, Hare and Davidson on Akrasia", *Mind*, 89 (1980), 499, 518. — D. Pears, "How Easy is Akrasia?", *Philosophia* (Israel), 11 (1982), 33-50. — A. R. Mele, "'Akrasia', Reasons, and Causes", *Philosophical Studies*, 44 (1983), 345-368. — G. F. Schueler, "Akrasia Revisited", *Mind*, 92 (1983), 580-584. — C. C. W. Taylor, "Reply to Schueler on Akrasia", *ibid.*, 93 (1984), 584-586. — A. R. Mele, "Pears on 'Akrasia' and Defeated Intentions", *Philosophia* (Israel), 14 (1984), 145-152. — C. Peacocke, "Intention and Akrasia", em B. Vermazen, M. B. Hintikka, eds., *Essays on Davidson*, 1985, pp. 51-73; ver a resposta de Davidson no mesmo vol., pp. 207-211. — I. Thalberg, "Questions about Motivational Strenght", em E. Lepore, B. Mc Laughlin, eds., *Actions and Events. Perspectives on the Philosophy of Donald Davidson*, 1985, pp. 88-103. — A. C. Baier, "Rhyme and Reason: Reflections on Davidson's Version of Having Reasons", *ibid.*, pp. 116-129. — D. Pears, "Reply to A. Baier: Rhyme and Reason", *ibid.*, pp. 130-137.

Para uma discussão mais ampla do problema da acracia, ver: R. Demos, "A Note on 'Akrasia'", *Ethics*, 71 (1961), 195-200. — D. Walsh, "'Akrasia' Reconsidered", *ibid.*, 85 (1975), 151-158. — A. O. Rorty, "'Akrasia' and Conflict", *Inquiry*, 23 (1980), 193-212. — M. Stocker, "Some Structures for Akrasia", *Historical and Philosophical Qurarterly*, 1 (1984), 267-280. — A. Van Den Beld, "Romans: 7: 14-25 and the Problem of 'Akrasia'", *Religious Studies*, 21 (1985), 495--515. — S. Cohen, "The Problem of the Problem of 'Akrasia'", *Pacific Philosophical Quarterly*, 67 (1986), 62-72 — D. H. Whittier, "Akrasia: The Absence of Which Virtue?", *Logos* (EE.UU.), 8 (1987), 45-51. — A. R. Mele, *Irrationality: An Essay on 'Akrasia', Self--Deception and Self-Control*, 1987. — T. D. Stegman, "Saint Thomas Aquinas and the Problem of 'Akrasia'", *Modern Schoolman*, 66 (1989), 117-128. ↩

ACROAMÁTICO. Ver Esotérico.

AD HOC. Literalmente, "para isto", isto é, "para determinado efeito ou propósito". Fala-se de um argumento *ad hoc* quando o argumento se aplica única e exclusivamente ao caso que se pretende explicar, ou defender, mediante o argumento. A expressão *ad hoc* é usada hoje em metodologia e epistemologia da ciência para descrever um tipo de hipótese que se introduz com a finalidade de salvar outra hipótese que encontra dificuldades no confronto com a experiência. As hipóteses *ad hoc* mostram-se sempre suspeitas, porque sua função principal, se não única, consiste em fortalecer uma teoria contra as possibilidades de ser falseada. Uma espécie de "crosta" de hipóteses *ad hoc* rodeia então a teoria que se quer defender a todo custo.

AD HOMINEM. Literalmente, "dirigido ao homem". Entende-se que um raciocínio é *ad hominem* quando aproveita a fraqueza das conseqüências que decorrem de princípios estabelecidos por um adversário para concluir pela inaceitabilidade desses princípios. Como essas conseqüências resultam de teses admitidas ou "concedidas" pelo adversário, o argumento *ad hominem* é também chamado, às vezes, *ex concessis*, isto é, a partir das coisas (teses) concedidas.

O nome *ad hominem*, com tudo o que implica de referência pessoal, explica-se porque não se trata tanto de disputar acerca da verdade de uma proposição quanto da plausibilidade e consistência da pessoa que defende essa proposição e contra a qual se argumenta *ad hominem*. Nisso se distingue um argumento *ad hominem* de um argumento *ad rem*, que se refere ao próprio assunto.

AD IGNORANTIAM. Locke (*Essay on Human Understanding*, IV, xvii, 20) fala de argumento *ad ignoran-*

tiam, entendendo por isso o tipo de argumento que requer de um adversário aceitar o que o argumento considera como uma prova e, no caso de não aceitá-la, pedir que produza uma prova melhor. O argumentador avalia que sua própria prova é admissível se ninguém consegue encontrar outra que a supere; o argumento se funda, portanto, na ignorância, ou suposta ignorância, do interlocutor.

AD JUDICIUM. Dos quatro tipos de argumentos abordados por Locke em *Essay,* IV, xvii, 19-22 — isto é, o argumento *ad verecundiam* (VER), o *ad ignorantiam* (VER), o *ad hominem* (VER) e o *ad judicium* —, esse autor admite apenas o último como argumento que proporciona "verdadeira instrução e nos faz progredir no conhecimento". Esse argumento consiste em "usar as provas extraídas de qualquer um dos fundamentos do conhecimento ou probabilidade". Segundo Locke, trata-se do único tipo de argumento aceitável por três razões: 1) Não afirma que a opinião de outro seja certa porque, seja por respeito ou por qualquer outra consideração salvo a convicção, eu não vá contradizê-la. 2) Não prova que outra pessoa esteja certa nem que eu deva segui-la simplesmente porque eu não saiba mais ou não conheça um argumento melhor. 3) Não demonstra que outro esteja certo só porque demonstrou que estou equivocado.

AD VERECUNDIAM. Literalmente, "dirigido à, ou na direção da, reverência". Um argumento *ad verecundiam* é, de acordo com Locke, aquele que se funda na suposta autoridade de homens cujo saber, eminência e poder em alguns domínios lhes concedem — ou se supõe que lhes concedam — autoridade, ou "reverência", suficiente para formular juízos e chegar a conclusões em outros domínios: "Quando os homens estabeleceram para si alguma forma de dignidade — escreve Locke —, acredita-se que infringe a modéstia de outros o desviar-se dela de algum modo e o questionar a autoridade daqueles que possuem essa dignidade" (*Essay,* IV, xvii, 19). O argumento *ad verecundiam,* entendido em toda a sua generalidade, é um argumento contra a suposta validade do argumento de autoridade e, portanto, um argumento contra toda opinião "autoritária". Entendido de uma maneira mais restrita, é um argumento contra a admissão de juízos em determinada esfera que tenham como base as opiniões de homens que podem, em princípio, ter "autoridade" em outra esfera.

ADAMSON, ROBERT (1852-1902), nasc. em Edimburgo, lecionou em Manchester (1876-1893), Aberdeen (1893-1895) e Glasgow (a partir de 1895). A maioria das obras de Adamson tem por objeto a história da filosofia; mas nas aulas, publicadas postumamente, sobre o desenvolvimento da filosofia moderna ele apresentou sua teoria do conhecimento nos limites de um quadro kantiano. Segundo Adamson, o dado ao sujeito cognoscente não é um mero caos informe de sensações que o sujeito ordena por completo de modo que o conhecimento seja, em termos kantianos, algo "posto". O conhecimento não é só conhecimento interno nem tampouco, ou menos ainda, conhecimento do interno. Por outro lado, Adamson indica que não há conhecimento independente do sujeito cognoscente, ou da mente. Desse modo, ele se opõe ao idealismo e ao subjetivismo, por um lado, e ao realismo puro e simples, por outro. Sua posição é qualificada de "realismo crítico". A distinção entre realidade conhecida e conhecimento da realidade não existe nem na realidade nem tampouco em seu conhecimento: trata-se de uma distinção que se efetua com base no campo unitário da experiência como experiência da realidade. Adamson parece inclinar-se a uma espécie de "monismo da experiência (como experiência real e do real)" e ao que foi chamado depois de uma filosofia da experiência pura. Contudo, ele deu também grande importância ao sistema de conceitos proporcionado pelas ciências naturais e nunca abandonou o caráter crítico de seu realismo epistemológico.

↪ Obras: *Roger Bacon: the Philosophy of Science in the XIIIth Century,* 1876. — *On the Philosophy of Kant,* 1819. — *Fichte,* 1881. — *The Development of Modern Philosophy, with other Lectures and Essays,* 2 volumes, 1903 (póstuma, ed. Sorley). — *The Development of Greek Philosophy,* 1908 (póstuma, ed. Sorley y Hardie). — *A Short History of Logic,* 1911 (póstuma, ed. Sorley).

Ver: R. Metz, "Das philophische Werk R. Adamsons", *Archiv für Geschichte der Philosophie,* 41 (1933), 214-229. — Id., "Die philosophischen Stromüngen der Gegenwart in Grossbritannien", vol. II, 1935, pp. 45-48. — D. A. Rees, "R. Adamson", *Philosophical Quarterly* (1952), 356-358. — P. Lamanna, *Storia della filosofia. La filosofia del Novecento,* VI, II, 1964, pp. 25-28. ⊂

ADAN WODHAM. Ver WODHAM (WODEHAM, GODAM, GODDAM etc.), ADAN.

ADÃO DE BALSHAM (ADÃO DO PETIT PONT, ADAMUS PARVIPONTANUS) († *ca.* 1181), nasc. em Balsham (Inglaterra), estudou com Pedro Lombardo e fundou uma escola de artes em Paris, perto de uma pequena ponte sobre o Sena — daí o nome "Adão do Petit Pont" ou "Adamus Parvipontanus" —, na qual estudou João de Salisbury. Adão de Balsham interessou-se especialmente por problemas lógicos e dialéticos, comentando escritos lógicos de Aristóteles, inclusive as "Refutações dos sofistas".

↪ V. Cousin publicou em *Fragments philosophiques,* II, 385-390, passagens da obra que foi chamada *De arte*

dialectica, de A. de B. Edição do *Ars disserendi* por L. Minio-Paluello, "The *Ars disserendi* of Adan of Balsham 'Parvipontanus'", em *Medieval and Renaissance Studies*, ed. E. Hunt e R. Klibansky, 3 (1954), 116-169.
Ver: I. Thomas, "A 12th Century Paradox of the Infinite", *Journal of Simbolic Logic*, 23 (1958), 133-134. ℭ

ADELARDO DE BATH (*fl.* 1100), nasc. na Inglaterra, educado em Laon e Tours, destacou-se filosoficamente por sua posição quanto ao problema dos universais, que resolveu no sentido de uma "doutrina da indiferença", segundo a qual os gêneros e as espécies existem, como Aristóteles propôs, nos indivíduos, mas segundo a qual existem também, tal como Platão afirmou, num reino inteligível, pelo menos na medida em que são considerados em sua pureza. Portanto, seria possível dizer que o ser indivíduo, gênero ou espécie depende da consideração mental, mas, ao mesmo tempo, que a visão da coisa como indivíduo, embora legítima, representa uma forma inferior de conhecimento. Dessa maneira, a doutrina dos universais é, ao mesmo tempo, uma doutrina dos graus do conhecimento, ou, melhor dizendo, de seus graus de perfeição, a qual é distinta da validade.

⊃ Além das *Perdifficiles quaestiones naturales*, 1934, ed. M. Müller, Adelardo escreveu o tratado *De eodem et diverso*, ed., Hans Willner em: *Des Adelard von Bath Traktat*, 'De eodem et diverso', 1903. — Bath traduziu do árabe para o latim os *Elementos* de Euclides e provavelmente alguns outros escritos matemáticos.

Ver: Franz Bliemenzrieder, *Adelard von Bath, Blätter aus dem Leben eines englischen Naturphilosophen des 12. Jahrhunderts und Bahnbrechers eines Wiedererweckung der griechischen Antike*, 1935. ℭ

ADEQUADO. Os escolásticos denominam "adequada" (*adaequata*) a idéia que possui uma "correspondência" (*correspondentia*) exata com a própria natureza da coisa objeto da idéia. Tudo na coisa é então presente, e nada é latente. As idéias adequadas são completas, isto é, exibem claramente as notas constitutivas do objeto ideado.

Alguns autores falaram de graus de perfeição na "idéia adequada", mas cabe perguntar se, no caso de ser realmente adequada, uma idéia pode ter graus de perfeição, os quais poderiam ser entendidos como graus de adequação.

Falou-se do mesmo modo de causa adequada, como causa que não necessita de outra para produzir o efeito, e de distinção adequada, como distinção entre dois (ou mais) conceitos, nenhum dos quais inclui ou admite o outro (ou os outros).

Leibniz denominou "adequada" uma das formas do conhecimento distinto. Nas *Meditationes de cognitione, veritate et ideis* (1684; Gerhardt, IV, 422-426), Leibniz distingue conhecimento obscuro e conhecimento claro (VER). Este último pode ser "confuso" ou "distinto". O conhecimento distinto pode ser "adequado" ou "inadequado" (assim como "intuitivo" ou "simbólico", ou então ao mesmo tempo "simbólico" e "intuitivo"; neste último caso, trata-se de um conhecimento "perfeito"). No sentido próprio do termo 'adequado', um conhecimento é adequado, de acordo com Leibniz, quando "todos e cada elemento de uma noção distinta são conhecidos distintamente".

Diz-se igualmente que uma noção é adequada quando a análise dos elementos que a integram é completa. Isto equivale à idéia adequada completa (cf. *supra*).

O termo 'adequada', *adaequata*, desempenha importante papel na teoria do conhecimento e na teoria da realidade de Spinoza. É usado para caracterizar um tipo de causa, *causa adaequata*, e também um tipo de idéia, *idea adaequata*. No que diz respeito à causa, Spinoza julga que pode receber o nome de "adequada" quando permite "perceber clara e distintamente o efeito". A causa é inadequada ou parcial, *inadaequata* ou *partialis*, quando por ela mesma e só por ela não se pode perceber clara e distintamente o efeito (*Eth*. III, def. i). Quanto à idéia, Spinoza chama uma idéia de "adequada" quando se trata de uma que a mente possui em virtude de critérios internos e não externos. Uma idéia é, pois, adequada quando "em si mesma, e com referência ao objeto, possui todas as propriedades ou sinais internos de uma idéia verdadeira" (*Eth*. II, def. iv). Spinoza distingue "idéia verdadeira" e "idéia adequada". A primeira é a que concorda com o objeto ideado; a segunda, a que concerne à própria natureza da idéia. Não é que as idéias adequadas não sejam idéias verdadeiras; é que são verdadeiras em virtude de critérios intrínsecos e não extrínsecos. As idéias adequadas são claras, distintas, certas e completas. Dessa maneira, é possível distinguir idéias inadequadas (que são "mutiladas" e "confusas"), idéias verdadeiras (em virtude de critérios externos e extrínsecos) e idéias verdadeiras adequadas (em virtude de critérios). Não há, segundo Spinoza, idéias adequadas de coisas externas, porque não se tem um conhecimento claro e distinto dessas coisas. Em compensação, possui-se tal conhecimento quando se tem idéias relativas a Deus, idéias simples e noções comuns, razão pela qual estas três últimas espécies de idéias são adequadas.

O termo 'adequado' é usado na clássica definição da verdade como "adequação do intelecto à coisa", *adaequatio rei et intellectus*, que se deve a Isaac Israeli (VER) e foi adotada por Santo Tomás e por muitos escolásticos. A teoria da verdade como adequação é a chamada "teoria da verdade como correspondência", ao contrário de outras teorias da verdade e, especialmente, da teoria da verdade como coerência (VER). A *adaequatio rei et intellectus* exprime a conformidade entre a natureza de um objeto e o enunciado mental que designa tal natureza.

Heidegger indicou que essas correspondências (e a conformidade) podem significar que a verdade é a adequação da coisa ao conhecimento, mas também adequação do conhecimento à coisa. Ora, segundo esse autor, a adequação do intelecto à coisa — *ad rem* — só é possível quando se funda na adequação da coisa ao intelecto — *ad intellectum*. Isso não quer dizer que o intelecto e a coisa sejam pensados nos dois casos do mesmo modo e que, portanto, se trate de proposições conversíveis. Em última análise, a adequação é possível só na medida em que há idéias concebidas pelo intelecto divino que fundamentam a raiz de toda conveniência. E daí decorre que a adequação da coisa ao intelecto divino garanta a verdade como adequação do intelecto humano à coisa. De resto, os escolásticos distinguiam já entre *verdade ontológica* e *verdade lógica*, compreendendo com isso a presença de tais implicações. Esse tipo de adequação foi mais tarde entendido de diversos outros modos. Por exemplo, pode haver verdade lógica em virtude da correspondência prévia da essência da coisa com a "razão universal". E pode havê-la — como acontece no idealismo moderno — em função da tese do primado do transcendental sobre o ontológico (pelo menos no conhecimento), o que dá lugar a um diferente significado da *adaequatio*. O problema foi abordado também pela fenomenologia em suas teses da adequação total em que se resume a intuição das essências, e no novo sentido dado à redução da verdade à correspondência entre a afirmação e a estrutura ontológico-essencial do afirmado pelo enunciado.

ADICKES, ERICH (1866-1928), nasc. em Lesum, perto de Bremen, professor a partir de 1902 em Münster e de 1904 em Tübingen, foi influenciado em alguma medida por Paulsen, que foi seu mestre em Berlim. Depois de passar pelo teísmo ortodoxo, pelo panteísmo evolutivo e pelo idealismo-fenomenismo gnosiológico, ele elaborou seu próprio pensamento filosófico na linha de uma interpretação da filosofia de Kant (ver KANTISMO). Os trabalhos de Adickes a esse respeito influenciaram várias interpretações posteriores de Kant, que levaram em conta a patente evolução do filósofo em suas obras póstumas e que, por conseguinte, se afastam da imagem neokantiana por um tempo significativo. Ora, embora tenha acentuado o aspecto metafísico da obra de Kant, Adickes manifestou em seu pensamento claras tendências antimetafísicas, pelo menos se identificamos a metafísica com a metafísica idealista. Adickes inclinou-se cada vez mais a um empirismo e a um realismo que não excluíam totalmente idéias metafísicas mas faziam delas opiniões filosóficas "plausíveis". Isso é especialmente certo no que diz respeito à admissão por Adickes de um voluntarismo panteísta e à sua vacilação entre o monismo e o pluralismo espiritualistas. Em todos esses casos, trata-se de certas hipóteses que permitem dar uma imagem coerente do conjunto da realidade mas que podem ser consideradas completamente certas. Ao enfatizar que a metafísica, embora indemonstrável, não pode ser eliminada da vida humana, Adickes chegou à convicção de que pode haver tantos tipos de metafísica quanto formas fundamentais de vida. A tipologia psicológica e a teoria das concepções do mundo foram, assim, admitidas por ele como legítimas investigações filosóficas.

↪ Obras: *Kants Systematik als systembildender Faktor*, 1887 (*A sistemática de Kant como fator construtor de sistema*). — "German Kantian Bibliography", I, em *The Philosophical Review*, 1893-1894; II, *ibid.*, 1895, Sup. I; III, *ibid.*, 1896, Sup. 2. — *Kant gegen Haeckel*, 1901 (reimp., 1971), 2ª ed., 1906. — *Die Zukunft der Metaphysik*, 1911 (*O futuro da metafísica*). — *Untersuchungen zu Kants physischer Geographie*, 1911 (*Investigações sobre a geografia física de K.*). — *Kant und das Ding an sich*, 1924 (*K. e a coisa em si*). — *Kant als Naturforscher*, 12 vols., 1924-1925 (*K. como investigador da Natureza*). — *Kant und die Alsob Philosophie*, 1927 (reimp. 1971) (*Kant e a filosofia do como si*). — *Kants Lehre von der doppelten Affektion unseres Ich*, 1929 (*A doutrina kantiana da dupla afecção do nosso eu*). — Deve-se também a Adickes a edição de várias partes do *Opus postumum de Kant*, 1920 (reimp. 1971).

Depoimento em *Die Philosophie der Gegenwart in Selbstdarstellungen*, II, 1921.

Ver: G. Schrader, "Kant's Presumed Repudiation of the 'Moral Argument' in the 'Opus Postumum': An Examination of Adicke's Interpretation", *Philosophy*, 26 (1951), 228-241. ℭ

ADLER, ALFRED (1870-1937), nasc. em Penzing (Viena), estudou medicina na Universidade de Viena. Ligado primeiramente a Freud, a ponto de ser considerado, com Jung, um de seus grandes discípulos, rompeu com ele em 1912. Para Adler, o fator sexual, embora importante, não é dominante; ao lado dele, devem ser levados em conta os fatores social e profissional. Seu primeiro trabalho importante abordou as deficiências orgânicas e sua compensação. Esta última pode manifestar-se ou por meio de diversos tipos de neuroses ou por grandes criações culturais. Adler admitiu um instinto de agressão unido à necessidade de afeto. Embora suas idéias tenham mudado a esse respeito, ele manteve seu interesse pelo desenvolvimento do que denominou "psicologia individual". A tarefa desta última é a investigação do que Adler chamou "o estilo de vida" do indivíduo. Esse estilo se forma na infância por meio de respostas a sentimentos de inferioridade e ao afã de ser, ou, melhor dizendo, de valorizar-se, que é um sentimento de superioridade. O estilo de vida não é tanto uma realidade quanto uma espécie de modelo, ou construção, que permite averiguar o desenvolvimento do indivíduo e encontrar a terapêutica mais adequada aos transtornos psíquicos. A noção de sentimento de inferioridade alcançou grande influência, sendo admitida por muitos psicólogos e psiquiatras que não seguiam as teorias ou as práticas adlerianas, incluindo alguns psicanalistas ortodoxos.

➲ Principais obras: *Studien über Minderwertigkeit von Organen*, 1907. — *Ueber den nervösen Charakter*, 1912. — *Menschenkenntnis*, 1927. — *Individualpsychologie in der Schule*, 1929. — *Die Technik der Individualpsychologie*, I, 1928; II, 1930. — *Der Sinn des Lebens*, 1933.

Ver: H. Sperber, *A. Adler*, 1926. — A. Neuer, *Mut und Entmutigung. Die Prinzipien der Psychologie A. Adlers*, 1926. — F. Oliver-Brachfeld, *Los sentimientos de inferioridad*, 1935 (várias edições). — J. Donat, *A. A. y su psicología individual* (trad. esp., 1949). — L. Way, *A. A. An Introduction to His Philosophy*, 1956. — Hortha Orgler, *A. A., der Man und sein Werk. Triumph über den Minderwertigkeitskomplex*, 1956. — L. M. Way, *Adler's Place in Psychology: An Exposition of Individual Psychology*, 1962. — Manes Sperber, *A. A., oder Das Elend der Psychologie*, 1970. — W. Kaufmann, *Discovering the Mind*, vol. 3: *Freud versus Adler and Jung*, 1980. — H. Böhringer, *Kompensation und Common Sense. Zur Lebensphilosophie A. Adlers*, 1985. — W. Lacentra, *The Authentic Self: Toward a Philosophy of Personality*, 1991. ⊂

ADLER, MAX (1873-1937), nasc. em Viena, estudou direito, sociologia e filosofia social na mesma cidade. Influenciado por Kant e por Marx e Engels, Max Adler desenvolveu, com Otto Bauer e Rudolf Hilferding, a corrente chamada "austromarxismo" (VER). O "marxismo austríaco" de Max Adler consistiu principalmente numa aplicação sistemática da epistemologia kantiana ao conhecimento do mundo social na forma da concepção materialista da história. O método crítico kantiano pode, segundo Max Adler, ajudar a constituir a sociologia como ciência e a fundamentar as leis causais que regem o desenvolvimento econômico-material da história. Max Adler elaborou sobretudo as condições de possibilidade do conhecimento *a priori* dos fenômenos sociais. Segundo ele, a consciência social, que fundamenta a aprioridade do conhecimento dos fenômenos sociais, não é uma característica comum aos indivíduos ou uma realidade interindividual, mas uma estrutura que consiste em socialização histórica. Isso não conduzia para Max Adler a uma espécie de "idealismo social", mas antes a um "transcendentalismo social". Tratava-se, de qualquer modo, de dar a Marx e a Engels um fundamento epistemológico similar, no âmbito do mundo social, ao que representava a fundamentação epistemológica kantiana da mecânica de Newton.

➲ Principais obras: *Kausalität und Teleologie im Streite um die Wissenschaft*, 1904 (*Causalidade e teleologia na luta em torno da ciência*). — *Marx als Denker*, 1908; 3ª ed., 1925 (*M. como pensador*). — *Der sozialgeschichtliche Sinn der Lehre von Karl Marx*, 1914; 5ª ed., 1931 (*O sentido histórico-social da doutrina de K. M.*). — *Marxistische Probleme, 1913* (*Problemas marxistas*). — *Kant und der Marxismus*, 1925. — *Der Marxismus als proletarische Lebenslehre*, 1922 (*O marxismo como doutrina proletária da vida*). — *Das Soziologische in Kants Erkenntniskritik*, 1925 (*O sociológico na crítica do conhecimento de K.*). — *Lehrbuch der materialistischen Geschichtsauffassung*, 1930 (*Manual da concepção materialista da história*). — *Das Rätsel der Gesellschaft*, 1936 (*O enigma da sociedade*).

Ver: Max Nussbaum, *Kantianismus und Marxismus in der Sozialphilosophie M. Adlers*, 1934 (tese). — Peter Heintel, *System und Ideologie. Der Austromarxismus im Spiegel der Philosophie M. Adlers*, 1967. — I. Fetscher, "Le marxisme de Max Adler", *Archives de Philosophie*, 41 (1978), 469-486. — W. Lehrke, "Austrorevisionismus alias Austromarxismus: am Beispiel Max Adlers", *Deutsche Zeitschrift für Philosophie*, 29 (1981), 682-693. ⊂

ADMIRAÇÃO. As duas sentenças mais famosas sobre a admiração se encontram em Platão e em Aristóteles. Platão (*Theait.*, 155 D) põe na boca de Sócrates as seguintes palavras: "Bem vejo, estimado Teeteto, que Teodoro compreendeu tua verdadeira natureza quando disse que eras um filósofo, pois a admiração é a característica do filósofo e a filosofia começa com a admiração. Não era mau genealogista aquele que disse que Íris (o mensageiro do céu) é filho de Admiração [Maravilha θαῦμα]". Aristóteles (*Met.*, A 2 982 b 11ss.] escreve que "a admiração impeliu os primeiros pensadores a especulações filosóficas" e também (*ibid.*, 983 a 12 ss.) que "o começo de todos os saberes é a admiração diante do fato de que as coisas sejam o que são". Em vez do termo 'admiração', podem-se usar os vocábulos 'assombro' e 'pasmo'. Para Platão e Aristóteles, não há filosofar sem admirar-se, assombrar-se, maravilhar-se, pasmar, θαυμάζειν. Aquele que não se admira com nada não pode sequer perguntar; sem pergunta, não há resposta, mas a resposta gerada pela admiração não é — ou não tem por que ser — um conhecimento dogmático ou uma certeza. A poetisa norte-americana Emily Dickinson exprimiu o caráter ambíguo, ao mesmo tempo cognoscitivo e não-cognoscitivo, da admiração ao escrever estes dois versos:

> *Wonder is not precisely knowing*
> *and not precisely knowing not.*

Para usar uma terminologia mais ou menos "existencial", deve-se dizer que tanto Platão como Aristóteles falavam da admiração como um estado (VER) de ânimo ou desejo, como uma "atitude" mais ou menos "existencial", se não "existenciária" (cf. M. Heidegger, *Was ist das -die Philosophie?*, 1956; trad. esp.: ¿*Qué es filosofia?*, 1978). Pode-se falar igualmente da admiração como de uma das "paixões da alma". Um dos autores que abordou mais extensamente a admiração desse modo foi Descartes na Parte II, arts. 53, 70, 78 de sua obra *Les passions de l'âme*. A admiração é uma das "seis paixões primitivas" ou básicas (ao lado do amor, do ódio, do desejo, da alegria e da tristeza). Descartes indica que quando encontramos um objeto que nos surpreende (*surprend*) por ser a primeira vez que o vemos, ou porque o consideramos novo, ou ainda por se mostrar muito diferente do que presumíamos, nós o admiramos (*admirons*) e nos assombramos com ele (*en sommes étonnés*). Por isso, a admiração é "uma súbita surpresa da alma, que leva esta última a considerar com atenção os objetos que lhe parecem mais incomuns e extraordinários". Na admiração, não há mudança nem no coração nem no sangue, o que não significa que não seja uma paixão muito forte. A admiração pode ser muito útil, visto que nos permite aprender e reter coisas antes ignoradas, mas, se levada ao exagero, pode ser perniciosa e "perverter o uso da razão".

Num sentido especificamente religioso, pode-se considerar a admiração uma das formas pelas quais se manifesta a atitude diante do numinoso (ver SANTO). Assim a concebeu Rudolf Otto (VER) em seu livro *Das Heilige* (*O Santo*). Para esse autor, há um sentimento de assombro próprio do numinoso e que, quando se manifesta em esferas não-sagradas, dá lugar à surpresa. O assombro, em contrapartida, paralisa, pois põe a alma diante daquilo que é realmente admirável, *mirum* ou *mirabile*, isto é, diante do "completamente outro", diante do "mysterium". Quando se acrescentam, além disso, os elementos do *fascinans* e do *augustum*, temos o *admirandum*, que causa não só *tremor* como também, e antes de tudo, *stupor*.

Cremos ser legítimo considerar a admiração uma atitude que pode, se se quiser, ter uma significação "existencial" e transformar-se num dos estados básicos. Ora, parece-nos que a admiração tem diversos graus. Uma breve fenomenologia da admiração pode dar os seguintes resultados:

1) A admiração pode designar simplesmente o pasmo. É uma primeira abertura ao externo causada por algo que nos faz deter o curso corriqueiro do fluir psíquico. O pasmo chama fortemente a atenção sobre aquilo por que nos manifestamos pasmados, mas ainda não desencadeia nenhuma pergunta sobre o que é. Mas o pasmo é indispensável se se querem evitar duas coisas: ou a atitude diante de uma realidade com o mero propósito de aproveitar-se dela ou o desdém e a indiferença diante de uma realidade.

2) O segundo grau da admiração pode ser a surpresa. Por meio desta, começamos a fixar-nos naquilo que nos pasmou e a distingui-lo de outras coisas. Na surpresa, a coisa que nos admira não é apenas assombrosa ou maravilhosa, mas, além disso e sobretudo, problemática. A surpresa é, como a *docta ignorantia* (VER), uma atitude humilde pela qual nos afastamos tanto do orgulho da indiferença como da arrogância do *ignorabimus*.

3) A admiração propriamente dita põe em funcionamento todas as potências necessárias para responder à pergunta suscitada pela surpresa ou, no mínimo, para esclarecer sua natureza e significado. Neste último grau de admiração, há não apenas assombro inquisitivo em relação à realidade como também certo amor por ela. Por meio da admiração, descobre-se, ou pode-se descobrir, o que são as coisas como tais, independentemente de sua utilidade e também de seu eventual valor objetivo. Este último sentido da admiração é o mais próximo do "assombro filosófico" de que falara Platão.

➲ Ver: José Ferrater Mora, "La admiración", em *Cuestiones disputadas*, 1955, pp. 103-109. — Víctor Weisskopf, *Knowledge and Wonder*, 1962. — J. L. Christian, *Philosophy: An Introduction to the Art of Wondering*, 1981. — B. H. Zedler, *How Philosophy Begins: The Aquinas Lecture 1983*, 1983. — J. A. Miller, *In the Throe of Wonder: Intimations of the Sacred in a Post-Modern World*, 1992. ◒

ADORNO, THEODOR W[IESENGRUND] (1903--1969), nasc. em Frankfurt a. M., estudou nas Universidades de Frankfurt e Viena. Em 1924, travou amizade com Alban Berg, estudando composição musical sob a sua orientação. Devem-se a Adorno numerosos trabalhos de musicologia, que ocupam um lugar importante em sua obra escrita, ao lado de seus trabalhos sociológicos e filosóficos. Em 1930, Adorno iniciou uma relação de muitos anos com o Instituto para a Investigação Social (Institut für Sozialforschung), de Frankfurt, em estreita colaboração com Max Horkheimer (VER). Adorno e Horkheimer são considerados os dois principais expoentes da chamada "Escola de Frankfurt" (ver FRANKFURT [ESCOLA DE]). Em 1931, Adorno apresentou sua "Habilitationsschrift" (sobre Kierkegaard) a Paul Tillich. Em 1933, o governo nazista privou-o de sua *venia legendi*. Ele passou vários anos na Inglaterra, especialmente no Merton College, de Oxford. Em 1938, mudou-se para Nova York com o objetivo de dar continuidade aos trabalhos do Instituto. Em 1949, regressou à Alemanha e, desde 1951 até sua morte, lecionou filosofia e sociologia na Universidade de Frankfurt, encabeçando o mencionado instituto.

Adorno examinou criticamente a marcha para a intimidade e a subjetividade preconizada por Kierkegaard. Paradoxalmente, essa marcha leva, segundo Adorno, à abstração, assim como à reificação, já que foge da história real. Por outro lado, a idéia kierkegaardiana de subjetividade expressa a condição social e histórica da qual, ao mesmo tempo, pretende escapar (o que, de resto, é típico de toda ideologia). De modo similar, o "matematismo" e o "absolutismo lógico" de Husserl são uma fuga do tempo histórico concreto e uma entrega ao idealismo que exprimem determinada realidade social. Adorno opôs-se a todo individualismo abstrato, isto é, a toda noção de indivíduo alheia a seu componente social, mas ao mesmo tempo se opôs à dissolução do indivíduo no social, já que nessa dissolução desaparece seu caráter concreto. O único modo de evitar a possível queda dupla na subjetividade e no abstrato consiste, segundo Adorno, na adoção de um método dialético. Este é de tipo hegeliano, mas, simultaneamente, se opõe a Hegel na medida em que rejeita o conteúdo de sua ontologia.

Adorno adotou a teoria crítica (VER), também exposta e desenvolvida por Horkheimer. As posições desses dois autores diferem em vários pontos, tanto filosóficos como políticos; no que tange a este último aspecto, considera-se que Adorno ocupou na Escola de Frankfurt uma postura "centrista" entre Horkheimer e Marcuse. O pensamento de Adorno é, de qualquer maneira, mais manifestamente dialético que o de Horkheimer. É também menos sistemático ou, em todo caso, menos determinado por considerações de caráter filosófico. Mais ainda que Horkheimer, Adorno faz a crítica das ideologias e inclui nestas as teorias filosóficas, que expressam situações e ao mesmo tempo frustrações sociais. Em termos específicos, Adorno denuncia em duas direções de pensamento aparentemente contrárias — a "ontologia" e o "positivismo" — uma raiz comum: ambas são dogmáticas. O mesmo acontece, porém, com o materialismo dialético ortodoxo. Em última análise, todas essas correntes se tornam vítimas de um subjetivismo idealista, ignorante da realidade (ignorante até mesmo do que possa haver de fecundo no idealismo como formulação clara do problema da apropriação do objeto por parte do sujeito). Desde a *Dialética do Esclarecimento*, Adorno insiste no caráter mitológico ou mitologizante do pensamento filosófico e até de todo pretenso pensamento dialético.

Contra a dialética (VER) "positiva", Adorno propõe uma "dialética negativa". As dialéticas que elaboraram muitas das "teorias do progresso" são dialéticas inautênticas, de caráter meramente abstrato e fundadas em "fases" ou "etapas" que se sucedem uma à outra de modo quase mecânico. A meta última dessas dialéticas foi a mesma da "teoria tradicional": o domínio (VER). Mas ao dominar, ou procurar dominar, a Natureza e o meio, o homem terminou por transformar-se ele mesmo em objeto de seu próprio domínio, isto é, reificou-se e alienou-se. Adorno questionou-se amiúde sobre como foi possível que as idéias de progresso e de emancipação ou libertação (VER) tenham conduzido ao oposto: à escravização, seja em nome de uma tecnologia refinada ou de uma doutrina dogmática. Isso ocorreu porque nesse tipo de idéias se esqueceu o fato de que "a história universal deve construir-se e negar-se". É necessário, pois, ao fazer funcionar a dialética negativa, criticar a fundo toda filosofia e mesmo toda utopia, as quais tendem a ser "positivas" na medida em que continuam sendo doutrinárias. Uma verdadeira utopia é, de acordo com Adorno, "inefável"; a utopia é uma sociedade não-repressiva em que deixa de ser necessário dissertar sobre a utopia.

A dialética negativa exclui toda conceptualização definitiva e leva em conta o movimento incessante do pensamento ao qual nenhuma alternativa pode satisfazer. A própria lógica se transforma então em lógica dialética, em que a contradição se torna objetiva. Curiosamente, o exercício da lógica dialética, que passa por cima de toda categorização, leva a poder comparar a teoria filosófica impulsionada pela dialética negativa com uma obra de arte, a qual nada diz propriamente sobre a realidade. Representar os antagonismos sociais não é conceptualizá-los, mas representá-los mimeticamente, isto é, mediante a arte e de sua reflexão na estética filosófica. Só assim se pode "falar" da realidade social e de sua crítica. Isso é distinto tanto de um materialismo dialético rígido como de uma filosofia da práxis. A negatividade dialética rejeita toda identificação, toda predicação; só com isso é possível atingir uma libertação.

↪ Entre as numerosas obras filosóficas e sociológicas de A., mencionamos: *Kierkegaard, Konstruktion des Aesthetischen*, 1933; ed. rev., 1966 (*K. Construção do estético*). — *Dialektik der Aufklärung*, 1947; novas eds., 1969, 1971 (com M. Horkheimer) (trad. bras.: *Dialética do Esclarecimento*, 1985). — *Zur Metakritik der Erkenntnistheorie*, 1956 (*Para a metacrítica da teoria do conhecimento*). — *Minima moralia*, 1951; 3ª ed., 1965 (trad. bras., 1993). — *Drei Studien zu Hegel*, 1963 (coleção de ensaios desde 1957; inclui "Aspekte der Hegelschen Philosophie" e "Erfahrungsgehalte der Hegelschen Philosophie"). — *Eingriffe*, 1963 (*Interferências*). — *Jargon der Eigentlichkeit. Zur deutschen Ideologie*, 1964 (*Jargão da autenticidade. Para a ideologia alemã*). — *Negative Dialektik*, 1966; 2ª ed., 1967. — *Aesthetische Theorie*, 1970. — *Das Elend der kritischen Theorie*, 1970 (com Habermas e Marcuse) (*A miséria da teoria crítica*). — *Erziehung zur Mündigkeit*, 1970 (*Educação para a maturidade*). — *Philosophische Terminologie. Zur Einleitung*, 1973 (trad. esp.: *Terminología filosófica*, 2 vols., 1973-1976).

Entre seus escritos de musicologia, mencionamos: *Philosophie der neuen Musik*, 1949. — *Prismen. Kulturkritik und Gesellschaft*, 1955. — *Dissonanzen*, 1956. — *Klangfiguren*, 1959. — *Einleitung in die Musiksoziologie*, 1962.

Há, além disso, coletânea de trabalhos como: *Noten zur Literatur,* 3 vols. (I, 1958; II, 1961; III, 1965). — *Soziologie, Reden und Vorträge*, 1962 (com trabalhos de Horkheimer).

Escritos completos, *Gesammelte Schriften*, 20 vols., 1970-1986, ed. R. Tiedemann, que incluem os "Escritos sociológicos": *Soziologische Schriften*, partes I e II, 1975 (com textos em inglês e em alemão). Em português: *Dialética do esclarecimento*, em co-autoria com M. Horkheimer, 1985. *Educação e emancipação*, 2ª ed., 2000 — *Filosofia da nova música*, 2ª ed., 1989. — *Minima moralia*, 1993. — *Notas de literatura*, s.d. — *Palavras e sinais – modelos críticos*, 1995. — *Prismas*, 1997. — *Teoria estética*, 1996. — *Terminologia filosófica I*, 3ª ed., 1996. — *Terminologia filosófica II*, 3ª ed., 1996.

Para as idéias de A. sobre sociologia em geral, sobre o conhecimento, é importante sua "Introdução" ao volume *Der Positivismusstreit in der deutschen Soziologie*, 1969.

Ver: K. Oppens, H. Hudszus, J. Habermas *et al., Ueber Th. W. A.*, 1968. — Otwin Massing, *A. und die Folgen. Ueber das hermeneutische Prinzip der kritischen Theorie*, 1970. — VV. AA., *Th. W. A. zum Gedächtnis. Eine Sammlung*, 1971, ed. Scheppenhäuser. — P. Reichel, *Verabsolutierte Negation. Zu Adornos Theorie von den Triebkräften der gesellschaftlichen Entwicklung*, 1973. — Friedemann Grenz, *Adornos Philosophie in Grundbegriffen. Auflösung einiger Deutungsprobleme*, 1974. — Bernard Lypp, ed., *Materialien zu Adornos "Aesthetische Theorie"*, 1975. — Günter Figal, *Th. W. A. Das Naturschöne als spekulative Gedankenfigur. Zur Interpretation der "Ästhetische Theorie" im Kontext philosophischer Ästhetik*, 1977. — Matthias Tichy, *Th. W. A. Das Verhältnis von Allgemeinem und Besonderem in seiner Philosophie*, 1977. — G. Rose, *The Melancholy Science: An Introduction to the Thought of Th. W. Adorno*, 1978. — R. Nebuloni, *Dialettica e storia in Th. W. Adorno*, 1978. — L. Düver, *Th. W. Adorno. Der Wissenschaftsbegriff der kritischen Theorie in seinem Werk*, 1978. — B. Herrman, *Th. W. Adorno. Seine Gesellschaftstheorie als ungeschriebene Erziehunglehre. Ansätze zu einer dialektischen Begründung der Pädagogik als Wissenschaft*, 1978. — K. Sauerland, *Einführung in die Ästhetik Adornos*, 1979. — C. Petazzi, *Th. W. Adorno. Linee di origine e di sviluppo del pensiero: 1903-1949*, 1979 (com abundante bibliografia). — B. Lindner, W. M. Lüdke, *Materialien zur Ästhetischen Theorie Th. W. Adornos*, 1980. — A. Allkaemper, *Rettung und Utopie. Studien zu Adorno. Studien zu Adorno*, 1981. — H. Mörchen, *Adorno und Heidegger. Untersuchung einer philosophischen Kommunikationsverweigung*, 1981. — L. V. Friedeburg, J. Habermas, eds., *Adorno-Konferenz 1983*, 1983. — R. Hoffmann, *Figuren des Scheins. Studien zum Sprachbild und zur Denkform Th. W. Adornos*, 1984. — M. Jay, *Adorno*, 1984. — M. Rius, *Th. W. Adorno. Del sufrimiento a la verdad*, 1985. — R. Wiggershaus, *Die Frankfurter Schule*, 1986. — R. Kager, *Herrschaft und Versöhnung: Einführung in das Denken Th. W. Adorno*, 1988. — U. Müller, *Erkenntniskritik und negative Metaphysik bei Adorno*, 1988. — H. Brunkhorst, *Th. W. Adorno: Dialektik der Moderne*, 1990. — L. Zuidervaart, *Adorno's Aesthetic Theory: The Redemption of Illusion*, 1991. — D. Roberts, *Art and Enlightenment: Aesthetic Theory after Adorno*, 1991. ℂ

ADRASTO DE AFRODISA. Ver Peripatéticos.

ADSCRITIVISMO. Em seu artigo "The Ascription of Responsibilities and Rights", *Proceedings of Aristotelian Society*, 49 (1948-1949), 171-194, reimp. em *Logic and Language*, First Series, ed. A. G. N. Flew, 1953, pp. 151-174, H. L. A. Hart afirmou que há certo número de expressões que têm, gramaticalmente, uma forma descritiva mas não são, propriamente falando, descrições. Quando se diz "Rolando o fez", declara-se que Rolando fez algo e, portanto, de algum modo se descreve um acontecimento. Não obstante, o que se faz, segundo Hart, é adscrever a Rolando responsabilidade por fazer o que fez. Com "Joana deu uma bofetada em Pedrinho", descreve-se uma ação de Joana, mas, a rigor, se adscreve responsabilidade a Joana. Se se afirma que o sr. Miguel possui a maioria das ações de Cobres, S. A., descreve-se uma situação, mas isso é, segundo Hart, secundário; o principal é que se adscreve a ele a posse ou propriedade das ações.

Há, pois, de acordo com isso, frases adscritivas, isto é, frases que adscrevem a alguém responsabilidades ou direitos, ou ambas as coisas. Estas frases devem ser distinguidas das descritivas.

Falou-se a respeito de "adscritivismo", ao contrário de descritivismo, prescritivismo e outras caracterizações de funções da linguagem mediante traços que não possam ser reduzidos a quaisquer outros. Peter T. Geach, em seu artigo "Ascriptivism" (*Philosophical Review*, 69 [1960], 221-225; reimp. em Myles Brand, ed., *The Nature of Human Action*, 1970, pp. 117-120), criticou as idéias resenhadas de Hart e dos "filósofos de Oxford" que aderiram ao adscritivismo. Conforme indica Geach, esse ponto de vista foi adotado com a finalidade de evitar as dificuldades suscitadas pela análise em termos causais de um enunciado em que se diz que um agente efetuou um ato voluntária ou intencionalmente. Opinara-se tradicionalmente que, se se leva a cabo semelhante ato, isso se explica porque há um ato de vontade, ou volição, que serve de causa. Esta opinião chocou-se sempre com insuperáveis dificuldades. Geach admite essas dificuldades, mas não a solução dada a elas por Hart e outros filósofos de concepção semelhante. Na opinião de Geach, não é necessário concluir que todos os atos voluntários ou intencionais envolvam imputação, exoneração, desculpa, castigo ou recompensa. Além disso, é quase absurdo pensar que adscrever uma ação a um agente quer dizer, em geral, adotar uma atitude quase-legal ou quase-moral.

O adscritivismo é uma das várias teorias que floresceram ao abrigo das correntes antidescritivistas. Segundo estas, muitas frases que foram consideradas descrições não o são — por exemplo, corroborações, aprovações, sentenças judiciais etc. Mas, afora o fato de que se potencializaram, e até se distorceram, os exemplos em favor da causa antidescritivista — e, no presente caso, da causa adscritivista —, o resultado é não ser inatural interpretar expressões como 'feito de propósito' e 'intencional' como fazendo parte de descrições causais. Pelo contrário, sustenta Geach, é natural supor que "adscrever um ato a um agente é uma descrição causal do ato", constituindo até um caso paradigmático de enunciado causal, como se pode ver na conexão com o grego, αἰτία, que significa causa, e αἴτιος, responsável.

⊃ Ver: B. B. Friedman, *Foundations of the Measurement of Values: The Methodology of Location and Quantification*, 1946. — V.-C. Walsh, *Scarcity and Evil*, 1961. — J. Feinberg, "Action and Responsibility", em Max Black, ed., *Philosophy in America*, 1965, pp. 134-160. — S. Coval, *Scepticism and the First Person*, 1966. — M. Ginsberg, *Mind and Belief: Psychological Ascription and the Concept of Belief*, 1972. — A. N. Prior, *The Doctrine of Propositions and Terms*, eds. P. T. Geach e A. J. P. Kenny, 1976. — C. J. Williams, *What is Truth?*, 1976. — S. E. Boer, W. G. Lycan, *Knowing Who*, 1986. — M. Richard, *Propositional Attitudes: An Essay on Thoughts and How We Ascribe Them*, 1990. ⊂

ADVERBIAL. Na chamada "teoria adverbial da percepção" (ver PERCEPÇÃO), defendida, entre outros, por C. J. Ducasse, R. M. Chisholm e Wilfrid Sellars, sustenta-se que o sujeito percipiente, S, percebe algo, A, ou percebe "em relação a algo", A, numa forma exprimível adverbialmente, isto é, que S percebe redondamente, vermelhamente etc. em relação a A. Embora isso pareça apenas um mecanismo linguístico para traduzir adverbialmente expressões da forma tradicional 'S percebe a aparência redonda de A' ou 'A apresenta uma aparência redonda a S', os autores que propõem a teoria adverbial fazem-no principalmente com o propósito de eliminar a suposta independência dos atos percipientes em relação ao percebido, ou em relação às qualidades, ou supostas qualidades, percebidas. Se se estende a teoria adverbial da percepção a todos os atos mentais, o resultado é a eliminação da suposta independência dos atos psíquicos em relação aos termos intencionais correspondentes. No caso do pensamento, a teoria adverbial permite rejeitar a tese segundo a qual a verdade consiste num acordo especial, intencional, entre o pensamento e a realidade.

A teoria adverbial dos atos mentais é, em boa parte, um desenvolvimento, do ponto de vista analítico, da doutrina da intencionalidade (ver INTENÇÃO, INTENCIONAL, INTENCIONALIDADE) (e não é por acaso que um dos que elaboraram a teoria adverbial, R. M. Chisholm, tenha reconhecido os méritos de Brentano a esse respeito). Com a teoria adverbial, dá-se uma interpretação da intencionalidade que reduz ao mínimo, e até elimina por completo, o 'de' da "consciência de...", ou seja, reduz ao mínimo, e até elimina por completo, o caráter relacional entre a consciência (ou o ato mental) e o "objeto" intencional. É interessante (ou curioso) que essa tendência à eliminação do 'de' na "consciência de..." também fosse acentuada por Sartre, inclusive no uso do mecanismo linguístico de escrever entre parênteses o 'de'.

⊃ Ver: E. W. Hall, "Perception as Fact and as Knowledge", *Philosophical Review*, 52 (1943), 468-489. — *Id., id.*, "Comments on Symposium: Logical Subjects and Physical Objects", *Philosophical and Phenomenological Research*, 17 (1957), 478-482. — *Id., id., Our Knowledge of Fact and Value*, 1961. — W. Sellars, *Science, Perception and Reality*, 1963. — *Id., id.*, "The Intentional Realism of Everett Hall", *Southern Journal of Philosophy*, 4 (1966), 103-115. — *Id., id.*, "Giveness and Explanatory Coherence", *Journal of Philosophy*, 70 (1973), 612-624. — *Id., id.*, "Sensa or Sensing: Reflections on the Ontology of Perception", *Philosophical Studies*, 41 (1982), 83-114. — R. M. Chrisholm, ed., *Realism and the Background of Phenomenology*, 1960. — *Id., id.*, "On the Observability of the Self", *Philosophical and Phenomenological Research*, 30 (1969), 7-21. — *Id., id.*, "The Logic of Believing", *Pacific Philosophical Quarterly*, 61 (1980), 31-49. — *Id., id.*, "A Version of Foundationalism", *Midwest Studies in Philosophy*, 5 (1980), 543-564. — C. J. Ducasse, *Truth, Knowledge and Causation*, 1969. — F. Jackson, *Perception: A Representative Theory*, 1977. — M. Tye, "The Debate about Mental Imagery", *Journal of Philosophy*, 81 (1984), 678-690. — B. Taylor, *Modes of Occurrence: Verbs, Adverbs, and Events*, 1985. — R. Schantz, *Der Sinnliche der Wahrnehmung*, 1990.

Ver também *Metaphilosophy*, 6 (1975), que inclui os seguintes artigos: F. Jackson, "On the Adverbial Analysis of Visual Experience", pp. 127-135; M. Tye, "The Adverbial Theory: A Defence of Sellars against Jackson", pp. 136-143; W. Sellars, "The Adverbial Theory of the Objects of Sensation", pp. 144-160. ⊂

AÉCIO [AETIUS] (*fl. ca.* 150) foi um dos doxógrafos (VER) gregos. Segundo Hermann Diels (*Doxographi Graeci*, 1879; editio iterata, 1929), Aécio foi autor de uma compilação de "opiniões" intitulada Συναγωγὴ τῶν ἀρεσκόντων (*Coleção de preceitos*) citada como as *Placita* de Aécio (*Aetii Placita*). Essa coleção derivou-se das *Vetusta Placita* (redigidas por volta do ano 50), por sua vez derivadas de Teofrasto. As *Placita* de Aécio serviram de base para o *Epitome* ou *Placita philosophorum* do Pseudo-Plutarco (VER) e as *Eclogae*

(*Extractos*) contidas na "Antologia" ou *Florilegium*, de João de Stobi (ver ESTOBEU [JOÃO ESTOBEU]).
➭ Ver: A.-H. Chroust, "Aetius, 'The Placitis' I, 7, 7-9: A Fragment of Aristotle's 'On Philosophy'", *New Scholasticism*, 49 (1975), 211-218. — A. V. Lebedev, "Did the Doxographer Aetius Ever Exist", em V. Cauchy, ed., *Philosophy and Culture*, vol. 3, 1988, pp. 813-817. — D. T. Runia, "Xenophanes on the Moon: A Doxographicum in Aetius", *Phronesis*, 34 (3) (1989), 245-269. — J. Mansfeld, "Chrysippus and the Placita", *Phronesis*, 34 (3) (1989), 311-342. ➭

AENESIDEM-SCHULZE. Ver KANTISMO.

AEQUILIBRIUM INDIFFERENTIAE. Ver ARBÍTRIO (LIVRE); ASNO DE BURIDAN.

AEVUM. Ver ETERNIDADE.

AFECÇÃO, AFETAR. Tratamos da afecção, no sentido do *affectus*, no verbete sobre a emoção (VER). Aqui, referir-nos-emos exclusivamente à afecção no sentido de *affectio*. Os escolásticos estabeleciam uma distinção entre dois tipos de afecção: a *externa*, procedente de causas exteriores, e a *interna*, derivada de princípios interiores ou íntimos. A afecção era aqui, em todo caso, o resultado da influência de uma "impressão" sobre a mente e, portanto, uma forma da "excitação". Kant não entendia de maneira muito diferente o afetar como o fato de que o objeto — qualquer que seja — influía sobre o sujeito. Assim, de acordo com Kant, "a sensibilidade é a capacidade de receber as representações segundo a maneira como os objetos nos afetam", e a sensação é "o efeito de um objeto sobre nossa faculdade representativa ao sermos afetados por ele" (*KrV*, A 19, B 33). Em contrapartida, para Spinoza a afecção era o modo da substância, de tal sorte que esse modo equivale a suas afecções. Esta noção é esclarecida quando o próprio autor a relaciona com as afecções de nosso corpo: "Entendo por sentimentos" — diz ele — "as afecções do corpo por meio das quais aumenta ou diminui, acrescenta-se ou se reduz, a potência de operar do mencionado corpo e, ao mesmo tempo, as idéias dessas afecções" (*Eth.*, III, Def. 3). Desse modo, a afecção não é algo puramente passivo; como o próprio Spinoza enfatiza, ela é uma ação quando o corpo pode ser causa adequada de alguma das afecções, e paixão nos demais casos. As abundantes complicações presentes na história da filosofia quando se descrevem os usos deste termo obedecem sobretudo ao seguinte: enquanto em alguns casos ele é tomado como se designasse uma afecção inferior e até uma pura sensação, em outros é tido como se expressasse a variedade de uma emoção intencional. Em ambos os casos, contudo, existe um princípio de unificação quando, mesmo entendida como algo intencional, a afecção se adscreve à esfera do "minimamente intencional", de tal modo que a afecção toca sempre a sensibilidade ou, pelo menos, o chamado sentimento inferior. Daí a definição freqüente da afecção como uma alteração da sensibilidade ou do entendimento inferior que pode ser produzida por algo externo ou pode corresponder a um estado preexistente do ânimo afetado. No primeiro caso, a afecção é denominada *passiva*; no segundo, *ativa*.

➭ Para a afecção no sentido da teoria das afecções, ver: Bernecke, *Geschichte des Affektbegriffs*, 1915. — W. Dilthey, *Die Affektenlehre des 17. Jahrhunderts* (*Gesammelte Scriften*, II, 1923). — H. Herring, *Das Problem der Affektion bei Kant*, 1953 (*Kantstudien*. Ergänzungshefte 67). — E. G. Schachtel, *Metamorphosis: On the Development of Affect, Perception, Attention, and Memory*, 1959. — A. Naess, J. Wetlesen, *Conation and Cognition in Spinoza's Theory of Affects: A Reconstruction*, 1967. — C. Armon-Jones, *Varieties of Affect*, 1991.

Ver também a bibliografia dos verbetes EMOÇÃO e SENTIMENTO para o conceito de afecção mais relacionado com essas noções. ➭

AFIRMAR O CONSEQÜENTE (FALÁCIA DE).
Ver FALÁCIA DE AFIRMAR O CONSEQÜENTE.

AFIRMATIVO. Como vimos no verbete sobre a noção de proposição, as proposições afirmativas são uma das espécies em que se subdividem as proposições simples (categóricas, predicativas ou atributivas) em razão da forma ou modo de união do predicado e do sujeito no enunciado ou no juízo. O esquema tradicional mais usado para representar as proposições afirmativas é 'S é P', cujo exemplo pode ser 'A rosa é vermelha'. As proposições afirmativas são com freqüência definidas como um dos tipos em que se subdividem as proposições em razão da qualidade (VER), mas deve-se perceber que quase sempre as expressões 'razão da forma' e 'razão da qualidade' têm o mesmo significado. O que dissemos sobre as proposições afirmativas pode ser dito também acerca dos juízos (ver JUÍZO) afirmativos.

As expressões 'proposição afirmativa' e 'juízo afirmativo' — assim como 'proposição negativa' e 'juízo negativo' — são encontradas com mais freqüência nos textos de lógica "clássica" que nos de lógica "moderna".

AFORISMO. Um dos modos de expressão (VER) da filosofia é o aforismo. Na Antiguidade e na Idade Média, os aforismos eram "pensamentos" que constituíam coleções. Uma coleção de aforismos é o "florilégio" (*florilegium*). Esses aforismos podiam ser objeto de comentário. Um exemplo disso é a obra de Guilherme de Doncaster, do século XII, *Explicatio aphorismatum philosophicorum*, cujo manuscrito foi descoberto por Martin Grabmann em 1937. Uma edição (anotada com base em um microfilme) da citada *Explicatio* foi feita por Olga Weijers, em 1976 (*Studien und Texte zur Geistesgeschichte des Mittelalters*, 11).

Os aforismos filosóficos abordam quase sempre temas de caráter moral (como os aforismos dos moralistas franceses e espanhóis dos séculos XVI e XVII, os *Aforismos para a Sabedoria da Vida* — isto é, a prudência — de Schopenhauer, algumas das obras de Nietzsche). Mas podem também ser expressos aforisticamente outros tipos de pensamento: é o caso do *Tractatus*, das *Investigações filosóficas* e outros textos de Wittgenstein. Pode-se alegar que um aforismo de Wittgenstein é algo muito diferente de um aforismo de La Rochefoucauld ou um de Nietzsche. Isso é verdade do ponto de vista do *conteúdo*. Mas aqui nos interessa o aforismo como *forma* de expressão e exposição; neste sentido, pode-se dizer que todos os exemplos anteriores pertencem à mesma família. Sua característica comum é a de apresentar pensamentos filosóficos numa forma breve, concentrada e "fechada", de modo que cada pensamento possua relativa autonomia e, para usar uma terminologia de cunho leibniziano, possa ser considerado uma "expressão monadológica". Torna-se difícil por esse motivo distinguir os aforismos dos "pensamentos" (tais como os de Marco Aurélio e Pascal). Com efeito, em várias ocasiões, os limites entre uns e outros são muito imprecisos. Segundo Julián Marías (*Miguel de Unamuno*, 1943, pp. 12-13), o aforismo se distingue do pensamento pelo fato de que, enquanto no primeiro "as afirmações são enunciadas com pretensão de validade por si mesmas", no segundo trata-se antes de "um coto que pede uma continuação". Assim, portanto, o *aforismo* parece ser completo, ao passo que o *pensamento* parece ser constitutivamente incompleto. Daí decorre, segundo esse autor, que os aforismos sejam "formalmente falsos, já que nada é verdade por si só, e constituem a inversão radical do modo de pensar filosófico" (que seria o sistemático). Cremos que, embora perspicaz, essa caracterização da diferença entre aforismo e pensamento acentua excessivamente o "isolamento" do aforismo e pressupõe, além disso, certa idéia da filosofia. Entendida radicalmente, essa concepção nos conduziria a uma idéia do aforismo análoga à sustentada por José Bergamín (em *La cabeza a pájaros* e outras obras), quando afirma que "não importa que o aforismo seja certo ou incerto; o que importa é que seja certeiro". Concepção análoga à que parece reger a produção de muitos dos pensamentos de Gracián ou de Salvador Jacinto Polo de Medina, em virtude de um ideal literário-formal segundo o qual o aforismo se constitui principalmente com palavras e não com idéias, motivo pelo qual, quando há conflito entre o uso de uma idéia e o de uma palavra ou um conjunto de palavras, é preciso decidir-se pelo último. Por isso, escreve Bergamín: "Nenhuma palavra supérflua: aforismo perfeito". O aforismo não é, de acordo com esse autor, breve, mas incomensurável; tem uma potência de expressão inesgotável e, nesse sentido, pode ser *também* "um coto que pede uma continuação", mas não segundo as exigências do pensar e sim segundo as da expressão. Ora, esse aforismo é o puramente literário. O aforismo filosófico tem uma pretensão de verdade, chegando mesmo às vezes a desejar exprimir a verdade de um modo mais conciso e compacto que outras formas de exposição, acusadas de prolixidade. Por conseguinte, poderíamos concluir que o aforismo também é justificado na filosofia e que, tal como o mostram as obras de Wittgenstein, não precisa empregar sempre uma linguagem exortativa ou limitar-se a temas de caráter moral.

⊃ Ver: Kurt Besser, *Die Problematik der aphoristischen Form bei Lichtenberg, Fr. Schlegel, Novalis und Nietzsche*, 1935 (ele analisa também o conceito de aforismo em geral). — Heinz Kruger, *Studien über den Aphorismus als philosophische Form*, 1957. — I. Khan, *The Sufi Message of Hazrat Inayat Khan, vol. II: Philosophy, Psychology, Mysticism, Aphorism*, 1964. — B. Vickers, *Francis Bacon and Renaissance Prose*, 1968. — J. Stephens, *Francis Bacon and the Style of Science*, 1975. — G. Hess, "Le Tractatus de Wittgenstein: Considerations sur le système numerique et la forme aphoristique", *Revue de Theologie et de Philosophie*, 121 (4) (1989), 389-406. — E. Heller, *Nietzsches Scheitern am Werk*, 1991. ⊂

AGAPE. Ver Amor.

AGAPISMO. Ver Acaso; Categoria.

AGATODICÉIA. De modo similar à teodicéia (ver), o termo 'agatodicéia' pode ser empregado para designar uma disciplina ou, pelo menos, uma série de argumentos e reflexões referentes à justificação do bem (de δικαιόω, justificar, e τὸ ἀγαθόν, o bem ou o bom). Há poucos exemplos de agatodicéias (ao contrário dos numerosos exemplos de teodicéias). O mais claro é o de Vladimir Soloviev (ver), em sua obra *Opravdanié dobra* ou *A justificação do bem* (1987).

A agatodicéia consiste num esforço para explicar como é possível o bem e que formas ele pode adotar. Ela não afirma necessariamente que exista o bem, ou que os bens predominem sobre os males; pode, a rigor, sustentar exatamente o contrário. Ela procura mostrar, entretanto, que o bem é justificável e, por isso, desejável. Isto faz da agatodicéia algo diferente do que se poderia chamar de "kakodicéia" (de τὸ κακόν, o mal ou o mau). Embora se pudesse entender 'kakodicéia' como um esforço para justificar o mal — e esse é o sentido que teria o termo em contraste exato com 'agatodicéia' —, a expressão 'justificação do mal' é entendida antes como explicação do fato de haver males e da "necessidade" de que os haja no contexto de uma maior abundância de bens.

AGATOLOGIA. Deu-se às vezes este nome à doutrina do bem (ver) ou do bom, τὸ ἀγαθόν, como parte da ética ou da moral (o primeiro, quando se tende a destacar os aspectos teóricos; o segundo, quando se acentuam os aspectos práticos). Se o bem se identifica com a felicidade, a agatologia pode transformar-se numa eudemonologia, isto é, na doutrina que considera o bem do ponto de vista do eudemonismo (VER).

O termo 'agatologia' — assim como 'eudemonologia' — foi muito pouco usado, a ponto de nem sequer se poder dizer que se encontra hoje "em desuso". Para tratar do bem, preferem-se expressões como 'teoria do bem' ou 'doutrina do bem'.

AGENTE. Em português, usa-se amiúde o termo 'sujeito' para referir-se ao chamado "sujeito humano". Este sujeito é especificado às vezes como "o sujeito cognoscente", "o sujeito moral" etc. No verbete Sujeito — significados 3) e 4) —, detalhamos parte desses usos.

Em certa parcela da literatura filosófica contemporânea que analisou os conceitos de ação, deliberação, decisão, escolha etc., usou-se com freqüência o termo 'agente'. Esse uso é adequado, porque dois dos significados de 'agente' em português — "Pessoa que executa a ação do verbo" e "Pessoa ou coisa que opera e tem poder para produzir um efeito" — foram devidamente levados em conta nos estudos sobre o tema. Ambos os significados dizem respeito a pessoas; o segundo se refere, além disso, a coisas. Os estudos indicados se ocuparam, por exemplo, de elucidar se a execução de uma ação é ou não de natureza causal. Os que afirmam a segunda hipótese consideram que os agentes humanos não procedem diferentemente de outros "agentes". Os que defendem a primeira sustentam que o que se diz de um agente e o que se diz que um agente faz ou pode fazer é fundamentalmente diverso do que se diz, ou se pode dizer, que algo pode causar. Assim, os que preconizam a segunda hipótese aceitam, implícita ou explicitamente, a definição "Pessoa ou coisa que opera etc.", enquanto os que defendem a primeira admitem apenas a definição "Pessoa que executa etc.", ou uma definição parecida.

As questões relativas à natureza do agente no que se denominou "teoria do agente" giram, pois, em torno do problema da relação entre, ou da identificação de, "causas" e "razões". Os que insistem em causas criticam os que destacam as razões dizendo que seu modo de entender 'agente' é tautológico por definir, em princípio, 'agente' tal como se segue: "Aquele que faz, ou pode fazer, algo diferente do modo como algo causa algo". Os que insistem em razões criticam os que destacam as causas afirmando que seu modo de entender 'agente' é puramente redutivo e que por 'agente' entendem 'agente causal'.

➲ Ver: J. Macmurray, *The Self as Agent*, vol. I, 1957. — Royal Institute of Philosophy, ed., *The Human Agent*, 1966. — R. Binkley, R. Bronaugh, A. Marras, eds., *Agent, Action, and Reason*, 1971. — L. W. Beck, *The Actor and the Spectator*, 1975. — E. Polis, *Meditation on a Prisoner: Towards Understanding Action and Mind*, 1975. ➲

AGNOSTICISMO. Th[omas] H[enry] Huxley (VER) usou pela primeira vez o termo 'agnóstico' (*Agnostic*) em 1869, com a finalidade de mostrar que tinha, como todo mundo, uma doutrina (a doutrina que chamou de "agnosticismo" [*Agnosticism*], em seus *Collected Essays* [tomo V, 1889]). Literalmente, 'agnóstico' significa "aquele que não sabe" e 'agnosticismo', a posição de acordo com a qual "não se sabe" ou "não se pretende saber". O significado de 'agnóstico' em Huxley deve ser entendido em contraposição aos que adotam doutrinas segundo as quais é possível saber mais coisas do que as que a ciência permite. Os agnósticos não pretendem ultrapassar os limites impostos pelo conhecimento científico em determinada fase da evolução da ciência. Como os dogmas expressos nas religiões positivas, ou em muitas doutrinas metafísicas, transpõem esses limites, acham-se fora de — e para além de — toda possibilidade de conhecimento. Os agnósticos opõem-se aos "gnósticos", mas os primeiros não defendem nenhuma doutrina, limitando-se a usar um método — o método científico, no qual intervêm a experiência e o raciocínio sobre os dados da experiência — que impede todo pronunciamento religioso ou metafísico. Assim, um agnóstico não afirma, por exemplo, que Deus não existe, mas que não sabe se Deus existe ou não.

No sentido de Huxley, o agnosticismo não se opõe ao saber, mas unicamente à pretensão de saber o que não se sabe. Uma das coisas que não se podem saber é se algo poderá ser oportunamente sabido ou não, já que não é possível prever o estado futuro dos conhecimentos. Desse ponto de vista, o agnóstico estabelece limites relativos, não absolutos, ao conhecimento.

Considerou-se agnóstico, do mesmo modo, um autor como E. Du Bois-Reymond por seu apotegma *Ignoramus et ignorabimus* (Ignoramo-lo e o ignoraremos). Contudo, o "agnosticismo" de Du Bois-Reymond (VER), justamente por ser absoluto, é dogmático. Du Bois-Reymond não o entendia dessa maneira, porque o citado apotegma se dirigia não apenas contra o dogmatismo religioso e metafísico como contra o dogmatismo materialista do tipo de Ernst Haeckel (VER).

Foi freqüente, no âmbito filosófico, entender o agnosticismo como a posição que sustenta a incognoscibilidade em princípio de toda suposta realidade transcendente e absoluta, realidade que foi às vezes denominada o "incognoscível" (VER). Na medida em que os teístas declararam possuir um conhecimento de Deus, e na medida em que Deus foi equiparado a uma realidade transcendente e absoluta, o agnosticismo se opôs ao teísmo (VER).

Pode-se também entender o agnosticismo de dois modos: 1) O Absoluto, o transcendente, a realidade em si, o número etc. não podem ser conhecidos. 2) Toda questão relativa a essas supostas realidades carece de sentido. Os agnósticos no primeiro sentido tendem a rejeitar toda proposição de caráter religioso ou metafísico, mas alguns deles enfatizam que essa rejeição tem caráter "racional"; de uma maneira não-racional — por exemplo, mediante o sentimento ou mediante a vontade —, podem admitir-se essas "proposições", as quais, todavia, deixam de ser proposições para transformar-se em crenças que aspiram ao consolo que as realidades "espirituais" podem proporcionar. Cabe perguntar até que ponto esta última tendência é agnóstica. Em contrapartida, parece ser completamente agnóstica a atitude segundo a qual não é admissível dar nenhuma resposta de qualquer tipo — incluindo "respostas" de caráter "emotivo" — a qualquer pergunta sobre uma realidade transcendente à experiência, porque a própria pergunta deve ser eliminada em virtude de não pertencer a nenhuma linguagem cognoscitiva. De acordo com isso, dizer que algo é incognoscível e que é preciso adotar a esse respeito uma atitude agnóstica pressupõe que poderia haver enunciados acerca de algo incognoscível que tivessem sentido mesmo que nunca pudessem ser verificados ou falseados. Por outro lado, é difícil aplicar o nome "agnosticismo" a essa suposta atitude agnóstica radical, porque o agnóstico afirma simplesmente não saber, enquanto aquele que defende a mencionada atitude, ao identificar 'proposição cognoscível' com 'proposição significativa', tem de concluir que uma proposição incognoscível não pode ter significação e que, portanto, é necessário renunciar a saber o que ultrapassa as possibilidades do conhecimento científico, visto como "série de proposições que são (no mínimo) significativas".

Em suas origens, o agnosticismo relacionava-se com a renúncia a saber algo de Deus, que se supunha ser o incognoscível por excelência. O agnóstico não era tampouco teísta (ver Teísmo) nem deísta (ver Deísmo). Em *op. cit. infra*, E. Tierno Galván estabeleceu uma distinção entre ateísmo e agnosticismo, enfatizando que, enquanto no primeiro caso há uma vontade de que não exista Deus, no segundo não há; o agnosticismo é, segundo Tierno Galván, o "não sentir a falta de Deus", o que equivale a não precisar senão "viver na finitude", ou, se se quiser, "neste mundo".

➲ Ver: Leslie Stephen, *An Agnostic's Apology*, 1893. — James Ward, *Naturalism and Agnosticism*, 1899. — R. Flint, *Agnosticism*, 1903 [Croall Lecture, 1887]. — R. A. Armstrong, *Agnosticism and Theism in 19th Century*, 1905. — Georges Michelet, *Dieu et l'agnosticisme contemporain*, 1908. — A. O. J. Cockshut, *The Unbelievers: English Agnostic Thought 1840-1890*, 1964. — Enrique Tierno Galván, *¿Qué es ser agnóstico?*, 2ª ed., 1976. – F. E. Abbot, *The Way Out of Agnosticism or the Philosophy of Free Religion*, 1979. — B. Lightman, *The Origins of Agnosticism: Victorian Unbelief and the Limits of Knowledge*, 1987. — J. Marx, ed., *Atheisme et Agnosticisme*, 1987. ¢

AGORA. Ver Instante.

AGOSTINHO (SANTO) (354-430), nasc. em Tagaste (província romana da Numídia), de pai pagão e mãe cristã (Santa Mônica). Formado no cristianismo, ele não obstante passou longo tempo afastado da crença cristã antes de sua conversão em 386. Em 365, mudou-se para Madaura, na mencionada província, onde estudou gramática e os clássicos latinos. Depois de residir um ano em Tagaste (369-370), dirigiu-se a Cartago, onde estudou retórica e começou a interessar-se por problemas filosóficos e religiosos, especialmente depois de ler o diálogo perdido *Hortensius*, de Cícero. Atraiu-o antes de tudo o maniqueísmo (ver), no qual viu uma solução para o problema da existência do mal e uma explicação das paixões. Em 374, voltou a Tagaste e, pouco depois, de novo a Cartago, onde abriu uma escola de retórica. Em 383, partiu para Roma, onde também abriu uma escola da mesma disciplina. Já antes de sua partida para Roma, manifestara dúvidas acerca do dualismo maniqueísta, dúvidas que se intensificaram em sua nova residência. Em 384, mudou-se para Milão a fim de ensinar retórica. Em Roma e Milão, travou conhecimento com as doutrinas céticas da Academia platônica (ver). Em Milão manifestou suas primeiras e intensas inclinações pelas crenças cristãs, em parte devido à influência dos sermões de Santo Ambrósio. A leitura de vários textos plotinianos na versão latina de Mário Caio Vitorino, "o Africano", transtornou extremamente suas convicções pré-cristãs. O neoplatonismo conduziu-o com maior firmeza ao cristianismo. As leituras dos Evangelhos e de São Paulo o confirmaram em sua nova crença, que se traduziu na conversão citada (*Conf.*, VIII), tendo ele recebido o batismo em 387. Nessa época, teve já início sua intensa atividade de escritor; ele produziu, entre outras obras, os livros *Contra academicos*, os *Soliloquia* e o *De inmortalitate animae* (indicaremos aqui apenas algumas obras; uma lista mais completa delas, com as datas de composição, pode ser encontrada na bibliografia). Agostinho residiu por um breve período em Roma (*De libero arbitrio*) e, em 388, mudou-se para Cartago, onde viveu até 391 como membro de uma comunidade monástica (*De vera religione*). Em 391, foi ordenado sacerdote em Hipona e escreveu uma série de obras contra os maniqueístas, uma contra os donatistas e comentários ao *Gênesis*, a duas Epístolas de São Paulo e vários outros escritos. Em 395, foi eleito bispo auxiliar de Hipona e, em 396, quando da morte do bispo Valério, elegeram-no bispo da referida cidade. Agostinho deu prosseguimento à sua polêmica contra os donatistas, mas também escreveu obras de interesse teológico geral (como *De doctrina christiana*) e parte das *Confissões*. Em 400, começou a redigir os livros *De Trinitate* e, em 401, extensos comentários ao *Gênesis* (distintos do comentário — incompleto — antes mencionado). A partir de 411, sustentou polêmicas contra os pelagianos e, entre 412 e 426, completou várias de suas mais importantes obras (incluindo *De libero arbitrio* e *De civitate Dei*). Até sua morte, continuou a desenvolver intensa atividade literária; faleceu durante o cerco de Hipona pelos vândalos.

Os breves dados apresentados propõem-se mostrar que as principais idéias filosóficas (e teológicas) de Santo Agostinho foram geradas no decorrer de uma vida apaixonada e ativa. A maioria dessas idéias surgiu no curso das polêmicas teológicas e tendo em vista o estabelecimento e esclarecimento dos *credibilia* (ou "coisas que devem ser objeto de fé"). Propriamente falando, no entanto, não há "uma filosofia" de Santo Agostinho separável de sua teologia e até de suas experiências pessoais. Deve-se levar em conta que em Santo Agostinho a reflexão filosófica procede segundo o *Credo, ut intelligam* (ver CRENÇA) no sentido formulado, justamente dentro da tradição agostiniana, por Santo Anselmo (VER). Santo Agostinho não crê porque crê, e menos ainda porque o objeto da crença seja absurdo (ver TERTULIANO). Tampouco compreende por compreender, mas crê para compreender (e, poder-se-ia acrescentar, compreende para crer). Por razões óbvias, destacaremos aqui resumidamente apenas os elementos filosóficos do pensamento de Santo Agostinho. Prescindiremos da chamada "evolução intelectual de Santo Agostinho", sem dúvida importante, mas impossível de considerar em espaço tão reduzido, e, lastimando bastante, forçaremos o caráter "sistemático" dos pensamentos filosóficos agostinianos. Para completar nossos dados, devem ser levadas em conta as referências a doutrinas agostinianas que figuram em vários outros verbetes deste Dicionário. Mencionamos, à guisa de exemplo, os seguintes: ARBÍTRIO (LIVRE); CIDADE DE DEUS; ESSÊNCIA; ILUMINAÇÃO; MAL; ORDEM; TEMPO. Ver igualmente o verbete AGOSTINISMO. Desde suas primeiras perquisições filosóficas, Santo Agostinho procurou não (ou não apenas) uma verdade que satisfizesse sua mente, mas uma que preenchesse seu coração. Só assim ele pôde alcançar a felicidade. Pode-se dizer que Santo Agostinho foi um eudemonista. Mas esse eudemonismo (VER) não consiste em obter algum tipo de bens temporais ou em satisfazer as paixões. Não consiste sequer num prazer ou contentamento estável, moderado e razoável, à maneira dos epicuristas. Todas essas são realidades efêmeras, incapazes de apaziguar o homem. A verdadeira felicidade se encontra unicamente na posse da verdade completa (verdade que deve transcender todas as verdades particulares, pois do contrário não seria, propriamente falando, uma verdade). A Verdade perseguida por Santo Agostinho é a medida (absoluta) de todas as verdades possíveis. Essa Suprema Medida é, e só pode ser, Deus.

Dessa maneira, a busca agostiniana da Verdade não é apenas contemplativa, mas também eminentemente "ativa"; não implica só conhecimento, mas, como veremos adiante, fé e amor. A verdade deve ser conhecida não simplesmente para saber o que é "O que É"; ela deve ser conhecida para conseguir o repouso completo e a completa tranqüilidade de que a alma necessita. A posse da Verdade, antes de ser objeto de ciência, o é de sapiência ou sabedoria (VER). E a busca da verdade não é um método, mas um "caminho espiritual", uma peregrinação, um "itinerário".

No âmbito desse itinerário, desenvolve-se o que se poderia denominar a "teoria do conhecimento" de Santo Agostinho (sempre que não consideremos a citada expressão como designando apenas uma disciplina filosófica particular). Essa teoria do conhecimento orienta-se para a noção de certeza. Como esta tem de ser absoluta, não basta basear-se nos sentidos. Neste e em outros aspectos, Santo Agostinho se declara um platônico. Mas, ao contrário de Platão (pelo menos do Platão dualista oferecido pela imagem tradicional), Santo Agostinho não estabelece nenhuma distinção taxativa entre experiência sensível e saber; deve-se ascender da primeira ao segundo, para depois justificar pelo segundo a primeira. Ao examinar os objetos sensíveis, descobrimos que estes possuem propriedades comuns a vários: são os chamados "sensíveis comuns", em cuja percepção há já conhecimento. Como esses "sensíveis comuns" não são diretamente acessíveis aos órgãos dos sentidos, Santo Agostinho supõe a existência de um órgão de percepção deles que não é exterior, mas interior (uma espécie de "sentido íntimo" ou "sentido dos sentidos" que unifica as percepções exteriores). Entretanto, os "sensíveis comuns" não são ainda um conhecimento pleno. Ao sentido interno unificador se sobrepõe um órgão que pode ser chamado de "razão" ou "intelecção".

A importância do sentido íntimo não consiste tão-somente em sua função unificadora. Por meio dele, pode-se mostrar a possibilidade da certeza e, portanto, a necessidade de rejeição do ceticismo. Santo Agostinho tinha muito presentes os argumentos contra a possibilidade de uma certeza completa formulados pelos céticos e, em particular, pelos "acadêmicos" (ver ACADEMIA PLATÔNICA). A aceitação desses argumentos impediria a obtenção da certeza, bem como a felicidade da alma que ela proporciona. Daí decorre que Santo Agostinho se esforce para provar que, no âmbito da própria atitude cética, existe a possibilidade de superá-la. Com efeito, *si fallor, sum* (ver COGITO, ERGO SUM), isto é, o fato de que todos os enunciados que formulo possam ser falsos não elimina que seja certo formulá-los. A falibilidade é prova de que é falível. Mas Santo Agostinho não se detém aqui. A certeza do próprio errar e do próprio viver são insuficientes. É necessário atingir uma certeza de algo que não seja mutável, da plena verdade. E verdade significa para Santo Agostinho, tal como o significou para Platão, o que não muda nem se altera. Só a alma racional pode alcançar a posse de verdades eternas referentes a objetos externos, ou seja, verdadeiramente existentes. Essas verdades constituem um "tesouro interior", encontram-se na alma. Mas não como meros entes de razão ou objetos da imaginação, já que, do contrário, seriam ilusão e engano.

A "teoria do conhecimento" de Santo Agostinho representa, com isso, a mescla de dois ingredientes aparentemente em conflito: por um lado, a afirmação da realidade da alma como ser das verdades; pelo outro, a afirmação da realidade da Verdade suprema como foco e origem dessas verdades. Esses dois ingredientes correspondem, em grande parte, aos dois principais elementos com os quais Santo Agostinho elaborou seu pensamento filosófico: o cristianismo e a filosofia grega, ou, mais exatamente, o neoplatonismo. Afirmou-se às vezes que Santo Agostinho foi o primeiro a integrar plenamente esses dois elementos. Isso é certo se não o interpretamos apenas como um processo histórico, mas também filosófico. A integração desses elementos é conseqüência de uma visão da alma como algo a um só tempo íntimo e racional, isto é, como experiência e razão. A doutrina agostiniana da "iluminação (VER) divina" como "iluminação interior" é a formulação dessa integração de duas verdades: a que vem da alma e a que chega à alma proveniente de Deus.

É possível falar de uma "fenomenologia do conhecimento" em Santo Agostinho, de um processo que vai da sensação à razão. Mas não se trata nem de uma descrição pura nem de uma dialética do conhecimento, mas do já mencionado "itinerário espiritual". Como conclusão dessa "fenomenologia", temos as duas proposições seguintes: 1) No interior do homem habita a verdade (*De vera religione*, 72); 2) a verdade é independente da alma e a transcende (*De lib. arb.*, II 14). Essas proposições entram em conflito somente quando não se tem presente que a alma se transcende a si mesma na Verdade, isto é, na Vida primeira, na Sabedoria primeira e na Realidade eterna e imutável de Deus. Numa das passagens de Santo Agostinho mais freqüentemente citadas, lê-se que apenas duas coisas lhe interessam: a alma e Deus (*Sol.*, I 2). A integração de referência, ou, como escreveu Gilson (*op. cit. infra*, 3ª ed., 1949, p. 23, nota 1), o ter repensado em termos cristãos o itinerário plotiniano da alma rumo a Deus, também é conseqüência desse interesse.

A Verdade, porém, não poderia ser alcançada sem a fé, enquanto fé iluminada. Ao contrário dos "empiristas", Santo Agostinho pensa que não se pode conhecer sem a razão. Mas, ao contrário dos "racionalistas", está convencido de não se pode conhecer sem a fé. Esta não é uma fé cega, mas iluminada e iluminadora; a mesma da qual se disse que não seria compreendida se não se cresse (ver CRENÇA; FÉ). A fé a que se refere Santo Agostinho nada tem de irracional ou de "absurdo". Não é tampouco fé em algo particular: nos sentidos, na razão, numa autoridade temporal e efêmera. A fé é iluminadora porque é fé em Deus e em Jesus Cristo — portanto, em algo que transcende toda inteligência e torna possível, ao mesmo tempo, a inteligência. Aqui deparamos, no entanto, com algo muito diverso de uma "solução" dada ao "problema" da "relação entre fé e razão". De fato, não se trata de um "problema" em que se procurem harmonizar duas coisas em princípio distintas. A fé agostiniana não é uma questão filosófica, mas aquilo dentro do que se tornam inteligíveis as questões filosóficas. Além disso, a fé está ligada não apenas à razão, mas também, e sobretudo, à caridade (ver AMOR). A fé torna possível o entendimento; só se penetra na verdade pela caridade. A razão deixada a seu próprio arbítrio é cega; a luz que tem, ela a recebe da fé. Por isso, não se pode provar a fé; só se pode provar na fé. A fé é uma crença amante, descobridora de valores, uma crença da qual brota, como uma luz, a inteligência.

Considerações similares poderiam ser feitas a propósito do "problema de Deus". A existência de Deus não é provada por um raciocínio, mas tampouco é objeto de fé cega. Deus aparece "demonstrado" na mesma estrutura da alma possuidora de fé amante. Mas Deus não é uma idéia puramente imanente na alma. Esta última apreende Deus como verdade necessária e imutável, mas essa apreensão seria impossível sem Sua existência. É claro que esse Deus não é qualquer Deus, ou qualquer divindade, ou qualquer princípio filosófico. Trata-se do Deus cristão revelado (Deus ao mesmo tempo pessoal, eterno e incorruptível). Sobretudo incorruptível, que foi como Santo Agostinho o buscou — "*ideo te, quidquid esses, esse incorruptibilem confitebar*" (*Conf.*, VII 4) —, pois do contrário não seria Verdade suprema, mas algo em última análise transitório, por mais duradouro que fosse. Esse Deus infinitamente perfeito possui em si mesmo as *rationes* das coisas criadas, à maneira das "idéias divinas", arquétipos segundo os quais as coisas criadas foram formadas. Foi a isso que se deu o nome de "exemplarismo" (VER) agostiniano, de raiz neoplatônica, e que tanta influência exerceu na filosofia da Idade Média; mas há notórias diferenças entre o exemplarismo neoplatônico e o cristão, devido à rejeição por parte deste último da noção de emanação (VER) e à sua admissão da de criação (VER).

Embora Santo Agostinho tenha prestado menos atenção ao problema da estrutura do mundo que aos do conhecimento, da felicidade, da alma e de Deus, encontram-se em suas obras numerosas referências ao modo de criação do cosmos e à estrutura deste. Importante a esse respeito é sua insistência no fato de que não há uma suposta matéria sem forma, pois Deus criou tudo do nada. Também é importante, ainda que menos influente, sua doutrina, ao mesmo tempo neoplatônica e estóica, das *rationes seminales*, "razões seminais" (VER) ou germes das coisas vindouras.

Santo Agostinho deu grande atenção às questões relativas ao mal e à liberdade, ambas, de resto, intimamente relacionadas entre si, assim como ao problema do processo histórico do homem enquanto processo teológico. Como já nos estendemos sobre essas questões nos verbetes já citados, limitar-nos-emos a alguns pontos essenciais.

Santo Agostinho não pode admitir que Deus seja o autor do mal. Por outro lado, não pode admitir que haja algum poder capaz de solapar o poder de Deus. Sua luta contra os maniqueístas, depois de ele ter lutado contra o maniqueísmo em sua alma, leva-o, além disso, a excluir por completo toda realidade que não dependa de Deus. Mas, uma vez que o mal existe, este deve ser explicado de modo que nem tenha origem divina nem tampouco origem em algum poder capaz de opor sua própria realidade à de Deus. Simplificando, diremos que Santo Agostinho considera que o mal se origina no afastamento de Deus, que é ao mesmo tempo o afastamento do ser e da realidade. O mal não é uma substância, mas uma privação, ou, se se quiser, um movimento (o movimento rumo ao não-ser). Por desfrutar livre-arbítrio, a vontade humana pode escolher o mal, isto é, pecar. Com isso, ela faz um mau uso do livre-arbítrio (VER). Pelo pecado original, ademais, o homem se colocou em tal situação que para salvar-se necessita da graça (VER). A salvação do homem não é, pois, algo que se ache inteiramente nas mãos do homem. Mas, ao mesmo tempo, não se pode dizer que o homem se encontre salvo ou condenado, faça o que fizer. O homem é livre, mas é livre para fazer livremente o que Deus sabe que fará livremente. Desse modo, podem harmonizar-se várias coisas que pareciam incompatíveis: o absoluto ser e poder de Deus, e a existência do mal; esse absoluto ser e poder, e o livre-arbítrio humano; a graça e a predestinação. É desnecessário dizer que essas questões, extremamente difíceis, foram abundantemente discutidas, podendo encontrar-se em textos de Santo Agostinho material para diversas opiniões, como o provam os debates teológicos e filosóficos dos séculos XVI e XVII. Não obstante, ocasionalmente Santo Agostinho cede na importância concedida ao ser, poder e amor infinitos de Deus, e, a um só tempo, na afirmação da posse, pelo homem, de livre-arbítrio. O que ocorre é que esse livre-arbítrio é impotente para escolher o bem sem o auxílio da graça, de maneira que, em última análise, todo bem vem de Deus.

As noções anteriores — livre-arbítrio, mal, pecado, salvação, condenação — e outras com elas relacionadas — redenção, justiça etc. — constituem os elementos principais com os quais Santo Agostinho desenvolveu sua filosofia da história, que é simultaneamente uma teologia da história e uma teodicéia. Para Santo Agostinho, a história não é a descrição de certos acontecimentos políticos, mas o modo como todos os acontecimentos políticos — as "histórias dos Impérios" — se organizam em torno do processo teológico. A idéia da Cidade de Deus (VER) é aqui fundamental; o significado dessa expressão, as principais interpretações que se deram a ela e a forma pela qual foi usada por Santo Agostinho são discutidos no verbete correspondente.

⊃ O primeiro escrito de Santo Agostinho, *De pulchro et apto*, redigido durante seu período maniqueísta, se perdeu. O plano de redação de uma enciclopédia sobre todas as artes liberais ficou sem execução; os *Principia dialectices*, que, segundo se afirmou, pertencem a tal obra de conjunto, não podem ser atribuídos a Santo Agostinho (ou, em todo caso, sua autoria é ainda discutida). A parte da enciclopédia sobre a música, contudo, foi concluída por Santo Agostinho em Tagaste, pouco depois de 388. A seguir, oferecemos uma lista de obras de Santo Agostinho que constitui uma seleção das mencionadas, com data ou datas de composição, por M. F. Sciacca no folheto bibliográfico citado *infra*, lista por sua vez extraída de S. Zarb, "Chronologia operum S. Augustini", *Angelicum*, X (1933), XI (1934), ed. à parte, 1934: *Contra Academicos*, 386. — *De beata vita*, 386. — *De ordine*, 386. — *Soliloquia*, 386/387. — *De inmortalitate animae*, 387. — *De animae quantitate*, 387/388. — *De moribus Ecclesiae Catholicae et de moribus Manichaeorum*, 387/389. — *De Genesi contra Manichaeos*, 388/389. — *De libero arbitrio*, 388/395. — *De vera religione*, 391. — *De utilitate credendi*, 392. — *De duabus animabus*, 392/393. — *De Genesi ad litteram imperfectus liber*, 393/426. — *De mendacio*, ca. 395. — *Quaestiones Evangeliorum*, 393/399. — *Contra partem Donati*, 396. — *De doctrina christiana*, 396/397. — *Contra Faustum Manichaeum*, 397/398. — *Confessiones*, 397/401. — *Contra Felicem Manichaeum*, 398. — *De Trinitate*, 399/401. — *De fide rerum quae non videntur, ca.* 399. — *De sancta virginitate*, 401. — *De Genesi ad litteram*, 401/414. — *Contra Donatistam nescio quem*, 406/408. — *De peccatorum meritis et remissione*, 411. — *De spiritu et littera*, 412. — *De fide et operibus*, 413. — *De videndo Deo*, 413. — *Commonitorium ad Fortunatianum*, 413. — *De natura et gratia*, 413. — *De civitate Dei*, 413/426. — *Tractatus CXXIV in Ioannem*, 416/417. — *De correctione Donatistarum*, 417. — *De gratia Christi et de peccato originali*, 417. — *Enarrationes XX-XII in Psalmum CXVIII*, 418. — *Contra sermonem Arianorum*, 419. — *Quaestiones in Heptateuchum*, 420. — *De anima et eius origine*, 420/421. — *Contra mendacium*, 422. — *Contra duas epistolas Pelagianorum*, 422/423.

— *Contra Iulianum*, 423. — *Enchiridion ad Laurentium*, 423/424. — *De cura pro mortis gerenda*, 424/425. — *De gratia et libero arbitrio*, 426. — *Retractationes*, 426/427. — *Contra Maximinum*, 428. — *De praedestinatione Sanctorum*, 429. — *De dono perseverantiae*, 429. — *Tractatus adversus Iudaeos*, 429/430. — *Contra secundum Iuliani responsionem opus imperfectum*, 429/430.

Entre as edições de obras de Santo Agostinho, mencioneremos: J. Amerbach (Basiléia, 1506); Erasmo (Basiléia, 1528-1529); a dos teólogos de Louvain, sob a direção de Th. Cozee e J. van der Meulen (Amberes, 1571); a dos Beneditinos da Congregação de São Mauro, com introduções, sumários e índices (Paris, 11 vols., 1679-1700), considerada a primeira edição importante e reproduzida em Migne, *PL*, XXXII-XLVII (1844-1866); a chamada "edição Vivès", com texto latino, trad. francesa e as notas da edição dos Beneditinos da Congregação de São Mauro (Paris, 33 vols., 1869-1878); a edição crítica no *Corpus scriptorum ecclesiasticorum latinorum* (Viena, 1898 ss.), ainda incompleta; a edição do Mosteiro do Escorial, ed. V. Capánaga, A. Custodio Vega *et al.*, com texto latino e trad. esp. (Madri, 18 vols., 1946-1959); a edição da "Bibliothèque augustinienne", ed. G. Combes, R. Jolivet, L. Labriolle, *et al.* (Paris-Bruges, 1936 ss.), ainda incompleta.

Index Verborum de *De Civitate Dei*, por M. Maguire, B. H. Skahill e F. O'Connell, segundo a edição de Dombart-Kalb [em preparação]. — Outro *Index de Confessiones*, por P. C. Hrdlicka, segundo o texto da edição de L. Labriolle, encontra-se em forma de fichário na Universidade Católica de Washington.

Em português: *A Cidade de Deus*, 2 vols., 1989. — *Comentário aos Salmos* (101-150), 1998. — *Comentário aos Salmos*, vol. 1, s.d. — *Comentário aos Salmos*, vol. 2, 1997. — *Comentário da Primeira Epístola de São João*, 1989. — *Confissões*, 1997. – *O cuidado devido aos mortos*, 1990. — *Diálogo sobre a felicidade*, 1998. — *A graça*, 1999. — *O livre-arbítrio*, 1998. — *O mestre*, 1995. — *O sermão da montanha*, 1992. — *Sobre a potencialidade da alma*, 1997. — *Solilóquios e a vida feliz*, 1998. — *A Trindade*, 1994. — *A verdadeira religião*, 1987. — *Vida*, 1997.

Bibliografia: E. Nebreda, *Bibliographia augustiniana*, 1928; reimp., 1962. — M. F. Sciacca, *Augustinus*, 1948 [Bibliographische Einführungen in das Studium der Philosophie, 10, ed. I. M. Bochenski]. — Bibliografia de obras de S. A. sobre S. A. na "Introducción general a las obras de S. A.", publicadas pela Biblioteca de Autores Cristianos, tomo I (1946), pp. 1-327 (2ª ed., ampliada, 1950). — Tarsicius van Bavel e F. van der Zande, *Répertoire bibliographique de Saint Augustin 1950-1960*, 1963. — T. L. Miethe, *Augustinian Bibliography, 1970-1980: With Essays on the Fundamentals of Augustinian Scholarship*, 1982. — F. D. Donnelly, M. A. Sherman, *Augustine's "De Civitate Dei": An Annotated Bibliography of Modern Criticism, 1960-1990*, 1991. — A bibliografia agostiniana deve ser completada com as referências bibliográficas em publicações periódicas total ou parcialmente dedicadas ao estudo de Santo Agostinho e do agostinismo. Citamos a esse respeito *Augustinus* (Madri) e o *Bulletin augustinien*, da *Revue des Études augustiniennes* (Paris).

Sobre Santo Agostinho e diversos aspectos de sua vida e de seu pensamento, ver: David Lenfant, *Concordantiae Augustinianae sive collectio omnium sententiarum quae sparsim reperiuntur in omnibus S. Augustini operibus*, 1656-1665; reimp. em 2 vols., 1963. — Jean Félix Nourrisson, *La philosophie de S. A.*, 2 vols., 1865. — Jules Martin, *S. A.*, 1901; 2ª ed., 1923. — E. Portalié, "Saint Augustin", em *Dictionnaire de Théologie Catholique*, ed. Vacant-Mangenot, I (1902), cols. 2268-2472. — Ch. Boyer, *Christianisme et néo-platonisme dans la formation de S. A.*, 1920. — Id., *L'idée de vérité dans la philosophie de S. A.*, 1920. — Id., *Essais sur la doctrine de S. A.*, 1932. — Étienne Gilson, *Introduction à l'étude de S. A.*, 1929; 2ª ed., 1943; 3ª ed., 1949. — Jacques Maritain, "De la sagesse augustinienne", em *Mélanges augustiniens*, 1931, pp. 385-411. — J. Hessen, *Augustinus Metaphysik der Erkenntnis*, 1931; 2ª ed., 1960. — Fulbert Cayré, *Les sources de l'amour divin. La divine présence d'après S. A.*, 1933. — R. Jolivet, *S. A. et le néoplatonisme chrétien*, 1932. — Id., *Dieu Soleil des esprits*, 1934. — Id., *Le problème du mal d'après S. A.*, 1936. — Erich Przywara, A., *Die Gestalt als Gefüge*, 1934. — H. Marrou, *S. A. et la fin de la culture antique*, 1938. — Id., *S. A. et l'augustinisme*, 1955. — Gustave Bardy, *S. A., l'homme et l'oeuvre*, 1940; 6ª ed., 1946. — F. J. A. Belgodere, *S. A. y su obra*, 1945. — P. Muñoz Vega, *Introducción a la síntesis de S. A.*, 1945. — Amato Masnovo, *S. Agostino*, I, 1946. — B. Switalski, *Neoplatonism and the Ethics of S. A.*, 1946. — J. Burger, *S. A.*, 1948. — J. M. Le Blond, *Les conversions de S. A.*, 1948. — Th. Philipps, *Das Weltbild des heiligen A.*, 1949. — M. F. Sciacca, *S. A.* I: *La vita e l'opera. L'itinerario della mente*, 1949. — Félix García, *S. A.*, 1953. — V. Capánaga, *S. A.*, 1954. — J. Chaix-Ruy, *S. A., Temps et Histoire*, 1956. — G. Vaca, *La vida religiosa en S. A.*, 2 vols., 1956. — Mary T. Clark, R. S. C. J., *A Philosopher of Freedom: A Study in Comparative Philosophy*, 1959. — Paul Henry, S. J., *S. A. on Personality*, 1960. — A. Muñoz Alonso, *Presencia intelectual de S. A.*, 1961. — Ragnar Holte, *Béatitude et Sagesse. Saint Augustin et le problème de la fin de l'homme dans la philosophie ancienne*, 1962. — R. Berlinger, *Augustinus dialogische Metaphysik*, 1962. — Wilhelm Hoffmann, *Augustinus. Das Problem seiner Daseinsauslegung*, 1963. — Vernon

J. Bourke, *Augustine's View of Reality*, 1963. — James F. Anderson, *S. A. and Being: A Methaphysical Essay*, 1965. — John Callahan, *A. and the Greek Philosophers*, 1967. — Robert J. O'Connell, *S. Augustine's Early Theory of Man*, A. D. 386-391, 1968. — *Id.*, *S. Augustine's Confessions: The Odyssey of Soul*, 1969. — Alfred Schöpf, *Augustinus*, 1970. — O. O'Donovan, *The Problem of Self-Love in St. Augustine*, 1980. — J. O'Meara, *The Young Augustine*, 1980. — G. R. Evans, *Augustine on Evil*, 1982. — V. J. Bourke, *Wisdom from St. Augustine*, 1984. — N. Blázquez, *Introducción a la filosofia de San Augustín*, 1984. — J. Pelikan, *The Mistery of Continuity: Time and History, Memory and Eternity in the Thought of Saint Augustine*, 1986. — L. Holscher, *The Reality of the Mind: St. Augustine's Philosophical Arguments for the Human Soul as a Spiritual Substance*, 1987. — R. C. La Croix, *Augustine on Music*, 1988. — H. A. Meynell, ed., *Grace, Politics and Desire: Essays On Augustine*, 1990. — C. Starnes, *Augustine's Conversion: A Guide to the Argument of Confessions I-IX*, 1990. — J. Wetzel, *Augustine and the Limits of Virtue*, 1992.

Entre as publicações que apareceram por ocasião do décimo quinto centenário de S. A., figuram *Mélanges augustiniens* (Paris, 1930); *Miscellanea agostiniana*, 2 vols. (Roma, 1930-1941); *Religión y Cultura* (Madri, 1931); *Aurelius Augustinus* (Colônia, 1930). C

AGOSTINISMO. A influência de Santo Agostinho foi considerável; uma história um tanto detalhada do agostinismo ofereceria dificuldades quase tão grandes quanto uma história do platonismo (VER). Limitar-nos-emos neste verbete a destacar algumas das idéias agostinianas mais influentes na Idade Média e a indicar alguns marcos no desenvolvimento do agostinismo nessa época.

Isso não significa que o agostinismo se tenha confinado à época medieval. Nas grandes discussões teológicas e filosóficas dos séculos XVI e XVII sobre problemas como os do livre-arbítrio (VER), da graça (VER) e da predestinação (VER), as posições agostinianas e suas diversas interpretações foram quase sempre decisivas. O agostinismo é também um elemento importante em várias das tendências da filosofia cristã contemporânea. Sem opô-lo necessariamente ao neotomismo, alguns autores pretendem destacar os problemas, as soluções e, sobretudo, o estado de ânimo ou caráter agostinianos; outros autores procuram harmonizar as duas tendências.

Embora não se possa dizer que tenha havido uma completa identificação entre o agostinismo e as tendências filosóficas e teológicas defendidas e desenvolvidas pelos franciscanos, é sabido que muitos destes últimos foram agostinianos. Exemplos eminentes a esse respeito são Alexandre de Hales, João de la Rochelle, São Boaventura e Tomás de York (pertencentes ao que alguns autores denominaram "a antiga escola franciscana"), bem como João Pecham, Mateo de Aquasparta, Ricardo de Mediavilla e Pedro João Olivi (pertencentes ao que se chamou às vezes de "escola franciscana posterior"). Devem-se levar em conta, não obstante, duas coisas. Em primeiro lugar, o fato de que alguns dos autores citados podem não ser considerados agostinianos. Segundo Gilson, São Boaventura é um agostiniano, mas F. van Steenberghen diverge dessa opinião. Embora ele não negue que tenha havido influências agostinianas em seu pensamento, afirma que elas são apenas um dos elementos da filosofia boaventuriana, na qual se descobrem importantes influências aristotélicas. Em segundo lugar (e decorrente do anterior), o termo 'agostinismo' designa um conjunto de doutrinas muito variadas — aquilo a que se deu o nome de "um complexo doutrinal". Entre essas doutrinas, figuram posições procedentes do aristotelismo e de alguns filósofos árabes e judeus.

De todo modo, junto com os franciscanos, o "agostinismo" foi defendido e elaborado por muitos dominicanos até o que se qualificou de "triunfo do tomismo". A oposição ao albertismo e ao tomismo por parte de Roberto Kildwarby é um exemplo da resistência que muitos dominicanos ofereciam à penetração das doutrinas tomistas e, em geral, à crescente influência do aristotelismo e à assimilação de algumas teses averroístas. Referimo-nos a esse ponto com mais detalhes no verbete TOMISMO (VER). Alguns autores indicam até mesmo que o termo 'agostinismo' só assume um significado preciso quando empregado como designação das posições adotadas por vários teólogos e filósofos no período das grandes polêmicas entre agostinianos e tomistas durante a segunda metade do século XIII. Ainda que esse uso seja igualmente recomendável, deve-se observar que é comum empregar "agostinismo" num sentido mais geral (o que foi mencionado no começo deste verbete). Deste último ponto de vista, é possível falar de agostinismo em autores que, *stricto sensu*, não podem ser considerados agostinianos, mas que foram incluídos na tendência em virtude de sua adesão a vários aspectos do mencionado "complexo doutrinal": é o caso de muitos scotistas e ockhamistas. Autores como Gilson consideram inclusive Henrique de Gand, John Duns Scot e os primeiros scotistas como pertencentes a uma "segunda escola agostiniana".

No que diz respeito às doutrinas conhecidas pelo nome de "agostinismo", são muitas as discussões. Resumiremos aqui as idéias apresentadas por M. de Wulf sobre o agostinismo medieval, idéias que nos parecem mais plausíveis. Segundo o mencionado historiador, pertencem ao complexo doutrinal do agostinismo doutrinas como as seguintes: primado da vontade sobre a inteligência em Deus e no homem, produção de certos conhecimentos sem presença de objetos do mundo externo que habitualmente são considerados sua causa ou origem, concepção do conhecimento como situado no âmbito da zona iluminada pela luz divina, atualidade da matéria-prima com independência da forma, depósito de razões seminais na matéria, hilomorfismo universal nas substâncias criadas, pluralidade de formas nessas substâncias e particularmente no homem, identidade da alma e de suas faculdades, estreita união entre filosofia e teologia no quadro da sabedoria (VER). Algumas dessas doutrinas, escreve de Wulf, procedem efetivamente de Santo Agostinho: é o caso da idéia da sabedoria ou *sapientia christiana* (muito característica do estado de ânimo ou tendência agostiniana contra a excessiva atenção concedida à "sabedoria do mundo"), do primado da vontade e da iluminação da alma. Outras doutrinas, embora baseadas em Santo Agostinho, são interpretadas de formas muito diversas e com grande independência do modo como surgiram, na letra ou no espírito, nos escritos do Santo: é o que acontece com o modo pelo qual é concebida às vezes a iluminação divina, modo que exige, ao que parece, a noção de um entendimento ativo. O avicenismo pode explicar esses novos aspectos do agostinismo, denominado por Gilson agostinismo avicenizante. Por fim, de Wulf conclui que outras doutrinas são alheias a Santo Agostinho: é o caso das teorias sobre a matéria e a forma, procedentes do aristotelismo árabe e judaico. É curioso comprovar que cada vez em maior proporção foram consideradas agostinianas as doutrinas que menos relação tinham com as posições do próprio Santo Agostinho; assim, por exemplo, a doutrina do hilomorfismo universal e a da pluralidade de formas no homem, que foram as teses mais debatidas pelos filósofos e teólogos medievais das épocas mencionadas, são originalmente menos agostinianas que certas outras posições que passaram a um segundo plano e estavam mais próximas da forma e do conteúdo de Santo Agostinho.

⮕ As histórias da filosofia (em especial da filosofia medieval) a que nos referimos são: Ueberweg-Heinze, Geyer, t. III. — M. de Wulf, *Histoire de la philosophie médiévale*, 6ª ed., 1934-1936-1947, 3 vols. — É. Gilson, *History of the Christian Philosophy in the Middle Ages*, 1955. — Além disso: F. Ehrle, "Der Augustinismus und Aristotelismus gegen Ende der XIII Jahrhunderts", *Archiv für Literatur und Kirchengeschichte des Mittelalters*, 5 (1889), 614-632. — E. Portalié, em *Dictionnaire de Théologie Catholique*, I, 2506-14. — R. M. Martin, "Quelques premiers maîtres dominicains de Paris et d'Oxford et la soi-disant éco-le dominicaine augustinienne (1229-1279)", *Revue des Sciences philosophiques et théologiques*, 9 (1920), 163-184. — J. Hessen, "Augustinismus und Aristotelismus im Mittelalter", *Franziskanische Studien*, 7 (1920), 1-13. — C. Michalski, *Les courants philosophiques à Oxford et à Paris pendant le XIVe siècle*, 1922. — A. G. Little, "The Franciscan School at Oxford in the 13th. Century", *Archivum Franciscanum Historicum*, 19 (1926), 803-874. — É. Gilson, "Les sources grecoárabes de l'augustinisme avicennisant", *Archives d'histoire doctrinale et littéraire du moyen âge*, 4 (1930), 5-149. — G. Théry, "L'augustinisme et le problème de la forme substantielle", *Acta hebdomadae augustinianae-thomisticae ab Academia romana sancti Thomae Aquinatis indictae*, 1931, pp. 140-200. — R. G. Remsberg, *Wisdom and Science at Port-Royal and the Oratory: A Study of Contrasting Augustinianisms*, 1940 (tese). — F. P. Cassidy, *Molders of the Medieval Mind. The Influence of the Fathers of the Church on the Medieval Schoolmen*, 1944. — F. J. Roensch, *Early Thomistic School*, 1964. — J. F. Quinn, *The Historical Constitution of St. Bonaventure's Philosophy*, 1973. — H. Gouhier, *Cartésianisme et augustinisme au XVIIe siècle*, 1978. — J. W. Woelfel, *Augustinian Humanism: Studies in Human Bondage and Earthly Grace*, 1979. — J. A. Weisheipl, "Albertus Magnus and Universal Hylomorphism: Avicebron", *Southwestern Journal of Philosophy*, 10 (1979), 239-260. — D. R. Janz, "Towards a Definition of Late Medieval Augustinianism", *Thomist*, 44 (1980), 117-127. ⊂

AGOSTINO TRIONFO. Ver EGÍDIO ROMANO.

AGRIPPA DE NETTESHEIM, HEINRICH CORNELIUS [HENRICUS CORNELIUS] (1485-1535), nasc. em Colônia, não tardou a interessar-se por especulações teosóficas e cabalísticas, assim como pelas tradições gnósticas e herméticas. Em sua movimentada vida — pela Alemanha, França, Inglaterra, Itália e Países Baixos —, manteve numerosas polêmicas e expressou com grande ardor suas opiniões, que sofreram mudanças radicais. Os interesses cabalísticos levaram-no à magia e à idéia de que se podia influir sobre a Natureza, assim como compreender os espíritos que movem os fenômenos naturais. A "filosofia oculta" é a filosofia que apreende os mistérios naturais de todo o cosmos. Agrippa pareceu conceber a Natureza como um organismo no qual tudo influi sobre todas as coisas, sendo cada coisa animada e vivificada por uma espécie de quintessência ou espírito universal. Este governa o comportamento dos quatro elementos. Desse ponto de vista, o pensamento de Agrippa surge como uma combinação de organicismo, naturalismo, espiritualismo e magia. Agrippa abandonou, porém, essas idéias por crer ter descoberto que todas as ciências e as artes são vãs e que a única coisa em que se pode crer firmemente é na Bíblia. Assim, ele se converteu num dos promotores do ceticismo radical, pregando a fé pura e simples em Deus e opondo-se a toda tentativa de compreender os mistérios divinos.

⊃ Obras: *De occulta philosophia*, Colônia, 1510 (outras edições, 1531-1533); *De occulta philosophia sive de magia libri tres*; reimp. da ed. de 1533, com alguns "Nachträge zur Occulta Philosophia", da edição de Lyon de 1600, 1962. — *De incertitudine et vanitate scientiarum*, Colônia, 1526 (outras edições, Paris, 1529; Amberes, 1530; Colônia, 1534). Edições de Obras: Lyon, 1550, 1600 (reimpressão, rev. por Richard H. Popkin, 2 vols., 1967).

Ver: H. Morley, *Life of Cornelius Agrippa*, 2 vols., 1856. — Chr. Sigwart, "C. A. von Nettesheim", em *Kleine Schriften*, I, pp. 1-24. — J. Meurer, *Zur Logik des C. Agrippa von Nettesheim*, 1920. — Charles G. Nauert, Jr., *Agrippa and the Crisis of Renaissance Thought*, 1965. — L. W. Spitz, "Occultism and Despair of Reason in Renaissance Thought: Review of 'Agrippa and the Crisis of Renaissance Thought', by C. G. Nauert", *Journal of the History of Ideas*, 27 (1966), 464-469. ℂ

AHRENS, HEINRICH (1808-1874), nasc. em Kniestedt, estudou em Göttingen, passou um tempo como exilado político em Paris e lecionou filosofia e política em Bruxelas, Graz e Leipzig. Ahrens foi um dos principais e mais influentes propagadores do krausismo (VER), elaborando as doutrinas de Krause especialmente na filosofia do direito. As tendências políticas liberais de Ahrens combinaram-se com um sistema completo do direito natural. Para ele, este último não era individualista, mas "comunitário", determinado pelas vontades individuais unificadas em busca do bem comum de toda a humanidade. As obras filosófico-jurídicas de Ahrens foram conhecidas e, em grande parte, seguidas por krausistas espanhóis, hispano-americanos e luso-americanos.

⊃ Principais obras: *Cours de droit naturel ou de philosophie du droit*, 1838; 8ª ed. 1892. A mesma obra, com diversas modificações, foi publicada em alemão: *Naturrecht oder Philosophie des Rechts und Staates*, 1846; 6ª ed., 1870-1871. — *Die organische Staatslehre auf philosophisch-anthropologische Grundlage*, 1850; 6ª ed., 1870 (*A doutrina orgânica do Estado em seus fundamentos filosófico-antropológicos*). — *Juristische Enzyklopädie*, 1855-1857 (*Enciclopédia Jurídica*).

Ver: A. Chauffard, *Essai critique sur les doctrines philosophiques, sociales et religieuses de H. A.*, 1880. — M. Brasch, *Leipziger Philosophen*, 1894.

Ver também a bibliografia de KRAUSISMO. ℂ

AJDUKIEWICZ, KAZIMIERZ (1890-1963), nasc. em Tarnopol (Galitzia, Polônia), estudou em Göttingen, onde lecionavam Husserl e Hilbert, e especialmente em Lwów, com Łukasiewicz e Twardowski, "habilitando-se" para a docência em 1921. Foi professor em Lwów, Poznan e, até sua aposentadoria em 1961, na Universidade de Varsóvia. Ajdukiewicz é um dos "membros" do chamado "Círculo de Varsóvia" (VER), nome dado a um numeroso grupo de lógicos e filósofos que floresceram em Varsóvia e em Lwów tiveram Twardowski como mentor pedagógico.

Ajdukiewicz trabalhou especialmente nos domínios da lógica, da metalógica e da teoria da linguagem, mostrando especial interesse pela teoria do significado. Da concepção predominantemente sintática do significado, tal como representada pelo "primeiro Wittgenstein" e pela "fase sintática" de Carnap, Ajdukiewicz passou a destacar as dimensões semânticas na linha da distinção de Frege entre significado e referência e longe das tendências "referencialistas" e "nominativas" (ou fundadas em nomes próprios designativos) de Russell e outros autores. Os significados são para Ajdukiewicz propriedades de expressões, para cujo emprego é necessário estabelecer regras. Além das axiomáticas e das regras dedutivas, Ajdukiewicz propõe uma série de regras empíricas mediante as quais se precisam as relações entre os significados e as realidades significadas. Neste sentido, a teoria de Ajdukiewicz é similar à teoria semântica da verdade (VER) de Tarski.

Ajdukiewicz também elaborou uma teoria das categorias semânticas dentro das quais se estabelecem regras para determinar quando as expressões estão bem formadas, e isso tanto para linguagens formais como para línguas naturais, que resistem mais a regras desse tipo, mas cujo interesse é por essa razão maior para o teórico semântico. As regras referentes a línguas naturais constituem uma espécie de "gramática profunda" num sentido próximo ao de Chomsky. Ajdukiewicz enfatizou, porém, que os sistemas de regras semânticas afetam linguagens que, embora intertraduzíveis, não o são univocamente, de modo que numa linguagem pode — e costuma — haver várias traduções possíveis, e aceitáveis, de uma única expressão de outra linguagem.

Ajdukiewicz destacou a função que certas estruturas conceituais desempenham na validação de fatos, pronunciando-se a esse respeito a favor da validação empírica de elementos lógicos da linguagem. Não obstante, isso ocorre só na medida em que os elementos lógicos se coordenam a outros que se ligam a enunciados empíricos relativos a coisas ou fenômenos particulares, que são os únicos enunciados diretamente passíveis de validação.

A "liberdade da ciência" foi defendida por Ajdukiewicz contra toda coação de qualquer espécie, inclusive a porventura exercida por ideologias de resto politicamente aceitáveis, como o socialismo marxista; ele debateu esse ponto com Adam Schaff, que acusou Ajdukiewicz de "idealismo".

A. publicou numerosos trabalhos a partir de 1913 em revistas e coleções como *Przeglad Filozoficzny, Ruch Filozoficzny, Erkenntnis, Synthese, Ruch Filozoficzky, Studia filozoficzne, Wiedza i Zycie, Mysl Filozoficzna,*

Logique et analyse etc. Os trabalhos abordam temas como a relação de inferência, a axiomática de Hilbert, a definição de prova, o conceito de tempo, a estrutura das proposições, o significado das expressões, o conceito de substância, os paradoxos, os universais, a conexão sintática, a justiça, a metodologia das ciências, a noção de existência, o ensinamento da lógica, o problema da fundamentação etc.

➲ Quase todos os trabalhos importantes de A. foram compilados em *Jezyk i poznanie*, 2 vols., 1960-1965 (*A linguagem e o conhecimento*). Trad. inglesa de vários trabalhos: *The Scientific World-Perspective and Other Essays, 1931-1963*, 1977, ed. Jerzy Giedmyn.

Bibliografia de K. A. por I. Angelelli em "Notas y comentarios: K. A. Biografía y bibliografía de sus obras", *Revista de filosofía* [La Plata], n. 14, pp. 57-65.

Ver: T. Kwiatkowski, "La sémiotique de K. Ajdukiewicz et l'évolution de son epistemologie", *Logique et Analyse*, 10 (1967), 239-261. — H. Skolimowski, *Polish Analytical Philosophy: A Survey and Comparison with British Analytical Philosophy*, 1967. — R. M. Martin, *Belief, Existence and Meaning*, 1969. — P. T. Geach, "A Program for Syntax", *Synthese*, 22 (1970), 3-17. — D. C. Makinson, "Vantagens e limitações da abordagem Ajdukiewicziana da gramática", *Discurso*, 4 (1973), 155-164. — J. Pelc, "Logical Semiotics in the Writings of K. Ajdukiewicz", *Dialectics and Humanism*, 6 (1979), 113-119. — M. Przelecki, "The Law of Excluded Middle and the Problem of Idealism", *Grazer Philosophische Studien*, 18 (1982), 1-16. — L. Carruccio, "La critica dell'idealismo negli scritti di K. Ajdukiewicz", *Filosofia*, 34 (1983), 145-152. — G. Gobber, "Alle origini della grammatica categoriale: Husserl, Lesniewski, Ajdukiewicz", *Rivista di Filosofia Neo-Scolastica*, 77 (1985), 258-295. — H. Skolimowski, "Quine, Ajdukiewicz, and the Predicament of 20th Century Philosophy", em L. E. Hahn, ed., *The Philosophy of W.V. Quine*, 1986, pp. 463-493. — J. Woleenski, *Logic and Philosophy in the Lvov-Warsaw School*, 1989. ᴄ

AKSAKOV, KONSTANTIN SERGEEVICH. Ver HEGELIANISMO.

AKSELROD [em nossa transcrição: AKSEL'ROD] (LYUBOV ISAÁKOVNA) (pseudônimo: ORTODOKS) (1868-1946), nasc. em Varsomóvia, participou desde muito jovem em atividades revolucionárias na Rússia, foi (1887) à Suíça, onde estudou filosofia, regressou (1906) à Rússia, continuando suas atividades revolucionárias como membro da fração menchevique do Partido Social Democrático. Com o triunfo da revolução, lecionou na Univerdade Tambov (1917-1920) e na de Moscou (a partir de 1920).

Akselrod ocupou-se de problemas éticos e sociais, mas sua contribuição mais conhecida se deu no terreno da epistemologia e da interpretação do marxismo. Tendo aderido ao materialismo dialético, defendeu-o contra as correntes científico-positivistas que surgiam depois da revolução e contra qualquer forma de "infiltração" idealista. Contudo, sustentou, sob a influência de Plekhanov (VER), a tese de que o conhecimento tem um caráter funcional e em grande medida simbólico (ou melhor, "hieroglífico"). Opôs-se com isso a Lenin e à teoria fotográfica ou quase-fotográfica do conhecimento preconizada por ele. •• Em 1909, publicou em *O mundo contemporâneo* uma recensão da obra de Lenin, do mesmo ano, *Materialismo e empiriocriticismo*. Nela, declara-se de acordo com as teses gerais do livro, mas critica o pensamento filosófico de Lenin, que, segundo a autora, carece de flexibilidade, precisão e profundidade.•• Nos debates filosóficos que ocorreram na União Soviética entre 1926 e 1929 (ver MARXISMO), Akselrod representou de modo preponderante a linha chamada "mecanicista". Embora se tenha oposto ao mecanicismo no sentido puramente científico-positivista em nome do materialismo dialético, sua oposição a Deborin (VER) e aos representantes do chamado "idealismo menchevizante" levou-a a acentuar antes o aspecto materialista que o dialético do marxismo. Por essa razão, foi denunciada como mecanicista e se viu obrigada, em 1929, a retratar-se de várias de suas teses em nome da "linha geral".

➲ Principais obras: *Filosofiskié otchérki*, 1906 (*Estudos filosóficos*). — *Protiv idéalizma*, 1922 (*Contra o idealismo*). — *Zachtchitu dialéktitchéskovo materializma. Protiv sjolastiki*, 1928 (*Em defesa do materialismo dialético. Contra a escolástica*). — *Idéalistitchéskaá dialéktika Gégéliá i matérialititchéskaá dialéktika Marksa*, 1934 (*A dialética idealista de Hegel e o materialismo dialético de Marx*).

Uma tradução da mencionada recensão de *Materialismo e empiriocriticismo* foi publicada em *Russian Philosophy*, ed. J. M. Edie, J. P. Scanlan, M. B. Zeldin, com a colaboração de G. L. Kline, vol. 3, 1965, pp. 457-463.

Ver: G. A. Wetter, *Der dialektische Materialismus. Seine Geschichte und sein System in der Sowjetunion*, 1952; 5ª ed., 1960. — Fr. J. Adelmann, *Philosophical Investigations in the USSR*, 1975. — Id., id., ed., *Soviet Philosophy Revisited*, 1977. ᴄ

ALAIN, ÉMILE-AUGUSTE CHARTIER. Ver CAMUS, ALBERT; LAGNEAU, JULES.

ALANO DE LILLE, Alain de Lille, Alanus de Insulis, o *doctor universalis* (ca. 1128-1202), nasc. em Lille. Depois de ser professor de teologia, entrou no mosteiro cisterciense de Citeaux, perto de Nicolas-les-Citeaux (Côte-d'Or). É considerado um filósofo e teólogo "aparentado" com as Escolas de Chartres (VER), e isso sobretudo por ter acolhido as tendências platonizantes dessas Escolas, mas, a rigor, deve ser considerado um pensador "independente". Uma intenção metodológica e enciclopédica, baseada principalmente na tradição de Boécio, constitui a parte fundamental de sua obra filosófico-teológica, imbuída não apenas de elementos platônicos e neoplatônicos como também aristotélicos. A intenção enciclopédica revela-se sobretudo em seu poema *Anticlaudianus* ou *Antirufìnus* (1182 ou 1183). A intenção metodológica do autor torna-se patente sobretudo em seu escrito acerca da fé católica, bem como em sua obra sobre as máximas teológicas, na qual faz uso de um procedimento matemático-dedutivo, já defendido por Boécio em seu *Liber de hebdomadibus*. Alano de Lille foi o primeiro a referir-se ao *Liber de causis* (VER).

➲ Obras: *De planctu naturae.* — *Regulae de sacra theologia.* — *De fide catholica contra haereticos sui temporis.* — *Ars predicatoria.* — Opera, 1564. — Edição em Migne *PL,* CCX. — Edição crítica do *Anticlaudianus*, por R. Bosuat, 1955. — Ed. crítica do *Liber poenitentialis*, 2 vols. (I: *Introduction doctrinale et littéraire*; II. *La tradition longue* [texto inédito]), 1966, ed. J. Longère.

Textos inéditos: *Textes inédits*, 1965, ed. Marie--Thérèse d'Alverny, com introdução sobre vida e obras.

Ver: M. Baumgartner, *Die Philosophie des Alanus de Insulis im Zusammenhang mit den Anschauungen des 12. Jahrhunderts dargestellt*, 1896. — S. Nierenstein, *The Problem of the Existence of God in Maimonides, Alanus and Averroes*, 1924. — J. Huizinga, *Ueber die Verknüpfung des Poetischen mit dem Theologischen bei Alanus de Insulis*, 1932. — G. Raynaud de Lage, *A. de Lille, Poète du XIIe siècle*, 1951 (estuda também o pensamento filosófico). — V. Cilento, *Alano di Lilla, poeta e teologo del secolo XII*, 1958. — R. Pierce, *Contemporary French Political Thought*, 1966. — J. Theau, "Alain et sa philosophie de la religion", *Canadian Journal of Philosophy*, 7 (1977), 11-39. — R. Ragghianti, "La quête de la sagesse ou le métier de philosophe: note sur Alain", *Giornale Critico della Filosofia Italiana*, 66 (1987), 22-48. ⊂

ALARCO, LUIS FELIPE. Ver DEÚSTUA, ALEJANDRO OCTAVIO.

ALBERINI, CORIOLANO (1886-1960), nasc. em Milão, foi professor nas Universidades de Buenos Aires e La Plata; não tardou a tornar-se adversário do positivismo, em particular da forma que este assumira na Argentina. Ele orientou principalmente seu trabalho para a introdução e difusão dos pensadores europeus que representavam uma maior contribuição à reação contra as mencionadas tendências. Desse modo, introduziu na Argentina filósofos antipositivistas de diversas orientações (Bergson, Meyerson, Croce, Gentile, Royce etc.), sem deixar por isso de efetuar uma elaboração pessoal de suas doutrinas. Correspondendo a esse trabalho e acentuando seu paralelismo, trabalhou na difusão do pensamento argentino na Europa e nos Estados Unidos mediante cursos nas Universidades de Paris, Hamburgo, Leipzig, Berlim, Harvard e Columbia.

➲ Obras: *Apuntes de filosofía*, ed. Alfredo Coviello, 1929. — *Curso de filosofía*, ed. Roberto Riba, 1936 (mimeografado). — *Problemas de la historia de las ideas filosóficas en la Argentina*, 1966 (coletânea de ensaios, com bibliografia de C. A., pp. 141-144). — *Escritos de metafísica*, ed. Diego F. Pró, 1973 (coletânea de textos). — *Epistolario*, tomo I, 1980; tomo II, 1981.

Ver: Diego F. Pró, *C. A.*, 1960. ⊂

ALBERT, HANS, nasc. (1921) em Colônia, professor de sociologia geral e metodologia na Escola de Economia de Mannheim até sua aposentadoria em 1989. Firme partidário de Popper, desenvolveu um "racionalismo crítico" de inspiração popperiana. Albert opôs-se a toda crítica dialética orientada para a razão total e propôs uma "crítica racional". Segundo ele, toda tentativa de fundamentação total do conhecimento fracassa diante de um "trilema": ou se desemboca num *regressus in infinitum*, ou se fica preso no círculo lógico da dedução ou se acaba numa ruptura de procedimento. Aos modelos da "revelação" (ou de qualquer dogmatismo), do intelectualismo puro e do simples empirismo, Albert opõe uma idéia da crítica. De acordo com o que sugeriu Popper, trata-se de uma prova crítica constante, que não oferece nenhuma certeza absoluta mas permite dissolver todo dogma. Se nesse procedimento crítico-racionalista há uma "dialética", trata-se de uma dialética não-hegeliana, ou pré-hegeliana, isto é, da admissão da possibilidade da passagem de uma posição a outra no âmbito de um pluralismo de teorias. Na opinião de Albert, o racionalismo crítico é aplicável não apenas à ciência como também, e de maneira muito especial, à ação humana, evitando-se com ele tanto o dogmatismo como o puro decisionismo irracionalista.

➲ Principais obras: *Traktat über kritische Vernunft*, 1968; ed. ampliada, 1975; 5[a] ed. ampl., 1991 (*Tratado da razão crítica*). — *Plädoyer für kritischen Rationalismus*, 1971 (*Argumentação em favor do racionalismo crítico*). — *Konstruktion und Kritik. Aufsätze zur Philosophie des kritischen Rationalismus*, 1972 (*Construção e crítica. Ensaios para a filosofia do racionalismo crítico*). — *Theologische Holzwege. Gerhard Ebeling und der rechte Gebrauch der Vernunft*, 1973 (*Sendas teológicas. G. E. e o reto uso da razão*). — *Transzendentale Träumereien. Karl-Otto Apels Sprachspiele und sein hermeneutischer Gott*, 1975 (*Desvarios transcendentais. Os jogos lingüísticos de K.-O. A. e seu Deus hermenêutico*). — *Traktat über rationale Praxis*, 1978 (*Tratado sobre práxis racional*). — *Das Elend der Theologie*,

1979 (*A miséria da teologia*). — *Die Wissenschaft und die Fehlbarkeit der Vernunft*, 1982 (*A ciência e a falibilidade da razão*). — *Freiheit un Ordnung*, 1986 (*Liberdade e ordem*). — *Kritik der reinen Erkenntnislehre*, 1987 (*Crítica da doutrina pura do conhecimento*). — *Kritik der reinen Hermeneutik*, 1994 (*Crítica da hermenêutica pura*).

Em esp., ver o trabalho de H. A. "El mito de la razón total", em Th. W. Adorno, Karl R. Popper *et al.*, *La disputa del positivismo en la sociología alemana*, 1973, pp. 181-219.

Ver: Gerhard Ebeling, *Kritischer Rationalismus? Zu H. Alberts "Traktat über kristische Vernunft"*, 1973. — R. Haller, "Concerning the So-Called 'Munchhausen Trilemma', *Ratio*, 16 (1974), 125-140. — K.-O. Apel, "The Problem of (Philosophical) Ultimate Justification in the Light of a Transcendental Pragmatic of Language", *Ajatus*, 36 (1974), 142-165. — *Id.*,"The Problem of Philosophical Fundamental-Grounding in Light of a Transcendental Pragmatic of Language", *Man and World*, 8 (1975), 239-275. — G.-M. Mojse, *Wissenschaftstheorie und Ethik-Diskussion bei H. A. Ein Beitrag zur gegenwärtigen Debatte über die Grundwerte in der pluralistischen Gesellschaft*, 1980. — M. Boladeras, *Razón crítica y sociedad*, 1985, cap. 4. — J.-M. Mardones, *H. A.: El problema de Dios y la falibilidad de la razón*, 1987. — C. F. Alford, "Hans Albert and the Unfinished Enlightenment", *Philosophy of the Social Sciences*, 17 (1987), 453-469. ↄ

ALBERTO (SANTO) de Bollstädt ou de Colônia, chamado o Grande ou Magno e o *doctor universalis* (1206--1280), nasc. em Lauingen (Suábia). Entrou por volta de 1223 na Ordem dos Dominicanos e lecionou, entre outras cidades, em Friburgo, Colônia e Paris (nesta última foi *magister* de teologia [*ca.* 1242-1248] no *Studium generale* dominicano de Saint-Jacques, incorporado à Universidade). A invasão do aristotelismo, que já tinha obtido grande divulgação com a obra de São Boaventura, culmina em Santo Alberto Magno, mas essa invasão é ao mesmo tempo contida pela necessidade de enquadrá-la no quadro da "ortodoxia". Desse modo, a obra de Santo Alberto Magno é simultaneamente uma aristotelização da filosofia e da teologia e uma discriminação de Aristóteles e de seus comentadores árabes e judeus, tendo em vista rejeitar aquilo que fosse incompatível com as verdades da fé. A crítica do averroísmo e especialmente das teses da eternidade do mundo e da unidade do entendimento agente, que chegara envolta pela doutrina aristotélica, é uma das manifestações dessa necessidade dupla, que não significa, por outro lado, a subordinação da filosofia à teologia, mas a precisa delimitação de ambos os domínios. Para Santo Alberto Magno, tal como para Santo Tomás, ao contrário das orientações platônico-agostinianas, a razão deve começar por ser limitada; contudo, essa limitação não é negação da razão, mas justamente o que permitirá depor uma total confiança no que a razão estabelecer. A limitação do poder racional é simultaneamente uma reafirmação de seu poder no âmbito de seus limites. Aí onde a razão carece de poder demonstrativo, a fé tem a última palavra, mas na esfera da filosofia estrita a razão é determinante e constitui o critério supremo. No curso de suas paráfrases a Aristóteles e aos comentadores, seguindo a própria ordem dos temas aristotélicos, Santo Alberto Magno estabelece uma série de proposições que Santo Tomás desenvolveu mais tarde e, sobretudo, argumentou com base no conjunto dos materiais preparados por seu mestre. Essas teses (que são, afora a distinção rigorosa entre as esferas filosófica e teológica e a possibilidade de sua harmonia mútua, a doutrina dos universais como algo que está diante das e nas coisas, bem como a teoria da liberdade da vontade) confirmam, ao mesmo tempo, o propósito fundamental de sua obra: transmitir aos latinos e tornar compreensíveis a eles os saberes da tradição grega. Mas na obra de Santo Alberto Magno tampouco estão ausentes as influências platônica e neoplatônica, sobretudo por meio dos escritos pseudo-aristotélicos de conteúdo neoplatônico e do Pseudo-Dionísio. Seu trabalho estendeu-se também às ciências da Natureza, nas quais ele, seguindo os precedentes do empirismo aristotélico, se concentrou em particular na esfera da biologia e considerou a experiência critério de verdade de toda asserção relativa ao contingente e particular.

As obras de Santo Alberto Magno costumam ser divididas numa série filosófica — que abrange escritos de lógica e de filosofia real (matemática, física, metafísica) — e uma série teológica — que compreende comentários às *Sentenças* de Pedro Lombardo e aos escritos do Pseudo-Dionísio, uma *Summa de creaturis*, uma *Summa theologiae* e vários escritos místicos e ascéticos.

ↄ A edição completa (*Opera omnia*) mais utilizada foi a de Jammy, 21 vols., Lyon, 1651. Esta edição foi reimpressa por A. Borgnet, 38 vols., Paris, 1890-1899 (de novo em 1972 ss.). Edição crítica, denominada *Editio Coloniensis*, publicada pelo Albertus-Magnus-Institut sob a presidência de B. Geyer (e, depois da morte deste, de H. Ostlender): *Alberti Magni Opera Omnia*, 40 vols., 1951ss. Há trad. esp. do tratado *La unión con Dios*, 1948.

Biografias: G. J. Manz, *Albertus Magnus. Sein Leben und seine Wissenschaft*, 1862. — P. de Loe, "De vita et scriptis beati Alberti Magni", *Analecta Bollandiana*, 19 (1900), 257-284, 20 (1901), 273-316; 21 (1902), 361--371. — F. Pelster, *Kritische Studien zum Leben und zu den Schriften Alberts des Grossen*, 1920. — A. G. Menéndez-Reigada, *Vida de S. A. M.*, 1932. — A. Garreau, *S. A. le Grand*, 1932 (trad. esp., 1944).

Bibliografia: M. H. Laurent e J. Congar: "Essai de bibliographie albertinienne", *Revue Thomiste*, 36 (1931), 422-468. — Francis J. Catania, "A Bibliography of St. Albert the Great", *Modern Schoolman*, 37 (1959), 11-28. Suplemento: Roland Houde, "A Bibliography of Albert the Great: Some Addenda", *Modern Schoolman*, 39 (1961), 61-64. — Michel Schooyans, "Bibliographie philosophique de Saint Albert le Grand (1931-1960)", *Revista da Universidade Católica de São Paulo*, 21 (1961), 36-88. — W. Fauser, ed., *Die Werke des A. M. in ihrer Handschriftlichen Ueberlieferung*, 1982 ss.

Sobre a obra de Santo Alberto Magno, ver: Van Weddingen, *A. le Grand, le maître de St. Thomas d'Aquin*, 1881. — Joseph von Bach, *Das A. Magnus Verhältnis zu der Erkenntnislehre der Griechen, Lateiner, Araber und Juden. Ein Beitrag zur Geschichte der Noetik*, 1881; reimp. 1965. — W. Feiler, *Die Moral des A. M.*, 1891. — A. Schneider, *Die Psychologie A. des Grossen*, I, 1903; II, 1906. — H. Fronober, *Die Lehre von der Materie und Form nach A. dem Grossen*, 1909. — A. Grünbaum, *A. der Grosse*, 1925. — G. Meersseman, *Introductio in opera omnia B. A. Magni, O. P.*, 1931. — M. Grabmann, *Der hl. A. der G.*, 1932. — Heinrich Ostlender, *Der hl. Albert der Grosse*, 1932; 2ª ed., com o título *Albertus Magnus*, 1956. — D. Siedler, *Intellektualismus und Voluntarismus bei A. Magnus*, 1941 [Beiträge zur Geschichte der Philosophie und Theologie des Mittelalters, XXXVI, 2]. — É. Gilson, "L'âme raisonnable chez Albert le Grand", em *Archives d'Histoire doctrinale et littéraire du Moyen Âge*; t. XIV, 1945. — A. Pompei, *La dottrina trinitaria di S. A. Magno*, 1953. — H. Ch. Scheeben, *Albertus Magnus*, 1955. — Pedro Ribes Montané, *Cognoscibilidad y demostración de Dios según A. M.*, 1968 (tese). — Francis Ruello, *La notion de vérité chez Albert le Grand et Saint Thomas d'Aquin de 1243 à 1254*, 1969. — Georg Wieland, *Untersuchungen zum Seinsbegriff im Metaphysik-Kommentar Alberts des Grossen*, 1972. — Pedro Ribes Montané, *Verdad y bien en el filosofar de A. M.*, 1974. — F. J. Kovach, R. W. Shahan, eds., *Albert the Great: Commemorative Essays*, 1980. — I. Craemer-Ruegenberg, *Albertus Magnus*, 1980. — A. Zimmermann, ed., *Albert der Grosse: sein Zeit, sein Werk, seine Wirkung*, 1981 [Miscellanea Mediaevalia, 14]. — G. Meyer, A. Zimmermann, eds., *Albertus Magnus, Doctor Universalis, 1280-1980*, 1981. — M. Entrich, ed., *Albertus Magnus. Sein Leben un seine Bedeutung*, 1982. — P. Hossfeld, *A. M. als Naturphilosoph und Naturwissenschaftler*, 1983. ⊃

ALBERTO DA SAXÔNIA, Alberto de Helmstadt, Alberto Rickmersdorf (Riggensdorf), Albertutius, Albertus parvus (*ca.* 1316-1390), nasc. em Rickmersdorf (Baixa Saxônia) e lecionou em Paris (1351-1362), sendo desde 1353 Reitor da Universidade de Paris. Em 1365, ano da fundação da Universidade de Viena, foi nomeado seu primeiro Reitor. Desde 1366 até sua morte foi Bispo de Halberstadt. Considerado um dos membros da Escola de Paris (VER), trabalhou em várias disciplinas, principalmente científicas (matemática, física, meteorologia), assim como em lógica e ética. Seguindo João Buridan e Nicolau de Oresme, Alberto da Saxônia desenvolveu a teoria do ímpeto (VER) e, em particular, a chamada "doutrina dos pesos", o que o levou a uma pesquisa do problema da gravidade — estabelecendo uma distinção entre o centro de magnitude da terra e seu centro de gravidade — que se achava no caminho para a formação da moderna estática no século XVII. Ocupou-se igualmente do problema da relação entre espaço percorrido, tempo e velocidade, estabelecendo que esta última é proporcional ao espaço percorrido. Especial menção merecem seus estudos lógicos; como assinala Boehner, ele foi um dos que mais contribuíram para os chamados "novos elementos da lógica escolástica", discutindo em detalhes e com notável tendência formalizadora problemas como os dos termos sincategoremáticos, teoria das suposições e teoria das conseqüências. Segundo o citado Boehner, o sistema de lógica de Alberto da Saxônia (o apresentado em sua "utilíssima lógica") é uma combinação dos sistemas de Ockham e de Gualtério Burleigh, sendo superior ao primeiro em termos da disposição de temas e da formalização.

⊃ Obras: *Quaestiones super artem veterem* (impresso com a *Expositio aurea* de Ockham em 1496). — *Quaestiones subtilissimae super libros posteriorum* (impresso em 1497). — *Logica Albertutii. Perutilis logica* (*id.* em 1522 [trata-se da obra a que se refere Boehner]). — *Sophismata A. de Saxonia nuper emendata* (*id.* em 1480). — *Tractatus obligationum* (*id.* em 1498). — O mesmo tratado com os *Sophismata* e os *Insolubilia* foram publicados juntos em 1490 e 1495. — *Subtilissimae quaestiones super octo libros physicorum* (*id.* em 1493, 1504, 1516). — *Quaestiones in libros de caelo et mundo* (*id.* em 1481, 1492, 1497, 1520). — *Quaestiones in libros de generatione* (*id.* em 1504, 1505 e 1518 [com os comentários à mesma obra aristotélica por Egídio Romano e Marsilio de Inghen]). — *Quaestiones et decisiones physicales* (*id.* em 1516, 1518 [juntamente com outras sobre o mesmo tema de Thelmo e João Buridan]). — *De proportionibus* ou *Tractatus proportionum* (*id.* em 1496 entre outras datas). — *Quaestiones super sphaeram Johannis de Sacrobosco* (não-publicado). — *Quaestiones meteorum* (não-publicado). — *Expositio decem librorum Ethicorum Aristotelis* (não-publicado).

Ver: Prantl, IV, 60-48. — P. Duhem, *Études*, I, 302; II, 379-384, 420-423, 431-441; III, 1-259, 279-286, 350-360. — *Id., id., Le système du monde*, IV, 124-142. — A. Dyroff, "Ueber Albertus von Sachsen", *Baeum-*

ker-Festgabe, 1913, pp. 330-342. — G. Heidingsfelder, *Albert von Sachsen. Sein Lebensgang und sein Kommentar zur Nikomachischen Ethik des Aristoteles*, 1926. — Ph. Boehner, *Medieval Logic*, 1952, especialmente Parte III e Apêndice i. — M. Clagett, *The Science of Mechanics in the Middle Ages*, 1959. — A. González, "The Theory of Assertoric Consequences in Albert of Saxony", *Franciscan Studies*, 18 (1958), 290-354; 19 (1959), 13-114. — N. Kretzmann, "Socrates is Whiter than Plato Begins to Be White", *Nous*, 11 (1977), 3-15. — H. Hubien, "Logiciens medievaux et logique d'aujourd'hui", *Revue Philosophique de Louvain*, 75 (1977), 219-233. — E. P. Bos, "Mental Verbs in Terminist Logic (John Buridan, Albert of Saxony, Marsilius of Inghen)", *Vivarium*, 16 (1978), 56-69. — J. M. Thijssen, "Buridan, Albert of Saxony and Oresme, and a Fourteenth-Century Coll of Quaestiones on the Physics and on De Generatione et Corruptione", *Vivarium*, 24 (1986), 70-82. — J. Biard, "Les sophismes du savoir: Albert de Saxe entre Jean Buridan et Guillaume Heytesbury", *ibid.*, 27 (1989), 36-50. — C. Talegon, "Las proposiciones de relativo em Alberto de Sajonia", *Revista de Filosofia* (Venezuela), 1989, pp. 95-106. — F. Bertelloni, "De la politica 'secundum naturam'", *Pat. Med.*, 12 (1991), 3-32. ᕲ

ALBINO (*fl.* 180). Preeminente filósofo da chamada "Escola de Gaio", à qual pertenceu também Apuleio. Gaio (*fl.* 150) desenvolvera o platonismo denominado eclético mediante uma síntese de doutrinas platônicas e estóicas nas aulas depois publicadas por Albino em nove livros com o título de *Esboço das doutrinas platônicas*, Περὶ τῶν Πλάτωνι ἀρεσκόντων, obra que não tardou a influenciar o neoplatonismo, especialmente o de Proclo e Prisciano. Como Eudoro de Alexandria, Gaio interpretou o platonismo (e em particular, dentro deste, o conceito de fim) num sentido filosófico-religioso e até místico. Num *Prólogo* (aos diálogos platônicos) e notadamente num *Epítome* (o chamado *Didascálico*), Albino elaborou e sistematizou as doutrinas de seu mestre, recorrendo freqüentemente ao auxílio de idéias de Aristóteles, Teofrasto e dos estóicos (apesar de rejeitar a concepção de filosofia destes). Características do pensamento de Albino são, por um lado, sua tendência à sistematização e, pelo outro, sua elaboração de idéias que — dando prosseguimento a certas indicações encontradas no *Timeu* de Platão e na *Metafísica* de Aristóteles — o levaram a posições muito próximas às do neoplatonismo. No que diz respeito ao primeiro, mencionaremos o fato de que, seguindo antes de tudo Aristóteles, Albino distinguiu entre a parte teórica e a parte prática da filosofia, com a dialética (dividida em dierética, horística, epagógica e silogística) como "instrumento". A parte teórica abrangia a teologia, a física e a matemática; a parte prática, a ética, a economia e a política. No entanto, a matemática era apresentada por Albino como um saber de natureza catártica, num sentido muito semelhante ao de Téon de Esmirna. No que se refere ao segundo, mencionaremos algumas das opiniões defendidas. Em sua teologia, Albino elaborou idéias mais tarde muito debatidas no âmbito do neoplatonismo: divisão do real em forma pura, em idéias (segundo as quais o mundo foi formado) e matéria; separação entre a Inteligência e a Alma; divisão da divindade em três deuses, um principal — que move sem ser movido — e dois outros subordinados — que podem ser considerados hipóstases suas — etc. Albino elaborou também a física — sob a influência do *Timeu* e da doutrina estóica da Providência —, a psicologia — com uma mistura de platonismo e aristotelismo e uma oposição à idéia estóica de apatia — e a política — com predominante influência aristotélica.

ᕳ Edição do *Prólogo* (às vezes denominado Εἰσαγωγὴ εἰς τὴν τοῦ Πλάτωνος Βίβλον e às vezes Ἀλβίνου πρόλογος) na edição de Platão por K. F. Hermann, VI, 147-151. Edição do *Epítome* (chamado de Διδασκαλικός τῶν Πλάτωνος δολμάτων e também Εἰσαγωγὴ εἰς τὴν φιλοσοφίαν Πλάτωνος ou Ἐπιτομὴ τῶν Πλάτωνος δογμάτων) em *ibid.*, 152-189. Outras edições do *Epítome* por P. Louis (1945). — Outras edições do *Prólogo* por J. Freudenthal, "Der Platoniker Albinos und der falsche Albinos", *Hellenistische Studien*, Heft 3 (1879), e por J. B. Sturm (1901).

Bibliografia: C. Mazzasrelli, "Bibliografia Medioplatonica, parte prima: Gaio, Albino e Anonimo commentatore del 'Teeteto'", *Rivista di Filosofia Neo-Scolastica*, 72 (1980), 108-144.

Ver: R. E. Witt, *Albinus and the History of Middle Platonism*, 1937; reimp., 1971. — E. Pelosi, "Een platoonse Gedachte bij Gaios, Albinos en Apuleius van Madaura", *Studia Catholica*, 15 (1939), 375-394 e 16 (1940), 226-242. — Há um escrito comemorativo (ainda inédito) de R. L. Corre, *Le rôle d'Albinus dans l'évolution du platonisme* (cf. *Revue Philosophique de la France et de l'Étranger*, 81 [1956], 28-38). — J. H. Loenen, "Albinus' Metaphysics: An Attempt at Rehabilitation", *Mnemosyne*, 9 (1956), 296-319; 10 (1957), 35-56. — G. Invernizzi, "Il 'Prologo' de Albino", *Rivista di Filosofia Neo-Scolastica*, 71 (1979), 352-361. ᕲ

ALBO, JOSEPH [YOSEF] (*ca.* 1380-*ca.* 1444), nasc. provavelmente em Monreal, Aragón, foi um dos principais apologistas e pregadores hispano-judaicos medievais, participando do colóquio de Tolosa (1413-1414). Albo afirmou que seu mestre fora Chasdai Crescas (VER). A contribuição mais importante de Albo foi seu *Sefer ha-'Ikkarim* (*Livro das Raízes*, às vezes traduzido como *Livro dos princípios fundamentais*), concluído em 1425 e publicado pela primeira vez em Soncino, Itália, em seu hebraico original, em 1485. As "raízes" ou "princípios fundamentais" do judaísmo são três:

Deus, a revelação, e a recompensa e o castigo. Cada uma dessas raízes ou princípios se subdivide em raízes secundárias ou derivadas. As decorrentes da raiz de Deus são seus quatro atributos. Albo apresentou em sua obra uma espécie de grande síntese dos princípios religiosos do judaísmo, fazendo uso de materiais muito diversos e mostrando intenção apologética e polêmica (contra o cristianismo).

➲ Edição crítica com tradução inglesa de *Sefer ha--'Ikkarim* de Isaac Husik, 5 vols., 1929-1930.

Ver: A. Tänzer, *Die Religionsphilosophie des J. A.*, 1896. — Isaac Husik, *A History of Medieval Jewish Philosophy*, 1916; reed., 1962. — *Id.*, "J. A., the Last of Mediaeval Jewish Philosophers", *American Academy. Jewish Research Proceedings*, 1 (1928-1930), 61-72. — J. Guttmann, *Die Philosophie des Judentums*, 1933. — I. Husik, *Philosophical Essays: Ancient, Mediaeval and Modern*, ed. M. C. Nahm, L. Straus, 1952. — F. Bamberger, "J. Guttmann - Philosoph des Judentums", em *Deutsches Judentum*, ed. R. Weltsch, 1963. — L. H. Silberman, "Guttmann's 'Die Philosophie des Judentums'", *Judaism*, 12 (1963), 469-475. — J. S. Minkin, *The Shaping of the Modern Mind*, 1963. ☾

ALCHOURRÓN, CARLOS E. Ver Deôntico.

ALCMÉON DE CROTONA (século VI a.C.), discípulo de Pitágoras, segundo Diógenes Laércio (VIII, 5), dedicou-se à medicina e à ciência natural, investigando especialmente a origem e o processo fisiológico das sensações. Sua principal contribuição para a filosofia se manifestou em duas doutrinas. Uma foi a elaboração de uma tabela pitagórica das oposições, que incluía as sensações (doce e amargo), as cores (branco e preto) e as magnitudes (grande e pequeno). A outra foi uma teoria da alma imortal como entidade em contínuo movimento (em perfeito movimento circular), que se encontra não apenas no homem, mas também nos astros. Alcméon insistiu igualmente na idéia da harmonia como lei universal de todos os fenômenos e de todos os seres, aplicando-a ao mundo natural e ao mundo humano (por exemplo, às sociedades).

➲ Diels-Kranz, 24 (14).

Ver: L. A. Stella, *L'importanza di A. nella storia del pensiero greco*, 1939. — G. Vlastos, "Isonomia", *American Journal of Philology* (1953), 337-366. — Ángel J. Cappelletti, "La inmortalidad del alma en A. de Crotona", *Cuadernos filosóficos*, Rosário, 1 (1960), 23-34. — D. Z. Andriopoulos, "Alcmeon's and Hippocrates's Concept of 'Aitia'", em P. Nicolacopoulos, ed., *Greek Studies in the Philosophy and History of Science*, 1990.

Ver também: J. B. Skemp, *The Theory of Motion in Plato's Later Dialogues*, 1942. — A. Pazzini, *La quiddità della scienza nel pensiero greco-italiota*, 1962. — J. Ferguson, "Dinos", *Phronesis*, 16 (1971), 97-115.

— G. Martano, *Contrarietà e dialettica nel pensiero antico*, 1972. — M. Carbonara, "L'enantiosis nel pensiero degli arcaici", *Logos* (1972), 195-218. A. J. Cappelletti, "El sueño y los sueños en la filosofía prearistotélica", *Revista de Filosofía* (Costa Rica), 23 (1985), 71-81. ☾

ALEGRIA. A alegria foi considerada por muitos filósofos uma das "paixões da alma". Ela se contrapõe à tristeza, mas não necessariamente à dor (assim como a tristeza se contrapõe à alegria, mas não necessariamente ao prazer). A alegria foi concebida de maneiras muito diferentes. Para Santo Agostinho, trata-se de um estado da alma em que esta se encontra, por assim dizer, "preenchida". Ao referir-se nas *Confissões* à sua mãe, Santa Mônica, quando esta é informada da conversão definitiva do filho, ele indica que a alegria e o prazer que experimenta são como uma exaltação e um triunfo — *gaudet* — *exaltat et triumphat*. Aqui, por conseguinte, a alegria não é mera satisfação: é o que mais se parece com uma disposição ou estado (VER) de ânimo. Muitos filósofos relacionaram a alegria com a posse de um bem, ou com a representação de sua posse efetiva ou possível. Assim, Descartes diz: "A consideração do bem presente suscita em nós a alegria, e a do mal, a tristeza, quando se trata de um bem ou de mal que não é representado como pertencente a nós" (*Les passions de l'âme*, art. 61). Spinoza define a alegria (*laetitia*) como "a paixão mediante a qual a mente passa a uma perfeição maior" (*Eth.*, III, prop. xi, esc.), sendo a tristeza "a paixão pela qual ela passa a uma perfeição menor" (*loc. cit.*). Na medida em que afeta ao mesmo tempo o corpo e o espírito, o sentimento de alegria constitui o prazer imediato (*titilatio*) ou jovialidade (*hilaritas*), enquanto a tristeza, no que se refere a isso, constitui a dor (*dolor*) ou mau-humor (*melancholia*). Não se deve confundir a alegria com o contentamento (*gaudium*), o qual é "a alegria surgida da imagem de algo passado cujo resultado nos pareceu duvidoso" (*ibid.*, III, prop. xviii, esc. 2). Depois de definir, ou fazer definir por Filaletes, a alegria (*joie*) como "um prazer que a alma sente quando considera assegurada a posse de um bem presente ou futuro" (*Nouveaux Essais*, II, 20,6), Leibniz leva Teófilo a dizer, num parêntese: "As línguas não têm palavras apropriadas para distinguir noções próximas. Casualmente, o latim *Gaudium* se aproxima mais desta [*supra*] definição de alegria do que *Laetitia*, que se traduz igualmente por alegria [*joie*], mas então me parece significar um estado em que predomina em nós o prazer, pois durante a mais profunda tristeza e em meio às mais amargas angústias se pode experimentar algum prazer, como beber ou escutar música, embora o desprazer predomine; e assim também, em meio às mais agudas dores, o espírito pode encontrar-se em estado de alegria, como acontecia com os mártires".

As opiniões anteriores, embora expressas em linguagem psicológica, não são propriamente psicológicas no sentido atual desse vocábulo; são antes antropológico-filosóficas. Em boa parte do pensamento contemporâneo, o problema da alegria também foi tratado em termos antropológicos, com freqüentes — conscientes ou inconscientes — bases existenciais. É o que ocorre, por exemplo, quando, em *As duas fontes da moral e da religião* (cap. IV), Bergson descreve a alegria como uma espécie de desafogo total da alma por meio do qual se suprime o esforço, tornando-se o conteúdo total da consciência quase estranho a si mesmo. "A alegria" — escreve Bergson — "anuncia sempre que a vida conseguiu seu propósito, ganhou terreno, alcançou uma vitória: toda alegria tem acento triunfal". No apêndice intitulado "Da alegria", em sua obra sobre *A má consciência* (*La mauvaise conscience*, 1933, pp. 184-198), Vladimir Jankélévitch considera que a alegria surge quando a alma desolada pode encarar de novo um futuro, isto é, quando se abre a ela o horizonte (que podemos muito bem qualificar de "existencial"). A alegria não estabelece limites; semelhante ao amor, quer sempre ir mais além, ao contrário do gozo ou do prazer [*gaudium*], que diz: "Basta! Até aqui. Não mais".

Debateu-se às vezes a função (ou ausência de função) da alegria na vida moral. Uma opinião categórica a esse respeito é a de Max Scheler. Segundo este autor, houve no espírito moderno, e em particular no espírito alemão do século XIX, uma "traição à alegria", conseqüência da entrega a um "falso heroísmo" ou a uma inumana "idéia do dever". A "história dessa traição" começou, indica Scheler, com Kant, que traiu "as alegrias mais profundas, espontâneas, aquelas que podemos chamar 'estimulantes'" (M. Scheler, "La traición a la alegría" [1921], no tomo *Amor y Conocimiento* [trad. esp., 1960], p. 103). Isso deu origem a um "movimento ético-filosófico" de índole antieudemonista e heroicista, movimento que é a expressão racional de certo tipo humano "estrito" (o tipo "burguês" e "prussiano"). Para Scheler, a alegria é "*fonte e necessário movimento concomitante*"; não é um fim em si mesmo, mas acompanha necessariamente a ação moral.

Observaremos a esse respeito que, embora Kant considere que o agir por amor ao dever e, em conseqüência, por puro respeito à lei prevaleça sobre qualquer outra consideração, incluindo a felicidade — e, com esta, a possível alegria —, não é preciso eliminar por completo estas últimas. A virtude e a felicidade — e, pode-se acrescentar, a alegria — se encontram incluídas no sumo bem, ainda que em forma de subordinação. Além disso, há em Kant certa vacilação a esse respeito, e até certa contradição em suas concepções éticas. Isso levou G. E. Moore a escrever: "A opinião kantiana de que a virtude nos torna *dignos* de ser felizes se acha em flagrante contradição com a opinião, implícita em sua teoria e associada a seu nome, de que uma Boa Vontade é a única coisa que tem mérito intrínseco. Sem dúvida, isso não nos permite acusar Kant, como se faz amiúde, de ser inconsistentemente um eudemonista ou um hedonista, pois não implica que a felicidade seja o único bem. Mas implica que a Boa Vontade *não* é o único bem; que uma situação em que sejamos ao mesmo tempo virtuosos e felizes é melhor em si mesma que uma na qual não haja felicidade" (*Principia Ethica*, § 105). Portanto, há muito o que falar sobre o rigorismo (VER) kantiano. É verdade que, mesmo que se admita que o cumprimento do dever não é sempre necessariamente equivalente à felicidade, pode-se sustentar que a felicidade não se faz forçosamente acompanhar pela alegria. Mas é injusto acusar Kant a propósito de uma questão que ele não abordou em suficiente detalhe, além de não ter se expressado sobre ela com a desejável clareza. Num sentido existencial de 'alegria', pelo menos, poder-se-ia alegar que Kant chegou a admitir uma forte possibilidade de que a obediência à lei por um sujeito moral comporte uma "plenitude" que se parece muito com a alegria em algum dos sentidos antes mencionados.

⇨ Além das obras citadas no texto: Wladislaw Tatarkiewicz, *O szczessiu*, 1947 (*Da alegria*). — Cazaneuve, *Psychologie de la joie*, 1952. — Godo Lieberg, *Die Lehre von der Lust in den Ethiken des Aristoteles*, 1959. — C. de Heer, *Makar, Eudaimon, Olbiols, Eutuches: A Study of the Semantic Field Denoting Happiness in Ancient Greek to the End of the 5th Century B.C.*, 1968. — R. Warner, *Freedom, Enjoyment, and Happiness: An Essay on Moral Psychology*, 1987. — S. A. White, *Sovereign Virtue: Aristotle on the Relation Between Happiness and Prosperity*, 1992. ⇦

ALEMBERT, JEAN LE ROND D' (1717-1783), nasc. em Paris. Estudou leis, medicina, matemática e física, dedicando-se especialmente a estas duas últimas, para as quais contribuiu com diversas publicações a partir de seu *Mémoire sur le calcul intégral*, de 1739. Seu trabalho científico mais conhecido é o *Traité de dynamique*, de 1743. A ele se seguiram, entre outros trabalhos, o *Traité de l'équilibre et du mouvement des fluides* (1744), o *Essai d'une nouvelle théorie sur la résistance des fluides* (1752) e as *Recherches sur différents points importants du système du monde* (1754-1756). Ao lado desses trabalhos científicos, ele publicou vários ensaios críticos, históricos e filosóficos, agrupados nos *Mélanges de littérature, d'histoire et de philosophie* (1752), um *Essai sur les éléments de la philosophie* (1759) e o "Discours préliminaire de l'*Encyclopédie*" (1751), sua obra mais conhecida. Escreveu, ademais, diversos artigos para a *Enciclopédia* (VER) e dirigiu com Diderot a publicação desta obra.

D'Alembert refletiu em suas idéias filosóficas muitas das correntes ao mesmo tempo racionalistas e empiristas da Ilustração (VER). Seu racionalismo manifesta-se na luta contra o que considerava o obscurantismo de toda crença em mitos e, em geral, numa realidade transcendente. O empirismo de d'Alembert revela-se em sua oposição a princípios metafísicos não comprovados e não comprováveis por meio da experiência. Considerando Locke modelo de filósofo e Newton modelo de cientista, ele fundamentou e divulgou a idéia da unidade do saber com base na formação de uma série de princípios procedentes da observação e que a um só tempo servissem de guias para observações ulteriores. A relação entre princípios e fatos era para d'Alembert equivalente à relação entre leis e fenômenos. Nessa relação, ele enfatizava constantemente o elemento empírico, que a razão não pode transpor. A filosofia é a unificadora dos saberes, mas não à maneira da metafísica tradicional, e sim como sistema racional e demonstrável de todas as relações entre princípios e fenômenos. Em última análise, são estes o fundamento de todo conhecimento. E isso também na própria matemática, que ele interpretou empiricamente como ciência das propriedades gerais de todas as coisas, abstraindo-se suas qualidades sensíveis.

A unidade do saber manifesta-se, segundo d'Alembert, não apenas na organização atual das ciências, mas também no progresso científico ao longo da história. Em seu "Discurso Preliminar", d'Alembert afirmou que as "ciências" podem ser classificadas segundo as faculdades: a memória (História: sagrada, civil e natural); razão (filosofia e ciência: de Deus, do homem e da Natureza); imaginação (poesia: narrativa, dramática e parabólica). Como se vê, as "ciências" são todas as atividades culturais humanas, as quais evoluem e progridem historicamente, de tal modo que a história da cultura humana pode ser comparada com a história do processo da mente humana em seu esforço de conhecer os fenômenos, organizá-los e explicá-los. O estudo da história não é, pois, mera curiosidade; é o único modo que o homem tem de conhecer-se a si mesmo e de poder orientar-se no futuro não só em seu saber, mas em sua ação sobre a Natureza e a sociedade.

⊃ Nova edição dos citados *Mélanges*, 5 vols., 1770, e da ed. de 1805 do *Essai*, 1965. — Edições de obras: *Oeuvres philosophiques, historiques et littéraires*, 18 vols., 1805, ed. Bastien; *Oeuvres*, 5 vols., 1821, ed. Didot; *Oeuvres et correspondance inédites*, 1887, ed. C. Henry. — Há várias trad. do "Discours"; entre as últimas, citamos: *Discurso preliminar a la Enciclopedia, a dos siglos de sua publicación*, 1954, por A. A. Barbagelata. — Também em trad. esp.: *Artículos políticos de la "Enciclopedia"*, 1986.

Ver: J. Bertrand, *D'A.*, 1889. — Maurice Muller, *Essai sur la philosophie de J. d'A.* — John N. Pappas, *Voltaire and d'A.*, 1962. — Ronald Grimsley, *Jean d'A. (1717-1783)*, 1963. — Thomas L. Hankins, J., *d'A.: Science and the Enlightenment*, 1970. — J. Lough, *Essays on the "Encyclopédie" of Diderot and D'Alembert*, 1968. — R. J. White, *The Anti-Philosophers: A Study of the Philosophes in Eighteenth-Century France*, 1970. — P. Casini, "Il problema D'Alembert", *Rivista di Filosofia*, 61 (1970), 26-47. — P. France, *Rhetoric and Truth in France: Descartes to Diderot*, 1972. — R. Grimsley, *From Montesquieu to Laclos: Studies on the French Enlightenment*, 1974. — G. Tonelli, "The Philosophy of D'Alembert: A Sceptic Beyond Scepticism", *Kant-Studien*, 67 (1976), 353-371. — J. N. Shklar, "Jean D'Alembert and the Rehabilitation of History", *Journal of the History of Ideas*, 42 (1981), 643-664. — Z. G. Swijtink, "D'Alembert and the Maturity of Chances", *Studies in History and Philosophy of Science*, 17 (1986), 327-349. — T. Christensen, "Music Theory as Scientific Propaganda: The Case of D'Alembert's 'Elements de Musique'", *Journal of the History of Ideas*, 50 (1989), 409-427. — Ver também a bibliografia dos verbetes ENCICLOPÉDIA e ILUSTRAÇÃO. ⊂

ALÉTICO. É comum hoje recorrer aos termos gregos pertinentes (ἀλήθεια, ἀληθής) para designar um tipo de lógica modal: a lógica modal que faz uso dos conceitos de "necessário", "possível", "contingente", "impossível". Esses conceitos formam um grupo de modalidades que Henrik von Wright (VER) denominou *alethic (alethic modalities)*.

A lógica modal alética é propriamente uma lógica modal. Embora outros grupos de conceitos dêem lugar ao que von Wright julga modalidades (epistêmica, deôntica e existencial), a possibilidade de reduzir a lógica deôntica à modal (e, especificamente, à lógica modal alética), tal como fizeram A. R. Anderson e Jesús Rodríguez Marín, faz com que seja mais próprio falar de lógica modal no caso da lógica modal alética que no caso dos outros grupos de conceitos que von Wright designou igualmente como "modalidades". É comum usar hoje, por exemplo, 'lógica deôntica' e não 'lógica modal deôntica'.

ALETIOLOGIA. Tomando como base o termo grego ἀλήθεια, que costuma ser traduzido por 'verdade', J. H. Lambert (VER) cunhou o vocábulo 'aletiologia' e denominou *Aletiologia ou doutrina da verdade* (*Alethiologie oder Lehre von der Wahrheit*) a segunda parte de seu *Neues Organon* (1764). A aletiologia de Lambert examina os conceitos simples ou conceitos pensáveis por si mesmos; os princípios dos conceitos (que são dez: a consciência, a existência, a unidade, a duração, a sucessão, o querer, a solidez, a extensão, o movimento e a força); os conceitos compostos (formados com base nos conceitos simples); e a diferença entre o verdadeiro e o falso (que trata de todos os conceitos, proposições e relações submetidos a leis, incluindo as leis lógicas de contradição). Esta última seção da aletiologia é a essencial, visto que aborda as combinações de conceitos e examina quais são permissíveis e quais não são, isto é, quais são os conceitos e as combinações de conceitos possíveis. Lambert desenvolveu um pouco mais esta concepção da aletiologia na primeira parte de seu *Anlage zur Architechtonik* (1771) (ver ARQUITETÔNICA).

O termo 'aletiologia' foi usado também por H. Gomperz para designar uma das duas partes da noologia (ver NOOLÓGICO): a que se ocupa dos valores de verdade, ao contrário da semasiologia, que se dedica aos conteúdos do pensamento.

ALEXANDER, SAMUEL (1859-1938), nasc. em Sidney (Austrália), professor de 1893 a 1923 em Manchester, começou suas investigações filosóficas com o desenvolvimento de uma doutrina ética de tendência evolucionista. Embora esse evolucionismo tivesse no princípio uma forte tendência voluntarista, é patente que os juízos de valor moral não podiam fundar-se, segundo Alexander, em avaliações meramente subjetivo-individuais. Com efeito, Alexander estabelecia como condição para esse tipo de juízos o fato de serem não apenas componíveis com outros juízos formulados pela mesma pessoa, mas também componíveis com juízos de alcance social. O evolucionismo ético de Alexander era, pois, de caráter histórico-social: os juízos éticos jamais são rígidos e eternos; pelo contrário, modificam-se continuamente. Mas, por sua vez, essa mudança está submetida a certos modelos: os modelos da evolução.

Ora, o pensamento mais importante e influente de Alexander é o que se exprime na ampla e detalhada concepção metafísica de sua obra de 1920 sobre o espaço, o tempo e a divindade. Alexander afirma que sua obra constitui uma parte "do amplo movimento rumo a alguma forma de realismo em filosofia que teve início na Inglaterra com Moore e Russell, e na América com os autores de *O novo realismo*" (ver NEO-REALISMO). Trata-se, assim, de uma crítica do idealismo de Bradley e Bosanquet e de uma firme adesão a um "método empírico" fundado na "experiência". Ao contrário de Moore e Russell, contudo, Alexander não reduz o pensamento filosófico a uma análise, e menos ainda a uma elucidação da linguagem. Ele enfatiza desde o começo de sua obra a necessidade de edificar um sistema filosófico completo que seja, literalmente falando, uma metafísica evolucionista e emergentista (ver EMERGENTE; EVOLUÇÃO) e que, à maneira de Bergson — de quem Alexander recebeu importantes inspirações —, contenha a teoria do conhecimento como um de seus elementos. Pois a teoria do conhecimento não é um prolegômeno à metafísica, constituindo-se antes "sobre o desenvolvimento" desta última. Realismo (realismo do senso comum), função primária da experiência, uso do método empírico, tendência ao sistemático e, por fim, emprego de uma certa dialética, podem ser considerados os principais elementos com os quais Alexander constrói a sua doutrina.

Esta última se baseia na idéia de que a substância primordial do Universo é o Espaço-Tempo e de que todas as outras entidades surgem dessa substância primordial, ou, melhor dizendo, *emergem* dela, adquirindo no decorrer dessa emergência novas qualidades. O Espaço-Tempo forma uma unidade indissolúvel (embora se observe certo predomínio, pelo menos metafísico, do Tempo sobre o Espaço). Com efeito, se o Tempo fosse puramente temporal, não seria contínuo; o Tempo é, assim, um *continuum* de momentos que para constituir-se precisa de outro elemento: o Espaço, que soluciona a contradição entre a mera sucessão e a continuidade. Portanto, o Tempo implica o Espaço. De maneira simultânea, se o Espaço fosse puramente coexistente e contínuo, a espacialidade equivaleria ao puro vazio. O Espaço é sem dúvida contínuo, mas possui ao mesmo tempo distinção entre suas partes. Como essa distinção não é proporcionada pelo próprio Espaço, este requer outro elemento: o Tempo, que torna possível que os diferentes pontos do Espaço se achem ligados entre si. Por conseguinte, o Espaço implica o Tempo. Este Espaço-Tempo tem uma primeira qualidade: o movimento, que é anterior às coisas materiais. Do movimento surgem as coisas materiais com propriedades físicas; destas, as coisas materiais com propriedades químicas; destas, as coisas materiais com propriedades fisiológicas. Esse impulso ou *nisus* que leva à produção de entidades cada vez mais complexas desemboca no mundo espiritual, o mundo dos valores, cujo ápice é Deus, ou, melhor dizendo, a divindade. Trata-se de uma divindade que se faz continuamente e não tem caracteres fixos, pois a divindade é sempre o "próximo nível" na evolução, o momento sempre "superior" de uma contínua marcha da realidade rumo a formas qualitativamente mais ricas.

Alexander estabelece uma distinção entre qualidades, as quais mudam de acordo com as coisas, e categorias, que são os elementos onipresentes e onipenetrantes na realidade. Em alguns casos, no entanto — como ocorre com o movimento —, parece difícil distinguir entre qualidades e categorias. Com efeito, o movimento é uma qualidade que surge do Espaço-Tempo. É também uma categoria unida às demais admitidas por Alexander: substância, quantidade, número, existência, universalidade, relação e ordem. Esse conflito pode ser parcialmente explicado pelo fato de que, segundo esse autor, a doutrina das categorias é uma doutrina metafísica e não apenas epistemológica. No que se refere a este último tema, a doutrina de Alexander é ainda mais simples que as teorias análogas sustentadas pelos neo-realistas. Com efeito, sendo a mente ou o espírito, como tudo, uma realidade que surge no processo emergente, a relação entre a mente e a realidade não pode ser concebida como um contraste, nem mesmo como um reflexo, mas como um puro estar uma ao lado da outra. Alexander expressa essa concepção por meio de seu conceito da *togetherness*, que é uma relação puramente empírica e não uma construção metafísica.

Um aspecto da doutrina de Alexander adapta-se com certa dificuldade a seus esquemas: trata-se do problema de vincular entre si a série de níveis da realidade. Essa dificuldade é enfrentada pelo autor mediante uma ampliação do conceito de valor a todos os níveis; assim, os valores são relações universais tão onipresentes quanto as categorias. Por esse motivo, Alexander distingue diversos tipos de valores: valores atômicos, valores fisicoquímicos, valores humanos e valores da divindade (que são, em última análise, a manifestação do impulso do universo na direção do divino). O que outros filósofos denominam valores — os valores "humanos" — é, pois, apenas uma espécie de valores: os valores enquanto "qualidades terciárias". Isso permite que Alexander — cuja teoria dos valores foi influenciada pelas investigações de Meinong e Ehrenfels — escape à concepção subjetivista dos valores e faça deles propriedades ao mesmo tempo objetivas e mentais. São objetivas porque são propriedades das realidades; são mentais (e, no caso das qualidades terciárias, mental-humanas) porque "pertencem ao objeto enquanto possuído pela mente e não fora da relação".

◗ Obras: *Moral order and Progress: An Analysis of Ethical Conceptions*, 1889. — *Locke*, 1908. — *Space, Time, and Deity*, 2 vols., 1920 [Gifford Lectures, 1916--1918]. Reimp., 1927, com um importante "Preface to New Impression"; nova reimp., 1966, com prefácio de Dorothy Emmet. — *Spinoza and Time*, 1921. — *Art and Instinct*, 1927. — *Beauty and other Forms of Value*, 1933. — *Philosophical and Literary Pieces*, 1939 (ed. J. Laird).

Ver: A. F. Liddell, *Alexander's Space, Time and Deity*, 1925. — Ph. Devaux, *Le système d'Alexander. Exposé critique d'une théorie néo-realiste du changement*, 1929. — G. van Hall, *The Theory of Knowledge of S. Alexander*, 1936 (tese). — H. Lundholm, *The Aesthetic Sentiment: A Criticism and an Original Excursion*, 1941. — M. R. Konvitz, *On the Nature of Value: The Philosophy of S. Alexander*, 1945. — J. W. McCarthy, *The Naturalism of S. Alexander*, 1948. — A. P. Stiernotte, *God and Space-Time: Deity in the Philosophy of S. Alexander*, 1954. — Bertram D. Brettschneider, *The Philosophy of S. Alexander: Idealism in "Space, Time, and Deity"*, 1964. — D. Browning, ed., *Philosophers of Process*, 1965. — M. A. Weinstein, *Unity and Variety in the Philosophy of Samuel Alexander*, 1984. ◖

ALEXANDRE DE AFRODÍSIA (Cária, Ásia Menor) (*fl.* 200) foi discípulo de Hermínio e de Aristocles de Messina (o primeiro, autor de vários comentários às obras lógicas, e possivelmente à física, do Estagirita, comentários em que revelava também tendências platônicas; o segundo, autor de uma obra sobre a história da filosofia em que expressava também, ao lado de opiniões aristotélicas, outras platônicas e até estóicas). Alexandre ocupou de 198 a 211, na época de Septímio Severo, a cátedra peripatética em Atenas (uma das quatro grandes cátedras, ao lado da platônica, da estóica e da epicurista). Os comentários de Alexandre de Afrodísia a Aristóteles foram tão influentes até a época do Renascimento que deram origem a toda uma orientação — a chamada *orientação alexandrina* — dentro do aristotelismo. Dos comentários atribuídos a Alexandre que nos foram transmitidos são autênticos os que possuímos sobre o livro I dos *Primeiros Analíticos*, sobre os *Tópicos*, sobre a *Meteorologia*, sobre o tratado *Acerca da sensação* e sobre os livros A a Λ da *Metafísica*. Alexandre escreveu também comentários — hoje perdidos — sobre outros textos do Estagirita, por exemplo, sobre grande parte das outras obras lógicas, a física e a psicologia. Nos comentários conservados antes mencionados e em vários outros livros (*Sobre a alma*, Περὶ ψυχῆς; *Sobre o destino*, Περὶ εἱμαρμένης), Alexandre pretendeu organizar e sistematizar a doutrina de Aristóteles, defendendo-a, além disso, de outras tendências, em particular do estoicismo. Entre as doutrinas características de Alexandre, figuram: 1) sua defesa da liberdade da vontade contra o determinismo absoluto; 2) sua tese acerca da existência dos conceitos gerais apenas no entendimento (o que o aproximou do conceitualismo e, de acordo com alguns autores, até do nominalismo); 3) suas tendências naturalistas; 4) sua divisão do νοῦς em três: o físico ou material, φυσικός ou ὑλικός, o "habitual", ἐπίκτητος, e o formador ou ativo, ποιητικός, que faz passar o primeiro ao segundo. A famosa doutrina da unidade do entendimento, tão influente em várias tendências do pensamento medieval (especialmente na averroísta), acha-se já — embora num sentido diverso do de Averróis, que considerava essa unidade o aspecto que oferece o entendimento à razão — em Alexandre de Afrodísia, para o qual a alma individual se encontra inteiramente no estado passivo.

➲ Várias obras de Alexandre foram editadas desde o século XV (Venetiis, 1495-1498, em edição de obras de Aristóteles; *ibid.*, 1534, em edição de obras de Temístio). Entre várias edições modernas, figuram: *De fato ad imperatores*, na trad. de Guillermo de Moerbeke, 1963, ed. Pierre Thillet. — *De mixtione*, com trad. e notas, no volume *A. of A. on Stoic Physics*, 1976, ed. Robert B. Todd. — A. P. Fotinis, *The De Anima of Alexander of Aphrodisias: A Translation and Commentary*, 1981. — J. Barnes et al., trads. *A. of A.: On Aristotle's "Prior Analytics" 1: 1-7*, 1991.

A edição de Alexandre até agora completa é a que figura na série dos *Commentaria in Aristotelem Graeca* (ver a bibliografia de ARISTOTELISMO). — Cf. também P. Wilpert, "Reste verlorener Aristoteles-Schriften bei A. von A.", *Hermes*, 85 (1940), 369-396.

Ver: G. Volait, *Die Stellung des Alexander von Aphrodisias zur aristotelischen Schlusslehre*, 1907. — Paul Moraux, *A. d'Afrodisie, exégète de la poétique d'Aristote*, 1942. — Id., *Der Aristotelismus bei den Griechen, von Andronikos bis Alexander von Aphrodisias*, 3 vols., 1973 ss. — Giancarlo Movia, *Alesandro di Afrodisia, tra naturalismo e misticismo*, 1970. — R. W. Sharples, *A. of A. on Fate*, 1983.

Entre os numerosos artigos sobre Alexandre de Afrodísia, destacamos os de J. Freudenthal (1885), Th. H. Martin (1879), O. Apelt (1886, 1894, 1906), I. Bruns (1889, 1890), C. Ruelle (1892), H. von Arnim (1900), K. Radermacher (1900), A. Brinkmann (1902), E. Thouverez (1902), H. Diels (1905), K. Praechter (1906, 1907), W. Capelle (1911). — Artigo de A. Gercke sobre Alexandre (Alexander, 94, von Aphrodisias) em Pauly-Wissowa.

Sobre a influência de Alexandre de Afrodísia: G. Théry, O. P., *Autour du Décret de 1210 (II. A. d'Aphrodisie, aperçu sur l'influence de sa noétique)*, 1926. ➲

ALEXANDRE DE AIGAI. Ver PERIPATÉTICOS.

ALEXANDRE DE HALES (ca. 1185-1245), denominado o *doctor irrefragabilis*, nasceu em Hales Owen (Shropshire) e lecionou durante longo tempo (de 1221 a 1229 e de 1231 provavelmente até sua morte) na Universidade de Paris, onde teve como discípulo São Boaventura. Em 1236, ingressou na ordem dos Franciscanos. Em seus comentários às *Sentenças* de Pedro Lombardo, Alexandre de Hales incorporou grande quantidade de autores: Santo Agostinho, o Pseudo-Dionísio, Boécio, São João Damasceno, Santo Anselmo, São Bernardo, Alain de Lille, Gilberto de la Porrée, Ricardo de São Vítor e outros. Ora, suas fontes não se limitaram ao agostinismo e ao platonismo ou ao neoplatonismo; nosso autor foi um dos primeiros a ter à sua disposição quase todos os escritos de Aristóteles. Pode-se dizer, portanto, que Alexandre de Hales foi um dos grandes compiladores e sistematizadores da Idade Média e que sua forma de abordar os problemas teológicos constituiu um claro precedente da *quaestio* escolástica e um esquema das posteriores *Sumas*, com a formulação do problema, a indicação de objeções, a solução e a justificação destas. Não se trata de uma conciliação de doutrinas aristotélicas com doutrinas platônico-agostinianas, mas de um desejo de utilizar todas as orientações filosóficas possíveis admitidas pela ortodoxia para a constituição de uma ampla e sólida teologia. Entre as doutrinas mais importantes aceitas por Alexandre de Hales dotadas de alcance ao mesmo tempo teológico e filosófico, figuram a teoria da composição hilomórfica de todas as criaturas, a teoria criacionista da alma e a posição fundamentalmente realista na questão dos universais. Atribui-se a Alexandre de Hales a extensa *Summa theologiae* também denominada *Summa fratris Alexandri*; mas, embora essa obra contenha doutrinas do autor, provavelmente procedentes dos ensinamentos de seus últimos anos, trata-se de uma compilação que talvez tenha sido iniciada pelo discípulo de Alexandre, João de la Rochelle, e a que deram prosseguimento outros autores franciscanos.

➲ A *Summa* [*Summa universae thelogiae*] foi publicada pela primeira vez no século XV (Venetiis, 1475). Ed. crítica pelos Padres do Colégio de São Boaventura (Ad Claras Aquas, Quaracchi) na *Bibliotheca Franciscana Scholasticae Medii Aevi: Alexandri de Hales, O. F. M., Summa theologica*, 4 vols.: I, 1924; II, 1928; III, 1930; IV, 1948. — Edição crítica dos comentários a Pedro Lombardo na citada Bibliotheca: *Glossa in quatuor Libros Setentiarum Petri Lombardi: I (In librum primum)*, 1951; *II (In librum secundum)*, 1952; *III (In librum tertium)*, 1954; *IV (In librum quartum)*, 1957. — Ed. na mesma Bibliotheca, 19-21: *Quaestiones disputatae "antequam esset frater"*, 3 vols., 1860: I: *Quaestiones*, 1-33; II: *Id.*, 34-59: III: *Id.*, 60-68. — G. E. Mohan, "A Manuscript of Alexander of Hales", *Franciscan Studies*, 5 (1945), 415-417.

Bibliografia e problemas bibliográficos: I. Herscher, "A Bibliography of A. of Hales", *Franciscan Studies*, 5 (1945), 435-454. — V. Kempf, "Problemas bibliográficos en torno das obras de A. de Hales", *Revista Eclesiástica Brasileira*, 6 (1946), 92-105. — V. Doucet, "A New Source of the 'Summa Fratris Alexandri'", *Franciscan Studies*, 6 (1946), 403-417. — *Id., id.*, "The History of the Problem of the Authenticity of the 'Summa'", *ibid.*, 7 (1947), 26-41.

Ver: F. Picavet, *Abélard et A. de Hales, créateurs de la méthode scholastique*, 1896. — K. Heim, *Das Wesen der Gnade und ihr Verhälnis zu den natürlichen Funk-

tionen des Menschen bei A. Hales, 1907. — J. Fuchs, *Die Proprietäten des Seins bei A. von Hales,* 1930 (tese). — Ph. Boehner, O. F. M., "The System of Metaphysics of A. of Hales", *Franciscan Studies*, 5 (1945), 366-414. — E. Bettoni, *Il problema della conoscibilità di Dio nella scuola francescana*, 1950 (sobre A. de Hales, S. Boaventura, Duns Scot). — W. H. Principe, "The Doctrines of William of Auxerre, Alexander of Hales, Hugh of Saint-Cher and Philip the Chancellor", *Mediaeval Studies,* 24 (1962), 392-394. — E. Gössmann, *Metaphysik und Heilsgeschichte: eine Theologische Untersuchung der "Summa Halensis"*, 1964. — Meldon C. Wass, *The Infinite God and the Summa Fratris Alexandri*, 1964. — I. Brady, "The Distinctions of Lombard's Book of Sentences and Alexander of Hales", *Franciscan Studies*, 25 (1965), 90-116. — Walter H. Principe, *Alexander of Hales' Theology of the Hypostatic Union*, 1967 (vol. 2 de *The Theology of the Hypostatic Union in the Early Thirteenth Century).* ⊂

ALEXANDRE DE LICÓPOLIS (*fl. ca.* 300) foi um dos neoplatônicos da Escola de Alexandria (ver ALEXANDRIA [ESCOLA DE]) cujas obras permitem compreender a relação entre autores como Orígenes, o pagão, e Hierocles de Alexandria. Alexandre de Licópolis é conhecido por sua oposição aos maniqueístas e a todo dualismo entre o Bem e o Mal, ou a Luz e as Trevas. O antidualismo de Alexandre de Licópolis aproxima-se às vezes de uma visão ao mesmo tempo neoplatônica e cristã de Platão.

⊃ O tratado Πρὸς τὰς Μανιχαίου δόξας foi publicado por A. Brinkmann em edição crítica, 1895. Trad. inglesa, com introdução e notas de P. W. van der Horst e J. Mansfeld: *A. of Lycopolis' Treatise "Critique of the Doctrine of Manichaeus"*, 1974. ⊂

ALEXANDRIA (ESCOLA DE). A expressão 'Escola de Alexandria' é entendida em quatro sentidos: 1) como o conjunto das escolas filosóficas e eruditas que surgiram e se desenvolveram principalmente na cidade de Alexandria e influenciaram as escolas de outras cidades; 2) como o conjunto da tendência filosófica do neoplatonismo desde Amônio Saccas (VER) até os últimos filósofos da Escola de Atenas (VER); 3) como um ramo do neoplatonismo, formado por Hipatia, Sinésio de Cirene (VER), Hiéracles de Alexandria (VER), Herméia de Alexandria (VER), Amônio Hermias (VER), João Filoponos (VER), Asclépio, o jovem (VER), Olimpiodoro (VER), Alexandre de Licópolis (VER), Estêvão de Alexandria (VER), Asclepiodoto de Alexandria (VER), Nemésio (VER), João Lido (VER); 4) como o conjunto de idéias filosóficas desenvolvidas em Alexandria durante os três primeiros séculos de nossa era por pensadores judeus ou cristãos, entre os quais se destacam Fílon, São Clemente e Orígenes. Às vezes se reduz a escola aos pensadores cristãos e ao século III.

A opinião 1) vigorou por muitos anos, até o começo do século XIX. De acordo com ela, os alexandrinos abrangem tanto os gregos como os judeus e os cristãos, com suas diferentes opiniões religiosas e seus freqüentemente comuns pontos de vista filosóficos. A essas atividades filosóficas se acrescentaria também uma grande quantidade de trabalhos científicos desenvolvidos em escolas alexandrinas de gramática, crítica, medicina, astronomia, geometria e geografia. Deste ponto de vista, autores tão diversos quanto Aristarco, Hiparco, Ptolomeu, Diofanto, Erastótenes, Estrabão, Amônio Saccas, Fílon e São Clemente de Alexandria pertenceriam à escola, ou, melhor dizendo, *às* escolas de Alexandria.

A opinião 2) foi defendida por vários historiadores durante o século XIX (J. Simon, E. Vacherot, J. Matter). Segundo esses autores, a Escola de Alexandria representa um movimento filosófico que se aproxima em vários pontos do cristianismo (tendência teológica, afirmação de uma Trindade etc.) e em outros diverge dele (idéia da emanação contra a de criação), um movimento que ocasionalmente se torna racionalista e outras vezes teúrgico, mas em todo caso conserva um espírito ao mesmo tempo eclético e sistemático.

A opinião 3) é a que se costuma encontrar hoje em muitas histórias da filosofia. Dessa maneira, pode-se distinguir a Escola de Alexandria e os outros ramos do neoplatonismo (VER). Neste sentido, a Escola de Alexandria caracteriza-se pelos contatos cada vez mais freqüentes com o cristianismo (não sem algumas disputas violentas, testemunhadas pela morte de Hipatia nas mãos da multidão), bem como pela tendência à erudição e ao sincretismo filósofico-religioso. Também se caracteriza pelas estreitas relações mantidas com a Escola de Atenas — razão pela qual os que defendem a opinião 2) costumam apresentá-las juntas — e pelo fato de que de Alexandria surgiram muitas teses que influenciaram outros ramos do neoplatonismo.

A opinião 4) é a adotada pela maioria dos historiadores da filosofia medieval quando incluem nesta seus precedentes patrísticos e cristão-helênicos.

Aqui, consideraremos mais plausíveis as opiniões 3) e 4). Tendo tratado, porém, dos autores principais indicados em 4) nos verbetes a eles dedicados, referir-nos-emos a vários autores que correspondem a 3) e aos que não dedicamos verbetes. A bibliografia se referirá a esses autores.

Sabe-se (por Suidas e outros autores) que Hipatia se ocupou de explicar as doutrinas de vários filósofos gregos, especialmente de Platão e Aristóteles, e que morreu apedrejado pela multidão em Alexandria, sem que seja possível assegurar ter sido o Bispo Cirilo o responsável por incitar a massa contra ele. Sinésio de Cirene (*ca.* 370-415), bispo de Ptolemais, mesclou o neoplatonismo com o cristianismo e desenvolveu especulações filosófico-teológicas que giraram em torno da Unidade e da Trindade, assim como considerações políticas relativas ao ideal do rei-filósofo. Herméia de Alexandria comentou o *Fedro* fazendo uso das idéias dialéticas de Jâmblico. Amônio Hérmias, assim chamado por ser filho de Herméias, escreveu sobre a noção do destino. Asclépio, o jovem, comentou a *Metafísica*; Elias, o *Isagoge* de Porfírio e as *Categorias*; David, o *Isagoge*. Estêvão de Alexandria comentou o *De interpretatione* e fez pesquisas sobre astronomia e cronologia. Alexandre de Licópolis opôs-se ao maniqueísmo em defesa das doutrinas neoplatônicas. João Lido, seguindo os passos de Nemésio, combinou as concepções cristãs com as neoplatônicas, ou, melhor dizendo, platônico-ecléticas.

↪ Ver as bibliografias de Neoplatonismo e dos filósofos da Escola a quem se dedicaram verbetes. Obras de Sinésio em Migne, *P. L.,* LXVI. — Herméias de Alexandria: *Hermiae Alexandrini in Platonis Phaedrum Scholia,* ed. P. Couvreur, 1901. — Amônio Hérmias: *De fato,* ed. J. C. Orellius em sua edição dos escritos de Alexandre de Afrodísia e de outros filósofos acerca do conceito de destino (Zurique, 1824). — Asclépio, o Jovem: *Asclepii in Aristotelis Metaphysicorum libros A-Z commentaria,* ed. M. Hayduck, nos *Commentaria in Aristotelem Graeca,* VI 2, citados em Aristotelismo. — Elias: *Eliae in Porphyrii Isagogen et Aristotelis Categoriae Commentaria,* ed. A. Busse (nos citados *Commentaria,* XVIII 1). — David: *Davidis Prolegomena et in Porphyrii Isagogen Commentarium,* ed. A. Busse (nos citados *Commentaria,* XVIII 2). — Estêvão: *Stephani in librum Aristotelis de interpretatione commentarium,* ed. M. Hayduck (nos citados *Commentaria,* XVIII 3). — João Lido: *Liber de ostentis* (Περὶ διοσημειῶν), ed. C. Wachsmuth, 1897; *Liber de mensibus* (Περὶ μηνῶν), ed. R. Wuensch, 1898; *De magistratibus populi Romani* (Περὶ ἀρχῶν τῆς Ῥωμαίων πολιτείας), ed. R. Wensch, 1903.
Ver: N. Aujoulat, *Le néo-platonisme alexandrin. Hieroclès d'Alexandrie. Filiations intellectuelles et spirituelles d'un néo-platonicien du Ve siècle,* 1986. **C**

ALEXANDRINISMO. Dá-se às vezes este nome ao movimento intelectual que teve lugar em vários países de língua grega depois da morte de Alexandre Magno (323 a.C.) e centrou-se no Egito e na cidade de Alexandria. A chamada "cultura alexandrina" caracteriza-se pela importância dada às ciências e à erudição (esta última baseada em grande parte nas investigações feitas na famosa Biblioteca do Museu de Alexandria). Do ponto de vista filosófico, o alexandrinismo é uma cultura de epígonos; em lugar de grandes criações filosóficas, há "seitas" e "escolas" (epicurismo, estoicismo, ecletismo e depois neoplatonismo ou pré-neoplatonismo). Do ponto de vista científico, em contrapartida, a contribuição dos "alexandrinos" foi importante; basta citar os nomes de Euclides, Arquimedes, Apolônio e Galeno.

De modo mais restrito, dá-se também às vezes o nome de "alexandrinismo" ao conjunto de trabalhos e especulações filosóficas da Escola de Alexandria (ver Alexandria [Escola de]). Neste sentido, o alexandrinismo coincide com um dos ramos ou manifestações do neoplatonismo (ver). O termo 'alexandrino' é usado ainda como sinônimo de 'neoplatônico'. Deve-se ter em mente que neste neoplatonismo costuma ser incluído um bom número de exegeses e especulações teológico-filosóficas judaicas e cristãs, visto estarem elas relacionadas com a tradição intelectual grega e, em particular, com a platônica.

Como em todos os casos, houve entre os "alexandrinos" uma tendência inegável aos comentários, às exegeses, aos esclarecimentos e aos trabalhos de erudição, classificação e ordenação, e, sendo isso considerado como inferior e subordinado às grandes criações culturais e espirituais, o alexandrinismo foi às vezes equiparado ao espírito de detalhe, ligado ao espírito sectário. No entanto, não se deve confundir o alexandrinismo, em nenhum dos sentidos indicados, com o chamado "bizantinismo". Embora não seja tão desdenhável quanto alguns supõem, a filosofia bizantina (ver) sem dúvida se caracterizou, durante alguns de seus períodos, pelo predomínio dos comentários de comentários e pelas intermináveis disputas sobre problemas secundários ou questões de detalhe, motivo pelo qual o termo 'bizantinismo' assumiu um sentido pejorativo. Mas o alexandrinismo não é — ou nem sempre é necessariamente — um "bizantinismo".

Distinguimos alexandrinismo de alexandrismo (ver), que é a corrente filosófica que se baseia na interpretação aristotélica dada por Alexandre de Afrodísia (ver).

ALEXANDRISMO. Tendo usado o nome 'alexandrinismo' (ver) para nos referir ao movimento cultural dos "alexandrinos", reservamos 'alexandrismo' para aludir à interpretação de Aristóteles oferecida por Alexandre de Afrodísia (ver) e, em particular, ao movimento filosófico suscitado durante o século XVI por essa interpretação. Nesse sentido, o alexandrismo é uma das variantes do aristotelismo (ver).

O aspecto mais importante do alexandrismo no assunto que nos ocupa é o que se encontra na interpretação do intelecto (ver). Em sua *De anima,* Alexandre de Afrodísia deu uma interpretação transcendentista do intelecto ativo (também denominado "entendimento agente") — interpretação, de resto, que o autor validava com uma visão sobretudo "naturalista" do pensamento de Aristóteles. Segundo Alexandre, só o intelecto ativo é separado; o intelecto passivo, em compensação, é um intelecto material que se torna intelecto adquirido (ἐπίκτητος, *adeptus*) pela ação do intelecto ativo. Dessa maneira, as almas humanas individuais não possuem sua própria forma separada; elas participam do intelecto ativo.

O interesse pelo "alexandrismo" no início da época moderna foi despertado por ocasião da tradução para o latim, por Girolamo Donato [Hieronimus Donatus], nascido em Veneza (*ca.* 1457-1511), do Livro I do *De anima*, de Alexandre de Afrodísia. Donato opôs-se aos intérpretes de Aristóteles que, em sua opinião, se interessavam somente por "aproveitar" os ensinamentos do Estagirita tendo em vista suas próprias convicções teológicas e filosóficas e proclamou que se deviam restabelecer esses ensinamentos em sua pureza (*in Interpretatione Alexandri Afrodisei praefatio*, 1495). Para esta tarefa era adequada justamente a interpretação de Alexandre. Tal interpretação "purificava" Aristóteles das doutrinas espúrias introduzidas por escolásticos e averroístas paduanos. Com esse fim, também podiam ser usadas, segundo Donato, as interpretações de Temístio e Simplício. O amigo de Donato, Ermolao Barbaro (VER), influenciado pelo bizantino Teodoro Gaza (VER), seguiu a mesma direção de Donato e insistiu no valor das interpretações aristotélicas de Alexandre, Temístio e Simplício. Embora tanto Donato como Ermolao Barbaro visassem, antes de tudo, "purificar" o pensamento de Aristóteles do ponto de vista "filológico", seus trabalhos, comentários e polêmicas tinham alcance filosófico por conduzir a uma das grandes interpretações do Estagirita.

O alexandrismo centrou-se em Bolonha, razão pela qual se falou de uma "Escola da Bolonha", em oposição ao averroísmo, que se centrou em Pádua, formando a chamada "Escola de Pádua" (ver PÁDUA [ESCOLA DE]). Durante as duas primeiras décadas do século XVI, ampliou-se a polêmica entre alexandristas e averroístas, especialmente no que diz respeito à questão da natureza da alma humana e das provas de sua imortalidade ou mortalidade. Do ponto de vista filosófico, é importante sobretudo a discussão entre o averroísta Nifo (VER), o Cardeal Cajetano (VER) [Tomás de Vío] e o mais ilustre dos alexandristas, Pietro Pomponazzi (VER). Este último não negava a imortalidade da alma humana individual, mas considerava ser isso questão de fé e não de prova racional (posição que, apesar de sua defesa anterior do tomismo, fora adotada em parte pelo Cardeal Cajetano, motivo pelo qual se supõe que este influenciou Pomponazzi). Parecia então haver duas posições claramente definidas: a averroísta e a alexandrista (essa última incluindo, portanto, a interpretação tomista do Cardeal Cajetano). Contudo, Francisco Silvestre de Ferrara (VER) opôs-se à interpretação do Cardeal Cajetano em nome do tomismo. O mesmo fez o discípulo de Pomponazzi, o Cardeal Gaspar Contarini (nasc. em Veneza: 1483-1542). Por seu lado, Nifo continuou opondo-se ao alexandrismo de Pomponazzi em defesa de um averroísmo que ia aproximando-se do tomismo. Pomponazzi respondeu a essas críticas com sua *Apologia* (1518) e seu *Defensorium* (1519), enfatizando a posição alexandrista e a interpretação denominada "naturalista" de Aristóteles. Aproximaram-se dos alexandristas Zabarella (VER) e Cremonini (VER); e dos averroístas, entre outros, Bernardo della Mirandola (1502-1565: *Institutio in universam logicam* [...], 1545; *Eversiones singularis certaminis libri XI*, 1562), Ludovico Boccadiferro (nasc. em Bolonha, 1482-1545; comentários à *Física*, aos *Meteoros*, aos *Parva Naturalia* e ao *De anima* aristotélicos) e Francesco Piccolomini (nasc. em Siena: 1520-1604: *Universa philosophia de moribus quinque partibus*, 1583; *De rerum definitionibus liber unus*, 1599; *Discursus ad universam logicam attinens* [...], 1600; *Opera philosophica*, 4 vols., 1600).

⊃ Muitas das obras sobre a filosofia no Renascimento (VER) tratam do alexandrismo. Ver: G. Saita, *Il pensiero italiano nell'Umanesimo e nel Rinascimento*, vol. III, 1951. — J. H. Randall, *The School of Padua and the Emergence of Modern Science*, 1960. — H. A. E. Van Gelder, *The Two Reformations in the 16th Century: A Study of the Religious Aspects and Consequences of Renaissance and Humanism*, 1961. — P. O. Kristeller, *Eight Philosophers of the Italian Renaissance*, 1964. — C. Trinkaus, *In Our Image and Likeness: Humanity and Divinity in Italian Humanist Thought*, 2 vols., 1970. — P. O. Kristeller, *Renaissance Concepts of Man, and Other Essays*, 1972. ⊂

ALFARABI (Abu Naṣr Muḥammad bn Tarjān bn Uzlāg Al-fārābī) (*ob.* 950). Nasc. em Bala (Turquestão), foi mestre em Bagdá. Tradutor e comentador de Aristóteles, assim como de obras neoplatônicas, visou em princípio a uma conciliação do aristotelismo com o platonismo. Essa conciliação não deve ser entendida, porém, no sentido de um ecletismo; a combinação dos elementos aristotélicos, platônicos e, mais tarde, neoplatônicos é, por um lado, a reunião de todas as especulações que possam dar uma fundamentação filosófica ao dogma e, por outro, a recapitulação do pensamento antigo numa unidade que pretende eliminar todas as divergências acidentais. Nesse sentido, Alfarabi é um precursor não apenas da especulação árabe posterior como também de muitas das características que mais tarde virão a desenvolver-se com todo o vigor no pensamento cristão da Idade Média. Os problemas referentes ao singular e ao universal e aos modos peculiares do conhecimento de ambos também encontram-se implicados nas análises filosóficas de Alfarabi. Este autor transfere, ademais, para a noção de Deus os elementos especulativos do pensamento clássico. Deus é a causa de si mesmo, a entidade cuja essência implica sua existência; trata-se de inteligência pura e suprema unidade incausada. Esse Deus transcendente e eterno é análogo, além disso, à suprema unidade dos neoplatônicos, a ponto de que dele emana a Inteligência e desta a Alma.

Não obstante, um dado essencial, compreensível do ponto de vista especificamente religioso, distingue a especulação de Alfarabi da neoplatônica. Enquanto nesta a suprema unidade se mantém, por assim dizer, no terreno puramente filosófico e carece de toda predicação positiva, a unidade de Alfarabi, equivalente ao Deus supremo, é ao mesmo tempo o conjunto de todas as predicações positivas elevadas à infinitude; em suma, é Sabedoria, Bondade, Beleza e Inteligência. De qualquer modo, a *hierarquia* de seres estabelecida por Alfarabi não se distingue essencialmente da neoplatônica; a série das emanações alcança as próprias formas terrestres, ou, melhor dizendo, o próprio entendimento paciente, transformado em ativo por sua participação no entendimento agente. O pensamento de Alfarabi se completava com uma doutrina social e religiosa que aspirava à maior perfeição possível da organização terrena como grau preliminar de uma Cidade de Deus superior e perfeita.

⮕ Entre as obras filosóficas mais importantes de Alfarabi, figuram as seguintes *Iḥsā al-'Ulūm* (*Catálogo das ciências*). Ed. crítica do texto árabe: al-Irfãn, Saida, 1921; outra ed. crítica: Cairo, 1931. Há duas traduções latinas medievais dessa obra com o título *De Scientiis*; uma delas foi publicada junto com o tratado *De intellectu* citado *infra* em *Alpharabii vetustissimi Aristotelis interpretis opera omnia quae latina lingua conscripta reperiri potuerunt* (Paris, 1638). Ed. crítica dos dois textos latinos por Clemens Baeumker em *Alfarabi, über den Ursprung der Wissenschaften (De ortu scientiarum)*, 1916 [Beiträge zur Geschichte der Philosophie des Mittelalters, XIX, 3]. Ed. do texto árabe, com as duas traduções latinas e uma trad. espanhola por Ángel González Palencia, 1932. — *Maqāla fī ma 'ānī al-'aql* (*Dissertação sobre os significados do termo "intelecto"*). Eds. críticas do texto árabe: F. Dieterici, no tomo *Al Fārābis philosophische Abhandlungen*, 1890 [trad. alemã do próprio Dietereci, 1892]; reimp. 1970; M. Bouyges, Paris, 1932. Há uma trad. latina medieval de Domingo Gundisalvo intitulada *De intellectu et intellecto*; ed. por É. Gilson no "Apêndice I" de seu trabalho "Les sources gréco-arabes de l'augustinisme avicennisant", *Archives d'histoire doctrinale et littéraire du moyen âge*, 4 (1930), 115-126. Esta obra foi conhecida também por meio de uma tradução para o hebraico intitulada *Sefer ha-sekel u hamuskalot*. — *Kitāb fī-l-yâm 'bayn rā'ī al-haqīmāyn Aflātūn al-Ilāhī wa Aristūtālis* (trad. esp.: "Concordia entre el divino Platón y el sabio Aristóteles", *Pensamiento*, 25 [1969], 21-70). Ed. por Dieterici, *op. cit. supra* [e trad. cit. *supra*, 1892]. Ed. árabe, *Kitāb al-Maymu'*, Cairo, 1325/1907. — *Risāla fī māčyanbagi an yuqaddam qabl ta'allum al-falsafa* (*Compêndio sobre o que convém saber antes de aprender filosofia*). Ed. e trad. por Dietereci, *op. cit. supra*. Ed. árabe, *Kitāb al-Maymū'*. — *Risāla fī ŷawābi masā'il su'il anha-* (*Respostas às questões formuladas*). Ed. e trad. Dieterici, *op. cit. supra*. Ed. árabe, *Kitāb al-Maŷmū'*; outra ed. Ḥayderābād, 1344/1931. — *'Uyūn al-Masā'il* (*Os problemas fundamentais*). Ed. e trad. Dieterici, *op. cit. supra*. Ed. árabe, *Kitāb al-Maŷmū'*. Ed. árabe, *Taŷrid Risālat al-Da 'āwā-l-Qalbiyya*, Ḥayderābād, 1349/1936. Há uma tradução latina de Domingo Gundisalvo intitulada *Flos Alpharabii*, ed. por Miguel Cruz Hernández, "El 'Fontes Quaestionum' ('*Uyūn-al-Masā'il*) de Abū Naṣr al-Fārābi", *Archives d'histoire doctrinale etc.* 18 (1951), 303-323. — *Kitāb al-tanbīh 'alà al-sa'āda* (*Livro da advertência sobre a salvação*). Ed. Ḥayderābād, 1346/1933. Há uma trad. latina medieval com o título *Liber exercitationis ad viam felicitatis*, ed. em *Recherches de théologie ancienne et médiévale*, 12 (1940), 33-48. — *Risālat fī ārā'ahl al-Madīnat al-fadīla* (*Compêndio sobre as opiniões dos membros da cidade ideal*). Ed. Dieterici em *Al Fārâbîs Abhandlung der Musterstadt*, 1895 [trad. alemã do próprio Dieterici, 1900] (trad. esp.: *La ciudad ideal*, 1985). Outros escritos de Alfarabi estão incluídos em Dieterici, *Al Fārâbîs philosophische Abhandlungen* [cf. *supra*], e em eds. separadas (Ḥayderābād). Algumas versões latinas estão incluídas no *Corpus Platonicum Medii Aevi* (tomos II e III).

Bibliografia: K. Djorr, *Bibliographie d'al-Fârâbî*, 1946 (tese). — N. Rescher, *Al-Farabi: An Annotated Bibliography*, 1962.

Ver: M. Steinschneider, *Al Farabi, des arabischen Philosophen Leben und Schriften* (*Mémoires de l'Académie impériale des Sciences*, Saint Petersbourg, Ser. 7, v. 13, 1869). — F. Dieterici, *Alfarabi, der Musterstaat*, 1900. — *Id., Die Staatsleitung*, 1904 (ed. Brönnle dos papéis póstumos de Dieterici). — R. Hamui, O. F. M., *Alfarabi's Philosophy and Its Influence on Scholasticism*, 1928. — Ibrahim Makdour, *La place d'Al Fârâbî dans l'école philosophique musulmane*, 1934. — R. Hammond, *The Philosophy of Alfarabi and Its Influence on Medieval Thought*, 1947. — M. Kassem, "La teoría de la emanación en los filósofos musulmanes", *Pensamiento*, 28 (1972), 131-144. — S. Gómez Nogales, *La política como única ciencia religiosa en Al-Farabi*, 1980. — P. Zambelli, "L'immaginazione e il suo potere. Da al-Kin-dī, al-Fārābī e Avicenna al Medieoevo latino e al Rinascimento", *Miscellanea Mediaevalia*, 17 (1985), 188-206. ⮐

ALGAZALI ou **ALGAZEL** (Abū Ḥāmid Muḥamad ibn Muḥammad al-Gāzālī) (1058-1111). Nasc. em Gāzāl, na província de Tus, no Jurāsān (Pérsia), lecionou em Bagdá, mudou-se depois para a Síria e faleceu em sua cidade natal. Adversário dos "filósofos", entendidos como os que utilizavam as doutrinas de Aristóteles — ou dos neoplatônicos — com a finalidade de racionalizar as crenças religiosas, Algazali não deixou, contudo, de empregar argumentos racionais contra os argumentos racionais. Suas tendências religiosas místicas, de caráter sufi, foram, com efeito, expressas amiúde mediante os conceitos da filosofia grega. Isso se revela especialmente em suas obras *Maqāṣid al falāsifa* ou *Intenções dos filósofos, Tahāfut al falāsifa* ou *Destruição (Contradição) dos filósofos* e *Iḥyaā' 'ulūm al-Dīn* ou *Restauração dos saberes religiosos*. Segundo Algazali, nenhum princípio último, tanto os que se referem ao mundo sensível como os referentes ao mundo inteligível, é suscetível de demonstração racional. Foi isto que foi denominado o ceticismo de Algazali, embora se deva ter presente que o vocábulo 'ceticismo' tem nesse pensador uma função diferente da que aparece nos céticos gregos. Com tal restrição, podemos dizer que o ceticismo racional de Algazali o leva não só a uma crítica das noções da eternidade da matéria e da infinitude do mundo e do tempo como contrárias à ortodoxia muçulmana, mas também a uma crítica da noção de causa e a uma afirmação da impossibilidade de encontrar uma explicação racional da relação *causa-efeito* que podem ser consideradas um precedente de argumentações análogas apresentadas na época moderna pelo ocasionalismo e por Hume. As argumentações de Algazali são, pois, típicas de todo pensamento que pretende salvar o conteúdo religioso de uma doutrina prestes a desembocar numa visão puramente racional do dogma. Assim, o Deus defendido por Algazali é sobretudo o do homem religioso, oposto de certo modo a um Deus que exerce primariamente a função de primeiro motor da Natureza. Com efeito, à eternidade da matéria Algazali opôs a criação do mundo a partir do nada; à infinitude do mundo e do tempo, o começo temporal de um ser criado; à inteligibilidade do nexo causal, a intervenção constante de Deus como causa única. Não há dúvida de que alguns dos argumentos de Algazali se assemelham aos argumentos dos céticos antigos — instabilidade dos sentidos, oposição dos sistemas filosóficos entre si etc. —, mas já vimos que esse ceticismo não passava em seu pensamento de um dos principais pilares para voltar a dar um fundamento firme à fé.

⮑ O *Maqāṣid al falāsifa* foi traduzido para o latim por Domingo Gundisalvo e ed. em *Logica et philosophia Algazelis Arabis* (Veneza, 1506). Ed. por J. T. Muckle, *Algazel's Metaphysics: a Medieval Translation*, 1933. Ed. árabe: Cairo, 1331/1912. Trad. parcial de M. Asín Palacios, *La espiritualidad etc.* (cf. *infra*), IV, pp. 184-192. Trad. esp. de M. Alonso Alonso, *Maqāṣid al-falāsifa* ou *Intenciones de los filósofos*, 1963. Ver também Charles H. Lohr, "Logica Algazelis: Introduction and Critical Text", *Traditio*, 21 (1965), 223-290. — O *Tahāfut al-falāsifa* foi traduzido para o latim por Calo Colonymus tendo como base uma tradução hebraica (Veneza, 1527, 1562) e do árabe para o latim por Augustinus Niphus [Agostinho Nifo] (Pádua, 1497). Ed. crítica por M. Bouyges (Beirute, 1927). Trad. esp. das questões VI, XVII e XVIII em Asín, *op. cit. infra*, IV, 303-372.

— O *Iḥyā' alūm al-Dīn* foi ed. no Cairo, 1312/1894. Trad. parcial en Asín, *op. cit. infra*. — Algazali escreveu muitas outras obras. Entre elas, citamos as seguintes: *Iqtiṣād fī-l-i 'tiqāt* (*O justo meio na crença*). Ed. árabe: Cairo, 1327/1909. Trad. esp. de M. Asín Palacios, *El justo medio en la creencia. Compendio de teología dogmática*, 1929 [com trad. de outros textos de Algazali]. — *Munquiḏ min al-ḍalāl* (*Resguardo contra o erro*). Ed. árabe: Cairo, 1309/1892. Trad. parcial de Asín, *op. cit. infra*, IV, 264-272. — *Mi 'yār al-'ilm fī-l-Manṭiq* (*Fiel contraste do conhecimento*). Ed. árabe: Cairo, 1329/1911. Trad. parcial de Asín, *El justo medio etc.* — *Ayyuha-l-Walad* (*Ó filho!*). Ed. árabe e trad. alemã (Viena, 1838). Trad. parcial de Asín, *op. cit. infra*, IV, 25-47. Trad. esp. completa de E. Lator, S. J. (Beirute, 1955).
— Outras obras de Algazali, mencionadas em Miguel Cruz Hernández, *Historia de la filosofía española. Filosofía hispano-musulmana*, tomo I (1957), pp. 155ss.

Bibliografia: Maurice Bouyges, *Essai de chronologie des oeuvres de al-Ghazali (Algazel)*, ed. Michel Allard, 1959.

Fundamentais para o conhecimento da obra e do pensamento de Algazel são as obras de Miguel Asín Palacios, *Algazel: Dogmática, Moral, Ascética*, 1901, e especialmente *La espiritualidad de Algazel y su sentido cristiano*, 4 vols. (I, 1934; II, 1935; III, 1940; IV [Crestomatia], 1941). — Ver também: A. Schmolders, *Essai sur les écoles philosophiques chez les Arabes et notamment sur la doctrine d'Algazzali*, 1842. — R. Gosche, *Ueber Ghazalis Leben und Werke*, 1858. — B. Carra de Vaux, *Gazzali*, 1902. — H. K. Sherwani, *El Ghazzali on the Theory and Practice of Politics*, 1935. — A. J. Wensinck, *La pensée de Ghazzali*, 1940. — M. A. H. Abu Rida, *Ghazzalis Streitschrift gegen die griechische Philosophie*, 1945 (tese). — H. Hachem, *La critique du péripatétisme et du néoplatonisme dans Al-G.*, 1948. — Farid Jabre, *La notion de certitude selon Ghazali dans ses origines psychologiques et historiques*, 1958 (tese) [índice lexicográfico nas pp. 459-470]. — Id., id., *La notion de la ma'rifa chez Ghazali*, 1958. — Montgomery Watt, *Muslim Intellectual: A Study of Al-Ghazali*, 1963 (trad. esp.: *La fe y la práctica de al-Ghazali*). — Fadlou Shehadi, *Ghazali's Unique Unknowable God: A Philosophical Critical Analysis of Some of the Problems Raised by Ghazali's View of God as Utterly Unique and Unknowable*, 1964. — Mohamed Ahmed Sherif, *Ghazali's Theory of Virtue*, 1975. ⊂

ÁLGEBRA. Ver CLASSE; LÓGICA; LOGÍSTICA; RELAÇÃO.

ALGORITMO. Este termo tem origem árabe; procede, ao que parece, do matemático árabe al-Korismo, que escreveu um tratado de álgebra no qual introduziu o sistema decimal. Da significação "notação no sistema decimal", 'algoritmo' passou a significar "toda notação em qualquer forma de cálculo". As regras do cálculo foram consideradas análogas às da álgebra.

O termo 'algoritmo' foi usado, por Leibniz e outros autores, referindo-se a cálculos fundamentalmente de tipo algébrico, mas que aspiram a estender-se a toda operação (lógica ou matemática) efetuada de acordo com um sistema de sinais cujas regras são aplicáveis mecanicamente. Este significado conserva-se em grande parte no uso atual de 'algoritmo' como um dos métodos para produzir inferências de uma maneira, por assim dizer, "automática". Fala-se então de um algoritmo para decidir mecanicamente a validade ou não-validade de fórmulas num domínio especificado. Usa-se algumas vezes 'algoritmo' como equivalente a 'cálculo', mas este uso é pouco aconselhável, a menos que se especifique o tipo de "cálculo".

ALIENAÇÃO. No verbete Consciência, referimo-nos ao conceito hegeliano da "consciência infeliz". Este conceito está relacionado com a idéia de alienação ou alheamento. Para Hegel, a consciência infeliz é a "alma alienada" ou "alma alheada", isto é, "a consciência de si como natureza dividida" (ou "escondida") de que fala na *Fenomenologia do Espírito*. Hegel supõe que a consciência pode se experimentar como separada da realidade à qual pertence; sendo essa realidade consciência de realidade, a mencionada separação é separação de si mesma. Surge então um sentimento de dilaceração e desunião, um sentimento de afastamento, alienação, alheamento e despossessão.

Hegel utiliza os termos *Entzweiung, Trennung, Entfremdung, Entäusserung*. Pode-se traduzir *Entzweiung* por 'des-união'; *Trennung*, por 'separação'; *Entfremdung*, por 'afastamento' como 'afastamento de si mesmo'; *Entäusserung*, por 'alienação' e 'alheamento'. Preferimos 'alienação' a 'alheamento' pelas razões indicadas em Alheamento. A alienação inclui as citadas "desunião", "separação (de si)" e "afastamento (de si)".

Hegel indica que, como não pode persistir indefinidamente no estado de desunião e dilaceração, a consciência tem de proceder a uma reconciliação (*Versöhnung*), que é uma reunião (*Vereinigung*) e uma apropriação (*Aneignung*). Esta última é, a rigor, uma reapropriação.

A alienação em sentido hegeliano é uma forma de alteração (ver), mas usamos este último termo num sentido um pouco diferente. O termo 'alienação' pode ser usado, num sentido muito geral, como todo estado no qual uma realidade se encontra fora de si (*ausser sich*) em contraposição ao ser em si (*bei sich*). Este último designa o estado da liberdade em sentido positivo, isto é, não como libertação de algo, mas como libertação para si mesmo, ou seja, como auto-realização.

O conceito hegeliano de alienação influenciou Marx, que usou o termo *Entfremdung* já em seus primeiros escritos, especialmente nos *Manuscritos Econômicos e Filosóficos* compostos em Paris em 1844 e publicados pela primeira vez em 1931 (Marx, Engels, *Historisch-kritische Gesamtausgabe*, ed. D. Ryazanov, V. Adoratski, vol. III). Mas, enquanto Hegel abordou a noção de alienação de forma metafísica — e, para Marx, excessivamente "espiritual" e "abstrata" —, Marx interessou-se pelo aspecto "concreto" e "humano" da alienação. Ele tratou primeiro do problema da alienação do homem na cultura. Seguindo Feuerbach, abordou depois o aspecto, por assim dizer, "natural-social" da alienação. Marx julgou particularmente importante a questão da alienação do homem no trabalho. Segundo ele, a separação entre o produtor e a propriedade de suas condições de trabalho constitui um processo que transforma em capital os meios de produção e ao mesmo tempo transforma os produtores em assalariados (*Das Kapital*, I, iii). Por conseguinte, é preciso libertar o homem da escravidão originada pelo trabalho que não lhe pertence (o "excedente" de trabalho) mediante uma apropriação do trabalho. Dessa maneira, o homem pode parar de viver em estado alienado para alcançar a liberdade, ou apropriação.

Deram-se várias interpretações à noção de alienação em Marx. Duas delas sobressaem: a "subjetiva" (ou "subjetivista") e a "objetiva" (ou "objetivista"). De acordo com a primeira, a alienação deve ser entendida principalmente como alienação do homem individual; o ser humano aliena-se, ou se alheia, de si mesmo. De acordo com a segunda, a alienação deve ser entendida principalmente como alienação do ser humano, e especificamente do trabalhador, em relação a seus produtos em virtude dos mecanismos que governam a sociedade e foram produzidos, e se desenvolveram, ou de modo autônomo ou em benefício de uma classe dada, ou ainda ambas as coisas ao mesmo tempo. Salvo quando se exacerbam os aspectos "humanistas" e "existenciais" (ou "preexistenciais") de Marx, a interpretação mais usual, e a que melhor se ajusta aos textos de Marx, é a segunda. Contudo, mesmo esta última pode ser entendida de modo mais ou menos "humanista" ou "existencial", conforme se enfatizem mais ou menos intensamente as finalidades últimas da libertação humana em relação à alienação. De maneira geral, os que se inclinam a destacar os aspectos "humanistas" ou "existenciais" da noção de alienação em Marx consideram muito importantes os mencionados *Manuscritos Econômicos e Filosóficos*; os que tendem a enfatizar os aspectos "objetivo-sociais" da noção de referência se inclinam a minimizar a importância desses *Manuscritos* e até a considerar que eles foram completamente superados pelo "Marx maduro".

Podem-se mencionar (ou reiterar) outros conceitos de alienação; por exemplo, o psicológico, o existencial e um de caráter mais "geral". Do ponto de vista psicológico, a alienação aparece como uma "separação", ou sentimento de separação, do homem em relação a seu trabalho; congruentemente, a solução do problema psicológico da alienação é buscada por meios também psicológicos. Da perspectiva existencial, a alienação é muito semelhante a todas as formas de viver inautênticas, mas seria excessivo considerar o conceito de alienação tal como abordado por Sartre, Merleau-Ponty, Kosik etc. como idêntico ao de inautenticidade. De um ponto de vista mais "geral", a alienação aparece como resultado de diversos fatores, entre os quais podem ser arrolados o econômico e o psicológico, mas não se reduz a nenhum deles. Neste sentido, Gilbert Sismondon falou da alienação no trabalho, mas tomando o próprio trabalho como causa principal do processo de alienação e os outros fatores — incluindo o "existencial" — como modalidades da alienação.

Em estudos sociológicos do comportamento de grupos, emprega-se o conceito de alienação sobretudo para designar o grau de desarraigamento de um grupo em relação a outro. Exemplos a esse respeito são a alienação dos jovens em relação aos adultos, bem como a de um grupo oprimido, minoritário ou majoritário, em relação a um grupo opressor, que pode ser também minoritário ou majoritário. Um fator importante nesse tipo de estudo são as instituições sociais, tanto as legalmente reconhecidas como as que se manifestam por meio de costumes, usos, formas lingüísticas etc.

➲ Ver: Henri Lefèbvre, *Critique de la vie quotidienne*, 2 vols., I (*Introduction*), 1947; 2ª ed. [com um extenso "Avant-Propos"], 1988; II (*Fondements d'une sociologie de la quotidienneté*), 1961. — H. Popitz, *Der entfremdete Mensch*, 1953. — Guy Caire, *L'aliénation dans les oeuvres de jeunesse de Karl Marx*, 1956. — Fritz Pappenheim, *The Alienation of Modern Man*, 1959. — P. Filiasi Carcano, R. Klein, I. Mancini, V. Jankélévitch et al., *Filosofia della alienazione e analisi esistenziale*, 1961 (de *Archivio di Filosofia*). — Kostas Axelos, *Marx, penseur de la technique. De l'aliénation de l'homme à la conquête du monde*, 1962. — Joseph Gabel, *La fausse conscience. Essai sur la réification*, 1962, pp. 9-109. — *Id., Sociologie de l'aliénation*, 1970. — J. M. Dawydow, *Freiheit und Entfremdung*, 1964. — Brian T. Fitch, *Le sentiment d'étrangeté chez Malraux, Sartre, Camus*, 1964. — Dragutin Lekovic, *La théorie marxiste de l'aliénation*, 1964. — Carlos Astrada, *Humanismo y alienación*, 1964; 2ª ed., com o título *Trabajo y alienación en la "Fenomenología" y en los "Manuscritos"*, 1965. — Herbert Aptheker, Howard D. Langford et al., artigos em *Marxism and Alienation: A Symposium*, 1965, ed. Herbert Aptheker. — Frank Paul Besag, *Alienation and Education: An Empirical Approach*, 1966. — J. Doyon, *Le concept d'aliénation religieuse dans Marx*, 1966. — Nathaniel Hickerson, *Education for Alienation*, 1966. — Ernesto Mayz Vallenilla, *Del hombre y su alienación*, 1966. — Carlos Gurméndez, *El secreto de la alienación*, 1967. — Gerhardt B. Ladner, "Homo Viator: Medieval Ideas on Alienation and order", *Speculum*, 62 (1967), 233-259. — Eduardo Vásquez, *En torno al concepto de alienación en Marx y Heidegger*, 1967. — Giuseppe Bedeschi, *Alienazione e feticismo nel pensiero di Marx*, 1968. — Thomas F. O'Dea, *Alienation, Atheism and the Religious Crisis*, 1968. — Luciano Parinetto, *La nozione di alienazione in Hegel, Feuerbach e Marx*, ed. Marina Lavaggi e Marcello Pitta, 1968. — Marcella d'Abbiero, *"Alienazione" in Hegel: Usi e significati di Entäusserung, Entfremdung, Veräusserung*, 1970. — Conrad Boey, *L'aliénation dans la* Phenoménologie de l'Esprit, *de G. W. Hegel*, 1970. — István Mészáros, *Marx's Theory of Alienation*, 1970; 4ª ed., 1986. — François Perroux, *Aliénation et société industrielle*, 1970. — Richard Schacht, *Alienation*, 1970. — Nicolas Grimaldi, *Aliénation et liberté*, 1972. — Manuel Alonso Olea, *Alienación: Historia de una palabra*, 1974. — Peter C. Ludz, *Alienation as a Concept in the Social Sciences: A Trend Report and Bibliography*, 1975. — Ingbert Knecht, *Theorie der Entfremdung bei Sartre und Marx*, 1975. — Rudolf Ruzicka, *Selbstentfremdung und Ideologie. Zum Ideologieproblem bei Hegel und den Junghegelianern*, 1977. — A. Schaff, *Entfremdung als soziales Phänomen*, 1977. — M. A. Kaplan, *Alienation and Identification*, 1977. — I. Feuerlicht, *Alienation: From the Past to the Future*, 1978. — F. Geyer, *Alienation Theories: A General Systems Approach*, 1980. — O. Adams, P. Archibald et al., *Alienation: Problems of Meaning, Theory and Method*, ed. R. Felix Geyer, D. Schweitzer, 1981. — F. Riu, *Usos y abusos del concepto de alienación*, 1981. — R. Schmitt, *Alienation and Class*, 1983. — H. Meyer, *Alienation, Entfremdung und Selbstverwirklichung*, 1984. — W. Hoebig, *Bedürftigkeit. Entfremdung der Bedürfnisse im Kapitalismus*, 1984. — L. A. Lange, *The Riddle of Liberty: Emerson on Alienation, Freedom, and Obedience*, 1986. — A. P. Olmos, *La libertad en el pensamiento de Marx*, 1988. — N. Rotenstreich, *Alienation: The Concept and Its Reception*, 1989. — C. Pines, *Ideology and False Consciousness: Marx and His Historical Progenitors*, 1993. ⊂

ALIENATIO. Ver Propriedades dos termos.

ALIOTTA, ANTONIO (1881-1964), nasc. em Palermo e foi professor de filosofia na Universidade de Pádua (1913-1919) e na de Nápoles (1919-1951). Defendeu um "experimentalismo radical", ao qual chegou por meio de uma crítica do positivismo e do atualismo, ambos insuficientes, em sua opinião, para justificar e dar valor à obra humana. Tampouco as teses contingentistas, intuicionistas e pragmatistas são suficientes, embora assinalem com mais clareza o caminho que deve ser seguido para atingir a finalidade mencionada. Pois essa finalidade também não é um modo de subordinação do mundo às exigências do eu, mas uma maneira de justificar a máxima objetividade possível do mundo, a consideração do real, sem mutilações arbitrárias, como o próprio ato da total experiência, que une o subjetivo e o objetivo. As fases pelas quais passou o pensamento de Aliotta são momentos desse processo único. No princípio, ele se negava a rejeitar totalmente o conceito, no qual viu uma possibilidade de enriquecer o real e de sintetizar a experiência concreta. Isso o levou a um idealismo crítico em sentido amplo que, entretanto, logo teve de desembocar num pluralismo mais radical que o de James, num neo-evolucionismo e, por fim, no experimentalismo. Este experimentalismo considera o "experimento" como critério de verdade, desde que o termo 'experimento' seja tomado num sentido bastante amplo, como um programa de ação total que afete tanto o prático como o teórico. Segundo Aliotta, só assim se poderá dar solução a um dos problemas que esse filósofo julgou capitais: o problema do mal. Esse problema é de tal gravidade que a metafísica não deve limitar-se a explicá-lo: deve justificá-lo. Daí uma teoria do "sacrifício como significado do mundo" que constitui a culminação do pensamento de Aliotta e avalia o sacrifício não como diminuição do ser, mas como seu enriquecimento. Isso torna possível a passagem do infinito ao finito; possibilita, além disso, dar um fundamento racional aos fatores irracionais e considerar "a lógica do amor e do sacrifício" como a única possibilidade de dar forma concreta à racionalidade.

Segundo Aliotta, o experimentalismo radical permite superar uma série de dualismos (empirismo-racionalismo; positivismo-idealismo; realismo-idealismo) e evitar os pseudoproblemas por eles gerados. Permite também "vincular (de um ponto de vista metodológico) a filosofia à ciência". Pode-se dizer que os elementos pragmatistas, bergsonianos, empírico-criticistas e instrumentalistas que se encontram na filosofia de Aliotta são ao mesmo tempo conseqüência de uma tentativa de superação das respectivas filosofias.

⇨ Principais obras: *La conoscenza intuitiva nell'Estetica del Croce*, 1903. — *La misura nella psicologia sperimentale*, 1905. — *La reazione idealistica contra la scienza*, 1912 (na trad. inglesa desta obra, publicada em 1914, foi incluído o trabalho "Linee d'una concezione spiritualistica del mondo"). — *La guerra eterna e il drama dell'esistenza*, 1917. — *La teoria di Einstein e le mutevoli prospettive del mondo*, 1922. — *Relativismo e idealismo*, 1922. — *Il problema di Dio e il nuovo pluralismo*, 1924. — *L'esperimento nella scienza, nella filosofia, nella religione*, 1936. — *L'Estetica di Kant e degl'idealisti romantici*, 1942. — *Scetticismo, misticismo e pessimismo*, 1947. — *Evoluzionismo e spiritualismo*, 1948 (série de artigos). — *Le origini dell'irrazionalismo contemporaneo*, 1950. — *L'Estetica del Croce e la crisi del liberalismo italiano*, 1951. — *Il nuovo, positivismo e lo sperimentalismo*, 1954. — Entre os artigos publicados por Aliotta, merece destaque o intitulado "Il sacrifizio come significato del mondo", *Logos*, fasc. IV, reeditado num volume com o mesmo título em 1948.

Há edição de obras completas: *Opere complete*, Roma, 1942ss.

Depoimento intitulado "Il mio sperimentalismo" no volume de M. F. Sciacca denominado *Filosofi italiani contemporanei*, 1944, pp. 27-46.

Ver: J. Grenier, "Trois penseurs italiens: Aliotta, Rensi, Manacorda", *Revue philosophique*, 51 (1926), 360-395. — M. F. Sciacca, "Il pensiero di A. Aliotta", *Archivio di storia della filosofia italiana*, 2 (1936). — Carbonara, Filiasi-Carcano, Lazzarini *et al., Lo sperimentalismo di A. A.*, 1951. — G. De Ruggiero, "Philosophical Survey: Philosophy in Italy", *Philosophy*, 23 (1948), 80-82. — P. Romanell, "Aliotta's Radical Experimentalism", *Review of Metaphysics*, 9 (1955), 300-305. — N. Petruzzellis, "A. e il pensiero del suo tempo", *Rass. Sc. Filos.* (1964), 1-11. ℂ

ALIQUID. Ver TRANSCENDENTAL.

ALKINDI (Abū Yūsuf Ya 'qūb ibn Isḥāq al-Kindī) (800-873). Nasc. em Kufa (Pérsia) e foi encarregado por al-Ma'mūn de corrigir as traduções de Aristóteles e de outros autores gregos. Além desse trabalho, ele se distinguiu por seus numerosos comentários ao Estagirita e pela redação de muitos tratados nos quais, seguindo as inspirações racionalistas da seita dos mutacilitas, à qual pertencia, procurou organizar um corpo de doutrina filosófica coerente, ao qual incorporou grande número de investigações científicas que abarcaram praticamente todos os saberes de seu tempo: medicina, psicologia, meteorologia, ótica, geometria, aritmética, música. As idéias fundamentais de Alkindi eram de origem aristotélica, e isso o levou a ser considerado o primeiro grande aristotélico árabe. Destaca-se em particular entre elas sua doutrina, ulteriormente elaborada por Averróis, do entendimento ativo e supremo (ver AVERRÓIS; INTELECTO). Acrescenta-se a tudo isso uma teoria das categorias, das quais Alkindi arrola cinco: matéria, forma, movimento, lugar e tempo. Ora, o aristotelismo de Alkindi não era puro: numerosos elementos neoplatônicos mesclavam-se a ele. Entre estes últimos, destacam-se não apenas seu grande apreço pela matemática como fundamento de todas as ciências mas também sua idéia de que os elementos matemáticos são a medida das coisas e a expressão dos elementos últimos de que é composta a realidade. Seria errôneo, contudo, considerar que, devido ao trabalho filosófico e científico anterior,

Alkindi fosse um puro pensador e homem de ciência: os motivos religiosos, ao que parece, atuavam poderosamente em suas tentativas de construção filosófica. Em particular, a defesa da doutrina do livre-arbítrio contra o fatalismo de muitos muçulmanos constituía uma das preocupações centrais de sua obra.

➲ Obras: *Risalat al-'Aql (Sobre o intelecto)*. Ed. por Abu Rida, *Rasa'il al-Kindi al-falsa-fiyya*, 1369-1372/ 1950-1953, 2 vols. Há duas traduções latinas (*De intellectu*), uma delas de Gerardo de Cremona, ed. em A. Nagy, *Die philosophischen Abhandlungen des Ya 'qub bn Ishaq al-Kindi*, 1897 [Beiträge zur Geschichte der Philosophie des Mittelalters, II, 5]. — *Risala fî-l-nafs (Sobre a alma)*, Ed. Abu Rida, *op. cit. supra*, pp. 281-282. — *Risala fî hudud al-aeya'wa rusumiha (Sobre as definições das coisas e suas descrições)*. Ed. Abu-Rida, *op. cit. supra*, pp. 165-179. — *Kitab fî-l-falsafat al-ulà (Livro da filosofia primeira)*. Ed. Ahmad Fu'ad al-Ahcwani, 1367/1948, e Abu-Rida, *op. cit. supra*, pp. 97-162. — *Risala fî kamiyya Kutub Aristu (Sobre o número dos livros de Aristóteles)*. Ed. Abu-Rida, *op. cit. supra*, páginas 363-384. — Trad. anotada de M. Guidi e R. Walzer em *Studî su al-Kindi. I. Uno scritto introduttivo allo studio di Aristotele*, 1940 [Memoire R. Acc. dei Lincei, série 7, vol. IV, fasc. 5]. — *Risala fî hla li-daf' al-ahzan (Sobre o modo de afastar a tristeza)*. Ed. e trad. italiana de Ritter e Walzer em *Studî cit. supra*. Memoire etc., 1938, série 6, vol. VIII, fasc. I [II. *Uno scritto morale inedito di al-Kindi (Temistio* περì αλοπίας)]. — *De quinque essentiis* [só resta a trad. latina; ed. em Nagy, *op. cit. supra*, pp. 28-40). — *Kitab fî 'illat al-kawn wa-l-fasad (Livro sobre a causa da geração e da corrupção)*, ed. Abu-Rida, *op. cit. supra*, pp. 214-237. — Outros escritos de al-Kindi, citados em Miguel Cruz Hernández, *Historia de la filosofía española. Filosofía hispano-musulmana*, tomo I (1957), pp. 67-68.

Bibliografia: N. Rescher, *Al-Kindi. An Annotated Bibliography*, 1964.

Ver: G. Flügel. "Al-Kindi: Genannt 'Der Philosopher der Araber'", *Abhandlungen für die Kunde des Morgenlandes*, 1 (1957), 1-54. — T. J. de Boer, "Zu Kindi und seiner Schule", *Archiv für Geschichte der Philosophie*, 13 (1900), 153-178. — F. Rosenthal, "Al-Kindi als Literat", *Orientalia*, 2 (1942). — Muñoz Sendino, "Apología de al-Kindi", *Miscelánea Comillas*, 11 e 12 (1949), 339-460. — N. Rescher, "Al-Kindi's Sketch of Aristotle's Organon", *New Scholasticism*, 37 (1963), 44-58. — G. N. Atiyeh, *Al-Kindi*, 1968. — N. Rescher, *Studies in Arabic Philosophy*, 1968. — M. Fakhry, *A History of Islamic Philosophy*, 1970. — G. F. Hourani, ed., *Essays on Islamic Philosophy and Science*, 1975. — D. C. Lindberg, *Theories of Vision from Al-Kindi to Kepler*, 1976. ℭ

ALLIHN, FRIEDRICH HEINRICH THEODOR.
Ver HERBART, JOHANN FRIEDRICH.

ALMA. Consideramos: (I) várias concepções da noção de alma entre os chamados "primitivos"; (II) os principais momentos da história da idéia da alma na filosofia ocidental a partir da Grécia; (III) algumas tentativas de distinguir "alma" e "espírito" em vários autores contemporâneos.

Na maior parte deste verbete, e especialmente em sua seção central (II), referimo-nos a concepções "tradicionais" ou "clássicas", nas quais as palavras 'alma' e 'anímico' têm uma multiplicidade de sentidos: religioso, teológico, filosófico geral, epistemológico, psicológico, antropológico etc. Hoje, as palavras 'alma' e 'anímico' costumam ser usadas em contextos religiosos e teológicos. Em outros contextos, usam-se outras palavras (por exemplo, 'psique' e 'psíquico', e, cada vez mais, 'mente' e 'mental'). Isso ocorre em particular no âmbito da psicologia filosófica, com as questões da distinção entre 'psíquico' e 'físico' ou 'mental' e 'físico'. Estas questões suscitam conotações que procedem das longas disputas tradicionais acerca da "relação entre a alma e o corpo", mas têm conotações novas, sendo adotados em muitos casos pontos de vista distintos. Mencionamos algumas dessas questões em verbetes como CORPO; MENTE; PSICOLOGISMO e PSÍQUICO, mas, ao mesmo tempo, nesses verbetes, especialmente no primeiro deles, referimo-nos também a alguns debates "clássicos". O "problema da alma" suscita amiúde problemas relativos à consciência, ao espírito, à pessoa e ao eu, que abordamos mais detidamente nos verbetes correspondentes. Entre os que podem servir de complemento a este verbete, figuram os seguintes: ALMA DO MUNDO; ALMA DOS BRUTOS; ALMA (ORIGEM DA); ANIMISMO; CORPO-ALMA; IMORTALIDADE; PALINGENESIA; PAMPSIQUISMO. Podem-se consultar também EMOÇÃO; ENTELÉQUIA; FACULDADE; HÁBITO; INTIMIDADE; MEMÓRIA; PARALELISMO; TÊMPERA e VONTADE.

I. Embora as representações primitivas da "alma" sejam muito variadas, destacam-se três características comuns a muitas delas. A alma é concebida às vezes como um sopro, alento ou hálito, equivalente à respiração; quando falta esse alento, o indivíduo morre. Às vezes, ela é concebida como uma espécie de fogo; quando o indivíduo morre, esse "fogo" — que é o "calor vital" — se apaga. Às vezes, por fim, é concebida como uma sombra, pressentida ou de algum modo "entrevista" durante o sono. Nos dois primeiros casos, a alma é antes como um princípio de vida; no último, é vista sobretudo como uma "sombra ou um simulacro". A idéia da alma como aleento, hálito, exalação, sopro etc. talvez seja a mais comum. E. B. Tylor indicou que ela pode ser encontrada nas "principais correntes da filosofia universal". Os termos usados para designar essa "alma" em diversas culturas mostram como esta idéia está difundida. É o que acontece com os vocábulos *nefesh* (hebraico), *nefs* (árabe), *atman* (sânscrito), *pneuma* (grego), *animus* e *anima* (latim), os quais significam, de uma maneira ou de outra, "alento", mesmo que mais tarde adquiram o significado de princípio ou realidade diferentes do corpo. Em alguns casos, os termos usados para designar a "alma" são distintos dos empregados para referir-se ao "alento". É o que ocorre com o sânscrito *prana* — diferentemente de *atman* —, com o hebraico *neshmah* — diversamente de *nefesh* —, com o árabe *ruh* — diferentemente de *nefs* — etc. Não obstante, pode-se encontrar uma origem "material" nos vocábulos citados, assim como nos termos *psyche* (grego), *duja* (russo), *Geist* (alemão) (este último, usualmente traduzido por 'espírito', tem a mesma raiz do inglês *ghost*, que também tem o uso popular de 'fantasma'). Estabelece-se às vezes uma distinção entre a "alma" como "princípio de vida" e a "alma" como "duplo" por meio de dois vocábulos diferentes. Exemplos disso são *kra* e *chraman* (egípcio antigo), *thymos* e *psyche* (grego). Esta última distinção é sobremodo importante, embora nem sempre se exprima mediante o uso de termos diferentes. Assim, em Homero *psyche* designa igualmente "a vida" (a vida como "alento") e a sombra incorpórea ou imagem (às vezes, no entanto, designada pelo vocábulo *eidolon*). Pode-se dizer que a idéia da "alma" vai sendo definida — e, se se quiser, purificada — à medida que os termos empregados para referir-se a ela tendem a descrever menos um princípio vital geral que uma espécie de "duplo" próprio de cada um dos homens. Por esse motivo, as primeiras especulações filosóficas acerca da alma se congregam principalmente em torno da idéia do "simulacro" ou "fantasma" do ser vivo, "simulacro" ou "fantasma" que pode sair ou afastar-se desse ser (e aparecer em sonhos) até mesmo no decorrer da vida.

As indicações anteriores são suficientemente gerais para aplicar-se à maioria das chamadas "representações primitivas". Não são, entretanto, sequer um esboço muito geral dessas representações. Algumas destas últimas não se harmonizam facilmente com as concepções apresentadas. Mencionamos como exemplo que, no pensamento chinês arcaico, não se supunha que todos os indivíduos tivessem necessariamente alma, nem mesmo como um "duplo". A "alma" era vista como um deus ou espírito que, procedente do Céu, *podia* entrar no corpo de um homem. Se se sentia, por assim dizer, "à vontade" nesse corpo, ela *podia* decidir permanecer nele de modo permanente.

II. Não poucas das primeiras representações gregas da alma de que temos notícia são, no sentido anterior, "primitivas". Além disso, até o final da cultura antiga — e em muitas concepções "populares" do Ocidente até hoje —, prevaleceram representações da "alma" formadas por aspectos muito diversos: a alma como um morto-sombra que desce ao interior da terra; a alma como um "alento" ou princípio de vida; a alma como "realidade aérea" que vaga ao redor dos vivos e se manifesta sob a forma de forças e ações etc. Estas representações influenciaram, ademais, as idéias que muitos filósofos formularam acerca da alma. Alguns pré-socráticos conceberam como "almas" todos os "princípios das coisas" enquanto "coisas vivas". Os atomistas descreveram a alma como composta de átomos, ainda que de matéria muito fina e sutil (provavelmente da mesma matéria de que é formado o fogo). Contudo, antes de Platão se constituiu um complexo de especulações sobre a idéia da alma que mais tarde foi absorvido e, por assim dizer, "purificado" por esse filósofo. Substancialmente, consiste em substituir a idéia da alma como semivida, como sombra e mesmo como princípio de vida orgânica por uma idéia da alma como realidade "desterrada". Esta última idéia parece ter surgido por volta do século IX a.C. e se desenvolvido até o século V a.C. Vários motivos se uniram para isso. Um deles foi enfatizado por E. R. Dodds (cf. *infra*, bibliografia): as influências xamânicas procedentes da Dácia e da Cítia e logo difundidas não só pela Ásia Menor e por Creta como também pelo sul da Itália (especialmente a Sicília). Começou-se a crer que há em cada homem uma realidade de ordem divina, que preexistiu ao corpo e perdurará depois da morte e degeneração do corpo. Representantes filosóficos ou semifilosóficos desta nova tendência são o orfismo (VER), Pitágoras e Empédocles. A alma pode, pois, entrar no corpo e sair dele, sem nunca identificar-se completamente com o corpo. De certa maneira, trata-se de uma nova versão do primitivo "duplo", mas com uma origem luminosa e divina. O corpo pode ser concebido então como uma espécie de cárcere, ou sepulcro, da alma. A missão do homem é libertar sua alma por meio da purificação e no final, mais filosoficamente, por meio da contemplação. A alma não é um princípio que molda o corpo e lhe dá vida; é algo de natureza essencialmente não-sensível e não-material.

Platão acolheu essas idéias e aprimorou-as consideravelmente. No princípio, especialmente no *Fédon*, defendeu um dualismo quase radical do corpo e da alma; esta era para ele uma realidade essencialmente imortal (ver IMORTALIDADE) e "separável". A alma anseia por libertar-se do corpo para regressar à sua origem divina e viver, por assim dizer, entre as idéias, no mundo inteligível. Mesmo dentro do corpo, a alma pode recordar (ver REMINISCÊNCIA) as idéias que contemplara puramente em sua vida anterior. A teoria da alma pura é em Platão o fundamento de sua teoria do conhecimento verdadeiro, constituindo este, ao mesmo tempo, uma prova da existência da alma pura. Todavia, Platão deu-se conta de que o dualismo corpo-alma suscitava várias dificuldades, não apenas epistemológicas e metafísicas como também morais. Sua filosofia é, em grande parte, um esforço para solucionar essas dificuldades, podendo-se mesmo falar de uma "dialética da alma" em Platão, por meio da qual se afirma, para depois negar, a separabilidade da alma em relação ao corpo.

De início, devia haver algum "ponto" ou "lugar" por onde a alma se inserisse no corpo; caso contrário, não se entenderia a existência de uma relação entre as operações de uma e do outro. As distinções entre várias ordens (ou tipos de atividades) da alma é um dos modos de enfrentar a questão citada. Platão distinguiu, por exemplo, a parte sensitiva (sede do apetite ou desejo), a parte irascível (sede do valor) e a parte inteligível (sede da razão). Parece "óbvio" que, enquanto esta última "parte" é "separável" do corpo, nenhuma das outras duas o é. Mas então surge o problema da relação entre as diversas ordens ou tipos de atividade da alma. Platão julgou encontrar uma solução para o problema estabelecendo que as ordens em questão são ordens fundamentais não só da alma individual, mas também da sociedade e até de toda a natureza. Essas ordens se encontram numa relação de subordinação: as partes inferiores devem subordinar-se à parte superior; a alma como razão deve conduzir e guiar a alma como valor e como apetite. A alma pode ter uma espécie de história no decorrer da qual vai se purificando, isto é, vai formando e ordenando todas as suas atividades de acordo com a razão contemplativa. Do que o homem fizer em sua vida dependerá sua salvação, ou seja, tornar-se imortal — em outras palavras, tornar-se inteira e cabalmente "alma pura". Pois o homem — escreveu Platão — pode "transformar-se por inteiro em algo mortal" quando se abandona à concupiscência, mas se torna imortal e contemplativo quando "entre todas as suas faculdades exerceu principalmente a capacidade de pensar nas coisas imortais e divinas" (*Tim.*, 89 B). Em suma, a princípio a alma reside no sensível, mas pode orientar-se para sua "verdadeira pátria". A alma não deixa de ser alma por ficar encerrada no sensível, mas apenas quando age segundo o inteligível se pode dizer que foi purificada.

Os neoplatônicos, e em particular Plotino, desenvolveram com riqueza de detalhes essa "dialética" platônica da alma. Plotino usou não apenas os conceitos elaborados por Platão como também os abordados por Aristóteles. Ele se perguntou, pois, de que forma a alma está unida ao corpo: se como instrumento deste, constituindo uma mescla ou sendo forma do corpo (*Enn.*, I i 3). A segunda possibilidade está excluída; só a primeira e a terceira são admissíveis. A alma é por si mesma, enquanto separada do corpo, uma realidade impassível (I i 5), mas pode-se dizer que tem duas "partes": a separada ou separável e a que constitui uma forma do corpo (I i 3; II iii 15; II v 3). É até mesmo possível falar de uma "parte" média ou mediadora entre as duas partes fundamentais (II ix 2). Plotino interessa-se particularmente pela parte superior e inteligível, que não sofre alteração e é incorruptível (III vi 1). A alma se divide quando se orienta para o sensível (IV i 1); unifica-se, em compensação, quando se orienta para o inteligível, a ponto de adquirir uma qualidade divina (IV ii 1). Em última análise, quando se purifica, a alma pode até mesmo transfigurar o corpo, isto é, fazer com que ele habite este mundo como se vivesse no universo inteligível. Em seu ser próprio, a alma é una, incorruptível, racional, inteligível, contemplativa e imortal. É preciso levar em conta, para um entendimento integral das idéias de Plotino sobre a alma, que ele ocasionalmente se refere à alma em geral, às vezes à alma individual e às vezes ainda à alma universal ou Alma do Mundo (VER). Mas certas propriedades são comuns a todas as espécies de almas, pelo menos na medida em que são os habitantes do mundo inteligível. De fato, todas as almas individuais formam uma única alma (VI v 9), embora isso não signifique uma fusão, mas uma organização hierárquica no inteligível único (VI vii 6).

As doutrinas aristotélicas sobre a alma são muito complexas. Em parte, elas se baseiam em certas idéias de Platão e, sem dúvida, na idéia de que o inteligível tem de predominar sobre o sensível, e a contemplação sobre a ação. Além disso, Aristóteles fala às vezes da alma como de um princípio geral (de vida) e às vezes como de um princípio individual próprio de cada um dos homens. Em ambos os casos, é característico do Estagirita fazer com a alma o que fez com as idéias: trazê-la, por assim dizer, do céu para a terra. As teorias mais características deste autor sobre a alma são formuladas, em todo caso, a partir de uma perspectiva "biológica" (ou, melhor dizendo, "orgânica"). A alma, de acordo com Aristóteles, é em algum sentido o "princípio da vida animal" (*De an.*, I 1 402 a 6), como vida que se move a si mesma espontaneamente. Mas isso não significa que a alma se mova a si mesma; ser princípio de movimento não significa ser movimento. Ora, visto que todo corpo natural possuidor de vida é uma substância (como realidade composta), e possui um corpo, não se pode dizer que o corpo seja a alma. O corpo é a matéria; a alma é uma certa forma. Eis as duas célebres definições dadas pelo Estagirita: "a alma é a primeira entelequia do corpo físico orgânico", ἐντελέχεια ἡ πρώτη σώματος φυσικοῦ ὀργανικοῦ (*op. cit.*, II 412 b 25 ss.), é "a primeira entelequia do corpo físico que possui a vida em potência", ἐντελέχεια ἡ πρώτη σώματος φυσικοῦ δυνάμει ζωὴν ἔχοντος (II 1 412 a 27 ss.). Não tem sentido perguntar se o corpo e a alma são uma única realidade; isso seria como perguntar por que a cera e a forma da cera são uma realidade. O sentido da unidade do corpo e da alma é a relação de uma atualidade com uma potencialidade.

A alma é, por conseguinte, uma substância; é o *quid* essencial do corpo. Como escreve Aristóteles: "Se o olho fosse um animal, a vista seria sua alma, pois a vista é a substância ou forma do olho". A alma é, pois, a forma do corpo na medida em que constitui o conjunto de possíveis operações do corpo. Assim como o próprio do martelo é dar marteladas, assim também o próprio da alma é fazer com que o corpo tenha a forma que lhe corresponde como corpo e, portanto, fazer com que o corpo *seja* realmente corpo. A alma é a causa ou fonte do corpo vivo (II 4 415 b 9). Ora, se a alma é o princípio das operações do corpo natural orgânico, é possível estabelecer uma distinção entre vários tipos de operações. A isso corresponde a divisão entre várias "partes" da alma (que, pelo indicado, não destrói de maneira alguma sua unidade como forma). A alma é o ser e princípio dos seres vivos, porquanto esse ser e esse princípio consistem em viver. As doutrinas aristotélicas sobre a alma não são, por conseguinte, apenas de caráter biológico ou psicológico — mesmo que ofereçam também, e muito acentuadamente, esses dois caracteres. Elas constituem o mais importante fragmento de uma "ontologia do vivente". Uma característica básica dessa ontologia é a análise do conceito de função e das diversas funções possíveis. Os diferentes tipos de almas — vegetativa, animal, humana — são, pois, diferentes tipos de função. E as "partes" da alma em cada um desses tipos de função constituem outros tantos modos de operação. No caso da alma humana, o modo de operação principal é racional, distingue esta alma de outras no reino orgânico. Isso não significa que não haja nessa alma outras operações. Pode-se falar da parte nutritiva, sensitiva, imaginativa e apetitiva da alma (ver APETITE), ou seja, de outras tantas operações. Mediante as operações da alma, especialmente da sensível e da pensante, a alma pode refletir todas as coisas, já que todas são sensíveis ou pensáveis, e isso faz com que, como diz Aristóteles numa fórmula muito comentada, a alma seja de alguma maneira todas as coisas, ἡ ψυχὴ τα ὄντα πῶς ἐστί (III 8 431 b 21).

Vários problemas foram formulados no âmbito do aristotelismo, particularmente no que diz respeito à natureza da parte pensante da alma, a qual pode ser denominada antes pneuma que ψυχή. Como pensar é reconhecer racionalmente o que há e o que faz com que haja, e sobretudo os princípios supremos do que há, pode-se supor que todas as operações racionais são iguais em todas as almas dotadas da faculdade de pensar. Neste caso, não haveria almas pensantes individuais, mas uma única alma (pensante). Esse problema foi abordado tradicionalmente no quadro da questão da natureza do entendimento (VER), ou do intelecto. Aristóteles não tendeu a uma rigorosa "unidade do entendimento". Mas alguns de seus seguidores, como Alexandre de Afrodísia (VER), mantiveram uma opinião radical a esse respeito. O mesmo parece ter ocorrido com Averróis. A doutrina da unidade do intelecto acentua a racionalidade e a espiritualidade da alma humana, mas em detrimento de sua individualidade.

A partir de Aristóteles — com os estóicos, neoplatônicos e depois os cristãos —, multiplicaram-se as questões relativas à existência da alma, à sua natureza, às suas partes e à sua relação com o corpo e com o cosmos. Praticamente todos os filósofos admitiram alguma espécie de "alma", mas definiram-na de maneiras muito diversas. Alguns — como os epicuristas e em parte os estóicos — consideraram que a alma é uma realidade de alguma maneira "material", embora de uma matéria mais "fina" e "sutil" que todas as outras. Os temas da alma como "alento" e como "fogo" (ou algo "semelhante ao fogo") desempenharam um papel importante nessas especulações. Outros filósofos, seguidores de Aristóteles, enfatizaram a realidade da alma como forma ou princípio do vivente. Outros, por fim, voltados para Platão, destacaram a natureza individual e inteligível da alma. Essas especulações influenciaram as idéias formuladas sobre a alma por vários autores cristãos, ainda que partissem de uma idéia da alma que não tinha necessariamente traços filosóficos. Os autores que mais influenciaram os autores cristãos primitivos a esse respeito foram os de confissão platônica e neoplatônica. Mas, como na tradição cristã desempenhava um papel fundamental "o homem inteiro" — que aparece existindo com seu corpo —, tornaram-se muito agudas as questões relativas à união da alma com o corpo, à natureza da imortalidade (VER) e às chamadas "partes" da alma. Tanto Windelband (em sua *História da Filosofia*) como E. Schindler (cf. bibliografia *infra*) trataram detalhadamente do problema das muitas distinções entre partes da alma e modos de unificação propostos entre essas partes no pensamento antigo em relação ao pensamento cristão. Não podemos aqui sequer resumir as numerosas doutrinas elaboradas a esse respeito. Limitar-nos-emos a indicar que, em conseqüência sobretudo das influências platônicas e neoplatônicas, se tendeu cada vez mais, por parte dos autores cristãos, a uma "espiritualização" e, sobretudo, a uma "personalização" da alma. Muitas das idéias debatidas sobre os pontos citados se encontram em Santo Agostinho. Este rejeita energicamente toda concepção da alma como entidade material e sublinha seu caráter "pensante". Mas tal caráter não é o de uma pura razão impessoal. A alma é um pensamento na medida em que vive, ou, melhor dizendo, se sente viver. A alma é o pensar na medida em que se conhece a si mesma como duvidando e existindo (existindo, além disso, como entidade espiritual e não como uma parte do corpo, nem sequer como um mero princípio do corpo). Para Santo

Agostinho, a alma é, a rigor, uma intimidade — e uma intimidade pessoal. É certo que a alma é "parte" do homem, o qual se compõe de corpo e alma, porquanto é um *conjunctum*. Mas, como o homem é o modo como a alma adere ao corpo, a existência da alma e seu modo de "adesão" são fundamentais para o homem. A alma está por inteiro em cada uma das partes do corpo. Isso não significa que não se possa estabelecer uma distinção entre as diversas funções da alma, tais como a vontade, a memória etc.; mas todas essas funções o são de uma função principal, de uma realidade espiritual indivisa que se manifesta por meio do que Santo Agostinho denomina "a atenção vital". *Neste* sentido, a alma é *também* um princípio animador do corpo. Mas, sendo uma substância espiritual, não depende do corpo como se fosse um mero epifenômeno deste. A alma surgiu do nada pela vontade criadora de Deus; é uma essência imortal.

Pode-se dizer que no âmbito do pensamento cristão, e independentemente das diversas interpretações e explicações da natureza da alma proporcionadas pelos filósofos cristãos, a alma é vista não apenas como algo de índole imaterial, como também, e em particular, "espiritual-pessoal". A alma é uma vida, mas uma vida superior à biológica. Por conseguinte, não importa só a aspiração ao inteligível; importam todas as experiências que "preenchem" a vida da alma (por exemplo, a esperança). Dessa perspectiva, há distinções muito marcadas entre as concepções neoplatônicas e as cristãs. Para os neoplatônicos, a alma é, no máximo, uma entidade intermediária entre o sensível e o puramente inteligível. Daí as constantes discussões acerca do "lugar" (metafísico) em que a alma se encontra ou pode encontrar-se e sobre sua divisibilidade ou indivisibilidade de acordo com o grau menor ou maior de proximidade do inteligível. Para os cristãos, a alma é o aspecto espiritual da pessoa. Como tal, tem uma relação filial — e não apenas intelectual — com a Pessoa divina. Para os neoplatônicos, a alma é aquilo que pode ascender ao mundo das idéias. Para os cristãos, é o que pode salvar-se na contemplação de Deus, Seu criador. Acrescente-se a isso que, para os cristãos, o corpo pode salvar-se de sua corruptibilidade para transformar-se em "corpo glorioso". Além disso, enquanto os neoplatônicos continuam vendo a alma a partir do "mundo" — não importando que tal "mundo" seja mais uma hierarquia de seres e de valores que um conjunto de "coisas" —, para os cristãos o mundo é visto a partir da alma. Para estes, a alma não é, pois, uma "coisa", nem mesmo essa "coisa" que pode ser denominada "espírito". É uma experiência, ou conjunto de experiências, que inclui a subjetividade, a personalidade, a consciência de si (ou de sentir-se viver) e, naturalmente, a transcendência.

Pode-se alegar que desde o momento em que, sobretudo com Santo Tomás, se introduziram sistematicamente os temas e os termos aristotélicos no pensamento cristão, algumas das afirmações anteriores perderam sua validade. Santo Tomás apropria-se de não poucas das fórmulas aristotélicas (a alma é *actus primus physici corporis organici potentia vitam habentes;* e até é *quodammodo omnia* [cf. *supra*]). Ademais, esse filósofo distingue a alma vegetativa, a animal e a humana (*vegetabilis, vegetativa seu vivificans; sensibilis seu sensitiva seu sensificans seu irrationalis; intellectiva seu intellectualis seu rationalis*). Distingue também — seguindo autores antigos — o conceito de *anima* como princípio vital e o conceito de *animus* como entendimento. Deve-se observar, porém, que Santo Tomás não se limita a repetir as fórmulas aristotélicas e algumas das antigas distinções. De fato, ele parece preocupado sobretudo em solucionar certos conflitos que surgiram em decorrência do seguimento das inspirações agostinianas sem a devida análise filosófica de suas implicações. Por exemplo, há em Santo Tomás um esforço constante para vincular a idéia da alma como subjetividade e intimidade e a idéia da alma como entelequia. Ele acentuou a noção da unidade substancial do homem, unidade que não podia ser afirmada sem levar-se em conta que a alma é uma forma unificante. Não se trata, pois, de estabelecer distinções entre a alma como princípio do ser vivo e a alma como princípio do ser racional; trata-se antes de ver como se podem articular essas distintas operações. Na medida do possível, Santo Tomás procura salvar e justificar vários "aspectos" da alma: a intimidade "experiencial", a individualidade, a referência corporal etc. Se algumas vezes a unidade parece romper-se — como quando se sustenta a doutrina das formas subsistentes ou separadas —, isso é apenas, na maioria das vezes, para restabelecer um equilíbrio perdido.

Alguns autores julgam que o equilíbrio estabelecido por Santo Tomás é instável. Vários escolásticos posteriores a ele abordaram de novo o problema — ou, melhor dizendo, os problemas — da alma, e o fizeram mediante distinções e subdistinções novas e mais numerosas. Mencionemos a esse respeito a teoria da "dualidade" de matéria e forma na alma, assim como a concepção da *forma corporeitas* como radicalmente diversa da forma própria do anímico. A "unidade substancial" cindiu-se em vários tipos de unidade, de dificílima harmonização. Os modos como Santo Agostinho abordara as questões relativas à alma voltaram a circular e influenciaram decisivamente algumas concepções modernas. Heinz Heimsoeth (cf. *infra*) enfatizou a estreita relação que há, neste e em muitos outros aspectos, entre o agostinismo e o idealismo moderno e entre este último e a chamada "decadência da escolástica". Ele indicou, além disso, que no pensamento moderno se reata o fio da meditação agostiniana. Segundo esse autor, há, por exemplo, uma orientação de raiz agostiniana, elaborada pela "última escolástica" (presumivelmente a dos séculos XIV e XV), recolhida por Descartes e que culmina em Malebranche. De acordo com ela, a alma apreende diretamente a Deus — e o mundo só por meio de Deus. Isto permite compreender a fórmula malebranchiana: *nous voyons toutes choses en Dieu*. Essa orientação prossegue com Leibniz e sua concepção monadológica (ver MÔNADA, MONADOLOGIA). Segundo todos esses autores, consciente ou inconscientemente seguidores de Santo Agostinho, a alma tem sobretudo espontaneidade e intimidade, de modo que a relação entre ela e o mundo é diversa da que se percebe no tomismo. Enquanto a concepção antiga tradicional, cristianizada por alguns autores escolásticos, é uma espécie de realismo segundo o qual, em última instância, a alma está no mundo, a concepção agostiniana e moderna é um idealismo para o qual o mundo está na alma. Pode-se dizer que alguns escritores escolásticos (Santo Tomás) e modernos (Leibniz) não se encaixam em nenhuma dessas duas concepções, representando antes tentativas de mediação. Mas somente sublinhando ao extremo as implicações dessas concepções é possível compreender, segundo Heimsoeth, o pressuposto último de certas noções acerca da natureza da alma e de sua relação com o mundo e com Deus. Sobre esse ponto, Heimsoeth exprime-se do seguinte modo: "A idéia de Platão é o 'ser que é', que se opõe e ajuda a ser, por assim dizer, o subjetivo psíquico, cuja índole peculiar Platão ainda não conhece propriamente. Esse idealismo é completamente independente do conceito de sujeito. Mas a Idade Moderna, na qual se tornou patente o grande contraste entre o sujeito que conhece e quer e o ser objetivo, procura ou submergir a alma no ser, dando prosseguimento à antiga tendência objetivista, como o materialismo, ou incluir o ser, o mundo exterior, no sujeito, fazendo dele uma 'idéia' no novo sentido conscienciliasta, um fenômeno do sujeito. A preeminência do espiritual e do psíquico sobre a Natureza, da pessoa de Deus e da alma sobre o objetivo, exacerba-se aqui até a afirmação da realidade exclusiva do subjetivo" (*Los seis grandes temas de la metafísica occidental*, trad. José Gaos, 2ª ed., 1946, p. 157).

Essa "visão do mundo a partir da alma" constitui, no entanto, apenas um dos motivos do pensamento moderno idealista. Além disso, é mais um pressuposto metafísico que um problema filosófico. Como questão filosófica, a questão da alma é de dificílima elucidação dentro do pensamento moderno. Sem dúvida, muitos autores modernos, e especialmente os filósofos do século XVII, abordaram com persistência o problema da alma e da relação entre alma e corpo. Muitas teorias foram propostas a esse respeito. Examinou-se se a alma se reduz ao corpo, ou o corpo à alma, ou se ambos são manifestações de uma substância única, ou se a correspondência entre as operações da alma e as do corpo pode ser explicada mediante ação causal recíproca, conjunção, harmonia preestabelecida etc. Referimo-nos a esses problemas em vários verbetes, alguns sobre filósofos (por exemplo, DESCARTES; SPINOZA) e outros sobre conceitos (por exemplo, OCASIONALISMO; PARALELISMO). Mas pode-se perguntar se, ao usar o conceito de alma, muitos autores modernos tinham presentes as idéias desenvolvidas por filósofos como Platão, Aristóteles, Santo Agostinho, Santo Tomás e outros. Esses filósofos costumavam incluir no conceito de alma os conceitos do psíquico, da consciência, do pensamento etc. Não é certo, em compensação, que ao falar da alma certos autores modernos se refiram a algo mais que o conjunto das operações psíquicas ou, como se disse, ao "pensamento". Em alguns casos, a idéia da alma e do psíquico se encontram unidas. Isso ocorre com a abordagem da alma na chamada *Psychologia rationalis*, em particular tal como desenvolvida por Wolff (VER) e sua escola, e mais tarde pelos neo-escolásticos, em parte influenciados por esquemas wolffianos. Mas Hume, ao analisar a noção do eu, parece pensar na alma como "substância psíquica". Em sua apresentação dos paralogismos (ver PARALOGISMO) da *Psychologia rationalis*, e em muitas outras partes de sua obra, Kant distinguiu o eu como fenômeno e o eu como númeno. O primeiro parece designar o psíquico em geral; o segundo, a alma. Tendo em vista essas dificuldades, só aparentemente de caráter terminológico, é possível perguntar se não seria melhor estabelecer distinções entre a noção de alma e as noções do eu, da consciência, do pensamento, do psíquico etc. Na medida em que essas distinções esclarecerem o pensamento de determinado autor, é conveniente introduzi-las. Assim, por exemplo, é perfeitamente admissível dizer que muitas das teorias sobre a relação e interação entre o psíquico e o físico desenvolvidas durante os últimos cento e cinqüenta anos (teorias como as de Mach, Bergson e, mais recentemente, Gilbert Ryle e M. Merleau-Ponty) não se referem, senão incidentalmente, à questão da alma, pelo menos do modo como essa questão foi abordada pelos filósofos "tradicionais". Ao mesmo tempo, pode-se sustentar que as idéias dos escolásticos, bem como de muitos dos chamados "espiritualistas", abrangem o problema da alma em sentido tradicional. Contudo, essa distinção nem sempre é fácil. Em certos casos, a noção de "alma" é suficientemente vaga para abarcar muitas noções distintas. Em outros, os conceitos do eu, do pensamento, da consciência etc. aludem a certos caracteres tradicionalmente adscritos à alma. A única recomendação ponderada a esse respeito é, pois, a seguinte: não fazer distinção sem esclarecimento.

III. O vocábulo 'alma' voltou a ser usado por vários autores contemporâneos (Jaspers, Scheler, Ortega y

Gasset, F. Noltenius etc.) num sentido um pouco diferente de qualquer um dos tradicionais. Esses autores estabeleceram uma distinção entre a vida, a alma e o espírito, e especialmente entre a alma e o espírito. Enquanto a alma é concebida como a "sede" dos atos emotivos, dos afetos, sentimentos etc., o espírito é definido como a "sede" de certos atos "racionais" (atos por meio dos quais se formulam juízos objetivos ou pretensamente objetivos). De acordo com isso, a alma é subjetividade, enquanto o espírito é objetividade. A alma é imanência, ao passo que o espírito é transcendência. Em certos casos, atribuíram-se ao conceito de espírito (VER) certas características que correspondem a algumas das propriedades tradicionalmente pertencentes à noção de alma. Isso aconteceu em particular quando o conceito de espírito foi explicado de forma a dar origem a teses similares às do entendimento (VER) ativo e à unidade do entendimento ou intelecto. Alguns autores propuseram uma espécie de hierarquia ontológica Vida-Alma-Espírito, considerando este último "superior", embora possivelmente tendo origem nos outros termos. Outros autores (Klages) avaliaram que o espírito é capaz de "matar" a alma.

Afirmou-se também que pode haver uma contraposição entre a noção de alma e a de consciência. Enquanto esta última seria de natureza "histórica" e, em geral, contingente, a primeira teria índole "trans-histórica" e, em geral, "eterna". Tal doutrina está fundada numa concepção quase exclusivamente religiosa do conceito de alma e deixa sem solução a questão das possíveis relações entre a alma e a consciência, para não falar das relações entre a alma e a vida, que tanto preocuparam filósofos de confissão mais "tradicional".

➲ Sobre o conceito de alma, especialmente em sentido psicológico: Paul Kronthal, *Über den Seelenbegriff*, 1905. — Joseph Geyser, *Die Seele; ihr Verhältnis zum Bewusstsein und zum Leibe*, 1914. — G. Faggin, C. Fabro, S. Lator, S. Caramella, A. Guzzo, F. Barone, E. Balducci, C. Casella, A. Stocker, M. F. Sciacca, *L'anima*, 1954, ed. M. F. Sciacca. — Charles Vaudouin, *Y a-t-il une science de l'âme?*, 1957. — Petruzzellis, G. Giannini, Ch. Boyer et al., *L'anima umana*, 1958 (*Doctor communis*, XI, n°s 2-3). Ver também a bibliografia de PSÍQUICO.

Sobre a origem do conceito: H. Schmalenbach, "Die Entstehung des Seelenbegriffs", *Logos*, 16, n° 3 (1927).

Sobre as origens da investigação anímica: Ludwig Klages, *Ursprünge der Seelenforschung*, 1942.

Sobre a história do conceito de alma relacionado com a questão da chamada "localização" (ver LOCALIZAÇÃO): B. Révesz, *Geschichte des Seelenbegriffs und der Seelenlokalisation*, 1917.

Um exame sistemático, ao mesmo tempo psicológico e filosófico, do "problema da alma" pode ser encontrado em vários dos livros mencionados na bibliografia do verbete PSICOLOGIA; são especialmente significativos a esse respeito o de A. Pfänder, *Die Seele des Menschen*, 1933; o de Maximilian Beck, *Psychologie. Wesen und Wirklichkeit der Seele*, 1934; o de C. G. Jung, *Wirklichkeit der Seele. Anwendung und Fortschritte der neueren Psychologie*, 1934; e o de S. Strasser, *Le problème de l'âme*, 1953. — W. Fischel, *Struktur und Dynamik der Seele*, 1962.

Para a metafísica da alma, ver: B. Rosenmüller, *Metaphysik der Seele*, 1947. — L. Lavelle, *L'âme humaine*, 1951. — Claude Tresmontant, *Le problème de l'âme*, 1971. — K. König, *The Human Soul*, 1973. — E. G. Parrinder, *The Indestructible Soul: The Nature of Man and Life After Death in Indian Thought*, 1973. — J. W. Cooper, *Body, Soul, and Life Everlasting: Biblical Anthropology and the Monism-Dualism Debate*, 1989.

A relação entre alma e espírito (a favor da primeira) segundo Klages figura sobretudo na obra fundamental desse autor: *Der Geist als Widersacher der Seele*, 1929.

A relação entre alma, matéria e espírito em F. Noltenius: *Materia, Psyche, Geist*, 1934. — I. Gindl, *Seele und Geist. Versuch einer Unterscheidung*, 1955. — C. A. Van Peursen, *Body, Soul, Spirit*, 1966. — E. Hartman, *Substance, Body and Soul: Aristotelian Investigations*, 1977. — J. Teichman, *The Mind and the Soul: An Introduction to the Philosophy of Mind*, 1974.

Sobre alma e experiência mística: A. Gardeil, O. P., *La structure de l'âme et l'expérience mystique*, 2 vols., 1927.

Exame do problema da alma diante das "negações" da psicologia experimental e da tecnologia: Juan Zaragüeta, *El problema del alma ante la psicología experimental*, 1910. — W. Barret, *Death of the Soul: From Descartes to the Computer*, 1987. — D. Kamper, C. Wulf, eds., *Die erloschene Seele*, 1988.

As obras históricas sobre o desenvolvimento da noção da alma são numerosas. Citamos: G. H. von Schubert, *Die Geschichte der Seele*, 1839; 2 vols.; reimp., 1960. — A. E. Crowley, *The Idea of the Soul*, 1909. — J. Laird, *The Idea of the Soul*, 1924. — W. Ellis, *The Idea of the Soul in Western Philosophy and Science*, 1940. — L. C. Rosenfield, *From Beast-Machine to Man-Machine: Animal Soul in French Letters From Descartes to La Mettrie*, 1941; nova ed., 1968. — R. B. Onians, *Origins of European Thought About the Body, the Mind, the Soul, the World, Time and Fate*, 1951.

Para a história da alma na Idade Média: B. Echeverría, O. F. M., *El problema del alma humana en la Edad Media*, 1941. — Ph. D. Bookstaber, *The Idea of Development of the Soul in Medieval Jewish Philosophy*, 1950.

Um exame da história da alma no sentido de uma biometafísica, em E. Dacqué, *Das verlorene Paradies. Zur Seelengeschichte des Menschen*, 1938.

Para a concepção grega da alma, é ainda clássica a obra de E. Rohde, *Psyche, Seelenkult und Unsterblichkeitsglaube der Griechen*, 1894. — A obra de E. R. Dodds mencionada no texto é: *The Greeks and the Irrational*, 1951.

Para o conceito de alma em diversos autores: J. Burnet, *The Socratic Doctrine of the Soul*, 1916. — Andreas Graeser, *Probleme der platonischen Seelenteilungslehre. Ueberlegungen zur Frage der Kontinuität im Denken Platons*, 1969. — G. von Hertling, *Materie und Form und die Definition der Seele bei Aristoteles*, 1871. — E. Rolfes, *Die substanzielle Form und der Begriff der Seele bei Aristoteles*, 1896. — F. Brentano, *Aristoteles Lehre vom Ursprung des menschlichen Geistes*, 1911. — H. Cassirer, *Aristoteles' Schrift "Von der Seele"*, 1932. — E. E. Spicer, *Aristotle's Conception of the Soul*, 1934. — F. Nuyens, *Ontwiklelingsmomenten in de zilkunde von Aristoteles*, 1939 (trad. francesa: *L'Évolution de la psychologie d'Aristote*, 1948). — Eutimio Martino, *Aristóteles. El alma y la comparación*, 1975. — Ernst Topitsch, *Die platonisch-aristotelischen Seelenlehren in weltanschauungskritischer Beleuchtung*, 1959. — Giancarlo Movia, *Anima e intelletto: Ricerche sulla psicologia peripatetica de Teofrasto a Cratippo*, 1968. — Ph. Merlan, *Monopsychism, Metaconsciousness, Mysticism: Problems of the Soul in the Neoaristotelian and Neoplatonic Tradition*, 1963. — E. Schindler, *Die stoische Lehre von den Seelenteilen und Seelenvermögen, insbesondere bei Panaitios und Poseidonios, und ihre Verwendung bei Cicero*, 1934. — E. Holler, *Seneca und die Seelenteilungslehre und die Affektenpsychologie der mittleren Stoa*, 1934. — P. O. Kristeller, *Der Begriff der Seele in der Ethik des Plotins*, 1929. — Jean Trouillard, *L'un et l'âme selon Proclos*, 1972. — P. Künzle, *Das Verhältnis der Seele zu ihren Potenzen. Problemgeschichtliche Untersuchungen von Augustin bis und mit Thomas von Aquin*, 1956. — Volker Schmidt-Kohl, *Die neuplatonische Seelenlehre in der Consolatio philosophiae des Boethius*, 1965. — Th. Crowley, R. Bacon, *The Problem of the Soul in his Philosophical Commentaries*, 1950. — Murray Greene, *Hegel on the Soul: A Speculative Anthropology*, 1972. — S. Strasser, *Seele und Beseeltes. Phänomenologische Untersuchungen über das Problem der Seele in der metaphysischen und empirischen Psychologie*, 1955. — J. Bishop, *Emerson on the Soul*, 1964. — B. L. Mijuskovic, *The Achilles of Rationalist Arguments: The Simplicity, Unity, and Identity of Thought and Soul From the Cambridge Platonists to Kant*, 1974. — H. Wijsenbeek-Wijler, *Aristotle's Concept of Soul, Sleep and Dreams*, 1978. — S. Mansion, Ch. Lefèvre et al., *Aristotle in Mind and the Senses*, ed. G. E. R. Lloyd e G. E. L. Owen, 1978. — J. Mundhenk, *Die Seele im System des Thomas von Aquin. Ein Beitrag zur Klärung und Beurteilung der Grundbegriffe der thomistischen Psychologie*, 1980. — D. B. Clause, *Toward the Soul: An Inquiry Into the Meaning of* ψυχή *Before Plato*, 1981. — W. Deuse, *Untersuchungen zur mittelplatonischen und neuplatonischen Seelenlehre*, 1981. — H. G. Apostle, *Aristotle's on the Soul*, 1981. — A.-T. Tymieniecka, ed., *Soul and Body in Husserlian Phenomenology: Man and Nature*, 1983. — J. F. Finamore, *Iamblichus and the Theory of the Vehicle of the Soul*, 1985. — M. C. Preus, *Eloquence and Ignorance in Augustine's "On the Nature and Origin of the Soul"*, 1985. — L. Holscher, *The Reality of the Mind: St. Augustine's Philosophical Arguments for the Human Soul as a Spiritual Substance*, 1987. — K. Rankin, *The Recovery of the Soul: An Aristotelian Essay on Self-fulfilment*, 1991.

Para a bibliografia referente ao problema das relações entre processos corporais e processos psíquicos (o chamado "problema corpo-alma"), ver especialmente o verbete Corpo. ᴄ

ALMA (ORIGEM DA). A questão da origem das almas humanas foi muito debatida pelos teólogos, por muitos filósofos de confissão cristã e, evidentemente, pelos Padres da Igreja. Limitar-nos-emos aqui a indicar algumas das posições mantidas a esse respeito. Algumas dessas posições foram examinadas com maior detalhe em outros verbetes (ver Criacionismo; Traducionismo).

1) O *criacionismo* afirma que cada uma das almas humanas foi objeto de um ato especial de criação divina. Esta doutrina pode ser entendida de duas maneiras:

1*a*) Prescindindo-se das chamadas "causas segundas", em cujo caso se pode falar de *criacionismo ocasionalista*.

1*b*) Levando-se em conta as causas segundas e admitindo-se que Deus cria a alma quando ocorrem as condições vitais necessárias. Esta última posição é a de Santo Tomás.

2) O *traducionismo* afirma que há uma transmissão — não-explicada e talvez inexplicável — da alma pelos pais no processo da geração. Sublinha-se aqui, pois, "o corporal" na formação da alma.

3) O *generacionismo* sustenta o mesmo que o traducionismo, mas enfatiza antes os motivos espirituais que os corporais.

4) O *emanatismo* afirma que as almas se produzem mediante emanação de uma hipóstase (ver). Costuma-se sustentar que as almas humanas são emanações da Alma do Mundo (ver Alma do mundo).

5) A *teoria da eternidade e preexistência das almas* afirma que as almas existiram sempre — possivelmente num "mundo inteligível" — e se "incorporaram", podendo abandonar o corpo, que é como sua prisão ou túmulo. Platão, no *Fédon*, e alguns dos chamados "platônicos ecléticos" foram os partidários mais conspícuos desta teoria.

6) O *evolucionismo emergentista* sustenta que as almas — ou, em geral, as consciências — surgem em virtude de um processo evolutivo, como resultado (resultado "emergente"; ver EMERGENTE) da complicação e aperfeiçoamento dos organismos biológicos.

ALMA DO MUNDO. Usou-se a expressão 'alma do mundo' para designar a totalidade do universo concebido como organismo, ou "a forma" desse universo. A idéia de uma alma do mundo surgiu precocemente na filosofia grega. A redução da totalidade à unidade, a suposição de que tudo está entrelaçado levaram alguns a admitir uma alma do mundo. A explicação platônica da origem da alma do mundo como a mescla harmoniosa pelo demiurgo das idéias e da matéria, da essência do Mesmo e do Outro, pode ser a transcrição mítica de um pressuposto metafísico (ou a transcrição metafísica de um pressuposto mítico). Segundo alguns autores, o corpo do mundo está envolto por sua alma; mas, ao mesmo tempo, a alma do universo se encontra em cada uma das coisas deste, não parcial e fragmentariamente, mas de um modo total e completo. Em outros termos, a alma do mundo é a realidade que faz com que todo microcosmos seja um macrocosmos. Os debates travados nas escolas filosóficas antigas, debates que, sob forma diferente, se reproduzem em todos os momentos da história do pensamento em que — como no Renascimento e no Romantismo — o orgânico "desloca" o mecânico, centraram-se particularmente nos estóicos e nos neoplatônicos. Com efeito, alguns concebiam essa alma do mundo de uma maneira muito próxima do material; o corporalismo dos estóicos não podia deixar de influir em sua idéia da alma cósmica. De fato, se o mundo é um ser vivo, racional, animado e inteligente — como, segundo Diógenes Laércio (VII, 142), o afirmam Crisipo no Livro I de seu tratado *Da Providência*, Apolodoro em sua *Física* e Possidônio em numerosas partes de sua obra —, é vivo, ζῶν, "no sentido de uma substância animada dotada de sensação". Outros, em compensação, identificavam essa alma do mundo com a razão ou então faziam dela, como os neoplatônicos, uma das hipóstases da unidade suprema. A alma do mundo ficava então desligada dessa unidade; embora estritamente subordinada a ela, não podia tampouco confundir-se com a unidade primeira. A confusão da alma do universo com o primeiro princípio é, em contrapartida, própria das tendências que poderiam ser qualificadas de "panteísmo organológico". Quando se nega, consciente ou inconscientemente, a transcendência do primeiro princípio, aparece a alma do mundo como o que religa a totalidade do universo, como o que expressa essa mesma totalidade, ou como a própria totalidade enquanto única realidade existente. Vemos aqui uma distinção fundamental entre duas noções da alma cósmica: a que a transforma em mera expressão de um organismo que é o universo inteiro, ao mesmo tempo subordinado a um primeiro princípio, e a que a identifica com esse mesmo princípio, ou seja, a que converte em Deus a alma do mundo. Distinção que quase nunca se faz, pelo menos explicitamente, nos sistemas da filosofia, em que justamente costuma ser muito freqüente a transposição de um desses conceitos ao outro. É o que ocorre, por exemplo, com a especulação sobre a alma do mundo nos pensadores do Renascimento (Agripa, Paracelso, alguns místicos, sobretudo Bruno) e em românticos como Schelling. Bruno tem consciência dessa oposição, e às vezes a afirma, mas, com o fim de eludir o panteísmo, funde ocasionalmente as duas noções num único conceito da alma do mundo, que é a um só tempo a divindade e o princípio orgânico do universo. De modo análogo, Schelling (*Von der Weltseele*, 1798), que procura evitar as acusações de panteísmo assinalando que entende Deus simultaneamente como pessoa e como indiferença de opostos, indica que a alma do mundo é o que religa numa unidade orgânica elementos do universo que, vistos de fora e fragmentariamente, pertencem ao reino do mecânico e inorgânico, mas assinala também que é última expressão e até realidade última desse universo. A alma do mundo transforma-se então num conceito que tende a unificar o personalismo e o impersonalismo na idéia do divino, que procura vincular o teísmo religioso e o panteísmo filosófico, e por isso a alma do mundo pode ser simultaneamente, apesar da freqüente distinção que se estabelece entre ela e a pessoa divina, princípio, sentido e finalidade de um universo que é concebido sempre como um organismo.

⊃ Ver: E. Hoffmann, "Platons Lehre von der Weltseele", *Jahrbuch des philosophischen Vereins zu Berlin* (1919), 48 ss. — P. Thévenaz, *L'âme du monde, le devenir et la matière chez Plutarque*, 1938. — J. Moreau, *L'âme du monde de Platon aux stoïciens*, 1939; reed., 1965. — T. Gregory, *Anima mundi*, 1955. — E. Moutsopoulos, "Le caractère dialectique de l'idée d'âme du monde chez Platon", *Diotima*, 3 (1975), 9-18. — B. Eucalano, "The Universal Soul", *Dialogue*, 21 (1978), 25-30. ⊂

ALMA DOS BRUTOS. O problema da natureza dos animais e da diferença (essencial ou de grau) entre o animal e o homem ocupou com freqüência os filósofos; referências a esse tema são encontradas em Alma (VER), Antropologia (VER) e Homem (VER). Neste verbete, dedicar-nos-emos a *um* aspecto desse problema: o conhecido pelo nome de *problema da alma dos brutos*. Nós nos referiremos em particular às discussões travadas sobre o assunto entre cartesianos e anticartesianos durante o século XVII e boa parte do século XVIII, quando a questão pareceu afetar a *totalidade* da filosofia. Abordaremos (I) a concepção aristotélico-escolástica mais difundida naquela época, (II) a concepção cartesiana e as discussões sobre ela e (III) o problema referente à possibilidade de Descartes ter sido ou não *diretamente* influenciado por Gómez Pereira (VER). A importância dada à questão nessa época se manifesta não apenas no grande número de escritos sobre ela, mas também na atenção que esta mereceu por parte dos repertórios enciclopédicos que refletiam os interesses intelectuais da época: o *Dictionnaire historique et critique*, de Bayle (desde a primeira edição de 1695-1697), com seus artigos sobre *Gomesius Pereira* e *Rorarius* (abordando este último também a questão de se os brutos usam a razão melhor que o homem, tema tratado por Anselmo Turmeda, *Disputa de l'ase*, 1928; ver TURMEDA); e a *Encyclopédie* (desde a primeira edição de 1751; ver ENCICLOPÉDIA), cujo longo artigo *Âme des Bêtes* começa dizendo: "A questão referente à *Alma dos brutos* era um tema digno de inquietar os antigos filósofos; contudo, não parece que eles se tenham atormentado por causa do assunto nem que, divididos entre si por tão diferentes opiniões, tenham transformado a questão da natureza dessa *alma* em pretexto de querelas". Depois do século XVIII, a questão não foi inteiramente abandonada, mas abordada com diferentes pressupostos e propósitos. Não podemos, pois, referir-nos a ela sob a mesma epígrafe. Hoje, a determinação da diferença entre o homem e o animal é — em filosofia — um problema de antropologia filosófica, auxiliada não só pela biologia, pela psicologia e por todas as ciências do homem, como também pelo que se denomina a teoria analítica da vida humana. Observemos, além disso, que recentemente as investigações cibernéticas (ver COMUNICAÇÃO) voltaram a formular com grande radicalismo o problema: "O que significa propriamente *pensar*?" — questão que não pode ser desvinculada das questões antes referidas e que aliás constitui um promissor acesso a elas.

I. *As concepções aristotélicas e escolásticas*. Aristóteles parecia ao mesmo tempo afirmar (*De an*., 432 a 15) e negar (*ibid*., 434 b 12) a existência de uma alma nos animais. Contudo, não devemos considerar contraditórias suas idéias a esse respeito. Em primeiro lugar, temos várias definições aristotélicas da alma, entre elas a que figura em *De an*., II 1, 412 a 27-b 5 ("a alma é o ato primeiro do corpo físico orgânico") e a que consta em *De an*., II 1, 414 a 12 ("a alma é aquilo pelo qual vivemos, sentimos e entendemos"). Embora as duas definições se apliquem a todos os seres vivos (os escolásticos interpretam a segunda não como algo que se refere a "nós, os homens", mas como algo relativo a "nós, corpos vivos"), é óbvio que a segunda se orienta para a classificação que, proposta por Aristóteles, foi elaborada por muitos escolásticos. Há, de acordo com ela, três almas correspondentes a três gêneros de seres vivos: a alma vegetativa, θρεπτική, sensitiva, αἰσθητική, e intelectiva, νοητική. Com isso, pode-se definir o homem como ente que possui alma intelectiva (e, de um modo formal-eminente, alma sensitiva e alma vegetativa), ao contrário das plantas (que possuem apenas "alma vegetativa") e dos animais com exclusão do homem (que possuem "alma" sensitiva e, de um modo formal-eminente, "alma" vegetativa). Assim, certas questões afetam univocamente toda alma, enquanto outras (como a chamada extensão e divisibilidade da alma) dizem respeito tão-somente à alma humana. A divisão dos animais em racionais e em brutos coincide com a divisão dos seres vivos entre os que possuem e os que carecem de intelecto. Ou, como dizem os escolásticos, as almas dos brutos *não são subsistentes por si mesmas*. Com isso, parecia afirmar-se que é possível aplicar o conceito de alma, enquanto conceito unívoco, ao homem e ao animal, sem que se esquecessem as diferenças assinaladas. De maneira análoga, Leibniz pensava que há três conceitos da alma: um, muito amplo, segundo o qual a alma é o mesmo que a vida ou o princípio vital, isto é, o princípio de ação interna existente na mônada e ao qual corresponde a ação externa; outro, mais estrito, de acordo com o qual 'alma' designa uma espécie nobre de vida; outro, mais estrito ainda, segundo o qual 'alma' designa uma espécie de vida mais nobre. No primeiro conceito, a alma é atribuída a todos os seres percipientes; no segundo, aos que não apenas percebem como também sentem; no último, aos que não só percebem e sentem, mas também pensam, isto é, possuem a faculdade de raciocinar sobre verdades universais. Apenas no último sentido se pode falar de alma humana (Carta a Wagner, 1710; Erdmann, páginas 279-284).

II. *A concepção cartesiana e as discussões sobre ela*. Contrariamente ao anterior, Descartes afirmou o automatismo dos brutos. Essa afirmação é encontrada em vários textos. O mais famoso deles é a Parte V do *Discurso do Método*. Referir-nos-emos aqui, não obstante, a outro texto que, embora menos conhecido, é, em nossa opinião, mais explícito: uma carta a Henri More (1649), na qual o filósofo francês indicou que crer que os brutos pensam é o maior dos preconceitos que mantivemos da infância. Trata-se de um preconceito originado numa comparação meramente superficial dos movimentos dos animais com os de nosso corpo. Como se supõe que nosso espírito é o princípio de nossos movimentos, imagina-se ao mesmo tempo — diz Descartes — que os brutos devem possuir um espírito semelhante ao nosso. Ora, como há duas realidades irredutíveis — o pensamento e a extensão —, há também dois princípios distintos de nossos movimentos: um, inteiramente mecânico e corpóreo, que depende só da força dos "espíritos animais" e da configuração das partes corporais (espírito que podemos denominar *alma corporal*), e outro, completamente incorpóreo, que é espírito ou alma propriamente dita e consiste numa substância que pensa. Os movimentos dos animais procedem só do primeiro princípio. É verdade que, segundo Descartes, não podemos demonstrar que os brutos pensam. Mas tampouco se pode demonstrar que não pensam. Portanto, a tese de que os brutos carecem de alma é apenas uma tese plausível. Ora, a plausibilidade aumenta quando temos presentes não só a separação entre a substância presente e a substância extensa, mas também o *fato* de que os animais carecem de linguagem articulada, pois "a palavra é o único sinal e a única marca verdadeira da presença de pensamento no corpo". Assim, os animais são autômatos, isto é, seus movimentos podem ser explicados mediante princípios mecânicos. Entretanto, é injusto atribuir a Descartes a idéia de que os animais são insensíveis; o filósofo não negava a sensibilidade "na medida em que depende apenas dos órgãos corporais" e, por conseguinte, rejeitava ser acusado de crueldade para com os animais. Sua opinião — como ele mesmo reconheceu — não era tanto menosprezar o animal quanto enaltecer o homem. Pois se tratava de enfatizar a natureza pensante deste e o fato de que somente essa natureza pensante equivalia à alma imortal.

Observou-se que a tese cartesiana pode ter dois *motivos* estreitamente aparentados: 1) o dualismo de pensamento e extensão e 2) o extremo mecanicismo com que é concebido tudo o que não é pensamento. A isso acrescentou-se um *propósito*: o de salvar a tese da imortalidade da alma. Este último elemento foi o mais destacado pelos autores da época. Ora, a oposição a Descartes não significava, de modo geral, negação da tese da imortalidade, mas adoção de outros argumentos, considerados melhores. Por esse motivo, o propósito cartesiano, embora importante em termos históricos, é menos decisivo sistematicamente. Albert G. Balz observou que, de acordo com os textos da época, a adesão à doutrina do automatismo dos brutos constituía uma prova da fidelidade ao cartesianismo: "O indivíduo era um cartesiano autêntico se proclamava que os animais são máquinas". E, ao mesmo tempo, se afirmava ser discípulo de Descartes e negava o automatismo, esse discipulado era tido como uma burla (Dilly, *Traité de l'âme et de la connaissance des bêtes*, Amsterdã, 1691, apud. Balz, *op. cit.* na bibliografia, p. 107). Isso explica por que a negação da alma dos brutos era no cartesianismo uma posição *metafísica*, e por que foi tão amplamente discutida de 1650 a 1780, aproximadamente. É extremamente alentado o número de tratados publicados a esse respeito. Alguns deles são mencionados na bibliografia deste verbete. Mas, além disso, deve-se levar em conta que todos os autores preeminentes da época se ocuparam do assunto; é o caso de Leibniz, Locke, Cudworth, More, Shaftesbury, Régis, La Forge, Cordemoy, Fontenelle e, é claro, Bayle. Foi utilizado todo tipo de argumento. Alguns eram de índole metafísica (natureza da alma e da relação *alma-corpo*, com as diversas soluções bem conhecidas: dualismo, ocasionalismo, monismo, pluralismo). Outros, de índole empírica (existência de movimentos naturais involuntários — o que provaria o automatismo do corpo e a "superfluidade de uma alma" —, negação desses movimentos, ou afirmação de que o argumento anterior ignora a distinção tradicional entre a alma vegetativa, a alma sensitiva e a alma intelectual). Dezenas de provas e contraprovas foram aduzidas. Entretanto, aqui nos interessa apenas destacar que o sentido último da doutrina cartesiana *dentro* de seu sistema era o apoio à metafísica dualista e, fora de seu sistema, o desejo de encontrar uma nova prova da natureza irredutível e, portanto, imortal da alma humana.

III. *Descartes e Gómez Pereira.* A doutrina cartesiana sobre o automatismo animal assemelha-se muito à de Gómez Pereira, com a possível diferença de ser deste último mais radical que a do primeiro, pois nega até mesmo que os brutos possuam uma sensibilidade. Parece, pois, natural que se tenha formulado o problema (muito discutido no século XVII e parte do século XVIII) referente a se a teoria do filósofo francês a esse respeito fora influenciada pela *Antoniana Margarita* (1ª edição em Madri, 1554; 2ª edição em Frankfurt, 1610) do filósofo espanhol. Ora, quando se chamou a atenção de Descartes para esse ponto, o autor do *Discurso do Método* (ver Carta a Mersenne do dia 23 de junho de 1641; *A. T.*, III, 386) negou ter recebido essa influência e até ter lido Gómez Pereira. Mais ainda: observou que não considerava necessário ver o livro (indicação certamente "muito cartesiana"). A maioria dos autores dos séculos citados se ateve a ela; de qualquer modo, eles destacaram que a conexão entre as duas doutrinas era muito problemática. E isso por duas causas: 1) porque, *de fato*, não parecia ter havido a mencionada influência; 2) porque se considerava que a teoria cartesiana era uma conseqüência de sua metafísica geral, ao passo que a de Gómez Pereira não dependia de nenhum princípio filosófico prévio. Até se indicou (exemplos: o biógrafo de Descartes, Adrien Baillet, em sua *Vie de Descartes*; Bayle, nos mencionados artigos do *Dictionnaire*; Feijoo, no *Teatro Crítico*, Disc. IX; o historiador do cartesianismo, Francisque Bouillier, I, 1868, 3ª ed., p. 153) que isso mostrava claramente a superioridade da tese cartesiana e a incompreensão, por parte de Gómez Pereira, do alcance de sua própria doutrina (opinião bastante curiosa, pois não se vê por que uma tese seja superior a outra quando é uma derivação *direta* de um princípio metafísico). Entre os autores espanhóis que se ocuparam do assunto, alguns (Francisco Alvarado, Eloy Bullón, José María Guardia) afirmam ter havido influência direta; outros (o citado Feijoo, José del Perojo, Narciso Alonso Cortés) negam-na; outros (Marcial Solana) ainda sustentam haver uma analogia. A opinião de Menéndez Pelayo a esse propósito é ambígua. Por um lado, ele afirma que Descartes "glosou" a tese de Gómez Pereira, embora exprimindo-a de maneira menos engenhosa que o filósofo espanhol. Por outro, considera incerta uma influência direta e se inclina por uma indireta (por meio da *Philosophia sacra*, de F. Vallés). Ora, a questão das relações entre Gómez Pereira e Descartes é só uma parte da questão mais geral acerca dos precedentes porventura existentes para um e outro nos filósofos antigos. Já no final do século XVII, opinava-se que havia precedentes do "paradoxo". Huet, por exemplo, indicava em sua *Censura philosophiae cartesianae* (1689) haver um precedente no tratado *De abstinentia*, de Proclo. Isso é duvidoso, pois, embora haja em Proclo (*In Platonis Theologiam*, III, i) a afirmação de que as almas animais são "simulacros" ou "imagens" das almas humanas, tal coisa deve ser entendida no sentido da relação entre a cópia e seu original. O mesmo é válido para outros textos mencionados por Bayle (Sêneca, *De ira*, I, ii; *De brevitate vitae*, XIV) ou Baillet (Santo Agostinho, *De quantitate animae*, c. 30; Plutarco; Macróbio) — quando se examinam os textos, não se percebe de que modo eles podem relacionar-se com a tese de referência. Em compensação, há dois textos de Aristóteles que não parecem ter recebido a merecida atenção: o que está em *De an.*, 434 b 12, que afirma: "Um animal é um corpo sem uma alma em si", e o que se encontra em *De motu animalium*, 701 b 1-14, segundo o qual os movimentos animais podem ser comparados com os dos bonecos animados ou autômatos, στρέβλαι. É verdade que, quando se pensa que a comparação citada é um método utilizado para compreender a natureza do movimento dos animais, torna-se necessário ter um maior cuidado antes de estabelecer uma relação demasiado direta entre a tese do Estagirita e as de Gómez Pereira e Descartes. Com efeito, enquanto nos autômatos não há — diz Aristóteles — mudança de qualidade, no animal os órgãos de que este se serve para executar os movimentos podem aumentar ou diminuir de tamanho. Em suma, a conclusão mais plausível sobre o assunto é a de que nem houve precedentes *claros* da doutrina em questão nem existiram *de fato* relações entre o filósofo espanhol e o francês. Contudo, não se pode ignorar a existência de um aspecto em que os dois filósofos coincidem: o aspecto extra-sistemático, segundo o qual a tese do automatismo animal é especialmente adequada, tal como o observou B. A. G. Fuller (cf. *infra*), para evitar certas dificuldades que criava "a existência dos animais inferiores nos problemas da alma e da imortalidade humana".

➲ Referências a esse problema nos historiadores do cartesianismo (VER), especialmente no livro de Francisque Bouillier.

O mencionado trabalho de Balz é "Cartesian Doctrine and the Animal Soul. An Incident in the Formation of the Modern Philosophical Tradition", em seus *Cartesian Studies*, 1951, 106-157, previamente publicado em *Studies in the History of Ideas*, 1935.

Entre os livros dos séculos XVII e XVIII que abordaram extensamente o problema (além dos textos mencionados neste capítulo), arrolaremos alguns dos mais significativos: De la Chambre, *Traité de la connoissance des animaux, où tout ce qui a esté dit, pour, & contre le raisonnement, des bestes est examiné*, Paris, 1664. — Pe. Posson, *Commentaires ou Remarques sur la Méthode de M. Descartes*, Paris, 1671 (favorável à tese cartesiana). — J. B. du Hamel, *De corpore animato, libri quatuor, seu promotae per experimenta philosophiae, specimen alterseum*, Paris, 1673 (du Hamel é o autor, mencionado em ontologia [VER], que desejava conciliar a filosofia tradicional com a cartesiana). — Pe. Pardies, *Discours de la connaissance des bêtes*, Paris, 1696 (se Descartes tem razão, talvez os homens sejam também máquinas). — *Essai philosophique sur l'âme des bêtes, où l'on traite de son existence & de sa nature et où l'on mêle par occasion diverses réflexions sur la nature de la liberté, sur celle de nos sensations, sur l'union de l'âme & du corps, sur l'immortalité de l'âme, & et où l'on refute diverses objections de Monsieur Bayle*, Amsterdã, 1728 (obra atribuída por Francisque Bouillier a um certo Bouillier e na qual se defende o princípio imaterial nos brutos). — M. l'abbé Macy, *Traité de l'âme des bêtes*, 1737 (a favor de Descartes). — G. Daniel, *Voyage du Monde de M. Descartes*, Haia, 1739 (contra os cartesianos). — *Amusement philosophique sur le langage des bestes*, Paris, 1739 (atribuído ao abade Bougeant; reed. por H. Hastings, Genebra, 1954). — M. Guer, *Histoire critique de l'âme des bêtes, contenant les sentiments des philosophes anciens & ceux des modernes sur cette matière*, Amsterdã, 1749 (mantém-se neutro diante das teses opostas).

Os textos de comentadores mencionados no item III e não detalhados no texto do verbete são: Francisco Alvarado, *Cartas*, 1825. — Eloy Bullón, *Los precursores españoles de Bacon y Descartes*, 1905. — José María Guardia, em *Revue philosophique*, 28 (1889), 270-279, 382-407, 607-634 (*apud* Joaquín Iriarte, S. J., *Menéndez y Pelayo y la filosofía española*, 1947, p. 249). — José del Perojo, *Ensayos sobre el movimiento intelectual en Alemania* (*apud* Iriarte, *op. cit.*, p. 153). — Narciso Alonso Cortés, "Gómez Pereira y Alonso de Mercado: datos para su biografía", *Revue Hispanique*, 31 (1914), 1-62, especialmente 1-29. — Marcial Solana, *Historia de la filosofía española. Época del Renacimiento. Siglo XVI*, 1941, I, 266 ss. — M. Menéndez y Pelayo, *La Ciencia española*, ed. M. Artigas, 1933, I. — *Id.*, *Heterodoxos*, Livro V, cap. ii.

Informações complementares sobre estas opiniões em José Ferrater Mora, "¿Existe una filosofía española?", *Revista de filosofía*, 2, n. 1 (1951), 46-64.

O artigo de Fuller a que se alude é "The Messes Animals Make in Metaphysics", *Journal of Philosophy*, 46 (1949), 829-838.

Além do livro de Balz, ver: G. Boas, *The Happy Beast*, 1933. — H. Hastings, *Man and Beast in French Thought of the Eighteenth Century*, 1936. — Leonora C. Rosenfield, *From Beast-Machine to Man-Machine: Animal Soul in French Letters from Descartes to La Mettrie*, 1941; nova ed., 1968. — M. Chastaing, "Le 'Traité' de l'abbé Macy et la 'vieille réponse' cartésienne du problème de la connaissance d'autrui", *Revue philosophique de la France et de l'Étranger*, Ano 78 (1953), 76-88. — Heiki Kirkinen, *Les origines de la conception moderne de l'homme-machine: Le problème de l'âme en France à la fin du regne de Louis XIV (1670-1715). Étude sur l'histoire des idées*, 1960. — D. Radner, M. Radner, *Animal Consciousness*, 1989.

Como se indicou no começo do verbete, as referências à psicologia animal, que transcendem a discussão cartesiana, podem ser encontradas especialmente no verbete HOMEM. c

ALNWICK, GUILHERME DE. Ver SCOTISMO.

ALONSO DE LA VERACRUZ, FREI (1507-1584). Nasc. em Caspueñas (Toledo), estudou na Universidade de Alcalá de Henares e na de Salamanca, onde teve como mestre Francisco de Vitória. Em 1536 foi para o México, onde terminou seu noviciado como agostiniano. Em 1553, foi nomeado catedrático na Universidade Real e Pontifícia da Nova Espanha. Em suas obras filosóficas, Frei Alonso de la Veracruz manteve-se fiel aos grandes mestres tomistas e se opôs tanto à retórica como às falsas e excessivas sutilezas. Adversário da interpretação nominalista, Frei Alonso não desprezava, porém, o que pudesse haver de valioso em algumas idéias que não constavam da tradição por ele aceita; com efeito, são características de seus escritos a erudição filosófica escolástica e o constante desejo de manter uma linha segura dentro da maior diversidade de opiniões. Suas principais contribuições encontram-se na lógica e na filosofia natural, e tudo isso com a intenção essencial de "guiar os discípulos como pela mão no caminho da Sagrada Teologia". Na primeira de suas obras lógicas, ele seguiu o modelo das *Summulae* de Pedro Hispano; nas outras, abordou os problemas fundamentais da *Dialectica*, tais como os predicáveis universais e a doutrina silogística. Na filosofia natural, ateve-se às questões de ontologia do ser corpóreo, discutindo as principais doutrinas dos escolásticos e estabelecendo como base a interpretação tomista do aristotelismo.

➪ Principais obras filosóficas: *Recognitio Summularum*, 1554. — *Dialectica Resolutio*, 1554. (Há uma edição fac-símile dessa obra: Madri, 1945.) — *Physica Speculatio*, 1557. — Há trad. esp. de: *Investigación filosófica natural. Los libros del alma*, Livros I e II, por O. Robles, 1942.

Ver: A. Bolaño e Isla, *Contribución al estudio biobibliográfico de Fray Alonso de la Veracruz*, 1947. — O. Robles, *Filósofos mexicanos del siglo XVI*, 1950, cap. I. — A. Ennis, "Fray Alonso de la Vera Cruz, O. S. A. (1507-1584): A Study of His Life and His Contribution to the Religious and Intellectual Affairs of Early Mexico", *Augustiniana*, 5 (1955), 52-124. — V. Muñoz Delgado, "A. de la V. ante la reforma humanística de la lógica", *La Ciudad de Dios*, n. 187 (1974), 455-473. — Os artigos contidos no número de maio-julho de 1984 da *Revista de Filosofía* (México): M. Beuchot, "El problema de los universales en Domingo de Soto y A. de la Veracruz", pp. 249-274; A. Ibarguengoitia, "A. de la Veracruz, testigo de su tiempo", pp. 275-290; P. Cerezo de Diego, "El problema de la 'infidelidad' en Fray A. de la Veracruz", pp. 291-310; J. R. Sanabria, "El conocimiento en Fray A. de la Veracruz", pp. 311-330; B. Navarro, "Fray A. de la Veracruz, misionero de la filosofia", pp. 331-344; S. Zavala, "Fray A. de la Veracruz, iniciador del derecho agrario en México", pp. 345-358. c

ALQUIÉ, FERDINAND. Nasc. (1906) em Carcasson (Aude), foi professor na Faculdade de Letras de Montpellier e, de 1952 a 1975, na Sorbonne. Segundo Alquié, a filosofia não evolui de modo progressivo, mas isso não significa que as diferentes tentativas filosóficas que se destacam na história sejam inúteis. Cada uma delas é o modo como, num conjunto de circunstâncias concretas, se opera o retorno ao ser pelo qual o filósofo — e o homem — sente constante nostalgia, visto constituir, no fundo, um retorno a si mesmo. Essa vinculação fundamental com o ser é possível, ademais, porque tal ser não é um mero conceito nem uma simples abstração, mas a soma de todo o concreto e vivo (a presença e a ausência). Além da vinculação de referência, Alquié investigou o retorno à eternidade que se manifesta no desejo dela; aprofundamos esse ponto no verbete Eternidade (VER). Correspondendo a estas concepções metafísicas fundamentais, ele examinou, do ponto de vista do retorno último ao ser, diversos sistemas filosóficos, em particular o pensamento de Descartes, cujo *Cogito, ergo sum* (VER) não é para Alquié uma evidência ou um raciocínio, mas uma verdadeira "experiência ontológica" (ver EXPERIÊNCIA).

➪ Obras: *Notes sur les principes de la philosophie de Descartes*, 1933. — *Leçons de philosophie*, 2 vols., 1939; 2ª ed., rev., 1950. — *Le désir d'éternité*, 1943; 9ª ed., 1983. — *La découverte métaphysique de l'homme chez Descartes*, 1950; 2ª ed., 1966. — *La nostalgie de l'être*, 1950; 2ª ed., 1973. — *Philosophie du surréalisme*, 1955; reimp., 1966. — *Descartes, l'homme et l'oeuvre*, 1956; 2ª ed., rev. 1969. — *L'expérience*, 1957; 3ª ed., 1966. — *Solitude de la raison*, 1966. — *La critique kantienne de*

la métaphysique, 1968. — *Signification de la philosophie*, 1971. — *Le cartésianisme de Malebranche*, 1974. — Além disso, na série de cursos da Sorbonne: *Nature et vérité dans la philosophie de Spinoza*, 1958; reimp., 1968. — *La morale de Kant*, 1959; reimp., 1969, 1974. — *Science et métaphysique chez Descartes*, 1959. — *Servitude et liberté selon Spinoza*, 1959; reimp., 1969. — *La conscience affective*, 1979. — *Le rationalisme de Spinoza*, 1981.
Em português: *A filosofia de Descartes*, 3ª ed., 1993. — *Galileu, Descartes e o mecanicismo*, 1987.
Ver: N. Grimaldi, "La répétition: Étude sur l'expérience métaphysique dans la philosophie de F. Alquié", *Revue de Métaphysique et de Morale*, 78 (1973), 129--150. — A. Robinet, "Descartes, Malebranche et Monsieur Alquié", *Revue Internationale de Philosophie*, 28 (1974), 532-539. — A. Philonenko, "Le cartésianisme de Malebranche suivant F. Alquié", *Révue de Métaphysique et de Morale*, 80 (1975), 209-239. — A. Forest, "La lecture de Malebranche par Alquié", *Teoresi*, 30 (1975), 171-193. — J.-L. Marion, "L'être et l'affection", *Archives de Philosophie*, 43 (1980), 433--442. — VV.AA., *La passion de la raison, hommage à F. A.*, 1983. — H. Gouhier, "À la memoire de F. Alquié", *Revue de Métaphysique et de Morale*, 90 (1985), 147-148. — A. Philonenko, "F. Alquié ou de la lucidité", *ibid.*, pp. 462-482. — A. Sodor, "La dimension ontológica de la consciencia afectiva según F. Alquié", 1ª parte (*Aquinas*, 34[2], 1991, 281-304); 2ª parte (*ibid.*, 34[3], 1991, 535-554). ⊃

ALSTED, JOHANNES HEINRICH [ALSTÄDT, ALSTEDIUS] (1588-1638). Nasc. em Ballersbach, lecionou em Herborn e Weissenburg. Os interesses filosóficos de Alsted foram enciclopédicos e ecléticos; algumas de suas obras representam amplas sínteses culturais muito influentes nos meios acadêmicos alemães de sua época. Alsted procurou sobretudo harmonizar idéias aristotélicas e lulianas, com outras de Pedro Ramus, sendo com freqüência considerado "ramista" ou "semi-ramista".

⊃ Entre outras obras, devem-se a A.: *Clavis artis Lullianae et verae logices duos in libellos tributa*, 1609; reimpr., 1971. — *Panacea philosophica, id est methodus docendi et discendi encyclopediam*, 1610. — *Criticus, de harmonia philosophiae aristotelico-Lullianae, et Rameae*, 1610. — *Logicae Systema harmonicum, in quo universus bene disserendi modus ex auctoribus Peripateticis juxta et Rameis traditur per praecepta brevia, canones selectos, et commentaria dilucida*, 1614. — *Cursus philosophici Encyclopaedia, libris 27 complectens universae philosophiae methodum*, 1620. — *Scientiarum omnium Encyclopaedia*, 1620; nova ed., 1630. — *Compendium lexici philosophici*, 1626. — *Encyclopaedia septem tomis distincta*, 1630; reimpr., 1971. ⊃

ALTAMORA VALDEZ, MARIO. Ver DEÚSTUA, ALEJANDRO OCTAVIO.

ALTERAÇÃO. Pode ser entendida em dois sentidos: 1) como transformação da qualidade atual de uma coisa ou 2) como transformação de uma coisa em algo diferente. Por conseguinte, o termo 'alteração' pode ser aplicado indistintamente a todas as existências, mesmo que de um modo próprio só convenha à existência humana. Empregando-se a terminologia hegeliana, pode-se dizer então que a alteração é a ação e o efeito de um alterar-se (*Anderswerden*) pelo qual um ser em si se transforma em seu ser em outro (*Anderssein*). Essa significação particular da alteração indica já que, mesmo concebida como transformação radical de um ser, o resultado da alteração nunca anula o que havia antes de alterar-se. Em outros termos, a alteração pode ser entendida, como o devir, no sentido de uma mudança na realidade física e no sentido de uma mudança na realidade psicoespiritual. No primeiro caso, a alteração exclui toda forma anterior, como ocorre na noção plotiniana da alteridade (ἑτερότης), que "não consiste — escreve Plotino —, para uma coisa, em transformar-se em outra diferente do que era e depois persistir nesse outro estado, mas em ser incessantemente outra coisa do que era. Assim, o tempo é sempre diferente do que era, porque é produzido pelo movimento; é o movimento ao ser medido, isto é, o movimento sem repouso" (*Enn.*, VI iii, 22). No segundo, a alteração é, em última instância, conseqüência de uma historicidade. Este último sentido é o que costuma ser dado à alteração. Quando se fala, como o faz Ortega y Gasset, de um alterar-se que é um viver não a partir de si mesmo, mas a partir "do outro", quando se indica que a alteração como alheamento da própria vida é só o primeiro momento da perda nas coisas — cujos dois momentos sucessivos são a retirada para a própria intimidade ou ensimesmamento e a nova submersão no mundo ou ação —, alude-se sempre, com efeito, à alteração "histórica" e não simplesmente "física". Contudo, há certos equívocos que convém evitar em toda elucidação das noções de alteração e de ensimesmamento. Fechar-se pode significar: (A) ter consciência clara, não estar fora de si ou alienado; retirar-se ao íntimo; portanto, negligenciar o externo na medida em que é o mostrengo e falseia o próprio ser; essa retirada é necessária como passo prévio a uma espiritualização do ser que só é conseguida mediante a abertura da alma ao valor; (B) a ação mecânica da obsessão, na qual se negligencia o externo, mas para mergulhar na selva interna dos apetites e do egoísmo. Analogamente, a alteração ou saída de si pode significar: *a)* submissão ao externo como a corrente cega que destrói o aspecto íntimo; *b)* abandono ao externo tido como o valioso, submissão ao que transcende o próprio ser, não só por constituir um reino de essências e de valores que devem ser reconhecidos e realizados, mas também por haver um fundamento último que religa esse ser.

ALTERIDADE. Ver ALTERAÇÃO; OUTRO (O).

ALTERNATIVO. Falou-se amiúde de teorias (e se poderia falar igualmente de sistemas, estruturas conceituais etc.) alternativas. Em geral se supõe que, dada uma teoria T, qualquer outra teoria, $T_1, T_2, T_3... T_n$, é alternativa quando $T_1, T_2, T_3... T_n$ são distintas de T, e cada uma delas pode suplantar T. Se se avalia que T é a teoria aceita, ou padrão, $T_1, T_2, T_3... T_n$ serão teorias em princípio aceitáveis, mas não padrão. Por outro lado, pode-se considerar qualquer teoria, T, a par de qualquer outra teoria, T_1, T_2, T_n, caso em que T deixa de ser padrão e é também alternativa em relação a $T_1, T_2, T_3... T_n$.

Há, entre outras, duas questões básicas referentes a teorias alternativas. Uma é a questão de saber se pode haver teorias alternativas. Outra é a questão do grau de alternatividade dessas teorias. Paradoxalmente, os que negam que possa haver teorias alternativas podem ser divididos em dois grupos inconciliáveis: 1) O grupo dos que julgam que há lugar para uma única teoria, seja ela $T, T_1, T_2, T_3...$ ou T_n. Neste caso, supõe-se que a teoria alternativa constitua um completo desafio à teoria aceita ou dominante, de modo que é preciso decidir em favor de uma teoria, com a exclusão de outras. A decisão em favor de uma teoria pode ter motivações muito diversas: coerência com alguma outra teoria declarada admissível, possibilidade de maior contraste, maior poder explicativo etc. 2) O grupo dos que pensam que há lugar para mais de uma e, possivelmente, muitas teorias alternativas, já que cada teoria se faz acompanhar por significados distintos, de maneira que as teorias em questão não são estritamente comparáveis. Neste caso, nenhuma teoria é, a rigor, alternativa a nenhuma outra; trata-se simplesmente de teorias distintas.

Afirmar que pode haver teorias alternativas requer sustentar que as diversas teorias assim chamadas são de algum modo comparáveis, de sorte que se pode discutir sobre a adequação ou aceitabilidade de uma teoria em relação a outras. Pode-se, é claro, não chegar a nenhuma conclusão definitiva a esse respeito (em virtude de se supor, por exemplo, que determinada teoria, T, oferece vantagens que não se encontram em outra determinada teoria, T_1, mas que ao mesmo tempo T_1 oferece vantagens que não se encontram em T). O problema, sem dúvida, consiste em saber o que pode ser considerado como "vantagens". Em todo caso, costuma-se entender por teorias alternativas algo como "teorias rivais", talvez em luta permanente entre si, com "pontos" de "vantagem" e de "desvantagem" que vão variando no decorrer da descoberta, formulação, reformulação, aprimoramento etc. das teorias correspondentes.

O que chamamos "grau de alternatividade" de teorias está ligado à idéia da possível suplantação de uma teoria por outra, com graus de probabilidade ou, talvez, de plausibilidade adscritos às diversas teorias. Isso equivale a afirmar que há uma teoria aceitável, ou aceita, ou padrão, que em princípio é alternativa a outras, mas que tem um maior grau de aceitabilidade em circunstâncias dadas ou no âmbito de determinado esquema conceitual. As teorias reduplicativamente consideradas "alternativas" em relação à teoria aceita no momento têm menor grau de aceitabilidade, mas continuam sendo aceitáveis, em princípio, em virtude do pressuposto de que não há nenhuma teoria que não possa ser modificada e de que não há nenhuma teoria que não possa ser suplantada por alguma outra.

A questão das chamadas "lógicas alternativas" é semelhante à questão das teorias alternativas. Pode-se optar por determinada lógica ("sistema lógico") e considerar outras lógicas inaceitáveis, ou pode-se continuar optando por determinada lógica e considerar outras lógicas alternativas em relação à lógica pela qual se optou, ou ainda podem-se considerar todas as lógicas alternativas. Neste último caso, admite-se uma pluralidade de lógicas. Às vezes, as lógicas alternativas são tidas como suplementares à lógica aceita (amiúde denominada "clássica" ou "padrão"). Outras vezes, as lógicas alternativas não são, propriamente falando, alternativas, porque cada lógica tem sua esfera própria de aplicabilidade.

É óbvio que a palavra 'alternativo', tanto quando aplicada a teorias em geral como quando — o que é mais próprio, ou desejável — aplicada a determinado tipo de teoria (teorias físicas, teorias sociais, sistemas formais etc.), é uma palavra extremamente escorregadia, já que não é possível saber com exatidão o que se entende por ela a menos que se proponha esclarecê-la mediante noções tais como a de suplantação, rivalidade, complementaridade etc., noções que, por sua vez, não são entendidas corretamente salvo se fica esclarecido em que consiste a alternatividade da qual se fala. A disputa em torno de teorias alternativas, assim como o debate sobre lógicas alternativas — e, em geral, a discussão acerca de sistemas ou estruturas alternativas —, se mantém por isso freqüentemente num nível muito vago e geral. O caráter vago pode diminuir (em parte) quando se precisa até que ponto, ou em que proporção, uma teoria é declarada alternativa em relação a outra. Isso equivale a saber, para começar, se ela é completamente alternativa ou relativamente alternativa. Se é completamente alternativa, temos de novo o caso de uma pluralidade de teorias não comparáveis entre si, mas, se não são comparáveis de algum modo, deixam de ser alternativas. Se o é relativamente, cabe então admitir que pode suplantar a outra teoria, mas, quando a suplanta, deixa também de ser alternativa.

O caso mais freqüente (e talvez o mais razoável) de alternatividade é o que se dá quando várias teorias competem entre si sem que se possa chegar a uma decisão final em favor de uma delas, mas podendo-se discutir ainda sobre os méritos respectivos das teorias apresentadas. É possível (e talvez freqüente) que a discussão sirva então para modificar e aprimorar, ou "melhorar", as teorias em disputa. As teorias de referência podem ser em número limitado ou abundantes, produzindo-se o que Feyerabend denomina — aprovando-a — uma "proliferação de teorias". É improvável, em todo caso, que todas as teorias tenham, num momento dado e em relação a uma área bem especificada, o mesmo grau de plausibilidade. A igualdade de plausibilidade ocorre apenas quando cada teoria está completamente "autocontida", o que se dá quando a estrutura teórica determina até mesmo o sentido das proposições que a teoria contém e, portanto, aquilo que a teoria procura explicar. Mas as teorias completamente "autocontidas" não podem já competir ou rivalizar, de maneira que, como se indicou antes, desaparece por esse mesmo fato sua pretensa alternatividade.

O adjetivo 'alternativo' é também usado em lógica sentencial (proposicional). Às vezes, chama-se a própria disjunção de "alternação". Com maior freqüência, fala-se de disjunção alternativa: trata-se do que denominamos disjunção (VER) exclusiva. Fala-se então de proposições alternativas, indicando-se com isso as proposições disjuntivas exclusivas. Fala-se também de negação alternativa (ver SHEFFER [TRAÇO DE]).

ALTHUSSER, LOUIS (1918-1990). Nasc. em Birmandréis, Argélia, lecionou na Escola Normal Superior, de Paris. ••Durante sua juventude, identificou-se com o catolicismo. Depois de um longo período em prisões alemãs durante a Segunda Guerra Mundial, terminou seus estudos em 1948. Tornou-se membro do Partido Comunista, no qual exerceu importante crítica interna. Nos anos 1960, a escola fundada por ele (com Macherey, Balibar etc.) ganhou força e prestígio. Em 1969, por indicação do Partido, Althusser abandonou sua doutrina da prioridade do científico diante do político. Muitos de seus discípulos o deixaram. Em 1980, foi internado numa clínica psiquiátrica por ter matado a mulher. Ali faleceu dez anos depois.••

Ao lado de Lévi-Strauss, Michel Foucault, Jacques Lacan e Roland Barthes, Althusser costuma ser apresentado como um dos representantes do estruturalismo (VER) francês. Sendo marxista, foi apresentado ao mesmo tempo como o "marxista estruturalista" por excelência. Entretanto, como a maioria dos autores citados, embora por razões diferentes das de cada um deles, Althusser nega ser um estruturalista. Isso não impede uma destas duas coisas ou ambas a um só tempo: que, para sua "leitura" de Marx, Althusser tenha empregado alguns conceitos procedentes do (ou afins ao) estruturalismo — e tenha empregado, sem dúvida, a idéia de "corte epistemológico" proposta por Bachelard — ou que, no curso dessa "leitura", seus esquemas e modelos conceituais tenham coincidido em parte com os elaborados por alguns autores estruturalistas.

De qualquer modo, assim como vários autores estruturalistas, Althusser rejeitou o humanismo e, especialmente, o humanismo marxista (ou marxismo humanista), tanto do Marx dos *Manuscritos econômico-filosóficos*, de 1844, como dos que insistiram nas raízes "existenciais" do Marx em questão. Por outro lado, sem deixar de ser marxista, e ainda afirmando que com isso recorrria de fato a Marx em vez de "voltar a" Marx, Althusser combateu o marxismo-leninismo fossilizado do materialismo dialético "ortodoxo", tal como elaborado pelos filósofos soviéticos e preconizado como doutrina oficial pelos comunistas franceses. Assim, pois, Althusser não é, ou não se vê a si mesmo, como uma espécie de "neo-stalinista", mas como um teórico marxista. Em vez de pregar uma vaga unidade da teoria com a prática, ele destacou as bases teóricas do marxismo. Com esse fim, classificou o pensamento de Marx em várias fases, falando de uma "ruptura" (ou "corte") epistemológica ocorrida em Marx em 1845; de 1845 a 1857, houve um período de transição; e, em 1857, apareceu o "Marx maduro", já sem vestígios de hegelianismo, do qual, de qualquer maneira, ele se foi desligando na fase feuerbachiana. Althusser insistiu no "último Marx", o Marx de *O Capital*, a ponto de ser acusado de negligenciar o "primeiro Marx", de esquecer a continuidade do pensamento de Marx, atestada pelos *Grundrisse*, e, em geral, de procurar forçar o pensamento de Marx para inseri-lo em seu próprio molde do marxismo.

O último pode não ser rejeitado inteiramente por Althusser, para quem o pensamento expresso por Marx em *O Capital* não é uma ideologia, resultado de uma formação social, mas uma ciência. Mas, embora o próprio Marx pudesse ter empregado os devidos fundamentos epistemológicos de sua ciência, não proporcionou seu modelo conceitual. Este se encontra "ausente", consistindo a tarefa de Althusser — e de seus colaboradores — em torná-lo presente. Portanto, trata-se em parte de preencher as lacunas teóricas de Marx e, com isso, do marxismo.

Para Althusser, a ciência não é simples superestrutura derivável de formações sociais: é uma prática autônoma que produz conhecimento. A noção de produção é básica em Althusser. Há uma produção material, uma política, uma ideológica, uma teórica; cada produção é uma prática que tem suas próprias estruturas. A prática da teoria é uma produção de conhecimento. Nem sempre é claro se cada ciência tem sua própria prática, isto é, seu próprio modo de produzir conhecimento, ou se há, ou há também, uma ciência, ou teoria geral, da prática, incluindo a das ciências. Se ela existe, parece ser de natureza epistemológica. Em princípio, Althusser parece inclinar-se por esta alternativa. Seu pensamento pode ser considerado o de uma teoria filosófica do marxismo como materialismo dialético. Esta teoria é uma teoria da atividade teórica, dentro da qual se encontram as ciências. Enquanto as formações sociais dão lugar a ideologias — entre as quais figura para Althusser a interpretação humanista do marxismo —, o materialismo dialético como teoria da atividade teórica não é uma ideologia. A teoria da atividade teórica estuda a ideologia como uma produção que se corporifica com as correspondentes formações sociais, mas a teoria da própria atividade teórica é autônoma ou, em todo caso, pode exibir suas próprias estruturas. Isso parece conduzir à idéia de que todas as estruturas estão lado a lado. Não é bem assim, segundo Althusser, que critica Lévi-Strauss precisamente nesse ponto. Embora seja necessário levar em conta sempre várias estruturas para enfatizar uma contradição que pode aparecer numa única — com o que se produz o que Althusser denomina uma "sobredeterminação" —, há "uma determinação, em última instância, da economia", ao contrário de um papel dominante que pode ter uma estrutura — ou um nível — determinada num momento histórico dado. O papel determinante, "em última instância", da economia não faz do marxismo de Althusser uma forma de economicismo. Não se afirma que a economia opere sempre diretamente em todo nível, mas antes que os efeitos da economia estão presentes em todos os níveis, mesmo nos casos em que estejam "ausentes"; e justamente em virtude de sua ausência.

Podem-se distinguir duas fases no pensamento de Althusser. A primeira é a que foi sumariamente esboçada acima. Na segunda, sob a influência de Lenin, Althusser reconhece ter exacerbado a propensão teórica, embora tenha justificado esse procedimento pelo caráter ocasional de sua reação contra todas as formas de marxismo humanista. Uma vez reconhecido que o marxismo é uma teoria e não uma ideologia, deixa de ser necessário destacar, e exagerar, seus fundamentos epistemológicos e, *a fortiori*, os fundamentos epistemológicos de toda produção teórica. Althusser passa desse modo da filosofia como teoria estrita à filosofia como intervenção política (ainda que, em sua opinião, não se trate da passagem de uma fase a outra, mas de dois movimentos convergentes). A prática teórica, e especificamente epistemológica, parece ter-se transformado simplesmente em "prática". Mas esta encontra-se já fundada filosoficamente por meio de uma adequada "leitura" de Marx. A prática filosófica de Lenin constitui o modelo de uma atividade política em forma teórica, capaz de distinguir ciência e ideologia. A filosofia é, "em última instância" — conclui Althusser —, "luta de classes na teoria". ••Daí a conveniência de que existisse um comitê científico acima do politburo. Só assim se poderia evitar o perigo da ideologia, já que o último fundamento do marxismo reside na autoridade do conceito. Não é difícil perceber que a reviravolta de 1969 o levara a perder grande parte de sua influência crítica no interior do marxismo.••

◔ Escritos principais: *Montesquieu, le politique et l'histoire*, 1959. — *Manifestes philosophiques de Feuerbach* (1839-1945), *textes choisis*, 1960. — *Lire "Le Capital"*, 2 vols., 1965-1968 (com E. Balibar, Rancière, Macherey, Establet). — *Pour Marx*, 1966. — *Lénine et la philosophie*, 1969. — *Réponse à John Lewis*, 1973. — *Philosophie et philosophie spontanée des savants*, 1974. — *Éléments d'autocritique*, 1974. — *Positions (1964-1975)*, 1976. — *Ce qui ne peut plus durer dans le Parti Communiste*, 1978.

Várias obras de A. — *Montesquieu, Pour Marx, Lire "Le Capital"* e a tradução de textos de Feuerbach — foram apresentadas como tese de doutoramento na Universidade de Amiens, 1975.

Em português: *Aparelhos ideológicos de Estado*, 7ª ed. 1998. — *O futuro dura muito tempo*, 2ª ed., 1992. — *Materialismo histórico e materialismo dialético*, 2ª ed., 1996. — *Sobre a reprodução*, 1999.

A. Badiou e L. A.: *El (re)comienzo del materialismo dialéctico*, 1969. — Com J. Monod: *Del idealismo físico al idealismo biológico*, 1972.

Ver também uma entrevista em *L'Unità*, de 1968: *La filosofía como arma de la revolución*, 1972. — "Transformación de la filosofía", *Propuesta*, Universidad de Granada (1976).

Sobre A.: Marta Harnecker, *Los conceptos elementales del materialismo histórico*, 1969; 6ª ed., 1970. — Saül Karsz, J. Rancière *et al.*, *Lecture d'A.*, 1974. — Saül Karsz, *Théorie et politique: L. A.*, 1974 (com quatro textos inéditos de A.). — Miriam Glucksmann, *Structuralist Analysis in Contemporary Thought: A Comparison of the Theories of Claude Lévi-Strauss and L. A.*, 1974. — Jacques Rancière, *La leçon d'A.*, 1975. — Francesco Botturi, *Struttura e soggetività. Saggio su Bachelard e A.*, 1976. — Manuel Cruz, *La crisis del stalinismo. El "caso A."*, 1977. — A. Sánchez Vázquez, *Ciencia y revolución. El marxismo de A.*, 1978. — J.-P. Cotten, *La pensée de L. A.*, 1979. — R. Schweicher, *Philosophie und Wissenschaft bei L. A.*, 1980. — B. Lisbonne, *Philosophie marxiste et philosophie althussérienne*, 1981. — H. Ross, *A. and the Unity of Marx*, 1982. — K. Thieme, *A. zur Einführung*, 1982 (com abundante bibliografia). — J. O'Neill, ed., *For Marx Against Althusser: And Other Essays*, 1982. — T. Benton, *The Rise and Fall of Structural Marxism: Althusser and His Influence*, 1984. — S. B. Smith, *Reading A.: An Essay on Structural Marxism*, 1984. — D. Martel, *L'anthropologie d'A.*, 1984. ◔

ALTRUÍSMO. O termo *altruisme* ('altruísmo') foi introduzido por Auguste Comte. Em sua opinião, o altruísmo (que implica, entre outros efeitos, a benevolência, mas não se reduz a ela) se opõe ao egoísmo (que supõe o amor exclusivo por si mesmo em detrimento dos outros). Segundo Comte, o altruísmo "quando enérgico é sempre mais apropriado que o egoísmo para dirigir e estimular a inteligência, inclusive nos animais" (*Système de politique positive*, I [1851], p. 693). O altruísmo não é, pois, um vago sentimento de afeto; ele constitui a base para uma moral sistemática (*ibid.*, IV, p. 289). Por conseguinte, deve-se defender e desenvolver um "regime altruísta" em oposição ao "regime egoísta". O termo em questão foi acolhido e popularizado por Spencer em seus *Princípios de Psicologia*.

Há duas idéias básicas sobre a origem, assim como a justificação, do altruísmo.

Segundo uma delas, o altruísmo funda-se no interesse próprio. Seu exercício traz mais benefícios que o do egoísmo. Atender aos interesses da comunidade é atender aos próprios interesses, de modo que ser um altruísta é ser um egoísta *sui generis*.

De acordo com a outra concepção, o altruísmo não precisa de nenhuma justificação de caráter individualista. Ele tem sua própria razão de ser; não é necessário, pois, ser um egoísta *sui generis* com o fim de ser um altruísta. O utilitarismo não constitui a base do altruísmo, mas talvez o inverso.

A primeira dessas duas idéias é a que era em parte sustentada por Comte. Ela foi proposta por Spencer e seguida por quase todos os utilitaristas (ver UTILITARISMO).

A segunda das mencionadas idéias encontra-se em autores que enfatizaram a importância dos impulsos sociais acima da dos impulsos individuais. Isso ocorreu com filósofos que julgaram que o que se chamou (posteriormente) de "altruísmo" é ao mesmo tempo um impulso básico e racional no ser humano. Esta idéia foi reavivada por Nicholas Rescher em sua obra *Unselfishness: the Role of the Vicarious Affects in Moral Philosophy and Social Theory* (1976).

Alguns autores procuraram ver o altruísmo como uma espécie de "egoísmo" do grupo. Isso aconteceu já com Comte ao pressupor que o altruísmo é um movimento de projeção do eu próprio no eu alheio. Mediante essa projeção, detêm-se os impulsos do amor-próprio. Visto dessa maneira, o altruísmo é o fundamento simultaneamente psicológico e moral da (nova e boa) sociedade. Ocorre o mesmo em Simmel, quando este, em seu *Einleitung in die Moralwissenschaft* (1892; 3ª ed., 2 vols., 1911), afirma que o altruísmo exprime o "egoísmo" do grupo social.

Para Max Scheler (cf. *Üeber Ressentiment und moralisches Werturteil*, 1912; trad. esp.: *El resentimiento en la moral*, 1927), o altruísmo de Spencer (e de Comte) representa a culminação da moral moderna da filantropia. Esta consiste num "simples entregar-se a outro por ser outro", ao contrário do que ocorre com a moral cristã, em que o mero "ser outro" não é suficiente. Scheler indica que o amor cristão se dirige à pessoa espiritual. Portanto, não sacrifica a própria salvação, que tem para o cristão um valor tão grande quanto o amor ao próximo. Para Scheler, o "amar ao próximo mais que a si mesmo" pregado pelos altruístas é uma forma de ressentimento ou de ódio a si mesmo. Contra esse "amar ao próximo mais que a si mesmo", há o cristão "amar ao próximo como a si mesmo". Segundo Scheler, esta última coisa não é altruísmo, mas tampouco egoísmo.

⊃ Além dos textos mencionados no verbete, ver: Thomas Nagel, *The Possibility of Altruism*, 1970. — H. A. Hornstein, *Cruelty and Kindness: A New Look at Aggression and Altruism*, 1976. — L. A. Blum, *Friendship, Altruism, and Morality*, 1980. — H. Margolis, *Selfishness, Altruism, and Rationality: A Theory of Social Choice*, 1982. — E. F. Paul, F. D. Miller, J. Paul, eds., *Altruism*, 1993. ⊃

ALUCINAÇÃO. A percepção de algo que não existe chama-se "alucinação". As alucinações podem ser visuais, auditivas, táteis etc., mas, em geral, quando se fala de alucinação costuma-se entender por isso a alucinação visual.

Estabelece-se às vezes uma distinção entre alucinação e falsa representação ou falsa "imagem" de um objeto, entendendo-se que no último caso a percepção, ou suposta percepção, é imprecisa e que há, além disso, alguma consciência da possível não-existência do "percebido", ao passo que no primeiro caso a percepção, ou suposta percepção, é precisa e tem lugar uma consciência da não-existência do que se crê perceber.

Uma "pura alucinação" é um fenômeno raro. Na maioria das vezes, as alucinações se apresentam juntamente com representações de fenômenos reais.

Em alguns casos, as alucinações referem-se a estados "internos". A própria consciência é então objeto de alucinação. Isso parece ocorrer em fenômenos como a mudança de personalidade, a sensação de afastamento de si mesmo etc.

As alucinações são objeto da psicologia, assim como da neurofisiologia. Estritamente falando, a filosofia não se ocupa de alucinações, salvo na medida em que o estudo destas possa contribuir para a compreensão dos fenômenos de "ilusão" e "aparência", e na medida em que, ademais, a compreensão desses fenômenos possa ter algum interesse epistemológico.

⊃ Ver: W. Specht, "Zur Phänomenologie und Morphologie der Halluzination", *Zeitschrift für Pathopsychologie*, 4. — P. Quercy, *Les hallucinations*, 2 vols., 1930 (*I. Philosophes et mystiques. II. Études cliniques*). Gerhard Schorsch, *Zur Theorie der Halluzinationen*, 1934. — J. Paulus, *Le problème de l'hallucination et *l'évolution de la psychologie d'Esquirol à Pierre Janet*, 1941. — G. N. M. Tyrrell, *Apparitions*, 1953. — J. R. Smythies, *Analysis of Perception*, 1956. — R. J. Hirst, *The Problems of Perception*, 1959. — C. D. Broad, *Lectures on Psychical Research*, 1962. — A. Richardson, *Mental Imagery*, 1969. ⊃

ÁLVAREZ ESPINO, ROMUALDO. Ver Krausismo.

ÁLVAREZ GUERRA, JOSÉ. Ver Krausismo.

ÁLVARO TOMÁS. Ver Mertonianos.

AMALRICO DE BENA, Amaury de Bène († 1206/1207). Nasc. em Bène (diocese de Chartres), professor em Paris, manteve uma doutrina sobre a natureza de Deus que foi considerada perigosamente próxima do panteísmo e condenada no Sínodo de Paris de 1210. Essa doutrina parece ter sustentado que Deus constitui a essência de todas as coisas e, por conseguinte, que não há diferença essencial entre Deus e as criaturas, as quais são então manifestações visíveis de Deus. Entre as conseqüências desta doutrina, encontram-se a da inseparabilidade do mal e do bem, visto que ambos procedem de Deus, assim como a supressão de toda culpa ou recompensa. É preciso observar que o panteísmo citado constitui uma das interpretações possíveis da tese de que Deus é o supremo ser causal. Alguns autores, já na época de Amalrico de Bena, afirmaram que a doutrina do filósofo não desembocava no panteísmo, mas constituía uma elaboração da concepção dionisiana de Deus como causa de todas as coisas e da concepção paulina de Deus como o que é tudo em tudo. As autoridades eclesiásticas consideraram entretanto que, mesmo baseando-se nessas concepções, Amalrico e seus seguidores, os amalricianos (*amauriciani*), entendiam-nas unicamente num sentido panteísta. (Ver também David de Dinant.)

⊃ Ver: Clemens Baeumker, *Contra Amaurianos. Ein anonymer wahrsscheinlich dem Garnerius von Rochefort zugehöriger Traktat gegen die Amalrikaner aus dem Anfang des viii Jahrhunderts*, 1926. — C. Capelle, *Autour du décret de 1210: III. Amaury de Bène, étude sur son panthéisme formel*, 1932. — M. Th. d'Alverny, "Un fragment du procès des Amauriciens", *Archives d'histoire doctrinale et littéraire du moyen âge*, 25-26 (1950-1951), 325-336. — Mario dal Pra, *Amalrico di Bene*, 1951. — K. Albert, *A. v. B. und der mal. Pantheismus*, em A. Zimmermann, ed., *Die Auseinandersetzungen an der Pariser Universität im XIII. Jh.*, 1976. ⊃

AMANUAL. Ver Heidegger, Martin.

AMBIGÜIDADE. Ver Sofisma; Vaguidade; Ambíguo.

AMBÍGUO. O conceito de vaguidade (ver) está estreitamente relacionado ao do ambíguo. Em princípio, não há diferença entre ambos os conceitos, podendo-se dizer igualmente que uma idéia é vaga ou ambígua ou que uma proposição (ou a significação de uma proposição) é vaga ou ambígua. Nos dois casos, há, falando em termos figurados, "falta de definição" (que é falta de limites precisos) — o vago ou ambíguo não é necessariamente o que está "desfocado"; é o que é "difuso" (foco difuso ou "suave" ou "brando"). O contrário do ambíguo ou vago é, neste caso, o nítido ou o "bem definido".

Considerou-se que se deve evitar (em filosofia) a vaguidade. Se assim é, é preciso evitar também os conceitos ambíguos ou as proposições com significação ambígua. No entanto, foi-se reconhecendo crescentemente que o vago ou ambíguo pode ser inevitável e até desejável. Isso pode ocorrer de dois modos: ou afirmando-se que um conceito é constitutivamente vago ou ambíguo e que é necessário aceitar esse fato supostamente deplorável, ou enfatizando-se que o caráter vago ou ambíguo do conceito é preferível a seu caráter claro, visto que aquilo que o conceito denota é tão vago e ambíguo quanto o conceito. No último sentido, Wittgenstein reconhecia que alguns conceitos não têm "arestas claras" ou "bem definidas" ou "agudas".

Como o termo "vago" costuma ter um sentido pejorativo, escolhemos o termo "ambíguo" para caracterizar idéias, conceitos, noções, significados etc. em que a falta de nitidez e de "definição" não é rejeitada como prejudicial, mas admitida como suscetível de tratamento lógico. Falou-se a esse respeito de uma "lógica da vaguidade" (Saul Kripke, "Naming and Necessity", em *Semantics of Natural Language*, 1972, ed. G. Herman e D. Davidson); seguindo a terminologia proposta, denominamo-la "lógica do ambíguo". Um passo importante no desenvolvimento dessa lógica é constituído pelo trabalho de L. A. Zadeh, "Fuzzy Sets", *Information and Control*, 8 (1965), 338-353. Como indica David H. Sanford ("Borderline Logic", *American Philosophical Quarterly*, 12 [1975], 29-39). Nesse tipo de lógica se consideram casos em que os valores de determinadas variáveis se distribuem em pontos intermediários entre valores definidos. Ao contrário da polivalência, a "ambigüidade" não consiste na existência de um número de valores tais que formam um contínuo discreto finito ou infinito. É certo que, no âmbito de um contínuo discreto, atribuem-se valores máximos (1) e mínimos (0) aos extremos do contínuo. Mas pode-se adscrever um predicado, P (num exemplo de Sanford, "é baixo"), a x e a y sempre que se considere que um suposto "máximo" 1 é maior que x é P (x é baixo), que x é P é maior que y é P (y é mais baixo que x) e que y é P é maior que o "mínimo" 0. Dessa maneira, ocorrem casos "fronteiriços" de P. Como não se pode aplicar a uma lógica do ambíguo o princípio de bivalência (ver), formula-se a questão de saber se lógicas como as de B. C. van Fraassen, nas quais há ocos de valores de verdade, não serão exemplos de lógicas do ambíguo. Se assim for, uma lógica do ambíguo será uma das lógicas desviadas (ver DESVIAÇÃO, DESVIADO). Contudo, na medida em que uma lógica do ambíguo ou "lógica do inexato" pode ser suplementar tanto à lógica clássica como às lógicas desviadas, o caráter plenamente "desviado" da lógica do ambíguo se mostra problemático.

Usamos as expressões "lógica do ambíguo", "lógica do vago", "lógica do inexato". Não se trata, com efeito, de que a lógica seja ambígua, vaga ou inexata; tal como o indicou Alfredo Deaño ("La lógica formal hoy", *Revista de Occidente*, Terceira época, nº 7, maio 1976, p. 93), "o vago não é a teoria, mas o objeto que esta estuda. De outro modo, seria como explicar gaguejando uma teoria sobre as causas da gagueira". O mesmo autor usa a expressão "lógica dos enunciados vagos" como versão de *fuzzy logic*. Se ocasionalmente se emprega "ambíguo" (ou "vago" ou "inexato") como adjetivo que sucede a "lógica", deve-se tomar isso, pois, como uma abreviatura cômoda — é o que ocorre com a expressão inglesa citada *fuzzy logic*.

•• Assim, a lógica *fuzzy* é um cálculo lógico que pretende dar conta, com a maior precisão possível, do modo de raciocinar humano que é, simplesmente, impreciso, flexível, analógico. Não se trata, porém, de eliminar os predicados precisos ou nítidos (*crisp*), também usados pelos seres humanos; trata-se tão-somente de inverter a formulação da lógica clássica e de afirmar que a precisão só é o limite da vaguidade. É, pois, um cálculo lógico que engloba o cálculo clássico, mas se distancia notavelmente de suas formulações. Ao abandonar o raciocínio rígido ("ou isto ou aquilo") e formular o raciocínio aproximado ("isto em grau x", "aquilo em grau y"), a lógica *fuzzy* perde a independência que fora característica básica da matemática desde a época platônica. Porque agora os cálculos (como os raciocínios humanos) dependem muito do contexto e, segundo ele, devem ir variando suas conclusões (isto é, perdem "monotonia").

No amplo e complexo campo da inteligência artificial (VER), a lógica *fuzzy* é a que conseguiu até agora resultados mais espetaculares: a partir dos anos setenta, nas aplicações que dela se fizeram, por exemplo, com os chamados "sistemas especializados" — em campos tão díspares quanto os diagnósticos clínicos ou a degustação de vinhos —, que simulam precisamente o comportamento inteligente humano em situações que requerem informação, mas também capacidade de adaptá-la de forma flexível; na década de 1980 — particularmente graças à indústria japonesa —, a lógica *fuzzy* entrou também no processo industrial e iniciou a comercialização de múltiplos aparelhos de uso doméstico.

⮕ Ver: Além dos trabalhos citados no texto: E. Trillas, *Subconjuntos borrosos*, 1980. — E. Trillas, J. Gutiérrez Ríos, eds., *Aplicaciones de la lógica borrosa*, 1992. — E. Trillas, ed., *Fundamentos e Introducción a la Ingeniería Fuzzy*, 1993. — *Id.*, comp., *Razonar como la gente: la lógica borrosa*, 1993 [Arbor, set.-out., 1993]. — D. McNeill, P. Freiberger, *Fuzzy Logic*, 1993. — E. Trillas, C. Alsina, J. M. Terricabras, *Introducción a la lógica borrosa*, 1994.

Pode-se encontrar uma útil compilação bibliográfica no final do art. de M. Delgado, J. L. Verdegay e M. A. Vila, "Breve historia de la lógica *fuzzy*", em E. Trillas, comp., *Razonar como la gente...*, cit. *supra*, pp. 31-34. •• ⮌

AMBRÓSIO (SANTO) (*ca.* 340-397), doutor da Igreja, nasc. em Tréveros (Trier), educou-se em Roma. Por volta de 372, foi governador da Ligúria e em 374 foi nomeado, a instâncias populares, bispo de Milão. Distinguiu-se por sua luta contra o arianismo e por sua oposição a todas as heresias, tendo convencido o imperador Graciano da necessidade de manter uma ortodoxia estrita. Suas pregações exerceram grande influência e foram uma das causas, se não a principal, da conversão de Santo Agostinho. Embora tendendo decididamente aos aspectos pastorais e morais da religião, ele não desdenhou por completo, como às vezes se indicou, a tradição filosófica grega. Para começar, usou em suas interpretações bíblicas o método alegórico de Fílon e Orígenes. Nas homilias baseadas nas Escrituras, Santo Ambrósio revelou conhecimento de doutrinas neoplatônicas, em particular de Plotino, assim como de Porfírio. Direta ou indiretamente, encontram-se nos escritos de Santo Ambrósio marcas de doutrinas platônicas, aristotélicas e também ciceronianas. Embora o conhecimento dessas doutrinas, em particular das neoplatônicas, não impedisse Santo Ambrósio de opor-se às que julgava mais manifestamente opostas às crenças cristãs — como a preexistência e transmigração das almas, a idéia de deuses (ou "demônios") inferiores etc. —, há argumentos nas homilias ambrosianas paralelos aos encontrados em textos neoplatônicos e platônicos. É importante em Santo Ambrósio a doutrina da estrutura necessária do Estado (ou do Império) para o governo dos homens em comunidade. As leis do Estado devem harmonizar-se com a lei natural. Esta, por sua, vez, é uma contrapartida da lei divina — que é a lei suprema e transcende todas as leis humanas. A necessidade do Estado não impede, para Santo Ambrósio, a afirmação categórica da superioridade da Igreja, que é o mais elevado, e o único, poder espiritual.

⮕ Entre os escritos de Santo Ambrósio, destacam-se o *Exaemeron*, o *De officiis ministrorum, De fide, De bono mortis, De fuga saeculi.*

Obras em Migne, *PL*, XIV-XVII, e no *Corpus Christ*, XXXII, XLIV.

Ver: E. Buonaiuti, *S. A.*, 1923. — R. Palanque, *St. A. et l'Empire romain. Contribution à l'histoire des rapports de l'Église et de l'État à la fin du quatrième siècle*, 1933. — G. Ferretti, *L'influsso di s. A. in s. Agostino*, 1951. — Goulven Madec, *Saint Ambrose et la philosophie*, 1974. — L. Fenger, *Aspekte der Soteriologie und Ekklesiologie bei A. v. M.,* 1981. — F. De Capitani, "Studi su Sant'Ambrogio e i Manichei: I, Occasioni di un incontro", *Rivista di Filosofia Neo-Scolastica*, 74 (1982), 593-610; "II, Spunti antimanichei nell' 'Exameron' Ambrosiano", *ibid.,* 75 (1983), 3-29. ⊃

AMEAUX, PIERRE. Ver LIBERTINOS.

AMÉLIO (*fl.* 240). Seu verdadeiro nome era, segundo Porfírio (*Vit. Plot.,* 7), Gentiliano. Foi um dos mais fiéis discípulos de Plotino (VER), que preferia chamá-lo de Amério, porque era melhor para ele que se derivasse seu nome de ἀμερεία, indivisibilidade, que de ἀμελία, descuido. Nasc. na Etrúria, Amélio esteve com Plotino em Roma a partir de 246. Proclo atribuiu-lhe comentários ao *Timeu* e à *República*. Também escreveu um tratado intitulado *Sobre a diferença entre as opiniões de Plotino e as de Numênio*, Περὶ τῆς κατὰ τὰ δόγματα τοῦ Πλωτίνου πρὸς τὸν Νουμηνίον διαφορᾶς, dedicado a Porfírio e redigido para acabar com os rumores que corriam na Grécia, segundo os quais Plotino era um plagiador de Numênio de Apaméia. De acordo com Porfírio (*op. cit.*), Amélio seguiu em geral a doutrina de Plotino, mas, por sua composição e estilo, suas opiniões se mostram distintas, e às vezes até opostas, às de seu mestre. Contudo, segundo o comentário de Proclo, as diferenças não parecem ultrapassar uma elaboração do método tricotômico então aplicado à inteligência, que não é, no entender de Amélio, uma unidade, estando na verdade dividida em três partes: a que é, a que possui e a que contempla.

⊃ Ver: Art. de J. Freudenthal sobre Amélio (Amelius) em Pauly-Wissowa. — A. N. Zoumpos, *A. v. Etrurien. Sein Leben und seine Philosophie*, 1956 (tese). ⊃

AMIDISMO. Ver BUDISMO.

AMÔNIO HÉRMIAS (Amônio de Hérmias) (*fl.* 530), assim chamado por ser filho de Hérmias de Alexandria, foi, tal como o pai, um dos membros da chamada "Escola de Alexandria" (ver ALEXANDRIA [ESCOLA DE]). Discípulo de Proclo, devem-se a ele escritos matemáticos, astronômicos e lógicos; entre os últimos destacam-se seus comentários a Aristóteles e Porfírio, que constituem um elo na ampla e complexa cadeia da história da lógica antiga. (Para um exemplo a esse respeito, ver a referência a Amônio Hérmias em QUARTA FIGURA). Também se deve a ele um tratado, *Sobre o destino*, contra o fatalismo (VER) estóico.

⊃ Para edições de comentários lógicos: *Ammonius in Porphyrii quinque voces*, ed. A. Busse, 1891 (*Commentaria in Aristotelem Graeca*, IV, 3); *Amm. in categorias*, ed. A. Busse, 1895 (*Comm.* IV, 4); *Amm. de interpretatione*, ed. A. Busse, 1897 (*Comm.,* IV, 5); *Amm. in Analytica Priora*, ed. M. Wallies, 1899 (*Comm.,* V, 1). — Ed. de *De fato* (Περὶ τῆς εἱμαρμένες) e outros escritos, C. J. Orellius (Orelli), 1824. ⊃

AMÔNIO SACAS (da alcunha Σακκᾶς, "o que leva alforjes") (*ca.* 175-242), foi mestre de Plotino e exerceu grande influência não apenas sobre este, como também sobre muitos outros filósofos da época (por exemplo, Longino e os abaixo citados). Em função disso é considerado por alguns autores o pai do neoplatonismo (título que outros reservam a Numênio de Apaméia e que a maioria dos historiadores dá somente a Plotino). Segundo Porfírio (*Vit. Plot.,* 3), Plotino estudou onze anos com Amônio, que também foi mestre de Orígenes e de Herênio. Os três prometeram manter em segredo as doutrinas de seu mestre, mas, de acordo com Porfírio, só Plotino cumpriu a promessa. O ensinamento de Amônio — desenvolvido em forma oral — parecia tender a um sistema eclético em que se combinavam harmoniosamente elementos platônicos e aristotélicos (característica muito acentuada da maior parte dos sistemas neoplatônicos, mas correspondente também às opiniões dos chamados platônicos ecléticos). Segundo Nemésio, Amônio dedicou-se especialmente ao problema da natureza da alma e de sua relação com a Inteligência, num sentido muito semelhante ao desenvolvido mais tarde por Plotino.

⊃ Ver: G. V. Lyung, "Die Lehre des Ammonios Sakkas", *Abhandlungen der Gesellschaft der Wissenschaften zu Christiania*, 1874. — F. Heinemann, "A. Sakkas und der Ursprung des Neuplatonismus", *Hermes*, 61 (1926), 1-27. — K. H. S. Jong, *Plotinus and A. Saccas*, 1941. — E. Seeberg, "A. Sakkas", *Zeitschrift für Kirchengeschichte*, 61 (1942), 136-170. — Eleuterio Elorduy, S. I., *Ammonio Sakkas. I: La doctrina de la creación y del mal en Proclo y el Pseudo-Areopagita*, 1959. — Klaus Kremer, *Der Metaphysikbegriff in den Aristoteles-Kommentaren der Ammonius-Schule*, 1961. — W. Theiler, "A., der Lehrer des Origenes", em *Id., id., Forschungen zum Neuplatonismus*, 1966. — H. R. Schwyzer, *A. S., der Lehrer Plotins*, 1983. ⊃

AMOR. Usa-se o termo 'amor' para designar atividades, ou o efeito de atividades, muito diversas; o amor é visto, segundo as circunstâncias, como uma inclinação, como um afeto, um apetite, uma paixão, uma aspiração etc. É visto também como uma qualidade, uma propriedade, uma relação. Fala-se de formas de amor muito diferentes: amor físico ou sexual, amor maternal, amor como amizade, amor ao mundo, amor a Deus etc. Chega-se a introduzir variantes até numa espécie determinada de amor — assim, Stendhal, ao referir-se ao amor do homem pela mulher, e da mulher pelo homem, distingue o amor-paixão, o amor-gosto, o amor físico e o amor de vaidade (*De l'amour*, I, 1). São muito numerosas as tentativas de classificar, e ordenar de maneira hierárquica, as diversas espécies de amor; um exemplo é a obra sobre "os quatro amores" (*The Four Loves*, 1960), de C. S. Lewis. Esse autor fala do "amor pelo subumano" — de que são exemplos o amor à Natureza, o amor à paisagem, o amor à pátria etc. —, que não é propriamente um amor, mas um "gosto por" (*liking*). Os amores são o afeto — que inclui o amor, ou a afeição, por certos animais, a amizade, o eros e a caridade. Muitas das distinções propostas recomendam o uso de vários termos ('agrado', 'gosto', 'afeto', 'atração', 'desejo', 'amizade', 'paixão', 'caridade' etc.), mas continuam a agrupar seus significados sob o conceito comum de "amor". As dificuldades suscitadas pela variedade do vocabulário, além da suposta unidade significativa do conceito principal, se encontram não apenas nas línguas modernas, mas também em latim e em grego. Em latim, há os vocábulos *amor, dilectio, charitas* (e também *Eros*, na medida em que designa o amor personificado numa deidade). Em grego, há os vocábulos ἔρως, ἀγάπη, φιλία. Em conseqüência, a composição de um verbete sobre a noção de amor em geral é uma tarefa muito complexa, limitando-se aos aspectos mais usualmente destacados pelos filósofos (tais como o amor em sentido metafísico e cósmico-metafísico, bem como o amor enquanto relação pessoal, de resto freqüentemente entrelaçados). Procuraremos superar essas dificuldades apresentando um rápido esboço histórico da noção de amor no âmbito das especulações filosóficas mais conhecidas, estabelecendo apenas distinções terminológicas ocasionais. No final do verbete, forneceremos uma idéia de várias concepções filosóficas atuais, escolhidas — por infelicidade, um tanto arbitrariamente — entre as muitas existentes.

Empédocles (VER) foi o primeiro filósofo a usar a idéia do amor em sentido cósmico-metafísico ao considerar o amor, φιλότης, e o conflito ou luta, νεῖκος, como princípios de união e separação, respectivamente, dos elementos que constituem o universo (cf. sobretudo Diels, B 17, 7-8). Mas a noção de amor adquiriu uma significação ao mesmo tempo central e complexa apenas em Platão (que faz Sócrates dizer [*Banq.*, 177 E] que o amor, o ἔρως, é o único tema sobre o qual pode dissertar com conhecimento de causa). Muitas são as referências ao amor, as descrições do amor, assim como as classificações do amor, que encontramos em Platão. Limitar-nos-emos a algumas. O amor é comparado com uma forma de caça (*Soph.*, 222 E), comparação, de resto, freqüente nesse filósofo (ver METÁFORA), que a aplica a outras atividades: por exemplo, ao conhecimento. O amor é como uma loucura (*Phaed.*, 245 B-C); é um deus poderoso (*Banq.*, 202 E). Mas não há apenas uma, e sim várias espécies de amor, e nem todas são igualmente dignas. Pode-se falar, por exemplo, de um amor terreno e de um amor celeste (*Banq.*, 180 A-C), tal como há uma Vênus demótica e uma Vênus olímpica. O amor terreno é o amor comum; o amor celeste, o que produz o conhecimento e leva ao conhecimento. Pode haver três tipos de amor: o do corpo, o da alma e uma mescla de ambos (*Leis* VIII 387 A-D). Em geral, o amor pode ser mau ou ilegítimo e bom ou legítimo — o amor mau não é propriamente o amor do corpo pelo corpo, mas aquele que não se encontra iluminado pelo amor da alma e não leva em conta a irradiação sobre o corpo produzida pelas idéias. Por conseguinte, seria precipitado falar, no caso de Platão, de um desprezo do corpo *simpliciter*; o que ocorre é que o corpo deve amar, por assim dizer, por amor à alma. Desse modo, o corpo pode ser aquilo em que uma alma bela e boa resplandece, transfigurando-se aos olhos do amante, que assim descobre no amado novos valores, talvez invisíveis aos que não amam. Depois das numerosas definições e elogios do amor que figuram em O Banquete — aos quais devem ser acrescentados os contidos no *Fedro* —, Platão esforça-se por provar que o amor perfeito — princípio de todos os outros amores — é o que se manifesta no desejo do bem. O amor é para Platão sempre amor a algo. O amante não possui esse algo que ama, porque então já não haveria amor. Tampouco se encontra completamente desprovido dele, porque neste caso nem sequer o amaria. O amor é o filho da Pobreza e da Riqueza; é uma oscilação entre possuir e não-possuir, ter e não-ter. Em sua aspiração com relação ao amado, o ato do amor pelo amante gera; e gera, como diz Platão, na beleza. Aqui se insere o motivo metafísico dentro do motivo humano e pessoal. Pois, em última análise, os amores às coisas particulares e aos seres humanos particulares não podem ser senão reflexos, participações, do amor à beleza absoluta (*Banq.*, 211 C), que é a Idéia do Belo em si. Sob a influência do verdadeiro e puro amor, a alma ascende à contemplação do ideal e eterno. As diversas belezas — ou reflexos do Belo — que se encontram no mundo são usadas como degraus numa escada que leva ao cume, que é o conhecimento puro e desinteressado da essência da beleza. Mais ou menos no final de *O Banquete*, Sócrates comunica o que lhe "revelou" Diotima, a "mulher estrangeira de Mantinéia": só depois de ter contemplado as coisas belas, uma após a outra de uma forma gradual, aparece ("revela-se") de repente a própria Beleza, como termo de todos os esforços anteriores; trata-se de uma beleza que não se representa nem com o rosto nem com as mãos nem com nenhuma imagem sensível, pois é representada por si mesma, eternamente unida a si mesma, sem geração ou destruição, sem aumento ou diminuição. Isto é a Beleza (o belo) em si: αὐτὸ τὸ καλὸν.

Em quase todos os filósofos gregos há referências ao tema do amor, seja como princípio de união dos elementos naturais, seja como princípio de relação entre seres humanos. Mas, depois de Platão, só nos pensadores platônicos e neoplatônicos o amor é considerado um conceito fundamental. Entre os muitos exemplos que se podem arrolar a esse respeito, mencionaremos três.

Em Plutarco (*De Iside et Osiride*, cap. 53), o amor, ἔρως, é um impulso que orienta a matéria para o primeiro princípio (inteligível). O amor é uma aspiração do que carece de forma (ou só minimamente tem forma) às formas puras e, em última análise, à Forma Pura do Bem. Em Plotino (cf. especialmente *Enn.*, VI vii 21) o amor também é o que faz com que uma realidade volte seu rosto, por assim dizer, para a realidade da qual emanou, mas Plotino fala de modo muito particular do amor da alma à inteligência, νοῦς. A noção de amor parece ocupar o lugar primordial no pensamento de Porfírio. Em sua *Epistola ad Marcellam* (§ 24, ed. Nauck, p. 289), Porfírio fala de quatro princípios de Deus: a fé, πίστις, a verdade, ἀλήθεια, a esperança, ἐλπίς, e o amor, ἔρως (o amor é mencionado, a rigor, em terceiro lugar dentro dessa enumeração, mas não cremos que a ordem expresse prioridade de um princípio; é mais provável que todos esses princípios sejam para Porfírio igualmente "constitutivos" da divindade).

Nas especulações neoplatônicas, o conceito de amor tem um sentido predominantemente metafísico, ou, se se quiser, metafísico-religioso. Na concepção cristã, o motivo religioso exprime-se com freqüência em termos "pessoais". Isso não acontece, no entanto, com todo amor, mas com o amor denominado "caridade" (ἀγάπη, *charitas*). A caridade é uma das três virtudes chamadas "teologais" (ao lado da fé e da esperança). Parece ter, além disso, a primazia sobre as outras duas. Assim, nas famosas palavras de São Paulo (a que nos referimos já no verbete dedicado ao Apóstolo, mas que convém ter aqui de novo presentes): "Mesmo que tenha o dom da profecia, o saber de todos os mistérios e de todo o conhecimento, mesmo que tenha a fé mais total, a que transporta montanhas, se me falta o amor, nada sou" (1Cor 13,2). Tudo desaparece — as profecias, a ciência —, mas a caridade permanece. "Agora, portanto, permanecem estas três coisas, a fé, a esperança e o amor, mas o amor é o maior" (1Cor 13,13). Fundamentais a esse respeito são também estas palavras (de 1Jo 4,7ss): "O amor [a caridade, ἀγάπη] vem de Deus; e todo aquele que ama nasceu de Deus e chega ao conhecimento de Deus". Aquele que não ama não conheceu a Deus, pois *"Deus é Amor"* [ὁ θεὸς ἀγάπη ἐστίν; poder-se-ia aqui empregar do mesmo modo o termo 'caridade', mas é usual neste caso usar 'Amor']. Podemos amar a Deus, porque o amor vem de Deus: "O amor de Deus é perfeito em nós". E esse amor de Deus que torna possível amar a Deus é igualmente o fundamento do amor do homem a seu próximo e ao mundo. Em sentido originário e autêntico, portanto, todo amor se encontra no horizonte de Deus: amar é, a rigor, "amar a Deus e por Deus".

Muitas são as referências feitas por Santo Agostinho à noção de amor. Os termos empregados por ele são *charitas, amor* e *dilectio*. Às vezes eles têm o mesmo significado (como na expressão *amor seu dilectio*); às vezes, o autor estabelece distinções entre eles. Santo Agostinho considera amiúde a caridade como um amor pessoal (divino e humano). A caridade é sempre boa (ou "lícita"); em contrapartida, o amor pode ser bom ou mau segundo seja respectivamente amor ao bem ou amor ao mal. O amor do homem a Deus e de Deus ao homem é sempre um bem. É nesse sentido que se deve entender a famosa frase agostiniana *Dilige et quod vis fac* — muitas vezes citada como *Ama et fac quod vis* —, que ele escreveu precisamente em seu comentário a João (VII). O amor do homem por seu próximo pode ser um bem (quando é por amor a Deus) ou um mal (quando se baseia numa inclinação [*dilectio*] puramente humana, isto é, desarraigada do amor a Deus e por Deus). Como amor ao bem — manifestação do amor a Deus —, o amor move a vontade. Por esse movimento, a alma é levada à sua bem-aventurança, a qual só pode ser encontrada no seio de Deus. O amor como amor ao bem carece de medida (*ipse ibi modus est sine modo amare*, como escreveu Severino, amigo de Santo Agostinho, ao resumir seu pensamento a esse respeito). Mas sequer se pode dizer que amar um bem é suficiente; o amor a um bem (portanto, a algo particular) só é "lícito" quando tem lugar por amor *ao* Bem, isto é, a Deus. Entende-se nesse sentido a frase de Santo Agostinho segundo a qual a caridade é a virtude mediante a qual se ama o que deve ser amado (*virtus est charitas, qua in quod diligendum est diligitur* [*Ep.* CLXVII]). E por isso o amor não é cego, mas lúcido, já que abre a alma ao Bem e ao Ser; ou, como diria Max Scheler, baseando-se nas idéias agostinianas, abre-a ao reconhecimento dos valores como objetivos.

Insistir demasiadamente no amor pode levar o pensamento cristão a certas dificuldades. Algumas delas aparecem em São Clemente (*Strom.*, IV 22), que parece reduzir a vida divina — e, em geral, todo ser e perfeição — a amor, desembocando na "gnose do amor". Encontra-se aqui a origem do que se denominou "a disputa sobre o amor puro", da qual participaram, entre outros, na época moderna, Leibniz e Fénelon. Não nos é possível abordá-la aqui; tampouco podemos estender-nos sobre o conteúdo dos numerosos "Tratados do Amor de Deus" (título, diga-se de passagem, que em princípio Unamuno pensou em dar à sua obra, *Del sentimiento trágico de la vida*), com o clássico título *De diligendo Deo*. Filosoficamente, no âmbito do pensamento cristão, importa-nos antes referir-nos brevemente a Santo Tomás. Este define a *charitas* como uma virtude sobrenatural; como tal, torna possível que as virtudes naturais sejam plenas e verdadeiras, visto que, como ele diz em *S. theol.*, II-II ͣ, q. XXIII, a. 7, nenhuma virtude é verdadeira (*vera*) sem a caridade. Sem ela, além disso, o homem não pode alcançar a bem-aventurança. Mas Santo Tomás não nega com isso a "autonomia" das "virtudes naturais". De fato, estas podem existir sem a caridade, já que, se se supusesse o contrário, se teria de concluir que nenhum dos homens que careceram, ou carecem, da revelação cristã puderam, ou podem, ser bons. Tal como em muitos outros pontos, Santo Tomás também se empenha aqui em delimitar esferas sem prejuízo de concluir por sua subordinação hierárquica. Ademais, ele trata do amor como uma inclinação e fala do amor natural como de uma atividade que leva cada ser para seu bem. Neste sentido, pode-se dizer, de maneira inteiramente geral, que o amor move. O amor pode ser sensitivo e intelectual (ver APETITE). O amor que consiste em escolher livremente o bem é o que constitui o fundamento da caridade. Sem dúvida, o fundamento último do verdadeiro amor é também, para Santo Tomás, Deus, sendo Este que move por amor as criaturas que aspiram ao Sumo Bem. Trata-se do *Amor che muove il sole e l'altre stelle*, com que conclui Dante (tomista e ao mesmo tempo aristotelicamente) a *Divina Comédia* (Canto XXIII, v. 145). Embora arraigado na esfera pessoal (da Pessoa divina), o conceito de amor tem também aqui um sentido cósmico-metafísico. Possivelmente depende da linguagem empregada — a tecnológica ou a filosófica — o fato de enfatizar-se um ou outro aspecto do amor.

Referimo-nos *grosso modo* a duas visões do amor: a grega (em particular a platônica) e a cristã. Tentou-se em diversas ocasiões estabelecer uma distinção taxativa entre elas. A mais conhecida (expressa por Scheler em *O ressentimento na moral*) pode ser resumida da seguinte maneira:

Na concepção grega, o amor é aspiração do menos perfeito ao mais perfeito. Ela supõe, portanto, a imperfeição do amante e a (suposta ou efetiva) perfeição (ou maior perfeição) do amado (ou daquilo que se ama). Quando a perfeição do amado é absoluta, nada importa, em última análise, senão ele. O amado é a perfeição em si, o sumo bem (ou o belo e bom em si conjuntamente). O amado move o amante — ou o mais perfeito ao menos perfeito — exercendo sobre ele uma atração. O amado não precisa, por sua vez, amar; seu ser consiste em ser apetecível e desejável. O "movimento real" parte do amante, mas o "movimento final" parte do amado. A relação entre amante e amado pode ser exemplificada nos indivíduos humanos, mas o que acontece com estes é um caso particular — ainda que muito importante — de uma relação cósmico-metafísica. O amor pode ser descrito como o avanço de cada coisa rumo à sua perfeição, ou rumo ao ser que cada coisa é em sua perfeição ou idéia e no âmbito de uma ordem ontológica.

Na concepção cristã, o amor parte do amado também, e não apenas como causa final (embora possa igualmente ter esse sentido), mas como "movimento real". A rigor, há mais amor no amado que no amante, pois o amor autêntico — o modelo de todo amor — é a tendência que o superior e perfeito tem de "descer", por assim dizer, ao inferior e imperfeito com a finalidade de atraí-lo para si e salvá-lo. O amor não é, desse modo, apetência, mas superabundância. Por isso, enquanto para os gregos o Sumo Bem não precisa amar, para os cristãos ele pode até mesmo ser identificado com o amor. A própria justiça se dissolve no amor. Isso não significa que para o cristão o amor seja meramente compaixão (VER). O objeto de compaixão é tido como algo que merece justiça ou piedade; o amado é amado por si mesmo, em virtude de uma exuberância da qual Deus constitui o modelo supremo.

As distinções anteriores ajudam a compreender vários traços distintivos das concepções expostas. Entretanto, o assunto é mais complexo. Por exemplo, discutiu-se às vezes (Nygren, *op. cit. infra*) se o amor (*agape*) em sentido paulino se refere efetivamente ao amor a Deus. O mais seguro é que ele tenha esse sentido (tal como se vê em Rm 8, 28 e em 1Cor 2,9, entre outras passagens). Mas esta e muitas outras questões relativas ao significado do amor como *agápe* estão longe de ser resolvidas. Por outro lado, é precipitado afirmar que a diferença entre as concepções grega e cristã se revela por meio do uso respectivo dos termos *éros* e *agape* (ou *charitas*). Por fim, não se pode esquecer que os motivos que denominamos cósmico-metafísicos (ou pelo menos metafísicos) exercem considerável influência em certos ramos da tradição cristã, especialmente na teologia cristã de inspiração grega. Este último ponto foi abordado por Xavier Zubiri (*Naturaleza, Historia, Dios* [1944], pp. 480 ss.). Citaremos várias passagens significativas. Segundo Zubiri, se na teologia cristã de inspiração grega se toma a ἀγάπη em sua dimensão ontológica e real primária, ao que mais se assemelha é ao ἔρως do classicismo. Por isso, a indubitável diferença, e mesmo oposição, entre ἔρως e ἀγάπη se dá "no âmbito de uma raiz comum". Trata-se de "uma oposição de direção dentro de uma mesma linha: a estrutura ontológica da realidade". Mesmo tendo em vista que os latinos quase sempre traduziram ἀγάπη por *charitas*, deve-se levar em conta que na patrística grega se empregou o vocábulo ἔρως. É o que acontece com Dionísio, o Areopagita (*De div. nom.*). A distinção entre ἔρως e ἀγάπη não suprime a possibilidade de entender o conceito de *charitas* metafisicamente, bem como de utilizar, em conseqüência, o termo clássico ἔρως em sentido ontológico. Zubiri observa que, em virtude da dimensão comum pela qual envolvem um "fora de si", o *éros* e o *agape* não se excluem entre si, pelo menos nos seres finitos. Daí que os latinos de inspiração grega distinguissem entre ambas com grande precisão. "O *éros* é o *amor natural*", ao passo que o *agape* é o *amor pessoal*. No primeiro, há inclinação por natureza aos atos para os quais está capacitado; no segundo, há entrega do próprio ser por liberalidade. Assim, "na medida em que a natureza e a pessoa são duas dimensões metafísicas da realidade, o amor, tanto natural como pessoal, é também algo ontológico e metafísico". E assim também "a caridade, como virtude moral, nos move porque estamos já previamente instalados na situação metafísica do amor".

Em qualquer trabalho relativamente completo sobre o problema do amor e de sua história, dever-se-iam levar em conta, ao lado das características gerais antes mencionadas, importantes variantes introduzidas por diversos autores. O problema do amor como amor a Deus foi abordado, como se indicou antes, por vários autores medievais. Entre eles, mencionamos Guilherme de Saint-Thierry (*De natura et dignitate amoris*), São Bernardo (*De diligendo Deo*), Aelredo de Rievaulx (*Speculum caritatis*), Pedro Abelardo (*Introductio ad theologiam*) e os chamados Vitorinos: Hugo de São Vítor e Ricardo de São Vítor. São Bernardo e os Vitorinos (especialmente Ricardo de São Vítor) ocuparam-se intensamente do problema do amor. Para São Bernardo, o amor enquanto amor puro (a Deus) é, no fundo, uma experiência mística, um "êxtase". O amor basta-se a si mesmo. Isso não significa que São Bernardo defenda o quietismo (VER). O amor do homem a Deus é conseqüência do amor de Deus ao homem e às criaturas. Por outro lado, São Bernardo distingue várias espécies de amor, tais como — para dar apenas um exemplo — o amor carnal, o racional e o espiritual. O predomínio da idéia do amor espiritual sobre outras espécies de amor em místicos e teólogos medievais não significa, de resto, que não se escrevesse na época sobre o amor humano; não se deve esquecer que no século XII, no mesmo momento em que se desenvolvem todas as implicações do amor divino de caráter místico, floresce a literatura do chamado "amor cortês". Num verbete como este, só nos resta excluir esse complexo material. O mesmo ocorre com as numerosas idéias sobre o amor e suas espécies em autores renascentistas e modernos. Mesmo limitando-se a considerações de natureza propriamente filosófica, a literatura renascentista e moderna sobre a questão é extremamente abundante. Basta pensar em Marsilio Ficino, em Leão Hebreu, em Giordano Bruno (ou, mais tarde, na concepção spinoziana do "amor intelectual a Deus" no final da *Ética*, ou nas idéias contidas no breve tratado supostamente pascalino intitulado "Discurso sobre as Paixões do Amor"). Teremos de prescindir aqui dessas idéias, em parte por razões de espaço, em parte porque, quando suficientemente importantes, elas estão expostas nos verbetes dedicados aos filósofos que as cultivaram, e em parte também porque no fundamental, e no sentido em que abordamos aqui o problema, várias das noções desenvolvidas nos citados períodos têm raízes neoplatônicas ou cristãs (ou ambas ao mesmo tempo) e podem ser entendidas a partir de algumas de nossas elucidações. Observaremos apenas que, além de continuar a tratar do amor em sentido teológico e metafísico de acordo com vias tradicionais, muitos autores da época moderna prestaram grande atenção ao fenômeno do amor do ponto de vista psicológico e sociológico (como uma das "paixões da alma", como uma emoção, como um dos possíveis modos de relação dos seres humanos na sociedade etc.). Três questões foram discutidas com grande freqüência: 1) Se o amor humano é um fenômeno de índole puramente subjetiva — se é, como pretendia Stendhal, o resultado de um processo (a rigor, dois processos) de "cristalização" no ânimo do amante — ou se é uma emoção reveladora de qualidades e valores no ser amado; 2) se esse amor está fundado numa estrutura psicofisiológica, ou simplesmente fisiológica (sobretudo, se se funda no desejo sexual exclusivamente, aparecendo como um epifenômeno deste), ou se possui uma autonomia em relação aos processos orgânicos, isto é, se é um princípio irredutível a eles; 3) se o amor humano é um processo ou uma série de processos inalteráveis, fundados numa "natureza humana" permanente, ou se tem uma história (se, como sustenta Ortega y Gasset, é uma "invenção humana" surgida num momento da história, e até uma "criação literária"). No final do século XIX e começo do XX, houve grande cópia de teorias subjetivistas, reducionistas e naturalistas; depois — especialmente com a fenomenologia —, tendeu-se a abordar o amor de um modo "objetivista", não-reducionista e não-naturalista (este último não significa necessariamente "espiritualista", mas pode significar "historicista"). Será primeiramente em relação com esses problemas (especialmente com [1] e [2]) que concluiremos apresentando três concepções contemporâneas sobre a noção de amor: a de Max Scheler, ligada a uma teoria dos valores; a de Joaquim Xirau, que, baseado em Scheler, erigiu uma metafísica com base numa fenomenologia da "consciência amorosa"; e a de Jean-Paul Sartre, em que o amor aparece no âmbito da análise da estrutura do "Ser-para si-para outro".

As idéias de Scheler — expressas principalmente em sua *Ética*, em *Natureza e Formas da Simpatia* e em seus estudos sobre "O pudor" e "Ordo amoris" (cf. bibliografia no verbete sobre o citado filósofo) — têm raízes agostinianas e pascalinas, mas se baseiam filosoficamente na axiologia objetivista por ele elaborada em detalhe. Scheler rejeita que o amor seja uma idéia inata derivada exclusivamente da experiência, ou que constitua um impulso elementar (talvez procedente da *libido*). Trata-se, como em Brentano (VER), de um processo intencional (ver INTENÇÃO, INTENCIONAL, INTENCIONALIDADE) que transcende na direção do amado, o qual é amado por ser valorizado, isto é, avaliado positivamente (tal como o ódio transcende na direção do odiado enquanto desvalorizado, ou "avaliado" negativamente). O amor não pode ser confundido, portanto, nem com a simpatia nem com a compaixão ou a piedade. Como ato intencional, ou conjunto de atos intencionais, possui suas próprias leis, que não são psicológicas, mas axiológicas. O amor e o ódio não são tendências ou impulsos do sujeito psicofísico; são atos pessoais que se revelam no escolher e rejeitar valorativamente. O amor e o ódio não se definem, mas se intuem (emotivamente *a priori*). Por isso, pode haver para Scheler (como para Santo Agostinho e Pascal) uma *ordo amoris*, uma *ordre du coeur*; o amor não é, em suma, arbitrário, mas seletivo.

Joaquim Xirau (ver *Amor y Mundo*, 1940, especialmente cap. II) baseia-se em Scheler para erigir uma fenomenologia da consciência amorosa. São quatro as características essenciais desta fenomenologia: abundância da vida interior; potencialização ao máximo do sentido e valor de pessoas e coisas; ilusão e transfiguração; reciprocidade e fusão. Elas dão origem às manifestações do amor: generosidade, espontaneidade, vitalidade, plenitude. O amor é, dessa maneira, uma possibilidade criadora. Mas o amor não se limita a criar; ele destaca ao mesmo tempo os valores superiores do criado, ilumina enquanto vivifica. Nessa iluminação pelo amor, efetua-se a transfiguração do objeto amado, a qual é reduzida pelo naturalismo a pura fantasmagoria. Ao transfigurar-se, o objeto revela ao que o ama valores que a indiferença encobrira. Xirau estabelece, além disso, uma ordem do amor que constitui o fundamento de uma nova metafísica. Em lugar de conceber o ser como substância, como entidade estática que é irrevogavelmente em si (ser absoluto) ou em outro (ser relativo), Xirau preconiza que não há ser exclusivamente em si nem ser exclusivamente em outro. O vocábulo 'ser' não designa um momento estático do real, mas um ponto de confluência de projeções, relações e referências. Ora, só o amor pode enfatizar a realidade de um ser "essencialmente" dinâmico (de um ser que é pura transcendência e "agilidade"). O complexo de relações que constituem a realidade forma várias camadas; sobre elas, como um ápice, encontra-se o amor. Na concepção metafísica de Xirau, o amor é a chave que sustenta a arquitetura do mundo. Em radical oposição ao naturalismo, o autor apresenta o amor como gênero supremo e as outras realidades como espécies que aspiram a esse gênero.

Jean-Paul Sartre examina o amor em sua análise do "Para-outro", isto é, das relações concretas do "Para-si" com o "outro" (*L'Être et le Néant*, 1943, III, iii 1, pp. 431-440). Como todas essas relações, o amor é um conflito que confronta e ao mesmo tempo liga os seres humanos. Mediante o amor, estabelece-se uma relação direta com a liberdade do "outro". Mas, como cada ser humano existe pela liberdade do "outro", a liberdade de cada um fica comprometida no amor. No amor se quer cativar, escravizar, a consciência do "outro", e sim não para transformar o "outro" num autômato, mas para apropriar-se de sua liberdade como liberdade. Isso significa que não se pretende propriamente atuar sobre a liberdade do "outro", mas "existir *a priori* como limite objetivo dessa liberdade". O amante exige a liberdade do amado, isto é, exige ser livremente amado por ele. Mas como pretende ao mesmo tempo não ser amado contingentemente, e sim necessariamente, destrói essa mesma liberdade que postulara. O conflito que o amor revela é um conflito da liberdade.

➲ Obras principalmente filosóficas: V. Soloviev, "O sm'slé lúbvi", *Voprosi filosofii i psijologii* (1892-1894) ("O sentido do amor"). — A. Grünnbaum, *Herrschen und Lieben als Grundmotiven der philosophischen Weltanschauung*, 1925. — E. Boldt, *Die Philosophie der Liebe im Lichte der Natur-und Geisteswissenschaften auf entwicklungsgeschichtlicher Grundlage*, I, 1928. — E. Raitz von Frentz, "Drei Typen der Liebe. Eine psychologische Analyse", *Scholastik* (1931), 1-41. — Max Scheler, op. cit. supra. — G. Madinier, *Conscience et amour. Essai sur le "Nous"*, 1932; 3ª ed., 1962. — J. Xirau, op. cit. supra. — J. Ortega y Gasset, *Estudios sobre el amor*, 1940. — J.-P. Sartre, op. cit. supra. — Roger du Teil, *Amour et pureté. Essai sur une morale de la signification*, 1945. — M. Nédoncelle, *Vers une philosophie de l'amour*, 1946. — Id., id., *Vers une philosophie de l'amour et de la personne*, 1957. — J. Guitton, *Essai sur l'amour humain*, 1948. — U. Spirito, *La vita come amore*, 1953. — R. O. Johann, S. J., *The Meaning of Love. An Essay towards a Metaphysics of Intersubjectivity*, 1955. — J. Lacroix, *Personne et amour*, 1956. — M. C. D'Arcy, *The Meeting of Love and Knowledge*, 1958. — André Mercier, *De l'amour et de l'être. Essai sur la connaissance*, 1960 (especialmente caps. III e V). — C. S. Lewis, op. cit. supra. — Karol Wojtyla, *Milosc i odpowiedzialnosc*, 1960 [com resumo em francês] (*Amor e responsabilidade*). — Barry Miller, *The Range of Intellect*, 1963. — William A. Sadler, Jr., *Existence and Love: A New Approach in Existential Phenomenology*, 1969. — Gene Outka, *Agape: An Ethical Analysis*, 1972. — E. Paci, W. Blankenburg et al., *Facets of Eros: Phenomenological Essays*, ed. F. J. Smith e E. Eng, 1972. — C. Gurméndez, *Teoría de los sentimientos*, 1981 (caps. XV-XX). — A. Lingis, *Eros and Culture*, 1984. — C. Gurméndez, *Estudios sobre el amor*, 1985. — A. Soble, *The Structure of Love*, 1990.

Psicanálise do amor: I. Lepp, *Psychanalyse de l'amour*, 1959.

O amor nas religiões não-cristãs: Th. Ohm, O. S. B., *Die Liebe zu Gott in den nichtchristlichen Religionen*, 1952.

O amor no budismo e no cristianismo: F. Weinrich, *Die Liebe im Buddismus und Christentum*, 1935.

Amor puro: A. Chérel, *Fénelon et la religion du pur amour*, 1934. — G. Joppin, *Fénelon et la mistique du pur amour*, 1935. — Émilienne Naert, *Leibniz et la querelle du pur amour*, 1959. — Madeleine Guillet d'Istria, *Le Père de Caussade et la querelle du pur amour*, 1964.

Amor grego e amor cristão, em particular este último: Heinrich Scholz, *Eros und Caritas*, 1929. — A. Nygren, *Den Kristna Karlekstankengenom Tiderna*, 1930-1936 (trad. francesa da Parte I: *Eros et Agape. La notion chrétienne de l'amour et ses transformations*, 1944. (Trad. inglesa: *Agape and Eros: A Study of the Christian Doctrine of Love*, 1932). — M. Fuerth, *Caritas und Humanitas. Zur Form und Wandlung des christlichen Liebesgedankes*, 1933. — M. C. D'Arcy, *The Mind and Heart of Love: Lion and Unicorn: A Study in Eros and Agape*, s/d. — V. Warnach, O. S. B., *Agape. Die Liebe als Grundmotiv der neutestamentlichen Theologie*, 1951. — G. C. Meilaender, *The Limits of Love: Some Theological Explorations*, 1992. — E. N. Santurri, W. Werpehowski, eds., *The Love Commandments: Essays in Christian Ethics and Moral Philosophy*, 1992. — V. Brumer, *The Model of Love: A Study in Philosophical Theology*, 1993.

História da idéia do amor e especialmente platônico: J. Volkelt, *Zur Geschichte der Philosophie der Liebe*, 1873. — L. Robin, *La théorie platonicienne de l'amour*, 1908; nova ed., 1964. — R. Lagerborg, *Die platonische Liebe*, 1926. — L. Grunhut, *Eros und Agape. Eine metaphysisch-religionsphilosophische Untersuchung*, 1931. — Denis de Rougemont, *L'amour et l'Occident*, 1939; 2ª ed., 1956. — A. Correia Pacheco, *Plato's Conception of Love*, 1942 (tese). — M. Fernández-Galiano, J. S. Lasso de la Vega e F. Rodríguez-Adrados, *El descubrimiento del amor en Grecia*, 1959. — Thomas Gould, *Platonic Love*, 1963. — Luis Bonilla, *El amor y su alcance histórico*, 1964. — Douglas N. Morgan, *Love: Plato, the Bible and Freud*, 1964. — J. M. Rist, *Eros and Psyche: Studies in Plato, Plotinus, and Origen*, 1964. — Michele Schiavone, *Il problema dell'amore nel mondo greco, I: Platone*, 1965. — Irving Singer, *The Nature of Love*, 2 vols. (I, *Plato to Luther*; II, *Courtly and Romantic*), 1966; 2ª ed., 1984. — Robert G. Hazo, *The Idea of Love*, 1967. — Johannes Lotz, *Die drei Stufen der Liebe. Eros-Philia-Agape*, 1971. — Helmut Kuhn, *"Liebe", Geschichte eines Begriffs*, 1975. — C. S. Lewis, *The Four Loves*, 1960. — A. M. Wolters, *Plotinus on Eros: A Detailed Exegetical Study of Enneads III*, 5, 1972. — W. Schmid, *Die Geburt der Philosophie em Garten der Lüste*, 1987. — A. Soble, *Eros, Agape and Philia: Readings in the Philosophy of Love*, 1989. — R. L. Mitchell, *The Hymn to Eros*, 1993.

Amor cristão (além de várias obras citadas antes): R. Guardini, *Die christliche Liebe (I Kor. 13)*, 1956. — H. Pètre, *Caritas. Études sur le vocabulaire latin de la charité chrétienne*, 1948.

Amor na Idade Média: P. Rousselot, *Pour l'histoire du problème de l'amour au moyen âge*, 1908; reed. 1933. — H.-D. Simonin, "Autour de la solution du problème de l'amour", *Archives d'histoire doctrinale et littéraire du moyen âge*, VI (1941), 174-276. — Georges Vajda, *L'amour de Dieu dans la théologie juive du moyen âge*, 1957. (Ver também obras de Pètre, d'Arcy, Fuerth, Nygren e Scholz *supra*.)

Amor no Renascimento: John Ch. Nelson, *Renaissance Theory of Love*, 1958 (especialmente sobre os *Eroici furori*, de Giordano Bruno).

Amor cortês: O. H. Green, "Courtly Love in the Spanish *Cancioneros*", *PMLA*, 64 (1949), 247-301. — D. Van de Vate, *Romantic Love: A Philosophical Inquiry*, 1980. — I. Singer, *The Nature of Love: Courtly and Romantic*, 1984.

Amor platônico em sua tradição literária: C. S. Lewis, *The Allegory of Love: A Study in Medieval Tradition*, 1936.

Amor em vários autores a partir do século V: Hannah Arendt, *Der Liebesbegriff bei Augustin. Versuch einer philosophischen Interpretation*, 1929; reimp., 1974. — F. Cayré, *Les sources de l'amour divin. La divine présence d'après S. A.*, 1933. — G. Combès, *La charité d'après S. Augustin*, 1934. — J. Brechtken, *Augustinus Doctor Caritatis. Sein Liebesbegriff im Widerspruch von Eigennutz und selbstloser Güte im Rahmen der antiken Glückseligkeits-Ethik*, 1975. — G. Dumeige, *R. de Saint-Victor et l'idée chrétienne de l'amour*, 1952. — Z. Alszeghy, *Grundformen der Liebe. Die Theorie der Gottesliebe bei dem hl. Bonaventura*, 1946. — R. P. Prentice, O. F. M., *The Psychology of Love according to S. Bonaventura*, 1951. — B. J. Diggs, *Love and Being: An Investigation into the Metaphysics of St. Thomas Aquinas*, 1947. — L. B. Geiger, O. P., *Le problème de l'amour chez S. Thomas d'A.*, 1952. — R. M. McGinnis, *The Wisdom of Love*, 1951 (sobre S. T. de A.). — M. J. Faraon, O. P., *The Metaphysical and Psychological Principles of Love*, 1952 (sobre S. T. de A.). — A. Malet, *Personne et amour dans la théologie trinitaire de S. Th. d'A.*, 1956. — Richard Völkl, *Die Selbstliebe in der Heiligen Schrift und bei Thomas von A.*, 1956. — Tomás de la Cruz, O. C. D., *El amor y su fundamento ontológico según Santo Tomás. Estudio previo a la teología de la caridad*, 1956. — Louis Sala-Molins, *La philosophie de l'amour chez Raymond Lulle*, 1974. — H. Pflaum, *Die Idee der Liebe: Leone*

Ebreo, 1926. — G. Fontanesi, *Il problema dell'amore nell-opera di L. Ebreo*, 1934. — Suzanne Damiens, *Amour et intellect chez León l'Hébreu*, 1971. — A.-J. Festugière, *La philosophie de l'amour de M. Ficin et son influence sur la littérature française au XVIe siècle*, 1941. — John Ch. Nelson, *op. cit. supra* (sobre G. Bruno especialmente). — L. Fremgen, *Metaphysik der Liebe. Eine Auseinandersetzung mit Schopenhauer*, 1936. — A. R. Luther, *Person in Love*, 1972 (sobre Scheler). — H. Ottensmeyer, *Le thème de l'amour dans l'oeuvre de Simone Weil*, 1958. — Joseph Arntz, O. P., *De liefde in de ontologie van J.-P. Sartre*, 1960. — Frederick D. Wilhelmsen, *The Metaphysics of Love*, 1962 (sobre Ortega, Zubiri e Tillich). — P. Tillich, *Love, Power, and Justice: Ontological Analyses and Ethical Applications*, 1954. — L. K. Horowitz, *Love and Language: A Study of the Classical French Moralist Writers*, 1977. — O. O'Donovan, *The Problem of Self-Love in St. Augustine*, 1980. ᴄ

AMOR A SI MESMO, AMOR-PRÓPRIO. Estas duas expressões são usadas às vezes como sinônimas; o amor-próprio é o que uma pessoa tem por si mesma. Pode-se, contudo, distingui-las (assim como outros pares similares de expressões em outros idiomas: *Selbstliebe* e *Eigenliebe*; *amour de soi* ou *amour de soi-même* e *amour propre*). Em certos casos, ou em certas línguas, houve uma única expressão — como em grego φιλαυτία; em latim, *amor sui*; em inglês, *Self-love* —, mas então ou se distinguiram dois sentidos da expressão ou se buscou alguma outra (como o inglês *benevolence*).

A φιλαυτία é, literalmente, o amor de, ou a, si mesmo. Em princípio, parece ser reprovável, porque o φίλαυτος, isto é, o que se ama a si mesmo, atua como se fizesse o que faz por amor a si mesmo, para atender a seus próprios interesses, o que é egoísmo (VER). No entanto, φίλαυτος pode obter para si tudo o que é bom, coisa que não é reprovável, mas antes bastante recomendável, sobretudo se põe essa bondade a serviço do outro. A distinção entre φιλαυτία como egoísmo e φιλαυτία como benevolência se encontra em Aristóteles (*Eth. Nic.* IX, 8, 1168 a 28-1168 b 11), que se inclina a dar a φιλαυτία um sentido favorável. Muitos escolásticos entenderam a expressão *amor sui* em um espírito similar. Mas, como sempre parece haver uma ambigüidade nessa expressão, cunhou-se outra, *amor privatus*. O *amor sui*, o amor a si mesmo, foi julgado favoravelmente; o mesmo não ocorreu com o *amor privatus*. Este último se encaminha unicamente à pessoa que o tem; o primeiro é a estima que uma pessoa tem por si mesma e graças à qual possui força suficiente para comportar-se "moralmente".

Na época moderna, nem sempre se distinguiu claramente amor a si mesmo e amor-próprio — ou, em francês, *amour de soi* ou *amour de soi-même* e *amour propre*. Cada um deles parecia poder suscitar as duas interpretações distintas, e opostas, mencionadas no princípio. Entretanto, houve a tendência a considerar que o amor a si mesmo é um amor natural e equivale ao respeito que uma pessoa tem por si mesma, o que constitui fonte de bens, para a própria pessoa e para os outros. Em compensação, o amor-próprio foi considerado com muita freqüência equivalente do egoísmo. Nas definições usuais dessa expressão em português, isso se manifesta nas frases 'imoderada estima de si mesmo', 'excessivo desvanecimento ou pundonor'.

Para alguns autores, de tendência ascética e quietista (ver QUIETISMO), nem mesmo o sentido favorável de 'amor a si mesmo' pode ser comparado com o verdadeiro amor, que é o amor puro (VER).

⊃ Ver: R. Campbell, *Self-Love and Self-Respect: A Philosophical Study of Egoism*, 1979. ᴄ

AMOR DEI INTELLECTUALIS, amor intelectual de Deus. Esta fórmula é conhecida sobretudo pela *Ética* de Spinoza. Nessa obra (cf. V, prop. XIV), Spinoza escreve que a mente pode fazer com que (*efficere ut*) "todas as afecções do corpo ou imagens das coisas se refiram a Deus". Na prop. XV, Spinoza afirma que "aquele que compreende clara e distintamente seus afetos ama a Deus, e isso tanto mais quanto melhor se compreende a si mesmo e compreende seus afetos". Segundo a prop. XVI, o amor a Deus (*Deum amor*) "deve ocupar maximamente o espírito" (*Hic erga Deum amor mentem maxime occupare debet*). Spinoza dá continuidade a esse conjunto de pensamentos com as afirmações de que não se pode odiar a Deus; que há em Deus necessariamente uma idéia que expressa a essência de tal e qual corpo humano sob a forma de eternidade (*sub aeternitatis specie*); que a mente humana não pode ser destruída absolutamente com o corpo, mas que nela permanece algo que é eterno; que, quanto mais se compreendem as coisas singulares, tanto mais se compreende a Deus; que o esforço supremo da mente e a suma virtude consistem em compreender as coisas mediante a terceira espécie de conhecimento. Tudo isso leva a sustentar que "tudo o que conhecemos mediante a terceira espécie de conhecimento é algo em que nos deleitamos (*delectamur*) e isso com a idéia concomitante de Deus enquanto causa". Da terceira espécie de conhecimento se origina a alegria ou gozo (*laetitia*) (ver ALEGRIA). Como corolário, resulta dessa mesma terceira espécie de conhecimento o *amor intelectual de Deus*. Nasce, com efeito, a "alegria" com a idéia de Deus como causa "não na medida em que o imaginamos como presente, mas na medida em que entendemos que Deus é eterno, e a isso chamo amor intelectual de Deus" (*quod amorem Dei intellectualem voco*). Trata-se de um "amor eterno" (prop. XXXIII). Nenhum amor, salvo o intelectual, é eterno. Na prop. XXXV, Spinoza afirma que "Deus se ama a si mesmo com um amor intelectual infinito".

Harry Austryn Wolfson (*The Philosophy of Spinoza*, cap. XX, iii) descreveu a origem e traçou a história da expressão *amor Dei intellectualis*. Entre seus precedentes, ele menciona antes de tudo Aristóteles, quando este fala (*Met.* A, I, 980 a, 21-22) do gozo (ἀγάπησις, *dilectio*) que os sentidos proporcionam no conhecimento. Gersonides (VER) falou da alegria e do agrado que acompanham a aquisição do conhecimento, e Chasdai Crescas (VER) considerou que "a compreensão é agradável aos que compreendem". Santo Tomás (*S. theol.* I-II^a q. XXVI, a 1; q. XXVII, a 2; II-II^a q. XVI, a.2) classificara o amor em amor natural, sensitivo ou animal e intelectual (ou racional, espiritual, intelectivo). Wolfson indica que a classificação de Santo Tomás parece ser a origem da de Leão Hebreu (VER) quando este fala (*Dialoghi d'Amore*, II) do amor natural, sensitivo e racional voluntário. O último é um "amor mental" (*amore mentale*) ou intelectual (*amore intelletivo, intelletuale*). Em Descartes (*Princ. Phil.* IV, 190), encontra-se a expressão 'gozo intelectual' (*gaudium intellectuale*). "Como o objeto do amor é Deus, denomina-se o amor de Deus. Além disso, como o amor de Deus não é um amor animal ou um amor sensitivo, deve-se chamá-lo, de acordo com a fraseologia da época, o amor intelectual de Deus (*amor Dei intellectualis*) (...) Essas são a origem e a história e significado dessa frase. É inútil especular sobre o problema de quem Spinoza a tomou. Era uma propriedade tão comum da filosofia quanto o termo 'substância.'" Wolfson chama a atenção para uma frase parecida e muito menos citada (que não figura como verbete nesta obra): a expressão 'conhecimento intelectual de Deus' (*intellectualis Dei cognitio*) (em *Tractatus theologico-politicus*, cap. 13), que é o "justo e verdadeiro conhecimento, alcançado apenas pelos filósofos, da essência absoluta de Deus ou de qualquer atributo que expresse Sua essência absoluta", ao contrário do conhecimento da relação entre Deus e as coisas criadas e ao contrário das obras e das promessas de Deus.

AMOR FATI, amor ao destino, amor ao fado (*fatum*). O "homem dionisíaco" — que, em seu último avatar, inclui também, como um de seus elementos, o espírito apolíneo (VER) — é, segundo Nietzsche, aquele que exprime a verdadeira grandeza do ser humano. Em vez de ser escravizado por um passado que supõe que nunca mais deve voltar ou de temer um futuro que imagina incerto, o homem dionisíaco aceita a necessidade e se apega a ela. O amor ao destino é a grandeza no homem: "Minha fórmula para expressar a grandeza no homem é *amor fati*: o não querer que nada seja diferente, nem no passado, nem no futuro, nem por toda a eternidade. Não apenas suportar o necessário, e menos ainda dissimulá-lo — todo idealismo é mendacidade diante do necessário —, mas *amá-lo* (...)" (*Ecce Homo.* "Por qué soy tan inteligente", 10, trad. de Andrés Sánchez Pascual, 1971, p. 54). O *amor fati* nietzschiano parece análogo à idéia de liberdade como aceitação da necessidade, de muitos estóicos e, em parte, de Hegel, mas se distingue deles pelo elemento dionisíaco do "gozo apoteótico".

AMOR LIVRE. A vida matrimonial sem a instituição, seja civil seja religiosa, ou ambas, do casamento recebeu o nome de "amor livre". Nos séculos XIX e XX, houve muitas disputas sobre o amor livre nas quais intervieram alguns filósofos. Certos autores, contrários ao amor livre por razões religiosas, admitem que, como fato natural e psicológico, o fato do amor não pode mudar, seja livre ou não, mas consideram que os amantes vivem em pecado e que isso pode alterar suas relações. Outros autores chegaram ao extremo de afirmar que o amor livre não consagrado religiosamente modifica o próprio fato do amor, que então é diferente do que seria na instituição do matrimônio. Os que se opõem ao amor livre por razões civis, políticas ou sociais podem, em princípio, apresentar argumentos análogos aos que aduzem razões religiosas, mas, não lhes sendo possível introduzir a noção de pecado, têm de recorrer a outras instâncias, tais como a boa ordem da sociedade, a infração de leis (quando as há) etc.

Poder-se-ia pensar que os que mais se opõem ao amor livre são os mais estritos, seja em termos religiosos (especialmente no âmbito de uma das religiões positivas), seja em termos políticos (particularmente no âmbito de sistemas de crenças políticas de caráter conservador). No entanto, nem sempre se passa assim, pelo menos no que tange a estes últimos. Com efeito, pode haver pessoas que se julgam política e socialmente avançadas ou progressistas mas que se opõem ao amor livre, ou, em todo caso, olham-no com desconfiança. Isso se deve ao fato de darem grande importância às instituições formais de uma sociedade determinada.

A rigor, quando se fala de institucionalização, têm-se presentes quase sempre instituições formais. Com efeito, o fato de tais instituições não intervirem no caso que nos ocupa não quer dizer que não haja nenhuma institucionalização. No "casamento segundo a lei comum", a instituição pode ser o sistema de regras pelas quais se rege uma sociedade, ainda que essas regras não estejam formalmente expressas em leis.

Nos séculos XIX e parte do XX — período em que mais se discutiu a questão da aceitação ou não do amor livre —, os autores que mais o defenderam foram os que adotaram tendências individualistas (Stirner), assim como tendências anarquistas (Bakunin, Kropotkin etc.). O amor livre também foi defendido por muitos socialistas e comunistas da época de Proudhon (mas com a notável exceção do próprio Proudhon). No século XX, um dos autores cuja posição a favor do amor livre despertou mais disputas — e grande animosidade — foi Bertrand Russell, em particular em seu famoso livro *Marriage and Morals*. Foi comum nos partidários do amor livre, incluindo Bertrand Russell, enfatizar que ele nada tem que ver com o relaxamento moral e especialmente com o relaxamento sexual. A rigor, eles declararam que o amor livre é mais moral que o não--livre, ou o rigidamente institucionalizado, porque se trata de um compromisso livremente assumido pelas pessoas que vivem em estado matrimonial sem estar formalmente casadas. Caberia dizer a esse respeito que eles entenderam que sua moralidade é então, em termos kantianos, "autônoma" e não "heterônoma". Outro autor deste século conhecido por sua defesa do amor livre foi o antropólogo Bronislaw Malinowski (1884-1942), que se baseou na descrição dos costumes dos habitantes das Ilhas de Trobriand, a Sudeste da Nova Guiné, para mostrar que a plena liberdade sexual é compatível com a felicidade (até mesmo conduzindo a ela) e ao bom ajuste social.

Uma das razões mais freqüentemente usadas a favor do amor livre foi a de que com ele o indivíduo se liberta de toda tutela, isto é, de toda imposição, qualquer que seja a forma por ela adotada.

Em virtude da evolução dos costumes, assim como das mudanças experimentadas em muitos países em diversos campos, o tema do amor livre deixou de interessar os filósofos. Isso ocorreu em favor de outros temas, considerados merecedores de maior atenção tendo em vista o desenvolvimento dos movimentos de emancipação (VER) e libertação (VER); temas como o aborto, a eutanásia, a completa igualdade de direitos de homens e mulheres, a eliminação de desigualdades econômicas etc.

AMOR PURO. Jeanne-Marie Bouvier de La Methe, Madame Guyon (1648-1717), autora de uma *Vida* — para a qual ela tomou como modelo a de Santa Teresa — e de várias outras obras de espiritualidade e mística (*Moyen court, Torrents, Commentaire sur l'Écriture sainte, sur l'Apocalypse, Commentaire sur le Cantique des Cantiques, Traité du Purgatoire*), influenciou muito Fénelon e o desenvolvimento da noção, ou ideal, do chamado "amor puro" (*pur amour*). Madame Guyon preconizava que a oração não deve ser "interessada"; é preciso superar todo interesse ou, como ela dizia, toda "propriedade". Fénelon seguiu Madame Guyon por esse caminho. O único amor verdadeiro é o "amor puro". Não há verdadeira bondade do coração sem o amor puro. O que parece uma generosidade é simplesmente um amor-próprio refinado.

O amor puro não é necessariamente quietista (ver QUIETISMO), mas sua prática consiste numa renúncia completa a si mesmo que equivale a alguma forma de "quietismo". Fénelon julgava descobrir precedentes do amor puro na tradição cristã, em São Clemente de Alexandria, Santo Agostinho, São Basílio, Santo Ambrósio, São Jerônimo, e também na teologia cristã, em Santo Tomás, Duns Scot, Pedro Lombardo e no próprio Francisco Suárez. O amor puro é o único amor "fixo e permanente" e "não tem outro motivo senão o próprio amor, sem que leve em conta nem reprovação a ser evitada nem felicidade a ser perseguida". O "amor puro faz uma espécie de invontade (*involonté*) para tudo o que Deus nos faz querer mediante a inspiração interior" (cf. Albert Cherel, *Fénelon ou la religion du pur amour*, 1934, p. 98). O grande obstáculo ao amor puro é o "amor a si mesmo; o amor próprio" (ver AMOR A SI MESMO; AMOR PRÓPRIO). Os que consideram o amor a si mesmo uma espécie de auto-respeito esquecem que esse amor é uma forma — talvez refinada, mas nem por isso menos prejudicial — de egoísmo (VER).

↦ Ver a bibliografia de AMOR. ↤

AMOR RUIBAL, ÁNGEL (1869-1930). Nascido em San Verísimo del Barro (Pontevedra). Sacerdote católico, estudou, em sua monumental obra intitulada *Los problemas fundamentales de la filosofía y del dogma* (10 vols., 1900-1945), as relações entre as idéias filosóficas e os dogmas da Igreja Católica ao longo da história, destacando os diversos modos pelos quais a dogmática moldou a evolução do pensamento filosófico. Amor Ruibal estudou também nessa obra a influência de certas concepções de índole filosófico-religiosa — por exemplo, o panteísmo — na formação dos sistemas de filosofia. A influência das idéias filosóficas na evolução dos dogmas — o que não implicava, em seu caso, tendência ao modernismo ou ao historicismo — também foi estudada pelo autor na mencionada obra, tal como o fora em seu trabalho latino *De platonismo et aristotelismo in evolutione dogmatum*.

O método empregado por Amor Ruibal foi denominado "correlacional" no sentido de relacionar entre si posições extremas com a finalidade de ver quais são seus limites. Esse correlacionismo metodológico é, ao mesmo tempo, um correlacionismo metafísico, visto que Amor Ruibal considera que a categoria de relação (ou correlação) caracteriza a realidade, a qual aparece como constituída por relações e correlações (cf. Andrés Ortiz Osés, art. cit. *infra*).

↦ Obras póstumas: *Cuatro manuscritos inéditos* (*Los principios de donde recibe el ente la existencia, Naturaleza y sobrenaturaleza, Existencia de Dios, Existencia de Dios según mi exposición*), 1964, ed. com estudo preliminar de Saturnino Casas Blanco. — Nova ed. de *Los problemas fundamentales de la filosofía y del dogma*, 1972 ss., com introdução de Saturnino Casas Blanco.

Ver: Saturnino Casas Blanco, *La existencia de Dios em A. R.*, 1949. — Id., "Don A. A. R. Su vida y su obra filosófica", *Crisis*, 1 (1954), 13-32. — Id., *Los problemas fundamentales de la filosofía y del dogma de A. R.*, 1963. — Carlos París, "La filosofía de la naturaleza en A. R.", *Boletín de la Universidad Compostelana*, 64 (1956), 15-36. — José Barreiro Gómez, "La teoría gnoseológica de A. A. R.", *Estudios* (Madri), 16 (1960), 481-512. — *Id., Sistematización del conocer-ser-tiempo según A. R.*, 1965. — Andrés Ortiz Osés, "A. R., filósofo de lo existente", *Crisis*, 12 (1965), n. 45, 53-63. — *Id.,* "Introducción al pensamiento de A. R.: Una revisión de su filosofía", *Revista de Occidente*, 2ª fase, n. 108 (1972), 408-418. — Carlos A. Baliñas, *El pensamiento de A. R.: Una revisión de la filosofía a la luz de la correlatividad*, 1968. — José Filgueira Valverde, Javier Pikaza Ibarrondo et al., *Diálogos sobre A. R.*, 1970. — José Luis Rojo Seijas, *Die philosophischen Notionen bei dem spanischen Philosophen A. A. R. (1869 bis 1930)*, 1972. — A. Ortiz-Osés, "El realismo filosófico español: Amor Ruibal y Zubiri", *Pensamiento*, 33 (1977), 77-85. ◆

AMORAL, AMORALISMO. Usam-se ocasionalmente estes termos como equivalentes de 'imoral' e 'imoralismo', respectivamente. Às vezes, Nietzsche os equipara. Outras vezes, parece julgar 'amoral' uma etapa prévia a 'imoral' (ver IMORAL, IMORALISMO).

Pode-se entender que 'amoral' exprime uma completa neutralidade moral. Por sua vez, isso pode ser entendido de dois modos. Por um lado, a neutralidade pode referir-se a todo código ou sistema moral. Por outro, pode dizer respeito a determinado código ou sistema moral. No último caso, o que é moral em relação a um código ou sistema moral pode deixar de ser em relação a outro código ou sistema. Então se transforma, segundo o caso, ou em moral ou em imoral.

Os autores que supõem ser obrigatório adotar um código ou sistema moral concluem que se uma atitude, ou um sistema, é amoral, é também necessariamente imoral, ou antimoral. Esses autores não aceitam, portanto, a possibilidade de neutralidade moral; ou então propõem que tal pretensa neutralidade é uma forma de moralidade que é imoral.

Pode-se, não obstante, continuar a distinguir 'amoral', por um lado, e 'moral' ou 'imoral', por outro. 'Moral' e 'Imoral' são termos que pertencem à linguagem prescritiva, ou, se se quiser, que caracterizam essa linguagem na medida em que esta inclui imperativos, seja positivos, como "mandamentos", ou negativos, como proibições (embora uma proibição possa ser, e o é amiúde, um "mandamento"). 'Amoral', em contrapartida, é um termo que parece fazer parte da linguagem descritiva. Desse ponto de vista, diz-se, por exemplo, que "a Natureza é amoral", que "os fatos são os fatos" (enquanto por si mesmos não são morais). A não-existência de "fatos morais" é uma das afirmações de Nietzsche. Isso leva a pensar que ele entendia por 'amoral' algo que está "além do bem e do mal". Contudo, mesmo assim, se algo é amoral, nem por isso deixa de ser de algum modo moral; pode ser a passagem necessária a um novo tipo de "moralidade" ou a um "novo quadro de valores".

'Amoral' também pode ser usado para caracterizar um tipo de mandamento que não é moral (nem tampouco imoral) do ponto de vista humano, embora possa determinar o que seja humanamente moral ou imoral. Assim, uma ética completamente teônoma segundo a qual o que é ordenado por Deus é, enquanto ordenado por Deus, moral, não é, ela mesma, moral (nem imoral); pode ser apenas, por conseguinte, amoral.

Caracterizaram-se amiúde como amorais certas atitudes que não se opõem a nenhum sistema moral e que manifestam completa indiferença diante de todo sistema moral ou diante de um sistema moral considerado vigente. O esteticismo (VER) foi descrito às vezes como amoral (cf. Alfred Fouillée, *La morale de Kant et l'amoralisme contemporain*, 1905; há trad. esp.: *La moral de Kant y el amoralismo contemporáneo*).

Héctor-Neri Castañeda (*The Structure of Morality*, 1974, pp. 5ss.) estabelece uma distinção entre 'moral' e 'não-moral' ('amoral'), e entre 'moral' e 'imoral', fundada na diferença entre o uso dos termos 'moralidade' e 'moral' como termos avaliativos e descritivos, respectivamente. Do ponto de vista avaliativo, o contrário da moralidade é a imoralidade. Do ponto de vista descritivo, não há contrários de 'moralidade', 'moral' e 'moralmente'; um princípio de ação, uma norma é (descritivamente falando) moral ou não-moral (o que chamamos aqui de "amoral"). Assim, quando se diz que uma ação ou um agente são imorais, usam-se juízos de valor, ou avaliações. Cabe observar, entretanto, que, segundo Castañeda, a análise de 'moral' — quando se contrapõem 'moral' e 'não-moral', isto é, quando se usa 'moral' descritivamente — às vezes pode "implicar a formulação de juízos de valor ou de juízos normativos", de modo que "a análise da moralidade requer a formulação de princípios normativos que são constitutivos da moralidade" (*op. cit.*, p. 178).

— Josep M. Terricabras (*Ètica i llibertat*, 1983, pp. 85ss.) interpreta "Por que não ser amoral?" como uma interpelação ao interrogante moral ("Que devo fazer?"). Ora, questionar o interrogante moral equivale a perguntar-se "Por que devo fazer algo?", e isto pode ter dois sentidos: 1) Se se acentua o final do interrogante ("Por que devo fazer *algo*?"), questionar-se-á a necessidade de fazer *algo*, quando não parece ter sentido fazer alguma coisa. Neste caso, o problema é radical, vital. Na realidade, a quem perdeu a ilusão de fazer alguma coisa, de viver, não se podem formular problemas morais, porque tal pessoa está imersa numa espécie de desconexão pré-moral. 2) Se se enfatiza, em contrapartida, o começo do interrogante ("Por que *devo* fazer algo?"), questiona-se que se *deva* fazer algo, que exista algum tipo de obrigação moral. Já não se trata agora de indiferença vital — podem-se ter interesses e preferências —, mas de indiferença moral. Consistentemente formulada, a posição amoral não permite ser sequer "permissivo" ou "tolerante": quando não se quer cair em atitudes ou considerações morais, não se podem formular metas, ter projetos ou compartilhar idéias que impliquem algum tipo de aprovação ou de desaprovação.

Incapaz de *pre-ocupar-se* consigo mesmo ou com os outros, o indivíduo amoral só poderia subsistir como parasita do sistema moral (social) existente. O amoral radical, além de não oferecer nenhuma alternativa à moral vigente, depende em sua existência (possível) da generosidade, aceitação e ajuda de outros indivíduos morais.

AMPÈRE, ANDRÉ-MARIE (1775-1836). Nasc. em Poleymieux, perto de Lyon, foi professor de física na Escola Politécnica e no "Collège de France". Distinguiu-se por suas contribuições à eletrodinâmica, ampliando os trabalhos de Hans Christian Oersted (1777--1851: *Experimenta circa effectum conflictus electrici in acum magneticam*, 1820) e mostrando que a descoberta por Oersted do desvio da agulha magnética por uma corrente elétrica era um caso de uma relação mais geral entre eletricidade e magnetismo. Ao lado de Oersted, André-Marie Ampère foi um dos fundadores do campo de estudos físicos denominado "eletromagnetismo" e um dos precursores da teoria molecular da corrente elétrica. A palavra 'ampère', que designa a unidade elétrica da força de uma corrente (ou unidade de medida do fluxo dessa corrente), foi introduzida em homenagem a ele.

Em filosofia, Ampère recebeu a influência de Maine de Biran e desenvolveu uma teoria voluntarista do eu. É importante a distinção que estabeleceu entre o que chamou de "emestesia" (*emesthèse*) — termo de que se serviu igualmente em sua elaboração do sistema de conhecimentos (cf. *infra*) — e a sensação de esforço muscular. A emestesia é a verdadeira consciência (unificadora) das sensações. Por esse motivo, afirmou-se que Ampère recebeu influências de Kant, mas, além de Maine de Biran, a tendência filosófica mais próxima de Ampère foi a desenvolvida por Locke. A concepção dinamicista da matéria aproximou Ampère de Boscovich (VER), mas em muitos aspectos, especialmente em sua teoria *não*-relacional (portanto, absoluta) do espaço e do tempo, ele seguiu Newton.

A obra filosófica mais conhecida de Ampère foi a dedicada à filosofia, e classificação, das ciências. Essa classificação fundamentava-se em grande parte num exame "psicológico". Ampère não chegou de uma vez nem estabeleceu de modo definitivo os resultados de sua análise e os "sistemas" correspondentes.

➲ Obras: *Théorie mathématique des phénomènes électrodynamiques, uniquement déduite de l'expérience*, 1827. — *Essai sur la philosophie des sciences ou exposition analytique d'une classification naturelle de toutes les connaissances humaines*, 2 vols., 1834-1843.

Trabalhos até então não publicados de A. e cartas de A. a Maine de Biran se encontram na obra de Barthélemy Saint-Hilaire, *Philosophie des deux Ampères*, 1866; 2ª ed., 1870 (o "outro A.", Jean Jacques Ampère, o filho de André Marie Ampère, figura nessa obra com uma introdução à filosofia de seu pai, publicada previamente com o título: *Introduction à la philosophie de mon père*, 1855).

Correspondência: *Journal et correspondance d'A. M. A.*, 1872, e *A. M. A. et Jean-Jacques A. Correspondance et souvenirs (de 1805 à 1864)*, ambos ed. Mme. Chevreux.

Ver: Borislav Lorentz, *Die Philosophie A.-M. Ampères*, 1908 (tese inaugural). — L. de Launay, *Le grand A., d'après des documents inédits*, 1925. — J. I. del Corral, "A. y la teoría de la relatividad", *Anales de la Academia de Ciencias médicas físicas y matemáticas de La Habana* (1932), 81-122. — R. Sartori, *A.*, 1946. — M. Capek, "A. M. Ampère", *Encyclopedia of Philosophy*, 1 (1967), 93-94. — L. D. Bel'kind, *A.-M. A.*, 1968. — J. Merleau--Ponty, *Leçons sur la genèse des theories physiques: Galilée, A., Einstein*, 1974. — *A.-M. A., 1775-1836*, 1975 (exposição organizada por ocasião do 2º centenário de seu nascimento; com bibliografia). ⊂

AMPLIAÇÃO (AMPLIATIO). Ver PROPRIEDADE DOS TERMOS.

ANAGOGIA, ANAGÓGICO. O termo grego ἀναγωγή significa a ação ou efeito de "conduzir algo a um lugar superior ou mais elevado"; daí também decorre a ação e efeito de "elevar" e "educar". Quando se trata de uma idéia, de um princípio ou de uma causa, denomina-se "anagógico" o que conduz a idéia, o princípio ou a causa a uma idéia, princípio ou causa superiores ou mais elevados (o que equivale a dizer, ao mesmo tempo, a uma idéia, princípio ou causa mais "originários", "primários" ou "profundos"). Em seu escrito *Tentamen anagogicum* (Gerhardt, VII, 270), Leibniz escreve que "o que conduz à suprema causa é chamado *anagógico* tanto pelos filósofos como pelos teólogos".

Em teologia, denominou-se freqüentemente "anagogia" a elevação da alma ao reino de Deus. Essa elevação pode ocorrer por meio do êxtase (VER) místico.

Na leitura e sobretudo interpretação (exegese ou hermenêutica [VER]) das Escrituras, costuma-se distinguir vários sentidos de um texto: literal, principal, sacramental, moral, figurativo, formal, material, místico, alegórico, anagógico. A interpretação anagógica é a que atende ao sentido espiritual, que eleva a alma. A interpretação anagógica distingue-se da alegórica, que permite um conhecimento (metafórico) da verdade revelada, mas pode-se dizer que a interpretação alegórica também se transforma em anagógica quando produz os efeitos indicados.

Se "anagógico" significa, em geral, "o que eleva", "catagógico" significa "o que rebaixa". Em psicologia, usou-se às vezes o adjetivo 'anagógico' para designar os estados psíquicos que, em função unicamente de sua presença, produzem uma elevação da temperatura vital. O adjetivo 'catagógico' é aplicado, portanto, para caracterizar os estados psíquicos que, unicamente em função de sua presença, produzem uma diminuição do tônus vital, uma depressão. Os estados anagógicos e catagógicos podem ser circunstanciais ou permanentes. Neste último caso, pode-se falar de "espírito anagógico" ou "temperamento anagógico" e "espírito catagógico" ou "temperamento catagógico" para referir-se, respectivamente, aos sujeitos que "animam" os outros ou que os "deprimem".

ANÁLISE. Proclo (*In Euclid.*, 211, 19-22) atribuiu a Platão a descoberta de um método de investigação da verdade que consiste em partir de algo buscado, ζητούμενον, enquanto admitido ou dado por estabelecido, όμολογούμενον. Este método encontra sua melhor aplicação na matemática. Exemplos dele se encontram em partes do *Ménon*. Distingue-se do método dialético, em que se parte de opiniões que se refutam com a finalidade de alcançar a opinião correta ou verdadeira.

Num escólio ao livro XIII dos *Elementos*, de Euclides, Téon de Alexandria, ao qual se atribuem às vezes não apenas a edição mas também a refundição completa dessa obra, deu ao método que "parte do buscado" o nome de "análise" (άνάλυσις, do verbo άναλύω = 'desligar', 'desfazer', e também 'examinar detalhadamente um problema', 'resolver, isto é, "desfazer" uma questão', ao contrário do método denominado "síntese", σύνθεσις). Téon definiu a análise como "um tomar o buscado enquanto admitido para deduzir suas conseqüências e chegar desse modo a algo admitido como verdadeiro"; e a síntese como "um admitir algo e derivar suas conseqüências para chegar a algo admitido como verdadeiro".

O matemático Pappus de Alexandria (*fl. ca.* 300), no livro VII de sua *Synagoge* — obra traduzida para o latim por Commandino com o título *Mathematicarum Collectionarum*, 1588-1589; ed. por F. Hutsch, *Collectio mathematica*, 1876-1878 —, falou de um "tesouro da análise", καλούμενος άναλυόμενος (ό άναλυόμενος τόπος), que procede segundo análise, κατά άνάλυσιν, e síntese, καί σύνθεσις, e que é a obra de três homens: Euclides, Apolônio de Pérgamo e Aristeu, o Velho. A análise é um método ou via, όδός, que "parte do buscado enquanto admitido mediante prévia síntese", sendo esta um procedimento em que "supomos como admitido o último resultado da análise, dispondo em sua ordem natural à guisa de conseqüência o que foram antecedentes e conectando-os entre si, com o que se conclui a construção do buscado" (o que permite denominar a síntese também "demonstração", άπόδειξις). Em seu citado comentário a Euclides (8, 5-8), Proclo denominou da mesma maneira "análise" e "síntese", respectivamente, dois métodos próprios de todos os ramos da matemática; segundo Proclo, pode-se ir das coisas mais bem conhecidas a coisas buscadas, ou o inverso.

O matemático Vieta (Viète) (1540-1603), baseando-se em Pappus, reproduziu as definições de Téon de Alexandria em seu *In artem analyticen Isagoge, Seorsim excussa ab opere restitutae Mathematicae Analyseos, seu Algebra Nova* (1591; reimp. com notas em *Vietae opera mathematica*, 1646, ed. F. van Schooten, pp. 1-12). De acordo com Vieta, embora Pappus tenha falado apenas de dois tipos de análise — o tetético, θητητική, isto é, "investigativo" ou "teórico", e o porístico, ποριστική, isto é, "problemático" —, é preciso acrescentar a eles o rético ou exegético, ρητική ή έζηγητική. A arte tetética permite "encontrar a equação ou proporção entre a magnitude buscada e as magnitudes dadas"; a arte porística permite "investigar a verdade do teorema estabelecido a partir da equação ou proporção"; a arte exegética permite "produzir a própria magnitude buscada a partir da equação estabelecida ou da proporção". Esses três tipos de "arte analítica" constituem a ciência da descoberta correta na matemática. Observe-se que Vieta fala do método analítico não apenas em relação à geometria, tal como fez Pappus, mas também em relação à aritmética de Diofanto (século III). Na arte tetética, aplica-se um "procedimento próprio"; é uma "logística que de uma nova maneira se ocupa de espécies" — não no sentido tradicional, e em particular escolástico, de 'espécies', mas no sentido que esse termo possui na "Aritmética especiosa" (ou *logistica speciosa*, oposta à *logistica numerosa*) na álgebra, na qual se dá o nome de "espécies" às letras 'A', 'B', 'C' etc., que representam definidamente qualquer número ou quantidade.

Considerou-se a análise como uma resolução (*resolutio*) — resolve-se o complexo no simples — ou uma regressão (*regressio*) — regressa-se, mediante uma seqüência lógica de proposições, a uma proposição que se declara evidente partindo de outra proposição que se pretende demonstrar e que se admite como verdadeira. Por esse motivo, o método da análise foi denominado pelos filósofos da "Escola de Pádua" (ver PÁDUA [ESCOLA DE]) e por Galileu *método de resolução* ou *método resolutivo*. Esse método foi desenvolvido por vários matemáticos e filósofos modernos (Galileu, o já citado Vieta, Descartes, Hobbes, entre outros). Descartes utilizou, por exemplo, os procedimentos estabelecidos por Pappus, cuja definição ele conhecia por meio da versão de Commandino e dos tratados geométricos do Padre Clavius. Por essa razão, é freqüente ver o termo 'análise' usado em Descartes como método destinado a solucionar um problema mediante equações, tal como ocorre na geometria analítica. O método analítico distingue-se então do método sintético, que consiste no conjunto de operações executadas sobre as próprias figuras mediante a intuição. Assim, na *Géometrie* (I, A. T. VIII), Descartes afirma que, "se se deseja resolver qualquer problema, deve-se considerá-lo antes de tudo como já resolvido e dar nomes a todas as linhas que parecem ser necessárias para construí-lo, tanto às que são desconhecidas como às outras". Num sentido parecido, Descartes fala no *Discours* (II, ed. Gilson, p. 17, lin. 18-19) da "análise dos geômetras", que pode relacionar-se com a "análise dos antigos e a álgebra dos modernos" (*ibid.*, p. 17, lin. 27). Ora, Descartes não se limitou ao uso matemático, mas generalizou-o. Por exemplo, nas *Regulae* (X) e em outros textos, o método analítico no sentido apontado aparece como um método de raciocínio suscetível de transformar-se numa *mathesis universalis* mais geral e rigorosa que o método "dialético" dos lógicos partidários da silogística. Com efeito, Descartes rejeita o método silogístico por julgá-lo incapaz de atender aos requisitos antes enunciados, pois, embora permita estabelecer uma cadeia de proposições, não permite obter nenhuma proposição que seja mais verdadeira que a premissa maior. No silogismo "Todos os homens são mortais. Os suecos são homens. Os suecos são mortais", afirma-se a mortalidade dos suecos por se ter afirmado a mortalidade dos homens (e a humanidade dos suecos). Num método analítico ou resolutivo, dever-se-ia começar por admitir que os homens são mortais e seria necessário descobrir se "Os homens são mortais" é ou não uma proposição verdadeira.

O sentido anterior do termo 'análise' não coincide com o que se costuma usar hoje na literatura filosófica e até em boa parte da científica. Com efeito, é muito freqüente hoje entender a análise como a decomposição de um todo em suas partes. Às vezes, deseja-se indicar com isso uma decomposição de um todo *real* em suas partes *reais* componentes, tal como ocorre nas análises químicas. Mas quase sempre a decomposição em questão é entendida num sentido ou lógico ou mental. Fala-se neste último caso de análise de um conceito como investigação dos subconceitos com os quais o conceito em questão foi construído, ou de análise de uma proposição como investigação dos elementos que a compõem. Em todos esses casos, a análise contrapõe-se à síntese, que é uma composição do previamente decomposto. Deve-se observar, contudo, que essa contraposição não impede o uso dos dois métodos — o analítico e o sintético —, tanto na ciência como na filosofia. Com efeito, é opinião muito comum a de que os dois métodos têm de ser complementares: uma vez analisado um todo em suas partes componentes, a recomposição sintética dessas partes tem de dar por resultado o todo de que se havia partido.

Este segundo conceito da análise foi usado *também* por muitos filósofos e cientistas modernos, especialmente no século XVII. A análise, por exemplo, foi usada no estudo da decomposição de forças. No seguinte diagrama:

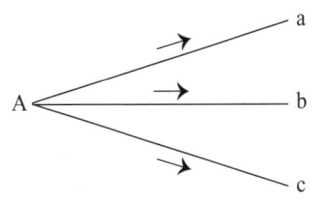

aparece o exemplo de uma força A que é decomposta ou *resolvida* nas forças a, b, c. No seguinte diagrama:

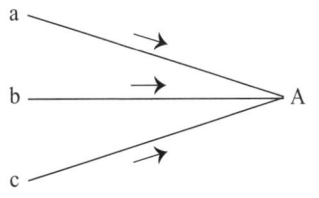

aparece o exemplo das forças a, b, c, que participam da produção da força A. O primeiro diagrama mostra uma análise de força; o segundo, uma síntese de forças. Ora, este conceito da análise aparece igualmente em Descartes e até às vezes parece obter o predomínio sobre o primeiro conceito. No segundo dos preceitos do *Discurso* (II, ed. Gilson, p. 18, 24-5), propõe-se "dividir cada uma das dificuldades que se examinam em tantas partes quanto se possa e quanto seja necessário para melhor resolvê-las". Esse preceito foi chamado por alguns autores (por exemplo, L. J. Beck) *a regra da análise*. Em contrapartida, o terceiro preceito — "Conduzir organizadamente meus pensamentos, começando pelos objetos mais simples e mais fáceis de conhecer, para elevar-me pouco a pouco, gradualmente, ao conhecimento dos mais compostos" — é denominado *a regra da síntese*. É certo que alguns autores (por exemplo, Gibson) dão o nome de *regra da análise* ao terceiro preceito, porque entendem o termo 'análise' no sentido descrito no princípio deste verbete, isto é, como o procedimento que conduz à *mathesis universalis*. No caso do citado comentador, isso é tanto mais surpreendente quanto mais ele distingue cuidadosamente em Descartes não apenas "a regra de método chamada *análise*" e "a análise em sentido geométrico", mas também entre esses dois e "a geometria analítica". Tentou-se às vezes encontrar um fundamento comum para os diversos sentidos dados por Descartes ao termo 'análise'. Esse fundamento pode ser encontrado no pressuposto de que a "análise geométrica" é um caso particular da "análise universal" fornecida no terceiro preceito, bem como no pressuposto de que o método da geometria analítica não passa de uma aplicação do preceito da análise ao estudo das curvas geométricas. Quanto a nós, porém, consideramos mais plausível admitir com o citado Beck (*The Method of Descartes: A Study of the Regulae*, 1952, 157ss.) que há em Descartes um uso antes impreciso do vocábulo 'análise' e que para entender que sentido ele tem em cada caso, é preciso examinar cuidadosamente em que contexto é usado. Em todo caso, o sentido que aparece no segundo preceito do *Discours*, e que definimos como o segundo conceito neste verbete, é o que teve conseqüências mais fecundas e abundantes na literatura filosófica posterior. O próprio sentido que hoje têm a "análise lógica" e o chamado "movimento analítico" pode ser considerado um refinamento da significação apontada. Deste último ponto de vista, podemos inclusive classificar as filosofias em analíticas e sintéticas. As primeiras supõem de modo geral que a realidade de um todo (qualquer que seja este) é dada na decomposição de suas partes. As últimas afirmam que o todo é irredutível a suas partes; por este motivo, a concepção analítica se contrapõe com freqüência não apenas à concepção sintética como também à concepção sinótica (também denominada às vezes *hololótica*).

Ocasionalmente, denominam-se simplesmente "análise" ou "a Análise" (por antonomásia) tanto os diversos movimentos filosóficos que, a partir sobretudo de Russell e Moore, constituem a filosofia analítica, ou a virada analítica, como a psicanálise, especialmente a psicanálise clássica e muito particularmente a aplicação de métodos psicanalíticos. Assim, foi comum empregar expressões como 'O emotivismo é uma teoria ética, ou metaética, que se desenvolveu dentro da Análise' ou 'A noção de repressão desempenha um papel fundamental na análise'. É relativamente fácil saber em cada caso, pelo contexto, o que se quer dizer por 'análise', ou 'a Análise'. Nesta obra, abordamos a análise em sentido filosófico, isto é, como o que também se qualificou de "análise filosófica", no verbete FILOSOFIA ANALÍTICA; e tratamos da análise em sentido psicológico e terapêutico no verbete PSICANÁLISE.

➲ Ver: J. Klein, "Die griechische Logistik und die Entstehung der Algebra", *Quellen und Studien zur Geschichte der Mathematik, Astronomie und Physik, Abt. B. Studien*, 3, fasc. 1 (1934), 18-105, e 3, fasc. 2 (1936), 122-235. — C. B. Boyer, "Analysis: Notes on the Evolution of a Subject and a Name", *The Mathematics Teacher*, 47, 7 (1954). — Jaakko Hintikka e Unto Remes, *The Method of Analysis: Its Geometrical Origin and Its General Significance*, 1974. — Giorgio Tonelli, "Analysis and Synthesis in XVIIIth Century Philosophy Prior to Kant", *Archiv für Begriffsgeschichte*, 20 (1976), 178-213. — S. Rosen, *The Limits of Analysis*, 1980. — H.-J. Enger, *Philosophie als Analysis. Studien zur Entwicklung philosophischer Analysiskonzeptione unter dem Einfluss mathematischer Methodenmodelle im 17. und frühen 18. Jahrhundert*, 1982. — J. J. Russell, *Analysis and Dialectic: Studies in the Logic of Foundation Problems*, 1984. ➲

ANÁLISE (PARADOXO DA). Consideremos a definição:

$$x \text{ é irmão de } y =_{def} x \text{ e } y \text{ têm os mesmos pais} \quad (1)$$

na qual a expressão a analisar, o *analysandum*, aparece à esquerda de '$=_{def}$', e a expressão que analisa, o *analysans*, aparece à direita de '$=_{def}$'. Se o *analysans* não é sinônimo do *analysandum*, então ele diz algo mais ou algo menos ou algo diferente do *analysandum*, e, portanto, não temos uma boa definição. Se o *analysans* é sinônimo do *analysandum*, então ele diz exatamente o mesmo que o *analysandum* e, embora tenhamos uma boa definição, esta é trivial. Tal resultado é denominado "paradoxo da análise", porque dele se depreende que ou a definição é incorreta ou desnecessária.

Procurou-se eliminar o paradoxo da análise de vários modos. Um deles consiste em reconhecer graus de "trivialidade". Outro consiste em admitir graus de significado. De nenhum desses modos o paradoxo parece ser eliminado por completo. Outro modo consiste em sustentar que o *analysans* pode proporcionar ou supor um contexto dentro do qual se define o *analysandum*, mas neste caso é preciso renunciar à idéia de sinonímia e, obviamente, de completa sinonímia. Outra maneira de eliminar o paradoxo consiste em acentuar que numa análise, ou definição analítica, não se indica simplesmente, mas se esclarece, o significado de um termo. Isso não é possível sem alguma dose de "interpretação", que não ocorreria na simples sinonímia. Assim, dado (1), por um lado, e

$$x \text{ é irmão de } y =_{def} x \text{ é irmão de } y \quad (2),$$

por outro, pode-se sustentar que (2) é uma análise — chamada "simples análise" —, mas não uma interpretação, que é o que seria (1), e, evidentemente, análises mais complexas que as exemplificadas por (1).

Thomas Moro Simpson (*Formas lógicas, realidad y significado*, nova ed., 1975, § 31) indica que o paradoxo da análise pode ser reduzido a um caso particular do chamado "paradoxo da identidade" (ver IDENTIDADE). Dado:

$$A = B \quad (1)$$

em que 'A' e 'B' representam conceitos, se o conceito representado por 'B' é igual ao conceito representado por 'A', então temos:

$$A = A \quad (2)$$

Assim, se B não é igual a A, (1) será falso, mas, se B é igual a A, então (2) será trivial. Ou seja, se (1) é verdadeiro, então equivale a (2), que é trivial, e, se (2) não equivale a (1), então (1) é falso.

O mesmo autor assinala que para Frege (e Church) não há esse paradoxo se, embora 'A' e 'B' denotem o mesmo conceito, não expressam o mesmo conceito. '*A*' e '*B*' podem ser idênticos no que diz respeito à denotação do conceito, mas não no que se refere ao sentido do conceito. Se não se admite a tese de Frege-Church, devem-se buscar outras soluções. Referimo-nos a algumas delas no segundo parágrafo deste verbete. Outras recorrem ao princípio de substitutibilidade da identidade (VER), que permite manter o valor de verdade da expressão substituinte sem supor que haja estrita sinonímia entre a substituinte e a substituída. Algumas sustentam que, pelo contrário, convém limitar o alcance do princípio de substitutibilidade de termos sinônimos.

ANALÍTICA. Como vimos no verbete ANALÍTICOS, dá-se o nome latino de *Analytica*, Ἀναλυτικά, aos *Primeiros e Segundos Analíticos* de Aristóteles. De resto, Aristóteles usou a expressão arte analítica, ἀναλυτικὴ τέχνη, para designar a análise que remonta aos princípios (*Rhet.*, I, 4, 1359 b 10). 'Analítica' é também o nome geral que se dá a toda análise (VER). Aqui, reservamos o vocábulo para o sentido que tem em Kant e Heidegger.

Kant usa o termo 'analítica' para designar a primeira parte da lógica geral, "que resolve todas as operações do entendimento e da razão em seus elementos e os apresenta como princípios de todo juízo lógico de nosso entendimento". Na *Crítica da razão pura*, a a*nalítica transcendental* é a parte que sucede à *estética transcendental* e precede a *Dialética transcendental*, tendo por objeto "a decomposição de todo o nosso conhecimento *a priori* nos elementos do conhecimento puro do entendimento". A *Analítica transcendental* é — como parte da *Lógica transcendental* — uma "lógica da verdade". Os conceitos a que ela se refere devem preencher as quatro condições seguintes: 1) Ser conceitos puros e não empíricos; 2) pertencer ao pensamento e ao entendimento, não à intuição e à sensibilidade; 3) ser conceitos elementares, distintos dos conceitos deduzidos ou compostos; 4) abranger o campo completo do puro entendimento. Esta última condição só é preenchida quando se considera o conhecimento *a priori* do entendimento como um todo. A *Analítica transcendental* divide-se numa *Analítica dos conceitos* e uma *Analítica dos princípios*. A primeira consiste na decomposição da faculdade do entendimento com a finalidade de investigar a possibilidade dos conceitos *a priori* em tal forma que se achem apenas no entendimento. A segunda é um cânon da faculdade de julgar que ensina a aplicar os conceitos do entendimento que contêm a condição que lhes permite transformar-se em regras *a priori* aos fenômenos.

Kant empregou também o termo 'analítica' na *Crítica da razão prática* no sentido da *Analítica da razão pura prática*. Ao contrário da *Analítica da razão pura teórica*, que vai da sensibilidade aos conceitos e passa depois aos princípios, a *Analítica da razão pura prática* se refere a uma vontade que é uma causalidade. Por isso, tal Analítica deve começar com a possibilidade de princípios práticos *a priori*; deles passa aos conceitos dos objetos de uma razão prática e só então pode analisar o papel que o sentido moral desempenha diante da sensibilidade. O caminho que a *Analítica da razão pura prática* segue é, assim, inverso ao seguido pela *Analítica da razão pura teórica*: ela não vai da sensibilidade ao entendimento, mas da lógica à estética (sendo estes termos usados no sentido kantiano). A Analítica também é introduzida na *Crítica do juízo* como uma *Analítica da faculdade teleológica de julgar* e como uma *Analítica do sublime*.

Heidegger usa também o termo 'Analítica' (*Analytik*) ao propor uma analítica ontológica da Existência (VER), a qual permite, em sua opinião, desanuviar o horizonte para interpretar o sentido do ser em geral (*Ser e tempo*, § 5). Segundo Heidegger, a analítica da Existência constitui o primeiro estágio e a primeira incitação ao desenvolvimento da pergunta acerca do ser, pergunta que determina a direção de semelhante analítica. Trata-se, por conseguinte, de uma analítica existenciária (ver EXISTENCIÁRIO) prévia a toda psicologia, antropologia e biologia. O deslindamento da analítica da Existência em relação às mencionadas ciências é, para Heidegger, absolutamente indispensável (*ibid.*, § 10); apenas ele permitirá iniciar a análise da Existência como o estar-no-mundo e, em geral, captar a Existência no que se pode chamar sua existenciariedade.

⮞ Ver: A. De Coninck, *L'Analytique transcendentale de Kant*, I, 1955. — Id., *L'analytique transcendentale de Kant, est-elle cohérente*, 1956 (complemento do volume anterior). — Giorgio Tonelli, "Der historische Ursprung der kantischen Termini 'Analytik' und 'Dialetik'", *Archiv für Begriffsgeschichte*, 7 (1962), 120-139. — Robert Paul Wolff, *Kant's Theory of Mental Activity. A Commentary on the Transcendental Analytic of the Critique of Pure Reason*, 1963. — Jonathan Bennett, *Kant's Analytic*, 1966. — Thomas Kaehao Swing, *Kant's Transcendental Logic*, 1969. — K. Aschenbrenner, *Transcendental Aesthetic and Analytic: A companion to Kant's "Critique of Pure Reason"*, 1983. — O. Bellini, *Una lettura idealistica della "Analitica Trascendentale*, 1990.

Ver também a bibliografia de TRANSCENDENTAL, TRANSCENDENTAIS, assim como comentários à *Crítica da razão pura*, mencionados na bibliografia de KANT. ⮜

ANALÍTICA TRANSCENDENTAL. Ver ANALÍTICA.

ANALÍTICO e SINTÉTICO. Os termos 'analítico' e 'sintético' podem ser tomados nos sentidos expostos no verbete ANÁLISE, e especialmente nos sentidos difundidos pelos filósofos da "Escola de Pádua" (ver PÁDUA [ESCOLA DE]), Galileu, Descartes e outros. Neste caso, 'analítico' equivale a 'resolutivo' e 'sintético', a 'compositivo'. Eles também podem ser tomados nos sentidos correntes, e nem sempre muito precisos, de decomposição de um todo em partes e recomposição de partes num todo; e nos sentidos, ainda menos precisos, de exame detalhado de algo (seja uma entidade real, seja uma proposição) e visão sinótica e "total", respectivamente. Os últimos sentidos são os mais comuns quando se diz que alguém possui grande penetração analítica ou grande capacidade sintética.

As acepções atuais de 'analítico' e 'sintético' remontam a Kant e à sua distinção entre "juízos analíticos" e "juízos sintéticos" na *Crítica da razão pura* (A 6 ss.; B 11 ss.). Kant usa do mesmo modo 'analítico' e 'sintético' — e 'análise' e 'síntese' — em outras acepções. Isso ocorre quando ele fala de uma maneira de proceder analiticamente — começando com a proposição "Eu penso" como uma que inclui a existência como algo dado (*op. cit.*, B 418); ou então quando supõe que o conhecimento procede mediante síntese de representações; ou quando fala da unidade sintética da apercepção etc. O habitual, contudo, é tomar "analítico e sintético" conjuntamente em relação com os juízos.

Em substância, Kant afirma que quando se examina a relação entre um sujeito e um predicado em juízos afirmativos (e isso pode aplicar-se de igual forma a juízos negativos) há dois modos de conceber essa relação: 1) O predicado, *B*, pertence ao sujeito, *A*, como algo que está contido em *A*; 2) o predicado, *B*, encontra-se fora do sujeito, *A* (embora, como diz Kant, esteja em relação com ele, pois do contrário não seria um juízo). O juízo que se harmoniza com a condição estabelecida em 1) é chamado por Kant de "analítico". O juízo que se harmoniza com a condição estabelecida em 2) é denominado por Kant "sintético". Nos juízos analíticos (afirmativos), "a conexão do predicado com o sujeito é pensada mediante identidade"; nos juízos sintéticos, essa conexão é pensada sem identidade. Nos juízos analíticos, o predicado não acrescenta nada ao sujeito; a função do predicado é dividir o sujeito nos conceitos que o constituem. Nos juízos sintéticos, o predicado acrescenta algo ao sujeito, já que o predicado não poderia derivar-se meramente de uma análise do sujeito (do conceito do sujeito).

Kant dá como exemplo de juízo analítico: "Todos os corpos são extensos". A seu ver, não é preciso ultrapassar o conceito de corpo para encontrar o de extensão. Como exemplo de juízo sintético, menciona: "Todos os corpos são pesados". O conceito de peso não está incluído no de corpo.

Segundo Kant, os juízos de experiência são todos sintéticos (seria absurdo, diz ele, encontrar na experiência um juízo analítico). Se introduzimos a divisão entre *a priori* (VER) e *a posteriori*, será necessário afirmar que todos os juízos sintéticos são *a posteriori*, e vice-versa; só pela experiência podemos saber que este ou aquele sujeito tem este ou aquele predicado. Os juízos analíticos são *a priori*, já que se formulam independentemente da experiência; esta não é necessária para saber que este ou aquele predicado num juízo analítico pertence a este ou àquele sujeito, visto que o sujeito contém o predicado.

Leibniz dividira as verdades em verdades de fato e verdades de razão. Hume distinguira fatos e relações de idéias. Para Leibniz, as verdades de fato são contingentes e as de razão são necessárias e eternas; aquelas são empíricas e estas (ou algumas delas, pelo menos) são inatas. Para Hume, as proposições concernentes a fatos são, como as verdades de fato leibnizianas, empíricas. Em contrapartida, as relações de idéias, como as proposições lógicas ou matemáticas, embora não sejam empíricas, não são, no sentido de Leibniz, verdades necessárias, eternas e inatas; são tautologias e estão desprovidas de conteúdo, por serem puramente formais. Aplicando agora a divisão kantiana entre juízos analíticos e juízos sintéticos, e juízos *a priori* e juízos *a posteriori*, poderemos concluir que Hume e Leibniz coincidem em avaliar que os juízos analíticos são *a priori* e os sintéticos, *a posteriori*, ainda que discordem no sentido que cada um deles daria a 'analítico'.

Kant difere, ao mesmo tempo, de Leibniz e de Hume. Ele sustenta que há juízos sintéticos *a priori*, isto é, juízos em que o predicado não está contido no sujeito, mas nos quais há elementos que não procedem da experiência; na verdade, eles tornam possível, em seus próprios termos, a experiência. Isso acontece na matemática e na ciência natural, e o problema consiste em saber se pode ocorrer o mesmo na metafísica. De acordo com Kant, nosso conhecimento especulativo *a priori* se funda em última instância em princípios sintéticos ou "ampliativos". Os juízos analíticos são importantes e necessários, mas só para conseguir a clareza nos conceitos.

Embora fale de juízos sintéticos *a priori*, o que Kant realmente faz é procurar descobrir nos juízos matemáticos e nos da ciência natural elementos *a priori*. Esses elementos não são verdades eternas, mas condições de possibilidade do conhecimento, na medida em que este deve conter proposições universais e necessárias.

Desde Kant, discutiu-se abundantemente sobre a adequação de falar de juízos sintéticos *a priori*. A maioria dos neokantianos admitiu que pode, e até deve, havê-los. Os empiristas e positivistas e, por motivos muito diferentes, os racionalistas opuseram-se a eles. Na área de problemas formulados por Kant, alguns autores questionaram que tenha de haver leis universais e necessárias nas ciências. Foi o que ocorreu com Boutroux (VER), que, além disso, afirmou que o juízo analítico só é pensável como uma absoluta identidade que sequer pode ser desdobrada em suas partes — isto é, supomos, que não se pode "desdobrar" o conceito do sujeito nos conceitos constitutivos e que dão lugar a predicados. Segundo esse autor, a razão disso é que a relação das partes com o todo já é de caráter sintético.

Husserl introduziu a noção de "analítico" na teoria dos todos e das partes que expõe nas *Investigações Lógicas*, Investigação III, § 25. "É analítica" — escreve Husserl — "a seguinte proposição: alguns pedaços, considerados relativamente ao todo de que são pedaços, não podem estar fundados uns nos outros, nem unilateral, nem bilateralmente, não como todos, nem segundo suas partes". Há, segundo parece, juízos analíticos que fazem parte da ontologia formal. Nas *Idéias* (§ 16), Husserl propôs a possibilidade de conhecimentos sintéticos *a priori*, mas nem por isso admitiu, como em Kant, que fazem parte do domínio transcendental, que é o que torna possível o conhecimento universal e necessário. Com isso, Husserl aprovou a idéia kantiana do sintético *a priori*, mas indicou que este tem um caráter ontológico e não epistemológico. Há, de acordo com Husserl, um *a priori* eidético formal e um *a priori* eidético material. Este último é o característico dos "axiomas regionais". Os juízos sintéticos *a priori* em sentido husserliano correspondem a uma síntese material *a priori* e exprimem, tal como afirma Aníbal Sánchez Reulet, relações que se fundam na peculiaridade "essencial" dos *relata* ou elementos relacionados por meio da atividade sintética do juízo.

O problema do significado de 'analítico' foi abundantemente debatido no âmbito da chamada "filosofia analítica" (VER). Podem-se distinguir duas etapas. Na primeira, dominada pelo positivismo lógico, manteve-se uma estrita separação entre 'analítico' e 'sintético', seguindo a tradição de Hume. Na segunda, manifestaram-se duas tendências, cada uma delas muito diversificada: 1) Manutenção da dicotomia (às vezes chamada de "dualismo" e até de "abismo") "analítico-sintético", ocasionalmente como uma continuação da primeira etapa, mas mais freqüentemente com refinamentos e qualificações que não foram comuns naquela; 2) oposição à dicotomia "analítico-sintético", que se difundiu especialmente depois de Quine e adotou numerosas formas. Entre os autores que seguiram 1) figuram R. Carnap, R. M. Martin, B. Mates, L. W. Beck, R. Hartmann, B. Lake, M. Perkins, I. Singer, H. P. Grice, P. F. Strawson, C. Ulises Moulines (mas amiúde não pelas mesmas razões). Entre os autores que seguiram 2), figuram W. v. Quine, M. G. White, A. Pap, C. H. Langford, I. M. Copi, F. Waismann, J. L. Coblitz, H. Putnam (igualmente não pelas mesmas razões). Em alguns casos, introduziram-se em 1) qualificações que aproximaram 1) de 2). Introduziram-se também em 2) qualificações que aproximaram 2) de 1) ou deixaram alguns pontos de 1) intactos. Em alguns casos, como em H. Putnam, manteve-se a dicotomia num sentido, mas não em outro, ou outros.

Indicaremos a seguir as características principais da concepção de 'analítico' na primeira etapa, passando depois a examinar algumas das soluções que se deram aos problemas levantados nessa concepção. Com isso, abrangeremos o exame de algumas das variedades de 2), mas isso também nos levará a considerar algumas variedades de 1).

Era comum entre os positivistas lógicos afirmar que os enunciados analíticos são tautológicos. Difundiu-se a tendência a considerar que um enunciado analítico é, ou é como, uma regra gramatical. De qualquer modo, os enunciados em questão não correspondem a nenhuma suposta "verdade universalmente necessária", mas a um modo de uso da linguagem. Assim, os enunciados analíticos são, no fundo, verbais. Ayer afirmou que as proposições analíticas e necessárias não são, propriamente falando, proposições, mas "regras", "usos", modos de operação, de distribuição proposicional e de cálculo.

A esse respeito, Norman Malcolm enfatizou que, se se leva as suas últimas conseqüências a tese de que os enunciados analíticos são "só verbais", acontecerá algo que Broad já observara: se um enunciado analítico assinala que a pessoa que o formula procura usar certos termos de certo modo, os enunciados analíticos serão enunciados acerca do comportamento efetivo de uma pessoa que os formula e acerca de sua possível conduta futura, com o que, paradoxalmente, eles se transformarão em enunciados sintéticos, ou descritivos de tal pessoa, de suas intenções e de seu comportamento.

No final dos anos 1940, houve uma pletora de discussões sobre o *status* dos enunciados analíticos. Arthur Pap indicou que há "enunciados existenciais indubitáveis". Se assim é, trata-se de enunciados existenciais necessários, mas não analíticos, isto é, enunciados verdadeiros contanto que significativos. Um exemplo é o enunciado: 'Há superfícies vermelhas (pelo menos uma)'. Se compararmos, afirma Pap, esse enunciado com um da mesma forma lógica, tal como 'Há movimentos acelerados', perceberemos que o último poderia ser falso sem ser ininteligível, mas que se o primeiro fosse falso seria ininteligível. Se não existissem movimentos acelerados, poderíamos de qualquer maneira entender o que significa 'Há movimentos acelerados'. Num universo inercial, por exemplo, não se poderiam dar definições ostensivas de 'movimento acelerado', mas a expressão continuaria sendo significativa na medida em que poderia ser definida verbalmente. Mas um termo como 'vermelho' "só pode ser definido ostensivamente indicando-se objetos que têm a qualidade por ele designada". Ora, como de acordo com Pap a definição verbal e a definição ostensiva são os únicos métodos mediante os quais se pode mostrar o significado de um termo, num universo que não contivesse nenhum objeto vermelho ou nenhuma superfície vermelha o termo 'vermelho' careceria de significado, e o enunciado 'Há superfícies vermelhas' não seria falso, mas desprovido de significação. Se tem significação, as condições de sua inteligibilidade são, por sua vez, as de sua verificabilidade.

Contra a oposição a toda noção de sintético *a priori*, C. H. Langford afirmou que há enunciados que podem ser ao mesmo tempo *a priori* e sintéticos. Isso ocorre com enunciados como 'Qualquer cubo tem doze ângulos', pois não é forçoso, segundo Langford, começar com uma definição de 'cubo' que inclua o número de seus ângulos. Embora o teorema pudesse ser deduzido dos postulados euclidianos, não poderia ser provado "no sentido de se mostrar sua verdade analiticamente". Consideremos, por outro lado, um enunciado como 'Qualquer coisa que seja vermelha é necessariamente colorida'. Um homem que possuísse uma visão monocromática e identificasse apenas objetos vermelhos, poderia formar a noção de classe de coisas vermelhas, mas não o conceito "objeto colorido", que requer a experiência de várias cores. Por conseguinte, ele não poderia entender o enunciado mencionado, "ainda que pudesse compreender muito bem o antecedente dessa proposição". Poderia formular, assim, um juízo *a priori* e sintético mediante um "argumento intuitivo".

Irving Copi observou que os progressos da lógica não confirmaram a suposição de que as verdades *a priori* sejam todas analíticas, e de que um enunciado é analítico quando sua verdade ou sua validade se faz acompanhar das regras sintáticas que governam a linguagem na qual se expressa. Aqueles que defendem a última tese têm de afirmar que qualquer enunciado geral não-empírico ou não-indutivo é "decidível" com base nas regras sintáticas da linguagem na qual for expresso, ou, dito de outro modo, que, se há alguma proposição geral não-empírica ou não-indutiva que não seja "decidível" com base nas regras sintáticas da linguagem na qual for expressa, a teoria analítica do conhecimento *a priori* terá de ser falsa. Com isso, poder-se-á demonstrar que se há verdades *a priori* que não são deriváveis das regras da linguagem, haverá enunciados sintéticos *a priori*. Copi recorre aos resultados de Gödel (a prova da incompletude de um sistema formal mediante a demonstração de que há pelo menos uma proposição indecidível no sistema) para reforçar suas idéias e sustenta que, mesmo que se rejeitem esses resultados, depara-se com várias dificuldades. Por exemplo, se se afirma que um enunciado indecidível que não é analítico não é *a priori*, pode-se responder que a consistência de uma série de postulados não pode ser estabelecida indutivamente ou empiricamente.

Todas essas discussões pareciam preparar o terreno para a difundida tese de Quine (que não a extraiu das discussões mencionadas, mas, segundo declaração própria, de debates orais e escritos mantidos a partir de 1939 com autores como Carnap, Church, Goodman, Tarski e Morton White). A tese de Quine, formulada em 1951, é a de que não se pode traçar uma linha divisória taxativa entre analítico e sintético, porque todas as tentativas de definir 'analítico' são casos de explicação de *obscurum per obscurius*. A definição kantiana segundo a qual um enunciado é analítico quando o predicado está contido no sujeito padece de vaguidade. Se consideramos um enunciado logicamente verdadeiro, isto é, um que é verdadeiro qualquer que seja a interpretação dada aos termos de que se compõe e assumida uma lista de partículas lógicas (conectivos e quantificadores), levanta-se o problema de saber se os enunciados chamados "analíticos" são logicamente verdadeiros nesse sentido. Não há dúvida de que a resposta é afirmativa, se é possível transformar tais enunciados em enunciados logicamente verdadeiros. Mas, tão logo se começa a tentar essa transformação, experimenta-se todo tipo de dificuldade. Um dos métodos usados é o da sinonímia. Mas não é possível recorrer à sinonímia, porque esta se encontra tão necessitada de explicação (se não mais) quanto a analiticidade (o mesmo ocorre com o significado). Deve-se recorrer então a regras semânticas, mas a frase 'regra semântica' também se acha necessitada de explicação: "As regras semânticas que determinam os enunciados analíticos de uma linguagem artificial são interessantes só na medida em que já compreendemos a noção de analiticidade; elas absolutamente não ajudam a obter essa compreensão". Nem na linguagem científica nem na ordinária, podemos basear-nos em regras que, como as semânticas, são exclusivamente formais.

O rompimento da dicotomia "analítico-sintético" está ligado em Quine à idéia de um "contínuo" teórico, de uma arquitetura de enunciados de espécies muito diversas, que apenas tocam a experiência por algumas de suas bordas. É o que se denominou a "tese Duhem-Quine" (VER). Esse rompimento e essa idéia estão correlacionados, de modo que cabe dizer que Quine chega a formular a mencionada idéia em vista do fracasso da dicotomia "analítico-sintético", e também que esse fracasso pode ser mostrado à luz da idéia de referência.

As investigações sobre a noção de analiticidade e sobre a plausibilidade ou implausibilidade da dicotomia "analítico-sintético" se multiplicaram depois de Quine, e na maioria dos casos tomaram como ponto de partida as análises desse autor, seja para criticá-las, para exprimir conformidade a elas, para modificá-las ou para buscar algum *modus vivendi* entre elas e os que continuaram a sustentar que, como escreve Ulises Moulines, "o analítico e o sintético" são "um dualismo admissível". Fizeram-se inclusive esforços para classificar as opiniões a esse respeito. A. Gewirth indicou que os que se aproximaram da posição 2) a que nos referimos *supra* podem ser distribuídos em dois subgrupos: (I) Alguns (a minoria) usam argumentos ontológicos; (II) outros (a maioria) usam argumentos metodológicos. Os que pertencem ao subgrupo (I) argumentam que as formas lógicas refletem as estruturas da realidade e que não se pode negar essa correspondência sem destruir a possibilidade de conhecimento. Os que pertencem ao subgrupo (II) sustentam que as formas lógicas refletem a estrutura da investigação científica e que sem isso não haveria possibilidade de ciência. Segundo Gewirth, tanto (I) como (II) podem ser chamados "gradualistas", mas, enquanto os do subgrupo (I) tendem a ser "idealistas", os do subgrupo (II) tendem a ser "pragmatistas".

Um dos modos pelos quais se tentou resolver o "problema analítico-sintético" consiste em restringir o uso de 'analítico'. Quando se diz que S é analítico, pode-se querer dizer várias coisas: que a negação de S é contraditória consigo mesma; que S é verdadeiro somente por seu significado (mas isso se choca com a dificuldade, apontada por Quine, de que o termo 'significado' precisa de tanto ou maior esclarecimento que o termo 'analítico'); que S é verdadeiro em todos os mundos possíveis etc. Abreviando-se a linguagem na qual se diz que S é analítico por 'L', propõe-se então que, em vez de se afirmar 'S é analítico', se diga 'S é analítico em L', 'S é analítico em L_1' etc. (mas isso enfrenta a dificuldade, igualmente apontada por Quine, de que se recorre a regras semânticas que requerem esclarecimento).

Autores como Hilary Putnam procuraram mostrar que, embora se possa manter a dicotomia 'analítico-sintético', esta vale apenas para casos triviais. Para outros casos — os mais importantes —, a dicotomia de referência é inadmissível. Isso acontece notadamente com as leis científicas, com os princípios da matemática e com os chamados "princípios estruturais". Na verdade, nesses casos não se trata de enunciados analíticos ou sintéticos; melhor dizendo, certos enunciados que, determinada fase de uma teoria ou de um conjunto de teorias, podem ser considerados analíticos em virtude de haver um critério único para determinar o significado de seus termos, podem deixar de ser analíticos em outra fase da teoria ou conjunto de teorias em virtude de requerer-se uma multiplicidade de critérios para determinar o significado dos termos. Pode-se então falar de um "núcleo de analiticidade", mesmo que este dependa da "posição" que os conceitos de que se trate tenham. De alguma maneira, a posição de Putnam se aproxima da de Quine, embora o primeiro pareça mais persuadido que o segundo, ou simplesmente pareça persuadido, da necessidade do "núcleo de analiticidade".

Ulises Moulines atacou a tese de Quine indicando que não é preciso recorrer a noções como as de "significado", "sinonímia" e outras (que são noções intensionais). Não é cômodo, nem necessário, estabelecer um critério de analiticidade para uma linguagem natural, mas é possível, e conveniente, estabelecer um para teorias axiomáticas avançadas. Segundo Ulises Moulines, um enunciado analítico numa dessas teorias é um enunciado de tal índole que sua rejeição implica a totalidade da linguagem usada. Assim, esse autor não propõe uma definição universalmente válida de 'analítico', mas uma que se aplica a "determinado âmbito". Evidentemente, mesmo numa teoria axiomática pode haver enunciados não analíticos mas sintéticos. Isso ocorre na hipótese do contínuo, já que, segundo os resultados de Gödel e de Cohen, se pode rejeitar a hipótese do contínuo e sua negação sem rejeitar a teoria (todo axioma independente se encontraria neste caso).

A tese de Ulises Moulines é restritiva e, portanto, pertence antes ao grupo de opiniões que consideramos refinamentos e especificações de 1). Nesse sentido, embora não pertença a 2), não faz parte tampouco da concepção clássica positivista da dicotomia "analítico-sintético", que pretendia ser universalmente válida e era, além disso, de caráter intuitivo.

Quine deu a Jesús Mosterín — que exprimira simpatia pela tese de Ulises Moulines — "as boas-vindas à sociedade exclusiva dos que põem em dúvida a dicotomia analítico-sintético". Entretanto, é preciso levar em conta que, se assim é, isso ocorre só em virtude de consideráveis restrições impostas à noção de analiticidade. Essas restrições fundam-se no reconhecimento de que, de acordo com os resultados de Joseph Sneed (VER), há vários modelos possíveis para teorias empíricas, mesmo formalizadas. Mas isso se deve ao fato de que, segundo Sneed, uma teoria física não é um conjunto de enunciados, mas "um núcleo estrutural e um conjunto de aplicações propostas". Em virtude disso, cabe ainda manter a idéia de um "núcleo de analiticidade", mas esta já não se aplicará, como era tradicional, a enunciados. O problema referente a saber se o dualismo "analítico-sintético" é ou não admissível é então formulado de maneira diversa da tradicional.

De resto, Quine chegou a sustentar que "a linguagem é social, e a analiticidade, sendo uma verdade fundada na linguagem, também deveria ser social". Pode-se concluir desse modo que "uma sentença é analítica se *todos* aprendem que é verdadeira aprendendo suas palavras. A analiticidade, tal como a observabilidade, gira em torno da uniformidade social". Nas próprias verdades lógicas pode haver, como no caso dos intuicionistas matemáticos, desacordo, de modo que *talvez* se possa descobrir que algumas verdades lógicas são analíticas e outras não (alguns considerarão que a lei do terceiro excluído é analítica e outros que é sintética). A analiticidade parece ser coisa de grau; se há sentenças analíticas que são aprendidas por todos nós, serão analíticas em grau máximo. O problema reside em saber que sentenças terão esse grau máximo de analiticidade.

Na grande maioria dos casos, os debates centraram-se em torno da dicotomia ou suposta dicotomia "analítico-sintético", mas em várias ocasiões se voltou a questionar a relação entre analítico e sintético, por um lado, e *a priori* e *a posteriori*, por outro, relação a que nos referimos no verbete A PRIORI. Assim, por exemplo, N. R. Hanson indicou que enquanto "analítico-sintético" diz respeito a estruturas de proposições, *a priori-a posteriori* concerne (como, de resto, já sugerira Kant) a modos de justificação. De acordo com isso, "sintético *a priori*" não designa nenhum tipo de proposição, de maneira que pode não haver juízos sintéticos *a priori*, mas a idéia de um enunciado que seja ao mesmo tempo sintético e *a priori* não é, segundo Hanson, inconsistente. Se se identifica 'analítico' com *a priori*, pode ser que "sintético *a priori*" seja uma *contradictio in terminis*, mas não há razões para admitir tal identificação.

Foi tradicional vincular 'analítico' com *a priori* e com 'necessário', e 'sintético' com *a posteriori* e com 'contingente'. Se se distingue, com Kripke, *a priori* e 'necessário', assim como *a posteriori* e 'contingente', de tal modo que algo que seja *a priori* não seja (necessariamente) necessário nem algo que seja *a posteriori* seja sempre contingente, o resultado disso será a possibilidade de falar de enunciados contingentes *a priori* e de enunciados necessários *a posteriori*. Se se sustenta ao mesmo tempo uma distinção entre *a priori* e 'analítico' e uma distinção correlativa entre *a posteriori* e 'sintético', poder-se-á falar de enunciados *a priori* que não sejam analíticos (e isso será, supomos, o mesmo que falar de enunciados sintéticos *a priori*). Não fica inteiramente clara a posição do autor citado a respeito de todos esses aspectos. Ao falar de 'analítico', ele aduz a clássica tese de que um enunciado é analítico em virtude de seu significado e é verdadeiro em todos os mundos possíveis em virtude de seu significado. Por outro lado, se consideramos, em suas próprias palavras, um nome como designador rígido e avaliamos que este — tal como ocorre com todo designador rígido, ao contrário de um que não seja rígido ou de um que seja fortemente rígido — se refere (rigidamente) a uma entidade em todos os mundos possíveis, pode ser preciso concluir que estamos diante de algo necessário que se conhece *a posteriori*. Ao mesmo tempo, não se parece poder conceber bem a suposta "rigidez" do nome a menos que o que se diga dele (em todos os mundos possíveis) seja verdadeiro em função de seu significado, que é o que ele (rigidamente) designa. Neste caso, teremos inclusive a rara possibilidade de um enunciado necessário, *a posteriori* e analítico, mas reconhecemos que isso não é inteiramente claro.

⊃ Quase todas as obras citadas em A PRIORI, tanto no corpo do verbete como na bibliografia, tratam igualmente do problema dos juízos, enunciados ou proposições analíticos e sintéticos. Entre algumas das obras mais antigas sobre o assunto, figuram: Gottlieb Söhngen, *Ueber analytische und synthetische Urteile. Eine historisch-kritische Untersuchung zur Logik des Urteils*, 1915 (tese). — Hermann Ritzel, *Ueber analytische Urteile*, 1916. — Walter Dubislav, *Ueber die sogenannten analytischen und synthetischen Urteile*, 1926.

A maioria das obras sobre Kant e Husserl trata do assunto. O artigo de A. Sánchez Reulet a que aludimos no texto é: "Sobre juicios analíticos y sintéticos", *Humanidades* [La Plata], 26 (1938), 407-415.

Para o período anterior a Kant, e especialmente para Kant e Husserl: Winfried Lenders, *Die analytische Begriffs- und Urteilstheorie von G. W. Leibniz und Ch. Wolff*, 1971. — Julián Besteiro, *Los juicios sintéticos* a priori *desde el punto de vista lógico*, 1916. — Hans-Ulrich Hoche, *Nichtempirische Erkenntnis, analytische und synthetische Urteile* a priori *bei Kant und bei Husserl*, 1964. — U. Neeman, "Analytic and Synthetic Propositions in Kant and Bolzano", *Ratio*, 12 (1970), 1-25. — G. Stahl, "The Function of Analytic Premises in Aristotle's Ethics", *International Philosophical Quarterly*, 10 (1970), 63-74.

Ver também E. Cassirer, *Descartes*, 1939, pp. 42 e 283. Cassirer refere-se ao apoio que Kant encontrou em Leibniz, *Nouveaux Essais*, Liv. II, cap. XVI (Gerhardt, V, 143). Outro apoio poderia ser encontrado em Locke, *Essay*, II, xvi.

Há uma antologia de Stanley Musat, *The Analytic-Synthetic Distinction*, 1971.

Obras em que se podem encontrar informações sobre o assunto na época contemporânea são: Alan Pasch, *Experience and the Analytic*, 1958. — R. M. Martin, *The Notion of Analytic Truth*, 1959. — H. Delius, *Die Problematik der sogenannten synthetischen Sätze* a priori, 1963. — Tore Nordenstam, *Empiricism and the Analytic-Synthetic Distinction*, 1972.

As observações de Ayer, Broad e Malcolm a que nos referimos no texto se encontram em: A. J. Ayer, *Language, Truth, and Logic*, 1936, e "Truth by Convention", *Analysis*, IV, nn. 2 e 3; C. D. Broad, "Are There Synthetic *A Priori* Truths?", *Proceedings of the Aristotelian Society*. Suppl. Vol. 25; Norman Malcolm, "Are Necessary Propositions Really Verbal?", *Mind*, N. S. 49 (1940), 189-203.

Uma bibliografia de trabalhos até 1966: Roland Hall "Analytic-Synthetic: A Bibliography", *Philosophical Quarterly*, 16 (1966), 178-181.

Indicamos a seguir, em ordem cronológica, trabalhos sobre a questão da natureza de 'analítico' e a diferença entre 'analítico' e 'sintético'; limitamo-nos a assinalar autores e lugares (revistas ou livros) de publicação dos trabalhos. Incluem-se ao seu lado trabalhos dos autores cujas opiniões apresentamos no texto do verbete:

A. Pap (*Mind*, 55 [1946], 234-246); C. H. Langford (*Journal of Philosophy*, 46 [1949], 20-24); I. M. Copi [Copilowish] (*Journal of Philosophy*, 46 [1949], 243--245); J. Wild e J. L. Coblitz (*Philosophy and Phenomenological Research*, 8 [1948], 651-657); R. Rudner (*Philosophy of Science*, 16 [1949], 41-48); G. J. Whitrow (*Philosophy*, 25 [1950], 326-330); W. H. Hay, J. R. Weinberg (*Philosophical Studies*, 2 [1951], 17-21); W. v. Quine (*Philosophical Review*, 60 [1951], 20-41, e *Philosophical Studies*, 2 [1951], 71-72; também *From a Logical Point of View*, 1953, 20-46, reimp. de *Philosophical Review, supra*); M. G. White (*John Dewey: Philosopher of Science and Freedom*, ed. S. Hook, 1950, pp. 316-330); F. Waismann (*Analysis*, 10 [1949-1950], 11 [1950-1951]); M. Perkins, I. Singer (*Journal of Philosophy*, 48 [1951], 485-497); B. Mates (*Philosophical Review*, 60 [1951], 525-534); R. M. Martin (*Philosophical Studies*, 3 [1952], 42-47); B. Lake (*Analysis*, 12 [1951-1952], 115-122); L. W. Beck, R. Hartmann (*Philosophy and Phenomenological Research*, 9 [1949], 720-740); A. R. Turquette (*Journal of Philosophy*, 47 [1950], 199-208); R. Carnap (*Revue Internationale de Philosophie*, 4 [1950]; D. Pears (*Mind*, 59 [1950], 199-208); A. Gewirth (*Journal of Philosophy*, 50 [1952], 397-425); W. H. Walsh (*Proceedings Aristotelian Society*, 54 [1954]; 77-96); Hao Wang (*Theorie*, 31 [1955], 158-178); H. P. Grice e P. F. Strawson (*Philosophical Review*, 65 [1956], 141-148); A. Pap (*Philosophical Review*, 66 [1957], 94-99); P. Glassen (*Philosophical Studies*, 9 [1958], 33-37); Jonathan Bennett (*Proceedings of the Aristotelian Society*, 54 [1958-1959]); M. Bunge (*Antología semántica*, 1960; *Mind*, 70 [1961], 239-245); Hilary Putnam (*Scientific Explanation, Space and Time*, 1962, ed. H. Feigl e G. Maxwell; reimp. em H. Putnam, *Mind, Language, and Reality. Philosophical Papers*, vol. 2, 1975, pp. 33-69); N. R. Hanson ("The Very Idea of a Synthetic-A Priori", *Mind*, 71 [1962], 521-524); J. G. Kemeny (*Synthese*, 15 [1963], 57-80); J. F. Staal (*Foundations of Language*, 2 [1966], 67-93); A. C. Michalos (*Analysis*, 30 [1970], 121-123); R. Butrick (*Mind*, 79 [1970], 261-264); R. Wojcicki (*Studime Filozof.*, 4 [1970], 301-329); A. T. Ferguson (*Dialogue*, 12 [1970], 1-15); D. A. Gasking (*Australasian Journal of Philosophy*, 50 [1972], 107-123); I. T. Oakley (*ibid.*, [1972], 124-130); Saul A. Kripke (*Semantics of Natural Language*, 1972, ed. D. Davidson e G. Harman, pp. 252--355 e 763-769); C. Ulises Moulines (*Teorema*, III, 1 [1973]); E. S. Shirley (*Philosophical Studies*, 24 [1973], 268-270); N. J. Brown (*Philosophy*, 50 [1975], 37-54); Jesús Mosterín, W. v. Quine (*Aspectos de la filosofía de W. v. Quine*, 1975, pp. 69-87 e 157-158, respectivamente); S. B. Rosenthal, *The Pragmatic A Priori: Study in the Epistemology of C. I. Lewis*, 1976; B. Tuschling (*Kant-Studien*, 72 [1981], 304-336); P. Hilton (*Synthese*, 52 [1982], 167-184). Para a analiticidade "fundada socialmente", Quine, *The Roots of Reference*, 1973, pp. 78-80; *Pursuit of Truth*, 1990, pp. 55-56. C

ANALÍTICOS. Os dois principais escritos do *Organon* aristotélico são os chamados *Analíticos*; os *Primeiros Analíticos* ('Ἀναλυτικὰ πρότερα, *Analytica Priora*; abreviado: *An. Pr.*) e os *Segundos Analíticos* ('Ἀναλυτικὰ ὕστερα, *Analytica Posteriora*; abreviado: *An. Post.*), e até alguns autores (seguindo Alexandre de Afrodísia e João Filoponos) consideram que *só* esses *Analíticos* constituem propriamente o *Organon*. O objeto dos dois primeiros livros de que se compõem os *Primeiros Analíticos* é a teoria formal do silogismo e as condições formais de toda prova. Constituem a introdução aos dois livros dos *Segundos Analíticos*, que estudam a demonstração. Os comentadores deram aos *Primeiros Analíticos* o título de 'Ἀναλυτικά (termo usado pelo Estagirita em suas referências ao texto), mas alguns autores (F. Th. Waitz) consideram que seu nome próprio é *Sobre o Silogismo*, Περὶ συλλογισμοῦ (empregado por alguns comentadores e provavelmente usado por Aristóteles e pelo Liceu como freqüente designação do texto [cf. Hamelin, *Le système d'Aristote*, 29, em que se menciona também como título Περὶ ἀποδείξεως]). Com efeito, escreve Waitz (*Organon*, I, 367), este último título é mais inteligível e menos obscuro que o primeiro. Com isso se esquece, todavia, que o próprio Aristóteles tinha uma idéia clara da ἀναλυτικὴ ἐπιστήμη como ciência que conduz às causas por meio da demonstração. Os *Segundos Analíticos* foram denominados pelos comentadores de diversas maneiras: τὰ ἀποδεικτικά, ἀποδεικτική, πραγματεία ἀποδεικτική, isto é, "ciência demonstrativa".

Se excetuamos as revolucionárias conclusões de Joseph Zürcher sobre a autenticidade do *Corpus aristotelicum* (ver ARISTÓTELES), não há muitas dúvidas hoje sobre a autenticidade dos dois escritos nem tampouco sobre o fato de que os *Primeiros Analíticos* (com exceção de 46 a-47 a e 51 b-53 a) foram redigidos antes dos *Segundos*. Os *Analíticos* contêm aspectos ainda não suficientemente explorados (como a teoria do silogismo modal), e os historiadores (Solmsen) e lógicos (Lukasiewicz, Bochenski) contemporâneos repararam no caráter formal da doutrina lógica aristotélica, incluindo o uso de variáveis (ver VARIÁVEL).

Tanto Eudemo como Teofrasto (segundo o testemunho de Galeno e Alexandre) escreveram também "Analíticos" (Hamelin, *op. cit.*, assinala que o comentador Adrasto de Afrodísia [século II] conhecia quarenta livros de *Analíticos*, dos quais só os quatro citados são considerados autênticos). É provável que algumas das correções introduzidas pelos dois autores primeiramente citados se tenham incorporado ao texto hoje canônico de Aristóteles.

⊃ Os comentários antigos sobre os *Analíticos* são os de Alexandre de Afrodísia e de Amônio, filho de Hérmias (século I), Temístio (século IV) e João Filoponos (século VI). Foram editados por M. Wallies nos seguintes textos. De Alexandre: *In Aristotelis Analyticorum priorum librum I commentarium*, Berolini, 1883 (Coll. Acad. Berol., II, 1); *Alexander of Aphrodisias: On Aristotle's "Prior Analytics" 1, 1-7*, ed. Jonathan Barnes, 1991. De Amônio: *In Aristotelis Analyticorum priorum librum I commentarium*, Berolini, 1889 ou 1899 (*ibid.*, IV, 6). De Temístio: *Quo fertur in Aristotelis Analyticorum priorum librum I paraphrasis*, Berolini, 1884 (*ibid.*, XXIII, 3), e *Analyticorum Posteriorum paraphrasis*, Berolini, 1900 (*ibid.*, V, 1). De João Filoponos: *In Aristotelis Analytica Priora Commentaria*, Berolini, 1905 (*ibid.*, XIII, 2), e *In Aristotelis Analytica Posteriora Commentaria cum Anonymo in librum II*, Berolini, 1919 (*ibid.*, XIII, 3).

Na Idade Média, destaca-se o comentário de Santo Tomás: *In Aristotelis Stagiritae libros nonnullos commentaria Analyticorum posteriorum* (tomo I, ed. por I. B. de Rubeis [de Rossi], Romae, 1882, da *Editio Leonina: Opera omnia iussu Leonis XIII edita cura et studio Fratrum Praedicatorum*).

Entre os comentários modernos, citamos: Julius Pacius, *Aristotelis Stagiritae (...) Organum*, Morgiis, 1584, e *In Porphyrii Isagogen et Aristotelis Organum commentarium*, Aureliae Allobrogum, 1605. — Sylvester Maurus, *Aristotelis Opera quae extant omnia, brevi paraphrasi, tomus I, continens philosphiam rationalem, hoc est logicam, rethoricam et poeticam*, Romae, 1688.

Entre os comentários do século XIX, destacam-se o já citado de Waitz à sua edição do *Organon* (2 vols., Lipsiae, 1844-1846) e a seleção, com tradução latina e notas, de A. Trendelenburg, *Elementa logices Aristotelae*, Berolini, 1892.

Entre os do século XX, destacamos as notas de J. Tricot à sua tradução do *Organon* (Paris, nova edição, 2 vols., 1947) e as de W. D. Ross à sua edição de *Prior and Posterior Analytics*, 1949.

Ver: L. E. Rose, *Aristotle's Syllogistic*, 1968. — Gino Capozzi, *Giudizio, prova e verità. I principi della scienze nell'analitica di Aristotele*, 1974. — Mario Mignucci, *L'argomentazione dimostrativa in Aristotele. Commento agli Analitici secondi*, I, 1975. — A. N. Prior, *The Doctrine of Propositions and Terms*, ed. P. T. Geach, A. J. P. Kenny, 1976. ∈

ANALOGIA. É, em termos muito gerais, a correlação entre os termos de dois ou vários sistemas ou ordens, ou seja, a existência de uma relação entre cada um dos termos de um sistema e cada um dos termos de outro. A analogia equivale então à proporção, que pode ser entendida quantitativa ou topologicamente. Falou-se também de analogia como semelhança de uma coisa com outra, da similitude de alguns caracteres ou funções com outros. Neste último caso, a analogia consiste na atribuição dos mesmos predicados a diversos objetos, mas essa atribuição não deve ser entendida como uma determinação unívoca desses objetos, e sim como a expressão de uma correspondência, semelhança ou correlação estabelecida entre eles. Justamente em virtude das dificuldades oferecidas por este último tipo de analogia, tendeu-se com freqüência a sublinhar a exclusiva referência da analogia às relações entre termos, isto é, à expressão de uma similaridade de relações. Mesmo aplicada a coisas, e não a relações, a analogia parece referir-se às proporções e nunca às semelhanças em sentido estrito.

Os matemáticos gregos entenderam a analogia como uma proporção, ou razão de proporcionalidade no sentido ainda hoje usual quando falamos de "proporções" ou "razões" em matemática. Este tipo de analogia refere-se a quantidades, a magnitudes e a relações entre pontos no espaço. Fundando-se na mesma idéia, mas aplicando-a a certas realidades com o propósito de estabelecer comparações, Platão apresentou a idéia de analogia em *Rep.*, VI 508 (e também em *Tim.*, 31 B-32 A). Platão comparou o Bem com o Sol e indicou que o primeiro desempenha no mundo inteligível o mesmo papel que desempenha o segundo no mundo sensível. Essa analogia é reforçada pela relação estabelecida por Platão entre o Bem e o Sol, a qual é, em sua opinião, comparável com a existente entre um pai e um filho, pois o Bem gerou o Sol à sua semelhança. Vários membros da Academia média (ver ACADEMIA PLATÔNICA) — especialmente Albino (VER) — adotaram e desenvolveram essas concepções de Platão. O mesmo fizeram Plotino (VER), Proclo (VER) e Dionísio, o Areopagita (VER). Este último introduziu a noção de analogia em relação com o problema do acesso inteligível a Deus ou à Bondade Perfeita.

A chamada ἰσότης τοῦ λόγου ou doutrina da "igualdade de razão" foi aplicada por Aristóteles aos problemas ontológicos por meio do que se denominou "a analogia do ente" (cf. *infra*). O ser (VER), afirmou Aristóteles, "diz-se de várias maneiras" (embora se diga primeiramente de uma maneira: como substância [VER]). A doutrina aristotélica foi aceita e elaborada por um grande número de escolásticos sob a rubrica *analogia entis*. Estender-nos-emos acerca das várias sentenças a esse respeito e as precederemos com algumas considerações gerais.

A analogia (*analogia*) pode referir-se a coisas, falando-se de coisas sinônimas e de coisas unívocas (ver UNÍVOCO). É usual entre os escolásticos referir a analogia antes de tudo a nomes ou termos e discutir quando se usa ou não um nome ou termo analogicamente, ao contrário de quando se usa ou não um nome ou termo univocamente. São Boaventura distinguia a analogia e a univocidade (*univocatio*). A primeira funda-se na possibilidade de estabelecer relações entre seres substancialmente distintos (possibilidade baseada, por sua vez, em certa comunidade entre esses seres). A segunda funda-se na posse indivisa por vários seres de um elemento comum. A analogia é um modo de conceber a proporção (*proportio*). Segundo É. Gilson (*La philosophie de Saint Bonaventure*, 3ª ed., 1953, p. 168 e nota 1), São Boaventura — que deriva o significado de *proportio* de Boécio (*De arithmetica*, II 40; *PL*, LXIII, col. 1145) e aborda o problema da analogia especialmente em seus *Comentários às Sentenças* de Pedro Lombardo (por ex., I *Sent*., 3 e 48) — admite também uma "semelhança de univocidade" ou *similitudo univocationis* (I *Sent*., 48), caso em que se pode considerar a semelhança como um "gênero do qual a univocidade e a analogia são espécies" (Gilson, *loc. cit.*). Muitos escolásticos, seguindo as noções e esclarecimentos a esse respeito contidas em vários lugares do *Corpus aristotelicum* (cf. *infra* e, além disso, Cat., I 1 a; *Met.* 1048 a 37; Θ 6, 1093 b 19), distinguiu, ao referir-se aos nomes ou termos, um modo de falar *unívoco* (VER), um modo de falar *equívoco* e um modo de falar *análogo*. O termo ou nome comum, predicado de vários seres, chamados inferiores, é *unívoco* quando se aplica a todos eles num sentido totalmente semelhante ou perfeitamente idêntico. É *equívoco* quando se aplica a todos e a cada um dos termos em sentido completamente distinto (assim, 'touro' como animal ou constelação; 'câncer' como doença ou como signo do Zodíaco). É *análogo* quando se aplica aos termos comuns em sentido não inteira e perfeitamente idêntico, ou, melhor ainda, em sentido distinto, mas semelhante de determinado ponto de vista ou de determinada e certa proporção (como 'desperto' aplicado a um ser que não dorme e a um ser que tem uma inteligência viva e não apagada, adormecida ou débil). Ora, no âmbito dessa divisão se estabelece ao mesmo tempo uma distinção entre várias acepções. Assim, os termos unívocos podem prescindir de suas diferenças, caso em que — como os gêneros e espécies — são *unívocos universais*, ou podem não prescindir delas, caso em que são chamados — tal como ocorre com o termo 'ser' em relação a todos os seres de certa espécie ou ainda em relação a todas as substâncias criadas — *unívocos transcendentais*. No que tange aos próprios termos análogos, a divisão é um pouco mais complexa. O mais corrente é distinguir a *analogia de atribuição* e a *analogia de proporcionalidade*. Denomina-se *analogia de atribuição* aquela na qual o termo é atribuído a vários entes por sua relação com outro (o chamado *primeiro analogado*), como acontece quando se chama 'sadio' a um alimento, a um rosto etc. Denomina-se *analogia de proporcionalidade* aquela na qual

o termo é atribuído naturalmente a vários sujeitos ou entes numa relação semelhante. Essa relação pode ser *metafórica* (quando exprime algo simbólico) ou *própria* (quando exprime algo real). A relação análoga pode ser, portanto, como dizem os escolásticos, *simpliciter diversa* ou *secundum quid eadem*. Em outras palavras, o termo análogo é o que significa uma forma ou propriedade que se encontra intrinsecamente num dos termos (o analogado principal), encontrando-se, em compensação, nos outros termos (analogados secundários) por certa ordem com relação à forma principal. Partindo-se dessa base, pode-se dizer também que a analogia é *extrínseca* (como o mostra o termo 'sadio') ou *intrínseca* (como o mostra o termo 'ser', que convém a todos os entes, incriados ou criados, substanciais ou acidentais). Neste último caso, a analogia é chamada também *metafísica*. A analogia extrínseca, por sua vez, pode ser *analogia de proporcionalidade extrínseca ou metafórica* — de muitos a muitos — ou *analogia extrínseca de atribuição*. E a analogia intrínseca pode ser ao mesmo tempo de atribuição ou de proporcionalidade. Essas distinções foram objeto de acaloradas discussões no âmbito da escolástica, sobretudo na medida em que, sob seu aspecto estritamente técnico, elas afetavam as questões últimas da metafísica. Assim, embora se concordasse quase sempre com o fato de que o ente análogo constitui o objeto mais próprio da filosofia primeira, abrangendo também os entes de razão e até toda privação do ente enquanto inteligível, formaram-se principalmente três escolas. Enquanto a escola de Suárez indicava que o ente é formalmente transcendente e que a analogia deve ser entendida no sentido da analogia intrínseca ou metafísica de atribuição, e não no sentido da analogia intrínseca de proporcionalidade, a escola de Scot se inclinava a defender a univocidade do ente, o qual se aplica às noções inferiores mediante diferenças intrínsecas, e a escola de Cajetano preconizava uma analogia de proporcionalidade. Com efeito, dos três modos de analogia a que, segundo Cajetano, podem reduzir-se todos os termos análogos — a analogia de desigualdade, a analogia de atribuição e a de proporcionalidade, mencionadas por Aristóteles, embora com terminologia diferente, em *Phys.*, VII 4, 249 a 22; *Eth. Nic.*, 16, 1096 b 26, e *Top.*, I 17, 108 a 6, respectivamente —, somente o último constitui, em sua opinião, a analogia, definindo-se a expressão 'coisas análogas por proporcionalidade' mediante "as coisas que têm um nome comum e a noção expressa por esse nome é proporcionalmente a mesma, isto é, "as coisas que têm um nome comum e a noção expressa por esse nome é similar de acordo com uma proporção" (*De Nominum Analogia*, cap. III). Por sua vez, como já vimos, essa analogia pode ter lugar ou de um modo metafórico ou de um modo próprio. Cajetano baseava-se principalmente na doutrina tomista, pois se encontram em Santo Tomás numerosas passagens nesse sentido — por exemplo: I *Eth.*, lect. 7; I *Sent.* 19, 5 2 ad 1; *de Potentia* 7, 7 e *de Veritate*, 21, 4 c ad 30 —, mas é óbvio que aprimorou a noção de maneira considerável, em particular no que diz respeito à distinção entre o análogo e seus analogados, à predicação dos analogados ao análogo e à comparação entre o análogo e os analogados. Em geral, podemos dizer que o tomismo tende fortemente à analogia de proporcionalidade, de tal sorte que, segundo ele, cabe a todos os entes existir numa relação semelhante de um modo intrinsecamente diverso, pois, sem dúvida, o ser jamais é um gênero determinado por diferenças extrínsecas; mas, ao mesmo tempo, o tomismo sustenta uma analogia de atribuição entre o Criador e os seres criados, bem como entre a substância e os acidentes, pois o ser dos últimos depende do dos primeiros. Em todo caso, a noção analógica do ser aspira a resolver um problema capital da teologia escolástica: o da relação entre Deus e as criaturas, visto que, embora na ordem do ser Deus suplante todo o criado, como causa suficiente dos entes criados e de todo ser, contém atualmente suas perfeições.

Na época moderna, o conceito de analogia ocupou um lugar menos central que nas tendências escolásticas. Com freqüência, ele foi entendido de modos relativamente vagos tais como a similaridade de relações entre termos abstratos, ou a semelhança entre coisas. Nem sempre se estabeleceu uma distinção clara entre uma compreensão analógica e uma metafórica. Em *A System of Logic* (III, xx, 1-3; ed. J. M. Robson e R. F. McRae, I, 554-561), John Stuart Mill enfatiza que "a palavra Analogia, como nome de um modo de raciocínio, é entendida de modo geral como se fosse alguma espécie de argumento que se supõe ser de natureza indutiva, mas não equivale a uma indução completa. No entanto, não há palavra que se use mais vagamente, ou numa maior variedade de acepções". Algumas vezes, com efeito, é usada num sentido de indução muito rigorosa, como "a semelhança de relações" de que falam os matemáticos; outras vezes, aplica-se a raciocínios fundados em qualquer tipo de semelhança. Mas, ainda que certas semelhanças possam proporcionar algum grau de probabilidade, não é possível chegar a conclusões indutivamente aceitáveis em muitos casos. Portanto, embora se possa usar o raciocínio por analogia (cf. *infra*), deve-se fazê-lo somente quando se dão certas condições; além de semelhanças, devem-se investigar diferenças e ver a relação entre ambas no âmbito de um conhecimento "toleravelmente extenso" da matéria. Somente quando a semelhança é muito grande e a diferença muito pequena, afirma J. S. Mill, pode-se aproximar o raciocínio por analogia de uma indução válida.

Num sentido não muito diferente do de J. S. Mill, Ernst Mach considerou a analogia como uma relação entre sistemas de conceitos homólogos que podem dar lugar a diferenças ou concordâncias cuja relativa força pode ser estabelecida e medida.

Considerou-se às vezes a analogia como uma correlação entre um termo cujo conceito denota um fato observável e verificável e algum termo que, embora não denote mediante algum conceito um fato observável e verificável, é inferível dentro de um sistema formal que ofereça regras para essa operação.

Seguindo algumas investigações de Jan Salamucha e de J. Fr. Drewsnowski, I. M. Bochenski abordou a questão clássica da analogia em sentido tomista do ponto de vista da lógica moderna, considerando, em primeiro lugar, que a noção de analogia é importante e suscetível de desenvolvimentos ulteriores, e, em segundo, que para esse fim podem ser usados vantajosamente os refinamentos formais da lógica atual. Bochenski examina, para esse fim, a analogia de um ponto de vista semântico (não o único possível, mas de fato o mais conveniente e até o mais tradicional, pois do contrário não se compreenderia como pode ser tratada a equivocidade, que é uma relação do mesmo tipo da analogia). Em seu artigo "On Analogy" (*The Thomist*, 11 [1948], 424-447, texto inglês de seu trabalho em polonês "Wstep do teorii analogii", publicado em *Roczniki filozofìczne*, 1 [1948], 64-82), Bochenski afirma, com efeito, que isso tem antecedentes no exame, por parte de Santo Tomás, da analogia em relação com os nomes divinos, e no *De Nominum Analogia*, de Cajetano. Com essa finalidade, assume como noção fundamental a de significação, descrita na fórmula "a expressão *a* significa na linguagem *l* o conteúdo *f* do objeto *x*", ou, simbolicamente, "*S (a, l, f, x)*" (a situação simbolizada é denominada *complexo semântico*). 'Expressão' refere-se a uma palavra escrita ou outro símbolo escrito (objeto físico que ocupa uma posição dada no espaço e no tempo). 'Conteúdo' designa a clássica *ratio* tomista. 'Objeto' ou 'coisa' designa a *res* no sentido tomista clássico (um "indivíduo"). Aplicam-se à citada relação as operações elementares da teoria das relações, e se obtém uma série de termos. Entre dois complexos semânticos, há dezesseis e só dezesseis relações numa tabela que pode substituir a divisão tradicional dos termos em unívocos, equívocos e sinônimos (ver Sinônimo; Unívoco). Bochenski analisa particularmente a univocidade e a equivocidade com base nas quatro primeiras das dezesseis relações (as mais importantes do ponto de vista clássico) e mostra que já nos *Principia Mathematica* era examinado o problema da analogia quando se abordava a questão da "ambigüidade sistemática" (equivalente à clássica *aequivocatio a consilio*). A analogia mostra-se então uma relação heptática entre duas expressões (nomes, termos), uma linguagem, dois conteúdos (sentidos, *rationes*) e duas coisas (objetos, *res*), tendo os nomes a mesma forma e sendo as coisas diferentes. O autor reconhece que tem de enfrentar uma situação mais complexa que a que aparece na lógica formal clássica, pois é preciso usar símbolos que são expressões de expressões, isto é, símbolos de símbolos. O que convém mostrar aqui é que a noção de expressão analógica constitui um gênero das expressões equívocas. Isso confirma a tradição, pois o instrumento lógico empregado permite examinar metalogicamente e traduzir de modo exato a fórmula clássica: 'a própria analogia é analógica'. As dificuldades que o teólogo pode deparar em tal construção, e o reconhecimento de que a analogia de proporcionalidade, uma vez traduzida para a linguagem formal, resulta num significado muito pobre das proposições acerca de Deus ou do espírito (que se limitam a algumas poucas relações formais tratadas nos *Principia Mathematica*), são resolvidas, segundo Bochenski, mediante a descoberta de que, se não podemos oferecer formulações exatas de muitas propriedades formais implicadas em relações usadas pela metafísica e pela teologia, isso se deve não à falta dessas propriedades formais, mas ao estado pouco desenvolvido da biologia e de outras ciências, das quais o metafísico e o teólogo devem extrair suas expressões analógicas (e os conteúdos delas). Assim, "um progresso imenso nas ciências especulativas seria o resultado da formalização dessas disciplinas". E mesmo em seu estado atual pode-se perceber, por exemplo, a diferença entre *Princípio* e *Pai* por meios puramente formais: o primeiro é transitivo, o segundo, intransitivo (*art. cit.*, p. 443).

Falamos antes do chamado "raciocínio por analogia". Muitos autores modernos, ao falar de analogia, referiram-se a certos tipos de raciocínio. Um é o "quantitativo" (a rigor, "proporcional"), que consiste na determinação de um quarto termo de uma proporção, conhecidos os três primeiros. O outro é o que se designa às vezes como "qualitativo". Este foi entendido quase sempre (como se pode ver em J. S. Mill) como a atribuição de certo caráter ou de certa propriedade a um objeto (ou a um grupo de objetos) em virtude da presença desse caráter ou dessa propriedade em objetos "semelhantes". No raciocínio em questão, deduz-se da semelhança de alguns objetos, em determinados aspectos, sua semelhança em outro aspecto. O esquema do raciocínio analógico qualitativo é: "*S* tem o aspecto *p*; *S* e *S'* têm os aspectos *a, b, c*; portanto, *S'* tem provavelmente o aspecto *p*". O raciocínio por analogia vai do particular ao particular e nunca possui, do ponto de vista lógico-formal, uma força probatória conclusiva, mas unicamente verossímil ou provável. Em termos clássicos, distinguiam-se vários modos ou espécies de raciocínio por analogia: 1) O que vai do efeito à causa e vice-versa. 2) O que vai dos meios aos fins e vice-versa. 3) O que procede por semelhança. Este raciocínio por analogia se classifica igualmente segundo sua matéria ou forma. Pela matéria, distinguem-se os casos acima citados; pela forma, em contrapartida, entende-se o raciocínio em questão segundo vá do semelhante ao semelhante, do menos ao mais e do contrário ao contrário.

⊃ Sobre o conceito geral de analogia, especialmente o conceito da múltipla significação e seus graus: Franz Brentano, *Von der mannigfachen Bedeutung des Seins nach Aristoteles*, 1862; reimp., 1960. — J. Hoppe, *Die Analogie*, 1873. — Harald Höffding, *Begrebet Analogi*, 1923 (trad. francesa: *Le concept d'analogie*, 1931; trad. alemã: *Der Begriff der Analogie*, 1924). — Erich Przywara, *Analogia entis*, 1932 (ver PRZYWARA). — Alfred Eggenspieler, *Durée et instant. Essai sur le caractère analogique de l'être*, 1933. — Nicolas Balthasar, *L'abstraction métaphysique et l'analogie des êtres dans l'être*, 1955. — W. J. Anders, *De analogia entis in het heding*, 1937. — R. Kwant, *De gradibus entis*, 1946. — Deltheil, Dupsuy, Vandel, Calmette, B. de Solages, *Dialogue sur l'analogie*, 1946. — E. L. Mascall, *Existence and Analogy*, 1949. — A. C. Gigon, *Analogia*, 1949 (monografia). — W. Veauthier, "Analogie des Seins und ontologische Differenz", *Symposion*, 4 (1955), 9-89. — Austin Farrer, *Finite and Infinite: A Philosophical Essay*, 1943. — J. D. García Bacca, "La analogía del ser y sus relaciones con la metafísica", *Episteme*, Caracas (1959--1960), 1-64. — Gottlieb Söhngen, *Analogie und Metapher. Kleine Philosophie und Theologie der Sprache*, 1962. — F. Gonseth, J. Loeb *et al.*, artigos em *Dialectica*, 17 (1963), 111-296. — James F. Anderson, *Reflections on the Analogy of Being*, 1967. — Ralph McInerny, *Studies in Analogy*, 1968. — Iacobus M. Ramírez, *De analogia*, 4 vols., 1970 (em *Opera omnia*, vols. I-IV). — L. B. Puntel, *Analogie und Geschichtlichkeit*, 1969. — A. Anzenbacher, *Analogie und Systemgeschichte*, 1978. — J. F. Ross, *Portraying Analogy*, 1981. — P. Secretan, *L'analogie*, 1984.

Sobre a analogia em teologia: M. T.-L. Penido, *Le rôle de l'analogie en théologie dogmatique*, 1931. — Battista Mondin, *The Principle of Analogy in Protestant and Catholic Theology*, 1963. — Humphrey Palmer, *Analogy: A Study of Qualification and Argument in Theology*, 1973. — B. Mojsisch, *Meister Eckhart: Analogie, Univozität und Einheit*, 1983. — G. F. O'Hanlon, *The Immutability of God in the Theology of Hans Urs Von Balthasar*, 1990.

Sobre o chamado estudo experimental da analogia: E. A. Esper, "A Contribution to the Experimental Study of Analogy", *Psychological Review*, 25 (1918).

Sobre analogia e simbolismo: S. Buchanan, *Symbolic Distance in Relation to Analogy and Fiction*, 1932. — S. T. Cargill, *The Philosophy of Analogy and Symbolism*, 1947.

Sobre o conceito de analogia nas ciências naturais: Lothar von Strauss y Torney, "Der Analogiebegriff in der modernen Physik", *Erkenntnis*, 6 (1936). — W. H. Leatherdale, *The Role of Analogy, Model and Meta-*

phor in Science, 1974. — O. Breidbach, *Der Analogieschluss in den Naturwissenschaften*, 1987.

Sobre o raciocínio por analogia: Maurice Dorolle, *Le raisonnement par analogie*, 1949. — Ch. Perelman e L. Olbrechts-Tyteca, *Traité de l'argumentation*, t. II, 1958, §§ 82-86, pp. 499-534. — R. J. Connell, *Logical Analysis: A New Approach*, 1973. — D. H. Helman, ed., *Analogical Reasoning: Perspectives of Artificial Intelligence, Cognitive Science, and Philosophy*, 1988.

Sobre o conceito de analogia na lógica grega: E.-W. Platzeck, *La evolución de la lógica griega en el aspecto especial de la analogía*, 1954.

Sobre o conceito de analogia em Parmênides e Heráclito: Eberhard Jungel, *Zum Ursprung der Analogie bei Parmenides und Heraklit*, 1964.

Sobre o conceito de analogia em Platão: Paul Grenet, *Les origines de l'analogie philosophique dans les dialogues de Platon*, 1948.

Sobre o conceito de analogia no Pseudo-Dionísio: Vladimir Lossky, "La notion des 'analogies' chez le Pseudo-Denys l'Areopagite", *Archives d'histoire littéraire et doctrinale du moyen âge* (1930), 279-309.

Sobre o conceito de analogia em vários autores escolásticos: Geral: T. Barth, "Zur Geschichte der Analogie", *Franziskanische Studien*, 37 (1955), 81-98.

Para o conceito scotista: S. Belmond, O. M., "L'univocité scotiste", *Revue de Philosophie*, 21 (1912); *ibid.*, 22 (1913).

Para o conceito tomista e cajetanista: Petazzi, "Univocità ed analogia", *Rivista di Filosofia neoscolastica* (1911 e 1912). — J. Ramírez, *De analogia secundum doctrinam aristotelico-thomisthicam*, 1922. — R. Blanche, "La notion d'analogie dans la philosophie de Saint Thomas", *Revue des Sciences philosophiques et théologiques* (1941). — G. B. Phelan, *St. Thomas and Analogy*, 1941. — J. F. Anderson, *The Bond of Being*, 1949. — A. Goergen, *Die Lehre von der Analogie nach Kard. Cajetan und ihr Verhältnis zu T. v. Aquin*, 1938 (tese). — Hampus Lyttkens, *The Analogy Between God and the World: An Investigation of Its Background and Interpretation of Its Use by Thomas of Aquino*, 1952. — B. Lakebrink, *Hegels dialektische Ontologie und die thomistische Analektik*, 1955 (sobre Cajetano). — O. A. Varangot, *Analogía de atribución intrínseca y analogía del ente según Santo Tomás*, 1957. — B. Kelly, *The Metaphysical Background of Analogy*, 1958 (folheto; principalmente baseado em Santo Tomás e parcialmente em Cajetano). — Albert Krapiec, *Teoria analogii bytu*, 1959 (*Teoria da analogia do ser*) [em Aristóteles, Santo Tomás, Brentano e outros]. — George P. Klubertanz, *St. Thomas Aquinas on Analogy*, 1960. — Yves Simon, "Order in Analogical Sets", *New Scholasticism*, 24 (1960), 1-42. — Bruno M. Bellerate, S. D. B., *L'analogia tomista nei grandi Commentatori di S. Tomasso*, 1960. — R. M. McInerny, *The Logic of Analogy. An Interpretation of St. Thomas*, 1961 [comparação entre Santo Tomás e Cajetano]. — Bernard Montagnes, O. P., *La doctrine de l'analogie de l'être d'après Saint Thomas d'Aquin*, 1963. — J. S. Morreall, *Analogy and Talking About God: A Critique of the Thomistic Approach*, 1979.

Para o conceito suareziano: Limbourg, S. J., "Analogie des Seinsbegriffes", *Zeitschrift für katholische Theologie* (1893). — J. Hellín, S. J., *La analogía del ser y el conocimiento de Dios en Suárez*, 1947.

Sobre a analogia em Kant e Hegel: E. K. Specht, *Der Analogiebegriff bei Kant und Hegel*, 1952. — E. Heintz, *Hegel und die Analogie*, 1958. — Sueo Takeda Swing, *Kant und das Problem der Analogie. Eine Forschung nach dem Logos der kantinischen Philosophie*, 1969. — F. Marty, *La naissance de la métaphysique chez Kant. Une étude sur la notion kantienne d'analogie*, 1980.

Um estudo semântico de certos problemas que podem relacionar-se com o tema clássico da analogia se encontra na seguinte série de monografias de Arne Naess: *Interpretation and Preciseness: A Contribution to the Theory of Communication*, 1953 (I. *Survey of Basic Concepts*, 1947; II. 1948; III. *"To Define" and to Make Precise*, 1948; IV. *Misinterpretation and Pseudoagreement*, 1948; V. *Principles of Elementary Analysis*, 1949). Elas incluem uma análise da sinonímia, tudo de um ponto de vista empírico, embora fazendo uso do simbolismo lógico. Naess preconiza um método experimental, com base em questionários, visando chegar a definições operacionais, e seus estudos abordam igualmente o problema da precisão e da vaguidade (VER).

Sobre a analogia e a análise da linguagem comum: D. Burrell, *Analogy and Philosophical Language*, 1973. — R. Anderson, *Analogical Thinking: Myths and Mechanisms*, 1978. ᴄ

ANALOGIAS DA EXPERIÊNCIA. No verbete Axiomas da intuição, referimo-nos à doutrina kantiana dos princípios do entendimento (ver também Kant [Immanuel]). As analogias da experiência correspondem às categorias agrupadas sob o nome de "relação" (VER). O princípio de todas as analogias da experiência afirma o seguinte: "A experiência é possível unicamente por meio da representação de uma conexão necessária de percepções" (*KrV*, B 218) ou "Todas as aparências, no que diz respeito à sua existência, estão sujeitas a regras *a priori* que determinam as relações respectivas num tempo" (*KrV*, A 177). As aparências de que Kant fala são as igualmente denominadas "fenômenos". Os modos do tempo a que ele se refere são a duração, a sucessão e a coexistência. Kant mostra que não se pode conhecer *a priori* a existência dos fenômenos; a única coisa que se pode conhecer *a priori* — a rigor, que se deve conhecer *a priori* se se aspira a um saber científico — é o modo de conexão dos fenômenos entre si.

As analogias da experiência são especialmente importantes na doutrina kantiana dos princípios do entendimento, visto que seu exame equivale a um exame das noções de substância, causalidade e reciprocidade, e a uma fundamentação da justificação do emprego das noções de "substância" e "causa" contra o "ceticismo" de Hume. Há três analogias. A primeira afirma: "Em toda mudança de aparências [fenômenos], a substância é permanente; sua quantidade na Natureza não aumenta nem diminui" (*KrV*, B 224) ou "Todas as aparências contêm a (substância) permanente como o próprio objeto, e o mutável como sua mera determinação, isto é, como o modo de existência do objeto" (*KrV*, A 182). A segunda declara: "Todas as mudanças ocorrem em conformidade com a lei de conexão de causa e efeito" (B 232) ou "Tudo o que acontece, isto é, chega a ser, pressupõe algo a que se segue, de acordo com uma regra" (A 189). A terceira reza: "Todas as substâncias, na medida em que se pode perceber que coexistem no espaço, se encontram em estado de completa reciprocidade" (B 256) ou "Todas as substâncias, na medida em que coexistem, encontram-se em completa reciprocidade mútua, isto é, em interação mútua" (A 211).

Trata-se, assim, de três "princípios": o princípio de permanência da substância, o de sucessão no tempo segundo lei causal e o de coexistência (simultaneidade) de acordo com a lei de reciprocidade ou comunidade (de ação). Observou-se que há certa correspondência entre esses três princípios e as três leis fundamentais da mecânica newtoniana. Seu conteúdo parece, em todo caso, muito semelhante, mas deve-se levar em conta que, enquanto em Newton se trata de leis físicas, em Kant trata-se de princípios transcendentais, ou princípios *a priori* do entendimento.

◌ Quase todas as obras de Kant, e os comentários à *Crítica da razão pura*, a que nos referimos na bibliografia do verbete KANT, IMMANUEL, tratam das analogias da experiência. Uma obra especialmente dedicada a elas é: Arthur Melnick, *Kant's Analogies of Experience*, 1973. O estudo de Melnick enquadra-se na análise de toda a "Estética transcendental" e da "Analítica transcendental". ◌

ANAMNESE. Ver PLATÃO; REMINISCÊNCIA.

ANANCÁSTICO. Ver WRIGHT, GEORG HENRIK VON.

ANAPODÍTICOS. Ver INDEMONSTRÁVEIS.

ANARQUISMO. O sentido originário de ἄναρχος (*anarchos*) é "sem chefe"; "anarquia" é o estado de uma comunidade que não tem condutor ou cabeça, ἄρχων, que carece de comando ou de princípio, ἀρχή. Isso não quer dizer necessariamente estar num estado de caos, mas significa de qualquer modo encontrar-se num estado de completa flexibilidade. Para alguns autores, a anarquia era a ausência de todo comando e de toda lei; para outros, a ausência de um chefe. A democracia podia ser caracterizada como anarquia num sentido negativo ou positivo. Negativamente, como expressão da ausência de toda lei e ordem; positivamente, como expressão da ausência de um ditador, por serem a lei e a ordem de todos, e não de alguém em particular.

Na medida em que ἄναρχος indica ausência de um "princípio" e completa falta de sujeição, vários teólogos medievais, de língua grega e latina, usaram ἄναρχος como característica de Deus. Com efeito, sendo seu próprio princípio e não necessitando de um princípio alheio a si mesmo, Deus é "anárquico".

Na época moderna, os termos 'anarquia' e 'anárquico' voltaram a ser empregados em sentido político, para caracterizar a estrurtura ou, pejorativamente, a falta de estrutura de uma comunidade. Foi muito comum, tendo chegado aos nossos dias, a acepção pejorativa de 'anarquia' e, por conseguinte, a do termo com o qual se vem designando a doutrina que defende a anarquia: 'anarquismo'. Este foi tido como uma doutrina que prega um estado de dissolução, antes de tudo da sociedade, mas também dos "costumes". 'Anarquia' foi amiúde equiparada a 'confusão', 'dissolução', 'destruição' etc. Supôs-se que a sociedade não pode existir, ou durar, sem um Estado, e que o Estado é a autoridade, seja esta procedente de Deus ou delegada pelos membros da comunidade. Pensadores políticos "autoritários", como Hobbes e Bodin, opinaram que os homens não podem reger-se por si mesmos, isto é, não podem reger-se a si mesmos "diretamente". Hobbes julgou que sem um soberano absoluto a sociedade regride a um suposto estado originário de uma luta de todos contra todos. A coerção pode ser penosa, mas é irremediável. A anarquia pode ser pior que a tirania.

Em geral, os autores que valorizaram mais a ordem que a liberdade criticaram as tendências "anarquistas" ou julgaram que toda ausência de ordem estrita conduz à "anarquia". Por outro lado, os autores que destacaram a importância da liberdade consideraram que esta se reduz em proporção à dose de intervenção do governo e de seus aparatos coercitivos. Tanto o anarquismo como o liberalismo ressaltaram a importância da dissensão em relação às opiniões estabelecidas e o papel fundamental desempenhado pela crítica e pela oposição diante de todo poder estabelecido e arraigado, o qual tende a perpetuar-se e a sufocar toda divergência.

Visto que o liberalismo, na acepção social e econômica desse termo — ao contrário de uma possível atitude de caráter pessoal e moral —, exprimiu amiúde a ideologia das classes burguesas modernas, produziu-se um crescente distanciamento entre liberalismo e anarquismo. Pedir uma intervenção mínima, e até nula, do Estado nas atividades dos cidadãos expressou com freqüência o ideal do *laissez-faire*, que redundou em benefício de grupos conjunturalmente opostos ao poder "oficial" (nem sempre "real") estabelecido e não de toda a sociedade. A atitude política e social liberal distinguiu-se então da chamada atitude "libertária", própria do anarquismo.

Desde o século XVIII pelo menos, especialmente com autores como William Godwin (VER), o anarquismo como doutrina ao mesmo tempo política, social, econômica e moral envolveu não apenas a idéia da diminuição e, no limite, da supressão de toda coação, como também a idéia da libertação de toda tirania e de toda exploração do trabalho alheio. Todo governo é, para Godwin, tirânico e constitui um obstáculo tanto ao exercício da liberdade como à realização da justiça.

No século XIX, desenvolveram-se as grandes doutrinas anarquistas. John Stuart Mill (VER) não é, formalmente, um anarquista, mas há características libertárias, e não só liberais, em sua concepção da sociedade e em particular em sua crítica da tirania e das desigualdades (desigualdades não apenas entre seres humanos, mas também entre homens e mulheres). O pensamento de John Stuart Mill é, em todo caso, emancipacionista (ver EMANCIPAÇÃO; LIBERTAÇÃO). John Stuart Mill seguiu em alguns pontos importantes Jeremy Bentham (VER), um dos mais consistentes e insistentes "libertários" do século XIX.

O anarquismo como doutrina política, social e também moral foi preconizado por Proudhon (VER), que costuma ser apresentado como "o fundador do anarquismo". A despeito de sua famosa fórmula "A propriedade é um roubo", Proudhon não se opôs à propriedade privada, mas tão-somente à propriedade a que coubesse o nome de "usurpadora" e "exploradora", especialmente à propriedade monopolista. Há traços anarquistas em muitos dos socialistas utópicos franceses. Contudo, é preciso chegar a Bakunin (VER) e Kropotkin (VER) para a formulação do anarquismo na forma em que é entendido hoje, como um "anarquismo coletivista", isto é, como um "comunismo libertário". À idéia de "federação" proposta por Proudhon acrescentou-se a idéia de comuna. O comunismo libertário de Bakunin e especialmente de Kropotkin encontrou a oposição do marxismo (VER). Os marxistas julgaram em geral o anarquismo como uma doutrina ingênua que, no fundo, beneficia as instituições existentes, mas houve marxistas que simpatizaram com o anarquismo. Embora igualmente comunistas, anarquismo e marxismo diferem radicalmente no que diz respeito aos métodos que devem ser seguidos para destruir o Estado e atingir o ideal de uma sociedade sem classes na qual impere a justiça e desapareça a desigualdade. Os anarquistas avaliam que a tomada do poder pelo proletariado leva à perpetuação desse poder e, portanto, à corrupção, pois todo poder é fundamentalmente corrupto.

Há grande variedade de doutrinas anarquistas. O comunismo anarquista é uma das mais proeminentes, geralmente conhecida pelo nome de comunismo libertário, ao contrário de várias formas de comunismo e de socialismo. É importante, em especial na Espanha e na França, o anarco-sindicalismo, mas este pode ser considerado uma forma de comunismo libertário. Além dos autores citados, mencionam-se, como anarquistas, Elisée Reclus, Erico Malatesta, Max Nettlau, B. R. Tucker. O interesse dos anarquistas pelo indivíduo e pelo individualismo levou a que autores como Max Stirner, Nietzsche e Tolstói fossem tidos como parte da tradição cultural moderna do anarquismo. Há importantes características anarquistas em vários movimentos atuais que insistem na emancipação e na libertação de todas as formas de opressão. A ampla gama do anarquismo manifesta-se no fato de que, nele, são encontradas tanto doutrinas da chamada "ação direta" como doutrinas de não-violência e não-resistência. As diferenças são marcadas mesmo quando se parte dos mesmos pressupostos, tais como o do chamado "estado de natureza". Pode haver então um anarquismo do "Estado mínimo", socialmente reacionário, como o de Robert Nozick (*Anarchy, State, and Utopia*, 1974), ou um anarquismo adaptado ao Estado da economia industrial avançada, mas fundado na coordenação econômica voluntária de agentes numa sociedade em que ninguém reivindica uma autoridade legítima, como o de Robert Paul Wolff (*In Defense of Anarchism*, 1970).

⊃ A bibliografia sobre o anarquismo é muito abundante; já em 1897, Max Nettlau publicou uma *Bibliographie de l'anarchie*, com prefácio de Elisée Reclus, que continha mais de 5.000 títulos, incluindo artigos. Ver também: R. Goehlert, "Anarchism: A Bibliography of Articles, 1900-1975", *Political Theory*, 4 (1976), 113-127. S. Faure dirigiu em Paris uma *Encyclopédie anarchiste*, da qual há tradução espanhola.

Ver: G. Sarno, *L'anarchia*, 1948. — P. Heintz, *Anarchismus und Gegenwart*, 1951. — Robert Paul Wolff, *In Defense of Anarchism*, 1970. — April Carter, *The Political Theory of Anarchism*, 1971. — John Carroll, *Break-Out from the Crystal Palace: The Anarcho-Psychological Critique: Stirner, Nietzsche, Dostoievsky*, 1974. — Carlos Díaz, "Diecisiete tesis sobre anarquismo", *Sistema*, 13 (abril de 1976), 5-25. — J. Joll, *The Anarchists*, 1964. — D. Tarizzo, *L'anarchia. Storia dei movimenti libertari nel mondo*, 1976. — J. P. Clark, *The Philosophical Anarchism of William Godwin*, 1977. — P. Thomas, *Karl Marx and the Anarchists*, 1980. — A. Ritter, *Anarchism: A Theoretical Analysis*, 1980. — A. Read, *Philosophie des Anarchismus*, 1982. — D. L. Hall, *Eros and Irony: A Prelude to Philosophical Anarchism*, 1982. — M. P. Smith, *The Libertarians and Education*, 1983. — J. H. Barker, *Individualism and Community: The State in Marx and Early Anarchism*, 1986. — M. Shatz, *Statism and Anarchy*, 1991. — C. Gans, *Philosophical Anarchism and Political Disobedience*, 1992.

Para o anarquismo na Espanha: C. Colomer, *Historia del anarquismo español*, 2 volumes, 1956. — Anselmo Lorenzo, *El proletariado militante*, 1975. ℭ

ANATÓLIO. Ver Peripatéticos.

ANAXÁGORAS. (*ca.* 499-428 a.C.). Nasc. em Clazômenas (Ásia Menor) e foi para Atenas em 453. Ligado por amizade e por adesão política a Péricles, foi acusado de impiedade pelos inimigos deste e se viu obrigado a abandonar a cidade em 434, falecendo em Lâmpsaco. Anaxágoras foi, no dizer de Diógenes Laércio, "o primeiro que à matéria (ὕλη) acrescentou a inteligência (νοῦς)". A "tradição jônica" renova-se em Anaxágoras, em cuja opinião nada se gera nem se destrói, havendo simples mescla e separação. A questão fundamental da filosofia pré-socrática, a interrogação relativa ao ser permanente tendo em vista a explicação do que acontece e muda, é resolvida por Anáxágoras não mediante a suposição de um princípio único nem mediante a afirmação de que só o ser é, à maneira de Parmênides, mas pela hipótese de um número infinito de elementos, de germes ou sementes, que se diferenciam entre si qualitativamente, que possuem propriedades irredutíveis e por cuja mescla e combinação nascem as coisas visíveis. Confusão, separação e mescla são o que determina a formação das coisas sobre a base das sementes que Aristóteles denominou *homeomerias*. Essas sementes estavam no início confundidas e sem ordem; estavam "todas juntas" num caos primitivo que só pôde ser ordenado pelo espírito, pela inteligência, pela mente, νοῦς. A massa originária das *homeomerias* foi submetida a um turbilhão impelido pelo espírito, pela "mais fina e pura de todas as coisas". O *Nous* é, assim, o princípio da ordem, mas também o princípio de animação e de individualização das coisas que constituem a ordem harmoniosa do universo. No entanto, o *Nous* produz a ordem de um modo previsto desde sempre, não como um destino, mas como uma força mecânica que se desenvolve a partir de seu próprio centro, ou seja, do centro de seu movimento em turbilhão. O *Nous* é, portanto, princípio do movimento, mas de um movimento que se estende quase cegamente, porque é antes animação que cumprimento de uma justiça necessária. Por isso, Aristóteles afirma que o pensamento de Anaxágoras carece de clareza, porque, embora explique a passagem do caos à ordem como intervenção no confuso e mesclado do puro e sem mescla, o explica sem justificar a finalidade desse espírito puro e universal.

A percepção das coisas ocorre, segundo Anaxágoras, mediante a sensação das diferenças entre nossos sentidos e os objetos externos. As coisas são percebidas por seus contrários; se há uma impossibilidade de captar a realidade em suas partes mínimas, isso se deve unicamente à insuficiência dos órgãos sensoriais, que, por outro lado, refletem com toda exatidão o que se põe em contato com eles.

Foram continuadores da filosofia de Anaxágoras Arquelau de Atenas ou de Mileto (*fl. ca.* 400 a.C.) e Metrodoro de Lâmpsaco (*fl. ca.* 420 a.C.). Atribui-se ao primeiro um escrito intitulado Περὶ φύσεως, *Sobre a Natureza*, na qual afirmava que o caos primitivo, a massa originária de todas as substâncias era formada pelo ar, sendo o *Nous* seu princípio ordenador. A filosofia natural de Arquelau de Atenas parecia ser, pois, uma combinação das especulações de Anaxágoras e de Anaxímenes. Metrodoro aplicou os conceitos da filosofia natural de Anaxágoras à interpretação de Homero, equiparando, por exemplo, Zeus ao *Nous*, Aquiles ao Sol, Agamenon ao éter etc.

Uma doutrina em alguns aspectos análoga à de Anaxágoras é a de Diógenes de Apolônia (ver).

Costuma-se atribuir a Anaxágoras um escrito, Περὶ φύσεως, *Sobre a Natureza*. Fragmentos e testemunhos em Diels-Kranz, 59 (46). Testemunhos de Arquelau de Atenas ou de Mileto e de Metrodoro de Lâmpsaco em *ibid.*, 69 (47) e 61 (48), respectivamente.

⊃ Ver a bibliografia dos verbetes Filosofia grega e Pré-socráticos. Além disso: F. Krohn, *Der* νοῦς *bei A.*, 1907. — D. Ciurnelli, *La filosofia di Anassagora*, 1947. — Félix M. Cleve, *The Philosophy of A.: An Attempt at Reconstruction*, 1948. — Id., *The Philosophy of A. as Reconstructed by F. M. C.*, 1973. — J. Zafiropoulo, *Anaxagore de Clazomène (I. Le mythe grec traditionnel de Thalès a Platon. II. Théorie et fragments)*, 1948. — Daniel E. Gershenson e Daniel A. Greenberg, *A. and the Birth of Physics*, 1964. — R. M. Afnan, *Zoroaster's Influence on Anaxagoras, the Greek Tragedians, and Socrates*, 1969. — F. M. Cleve, *The Philosophy of A.*, 1973. — M. Schofield, *An Essay on Anaxagoras*, 1980. — S.-T. Teodorsson, *Anaxagora's Theory of Matter*, 1982. — A. J. Capelletti, *La filosofia de A.*, 1984.

Artigos sobre Anaxágoras de M. Heinze (*Ber. der Ges. der Wiss. phil.-hist. Klasse* [1890], 1-45), H. Diels (*Archiv für Ges. der Phil.*, 10 [1897], 228-237, e *Zeitschr. für Phil. und phil. Kritik*, 114, 201-213), W. Capelle (*Neue Jahrb.* 53 [1915], 81-102, 169-198), O. Gigon (*Philologus*, 91 [1936], 1-41), W. Broecker (*Kantstudien*, 1942-1943). — Art. de E. Wellmann sobre Anaxágoras (Anaxagoras, 4) em Pauly-Wissowa. ℭ

ANAXIMANDRO de Mileto (*ca.* 610-547 a.C.) foi um dos chamados "fisiólogos jônicos" (ver Fisiologia). Segundo Diógenes Laércio, Anaximandro afirmou que "o infinito é o princípio". Esse princípio, ἀρχή, é o fundamento da geração das coisas, aquilo que as abarca (περιέχει) e domina (κυβερνᾶ); mas é um fundamento constituído por algo imortal e imperecível, pelo indeterminado, pelo indiferenciado, τὸ ἄπειρον. Do *apeiron* (ver) surgem o frio e o quente como separações da substância primordial, e se constituem o fluido, a terra, o ar, os astros. A disposição dos elementos do universo no espaço que ocupam é feita, assim, de acordo com o maior ou menor peso dos elementos componentes: no centro, a terra; cobrindo-a, a água, e recobrindo tudo, o ar e o fogo. Essa ordem que surgiu do caos nasceu em virtude de um princípio, de uma substância única, mas de uma substância que não é determinada, mas indeterminada. A indeterminação do "princípio" de Anaximandro, ao contrário da precisa determinação e transparência do "princípio" de Tales, a água, pode dever-se tanto à indiferença qualitativa que corresponde às coisas antes de serem formadas individualmente, como ao fato de que o infinito, isto é, o indeterminado, recubra o determinado, a ordem do mundo. Os mundos nascem e perecem no interior desse infinito, desse princípio e substância universal que faz com que o diverso seja, no fundo, o mesmo. O retorno de toda formação ao informe não é, assim, senão o cumprimento de uma justiça contra a injustiça que representa o fato de as coisas pretenderem ser subsistentes por si mesmas, pois a justiça é, em última instância, a igualdade de tudo na substância única, a imersão, sem diferenças, no seio de uma indeterminada infinitude.

➲ Fragmentos e testemunhos em Diels-Kranz, 12 (2).

Ver: F. Lutze, *Ueber den* ἄπειρον *Anaximanders, ein Beitrag zur richtigen Auffassung desselben als materiellen Prinzips*, 1878. — J. Neuhäuser, *Dissertatio de A. Milesi natura infinita*, 1879. — L. Otten, *A. aus Milet*, 1912 (tese). — Charles H. Kahn, *Anaximander and the origins of Greek Cosmology*, 1960. — Paul Seligman, *The "Apeiron" of Anaximander: A Study in the origin and Function of Metaphysical Ideas*, 1962. — Osvaldo N. Guariglia, *A. de Mileto*, 1966 (separata de *Anales de filología clásica*, 9, 1964-1965). — G. De Santillana, *The Origins of Scientific Thought, from Anaximander to Proclus, 600 B.C. to 300 A.C.*, 1961. — U. Hölscher, "A. und der Anfang der Philosophie", em *Id., Anfängliches Fragen. Studien zur frühen griechischen Philosophie*, 1968. — H. Schmitz, *A. und die Anfänge der griechischen Philosophie*, 1988.

Artigos de F. D. E. Schleiermacher (*Werke*, II, 171--296), G. Teichmüller (*Studien zur Geschichte der Begriffe*, 1874; reimp., 1966, pp. 3-70 e 547-588), P. Natorp (*Phil. Monatshefte*, 20 [1884], 367-398), P. Tannery (*Revue philosophique* [1886], 225-271, e *Archiv für Ges. der Philosophie*, 8 [1895], 443-448), H. Diels (*ibid.*, 10 [1897], 288-337), J. Dörfler (*Wien. Stud.* 38 [1916], 189 ss.), R. Montolfo (*Logos*, 114-130), G. B. Burch (*Review of Metaphysics* 3 [1949], 137-160), M. Heidegger (em *Hozwege*, 1950, pp. 296-343 [trad. esp.: *Sendas perdidas*, 1960, pp. 269-312]).

Ver também PRÉ-SOCRÁTICOS. ↻

ANAXÍMENES de Mileto (*ca.* 588-524 a.C.) foi provavelmente discípulo de Anaximandro, segundo relata Diógenes Laércio, e considerou, segundo Aristóteles, o ar como anterior à água, preferindo-o como princípio entre os corpos simples. Mas esse "ar" que responde à pergunta referente ao princípio das coisas é também, tal como o "princípio" de Anaximandro, algo infinito; as coisas nascem por suas condensações e rarefações, isto é, surgem do ar, ao ser dilatado ou comprimido, do fogo, da água, da terra. O ar recobre toda a ordem do universo à maneira como o ilimitado contém o limitado, mas esse recobrimento não se efetua, segundo Anaxímenes, como o estático cobre o dinâmico. Pelo contrário, o ar é o elemento vivo e dinâmico; é, como a alma humana, um alento, ou um hálito, que se opõe à passividade da matéria e, ao mesmo tempo, lhe dá forma. A indeterminação e indiferenciação do princípio ou substância primordial do universo é assim uma possibilidade, mas uma possibilidade que é, a um só tempo, a máxima realidade, pois dela derivam as realidades individuais, as coisas. A identidade do ar e do hálito ou o espírito significa desse modo a identidade de todo o dinâmico diante do estático; tal como no *apeiron*, também há no ar o fundamento da igualdade de todas as coisas, de sua justiça, contra a injustiça de sua individuação.

➲ Fragmentos e testemunhos em Diels-Kranz, 13 (3).

Ver: J. Dörfler, *Zur Urstoffslehre des Anaxímenes*, 1912. — C. H. Classen, *Ansätze*, 1986, pp. 113-129. Artigos de G. Teichmüller (*Studien zur Geschichte der Begriffe*, 1874; reimp., 1966, pp. 73-104), P. Tannery (*Revue philosophique*, 15 [1883], 621-642, e *Archiv für Ges. der Phil.* 1 [1888], 314-321), A. Chapelli (*Archiv etc.*, 1 [1888], 582-594), R. Mondolfo (*Rivista Filologia Classica* [1936], 15-26), A. Maddalena (*Atti Reale Istituto Veneto di Scienze Lettere ed Arti* [1937-1938], 515-545), G. B. Kerfeld (*Museion Helveticum* [1954], 117-121), J. Longrigg (*Phronesis*, 9 [1964], 1-4), P. J. Bicknell (*Apeiron*, 1 [1966], 17-18), J. Moran (*Apeiron*, 9 [1975], 17-19), C. J. Classen (*Phronesis*, 22 [1977], 89-102), P. J. Bicknell (*Apeiron*, 11 [1977], 49-52).

Artigo sobre Anaxímenes de E. Wellmann em Pauly-Wissowa.

Ver também a bibliografia de PRÉ-SOCRÁTICOS. ↻

ANCILLA THEOLOGIAE (literalmente: "serva da teologia"). Foi freqüente considerar que na Idade Média a filosofia esteve a serviço da teologia, mas isso pode ser entendido de vários modos: 1) as verdades teológicas, os dogmas da fé etc. são "mestres" ou "soberanos", e a filosofia — entendida amiúde como conhecimento racional — está subordinada a eles, sendo, portanto, "ancillaris" e atuando como serva da teologia; 2) a filosofia abordou principalmente, se não exclusivamente, os problemas formulados pela teologia ou no âmbito de um quadro conceitual teológico; 3) a filosofia empenhou-se em explicar proposições teológicas.

Mesmo supondo que a filosofia tenha sido *ancilla theologiae*, os modos anteriores de entender essa função serviçal são suficientemente distintos para que a expressão *ancilla* tenha em cada caso um sentido diferente. Especificar o sentido é importante, porque permite eliminar boa parte do juízo de valor (pejorativo) que em geral acompanha a expressão *ancilla theologiae*.

Por outro lado, é preciso levar em conta que o sentido "forte" de *ancilla theologiae* aparece unicamente em certos autores. Os que julgam que a teologia é superior à razão e a transcende sequer podem aceitar o caráter servil da filosofia; filosofia e teologia são concebidas como separadas (Pedro Damião). Aqueles que, na tradição ockhamista, consideram que a teologia não é uma ciência, ou um saber (racional), não podem destacar tampouco o caráter servil da filosofia. Por outro lado, aqueles que, como os "dialéticos", empreenderam investigações filosóficas "por si mesmas" também não podiam estar de acordo com o caráter serviçal da filosofia. Tampouco podia acontecer tal coisa com os que, como Santo Tomás de Aquino, se empenharam em estender uma ponte entre teologia e filosofia. Com isso, parece que na Idade Média não havia apenas representantes da idéia da filosofia como *ancilla theologiae*. Mas o que ocorre é que, quando se entende a citada expressão em sentido menos "forte", o caráter servil da filosofia em relação à teologia aparece repetidamente, já que com ele se enfatiza a estreita relação que há numa cultura determinada entre um grupo de verdades de fé e as idéias e raciocínios filosóficos que não podem simplesmente desligar-se delas.

A disputa persistiu na Idade Moderna, complicando-se com a querela sobre o relativo predomínio ou caráter serviçal de uma ou outra das "Faculdades". Kant ocupa-se dessa querela em sua *Disputa das Faculdades* (*Streit der Fakultäten*).

Por analogia com a expressão *ancilla theologiae*, empregou-se mais recentemente a expressão *ancilla scientiae*, especialmente por parte daqueles que se opuseram às orientações filosóficas que erigiram a ciência como modelo e consistiram, em ampla medida, em análise lógica da linguagem, ou linguagens, da ciência. Essas orientações filosóficas foram denunciadas como representando uma *ancilla scientiae*, em que a ciência desempenhou o papel da teologia na Idade Média.

ANDERSON, ALAN ROSS. Ver Relevância.

ANDRÉ, YVES-MARIE. Ver Malebranche, Nicolas.

ANDREAS, ANTONIO. Ver Scotismo.

ANDRÔNICO de Rodes (*fl.* 70 a.C.) é conhecido sobretudo como o compilador e organizador das obras de Aristóteles e de Teofrasto, obras que, além disso, ele comentou extensamente. De fato, deve-se a Andrônico a conservação do *Corpus Aristotelicum* (ver Aristóteles), o qual passou, desde que foi confiado por Teofrasto a Neleu de Scepsis, por uma série de vicissitudes que puseram em perigo sua conservação. Depositados durante muito tempo num porão, os manuscritos de Aristóteles foram recuperados por Apelicon, funcionário de Mitrídates, tomados por Sila como butim de guerra e, por fim, recolhidos por Andrônico. A este se deve também o título *Metafísica* dado à filosofia primeira do Estagirita (ver Metafísica). Embora principalmente de índole filológica e exegética, o trabalho filosófico de Andrônico tem uma importância considerável. Por outro lado, entre seus comentários às obras de Aristóteles e Teofrasto parece haver valiosos elementos lógicos, atualmente investigados à luz da nova lógica.

⮕ Ver: F. Littig, *Andronikos von Rhodos*, I, 1890; II, 1894; III, 1895. — Paul Moraux, *Der Aristotelismus bei den Griechen von Andronikos bis Alexander von Aphrodisias*, 3 vols., 1973.

Art. de A. Gercke sobre Andrônico (Andronikos, 25), em Pauly-Wissowa. ⊂

ANFIBOLIA. No artigo Sofisma (ver), referimo-nos à anfibolia como um dos raciocínios sofísticos *in dictione*. A anfibolia consiste na ambigüidade numa proposição. Essa ambigüidade pode existir em todas as línguas, mas, em conseqüência de sua maior liberdade de ordenação sintática, se acentua sobretudo nas línguas clássicas. Assim, a anfibolia citada por Aristóteles — *"Não deve haver conhecimento do que conhece?"* — mostra esse caráter muito melhor no original grego, tornando impreciso se o conhecimento se refere ao sujeito ou ao objeto conhecido. Um exemplo de anfibolia são os versos de Lope de Vega em *La boba para los otros y discreta para sí* (Ato I, esc. 1):

> *amor foi o filho primeiro*
> *que teve natureza*

já que se pode supor que o amor foi o primeiro filho que a Natureza teve, e também que o amor foi o primeiro filho (de quem quer que seja) que possuiu uma natureza. De resto, afora o fato de que a anfibolia anterior pode ser resolvida (como a maioria de seus análogos) pelo bom-senso, pode-se alegar que ela depende menos da estrutura lingüística que da falta de precisão tipográfica; se escrevemos 'Natureza' com inicial maiúscula (significando *a* Natureza), a anfibolia desaparece.

Em suma, fala-se de anfibolia de uma proposição ou de um juízo quando este possui um duplo sentido, quando revela uma ambigüidade e é suscetível de equívoco. Kant denomina "anfibolia dos conceitos de reflexão" o fato pelo qual o uso empírico e legítimo do entendimento pode ser substituído pelo uso transcendental, isto é, o fato de que, em vez de empregar esses conceitos em função dos dados da sensibilidade, sejam aplicados a esta seus predicados puros e, por conseguinte, seja forçada construtivamente a própria experiência como resultado de tal uso.

ANGELL, JAMES R[OWLAND]. Ver Comportamentalismo; Funcionalismo.

ANGELO DE FOSSAMBRUNO. Ver Mertonianos.

ANGIULLI, ANDREA. Ver Ardigò, Roberto.

ANGÚSTIA. Em sua elucidação do conceito de angústia, Kierkegaard parte do abismo irreconciliável entre o finito e o infinito, abismo sentido pela existência humana como uma angústia radical, como um desamparo em que a subjetividade limitada do homem está suspensa no nada de seu angustiar-se, graças ao qual pode ela ser inteiramente concreta, fugir do engano da razão unificadora e identificadora e submergir no turbilhão do existir. A angústia é, portanto, algo inteiramente distinto do medo e de outros estados anímicos semelhantes: "Estes se referem sempre a algo determinado, enquanto a angústia é a realidade da liberdade como possibilidade antes da possibilidade". "Por isso" — continua Kierkegaard —, "não se encontra nenhuma angústia no animal, justamente porque este, em sua naturalidade, não está determinado como espírito" (*El concepto de la angustia*, I, 5). Nada há, pois, de surpreendente no fato de que para Kierkegaard a investigação da angústia tenha de sair do quadro do psicológico para entrar no do existencial. A angústia é, por certo, um modo de afundar-se num nada, mas ao mesmo tempo a maneira de salvar-se desse mesmo nada que ameaça aniquilar o homem angustiado, isto é, uma maneira de salvá-lo do finito e de todos os seus enganos. Daí a possibilidade, enfatizada pelo citado autor, de uma educação pela angústia, ou, melhor dizendo, de uma educação na fé pela angústia. Essa elucidação da angústia prossegue, embora com propósito diverso, com Heidegger. Este pensador faz da angústia o estado de ânimo peculiar mediante o qual se revela o nada e se descobre a existência como um estar sustentando-se nela. A angústia não é, de acordo com isso, um mero estado psicológico nem um "angustiar-se por" algo determinado; na angústia reveladora há uma indeterminação absoluta, que a distingue completamente do medo. A angústia não é, dessa maneira, uma aniquilação do ente, mas um desmoronamento do ente, um afundamento. A confirmação desse caráter revelador da angústia é demonstrada pela visão daquilo diante do que a existência se angustiara uma vez que a angústia tenha desaparecido: essa visão remete justamente ao fato de que o objeto da angústia não fora *nada*, ao fato pelo qual o próprio nada, em sua presença pura, se revelara ali (*O que é metafísica?*). A angústia é, de acordo com isso, a própria condição de uma existência temporal e finita; não é apenas o exacerbamento de uma mera inquietação e aflição, mas o que se encontra sempre no fundo do homem quando ele não está "distraído" entre as coisas. Ao descer ao abismo de sua profundeza, o homem encontra a angústia, mas é preciso perguntar-se se esta é só uma das raízes da existência; para além ou ao lado da angústia poderia encontrar-se a esperança, um estado de expectativa que se encaminha não simplesmente às coisas entre as quais se move a existência em seus momentos de "distração", mas a uma plenitude que pode preencher o suposto vazio ou crise da vida. Talvez seja possível dizer que a angústia e a esperança se nutrem uma da outra: sem a angústia, a existência correria, com efeito, o risco de perder-se no cotidiano, ou de esclerosar-se no satisfeito; sem a esperança, em contrapartida, a existência poderia desmoronar, vítima de seu próprio afundamento interminável. Poder-se-ia conceber a vida como um contínuo trânsito de uma para a outra, sem nunca deter-se em nenhuma delas; esperança e angústia parecem igualmente necessárias para que a existência humana mantenha seu modo de ser essencialmente "contraditório".

Sartre falou de uma "angústia diante do porvir" e também de uma "angústia com relação ao passado". Em ambos os casos, trata-se da descoberta da liberdade que me constitui, isto é, da liberdade que "sou". "A liberdade que se manifesta mediante a angústia se caracteriza por uma obrigação perpetuamente renovada de refazer o Eu que designa o ser livre" (*L'Être et le Néant*, 1943, p. 72). Ora, uma vez que a liberdade é uma estrutura permanente do ser humano, parece que a angústia deveria estar sempre presente; é um fato, contudo, que isso não ocorre. Isso se deve a que estou rodeado por um mundo de urgências e de valores, um mundo de projetos que estão se realizando. Não se trata de que essas urgências, esses valores, projetos em vias de realização etc. neguem a angústia. A rigor, eles remetem constantemente a ela. Mas a angústia como tal surge unicamente enquanto "apreensão reflexiva da liberdade por si mesma".

Os conceitos anteriores são predominantemente "existenciais" (e, em Heidegger, "existenciários"). Foram elaborados por filósofos e tiveram pequena ressonância na psicologia contemporânea — com exceção da chamada "psiquiatria existencial" a que nos referimos no verbete Psicanálise existencial (ver). Os psicólogos, especialmente os de tendência dita "científica" e "experimental", dedicaram-se sobretudo a descrever objetivamente os estados de angústia, ou a buscar o vínculo desses estados com fenômenos fisiológicos e bioquímicos. Ora, no âmbito da psicanálise freudiana, a investigação dos estados de angústia desenvolveu-se numa forma que por um lado é estritamente psicológica ou psicofisiológica e, por outro, parece tocar temas sensivelmente análogos aos do pensamento filosófico existencial e existencialista. Descreveremos brevemente as opiniões de Freud a esse respeito.

As causas dos estados de angústia (e dos estados, comumente menos opressores, da ansiedade) tinham sido buscadas antes de Freud em perturbações fisiológicas (por exemplo, na atividade das glândulas supra-renais). Freud resumiu esses estados de angústia produzidos por uma ou várias causas fisiológicas sob o nome de "angústia objetiva". Esta se distingue da "angústia neurótica", que tem causas psicológicas (mentais). A causa da angústia objetiva é a perspectiva de um perigo externo que se supõe insuperável e que paralisa a ação, resultando no estado de detenção da respiração e de contração a que alude o termo 'angústia' (*angústia* = 'estreiteza'). A angústia objetiva pode conduzir à angústia neurótica. Mas esta costuma ter causas que permanecem ocultas à pessoa angustiada. Assim, Freud indica que o nascimento é causa e até protótipo da angústia neurótica, porque joga o indivíduo no mundo, fora da proteção que lhe proporcionava o seio materno. As causas da angústia neurótica são mais "vagas" que as da angústia objetiva. Três tipos de causa são importantes. Por um lado, causas ligadas a certas fobias de localização difícil. Por outro lado, "causas disponíveis", indeterminadas, que fazem com que a angústia "flutue" sem encontrar objetos específicos nos quais fixar-se (esta é uma forma de angústia bem descrita por Proust quando escreve sobre ela que "flutua [...] vaga e livre, sem estar ligada a nada determinado, a serviço um dia de um sentimento, outro dia de outro, ora da ternura filial, ora da amizade por um companheiro" [*À la recherche du temps perdu*, ed. P. Clarac e A. Ferré, tomo I, p. 30]). Por fim, causas que já não podem ser denominadas causas, pois não há nesta forma de angústia relação perceptível entre a angústia e o que se teme. Este último tipo de angústia manifesta-se na história. Em suas obras *Introdução geral à psicanálise* e *Inibição, sintoma e angústia* (cf. bibliografia em FREUD [SIGMUND]), Freud destaca o componente sexual — os "modos de uso da libido" — das angústias histéricas; os impulsos sexuais não satisfeitos ou não sublimados são reprimidos e geram estados histéricos. Mas em outras obras o conceito de angústia se liberta de conotações exclusivamente sexuais e até parece atingir as formas que descrevemos como "existenciais". Em *Além do princípio de prazer*, Freud distingue a angústia (*Angst*), o temor (*Furcht*) e o pavor (*Schrek*). A angústia corresponde a um estado de expectativa do perigo (incluindo um perigo desconhecido); o temor requer um objeto com relação ao qual o sujeito se sinta temeroso; o pavor é o estado em que se encontra um sujeito quando enfrenta um perigo para o qual não estava preparado.

⊃ Da obra de Kierkegaard *O conceito de angústia* há tradução espanhola (1930). Também a há da conferência de Heidegger: "¿Qué es metafísica?" (em *Cruz y Raya*, nº 6, Buenos Aires, 1956). — O livro de Sigmund Freud *Hemmung, Symptom und Angst* (*Inibição, sintoma e angústia*) está traduzido na edição de *Obras completas* (tomo II).

Obras psicológicas e psicopatológicas sobre a angústia: W. Stekel, *Nervöse Angstzustände*, 4ª ed., 1924. — Pierre Janet, *De l'angoisse à l'extase. Études sur les croyances et les sentiments*, 2 vols., 1926. — O. Liebeck, *Das Unbekannte und die Angst*, 1928. — A. Rado, *Zwangserscheinungen und Angstzustände bei Nervösen*, 1933. — G. Störring, *Zur Psychopathologie und Klinik der Angstzustände*, 1934. — R. Lacroze, *L'angoisse et l'émotion*, s/d. (1938). — Juliette Boutonnier, *L'angoisse*, 1945. — M. Neumann, *Ueber die Angst*, 1947. — E. Froeschels, *Angst. Eine philosophischmedizinische Betrachtung*, 1950. — R. May, *The Meaning of Anxiety*, 1950. — J. J. López Ibor, *La angustia vital*, 1950. — F. Panse, *Angst und Schreck*, 1952. — A. Silva Tarouca, *Die Logik der Angst*, 1953. — Paul Diel, *La peur et l'angoisse*, 1956 (psicologia profunda, "intrapsíquica"). — G. Benedetti e outros, *Die Angst*, 1959 [Jung-Institut, Zurique. Studien, 10]. — R. Lenné, *Das Urphänomen Angst, Analyse und Therapie*, 1975. — H. W. Krohne, *Theorien zur Angst*, 1976. — E. Morelli, *Anxiety: A Study of the Affectivity of Moral Consciousness*, 1985. — K. Hoeller, ed., *Readings in Existential Psychology and Psychiatry*, 1990.

Sobre a angústia e o pensamento mágico: Ch. Odier, *L'angoisse et la pensée magique*, 1947.

Angústia e religião: E. Rochedieu, *Angoisse et religion*, 1952. — F. Berthold, *The Fear of God: The Role of Anxiety in Contemporary Thought*, 1959. — E. D. Dodds, *Pagan and Christian in an Age of Anxiety: Some Aspects of Religious Experience from Marcus Aurelius to Constantine*, 1965. — W. Bitter, *Angst und Schuld in theologischer und psychotherapeutischer Sicht*, 1971. — J. G. Arapura, *Religion as Anxiety and Tranquillity: An Essay in Comparative Phenomenology*, 1972.

Angústia metafísica: Henri Édouard Pirenne, *Sur l'angoisse métaphysique. Essai de philosophie de la philosophie*, 1934.

Angústia do homem moderno, e em vários autores: A. Kunzli, *Die Angst des modernen Menschen. Dargestellt am Leben und Denken S. Kierkegaards*, 1947 (tese). — P. Laín Entralgo, *La espera y la esperanza*, 1957; 2ª ed., 1958 (contém uma análise das "filosofias da angústia" na linha de uma "antropologia da esperança"). — F. Berthold, Jr., *The Fear of God: The Role of Anxiety in Contemporary Thought*, 1959 (fenomenologia da angústia ao longo do estudo de Santa Teresa, Lutero, Freud, Heidegger e Karl Barth). — Oswaldo Robles,

El problema de la angustia en la psicopatología de K. Jaspers, 1958 (tese). — W. E. Fann *et al.*, eds., *Phenomenology and Treatment of Anxiety*, 1979. — J. B. Mc Carthy, *Death Anxiety: The Loss of the Self*, 1980. — D. K. Coe, *Angst and the Abyss: The Hermeneutics of Nothingness*, 1985.

Angústia em sentido histórico-psicológico: O. Pfister, *Das Christentum und die Angst. Eine religionspsychologischhistorische und religionshygienische Untersuchung*, 1914. ℂ

ANICERIS (século III), um dos cirenaicos (VER), foi menos radical em suas opiniões que Heguesias, aproximando-se mais de Aristipo. Com efeito, para Aniceris, prazer e dor voltam a ser respectivamente os sumos bem e mal. Mas, enquanto Aristipo considerara esses princípios como de natureza estritamente individual, Aniceris os examinou à luz das formas de relação social. Assim, para este filósofo, a amizade e a gratidão são realidades positivas que o sábio deve admitir. Ora, amizade, gratidão e outras virtudes são experimentadas por cada um e não têm valor fora da experiência individual, não são desejáveis por si mesmas, a não ser na medida em que afetam a pessoa. Entretanto, essas opiniões de Aniceris o obrigavam a reconhecer que, sendo a amizade, por exemplo, algo bom, é possível, e até recomendável, que por amor a ela soframos algumas dores.

ANIMAIS (DIREITOS DOS). Em relação com diversos movimentos contemporâneos de libertação (VER), falou-se de "libertação animal" ou "libertação dos animais". Os movimentos de libertação humanos — libertação dos oprimidos (economicamente, politicamente, nacionalmente etc.), libertação da mulher etc. — são inter-humanos; trata-se de libertar certos grupos humanos de outros grupos humanos. O movimento de libertação dos animais é, por assim dizer, intervivos: trata-se de libertar os animais de opressões a que são submetidos pela espécie humana, ou por grupos de seres humanos que adotam, consciente ou inconscientemente, a atitude denominada "especieísmo" (VER).

Os exemplos de opressão ou subjugação dos animais são muito variados. Em princípio, parece que deveriam incluir todos os atos voltados a deslocar os animais de seu habitat natural. Contudo, isso levaria a concluir que a domesticação de animais é uma opressão, o que, em muitos casos, é exagero. Mesmo excluindo a domesticação, há uma grande variedade de atos de tratamento de animais sobre os quais se pode discutir se implicam ou não a opressão ou os maus-tratos. Alguns autores consideram que é injusto matar animais para atender às necessidades alimentares humanas, alegando que o homem não é necessariamente um animal carnívoro. Outros consideram que se pode comer carne animal, mas sempre que a matança dos animais seja feita em condições que reduzam ao mínimo, ou eliminem por completo, a dor. Há acordo geral entre os partidários da libertação animal no que se refere ao fato de que não devem ser sacrificados os animais para fabricação de cosméticos ou obtenção de peles, considerados luxos desnecessários. Há também concordância geral no que tange a opor-se ao uso de animais para experimentos biológicos e médicos que não sejam estritamente controlados; naturalmente, há acordo geral sobre o fato de que, mesmo em casos aceitáveis de experimentação biológica e médica, os animais não devem ser torturados.

A questão da libertação dos animais está estreitamente ligada à dos direitos destes. Se se deseja que os animais sejam libertados, é porque se supõe que têm direitos. Formulou-se a esse respeito a questão referente a saber se esses direitos pressupõem ou não uma igualdade dos animais com relação aos seres humanos. A resposta mais comum é negativa: sustentar que os animais têm direitos não equivale a afirmar que há igualdade entre eles e os seres humanos. Cada uma das espécies tem características próprias, correspondendo a cada uma certos direitos. Entretanto, trata-se de saber se não há direitos básicos comuns aos seres humanos e, pelo menos, a certas espécies animais — mamíferos e pássaros — e se esses direitos não se fundam, em última análise, numa espécie de igualdade que poderia ser denominada "igualdade vivente".

Em sua obra sobre os princípios da moral e da legislação (*The Principles of Morals and Legislation*, cap. XVII, sec. 1, nota ao parágrafo 4), Jeremy Bentham expressou a idéia de que "*pode chegar o dia em que o resto da criação animal possa adquirir esses direitos que nunca lhe deveriam ter sido tirados, salvo pela mão da tirania*". Esses direitos se fundam, segundo Bentham, na noção de uma característica comum a seres humanos e a animais. Foi habitual considerar que os primeiros se distinguem dos últimos pela posse da razão ou pela faculdade da linguagem. Também foi comum considerar que os direitos dos seres humanos se baseiam nessa posse. Mas Bentham mostra que um cão adulto é mais racional que uma criança de um dia, ou de um mês, ou de um ano. Os deficientes mentais congênitos não se distinguem por sua capacidade racional. Segundo Bentham, em vez de perguntar se um ser vivo pode raciocinar, ou falar, deve-se perguntar se pode sofrer. Se esses animais, tal como os seres humanos, podem sofrer, e se se considera que o sofrimento deve ser evitado, todos esses seres vivos têm, em virtude dessa característica comum, o direito de que não lhes inflinjam sofrimentos, isto é, o direito de não ser tratados com crueldade.

A rigor, o sofrer é uma manifestação de sensibilidade. Esta também inclui o prazer. A característica "sofrente" pode ser generalizada, com vantagem, mediante a característica "senciente". Os seres humanos e, ao menos muitos animais, são realidades sencientes.

Peter Singer (*Animal Liberation*, 1975, pp. 9 ss.) aprova essas considerações de Bentham e indica que o "ser senciente" (*sentient*) "é o único limite defensável de atenção para com os interesses dos outros". Os interesses dos animais decorrem de sua condição de seres sencientes. Há, segundo isso, uma plena e simples aplicação do "princípio de igualdade" que é, de momento, suficiente, de acordo com Singer, para justificar o não causar dano, ou minimizá-lo, aos seres sencientes e, portanto, também aos animais. Isso não quer dizer que todos os seres vivos sejam, como se apontou, iguais, e não significa tampouco que todas as vidas tenham o mesmo valor. Mas quer dizer: no que diz respeito a matar um ser vivo, o especieísmo não constitui um critério suficiente para justificar, ou não justificar, o tirar a vida desse ser. Em outras palavras, não é porque o ser humano é diferente de outros seres vivos que se justifica tratá-los sem levar em conta seus interesses e direitos.

Além da citada obra de Singer, ver o livro, publicado anteriormente, de Ruth Harrison, Richard Ryder *et al.*, *Animals, Men, and Morals*, 1971, ed. Stanley e Roslind Godlovitch e John Harris. É especialmente importante o artigo de Brigid Brophy, "In Pursuit of a Fantasy", pp. 125-148. Essa obra contém um artigo de Leonard Nelson (VER) sobre "os deveres para com os animais". A antologia ed. por Tom Regan e Peter Singer, *Animal Rights and Human Obligations*, 1976 (2ª ed., 1989), contém, além de alguns trabalhos contemporâneos sobre a questão (Henry S. Salt, Joseph Rickaby, Joel Feinberg *et al.*), vários textos clássicos, desde a Bíblia e Aristóteles até Bentham, passando por Plutarco, Santo Tomás, Descartes, Kant, Voltaire, Schopenhauer, Darwin e outros. Podem-se classificar os textos pelo maior ou menor grau de simpatia, indiferença ou hostilidade de seus autores para com os animais; indicaremos como exemplos que a indiferença é patente em autores como Aristóteles ou Santo Tomás em virtude de sua insistência nas diferenças entre criaturas racionais e não-racionais; a hostilidade é patente em Descartes por sua idéia de que os animais são, ou são como, máquinas; a simpatia é óbvia, embora por razões muito diferentes (teológicas, metafísicas ou morais), em autores como Plutarco, Kant e Schopenhauer. Kant assinala explicitamente que nossos deveres para com os animais são deveres indiretos para com a humanidade.

•• Tanto o movimento em favor dos direitos dos animais como o número de livros que questionam a moralidade do tratamento que damos aos animais experimentaram um crescimento extraordinário nos anos 1980 e 1990. Nesse período, algumas das posições mantidas antes foram modificadas ou esclarecidas.

É o que acontece, por exemplo, na questão — pouco debatida, por outro lado — da domesticação e da posse de animais de estimação, hábitos que não parecem ter fácil justificação do ponto de vista dos direitos dos animais. Eis aí um problema de ética aplicada que, não obstante, só parece admitir uma abordagem teórica, não apenas porque a domesticação já se realizou mas também porque para muitos animais — de espécies com níveis muito elevados de reprodução — a morte poderia ser a alternativa inevitável na medida em que abandonassem a vida no cativeiro. Num futuro imediato, novas circunstâncias — como, por exemplo, a domesticação de animais até agora selvagens, o controle da reprodução de animais domésticos ou a evitação do sacrifício de animais vadios — poderiam transferir a um primeiro plano a discussão sobre a moralidade de manter animais domésticos em cativeiro.

Muitos ressaltam também que o consumo de carne não é necessário para a sobrevivência humana. Os seres humanos, afinal de contas, não são predadores, ao menos não de uma perspectiva biológica — carência dos dentes ou da saliva característicos, da extensão dos intestinos etc. —, muito embora possam transformar-se em predadores culturais. Os defensores dos direitos dos animais também se opõem à pesquisa biomédica com seres vivos, ainda que alguns viessem a aceitar — se isso fosse possível — uma "pesquisa benigna" que pudesse beneficiar tanto animais como seres humanos.

As mudanças mais notáveis talvez possam ser ilustradas com a menção de três livros fundamentais: Tom Reagan, *The Case for Animal Rights* (1983), no qual Reagan desenvolve, no que se refere aos direitos, "o critério de sujeito de-uma-vida"; a segunda edição de Peter Singer, *Animal Liberation*, na qual o autor destaca que sua compreensão da libertação dos animais não se baseia numa teoria dos direitos; Andrew Lizey, *Animal Rights and Christianity*, na qual se afirma que, historicamente, boa parte do cristianismo entendeu incorretamente o *status* moral dos animais. Muitos escritos feministas que defenderam uma ética baseada na noção de "cuidar com afeto" também deveriam ser levados em conta.

Entre os que compartilham a preocupação pelos animais não-humanos — expressão que reforça que todos somos animais —, podem-se identificar, contudo, diversas linhas teóricas; assim, podem-se distinguir defensores dos direitos dos animais, protetores dos animais, utilitaristas, feministas etc. Em geral, os protetores dos animais estão dispostos a aceitar melhorias no tratamento dos animais, enquanto outros, como Reagan, se identificam a si mesmos como abolicionistas e proclamam que não basta opor-se à crueldade e tentar melhorar as condições de criação ou de sustento dos animais.

Também é usual distinguir os que vêem os direitos dos animais como um problema à parte e aqueles que os situam num contexto social mais amplo. Francione, por exemplo, afirma que os direitos dos animais estão inseparavelmente unidos aos das mulheres, dos não-brancos, dos homossexuais, isto é, de todos os que são objeto de exploração. Ele sustenta que nosso tratamento dos animais se baseia na idéia de que eles são uma propriedade, algo que podemos possuir, comprar, vender e usar para nossa própria conveniência.••

➲ Além dos trabalhos citados no verbete, ver, para uma concepção pós-cartesiana do homem e dos animais: L. C. Rosenfield, *From Beast-Machine to Man-Machine: Animal Soul in French Letters from Descartes to La Mettrie*, 1941. — W. H. Thorpe, *Animal Nature and Human Nature: Uncovering the Uniqueness of Man*, 1974. — D. Radner, M. Radner, *Animal Consciousness*, 1989.

Para uma consideração do problema da perspectiva moral: P. Singer, *Animal Liberation: A New Ethics for Our Treatment of Animals*, 1976. — M. von Cranach, *Methods of Inference from Animal to Human Behaviour*, 1976. — S. R. Clark, *The Moral Status of Animals*, 1977. — H. S. Salt, *Animal's Rights, considered in Relation to Social Progress*, 1980 (trata-se de uma reprodução de uma obra de 1892, claramente favorável aos direitos dos animais; incorpora um prefácio de P. Singer e uma extensa bibliografia de escritos sobre direitos dos animais). — B. E. Rollin, *Animal Rights and Human Morality*, 1981; ed. rev. 1992. — S. R. L. Clark, *The Nature of the Beast: Are Animals Moral?*, 1982. — T. Regan, *All That Dwell Therein: Animal Rights and Environmental Ethics*, 1982. — D. Premack, *Gavagai: Or the Future History of the Animal Language Controversy*, 1986. — U. Wolf, *Das Tier in der Moral*, 1990. — M. Zimmerman et al., eds., *Environmental Philosophy: From Animal Rights to Radical Ecology*, 1993.

Para uma discussão sobre a legitimidade ou ilegitimidade moral de realizar experiências com animais: M. A. Fox, *The Case for Animal Experimentation: An Evolutionary and Ethical Perspective*, 1986. — G. Langley, ed., *Animal Experimentation: The Consensus Changes*, 1989. — R. E. Baird, ed., *Animal Experimentation: The Moral Issue*, 1991. — G. Francione, A. E. Charlton, *Vivisection and Dissection in the Classroom: A Guide to Conscientious Objection*, 1992.

Bibliografia: C. R. Magel, *A Bibliography on Animal Rights and Related Matters*, 1981 (contém 3.210 verbetes, exclusivamente em inglês, que abrangem desde a época bíblica até 1981; há seções sobre animais e leis, literatura, religião, arte e música, bem como listas de organizações interessadas nos animais). — Id., *Keyguide to Information Sources in Animal Rights*, 1989 (completa com eficácia a obra anterior). ⊂

ANIMISMO. Costuma significar a crença de que tudo está animado e vivificado, de que os objetos da Natureza são, em sua singularidade e em sua totalidade, seres animados. Esse animismo coexiste nos povos primitivos sob a forma do antropomorfismo, pelo qual a animação de todos os seres é concebida em analogia com a do homem. Segundo Edward Burnett Tylor (1832-1917), o animismo é, em termos gerais, a doutrina dos seres espirituais na medida em que abrange a própria essência de uma filosofia espiritualista oposta a toda filosofia materialista. 'Animismo' seria então um termo com o qual se designaria toda doutrina de índole espiritualista. Ora, o animismo se divide, segundo Tylor, em dois grandes dogmas, que fazem parte de uma única doutrina consistente: o primeiro refere-se às almas de criaturas individuais, capazes de possuir uma existência que continua depois da morte ou da destruição do corpo; o segundo diz respeito aos espíritos que possuem a categoria de divindades poderosas (cf. *Primitive Culture*, 1873). Contudo, o fato de que o animismo equivalha em grande parte à doutrina de que a alma é, em todos os sentidos, o verdadeiro princípio vital não quer dizer que ele seja inteiramente identificável com essa doutrina. Pois o animismo pode ser entendido também em dois outros sentidos: ou o anímico é princípio do orgânico como sujeito material, ou representa seu princípio sob a forma da causa final de todos os movimentos corporais. Neste último sentido, o animismo equivale ao vitalismo, tal como defendido por Hans Driesch em sua teoria da "causalidade entelequial" e em sua doutrina da entelequia orgânica, assim como à psicologia "hórmica" e teleológica de William McDougall, que denomina precisamente *animismo* sua própria teoria psicológica. Mas esta causa final tende então a deixar de ser meramente uma instância exemplar, uma atração, para transformar-se num verdadeiro e real princípio ativo. É óbvio, em todo caso, que o termo 'animismo' se revela para essa concepção demasiado vago, sendo conveniente evitá-lo, seja para concentrá-lo em sua primeira significação antropológica, seja para aplicá-lo a toda doutrina segundo a qual a alma, ou uma realidade análoga a ela, constitui o princípio da atividade de todos os seres, e não apenas de todos os corpos orgânicos, mas também, por exemplo, dos próprios astros, e até do universo concebido como unidade. Nesse sentido, podem ser qualificadas de animistas as doutrinas antigas e renascentistas que sustentam a existência de uma Alma do Mundo (VER).

➲ Ver: E. Saisset, *L'âme et la vie; étude sur la renaissance de l'animisme*, 1864. — A. Borchet, *Der Animismus*, 1900. — Clodd, *Animisme*, 1918. — J. Pascher, *Der Seelenbegriff im Animismus E. B. Tylors*, 1929. — W. T. Harris, E. G. Parrinder, *The Christian Approach to the Animist*, 1960. — W. Mc Dougall, *Body and Mind. A History and a Defense of Animism*, 1961. — E. Renner, *Eherne Schalen. Über die animistische Denk- und Erlebnisformen*, 1967. — R. C. Dales, "The De-Animation of the Heavens in the Middle Ages", *Journal of the History of Ideas*, 41 (1980), 531-550. — R.

Bunge, "Awareness of the Unseen: The Indian's Contract with Life", *Listening*, 19 (1984), 181-191. — D. Kennedy, "Fools, Young Children, Animism, and the Scientific World-Picture", *Philosophy Today*, 33(4) (1989), 374-381. ↻

ANJO. Significa literalmente "mensageiro", "anunciador" (ἀγγελλεῖν, anunciar; ἀγγελία, anúncio, missão, mensagem). Doutrinas angelológicas são encontradas em várias concepções religiosas e cosmogônicas (por exemplo, entre os antigos persas), mas só no judaísmo e depois, sobretudo, no cristianismo a doutrina sobre os anjos atinge sofisticações teológicas que suscitam interesse filosófico.

No Antigo Testamento, os anjos são enviados de Deus e ocasionalmente — como no caso do "Anjo de Iahweh" — parecem ser uma antecipação do Verbo de Deus. No Novo Testamento, fala-se da intervenção de anjos em diversas ocasiões (Anunciação, consolo de Jesus por um anjo durante a paixão etc.). Em todos os casos, os anjos são considerados seres criados por Deus, mas muitas discussões foram suscitadas a respeito de sua verdadeira natureza e destino. Todos os Padres da Igreja e teólogos admitiram que se trata de espíritos, mas, enquanto alguns insistiram em sua pura espiritualidade, outros lhes atribuíram um corpo (etéreo e luminoso). Quanto a seu destino, admite-se a narração da rebelião de alguns dos anjos contra Deus (ver DEMÔNIO); no entanto, enquanto vários autores (Orígenes, *De principiis*, II, 9 e III, 5-6) afirmam que todos os espíritos criados por Deus (anjos e demônios) se salvam na apocatástase final, a maioria dos Padres, especialmente desde Santo Agostinho (cf. particularmente *De Civ. Dei*, XI e XII; *Comm. litt. en.*, I, 1-5), se inclina a favor da admissão da condenação eterna dos anjos maus e da eterna beatitude dos anjos bons.

Os esclarecimentos anteriores não se mostraram, porém, suficientes nem do ponto de vista teológico nem do filosófico. Em termos teológicos, só com Dionísio, o Areopagita (*Hier. cael.*, especialmente IV-X), se desenvolveu uma doutrina angelológica que, baseada na Escritura, oferecia um aspecto sistemático, não apenas no que se refere ao exame da natureza dos anjos, mas também no que diz respeito a sua organização (em nove coros e três hierarquias). Filosoficamente, a doutrina mais completa a esse respeito é sem dúvida a de Santo Tomás (cf. especialmente *S. theol.* I, qq. L-LVI e *Cont. Gent.*, II, 72 e 98), que usou para a edificação da angelologia concepções proporcionadas pelo pensamento aristotélico. Sobremodo importante a esse propósito foi interpretar os anjos filosoficamente como substâncias separadas e intelectuais. Essas substâncias são imutáveis e imortais; embora indivíduos, são ao mesmo tempo espécies, de maneira que cada anjo constitui por si mesmo um universo completo e extremamente rico. Apesar de criados por Deus e situados na hierarquia do ser entre Deus e os homens, os anjos são espíritos puros, puras inteligências, auxiliares de Deus no governo divino, possuidores de uma ciência superior à humana mas inferior à divina, pois os anjos não podem penetrar por suas próprias forças nem no íntimo do coração humano nem no segredo do porvir: seu conhecimento dos seres humanos é mais completo que o de qualquer outro ser (exceto Deus), e suas previsões mais perfeitas que as de qualquer outro ser (exceto Deus), mas não há nem conhecimento completo das profundezas do homem nem previsão infalível do porvir.

Concluamos pela observação de que Eugênio d'Ors (ver ORS [EUGÊNIO D']) interpretou o conceito de anjo num sentido muito especial em sua doutrina filosófica; o anjo pode ser comparado, em sua opinião, com uma espécie de "sobreconsciência", de tal modo que a angelologia se transforma numa doutrina — mais metafísica que psicológica — da personalidade.

⇒ C. Westermann, *O anjo de Deus não precisa de asas*, Loyola, 2000. ↻

ANOMIA. O sentido desta palavra é 'sem lei' (νόμος = lei). 'Anômico' significa "alegal" (ao contrário de "ilegal", que costuma ter a conotação de algo contrário à lei). A palavra 'anomia' forma-se por analogia com outras nas quais intervém a mesma formação precedente do grego νόμος; por ex., 'autonomia' (lei própria), 'heteronomia' (lei alheia), 'teonomia' (lei divina), 'eleuteronomia' (lei da liberdade) etc.

André Lalande, no verbete "Anomie" de seu *Vocabulário técnico e crítico da filosofia*, menciona dois usos de 'anomia'. Um procede de Guyau (*Esquisse d'une morale sans obligation ni sanction*), que contrapõe anomia, como "ausência de lei fixa", a autonomia (VER) em sentido kantiano. O outro sentido provém de Durkheim (*Le suicide*), que entende por 'anomia' um estado de "desordem" e de falta de coordenação. O mesmo autor (cf. o verbete "Anômico") fala em *La division du travail social* de "trabalho anômico", enquanto uma das formas da divisão do trabalho anormal; e em *Le suicide*, de "suicídio anômico", resultante de uma falta de organização.

O sentido de Durkheim foi mantido por Sartre em *Critique de la raison dialectique*. Sartre cita o verbete "Anomia" do *Vocabulário* de Lalande e indica que, na esfera do trabalho, a anomia é "a ausência do elemento não-contratual".

Jean Duvignaud (*L'anomie. Hérésie et subversion*, 1974) estuda a mudança social como fundamento da sociedade humana enquanto diferente de quaisquer outras "sociedades". Segundo ele, é importante levar em conta o conceito de anomia introduzido por Durkheim. "Diremos" — escreve Duvignaud — "que as manifestações de anomia se situam onde de uma maneira brutal, inspirada, se estabelecem curto-circuitos entre diversos discursos — político, literário etc. —, provocando configurações inéditas, ainda não conceptualizadas, sempre transitórias".

ANONYMUS IAMBLICHI. O *Anonymus Iamblichi* (*Anônimo de Jâmblico*), assim chamado por se terem conservado fragmentos seus no capítulo 20 do *Protréptico ou Exortação* (à filosofia) de Jâmblico, é um escrito redigido, ao que parece, por um dos sofistas (por Hípias, segundo M. Untersteiner, *I Sofisti*, 1949) da segunda metade do século V a.C., no qual se expressam opiniões derivadas de Protágoras e de Pródico e no qual há valiosos comentários sobre um dos problemas mais debatidos pelos sofistas: a relação entre a virtude e seus fins. O *Anonymus Iamblichi* adota uma atitude polêmica contra os sofistas que poderíamos chamar de *radicais*, ou seja, contra as gerações mais jovens dos sofistas. Um dos problemas mais insistentemente sublinhados é a necessidade do treinamento da virtude, com a finalidade de aplicá-la a fins úteis e bons. Além disso, ele preconiza que o homem deve ser dono de si mesmo (tese que se aproxima do tema capital da meditação das escolas socráticas: a autonomia do homem). É interessante comprovar, com efeito, até que ponto parece haver no *Anonymus Iamblichi* consciência de que se avizinha uma época difícil, dominada pelo relaxamento dos costumes na ética e pela anarquia na política. A última coisa, sobretudo, é a origem de muitos males, especialmente da tirania. O tirano surge na sociedade quando os homens se abandonaram à falta de lei e à injustiça. Não se pode, pois, falsear a virtude nem dissolver a lei. O *Anonymus Iamblichi* oferece neste ponto um aspecto exortativo e não apenas polêmico.

➲ O *Anonymus Iamblichi* recebe também o nome de Δισσοὶ λόγοι (por causa de suas palavras iniciais: Δισσοὶ λόγοι λέγονται ἐν τῇ Ἑλλάδι etc.) ou Διαλέξεις. Edição de E. Weber, 1897, e de Diels-Kranz, 89 (82).

Ver: F. Blass, *Comm. de Antiph. sophista Jamblichi auctore*, 1889. — H. Gomperz, *Sophistik und Rhetorik*, 1921. — Roller, *Untersuchungen zum Anonymus Iamblichi*, 1932. ⊂

ANSELMO (SANTO) (1035-1109). Nasc. em Aosta, peregrinou pela França e estudou na abadia de Bec (Normandia), na qual foi prior (1062-1072). Em 1093, foi eleito arcebispo de Canterbury, de cuja sede permaneceu ausente durante vários anos por motivos políticos, mas onde faleceu três anos depois de seu regresso de um exílio. Santo Anselmo representa no século XI o máximo esforço de conciliação entre a fé e a dialética. O princípio *Credo ut intelligam*, creio para compreender, proveniente de Santo Agostinho, é adotado por Santo Anselmo como princípio capital pelo qual se deve reger toda especulação filosófica, pois, se os dogmas exigem a fé, esta busca constantemente a compreensão. Deus permite a quem possui a fé a visão intelectual que conduz dela a seu conhecimento; só pela fé o saber pode ser plena evidência e verdade. A obra de Santo Anselmo, voltada para a demonstração racional da revelação, atinge seu ponto culminante nas provas dadas, no *Monologium* e no *Proslogion*, da existência e natureza de Deus. Na primeira dessas obras, ele determina o saber que a razão possui de Deus mediante a teoria platônica da participação de toda coisa num arquétipo que a compreende e fundamenta. Desse modo, pode-se, partindo de qualquer objeto, chegar à existência de um Ser supremo e absoluto, infinitamente justo, pelo qual é possibilitada, mediante participação, a existência das coisas justas. É apenas por existir esse Ser absoluto e subsistente por si mesmo que podem existir as outras coisas. O supremo Ser é, por outro lado, incausado, pois, se tivesse uma causa, seria, coisa impossível, inferior a ela. No *Proslogion*, Santo Anselmo desenvolve a prova denominada ontológica (VER), que não parte da realidade dada, mas da idéia de Deus que o pensamento possui. De acordo com Santo Anselmo, Deus é o maior que se pode pensar. Esse ser infinitamente grande não pode estar apenas na inteligência, isto é, não pode ser simplesmente concebido e pensado. Se assim fosse, caberia conceber outro ser tão grande quanto ele e, além disso, existente, isto é, maior e mais perfeito que ele. Portanto, o maior ser possível não pode estar só no pensamento, pois se isso ocorresse, sem que ele possuísse uma realidade, não seria já o maior ser possível. O argumento ontológico não é, propriamente, apesar do aspecto externo de sua formulação, uma simples passagem de *toda essência à sua existência*, pois se funda tanto na essência de Deus — em sua qualidade de ente infinitamente real — como na noção de que de Deus se forma a inteligência humana, que pode ir pensando sempre seres mais perfeitos quando cerceia de seu pensar a existência real. A prova foi empregada com diversas variantes no decorrer da história da filosofia; um de seus fundamentos encontra-se na impossibilidade de que um ser finito pense um ser infinito atual sem o auxílio deste, ou seja, tal como sustentava Descartes, na idéia de Deus como efeito da existência de Deus. Sua validade foi impugnada já na época de Santo Anselmo por Gaunilo, que objetava que a realidade de Deus não pode ser deduzida de nada que lhe seja parecido, pois nada se pode afirmar nem negar de sua essência. A passagem da idéia à existência pode conduzir, segundo Gaunilo, à afirmação da realidade de qualquer ser pensado. Santo Anselmo opôs a essas objeções que a prova da existência se refere somente ao ser infinito, mas não a nenhum ser finito e, portanto, é válida unicamente para Deus.

Em seu tratado *De veritate*, Santo Anselmo deduz a verdade ou falsidade dos juízos da existência ou não-existência do enunciado neles. A rigor, só há verdades porque existe uma verdade suprema e absoluta que as fundamenta. No plano exclusivamente teológico, Santo

Anselmo deu prosseguimento a seu trabalho de explicação racional dos mistérios, especialmente em sua obra *Cur deus homo? (Por que Deus se fez homem?)*, na qual se afirma que o Verbo se fez carne porque o homem não pode, como ser finito e limitado, apagar a ofensa infinita feita a Deus pelo pecado. O método e os propósitos de Santo Anselmo tiveram continuidade em muitos autores escolásticos medievais; sua prova da existência de Deus no *Proslogion* exerceu, como vimos na parte dedicada a ela, uma influência considerável até nossos dias, avaliando-se com freqüência que sua admissão ou rejeição enfatizam muitos dos pressupostos ontológicos, e grande parte das orientações lógicas e semânticas, de cada filósofo.

➲ Edições de obras: Nuremberg, 1491; Paris, 1544; Colônia, 1573; Paris, 1675, 1721; Veneza, 1744. Edição na *Patrología latina*, de Migne, t. CLVIII-CLIX. Edição crítica do *Monologium* e do *Proslogion* de Carl Haas, 1863. Outras edições de A. Daniels, 1909, e de F. S. Schmitt, 1929. — Edição de obras completas (*S. Anselmi Cantuariensis Archiepiscopi Opera Omnia*), de F. S. Schmitt, O. S. B., em 6 vols. (I, 1938, edição distribuída em 1942; fotoimpressa em 1946; II, III, 1946; IV, 1949; V, 1951; VI, 1961). Além disso, *Memorials of St. Anselm*, 1969, ed. de F. W. Southern e F. S. Schmitt. — Edição de parte do texto latino de Schmitt e trad. esp. na Biblioteca de Autores Cristianos, 2 vols., 1952-1953. — Ver também P. Druwé, *Libri Sancti Anselmi "Cur Deus Homo" prima forma inedita*, 1933 (Analecta Gregoriana 3). Esse texto foi publicado pela primeira vez na época moderna; já fora incluído numa compilação do século XII, o *Liber floridus*, de Lamberto de San Audemas, compilação descrita por L. Delisle em *Notices et Extraits*, XXXVIII, Paris, 1816. — Tradução castelhana do *Proslogion* de Roger P. Labrousse no volume *La razón y la fe* (1945), com o *Liber pro insipiente* de Gaunilo, a resposta de Santo Anselmo, bem como textos relativos ao argumento ontológico de Santo Tomás, Duns Scot, Descartes, Gassendi, Malebranche, Locke, Leibniz, Hume, Kant e Hegel. Outra trad. esp. do *Proslogion* de M. Fuentes Benot, 1957. — Texto e trad. esp. de B. Maas, com prólogo de G. Blanco, 1950.

Em *português*: *Proslogion*, 1996.

Bibliografia: F. S. Schmitt, "Verzeichnis der Publikationen zu A. v. C. 1960 ss.", em *Analecta Anselmiana*, vol. I, 1969, pp. 269-280.

Ver: Fr. R. Hasse, *Anselm von Canterbury*, 2 vols., 1843-1857. — Charles Rémusat, *Saint A. de C.: tableau de la vie monastique et de la lutte du pouvoir spirituel avec le pouvoir temporel au XVe siècle*, 1853. — Comte Domet de Vorges, *Saint Anselme*, 1901. — G. Wendschuch, *Das Verhältnis des Glaubens zum Wissen bei Anselm von Canterbury*, 1909. — J. Fischer, *Die Erkenntnislehre Anselms von Canterbury*, 1911. — G. Baeumker, *Die Lehre A. von Canterbury über den Willen und seine Wahlfreiheit nach seinen Quellen dargstellt*, 1912. — E. Lohmeyer, *Die Lehre vom Willen bei Anselm von Canterbury*, 1914. — Charles Filliâtre, *La philosophie de Saint Anselme, ses principes, sa nature, son influence*, 1920. — A. Koyré, *L'idée de Dieu dans la philosophie de Saint Anselme*, 1923. — A. Levasti, *Sant'Anselmo, vita e pensiero*, 1929. — Karl Barth, *Fides quaerens intellectum. Anselms Beweis der Existenz Gottes*, 1931; 2^a ed., 1958. — A. Stolz, *A. von C. Sein Leben, seine Bedeutung und seine Hauptwerke*, 1941. — L. de Simone, *S. A. d'Aosta e la formazione della scolastica*, 1941. — Julián Marías, *San Anselmo y el insensato y otros estudios de filosofía*, 1944. — Sofia Vanni Rovighi, *S. Anselmo e la filosofia del secolo XI*, 1949. — J. McIntyre, *St. Anselm and His Critics. A Reinterpretation of the Cur Deus Homo*, 1954. — Eadmer (monge de Canterbury, coetâneo de S. A.): *The Life of Anselm*, 1962, ed. R. W. Southern. — Desmond P. Henry, *The grammatico of St. Anselm: The Theory of Paronymy*, 1965. — Id., *The Logic of Saint Anselm*, 1967. — Adolf Schurr, *Die Begründung der Philosophie durch Anselm von Canterbury*, 1966. — Jules Vuillemin, *Le Dieu d'Anselme et les apparences de la raison*, 1971. — Jasper Hopkins, *A Companion to the Study of St. Anselm*, 1972. — Helmut Kohlenberger, *Similitudo und Ratio. Ueberlegungen zur Methode bei Anselm von Canterbury*, 1972. — Giuseppe Cenacchi, *Il pensiero filosofico di A. d'Aosta*, 1974. — R. J. Campbell, *From Belief to Understanding: A Study of Anselm's 'Proslogion' Argument on the Existence of God*, 1976. — J. Hopkins, *Anselm of Canterbury*, 1976 (com bibliografia que completa a contida em sua obra citada *supra*). — R. A. Herrera, *Anselm's 'Proslogion': An Introduction*, 1979. — G. R. Evans, *Anselm and a New Generation*, 1980. — G. S. Kane, *Anselm's Doctrine of Freedom and the Will*, 1982. — P. Gilbert, S. J., *Dire l'ineffable. Lecture du "Monologion" de S. A.*, 1984. — I. Sciuto, *La ragione della fede: Il Monologion e il programma filosofico di Anselmo d'Aosta*, 1991.

Ver também a bibliografia de ONTOLÓGICA (PROVA). ➲

ANSELMO DE LAON († 1117), denominado o *magister divinitatis*, foi o primeiro dos chamados sentenciários e, portanto, um dos predecessores dos sumistas (ver SUMAS). Anselmo apresentou um sistema de temas teológicos tomado mais tarde como base dos tratados de teologia. O esquema principal é, segundo a descrição de M. de Wulf, o seguinte: Deus em si mesmo; a Trindade; Deus criador e sua obra; e Deus redentor. Acrescenta-se a isso uma abordagem do problema da criação e do homem dentro dela. Entre outras contribuições filosóficas, há em Anselmo de Laon uma teoria da hierarquia das faculdades — sensibilidade, razão, intuição —, e uma doutrina da visão de Deus e da volta do universo a Deus fortemente influenciada por João Scot Erígena.

⊃ Devem-se a Anselmo de Laon a compilação *Sententiae* e outra denominada *Sententiae divinae paginae* (segundo F. Bliemetzrieder: *Anselm von Laons systematische Sentenzen*, 1919). As *Sententiae* são às vezes denominadas *Quaestiones*. Edição da *Glossa interlinearis*: Basiléia, 1502, 1508; Amberes, 1634. Obras em Migne, *PL* CLXII, e excertos em G. Lefèvre, *Anselmi Laudunensis et Radulfi fratris eius sententias excerptas nunc primum in lucem edidit*, Mediolano Alercorum, 1894.

Ver: M. Grabmann, *Geschichte der scholasischen Methode*, t. II, 1911, 136-168. — H. Weisweiler, *Das Schriftum der Schule Anselms von Laon und Wilhelm von Champeaux in deutschen Bibliotheken*, 1936.

Sobre a chamada "Escola de A. de Laon e de Guilherme de Champeaux", ver os artigos de O. Lottin em *Recherches de théologie ancienne et médiévale* (1938), 101-122; (1939), 252-259, 309-323; (1940), 53-577; (1946), 185-221, 162-181; (1947), 8-31. ⊂

ANTECEDENTE, CONSEQÜENTE. Em geral, uma proposição antecedente — denominada, em forma substantivada, "um antecedente" — é uma proposição que precede outra. Uma proposição conseqüente — chamada, em forma substantivada, "um conseqüente" — é uma proposição que segue uma antecedente (um "antecedente"). Especificamente, recebem os nomes de "antecedente" e "conseqüente" as proposições, ou sentenças, que formam um condicional, da forma:

Se o rio ressoa (então) água leva;
em símbolos:

$$p \to q$$

"Se o rio ressoa" ('*p*') é o antecedente do condicional. "Água leva" ('*q*') é seu conseqüente.

Observar-se-á que 'conseqüente' não quer dizer aqui "conseqüência (lógica)", já que "água leva" ('*q*') não é nenhuma conseqüência lógica de "o rio ressoa" ('*p*'). O termo 'conseqüente' é usado unicamente para indicar a posição de uma proposição ou sentença num condicional.

ANTECIPAÇÃO (πρόληψις). Era o nome dado pelos estóicos (Dióg. L., VII 54; Sêneca, *Ep.*, CXVII: *praesumptiones*) e especialmente pelos epicuristas (Diog. L., X 33) à imagem ou conhecimento geral que o espírito faz para si, antecipadamente, de um objeto e que possibilita seu conhecimento mais adequado. As antecipações eram como "projeções" de conhecimentos futuros (conhecimentos de caráter geral e não particular). Os estóicos enfatizavam o caráter racional das antecipações; os epicuristas, em contrapartida, destacavam seu caráter empírico, embora assinalassem que, ao contrário das observações empíricas, as antecipações proporcionam um tipo de informação sem a qual não se pode entender nenhuma observação empírica (ver Cícero, *De natura deorum*, I, 16). Os estóicos concebiam as antecipações como esquemas racionais prévios às percepções. Os epicuristas afirmavam que, ainda que em si mesmas não suscetíveis de disputa, as antecipações tinham sido formadas no curso de percepções anteriores, conservando-se na memória e sendo usadas como modelos para compreender a natureza de novas percepções possíveis.

Segundo Francis Bacon, as "antecipações da Natureza" (*anticipationes naturae*) são as "conclusões da razão humana tal como aplicadas habitualmente ao conhecimento das coisas naturais". Essas antecipações são "coisa precipitada e prematura", ao contrário da "interpretação da Natureza" (*interpretatio naturae*), que se obtém por meio da razão de acordo com procedimentos metódicos (*Novum organum*, I, xxi). Mas as antecipações em questão são necessárias para que haja consentimento geral de todos os homens na medida em que fazem uso sadio e sensato da razão (*ibid.*, I, xxvii), de modo que podem ser equiparadas ao senso comum. Do ponto de vista do assentimento, as antecipações têm até mais peso que as interpretações, porque "tendo sido obtidas com base em alguns exemplos, e sendo estes de tipo muito comum, afetam de imediato o entendimento e preenchem a imaginação" (*ibid.*, I, xxvii).

⊃ Ver Anke Manuwald, *Die Prolepsislehre Epikurs*, 1972. ⊂

ANTECIPAÇÕES DA NATUREZA. Ver ANTECIPAÇÃO.

ANTECIPAÇÕES DA PERCEPÇÃO. No verbete AXIOMAS DA INTUIÇÃO, referimo-nos à doutrina kantiana dos princípios do entendimento (ver também KANT [IMMANUEL]). O vocábulo 'antecipação' designa, segundo Kant, o conhecimento "por meio do qual posso conhecer e determinar *a priori* o que pertence ao conhecimento empírico" (*KrV*, A 166-167, B 208). Kant avalia ser esse o sentido em que Epicuro empregou o vocábulo πρόληψις. Em certo sentido, podem-se considerar o espaço e o tempo como "antecipações das aparências [fenômenos]", visto que "representam *a priori* aquilo que pode ser sempre dado na experiência *a posteriori* (*KrV*, A 167, B 209). Contudo, num sentido mais próprio, pode-se dar o nome de "antecipação" a tudo o que possa ser conhecido *a priori* em toda sensação como sensação em geral.

As antecipações da percepção correspondem às categorias agrupadas sob o nome de "qualidade" (VER). O princípio afirma o seguinte: "Em todas as aparências [fenômenos], a sensação, e o real que a ela corresponda no objeto (*realitas phaenomenon*), possui uma *magnitude intensiva*, isto é, um grau" (*KrV*, A 166) e "Em todas as aparências, o real que constitui um objeto de sensação possui magnitude intensiva, isto é, um grau" (*KrV*, B 207).

ANTIFONTE, da chamada segunda geração dos sofistas (VER), foi influenciado pelos eleatas e expôs em sua obra Ἀλήθεια (*A Verdade*) uma doutrina segundo a qual tudo é uno para o Logos, de maneira que não existe nada que seja individual nem para os sentidos nem para o entendimento. É plausível formular a esse respeito, entretanto, a mesma pergunta que costuma ser feita com relação a Górgias: a de saber se essa tese é a expressão de uma teoria filosófica ou um exercício retórico. Em favor da segunda hipótese, parece estar o fato de que ele se dedicou a estudos de ciência natural e de matemática. Em favor da primeira, o fato de que Antifonte pareceu tender a distinguir o mundo da verdade (ou da Natureza) e o da aparência (ou do humano). Na famosa discussão entre o que é por natureza e o que é por lei ou convenção, que os sofistas aplicaram à linguagem e à política, Antifonte declarou-se a favor da natureza, φύσις, contra a lei, νόμος.

Diels-Kranz, 87.

➲ Ver: F. Blass, *De Antiphonte sophista*, 1889. — Ettore Bignone, *Studi sul pensiero antico*, 1938. — Id. id., *A., oratore e A. sofista*, 1974. — Também H. Gomperz, *Sophistik und Rhetorik*, 1912. — J. S. Morrison, "The 'Truth' of Antiphon", *Phronesis*, 8 (1963), 35-49. — T. Saunders, "Antiphon the Sophist on Natural Laws", *Proceedings. Aristotelian Society*, 78 (1977-1978), 215--236. — M. Nill, *Morality and Self-Interest in Protagoras, Antiphon and Democritus*, 1985. — F. D. Caizza, "'Hysteron Proteron': La nature et la loi selon Antiphon et Platon", *Revue de Métaphysique et de Morale*, 91 (1986), 291-310. — M. E. Reesor, "The 'Truth' of Antiphon the Sophist", *Apeiron*, 20 (1987), 203-218. — J. Barnes, "New Light on Antiphon", *Polis*, 7(1) (1987), 2-5.
Ver a bibliografia de Sofistas e a obra de M. Untersteiner (pp. 278-325). ¢

ANTINOMIA. Num sentido muito amplo, 'antinomia' designa um conflito entre duas idéias, proposições, atitudes etc. Fala-se de antinomia entre fé e razão, entre o amor e o dever, entre a moral e a política etc. Fala-se igualmente (cf. *ad finem*) da "antinomia entre a moral e a religião".

Num sentido mais estrito, 'antinomia' (ἀντί = contra; νόμος = lei) designa um conflito entre duas leis. Plutarco (*Mor.* IX, 742 A) escreve que se age a fim de "arbitrar uma (ou em uma) antinomia", διαιτήσειεν τὴν ἀντινομίαν, quando se propõe um arbítrio em caso de conflito entre duas posições, o que ocorre quando duas partes estão em disputa e cada uma delas se baseia no modo de falar usado pela outra (como quando os gregos pediam restituição porque Páris fora vencido, e os troianos se negavam a ceder porque não o haviam matado). Arbitrar neste caso, segundo acrescenta Plutarco, é assunto não de filósofos ou homens de letras ("gramáticos"), mas de "retóricos" e "oradores" amantes da filosofia e das letras (*op. cit.*, IX, 742 B).

Quintiliano (*Inst. Or.* VII, vii, i) indicou que surge uma antinomia quando há duas bases ou aspectos (*status*) que se referem respectivamente à letra e à intenção da lei; a antinomia desencadeia-se quando se manifestam duas opiniões contrárias em relação ao que a lei preconiza. Como cada uma dessas opiniões sustenta que há um conflito legal, entende-se a antinomia como se consistisse num conflito entre duas leis. Na verdade, continua a haver uma única lei, pois, segundo Quintiliano, uma lei não pode ser em princípio, ou em virtude do próprio direito (*iure ipso*), contrária a outra, já que se o direito (*ius*) fosse diverso uma lei cancelaria a outra. Entretanto, usou-se amiúde 'antinomia' para designar um conflito entre *duas leis*. O próprio Quintiliano (*op. cit.*, VII, vii, 2) fala de leis diversas (*diversas leges*), similares ou não (*aut similares aut impares*). Falou-se também de antinomias em relação a determinado *corpus* jurídico.

O vocábulo 'antinomia' foi usado também para designar um conflito entre duas proposições, ou entre as conseqüências delas. A antinomia nas proposições difere da contrariedade (ver Contrário). Duas proposições podem ser contrárias entre si sem que gerem uma antinomia; porém, a antinomia surge quando é preciso provar a validade de cada uma dessas proposições.

A distinção entre um sentido predominantemente jurídico e outro predominantemente lógico ou "proposicional" de 'antinomia' chegou a ser "clássica"; em seu *Lexicon*, de 1613, Goclênio (ver) distinguia antinomia εἰδικῶς, *propugnantia Legum inter se*, e antinomia ενικῶς, *propugnantia seu contrarietate quarumlibet sententiarum seu propositionum*.

'Antinomia' é às vezes usada em lugar de 'paradoxo' em expressões como 'antinomias lógicas', 'antinomias semânticas', 'as antinomias de Zenão de Eléia' etc., mas nesta obra tendeu-se a usar para esses casos o termo 'paradoxo' (ver).

De maneira específica, emprega-se 'antinomia' na crítica kantiana do sistema das idéias cosmológicas na "Dialética transcendental" (ver) da *Crítica da razão pura*. Kant fala da "antinomia da razão pura", que consiste em usar idéias transcendentais com a finalidade de obter conhecimentos relativos ao mundo (cosmos). Segundo Kant, há quatro antinomias da razão pura, e cada uma delas consiste numa "antitética da razão pura", isto é, num "conflito entre dois juízos dogmáticos, nenhum dos quais pode ser aceito com mais razão que o outro" (*KrV*, A 420, B 448). A antitética é "uma tese ao lado de uma *antítese*"; de acordo com isso, cada uma das antinomias kantianas apresenta um conflito entre uma tese e uma antítese.

Kant apresenta uma lista de quatro antinomias, divididas em dois grupos: antinomias matemáticas e antinomias dinâmicas.

Ele as enuncia do seguinte modo: 1ª) Tese: O mundo tem um começo no tempo e limites no espaço. Antítese: O mundo não tem nenhum começo no tempo nem limites no espaço. 2ª) Tese: Toda substância composta consta de partes simples, não existindo mais que o simples ou o composto do simples. Antítese: Nada no mundo se compõe de partes simples. 3ª) Tese: Existe liberdade no sentido transcendental como possibilidade de um começo absoluto e incausado de uma série de efeitos. Antítese: Tudo acontece no mundo segundo leis naturais. 4ª) Tese: Existe no mundo, como sua parte ou como sua causa, um ser necessário. Antítese: Não existe nem como parte nem como causa, no mundo ou fora dele, nenhum ser necessário (*KrV*, A 426-7, B 454-5ss.).

As teses são provadas pela refutação das antíteses e vice-versa. Assim, a demonstração da tese da primeira antinomia se efetua, no que se refere ao tempo, comprovando que se a antítese fosse verdadeira não se poderia falar de um acontecer no universo, acontecer que requer um começo e um fim. Em contrapartida, se a tese fosse verdadeira, ter-se-ia de admitir um nada anterior, do qual coisa alguma pode advir. O mesmo ocorre com o espaço: deve haver um limite porque, se não o houvesse, ter-se-ia de pensar o mundo como algo infinito e, portanto, não-acabado; não pode haver limite porque, se o houvesse, se pensaria em algo espacial rodeado de algo não-espacial. Na segunda antinomia, afirma-se a impossibilidade de uma divisibilidade infinita do simples, caso contrário, o existente ficaria dissolvido no nada; mas também se sustenta a infinita divisibilidade de qualquer parte, que, se não fosse sempre divisível, não poderia ser extensa, pois toda extensão é divisível. Na terceira antinomia, demonstra-se que não pode haver uma causalidade rigorosa e absoluta, porque isso equivaleria à regressão ao infinito das causas; mas tampouco pode haver um começo incausado, visto que não se poderia pensar como objeto da experiência. Por fim, para a quarta antinomia se efetuam as mesmas demonstrações que para a terceira. Segundo Kant, essas contradições devem-se ao fato de que nas duas primeiras antinomias o espaço, o tempo e a simplicidade são considerados coisas em si na medida em que só possuem idealidade transcendental. O mundo *como tal* transforma-se em objeto do conhecimento, coisa impossível que torna igualmente falsas as teses e as antíteses. Nas duas últimas, em compensação, as teses e as antíteses são todas verdadeiras, mas, enquanto as antíteses se referem aos fenômenos, as teses dizem respeito aos números ou coisas-em-si; sua aparente incompatibilidade não é, pois, mais que a incompatibilidade de duas asserções que se referem a esferas distintas.

As antinomias kantianas foram acolhidas de forma muito diferente por seus sucessores, segundo o destino que tenha tido a concepção da coisa-em-si. Mas uma análise suficientemente detalhada delas só é encontrada em alguns pensadores. Schopenhauer afirma que só as antíteses são verdadeiras, pois as teses representam no máximo posições sobre uma realidade puramente representativa. Para Renouvier, em compensação, a "lei do número", que sustenta o edifício finitista de seu pensamento, anuncia e demonstra que as antinomias kantianas têm uma única solução: a expressa nas teses, pois do contrário seria preciso admitir o realismo contraditório do infinito. O mesmo afirmou François Evellin (1835-1910), que dedicou a esse problema uma obra especial: *La raison et les antinomies. Essai critique sur la philosophie kantienne* (1907). Evellin assinala que as teses se referem ao real: finitude, simplicidade, liberdade são resultados de uma afirmação do real que se opõe à afirmação do sensível realizada nas antíteses. Também Lionel Dauriac (1847-1923) se decidiu pela verdade das teses. As conseqüências fenomenistas dessa decisão não eram fáceis de evitar, motivo pelo qual alguns neocriticistas rejeitavam a solução unilateral de que só as teses fossem válidas. É o que acontece com Gaston Milhaud (VER), que supõe que tese e antítese são manifestações de uma terceira posição na qual as coisas vão aparecendo como novidades radicais. Louis Couturat (VER) assinala, contra Renouvier, e em desacordo com sua própria filosofia infinitista, que somente as antíteses correspondem à razão e são por isso válidas; as teses, em compensação, correspondem ao entendimento. Infinitude do tempo e do espaço, continuidade e infinita divisibilidade do espaço são afirmações válidas; a necessidade é ao menos provável. Wundt, por sua vez, observa que as teses e as antíteses das antinomias não podem ser rejeitadas uma pela outra, pois, ao justificar-se, ambas se apóiam também mutuamente.

Em *KdU* (§§ 69-70), Kant indica que o juízo determinante não tem por si mesmo princípios que constituam o fundamento de conceitos de objetos. Esse juízo limita-se a "subsumir" sob certas leis ou conceitos enquanto princípios. Por isso, não corre o risco de gerar por si mesmo antinomias. Em contrapartida, o juízo reflexivo (ver JUÍZO [FACULDADE DO]), que deve "subsumir" sob uma lei ainda não dada, é apenas um princípio de reflexão sobre objetos para os quais precisamos de uma lei ou do conceito de um objeto. Esse juízo possui suas próprias máximas, podendo surgir um conflito entre estas. Eis aqui a chamada "antinomia do juízo reflexivo". Ela pode exprimir-se nas duas máximas seguintes: 1) Toda produção de coisas materiais e de suas formas deve ser julgada como possível segundo leis puramente mecânicas; 2) Alguns produtos da natureza material não podem ser julgados como possíveis segundo leis puramente mecânicas. Quando essas máximas (que são princípios reguladores da investigação) se transformam em princípios constitutivos da possibilidade de objetos, temos as duas proposições seguintes, em radical conflito uma com a outra: (A) Toda produção de coisas materiais é possível segundo leis puramente mecânicas; (B) Alguma produção de coisas materiais não é possível segundo leis puramente mecânicas.

A antinomia entre a ética (ou moral) e a religião foi enfatizada numerosas vezes, seja para ser considerada insolúvel, seja para ser declarada falsa ou, ao menos, atenuável. Essa antinomia foi expressa por Kierkegaard (VER) e outros autores, segundo os quais os enunciados de ordem religiosa sobrepujam infinitamente os de ordem moral. Sob outros pressupostos, ela foi apresentada e examinada por Nicolai Hartmann (*Ethik*, § 85, pp. 735ss.), que afirma haver, a rigor, cinco antinomias dessa espécie: 1) a manifesta na orientação prática ou tendência ao "para aquém" (ética) diante do "para além" (religião); 2) a revelada no conflito das relações entre Deus e o homem; 3) a que resulta da contraposição entre os mandamentos divinos e a autonomia moral; 4) a que se refere à Providência, ou antinomia da liberdade, e 5) a que diz respeito à redenção e ao conceito de culpa. Segundo José Luis L. Aranguren (*Ética*, 1958, pp. 156-157), as duas últimas antinomias só são insuperáveis no âmbito de uma ética fechada à religião, mas não no de uma ética aberta a esta última.

➲ A tese de Renouvier sobre as antinomias encontra-se em quase todas as suas obras (ver especialmente: *Los dilemas de la metafísica pura*, trad. esp., 1945). As obras de Milhaud foram mencionadas no verbete sobre esse filósofo; as de Dauriac constam no final do verbete sobre Renouvier. Sobre a significação das antinomias para Kant e o criticismo, ver: Hans Rathschlag, *Die Bedeutung der Antinomien für den Kritizismus*, 1934. — Morris Stockhammer, "Kurzes dualistisches Wörterverzeichnis", *Archiv für Begriffsgeschichte*, ed. E. Rothacker, 4 (1959), 158-181.

Sobre a contradição antinômica: Siegfried Behn, *Romantische oder klassische Dialektik? Vergleichende Dialektik des antinomischen Widerspruchs*, 1925. — Sadik Al-Azm, *The origins of Kant's Arguments in the Antinomies*, 1972. — N. Hinske, "Kants Begriff der Antinomie und die Etappen seiner Ausarbeitung", em *Kant-Studien* 56 (1965). — A. Kulenkampf, *Antinomie und Dialektik*, 1970. — T. Kesselring, *Die Produktion der Antinomie. Hegels Dialektik im Lichte der genetischen Erkenntnis-theorie und der formalen Logik*, 1984. — M. Gram, *The Transcendental Turn: The Foundations of Kant's Idealism*, 1985.

Sobre as antinomias cosmológicas: Edgar Wind, *Das Experiment und die Metaphysik. Zur Auflösung der kosmologischen Antinomien*, 1934. — Heinz Heimsoeth, *Atom, Seele, Monade. Historische Ursprünge und Hintergründe von Kants Antinomien der Teilung*, 1960. — M. Albrecht, *Kants Antinomie der praktischen Vernunft*, 1978. — V. S. Wike, *Kant's Antinomies of Reason: Their Origin and Their Resolution*, 1982. — K. Vogel, *Kant und die Paradoxien der Vielheit*, 1986.

Uma obra sobre o problema crítico das antinomias é o t. III de *La Ragione del Fenomenismo*, 1921-1923, de C. Guastella, intitulado justamente *Le Antinomie*.

O livro de Evellin sobre a razão e as antinomias consta no texto do verbete.

Para as antinomias no sentido dos paradoxos lógicos e semânticos, ver o verbete PARADOXO e a bibliografia correspondente.

Para as chamadas "antinomias" entre ética e religião, cf. obras *supra*. ➲

ANTÍOCO de Ascalon, discípulo de Fílon de Larissa, sucedeu a seu mestre como escolarca da Academia platônica desde *ca*. 88 até 68 a.C. As tendências céticas que tinham predominado na Academia durante a época de Arcesilau, Carnéades e Clitômaco e já sofrido um primeiro revés com Fílon de Larissa desapareceram quase inteiramente com Antíoco. Este filósofo representou um ponto de vista dogmático e ao mesmo tempo eclético, pois considerou que tinha de regressar às fontes de Platão e de Aristóteles. Como Antíoco considerou que o estoicismo — tão combatido pela Academia Média — representava muito fielmente esse ponto de vista eclético, seu pensamento foi se aproximando cada vez mais do estóico. Ora, o estóico platonizante e aristotelizante de Antíoco não era já o que fora combatido por Arcesilau e Carnéades — o velho estoicismo —, mas o chamado estoicismo médio de Panécio e, sobretudo, de Possidônio. Como indica Cícero — que ouvira o filósofo —, em *Academica priora* (II, 43, 132), Antíoco era platônico só de nome: a rigor, era um estóico e, em particular, um estóico eclético.

➲ Hermann Diels, *Doxographi Graeci*, 1879. A maioria do que conhecemos das opiniões de Antíoco procede de Cícero, especialmente na obra citada.

Ver: C. Chappuis, *De Antiochi Ascalonensis vita et scriptis*, 1854. — A. Lueder, *Die philosophische Persönlichkeit des Antiochos von Askalon*, 1940. — G. Luck, *Der Akademiker Antiochos*, 1953. — J. Glucker, *Antiochus and the Late Academy*, 1978. — H. Tarrant, "Peripatetic and Stoic Epistemology in Boethius and Antiochus", *Apeiron*, 20 (1987), 17-37. — J. Barnes, "Antiochus of Ascalon", em M. Griffin, J. Barnes, eds., *Philosophia Togata: Essays on Philosophy and Roman Society*, 1989, pp. 51-96. ➲

ANTÍPATRO DE TIRO. Ver ESTÓICOS.

ANTÍSTENES DE ATENAS (*ca.* 444-365 a.C.) foi, no princípio, discípulo do sofista Górgias e, mais tarde, de Sócrates. Essa dupla influência parece caracterizar de modo preciso (pelo menos é esta a opinião "clássica") as características fundamentais da escola cínica na medida em que se suponha "fundada" por Antístenes; o desprezo em relação a todo saber que não conduza à felicidade se une, com efeito, à inclinação pela erística, pela disputa filosófica tal como era praticada por alguns sofistas e pelos megáricos. Em sua escola, Antístenes dava os ensinamentos habituais dos sofistas, mas, ao contrário destes, não considerava a erística como a passagem para a formação intelectual, mas uma preparação para a vida tranqüila. Esta vida só pode ser conseguida, em seu entender, quando se tem um domínio suficiente sobre si mesmo, isto é, quando se atinge a auto-suficiência ou a autarquia. Daí decorre o desprezo pelo prazer, que é, para Antístenes, o produtor da infelicidade, aquilo que perturba a quietude do sábio. A regra do sábio é a prudência, a "sabedoria" pela qual se eliminam todas as necessidades, por assim dizê-lo, desnecessárias, pois só é necessária a virtude. Essa virtude certamente pode ser ensinada, e tal ensinamento é o único que deve ser dado ao homem, porque o põe no caminho de saber o que lhe convém. Na escola de Antístenes, comentavam-se principalmente as obras homéricas e os mitos helênicos, considerando-se Hércules o verdadeiro protótipo do sábio.

➲ Das numerosas obras escritas por Antístenes, conservam-se só fragmentos: F. W. A. Mullach, ed., *Fragmenta philosophorum Graecorum*, vol. II, Paris, 1867, pp. 274-293; repr., 1968. — F. Caizzi, ed., *Fragmenta*, Milão, 1966.

Ver: M. Chappuis, *Antisthène*, 1854. — Ad. Müller, *De Antisthenis Cynici vita et scriptis*, 1860 (tese). — K. Barlen, *Antisthenes und Platon*, I, 1881. — K. Urban, *Ueber die Erwähnungen der Philosophie des Antisthenes in den platonischen Schriften*, 1882. — F. Dümmler, *Antisthenica*, 1882 (tese). — J. Dahmen, *Quaestiones Xenophontae et Antisthenae*, 1898 (tese). — K. Joël, *Der echte und der xenophontische Sokrates*, especialmente t. I (1893). — H. D. Lulofs, *De Antisthenis studiis rethoricis*, 1900. — L. A. Rostagno, *Le idee pedagogische nella filosofia cinica e specialmente in Antistene*, I, 1904. — C. M. Gillespie, "The Logic of Antisthenes", *Archiv für Geschichte der Philosophie*, 26, N. F. 19 (1913), 479-500, e 27, N. F. 20 (1914), 17-38. — A.-J. Festugière, "Antisthenica", *Revue des sciences philosophiques et théologiques* (1932). — H. Kesten, *Antisthène. De la Dialectique. Étude critique et exégétique sur le XVIᵉ. Discours de Thémistius*, 1935. — R. Hoistad, *Cynic Hero and Cynic King: Studies in the Cynic Conception of Man*, 1948. — G. C. Field, *Plato and His Contemporaries: A Study in Fourth-Century Life and Thought*, 1953. — A. H. Chroust, *Socrates, Man and Myth: The Two Socratic Apologies of Xenophon*, 1957. — H. D. Rankin, "A. a 'nearlogician'?", *Antiquité Classique*, 39 (1970). — P. Merlan, "Minor Socratics", *Journal of the History of Ideas*, 10 (1972), 143-152. — H. D. Rankin, "'That It Is Impossible to Say Not' and Related Topics in Antisthenes", *International Logic Review*, 10 (1979), 91-98. — A. Brancacci, "La Théologie d'Antisthène", *Philosophia* (Atenas), 15-16 (1985-1986), 218-230.

Ver também a bibliografia de Cínicos. ◖

ANTÍSTENES DE RODES. Ver Peripatéticos.

ANTÍTESE. Ver Dialética; Hegel; Marx; Marxismo; Oposição; Tese.

ANTITÉTICA. Ver Tese.

ANTITIPIA. O vocábulo grego ἀντιτυπία significa "resistência", "firmeza", "dureza" e foi empregado pelos estóicos na definição dos corpos. Segundo esses filósofos, a antitipia é uma propriedade do corpo distinta do lugar (ver J. von Arnim, *Stoicorum veterum fragmenta*, II, 127 [texto extraído de Galeno, *De qualitatibus incorporeis*, 10]). Os estóicos falavam também de "matéria resistente" (*ibid.*, II, 115). O termo *antitypia* foi empregado por Leibniz para designar o atributo pelo qual a matéria se acha no espaço; trata-se de uma resistência que funda a impenetrabilidade e torna possível que o lugar de um corpo dado não possa ser ocupado por outro corpo. Por isso, a modificação da antitipia, isto é, sua variedade, consiste na variedade do lugar (cf. Leibniz, Gerhardt, VII, 328).

O vocábulo relacionado ἀντίτυπος foi usado por Plotino em seu tratado contra os gnósticos (*Enn.*, II ix 6) para referir-se às impressões ou "marcas" que os gnósticos admitem na alma. Tanto estas marcas como outras características (como os "arrependimentos") são rejeitadas por Plotino, que o faz por considerá-las idéias pouco claras.

ANTITIPO. Ver Tipo.

ANTONIO ANDREAS. Ver Scotismo.

ANTONIO DE FLORENÇA. Ver Escolástica.

ANTROPOLOGIA FILOSÓFICA. A às vezes chamada "antropologia científica" ou, simplesmente, "antropologia" ocupou-se das características físicas do homem, usando freqüentemente métodos antropométricos. Os dados proporcionados por essa antropologia podem servir para a denominada "antropologia cultural", que recorre também a dados etnológicos e arqueológicos e investiga a natureza, as formas e condições das culturas humanas, incluindo os complexíssimos aspectos das relações familiares, estruturas de poder, costumes, tradições, linguagens etc.

Vem-se dando o nome de "antropologia filosófica" ao que se considera às vezes como determinada disciplina filosófica e às vezes como um movimento filosófico em conjunto. A antropologia filosófica responde a questões muito próximas das que constituem os temas capitais da antropologia cultural, mas, de um lado, tende a abarcar um espectro mais amplo que o desta última e, de outro, tende a centrar-se no problema da natureza do homem no mundo.

Vislumbres desse tipo de antropologia são encontrados no passado, como o mostram os exemplos, entre si muito diversos, de Pascal, Vico, Herder ou Kant. Este último entendeu por 'antropologia' não apenas o conhecimento científico, e especificamente antropométrico, do homem, como também um conhecimento geral do homem e de suas faculdades ("antropologia teórica"), do homem e suas habilidades ("antropologia pragmática") e do homem e seu comportamento na vida ("antropologia moral"). Parece que a antropologia filosófica está em continuidade com a antropologia não-filosófica (científica, cultural etc.), por um lado, e se relaciona estreitamente com problemas de caráter metafísico e moral, por outro. De qualquer modo, não parece que se possa prescindir, no âmbito da antropologia filosófica, de dados proporcionados pelos estudos antropológicos não estritamente filosóficos, pela etnografia, pela psicologia, pela sociologia, pela biologia etc.

O nome 'antropologia filosófica' é relativamente recente. Difundiu-se sobretudo a partir dos trabalhos de Scheler, que considera a antropologia filosófica a ponte estendida entre as ciências positivas e a metafísica. Segundo Scheler, "a missão da antropologia filosófica" é mostrar exatamente como a estrutura fundamental do ser humano, entendida na forma pela qual a descrevemos brevemente (ver ESPÍRITO; HOMEM), "explica *todos* os monopólios, todas as funções e obras *específicas* do homem: a linguagem, a consciência moral, as ferramentas, as armas, as idéias de justiça e de injustiça, o Estado, a administração, as funções representativas das artes, o mito, a religião e a ciência, a historicidade e a sociabilidade" (*Die Stellung etc.*, VI; usamos trad. esp. de J. Gaos). Num sentido análogo ao de Scheler, P. L. Landsberg definiu a antropologia filosófica como a "explicação conceitual da idéia do homem a partir da concepção que este tem de si mesmo em determinada fase de sua existência" (*Einleitung etc.*, I, 1). Com isso, Landsberg dá a entender: em primeiro lugar, que a antropologia filosófica é uma *antropologia da essência* e não uma *antropologia das características humanas*; em segundo, que a antropologia filosófica se distingue da antropologia mítica, poética, teológica e científico-natural ou evolucionista (*op. cit.*, I, 4), e ainda — poderíamos acrescentar — da antropologia de recorte diltheyano, demasiado próxima da "compreensão do homem" e que B. Groethuysen, por exemplo, definiu como "a reflexão de si mesmo para compreender-se a si mesmo do ponto de vista da vida" (*Phil. Anthr.*, p. 1; usamos a trad. esp. de J. Rovira Armengol, sobre texto corrigido e revisado pelo autor). De acordo com Landsberg, a antropologia filosófica faz uso dos dados proporcionados pelas outras formas de antropologia — por exemplo, os fornecidos pela "antropologia das características humanas". Ao contrário delas, entretanto, deve buscar a essência "homem", entendendo-se 'essência' no sentido da fenomenologia de Husserl e não no sentido tradicional. Por exemplo, enquanto a antropologia das características humanas, que é uma ciência empírica, afirma 'o homem tem corpo', a antropologia filosófica ou essencial deve responder à pergunta: "Que significa para o homem 'ter corpo'?" Assim, o método da determinação da essência por meio da descrição fenomenológica constitui para esse autor — tal como para Scheler — a pedra angular da "antropologia essencial".

Dá-se hoje com freqüência o nome de "antropologia filosófica" a um movimento que tem relações com as intenções e os trabalhos de Scheler mas não está unido ao conteúdo específico do pensamento filosófico desse autor. Contribuíram para o mencionado movimento — representado, entre outros, por Helmut Plessner (VER) e Arnold Gehlen (VER) — correntes diversas, como a chamada "filosofia da vida", muitas investigações de filosofia da cultura (por exemplo, a filosofia das formas simbólicas, no sentido de Ernst Cassirer [VER]), os problemas formulados no âmbito da filosofia da existência (ver EXISTÊNCIA [FILOSOFIA DA]) e várias correntes pragmatistas. A antropologia filosófica atenta para dados proporcionados pelas ciências, especialmente pela biologia, pela sociologia, pela psicologia, pela etnografia, pela arqueologia e pela história, mas os interpreta à sua maneira e procura unificá-los numa teoria abrangente. Os filósofos de tendência antropológico-filosófica tendem a elaborar categorias próprias, como as de especialização e não-especialização, abertura ao mundo, hábito, tradição, sociabilidade, simbolização etc., ou tomam essas categorias das ciências e de outras teorias filosóficas para dar-lhes novas interpretações. Trata-se de determinar em que consiste a especificidade do ser humano num âmbito físico comum com o de outros seres vivos, mas que o ser humano transforma e modifica. Os filósofos mencionados acentuam, de uma parte, o caráter biopsicológico do homem, mas verificam o que o homem faz com suas disposições biopsíquicas e dentro de seu ambiente biológico que possa diferenciá-lo de outros animais. Os conceitos usados pelos filósofos em questão não são estritamente científicos, mas tampouco são simplesmente existenciais (ou "metafísicos"). Assim, por exemplo, estudam-se em antropologia filosófica as características das instituições humanas e as condições da fabricação e uso de instrumentos com o fim de ver se há algo nessas atividades, bem como em seus resultados, que seja especificamente humano. As teses sustentadas variam entre o reconhecimento de uma grande continuidade entre o reino animal — em particular o dos vertebrados superiores — e o reino humano, por um lado, e a afirmação de que as instituições humanas e a fabricação e uso de instrumentos são em princípio independentes de — no sentido de não ser exigidos por — necessidades biológicas (com opiniões intermediárias entre esses extremos, como a de que a institucionalização e a "instrumentalização" são propriedades ou caracteres emergentes, que têm uma base biológica mas não são redutíveis a ela). Um problema muito importante em antropologia filosófica é o do lugar ocupado pela função racional no homem em comparação com outras funções. A idéia de que a função racional surge como um modo de tratar com o mundo — idéia aceita, e elaborada por várias outras diretrizes filosóficas, que tem conexões óbvias com opiniões sustentadas por pragmatistas e por cultivadores da "filosofia da vida", a partir já de Nietzsche — é uma idéia importante entre os filósofos de tendência antropológico-filosófica.

Há correntes filosóficas que, embora não se apresentem especificamente como filosófico-antropológicas no sentido antes indicado, dão grande atenção ao que se denominou às vezes "teoria do homem" (ver HOMEM), considerando-a parte fundamental, quando não a mais fundamental, da filosofia sustentada em cada caso. É o que ocorre, ou ocorreu, com o existencialismo (VER) em suas diversas manifestações. Sartre indicou até mesmo que o existencialismo pode proporcionar ao marxismo (VER) a "antropologia filosófica" de que este carece ou da qual muitos de seus cultivadores, especialmente os de tendência "ortodoxa", prescindiram. Por outro lado, alguns marxistas procuraram desenvolver a antropologia filosófica como "antropologia dialética", ou seja, como uma crítica (dialética) das idéias e dos pressupostos antropológicos da ciência social praticada por autores não-marxistas. A antropologia dialética marxista opõe-se ao que se denomina às vezes "marxismo ideológico" em favor de uma análise crítica marxista. Órgão dessa tendência antropológico-dialética é a revista *Dialectical Anthropology*, ed. Stanley Diamond, publicada desde 1975.

➲ Obras gerais: Max Scheler, *Die Stellung des Menschen im Kosmos*, 1928. — *Id., Philosophische Weltanschauung*, 1929 (especialmente o primeiro trabalho dessa série). — H. Plessner, *Die Stufen des Organischen und der Mensch*, 1928. — B. Groethuysen, *Philosophische Anthropologie*, 1931. — P. L. Landsberg, *Einleitung in die philosophische Anthropologie*, 1934. — Werner Sombart, *Vom Menschen. Versuch einer geisteswissenschaftlichen Anthropologie*, 1938. — Samuel Ramos, *Hacia un nuevo humanismo: programa de una antropología filosófica*, 1940. — Paul Häberlin, *Der Mensch. Eine philosophische Anthropologie*, 1941. — Oswaldo Robles, *Esquema de antropología filosófica. Ensayo acerca de las relaciones entre el espíritu y el cuerpo*, 1942. — Martin Buber, *¿Qué es el hombre?*, 1ª ed. (hebraico), 1942 (ed. inglesa, 1948; ed. alemã, 1948; trad. esp., 1949; 2ª ed., 1950). — Erich Rothacker, *Probleme der Kulturanthropologie*, 1942. — Ludwig Binswanger, *Grundformen und Erkenntnis des menschlichen Daseins*, 1942. — *Id., Ausgewählte Vorträge und Aufsätze. I. Zur phänomenologischen Anthropologie*, 1947. — Jesús Iturrioz, *El hombre y su metafísica: ensayo escolástico de antropología metafísica*, 1943. — E. Cassirer, *An Essay on Man*, 1944. — Bela von Brandenstein, *Der Mensch und seine Stellung im All. Philosophische Anthropologie*, 1947. — A. Dempf, *Theoretische Anthropologie*, 1950. — F. E. von Gagern, *Der Mensch als Bild. Beiträge zur Anthropologie*, 1954. — H. Muckermann, *Vom Sein und Sollen des Menschen*, 1954. — Michael Landmann, *Philosophische Anthropologie: menschliche Selbstdeutung in Geschichte und Gegenwart*, 1944; reimp. 1955, 1964. — *Id., Der Mensch als Schöpfer und Geschöpf der Kultur: Geschichts- und Sozialanthropologie*, 1961. — *Id., De homine: der Mensch im Spiegel seines Gedankes*, 1962 (com Gudrun Diem e outros). — H. E. Hengstenberg, *Philosophische Anthropologie*, 1957; 2ª ed., 1960. — E. Przywara, *Mensch. Typologische Anthropologie*, I, 1959. — José Ferrater Mora, *The Idea of Man: An outline of Philosophical Anthropology*, 1961 (folheto; baseado na obra do autor: *El Ser y la Muerte. Bosquejo de filosofía integracionalista*, 1962, esp. cap. III). — Roger Chabal, *Vers une anthropologie philosophique*, 2 vols., 1963. — J. F. Donceel, *Philosophical Anthropology*, 1967. — Hernán Zucchi, *Qué es la antropología filosófica*, 1967. — Luis Farré, *Antropología filosófica: El hombre y sus problemas*, 1968; 2ª ed., 1974. — Julián Marías, *Antropología metafísica: La estructura empírica de la vida humana*, 1970. — C. Lévi-Strauss, *Anthropologie structurale*, 1958. — U. Sonnemann, *Negative Anthropologie. Vorstudien zur Sabotage des Schicksals*, 1969. — W. Kamlah, *Philosophische Anthropologie. Sprachliche Grundlegung und Ethik*, 1973. — J. F. Sheridan, *Once More from the Middle: A Philosophical Anthropology*, 1973. — W. A. Luijpen, *Theology as Anthropology; Philosophical Reflections on Religion*, 1973; J. Möller, *Menschsein, ein Prozess. Entwurf einer Anthropologie*, 1979. — A. de Waelhens et al., *Études d'anthropologie philosophique*, 1980. — E. Pucciarelli et al., *Antropología Filosófica*, em *Escritos de Filosofía. Academia Nacional de Ciencias*, 2 vols., ano VI, Buenos Aires, 1983. — R. Feleppa, *Convention, Translation, and Understanding: Philosophical Problems in the Comparative Study of Culture*, 1988. — N. Rescher, *Human Interests: Reflections on Philosophical Anthropology*, 1990.

Obras históricas sobre várias tendências no passado e na atualidade: Margot Fleischer, *Hermeneutische Anthropologie. Platon-Aristoteles*, 1976. — H. Karpp, *Probleme altchristlicher Anthropologie. Biblische Anthropologie und philosophische Psychologie bei den Kirchenvätern des 3. Jahrhunderts*, 1950. — Josef Pieper, *Wahrheit der Dinge. Eine Untersuchung zur Anthropologie des Hochmittelalters*, 1947; 3ª ed., 1957. — Sofia Vanni Rovighi, *L'antropologia filosofica de San Tommaso d'Aquino*, 1965. — Frederick Patrick Van de Pitte, *Kant as philosophical anthropologist*, 1971. — Nicolai Hartmann, "Neue Anthropologie in Deutschland", *Blätter für deutsche Philosophie*, 15 (1941). — Hans Kunz, *Die gegenwärtigen philosophischen Anthropologien*, 1947. — Walter Brüning, *Los rasgos fundamentales de la antropología filosófica actual y sus presuposiciones históricas*, 1957. — Juan David García Bacca, *Antropología filosófica contemporánea*, 1957; reed., 1983. — M. A. Virasoro, C. Astrada e R. M. Agoglia, *Filosofía de la existencia y antropología filosófica*, 1960. — Miguel Bueno, *Introducción a la antropología formal*, 1963. — R. A. Mall, *Hume's Concept of Man: An Essay in Philosophical Anthropology*, 1967. — H.-G. Gadamer, P. Vogler, eds., *Neue Anthropologie*, 8 vols., 1972 ss. — S. Moravia, *Beobachtende Vernunft. Philosophie und Anthropologie in der Aufklärung*, 1973. — W. Kraus, *Zur Anthropologie des 18. Jahrh.*, 1979. — J. Bien, *History, Revolution and Human Nature: Marx's Philosophical Anthropology*, 1984. — N. A. Luyten, L. Scheffczyk, eds., *Veränderungen im Menschenbild. Divergezen der modernen Anthropologie*, 1987.

Ver também a bibliografia de HOMEM. ℭ

ANTROPOMORFISMO é a tendência a considerar realidades não-humanas a partir da forma (μορφή, *morphe*) do homem (ἄνθπωπος, *anthropos*). As realidades não-humanas podem ser Deus, deuses, a Natureza em geral, astros, fenômenos naturais, montanhas, árvores, animais etc. A "forma" indicada pode ser entendida como "figura", isto é, como aspecto físico. Pode ser entendida como algo mental, nesse caso a forma humana é a "forma" do comportamento, pensamento, sentimento e vontade humanas. Pode ser entendida como "semelhante ao homem" sem que se precise em que consiste a semelhança.

Falou-se do antropomorfismo dos povos "primitivos" na medida em que tendem a uma "personalização" de deuses, fenômenos naturais, astros, árvores etc. Desse ponto de vista, parte da cultura grega deve ser considerada como ligada a certo antropomorfismo. Este foi denunciado por Xenófanes (VER). O animismo (VER) também foi considerado antropomorfista. A frase do Gênesis, 1,26: "Façamos o homem à nossa imagem, segundo a nossa semelhança", também foi julgada como expressão de antropomorfismo; embora seja o homem que é criado à imagem e semelhança de Deus — de modo que se poderia falar de um "teomorfismo" —, o resultado da criação faz pensar que, se o homem foi criado à imagem e semelhança de Deus, este tem de algum modo a forma humana. A frase do Gênesis foi objeto de numerosas interpretações, desde as que tomaram "imagem e semelhança" em sentido forte (mas não completamente literal) até os que destacaram o caráter apenas analógico da relação entre Deus e o homem e declararam que com essa frase quis-se distinguir, sobretudo, o homem dos animais. Os debates sobre o significado da frase do Gênesis estenderam-se sobre todas as questões referentes à relação entre Deus e o homem.

As especulações sobre a relação e analogia entre o macrocosmos (VER) e o microcosmos implicaram a possibilidade de um antropomorfismo, ao menos na medida em que o microcosmos serviu de pauta e modelo para a descrição, explicação e interpretação do macrocosmos. As variadas concepções antigas e renascentistas que admitem a existência, na Natureza, de princípios animados e de certas "almas" também implicaram a possibilidade de um antropomorfismo.

Alguns autores consideraram que é tão inaceitável quanto o antropomorfismo o que poderia ser chamado de "fisicomorfismo", isto é, a descrição, explicação e interpretação da natureza do homem e de seu comportamento tomando como modelo a realidade física. Segundo Walter Cerf ("The Physicomorphic Conception of Man", *Journal of Philosophy*, 48 [1951], 345-356), o antropomorfismo e o fisicomorfismo são igualmente inaceitáveis quando tomados como princípios; podem ser aceitos, em compensação, como decisões metarracionais.

ANTROPOSOFIA. Ver TEOSOFIA.

APAGOGĒ. O verbo grego ἀπάγω [ἀπαγογεῖν] significa "levar algo para fora de um lugar", "afastar algo". Ἀπαγωγή, *apagogē*, é a ação e efeito de levar algo para fora de um lugar, de afastar algo (de algo). Platão usou o referido verbo no sentido de afastar-se de um raciocínio (*Phaed.* 262 B). Deve-se a Aristóteles o uso de ἀπαγογεῖν e ἀπαγωγή.

Às vezes se traduz ἀπαγωγή por "redução" e às vezes por "abdução". No que se refere a ἀπαγωγή como "redução", remetemos aos verbetes ABSURDO e REDUÇÃO. Quanto ao termo "abdução", reservamo-lo para a teoria de Peirce sobre a formação e seleção de hipóteses (ver ABDUÇÃO).

Escolhemos a simples transcrição do termo ἀπαγωγή, ou seja, *apagogē*, para o uso específico que Aristóteles faz nos *An. Pr.* "Há *apagogē* — escreve Aristóteles — quando é certo que o primeiro termo [de um silogismo] convém ao médio."

APARÊNCIA. 'Aparecer' significa "deixar-se ver", "manifestar-se". 'Aparência' significa "aspecto que uma coisa oferece quando se deixa ver, se manifesta, se apresenta (em geral à vista)". Este significado pode ser interpretado de três modos: *a)* a aparência de uma coisa é o mesmo que sua realidade; a coisa é como aparece, isto é, se deixa ver em seu aparecer; *b)* a aparência é algum aspecto (da realidade) de uma coisa; *c)* a aparência de uma coisa é diferente de sua "realidade", podendo até ocultar essa "realidade".

O significado *c)* não foi o único na história da filosofia, mas predominou. Supôs-se amiúde que a aparência de uma coisa não coincide — ou pode não coincidir — com sua realidade, ou que há pelo menos algumas coisas que têm um aspecto "exterior" diferente de seu aspecto "interior", isto é, do aspecto que ofereceriam se pudessem "ver-se" em sua realidade e não apenas nos modos como essa realidade se manifesta ou se "deixa ver". Isso levou à equiparação de 'aparência' com 'coisa fingida'.

Muitos filósofos dedicaram-se a examinar se, e por quê, as coisas e, em geral, "a realidade" (pela qual se entende "qualquer coisa") são tal como aparecem, ou não. Afirmar que não são como aparecem é sustentar que há discrepâncias entre as "aparências" e as "realidades". Isso ainda não equivale a distinguir coisas chamadas "aparências" de outras chamadas "realidades". Como as aparências em questão o são *de* "realidades", a discrepância suposta costuma fundar-se numa distinção entre "aparência de uma realidade" e "esta realidade".

Os termos 'coisas' e 'realidades' devem ser entendidos aqui num sentido muito amplo. Não se trata apenas necessariamente de "objetos" (por exemplo, objetos físicos, como uma pedra, uma maçã); podem ser também "estados", "situações", "processos" e o que se chama de "fenômenos"; como o da "subida" do sol na direção do poente, ou o do pau submerso na água ou, em geral, num líquido ou num meio mais denso que o ar.

Dois motivos se destacam na distinção, e *a fortiori* na assumida discrepância, entre aparências e realidades. 1) Há coisas — no sentido amplo de 'coisas' assinalado *supra* — que "à primeira vista" se manifestam de um modo mas, uma vez escrutadas, ou consideradas com mais atenção, ou de outro ponto de vista, ou levando-se em conta outros fatores, ou relacionadas com outras coisas já conhecidas, ou supostamente mais bem conhecidas, revelam ser de outro modo de como se manifestam ou se "deixam ver". 2) Saber em que consiste, ou como se comportam "realmente", certas coisas e, no limite, todas as coisas (estados, processos, fenômenos etc.) equivale a dar uma explicação delas, e isto equivale a oferecer a razão de como, e por quê, "aparecem" ou se manifestam como o fazem. Esses dois motivos se entrelaçam freqüentemente: 1 conduz com freqüência a 2 e, ao mesmo tempo, 2 dá a razão, que se espera satisfatória, de 1. Assim, o pau submerso num líquido mais denso que o ar parece quebrado. A rigor, não está quebrado, mas o parecer quebrado não é tampouco uma mera ilusão dos sentidos; explica-se por leis óticas que se ocupam dos fenômenos de refração. Os objetos físicos não aparecem à simples visão compostos de moléculas ou átomos, mas pode-se recorrer à sua composição molecular ou atômica para explicar a natureza desses objetos, seu comportamento físico etc., seja para concluir que a estrutura molecular ou atômica — a "microestrutura" — é "a realidade verdadeira" desses objetos, seja para admitir que se podem proporcionar descrições ou explicações microestruturais diferentes das descrições ou explicações que deveriam ser denominadas "macroestruturais". Recorrer ao que se avalia constituir "a verdadeira realidade" de uma coisa para explicar as "aparências" é que o se denominou "salvar as aparências" (VER). Nesse caso, essas aparências não são denunciadas necessariamente como meras ilusões; trata-se antes de "explicá-las" e, portanto, de "justificá-las" ou "validá-las".

As relações entre as noções de aparência e de realidade podem ser consideradas de várias maneiras:

(I) A aparência (A) é aparência de uma realidade (R). A difere de R na medida em que A oculta R, produzindo uma ilusão ou engano ("as aparências enganam"). Propõe-se então descartar A para ater-se a R, ou reduzir (ver REDUÇÃO) A a R.

(II) A é a aparência de R, e difere de R, mas constitui um ponto de partida indispensável para a descoberta de R. Deve haver, pois, alguma relação entre A e R.

(III) A é a aparência de R, mas na medida em que revela R. Este é o sentido que tem de 'aparecer' quando equivale a 'deixar-se ver' ou 'manifestar-se' uma coisa. O modo de relação entre A e R é então o indicado quando se fala do modo *a)* de interpretar o significado de 'aparência'; não há aqui, propriamente falando, um modo de relação entre A e R; R e a "revelação" ou "descoberta" de R mediante A são a mesma coisa. A é, portanto, a presença ou "evidência" de R; 'é aparente' equivale então a 'é óbvio' ou 'é evidente', como ocorre com o latim *apparet* e o inglês *apparent* na cláusula *It is apparent that*.

Enquanto certos filósofos insistiram na discrepância entre aparência e realidade, outros enfatizaram que a "realidade aparente" equivale a "aparência verdadeira": "Para uma fenomenologia da 'verdadeira realidade' é completamente indispensável a fenomenologia da 'fútil aparência'" (Husserl, *Ideen*, § 151). Em geral, os filósofos "racionalistas" que cultivaram a metafísica especulativa distinguiram ao máximo aparência e realidade, chegando alguns a considerar que a segunda transcende absolutamente a primeira, já que uma coisa é a aparência e outra a realidade "em si mesma". Muitos filósofos de tendência empirista, fenomenista etc. tenderam, em contrapartida, a aproximar ao máximo realidade e aparência, e alguns concluíram que não tem sentido distingui-las. Contudo, há exceções às citadas tendências, como acontece com Bradley (cf. *infra*), que não é um racionalista no sentido clássico.

Kant examinou a noção de aparência (*Erscheinung*) na *Crítica da razão pura*. "*Aparência* — escreveu (A

20, b 34) — é o nome que recebe o objeto não-determinado de uma intuição empírica." Pode-se fazer a distinção entre a *matéria* e a *forma* da aparência. A primeira é o que na aparência corresponde à sensação; a forma é o que determina a diversidade das aparências a serem dispostas numa ordem segundo certas relações. As aparências contrapõem-se às coisas-em-si. É certo que "as aparências são apenas representações de coisas cujo ser em si é desconhecido" (B 164) (o que parece indicar por um momento — embora esta seja a doutrina de Leibniz, que Kant rejeita — que as aparências o são de realidades transcendentes). Mas as aparências são, na verdade, tão-somente aquilo a que se aplicam as formas *a priori* da sensibilidade, primeiro, e depois, mediante nova síntese, os conceitos do entendimento. As aparências não são distintas de suas apreensões (de sua recepção na síntese da imaginação), pois "se as aparências fossem coisas-em-si, e uma vez que podemos referir-nos apenas a nossas representações, nunca poderíamos deixar estabelecido, com base na sucessão das representações, de que modo se pode conectar no objeto sua diversidade" (A 190, B 235). Os conceitos do entendimento são (ilegitimamente) empregados de modo transcendental (no sentido "clássico" de 'transcendental') às coisas em geral e em si, mas são (legitimamente) aplicados de modo empírico somente às aparências, ou aos objetos da experiência possível" (A 238, b 298).

Quando pensadas como objetos de acordo com a unidade das categorias, as aparências recebem o nome de *fenômenos* (A 249; ver FENÔMENO). Kant denominou sua doutrina, segundo a qual as aparências são consideradas apenas representações e não coisas em si, *idealismo transcendental* (no sentido mais especificamente kantiano de 'transcendental'[A 369]), ao contrário do realismo transcendental e do idealismo empírico (que interpretam as aparências externas como coisas em si). De acordo com Kant, a aparência deve ser diferenciada da *ilusão*. Esta última surge quando, transgredindo a idéia kantiana da idealidade das intuições sensíveis, se adscreve realidade objetiva às formas de representação (espaço e tempo) [B 70].

Para Bradley, a aparência "existe", mas é contraditória consigo mesma pelo fato de não ser absolutamente subsistente. Só o absolutamente independente pode evitar as contradições da aparência, mas isso não significa que a aparência não seja. De certo modo, pode-se dizer dela que é. Mas esse "ser" da aparência tem um *sentido* diferente do da realidade. Com efeito, enquanto a realidade é um ser no qual "não há nenhuma divisão entre o conteúdo e a existência, nenhum afrouxamento (*loosening*) ou distensão entre o *como* e o *que*" (*Appearance and Reality*, p. 225 [*Apariencia y realidad*, trad. esp., 3 vols., 1961], a aparência é o afrouxamento ou distensão do caráter de ser, "a distinção da unidade imediata em dois aspectos, um *que* e um *como* (*ibid.*, pp. 187-188). A aparência oferece uma forma de "ser" no qual o "é" implica uma distinção real entre a essência e a existência, pois a aparência é o contraditório e representa no juízo o máximo desvio entre o sujeito e o predicado. Entretanto, esse desvio não anula a aparência; a teoria de Bradley supõe assim uma ontologia do real em que a aparência é salva em seu "ser".

Segundo Whitehead (*Adventures of Ideas*, 1933, p. 309), não tem sentido perguntar se uma realidade é verdadeira ou falsa, autêntica ou aparente, pois a realidade é o que é, e isso de tal modo que a verdade é justamente a conformidade da realidade com a aparência, ou, em outros termos, a maneira de a realidade manifestar-se a si mesma. Para outros, como C. D. Broad, mesmo que a mudança se autocontradiga (ao menos para os filósofos que crêem que só o imutável é real e identificam a realidade com a existência), de tal modo que todas as mudanças são declaradas aparentes, resultará que "as mesmas coisas que são condenadas como aparências, porque se modificam, devem mudar verdadeiramente se se pretende que o argumento contra sua realidade seja válido" (*Perception, Physics, and Reality*, 1914, cap. II, pp. 73-74). Assim, a aparência da mudança implica a realidade da mudança, mesmo quando é óbvio que nesse contexto 'aparência' designa algo distinto do que significa quando se contrapõe a "realidade verdadeira". Neste último caso, o próprio movimento é declarado irreal; no primeiro, em compensação, identifica-se a realidade com a mudança. Broad procura solucionar essas dificuldades afirmando que tanto as realidades intemporais (exemplo: as proposições da geometria) como as temporais (exemplo: as "aparências verdadeiramente mutáveis") existem.

O conflito entre o ser e o aparecer é negado igualmente pelos fenomenólogos, para os quais o ser se dá nas "apresentações" ou *Abschattungen* das "aparências", de maneira que, como observa Jean-Paul Sartre ao adotar esse pressuposto, o fenômeno é um "relativo-absoluto" (*L'Être et le Néant*, 5ª ed., 1943, p. 12), que pode ser estudado como tal enquanto "absolutamente indicativo de si mesmo". Outros, como Dewey (*Experience and Nature*, 1925, p. 137), afirmam explicitamente que a aparência não é um modo de ser ou de existência, mas um "estado funcional". A diferença admitida nesse caso não se refere à aparência e à realidade, mas ao aparecer e ao não aparecer; a distinção é, em suma, de caráter "físico" ou "empírico", de modo que "vincular entre si as coisas que são imediata e aparencialmente, por meio do que não é imediatamente aparente, criando assim novas sucessões históricas com novos inícios e términos, é algo que depende, por sua vez, do sistema de sistemas matemático-mecânicos que formam os objetos próprios da ciência como tal" (*op. cit.*, p. 138).

Uma doutrina filosófica em que a noção de aparência — como aparência do ser, isto é, como *aparição* — foi desenvolvida é a de Mariano Ibérico (VER). Referimo-nos de novo a ela no verbete sobre esse filósofo. Indiquemos aqui apenas que na citada doutrina da aparição esta é a forma pela qual o ser se manifesta ou se reflete no eu ou na consciência. O ser deixa então de permanecer em si mesmo, mas ao mesmo tempo a aparição não é uma "mera aparência", podendo-se dizer que também *é*.

↳ Além das obras mencionadas no texto: Ilse Tönnies, *Kants Dialektik des Scheins*, 1933. — Karl Lugmayer, *Sein und Erscheinung*, 1947. — M. Vincent, *De l'apparence vers l'absolu. Essai sur la connaisance*, 1955. — Gerold Prauss, *Erscheinung bei Kant. Ein Problem der Kritik der reinen Vernunft*, 1971. — Miklós Almási, *Phänomenologie des Scheins. Die Seinsweise der gesellschaftlichen Scheinformen*, 1977 (trad. do húngaro; trad. inglesa: *The Philosophy of Appearences*, 1989). — M. Theunissen, *Sein und Schein*, 1978. — K. H. Bohrer, *Plötzlichkeit. Zum Augenblick des ästhetischen Scheins*, 1981. — W. Jung, *Schöner Schein der Hässlichkeit oder Hässlichkeit des schönen Scheins*, 1987. — N. Bolz, *Eine kurze Geschichte des Scheins*, 1991.
Ver também a bibliografia de FENÔMENO. ⊂

APARIÇÃO. Ver APARÊNCIA; IBÉRICO Y RODRÍGUEZ, MARIANO.

APATIA. Ver ATARAXIA; EPOCHÉ; CETICISMO; ESTÓICOS; PIRRO.

APEIRON. O adjetivo ἄπειρος pode significar: 1) "sem experiência (de algo)", "ignorante" (de algo)"; 2) "sem fim", "sem limite" (como, em Homero, para descrever a terra ou o mar; vastos e sem confins). Este segundo sentido é o que filosoficamente importa. Como substantivo, τὸ ἄπειρον (que denominaremos a partir de agora usando o artigo masculino, "o *apeiron*") parece ter sido usado por Anaximandro (VER), mas não dispomos do texto em que o teria usado. Tampouco se conservou o texto das *Opiniões dos Físicos*, Φυσικῶν δόξαι, de Teofrasto, no qual se dava conta das doutrinas de Anaximandro e se citava a parte relativa à natureza e função do *apeiron*. Mas se conserva um texto de Simplício (*Phys.*, 24, 13; Diels, 12 A 9, B 1) em que é citado o de Teofrasto (outras versões da mesma passagem são encontradas em Hipólito, *Philosophoumena*; Eusébio, *Praep. ev.*; Estobeu, *Ecc. phys.*).

Dado o estado dos textos, é difícil fazer uma idéia do significado exato de ἄπειρον em Anaximandro. Segundo Teofrasto (*apud* Simplício), o *apeiron* não é nenhum dos (quatro) elementos: não é, pois, nem terra, nem água, nem ar nem fogo. Para alguns autores (por exemplo, G. Teichmüller, em seus *Studien zur Geschichte der Begriffe* [1874], o conceito de *apeiron* designa só a indeterminabilidade da matéria primordial, ou do princípio, ἀρχή. Outros autores (por exemplo, Eduard Zeller, em *Die Philosophie der Griechen*, I, 1, 5) afirmam que designa certa massa material infinitamente extensa (cf. Jonas Cohn, *Geschichte des Unendlichkeitsproblems im abendlandischen Denken bis Kant* [1896; reimp., 1960], pp. 13-14). Para Charles H. Kahn (*Anaximander and the Origins of Greek Cosmology* [1960], pp. 33ss., e especialmente pp. 231-239), o *apeiron* é uma "enorme e inesgotável massa que se estende em todas as direções", podendo ser identificada com o "espaço infinito" e constituindo um antecedente da noção de "vazio" nos atomistas e do conceito de "receptáculo" em Platão. O *apeiron* circunda o mundo e foi o princípio da formação deste.

Aristóteles refere-se ao *apeiron* como ilimitação e infinidade em *Phys.*, III 4, 203ss. Ele trata a esse respeito, porém, não apenas de Anaximandro, mas também de Demócrito, dos pitagóricos e de Platão (*Filebo*). Isso é compreensível se se tem em mente que os pitagóricos tinham usado o conceito do indeterminado como um dos princípios (negativos) (cf. Aristóteles, *Met.*, A 5, 986 a: πέρας-ἄπειρον) e Parmênides definira o Ser como ilimitado ou sem fim (Diels B 8, 61). Aristóteles afirma que o infinito (ou ilimitado) é incognoscível. Seguindo Demócrito, Epicuro sustentou que o universo é ἄπειρος e que os átomos são ἄπειροι, mas neste último caso o vocábulo ἄπειρος não é usado no sentido do "indefinido" como princípio de cosmos.

↳ Bibliografia: L. Sweeney, *Infinity in the Presocratics: A Bibliographical and Philosophical Study*, 1972.
Ver: Paul Seligman, *The 'Apeiron' of Anaximander: A Study in the Origin and Function of Metaphysical Ideas*, 1962. — Friedrich Solmsen, "Anaximander's Infinite: Traces and Influences", *Archiv für Geschichte der Philosophie*, 46 (1962), 109-128. — P. J. Bicknell, "Τὸ ἄπειρον, ἄπειρος ἀήρ and τὸ περίεκον", *Acta classica*, 9 (1967), 27-48. — H. B. Gottschalk, "Anaximander's Apeiron", *Phronesis*, 10 (1965), 37-53. — G. Striker, *Peras und Apeiron*, 1970. — E. Asmis, "What is Anaximander's 'Apeiron'", *Journal of the History of Ideas*, 19 (1981), 279-297. — R. M. Dancy, "Thales, Anaximander, and Infinity", *Apeiron*, 22 (1989), 149-190.
Ver também a bibliografia de ANAXIMANDRO. ⊂

APEL, KARL-OTTO. Nasc. (1922) em Düsseldorf, professor e diretor do "Philosophisches Seminar", da Universidade de Kiel (1962-1969), professor em Saabrücken (1969-1972) e em Frankfurt a.M. (de 1972 até sua aposentadoria), trabalhou especialmente em questões referentes à linguagem e à comunicação lingüística, mas num sentido que ultrapassa os limites lingüísticos "estritos". Os interesses filosóficos de Apel são muito variados; em seus numerosos artigos e especialmente na obra até agora capital mencionada *infra* sobre a transformação da filosofia, Apel recebeu a influência de Peirce e, ao mesmo tempo, criticou e sobretudo dialogou com o pensamento desse autor — em particular sua semiótica —, com o de Popper, com a antropologia filosófica de Arnold Gehlen, a filosofia analítica, o marxismo, Heidegger, Wittgenstein, Gadamer, Habermas etc. De algum modo, Apel encontra-se na confluência de todas essas tendências, e especificamente na da hermenêutica (VER), por um lado, e na crítica das ideologias (ver IDEOLOGIA), por outro. Apel elaborou uma ampla síntese filosófica que procura situar em seus justos limites, aceitando seus aspectos positivos, a ciência hermenêutica do espírito e do historicismo. Coincidindo com algum dos desenvolvimentos filosóficos de Habermas (VER), Apel julga que é possível assentar as bases de uma "comunidade de comunicação" que faça justiça a alguns postulados do racionalismo crítico mas ao mesmo tempo mantenha a necessidade de uma hermenêutica. Essas bases da comunidade de comunicação devem corresponder aos modos efetivos pelos quais se desenvolve a espécie humana enquanto "animal comunicante" mas não são o resultado de induções praticadas sobre a história. Tal comunidade tem elementos *a priori*, não alheios às condições que tornam possíveis os "universais lingüísticos". A exploração desses elementos possibilitará a "transformação da filosofia", que não é necessariamente a morte desta mas tampouco é uma pretensa superação por outra atividade completamente distinta. A filosofia deve transformar-se na direção de uma "'pré-estrutura' hermenêutica de uma filosofia transcendental", em que 'transcendental' não designa a tentativa de hipostasiar nenhum sujeito, mas a garantia para uma validade intersubjetiva do conhecimento (*Transformation*; cf. *infra*, I, pp. 59 ss.). Tudo isso tornará possível uma comunicação real, que não exclua os esquemas conceituais próprios da comunicação "ideal". Apel considera que o *a priori* da comunidade de comunicação constitui, além disso, o fundamento da ética, a qual proporciona normas fundamentais para a orientação, incluindo a de caráter cognoscitivo.

➲ Obras: Devem-se a A. numerosos artigos. Dezenove deles, escritos entre 1955 e 1972, foram incorporados à sua obra capital: *Transformação da filosofia*, 2 vols., Loyola, 2000 (I: *Filosofia analítica, semiótica, hermenêutica*; II: *O a priori da comunidade de comunicação*). — Além disso: *Die Idee der Sprache in der Tradition des Humanismus von Dante bis Vico*, 1963; 2ª ed., 1975 [Archiv für Begriffsgeschichte, 8] (*A idéia da linguagem na tradição do humanismo, de D. a V.*). (Esta obra inclui uma introdução em que se examinam várias tendências contemporâneas no âmbito da filosofia da linguagem: Cassirer, Hönigswald, Th. Litt, Heidegger, J. Lohmann etc.). — "Die Entfaltung der 'sprachanalytischen' Philosophie und das Problem der 'Geisteswissenschaften'", *Philosophisches Jahrbuch*, 72 (1965), 239-289, em trad. inglesa: *Analytic Philosophy of Language and the "Geisteswissenschaften"*, 1967 [Foundations of Language. Suppl. Series, 5]. — ed., *Charles Sanders Peirce, Schriften*, 2 vols. (I. *Zur Entstehung des Pragmatismus*, 1967; II. *Vom Pragmatismus zum Pragmatizismus*, 1970) (I. *Sobre o aparecimento do pragmatismo*; II. *Do pragmatismo ao pragmaticismo*). — "Zum Problem einer rationalen Begründung der Ethik im Zeitalter der Wissenschaft" ("Para o problema de uma fundamentação racional da ética na época da ciência"), em M. Riedel, ed., *Rehabilitierung der praktischen Philosophie*, vol. 2, 1974. — *Der Denkweg von Ch. S. Peirce*, 1975. — *Sprechakttheorie und transzendentale Sprachpragmatik*, 1976 (*Teoria do ato de fala e pragmática transcendental da linguagem*). — ed., *Sprachpragmatik und Philosophie*, 1976 (*Pragmática da linguagem e filosofia*). — *Die "Erklären-Verstehen" – Kontroverse in transzendentalpragmatischer Sicht*, 1979 (*A controvérsia "explicar-entender" numa visão pragmático-transcendental*). — "Ist die Ethik der idealen Kommunikationsgemeinschaft eine Utopie? Zum Verhältnis von Ethik, Geschichtsphilosophie und Utopie" ("É uma utopia a ética da comunidade ideal de comunicação? Para a relação entre ética, filosofia da história e utopia"), em W. Vosskamp, ed., *Utopieforschung* (*Investigação da Utopia*), 1982. — co-ed., *Rationales Handeln und Gesellschafstheorie*, 1984 (Agir Racional e Teoria Social). — *Diskurs und Verantwortung*, 1988 (trad. esp., *Teoría de la verdad y ética del discurso*, 1991).

Em português: *Estudos de moral moderna*, 1994. — *Transformação da filosofia*, vol. 1, 2000. — *Transformação da filosofia*, vol. 2, 2000.

Depoimento: "Transformation der Transzendentalphilosophie. Versuch einer retrospektiven Zwischenbilanz", em A. Mercier, ed., *Philosophes critiques d'eux mêmes*, vol. 4, 1978 ("Transformação da Filosofia Transcendental. Ensaio de Balanço Provisório Retrospectivo"). — "Il dibattito sulla razionalità oggi; un ritorno a Kant — Interviste a K.-O. Apel e J. Petitot", *Il Protagoras*, 6 (1986), 121-125, realizada por M. Quaranta.

Ver: Hans Albert, *Transzendentale Träumereien. K.-O. Apels Sprachspiele und sein hermeneutischer Gott*, 1975. — U. Kliebisch, *Transzendentalphilosophie als Kommunikations-theorie*, 1981. — W. Kuhlmann, D. Böhler, eds., *Kommunikation und Reflexion. Zur Diskussion der Transzendentalpragmatik. Antworten auf K.-O. Apel*, 1982. — W. Kuhlmann, *Reflexive Letzbegründung. Untersuchungen zur Transzendentalpragmatik*, 1985. — A. Wellner, *Elemente des moralischen Urteils*, 1986. — W. Reese-Schäfer, *K.-O. Apel zur Einführung*, 1990. ➲

APELAÇÃO, APELATIVO. Alfonso Maierù (*Terminologia logica della tarda scolastica*, 1972, pp. 47-137) observa que o termo latino *appelatio*, traduzido por "apelação", é uma versão do grego προσηγορία, na medida em que este é usado em dois contextos: no contexto aristotélico das categorias e no estóico das doutrinas gramaticais (a semântica estóica). Quintiliano estuda a *appelatio* como parte da oração: a que indica uma qualidade comum (como 'homem'), ao contrário do nome próprio ('Sócrates'). As questões referentes à apelação e aos nomes apelativos estão relacionadas com os problemas dos chamados "termos parônimos" ou termos denominativos.

Vários filósofos e lógicos medievais e pós-medievais como Pedro Hispano, João Buridan e Paulo de Veneza desenvolveram a teoria da apelação (*appelatio*) dos termos. Muitos gramáticos consideraram a apelação uma das propriedades dos termos (ver PROPRIEDADES DOS TERMOS). Julgou-se às vezes que ela diz respeito à suposição (VER) de termos que denotam indivíduos efetiva e atualmente existentes. Considerou-se ocasionalmente que a apelação se refere à suposição de termos que impõem (ou reimpõem) certa determinação a outro termo da proposição. Exemplo do primeiro caso é o termo 'Wolfgang Amadeus Mozart'. Exemplo do segundo caso é o termo 'hábil' na proposição 'Baltasar Gracián é um hábil escritor'.

Contudo, segundo Pedro Hispano, a apelação distingue-se da suposição e da significação (VER) em que os termos apelativos se referem *somente* a entidades efetivamente existentes.

João Buridan, assim como Guilherme de Ockham, denominaram "apelativos" os nomes que conotam algo (ver CONOTAÇÃO), de modo que 'conotar' algo é *id quod appelat*. A apelação pode ser formal, quando se aplica aos predicados conotativos, e racional, quando designa alguma atividade cognoscitiva. Quando a propriedade da apelação é atribuída apenas a predicados, pode-se distinguir uma apelação real — como quando se adscreve determinado predicado a determinado sujeito — e uma apelação racional (ou de razão) — como quando se diz de um sujeito (geralmente, quando não exclusivamente, um universal) que tem uma propriedade racional, tal como a propriedade de ser uma espécie ou um gênero.

APELT, ERNST FRIEDRICH (1812-1859). Nascido em Reichenau (Saxônia), foi *Privatdozent* (a partir de 1839) e professor titular (a partir de 1844) na Universidade de Iena. Discípulo e seguidor de Fries (VER), considerou que havia uma forma fundamental (*Grundform*) ou categoria básica que constitui o alicerce de todas as categorias (em sentido kantiano). Essa forma fundamental representa a unidade sintética necessária de todos os juízos. Por meio dela, torna-se possível a objetivação do conhecimento científico. Segundo Apelt, o processo de indução constitui o ponto em que o conhecimento empírico e as construções conceituais da metafísica podem unir-se.

Ͽ Obras: *De viribus naturae primitivis*, 1839. — *E. Reinhold und die kantische Philosophie*, 1840 (*E. R. e a filosofia kantiana*). — *Die Epochen der Geschichte der Menschheit*, 2 vols., 1845-1846; 2ª ed., 1851 (*As épocas da história da Humanidade*). — *Keplers astronomische Weltansicht*, 1849 (*A concepção astronômica kepleriana do mundo*). — *Die Reformation der Sternkunde*, 1852 (*A reforma da astronomia*). — *Die Theorie der Induktion*, 1854. — *Metaphysik*, 1857; reed. Rudolf Otto, 1910. — *Religionsphilosophie*, 1860 (póstuma, ed. Frank). — "21 Briefe von Hermann Lotze an E. F. A. (1835-1841), *Blätter für deutsche Philosophie* (1936), pp. 319-331, e (1937), pp. 184-203.

Ver: Walter Gresky, *Die Augsgangspunkte der Philosophie E. F. Apelts. Ein Beitrag zur deutschen Geitesgeschichte des mittleren 19. Jahrhunderts. Mit neuen Veröffentlichungen aus Apelts Nachlass*, 1936. Ͼ

APERCEPÇÃO. É o nome que recebe a percepção atenta, a percepção acompanhada de consciência. Descartes escrevia que "é certo que não podemos querer outra coisa sem apercebê-la [*que nous n'apercevions*] pelo mesmo meio que a queremos" (*Les passions de l'âme*, I, 19). Leibniz distinguia percepção — que representa um grande número na unidade ou na substância simples — e apercepção — equivalente à consciência (*Monadologie*, § 14). Os cartesianos, de acordo com Leibniz, só levaram em conta as percepções das quais há consciência, isto é, as apercepções. Mas há também percepções confusas e obscuras, como as próprias de certas mônadas "em estado de aturdimento". É preciso distinguir, pois, percepção de apercepção, embora esta última, sendo-o da primeira, é contínua com ela.

Kant estabeleceu uma distinção entre a *apercepção empírica* e a *apercepção pura* ou *transcendental*. A primeira é a característica do sujeito que possui um sentido interno do fluxo das aparências. A segunda é a condição de toda consciência, incluindo a consciência empírica (*KrV* A 107). A apercepção transcendental é a pura consciência original e inalterável; não é uma realidade propriamente dita, mas aquilo que torna possível a realidade como realidade para um sujeito. Os próprios conceitos *a priori* são possíveis mediante a referência das intuições à unidade da consciência transcendental, de sorte que "a unidade numérica dessa apercepção é o fundamento *a priori* de todos os conceitos, da mesma maneira que a diversidade do espaço e do tempo é o fundamento *a priori* das intuições da sensibilidade" (*loc. cit.*).

Por meio da unidade transcendental da apercepção é possível, segundo Kant, a própria idéia de objeto em geral, a qual não fora ainda possível nas intuições do espaço e do tempo e nas unificações introduzidas pelos conceitos puros do entendimento ou categorias. Por conseguinte, a unidade transcendental da apercepção que se manifesta na apercepção transcendental constitui o fundamento último do objeto como objeto de conhecimento (não como coisa em si). Pois "a unidade da síntese de acordo com conceitos empíricos seria completamente fortuita se não se baseasse no fundamento transcendental da unidade" (*ibid.*, A 111). Isso explica o sentido da famosa frase kantiana: "As condições *a priori* de uma experiência possível em geral são ao mesmo tempo as condições da possibilidade dos objetos da experiência" (*loc. cit.*). Não se trata de sustentar que a unidade transcendental da apercepção, como síntese última e ao mesmo tempo fundamentante, torne possíveis os objetos como tais; trata-se de afirmar que torna possíveis os objetos como objetos de conhecimento, isto é, que constitui — como dizem alguns — o horizonte epistemológico para a noção de objetividade e, portanto, a condição de todo conhecimento.

Segundo Kant, a unidade sintética da apercepção pressupõe uma síntese, que é *a priori*. "A unidade transcendental da apercepção refere-se assim à síntese pura da imaginação, como condição *a priori* da possibilidade de toda combinação da diversidade num conhecimento. Mas só a síntese *produtiva* da imaginação pode ocorrer *a priori*; a síntese reprodutiva baseia-se em condições empíricas. Desse modo, o princípio da unidade necessária da síntese pura (produtiva) da imaginação, anterior à apercepção, é o fundamento da possibilidade de todo conhecimento, especialmente da experiência" (*ibid.*, A 118).

A apercepção original ou pura é, portanto, a condição necessária de toda possível percepção (*ibid.*, A 123). A unidade sintética original da apercepção é, em última análise, o "Eu penso" que acompanha todas as representações, pois "do contrário algo seria representado em mim que não poderia ser pensado, e isso equivale a dizer que a representação seria impossível ou, no mínimo, que não seria nada para mim" (*ibid.*, B 131-132). A apercepção transcendental é, pois, o pensar o objeto, pensar que é distinto do conhecer e fundamenta a possibilidade deste último. Que esse pensar seja — como Kant sugere amiúde — um pensar de um sujeito ("de mim mesmo") ou as condições puras de todo pensamento em geral constitui questão muito debatida por vários autores neokantianos. Os resultados da discussão não são sem proveito; não apenas se pode mudar em ampla medida a interpretação da filosofia de Kant — fazendo dela, segundo os casos, um subjetivismo transcendental ou um objetivismo transcendental — como também a do próprio sentido do problema expresso na pergunta: "Que é propriamente pensar?"

A questão da natureza do pensar como pensar produtivo do objeto (ou de suas condições) constituiu um dos grandes temas dos idealistas alemães pós-kantianos. Mas, como se abandonou com freqüência o termo 'apercepção' no sentido antes apontado, não cremos necessário evocar aqui as especulações pertinentes. Limitar-nos-emos a indicar que o vocábulo em questão foi empregado de novo por Herbart (VER) no quadro de uma epistemologia realista. Para Herbart, a apercepção é a assimilação, pela massa das representações existentes e que constituem o eu, das novas representações, existindo, por conseguinte, uma massa de representações que apercebe e outra já apercebida. Na psicologia atual, o termo 'apercepção' é usado quase sempre para designar os atos superiores nos quais se toma consciência sintética das representações não-conscientes; a apercepção é, de acordo com isso, a síntese ativa oposta à síntese passiva ou mecânica que ocorre nas esferas não-conscientes ou menos conscientes. A apercepção já foi considerada dessa forma por Wundt (VER), que a vinculava ao processo volitivo.

➲ Ver: G. Dwelshauvers, *Psychologie de l'apperception*, 1890. — J. Kodis, *Zur Analyse des Apperzeptionsbegriffes*, 1893. — W. Wundt, *Grundriss der Psychologie*, 1896. — L. Salomon, *Zu den Begriffen der Perzeption und Apperzeption von Leibniz bis Kant*, 1902. — Juno Mittenzwey, *Ueber abstrahierende Apperzeption*, 1907. — August Messer, *Die Apperzeption*, 2ª ed., 1921. — P. Rohs, "Transzendentale Apperzeption und Ursprüngliche Zeitlichkeit", *Zeitschrift für Philosophische Forschung*, 31 (1977), 191-216.

Sobre o conceito de apercepção em Leibniz: J. Capesius, *Der Apperzeptionsbegriff bei Leibniz und dessen Nachfolgern*, 1894. — A. Sicker, *Die leibnizschen Begriffe der Perzeption und Apperzeption*, 1900. — R. Mc Rae, *Leibniz: Perception, Apperception, and Thought*, 1976. — M. Kulstad, "Leibniz, Animals, and Apperception", *Studia Leibniziana*, 13 (1981), 25-60. — *Id., Leibniz on Apperception, Consciousness and Reflection*, 1990.

Em Kant: André de Muralt, *La conscience transcendentale dans le criticisme kantien. Essai sur l'unité d'apperception*, 1958. — Wilhelm F. Schoeler, *Die transzendentale Einheit der Apperzeption von I. K.*, 1959. — J. Capesius, *op. cit. supra*. — P. Rohs, "Transzendentale Apperzeption und ursprüngliche Zeitlichkeit", *Zeitschrift für Philosophische Forschung*, 31 (1977), 191-216. — A. Rosales, "Apercepción y síntesis en Kant", *Revista Venezolana de Filosofía*, 75 (1979), 75-141. — H.-N. Castañeda, "The Role of Apperception in Kant's Transcendental Deduction of the Categories", *Nous*, 24(1) (1990), 147-157. — H. Schwyzer, *The Unity of Understanding: A Study in Kantian Problems*, 1990. — L. de Vos, "Deductie en transcendentale eenheid van de apperceptie bij Kant" ("Dedução e unidade transcendental da apercepção em Kant"), *Tijdschrift voor Filosofie*, 55(3) (1993), 519-537. — H. E. Allison, "Apperception and Analyticity in the B-Deduction", *Grazer Philosophischen Studien*, 44 (1993), 233-252.

Ver também as bibliografias de Dedução; Transcendental, transcendentais, e comentários à *Crítica da razão pura* mencionados na bibliografia de Kant, Immanuel. C

APETIÇÃO. Pode-se traduzir com este termo o vocábulo escolástico *appetitus*, mas é mais comum empregar para esse fim a palavra apetite (ver).

'Apetição' é usado por Leibniz (*appétition*). O termo latino correspondente é *appetitio* e às vezes também *appetitus*. Trata-se de um esforço (*conatus*) de agir que tende a uma nova percepção. Leibniz define 'apetição' do seguinte modo: "A ação do princípio interno que produz a mudança ou a passagem de uma percepção à outra pode ser denominada *apetição* [*appetition*]. Embora o desejo não possa obter completamente a percepção integral à qual tende, obtém sempre algo dele e atinge novas percepções" (*Monadologie*, § 15 [ver Mônada e Monadologia]). O apetite (*appetit*) "não é senão a tendência de uma percepção a outra", chamando-se "paixão" nos animais e "vontade" quando a percepção "é um entendimento" ("Leibniz a Remond", 1714; Gerhardt, III, 622).

Pode-se discutir se o vocábulo 'apetição' em Leibniz tem um sentido primariamente psicológico que se transforma depois em metafísico, ou se se trata de um conceito de índole principalmente metafísica expresso em linguagem psicológica. A solução para esse problema depende em grande parte da interpretação geral dada à filosofia de Leibniz. Por sua vez, o problema citado levanta a questão, mais geral, do sentido do vocabulário filosófico. É muito possível, de resto, que no próprio Leibniz o problema fosse menos agudo, porque não havia em seu espírito — e possivelmente no espírito de seu tempo — certas distinções entre formas de conhecimento que mais tarde foram enfatizadas; isso não significa que não houvesse distinções, mas simplesmente que eram de caráter diverso.

Pode-se traduzir também por 'apetição' (ou 'apetite') o termo *appetentia* ('apetência') que, segundo Max Jammer (*Concepts of Force*, 1957, p. 69), Copérnico usou em *De revolutionibus orbium caelestium*, I, 9, ao supor que a gravidade "não é mais que certa apetência natural que a divina providência do Arquiteto do Universo deu às partes da terra com o fim de que restabeleçam sua unidade e integridade". Isso pressupõe, aponta Jammer, que o móvel, ou objeto móvel, possui uma "apetência intrínseca", que é uma "atividade inerente" à sua natureza. A noção de "apetite" ou "apetência" tem aqui, contudo, um sentido "físico" e "cosmológico", sendo um dos termos de uma ampla família de expressões das quais fazem parte 'simpatia' (ver), 'influência', 'atração' e, até certo ponto, 'ação à distância'.

APETITE. Em *De an.*, III, 10 433 a-b, Aristóteles distinguiu νοῦς de ὄρεξις. O termo νοῦς costuma ser traduzido por 'entendimento' e também por 'inteligência'. O termo ὄρεξις pode ser traduzido por 'desejo' e também por 'apetite'. Preferimos aqui este último vocábulo por duas razões: 1) porque é mais próximo do latim *appetitus*, que os escolásticos usaram com consciência de que estava relacionado com a ὄρεξις aristotélica; 2) porque 'desejo', sobretudo quando empregado como tradução do vocábulo latino *cupiditas*, exprime a idéia de um movimento mais violento e apaixonado (como se vê em *cupiditas gloriae* e em *cupiditas praedae*). Em todo caso, 'apetite' tem um aspecto, por assim dizer, mais "técnico" e ao mesmo tempo mais geral, de sorte, que enquanto o desejo pode ser descrito como uma forma de apetite, este não pode ser descrito, em contrapartida, como uma forma de desejo.

A mencionada distinção aristotélica é precedida por uma doutrina das partes da "alma" (ver, entre outras passagens, *De an.*, III 9 432 a-b). Essas partes são: o nutritivo, θρεπτιχόν; o sensitivo, αἰσθητικόν; o imaginativo, φανταστικόν; e o apetitivo, ὀρεκτικόν. Esta última parece distinguir-se das outras, mas é inseparável delas, de modo que, "se a alma tem três partes, em cada uma delas haverá apetição" (trad. de Antonio Ennis, S. J.: *Tratado del alma*, 1944; usamos a mesma tradução *infra*). A apetição e o entendimento (prático) parecem ser as duas únicas faculdades capazes de mover (localmente) a alma. Mas, como "na realidade o objeto apetecível é o que move", resulta que "uma única coisa é a que move: a faculdade apetitiva [ou potência apetitiva] (*loc. cit.*). O apetite pode mover até em sentido contrário à deliberação, pois "a concupiscência [ἐπιθυμία como "desejo") é uma das espécies de apetite" (*loc. cit.*). O apetite é, em suma, o que produz o movimento.

Santo Tomás definiu o apetite como uma inclinação na direção de algo e como a ordem que convém à coisa apetecida. Esta definição é de caráter muito geral, motivo pelo qual convém definir a noção de apetite. Isso acontece quando ela se aplica à alma e se estabelecem suas potências. Para Santo Tomás, essas potências são, como para Aristóteles, a vegetativa, a sensitiva, a apetitiva, a locomotiva e a intelectual. A potência apetitiva — ou apetite — não é comum a todas as coisas, mas característica tão-somente das realidades que possuem o conhecimento e estão acima das formas naturais (*S. theol.*, q. LXXX, a. 1). Há nessas realidades uma inclinação que ultrapassa a inclinação natural, sendo a que leva a alma a ter uma potência específica apetitiva. Existem, segundo Santo Tomás, um apetite intelectual e um apetite sensível, os quais não devem ser confundidos. O nome do apetite sensível é "sensualidade" (que é uma única potência genérica [*ibid.*, q. LXXXI, a. 2], embora se divida em duas potências que são espécies do apetite sensível: a irascível e a concupiscível). A potência irascível é uma emoção; a concupiscível, uma inclinação. Por outro lado, a vontade pode ser considerada um apetite intelectual na medida em que é movida pelo entendimento que lhe propõe o bem como fim — sendo o bem, racionalmente apreendido como tal, o objeto da vontade (*ibid.*, q. LXXXII, a. 5).

Um sentido mais geral de *appetitus* é o oferecido por Guilherme de Ockham quando este o define como uma disposição que se opõe à pura potência (neutra e violenta) ou à potência (natural e violenta) (III *Sententiae*, q. 3 R, *apud* Léon Baudry, *Lexique philosophique de Guillaume d'Ockham* [1958], p. 26, s.v. Appetitus).

A doutrina sobre a noção de apetite que mais influenciou a escolástica foi a de Santo Tomás. Além disso, ela foi aceita quase integralmente por muitos autores neo-escolásticos contemporâneos. As idéias tomistas a esse respeito foram igualmente adotadas por vários filósofos do século XVII, que consideraram o apetite uma das "paixões da alma". Mas, ao desfazer em muitos aspectos o quadro de idéias escolásticas, os autores mencionados deram outros significados a 'apetite'. Preferimos reservar o termo 'desejo' (VER) para nos referirmos aos modos pelos quais o problema do apetite foi abordado por alguns autores modernos, assim como por vários pensadores antigos e contemporâneos.

⇨ Ver: W. R. O'Connor, *The Eternal Quest: The Teaching of St. Thomas Aquinas on the Natural Desire of God*, 1947. — S. C. Pepper, *A Digest of Purposive Values*, 1947. — Jorge Laporta, "Pour trouver le sens exact des termes 'appetitus naturalis', 'desiderium naturale', 'amor naturalis' etc. chez Thomas d'Aquin", *Archives d'histoire doctrinale et littéraire du moyen âge*, 48 (1973), 37-95. ⊂

APOCATÁSTASE. Ver ETERNO RETORNO; ORIGENS.

APODÍTICA. Ver BOUTERWERK, FRIEDRICH.

APODÍTICO. Nome dado ao que vale de modo necessário e incondicionado. O termo 'apodítico' é empregado na lógica em dois aspectos. Por um lado, refere-se ao silogismo. Por outro, à proposição e ao juízo.

I. *O apodítico no silogismo*. Em *Top.*, 100 a 27 ss., Aristóteles dividiu os silogismos (ver SILOGISMO) em três espécies: os apodíticos, os dialéticos e os sofísticos ou erísticos. O silogismo apodítico, ἀποδεικτικός, é, segundo o Estagirita, o silogismo cujas premissas são verdadeiras, e tais que "o conhecimento que delas possuímos tem sua origem em premissas primeiras e verdadeiras". Esse silogismo costuma também ser denominado *demonstrativo*.

II. *O apodítico na proposição e no juízo*. Como uma das espécies das proposições modais, as proposições apodíticas expressam a *necessidade* (a que pode reduzir-se a *impossibilidade de que não*). Refere-se à necessidade de que S seja P ou à impossibilidade de que S não seja P. Estudamos esse modo em Modalidade (VER) e Necessário (VER), e a forma como essas proposições modais se opõem a outras em Oposição (VER). Acrescentemos aqui que o termo 'apodítico' em geral não é usado no sentido (II) pelos lógicos de tendência tradicional, e que tanto eles como os lógicos contemporâneos abordam o assunto em sua análise da modalidade.

O termo 'apodítico' na proposição e no juízo foi usado sobretudo a partir de Kant. O emprego mais conhecido é o que se encontra na tabela dos juízos como fundamento da tabela das categorias. Segundo a primeira, os juízos apodíticos são uma das três espécies de juízos de modalidade. Os juízos apodíticos são logicamente necessários, expressos na forma 'S é necessariamente P', ao contrário dos juízos assertórios ou de realidade e dos juízos problemáticos ou de contingência (*KrV*, A 75, B 100). Um emprego menos conhecido de 'apodítico' em Kant é o que aplica esse termo a proposições (*Sätze*) que estejam "unidas à consciência de sua necessidade". Os princípios (*Grundsätze*) da matemática (geometria) são, de acordo com Kant, apodíticos (*ibid.*, B 41). As proposições apodíticas são em parte "demonstráveis" e em parte "imediatamente certas". Todas as proposições apodíticas dividem-se ou em *Dogmata* ou em *Mathemata*. Os *Dogmata* são proposições sintético-diretas formadas com conceitos. Os *Mathemata* são proposições sintético-diretas formadas mediante *construção* de conceitos (*ibid.*, A 713, B 713, B 741 ss.). Os *Dogmata* não aparecem no uso especulativo da razão (VER), pois todos os princípios da razão, segundo Kant, são condicionados pela possibilidade da experiência.

No sentido usado por Kant em sua tabela dos juízos, a noção de juízo apodítico foi empregada por muitos lógicos do século XIX e ainda aparece na *Lógica* de Pfänder e em muitos textos de Husserl. Pfänder elucida os significados psicológico, lógico e ontológico dos juízos apodíticos afirmativos ('S é necessariamente P') e negativos ('S não é necessariamente P'). Segundo Pfänder, como a modalidade no juízo depende do que ele chama "o peso lógico da enunciação", o apodítico caracteriza-se por uma "exaltação" do "peso lógico" expresso no enunciado mediante "um excedente de ímpeto". Ora, nem a doutrina kantiana nem a de Pfänder são aceitáveis; a primeira, por não ser propriamente uma doutrina lógica e acentuar de maneira demasiada (como era, de resto, a intenção de Kant) o epistemológico; a segunda, em virtude do caráter vago de expressões como 'peso lógico', 'exaltação do peso lógico' etc. A única coisa que consideramos válida na análise de Pfänder é a atenção que nela se dá à diferença entre forma lingüística natural e forma lógica. Mas é preciso ter presente que, quando a lógica é formalizada, a linguagem artificial simbólica usada por ela desfaz as ambigüidades que poderiam ter sido introduzidas pela linguagem natural.

APOFÂNTICA. Aristóteles denominava ἀπόφανσις ou também λόγος ἀποφαντικός a proposição em geral, isto é, o discurso, λόγος, de índole atributiva. Essa proposição podia ser uma afirmação, κατάφασις, ou uma negação, ἀπόφασις. Em todo caso, a *apófansis* ou o discurso apofântico se distinguia rigorosamente de outras formas de discurso; por isso, Aristóteles dizia que nem todo discurso é uma proposição: só o é o tipo de discurso no qual reside o verdadeiro ou o falso (*De int.* IV, 71 a 13). E por esse motivo a *apófansis* é, propriamente falando, uma declaração e não, por exemplo, uma petição, uma exclamação ou uma súplica.

Disse-se que a doutrina da *apófansis*, ou o λόγος ἀποφαντικός, constitui o fundamento da chamada "lógica clássica", para a qual todos os enunciados são formas do juízo "*S é P*". Isso não é correto, porque a intitulada "lógica clássica" não é apenas uma lógica de juízos, mas também uma de enunciados, isto é, ocupa-se não só de expressões da forma '*S é P*', mas também de expressões da forma 'se *p*, então *q*'. Por conseguinte, nem toda a lógica clássica é lógica apofântica.

Alguns autores julgaram que a lógica apofântica é uma tradução conceitual da metafísica substancialista, de modo que '*S é P*' exprime em última análise a relação *substância-acidente*. Outros consideraram que acontece o inverso, isto é, que essa metafísica substancialista deriva da lógica apofântica. De todo modo, a lógica moderna — e, sem dúvida, a lógica clássica não-apofântica — não se funda apenas no indicado λόγος ἀποφαντικός. Entretanto, alguns autores procuraram derivar formas não-apofânticas da estrutura apofântica e sustentaram que a inclusão do sujeito no atributo, a inclusão do atributo no sujeito e a substituição de sujeito e atributo são derivações da *apófansis*. Entre esses autores, figura Thomas Greenwood. Em sua obra *Les fondements de la logique symbolique* (tomo II, 1938, pp. 9-10), esse autor escreve que, "se consideramos a forma *S-é-P* um todo e ascendemos da concepção dessa expressão composta de partes à sua unidade lógica, poderemos estabelecer então entre proposições tomadas como unidades relações formais e operativas por meio de cópulas distintas do verbo e que nem sempre se aplicam a seus constitutivos tomados individual ou inclusive funcionalmente". Isso justificaria o estudo dessas relações por meio de um simbolismo apropriado, que seria o *cálculo de proposições*. Em segundo lugar, se analisamos a dupla operação de seleção de sujeitos e predicados que comporta a forma apofântica *S-é-P* e generalizamos essa operação, desembocaremos na noção de função proposicional e na descrição, fundando nisso o *cálculo de funções proposicionais*. Em terceiro lugar, se consideramos certas relações mútuas de *S* e de *P* segundo a doutrina clássica dos predicados (os quais se explicitam mediante as relações de pertença e de inclusão, base do cálculo de classes), poderemos interpretar tais relações por meio da *teoria das classes*. E, em quarto lugar, "podemos fazer intervir a categoria de relação em geral na forma apofântica *S-é-P*, o que nos permitirá desdobrar o predicado *P* num objeto *t* ligado ao sujeito *S* mediante a relação *R*. Ao transformar então a forma *S-é-P* nesta outra, *S-é-Rt*, e ao elevar-nos daqui à forma *xRy*, estabeleceremos as noções e as operações que convêm mais particularmente a essa nova forma, o que produz o *cálculo de relações*". Esta tese já fora defendida por J. D. García Bacca (*Introducción a la lógica moderna*, 1936), a quem Greenwood se refere a esse respeito, assinalando que ele justamente utiliza algumas de suas concepções "sem adotar seu modo de considerar a diferenciação progressiva das diversas partes da lógica", já que, na opinião de Greenwood, García Bacca considera os mencionados cálculos como os "estados sucessivos dessa diferenciação". Com efeito, García Bacca assinalara na obra citada várias leis que permitiam caracterizar as funções fundamentais do sujeito, do predicado e da cópula, com o que se enfatizava o caráter ontológico dos fundamentos do simbolismo. M. Granell observa (*Lógica*, 1949, p. 2) que, em todo caso, a teoria de García Bacca é mais complexa que a de Greenwood e não permite a excessiva simplificação da tese deste último. Porém estas opiniões não foram aceitas entre os lógicos de modo muito geral; Russell, naturalmente, rejeita-as energicamente, e as investigações da lógica mais recente chegam a considerar difícil formular a questão. Não há necessidade de declarar que em muitos casos a atitude assumida neste problema obedece a pressupostos filosóficos prévios. É evidente, pelo menos, que uma filosofia substancialista tenderá sempre a defender o pensamento apofântico como pensamento lógico fundamental.

Husserl usou o termo 'apofântica' no decorrer de sua investigação sobre a lógica formal e a lógica transcendental. Já nas *Idéias* se esboçara a noção de uma doutrina formal das proposições apofânticas, que ele denominava também *Sintática* (*Ideen*, § 134). Mas a "lógica formal como analítica apofântica" requer, a seu ver, uma descrição mais completa da estrutura da apofântica. Esta se apresenta dividida em três ramos, ou, melhor dizendo, em três graus. O *primeiro* grau é a doutrina pura das formas do juízo. Trata-se de uma primeira disciplina lógico-formal em que se subsumem todos os juízos sob os conceitos puros de estrutura ou forma, isto é, de algo muito parecido, se não igual, a essa doutrina pura formal das significações ou gramática puramente lógica que fora já esboçada na *Investigações Lógicas*. A doutrina pura das formas refere-se à mera possibilidade dos juízos como juízos, sem preocupar-se se são verdadeiros ou falsos, se são ou não contraditórios. Não surpreende, pois, que essa doutrina inclua o conceito de operação — e das leis operativas ou operacionais — como conceito diretor da investigação formal (*Formale und transzendentale Logik*, 1929, § 13). O *segundo* grau é formado pela chamada "lógica da conseqüência" ou também "lógica da ausência de contradição" (ou da consistência). Essa lógica trata das formas possíveis dos juízos verdadeiros e, portanto, estuda as leis essenciais que determinam as relações de inclusão ou não-inclusão analíticas dos juízos. Aos conceitos fundamentais dessa lógica, ou segunda fase da apofântica, pertencem, antes de tudo, segundo Husserl, os conceitos básicos de validade, entendidos como conceitos normativos (*op. cit.*, § 14). Um *terceiro* grau — mais elevado — da analítica apofântica compreende as leis formais ou leis das verdades possíveis e de suas modalidades, podendo definir-se, por conseguinte, como uma "lógica formal da verdade" (*op. cit.*, § 15). Segundo Jean Cavaillès, este estágio da analítica apofântica é uma teoria dos sistemas ou uma teoria das teorias que se reduz, no fundo, a uma nomologia "como determinação de tipos de teorias para as quais se pôde de antemão decidir se estavam definidas, ou seja, se eram de tal forma que todo juízo (forma de juízo) construído de modo puramente lógico-gramatical a partir de conceitos (formas de conceitos) que aparecem nele é o verdadeiro — isto é, uma conseqüência analítica dos axiomas — ou falso — isto é, uma contradição analítica" (*Sur la logique et la théorie de la science*, 1947, p. 47). Husserl procura estabelecer uma distinção entre a apofântica (considerada ainda uma doutrina formal das significações lógicas, isto é, das proposições predicativas dos juízos lógico-formais) e a ontologia formal. Para Husserl, os conceitos surgidos de "reduções denominativas", concebidos como exclusivamente determinados por puras formas, introduzem modificações formal-categoriais da idéia de objetividade em geral e proporcionam o material conceitual fundamental da ontologia formal, assim como de todas as disciplinas formais matemáticas (*Ideen*, § 119). Caso contrário, não se poderia entender a relação existente entre a lógica formal como lógica apofântica e a ontologia formal em sua forma universal. Em todo caso, a doutrina apofântica formal procura sempre estabelecer uma doutrina formal "analítica" de significados "lógicos" ou significados predicativos "postos", levando em conta pura e simplesmente as formas de síntese analítica ou predicativa e, portanto, deixando indeterminados os termos significantes que entram nessas formas (*op. cit.*, § 134). Uma primeira distinção leva, assim, a afirmar que "a idéia da lógica formal e até do 'formal' está firmemente delimitada pelas sintaxes doxais, que podem entrar, e logicamente têm de entrar, na unidade sintática de uma apofântica de um juízo no sentido usual da lógica" (*Formale etc.*, § 41). O fato de que a lógica formal determine os objetos em sua pura generalidade mediante as formas não significa de nenhuma maneira que não haja diferença entre lógica apofântica e ontologia formal. Só assim será possível realizar, no entender de Husserl, a idéia de uma *mathesis universalis* como ciência das significações apofânticas de todos os graus categoriais, não apenas distinta da ontologia formal, mas também da própria lógica, pelo menos no sentido corrente.

APOFÁTICO. Equivale a "negativo". O termo grego ἀπόφασις é traduzido por 'negação'. Também pode ser traduzido por 'declaração'; com efeito, o verbo ἀπόφημι quer dizer "declarar abertamente algo", "dizer (abertamente) o contrário", donde "negar" e "dizer não". Aristóteles usou 'apofático' para indicar negação de — no sentido de separação — um predicado com relação a um sujeito, como quando se diz que x não é F e, portanto, se "separa" F de x.

'Apofático' foi usado sobretudo para caracterizar um tipo de teologia: a teologia apofática ou teologia negativa, ao contrário da teologia catafática (de κατάφασις, "afirmação", "declaração") ou teologia positiva. Costuma-se fazer remontar sua origem ao Pseudo-Dionísio quando este diz, em seu tratado sobre a hierarquia celeste, *De hier. coel.* (II, 3), que "as negações são verdadeiras no que tange aos mistérios divinos, ao passo que toda afirmação é inadequada. Por isso, e dado "o caráter secreto do que continua sendo inefável", é preciso "revelar o invisível mediante imagens sem semelhança". Em sua *Teologia Mística* (*Theol. myst.*, II), o Pseudo-Dionísio indica que convém, para destacar as negações, proceder de modo inverso a como se procede quando se destacam as afirmações. Estas idéias se enquadram plenamente na tradição neoplatônica, especialmente a plotiniana. Assim, Plotino (*Enn.* VI, vii, 36) afirma que a negação expressa o Uno e que a instrução na visão do Bem vem, como Platão dizia, já de analogia, ἀναλογία, negação, ἀφαίρεσις, e conhecimento dos seres surgidos de seu fundo, γνῶσις τῶν ἐξ αὐτοῦ καὶ ἀναβασυοί τινες, todos os quais são elementos do raciocínio, e não a própria visão (Platão, *Rep.* 504-510; Bréhier cita, erroneamente, somente 504 E).

APOLÍNEO. Por muito tempo, consideraram-se a vida e a cultura gregas como essencialmente "clássicas", entendendo-se este termo como equivalente, entre outros, a "justo", "moderado", "tranqüilo", "sem arestas", "perfeito" etc. Assim, contrapunha-se a cultura grega como cultura clássica à cultura "romântica", na qual se faziam intervir, entre outras coisas, a falta de comedimento e a ânsia de infinito. O fato de muitos românticos se apaixonarem pela cultura grega não pareceu chamar excessivamente a atenção.

Em sua obra *A Origem da Tragédia a partir do Espírito da Música* (*Die Geburt der Tragödie aus dem Geiste der Musik*, 1872), Nietzsche baseou-se em Schopenhauer e no *Tristão e Isolda* de Richard Wagner para afirmar que a vida e a cultura gregas se movem entre dois pólos, cada um dos quais corresponde a duas grandes formas artísticas e, em última análise, a dois modos vitais básicos: o apolíneo e o dionisíaco. A constante evolução da arte — escreveu Nietzsche no começo da mencionada obra — está vinculada à "duplicidade do apolíneo e do dionisíaco", à maneira como a propagação da espécie depende dos sexos, de seus conflitos constantes e de suas periódicas reconciliações. 'Apolo' e 'Dionísio' são nomes tomados de empréstimo aos gregos, diz Nietzsche, pois estes últimos exprimiram as profundas doutrinas secretas de sua concepção da arte sob as encarnações de suas divindades e não em conceitos. Nas artes, trata-se de uma ruptura entre as artes plásticas, apolíneas, e as artes não-visuais da música, dionisíacas. É uma discórdia criadora. Nietzsche examina os dois reinos separadamente: o reino apolíneo do sonho (*Traum*) e o da embriaguez (*Rausch*); o reino apolíneo do "princípio de individuação", no qual o indivíduo, tal como o descrevia Schopenhauer na primeira parte de *O Mundo como vontade e representação*, está tranqüilamente assentado no meio dos turbilhões do mundo, como uma frágil embarcação num mar bravio; e o reino dionisíaco em que o "princípio de individuação" se desfaz, triturado, e em que a série de causas se rompe. O espírito dionisíaco pode parecer bárbaro ao espírito apolíneo, mas este não pode viver sem aquele. Nietzsche procura compreender, ou melhor, capturar a realidade do espírito apolíneo-dionisíaco, conseguindo assim uma intuição do mistério que o tornou possível. Ele procura igualmente ver de que modo o desaparecimento do espírito dionisíaco está relacionado com a surpreendente degeneração da humanidade grega — o que é uma maneira de sugerir que a época atual precisa de um espírito dionisíaco, que se expressa na música, de Bach a Beethoven, e deste a Wagner, e que os críticos, com sua pobreza de espírito, não conseguem compreender.

Embora muito centrada na arte, a distinção — e conjunção — nietzschiana de apolíneo com dionisíaco não é uma simples categorização artística; é a expressão de formas de cultura que são, em última análise, formas de vida. Mas, no mínimo, Nietzsche alertou os críticos de arte e os historiadores da cultura grega a ver nesta algo distinto da moderação, da harmonia e da suposta "perfeição". Trilhou também esse caminho Jakob Burkhardt, amigo de Nietzsche; e Bachofen lançou-se em busca do que se havia declarado como puros elementos irracionais.

Em *A Decadência do Ocidente* (*Der Untergang des Abendlandes*, 2 vols., 1918-1922, Parte I, cap. 3, 6), Spengler, que se reconhecia influenciado por Nietzsche, falou de "alma apolínea". Curiosamente, porém, ele julgava que essa alma, caracterizada pela presença sensível do corpo individual, era própria de toda a cultura antiga. Segundo Spengler, são apolíneas a estátua do homem nu, a mecânica estática, a instituição da cidade-Estado. Não há no apolíneo evolução interior nem história. Diante da alma apolínea, há a alma fáustica. É verdade que esta não tem as mesmas características do espírito dionisíaco, mas se percebem vestígios desse espírito. Para Spengler, a alma fáustica, alma de toda a cultura ocidental, e especialmente do mundo germânico, escolheu como símbolo primário o espaço puro ilimitado. Fáusticos são a dinâmica de Galileu, a dogmática católica e protestante, as grandes dinastias barrocas. No fáustico, há evolução interna e história, assim como consciência do próprio destino. Num extremo dessas duas almas ou culturas, há a alma mágica, a alma da cultura árabe, que serve de intermediário, que pede emprestado, modifica e interpreta. Mágicos são a álgebra, a astrologia, a alquimia, os mosaicos, os arabescos, as mesquitas e os livros santos das religiões persa, judaica e cristã (já que, nesta interpretação, há uma diferença entre cristianismo e dogmática católica e protestante).

APOLODORO DE SELÊUCIA. Ver ESTÓICOS.

APOLOGISTAS. No âmbito da Patrística (VER), recebem o nome de apologistas alguns Padres da Igreja que (principalmente no decorrer do século II) se dedicaram a escrever apologias do cristianismo. Como para esses fins apologéticos foram abundantemente usados temas e argumentos filosóficos, os apologistas pertencem não apenas à história da religião, do cristianismo, da teologia e da Igreja, como também à da filosofia. Em vários verbetes dedicados aos principais apologistas (Aristides, Justino [São], Minúcio Félix, Tertuliano. Cf. também, para o século IV, Eusébio de Cesaréia), podem-se ver os temas mais freqüentemente tratados por eles e as soluções oferecidas. Limitar-nos-emos aqui a fazer um resumo geral da tendência apologética e a mencionar alguns outros autores pertencentes a ela aos quais não foram dedicados verbetes específicos.

O motivo principal da tendência em questão não era tanto defender o cristianismo contra as correntes filosóficas opostas a ele ou contra as outras religiões quanto convencer o Imperador do direito dos cristãos a uma existência legal dentro do Império. Para isso, era preciso usar o vocabulário mais familiar às classes ilustradas do Império, e esse vocabulário coincidia em boa parte com o filosófico da época helenístico-romana. O uso desse vocabulário e o manejo das doutrinas correspondentes oferecia, pelo menos no começo, um desenvolvimento mais ético-prático que metafísico-especulativo. Mas, como a formação cultural helênica de quase todos os apologistas e as necessidades da apologética exigiram a ampliação desses quadros, não se tardou a passar ao exame de questões mais propriamente filosóficas, em particular a questão de saber se, e até que ponto, a tradição filosófica grega era compatível com a revelação cristã. A resposta foi quase sempre afirmativa, especialmente com base no uso de idéias platônicas e estóicas, que se prestavam de modo particular ao apoio das tendências harmonizadoras. Conseqüência disso foi a ênfase da inteligibilidade e comunicabilidade das verdades cristãs, com a correspondente universalização destas. A diferença entre o cristianismo e a filosofia foi concebida amiúde, como se vê claramente em São Justino, como a diferença entre uma verdade total e uma verdade parcial. É importante também do ponto de vista filosófico, ou, melhor dizendo, filosófico-teológico, o fato de que mediante os escritos apologéticos se constituíram as bases para um esclarecimento ulterior dos dogmas teológicos e, por conseguinte, para o esclarecimento posterior dos conceitos filosóficos fundamentais usados em teologia.

Entre os autores que não têm verbetes específicos, mencionaremos por ora os escritores em língua grega: Codrato (Κοδράτος, Quadrato), Hermas, Hérmias, "o filósofo", Melito e Aríston de Pella. Codrato só pode ser considerado um apologista se prestamos exclusiva atenção à filosofia, já que os aspectos filosóficos em sua obra são praticamente inexistentes; pelas informações que se transmitiram acerca da perdida apologia dirigida, por volta do ano 125, ao Imperador Adriano, Codrato limitou-se a destacar os direitos legais dos cristãos como praticantes de uma religião que não estava incluída em nenhuma das religiões oficialmente ou semi-oficialmente aceitas pelo Império. O *Pastor* de Hermas, redigido provavelmente por volta do ano 145 (embora, segundo alguns autores, seja de uma época bastante posterior), tampouco tem caráter filosófico — trata-se de um escrito em que a Igreja personificada apresenta cinco visões, doze mandamentos e dez semelhanças — e ainda se opõe à filosofia como negadora dos princípios fundamentais cristãos ou judeu-cristãos (como a existência de um único Deus criador que fez o mundo a partir do nada). Mais pertinente aqui — embora dirigido contra os filósofos — é o escrito de Hérmias: Διασυρμὸς τῶν ἔξω φιλοσόφων, *Irrisio gentilium philosophorum; O escárnio dos filósofos pagãos*, possivelmente redigido entre os séculos II e III. Nesse escrito, zomba-se das opiniões dos filósofos, acentuando suas contradições, mas tanto os argumentos como o estilo de Hérmias são mais retóricos que propriamente filosóficos. Um caráter filosófico mais sério apresenta a obra de Melito, bispo de Sardes. Em sua *Apologia*, dirigida, por volta do ano 172, ao imperador Marco Aurélio, ele já descreve a religião cristã como uma espécie de "filosofia" (uma "filosofia" verdadeira e completa). O mesmo ocorre com a apologia escrita um pouco antes por Aríston de Pella, na Palestina, ainda que este autor pareça ser mais "judeu-cristão" que os outros apologistas. Deve-se acrescentar às apologias dos autores citados um escrito de autor desconhecido, e de considerável influência: a chamada *Carta a Diogneto*, escrita provavelmente na década 160-170 (embora alguns dêem datas posteriores e vários tenham suposto que procede da alta Idade Média e até do Renascimento). É importante nessa *Carta*, como o mostrou Gilson, o fato de constituir um precedente de uma das idéias centrais da *Cidade de Deus* agostiniana: a idéia de que os cristãos não se distinguem dos não-cristãos pelo lugar que habitam, por suas ocupações ou por seus talentos, mas por poder habitar em qualquer pátria e, ao mesmo tempo, por ser-lhes estrangeira qualquer pátria (ver CIVITAS DEI, e a obra de Gilson sobre a metamorfose da Cidade de Deus aí referida). Os cristãos, segundo a *Carta*, residem neste mundo de uma maneira parecida a como a alma habita o corpo. Aquilo que os caracteriza é, pois, seu modo de ser, que produz seu modo de agir.

Os apologistas anteriores escreveram em língua grega. Também usaram essa língua os apologistas Atenágoras (século II), autor de uma *Legatio* (Πρεσβεία) dirigida, por volta de 177, a Marco Aurélio; Teófilo de Antioquia († 181), que admitiu a verdade de algumas idéias filosóficas gregas; e Taciano. Além deles, deve-se mencionar uma série de apologistas que escreveram em latim. Os principais são: Arnóbio (VER), Lactâncio (VER), Minúcio Félix (VER) e Tertuliano (VER). Estes autores diferem consideravelmente entre si no que diz respeito a algumas das doutrinas que expõem e defendem. Assim, Arnóbio distingue-se de Tertuliano no que se refere à natureza de Deus e à condição da alma; Tertuliano difere dos outros por seu extremo "fideísmo". Eles se distinguem igualmente nas opiniões sobre os autores pagãos; enquanto Lactâncio ataca os epicuristas, Arnóbio mostra simpatia por algumas de suas idéias. Por fim, diferem entre si no que tange ao estilo; o de Minúcio Félix é mais "consolador" e menos "retórico" que o de Arnóbio e Lactâncio. Não obstante, há algo de comum em todos: o uso abundante de fontes clássicas, especialmente latinas. Também lhes é comum o movimento de "aproximação" da cultura clássica às doutrinas cristãs, uma vez que a primeira se tenha depurado de resíduos politeístas.

➲ Ver a bibliografia de CRISTIANISMO; FILOSOFIA MEDIEVAL; PATRÍSTICA.

Edições dos apologistas em geral: P. Maranus, Venetiis, 1747 (reimpressa em Migne, *P. G.*, VI); J. C. Th. de Otto, *Corpus apologetarum saec.* II, 9 vols., Ienae, 1847-1872 (reedição de vols. I-V [São Justino], 1876-1881).

Edições de apologistas mencionados aqui e que não têm verbetes específicos neste Dicionário: Hermas: Diels, *Doxographi Graeci*, 1879, 649-656; 2ª ed., 1929, 651 ss. — Hermias, "o filósofo": A. von di Pauli, *Die 'Irrisio' des Hermias*, 1907. — Melito: Routh, *Reliquiae sacrae*, I, e o citado *Corpus* de Otto, IX, 374-478, 497--512; outros textos em Pitra, *Spicilegium Solesmense*, I, 1855, e *Analecta sacra*, II, 1884. — Aristón de Pella: Routh, *Reliquae*, I, 91-109. — *Carta a Diogneto*: várias edições, entre elas K. Bihlmeyer, *Die Apostolischen Väter*, 1924, 141-149.

Ed. bilíngüe de *Padres apologistas griegos* na Biblioteca de Autores Cristianos, trad. esp. de Daniel Ruiz Bueno, 1954 (conteúdo: Aristides, *Apología*; São Justino, *Apología II*, *Diálogo con Trifón*; Taciano, *Discurso contra los griegos*; Atenágoras, *Legación em favor de los cristianos*, *Sobre la resurrección de los muertos*; Teófilo de Antioquia, *Los tres libros a Autólico*; Hermias, "o filósofo", *El escarnio de los filósofos paganos*). — Trad. esp. do *Pastor* de Hermas e da *Carta a Diogneto* em Sigfrido Huber, *Los Padres Apostólicos*, 1949, pp. 384-496 e 526-541, respectivamente.

Índice: E. J. Goodspeed, *Index apologeticus. Iustini mart, aliorumque sive clavis operum apologetarum pristinorum*, 1912 (cf. do mesmo autor: *Die ältesten Apologeten*, 1915).

Sobre os apologistas: J. Zahn, *Die apologetischen Grundgedanken in der Literatur der drei ersten Jahrhunderte systematisch dargestellt*, 1890. — O. Zöckler, *Geschichte der Apologie des Christentums*, 1907. — J. Rivière, *S. Justin et les apologistes du IIe siècle*, 1907. — J. Geffcken, *Zwei griechischen Apologeten*, 1907. — W. Baldensperger, *Urchristliche Apologie*, 1909. — A. Puech, *Les apologistes grecs du IIe siècle de notre ère*, 1912. — A. Hauck, *Apologetik in der alten Kirche*, 1918. — M. Pellegrino, *Studi su l'antica apologetica*, 1947. — A. Richardson, *Christian Apologetics*, 1948. — J. Laurin, *Orientations maîtresses des apologistes chrétiens de 270 à 361*, 1954. — H. Hagendahl, *Latin Fathers and the Classics: A Study on the Apologists, Jerome and Other Christian Writers*, 1958. — Robert Joly, *Christianisme et philosophie: Études sur Justin et les apologistes grecs du deuxième siècle*, 1973. — H. B. Timothy, *The Early Christian Apologists and Greek Philosophy, Exemplified by Irenaeus, Tertullian and Clement of Alexandria*, 1973. ℂ

APOLÔNIO DE CALCEDÔNIA. Ver Estóicos.

APOLÔNIO DE TIANA (*fl.* fins do século I). É conhecido sobretudo como mago e profeta, mas as informações sobre sua vida, provindas quase inteiramente de seu biógrafo Filostrato (que escreveu sobre Apolônio a instâncias da imperatriz Júlia Domna), estão demasiado envoltas em motivos lendários para constituir uma fonte segura. Ao que parece, Apolônio viajou muito pelos países orientais, pregando o pitagorismo — motivo pelo qual é considerado um dos neopitagóricos da época —, mas antes como religião que como filosofia. De acordo com o que diz Jâmblico na *Vida de Porfírio*, Apolônio apresentou, numa *Vida de Pitágoras*, Πυθαγόρου Βίος, esse sábio como ideal supremo de vida. Além disso, difundiu a idéia de que o homem é cidadão do universo e de que há um Deus — inacessível à razão — que prevalece sobre os outros deuses de tal forma que, ao contrário destes, não apenas não precisa de sacrifícios como sequer necessita ser nomeado.

⇨ Além de Jâmblico, ver os fragmentos atribuídos a Apolônio por Eusébio (*Praep. ev.*, IV, 13, e *Demonst. ev.*, III, 3) de uma obra intitulada Περὶ φυσιῶν. — *The Letters of Apollonius of Tyana*, 1979, ed. crítica e trad. inglesa de R. J. Penella.

Biografia: J. Jessen, *A. von Tiana und sein Biog. Philostratos*, 1885. — J. Guiraud, *La vie d'A de Tiane*, 1886. — D. M. Tredwell, *A. Sketch of the Life of A. of T.*, 1886.

Ver: J. Gottsching, *A. v. T.*, 1889 (tese). — G. R. S. Mead, *A. of T.: The Philosopher-Reformer of the First Century*, 1901; reimp., 1966 (trad. esp., *A. de T., el filósofo reformador, del único relato existente de su vida*, 1906). — E. Strazzeri, *A. di T. e la cronologia dei suoi viaggi*, 1901. — T. Whittaker, *A. of T., and Other Essays*, 1906. — M. Wundt, "A. v. T, Prophetie und Mythenbildung", *Zeit. für wiss. Theologie*, 41, N. F. 14 (1906), 309-366. — F. W. G. Campbell, *A. of T.: A Study of His Life and Times*, 1908. — J. Hempel, *Untersuchungen zur Überlieferung von A. v. T.*, 1920. — F. Kliem, *Appolonios*, 1927. — Arts. de B. Latzarus com o título de "Un pythagoricien thaumaturge, A. de Tyane", em *Revue de Cours et Conférences* (1939--1940), pp. 51-64, 267-280, 420-434. — G. R. S. Mead, *Apollonius of Tyana: The Philosopher Reformer of the 1st. Century*, 1966. — G. Petzke, *Die Traditionen über A. von T. und das neue Testament*, 1970. — J. Echeverría, "La identidad de las figuras geométricas", *Theoria*, 1 (1985), 213-230. — E. Junod, "Polémique Chrétienne contre Apollonius de Tyane", *Revue de Théologie et de Philosophie*, 120 (1988), 475-482. — A. Billault, "The Rethoric of a 'Divine Man': Apollonius of Tyana as Critic of Oratory and as Orator According to Philostratus", *Philosophy and Rhetoric*, 26(3) (1993), 227-235. ℂ

APOREMA. Aristóteles denomina ἀπόρημα um raciocínio (silogismo) de contradição, no sentido literal de contra-dição, ἀντίφασις (*Top.* VIII, 11, 162 a 19-20).

Ele distingue aporema, filosofema (VER), epiquerema (VER) e sofisma (VER). Dá-lhe o nome de "aporema" porque consiste num encontrar-se sem recursos, num não saber a que ater-se, num estar mergulhado em dúvidas, ἀπορέω. Num raciocínio aporético, "não há saída". Trata-se, pois, de uma "aporia" (VER). Contudo, este último termo foi empregado com vários outros significados que não estão adscritos à noção de aporema.

APORIA, ἀπορία, significa literalmente "sem caminho", ou "caminho sem saída"; daí decorre "dificuldade". Em sentido figurado, a aporia é entendida quase sempre como uma proposição sem saída lógica, como uma dificuldade lógica insuperável. A aporia poderia, pois, ser também denominada — e de fato assim o foi — antinomia ou paradoxo. É o que ocorre com os paradoxos, aporias ou "dificuldades" de Zenão de Eléia (VER), assim como com as aporias e paradoxos dos sofistas e dos céticos. O estudo das aporias pode dar lugar a uma aporética, que seria, em última análise, a descrição e investigação de todos os elementos aporéticos descobertos no processo do conhecimento do real. Nicolai Hartmann, por exemplo, dá o nome de *aporética* ao estudo das antinomias formuladas pela análise dos resultados obtidos na descrição fenomenológica do conhecimento. As aporias — que se referem aqui principalmente aos problemas relativos à transcendência e à implicação de elementos ontológicos dentro dos elementos gnosiológicos — não podem ser resolvidas, a seu ver, em sentido próprio, cabendo unicamente incluí-las numa totalidade superior que "reduza" seu perfil problemático. Em boa parte, diz Hartmann, o pensamento filosófico é de caráter aporético ou, melhor dizendo, o pensamento aporético é uma das formas fundamentais — e para esse autor a mais legítima — de pensamento diante do pensamento filosófico orientado para o sistema (VER).

Seguindo a terminologia usada no decorrer desta obra, distinguiremos antinomia, paradoxo e aporia. Usamos o termo 'antinomia' (VER), principalmente no sentido kantiano, como algo derivado da aplicação da razão pura à realidade e especialmente às proposições cosmológicas. Empregamos o vocábulo 'paradoxo' (VER) no sentido das dificuldades — lógicas e semânticas — que surgem tão logo uma proposição, depois de se ter afirmado a si mesma, se contradiz a si mesma. Os paradoxos equivalem, em ampla medida, aos tradicionais *insolubilia*. Exemplos típicos das antinomias são, por isso, as antinomias cosmológicas kantianas (matemáticas e dinâmicas). Exemplo típico do paradoxo (semântico) é o de "O Mentiroso" (VER). Exemplos típicos das aporias em nosso sentido são, em contrapartida, as argumentações de Zenão de Eléia contra o movimento. Destaca-se entre elas a aporia ou paradoxo de Aquiles e a tartaruga a que fazemos referência no verbete sobre Zenão de Eléia e que aqui apresentaremos de novo, além das soluções mais fundamentadas que recebeu no curso da história da filosofia.

A aporia de Aquiles e a tartaruga pode ser enunciada de vários modos. A fórmula mais intuitiva, embora também menos precisa, consiste substancialmente no que vem a seguir. Suponhamos que Aquiles e a tartaruga partam simultaneamente para uma corrida de velocidade na mesma direção e suponhamos que Aquiles corra dez vezes mais depressa que a tartaruga. Se no instante inicial da corrida se dá à tartaruga um metro de vantagem sobre Aquiles, o resultado será que, quando Aquiles tiver percorrido esse metro, a tartaruga terá percorrido já um decímetro. Quando Aquiles tiver percorrido esse decímetro, a tartaruga terá percorrido um centímetro; quando Aquiles tiver percorrido esse centímetro, a tartaruga terá percorrido um milímetro, e assim sucessivamente, de tal modo que Aquiles nunca poderá alcançar a tartaruga, mesmo que, evidentemente, se vá aproximando infinitamente dela. Um enunciado mais preciso reduziria Aquiles e a tartaruga a dois pontos que se deslocam ao longo de uma linha com uma vantagem inicial por parte do ponto mais lento e uma velocidade superior uniforme por parte do ponto mais rápido. A distância entre os dois pontos dados, mesmo que vá se aproximando progressivamente de zero, nunca poderá alcançar zero.

O propósito de Zenão de Eléia era defender a doutrina de Parmênides (VER), que exigia a negação do movimento real e a afirmação de que todo movimento é ilusório. O *fato* de que Aquiles alcance efetivamente a tartaruga não representaria, pois, para Zenão uma demonstração da falsidade da aporia, pois esse fato, sendo fenomênico, não é real. Por conseguinte, a aporia não é refutada, como entre vários filósofos antigos era comum crer, mediante a revelação da efetividade do movimento e do fato de que Aquiles alcançara a tartaruga. Excluiu-se, pois, como inoperante uma primeira refutação da aporia, que consistiria, no fundo, em afirmar que "o movimento se demonstra andando". Outras refutações ocorreram desde então. Seguindo a descrição feita por A. P. Ushenko em seu artigo sobre os paradoxos de Zenão (*Mind*, N. S. 55 [1946]), dividiremos aqui as refutações em cinco tipos: 1) lógicas; 2) matemáticas; 3) físico-matemáticas; 4) físicas, e 5) filosóficas.

As refutações lógicas insistem em mostrar que a aporia de Aquiles e a tartaruga constitui uma petição de princípio, na qual se supõe o que se nega — o movimento —, sendo, portanto, logicamente impossível sua formulação. Estas refutações esquecem não apenas o outro pressuposto mais decisivo e radical de Zenão — a negação do movimento enquanto processo real —, como também a possibilidade de provar algo por absurdo.

As refutações matemáticas, usuais desde a criação do cálculo infinitesimal, consistem essencialmente em afirmar que, sendo possível a soma de uma progressão geométrica infinita, não há nenhum motivo para não supor a possibilidade de que a distância entre os dois pontos que se deslocam chegue a ser igual a 0. A dificuldade desta refutação consiste na aplicação da solução matemática a um acontecimento físico, isto é, baseia-se, em última análise, na sobreposição das duas ordens, sobreposição que por si mesma permanece inexplicada. Por outro lado, o problema do tempo — essencial na aporia — não é solucionado nem mesmo quando se afirma que Aquiles tem uma infinidade de intervalos temporais que lhe permitem atravessar uma série infinita de distâncias.

A refutação físico-matemática é, segundo Ushenko, a própria de Bertrand Russell. Este último autor afirma que tanto a série de momentos temporais como a série de pontos da linha são contínuos matemáticos, não havendo, por conseguinte, momentos consecutivos ou, melhor dizendo, não havendo terceiros momentos que se vão interpondo até o infinito entre dois momentos dados.

As refutações físicas são às vezes uma combinação das matemático-físicas e das filosóficas, especialmente quando, como o citado Ushenko propôs, consistem numa análise dos conceitos físicos fundamentais, particularmente do conceito de simultaneidade. Uma refutação que parece ser proposta hoje em alguns círculos baseia-se na idéia da possibilidade de "longitudes mínimas" e de "partículas mínimas" de espaço-tempo a que nos referimos no verbete sobre a noção do contínuo (VER). No entanto, essas idéias até agora não foram suficientemente desenvolvidas, não podendo ainda antecipar-se em que medida elas podem contribuir para a solução da citada aporia.

As refutações filosóficas são de vários tipos. Mencionaremos algumas. A de Aristóteles baseia-se principalmente na diferença entre o infinito (VER) em potência e o infinito em ato. Potencialmente, a linha ou o segmento de tempo são infinitamente divisíveis; atualmente, em contrapartida, são indivisíveis, isto é, podem ser "atuados". Muitas objeções se opuseram à solução aristotélica (exposta principalmente em *Phys.*, VI, 2, 233 a 22 ss.). A mais comum é a que consiste em afirmar que a infinita divisibilidade da linha implica que ela possui *atualmente* um número infinito de pontos (cf. M. Black, "Achilles and the Tortoise", *Analysis* [1951], 91-101). Outros alegam não ser necessária uma solução filosófica, uma vez que a aporia se baseia numa falácia matemática (Peirce, Russell). Isso não impediu que alguns autores tenham continuado a propor refutações de caráter propriamente filosófico. É o que acontece com Bergson. Sua refutação consiste essencialmente em considerar que os argumentos de Zenão de Eléia se baseiam numa concepção espacial do tempo.

Se o tempo fosse redutível ao espaço — ou entendido por analogia com o espaço —, a aporia seria insolúvel. Mas se, com Bergson, consideramos o tempo uma fluência indivisível, por princípio indecomponível em "momentos" concebidos por analogia com os "pontos espaciais", Aquiles poderá alcançar a tartaruga. A dificuldade consistiria, pois, em ter aplicado ao tempo, e ao movimento, os conceitos de ser e de coisa, em vez de aplicar a eles os conceitos de fluência e de ato. Whitehead aderiu a esta refutação, completando-a por meio de uma distinção entre o atual e o potencial no movimento e considerando que Bergson se refere unicamente ao movimento do ponto de vista da atualidade. De qualquer modo, a metafísica dinamicista de Bergson e a de Whitehead e de Ushenko (ver POTÊNCIA) coincidem em rejeitar toda refutação da aporia que não se decida a analisar as implicações filosóficas dos conceitos de movimento e de tempo, e, portanto, que não aborde os problemas metafísicos fundamentais destes.

•• Lewis Carroll indica, com seu diálogo entre Aquiles e a tartaruga (ver bibliografia *infra*), que é preciso distinguir leis lógicas — que fazem parte da linguagem lógica — e regras lógicas de inferência — que se referem à linguagem lógica e pertencem, portanto, à metalinguagem. No diálogo de Carroll, a tartaruga distingue bem ambos os níveis, não ocorrendo o mesmo com Aquiles, que fica enredado num processo de obstrucionismo lógico sem fim. Esse é o destino de quem não aceita as regras lógicas tacitamente — sem necessidade de demonstrá-las —, mas deseja torná-las explícitas em sua argumentação. ••

⮕ Ver: G. Graf, *Die sokratische Aporie im Denken Platons*, 1963. — G. Thines, *L'aporie*, 1974. — R. Ferber, *Zenons Paradoxen der Bewegung und die Struktur von Raum und Zeit*, 1981. — J. P. Lawrence, "The Hidden Aporia in Aristotle's Self-Thinking Thought", *Journal of Speculative Philosophy*, 2 (1988), 155-174. — E. Halper, "The Origin of Aristotle's Metaphysical 'Aporiai'", *Apeiron*, 21 (1988), 1-27. — G. Roccaro, "L'aporia della kinesis in Aristotele", *Giornale di Metafisica* (1989), 397-463. — S. D. Ross, *Metaphysical Aporia and Philosophical Heresy*, 1989. — G. E. Marcos de Pinotti, "Aporías del no-ser y aporías de lo falso en 'Sofista' 237b-239c", *Revista Latinoamericana de Filosofía*, 17(2) (1991), 259-274.

Ver o diálogo de Lewis Carroll mencionado no texto em "What the Tortoise said To Achilles", *Mind*, N. S. 4, 14 (1895), 278-286. O diálogo suscitou muitas discussões, podem-se ver: J. F. Thomson, "What Achilles Should Have Said to the Tortoise", *Ratio*, 3 (1960), 95-105. — W. W. Bartley, "Achilles, the Tortoise, and Explanation in Science and History", *British Journal for the Philosophy of Science*, 13 (1962), 15-33. — H. Brown, "Notes to the Tortoise", *Personalist*, 53 (1972), 104-109. — I. Grattan-Guinness, "Achilles Is Still Running", *Transactions. Charles S. Peirce Society*, 10 (1974), 8-16. — W. A. Wisdom, "Lewis Carroll's Infinite Regress", *Mind*, 81 (1974), 571-573. — J. D. Mackenzie, "How to Stop Talking to Tortoises", *Notre Dame Journal of Formal Logic*, 20 (1979), 705-717.

Ver também a bibliografia de Zenão de Eléia. ℂ

APOSTA. Uma das passagens nos *Pensamentos* de Pascal (VER) que suscitam maior interesse entre os filósofos é a que levanta o problema da aposta (*pari*); trata-se, nele, da necessidade de apostar (*parier*) sobre a existência de Deus. Dizemos necessidade porque, por um lado, a razão não pode, por si só, pronunciar-se a favor de um dos dois termos da seguinte alternativa: "Deus é [existe] ou não é [não existe]" e, por outro lado, não se pode simplesmente recusar uma escolha.

A aposta pode reduzir-se aos seguintes termos: 1) Aquele que aposta aposta o que tem: uma vida, sua própria vida. 2) Se aposta essa vida para ganhar duas, a aposta já vale a pena. 3) Se há três vidas para ganhar, já é imprudente não apostar a vida que se tem. 4) Se o número de vidas que podem ser ganhas é infinito, não há outro remédio senão apostar. 5) O número infinito de vidas que se pretende ganhar em nosso caso é a beatitude, isto é, uma infinidade de felicidade. 6) Apostemos agora a favor de que Deus existe. Se se ganha, ganha-se tudo. Se se perde, não se perde nada.

Pode-se alegar, de acordo com Pascal, que é incerto que se ganhe e que, em compensação, é certo que se arrisca algo, de modo que a distância infinita entre a certeza do que se expõe e a incerteza do que se pode ganhar faz com que o bem finito que se expõe de modo certo iguale o infinito que é incerto. Mas deve-se replicar a isso que todo jogador arrisca algo com certeza com a finalidade de ganhar algo com incerteza, e que não há uma infinidade de distância entre essa certeza do que se arrisca e a incerteza do ganho. A rigor, há infinidade entre a certeza de ganhar e a incerteza de perder, mas a certeza de ganhar é proporcional à certeza do que se arrisca segundo a proporção dos riscos de ganho e de perda. Se, pois, há tantos riscos de um lado quanto do outro, a partida é jogada de igual para igual, de maneira que a certeza do que se arrisca iguala a incerteza do ganho sem que importe que ela se encontre a infinita distância daquela (*Pensées*, ed. Brunschvicg, 233, tomo II, 145-155).

Ao comentar os termos nos quais Pascal apresenta a aposta, Brunschvicg refere-se a um trabalho inédito de L. Couturat em que se estabelecem de forma tabular todos os casos considerados pelo filósofo. As tabelas apresentadas consideram, por um lado, as probabilidades de ganho e, por outro, o que se arrisca; o produto do ganho esperado pelas probabilidades que se tem de obtê-lo definem então a vantagem ou a esperança matemática do jogador. Reproduziremos aqui as citadas tabelas, chamando a atenção do leitor para o caso definitivo, que corresponde à formulação dos termos da aposta assinalada antes no item 6.

	Deus existe	Deus não existe
Primeiro caso:		
Probabilidades	1/2	1/2
O que se arrisca	∞	0
Vantagem	∞	0
Segundo caso:		
Probabilidades	1/2	1/2
O que se arrisca	2,3	1
Vantagem	1,3/2	1/2
Terceiro caso:		
Probabilidades	1/2	1/2
O que se arrisca	∞	1
Vantagem	∞	1/2 ou 1
Quarto caso:		
Probabilidades	1	∞
O que se arrisca	2,3, ∞	1
Vantagem	2,3, ∞	∞
Caso definitivo ou final:		
Probabilidades	1	n
O que se arrisca	∞	1
Vantagem	∞	n

Discutiu-se muito sobre a aposta de Pascal. Dois tipos de discussão merecem ser mencionados.

Uma se refere ao propósito de Pascal. O mais comum é supor nele um propósito apologético; de acordo com isso, Pascal tinha como objetivo convencer o incrédulo obrigando-o a apostar (e, portanto, a aceitar os resultados da aposta). Mas podem-se supor nele, da mesma maneira, outros propósitos. Por exemplo, em sua obra *Le Dieu caché, étude sur la vision tragique dans les* Pensées *de Pascal et dans le théâtre de Racine* (1956), Lucien Goldmann considera que a aposta não é um argumento, mas a expressão da atitude de Pascal diante de um Deus — o *Deus absconditus* — tão encoberto ao olhar do homem que o filósofo, não estando seguro de sua existência, decide apostar favoravelmente a ela. Além disso, Julien Green já escrevera (*Journal 1935-1939*, III, p. 100: 10 de fevereiro de 1939) que a ânsia que Pascal mostra de ter razão o impele tão longe que "é possível perguntar se o homem que quer convencer de encontrar-se num erro não é Blaise Pascal".

O outro tipo de discussão diz respeito à validade do argumento. Particularmente conhecida a esse respeito — embora não particularmente convincente — é a opinião de Voltaire na Carta XXV ("Sur les Pensées de Pascal") de suas *Lettres philosophiques*. Segundo Voltaire, o modo de argumentar de Pascal é demasiado frívolo para a gravidade do tema; de resto, não parece justo arriscar nada por uma felicidade infinita que, de acordo com o próprio Pascal, caberá apenas a uma minoria de homens. Menos conhecida, porém mais sólida, é a crítica de Lachelier, que estabelece que a "incerteza difere *toto genere* da certeza e vale infinitamente menos que ela" e argumenta que o cálculo das probabilidades tal como visto por Pascal não é aplicável a todos os casos, mas tão-somente a alguns em que há "possibilidade real". "Do fato de que não estamos mais autorizados a negar a existência de uma coisa que a afirmá-la — escreve Lachelier — não se deve concluir, como parece ter feito Pascal, que há uma probabilidade em duas de que tal coisa exista". Isso não significa, na opinião de Lachelier, que a aposta pascaliana careça de todo valor; ela tem um valor de "decisão" a que nos referimos no final do verbete sobre o autor de *Do fundamento da indução*.

Em contrapartida, parecem militar a favor do argumento de Pascal certas conseqüências da recente teoria dos jogos (ver JOGO). Com efeito, a soma dos prêmios numa loteria é inferior à soma das quantias apostadas, mas isso não impede que cada jogador aposte, pois, embora seja provável que perca, se isso acontecer a perda será pequena, enquanto o ganho será considerável. Analogamente, a possibilidade de que se perca a aposta no argumento de Pascal não deveria desanimar o jogador cuja "expectativa" se refere a um valor infinitamente maior que o apostado. Deve-se observar a esse respeito, porém, que, ao contrário do que se arrisca numa loteria ou num jogo de azar, na aposta de Pascal se arrisca tudo o que se tem. Pode-se, por conseguinte, perder apenas "uma vida finita de prazer", mas para o jogador não convicto da existência do que pode ganhar a perda é uma quantia que Pascal julgava por certo nula, mas que o jogador pode considerar absoluta.

Perguntou-se às vezes se há antecedentes do argumento de Pascal. Segundo Bayle, esses antecedentes se encontram na obra de Arnóbio, *Adversus gentes*, II. Um argumento similar ao de Pascal pode ser lido na *Theologia naturalis* de Sabunde, cap. LXVIII.

⊃ Além dos textos citados, ver: E. Souriau, "Valeur actuelle du pari de Pascal", em *L'ombre de Dieu*, 1955, cap. II. — Georges Brunet, *Le pari de Pascal*, 1956 (texto e comentários). — R. G. Swinburne, "The Christian Wager", *Religious Studies*, 4, pp. 217-228. — R. Sternbach, "Pascal and Dr. Johnson on Immortality", *Journal of the History of Ideas*, 39 (1978), 483-489. — P. Lonning, *Cet effrayant pari. Une "pensée" pascalienne et ses critiques*, 1980. — D. Walker, "On Gambling with Pascal", *Teaching Philosophy*, 5 (1982), 311--312. — C. M. Natoli, "The Role of the Wager in Pascal's Apologetics", *New Scholasticism*, 57 (1983), 98-106. — M. Martin, "Pascal's Wager as an Argument for Not Believing in God", *Religious Studies*, 19 (1983), 57-64. — M. A. Makinde, "Pascal's Wager and the Atheist's Dilemma", *International Journal for Philosophy of Religion*, 17 (1985), 115-129. — N. Rescher, *Pascal's Wager: A Study of Practical Reasoning in Philosophical Theology*, 1985. — T. V. Morris, "Pascalian Wagering", *Canadian Journal of Philosophy*, 16 (1986), 437-453. — A. Duff, "Pascal's Wager and Infinite Utilities", *Analysis*, 46 (1986), 107-109. — M. J. Wreen, "Passing the Bottle", *Philosophia* (Israel), 15 (1986), 427-444. — S. A. Hadari, "Rousseau's Wager", *History of European Ideas*, 8 (1987), 709-713. — T. Bonhoeffer, "Le 'Pari' de Pascal", *Revue de Théologie et de Philosophie*, 122(2) (1990), 189-202. — S. T. Davis, "Pascal on Self-Caused Belief", *Religious Studies* (1991), 27-37. — J. Jordan, "Duff and the Wager", *Analysis* (1991), 174-176. — *Id., id.*, "The Many-Gods Objection and Pascal's Wager", *International Philosophical Quarterly* (1991), 309-317. — G. Oppy, "On Rescher on Pascal's Wager", *International Journal for Philosophy of Religion* (1991), 159-168. ⊂

APPELATIO. Ver APELAÇÃO; APELATIVO; PROPRIEDADES DOS TERMOS.

APREENSÃO. Ver ASSENTIMENTO; PERCEPÇÃO.

APRIORISMO. Ver A PRIORI; MATEMÁTICA.

APULEIO (Lucius Apuleius). Nascido em 125 em Hippo (hoje Bône, Argel). É conhecido na história da literatura sobretudo por seu célebre romance *O asno de ouro*. Como filósofo, era um dos membros da chamada escola platônica eclética de Gaio, embora seja duvidoso que tenha tido relação direta com esse pensador; é mais provável — a julgar por sua obra sobre Platão — que tenha sido influenciado por Albino. Em suas obras filosóficas — *Sobre o Deus de Sócrates* (*De deo socratis*), *Sobre as Opiniões de Platão* (*De Platone et eius dogmata*) e *Sobre o Mundo* (*De mundo*) —, Apuleio desenvolveu um sincretismo platonizante no qual se destacam especialmente as tendências místicas e uma demonologia baseada na concepção socrática do demoníaco, δαιμόνιον, mas que Apuleio elaborou num sentido místico-religioso, análogo ao de Plutarco e que foi tornando-se cada vez mais comum nos preceitos platônicos e neoplatônicos.

A obra sobre as opiniões de Platão tem dois livros: um sobre a física e outro sobre a ética. Uma obra sobre uma terceira parte — a lógica — não foi completada por Apuleio, ou não foi conservada, mas conhece-se o seu possível conteúdo pelo escrito Περὶ ἑρμηνείας, erroneamente atribuído a Apuleio. O *De mundo*, um comentário ao tratado pseudo-aristotélico Περὶ κόσμου (ver DE MUNDO), é também equivocadamente atribuído a Apuleio.

⊃ Edições: *Apuleii Madaurensis opuscula quae sunt de philosophia*, rec. A. Goldbacher, Wien, 1876. — Περὶ ἑρμηνείας, ed. A. Goldbacher, 1885, e Ph. Meiss, 1886. — *Apuleii Opera*, ed. R. Helm, 3 vols., 1905--1907. — *L. Apuleii Madaurensis scripta quae sunt de philosophia*, rec. P. Thomas, Lipsiae, 1908 (incluindo a obra latina *Peri Hermeneias*, que parece ser efetivamente de autoria de Apuleio, segundo o testemunho de Cassiodoro: *Has formulas categoricum syllogismorum qui plene nosse desiderat, librum legat, qui inscribitur Apuleii* [Migne, *P. L.*, LXX, 1173 A]).

Bibliografia: C. Mazzarelli, "Bibliografia Medioplatonica, parte seconda: Apuleio", *Rivista di Filosofia Neo-Scolastica*, 73 (1981), 557-595. Ver: S. Müller, "Das Verhältnis von Apuleius *De Mundo* zu seiner Vorlage", *Philologus*, Supp. Bd. 32, H. 2. — W. Wittmann, *Das Isisbuch des Apuleius*, 1940. — Mark W. Sullivan, *Apuleian Logic: The Nature, Sources and Influence of Apuleius's Peri Hermeneias*, 1967. — Frank Regen, *Apuleius philosophus platonicus. Untersuchungen zur Apologie (De magia) und zur De Mundo*, 1971. — A. Wlosok, "Zur Einheit der Metamorphosen des Apuleius", *Philologus*, 113 (1969), 71 ss. — R. Mortley, "Apuleius and Platonic Theology", *American Journal of Philosophy*, 93 (1972), 584-590. — F. E. Hoevels, *Märchen und Magie in den Metamorphosen des Apuleius von Madaura*, 1979. — C. Johanson, "Was the Magician of Madaura a Logician?", *Apeiron*, 17 (1983), 131-134. — D. Londey, C. Johanson, "Apuleius and the Square of Opposition", *Phronesis*, 29 (1984), 165-173. — M. O'Brien, "Apuleius and the Concept of Philosophical Rhetoric", *Hermathena*, 151 (1991), 39-50.

Entre os numerosos escritos sobre a obra filosófica de Apuleio, destacamos os de A. Goldbacher (1871), J. Bernays (1871), E. Rohde (1885), W. Kroll (1898), P. Thomas (1900 e 1908), R. Helm (1900), Th. Sinko (1905). Artigo de Schwabe sobre Apuleio (Apuleius, 9) em Pauly-Wissowa. ℂ

AQUINO. Ver Tomás de Aquino (Santo).

ARANGUREN, JOSÉ L[UIS] L[ÓPEZ]. Nasc. (1909) em Ávila. Foi professor de ética e sociologia na Universidade de Madri de 1955 a 1965; nesta última data, foi afastado da cátedra por motivos políticos. A partir de 1965, lecionou por um semestre a cada ano na Universidade da Califórnia (Santa Bárbara). Em 1976, foi-lhe restituída a cátedra de Madri com todos os direitos, até sua aposentadoria em 1979. Em 1993, é nomeado Professor Emérito da Universidade Complutense de Madri. Foi também objeto de numerosas homenagens acadêmicas e institucionais. A influência de Aranguren sobre as jovens gerações de filósofos espanhóis foi considerável.

Os primeiros trabalhos de Aranguren em ética e em filosofia da religião enfatizaram a importância da têmpera religiosa. (Para o sentido atribuído por Aranguren a este termo, ver Têmpera.) Aranguren interessou-se pelas relações entre ética e religião (ver). Em sua investigação da ética do protestantismo, mostrou que este desliza facilmente para uma excessiva ruptura entre o ético e o religioso. Essa ruptura deve ser rejeitada. Mas deve ser rejeitada igualmente a identificação entre o religioso e o ético tal como a preconizam, consciente ou inconscientemente, algumas tendências filosóficas (as quais, por outro lado, mais que identificar o religioso com o ético, subordinam este àquele). Aranguren observou que a ética está "aberta à religião", de modo que a possível confluência entre ambas se encontra antes no ponto de partida que no de chegada.

Especialmente a partir do exercício de sua cátedra em 1955, Aranguren difundiu correntes filosóficas contemporâneas, acolhendo de modo amplo as discussões de problemas éticos por parte de filósofos de tendência analítica e de outras tendências, como a marxista. Isso não significa que Aranguren tenha se restringido estritamente a qualquer uma dessas correntes, mas antes que introduziu problemáticas até então pouco cultivadas na Espanha em ambientes universitários. Pessoalmente, Aranguren preocupou-se em prover sua teoria ética de uma dimensão social e ligá-la ao debate de questões sociais e políticas fundamentais. Entre outros conceitos, Aranguren introduziu os de "aliedade" e "alteridade" como dois níveis ou aspectos da "outridade" humana em que se dão respectivamente o moral estritamente social e o moral interpessoal. Aranguren pesquisou a constituição social do moral individual numa longa série de estudos literários, históricos e sociológicos sobre vários aspectos da vida moderna e contemporânea. É importante seu conceito do Estado de justiça social, eqüidistante do simples "Estado de bem-estar (social)", por um lado, e de todo "totalitarismo", incluindo o que se apresenta sob a forma de um "socialismo". Tanto no campo das crenças católicas como em todos os outros problemas filosóficos, políticos, sociais e culturais, caracterizaram o pensamento de Aranguren nos últimos anos uma atitude de inconformismo e de "heterodoxia", assim como uma mescla de compromisso intelectual e moral com certo distanciamento que o próprio Aranguren qualificou de "irônico".

➔ Edição de obras seletas: *Obras*, I, 1965 (contém reimp. de *Catolicismo y protestantismo como formas de existencia*, *El protestantismo y la moral*, *Ética*, *La ética de Ortega*, *La juventud europea y otros ensayos*, *El futuro de la universidad*, *Implicaciones de la filosofía en la vida contemporánea*, *Ética y política*, bem como um ensaio sobre Zubiri). — Suas numerosas obras publicadas tiveram diversas edições e reimpressões. Aqui enfatizamos particularmente as primeiras edições: Obras: *Obras Completas*, 6 vols., 1994 ss. (I. *Filosofía y religión*; II. *Ética*; III e IV, *Filosofía moral, sociología y política*; V. *Escritos literários y autobiográficos*; VI. *Varia*). — *La filosofía de Eugenio d'Ors*, 1945; nova ed., ampl., 1981. — *Catolicismo y protestantismo como formas de existencia*, 1952; nova ed., ampl.,

1980. — *El protestantismo y la moral*, 1954. — *Catolicismo día tras día*, 1955; nova ed., com o texto antigo e comentários, em *Contralectura del catolicismo*, 1978. — *Crítica y meditación*, 1957. — *Ética*, 1958. — *La ética de Ortega*, 1958; 2ª ed., rev., 1959. — *La juventud europea y otros ensayos*, 1961; reimp., 1969 (trad. italiana, ampl., 1962); reatualizado em *Bajo el signo de la juventud*, 1982. — *El futuro de la universidad*, 1962. — *Implicaciones de la filosofía en la vida contemporánea*, 1962; reimp., 1971. — *Ética y Política*, 1963; reimp., 1968. — *Remanso de Navidad y examen de fin de año*, 1965. — *Moral y sociedad: Introducción a la moral social española del siglo XIX*, 1965; reimp., 1966. — *Religiositat intellectual*, tr. Gabriel Pas, 1966. — *La comunicación humana*, 1967 (versões simultâneas para várias línguas); nova ed., ampl., 1986. — *Lo que sabemos de moral*, 1967; nova ed., ampl., em *Propuestas morales*, 1983, com reimpr. em 1984 e 1986. — *El marxismo como moral*, 1968. — *La crisis del catolicismo*, 1969. — *Memorias e esperanzas españolas*, 1969. — *El cristianismo de Dostoievski*, 1970. — *Juventud, universidad y sociedad*, 1971. — *Erotismo y liberación de la mujer*, 1972. — *El futuro de la universidad y otras polémicas*, 1973. — *Moralidades de hoy y de mañana*, 1973. — *San Juan de la Cruz*, 1973. — *La cruz de la monarquía española actual*, 1974. — *Entre España y América*, 1974. — *La cultura española y la cultura establecida*, 1975. — *Talante, juventud y moral*, 1975. — *Estudios literarios*, 1976. — *Qué son los fascismos*, 1976. — *La democracia establecida: una crítica intelectual*, 1979. — *El oficio de intelectual y la crítica de la crítica*, 1979. — *Sobre imagen, identidad y heterodoxia*, 1982. — *España: una meditación política*, 1983. — *El buen talante*, 1985. — *Moral de la vida cotidiana, personal y religiosa*, 1987. — *Ética de la felicidad y otros lenguajes*, 1988. — *La vejez como autorrealización personal y social*, 1992.

Além disso, A. editou, com amplas introduções, uma *Antología* de M. de Unamuno, 1964, e uma edição de *Obras* de São João da Cruz, 1965.

Depoimento: *Conversaciones con A.*, por F. Blázquez, 1976.

Bibliografia: F. Blázquez, "J. L. L. Aranguren: ensayo bibliográfico", em J. Muguerza, F. Quesada, R. Rodríguez Aramayo, eds., *Ética día tras día*, 1991, pp. 449-484. — *Id., id.*, *Bibliografía*, em *Obras Completas*, vol. I, pp. 831-838.

Ver: VV.AA., *Teoría y sociedad: Ensayos ofrecidos ao Profesor Aranguren con ocasión de su 60 cumpleaños*, comp. Francisco Gracia, Javier Muguerza e Víctor Sánchez de Zavala, 1970, com bibl., pp. 453-465. — VV.AA., *Homenaje a Aranguren*, comp. Pedro Laín Entralgo, 1972. — J. Muguerza, F. Quesada, R. Rodríguez Aramayo, eds., *Ética día tras día*, 1991. — J. F. Marsal, *La sombra del poder. Intelectuales y políticos en España, Argentina y México*, 1975, cap. III. — D. Dona-Folongo, *Le moralisme politique de J. L. L. Aranguren*, Universidad de Toulouse, 1976 (tese). — E. Bonete Perales, *Aranguren: la ética entre la religión y la política*, 1989 (tese). **C**

ARBÍTRIO (LIVRE). A expressão *liberum arbitrium*, muito usada por teólogos e filósofos cristãos, tem às vezes o mesmo significado da expressão *libertas* (ver LIBERDADE). No entanto, em muitos casos elas são distinguidas. Essa distinção aparece claramente em Santo Agostinho (*Enchiridion*, XXXII; *Op. imperf. contra Julian.*, VI, 11), como acentuou Gilson (*Introduction à l'étude de Saint Augustin* [1931], 3ª ed., 1949, pp. 212 ss.). A *libertas* (liberdade) designa o estado de bem-aventurança eterna (sempiterna) na qual não se pode pecar; a *libertas* distingue-se da possibilidade de bem ou mal voluntários. Em contrapartida, o *liberum arbitrium* designa a possibilidade de escolher entre o bem e o mal; é "a faculdade da razão e da vontade por meio da qual é escolhido o bem, mediante auxílio da graça, e o mal, pela ausência desta" (*De lib. arb.* 1). "Portanto, é clara a oposição entre o livre-arbítrio do homem, cujo mau uso não destrói a natureza, e a liberdade, que é justamente o bom uso do livre-arbítrio" (Gilson, *op. cit.*, p. 212, nota 2). "Deve-se reconhecer que há em nós livre-arbítrio para fazer o mal e para fazer o bem" (*De corruptione et gratia*, I, 2; cit. Gilson). Se se tem essa distinção em mente, pode-se entender o que de outra maneira seria um paradoxo: que o homem possa ser livre (*liber*) (no sentido de possuir *libertas*) e possa não ser livre (no sentido do livre-arbítrio). O homem, pois, não é sempre "livre" quando goza do livre-arbítrio; depende do uso que ele faça deste.

Cabe perguntar se o livre-arbítrio é equiparável ou não à vontade (*voluntas*). Santo Tomás trata do assunto em sua elucidação da noção de livre-arbítrio em *S. theol.* I, q. LXXXIII. De acordo com Santo Tomás, podem-se considerar quatro questões: se o homem tem ou não arbítrio; se o livre-arbítrio é um poder (*potentia*), um hábito ou um ato; se, no caso de ser um poder, ele é de natureza apetitiva ou cognoscitiva; e se, caso seja de natureza apetitiva, pode distinguir-se da vontade.

Depois de considerar as dificuldades suscitadas por cada uma dessas questões, Santo Tomás chega às seguintes conclusões:

1) O homem tem livre-arbítrio, porque, caso contrário, as exortações, castigos e recompensas careceriam de sentido (*frustra*). Além disso, o homem age segundo juízo (*judicio*), o qual pode seguir direções opostas quando se aplica a fatos contingentes.

2) Embora a expressão 'livre-arbítrio' designe um ato, o livre-arbítrio é, de fato, o princípio de tal ato, isto é, o princípio mediante o qual o homem julga livremente. Daí decorre que o livre-arbítrio não seja, propriamente falando, nem ato nem hábito. O livre-arbítrio é

um poder "pronto para atuar" (*potentia (...) expedita ad operandum*).

3) Já que o livre-arbítrio é um juízo livre, e uma vez que o juízo é uma força (*virtus*) cognoscitiva, o livre-arbítrio deve parece um poder (*potentia*) cognoscitivo. Ora, o livre-arbítrio elege; é eleição (*electio*), escolha. Concorrem na escolha elementos apetitivos e cognoscitivos: os últimos proporcionam as razões, ou "conselho" (*consilium*), mediante as quais se escolhe um de dois termos de uma alternativa; os primeiros levam a aceitar o que é cognoscitivamente aceito.

4) Como os poderes são conhecidos por seus atos, a eleição, enquanto ato de livre-arbítrio, parece ser distinta da vontade: a vontade tem por objeto o fim, enquanto a escolha leva a esse fim. Ora, a mesma relação que, no poder intelectual cognoscitivo, pode ser encontrada entre a inteligência e a razão, pode igualmente encontrar-se, na faculdade apetitiva, entre a vontade e o livre-arbítrio. A inteligência apreende os princípios quando estes são conhecidos por si mesmos, diretamente e sem inferência. Por outro lado, a razão aplica-se às conclusões que se destacam claramente dos princípios. De modo semelhante, enquanto querer é desejar algo, de maneira que a vontade tem como seu objeto um fim desejado por si mesmo, escolher é desejar algo com o propósito de obter outra coisa. A escolha tem por objeto os meios que conduzem a um fim. A relação no reino cognoscitivo entre os princípios e as conclusões aceitas em virtude dos princípios volta a ser encontrada, no reino apetitivo, entre o fim e os meios usados em vista dele. Uma vez que entender (*intelligere*) e raciocinar (*ratiocinari*) pertencem ao mesmo poder (*potentia*), no mesmo sentido em que repouso e movimento pertencem à mesma força (*virtus*), cabe concluir que o mesmo ocorre com querer e escolher. Daí que a vontade (*voluntas*) e o livre-arbítrio (*liberum arbitrium*) não sejam dois poderes, mas um único (ou, como se diz às vezes, que o livre-arbítrio seja *ipsa voluntas*).

Alegou-se às vezes que a noção de livre-arbítrio é meramente "negativa", uma vez que se designa com ela tão-somente a possibilidade de escolher ou não escolher, ou a possibilidade de escolher entre dois termos de uma alternativa, sem que sejam proporcionados os fundamentos ou "razões" para uma escolha definida. De acordo com isso, o livre-arbítrio seria em si mesmo "indiferente", daí decorrendo que se tenha falado de *liberum arbitrium indifferentiae*, bem como de *libertas aequilibrii* (literalmente, "liberdade de equilíbrio", liberdade que não é tal liberdade, porque deixa sem possibilidade de escolher, justa e precisamente porque, embora soe paradoxal, deixa somente com a possibilidade de escolher). Se assim acontecesse, ficaria difícil executar alguma ação "livre". Um exemplo paradigmático das dificuldades apontadas se encontra no paradoxo do "asno de Buridan" (ver BURIDAN [ASNO DE]).

Muitos escolásticos negaram que o *liberum arbitrium*, inclusive sob a forma do *liberum arbitrium indifferentiae*, conduza necessariamente a tais conseqüências e afirmaram ser ele a condição para que todo ato possa chamar-se autenticamente livre. A maioria dos autores modernos — pelo menos do século XVII (entre eles, Descartes, Spinoza e Leibniz) — rejeitou a idéia da "liberdade de equilíbrio" (que denominaram às vezes *libertas indifferentiae*) como concepção meramente negativa da liberdade.

A noção do livre-arbítrio foi objeto de acalorados debates durante parte da Idade Média e durante os séculos XVI e XVII, especialmente porque era suscitada por ela a famosa questão da declarada incompatibilidade entre a onipotência divina e a liberdade humana. Examinamos uma parcela dessa questão nos verbetes dedicados ao problema de Deus (em particular II. Natureza de Deus), à graça, à liberdade, ao ocasionalismo, à predestinação, à vontade e ao voluntarismo. Acrescentemos agora que os debates giraram sobretudo em torno do problema tal como este foi formulado no agostinismo. Uma "solução" que anule um dos dois termos não parece ser uma boa solução. E Santo Agostinho enfatizara que a dependência em que se encontram o ser e a obra humana com relação a Deus não significa que o pecado seja obra de Deus. Ora, se considerarmos o mal algo ontologicamente negativo, o resultado será que o ser e a ação que se refere a ele carecem de existência. E se o considerarmos algo ontologicamente positivo haverá a possibilidade de deslizarmos para o maniqueísmo. Ao mesmo tempo, não se tratava simplesmente de supor que, uma vez outorgada a liberdade ao homem, este podia fazer uso dela sem necessidade de nenhuma intervenção divina. Pelo menos no que diz respeito ao sobrenatural, parecia impossível excluir a ação da graça. Assim, todas as soluções oferecidas para resolver a questão evitavam a supressão de um dos termos. E talvez só em duas posições extremas se postulasse essa supressão: na concepção luterana expressa no *De servo arbitrio*, por um lado, e na idéia da autonomia radical e absoluta do homem, por outro.

Em seu tratado *De servo arbitrio* (1525), Lutero polemizou contra as idéias desenvolvidas por Erasmo em seu *De Libero Arbitrio* ΔIATPIBH (1524). Na verdade, Erasmo não considerava que a questão do livre-arbítrio tivesse a importância que lhe atribuíam os teólogos. Além disso, sua opinião a esse respeito era moderada: "Concebo aqui o livre-arbítrio como um poder da vontade humana por meio do qual o homem pode dedicar-se às coisas que conduzem à salvação eterna ou afastar-se delas". Assim, Erasmo não negava em princípio o poder e a necessidade da graça. Menos ainda afirmava — como fazia o pelagianismo (VER) extremo — que o livre-arbítrio fosse absolutamente autônomo e decisivo. Mas, como enfatizava "o poder da vontade humana",

Lutero considerou que a doutrina de Erasmo equivalia a uma negação da graça e constituía uma perigosa forma de pelagianismo. Segundo Lutero, a definição do livre--arbítrio proporcionada por Erasmo é independente das Escrituras e, portanto, contrária a estas. Baseando-se nas Escrituras, Lutero sustentava que ninguém pode ser salvo se confia apenas no livre-arbítrio, pois um demônio é mais forte que todos os homens juntos; não só a graça é necessária como o é de modo absoluto. Ora, isso não significa para Lutero que o homem se encontre dominado pela necessidade, pois o poder de Deus não é uma necessidade natural; é um dom.

Entre os pensadores católicos, os debates acerca da noção de livre-arbítrio se mantiveram numa linha que eliminava toda solução radical: nem luteranismo nem pelagianismo. No entanto, em certas ocasiões as posições adotadas chegaram a extremos. Por um lado, temos a teoria tomista da premoção física (VER). Por outro, a doutrina molinista do concurso simultâneo baseado na noção de ciência média (ver CIÊNCIA MÉDIA; FUTURÍVEIS; MOLINA [LUÍS DE]; PREDESTINAÇÃO). Embora todas essas doutrinas sejam principalmente teológicas, os conceitos nelas elaborados são freqüentemente filosóficos e podem ser utilizados na abordagem dos problemas da causa (VER) e da liberdade (VER).

Alguns dos problemas suscitados a propósito do livre-arbítrio, esvaziados de sua substância teológica, subsistem em discussões referentes ao conceito de liberdade (VER) e à contraposição "liberdade-determinismo". Essa contraposição é em vários casos equivalente à que existe, ou se supõe que exista, entre livre-arbítrio, como liberdade de escolha (às vezes "liberdade da vontade") e encadeamento causal. Mas como não há razão para supor que as ações chamadas "voluntárias", ou efetuadas por livre-arbítrio ou liberdade de escolha, estejam completamente fora de todo encadeamento causal, tendo havido até razões para afirmar que essas ações podem ser concebidas como inícios de encadeamentos causais, tendeu-se a evitar falar da relação e, com maior razão, da contraposição entre livre-arbítrio e determinação causal. O mais comum foi falar em termos de ações humanas e de intenções, com a finalidade de averiguar se — e como — cabe distingui-las de acontecimentos e causas. Assim, algumas das questões classicamente abordadas sob o rótulo de "livre-arbítrio" são examinadas como questões suscitadas pelo conceito de ação (VER), enquanto ação humana, relacionando-se com conceitos como os de escolha, intenção e decisão, assim como com noções tais como as de responsabilidade e imputação. Considerável parte desse exame foi "lingüístico", mas principalmente no sentido de averiguar o que se quer dizer, e que conseqüências decorrem de fazê-lo, quando se afirma que alguém age ou opera livremente — ou, simplesmente, que alguém, chamado "agente" (VER), age ou opera —, o que, em termos clássicos,

equivale parcialmente a averiguar o que se quer dizer, e que conseqüências decorrem de fazê-lo, quando se afirma que um agente possui livre-arbítrio. O exame lingüístico permitiu chamar a atenção para distinções em que não se costuma reparar quando se formulam os problemas do livre-arbítrio, da liberdade etc. de modo demasiado geral; assim, por exemplo, ele chamou a atenção para o significado, ou uso, de expressões como 'S decide', 'S decide-se por', 'S opta por', 'S tem a intenção de', 'S age voluntariamente', 'S opera deliberadamente' etc. Certas dicotomias "clássicas" desaparecem então, ou se atenuam, ou ainda se transformam; como indicou Austin, por exemplo (em "A Plea for Excuses", 1956-1957; reimp. em *Philosophical Papers*, 1961), 'voluntário' contrapõe-se antes a 'coativo' ('sob coação') que a 'determinado' e até a 'involuntário', ao passo que 'involuntário' contrapõe-se antes a 'deliberado' ou 'feito de propósito' que a 'voluntário' (ou a 'livre').

⇒ Sobre o problema do livre-arbítrio: C. L. Fonsegrive, *Essai sur le libre arbitre, sa théorie et son histoire*, 1887. — E. Naville, *Le libre arbitre*, 1894. — Rudolf Kreussen, *Die Willensfreiheit als religiöses und philosophisches Grundproblem*, 1935. — Augustin Jakubisiak, *La pensée et le libre arbitre*, 1936. — *Déterminisme et libre arbitre, Entretiens présidés par F. Gonseth et rédigés par Gagnebin*, 1944. — Yves Simon, *Traité du libre arbitre*, 1951. — Austin Ferrer, *The Freedom of the Will*, 1958 [Gifford Lectures]. — Joseph Lebacqz, S. J., *Libre arbitre et jugement*, 1960. — Allan M. Munn, *Free Will and Determinism*, 1960. — A. I. Melden, *Free Action*, 1961. — Thomas Földesi, *The Problem of Free Will*, 1966. — R. L. Franklin, *Free Will and Determinism: A Study of Rival Conceptions of Man*, 1968. — William H. Davis, *The Free Will Question*, 1971. — Joseph M. Boyle, Jr., Germain Grisez, Olaf Tollefsen, *Free Choice: A Self-Referential Argument*, 1976. — B. Berofsky, ed., *Free Will and Determinism*, 1966. — P. N. O'Sullivan, *Intentions, Motives and Human Action: An Argument for Free Will*, 1977. — J. Thorp, *Free Will*, 1980. — P. van Inwagen, *An Essay on Free Will*, 1983. — A. R. Ruffa, *Darwinism and Determinism: The Role of Direction in Evolution*, 1983. — R. Kane, *Free Will and Values*, 1985. — J. Earman, *A Primer on Determinism*, 1986. — M. Thornton, *Do We Have Free Will*, 1989. — M. Strasser, *Agency, Free Will, and Moral Responsibility*, 1992. — Ver também a bibliografia de DETERMINISMO; LIBERDADE; VONTADE.

Sobre o conceito de livre-arbítrio em vários autores: G. Venuta, *Libero arbitrio e libertà della grazia nel pensiero di San Bernardo*, 1953. — J. Muñoz, *Esencia del libre albedrío y proceso del acto libre según F. Romeo, O. P., Santo Tomás y F. Suárez, S. J.*, 1948. — Jean

Boisset, *Érasme et Luther. Libre ou serf-arbitre?*, 1962. — Louis Leahy, *Dynamisme volontaire et jugement libre: Le sens du libre arbitre chez quelques commentateurs thomistes de la Renaissance*, 1963. — Antonio Capizzi, *La difesa del libero arbitrio da Erasmo a Kant*, 1963. — W. M. Hoffman, *Kant's Theory of Freedom: A Metaphysical Inquiry*, 1979. — R. Teske, trad., *Henry of Ghent: Quodlibetal Questions on Free Will*, 1993.

Sobre o livre-arbítrio em Santo Agostinho: K. Kolb, *Menschliche Freiheit und göttliches Vorherwissen nach A.*, 1908 (Dis. inaug.). — C. Zimarra, "Die Eigenart des göttlichen Vorherwissens nach A.", *Freiburger Zeitschrift für Philosophie und Theologie*, I (1954), 359--393. — J. Van Gerven, "Liberté humaine et prescience divine d'après S. A.", *Revue philosophique de Louvain*, 55 [3ª série, 47] (1957), 317-330 (parte de uma tese intitulada *Liberté humaine et providence divine d'après S. A.*). — W. L. Rowe, "Augustine on Foreknowledge and Free Will", *Review of Metaphysics*, 18 (1964), 356--363. — J. Hopkins, "Augustine on Foreknowledge and Free Will", *International Journal of Philosophy and Religion*, 8 (1977), 111-126. — F. Berthold, "Free Will and Theodicy in Augustine: An Exposition and Critique", *Religious Studies*, 17 (1981), 525-536. — W. L. Craig, "Augustine on Foreknowledge and Free Will", *Augustinian Studies*, 15 (1984), 41-63. — J. Wetzel, *Augustine and the Limits of Virtue*, 1992. ℭ

ARCESILAU (*ca.* 315/314-*ca.* 241/240). Nasc. em Pitane (Eólia). Foi discípulo primeiro de Teofrasto e depois de Pólemon, Crates e Crântor. Escolarca da Academia Platônica, foi um dos principais representantes da chamada Academia Média e, portanto, do ceticismo moderado característico desse período. Vários autores antigos consideraram Arcesilau um filósofo quase inteiramente pirrônico e, por conseguinte, muito pouco ou nada platônico. Não obstante, parece ser um fato que Arcesilau buscou em Platão argumentos a favor de seu ceticismo e que, por outro lado, combateu o ceticismo extremo alegando que há um critério de verdade que nos permite conhecer as coisas. Esse critério foi encontrado por Arcesilau no "razoável", utilizável tanto para o conhecimento teórico como para o saber prático. O que não se pode encontrar em lugar algum, segundo Arcesilau, é um critério de evidência absoluta e indiscutível. Por esse motivo, Arcesilau se opôs à teoria do conhecimento dos estóicos, e em particular à teoria do conhecimento de Zenão. O conceito de evidência direta, κατάληψς, é, de acordo com Arcesilau — como de acordo com todos os céticos e os empiristas —, uma mera invenção da qual não podemos encontrar exemplos.

➲ Encontram-se informações sobre as doutrinas de Arcesilau em Diógenes Laércio (IV, 28-45), em Filodemo de Gadara, em Cícero (*Acad. post.*, I, xii, 45), em Sexto Empírico (*Hyp. Pyrr.* I, 234; *adv. Math.*, VII, 153), e em Suidas.

Ver R. Brodersen, *De Arcesilao philosopho academico*, 1821. — A. Geffers, *De Arcesilao*, 1841. — Ch. Huit, "Polémique d'Arcésilas contre les Stoïciens", *L'Instruction publique*, 14 (1885), 414-416, 430-432, 448-450. — A. Weische, *Cicero und die neue Akademie. Untersuchungen zur Entstehung und Geschichte des antiken Skeptizismus*, 1961; reed., 1975. — M. F. Burnyeat, "Protagoras and Self-Refutation in Later Greek Philosophy", *Philosophical Review*, 85 (1976), 44-69. — G. Striker, "Sceptical Strategies", em J. Barnes et al., *Doubt and Dogmatism*, 1980, pp. 54-83. — M. W. Haslam, "Two Philosophic Barbs", *American Journal of Philosophy*, 113(1) (1992), 43-45. — P. O. Kristeller, *Greek Philosophers of the Hellenistic Age*, 1993.

Art. de H. von Arnim sobre Arcesilau (Arkesilaos, 19) em Pauly-Wissowa, II, cols. 1164-1168. ℭ

ARCHÉ. Ver Princípio.

ARDAO, ARTURO. Nasc. (1912) em Lavalleja (Uruguai). Professor titular de história das idéias na América da Faculdade de Humanidades e Ciências da Universidade da República, Uruguai (1949-1974), diretor titular do Instituto de Filosofia na mesma Faculdade (1963-1974), pesquisador do Centro de Estudos Latino--Americanos "Rómulo Gallegos" e professor da Universidade Simón Bolívar, de Caracas. Ardao distinguiu-se por seus estudos de filosofia latino-americana, tanto uruguaia como dos outros países do continente, assim como por estudos de filosofia de língua espanhola, incluindo os dedicados a Feijóo. Seguindo uma tendência promovida, entre outros, por José Gaos e Leopoldo Zea, Ardao avalia que na América Latina se deve filosofar levando em conta a tradição de pensamento que cabe denominar "própria". Nesse sentido, ele exprime uma atitude historicista. Entretanto, isso não leva Ardao a nenhuma posição relativista. O interesse histórico não é incompatível, em sua opinião, com o interesse pelo desenvolvimento de uma filosofia primeira, fundada sobretudo numa antropologia filosófica. No âmbito desse quadro, Ardao reconhece ser naturalista, de modo que se pode caracterizar seu pensamento, segundo os casos, como um historicismo naturalista ou como um naturalismo historicista. Em sua elaboração de uma antropologia filosófica, Ardao desenvolve a idéia da "espacialidade da psique", conectando "espaço" com "inteligência" e distinguindo esta última da razão.

➲ Principais obras: *Filosofía pre-universitaria en el Uruguay, 1787-1842*, 1945. — *La Universidad de Montevideo. Su evolución histórica*, 1950. — *Espiritualismo y positivismo en el Uruguay*, 1950; 2ª ed., 1968. — *Batlle y Ordóñez y el positivismo filosófico*, 1951. — *La filosofía en el Uruguay en el siglo XX*, 1956. — *Introducción a Vaz Ferreira*, 1961. — *Racionalismo y liberalismo en el Uruguay*, 1962. — *La filosofía polémica de Feijóo*, 1962. — *Filosofía de lengua española*, 1963. — *Rodó. Su americanismo*, 1970. — *Etapas de la inteligencia uruguaya*, 1971. — *Espacio e inteligencia*, 1976 (contendo, entre outros trabalhos, "La antropología filosófica y la espacialidad de la psique", reelaboração do folheto *¿Por qué la antropología filosófica?*). — *Estudios latinoamericanos de historia de las ideas*, 1978. ⊃

ARDIGÒ, ROBERTO (1828-1920), nasc. em Casteldidone (Cremona, Itália), foi professor da Universidade de Pádua (1881-1909). Depois de ter-se ordenado sacerdote, abandonou a Igreja (1871) e se aliou ao movimento positivista italiano, defendido contemporaneamente por Pasquale Villari (1827-1927), Nicolò Marselli (1822-1899) e Andrea Angiulli (1837-1890). Esse movimento fora impulsionado igualmente por autores como Carlo Cattaneo (VER) e Giuseppe Ferrari (1812-1876), assim como, e sobretudo, pelos juristas e criminólogos Enrico Ferri (VER), Enrico de Marinis (1868-1919) e Cesare Lombroso (VER). Foram órgãos dessas tendências a *Rivista di filosofia scientifica*, a *Rivista di filosofia e scienze affini* e a *Rivista di filosofia*, que combatiam tanto o idealismo de ascendência hegeliana como a tradição ontologista. Ora, Ardigò fundamentou, articulou e prolongou essas tendências, representando, por assim dizer, o nível máximo, na Itália, do positivismo da época. Isso permite explicar tanto seu positivismo metaempírico como sua "metafísica positivista". Com efeito, o positivismo de Ardigò não era um naturalismo dogmático. Na divisão do positivismo estabelecida por Rodolfo Montolfo, segundo a qual não é legítimo confundir a direção objetivista — comum a Spencer, a Darwin, a Littré ou a Comte — com a direção subjetivista — própria de John Stuart Mill, de Avenarius, Mach e Vaihinger —, Ardigò representa esta última tendência. Isso se devia, tanto às condições em que surgira o positivismo italiano como à evolução pessoal de Ardigò. Por isso, a filosofia não era para este último um mero compêndio das ciências, mas a fonte destas. Ardigò afirma, sem dúvida, a identidade do físico e do psíquico. Mas sua ênfase no valor da idéia diante das circunstâncias materiais que concorrem para a formação da evolução histórica, sua identificação da idéia e da inteligência com a vontade, seu reconhecimento de um feixe de "condições internas" distintas das "condições externas" lhe permitem superar, a partir de dentro, o determinismo objetivista. Ardigò considerava o "fato" como divino, mas esse fato eram "todos os fatos". Daí a impossibilidade de escolher um fato para transformá-lo no Absoluto. O "Indistinto" de Ardigò é, nesse sentido, diferente do "Incognoscível" de Spencer. "Pois enquanto Spencer" — diz Mondolfo — "punha esse absoluto na raiz de toda realidade, declarando-o *incognoscível* ao mesmo tempo que afirmava sua existência real como objeto de intuição", Ardigò sustenta que "o caminho de nossa investigação explicativa nos leva sempre de um fato a outros e à sua relação recíproca, isto é, rumo à unidade e solidariedade dos múltiplos, na direção de uma totalidade que antecede uma distinção recíproca" (*R. Ardigò y el positivismo italiano*, 1943, p. 5). O "Indistinto" aproxima-se, assim, de uma idéia reguladora. Mas o que regula é o metaempírico e não apenas a experiência imediata. Daí a moral de Ardigò, que, embora rejeite todo sobrenaturalismo, recusa igualmente todo dogmatismo, incluindo o naturalista, e acaba por justificar filosoficamente a contingência, sem a qual nenhuma moralidade autêntica é possível. A maioria dos discípulos de Ardigò seguiu esse caminho. É o caso de Giuseppe Tarozzi (VER), de Giovanni Marchesini (VER), de Erminio Troilo (VER). Alguns discípulos de Ardigò dedicaram-se à investigação histórica, como Rodolfo Mondolfo (VER). Outros positivistas, como os mencionados Cesare Lombroso (VER) e Enrico Ferri (VER), decidiram-se, em contrapartida, pelo aspecto mais "objetivista" da doutrina e por isso chegaram a conclusões opostas no que tange aos problemas da contingência e da liberdade.

⊃ Principais obras: *Discorso su Pietro Pomponazzi*, 1869. — *Psicologia come scienza positiva*, 1870. — *La formazione naturale nel fatto del sistema solare*, 1877. — *La morale dei positivisti*, 1885. — *Sociologia*, 1886. — *Il vero*, 1891. — *La scienza dell'educazione*, 1893. — *La ragione*, 1894. — *L'unità della coscienza*, 1898. — Entre outras obras, citamos: *L'inconoscibile di H. Spencer e il positivismo*. — *La coscienza vecchia e le idee nuove*. — *Empirismo e scienza*. — *L'inconoscibile di Spencer e il Noumeno di Kant*. — *L'idealismo della vecchia speculazione e il realismo della filosofia positiva*. — *La perennità del positivismo*. — *Il monismo metafisico e il monismo scientifico*. — *Atto riflesso e atto volontario*. — *Tesi metafisica, ipotesi scientifica, fatto accertato*. — *L'Inconscio*. — *I presupposti massimi problemi*. — *Le forme ascendenti della realtà come cosa e come azione e il diritto vero dello spirito*. — *Lo spirito, aspetto specifico culminante dell'Energia in funzione dell'organismo animale*. — *Filosofia e positivismo*. — *La filosofia vagabonda*.

Edição de obras: *Opere filosofiche*, 11 vols. (Pádua, 1883-1912; vol. XI, 2ª ed., 1918). É importante para a compreensão da origem do pensamento de Ardigò o escrito intitulado "Guardando il rosso d'una rosa", incluído no vol. 10. — Edição de *Scritti vari*, 1922, ed. G. Marchesini.

Ver: G. Marchesini, *La vita e il pensiero di R. A.*, 1907. — Id., *Lo spirito evangelico di R. A.*, 1910. — Id., *R. A. L'uomo e l'umanista*, 1922. — E. Ferri, *Sul positivismo di R. A.*, 1908. — R. Mondolfo, *Il pensiero di R. A.*, 1908. — C. Berardi, *Il pensiero filosofico di R. A.*, 1908. — J. Blunstein, *Der Positivismus Ardigòs*,

1910. — *Id., Die Weltanschauung Ardigòs*, 1911. — P. Orano, *R. A.*, 1910. — E. Troilo, *Il maestro del positivismo italiano*, 1921. — G. Tarozzi, *R. A. Profilo*, 1928. — F. Amerio, *A.,* 1948; 2ª ed., 1957. — R. Cavallaro, "Il presupposto razionalistico nella filosofia dell'A.", *Studia patavina* (1959), 73-105. — A. Guerra, *Il mondo de la sicurezza. Ardigò, Labriola, Croce*, 1964. — S. Mandolfo, *I positivisti italiani*, 1966. — Wilhelm Büttemeyer, *R. A. e la psicologia moderna*, 1969. — *Id., Der erkenntnistheoretische Positivismus R. Ardigòs. Mit seinen zeitgeschichtlichen Beziehungen*, 1974. — M. Costenaro, "La 'Rivista di Filosofia Scientifica' e il positivismo italiano", *Giornale Critico della Filosofia Italiana*, 51 (1972), 92-117. — G. Landucci, "Note sulla formazione del pensiero di Roberto Ardigò", *ibid.*, 53 (1974), 16-60. — M. Costenaro, "Scienza, Filosofia e metafisica nella 'Rivista di Filosofia Scientifica'", *ibid.*, 54 (1975), 263-301. c

ARGÜELLES, MANUEL. Ver Deústua, Alejandro Octavio.

ARGUMENTO. Trataremos de um sentido especial do termo 'argumento' no verbete Quantificador, Quantificacional, quantificador. Trataremos aqui do sentido mais geral desse termo: o que ele possui como raciocínio mediante o qual se tenta provar ou refutar uma tese, convencendo alguém da verdade ou falsidade desta última. Emprega-se também a este respeito o vocábulo 'argumentação'. A diferença às vezes estabelecida entre o argumento e a argumentação é, em nosso caso, pouco pertinente.

Os antigos — sofistas, Platão, Aristóteles, céticos etc. — tinham dado considerável atenção à questão da natureza dos argumentos e de sua validade ou falta de validade. Alguns dos argumentos estudados eram de caráter lógico-formal, mas muitos não se encaixavam plenamente no âmbito da lógica. Isto foi reconhecido por Aristóteles; enquanto nos *Analíticos* ele abordou principalmente argumentos de tipo estritamente lógico, nos *Tópicos* e na *Retórica* tratou dos argumentos chamados "dialéticos" ou argumentos meramente prováveis, ou raciocínios a partir de opiniões geralmente aceitas. Muitos autores modernos aceitaram essa divisão ou outra similar. Assim, Kant distinguiu o fundamento da prova (*Beweisgrund*) e a demonstração (*Demonstration*). O fundamento da prova é rigoroso, ao passo que a demonstração não o é. Pode-se distinguir também prova (ver) ou demonstração (na medida em que são logicamente rigorosas) e argumento (que não o é, ou não precisa sê-lo). Ao mesmo tempo, quando se fala de argumento, pode-se considerar este: 1) como o que Aristóteles denominava "provas dialéticas" — por meio das quais se procura refutar um adversário ou convencê-lo da verdade da opinião sustentada pelo argumentador; e 2) como raciocínio ou pseudo-raciocínio voltado antes de tudo para o convencimento ou a persuasão. Os limites entre essas duas formas de argumento são imprecisos, mas se pode considerar que a persuasão é demonstrativamente mais "fraca" que o convencimento.

Na maioria dos estudos dos argumentos, ao contrário das provas estritas, enfatizou-se a importância que tem o fato de que se consiga assentimento ao que é argumentado. Santo Tomás exprime essa característica definindo o argumento do seguinte modo: *"dicitur, quod arguit mentem ad assentiendum alicui"* (*Quaestiones disputatae de veritate*, q. XIV a. 2 ob. 14). A pessoa — o *aliquis* — diante de quem se desenvolve o argumento, o leitor e especialmente o ouvinte ou ouvintes devem ser levados em conta, assim como as diversas circunstâncias que cercam a argumentação.

No verbete sobre a Retórica, voltaremos às vicissitudes por que passou esta noção no decorrer dos séculos. Recordemos aqui que durante algum tempo, no passado próximo, se costumava desprezar todo argumento "meramente retórico", mas que nos últimos anos voltou a manifestar-se certo interesse pelos problemas da retórica e, por conseguinte, dos argumentos não estritamente formais. Entre outros exemplos desse tipo de interesse, mencionamos as obras de Ch. Perelman e L. Olbrechts-Tyteca, e S. Toulmin, assim como o livro de Henry W. Johnstone, Jr., relativo à argumentação em filosofia. Isso não ocorreu sem protestos (cf., por exemplo, Raziel Abelson, "In Defense of Formal Logic", *Philosophy and Phenomenological Research*, 21 [1960-1961], 334--345; Héctor Neri Castañeda, "On a Proposed Revolution in Logic", *Philosophy of Science*, 27 [1960], 279--292 [ambos relativos à obra de Stephen Toulmin]). Observou-se que o fato de acentuar que a "lógica" tem um aspecto prático não deve conduzir a negligenciar seu aspecto teórico predominante (Abelson, cf. *supra*, p. 338), ou que é melhor ater-se à norma de que "se critica um argumento porque este não é formalmente válido ou então porque tem no mínimo uma premissa falsa" (Castañeda, cf. *supra*, p. 292).

Em não poucas ocasiões, é difícil distinguir prova estrita ou demonstração e argumento no sentido aqui abordado. Com freqüência, usam-se indistintamente os mesmos termos. Diz-se, por exemplo, "argumento ontológico" e "prova ontológica" (preferimos esta última expressão). Também é difícil distinguir argumento e sofisma, visto que alguns dos argumentos habitualmente empregados são de caráter claramente sofístico. É o que acontece, por exemplo, com o chamado *argumentum ad hominem*: alguns julgam que é um sofisma, outros, que se trata de um argumento perfeitamente lícito. No verbete Sofisma, arrolamos os chamados "argumentos aparentes" mais conhecidos. Ocuparia muito espaço fornecer uma lista razoavelmente completa dos que poderiam ser qualificados de tipos de "argumentos lícitos" de caráter mais ou menos "retórico"; limitar-nos-emos a mencionar alguns dos registrados por Ch. Perelman e L. Olbrechts-Tyteca em seu *Traité de l'argumentation*.

Argumento mediante analogia (não um conceito rigoroso de analogia [VER], mas um conceito frouxo, tal como o exemplificado em Joseph Butler [VER]). — Argumento baseado na "autofagia" (que consiste em indicar que o que se diz acerca de uma doutrina não se aplica à doutrina; como um dos argumentos dirigidos contra a noção positivista de verificação [VER]). — Argumento de autoridade (especialmente efetivo quando a autoridade invocada mantém em outros aspectos opiniões opostas às do argumentador). — Argumento fundado num caso particular (que se supõe típico, embora às vezes não o seja, ou seja difícil determinar se o é). — Argumento *ad hominem*, também chamado *ex concessis* (que se refere à opinião sustentada pelo interlocutor, ao contrário do argumento *ad rem*, que se refere ao próprio assunto), uma de suas formas é o argumento *ad humanitatem* (quando a opinião a que se refere é considerada a de toda a humanidade); ambos têm em comum o questionamento dos interesses da pessoa ou pessoas consideradas. — Argumento por conseqüências (quando se derivam conseqüências que se supõem inadmissíveis, particularmente na esfera moral, pois do contrário temos o tipo lógico-formal da *reductio ad absurdum*). — Argumento *a pari* (pelo qual se procura aplicar uma opinião ou disposição a outra espécie do mesmo gênero). — Argumento *a contrario* (pelo qual se procura não aplicar uma opinião ou disposição a outra espécie do mesmo gênero). — Argumento do dilema (ver DILEMA) — Argumento etimológico (no qual o sentido de um termo ou expressão que se supõe mais originário é considerado o sentido capital ou verdadeiro). — Argumento *a fortiori* (ver A FORTIORI). — Argumento pelo ridículo (no qual se supõe que ridicularizar a opinião de um interlocutor constitui um argumento contra ela). — Argumento pelo superfetatório (no qual se rejeita uma opinião por considerar que as conseqüências implícitas ou explícitas do afirmado são desnecessárias).

Há muitos outros argumentos do tipo assinalado; no tratado de Perelman e Olbrechts-Tyteca, podem-se encontrar não apenas descrições detalhadas da maior parte desses argumentos, como também exemplos deles e variedades desses exemplos.

Como observamos antes, discutiu-se igualmente a questão da natureza dos argumentos filosóficos. Muitas são as teses propostas a esse respeito: os argumentos filosóficos devem ser (ou tender a ser) de natureza estritamente lógico-formal; devem ser principalmente (ou exclusivamente) "retóricos" no sentido antes indicado; devem "usar" os procedimentos estabelecidos pela lógica formal, mas não ser determinados por eles (salvo no que tange à sua validade ou não validade lógica), e sim por considerações de tipo "material" ou relativas ao "conteúdo" dos problemas abordados. Indicou-se do mesmo modo que os argumentos filosóficos se baseiam sempre em certos pressupostos em última análise indemonstráveis, de maneira que, como indica Henry W. Johnstone, Jr. (cf. *infra*, p. 117), "as considerações lógicas não têm mais peso na crítica ou defesa de um sistema ontológico que as considerações fundadas em fatos". Por isso, "um argumento filosófico construtivo, quando válido, se parece muito com um *argumentum ad hominem* válido. A única diferença importante é que o filósofo que usa um argumento construtivo considera o que ele mesmo tem de admitir em conformidade com seus próprios princípios de raciocínio ou de acordo com sua própria conduta ou atuação antes de considerar o que outra pessoa tem de admitir" (*op. cit.*, p. 79).

⊃ Ver: Ch. Perelman e L. Olbrechts-Tyteca, *Rhétorique et Philosophie*, 1952. — *Id., Traité de l'argumentation. La nouvelle rhétorique*, 2 vols., 1958 (trad. esp. da "Introdução" em: *Retórica y Lógica*, 1959 [Suplementos del Seminario de Problemas Científicos y Filosóficos. Univ. de México, n. 20, Segunda Série]). — Stephen E. Toulmin, *The Uses of Argument*, 1958. — Henry W. Johnstone, Jr., *Philosophy and Argument*, 1959. — John Passmore, *Philosophical Reasoning*, 1961. — Ch. Perelman, I. Belaval, H. W. Johnstone *et al.*, artigos sobre "L'argumentation", em *Revue Internationale de Philosophie*, 15 (1961), 327-342. — David P. Gauthier, *Practical Reasoning: The Structure and Foundations of Prudential and Moral Arguments and Their Exemplification in Discourse*, 1963. — VV.AA., artigos em *Logique et analyse*, 6 (1963); reimp. num volume com o título de *La théorie de l'argumentation: Perspectives et applications*, 1963 (Homenagem a Chaïm Perelman). — J. Wahl, N. Rotenstreich, J. Passmore e J. Marías, *Simposium sobre la argumentación filosófica*, 1963 (do XIII Congresso Internacional de Filosofia). — Maurice Natanson e Henry W. Johnstone, Jr., eds., *Philosophy, Rhetoric and Argumentation*, 1965. — Chaïm Perelman, *Le champ de l'argumentation*, 1970 (coleção de artigos). — Nicolas Rescher, *Plausible Reasoning: An Introduction to the Theory and Practice of Plausibilistic Inference*, 1976. — P. T. Geach, *Reason and Argument*, 1977. — G. Vignaux, *L'argumentation. Essai d'une logique discursive*, 1976. — R. Lauth, *Theorie des philosophischen Arguments. Der Ausgangspunkt und seine Bedingungen*, 1979. — B. A. Wilson, *The Anatomy of Argument*, 1980. — E. J. Meehan, *Reasoned Argument in Social Science*, 1981. — S. N. Thomas, *Practical Reasoning in Natural Language*, 1981. — L. Wright, *Better Reasoning: Techniques for Handling Argument, Evidence, and Abstraction*, 1982. — J. Fahnestock, M. Secor, *A Rhetoric of Argument*, 1982. — J. Cederblom, D. W. Paulsen, *Critical Reasoning*, 1982; 3ª ed., 1991. — J.-C. Anscombe,

O. Ducrot, *L'argumentation dans la langue*, 1983. — R. W. Puster, *Zur Argumentationsstruktur Platonischer Dialogue. Die "Was ist X?"-Frage in Laches, Charmides, der grössere Hippias und Euthyphron*, 1983. — M. P. Golding, *Legal Reasoning*, 1984. — J. H. Fetzer, ed., *Principles of Philosophical Reasoning*, 1984. — G. Iseminger, *Knowledge and Argument*, 1984. — E. Mackinnon, *Basic Reasoning*, 1985. — A. C. Michalos, *Improving Your Reasoning*, 1986. — J. B. Freeman, *Thinking Logically: Basic Concepts for Reasoning*, 1988; 2ª ed., 1993. — M. Boylan, *The Process of Argument*, 1988. — A. Fischer, *The Logic of Real Arguments*, 1988. — G. Kohler, *Handeln und Rechtfertigen: Untersuchungen zur Struktur der praktischen Rationalität*, 1988. — L. Wright, *Practical Reasoning*, 1989. — C. Perelman, *Rhetoriques*, 1989. — L. Godbout, *S'entrainer à raisonner juste — Pour mieux se comprendre et mieux d'entendre*, 1989. — D. H. Sanford, *If P, then Q: Conditionals and the Foundations of Reasoning*, 1989. — J. Burbidge, *Within Reason: A Guide to Non-Deductive Reasoning*, 1990. — J. Walther, *Philosophisches Argumentieren*, 1990. — D. Conway, *The Elements of Reasoning*, 1990. — V. Mendenhall, *Une introduction à l'analyse du discours argumentatif*, 1990. — S. S. Kleinberg, *Politics and Philosophy: The Necessity and Limitations of Rational Argument*, 1991. — D. N. Walton, *Begging the Question: Circular Reasoning as a Tactic of Argumentation*, 1991. — Z. Seech, *Open Minds and Everyday Reasoningi*, 1992. — D. N. Walton, *The Place of Emotion in Argument*, 1992. — M. Curd, *Argument and Analysis: An Introduction to Philosophy*, 1992. — O. Guariglia, *Ética y Política según Aristóteles: I. Acción y argumentación*, 1992. — R. Feldman, *Reason and Argument*, 1993.

Ver também a bibliografia de RETÓRICA. C

ARGUMENTO COSMOLÓGICO. Ver COSMOLÓGICA (PROVA).

ARGUMENTO DOMINANTE (SOBERANO). Ver DOMINANTE (ARGUMENTO).

ARGUMENTO ONTOLÓGICO. Ver ONTOLÓGICA (PROVA).

ARGUMENTO PELO DESÍGNIO. Ver DESÍGNIO (PROVA PELO).

ARGUMENTO TELEOLÓGICO. Ver TELEOLÓGICA (PROVA).

ARISTARCO DE SAMOS (*fl. ca.* 280 a.C.). Foi discípulo de Estratão de Lâmpsaco. De seus escritos, conservou-se apenas o Περὶ μεγεθῶν καὶ ἀποστημάτων ἡλίου καὶ σελήνης, *Sobre a Magnitude e Distância do Sol e da Lua*.

Embora não se afirme nele que a Terra se move ao redor do Sol e que este está imóvel, pode-se afirmar que o autor defendeu esta opinião com uma citação de Arquimedes. Em todo caso, ele concluiu que o Sol é maior que a Terra, que esta gira ao redor de seu eixo e que este último se encontra inclinado pelo plano da eclíptica, produzindo as estações. Aristarco passa por defensor da teoria heliocêntrica, tendo sido assim considerado por Copérnico.

Edição do tratado de Aristarco de Samos por Wallis, 1888.

↪ Ver: Th. Heath, *Aristarchus of Samos the Ancient Copernicus*, 1913. — G. E. R. Lloyd, *Greek Science After Aristotle*, 1973. — A. V. Lebedev, "Aristarchus of Samos on Thales' Theory of Eclipses", *Apeiron*, 23(2) (1990), 77-85.

Art. de F. Hultsch sobre Aristarco em Pauly-Wissowa, II, cols. 873-876. C

ARISTIDES, MARCIANO ARISTIDES, um dos apologistas (VER) cristãos do século II, destacou, contra as religiões pagãs politeístas, a verdade do monoteísmo cristão. A existência de um Deus supremo e único que deve ser adorado por todos os povos mostra-se patente para Aristides não só como verdade revelada, mas também como conseqüência da harmonia do cosmos. Assim, ao motivo apologético se sobrepõe, ou justapõe, um argumento racional, suscetível de ser compreendido por todos. A racionalidade dessa relação *mundo-Deus* não significa, contudo, em Aristides, que Deus seja racionalmente cognoscível; os predicados de Deus não são positivos, mas negativos. Deve-se observar que Aristides admite um maior ou menor conhecimento da verdade segundo o povo (ou "povo-religião") considerado: os que possuem a verdade de modo absoluto são só os cristãos; depois vêm os judeus; depois, os gregos; por último, os bárbaros, em cujo ápice estão os egípcios.

↪ Edições: R. Seeberg, *Der Apologet Aristides*, 1894; J. Greffcken, *Zwei griechischen Apologeten*, 1907 (Aristides e Atenágoras). — Edição de texto sírio e grego por R. B. Harris e J. A. Robinson, 1891; 2ª ed., 1893. — Texto grego e trad. esp. da "Apología" em *Padres Apostólicos griegos*, 1954, ed. e trad. de Daniel Ruiz Bueno (Biblioteca de Autores Cristãos).

Ver: M. Picard, *L'Apologie d'Aristide*, 1892. — A. d'Alès, "L'Apologie d'Aristide et le roman de Barlaam et de Josaphat", *Revue des questions historiques* (1924). — G. Lazzati, "Ellenismo e Cristianesimo. Il primo capitolo dell'Apologia di Aristide", *La Scuola Cattolica*, 66 (1938), 35-51. — M. Pellegrino, *Gli apologisti greci del II secolo*, 1947, pp. 25-39. C

ARISTIPO de Cirene (nasc. *ca.* 435 a.C.). Discípulo dos sofistas e de Sócrates, fundou a chamada escola cirenaica, que se caracteriza, em seu aspecto moral, por reduzir a virtude ao prazer, mas a um prazer que não compreende apenas o gozo repousado do corpo, mas também, e muito especialmente, o do espírito. Para Aristipo, o prazer é em todos os casos "um movimento suave", ao contrário da dor, que é "um movimento áspero"; conseguir esse prazer, que é repouso e tranqüilidade, é coisa da sabedoria e da prudência, que indicam ao homem o que ele deve fazer para evitar a dor, isto é, "o conveniente". Essa eliminação abrange tanto as dores como os prazeres que possam ser causa da dor, que possam chegar a dominar o homem. O prazer é individual, mas o fato de que haja prazer na relação com o próximo explica a existência da sociedade, a qual se funda, assim, no prazer que cada indivíduo obtém ao relacionar-se com seus semelhantes.

Esta relação não destrói, portanto, o radical individualismo de Aristipo, fundado na independência do externo, no domínio sobre tudo o que possa produzir no ânimo inquietude e desassossego. Além disso, Aristipo reduz o conhecer à impressão sensível e sustenta que não há outro saber senão o individual, pois o saber intelectual comum manifestado na linguagem tem para cada um significação diferente.

➲ Textos: *I Cirenaici. Raccolta delle fonti antiche*, 1958, trad. e int. de Gabriele Giannantoni ("Introduzione allo studio di Aristippo di Cirene", pp. 11-169; textos, pp. 171-432) [Publicazioni dell'Istituto di Filosofia dell'Università di Roma, 5]. — Erich Mannebach, ed., *Aristippi et Cyrenaicorum fragmenta*, 1961.

Ver: C. M. Wieland, *Aristipp und einige seiner Zeitgenossen*, 4 vols., 1800-1801. — E. Antoniadus, *Aristipp und die Kyrenaiker*, 1916 (tese). — Lorenzo Colosio, *Aristippo di Cirene filosofo socratico*, 1925. — O. Gigon, *Sokrates. Sein Bild in Dichtung und Geschichte*, 1947. — W. K. C. Guthrie, *A History of Greek Philosophy, vol. III: The Fifth Century Enlightenment*, 1969. — P. Merlan, "Minor Socratics", *Journal of History of Philosophy*, 10 (1972), 143-152.

Artigo sobre os cirenaicos (Kyrenaiker), de J. Stenzel, em Pauly-Wissowa. ⊂

ARISTÓBULO (*fl.* 165 a.C.) de Alexandria. Judeu formado no ambiente cultural de Alexandria, Aristóbulo representou um sincretismo helênico-judaico, precursor do de Fílon (VER). Segundo Aristóbulo, os grandes filósofos gregos, de Pitágoras a Platão, tinham herdado a tradição judaica, que eles exprimiram em forma grega; esses filósofos tinham já conhecimento do Antigo Testamento. Para expressar suas idéias sincretistas, Aristóbulo fazia uso de interpretações alegóricas dos pensadores gregos e de ocasionais falsificações dos textos. As opiniões de Aristóbulo influenciaram vários pensadores cristãos que procuraram aproximar o cristianismo da tradição grega.

Fragmentos de A. publicados por A. Elter em *De gnomologiae graecae historia atque origine*, 1894.

Artigo de A. Gercke sobre Aristóbulo ("Aristoboulos") em Pauly-Wissowa, II, cols. 918-920.

ARÍSTOCLES DE MESINA. Ver PERIPATÉTICOS.

ARÍSTON DE ALEXANDRIA (século I a.C.). Pertenceu primeiro à Academia (VER), quando esta era regida por Antíoco de Escalon, e se inclinou depois para a escola peripatética, cujo escolarca era na época Andrônico de Rodes. A principal contribuição de Aríston de Alexandria aos numerosos comentários de Aristóteles que se iniciaram nessa época foi um trabalho sobre as *Categorias*, estudado por Simplício. Aríston foi um dos primeiros peripatéticos da época alexandrina que não apenas difundiram o conhecimento do aristotelismo como também trabalharam no desenvolvimento da erudição e da investigação tão características da escola peripatética desde os tempos de seu fundador.

➲ K. Müller, *Fragmenta historicorum Graecorum*, III, 324 ss. — I. Mariotti, *Aristone d'Alessandria*, edizione ed interpretazione, Bolonha, 1966.

Ver P. Moraux, *Der Aristotelismus bei den Griechen von Andronikos bis Alexander von Aphrodisias*, vol. I, 1973. ⊂

ARÍSTON DE CÉOS (Keos). Sucedeu a Licon como escolarca do Liceu, tendo ocupado provavelmente o cargo a partir de 228/225 a.C. Não parece ter contribuído para a escola peripatética com investigações filosóficas originais; é-lhe atribuída antes uma atividade popularizadora. Pela semelhança de nomes entre Aríston de Ceos (Ἀρίστων ὁ Κεῖος) e Aríston de Quios (Ἀρίστων ὁ Χῖος), gerou-se confusão no que se refere às obras atribuídas a um ou a outro filósofo. A maior parte dos fragmentos que sobraram e poderiam prestar-se a debate é atribuída ao filósofo estóico quase homônimo. Os que podem ser atribuídos com segurança praticamente total ao filósofo peripatético tratam em particular de ética e caracterologia.

➲ Edição de textos e comentário de F. Wehrli no caderno VI de *Die Schule des Aristoteles: Lykon und Ariston von Keos*, 1952; 2ª ed., 1968. Ver J. G. Hubmann, *Ariston von Keos der Peripatetiker, eine historisch-kritische Zusammenstellung aus Bruchstücken des Altertums* (*Jahns Jahrbücher für Philologie und Pädagogik*, III Supplementband, 1835).

Artigos de A. Gercke (autor também do artigo sobre Aríston em Pauly-Wissowa, II, cols. 953-956) no *Archiv für Geschichte der Philosophie*, 5 (1892), 198-216; de Ch. Jensen sobre "A. von K. bei Philodemos", *Hermes*, 46 (1911), 393-406; de W. Knögel sobre o mesmo tema em *Klassisch-philologische Studien*, ed. Bickel y Jensen, Heft 5 (1933), e de K. O. Brink no vol. VII Supp. de Pauly-Wissowa, s.v. Peripatos. — F. Wehrli, *Hieronymus von Rhodos, Kritolaos und seine Schüler* (*A. der Jüngere und Diodoros von Tyros*), 1959. — Ver também o trabalho de A. Mayer citado na bibl. de Aríston de Quios. ⊂

ARÍSTON DE PELLA. Ver APOLOGISTAS.

ARÍSTON DE QUIOS (ca. 320-250 a.C.). Discípulo de Zenão de Cício, representa no estoicismo uma das mais radicais atitudes de oposição ao saber, entendendo por este a investigação da Natureza e a análise da lógica. Esses saberes são para Aríston incertos e inúteis diante do único conhecimento verdadeiro: o conhecimento da virtude e do vício, do bem e do mal. Tudo se reduz, para Aríston, a esses dois opostos, pois as chamadas virtudes não são, em sua opinião, senão manifestações do bem único, enquanto os diversos vícios seriam formas do mal único. Daí decorre que o verdadeiro "sábio" deva desprender-se das coisas e de seu pretenso conhecimento, e adotar a absoluta indiferença diante de tudo que não leve à realização do bem.

➲ I. von Arnim, *Stoicorum veterum fragmenta*, 1905, I, 351-403; reimpr., 1964. — N. Festa, *I frammenti degli stoici antichi*, 1932. — E. Asmis, "The Poetic Theory of the Stoic 'Aristo'", *Apeiron* (1990), 147-201.

Ver: Artigos de A. Giesecke (*Jahrbuch für klassische Philologie*, 1892) e H. Weber (*Rheinisches Museum*, 1896). — N. Festa, "Studi critici sullo stoicismo: Aristone", *Archivio di Filosofia*, 3 (1933), 72-94. — J. Moreau, "Ariston et le stoïcisme", *Rev. Et. Anc.* (1948), 27-48. — A.-M. Ioppolo, *Aristone di Chio e lo stoicismo antico*, 1980. — M. Schofield, "Ariston of Chios and the Unity of Virtue", *Ancient Philosophy*, 4 (1984), 83-96.

Ver também August Mayer, "Aristonstudien", *Phil. Supp.* II (1910), 483-610, e o art. sobre A., de H. von Arnim, em Pauly-Wissowa, II, cols. 957-959. ◖

ARISTÓTELES (ca. 384/383-322 a.C.). Nasc. em Estagira (Macedônia), sendo às vezes chamado por isso "o Estagirita". Discípulo de Platão em Atenas por cerca de vinte anos, dirigiu-se, quando da morte de seu mestre em 348, à Ásia Menor (Assos), depois a Mitilene e, por fim, à corte do rei Filipe da Macedônia, onde foi preceptor de Alexandre Magno. Por volta do ano 335 voltou a Atenas, onde fundou sua escola no Liceu (VER); mas o movimento antimacedônio que ressurgiu quando da morte de Alexandre Magno e uma acusação de impiedade o obrigaram a abandonar a cidade (323) e a retirar-se para Cálcis de Eubéia.

A extensa obra de Aristóteles, edificada sobre a platônica, diverge desta tanto, no mínimo, quanto coincide; a freqüente tensão entre os platônicos e os aristotélicos, assim como as numerosas tentativas de conciliação entre os dois pensadores, assinalam já claramente o fato da coexistência de uma raiz comum e de uma considerável divergência. Antes de tudo, Aristóteles desenvolve seu pensamento em extensão não apenas por sua ânsia de abranger todos os saberes, mas porque, ao contrário de seu mestre, se volta particularmente para as dificuldades que a contradição entre a necessidade de estudar o individual e contingente e o fato de que somente um saber do universal pode ser um saber verdadeiro levanta para a explicação do mundo. Este é o tema ao redor do qual gira todo o pensamento aristotélico, que deseja ser ciência do que é em verdade sem sacrificar em nenhum momento o concreto e mutável. Mas uma ciência dessa espécie não pode satisfazer-se, como a platônica, com a dialética (VER). A dialética, que é, segundo Aristóteles, assim como a sofística, uma aparência da filosofia, tem um viés estritamente crítico que não basta para um conhecimento positivo. Em vez dela, deve ser elaborado um instrumento para o saber que mostre sua eficácia em todos os aspectos e não apenas no crítico; este instrumento ou *Organon* (VER) é precisamente a lógica. Ora, a lógica aristotélica pode ser entendida em dois sentidos: um, estrito, segundo o qual se trata, como indica W. Jaeger, de uma faculdade ou de uma técnica, e outro, mais amplo, segundo o qual ela é principalmente — ou, se se quiser, *também* — uma via de acesso à realidade. A lógica em sentido técnico equivale à lógica formal; a lógica em sentido amplo, ao que se denominou mais tarde lógica material ou também grande lógica. A lógica formal constitui um dos pilares do pensamento do Estagirita e pode ser examinada, como o fizeram Lukasiewicz, Bochenski e outros autores, do ponto de vista da moderna lógica matemática com resultados muito notáveis. Com efeito, embora a lógica de Aristóteles seja simplesmente formal e não, como a dos estóicos, formalista — isto é, embora nela se atenha sobretudo para as fórmulas lógicas e não para as regras de inferência —, a precisão e o detalhe com que foram elaboradas as primeiras transforma-a num modelo para toda investigação lógica ulterior. Este não é o lugar adequado para expor essa lógica *in extenso*, visto que numerosas referências a ela se encontram na maioria dos verbetes sobre lógica formal deste Dicionário. Mas convém afirmar que, embora a parte principal dela seja a silogística assertórica (ver SILOGISMO), não é justo indicar, como se fez com freqüência, que toda a lógica de Aristóteles pode ser reduzida a um limitado fragmento da lógica quantificacional elementar. Com efeito, ainda que de modo menos sistemático, encontram-se em Aristóteles contribuições importantes à lógica modal e também várias leis que pertencem à lógica sentencial, à lógica das classes e à lógica das relações. Além disso, ao lado das investigações lógico-formais encontram-se no Estagirita abundantes análises semióticas, em particular semânticas. No que se refere à lógica material, esta se baseia principalmente num exame detalhado dos problemas formulados pela definição e pela demonstração, exame que conduz a uma correção fundamental das tendências meramente classificatórias e divisórias do platonismo e inclui um extenso tratamento de questões que beiram a ontologia. Este último aspecto é percebido especialmente na análise aristotélica do princípio ou lei da não-contradição, que é formulada, sem dúvida, num sentido lógico e também metalógico, mas sem esquecer, ao menos em algumas passagens, seu alcance ontológico. Isso torna possível, como antes observávamos, ver a lógica do Estagirita também como uma via de acesso à realidade. Sem fazer dessa lógica, como Hegel, uma disciplina metafísica, é óbvio que algumas de suas partes não poderiam ser entendidas exceto se admitíssemos um pressuposto de Aristóteles: o de que há uma correspondência entre o pensar lógico e a estrutura ontológica. Isso acontece inclusive em partes da lógica tão formais quanto a silogística; com efeito, o silogismo exprime freqüentemente, em Aristóteles, o mesmo encadeamento que existe na realidade. Mas ocorre ainda mais na teoria do conceito (VER) e na busca dos princípios. Isso explica por que no *Organon* existem investigações tão diversas, incluindo a doutrina das categorias (ver CATEGORIA). Ao propor tal doutrina, Aristóteles completa esse cerco ou abordagem do objeto que fora primitivamente proposto e que tendia sobretudo a evitar que ele escapasse pelas amplas brechas da dialética e da definição em uso; o objeto fica, com efeito, aprisionado, em primeiro lugar pela demarcação dos atributos e principalmente pela desde então clássica definição pelo gênero próximo e pela diferença específica. Mas ele fica também aprisionado porque a categoria situa o objeto e o faz entrar numa rede conceitual que vai se aproximando cada vez mais de seus princípios últimos. Essas categorias expressam *em grande parte*, como é notório, a estrutura gramatical das proposições, mas fazem-no não tanto porque Aristóteles tenha levado em conta a linguagem para a sua formulação, mas porque desde então a linguagem própria ficou gramaticalmente articulada segundo as categorias aristotélicas. No problema e na solução das categorias se exprime, pois, do modo mais preciso, o que se pode observar em muitos aspectos das formas do saber no Ocidente: que veio a tornar-se domínio comum e, como tal, afastado das coisas e dos próprios princípios de que brotara, o que foi ao mesmo tempo esforço penoso e direta contemplação das coisas. No caso de Aristóteles, isso é sobremodo evidente, porque grande parte do saber ocidental se constituiu, consciente ou inconscientemente, seguindo as rotas trilhadas pelo aristotelismo. Entretanto, a ampliação do quadro da dialética platônica ocorre propriamente, mais que no *Organon*, na ciência do ser enquanto ser, na metafísica ou, nos termos de Aristóteles, na filosofia primeira. A necessidade de uma ciência dessa espécie é determinada pela necessidade de estudar não uma parte do ser, mas todo o ser; porém, evidentemente, o ser como ser, o ser em geral. Este ser convém analogicamente a todas as coisas que são e até ao não ser, mas, justamente em virtude dessa conveniência universal, devem-se distinguir rigorosamente suas espécies a fim de não transformar a filosofia primeira na ciência única, à feição da ciência de Parmênides; a metafísica não é a ciência única, mas a primeira, a ciência das primeiras causas e princípios ou, em outras palavras, a ciência do que verdadeiramente é em todo "ser" (em tudo o que é). Por isso, a filosofia primeira é o saber daquilo a partir do que toda coisa recebe seu "ser". Pode ser igualmente (sob a forma de "teologia") o fim último ao qual aspiram todas as coisas. Ora, o quadro das investigações da filosofia primeira ultrapassa o da dialética platônica, porque esta mostra, na opinião de Aristóteles, uma radical insuficiência quando passa da parte crítica à parte realmente construtiva e positiva. A teoria platônica das idéias, da qual Aristóteles sem dúvida parte, talvez corresponda a uma realidade do ser, mas não a toda a realidade. Nas idéias, alcança-se uma visão da verdade sob a condição de sacrificar uma porção dessa verdade que nenhuma ciência deve eliminar com conhecimento de causa. Se é certo que Platão pretende, em última instância, salvar o mundo dos fenômenos pela participação do sensível no inteligível, não é menos evidente que essa salvação se faz mediante uma relação cuja natureza — a despeito dos esforços últimos da dialética platônica — é deixada suspensa. A crítica a Platão, como culminação da crítica dos sistemas filosóficos anteriores, compreende assim, sobretudo, uma crítica da obscura noção de participação (VER) — idêntica, segundo Aristóteles, à imitação pitagórica; uma acusação de introduzir desnecessariamente um número infinito de conceitos para a explicação das semelhanças entre as coisas e suas idéias; a indicação de que deve haver também idéias do negativo e, sobretudo, um questionamento sobre como as idéias, situadas num lugar supraceleste, transcendentes ao mundo, podem explicar o mundo. Esta última objeção, unida à crítica da participação e da imitação, é o verdadeiro ponto de partida da solução aristotélica, que, embora aceite as idéias platônicas, as traz, como se costuma dizer, do céu à terra. A brusca e radical separação entre os indivíduos e as idéias, entre as existências e as essências, ou, se se quiser, entre as existências e algumas supostas essências existentes, é para Aristóteles uma falsa salvação dos fenômenos; estes últimos não são salvos e entendidos pela participação, mas pela radicação da idéia (VER), do universal, na própria coisa. Entender as coisas é, dessa maneira, ver o que as coisas são. Este ser, que para Platão é mero reflexo, para Aristóteles é, em contrapartida, uma realidade; a coisa é, de imediato, sujeito, substância da qual se enunciam as propriedades. A substância (VER) é *neste caso* não a essência (VER) nem o universal nem o gênero, que Aristóteles também denomina, de modo indistinto, substâncias, mas o sujeito, a substância primeira, o individual, a autêntica existência. A substância é primordialmente aquilo que existe, mas o que existe o faz em virtude de algo que constitui sua essência. Dizer algo da substância, do substrato, é defini-lo; da substância se predica, porém, a essência, aquilo que a existência é, aquilo em que consiste seu "quê" ou *quididade* (VER) ou então o acidente (VER), o que é, mas de modo contingente. A essência se encontra na substância, porque é aquilo que faz da substância um "quê", um "algo que é", um objeto suscetível de ser conhecido, pois só a definição (VER), a indagação da essência, é conhecimento. A ciência é dessa maneira saber do essencial e universal, mas do universal predicado do sujeito; ciência é, antes de tudo, ciência do ser (VER). De qualquer modo, não se deve em nenhum caso supor que a metafísica é o fundamento unilateral de todo saber; precisamente o que em ampla medida caracteriza Aristóteles é sua escassa inclinação a remontar aos primeiros princípios mais que o necessário. A metafísica é, a rigor, não a ciência do ser, mas a ciência daquilo que faz que as coisas sejam; o ser ou essência das coisas, o que há nelas de universal, é a um só tempo a forma e o ato. Daí decorre que, ao contrário da dialética platônica, a metafísica aristotélica não seja uma mera divisão do ser (concebido como gênero) em espécies (entendidas como flexões do ente). Se há, por certo, no aristotelismo, assim como em todo o pensamento antigo, uma posição do ser — e do ser imutável — como algo do qual de certo modo se destaca o existente, deve-se levar em conta que essa posição é muito menos declarada, por diversos motivos, neste último pensamento. O que Aristóteles justamente censurará em Platão será sempre a desnecessária duplicação das coisas, assim como a tendência a manter as coisas afastadas das idéias. Aristóteles enfrenta radicalmente Platão na medida em que procura de fato entender, e não só explicar vagamente, a gênese ontológica do objeto. Essa gênese já começava a ser desenvolvida nas últimas fases do platonismo, mas, para que pudesse ser levada a suas últimas conseqüências, fazia-se necessária a subordinação do que era para Platão o pensamento superior: a dialética. Daí a teoria do ser em potência, do ser em ato, da forma e da matéria (ver todos estes termos). A forma é o que determina a matéria, o que transforma sua indeterminação em realidade. É atualidade, ser atual diante do ser potencial ou possível da matéria. Forma é aquilo para o que tende o indeterminado, sua finalidade, e por isso a forma exerce sobre a matéria uma atração em virtude de que o possível se converte em real ou formado. Mais ainda: o ser do potencial é, a rigor, ser atual; só pela atualidade pode ser entendida a existência da possibilidade. Pois, como o próprio Aristóteles assinala com clareza, "é evidente que, segundo a noção, é anterior o ato: só por poder atuar é que a potência é uma potência. Chamo, por exemplo, capaz de construir aquele que pode construir; dotado de visão, aquele que pode ver; visível, o que pode ser visto. O mesmo raciocínio se aplica a todo o resto, de modo que necessariamente a noção e o conhecimento do ato são anteriores ao conhecimento da potência" (*Met.*, Θ, VIII, 1049 b 10-20). Essa anterioridade refere-se, contudo, à noção, não ao tempo. O que é é propriamente o ato e a forma, a tal ponto que ela serve para determinar a realidade. Se há usualmente ato e potência, forma e matéria, é porque o real oscila entre uma pura potência que é um não-ser e uma forma pura que é a única que nada tem recebido. Daí também a indissolúvel unidade da física, da metafísica e da teologia aristotélicas. A física, como ciência das causas segundas, baseia-se nos princípios primeiros da metafísica, na teoria das causas, na idéia da organização teleológica e organológica do mundo. Nela se insere a análise aristotélica do movimento (VER) e do devir (VER), de influência tão decisiva na filosofia. Eternidade da matéria; infinita extensão do passado e do futuro; limitação espacial; criação, pelo movimento circular esférico, do lugar (VER) e da medida do temporal; incorporação, como elementos da concepção física do mundo, dos resultados do exame científico, dado tanto pela reflexão natural como pela natural interpretação dos dados dos sentidos — tudo isso compõe uma física na qual se insere a teologia, não como saber de algo absolutamente transcendente ao ser, mas como a própria culminação do ser. A teologia, que é a ciência da causa absolutamente primeira, do primeiro motor (VER), culmina na afirmação da forma pura, daquilo que é necessário por si mesmo e não, como nas outras coisas, dependente e contingente. O absolutamente necessário é justamente aquilo que não muda, o imóvel, o que move sem ser movido, o que encontra em si mesmo sua razão de ser. Esta absoluta existência é o ato puro, a forma das formas, o pensar do pensar, ou, como diz Aristóteles, a vida teórica, o ser que não se move nem deseja ou aspira como as coisas imperfeitas, mas que permanece sempre constantemente igual a si mesmo. No entanto, o ensimesmamento do Deus aristotélico, o pensar só em si mesmo, não é, para Aristóteles, uma manifestação de um egoísmo, mas de sua absoluta subsistência; Deus pensa só em si mesmo porque não pode ter outro objeto superior em que pensar.

A filosofia de Aristóteles, que se inicia com a descoberta de um instrumento para a ciência e culmina numa metafísica à qual se subordinam a teologia, a teoria do mundo físico e a doutrina da alma (VER) como entelequia do corpo, é complementada por uma doutrina ética e política cujo intelectualismo não representa, todavia, o império da razão, mas do razoável. O ideal grego da moderação se manifesta de modo exemplar numa moral que é sem dúvida ensinável, mas cujo saber é insuficiente se não se faz acompanhar de sua prática. A tal prática sucede imediatamente para o sábio o reconhecimento da felicidade a que conduz o simples desenvolvimento da atividade racional humana, pois a vida feliz é por excelência a vida contemplativa. Entretanto, seria equivocado conceber essa vida contemplativa por mera analogia com a razão moderna. Por um lado, a vida contemplativa não é propriamente exclusão da ação, mas a própria ação purificada. Por outro lado, a vida contemplativa designa, sobretudo, a aspiração a um sossego que só pode ser oferecido não pela absorção de tudo em um, mas pela aniquilação do perturbador, do que pode alterar essa imobilidade e autarquia que é a aspiração suprema do sábio. O caráter aristocrático da ética e da política aristotélicas é a expressão de um ideal que, no entanto, não despreza as realidades e as paixões humanas, que existem de modo efetivo e devem ser objeto de consideração moral e política. Revela-se nelas a característica fundamental do pensamento aristotélico: a gradação das realidades e dos atos, a ordenação hierárquica das diversas esferas, a subordinação de tudo o que existe a fins, mas sempre que essa subordinação não exija a anulação daquilo mesmo que tende a um fim a favor do próprio fim. No mundo aristotélico aparece sempre a diversidade unida pela base por uma perfeita continuidade.

A exposição anterior da doutrina de Aristóteles foi de índole sistemática. Prescindimos deliberadamente de questões como: *a*) as distintas imagens de Aristóteles e sua obra que se fizeram em várias épocas; *b*) o problema do desenvolvimento de suas idéias; e *c*) a questão da autenticidade de seus escritos. Para concluir, diremos algumas palavras sobre esses pontos. Centraremos o problema em torno da relação entre os chamados escritos exotéricos (diálogos e *Protréptico*) e os chamados escritos esotéricos (tratados ou *Corpus Aristotelicum*) e abreviaremos esses escritos, respectivamente, com as expressões '(1)' e '(3)', de acordo com a classificação seguida na bibliografia, à qual remetemos o leitor antes de começar a ler o que vem a seguir.

Desde os grandes escolásticos aristotélicos do século XIII até boa parte do século XIX, Aristóteles apareceu sobretudo como o autor de (3). Em compensação, supôs-se que na Antiguidade, desde a morte do filósofo até a edição de (3) por Andrônico de Rodes, a imagem do Estagirita estivesse determinada por (1). Entre outras razões a favor desta última opinião, mencionaram-se os fatos de que Cícero parece ater-se especialmente a (1) e de que (1) foi igualmente (tal como indicou E. Bignone) o aristotelismo absorvido e criticado por Epicuro. Embora isso pareça hoje muito mais duvidoso, o problema da relação entre (1) e (3) preocupou muito os eruditos durante os últimos cem anos (como já preocupara Alexandre de Afrodísia, que chegou à conclusão de que os escritos exotéricos exprimiam as opiniões falsas dos inimigos de Aristóteles, enquanto os escritos esotéricos expressavam as opiniões verdadeiras do próprio Estagirita). Propuseram-se várias teorias. Por exemplo: (1) destinava-se ao público e expressava as idéias de Aristóteles de modo inexato, ao passo que (3) estava voltado unicamente aos iniciados; (1) não foi escrito por Aristóteles; (1) expressa a tendência lírica, e (3), a tendência científica do Estagirita.

Em sua obra *Aristoteles. Grundlegung einer Geschichte seiner Entwicklung* (1923; trad. esp.: 1946), Werner Jaeger mostrou que todas as dificuldades apontadas se devem ao fato de não se ter levado em conta que o pensamento de Aristóteles passou por uma evolução articulada em três períodos: Atenas (368-348); Assos, Lesbos, Mitilene e a Corte da Macedônia (348--335, com especial ênfase em Assos, 348-345) e de novo Atenas (335-321). Cada período se caracteriza por certo número de escritos. Assim, *por exemplo*, Aristóteles escreveu no primeiro período os diálogos (exceto o *De philosophia*) e o *Protrepticus*, provavelmente os livros I e II da *Física*, partes da *Política*, o livro III do tratado *Sobre a Alma*; no segundo período, certas partes da *Metafísica* (A, Δ, K, 1-8, Λ exceto c. 8, M, 9--10, N), o *De philosophia*, a *Ética a Eudemo*, Livros III, IV, V, VIII da *Física*, o tratado *Sobre a Geração e a Corrupção*; no terceiro período, a *Meteorologia*, *Sobre as Partes dos Animais*, Livros I e II de *Sobre a Alma*, o c. 8 do livro Λ da *Metafísica*. Em geral, a tendência do desenvolvimento é, segundo Jaeger, a passagem de um platonismo fiel a um "platonismo reformado", a uma tendência fortemente especulativa e, por fim, a uma etapa empírica e naturalista. Trabalhos análogos realizados a favor da tese da evolução do pensamento de Aristóteles foram feitos pelo discípulo de Jaeger, Friedrich Solmsen, no que tange à lógica e à retórica (*Die Entwicklung der aristotelischen Logik und Rhetorik*, 1929), e por F. Nuyens (*L'évolution de la psychologie d'Aristote*, 1948), embora este último modifique em muitos pontos a classificação de Jaeger, pois se baseia no desenvolvimento da doutrina da alma do Estagirita desde a tese do dualismo *corpo-alma* até a doutrina da alma como enteléquia do corpo, passando pela teoria da colaboração entre corpo e alma.

Uma tese revolucionária sobre a obra de Aristóteles e, por conseguinte, sobre a imagem do Estagirita se encontra no livro de Joseph Zürcher, *Aristoteles' Werk und Geist* (1952), embora convenha observar que *algumas* de suas teses foram antecipadas em obras anteriores, tais como os livros de L. Robin, J. Stenzel e M. Gentile sobre a concepção das idéias e números em Platão e Aristóteles, o livro de E. Frank sobre Platão e os chamados pitagóricos e as obras de Harold Cherniss acerca do enigma da antiga Academia e da crítica de Aristóteles a Platão e à Academia (referências a estas obras em ACADEMIA; NÚMERO; PITAGÓRICOS). Zürcher assinala que Aristóteles é autor somente de cerca de 20 ou 30% do *Corpus Aristotelicum* ou (3), que o restante é obra de Teofrasto, que trabalhou durante trinta anos sobre materiais deixados pelo Estagirita, e que (1) não é obra de juventude, mas de maturidade, ao contrário do que afirmou E. Bignone em sua obra *L'Aristotele perduto e la formazione filosofica del Epicuro*, 1936. Isto permite, segundo Zürcher, solucionar muitos problemas, dos quais mencionaremos apenas os seguintes: o problema que apresentava o fato de que (1) parecesse ser a obra de um espírito maduro; o problema da freqüente referência em (3) a (1); o problema do famoso duplo aspecto ou *Doppelseitigkeit* de (3); a existência em (3) de termos estóicos e de expressões que também são encontradas em Euclides; o fato de que os escritos atribuídos a Teofrasto tenham o mesmo estilo dos escritos atribuídos a Aristóteles. Poderíamos acrescentar a isso o problema formulado pela "lógica de Teofrasto" tal como foi tratada por I. M. Bochenski e ao qual nos referimos no verbete sobre o discípulo do Estagirita. As teses de Zürcher não deixam de suscitar graves dificuldades, algumas das quais já foram acentuadas por vários investigadores de Aristóteles. Não obstante, sua obra representa, depois da de Jaeger, a maior contribuição deste século à investigação das questões aristotélicas. As teses de Zürcher, diga-se de passagem, embora pareçam mais revolucionárias que as de Jaeger, se revelam no fundo mais conservadoras, pois coincidem em parte com as mais antigas tradições, especialmente as que enfatizavam que o Estagirita era principalmente o autor de (1) e que, portanto, devia ter havido pouca evolução em seu pensamento.

Segundo W. D. Ross, as obras de Aristóteles podem ser classificadas em três seções: (1) obras destinadas a um público relativamente grande; (2) coleções de materiais, provavelmente compilados pelos discípulos do Estagirita sob sua direção; (3) obras filosóficas e científicas redigidas por ele mesmo. Arrolaremos essas produções, mas chamamos a atenção do leitor para o que escrevemos no final deste verbete com relação às questões de cronologia e autenticidade.

(1) A esta seção pertencem os diálogos Περὶ φιλοσοφίας, *De philosophia*; Εὔδημος, ou Περὶ ψυχῆς, *Eudemus ou de anima*; Πολιτικός, *Politicus*; os dois escritos sobre as idéias platônicas Περὶ ἰδεῶν, *De ideis*, e Περὶ τἀγαθοῦ, *De bono*, e o *Protrepticus* ou *Exortação* (à filosofia), dirigida a Temison, príncipe de Chipre.

(2) Pertence a esta seção a coleção das 158 constituições, das quais nos resta a de Atenas, Ἀθηναίων πολιτεία, o livro K da *Metafísica*. Houve provavelmente outras compilações científicas e históricas hoje perdidas.

(3) A esta seção pertence o que se chama propriamente o *Corpus Aristotelicum*, no qual se baseiam quase todas as exposições da obra de Aristóteles e a que é preciso ater-se, mesmo admitindo que há algo de verdade nas teses recentes de Zürcher sobre a paternidade de Teofrasto com relação a boa parte do *Corpus*. Seguindo a classificação habitual por matérias, o *Corpus* abrange as seguintes obras:

a) Obras lógicas, que constituem o chamado *Organon*: 1) Κατηγορίαι, *Categoriae*. 2) Περὶ ἑρμηνείας, *De interpretatione*. 3) Ἀναλυτικὰ πρότερα e ὕστερα, *Analytica priora* e *posteriora* (ver ANALÍTICOS). 4) Τοπικά, *Topica*. 5) Περὶ σοφιστικῶν ἐλέγχων, *De sophisticis elenchis*.

b) Filosofia natural: 1) Φυσικά ou Φυσικὴ ἀκρόασις, *Physica*, oito livros. 2) Περὶ οὐρανοῦ, *De caelo*, quatro livros. 3) Περὶ γενέσεως καὶ φθορᾶς, *De generatione et corruptione*, dois livros. 4) Μετεωρολογικά, *Meteorologica*, quatro livros. Costuma-se incluir neste item o livro Περὶ κόσμου, *De mundo*, um tratado pseudo-aristotélico a que nos referimos separadamente. Ver DE MUNDO.

c) Psicologia: 1) Περὶ ψυχῆς, *De anima*, três livros. 2) Os *Parva naturalia*, que compreendem: I. Περὶ αἰσθήσεως καὶ αἰσθητῶν, *De sensu et sensibili*. — II. Περὶ μνήμης καὶ ἀναμνήσεως, *De memoria et reminiscentia*. — III. Περὶ ὕπνου, *De somno*. — IV. Περὶ ἐνυπνίων, *De insomniis*. — V. Περὶ τῆς καθ᾽ ὕπνου μαντικῆς, *De divinatione per somnum*. — VI. Περὶ μακροβιότητος καὶ βραχυβιότητος, *De longitudine et brevitate vitae*. — VII. Περὶ ζωῆς καὶ θανάτου, *De vita et morte*. — VIII. Περὶ ἀναπνοῆς, *De respiratione*. Pode-se incluir no *Corpus* o tratado Περὶ πνεύματος, *De spiritu*, considerado pseudo-aristotélico.

d) Biologia: 1) Περὶ τὰ ζῶα ιστορίαι, *Historia animalium*, dez livros (parte deles é provavelmente pseudo-aristotélica). — 2) Περὶ ζώων μορίων, *De partibus animalium*, quatro livros. — 3) Περὶ ζώων κινήσεως, *De motu animalium*. — 4) Περὶ πορείας ζώων, *De incessu animalium*. — 5) Περὶ ζώων γενέσεως, *De generatione animalium*, cinco livros.

e) Metafísica: Τὰ μετὰ τὰ φυσικά, *Metaphysica* (ver ANDRÔNICO DE RODES e METAFÍSICA).

f) Ética: 1) Ἠθικὰ Νικομάχεια, *Ethica Nicomachea*, dez livros. — 2) Ἠθικὰ μεγάλα, *Magna Moralia*, dois livros. — 3) Ἠθικὰ Εὐδήμεια, *Ethica Eudemia*, quatro livros. De fato, há sete livros, mas três deles coincidem com outros três de [1]. Como autenticamente aristotélico, pode-se assegurar apenas [1].

g) Política e Economia: 1) Πολιτικά, *Politica*, oito livros. 2) Οἰκονομικά, *Oeconomica*, três livros.

h) Retórica e Poética: 1. Τέχνη ῥητορική, *Rhetorica*, três livros. Περὶ ποιητικῆς, *Poetica*. A *Retórica a Alexandre*, Ῥητορικὴ πρὸς Ἀλέξανδρον, foi considerada apócrifa durante muito tempo, mas Zürcher a admite como um dos poucos escritos autênticos de Aristóteles.

⊃ Das muitas edições de Aristóteles antes da de Bekker, a que nos referiremos adiante, mencionaremos as principais: a tradução latina, com comentários de Averróis, editada em 1489 pela primeira vez e freqüentemente reimpressa; a edição grega editada em Veneza pela primeira vez em 1495-1498 e depois reelaborada por Erasmo e Simon Grynaeus em 1531 (a mesma edição, em Basiléia, é chamada *a Isengriniana* em virtude do nome do co-editor, Isengrin); a edição de Camotius, de 1551-1553, reeditada por Sylburg em 1584, e por Casaubonus com texto grego e latino em 1590.

A edição que hoje serve de base a todas as impressões de Aristóteles e pela qual se cita o Estagirita (número da página, colunas — a ou b — e linha) é a de I. Bekker, publicada pela Academia de Ciências de Berlim: *Aristotelis Opera*, Berolini, 1831-1870, em 5 vols.; reed., 1874-1879; reimp., 1968. Os vols. I e II contêm o texto, editado por Bekker; o vol. III contém traduções latinas do Renascimento (Pacius, Argyropoulo, Vatable, Bessarion etc.). O vol. IV contém uma série de *Scholia*, editados por Ch. A. Brandis e incorporados depois aos *Commentaria* citados em Aristotelismo (VER); o vol. V (1870) contém os Fragmentos compilados por V. Rose e o *Index Aristotelicum*, de H. Bonitz. Reed. desta edição: *Editio altera addendis instruxit, fragmentorum collectionem retractavit, O. Gigon*, I-II, 1959; IV-V, 1960; III, 1961.

— Outra edição de Aristóteles é a de Firmin Didot (Paris), 4 vols., 1848-1869, com um quinto volume (1874) de índices. Muitos dos textos estão em edições de Teubner, e Loeb e a série de Guillaume Budé.

Entre edições especiais de textos, destacam-se as seguintes (algumas delas com traduções e outras com comentários): 1) Lógica: *Organon* (J. Pacius, 1597; Th. Waitz, 1844-1846; reimp., 1962); *Prior and Posterior Analytics* (W. D. Ross, 1949, 2 vols.); *Categoriae et Liber de interpretatione* (L. Minio-Paluello, 1949). *Topica et Sophistici Elenchi* (M. D. Ross, 1958). 2) Filosofia natural, biologia e psicologia: *Physica* (J. Pacius, 1596); *Physics* (W. D. Ross, 1936); *De caelo, De gen. et corr.*, *Meter.*, *De mundo, Parva naturalia* (J. Pacius, 1601); *De caelo* (D. J. Allan, 1936); *De generatione et corruptione* (H. H. Joachim, 1922); *Historia animalium* (H. Aubert, F. Wimmer, 1968, 2 vols.); *De generatione animalium* (*Id.*, 1860); *De anima* (J. Pacius, 1596; F. A. Trendelenburg, 1877; G. Rodier, 1900; David Ross, 1961). 3) Metafísica: *Metaphysica* (A. Schwegler, 1874--1878, 4 vols.; H. Bonitz, 1848-1849, 2 vols.; reimp., 1960; W. D. Ross, 1924, 2 vols.; W. Jaeger, 1957). 4) Ética, política, retórica e poética: *Eth. Nico* (A. Grant, 1885, 2 vols.; I. Brywater, 1890; J. Burnet, 1900); *Eth. Eud.* (A. T. H. Fritzche, 1851); *Pol.* (F. Susemihl, 1879; W. L. Newman, 1887-1902, 4 vols.); *Rhet.* (L. Spengel, 1867, 2 vols.; E. M. Cope e J. E. Sandys, 1877, 3 vols.; W. D. Ross, 1959); *Poet.* (J. Vahlen, 1885; I. Bywater, 1909; A. Rostagni, 1927; A. Gudeman, 1934). — Para os fragmentos, além da citada edição de V. Rose, ver a edição de fragmentos dos diálogos: *Dialogorum Fragmenta*, de R. Walzer, 1934; reimp., 1962.

As traduções são muito numerosas. Entre as "modernas", mencionamos apenas as de E. Rolfes (para o alemão), H. Bonitz (*Metafísica*, para o alemão), W. D. Ross e outros autores (toda a obra, para o inglês), O. Hamelin (a *Física*, para o francês), J. Tricot (o *Organon*, *Metafísica*, *Ética a Nicômaco* e outras obras, para o francês), as de P. S. Abril, J. D. García Bacca, A. Tovar, J. Marías e M. Araújo (várias obras, para o espanhol). Várias eds. espanholas na Bibliotheca Mexicana Scriptorum Latinorum et Romanorum. Eds. bilíngües de vários vols. pub. pelo Instituto de Estudios Políticos (Madri): *La Constitución de Atenas*; *La Política*; *La Retórica*; *Ética a Nicómaco*. Ed. trilíngüe de *Metafísica*, de Valentín García Yebra, 2 vols., 1970. Traduções de qualidade, com excelentes estudos introdutórios, são as que vêm aparecendo em Ed. Gredos desde 1978.

Para índices, além do citado de H. Bonitz, ver: M. Kappes, *Aristoteles Lexikon*, 1894; T. W. Organ, *An Index to Aristotle*, 1946. — *Index Verborum* e listas de freqüências da *Metaphysica* por Louis Delatte, Christian Rutten, Dozanne Govaerts, Joseph Denooz, 1977. — Há índices mais antigos: por exemplo, já Frei Francisco Ruiz (século XVI) publicara um *Index locupletissimus* (*duobus tomis digestus, in Aristotelis Stagiritae Opera*), 1540, com conceitos não só de Aristóteles, mas também de intérpretes e comentadores, especialmente do Renascimento. — Também há um *Index locupletissimus in Metaphysicam Aristotelis*, nas *Disputationes metaphysicae*, de Suárez. — J. Denooz, *Aristote, Poetica. Index Verborum, liste de fréquence*, 1988. — G. Purnelle, *Aristote, De Anima. Index verborum, liste de fréquence*, 1988.

Obras em português: *Arte retórica e arte poética*, s.d. — *Categorias*, 1995. — *A constituição de Atenas*, 1995. — *Ética a Nicômaco*, 1992. — *A ética*, 1995. — *O homem de gênio e a melancolia*, 1998. — *Obra jurídica*, 1997. — *Poética*, 1993. — *Política*, 1997. — *Retórica das paixões*, 2000.

Léxicos: A. Wartelle, *Léxique de la "Rhétorique" d'Aristote*, 1982. — *Id., Léxique de la "Poétique" d'Aristote*, 1985.

Bibliografia: M. Schwab, *Bibliographie d'Aristote*, 1896. — M. D. Philippe, O. P., *Aristoteles (Bibliographische Einführungen in das Studium der Philosophie*, ed. I. M. Bochenski, vol. 8, 1948). — J. Barnes, M. Schofield, R. Sorabji, *Aristotle: A Selective Bibliography*, 1977; F. E. Cranz, *A Bibliography of Aristotle Editions 1501-1600*, 2ª ed., 1984.

Sobre transmissão de escritos, traduções latinas e catálogos de obras: R. Shute, *On the History of the Process by which the Aristotelian Writings arrived at their Present Form*, 1888. — Amable Jourdain, *Recherches critiques sur l'âge et l'origine des traductions latines d'Aristote et sur des Commentaires Grecs ou Arabes employés par les docteurs scolastiques*, 1819; 2ª ed., rev. e ampl., de Charles Jourdain, 1843. — J. Moraux, *Les listes anciennes des ouvrages d'Aristote*, 1951. — M. J. Wilmott, "Aristoteles 'Exotericus, Acromaticus, Mysticus': Two Interpretations of the Typological Classifications of the 'Corpus Aristotelicum'",

Nouv. Repub. Lett., 1 (1985), 67-95. — C. Lord, "On the Early History of the Aristotelian Corpus", *American Journal of Philosophy*, 107 (1986), 137-161. — A. P. Bos, "The Relation Between Aristotle's Lost Writings and the Surviving Aristotelian Corpus", *Philosophia Reformata*, 52 (1987), 24-40.

Sobre a vida (textos, comentários, notas): Ingemar Düring, *Aristotle in the Ancient Philosophical Tradition*, 1957. — A.-H. Chroust, *Aristotle: New Light on His Life and on Some of His Lost Works*, 2 vols., 1974 (I: *Some Novel Interpretations of the Man and His Life*; II: *Observations on Some of Aristotle's Works*).

Sobre os fragmentos: E. Bignone, *op. cit.* de 1936. — J. Bidez, *Un singulier naufrage littéraire dans l'Antiquité. À la recherche des épaves de l'Aristote perdu*, 1934. — P. Wilpert, *Zwei aristotelische Frühschriften über die Ideenlehre*, 1940. — Paul Moraux, *La recherche de l'Aristote perdu. Le dialogue "Sur la justice"*, 1957. — W. Gerson Rabinowitz, *Aristotle's Protrepticus and the Sources of Its Reconstruction*, I (1957) (University of California Pub. in Classical Philology, 16, 1, pp. 1-96). — Ingemar Düring, *Aristotle's Protrepticus. An Attempt at Reconstruction*, 1961. — F. Grayeff, *Aristotle and His School*, 1974. — Além disso, as obras de Jaeger e Zürcher mencionadas. — E sobre a interpretação de Zürcher: Erenbert Josef Schächer, *Ist das Corpus Aristotelicum nach-aristotelisch? Josef Zürchers Hypothese und ihre Beurteilung in der gelehrten Forschung. Kritische Würdigung. Ein Beitrag zum Methodenproblem der Corpus-Aristotelicum-Forschung*, 1963 (refundição de seu artigo "Ist Aristoteles Aristoteliker?", em *Salzburger Jahrbuch für Philosophie*, 1 [1957-1958]).

As obras sobre Aristóteles são muito numerosas. No verbete, já nos referimos a alguns trabalhos sobre a evolução das idéias do Estagirita, sobre a autenticidade de seus escritos e temas relacionados com eles. Em outros verbetes, mencionamos obras sobre diversos aspectos de Aristóteles (v. gr. em Silogismo [VER]). Vários verbetes se referem a obras de Aristóteles (v. gr. Analíticos, Organon [VER]). Limitar-nos-emos aqui a mencionar algumas obras sobre o Estagirita que podem ser consideradas exposições gerais de sua filosofia. Devem-se acrescentar a elas as obras dos pesquisadores aristotélicos do século passado (F. Trendelenburg, H. Bonitz, F. Ravaisson, K. L. Michelet).

Essas obras são: C. Piat, *A.*, 1903. — F. Brentano, *A. und seine Weltanschauung*, 1911. — A. Goedeckenmeyer, *Die Gliederung der aristotelischen Philosophie*, 1912. — *Id.*, *Aristoteles*, 1922. — O. Hamelin, *Le système d'A.*. — W. D. Ross, *Aristotle*, 1923; 5ª ed., 1953 (trad. esp.: *Aristóteles*, 1957; 2ª ed., 1981). — E. Rolfes, *Die Philosophie des A. als Naturerklärung und Weltanschauung*, 1923. — M. D. Roland-Gosselin, *A.*, 1928. — G. R. G. Mare, *Aristotle*, 1932; nova ed. rev., 1964. — A. von Pauler, *A.*, 1933. — W. Broecker, *A.*, 1935. — A. E. Taylor, *A.*, 1943. — L. Robin, *A.*, 1944. — Donald J. Allan, *The Philosophy of A.*, 1952; reimp., 1957, 1963; 2ª ed., 1970. — S. Gómez Nogales, *Horizonte de la metafísica aristotélica*, 1955. — VV.AA. autores, *Autour d'Aristote*, 1955 (trabalhos em homenagem a A. Mansion; contém exposições e análises de interesse geral). — M. D. Philippe, O. P., *Initiation à la philosophie d'A.*, 1956. — George Boas, "Some Assumptions of Aristotle", *Transactions of the American Philosophical Society*, N. S. 49 (1959), 5-92; há ed. separada, 1959. — John Herman Randall, Jr., *Aristotle*, 1960. — Friedrich Solmsen, *Aristotle's System of the Physical World: A Comparison with His Predecesssors*, 1960. — Pierre Aubenque, *Le problème de l'être chez Aristote: Essai sur la problématique aristotélicienne*, 1962. — Enrico Berti, *La filosofia del primo A.*, 1962. — Joseph Moreau, *A. et son école*, 1962 (trad. esp.: *A. y su escuela*, 1972). — Ingemar Düring, *A. Darstellung und Interpretation seines Denkens*, 1966. Wolfgang Albrecht e Angelika Hanisch, *A. assertorische Syllogistik*, 1970. — Chung-hwang Chen, *Sophia: The Science A. Sought*, 1973. — Henry B. Veatch, *A.: A Contemporary Appreciation*, 1974. — J. Barnes, M. Schofield e R. Sorabji, ed., *Articles on A.*, 4 vols., 1975 ss. — Stephen R. L. Clarke, *Aristotle's Man: Speculations upon Aristotelian Anthropology*, 1975. — E. Berti, *Aristotele: dalla dialettica alla filosofia prima*, 1977. — A. Kenny, *The Aristotelian Ethics: A Study of the Relationship between the Eudemian and Nichomachean Ethics of Aristotle*, 1978. — *Id.*, *A.'s Theory of the Will*, 1979. — A. Trendelenburg, *Geschichte der Kategorienlehre*, 1979. — G. J. Geyser, *Die Erkenntnistheorie des Aristoteles*, 1980. — J. Lear, *Aristotle and Logical Theory*, 1980. — J. L. Ackrill, *Aristotle, the Philosopher*, 1981. — J. Owens, *The Collected Papers*, 1981, ed. J. R. Catan [ensaios sobre A. de J. O. e bibliografia de escritos do mesmo autor]. — J. Lukasiewicz, H. A. Zwergel et al., *Zur modernen Deutung der aristotelischen Logik*, vol. I: *Ueber den Folgerungsbegriff in der aristotelischen Logik*, 1982, ed. A. Menne. — A. Edel, *Aristotle and His Philosophy*, 1982. — G. Reale, *Introduzione a Aristotele*, 3ª ed., 1982. — J. Barnes, *Aristotle*, 1982. — V. Gómez Pin, *El orden aristotélico*, 1984. — J. P. Dumont, *Introduction à la méthode d'Aristote*, 1986. — D. W. Graham, *Aristotle's Two Systems*, 1987. — J. Lukasiewicz, *Aristotle's Syllogistic from the Standpoint of Modern Formal Logic*, 1987. — Ch. H. Lohr, *Commentateurs d'Aristote au moyen âge latin. Bibliographie de la littérature secondaire récente*, 1988. — M. L. Gill, *Aristote on Substance: The Paradox of Unity*, 1989. — C. Witt, *Substance and Essence in Aristotle: An Interpretation of "Metaphysics" VII-IX*, 1989. — J. Van Rijen, *Aspects of Aristotle's Logic of Modalities*, 1989. — D. Gallop, *Aristotle on Sleep and Dreams*, 1991. — A. Kenny, *Aristotle on the Perfect Life*, 1992. ℭ

ARISTOTELISMO. No verbete PERIPATÉTICOS (VER), mencionamos os principais filósofos da época helenística que podem ser considerados aristotélicos em sentido estrito. Isso não esgota de modo algum a menção à influência exercida por Aristóteles, nem mesmo na Antiguidade. Essa influência foi constante no pensamento Ocidental, até mesmo em filósofos que a tradição posterior em princípio considerou adversários do aristotelismo. É o que ocorre, por exemplo, com Plotino. Embora seja errôneo tê-lo simplesmente como um aristotélico — de certa maneira, e se nos ativermos ao mais original de sua doutrina, ele não é nem aristotélico nem platônico —, é fácil comprovar que a elaboração dos elementos aristotélicos nas *Enéadas* atinge às vezes proporções consideráveis, tendendo amiúde mais para a solução aristotélica do que propriamente platônica de alguns problemas. Se tomarmos o termo 'aristotelismo' no sentido mais amplo possível, ver-nos-emos obrigados a reconhecer que sua marca está presente em toda parte. Ora, convém tomar o termo numa significação mais restrita, caso se deseje pelo menos ter uma idéia do que significa o aristotelismo no Ocidente. Isso se percebe, desde logo, na importância dos comentários gregos a Aristóteles, que, embora nem sempre realizados — muito pelo contrário! — por aristotélicos em sentido estrito, contribuíram para a elaboração e difusão do aristotelismo. Apresentamos na bibliografia deste verbete os autores principais tal como constam na edição dos *Commentaria in Aristotelem Graeca*, decisiva para conhecer não apenas o destino do aristotelismo como também o destino de várias idéias que permaneceram soterradas até o final da Idade Média. É o que acontece, para mencionar somente um caso muito citado, com o conceito do *impetus*, tal como o elaborou João Buridan com base nos comentários aristotélicos de João Filoponos. Mas o que se denominou de aristotelismo no Ocidente surge antes de maneira explícita quando, pela circulação de vários pensadores árabes e judeus, bem como pelas traduções feitas em Toledo, voltaram a ser conhecidos os escritos completos do Estagirita. A história desse conhecimento é muito complexa e ainda não foi inteiramente elucidada. Enquanto alguns sustentam que somente em Paris os escritos completos de Aristóteles, incluindo a lógica e a física, começaram a ser comentados amplamente, outros afirmam que foi em Oxford onde se iniciou esse conhecimento e comentário mais completo. Em todo caso, pode-se dizer que desde o princípio do século XIII se desenvolve uma espécie de batalha em torno de Aristóteles. É conhecida a resistência que se opôs no início à propagação da obra aristotélica, em particular dos escritos físicos e metafísicos. Isso não surpreende se se leva em conta que, como observa Gilson, "a adoção do peripatetismo por parte dos teólogos foi uma verdadeira revolução na história do pensamento ocidental". É desnecessário para isso admitir, como faz Matthias Baumgartner, que Santo Alberto Magno e Santo Tomás, nos quais culmina esse movimento, realizaram, como ele diz, "a aristotelização fundamental e metódica da filosofia e da teologia". Assim como se reconhece hoje que o aristotelismo teve um campo mais amplo e vias de introdução mais numerosas que as citadas, admite-se ao mesmo tempo que a mencionada "aristotelização" não consistiu numa mera adoção universal e sistemática de Aristóteles. Mencionando apenas os aspectos mais importantes do destino de Aristóteles na época em questão, assinalaremos os que se seguem. Em primeiro lugar, a importância que adquiriu um dos maiores comentadores de Aristóteles, Averróis, *che'l gran comento feo*, segundo a expressão de Dante (*Inferno*, IV, 144). Em segundo lugar, os comentários dos mestres franciscanos da chamada Escola de Oxford (VER), que se baseavam parcialmente na interpretação aristotélica de Avicena. Por fim, e sobretudo, as interpretações de Santo Alberto Magno e de Santo Tomás. A condenação de uma série de proposições, feita em 1277, pelo Arcebispo de Paris, Estevão Tempier — condenação destinada a deter a difusão do aristotelismo —, é citada como um momento central nessa disputa, embora se deva levar em conta que o que se condenava não era propriamente o aristotelismo, mas o averroísmo. O mesmo ocorre com as proposições proibidas, no mesmo ano, pelo Arcebispo de Cantuária, Ricardo Kilwardby, proibição renovada em 1284 por João Peckham. Ora, o aristotelismo — no sentido amplo assumido aqui por este termo — não foi detido por isso. Pelo contrário, somente à medida que sua assimilação se tornou mais completa se julgou ter havido uma eliminação maior dos aspectos averroístas nele presentes. A chamada fusão aristotélico-escolástica — que, através de vicissitudes muito complexas, chegou aos nossos dias — obteve por isso triunfos muito importantes. Tal como o assinalou De Wulf, o peripatetismo chegou a penetrar até mesmo nos meios agostinianos, que antes tinham se mostrado inteiramente refratários a ele. Isso não significa, portanto, que houvesse elementos aristotélicos apenas no tomismo; a influência do Estagirita atingiu muitas outras correntes (por exemplo, o scotismo). A esse propósito, merece menção especial o averroísmo (VER) latino. Por outro lado, o aristotelismo tampouco se deteve no Renascimento, apesar das notórias reações contra o abuso do *philosophus* em que foram pródigos muitos humanistas, céticos, místicos etc. Referir-nos-emos brevemente apenas a algumas das mais notáveis influências durante os séculos XVI e XVII, prescindindo, pela complexidade do assunto, da persistência de temas aristotélicos em vários pensadores considerados especificamente modernos (o caso de Leibniz seria aqui, naturalmente, o mais significativo, embora não se devam esquecer o de Spinoza ou o da relação entre Descartes e a escolástica), assim como da influência do aristotelismo desde o século XVIII até os dias de hoje. Com relação a este último ponto, limitar-nos-emos a chamar a atenção para o fato de que a produção aristotélico-escolástica não ficou restrita ao século XVIII, para o ressurgimento da neo-escolástica, para algumas características aristotélicas presentes em certos momentos do idealismo (em Hegel, por exemplo) e em vários pensadores contemporâneos (Whitehead, Nicolai Hartmann) e para as investigações aristotélicas no decorrer deste século e do passado (Trendelenburg, Michelet, Ravaisson, Brentano, H. Bonitz, O. Hamelin, H. Maier, W. D. Ross, J. Lucasiewicz, W. Jaeger, F. Nuyens, J. Zürcher etc.), ainda que este último aspecto já não possa ser considerado uma parte do aristotelismo, a menos que incluamos nele a investigação erudita e a interpretação histórica sobre o Estagirita.

Dos séculos XVI e XVII, mencionaremos dois importantes grupos de correntes aristotélicas. O primeiro é o dos chamados aristotélicos italianos, principalmente os centrados na Universidade de Pádua, que se diversificaram em alexandrinistas, ou partidários da interpretação de Alexandre de Afrodísia, e averroístas, ou partidários da interpretação de Averróis. Os mais importantes aristotélicos deste grupo são Augustinus Niphus (Agostino Nifo) (VER), Alexandrus Achilinus (Alessandro Achilini) (VER), Pomponazzi (VER), seu discípulo Simon Porta († 1555), o discípulo deste, Andrea Caesalpinus ou Cesalpino, o comentador de Aristóteles Jacobo Zabarella (VER), o discípulo de Zabarella, Caesar Cremoninus (Cesare Cremonini) (VER) e, em parte, Lucilio Vanini (VER). O segundo grupo é constituído pelo florescimento da escolástica no final dos séculos XVI e XVII, florescimento em que intervieram de modo decisivo os escolásticos espanhóis e portugueses (tais como Francisco Toledo [VER], Benito Pereira [VER], Gabriel Vázquez [VER], Rodrigo de Arriaga [VER], Pedro Hurtado de Mendoza [VER], Gregorio de Valencia [VER] e Luis de Molina [VER], entre os jesuítas, logo conhecidos pela inclinação ao "suarismo", que representaram o momento da recapitulação, bem como outros filósofos, tanto dominicanos como agostinianos — por exemplo, Francisco de Vitoria, Domingo de Soto, Melchor Cano, Domingo Báñez, Tomás de Mercado, Diego de Zúñiga, Francisco Zumel, Pedro de Oña [VER] etc.). A influência dessa escolástica, particularmente por intermédio das obras que mencionaremos daqui a pouco, sobre a filosofia moderna, e em especial sobre Leibniz, foi reconhecida pelos historiadores da filosofia moderna. Assim, a evolução do aristotelismo — sobretudo o derivado dos Conimbricenses (VER), Curso complutense (VER), Collegium salmaticense (ver SALAMANCA [ESCOLA DE]), das *Disputationes* de Suárez, 1597, e do *Cursus philosophicus* de Rodrigo de Arriaga, 1632 — ao longo da época moderna permitiu elaborar uma imagem dessa época menos "rupturista" e mais contínua que a habitual. Cabe igualmente mencionar a esse respeito a produção filosófica escolástico-aristotélica no decorrer do século XVIII, para não aludir ao ressurgimento escolástico do século XIX, a que nos referimos em outros verbetes (ver NEO-ESCOLÁSTICA; NEOTOMISMO). Quanto ao segundo dos aspectos antes mencionados, e afora as influências dos temas aristotélicos em vários pensadores, deve-se mencionar como exemplo o que há de aristotelismo em certos momentos do idealismo, bem como os explícitos "retornos a Aristóteles", não só por parte das correntes neo-escolásticas como também por parte de alguns dos principais pesquisadores da doutrina do Estagirita.

⊃ Ver: S. Talamo, *L'Aristotelismo nella storia della filosofia*, 1873; 3ª ed., 1900. — W. Turner, *Aristotle in Relation to Medieval Christianity*, 1911. — John L. Stocks, *Aristotelianism*, 1925. — Martin Grabmann, *I Papi del Duecento e l'Aristotelismo*, I, 1941; II, 1946. — F. van Steenberghen, *Aristote en Occident. Les origines de l'aristotélisme parisien*, 1946 (reimp., com poucas mudanças, do cap. II da obra do mesmo autor sobre Siger de Brabante, citada na bibliografia deste filósofo. Há trad. inglesa: *Aristotle in the West: The Origins of Latin Aristotelianism*, 1955, que contém algumas importantes modificações e acréscimos). — Joseph Moreau, *Aristote et son école*, 1962 (trad. esp.: *A. y su escuela*, 1972). — Paul Moraux, *D'Aristote à Bessarion. Trois exposés sur l'histoire et la transmission de l'aristotélisme grec*, 1970. — Charles B. Schmmitt, *A Critical Survey and Bibliography of Studies on Renaissance Aristotelianism 1958--1969*, 1971. — Patrick John Lynch, *Aristotle's School: A Study of a Greek Educational Institution*, 1973. — Felix Grayeff, *Aristotle and His School: An Inquiry into the History of the Peripatos with a Commentary on "Metaphysics"*, Z, H, A e Θ, 1974.

Para a evolução das obras lógicas de Aristóteles no mundo árabe, ver Ibrahim Madkour, *L'Organon d'Aristote dans le monde arabe*, 1934.

Os *Commentaria in Aristotelem Graeca* mencionados no texto foram publicados pela Academia de Ciências de Berlim a partir de 1882, e o chamado *Supplementum Aristotelicum*, pela mesma Academia desde 1885. Damos a seguir os títulos dos tomos, conservando os nomes latinos, embora se deva observar que nos verbetes dedicados a vários dos filósofos citados demos os nomes transcritos em português (por exemplo, João Filoponos para Johannes Philoponus, Simplício para Simplicius etc.): I, *Alexandrus in Metaphysica*, ed. M. Hayduck, 1891. II, 1 *Alex. in Priora Analytica*, ed. M. Wallies, 1883. II, 2 *Alex. in Topica*, ed. M. Wallies, 1891. II, 3 *Alex. (Michael Ephesius) in Sophisticos elen-*

chos, ed. M. Wallies, 1898. III, 1 *Alex. de sensu*, ed. P. Wendland, 1901. III, 2 *Alex. in Meteora*, ed. M. Hayduck, 1899. IV, 1 *Porphyrii Isagoge et in Aristotelis Categorias comm.*, ed. A. Busse, 1887. IV, 2 *Dexippus in Categorias*, ed. A. Busse, 1888. IV, 3 *Ammonius in Porphyrii quinque voces*, ed. A. Busse, 1891. IV, 4 *Ammonius in Categorias*, ed. A. Busse, 1895. IV, 5 *Amm. de interpretatione*, ed. A. Busse, 1897. — IV, 6 *Amm. in Analytica Priora*, ed. M. Wallies, 1890. — V, 1 *Themistius in Analytica posteriora*, ed. M. Wallies, 1900. V, 2 *Themistius in Physica*, ed. H. Schenkl, 1900. V, 3 *Them. de anima*, ed. R. Heinze, 1899. V, 4 *Them. de caelo Hebraice et Latine*, ed. S. Landauer, 1902. V, 5 *Them. in Metaphs. Libr. A paraphrasis Hebraice et Latine*, ed. S. Landauer, 1903. V, 6 *Them. (Sophonias) in Parva Naturalia*, ed. P. Wendland, 1903. VI, 1 *Syrianus in Metaphysica*, ed. G. Kroll, 1902. VI, 2 *Asclepius in Metaphysica*, ed. M. Hayduck, 1888. VII, *Simplicius de caelo*, ed. J. L. Heiberg, 1894. VIII, *Simpl. in Categorias*, ed. C. Kalbfleisch, 1907. IX, *Simpl. in Physicorum libros I-IV*, ed. H. Diels, 1882. X, *Simpl. in Physicorum libros V-VIII*, ed. H. Diels, 1895. XI, *Simpl. de anima*, ed. M. Hayduck, 1882. XII, 1 *Olympiodori Prolegomena et in Categorias commentaria*, ed. A. Busse, 1902. XII, 2 *Olymp. in Meteora*, ed. W. Stüve, 1900. XIII, 1 *Ioannes Philoponus (olim Ammonius) in Categorias*, ed. A. Busse, 1898. XIII, 2 *Ioan. Philop. in Analytica Priora*, ed. M. Wallies, 1905. XIII, 3 *Ioan. Philop. in Analytica Posteriora cum Anonymo in librum II*, ed. M. Wallies, 1909. XIV, 1 *Ioan. Philop. in Meteora*, ed. M. Hayduck, 1901. XIV, 2 *Ioan. Philop. de generatione et corruptione*, ed. H. Vitelli, 1897. XIV, 3 *Ioan. Philop. (Michael Ephesius) de generatione animalium*, ed. M. Hayduck, 1903. — XV, *Ioan. Philop. de anima*, ed. M. Hayduck, 1897. XVI, *Ioan. Philop. in Physicorum libros I-III*, ed. H. Vitelli, 1887. XVII, *Ioan. Philop. in Physicorum libros IV-VIII*, ed. H. Vitelli, 1888. XVIII, 1 *Elias (olim David) in Porphyrii Isagogen et Aristotelis Categorias*, ed. A. Busse, 1900. XVIII, 2 *Davidis Prolegomena et in Porphyrii Isagogen comment.*, ed. A. Busse, 1904. XVIII, 3 *Stephanus de interpretatione*, ed. M. Hayduck, 1885. XIX, 1 *Aspasius in Ethica*, ed. G. Heylbut, 1889. XIX, 2 *Heliodorus in Ethica*, ed. G. Heylbut, 1889. XX, *Michael, Eustratius, Anonymus in Ethica*, ed. G. Heylbut, 1892. XXI, 1 *Eustratius in Analyticorum Posteriorum lib. II*, ed. M. Hayduck, 1907. XXI, 1 *Anonymus et Stephanus in Artem rhetoricam*, ed. H. Rabe, 1896. XXII, 1 *Michael Ephesius in Parva Naturalia*, ed. P. Wendland, 1903. XXII, 2 *Mich. Eph. in libros de partibus animalium, de animalium motione, de animalium incessu*, ed. M. Hayduck, 1904. XXII, 3 *Mich. Eph. in Ethic lib. V*, ed. M. Hayduck, 1901. XXIII, 1 *Sophoniae in libros de anima paraphrasis*, ed. M. Hayduck, 1883. XXIII, 2 *Anonymi Categoriarum paraphrasis*, ed. M. Hayduck, 1883. XXIII, 3 *(Themistii) paraphrasis in Analytica Priora*, ed. M. Wallies, 1894. XXIII, 4 *Anonymi in Sophisticos elenchos paraphrasis*, ed. M. Hayduck, 1884.

O citado *Supplementum Aristotelicum* consta dos seguintes volumes: I, 1 *Excerptorum Constantini de natura animalium libri duo. Aristophanis historiae animalium epitome subiunctis Aeliani Timothei aliorumque eclogis*, ed. Spyridon P. Lambros, 1885. I, 2 *Prisciani Lydi quae extant, Metaphrasis in Theophrastum et Solutionum ad Chosroem liber*, ed. I. Bywater, 1886. II, *Alexandri Aphrodisiensis praeter commentaria scripta minora*, ed. I. Bruns: 1 *De anima liber cum mantissa*, 1887. 2 *Quaestiones. De fato. De mixtione*, 1892. III, 1 *Anonymi Londinensis ex Aristotelis Iatricis Menoniis et aliis medicis eclogae*, ed. H. Diels, 1893. III, 2 *Aristotelis res publica Atheniensium*, ed. F. G. Kenyon, 1903.

Fritz Wehrli publica uma série com textos e comentários de autores considerados discípulos de Aristóteles ou membros da "Escola de Aristóteles": *Die Schule des Aristoteles. Texte und Kommentar*, 1967 e seguintes. Inclui textos e comentários de Dicearco, Aristoxeno, Clearco, Demétrio de Falera, Estratão de Lâmpsaco, Aríston de Queos, Heracleides Pôntico, Eudemo de Rodes, Hierônimo de Rodes etc. Volume complementar, 1978.

As traduções medievais (às vezes com comentário) de Aristóteles são publicadas na coleção denominada *Aristoteles latinus* (do *Corpus Philosophorum Medii Aevi*), publicada a partir de 1951 (Catálogos de manuscritos de traduções medievais latinas: Parte I [1939], a cargo de G. Lacombe, A. Birkenmajer, M. Dulong, E. Franceschini. Parte II e Suplementos [1955], a cargo de L. Minio-Paluello; outros Suplementos [1961] a cargo de L. Minio-Paluello).

Para os grandes comentários medievais, árabes, judaicos e cristãos (Averróis, Santo Alberto, o Grande, Santo Tomás etc.), ver os verbetes correspondentes. Lista de comentários: Lyman W. Riley, *Aristotle, Texts and Commentaries to 1700. A Catalogue*, 1961. — Ver também: Amable Jourdain, *Recherches critiques sur l'âge et l'origine des traductions latines d'Aristote et sur des commentaires grecs ou arabes employés par les docteurs scolastiques*, 1819; 2ª ed., rev. e ampl. por Charles Jourdain, 1843. — A. Mansion, *Het Aristotelisme in het historisch perspectief*, 1954. — A. Pérez Estévez, *El concepto de materia al comienzo de la escuela franciscana de París*, 1976. — A. Antonaci, *Ricerche sull'aristotelismo del Rinascimento. Marcantonio Zimara*, vol. 2: *Dal periodo salernitano al secondo periodo padovano*, 1978. — F. van Steenberghen, *Thomas Aquinas and Radical Aristotelianism*, 1980 [três conferências em The Catholic University; texto trad. do manuscrito francês]. — M. Balázs, R. Dán et al., *Aristotelianism in the Second Half of the 16th Century*, 1982, ed. R. Dán, A. Pirnát. — C. B. Schmitt, *Aristotle and the Renaissance*, 1982 [Martin Classical Lectures]. — M. M. Spangler, *Principles of Education: A Study of Aristotelian Thomism Contrasted with Other Philosophers*, 1983. — C. Sirat, *A History of Jewish Philosophy in the Middle Ages*, 1985. — N. Kretzmann, A. Kenny, J. Pinborg, eds., *The Cambridge History of Later Medieval Philosophy*, 1988. — E. Kessler, *A. und Renaissance*, 1988. — R. Sorabij, ed., *A. Transformed*, 1989.

Sobre o aristotelismo em Oxford e na Escola de Pádua, ver as bibliografias de MERTONIANOS e de PÁDUA (ESCOLA DE).

Sobre o aristotelismo na Alemanha: Emil Weber, *Die philosphische Scholastik des Protestantismus im Zeitalter der Orthodoxie*, 1907. — Peter Petersen, *Die Philosophie F. A. Trendelenburgs. Ein Beitrag zur Geschichte des Aristotelismus im 19. Jahrundert*, 1913. — Id., id., *Geschichte der aristotelischen Philosophie im protestantischen Deutschland*, 1921; reimp., 1962 (Oferece ampla informação sobre a influência do aristotelismo de Suárez e dos jesuítas sobre a teologia e a filosofia protestantes alemãs dos séculos XVII e XVIII. Para informação complementar sobre este aspecto, ver também a bibliografia do verbete SUÁREZ [FRANCISCO]). — Ernst Lewalter, *Spanisch-Jesuitische und Deutsch-Lutherische Metaphysik des 17. Jahrunderts*, 1935. — Max Wundt, *Die deutsche Schulmetaphysik des 17. Jahrunderts*, 1939. C

ARISTÓXENO de Tarento (nasc. *ca.* 354 a.C.). Discípulo de Aristóteles e um dos primeiros peripatéticos, readaptou a doutrina pitagórica da harmonia (VER) com a finalidade de explicar a doutrina da alma e de sua relação com o corpo. Seus escritos sobre música foram em grande parte conservados e lançam importante luz sobre o método de investigação usado na escola dos peripatéticos.

➲ Edições: Para os *Elementos de Rítmica* ('Ρυθμικὰ στοιχεῖα): *Grundzüge der Rhythmik*, 1840, ed. H. Feussner, com texto grego e trad. alemã. — *Fragmente über Rhythmik*, 1854, ed. J. Bartels. — *Die Fragmente und die Lehrsätze der griechischen Rhythmiker*, 2 vols., 1881, ed. R. Westphal, com trad. alemã. — *A. Rhythmika*, 1959, ed. G. B. Pighi, com trad. italiana. — Para os *Elementos de Harmonia* ('Αρμονικὰ στοιχεῖα): *Antiquae musicae auctores septem*, Amsterdã, 1662, ed. M. Meibom. — ᾽Αριστοξένου ἁρμονικῶν τὰ σωζόμενα, 1868, ed. P. Marquand, com trad. alemã e comentário. — *The Harmonics of Aristoxenos*, 1902, ed. M. S. Macran, com trad. inglesa e amplo comentário. — *Aristoxeni elementa harmonica. Rosetta da Rios recensuit*, 1954, com trad. italiana e comentário. — Para os fragmentos dos outros escritos: *Fragmenta Hist. Graec.*, vol. II, pp. 269 ss., ed. C. Müller. — *Die Schule des Aristoteles*, vol. II: *Aristoxenos. Texte und Kommentar*, 1945, 2ª ed., 1967, ed. F. Wehrli.

Ver: W. L. Mahne, *Diatriba de Aristoxeno philosopho*, 1793. — L. Laloy, *Aristoxène de Tarente, disciple d'Aristote et la musique de l'antiquité*, 1904. — C. F. Williams, *The Aristoxenos' Theory of Musical Rhythm*, 1911. — J. Handschin, *Der Toncharakter*, 1948. — P. Kucharski, "Le Philèbe et les Eléments harmoniques d'A.", *Revue Philosophique de la France et de l'Étranger*, 84 (1959). — H. B. Gottschalk, "Soul as Harmonia", *Phronesis*, 16 (1971), 179-198. — A. Barker, "'Aristoxenus' Theorems and the Foundations of Harmonic Science", *Ancient Philosophy*, 4 (1984), 23-64. — Arts. de Ch.-M. Ruelle em *Revue Archéologique* (1858). C

ARITMETIZAÇÃO DA SINTAXE. Ver GÖDEL (TEOREMA DE); SINTAXE.

ARNAU DE VILANOVA (Arnaldus de Villa Nova, Arnaldus Villanovanus) (*ca.* 1235-1313) é de origem catalã. Milà y Fontanals o supõe nascido em Vilanova i la Geltrú. René Verrier fez uma última tentativa de defesa da origem provençal de Arnau em *Études sur A. de V., 1240?-1311*, 1947, tentativa a que replicaram M. Batllori e J. Carreras Artau ("La patria y la familia de A. de V.", *Analecta Sacra Tarraconensia*, 20 [1947] 5--75). Arnau de Vilanova foi muito louvado em sua época como médico e alquimista, mas dedicou-se também a questões teológicas, considerando a teologia a ciência suprema e avaliando que o estudo da filosofia — em particular da escolástica — é sumamente pernicioso. Em contrapartida, o estudo da Natureza leva, segundo Arnau, a Deus. Os teólogos que se baseiam na mera especulação são, de acordo com Arnau, "falsos teólogos". Arnau acusou os frades, os inquisidores e os pregadores de esquecer o espírito evangélico. Ele manifestou também idéias apocalípticas, anunciando a chegada do Anticristo.

Arnau de Vilanova foi nomeado conselheiro real por Jaime II de Aragão. Foi igualmente embaixador do Rei na França e, ao que parece, passou algum tempo no reino da Sicília protegido por Federico. Durante uma estada em Paris, por volta de 1299, foi condenado pelos teólogos da Sorbonne por várias opiniões heterodoxas. Não obstante, foi protegido pelo Papa Bonifácio VIII e também pelo Papa Clemente V. Em 1309, aproximadamente, Arnau esteve em Avinhão, onde escreveu um *Rahonament* para interpretar as visões que Jaime II e Federico da Sicília afirmavam ter tido e onde reiterou suas idéias apocalípticas.

➲ Arnau de Vilanova escreveu numerosas obras de medicina, alquimia e astrologia. Mencionamos: *Speculum introductionum medicinalium*. — *De gradationibus medicinarum per artem compositarum*. — *Regimen sanitatis*. — *De conservanda juventute et retardanda senectude*. — *Breviarium practicae*. — *Commentum super "Regimine Salernitanum"*. — *Thesaurus Thesaurorum et Rosarius philosophorum*. — *Flos Florum*. — *Novum lumen*. — *Expositiones visionum, quae fiunt in somniis*. Há edição de obras em Lyon (1504), reimpressas várias vezes (Paris, 1509; Veneza, 1514; Lyon, 1520, 1532; Basiléia, 1585). No entanto, há dúvidas sobre a autenticidade de muitos escritos atribuídos a Arnau.

Edições: Arnau de Vilanova, *Obres Catalanes*, 2 vols. (I, *Escrits religiosos*; II, *Escrits mèdics*), ed. M. Batllori, com prólogos de J. Carreras Artau, Barcelona, 1947; reed., 1982. — *Escritos condenados por la Inquisición*, Editora Nacional, Madri, 1976. — A partir de 1982, foram publicados, nos volumes anuais de *ATCA* (*Arxiu de Textos Catalans Antics*) dirigidos por Josep Perarnau, diversos textos de Arnau de Vilanova, em edição do próprio Perarnau. Assim, no vol. 7/8 (1988--1989): "El text primitiu del *De mysterio cymbalorum Ecclesiae* d'Arnau de V. En Apèndix, el seu *Tractatus de tempore adventus Antichristi*", pp. 7-169; "Guiu de Terrena critica Arnau de V. Edició de la 'Quaestio utrum per notitiam Sacrae Scripturae possit determinate sciri tempus Antichristi'", pp. 171-212 (dotado de um apêndice com três fragmentos de teólogos contemporâneos relativos à tese escatológica de Arnau: Petri de Alvernia, *Utrum Antichristus sit venturus in brevi*, pp. 213-218; Joannis Quidort de Parisius, *Tractatus de Antichristo et eius temporibus*, pp. 218-221; Nicolai de Lyra, *Generalis Disputationis Quaestio Decima Quinta*, pp. 221-222) (uma recensão desses escritos do vol. 7/8, preparada por Francesco Santi, se acha no vol. 9 de *ATCA*, pp. 377-380); "Fragments en català del Tractat perdut d'A. de V. *De fine mundi* en una disputa entorn de les previsions escatològiques (Vilafranca del Penedès i Barcelona, 1316-1317)", pp. 282-287. — Vol. 10 (1991): *"L'Ars Catholicae Philosophiae* (Primera redacció de la *Philosophia Catholica et Divina*) d'A. de V.", pp. 7--223. — Vol. 11 (1992): "*L'Allocutio* Christini (...) d'Arnau de Vilanova", pp. 7-135. — Vol. 12 (1993): "El text sencer de l'*Epístola ad gerentes zonam pelliceam* d'Arnau de Vilanova", ed. per Josep Perarnau amb Oriana Cartaregia, pp. 7-42. — Para a obra médica de A. de V.: *Arnaldi de Villanova Opera medica omnia*, edenda curaverunt L. García-Ballester, J. A. Paniagua, M. R. Mc Vaugh, Barcelona, 1975 ss. (vol. II, *Aphorismi de gradibus*, edidit et praefatione et commentariis anglicis instruxit M. Mc Vaugh, 1975; vol. XVI, *Translatio libri Galieni De rigore et tremore et iectigatione et spasmo*, edidit et prefatione et comentariis anglicis instruxit M. Mc Vaugh, 1981; vol. XV, *Commentum supra tractatum Galieni de malitia complexionis diverse*, ediderunt et praefatione et commentariis hispanicis instruxerunt L. García-Ballester e E. Sánchez-Salor. *Doctrina Galieni de interioribus*, edidit et prefatione et commentariis anglicis instruxit R. J. Durling, 1985; vol. III, *Tractatus de amore heroico. Epistola de dose tyriacalium medicinarum*, edidit et commentariis anglicis instruxit M. Mc Vaugh, 1985; *Tractatus de consideratione operis medicine sive De flebotomia*, edidit L. Demaitre et praefatione et commentariis hispanicis et anglicis instruxerunt P. Gil-Sotres et L. Demaitre, 1988; vol. VII, *Medicacionis Parabole*, edidit et praefatione et commentariis hispanicis instruxit J. A. Paniagua, 1990). Ver a recensão feita desta obra médica por D. Jacquart em *ATCA*, 9 (1990), 380-384.

Biografia: Além das referências presentes no texto, ver: J. F. Benton, "New Light on the Patria of A. of Vilanova: The case for Villanova de Jiloca near Daroca", *Analecta Sacra Tarraconensia*, 51-52 (1978-1979 [1983]), 223-224. — J. Perarnau, "Noves dades biogràfiques de Mestre Arnau de V.", *ATCA*, 7/8 (1988-1989), 276-282.

Bibliografia: M. Batllori, "Orientaciones bibliográficas para el estudio de A. de V.", *Pensamiento*, 10 (1954), 311-323. — F. Santi, "Orientamenti bibliographici per lo estudio di Arnau de Vilanova, spirituale. Studi recenti (1968-1982)", *ATCA*, 2 (1983), 371-395.

Ver: E. Lalande, *Arnaud de Villeneuve; sa vie et ses oeuvres*, 1896. — Paul Diepgen, *Arnald von Villanova als Politiker und Laientheologe*, 1909. — M. Menéndez y Pelayo, *Historia de los heterodoxos españoles*, Livro II, cap. 3 (antes publicado separadamente com o título: *Arnaldo de Vilanova, médico catalán del siglo XIII* [1879]). — Joaquín Carreras y Artau, "El antiescolasticismo de A. de V. (¿1240?-1311)", em *Die Metaphysik im Mittelalter*, 1963, ed. Paul Wilpert e W. P. Eckert, pp. 616-620. — S. de los Borges, *A. de V. moralista*, 1957. — F. Santi, *A. de V. L'obra espiritual*, 1987. — M. Batllori, *Arnau de Vilanova i l'arnaldisme*, vol. III de *id., id., Obra completa*, 1994. ℂ

ARNAULD, ANTOINE (1612-1694). Nasc. em Paris, estudou na Sorbonne, onde lecionou de 1643 a 1655. Esteve estreitamente ligado ao jansenismo (VER) e a Port-Royal, depois das reformas jansenistas introduzidas por sua irmã, Angélique, a abadessa. Na luta entre jansenistas e jesuítas, Arnauld ficou do lado dos primeiros, falecendo no exílio em Bruxelas.

A obra de Arnauld é rica em pesquisas psicológicas, epistemológicas, metodológicas, metafísicas e teológicas. A maioria de suas idéias exprimiu-se no decorrer de polêmicas, contra os inimigos do jansenismo, contra os pirrônicos, contra os que, em sua opinião, interpretavam mal Descartes e Santo Agostinho, contra algumas das próprias idéias de Descartes e contra o que alguns consideravam uma sistematização do pensamento de Descartes de acordo com a tradição agostiniana, isto é, Malebranche. Em especial, a polêmica de Arnauld contra Malebranche foi longa e acalorada, tendo ele, no decorrer dela, expressado a maior parte de suas opiniões filosóficas e teológicas. Deve-se igualmente ter em conta a correspondência polêmica entre Arnauld e Leibniz, mas é um erro reduzir Arnauld — como às vezes se faz — a um "correspondente" de Leibniz ou a um contraditor das *Meditações metafísicas* de Descartes (as "Quartas objeções"), assim como a um co-autor, com Pierre Nicole, da "Lógica de Port-Royal".

Por se ter expressado sobretudo por meio de polêmicas, as idéias filosóficas e teológicas de Arnauld não são facilmente redutíveis a uma arquitetura sistemática, e menos ainda a um resumo. Além disso, no âmbito de uma mesma linha filosófica e teológica, há uma evolução no pensamento de Arnauld; em todo caso, há certas diferenças entre as primeiras orientações, de caráter claramente agostiniano, e tentativas posteriores de integrar certas idéias tomistas básicas.

Arnauld é em ampla medida um cartesiano, visto que, a partir do agostinismo em que se formara pela influência de Saint-Cyran, encontrou na filosofia cartesiana um motivo de reflexão (e, ao mesmo tempo, de crítica). Nas "Quartas objeções" às *Meditações* de Descartes, Arnauld acentua os elementos agostinianos de Descartes, que aprova, e se opõe a várias teses cartesianas, como seu modo de conceber a distinção entre corpo e alma. Uma crítica a Descartes que este teve de considerar muito seriamente é a formulada também por Gassendi (ver Círculo) e que diz respeito à clara e distinta percepção da existência de Deus: Deus garante a verdade do que percebemos clara e distintamente, mas ao mesmo tempo a clara e distinta percepção da existência de Deus nos assegura que Deus existe. Com isso, movemo-nos num círculo vicioso. A despeito de tudo, a filosofia de Descartes, ao permitir-nos sair do marco das disputas escolásticas, por meio da intuição do *cogito*, é celebrada por Arnauld como mais harmonizada com o espírito do jansenismo e do agostinismo. O "inatismo" conceitual e lingüístico expresso na "Lógica de Port-Royal" encontra-se igualmente na linha cartesiana, ou agostiniano-cartesiana.

A polêmica contra Malebranche exprime a oposição de Arnauld a um modo de entender os atos mentais, e especificamente a natureza das representações, que, em sua opinião, leva a conseqüências teologicamente suspeitas, próximas, se não idênticas, do spinozismo e do que viria a chamar-se de "ontologismo". Malebranche sustentara a tese de que "vemos todas as coisas em Deus". O que conhecemos, pois, são as "Idéias" em Deus, as quais representam os objetos, que não podemos conhecer "diretamente" ou independentemente da visão em Deus. De acordo com isso, deve-se distinguir entre idéias e percepções. Para Arnauld, essa distinção é inútil; os atos mentais representativos são representativos dos objetos. A representação dos objetos e os modos de representá-los são dois aspectos da mesma atividade mental. Malebranche considerou a posição de Arnauld uma má interpretação de Descartes, um "encerramento" na representação sem possibilidade de sair dos atos mentais e, no fundo, uma expressão de ceticismo pirrônico. Arnauld, por sua vez, rejeitou tais acusações e argumentou contra Malebranche que, a menos que se fizesse das almas humanas formas do intelecto divino, não há maneira de entender como se relacionam os atos mentais com o reino das Idéias "em Deus". Alguns autores enfatizam que, em seu esforço para evitar o "ontologismo" malebranchiano, Arnauld destacou a importância de várias idéias epistemológicas e teológicas de Santo Tomás, combinando dessa forma o agostinismo com alguns aspectos da tradição tomista. Isso parece ser certo especialmente no que se refere à disputa sobre a predestinação.

↪ O mais importante escrito de A. é *Des vraies et des fausses idées contre ce qu'enseigne l'auteur de la Recherche de Vérité*, 1683. Edição de *Oeuvres complètes*, 43 vols., 1775-1783; repr., 1964-1967. Ed. de algumas obras por Jules Simon en *Oeuvres philosophiques de A. A.*, 1843.

Trad. esp. da *Correspondência* entre A. e Leibniz, 1946; *La lógica o el arte de pensar*, 1987.

Ver: F. R. Vijacee, *A.: His Place in the History of Logic*, 1882. — H. Schulz, *A. A. als Philosoph*, 1897 (tese). — E. Moog, *A. A. Stellung zu den kirchlichen Verfassungsfragen im Kampf mit den Jesuiten*, 1904. — J. Laporte, *La doctrine de la grâce chez Arnauld*, 1922. — Id., *La doctrine de Port-Royal. La morale (d'après Arnauld)*, t. I.: *La loi morale*, 1951; t. II: *La pratique des sacrements. L'Église*, 1952. — W. H. Barber, *Leibniz in France, From Arnauld to Voltaire: A Study in French Reactions to Leibnizianism, 1670-1760*, 1955. — R. Donze, *La Grammaire générale et raisonnée de Port-Royal*, 1967. — Leonardo Verga, *Il pensiero filosofico e scientifico di A. A.*, 2 vols., 1972. — J. Kilcullen, *Sincerity and Truth: Essays on Arnauld, Bayle, and Toleration*, 1988. — S. M. Nadler, *Arnauld and the Cartesian Philosophy of Ideas*, 1989. — R. C. Sleigh, *Leibniz and Arnauld*, 1990. — V. Chappell, ed., *Essays on Early Modern Philosophers*, vol. 4: *Port-Royal to Bayle*, 1992.

Ver também bibliografia de Port-royal. ↩

ARNÓBIO (ARNOBIOS) (*ca.* 260-*ca.* 327). Nasceu em Sicca Veneria, Numídia, convertendo-se ao cristianismo *ca.* 296. Mestre de retórica, contribuiu para a obra dos apologistas (ver) com seus sete livros *Adversus gentes* ou *Adversus nationes* (*Contra os pagãos*). Boa parte desta obra é uma série de ataques contra o politeísmo e contra os filósofos pagãos. Arnóbio acusa estes filósofos, em particular os platônicos — tanto os dogmáticos como os ecléticos —, de querer resolver problemas que se encontram tão-somente na mão de Deus. Afirmou-se por isso que Arnóbio exibe traços de ceticismo e que se acha próximo dos filósofos da Nova Academia (ver Academia platônica). Contudo, deve-se ter em conta que o ceticismo de Arnóbio é típico dos apologistas, que reduzem o alcance das verdades passíveis de obtenção mediante a razão, com a finalidade de enfatizar a inevitabilidade da fé. Há também em Arnóbio certa simpatia pelo epicurismo, em especial por Lucrécio, sobretudo no que o epicurismo tem de crítica dos dogmas racionais. Com efeito, Arnóbio encontrava no empirismo dos epicuristas um corretivo para a doutrina platônica das idéias inatas, que levava a afirmar que as almas existiram sempre, ou preexistem aos corpos. A verdadeira doutrina cristã da alma é, segundo Arnóbio, a que se conheceu com o nome de criacionismo (VER). Arnóbio insistiu, contra Tertuliano, na pura imaterialidade de Deus.

⊃ Escritos em Migne, *PL*, V. Edição por A. Reifferscheid no *Corpus scriptorum ecclesiasticorum latinorum*, IV (1885). Ed. crítica por C. Marchesi em *Corpus scriptorum latinorum Paravianum*, 62 (1934).

Ver as obras na bibliografia de APOLOGISTAS. E, além disso: K. Meiser, *Studien zu A.*, 1908. — C. Brakman, *Arnobiana*, 1917. — S. Colombo, "Arnobio Afro e isuoi sette libri 'Adversus nationes'", *Didaskaleion* (1930), 1-124. — E. F. Micka, *The Problem of Divine Anger in A. and Lactantius*, 1943. — E. Rapisarda, *A.*, 1946. — G. Forti, "Sulla pedagogia di A.", em *Rass. Sc. filos.* (1962), 200-215. — F. G. Sirna, "A. e l'eresia marcionita di Patrizio", em *Vigiliae Christianae* (1964), 37-50. — W. Schmid, "Christus als Naturphilosoph bei Arnobius", *Festschr. Th. Litt.* (1960), 264-284; reimp. em *Ausgew. philol. Schr.* (1984), 562-583. Luci Berkowitz, *Index Arnobianus*, 1967. **C**

ARQUEDEMO DE TARSO. Ver ESTÓICOS.

ARQUELAU de Atenas (*fl. ca.* 420 a.C.). Foi discípulo de Anaxágoras e mestre de Sócrates. É considerado o último dos "fisiólogos" ou "filósofos da natureza" pré-socráticos, e também o vínculo entre o período pré-socrático e Sócrates. Ele parece ter composto uma obra sobre a Natureza — uma *physiologia* — e ter defendido igualmente a opinião, apoiada por muitos sofistas contemporâneos, de que o justo e o injusto, o correto e o incorreto são antes "por convenção" ou "por lei" que "por natureza" ou "em si mesmos". Embora nada se conserve das obras de Arquelau, pelos diversos testemunhos parece que, seguindo Anaxágoras, ele considerou que há um número infinito de "princípios" heterogêneos. Ainda que o fundamento de tudo seja o *Nous*, este não é puro, mas constitui uma "mescla". Pelo *Nous* se causam os movimentos e se efetuam as separações e combinações. Afirma-se por isso que Arquelau harmonizou as doutrinas de Anaxágoras com as de Anaxímenes. Esta opinião é certa se se consideram as idéias cosmogônicas de Arquelau, segundo as quais de uma primitiva névoa "aérea" se separaram o quente e o frio mediante condensação e rarefação. Produziram-se desse modo o fogo e a água. Esta última, ao condensar-se, produziu a terra, que se acha suspensa no ar, o qual, por sua vez, está rodeado do fogo que gira a seu redor. Ao ser queimado pelo fogo, o ar produz os astros.

⊃ Testemunhos de Arquelau de Atenas (ou de Mileto) encontram-se em Diels-Kranz, *Die Fragmente der Vorsokratiker*, vol. II, 60, pp. 44-49. — Artigo de E. Wellmann sobre Arquelau em Pauly-Wissowa ("Archelaos"), II, col. 454.

Ver: Guthrie, *A History of Greek Philosophy*, II, 339--344. — Ángel J. Cappelletti, "Arquelao, maestro de Sócrates", *Revista de filosofía* (La Plata), 9 (1960), 76-96. — R. S. Brumbaugh, *The Philosophers of Greece*, 1964; nova ed., 1981, com bibliografia atualizada. — L. Woodbury, "Socrates and Archelaus", *Phoenix*, 25 (1971), 299--309. — O. Hamelin, *Les philosophes présocratiques*, 1978, pp. 225-226. **C**

ARQUEOLOGIA. Michel Foucault (VER) denominou "arqueologia" — e, especificamente, "arqueologia do saber" — o exame do "quadro" que forma uma "história geral" (que difere de uma "história global"). Esse quadro não é o espírito nem o rosto de uma época. Não é tampouco um conjunto, por mais estrutural que seja, de diversos tipos de fenômenos, fatos, costumes, técnicas, instituições etc. É antes um sistema constituído por uma série, ou, melhor dizendo, por uma série de séries. Trata-se do que Foucault chamou de "discurso" (VER), no qual se manifestam regularidades. Não se trata, contudo, de regularidades de tipo causal nem de tipo significativo. As regularidades em questão incluem descontinuidades, cortes, umbrais e limites. É preciso examinar os "enunciados" (ver ENUNCIADO, *ad finem*) do discurso, e o que há em todo discurso de "cisão" (*partage*). A rigor, não são os homens que formam o discurso, mas o discurso que forma os homens, que os aloja (ou exclui).

A "arqueologia" de Foucault, como ciência de "archés" ou "princípios" pode assemelhar-se à história das idéias (ver IDÉIAS [HISTÓRIA DAS]), sobretudo quando se considera que, assim como essa história, ela examina realidades "flutuantes", às vezes muito "imprecisas", que se entrecruzam com as "disciplinas", as "instituições" etc. Foucault, porém, nega que seu empreendimento de descrição "arqueológica" se confunda com a história das idéias. Em *A arqueologia do saber* (1969), ele esclarece suas diferenças fundamentais: 1) A arqueologia não pretende definir os pensamentos, imagens, temas etc., mas os próprios "discursos" "como práticas que obedecem a regras". O discurso não é visto como documento ou signo de outra coisa, nem mesmo de outro discurso "escondido". Não há, pois, interpretação ou alegoria. 2) A arqueologia não procura descobrir transições contínuas e lentas, ou então gêneses; ela busca definir os discursos "em sua especificidade". 3) A arqueologia não é psicologia, sociologia ou antropologia da criação de uma obra; é definição de "tipos e regras de práticas discursivas que permeiam obras individuais", que às vezes as regem por inteiro, mas das quais às vezes também só pode registrar uma parcela. 4) A arqueologia não procura restituir o que foi pensado, querido, experimentado, desejado etc. pelos homens nos momentos em que "proferiam o discurso", nem buscar nenhuma espécie de "núcleos". "Não é mais nem menos que uma reescritura: isto é, na forma mantida da exterioridade, uma transformação regulada do que já foi escrito. Não é o retorno ao próprio segredo da origem; é a descrição sistemática de um discurso-objeto" (*op. cit.*, pp. 183-185).

ARQUÉTIPO. Ver Platão; Tipo.

ARQUIMEDES de Siracusa (287-212 a.C.). Destacou-se por seus trabalhos em geometria (sobre o círculo, a esfera, o cilindro e a parábola), em física, mecânica e hidrostática. É conhecido sobretudo pelo chamado "princípio de Arquimedes", segundo o qual um sólido submerso num líquido é sustentado por uma força igual ao volume do líquido que desloca. São importantes em Arquimedes o uso de modelos geométricos e a investigação de princípios mecânicos; ambos tiveram grande influência no Renascimento e no desenvolvimento da ciência moderna. O método de "divisão" indefinida de áreas levado a efeito por Arquimedes constitui o princípio daquilo que se desenvolveu na Idade Moderna como o "método dos infinitesimais" (ver Infinito).
↪ Edições: *Opera omnia*, 3 vols., 1910-1915, ed. H. J. Heiberg (texto grego e versão latina). Os tratados em que Arquimedes expôs suas descobertas em geometria e na mecânica dos corpos flutuantes conservam-se integralmente: *Sobre a esfera e o cilindro*; *Medida do círculo*; *Sobre o equilíbrio e o centro de gravidade dos planos*; *Sobre conóides e esferóides*; *Sobre espirais*; *A quadratura da parábola*; *Arenarius* ("arenário" ou sistema com base em areia para contar números muito elevados). — A Universidade Politécnica da Catalunha publicou *Archimedis: Opera omnia cum commentariis auctoris*, 1993. — Também foi publicado *El método*, 1986.
Ver: Marshall Clagett, *A. in the Middle Ages, I: The Arabo-Latin Tradition*, 1964 (com textos e traduções anotadas). — G. E. R. Lloyd, *Greek Science After Aristotle*, 1973. — E. J. Dijksterhuis, *Archimedes*, 1987. ↩

ARQUITA de Tarento (século IV a.C.). Um dos primeiros pitagóricos, foi, segundo indica Diógenes Laércio (VIII, 83), aquele que pela primeira vez aplicou a matemática às coisas mecânicas, assim como o primeiro a empregar o cubo na geometria (cf. Platão, *Rep.*, 528 B). Dedicou-se sobretudo a questões acústicas e musicais no espírito do pitagorismo, isto é, sublinhando em toda parte a redução das realidades a números e das combinações destes a leis harmônicas. Número e magnitude são, de acordo com Arquitas, os princípios da realidade.
↪ Fragmentos: Diels-Kranz, 47 (35).

Ver: E. Frank, *Plato und die sogenannten Pythagoreer*, 1923, II Teil. 2 (b). — P.-H. Michel, *De Pythagore à Euclide*, 1950. — A. C. Bowen, "The Foundations of Early Pythagorean Harmonic Science: Archytas, Fragment I", *Ancient Philosophy*, 2 (1982), 79-104. — G. E. R. Lloyd, "Plato and Archytas in the Seventh Letter", *Phronesis* (1990), 159-174.
Ver também a bibliografia dos verbetes Pitágoras e Pitagorismo. ↩

ARQUITETÔNICA. Aristóteles emprega o termo ἀρχιτεκτονικαί no início da *Ética a Nicômaco* (I 1, 1094 a 14), quando, depois de ter proclamado que certas artes estão subordinadas a outras de acordo com a relação entre meios e fins — assim, por exemplo, a arte de equipar os cavalos está subordinada à arte da hípica em geral —, indica que os fins das artes principais, τὰ τῶν ἀρχιτεχτονικῶν, devem ser preferidos a todos os fins subordinados. Um pouco depois (I 1, 1094 a 25) o autor usa o termo ἀρχιτεχτονική ao dizer que o bem parece pertencer à arte principal e verdadeiramente mestra ou arquitetônica, μάλιστα ἀρχιτεχτονικῆς. O mesmo termo é usado em VI 8, 1141 b 22, quando ele indica que convém haver um saber organizador ou arquitetônico, ἀρχιτεχτονική, tanto do saber prático como do filosófico, e, em *ibid.*, 25, ao assinalar que, no se refere à Cidade, a legislação desempenha um papel diretivo. Vinculado a esses conceitos, finalmente, ele fala em VII 11, 1152 b 2 do filósofo da ciência política como o arquiteto do fim, τοῦ τέλους ἀρχιτέκτων, pelo qual uma coisa é chamada simplesmente má, isto é, boa e má de um modo absoluto e não apenas relativo. Em seu comentário à *Ética a Nicômaco* (*Notes on the Nichomachean Ethics of Aristotle*, 2 vols., 1892), J. A. Stewart interpreta essas expressões no seguinte sentido: mesmo quando se possui um profundo conhecimento do assunto de que se trata, é necessária a direção de uma faculdade mestra, pois o homem que conhece os detalhes não pode tratar deles sem possuir previamente um plano de vida (*op. cit.*, II, 61). Uma noção análoga à aristotélica sobre a arquitetônica se encontra em Santo Tomás (por ex.: *Cont. Gent.*, III, 25).

Embora com propósitos diferentes e sobre diferentes bases, Leibniz empregou a expressão 'arquitetonicamente' enquanto relacionada com causas finais. Segundo Leibniz, há dois reinos na natureza corporal que se penetram sem confundir-se ou criar obstáculos um ao outro: o reino da potência, de acordo com o qual tudo pode ser explicado *mecanicamente*, mediante causas eficientes, tão prontamente quanto penetramos suficientemente em seu interior, e o reino da sabedoria, segundo o qual tudo pode ser explicado *arquitetonicamente*, mediante causas finais, quando conhecemos suficientemente seus usos (*Tentamen anagogicum*, Gerhardt, VII, 273). Dessa maneira, dever-se-ia dizer, de acordo com Leibniz, não apenas que os animais vêem porque têm olhos, mas também que os olhos lhes foram dados para ver, ainda que alguns, para fazer os *esprits forts*, só admitam o primeiro. Leibniz usa também 'arquitetônico' na expressão *échantillons architectoniques*, que se acha em *Monadologie*, § 83.

Johann Heinrich Lambert edificou uma arquitetônica pormenorizada ou "teoria do simples e primeiro no conhecimento filosófico e matemático" (*Anlage zur Architektonik oder Theorie des Einfachen und Ersten in der philosophischen und mathematischen Erkenntnis*, 2 vols., 1771). Tratava-se de uma continuação do *Neues Organon* e tinha como objetivo desenvolver a "doutrina da verdade" (ver ALETIOLOGIA), a "doutrina da realidade" (ontologia) e a "doutrina do pensamento" (metodologia). Em oposição à doutrina da escola de Leibniz-Wolff, Lambert considerava que o pensamento não se reduz a possibilidades e que, por conseguinte, uma ontologia deve apresentar um quadro que possa ser "preenchido" com a realidade das existências. Lambert proclamou, com efeito, que os conceitos metafísicos devem correlacionar-se com os conceitos lógicos e que as verdades de razão não podem separar-se *por inteiro* das verdades de fato. A arquitetônica equivale, assim, a um sistema ontológico ou, melhor dizendo, lógico-ontológico constituído por todos os conceitos pensáveis suscetíveis de delimitar a totalidade das existências. Esses conceitos se achavam, a seu ver, articulados em diferentes reinos, culminando no conceito metafísico capital: Deus.

Kant introduziu o conceito da arquitetônica da razão pura na doutrina transcendental do método (*KrV*, A 832-A 815, B 860-B 879). Segundo Kant, a arquitetônica é a arte de construir um sistema. Trata-se de uma arte indispensável, pois o conhecimento só é científico quando, em vez de ser mera "rapsódia", possui unidade sistemática. Indicamos em Sistema (VER) a idéia que Kant tinha acerca desse conceito. Por outro lado, no verbete Fisiologia (VER) apresentamos o sistema kantiano como conhecimento da Natureza. Acrescentemos aqui que, ao proclamar a necessidade da unidade sistemática como unidade proporcionada pelo mais elevado objetivo da razão, Kant observou que essa unidade deve ser arquitetônica (obtida por uma idéia que ofereça a possibilidade do todo científico), e não apenas técnica (obtida por observação de similaridades). Ora, a unidade arquitetônica é a unidade da razão que reside como uma semente em todos os homens. Por isso, a doutrina da arquitetônica permite a Kant examinar o problema do homem como legislador da realidade e acentuar que apenas a concepção cósmica da filosofia, ao contrário da concepção escolástica, é verdadeiramente completa. A arquitetônica é uma das quatro partes (a terceira) nas quais Kant divide o estudo das condições formais de um sistema completo da razão pura. As outras são: 1) a disciplina da razão pura, disciplina negativa que limita a razão em seu uso dogmático; 2) o cânon da razão pura — destinado a proporcionar todos os princípios *a priori* para um reto uso da razão pura, mas obrigado a anular suas pretensões em vista da demonstração da impossibilidade de seu uso especulativo da razão e a adquirir sua validade no terreno da razão prática; e 4) a história da razão pura.

W. T. Krug (VER) dividiu sua "filosofia fundamental" numa doutrina filosófica elementar e numa doutrina metódica elementar, subdividindo esta última, por sua vez, em didática filosófica e arquitetônica filosófica. A missão da arquitetônica filosófica é o estudo das formas e métodos da própria filosofia, assim como o estudo das partes ou ramos em que a filosofia pode se dividir. A arquitetônica filosófica considera a filosofia um todo sistemático ou científico que deve articular-se arquitetonicamente. A arquitetônica filosófica ou doutrina metodológica arquitetônica subdivide-se em doutrina dos conceitos da filosofia e em doutrina das partes da filosofia (*Fundamentalphilosophie*, § 120).

C. S. Peirce acolheu com entusiasmo o paralelo kantiano entre a filosofia e a arquitetura (cf., entre outros, os seguintes fragmentos de *Collected Papers*: 1.1, 1.2, 1.3, 4.27, 4.28, 4.29) e ainda procurou apresentar alguns de seus pensamentos como um "rascunho" destinado a servir de esquema arquitetônico geral para todas as ciências, análogo em intenção ao que fora a filosofia de Aristóteles. Na opinião de Peirce, por conseguinte, o filósofo deve estabelecer alicerces sólidos e dar um plano ao mesmo tempo consistente e flexível para o ulterior trabalho filosófico e científico. Afirmou-se que a arquitetônica de Peirce se deve às tendências transcendentalistas que em seu pensamento contrastavam com as tendências naturalistas e empiristas. Contudo, é claro que o paralelo que Peirce estabelece entre sua arquitetônica e a kantiana não vai além de uma concordância superficial. De fato, Peirce teve sempre em mente a idéia de um sistema — e, portanto, de uma "arquitetura" — aberto: a filosofia como programa não pode ser incompatível com o falibilismo (VER) e com a necessidade de manter sempre desimpedido o caminho do investigador.

O termo 'arquitetônica' foi usado também para caracterizar uma das doutrinas de Wronski. O sistema cosmológico do filósofo messianista polonês foi exposto no tomo intitulado *Architechtonique de l'univers* (1936), da série de obras publicadas por Francis Warrain, que desenvolveu teses análogas em seu livro *L'Armature métaphysique* (1925), no qual identifica a "armadura metafísica" com a "arquitetônica" dos conceitos metafísicos fundamentais. A base dessa arquitetônica (tanto a de Wronski como a de Warrain) se encontra na chamada "lei de criação" do filósofo polonês, com a qual se pretende resolver toda espécie de antinomias.

Em sua obra sobre a "arquitetura do universo" (1934), B. Bornstein utiliza também o termo em questão, mas quer basear a metafísica como ciência das estruturas universais do mundo numa lógica (VER) de caráter arquitetônico, não puramente formal, mas real-estrutural. Trata-se de uma lógica topológica, ou geométrico-arquitetônica. Como diz o próprio autor, num resumo da primeira parte de sua obra (cf. *Studia philosophica*, I, 1935, p. 446), "ao encontrar uma representação no espaço, a lógica põe em evidência o aspecto qualitativo deste e se transforma, sob a forma de uma lógica geométrica, em protótipo da arquitetônica de todas as qualidades, que manifestam assim sua natureza puramente racional". A lógica arquitetônica deve constituir, dessa maneira, o prolegômeno a uma investigação das estruturas lógicas do ponto de vista da metafísica e das categorias.

•• J. R. Morales propôs o termo "arquitetônica" para designar o saber que considera a arquitetura do ponto de vista de sua contribuição para o surgimento da pessoa em sua dupla condição de ser consigo (habitar) e de ser com os outros (povoar). Assim, a arquitetônica transforma-se em parte da antropologia, e o homem se define como um ser arquitetônico. "O homem, que deve criar uma ordem arquitetônica para estabelecer e entender o mundo, ordena-se, por sua vez, nele" (p. 244; obra citada em bibliografia *infra*). ••

➲ Ver: José Ferrater Mora, "Filosofía y arquitectura", *La Torre*, 9 (1955), incluído em *Cuestiones disputadas*, 1955, pp. 43-59. — *Id.*, "Peirce's Conception of Architechtonic and Related Views", *Philosophy and Phenomenological Research*, 15 (1955-1956), 351-359. — S.-H. Han, *Wissenschaftsbegriff und Wissenschaftsarchitektonik bei Georg Leonhard Rabus*, 1978 (tese). — W. H. Werkmeister, *Kant: The Architectonic and Development of His Philosophy*, 1980. — J. R. Morales, *Arquitectónica. Sobre la idea y el sentido de la arquitectura*, 1984. ⊂

ARREPENDIMENTO. Ver Renascimento espiritual.

ARRIAGA, RODRIGO DE (1592-1667). Nascido em Logronho, professor em Valladolid, Salamanca e Praga — onde viveu os últimos 44 anos de sua vida e em cuja Universidade lecionou, tendo sido depois nomeado Chanceler —, acentuou o espírito "eclético" e moderno expressado por alguns teólogos e filósofos escolásticos espanhóis da época, chegando a diferir em alguns pontos — por exemplo, em cosmologia — de doutrinas tradicionais muito arraigadas. Em seus trabalhos teológicos, Rodrigo de Arriaga parece ter se apoiado em ampla medida na razão natural, tendo sido criticado justamente por não observar suficientemente os dados proporcionados pelas Sagradas Escrituras.

➲ Obras: *Cursus philosophicus*, 1632. — *Disputationes theologicae*, 8 vols., 1643-1655. O tomo 9 (que devia intitular-se *De justitia et jure*) não foi concluído pelo autor.

Ver: Bernard Durr, *Geschichte der Jesuiten in den Ländern deutscher Zunge*, 1913. — K. Eschweiler, "Rodrigo de Arriaga, S. J., Ein Beitrag zur Geschichte der Barockscholastik", em *Spanische Forschungen der Görresgesellschaft. I Reihe. Gesammelte Aufsätze zur Kulturgeschichte Spaniens*, vol. III (1931), pp. 253-285. — L. Thorndike, *A History of Magic and Experimental Science*, vol. VIII, 1958, pp. 399-402. ⊂

ARRIANO FLÁVIO, de Nicomédia (Bitínia), viveu por volta do final do século I. Discípulo de Epicteto, foi por vezes denominado "o segundo Xenofonte", não só por ter combinado sua atividade prática de funcionário com a reflexão filosófica, mas também porque manteve com seu mestre a mesma relação que Xenofonte mantinha com Sócrates: deve-se a Arriano a transmissão das doutrinas de Epicteto expostas em suas *Diatribes* ou *Dissertações*. Arriano dedicou-se especialmente ao desenvolvimento do aspecto ético-prático do novo estoicismo, com forte tendência às características protrépticas ou exortativas, mas não negligenciou por completo a parte física da doutrina estóica, como o mostra um fragmento conservado de uma obra sobre meteorologia.

➲ Ver a bibliografia de Epicteto. O fragmento meteorológico foi conservado no *Florilégio* de Estobeu.

Ver: E. Bolla, *Arriano di Nicomedia*, 1890. — K. Hartmann, "Arrianos und Epiktet", *Neue Jahrbücher*, 15 (1951), 248-275. — O artigo de E. Schwartz sobre Arriano em Pauly-Wissowa, II, cols. 1230-1247. ⊂

ARS COMBINATORIA (arte combinatória). Nome dado por Leibniz à ciência geral das formas ou da similaridade e dissimilaridade (*Mathematische Schriften*, ed. Gerhardt, IV, 451). A *ars combinatoria* distingue-se com isso da álgebra, que é a ciência da magnitude ou da igualdade e desigualdade (*loc. cit.*). Aos 20 anos, Leibniz escreveu uma dissertação sobre a *ars combinatoria* intitulada *Dissertatio de arte combinatoria in qua ex Arithmeticae fundamentis* Complicationum *ac* Transpositionum *Doctrina novis praeceptis exstruitur, et usus ambarum per universum scientiarum orbem ostenditur; nova etiam Artis Meditandi seu Logicae Inventiones semina sparguntur* (1666, *Philosophische Schriften*, ed. Gerhardt, IV, 27-102, mais apêndice, 103-104). Nesse trabalho, Leibniz dá poucos esclarecimentos sobre a natureza da *ars combinatoria*, mas há nele várias aplicações da arte, assim como de sua *characteristica universalis* (VER). Entre outras aplicações, há uma relativa à existência de Deus, outra relativa à noção de justiça e várias relativas a problemas aritméticos. Em muitas outras partes de seus escritos, entretanto, Leibniz referiu-se à *ars combinatoria*, considerando-a um método universal, fundamento de todas as ciências. Este método já fora antecipado por Lúlio em sua *ars magna* (VER), muito embora, como freqüentemente observou Leibniz, de um modo bastante imperfeito. Ele é similar, além disso, aos esforços efetuados nesse domínio por Caramuel de Lobkowitz (em seus *Mathesis audax* e *Grammatica audax*), Anasthasius Kircher (em seu *Poligraphia nova et universalis ex combinatoria arte detecta*), Izquierdo (em seu *Pharos scientiarum*) e outros autores (ver GRAMÁTICA ESPECULATIVA). Segundo Leibniz, a própria álgebra é uma "aplicação às quantidades da *ars combinatoria*, ou da ciência das formas abstratas" (*Math. Schriften*, VII, 20). Às vezes, Leibniz parece considerar a *ars combinatoria* um "dicionário formado do alfabeto das idéias humanas" (*Opuscules et fragments inédits de Leibniz*, 1903, ed. L. Couturat, p. 165). Outras vezes, esse alfabeto parece constituir o próprio da *characteristica universalis* (*Phil. Schriften*, VII, 186). Numa ocasião, Leibniz indica que há uma *ars inveniendi* geral ou arte geral da descoberta, que pode ser dividida em combinatória e em analítica. A primeira ocupa-se de descobrir questões; a segunda, de solucioná-las (*Opuscules etc.*, p. 167; outras referências nesse volume à *ars combinatoria* se acham nas pp. 159, 162-164, 166, 168-171, 177, 336, 338, 348, 349, 415, 429, 511, 525, 528, 531, 544, 556, 557, 560-562, 572, 573, 582). A *ars combinatoria* é concebida igualmente como uma *mathesis universalis*.

➲ Ver: D. Mahnke, *Leibnizens Synthese von Universalmathematik und Individualmetaphysik*, 1925. — M. Serres, *Le système de Leibniz et ses modèles mathématiques*, 1968; 2ª ed. 1982. — M. Beuchot, "El ars magna de Lulio y els ars combinatoria de Leibniz", *Dianoia*, 31 (1985), 183-194. — W. Schulze, "Ein harmonikales Analogon: Leibniz' Stammbaum-Modell in der 'Dissertatio De Arte Combinatoria'", *Studia Leibniziana*, 19 (1987), 98-116. — P. Berliner, "Zur Problematik einer Ars Inveniendi", *Philosophia Naturalis*, 24 (1987), 186--198. — L. Pena, "De la logique combinatoire des Generales Inquisitiones' aux calculs combinatoires contemporains", *Theoria*, 6 (1991), 129-159.

Ver também a bibliografia de LEIBNIZ e ARS MAGNA. ◐

ARS MAGNA. Costuma-se dar este nome à arte da descoberta de verdades proposta por Raimundo Lúlio, mas, tal como indicaram T. e J. Carreras y Artau (cf. *Historia de la Filosofía española*, I, 1939, 345 ss.), a citada expressão abrange uma grande quantidade de tentativas realizadas por Lúlio no mesmo sentido. Dessas tentativas, cabe destacar duas: a apresentada na *Art abreujada d'atrobar veritat* ou *Ars compendiosa inveniendi veritatem* (também *Art major* ou *Ars magna et maior*), escrita por volta de 1271, e a *Ars generalis ultima*, qualificada — erroneamente — de *Ars magna*. Os autores mencionados propõem que se qualifique a primeira de *Ars magna primitiva* e a segunda (concluída em 1308) de *Ars magna*, com o fim de adaptar-se à tradição. Entre a primeira e a segunda dessas artes, Lúlio compôs grande número de escritos de caráter lógico e enciclopédico destinados a aperfeiçoar e a simplificar suas regras, bem como a introduzir nelas novo material e vários refinamentos lógicos.

Segundo a descrição de T. e J. Carreras y Artau, a *Ars magna* primitiva consiste na apresentação de sete figuras, designadas com as letras A (que representa Deus e os atributos divinos), S (a alma racional e suas potências), T (os princípios e os significados), V (as virtudes e os vícios), X (os opostos ou a predestinação), Y (a verdade) e Z (a falsidade). As duas últimas figuras operam à maneira de predicados metalógicos e não têm, como as cinco primeiras figuras, número nem gráfico. Cada uma das cinco figuras citadas dá lugar a um círculo dividido em certo número de câmaras situadas ao redor da letra. Assim, a figura que corresponde a A está dividida em dezesseis câmaras representando as virtudes ou atributos divinos, a cada um dos quais está igualmente adscrita uma letra (B: Bondade; C: Grandeza; D: Eternidade etc.). As combinações binárias desses atributos dão lugar a 120 câmaras por meio das quais se produzem múltiplas combinações que geram definições mecanicamente. A *Ars magna* última ou definitiva consiste na apresentação de nove princípios (B, C, D, E, F, G, H, I, K) denominados princípios absolutos (Bondade, Grandeza, Eternidade, Poder, Sabedoria, Vontade, Virtude, Verdade, Glória) e nove princípios (representados com as mesmas letras e redutíveis aos anteriores) chamados princípios relativos (diferença, concordância, contrariedade, princípio, meio, fim, maioridade, igualdade, minoridade). Há também dez questões gerais (*utrum, quid, de quo, quare, quantum, quale, quando, ubi, quo modo* e *cum quo*), nove sujeitos (Deus, anjo, céu, homem, imaginação, sensitiva, vegetativa, elementativa, instrumentativa) e nove virtudes e vícios. Tudo isso constitui o alfabeto ou elementos básicos do cálculo. Com base neles se formam quatro figuras. A primeira figura é um círculo dividido em nove câmaras com os princípios ou predicados absolutos mencionados. O sujeito e o predicado nesta figura se convertem um no outro. A segunda figura consta de três triângulos: o primeiro é o da diferença, concordância e contrariedade; o segundo, o do princípio, do meio e do fim; o terceiro, o da maioridade, da igualdade e da minoridade. A terceira figura compõe-se das duas figuras anteriores, de modo que uma mesma letra pode representar dois conceitos das figuras em questão (como bondade e concordância). A quarta figura tem três círculos concêntricos: um — o maior — fixo e os outros dois giratórios. Esta figura abarca as três anteriores, de modo que se podem estabelecer as combinações mecânicas desejadas.

Esta última figura pode ser considerada um exemplo primitivo de máquina lógica. Referimo-nos a este ponto no verbete sobre as máquinas (VER) lógicas, no qual mencionamos igualmente a conhecida crítica de Leibniz, que — ao contrário do que propunha Lúlio, para quem sua arte era uma arte inventiva — observa que se trata de um simples método mecânico de exposição.

Lúlio introduz em seu sistema uma série de definições e considera as questões gerais (cada uma com várias espécies) como regras. Isso permite formar uma tabela de 84 colunas; a quarta figura é obtida fazendo-se girar o segundo e o terceiro círculos. Obtêm-se assim 84 combinações ternárias encabeçadas por igual número de colunas. No total, a tabela compreende 1.680 câmaras, cada uma das quais responde — afirmativa ou negativamente — a uma questão. Trata-se de questões gerais, mas o método de Lúlio pode ser estendido também às outras questões, isto é, às que dizem respeito aos sujeitos, às virtudes e aos vícios. Pode-se, pois, designar esta arte como uma *ars combinatoria* (VER) e um *calculus universalis*. Nesse sentido, ela representa uma antecipação muito notável de certas idéias modernas sobre os cálculos formalizados. Mas consideráveis diferenças separam-na destes últimos. Em primeiro lugar, a sintaxe do cálculo mostra-se pouco clara; em segundo, as regras do cálculo equivalem a questões; por fim, o cálculo se refere a conceitos, o que num cálculo formalizado é inadmissível.

Observemos que o propósito que moveu primariamente Lúlio foi o da demonstração rigorosa das verdades da fé e que esse propósito nunca foi abandonado por ele, mas que, tal como alertam T. e J. Carreras y Arnau, ao introduzir as sistematizações apresentadas na *Arbre de Sciencia* (1298) e na *Logica nova* (1303), a intenção de Lúlio ampliou-se consideravelmente, chegando a abarcar o conjunto das ciências.

Ars magna é igualmente o título de uma obra de Girolamo Cardano (VER), publicada em 1545. Nela, Cardano introduz os números inteiros negativos.

⮕ Além da obra citada, ver: J. Carreras y Artau, *De Ramón Llull a los modernos ensayos de formación de una lengua universal*, 1946. — P. E. W. Platzeck, "Die Lullsche Kombinatorik", *Franziskanische Studien*, 34 (1952), 32-60, 377-407 [trad. espanhola: "La combinatoria luliana", *Revista de filosofia*, 12 (1953), 575-609; 13 (1954), 125-165]. — Martin Gardner, *Logic Machines and Diagrams*, 1958, cap. I. — P. Rossi, *Clavis universalis. Arti mnemoniche e logica combinatoria da Lullo a Leibniz*, 1960.

Ver também a bibliografia de LÚLIO e ARS COMBINATORIA. ⮐

ARS NOVA, ARS VETUS. Ver LÓGICA.

ARTE. Ainda hoje se pode usar o termo 'arte' em português (e em outros idiomas modernos) em vários sentidos. Fala-se da arte de viver, da arte de escrever, da arte de pensar; nesse sentido, 'arte' significa certa virtude ou habilidade para fazer ou produzir algo. Fala-se de arte mecânica e de arte liberal. Fala-se igualmente de bela arte e de belas artes (caso em que 'arte' é tomada, em sentido estético, como *"a"* Arte). Esses significados não são totalmente independentes; vincula-os entre si a idéia de fazer — e especialmente de produzir — algo de acordo com certos métodos ou certos modelos (métodos e modelos que podem, por seu turno, descobrir-se mediante arte). Essa multiplicidade e essa unidade de significado simultâneas apareceram já na Grécia com o termo τέχνη (usualmente traduzido por "arte") e persistiram no vocábulo latino *ars*.

O termo τέχνη significou "arte" (em particular "arte manual"), "indústria", "ofício". Dessa maneira, dizia-se de alguém que "sabia sua arte" — seu ofício — por ter uma habilidade particular e notória. Platão fala, por exemplo, de fazer algo com arte, μετὰ τέχνης, ou sem arte, ἄνευ τέχνης (*Phaed.*, 89 D). Mas os exemplos dados por Platão — seguindo Sócrates — relativos à necessidade de fazer as coisas "com arte" não tardaram a aplicar-se a uma arte não manual, mas intelectual, a arte da palavra ou do raciocínio ἡ περὶ τοὺς λόγους τέχνη (*Phaed.*, 90 A). O mais elevado era, pois, a ciência, a filosofia, o saber e, em última análise, a dialética. Mas, como as outras atividades eram também artes, e como era arte igualmente a criação artística, a poesia, o termo τέχνη estava repleto de ambigüidade e só podia ser entendido corretamente no âmbito de determinado contexto. Entretanto, pode-se concluir que τέχνη designava um "modo de fazer [incluindo no fazer o pensar] algo". Enquanto esse "modo", ela implicava a idéia de um método ou conjunto de regras, havendo tantas artes quanto tipos de objetos ou de atividades e organizando-se tais artes de modo hierárquico, desde a arte manual ou ofício até a suprema arte intelectual do pensar para alcançar a verdade (e, de passagem, reger a sociedade segundo essa verdade).

Em Aristóteles, encontramos maneiras semelhantes de entender nosso termo. Mas esse autor procura repetidamente definir de modo mais estrito o sentido de arte. De início, na *Metafísica* (A 1, 980 b 25), ele escreve que, enquanto os animais só têm imagens, φαντασίαι, e apenas experiência, ἐμπειρία, os homens se elevam até a arte, τέχνη, e até o raciocínio, λογισμός. Arte, τέχνη, e ciência ou saber, ἐπιστήμη, procedem da experiência, e não do acaso, τύχη, mas só há arte e ciência quando há juízo sobre algo universal. Não parece haver aqui distinção entre arte e ciência. Mas, na *Eth. Nic.* (VI 3, 1139 *b* 15 ss.), Aristóteles estabelece uma distinção entre vários estados mediante os quais a alma possui a verdade por afirmação ou negação. São os seguintes: arte, ciência, saber prático, filosofia e razão intuitiva. A arte distingue-se dos outros quatro na medida em que é "um estado de capacidade para fazer algo", sempre que implique um curso verdadeiro de raciocínio, isto é, um método. A arte trata de algo que chega a ser. A arte não trata do que é necessário ou do que não pode ser distinto de como é. Tampouco trata da ação; mas apenas da "produção". De certo modo, é claro, todas as atividades em que esteja implicada alguma produção são artes; portanto, poder-se-ia falar em princípio da arte do estadista, porque se trata de produzir uma sociedade e até uma "boa sociedade". Mas em sentido estrito só se pode denominar arte um fazer tal como (e este é um exemplo do próprio Aristóteles) a arquitetura. A arte trata, segundo Aristóteles, da mesma coisa de que trata o acaso, mas deve-se entender este último apenas na medida em que se distingue do necessário. Quanto ao mais, não se deve supor que a arte como fazer exclua a sabedoria; a rigor, os maiores artistas (como Fídias) possuem a sabedoria como forma mais acabada do conhecimento (*ibid.*, 1141 *a* 10).

Pode-se continuar falando de arte mecânica ou manual, de arte médica, de arte arquitetônica etc. De certa maneira, além disso, o que hoje chamamos de artes (enquanto belas artes) tem um componente manual que os gregos costumavam enfatizar. Mas nas análises aristotélicas citadas encontramos já a base para entender o termo 'arte' como designando "a Arte" ou o conjunto das belas artes: pintura, escultura, poesia, arquitetura, música — para mencionar as cinco atividades artísticas clássicas. Foi nesse sentido que se debateram com freqüência as relações entre a arte e a Natureza. O comum na maioria dos autores gregos — e, a rigor, até o início da época moderna — era ressaltar que a arte imita de algum modo a Natureza: ή τέχνη μιμεῖται τῆν φύσιν (Aristóteles, *Phys.*, II 2, 194 a 21), *ars imitatur naturam, inquantum potest* (Santo Tomás, 1 anal. 1 a). Isso não significava que todos os autores estivessem de acordo com a concepção platônica da obra de arte como imitação de uma imitação. Mas era comum considerar a Natureza como "o real", enquanto a arte era sempre algo artificial e artificioso, embora de um artifício "racional" no sentido amplo deste termo.

Na Idade Média, usou-se o termo *ars* na expressão *artes liberais* (ver Trivium, quadrivium) num sentido equivalente a "saber". As artes liberais distinguiam-se das servis, que eram as artes manuais. Estas incluíam muito do que se denominou "belas artes", como a arquitetura e a pintura. As belas artes eram principalmente uma questão de "ofício", não havendo praticamente distinção entre belas artes e artesanato.

A distinção entre as duas últimas acentuou-se na época moderna e culminou no Romantismo, com a exaltação da "Arte". Ainda hoje, muitos estetas e filósofos da arte falam dela como designando apenas as "belas artes", excluindo o artesanato, ou considerando-o uma arte "inferior" e subordinada. Em contrapartida, no decorrer do século XX, com as numerosas revoluções artísticas e a ruptura da rígida divisão entre as diversas belas artes, esvaneceu-se a distinção entre arte e artesanato. A rigor, tornou-se problemática a divisão entre "arte" e "não-arte"; a chamada "arte conceitual", entre outras, mostra isso.

Discutiu-se se há diferenças entre a chamada "filosofia da arte" e outras disciplinas que se ocupam da arte, principalmente a estética. Certos autores procuraram introduzir distinções. Assim, J.-P. Weber (cf. *La psychologie de l'art*, 1958. Introdução) afirmou que não apenas é preciso distinguir estética de filosofia da arte como também qualquer uma destas da psicologia da arte, bem como esta última da ciência da arte. Segundo esse autor, a estética ocupa-se de certos juízos de avaliação na medida em que se aplicam a certos valores (o feio e o belo); a filosofia da arte é uma reflexão filosófica sobre a arte e não sobre os objetos artísticos como tais; a ciência da arte se ocupa das regras (variáveis) que presidem a elaboração das obras de arte; a psicologia da arte é o estudo dos estados de consciência e dos fenômenos inconscientes que concorrem na criação e na contemplação da obra artística. Todas e cada uma dessas disciplinas se distinguem, por sua vez, da crítica de arte, que estuda as obras de arte em relação com princípios estabelecidos pela estética (ou por determinada estética).

Outros autores são menos otimistas no que diz respeito à possibilidade de distinguir essas disciplinas todas, ou até a filosofia da arte da estética. A literatura pertinente indica que enquanto as obras que incluem o termo 'estética' em seu título são geralmente de caráter "teórico", dedicando-se a questões como linguagens e apreciações artísticas, a natureza da obra de arte em geral etc., as obras que incluem a expressão 'filosofia da arte' em seu título são geralmente de caráter menos "teórico" e costumam ocupar-se de determinadas obras de arte, de estilos artísticos etc. No entanto, não há critérios estritos segundo os quais haja uma divisão de trabalho entre estética e filosofia da arte; as duas disciplinas se ocupam com muita freqüência dos mesmos problemas. Nesta obra, abordamos sob o título 'Estética' as diversas concepções dessa disciplina e reservamos para este verbete a abordagem de três questões que, de resto, poderiam igualmente ser tratadas em estética: a natureza da arte, a relação entre intuição e expressão e a estrutura da obra de arte.

Tratamos da primeira questão atendendo às opiniões que se manifestaram sobre a função que exerce, ou pode exercer, a arte no âmbito das atividades humanas.

Alguns autores afirmaram que a arte não proporciona nenhum conhecimento da realidade, ao contrário da filosofia e especialmente da ciência, que se dedicam ao conhecimento. Para apoiar essa tese, costuma-se indicar que a arte não é um "contemplar" (no sentido geral de "teoria"), mas um "fazer". A arte não pretende dizer o que é, ou como é, ou por que é, mas fazer com que algo seja. Embora tenha muito a seu favor, esta tese se choca com várias dificuldades. Por um lado, ainda que arte não seja, estritamente falando, conhecimento, pode proporcionar certa "imagem do mundo". Pode-se, com efeito, "ver" o mundo de maneiras muito diferentes; vê-lo do ponto de vista artístico ou como matéria para elaborar obras de arte é uma delas. Tem-se, pois, certo conhecimento do mundo por meio da arte (e é isso que significa dizer que a arte é certa "revelação" do mundo). Por outro lado, dizer que a arte não é conhecimento é insuficiente, já que tampouco a religião é, em termos estritos, conhecimento (no sentido filosófico e científico deste termo) e, não obstante, não é arte. E afirmar que é um fazer é igualmente insuficiente, pois há muitos tipos de fazer que não são arte.

Outros autores assinalam que a arte é uma forma de "evasão". Esta explicação é mais psicológico-genética que filosófica. O mesmo acontece com a idéia segundo a qual a arte é uma "necessidade" da vida humana. Em todas essas "explicações", além disso, o que se explica — ou se procura explicar — é a vida humana, e não a arte. Mais adequada é a definição da arte como criação de valores (valores como o belo [ou, de acordo com os casos, o feio], o sublime, o cósmico etc.). Também nos parece mais apropriada — e não necessariamente incompatível com a anterior — a tese segundo a qual a arte é uma forma de simbolização. É necessário, porém, definir como se entende essa simbolização e procurar vinculá-la a certos processos emocionais. As teorias puramente axiológicas, ou puramente simbolistas, ou puramente "emocionais" da arte sempre deixam escapar alguns elementos essenciais desta. É possível que a conjunção dessas teorias, em contrapartida, permita dar conta da grande riqueza de manifestações da arte, tanto da produção artística como da fruição e da interpretação desta.

A segunda questão aqui mencionada — a da relação entre intuição e expressão — foi abordada de diversos pontos de vista. Certos autores sustentam que a arte é essencialmente intuição e que, em última análise, essa intuição é "inefável" ou pelo menos "intraduzível". Os símbolos usados são então considerados algo humanamente necessário, mas de alguma maneira impuro. A intuição é aqui uma espécie de "forma pura" que usaria a expressão como uma matéria sempre inadequada. Outros afirmam que a arte é essencialmente expressão e que o importante são os meios expressivos e o que se pode fazer com eles. Por fim, outros declaram que intuição e expressão são igualmente necessárias.

Referimo-nos a este ponto mais detidamente no verbete Obra literária (VER).

O último problema é o da estrutura da obra de arte como objeto do juízo estético. Vários pareceres se manifestaram a esse respeito, dentre os quais três são especialmente correntes: o que considera a obra de arte algo feito ou o produto de um fazer; o que a considera o resultado de um processo de simbolização; e o que a concebe como o fim de uma atividade expressiva. Cada uma dessas teses possui, sem dúvida, razões e fatos particulares que a apóiam, mas, ao mesmo tempo, cada uma delas parece precisar ser complementada pelas outras. Foi o que observou Milton C. Nahm ao assinalar (art. e *op. cit. infra*) a necessidade de formular uma teoria que, considerando as doutrinas anteriores como complementares, não seja tampouco mera composição ecléctica delas. A esse respeito, Nahm indicou as seguintes características da obra de arte, prévias a toda interpretação ulterior: 1) a obra de arte é, morfologicamente, uma "forma significativa concreta": concreta enquanto material, significativa enquanto implicando signos, forma enquanto expressa; 2) a obra de arte é um "acontecimento" realizado ou atualizado pelos poderes criadores do contemplador estético, uma estrutura que relaciona o artista e o contemplador de sua obra; 3) as diferenças para os juízos de fato (correspondentes à obra de arte ou artefato em contraste com a obra de arte como "obra bela") são proporcionadas pelas três funções da estrutura da arte: o fazer, o expressar e o simbolizar; 4) há uma "direção" que vai do mero artefato à obra de arte propriamente dita, paralela à direção que vai dos juízos de fato aos juízos de valor; 5) a característica anterior permite que se introduzam as correções necessárias para evitar o nominalismo próprio dos que sustentam o caráter "não-significativo" de toda obra de arte como tal; 6) devem-se determinar os "níveis" mediante os quais a expressão genérica, o símbolo genérico e a ação genérica se dirigem rumo à individualização no que diz respeito aos juízos de fato.

⇨ Ver: Konrad Lang, *Das Wesen der Kunst*, 1901. — Richard Müller-Freienfels, *Psychologie der Kunst*, 1912 (I. *Allgemeine Grundlegung und Psychologie des Kunstgeniessens*; II. *Psychologie des Kunstschaffens, des Stils und der Wertung*; III. *System der Künste. Die psychologischen Grundlagen der einzelnen Kunstzweige*). — Emil Utitz, *Grundlegung der allgemeinen Kunstwissenschaft*, 1914-1920. — *Id., id., Die Gegenständlichkeit des Kunstwerkes*, 1917. — Jacques Maritain, *Art et scolastique*, 1919. — G. Simmel, *Zur Philosophie der Kunst*, 1922. — De Witt Parker, *The Principles of Art*, 1926. — C. J. Ducasse, *The Philosophy of Art*, 1930. — Giovanni Gentile, *La filosofia dell'Arte*, 1931. — Helmut Kuhn, *Die Kulturfunktion der Kunst*, 2 vols., 1931. — *Id., Wesen und Wirken des Kuntswerks*, 1961.

— Heinrich Lützeler, *Einführung in die Philosophie der Kunst*, 1934. — Kurt Riezler, *Traktat vom Schönen. Zur Ontologie der Kunst*, 1935. — Rudolf Jancke, *Grundlegung zu einer Philosophie der Kunst*, 1936. — Georges Mottier, *Le phénomène de l'art*, 1936. — J. W. R. Purser, *Art and Truth*, 1937. — R. M. Ogden, *The Psychology of Art*, 1938. — R. G. Collingwood, *The Principles of Art*, 1938. — Othmar Sterzinger, *Grundlinien der Kunstpsychologie*, 2 vols. (I: *Die Sinnenwelt*, 1938. II: *Die innere Welt*, 1939). — G. Mottier, *Art et conscience. Essai sur la nature et la portée de l'acte esthétique*, 1944. — Luigi Stefanini, *Metafisica dell'Arte e altri saggi*, 1948. — E. de Bruyne, *Philosophie van de Kunst*, 1948. — Th. Munro, *The Arts and Their Interrelations*, 1949. — S. K. Langer, *Feeling and Form. A Theory of Art*, 1953. — *Id.*, *Problems of Art*, 1957. — A. P. Ushenko, *Dinamics of Art*, 1953. — E. Vivas, *Creation and Discovery*, 1955. — Milton C. Nahm, *The Artist as Creator: An Essay of Human Freedom*, 1956; reimp., com o título *Genius and Creativity. An Essay in the History of Ideas*, 1965. — Paul Weiss, *The World of Art*, 1961. — Virgil Aldrich, *Philosophy of Art*, 1963. — Étienne Gilson, *Les arts du beau*, 1963. — Nelson Goodman, *Languages of Art: An Approach to a Theory of Symbols*, 1968. — Richard Wollheim, *Art and Its objects: An Introduction to Aesthetics*, 1968; 2ª ed., 1980. — E. H. Gombrich, *Art and Illusion: A Study in the Psychology of Pictorial Representation*, 1972. — Whitney J. Oates, *Plato's View of Art*, 1972. — Mikel Dufrenne, *Art et politique*, 1974. — J. Margolis, F. E. Sparshott *et al.*, artigos sobre "Languages of Art" em *The Monist*, 58, n. 2 (1974). — U. Eco, *Sviluppo dell'estetica medievale*, 1959. — F. Sparshott, *The Estructure of Aesthetics*, 1963. — J. Margolis, *The Language of Art and Art Criticism: Analytic Questions in Aesthetics*, 1965. — F. Sparshott, *The Concept of Criticism: An Essay*, 1967. — R. Wollheim, *On Art and the Mind*, 1973. — N. Wolterstorff, *Works and Worlds of Art*, 1980. — J. Margolis, *Art and Philosophy*, 1980. — A. C. Danto, *The Transfiguration of the Commonplace. A Philosophy of Art*, 1981. — F. Sparshott, *The Theory of the Arts*, 1982. — H. Holzhey, J.-P. Leyvraz, eds., *Äesthetische Erfahrung und das Wesen der Kunst*, 1984. — F. Papi *et al.*, *Il tempo dell'arte*, 1984. — O. Pöggeler, *Die Frage nach der Kunst*, 1984. — K. Aschenbrenner, *The Concept of Coherence in Art*, 1985. — C. Risch, *Die Identität des Kunstwerks*, 1986. — J. Lomba Fuentes, *Principios de filosofía del arte griego*, 1987. — A. C. Danto, *The State of the Art*, 1987. — L. Krukowski, *Art and Concept: A Philosophical Study*, 1987. — G. Dickie, *Evaluating Art*, 1988. — K. Ludeking, *Analytische Philosophie der Kunst*, 1988. — G. Currie, *An Ontology of Art*, 1989. — D. Townsend, *Aesthetic Objects and Works of Art*, 1989. — P. J. Mc Cormick, *Modernity, Aesthetics, and the Bounds of Art*, 1990. — J. Levinson, *Music, Art, and Metaphysics: Essays in Philosophical Aesthetics*, 1990. — H. Meyer, *Das ästhetische Urteil*, 1990. — A. Benjamin, *Art, Mimesis and the Avant-Garde*, 1991. — J. Passmore, *Serious Art*, 1991. — D. O. Dahlstrom, *Philosophy and Art*, 1991. — B. Fleming, *An Essay in Post-Romantic Literary Theory: Art, Artifact, and the Innocent Eye*, 1991. — S. Davies, *Definitions of Art*, 1992. — J. Bender, G. H. Blocker, *Contemporary Philosophy of Art*, 1993. — T. Taubes, *Art and Philosophy*, 1993.

Ver também bibliografia de Estética.

Sobre filosofia e poesia, ver: Jacques Maritain (em colaboração com Raïsa Maritain), *Situation de la poésie*, 1938. — María Zambrano, *Filosofía y poesía*, 1939. — Roger Caillois, *Les Impostures de la poésie*, 1943. — D. E. Gerber, ed., *Greek Poetry and Philosophy: Studies in Honour of Leonardo Woodbury*, 1984. — S. Rosen, *The Quarrel Between Philosophy and Poetry: Studies in the Ancient Thought*, 1988. — L. J. Hatab, *Myth and Philosophy: A Contest of Truths*, 1990.

Sobre a relação entre a ciência e a poesia: I. A. Richards, *Science and Poetry*, 1926. — Pius Servien, *Science et Poésie*, 1947. — Martin Christopher Johnson, *Art and Scientific Thought. Historical Studies Towards a Modern Revision of Their Antagonism*, 1949. — M. Rieser, *Analyse des poetischen Denkens*, 1954. — V. Fatone, *Filosofía y poesía*, 1955. — J. Ferrater Mora, "Reflexiones sobre la poesía", em *Cuestiones disputadas*, 1955, pp. 93--102. — C. St. John Sprigg, *Illusion and Reality: A Study of the Sources of Poetry*, 1948. — H. G. Wood, *Thought, Life and Time, as Reflected in Science and Poetry*, 1957. — G. D. Martin, *Language, Truth and Poetry: Notes Towards a Philosophy of Literature*, 1975. — S. L. Pucci, *Diderot and a Poetics of Science*, 1986. — F. Hallyn, *The Poetic Structure of the World: Copernicus and Kepler*, 1990.

Com relação ao conceito do belo, ver bibliografia do verbete Belo. ◆

ARTES LIBERAIS. Ver Retórica; Trivium, quadrivium.

ARTES SERMOCINAIS. Ver Gramática especulativa; Trivium, quadrivium.

ÁRVORE. A árvore de Porfírio (ver) é um exemplo clássico do uso da figura de uma árvore para propósitos de distribuição e classificação. Neste caso, trata-se de distribuir uma classe em subclasses, algumas das quais se distribuem, por seu turno, em outras subclasses, e assim sucessivamente.

A própria imagem da árvore não é tão importante quanto a configuração arbórea, cujo princípio é a ramificação. Eis três exemplos de árvores:

Figura 1

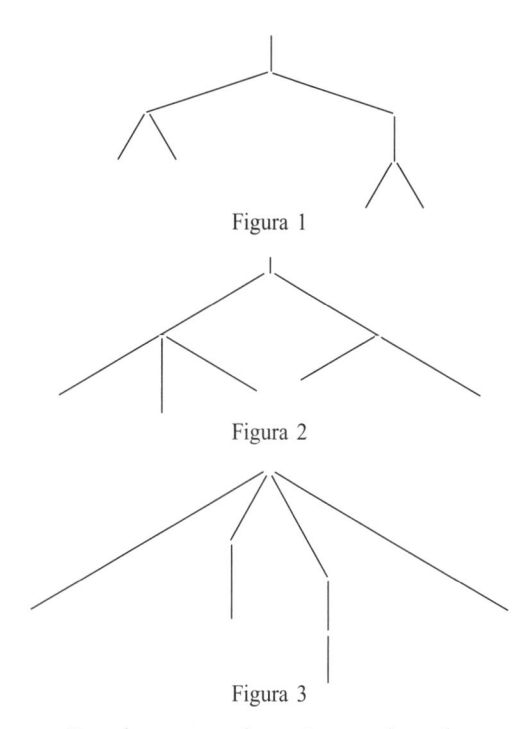

Figura 2

Figura 3

Formalmente, uma árvore é um conjunto de pontos a cada um dos quais se atribui, mediante uma função, um número inteiro positivo, que é o nível. Dados dois níveis, *x, y*, a relação *xRy* se lê '*x* é predecessor de *y*' e '*y* é sucessor de *x*'. Há um único ponto, de nível 1, que é a origem da árvore. Todo outro ponto, exceto 1, tem um predecessor único. Um ponto simples tem apenas um sucessor. Um ponto terminal não tem nenhum sucessor, constituindo o fechamento ou conclusão do ramo. Um ponto de bifurcação ou juntura tem mais de um sucessor. Quando não há fechamento ou conclusão do ramo diz-se que ele se encontra aberto. As árvores são finitas ou infinitas segundo tenham respectivamente um número finito ou infinito de pontos. Uma árvore é finitamente engendrada quando cada ponto tem um número finito de pontos. A figura:

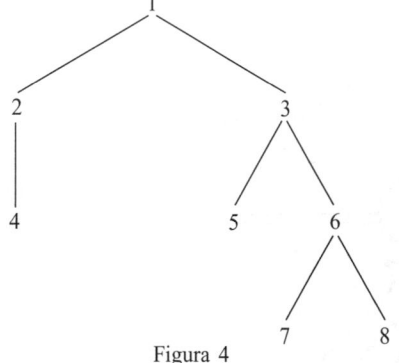

Figura 4

ilustra as definições anteriores. 1 é o ponto-origem da árvore. 2 é predecessor de 4 e sucessor de 1. 3 é predecessor de 5, 6, e é sucessor de 1. 5 é sucessor de 3. 6 é predecessor de 7, 8, e é sucessor de 3. 2 é um ponto simples. 3, 6 são bifurcações. 4, 5, 7, 8 são pontos terminais, que podem estar abertos ou fechados. Quando estão fechados, indica-se com o sinal 'X'.

A árvore da figura 4 é diádica, porque nenhuma de suas bifurcações tem mais de dois ramos. A árvore tem quatro ramos, constituídos pelos seguintes conjuntos e pontos:

(1) 1, 2, 4.
(2) 1, 3, 5.
(3) 1, 3, 6, 7.
(4) 1, 3, 6, 8.

As árvores são usadas em lógica para formar tabelas: as tabelas semânticas e as tabelas analíticas (ver TABELAS [MÉTODO DE]). Para a elaboração de árvores é preciso levar em conta o caráter e a distribuição dos conectivos. Assim, considerando a fórmula:

$$((p \vee q) \vee (p \wedge q)) \vee (p \rightarrow q)$$
$$12$$

vemos que 1 e 2 estão conectados por uma disjunção. É preciso, pois, partir dessa disjunção bifurcando-a de modo que haja um ramo correspondente a 1 e um ramo correspondente a 2. 1 é, por sua vez, uma disjunção, bifurcável em seus componentes. 2 é um condicional bifurcável em seus componentes segundo a regra indicada em TABELAS (MÉTODO DE). O resultado da bifurcação de 1 são duas fórmulas: uma disjunção, bifurcável em seus componentes, e uma conjunção, ramificável em pontos simples. O resultado das operações sugeridas é a seguinte árvore:

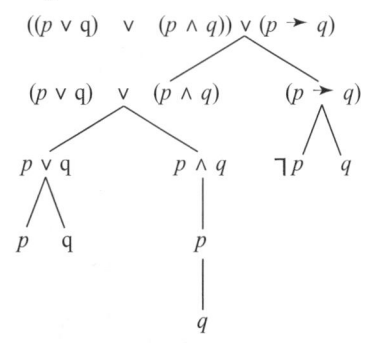

Em lingüística, formaliza-se a estrutura gramatical de orações por meio de regras de substituição da forma:

X → Y

onde 'X' representa um único elemento gramatical e onde 'Y' representa um ou mais elementos gramaticais. '→' indica a substitutibilidade de 'X' por 'Y'. As regras são representáveis em linhas sucessivas de substitutibilidade.

ÁRVORE DE PORFÍRIO

Consideremos o exemplo:
O menino pediu o brinquedo   (0)
e leiamos 'FN' por 'frase nominal', 'FV' por 'frase verbal', 'A' por 'artigo', 'N' por 'nome' e 'V' por 'verbo'. Temos o seguinte conjunto de regras de substituição:

(0) → FN + FV
FN → A + N
FV → V + FN
A → o
N → menino, brinquedo
V → pediu.

Fica mais claro usar um diagrama em forma de árvore. (0) se articulará então como segue.

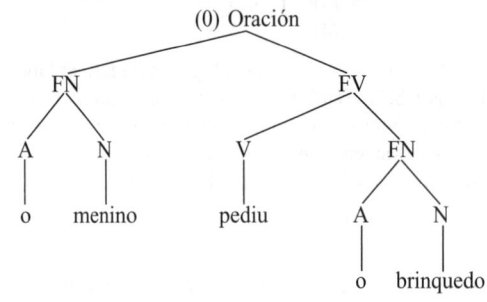

```
              (0) Oración
           /              \
         FN                FV
        /  \              /  \
       A    N            V    FN
       |    |            |   /  \
       o  menino       pediu A   N
                             |   |
                             o brinquedo
```

Este diagrama ilustra a formalização chomskyana do modelo de constitutivos imediatos, tendo recebido o nome de "modelo de frase". Em gramática transformacional, introduzem-se regras transformacionais mas também novas regras estruturais. Embora ambas sejam mais complexas que as usadas para formalizar estruturas de orações, podem igualmente expressar-se diagramaticamente por meio de árvores. Do ponto de vista do "método de árvores", os procedimentos usados em todos os casos são os mesmos.

ÁRVORE DE PORFÍRIO (ARBOR PORPHYRIANA). Dá-se este nome ao quadro em que se apresenta a relação de subordinação (somente lógica, segundo alguns; lógica e ontológica, segundo outros) da substância considerada como gênero (VER) supremo em relação aos gêneros e espécies inferiores até chegar ao indivíduo. Porfírio aborda este assunto no capítulo da *Isagoge* sobre a espécie (VER). Ali ele diz que "em cada categoria há certos termos que são os gêneros mais gerais; outros que são as espécies mais especiais; e outros que são os intermediários entre os gêneros mais gerais e as espécies especialíssimas" (ínfimas). O termo mais geral é definido como aquele acima do qual não pode haver outro gênero mais elevado; o mais especial, aquele sob o qual não pode haver outra espécie subordinada; os termos intermediários, os que estão situados entre ambos e são *a um só tempo* gêneros e espécies. Tomando como exemplo uma única categoria — a substância —, Porfírio passa a mostrar quais são os gêneros e espécies intermediários e, ao final, os indivíduos (ou exemplos de indivíduos). Ele encontra então uma série que dá origem ao esquema abaixo, no essencial empregado por Boécio, e popular desde a exposição de Julius Pacius em seu *Aristotelis Organum* (1584).

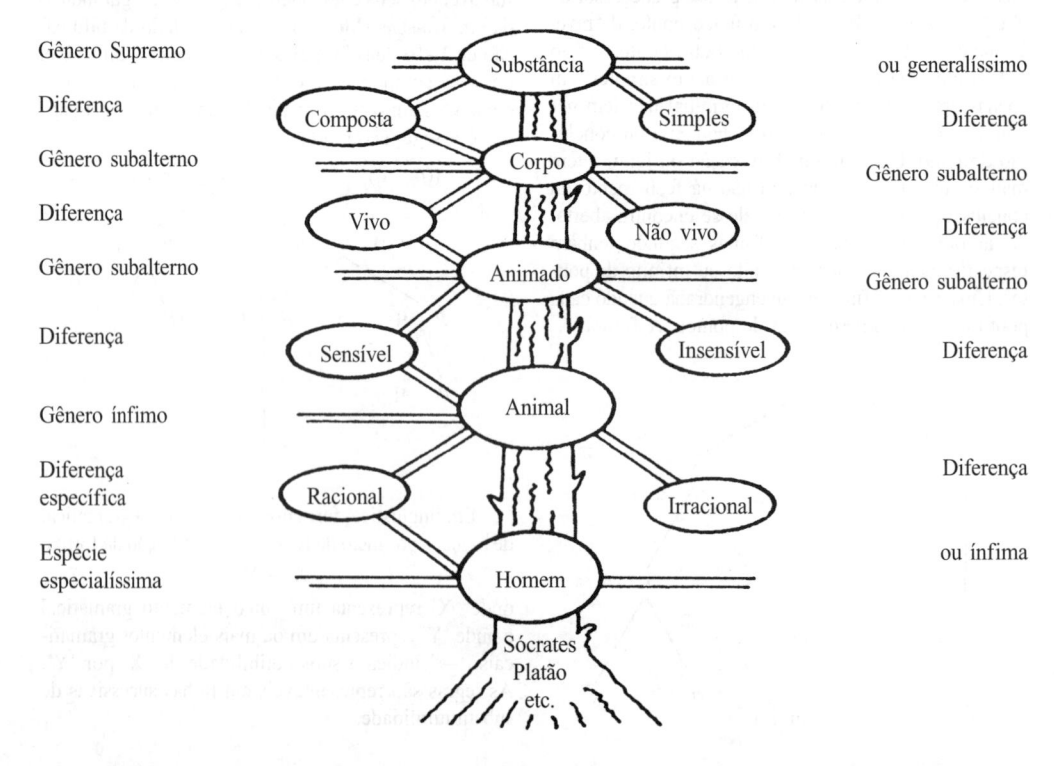

Gênero Supremo	Substância	ou generalíssimo
Diferença	Composta — Simples	Diferença
Gênero subalterno	Corpo	Gênero subalterno
Diferença	Vivo — Não vivo	Diferença
Gênero subalterno	Animado	Gênero subalterno
Diferença	Sensível — Insensível	Diferença
Gênero ínfimo	Animal	
Diferença específica	Racional — Irracional	Diferença
Espécie especialíssima	Homem	ou ínfima
	Sócrates, Platão, etc.	

Termos intermediários:
gêneros e espécies
subordinados: subalternos

$\begin{cases} \text{Substância (} \textit{gênero supremo ou generalíssimo}\text{)} \\ \text{Corpo} \\ \text{Corpo animado} \\ \text{Animal} \\ \text{Animal racional} \\ \text{Homem (} \textit{Espécie especialíssima, ou ínfima}\text{)} \\ \text{Sócrates, Platão etc. (} \textit{Indivíduos}\text{)} \end{cases}$

A substância, segundo Porfírio, é só gênero; o homem é a espécie especialíssima ou ínfima e é apenas espécie; o corpo é espécie da substância e gênero do corpo animado; o corpo animado é espécie do corpo e gênero do animal; o animal é espécie do corpo animado e gênero do animal racional; o animal racional é espécie do animal e gênero do homem; o homem é espécie do animal racional, mas não gênero dos indivíduos, pois — como se disse — é apenas espécie. Os termos intermediários têm assim duas faces ou aspectos; os termos extremos só têm um aspecto ou face. E a espécie especialíssima ou ínfima tem também apenas um aspecto ou face. É espécie dos indivíduos, por contê-los, e espécie dos termos anteriores — superiores — por estar contida neles. Conclui-se, pois, que o gênero mais geral é o que, sendo gênero, não é espécie; a espécie especialíssima, a que, sendo espécie, não pode ser dividida em espécies; o indivíduo, o que não pode ser subdividido em outros termos.

ÁRVORES DE CONSISTÊNCIA. Ver Árvore; Tabelas (método de).

ASCETISMO. O significado primário do termo ἄσκησις, a partir do qual se formou o vocábulo 'ascetismo', é o de "treinamento" tendo em vista estar em forma para determinados exercícios atléticos. Este sentido corporal ampliou-se até abarcar um significado espiritual: o ascetismo foi entendido como um treinamento para fins espirituais. Isso ocorreu não apenas no cristianismo como no âmbito da própria cultura pagã helênica, ou melhor, helenística (cf., por exemplo, o que Epicteto diz acerca do ascetismo nos *Discursos*, III xii). Ora, é necessário esclarecer em que consiste essa segunda forma de ascetismo. Como ela se estendeu sobretudo no âmbito do cristianismo, as discussões sobre o ascetismo costumam referir-se ao ascetismo cristão ou a formas derivadas dele. Assim o faremos a seguir, embora seja preciso reconhecer que se pode falar de diversos tipos de ascetismo: budista, judaico, pagão, cristão etc.

Antes de tudo, convém distinguir o ascetismo de outras manifestações usualmente confundidas com ele: por exemplo, a austeridade e o misticismo. O ascetismo não é, propriamente falando, a austeridade, no sentido de que *apenas* com a austeridade não se conseguem os fins de santidade propostos por ele. Tampouco é o misticismo, já que, embora se reconheça que este implica o ascetismo, se rejeita a implicação contrária. Por esse motivo, o ascetismo recusa a mortificação *pela* mortificação e a aceita somente quando pode ser considerada uma subordinação dos apetites inferiores à vontade de Deus. Desse modo, o ascetismo pode ser definido como uma prática do espiritual, como uma série de exercícios espirituais destinados a adquirir certo "hábito" que pode levar o homem ao caminho da santidade.

As definições anteriores mostram que a insistência no exagero dos sacrifícios corporais constitui uma interpretação errada do ascetismo. Para entendê-lo, devem-se averiguar, além disso, sua função na vida humana e o tipo de vida a que o ascetismo se aplica ou pode aplicar-se. Esta última questão foi debatida por Nietzsche, em especial na parte III ("Que significam os ideais ascéticos?") de sua *Genealogia da Moral*. Nietzsche afirma que os ideais, tais como os "clássicos" de pobreza, humildade e castidade, têm pouca significação para um artista. Os ideais ascéticos têm sua origem nos "instintos de autoconservação" e de profilaxia que caracterizam a "vida decadente". São, pois, ideais de conservação e não de abundância de vida. O ideal ascético quer reduzir a si todos os outros ideais. Nesse sentido, deve ser evitado como cerceador e castrador da vontade. Não obstante, pode ocorrer que o ideal ascético requeira esforço, caso em que se mostra "venerável". Em todo caso, ele revela o "vazio" do homem.

Como em outros pontos capitais de índole psicológico-moral, Max Scheler aproveita certas intuições de Nietzsche, ao mesmo tempo que combate o que considera seus "desvios". O que Nietzsche supõe acerca do ascetismo não corresponde, de acordo com Scheler, a todo ascetismo. Em *Ressentimento na Moral*, Scheler distingue, com efeito, dois tipos de ascetismo: o cristão e o grego. Enquanto o primeiro eleva a capacidade de fruição por constituir a aspiração a "conseguir o máximo gozo do agradável com o menor número possível de coisas agradáveis e, sobretudo, de coisas úteis", o segundo reduz essa capacidade por efetuar a aspiração em sentido inverso. Segundo isso, o ascetismo antigo e o cristão subordinam o valor vital ao valor espiritual, enquanto o ascetismo moderno subordina o valor vital ao de utilidade.

As definições de Scheler implicam não apenas uma distinção, mas também uma contraposição entre os dois tipos de ascetismo citados. A base para isso encontra-se na investigação efetuada por Max Weber sobre o ascetismo e na oposição apresentada por esse autor entre o *ascetismo extramundano* (*ausserweltliche Askese*), que consiste em retirar-se do mundo, e o *ascetismo intramundano* (*innerweltliche Askese*), que consiste em praticar a abstenção dentro deste mundo. Essa oposição é estudada sobretudo no trabalho de M. Weber intitulado *Die protestantische Ethik und der Geist des Kapitalismus* (trad. br.: *A ética protestante e o espírito do capitalismo*, 13ª ed., 1999), em *Archiv für Sozialwissenschaft und Sozialpolitik*, 20 e 21, 1904-1905; reimp. em *Gesammelte Aufsätze zur Religionssoziologie*, I, 1920. O ascetismo intramundano corresponde a uma ética ao mesmo tempo antieudemonista, anti-hedonista e fortemente pró-aquisitiva: é a ética do capitalismo moderno na medida em que este surgiu impulsionado por vários grupos protestantes. Com efeito, Max Weber distingue várias formas de ascetismo intramundano que correspondem a várias formas de protestantismo ascético: calvinista, pietista, metodista e seitas surgidas do movimento batista (por exemplo, quakers). E. Troeltsch aceita em seu livro *Die Bedeutung des Protestantismus für die Entstehung der modernen Welt* (1906, 4ª ed., 1925; trad. esp.: *El protestantismo y el mundo moderno*, 1951) as idéias fundamentais de Weber a esse respeito, mas divide o ascetismo que se manifesta no que chama de cultura autoritária eclesiástica cristã-medieval em duas formas: o ascetismo místico-quietista que dissolve todo o sensível finito no eterno supraterreno e o ascetismo metódico-disciplinar que direciona o agir para os fins ultraterrenos da vida. Quando esta última forma suprime o monacato e o afastamento efetivo do mundo, transforma-se no que Weber denominava ascetismo intramundano. Mas o vocábulo 'intramundano' designa apenas de modo imperfeito essa forma de ascetismo se levarmos em conta que, nas igrejas protestantes — luteranas e calvinistas — nas quais se desenvolveu, o propósito explícito no princípio não foi o de acentuar os valores deste mundo, mas, pelo contrário, a tentativa de suprimir todo compromisso entre os valores deste mundo e os do outro. A intramundanidade seria, pois, uma conseqüência da mencionada ação ascética metódica, mas não seu ponto de partida.

⊃ Além das obras citadas no texto, ver: A. Auer, *Die philosophischen Grundlagen der Askese*, s/d (1946). — T. Lindworsky, *Psychologie der Ascese, Denken voor eein psychologischejesuite Ascese*, 1948. — H. Fichtenau, *Askese und Laster in der Anschauung des Mittelalters*, 1948. — F. D. Duffey, *Psychiatry and Asceticism*, 1950. — Renzo Titone, *Ascesi e personalità*, 1957 (influência da atitude ascética sobre o desenvolvimento psicológico). — B. L. Hijmans, 'ΑΣΚΗΣΙΣ. *Notes on Epictetus' Educational System*, 1959. — Johannes Leipoldt, *Griechische Philosophie und frühchristliche Askese*, 1962. — R. Bendix, *M. Weber. Das Werk*, 1964. — B. Lohse, *Askese und Mönchtum in der Antike*, 1969. — R. D. Young, "Recent Interpretations of Early Christian Ascetism", *Thomist*, 54(1) (1990), 123-140. — L. McWhorter, "Asceticism/Askesis", em A. B. Dallery, ed., *Ethics and Danger*, 1992.

As intervenções oficiais do Magistério católico sobre esta questão acham-se compiladas em J. de Guibert, *Ecclesiastica documenta perfectionis christianae studium spectantia*, Roma, 1931. **C**

ASCLEPÍADES de Prusa ou de Quios (Bitínia) (século I a.C.). Dedicou-se, como discípulo de Epicuro, à medicina e desenvolveu as doutrinas de seu mestre especialmente no âmbito da psicologia e da física. Na primeira, acentuou a importância dos sentidos diante da atividade chamada racional, levando com isso ao extremo o empirismo radical característico da escola epicurista. Na segunda, desenvolveu a doutrina dos ἄναρμοι ὄγκοι (o mesmo conceito que encontramos no acadêmico Heráclides Pôntico) separados pelos espaços vazios ou poros, πόροι, mas mantendo, contrariamente a Heráclides, a concepção puramente mecânico-causal de sua interação.

⊃ Fragmentos de Asclepíades em *Fragmenta digestae et cur. Ch. G. Gumpert, praefatus est Ch. G. Gruner*, Wimariae, 1794.

Ver: G. M. Raynaud, *De Asclepiade Bithyno medico ac philosopho*, 1862 (tese). — H. v. Vilas, *Der Arzt und Philosoph A. von Bithynien*, 1893. — Artigos de R. A. Fritzsche (*Rheinisches Museum*, 1902), W. A. Heidel (*Transactions of the American Philological Association*, 1910) e M. Wellmann (*Neue Jahrbücher*, 1908, e *Philologische Untersuchungen*, 1913).

Artigo de M. Wellmann sobre Asclepíades (Asklepiades, 39) em Pauly-Wissowa, II, cols. 1632 ss. **C**

ASCLEPIODOTO DE ALEXANDRIA (*fl.* 450). Membro da escola de Alexandria do neoplatonismo (VER), foi discípulo de Proclo. Tal como Marino, Asclepiodoto manifestou por um lado um interesse metafísico-especulativo e, por outro, um interesse científico. Ao contrário de Marino, entretanto, este último interesse não se limitava, em Asclepiodoto, à matemática, mas apresentava caráter enciclopédico, incluindo a música, a astronomia e diversas ciências naturais, em especial a medicina. De fato, Asclepiodoto foi um típico representante do que se denominava a tendência erudita alexandrina. Quando ao interesse metafísico-especulativo, ele era, ao que parece, de natureza mais sóbria que a usual em outros membros da escola. A própria tendência à magia aparecia em Asclepiodoto antes como a manifestação de uma crença na possibilidade de manipular e dominar os fenômenos da Natureza do que como um subproduto de certas concepções religiosas. Alguns

autores supõem, contudo, que em Asclepiodoto a corrente erudita e a especulativa não se mesclaram. Atribui-se a Asclepiodoto um comentário ao *Timeu*.
↪ Artigo de J. Freudenthal sobre Asclepiodoto (Asklepiodotos, 11) em Pauly-Wissowa, II, cols. 1641-1642. ↩

ASCLEPIODOTO DE RODES. Ver Estóicos.

ASMUS, VALENTIN FERDINANDOVITCH (nasc. em 1894). Estudou na Universidade de Kiev; foi professor de filosofia na Universidade de Moscou. Em 1943, recebeu o Prêmio Stalin por sua contribuição à *História soviética da filosofia* (1940 ss.). Seus principais trabalhos filosóficos versam sobre a lógica. Sua *Lógica* (1947) foi violentamente atacada tão logo saiu da gráfica, bem como no ano seguinte, por conter, segundo o Ministro da Educação da época, Kaftanov, material "formal e apolítico". Com efeito, a lógica de Asmus, embora sumamente "moderada", constituía uma novidade pela importância dada ao caráter formal da lógica e pela escassa referência à dialética e às suas leis. A situação de Asmus mudou a esse respeito, em função dos artigos de Stalin (1950) sobre a lingüística (ver Filosofia soviética). Embora crítico do "idealismo burguês contemporâneo" — no qual inclui praticamente todas as filosofias contemporâneas —, Asmus expôs com mais objetividade que a maioria dos filósofos soviéticos os desenvolvimentos modernos da lógica (*Voprosiy Filosofii* [1955], pp. 192-284; cf. também seu livro sobre a doutrina da prova, *infra*).
↪ Principais obras: *Dialéktitchéskiy matérializm i logika*, 1924 (*Materialismo dialético e lógica*). — *Marks i burguazníy istorizm*, 1933 (*Marx e o historicismo burguês*). — *Logika*, 1947. — *Utchénié logiki o dokazatélstvé i oprovérgénii*, 1954 (*A doutrina lógica da prova e da refutação*). — *Dékart*, 1956 (*Descartes*). ↩

ASNO DE BURIDAN. Com este nome, atribui-se a João Buridan (ver) a formulação do seguinte problema ou paradoxo: "Um asno que tivesse diante de si, e exatamente à mesma distância, dois feixes de feno exatamente iguais não poderia manifestar preferência por um mais que pelo outro e, portanto, morreria de fome". O paradoxo foi formulado para mostrar a dificuldade do problema do livre-arbítrio (ver) quando este se reduz a um *liberum arbitrium indifferentiae*. Não havendo uma preferência, não pode haver escolha.

Pode-se perguntar se é legítimo tomar como base um fato empiricamente impossível. Portanto, é possível argumentar que podem existir certas preferências não manifestas na situação tal como foi descrita: por exemplo, a preferência a não morrer de fome, o que induziria o asno a comer *qualquer um* dos dois feixes de feno. Por fim, pode-se alegar que as escolhas nem sempre precisam ser racionais. De todo modo, porém, deve-se reconhecer que o paradoxo do asno de Buridan é sumamente instrutivo: analisá-lo como é devido requer revisar por inteiro as difíceis noções de escolha, preferência, razão, vontade e liberdade.

Nicholas Rescher (art. *cit. infra*), que estudou mais profundamente que ninguém a história e a lógica do citado paradoxo, destacou que ele tem uma história antiga. Essa história pode ser resumida em três fases: o período grego, o árabe e o cristão-medieval-escolástico. Na primeira fase, o paradoxo tem uma forma cosmológica e se acha fundado no problema do equilíbrio: do suposto equilíbrio físico da Terra entre elementos iguais. Esta questão foi abordada por vários autores, como Anaximandro e Aristóteles (*De caelo*, II 13), que discutem igualmente por similitude o problema das motivações iguais. Possivelmente por meio dos comentadores do Estagirita, o problema passou aos árabes. Algazel abordou-o de um ponto de vista teológico, propondo o problema da Vontade divina e da razão (no caso de havê-la) de esta ter preferido um mundo a outro. Ao criticar Algazel, Averróis ocupou-se também do problema, o mesmo ocorrendo com Santo Tomás (*S. theol.*, I-II, q. XIII). Não obstante, os escolásticos imprimiram à discussão uma virada ética: a mesma que aparece na formulação hoje considerada clássica. O próprio Buridan ocupou-se do assunto nesse sentido, justamente ao comentar o tratado aristotélico *De caelo*, mas não falou de um asno, e sim de um cão, motivo pelo qual, se se quiser continuar atribuindo a Buridan a origem do paradoxo, se deveria falar do "Cão de Buridan". Na época moderna, todos os que se dedicaram ao paradoxo o fizeram em sentido ético e também, de modo mais geral, antropológico-filosófico. Pode-se dizer que todos os que abordaram a questão da liberdade — praticamente todos os autores modernos — introduziram, de modo mais ou menos explícito, o paradoxo do asno de Buridan. Esse paradoxo está implícito na maioria dos debates entre os deterministas e os antideterministas. Era inevitável que no decorrer desses debates se reintroduzissem questões cosmológicas e teológicas, mas num sentido e numa forma diferentes dos tratados pelos filósofos antigos e árabes. Hoje, o paradoxo pode ser examinado — tal como o fez o citado Rescher — em estreita relação com a questão da "distribuição aleatória" e, portanto, em conexão com questões suscitadas pela probabilidade (ver).
↪ Ver: Nicholas Rescher, "Choice Without Preference: A Study of the History and of the Logic of the Problem of 'Buridan's Ass'", *Kant-Studien*, 51 (1959-1960), 142-175 (também em separata). — J. J. Walsh, "Is Buridan a Sceptic about Free Will?", *Vivarium*, 2 (1964), 50-61. — G. E. Hughes, *John Buridan on Self-Reference: Chapter Eight of Buridan's "Sophismata"*, 1982. — M. Adam, "Sur Jean Buridan ou les mémoires d'un âne médiéval", *Archives de Philosophie*, 48 (1985), 451-470. — S. Makin, "Buridan's Ass", *Ratio*, 28 (1986), 132-148. ↩

ASSEIDADE. Ver A se.

ASSENTIMENTO. Em sentido geral, o assentimento é o ato por meio do qual se aceitam uma proposição, uma norma, uma doutrina etc. Num sentido mais específico, usou-se ocasionalmente 'assentimento' para designar a aceitação de um dogma, de uma proposição pertencente à ordem da fé.

O assentimento foi descrito às vezes como um ato da inteligência e às vezes como um ato da vontade. Estabeleceu-se uma distinção entre assentimento intelectual ou racional e assentimento moral.

Os estóicos usaram a palavra συγκατάθεσις (em latim, *adsensio*) para designar o ato de reconhecimento de uma proposição como verdadeira. Em seu entender, o assentimento é uma ação da vontade judicativa. Ao contrário dos céticos, que deixaram indeterminado o assentimento, os estóicos acentuavam seu caráter ativo e até sua necessidade para completar o juízo. Santo Tomás distinguiu o assentimento de uma evidência em si e o assentimento de uma proposição evidente em sua conexão com outra. Este último tipo de assentimento é o característico tanto das ciências como das verdades da fé (*S. theol.* II^a-II^a, q. I, art. 4). Ora, o assentimento é para Santo Tomás um ato do intelecto, ao contrário do consentimento, que é um ato da vontade. No entanto, pode-se dizer com toda propriedade que o intelecto assente de um modo necessário aos princípios evidentes por si mesmos e à recusa da contradição em si mesma.

O assentir como ato de vontade é enfatizado por Descartes e por Spinoza; o juízo escolhe entre proposições, que a inteligência se limita a apreender. Locke fala do assentimento como se este fosse um conhecimento (*Essay*, I, i, 8), mas distingue depois (*Essay*, IV, xv, 3) certeza completa, por um lado, e assentimento, crença ou opinião, por outro. Por meio do assentimento recebemos uma proposição como verdadeira, com base em argumentos que nos persuadem do que é, mas sem que possuamos completo conhecimento da verdade da proposição. Por isso, o assentimento a algo provável não é, a rigor, uma conclusão, mas um efeito. Segundo Locke, há graus de assentimento que são determinados pelos fundamentos da probabilidade (*ibid.*, IV, xvi, 1). Leibniz mostra-se, em geral, de acordo com Locke. Em todo caso, ele admite que na esfera das verdades de fato — ao contrário das verdades de razão, ou, como diz também, de especulação — devem-se reconhecer graus de assentimento ligados a graus de probabilidade (cf. *Nouveaux Essais*, IV, xvi); entretanto, embora não queira diminuir a autoridade e a importância dos juízos que envolvem assentimento e crença, ele observa que "nenhuma cópia se eleva acima da certeza de seu primeiro original" (*ibid.*, IV, xvi, 11), com o que parece indicar que não se deve ir demasiado longe na "lassitude" dos raciocínios. Por outro lado, ele enfatiza a distinção dos teólogos entre "motivos de credibilidade", nos quais há assentimento natural e não pode haver mais probabilidade que a de tais motivos, e o assentimento sobrenatural "que é um efeito da graça divina" (*ibid.*, IV, xvi, 14).

Em época mais recente, o cardeal Newman elaborou uma doutrina detalhada do assentimento. Newman considera principalmente o assentimento como o ato de assentir a proposições, como a "apreensão" de proposições. Não se pode dizer, contudo, que os dois modos de ação mental implicados no ato de assentir sejam equivalentes. Como diz Newman, eles usam as mesmas palavras e têm a mesma origem, mas desembocam em resultados muito diferentes (cf. *An Essay in Aid of a Grammar of Assent*, 1870, pp. 34 ss.). Daí a distinção precisa estabelecida por Newman entre um *assentimento nocional* (ou assentimento a noções) e um *assentimento real* (ou assentimento a coisas), assentimento de caráter "mais forte" que o anterior, embora sem garantir por isso a existência das coisas às quais se assente. O assentimento nocional pode ser considerado, por sua vez, sob cinco aspectos: como *profissão* — assentimento fraco e superficial —, como *crença* — afirmação de que não há dúvida de que algo é assim —, *opinião* — aceitação espontânea de uma proposição —, *presunção* — assentimento a primeiros princípios — e *especulação* — entendida como aceitação consciente de uma proposição como verdadeira (*op. cit.*, pp. 40 ss.). O assentimento real — centro da filosofia de Newman — é de tal tipo que, embora não intrinsecamente operativo, afeta incidentalmente a prática (*op. cit.*, p. 86). Por isso, o que Newman denomina assentimento religioso é o ato de assentir a um dogma de fé, ou seja, o ato de assentir realmente a ele, ao contrário do assentimento teológico, que é apenas de caráter nocional (*op. cit.*, p. 95).

ASSERÇÃO. Em alguns textos lógicos introduziu-se um sinal — proposto por Frege — que se chama "sinal de asserção": '⊢'. Lê-se este sinal como 'É o caso que', 'Afirma-se que', 'Estabelece-se que'. Em muitos casos, o sinal não é usado por supor-se implicitamente que todas as fórmulas introduzidas são objeto de asserção. O sinal contrário a '⊢' é '⊣', usado por Lukasiewicz, seguindo uma sugestão de Ivo Thomas, como "sinal de negação". '⊣' é lido como 'Nega-se que'.

Em sua obra *La logique de l'assertion pure* (1950), Jean de la Harpe apresentou um cálculo baseado nos dois símbolos '*A*' e '*E*', lidos respectivamente como 'fica estabelecido que' e 'fica excluído que'. O fundamento desse cálculo reside na distinção entre asserção de uma proposição e seu conteúdo (ou *lexis*). Assim, a expressão '*Ap*' designa a asserção de *P*, e a expressão '*AAp*' designa a asserção da asserção de *P* (ou 'fica estabelecido que *p* fica estabelecido').

ASSERTÓRICO. O uso atual do termo 'assertórico' na literatura filosófica procede principalmente da expressão kantiana 'juízo assertórico'. Esse juízo é um dos três tipos de juízos em que, segundo Kant, se exprime a Modalidade (VER) e consiste na afirmação simples 'S é P', "acompanhada da consciência da realidade". Ele é empregado também por Pfänder em sua *Lógica*, que o define como a forma de um juízo no qual se afirma ou se nega que S é efetivamente P. No vocabulário de Pfänder a que nos referimos em Modalidade, "o peso lógico" do juízo assertórico é "pleno e sem atenuação alguma".

O termo 'assertórico' não é usado, em contrapartida, nem pelos lógicos simbólicos contemporâneos nem pelos lógicos ligados à lógica tradicional. Estes últimos argumentam que a classificação kantiana dos juízos de modalidade em assertóricos, problemáticos e apodíticos destrói a divisão tradicional das proposições (ver PROPOSIÇÃO) em simples ou absolutas e de *inesse*. Com efeito, a proposição assertórica é uma proposição de *inesse*, na qual não há nenhum modo que afete a cópula. Portanto, as proposições assertóricas deveriam ser excluídas do modal. Ora, Kant poderia retorquir que fala de juízos, e não de proposições, e até mesmo que os juízos no sentido usado por ele não são exclusivamente objetos da lógica, mas em grande parte da teoria do conhecimento. Nesse caso, o assertórico seria um modo de afirmação, embora seja óbvio que haveria então, como sugere Maritain, "um abuso de linguagem" em seu emprego de tal termo.

A concepção hegeliana dos juízos assertóricos segue a inspiração kantiana, mas afasta-se ainda mais que ela do campo da lógica. O mesmo ocorre com sua concepção dos outros tipos de juízo. Com efeito, Hegel define todos os juízos a partir de seu ponto de vista metafísico específico; assim, o juízo assertórico é, para esse filósofo, um juízo imediato cujo objeto é um indivíduo concreto e cujo predicado expressa a relação com sua realidade ou determinabilidade de seu conceito (*Logik*, I Abs., II Kap. D. a.; Glockner, 5: 112-120); o juízo apodítico é um juízo imediato cujo sujeito é o geral (*ibid.*, D. a.; Glockner, 5: 116-118) etc. Portanto, não cremos necessário referir-nos mais extensamente a essas concepções, pois nem são necessárias à compreensão do problema lógico nem esclarecedoras o suficiente para o entendimento da própria metafísica hegeliana.

ASSIMETRIA. Ver RELAÇÃO.

ASSOCIAÇÃO, ASSOCIACIONISMO. O uso do conceito de associação em psicologia é muito antigo. Precedentes dele são encontrados em Aristóteles, em seu tratado *De memoria et reminiscentia* (II 451 b 10ss.), no qual o autor apresentou um princípio de associação nas duas formas principais da associação por semelhança e associação por contigüidade. Essa tese foi aceita e desenvolvida pelos comentadores do Estagirita e por muitos escolásticos medievais. Além disso, o assunto foi elucidado de modo consideravelmente detalhado por Juan Luis Vives em sua *De anima et vita*. Por conseguinte, não se pode dizer que somente com os filósofos modernos e especialmente com os filósofos e psicólogos do final dos séculos XVIII e XIX tenha aparecido um conceito de associação. Entre os filósofos modernos, abordaram o problema Hobbes e, em particular, Locke (com sua concepção da "associação das idéias") e Berkeley. Ora, é já tradicional admitir que apenas com Hume, por um lado, e com o trabalho de análise filosófica e psicológica de Hartley, Priestley, James Mill, John Stuart Mill e A. Bain, por outro, o conceito psicológico de associação atingiu uma maturidade suficiente e, ademais, permitiu estabelecer com base nele uma teoria de conteúdo principalmente psicológico, mas de intenção filosófica: o associacionismo.

Em seu *Enquiry* (III), Hume afirma que "é evidente que há um princípio de conexão entre os diferentes pensamentos ou idéias da mente e que, em seu aparecimento na memória ou na imaginação, uns introduzem os outros com certo método e regularidade". De fato, há não apenas um, mas vários princípios de conexão, dos quais três são predominantes: a *semelhança*, a *contigüidade* (no tempo ou espaço) e a *causa* e o *efeito*. O princípio de *contraste* ou *contrariedade* é considerado por Hume uma mescla dos princípios de causação e semelhança. Essa doutrina é elaborada mais detalhadamente no Livro I, sec. iv, mas os tipos de conexão continuam os mesmos. Ora, embora a base da teoria de Hume fosse psicológica, seu interesse era predominantemente epistemológico. A virada para o psicológico e a tentativa de fundamentar um associacionismo na psicologia são, em compensação, evidentes em Hartley (*Observations on Man*, 1749, Parte I), que foi seguido por James Mill (*Analysis of the Phenomena of the Human Mind*, 1829, *passim*; cf. sobretudo a ed. de 1869 em 2 vols., ed. J. S. Mill) e — em parte — por John Stuart Mill e A. Bain. Os tipos de conexão estabelecidos por Hume e Hartley foram transformados nas "leis clássicas do associacionismo psicológico" (*contigüidade, semelhança, contraste*). A estas se acrescentaram leis complementares (*freqüência, simultaneidade, intensidade* etc.). Deve-se estabelecer uma distinção entre o associacionismo em psicologia — às vezes chamado de "associacionismo psicológico" — e o associacionismo em filosofia. O primeiro constitui um modelo para a descrição de processos mentais ou de atos de comportamento. O segundo aspira a ser uma teoria mais geral. Alguns avaliam que o que se pode qualificar de "associacionismo filosófico" se opõe a todo estruturalismo (VER) e que, de todo modo, se opõe aos pressupostos de uma filosofia 'gestaltista' ou 'totalista'. Desse ponto de vista, afirmou-se que o associacionismo é uma forma de 'atomismo' (VER).

A noção de associação foi investigada por Husserl. Elmar Holenstein (cf. bibliografia *infra*) enfatizou as diversas funções que desempenha a idéia de associação — tanto das sensações como dos conceitos — em Husserl como aspecto fundamental da chamada 'gênese passiva', em que têm lugar atos de constituição, que são ao mesmo tempo 'espontâneos' e 'estruturados'.

O associacionismo em psicologia foi criticado por vários psicólogos e filósofos. Alguns (como Bradley, Adamson, Stout, James, os membros da Escola de Würzburgo [VER] etc.) apresentaram razões baseadas numa crítica analítica dos processos psíquicos. O argumento principal formulado a esse respeito contra o associacionismo foi a advertência de que nos processos psíquicos há uma *direção*, levada a cabo pelo pensamento ou regida por outras 'tendências determinantes'. Outros (como os psicólogos estruturalistas: Köhler, Lewin etc.) apresentaram experiências nas quais se mostrou que os hábitos não produzem ação, que o comportamento tem um propósito ou que há reações a relações, coisa que o associacionismo não leva em conta nem pode explicar. Isso não significa, contudo, que o associacionismo tenha sido inteiramente abandonado em psicologia. Por um lado, o comportamentalismo e a chamada psicologia objetiva adotaram muitas conclusões do associacionismo, ainda que aprimorando essa doutrina mediante experimentos e críticas analíticas. Por outro lado, o próprio estruturalismo não nega por completo o processo associativo; o que faz é rejeitar os fundamentos atomistas atribuídos a ele e especialmente a tendência manifestada pelos associacionistas clássicos de basear suas explicações em puras combinações mecânicas, sem fazer intervir tendências ou propósitos.

⊃ Além das obras clássicas dos autores citados no texto do artigo, ver: Ch. G. Bardili, *Ueber die Gesetze der Ideenassoziation*, 1796. — Luigi Ferri, *La psychologie de l'association depuis Hobbes jusqu'à nos jours*, 1833. — G. Aschaffenburg, *Experimentelle Studien über Assoziation*, 1896-1897. — D. F. Markus, *Die Assoziationstheorien im XVIII Jahrhundert*, 1901. — E. Claparède, *L'association des idées*, 1902. — M. Bork, *Ueber neuere Assoziationstheorien*, 1917. — Howard C. Warren, *A History of the Association Psychology*, 1921. — G. Lunk, *Die Stellung der Assoziation im Seelenleben*, 1929. — W. L. Mc Bride, "Voluntary Association", em J. Roland, J. W. Chapman, eds., *Voluntary Associations*, 1969, pp. 202-232. — M. Kallich, *The Association of Ideas and Critical Theory in Eighteenth-Century England: A History of a Psychological Method in English Criticism*, 1970. — Elmar Holenstein, *Phänomenologie der Assoziation. Zur Struktur und Funktion eines Grundprinzips der passiven Genesis bei E. Husserl*, 1972. — David Rapaport, *The History of the Concept of Association of Ideas*, 1974.

Sobre o conceito de associação em Leibniz, B. Franzel, *Der Assoziationsbegriff bei Leibniz*, 1898. ⊂

AST, GEORG ANTON FRIEDRICH (1776 [ou 1778]-1841). Nascido em Gotha, foi professor em Landshut e Munique. É conhecido sobretudo por seu "Léxico Platônico". Discípulo de Schelling e de Friedrich Schlegel, Ast desenvolveu um sistema metafísico completo que culmina numa filosofia da história. Ast afirma, ou postula, a existência de um "ser primário" (*Ursein*) do qual procede toda a realidade nas formas da 'quadruplicidade', em oposição à 'triplicidade' (ver TESE-ANTÍTESE-SÍNTESE) característica do pensamento de Schelling ou de Fichte. Assim, toda a realidade se articula em grupos de quatro elementos ou classes: mineral, vegetal, animal, humano; fogo, ar, água, terra; razão, vontade, entendimento, imaginação etc., de acordo com a realidade considerada. Ao lado do ser básico material há, segundo Ast, o ser ideal, concebido como espírito. Na esfera do ser ideal se desenvolve a história. Esta começa já no ser originário, mas culmina no espírito, alcançando, por meio de oposições, a suprema fase da santidade. A história da filosofia é o desenvolvimento da necessidade racional.

⊃ Obras: *Handbuch der Aesthetik*, 1805 (*Manual de estética*). — *Grundriss der Aesthetik*, 1807 (*Esboço de estética*). — *Grundlinien der Philosophie*, 1807; 2ª ed., 1809 (*Linhas fundamentais da filosofia*). — *Grundriss einer Geschichte der Philosophie*, 1807; 2ª ed., 1825 (*Esboço de uma história da filosofia*). — *Platons Leben un Schriften*, 1816 (*Vida e escritos de Platão*). — *Hauptmomente der Geschichte der Philosophie*, 1829 (*Momentos capitais da história da filosofia*).

O léxico platônico de A. é: *Lexicon Platonicum sive vocum Platonicarum index (condidit D. F. Astius)*, 3 vols., 1835-1838; reimp., 1976.

Ver Klaus Willimczik, *F. Asts Geschichtsphilosophie*, 1967. ⊂

ASTER, ERNST VON. Ver LIPPS, THEODOR; NOMINALISMO.

ASTRADA, CARLOS (1894-1970). Nascido em Córdoba (Argentina), foi professor nas Universidades de La Plata e Buenos Aires. Influenciado em seus primeiros tempos pela escola de Marburgo, orientou-se mais tarde, depois de ter recebido em Colônia e Friburgo os ensinamentos de Scheler, Husserl e Heidegger, para a filosofia existencial. Astrada trabalhou no âmbito da problemática da idéia do papel fundamental que desempenha o risco existencial, centrado no conceito do jogo como recurso decisivo na especulação metafísica. Esse jogo deve ser entendido, porém, como um jogo total, isto é, como um jogo existencial que cria seu próprio âmbito e desencadeia um processo próprio.

No bojo da ontologia de tipo heideggeriano, Astrada interessa-se pela constituição concreta — especialmente histórica — da Existência (*Dasein*, ver EXISTÊNCIA) e da relação desta com as coisas; com isso, manifesta-se uma preocupação com certas estruturas que Heidegger negligenciara, atento apenas à descrição dos caracteres fundamentais da Existência e de sua preparação para uma ontologia fundamental.

A partir da ontologia heideggeriana, e em polêmica contra o positivismo lógico, Astrada interessou-se cada vez mais pelo marxismo, desenvolvendo um pensamento em que os temas marxistas se integraram aos heideggerianos e hegelianos. Em última análise, contudo, não se trata somente de temas, mas de orientação filosófica. O motor do pensamento de Astrada, depois da fase existencial heideggeriana, foi a concepção dialética marxista; nesse âmbito, procurou reconstruir a autenticidade da liberdade existencial, como liberdade social e não apenas individual.

⊃ Obras: *La real política*, 1924. — *El problema epistemológico en la filosofía actual*, 1927. — *Max Scheler y el problema de una antropología filosófica*, 1928. — *Hegel y el presente*, 1931. — *Progreso y desvalorización en filosofía y literatura*, 1931. — *Goethe y el panteísmo spinozano*, 1933. — *El juego existencial*, 1933. — *Idealismo fenomenológico y metafísica existencial*, 1936. — *La ética formal y los valores*, 1938. — *El juego metafísico: Para una filosofía de la finitud*, 1942. — *Temporalidad*, 1943. — *El mito gaucho*, 1948; 2ª ed., 1964. — *Sociología de la guerra y filosofía de la paz*, 1948. — *Ser, humanismo, 'existencialismo': Una aproximación a Heidegger*, 1949. — *Destino de la libertad: Para un humanismo autista*, 1951. — *El aporte del romanticismo al proceso cultural del país*, 1952. — *Existencialismo y crisis de la filosofía*, 1952; 2ª ed., 1962. — *La revolución existencialista*, 1952. — *Hegel y la dialéctica*, 1956. — *El marxismo y las escatologías*, 1957; 2ª ed., 1969. — *Trabajo y alienación en la "Fenomenología" y en los "Manuscritos"*, 1958; 2ª ed., 1966. — *Humanismo y dialéctica de la libertad*, 1960. — *Dialéctica y positivismo lógico*, 1961; 2ª ed., 1964. — *Nietzsche y la crisis del irracionalismo*, 1961. — *La doble faz de la dialéctica*, 1962. — *Ensayos filosóficos*, 1963 (ensaios 1926-1957). — *Tierra y figura*, 1963. — *Humanismo y alienación*, 1964. — *Fenomenología y praxis*, 1967. — *La génesis de la dialéctica: En la mutación de la imagen de los presocráticos*, 1968. — *Dialéctica e historia*, 1969. — *Martin Heidegger: De la analítica ontológica a la dimensión dialéctica*, 1970.

Ver Alfredo Llanos, *C. A.*, 1962. ⊂

ASTÚCIA DA RAZÃO. Costuma-se traduzir deste modo a expressão de Hegel *die List der Vernunft*, que esse autor introduziu em várias de suas obras. Para começar, no "Prefácio" à *Fenomenologia do Espírito* Hegel fala de uma atividade do conhecimento que fica absorvida em seu conteúdo; é como se essa atividade não ocorresse, e isso constitui uma "astúcia". Na *Lógica* (Livro III, seção 2, cap. 3, B), Hegel indica que o fato de o fim (*Zweck*) relacionar-se com o objeto e transformar este em meio — determinando, ademais, com isso outro objeto — pode ser considerado uma imposição, ou violência (*Gewalt*), já que então o fim parece ser de uma natureza inteiramente diversa da do objeto. "Mas que o fim" — acrescenta Hegel — "se relacione de maneira mediata com o objeto e se insira entre ele e outro objeto pode ser considerado a astúcia da razão." Hegel procura mostrar aqui que a finalidade põe a seu serviço o mecanicismo. Na *Enciclopedia* (§ 209), Hegel reitera essas idéias acrescentando que o fim subjetivo por meio do qual o objetivo é cancelado e superado se mantém fora dele e, ao mesmo tempo, é o que nele se conserva, é "a astúcia da razão".

A passagem mais conhecida em que Hegel aborda a "astúcia da razão" está em seus ensinamentos sobre a filosofia da história universal. Hegel observa que, na história, os indivíduos seguem seus próprios interesses e paixões; além disso, os "indivíduos históricos", os "grandes homens", lutam por fins que exigem grande esforço, embora, por fim, este último não suscite neles nenhuma satisfação pessoal e nenhuma felicidade. De um ponto de vista "individualista" e "parcial", pode-se dizer que os indivíduos históricos atropelam direitos e interesses que parecem sagrados, de modo que parecem ser moralmente censuráveis. Mas os interesses particulares do que Hegel denomina "paixão" são inseparáveis da "realização do universal". "O particular tem seu interesse próprio na história universal; é algo finito e como tal deve sucumbir. Os fins particulares combatem-se um ao outro, e uma parte deles sucumbe. Mas precisamente com a luta, com a aniquilação do particular, se produz o universal. Este não perece. A idéia universal não se entrega à oposição e à luta, não se expõe ao perigo; ela permanece intangível e ilesa, no fundo, e envia o particular da paixão para que na luta se burile [receba os golpes]. Pode-se denominar isto *a astúcia da razão*; a razão faz com que as paixões ajam por ela e que aquilo mediante o qual a razão chega à existência se perca e prejudique" (*Filosofía de la historia universal*, trad. esp. José Gaos, tomo I, 1928, p. 77 [indicamos entre colchetes uma variante da tradução]).

A idéia de uma "astúcia da razão" aparece na maioria das tentativas de explicar uma complexa, e aparentemente contraditória, sucessão de fenômenos; por isso, ela se encontra mais amiúde em explicações de fenômenos históricos que em outros tipos de fenômenos. O que pode mudar, e de fato mudou, é o "motor invisível" do movimento histórico; isso ocorreu especialmente quando, como em Marx e outros autores, se descartou o idealismo hegeliano ou o que se supunha como tal. Por outro lado, o termo 'astúcia' possivelmente tem já em Hegel um sentido mais metafórico que literal. A "astúcia da razão" hegeliana é uma das mais conhecidas manifestações dos esforços para "desmascarar" os processos históricos e, em geral, os comportamentos humanos. Nisso coincidem — embora no conteúdo particular de suas concepções difiram extremamente entre si — autores como Hegel, Marx, Nietzsche e Freud. Os que se opuseram a teses do tipo da "astúcia da razão" alegaram tratar-se de hipóteses excessivamente amplas, decididamente especulativas e seguramente infalseáveis.

ASTÚCIA DA SEM-RAZÃO. Na idéia da astúcia da razão (VER), esta tem astúcia suficiente para pôr a seu serviço o que mais contrário parece a ela: os interesses particulares, as paixões e, em geral, todas as "irracionalidades". Suponhamos agora que ocorra o inverso: que algo que caberia denominar "Sem-Razão" — o que alguns filósofos chamaram de "o Irracional" — tem suficiente astúcia para pôr a seu serviço todo o racional. Teríamos então a "astúcia da sem-razão" — expressão usada por William Leiss em seu livro *The Domination of Nature* (1972).

A idéia de "astúcia da sem-razão" pode ser interpretada de vários modos, entre eles os seguintes:

1) A sem-razão, ou o irracional, consegue "persuadir" a razão de que é dona de si mesma e de seus próprios caminhos. De maneira concreta, isso equivale a enganar os seres humanos supostamente racionais, levando-os a pensar que os empreendimentos racionais humanos — por exemplo, a ciência — não são dominados nem condicionados por outras considerações que não as racionais. Como escreve o autor citado, a sem-razão pode produzir a ilusão de que "o empreendimento conhecido pelo nome de 'domínio da Natureza' está por sua vez sob controle" (*op. cit.*, p. 23). Em suma, a astúcia da sem-razão consiste em fazer uso da astúcia da razão, virando-a do avesso.

2) A sem-razão "justifica-se" a si mesma racionalizando todo o irracional até que a sem-razão pareça ficar explicada, ou eliminada, mas, a rigor, ela continua agindo como sem-razão com a "boa consciência" de sua suposta racionalidade.

3) A astúcia da sem-razão pode ser a astúcia de uma razão instrumental — no sentido de Mannheim, de Horkheimer, Habermas e outros autores — que se crê razão substancial, ou que se julga auto-suficiente.

O principal inconveniente da noção de "astúcia da sem-razão" — o mesmo, de resto, que o da noção de "astúcia da razão" — é a dificuldade de saber exatamente de que se fala quando se usam os termos 'sem-razão' ou 'razão'. O próprio emprego dessas palavras suscita o perigo de se hipostasiar os conceitos correspondentes. Entretanto, podem-se simplesmente entender esses termos como designação de todas as intenções, atividades e empreendimentos humanos irracionais ou racionais, respectivamente, de acordo com certos critérios estabelecidos de racionalidade, critérios cuja negação dá origem ao que se denomina "sem-razão" ou "irracionalidade".

ATANÁSIO (SANTO) (*ca.* 297-373). Doutor da Igreja, nasceu em Alexandria, de onde foi nomeado bispo. Defensor da ortodoxia no (primeiro) Concílio de Nicéia (325), contribuiu para a formação do credo niceno, que defendeu durante toda a sua vida, especialmente contra diversas seitas arianas. Santo Atanásio viveu no exílio em vários períodos de sua vida, mas foi a cada vez reintegrado a seus postos depois da reivindicação de seus pontos de vista teológicos, no decorrer de concílios (como o de Sárdica e Selêucia). Num dos exílios, esteve no Egito, vendo e admirando as práticas monásticas dos eremitas do deserto. Embora os interesses filosóficos de Santo Atanásio fossem mínimos, sua defesa da ortodoxia contra o arianismo acha-se permeada pelo vocabulário filosófico grego, especialmente neoplatônico. Santo Atanásio insistiu sobretudo no conceito de *homoousion* ou 'da mesma substância', que constituiu um dos grandes pilares da ortodoxia no que diz respeito à Trindade (VER). A partir de Santo Atanásio, ficou estabelecida e admitida a noção das três Pessoas — o Pai, o Filho e o Espírito Santo — da mesma substância.

⮕ Obras em J.-P. Migne, *Patrologiae cursus completus, series graeca*, vols. XXV-XXVIII, Paris, 1857-1866. — H. G. Opitz, *Athanasius Werke*, Berlim-Leipzig, 1934-1940.

Lexicon Athanasianum, por G. Müller, 1944 ss.

Ver: R. Bernard, *L'image de Dieu d'après Saint Athanase*, 1952. — E. P. Meijering, *Orthodoxy and Platonism in Athanasius: Synthesis or Antithesis?*, 1968; reed., 1974. — C. Kannengiesser, *Politique et théologie chez Athanase d'Alexandrie*, 1974. — D. J. O'Meara, "The Philosophical Writings, Sources and Thought of Athanasius Rhetor", *Proceedings of the American Philosophical Society*, 121 (1977), 483-499. — M. Wiles, "The Philosophy in Christianity: Arius and Athanasius", *Philosophy*, 25 (1989 Supl.), 41-52. ⮔

ATARAXIA, ou ἀταραξία, traduz-se por "ausência de inquietude", "tranqüilidade de ânimo", "imperturbabilidade". Demócrito usou o termo ἀταραξία ao afirmar que "a felicidade é prazer, bem-estar, harmonia, simetria e ataraxia" (Diels A 167, 15-8). Mas foram os epicuristas, os estóicos e os céticos que puseram a noção de ataraxia no centro de seu pensamento. Segundo o índice proporcionado por C. J. de Vogel (*Greek Philosophy*, III, 1959), a noção em questão foi tratada especialmente por Epicuro (VER), Epicteto (VER), Pirro (VER) e Arcesilau (VER). De acordo com Epicuro, a felicidade é obtida mediante a ἀπονία (ausência de pesar ou dor) e pela ataraxia. Delas gozam os deuses, que não se ocupam nem do governo do cosmos nem dos assuntos humanos (Diog. L., X 139, também "Carta a Meneceu", *apud ibid.*, X 128). A ataraxia é para Epicuro um equilíbrio permanente na alma e no corpo (*ibid.*, X 136). Para Epicuro, é preciso ater-se, para obter a felicidade, à ataraxia, mas também à ἀλυπία (ausência de pesar), à ἀφοβία (ausência de temor) e à ἀπάθεια (apatia, ausência de paixões); todas elas constituem simplesmente a liberdade, ἁπλῶς ἐλευθερία (*Diat.*, IV 3, 1-8). A ataraxia é para Pirro o apogeu da suspensão do juízo (ver EPOCHÉ); deve-se praticá-la para alcançar a ataraxia (Diog. L., X 66), coisa que só pode ser feita por um homem capaz de viver sem preferências. Em contrapartida, Arcesilau (*apud* Sexto, *Hyp.*, I 232) considerou a ataraxia como sintoma da suspensão do juízo e não seu coroamento.

A noção de ataraxia funda-se nos mesmos pressupostos e suscita os mesmos problemas das noções afins empregadas pelos filósofos mencionados. Ela se funda 1) na divisão, sobretudo elaborada pelos estóicos, entre o que está em nossa mão e o exterior a nós e na suposição de que o último inclui as "paixões"; 2) na confiança de que o homem como ser racional (ou pelo menos os filósofos como seres eminentemente racionais) é capaz de conseguir a eliminação das perturbações; e 3) na idéia de que a tranqüilidade é (pelo menos moralmente) melhor que a experiência. Os problemas suscitados são principalmente os que questionam se esses pressupostos são tão aceitáveis, tão claros ou, em última análise, tão desejáveis quanto se imagina. Além disso, esta noção suscita o problema relativo a se uma definição da 'liberdade' como a apontada por Epicuro não é excessivamente "negativa".

ATEÍSMO. Ser ateu, ou abraçar o ateísmo, é negar que haja Deus, ou negar que haja deuses, ou negar que haja alguma realidade que possa chamar-se "divina", ou todas essas coisas ao mesmo tempo. Normalmente, cada uma das negações mencionadas deu lugar a alguma forma particular de ateísmo. O ateísmo daquele que nega que haja Deus costuma opor-se ao teísmo (VER) e até ao deísmo (VER), embora H. R. Burkle (cf. bibliografia) tenha estabelecido uma distinção entre ateísmo e antiteísmo: este último consiste não apenas em negar que Deus existe como também, e sobretudo, em negar que a noção de existência seja aplicável a Deus (como ocorre com Sartre, ou "o primeiro Sartre"). O ateísmo daquele que nega que haja deuses opõe-se ao politeísmo; do ponto de vista politeísta, os cristãos eram vistos como "ateus" ou "sem deuses", ἄθεοί. É menos claro a que se opõe aquele que nega que haja alguma realidade "divina", mas, como esta é amiúde identificada com algo sobrenatural (VER), o último tipo de ateísmo costuma opor-se ao sobrenaturalismo. Por outro lado, mesmo em cada um dos três casos citados podem ocorrer diferentes formas de ateísmo, real ou imaginado, cuja descrição requer atenção a condições sociais, culturais e históricas específicas.

O próprio nome 'ateísmo' surgiu apenas no fim do século XVI, mas a noção de ateísmo, em alguma de suas muitas formas, e sobretudo a acusação de "ateísmo" são bastante anteriores. Alguns filósofos gregos, como Anaxágoras, e depois Sócrates e o próprio Aristóteles, foram denunciados por, ou acusados de, "impiedade", ἀσέβεια, o que não é muito diferente de "ateísmo", se se entende por isso a negação, suposta negação, ou "negligência", dos "deuses da cidade". O averroísmo, ou o que se entendia por isso do século XIII ao século XV, serviu amiúde como acusação de algo semelhante a uma espécie de "ateísmo". Durante muito tempo, 'ateísmo' e 'spinozismo' foram tidos por sinônimos, considerando-se também como sinônimos 'ateísmo' e 'panteísmo' (VER). Toda idéia de separação entre a Igreja e o Estado foi equiparada ao ateísmo; por isso, muitos consideraram Hobbes ateu. A religião natural, o deísmo (VER) e o livre-pensamento (ver LIVRE-PENSADORES) foram igualmente considerados manifestações de um ateísmo mais ou menos pronunciado. De maneira geral, estabeleceu-se uma identificação entre ateísmo e materialismo.

Na história da filosofia moderna, teve especial ressonância a chamada "disputa do ateísmo" (*Atheismusstreit*), iniciada em virtude da publicação por Fichte, em 1798, do ensaio intitulado *Über den Grund unseres Glaubens an eine göttliche Weltregierung* (*Sobre o fundamento de nossa crença numa ordem [governo] cósmica*), no qual o autor identificou Deus com a ordem, o governo, moral do mundo. Acusado de ateísmo, Fichte teve de abandonar seu posto como docente na Universidade de Iena, transferindo-se em 1799 para Berlim. O próprio Fichte insistiu no fato de que a "ordem moral" de que falava não era uma ordem moral dada, mas uma ordem ativa, que está se fazendo, de modo que identificar a ordem moral com Deus não equivale a negar Deus. Deus é para Fichte uma "ordem que ordena".

➲ Uma história clássica do ateísmo é a de Fritz Mauthner, *Der Atheismus und seine Geschichte im Abendlande*, 4 vols., 1922-1924; repr., 1963. Deu-lhe prosseguimento Werner Gent, *Untersuchungen zum Problem des Atheismus. Ein Beitrag zur weltanschaulichen Situation unserer Zeit*, 1964. Outras histórias: Hermann Ley, *Geschichte der Aufklärung und des Atheismus*, 5 vols., 1966-1972. — G. Girardi, *L'Ateismo contemporaneo*, 5 vols., 1967 (trad. esp.: *El ateísmo contemporáneo*, 5 vols., 1971-1973). c

ATENÁGORAS. Ver APOLOGISTAS.

ATENAS (ESCOLA DE). Na história da filosofia grega, denomina-se às vezes "período ateniense" ou também ático o período que vai de meados do século V ao final do século IV a.C. Nesse período se incluem os sofistas, Sócrates, alguns socráticos, Platão, Aristóteles e vários antigos acadêmicos e peripatéticos.

De modo mais próprio, dá-se o nome de Escola de Atenas a um dos ramos do neoplatonismo (VER). Trata-se da direção neoplatônica representada por Plutarco de Atenas (que deve ser distinguido de Plutarco de Queronéia), Siriano, Domnino Marino, Isidoro e, sobretudo, Proclo, Damáscio, Simplício e Prisciano. Esta escola pertence, por seu turno, à chamada direção metafísico--especulativa do neoplatonismo. Caracteriza-se por sua forte tendência teológica e sistemática, por sua aplicação da lógica — ou, melhor dizendo, da dialética — às especulações metafísicas, por sua tendência a desenvolver vários aspectos da teologia dialética e pela atenção dada à idéia de emanação, em especial mediante o uso do sistema triádico. Além disso, os neoplatônicos atenienses se destacaram por seus comentários a obras de Platão e Aristóteles (e Simplício por seu comentário ao *Encheiridion* de Epicteto). Nem todos os filósofos da escola de Atenas nasceram nessa cidade. Domnino nasceu na Síria; Proclo, em Constantinopla; Marino, em Neápolis (Sichem, Samaria). Expusemos as doutrinas particulares de vários dos filósofos citados nos verbetes sobre Siriano, Marino, Proclo, Damáscio e Simplício, e as tendências gerais no verbete sobre o neoplatonismo. Acrescentemos aqui que Plutarco de Atenas teve influência principalmente por seus comentários a diálogos platônicos e ao tratado aristotélico *De anima*; que Domnino escreveu tratados matemáticos (e nem sempre mostrou fidelidade completa aos princípios neoplatônicos); que Isidoro (biografado por Damáscio) seguiu os passos de Jâmblico; e que Prisciano escreveu uma compilação (da qual temos a versão latina intitulada *Solutiones eorum de quibus dubitavit Chosroes Persarum rex*) por incumbência do rei persa Cosroés, em cuja corte se abrigou — junto com Simplício e Damáscio — quando a escola ateniense foi fechada, em 529, por ordem de Justiniano.

➲ Ver bibliografia de NEOPLATONISMO. Para os comentários a Aristóteles de alguns dos autores mencionados, ver *Commentaria in Aristotelem Graeca* indicados em ARISTOTELISMO. Para Domnino: Ἐγχειρίδιον ἀριθμητικῆς εἰσαγωγῆς, ed. Boissonade, *Abec. Graeca*, IV, 413-429; Πῶς ἐστὶ λόγον ἐκ λόγου ἀφελεῖν, ed. C. E. Ruelle, *Revue de philologie*, 7 (1883), 82-94. — As *Solutiones* e a Μετάφρασις τῶν Θεοφράστων περὶ αἰσθήσεως de Prisciano foram editadas por I. Bywater em *Supp. Aristotelicum*, I, 2, 1886. ◐

ATENÇÃO. A noção de atenção foi abordada pela maioria dos filósofos em perspectiva psicológica. Ela foi definida muitas vezes como certa capacidade da mente — fundada em processos orgânicos ou pelo menos relacionada com eles — de canalizar os processos psíquicos, e em particular o pensamento, para certas vias. De modo muito geral, ela pode ser definida como concentração de energias psíquicas. A atenção pode ser considerada um processo potencial ou um processo atual, segundo a distinção escolástica entre uma atenção *secundum virtutem* e uma atenção *actualis*. Distinguiu-se entre a atenção espontânea e a atenção voluntária. Esta última foi considerada uma atenção consciente. Mas como a consciência da atenção pode, e costuma, distrair a atenção, o conceito de atenção voluntária e consciente foi objeto de muitos debates entre filósofos e psicólogos. Alguns afirmaram que a vontade e a consciência se encontram somente no processo inicial da atenção; outros, que na atenção há sempre, se não uma consciência, pelo menos um ato voluntário.

Interessam-nos aqui sobretudo as explicações do conceito de atenção que, embora baseadas em dados psicológicos, têm implicações epistemológicas e, em alguns casos, ontológicas, ou pelo menos ontológico-antropológicas. O exame psicológico-epistemológico da atenção foi efetuado especialmente por filósofos do senso comum, ideólogos e "sensacionistas". Assim, por exemplo, Destutt de Tracy supunha que a atenção é antes um estado de ânimo que uma faculdade, de modo que se poderia eliminar em princípio a vontade da atenção. Reid (*Intellectual Powers*, Essay, I, c. 5) assinalou, em contrapartida, que a atenção é um ato voluntário, sendo a consciência, em contrapartida, involuntária. Condillac (*Essai sur l'origine des connaissances humaines*, c. III) distinguiu atenção ativa e atenção passiva; numa há vontade, na outra não. Laromiguière (VER) considerou que a atenção é "a primeira faculdade"; dela derivam todas as restantes. Hamilton comparou a atenção com a abstração (ver ABSTRAÇÃO, ABSTRATO). Embora se achem expressas em linguagem filosófica, as definições e concepções anteriores estão condicionadas na maioria das vezes por questões de natureza epistemológica. Em Hamilton, sobretudo, observa-se um interesse decididamente epistemológico, pois mediante o estudo do fenômeno da atenção se procuram determinar não apenas os modos de apreensão das 'idéias', mas também a natureza — "psicológica" ou "transcendental" — destas.

A atenção como fenômeno primordial capaz de esclarecer não só os modos de operação psíquicos como certas atitudes humanas básicas foi objeto de reiterada averiguação desde o fim do século XIX. James Ward (VER) afirmou — contra Bradley — que não se pode identificar a vida psíquica com uma massa indiferenciada, seja de sensações, seja de um "sentimento primário" ou "experiência imediata". As atividades psíquicas o são de um eu — de um "eu puro" —, e esse eu é principalmente a atenção. Esta última é para Ward a consciência; melhor ainda, é o que dirige toda consciência em sua atividade. A atenção pode ser maior ou menor, mas não há possibilidade de vida psíquica — e de apresentação de nenhum conteúdo ao eu — sem certa dose de atenção. A atenção não se dissolve nas apresentações, nem na experiência indiferenciada: ela acompanha todas as apresentações e toda experiência. Se levam as idéias de James Ward a suas conseqüências últimas, e se admite que há no homem um desenvolvimento psíquico máximo, pode-se concluir que o ser humano é definível como "um sujeito em atenção".

Santayana chegou a considerar a atenção como a principal, e talvez a única, via de acesso ao reino das essências (cf. "The Realm of Essence", cap. I, em *The Realms of Being*, 1942, p. 15), pois, embora essa atenção seja uma "faculdade animal" suscitada pela paixão, pode alcançar no homem o nível de "apreensão ontológica" (Santayana não usa, porém, esta última expressão).

Em sentido diferente dos anteriores, Husserl examinou a noção de atenção. Criticando as teorias psicologistas e ao mesmo tempo nominalistas da abstração formuladas, entre outros autores, por Hamilton e John Stuart Mill, Husserl observou que "se a teoria que apóia a abstração na atenção (considerada então uma mera operação) é exata; se a atenção a todo objeto e a atenção às partes e características do objeto são, no sentido dessa teoria, um só e mesmo ato, que só se distingue pelos objetos a que se dirige, disso decorre que não há espécies para nossa consciência, para nosso saber, para nosso enunciar". Portanto, "o sentido unitário do termo 'atentar' não exige, de forma alguma, 'conteúdos', no sentido psicológico, como objetos aos quais atentamos, e ainda rebaixa toda a esfera do pensar". A atenção recai sobre "os objetos mentais que adquirem evidência 'intelectiva' na execução dos atos sobre essa base", sobre "os objetos e situações objetivas apreendidos mentalmente desta ou daquela maneira". Assim, a atenção chega até onde chega o conceito de "consciência de algo" (cf. *Investigaciones lógicas*, trad. Morente-Gaos, tomo II, cap. ii). Deve-se observar que, apesar da linguagem empregada por Husserl, sua idéia da atenção como consciência é distinta da de James Ward antes apresentada; não é uma idéia psicológica, mas fenomenológica (ou, se se quiser, pré-fenomenológica). Husserl abordou em várias ocasiões a noção de atenção de acordo com a concepção correspondente da consciência (VER), mas destacou essa noção, sobretudo ao falar dos diversos modos de consciência. Ele afirmou, por exemplo, que há três modos possíveis de consciência: o atual, em que o "objeto intencional" está presente na consciência; o potencial, onde há mera possibilidade de presença; e o atencional, que resulta da "atenção" da consciência ao objeto. Sublinhar este modo de atenção significa ao mesmo tempo destacar os aspectos "ativos" da consciência. E quando, em vez de falar de consciência como conjuntos de atos que constituem o puro fluxo do vivido, se fala da consciência como foco dos atos, o modo atencional da consciência adquire crescente importância. Pode inclusive identificar-se com o eu puro e ajudar a esclarecer a questão da constituição transcendental da consciência por meio da "atenção". Parece que há em Husserl uma idéia da atenção de caráter antes "ontológico" que psicológico ou até epistemológico. E até parece esboçar-se nas idéias citadas uma noção da atenção como "modo existencial" próprio do homem, na medida em que seu ser consiste principalmente num "estar no mundo".

Se seguirmos esta argumentação, poderemos afirmar o seguinte: enquanto o animal não possui atenção (ou possui uma "capacidade de atenção" muito pequena), o homem se constitui como tal em virtude precisamente de que o "estar atento" lhe permite abrir-se ao mundo como tal mundo, isto é, não apenas como um âmbito em que se dão os estímulos e sobre o qual operam as reações, mas, além disso, como a região em que se dá a possibilidade das objetivações. O estar no mundo e a atenção a ele são condições primárias da existência do homem, e a atenção assume com isso sentido existencial. Assim foi vista a questão por alguns existencialistas ou "fenomenólogos" (especialmente Merleau-Ponty) ao indicar que a atenção não é um simples enfocar os objetos para iluminá-los. O conhecimento derivado da atenção é algo que não ocorre pela mera justaposição do real e da consciência atenta. A atenção precisa o horizonte da "visão".

↪ Além das obras dos autores citados no verbete, ver: Théodule Ribot, *Psychologie de l'attention*, 1885. — Harry E. Kohn, *Zur Theorie der Aufmerksamkeit*, 1895. — W. B. Pillsbury, *L'attention*, 1906. — E. Düpp, *Die Lehre von der Aufmerksamkeit*, 1907. — Nicolas Apostolescu, *Emotivitate si atentie*, 1938. — A. Bal, *L'attention et ses maladies*, 1952. — E. G. Schachtel, *Metamorphosis: On the Development of Affect, Perception, Attention, and Memory*, 1959. — Alan R. White, *Attention*, 1964. ↩

ATENODORO DE TÁRSIO. Ver Estóicos.

ATHARVA-VEDA. Ver Veda.

ÁTICO (*fl.* 170). Defendeu como Nicóstrato a ortodoxia platônica de toda mescla com outras doutrinas e, em particular, a separação entre o platonismo e o aristotelismo. Tal como aconteceu com Nicóstrato, os trabalhos de Ático em defesa do platonismo foram utilizados por vários neoplatônicos (por exemplo, Proclo). Ático combateu o aristotelismo em metafísica, afirmando a separação entre o sensível e o inteligível; em teologia, declarando que a divindade não é um puro pensar em si mesmo, mas intervém no mundo como providência; em física e cosmologia, negando a eternidade do mundo; em psicologia, sustentando a imortalidade da alma; na teoria das idéias, mantendo a tese de que as idéias são pensamentos de Deus. Para efetuar esses ataques ao aristotelismo e a decorrente defesa do platonismo, Ático misturou as doutrinas platônicas com outras estóicas, especialmente em ética e em cosmologia, motivo pelo qual já na Antiguidade foi descrito não apenas como um platônico, mas também como um estóico.

↪ Fragmentos das obras de Ático em Eusébio, *Praep. Ev.*, e em comentários às *Categorias*, de Porfírio e Simplício. Ver J. Baudry, *Atticos. Fragments de son oeuvre*, 1931.

Ver: G. Martano, *Due precursori del neoplatonismo: Severo ed Attico*, 1956 (apêndice com fragmentos e testemunhos em grego e trad. italiana). — G. Bozonis, "A Criticism of Two of Atticus' Arguments Against Aristotle", *Diotima*, 4 (1976), 53-57. — J. Dillon, *The Middle Platonists: 80 B.C. to A.D. 220*, 1977.
Artigo de J. Freudenthal sobre Ático (Attikos, 18) em Pauly-Wissowa. **c**

ATITUDE PROPOSICIONAL. Uma atitude proposicional expressa-se em orações nas quais figuram verbos como 'crer', 'desejar', 'duvidar' etc. Eis alguns exemplos:

Dorotéia crê que Ricardo é um ladrão (1)
Clotilde deseja que a Lua seja comestível (2)
Alguns duvidam que a filosofia seja interessante (3).

Se tomarmos (1), (2) e (3) como orações, poderemos dizer que são verdadeiras ou falsas; verdadeiras, se é um fato que Dorotéia crê o que dizemos que crê, que Clotilde deseja o que dizemos que deseja, que alguns duvidem do que dizemos que duvidam. Por outro lado, (1), (2) e (3) contêm as orações subordinadas:

Ricardo é um ladrão (5)
A Lua é comestível (6)
A filosofia é interessante (7).

De (5), (6) e (7) podemos dizer que são orações verdadeiras ou falsas. Mas, como subordinadas, respectivamente, a (1), (2) e (3), não poderemos dizer que (5), (6) e (7) sejam verdadeiras ou falsas, ou, em termos técnicos, (5), (6) e (7) dentro de (1), (2) e (3), respectivamente, não estão submetidas a condições veritativo-funcionais.

As orações com verbos de atitude proposicional são chamadas também, a partir de Frege, de "indiretas" ou "oblíquas", isto é, pertencentes a um "discurso indireto" ou "discurso oblíquo", ao contrário das orações diretas ou orações declarativas sem cláusulas subordinadas do tipo antes exemplificado.

Como em muitos casos o verbo é seguido de 'que', fala-se amiúde da "cláusula que" (ou "cláusula-que"), mas deve-se levar em conta que, em português, há várias expressões possíveis que seguem um verbo de atitude proposicional: diz-se 'crê que' e 'deseja que', mas 'duvida de que', 'aspira a' etc.

Os dois verbos de atitude proposicional mais freqüentemente tratados são 'crer' e 'saber', isto é, os verbos que figuram em expressões cujo exame leva à introdução de noções epistêmicas (ver EPISTÊMICO) e doxásticas (ver DOXA, DOXAL, DOXÁSTICO, DÓXICO).

Um exame lingüístico, e não apenas lógico, de orações com verbos de atitude proposicional revela certas diferenças que não importam em lógica, ou pelo menos no tipo de lógica em que o princípio de extensionalidade (VER) desempenha um papel importante.

De imediato, é comum dar exemplos de orações nas quais o verbo se acha na forma indicativa e (muito amiúde) na terceira pessoa do singular, como ocorre com (1). Isso faz com que a oração subordinada apareça como claramente declarativa. Temos uma versão de orações subordinadas em termos declarativos em (6) e (7). Contudo, em (2) e (3) transparece que a forma verbal é (em português) subjuntiva (e o é da mesma maneira, embora não se expresse lingüisticamente assim, em outras línguas nas quais o subjuntivo foi praticamente abolido). Isso já indica que a oração subordinada não é claramente declarativa, isto é, não aparece sob forma indicativo-declarativa.

Em segundo lugar, se comparamos (1) com:
Pânfilo deseja à sua noiva que passe
Boas Festas (8),

percebemos, mais claramente ainda do que nas orações subordinadas subjuntivadas de (2) e (3), que não se diz 'A noiva de Pânfilo passa Boas Festas', indicando-se depois que, sem dúvida, isso não é nem verdadeiro nem falso em virtude de achar-se dentro de um discurso indireto, mas que 'A noiva de Pânfilo passa Boas Festas' não é verdadeiro nem falso porque (além disso) Pânfilo deseja (só) que ela as passe desse modo. Poder-se-ia escrever:

Pânfilo deseja: a noiva de Pânfilo
passa Boas Festas (9),

mas isso se mostraria um tanto forçado e, em todo caso, mais forçado que:

Pedro nega: João está doente,
o que substitui:
Pedro nega que João esteja doente.

Por fim, enfatizou-se que os verbos de atitude proposicional ficam, de toda maneira, fora do quadro das condições veritativo-funcionais, inclusive quando empregados em orações não-indiretas. Verbos como 'crer', 'saber' e 'duvidar' são verbos de caráter executivo (VER), podendo intervir em expressões com força ilocucionária (ver ILOCUCIONÁRIO; ver também LOCUCIONÁRIO; PERLOCUCIONÁRIO).

Um dos pontos mais debatidos na lógica da crença, assim como na lógica do conhecer, é o suscitado pelo freqüentemente chamado "paradoxo de Moore". Esse paradoxo se formula do seguinte modo:

p, mas não creio que *p*.

Alguns autores julgam não haver nada de muito peculiar nessa fórmula, já que não é excepcional que alguém afirme alguma coisa sem crer nela; muito pelo contrário, em muitos casos se dizem coisas nas quais não se acredita. Além disso, cabe distinguir uma afirmação — que é assunto de conhecimento — de um enunciado de crença. Outros autores consideram que a fórmula é contraditória ou, em todo caso, absurda, visto que — supondo que haja boa-fé e alguém afirme efetivamente *p* — afirmar uma proposição não é incompatível com o fato de não crer nela. O problema — que foi abordado numerosas vezes, amiúde sob o tema "dizer e não crer (ou descrer)" — está ligado às idéias mantidas acerca da relação entre crença e conhecimento. É óbvio que, se se sustenta que há uma estreita relação entre crença e conhecimento, a fórmula com que se exprime o paradoxo de Moore é inaceitável. Caso não se afirme que há uma estreita relação entre crença e conhecimento, essa fórmula é mais aceitável, quando não plenamente aceitável. O problema está igualmente ligado às idéias que se mantêm a respeito de haver ou não diferenças entre proposições e enunciados, isto é, expressão de proposições por alguém. Se não há essas diferenças, a fórmula de referência parece absurda, mas não no caso contrário.

↪ Ver: J. L. Garfield, *Belief in Psychology: A Study in the Ontology of Mind*, 1988. — M. Richard, *Propositional Attitudes: An Essay on Thoughts and How We Ascribe Them*, 1990. — C. A. Anderson, ed., *Propositional Attitudes: The Role of Content in Logic, Language, and Mind*, 1990.

Ver também alguns trabalhos da abundante literatura suscitada pelo paradoxo de Moore: L. Aqvist, "A Solution to Moore's Paradox", *Philosophical Studies*, 15 (1964), 1-4. — C. Sayward, "Assertion and Belief", *Philosophical Studies*, 17 (1966), 74-77. — W. G. Lycan, "Hintikka and Moore's Paradox", *Philosophical Studies*, 21 (1970), 9-14. — M. Ring, "Moore's Paradox: Assertion and Implication", *Behaviorism*, 1 (1973), 87-102. — J. N. Williams, "Moore's Paradox: One or Two?", *Analysis*, 39 (1979), 141-142. — R. Hambourger, "Moore's Paradox and Epistemic Justification", *Philosophy Research Archives*, 10 (1984), 1-12. — A. Gombay, "Some Paradoxes of Counterprivacy", *Philosophy*, 63 (1988), 191-210. — Th. Baldwin, *G. E. Moore*, 1990. — O. R. Jones, "Moore's Paradox, Assertion and Knowledge", *Analysis*, 51 (1991), 182-186. — M. Welbourne, "More on Moore", *Analysis*, 52 (4) (1992), 237-241. ↩

ATIVISMO. Ver Ação.

ATIVO (ENTENDIMENTO ou INTELECTO). Ver Entendimento.

ĀTMAN. Ver Brahman-Atman.

ATO, ATUALIDADE. Estudaremos estes conceitos em sua acepção filosófica técnica, prescindindo de seus significados mais comuns. Para o sentido de 'ato' como "ação", ver o artigo sobre este último conceito.

Aristóteles introduziu em sua filosofia os termos ἐνέργεια — usualmente traduzidos por "ato" ou "atualidade" — e δύναμις — comumente traduzido por "potência" (cf. alguns *loci* na bibliografia *infra*). No verbete sobre a noção de Potência (ver) analisamos vários significados aristotélicos deste conceito em relação com o de ato. Teremos de repetir aqui alguns deles para maior clareza. Os termos em questão constituem uma parte fundamental do arsenal conceitual aristotélico e se aplicam a partes muito diversas de sua filosofia, mas aqui os estudaremos do ponto de vista da "física" e da metafísica (e, seja-nos desculpado o anacronismo, do ponto de vista da "ontologia geral"). Começaremos considerando-os uma tentativa de explicação do movimento como vir-a-ser (ver).

O movimento como mudança numa realidade (às vezes chamado "movimento qualitativo", para distingui-lo do movimento local, e qualificado igualmente — como faremos aqui com freqüência — de "mudança") necessita de três condições, que parecem ser a um só tempo "princípios": a matéria (ver), a forma (ver) e a privação (ver). Ora, a mudança seria ininteligível se não houvesse no objeto que vai modificar-se uma potência de mudar. Sua mudança é, a rigor, a passagem de um estado de potência ou potencialidade a um estado de ato ou atualidade. Essa passagem é efetuada por meio de uma causa eficiente, que pode ser "externa" (na arte) ou "interna" (na própria natureza do objeto considerado). O vocábulo 'interno' não significa que o objeto que muda não precise de nenhum impulso para mudar; significa que ele não poderia mudar se não se retirassem os obstáculos que o impedem de situar-se em seu "lugar natural", e também que não poderia mudar se não houvesse nele disposição para tal. A mudança pode ser então definida do seguinte modo: trata-se de levar a cabo o que existe potencialmente enquanto existe potencialmente (*Phys.*, IV 201 a). Nesse "levar a cabo" o ser passa da potência de ser algo ao ato de sê-lo; a mudança é passagem da potência à atualidade.

Afirmou-se às vezes que a contraposição entre potência e ato em Aristóteles é idêntica, ou pelo menos muito semelhante, à contraposição entre matéria e forma. Não negamos que haja uma analogia entre ambos os pares de conceitos, mas de modo algum eles podem ser equiparados. A forma é a essência, ou um dos aspectos da essência, de um ser; em contrapartida, o ato inclui certa operação. Quando essa operação culmina, temos a entelequia (ver, entretanto, no verbete sobre este último conceito suas várias significações).

Não é fácil definir a noção aristotélica de "ato". Pode-se dizer que o ato é a realidade do ser, de modo que, como indicou o Estagirita, o ato é (logicamente; talvez formal-ontologicamente) anterior à potência. Apenas com base no atual se pode entender o potencial. Pode-se dizer de igual maneira que o ato determina (ontologicamente) o ser, sendo assim ao mesmo tempo sua própria realidade e seu princípio. Pode-se destacar o aspecto formal ou o aspecto real do ato. Por fim, pode-se dizer que o ato é "o que faz ser aquilo que é".

Nenhuma das definições se mostra suficiente. Aristóteles, que percebe essa dificuldade, apresenta com freqüência a noção de ato (e a de potência) por meio de exemplos. A seguir, apresentamos alguns dos mais conhecidos como base de nosso comentário.

"O ato — escreveu Aristóteles — é a existência de um objeto, mas não do modo como o expressamos pela potência. Dizemos, por exemplo, que Hermes está em potência na madeira, e a semilinha na linha completa porque dela pode ser extraída. Chamamos também sábio em potência aquele que sequer especula, contanto que possua a faculdade de especular; o estado oposto em cada um desses casos existe em ato" (*Met.*, V 6, 1048 a 30-35). Como se vê, Aristóteles não oferece uma definição de 'ato', mas uma contraposição da noção de ato com a de potência à luz de exemplos. A grande importância destes é evidenciada pelo fato de que, em cada ocasião em que procura mostrar o que o ato é, Aristóteles acumula os exemplos. "O ato será, pois, como o ser que constrói está para o ser que tem a faculdade de construir; o ser despertado, para o que dorme; o que vela para o que tem os olhos fechados mas possui a visão; o que foi separado da matéria para a matéria; o que é elaborado para o que não o é" (*ibid.*, 1048 b 1-5). Os primeiros termos dessas séries são atos; os segundos, potências. E, se se perguntar por que não se proporciona uma definição estrita dos termos 'ato' e 'potência', Aristóteles responderá que "não se deve tentar definir tudo, pois é preciso saber contentar-se em compreender a analogia".

No entanto, os exemplos e as comparações não são tudo o que cabe dizer sobre o significado da noção de ato. Antes de tudo, é necessário entender esses exemplos e comparações em relação com o problema a que antes nos referimos: o da mudança. Como conceber o ser como ser que muda? Platão afirmara que a mudança de um ser é a sombra do ser. Os megáricos sustentaram que só se pode entender o que é atualmente: um objeto dado, x, afirmavam, é ou P (ou seja, possui esta ou aquela propriedade ou se acha neste ou naquele estado) ou não-P (isto é, não possui esta ou aquela propriedade ou não se acha neste ou naquele estado). Pode-se dizer que João é em potência um grande músico se este não produziu música alguma? Ora, Aristóteles rejeitou a doutrina de Platão porque este fazia da mudança uma espécie de ilusão ou aparência do ser que não muda, e fez o mesmo com a doutrina dos megáricos porque estes não davam a razão da mudança. Se há, pois, mudança, deve haver algo que possui uma propriedade ou se acha num estado e pode possuir outra propriedade ou passar a outro estado. Quando isso ocorre, a propriedade "posterior" ou o "último" estado constituem atos, ou atualizações, de uma potência prévia.

Essa potência não é qualquer uma. Como Aristóteles indica (*Phys.*, III 201 b 33 ss.), um homem não é potencialmente uma vaca, mas um menino é potencialmente um homem, pois caso contrário continuaria a ser sempre um menino. O homem é, assim, a atualidade do menino. Um objeto dado, x, que é preto, é potencialmente branco, porque pode chegar a ser branco. Assim, a passagem do que é em potência ao que é em ato requer certas condições: estar precisamente em potência *de* algo e não de outra coisa. Pode-se dizer que, além de um x que é branco e de um x que é preto, há "algo" que não é nem branco nem preto, mas que chega a ser branco. Se se admitisse apenas o ser (como ser atual), nada poderia transformar-se em nada. O enunciado 'x chega a ser branco' careceria de sentido a menos que se supusesse que o enunciado 'x pode chegar a ser branco' é verdadeiro.

Embora haja seres em potência e seres em ato, isso não significa que potência e ato sejam eles mesmos seres. Podemos, pois, defini-los como princípios dos seres (ou "princípios complementares") dos seres). Esses princípios, porém, não existem separadamente — à maneira das Formas platônicas —, mas se acham incorporados às realidades (com a exceção do Ato Puro ou Primeiro Motor, e isso porque esse Ato não consiste somente em ser em ato, mas em "atualizar" mediante atração todo ser). Ora, a teoria aristotélica do ato não pode reduzir-se a esta definição, que é, em última análise, puramente nominal. O Estagirita percebe perfeitamente que o ato pode ser entendido de várias maneiras. De imediato, destas duas: 1) o ato é "o movimento relativamente à potência"; 2) o ato é "a substância formal relativamente a alguma matéria". No primeiro caso, a noção de ato tem aplicação sobretudo na física; no segundo, tem aplicação na metafísica. Como se a complicação fosse pequena, há o fato de que a noção de ato não se aplica do mesmo modo a todos os "atos". Em certos casos, não se podem enunciar de um ser sua ação e o fato de tê-la realizado (não se pode aprender e ter aprendido, curar e ter curado). Em outros, em contrapartida, podem-se enunciar simultaneamente o movimento e o resultado (como quando se diz que se pode ver e ter visto, pensar e ter pensado). "Desses diferentes processos — escreve Aristóteles — deve-se chamar a uns movimentos e a outros atos, pois todo movimento é imperfeito, como o emagrecimento, o estudo, o caminhar, a construção: são movimentos, e movimentos imperfeitos. Com efeito, não se pode ao mesmo tempo caminhar e ter caminhado, tornar-se e ter-se tornado, receber um movimento e tê-lo recebido; tampouco é o mesmo mover e ter movido. Mas é a mesma coisa a que ao mesmo tempo vê e viu, pensa e pensou. A um processo deste tipo dou o nome de ato e ao outro, de movimento" (*ibid.*, 1048 b 25-35).

A citação anterior mostra que Aristóteles não se considera satisfeito em contrapor simplesmente o ato à potência e em examinar a noção de ato do ponto de vista de uma explicação da mudança no quadro de uma "ontologia da física". Se se podem encontrar exemplos de seres cuja realidade se aproxime de uma pura atualização de si mesmos, serão eles a determinar o modo como propriamente deve ser entendido o "ser em ato". Em seu "Prólogo" à *Historia de la filosofía*, de Émile Bréhier (*Dos Prólogos*, 1944, pp. 193-203), Ortega y Gasset enfatizou o caráter dinâmico dessas realidades que são propriamente em ato e referiu-se a uma passagem de *De an.* à qual se pode acrescentar o que foi anteriormente mencionado. Eis várias frases dessa passagem: "O mover-se é uma espécie de ação, embora imperfeita (...) Dizemos de algo que *sabe*, ou no sentido com que o dizemos de um homem pelo fato de que pertence ao gênero dos seres que têm inteligência e ciência; ou no sentido com que dizemos que sabe algo aquele que possui a ciência gramatical. Mas a potência de saber não é a mesma em ambos os casos: no primeiro, o homem sabe porque tal gênero de seres e tal matéria têm potência para saber; no segundo, porque, se não há impedimento externo, o homem pode, quando quer, atualizar seu conhecimento. Por último, dizemos que alguém sabe quando já atualmente contempla uma verdade, de modo que propriamente e em ato sabe que isto é A. Os dois primeiros sabem em potência. Deles, um saberá atualmente, quando pelo ensinamento mudar de qualidade e repetidamente passar de um hábito ao contrário; o outro, se do estado de possuir a sensação ou a gramática, mas sem usá-las, passar à sua atuação, o que supõe uma mudança muito diferente da anterior; aquele que possui o hábito da ciência passa ao ato de contemplá-la; o que ou não é verdadeira mutação (já que consiste num progresso do sujeito e de seu ato), ou pelo menos é uma espécie de mutação diferente da comum; há dois modos de alteração: um que consiste no trânsito às disposições privativas (a saber, a substituição de uma qualidade por sua contrária); o outro que consiste no trânsito às disposições positivas e à perfeição da Natureza (que é progresso e perfeição da qualidade existente)" (II 5, 417 a 15 ss.; trad. Antonio Ennis, S. I.).

Segundo Ortega y Gasset, isso mostra que para Aristóteles há uma certa forma de vir-a-ser que não consiste simplesmente em passar de um estado (princípio) a outro estado (fim), sendo na verdade uma mudança incessante "rumo a si mesmo". O exemplo mais eminente desse "progresso rumo a si mesmo", εἰς αὑτὸ γάρ ἡ ἐπίδοσις, é o pensar, que tem em si mesmo seu fim mas nem por isso cessa de progredir. Ora, "a mudança ou movimento que é termo ou fim de si mesmo, que, mesmo sendo caminhar ou trânsito e passagem, não caminha senão por caminhar e não para chegar a outra coisa, nem transita senão por transitar, nem passa mais que por seu próprio passar, é precisamente o que Aristóteles chama *ato — energeia —*, que é o ser na plenitude de seu sentido. Com isso, vemos que Aristóteles transcende a idéia estática do ser, já que não é o movimento *sensu stricto*, mas o próprio ser que parecia quieto que se revela como consistindo numa ação e, portanto, num movimento *sui generis*" (Ortega y Gasset, *op. cit.*, pp. 198-199).

Seja ou não verdade que há em Aristóteles essa idéia do ser como ser dinâmico, em que, tal como ocorre com o pensar, "a passagem da potência inicial (...) não implica *destruição da potência*, sendo antes uma *conservação do que é em potência pelo que é em perfeição (entelêquia)*, de modo que potência e ato se assimilam" (*op. cit.*, p. 202), o certo é que a noção de ato no Estagirita não pode reduzir-se a uma definição simples acompanhada de vários exemplos. Em todo caso, é como se Aristóteles tivesse interesse em mostrar que há entes que são constitutivamente mais "em ato" que outros. Além disso, esses entes podem servir de modelos para tudo o que se diz que é em ato. Pode-se dizer talvez que o ato não designa a ação (no sentido da mudança), porém, como designa a perfeição da noção, não há inconveniente em admitir que esta pode ser perfeita *em seu mudar*. Vários autores neoplatônicos e cristãos tenderam a essa idéia do ato como a perfeição dinâmica de uma realidade. Um dos exemplos desse ser em ato é a intimidade pessoal. O ato pode então ser concebido como uma tensão pura, que não é movimento nem mudança, porque constitui a fonte perdurável de todo movimento e mudança. E, se se alega que isso não pode ocorrer porque o sentido primário das descrições aristotélicas de 'ato' e 'atualidade' o excluem, pode-se responder com Plotino que se deve distinguir entre o sentido de 'ato' segundo se aplique ao sensível ou ao inteligível. No sensível, argumentava Plotino, o ser em ato representa a união da forma e do ser em potência, de sorte que não pode haver equívoco algum: o ato é a forma. No inteligível, em contrapartida, a atualidade é própria de todos os seres desta esfera, de modo que, sendo o ser em ato o próprio ato, a forma não é um mero ato: é, antes, *em ato*.

As noções de ato e atualidade foram elaboradas pelos escolásticos de maneira muito detalhada, principalmente com base nos conceitos aristotélicos. A esse respeito cabe considerar três aspectos. Em primeiro lugar, que, sem deixar de ser aplicadas, como em Aristóteles, aos processos naturais, elas não se limitaram a estes, mas foram usadas com particular empenho para elucidar o problema da natureza de Deus como Ato Puro. Em segundo lugar, que se tentou precisar seu significado até onde fosse possível. E, em terceiro, que se estabeleceram distinções entre várias espécies de atos. Referir-nos-emos principalmente aos dois últimos aspectos, fundando-nos em particular nas doutrinas de Santo Tomás de Aquino a esse respeito.

Para Santo Tomás e muitos escolásticos, a doutrina do ato (e da potência) resulta de uma abordagem da questão da divisão do ente. Embora ato e potência sejam de algum modo relativos, na medida em que o que se diz ser em ato (nos seres criados) o é com respeito à potência, e o que se diz ser em potência o é com respeito ao ato, deve-se estabelecer uma distinção. Enquanto a potência se define pelo ato, este não pode definir-se pela potência, já que esta última adquire o ser que tem por meio do ato. Isso equivale à doutrina aristotélica da preeminência (lógica) do ato sobre a potência. Como escreve Santo Tomás, *"potentia dicitur ab actu"* (*De pot.*, I, 1). O ato é, pois, algo "absoluto"; não pode definir-se como tal por ser uma das chamadas *prima simplicia*. O ato não se compõe (logicamente) de partes em potência, mas tampouco se resolve em partes atuais. Nesse sentido, Aristóteles não se equivocava ao "mostrar" (mais que de-mo[n]strar) a noção de ato por meio de exemplos. Todavia, que o ato seja logicamente anterior à potência não significa que (nos seres criados) seja realmente anterior à potência. Só o Ato Puro ou Deus é anterior, lógica e realmente, a tudo.

Entre as divisões da noção de ato propostas pelos escolásticos, e principalmente por Santo Tomás, mencionamos as seguintes:

1) O ato pode ser *puro* ou *absoluto*, ou *não-puro*. No ato puro, não há nenhuma potência; o ato puro é a perfeição concebida ou existente em si e por si. O ato puro é por isso "o ato último não-recebido" (*irreceptus*), de maneira que, como escreve Santo Tomás, *ultimus actus est ipsum esse*. O ato impuro é o que tem alguma potência ou está mesclado com a potência, sendo perfeição de uma potência, e constituindo por isso um "ato recebido" (*receptus*).

2) O ato não-puro pode ser *entitativo* ou *formal*. O ato entitativo é o ato de ser (*actus essendi*) ou o que faz existir uma essência. O ato formal é o que informa uma potência, constituindo uma forma substancial ou uma forma acidental. O ato entitativo chama-se também "ato último".

3) O ato formal substancial pode ser *subsistente* (ou existir sozinho) ou *não-subsistente* (ou não existir sozinho, isto é, existir acompanhado de matéria).

4) O ato subsistente pode ser *completo* ou *incompleto*.

5) O ato não-subsistente pode ser *substancial* ou *acidental*.

6) O ato pode ser *primeiro* ou *segundo*. O ato primeiro não supõe outra coisa, sendo a forma. O ato segundo supõe outra coisa, sendo a operação.

7) O ato primeiro pode ser *próximo* (ao qual sucede imediatamente um ato segundo) ou *remoto* (ao qual não sucede imediatamente um ato segundo).

8) O ato pode ser *imanente* ou *exterior* (também denominado *transitivo*). O ato imanente é o recebido no próprio sujeito que o produz (como o ato intelectual). O ato exterior ou transitivo é o recebido em outro sujeito (como o ato físico).

Segundo os escolásticos, todo ser mutável constitui-se de potência e de ato, enquanto o ser imutável é apenas ato. Os escolásticos também empregaram muitas expressões nas quais se faz uso da noção de ato, tais como *esse in acto*, *esse actu*, *ens actuale*, *actualitas*, *habere actum*.

Na filosofia do Renascimento e em muitos sistemas modernos utilizaram-se também as noções de ato e atualidade, mas freqüentemente com vocabulário distinto. A noção de Absoluto elaborada pelos idealistas pós-kantianos pode ser definida em grande parte com base na idéia do ato puro, sobretudo quando se interpreta este último em sentido "dinâmico", isto é, como sendo capaz de "desenvolver-se" na Natureza e no Espírito. A noção de ato também desempenha um papel importante na filosofia de Spinoza. Discutiu-se com freqüência no âmbito do pensamento moderno se a realidade deve ser concebida principalmente como atualidade (ao modo dos megáricos e, em parte, de Spinoza e Bergson) ou se a idéia de potencialidade é igualmente importante, quando não preeminente. Pode-se dizer que houve certa tendência a conceder o primado ao ser atual em face do ser potencial. Entretanto, na maioria dos sistemas filosóficos modernos a noção de ato foi subsumida em outras noções não necessariamente relacionadas com as questões suscitadas dentro da filosofia aristotélica e escolástica, motivo pelo qual é difícil estudar esses sistemas do ângulo das noções tratadas neste verbete.

Limitar-nos-emos aqui a mencionar alguns autores do século XX nos quais os termos 'ato' e 'atual' desempenham um papel capital: Gentile, Whitehead, Husserl e Lavelle destacam-se particularmente no que diz respeito a isso.

Gentile denominou sua filosofia "atualismo" (VER). Essa filosofia procede em parte da noção idealista de ato como um absoluto "pôr" a realidade. Gentile dá o nome de *atto puro* ao pensamento na medida em que, embora não possa objetivar-se, ele constitui o fundamento de toda objetividade "engendrada". A "atualidade do eu" pela qual "nunca é possível que o Eu seja concebido como objeto de si mesmo" (*Teoria dello Spirito*, I, 6) faz com que o ato puro se oponha continuamente ao fato. O fato é o que se dá; o ato é o que se faz. Por isso, o ato não deve ser entendido como realidade abstrata, mas como realidade eminentemente concreta. O ato é o Espírito, que é "o sujeito que não é *pensado* como tal, mas *atuado* como tal" (*op. cit.*, II, 3). Gentile afirma desse modo a identidade do *verum* e do *fieri*, a ponto de, alterando uma fórmula tradicional, se poder dizer que *verum et fieri convertuntur*. O Espírito como ato puro é puramente dinâmico (sendo, além disso, "histórico-concreto"). Gentile afirma que a noção tradicional de ato não permite compreender o histórico, visto que tende a reduzir o espírito-ato ao espírito-substância.

A oposição ao ato como entidade estática é própria igualmente da filosofia de Whitehead. As "entidades" atuais ou entidades ocasionais são as "coisas" finais reais de que está feito o "mundo", incluindo Deus. As entidades atuais são "gotas de experiência, complexas e interdependentes" (*Process and Reality*, II s. 1). Para Whitehead, a noção de entidade atual é equiparável à idéia cartesiana de substância e ao conceito lockiano de potência (*power*); por isso, ele afirma que a "atualidade" significa a última penetração no concreto, abstraído de tudo o que seja mera não-entidade (*loc. cit.*).

Na primeira fase da fenomenologia de Husserl, esse autor usou o termo 'ato' (*Akt*), porém não lhe deu um sentido metafísico, mas "neutro". Husserl afirma que os atos não são "atividades psíquicas", mas "vivências intencionais". Deve ser excluída delas toda idéia de atividade. O ato (*Akt*) não é a ação (*Tat*), mas tampouco o *actus* em sentido clássico. Segundo Husserl, "a referência intencional, entendida de modo puramente descritivo, como peculiaridade íntima de certas vivências, é a característica essencial dos fenômenos psíquicos ou atos".

Louis Lavelle procura, de um ponto de vista metafísico, acentuar a atividade operante do ato sem reduzi-lo por isso a mera atuação *de* um ser. Lavelle evita tanto uma interpretação neutra do ato como uma ontologia dinamicista. O ato é para Lavelle a própria realidade do ser. Portanto, é algo distinto do "objeto". O ato não é um ser atuante, a menos que se entenda esse ser como um atuar. A noção de ato só pode ser entendida partindo-se de uma análise do eu. Este é o objeto da metafísica, que "se baseia numa experiência privilegiada que é a do ato que me faz ser" (*De l'Acte*, I art. 2). O ato aparece como um objeto, porque é o horizonte dentro do qual se dá toda objetividade. Pode-se alegar que na teoria de Lavelle há muito de "atualismo" no sentido de Gentile. Contudo, o ato não é para Lavelle a atividade pura ou o atuar como tal; é uma realidade infinitamente concreta, uma eficácia pura cuja essência interna é o criar-se incessantemente a si mesma (*op. cit.*, I art. 5). O ato é a pura liberdade e vontade de ser, mas o ato não elimina a racionalidade; ele cria o âmbito racional e permite que no reino do eu o ter coincida com o ser (*op. cit.*, VII art. 9).

⊃ Outras passagens de Aristóteles nas quais se elucida a noção de ato são: *Phys.*, I 2, 186 a ss.; I 8, 191 b ss.; III 2, 201 b 10; *De an.*, II 1, 412 a 10; II 1 412 a 23; II 5, 417 a 9; II 5, 417 a 22-23; III 2, 426 a 1-26: *De gen. an.*, II 734 a 30; *Met.*, B 6, 1003 a 4; V 1049 b 4-8, 1051 a 3; Λ 2, 1049 b 15 ss.; V 6, 1072 a 3-8; *Eth. Nic.*, I 13, 1103 a 27. — Entre outras passagens em Plotino: *Enn.*, I iv 14; I v 5; I vii 1,2; III i 13; III ix 8; IV viii 5; V iv 9. — Para Santo Tomás, além do citado *De pot.* (I,1): 1 *sent.* 42, 1, 1 ad 1; *S. theol.*, I, q. LXXVI 1 c; q. CV 1 c; 9 *met.* 7 b e 8. Para as noções do conhecer *per actum suum y secundum quod est actu*, *S. theol.*, I, q. LXXXVII.

Para ato e potência em vários autores: A. Smets, *Act en Potentie in de Metaphysica van Aristoteles*, 1952. — E. Berti, *Genesi e sviluppo della dottrina della potenza e dell'atto in Aristotele*, 1958. — Josef Stallmach, *Dynamis und Energeia*, 1959. — J. Christensen, "Actus Purus: An Essay on the Function and Place of the Concept of Pure Act in Aristotelian Metaphysics and on Its Interrelation with Some other Key Concepts", *Classica et Medievalia*, 19 (1958), 7-40. — José R. San Miguel, "Los términos 'acto' y 'potencia' en la filosofía neoplatónica y agustiniana", *Augustinus*, 4 (1959), 203-237. — C. Giacon, *Atto e Potenza*, 1947. — G. Brakas, *Aristotle's Concept of the Universal*, 1988.

A noção de ato em sentido aristotélico-tomista é apresentada em todos os manuais neo-escolásticos tomistas. Além disso, ver: A. Farges, *Théorie fondamentale de l'acte et de la puissance, du moteur et du mobile*, 1893. — L. Fuetscher, *Akt und Potenz, eine kritisch-systematische Auseinandersetzung mit dem neuren Thomismus*, 1933. — H. P. Kainz, "Active and Passive Potency" in Thomistic Angelology, 1972. — W. E. Murnion, *The Meaning of Act in Understanding: A Study of the Thomistic Notion of Vital Act and Thomas Aquinas's Original Teaching*, 1973. — M. Lu, *Critical Theoretical Inquiry on the Notion of Act in the Metaphysics of Aristotle and Saint Thomas Aquinas*, 1992. — Ver igualmente a bibliografia do verbete Potência.

Não falamos neste verbete da "filosofia do ato" de G. H. Mead (VER), exposta em *The Philosophy of the Act* (1938), porque o termo 'ato' tem nesse autor um sentido diferente dos analisados; ele expressa uma idéia de ação em sentido pragmático-perspectivista. ᴄ

ATO LINGÜÍSTICO. Ver Executivo; Ilocucionário; Locucionário; Perlocucionário; Proferimento.

ATOMISMO. Dá-se este nome a toda doutrina segundo a qual uma realidade dada é composta de entidades indivisíveis (τόμος = "corte", "pedaço"; ἄτομος = "não-cortado", "não-divisível", "indivíduo"). Um átomo não pode dividir-se mais, porque é, por definição, algo indivisível. Falou-se de átomos físicos, átomos mentais ou psíquicos, átomos sociais, átomos metafísicos, átomos lógicos etc., e dos correspondentes "atomismos". Pode-se usar 'atomismo' para designar uma doutrina específica; isso ocorre com o atomismo lógico (VER). Pode-se usar igualmente, e assim se fez, para designar uma concepção do mundo oposta ao "totalismo", ao "globalismo" ou ao "holismo". Pode-se usar para designar as doutrinas atômicas da realidade física, desde algumas teorias indianas e Demócrito até as atuais teorias atômicas. Este último uso é o mais comum, e a ele nos referiremos principalmente, reservando para o final algumas considerações sobre o atomismo como concepção geral do mundo. Como nas teorias atômicas físicas contemporâneas os átomos deixaram de ser, no sentido etimológico do termo, 'á-tomos' — isto é, entidades indivisíveis —, o nome 'atomismo' neste caso não é muito adequado, mas o conservamos seguindo uma convenção muito difundida, em termos da qual se efetuaram comparações entre o atomismo antigo e o "atomismo" moderno e contemporâneo.

Há doutrinas atomistas na filosofia indiana; os dois exemplos mais destacados são o atomismo de Kanada (ver VAISESIKA) e o do jainismo (VER). Em alguma medida, as homeomerias (VER) de Anaximandro podem ser consideradas átomos; neste caso, trata-se de átomos ou "indivíduos últimos" qualitativamente distintos entre si. No entanto, costumam-se denominar "atomismo", mais especificamente, as doutrinas de Leucipo, Demócrito e seus seguidores, especialmente os epicuristas, com Epicuro e Lucrécio. O atomismo de Leucipo e Demócrito surgiu no âmbito do "pluralismo" pré-socrático. Segundo Parmênides, há uma única realidade, que é imóvel e eterna e não tem princípio nem fim. Essa realidade é perfeitamente racional; a realidade e o pensamento dela são a mesma coisa. Como a experiência mostra que há muitas realidades e que elas se movem, era necessário solucionar o problema suscitado pelas teses de Parmênides, isto é, era necessário "salvar as aparências" (VER). Os átomos de Demócrito têm essa função. Segundo Demócrito, a única coisa que há são átomos e vazio. Pode-se considerar que a imutável "esfera" de Parmênides foi dividida e que cada parte resultante é um átomo. O átomo é tão indivisível e, em si mesmo, imutável quanto a esfera de Parmênides. Entretanto, como há vazio entre os átomos, estes podem mover-se e unir-se entre si de diversos modos. Os átomos têm tamanho e forma; alguns são mais "enrugados" e outros mais "lisos", o que explica as diferentes espécies de matérias, as várias texturas e as possibilidades de combinação e união. De acordo com Demócrito, os átomos não têm peso, mas como isso tornaria difícil explicar o movimento — especialmente o movimento de ascensão e de queda — Epicuro julgou que eles têm peso. De todo modo, uma característica do atomismo de Demócrito e, mais tarde, de Epicuro é a tentativa de explicar a formação e o comportamento dos corpos por meio de realidades que são, em princípio, suscetíveis de medida quantitativa. As qualidades dos corpos são explicáveis em função de "quantidades".

Vittorio Enzo Alfieri (op. cit., bibliografia, pp. 4 ss.) opina que a noção democritiana do átomo não somente proporcionava uma "visão física da Natureza", como também uma "metafísica da individualidade", que foi aproveitada por Aristóteles, a despeito da crítica a que este submeteu o atomismo.

Avalia-se comumente que o atomismo do tipo desenvolvido por Demócrito e pelos epicuristas desapareceu por completo durante a Idade Média. Embora seja certo que nesta imperaram outras concepções filosóficas — a platônica, a aristotélica e, em alguma medida, a estóica —, não desapareceram por inteiro as correntes atomistas, ou, em todo caso, as correntes que afirmavam a existência de certas "entidades mínimas" ou de "magnitude ínfima". Nos comentários gregos a Aristóteles (Alexandre de Afrodísia, Simplício, Filoponos), encontramos a idéia dos chamados ἐλάχιστα ou "os mínimos" (mínimas partes) dos corpos. Nos comentários de Averróis a Aristóteles exprime-se igualmente a idéia dos que foram denominados, em versão latina, *minima naturalia*. Falou-se do atomismo dos mutacilitas árabes — um atomismo "dinâmico", diferente do atomismo "mecânico" de Demócrito (pois os "átomos" de referência carecem de extensão e podem ser comparados com "formas"). Guilherme de Conches falou de alguns *elementa minima*. Parece haver também um "atomismo" em Nicolau de Autrecourt. Agostino Nifo deu prosseguimento às doutrinas averroístas referentes aos "elementos naturais mínimos". Entre os alquimistas, foi freqüente manter ou operar com base em uma doutrina corpuscular da matéria.

Durante o Renascimento, mesclaram-se doutrinas atomistas com outras "organicistas". Encontra-se um atomismo de caráter monadológico (ver MÔNADA, MONADOLOGIA) em Nicolau de Cusa e em Giordano Bruno. O chamado "atomismo moderno", não obstante, manifesta-se em duas direções, amiúde entrelaçadas: como parte da teoria física e como concepção filosófica da natureza dos corpos.

No que diz respeito à última, podem-se mencionar a atomística antiaristotélica de Sebastián Basso (VER), o antiaristotelismo atomístico de Bérigard (VER) e as renovações das doutrinas atomísticas epicuristas de Magnenus ou Magnien (VER) e de Maignan (VER). A mais importante e prestigiosa manifestação do atomismo neoepicurista se encontra em Gassendi (VER). Gassendi e Maignan exerceram grande influência durante a segunda metade do século XVII e todo o século XVIII, tendo sido objeto de controvérsias muito variadas. Poderiam citar-se vários nomes de gassendistas e antigassendistas, maignanianos e antimaignanianos. Em geral, pode-se dizer que a luta em torno do atomismo foi sustentada por um lado por gassendistas e maignanianos e, por outro (opondo-se a ele), por cartesianos e jesuítas, embora seja preciso observar que nem todos os filósofos da citada tendência e nem todos os pensadores da ordem mencionada se opuseram ao atomismo. Este também teve influência na Espanha. Como indica O. V. Quiroz-Martínez em seu livro *La introducción de la filosofía moderna en España* (1949, especialmente cap. VII), autores como Alexandro de Avendaño, pseudônimo de João de Nájera (*Diálogos philosophicos en defensa del atomismo y respuestas a las impugnaciones aristotélicas del R. P. M. Fr. Francisco Polanco*, 1716; *Maignanus redivivus, sive de vera quidditate accidentium manentium in Eucharistia, iuxta novoantiguam Maignani doctrinam, dissertatio Physico-Theologica in tres partes divisa*, 1720; *Desengaños Philosophicos*, 1737 [uma retratação]), Diego Matheo de Zapata (*Ocaso de las formas aristotélicas, que pretende ilustrar a la luz de la razón, el Doctor D. Juan Martín de Lesaca*, 1745) e Tomás Vicente Tosca (VER) seguiram o atomismo de Maignan, enquanto outros como Martín Martínez (*Philosophia sceptica extracto de la physica antigua, y moderna, recopilada em diálogos, entre um Aristotélico, Cartesiano Gassendista, y Sceptico, para instrucción de la curiosidad española*, 1730) inclinaram-se ao atomismo de Gassendi. Segundo Ramón Ceñal, S. J. (*Cuadernos Hispanoamericanos* n. 35 [1952]), há um precursor de Tosca (e Berni): é Juan Bautista Corachán em seus *Avisos de Parnaso* (compostos em 1690) e em seus *Rudimentos Filosóficos, o idea de una filosofía muy fácil de aprender* (editados em 1747, com os *Avisos*, por Gregorio Mayáns). Isso não significa que os atomistas espanhóis tenham sido apenas seguidores dos citados filósofos europeus. Menéndez y Pelayo (*Heterodoxos*, Livro V, cap. 2) indicou que há um atomismo espanhol — que não foi suficientemente levado em conta nem por Mabilleau nem por Lasswitz — representado sobretudo, no século XVI, pelo médico valenciano Pedro Dolese em sua *Summa philosophiae et medicinae*. Segundo Menéndez y Pelayo, a esse atomismo aderiram "o Descartes espanhol, Gómez Pereira, que difere de Cardoso em sustentar a corruptibilidade dos elementos, e o Divino Vallés, seguido por vários médicos e teólogos complutenses, como Torrejón e Barreda".

O atomismo de Isaac Cardoso (VER) tem, ao que parece, similiaridades com o de Dolese (VER). Há duas fontes para o atomismo espanhol: uma vernácula e outra estrangeira.

O atomismo derivado de, ou influenciado por, Gassendi e, em geral, pela renovação do epicurismo não era, de modo freqüente, mecanicista. Não há na concepção de Gassendi uma separação estrita entre a mente e o corpo, justamente porque a alma é corporal. Mas então há corpos (compostos de átomos) mais ou menos materiais e mais ou menos anímicos. O atomismo desenvolvido juntamente com a física moderna tem, em contrapartida, caracteres mecanicistas. Isso não quer dizer que o mecanicismo se equipare ao atomismo. Há dentro do mecanicismo moderno duas grandes correntes que resultam da atenção dada, em cada caso, à noção de "corpúsculo" e à noção de "campo". Em Descartes predomina esta última noção, que se expressa em sua idéia do universo físico como um *plenum* e em sua teoria dos turbilhões (*tourbillons*). Embora nos turbilhões haja partículas em rotação, não se pode falar, em Descartes, de uma filosofia corpuscular, que é a do atomismo em sentido estrito. Este foi desenvolvido por Robert Boyle (VER). Tanto a teoria dos meios contínuos como a teoria corpuscular se chocavam com dificuldades; cada uma parecia poder explicar o que a outra deixava inexplicado. Foram especialmente importantes a esse respeito as teorias da luz (VER) e o contraste entre teorias corpusculares e teorias ondulatórias. Newton defendeu uma teoria corpuscular; Huygens, uma ondulatória. Foi esta última que, no momento, se impôs. Por outro lado, havia na mecânica newtoniana a debatida noção de ação à distância, que não parecia suscetível de explicação corpuscular. A história do atomismo — ou da "filosofia corpuscular" — moderno acha-se estreitamente vinculada com a história da teoria dos campos ou teoria dos meios contínuos; ambas as histórias se contrapõem e, ao mesmo tempo, se entrecruzam. Houve tentativas de mediação entre as duas teorias mencionadas, entre as quais se destacam a concepção do átomo-força de Boscovich (VER) e a "monadologia física" de Kant.

A concepção atomista alcançou grande prestígio na química por obra de Dalton, que forneceu um quadro conceitual atomista para dar conta dos resultados obtidos por Lavoisier. No fim do século XIX, o atomismo pareceu impor-se, mas não sem resistências. Alguns consideraram que a hipótese atômica era, no máximo, meramente instrumental e de modo algum deveria ser interpretada como uma representação "real" (ou "realista") da matéria. Outros, como Ostwald, opuseram-se tenazmente ao atomismo. Em 1895, Ostwald publicou sua obra sobre "a derrota do atomismo". Embora, segundo esse autor (cf. *Die Philosophie der Gegenwart in Selbstdarstellungen*, IV, p. 142), a energética não se oponha à atomística, é preciso descartar o ponto de vista exclusivamente cinético-mecânico que, na opinião de Ostwald, é infrutífero para a eletroquímica. A própria "física quântica", habitualmente citada como um apoio da concepção atomística, confirma, de acordo com Ostwald, sua "energética", porque supõe que os "últimos elementos" são grupos invariantes, enquanto a massa, o peso atômico etc. são variáveis (*op. cit.*, p. 143).

O atomismo, sob a forma da física atômica ou modelo atômico da matéria, se impôs no século XX, aprimorando-se de forma considerável. Exemplos a esse respeito são o modelo de átomo de Lord Kelvin, bem como os sucessivos modelos atômicos (principalmente os de Rutherford, 1911, e Bohr, 1913). Há a partir dessas datas um desenvolvimento acelerado da física atômica que inclui alguns dos resultados mais importantes da física contemporânea: as relações de indeterminação de Heisenberg, a mecânica ondulatória de Schrödinger e de Broglie, a aplicação dos efeitos relativistas à estrutura atômica com as leis de Dirac (confirmadas em 1948) etc. Tendo-se descoberto que o átomo é "divisível", uma parte importante da física atômica contemporânea consistiu em estudos, experimentais e teóricos, da constituição do átomo, e especialmente do núcleo. A "física nuclear" é a culminação do atomismo físico moderno.

Pode-se estabelecer uma divisão (provisória) da física atômica, e nuclear, em três períodos: de 1917 a 1932, de 1932 a 1951 e de 1951 até hoje. No primeiro dos períodos citados, considerava-se ainda possível obter uma representação relativamente simples (e até "intuitiva") da estrutura do átomo. No segundo período, aumentaram as dificuldades à proporção que se descobriam novas partículas, consideradas "partículas elementares" até que ficou patente que não eram "elementares", mas que havia partículas que as constituíam. De 1951 até hoje foram feitos numerosos esforços tanto para descobrir novas partículas como para formular teorias que pudessem pôr certa "ordem", ou pudessem "unificar" a multiplicidade de partículas. Ainda em 1932 explicava-se a estrutura do átomo mediante duas partículas básicas — o elétron e o próton — junto a uma partícula de energia: o fóton ou unidade de luz, postulada por Einstein em 1905 (alguns acrescentavam uma partícula de gravitação: o "gráviton"). Descrevia-se o átomo como um núcleo de prótons (carregados positivamente) em redor do qual giravam os elétrons (cada um de massa inferior ao próton e carregados negativamente). Em 1932, Chadwick descobriu o nêutron, com massa aproximadamente igual à do próton e de carga neutra. Também em 1932, C. A. Anderson descobriu o pósitron (postulado no mesmo ano por Dirac), partícula que tem a mesma massa do elétron e carga positiva. O estudo das partículas β emitidas por núcleos radiativos conduziu a um problema de difícil solução. As leis da mecânica quântica indicavam que o núcleo pode ter somente certos estados de energia discretos, de modo que, ao passar de um estado de energia ao outro, era emitida uma partícula com a mesma quantidade de energia determinada pela diferença entre tais estados. Como as partículas β mostravam diversas medidas de energia não-discretas, estabeleceu-se a necessidade ou de introduzir novas partículas ou de modificar a mecânica quântica. Sendo esta última hipótese inaceitável, E. Fermi e Wolfgang Pauli postularam em 1933 a existência de uma partícula, chamada neutrino, emitida pelo núcleo, além da partícula β. O neutrino (comprovado experimentalmente no laboratório de Los Álamos em 1950 por um grupo de físicos sob a direção de F. Reines e C. Cowan, Jr.) não apenas restabelecia o equilíbrio perdido nas diferenças de energia, mas também outro equilíbrio perdido no *spin* ou movimento de rotação das partículas. Tinha uma massa inferior à do elétron. Em 1935, Hideki Yukawa postulou a existência de outra partícula, o méson, para explicar o que denominamos o "cimento" que une as partículas do núcleo. Os mésons eram de três tipos, segundo as partículas "cimentadas". Em 1934, comprovou-se em laboratório a presença de mésons de massa superior à do elétron. Também se comprovou a existência de mésons em abundância nas radiações cósmicas na parte superior da atmosfera. Mas, como esses mésons eram só excepcionalmente absorvidos por núcleos de átomos, Yukawa sugeriu que havia dois tipos de mésons: o méson pesado neutro (méson τ) e o méson leve (méson μ). O processo de desintegração do méson neutro τ, ao dar origem a dois fótons, sugeriu já em 1931 (P. A. M. Dirac) a introdução de uma nova partícula, um próton negativo ou antipróton, de massa igual à do próton, mas de carga elétrica negativa. O efeito da colisão entre o antipróton e o próton foi comprovado no exame de chapas fotográficas bombardeadas por raios cósmicos a 30 quilômetros de altura, mas em 1955 abriram-se grandes perspectivas para o conhecimento dessa nova partícula ao ser ela produzida no "Bevatron" da Universidade da Califórnia. Por fim, novas partículas, tais como o antinêutron, complicaram extraordinariamente o quadro. Se se leva em conta, além disso, a dupla estatística a que obedecem essas partículas (a estatística Bose-Einstein para o fóton, o gráviton e os diferentes mésons τ, e a estatística Fermi-Dirac para o resto das partículas), compreender-se-á que tenha havido em tempos recentes tentativas de 'redução' de algumas partículas a combinações de outras: exemplos disso são a tese de Fermi, segundo a qual os mésons τ podem ser considerados combinações de núcleons (prótons e antiprótons) e antinúcleons, ou a tese de Wentzel, de acordo com a qual os mésons τ podem ser considerados combinações de mésons μ.

Entre 1953 e 1961 houve abundantes descobertas de partículas e proliferaram as teorias e as tentativas de "classificação". Foi proposto (por R. Hofstadter, H. R. Fechner e J. McIntyre) que o núcleo do átomo não contém as partículas uniformemente distribuídas, mas em forma tal que o interior do núcleo é mais denso que a periferia, falando-se de uma massa tanto mais "algodoosa" quanto mais afastada se encontra do centro. Os cada vez mais potentes aceleradores mostraram que as partículas elementares, ou as que se supunham sê-lo, como os prótons e nêutrons, são sistemas complexos compostos de núcleo e de duas "nuvens" de mésons. Algumas partículas mostraram poder ser "reduzidas" a outras, motivo pelo qual se falou de "famílias de partículas elementares". Distinguiram-se fótons; grávitons; núcleons (próton, nêutron, antipróton); léptons (elétron, pósitron, neutrino); mésons (leves: π positivo, π negativo, π neutro, μ positivo, μ negativo; pesados: τ, θ, χ); híperons (partículas ΛΣ positiva e Σ negativa), mas suspeitando tratar-se de uma classificação provisória. Vários novos modelos foram propostos.

Em seguida, foram feitos importantes esforços para pôr ordem na desconcertante variedade de partículas elementares. Algumas delas são consideradas portadoras de forças. É o que ocorre com os grávitons, os glúons e os fótons. Outras são portadoras de massa. Entre elas, figuram os hadríons e os léptons. Os hadríons ("fortes") são partículas nucleares que se dividem em várias espécies: bárions (como os prótons e os nêutrons), mésons e antibárions. Os léptons são partículas não-nucleares que se dividem em vários tipos: elétrons, múons e neutrinos (de algumas, como os neutrinos, há pelo menos duas espécies). Todas essas partículas e tipos de partículas são identificáveis. Subjacentes aos hadríons ou partículas nucleares portadoras de massa, há os chamados "quarks" — a última contribuição mais importante à física do núcleo. Os "quarks" — assim denominados, em 1963, por Murray Gell-Mann, segundo uma frase de *Finnegan's Wake* de James Joyce: *"Three quarks for Muster mark"* — são concebidos como os componentes últimos, visto que todo membro da classe de partículas nucleares é explicável com base em combinações de "quarks". Em princípio, postulou-se a existência de três espécies de "quarks", e o que foi chamado de "cor" (três "cores" para cada "quark") com a finalidade de explicar a estatística a que obedecem as combinações de "quarks". Este postulado mostrou-se insuficiente, e Sheldon L. Glashow, junto com J. D. Bjorken, postulou um quarto "quark", de modo que houvesse um tipo de "quark" correspondente a cada um dos tipos de léptons. Eles deram a esse "quark" o nome de "quark encantado" (*charmed*) e à propriedade correspondente o de *charm* ("encanto"). Com a descoberta de novas partículas, foi necessário postular outros novos "quarks": o *bottom* e o *top*. Com isso, chegou-se a seis "quarks" que, ordenados segundo suas massas crescentes e designados pelas iniciais de seus nomes ingleses, são: u (*up*, acima); d (*down*, abaixo); s (*strange*, estranho); c (*charmed*, encantado); b (*bottom*, fundo, ou *beauty*, beleza) e t (*top*, cume, ou *truth*, verdade).

O problema com os "quarks" é que se encontram confinados nas partículas, não podendo ser "liberados" e "isolados". Isto é consequência do fenômeno chamado "confinamento", segundo o qual a interação entre os "quarks" é nula ou insignificante em distâncias pequenas, mas aumenta, em contrapartida, ao se separarem e chega a transformar-se em infinita quando as distâncias entre "quarks" têm a dimensão de um hadríon. E, assim, os "quarks" constituintes dos hadríons não podem ser isolados, porque sua interação é infinita. Durante algum tempo, discutiu-se, além disso, se era preciso dar uma interpretação realista ou instrumentalista a teorias como a formulada com a hipótese dos "quarks". Na filosofia da física nuclear, proliferaram as interpretações instrumentalistas até o momento em que se modificou o panorama físico e se identificaram experimentalmente entidades até então postuladas ou inferidas. A solução dessas questões é portanto, em ampla medida, empírica ou, em todo caso, depende do desenvolvimento da física e não, ou não apenas, do da filosofia da física ou da epistemologia. No que se refere aos "quarks", já se pode fazer uma interpretação realista desses (até agora) componentes últimos, mesmo que não se apresentem independentemente das partículas que ajudam a constituir. De fato, o *quark t* é o único que não pôde ser observado ainda, devido à sua enorme massa.

Já indicamos antes que no decorrer da época moderna as concepções atomistas — usualmente chamadas "corpusculares" — se contrapuseram, e ao mesmo tempo se entrelaçaram, às concepções não-atomistas (não-corpusculares), e especificamente às concepções ondulatórias. Houve, a rigor, duas grandes orientações ou quadros conceituais: o atomista, ou corpuscular (discreto), e o ondulatório (contínuo). Enquanto os átomos, corpúsculos ou partículas são "pontuais" e "localizáveis", as ondas não o são; há uma diferença básica entre movimentos ondulatórios e colisões de partículas. De modo geral, distinguiram-se teorias relativas a partículas de teorias referentes a meios contínuos (campos, forças). Esta distinção esvaneceu-se e até desapareceu praticamente em várias interpretações da mecânica quântica (ver Quanta [Teoria dos]), em particular quando se aceitou o princípio de complementaridade (ver). A descoberta de que os corpos pretos radiantes emitem energia de modo descontínuo pareceu já projetar dúvidas sobre a distinção categórica entre conceitos de partículas e conceitos de campos ou meios contínuos; a energia parecia comportar-se como se fosse um conjunto de partículas ou elementos discretos. As interpretações antes mencionadas foram mais longe nesse sentido, em particular ao formular a noção de "partícula-onda". Entretanto, alguns autores avaliam que há diferenças entre partículas e campos, pelo menos no que tange aos quadros conceituais adotados em cada caso. Se assim é, o atomismo ou "corpuscularismo", por um lado, e as teorias de campos ou meios contínuos, por outro, devem ser concebidos como modos de representação básicos. Não obstante, podem a um só tempo ser tidos como incompatíveis entre si e como redutíveis um ao outro.

Alguns filósofos ocuparam-se da questão de se, e até que ponto, o atomismo moderno, isto é, as teorias atômicas modernas, e especialmente os vários modelos de átomo, desde a "filosofia corpuscular" de Boyle e Newton até as refinadas teorias de física nuclear atuais, são comparáveis com o atomismo antigo. Segundo Ernst Cassirer (*Zur Relativitätstheorie. Erkenntnistheoretische Betrachtungen*, 1921, cap. 1), a noção moderna e contemporânea de átomo se distingue da noção antiga pela seguinte característica: na última, o átomo é — como já assinalara Nicolau de Cusa — um "mínimo absoluto de ser", ao passo que na primeira é um "mínimo absoluto de medida". Gaston Bachelard (*Les intuitions atomistiques. Essai de classification*, 1933, pp. 13-14) indicou que há três tipos de atomismo: o "realista", ou próximo ao "realismo", o positivista e o "criticista". O primeiro é ingênuo e de caráter "substancialista". O segundo é de caráter "idealista" (ou "instrumentalista"). O terceiro é científico. Somente este último corresponde ao atomismo moderno e especialmente ao contemporâneo. Bachelard fala também de um atomismo "axiomático", que não se refere apenas aos fatos, mas também, e sobretudo, às proposições que os descrevem.

O sentido geral de "atomismo" a que nos referimos no princípio, ou seja, a às vezes chamada "concepção atomista do mundo", deveria distinguir-se das teorias físicas atômicas (e, na atualidade, principalmente, nucleares). Entende-se por semelhante "atomismo" a concepção segundo a qual em todas as ordens da realidade é preciso decompor qualquer realidade dada em seus elementos componentes, que não podem ser decompostos, por sua vez, em elementos mais primitivos. Desse ponto de vista, falou-se não apenas de atomismo na física e na biologia, mas também na psicologia, nas ciências sociais, na lingüística etc. Esse tipo de atomismo contrapõe-se amiúde ao "globalismo", ao "totalismo" e também — embora isso seja menos factível — ao "estruturalismo". Neste caso, o significado de "atomismo" fica tão diluído que convém usar esse nome, se se decide usá-lo, com grandes precauções.

⮕ História do atomismo: Kurd Lasswitz, *Geschichte der Atomistik*, 1890, 2 vols.; repr., 1963. — L. L. Mabilleau, *Histoire de la philosophie atomistique*, 1895. — O. A. Ghirardi, *La individualidad del corpúsculo*, 1950. — A. G. van Melsen, *Het wijsgerig vorleden der atoomtheorie*, 1941 (*O passado filosófico da teoria atômica*); trad. ingl.: *From Atomos to Atom: The History of the Concept Atom*, 1952; reimp., 1960. — William Law Whyte, *Essay on Atomism: From Democritus to 1960*, 1962.

Atomismo antigo: J. Masson, *The Atomic Theory of Lucretius contrasted with Modern Doctrines of Atoms and Evolution*, 1884. — V. Fazio-Almayer, *Studi sull'atomismo greco*, 1911. — C. Bailey, *The Greek Atomists and Epicurus*, 1928 (ver também bibliografia em DEMÓCRITO; EPICURO; EPICURISMO). — Per. Collinder, "On the Historical origins of Atomism", *Meddelande fran Lunds Astronomiska Observatorium*, série II, n. 91 (1938) [Collinder indica como provável que os primeiros atomistas tenham elaborado suas cosmogonias sob a influência das mais antigas concepções da criação de origem fenícia]. — V. E. Alfieri, *Atomos idea. L'origine del concetto dell'atomo nel pensiero greco*, 1953; nova ed., 1979. — David J. Furley, *Two Studies in the Greek Atomists*, 1967. — D. J. Furley, R. E. Allen, eds., *Studies in Presocratic Philosophy, vol. 2: The Eleatics and Pluralists*, 1975. — A. Stückelberger, ed., *Antike Atomphysik. Texte zur antiken Atomlehre und ihre Wiederaufnahme in der Neuzeit*, 1978. — A. J. Cappelletti, *Ensayos sobre los atomistas griegos*, 1979. — R. Sorabji, *Time, Creation and the Continuum: Theories in Antiquity and the Early Middle Ages*, 1983. — D. Furley, *The Greek Cosmologists, vol. I: The Formation of the Athomic Theory and Its Earliest Critics*, 1987.

Atomismo árabe: S. Pines, *Beiträge zur islamischen Atomenlehre*, 1936.

Atomismo hindu: A. B. Keith, *Indian Logic and Atomism: An Exposition of Nyaya and Vaiçesika Systems*, 1921. — M. Gangopadhyaya, *Indian Atomism: History and Sources*, 1981.

Atomismo moderno: Robert Hugh Kargon, *Atomism in England from Hariot to Newton*, 1966 (tese). — Joseph Fejér, *Theoriae corpusculares typicae in universitatibus Societatis Jesu saec. XVIII et Monadologia Kantiana*, 1951 (tese). — M. Cariou, *L'atomisme. Gassendi, Leibniz, Bergson et Lucrèce*, 1978.

Numerosos trabalhos de física (especialmente de física nuclear) e de filosofia da ciência tratam de concepções atômicas na física contemporânea. Por seu alcance filosófico, são já clássicas as obras: Hans Reichenbach, *Atom und Kosmos*, 1930 (trad. esp. *Átomo y cosmos*, 1931). — Werner Heisenberg, *Philosophic Problems of Nuclear Science*, 1952. — Erwin Schrödinger, colaboração na obra coletiva intitulada *L'homme devant la science*, 1953. — Ver também: R. Harré, *Matter and Method*, 1977. — K. F. Bloch, *Die Atomistik bei Hegel und die Atomtheorie der Physik*, 1979. ⮐

ATOMISMO LÓGICO. A filosofia do atomismo lógico foi elaborada e exposta por Bertrand Russell numa série de conferências de 1918. Muitas das idéias de Russell a esse respeito resultaram de suas discussões com Ludwig Wittgenstein durante os anos 1912-1914, quando Wittgenstein andava às voltas com algumas das teses que iriam aparecer no *Tractatus logico-philosophicus* e que podem ser consideradas contribuições à tendência aqui apresentada.

Russell afirmou que a filosofia do atomismo lógico era conseqüência de certas meditações sobre a matemática e da tentativa de permear a linguagem matemática com a linguagem lógica. Isso correspondia à sua idéia de que o importante no pensamento filosófico é a lógica em que se funda. A filosofia de Hegel e de seus seguidores tem como base uma lógica monística, no âmbito da qual "a aparente multiplicidade do mundo consiste meramente em fases e divisões irreais de uma única Realidade indivisível" (*Logic and Knowledge* [cf. *infra*], p. 178). No atomismo lógico, em contrapartida, o mundo aparece como uma multiplicidade infinita de elementos separados. Esses elementos são os átomos, mas se trata de átomos lógicos e não de átomos físicos. Os átomos lógicos são o que permanece como último resíduo da análise lógica.

A lógica do atomismo lógico é essencialmente a desenvolvida nos *Principia Mathematica*. Temos nela um esqueleto lingüístico capaz de abrigar todos os enunciados e combinações de enunciados sobre o que houver. Cada enunciado, simbolizado por uma letra proposicional, descreve um fato, isto é, um fato atômico. Assim como os enunciados se combinam por meio de conectivos (ver Conectivo), assim também os fatos atômicos se combinam formando fatos moleculares. As combinações de enunciados podem dar origem a tautologias, a contradições ou a enunciados indeterminados. A linguagem em questão se acha baseada, pois, na noção de função de verdade (VER).

Mediante essa lógica, pode-se descrever o mundo como composto de fatos atômicos. A natureza desses fatos atômicos foi debatida com grande detalhe pelo próprio Russell. O comum a todo fato atômico é ele já não ser analisável. Mas nem todos os fatos atômicos são iguais. Alguns se baseiam em entidades particulares simbolizáveis mediante nomes próprios; outros, em fatos que consistem na posse de uma qualidade por uma entidade particular; outros, em relações entre fatos (relações que podem ser diádicas, triádicas etc.). Os fatos atômicos, portanto, não são necessariamente coisas particulares existentes, pois estas não fazem um enunciado verdadeiro ou falso (pressuposto que "*x* existe", pode-se ainda analisar logicamente em elementos mais simples). Há fatos que podem denominar-se propriamente particulares, tais como os simbolizados em "Isto é branco", e fatos que podem ser denominados gerais, como os simbolizados em "Todos os homens são mortais".

A linguagem proposta pelo atomismo lógico é em intenção uma "linguagem perfeita", isto é, uma linguagem que mostra de imediato a estrutura lógica do que é afirmado ou negado. O atomismo lógico é equivalente, pois, a um isomorfismo (VER) lógico. Embora o atomismo lógico seja, por conseguinte, uma metafísica — e, como assinalou J. O. Urmson, uma metafísica muito semelhante à de Leibniz, em que as mônadas corresponderiam aos fatos básicos, e, assim como as mônadas carecem de janelas, os fatos atômicos existiriam isoladamente uns em relação aos outros —, trata-se de uma metafísica na qual, como indica Russell (*op. cit.*, pp. 270-271), cumprem-se duas finalidades. Uma, a de chegar teoricamente às entidades simples de que é composto o mundo. Outra, a de seguir a máxima de Ockham (ou atribuída a Ockham) de não multiplicar os entes mais que o necessário. As entidades simples em questão não são propriamente fatos, pois os fatos são "aquelas coisas que são afirmadas ou negadas mediante proposições, e não são propriamente de maneira alguma entidades no mesmo sentido em que o são seus elementos constituintes". Pois os fatos não podem ser nomeados; só podem ser negados, afirmados ou considerados, muito embora "em outro sentido é certo que não se pode conhecer o mundo a menos que se conheçam os fatos que constituem as verdades do mundo; mas o conhecimento dos fatos é algo distinto do conhecimento dos elementos simples".

⊃ Ver Bertrand Russell, "The Philosophy of Logical Atomism", *The Monist*, 28 (1918), 495-527, e 29 (1919), 31-63; 190-222; 345-380 (oito conferências dadas em Londres no início de 1918), reimp. em *Logic and Knowledge: Essays 1901-1950*, 1956, ed. Robert Charles Marsh, pp. 177-281 (trad. esp.: *Lógica y conocimiento*, 1965), e também na ed. de D. Pears, 1985. — *Id., id.*, "Logical Atomism", em *Contemporary British Philosophy*, I, 1935, ed. J. H. Muirhead (ver citação desse texto em Russell [Bertrand]); reimp. em *Logic and Knowledge*, pp. 323-343. — Ludwig Wittgenstein, *Tractatus*, especialmente 1; 1.1; 1.11; 1.2; 2; 2.01; 2.011; 2.012; 2.0124; 2.013; 2.021; 2.0231; 2.032; 2.0272. — A referência a Urmson procede de seu livro *Philosophical Analysis: Its Development Between the Two World Wars*, 1956, p. 16. — James Griffin, *Wittgenstein's Logical Atomism*, 1964. — J. Peterson, *Realism and Logical Atomism: A Critique of Neo-Atomism From the Viewpoint of Classical Realism*, 1976. — H. Hochberg, *Thought, Fact, and Reference: The Origins and Ontology of Logical Atomism*, 1978. — N. B. Cocchiarella, *Logical Studies in Early Analytic Philosophy*, 1987. ⊂

ATRIBUTO. É, em lógica, algo que se afirma ou nega do sujeito. Portanto, o atributo se confunde às vezes com o predicado e é o efeito de atribuir, κατηγορεῖν, algo ao sujeito, de dar-lhe uma atribuição, predicamento ou categoria. O termo 'atributo' é também empregado às vezes em sentido metafísico para distingui-lo do predicado lógico; neste caso, o atributo é uma característica ou qualidade da substância. De acordo com Aristóteles, há certos acidentes que, sem pertencer à essência de um sujeito, estão fundados em tal essência, como o fato de que o triângulo tenha seus três ângulos iguais a dois ângulos retos (*Met.*, Δ 30. 1025 a 30). Este tipo de "acidente essencial" pode ser chamado de "atributo". Trata-se de "predicados por si mesmos", como diz Aristóteles em outra passagem (*An. post.*, I, 22, 83 b 19). Um mesmo predicado pode ser essencial ou em si mesmo em alguns casos e acidental em outros, como ocorre com o predicado "cor", que pertence ao branco por si mesmo, mas só acidentalmente a Sócrates (Filoponos, 252.10, cit. por J. Tricot, em trad. de *Organon*, IV, 1947, p. 113, nota 6).

Entre os escolásticos, o termo 'atributo', *attributum*, era usado principalmente ao se falar dos atributos de Deus, reservando-se outros termos ('predicado', 'predicamento' etc.) para os conceitos de ordem lógica ou ontológica. Não obstante, o atributo começava por ser definido, em geral, no âmbito da ordem metafísica, como a propriedade necessária à essência da coisa, e por conseguinte parecia estabelecer-se uma equiparação entre a essência e os atributos. O que ocorria é que nas coisas criadas havia, efetivamente, distinção real entre essência e atributos. Mas na realidade divina não havia essa distinção real entre atributos e essência, nem tampouco entre os atributos dentro de si mesmos. A distinção (VER) era uma *distinctio rationis* e ainda, como assinala Santo Tomás, uma *distinctio rationis ratiotinatae*. Para Duns Scot, em contrapartida, a distinção não é produzida pelo modo antes mencionado, mas é uma distinção atual formal procedente da natureza da coisa; portanto, é uma distinção tríplice referente, primeiro, às noções pertencentes à coisa; segundo, à própria coisa independentemente do pensamento de um sujeito; terceiro, à independência das formalidades entre si.

Outro uso foi o inaugurado por Descartes, uso ao qual Spinoza deu prosseguimento. Descartes afirma (*Princ. phil.*, I, 56) que o atributo é algo inamovível e inseparável da essência de seu sujeito, opondo-se então o atributo ao modo (VER). O atributo, de acordo com Spinoza, é "o que o intelecto conhece da substância como constituindo sua essência" (*Eth.*, I, def. IV). Em compensação, o modo é o caráter acidental e constitui as diferentes formas em que se manifestam as coisas extensas e pensantes como individualidades que devem seu ser à extensão e ao pensamento, isto é, aos atributos da substância (*ibid.*, def. V). Extensão e pensamento são, pois, atributos ou caracteres essenciais da realidade. Para Spinoza, a substância infinita compreende um número infinito de atributos, dos quais o intelecto conhece apenas os citados. Os modos são, em contrapartida, as limitações dos atributos, as afecções da substância.

⮑ Para o conceito de atributo na filosofia judaica medieval: D. Kaufmann, *Geschichte der Attributenlehre in der jüdischen Religionsphilosophie des Mittelalters von Saadja bis Maimuni*, 1877. — David Neumark, *Geschichte der jüdischen Philosophie des Mittelalters nach Problemen dargestellt*, Bd. II (*Attributenlehre*), 1910. [Refere-se à teoria dos atributos não só nos filósofos judeus medievais, mas também na Grécia, especialmente Platão, assim como na Bíblia, em relação "aos nomes de Deus" etc.].

Para o conceito de atributo em Spinoza: E. Becher, *Der Begriff des Attributes bei Spinoza in seiner Entwicklung und seinen Beziehungen zu den Begriffen der Substanz und des Modus*, 1905.

Ver também: M. J. Loux, *Substance and Attribute: A Study in Ontology*, 1978. ⮐

ATUALISMO. Denomina-se "atualismo" (e às vezes "ativismo") a doutrina filosófica segundo a qual não há nenhum ser imutável, ou pelo menos substancial; segundo essa doutrina todo ser se resolve em vir-a-ser e acontecer. O atualismo corresponde, por conseguinte, *numa* de suas dimensões, à filosofia da ação (VER). Contudo, a significação de 'atualismo' na filosofia é demasiado vaga para que possa ser empregada indiscriminadamente. Do ponto de vista propriamente filosófico, só se mostra justificável quando se aplica a uma doutrina do tipo do atualismo italiano. Surgido em certa medida do que há de mais dinâmico no hegelianismo, o atualismo foi fundamentado e desenvolvido sobretudo por Gentile (VER), que levou a suas últimas conseqüências o pressuposto idealista da dissolução do objeto no sujeito puro, único modo de a consistência do objeto não ser arbitrária. O atualismo faz engendrar deste modo a objetividade e ainda a subjetividade alheia num puro ato (VER) presente que significa ou designa o âmbito no qual se dá todo o real, pois o próprio dado objetivo é só a atualidade do pensar apontada para um pensamento pensado *como o outro*. Tal como assinala o próprio Gentile, "o idealismo que chamo *atual* inverte, de fato, o problema hegeliano". Por isso, não se trata já de deduzir o pensamento da Natureza, e esta do logos, mas de deduzi-lo todo do pensamento. Este pensamento é, no entanto — define Gentile —, um pensamento atual e não um pensamento definido abstratamente, isto é, um pensamento *absolutamente* nosso em que se realiza o eu. "E, por esta inversão, a dedução que se revelava impossível no idealismo hegeliano se transforma na verdadeira demonstração que faz o pensamento de si mesmo na história do mundo: a própria história" (*Teoria dello Spirito*, XVII, 3).

Do ponto de vista psicológico, o atualismo é a teoria que rejeita a existência de qualquer elemento psíquico substancial — alma, consciência ou espírito —, afirmando que tudo o que parece ser centro dos atos não é mais que o conjunto dinâmico desses atos concebido estaticamente. O atualismo ou ativismo psicológico é também chamado às vezes de *funcionalismo* e corresponde a todas as tendências nas quais, pelos mais variados motivos, se tende, como acontece em James, à afirmação da "corrente de consciência" e à de dessubstancialização do eu, seja em virtude de pressupostos metafísicos ou simplesmente por causa de postulados experimentais. Dessa perspectiva, pode-se dizer que a maioria das correntes psicológicas contemporâneas, e mesmo modernas, é atualista. Mas esse atualismo psicológico tem, com freqüência (mesmo quando pretende apoiar-se exclusivamente em dados experimentais), um motivo metafísico do qual participou boa parte da filosofia moderna, sobretudo a partir do século XVIII, e que, assumindo plena maturidade em Fichte, desembocou no voluntarismo do século XIX (Schopenhauer, Eduard von Hartmann,

Wundt, Eucken) e alimentou grande parcela das tendências que negaram até mesmo a consciência (VER) como experiência e realidade.

•• Recentemente, a discussão sobre o atualismo ganhou novo vigor em conexão com os desenvolvimentos da lógica modal. Discute-se, por exemplo, se é compatível ser atualista — defender que as únicas coisas que existem são as que existem na atualidade — e levar a sério, ao mesmo tempo, uma semântica de mundos possíveis, visto parecer que o atualismo deve rejeitar toda forma de possibilismo. De alguma maneira, a discussão vincula-se com o problema teológico de como harmonizar a eternidade de Deus com o conhecimento, por sua parte, de fatos futuros que, ao desenvolver-se no tempo, são somente possíveis. ••

➲ Ver: Manlio Ciardo, *Natura e Storia nell'idealismo attuale*, 1949. — Giovanni Tuni, *Filosofia e scienza nell'attualismo*, 1958. — Franco Spisani, *Natura e spirito nell'idealismo attuale*, 1962.

Há numerosos trabalhos sobre atualismo e lógica modal. Ver, por exemplo: A. Plantinga, "Actualism and Possible Worlds", *Theoria*, 42 (1976), 139-160. — R. M. Adams, "Actualism and Thisness", *Synthese*, 57 (1981), 3-42. — A. Mc Michael, "A Problem for Actualism about Possible Worlds", *Philosophical Review*, 92 (1983), 49-66. — M. J. White, "Harmless Actualism", *Philosophical Studies*, 47 (1985), 183-190. — M. Losonsky, "No Problem for Actualism", *Philosophical Review*, 95 (1986), 95-97. — A. Mc Michael, "Actualism: Still Problematic", *Philosophical Studies*, 50 (1986), 283--287. — H. Hodes, "Individual-Actualism and Three-Valued Modal Logics, Part I: Model-Theoretic Semantics", *Journal of Philosophical Logic*, 15 (1986), 369-401; "Part II: Natural-Deduction Formalizations", *ibid.*, 16 (1987), 17-63. — H. Zellner, "Spinoza's Temporal Argument for Actualism", *Philosophy Research Archives*, 14 (1988--1989), 303-309. — C. Menzel, "Actualism, Ontological Commitment, and Possible World Semantics", *Synthese* (1990), 355-389. — *Id., id.*, "Temporal Actualism and Singular Foreknowledge", em *Philosophical Perspectives, 5: Philosophy of Religion*, ed. J. E. Tomberlin, 1991. ℂ

AUGUSTINUS TRIUMPHUS. Ver EGÍDIO ROMANO.

AURIOL, PEDRO. Ver PEDRO AURIOL.

AUROBINDO, GNOSH SRI (1872-1950). Foi educado na Inglaterra — em Londres e em Cambridge (King's College) — e, depois de participar das lutas políticas como um dos líderes da ala nacionalista radical do Congress Party indiano, mudou-se para Pondichéri, onde se dedicou à vida espiritual, formando numerosos discípulos e seguidores.

Aurobindo desenvolveu uma doutrina metafísico--teológica ao mesmo tempo emanatista e evolucionista, incorporando a ela elementos procedentes dos *Upanixades* (VER) da escola *Yoga* (VER) e da tradição idealista do Ocidente. Antes de tudo, ele acentuou a unidade de Brahma, que concebeu como um Absoluto reivindicado pela razão se esta deseja sair de si mesma e de sua própria insuficiência. Brahma é a unidade que se derrama evolutivamente na multiplicidade e tem as três propriedades do Ser, da Força-Consciência e da Beatitude. A realidade é produto da emanação e diferenciação do Absoluto; deste surge, como de uma fonte inesgotável, o mundo todo, que se desenvolve numa série de formas até chegar à matéria. Ao mesmo tempo, a matéria contém em potência as formas superiores, em direção às quais vai evoluindo. O homem representa o momento principal do processo de reabsorção do mundo na "Vida Divina", mas para que se efetue plenamente essa reabsorção é preciso que o homem supere seu desejo do múltiplo e particular. O instrumento capital dessa superação é a prática do Yoga integral (*Hatha Yoga*), série de exercícios espirituais que levam o homem à pura vida contemplativa e à sua imersão na Vida Divina. O primeiro estágio nesse processo de divinização é a formação de um homem superior, de um novo "primeiro homem", germe da transformação e divinização do mundo.

➲ Principais obras: *Basis of Yoga*, 1936. — *The Life Divine. The Philosophy of Sri Aurobindo*, 3 vols., 1942. — *A System of National Education: Some Preliminary Ideas*, 1948. — *The Human Cycle*, 1949. — *Lights on Life-Problems*, 1950. — *On Yoga. I: The Synthesis of Yoga*, 1950. — *Ideal of Human Unity*, ed. rev., 1950. — *Problem of Rebirth*, 1952. — *The Man of Light: Essays Written in the Indian Philosopher's Later Years for His Ashram Journal on Physical Education*, 1953. — *The Foundation of Indian Culture*, 1954. — *The Future Evolution of Man: The Divine Life upon Earth*, 1963.

Em português: *Sabedoria de Sri Aurobindo*, 1999. Biografia: A. B. Purani, *Life of S. A.*, 1958; 2ª ed., 1960. Ver: S. K. Maitra, *An Introduction to the Philosophy of S. A.*, 1941; reimp., 1965. — *Id.*, *The Meeting of East and West in S. Aurobindo's Philosophy*, 1956; reimp., 1968. — N. K. Gupta, *The Yoga of S. A.*, 2 vols., 1948--1950. — S. Bahrati, *The Integral Yoga of S. A.*, 1949. — Haridas Chaudhuri, *S. A.: The Prophet of the Life Divine*, 1951; 2ª ed., 1960; reimp., 1973. — *Id.*, *The Philosophy of Integralism, or the Metaphysical Synthesis inherent in the Teaching of S. A.*, 1954. — A. C. Das, *S. A. and some Modern Problems*, 1958. — H. Chaudhuri e F. Spiegelberg, eds., *The Integral Philosophy of S. A.*, 1960 (com trinta colaborações de Ch. A. Moore, P.A. Sorokin, N. Smart *et al.*). — V. P. Varma, *The Political Philosophy of S. A.*, 1961. — Satprem (pseudônimo), *S. A. ou l'aventure de la conscience*, 1964. — K. W. Bolle, *The Persistence of Religion: An Essay on Tantrism and S. Aurobindo's Philosophy*, 1965. — Roque Ferriols, *The "Psychic Entity" in Aurobindo's The Life Divine*, 1966. — Robert Seilley, *Çri A., philosophe du yoga intégral*, 1970. — Jesse Roarke, *S. A.*, 1973. — Angelo Morretta, *A. e il futuro dell'uomo*, 1974. — M. P. Pandit, *S. A.: A Survey 1872-1972*, 1974. — S. P. Singh, *Sri Aurobindo and Whitehead on the Nature of God*, 1972. — S. K. Banerji, *Sri Aurobindo and the Future of Man: A Study in Synthesis*, 1974. — W. Cenkner, *The Hindu Personality in Education: Tagore, Gandhi, Aurobindo*, 1976. — J. O'Connor, *The Quest for Political and Spiritual Liberation: A Study in the Thought of Sri Aurobindo Ghose*, 1977. ᘓ

AUSÊNCIA. Ver Nada; Negação; Presença; Privação.

AUSTIN, JOHN (1790-1859). Nascido em Londres, foi durante alguns anos professor da Universidade de Londres e ocupou vários cargos na administração de governo. Amigo de Bentham, de James Mill e de John Stuart Mill, Austin realizou uma completa análise da natureza da lei (do Direito) como jurisprudência. Austin concebeu as leis que constituem o Direito como um conjunto de mandatos que obrigam e, caso não sejam obedecidos, produzem sanções. As leis não são necessárias num sentido natural, isto é, não são leis da Natureza, mas tampouco são derivadas de mandamentos divinos ou de normas eternamente válidas. A lei de que fala Austin é a lei positiva; os imperativos analisados por ele são concebidos como fatos completamente independentes de valores. O caráter fundamental de toda lei é seu caráter imperativo; são os imperativos, e a força que trazem consigo, que produzem as normas legais, e não o inverso. A filosofia do Direito de Austin foi descrita por isso como exibindo uma tendência ao mesmo tempo "imperativista" e "positivista".

ᘓ As aulas dadas por Austin na Universidade de Londres foram publicadas parcialmente em *The Province of Jurisprudence Determined*, 1832; 2ª ed., 1861. Edição das aulas com base em anotações por parte de sua mulher, Sarah R. Taylor, *The Lectures on Jurisprudence or The Philosophy of Positive Law*, 1863. Ed. da última obra com introdução por H. L. A. Hart, 1954. — *The Austinian Theory of Law*, ed. por John Brown, 1906; reed., 1983.

Ver: H. L. A. Hart, *The Concept of Law*, 1961. — S. I. Shuman, *Legal Positivism: Its Scope and Limitations*, 1963. ᘓ

AUSTIN, J[OHN] L[ANGSHAW] (1911-1960). Nascido em Lancaster (Grã-Bretanha), estudou no Balliol College, Oxford, foi *Fellow* no All Souls College, Oxford (1933-1935), lecionou no Magdalen College, Oxford (1935-1952, salvo um período de serviço durante a Segunda Guerra Mundial), e foi professor de filosofia moral (*White's Professor*) em Oxford de 1952 até sua morte.

Austin é considerado um dos mais influentes representantes da "análise da linguagem comum" em Oxford, compartilhando a influência nessa análise com o "segundo Wittgenstein". O pensamento do segundo Wittgenstein e o de Austin são às vezes apresentados conjuntamente como manifestações da filosofia da linguagem comum (ordinária). Falou-se a esse respeito da influência de Wittgenstein sobre Austin, mas alguns negam que tenha havido alguma; cada autor seguiu métodos diferentes e entendeu de maneira diferente a atividade filosófica. A única coisa certa é que em ambos os casos se prestou grande atenção à linguagem comum e ao uso (VER) de expressões dentro de determinados contextos, lingüísticos e às vezes extralingüísticos.

Austin avaliou que as palavras comuns incorporam distinções que os seres humanos efetuaram ao longo de gerações e que é importante levar em conta antes de começar a filosofar (caso seja legítimo) com base em meras generalidades. O exame dos usos comuns ou ordinários é, em todo caso, a via de acesso à atividade filosófica. Austin não pensa, contudo, que a linguagem ordinária seja a última palavra e que as verdades e critérios de verdade estejam incorporados e como que embalsamados na linguagem comum. Mas essa linguagem é a primeira palavra, aquela pela qual se deve começar. Assim, para citar um exemplo de um de seus primeiros trabalhos, somente quando se descreveram, estudaram e analisaram em detalhe os usos de 'se' nos múltiplos contextos em que se usa 'se' cabe desfazer várias teorias rígidas sobre a natureza do condicional. O mesmo ocorre, e com maior freqüência, com palavras como 'real' ou 'bom'; os usos correntes mostram que essas palavras são usadas de formas muito diversas, todas elas bastante peculiares e todas distintas do uso de outros termos classificados como adjetivos. Muitas teorias sobre a "realidade" e sobre "a bondade" (ou "o Bem") se desfazem quando percebemos que consistem em forçar os usos dessas palavras para justificar alguma concepção filosófica prévia.

Em sua obra sobre *Sense and Sensibilia* (ou nas conferências mais tarde publicadas com esse nome), Austin refere-se a uma doutrina — a doutrina da apreensão imediata dos dados dos sentidos — como uma típica doutrina "escolástica". O mesmo cabe dizer de quase todas as doutrinas filosóficas, as quais se devem a "uma obsessão por algumas poucas palavras, cujos usos são ultra--simplificados, não entendidos de fato, não estudados cuidadosamente e não descritos corretamente". Acrescenta-se a isso a obsessão por alguns "fatos", nunca estudados por inteiro ("e, além disso, quase sempre os mesmos"). Assim, Austin vê os filósofos como tendendo a ultra-simplificar, a esquematizar e a repetir de modo obsessivo as mesmas coisas. A crítica de Austin à doutrina da apreensão imediata dos dados dos sentidos não se funda em nenhuma outra posição filosófica, epistemológica ou metafísica, mas num estudo detalhado de uma grande variedade de expressões, usos, contextos e "fatos". Tal como se indicou antes, isso não leva a considerar que os usos da linguagem ordinária determinem a doutrina a adotar, em primeiro lugar porque não se trata de adotar "doutrinas" e, em segundo lugar, porque esses usos são muitos. As "correções" e as "críticas" se efetuam dentro da própria linguagem, com seus próprios instrumentos, e isso é diferente de considerar a linguagem usada para efeitos de crítica como uma espécie de teoria ou quadro teórico.

A mais conhecida investigação de Austin é a que começou com a denúncia da "falácia descritiva" ou do que se denominou "descritivismo" (VER) em relação com a acepção de 'conhecer'. Enquanto 'Ele conhece' descreve que ele conhece, 'Eu conheço' não descreve um ato mental especial qualificado de "conhecimento", mas constitui "dar minha palavra" ao proferir uma proposição do tipo "S é P". Os filósofos costumaram tratar a linguagem — e, em todo caso, a linguagem usada para a elucidação de questões filosóficas — como se fosse inteiramente descritiva, preocupando-se sobretudo com problemas relativos à verdade ou falsidade de proposições. Austin mostrou que há muitos usos da linguagem (embora não, como dissera Wittgenstein, um número infinito de jogos lingüísticos). É necessário antes de tudo um esforço de classificação. A primeira introduzida por Austin foi a que distingue "proferimentos constatativos" e "proferimentos executivos" ("performativas" = *performative*). Abordamos essa distinção no verbete Executivo. Segundo Austin, a distinção falha em numerosos casos, motivo por que é necessária uma análise mais refinada. Conseqüência desta é a distinção entre "locucionário", "ilocucionário" e "perlocucionário", de que falamos nos verbetes respectivos, que podem ser considerados complementos deste.

Não se trata de uma classificação estrita em tipos de enunciações, dizeres ou atos lingüísticos; em todo caso, seria errôneo supor que os verbos que Austin introduz ao dar exemplos de expressões locucionárias, ilocucionárias e perlocucionárias sejam ao mesmo tempo verbos locucionários, ilocucionários e perlocucionários. Trata-se de "atos" — do que "fazemos com as palavras" —, mas o que fazemos amiúde com uma expressão são várias coisas. Pode-se, com uma mesma expressão, dizer algo e fazer algo; melhor dizendo, o dizer algo é, em última análise, o que fazemos com a expressão. Importa tomar em consideração o que Austin chama "o ato lingüístico total". Pode-se considerar a essa luz uma das noções austinianas básicas: a noção de "força ilocucionária", pela qual se compreende que uma enunciação seja efetuada "felizmente" ou "infelizmente". O descrever, fazer constar etc. são só dois aspectos, entre muitos outros, dos atos ilocucionários e não ocupam nenhuma posição única.

Tudo isso permite a Austin romper um número considerável de dicotomias (sua própria dicotomia primitiva entre 'descrever' e 'executar' e mais tarde muitas outras, como a dicotomia, ou contraste, 'normativa-valorativa'). A classificação de forças ilocucionárias — que dá lugar a enunciações "veridictivas", "exercitativas", "comissivas" e outras — é uma tentativa de introduzir certa ordem no campo dos atos lingüísticos totais e um ingrediente fundamental da "fenomenologia lingüística" de que fala Austin, mas nenhuma classificação pode ser considerada definitiva, devendo-se supor, ou esperar, o aparecimento de outros tipos de forças ilocucionárias, assim como de outras dimensões de atos lingüísticos.

A obra de Austin, incompleta devido à prematura morte do autor, é, dessa maneira, por seu turno, uma análise filosófica da linguagem como atividade humana, o desbravamento do território para uma ciência da linguagem e um estudo da comunicação. Embora nela se destaquem os aspectos pragmáticos, aspira-se a que a ela se integrem igualmente os aspectos semânticos.

↪ Durante sua vida, Austin publicou pouco: "Are There A Priori Concepts?", *Proceedings of the Aristotelian Society*, 12 (1939), 83-105. — "Other Minds", *ibid.*, Supl. vol. 20 (1946), 148-187. — "Truth", *ibid.*, Supl. vol. 24 (1950), 111-128. — "Report on 'What sort of 'if' is the 'if' in 'I Can *if* I Choose'?", *Analysis*, 12 (1952), 125-126. — "How To Talk Some Simple Ways", *ibid.*, 53 (1953-1954), 227-246. — "Ifs and Cans", *Proceedings of the British Academy*, 42 (1956), 109-132. — "A Plea for Excuses", *Proceedings of the Aristotelian Society*, 57 (1956-1957), 1-30. — "Pretending", *ibid.*, Supl. vol. 32 (1958), 261-278. — "Report on 'All Swans are White or Black': Does This Refer to Possible Swans on Canals on Mars?'", *Analysis*, 18 (1958), 97 ss.

A maioria desses artigos foi reimpressa, depois da morte de A., no livro *Philosophical Papers*, 1961, ed. J. O. Urmson e G. J. Warnock, 2ª ed., 1970, com vários artigos suplementares: "The Meaning of a Word", "Three Ways of Spilling Ink", "ἀγατόν and εὐδαιμονία in the *Ethics* of Aristotle" (trad. esp. do livro: *Ensayos filosóficos*, 1975). O trabalho "Performative Utterances", incluído em ambas as edições, é semelhante à comunicação "Performatif-Constatif", apresentada num Colóquio de Royaumont e publicada em *La philosophie analytique*, 1962, pp. 271-281, com discussão, pp. 282-304. A 3ª ed. de *Philosophical Papers*, 1980, contém um novo ensaio intitulado "The Life and the Cave in Plato's Republic", cujo texto procede de anotações do autor e de anotações de aula.

Além da obra indicada, há os dois livros póstumos: *Sense and Sensibilia*, 1962, reconstruído com base em anotações manuscritas preparadas para aulas por G. J. Warnock (note-se o título semelhante ao do romance de Jane Austen, *Sense and Sensibility* [1811]); e *How To Do Things with Words*, 1962 [The William James Lectures, em Harvard, 1955], ed. J. O. Urmson; 2ª ed., J. O. Urmson e Marina Sbisa, 1976.

Em português: *Quando dizer é fazer*, 1990. — *Sentido e percepção*, 1993.
Ver: A. Ambrose, M. Black et al., artigos sobre A. em *Philosophy*, 38 (1963), 201-263. — Mats Furberg, *Locutionary and Illocutionary Acts: A Main Theme in J. L. Austin's Philosophy*, 1963, 2ª ed., rev., com o título *Saying and Meaning: A Main Theme in J. L. Austin's Philosophy*, 1971. — G. J. Warnock, J. O. Urmson et al., *Symposium on J. L. A.*, 1969, ed. K. T. Fann. — I. Berlin et al., *Essays on J. L. A.*, 1973. — K. Graham, *J. L. A.: A Critique of Ordinary Language Philosophy*, 1977. — M. H. Wörner, *Performative und Sprachliches Handeln*, 1978. — D. Fairchild, *Prolegomena to a Methodology: Reflections on Merleau-Ponty and A.*, 1978. — J. Friggieri, *Linguaggio e azione. Saggio su J. L. A.*, 1981. — W. L. Morison, *J. L. A.*, 1982. — J. Barwise, J. Perry, *Situations and Attitudes*, 1983. — S. C. Levinson, *Pragmatics*, 1983. — M. F. Goodman, "Ayer and Austin. Some Basic Disagreements", *Dialogue* 28 (1986). — J. Barwise, J. Etchemendy, *The Liar: An Essay in Truth and Circularity*, 1987. — J. J. Di Giovanna, *Linguistic Phenomenology: Philosophical Method in J. L. Austin*, 1989. — G. J. Warnock, *J. L. Austin*, 1989. — S. Petrey, *Speech Acts and Literary Theory*, 1990. ⊂

AUSTROMARXISMO. Dá-se este nome à corrente marxista desenvolvida na Áustria a partir do começo deste século. Os filósofos austromarxistas agruparam-se no Círculo denominado "Futuro" (*Zukunft*), publicando a série de *Marx-Studien* (desde 1904) e a revista *A luta* (*Der Kampf*) desde 1907. O mais importante dos filósofos austromarxistas foi Max Adler (VER). Seguiram igualmente esta orientação Felix Adler (1873-1940), R. Hilferding (1877-1941) e Otto Bauer (1882-1938).

Uma das características do austromarxismo, do ponto de vista filosófico, é a atenção dada à tradição kantiana, especialmente a desenvolvida por neokantianos como Hermann Cohen (VER) e Friedrich Albert Lange (VER). Os austromarxistas receberam do mesmo modo as influências de correntes positivistas desenvolvidas na Áustria, como as elaboradas por Mach e por Avenarius.

O austromarxismo opôs-se ao hegelianismo, ou aos aspectos deste que se manifestavam nas correntes marxistas que depois desembocaram no leninismo. Os austromarxistas consideraram esses elementos hegelianos especulativos e carentes da crítica do conhecimento no sentido kantiano. Em termos políticos, os austromarxistas foram social-democratas, defendendo ao mesmo tempo um regime econômico socialista e uma estrutura política democrática. Simultaneamente, recusavam toda tendência "revisionista" que pudesse conduzir a um abandono do socialismo, mas não consideravam que a atitude "liberal" fosse revisionista, visto que não expressava, se bem entendida, uma ideologia burguesa, mas uma atitude ética de afirmação da liberdade.

⊃ Ver: O. Pollak, ed., *Der Weg aus dem Dunkel. Bilder aus der Geschichte der östlichen sozialistischen Bewegung*, 1959. — N. Leser, ed., *Werk und Widerhall. Grosse Gestalten des östlichen Sozialismus*, 1964. — P. Heintel, *System und Ideologie. Der Austromarxismus im Spiegel der Philosophie Max Adlers*, 1967. — N. Leser, *Zwischen Reformismus und Bolschewismus. Der Austromarxismus als Theorie und Praxis*, 1968. — L. Matrai, "Kulturhistorische Folgen der Auflösung der Österreichisch-Ungarischen Monarchie", *Deutsche Zeitschrift für Philosophie*, 27 (1979), 1302-1309. — W. Lehrke, "Austrorevisionismus alias Austromarxismus. Am Beispiel Max Adlers", *ibid.*, 29 (1981), 682-693. — H. Klein, "Bemerkungen zum Begriff 'Austromarxismus'", *ibid.*, 37 (1989), 853-859. ⊂

AUTARQUIA. Uma das condições para conseguir o estado de eudemonia (VER) — felicidade, tranqüilidade ou paz de espírito — era, segundo algumas escolas socráticas e helenísticas, a libertação de toda inquietude. Como se supunha que esta fosse produzida pelo desejo das coisas externas que só podem ser obtidas com esforço e pesar, recomendava-se, na medida do possível, o desprendimento em relação aos bens externos e o ater-se apenas ao que estivesse ao alcance do sujeito. Dessa maneira, conseguia-se o governo de si mesmo ou a auto-suficiência, que receberam o nome de autarquia. A autarquia foi, pois, identificada com a felicidade e a virtude.

O ideal autárquico encontrava-se já implicado em muitas das recomendações de Sócrates. Foi preconizado e elaborado sobretudo pelos cínicos, pelos epicuristas e pelos estóicos, mas com diversos graus e propósitos. Descrevemos estes últimos nos verbetes dedicados às escolas mencionadas. Quanto aos métodos usados para produzir a autarquia, eram também diferentes em cada escola. Assim, os cínicos se valiam sobretudo do desprezo pelas convenções; os epicuristas, da retração no círculo dos verdadeiros amigos e da satisfação das necessidades corporais indispensáveis; os estóicos, da resistência e do endurecimento diante das adversidades. Análoga variedade existia em relação ao que se supunha causar e não causar desassossego e em relação ao que o sábio necessitava no exercício de sua virtude. Assim, enquanto alguns filósofos enfatizavam de modo radical o ideal da auto-suficiência, outros afirmavam que algumas outras condições eram necessárias para obter a eudemonia. Entre estes últimos, podemos mencionar Panécio (VER), que afirmava que sem saúde e mesmo sem a posse de certas riquezas não pode existir a felicidade, e, por conseguinte, concluía que a pura e simples auto-suficiência podia gerar a inquietude que o filósofo se propunha a eliminar.

AUTENTICIDADE, AUTÊNTICO. Diz-se de algo que é autêntico quando se estabelece sem sombra de dúvida sua identidade, isto é, quando se estabelece de modo definitivo que é certa e positivamente o que se supõe ser. Fala-se então de "um quadro autêntico de Rubens", de um "diamante autêntico" etc. Em filosofia, os termos 'autenticidade' e 'autêntico' são aplicados por alguns pensadores especialmente, não exclusivamente, à existência humana, e a outras realidades apenas na medida em que sejam função dessa existência. Diz-se então que determinado ser humano é autêntico quando é, ou chega a ser, o que verdadeira e radicalmente é, quando não está alienado. Entretanto, em certas ocasiões pode-se considerar que a alienação (VER) é um dos traços essenciais da existência humana, de sorte que neste caso o estar alienado, e ainda de maneira mais radical o não ser si mesmo, é uma das características do ser autêntico.

Ortega y Gasset falou com freqüência de autenticidade e inautenticidade no homem como traços ontológicos da realidade humana. Em 1916 (*Obras*, II, 84-85), ele descrevia um "eu autêntico" como "a base insubornável" de uma vida humana; o "eu autêntico" é, a rigor, o "eu insubornável", isto é, o eu que, no fundo e radicalmente, não pode deixar de ser o que é. Mas justamente porque pode ser autêntico, o homem pode ser também inautêntico; em outras palavras, a inautenticidade é um dos traços fundamentais da realidade humana, ao lado da autenticidade; e até se pode dizer, reiterando de outro modo o que indicamos antes, que a inautenticidade é uma das formas — embora defectiva — de ser "si mesmo". Com efeito, as coisas não podem deixar de ser si mesmas, de ser o que são. Em contrapartida, o homem pode deixar de ser o que é.

Quando o homem se torna o que é, sua vida é *própria*. O homem cumpre então sua vocação radical e seu "destino". Ortega y Gasset equipara às vezes 'autenticidade' a 'realidade' (*op. cit.*, VI, 400); nesse caso, o ser autêntico equivale ao ser mais real, pois o sentido de 'é real' se distingue então daquele que este predicado possui quando se aplica a uma realidade não-humana.

Heidegger falou de autenticidade (*Eigentlichkeit*) e inautenticidade (*Uneigentlichkeit*) como modos de ser básicos do *Dasein* (VER). [Empregaram-se também com esse propósito os termos 'propriedade' e 'impropriedade', perfeitamente aceitáveis; no entanto, decidimo-nos aqui em favor dos vocábulos 'autenticidade' — e 'autêntico' — e 'inautenticidade' — e 'inautêntico' — simplesmente por termos reservado 'propriedade' e 'próprio' para nos referir a um dos Predicáveis (ver PREDICÁVEIS; PROPRIEDADE, PRÓPRIO)]. O *Dasein* pode, com efeito, "eleger-se a si mesmo", isto é, "ganhar-se", caso em que se apropria de si mesmo e se torna "autêntico". Ele pode também "não eleger-se a si mesmo", ou seja, "perder-se", caso em que deixa de apropriar-se de si mesmo e se torna "inautêntico" (não chega a ser o que é). Heidegger observa a esse respeito que a inautenti-

cidade (impropriedade) não é um modo de "ser menos" ou um grau de "ser inferior" em relação à autenticidade (propriedade) (*Ser e Tempo*, § 3). É inerente ao *Dasein* o ser "seu" — a cada *Dasein*, pois, o ser *meu* — como condição de autenticidade e inautenticidade. O *Dasein* existe, portanto, ou autêntica ou inautenticamente, ainda que para efeito de sua descrição e análise possa ser concebido como se estivesse num "modo indiferenciado" (*op. cit.*, § 12).

Muitos outros filósofos contemporâneos (por exemplo, Jaspers e, em geral, muitos dos chamados "existencialistas") fizeram uso dos termos 'autenticidade' e 'autêntico', ou de variantes deles. Em alguns casos, esses usos derivam de algum dos autores antes mencionados. Em outros casos devem, no mínimo algo, a certas tradições de pensamento, de resto muito diversas entre si; é o que ocorre, por exemplo, com a idéia pascaliana de "distração" (que exprime a realidade humana em sua inautenticidade), com a idéia hegeliana (e também marxista) da "alienação" (que expressa uma fase em certo processo "dialético" da realidade humana). Nem sempre, porém, se tentou definir o significado de 'autenticidade' e 'autêntico' do ponto de vista de uma ontologia suficientemente desenvolvida e, junto a isso, de uma ontologia na qual desempenhem igualmente uma função importante termos como 'identidade', 'mesmidade', 'ipseidade' etc. Referimo-nos mais detidamente a esse ponto no livro *El ser y la muerte* (1962), especialmente §§ 23 e 24, no qual, por um lado, a autenticidade (ali chamada "propriedade", ou melhor, "apropriação") é vista como um "ir-se fazendo" (a si mesmo), mas no qual, por outro lado, é considerada como modo de ser (ontológico) de um corpo, o qual pode ser também como ipseidade, identidade etc.

AUTOGNOSE. Ver DILTHEY, WILHELM.

AUTOLÓGICO. Ver HETEROLÓGICO.

AUTOMATISMO. Dá-se o nome de "automáticos" aos movimentos que ocorrem num objeto sem impulso externo aparente e, por conseguinte, aos movimentos que parecem ter origem no próprio interior do objeto considerado. Por extensão, qualificam-se de automáticos os movimentos que se repetem em formas limitadas e determinadas mesmo quando há um ato de excitação ou impulsão externa; assim, fala-se dos movimentos automáticos psicológicos alheios à vontade ou dos movimentos automáticos de um mecanismo regulado de tal forma que a cada impulso determinado corresponde um número determinado de movimentos. Segundo Descartes, os animais são autômatos, isto é, reagem de forma mecânica às excitações externas, ao contrário do homem, que possui alma e vontade (ver ALMA DOS BRUTOS). O automatismo constitui um problema da psicologia no âmbito do qual se consideram os chamados movimentos reflexos. O automatismo dos atos psicológicos não é idêntico em todos os seus graus; pelo contrário, apresenta grande número de variantes e costuma abandonar seu caráter aparentemente mecânico à medida que vai penetrando na esfera da consciência. A intervenção da vontade pode desviar o automatismo dos atos ou pode ser também uma das causas produtoras de um número determinado de movimentos automáticos. Pela gradação do automatismo, tende-se a considerar mecânicos os movimentos inferiores mais afastados da consciência, e como propriamente automáticos os que têm seu desenvolvimento já dentro da consciência, mesmo que quase sempre em seu limiar.

Referimo-nos principalmente ao sentido psicológico de 'automático' e 'automatismo', mas no início já mencionamos, de maneira breve, o problema de uma definição mais ampla desses termos. Os desenvolvimentos científicos e técnicos dos últimos anos confirmam a necessidade de explorar semelhante ampliação. Fala-se muito, com efeito, na ciência e na técnica, não só de automatismo, mas também de automação ou automatização (*automation*). O automatismo é a característica das máquinas capazes de efetuar uma série de operações sem outra intervenção humana senão as de construção da máquina e de pô-la em funcionamento. A automação ou automatização é a característica das máquinas capazes de conduzir-se a si mesmas segundo certas normas dadas, mais variadas e flexíveis do que as que correspondem ao mero automatismo. Assim, uma máquina automática pode fabricar placas de metal executando todas as operações que levem a esse fim, de modo que não haja intervenção humana entre o momento em que recebe o material e a entrega do produto acabado. Uma máquina automatizada, em contrapartida, pode não apenas fabricar automaticamente essas placas como também regular por si mesma a espessura e outras características delas, modificando suas operações de acordo com os resultados previstos (isto é, dos modelos propostos). A máquina automatizada comprova, pois, por si mesma as condições de seu trabalho. Dessa maneira, a automação na esfera técnica põe em jogo os resultados da cibernética a que nos referimos em Comunicação (VER).

AUTOMATISMO DOS ANIMAIS. Ver ALMA DOS BRUTOS.

AUTONOMIA. Dá-se este nome ao fato de que uma realidade seja regida por uma lei própria, diversa de outras leis, mas não forçosamente incompatível com elas. No vocabulário filosófico, o termo 'autonomia' costuma ser empregado em dois sentidos.

1) *Sentido ontológico.* Segundo este sentido, supõe-se que certas esferas da realidade são autônomas em relação a outras. Assim, quando se postula que a esfera da realidade orgânica é regida por leis distintas das da esfera da realidade inorgânica, diz-se que a primeira é autônoma em relação à segunda. Essa autonomia não implica que uma esfera determinada não seja regida *também* pelas leis de outra esfera considerada mais fundamental. Assim, na chamada *lei de autonomia* proposta por Nicolai Hartmann, os reinos superiores do ser são regidos pelas mesmas leis que regem os reinos inferiores e, *além disso*, por outras leis próprias consideradas autônomas.

2) *Sentido ético.* Segundo este sentido, afirma-se que uma lei moral é autônoma quando tem em si mesma seu fundamento e a razão própria de sua legalidade. Este sentido foi elaborado especialmente por Kant, tendo sido admitido por outros autores como Cohen, Natorp e Renouvier. O eixo da autonomia da lei moral é constituído, de acordo com Kant, pela autonomia da vontade (ver BOA VONTADE). Nela se fundamenta o imperativo categórico (VER). Kant indica na *Fundamentação da Metafísica dos Costumes* (*Grundlegung zur Metaphysik der Sitten*. II) que a autonomia da vontade é "o princípio supremo da moralidade", sendo "a propriedade da vontade pela qual é para si mesma uma lei (independentemente de qualquer propriedade dos objetos do querer)". Por isso, o princípio de autonomia reza o seguinte: "Não escolher de outro modo senão o que faz com que as máximas da escolha se achem ao mesmo tempo abarcadas como lei geral no próprio querer" (mais simplesmente: "Escolher sempre de tal modo que a própria volição abarque as máximas de nossa escolha como lei universal"). Kant assinala que esta lei prática é um imperativo, mas que isso não pode ser provado mediante a análise dos conceitos que figuram na lei porque se trata de uma proposição sintética. No entanto, pode-se mostrar mediante a análise dos conceitos da moralidade que o princípio de autonomia é o único princípio da moral. Ao mesmo tempo, a heteronomia da vontade é, segundo Kant, a fonte de todos os princípios inautênticos de moralidade. Quando a vontade não é autônoma, não se dá a si mesma a lei. O que dá a lei à vontade é o objeto mediante sua relação com a vontade. Esta relação, esteja fundada em inclinações sentidas pelo sujeito ou baseada em concepções da razão, só admite imperativos hipotéticos. De acordo com um princípio hipotético, não devo mentir para não prejudicar minha reputação. De acordo com um imperativo categórico, não devo mentir mesmo que isso não me prejudique em nada. Por conseguinte, enquanto os defensores da heteronomia crêem que não há possibilidade de moral efetiva sem um fundamento alheio à vontade (seja na Natureza, seja no reino inteligível, seja no reino dos valores absolutos, seja em Deus), Kant avalia que todos os princípios da heteronomia, sejam empíricos (ou derivados do princípio de felicidade e baseados em sentimentos físicos ou morais) ou racionais (ou derivados do princípio de perfeição, que pode ser ontológico ou teológico), mascaram o problema da liberdade da vontade e, portanto, da moralidade autêntica dos próprios atos. Algumas dessas concepções, diz Kant, são melhores que

outras (por exemplo, a concepção ontológica da perfeição que se dá dentro dos princípios racionais é, em sua opinião, melhor que a concepção teológica, que deriva a moralidade de uma vontade divina absolutamente perfeita). Os defensores desta última derivação costumam denominar-se partidários de uma moral *teônoma* (ver TEONOMIA).

Substancialmente, as mesmas idéias são apresentadas por Kant na *Crítica da Razão Prática* (*Kritik der praktischen Vernunft*, I, i, 8. Teorema IV. ed. da Academia, V, 33). "A autonomia da vontade — escreve Kant — é o único princípio de todas as leis morais e dos correspondentes deveres. Em contrapartida, toda heteronomia da escolha não só não fundamenta nenhuma obrigação, como se opõe ao princípio do dever e à moralidade da vontade". Não há, a rigor, moralidade se não há independência em relação a qualquer objeto desejado. Deve-se, porém, entender a independência não como uma liberdade negativa, mas como positiva. Esta é a liberdade baseada "na legislação própria da razão pura e, como tal, prática". Por isso, "a lei moral expressa somente a autonomia da razão pura prática, isto é, a liberdade, e esta é a condição formal de todas as máximas, condição sob a qual, e somente sob a qual, podem todas concordar com a lei prática suprema".

Em sua ética material *a priori*, Max Scheler rejeita a idéia de autonomia em sentido kantiano, mas se declara igualmente em desacordo com as morais heterônomas que Kant criticara. Para Scheler, a pessoa tem autonomia como suporte e realizadora de valores, mas essa autonomia se insere em uma "comunidade" e especificamente em uma "comunidade de valores", motivo pelo qual é de alguma maneira heterônoma.

AUTRECOURT, NICOLAU DE. Ver NICOLAU DE AUTRECOURT.

AVEMPACE (Abū Bakr Muḥammad bn Yaḥyà bn al-Sā 'ig Ibn Bāÿÿā). Nasc. em Saragoça no fim do século XI, viveu algum tempo em Sevilha, depois em Granada e, por fim, em Fez (Marrocos), onde faleceu em 1138. Autor de vários tratados de lógica, matemática, astronomia, medicina e filosofia — quase todos perdidos —, ele é conhecido sobretudo por sua obra intitulada *Guia do solitário* ou também *Regime do solitário* (*Tadbīr al-Mutawaḥḥid*), na qual se expõem os diversos graus de conhecimento que o homem vai alcançando desde o conhecimento das coisas até a substância separada de toda matéria, substância una e comum aos diversos entendimentos possíveis. Essa elevação do conhecimento corresponde à elevação da vida instintiva à vida intelectiva, liberta de toda matéria e que é uma emanação direta do entendimento ativo. O apogeu desse movimento de elevação parece ser de caráter místico, pois ao chegar à contemplação da substância separada, atinge-se ao mesmo tempo uma espécie de identificação com a fonte superior da qual deriva todo conhecimento, fonte na qual já não há contraposição entre matéria e forma ou entre ser e pensar.

⊃ O *Regime do solitário* conservou-se num compêndio publicado por S. Munk, *Mélanges de philosophie juive et arabe*, 1859; reimp., 1927, 1955. — Há tratados inéditos de Avempace na Biblioteca de El Escorial e na de Berlim. Edições e traduções de textos do filósofo por M. Asín Palacios, "Tratado de Avempace sobre la unión del intelecto con el hombre" (Kalāma fī ittiṣāl al-'aql bi-l-insān) e a "Carta de Adiós (Risālat al-widā') de Avempace", *Al Andalús* (1942), 1-47, e (1943), 1-87. Em 1946, Asín Palacios publicou o texto árabe e a trad. espanhola do *Regime*: "El filósofo zaragozano Avempace", *Revista de Aragón*, 1 (1900), 193--197, 234-238, 278-281, 300-302, 338-340; 2 (1901), 241-246, 301-303, 348-350.

Ver: U. A. Farrukh, *Ibn Bajja and the Philosophy in the Moslem West*, 1945. — E. A. Moody, "Galileo and Avempace", *Journal of the History of Ideas*, 12 (1951), 163-193, 375-422. — M. Basharat Ali, *Muslim Social Philosophy*, 1967. — E. A. Moody, *Studies in Medieval Philosophy, Science, and Logic: Collected Papers 1933-1969*, 1975. — G. Zainaty, *La morale d'A.*, 1979. — J. Lomba Fuentes, *Avempace*, 1989. ⊂

AVENARIUS, RICHARD (1843-1896). Nascido em Paris, foi professor desde 1877 da Universidade de Zurique. Seu ponto de vista, designado com os nomes de "empiriocriticismo" (VER) ou "filosofia da experiência pura", pertence à corrente geral do positivismo científico, tal como era defendido especialmente pelos partidários da física descritiva e por alguns representantes da filosofia da imanência. Segundo Avenarius, a experiência deve ser depurada de todo pressuposto metafísico; isso faz com que a metafísica seja pura e simplesmente uma *introjeção*, a projeção no externo dos elementos pertencentes às representações internas. Para evitar essa deformação do natural e do real, é preciso situar-se num território anterior a essa projeção, no terreno da experiência pura, o que exige a eliminação dos elementos estranhos a ela. Avenarius chega a uma solução dessa dificuldade por meio de uma análise crítica do fato da experiência, que consiste, a seu ver, no exame da dependência em que se encontram os juízos do sujeito (E), das variações do sistema nervoso central (C), condicionados por seu turno pelos estímulos do meio físico (R) e pelos meios da assimilação nutritiva (S). Todo juízo, do vulgar ao científico, é uma função das variações de C. A crítica da experiência deve, a partir deste fato, examinar os estímulos constantes que se produzem sobre C e, por conseguinte, influem na constância dos enunciados correspondentes a E.

Quando a constância é regular, desaparecem todos os elementos estranhos e se produz uma experiência despojada de todo "problema aparente", isenta do dualismo entre o sujeito e o objeto, origem, de acordo com Avenarius, das representações metafísicas. A constância no estímulo é, por outro lado, a conseqüência natural da tendência ao mínimo esforço; a tese da "economia (VER) do pensamento", defendida igualmente por Mach, desempenha no empiriocriticismo um papel fundamental.

Entre os discípulos e partidários de Avenarius, figuram Joseph Petzoldt (VER), assim como Rudolf Willy (VER). Também Karl Hauptmann (1858-1921: *Die Metaphysik in der modernen Physiologie*, 1893; *Unsere Wirklichkeit*, 1899) defende um ponto de vista semelhante ao de Avenarius.

⮕ **Obras:** *Ueber die beiden ersten Phasen des Spinozischen Pantheismus und das Verhältnis der zweiten zur dritten Phase*, 1868 (*Sobre as duas primeiras fases do panteísmo spinozano e as relações entre as fases segunda e terceira*). — *Philosophie als Denken der Welt gemäss dem Prinzip des kleinsten Kraftmasses. Prolegomena zu einer Kritik der reinen Erfahrung*, 1876. — *Kritik der reinen Erfahrung*, 2 vols., 1888-1890; 2ª ed., 1907-1908; reimp. em 1 vol., 1970. — *Der menschliche Weltbegriff*, 1891 (*O conceito humano do mundo*); 3ª ed., 1912.

Prepara-se uma edição de manuscritos de A. em posse de Georg Luttke (Berlim-Wilmersdorf).

Ver: F. Carstanjen, *R. Avenarius' biomechanische Grundlegung der reinen allgemeinen Erkenntnistheorie*, 1894. — O. Ewald, *R. Avenarius als Begründer des Empiriokritizismus. Eine erkenntniskritische Untersuchung über das Verhältnis von Wert und Wirklichkeit*, 1905. — W. Bush, *Avenarius and the Standpoint of Pure Experience*, 1905. — J. Suter, *Die Philosophie von R. Avenarius*, 1910. — F. Raab, *Die Philosophie von R. Avenarius. Systematische Darstellung und immanente Kritik*, 1912. — Alf Numan, *Kunskapsbiologie och Deskriptionsteori hos R. Avenarius*, 1914. — S. Poggi, *I sistemi dell'esperianza*, 1977; J. Thiele, "Briefe Deutscher Philoso-phen an Ernst Mach", *Synthese*, 18 (1968), 285-301. — H. C. Oeser, "Lenins Auseinandersetzung mit der Philosophie des Empiriokritizismus", *Conceptus*, 14 (1980), 12-23. ⮔

AVENCEBROL. Ver Avicebron.

AVERRÓIS (Abū-l-Walīd Muḥammad ibn Aḥmad ibn Muḥammad ibn Rušd) (1126-1198). Nascido em Córdoba, discípulo de Abentofail, é o mais eminente dos filósofos árabes. Foi juiz em Sevilha e Córdoba e, embora por muitos anos mantivesse boas relações com o trono, ao sobrevir uma reação contra as interpretações filosóficas do dogma foi acusado de heresia e deportado, vindo a falecer em Marrocos. A tradição aristotélica árabe chega a seu auge e maturidade em Averróis, autor de numerosos comentários aos textos do Estagirita que influenciaram de modo considerável a escolástica. Além de suas paráfrases e comentários a Aristóteles, ele escreveu uma refutação de Algazel intitulada *Destruição da destruição* (*Tahāfut alTahāfut*), uma obra sobre a concordância da religião com a filosofia, um tratado sobre o entendimento potencial e material, outros sobre a união do entendimento separado com o homem e várias obras acerca de lógica, física, medicina e astronomia. Tal como a maioria de seus predecessores, Averróis aspirou a conciliar a filosofia com o dogma. Ora, não parecia possível uma conciliação se não se levasse em conta que, enquanto a filosofia é só para os poucos eleitos que querem e podem compreender as argumentações racionais, a religião, tal como se dá nos textos sagrados, é adequada às multidões incapazes de compreender as verdades racionais e as demonstrações realizadas com base nelas.

Entre os filósofos e os fiéis, inserem-se aqueles que entendem os argumentos, mas apenas pretendem alcançar o provável e não a absoluta evidência racional. As proposições admitidas por cada um desses grupos são, a rigor, verdades. Mas cada uma delas tem um aspecto distinto que, contudo, recebe seu fundamento na verdade do dogma tal como se acha expressa no Corão. Dessa maneira, não há perigo em interpretar filosoficamente os dogmas, exceto para aqueles que não podem compreender nem usar a razão retamente, isto é, para os ingênuos e simples fiéis.

Averróis sustenta, como filósofo, a eternidade do mundo, o que não é, em seu entender, contraditório com o fato de sua produção por Deus. O mundo foi criado por Deus, mas o foi desde toda a eternidade. A relação entre o Criador e o criado é, por assim dizer, a relação entre o fundamento e a conseqüência, mas não a que existe entre a causa e o efeito. O criado surgiu por emanação do primeiro princípio criador. A eternidade do criado exige, de resto, a eternidade da matéria, na qual existem desde sempre em potência as formas que dela são extraídas por Deus para formar as coisas, e não introduzidas a partir de fora. Além disso, Averróis afirma que as dificuldades suscitadas pela identificação da inteligência em ato com o inteligível pensado por ela podem resolver-se mediante a suposição de que toda intelecção humana é mera participação num único e só entendimento agente. Apenas a idéia desse entendimento e sua radical unidade permite compreender que o entendimento passivo possa superar sua condição temporal e limitada elevando-se até aquele. Não há, portanto, imortalidade pessoal em que cada entendimento chegue individualmente à contemplação do entendimento agente, mas fusão de cada entendimento individual com o entendimento ativo único. Esta teoria, assim como a doutrina da eternidade da matéria, foi combatida, entre outros pensadores cristãos, por Santo Tomás; elas constituíram a parte mais conhecida da interpretação averroísta de Aristóteles, interpretação à qual se referiu quase sempre a polêmica entre os averroístas e os antiaverroístas (ver AVERROÍSMO).

➲ Em sua *Historia de la filosofía española. Filosofía hispano-musulmana*, tomo II (1957), pp. 48-59, Miguel Cruz Hernández classificou as obras de Averróis nas seguintes seções: 1) Obras filosóficas. A. Comentários ao *Corpus aristotelicum*, divididos em: *Yawami'* ou *Comentários menores*; *Taljis* ou *Comentários médios*; *Tafsirāt* ou *Comentários maiores*. B. Comentários diversos. C. Obras originaīs. 2) Obras teológicas. 3) Obras jurídicas. 4) Obras astronômicas. 5) Obras fisiológicas. 6) Obras médicas, divididas em A. Comentários e B. Obras originais. 7) Obras atribuídas a Averróis. 8) Obras apócrifas. De algumas dessas obras há manuscritos árabes; a maioria dos escritos de Averróis, contudo, é conservada em traduções hebraicas e latinas.

Dos *Comentários menores* há ed. hebraica em *Hebraica (...) Aristotelis ex compendiis Averrois* (1560), e ed. latina em *Aristotelis opera cum Averrois commentariis*, 10 vols., 1562-1574; reimp. em 11 vols. e 3 suplementos, 1962. Ed. do texto árabe de um comentário à *Metafísica* com trad. esp. de Carlos Rodríguez em *Averroes, "Compendio de Metafísica"*, 1919. Dos *Comentários médios* há ed. latina em *Opera, cit. supra*, e ed. de vários textos árabes; comentário às *Categorias* (*Averroes Talkhīç Kitāb al-Maqoūlat*), de M. Bouyges, 1932; à *Poética*, de Lasinio, 1877; à *Retórica, id.*, 1873. Dos *Comentários maiores* há edição latina e ed. árabe de M. Bouyges, 4 vols., 1938-1948. Quanto às obras originais, há ed. crítica do *Tahāfut al-Tahāfut* de M. Bouyges, 1930, e ed. latina em *Opera, cit. supra*; reimpr., 1987. Ver também *Averroes' Tahāfut al-Tahāfut* [*The Incoherence of the Incoherence*], trad. e notas de Simon van den Bergh, "E. J. W. Gibb Memorial, N. S. XIX", 2 vols., Luzac, Londres, 1954; reimpr., 1969, 1978. Das obras teológicas há ed. do *Faṣl al-Maqāl* (*Doutrina decisiva* [*e fundamento da concórdia entre a revelação e a ciência*]), 1859, 1313/1895 e 1319/1901, 1942 [3ª ed., 1948]. Trad. esp. de M. Alonso em *La teología de Averroes*, 1947, pp. 149-200. Do *Kaṣf 'an-Manāhiy* (*Livro da exposição dos caminhos que conduzem à demonstração dos artigos de fé*) há ed. em 1859, 1313/1895, 1319/1901. Trad. esp. de M. Alonso, *op. cit. supra*, pp. 203-353.

A ed. latina anteriormente citada foi reimpressa várias vezes. Ver também G. Lacombe, A. Birkenmajer, M. Dulong, E. Franceschini, *Aristoteles Latinus* do *Corpus Philosophorum Medii Aevi* (desde 1939). Há ed. separada de vários textos latinos (como, por exemplo, ed. do comentário ao *De anima* por F. Stuart Crawford, 1953). Das eds. de textos árabes, além das antes citadas, ver N. Morata, *El Compendio de anima de Averroes*, 1934. — O livro citado de M. Alonso contém igualmente trad. de vários outros textos além dos indicados *supra*. Para edições mais recentes de textos hebraicos, ver a ed. de comentários ao *De generatione et corruptione*, de Samuel Kurland, 1958 [*Corpus Philosophorum Medii Aevi*, 66]. Ver também: *Compendio de metafísica*, ed. e trad. de C. Quirós, Madri, 1919. — *Destructio destructionum philosophiae Algazelis*, ed. de B. H. Zedler, The Marquette University Press, Milwaukee, 1961. — *Exposición de la "República" de Platón*, trad. e estudo de M. Cruz Hernández, Madri, 1986. — *Epítome de Física*, trad. e estudo de J. Puig, Madri, 1987. — *La psicología de Averroes*, trad. de S. Gómez Nogales, Madri, 1988.

Há um projeto de edição dos textos árabes, hebraicos e latinos de Averróis (*Corpus commentariorum Averrois in Aristotelem*), fundado em 1931 por H. A. Wolfson e sob o patrocínio de The Mediaeval Academy of America (Cambridge, Mas.). Mais tarde, a Union Académique Internationale assumiu o projeto e diversos países participaram dele.

Sobre problemas suscitados por escritos de Averróis, ver sobretudo M. Alonso, "La cronología en las obras de Averroes", *Miscelánea Comillas* 1 (1943), 441-460 [incluído em *Teología de Averroes*, 1947, cit. supra].

A bibliografia sobre Averróis é muito extensa. Nas edições críticas antes mencionadas encontram-se estudos importantes sobre o filósofo; destacamos em particular a obra citada de M. Alonso. Além disso: E. Renan, *Averroès et l'averroïsme. Éssai historique*, 1852; 3ª ed., 1866; reimpr., 1986. — Lasinio, *Studi sopra Averroe*, 1874. — T. J. de Boer, *Die Widersprüche der Philosophie nach Al-Gazali und ihr Ausgleich durch Ibn Roschd*, 1894. — A. Farah, *Averroës und seine Philosophie*, 1903. — L. Gauthier, *La théorie d'Ibn Roch (Averroès) sur les rapports de la religion et de la philosophie*, 1909 (tese). — G. Menser, "Das Verhältnis von Glaube und Wissen bei Averroës", *Jahrbuch für Philosophie und spekulative Theologie*, 24 (1910), 25 (1911). — S. Nirenstein, *The Problem of the Existence of God in Maimonides, Alanus and Averroes*, 1924. — P. S. Christ, *The Psychology of the Active Intellect of Averroes*, 1926. Ver Álvaro de Toledo, *Comentario al "De substantia orbis" de Averroes (Aristotelismo y Averroísmo)*, ed. Manuel Alonso, S. I., 1940. — León Gauthier, *Ibn Roch (Averroès)*, 1948. — S. Mac Clintock, *Perversity and Error: Studies on the "Averroist" John of Jandun*, 1956. — M. Fakhry, *Islamic Occasionalism and Its Critique by Averroes and Aquinas*, 1958. — F. E. Peters, *Aristoteles Arabus*, 1968. — G. Endress, "Die arabische Philosophie im Islam von den Anfängen bis Averroes", em *La philosophie du Ve. au XVe. s.*, 1974, ed. R. Klibansky. — M. Cruz Hernández, *Historia del pensamiento en el mundo islámico*, 2 vols., 1981. — B. S.

Kogan, *Averroes and the Metaphysics of Causation*, 1985. — M. Cruz Hernández, *Averroes. Vida, obra, pensamiento, influencia*, 1986. — O. Leaman, *Averroes and His Philosophy*, 1988. — D. Urvoy, *Ibn Rushd: Averroes*, 1991.

Ver também as obras das bibliografias dos artigos AVERROÍSMO; SIGER DE BRABANTE.

AVERROÍSMO. Em sentido estrito, denomina-se "averroísmo" a filosofia de Averróis (VER) e de seus mais fiéis seguidores. Em sentido mais amplo — aquele quase sempre empregado pelos historiadores da filosofia —, dá-se o nome de "averroísmo" a várias tendências que surgiram em três momentos entre os séculos XIII e XVI e se inspiraram em três doutrinas procedentes da interpretação que Averróis deu — ou se supôs que dera — ao pensamento de Aristóteles: a doutrina do entendimento (ou intelecto) agente único (com a decorrente possível afirmação da imortalidade pessoal); a doutrina da eternidade da matéria (com a decorrente possível negação ou, pelo menos, reconhecimento da impossibilidade de demonstração, da tese da criação a partir do nada); e a doutrina da dupla verdade (ver VERDADE DUPLA) (com a decorrente possível afirmação de que o que é verdadeiro em teologia pode não sê-lo em filosofia e vice-versa). As tendências averroístas mencionadas são amiúde citadas com o nome de "averroísmo latino", mas por serem, de todo modo, interpretações de Aristóteles, Fernand van Steenberghen propôs substituir a expressão 'averroísmo latino' pela frase 'aristotelismo heterodoxo'.

A primeira das tendências mencionadas teve início no Ocidente latino com as traduções feitas no princípio do século XIII, por Miguel Scot, dos comentários averroístas ao *De caelo* e ao *De anima*. Junto a isso, podem-se citar as obras de Amalrico de Bena e de David de Dinant (VER), embora se deva levar em conta que estas obras não são propriamente averroístas, mas antes alexandrinistas; apesar disso, algumas de suas teses estiveram incluídas nas condenações que proliferaram no século XIII (1210, 1215, 1231, 1263), antes da absorção do aristotelismo por Santo Alberto Magno e especialmente por Santo Tomás de Aquino. Algumas das teses averroístas pareceram influenciar vários filósofos, motivo pelo qual se considerou necessário condenar particularmente várias dessas teses em duas ocasiões (quinze foram condenadas em 1270 e 219 em 1277 pelo Arcebispo de Paris, Estêvão Tempier). Entre essas teses figuravam a doutrina da eternidade do mundo, a doutrina de que Deus não conhece as entidades singulares, a doutrina de que o livre-arbítrio é uma potência passiva e não ativa etc. Na condenação de 1277, especificou-se claramente que não se admitiria a defesa de nenhuma das teses de referência com a justificativa de que podiam ser verdadeiras em filosofia, embora se reconhecessem como falsas em teologia, o que significava a recusa da anteriormente célebre doutrina da dupla verdade, considerada por muitos uma das principais características do averroísmo. É sabido que a difusão do tomismo esteve envolvida nas discussões acerca do averroísmo e que o sistema de Santo Tomás foi tido por alguns como um averroísmo teológico (M. Asín Palacios), por outros como inteiramente oposto ao averroísmo e pela maioria como uma filtração, seleção e, em última análise, absorção de certas teses consideradas averroístas (por exemplo, a afirmação de que a doutrina da eternidade do mundo não pode ser rejeitada pela razão, mesmo que deva ser descartada por não ser compatível com uma verdade de fé). Pensa-se hoje que, com elementos "averroístas" ou não, as teses tomistas são "ortodoxas". Do ponto de vista histórico, acentua-se que Santo Tomás — como Santo Alberto Magno, Egídio Romano e Raimundo Lúlio — caracterizou-se, numa das dimensões essenciais de sua atividade intelectual, pela luta contra o chamado averroísmo latino. Este último foi representado na época, do modo mais destacado, por dois autores: Siger de Brabante e Boécio de Dácia (VER), cujas doutrinas eram afetadas pelas duas últimas condenações parisienses citadas. A condenação de 1277, especialmente, referiu-se às principais doutrinas de Siger de Brabante, das quais a tese da unidade do entendimento era a que mais se destacava.

O segundo momento importante do averroísmo latino ocorreu a partir do final do século XIII até o começo do século XV, mas deve-se observar que este averroísmo não é uma irrupção nova e inteiramente independente de certas doutrinas do filósofo árabe, mas está ligado, por uma complexa tradição, ao momento anterior. Um de seus elos é constituído pela obra de Pedro de Abano (VER), que defendeu especialmente as doutrinas da unidade do entendimento e da eternidade da matéria e do mundo, mas que em muitos outros aspectos não pode ser considerado um autor averroísta. Os principais representantes do segundo averroísmo são João de Jandun (VER) e, no aspecto político, Marsílio de Pádua (VER). João Baconthorp (VER) também é considerado um averroísta, mas, ao que parece, sem justificação.

O terceiro momento na história do averroísmo é o representado pelos chamados averroístas da Universidade de Pádua, do fim do século XV ao começo do século XVII. Nesse momento, o averroísmo aparece quase exclusivamente como uma das possíveis interpretações do aristotelismo. Nessa qualidade, sua elaboração e difusão estiveram muito menos relacionadas que nos períodos anteriores com as questões referentes à ortodoxia ou à heterodoxia das teses defendidas; era possível até encontrar quem considerasse o averroísmo, nesse sentido, perfeitamente conciliável com a ortodoxia. Entre os averroístas mais conhecidos da escola de Pádua estão Nicoletto Vernia (VER), seu discípulo Agostino Nifo (VER), Alessandro Achillini (VER) e Marco

Antonio Zimara († em Pádua em 1532). O grande comentador de Aristóteles, Jacobo Zabarella (VER), é considerado às vezes como dado a interpretações averroístas e às vezes a interpretações alexandrinistas. Este averroísmo persistiu até o século XVII e consistiu, numa de suas dimensões essenciais, numa defesa da física aristotélica contra os inovadores da ciência natural.

↪ Ver: E. Renan, *Averroès et l'averroïsme*, 1852. — P. Mandonnet, *Siger de Brabant et l'averroïsme latin au XIIe siècle: Étude critique et documents inédits*, 1899; 2ª ed., 2 vols., I, 1908; II, 1911. — Miguel Asín Palacios, *El averroísmo teológico de Santo Tomás de Aquino*, 1904. — M. Grabmann, *Der lateinische Averroismus des 13. Jahrhunderts und seine Stellung zur christlichen Weltanschauung*, 1931. — R. de Vaux, "La première entrée d'Averroès chez les Latins", *Revue des Sciences philosophiques et théologiques*, 22 (1933), 193-242. — Bruno Nardi, *Saggi sull'aristotelismo padovano del secolo XIV al XVI*, 1958 (são estudados, entre outros, Pietro d'Abano, Paolo Veneto, Nicoletto Vernia, Pico della Mirandola e Alessandro Achilini). — John Herman Randall, Jr., *The School of Padua and the Emergence of Modern Science*, 1961. — Zdsislaw Kuksewicz, *De Siger de Brabant à Jacques de Plaisance: La théorie de l'intellect chez les averroïstes latins des XIIIe et XIVe siècles*, 1968. — S. Mac Clintock, *Perversity and Error: Studies on the "Averroist" John of Jandun*, 1956. — E. H. Weber, *La controverse de 1270 à l'Université de Paris et son retentissement sur la pensée de Saint Thomas d'Aquin*, 1970. — Id., id., *L'Homme en discussion à l'Université de Paris em 1270*, 1970. — R. Hissette, "Étienne Tempier et ses condamnations", *Recherches de Théologie ancienne et médievale*, 47 (1980), 231-270. — R. McInerny, *Aquinas Against the Averroists: On There Being Only One Intellect*, 1993.

Para a teoria da dupla verdade, ver bibliografia de VERDADE DUPLA. ᴄ

AVICEBRON, AVENCEBROL ou ABENGABIROL.
São os diversos nomes dados desde a Idade Média ao filósofo, teólogo, gramático e poeta de linhagem judia (Šĕlomó ben Yĕhuda Abū Ayyūb ibn Gabirol) (*ca.* 1020-1059, embora segundo alguns tenha falecido em 1070) que nasceu em Málaga, de família cordobesa, e se formou em Saragoça. É conhecido sobretudo por sua obra *A Fonte da Vida*, escrita em árabe com o título de *Yanbu' al-Ḥayya*, resumida em hebraico por Sem Tob ibn Falaquera (século XIII) com o título de *Mēqor Ḥayyim* e traduzida para o latim (*Fons Vitae*) por João Hispano e Domingos Gundissalino. Conservaram-se apenas a versão latina e o resumo hebraico. *A Fonte da Vida* fazia parte de um sistema filosófico-teológico completo ao qual pertenciam outros escritos — perdidos — sobre o ser e sobre a vontade. Trata-se de um diálogo entre mestre e discípulo, dividido em cinco partes, no decorrer das quais é discutido o problema da composição das substâncias sensíveis, da composição das substâncias simples e da existência da matéria e forma universais. As teses mais características de Avicebron nessa obra são:

1) A teoria da universalidade da matéria — no sentido aristotélico do termo —, segundo a qual a matéria não é o último elo na cadeia das emanações, mas se acha sempre onde há forma, isto é, em todos os níveis da escala ontológica (exceto no que representa o Ser Essencial), ainda que em distintos graus de unidade e perfeição. Corolário desta teoria é a tese de que a matéria, sendo comum a todas as substâncias, não pode constituir o princípio de individuação. Portanto, as coisas são diferentes umas das outras em virtude da forma. Por intermédio da tradução de João Hispano e Domingos Gundissalino, assim como pelos tratados do primeiro sobre a alma e do segundo sobre a "processão do mundo" e sobre a unidade, a citada doutrina passou, como indica J. M. Millás Vallicrosa, a vários autores cristãos, especialmente a Guilherme de Alvérnia e a Alexandre de Halles, assim como ao autor do escrito antes atribuído a John Duns Scot, *De rerum principio*, a São Boaventura e, em geral, aos filósofos franciscanos. Em contrapartida, Santo Alberto Magno, Santo Tomás de Aquino e, em geral, os dominicanos opuseram-se a essa teoria.

2) A teoria da Vontade como fonte de vida, primeira emanação de Deus e força impulsora do universo. De acordo com Avicebron, a série de hipóstases procedentes da primitiva unidade divina constitui a hierarquia dos seres. Da Vontade emana a Forma, que está, como antes observamos, inseparavelmente unida à Matéria, pois só Deus é Forma pura. O que caracteriza o grau de elevação e perfeição dos seres é seu maior ou menor afastamento do princípio supremo, isto é, sua maior ou menor unidade essencial. Esta é perfeita em Deus. Em contrapartida, há no mundo uma multiplicidade de formas separadas. Seguindo tendências neoplatônicas, Avicebron faz as substâncias inferiores derivar das superiores por emanação, à feição da luz que se derrama sobre as coisas. Da Inteligência universal emana a Alma, desta, a Natureza e desta, os corpos que se acham nos mundos translunar e sublunar. Esta doutrina, que parece ter antecedentes na escola de Abenmasarra (cf. M. Asín Palacios, *Abenmasarra y su escuela*, 1914), influenciou sobretudo os círculos iluministas judaicos. Como indica Millás Vallicrosa, encontram-se seus vestígios em Ishaq ibn Latif, no *Livro de Zóhar* (século XVII), em 'Semuel ibn Zarza, autor também de uma *Fonte da Vida* (*Mēqor Ḥayyim*), e até em Yehudá Abarbanel (Leão Hebreu). Além disso, algumas de suas teses passaram à escolástica cristã, várias vezes para serem recusadas, mas outras (David de Dinant) para serem admitidas.

Um dos problemas suscitados pela concepção da "Fonte" de Avicebron é se ela deve ser considerada imanente ou transcendente ao mundo. A interpretação usual é a que a considera transcendente, embora alguns autores (como Bonafede em seus *Saggi sulla filosofia medioevale*, 1951) considerem que a "virtude" ou "força" da Fonte está distribuída em todas as coisas. Julgamos que o mais razoável é atribuir a Avicebron a intenção de solucionar o dilema imanência-transcendência mediante a acentuação dos 'intermediários', que situam cada realidade 'para além' da camada inferior, mas ao mesmo tempo relacionada com ela.

Outro problema no sistema de Avicebron é o levantado pelo papel que a Vontade desempenha como Fonte de Vida. Embora se afirme que essa Vontade é idêntica a Deus ou à Essência Primeira, surge a questão referente a por que é necessária a hipóstase de uma Vontade divina possuidora de um grau menor de simplicidade que a Essência Primeira quando se afirma ao mesmo tempo a identidade de ambas.

⊃ Além da obra citada, devem-se a Avicebron um *Livro da correção dos caracteres* (de índole ético-prática, educativa e antropológico-filosófica), escrito igualmente em árabe, por volta de 1045, com o título de *Kitāb iṣlāḥ al-ajlāq* e traduzido para o hebraico com o título de *Tikkún middot ha-néfeš* por Judá ibn Tibbon em 1167; e uma *Seleção de pérolas* ou coleção de provérbios e refrões escrita em árabe com o título de *Mujtār al-ŷawāhir* e também traduzida para o hebraico por Judá ibn Tibbon, com o título de *Mibḥar ha-pĕninim*. O texto hebraico da *Seleção* foi conservado, mas o texto árabe se perdeu, salvo alguns fólios publicados por M. N. Sokoloff em 1929. Entre os poemas de Avencebrol, destaca-se seu *Kéter Malkut* ou *Coroa Real*. Edição da *Fons Vitae* segundo o texto hebraico, com trad. francesa de S. Munk, em *Mélanges de philosophie juive et arabe*, 1859 (reed., 1927, 1955). Ed. da tradução latina por Clemens Baeumker nos *Beiträge zur Geschichte der Philosophie des Mittelalters*, I, Hefte 2-4, 1892--1895 (trata-se da versão de Domingos Gundissalino e João Hispano). — Tradução castelhana de Federico de Castro y Fernández, 2 vols., 1901. — I. Myer, Qabbalah. *The Philosophical Writings of S. B. J. I. G.*, Nova York, 1971.

Ver Abraham Geiger, *Selomo Gabirol und seine Dichtungen*, 1867. — D. Stössel, *Salomon ben Gebirol als Philosoph und Förderer der Kabbala*, 1881. — J. Guttmann, *Die Philosophie des Salomon Ibn Gabirol dargestellt und erläutert*, 1889. — Id., *Die Scholastik des 13. Jahrh. in ihren Beziehungen zum Judentum*, 1902. — D. Kaufmann, *Studien über Salomon ibn Gebirol*, 1899. — M. Wittman, *Zur Stellung Avencebrols im Entwicklungsgange der arabischen Philosophie*, 1905. — Dreyer, *Die religiöse Gedankenwelt des Salomo ibn Gebirol*, 1930. — A. G. E. Blake, "Implications of Avicebron's Notion of Will", *Systematics*, 4, pp. 1-41. — José M. Millás Vallicrosa, *Selomó Ibn Gabirol como poeta y filósofo*, 1945. — León Dujovne, *Introducción a la historia de la filosofía judía*, 1949, cap. VII. — E. Bertola, *Salomon Ibn Gabirol (Avicebron). Vita, opere e pensiero*, 1953. — Jacques Schlanger, *La philosophie de Salomon ibn Gabirol: Étude d'un néoplatonisme*, 1968. — S. T. Katz, *Jewish Philosophers*, 1975. — F. P. Bargebuhr, *S. Ibn G.*, 1976. — R. Loewe, *Ibn G.*, 1989. ⊂

AVICENA (Abū 'Alī al-Ḥusayn bn 'Abd Allāh bn al-Ḥasan bn 'Alī Ibn Sīnā (980-1037). Nascido em Afsana, perto de Bojara, Pérsia, foi continuador da tradição aristotélico-platônica de Alkindi e, sobretudo, de Alfarabi, seguindo este último em sua explicação da origem e hierarquia das inteligências. Avicena estabelece, com efeito, que o conhecimento depende da realidade dos objetos conhecidos, desde o saber dos princípios primeiros até o conhecimento obtido por revelação, passando pelo dos universais ou idéias. A cada uma dessas formas corresponde, a seu ver, uma forma e modo de intelecto. Só mediante um processo de abstração progressiva é possível conhecer as formas gerais, sobretudo quando a alma, desvinculada do material, recebe diretamente a influência do entendimento agente. Entretanto, a importância de Avicena não consiste apenas em sua sistematização da especulação anterior; o aprofundamento de algumas das noções fundamentais de Alfarabi é precisamente o que deu maior significação à obra de Avicena para a filosofia escolástica. É o que ocorre sobretudo com três noções capitais. Em primeiro lugar, a noção de existência (*esse*), considerada por Avicena um acidente que se acrescenta à essência (*quidditas*). Em segundo lugar, a noção referente ao conceito da unidade do intelecto agente, tornada possível por meio da ascensão da potência no entendimento ao ato, com o que a noção metafísica do ser se torna diretamente acessível, já que é o objeto formal próprio de tal entendimento. Por fim, a noção concernente à distinção entre a essência e a existência nos seres criados, correspondente à sua união em Deus. Ao contrário de autores como Gorce, que consideraram sua mística o apogeu e ao mesmo tempo o motor da especulação filosófica de Avicena, e ao contrário de T. J. de Boer, que centrou seu sistema na doutrina da alma, a diferença entre essência e existência nos seres criados é tida por A.-M. Goichon como a verdadeira chave do pensamento do filósofo. Essa distinção, já sustentada em princípio por Alfarabi, permite entender as bases da teologia de Avicena. Do que é, não se conclui que existe. É preciso especificar o existente mediante uma essência, que opera como causa. As existências remetem a essências, numa cadeia que vai até a Essência suprema. Segundo Goichon, "os conceitos de essência e de existência culminam, em última análise, na distinção entre o ser criado e o ser incriado, entre a essência que não é e a Essência que é" (*La distinction* etc., p. 151). A divisão entre Essência necessária e essência possível coloca então a realidade em que a mencionada distinção se estabelece como algo cujo constitutivo formal depende em última análise da Essência primeira e necessária. É precisamente neste ponto que se insere na filosofia de Avicena o motivo neoplatônico, pois, como conseqüência da interpretação dada àquela noção, Avicena faz os entes inferiores gerarem-se por meio de um processo muito semelhante ao da emanação plotiniana.

A doutrina de Avicena influenciou de maneira considerável alguns escolásticos medievais. Referimo-nos a ela no verbete sobre o avicenismo. Observemos aqui que a mencionada doutrina não apenas introduziu importantes mudanças nas concepções metafísicas, como também nas lógicas. Com efeito, na lógica Avicena não seguiu por completo o modelo aristotélico (ou, melhor, peripatético) e admitiu muitos aspectos que já haviam sido tratados pelos estóicos. Isso acontece sobretudo com a atenção dada pelo filósofo árabe à lógica das proposições e à doutrina dos silogismos hipotéticos.

⊃ As obras de Avicena são numerosas. Destacamos as seguintes, indicando as edições: *Al-Šifā* (*A Cura*), Teerã, 2 vols., 1303/1886; outra ed., Cairo, 1952, ed. completa, 2 vols., 1960-? — *Al-Naŷāt* (*A Salvação*), Cairo, 1331/1913, ed. Muhyī al-Din Sabrī al-Kurdī, 1913, 2ª ed., 1938. — *Kitāb al-Išārāt wa-l Tanbīhāt* (*Livro de teoremas e avisos para lógica e sabedoria*), ed. Forget, Leiden, 1892; outra ed., *Remarks and Admonitions. Part one: Logic*, trad., introd. e notas de S. C. Inati, Leiden, 1984. — *Risālat al-Ḥudūd* (*Compêndio das definições*), Cairo, 1326/1908, na coleção *Tis'rasā' il fī-l Ḥikma wa-l-Tabī 'iyyāt*. Há outras obras menores na mesma coleção, das quais é importante filosoficamente o escrito intitulado *Aqsam al-'Ulūm al-'aqlyya* (*Divisões das ciências inteletuais*). — *Manṭīq al-Maṣriqiyyīn* (*Lógica dos orientais*), Cairo, 1328/1910. — *A Cura* foi (erroneamente) denominada de *Sufficientia* na Idade Média e compreende uma lógica, uma física, uma psicologia, uma cosmologia e uma metafísica.

Traduções latinas: *Opera in lucem redacta ac nuper quantum ars niti potuit per canonicos emmendata. Logyca. Sufficientia. De coelo et mundo. De anima. De animalibus. Philosophia prima*, Venetiis, 1495 (reimp., 1960), 1508 (reimp., 1960), 1546. — Trad. latina de *Metaphysices compendium*, de N. Carama, Roma, 1926. — Transcrição, revista, de *De anima*, por G. P. Klubertanz, S. J., da ed. de Veneza de 1508, 1949 (mimeog.). — *Avicenna Latinus. Liber de philosophia prima seu scientia divina*, I-IV, ed. crítica da trad. latina medieval por S. van Riet, 1977. — Ed. do original persa e trad. inglesa: *Avicenna's Treatise on Logic: Part one of Danesh-Name Alai (A Concise Philosophical Encyclopaedia) and Autobiography*, ed. Farhang Zabeeh, 1971.

Bibliografia em A.-M. Goichon, *Introduction à Avicenne. Son Épitre des Définitions*, 1933, pp. xxvi--xxxvii (correções em *Distinction*, pp. xiv e 505), e em M. Cruz Hernández, *La metafísica de Avicena*, 1949. — Bibl. em persa por Yahya Mahdavi, 1954. — Osman Ergin, *Ibín Sina bibliografyasi*, 1956.

Ver: B. Carra de Vaux, *Avicenne*, 1900; reimp., 1974. — C. Sauter, *Avicennas Bearbeitung der aristotelischen Metaphysik*, 1912. — Djémil Saliba, *Étude sur la métaphysique d'A.*, 1926. — A.-M. Goichon, *La distinction de l'essence et de l'existence d'après Ibn Sina*, 1937. — *Id., Léxique de la langue philosophique d'Ibn Sina*, 1938 (suplemento: 1939). — *Id., La philosophie d'A. et son influence en Europe médiévale*, 1944; 2ª ed., ampliada, 1951. — Também o livro citado no princípio da bibliografia. — M. Amid, *Essai sur la psychologie d'A.*, 1940 (tese). — M. Cruz Hernández, *La metafísica de Avicena*, 1949 (tese), e a seleção de textos intitulada *Sobre Metafísica* (1950), com introdução e notas. — L. Gardet, *La pensée religieuse d'A.*, 1951. — Vários autores, *Avicenna: Scientist and Philosopher. Millenary Symposium*, 1952, ed. G. M. Wickens (com bibliografia depois de cada capítulo). — Ernst Bloch, *Avicenna und die aristotelische Linke*, 1952, nova ed., 1963 (trad. esp.: *A. y la izquierda aristotélica*, 1968). — Soheil M. Afnan, *Avicenna: His Life and Works*, 1958. — Osman Chanine, *Ontologie et théologie chez A.*, 1962. — Parviz Morewedge, *The Metaphysics of Avicenna (ibn Sina)*, 1973. — William E. Gohlman, *Avicenna: The Life of Ibn Sina*, 1974. — O. C. Gruner, *A Treatise on the Canon of Medicine of A.*, 1970. — H. Corbin, *A. et le récit avicennien. Étude sur le cycle des récits avicenniens*, 1979. — A. Badawi, M. Cruz Hernández et al., *Milenario de A.*, 1981 (Simpósio, Madri, março de 1980). — G. Verbeke, *A. Grundleger einer neuen Metaphysik*, 1983. — S. Kemal, *The Poetics of Alfarabi and Avicenna*, 1991. ⊂

AVICENISMO. A filosofia de Avicena exerceu grande influência durante o século XIII e parte do século XIV. Ela foi, sem dúvida, muito combatida por vários filósofos escolásticos. Mas isso mostra que suas teses se encontravam bem vivas na mente dos pensadores dessa época. De resto, o combate não foi possível sem a acolhida de uma importante parte das teses do filósofo. Falou-se por esse motivo de um avicenismo latino. Gilson referiu-se a um agostinismo avicenizante, patente em diversos autores (por exemplo, em Henrique de Gand). Segundo A.-M. Goichon, podem-se distinguir três fases na influência exercida por Avicena: 1) Desde a época das primeiras traduções de Aristóteles (*ca.* 1130) até a reação de Guilherme de Alvérnia (por volta de 1230); 2) Desde o decreto pontifício de 1231 que permitiu o estudo de Aristóteles (e, portanto, de seus comentadores) até as compilações de Alberto Magno (em 1250, aproximadamente); 3) Desde 1253 — data do aparecimento de *De ente et essentia*, de Santo Tomás — até o término da síntese tomista. A partir destas últimas datas, a influência de Avicena se fez sentir sobretudo por meio dos comentadores do Aquinate. Não podemos nos estender aqui acerca dos pontos específicos nos quais se reflete melhor a influência do filósofo árabe. Recordaremos apenas que um dos mais debatidos aspectos capitais de sua doutrina foi a teoria da essência (VER) e a posição adotada na questão da distinção entre a essência e a existência (VER). Como vimos no verbete dedicado a esta última noção, autores como Guilherme de Alvérnia, São Boaventura, Santo Tomás e outros estavam muito próximos de Avicena a esse respeito. E, tal como o mostrou Gilson, mesmo a doutrina de John Duns Scot, embora não admita essa distinção, não pode ser entendida adequadamente — ao menos no que diz respeito à questão do caráter unívoco (VER) do ser — sem a consideração da doutrina avicenista sobre a essência como pano de fundo.

➲ Ver: É. Gilson, "Les sources gréco-arabes de l'augustinisme avicennisant", *Archives d'histoire doctrinale et littéraire du moyen âge*, 4 (1930), 74-107. — R. de Vaux, O. P., *Notes et textes sur l'avicennisme latin aux confins des XIIe-XIIIe siècles*, 1934. — A.-M. Goichon, *La philosophie d'Avicenne et son influence en Europe médiévale*, 1944, 2ª ed., 1951, pp. 92-93. — É. Gilson, *Jean Duns Scot. Introduction à ses positions fondamentales*, 1952. ↩

AVIDYĀ. Ver MAYA.

AXELOS, KOSTAS. Nasc. (1925) na Grécia, mudou-se aos 20 anos para Paris, onde colaborou e foi durante certo tempo diretor da revista *Arguments* (1956-1962), iniciada por Edgar Morin e Roland Barthes. A revista acolhia as inquietudes de um grupo de autores marxistas não-ortodoxos no período álgido da desestalinização. *Arguments* publicou ensaios de autores de tendências diversas no âmbito de uma orientação geral marxista (marxistas humanistas, sartrianos, marxistas de esquerda etc.). Axelos interessou-se principalmente pela questão da alienação, no sentido do "jovem Marx", mesmo tendo encontrado nela dificuldades; sob certo aspecto, o pensamento de Axelos inclinou-se para uma espécie de existencialismo marxista. Influenciado por Heidegger, Axelos considerou que a metafísica devia ser superada e que a colusão da metafísica com a técnica numa técnica planetária devia dar lugar a um autêntico "pensamento planetário". O "pensamento futuro" é o pensamento que une Heidegger a um Marx que vai além de si mesmo. Mas a opção heideggeriana da *Gelassenheit* não é mais aceitável que a da *Práxis*; ambas constituem obstáculos — ao mesmo tempo que

são pontos de partida — para um pensamento completamente aberto, planetário e multidimensional. Toda totalização deve ser "aberta".

O pensamento de Axelos, que se pretende profundo, oculto, aforístico, barroco e lúcido, procura abranger a totalidade do mundo — só refletida parcialmente pelas forças elementares, como a linguagem ou o trabalho, e por grandes potências, como a magia, a política, a religião e a própria filosofia —, restabelecendo a unidade lúdica do Homem com o Ser. Axelos recorre a jogos de palavras que, em seu entender, constituem o modo pelo qual, ambiguamente, se "joga o jogo": o que é lúdico não pode ser "e-ludido"; o pensamento que não é pensamento, mas ser sobrevindo da totalidade fragmentária do mundo, é o "eixo vinculador" (*axelien*). Desse modo, o pensamento planetário se instaura no sentido duplo de ser total (ou "total-fragmentário") e "errante" como os planetas (que são "planetários"). Todo o pensado deve ser virado do avesso: interpretar o mundo, transformá-lo, interpretar a transformação etc. Assim, o pensamento lúdico "eixo-vinculador" é multidimensional e "tenebrosamente criador".

➲ Obras: Φιλοσοφικὲς δοκμές, 1952 (*Ensaios filosóficos*). — *Marx, penseur de la technique: de l'aliénation de l'homme à la conquête du monde*, 1961; 3ª ed., 1969. — *Héraclite et la philosophie: la première saisie de l'être en devenir de la totalité*, 1962 (tese); 4ª ed., 1979. — *Vers la pensée planetaire. Le devenir-pensée du monde et le devenir-monde de la pensée*, 1964, 2ª ed., 1970. (Essas três obras formam o tríptico intitulado *Le deploiement de l'errance*). — *Einführung in ein künftiges Denken. Ueber Marx und Heidegger*, 1966. — *Arguments d'une recherche*, 1969. — *Le Jeu du monde*, 1969. — *Pour une éthique problématique*, 1972. — *Entretiens 'réels', imaginaires et avec soi-même*, 1973. — *Horizons du monde*, 1974. — *Contribution à la logique*, 1977. — *Problèmes de l'enjeu*, 1979. — *Systématique ouverte*, 1984. — *Métamorphoses*, 1991.

Os artigos da revista *Arguments* foram publicados na coleção "10/18", que os reúne em volumes monográficos (por ex., *La bureaucratie; Marxisme, révisionnisme, méta-marxisme; Les intellectuels; Révolution; Classe; Parti...*).

Em português: *Horizontes do mundo*, 1983.

Ver: Henri Lefèbvre, Pierre Fougeyrollas, *Le jeu de K. A.*, 1973. — G. Lissa, *K. A. e il tema del disvelamento*, 1975. ↩

AXIOLOGIA. Em seu livro *Valuation: Its Nature and Laws* (1906), Wilbur M. Urban escreve: "A segunda tarefa de uma teoria do valor é a avaliação reflexiva de objetos de valor. Não só *sentimos* o valor de objetos, como avaliamos esses objetos e, em última análise, os próprios sentimentos de valor. É claro que aqui intervém um ponto de vista diferente do psicológico, um ponto de vista que não só requer ser claramente definido, mas também adequadamente relacionado com o psicológico. Se nosso problema fosse o de uma determinação da validade de objetos e processos de conhecimento, o melhor seria descrevê-lo como um problema lógico ou epistemológico. Mas o termo epistemologia é demasiado restrito para incluir o problema da avaliação de valores; podemos, pois, usar um termo especial para definir o problema tal como se apresenta aqui. Por analogia com o termo epistemologia, cunhamos o termo axiologia e podemos desde agora falar da relação entre o ponto de vista axiológico e o psicológico" (p. 16). Urban examina em seu livro o "problema" e o "método" axiológicos (pp. 17 ss.) e usa expressões como "suficiência axiológica" (p. 405).

J. N. Findlay (*Axiological Ethics*, 1970) observa que Urban foi o primeiro a usar 'axiologia' para traduzir a expressão alemã *Werttheorie* ("teoria do valor"), que o economista Von Neumann introduzira em economia, como "teoria do valor econômico", e que Ehrenfels e Meinong, entre outros, trataram como teoria geral de todos os valores. Formado com base no termo grego ἄξιος ('valioso', 'estimável', 'digno de ser honrado'), o vocábulo 'axiologia' é usado às vezes como equivalente a 'teoria dos valores' (incluindo os chamados "desvalores" ou "valores negativos"). Usa-se mais particularmente em relação a valores éticos e estéticos. A "ética axiológica" é a fundada na teoria dos valores, tal como desenvolvida por Scheller e Nicolai Hartmann, com os precedentes de Ehrenfels, Meinong e, sobretudo, Brentano.

AXIOMA. São significados de ἀξίωμα 'categoria', 'reputação', 'dignidade' (*dignitas*). Por derivação, 'axioma' significa "o que é digno de ser estimado, acreditado ou valorizado". Assim, em sua acepção mais clássica, o axioma equivale ao princípio de que, por sua própria dignidade, isto é, por ocupar certo lugar num sistema de proposições, deve ser avaliado como verdadeiro. Nos *An. post.* (I, 2, 72 a 19 ss.), de Aristóteles, o termo 'axioma' tem ainda este significado: os axiomas são, para o Estagirita, princípios evidentes que constituem o fundamento de toda ciência. Neste caso, os axiomas são proposições irredutíveis, princípios gerais aos quais se reduzem todas as outras proposições e nos quais estas necessariamente se baseiam. O axioma possui, por assim dizer, um imperativo que obriga ao assentimento uma vez que seja enunciado e entendido. Em suma, Aristóteles define o ἀξίωμα como uma proposição que se impõe de imediato ao espírito e é indispensável, ao contrário da tese, que não pode ser demonstrada e não é indispensável. Os axiomas, portanto, também podem ser denominados noções comuns, *communes animi conceptiones*, de acordo com a tradução dada por Boécio à expressão grega κοιναί ἔννοιαι, quando apresentou como axiomas enunciados do seguinte tipo: "Duas coisas iguais a uma terceira são iguais entre si", "O todo é maior que a parte" (*Elementos*, 1). Autores como Apolônio de Perga (*apud* Proclo) procuraram, sem êxito, provar esses axiomas de Euclides. Não sendo isso conseguido, tendeu-se cada vez mais a definir os axiomas mediante as duas características já apontadas: em primeiro lugar, a indemonstrabilidade; em segundo, a evidência. As proposições que podiam ser demonstradas e não eram evidentes foram denominadas *teoremas*. E as que nem podiam ser demonstradas nem eram evidentes por si mesmas receberam o nome de *postulados* (como o postulado das paralelas). Essa terminologia tradicional não permaneceu sem modificações. Com efeito, ela está baseada em grande parte numa concepção do axioma como proposição "evidente" e, portanto, tinge-se de certo "intuicionismo" (em sentido psicológico) que nem todos os autores admitem. A mudança na terminologia impôs-se desde o momento em que se rejeitou que os axiomas fossem *noções comuns* e em que se viu que podem eleger-se diversos postulados, cada um dos quais dá origem a um sistema dedutivo distinto. Isso produziu um primeiro efeito: atenuar e até apagar por inteiro a distinção entre axioma e postulado (VER).

Para essas mudanças contribuíram sobretudo a matemática e a metalógica contemporânea. Estas distinguem axiomas de teoremas. Os primeiros são enunciados primitivos (às vezes também chamados de *postulados*) aceitos como verdadeiros sem que se prove sua validade; os últimos são enunciados cuja validade se submete a prova. Axiomas e teoremas são, por conseguinte, elementos integrantes de todo sistema dedutivo. Geralmente, a definição do conceito de teorema requer o uso do conceito de axioma — assim como o uso dos conceitos de regra de inferência e de prova —, enquanto o conceito de axioma é definido por enumeração. Dessa forma, os axiomas do cálculo sentencial se definem dando-se a lista de tais axiomas; os do cálculo quantificacional elementar, dando a lista de seus axiomas, e assim sucessivamente.

Podemos dizer, pois, que houve duas orientações distintas na concepção dos axiomas. Uma destaca a intuitividade e auto-evidência dos axiomas; a outra destaca sua formalidade e até evita adscrever a um axioma o predicado 'é verdadeiro'. Esta última orientação, usualmente denominada formalista (em sentido amplo), é a que mais se impôs nos dias de hoje. Nesta conexão se falou, especialmente desde Hilbert, da axiomatização da matemática e, em geral, da axiomatização das ciências. A axiomatização é equivalente à formalização, e o que dissemos sobre esta pode, por conseguinte, aplicar-se àquela. Ora, no âmbito da mesma concepção formalista foram defendidos diferentes pontos de vista. Alguns autores interpretaram os axiomas num sentido convencionalista ou então pragmatista. Outros usaram para sua interpretação conceitos de índole mais "intuitiva", embora sem recorrer à evidência em sentido clássico. Outros ainda assumiram posições intermediárias, segundo as quais os axiomas têm um caráter ideal-formal que permite sobrepô-los a proposições reais, mas sem que expressem o aspecto conceitual (em sentido clássico) dessas proposições. Uma tese preconizada com muita freqüência foi a que consistiu em considerar os axiomas como *próximos* das hipóteses. Como observa Ferdinand Gonseth, defensor desta opinião, "o axioma de geometria, assim como o de lógica, eram considerados outrora uma verdade ao mesmo tempo indemonstrável e necessária. Hoje, não se hesita em tratar os axiomas como enunciados hipotéticos. Os próprios sistemas axiomáticos são definidos às vezes como sistemas hipotético-dedutivos. Sem tentar fazer do axioma um enunciado arbitrário — o que seria levar as coisas ao absurdo —, deve-se admitir que o método axiomático nos restituiu certa liberdade com referência ao axioma: a liberdade de admiti-lo, de recusá-lo, de substituí-lo por outro enunciado etc." Com isso, "se o axioma perdeu algo de sua necessidade em relação à hipótese, esta adquiriu certa realidade diante do axioma".

Alguns poucos autores distinguiram um aspecto analítico de um aspecto sintético dos axiomas. Neste último caso, afirmou-se que os axiomas não têm uma pura forma; eles possuem certa "matéria" e são denominados por isso "axiomas regionais". Esta concepção, de origem fenomenológica, não é aceita, porém, pelos que continuaram a considerar a noção de axiomas de um ponto de vista estritamente lógico-formal.

Sobre os axiomas da intuição no sentido de Kant, ver AXIOMAS DA INTUIÇÃO.

➲ Referências ao conceito de axioma e à axiomática são encontradas na maioria dos textos lógicos citados na bibliografia de LOGÍSTICA. Além disso: D. Hilbert, "Axiomatisches Denken", *Mathematische Annalen*, 78. — F. Gonseth, *Les mathèmatiques et la réalité. Essai sur la méthode axiomatique*, 1936. — Id., *L'Edification axiomatique* (t. III de *La géométrie et le problème de l'espace*, 1937). — J. H. Woodger, *The Axiomatic Method in Biology*, 1937. — J. Cavailles, *Méthode axiomatique et formalisme*, 1938. — Hao Wang, "Quelques notions d'axiomatique", *Revue Philosophique de Louvain*, 51 (1953), 409-443. — R. Blanché, *L'axiomatique*, 1955. — J. Hadamard e A. D. Alexandrov, *Las definiciones axiomáticas en las matemáticas*, 1956. — Leon Henkin e Patrick Suppes, eds., *The Axiomatic Method, with Special Reference to Geometry and Physics*, 1959 (Proceed. of Int. Symp. Univ. of Calif. Berkeley, 26-XII-1957/4-I-1958). — Arpád Szabó, "Was heisst der mathematische Terminus ἀξίωμα?", *Mai*, 12 (1960), 89-105. — Heinrich Scholz, "Die Axiomatik der Alten", *Blätter für deutsche Philosophie*, 4 (1930-1931), 259-278, reimp. na obra de Scholz, *Mathesis universalis, Abhandlungen zur Philosophie als strenger Wissenschaft*, 1961, ed. H. Hermes, F. Kambartel e J. Ritter, pp. 27-44. — Evandro Agazzi, *Introduzione ai problemi dell'assiomatica*, 1962. — Patrick Suppes, *Axiomatic Method in the Empirical Sciences*, 1965. — Hermann Schüling, *Die Geschichte der axiomatischen Methode im 16. und beginnenden 17. Jahrhundert*, 1969. — Herbert Stachowiak, *Rationalismus im Ursprung. Die Genesis des axiomatischen Denkens*, 1971. — J. de Lorenzo, *El método axiomático y sus creencias*, 1980. — J. R. Carnes, *Axiomatics and Dogmatics*, 1982. — E. M. Barth, E. C. W. Krabbe, *From Axiom to Dialogue: A Philosophical Study of Logics and Argumentation*, 1982. — H. Moulin, *Axioms of Cooperative Decision Making*, 1988. ⊂

AXIOMA DE EXTENSIONALIDADE. Ver EXTENSIONALIDADE.

AXIOMAS DA INTUIÇÃO. A parte analítica da lógica transcendental é, segundo Kant, aquela na qual o entendimento e o juízo encontram nessa lógica seu cânon de uso objetivamente válido e correto. A função chamada "entendimento" (VER) refere-se aos conceitos, isto é, aos conceitos do entendimento, ou categorias (ver CATEGORIA). A função denominada "juízo" diz respeito aos princípios do entendimento, que são objeto da "doutrina do juízo".

Para saber quais são os princípios do entendimento, Kant recorre à tabela de categorias. Sendo tais princípios regras para o uso objetivo das categorias, temos quatro princípios correspondentes aos quatro grupos de categorias: axiomas da intuição, antecipações da percepção (VER), analogias da experiência (VER) e postulados do pensamento empírico em geral (VER). Os dois primeiros grupos são princípios matemáticos; os dois últimos, princípios dinâmicos.

Os axiomas da percepção correspondem às categorias agrupadas sob o nome de "quantidade" (VER). O princípio desses axiomas é: "Todas as intuições são magnitudes extensivas" (*KrV*, B 202) ou "Todas as aparências [fenômenos] em sua intuição são magnitudes extensivas" (*KrV*, A 162). Kant entende por 'magnitude (*quantum*) extensiva' "aquela na qual a representação das partes torna possível a do todo". Essa condição da representação se aplica tanto ao espaço como ao tempo, pois nenhuma parte de um momento ou de outro pode ser representada sem traçar-se no pensamento ou reproduzir-se sucessivamente. Assim, não se pode representar uma linha, por menor que seja, sem traçá-la no pensamento, isto é, sem engendrar todas as suas partes, uma depois da outra, a partir de um ponto. O princípio citado é um princípio transcendental da ciência matemática; através dele, aplica-se a matemática pura com toda precisão aos objetos da experiência.

AXIOMATISMO. Ver AXIOMA; MATEMÁTICA.

AYER, A[LFRED] J[ULIUS] (1918-1989). Nascido em Londres, professor da Universidade de Londres (1946-1959) e da de Oxford (até 1978), defendeu em sua primeira obra sobre a linguagem, a verdade e a lógica (1936) as teses capitais do positivismo (VER) ou empirismo (VER) lógicos, em particular a doutrina estrita da verificação (VER), a separação completa entre enunciados lógicos (tautológicos) e enunciados empíricos, a impossibilidade da metafísica (VER) por constituir um conjunto de pseudoproposições, isto é, de enunciados que não podem ser nem verificados empiricamente nem incluídos no cálculo lógico, e por fim a necessidade de reduzir a filosofia à análise (VER). Na segunda edição da mencionada obra, Ayer revisou algumas das teses citadas. Em particular, isto ocorreu com o princípio de verificação, que ele admitiu não apenas num sentido "forte", mas também, e sobretudo, num sentido "fraco", proporcionando, por conseguinte, um critério mais "liberal" de tal princípio. Também revisou sua tese do *a priori* (VER) como puramente analítico-tautológico e, finalmente, insistiu nos problemas suscitados pelo conhecimento empírico. Estes últimos problemas levaram-no, em sua obra sobre as bases do conhecimento empírico, a um profundo exame dos dados dos sentidos (*sense-data*; ver PERCEPÇÃO), com a conclusão de que não se trata de estados mentais, mas tampouco de modificações de nenhuma substância, física ou biológica. Pelo contrário, essas substâncias — coisas materiais, conceitos mentais etc. — devem ser entendidas em função dos dados mencionados. Isso desemboca numa concepção fenomenista (ver FENOMENISMO) análoga às posições neutralistas da filosofia no começo do século XX, mas apoiada na análise lógica e evitando tanto o realismo como o idealismo. As influências de Hume tornam-se patentes na análise em questão, especialmente no que tange ao problema da causa (VER). Este problema é um dos mais consideráveis para uma teoria fenomenista, mas Ayer observa que, apesar das dificuldades suscitadas a esse respeito, o fenomenismo pode enfrentá-lo melhor que qualquer outra doutrina.

Em sua aula inaugural em Oxford sobre "Filosofia e linguagem", Ayer considera que a filosofia oxfordiana da "linguagem ordinária" não é — nem é desejável que seja — uma pura "filosofia lingüística", mas uma análise da linguagem, na medida em que descreve fatos. Caso contrário, a filosofia lingüística se transformaria num fim em si mesma ou, melhor, num meio que pretenderia passar por fim. Pois a filosofia deve interessar-se pelas "fotografias" e não apenas pelo "mecanismo da câmera fotográfica". Por outro lado, a filosofia não deve nem tratar só de fatos, nem só de teorias, mas dos "traços arquitetônicos de nosso sistema conceitual" na medida em que esse sistema pretende descrever ou explicar fatos. Isso caracteriza, como Ayer reconhece, certo "retorno a Kant", embora a um Kant sem nenhuma "antropologia *a priori*".

◯ Obras: *Language, Truth, and Logic*, 1936; 2ª ed., rev., 1946 (trad. esp.: *Lenguaje, verdad y lógica*, 1971). — *The Foundations of Empirical Knowledge*, 1940. — *Thin King and Meaning*, 1947. — *Philosophical Essays*, 1954 (trad. esp.: *Ensayos filosóficos*, 1979). — *The Problem of Knowledge*, 1956 (trad. esp.: *El problema del conocimiento*, 1962), ed., *Logical Positivism*, 1959 (trad. esp.: *El positivismo lógico*, 1965). — *Privacy*, 1960 (separata British-Academy). — *Philosophy and Language*, 1961 (aula inaugural em Oxford, 1960). — *The Concept of a Person and other Essays*, 1963 (trad. esp.: *El concepto de persona*, 1969). — *The Origins of Pragmatism: Studies in the Philosophy of Charles S. Peirce and William Jones*, 1968. — *Metaphysics and Common Sense*, 1970 (ensaios). — *Russell and Moore: The Analytical Heritage*, 1971. — *Bertrand Russell*, 1972 (trad. esp.: *R.*, 1973). — *Probability and Evidence*, 1972. — *The Central Questions of Philosophy*, 1973 (trad. esp.: *Los problemas centrales de la filosofía*, 1979). — *Hume*, 1980 (trad. esp., 1988). — *Philosophy in the Twentieth Century*, 1982 (trad. esp.: *La filosofía del siglo XX*, 1983). — *Freedom and Morality and Other Essays*, 1984. — *Wittgenstein*, 1985 (trad. esp., 1985). — *Voltaire*, 1986 (trad. esp., 1988). — *The Meaning of Life*, 1990 (trad. esp.: *El sentido de la vida y otros ensayos*, 1992) (artigos escolhidos ainda pelo autor que abrangem mais de quarenta anos de produção intelectual).

Biografia: *Part of My Life: The Memoirs of a Philosopher*, 1977 (*Parte de mi vida*, 1982). — *More of my Life*, 1984.

Ver: G. M. Gozzelino, *La filosofia di A. J. A.*, 1964. — Suresh Chandra, *A Study in Ayer's Epistemology*, 1970. — C. Cigliotti, *Studi su A. J. A.*, 1975. — M. Dummett, P. F. Strawson *et al.*, *Perception and Identity, Essays to A. J. A., with His Replies*, 1979, ed. G. F. MacDonald. — I. Semino, *Il problema della conoscenza empirica nel pensiero di A. J. A.*, 1981. — J. Foster, *A.*, 1985, ed. T. Honderich. — G. MacDonald, C. Wright, eds., *Fact, Science and Morality: Essays on A. J. Ayer's "Language, Truth and Logic"*, 1986. — B. Gower, *Logical Positivism in Perspective. Essays on "Language, Truth and Logic"*, 1987. — A. P. Griffiths, ed., *A. J. Ayer Memorial Essays*, 1991. — L. E. Hahn, ed., *The Philosophy of J. A. Ayer*, 1992. ◯

AZCÁRATE [Y MENÉNDEZ], GUMERSINDO DE. Ver KRAUSISMO.

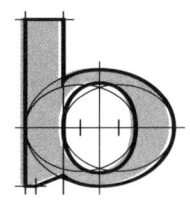

B. Ver A. (5.)

BAADER, FRANZ XAVIER [BENEDICT] VON (1765-1841). Nascido em Munique, estudou primeiramente medicina, mas dedicou-se depois à teologia e à filosofia. Foi professor de Dogmática Católica na Universidade de Munique de 1826 a 1840.

Baader recebeu influências diversas, mas todas orientadas para especulações teológicas e "teosóficas". Deve-se mencionar a esse respeito Böhme, Weigel e Saint-Martin. Filosoficamente, Fichte e Schelling foram os autores que mais influenciaram Baader, mesmo que ele tenha se oposto a eles em questões teológicas e de filosofia natural.

Segundo Baader, a alma é o espelho da divindade e o caminho que conduz diretamente à contemplação de Deus. Baader desenvolveu uma filosofia natural especulativa oposta a todo mecanicismo, que mantém uma concepção puramente passiva da matéria. Mas a matéria, de acordo com Baader, é "fluida" e está submetida a um processo dialético. Baader distingue na Natureza "o substanciante" do "substanciado", por um lado, e o "superior" do "inferior", por outro. No âmbito dessa estrutura quaternária, estabelecem-se relações de "ascenso" e "descenso"; cada um dos quatro "aspectos" da realidade citados se interpenetra com todos os outros. A interpenetração completa de uma realidade com a outra — ao contrário da "impenetrabilidade" sustentada pela física mecanicista — representa a unidade. Esta unidade não é, no material, perfeita, mas o é em Deus, que penetra em todas as coisas. A imagem do universo de Baader é uma imagem "organicista" e não "atomista".

Nas obras de Baader, a tendência organicista se revela igualmente acerca da filosofia do Direito e do Estado. Baader defende o Estado cristão como o único Estado universal que torna possível a conciliação de todos os contrários e anula a degeneração do Estado moderno, que, ao pretender desvincular-se de sua relação com Deus, leva cada um de seus componentes a julgar-se, por seu turno, um membro absoluto e independente da sociedade. Mas essa luta de Baader contra o estado "autônomo" é uma conseqüência de sua oposição a toda "autonomia" do homem, em especial no sentido da autonomia moral kantiana. O homem é fundamentalmente um ser dependente; tal dependência, porém, não anula por completo sua vontade, mas a faz de certo modo partícipe da vontade divina. Essa participação não é, por outro lado, só uma participação no querer, mas também uma participação no saber. Dessa maneira, o saber é, como Baader afirma explicitamente, co-sapiência. Isso não significa contudo que pensar e querer divino e humano sejam a mesma coisa; contra toda forma possível de panteísmo — tão freqüentemente insinuada no idealismo romântico —, Baader sublinha sempre a diferença entre o Criador e o criado. O saber é uma co-sapiência porque toda razão humana é uma participação na razão divina, mas não porque o homem e o mundo sejam formas na evolução da divindade. Baader procura solucionar o conflito suscitado pela doutrina do criado como desenvolvimento de Deus e pela doutrina que admite uma criação livre; contra toda afirmação de um mundo "desenvolvido" à maneira hegeliana, Baader sustenta energicamente a liberdade da criação, liberdade à qual se chega somente quando, situando-se para além de todo intelectualismo, se descobre o primado no divino da vontade (de uma vontade "espiritual", porque deve distinguir-se de toda matéria, que não passa de queda e degeneração da criatura). A realidade propriamente dita é para Baader apenas o reino dos espíritos; tempo e matéria devem ser negados para dar lugar tão-somente à existência do reino espiritual.

↪ Obras: *Beiträge zur Elementarphysiologie*, 1796 (*Contribuições à fisiologia elementar*). — *Ueber das phythagorische Quadrat in der Natur*, 1798 (*Sobre o quadrado pitagórico na Natureza*). — *Beiträge zur dynamischen Philosophie*, 1809 (*Contribuições à filosofia dinâmica*). — *Ueber den Blitz als Vater des Lichts*, 1815 (*Sobre o raio como pai da luz*). — *Ueber den Urternar*, 1816 (*Sobre o prototernário*). — *Ueber den Begriff der Zeit*, 1818 (*Sobre o conceito de tempo*). — *Fermenta cognitionis*, 4 vols., 1822-1824. — *Vorlesungen über Societätsphilosophie*, 1832 (*Lições sobre a filosofia da sociedade*). — *Vorlesungen über spekulative*

Dogmatik, 5 fasc., 1827-1838 (*Lições sobre dogmática especulativa*).
Edição de obras: *Sämtliche Werke*, 16 vols., 1851-1860, editadas por I. Hoffmann (discípulo do filósofo), Hamberger *et al.*; reimp. em 1962 e em 1987; Hoffmann é autor de uma biografia de Baader, incluída no vol. XV, assim como de um escrito intitulado *Spekulative Entwicklung der ewigen Selbsterzeugung Gottes* (*Evolução especulativa da eterna autogeração de Deus*), 1835.
Biografia: edição de *Lettres inédites* de Franz von Baader, por E. Susini, I, 1942; II, III, 1951. — Para o diário de Baader, ver: *Seele und Welt. Franz Baaders Jugendtagebücher 1786-1792*, ed. por D. Baumgardt, 1927. — F. Lieb, *B.s Jugendgeschichte*, 1926. — Josef Siegl, *F. v. B. Ein Bild seines Lebens und Wirkens*, 1957.
Bibliografia: J. Jost, *Bibliographie der Schriften F. v. B.s*, 1926. — L. Procesi Xella, *B. Rassegna storica degli studi (1786-1977)*, 1977.
Ver: Hamberger, *Die Kardinalpunkte der Baaderschen Philosophie*, 1855. — Baumann, *Kurze Darstellung der Philosophie Franz Baaders*, 1878. — David Baumgardt, *Franz von Baader und die philosophische Romantik*, 1927. — Eugène Susini, *Franz von Baader et le romantisme mystique*, 2 vols., 1942. — Klaus Hemmerle, *F. v. Baaders philosophischer Gedanke der Schöpfung*, 1963. — Sebastian Helberger-Frobenius, *Macht und Gewalt in der Philosophie F. v. Baaders*, 1969. — Heinz-Jürgen Görtz, *F. von Baaders "Anthropologischer Standpunkt"*, 1977. — H. Sauer, *Ferment der Vermittlung. Zum Theologiebegriff bei F. v. B.*, 1977. — L. Procesi Xella, *La Dogmatica Speculativa di F. v. B.*, 1977. — Willi Lambert, *F. von Baaders Philosophie des Gebets. Ein Grundriss seines Denkens*, 1978. — G. Wehr, *F. v. B. Zur Reintegration des Menschen in Religion, Natur und Erotik*, 1980. — F. Schumacher, *Der Begriff der Zeit bei F. v. B.*, 1983. **◖**

BACHELARD, GASTON (1884-1962). Nascido em Bar-sur-Aube (Champagne, França), professor na Sorbonne, trabalhou especialmente no campo da filosofia das ciências naturais (sobretudo da física). Em oposição ao substancialismo de muitas teorias contemporâneas, Bachelard insiste no caráter extraordinariamente complexo das teorias científicas. Percebe-se esse caráter tão logo se examinam algumas das grandes tendências; por exemplo, o atomismo ou o determinismo (VER). A complexidade das teorias reflete a variedade de estruturas do real e obriga o filósofo da ciência a rejeitar as simplificações introduzidas pelas interpretações racionalistas. De acordo com Bachelard, há um novo espírito científico que se opõe tanto ao predomínio antigo e medieval da imagem como ao predomínio moderno do esquema geométrico. Esse novo espírito tende ao concreto, mas não por causa de sua entrega ao irracional, e sim como conseqüência de uma tentativa de ampliar o âmbito e a estrutura da razão. Diante da pretensão de saberes absolutos, Bachelard destaca a necessidade de ater-se a conhecimentos dominados pelo "aproximativismo" e pelo probabilismo (VER). Além das investigações das estruturas da razão, devem-se a Bachelard estudos de interpretação psicológico-literária dos "elementos fundamentais" (terra, água, fogo, ar).

Uma das idéias mais influentes — se não a mais influente — de Bachelard é a de "corte epistemológico" (ou "ruptura epistemológica") (*coupure épistémologique*), introduzida em sua obra *La formation de l'esprit scientifique* (1938). Bachelard considera que há uma ruptura entre o espírito pré-científico e o científico; cada um deles se atém a um modelo conceitual e a um âmbito de referência próprio, distinto do outro e não comparável estritamente com ele. A ciência emerge de certa prática que produz conceitos não derivados da generalização de observações. Assim, os conceitos de que se vale a ciência são independentes tanto de âmbitos não-científicos como da própria observação. Se esta idéia de Bachelard se aplica à filosofia da ciência, resulta dela a noção de 'observação carregada de teoria' de que se ocuparam mais tarde numerosos filósofos. Se se aplica ao desenvolvimento da própria ciência, pode-se falar então de "cortes" em diferentes "fases", que são antes "quadros epistemológicos". Neste último sentido, sobretudo, a idéia de corte epistemológico bachelardiana influenciou autores geralmente considerados, com ou sem razão, estruturalistas, como Foucault e Althusser.

➲ Obras: *Étude sur l'évolution d'un problème de physique: La propagation thermique dans les solides*, 1928. — *La valeur inductive de la relativité*, 1929. — *Essai sur la connaissance approchée*, 1929. — *L'intuition de l'instant*, 1932. — *Le pluralisme cohérent de la chimie moderne*, 1932. — *Les intuitions atomistiques. Essai de classification*, 1933. — *Le nouvel esprit scientifique*, 1935; nova ed., 1971. — *La dialectique de la durée*, 1936; nova ed., 1972. — *L'expérience de l'espace dans la physique contemporaine*, 1937. — *La formation de l'esprit scientifique: Contribution à une psychanalyse de la connaissance objective*, 1938. — *La philosophie du non: Essai d'une philosophie du nouvel esprit scientifique*, 1949. — *L'activité rationaliste de la physique contemporaine*, 1951. — *Le matérialisme rationnel*, 1953.

As obras não estritamente científico-filosóficas a que nos referimos no texto do verbete são: *La psychanalyse du feu*, 1938. — *L'eau et les rêves: Essai sur l'imagination de la matière*, 1942. — *L'air et les songes: Essai sur l'imagination du mouvement*, 1943. — *La terre et les rêveries du repos: Essai sur les images de l'intimité*, 1948. — *La poétique de l'espace*, 1957. — *La poétique de la rêverie*, 1960. — *La flamme d'une chandelle*, 1962. — Também: *Lautréamont*, 1939; nova ed., 1956.

Obras póstumas: *Le droit de rêver*, 1969 (artigos publicados entre 1942 e 1962). — *Études*, 1970, ed. Georges Canguilhem (textos de 1931 a 1934). — *L'en-*

gagement rationaliste: Pour une révolution permanente, 1971, ed. Georges Canguilhem. — *Épistémologie*, 1971, ed. Dominique Lecourt (trad. esp.: *Epistemología*, 1971). Em português: *A água e os sonhos*, 1989. — *O ar e os sonhos*, 1990. — *Chama de uma vela*, 1989. — *Dialética da duração*, 1994. — *O direito de sonhar*, 1994. — *Epistemologia*, 1990. — *A filosofia do não*, 1991. — *Formação do espírito científico*, 1996. — *Fragmentos de uma poética do fogo*, 1990. — *O materialismo racional*, 1990. — *O novo espírito científico*, 1985. — *A poética do devaneio*, 1988. — *A poética do espaço*, 2000. — *A psicanálise do fogo*, 1999. — *A terra e os devaneios da vontade*, 1991. — *A terra e os devaneios do repouso*, 1990.
Bibliografia: J. Rummens, "G. B.: Une Bibliographie", *Revue Internationale de Philosophie*, 66 (1963). — F. H. Lapointe, "G. B.: A Bibliographical Essay", *Journal of the British Society for Phenomenology*, 8, n. 3 (1977).
Ver: G. Bouligand, G. Canguilhem *et al., Hommage à G. B.*, 1957. — Augusto Salazar Bondy, *La epistemología de G. B.*, 1958. — E. Minkowski, G. Canguilhem *et al.*, artigo sobre G. B. em *Revue Internationale de Philosophie*, 17 (1963), fasc. 4, com bibliografia por J. Rummens, pp. 492-504. — Pierre Quillet, *B.*, 1964. — François Dagognet, *G. B.: Sa vie, son oeuvre, avec un exposé de sa philosophie*, 1965. — G. Poulet, C. Ramnoux e F. Dagognet, artigos sobre G. B. em *Revue de Métaphysique et de Morale*, 70 (1965), n. 1. — Michel Mansuy, *B. et les éléments*, 1967. — Jacques Cagey, *G. B. ou la conversion à l'imaginaire*, 1969. — Maurice Lalonde, *La théorie de la connaissance scientifique selon G. B.*, 1970. — Dominique Lecourt, *L'épistémologie historique de G. B.*, 1970. — Vincent Therrien, *La révolution de G. B. en critique littéraire*, 1970. — Julien Naud, *Structure et sens du symbole: L'imaginaire chez G. B.*, 1971. — Roberto Dionigi, *G. B.: La filosofia come ostacolo epistemologico*, 1973. — Jean-Claude Margolin, *B.*, 1974. — R. Poirier, R. Martin *et al., B.*, 1974. — G. G. Granger, F. Barone *et al.*, artigos sobre G. B. em *Nuova Corrente*, 64 (1974). — Michel Vadée, *G. B. ou le nouvel idéalisme épistémologique*, 1975 (trad. esp., 1975). — Francesco Botturi, *Struttura e soggetività. Saggio su B. e Althusser*, 1976. — J.-P. Roy, *B. ou le concept contre l'image*, 1977. — M. Schaettel, *B. critique ou l'alchimie du rêve*, 1977. — R. C. Smith, *G. B.*, 1982. — M. Tiles, *Bachelard: Science and Objectivity*, 1985. — M. Castellana, *Epistemologia debole: Bachelard, Desanti, Raymond*, 1985. — G. Lafrance, ed., *G. B.: Profils Épistémologiques*, 1987. — L. Baumann, *G. B. materialischer Transzendentalismus*, 1987. **C**

BACHELARD, SUZANNE. Ver HUSSERL, EDMUND.

BACON, FRANCIS (1561-1626). Nascido em Londres, estudou em Cambridge, ocupou vários cargos (como o de advogado da Coroa e o de Fiscal Geral), foi nomeado Lorde Chanceler e Barão de Verulâmio em 1618 e Visconde de St. Albans em 1621. Acusado de extorsão, foi julgado e encarcerado por algum tempo até ser reabilitado. Considerado por alguns o fundador da filosofia moderna, é visto por outros como um pensador essencialmente "renascentista" e ainda em alguns aspectos imerso em formas de pensar medievais. A primeira opinião baseia-se em sua proposta de reforma das ciências; a segunda, em seu uso de certas noções — como a de forma — que, embora em sentido diferente do aristotélico, pertencem antes à "tradição" que ao pensamento "moderno". Esta última opinião é reforçada pela observação de que, apesar de suas pretensões de modernidade, o pensamento de Bacon se desenvolveu independentemente das correntes que na mesma época davam origem à ciência natural matemática.

Foi fundamental na obra de Bacon a intenção de proporcionar um novo *Organon* (VER) ou instrumento que substituísse o velho *Organon* aristotélico, incapaz, em sua opinião, de servir de fundamento às ciências e, em particular, de servir como método de descoberta. Com essa finalidade, Bacon procedeu à crítica da sabedoria antiga e tradicional — que considerou como expressando a juventude e não a maturidade do saber humano. Semelhante "sabedoria" conduz a uma vã especulação sobre coisas invisíveis em vez de oferecer verdades baseadas em fatos. Estas verdades só podem ser conseguidas quando o homem se reconhece como um servo e intérprete da Natureza, quando o poder humano é identificado com o conhecimento humano e quando as artes mecânicas são aceitas como o fundamento da nova filosofia. A verdade não depende de (nem se funda em) nenhum raciocínio silogístico, que é meramente formal; depende do experimento e da experiência guiados pelo raciocínio indutivo. Ora, antes de esclarecer em que consiste tal raciocínio, Bacon considera necessário combater os falsos pressupostos e em particular os ídolos, que obstruem o caminho da verdadeira ciência. Assim, em lugar das *antecipações* (VER) *da Natureza* (fundadas em opiniões e dogmas), Bacon propõe a *interpretação da Natureza*, que é "uma razão obtida dos fatos por meio de procedimentos metódicos" (*Novum Organum*, I, xxvi). O verdadeiro homem de ciência deve ser um guia, e não um juiz. Bacon reconhece que suas proposições não são de fácil compreensão, pois os homens costumam compreender o novo apenas por referência ao velho (*ibid.*, I, xxxiv). Por esse motivo, é preciso às vezes fazer uso de comparações que permitam formular uma idéia aproximada do novo método. Uma dessas comparações — a mais célebre delas — é a que, segundo se argumentou, introduz no aforismo xcv do livro I do citado *Novum Organum*: os homens de experimento são como formigas que somente colhem; os homens de raciocínio são como aranhas que extraem tudo de sua própria substância; os verdadeiros filósofos devem ser como as abelhas que colhem materiais mas os transformam mediante um poder próprio. Somente deste modo se conseguirá uma filosofia natural pura, livre das corrupções da lógica aristotélica e da teologia natural platônica. O método adequado para obtê-la é a passagem dos particulares aos "axiomas menores", destes aos "axiomas médios" e, por fim, destes últimos às proposições mais gerais. Deve ser uma passagem sucessiva e ininterrupta, para que nela não se interponha nenhum raciocínio vazio e para que haja sempre no proceder científico uma cautela suficiente. Trata-se de uma cautela que se aproxima do ceticismo mas não se confunde com ele, pois, enquanto os céticos propunham uma suspensão ou *acatalepsia*, Bacon propõe uma *eucatalepsia*, ou acúmulo de meios para entender verdadeiramente a realidade, isto é, para proporcionar aos sentidos a *orientação* — não a imposição ou a supressão — do entendimento.

Livrar-se dos falsos ídolos (ver Ídolo) é indispensável se se quiser desbravar o caminho para o conhecimento reto e a justa aplicação das regras mediante as quais se obtêm as "formas", isto é, o verdadeiro conhecimento das realidades. As "formas" não são essências eternas e imutáveis, conhecidas de maneira inata: são causas eficientes, processos latentes e configurações latentes. Ocupam-se deles os que são realmente versados na Natureza, como o físico mecânico, o matemático, o médico, o alquimista e o mago (no sentido não-pejorativo de 'mago') (*Novum Organum*, Aphorisms, Book I, V). As regras para obtê-las ou, melhor dizendo, as regras para investigar e descobrir a verdade são duas: "Uma vai celeremente dos sentidos e das coisas particulares aos axiomas [princípios] mais gerais, e destes, enquanto princípios, e de sua suposta verdade indiscutível, deriva e descobre os axiomas intermediários. Este é o procedimento usado hoje. O outro constrói seus axiomas a partir dos sentidos e das coisas particulares, ascendendo contínua e gradualmente, até que enfim chega aos axiomas mais gerais. Este é o procedimento verdadeiro, mas não tentado até agora" (*ibid.*, I, XIX). Denominou-se às vezes o procedimento que Bacon preconiza indução (VER), termo que o próprio Bacon usa com freqüência, mas, como 'indução' já foi entendido de vários modos, introduziu-se em algumas ocasiões o termo 'edução' (VER).

Segundo Francis Bacon, três atividades distintas, correspondentes a três faculdades, colaboram para o mesmo propósito: a formação de uma história natural e experimental, realizada pelos sentidos; a formação de tabelas (de essência e presença, de desvio ou de ausência em proximidade, de graus ou de comparação) e disposição de exemplos, realizada pela memória; e o uso da indução (verdadeira e legítima) mediante o entendimento ou razão. Esta última atividade é especialmente importante; como diz Bacon, é "a chave da interpretação". Mas para exercê-la com propriedade é preciso não confundi-la com a indução clássica, na qual se começa com o exame de fenômenos particulares, procura-se uma hipótese, comprova-se se ela se aplica a tais fenômenos e, em caso afirmativo, transforma-se a hipótese num princípio que explica o que os fenômenos particulares *são* em sua essência. A indução baconiana, em contrapartida, baseia-se numa exclusão, isto é, numa generalização pela qual se estabelecem afirmações sobre todas as entidades de uma classe com base num número de exemplos previamente selecionados. Um exemplo do método de Bacon é a determinação da essência ou forma do calor; depois de assinalar certo número de casos nos quais aparece o calor, outros nos quais ele não aparece e outros em que há variação, Bacon chega a defini-lo como um movimento expansivo que surge de baixo para cima e afeta as menores partículas dos corpos. Com isso, Bacon pretendeu estabelecer os fundamentos de um novo método e até de uma nova filosofia — embora não, como afirma, de uma seita filosófica. Trata-se do que se denominou durante muito tempo a "nova filosofia" ou "filosofia experimental".

⮕ Bacon deu à sua obra fundamental o nome de *Instauratio magna*. Uma parte dela foi o *Novum Organum scientiarum* (1620). Sua última parte é a *Sylva Sylvarum* (ed. em 1627) ou conjunto de materiais para a filosofia natural. O *De dignitate et augmentis scientiarum* (1623; nova ed., 1645; reimp. desta ed., 1947) foi publicado antes (1605) em inglês com o título *The Two Books on the Proficience and Advancement of Learning*. Além desses escritos, devem-se a Bacon os *Essays Moral, Economical and Political* (1597; nova ed., 1985) e a *New Atlantis* (ed. 1627; nova ed., 1980), utopia científica na qual se profetizavam inventos. Escritos diversos foram editados depois da morte de Bacon; por exemplo, *Certain Miscellany Works* (1629), *Scripta in philosophia naturali et universali* (1653), *Resucitatio* (1657), *Opuscula philosophica* (1658).

Edições de obras: William Rawley (Amsterdã, 1663; reimp. Frankfurt a. M., 1665); Mallet (Londres, 1740, 1765); Montague (Londres, 1825-1834), H. G. Bohn (Londres, 1846). A ed. mais completa é a de James Spedding, R. L. Ellis e D. D. Heath: *Works*, 14 vols. (Londres, 1858-1870; reimp. 1961-1963 [IX, 1961; IV, VIII, X-XIII, 1962; I-III, V-VII, XIV, 1964]; os vols. I-VII contêm as obras em idioma original e na trad. ingl.; os vols. VIII-XIV contêm *The Letters and the Life of Francis Bacon*, por James Spedding). Ed. de obras filosóficas com base na ed. anterior: *Philosophical Works*, por J. M. Robertson (Londres, 1905, inclui a primeira biografia de F. B., por William Rawley).

Edições de obras latinas: 1666, 1684, 1694, 1765.

Trad. esp. do *Novum Organum*, de F. Gallach Palés, 1933, e de C. H. Balmorí, com estudo preliminar ("Significación y contenido del *Novum Organum*", publicado originalmente na *Revista nacional de cultura*, n. 68 [maio-junho 1948], pp. 5-21) e notas de R. Frondizi, 1949. — Trad. esp. de *Ensayos sobre moral y política* (1946), nova ed., 1985; *Nueva Atlántida*, 1971; *Novum Organum*, 1979; *La gran Restauración*, 1985; *El avance del saber*, 1988; *Teoría del cielo*, 1989.

Biografias: J. G. Crowther, *F. B.*, 1960. — Fulton H. Anderson, *F. B.: His Career and His Thought*, 1962. — Catherine D. Bowen, *F. B.: The Temper of a Man*, 1963. — J. O. Fuller, *F. B.: A Biography*, 1981.

Bibliografia: R. W. Gibson, *F. B. A Bibliography of His Works and of Baconiana to the Year 1750*, 1950; Supplement, 1959.

Ver: Kuno Fischer, *F. Baco von Verulam und seine Nachfolger*, 1856. — Ch. de Rémusat, *B., sa vie, son temps, sa philosophie et son influence jusqu'à nos jours*, 1857. — J. Spedding, *Account of the Life and Times of F. B.*, 2 vols., 1879. — F. Heussler, *F. B. und seine geschichtliche Stellung*, 1889. — Ch. Adam, *La philosophie de F. B.*, 1890. — G. L. Fonsegrive, *F. B.*, 1893. — E. Liljequist, *Om F. Bacons filosofi*, 1893-1894. — C. W. Steeves, *F. B.: A Sketch of His Life, Works*, 1909. — A. Levi, *Il pensiero di F. Bacone considerato in relazione con la filosofia della natura del Rinascimento e col razionalismo cartesiano*, 1925. — C. D. Broad, *The Philosophy of F. B.*, 1926. — W. Frost, *B. und die Naturphilosophie*, 1927. — M. Heitzmann, *Geneza i rozwój filosofii F. Bacona*, 1929. — F. H. Anderson, *The Philosophy of F. B.*, 1948 (antologia com notas e comentários). — P.-M. Schuhl, *Pour connaître la pensée de B.*, 1949. — Benjamin Farrington, *F. B.: Philosopher of Industrial Science*, 1951. — Id., *The Philosophy of F. B.: An Essay on Its Development from 1603 to 1609, with New Translations of Fundamental Texts*, 1964. — Paolo Rossi, *Francesco Bacone. Dalla magia alla scienza*, 1957. — Karl R. Wallace, *F. B. on the Nature of Man*, 1967. — Howard B. White, *Peace among the Willows: The Political Philosophy of F. B.*, 1968. — Antoinette Mann Paterson, *F. B. and Socialized Science*, 1973. — L. Jardine, *F. B.: Discovery and the Art of Discourse*, 1974. — James Stephens, *F. B. and the Style of Science*, 1975. — R. Ahrbeck, *Morus-Campanella-Bacon. Frühe Utopisten*, 1977. — J. J. Epstein, *F. B.*, 1977. — J. Rublack, *Widerspiegelung und Wirkung*, 1979. — A. Quinton, *F. B.*, 1980. — J. Weinberger, *Science, Faith, and Politics: F. B. and the Utopian Roots of the Modern Age*, 1985. — W. Krohn, *F. B.*, 1987. — P. Urbach, *F. Bacon's Philosophy of Science: An Account and a Reappraisal*, 1987. — C. Whitney, *F. B.*, 1988. c

BACON, ROGER (1214-1294). Denominado *doctor mirabilis*, nasceu nos arredores de Ilchester, no Dorsetshire, estudou em Oxford sob o magistério de Roberto Grosseteste, cujas investigações sobre a luz representavam uma primeira aplicação do método matemático a toda ciência da Natureza. Depois de ampliar seus estudos em Paris, regressou a Oxford, onde lecionou. Membro da ordem dos franciscanos, foi perseguido em várias ocasiões e condenado em 1278 ao enclaustramento. Antes disso e sob o pontificado de seu amigo Guy le Gros (Clemente IV, 1265-1268), redigiu, dedicando-o a ele, o *Opus maius* (1267), composto de sete partes, que tratam das causas dos erros, das relações entre filosofia e teologia, da linguagem, da matemática, da teoria da perspectiva, do conhecimento experimental e da ética. A ele sucedeu o *Opus minus*, que é um complemento do *Opus maius* e contém, além de novas idéias sobre a teologia e sua relação com a filosofia e a ciência, uma exposição da alquimia. Por fim, o *Opus tertium*, dirigido igualmente a Clemente IV para convencê-lo de suas idéias e impeli-lo a impô-las, resume o conteúdo dos dois anteriores e acrescenta novas considerações. Embora seja fundamental em Roger Bacon a idéia que se faz do conhecimento e dos métodos de obtê-lo, assim como a insistência na experiência e na manipulação da natureza a que adiante nos referiremos, deve-se levar em conta que a *intenção* principal das obras mencionadas e da maioria das outras redigidas pelo autor (VER a bibliografia) consiste numa proposta de reorganização da sociedade tendo como base alicerçá-la na sabedoria cristã. As principais dificuldades que se opõem a essa reorganização — a secularização da sociedade cristã e a existência dos infiéis — podem ser solucionadas de várias maneiras. Antes de tudo, com o restabelecimento do Direito Canônico e a orientação para os bens espirituais; depois, com o emprego da filosofia para convencer os fiéis de outras religiões da verdade cristã; por fim, com o uso da força para exterminar os irredutíveis (principalmente os muçulmanos). Para se conseguir isso, são necessários o estudo da Natureza e o desenvolvimento máximo das técnicas, que se transformam para Roger Bacon não num fim em si — como alguns intérpretes supõem —, mas num meio, entre outros, para o restabelecimento e a expansão de uma verdadeira república cristã.

A obra filosófica de Roger Bacon não é, de resto, como às vezes se afirma, oposta à escolástica; representa antes uma perspectiva distinta atribuída a ela, mas uma perspectiva que, por diversos motivos, coincide com a posterior exigência moderna da experiência na abordagem da Natureza. Se há uma superioridade da fé e do saber das coisas divinas, obtido pela influência do entendimento agente, que derrama sobre nossas almas um conhecimento que elas são incapazes de conseguir por si mesmas, tal superioridade significa uma eliminação da autoridade humana excessiva. Aprender pela própria experiência não é negar a fé; muito pelo contrário, é destruir o véu que se interpõe entre o que a alma, auxiliada pela graça divina, é capaz de fazer e o que efetivamente faz sob a superstição das autoridades. Daí a passagem à experiência no conhecimento da Natureza, à explicação matemática dos fenômenos: Roberto Grosseteste (VER) e Pedro de Maricourt (Petrus Peregrinus: *fl.* 1269) ensinaram-no a valer-se de uma e de outra. Essa experiência deve ser entendida num sentido amplo: internamente, como passagem à mística; externamente, como método de conhecimento da realidade natural. Este conhecimento é o único que pode proporcionar resultados positivos no trato direto com a Natureza. "A autoridade não dá o saber, mas tão-somente a credulidade (...) O raciocínio não pode distinguir entre o sofisma e a demonstração, a menos que efetue a conclusão por meio da experiência (...) Há dois modos de conhecer: por argumento e por experimento; o argumento conclui e nos faz concluir a questão, mas não elimina a dúvida." Entretanto, a noção da experiência em Roger Bacon não é idêntica à sustentada pela modernidade, não apenas em virtude dos motivos apontados como também porque experimentar é, para o mestre de Oxford, possuir a técnica que permita utilizar as forças da Natureza. Daí a imagem do universo concebido como um conjunto de forças ocultas e mágicas, que o sábio deve estudar e poder desencadear voluntariamente. Bacon dedicou-se também a problemas de engenharia e construção, tendo imaginado em seu tratado *De mirabili potestate artis et naturae* maravilhosos artefatos mecânicos que profetizava para o futuro ou que chegava a afirmar ter visto ou ser capaz de construir.

➲ Obras: Edição do *Opus maius* por Bridges, 2 vols., Oxford, 1897 (há um vol. III com revisões e correções, Londres, 1900). Edição do *Opus minus* e do *Opus tertium* por J. S. Brewer em R. Bacon, *Opera inedita*, 1859. Além disso, devem-se a Roger Bacon um *Speculum astronomiae*, um *Compendium studii philosophiae* (editado nas *Opera inedita*, de J. S. Brewer, 1859; trata-se de um fragmento da parte I do *Scriptum principale*, que Bacon pretendia redigir como texto que abrangesse o conjunto das três *Opera*), um escrito intitulado *Communia Naturalium* (fragmento da parte IV do citado *Scriptum principale*), um tratado *De multiplicatione Specierum*, um *Compendium studii theologiae* (editado por Rashdall em *Brit. Soc. of Franciscan Studies*, vol. III, 1911), um *Secreto secretorum (cum glossis et notulis Fratris Rogeri)*, as *Quaestiones super libros I-V Physicorum Aristotelis* e as *Quaestiones supra undecimum primae philosophiae Aristotelis* (*Met.*, Λ). — Na edição de obras (*Opera hactenus inedita fratris Rogeri Baconis*, 16 vols., 1905-1940), por Robert Steele, F. M. Delorme *et al.*, inclui-se o chamado *Compotus Fratris Rogeris* (vol. VI), redigido por Egidio de Lessines — Ed. de *Philosophia moralis*, por E. Massa, 1953.

Ver: E. Charles, *R. B.: sa vie, ses ouvrages, ses doctrines*, 1861. — Robert Adamson, *R. B.: the Philosophy of Science in the XIIIth Century*, 1876. — Karl Werner, "Die Psychologie, Erkenntnis-und Wissenschaftslehre des R. B.", *Sitzungsberichte der philosophisch-historische Klasse* (Viena), 93 (1879), 467-574, e 94 (1879), 489-612; reimp., I vol., 1965. — C. Pohl, *Das Verhältnis der Philosophie zur Theologie bei R. B.*, 1893. — H. Longwell, *The Theory of Mind in R. B.*, 1908. — H. Höver, *Roger Bacons Hylemorphismus als Grundlage seiner philosophischen Anschauung*, 1912. — Otto Keicher, *Der Intellectus Agens bei R. B.*, 1913. — A. G. Little, *R. B.: Essays contributed by Various Writers*, 1914. — C. Baeumker, *Roger Bacons Naturphilosophie, insbesondere seine Lehren von Materie und Form, Individuation und Universalität*, 1916. — R. Carton, *L'expérience mystique de l'illumination intérieure chez R. B.*, 1924. — *Id., L'expérience physique chez R. B.*, 1924. — *Id. La synthèse doctrinale de R. B.*, 1924. — R. Walz, *Das Verhältnis von Glaube und Wissen bei R. B.*, 1927. — I. A. Sheridan, *Expositio plenior hylemorphismi Fr. Rogeri Baconis*, 1936. — A. Aguirre, *R. B.*, 1936. — Th. Crowley, *R. B.: The Problem of the Soul in His Philosophical Commentaries*, 1950. — S. C. Easton, *R. B. and His Search for a Universal Science*, 1952; reimpr., 1971. — E. Westacott, *R. B. in Life and Legend*, 1953. — Eugenio Massa, *Etica e poetica nella storia dell' "Opus maius"*, 1955. — Erich Heck, *R. B. Ein mittelalterlicher Versuch einer historischen und systematischen Religionswissenschaft*, 1957. — Franco Alessio, *Mito e scienza in R. B.*, 1957. — A. C. Crombie, *Augustine to Galileo*, vols. I-II, 1961. — D. E. Sharp, *Franciscan Philosophy at Oxford in the Thirteenth Century*, 1964. — M. Frankowska, *Scientia as Interpreted by Roger Bacon*, 1971. — G. Wieland, *Ethik und Metaphysik. Bemerkungen zur Moralphilosophie R. B.s*, em J. Möller, H. Kohlenberger, eds., *Virtus politica*, 1974. — D. C. Lindberg, *R. Bacon's Philosophy of Nature*, 1983. — M. Huber-Legnani, *R. B. Lehrer der Anschaulichkeit. Der franziskanische Gedanke und die Philosophie des Einzelnen*, 1985. ➲

BACONTHORP, JOÃO (Johannes Baco) († *ca.* 1348). Nascido no Condado de Norfolk (Inglaterra), estudou em Oxford e em Paris (com Guido de Terrena). Membro da ordem carmelita, foi provincial da ordem na Inglaterra de 1327 a aproximadamente 1333. João Baconthorp lecionou em Cambridge e em Oxford, sendo chamado de *doctor resolutus*.

Durante algum tempo, designou-se João Baconthorp como *Princeps Averroistarum*, sendo considerado um dos mais eminentes representantes do chamado "segundo averroísmo". Essa opinião é infundada, ou, melhor dizendo, funda-se tão-somente no fato de que João Baconthorp citou e interpretou abundantemente textos de Averróis. A rigor, João Baconthorp opôs-se a Averróis e aos averroístas latinos no que diz respeito a todas as doutrinas fundamentais, e em especial à tese do intelecto ativo. Filosoficamente, caracterizou-se pela adoção de certas posições intermediárias. Assim, por exemplo, na questão da distinção entre a essência e a existência, ele procurou uma posição intermediária entre Santo Tomás e os nominalistas, afirmando que a diferença entre essência e existência é não das coisas, mas real, isto é, "segundo diversos graus de ser", *secundum diversos grados essendi*. Na questão dos universais, adotou uma posição que pode ser considerada uma modificação da preconizada por Henrique de Gand: os universais se fundam na capacidade ou disposição do indivíduo de ser apreendido mediante vários conceitos. Em teologia, João Baconthorp postulou que no conhecimento que Deus possui de si mesmo conhece tudo o que não é Ele mesmo.

João Baconthorp foi tido como o principal mestre escolástico da Ordem carmelita; alguns membros dessa Ordem desenvolveram a filosofia *ad mentem Baconis* ou segundo os ensinamentos de João Baconthorp.

➲ Obras: João Baconthorp escreveu Comentários às Sentenças: *Joannis Baconis Commentaria seu Quaestiones super quatuor libros Sententiarum*, ed. em Milão (1510), Paris (1518), Veneza (1527), Madri (1754). Escreveu também várias *Quaestiones quodlibetales* (ed. com os *Commentaria*, Cremona, 1618), um *Compendium legis Christi cum quodlibetis* (Veneza, 1527) e alguns comentários a Aristóteles.

Ver: B. M. Xiberta, O. C. , "Le thomisme de l'École Carmélitaine", *Mélanges Mandonnet*, vol. I (1930), pp. 441-448. — Id., *De scriptoribus scholasticis saeculi XIV ex Ordine Carmelitarum*, 1931, pp. 167-240. — P. Crisógono de Jesus Sacramentado, "Maître Jean Baconthorp. Les sources, la doctrine, les disciples", *Révue néoscolastique de philosophie*, 34 (1932), 341-365. — K. Lynch, "De distinctione intentionali apud Joan. Bac.", *Analecta Ord. Carm.*, 1932, pp. 351-404. — Nilo di S. Bricardo, "Il profilo storico di G. B.", *Ephemerides Carmeliticae* 1948, pp. 431-543. — M. C. Linenbrink, "The Universal and Its Relation to the Phantasized Object According to John Baconthorp", *Modern Schoolman*, 42 (1965), 353-374. — A. Corsano, "Vanini e Baconthorp", *Giornale Critico della Filosofia Italiana*, 49 (1970), 335-343. — J. P. Etzwiler, "J. B. , 'Prince of the Averroists'", *Franciscans Studies*, 14 (1976), 148-176. ➲

BADEN (ESCOLA DE). A Escola de Baden, também denominada "Escola Sul-Alemã" (*Süddeutsche Schule*), foi, juntamente com a Escola de Marburgo (VER), a linha predominante do neokantismo alemão do início do século a 1914, aproximadamente. Já observamos, ao nos referir à Escola de Marburgo, assim como no verbete sobre o neokantismo (VER), quais características podem ser consideradas comuns a ambas as Escolas. Assinalamos também que a Escola de Baden criticava a de Marburgo por seu racionalismo, seu naturalismo e seu formalismo excessivos e pela inclinação às ciências físico-matemáticas, com a decorrente interpretação unilateral do kantismo e das implicações da análise transcendental dos conteúdos propostos à reflexão. Isso mostra já que a Escola de Baden tendia a outro aspecto do *globus intellectualis*: o campo principal de sua reflexão foi, com efeito, o das ciências da cultura e o da história. É certo que isso não significa, em princípio, a eliminação das ciências naturais. Na verdade, umas e outras eram tomadas como manifestações da atividade total da cultura humana. Mas essas diversas manifestações tinham como princípio unificador precisamente a própria cultura, sobretudo tal como revelada pelo processo histórico. Assim, embora em princípio se continuasse a usar o método transcendental, e houvesse também o primado da consideração gnosiológica, estes não assumiam o aspecto gnosiológico-formal e racional-conceptualista, próprios dos integrantes da Escola de Marburgo. O ponto de vista idealista continuava sendo predominante, mas se tratava de um idealismo orientado para os valores. Seria possível dizer, portanto, que se tratava não de um idealismo gnosiológico, mas de um idealismo axiológico. Daí que a filosofia da cultura, primeiro, e a dos valores, depois, constituíssem o centro da reflexão da Escola. O problema da distinção entre ciências da Natureza e ciências da cultura, tal como desenvolvido pelos principais representantes de Baden — Wilhelm Windelband e Heinrich Rickert (VER) —, a questão do conhecimento do individual ao contrário do conhecimento do universal, a elaboração dos métodos descritivos e outros problemas análogos ocuparam, pois, grande parte da atividade e da produção filosófica da Escola de Baden, que se centrou também, como a de Marburgo, na análise da faculdade de julgar, mas não como um relacionar conceitos por meio de um sistema categorial transcendental a fim de salvaguardar a objetividade dos conhecimentos, e sim como uma determinação do dever ser do real por meio da referência aos valores. Esses valores são em geral considerados como realidades transcendentais. Desse modo, a Escola de Baden procura mediar a concepção completamente subjetivista e a concepção inteiramente absolutista dos valores, embora inclinando-se com freqüência a este último aspecto, pelo menos na medida em que procura sustentar o caráter objetivo dos valores, tidos, até certo ponto, como os verdadeiros invariantes em todo exame dos conteúdos históricos e culturais. A consideração do valor como uma lei ideal aproxima-se dessa maneira dos resultados da axiologia de raiz fenomenológica. Não obstante, a lei ideal do valor tem sempre um caráter mais ou menos transcendental: constitui a possibilidade de toda avaliação, que é por sua vez a possibilidade de toda determinação de um dever ser, mas não se prejulga ainda com inteira conseqüência se essa possibilidade de determinação é, por sua vez, o que determina a própria constituição dos objetos da cultura. Em todo caso, a insistência na diferença entre o reino do ser e o do dever ser, entre o método generalizador e o método descritivo, entre Natureza e cultura, obrigava a realizar um esforço para encontrar um princípio de unificação ou, ao menos, um território de coincidência. Rickert, Bruno Bauch e Emil Lask dedicaram-se a esse problema com particular atenção, a tal ponto que tanto as últimas conclusões de Rickert como, e sobretudo, o pensamento de Bauch e de Lask podem ser considerados já muito distantes dos primeiros princípios da Escola. O mundo das relações e do sentido, descrito por Rickert, corresponde a esta última tendência. Isso ocorre de forma ainda mais acentuada com os desenvolvimentos muito independentes de Bauch e Lask. A mesma questão animou, embora em menor proporção, outros representantes da Escola, como Georg Mehlis (1878-1942) e Richard Kroner (1884-1973). Outros pensadores também receberam influências de Baden sem que possam ser considerados pertencentes à Escola, e até, em alguns casos, sem que possam ser descobertas mais do que escassas conexões com ela. Este é o caso de E. Tröeltsch (VER), Max Weber (VER) e Jonas Cohn (VER), assim como de muitos dos filósofos alemães que na época se ocuparam de problemas axiológicos e procediam de distintas tendências — diltheyanismo, fenomenologia, filosofia da vida, irracionalismo etc. De qualquer maneira, o intuitivismo — pelo menos vinculado ao valor — pareceu instaurar-se cada vez mais energicamente, ultrapassando com isso, de forma ampla, os quadros da Escola de Baden e, em geral, do neokantismo e do imanentismo.

⊃ Ver: P. Goedeke, *Wahrheit und Wert*, 1928 (tese). — B. V. Sesie, *Die Kategorienlehre der badischen philosophischen Schule*, 1938. — Peter Maerker, *Die Aesthetik der Sudwestdeutschen Schule*, 1973. — E. Rozsnyai, "El origen de la ideología burguesa moderna en el neokantismo de Baden" (em húngaro), *Magyar Filozof Szemle*, 6 (1983), 936-960. ⊂

BAEUMKER, CLEMENS (1853-1924). Nascido em Paderborn, lecionou no Ginásio de Paderborn (1877-1883) e nas Universidades de Breslau (1883-1900), Bonn (1900-1902) e Munique (1912-1924). Baeumker caracterizou sua posição filosófica do seguinte modo: um idealismo metafísico-ético, unido a um realismo epistemológico e a uma concepção da filosofia primariamente como idéia, racionalmente elaborada, do mundo e da vida. Baeumker distinguiu-se, entretanto, menos como filósofo sistemático que como historiador da filosofia. Dedicou-se à filosofia antiga, em particular com uma obra ainda fundamental sobre o problema da matéria no pensamento grego, e à filosofia moderna em trabalhos consagrados a vários pensadores (Bruno, Descartes, Locke, Spinoza, Kant, Fichte, Spencer, Schopenhauer, Bergson etc.), mas é conhecido especialmente como pesquisador da filosofia medieval. Fundou a série dos *Beiträge zur Geschichte der Philosophie des Mittelalters. Texte und Untersuchungen* (1891ss.) — um dos grandes repertórios para o estudo dessa filosofia com base em edições críticas e comentários — e editou vários textos (entre outros, a versão de Domingos Gundissalino da *Fons vitae*, de Abengabirol; o *De Ortu scientiarum*, de Alfarabi; os *Impossibilia*, de Siger de Brabante). Devem-se também a Baeumker estudos sobre Witelo, Gundisalvo, Roger Bacon, Dante e sobre a tradição platônica na Idade Média. Por meio de suas edições e estudos, Baeumker contribuiu para o desenvolvimento da história dos conceitos, mostrando a continuidade dessa história desde os gregos até a época moderna.

⊃ Obras: Além das edições de textos mencionadas nos verbetes correspondentes deste Dicionário, mencionamos: *Das Problem der Materie in der griechischen Philosophie. Eine historischkritische Untersuchung*, 1890; reimp., 1963 (*O problema da matéria na filosofia grega. Investigação histórico-crítica*). — *Dominicus Gundissalinus als philosophischer Schrifsteller*, 1900 (*D. G. como escritor filosófico*). — *Witelo. Ein Philosoph und Naturforscher des 13. Jahrhunderts*, 1909, em *Kultur der Gegenwart*, ed. Hinneberg, I; 2ª ed., 1913 (*W. Um filósofo e investigador da Natureza do século XIII*). — *Anschauung und Denken*, 1913 (*Intuição e pensamento*). — *Die patristische Philosophie*, 1913, em *Kultur der Gegenwart*, I; 1913. — *Roger Bacons Naturphilosophie, insbesondere seine Lehren von Materie und Form, Individuation und Universalität*, 1916 (*A filosofia da Natureza de R. B., especialmente suas doutrinas sobre a matéria e a forma, a individuação e a universalidade*). — *Der Platonismus im Mittelalter*, 1916. — *Petrus de Hibernia, der Jugendlehrer des Thomas von Aquino*, 1920 (*P. de H., o mestre de juventude de Santo T. de A.*). — *Gesammelte Aufsätze*, 1928 (*Artigos reunidos*) [com um *Lebensbild* de M. Grabmann].

Para as idéias de B. sobre a filosofia, ver: "Philosophische Welt- und Lebensanschauung", em *Deutschland und der Katholizismus*, ed. M. Meinettz e H. Sacher, 1918, e *Die Philosophie der Gegenwart in Selbstdarstellungen*, ed. R. Schmidt, vol. II, 1922, pp. 31-60.

Escritos em homenagem a B.: *Studien zur Geschichte der Philosophie. Festschrift zum 60. Geburtstag Cl. Baeumkers*, 1913. — *Studien zur Geschichte der Philosophie. Festgabe zum 70. Geb. C. Baeumkers*, 1923. — A. Dempf, "C. B. zum Gedächtnis", *Philosophisches Jahrbuch* (1953), 407-408. ⊂

BAHM, ARCHIE J. Ver Intuição; Polaridade.

BAHNSEN, JULIUS (1830-1881). Nascido em Tondern (Schleswig-Holstein), professor em Lauenburg (Pomerânia), influenciado por Hegel e, sobretudo, por Schopenhauer, de quem pode ser considerado discípulo, foi além disso um dos fundadores da caracterologia moderna. Sua filosofia é, na realidade, uma concepção do mundo, mundo contraditório em si mesmo; não apenas, pois, desprovido de lógica em seu fundamento, mas até antilógico. Tal como para Schopenhauer, o fundamento do real é para Bahnsen a Vontade cega, mas uma Vontade que se perde, por assim dizer, a si mesma sem nunca poder transformar-se em conhecimento. A Vontade é, pois, incapaz de apreender a realidade do universo. Daí a impossibilidade fundamental de qualquer salvação, seja para a Vontade ou para as vontades, e, por conseguinte, a tese de um pessimismo radical, que só pode ser apaziguado por meio do reconhecimento do contraditório e da impossibilidade completa de que o contraditório seja "solucionado". A dialética é, portanto, ao mesmo tempo necessária e inútil, pois nunca consegue chegar ao lugar que se propõe, mas ao mesmo tempo jamais pode deixar de caminhar incessantemente. Por isso, a lei do mundo não é apenas a contradição, mas a tragédia; uma tragédia sem a qual nada poderia existir nem subsistir.

◐ Obras: *Beiträge zur Charakterologie mit besonderer Berücksichtigung pädagogischer Fragen*, 2 vols., 1867 (*Contribuições à caracterologia, com especial consideração das questões pedagógicas*). — *Zum Verhältnis zwischen Wille und Motiv. Eine metaphysische Voruntersuchung zur Charakterologie*, 1870 (*Para a relação entre vontade e motivo. Uma investigação metafísica prévia acerca da caracterologia*). — *Zur Philosophie der Geschichte. Eine kritische Besprechung des Hegel-Hartmansschen Evolutionismus aus Schopenhauerschen Prinzipien*, 1871 (*Para a filosofia da história. Exame crítico do evolucionismo de Hegel e Hartmann segundo princípios schopenhauerianos*). — *Das Tragische als Weltgesetz und der Humor als ästhetische Gestalt der Metaphysik. Monographien aus den Grenzgebieten der Realdialektik*, 1877 (ed. A. Ruest, 1931) (*O trágico como lei do mundo, e o humor como forma estética da metafísica. Monografias a partir dos territórios fronteiriços da dialética real*). — *Der Widerspruch im Wissen und Wesen der Welt. Prinzip und Einzelbewährung der Realdialektik*, 2 vols., 1880-1881 (*A contradição no saber e essência do mundo. Princípio e prova singular da dialética real*). — *Aphorismen zur Sprachphilosophie*, 1881 (*Aforismos para a filosofia da linguagem*).

Ver: Heinrich Leiste, *Die Charakterologie von J. Bahnsen*, 1928. — H. Schopf, *J. Bahnsen*, 1930. — H. J. Heydorn, *J. B.: Eine Untersuchung zur Vorgeschichte der neuren Exitenz*, 1952. ◐

BAIER, KURT. Ver Motivo.

BAILLIE, JAMES BLACK. Ver Hegelianismo.

BAIN, ALEXANDER (1818-1903). Nascido em Aberdeen (Escócia), freqüentou em Londres o círculo encabeçado por John Stuart Mill; mais tarde, foi professor de filosofia natural em Glasgow (1845-1860) e de lógica em Aberdeen (1860-1880). Contribuiu sobremaneira para a fundação de *Mind* (1876), dirigida nos primeiros anos por seu discípulo, Croom Robertson (1842-1892: *Hobbes*, 1886; *Philosophichal Remains*, 1894).

Bain seguiu as orientações de John Stuart Mill e desenvolveu em particular as teorias associacionistas em psicologia (ver Associação, associacionismo). Além disso, a psicologia associacionista era, em sua opinião, a base da maioria das disciplinas filosóficas, todas elas, incluindo a lógica, abordadas de um ponto de vista empirista. Bain dedicou grande atenção ao exame das sensações musculares como base para uma melhor compreensão de muitos fenômenos psíquicos. Em numerosas ocasiões, ele sublinhou que os fenômenos psíquicos se distinguem dos fenômenos físicos pelo grau, mas não pela essência; por conseguinte, as leis que regem os fenômenos segundos ou pelo menos as leis da psicologia devem estar em continuidade com as leis das ciências naturais. As leis fundamentais da associação são a contigüidade e a semelhança. Uma não pode simplesmente reduzir-se à outra, mas ambas podem explicar várias leis de associação derivadas. Certa distorção do associacionismo estrito parece revelar-se, porém, na teoria de Bain sobre os fenômenos volitivos. A relação entre os movimentos espontâneos e involuntários e os atos espontâneos se acha submetida a uma lei denominada da "autoconservação". A tendência à autoconservação revela-se quando os movimentos espontâneos produzem uma sensação de agrado. Esta sensação aumenta a energia vital, a qual diminui quando se produz uma sensação de desagrado e dor. Em todo caso, ainda aqui Bain destaca a origem fisiológica dos processos psíquicos, pois o querer está fundado numa sensação de prazer, e esta em certos movimentos musculares.

◐ Obras: *The Senses and the Intellect*, 1855. — *The Emotions and the Will*, 1859 (ambas as obras reunidas sob o título *Mental and Moral Science*, 1868). — *Logic, Deductive and Inductive*, 1870. — *Mind and Body, the Theories of Their Relation*, 1872. — *John Stuart Mill*, 1882. — *Autobiography*, 1904 (póstuma).

Ver: M. H. Fish, "Alexander Bain and the Genealogy of Pragmatism", *Journal of the History of Ideas*, 15 (1954), 413-444. — R. C. Cross, "Alexander Bain", *Aristotelian Society. Supplementary Volume*, 44 (1970), 1-14. — A. Quinton, "George Croom Robertson, ed. 1876-1891", *Mind*, 85 (1976), 6-16. — J. C. S. Wernham, "Bain's Recantation", *Journal of the History of Philosophy*, 24 (1986), 107-111. ◐

BAKUNIN, MIKHAIL ALÉKSANDROVITCH (1814-1876). Nascido na propriedade de Priamuchino (distrito de Novotorstchok, província de Tvér). Em 1828, ingressou na Escola de Artilharia de São Petersburgo, recebendo o grau de oficial em 1833. Logo despertou em Bakunin a paixão pela justiça social e pela liberdade, e de 1835 (quando entrou em contato com Stankévitch e seu círculo, que o introduziram no estudo da filosofia alemã, e especialmente de Kant) até sua morte, em

Berna, sua vida foi uma constante luta pelos ideais do anarquismo, do qual é considerado um dos principais representantes. Desde 1840, quando se mudou para Berlim, até sua morte, a vida de Bakunin foi sumamente agitada pela propaganda e pelas conspirações. Ele esteve constantemente em movimento (Dresden: 1842; Zurique: 1843; depois, Bruxelas, Paris, Praga, Leipzig, Dresden, Londres, Itália etc., incluindo dez anos na Sibéria — 1851-1861 —, de onde fugiu, cruzando o Pacífico e os Estados Unidos, para a Inglaterra). Em 1868, aderiu à I Internacional, mas depois separou-se dela e organizou uma "Aliança Revolucionária Socialista" própria, que se difundiu sobretudo pela Itália e pela Espanha.

Do ponto de vista filosófico, é interessante notar que Bakunin passou do estudo de Kant ao de Fichte e depois ao de Hegel e manteve estreitas relações com Belinsky, Tschaadaév, Herzen e, mais tarde, com Arnold Ruge (e os "hegelianos de esquerda"), Marx, Proudhon, Elisée Reclus, Garibaldi e muitos outros. Contudo, em muitos casos, esses estudos e essas relações serviram para reforçar tendências opostas. O caso mais citado é o de Marx e dos socialistas da época, contra os quais ele formulou suas idéias de anarquismo coletivista e socialista antiautoritário. Bakunin opôs-se tenazmente a toda limitação da liberdade do indivíduo, travando por isso constantes combates contra o Estado (ou melhor, o "estatismo"). Seu princípio capital foi o que ele considerava uma renovação do "grande princípio" da Revolução Francesa: "Cada ser humano deve dispor dos meios materiais e morais para desenvolver toda a sua humanidade". Segundo Bakunin, a sociedade deve organizar-se, pois, de forma que seja possível a realização do mencionado princípio. Deve ser uma sociedade "socialista", pois do contrário dominarão os privilégios, a injustiça e a escravidão, mas esse socialismo não é o do poder político, e sim o da "organização das forças produtoras" em confederações. Por isso, Bakunin defendeu a "revolução libertária" contra a "revolução autoritária", bem como os métodos dos anarquistas, ou socialistas revolucionários, fundados na liberdade, contra os métodos dos comunistas, baseados na autoridade. É preciso pedir, portanto, a igualdade política, econômica e social de todas as classes, a abolição do Estado, da propriedade e da "família patriarcal" e a apropriação da terra por associações agrícolas, e a do capital e dos meios de produção por associações industriais. A melhor forma de união é a confederação. Do ponto de vista filosófico, o pensamento de Bakunin funda-se num completo materialismo (que ele denomina "o verdadeiro idealismo"), num ateísmo e na tese da unidade dos mundos físico e social. Bakunin afirmou a existência da liberdade da vontade, embora julgando-a relativa e qualificada e não incondicional, e definiu a liberdade como "o domínio sobre as coisas exteriores, baseado na observação respeitosa das leis da Natureza". Filosoficamente importante na doutrina de Bakunin é a parte ética: a "moralidade anarquista" é para ele "a moralidade verdadeiramente humana".

⊃ Embora tenha escrito abundantemente, Bakunin não deixou nenhum livro com a exposição completa de suas idéias; os dois livros mais sistemáticos escritos por ele, *Deus e o Estado* e *O Estado e a anarquia* (usualmente citado como *O Estado e o anarquismo*), não foram concluídos. — Das edições de obras de B., mencionamos a russa (com *Cartas*), ed. por Y. M. Steklov, 4 vols., 1934-1936 (de 12 volumes planejados); a alemã, 3 volumes (I, 1921; II, 1923; III, 1924), reimpr., 1975; a francesa, 6 vols.: vol. I ed. Max Nettlau; vols. II-VI James Guillaume, 1895-1913; a espanhola, preparada por Diego Abad de Santillán com a colaboração de M. Nettlau, 5 vols., 1933-1939; reed., 1977-1986 (o vol. V contém a única tradução completa feita para outra língua de *Estatismo e Anarquismo*). Todas essas edições de obras são incompletas. Encontra-se material sobre B., anotações de B. e correspondência em várias outras coleções e obras (por exemplo, nos dois livros de A. N. Korlilov [em russo] e 1917 e 1925), assim como nos "Archives Bakouniniennes".

Em português: *Deus e o Estado*, 2000. — *Textos anarquistas*, 1999.

Biografia: J. F. Wittkop, *M. A. B. im Selbstzeugnissen und Dokumenten*, 1974. — M. Nettlau, *M. B. eine Biographie*, 3 vols., 1896-1900.

Ver: Y. M. Steklov, *B.*, 4 vols. [em russo], 1920-1927. — Josef Pfitzner, *Bakuninstudien*, 1932. — E. H. Carr, *M. B.*, 1937; reimpr., 1975. — B. Kaminski, *B.*, 1945. — Benoit P. Hepner, *Bakounine et le panslavisme révolutionnaire, cinq essais sur l'histoire des idées en Russie et en Europe*, 1950. — Henri Arvon, *B.*, 1966 (trad. esp.: *B.*, 1975). — *Id.*, *B.: Absolu et révolution*, 1972. — A. Masters, *B.*, 1974. — A. Kelly, *Mikhail Bakunin: A Study in the Psychology and Politics of Utopianism*, 1982. — R. B. Saltman, *The Social and Political Thought of M. Bakunin*, 1983. — W. V. Dooren, *B. zur Einführung*, 1985. ⊂

BALDWIN, JAMES MARK (1861-1934). Nascido em Colúmbia (Carolina do Sul, EUA), lecionou na Universidade de Toronto (1889-1893), na de Princeton (1893-1903), na John Hopkins University (1903-1909) e na Universidade do México (1909-1913). Situado na corrente do evolucionismo filosófico, J. M. Baldwin trabalhou sobretudo no campo da psicologia, da epistemologia e da metafísica. Segundo ele, há dois modos de se conceber a realidade: o modo agenético, próprio da mecânica e adequado às ciências físicas, e o modo genético, que se aplica especialmente à vida e à cultura. Entretanto, como não pode existir uma completa dualidade de métodos, é necessário sobrepor aos diferentes pontos de vista uma concepção unitária. Esta é, em última análise, de índole estética e recebeu o nome de pancalismo (VER). Referimo-nos a ela mais detidamente no verbete mencionado.

➲ Obras: *Handbook of Psychology* (I. *Sense and Intellect*, 1890; II. *Feeling and Will*, 1892). — *Elements of Psychology*, 1893. — *Mental Development in the Child and in the Race*, 1896. — *Story of the Mind*, 1898. — *Development and Evolution*, 1902. — *Fragments in Philosophy and Science*, 1902. — *Thought and Things, or Genetic Logic* (I. *Functional Logic, or Genetic Theory of Knowledge*, 1906; II. *Experimental Logic, or Genetic Theory of Thought*, 1908; III. *Interest and Art*, 1911). — *Darwin and the Humanities*, 1909; nova ed., 1979. — *The Individual and Society*, 1911; *History of Psychology*, 2 vols., 1913. — *Genetic Theory of Reality, Being the Outcome of Genetic Logic, as issuing in the Aesthetic Theory of Reality called Pancalism*, 1915.

Depoimento em *A History of Psychology in Autobiography*, 1930, ed. C. Murchison.

Ver: A. Lalande, "Le Pancalisme", *Revue philosophique*, 80 (1915), 481-512. — E. C. Holmes, *Social Philosophy and the Social Mind: A Study of the Genetic Methods of J. M. B., G. H. Mead and J. E. Boodin*, 1942. — U. D. Sewny, *The Social Theory of J. M. B.*, 1945. — M. J. Parsons, "J. M. Baldwin and the Aesthetic Development of the Individual", *Journal of Aesthetic Education*, 14 (1980), 31-50. ➲

BALFOUR, ARTHUR JAMES, Conde de (1848-1930). Nascido em Whittingehame (Inglaterra), desenvolveu seu pensamento filosófico simultaneamente a seu trabalho de estadista. Provavelmente, o sentido da realidade humana proporcionado por este último exerceu uma constante influência sobre o primeiro. A insistência no tema da crença como fator social sem o qual os atos humanos seriam ininteligíveis se deve sem dúvida à relação mencionada. Balfour ataca o naturalismo na medida em que este pretende constituir o princípio de todo conhecimento, pois, observa ele, mesmo o conhecimento natural está edificado sobre crenças sem as quais nenhuma proposição da ciência poderia ter sentido. A uniformidade dos processos da Natureza e a própria idéia de Natureza pertencem a elas. Contudo, além disso, o tecido da ciência não seria possível sem o fio da autoridade, que, ao dar-lhe consistência social, lhe dá ao mesmo tempo existência. Portanto, isso ocorrerá com maior intensidade no campo das ciências da sociedade e em particular no estudo da teologia. Assim, o sistema das crenças constitui o alicerce sem o qual nenhum conhecimento pode ser formulado. Ora, se dos dados da ciência natural não se pode extrair uma crença particular que decida sobre os fundamentos da vida humana, desta, em compensação, é possível derivar uma crença que, como a do teísmo baseado na autoridade histórica, permite, segundo Balfour, apaziguar as contradições suscitadas por uma visão meramente naturalista da realidade.

➲ Obras: *A Defence of Philosophic Doubt, Being an Essay on the Foundations of Belief*, 1879. — *Essays and Addresses*, 1893. — *The Foundations of Belief, Being Notes Introductory to the Study of Theology*, 1895. — *Reflections suggested by the New Theory of Matter*, 1904. — *Theism and Humanism*, 1915 (Gifford Lectures, 1914). — *Essays Speculative and Political*, 1920. — *Theism and Thought, a Study in Familiar Beliefs*, 1923.

Bibliografia: T. E. Jessop, *A Bibliography of D. Hume and of Scottish Philosophy from F. Hutcheson to Lord B.*, 1938.

Ver: E. O. Raymond, *Balfour*, 1928. — Lord Raleigh, *Lord Balfour and his Relation to Science*, 1930. — E. Dugdale, *Balfour*, 2 vols., 1936. ➲

BALLANCHE, PIERRE-SIMON (1776-1884). Nascido em Lyon, desenvolveu uma teoria da sociedade como elemento que persiste ao longo de todas as mudanças históricas, de todos os nascimentos, renascimentos e decadências. A sociedade carrega em seu interior germes que, embora possam parecer ocasionalmente mortos, ressuscitarão e se desenvolverão em formações sociais muito diversas. O desenvolvimento desses germes equivale, de acordo com Ballanche, ao progresso, que jamais cessa, visto que continua germinalmente nos momentos de decadência. A sociedade é uma realidade que se renova sem cessar. Nisso consiste a palingenesia (VER), regeneração ou renascimento.

➲ A principal obra de B. é *Essais de palingénésie sociale*, 2 vols., 1827-1829.

Edição de *Oeuvres* (1830-1833) e de *Oeuvres inédites* (1904) por Inés de Castro, com notas de G. Frainnet. — *Pensées et fragments*, ed. P. Vulliand, 1907. — *La Théodicée et la Virginie romaine* (inéditos), 1959.

Ver: G. Frainnet, *Essai sur la philosophie de P.-S. B.*, 1903. — C. Huit, *La vie et les oeuvres de B.*, 1904. — W. M. Kozlowski, *Hoené-Wronki et Ballanche*, 1930. — P. Treves, *B.*, 1932. — J. Roos, *Les idées philosophiques de B. et V. Hugo*, 1958. ➲

BALMES, JAIME [LUCIANO] (1810-1848). Nascido em Vic, estudou no Seminário de Vic e na Universidade de Cervera, ordenando-se sacerdote em 1834. Passou alguns anos em Barcelona e em Madri, onde interveio, com seus escritos, em questões políticas e sociais, regressando, pouco antes de sua morte, à sua cidade natal. Foi chamado às vezes de *doctor humanus*.

Balmes representa em parte a corrente que contribuiu para a reafirmação e o florescimento da neo-escolástica, e isso a ponto de sua influência se ter exercido de modo preponderante sobre o Cardeal Mercier e a Escola de Louvain, mas de outro ponto de vista significa a reação particular experimentada por um pensador católico da época diante das correntes do pensamento moderno. Estas últimas não influenciaram sua obra de um modo que ela possa ser definida como mera conjunção de filosofia moderna e tradição escolástica, mas ficaram incorporadas a seu pensamento pelo menos nos temas e mesmo no sentido da preconização do que mais tarde será conhecido sob a divisa de *vetera novis augere*. Nesse sentido, pode-se entender principalmente a parte mais crítica de sua obra, dirigida a uma compreensão, uma análise e a uma refutação do empirismo inglês, do kantismo e da filosofia do idealismo alemão, especialmente de Hegel. Em contrapartida, ele mostrou maior afinidade, sem afastar-se da linha tradicional, com Reid e a escola escocesa, assim como com algumas manifestações do espiritualismo francês da época. Isso se revela sobretudo num dos problemas centrais abordados por Balmes: a questão da evidência da verdade. Por outro lado, a aproximação balmesiana a Descartes mostra-se mais na preocupação com o tema que na aceitação do princípio do *Cogito*, ou, se se quiser, mesmo admitindo com freqüência o *Cogito*, é dado a este último um sentido diferente. Por isso, a evidência do eu não tem para Balmes nenhuma significação propriamente idealista, não apenas em função do realismo gnosiológico tradicional que defende, mas também porque o "senso comum" em que se apóia parcialmente a evidência procura admitir mais elementos que os aceitos pelo pensamento cartesiano. Para isso, é útil uma distinção fundamental entre dois grupos irredutíveis de verdades: as ideais e as reais. Cada verdade se justifica por meio de um critério diferente, que pode ser o do *Cogito* — embora concebido como um fato primitivo — nas coisas reais, e o princípio de contradição nos objetos ideais. No primeiro caso, temos a relação da coisa com uma consciência; no segundo, uma evidência propriamente dita. Mas a separação mencionada não pode ser tida como taxativa; na realidade, um dos propósitos de Balmes consiste em buscar um vínculo entre as exigências empiristas e as racionalistas, e por isso ele rejeita tanto a mera transformação das idéias em entidades puramente formais como a consideração das coisas do ponto de vista de sua redução a um material empírico, que somente as sensações poderiam apreender e submeter a uma ordem. A exigência de um instinto intelectual significa precisamente, na ordem do conhecimento, uma nova tentativa de união da idealidade com a realidade, do racional com o empírico. E a aproximação ao senso comum é o esforço de evitar tanto o problema da passagem da consciência ao mundo externo como o construtivismo idealista. Podemos resumir dizendo que, assim como outros autores de sua época, Balmes se propôs salvar os fundamentos da ontologia tradicional escolástica dos embates a que a submeteu a crítica kantiana e que, portanto, não pôde admitir que o agnosticismo teórico ficasse assegurado *somente* pela razão prática, pois esta necessita justamente de um fundamento teórico. Este fundamento reside na existência de verdades inalteráveis, mas não dadas a um conhecimento direto por meio de uma razão transcendental especulativa, e sim obtidas por uma espécie de hábito intelectual que às vezes é interpretado de um ponto de vista psicológico, mas que tem, no entender de Balmes, um fundamento mais seguro e permanente que a psicologia. Com efeito, embora Balmes se caracterize por uma forte tendência psicologista na lógica segundo a qual a verdade ou falsidade das proposições é "produzida" em parte por fatores de índole subjetiva, deve-se observar que essa tendência se nota mais nas obras de divulgação — como *El Criterio* — que nas obras filosóficas fundamentais, em que o autor não ignora as dificuldades suscitadas pela excessiva conexão entre o raciocínio teórico e a ação prática.

Dois aspectos importantes no trabalho de Balmes que aqui podemos apenas mencionar são suas contribuições à filosofia política, em especial tendo em vista situações concretas existentes na Espanha de seu tempo, e seu trabalho apologético em favor do catolicismo como elemento civilizador do Ocidente. Pertence a esta última linha de sua atividade sua obra sobre a comparação do protestantismo com o catolicismo, obra que é em grande parte uma crítica à *História da civilização européia*, de Guizot. Balmes expressou nela opiniões ao mesmo tempo conservadoras e moderadas, como o mostra sua análise da noção de tolerância (VER).

⮕ Principais obras de interesse filosófico: *Cartas a un escéptico en materia de religión*, 1841 (publicadas antes no jornal *La Sociedad*, fundado por Balmes). — *El protestantismo comparado con el catolicismo en sus relaciones con la civilización europea*, 4 vols., I, II, 1842; III, 1843; IV, 1844. — *El Criterio*, 1845. — *Filosofía fundamental*, 4 vols., 1846. — *Curso de filosofía elemental*, 3 vols., 1847.

Algumas obras de interesse político-social: *Observaciones sociales, políticas y económicas sobre los bienes del clero*, 1840. — *Consideraciones políticas sobre la situación de España*, 1840. — *Escritos políticos*, 1847. — *Pío IX*, 1847. Alguns importantes escritos políticos de Balmes foram publicados no jornal *El pensamiento de la Nación*, fundado pelo filósofo em 1844 e publicado até 1846.

Edições de *Obras Completas*: P. I. Casanovas, Barcelona, 33 vols., 1925-1927 (vol. 33 com *Efemérides e índices*). Reedição na Biblioteca de Autores Cristianos, 8 vols.: I, II, III, 1948; IV, V, 1949; VI, VII, VIII, 1950. — P. Basilio de Rubí, O. F. M., 2 vols., Barcelona, 1948 (Obras filosóficas no vol. I). — Edição de *El Criterio* por E. Ovejero y Maury, Madri, 1929. — *Antología política de Balmes*, 2 vols., Madri, 1981, ed. J. M. García Escudero. — *Poesías póstumas*, Barcelona, 1987. — *Política y constitución: selección de textos y estudio preliminar*, Madri, 1988, ed. J. Valera Suances.

Bibliografia: I. de Dios Mendoza, *Bibliografía Balmesiana*, 1961.

Ver: A. De Blanche-Raffin, *J. Balmes. Sa vie et ses oeuvres*, 1849. — J. Riera y Bertrán, *B., su vida y sus obras*, 1879. — A. Leclerc, *De facultate verum asse-*

quendi secundum Balmesium, 1900. — González Herrero, *Estudio histórico-crítico sobre las doctrinas de B.*, 1905. — J. Elías de Molins, *B. y su tiempo*, 1906. — N. Roure, *La vida y las obras de B.*, 1910. — J. Lladó, *Nota biográfica y crítica general sobre la personalidad y obras de B.*, 1910. — A. Lugan, *B.*, 1911. — M. Schlüter-Hermkes, *Die Fundamentalphilosophie des J. B.*, 1919. — *Id.*, "Die Philosophie des J. B. und ihr Zusammenhang mit der übrigen europäischen Philosophie", *Spanische Forschungen der Görresgesellschaft*, série I, vol. 2 (1931), 229-275. — P. I. Casanovas, *B., la seva vida, el seu temps, les seves obres*, 1932, 3 vols. — J. Ríos Sarmiento, *J. B.*, pbro., 1941. — Joan Manyà, *L'estil de B.*, 1936 (em trad. esp.: *Balmes, filósofo: su estilo*, 1944). — J. Zaragüeta, I. González, S. Minguijón, J. Cortes Grau, *B., filósofo social, apologista y político*, 1945 (prólogo de C. Viñas y Mey). — G. van Riet, *L'Épistémologie thomiste*, 1946. Parte I. — V. Félix Egidio, *El pensamiento de B. en orden a la filosofía de la historia*, 1952. — P. Font y Puig, *La teoría de conocimiento de B.*, 1955. — Manuel Fraga Iribarne, *B., fundador de la sociología positiva en España*, 1955. — Francisco González Cordero, C. M. F., *El instinto intelectual, fuente de conocimiento. Doctrina de Balmes sobre el instinto ciego, su crítica y valoración en el orden ético*, 1956. — Herbert Auhofer, *Die Soziologie des J. B.*, 1953 (tese). — M. Batllori, *B. i Casanovas. Estudis biogràfics i doctrinals*, 1959. — Tirso Alesanco, *El "instinto intelectual" en la epistemología de J. B.*, 1965. — J. Tusquets, *J. B. Son système philosophique*, 1969. — J. R. Gironella, *B. Filósofo*, 1969. — *Id.*, "Dos filósofos del 'Hombre entero': Balmes y Sciacca", *Giornale di Metafisica*, 31 (1976), 659-671. — E. Forment Giralt, "Balmes y la fundamentación de la metafísica", *Espíritu*, 33 (1984), 27-52. — M. A. Cervelló, "La definición del criterio de sentido común o instinto intelectual en J. Balmes", *Sapientia*, 46 (182) (1991), 305-317.

Números especiais dedicados a Balmes de *Pensamiento*, 3 (1947), com bibliografia balmesiana por M. Flori, e de *Ciencia y Fe*, 16 (1948). Ver também os vols. I, II e III das *Actas del Congreso Internacional de Filosofia de Barcelona* (1948). Em 1949 foi fundado em Barcelona um Instituto Filosófico Balmesiano, sob a direção do P. Fernando Palmés, S. J. **C**

BAMALIP (Baralipton). É o nome que designa um dos modos (ver MODO), considerado válido por muitos autores, da quarta figura (VER). Um exemplo de *Bamalip* (*Baralipton*) pode ser:

Se todas as frutas são comestíveis
e todas as coisas comestíveis são apetecíveis,
Então algumas coisas apetecíveis são frutas,

exemplo que corresponde à seguinte lei da lógica quantificacional elementar:

$$(\wedge\ x\ (Hx \to Gx) \wedge \wedge\ x\ (Gx \to Fx)) \to$$
$$\to \vee\ x\ (Fx \wedge Hx)$$

e que, usando-se as letras 'S', 'P' e 'M' da lógica tradicional, pode exprimir-se mediante o seguinte esquema:

$$(PaM \wedge MaS) \to SiP$$

no qual aparece claramente a seqüência das letras 'A', 'A', 'I', origem do termo *Bamalip* (*Baralipton*), na ordem PM-MS-SP.

BÁÑEZ, DOMINGO (1528-1604). Nascido em Medina del Campo (ou em Valladolid), estudou na Universidade de Salamanca, ingressou na Ordem dos Pregadores em 1547 e foi professor de *prima* de teologia na citada Universidade de 1581 até sua aposentadoria em 1599. Báñez é autor de comentários à *Summa Theologica* de Santo Tomás de Aquino, de comentários a Aristóteles e de vários tratados teológicos e filosóficos. A orientação geral é a tomista, mas no âmbito desta Báñez defendeu várias opiniões próprias, em particular relativas à natureza da causação própria (a seu ver, apenas material) das formas criadas. O teólogo e filósofo espanhol é conhecido, porém, sobretudo por sua defesa da noção de premoção (VER) física, a ponto de alguns autores o considerarem o verdadeiro autor dessa noção; de qualquer forma, é usual identificar 'sistema da premoção física' com 'sistema bañeziano'. Referimo-nos a esse ponto não apenas no verbete citado como também em outros desta obra (por exemplo, em Graça). O bañezismo, neste aspecto, opôs-se ao molinismo nas controvérsias de *auxiliis* que se desenvolveram no século XVI e persistiram durante o século XVII.

↪ Obras: Comentários a Santo Tomás: *Scholastica commentaria in primam partem Angelici Doctoris D. Thomae*, 2 vols., 1584-1588. — *De fide, spe, et charitate*, 1584 (comentários à *Secunda secundae*). — *De iure et justitia decisiones*, 1594 (ibid.). — Tratados teológicos: *Apologia fratrum Praedicatorum in provincia Hispaniae sacrae Theologiae professorum, adversus quasdam novas assertiones cuiusdam Doctoris Ludovici Molinae nuncupati theologi de Societate Jesu, quas defendit in suo libello cui titulum inscripsit "Concordia liberi arbitrii cum gratiae donis divina praesciantia, provodentia, praedestinatione et reprobatione", et adversus alios eiusdem novae doctrinae sectatores ac defensores eadem Societate*, 3 partes, 1595 (em colaboração com outros autores da Ordem). — *Relectio de merito et augmento charitatis*, 1590. — Comentários a Aristóteles: *Commentaria et quaestiones in duos Aristotelis Stagyritae de generatione et corruptione libros*, 1585. — Obra lógica: *Intutionis minoris Dialecticae quas Summulas vocant*, 1599. — Edições atuais dos comentários a Santo Tomás: *Scholastica commentaria* etc., por L. Urbano, Madri, 1934 ss. (*Biblioteca de Tomistas Españoles*, VIII). — Comentários inéditos à *Prima Secundae* de Santo Tomás, por V. Beltrán de Heredia, Madri, 3 vols., 1942-1948 (*Biblioteca de Teó-*

logos Españoles, IX, XI e XIV). — Comentários inéditos à *Terceira parte* de Santo Tomás, 1953.
Ver: Alberto Bonet, *La filosofía de la libertad en las controversias teológicas del siglo XVI y primera mitad del XVII*, 1932, pp. 95 ss. — M. Solana, *Historia de la filosofía española. Época del Renacimiento (Siglo XVI)*, vol. III, 1941, pp. 173-202. — W. R. O'Oconnor, "Molina and Báñez as Interpreters", *New Scholasticism*, 21 (1947), 243-259. — V. Muñoz Delgado, "D. B. y las Súmulas en Salamanca a fines del siglo XVI", *Estudios*, 21 (1965), 3-20. — B. S. Llamzon, "The Specification of 'esse': A Study in Báñez", *Modern Schoolman*, 41 (1964), 123-144. — *Id., id.*, "Suppositional and Accidental 'esse': A Study in Báñez", *New Scholasticism*, 39 (1965), 170-188. — V. Beltrán de Heredia, *D. Báñez y las controversias sobre la gracia*, 1968. — L. A. Kennedy, "Peter of Ledesma and the Distinction Between Essence and Existence", *Modern Schoolman*, 46 (1968), 25-38. — E. Forment Giralt, "El ser en D. Báñez", *Espíritu*, 34 (1985), 25-48. Ͽ

BANFI, ANTONIO (1886-1957). Nascido em Vimercate (Milão), professor da Universidade de Milão (desde 1931), defendeu o que ele mesmo denomina um racionalismo crítico, isto é, um racionalismo apoiado num ponto de vista transcendental fenomenológico (no sentido gnosiológico-descritivo). Esse racionalismo procura abranger toda a experiência possível e, portanto, é exatamente o contrário de um esquematismo lógico. Com efeito, Banfi aspira a superar as antíteses entre o racionalismo e o empirismo, entre o racionalismo clássico e o irracionalismo contemporâneo, por meio de uma ênfase no caráter teórico puro (na *teorecità*) da filosofia. Ora, esse caráter teórico puro do filosofar significa, em sua opinião, a inteira submissão do dado a uma descrição pura, tornada possível por meio da análise fenomenológica do ato do conhecimento e, portanto, por meio de uma atividade igualmente afastada da construção do dado e da dissolução — na vida ou na ação — do dado. Só deste modo será possível, de acordo com Banfi, não sacrificar os aspectos intuitivos da experiência, sem ter por isso de aceitar um relativismo completo. Uma ontologia crítica deveria constituir, naturalmente, o fundamento dessas análises. Mas semelhante ontologia deve evitar todo dogmatismo, especialmente o substancialista e teológico. Em outros termos, a ontologia crítica do racionalismo de Banfi postula um sistema aberto de categorias, disposto a uma reinterpretação dos conceitos do pensamento clássico, os quais convém, segundo o autor, esvaziar de todo absolutismo, tal como o preconiza, consciente ou inconscientemente, o atualismo italiano. Para Banfi, o absolutismo corre o perigo de empobrecer sobremodo a vida espiritual ao cercear algumas de suas linhas e atividades essenciais. Por isso, o racionalismo crítico é ao mesmo tempo uma "teoria da vida em suas infinitas linhas de tensão": um conhecimento puro do real tanto quanto uma norma de ação sempre aberta ao futuro. Em filosofia política e ética, em particular durante os últimos anos de sua vida, Banfi foi marxista, sendo Senador do Partido Comunista Italiano.

Ͽ Principais obras: *La filosofia e la vita spirituale*, 1922. — *Immanenza e trascendenza come antinomia filosofica*, 1924. — *Principi di una teoria della ragione*, 1926. — *Pestalozzi*, 1929. — *Vita di G. Galilei*, 1930, reed. com o título: *G. Galilei*, 1949. — *Nietzsche*, 1934. — *Socrate*, 1942. — *Vitta dell'arte*, 1947. — *L'uomo copernicano*, 1950. — *Storia del materialismo:* I. *Spinoza*, 2 vols., 1952-1953. — *La filosofia del Settecento*, 1954 (curso de 1953-1954; lit.). — *La filosofia di C. G. F. Hegel*, 1956. — *La filosofia degli ultimi cinquant'anni*, 1957. — *La ricerca della realità*, 2 vols., 1959. — *I problemi di una estetica filosofica*, 1961, ed. Luciano Anceschi. — *Filosofia dell'arte*, 1962, ed. Dino Foggio. — *Studi sulla filosofia del Novecento*, 1965. — *Incontro con Hegel*, 1965. — *Introduzione a Nietzsche* (aulas 1933-1934), 2ª ed., 1977. — *Tre generationi dopo*, 1981. — Entre seus artigos e comunicações publicados em anais e revistas, podem ser mencionados: "Sui principi di una filosofia della morale" (*Rendiconti del R. Instituto Lombardo di Scienze e Lettere*, 1934); "Verità ed umanità nella filosofia contemporanea" (*Studi filosofici*, 1, 1948).

Edição de obras: *Opere*, desde 1960 (vol. I: *Principi di una teoria della ragione*).

Em português: *Galileu*, 1997.

Depoimento: "Per un razionalismo critico", inserido no volume de M. F. Sciacca, *Filosofi italiani contemporanei*, 1944, pp. 59-104. — "La mia esperienza filosofica", en *La filosofia contemporanea in Italia*, 1958, pp. 37-52.

Bibliografia: R. Salemi, *Bibliografia banfiana, [1910-1982]*, 1982.

Ver: G. M. Bertini, *A. Banfi*, 1943 (com bibliografia). — Fulvio Papi, *Il pensiero di A. B.*, 1961 (com bibliografia). — F. Battaglia, R. Cantoni et al., *A. B. e il pensiero contemporaneo* (*Atti del Convegno di Studi Banfiani*), 1969. — L. Rossi, *Situazione dell'estetica in Banfi*, 1973. — A. Erbetta, *L'umanismo critico di A. B.*, 1979. Ͽ

BARALIPTON. Ver B<small>AMALIP</small>.

BARBARA. É o nome que designa um dos modos (ver M<small>ODO</small>) válidos dos silogismos da primeira figura (<small>VER</small>). Um exemplo de *Barbara* pode ser:

Se todos os homens são mortais
e todos os abissínios são homens,
então todos os abissínios são mortais,

exemplo que corresponde à seguinte lei da lógica quantificacional elementar:

$$(\wedge x \, (Gx \rightarrow Hx) \wedge \wedge x \, (Fx \rightarrow Gx)) \rightarrow$$
$$\rightarrow \wedge x \, (Fx \rightarrow Hx)$$

Usando-se as letras 'S', 'P' e 'M' da lógica tradicional, pode exprimir-se mediante o seguinte esquema:

$$(MaP \wedge SaM) \rightarrow SaP$$

no qual aparece claramente a seqüência das letras 'A', 'A', 'A', origem do termo *Barbara* na ordem MP-SM-SP.

Aristóteles considerou os modos da primeira figura como silogismos perfeitos, mas reduziu os dois últimos — *Darii, Ferio* — aos dois primeiros: *Barbara* e *Celarent*. Lukasiewicz observa a esse respeito que o uso de apenas dois silogismos (considerados axiomas) para construir a teoria silogística corresponde à tendência da lógica formal moderna de reduzir a um mínimo o número de axiomas numa teoria dedutiva, mas que as leis de conversão utilizadas pelo Estagirita para reduzir os modos imperfeitos aos modos perfeitos não podem ser provadas por meio dos silogismos. Por outro lado, como é possível, segundo indica Lukasiewicz, deduzir vinte modos silogísticos sem empregar o modo *Barbara*, resulta que, enquanto o axioma *Barbara* é o mais importante do sistema na medida em que é o único silogismo que proporciona uma conclusão afirmativa universal, ele ocupa, em contrapartida, um nível inferior no sistema dos silogismos simples.

BARBARO, ERMOLAO (HERMOLAUS BARBARUS) (1454-1493). Nascido em Veneza, estudou em Verona e em Roma, sendo discípulo de Teodoro de Gaza. Lecionou durante certo tempo em Pádua. Ermolao Barbaro distinguiu-se por sua defesa do que considerava a autêntica tradição aristotélica — a tradução correta e a interpretação justa das obras de Aristóteles — contra o que avaliava como distorções introduzidas por escolásticos e averroístas, por um lado, e por retóricos humanistas, por outro. Em nome desse "neo-aristotelismo" depurado, Ermolao Barbaro opôs-se também ao platonismo dos filósofos da Academia Florentina. Junto ao modelo contemporâneo de Teodoro de Gaza, ele tinha presentes as interpretações de Alexandre de Afrodísia, Simplício e especialmente Temístio. Os "filósofos bárbaros", escolastizantes e averroizantes entendiam Aristóteles tão pouco, em sua opinião, quanto os humanistas estetizantes.

⊃ Ermolao Barbaro planejou fazer uma tradução completa de Aristóteles, mas terminou apenas a de vários livros, sobre retórica e dialética. Ele traduziu o comentário aristotélico de Temístio e escreveu *Comentários*, publicados em 1544 e freqüentemente reimpressos. Devem-se também a ele numerosas cartas: *Epistulae, Orationes et Carmina*, 1943, ed. Vittore Branca. — Ver *Scritti scelti* em *Filosofi italiani del '400*, com texto e tradução, 1942.

Ver: T. Stickney, *De H. B. vita atque ingenio*, 1903. — Giuseppe Saitta, *Il pensiero italiano nell'Umanesimo e nel Rinascimento*, vol. I; *L'Umanesimo*, 1949, pp. 439-445. — C. Dionisotti, "E. B. e la fortuna di Suiseth", *Medioevo e Rinascimento. Studi in onore di B. Nardi*, 1955, vol. I, pp. 217-253. — P. O. Kristeller, *Studies in Renaissance: Thought and Letters*, 1956. ⊂

BARBELO-GNÓSTICOS. Ver Gnosticismo.

BARBOZA, ENRIQUE. Ver Deústua, Alejandro Octavio.

BARCELONA (ESCOLA DE). Eduardo Nicol (ver) propôs a expressão 'Escola de Barcelona' para designar uma tradição filosófica desenvolvida principalmente em Barcelona e que, de modo análogo à chamada "Escola de Madri" (ver Madri, Escola de), consiste menos na adesão a determinado número de teses filosóficas ou no uso de determinado número de métodos filosóficos que na participação de certo espírito ou modo de filosofar.

Esse modo se caracteriza pelos seguintes traços: sentido da realidade e igual oposição à redução da filosofia a mera teoria abstrata ou a simples forma de vida; oposição ao verbalismo; certa inclinação ao senso comum (num sentido muito amplo); desconfiança em relação ao mero brilhantismo em filosofia; sentido da continuidade histórica.

Considerada a Escola em questão, segundo se indica, sobretudo como um modo de filosofar, pertencem a ela autores como Joaquín Llaró Vidal (professor da Universidade de Cervera e fundador, em 1815, da *Sociedade Filosófica*), Antonio Llobet Vallosera, Jaime Balmes (ver), Ramón Martí d'Eixala (ver), Francisco Xavier Llorens i Barba (ver), Ramón Turró (ver), Jaume Serra Hunter (ver), F. Mirabent, Tomàs Carreras Artau, Joaquim Carreras Artau, Jaume Bofill, Joaquim Xirau (ver). Este último, além disso, formou um grupo de discípulos que não só têm consciência de seguir as orientações — em sentido amplo — da Escola, como procuraram difundir seu espírito. Observemos que a pertença à Escola de Barcelona não significa desvinculação de outras orientações ou tendências; mencionamos no verbete sobre a Escola de Madri que Joaquim Xirau, por exemplo, era filiado a esta última e à de Barcelona. Indiquemos por fim que, embora centrada principalmente na Faculdade de Filosofia e Letras da Universidade de Barcelona, a Escola de Barcelona tem um alcance mais amplo que o de uma Faculdade universitária determinada. Na lista de nomes apresentada, figuram vários que não foram professores da mencionada Faculdade. A eles pode-se acrescentar o nome de Eugenio d'Ors. Alguns o excluiriam da Escola; outros o teriam como seu principal representante. Em todo caso, é inegável que em seu pensamento se destacam algumas das características — especialmente a primeira e a última — que enumeramos.

José Luis Abellán (*Ínsula*, n. 328, março 1974, p. 10) observou que vários desenvolvimentos da filosofia em pensadores catalães, e alguns não catalães, que residem ou residiram por longo tempo em Barcelona tornam difícil continuar falando de "Escola de Barcelona". Filósofos como Emilio Lledó, Manuel Sacristán,

Xavier Rubert de Ventós, Jesús Mosterín, C. Ulises Moulines, Eugenio Trías e outros ampliam o horizonte de interesses e atitudes filosóficas a ponto de, mesmo com a maior boa vontade, não se poder rastrear o que Abellán denomina, seguindo Nicol, a "série de conotações filosóficas comuns entre os filósofos catalães, que vinham tornando-se evidentes, ao menos desde os tempos de Xavier Llorens i Barba, e que se prolongavam até mesmo nos pensadores do exílio". De fato, as mencionadas "conotações filosóficas comuns" tampouco se encontravam facilmente nos pensadores arrolados no parágrafo anterior; poder-se-ia dizer que, a partir de Joaquim Xirau — paradoxalmente, o filósofo no qual se centrava modernamente a "Escola" em questão —, os traços comuns se tornam cada vez mais diluídos. No entanto, continuamos mantendo a expressão que dá título a este verbete por razões de "comodidade". Oportunamente, seria interessante verificar se, a despeito da multiplicidade de orientações, teses, métodos etc., não persiste certa "atitude" filosófica na atividade filosófica centrada em Barcelona e, caso a resposta seja afirmativa, dever-se-iam estudar as condições culturais no âmbito das quais se manifesta tal atividade.

➲ Ver: Eduardo Nicol, "La Escuela de Barcelona", en *El problema de la filosofía hispánica*, 1961, pp. 164-205. ᴄ

BARDESANO de Edessa, na Mesopotâmia (154-222) — a antiga Orroe, à qual Seleuco I da Síria deu o nome de Edessa e que mais tarde foi chamada de Urfa, na Turquia —, foi um dos gnósticos (ver Gnosticismo) de língua síria. Ele desenvolveu uma síntese de idéias cristãs e judaicas, com idéias astrológicas da antiga Mesopotâmia e elementos de doutrinas estóicas. Pode ser considerado um eclético. Dedicou-se à astrologia e à astronomia, apresentando no *Livro das Leis dos Países* a idéia de um Destino cósmico.

➲ Ver: G. Levi della Vida, *Bardesano, il dialogo delle leggi del paese*, 1921. — H. J. W. Drijvers, *Bardaisan of Edessa*, 1966. — A. Dilhe, "Zur Schicksal-Lehre des Bardesanes", em *Kerygma und Logos*, Fetschr. C. Andresen, ed. A. M. Ritter, 1979, pp. 123-135. — B. A. Wilson, "Bardaisan: On Nature, Fate, and Freedom", *International Philosophical Quarterly*, 24 (1984), 165-178. ᴄ

BARDILI, CHRISTOPH GOTTFRIED (1761-1808). Nascido em Blaubeuren, foi professor em Stuttgart de 1790 até sua morte. Não é fácil situar exatamente o pensamento de Bardili. Por um lado, ele recebeu influências de Kant e Fichte; ainda, segundo Nicolai Hartmann, o pensamento de Bardili se aproxima do de Schelling em sua "fase média" e do de Hegel em sua "última fase". Por outro lado, Bardili reagiu contra Kant e Fichte, denunciando suas tendências "subjetivistas", sendo, por isso, acusado de "dogmático" — no sentido de não ser "crítico-idealista" — pelos idealistas.

Bardili estabelece um princípio absoluto: o pensar como pensar no e pelo pensar, isto é, a identidade que se basta a si mesma, sem referência ao outro, à multiplicidade. Essa identidade em si consiste na possibilidade de repetir-se indefinidamente. É uma pura Forma, oposta à "matéria". Com isso, Bardili parece seguir de muito perto as pegadas de Fichte. Contudo, o "pensar" de que fala Bardili difere do "eu" de Fichte. Sua fundamentação não é, como em Fichte, ética, mas é, primeiro, psicológica — Bardili interessou-se pela analogia entre o "caráter empírico" e o "caráter metafísico", que se manifestam, respectivamente, no tato e na representação —, porém passa logo a ser lógica. Esta última coisa assegura, de acordo com Bardili, a possibilidade de um saber objetivo, ou seja, de um saber universal e transcendente em relação ao sujeito que conhece. A "coisa em si" é dada, segundo Bardili, no puro processo do pensar, porém não como desenvolvimento imanente do pensamento, mas como trama dinâmica de relações entre objetos. O princípio do "sistema" é o de identidade, ao mesmo tempo lógico e metafísico. Este princípio "põe" o eu e o objeto, até abarcar toda a realidade, culminando na divindade. A lógica é para Bardili "lógica metafísica", denominada "primeira lógica", mas isso significa por sua vez "lógica objetiva" ou "lógica do objeto".

A dificuldade de interpretar o pensamento de Bardili deve-se em grande parte à sua extrema obscuridade abstrata. Em seus primeiros tempos, o pensamento de Bardili influenciou Reinhold (VER).

➲ Principais obras: *Epochen der vorzüglichsten philosophischen Begriffe*, I, 1788 (*As épocas dos supremos conceitos filosóficos*). — *Allgemeine praktische Philosophie*, 1795 (*Filosofia prática geral*). — *Ueber die Gesetze der Ideenassoziation*, 1796 (*Sobre as leis da associação de idéias*). — *Briefe über den Ursprung der Metaphysik*, 1798 (*Cartas sobre a origem da metafísica*). — *Grundriss der ersten Logik*, 1800 (*Esboço da lógica primeira*).

Correspondência: *C. G. Bardilis und C. L. Reinholds Briefwechsel über das Wesen der Philosophie und das Unwesen der Spekulation*, 1804, ed. C. L. Reinhold.

Bibliografia: F. W. Garbeis, *Bibliographie zu C. G. B.*, 1978.

Ver: Fritz Karsch, "C. G. Bardilis logischer Realismus", *Kant-studien*, 30 (1925), 437-452. — Manfred Zahn, "Fichtes, Schellings und Hegels Auseinandersetzung mit dem 'Logischen Realismus' C. G. Bardilis", *Zeitschrift für philosophische Forschung*, 19 (1965), 201-223, 453-479. ᴄ

BARNÉS, FRANCISCO. Ver Krausismo.

BAROCO. É o nome que designa um dos modos (ver MODO) válidos dos silogismos da segunda figura (VER). Um exemplo de *Baroco* pode ser:

Se todas as bebidas alcoólicas são nocivas
e algumas águas minerais não são nocivas,
então algumas águas minerais não são bebidas alcoólicas,

exemplo que corresponde à seguinte lei da lógica quantificacional elementar:

$$(\wedge x\ (Hx \rightarrow Gx) \wedge \vee x\ (Fx \wedge \neg Gx)) \rightarrow$$
$$\rightarrow \vee x\ (Fx \wedge \neg Hx)$$

e que, usando-se as letras 'S', 'P' e 'M' da lógica tradicional, pode expressar-se mediante o seguinte esquema:

$$(PaM \wedge SoM) \rightarrow SoP$$

no qual aparece claramente a seqüência das letras 'A', 'O', 'O', origem do termo *Baroco*, na ordem PM-SM-SP.

BARREDA, GABINO (1820-1881). Nascido em Puebla (México), viajou pela Europa e foi, em Paris, discípulo de Auguste Comte, em seus famosos cursos dominicais. A importância de Barreda na evolução do pensamento mexicano reside sobretudo na introdução e na propagação do positivismo, que ele não entende, todavia, como uma doutrina total sobre a realidade, mas como o único meio para o conhecimento científico da Natureza. O que não permanece nos limites da experiência positiva não pode ser para Barreda afirmado nem negado, devendo ser posto entre parênteses como inacessível. A influência de Barreda manifestou-se em múltiplos aspectos, particularmente na reforma do ensino, tendo ele sido redator da Lei de Instrução Pública de 1867. No âmbito do positivismo despertado por Barreda, encontram-se Porfírio Parra (vinculado também ao associacionismo psicológico e ao empirismo de Stuart Mill) e Agustín Aragón, que defendeu em toda a sua pureza a doutrina de Comte, inclusive em sua fase final.

↪ Principais obras: *De la educación moral*, 1863. — *Opúsculos* (publicados pela Sociedade Metodófila Gabino Barreda, constituída por seus discípulos em 1871).

Ver: *Estudio de Barreda* (seleção de textos por José Fuentes Mares), 1941. — Leopoldo Zea, *El positivismo en México*, 1943. ↩

BARRETO, TOBIAS (1839-1889). Nascido em Sergipe, trabalhou como advogado em Escada, PE e lecionou Direito em Recife. Entusiasta primeiramente das tendências ecléticas de Cousin, passou depois a uma negação radical delas ao aderir às teses positivistas, desenvolvidas na época por Luis Pereira Barreto (nasc. no Rio de Janeiro, 1840-1923: *Obras filosóficas*, I, 1967, ed. Roque Spencer Maciel de Barros). Este se limitou, entretanto, ao aspecto filosófico do comtismo, sendo rejeitado pela Igreja oficial positivista por sua não-aceitação do culto à humanidade; seu positivismo era, pois, antes um cientificismo destinado a opor-se a todo obscurantismo e a toda ignorância. Entretanto, deparando com um positivismo insuficiente, Tobias Barreto preconizou um monismo. Influenciado sobretudo pela filosofia alemã, que defendeu contrapondo-se às profundas marcas deixadas pelo pensamento francês no Brasil, Barreto parecia querer estabelecer uma espécie de síntese das teses fundamentais do pensamento germânico moderno. A justificação de Kant e de Schopenhauer, assim como de algumas das orientações do idealismo romântico, conduziam Tobias Barreto a uma síntese metafísica que se tornava muito mais surpreendente por se opor tenazmente, às vezes, à metafísica. As chamadas contradições do pensamento de Barreto se tornam notórias sobretudo em virtude dessa passagem de uma oposição a outra, buscando o fundo comum de todas elas, como se ele quisesse ressuscitar nos últimos momentos outra espécie de ecletismo que não o que constituíra sua filosofia juvenil. Sua última posição pode ser qualificada de monismo materialista, mas esse monismo procurava encontrar, tal como por outro lado podia fazê-lo Haeckel, o fundamento de uma posição religiosa e as bases para uma autêntica metafísica. Daí o irracionalismo que constituía o aparente racionalismo de seu pensar e daí a justificação de todo pensamento religioso, justificação que se fazia acompanhar de uma crítica de toda religião positiva. A rigor, o que Barreto parecia buscar era um sentimento religioso diferente de todo formulismo e superador de todo rito.

Entre os pensadores influenciados por Tobias Barreto estava José Pereira Graça Aranha, que uniu às idéias de Barreto influências bergsonianas e tendeu a uma interpretação estético-dinamicista do real.

Ver RECIFE (ESCOLA DE).

↪ Durante sua vida, T. B. publicou: *Ensaios e estudos de filosofia e crítica*, 1875; 2ª ed., 1889. — *Dias e noites*, 1881 (poemas). — *Estudos Alemães*, 1882. — *Menores e loucos*, 1884; 2ª ed., 1886. — *Discursos*, 1887. — *Questões vigentes de filosofia e direito*, 1888.

Publicaram-se postumamente: *Estudos de Direito*, 1892; 2ª ed., 1898. — *Vários escritos*, 1900. — *Polêmicas*, 1901.

Uma edição geral e completa de obras de T. B. em 12 vols. compreende: I (*Introdução geral*, por vários autores: Hermes Lima, Paulo Mercadante, Antonio Paim, Augusto Meyer); II (*Estudos de filosofia*, I); III (*Estudos de filosofia*, II); IV (*Crítica político-social*); V (*Estudos de Direito*, I); VI (*Estudos de Direito*, II); VII (*Crítica de religião*); VIII (*Estudos alemães*); IX (*Monografias em alemão*); X (*Crítica literária*); XI (*Dias e noites. Poesias*); XII (*Depoimentos*).

Ver: Gilberto Amado, *T. B.*, 1934. — Hermes Lima, *T. B. A época e o homem*, 1939; 2ª ed., 1957. — Miguel Reale, *A doutrina de Kant no Brasil*, 1949. — Paulo Mercadante, Antonio Paim, *T. B. na cultura brasileira. Uma reavaliação*, 1972. ↩

BARTH, KARL (1886-1968). Nascido em Basiléia, lecionou em Göttingen (1921-1925), Münster (1925-1934), Bonn (de 1934 até sua expulsão pelos nazistas em 1935) e em Basiléia (1935-1962). Barth foi o principal representante da chamada "escola suíça" da teologia dialética ou teologia da crise. Em oposição a toda doutrina da união do homem com Deus, do imperfeito com o perfeito, do relativo com o absoluto, Barth sustenta, com efeito, a tese da separação radical entre ambas as realidades. A tese procede em parte de Kierkegaard, mas não é possível situar todo o movimento dialético-crítico no âmbito da filosofia kierkegaardiana — em todo caso, o que há aí desta filosofia é a ênfase no "paradoxo absoluto", paradoxo que se revela a partir do momento em que procuramos compreender nossa existência e sua relação com Deus. Nessa linha, o racional e o lógico não só perdem toda primazia como até perdem a significação que lhes é própria. A essencial irracionalidade da fé — dada apenas por meio da revelação —, a contradição e o paradoxo não devem ser considerados, entretanto, mera teoria, mas um fato. A completa separação existente entre o finito e o infinito torna, por outro lado, desnecessário e inútil todo esforço que tenda a uma aproximação que não seja a proporcionada pelo próprio infinito. Pois o finito não pode ser mais que culpa e pecado, orgulho e falso endeusamento. Só o infinito, eterno e absoluto pode, por sua própria vontade e liberalidade, chegar ao finito e atraí-lo para Si, transformando sua imperfeição constitutiva em manifestação do divino. A anulação da espontaneidade do homem e até de toda autonomia existencial parece ser uma conseqüência imediata dessa doutrina, que acentua em todas as suas partes o "dilaceramento", a "perplexidade", a "contradição" e, é claro, o "paradoxo". Por isso, a afirmação da autonomia da moral é considerada o maior pecado da filosofia moderna, uma tentativa fracassada de fazer do homem algo semelhante àquilo que está separado dele por um abismo intransponível em princípio. Assim, a escola suíça de Barth rejeita, por motivos análogos, tanto o lógico-racional como o místico; a única coisa necessária e existente, a própria condição de todo pensamento da existência, é a revelação — revelação que fende o processo da história em lugar de ser, como o "protestantismo cultural" supunha, a conseqüência última dela. Diante da história e dos valores culturais, predominam então a revelação e a escatologia: o homem não é o que pensa, nem o que faz, mas o que está determinado por seus fins, isto é, por seus fins últimos, por suas "postimárias". A escola de Barth poderia ser também denominada, por conseguinte, uma teologia existencial, sempre que os conceitos existenciais relacionados à revelação — tais como a confissão e o testemunho — sejam tomados como modos da revelação e não como seus princípios.

Ora, essa teologia dialética e teologia "existencial" representa somente a primeira fase numa complexa evolução filosófica e teológica, que vai das primeiras obras de Karl Barth (os *Comentários*) — de índole escatológica e nas quais Deus aparece como a única realidade — à *Dogmática*. A filosofia escatológica do princípio conduziu Barth às posições da teologia dialética. Mas o abismo aberto entre Deus e a criatura foi preenchido cada vez mais, na última doutrina de Barth, pela pessoa de Cristo. Poderíamos, pois, seguindo alguns de seus intérpretes, esquematizar as posições sucessivas de Barth da seguinte maneira: 1) Há somente uma realidade verdadeira: Deus. 2) Há Deus e a criatura, separados por um abismo. 3) Há Deus e a criatura, e entre os dois se estabelece um diálogo. 4) Há uma ponte sobre esse abismo e uma possibilidade de "entendimento" mediante a mensagem de Cristo. Neste verbete, desenvolvemos especialmente as posições 1) e 2), que foram as que exerceram maior influência. Entre os discípulos de Barth ou entre aqueles que dele mais se aproximaram no que diz respeito às posições citadas — ainda que em freqüente polêmica com seu mestre — figuram Emil Brunner (VER) e Friedrich Gogarten (VER).

⊃ Principais obras: *Die protestantische Theologie im 19. Jahrhundert*, 1917 (*A teologia protestante no século XIX*). — *Der Römerbrief*, 1919 (*A Epístola aos Romanos*). — *Biblische Fragen*, 1920 (*Questões bíblicas*). — *Zur inneren Lage des Christentums*, 1920 (*Sobre a situação interna do cristianismo*). — *Die Auferstehung der Toten*, 1924 (*A ressurreição dos mortos*; trata-se de um comentário a 1Cor) — *Der Christ in der Geschichte*, 1926 (*Cristo na história*). — *Die christliche Dogmatik im Entwurf*. I. *Prolegomena*, 1927 (*Esboço da dogmática cristã*. I. *Prolegômenos*). — *Die Theologie und die Kirche*, 1928 (*A teologia e a Igreja*). — *Erklärung des Philipperbriefes*, 1928 (*Explicação da Epístola aos Filipenses*). — *Fides quarens intellectum. Anselms Beweis der Existenz Gottes*, 1931; 2ª ed., 1958 (*F. q. i. A prova anselmiana da existência de Deus*) — *Die kirchliche Dogmatik* (*Dogmática eclesiástica*): I/1, 1932; I/2, 1938; II/1, 1940; II/2, 1942; III/1, 1945; III/2, 1948; III/3, 1950; III/4, 1951; IV/1, 1953; IV/2, 1955; IV/3, 1959; IV/4, 1967; Índice, 1970. I intitula-se *Die Lehre vom Worte Gottes*; II, *Die Lehre von Gott*; III, *Die Lehre von der Schöpfung*; IV, *Die Lehre von der Versöhnung*. — *Credo*, 1935. — *Die grosse Barmherzigkeit*, 1935 (*A grande misericórdia*). — *Gotteserkenntnis und Gottes Dienst nach reformatorischer Lehre*, 1938 (*Conhecimento de Deus e serviço de Deus segundo a doutrina reformada*). — *Rechtfertigung und Recht*, 1938 (*Justificação e Direito*). — *Die christliche Lehre von der Taufe*, 1943 (*A doutrina cristã do batismo*). — *Eine Schweizer-Stimme* (1938-1945), 1945 (*Uma voz suíça*). — *Dogmatik im Grundriss*, 1947. — *Christliche*

Gemeinde im Wechsel der Staatsordnung, 1948 (*A comunidade cristã ao longo das mudanças de regime do Estado*). — *Mensch und Mitmensch*, 1954 (*O homem e seu próximo*).

Obras completas: *Gesamtausgabe*, I-XVII, em seis partes (I. *Predigten*, II. *Akademische Vorträge*, III. *Vorträge und kleinere Arbeiten*, IV. *Gespräche*, V. *Briefe*, e VI. *Aus Karl Barths Leben*), 1972-1985.

Em português: *Carta aos Romanos*, 1999.

Existem além disso numerosas edições espanholas de escritos de K. B. Dentre elas, mencionaremos: *Adviento*, 1970. — *Introducción al pensamiento de Karl Barth*, 1970. — *Consideraciones sobre el tiempo de Pasión y Pascua*, 1971. — *Ante las puertas de San Pedro*, 1971. — *Comprender a Bultmann*, 1971. — *Revelación, Iglesia, Teología*, 1972. — *La revelación como abolición de la religión*, 1973. — *Comunidad cristiana y comunidad civil*, 1976. — *Ensayos teológicos*, 1977. — *La proclamación del Evangelio*, 1980. — *La oración según los catecismos de la Reforma*, 1980. — *Al servicio de la palabra*, 1985.

Biografia: E. Bush, *K. B. Lebenslauf*, 3ª ed., 1978.

Bibliografia: H. A. Drewes, H. Wildi, eds., *K. B. Bibliographie*, 1984.

Ver: Martin Werner, *Das Weltanschauungsproblem bei K. Barth und Albert Schweitzer*, 1924. — M. Strauch, *Die Theologie K. Barths*; 3ª ed., 1926. — Emil Brunner, *Natur und Gnade. Zum Gespräch mit K. Barth*, 1934. — Hans Ullrich, *Das Transzendenzproblem bei Karl Barth*, 1936 (tese). — Gerhard Rabes, *Christentum und Kultur in besonderer Auseinandersetzung mit Barth und Gogarten*, 1937. — F. Gogarten, *Gericht oder Skepsis. Eine Streitschrift gegen K. Barth*, 1937. — J. Cullberg, *Das Problem der Ethik in der dialektischen Theologie*, 1937. — P. Halmann Monsma, *Karl Barth's Idea of Revelation*, 1937. — Hermann Volk, *Die Kreaturauffassung bei K. Barth*, 1938 (tese). — Jean Louis Leuba, *Resumé analytique de La dogmatique ecclésiastique de K. Barth, I. La doctrine de la parole de Dieu*, 1945. — S. Navarria, *S. Kierkegaard e l'irrazionalismo di K. Barth*, 1946. — J. C. Groot, *Karl Barths theologische Bekenntnis*, 1948. — J. Hamer, O. P., *K. Barth. L'occasionalisme théologique de K. Barth. Étude sur sa méthode dogmatique*, 1949. — H. U. von Balthasar, *K. B. Darstellung und Deutung seiner Theologie*, 1951; 4ª ed., 1976. — E. Rivero, *La teologia esistenzialistica di K. Barth*, 1955. — C. G. Berkouwer, *The Triumph of Grace in the Theology of K. B.*, 1956. — Henri Bouillard, *K. B.*, 3 vols., 1957 (I: *Genèse et évolution de la théologie dialectique*; II-III: *Parole de Dieu et existence humaine*). — S. A. Matczak, *K. B. on God*, 1962. — Th. F. Torrance, *K. B.: An Introduction to His Early Theology, 1910-1931*, 1963. — E. Jüngel, *Gottes Sein ist im Werden*, 1966. — Robert E. Willis, *The Ethics of K. B.*, 1971. — Robert D. Schofner, *Anselm Revisited: A Study of the Role of the Ontological Argument in the Writings of K. B. and Charles Hartshorne*, 1974. — U. Dannemann, *Theologie und Politik im Denken K. B.s*, 1977. — D. E. Phillips, *Karl Barth's Philosophy of Communication*, 1981. — Th. Freyer, *Pneumatologie als Strukturprinzip der Dogmatik. Überlegung im Anschluss an die Lehre von der 'Geisttaufe' bei K. Barth*, 1982. — E. Jüngel et al., eds., *Barth-Studien*, 1982. — H. J. Kraus, *Theologische Religionskritik*, 1982. — R. W. Lovin, *Christian Faith and Public Choices: The Social Ethics of Barth, Brunne and Bonhoeffer*, 1984. — D. P. Henry, *The Early Development of the Hermeneutic of K. B.*, 1985. — M. Beintker, *Die Dialektik in der "dialektischen Theologie" K. B.s*, 1987. — S. Fisher, *Revelatory Positivism: Barth's Earliest Theology and the Marburg School*, 1988.

Ver também a revista *Zwischen den Zeiten* e a coleção de folhetos intitulada *Theologische Existenz heute*, editada por K. Barth e Eduard Thurneysen. **C**

BARTHES, ROLAND (1915-1980). Nascido em Cherbourg, estudou letras clássicas na Sorbonne. Lecionou no Instituto Francês de Bucareste e na Universidade de Alexandria (Egito). Foi o encarregado de pesquisa no CNRS (Centre Nationale de la Recherche Scientifique) e, a partir de 1962, diretor de estudos na *École pratique des Hautes Études*, de Paris. Considera-se Barthes "o crítico literário do estruturalismo (VER) francês contemporâneo". Ele estendeu a análise estrutural a muitos fenômenos do presente e não apenas aos textos literários, embora tenha abordado esses fenômenos, em ampla medida, como "textos" suscetíveis de "leitura". A propósito de Marx, Barthes afirmou que, assim como Marx declarou ser "contemporâneo *filosófico* do presente sem ser seu contemporâneo *histórico*", Barthes é só o "contemporâneo imaginário de meu próprio presente: contemporâneo de suas linguagens, de suas utopias, de seus sistemas (isto é, de suas ficções); em suma: de sua mitologia ou de sua filosofia, mas não de sua história, na qual habito apenas o reflexo dançante: *fantasmagórico*" (*Barthes par Barthes*, p. 63). Mesmo que "a tarefa histórica do intelectual" seja cultivar e acentuar a "decomposição" da consciência burguesa, é necessário conservar a imagem "com toda a sua precisão" (*op. cit.*, p. 67). Isso explica o interesse de Barthes pela "leitura da escritura" (a escritura política, a poética, a burguesa etc.). O fundamento dessa leitura é a semiologia (VER), da qual Barthes forneceu os traços principais seguindo os ideais postulados por Ferdinand de Saussure (VER). São fundamentais na "ciência geral dos signos" a diferença entre significante e significado e a diferença entre sintagma (ver SINTAGMA, SINTAGMÁTICO) e sistema. Esta última diferença permite a análise estrutural de tipos de "discursos" muito diferentes, o estudo das unidades e das regras combinatórias da lingüística dos "discursos": discurso literário, político, discurso dos costumes sociais, discurso da moda etc. Esses discursos constituem um "sistema", que se articula em unidades de sistema ou elementos do vocabulário e em seqüências formadas por esses elementos. O primeiro é aquilo de que se compõe o sistema em cada caso; o segundo é o que se faz com as partes componentes. Assim, no "sistema da moda", que Barthes analisou detalhadamente, a língua (no sentido saussuriano do termo) corresponde ao vestido-imagem, enquanto a fala corresponde ao vestido-escrito (vestido como "escrita"). A semiologia da moda, assim como a de qualquer outro "sistema", não é incompatível com a sociologia, mas elas têm finalidades distintas: a última parte de um modelo, que permanece através de tipos de roupas reais, ao passo que a semiologia descreve um vestido que continua sendo imaginário ou intelectivo e que "não leva a reconhecer práticas, mas imagens. A sociologia da moda está completamente voltada para o vestir real; a semiologia, para um conjunto de representações coletivas" (*Système de la mode*, p. 20).

➲ Principais obras: *Le Degré zéro de l'écriture*, 1953; reedição em livro de bolso junto com *Éléments de sémiologie*, 1965; nova reed. junto com *Nouveaux Essais críticos*, 1972. — *Michelet par lui-même*, 1954. — *Mythologies*, 1957 (coleção de artigos). — *Sur Racine*, 1963. — *Essais critiques*, 1964. — *Éléments de sémiologie*, publicados com *Le Degré zéro de l'écriture*, 1965. *Critique et vérité*, 1966. — *Système de la mode*, 1967. — *S/Z*, 1970. — *L'empire des signes*, 1970. — *Sade, Fourier, Loyola*, 1971. — *Nouveaux Essais critiques*, publicados com *Le Dégré zéro de l'écriture*, 1972. — *Le plaisir du texte*, 1973. — *Roland Barthes par Roland Barthes*, 1975 (com ilustrações comentadas). — *Fragments d'un discours amoureux*, 1977. — *Leçon*, 1978. — *Sollers écrivain*, 1979. — *La chambre claire*, 1980. — *Le grain de la voix*, 1981. — *L'obvie et l'obtus*, 1982.

Em português: *Aula*, 1996. — *A aventura semiológica*, 1987. — *A câmara clara*, s.d., — *Crítica e verdade*, 1997. — *Elementos de semiologia*, 1996. — *Ensaios críticos*, 1997. — *Fragmentos de um discurso amoroso*, 15ª ed., 2000. — *O grão da voz*, 1995. — *O grau zero da escrita*, 2000. — *Língua, discurso e sociedade*, s.d., — *Lingüística e literatura*, 1980. *Michelet*, 1991. — *Mitologias*, 1999. — *O óbvio e o obtuso*, 1984. — *O prazer do texto*, 2ª ed., 1983. — *Racine*, 1987. — *O rumor da língua*, 1987. — *S/Z*, 1992. — *Sade, Fourier, Loyola*, 1971. — *O sistema da moda*, 1967.

Bibliografia: S. Freedman, *R. B.: A Bibliographical Reader's Guide,* 1983.

Ver: Guy de Mallac, Margaret Eberbach, *B.*, 1971. — Louis-Jean Calvet, *R. B., un regard politique sur le signe*, 1973. — Stephen Heath, *Vertige de déplacement. Lecture de B.,* 1974. — J. B. Fagès, *Comprendre R. B.*, 1979. — G. Neumann, "B.", em H. Turk, ed., *Klassiker der Literaturtheorie. Von Boileau bis Barthes*, 1979. — S. Nordhal, *L'aventure du signifiant: une lecture de B.*, 1981. — G. R. Wasserman, *B.*, 1981. — S. Sontag, *L'écriture même: À propos de R. B.*, 1982. — A. Levers, *R. B.: Structuralism and After*, 1982. — J. Culler, *R. B.*, 1983. — G. Röttger-Denker, *R. B. zur Einführung*, 1989. — M. B. Wiseman, *The Ectasies of R. B.*, 1989.

Números especiais sobre B. em *Tel Quel*, 47 (outono, 1971); *L'Arc*, 56 (1974); Colloque de Cerisy, *Prétexte: R. B.*, 1978, "10/18"; *Poétique*, 47 (1981); *Revue d'esthétique*, 2 (1981); *Critique*, 423-424 (1982); *Communications*, 36 (1982). ◄

BARZELLOTTI, GIACOMO. Ver Neokantismo.

BASÍLIDES (*fl.* 130) nasceu em Antioquia e lecionou em Alexandria. Foi um dos principais representantes do gnosticismo (VER) especulativo e, como Valentino, mesclou muitos elementos filosóficos — platônico-ecléticos e estóicos — com aspectos mitológicos. Também como Valentino, Basílides pregou — segundo afirma Santo Ireneu — a existência de um Deus supremo, uno e inominável que contém em si as sementes das outras realidades (sementes comparáveis, por um lado, às idéias de Platão e, por outro, aos λογοὶ σπερματικοί dos estóicos). Delas Deus extraiu uma série de entidades que permanecem na esfera divina, no *Estereoma* celeste. Desta esfera surge finalmente um *Primeiro Arconte* de natureza inferior à das séries contidas no *Estereoma*, mas que gera o universo supralunar. Assim aparece a *Ogdoada*, filho do *Primeiro Arconte*, do qual nascem as entidades características do gnosticismo especulativo: *Nous, Logos, Sofia* e *Dynamis* (*Força*). Outras emanações produzem outros seres que ocupam 365 céus. No último céu há o demiurgo, Deus dos judeus. O processo dramático se desencadeia quando o *Primeiro Arconte* cai de seu estado e deve redimir-se pela gnose e pelo aparecimento de Jesus, o Redentor. Na transcrição de Santo Hipólito, o sistema de Basílides, embora substancialmente baseado em séries análogas de emanações, aparece um tanto modificado: o Deus absoluto e inominado produz, por emanação, *Nous, Logos, Fronesis, Sofia* e *Dynamis*.

➲ Ver bibliografia de Gnosticismo. — Além disso: G. Uhlhorn, *Das basilidianische System*, 1855. — I. Kennedy, "Buddhist Gnosticism, the System of Basilides", *Journal of the Royal Asiatic Society* (1902), 377-415. — G. Quispel, "L'homme gnostique. (La doctrine de Basilide)", *Eranos* (1948), 89-139. — H. A. Wolfson, "Negative Attributes in the Church Fathers and the Gnostic Basilides", *Harvard Theological Review* (1957), 145-156. — J. Whittaker, "Catachresis and Negative Theology in Platonism", em S. E. Gersh, ed., *Late Anti-*

quity, 1992. — Há uma exposição bastante completa em Hans Leisegang, *Die Gnosis*, 1924, pp. 195-256. ℃

BASÍLIO (SÃO), ou Basílio Magno (*ca.* 330-379). Nascido em Cesaréia (Capadócia). Bispo da mesma cidade desde 370, estudou em Cesaréia, Constantinopla e Atenas, onde travou amizade com Gregório de Nazianzo, também como ele um dos grandes capadócios (VER). Batizado ao regressar à sua cidade natal, viajou depois pelo Oriente Médio e em 370 foi nomeado bispo de Cesaréia, como sucessor de Eusébio. São Basílio não rejeitou o saber pagão, mas advertiu que devia estar inteiramente impregnado pelo saber cristão se se desejava que fosse útil à formação do homem. Esse espírito cristão não era para ele uma abstração: tratava-se de algo concreto, nutrido pela fé, e superior a qualquer idéia filosófica. São Basílio combateu, com efeito, o predomínio do filosófico que parecia manifestar-se no pensamento de alguns teólogos, como o ariano Eunômio, contra cujo antitrinitarismo São Basílio dirigiu seus três livros *Adversus Eunomium*. Mas os argumentos de São Basílio não estavam fora da filosofia; tanto nos livros mencionados como no tratado *De Spiritu sancto*, e especialmente em suas *Homiliae novem in Hexaemeron*, São Basílio desenvolveu conceitos filosóficos (relativos à natureza de Deus, ao mistério da Trindade e à forma do cosmos) que exerceram considerável influência. A cosmologia de São Basílio, baseada numa descrição e numa interpretação do *Gênesis*, foi particularmente determinante para a concepção medieval do mundo.

⊃ Obras em Migne, *PG*, XXIX a XXXII (reimpressão da edição de M. J. Garnier e Pr. Maran, 3 vols., 1721-1730). Edição de *Cartas* por R. J. Deferrari e McGuire, 4 vols., 1926-1934. — Edição de *De Spiritu Sancto* por C. F. H. Johnston, 1892. — Edições do sermão Λόγος dirigido aos jovens sobre o modo de aproveitar as letras helênicas (*Ad adolescentes*): J. Bach, 1900; A. Dirkin, 1934; F. Boulenger, 1935.

Ver: A. Dirking, *S. Basilii M. de divitiis et paupertate sententiae quam habent rationem cum veterum philosophorum doctrina*, 1911 (tese). — Y. Courtonne, *S. Basile et l'hellénisme*, 1934. — B. Scheve, *Basilius der Grosse als Theologe*, 1934 (tese). — S. Giet, *Les idées et l'action sociales de Saint Basile*, 1941. — A. Cavallin, *Studien zu den Briefen des heiligen Basilius*, 1944. — B. Pruche, O. P., Introdução à sua versão do *De sancto Spirito: Traité du Saint-Esprit*, 1947. — Dom Amand, *L'ascèse monastique de Saint Basile. Essai historique*, 1949. — L. Vischer, *Basilius der Grosse*, 1953. — H. A. Wolfson, *The Philosophy of the Church Fathers, vol. I: Faith, Trinity, Incarnation*, 1956. — T. Spidlik, *La sophiologie de Saint Basile*, 1961. — Vários autores, *B. of C., Christian, Humanist, Ascetic: A Sixteen-Hundredth Anniversary Symposium*, 2 vols., 1981, ed. P. J. Fedwick. ℃

BASSO, SÉBASTIEN. Nascido na França no final do século XVI, atacou o aristotelismo em nome de um atomismo (VER) similar ao de Demócrito. Segundo Basso, os átomos formam grupos que, combinados com outros grupos, dão origem a grupos superiores. Entre os átomos há uma substância universal, o éter ou *spiritus*. Este não é passivo, representando na verdade um princípio de atividade que penetra todas as substâncias naturais. Deus manifesta-se por meio do éter, sendo possível dizer que é o mesmo que esse éter. Por essa razão, as doutrinas de Basso foram consideradas panteístas.

⊃ Obra principal: *Philosophiae naturalis adversus Aristotelem libri XII. In quibus abstrusa veterum physiologia restauratur et Aristotelis errores solidis rationibus refelluntur*, 1621; reimp., 1975, com introdução de Y. Leclerc. ℃

BASSOLES, JOÃO DE. Ver SCOTISMO.

BATTAGLIA, FELICE (1902-1977). Nascido em Palmi (Reggio Calabria), lecionou na Universidade de Siena e depois na de Bolonha. Foi um dos promotores do Centro de Estudos Filosóficos de Gallarate (ver GALLARATE [ESCOLA DE]) e dedicou-se especialmente à filosofia do direito, à filosofia moral e à teoria dos valores. Partindo de uma análise e de uma crítica do idealismo de Gentile (seu professor em Roma) e de Croce, procurou superar as dificuldades suscitadas por um historicismo radical, orientando-se para um espiritualismo no qual fossem absorvidas e sintetizadas as principais posições do historicismo e do problematismo (VER). Em seus trabalhos sobre ética e estética, Battaglia submeteu a crítica o racionalismo e o criticismo de caráter imanentista e tentou desenvolver uma axiologia na qual se reconheça a índole absoluta dos valores, ao menos como termos-limite. Desse modo, ele considerou que se pode superar o subjetivismo a que conduziria uma teoria puramente historicista e perspectivista.

⊃ Obras sistemáticas principais: *Scritti di teoria dello Stato*, 1939. — *Corso di filosofia del diritto*, 3 vols., 1940-1947. — *Il valore nella storia*, 1948. — *Il problema morale nell'esistenzialismo*, 1949. — *Filosofia del lavoro*, 1951. — *Moralità e storia nella prospettiva spiritualistica*, 1953. — *I valori fra la metafisica e la storia*, 1957; nova ed., 1967. — *Il valore estetico*, 1963.

Entre as obras históricas, mencionamos: *Marsilio da Padova e la filosofia politica del medioevo*, 1928. — *E. S. Piccolomini e F. Patrizi*, 1936. — *Cristiano Thomasio filosofo e giurista*, 1936. — *Lineamenti di storia della dottrina politica*, 1936; 2ª ed., 1953. — *Metafisica, religione e politica nel pensiero di N. da Cusa*, 1965. — *Heidegger e la filosofia dei valori*, 1967.

Ver: G. Marchello, *F. B.*, 1953. — Francesco Gualdrini, *Il pensiero filosofico di F. B.*, 1957 (resumo de uma tese). — G. Ambrosetti, "Felice Battaglia: L'uomo e l'itinerario", *Rivista Internazionale di Filosofia del Diritto*, 55 (1978), 3-20. — C. Faralli, "Profili del pensiero filosofico, giuridico e politico di Battaglia nelle pagine della Rivista Internazionale di Filosofia del Diritto", *id., id.* (1990), 618-639. ↻

BAUCH, BRUNO (1877-1942). Nascido em Gross-Nossen (Silésia), foi professor em Halle e, a partir de 1911, em Iena e pertenceu à chamada Escola de Baden (VER), sem ter de ser considerado por isso um discípulo estrito de Windelband e Rickert. Isso se manifesta, de imediato, em sua interpretação de Kant, interpretação de cunho categoricamente objetivista e transcendental. Mas a interpretação e o estudo de Kant — no âmbito dos quais se deve inserir, além disso, sua atividade em prol da difusão do kantismo a partir da direção, desde 1904, dos *Kantstudien*, fundados em 1896 por Vaihinger (VER) — são só uma primeira etapa na elaboração de seu pensamento. A eles sucedem a investigação dos problemas filosóficos ou, mais exatamente, gnosiológicos das ciências naturais e sobretudo a análise do próprio problema da realidade em sua relação com a verdade e o valor. Essa investigação e essa análise parecem centrar-se, em sua primeira fase, em torno da questão da objetivação, ou, melhor dizendo, em torno do problema da relação entre a validade e a valoração. A influência de Lotze torna-se desde então cada vez mais patente no pensamento de Bauch, sobretudo a partir do instante em que a relação e a contraposição entre verdade e realidade só parecem poder ser superadas por meio de uma atividade ao mesmo tempo objetivadora e valorativa. Dessa maneira, parece impor-se uma concepção cada vez mais relacional do pensar, do real e das categorias. Com efeito, para Bauch, o pensar é sobretudo a atividade judicativa; a realidade é primordialmente o estar determinado pelas relações, sendo as próprias categorias um conjunto de relações de valoração. Assim sendo, a noção de realidade parece dissolver-se em feixes de relações. Ora, essa concepção relacional e funcional não pode ser interpretada de um ponto de vista puramente formalista. De imediato, Bauch mostra que o próprio juízo pode transcender seu caráter relacional e atender ao que houver de propriamente ontológico no objeto, o que equivale a dizer o que há de propriamente válido-valorativo. Daí a estreita relação entre lógica e ética e, em geral, entre teoria do conhecimento e teoria dos valores. Assim, o julgar pode ser, além de uma relação, e ainda acima dela, uma apreensão quase direta da realidade como tal, que ao mesmo tempo vale e é. Só nesta última apreensão pode ocorrer a relação "verdade", que escapa ao meramente lógico, porque se refere sempre ao "ideal". Por isso, a "idéia" deixa de ser, vista em sua realidade última, uma forma abstrata; o que ela tem de ser é, pelo menos na medida em que participa do concreto, uma espécie de particular "concrescência". O primitivo objetivismo quase formalista transforma-se aqui num logismo concreto. A idéia não é para Bauch algo simplesmente conceitual; trata-se antes de uma entidade unificadora, em cujo âmbito se dão tanto a verdade como o valor. Desse modo, o caráter metafísico do que Bauch chama de idéia se acentua consideravelmente. Mas a idéia não está completamente desligada nem do conceitual enquanto lógico nem do existencial. Pelo contrário, estes adquirem sua realidade peculiar e ainda, no caso das existências, sua individualidade peculiar, na medida em que são sustentados pela idéia, a qual se aproxima então mais do pessoal que do impessoal, mais do transcendental que do conceitual. Em última análise, portanto, aparece em Bruno Bauch um ativismo puro do eu e da pessoa que permite constituir, e não apenas regular, a realidade; só na referência à idéia — que possui uma realidade unificadora e fundamentadora — será possível criar o âmbito no interior do qual se dêem o lógico, a existência e o valor.

↻ Principais obras: *Glückseligkeit und Persönlichkeit in der kritischen Ethik*, 1902 (tese) (*Felicidade e personalidade na ética crítica*). — *Luther und Kant*, 1904. — *Das Substanzproblem in der griechischen Philosophie bis zur Blütezeit*, 1910 (*O problema da substância na filosofia grega até à época do florescimento*). — *Studien zur Philosophie der exakten Wissenschaften*, 1911 (*Estudos de filosofia das ciências exatas*). — *Geschichte der neueren Philosophie bis Kant*, 1908 (*História da filosofia moderna até Kant*). — *I. Kant*, 1917. — *Fichte und der deutsche Gedanke*, 1917 (*Fichte e o pensamento alemão*). — *Anfangsgründe der Philosophie*, 1920 (*Princípios de filosofia*). — *Wahrheit, Wert und Wirklichkeit*, 1923 (*Verdade, valor e realidade*). — *Das Naturgesetz*, 1924 (*A lei natural*). — *Die Idee*, 1926 (*A idéia*). — *Philosophie des Lebens und Philosophie der Werte*, 1927 (*Filosofia da vida e filosofia dos valores*). — *Goethe und die Philosophie*, 1928. — *Die erzieherische Bedeutung der Kulturgüter*, 1930 (*A significação educativa dos bens culturais*). — *Grundzüge der Ethik*, 1935 (*Características fundamentais da ética*).

Depoimentos sobre seu pensamento em *Die Philosophie der Gegenwart in Selbstdarstellungen*, VII, 1929, e em *Deutsche systematische Philosophie nach ihren Gestaltern*, I, 1931.

Ver: E. Keller, *B. B. als Philosoph des vaterländischen Gedankens*, 1928. — Id., *Die Philosophie B. Bauchs als Ausdruck germanischer Geiteshaltung*, 1935. — R. Fäh, *Der Begriff der Konkreszenz bei B. B.*, 1940. — Johann Strasser, *Die Bedeutung des hypothetischen Imperativs in der Ethik B. Bauchs*, 1967. — M. A. González Porta, *Transzendentaler "Objektivismus". B. B.s kritische Verarbeitung des Themas der Subjektivität*, 1990. ↻

BAUER, BRUNO (1809-1882). Nascido em Eisenberg, "habilitou-se" para o ensino de teologia em Berlim (1834) e em Bonn (1839), mas foi-lhe retirada a permissão de docência (a *venia legendi*) por causa de suas opiniões radicais em matérias teológicas. Ele foi primeiramente um dos membros da chamada "direita hegeliana", mas passou depois à extrema esquerda, chegando a criticar as idéias de David Friedrich Strauss por julgar que não eram suficientemente radicais. Dedicou-se durante certo tempo à crítica dos Evangelhos — o que se denominou na época "a crítica pura" —, negando seu fundamento histórico, até mesmo a própria realidade histórica de Jesus Cristo. Não só o cristianismo, mas também toda a teologia devem ser rejeitados. Para Bauer, a história não tem nenhum sentido fora do homem. Os valores humanos são puramente imanentes. Bauer criticou a cultura moderna, em especial a dos séculos XVIII e XIX, por considerar que dependia da idéia de um além (*Jenseitigkeit*). Sua crítica estendeu-se aos programas revolucionários de seu tempo, incluindo os surgidos no âmbito da esquerda hegeliana. Marx respondeu à crítica de Bauer com sua obra *A Sagrada Família: Crítica da crítica crítica*, procurando provar que o radicalismo antiteológico de Bauer, ao prescindir das questões relativas à luta de classes, era, no fundo, uma manifestação reacionária. De fato, Bauer terminou por considerar que toda reforma era inútil e por defender o conservadorismo prussiano.

➲ Principais obras: *Kritische Darstellung der Religion des Alten Testaments*, 2 vols., 1838 (*Exposição crítica da religião do Antigo Testamento*). — *Kritik der evangelischen Geschichte des Johannes*, 1840. — *Kritik der evangelischen Geschichte der Synoptiker*, 2 vols., 1841-1842, nova ed., 1850-1851, e com novo vol. intitulado: *Die theo-logische Erklärung der Evangelien*, 1852 (*A explicação teológica dos Evangelhos*). — *Hegels Lehre von Religion und Kunst, vom dem Standpunkt des Glaubens aus beurteilt*, 1842 [publicado anonimamente]; reimp. 1967 (*A doutrina hegeliana da religião e da arte*). — *Das entdeckte Christentum*, 1843 (*O cristianismo descoberto*). — *Geschichte der Politik, Kultur und Aufklärung des 18. Jahrh.*, 4 vols., 1843-1845 (*História da política, da cultura e da Ilustração do século XVIII*). — *Die Apostelgeschichte*, 1950 (*História dos Apóstolos*). — *Kritik der paulinischen Briefe*, 3 vols., 1850-1852 (*Crítica das cartas paulinas*). — *Philo, Strauss und Renan über den Urchristentum*, 1874 (*Fílon, S. e R. sobre o cristianismo primitivo*). — *Christus und die Cäsaren. Der Ursprung des Christentums aus dem romischen Griechentum*, 1877 (*Cristo e os Césares. A origem do cristianismo a partir do helenismo romano*). — *Das Urevangelium*, 1880 (*O Evangelho primitivo*).

Biografia: "On Strategy, October 1848", *Philosophy Forum*, 8 (1978), 121-125 (publicado pela primeira vez, com tradução inglesa, uma carta de B. B. a Arnold Ruge, em que ele propõe uma crítica que ultrapasse o racionalismo e expõe sua situação pessoal uma vez afastado da docência).

Bibliografia: Aldo Zanardo, "B. B. hegeliano e giovane hegeliano", *Rivista Critica di Storia della Filosofia*, 22 (1966), 189-210 (Parte I, de 1834-1849).

Ver: M. Kegel, *B. B. und seine Theorie über die Enstehung des Christentums*, 1908. — Georg Runze, *B. B. der Meister der theologischen Kritik*, 1931. — Ernst Barnikol, *B. B. Studien und Materialen*, 1972, ed. Peter Reimer e Hans-Martin Sass (de escritos póstumos). — Zvi Rosen, *B. B. and Karl Marx: The Influence of B. B. on Marx's Thought*, 1977. — J. E. Toews, *Hegelianism: The Path Toward Dialectical Humanism, 1805-1841*, 1981. — L. Lambrecht, "Zum historischen Einsatz der Wissenschaftlichen und politischen Studien Bruno Bauers zur französischen Revolution", *Deutsche Zeitschrift für Philosophie*, 37 (1989), 741-752. — D. Moggach, "Absolute Spirit and Universal Self-Conciousness: Bruno Bauer's Revolutionary Subjectivism", *Dialogue* (Canadá), 28 (2) (1989), 235-256. — H. e J. Pepperle, *Die Hegelsche Linke. Dokumente zu Philosophie und Politik im deutschen Vormärz*, 1986. — Y. Peled, "From Theology to Sociology: Bruno Bauer and Karl Marx on the Question of Jewish Emancipation", *History of Political Thought*, 13 (3) (1992), 463-485. ℭ

BAUMGARTEN, ALEXANDER [GOTTLIEB] (1714-1762). Nasceu em Berlim e lecionou em Frankfurt a.O. Discípulo de Wolff, desenvolveu, no mesmo espírito do mestre, um sistema de filosofia dividido em uma parte propedêutica (gnosiologia), uma parte teórica (metafísica e física) e uma parte prática (ética, filosofia do Direito, prepologia — ou teoria da conduta — e enfaseologia ou teoria da expressão). Tanto as definições como — e sobretudo — o vocabulário de Baumgarten exerceram considerável influência sobre a filosofia alemã acadêmica; Kant, por exemplo, usou como manual para o ensino a *Metaphysica* de Baumgarten. Ora, este filósofo é conhecido em particular por sua elaboração da estética, a ponto de ser costume considerá-lo o fundador da estética moderna como disciplina filosófica. Isso se justifica se levamos em conta que uma das conseqüências das definições da estética (VER) dadas por Baumgarten é a formação dessa disciplina num sentido atual. Mas o próprio Baumgarten concebia a estética num sentido mais amplo. Ele dividia a gnosiologia, ou doutrina do saber, em duas partes: a gnosiologia inferior ou estética (que se ocupa do saber sensível) e a superior ou lógica (que se ocupa do saber intelectual). A *gnosiologia inferior* ou *aesthetica* é a *scien-*

tia pulchre cogitandi, isto é, a ciência do pensar ajustado (não, como parece, do "belo" pensar). [Para mais detalhes, ver ESTÉTICA]. Seu objeto é a atividade do pensamento na medida em que pretende possuir um "conhecimento sensitivo" que seja um *analogon* do conhecimento por razão. A estética divide-se em três partes: a heurística, a metodologia e a semiótica.

Os dois tipos de saber antes indicados estão organizados, segundo Baumgarten (que segue nisso os pressupostos da chamada "escola de Leibniz-Wolff"), numa hierarquia contínua. Assim, o conhecimento sensível é uma percepção obscura do conhecimento intelectual, e o conhecimento sensível do belo, embora "perfeito" em seu gênero, constitui uma apreensão menos clara do tipo superior de conhecimento. Portanto, poderíamos concluir que a estética de Baumgarten é inteiramente intelectualista. E assim ocorre, com efeito, quando nos atemos a seus pressupostos. Mas, como Baumgarten elaborou os temas estéticos com maior amplitude e sistematismo que seus predecessores, abordando e definindo as noções de disposição artística, gênio, entusiasmo etc., esses temas — e o "conhecimento" neles implicado — chegaram a adquirir, a despeito de sua vontade, certa independência que explica a posterior autonomia da estética como disciplina filosófica que trata dos fenômenos artísticos e em particular do belo.

G. F. Meier (VER) foi discípulo de Baumgarten.

↪ Principais obras: *Meditationes philosophicae de nonnullis ad Poema pertinentibus* (tese de doutoramento, 1735; reimpressa por B. Croce, 1890) (trad. esp.: *Reflexiones filosóficas acerca de la poesía*, 1960). — *Metaphysica*, 1739; 7ª ed., 1779; reimp., 1962. — *Ethica philosophica*, 1740, nova ed., 1763; reimp., 1967. — *Aesthetica*, 2 vols., 1750-1758; reimp. em 1 vol., 1961. — *Initia philosophiae practicae primae*, 1760. — *Aeroasis logica*, 1761; reimp., 1973. — *Jus naturae*, 1765. — *Philosophia generalis*, 1770; reimp., 1968.

Ver: E. Bergmann, *Die Begründung der deutschen Aesthetik durch A. Baumgarten und G. F. Meier*, 1911. — A. Riemann, *Die Ästhetik A. G. Baumgartens*, 1928; reimp. 1973. — Hans Georg Peters, *Die Ästhetik A. G. Baumgartens und ihre Beziehungen zum Ethischen*, 1934. — Ursula Franke, *Kunst als Erkenntnis. Die Rolle der Sinnlichkeit in der Aesthetik des A. G. B.*, 1972. — Mario Casula, *La metafisica di A. G. B.*, 1973 (com bibliografia). — Hans Rudolf Schweizer, *Aesthetik als Philosophie der sinnlichen Erkenntnis. Eine Interpretation der "Aesthetica" A. G. B.s mit teilweiser Wiedergabe des lateinischen Textes und deutscher Übersetzung*, 1973. — M. Jäger, *Kommentierende Einführung in B.s "Aesthetica". Zur entstehenden wissenschaftlichen Aesthetik des 18. Jahrhunderts in Deutschland*, 1980 (com bibliografia). — H. Paetzold, *Ästhetik des deutschen Idealismus. Zur Idee ästhetischer Rationalität bei Baumgarten, Kant, Schelling, Hegel und Schopenhauer*, 1983.

— M. Jäger, *Die Äesthetik als Antwort auf das Kopernikanische Weltbild*, 1984. ⊂

BAUMGARTNER, MATTHIAS (1865-1933). Nasceu em Schretzbeim, em Dillingen, e foi professor a partir de 1901 em Friburgo i.B. Foi um neo-escolástico de orientação tomista que se distinguiu por suas pesquisas sobre a filosofia medieval. Além de seus estudos sobre Santo Tomás, devem-se a Baumgartner pesquisas acerca de Guilherme de Auvergne e sobre Alain de Lille. Baumgartner foi um dos principais colaboradores dos *Beiträge zur Geschichte der Philosophie des Mittelalters*, fundados por Clemens Baeumker (VER).

↪ Obras: *Die Erkenntnislehre des Wilhelm von Auvergne*, 1893 (*A teoria do conhecimento de Guilherme de Auvergne*). — *Die Philosophie des Alanus de Insulis, im Zusammenhang mit den Anschauungen des 12. Jahrhunderts dargestellt*, 1896 [Beiträge. II, 4] (*A filosofia de Alanus de Insulis, apresentada em conexão com as opiniões do século XII*). — "Augustinus und Thomas von Aquin", em *Grosse Denker*, 1911. — M. Baumgartner preparou uma das edições (1914-1915) do tomo II (*Die patristische und scholastische Zeit*) do *Grundriss*, de Ueberweg (ver FILOSOFIA [HISTÓRIA DA]). ⊂

BAUR, FERDINAND CHRISTIAN (1792-1860). Nascido em Schmiden, perto de Kannstatt. Depois de estudar para pastor luterano em Tübingen, dedicou-se ao estudo de história da religião e em 1826 foi nomeado professor de História da Igreja e dos dogmas na Universidade de Tübingen. Fundou nessa cidade a chamada "escola crítico-teológica" (também conhecida como Escola de Tübingen) e aplicou ao estudo da história do cristianismo e da teologia cristã idéias derivadas de Schelling e de Schleiermacher e, depois, de maneira muito particular, de Hegel (fazendo parte do chamado "centro hegeliano"). Seus estudos históricos, especialmente os dedicados ao cristianismo primitivo, aos Evangelhos, ao maniqueísmo, ao gnosticismo e à evolução dos dogmas, levaram-no a uma posição crítica radical de textos e, por meio dela, dos dogmas. A Escola de Tübingen foi objeto de numerosos debates — enquanto alguns julgam que, se não os resultados obtidos, ao menos o método — depurado de pressupostos hegelianos — é ainda válido, outros consideram que uma "crítica pura" leva a conclusões meramente negativas. Baur influenciou vários historiadores da filosofia, entre eles A. Hilgenfeld, A. Schwegler e Eduard Zeller (VER).

↪ Principais obras: *Symbolik und Mythologie oder die Naturreligion des Altertums*, 3 vols., 1824-1825 (*Simbologia e mitologia ou a religião natural da Antiguidade*). — *Das Manichäische Religionssystem*, 1831 (*O sistema religioso maniqueísta*). — *Der Gegensatz des Katholizismus und Protestantismus*, 1833; 2ª ed., 1836 (*A oposição entre o catolicismo e o protestantismo*). — *Die christliche* Gnosis, 1835. — *Der christliche Platonismus oder Sokrates und Christus*, 1837. — *Die christliche Lehre von der Versöhnung*, 1838 (*A doutrina cristã da expiação*). — *Die christliche Lehre der Dreieinigkeit und Menschenwerdung*, 3 vols., 1841-1843 (*A doutrina cristã da Trindade e da Encarnação*). — *Paulus, der Apostel Jesu Christi*, 1845; 2ª ed., por E. Zeller, 2 vols., 1866-1867. — *Lehrbuch der christliche Dogmengeschichte*, 1847; 3ª ed., 1867 (*Manual de história dos dogmas cristãos*). — *Die Epochen der christlichen Geschichtsschreibung*, 1852-1855 (*As épocas da historiografia cristã*). — *Die Tübinger Schule und ihre Stellung zur Gegenwart*, 1859; 2ª ed., 1860 (*A Escola de T. e sua posição diante do presente*). — *Vorlesungen über die christliche Dogmengeschichte*, 4 vols., 1865-1867 (*Lições sobre a história dos dogmas cristãos*). — As obras sobre história da Igreja cristã são: *Das Christentum und die christliche Kirche der drei ersten Jahrhundert*e, 1853; 3ª ed., 1863 (*O cristianismo e a Igreja cristã dos três primeiros séculos*). — *Die christliche Kirche vom Anfang des 4. bis Ende des 6. Jahrh.*, 1859; 2ª ed., 1863 (*A Igreja cristã do início do século IV ao final do século VI*). — *Die christliche Kirche des Mittelalters*, 1861; 2ª ed., 1869 (*A Igreja cristã da Idade Média*). — *Die Kirchengeschichte der neueren Zeit*, 1863 (*A história da Igreja da época moderna*). — *Kirchengeschichte des 19. Jahrh.*, 1862. — Edição de obras selecionadas (*Ausgewählte Werke in Einzelausgaben*), 5 vols., 1961 ss., ed. Klaus Scholder.

Ver: L. Perriraz, *F. C. B., son influence sur la critique et l'histoire au XIXᵉ siècle*, 1908. — C. Fraedrich, *F. C. B., der Begründer der Tübinger Schule, als Theologe, Schriftsteller und Charakter*, 1909. — W. Geiger, *Spekulation und Kritik. Die Geschichtstheologie F. C. Baurs*, 1964. — Peter Friedrich, *F. C. B. als Symboliker*, 1975. ℂ

BAX, ERNST BELFORT. Ver Hegelianismo.

BAYES (TEOREMA DE). Deve-se a Thomas Bayes (1702-1761) a primeira formulação de um teorema do cálculo de probabilidades que foi reformulado em diversas ocasiões e ocupou a atenção de vários filósofos da ciência na época atual. O teorema refere-se à probabilidade de um condicional inverso, isto é, à probabilidade entre "q uma vez dado p" e seu inverso, "p uma vez dado q". A probabilidade entre um condicional, C, e seu inverso, C_v, não é igual. A probabilidade de que Romualdo seja paulistano se Romualdo é paulista é 1; mas a probabilidade de que Romualdo seja paulista se Romualdo é paulistano é inferior a 1; todos os paulistanos são paulistas, mas nem todos os paulistas são paulistanos. Tendo em vista estabelecer o valor de probabilidade de um condicional, dado o inverso desse condicional, é introduzido o valor de probabilidade independente das proposições que formam os condicionais correspondentes. A probabilidade independente é a que tem uma proposição por si mesma, afora o valor de probabilidade de outra proposição.

Tomando-se o condicional expresso por "q uma vez dado p", e seu inverso, expresso por "p uma vez dado q", avalia-se amiúde que a probabilidade de q dado p é a mesma probabilidade de p dado q multiplicada pela probabilidade independente de q e dividida pela probabilidade independente de p.

O interesse suscitado pelo teorema de Bayes entre filósofos da ciência se deve ao problema levantado quando se considera até que ponto o grau de probabilidade ou improbabilidade das conseqüências de uma hipótese afeta ou não o grau de improbabilidade ou probabilidade da hipótese. O interesse pelo teorema deve-se também ao problema associado de como se podem adscrever probabilidades fundando-se na observação de freqüências. Os diversos modos de interpretar o teorema de Bayes são função das concepções correspondentes da noção de probabilidade (ver). Em geral, não se denominam "bayesianos" os que admitem o teorema — que, como tal, é aceito —, mas os que o interpretam de certo modo. Assim, por exemplo, é considerada "bayesiana" a concepção de que o grau de confirmação de uma hipótese é função da freqüência relativa — às vezes chamada de "propensão".

Richard C. Jeffrey elaborou uma "lógica da decisão" (ver Decidir, decisão) fundada em noções bayesianas (cf. *The Logic of Decision*, 1965). Jeffrey indica que no modelo bayesiano (de deliberação) "as noções que o agente tem das probabilidades das circunstâncias pertinentes e das desejabilidades das conseqüências possíveis são representadas por séries de números combinados com o fim de calcular a *desejabilidade esperada* para cada um dos atos sob consideração". O modelo bayesiano é aplicável ao que for, porque "se considera que as probabilidades e desejabilidades numéricas são objetivas no sentido de que refletem as crenças e preferências efetivas do agente independentemente de qualquer justificação fática ou moral".

BAYLE, PIERRE (1647-1706). Nascido em Le Carla, perto de Foix (Ariège, Languedoc), foi educado no protestantismo, converteu-se ao catolicismo e mais tarde voltou à fé reformada. Protestante ou católico, Bayle sempre combateu a intolerância em matéria de religião, assim como o que considerava as inúteis disputas teológicas — como as mantidas em torno do problema da graça e do livre-arbítrio por calvinistas, jansenistas, tomistas e molinistas — e filosóficas. Sua obra mais famosa — o *Dictionnaire historique et critique* (primeira edição, 2 vols., 1695-1697) — constitui um exame de múltiplos problemas — teológicos, metafísicos, morais, políticos e históricos — cuja compreensão ficava obscurecida, segundo Bayle, por causa de falsidades e, sobretudo, de preconceitos. Era preciso distinguir, portanto, o verdadeiro do falso, o plausível do implausível, o justo do enganoso. Todos os problemas que a época debatia com grande entusiasmo — graça e livre-arbítrio, existência e razão do mal, dogmas religiosos e regras morais etc. — deviam ser submetidos a exame crítico, fundar-se nos fatos e em interpretações livres de preconceitos. Era necessário depurar a história, não negando-a, mas antes examinando-a a fundo. Se se argumentava, por exemplo, que a crença religiosa comporta o exercício de uma moral perfeita, seria preciso ver até que ponto esse "argumento" se achava sancionado pelos fatos. E os fatos históricos não o sancionavam.

De acordo com isso, a obra de Bayle — e não apenas o citado *Dictionnaire* — constituiu um antecedente da crítica histórica que proliferou na Ilustração (VER). Contudo, as intenções de Bayle eram com freqüência mais polêmicas que críticas. Daí a dificuldade em elucidar as opiniões filosóficas de nosso autor. Várias interpretações foram propostas.

Segundo certos autores (como Paul Hazard em *La crise de la conscience européenne*, Parte I, cap. v), Bayle propôs-se a buscar ao mesmo tempo uma verdade abstrata e uma verdade concreta que fosse prova da primeira; o espírito de Bayle era, indica Hazard, um espírito essencialmente tolerante e moderado: "Nunca quis perder a idéia de um certo bem moral que deve ser realizado, de um progresso que deve ser favorecido".

De acordo com outros autores, Bayle era um cético puro e simples que manifestou em todos os momentos uma grande cautela. O que o próprio Bayle escreveu no Prefácio à primeira edição do *Dictionnaire* parece confirmar essa opinião: "Das duas leis invioláveis da História (...) observei religiosamente a que ordena não dizer nada falso. Mas no que diz respeito à outra, que manda dizer tudo o que é verdadeiro, eu não poderia orgulhar-me de tê-la seguido sempre. Considero-a às vezes contrária não somente à Prudência, mas também à razão".

Outros autores (como Richard H. Popkin, em seus diversos trabalhos sobre o ceticismo no século XVII e em particular no artigo "Pierre Bayle's Place in Seventeenth Century Scepticism", em *Pierre Bayle*, 1959, P. Dibon, ed.) destacaram dois aspectos ao mesmo tempo conflituosos e complementares na obra e no pensamento de Bayle. Por um lado, ele levou o ceticismo — especialmente o ceticismo epistemológico do tipo de Pirro e Sexto Empírico — a suas últimas conseqüências. O ceticismo de Bayle não é o ceticismo elegante e aristocrático de Montaigne e de Charron, mas o ceticismo radical de quem crê descobrir que não apenas não se pode confiar nos sentidos, como tampouco na razão. Com efeito, a própria noção de evidência não é segura, visto haver proposições que são ao mesmo tempo evidentes e falsas. Este ceticismo — ou pirronismo extremo — se encaminhava para a destruição da confiança na razão da "nova filosofia" para destacar as verdades da fé cristã. Já que a razão não nos serve,

Bayle concluía que temos de nos deixar guiar pela fé. Ora, esse "fideísmo radical" ou "fideísmo pirrônico" foi substituído pouco a pouco por um fideísmo racional, baseado em certas verdades das quais não se pode duvidar e que constituem a estrutura conceitual das crenças religiosas cristãs. "Bayle — escreve Popkin — foi talvez o protótipo do cético-dogmático de Hume". As razões em defesa do ceticismo "impediram-no de saber o bastante para ser um dogmático, mas, tal como o cético de Hume, sabia ainda demasiado para duvidar completamente".

Embora a interpretação de Popkin nos pareça a mais adequada e completa, julgamos que também se deve levar em conta a "atitude cautelosa" de Bayle, conforme se enfatiza na citada passagem de seu Prefácio ao *Dictionnaire*.

A mencionada interpretação de Bayle por Popkin é menos matizada que a de Elisabeth Labrousse (cf. bibliografia *infra*, tomo II), mas não inteiramente incompatível com a desta última autora. Jean-Pierre Jossua (cf. bibliografia *infra*, p. 12) considera a obra de Elizabeth Labrousse sobre Bayle a mais completa até agora. Deve-se observar que tanto Popkin como Elizabeth Labrousse, Jossua e outros autores se interessam pela relação entre Bayle e sua obra, assim como pela relação entre o pensamento de Bayle e a situação teológica e social de sua época, ao contrário da "leitura estrutural" (ou "pós-estrutural") de autores como Luc Weibel, que julga "superados" os "debates sobre a crença ou falta de crença" em Bayle.

➲ Em seu *Project d'un Dictionnaire critique*, 1692, Bayle considera a certeza que provém da história superior à que procede das verdades da geometria. (Há versão italiana: *Progetto di un Dizionario Critico*, 1987, ed. L. Bianchi.) A primeira edição do *Dictionnaire* apareceu em Rotterdam, em 2 vols., 1695 e 1697. Outra edição revisada e ampliada apareceu em 1702. Edição de Des-Maizeaux, depois da morte de Bayle, em 4 tomos, Amsterdã e Leiden, 1740; nova edição: Paris, 1820, 16 vols.; reimp., 1969. — Além disso, Bayle escreveu grande quantidade de artigos (cf. *Oeuvres diverses*, 6 vols.: I-IV, 1727-1731; reed. por E. Labrousse, 1964-1968, entre eles os *Pensées diverses écrites à un docteur de la Sorbonne à l'occasion de la comète qui parût au mois de décembre MDCLXX*, 1681; V. 1 e V. 2, 1670-1709; reimp., em 6 vols., 1982; dos vols. suplementares há reimp., em 2 vols., 1984, ed. E. Labrousse). — *Le Système de la philosophie, contenant la logique et la métaphysique*, apareceu em 1737. — Consultar Elizabeth Labrousse, *Inventaire critique de la correspondance de P. B.*, 1961.

Ver: Ludwig Feuerbach, *Pierre B. nach seinen für die Geschichte der Philosophie und Menschheit interessantesten Momenten*, 1838; 2ª ed., 1844; 3ª ed., 1848 (em *Gesämmelte Werke*, vol. 6). — A. Deschamps, *La genèse du scepticisme érudit chez B.*, 1879. — F. Pillon, "L'évolution de l'idéalisme au XVIII siècle, l'idéalisme de Lanion et le scepticisme de B.", *L'année philosophique*, 6 (1895). Do citado Pillon, vários artigos na mesma revista: "La critique de B.", 7 (1896). — "La critique de B.: Critique du panthéisme spinoziste", 9 (1898). — "Les remarques critiques de B. sur le Spinozisme", 10 (1899). — Dubois, *Bayle et la tolérance*, 1902. — W. Bolin, *P. B.: sein Leben und seine Schriften*, 1905. — A. Cazes, *P. B., sa vie, ses idées, son influence, son oeuvre*, 1905. — J. Dévolvé, *Religion critique et philosophie positive chez P. B.*, 1906. — E. B. Sugg, *P. B.*, 1930. — Howard Robinson, *B. the Sceptic*, 1931. — P. André, *La jeunesse de B., tribun de la tolérance*, 1953. — W. F. Lichtenauer, P. Dibon, R. P. Popkin, A. Robinet et al., *P. B. Le philosophe de Rotterdam. Études et documents*, 1959, ed. Paul Dibon. — Elizabeth Labrousse, *P. B.*, I: *Du pays de Foix à la cité d'Érasme*, 1963. II: *Hétérodoxie et rigorisme*, 1964. — *Id.*, *P. B. et l'instrument critique*, 1965 (contém uma antologia de textos e bibliografia). — Walter Rex, *Essays on P. B. and Religious Controversy*, 1965. — Karl C. Sandberg, *At the Crossroads of Faith and Reason: An Essay on P. B.*, 1965. — Pierre Rétat, *Le "Dictionnaire" de B. et la lutte philosophique au XVIIIᵉ siècle*, 1971. — Luc Weibel, *Le savoir et le corps: essai sur P. B.*, 1975. — Jean-Pierre Jossua, *P. B. ou l'obsession du mal*, 1977. — C. Senofonte, *P. B. dal Calvinismo all'Illuminismo*, 1978. — M. Paradis, *P. B. et la Théodicée de Leibniz*, 1979. — G. Paganini, *Analisi della fede e critica della ragione nella filosofia di P. B.*, 1980. — J. Kilcullen, *Sincerity and Truth: Essays on Arnauld, Bayle, and Toleration*, 1988. — L. Bianchi, *Tradizione libertina e critica storica: da Naude à Bayle*, 1988. — V. Chapell, ed., *Essays on Early Modern Philosophers*, vol. 4: *Port-Royal to Bayle*, 1992. ↄ

BAYNES, THOMAS SPENCER. Ver HAMILTON, WILLIAM.

BAYO, MIGUEL [Michael Baius, Michel de Bay] (1513-1589). Nascido em Melin, no Hainault (Bélgica), estudou na Universidade de Louvain e foi nomeado, em 1552, professor de Interpretação das Escrituras na mesma Universidade. Em 1563, assistiu ao Concílio de Trento e em 1579 foi nomeado Chanceler da Universidade de Louvain.

O sistema de Bayo, chamado "bayanismo" ou "baianismo", versa exclusivamente sobre a questão da graça e das relações entre a natureza e a graça. Segundo Bayo, a natureza e a graça se encontravam em relação muito estreita no primeiro homem, podendo ser consideradas praticamente idênticas. Portanto, a inocência primitiva não era para Bayo resultado de um dom sobrenatural, mas algo exigido pela condição da humanidade. Assim, o pecado original não pode ser tido como uma recusa da graça de Deus, mas como um mal positivo: a concupiscência. As idéias de Bayo tiveram grande influência no desenvolvimento do jansenismo (VER). 76 teses de Bayo foram condenadas em 1569 por Pio V; a condenação foi renovada em 1579 por Gregório XIII.

↪ Os escritos de Bayo são opúsculos sobre a graça e a relação entre natureza e graça: *Sobre o livre-arbítrio*; *Justiça e justificação*; *Os sacramentos*; *Sacrifício*; *O pecado original*; *As obras meritórias* etc. Eles foram compilados num volume publicado em Amsterdã em 1696.

Sobre Bayo, ver: Linsenmann, *Michael Baius und die Grundlegung des Jansenismus*, 1867. — F.-X. Jansen, *Baïus et baïanisme*, 1927. — F. Litt, *La question des rapports de la nature et de la grâce de Baïus au synode de Pistoie*, 1934. — H. de Lubac, S. J., *Le Surnaturel*, 1946, pp. 15-37. — *Id.*, *Augustinisme et Théologie moderne*, 1965, especialmente cap. 1. ↄ

BAZARD, SAINT-AMAND. Ver SAINT-SIMONISMO.

BAZAROV, VLADIMIR ALÉKSANDROVITCH (1874-1939) é o pseudônimo de Rudnev, V. A. Nascido na Rússia, ele se distinguiu por seus trabalhos de crítica filosófica do ponto de vista de sua própria interpretação do marxismo. Nos anos 1907-1909, foi um dos tradutores de *O Capital* de Marx para o russo. Bazarov opôs-se tanto ao idealismo de autores como Soloviev, Chestov e Berdiaef como a certas concepções materialistas de Plekhanov e Lenin. Ele considerou que o realismo epistemológico de Plekhanov era ingênuo e que o materialismo de Lenin carecia de base crítica. Opôs-se também ao anarquismo de Bakunin. Especialmente violentos foram os ataques de Bazarov à tendência ao normativismo na ética e ao individualismo e personalismo de raiz kantiana. Bazarov defendeu um hedonismo neutro diante de toda avaliação moral e um coletivismo segundo o qual a pessoa individual nunca é um fim em si, mas um meio para alcançar uma sociedade realmente criadora no âmbito de um regime comunista.

↪ Obras: *El comunismo anárquico y el marxismo*, 1906. — Introdução à ed. russa do livro de E. Butrú, *La ciencia y la religión*, 1910. — Vários ensaios de B. foram publicados no volume intitulado *Na dva fronta*, 1910 (*Em duas frentes*). — "Sobre la filosofia de la acción", *Sobremennik* (Contemporâneo), nn. 6, 7, 10 (1913). — B. é também autor de um trabalho sobre teoria da relatividade e marxismo: *Teoriia Otnositelnosti i marksizm*, 1923, contra o realismo epistemológico extremo.

Ver: G. L. Kline, "'Nietzschean Marxism' in Russia", em Adelman, ed., *Demythologizing Marxism*, 1969, pp. 166-183. ↄ

BEATITUDE. Ver FELICIDADE.

BEATTIE, JAMES (1735-1803). Nascido em Lawrencekirk (Escócia), estudou e lecionou na Universidade de Aberdeen. Membro, com Thomas Reid e outros, do

Wise Club de Aberdeen, foi um dos mais conhecidos representantes da escola escocesa (VER) do senso comum. A fama que obteve como poeta (*The Minstrel*) contribuiu grandemente para popularizar as concepções dessa escola.

Beattie ateve-se, no essencial, às idéias de Reid (VER), que em grande parte simplificou. Também simplificou e popularizou as críticas de Reid aos filósofos cujas doutrinas eram consideradas opostas à filosofia comum — não apenas Berkeley, mas também Hume, pelo menos na medida em que este último se inclinava ao ceticismo. Beattie enfatizou ao máximo o caráter irrefutável do senso comum como "poder do espírito que percebe a verdade, ou ordena a crença, não mediante argumentação progressiva, mas por um impulso instantâneo, instintivo e irresistível, o qual não deriva nem da educação nem do hábito, mas da natureza, e opera independentemente de nossa vontade tão depressa quanto se apresenta seu objeto" (*Essay*, I, i, p. 45; cit. S. A. Graves, *op. cit. infra*, p. 112).

➲ Obra capital: *Essay on the Nature and Immutability of Truth in Opposition to Sophistry and Scepticism*, 1770; 3ª ed. 1772; reed., 1983. — Outras obras: *Essays*, 1776. — *Dissertations Moral and Critical*, 1783. — *Elements of Moral Science*, 2 vols., 1790-1793.

Edição de obras: *The Philosophical and Critical Works*, 4 vols., 1974, ed. Bernhard Fabian.

Ver: M. Forbes, *B. and His Friends*, 1904. — S. A. Grave, *The Scottish Philosophy of Common Sense*, 1960. — R. P. Wolff, "Kant's Debt to Hume via Beattie", *Journal of the History of Ideas*, 21 (1960), 117-123. — L. M. Lacoste, "La défense de l'immuable dans son rapport avec le changeant: Beattie et Frayssinous", *Canadian Journal of Philosophy*, 6 (1976), 229-249. — R. Horton, "Understanding African Traditional Religion: A Reply to Professor Beattie", *Second Order*, 5 (1976), 3-29. — S. C. Patten, "Did Beattie Defer To Hume?", *Hume Studies*, 6 (1980), 69-75. — M. Kuehn, "The Early Reception of Reid, Oswald and Beattie in Germany: 1768-1800", *Journal of the History of Philosophy*, 21 (1983), 479-496.

Ver também bibliografia de Escocesa [Escola]. ➲

•• **BEAUVOIR, SIMONE DE** (1908-1986). Nascida em Paris, concluiu os estudos de filosofia em 1929, ano em que conheceu Jean-Paul Sartre, com quem compartilharia sua vida. Foi professora de filosofia no ensino secundário em Paris, Marselha e Rouen (1929-1943), até que o sucesso obtido com seu primeiro romance (*L'invitée*, 1943) lhe permitiu dedicar-se profissionalmente a escrever. Ela foi autora de obras literárias e de ensaios filosóficos e morais nos quais dedicou especial atenção à compreensão da existência humana e, de modo muito concreto, à reflexão sobre a situação da mulher.

Beauvoir pensa que, como é a história que configura a existência humana, o processo histórico de vir-a-ser das mulheres é muito mais forte que o dos homens. Com efeito, as possibilidades de realização das mulheres não foram definidas nem aproveitadas historicamente. *O segundo sexo* — o livro mais célebre de Beauvoir — consta de mil páginas, em dois volumes, que repassam a figura histórica da mulher da perspectiva existencialista. O primeiro volume rejeita a idéia de uma natureza feminina fraca, submissa e inferior. Não se nasce mulher — nem homem: chega-se a sê-lo. Pode-se, pois, ser mulher — e homem — de muitas maneiras. Em todo caso, a alienação histórica das mulheres é o resultado de determinadas condições socioculturais. O segundo volume descreve a situação real da vida das mulheres, examina as ideologias que sustentam essa situação e as perspectivas de liberação.

A publicação do livro provocou um escândalo que anos mais tarde se transformou em admiração por sua autora. A partir de 1973, Beauvoir participou ativamente da militância feminista, reforçando assim, com a prática diária, seus antigos interesses teóricos. Os constantes compromissos sociais e políticos de Beauvoir não fizeram mais que reinterpretar existencialmente seus próprios escritos. Ela foi, provavelmente, a intelectual mais influente do período que sucedeu à Segunda Guerra Mundial.

➲ Obras: Ensaios: *Pyrrhus et Cinéas*, 1944. — *Pour une morale de l'ambigüité*, 1947. — *L'Amérique au jour le jour*, 1948. — *L'existentialisme et la sagesse des nations*, 1948 (compila artigos publicados na revista *Les Temps Modernes*, desde sua criação, em 1945, até 1947). — *Le deuxième sexe*, 2 vols., 1949 (I, *Les faits et les mythes*; II, *L'expérience vécue*). — *Privilèges*, 1955 (contém três ensaios: "Faut-il brûler Sade?", "La pensée de droite aujourd'hui", "Merleau-Ponty et le pseudosartrisme"). — *La longue marche*, 1957 (ensaio sobre a China). — *La vieillesse*, 1970. — Romances: *L'invitée*, 1943. — *Le sang des autres*, 1945. — *Tous les hommes sont mortels*, 1946. — *Les mandarins*, 1954 (Prêmio Goncourt). — *Les belles images*, 1966. — *La femme rompue*, 1968. — *Quand prime le spirituel*, 1979. — Teatro: *Les bouches inutiles*, 1945.

Autobiografia: *Les mémoires d'une jeune fille rangée*, 1958 (cobre de 1908 a 1929). — *La force de l'âge*, 1960 (de 1929 a 1945). — *La force des choses*, 1963 (de 1945 a 1963). — *Une mort très douce*, 1964 (breve narrativa da morte de sua mãe). — *Tout compte fait*, 1972 (de 1964 a 1972, mas já não organizado cronologicamente, e sim tematicamente). — *La cérémonie des adieux, suivi de Entretiens avec J.-P. Sartre*, 1981 (de 1970 a 1980, seus últimos dez anos com Sartre, até a morte deste). — O filme intitulado "Simone de Beauvoir" (1979), de Josée Dayan e Malka Ribowska, realizado por Josée Dayan, apresenta sua autobiografia em forma de diálogos.

Em português: *Balanço final*, s.d. — *As belas imagens* s.d. — *Cartas a Welson Agren*, 2000. — *A cerimônia do adeus*, 1981. — *A convidada*, 4ª ed., 1985. — *A força da idade*, s.d. — *A força das coisas*, 1986. — *Memórias de uma moça bem-comportada*, s.d. — *Uma morte muito suave*, 1984. — *A mulher desiludida*, s.d. — *Quando o espiritual domina*, 3ª ed., 1980. — *O sangue dos outros*, s.d. — *O segundo sexo*, vol. 1, 11ª ed., 2000 — *O segundo sexo*, vol. 2, 1980. — *Todos os homens são mortais*, s.d. — *A velhice*, 4ª ed., 2000.

Bibliografia: C. Francis, F. Gontier, *Les écrits de S. de B.*, 1979.

Ver: G. Hourdin, *S. de B. et la liberté*, 1962. — F. Jeanson, *S. de B. ou l'entreprise de vivre*, 1966. — L. Gagnebin, *S. de B. ou le refus de l'indifférence*, 1968. — S. Lilar, *Le malentendu du deuxième sexe*, 1969. — C. Cayron, *La nature chez S. de B.*, 1973. — J. Leighton, *S. de B. on Woman*, 1975. — D. Armogathe, *S. de B., le deuxième sexe. Analyse critique*, 1977. — C. Zehl Romeo, *S. de B.*, 1978. — C. Francis e J. Niepce, *S. de B. et le cours du monde*, 1979. — K. Bieber, *S. de B.*, 1979. — A. Withmarsh, *B. and the Limits of Commitment*, 1981. — C. Ascher, *S. de B.: A Life of Freedom*, 1981. — T. Keefe, *S. de B.: A Study of Her Writings*, 1983. — M. Evans, *S. de B. A Feminist Mandarin*, 1985. — H. V. Wenzel, ed., *S. de B.: Witness to a Century*, 1986. — C. Savage Brosman, *S. de B. Revisited*, 1991. — J.-A. Pilardi, "Philosophy Becomes Autobiography: The Development of the Self in the Writings of S. de B.", em *Writing the Politics of Difference*, 1991. •• ꞊

BECCARIA, CESARE [BONESANA] (1738-1798). Nascido em Milão, interessou-se por questões jurídico-penais, político-sociais e econômicas sob a influência, entre outros, de Montesquieu, Helvécio e Diderot. Os irmãos Verri, Alessandro e Pietro, com quem ele fundou, em 1762, a "Accademia de'Pugni" e com os quais discutiu detalhadamente as questões que o preocupavam, impeliram-no a tratar do sistema monetário de Milão. A obra que ele publicou a esse respeito, em 1762, teve repercussões em reformas introduzidas nesse sistema. Foram também os irmãos Verri que induziram Beccaria a ocupar-se do sistema penal milanês, que ele submeteu a severa crítica. Suas visitas à prisão de Milão persuadiram-no das injustiças desse sistema penal, que incluía torturas: nem os castigos eram proporcionais às penas nem melhoravam os membros da sociedade submetidos a castigo. Beccaria baseou-se nas idéias rousseaunianas do contrato social para abordar não apenas a questão do sistema jurídico-penal, mas também da sociedade como conjunto, no âmbito da qual operam os sistemas penais. Os princípios adotados por Beccaria são utilitários e hedonistas; são também individualistas, mas trata-se de um individualismo que visa manter a felicidade social como felicidade do maior número possível. O indivíduo cede uma parte de sua liberdade à sociedade: a parte que a sociedade assume para defender a liberdade individual contra a arbitrariedade. Os castigos e as penas devem adaptar-se a estas concepções; a rigor, não são tanto castigos e penas mas meios usados com a finalidade de impedir futuros atentados à liberdade individual e à felicidade social.

O tratado de Beccaria sobre os delitos e as penas teve considerável influência, em particular por meio de sua imediata tradução francesa em 1766, pelo Abade Morellet. A parte básica das idéias de Beccaria foi incorporada ao famoso artigo VIII da "Declaração dos Direitos do Homem e do Cidadão", redigido e aprovado pela Assembléia Nacional francesa em 1789.

➲ Obras: *Del disordine e dei rimedi delle monete nello Stato di Milano*, 1762. — *Dei delitti e delle pene*, 1764; nova ed. de F. Venturi, 1965, com documentação sobre a repercussão da obra (trad. esp.: *De los delitos y de las penas*, 1976). — *Ricerche intorno alla natura dello stile*, 1770. — *Elementi di economia politica*, 1804 (póstuma).

Edição de obras: *Opere*, 1854, ed. Pasquale Villari. — A melhor ed. é a de S. Romagnoli, *Opere*, 2 vols., 1958, que inclui todos os seus escritos e fragmentos, com o epistolário, além de uma boa introdução e uma ampla bibliografia. É também muito interessante a introdução de *Opere scelte di C. B.*, 1925, ed. R. Mondolfo.

Em português: *Dos delitos e das penas*, 1996.

Ver: Cesare Cantù, *Sul B. e sul diritto penale*, 1862. — A. de Marchi, *C. B. e il processo penale*, 1929. — C. A. Vianello, *La vita e l'opera di C. B.*, 1938. — M. Maestro, *Voltaire and Beccaria as Reformers of Criminal Law*, 1942. — G. De Menasce, G. Leone, F. Valsecchi, *B. e i diritti dell'uomo*, 1965. — E. H. Madden, R. Handy, M. Farber, eds., *Philosophical Perspectives on Punishment*, 1968. — M. Maestro, "A Pioneer for the Abolition of Capital Punishment: Cesare Beccaria", *Journal of the History of Ideas*, 34 (1973), 463-468. — I. Primorac, "Kant und Beccaria", *Kant-Studien*, 69 (1978), 403-421.

Para sua relação com Verri, ver: N. Valeri, *Pietro Verri*, 1937. ꞊

BECHER, ERICH (1882-1929). Nascido em Reinshagen (Remscheid), foi professor em Münster e, a partir de 1916, em Munique. Interessou-se pelos problemas da filosofia da natureza, da teoria do conhecimento e da classificação das ciências com base em suas investigações sobre as ciências naturais orgânicas e sobre alguns aspectos históricos destas ciências. Seu ponto de partida a esse respeito é de caráter empírico, mas não naturalista, pois o realismo crítico em que desemboca em sua teoria do conhecimento está intimamente relacionado com o uso, pelo menos implícito, de procedimentos fenomenológicos. São estes, de resto, os que fundamentam sua classificação das ciências e a determinação de suas funções. Ora, o uso desses procedimentos não significa a adesão às teses explícitas de Husserl. Pelo contrário, as ciências ideais (que, junto com as reais, constituem uma das grandes áreas da investigação e dos objetos científicos) não têm como referentes objetos subsistentes ideais, mas simplesmente mentais. Quanto às ciências reais, sua divisão em ciências da natureza e ciências do espírito não impede, segundo Becher, a existência de um fundamento comum que se refere tanto às condições da percepção como aos fatores aprióricos que intervêm em todo conhecimento de realidades. Uma série de leis reais deve, pois, subjazer a todo conhecimento do real, seja qual for o tipo de objeto no qual se cumpram. Essas leis são de caráter apriórico, mas não logicamente necessário, determinante e não-condicionante. Tanto a metafísica como a filosofia da natureza se baseiam nelas e devem se constituir de um modo que possibilite unir a reflexão e a experiência. Isto permite sustentar sua doutrina de um ser supra-individual, ao mesmo tempo espiritual e psíquico-anímico, na natureza "orgânica", ser que é comprovado por meio de uma série de experiências acerca do finalismo das galhas vegetais, mas ao mesmo tempo por meio de uma interpretação desse finalismo à luz da citada reflexão crítica. Uma tendência à "visão diurna" no sentido de Fechner parece ser a conclusão de tais investigações, sem que elas signifiquem, na opinião do autor, mais que uma "elevada probabilidade".

⇨ Obras: *Der Begriff des Attributes bei Spinoza in seiner Entwicklung und seinen Beziehungen zu den Begriffen der Substanz und des Modus*, 1905 (*O conceito de atributo em Spinoza e suas relações com os conceitos de substância e modo*). — *Philosophische Voraussetzungen der exakten Naturwissenschaften*, 1907 (*Pressupostos filosóficos das ciências naturais exatas*). — *Die Grundfrage der Ethik. Versuch einer Begründung des Prinzips der grössten allgemeinen Glückseligkeitsförderung*, s/d (1908) (*A questão fundamental da ética. Busca de uma fundamentação do princípio da maior exigência de felicidade geral*). — *Der Darwinismus und die soziale Ethik*, 1909. — *Gehirn und Seele*, 1911 (*Cérebro e alma*). — *Naturphilosophie*, 1914. — *Die fremddienstliche Zweckmässigkeit der Pflanzengallen und die Hypothese eines überindividuellen Seelischen*, 1917 (*A conformidade finalista das galhas vegetais e a hipótese de uma realidade anímica supra-individual*). — *Geisteswissenschaften und Naturwissenschaften. Untersuchungen zur Theorie und Einteilung der Realwissenschaften*, 1921 (*Ciências do espírito e ciências da Natureza. Investigações para a teoria e divisão das ciências reais*). — *Einführung in die Philosophie*, 1926 (*Introdução à filosofia*). — *R. Eucken und seine Philosophie*, 1927.

Depoimento em *Deutsche Philosophie der Gegenwart in Selbstdarstellungen*, I, 1921; 2ª ed., 1923. Ver: Kurt Huber, *Erich Bechers Philosophie*, 1931. — Fritz Thöne, *E. B. als Vertreter des Eudämonismus*, 1933. ⇦

BECK, JAKOB SIGISMUND (1761-1840). Nascido em Marienburg, foi um dos ouvintes de Kant em Königsberg. Depois de obter a *venia legendi* em Halle, foi professor nesta última cidade (1796-1799) e mais tarde em Rostock (a partir de 1799). Beck é considerado um dos primeiros e mais importantes representantes da tendência kantiana (ver KANTISMO), mas, embora procedam de Kant, o ponto de partida e o sistema de conceitos de sua filosofia se afastam dele em certos aspectos importantes. Antes de tudo, Beck julga que Kant se deixou levar demasiadamente pelas propriedades da consciência empírica ao formular sua doutrina da consciência transcendental. Segundo Beck, a consciência transcendental deve proporcionar as condições para toda consciência empírica (atitude em alguns aspectos semelhante à de Fichte, que exerceu, além disso, certa influência sobre o pensamento de Beck). Não apenas as categorias mas também as próprias formas de intuição do espaço e do tempo são "construídas" por Beck a partir da consciência transcendental. Beck criticou também a idéia kantiana da coisa em si, ou interpretou-a como mera forma de exposição.

⇨ Obras: *Erläuternder Auszug aus Kants kritischen Schriften*, 3 vols., 1793-1796 (*Sumário explicativo dos escritos críticos de Kant*). O tomo III dessa obra, básico para se entender o pensamento de Beck, intitula-se: *Einzig möglicher Standpunkt aus welchem die kritische Philosophie beurteilt werden muss* (*O único ponto de vista possível a partir do qual se deve julgar a filosofia crítica*). — *Grundriss der kritischen Philosophie*, 1796 (*Esboço da filosofia crítica*). — *Kommentar über Kants Metaphysik der Sitten*, 1798 (*Comentário à Metafísica dos costumes de Kant*). — *Lehrbuch der Logik*, 1820. — *Lehrbuch des Naturrechts*, 1820 (*Manual de Direito natural*).

Ver: M. E. Meyer, *Das Verhältnis des S. B. zu Kant*, 1896. — W. Potschel, *J. S. B. und Kant*, 1910. — Joseph Reiser, *Zur Erkenntnislehre J. S. Becks*, 1934 (tese). — J. Schmucker, *Das ursprüngliche Vorstellen bei J. S. B.*, 1976. — Ver também o tomo III da obra de Vleerschauer mencionada em DEDUÇÃO TRANSCENDENTAL. ⇦

BECK, MAXIMILIAN (1886-1950). Nascido em Pilsen (Tchecoslováquia), foi durante alguns anos professor no Wilson College (Chambersburg, Pensilvânia) e no Central College (North Little Rock, Arkansas). Seguiu a direção fenomenológica realista de Pfänder e considerou como base fundamental de seu pensamento a tese de que o princípio do valor e o ato da realização do valor coincidem num mesmo âmbito. As pesquisas psicológicas e lógicas de Beck são, portanto, a base de uma ontologia e de uma axiologia opostas ao subjetivismo e ao nominalismo, mas de modo algum dependentes de uma pura especulação, estando antes estritamente apoiadas numa descrição prévia. Esta tendência se mostra especialmente na psicologia, que Beck elaborou em estreita conexão com sua investigação acerca do valor e da essência. Beck opõe-se não só ao subjetivismo moderno mas também ao idealismo implícito na idéia da intencionalidade e na confusão do anímico com o consciente. Daí uma redefinição da consciência como ato de conhecimento, e deste ato como intuição simples. Mais ainda: o ato de conhecer não é algo sobreposto à consciência, mas é, para Beck, a própria consciência. Isto implica uma filosofia do espírito, base ao mesmo tempo de uma antropologia e de uma ética. Ora, essa filosofia do espírito não significa a mera e simples objetivação e impersonalização do eu espiritual; não apenas este funciona no âmbito do anímico e da atividade relacionada com o anímico, como, além disso, o anímico representa o comportamento do eu e a fixação de sua circunstancialidade, isto é, de seu mundo. A psicologia formula, portanto, os problemas básicos da metafísica e conduz a uma determinação da essência da vida espiritual, que seria uma espécie de meio pelo qual têm lugar as atividades do "representar".

⇒ Obras: *Inwiefern können in einem Urteil andere Urteile impliziert sein?*, 1916 (tese) (*Até que ponto podem ficar implicados num juízo outros juízos?*). — *Wesen und Wert. Grundlegung einer Philosophie des Daseins*, 2 vols., 1925 (*Essência e valor. Fundamentação de uma filosofia da existência*). — *Psychologie. Wesen und Wirklichkeit der Seele*, 1938 (*Psicologia. Essência e realidade da alma*). — *Philosophie und Politik*, 1938. — Beck publicou também numerosos artigos, especialmente na revista fundada por ele, *Philosophische Hefte* (Berlim, 1929-1933; Praga, 1933-1938).

Ver: D. Cairns, "Concerning Beck's 'The Last Phase of Husserl's Phenomenology'", *Philosophy and Phenomenological Research*, 1 (1941), 492-497. — B. Coffey, "Remarks on Maximilian Beck's 'Existential Aesthetics'", *Modern Schoolman*, 25 (1948), 266-271. ⊂

BECKER, OSKAR (1887-1964). Nascido em Leipzig, foi professor em Friburgo i. B. a partir de 1928 e em Bonn a partir de 1931. Pertenceu à escola fenomenológica e contribuiu nesse âmbito com algumas investigações de índole lógica — especialmente de lógica modal —, utilizando para isso os métodos e o simbolismo da lógica matemática. Seu interesse pela lógica — e pelo problema da existência matemática —, porém, cedeu depois diante da preocupação com os problemas ontológicos e metafísicos, em cuja elaboração recebeu principalmente a influência de Heidegger. A esse respeito, Becker trabalhou sobretudo numa doutrina da "paratranscendência", que evita, em sua opinião, as conseqüências "niilistas" do pensamento de Heidegger e se baseia, como disse G. Lehmann, numa para-ontologia realista oposta à ontologia fundamental do idealismo.

⇒ Obras: *Phänomenologische Begründung der Geometrie*, 1932 (*Fundamentação fenomenológica da geometria*). — *Mathematische Existenz*, 1927; 2ª ed., 1973 (estas duas obras foram publicadas originalmente no *Jahrbuch*). — *Zur Logik der Modalitäten*, 1930. — *Griechische Philosophie*, 1941. — *Die Grundlagen der Mathematik in geschichtlicher Entwicklung*, 1954; 2ª ed., 1964 (*Fundamentos da matemática segundo a evolução histórica*). — *Zwei Untersuchungen zur antiken Logik*, 1957 (*Duas investigações sobre a lógica antiga*). — *Das mathematische Denken der Antike*, 1957 (*O pensamento matemático da Antiguidade*). — *Grösse und Grenzen der mathematischen Denkweise*, 1959 (*Grandezas e limites do pensamento matemático*, 1966). — *Dasein und Dawesen. Gesammelte philosophische Aufsätze*, 1963 (coleção de artigos antes publicados em revistas) (*Existência e essência*). — *Gesammelte wissenschaftliche Abhandlungen*, 2 vols., 1964 (*Coleção de tratados científicos*).

Obra póstuma: *Beiträge zur phänomenologischen Begründung der Geometrie und ihrer physikalischen Anwendung*, 1973 (*Contribuições à fundamentação fenomenológica da geometria e sua aplicação física*).

Bibliografia: L. Zimny, "O. B. — Bibliographie", *Kant-Studien*, 60 (1969), 319-330.

Ver: O. Pöggeler, "Oskar Becker als Philosoph", *Kant-Studien*, 60 (1969), 298-311. — G. Martin, "Oskar Beckers Untersuchungen über den Modalkalkül", *ibid.*, 312-318. — O. Weinberger, "Probleme der Normativ-Juristischen Deutung des Modalkalküls bei Oskar Becker", *Conceptus*, 4 (1970), 22-31. ⊂

BEDA, O VENERÁVEL, Beda Venerabilis (672/673-735). Nascido em Nortúmbria, monge em Yarrow. Foi um dos autores da alta Idade Média que contribuíram para a conservação da cultura antiga mediante a compilação de seu legado em forma de compêndios. Entretanto, como essa compilação fora elaborada com o propósito de inserir a mencionada cultura no âmbito da concepção cristã, não se pode interpretar Beda — assim como ocorre com Santo Isidoro — como um simples transmissor cultural. O propósito citado é percebido nas obras devidas a Beda. Por um lado, há obras de caráter gramatical e retórico, destinadas a aprimorar o instrumento mediante o qual se exprimem e defendem as verdades cristãs: *De schematibus et tropis*, *De arte metrica*, *De ortographia*; por outro lado, a obra *De rerum natura*, na qual se apresenta o universo visível. Há, por fim, as obras cronológicas, como *Liber de temporibus*, *De ratione temporum*, nas quais não apenas se apresenta a sucessão das épocas numa única história universal, à maneira cristã, como também se incluem relatos e crônicas que permitem compreendê-la. Além das obras mencionadas, devem-se a Beda a *Historia ecclesiastica gentis Anglorum* e uma série de *Homilias* com comentários a escritos bíblicos que fazem uso de muitos escritos patrísticos. As obras de Beda exerceram grande influência na literatura, na filosofia e na historiografia da Idade Média.

➲ Edições de obras de Beda, o Venerável: 1521, 1544, 1563, 1612, 1688. A. Giles, *The Complete Works of Venerable Bede in the original Latin*, 6 vols., 1843-1844. Em *PL* figura nos vols. XC-XCV. — Ed. no *Corpus Christianorum* (Series latinas): *Bedae Venerabilis opera*, ed. D. Hurst, J. Fraipont *et al*.
    Bibliografia: W. F. Bolton, "A Bede Bibliography: 1935-1960)", *Traditio*, 18 (1962), 436-506.
    Ver: K. Werner, *Beda der Ehrwürdige und seine Zeit*, 1875; 2ª ed., 1881. — A. H. Thompson e outros autores, *Bede: His Life, Times, and Writings*, 1935. — M. T. A. Carroll, *The Venerable Bede: His Spiritual Teachings*, 1946. — P. H. Blair, *The World of Bede*, 1970. — T. R. Eckenrode, "The Growth of a Scientific Mind. B's Early and Late Scientific Writings", *Downside Review*, 94 (1976). — H.-J. Diesner, *Fragen der Macht- und Herrschaftsstruktur bei B.*, 1980. ☾

BEESLEY, EDWARD SPENCER. Ver COMTE, AUGUSTE.

BEHAVIORISMO. Ver COMPORTAMENTALISMO.

BELAÚNDE [Y DÍEZ CANSECO], VÍCTOR ANDRÉS (1883-1955). Nascido em Arequipo (Peru), vice-reitor da Universidade Católica do Peru, em Lima, interessou-se sobretudo por problemas de filosofia religiosa. O estudo de Spinoza e Pascal levou-o a estabelecer uma contraposição entre esses autores como contraposição de duas concepções últimas do mundo, mas mais tarde ele resolveu o conflito no âmbito do pensamento católico, recebendo sobretudo as influências do tomismo. Belaúnde dedicou-se também à filosofia da cultura, considerando-a uma "síntese viva", assim como a problemas referentes à noção de têmpera (VER) de ânimo, particularmente religiosa.

➲ Obras: *La realidad nacional*, 1930. — *La crisis presente*, 1940. — *Peruanidad*, 1942. — *La síntesis viviente*, 1951. — *Inquietud, serenidad, plenitud*, 1951. ☾

BELEZA. Ver BELO.

BELINSKI. Ver BIELINSKI.

BELLARMINO (CARDEAL [BELLARMINO, SÃO ROBERTO]) (1542-1621). Nascido em Montepulciano (Toscana), foi membro da Companhia de Jesus. Nomeado Cardeal em 1599 por Clemente VIII, Bellarmino interveio nas disputas de seu tempo sobre a graça e sobre as relações entre o poder civil temporal e o poder papal e eclesiástico espiritual, assim como nos processos contra Giordano Bruno, Campanella e Galileu (neste último caso, advertindo Galileu da imprudência de discutir a teoria copernicana de outro modo que não como uma hipótese matemática). Um dos líderes da Contra-Reforma, Bellarmino seguiu, no fundamental, as diretrizes de Santo Tomás, opondo-se tanto aos que proclamavam que a vontade de Deus é "arbitrária" como aos que identificavam essa vontade exclusivamente com os princípios naturais e racionais. Segundo Bellarmino, o poder espiritual não deve dominar e absorver o poder civil e temporal, já que este possui sua própria autonomia e jurisdição. Por outro lado, é errôneo atribuir ao rei o poder espiritual e temporal conjuntamente. O rei não tem nenhum poder divino direto; se há uma origem divina do poder real secular é um poder mediato, outorgado ao monarca por intermédio do povo, o qual recebe o poder de Deus. Contudo, o povo não pode exercer por si mesmo semelhante poder; sua missão é conferi-lo ao soberano.

Assim, o poder divino é último; trata-se de um poder que está de acordo com as leis racionais e naturais e constitui a fonte do poder espiritual e temporal conjuntamente, cada um destes dentro de sua própria jurisdição.

➲ A obra capital do Cardeal B. são as *Disputationes de controversiis christianae fidei adversus huius temporis haereticos*, em 3 vols., 1586-1593; ed. definitiva em 4 vols., 1596. As relações entre o poder espiritual e o temporal são abordadas especialmente no Livro IV (*De Laicis*).
    Edição de obras: *Opera omnia*, 12 vols., 1870-1874, ed. J. Fèvre.
    Biografia: A. M. Fiocchi, *San R. B.*, 1930.
    Ver: E. Timpe, *Die Kirchenpolitischen Ansichten und Bestrebungen des Kard. B.*, 1904. — J. C. Rager, *The Political Philosophy of C. B.*, 1926. — James Brodick, *R. B., Saint and Scholar*, 2 vols., 1928, ed. abrev., 1961. — J. de la Servière, *La théologie de B.*, 1928. — E. Arnold, *Die Staatslehre des Kard. B.*, 1934; reimp., 1974. — P. G. Kuntz, "The Hierarchical Vision of St. Roberto Bellarmino", em M. L. Kuntz, P. G. Kuntz, eds., *Jacob's Ladder and the Tree of Life: Concepts of Hierarchy and the Great Chain of Being*, 1987, pp. 111-128. ☾

BELLO, ANDRÉS (1781-1865). Nascido em Caracas (Venezuela), residiu desde 1819 em Londres e a partir de 1829 em Santiago do Chile, onde realizou um grande trabalho como professor, legislador e humanista. Seguiu a tendência da filosofia como "conhecimento do espírito humano", num sentido próximo ao da escola escocesa e, sobretudo, a Hamilton (VER). Não obstante, como observou José Gaos, as influências escocesas e hamiltonianas, assim como as da ideologia e do ecleticismo, são, no fundo, menores que a exercida sobre o seu pensamento pela elaboração da tradição "empirista" inglesa de Hobbes a Hume. Do conjunto do que Bello julgava constituir o conhecimento filosófico, escreveu só a filosofia teórica — a *Filosofía del Entendimiento*, cuja primeira parte, a Psicologia Mental, abrange o estudo da percepção, das diversas formas de relação (nas quais estão incluídos os problemas da substância e da causa), das idéias, dos atos da memória e da atenção. A segunda parte, a Lógica, trata do juízo, do raciocínio, do método e das causas do erro. Em contrapartida, a filosofia prática, isto é, a *Filosofia Moral*, que devia compreender a Psicologia Moral e a Ética, não foi escrita. A tendência psicológico-gnosiológica torna-se patente em toda a investigação de Bello, que não considera necessário fundamentar ontologicamente a doutrina mas, ao mesmo tempo, julga improcedente dissolvê-la numa pura "psicologia". Trata-se, pois, como o próprio Gaos assinala, de um "sistema psicológico-lógico", e "não plenamente filosófico", da "manifestação mais importante da filosofia hispano-americana influenciada pela européia anterior ao idealismo alemão e contemporânea desta até a positivista". A "ciência do entendimento humano" é, em todo caso, para Bello, o próprio eixo da filosofia, e nela se resolvem ou "disseminam" as disciplinas filosóficas tradicionais como a metafísica, que só pode ser rigorosa e cientificamente estudada do ponto de vista do exame das faculdades do entendimento.

⊃ A *Filosofía del Entendimiento* foi publicada postumamente em 1881 no tomo I (1881) da edição de *Obras completas* feita no Chile por Miguel Luis Amunátegui (1881-1893). Há uma nova edição (México, 1948), com introdução de José Gaos. Outra edição com introdução de J. D. García Bacca no t. III da edição de *Obras completas* feita pelo Ministério de Educação Nacional da Venezuela (I, 1952; III, 1951; IV, 1951; V, 1951). — *Obras Selectas*, 2 vols., 1981, ed. O. Zambrano Urdaneta. Antologias: Gabriel Méndez Plancarte, *Bello*, 1943. — Germán Arciniegas, *El pensamiento vivo de Andrés Bello*, 1946. — *Bello: Obra literaria*, 1979; 2ª ed., 1985. — Oficina de Educación Iberoamericana, *Bello: Antología*, 1981. — *Pensamientos de A. Bello*, 1983. — J. Vila Selma, *A. B. Antología de discursos y escritos*, 1983.

Além dos estudos citados de Gaos e García Bacca, ver: Miguel Luis Amunátegui, *Don A. B.*, 1882. — Eugenio Orrego Vicuña, *Don A. B.*, 1935. — P. Lira Urquieta, *A. B.*, 1948. — Isaías García Aponte, *A. B.: Contribución al estudio de las ideas en América*, 1964. — Juan David García Bacca, "Estudios sobre la filosofía de A. B.: Introducción a su filosofía y a la filosofía", *Episteme* (Caracas), 1965, 41-169 [especialmente sobre a *Gramática* de A. B.]. — J. Olza Zubiri, "A. B. (Filosofia de la gramática)", em *Lenguaje y filosofía*, Relatórios e Comunicações da 9ª Semana Espanhola de *Filosofía* (1969), pp. 333-338. — A. L. Woll, "The Philosophy of History in Nineteenth-Century" Chile: The Lastarria-Bello Controversy", *History and Theory*, 13 (1974), 273-290. — A. Ardao, "La relación de Bello con Stuart Mill", *Revista Venezolana de Filosofía*, 14-15 (1981), 7-38. — J. Sasso, "Inmaterialismo y verificacionismo en 'Filosofía del entendimiento'", *ibid.*, 8 (1982), 247-254. — O. C. Stoetzer, "The Political Ideas of Andres Bello", *International Philosophical Quarterly*, 23 (1983), 395-406. — A. L. Martin, "El pensamiento de A. Bello", *Revista de Filosofía*, 21 (1983), 63-82. — J. Sasso, "Andrés Bello como filósofo", *Revista Latinoamericana de Filosofía*, 15(2) (1989), 239-251. — K. C. Anyanwu, "A Response to A. Bello's Methodological Preliminaries", *Ultimate Reality and Meaning* (1991), 61-69. ⊂

BELNAP, JR., NUEL D. Ver Relevância.

BELO. No diálogo intitulado *O Grande Hípias*, Platão formulou já muitas das questões depois suscitadas, em estética e em filosofia geral, acerca da natureza do belo (da beleza) e acerca das posições fundamentais que podem ser adotadas em relação a essa natureza. Nesse diálogo, Sócrates mantém a atitude racionalista e absolutista e Hípias, a atitude empirista e relativista. Eis a seguir as principais etapas percorridas no curso do debate.

Trata-se de saber o que é a beleza, a qual — supõe-se — faz com que as coisas sejam belas. Hípias responde a esta questão mediante definições ostensivas: assinalando quais coisas são, em sua opinião, belas. A beleza se reduz, pois, ao que é belo. Por exemplo: o belo é uma jovem formosa. A isso Sócrates responde que há outras coisas belas (por exemplo, um cavalo bonito); além disso, há diversas realidades não-sensíveis que podem ser qualificadas de belas (leis, ações, almas etc.). Para que não nos percamos nesse mar de substâncias belas é necessário, pois, definir quais coisas são *completamente* belas e referir-se exclusivamente a elas em toda análise da natureza da beleza. Ora, tão logo se entra nesta nova via, descobre-se que todas as respostas concretas dadas são defeituosas ou insuficientes. As respostas dadas por Hípias são, com efeito, da seguinte espécie: o belo é o ouro; o belo é o que convém; o belo é o que se mostra belo; o belo é o útil; o belo é o vantajoso; o belo é o gratificante... Sócrates (isto é, Platão) não pode aceitar nenhuma delas. Por exemplo, que algo pareça formoso não quer dizer que *seja* formoso. Hípias pôde dizer que o belo é o que parece belo porque para ele o ser e a aparência são a mesma coisa. Mas Sócrates-Platão mantêm que, se essa equiparação poderia ser aceita para o reino do sensível, não é admissível no reino do não-sensível: uma instituição pode parecer bela e não sê-lo. Daí a conclusão: "Se a aparência é o que faz belas as coisas, então é a Beleza que estamos buscando; se a aparência dá tão-somente a aparência de beleza às coisas, então não é a Beleza que buscamos". O belo não é, em suma, idêntico ao predicado 'é belo'; a rigor, não é um predicado, mas uma realidade inteligível que torna possível toda predicação. Ao contrário de Hípias, para quem o belo é no máximo o nome comum que recebem todas as coisas belas, Platão afirma que o belo é o que faz com que haja coisas belas. Para Platão, o belo é, assim, independente em princípio da aparência do belo: é uma idéia, análoga às idéias de ser, de verdade e de bondade.

Escrevemos 'análoga'. Mesmo para um "absolutista" como Platão, com efeito, não se pode simplesmente confundir a verdade com a beleza. Platão adverte que dizer de algo que é e que é verdadeiro equivale a afirmar, no fundo, a mesma coisa. Em contrapartida, não é exatamente o mesmo dizer de algo que é e que é belo. Por isso, a idéia de beleza possui, a partir de Platão, certas propriedades que outros transcendentais (VER) não possuem. Como Platão indica no *Fedro*, enquanto não há na terra imagens visíveis da Sabedoria, há, em compensação, imagens visíveis da Beleza. Pode-se dizer que, enquanto a participação das coisas terrenas no ser verdadeiro se acha duplamente afastada deste, a participação das mesmas coisas no belo em si é direta. Em suma, a Verdade não reluz nas coisas terrenas, ao passo que a Beleza brilha nelas. Isso não significa que a contemplação da beleza seja uma operação sensível. No *Filebo*, Platão chega à conclusão de que o que denominamos beleza sensível deve consistir em pura forma: linhas, pontos, medida, simetria e até "cores puras" são, segundo o filósofo, os elementos com os quais o belo que contemplamos é feito. A isso se acrescentam, tal como ele observa nas *Leis*, a harmonia e o ritmo no que se refere à música e as boas ações no que diz respeito à vida social. Quanto ao mais, embora haja sempre a célebre diferença entre o ser verdadeiro e o ser belo, não se pode negar que o segundo conduz ao primeiro: a famosa "escada da beleza" de que Platão fala no *Banquete* é a expressão metafórica (ou mítica) dessa concepção do belo que o transforma no "acesso ao ser".

Indicamos que as análises e as polêmicas de Platão sobre a noção do belo contêm muitas das linhas fundamentais visíveis nas filosofias da beleza ulteriores. Em boa parte, com efeito, essas filosofias podem ser classificadas em dois grupos opostos: o platônico e o antiplatônico, com as posições intermediárias correspondentes. É o que acontece com a maioria das definições tradicionais, que o leitor classificará facilmente num lado ou no outro. Eis algumas: o belo é o que causa prazer e agrado; o belo é um atributo imanente nas coisas; o belo é uma aparência; o belo é uma realidade absoluta; o belo é quase uma espécie do bem e se funda na perfeição... Ora, seria excessivo reduzir a história das concepções do belo a uma discussão entre as posições extremas citadas. Em todo caso, ao predomínio tradicional do ponto de vista metafísico na investigação do belo se sobrepuseram, em especial a partir do início da época moderna, outros pontos de vista: o psicológico, o gnosiológico, o axiológico etc. É verdade que o ponto de vista metafísico tende a um absolutismo (embora com freqüência bastante moderado) e que os pontos de vista psicológico e gnosiológico costumam beirar posições relativistas, mas não se pode dizer que haja sempre equiparação entre o ponto de vista e a opinião adotados. Seria difícil, por exemplo, reduzir à dialética das duas posições mencionadas no princípio definições como as seguintes: "*Belo* fora de mim é tudo o que contém em si algo que suscita em meu entendimento a idéia de relações, e *belo* com relação a mim, tudo o que suscita esta idéia" (Diderot); a beleza é um instinto social (E. Burke); a beleza é uma realidade perceptível mediante um sentido especial que não exige raciocínio ou explicação (Hutcheson); o belo é o que agrada universalmente e sem necessidade de conceito: finalidade sem fim (Kant); a beleza é o reconhecimento do geral no particular (Schopenhauer); a beleza é a unidade na variedade (vários autores); o belo é um dos princípios espirituais superiores (V. Cousin) etc. A rigor, o número de definições do belo dadas na época moderna foi tão considerável que se mostra necessário proceder a uma nova ordenação delas. Podem-se adotar para isso vários métodos; quanto a nós, escolhemos o que consiste em classificar as opiniões sobre o belo segundo o predomínio de uma disciplina filosófica (ou, melhor dizendo, de determinada linguagem). Consideraremos, assim, que há os seguintes modos de falar sobre o belo: 1) o semântico, 2) o psicológico, 3) o metafísico, 4) o ético e 5) o axiológico. Esses modos nem sempre são independentes entre si; com freqüência podem combinar-se. Mas as definições mais habituais são em grande parte determinadas pelo predomínio de um deles.

Limitar-nos-emos aqui a mencionar exemplos de cada modo.

1) Consiste em averiguar quais expressões são sinônimas de "*x* é belo". Podem ser estabelecidas numerosas sinonímias: "*x* é belo" é sinônimo de "*x* é gratificante", de "*x* é desejado", de "*x* é desejável", de "*x* é perfeito", de "*x* é harmonioso" etc. De fato, o que qualificamos de ponto de vista semântico pode, mais propriamente, ser concebido como uma análise prévia indispensável a toda teoria acerca do belo. As diversas interpretações da significação de "*x* é belo" dão origem, com efeito, a outras tantas doutrinas filosóficas. Por exemplo, as duas primeiras sinonímias mencionadas conduzem a uma teoria relativista e psicologista; a terceira, a uma teoria objetivista, mas não necessariamente absolutista; a quarta, a uma teoria absolutista; a quinta, a uma teoria formalista ou esteticista etc. No âmbito das análises

proporcionadas por 1) se encontra, em particular, a discussão entre duas grandes posições: aquela segundo a qual os juízos de beleza (usualmente denominados juízos de gosto) são subjetivos e aquela segundo a qual são objetivos. Procurou-se freqüentemente uma posição intermediária afirmando-se que os juízos de gosto (VER), ainda que em princípio subjetivos, podem logo transformar-se em intersubjetivos.

2) Consiste em examinar o problema da natureza do belo de acordo com a análise dos processos psicológicos por meio dos quais formulamos juízos estéticos. Às vezes, esse exame é puramente neutro e não prejulga a redução de tais juízos a processos psicológicos, mas às vezes a análise se baseia num pressuposto psicologista e quase sempre relativista. Acrescentemos que, quando o psicológico é entendido em sentido coletivo, o modo de falar psicológico pode transformar-se em modo de falar social: a natureza do belo depende então do que a sociedade entenda por isso; ou determinada sociedade, ou uma sociedade no decorrer de determinado período de sua história etc.

3) Referimo-nos a este modo várias vezes nos parágrafos anteriores; sua característica peculiar é que ele procura reduzir todas as questões relativas ao belo a questões acerca da natureza última da beleza em si.

4) Este modo é pouco freqüente nas teorias filosóficas, mas não é totalmente inexistente; surge a partir do momento em que se supõe que algo pode ser qualificado de belo somente na medida em que oferece analogias com uma ação moral.

5) O modo de falar axiológico é muito freqüente no pensamento contemporâneo. Baseia-se nas teorias dos valores às quais nos referimos no verbete Valor (VER). De acordo com ele, a beleza não é uma propriedade das coisas ou uma realidade por si mesma, mas um valor. Não é uma entidade real, ideal ou metafísica, porque essas entidades *são*, enquanto o belo não é, e sim vale. Ora, no âmbito do modo de falar axiológico há diversas teorias possíveis; as mais conhecidas são a subjetivista e a objetivista. Quando levada a um extremo, a primeira desemboca num puro relativismo; quando isso acontece com a segunda, ela desemboca num completo absolutismo. Procuraram-se por isso várias posições intermediárias. Além disso, examinou-se qual a posição do valor do belo (ou, melhor dizendo, do par o belo-o feio) na hierarquia dos valores. Segundo a maioria dos autores contemporâneos que se ocuparam da axiologia, esta posição coincide com a que têm todos os valores estéticos. Particularmente detalhadas a esse respeito são as doutrinas de M. Scheler e de N. Hartmann. Para o primeiro, os valores estéticos (e, por conseguinte, o valor do belo) constituem uma das grandes seções nas quais se dividem os valores espirituais, superiores aos valores vitais e aos valores de utilidade. Por sua vez, os valores estéticos são, no âmbito dos valores espirituais, os valores inferiores, visto que acima deles se encontram os valores cognoscitivos, os éticos (que às vezes, porém, não são valores específicos, pois consistem na concordância dos atos pessoais com os valores positivos) e os religiosos. Para o segundo autor, os valores estéticos ocupam na hierarquia axiológica um lugar intermediário entre os valores de utilidade, de prazer, vitais e morais, por um lado, e os valores cognoscitivos, por outro. Dentro dos valores estéticos, o da Beleza ocupa, além disso, no sistema de Hartmann, um lugar privilegiado: a Beleza é, a seu ver, um valor estético que possui todas as características dos valores, mais algumas de tipo mais específico. Essas características podem ser as seguintes: *a*) A Beleza é independente da Bondade e da Verdade, de maneira que algo pode ser ao mesmo tempo mau, falso e belo, não havendo correlação entre os transcendentais e, portanto, não havendo possibilidade de se admitir que, por exemplo, *verum, bonum et pulchrum convertuntur*. *b*) A Beleza não é um ato ou ação, pois só metaforicamente podemos dizer que uma ação é bela. A Beleza é um valor de um objeto. *c*) A Beleza é algo que aparece, não algo que pode estar escondido (como ocorre às vezes com as ações morais). Ela tem de ser (ou, melhor, de aparecer) aqui e agora. *d*) A Beleza manifesta muitos tipos de relações com os "valores inferiores" e às vezes pode ser confundida com eles. *e*) A Beleza não é o único valor possível (há também, por exemplo, o sublime), mas é o valor estético central. *f*) Os modos de exprimir a Beleza são provavelmente mais numerosos e variados que os modos de expressar outros valores.

↪ Ver as bibliografias dos verbetes ARTE; ESTÉTICA; GOSTO; SUBLIME e VALOR.

Além disso (ou especialmente): Ph.-G. Gauckler, *Le Beau et son histoire*, 1873. — M. Griveau, *Les éléments du beau*, 1892. — Id., *La sphère de beauté*, 1901. — G. Santayana, *The Sense of Beauty, being the outlines of Aesthetic Theory*, 1896; nova ed., 1988. — Lucien Bray, *Du Beau. Essai sur l'origine et l'évolution du sentiment esthétique*, 1901. — F. Clay, *The origin of the Sense of Beauty; Some Suggestions upon the Sources and Development of the Aesthetic Feelings*, 1908. — E. F. Cerritt, *Theory of Beauty*, 1918; 3ª ed., 1962. — W. Schulze-Soelde, *Das Gesetz der Schönheit*, 1925. — W. T. Stace, *The Meaning of Beauty*, 1929. — S. Alexander, *Beauty, and other Forms of Value*, 1933. — F. Mirabent, *De la bellesa. Iniciació als problemes de l'estètica, disciplina filosòfica*, 1936. — Theodor Hackner, *Schönheit. Ein Versuch*, 1936. — F. Medicus, *Vom Wahren, Guten und Schönen*, 1943. — H. Ellsworth Cory, *The Significance of Beauty in Nature and Art*, 1947. — L. Krestovsky, *Le problème spirituel de la beauté et de la laideur*, 1948. — J. Staudinger, *Das*

Schöne als Weltanschauung im Lichte der platonischaugustinischen Geiteshaltung, 1948. — A. Dyroff, *Aesthetik des tätigen Geistes*, 2 vols. (*I. Die Objektivität des Schönen; II. Die Subjektivität des Schönen*), 1948, ed. por W. Szylkarski das obras póstumas de A. Dyroff. — R. Polin, *Du mal, du laid, du faux*, 1948. — H. Osborne, *Theory of Beauty*, 1952. — E. Landmann, *Die Lehre vom Schönen*, 1952. — L. Quatrocchi, *L'idea del Bello nel pensiero di Platone*, 1953. — G. Nebel, *Das Ereignis des Schönen*, 1953. — M. Bense, *Aesthetica. Metaphysische Betrachtungen am Schönen*, 1954. — L. J. Guerrero, *¿Qué es la belleza?*, 1954. — J. L. Jarrett, *The Quest for Beauty*, 1957. — Richard e Gertrud Koebner, *Vom Schönen und seiner Wahrheit. Eine Analyse ästhetischer Erlebnisse*, 1957 [Fenomenologia da forma e do "presente" estéticos]. — Étienne Gilson, *Les arts du beau*, 1963. — M. T. Liminta, *Il problema della bellezza*, 1976. — H. G. Gadamer, *Die Aktualität des Schönen. Kunst als Spiel, Symbol und Fest*, 1977. — M. Mothersill, *Beauty Restores*, 1984. — D. Hubrig, *Die Wahrheit des Scheins. Zur Ambivalenz des Schönen in der deutschen Literatur und Ästhetik um 1800*, 1985. — J. Lacoste, *L'idée de beau*, 1986. — Y. Sepanmaa, *The Beauty of Environment: A General Model for Environmental Aesthetics*, 1986. — S. Chandrasekhar, *Truth and Beauty: Aesthetics and Motivations in Science*, 1987. — A. H. Armstrong, H. Read, *On Beauty*, 1987. — W. Perpeet, *Das Kunstschöne*, 1987. — B. Dörflinger, *Die Realität des Schönen in Kants reinästhetischer Urteilskraft*, 1988. — H. Meyer, *Kunst, Wahrheit und Sittlichkeit*, 1989. — G. Sircello, *Love and Beauty*, 1989. — J. A. Martin, *Beauty and Holiness: The Dialogue between Aesthetics and Religion*, 1990. — Ch. Pries, ed., *Das Erhabene. Zwischen Grenzerfahrung und Grössenwahn*, 1990. — F. Turner, *Rebirth of Value: Mediations on Beauty, Ecology, Religion, and Education*, 1991. — N. Rath, *'Zweite Natur'. Zur Geschichte eines Begriffs vom ausgehenden 18. bis zum ausgehenden 19. Jh.*, 1993. — S. Kemal, I. Gaskell, eds., *Landscape, Natural Beauty and the Arts*, 1993.

Limitamo-nos a obras contemporâneas; para anteriores, ver as dos autores mencionados no texto, arroladas nos verbetes correspondentes ou em outros diversos (por exemplo, GOSTO; SUBLIME).

Para as idéias de Scheler, ver sua *Ética* (cf. verbete sobre SCHELER, MAX); para as de N. Hartmann, ver sua *Estética* (cf. verbete sobre HARTMANN, NICOLAI). ☙

BEM. Falou-se às vezes de 'o bem' — também com maiúscula: 'o Bem' — como se esta expressão designasse alguma realidade ou algum valor. Quando essa realidade ou valor são considerados absolutos, fala-se do Sumo Bem, *summum bonum*. 'Bem' é usado também para designar alguma coisa valiosa, como quando se fala de "um bem" ou de 'bens'. Utiliza-se da mesma maneira 'bem' para indicar que algo é como é devido ('Esta casa está bem', 'Tomás faz as coisas bem').

Muitas vezes, 'o Bem' equivale à 'bondade' quando com esta última palavra se expressa abstratamente toda qualidade boa ('Sem bondade nunca chegaremos a entender-nos') ou quando se trata de indicar abstratamente que algo é como deve ser ('A bondade deste produto faz com que seja muito vendido'). Ao mesmo tempo, 'o Bem', 'a bondade' e 'o bom' (substantivação do adjetivo 'bom') são usados amiúde como sinônimos.

Um exame do significado de 'o Bem', 'a bondade' ou 'o bom' não é alheio a um exame do significado de 'bom' (quando se diz '*x* é bom'). A rigor, muitos autores pensam que este último exame é mais importante que o primeiro, ou até que se trata do único que pode ser executado com proveito, já que os chamados "o Bem", "a bondade" ou "o bom" podem ser unicamente hipóstases, ou reificações, de uma qualidade, propriedade, característica etc. denominada 'bom'.

Entende-se melhor o uso dos termos mencionados quando eles são situados nos contextos apropriados, tal como: 'o Bem se contrapõe ao mal (ou ao Mal)', 'a bondade é rara entre os ruritanos', 'o melhor é inimigo do bom', 'Ricardo é bom', 'esta maçã é boa', 'faz um tempo bom' (bom tempo) etc. Contudo, certos contextos admitem mais de um termo. Assim, 'o Bem se contrapõe ao mal' é equivalente a 'a bondade (ou a Bondade) se contrapõe à maldade'. O mesmo termo também pode ser usado em diversos contextos: 'É uma empada boa', 'É uma boa ação', 'É uma boa pessoa' etc.

Foi muito comum distinguir o sentido moral e o não-moral de 'bom'. Em 'Realizamos uma boa ação', costuma-se entender 'bom' como 'moralmente bom'. Em 'Este pêssego é bom' ou em 'Esta faca é boa', entende-se 'bom' em sentido não-moral. 'Bom' indica então alguma qualidade própria daquilo de que se fala. Alguns autores observam que, justamente por isso, 'bom' em sentido moral não é, propriamente falando, 'bom', ou que então 'bom' pode ser expresso de outros modos: por exemplo, 'gostoso' para o pêssego e 'cortante' para a faca. Esses autores tendem a considerar que se algo é bom o é porque participa de algum modo da bondade, ou do Bem.

Outros autores, em contrapartida, pensam que 'bom' tem um sentido geral, não necessariamente moral e nem mesmo, em alguns casos, especificamente moral. Em *The Varities of Goodness* (1963, pp. 1-18), Georg Henrik von Wright afirma que "a bondade moral não é uma forma do bom assim como certas outras formas básicas dela (...) O chamado sentido *moral* de 'bom' é um sentido derivativo ou secundário". Há grande variedade de sentidos de 'bom', que são os denominados "variedades da bondade". Assim, entre outros, a bondade instrumental, a técnica, a do bem-estar, a benéfica, a utilitária, a hedonista, a da benevolência etc. Não é fácil ver o que essas formas de bondade têm em comum, mas não é uma essência genérica nem tampouco uma "semelhança familiar". A bondade moral se explica, segundo o autor citado, em termos de outras formas de bondade; um ato é moralmente bom quando tem um caráter benéfico (ou proveitoso), e um ato é moralmente mau quando tem um caráter maléfico (ou prejudicial) (*op. cit.*, p. 119).

Estudaremos a seguir diversos modos como foi concebido o Bem (expressão que usamos, acompanhando a tradição, como abreviatura cômoda de diferentes modos de exprimir o ser bom, o que é bom, a bondade etc.). Mais que considerar diversas acepções de 'o Bem' (ou 'é bom', 'a bondade' etc.), distinguindo cada uma delas das outras, consideraremos diversas concepções filosóficas, cada uma das quais apresenta com freqüência diversas acepções.

1) Pode-se estudar "o problema do Bem" do ponto de vista de uma análise do significado de 'bom'. Se por 'bom' se entende 'o Bom' ou 'o Bem', a análise consiste em averiguar que predicados podem lhe convir. Em geral, este uso de 'bom' ou 'o bom' consiste em adscrever-lhe um único predicado, o que equivale a transformar 'o bom' em 'o único bom', como quando se diz, por exemplo, 'o único bom é o prazer', 'o único bom é a boa vontade', 'o único bom é a adaptação da espécie ao meio' etc. Pode-se discutir então se o predicado adscrito a 'o bom' é ou não justo, mas em todo caso admite-se que 'o bom' é definível.

O problema é se 'bom' é ou não definível quando usado como adjetivo. Duas doutrinas se confrontam a esse respeito. Um grupo de doutrinas afirma que 'bom' em frases como '*x* é bom' pode ser analisado (ou definido) mediante algum predicado, mais ou menos específico, como '*x* é desejável' ou '*x* é perfeito (em seu gênero)', '*x* está adaptado à função que lhe compete exercer' etc. A maioria das teorias sobre o significado de 'bom' admite a possibilidade de análise ou definição desse termo. Outras teorias, e muito particularmente a de G. E. Moore — que afirma ter seguido a esse respeito Henry Sidgwick em *Methods of Ethics* (I, iii, § 1) —, sustentam que 'bom' é indefinível ou não-analisável e que afirmar o contrário equivale a proclamar que 'bom' é um predicado natural. Em *Principia Ethica* (cap. I, especialmente §§ 6-10 e § 14), Moore indica que 'o bom' é definível, mas que 'bom' não o é. 'Bom' é o mesmo que 'bom', porque 'bom' é uma noção simples, num sentido semelhante a como 'amarelo' é simples. A diferença entre 'amarelo' e 'bom' reside na forma como cada um é apreendido; alguns autores afirmaram que o último é apreendido só "intuitivamente". Em todo caso, 'bom' não denota nenhuma propriedade natural; se assim ocorresse, ele poderia ser definido mediante outras propriedades, mas, como de qualquer delas se poderia perguntar se é ou não boa, nunca se chegaria a uma definição satisfatória de 'bom'. Pensar que se pode chegar a uma definição satisfatória em termos de um predicado natural é, segundo Moore, cometer "a falácia naturalista" (VER). "Assim, 'bom', se com isso queremos indicar essa qualidade que afirmamos pertencer a uma coisa quando dizemos que a coisa é boa, não é suscetível de nenhuma definição no sentido mais importante desta palavra. O sentido mais importante de 'definição' é aquele no qual uma definição indica que partes compõem invariavelmente certo todo, e neste sentido 'bom' não tem definição, porque é simples e não tem partes." Com 'bom' comete-se o mesmo tipo de falácia que com 'amarelo'. Embora caiba dizer que há vibrações de luz que estimulam o olho em estado normal de modo que este perceba a cor amarela, isto não é o que 'amarelo' quer dizer, mesmo que possamos dizer que essas vibrações são o que no espaço corresponde ao amarelo que percebemos. De maneira similar, "pode ser certo que todas as coisas que são boas sejam *também* alguma outra coisa, assim como é certo que todas as coisas que são amarelas produzem certo tipo de vibração na luz. E o fato é que a ética se propõe descobrir quais são essas outras propriedades que pertencem a todas as coisas que são boas. Mas demasiados filósofos pensaram que quando nomeavam essas outras propriedades estavam definindo efetivamente 'bom'; que essas propriedades eram, de fato, não simplesmente 'outras', mas absoluta e inteiramente o mesmo que a bondade".

2) Em 1), considerou-se o Bem — ou melhor, "o bom" e "bom" — tanto do ponto de vista dos termos usados como da perspectiva dos conceitos; de algum modo, manter que 'bom' é definível ou não-definível é dizer algo acerca do conceito de "bom". Não obstante, pode-se destacar mais ainda o aspecto conceitual de 'o Bem' e de 'bom' e perguntar então como são entendidos os conceitos correspondentes. Se se entendem como fenômenos mentais — como o que alguém pensa quando pensa no Bem, no "bom" ou em algo "bom" —, tende-se a defender alguma teoria chamada "subjetiva". As averiguações pertinentes podem ser então psicológicas e até adotar a forma de questionários. Se se entendem os conceitos como "objetos formais", distintos tanto de fenômenos mentais como de coisas reais, tende-se a defender alguma teoria chamada "objetiva", no sentido de "objetivo-formal".

3) Quando o Bem é considerado algo real, convém precisar o *tipo* de realidade ao qual se adscreve. É necessário, portanto, saber se se entende o Bem como um *ente* — ou um ser —, como uma *propriedade de um ente* — ou de um ser — ou como um *valor*. Mas, após ter esclarecido este ponto, é ainda conveniente saber de *que realidade* se trata. Três opiniões distintas se confrontaram — e com freqüência se misturaram — a esse respeito: *a)* o Bem é uma realidade *metafísica*; *b)* o Bem é algo *físico*; *c)* o Bem é algo *moral*.

4) Considerado como algo real, o Bem foi entendido ou como *Bem em si mesmo* ou como *Bem relativamente a outra coisa*. Esta distinção se acha já em Aristóteles quando ele distingue (*Eth. Nich.*, I 1, 1094 a 18) entre o Bem puro e simples, ἀγαθὸν ἁπλῶς, e o Bem para alguém ou por algo, ἀγαθόν τινι, ἀγαθὸν δι' ἄλλο. Aristóteles assinala que o primeiro é preferível ao segundo, mas deve-se levar em conta que o Bem puro e simples nem sempre equivale ao Bem absoluto; ele designa um Bem mais independente que o Bem relativo. Assim, Aristóteles diz que recuperar a saúde é melhor que sofrer uma amputação, pois o primeiro é bom absolutamente, e o segundo o é apenas para o que tem necessidade de ser amputado (*Top.*, III, 1, 116 b 7-10). A distinção em questão foi adotada por muitos escolásticos no que denominavam a divisão do bem segundo várias razões acidentais; de acordo com isso, há o *bonum simpliciter* ou *bonum per se*, e o *bonum secundum quid, bonum cui, bonum per accidens*. Conseqüência dessas doutrinas é a negação de que o Bem seja exclusivamente uma substância ou realidade absoluta. Aristóteles e muitos escolásticos rejeitavam, por conseguinte, a doutrina platônica (e depois, *às vezes*, plotiniana) do Bem como Idéia absoluta, ou Idéia das Idéias, tão elevada e magnífica que, a rigor, se encontra, como disse Platão, "para além do ser", ἐπέκεινα τῆς οὐσίας, de tal modo que as coisas boas o são então unicamente *enquanto* participações do único Bem absoluto. Com efeito, na concepção aristotélica se pode dizer que o bem de cada coisa não é — ou não é *só* — sua participação no Bem absoluto e separado, mas que cada coisa pode ter seu bem, isto é, sua perfeição.

5) O Bem em si mesmo é equiparado amiúde ao Bem metafísico. Neste caso, costuma-se dizer que o Bem e o Ser são uma única e mesma coisa de acordo com as célebres teses — *Quaecumque sunt, bona sunt* (Sto. Agostinho, *Conf.*, VII, 12) e *omne ens inquantum ens est, est bonum* (Sto. Tomás, *S. Theol.*, I, q. V, a. 3 ad. 3; cf. também *De verit.* q. I, a. 1) — admitidas pela maioria dos filósofos medievais. *Interpretada* de modo radical, essa equiparação tem por resultado a negação de entidade ao mal, mas, tendo em vista evitar as dificuldades que isso suscita, foi muito freqüente definir o mal (VER) como *afastamento* do ser e, por conseguinte, do Bem. O Bem aparece então como uma luz que ilumina todas as coisas. Num sentido estrito, o Bem é, pois, Deus, definido como *summum bonum*. Mas, num sentido menos estrito, participam do Bem as coisas criadas e em particular o homem, especialmente quando este atinge o estado da fruição de Deus. Quando esta concepção é elaborada filosoficamente, o Bem é definido como um dos transcendentais (ver TRANSCENDENTAL, TRANSCENDENTAIS), com o conhecido resultado de o Bem ser considerado *convertível* com o Ser, com o Verdadeiro e com o *Uno* (*ens bonum verum unum convertuntur*). É preciso observar, contudo, que esta última proposição, embora tenha um alcance teológico, está formulada na linguagem da metafísica (*bonum et ens sunt idem secundum rem: sed differunt secundum rationem tantum*: Sto. Tomás, *loc. cit.*). Com efeito, a linguagem em que se costuma exprimir essa convertibilidade é "formal", no sentido que essa expressão tem quando se diz de Sto. Tomás de Aquino — como dizia Cajetano — que *semper formaliter loquitur*. Tal linguagem torna possível falar do bem de cada coisa como sua perfeição, dando-se o nome de *summum bonum* propriamente apenas ao *ens realissimum*, isto é, a Deus.

6) A concepção do Bem como bem metafísico não exclui sua concepção como bem moral; pelo contrário, a inclui, mesmo que o Bem metafísico pareça gozar sempre de certa preeminência, especialmente na ontologia clássica. O mesmo podemos dizer da filosofia kantiana, por mais que nesta fique *invertida* a citada preeminência. Com efeito, se somente a boa vontade pode ser denominada algo bom sem restrição, o Bem moral aparece como o Bem supremo. O salto da razão teórica à razão prática e o fato de que as grandes afirmações metafísicas de Kant sejam postulados desta última razão explicam a relação peculiar entre o Bem metafísico e o Bem moral no âmbito de seu sistema.

7) Quando o Bem moral é enfatizado acima das outras espécies de bens, surgem vários problemas. Eis dois que consideramos fundamentais.

Em primeiro lugar, trata-se de saber se o Bem é algo *subjetivo* ou algo que existe *objetivamente*. Muitas filosofias admitem as duas possibilidades. Assim, Aristóteles e grande número de escolásticos definem o bem como algo que é apetecível, e, nesse sentido, parecem tender ao subjetivismo. Entretanto, deve-se observar que isso representa apenas um primeiro estágio na definição do Bem. Com efeito, ato contínuo se indica que o Bem é algo *apetecível* porque há *algo* apetecível. O Bem é por esse motivo "o que todas as coisas apetecem", como diz Santo Tomás (*S. Theol.*, I, q. V, 1 c), porque constitui o termo (o "objeto formal") da aspiração. Isso permite solucionar o conflito suscitado por Aristóteles (no começo da *Ética a Nicômaco*) quando este se pergunta se se deve considerar o Bem como idéia de uma certa coisa separada, que subsiste isoladamente por si, ou então como algo que se encontra em tudo o que existe e pode ser chamado o Bem comum e real. Tomada num sentido demasiado literal, a distinção apontada nos dá, com efeito, duas formas do Bem que nunca parecem tocar-se. Mas, se o Bem é *algo* que *apetecemos*, não poderá haver separação entre o que está entre nós e o que está fora de nós; o Bem será ao mesmo tempo imanente e transcendente. Em contrapartida, autores como Spinoza (que derivou grande parte de sua concepção dos estóicos) consideraram o Bem algo subjetivo, não só por ter insistido na idéia de que o bom de cada coisa é a conservação e persistência em seu ser, mas também por ter escrito expressamente (*Eth.*, III, prop. ix, schol.) que "não nos movemos, queremos, apetecemos ou desejamos algo porque julgamos que é bom, mas julgamos que é bom porque nos movemos na direção desse algo, nós o queremos, apetecemos e desejamos". Muitas das chamadas morais subjetivas, tanto antigas como modernas, poderiam tomar como lema a citada frase de Spinoza. Pelo contrário, outras filosofias destacam a independência do Bem em relação às nossas apetências, mesmo que reconheçam que o Bem é apetecível: o platonismo figura entre elas. Em geral, é difícil dar exemplos de concepções extremas quanto a esse problema; muitas das doutrinas podem ser consideradas ao mesmo tempo subjetivas e objetivas. Por fim, outras parecem achar-se fora desse dilema. Este é o caso de Kant, pois por um lado a boa vontade parece ser um querer e, por conseguinte, uma apetência, mas por outro lado essa boa vontade, quando pura, é independente de toda apetência e se rege unicamente por si mesma. É curioso comprovar que parece haver analogias entre a definição escolástica do Bem como objeto formal da vontade e a boa vontade kantiana, muito embora essas analogias desapareçam tão logo consideramos as respectivas ontologias que subjazem a cada uma de tais teorias, para não falar das diferenças fundamentais no que diz respeito à idéia da relação entre o ético e o religioso. Em todo caso, é difícil conciliar o caráter autônomo da ética kantiana com o caráter heterônomo e às vezes teônomo da ética tradicional (ver AUTONOMIA; BOA VONTADE).

Em segundo lugar, trata-se de saber que entidades são julgadas boas. As morais chamadas materiais consideram que o Bem só pode achar-se incorporado a realidades concretas. Assim ocorre quando se diz que o bom é o deleitável, ou o conveniente, ou o honesto, ou o correto, ou o útil (para a vida) etc. É necessário observar que os escolásticos não rejeitavam essa condição do Bem quando consideravam que o bom se divide, com uma divisão quase essencial — como a divisão do análogo em seus analogados —, em diversas regiões determinadas pela razão de apetecibilidade, de maneira que, com efeito, se pode dizer do bom que é útil, ou que é honesto, ou que é agradável etc. Mas, enquanto entre os escolásticos isto era o resultado de uma divisão do Bem, entre os partidários mais estritos das morais materiais o Bem se reduz a uma ou a várias dessas espécies de bens. As morais chamadas formais (especialmente a de Kant) insistem, em contrapartida, no fato de que a redução do Bem a *um* bem ou a *um tipo* de *bens* (em particular de bens *concretos*) transforma a moral em algo relativo e dependente. Há, de acordo com isso, tantas morais materiais quanto gêneros de bens, mas, em compensação, existe apenas uma moral formal. As morais materiais alegam contra isso que a moral puramente formal é vazia e não pode formular nenhuma lei que não seja uma tautologia (ver IMPERATIVO).

8) Uma divisão menos importante do Bem, quando considerado material e moralmente, é a que os sofistas introduziram e que foi apresentada por Aristóteles na já citada passagem de *Top.*: o Bem pode ser natural ou convencional. Costuma-se avaliar que o Bem natural é universal e inalterável, mas em princípio não está excluído que possa mudar. Os partidários da universalidade e inalterabilidade do Bem (como os estóicos) alegam que sua natureza é sempre a mesma; os defensores da mudança (evolucionistas) afirmam que o Bem está submetido ao mesmo desenvolvimento que a Natureza. O Bem enquanto convencional é sempre avaliado como relativo, ao menos como relativo a determinada sociedade, a certo período histórico, a certa classe social etc. Contudo, a concepção do Bem (ou dos bens) do ponto de vista convencionalista nem sempre é equivalente a um historicismo; este último, com efeito, pode considerar absolutos no âmbito de cada período os bens correspondentes.

9) O Bem moral (e ocasionalmente o metafísico) pode ser tido como objeto da razão, da intuição ou da vontade. Essas três concepções nem sempre são incompatíveis entre si. Foram dados, com efeito, muitos exemplos de combinação entre a tese racionalista e a voluntarista, embora quase sempre se tenha procurado subordinar uma à outra. Assim, a tese de que o Bem é o objeto formal da vontade não exclui o uso da razão, e a tese de que o Bem é apreendido mediante a razão não exclui que seja também objeto da vontade. Por outro lado, quando a razão foi entendida como uma possibilidade de apreensão direta da mente, pôde-se harmonizar o Bem como objeto da razão e como objeto da intuição. O caso é diferente, contudo, quando a intuição foi entendida como intuição emocional. Assim, as doutrinas morais de Brentano, Scheler, N. Hartmann e outros autores se opuseram também ao racionalismo e ao voluntarismo dos bens. Scheler, especialmente, apresentou esta concepção com extrema clareza e radicalismo ao insistir que há uma possibilidade de apreensão intuitivo-emocional das realidades que se qualificam de boas e más, e que essa apreensão é *a priori*, apesar de referir-se a realidades "materiais", isto é, concretas e não vazias.

10) Isso nos leva a um último problema: o [3] do *tipo* de realidade do Bem, já antes apontado. Como vimos, pode-se considerar o Bem como um ser, como a propriedade de um ser ou como um valor. O habitual nas ontologias denominadas clássicas é a primeira opinião, mesmo que se reconheça que quando se fala do ser *como* realidade não se *enuncia* dele o mesmo que quando se fala do ser *como bondade*. Nas ontologias modernas é mais comum a segunda opinião, que foi levada a suas últimas consequências no que qualificamos de concepção semântica: 'bem' é então um termo que pode substituir 'bom' em '*x* é bom'. É muito corrente em várias éticas contemporâneas a terceira opinião; para entendê-la, é preciso ver o que observamos no

verbete sobre o valor (VER). Segundo essas concepções, o Bem é irredutível ao ser, mas é preciso levar em conta que nesse tipo de doutrinas se fala do Bem às vezes como *um* dos valores morais e às vezes como da preferência por *quaisquer* valores positivos. Max Scheler e Nicolai Hartmann são os principais representantes desta última posição, que caracteriza a chamada "ética axiológica" (ver AXIOLOGIA). Scheler critica Kant, pois embora este tivesse razão ao supor que há um bem material que é "matéria da vontade" — o que vem a ser o mesmo que supor que "bom" e "mau" são matérias do ato que se executa, o qual é um ato voluntário —, equivocava-se ao insistir em que o bom ou o bem são objetos do dever, motivo pelo qual é preciso realizar "o Bem" por si mesmo. Kant cai, portanto, na opinião de Scheler, no farisaísmo (*Der Formalismus in der Ethik und die materiale Wertethik*, I, 1913; 4ª ed., rev., em *Gesammelte Werke*, II, p. 49; há trad. esp.: *Ética*, 1941). Segundo Scheler, o bem e o mal são valores (e, é claro, "desvalores") "materiais", isto é, que possuem um conteúdo, mesmo que, como de resto Kant reconheceu, sejam distintos das *coisas* valiosas. Scheler enfatiza que há atos mediante os quais preferimos alguns valores a outros, que são então "postergados". A preferência e a postergação são atos cognoscitivos e, neste sentido, eticamente neutros. Mas a realização ou a não-realização dos valores preferidos ou postergados são atos "morais" (ou "imorais"). Assim, um ato moralmente bom é um ato mediante o qual se realiza um valor preferido. Como "a superioridade de um valor nos é dada no ato de 'preferir', e a inferioridade do valor no ato de 'postergar', cabe considerar moralmente bom o ato que realiza um valor quando coincide com o conteúdo valorativo que se preferiu e se opõe a um conteúdo valorativo que se rejeitou" (*op. cit.*, II, 48). Condição necessária para se manter essa doutrina é a idéia da organização hierárquica dos valores e, evidentemente, a idéia de que os valores são irredutíveis a outras realidades. O bem, pois, aparece aqui como irredutível, embora não necessariamente oposto, a toda outra forma de realidade.

As análises anteriores não pretendem esgotar todos os problemas suscitados pela noção do Bem. Elas tampouco pretendem acentuar todas as dificuldades que cada uma das concepções mencionadas apresenta. Mas pode-se perguntar se não há alguns pressupostos últimos dos quais dependam as principais teorias éticas. Pode-se responder que eles existem e que são os pressupostos que correspondem a uma doutrina dos universais (VER). Com efeito, quaisquer que sejam as teses admitidas, dever-se-á sempre aceitar ou uma concepção nominalista ou uma concepção realista, ou ainda uma concepção intermediária entre nominalismo e realismo do Bem ou dos bens. O nominalismo extremo do Bem o reduz a uma expressão lingüística; o realismo extremo o define como um absoluto metafísico. Como o nominalismo extremo não permite falar do Bem, e como o realismo extremo torna impossível considerar qualquer coisa exceto o Bem enquanto bom, o plausível é adotar uma posição intermediária. Mas é inevitável adotar uma posição nessa controvérsia, e, como toda posição na doutrina dos universais é o resultado ou de uma decisão prévia ou de uma ontologia prévia, resulta que a definição do Bem dada — na medida em que se efetue no nível filosófico e sejam suspensas tanto as "crenças" como as conveniências — é em última análise o fruto de uma decisão ou de uma ontologia. Isso não significa que essa decisão ou essa ontologia tenham de ser arbitrárias; significa que são primárias e precedem na ordem das razões toda elucidação acerca do Bem.

⊃ Sobre o bem, tanto em sentido moral como metafísico: C. Stumpf, *Das Verhältnis des platonischen Gottes zur Idee des Guten*, 1869. — C. Trivero, *Il problema del Bene*, 1907. — Hastings Rashdall, *The Theory of Good and Evil*, 1907 (inspirado em F. H. Bradley). — K. B. R. Aars, *Gut und Böse*, 1907. — P. Häberlin, *Das Gute*, 1926. — H. J. Paton, *The Good Will: A Study in the Coherence Theory of Goodness*, 1927. — W. D. Ross, *The Right and the Good*, 1930. — H. Reiner, *Der Grund der sittlichen Bildung und das sittliche Gute*, 1932. — W. Monod, *Le Problème du Bien. Essai de Théodicée et Journal d'un Pasteur*, 3 vols., 1934. — L. Nutrimento, *La definizione del Bene in relazione al problema dell'ottimismo*, 1936. — C. E. M. Joad, *Good and Evil*, 1943. — A. C. Ewing, *The Definition of the Good*, 1947. — R. B. Rice, *On the Knowledge of Good and Evil*, 1955. — E. Dupréel, J. Leclercq, R. Schottlaender, artigos sobre a noção de bem em *Revue Internationale de Philosophie*, n. 38 (1956), 385-414. — Brand Blanshard, *Reason and Goodness*, 1961 [Gifford Lectures, 1952-1953]. — Georg Henrik von Wright, *The Varieties of Goodness*, 1963 [Gifford Lectures, 1960]. — Helmut Kuhn, *Das Sein und das Gute*, 1962. — Richard Taylor, *Good and Evil: A New Direction*, 1970. — H. J. McCloskey, *Good and Evil*, 1974. — R. B. Brandt, *A Theory of the Good and the Right*, 1979. — W. A. Galston, *Justice and the Human Good*, 1980. — J. W. Lidz, ed., *Philosophy, Being, and the Good*, 1983. — R. Taylor, *Good and Evil. A New Direction: A Forceful Attack on the Rationalistic Tradition in Ethics*, 1984. — J. P. Dougherty, ed., *The Good Life and Its Pursuit*, 1984. — M. E. Marty, *Being Good and Doing Good*, 1984, ed. A. H. Jashmann. — F. Pawelka, *Warum ist der Mench gut und böse? Die Naturgeschichte von Gut und Böse und die christliche Ethik*, 1987. — R. B. Douglass, *Liberalism and the Good*, 1990. — E. F. Paul, F. D. Miller, J. Paul, eds., *The Good Life and the Human Good*, 1992.

Análises: F. E. Sparshott, *An Enquiry into Goodness*, 1958. — Paul Ziff, *Semantic Analysis*, 1960. — Georg Henrik von Wright, *op. cit. supra*. (Cf. também obras de autores da escola "emotivista" [C. L. Stenvenson *et al.*] em ÉTICA.)

Ver também uma bibliografia dos verbetes MAL e TEODICÉIA. Para a significação do termo 'bem' ou 'o bom', ver também a bibliografia de ÉTICA e MORAL.

Para a idéia do bem em vários autores e tendências: A. Kastil, *Die Frage nach der Erkenntnis des Guten bei Aristoteles und Thomas*, 1900. — J. de Munter, *Studie over de zedelije Schoonheid en Goedheid bij Aristoteles*, 1932. — Eugene E. Ryab, *The Notion of Good in Books Alpha, Beta, Gamma, and Delta of the Metaphysics of Aristotle*, 1961. — E. Grumach, "Physis und Agathon in der alten Stoa", *Problemata*, 7 (1932). — H. Luckey, *Die Bestimmung von "gut" und "böse" bei Thomas von Aquin*, 1930. — Albert Heinekamp, *Das Problem des Gutes bei Leibniz*, 1969. — H.-G. Gadamer, *Die Idee des Guten zwischen Plato und Aristoteles*, 1978. — D. J. Depew, ed., *The Greeks and the Good Life: Proceedings from the Ninth Annual Philosophy Symposium at California State*, 1980. — M. Riedinger, *Das Wort 'gut' in der angelsächsischen Metaethik*, 1984 [Moore, Ayer, Hare *et al.*]. — J. M. Cooper, *Reason and Human Good in Aristotle*, 1986. — J. J. E. Gracia, *The Metaphysics of Good and Evil According to Suárez*, 1989. — G. Graham, *Living the Good Life: An Introduction to Moral Philosophy*, 1990. ⊃

BEM COMUM. A partir do momento em que se suscitou o problema da natureza da sociedade humana agrupada em Estados que podem, ou devem, proporcionar a seus membros um bem ou uma série de bens para facilitar sua subsistência, bem-estar e felicidade, levantou-se a questão ulteriormente denominada do "bem comum". No âmbito do pensamento filosófico grego, portanto, encontramos já a questão do bem comum nas discussões dos sofistas e em Platão. Não obstante, se se avalia, com Platão (*Rep.* IV) que tal bem comum transcende os bens particulares na medida em que pelo menos a felicidade global ou do Estado deve ser superior à felicidade dos indivíduos, e até certo ponto independente dela, então a questão do bem comum carece de uma dimensão essencial: a do modo de participação dos membros do Estado no bem comum.

Esta última dimensão foi abordada por Aristóteles (*Pol.* III) quando este indicou que a sociedade organizada num Estado tem de proporcionar a cada um dos membros o necessário para seu bem-estar e para sua felicidade como cidadão. Por isso, é usual remontar ao Estagirita como o primeiro a tratar formalmente do problema do bem comum. Esse problema foi retomado pelos escolásticos, e em particular por Santo Tomás, que o elucidou amplamente (em *S. theol.*, I-II q. XC, e em *De regimine principum*, I, 1, entre outros lugares). Seguindo Aristóteles, Santo Tomás afirmou que a sociedade humana enquanto tal tem fins próprios, que são "fins naturais", os quais devem ser atendidos e realizados. Os fins espirituais e o bem supremo não são incompatíveis com o bem comum da sociedade enquanto tal; eles pertencem a outra ordem. É preciso estabelecer como as duas ordens se relacionam, mas não tendo como base a mera destruição de uma delas.

A questão do bem comum foi amplamente esclarecida por outros escolásticos (por exemplo, Egídio Romano e Francisco Suárez) e por não poucos autores modernos. Diante da tendência a subordinar de maneira demasiado radical a ordem natural e temporal à ordem divina e espiritual, certos escritores modernos adotaram o ponto de vista inverso, considerando o bem comum do Estado como o único bem possível. Isso levou certos pensadores contemporâneos, como Jacques Maritain (*La personne et le bien commum*, 1946), a considerar que o afã "reducionista" — o que reduz o bem temporal ao espiritual ou vice-versa — é conseqüência de se ter esquecido a distinção entre o indivíduo e a pessoa. O indivíduo pode, e deve com freqüência, sacrificar-se pelo bem comum natural e, ao mesmo tempo, aproveitar-se dele para os fins terrenos; a pessoa, em contrapartida, é uma entidade de natureza em última instância espiritual, que se subtrai em muitos casos aos requisitos da ordem natural estatal. O bem comum, em suma, é coisa dos indivíduos, mas não necessariamente das pessoas. Porém, na medida em que as pessoas se incorporam e se manifestam em indivíduos que são membros de uma sociedade, deve-se supor que há também certa relação entre o ser pessoal e o bem comum natural do Estado.

⊃ Além dos textos citados *supra*, ver: K. Keibach, *Das Gemeinwohl und seine ethische Bedeutung*, 1928. — G. Gonella, *La nozione di bene comune*, 1938. — Charles de Koninck, *De la primauté du bien commun contre les personalistes. Le principe de l'ordre nouveau*, 1945. — Luciano Pereña, *Hacia una sociología del bien común*, 1955. — Juan Zaragüeta, *Problemática del bien común*, 1956. — C. P. Lutz, ed., *Gods, Goods, and the Common Good: Eleven Perspectives on Economic Justice in Dialog with the Roman Catholic Bishops' Pastoral Letter*, 1987. — G. Feaver, F. Rosen, eds., *Lives, Liberties and the Public Good: New Essays in Political Theory*, 1987. — S. I. Udoidem, *Authority and the Common Good in Social and Political Philosophy*, 1988. — C. M. Sherover, *Time, Freedom, and the Common Good: An Essay in Public Philosophy*, 1989. — D. Schmidtz, *The Limits of Government: An Essay on the Public Good Arguments*, 1991. — E. Fishman, ed., *Public Policy and the Public Good*, 1991.

Sobre o bem comum em Santo Tomás: S. Michel, *La notion thomiste du bien commum. Quelques-unes de ses applications juridiques*, 1932. — A. P. Verpaalen, *Der Begriff des Gemeinwohls bei Thomas von Aquin*, 1954. — J. Newman, *Foundations of Justice: A Historico-Critical Study in Thomism*, 1954. ⊃

BEN. Ver IBN.

BENDA, JULIEN. Ver BERGSONISMO.

BENEKE, FRIEDRICH EDUARD (1798-1854). Nascido em Berlim. *Privatdozent* na Universidade dessa capital, foi-lhe negada a autorização para lecionar (1822), provavelmente por sua oposição a Hegel. Ele mudou-se sucessivamente para Leipzig, Göttingen e voltou a Berlim, onde lecionou depois da morte de Hegel. Adversário do idealismo especulativo pós-kantiano e seguidor em parte da filosofia inglesa, ele considerou a psicologia como a ciência filosófica fundamental, encarregada de analisar o fundamento e a validade dos conhecimentos. Mas a psicologia não consiste para Beneke numa investigação das faculdades, e sim num exame da experiência interna com os métodos da ciência natural. Na experiência psicológica, são dados os princípios que a razão utiliza como universalmente válidos e que devem ser submetidos, por sua vez, a uma inspeção ulterior. Enquanto o saber que se tem da realidade externa como tal é incerto, a experiência interna oferece o psíquico tal como é em si, em sua totalidade. A análise do psíquico mostra que em todo acontecer deste tipo intervêm faculdades primárias e elementares cuja relação com os estímulos externos produz as representações. Estas podem ser conscientes ou desaparecer sob o umbral da consciência, permanecendo ali como marcas que ressurgem em função de uma renovação dos estímulos apropriados. A psicologia como ciência natural é, ao mesmo tempo, o fundamento da lógica como arte do pensar e, de certo modo, como arte de descoberta. Em suas idéias éticas, Beneke procurou fazer uma síntese das tendências da filosofia inglesa, particularmente das direções tomadas por Shaftesbury e Bentham, transformando a lei moral no produto de uma abstração dos juízos subjetivos que, não obstante, possuem uma objetividade própria por sua coincidência em todos os homens uma vez deduzidas as diferenças produzidas pelas circunstâncias particulares concorrentes em cada juízo. O pensamento de Beneke influenciou sobretudo por sua parte psicológica e por sua pedagogia, inteiramente baseada na psicologia.

➲ Principais obras: *Erfahrungsseelenlehre als Grundlage alles Wissens*, 1820 (*Doutrina empírica da alma como fundamento de todo saber*). — *Grundlegung zur Physik der Sitten*, 1822 (*Bases para a física dos costumes*). — *Neue Grundlegung zur Methaphysik*, 1822 (*Nova base para a metafísica*). — *Lehrbuch der Logik als Kunstlehre des Denkens*, 1832 (*Manual de lógica como arte do pensar*). — *Lehrbuch der Psychologie als Naturwissenschaft*, 1833 (*Manual de psicologia como ciência natural*). — *Erziehungs- und Unterrichtslehre*, 1833 (*Teoria da educação e da instrução*). — *Grundlinien des natürlichen Systems der praktischen Philosophie*, 3 vols., 1837-1840 (*Linhas fundamentais do sistema natural da filosofia prática*). — *System der Metaphysik und Religionsphilosophie*, 1840 (*Sistema de metafísica e de filosofia da religião*). — *System der Logik als Kunstlehre des Denkens*, 1842 (*Sistema de lógica como arte do pensar*). — *Pragmatische Psychologie oder Seelenlehre in der Anwendung auf das Leben*, 1850 (*Psicologia pragmática ou teoria da alma em sua aplicação à vida*).

Ver: A. Weber, *Kritik der Psychologie von Beneke*, 1872. — J. Friedrich, *Die Sittenlehre F. E. Benekes*, 1892. — Fr. B. Brand, *F. E. Beneke, the Man and his Philosophy*, 1895. — Otto Gramzow, *F. E. Benekes Leben und Philosophie*, 1899. — A. Wandschneider, *Die Metaphysik Benekes*, 1903. — Fr. David, *Das Problem der Willensfreiheit bei Beneke*, 1904. — E. Samuel, *Die Realität des Psychischen bei Benekes*, 1907. — A. Kempen, *Benekes Religionsphilosophie*, 1914. — P. Rausch, *Genetische Darstell– ung der ethischen Theorie F. E. Benekes*, 1927 (tese). ⊂

BENEVOLÊNCIA. Ver COMPAIXÃO; HUTCHESON, FRANCIS; SIMPATIA.

BENEYTO, R. Ver TABELAS (MÉTODO DE).

BENJAMIN A. CORNELIUS. Ver OPERACIONALISMO; VAGUIDADE.

BENJAMIN, WALTER (1892-1940). Nascido em Berlim, estudou nas Universidades de Berlim, Friburgo e Berna. Doutorou-se nesta última Universidade com uma tese sobre a crítica da arte no romantismo alemão (1920). Em 1925, a Universidade de Frankfurt rejeitou seu "Habilitationsschrift" sobre a origem da tragédia alemã. Amigo de Gershom Scholem e de Ernst Bloch, Benjamin interessou-se pela mística e pela teologia judaicas. Embora hostil ao neokantismo, reconheceu a influência exercida sobre ele por Heinrich Rickert. Deve-se ter também em mente a influência de Lukács, bem como sua participação na vida intelectual e literária alemã e francesa, especialmente depois que passou a residir em Paris, "capital do século XIX". Em contato com Horkheimer e Adorno em Frankfurt, colaborou nos trabalhos do Instituto de Investigação Social. É considerado por isso um dos "frankfurtianos" (ver FRANKFURT [ESCOLA DE]). Contudo, suas relações com os líderes da Escola foram complexas e difíceis. Benjamin nunca conseguiu uma incorporação acadêmica "normal". Além disso, houve numerosos motivos de desacordo com Horkheimer e especialmente com Adorno: por diferenças de temperamento; por suas reações diferentes a Brecht; por sua avaliação oposta da música; pelos modos diversos de entender o materialismo histórico. Benjamin negou-se a acompanhar os demais frankfurtianos em seu exílio nos Estados Unidos e preferiu permanecer em Paris. Quando a França foi invadida pelo exército nazista, mudou-se para o sul, disposto enfim a emigrar para a América, mas, tendo-se fechado naquele momento a fronteira espanhola, suicidou-se em Portbou com uma dose de morfina.

A obra filosófica de Benjamin não consiste em teses ou em argumentos, mas em apontamentos, intuições e perfis; constitui antes uma "atmosfera" que um sistema de idéias. Ela se manifesta sobretudo por meio de reflexões e "iluminações" sobre obras de arte, textos e ambientes. Central nessa obra é a noção do poder "nominativo" e criador da linguagem. Benjamin parece procurar recuperar uma língua original, anterior a toda babelização prévia, inclusive a todo discurso e a toda comunicação. O marxismo indicou o caminho ao evidenciar a decomposição da sociedade burguesa e ao revelar todas as injustiças do passado. A despeito da influência de Lukács, Benjamin opôs-se ao realismo deste e defendeu a atividade artística como uma antecipação utópica. A arte de vanguarda exprime com particular vigor esse movimento de antecipação. Entretanto, Benjamin não pensava numa utopia dentro da história. A utopia coincide, a rigor, com a "origem". Esta não é um passado histórico, mas um momento presente eterno, um "tempo do agora" (*Jetztzeit*), que deve justificar e redimir todos os tempos e todas as injustiças. Isso distingue o "presente" da mera repetição mecânica em que se encontra imersa a cultura, e especificamente a cultura artística, burguesa. Na repetição e na reprodução mecânicas, a arte perde sua autenticidade. Curiosamente, repetição e reprodução são manifestações de historicismo (de resto, a filosofia da época burguesa). O historicismo tem um único plano; é unidimensional. A antecipação utópica e a regressão originária ligadas ao materialismo histórico têm uma multiplicidade de dimensões e de interpretações: têm aura, correspondências e ressonâncias, que caracterizam o próprio estilo de Benjamin.

➲ Obras: o título da tese de B. é *Der Begriff der Kunstkritik in der deutschen Romantik* (1920). — *Goethes Wahlverwandtschaften*, 1924 (*As afinidades eletivas de Goethe*). — O mencionado "Habilitationsschrift" intitula-se *Der Ursprung des deutschen Trauerspiel* e foi publicado em 1928. — *Das Kunstwerk im Zeitalter seiner technischen Reproduzierbarkeit*, 1936 (*A obra de arte na época de sua reprodutibilidade técnica*). — A maioria dos escritos de B. apareceu postumamente. Citamos: *Berliner Kindheit um Neuenzehnhundert*, 1950. — *Zur Kritik der Gewalt und andere Aufsätze*, 1965. — *Angelus Novus*, 1966 (ensaios). — *Versuche über Brecht*, 1966. — *Charles Baudelaire: Ein Lyriker im Zeitalter des Hochkapitalismus*, 1969. — *Berliner Chronik*, 1970, com apêndice de Gershom Scholem. Edição de obras: *Gesammelte Schriften*, em 6 vols., ed. Rolf Tiedemann e Hermann Schweppenhäuser, com a colaboração de Tillman Rexroth e Hella Tiedemann-Bartels, e a supervisão de Th. W. Adorno e G. Scholem: I (*Abhandlungen*), 1972; II (*Aufsätze, Studien, Essays*), 1973; III (*Kritiken und Rezensionen*), 1971; IV (*Kleine Buchformen, Lesenstücke, Miszellen*), 1971; V (*Das Passagen-Werk*), 1974; VI (*Fragmente und autobiographische Schriften*), 1975. Uma edição de *Schriften*, 2 vols., 1955, foi publicada por Theodor W. Adorno e G. Scholem (inclui os apontamentos para "Paris, die Hauptstadt des XIX Jahrhunderts" e as "Geschichtsphilosophische Thesen". — Ver ainda *Materialen zu W. Benjamins "Geschichtsphilosophische Thesen"*, 1975 (texto, variantes, interpretações).

Ed. de Cartas: *Briefe*, 2 vols., 1966, ed. G. Scholem e Theodor W. Adorno. — *Briefwechsel 1933-1940*, 1980, ed. G. Scholem [correspondência W. B.-G. Scholem] (trad. esp., 1987).

Obras em português: *O conceito de crítica de arte no romantismo alemão*, 1999. — *Correspondência*, 1993. — *Diário de Moscou*, 1989. — *Modernidade e os modernos*, 1975. — *Obras escolhidas*, 3 vols., 1995-1996. — *Reflexões: a criança, o brinquedo, a educação*, 1984. — *Os sonetos de Walter Benjamin*, 1999.

Biografia: W. Fuld, *W. B. — Zwischen den Stühlen. Eine Biographie*, 1979. — B. Witte, *W. B. in Selbstzeugnissen und Biddolumenten*, 1985.

Bibliografia: M. Brodersen, *W. B., Bibliografia critica generale (1913-1983)*, 1984.

Ver: G. Scholem, *Die Geschichte einer Freundschaft*, 1975. Do mesmo modo: Rolf Tiedemann, *Studien zur Philosophie W. Benjamins*, 1965 (com prefácio de Th. W. Adorno). — Liselotte Wiesenthal, *Zur Wissenschaftstheorie W. Benjamins. Ueber einige Zusammenhänge von Erkenntnis —, Sprachund Wissenschaftstheorie im Frühwerk W. Benjamins*, 1973. — Henning Günther, *W. B. Zwischen Marxismus und Theologie*, 1974. — H. Pfotenhauer, *Aesthetische Erfahrung und gesellschaftliches System. Untersuchungen zum Spätwerk W. Benjamins*, 1975. — J.-M. Gagnebin, *Zur Geschichtsphilosophie W. Benjamins. Die Unabgeschlossenheit des Sinnes*, 1978. — S. Buck-Morss, *The Origin of Negative Dialectics: Theodor W. Adorno, Walter Benjamin and the Frankfurt Institute*, 1978. — J.-P. Schobinger, *Variationen zu W. Benjamins Sprachmeditationen*, 1979. — W. Menninghaus, *W. B.s Theorie der Sprachmagie*, 1980. — T. Eagleton, *W. B. or Towards a Revolutionary Criticism*, 1981. — R. Wolin, *W. B.: An Aesthetic of Redemption*, 1982. — J. Roberts, *W. B.*, 1983. — R. Ridless, *Ideology and Art: Theories of Mass Culture from W. Benjamin to Umberto Eco*, vol. VI, 1984. — B. Lindner, *W. B. im Kontext*, 1985. — D. Frisby, *Fragments of Modernity: Theories of Modernity in the Work of Simmel, Kracauer and Benjamin*, 1986. — M. W.

Jennings, *Dialectical Images: W. Benjamin's Theory of Literary Criticism*, 1987. — S. Buck-Morss, *The Dialectics of Seeing: W. B. and the Arcades Project*, 1990. — R. Nagele, *Theater, Theory, Speculation: Walter Benjamin and the Scenes of Modernity*, 1991. — G. Smith, ed., *On Walter Benjamin: Critical Essays and Recollections*, 1991. — A. Benjamin, P. Osborne, eds., *W. Benjamin's Philosophy*, 1994. ¢

BENOIST, JEAN-MARIE. Ver PÓS-ESTRUTURALISMO.

BENTHAM, JEREMY (1748-1832). Nascido em Houndsditch, Londres, estudou em Oxford. Seu principal interesse foi o Direito. Desenvolveu grande atividade em favor de reformas jurídicas e educacionais, ocupando-se de numerosas questões — da liberdade de imprensa ao sistema penal — num sentido extremamente liberal. Na *Westminster Review*, que fundou em 1824, desenvolveu o que se chamou "radicalismo filosófico", em favor da liberdade de opinião e de reformas políticas constitucionais.

Bentham é considerado o fundador e o principal representante do utilitarismo (VER), dando a este um cunho "radical" ao formular como primeira lei da ética o chamado princípio de interesse. Segundo esse princípio, o homem se rege sempre por seus próprios interesses, os quais se manifestam na busca do prazer e na evitação da dor (os "dois mestres soberanos" que a Natureza impôs ao ser humano). Por isso, o princípio do interesse é equivalente a um *princípio da felicidade*. Ora, como a busca do prazer por parte do indivíduo pode entrar em conflito com a mesma busca por parte de outros indivíduos, é necessário que o aumento de prazer e a evitação da dor não se confinem ao reino individual, mas prevaleçam em toda a sociedade. O princípio da felicidade deve, pois, assegurar a maior quantidade possível desta última para a maior quantidade possível de indivíduos. Se se qualifica de hedonista a ética de Bentham, dever-se-á acrescentar, pois, que se trata de um hedonismo social ou hedonismo coletivo.

Por outro lado, Bentham dá aos conceitos de prazer e de dor um sentido muito amplo. Embora não distinga entre diferentes tipos de prazeres e de dores, ele aspira com freqüência a uma hierarquia deles que ocasionalmente se aproxima das hierarquias clássicas. Em particular, é visível na teoria de Bentham um pressuposto próximo ao da maioria das éticas puritanas, especialmente quando concebe o bem maior como a redução da vida ao que pode ser chamado de seu "mínimo vital".

Este último se orienta já para possíveis interpretações da ética de Bentham num sentido não meramente "utilitarista". Uma dessas interpretações é a que consta do livro de David Baumgardt (ver a bibliografia), no qual se utilizam manuscritos inéditos do filósofo. Segundo esse volume, o princípio de utilidade é de caráter simplesmente hipotético. Isso conduz a uma visão de Bentham menos racionalista do que é usual, bem como à suposição de que sua ética tinha um forte cunho pragmático. Caso contrário, como argumenta o intérprete mencionado, não se explicaria que às vezes Bentham negasse a sinonímia dos conceitos do "justo" e da "felicidade do maior número", mesmo que sustentasse que ambos podem se aplicar às mesmas ações humanas.

A influência exercida por Bentham em sua época foi mais política que filosófica. Ele mantinha correspondência com pessoas de diferentes países sobre questões de Direito constitucional, e suas opiniões contribuíram para se fixarem as idéias de alguns constitucionalistas europeus nas primeiras décadas do século XIX. Entre essas influências, citamos a exercida sobre alguns delegados das Cortes de Cádis de 1812. O Conde de Toreno consultou Bentham sobre um projeto de Código Penal, e em 1820 foi publicada a obra *Espíritu de Bentham y sistema de ciencia social*, de Toribio Núñez, professor da Universidade de Salamanca.

➲ Principais obras: *An Introduction to the Principles of Morals and Legislation*, 1789; nova ed. 1982, por J. H. Burns e H. L. A. Hart. — *Handbook of Political Fallacies*, 1824; reed. por H. A. Larrabee, 1953. — *Outline of a New System of Logic*, 1827. — *Deontology*, 1834. — Ver sua doutrina das ficções no texto editado por C. K. Ogden, *Bentham's Theory of Fictions*, 1932.

Em português: *O panóptico*, 2000.

Edições de obras: *Works*, por John Bowring, Edimburgo, 11 vols., 1838-1843; reimp., 1976. — *The Collected Works*, 38 vols., 1968 ss. (há vários volumes de correspondência), por J. H. Burns e H. L. A. Hart.

Ver: Leslie Stephen, *The English Utilitarians*, vol. I, 1900. — O. Kraus, *Zur Theorie des Wertes. Eine Benthamstudie*, 1901. — E. Halévy, *La formation du radicalisme philosophique en Angleterre*, 3 vols., t. I, 1901. — Ch. Milner Atkinson, *B.: His Life and Work*, 1905. — Josef Busch, *Die moralische und soziale Arithmetik Benthams*, 1928. — J. Wisdom, *Interpretation and Analysis*, 1931. — David Baumgardt, *J. B. and the Ethics of To-Day*, 2 vols., 1952 (com manuscritos até então inéditos). — Mary Peter Mack, *J. B.: An Odyssey of Ideas*, 1963. — H. L. A. Hart, *B.*, 1963. — D. J. Manning, *The Mind of J. B.*, 1968. — David Lyons, *In the Interest of the Governed: A Study in Bentham's Philosophy of Utility and Law*, 1973; ed. rev. 1991. — Bhikhu Parekh, *Bentham's Political Thought*, 1973. — Douglas G. Long, *J. B.'s Idea of Liberty in Relation to His Utilitarianism*, 1977. — J. Steintrager, *B.*, 1977. — N. L. Rosenblum, *Bentham's Theory of the Modern State*, 1978. — M. Baurmann, *Folgenorientierung und subjektive Verantwortlichkeit*, 1981. — J. Hume, *B. and Bureaucracy*, 1981. — H. L. A. Hart, *Essays on Bentham: Studies in Jurisprudence and Political Theory*, 1982.

— F. Rosen, *Jeremy Bentham and Representative Democracy: A Study of the "Constitutional Code"*, 1983. — R. Harrison, *B.*, 1983. — G. J. Postema, *Bentham and the Common Law Tradition*, 1986. — J. Waldron, ed., *Nonsense upon Stilts: Bentham, Burke and Marx on the Rights of Man*, 1987. — J. Dinwiddy, *Bentham*, 1989. — K. Lee, *The Legal-Rational State: A Comparison of Hobbes, Bentham and Kelsen*, 1990. — A. Dube, *The Theme of Acquisitiveness in Bentham's Political Thought*, 1991. C

BENUSSI, VITTORIO. Ver MEINONG, ALEXIUS VON.

BENZI, UGO. Ver HUGO DE SIENA.

BÉRDÁÉV [às vezes transcrito Berdiaev, Berdiaer, Berdyaev, Berdiaef, Berdiaieff] **NIKOLAI ALEKSANDROVITCH** (1874-1948). Nascido em Kiev, foi expulso da Universidade de Kiev, em 1898, por atividades revolucionárias e propaganda de idéias socialistas, tendo sido desterrado para a província de Vologda. Em 1922, e sob outro regime político, saiu desterrado da Rússia, residindo de 1922 a 1925 em Berlim e, a partir desta data até o final de sua vida, em Paris. Influenciado no princípio pelo marxismo, abandonou-o depois, embora conservando sempre certas preocupações procedentes dessa época. A freqüente polêmica de Bérdáév contra o marxismo não é sempre, com efeito, uma polêmica completamente "exterior"; há elementos que o marxismo incluiu — crítica da sociedade individualista burguesa, crítica da "coisificação do homem" — e que Bérdáév julga que devem ser mantidos, ainda que não para desembocar numa "nova desumanização" em nome de um "messianismo imanente", mas para libertar o homem de fato. Segundo Bérdáév, o marxismo vive do que combate e ignora: o caráter profundamente existencial do homem que o cristianismo revelou. Ora, as idéias sociais de Bérdáév são apenas um aspecto de seu pensamento. Este se organiza numa filosofia em que se encontram motivos procedentes de outros pensadores, tanto russos (Soloviev, Rozanov) como não-russos (Nietzsche, Böhme), mas que apresenta uma marca própria. Essa filosofia passou por uma série de etapas. De acordo com Zéñkovskiy, elas são quatro: a etapa caracterizada pelo predomínio dos problemas éticos; a etapa da crise mística e religiosa; a etapa do interesse historiosófico, e a etapa personalista. Estas duas últimas são as mais conhecidas e certamente as mais importantes. No decorrer delas, Bérdáév publicou suas principais obras. No entanto, seus escritos anteriores prepararam em larga escala os novos desenvolvimentos, de tal forma que a divisão do pensamento de nosso autor em etapas não deve ser interpretada de forma demasiadamente rígida. Algumas das questões pelas quais ele se interessou principalmente nas primeiras etapas — como a do papel desempenhado pela "intelligentsia" — subsistem ainda nas últimas.

Os problemas filosóficos que adquirem mais relevo no pensamento de Bérdáév são o do sentido da criação, o do sentido da história, o da constituição do espírito e o da realidade da pessoa. Todos esses problemas se interpenetram. Consideremos antes de tudo a questão da criação. Trata-se de uma afirmação da liberdade essencial do espírito por meio da qual a criação (ou, melhor dizendo, o criar ou a "criatividade") é ao mesmo tempo o princípio e o fim da atividade humana. Esse impulso criador é, segundo Bérdáév, o único capaz de aniquilar o peso morto que ameaça a vida do homem e que asfixia suas crenças e instituições; é, além disso, o único que pode evitar reduzir o destino humano a uma mera ordenação do mundo. Bérdáév levou essa doutrina da criatividade a conseqüências tão extremas que a própria moral cristã aparece com freqüência em sua obra como um estágio que deve ser superado pelo impulso citado. No curso deste último, engendra-se o que, de certo modo, pode ser considerado o eixo da realidade (enquanto entidade significativa): a história. É verdade que a doutrina preconizada por Bérdáév acerca da história parece estar dominada por certa forma de "determinismo" que no impulso criador nunca pode ser encontrada: as freqüentes referências do pensador ao Absoluto como raiz do desenvolvimento histórico, a conversão da filosofia da história em escatologia da história, a oposição entre uma história falsa e uma história autêntica, assim como outras idéias análogas, induzem a pensar que há um conflito interno em seu pensamento. Mas, tão logo há um aprofundamento nos pressupostos metafísicos desse pensamento, percebe-se que certos motivos mais fundamentais matizam sem cessar os esquemas conceituais em que se encerra o filósofo. Um desses motivos é o que na quarta etapa atinge o predomínio quase completo: o personalista. Eixo deste é a idéia de que o geral não possui existência ontológica; somente o pessoal (o "subjetivo") a tem. Disso resulta uma importante conseqüência: só o mundo pessoal é um mundo "autêntico". Essa autenticidade não é, porém, o resultado de um percurso tranqüilo: a existência pessoal vê-se incessantemente ameaçada pela objetivação (*obéktivatsiá*), que generaliza e, por meio da generalização, pretende conseguir um melhor conhecimento e um completo domínio do mundo. A pessoa parece então fundir-se numa forma de ser tanto mais enganosa na medida em que parece mais firme. É necessário um grande esforço para sobrepor-se a essa ameaça; apenas quando levado a cabo concretiza-se o mundo existencial e pessoal, ao qual temos acesso por meio de uma dialética existencial, isto é, por meio da dialética que, em lugar de reduzir um ser ao outro, descobre na realidade a "tensão" interna que a constitui e sem a qual ela não poderia existir. Essa "tensão" revelara-se já (em outras obras de Bérdáév) no cristianismo e na história; agora se revela em toda realidade.

Mas mesmo quando é uma tensão existencial, pessoal e, por conseguinte, "subjetiva", ela não é uma tensão individual e solitária. Pelo contrário, Bérdáév insiste no caráter "comunal" (não precisamente "social") da existência da pessoa e proclama que esta é ininteligível sem a comunidade com as outras e, em última instância, sem a comunhão com Deus. Na existência desses três elementos e no jogo constante entre eles surge o que Bérdáév parece considerar acima de tudo: a "autêntica liberdade existencial".

☞ Na União Soviética, a obra de Bérdáév foi ignorada e, entretanto, criticada durante muitos anos. A maioria de seus livros foi conhecida e editada somente depois da Perestroika (1985). Por exemplo, *As fontes e o sentido do comunismo russo* foi editado em Moscou em 1990; *Sobre o destino do homem* e *A dialética do divino e do humano*, apenas em 1993. Na *Enciclopédia Filosófica*, vol. 1, 1960, se diz o seguinte sobre Bérdáév e sua obra: "A defesa da desigualdade social é, dessa maneira, o verdadeiro conteúdo da reacionária 'filosofia da liberdade' de Bérdáév" (p. 50).

Obras: O primeiro escrito de B. foi "F. A. Lange, a filosofia crítica e sua atitude em relação ao socialismo", 1899, publicado na revista alemã *Die neue Zeit*, dirigida por Kautsky. — *Subéktivizm i individualizm v obchchéstvénnoy filosofii*, 1901 (*Subjetivismo e individualismo na filosofia social*). — *Sub specie aeternitatis. Opítí filosofskié sotsiallnié i literaturnie*, 1907 (*Sub specie aeternitatis. Ensaios filosóficos, sociais e literários*). — *Novoé religioznoé soznanié i obchchéstvénnost'*, 1907 (*A nova consciência religiosa e a sociabilidade*). — *Dujovníy krizis intelligentsii*, 1910 (*A crise espiritual dos intelectuais*). — *Filosofiá svobodí*, 1911 (*Filosofia da liberdade*; em trad. alemã: *Philosophie des freien Geistes*, 1927). — *Smísl tvortchéstva (Opít opravdaniá tchélovéka)*, 1916 (*O sentido da criatividade. [Ensaio de justificação do homem]*; em trad. alemã: *Der Sinn des Schaffens*, 1927, e franc.: *Le sens de la création*, 1955). — *Dostoévskiy*, 1923 (trad. esp.: *Dostoyevsky*, 1935). — *Filosofiá néravénstva*, 1923 (*Filosofia da desigualdade*). — *O smíslé istorii*, 1923 (trad. esp.: *El sentido de la historia*, 1931). — *Novoé srédnévékov'é*, 1924 (trad. esp.: *Una nueva Edad Media*, 1931). — *Filosofiá svobodnovo duja*, 2 vols., 1929 (*Filosofia do espírito livre*; publicado em Paris em 1927; trad. ingl.: *Freedom and the Spirit*, 1935). — *O naznatchénii tchélovéka. Opít paradoksallnoy etiki*, 1931 (*Sobre o destino do homem. Ensaio de ética paradoxal*; trad. esp.: *La destinación del hombre*, 1947). — *Á i mir obéktov*, 1934 (*Eu e o mundo dos objetos*; trad. esp.: *Cinco meditaciones sobre la existencia*, 1948). — *O rabstvé i svobodé tchélovéka*, 1939 (trad. esp.: *Libertad y esclavitud del hombre*, 1955). — *Russkaá idéá*, 1946 (trad. ingl.: *The Russian Idea*, 1949). — *Opít esjatologi-*

tchéskoy metafiziki, 1947 (trad. franc.: *Essai de métaphysique eschatologique*, 1949). — *Dialectique existentielle du divin et de l'humain*, Paris, 1947 (ed. posteriormente em russo por YMCA-Press, Paris, 1952). — *Samopoznanié*, 1949 (trad. esp.: *Autobiografía espiritual*, 1958). — Depois da morte do filósofo, apareceu sua obra sobre *O reino de Deus e o reino do César*, 1951 (trad. esp.: *Reino del Espíritu, reino del César*, 1953). — Além dessas obras, ele publicou: *Pravda i lox' kommunizma* (*A verdade e a falsidade do comunismo*). Em trad. esp. há, além das obras já citadas: *Las fuentes y el sentido del comunismo ruso. El cristianismo y la lucha de clases. El cristianismo y el problema del comunismo*, em várias edições. — Existem numerosos artigos de Bérdáév na revista *Put'* (*A vereda*), que o filósofo fundou em Paris em 1924, assim como na revista *Sovréménnié Zapiski* (*Notas contemporâneas*).

Bibliografia: T. Klépinine, *Bibliographie des oeuvres de N. Berdiaev*, Paris, 1978.

Ver: E. Dennert, *Die Krise der Gegenwart und die kommende Kultur. Einführung in die Berdyaevsche Geschichtsphilosophie*, 1928. — B. Schultze, S. J., *Die Schau der Kirche bei Berdiajew*, 1938. — P. V. Kennedy, *A Philosophical Appraisal of the Modernist Gnosticism of N. Berdyaev*, 1940. — R. Kremser, *N. Berdiaeffs metaphysische Grundlegung der Geschichtsphilosophie*, 1943. — E. Porret, *La philosophie chrétienne en Russie: N. B.*, 1944. — Id., *B., prophète des temps nouveaux*, 1951. — Dino del Rio, *Persona e società nella filosofia di N. Berdiaeff*, 1944. — E. Lampert, *N. Berdyaev and the New Middle Ages*, s/n (ap. 1947). — S. Bucceri, *Berdiaev*, 1949. — E. L. Allen, *Freedom in God. A Guide to the Thought of N. Berdyaev*, 1950. — V. V. Zéñkovskiy, *Istoriá russkoy filosofii*, II, 1950, pp. 298-318. — M. Spinka, *N. B., Captive of Freedom*, 1950. — G. Seaver, *N. Berdyaev. An Introduction to His Thought*, 1950. — O. F. Clark, *Introduction to Berdyaev*, 1950. — R. Rössler, *Das Weltbild N. Berdjajews. Existenz und Objektivation*, 1956. — Donald A. Lowrie, *Rebellious Prophet. A Life of N. B.*, 1960. — Erich Klamroth, *Der Gedanke der ewigen Schöpfung bei N. Berdijew. Ein umfassender Überblick über das Werk dieses grossen Russen des XX. Jahrhunderts*, 1963. — Jean-Louis Segundo, *Berdiaeff, une réflexion chrétienne sur l'existence*, 1963. — Carnegie Samuel Calian, *The Significance of Eschatology in the Thoughts of Nicolas Berdyaev*, 1965. — Fuad Nucho, *Berdyaev's Philosophy: The Existential Paradox of Freedom and Necessity: A Critical Study*, 1966. — Jérome Gaïth, *N. Berdiaeff, philosophe de la liberté*, 1968. — David Bonner Richardson, *Berdyaev's Philosophy of History: An Existentialist Theory of Social Creativity and Eschatology*, 1968. — James C. S. Wernham, *Two Russian Thinkers: An Essay in Berdyaev and Shestov*, 1968. — Paul Klein,

Die "kreative Freiheit" nach N. A. B. Zeichen der Hoffnung in einer gefallenen Welt, 1976. — W. Dietrich, *Provokation der Person. N. B. in den Impulsen seines Denkens*, vols. I-IV, 1975-1978. — A. Dell'Asto, *La creatività a partire da B.*, 1977. — M. Markovic, *La philosophie de l'inégalité et les idées politiques de N. B.*, 1978. — A. Köpcke-Duttler, *N. B. Seine Philosophie und sein Beitrag zu einer personalistischen Pädagogik*, 1981 (com bibliografia). — I. Devcic, *Der Personalismus bei N. A. B. Versuch einer Philosophie des Konkreten*, 1981. — D. K. Wood, *Men against time: B., Eliot, Huxley, and Jung*, 1982. — J. M. McLachlan, *The desire To Be God: freedom and the Other in Sartre and B.*, 1992.

Há em Paris uma "Association Nicolas Berdiaeff", que publica um *Bulletin de l'Association Nicolas Berdiaeff* com textos inéditos ou pouco conhecidos do filósofo, trabalhos sobre ele, notícias, informações bibliográficas etc. ⊃

BERENGÁRIO DE TOURS (ca. 998-1088). Distinguiu-se pelo papel predominante que concedeu à razão no exame dos dogmas. Foi por isso considerado um dos "dialéticos" medievais, mas deve-se levar em conta que sua confiança na razão estava ligada a uma base "empirista", isto é, à idéia de que o fundamento da compreensão do real, e das próprias operações racionais, está nos sentidos. Ele admitiu como existências, portanto, apenas as entidades particulares acessíveis às operações sensíveis. Sua doutrina mais influente é a negação do dogma da transubstanciação, já que, segundo Berengário, a razão não pode admitir que os acidentes não sejam inerentes à substância. Como é verdade empírica que esses acidentes subsistem no pão consagrado, deve-se concluir que a substância do pão permanece. E se o pão se transforma em corpo de Cristo é porque se acrescentou à substância do pão outra substância. Esta tese de Berengário — exposta sobretudo em oposição a Lanfranco de Pavia (1010-1089), arcebispo de Cantuária em 1066 e mestre de Santo Anselmo — foi condenada em 1050 e em 1051. Berengário retratou-se em 1059 (Concílio de Latrão) e em 1079.

⊃ *Berengarii Turonensis De Sacra Coena adversus Lanfrancum*, ed. A. F. e F. Th. Vischer (Berlim, 1834); nova ed. por W. H. Beekenkamp (Haia, 1941).

Ver: G. Morin, "Bérenger contre Bérenger", *Recherches de théologie ancienne et médiévale*, 4 (1931), 109-133; "Lettre inédite de B. de T. à l'archevêque Joscelin de Bordeaux", *Revue Bénédictine*, 54 (1932), 220-226. — M. Matronola, *Un testo inedito di B. di T. e il concilio romano del 1079*, 1936. — J. R. Geiselman, "Ein neuentdecktes Werk Berengars von T. über das Abendmahl?", *Theologische Quartalschrift*, 118 (1937), 1-31, 133-172. — Ver também: Th. Heitz, *Essai historique sur les rapports entre la philosophie et la foi de B. de T. à S. Thomas d'A.*, 1909. — A. J. McDonald, *Berengar and the Reform of Sacramental Doctrine*, 1930. — L. C. Ramírez, *La controversia eucarística del siglo XI: B. de T. a la luz de sus contemporáneos*, 1940. ⊃

BERGER, GASTON (1896-1960). Nascido em Saint-Louis du Sénégal, professor da Universidade de Aix-en-Provence e durante vários anos Diretor Geral de Ensino da França, ocupou-se sobretudo de teoria do conhecimento ao longo de investigações ontológicas que levaram em conta tanto a tradição filosófica francesa como a fenomenologia de Husserl, à qual Berger dedicou várias análises detalhadas. Assim como alguns outros pensadores contemporâneos, ele considera, com efeito, que o problema epistemológico complica o problema ontológico (e metafísico). No entanto, esse problema não é, no entender desse autor, de índole meramente intelectual: as questões suscitadas pela ação e pelas avaliações humanas devem ser resolvidas juntamente com as questões de natureza teórica. Berger opõe-se aos falsos absolutismos de muitas filosofias tradicionais, porém não para aderir a um relativismo epistemológico ou ontológico, mas para afirmar que o conhecimento do absoluto é ao mesmo tempo indispensável e impossível de se conseguir totalmente.

Berger distinguiu-se por seus estudos sobre o caráter e sobre a noção de "prospectiva". Esta constitui um dos possíveis fundamentos filosóficos das investigações futurológicas amplamente desenvolvidas nos últimos anos.

⊃ Obras: *Le Cogito dans la philosophie de Husserl*, 1941. — *Recherches sur les conditions de la connaissance. Essai d'une théorétique pure*, 1941. — Além disso, várias obras de caracterologia: *Traité pratique d'analyse du caractère*, 1950. — *Caractère et personnalité*, 1954; 2ª ed., 1956. — *Questionnaire caractérologique pour l'analyse d'un caractère individuel*, 1950. Obras póstumas: *L'homme moderne et son education*, 1962; 2ª ed., 1967 (introdução de Édouard Morot-Sir). *Phénoménologie du temps et prospective*, 1964 (com prólogo de Édouard Morot-Sir). — *Aspects sociaux de l'éducation*, 1974.

Ver: J. Darcet, J. de Bourbon-Busset, E. Morot-Sir, L. Delphech, *G. B. Un philosophe dans le monde moderne*, 1961 (com textos de G. B.). — Bernard Ginisty, *Conversion spirituelle et engagement prospectif: Essai pour une lecture de G. B.*, 1966. — Fabio Rossi, *Discorso metafisico di G. B.*, 1970 (com bibliografia). — *Id.*, id., *Fenomenologia e antropologia in G. B.*, 1977. ⊃

BERGER, P. L. Ver SOBRENATURAL.

BERGMANN, ERNST. Ver WUNDT, WILHELM.

BERGMANN, GUSTAV (1906-1987). Nascido em Viena, estudou na Universidade dessa mesma cidade e foi um dos membros do chamado "Círculo de Viena".

Em 1938, mudou-se para os Estados Unidos, tendo sido professor na Universidade de Iowa.

O pensamento de Bergmann articula-se em três fases, nenhuma das quais representa uma ruptura completa com referência às anteriores, mas sim mudanças substanciais devidas ao aprofundamento e à crítica dos pressupostos admitidos em cada caso. Essas três fases centram-se em torno dos anos de 1954, 1958 e 1964, anos de publicação de três livros fundamentais do autor (cf. bibliografia); a última fase inclui também o livro publicado em 1967.

Em sua primeira fase, Bergmann seguiu as diretrizes do positivismo lógico, embora com modificações importantes com relação a outros filósofos dessa tendência. Desse modo, ele se opôs ao princípio de verificação ou, em todo caso, às formas como foi proposto ou defendido. Bergmann enfatizou a importância de um conhecimento imediato de dados primários ou fenômenos. As proposições nas quais esse conhecimento se exprime devem poder traduzir-se, a fim de serem legitimamente admitidas, para a linguagem ideal. Esta linguagem constitui o esquema ou aparato conceitual analítico no âmbito do qual cabe expressar as referências. Por outro lado, embora a linguagem ideal torne possível a introdução de termos referenciais, admite também termos não — ou não estritamente — referenciais.

A segunda fase do pensamento de Bergmann desenvolve-se ao longo de um exame de certos signos que figuram na linguagem ideal e dos quais já não se pode dizer que haja referência a dados ou fenômenos do mundo físico, mas dos quais não cabe dizer tampouco que são completamente indefinidos.

O interesse de Bergmann pelas questões ontológicas e, a rigor, pela construção de uma teoria ontológica revela-se já desde sua primeira fase, mas atinge sua plenitude na última. Em todas as fases do pensamento de Bergmann, permanece invariavelmente sua adesão à noção de linguagem ideal, incluindo uma possível pluralidade desse tipo de linguagem. A terceira fase distingue-se das outras, não obstante, por um manifesto realismo ontológico. Bergmann interessa-se fundamentalmente pela ontologia como ciência da realidade, bem como por responder, mediante análise ontológica, à questão da natureza do que há. Interessa-se por elucidar as espécies de entidades que há e o que faz com que essas entidades tenham o *status* ontológico que a elas se atribui. A esse respeito, desenvolve uma teoria ontológica das entidades "simples", que podem ser consideradas ontologicamente constitutivas. Para o "último Bergmann", a linguagem ideal, longe de servir de "navalha de Ockham", serve para proporcionar uma explicação ontológica da complexa estrutura do mundo. O realismo de Bergmann funciona em três dimensões: ontologicamente, epistemologicamente e lingüisticamente. Sua filosofia — e, em particular, sua última filosofia — é, de acordo com isso, radicalmente oposta a qualquer forma de nominalismo e de instrumentalismo.

➲ Principais obras: *The Metaphysics of Logical Positivism*, 1954; 2ª ed., 1967. — *Philosophy of Science*, 1957. — *Meaning and Existence*, 1959. — *Logic and Reality*, 1964. — *Realism: A Critique of Brentano and Meinong*, 1967. — "Erinnerungen and den Wiener Kreis. Brief an Otto Neurath", em F. Stadler, ed., *Vertriebene Vernunft. Emigration und Exil österreichischer Wissenschaft*, vol. II, 1987-1988, pp. 171-180. — *New Foundations of Ontology*, 1992, ed. W. Heald.

B. é autor de numerosos artigos; os primeiros (1928-1935), em alemão; a partir de 1935, em inglês.

Bibliografia de seus trabalhos (1928-1968) no volume *The Ontological Turn: Studies in the Philosophy of G. B.*, 1974, ed. M. S. Gram e E. D. Klemke, pp. 301-310. Embora todos os trabalhos desse volume se refiram a aspectos da filosofia de B., os estudos mais especialmente dedicados a ela são os de Panayot Butcharov, Edwin B. Allaire, Henry B. Veath e Reinhardt Grossmann.

Para artigos sobre B. posteriores ao volume que se acabou de mencionar, ver: R. C. Hoy, "A Note on Gustav Bergmann's Treatment of Temporal Consciousness", *Philosophy and Science*, 43 (1976), 610-617. — C. F. Kielkopf, "An Application of Bergmann's Realistic Ontology", *Ita Humanidades*, 12 (1976), 3-15. — M. Tye, "Bergmann on the Intentionality of Thought", *Southern Journal of Philosophy*, 15 (1977), 373-381. — F. S. Lucash, "Il metodo di Bergmann", *Rivista di Filosofia*, 69 (1978), 270-279. — M. Beuchot, "Ontología y universales en G. Bergmann", *Crítica*, 11 (1979), 19-48. — H. Hochberg, "Intentionality, Logical Structure, and Bergmann's Ontology", *Nous*, 15 (1981), 155-164. — T. Natsoulas, "Gustav Bergmann's Psychophysiological Parallelism", *Behaviorism*, 12 (1984), 41-70. — L. Peña, "Notes on Bergmann's New Ontology and Account of Relations", *Philosophy Research Archives*, 12 (1986-1987), 219-249. — W. Park, "Scotus, Frege, and Bergmann", *Modern Schoolman* (1990), 259-273. ℭ

BERGMANN, JULIUS [FRIEDRICH-WILHELM-EDUARD] (1839-1904). Nascido em Opherdicke (Westfalen), foi professor em Königsberg e em Marburgo. Opondo-se tanto ao positivismo como ao neokantismo (criticismo), Julius Bergmann defendeu um "idealismo objetivo" para o qual as próprias leis naturais são leis que regulam as mudanças de conteúdo da consciência. Esta consciência é entendida como "consciência universal" (e daí sua "objetividade"). Ao mesmo tempo, as realidades são concebidas como unidades monádicas de consciência. O espaço é também uma forma da consciência. Na metafísica e na ontologia de Julius Bergmann combinam-se elementos idealistas clássicos modernos com elementos das filosofias de Leibniz e Lotze.

⮕ Principais obras: *Erste Probleme der Ontologie*, 1865 (*Primeiros problemas da ontologia*). — *Grundlinien einer Theorie des Bewusstseins*, 1870 (*Linhas fundamentais de uma teoria da consciência*). — *Zur Beurteilung des Kritizismus vom idealistischen Standpunkt*, 1875 (*Para um julgamento do criticismo do ponto de vista idealista*). — *Allgemeine Logik. I: Reine Logik*, 1879 (*Lógica geral. I: Lógica pura*). — *Sein und Erkennen*, 1880 (*Ser e conhecer*). — *Das Ziel der Geschichte*, 1881 (*A meta da história*). — *Die Grundprobleme der Logik*, 1882: 2ª ed., 1895 (*Os problemas fundamentais da lógica*). — *Materialismus und Monismus*, 1882. — *Ueber den Utilitarismus*, 1883. — *Vorlesungen über Metaphysik, mit besonderem Bezug auf Kant*, 1886 (*Lições de metafísica, com especial referência a K.*). — *Ueber das Schöne, analytische und historischekritische Untersuchung*, 1887 (*Sobre o belo. Investigação analítica e histórico-crítica*). — *Geschichte der Philosophie*, 2 vols., 1892 (*História da filosofia*). — *Untersuchungen über die Hauptpunkte der Philosophie*, 1900 (*Investigações sobre os pontos capitais da filosofia*). — *System des objektiven Idealismus*, 1903 (*Sistema do idealismo objetivo*).

Ver: E. Eckstein, *Der Begriff des Daseins bei J. B.*, 1902 (tese). — Hans Keller, *Der Raumzeitidealismus bei J. B., H. Cohen und P. Natorp*, 1930. **c**

BERGSON, HENRI (1859-1941). Nascido em Auteuil (Paris), foi professor nos Liceus de Angers (1881), Clermond-Ferrand (1883-1885), Liceu Henri IV de Paris (1889-1897), École Normale Supérieure (1897-1900) e Collège de France (a partir de 1900). Encontrou o primeiro ponto de apoio de suas idéias no positivismo espiritualista de Lachelier e na análise de Boutroux sobre a contingência. Esses pontos de apoio, no entanto, não são a formulação do problema. Como ele mesmo declara, sua inicial adesão às teses de Spencer e o reconhecimento da evolução da realidade suscitavam de imediato a questão de saber por que a realidade não evoluiu *já*; portanto, a pergunta acerca da utilidade do tempo. O tempo não fazia nada no sistema de Spencer. Contudo, "o que não faz nada não é nada", e daí que o tempo seja o que impede que tudo tenha sido dado de uma vez. A filosofia de Bergson é, pois, de imediato, uma continuação das tendências que, opondo-se ao positivismo, buscam sua superação por meio de uma assimilação de seu conteúdo mais valioso. Esse traço de assimilação do positivismo, única forma possível de sua superação, é característico de Bergson no mesmo sentido que o é o "positivismo absoluto" de Husserl; por meio dele, não se reduz a filosofia bergsoniana a uma mera repetição das fantasias românticas; trata-se, desde sua raiz, de um novo método e de uma nova orientação. O que Bergson encontra na inteligência, o que o exame dos dados imediatos da consciência evidencia com toda a clareza é não tanto uma incapacidade mas uma insuficiência; a inteligência tem, sem dúvida, uma capacidade, mas é simplesmente a capacidade da medida. A inteligência opera sobre a realidade por meio de esquemas; ela faz dessa realidade, que é algo perpetuamente móvel, algo real e concreto, um conjunto de elementos imóveis, espaciais, separados. Esta tendência da inteligência é claramente evidente no caso da ciência natural, que transforma o movimento numa sucessão de imobilidades, que faz do tempo, desse fluir perpétuo, uma série de momentos distintos. A ciência natural é, por conseguinte, uma *espacialização*, mas uma espacialização que não apenas afeta a matéria, mas também o tempo. Ora, esses atos da inteligência são inoperantes se, em vez de um esquema, pretende-se uma compreensão da própria realidade. A filosofia — que tem, segundo Bergson, a missão de dirigir-se ao imediato e originário, aos dados imediatos da consciência — não pode, portanto, considerar a conceituação mais que um falseamento da verdadeira realidade. A filosofia é, do ponto de vista do método, uma intuição, mas uma intuição que busca expressar-se, que procura penetrar na profundidade do real e dela extrair, por meio de imagens, o que os conceitos são impotentes para revelar em sua plenitude. Não se trata de uma intuição romântica que pretenda encontrar em si mesma o saber absoluto; trata-se de uma intuição metódica, uma forma de acesso à realidade que não menospreza a ciência, porque a ciência é, afinal de contas, algo justificado, algo que a vida faz para apropriar-se de algum modo da realidade e pô-la a seu serviço. O método intuitivo, que representa, assim como a redução fenomenológica de Husserl, "uma inversão da direção habitual do pensamento", dirige-se, por conseguinte, ao real e, portanto, ao que devém e se faz, pois o que a ciência natural e o pensamento pragmático consideram não é a realidade, mas o resíduo que aparece depois de sua mecanização.

Não surpreende, pois, que a psicologia e a biologia sejam as disciplinas em que a aplicação do método intuitivo é mais bem-sucedida. Na vida psíquica se encontra, mais que em qualquer outra parte, o caráter essencialmente mutável e fugidio que possui o real em seu cerne; o associacionismo, que Bergson submete a uma crítica incisiva, é um exemplo da espacialização do psíquico, o qual se resolve, em última análise, em temporalidade e, portanto, em duração (duração *real*). Bergson encontra no problema da memória um tema que permite esclarecer a fundo a distinção entre o que se faz e o feito, entre o devir e o devindo. O método intuitivo descobre no psíquico os caracteres de duração, qualidade e liberdade. Esses caracteres são, naturalmente, opostos à justaposição, à quantidade e ao determinismo, que o naturalismo considera os elementos constitutivos do real e que não passam de esquemas da inteligência. O psíquico é duração, porque seu tempo é o tempo concreto, não o tempo espacializado da física; é qualidade, porque é irredutível ao quantitativo e mecânico; é liberdade, porque consiste numa criação perpétua. Matéria e memória, espacialização e temporalização são, pois, dois exemplos dessa forma diversa em que o real se oferece sucessivamente à inteligência e à intuição. Pela matéria, a duração pura da consciência — sua, por assim dizer, completa historicidade — transforma-se na memória efetiva da vida psíquica; pela memória, a consciência adquire, em seu devir, os traços que a caracterizam, o fato de ser, no fundo, uma pura contemplação da duração transcorrida. A distinção entre a memória de repetição ou memória-hábito e a memória representativa é a mesma distinção que existe entre a memória que tem como lastro a matéria do corpo e a memória pura, que é a própria essência da consciência. A memória não é, por conseguinte, o produto de uma atividade orgânica; é aquilo em que a consciência consiste quando se reduz ao essencial; é a absoluta e perfeita continuidade de seus atos realizados na duração; é a unidade da pessoa e a unidade do espírito. Pois o espírito e a pessoa, a duração real e a continuidade, a memória e a consciência são conceitos diversos que designam uma mesma realidade fundamental e única, que designam, dizendo mais propriamente, *a* realidade.

Isto posto, é perfeitamente compreensível que a filosofia de Bergson se organize para a constituição de uma metafísica. A metafísica, que Bergson concebeu já prematuramente como "o meio de possuir absolutamente uma realidade", mostra-se grandemente facilitada se com o método da intuição encontramos um acesso à própria realidade. A metafísica não deve ser uma construção dogmática; ela deve estar sempre aberta a novas intuições, de acordo com o caráter não-sistemático do método, mas é inegável que a consideração da duração real tal como antes se esboçou proporciona o acesso mais íntimo possível. O resultado da contribuição de Bergson à metafísica é a idéia da evolução criadora, em que estão ampliadas e sintetizadas as concepções anteriores. Situada no interior da realidade, que só pode exprimir de modo muito imperfeito, a intuição descobre a evolução do mundo inteiro como a evolução do real criador, que é o dado primário e originário, como a evolução da vida em suas infinitas possibilidades. O realizado e o mecânico são apenas os produtos do que se realiza, do vital. Por meio de dados extraídos da ciência, Bergson mostra essa evolução em toda a sua universalidade; a inclusão de uma teoria do conhecimento no âmbito dessa metafísica é uma conseqüência inevitável da idéia bergsoniana da necessidade da caminhada para a comprovação da possibilidade dessa caminhada. Daí sua denúncia dos falsos problemas da desordem (problema do conhecimento) e do nada (problema do ser), e daí a crítica da crítica da razão pura, que é a expressão de um pseudoproblema a partir do momento em que a intuição alcança o real sem necessidade de voltar a encontrar nele o que a consciência lhe ditara previamente. Ora, a inteligência, como apreensão do descontínuo e do justaposto, surge naturalmente da vida criadora, é um produto da vida. A inteligência é necessária como uso prático, pois na vida prática a realidade deve ser espacializada e mecanizada. Mas a inteligência em si, numa original inversão de sua direção habitual, pretende uma busca da realidade acima de todo pragmatismo. Essa busca é justamente a metafísica, esta suprema intuição que poderá revelar, quase de modo inefável, o impulso vital (*élan vital*) que a partir de sua unidade originária se desdobra e multiplica, se ramifica e diversifica, pois o impulso vital é a grande fonte da vida. O *élan vital*, porém, não é tampouco um procedimento cômodo para denominar uma realidade que se deixa inexplicada e da qual se exige, ao mesmo tempo, uma explicação das outras realidades. Bergson insiste repetidas vezes no fato de que o *élan vital* não é uma noção vazia, e menos ainda, como se poderia interpretar apressadamente, um simples "querer viver"; o *élan vital* pode apresentar as seguintes características, entre outras: 1) a ciência não pode proporcionar uma explicação físico-química da vida, mesmo que sua busca do físico-químico no vital seja legítima; 2) a evolução da vida realiza-se em direções determinadas; embora o transformismo deva ser aceito como um fato e o darwinismo tenha chegado a compreender de maneira muito profunda a realidade vital, ambos são insuficientes, pois a mera composição do casual com o casual não explica o fato da vida; 3) o que leva a vida a uma direção dada é nunca a simples ação mecânica das causas exteriores, mas um impulso interno; 4) a adaptação não é a imposição de algumas formas à vida, mas a adoção por esta de formas que representam sua solução para o problema que a constituição do externo suscita para ela; 5) a coordenação não é o resultado de uma finalidade, mas de um ato simples que, visto de fora, se decompõe numa infinidade de elementos mas, a partir de dentro, revela-se apenas um conjunto de obstáculos superados; 6) a vida é uma causa especial, sobreposta à matéria, que é ao mesmo tempo instrumento e obstáculo; 7) a matéria divide e opõe resistência, surgindo dela as diversas linhas da evolução; 8) instinto e inteligência se apresentam, antes de seu desdobramento, como uma realidade simples; 9) a vida é imprevisível: não é regida nem pela finalidade nem pelo mecanicismo, que são teorias sustentadas pela inteligência (*Les deux sources*, pp. 116-120). Desvanece-se com isso o mistério da criação que a inteligência apenas pode entender resolvendo o problema numa infinidade de dificuldades; e por isso o homem deve procurar ultrapassar os olhos da inteligência, que se aplica sobre o fato, para situar-se no âmbito da intuição originária que nossa ação livre nos permite experimentar e que se aplica sobre o fazer-se, ou, melhor dizendo, que é o próprio fazer-se. Ou, em outros termos: "Onde o entendimento, ao se exercer sobre a imagem que se supõe fixa da ação em marcha, nos mostrava partes infinitamente múltiplas e uma ordem infinitamente sábia, vislumbramos um processo simples, uma ação que se faz por meio de uma ação do mesmo gênero que se desfaz, algo assim como o caminho que se abre ao último rojão de alguns fogos de artifício em meio aos restos cadentes dos rojões extintos" (*L'évolution créatrice*, p. 272). Assim, tudo participa, e não apenas o homem, da ação livre e contínua, pois a essência do mundo são a atividade e a liberdade.

A filosofia de Bergson é complementada por uma filosofia da religião e uma ética. Moral e religião têm, em suas próprias palavras, duas fontes; uma delas é a sociedade natural, fechada, a sociedade que pode ser comparada com os agrupamentos animais instintivos. Nela há o predomínio da pressão como forma moral, de tal modo que se pode enunciar que a lei moral não é de imediato senão o resultado da pressão social. Isso não significa que nessa sociedade a norma moral obrigue e exerça coerção: pelo contrário, como Bergson explicitamente reconhece, se se vivesse naturalmente não haveria "tensão da obrigação". As teorias baseiam-se comumente na própria estrutura da sociedade humana e acabam por qualificar o bem com as determinações que correspondem a ela. Há, porém, outra fonte: a sociedade aberta, em que a impessoalidade do conjunto da obrigação é substituída pela personalidade que atrai e cativa. Não há aqui um mero regresso do movimento pendular a uma situação equilibrada, mas um transcender contínuo; a moral aberta não é a moral da sociedade comum, mas a da sociedade criadora, do herói, do profeta, do "sábio" e do santo. De maneira alguma se deve supor que a moral aberta suprima a anterior; o que ocorre é que a moral fechada é um momento ao longo de um processo imprevisível: a força social do impulso é, por assim dizer, uma petrificação da força suprassocial da atração, que não busca adequação à obrigação dada, mas criação de modelos de vida. Ocorre algo semelhante com a religião: a religião estática surge do que Bergson denomina a função fabuladora, como reação defensiva da Natureza contra o poder dissolvente da inteligência. A rigor, tudo nela é reação, porque à reação mencionada se acrescenta a reação da Natureza à representação intelectual da inevitabilidade da morte que espreita o indivíduo desde o momento em que este começa a pensar desvinculado da espécie. A reação da Natureza à representação intelectual dá uma desalentadora margem de imprevisibilidade entre a iniciativa tomada e o efeito desejado. Por fim, a reação defensiva ao que tem de deprimente para o indivíduo e de dissolvente para a Natureza o exercício da inteligência. Própria das sociedades fechadas, a religião estática é também um momento e a petrificação da religião dinâmica, que já não tende simplesmente a conservar a sociedade, que não possui uma mera "função social". A religião dinâmica permite justamente romper o quadro que encerra a sociedade dentro de si mesma, num ímpeto na direção do manancial originário da vida, sem o qual a própria sociedade morreria sufocada em sua atmosfera. A diferença entre uma moral e uma religião fechadas e uma moral e uma religião abertas permite, por outro lado, superar certas dificuldades que o pensamento de Bergson deixara provisoriamente de lado em seus trabalhos anteriores — permite sobretudo evitar e rejeitar o qualificativo de pandemonismo irracional que se atribuiu com freqüência a Bergson quando se confundiram o irracional e o intuitivo com o demoníaco. Como o próprio Bergson observa, enquanto uma moral — e, portanto, uma religião — tem sua base na estrutura da sociedade humana, a outra é entendida pelo princípio explicativo desse tipo de estrutura. Regressar ao impulso originário do *élan vital* significa, pois, fugir dessa petrificação que faz degenerar a vida e começar de novo o caminho para seguir adiante num esforço criador que nunca se detém. Uma ética e uma filosofia da religião desse gênero (que García Morente considerou uma traição ao próprio método e uma concessão ao espírito de sistema) representam, portanto, ao mesmo tempo, uma filosofia da história na qual o passado aparece como algo que deve ser justificado diante do tribunal da vida. Em todo caso, as conclusões últimas de Bergson suplantam, como ele mesmo reconhece, a evolução criadora — nelas se esboça um universo, que é "aspecto visível e tangível do amor e da necessidade de amar", com suas consequências: o aparecimento de seres vivos em que a emoção criadora encontra seu complemento e de outros sem os quais os primeiros não existiriam, de uma matéria que possibilita a vida. Assim, o Universo acaba sendo, no fundo, a evolução criadora de uma espécie de absoluto; sua função essencial é, talvez, não a de fazer Deus — pois isto equivaleria a um panteísmo declarado —, mas a de fazer deuses: situando-se na corrente da evolução criadora, o homem pode ser capaz de uma espécie de divinização.

⇨ Ver: Criação; Evolução; Instinto; Intuição; Memória; Nada; Ordem; Tempo; Vida.

Obras: *Quid Aristoteles de loco senserit* (tese), 1889 (trad. franc. cit. *infra*: trad. ingl.: "Aristotle's Concept of Place", *Studies in Philosophy and the History of Philosophy*, 5 [1970], 13-72). — *Essai sur les données immédiates de la conscience*, 1889 (tese). — *Matière et Mémoire*, 1896. — *Le rire*, 1900. — "Introduction à la métaphysique" (*Revue de Métaphysique et de Morale*, 1903; reimpresso depois em *La pensée et le mouvant*). — *L'Évolution créatrice*, 1907. — *L'énergie spirituelle*, 1919. — *Durée et simultanéité. À propos de la théorie d'Einstein*, 1922. — *Les deux sources de la morale et de la religion*, 1932. — *La pensée et le mouvant*, 1934. — Foram publicados postumamente três volumes com escritos que antes apareceram em lugares diversos (prólogos, discursos, resenhas etc.). *Écrits et Paroles*, ed. Rose-Marie Mossé-Bastide: I, 1957; II, 1959; III, 1959. — *Mémoire et vie*, 1957. Edição de obras: *Oeuvres* (Édition du Centenaire), em um vol. com int. de Henri Gouhier e notas de André Robinet, 1959. Esta edição (crítica) contém todas as obras de H. B., com exceção da tese latina, *Durée et simultanéité* e dos já citados *Écrits et Paroles*. Há nela diversas variantes importantes. Esse volume foi complementado mais tarde com algumas *Mélanges*, ed. Henri Gouhier e André Robinet, 1970 (contém *L'Idée de lieu chez Aristote, Durée et simultanéité* e Correspondência). — *Oeuvres complètes d'H. B.*, 7 vols., Genebra, 1945. — Henri Hude edita, a partir de 1990, os cursos de Bergson. — Para mais correspondência: P. Soulez, "La correspondance Bergson/Levy-Bruhl. Lettres à Levy-Bruhl (1889-1932)", *Revue de Philosophie Française*, 179(4) (1989), 481-492. — Edição de primeiras redações de "La conscience et la vie" [primeiro em inglês; depois, incorporado a *L'énergie spirituelle*]; "Fantômes de vivants" [depois em *ibid.*]; "Le rêve" [depois em *ibid.*]; "L'effort intellectuel" [depois em *ibid.*]; "Le possible et le réel" [depois em *La pensée et le mouvant*]; "La perception du changement" [depois em *ibid.*], por André Robinet no vol. VI de *Les Études Bergsoniennes*, 1961, cit. *infra*. Verificam-se importantes diferenças entre as primeiras redações e o texto "definitivo". — O vol. IX dos mesmos *Études*, 1970, contém, entre outros textos, documentos sobre "a viagem espanhola de B.", em 1916, compilados por J. M. Palacios e trad. esp. de duas conferências de B., segundo anotações de Manuel García Morente, com retrad. francesa.

Em português: *Ensaio sobre os dados imediatos da consciência*, 1988. — *Matéria e memória*, 1999. — *O riso*, 1987.

Para as opiniões de Bergson sobre diversos problemas e pessoas, ver Jacques Chevalier, *Entretiens avec B.*, 1959 (trad. esp.: *Conversaciones con B.*, 1960).

Bibliografia: Alfredo Coviello, "Bibliografía bergsoniana", *Substancia* [Tucumán], 7-8 (1941), 394-440, ed. separada: *El proceso filosófico de B. y su bibliografía*, 1941. — Vittorio Mathieu, Luciana Vigone, Manuel Gonzalo Casas, "Bibliografía bergsoniana", *Giornale di Metafisica*, 14 (1959), 835-872 (na França, Itália, Espanha, América Latina). — P. A. Y. Gunter, *H. B.: A Bibliography*, 1974; id., id., "H. B.: A Bibliography 1911-1980", *Philosophy Research Archives*, 7 (1981) (complementa em mais de 1.000 títulos sua bibliografia anterior). — *Id.*, *H. B.: A Bibliography*, 1986, 2ª ed. revisada (contém mais de 2.000 novos títulos).

Ver, além das obras citadas no texto do verbete BERGSONISMO (os livros de Maritain, Benda, Berthelot, Rougier), os seguintes trabalhos: Édouard Le Roy, *Une philosophie nouvelle: H. B.*, 1912 (há trad. esp.). — J. de Tonquédec, *Dieu dans l'évolution créatrice*, 1912. — Paul Schrecker, *H. Bergsons Philosophie der Persönlichkeit*, 1912. — H. Höffding, *La philosophie de B.*, 1916. — M. García Morente, *La filosofía de H. B.*, 1917; reimp. 1972, com um discurso de B. na Espanha de 1916 e uma recensão de seu último livro de 1932, ed. Pedro Muro Romero. — W. Meckauer, *Der Intuitionismus und seine Elemente bei H. B.*, 1917. — Alejandro Korn, "B." e "B. en la filosofía contemporánea" (*Obras*, t. II, pp. 111-143). — M. T.-L. Penido, *La méthode intuitive de M. B.*, 1918. — *Id.*, *Dieu dans le bergsonisme*, 1934. — J. A. Gunn, *B. and His Philosophy*, 1920. — Karin Stephen, *The Misuse of Mind: A Study of Bergson's Attack on Intellectualism*, 1922. — Roman Ingarden, *Intuition und Intellekt bei H. B.*, 1922 [*Jahrbuch für Philosphie und phänomenologische Forschung*, 5]. — Jacques Chevalier, *B.*, 1926. — V. Jankélévitch, *B.*, 1931; 2ª ed., 1959. — A. Thibaudet, *Le Bergsonisme*, 2 vols., 1933. — André Metz, *B. et le bergsonisme*, 1933. — Raimundo Lida, "B., filósofo del lenguaje", *Nosotros*, B. Aires, ano 37, n. 292 (1933), 5-49; reimp. em *Letras hispánicas*, 1958. — Émile Rideau, *Le Dieu de B.: Essai de critique religieuse*, 1932. — *Id.*, *Les rapports de la matière et de l'esprit dans le bergsonisme*, 1932. — E. Molina, *Proyecciones de la intuición. Nuevos estudios sobre la filosofía bergsoniana*, 1935. — VV. AA., *Homenaje a B.* (Universidad de Córdoba, Argentina), 1936. — VV. AA., (J. Chevalier, E. Mounier, L. Brunschvicg etc.), *H. B.*, 1941. — VV. AA., (J. Gaos, E. Nicol, E. Noulet, S. Ramos, O. Robles, J. Vasconcelos, J. Xirau), *Homenaje a B.*, 1941. — Nimio de Anquín, "El bergsonismo, anagogía de la experiencia", *Sol y Luna*, n. 6 (1941), 13-62. — A. Cresson, *H. B., sa vie et son oeuvre*, 1941. — J. Zaragüeta, *La intuición en la filosofía de H. B.* — VV. AA., (P. Valéry, Floris Delattre, L. Lavelle, P. Masson-Oursel, M. Pradines, R. Le Senne, R. Bayer, A. Millet), *Études bergsoniennes. Hommage à H. Bergson 1859-1941*, 1942. — Joaquín Xirau, *Vida, pensamiento y obra de B.*, 1943. — Diamantino Martins, *B.: la intuición como método de la metafísica*, 1943; 2ª ed., 1957. — Béguin-

Thévenaz, *Essais et témoignages recueillis d'H. Bergson*, 1943. — José Ferrater Mora, "Introducción a B.", em *Cuestiones disputadas*, 1955, pp. 111-150. — Lydie Adolphe, *La philosophie religieuse de B.*, 1947. — L. Husson, *L'Intellectualisme de Bergson: Genèse et développement de la notion bergsonienne d'intuition*, 1947. — VV. AA., (E. Le Roy, B. Romeyer, P. Kucharski, A. Forest, P. d'Aurec, A. Brémond, P. Ricoeur), *B. et le bergsonisme*, 1947. — Narciso Pousa, *B. y el problema de la libertad*, 1948. — Florencio Giussio, *B.*, 1949. — R. Galeffi, *La filosofia di B.*, 1949. — J. Hyppolite, F. Grégoire, W. Stark, H. Gouhier, H. Sundén, *H. B.* (em *Revue Internationale de Philosophie*, 10 [1949]. — A. Marietti, *Les formes du mouvement chez B.*, 1953. — J. Delhomme, *Vie et conscience de vie. Essai sur B.*, 1954. — V. Mathieu, *Bergson. Il profondo e la sua espressione*, 1954. — I. Adolphe, *L'univers bergsonien*, 1955. — Ian W. Alexander, *B.: Philosopher of Reflection*, 1957. — François Heidsieck, *H. B. et la notion d'espace*, 1959. — Leonardo Van Acker, *A filosofia bergsoniana. Gênese, evolução e estrutura gnoseológica do bergsonismo*, 1959. — G. Pflug, *H. B. Quellen und Konsequenzen einer induktiven Metaphysik*, 1959. — G. Bénézé, J. Chaix-Ruy, M. Cruz-Hernández, J. Guitton et al., *B. et nous*, 2 vols., 1959 (número especial de *Bulletin Soc. Française de Philosophie*, 53 [1959]). — Jean Guitton, *La vocation de B.*, 1960. — Henri Gouhier, *B. et le Christ des Évangiles*, 1961. — V. Jankélévitch, *H. B.*, 1959. — G. Berger, G. Marcel et al., *The Bergsonian Heritage*, 1962, ed. Thomas Hanna. — Georges Mourélos, *B. et les niveaux de réalité*, 1964. — G. Deleuze, *Le Bergsonisme*, 1966. — Jean Theau, *La critique bergsonienne du concept*, 1968. — Pierre Trotignon, *L'idée de vie chez B. et la critique de la métaphysique*, 1968. — Idella J. Gallagher, *Morality in Evolution: The Moral Philosophy of H. B.*, 1970. — L. de Broglie, S. Watanabe et al., *B. and the Evolution of Physics*, 1970, ed. P. A. Y. Gunter. — Milic Capek, *B. and Modern Physics: A Reinterpretation and Reevaluation*, 1971. — Guy Lafrance, *La philosophie sociale de B.*, 1974. — Jean Milet, *B. et le calcul infinitésimal, ou la raison et le temps*, 1974. — J. Chiari, *Twentieth-Century French Thought: From Bergson to Levi-Strauss*, 1975. — A. E. Pilkington, *B. and His Influence: A Reassesment*, 1976. — M. Phoba, *B. et la théologie morale*, 1977 (tese). — D. J. Herman, *The Philosophy of H. B.*, 1980. — L. Kolakowski, *Bergson*, 1985. — I. Izuzquiza, *Henri Bergson: la arquitectura del deseo*, 1986. — A. C. Papanicolaou, P. A. Y. Gunter, eds., *Bergson and Modern Thought: Towards a Unified Science*, 1987. — W. Marceau, *H. B. et Joseph Malegue: la convergence de deux pensées*, 1987. — R. C. Grogin, *The Bergsonian Controversy in France, 1900-1914*, 1988. — H. Gouhier, *Bergson dans l'histoire de la pensée occidentale*, 1989. — A. R. Lacey, *Bergson*, 1989.

Diversas publicações periódicas dedicaram volumes inteiros ao pensamento de B.; entre outras, a *Révue de Métaphysique et de Morale* e a *Revue Philosophique*. A revista *Études Bergsoniennes*, publicada a partir de 1948, ofereceu alguns textos inéditos e é também uma referência básica para uma bibliografia mais completa. ℭ

BERGSONISMO. A filosofia de Bergson suscitou desde o primeiro momento um grande interesse, bem como sentimentos controversos. Sua influência não tardou a se fazer sentir não apenas na filosofia, mas também nas ciências e na literatura. No que se refere a este último aspecto, pode-se falar inclusive de um bergsonismo literário e mesmo da transposição, consciente ou não, das teses de Bergson à criação literária. Proust, por exemplo, representa, por um lado, um impressionismo literário, mas por outro expressa uma concepção da memória e do tempo muito próxima das fundamentadas na mesma época pela filosofia de Bergson. Ora, o bergsonismo não constituiu, em nenhum momento, uma "escola" — ele se estendeu numa influência difusa, a ponto de se poder afirmar que a maioria das principais correntes filosóficas contemporâneas teve alguma relação com os problemas suscitados por essa filosofia. Em alguns casos, a influência foi direta; em outros, deveu-se ao fato de se partir de uma "situação filosófica" análoga. Em geral, pode-se dizer que as correntes neo-evolucionistas (ver EVOLUCIONISMO) e grande parte das orientações espiritualistas não-intelectualistas foram influenciadas por Bergson. Também receberam sua influência muitos dos esforços que tendiam à constituição de uma ontologia dinâmica do ser, assim como grande parte dos que se propuseram erigir uma "lógica do fato". Não se deve esquecer tampouco a influência que Bergson exerceu sobre a fenomenologia e, muito concretamente, sobre Maurice Merleau-Ponty. Por um lado, pois, Bergson representa o foco a partir do qual se estenderam diversos tipos de filosofias processualistas; por outro, essas filosofias e o bergsonismo surgiram no mesmo âmbito. A influência difusa exercida pelo bergsonismo torna difícil, contudo, definir os pensadores ou diretrizes nos quais se manifestou. Mais viável é assinalar alguns casos concretos nos quais se manifestou uma oposição (às vezes não sem que se tenha produzido, ao mesmo tempo, uma influência). Essa oposição surgiu sobretudo na França. Jacques Maritain, por exemplo (*La philosophie bergsonienne*, 1914), apesar de reconhecer o importante papel desempenhado por Bergson na salvação da autonomia do saber filosófico e na revalorização da liberdade e do espírito, observa que o bergsonismo se equivoca em sua idéia da inteligência, pois tem desta uma noção próxima, se não igual, à do nominalismo moderno. Por isso, a crítica bergsoniana da inteligência não afeta, segundo Maritain, a inteligência tal como a entendeu Santo Tomás, mas tão-somente a inteligência racionalizadora própria da "metafísica da física moderna". Julien Brenda (1857-1950) atacou o bergsonismo (*Le bergsonisme ou une philosophie de la mobilité*, 1912. — *Une philosophie pathétique*, 1913. — *Sur le succès du bergsonisme*, 1914. — *Trois idoles romantiques*, 1948. — *La crise du rationalisme*, 1949. — *De quelques constantes de l'esprit humain*, 1950), destacando sobretudo que o fato de uma realidade ser "dinâmica" não significa que os conceitos mediante os quais essa realidade é apreendida também devam sê-lo. A mobilidade da realidade não é a do conceito. René Berthelot (*Le pragmatisme chez Bergson; étude sur le mouvement pragmatiste*, t. II, 1913) assinala no bergsonismo a presença de um pragmatismo e afirma que o que Bergson descobre sob a invocação da intuição é, na realidade, um produto da inteligência. Esta tese está, em última análise, de acordo com as diretrizes do idealismo objetivo ou lógico, que, fiéis ao intelectualismo tanto de Platão como de Descartes, e em parte de Kant, têm forçosamente de se opor a uma filosofia do tipo da bergsoniana. O que se critica então em Bergson é o fato de ter previamente recortado da razão suas possibilidades para mostrar, ato contínuo, a impotência da razão. Outros autores, em contrapartida, fazem sua crítica do filósofo não sem acolher uma parte fundamental de suas teses e procurar dessa maneira superar suas dificuldades. É o caso de Louis Rougier, que em sua obra *Les paralogismes du rationalisme. Essai sur la théorie de la connaissance* (1920) procura fazer uma síntese do intuitivismo bergsoniano, do pragmatismo e do "convencionalismo" (VER) da crítica das ciências e do condicionalismo positivista. Os partidários de Bergson, em compensação, destacaram sobretudo a fecundidade de seu método; é o caso de Édouard Le Roy (VER), bem como de alguns intérpretes pragmáticos do bergsonismo, como Georges Sorel (VER).

A influência de Bergson foi ainda mais difusa, embora muitas vezes não menos insistente, fora da França. Não se pode falar, senão com muitas reservas, de um bergsonismo em Max Scheler, apesar de este autor ter reconhecido com freqüência o valor do pensamento bergsoniano. É mais fácil falar de um bergsonismo em Samuel Alexander (assim como em vários dos evolucionistas emergentistas), embora este filósofo tenha partido de bases próprias. Em geral, pode-se dizer que o bergsonismo imperou na medida em que houve um antiintelectualismo, mas é evidente, por outro lado (como mostrou L. Husson), que o antiintelectualismo não constitui uma caracterização suficiente do bergsonismo, sobretudo quando se trata da última fase do pensamento de Bergson. Daí, mais uma vez, a dificuldade de falar *in modo recto* de um bergsonismo, a despeito de que, por outro lado, a existência, ou, melhor dizendo, a presença deste no âmbito da filosofia contemporânea seja uma realidade efetiva.

➲ Ver: — A. Thibaudet, *Le bergsonisme*, 2 vols., 1922. — S. E. Dollard, "A Summary of Bergsonism", *Modern Schoolman*, 20 (1942), 27-36. — T. Hanna, ed., *The Bergsonian Heritage*, 1962. — A. E. Pilkington, *Bergson and His Influence: A Reassesment*, 1976. ᑕ

BÉRIGARD, CLAUDE GILLERMET DE (1578-1663). Nascido em Moulins (Allier, França), estudou em Paris e viveu em Pisa e em Pádua. Um dos mais destacados representantes do atomismo (VER) moderno e um dos principais renovadores do epicurismo (ver EPICURISTAS), Bérigard não se limitou, porém, a reproduzir as doutrinas e os argumentos epicuristas contra a filosofia natural aristotélica, mas procurou combiná-los com outras doutrinas, entre elas a de Anaxágoras. Segundo Bérigard, as substâncias naturais são compostas de átomos puntiformes que não se movem dentro do vazio ("realidade" cuja existência não pode ser comprovada), mas que são contínuos uns com os outros, de modo que o movimento da matéria consiste (e nisso Bérigard deve admitir conceitos aristotélicos) na transformação de substâncias.

➲ Obras: *Dubitationes in dialogum Galilaei pro Terrae immobilitate*, 1632. — *Circulus Pisanus seu de veteri et Peripatetica philosophi Dialogi*, 1643; 2ª ed., com modificações, 1661. ᑕ

BERKELEY, GEORGE (1685-1753). Nascido nas cercanias de Kilkenny (Irlanda), estudou no Trinity College (Dublin), recebendo seu "B. A." em 1704 e sendo admitido como *Fellow* em 1706. Em 1707, foi ordenado na fé anglicana. Em 1724, renunciou a seu posto de *Fellow* por ter sido nomeado Decano de Derry. Interessado em fundar um Colégio nas Bermudas, dirigiu-se a Londres e, em 1723, partiu para a América, instalando-se em Newport (Rhode Island), onde tentou, em vão, realizar o projeto que concebera para as Bermudas. Voltando para Londres e depois para a Irlanda, foi nomeado em 1734 Bispo da diocese de Cloyne.

Um dos principais motivos que impeliram Berkeley a desenvolver seu pensamento filosófico foi o interesse em combater os deístas e livre-pensadores. Não se pode, porém, reduzir sua filosofia ao mero interesse religioso; há nela uma mescla peculiar de interesses religiosos, especulação metafísica e perspicácia analítica. Berkeley é, por isso, ao mesmo tempo um metafísico e um "analista, inclusive no sentido atual desta palavra. É também, concomitantemente, um idealista e um empirista. Sua filosofia foi por esse motivo qualificada de maneiras muito diversas: de um idealismo sensualista (ou "sensacionista"), de um espiritualismo empirista e antiinanista etc. Berkeley foi visto também como um metafísico altamente especulativo e até paradoxal e como um defensor do senso comum. Todos esses aspectos encontram-se no pensamento de nosso autor, mas o interessante do caso é que eles não estão desagregados e sem ordem, mas formam um conjunto bem coeso.

Algumas das idéias mais importantes de Berkeley encontram-se já em germe em seu "diário filosófico" (ver bibliografia para os nomes dados a este por seus editores). Aí se manifesta já seu interesse em derrubar as opiniões dos ateus e dos céticos e em mostrar que essas opiniões estão fundadas numa afirmação errônea de que há idéias inatas. Quando nos atemos ao imediatamente dado à experiência, podemos desprezar hipóteses gratuitas forjadas pela razão. O dado à experiência é o percebido; a base do conhecimento é, pois, a percepção, e não as idéias abstratas. O nominalismo e o empirismo característicos de Berkeley são, pois, patentes já desde o início. Estas idéias foram elaboradas principalmente em oposição às de Locke, que era, sem dúvida, empirista mas chegava a uma concepção mecânica do universo e da mente que repugnava absolutamente a Berkeley, porque este identificava o mecanismo com o ateísmo.

Em sua obra sobre a nova teoria da visão, seu primeiro livro fundamental, Berkeley procura responder às objeções que, ao negar a redução de toda noção ao percebido, supõem a existência de realidades externas e estabelecem uma falsa distinção entre o espírito e a matéria, entre o interno e o externo. A teoria da visão não é uma descrição do modo como o olho opera; é uma análise do que torna possível avaliar distâncias e tamanhos. Berkeley enfatiza, a esse respeito, a importância do treinamento e da prática, mas destaca, além disso, e sobretudo, o papel fundamental que desempenham em toda teoria da visão as expressões lingüísticas por meio das quais avaliamos as coisas vistas. Já a partir desse instante o pensamento de Berkeley passa a ter o cunho de uma análise lingüística. Isso se deve provavelmente ao fato de que Berkeley julgasse que todo conhecimento é conhecimento enquanto expressa o modo como algo é conhecido; por isso, a teoria da visão é, em grande parte, antes um exame lingüístico--epistemológico da questão que um exame psicológico ou até epistemológico-psicológico.

No entanto, é apenas em suas obras posteriores que Berkeley descobre os fundamentos e as implicações de suas primeiras intuições e análises. Indicaremos a seguir algumas das principais conclusões de Berkeley, tratando depois do modo como foram estabelecidas e das diferentes interpretações que receberam.

Berkeley rejeita, de imediato, toda abstração e, com isso, toda tentativa de hipostasiar em realidades meros conceitos abstratos. As próprias idéias geométricas não são conceitos abstratos nem entidades ideais subsistentes por si mesmas: elas se fundam em representações e percepções, sendo, no máximo, compostos significativos de percepções individuais. A abstração não é apenas impossível de fato; é contraditória. Quando uma idéia se refere a uma multiplicidade de objetos que possuem as mesmas características, o que representa a idéia é um signo, mas não uma realidade, e menos ainda uma abstração precipitadamente identificada com uma realidade. Por se ter acreditado no poder e na realidade da abstração, chegou-se à maior aberração filosófica: a afirmação da existência de realidades externas ao espírito. Deve-se observar aqui que Berkeley não nega que haja objetos externos; o que ele nega é uma certa interpretação dada ao "externo". Nega, enfim, a suposta substancialidade desses objetos. Se não levamos isto em conta, não podemos compreender como Berkeley, que parece chegar a conclusões sumamente paradoxais, é ao mesmo tempo um filósofo do senso comum. Com efeito, é o senso comum que faz pensar que os chamados "objetos externos" não são substâncias, já que sustentar esta última afirmação é simplesmente especular com base em abstrações. Daí que encontremos em Berkeley um empirismo e um sensualismo radicais unidos a um radical espiritualismo. Dizer que os objetos se compõem de "idéias" não significa que não "existam"; significa que o termo 'existência' deve ser entendido de forma distinta da que — demasiado ingênua, precipitada e interessadamente — proclamam os abstracionistas, mecanicistas e "ateus". O fundamento da noção de existência está na noção de percepção. Berkeley formula com isso sua famosa tese: *Esse est percipere et percipi* (VER), ser (existir) é perceber e ser percebido. No verbete sobre essa fórmula, estudamos mais detidamente seu sentido. Limitar-nos-emos aqui a destacar que ela caminha em direções distintas: é uma afirmação do primado da percepção e, portanto, um empirismo conseqüente; é uma afirmação de que não existe a matéria (enquanto algo que subsiste por si mesmo) e, por conseguinte, de que não se pode admitir a concepção do mundo como uma máquina; é uma afirmação de que a realidade é espiritual (a dos espíritos humanos e a de Deus). Com tudo isso, e apesar de seu aspecto paradoxal, é uma afirmação coincidente com o "senso comum", sendo este fundado na experiência e não na abstração.

Para chegar às conclusões anteriores, Berkeley procura demonstrar — especialmente em seu *Tratado* e em seus *Três diálogos* — que todas as qualidades dependem inteiramente da percepção sensível. Essa dependência já fora reconhecida por muitos filósofos no que diz respeito às chamadas qualidades secundárias (ver QUALIDADE). Berkeley, porém, foi mais longe: ele afirmou que *também* as qualidades primárias — como a forma ou a extensão dos corpos — dependem da percepção.

Assim, por exemplo, pode-se dizer que a extensão absoluta — ao contrário dos conceitos de extensão relativa tais como "maior ou menor que" — não muda, mas a verdade é que ela tampouco existe. Tudo o que existe é particular, pois o espírito não pode formar nenhuma idéia (isto é, nenhuma percepção sensível) de nada abstraído de suas características particulares. Assim como não é possível conceber um corpo extenso que não seja grande ou pequeno, ou que não tenha uma figura determinada, tampouco é possível conceber uma extensão absoluta. O triângulo como tal, por exemplo, é inconcebível; o que concebemos são triângulos equiláteros, isósceles, escalenos etc., mas nunca triângulos em geral. Platão e os realistas supuseram que o resultado de certa abstração (o que os escolásticos denominaram *abstração* [VER] *formal*) é algo mais real que o objeto singular sobre o qual recai a abstração. Berkeley nega terminantemente essa tese; a abstração tem como resultado um ser não *mais* e sim *menos* real. Em suma, Berkeley nega que se possam conceber "idéias gerais abstratas" e, mais ainda, que estas representem ou definam essências das coisas. No máximo, ele admite que há "idéias gerais" se por isso se entendem símbolos ou palavras com as quais se fala *acerca do* real. Termos como "substância" são meros nomes que não denotam nada. Sua significação baseia-se inteiramente na imaginação de qualidades. E como, por outro lado, a sensação ativa não pode ser reduzida (como pretendem alguns) à volição, o resultado é que essa sensação (ou *percipere*) é ao mesmo tempo a sensação passiva (ou *percipi*). O princípio da *equivalência* entre o perceber e o ser percebido procede, assim, de uma análise da sensação.

Por ser o externo fundamentalmente a idéia que é percebida, a distinção entre o imaginário e o real se funda, para Berkeley, na diferente vivacidade das idéias e, sobretudo, no fato de que nas idéias que compõem a Natureza se manifesta uma regularidade independente da vontade do espírito percipiente. O idealismo subjetivista de Berkeley não equivale, portanto, a um solipsismo. Por um lado, a permanência, por assim dizer, das coisas é assegurada pela mencionada regularidade; por outro, sua existência não depende apenas do espírito percipiente que as afirma, mas de todos os espíritos capazes de percepção e, em última análise, do espírito universal. A realidade é assim um conjunto de idéias em cujo ápice se encontra Deus como espírito produtor e ordenador, como criador dessa regularidade que nos aparece como uma Natureza distinta dele mas não é senão manifestação sua, sinal de sua potência. Por isso, não há possibilidade de conhecer nenhuma causa dos fenômenos, mas tão-somente as leis mediante as quais se sucedem. Berkeley combate a física moderna em sua pretensão de averiguar as causas e afirma que os resultados obtidos por ela devem ser separados dos pressupostos em que se apóia. Exigem-no tanto a impossibilidade de alcançar os motivos do atuar de Deus como o fato da imanência completa do espírito, a negação de uma distinção entre o subjetivo e o objetivo e a dissolução de todo processo num fenomenismo que, apoiado conscientemente em Berkeley, teve no século XIX seus representantes mais preeminentes no imanentismo de Schuppe, no solipsismo de Schubert-Soldern e no sensualismo positivista de Avenarius e de Mach.

Observou-se que a teoria de Berkeley se baseia numa confusão: a confusão entre a qualidade percebida e o ato de perceber a qualidade. *Por este motivo*, a conclusão de Berkeley seria espiritualista; o sensualismo seria então o ponto de partida para demonstrar que a matéria e suas qualidades não dependem menos da sensação que as qualidades secundárias. Se, em contrapartida, evitamos esta confusão, podemos dizer que o sistema de Berkeley é fenomenista. Este foi o aspecto aceito por Mach e por outros autores aos quais nos referimos no parágrafo anterior. Em vista disso, poder-se-ia dizer que Lenin, quando acusava Mach de "idealista" e de "discípulo de Berkeley", não levava em conta a distinção apontada. Ora, como o próprio Berkeley indicou que a não-separação da qualidade e do ato de percebê-la se deve a que o perceber não é uma volição (algo ativo separado do "ato" passivo do ser percebido), é difícil admitir que Berkeley não seja ao mesmo tempo fenomenista e espiritualista. Isso pode ser percebido com especial clareza ao considerarmos a teologia de Berkeley, na qual Deus aparece como o único agente verdadeiro, a única atividade capaz de "engendrar" a matéria. Pois não apenas a idéia demonstra sua passividade, consistindo seu ser em ser percebida, como o próprio espírito humano é uma percepção em relação ao espírito universal que se manifesta em Deus. Dessa maneira, a filosofia de Berkeley parece consistir, como assinalou Bergson, em quatro teses fundamentais: a que afirma que a matéria não é senão o conjunto das idéias; a que indica que a idéia abstrata é um mero *flatus vocis* e, por conseguinte, defende um nominalismo no qual se apoiará o imanentismo científico posterior; a que opõe o espiritualismo e o voluntarismo a um materialismo que se une com demasiada freqüência a uma identificação da matéria com a realidade racional; e a que defende o teísmo contra toda doutrina que, ao sustentar teses opostas às anteriores, corre o risco de desviar-se para um deísmo que nega a Providência ou para um manifesto ateísmo. Essas quatro teses são, porém, segundo Bergson, a expressão conceitual de uma intuição única, que poderia ser designada como a percepção da matéria — por parte de Berkeley — como fina película transparente que se interpõe entre o homem e Deus e impede ao primeiro a adequada visão do segundo. A filosofia de Berkeley resultaria assim de seu afã por Deus; desejoso de romper os grilhões que a matéria e o sólido impõem ao espírito,

Berkeley procura se desfazer de todo pensamento que pelos meios mais diversos acabe por "condensar" a matéria. A abstração que hipostasia as "realidades" e a admissão de idéias inatas não são ainda um materialismo explícito, mas conduzem inevitavelmente a ele. Com as doutrinas de Berkeley — que representam, de um ponto de vista positivo, uma crítica do exclusivismo naturalista da física matemática, com sua pretensão de fazer das qualidades primárias a única sustentação verdadeira do universo, e um conseqüente aprofundamento do idealismo imanentista — harmonizaram-se em parte as opiniões de Arthur Collier (VER).
⊃ O citado "diário filosófico", composto de cadernos de anotações, foi intitulado por A. C. Fraser (cf. edição *infra*) *Commonplace Book of Occasional Metaphysical Thoughts* e, por A. A. Luce (cf. edição *infra*), *Philosophical Commentaries*. — As outras obras principais de Berkeley são: *An Essay Towards a New Theory of Vision*, 1709. — *A Treatise on the Principles of Human Knowledge*, 1710. — *Three Dialogues Between and Philonous*, 1713 ("Hylas", que significa "o defensor do materialismo, de ὕλη, "matéria", ao qual se opõe "Philonous", que significa "o defensor do espírito", de νοῦς, "espírito, isto é, o próprio Berkeley). — *De motu*, 1720. — *Alciphron, or the Minute Philosopher*, 1732. — *Siris, a Chain of Philosophical Reflexions and Inquires Concerning the Virtues of Tarwater and Divers other Subjects*, 1744.

Edição de obras: Wright, 2 vols., 1784, reed., 1820, 1837, 1843 (muito defeituosa); A. C. Fraser, 4 vols., 1871, reed. 1901 (bastante completa e aceitável); A. A. Luce e T. E. Jessop, 9 vols., 1948-1958 (edição crítica, possivelmente *ne varietur*: I, 1948; II, 1949; III, 1950; IV, 1951; V, 1953; VI, 1953; VII, 1955; VIII, 1956; IX, 1959 [com Notas e Índice geral]. O tomo I da última edição citada é reed., corrigida, da *editio diplomatica* dos *Philosophical Commentaries*, ed. A. A. Luce, 1944 (reed., 1976). — Ed. facsimilar de *The Notebooks of G. B. Bishop of Cloyne (1685-1753)*, 1984, ed. D. Park.

Entre as trad. de obras de B. para o espanhol, citamos: *Tratado sobre los principios de conocimiento humano*. Existem numerosas edições dessa obra; mencionaremos, dentre elas: 1939, 3ª ed. 1968, com estudo preliminar e notas de Risieri Frondizi; 1957, 2ª ed. 1968, trad. de Pablo Masa; 1990, trad. de Concha Cogolludo; 1992, trad. de Carlos Melizzo. — *Ensayo sobre una nueva teoría de la visión*, 1948. — *Tres diálogos entre Hilas y Filonus*, 1956, trad. de A. P. Masegosa; 1983, trad. de M. Satué; 1990, trad. de C. Cogolludo. — *Alcifrón*, 1978, trad. de P. García Castillo. — *De motu*, 1993, trad. de A. Rioja.

Bibliografia: Th. E. Jessop, *A Bibliography of G. B. with an Inventory of Berkeley's Manuscript Remains by A. A. Luce*, 1934; 2ª ed., rev. e ampl., 1973. — Colin Murray Turbayne e Robert Ware, "A Bibliography of G. B., 1933-1962", *Journal of Philosophy*, 60 (1963), 93-112. Continuação dessa bibliografia por Colin Murray Turbayne e Robert Appelbaum: "A Bibliography of G. B., 1963-1974", *Journal of the History of Philosophy*, 15 (1977), 83-95. — Geoffrey Keynes, *A Bibliography of G. B., Bishop of Cloyne: His Works and His Critics in the Eighteenth Century*, 1976.

Sobre B., ver: F. Frederichs, *Ueber Berkeleys Idealismus*, 1870. — *Id., Der phänomenale Idealismus Berkeleys und Kants*, 1871. — A. Penjon, *Étude sur la vie et sur les oeuvres philosophiques de B., évêque de Cloyne*, 1878 (tese). — A. Campbell Fraser, *B.*, 1881. — *Id., id., B. and Spiritual Realism*, 1909. — R. Böhme, *Die Grundlagen des berkeleyschen Immaterialismus*, 1893 (tese). — Th. Stier, *Analyse und Kritik der berkeleyschen Erkenntnistheorie und Metaphysik*, 1893. — A. Joussain, *Exposé critique de la philosophie de B.*, 1920. — K. Stammler, *Berkeleys Philosophie der Mathematik*, 1922 (*Kantstudien, Ergänzungshefte* 55). — G. A. Johnston, *The Development of Berkeley's Philosophy*, 1923. — A. A. Luce, *B. and Malebranche. A Study in the Origins of Berkeley's Thought*, 1934. — *Id., Berkeley's Immaterialism*, 1945. — *Id., Life of G. B.*, 1949. — G. Dawes Hicks, *B.*, 1934. — John Wild, *G. B.: A Study of His Life and Philosophy*, 1936. — Ingemar Hedenius, *Sensationism and Theology in Berkeley's Philosophy*, 1936. — Naguib Baladi, *La pensée religieuse de B. et l'unité de sa philosophie*, 1945. — F. Bender, *G. Berkeley's Philosophy re-examined*, 1946. — G. J. Warnock, *B.*, 1953; reed., 1983. — J. O. Wisdom, *The Unconscious Origin of Berkeley's Philosophy*, 1953. — M. M. Rossi, *Saggio su B.*, 1955. — M. Guéroult, *B. Quatre études sur la perception et sur Dieu*, 1956. — Vários autores, *G. B.*, 1957, ed. S. C. Pepper, K. Aschenbrenner, B. Mates (conferências dadas na Universidade da Califórnia). — A.-L. Leroy, *G. B.*, 1959. — D. M. Armstrong, *Berkeley's Theory of Vision: A Critical Examination of Bishop Berkeley's Essay towards a New Theory of Vision*, 1961. — A. A. Luce, I. T. Ramsey et al., *New Studies in Berkeley's Philosophy*, 1966, ed. Warren E. Steinkraus. — A. D. Ritchie, *G. B.: A Reappraisal*, 1967, ed. G. E. Davie. — Gavin Ardley, *Berkeley's Renovation of Philosophy*, 1968. — Paul J. Olscamp, *The Moral Philosophy of G. B.*, 1970. — George J. Stack, *Berkeley's Analysis of Perception*, 1970. — Jonathan Bennett, *Locke, B., Hume: Central Themes*, 1971. — Desiree Park, *Complementary Notions: A Critical Study of Berkeley's Theory of Concepts*, 1972. — Harry M. Bracken, *B.*, 1974. — Ian C. Tipton, *B.: The Philosophy of Immaterialism*, 1974. — George Pitcher, *B.*, 1977; reed., 1984. — J. O. Urmson, *Berkeley*, 1982. — G. Brykman, *B.: Philosophie et Apologétique*, 2 vols., 1984. — A. C. Grayling, *Berkeley: The Central*

Arguments, 1986. — D. E. Flage, *Berkeley's Doctrine of Notions: A Reconstruction Based on His Theory of Meaning*, 1987. — A. Kulenkampff, *G. B.*, 1987. — R. Schantz, *Der sinnliche Gehalt der Wahrnehmung*, 1988. — G. Moked, *Particles and Ideas: Bishop Berkeley's Corpuscularian Philosophy*, 1988. — W. Breidert, *G. B. 1685-1753*, 1989. — M. Atherton, *Berkeley's Revolution in Vision*, 1990. — R. G. Muehlmann, *Berkeley's Ontology*, 1992. — D. M. Jesseph, *Berkeley's Philosophy of Mathematics*, 1993. — D. Berman, ed., *G. Berkeley: Alciphron in Focus*, 1993.

Números especiais sobre Berkeley nas revistas: *Revue Internationale de Philosophie*, 23-24 (1953); *Revue Philosophique*, ano 78 (1953), abril-junho; *British Journal for the Philosophy of Science*, IV, 13 (1953); *Hermathena*, 72 (1953), novembro. ℭ

BERLIM (GRUPO DE). Ver VIENA (CÍRCULO DE).

•• **BERLIN, ISAIAH**. Nascido em 1909 em Riga, capital da Letônia, na época anexada à União Soviética, educou-se em Oxford. Foi *Fellow* no All Souls College (1932-1938; 1950-1957) e no New College (1938-1950), professor de Teoria Social e Política em Oxford (1957-1967) e professor de Humanidades na City University de Nova York (1966-1972).

Berlin atacou o determinismo de certas filosofias da história; opôs-se, em particular, à idéia marxista de uma marcha objetiva da história e à visão segundo a qual todos os valores são condicionados pela situação social que os avaliadores possam ocupar em determinado momento. De acordo com ele, a história nem pode ser nem deveria tentar ser "objetiva", isto é, livre de avaliações à maneira da física, visto que, se há intencionalidade e busca de objetivos nas ações humanas — ou seja, se se trata de ações motivadas e não simplesmente causadas numa cadeia de eventos —, é então inevitável aceitar algum grau de avaliação moral ou psicológica.

Em *Against the Current* (cf. bibliografia *infra*), Berlin apresenta vários pensadores contrários a algumas teses centrais do racionalismo do século XVII e da Ilustração do século XVIII. Três dessas teses básicas são: cada pergunta genuína — de fato ou de valor — deve ter apenas uma resposta verdadeira; em princípio, há apenas um método válido para descobrir essas respostas; todas as respostas devem ser mutuamente compatíveis. Portanto, é como se as respostas as nossas perguntas pudessem nos dar o conhecimento de qual seria a vida perfeita para os seres humanos. Verifica-se, porém, que a oposição cética a essas teses racionalistas e ilustradas revela brechas importantes no edifício aparentemente sólido do cientificismo.

Berlin critica que se minimize a influência dos indivíduos humanos sobre os eventos históricos — assim como sua responsabilidade com relação a eles — e que se pretendam eliminar a avaliação e o juízo moral dos escritos históricos. Com isso, ele acentua a importância dos valores morais e a necessidade de rejeitar o determinismo se desejamos continuar manejando noções como as de responsabilidade e liberdade. Seu desafio se dirige aos defensores do positivismo lógico, do marxismo ou de qualquer outra doutrina que procure traduzir os problemas humanos para o que ele denomina "termos científicos enganosos".

➲ Obras: *Karl Marx*, 1939. — *The Hedgehog and the Fox: An Essay on Tolstoy's View of History*, 1953. — *Historical Inevitability*, 1954. — *The Age of Enlightenment*, 1956. — *Two Concepts of Liberty*, 1958. — *The Life and Opinions of Moses Hess*, 1959. — *Mr. Churchill in 1940*, 1964. — *Four Essays on Liberty*, 1969. — *Fathers and Children*, 1972. — *Vico and Herder: Two Studies in the Philosophy of History*, 1976. — *Russian Thinkers*, 1978. — *Concepts and Categories*, 1978. — *Against the Current: Essays in the History of Ideas*, 1979 [com uma bibliografia de trabalhos de I. B. por Henry Hardy]. — *Personal Impressions*, 1980, ed. H. Hardy.

Berlin colaborou também em *Essays on J. L. Austin*, 1973, e traduziu as obras de I. S. Turgenev *First Love*, 1950, e *A Month in the Country*, 1980.

Edição de obras: *Collected Essays*, 4 vols., 1978-1980.

Em português: *Karl Marx*, 1991. — *Limites da utopia*, 1991. — *Pensadores russos*, 1988. — *O sentido de realidade*, 1999. — *Vico e Herder*, 1976.

Ver: P. Gardiner, P. Gay *et al.*, *The Idea of Freedom. Essays in Honour of I. Berlin*, 1979, ed. A. Ryan. — A. e E. Margalit, eds., *I. B.: A Celebration*, 1991. — C. J. Galipeau, *I. Berlin's Liberalism*, 1994. •• ℭ

BERNARD, CLAUDE (1813-1878). Nascido em Saint-Julien (Rhone), professor a partir de 1854 em Paris, exerceu considerável influência na metodologia e na epistemologia do século passado por sua investigação sobre o método experimental, assim como por seus estudos sobre as teorias e os métodos na medicina e na biologia. Bernard estudou detalhadamente o papel da observação, da experiência, da experimentação e do raciocínio nas ciências, sobretudo nas ciências dos seres orgânicos. A seu ver, o método experimental — o único admissível nessas ciências — ensina a obter fatos comprovados e a elaborá-los por meio de um "raciocínio experimental" que, por sua vez, serve de base para descobrir as leis que regem os fenômenos. O método experimental não é, pois, simplesmente a experiência, mas a experiência provocada e sistematizada. Bernard combateu com freqüência as estéreis discussões a que costumam se dedicar os filósofos, mas julgou também — contra os empiristas puros — que os fatos brutos não são suficientes para constituir a ciência; é necessária a combinação da experimentação e da análise racional, especialmente a matemática. Em sua opinião, para desenvolver um trabalho científico efetivo, precisa-se também da combinação da indução e da dedução, já que é artificioso na ciência distinguir esses processos de modo radical.

◐ Obras: *Introduction à la médecine expérimentale*, 1865. — *Phénomènes physiques et métaphysiques de la vie*, 1875. — *Histoire des théories de la vie*, 1876. — *La science expérimentale*, 1878. — *Cours de physiologie générale*, 1879. — *Philosophie. Manuscrit inédit*, 1938; reed., 1954, ed. J. Chevalier [resumo por C. B. de uma história da filosofia, de Tennemann, e do *Curso de filosofia positiva*, de A. Comte, com comentários]. — Além disso, existe em espanhol uma *Antología*, 1989, de seus escritos.

Ver: H. Bergson, "La philosophie de C. B.", em *id.*, *La pensée et le mouvant*, 1934. — E. Dhuront, *C. Bernard*, 1939. — A.-D. Sertillanges, O. P., *La philosophie de C. Bernard*, 1944. — P. Laín Entralgo, *Dos biólogos: Claudio Bernard y Ramón y Cajal*, 1959. — R. Virtanen, *C. B. and His Place in the History of Ideas*, 1960. — Robert Clarke, *C. B. et la médecine expérimentale*, 1961 (com seleção de textos e bibliografia). — Joseph Schiller, *C. B. et les problèmes scientifiques de son temps*, 1967. — B.-A. Houssay, G. Cangilehm *et al.*, *Philosophie et méthodologie scientifique de C. B.*, 1967 (colóquio de 1965). — M. D. Grmek, *Raisonnement expérimental et recherches toxicologiques chez C. B.*, 1973. — P. Q. Hirst, *Durkheim, B., and Epistemology*, 1975. ◐

BERNARDO (SÃO). Bernardo de Clairvaux (1091-1153), nascido no Castelo de Fontaines, nas proximidades de Dijon. Em 1112, ingressou no mosteiro de Citeaux (cisterciense) e em 1115 foi nomeado abade do mosteiro de Clairvaux, cargo que desempenhou até a morte. Extremamente ativo na vida da Igreja, lutou contra as heresias e pregou a segunda Cruzada. Entre as polêmicas mantidas por São Bernardo, distinguiram-se as dirigidas contra os cluniacenses e contra Abelardo, que ele obrigou a retratar-se no Concílio de Sens (1140).

São Bernardo cultivou e defendeu a vida mística, baseada na ascética, e se opôs a tudo o que pudesse toldar a autêntica experiência mística. Este é um dos motivos de sua constante oposição aos "filósofos puros", aos "dialéticos", que pretendem conhecer a Deus por meio dos inteligíveis e esquecem que o verdadeiro conhecimento de Deus pode ser obtido apenas por meio da humildade e do amor. Estes dois últimos "temas" desempenham um papel fundamental na pregação e nos escritos de São Bernardo. As ciências profanas não podem ser comparadas, em dignidade e em valor, com as ciências religiosas; uma teologia baseada nas especulações filosóficas e nas argúcias dialéticas não é propriamente ciência, mas a manifestação do orgulho. Em compensação, quando começa por humilhar-se, o homem começa também a elevar-se ao único conhecimento válido e autêntico: o de Jesus crucificado. Todo conhecimento digno desse nome baseia-se num modo de vida que se inicia com a mortificação de si mesmo, que continua com o amor (VER) puro a Deus e culmina no êxtase místico, em que a alma mergulha na vida divina. Contudo, não se deve concluir que o êxtase seja o resultado do esforço próprio; se a graça divina não interferisse, o homem nunca poderia passar do primeiro estágio da humildade. Tampouco se deve admitir que o homem seja simplesmente "arrastado" pela graça; apenas a cooperação da vontade e do livre-arbítrio com a graça torna possível a comunidade das almas no amor divino. O ato fundamental do amor a Deus é para São Bernardo a purificação do amor natural do homem por si mesmo e por Deus, paralelo e coincidente com o amor de Deus pelo homem. Na experiência mística, realiza-se a perfeita união das vontades no amor.

A oposição de São Bernardo à filosofia como mera "ciência profana" e à dialética não significa, de modo algum, que ele desprezasse toda tradição intelectual. Há em sua obra muitos elementos procedentes da tradição agostiniana, de São Gregório de Nissa e do Pseudo-Dionísio, podendo-se até considerar sua obra uma síntese das tradições teológicas e teológico-filosóficas latina e grega. No entanto, os elementos "intelectuais" estão fundidos nas exigências da vida religiosa ascética e mística.

Seguindo orientações semelhantes às de São Bernardo, escreveram e pregaram Guilherme de Saint-Thierry (*ca.* 1085-1148: *Epistola ad Fratres de Monte Dei*; *De contemplando Deo*; *Meditativae orationes*; *De natura et dignitate amoris*; *Disputatio adversum Aberlardum* [que São Bernardo utilizou em sua polêmica contra o filósofo]); Isaac de Stella (VER), Alcher de Clairvaux (*ca.* 1180: *Liber de spiritu et anima*, possivelmente em resposta à *Epístola* de Isaac de Stella). Todos são usualmente considerados místicos agostiniano-platonizantes, mas essa caracterização é, além de demasiado vaga e geral, excessivamente "filosófica" para descrever a obra e o pensamento daqueles que se interessavam principalmente pelo enriquecimento e pelo aprofundamento da vida religiosa, e especialmente da monástica.

◐ Principais obras: *De gradibus humilitatis et superbiae* (escrito *ca.* 1121). — *De diligendo Deo* (*ibid.*, 1126). — *De gratia et libero arbitrio* (*ibid.*, 1127). — *Sermones in Cantica Canticorum* (*ibid.*, 1149). — *De consideratione libri quinque* (*ibid.*, 1152).

Edições de obras: *S. Bernardi, abbatis primi Clarae-Vallensis, Opera omnia*, ed. Joanis Mabillon (Parisiis, 1667); reimp. em Migne, *P. L.*, CLXXXII-CLXXXV. — *Sancti Bernardi Opera*, ed. crítica J. Leclerq, C.-H. Talbot, H. M. Rochais (Romae, 8 vols., 1957 ss.).

Entre as edições de obras separadas, mencionamos: *De diligendo Deo* e *De gradibus humilitatis et superbiae*, ed. W. W. Williams e B. R. V. Mills, 1926; *De conversione*, ed. W. W. Williams, 1938.

Bibliografia: L. Janauscheck, *Bibliographia Bernardina qua S. Bernardi... operum cum omnium tum singulorum editiones ac versiones vitas... usque ad finem 1890 reperire potuit*, 1891 [Xenia Bernardina, 4]; reimp., 1960. — Jean de la Croix Bouton, *Bibliographie Bernardine, 1891-1957*, 1958.

Vida de S. B.: E. Vacandard, *Vie de S. B., abbé de Clairvaux*, 2 vols., 1895. — G. Goyau, *S. B.*, 1907. — W. Williams, *S. B. of C.*, 1935. — J. Weingartner, *Abälard und Bernhard. Zwei Gestalten des Mittelalters*, 1937.

S. B. e Abelardo: Axel Hjelm, *Den heiligen B. och Abaelard*, 1898. — P. Lasserre, *Un conflit religieux au XIIe siècle*, 1930. — A. V. Murray, *Abelard and St. Bernard: A Study in 12th Century Modernism*, 1967.

Obra e pensamento: J. Ries, *Das geistliche Leben und seine Entwicklungsstufen nach der Lehre des heligen B.*, 1906. — R. Linhardt, *Die Mistik des hl. B. von C.*, 1928. — W. Williams, *The Mysticism of St. B. of C.*, 1931. — P. Miterre, *La doctrine de S. B.*, 1932. — Étienne Gilson, *La théologie mystique de S. B.*, 1934. — D. J. Baarslag, *B. van C.*, 1941. — J. Baudry, *S. B.*, 1946. — Jean Leclerq, *S. B., mystique*, 1948. — Id., *S. B. et l'esprit cistercien*, 1966. — B. S. James, *S. B. of C.*, 1953. — M. T. Antonelli, *B. di Chiaravalle*, 1953. — G. Venuta, *Libero arbitrio e libertà della grazia nel pensiero di S. B.*, 1953. — A. Dimier, *S. B., pêcheur de Dieu*, I, 1953. — J. Calmette e H. David, *S. B.*, 1953. — Thomas Merton, *Last of the Fathers: S. B. of C.*, 1954. — Dom Mavr Stadaert, P. E. Wellens, Dom J. Leclecq, S. Vanni-Rovighi *et al.*, *S. B.*, 1954. — P. Delhaye, *Le problème de la conscience morale chez S. B.*, 1957. — E. Bertola, *S. B. e la teologia speculativa*, 1959. — Wilhelm Hiss, *Die Anthropologie Bernhards von Clairvaux*, 1964. — J. Leclercq, *S. B. et l'esprit cistercien*, 1969. — J. E. Murdoch, E. D. Sylla, eds., *The Cultural Context of Medieval Learning*, 1975. — G. Duby, *S. B. et l'art cistercien*, 1976. — H. G. J. Storm, *Die Bregründung der Erkenntnis nach B. von C.*, 1977. — U. Köpf, *Religiöse Erfahrung in der Theologie Bernhards v. C.*, 1980. — B. Schellenger, ed., *B. v. C.*, 1982. — G. R. Evans, *The Mind of St. B. of Cl.*, 1983. ↪

BERNARDO DE CHARTRES, Bernardus Carnotensis († *ca.* 1130). Primeiro dos mestres da chamada Escola de Chartres (VER) e Chanceler de Chartres de 1119 a 1124, ele se inclinou decididamente ao platonismo, mas não apenas como uma revivescência das doutrinas de Platão; as idéias de Bernardo procediam, com efeito, de fontes muito diversas (o *Timeu*, Sêneca, Santo Agostinho, inclusive correntes pitagorizantes), tendo sido harmonizadas, além disso, com tendências humanistas clássicas. Estas últimas não foram tomadas por Bernardo unicamente no sentido de uma instrução literário-gramatical, mas também — e especialmente — como matéria da reflexão lógico-gramatical e lógico-ontológica. Seu realismo platônico, modificado pela interpretação cristã das idéias como pensamentos divinos, devia-se, pois, tanto a um estudo de diversas tradições de fundo platônico, como às conseqüências a que o levaram suas análises de cunho lógico-lingüístico. Nesse âmbito, Bernardo desenvolveu, a julgar pelo que João de Salisbury nos apresenta de suas idéias, uma ontologia hierárquica formada por Deus, pelas idéias eternas (embora subordinadas a Deus), pelas chamadas idéias ou formas nativas — que são cópias das idéias eternas e modelos das coisas — e pela matéria, criada do nada e unida às citadas idéias nativas para dar origem às coisas singulares. Entre os discípulos de Bernardo, destacou-se Gilberto de la Porrée, a quem sucedeu como chanceler da Escola o irmão de Bernardo, Thierry de Chartres († *ca.* 1155), que lecionara em Paris e teve como aluno João de Salisbury. Thierry deu prosseguimento às tendências ecléctico-platônicas e platônico-cristãs inauguradas por Bernardo num sentido enciclopédico e erudito. Muito inclinado à matemática e à interpretação simbólico-pitagorizante, Thierry procurou harmonizar o texto bíblico com o comentário de Calcídio ao *Timeu*, com base numa metafísica que acolheu por um lado o realismo platônico e por outro várias idéias pitagóricas sobre a unidade e o predomínio do número. Nesse quadro, Thierry examinou certas idéias de filosofia natural que, como a do ímpeto, tiveram mais tarde um considerável desenvolvimento.

↪ A doutrina de Bernardo de Chartres é conhecida especialmente pelos fragmentos referentes a ela que se encontram no *Metalogicon* e no *Policratius* de João de Salisbury. O escrito *De mundi universitate sive Megacosmus et Microcosmus*, que se atribuía antes a Bernardo de Chartres, deve-se a Bernardo Silvestre (VER). — Ver também: P. E. Dutton, "The Uncovering of the 'Glosae Super Platonem' of Bernard of Chartres", *Medieval Studies*, 46 (1984), 192-221.

Ver: M. D. Chenu, "Un cas de platonisme grammatical au XII siècle", *Revue Scientifique, Philosophique et Théologique*, 41 (1967), 666-668. — E. Jeauneau, "'Nani Gigantum Humeris Insidentes', Essai d'interpretation de B. de Chartres", *Vivarium*, 5 (1967), 79-99.

As principais obras de Thierry de Chartres são o *Heptauteuchon*, enciclopédia das sete artes liberais, e um comentário ao *Gênesis* intitulado *De sex dierum operibus*.

Ver a bibliografia do verbete CHARTRES (ESCOLA DE). c

BERNARDO SILVESTRE, Bernardus Silvestris (ou de Sylvestris), Bernardo de Tours (*fl.* 1150). Um dos filósofos platonizantes do século XII, ele desenvolveu idéias afins às dos seguidores da chamada Escola de Chartres (VER), embora não possa ser tido como formalmente ligado a essa escola. É autor de uma obra intitulada *De mundi universitate sive Megacosmus et Microcosmus*, dedicada a Teodorico de Chartres e durante muito tempo atribuída a Bernardo de Chartres. Essa obra, redigida em prosa e verso, consta de dois livros e é de índole alegórica. No primeiro livro (*Megacosmus*), Bernardo apresenta a Physis (a Natureza) lamentando-se de seu estado caótico (Hyle). Nous (o Espírito) acorre e forma o mundo com base nos quatro elementos. No segundo livro (*Microcosmus*) é apresentada a criação do homem.

Bernardo Silvestre recebeu influências platônicas principalmente por meio de Macróbio e de Calcídio. Embora suas doutrinas pareçam panteístas, observou-se que sua descrição se refere (mesmo na forma alegórica citada) especialmente ao mundo e não a Deus ou à relação entre este e o mundo. Contudo, há na obra em questão pelo menos certas expressões que aparentam com o emanatismo neoplatônico, como as que se referem às formas exemplares como causas diretas do real.

➲ Ed. de C. S. Barach e J. Wrobel: *De mundi universitate libri duo*, 1876 (Bibliotheca philosophorum medii aetatis, I); reimp., 1964. É melhor a edição de P. Donke, 1978.

Ver: É. Gilson, "La cosmogonie de B. S.", *Archives d'histoire doctrinale et littéraire du moyen âge*, 3 (1928), 5-24. — R. B. Wolsey, "B. S. and the Hermetic Asclepius", *Traditio*, 6 (1948), 340-344. — T. Silverstein, "The Fabulous Cosmogony of B. S.", *Modern Philology*, 46 (1948), 92-116. M. F. McCrimmon, *The Classical Philosophical Sources of the "De mundi universitate" of B. S.*, 1953 (tese). — W. Wetherbee, *Platonism and Poetry in the 12th Century*, 1972. — B. Stock, *Myth and Science in the XIIth Century. A Study of B. Silvestre*, 1972 (com bibliografia).

Ver também a bibliografia em CHARTRES (ESCOLA DE) (especialmente as obras de A. Clerval e J. M. Parent). c

BERNARDO TORNIO. Ver MERTONIANOS.

BERNAYS, PAUL (1888-1977). Nascido em Londres, obteve cidadania suíça, tendo sido professor de matemática na Eidgenossische Technische Hochschule de Zurique. É considerado um dos neofriesianos influenciados por Leonhard Nelson. Colaborou no programa esboçado por Gonseth (VER) e divulgado pela revista *Dialectica*. Suas mais importantes contribuições situam-se no campo da matemática, especialmente a teoria da prova e a dos conjuntos. Colaborou com Hilbert em sua obra sobre os fundamentos da matemática. Bernays reformulou e simplificou a teoria axiomática dos conjuntos de Johannes (John) von Neumann; o sistema é conhecido pelo nome de Neumann-Bernays.

➲ Principais escritos: "Ueber Hilberts Gedanken zur Grundlegung der Arithmetik", *Jahresbericht der Deutschen Mathematiker Vereignigung*, 31, seção 1 (1922), 10-19 ("Sobre as idéias de H. acerca do fundamento da aritmética"). — "Axiomatische Untersuchung des Aussagen-Kalküls der 'Principia Mathematica'", *Mathematische Zeitschrift*, 25 (1926), 305-320 ("Investigação axiomática do cálculo de proposições dos 'P. M.'"). — "Sur le platonisme dans les mathématiques", *L'enseignement mathématique*, 34 (1934), 52-69. — *Grundlagen der Mathematik*, 2 vols., 1934-1939 (com D. Hilbert) (*Fundamentos da matemática*). — "Quelques points essentiels de la metamathématique", *L'enseignement mathématique*, 34 (1934), 70-95. — "A System of Axiomatic Set Theory", *Journal of Symbolic Logic*, 2 (1937), 65-77; 6 (1941), 1-17; 7 (1942), 65-89, 133-145; 8 (1943), 89-106; 13 (1948), 65-79; 19 (1954), 81-96. — *Axiomatic Set Theory*, 1958.

Os últimos sete artigos foram compilados no volume *Sets and Classes: on the Work by P. B.*, 1976, ed. G. H. Müller; o volume contém também o trabalho de B., "On the Problem of Schemata of Infinity in Axiomatic Set Theory", bem como vários artigos (A. Levy, U. Felgner, T. B. Flannagan, K. Gloede, A. Mostowski) sobre problemas abordados por B. — Ver também: "Comments on Ludwig Wittgenstein's 'Remarks on the Foundations of Mathematics'", *Ratio*, 2 (1959), 1-22. — "Die schematische Korrespondenz und die idealisierten Strukturen", *Dialectica*, 24 (1970), 53-66. — "Sprache und Wirklichkeit: Im Vorfeld der Fragestellungen, *ibid.*, 31 (1977), 217-223. — "Ueberlegungen zu Ferdinand Gonnseths Philosophie", *ibid.*, 119-128.

Ed. de escritos variados: *Abhandlungen zur Philosophie der Mathematik*, 1976.

Ver: L. H. Tharp, "On a Set Theory of Bernays", *Journal of Symbolic Logic*, 32 (1967), 319-321. — F. Gonseth, "Ueber die Sprache Sprechen", *Dialectica*, 27 (1973), 179-217. — G. H. Müller, ed., *Sets and Classes: On the Work of P. Bernays*, 1976. — J. Danquah, "The Circularity of the Proof of the Non-Independence of the Fourth Axiom of 'Principia Mathematica'", *Analysis*, 36 (1976), 110-111. — J. M.

Brown, "Bernay's Non-Circular Proof of the Non-Independence of the Fourth Axiom of 'Principia Mathematica'", *ibid.*, 207-208. — E. Engeler, "Zum logischen Werk von P. Bernays", *Dialectica*, 32 (1978), 191-200. — A. R. Raggio, "Die Rolle der Analogie in Bernays' Philosophie der Mathematik", *ibid.*, 201-207. — P. Lorenzen, "Konstruktive Analysis und das geometrische Kontinuum", *ibid.*, 221-227. — G. Takeuti, "Work of Paul Bernays and Kurt Gödel", em L. J. Cohen, ed., *Logic, Methodology and Philosophy of Science*, vol. VI, 1982, pp. 77-88. — M. Yasuhara, "Extensionality in Bernays Set Theory", *Notre Dame Journal of Formal Logic*, 25 (1984), 357-363. — A. R. Raggio, "El cincuentenario de los *Grundlagen der Mathematik* de Hilbert y Bernays", *Revista Latinoamericana de Filosofía* (1990), 197-212. ͻ

BERNOULLI. O sobrenome 'Bernoulli' é famoso na história da ciência; quase todos os cientistas com esse sobrenome apresentam interesse para a história das relações entre a matemática e a filosofia.

JACOB (1654-1705). Nascido na Basiléia, foi professor de matemática na mesma cidade a partir de 1687; antes, viajara pela França e pela Inglaterra, onde estabeleceu amizade com Robert Boyle e Richard Hooker. Interessado no cálculo infinitesimal iniciado por Leibniz, trabalhou no desenvolvimento e no aperfeiçoamento desse cálculo segundo a notação e as diretrizes leibnizianas. Devem-se a ele também trabalhos no campo da geometria analítica e da teoria da probabilidade. Nesta última, formulou o teorema que leva seu nome, segundo o qual, com o aumento do número de casos, a probabilidade de que o desvio relativo continue sendo inferior a um limite atribuído arbitrariamente tende a 1. Jacob manteve correspondência com Leibniz, publicada nos *Mathematische Schriften*, de Leibniz, III, ed. Gerhardt. Seu teorema figura no *Ars coniectandi*, publicado, postumamente, em 1713. Seus *Opera* apareceram em 1744.

ͻ Ver: N. M. Martin, "The Explicandum of the Classical Concept of Probability", *Philosophy of Science*, 18 (1951), 70-84. — S. Blom, "Concerning a Controversy on the Meaning of 'Probability'", *Theoria*, 21 (1955), 65-98. — M. Boudot, "Probabilité et logique de l'argumentation selon Jacques Bernoulli", *Études Philosophiques*, 22 (1967), 265-288. — I. Hacking, "Jacques Bernoulli's Art of Conjecturing", *British Journal for the Philosophy of Science*, 22 (1971), 209-229. — *Id.*, *The Emergence of Probability: A Philosophical Study of Early Ideas About Probability, Induction and Statistical Inference*, 1975. — T. Hailperin, "The Development of Probability Logic from Leibniz to MacColl", *History and Philosophy of Logic*, 9 (1988), 131-191. ͻ

JOHANN (1667-1748). Também nascido na Basiléia, sucedeu a seu irmão Jacob na cátedra e teve como aluno Leonhard Euler. Dedicou-se à astronomia, à física e à química, e, especialmente, à matemática, desenvolvendo o cálculo de variações. Manteve correspondência com Leibniz, publicada no mesmo tomo *supra*. Suas *Opera omnia*, em 4 vols., apareceram em 1742; reimpr., 1968-1969.

ͻ Ver: M. Beuchot, "Sobre algunas ideas lógicas de Juan Bernoulli", *Dianoia*, 28 (1982), 173-177. — T. Boswell, "The Brothers James and John Bernoulli on the Parallelism between Logic and Algebra, *History of the Philosophy of Logic*, 11 (2) (1990), 173-184. ͻ

NIKOLAUS (1662-1716), irmão de Jacob e de Johann, lecionou matemática em São Petersburgo. Seus três filhos, Nikolaus (1695-1726), Daniel (1700-1782) e Johann (1710-1790), foram matemáticos, tendo os dois primeiros lecionado em São Petersburgo e o último na Basiléia. Dentre os três filhos, distinguiu-se DANIEL, que lecionou na Basiléia, ao regressar, em 1732, de São Petersburgo. Trabalhou especialmente no cálculo, em equações diferenciais e na teoria da probabilidade. Deve-se a ele um princípio de hidrodinâmica que leva seu nome e segundo o qual, dentro de um fluido, seja líquido ou gasoso, em condições de fluxo constante (sempre que permaneçam constantes a pressão e a velocidade em qualquer de seus pontos), a soma da energia de velocidade, da energia da pressão e da energia potencial de elevação permanece constante. Daniel manteve relações — às vezes de amizade, às vezes de competição — com Euler.

Dois dos filhos de Johann (filho de Nikolaus) foram matemáticos, físicos e astrônomos: Johann (1744-1807), astrônomo real em Berlim, e Jakob (1759-1789), membro da Academia de Matemática e Física de São Petersburgo.

BERNSTEIN, EDUARD (1850-1932). Nascido em Berlim, Bernstein desenvolveu intensa atividade como fundador e colaborador de publicações nas quais foram defendidos os pontos de vista do marxismo social-democrata alemão: *Zukunft*, que depois das leis anti-socialistas de Bismarck foi publicado por alguns anos no estrangeiro (Zurique e Londres); *Dokumente des Sozialismus*, publicados nos primeiros anos deste século; e os *Sozialistische Monatshefte*. Ele foi também historiador do socialismo, editor das obras de Lasalle e da correspondência entre Marx e Engels.

As concepções marxistas de Bernstein modificaram-se consideravelmente à luz de uma defesa do socialismo "evolutivo" e "gradual", assim como pela influência da epistemologia e, especialmente, da ética kantianas. Bernstein se opôs aos que consideravam que o socialismo pode advir apenas por meio de uma revolução violenta na qual o proletariado assuma o poder, tendo preconizado a adesão às instituições democráticas no âmbito das quais o socialismo podia desenvolver-se, em sua opinião, pacífica e gradualmente. Os marxistas mais estritos acusaram Bernstein de "revisionista", a ponto de seu nome ter chegado a ser sinônimo de "revisionismo" (VER). O principal opositor de Bernstein foi Karl Kautsky (VER).

⊃ Além de numerosos artigos nas revistas mencionadas, deve-se a E. B. a obra *Zur Geschichte und Theorie des Sozialismus*, 1901; 3ª ed., muito ampliada, 3 vols., 1904. Destacam-se suas obras polêmicas: *Die Voraussetzungen des Sozialismus und die Aufgaben der Sozialdemokratie*, 1899 (*Os pressupostos do socialismo e as tarefas da social-democracia*) e *Wie ist wissenschaftlicher Sozialismus möglich!*, 1910 (*Como é possível o socialismo científico!*) (na época, o "socialismo científico", segundo a expressão de Marx, era representado por Kautsky; no título desta última obra transparece uma alusão a Kant).

Ver: P. Gay, *The Dilemma of Democratic Socialism; Eduard Bernstein's Challenge to Marx*, 1952. — H. Schulze, "'Bernstein-Renaissance'. Tendenzen, Ziele, Folgen", *Deutsche Zeitschrift für Philosophie*, 29 (1981), 671-681. — M. Steger, "Historical Materialism and Ethics: Eduard Bernstein's Revisionist Perspectives", *History of European Ideas*, 14(5) (1992), 647-663. ◁

BERTALANFFY, LUDWIG VON (1901-1972). Nascido em Atzgersdorf (Áustria), estudou biologia e filosofia nas Universidades de Innsbruck e de Viena, tendo-se doutorado nesta última em 1926. Lecionou na Universidade de Viena e, a partir de 1948, na de Otawa. Contribuiu para a fundação, em 1954, do Center for Advanced Study in the Behavioral Sciences, de Stanford. De 1955 a 1958, foi diretor de pesquisas no Hospital Mt. Sinai, de Los Angeles. Em 1958, foi nomeado professor visitante da Fundação Menninger, de Topeka (Kansas). Lecionou depois na Universidade de Alberta (Canadá), no Centro de Biologia Teórica da Universidade do Estado de Nova York, em Búfalo, e no Michael Reese Hospital, da Universidade de Chicago.

A variedade da carreira docente e de pesquisador de von Bertalanffy reflete a variedade de seus interesses. Devem-se a ele trabalhos experimentais em biologia, especialmente em fisiologia celular e em embriologia, estudos de comportamento social, investigações filosóficas e o mais significativo impulso à chamada "teoria geral de sistemas".

Em seus estudos de filosofia biológica, von Bertalanffy defendeu o que denominou "concepção organísmica", oposta ao mecanicismo, mas também ao vitalismo e ao neovitalismo do tipo de Driesch (VER), isto é, a todo vitalismo que pressuponha a noção de alguma enteléquia, orgânica ou psíquica, à qual se atribuam o plano, a formação e o desenvolvimento dos organismos. Von Bertalanffy insistiu no fato de que os organismos biológicos estão organizados e que deste truísmo procedem conseqüências importantes, tais como a necessidade de adotar métodos que contemplem seus caracteres de "totalidade" e de "sistematicidade". As totalidades de que falou não são apenas "todos" cujas propriedades se mostrem distintas das propriedades das partes componentes. Os organismos — tanto individuais como específicos — têm propriedades não redutíveis às de supostos componentes "mecânicos", mas isto porque se trata de propriedades de sistemas.

A noção de sistema tem uma importância capital no pensamento de von Bertalanffy. O modelo dos sistemas e das organizações (estratificadas) dos sistemas, assim como o estudo dos tipos de sistemas — especialmente das diferenças entre sistemas fechados e sistemas abertos —, constituem para von Bertalanffy o fundamento não apenas da biologia como de todas as ciências, naturais, sociais e históricas. É possível falar então de "unidade da ciência", porém não no sentido do reducionismo das ciências a um único modelo, mas no sentido de uma investigação interdisciplinar das relações entre diversos tipos de sistemas e suas aplicações.

Em 1950, Bertalanffy propôs a "teoria geral de sistemas" a que nos referimos no verbete SISTEMA (ver também SISTÊMICO). Entre os filósofos, esta teoria foi desenvolvida e aplicada por Ervin Laszlo (VER).

⊃ Principais obras: *Kritische Theorie der Formbildung*, 1928. (*Teoria do desenvolvimento biológico*) — *Nikolas von Kues*, 1928. — *Lebenswissenschaft und Bildung*, 1930 (*Ciência da vida e desenvolvimento*). — *Theoretische Biologie*, 2 vols., 1932-1942; 2ª ed., 1951 (I: *Allgemeine Theorie. Physikochemie, Aufbau und Entwicklung des Organismus*. II: *Stoffwechsel Wachstum*) (*Biologia teórica*. I: *Teoria geral. Físico-química, estrutura e desenvolvimento do organismo*; II: *Crescimento material*). — *Das Gefüge des Lebens*, 1937 (*A trama da vida*). — *Biologie und Medizin*, 1946. — *Das biologische Weltbild*, 1949. Há trad. ingl. desta obra feita pelo autor: *Problems of Life: An Evaluation of Modern Biological and Scientific Thought*, 1952. — *Robots, Men, and Minds*, 1967.

Para sua "teoria geral de sistemas": "An outline of General System Theory", *British Journal for the Philosophy of Science*, 1 (1950), 134-165 e, sobretudo: *General Systems Theory: Foundations, Development Applications*, 1968. — *Perspectives on General Systems Theory*, 1976, ed. Edgar Taschdjian.

Em colaboração com Anatol Rapoport, L. von B. publica, desde 1956, *General Systems: Yearbook of the Society for General Systems Research*.

Ver: T. A. Goudge, "Organismic Concepts in Biology and Physics", *Review of Metaphysics*, 7 (1953), 282-289. — A. Bendmann, *v. B.s organismische Auffassung des Lebens in ihren philosophischen Konse-*

quenzen, 1967. — Por ocasião de seus 70 anos, foram publicados: E. Laszlo, ed., *The Relevance of General Systems Theory*, 1972. — *Id.*, *Introduction to Systems Philosophy: Toward a New Paradigm of Contemporary Thought*, 1972. — W. M. Johnston, L. L. Whyte et al., *Unity Through Diversity: A Festschrift for L. v. B.*, 2 vols., 1973, ed. William Gray e Nicholas D. Rizzo (ver especialmente desta obra vol. I, seção 1). — J. D. Donaldson, "L. v. B., 1901-1972", *American Journal of Psychiatry*, 130 (1973). ⊃

BERTHELOT, RENÉ. Ver BERGSONISMO.

BESSARION (CARDEAL) [BASÍLIO BESSARION] (1395 ou 1403-1472). Nascido em Trebisonda (o turco Trabzon), foi um dos autores que mais contribuíram para o renascimento das letras gregas no Renascimento clássico italiano. Em sua *Adversus calumniatorem Platonis* (escrita em grego e publicada em latim em Roma, no ano de 1469), Bessarion opôs-se não apenas aos adversários de Platão mas também àqueles que, como o cretense Jorge de Trebisonda, tinham contraposto as doutrinas platônicas às aristotélicas. Em oposição ao escrito de Jorge de Trebisonda, *Comparationes philosophorum Aristotelis et Platonis* (1523), Bessarion — de acordo, nisso, com Gemistos Plethon (VER) — procurou mostrar que não há razão para atacar a filosofia de Platão em nome da de Aristóteles, mas que não há razão tampouco para fazer o inverso. Nesse sentido, o Cardeal Bessarion, embora inclinado, como Plethon e os filósofos humanistas da Academia Florentina, ao platonismo, esforçou-se em mostrar que os dois filósofos, Platão e Aristóteles, estão fundamentalmente de acordo (tese defendida mais tarde por Fox Morcillo [VER]). Devem-se também a Bessarion uma tradução da *Metafísica* de Aristóteles e traduções de obras de Teofrasto e Tenofonte.

⊃ *Opera* em Migne, *P. G., CLXI*. Ver: H. Vast, *Le Cardinal B., étude sur la Chrétienté et la Renaissance vers le milieu du 15ᵉ siècle*, 1878. — Sadov, *B. de Nicée, son rôle au concile de Ferrara-Florence, ses oeuvres théologiques et sa place dans l'histoire de l'humanisme*, 1833. — R. Rocholl, *B. Studie zur Geschichte der Renaissance*, 1904. — L. Mohler, *Die Wiederbelebung des Platonstudiums in der Zeit der Renaissance durch Kardinal B.*, 1921 [Vereinschrift der Görresgessellschaft, 3]. — *Id.*, *Kard. B., als Theologe, Humanist und Staatsmann*, 3 vols.; I, 1923; II, 1927; III, 1942; reimp., 1967. — E. Mioni, "Contributo del card. B. all'interpretazione della metafisica aristotelica", em *Aristotelismo padovano e filosofia aristotelica*, Atas do XII Congresso Internacional de Filosofia, Florença, 1960, pp. 173-182. — H.-G. Beck, *Kirche und theologische Literatur im byzantinischen Reich*, 1964. ⊃

BESTEIRO [Y FERNÁNDEZ], JULIÁN. Ver KRAUSISMO.

BETH, E[VERT] W[ILLEM] (1908-1964). Nascido em Almelo, estudou filosofia e matemática em Utrecht e em Groningen, e Direito na Universidade de Amsterdã. A partir de 1946, foi professor de lógica, história da lógica e filosofia da matemática na Universidade Comunitária de Amsterdã, e, a partir de 1952, diretor do Instituut voor Grondslagenonderzoek en Filosofie der Exacte Wetenschappen na citada cidade.

Beth deixou uma obra considerável em lógica, metalógica, fundamentos da matemática e epistemologia. Devem-se também a ele alguns trabalhos de história da lógica e da matemática. Entre suas mais conhecidas — e influentes — contribuições, figura a construção do que ele denominou "quadros (*tableaux*) semânticos", aos quais nos referimos no verbete TABELAS (MÉTODO DE) (VER). Beth ocupou-se também dos problemas suscitados pelas possíveis relações entre a estrutura dos sistemas formais e o pensamento, especialmente no sentido da epistemologia genética (VER). No que se poderia chamar de "filosofia geral", Beth reconheceu o fato de haver uma "crise da razão", a ponto de admitir que algumas tendências irracionalistas contemporâneas têm sua razão de ser, mas isso apenas na medida em que possam contribuir para descartar o racionalismo tradicional. É necessário um novo tipo de racionalidade, e, em seu âmbito, será preciso poder dar conta das relações entre as estruturas lógicas formais e o saber "intuitivo".

⊃ Dentre os numerosos trabalhos de B., citamos: *Inleiding tot de wijsbegeerte der wiskunde*, 1940; 2ª ed., 1942 (*Introdução à filosofia da matemática*). — *Summulae logicales*, 1942. — *Geschiedenis der logica*, 1944 (*História da lógica*). — *De wijsbegeerte der wiskunde van Parmenides tot Bolzano*, 1944 (*A filosofia da matemática de P. a B.*). — *Natuurphilosophie*, 1948. — *Les fondements logiques des mathématiques*, 1950; 2ª ed., 1954. — *Inleiding tot de wijsbegeerte der exacte wetenschappen als universitair studievak en als terrein von wetenschappelijk onderzoek*, 1953 (*Introdução à filosofia das ciências exatas como tema de estudo acadêmico e como campo de investigação científica*). — *Semantic Entailment and Formal Derivability*, 1955. — *L'existence en mathématique*, 1956. — *Semantic Construction of Intuitionistic Logic*, 1956. — *La crise de la raison et la logique*, 1957. — *De weg der wetenschap. Inleiding tot de methodeleer der empirische wetenschappen*, 1958 (*O caminho da ciência. Introdução à metodologia das ciências empíricas*). — *The Foundations of Mathematics*, 1959; 2ª ed., 1965. — *Beschouwingen over het logisch denken*, 1960 (*Introdução ao pensamento lógico*). — *Formal Methods:*

An Introduction to Symbolic Logic and to the Study of Effective Operations in Arithmetic and Logic, 1962. — *Mathematical Thought: An Introduction to the Philosophy of Mathematics*, 1965. — *Moderne logica*, s/d, 1967 (manuscrito póstumo) (há trad. ingl.: *Aspects of Modern Logic*, 1970).

Na série de *Études d'épistémologie génétique* (ver EPISTEMOLOGIA GENÉTICA), dirigidos por Jean Piaget, B. colaborou nos vols. 1 (1957 [com W. Mays e J. Piaget]), 14 (1961 [com J. Piaget]) e 16 (1962 [com J. B. Grize, R. Martin, B. Matalon, A. Naess e J. Piaget]).

Bibliografia: J. F. Staal, "Bibliography of E. W. Beth", *Synthese*, 16 (1964), 90-106.

Ver: A. Heyting, "In Memoriam Evert Willem Beth 1909-1964", *Notre Dame Journal of Formal Logic*, 7 (1966), 289-295. — W. Kuyk, "Some Questions on the Foundations of Logic", *Philosophy Reform*, 34 (1969), 142-146. — H. Leblanc, "Three Generalizations of a Theorem of Beth's", *Log Analyst*, 12 (1969), 205-220. — B. C. Van Fraassen, "On the Extension of Beth's Semantics of Physical Theories", *Philosophy of Science*, 37 (1970), 325-339. — J. J. F. Nieland, "Beth's Tableau-Method", *Synthese*, 16 (1964), 7-26. — N. Tennant, "Beth's Theorem and Reductionism", *Pacific Philosophical Quarterly*, 66 (1985), 342-354. — J. Peijnenburg, "De Kant-interpretatie van Evert Willem Beth", *Alg. Ned. Tijdschr. Wijs.* (1991), 114-128. C

BETTI, EMÍLIO (1890-1968). Nascido em Camerino (Macerata, Itália), desenvolveu uma filosofia hermenêutica que em grande parte dá prosseguimento às inspirações de Schleiermacher e Dilthey. A hermenêutica de Betti apóia-se na noção de compreensão (VER), tal como foi postulada por Hegel e elaborada por Dilthey. Trata-se, como aponta G. Funke (*op. cit. infra*) de uma hermenêutica orientada para a realidade objetivo-espiritual. Betti opõe-se à concepção da hermenêutica tal como desenvolvida por Hans-Georg Gadamer, acusando este autor e os "heideggerianos" de "subjetivismo" e, em todo caso, de dar excessiva atenção aos aspectos ontológicos da hermenêutica em detrimento dos metodológicos. O interesse de Betti pela história do Direito condiciona em parte a orientação interpretativo-metodológica de sua doutrina, mas esta abrange todas as disciplinas históricas e humanistas. Ao contrário da hermenêutica de Gadamer, e até de várias correntes hermenêuticas desenvolvidas a partir da fenomenologia, Betti insiste na necessidade de que o intérprete encontre o sentido do interpretado em vez de preocupar-se em "atribuir sentido". Betti admite que a operação de conferir sentido (*Sinngebung*) não pode ser inteiramente eliminada, mas considera que ela deve ser distinguida da interpretação (*Auslegung*), na qual o intérprete descobre ou desvela o sentido que se exprime nas objetivações produzidas pelos homens.

O intérprete não é, para Betti, um sujeito completamente passivo, mas sua atividade está em função da interpretação, que é penetração em estruturas objetivas distintas do — embora não necessariamente contrapostas ao — sujeito. Os ataques de Betti ao subjetivismo de alguns representantes do movimento hermenêutico não equivalem, na opinião desse autor, a admitir que o pensamento, e especificamente o pensamento interpretante, fique "reificado". Equivalem, porém, a afirmar que é possível estabelecer cânones para o pensamento hermenêutico. Betti desenvolveu suas investigações hermenêuticas de duas formas: primeiro, como uma fenomenologia da compreensão hermenêutica ("fenomenologia hermenêutica"); segundo, como um sistema de categorias de interpretação. Ele propôs estabelecer uma distinção entre vários modos de compreensão hermenêutica (simbólica, expressiva, modélica etc.). Cada um desses modos ocupa um lugar no âmbito de uma metodologia, e todos estão ligados entre si pelo que o autor denomina "uma continuidade de compreensão".

⊃ Principais obras: *Posizioni dello spirito rispetto all'oggetività*, 1949. — *Teoria generale della interpretazione*, 2 vols., 1955. — Há trad. alemã feita pelo autor com algumas modificações: *Allgemeine Auslegungslehre als Methodik der Geisteswissenschaften*, 1967; 2ª ed., 1972. Uma versão alemã, resumida, da teoria da interpretação foi publicada um ano antes de sua *Teoria generale: Zur Grundlegung einer allgemeinen Auslegungslehre*, como reimpressão do *Festschrift für Ernst Rabel*, 1954, II, pp. 79-168. — Para hermenêutica jurídica: *Interpretazione della legge e degli atti giuridici (Teoria generale e dogmatica)*, 2ª ed., 1971.

Ver: Gerhard Funke, "Problem und Theorie der Hermeneutik. Auslegen, Deuten, Verstehen in E. Bettis *Teoria generale della interpretazione*", *Zeitschrift für philosophische Forschung*, 14 (1960), 161-181 (também em *Studi in honore di E. B.*, I, 1961). — Richard E. Palmer, *Hermeneutics: Interpretation Theory in Schleiermacher, Dilthey, Heidegger, and Gadamer*, 1969, pp. 46-65. — J. Vandenbulcke, "Betti-Gadamer: Een Hermeneutische Kontroverse", *Tijdschrift voor Filosofie*, 32 (1970), 105-113. — J. Bleicher, *Contemporary Hermeneutics*, 1980. — S. Noakes, "Emilio Betti's Debt to Vico", *New Vico Studies*, 6 (1988), 51-57. — J. Grondin, "L'hermeneutique comme science rigoureuse selon Emilio Betti (1890-1968)", *Archives de Philosophie*, 53(2) (1990), 177-198. — F. Petrillo, "L'equità nell'ermeneutica giuridica di E. Betti", *Rivista Internazionale di Filosofia del Diritto*, 68(2) (1991), 348-375. C

BHATTACHARYA, K[RISHNA] C[HANDRA] (1875-1949). Nascido em Bengala (Índia), foi professor na Universidade de Calcutá. Embora sempre tenha sido um fiel seguidor do neovedantismo e tenha concentrado seus esforços no problema do Absoluto, podem-se distinguir três fases em seu pensamento.

Na primeira fase, ele definiu o Absoluto como o indefinido em virtude do fato de que se possa descrever a antiga noção indiana de Brahman (VER) negativamente. É impossível, segundo Bhattacharya, tratar adequadamente do indefinido recorrendo-se a categorias como as de Aristóteles, que cabe aplicar somente ao definido. É necessário o auxílio de uma nova lógica, dinâmica e dialética, capaz de sugerir a forma indeterminada da dúvida ou da ignorância para além de toda afirmação ou negação determinadas. Uma lógica desse tipo pode recorrer à sem-razão como uma alternativa da razão. Esta última se limita a considerar objetos de experiência como determinações destacadas do indeterminado. A revelação proporciona a primeira verdade metafísica. A lógica dialética dinâmica pode tornar essa verdade inteligível. Para Bhattacharya, não há nenhuma prova do tipo da prova ontológica para demonstrar a existência do Absoluto indefinido.

Na segunda fase, caracterizada pela passagem da lógica à psicologia, Bhattacharya entende o Absoluto indefinido, que é fundamento de objetos, como sujeito de experiência. Para isso, ele volta a basear-se no antigo pensamento indiano. A abordagem do Absoluto se efetua mediante uma realização gradual interna do sujeito, que avança descobrindo novas "inexistências". Portanto, o sujeito é liberdade, isto é, liberdade com relação ao ilusório. Em certo momento, o sujeito percebe que sua introspecção real pode ser a de outros. Conquista dessa maneira a individualização.

Na terceira fase, a atitude subjetiva que vê o Absoluto como liberdade se combina com a atitude objetiva da primeira fase. Ambas as atitudes são transcendidas numa doutrina da relação entre sujeito e objeto, ou consciência e seu conteúdo. Bhattacharya fala de três funções conscientes: conhecer, querer e sentir, que correspondem à verdade (determinação da consciência mediante conteúdo), à liberdade (determinação do conteúdo pela consciência) e ao valor (determinação mútua de conteúdo e consciência). O que se denomina "experiência comum" é uma mescla das três funções, mas cada uma destas pode purificar-se das outras para chegar a ser Verdade, Liberdade ou Valor puros e absolutos. Trata-se de absolutos irredutíveis, alternativos, sem que haja possibilidade de qualquer síntese superior que os unifique.

A principal categoria desse modo de pensar é a disjunção exclusiva ('ou... ou'). Bhattacharya parece considerar sua filosofia antes "uma maneira de pensar" que um sistema. É uma "maneira de pensar" suscetível de desenvolver-se infinitamente. Enquanto metafísica, opõe-se ao monismo, assim como ao pluralismo, que rejeita todo Absoluto. É uma "maneira de pensar" fenomenológica — ou, em todo caso, faz uso de um método fenomenológico (descritivo) da experiência comum — na medida em que aspira a analisar a experiência sem preconceitos ontológicos.

Seu testemunho em "The Concept of Philosophy", em *Contemporary Indian Philosophy*, 1936, ed. Rhadakrishnan e J. H. Muirhead, pp. 63-86, corresponde à segunda fase, com esta definição da filosofia: a filosofia "trata de conteúdos que não são literalmente pensáveis e não são realmente conhecidos, mas que se crê que pretendem ser conhecidos sem ser pensados".

↪ Obras: *Alternative Standpoints in Philosophy (An Enquiry into the Fundamentals of Philosophy)*, 1953. — *Studies in Philosophy*, 2 vols., 1956-1958, ed. Gopinath Bhattacharya. — *Search for the Absolute in Neo-Vedanta*, 1976 (contém três dos trabalhos reunidos em *Studies in Philosophy*, vol. 2). Este livro inclui uma introdução de George R. Burch, "Search for the Absolute in Neo-Vedanta: The Philosophy of K. C. B.", pp. 1-63, previamente publicado em *International Philosophical Quarterly*, 7 (1967), 611-667.

Bibliografia: K. K. Batchi, ed., "Bibliography on the Philosophy of Professor Krishna Chandra Bhattacharya, *Journal of Indian Counc. Philosophical Research*, 10(1) (1992).

Ver: G. B. Burch, "The Neo-Vedanta of K. C. Bhattacharya", *International Philosophical Quarterly*, 5 (1965), 304-310. — *Id*., *id*., "Search for the Absolute in Neo-Vedanta: The Philosophy of K. C. Bhattacharya", *ibid*., 7 (1967), 611-666. — A. L. Herman, "The Doctrine of Stages in Indian Thought with Special Reference to K. C. B.", *Philosophy East and West*, 22 (1972), 97-104. — K. Bhattacharya, *The Fundamentals of K. C. Bhattacharya's Philosophy*, 1975. — S. K. Sen, "Thinking and Speaking in the Philosophy of K. C. B.", *Journal of Indian Philosophy*, 8 (1980), 337-348. — Ver também *Journal of Indian Counc. Philosophical Research*, n. 10 (1992), dedicado a K. C. B. ℃

BIAGIO DE PARMA [Biagio Pelacani (ou Pelicani) di Parma] († 1416). Estudou em Pavia e de 1370 a 1390 aproximadamente lecionou sucessivamente em Pavia, Bolonha e Pádua, regressando a Pavia por volta de 1390. Médico e filósofo, adotou as tendências aristotélicas características da chamada Escola de Pádua (VER). Célebre em sua época por seu interesse pela astrologia judiciária, seu trabalho principal como filósofo e homem de ciência consistiu em seus estudos de perspectiva no sentido de Witelo e em seus estudos sobre os pesos, as proporções e o aumento e diminuição das qualidades dos corpos naturais (ver INTENSÃO). A esse propósito, foi fortemente influenciado pela obra dos mertonianos (VER), assim como por Nicolau de Oresme e por João de Casali.

Biagio de Parma escreveu um tratado *De ponderibus* (texto latino e trad. inglesa em Ernest A. Moody e Marshall Clagett, *The Medieval Science of Weights*

[*Scientia de ponderibus*], 1952; algumas *Quaestiones super tractatum de proportionibus* (sobre Witelo); um tratado *De intensione et remissione formarum*; e algumas *Quaestiones super tractatum de latitudinibus formarum* (texto e comentário da *Quaestio* III em S. Claget, *The Science of Mechanics in the Middle Ages*, 1959). Biagio de Parma demonstrou conhecimento das idéias físicas de João Buridan e parece ter estado em relação com os membros da Escola de Paris (VER) numa viagem feita à capital francesa para a preparação de seu escrito sobre os pesos. ℭ

BIANCHI, BARTOLOMEO. Ver NEOTOMISMO.

BIBERG, NILS FREDRIK (1776-1827). Lecionou a partir de 1811 na Universidade de Uppsala. Influenciado por Schleiermacher, Schelling e Fichte, mas sobretudo por Jacobi, Biberb concebeu a razão como um órgão superior de conhecimento, distinto do entendimento e da experiência sensível. Estes dois últimos podem entender apenas relações. A razão, em contrapartida, tem um conhecimento de seu próprio conteúdo. É verdade que esse conhecimento é obscuro e indeterminado e que o entendimento tem de aperfeiçoá-lo e defini-lo, mas a razão, e não o entendimento, conhece a realidade. Por outro lado, a razão é objeto de crença ou fé, no sentido de Jacobi; melhor dizendo, constitui um pressuposto dado numa crença. Com isso, não há ainda filosofia, mas sem isso não há possibilidade de filosofia. Biberg opôs-se às tendências panteístas que se denunciaram em alguns idealistas alemães e defendeu o teísmo. Na filosofia moral, pretendeu reconciliar o formalismo ético com o eudemonismo mediante um "racionalismo positivo".

➲ Obras: *Commentationes stoicae*, 1815-1821. — *Notionum ethicarum, quas formales dicunt, dialexis critica*, 1823-1824.

Escritos reunidos: *Samlade skrifter*, 3 vols., 1828, ed. C. O. Dellden.

Ver: P. E. Liljequist, *Biberg-Boström-Nyblaei ammärkningar vid Schleiermachers lära om de etiska formalbegreppen*, 1923 (*As observações de B.-B.-N. à doutrina de S. dos conceitos formais em ética*). — H. Henningsson, *Nagra Frihetsproblem hos N. F. B.*, 1932 (*Questões sobre a liberdade em N. F. B.*). ℭ

BICONDICIONAL. Nome que recebe o conectivo (VER) binário 'se e somente se'. O sinal que corresponde a esse conectivo é '↔'. Este sinal vai se tornando cada vez mais comum no lugar do clássico '≡'. A razão disso é que '↔' permite visualizar melhor o conectivo em relação ao sinal '→', o sinal do condicional (VER); com efeito, as pontas de flecha em ambos os extremos da linha indicam que o condicional é duplo, ou seja, que é um bicondicional, já que afeta ao mesmo tempo a variável da direita e da esquerda de '↔'.

Assim,

$$p \leftrightarrow q$$

lê-se:

p se e somente se q.

Exemplo de '$p \leftrightarrow q$' é:

Antônio é pai de João se e somente se João é filho de Antônio.

O bicondicional equivale a um par de condicionais, de modo que:

$$(p \leftrightarrow q) \leftrightarrow ((p \to q) \land (q \to p)).$$

Esta fórmula é uma das tautologias do cálculo sentencial (proposicional). A tautologia recebe também o nome de "bicondicional". O bicondicional freqüentemente recebe o nome de "equivalência (material)", de modo que ↔ se lê 'é equivalente a'. Para outro sentido de "equivalência", ver EQUIVALÊNCIA.

Afora '≡', ainda bastante usado — empregado, por exemplo, em edições anteriores desta obra —, há outros sinais (hoje em desuso) para o bicondicional: '⊃⊂' '↕' '⇆'. Na notação de Hilbert-Ackermann, usa-se '~'. Na notação de Lukasiewicz, '↔' é representado pela letra '*E*' anteposta às variáveis. Assim, '$p \leftrightarrow q$' se escreve '*E p q*'.

Como se viu no verbete sobre as tabelas de verdade, a tabela para '↔' dá "V" (verdadeiro) quando '*p*' é verdadeiro e '*q*' é verdadeiro, e quando '*p*' é falso e '*q*' é falso. Nos outros casos, isto é, quando '*p*' é falso e '*q*' é verdadeiro, ou vice-versa, obtemos "F" (falsidade).

A negação do bicondicional é expressa pelo sinal ↮ .

BIEL, GABRIEL. Ver GABRIEL BIEL.

BIELINSKI ou **BELINSKI** (**VISSARION GRIGORIEVITCH**) (1811-1848). Nascido na Finlândia (Sveaborg, atualmente Suomenlinna), estudou na Universidade de Moscou (1829-1832) e pertenceu ao famoso círculo filosófico-literário de N. V. Stankevich, que existiu de 1831 a 1839. Foi durante certo tempo — depois de ter recebido a influência de Schelling e em parte de Fichte — um dos mais entusiastas hegelianos russos, tendo introduzido nos círculos filosóficos de seu país não apenas os conceitos, mas também boa parte do vocabulário de Hegel. No entanto, como muitos pensadores russos da época, ele não tardou a rejeitar o extremo panlogismo e impersonalismo de Hegel para dedicar sua atenção aos problemas que o desenvolvimento da história suscita para a pessoa humana e especialmente para a pessoa humana enquanto vive em sociedade. As questões éticas e as da ação social logo atingiram a primazia no pensamento de Bielinski, mas mesmo no período em que ele se inclinou para o socialismo — ao mesmo tempo utópico e liberal —, proveniente em parte dos pensadores sociais franceses da época, para o materialismo e para uma espécie de humanismo ilustrado, persistiram em seu pensamento vários dos temas hegelianos elaborados tendo em vista uma doutrina na qual a ação predomina sobre a pura reflexão intelectual.

◻ Edição de obras: *Obras completas* (*Sobraniá Sotchinéniá*), vols. 1-11, São Petersburgo, 1900-1917; vols. 12-13, Moscou-Leningrado, 1926-1948. — *Obras completas*, vols. 1-13, Moscou, 1953-1959. — *Obras filosóficas escolhidas*, vols. 1-2, Moscou-Leningrado, 1948. — *Cartas escolhidas*, vols. 1-2, Moscou, 1955. — Há trad. esp. de *El retorno del padre*, 1991.

Ver: A. N. Pípin, *Bélinskiy, évo gizn i pérépiska*, 2ª ed., 1908. — C. V. Plekhanov, *Bélinskiy. Sbornik statéi*, 1923. — V. V. Zéñkovskiy, *Istoriá ruskoy filosofii*, I, 1948, pp. 246-276. — H. E. Bowman, *V. Bielinski (1811-1848). A Study in the origins of Social Criticism in Russia*, 1954. — N. O. Lossky, *History of Russian Philosophy*, 1951. — H. E. Bowman, *Vissarion Belinsky, 1811-1848: A Study in the Origins of Social Criticism in Russia*, 1954. — Academia das Ciências da URSS, *Historia de la filosofía*, vol. 2, Moscou, 1957 (ed. esp., Grijalbo, México). — E. Lampert, *Studies in Rebellion: Belinsky, Bakunin, and Herzen*, 1957. — *Enciclopedia Filosófica*, vol. 1, Moscou, 1960, pp. 138-143. — *Historia de la filosofía en la URSS*, vol. 2, Moscou, 1964. — S. Fasting, *V. G. B. Die Entwicklung seiner Literaturtheorie*, I, 1969. — V. Terras, *B. and Russian Literary Criticism*, 1974. — A. Walicki, *A History of Russian Thought: From the Enlightenment to Marxism*, 1979. ◖

BIEMEL, MARLY. Ver HUSSERL, EDMUND.

BIEMEL, WALTER. Ver HUSSERL, EDMUND.

BIERENS DE HAAN, J[OHANNES] D[IDERIK] (1866-1943). Nascido em Amsterdã, professor em Aerdenhout, Haarlem, foi um dos mais importantes filósofos holandeses do período anterior à Segunda Guerra Mundial. Desenvolveu uma metafísica baseada principalmente no estudo e no aprofundamento do pensamento de Spinoza. Essa metafísica era, a rigor, uma dialética da idéia destinada a mostrar, de modo sensivelmente parecido ao hegelianismo, a gênese da realidade e, sobretudo, as antíteses que se produzem dentro dela. Bierens de Haan realizou esse propósito num sentido especulativo-fenomenológico que lhe permitiu efetuar uma análise da vida espiritual na qual estão incluídos, em sua opinião, tanto os elementos ontológicos como os histórico-psicológicos. A pluralidade explica-se então pela unidade. Mas a unidade, por sua vez, não pode ser explicada se não supusermos nela, pelo menos potencialmente, a pluralidade de manifestações. Estas são reveladas por meio da análise e da interpretação da experiência, especialmente da experiência psicológica, que se integra "naturalmente" ao processo dialético e dramático da idéia, mas sem renunciar a seu próprio ser e até afirmando-o sem cessar como uma contraposição. Assim, a idéia de uma "harmonia invisível e oculta" percorre continuamente a especulação de Bierens de Haan, cujo aspecto estético prima às vezes sobre o estritamente metafísico.

◻ Principais obras: *De beteekens van Shaftesbury in de Engelsche Ethiek*, 1891 (*O conhecimento de S. na ética inglesa*). — *De Weg tot het Inzicht*, 1905 (*O caminho da compreensão*). — *Wijssgeerige Studies*, 1904 (*Estudos filosóficos*). — *Plato's Levensleer: logos, ethos, pathos*, 1935 (*A doutrina da vida em Platão: logos, ethos, pathos*). — *Het Rijk van den Geest*, 1938 (*O reino do espírito*). Bierens de Haan colaborou também numa história das ciências: *Geschiedenis der Wetenschappen*, 1915.

Bibliografia: N. Ritman-B. Wolterson, "Chronologisch overzicht van het werk van B.", em *Feestbundel*, 1936.

Ver: J. G. van der Bend, *Het Spinozisme van J. D. B. de H.*, 1970 (com resumo em alemão). — *Id., id.,* "J. D. Bierens de Haan, Bouwer van Enreligieus Filosofisch Stelsel", *Alg. Ned. Tijdschr. Wijs.*, 75 (1983), 153-164. ◖

BIJETÁVEL. Ver NUMERÁVEL.

BILFINGER [ou BILFFINGER], GEORG BERNHARD (1693-1750). Nascido em Kannstatt, professor, a partir de 1725, em São Petersburgo e, de 1731 a 1735, em Tübingen, é um dos membros da chamada escola de Wolff (ou também de Leibniz-Wolff), embora seus pontos de vista filosóficos sejam com freqüência distintos dos de seus mestres. Bilfinger admite uma concepção monadológica da realidade, mas afirma que certas mônadas não possuem representação e não se movem a si mesmas. Por outro lado, as mônadas que possuem faculdade representativa não refletem (como pensava Leibniz) a realidade integral de seu próprio ponto de vista, mas apenas uma parte da realidade. Segundo Bilfinger, as almas possuem representações e desejos, que se engendram mutuamente. Na idéia do mundo como uma harmonia preestabelecida, Bilfinger aproximou-se mais da concepção de Leibniz que da de Wolff. Importante no pensamento de Bilfinger foi sua doutrina do primado do princípio de possibilidade sobre todos os demais princípios, incluindo os grandes princípios lógicos de identidade e de não-contradição. Os possíveis se encontram, segundo Bilfinger, em Deus e dependem de Deus, mas Deus não pode pensá-los de outro modo senão do que corresponde à sua natureza.

◻ Obras: *Dissertatio de harmonia praestabilita*, 1721 (em 2ª ed. intitulada *Commentatio hypothetica de harmonia animi et corporis humani maxime praestabilita ex mente Leibnitii*, 1723). — *Disputatio de triplici rerum cognitione*, 1722. — *Commentationes philosophicae de origine et permissione mali praecipuae moralis*, 1724. — *Dilucidationes philosophicae de deo, anima humana, mundo et generalibus rerum affectionibus*, 1725. ☾

BINET, ALFRED (1857-1911). Nascido em Nice, passou do Direito à medicina e à fisiologia e psicologia. Diretor do laboratório de psicologia experimental fundado na Sorbonne em 1889 e fundador do influente *L'Année psychologique*, que começou a ser publicado em 1895, Binet pertenceu ao grupo de psicólogos franceses que trabalharam no âmbito das orientações metodológicas de Théodule Ribot. Interessado na psicopatologia e nos trabalhos sobre a histeria realizados por Jean-Martin Charcot na Salpêtrière, não tardou a passar ao estudo dos chamados "processos psíquicos superiores", tais como a memória. Binet dedicou-se a numerosíssimos tipos de processos psíquicos: processos mentais, sugestionabilidade, atenção etc. Estudou também fenômenos tão variados quanto a psicologia da testemunha, a imaginação e a criação literária. Um dos mais importantes campos de trabalho de Binet foi a psicologia infantil, tendo ele influenciado muitos pedagogos em função de seus estudos da fadiga intelectual na criança. No campo da pedagogia, chegaram a ser clássicas as provas estabelecidas por Binet em colaboração com A. B.-T. Simon para a medida da inteligência e a determinação da chamada "idade mental".
➲ Principais obras: *La psychologie du raisonnement*, 1886. — *Le magnétisme animal*, 1886. — *Les altérations de la personnalité*, 1892. — *Introduction à la psychologie expérimentale*, 1894. — *La vie psychique des micro-organismes. Contribution à l'étude du système nerveux sous-intestinal des insectes*, 1894. — *La fatigue intellectuelle*, 1894. — *La suggestibilité*, 1900. — *L'étude expérimentale de l'intelligence*, 1903. — *L'âme et le corps*, 1905. — *Les idées modernes sur les enfants*, 1910. — Em colaboração com Simon: *Nouvelles recherches sur la mesure du niveau intellectual des enfants des écoles* e *Les enfants anormaux*. — Binet publicou numerosos artigos em *L'Année psychologique*.
Ver: Martin Robert, *A. B.*, 1924. — Christian Göpfert, *Ueber B.*, 1927. — A. Marzi, *A. B.*, 1946. — F. Zuza, *A. B. et la pédagogie expérimentale*, 1948. — J. W. Reeves, *Thinking about Thinking*, 1965. — T. H. Wolf, "Memory in the Work of Alfred Binet", *Philosophical Studies*, 24 (1976), 186-196. — W. Mays, A. M. Sharp, "Thinking Skill Programs: An Analysis", *Thinking* 7(4) (1988), 2-11. — R. J. Sternberg, *Metaphors of Mind: Conceptions of the Nature of Intelligence*, 1990. ☾

BINSWANGER, LUDWIG (1881-1966). Nascido em Thurgau (Suíça), estudou medicina em Lausanne, Heidelberg e Zurique, tendo trabalhado durante certo tempo sob a direção de Jung e de Eugen Bleuler. De 1908 a 1910, Binswanger trabalhou, sob a direção do pai — o psiquiatra Robert Binswanger —, no Sanatório Bellevue de Kreuzlingen e, de 1911 a 1956, foi diretor do mesmo Sanatório.

Binswanger é um dos mais destacados representantes do chamado "movimento existencial na psicologia" (que inclui a psicoterapia existencial, assim como as chamadas "análise existencial" e "fenomenologia psiquiátrica"). Esse movimento, embora não derivado de Freud, e ainda que hostil ao uso de certos conceitos muito básicos da psicanálise (como os conceitos de "inconsciente", "libido" etc.), deve em parte seu impulso a Freud — e a Jung —, mas também, e talvez em maior proporção, a todo um conjunto de tendências filosóficas e psicológicas que vão de Nietzsche a Heidegger, Jaspers, Sartre e outros. No âmbito desse movimento, Binswanger elaborou sobretudo o que denominou "análise existencial" (*Daseinsanalyse*). Essa análise usa idéias de Heidegger — e, mais especificamente, de sua obra *Ser e Tempo* —, mas distingue-se de Heidegger em vários aspectos. Antes de tudo, e como o próprio Binswanger enfatizou, pelo fato de tratar-se de "uma investigação científica de tipo antropológico" e, portanto, de uma investigação que conduz a formular "enunciados ônticos" e não teses ontológicas. Os métodos usados pela análise existencial são métodos científicos empíricos, aplicados a casos particulares (métodos empírico-fenomenológicos, ao contrário dos métodos empírico-indutivos). Assim, por exemplo, o exame do homem em seu "estar-no-mundo" é um exame ôntico que inclui todas as realidades empíricas implicadas nesse "estar"; o mesmo acontece com o exame do homem em seu "estar-com-outros" etc. Por isso, a "análise existencial" (ou, mais propriamente, "análise da existência") de Binswanger é diferente da "psicanálise existencial" no sentido de Sartre. Contudo, a análise em questão está fundada em pressupostos filosóficos não-empíricos (embora confirmáveis empiricamente), tais como a idéia de que a realidade humana é uma realidade que consiste em estar em situações decidindo o que será ela mesma; a idéia de que o ser humano é basicamente "ser si mesmo", ao contrário do ser de uma coisa; a idéia, sobretudo, de que a realidade — e, portanto, a realidade de que se ocupa o psiquiatra (além disso, enquanto outra realidade humana) — é uma existência total e um modo de *existir* e de ser "si mesmo" etc. Por esse motivo, a "análise" de Binswanger não separa o paciente de seus estados psíquicos, nem os estados psíquicos do mundo e "dos outros", mas considera-os a todos num conjunto, que pode denominar-se "concurso existencial".

➲ Principais obras: *Einführung in die Probleme der allgemeinen Psychologie*, 1922 (*Introdução ao problema da psicologia geral*). — *Wandlungen in der Auffas-*

sung und Deutung des Traumes. Von den Griechen bis zur Gegenwart, 1928 (*Transformações na concepção e interpretação do sonho. Dos gregos aos dias atuais*). — *Über Ideenflucht*, 1933 (*Sobre o fluxo de idéias*). — *Grundformen und Erkenntnis menschlichen Daseins*, 1942; 4ª ed., 1964 (*Formas básicas e conhecimento da existência humana*). — *Henrik Ibsen und das Problem der Selbstrealisation in der Kunst*, 1949 [Schriften der Psyche, Heft 2] (*I. e o problema da auto-realização na arte*). — *Drei Formen missglückten Daseins: Verstiegenheit, Verschrobenheit, Manieriertheit*, 1956 (*Três formas da existência frustrada. Exaltação, excentricidade*, 1972). — *Der Mensch in der Psychiatrie*, 1957 (*O homem na psiquiatria*). — *Schizophrenie*, 1957 [antes publicado em *Monatschrift für Psychiatrie und Neurologie* (1945) e em *Schweizer Archiv für Neurologie und Psychiatrie* (1944-1947, 1949, 1952-1953)]. — *Melancholie und Manie, Phänomenologische Studien*, 1960 (*Melancolia e mania: Estudos fenomenológicos*). — *Wahn. Beiträge zu seiner phänomenologischen und daseinsanalytischen Erforschung*, 1963 (*A loucura: Contribuições para sua investigação fenomenológica e analítico-existencial*).

Importantes são os escritos de B. em que este analisa "casos" determinados: "O caso Ilse" (*Monatschrift* etc., 110 [1945], 129-160); "O caso Lola Voss" (*Schweizer* etc., 63 [1949]; "O caso Ellen West" (*Schweizer* etc., 53 [1944], 255-277; 54 [1944], 69-117, 330-360; 55 [1955], 16-40); alguns destes escritos foram compilados em *Ausgewählte Vorträge und Aufsätze*, 2 vols., 1947-1955. Binswanger expôs suas idéias em "Über die daseinsanalytische Forschungsrichtung in der Psychiatrie", *Schweizer* etc., 67 (1946), 209-225; reimp. em *Ausgewählte* etc., I (1947), pp. 190-217.

Bibliografia de L. B. por Germaine Sneessens em *Revue philosophique de Louvain*, 64 (1966), 594-602.

Ver: Rollo May, Ernest Angel e Henri F. Ellenberger, eds., *Existence. A New Dimension in Psychiatry and Psychology*, 1958, especialmente as duas contribuições de Rollo May nas pp. 3-91. Esse volume inclui trad. de vários escritos de Binswanger, incluindo o citado "Über die daseinsanalytische etc.". — Jacob Needleman, "A Critical Introduction to L. Binswanger's Existential Psychoanalysis", no volume *Being-in-the-World: Selected Papers of L. B.*, trad. para o inglês de J. Needleman, 1963; 2ª ed., 1967, pp. 7-145. — Michel Foucault, introdução (128 pp.) à trad. franc. de *Traum und Existenz: Le rêve et l'existence*, 1971, de B. — P. O'Donnell, "L. Binswanger and the Poetics of Compromise", *Review of Existential Psychology and Psychiatry*, 17 (1980-1981), 235-244. — B. Burstow, "A Critique of Binswanger's Existential Analysis", *ibid.*, 245-252. — B. Seidman, *Absent at the Creation: The Existential Psychiatry of Ludwig Binswanger*, 1983. — A. L. Mishara, "The Problem of the Unconscious in the Later Thought of L. Binswanger", *Analecta Husserliana*, vol. XXXI, 1990, ed. A.-T. Tymieniecka. c

BIOGENÉTICA (LEI FUNDAMENTAL). Ernst Haeckel (VER) propôs em várias obras — especialmente em *Generelle Morphologie der Organismen*, 2 vols., 1866, vol. II: *Natürliche Schöpfungsgeschichte*, 1868; 3ª ed., 1872 — o que denominou "lei fundamental biogenética" (*biogenetisches Grundgesetz*). Segundo essa lei, há um paralelismo entre a ontogênese (desenvolvimento do indivíduo de uma espécie) e a filogênese (desenvolvimento da espécie correspondente). Como a ontogenia recapitula a filogenia, a lei fundamental biogenética também é chamada de "teoria da recapitulação". De acordo com Jane Oppenheimer (*Dictionary of the History of Ideas*, ed. Philip P. Wiener, vol. IV, s. v. "Recapitulation"), o conceito de recapitulação foi desenvolvido já nas primeiras décadas do século XIX por Johann Friedrich Meckel, que foi atacado por Karl Ernst von Baer (a quem, ironicamente, às vezes se atribui o conceito). Ele obteve grande destaque depois da publicação da *Origem das espécies*, de Darwin, tendo sido formulado e difundido por Haeckel, a quem se devem os termos *Ontogenie* e *Philogenie*. Embora estudos embriológicos posteriores não tenham confirmado a teoria de Haeckel, ao menos na forma por ele preconizada, o certo é que essa teoria serviu de base ao início de extensos estudos de embriologia. Jane Oppenheimer aponta a influência que a idéia de recapitulação (biológica) de Haeckel teve em outros campos, como na psicologia (Wilhelm Preyer, C. G. Jung).

BIOLOGIA. Como muitas das ciências, o que se denomina hoje "biologia" foi um dos "ramos" da filosofia. Na Grécia, os filósofos dedicaram-se a questões biológicas. Um exemplo entre os pré-socráticos foi Empédocles. Devem-se a Aristóteles numerosas investigações biológicas: as chamadas "histórias" (ou "estudos") dos animais e das plantas. Isso incluía não apenas descrições e classificações — isto é, o que depois se chamou "história natural" — mas também conjeturas (por exemplo, conjeturas relativas a processos genéticos). Teofrasto deu prosseguimento aos estudos biológicos de Aristóteles, que ocuparam um lugar importante no trabalho de muitos peripatéticos.

Embora a biologia ou a "história natural" fosse uma parte da "física" como estudo da Natureza, a primeira tendia a ser menos "conceitual" e mais experimental que a segunda. A importância das divisões, classificações e descrições pode ter contribuído para essa propensão.

Depois que a biologia se constituiu numa ciência independente da filosofia, formularam-se, como para todas as ciências, questões relativas às possíveis relações entre biologia e filosofia. Entre as posições adotadas, mencionamos três:

1) Biologia e filosofia não têm nenhuma relação, pois a biologia é uma ciência e a filosofia não o é. Fundamento desta opinião é a consideração de que apenas as ciências podem relacionar-se entre si, e até de que apenas as ciências usam uma linguagem cognoscitiva. 2) Biologia e filosofia estão relacionadas de algumas das seguintes maneiras: *a*) a filosofia proporciona à biologia bases ou epistemológicas ou metafísicas ou ontológicas, ou ainda as três ao mesmo tempo; *b*) a biologia oferece à filosofia resultados que esta pode elaborar e, sobretudo, interpretar no quadro de uma ontologia geral, ou de uma metafísica geral, ou ainda de uma concepção do mundo. 3) Biologia e filosofia não se relacionam diretamente, mas de modo indireto por meio de uma disciplina especial e intermediária que, segundo alguns filósofos, é a chamada metafísica do orgânico e, de acordo com outros, não pode ser senão o estudo da semântica da linguagem biológica.

Os biólogos experimentais ou especializados em algum ramo da biologia costumam manifestar-se a favor da opinião 1); os biólogos teóricos, os historiadores da biologia e muitos filósofos aceitam a opinião 2). Entre as diferentes formas que esta opinião possui, *a*) é sustentada por muitos epistemólogos e metafísicos e por alguns biólogos (como von Uexküll); *b*) é defendida por muitos biólogos e alguns filósofos (como os partidários da metafísica indutiva e da filosofia como síntese das ciências). A opinião 3) é proposta por um grande número de filósofos e biólogos contemporâneos: os de tendência especulativa, ou simplesmente mais ampla e "total", aceitam a tese metafísica, e os de tendência positivista, a tese semântica. Um exemplo dos primeiros é Maritain, com sua doutrina da distinção entre o ontológico e o empiriológico; um exemplo dos últimos é J. H. Woodger, com suas análises semânticas, especialmente sobre os enunciados teóricos da biologia.

Alguns filósofos se ocuparam do *status* ontológico do orgânico. Isto pode ser entendido como uma questão meramente especulativa, caso em que não tem grande importância entre muitos outros filósofos e nenhuma entre os biólogos. Pode ser entendido também como uma análise e investigação das diversas interpretações possíveis que cabe dar ao objeto dos estudos biológicos, caso em que suscita debates entre biólogos e filósofos da ciência. Os debates mais importantes giraram em torno das tendências denominadas "mecanicismo" (VER) e "vitalismo" (VER). As posições fundamentais a esse respeito foram: (I) os fenômenos orgânicos podem ser reduzidos aos inorgânicos; (II) os fenômenos orgânicos são irredutíveis a outros fenômenos, de tal modo que há uma diferença essencial e ôntica entre o orgânico (VER) e o inorgânico. Entre essas posições manifestou-se um bom número de teses moderadas; por exemplo, a de que não se pode dizer se a redução ou não-redução tem caráter ontológico, mas apenas caráter metodológico ou lingüístico. Outras questões, entretanto, não se referiram aos fundamentos filosóficos da biologia, mas aos fundamentos biológicos do conhecimento. Com efeito, debateu-se muito, sobretudo nos primeiros decênios deste século, se o conhecimento humano é o resultado de um processo biológico e de sua evolução e se isso impõe ou não restrições sobre a chamada validade objetiva de tal conhecimento. Embora fundamentalmente epistemológica, essa questão constitui um dos exemplos que permitem ver que a possibilidade de relação entre biologia e filosofia não se esgota facilmente em algumas tantas posições, de modo que as que mencionamos antes devem ser consideradas, segundo observamos, *típicas* mas de forma alguma as únicas existentes.

⊃ Sobre filosofia da biologia: Nicolai Hartmann, "Philosophische Grundfragen der Biologie", *Wege zur Philosophie*, n. 6 (1912); reimp. em *Kleinere Schriften*, III (1958), pp. 79-185. — James Johnston, *The Philosophy of Biology*, 1914. — Francesco de Sarlo, *Vita e Psiche. Saggio di filosofia della biologia*, 1936. — F. Dagognet, *Philosophie biologique*, 1955. — M. Hartmann, *Einführung in die allgemeine Biologie und ihre philosophischen grund- und Grenzfragen*, 1956 (Sammlung Göschen, 96). — Émile Callot, *Philosophie biologique*, 1967. — Paul Häberlin, *Leben und Lebensform. Prolegomena zu einer universalen Biologie*, 1957. — L. P. Coonan, R. J. Nogar et al., *Philosophy of Biology*, 1962, ed. V. E. Smith. — Hans Jonas, *The Phenomenon of Life: Towards a Philosophical Biology*, 1966. — Morton Beckner, *The Biological Way of Thought*, 1967. — Marjorie Grene, *Approaches to a Philosophical Biology*, 1969. — M. A. Simon, *The Matter of Life: Philosophical Problems of Biology*, 1971. — Michael Ruse, *The Philosophy of Biology*, 1973. — Marjorie Grene, *The Understanding of Nature: Essays in the Philosophy of Biology*, 1974. — F. J. Ayala e T. Dobzhansky, eds., *Studies in the Philosophy of Biology*, 1974. — Jay Gould, Michael Polanyi et al., *Topics in the Philosophy of Biology*, 1975, ed. Marjorie Grene e Everett Mendelsohn. — S. Rose, ed., *Against Biological Determinism*, 1982. — E. Sober, ed., *Conceptual Issues in Evolutionary Biology*, 1984. — R. Rosen, ed., *Theoretical Biology and Complexity: Three Essays on the Natural Philosophy of Complex Systems*, 1985.

Sobre história da biologia: E. Rádl, *Historia de las teorías biológicas*, 2 vols., 1928. — Erik Nordenskiöld, *Biologiens historia*, s/d (há trad. ingl.: *The History of Biology*, 1935). — C. Singer, *A Short History of Biology*, 1931; 2ª ed.: *A History of Biology*, 1940. — Th. Ballauff, *Die Wissenschaft vom Leben. Eine Geschichte der Biologie*, I, 1954. — A. Meyer-Abich, *Geitesgeschichtliche Grundlagen der Biologie*, 1963.

— C. v. M. Smith, *The Problem of Life: An Essay in the Origins of Biological Thought*, 1976. — M. Boylan, *Method and Practice in Aristotle's Biology*, 1983. — P. F. Rehbock, *The Philosophical Naturalists: Themes in Early Nineteenth-Century British Biology*, 1983. — C. Zumbach, *The Transcendent Science: Kant's Conception of Biological Methodology*, 1984.

Metafísica da biologia: Aloys Wenzl, *Metaphysik der Biologie von heute*, 1938. — E. H. Mercer, *The Foundations of Biological Theory*, 1981.

Sobre conhecimento biológico: Adolf Meyer, *Ideen und Ideale der biologischen Erkenntnis*, 1934. — B. Rensch, *Biophilosophie auf erkenntnistheoretischer Grundlage*, 1968. — H. Sachsse, *Die Erkenntnis des Lebendigen*, 1968. — R. Riedl, *Biologie der Erkenntnis*, 1980.

Concepção biológica do mundo: J. von Uexküll, *Bausteine zu einer biologischen Weltanschauung*, 1913 (*Idéias para uma concepção biológica do mundo*, 1934). — *Id.*, *Theoretische Biologie*; I, 1920; II, 1942. — G. Matisse, *Le rameau vivant du monde. Philosophie biologique*, 1949. — M. Lovenal, *Cosmological Biology*, 1985.

Sobre filosofia do organismo, ver os verbetes ORGÂNICO e VIDA; além disso: Oskar Hertwig, *Génesis de los organismos* (1929, em especial tomo I acerca da concepção "biologista", igualmente oposta ao vitalismo e ao mecanicismo). — Hans Driesch, *Biologische Probleme höherer Ordnung*, 1941. — R. S. Lillie, *General Biology and Philosophy of Organism*, 1945. — D. R. Brooks, E. O. Wiley, *Evolution as Entropy: Toward a Unified Theory of Biology*, 1986. — M. Weingarten, *Organismen — Objekte oder Subjekte der Evolution? Philosophische Studien zum Paradigmawechsel in der Evolutionsbiologie*, 1993.

Sobre o problema da biologia como ciência "independente": Hans Driesch, *Die Biologie als selbständige Grundwissenschaft*, 1893.

Sobre método em biologia, especialmente o chamado "método axiomático": J. H. Woodger, *Biological Principles*, 1929. — *Id.*, *The Axiomatic Method in Biology*, 1937. — *Id.*, *Biology and Language*, 1952. — Vincent E. Smith, ed., *Philosophy of Biology*, 1962. — P. Thompson, *The Structure of Biological Theories*, 1989. — J. Maienschein, *Transforming Traditions in American Biology, 1880-1915*, 1991.

Sobre a dimensão ética na biologia: F. H. Marsch, J. Katz, eds., *Biology, Crime and Ethics: A Study of Biological Explanation for Criminal Behavior*, 1985. — C. J. Cela Conde, *De genes, dioses y tiranos. La determinación biológica de la moral*, 1985. — B. G. Norton, ed., *The Preservation of Species: The Value of Biological Diversity*, 1986. — R. D. Alexander, *The Biology of Moral Systems*, 1987. — H. Mohr, *Natur und Moral. Ethik in der Biologie*, 1987. — R. E. Bulger, E. Heitman, S. J. Reiser, eds., *The Ethical Dimensions of the Biological Sciences*, 1993. — Chegou-se a cunhar o termo "bioética". Das numerosas publicações e fontes sobre bioética, destaquemos: em 1971, apareceu pela primeira vez o *Hastings Center Report*, que publica numerosas análises de casos de bioética, devidamente classificados e acompanhados de bibliografia; desde 1975, publica-se anualmente uma *Bibliography of Bioethics*, ed. por L. Walters e T. J. Tamar; *Biomedical Ethics Reviews* é também uma publicação anual, ed. por J. M. Humber e R. F. Almeder; o *Bioethics Yearbook* informa sobre os desenvolvimentos em bioética em dezesseis grandes áreas do planeta.

Bibliografia: M. Ruse, *Philosophy of Biology Today*, 1988 (bibliografia com mais de mil títulos).

O *Journal of the History of Biology* é editado por Everett Mendelsohn. — *Biology and Philosophy*, editada por M. Ruse desde 1984, tem como editores associados Francisco Ayala, Robert Haynes e David Hull. **c**

BIOLOGISMO. Ver BIOLOGIA; ORGÂNICO; PRAGMATISMO; VITALISMO.

BÍON DE BORISTENE (*fl.* 230 a.C.). Discípulo em Atenas do acadêmico Crates (cujas doutrinas criticou asperamente), do cirenaico Teodoro e do peripatético Teofrasto, ele aderiu ao cinismo, o qual popularizou, especialmente por meio da introdução da forma literária conhecida pelo nome de diatribe. Segundo Diógenes Laércio (IV, 53), Bíon de Boristene — que fora escravo de um mestre de retórica — distinguia-se por sua habilidade literária e particularmente por suas brilhantes paródias. O cinismo de Bíon foi muito mais de tipo hedonista (talvez influenciado pelos cirenaicos) que de tipo ascético. Por conseguinte, Bíon — tal como seu imitador, Teles, e como Menipo de Gadara — abandonou quase por completo a velha idéia cínica do esforço e do endurecimento do sábio para dar à vida cínica o matiz ao mesmo tempo retórico, cético e realista que predominou durante os séculos III e II a.C. Horácio seguiu e imitou algumas das formas literárias desenvolvidas por Bíon.

➔ J. P. Rossignol, *Fragmenta Bionis Borysthenitae philosophi*, Lutetiae, 1830, e F. W. A. Mullach, *Fragmenta philosophorum Graecorum*, II, 423 ss.

Sobre Bíon: J. M. Hoogvliet, *De vita, doctrina et scriptis Bionis*, 1821. — Art. de H. von Arnim sobre Bíon (Bíon, 10) em Pauly-Wissowa. **c**

BIPOLARIDADE. O autor desta obra recorreu à noção de bipolaridade como noção ontológica. Em princípio, não parece haver diferença entre o conceito de bipolaridade e o de polaridade (VER). Em primeiro lugar, em qualquer um dos dois casos o esquema abstrato subjacente é um sistema binário. Em segundo lugar, em ambos os casos o esquema abstrato indicado é formado por conceitos que funcionam de modo complementar.

Por fim, em toda bipolaridade, assim como em toda polaridade, fala-se de dois pólos — ou de sistemas de dois pólos —, não de uma absurda aberração conceitual que consistiria em "pólos duplos".

A diferença entre polaridade e bipolaridade pode ser expressa da seguinte maneira: uma é relativa a conceitos ou a pontos de vista, e outra é relativa a entidades ou tipos de entidades.

Num esquema polar habitual, os conceitos que servem de pólos exprimem modos de ser, propriedades, traços, características, notas etc., ou então modos de ver, de descrever, de explicar etc. Em ambos os casos, um conceito dado, A, não se entrecruza com o conceito contraposto, B, mesmo que se suponha que A é complementar de B e vice-versa. De alguma entidade X, pode-se dizer que pertence ao domínio A, ou que pode ser descrita ou explicada do ponto de vista de A, e também que pertence (de maneira complementar) ao domínio B, ou que pode ser descrita ou explicada (de maneira complementar) por B.

Num esquema bipolar — expressável abstratamente também por A, B —, nenhuma entidade pertence a A ou a B, porque nem A nem B são modos de ser ou propriedades; são tendências a este ou àquele modo de ser ou a esta ou àquela propriedade. Não há, pois, absolutamente, nem A nem B. De forma concomitante, nenhuma entidade é explicável por A ou por B, porque nem A nem B são modos absolutos de explicação; são apenas conceitos-limite que podem servir de pontos de partida para proporcionar explicações e, particularmente, para situar (VER) entidades ou tipos de entidades. Uma entidade, ou tipo de entidade, se situa na confluência de duas linhas ou tendências, uma que vai de A a B e outra que vai de B a A. Dessa maneira, se se fala de complementaridade, deve-se admitir que A é complementar a B se e somente se B é complementar a A: a bipolaridade expressa uma dupla complementaridade e uma bidirecionalidade.

BIVALÊNCIA (PRINCÍPIO DE). Em seus "Philosophische Bemerkungen zu mehrwertigen Systemen des Aussagenkalküs", *Comptes rendus des séances de la Société des Sciences et des Lettres de Varsovie*, 23 (1930), Cl. iii, pp. 51-57, Jan Lukasiewicz escreve que ao pressuposto no qual se baseiam todas as teses do cálculo proposicional comum, isto é, ao pressuposto de que as variáveis proposicionais desse cálculo podem ter apenas dois valores, "0", ou "o falso", e "1", ou "o verdadeiro", corresponde o teorema fundamental de que "toda proposição é ou verdadeira ou falsa". Lukasiewicz denomina esse teorema "lei de bivalência"; mais tarde se usou, e seguimos aqui esse uso, a expressão "princípio de bivalência". Embora se tenha dado a esse princípio o nome de "lei do terceiro excluído" (ver TERCEIRO EXCLUÍDO), Lukasiewicz avalia que esse nome pode antes aplicar-se ao princípio da lógica clássica segundo o qual duas proposições contraditórias não podem ser simultaneamente falsas.

Lukasiewicz enfatiza que a lei (princípio) de bivalência é a base de nossa lógica, embora tenha sido objeto de numerosas disputas entre os filósofos antigos. Aristóteles conheceu esse princípio, mas submeteu-o à crítica no que tange a proposições que se referem a futuros contingentes (ver FUTURO, FUTUROS). Crisipo e os estóicos fizeram dele o princípio de sua "dialética" (lógica), ou cálculo proposicional. Lukasiewicz indica — oferecendo dados específicos a esse respeito no "Apêndice" ao citado escrito "Sobre a história da lei da bivalência" — que o princípio de bivalência deu origem a discussões metafísicas. Os que defendem o princípio são deterministas, e os que se opõem a ele (como os epicuristas, que seguiram nesse aspecto Aristóteles) são indeterministas. Esta última afirmação pode ser vista numa passagem de Cícero, *De fato*, 37, em que o autor resenha, e rejeita, as idéias dos epicuristas, referindo-se ato contínuo a Crisipo, ao qual, assim como aos estóicos, volta Cícero a propósito deste problema em *Acad. Pr.* II, 95.

Lukasiewicz relacionou freqüentemente suas discussões sobre a diferença entre o princípio de bivalência e a lei do terceiro excluído com seu desenvolvimento da lógica trivalente e, em geral, de lógicas polivalentes, que, a seu ver, permitem solucionar "o problema do determinismo".

William e Martha Kneale (*The Development of Logic*, 1962, pp. 47 ss.) referem-se especificamente a Lukasiewicz — de quem se pode ver igualmente *Aristotle's Syllogistic* (1951, p. 82; 2ª ed., 1957) —, acentuando que, dadas as definições de 'verdadeiro' e 'falso' — segundo as quais, se 'p' é verdadeiro, 'não-p' é falso, e se 'p' é falso 'não-p' é verdadeiro —, o princípio de bivalência e a lei do terceiro excluído são logicamente equivalentes (ou que, pelo menos, são logicamente equivalentes quando se entende 'p' como 'é verdade que p' e 'não-p' como 'não é verdade que p' ou 'é falso que p'), mas que, em todo caso, se pode distinguir o princípio de bivalência e a lei do terceiro excluído. A distinção se observa justamente ao se considerarem as proposições relativas a futuros contingentes, já que não é o mesmo afirmar que ou amanhã haverá 'p' ou não haverá 'p' e dizer ou que o enunciado "Amanhã haverá p" é verdadeiro ou que o enunciado "Não haverá p amanhã" é falso, ou vice-versa. "É importante estabelecer aqui a distinção" — escrevem W. e M. Kneale —, "pois o que Aristóteles parece fazer neste capítulo [*De inter.* 9] é pôr em dúvida o princípio de bivalência e aceitar ao mesmo tempo a lei do terceiro excluído".

BLACK, MAX. Nascido (1909) na Rússia, estudou na Inglaterra (Cambridge, Londres), tendo lecionado na

Universidade de Londres (1936-1940) e, a partir de 1946, na Cornell University (Ithaca, N. Y.), até sua aposentadoria em 1977. Black dedicou-se às questões de fundamentação da matemática e de numerosos problemas de caráter epistemológico, lógico e semiótico. Influenciado de início pelos métodos analíticos de Russell e de Moore, e mais tarde pelo positivismo lógico e pelo último Wittgenstein, Black não aderiu por completo a nenhuma dessas tendências, tendo-as usado em proporções diversas a fim de praticar um tipo de análise principalmente destinado a evitar confusões no uso de termos, a mostrar o caráter espúrio de certos chamados "problemas filosóficos" e a escrever significações nos contextos em que certas expressões são usadas. Como exemplo do tipo de análise realizado por Max Black, remetemos ao resumo de algumas de suas considerações apresentado nos verbetes METÁFORA; VAGUIDADE; e VERDADE.

➲ Obras: *The Nature of Mathematics: a Critical Survey*, 1933; reed., 1959. — *Critical Thinking. An Introduction to Logic and Scientific Method*, 1946; 2ª ed., 1955. — *Language and Philosophy; Studies in Method*, 1949. — *Notes on Critical Thinking: A Companion to Critical Thinking*, 1952. — *Problems of Analysis, Philosophical Essays*, 1954. — *Models and Metaphors: Studies in Language and Philosophy*, 1961. — *A Companion to Wittgenstein's "Tractatus"*, 1964. — *The Labyrinth of Language*, 1968. — *Margins of Precision: Essays in Logic and Language*, 1970. — *Caveats and Critiques: Philosophical Essays in Language, Logic, and Art*, 1975.

Black foi editor, entre outras, das seguintes obras: *Philosophical Analysis: A Collection of Essays*, 1950. — *The Social Theories of Talcott Parsons: A Critical Examination*, 1961. — *The Importance of Language*, 1962. — *Philosophy in America*, 1965. — *Art, Perception and Reality*, 1972 (com E. H. Gombrich e J. Hochberg). — Com P. Geach, publicou a trad. de uma seleção de textos de Frege, muito influente no mundo anglo-saxão: *Translations from the Philosophical Writings of Gottlob Frege*, 1952; 2ª ed., 1960; 3ª ed., 1980.

Ver: R. Taylor, "Mr. Black on Temporal Paradoxes", *Analysis*, 12 (1951), 38-43. — A. Grünbaum, "Messrs Black and Taylor on Temporal Paradoxes", *ibid.*, 12 (1952), 144-148. — B. Wolniewicz, "A Note on Black's 'Companion'", *Mind* 78 (1969), 141. — J. Bogen, "Professor Black's Companion to the Tractatus", *Philosophical Review*, 78 (1969), 374-382. — J. C. Bohan, "On Black's 'Loose' Concepts", *Dialogue* 10 (1971), 332-336. — B. C. Johnsen, "Black and the Inductive Justification of Induction", *Analysis* 32 (1972), 110-112. — M. Warner, "Black's Metaphors", *British Journal of Aesthetics*, 13 (1973), 367-372. — R. F. Calistro, "On Discovering Rules: M. B.'s Me-thods", *De Philosophia*, 1 (1980), 17-23. — D. H. Sanford, "The Inductive Support of Inductive Rules: Themes from M. B.", *Dialectica* (1990), 23-41. — A. P. Martinich, "Meaning and Intention: Black versus Grice", *ibid.* (1990), 79-98. ℭ

BLANCHÉ, ROBERT (1898-1975). Nascido em Sauzé-Vaussais (Deux Sèvres, França), estudou na Escola Normal Superior e na Sorbonne, tendo sido por longo tempo professor da Universidade de Toulouse. Blanché distinguiu-se por seus estudos de epistemologia, filosofia da lógica, filosofia da ciência (especialmente física) e metodologia. Sua posição filosófica pode ser caracterizada como a de um racionalismo crítico. São típicos da obra de Blanché seu equilíbrio e ponderação, sua oposição a todo dogmatismo e a toda especulação gratuita. Importantes elementos no pensamento de Blanché são a descrição e a análise de quadros conceituais subjacentes a teorias lógicas e epistemológicas.

➲ Obras: *La notion de fait psychique*, 1930 (tese). — *Le rationalisme de Whewell*, 1930 (tese complementar). — *La science physique et la réalité*, 1948. — *Les attitudes idéalistes*, 1949. — *L'axiomatique*, 1955. — *Introduction à la logique contemporaine*, 1957; 4ª ed., 1968. — *Structures intellectuelles*, 1966. — *Raison et discours*, 1967. — *La science actuelle et le rationalisme*, 1967. — *La méthode expérimentale et la philosophie de la physique*, 1969. — *La logique et son histoire d'Aristote à Russell*, 1971. — *L'épistémologie*, 1972. — *Le raisonnement*, 1973. — *L'induction scientifique et les lois naturelles*, 1975. — *Des catégories esthétiques*, 1979, prefácio de Yvon Belaval (póstuma).

Ver: P. Sauriol, "Remarques sur la théorie de l'hexagone logique de Blanché", *Dialogue*, 7 (1968), 374-390. — A. Virieux-Reymond, "Les centres d'intérêt de R. Blanché", *Revue de Philosophie Française*, 164 (1974), 441-448. — S. Korzybski, "Les quatre etapes de la science d'après R. B.", *Archives de Philosophie*, 41 (1978), 659-674. ℭ

BLANSHARD, BRAND. Nascido (1892) em Fredericksburg, Ohio (EUA), lecionou em Michigan (1921-1924), em Swarthmore (1924-1945) e na Universidade de Yale (a partir de 1945). Em sua principal obra sobre a natureza do pensamento, Blanshard pretendeu continuar o que se denominou "a grande tradição", a *philosophia perpetua* ou *perennis*, pela qual entende "a doutrina da autonomia e objetividade da razão". Com esse fim, ele trabalhou para estender uma ponte entre a psicologia e a metafísica, que devem complementar-se entre si em vez de continuar suas investigações separadamente. Com efeito, as idéias não podem ser consideradas apenas como imagens ou acontecimentos psíquicos, ou apenas como entes lógicos (ou metafísicos); entre a imagem psíquica e o universal há uma conexão que se mostra logo que se analisa o pensamento e se descobre que os universais já estão presentes nas percepções mais elementares. Portanto, há na percepção relação entre o dado aos sentidos e o pensado ou julgado. Blanshard rejeita, além disso, tanto o behaviorismo como o puro "mentalismo" em nome de uma posição intermediária (o realismo crítico, apresentado por seu turno no âmbito de um quadro idealista-objetivista). Ao mesmo tempo, o raciocínio não é uma pura dedução lógica, mas tampouco um simples processo psicológico, já que a reflexão surge da tensão dentro do próprio pensamento. No que se refere à verdade, Blanshard defende a doutrina da verdade como coerência, o que implica, a seu ver, que a verdade tem graus e que se cumpre na medida em que a experiência é edificada como um sistema coerente. As partes desse sistema não estão unidas entre si de maneira externa, estando-o intimamente por meio de uma necessidade inteligível. Desse modo, superam-se, segundo o autor, tanto o empirismo como o formalismo: dois aspectos bem vinculados entre si de um sistema inteligível total, capaz de dar conta racional e objetivamente da experiência.

○ Obras: *The Nature of Thought*, 2 vols., 1941. — *On Philosophical Style*, 1954. — *The Impasse in Ethics and a Way Out*, 1955 [University of California Publications in Philosophy, vol. 28, n. 2]. — B. Blanshard, ed., *Education in the Age of Science*, 1959. — *Reason and Goodness*, 1961 [Gifford Lectures 1952-1953]. — *Reason and Analysis*, 1962. — "Critical Reflections on Karl Barth", em J. Hick, ed., *Faith and the Philosophers*, 1964, pp. 159-200. — *The Nature of Thought*, 1964. — *The Uses of a Liberal Education and Other Talks to Students*, 1973, ed. Eugene Freeman. — *Reason and Belief*, 1974 (3 vols. da trilogia composta também por *Reason and Goodness* e *Reason and Analysis*). — *Four Reasonable Men: Marcus Aurelius, John Stuart Mill, Ernest Renan, Henry Sidgwick*, 1984.

Além disso, Blanshard preparou o volume *In Commemoration of William James*, 1942, e colaborou em *Philosophy in American Education: Its Tasks and Opportunities*, 1945.

Ver: S. C. Rome, B. K. Rome, eds., *Philosophical Interrogations: Interrogations of Martin Buber, John Wild, Jean Wahl, Brand Blanshard, Paul Weiss, Charles Hartshorne, Paul Tillich*, 1964. Vários autores, "Interrogation of B. B.", dir. Louis O. Mink, em Sidney e Beatrice Rome, eds., *Philosophical Interrogations*, 1964; reimp. 1970, pp. 201-257. — C. Hartshorne, Richard Rorty *et al.*, *The Philosophy of B. B.*, 1980, ed. Paul A. Schilpp (com "Respuestas a los Críticos"). €

BLENDINGER, HEINRICH. Ver POLARIDADE.

BLOCH, ERNST (1885-1977). Nascido em Ludwigshafen, lecionou na Universidade de Leipzig. Em 1933, teve de ir para o exílio em conseqüência do advento do regime nacional-socialista, indo para Paris, Praga e, em 1938, para os Estados Unidos, onde permaneceu até 1948. Nessa data, domiciliou-se na Alemanha Oriental, tendo lecionado na Universidade de Leipzig até 1958. Depois de uma série de discussões e dificuldades causadas por artigos publicados por vários colaboradores na *Deutsche Zeitschrift für Philosophie*, dirigida por Bloch, este foi para a Alemanha Ocidental em 1961, tendo exercido o cargo de professor visitante na Universidade de Tübingen.

O pensamento de Bloch é um marxismo consideravelmente modificado por correntes muito diversas, em especial por certos traços do idealismo alemão, particularmente do hegeliano, e por tendências místicas do judaísmo e do cristianismo. Ele foi considerado por isso um marxista extremamente heterodoxo, embora apareçam em suas obras muitos elementos que ele julga mais originária e radicalmente marxistas que os encontrados em tendências menos radicalmente heterodoxas. Seu pensamento culmina na idéia, e no ideal, da esperança, acerca da qual ele escreveu sua obra mais importante. Trata-se de uma obra que desenvolve uma ampla e detalhada filosofia, um pouco à maneira dos grandes sistemas alemães de Hegel, Schopenhauer ou Eduard von Hartmann. A idéia central é a do princípio cósmico segundo o qual a realidade não consiste em ser ainda o que se espera que venha a ser. A indiferenciação do sujeito e do objeto numa unidade primigênia é rompida por uma espécie de "fome cósmica"; a partir desse momento, pode-se falar já de realidade enquanto mediação. Esta é mediação de sujeito e objeto, mas trata-se de uma mediação sempre em marcha rumo a uma reconciliação alentada pela esperança. O modo como a esperança se encarna no sujeito — se é que não é o sujeito que se encarna na esperança — é a não-identidade dialética do sujeito na história com todos os seus predicados. Em vez de considerar a história como algo já feito ou como algo que se vai fazendo de acordo com um princípio do qual emergem todas as suas manifestações em forma lógico-metafísica, Bloch a concebe como um esperar o que é a um só tempo inesperado e esperável. O esperável é a reconciliação mediante o inesperado, no sentido de insuspeitado. Para Bloch, a consciência é antes de tudo "consciência antecipadora" (*Das Prinzip Hoffnung*, cap. 9, pp. 49 ss.). Não há, propriamente, realidade atual, mas futura, isto é, possível. Bloch distingue vários tipos de possibilidade ou do "possível": o possível formal, o possível como coisa objetiva, o possível como algo "objetual" e o possível como objetivo-real (*ibid.*, cap. 18, p. 258). Em última análise, há duas espécies de possibilidade: a possibilidade meramente objetiva, que se dá quando o objeto não é real — e que é uma possibilidade próxima do formal — e a possibilidade real. Esta é possibilidade de futuro. Não se trata de uma possibilidade vazia, mas completamente concreta dada na situação social. Por isso, a realização da possibilidade real não é tema de teoria, mas de prática. Ora, a prática não consiste em desenvolver um esquema que pode ser dado teoricamente; a verdadeira prática é aquela na qual "o homem é o ser que tem ainda muito diante de si" (*ibid.*, cap. 19, p. 284). A esperança como o não ser ainda do que já se está realizando é algo como a "alavanca" de Arquimedes, com a qual se pode levantar o mundo (*ibid.*, cap. 19, p. 328). O materialismo histórico permite não apenas entender como também atuar de modo que a consciência antecipadora se transforme em consciência total, mesmo que já o fosse, de alguma maneira, em sua antecipação. Daí a importância que a utopia tem para Bloch. E a que possui igualmente o sonho, do qual ele fala como um "sonho projetado adiante", *Traum nach vorwärts* (*ibid.*, cap. 55, p. 1616). Não fica claro se, uma vez reconciliados o sujeito e o objeto, ou, melhor dizendo, desvanecido o objeto enquanto objeto, a esperança deixa de ter razão de ser, mas é possível suspeitar de que, para Bloch, a esperança permanece no puro processo em que consistem a realização do homem no mundo e a realização do próprio mundo no homem.

Bloch desenvolve sua grandiosa construção atentando para numerosos detalhes, não apenas históricos, mas também da vida cotidiana e de muitos dos fenômenos do mundo atual, com particular ênfase nos fenômenos artísticos e religiosos. Em todos os casos, parece que o autêntico ou essencial é sempre "o que não é ainda, o que impele no próprio cerne das coisas, o que espera sua gênese na tendência-latência do processo" (*ibid.*, cap. 55, p. 1625, grifado por Bloch).

➪ Principais obras: *Geist der Utopie*, 1918; reimp. 1971; nova versão, 1923; reimp. 1964. — *Thomas Münzer als Theologe der Revolution*, 1921. — *Spuren*, 1930 (*Marcas*). — *Erbschaft dieser Zeit*, 1935 (*Herança deste tempo*). — *Freiheit und Ordnung. Abriss der Sozial-Utopien*, 1946 (*Liberdade e ordem. Sumário de utopias sociais* [ou "social-utopias"]. — *Subjekt-Objekt. Erläuterungen zu Hegel*, 1951. — *Avicenna und die aristotelische Linke*, 1951. — *Das Prinzip Hoffnung*, em cinco partes (55 capítulos), 1954-1959. Várias mudanças referentes a esta obra, especialmente no que tange à idéia de progresso, se encontram em *Tübinger Einleitung in die Philosophie*, 1970 (*Introdução filosófica de Tübingen*); um segundo vol. da obra foi publicado em 1964. — *Christian Thomasius*, 1953. — *Differenzierungen im Begriff Fortschrift*, 1956 (*Distinções no conceito de progresso*). — *Philosophische Grundfragen*, vol. 1, 1961 (*Questões filosóficas fundamentais*). — *Naturrecht und menschliche Würde*, 1961. — *Verfremdungen*, 2 vols., 1963-1964 (*Estranhamentos*). — *Literarische Aufsätze*, 1965 (*Ensaios literários*). — *Über Karl Marx*, 1968. — *Widerstand und Friede*, 1968 (*Resistência e paz*). — *Wegzeichen der Hoffnung*, 1967 (*Indicadores da esperança*). — *Atheismus im Christentum*, 1968. — *Philosophische Aufsätze zur objektiven Phantasie*, 1969 (*Ensaios filosóficos sobre a fantasia objetiva*) (compila escritos de 1902 a 1968). — *Das Materialismusproblem, seine Geschichte und Substanz*, 1972 (*O problema do materialismo, sua história e substância*). — *Vom Hasard zur Katastrophe*, 1972 (*Do acaso à catástrofe*). — *Experimentum Mundi*, 1975. — *Zwischenwelten in der Philosophiegeschichte*, 1977. — *Tendenz, Latenz, Utopie*, 1978. — *Abschied von der Utopie?*, 1980 (*Adeus à utopia?*). — *Leipzifer Vorlesungen zur Geschichte der Philosophie*, 4 vols., 1985.

Edição de obras: *Gesamtausgabe*, 16 vols., 1959-1975. Postumamente foi publicado o vol. 17 (1978). O vol. 13 — *Tübinger Einleitung in die Philosophie* — é básico para a compreensão do pensamento de B. — *Werkausgabe*, 1978. — *Die Expressionismusdebatte*, 1973, ed. H. J. Schmitt. — Além disso, existe desde 1981 um *Bloch-Almanach*, ed. pelo Arquivo E. B. da Biblioteca Municipal de Ludwigshafen, a cargo de K. Weigandm, com textos de e sobre B., correspondência, bibliografia etc. — Também D. Sternberger, ed., *Bloch-Almanach*, 1985.

Testemunho pessoal: R. Traub-H. Wieser, eds., *Gespräche mit E. B.*, 1975. — S. Markun, *E. B. in Selbstzeugnissen und Bilddokumenten*, 1977.

Correspondência: *E. B.: Briete, 1903-1975*, 1985.

Bibliografia: T. E. Wren, "An Ernst Bloch Bibliography for English Readers", *Philosophy Today*, 14 (1970), 272-273. — J.-M. Udina, "E. B. (1885-1977) en el año de su muerte. Bibliografía blochiana 1977", *Actualidad bibliográfica*, junho de 1978, pp. 60-91. — *Id.*, "E. B. entre nosaltres", *Enrahonar*, 12 (1985), 61-70. — L. Arnold, ed., *Text und Kritik. Sonderband E. B.*, 1985.

Ver: H. G. Bütow, *Philosophie und Gesellschaft im Denken E. Blochs*, 1963. — Theodor W. Adorno, Hans Mayer *et al.*, *E. B. zu Ehren. Beifragen zu seinem Werk*, 1965, ed. Siegfried Unseld. — Heinz Kimmerle, *Die Zukunftsbedeutung der Hoffnung. Auseinandersetzung mit E. Blochs "Prinzip Hoffnung" aus philosophischer und theologischer Sicht*, 1966. — E. Roeder von Diersburg, *Zur Ontologie und Logik offener Systeme. E. B. vor dem Gesetz der Tradition*, 1967. — M. Walser, J. Habermas *et al.*, *Ueber E. B.*, 1968. — Karl Kränzle, *Utopie und Ideologie. Gesellschatskritik und politisches Engagement im Werk E. Blochs*, 1970. — Carl Heinz Ratschow, *Atheismus im Christentum.*

Eine Auseinandersetzung mit E. B., 1970. — Geertruida Maartje van Asperen, *Hope and History: A Critical Inquiry into the Philosophy of E. B.*, 1973. — Hans Heinz Holz, *Logos spermatikos. Zur Philosophie E. Blochs*, 1975. — Laënnec Hurbon, *E. B. Utopie et espérance*, 1974. — VV. AA., *E. Blochs Wirkung. Ein Arbeitsbuch zum 90. Geburtstag*, 1975. — Hermann Wiegmann, *E. Blochs ästhetische Kriterien und ihre intepretative Funktion in seinen literarischen Aufsätzen*, 1976. — VV. AA., *Utopie et marxisme selon E. B. Un système de l'inconstructible. Hommages à E. B. pour son 90ᵉ anniversaire*, 1976, ed. Gérard Raulet. — G. Cunico, *Essere come utopia. I fondamenti della filosofia della speranza di E. B.*, 1976. — José María G. Gómez-Heras, *Sociedad y utopía en E. B.*, 1977. — J. Pérez del Corral, *El marxismo cálido. E. B.*, 1977. — A. F. Christen, *E. Blochs Metaphysik der Materie*, 1978. — G. Witschel, *E. B. Literatur und Sprache: Theorie und Leistung*, 1978. — R. Bodei, *Multiversum. Tempo e storia in E. B. Il confronto di B. con la tradizione filosofica di Platone a Heidegger*, 1979. — J. Gómez Caffarena, Hans Mayer et al., *En favor de B.*, 1979 (conferências de março de 1977). — P. Zudeik, *Die Welt als Wirklichkeit und Möglichkeit. Die Rechtsfertigungsproblematik der Utopie in der Philosophie E. Blochs*, 1980. — W. Hudson, *The Marxist Philosophy of Ernst Bloch*, 1982. — E. Simons, *Das expressive Denken E. Blochs*, 1983. — J. Jiménez, *La estética como utopía antropológica. B. y Marcuse*, 1983. — J. A. Gimbernat, *B. Utopía y esperanza (Claves para una interpretación filosófica)*, 1983. — H. Deuser, P. Steinäcker, eds., *E. Blochs Vermittlungen zur Theologie*, 1983. — H. Gekle, *Wunsch und Wirklichkeit. Philosophie des Noch-Nicht-Bewussten und Freuds Theorie des Unbewussten*, 1986. — B. Dietschy, *Gebrochene Gegenwart. E. B., Ungleichzeitigkeit und das Geschichtsbild der Moderne*, 1988. — H. E. Schiller, *Bloch-Konstellationen. Utopien der Philosophie*, 1991. — J. Zimmer, *Die Kritik der Erinnerung. Metaphysik, Ontologie und geschichtliche Erkenntnis in der Philosophie E. B. S*, 1993 (tese). — M. Riedel, *Tradition und Utopie. E. B.s Philosophie im Licht unserer geschichtlichen Denkerfahrung*, 1994.

Ver também: Burghart Schmidt, ed., *Materialien zu E. Blochs* Prinzip Hoffnung, 1978 (com bibliografia). — *Id., id.*, ed., *Seminar: Zur Philosophie E. Blochs*, 1983. — H. L. Arnold, ed., *E. B.*, 1985 (com bibliografia; núm. especial da coleção *Text und Kritik*). ℭ

BLONDEL, MAURICE (1861-1949). Nascido em Dijon, foi professor assistente na Universidade de Lille (1895-1896) e na Universidade de Aix-en-Provence (Bouches du Rhône), onde em 1897 foi nomeado professor titular. Partindo de Léon Ollé-Laprune (VER), Blondel começou sua obra filosófica original com uma reflexão sobre a ação (VER). Segundo Blondel, a ação não é um "princípio", mas algo menos e, ao mesmo tempo, algo mais: uma necessidade, uma marcha que não pode ser detida, ao contrário do que ocorre com a atividade especulativa. A ação deve ser entendida, de acordo com Blondel, como "o que é ao mesmo tempo princípio, meio e final de uma operação que pode permanecer imanente em si mesma". Isso significa, como ele já reconhecia na introdução à sua tese, ou "primeira *Ação*", que tão logo abordamos a ciência da ação, "não há nada que se possa dar por acertado, nada nem no que se refere aos fatos nem aos princípios nem aos deveres" (p. XXI). Isso não significa aceitar um ponto de vista próximo da dúvida metódica. Quase se poderia dizer que o método é oposto: "É preciso acolher" — diz Blondel — "todas as negações que se destroem entre si"; "deve-se entrar em todos os preconceitos como se fossem legítimos; em todas as paixões como se tivessem a generosidade de que se vangloriam; em todos os sistemas filosóficos como se cada um deles abraçasse a infinita variedade que pensa abranger". Por isso, o problema da ação não pode admitir nenhum postulado moral determinado, nenhum dado intelectual determinado que lhe sirva de ponto de partida. E por esse motivo, diz Blondel, não é *uma* questão particular, por mais importante que seja, mas *a* questão, aquela sem a qual não pode haver nenhuma outra. O que denominamos o pensamento será sempre algo que se encontra no caminho da ação. Com isto, o pensamento não é negado nem diminuído, mas englobado e justificado em sua verdadeira existência. De certa maneira, o pensamento é o que resulta quando a ação se desenvolve: a idéia permanece no interior da ação, a qual consegue assim superar e unificar a teoria e a prática. Somente uma filosofia da ação poderá, por conseguinte, efetuar uma "crítica da vida" e erigir uma "ciência da prática". A filosofia da ação não é um esquematismo fundado em puras idéias abstratas. Mas não é tampouco um pragmatismo que faça da verdade uma função da utilidade. A filosofia blondeliana da ação representa a síntese de todas as contradições entre o pensamento e a vida, entre a idéia e a realidade em que se debateu o pensamento moderno. Blondel afirma que uma compreensão adequada da ação requer duas investigações paralelas: a primeira, uma análise aparentemente nominal da ação (VER), mas que, de fato, representa o quadro inteligível no âmbito do qual se dá toda dialética possível; a segunda, a própria dialética concreta da ação, que é examinada por Blondel, sobretudo na ampliação de sua tese, de um modo muito mais completo do que por meio de uma elucidação das significações. A investigação da ação — assim como a investigação acerca do "pensamento" e do "ser e dos seres" — leva Blondel a considerar a ação tendo presentes várias acepções contrárias e mesmo contraditórias. A noção de ação fica imersa por isso num inextricável emaranhado de "aporias". Por isso, é necessário perseguir a ascensão da ação até onde esta se manifesta do modo mais pleno, rico e concreto; da análise da atividade nos agentes físicos, e da observação da insuficiência neles de um "autêntico atuar", ascende-se à análise do atuar na ação humana, com o que se esclarecem concretamente os distintos modos do operar, incluindo o contemplar. Mas o exame dos modos do operar nas causas segundas é apenas preparação para a elucidação do "mistério do puro operar". Formula-se aqui, de maneira radical, o problema da imanência da ação, uma imanência que engloba toda transcendência possível (cf. *L'Action*, 1936, I, pp. 140 ss.; II, pp. 175 ss.). Por isso, em sua essência o agir é tão pouco "transitivo" que onde não houvesse *mais que* vir-a-ser não subsistiria já um agir (*ibid.*, II, 265). Desse ponto de vista, pode-se compreender melhor a relação entre a teoria e a prática, a transcendência e a imanência, a causa primeira e as causas segundas. Assim, não há tanto um primado do *fieri* sobre o *esse* quanto uma dupla atração entre ambos. Contudo, pode-se afirmar uma certa primazia do primeiro sobre o segundo se pelo *fieri* entendemos o puro e autêntico agir distinto tanto de um agir secundário como de todas as formas "estáticas" da ação. Esse primado não se manifesta apenas em seu aspecto metafísico, mas em todas as esferas da ciência e da vida, da moral e da religião. Como o que veio-a-ser é compreensível a partir do vir-a-ser, aquele perde seu caráter abstrato. E por representar a ação o princípio da multiplicidade e a sua necessária hierarquia, a filosofia da ação pode transformar-se numa filosofia da contemplação ativa, contemplação que adquire sua significação mais elevada na visão de Deus.

A filosofia de Blondel, que manifesta sua conformidade com a ortodoxia católica, afirma que a aceitação da visão de Deus é conseqüência necessária dessa filosofia, pois não apenas se torna concreta, dessa maneira, a contemplação de Deus e se satisfaz a vontade que a ação implica, como também se revela a verdade de uma pessoa divina que penetra no interior da pessoa humana. Cumpre-se assim o "método de imanência" que Blondel defendeu na filosofia e na apologética, um método que levou sua doutrina a ser considerada muito próxima do modernismo (VER), mas que Blondel julga o único procedimento eficaz para que a transcendência seja efetivamente dada e não se transforme em resultado abstrato de um intelectualismo puramente esquematizante. Na ação ocorre essa peculiar transcendência na imanência que apenas para um ponto de vista intelectualista aparece como um círculo vicioso. Com efeito, o sobrenatural emerge na imanência e na ação, mas estas são possíveis pela inserção do sobrenatural em nós, pela atração que o infinito exerce sobre o finito. Segundo Blondel, no homem não pode entrar nada que já não esteja nele, mas ao mesmo tempo o que entra no homem não é produzido por este como uma imaginação ou uma simples "especulação".

⊃ Obras: *De vinculo substantiali et de substantia composita apud Leibnitium* (parte secundária ou complementar de sua tese), 1893; texto francês (*Une énigme historique: le "vinculum substantiale" d'après Leibniz et l'ébauche d'un réalisme supérieur*), 1930; texto latino e trad. francesa (*Le lien substantiel et la substance composée d'après Leibniz*), 1972, ed. Claude Troisfontaines. — *L'Action. Essai d'une critique de la vie et d'une science de la pratique* (parte principal de sua tese), 1893. — *Histoire et dogme*, 1904. — *Le problème de la philosophie catholique*, 1932. — *La pensée:* I: *La genèse de la pensée et les paliers de son ascension spontanée*, 1933; II: *Les responsabilités de la pensée et la possibilité de son achèvement*, 1934. — *L'Être et les Êtres. Essai d'ontologie concrète et intégrale*, 1935. — *L'Action*, I: *Le problème des causes secondes et le pur agir*, 1936. II: *L'action humaine et les conditions de son aboutissement*, 1937 (esta obra é diferente da citada tese de 1893, embora constitua em parte seu desenvolvimento; a tese de 1893 costuma receber o nome de "primeira *Ação*"; a obra publicada em 1936-1937 recebe o nome de "segunda *Ação*"). — *Lutte pour la civilisation et philosophie de la paix*, 1939. — *La philosophie et l'esprit chrétien*, 2 vols., 1944-1946 (I: *Autonomie essentielle et connexion indéclinable*; II: *Conditions de la symbiose seule normale et salutaire*). — *Exigences philosophiques du christianisme*, 1950.

Correspondência: *Correspondance* [com Auguste Valensin], 1899-1912, 2 vols., 1957. — *Lettres philosophiques de M. B.* [a È. Boutroux, V. Delbos, *et al.*, 1886-1914], ed. E. Le Roy, 1961. — *Correspondance* [com Johannes Wehrle], ed. Henri de Lubac, 2 vols., 1969. — *Correspondance* [com Henri Bremond], 3 vols., 1970-1971. — F. Long, "The Blondel-Gilson Correspondence Through Foucault's Mirror", *Philosophy Today*, 35(4) (1991), 351-361.

Os primeiros escritos de Blondel foram reeditados pela associação *Les Amis de M. Blondel*, fundada em 1949 (*L'Action*, de 1893 [1950]. *Lettre sur les exigences de la pensée contemporaine en matière d'apologétique*, de 1876, e *Histoire et Dogme*, de 1904 [1956]). — Documentação sobre Blondel em *Les Études blondéliennes* e em *Le Courier des Amis de M. Blondel* (ambos desde 1951).

Bibliografia: A. Hayen, *Bibliographie blondélienne, 1888-1951*, 1953. — R. Virgoulay, C. Troisfontaines, *M. B.: Bibliographie analytique et critique*, 2 vols.,

1975-1976 (I: *Oeuvres de M. B. [1880-1973]*; II: *Études sur M. B. [1893-1975]*).
Ver: Joseph de Tonquédec, *Immanence. Essai critique sur la doctrine de M. B.*, 1913. — *Id.*, *Deux études sur "La Pensée" de B. La doctrine de la connaissance, la question du surnaturel. Avec un appendice sur le désir naturel de la vision de Dieu*, 1936. — Luigi Stefanini, *L'azione. Saggio sulla filosofia di M. B.*, 1915. — F. Lefèvre, *L'itinéraire philoso-phique de M. B.*, 1928. — P. Archambault, *Vers un réalisme intégral. L'oeuvre philoso-phique de M. B.*, 1928. — *Id.*, *Initiation à la philosophie blondélienne en forme de Court Traité de Métaphysique*, 1946. — T. Gilbert, *M. Blondel's Philosophy of Action*, 1925. — Taymans d'Eypernon, *Le blondélisme*, 1933. — Giovanna Federici Ajroldi, *Interpretazione del problema dell'essere in M. B.*, 1936. — Francesco Scivittaro, *L'azione e il pensiero. Saggio sulla filosofia di M. B.*, 1936. — Stefano Polakovic, *Il problema del destino: l'uomo della filosofia di B. dinnanzi alla chiesa di Dio*, 1939. — Blaise Romeyer, *La philosophie religieuse de M. B.*, 1943. — Juan Roig Gironella, *La filosofía de la acción*, 1943. — P. Archambault, P. Bourgarel, B. Romeyer, A. Forest, J. Mercier, P. Lachièze-Rey, G. Berger, J. Paliard, "Hommage à M. Blondel" (*La Nouvelle Relève*, n. 12, Paris, 1946). — F. Salvo, *La logica della vita morale in M. B.*, 1946. — Henry Duméry, *La philosophie de "l'action". Essai sur l'intellectualisme blondélien*, 1948 (com prefácio de M. B. e bibliografia). — *Id.*, *B. et la religion: Essai critique sur la "Lettre" de 1896*, 1954. — *Id.*, *Raison et religion dans la philosophie de l'action*, 1963. — J. Paliard, *M. B. ou le dépassement chrétien*, 1950. — F. di Petrella, *Il pensiero di M. B.*, 1950. — Trabalhos sobre B. em *Les Études philosophiques* (Nouvelle série, a partir de 1950) e *Teoresi* (nn. 1-4, 1950, em um volume, intitulado *Omaggio a B.*). — L. Sarteri, *B. e il Cristianesimo*, 1953. — R. Crippa, *Il realismo integrale di M. B.*, 1954. — A. Cartier, *Existence et vérité*, 1955 (sobre B. e o existencialismo). — Maria Ritz, *Le problème de l'être dans l'ontologie de M. B.*, 1958. — Jean École, *La métaphysique de l'être dans la philosophie de M. B.*, 1958. — Henri Bouillard, *B. et le christianisme*, 1961. — Romeo Crippa, *Profilo della critica blondeliana*, 1962. — Jean Lacroix, *M. B., sa vie, son oeuvre, avec un exposé de sa philosophie*, 1963. — Claude Tresmontant, *Introduction à la métaphysique de M. B.*, 1963. — Marc Renault, *Déterminisme et liberté dans "l'Action" de M. B.*, 1965. — John J. McNeil, *The Blondelian Synthesis: A Study of the Influence of German Philosophical Sources on the Formation of Blondel's Method and Thought*, 1966. — Michel Jouhaud, *Le problème de l'être et l'expérience morale chez M. B.*, 1970. — Ulrich Hommes, *Transzendenz und Personalität. Zum Begriff der Action bei M. B.*, 1972. — A. Raffelt, *Spiritualität und Philosophie. Zur Vermittlung religiöser Erfahrung in M. B. "L'action"*, 1978. — R. Virgouley, *B. et le modernisme. La philosophie de l'action et les sciences religieuses (1896-1913)*, 1980. — J.-M. Isasi, *M. B. Una rigurosa filosofía de la religión*, 1982. — M. Pacheco, *A Gênese do problema da ação em B. (1878-1882). Sentido de um projecto filosófico*, 1982. — O. König, *Dogma als Praxis und Theorie. Studien zum Begriff des Dogmas in der Religionsphilosophie M. Blondels vor und während der modernistischen Krise (1888-1908)*, 1983. — A. van Hoof, *Die Vollendung des Menschen*, 1983. — C. Theobald, *M. B. und das Problem der Modernität*, 1988. — P. Gilbert, "Le phénomène, la médiation et la métaphysique: le dernier chapitre de 'L'action' (1893) de M. B.", *Gregoriarum*, 70 (1989), 93-119 (1ª parte), 291-319 (2ª parte).

Por ocasião do centenário do nascimento de M. B., dedicaram-se números especiais de várias revistas ao pensamento de B.; por exemplo, *Teoresi*, 17, n. 4 (1962) [com bibliografia organizada por Antonina Costa, pp. 295-320]; *Giornale di Metafisica*, 16, n. 5 (1961) [com bibliografia organizada por Romeo Crippa, pp. 631-659]. Há também um vol. coletivo de M. Mery, G. E. Ophrys et al.: *Le Centenaire de M. B., 1861-1961, en sa Faculté des Lettres d'Aux-Marseille*, 1963. **C**

BN. Ver IBN.

BOA VONTADE. A primeira das três seções em que Kant divide sua *Fundamentação da Metafísica dos Costumes* (*Grundlegung zur Metaphysik der Sitten*) começa com estas palavras: "Nem em nenhuma parte do mundo nem, em geral, inclusive fora do mundo é possível pensar em algo que se possa considerar sem restrição como bom exceto uma *boa vontade*. O entendimento, a perspicácia, o julgamento e quaisquer talentos do espírito, sejam quais forem suas denominações, ou a coragem, a decisão e a perseverança, enquanto propriedades do temperamento, são sem dúvida em muitos aspectos bons e desejáveis, mas podem chegar a ser extremamente maus e perniciosos se a vontade, que deverá fazer uso desses dons da Natureza e cuja constituição peculiar recebe o nome de caráter, não for boa". Kant acrescenta que o mesmo acontece com o poder, a riqueza, a saúde, o bem-estar etc. Alguém que goze de prosperidade ininterrupta mas não possua uma vontade pura e boa não poderá proporcionar prazer a nenhum observador imparcial. "Assim, a boa vontade parece constituir a condição indispensável inclusive para que valha a pena ser feliz."

A idéia de Kant de que a boa vontade, como ele diz um pouco depois, "não é boa pelo que produz ou consegue, ou por ser adequada para realizar algum fim proposto, mas é boa tão-somente por seu querer (*allein durch das Wollen*), ou seja, é boa em si mesma", suscitou muitos comentários. Alguns são de caráter exegético e têm por finalidade descobrir o verdadeiro sentido da expressão 'boa vontade'. Outros têm caráter crítico e visam mostrar que a doutrina kantiana da boa vontade é um exemplo extremo de rigorismo (VER) moral, ou um exemplo extremo de formalismo (moral), ou ainda que padece de um insuficiente esclarecimento do significado de 'bom'.

Entre os primeiros, figuram os daqueles que buscaram uma explicação da doutrina kantiana procurando ver em que medida a boa vontade se relaciona com os outros bens. A esse respeito, levantaram sobretudo o problema referente a saber se outros bens não podem ser também concebidos como bons sem limitação. Ora, seguindo a intenção de Kant, eles mostraram que, enquanto os bens que não são a boa vontade dependem para sua bondade de uma situação determinada — o saber é bom se é usado para um bom fim, o prazer é bom se contribui para o valor moral etc. —, a boa vontade não depende de nenhuma situação determinada. Os defensores de Kant enfatizaram que esse filósofo não negou o fato de que também há outros bens valiosos, mas que, sendo sempre a situação *um* limite para eles, *não* podem ser considerados o sumo bem.

Entre os segundos, figuram aqueles que, como Scheler, procuraram demonstrar que sem os valores e sua hierarquia é incompreensível a noção de boa vontade, ou aqueles que, como N. Hartmann, assinalaram que, como um valor não pode ser abstraído de tendências naturais ou ditado por um sujeito volitivo, a boa vontade não é de nenhuma ajuda nas decisões. Relacionada com estas críticas se encontra a noção de que a boa vontade enquanto tal é vazia e pode até dar origem a valores negativos. Contra isso, argumentou-se que a noção kantiana de boa vontade não é equivalente à noção de boa intenção. Outros ainda, como os utilitaristas, indicaram que o termo 'bom' só pode assumir significação quando ligado a um sentimento de "prazer" no indivíduo que não seja incompatível com o da comunidade. Outros, como os neopositivistas, proclamaram que o vocábulo 'bom' não possui significação em si mesmo e que, por conseguinte, não se pode fundar uma ética sobre a noção de boa vontade. Todas essas críticas podem ser reduzidas a três: a que se funda numa ética eudemonista, a que se funda numa ética axiológica e a que se funda numa análise semântica. As duas últimas eram desconhecidas por Kant. A primeira, em contrapartida, constitui o principal alvo contra o qual se dirige a ética kantiana. Hoje, portanto, podemos considerar as duas últimas como as únicas válidas. Para opor-se a elas de um ponto de vista kantiano, há apenas duas soluções: mostrar que a ética de Kant não é incompatível com uma ética axiológica na qual a boa vontade tenha a função de um valor de santidade, e assinalar que uma análise semântica do termo 'bom' nada diz ainda sobre o fundamento das decisões morais. Assim como a maioria das grandes questões morais, a que apresentamos aqui é uma questão aberta, e sua solução depende principalmente dos pressupostos últimos adotados. Para admitir a doutrina kantiana da boa vontade, é preciso aceitar ao mesmo tempo a idéia de um sujeito moral racional. Alguns autores tenderam a aceitar esta idéia, mas somente como uma idéia reguladora. Deve-se observar, no entanto, que isso é contrário ao espírito de Kant, que aborda as questões morais num sentido diferente daquele em que tratou das questões cognoscitivas.

Ver também IMPERATIVO.

⊃ H. J. Paton, *The Good Will. A Study in the Coherence Theory of Goodness*, 1927. — Além disso, comentários à *Crítica da Razão Prática*, de Kant, mencionados em KANT, IMMANUEL. Muitas das obras mencionadas na bibliografia de ÉTICA abordam o problema da boa vontade. ⊂

BOAS, GEORGE (1891-1980). Nascido em Providence, Rhode Island (EUA), lecionou na Johns Hopkins University, de Baltimore. Seguindo as orientações histórico-filosóficas de Lovejoy, ele aplicou os princípios da "história das idéias" propostos por seu mestre a vários períodos da história da filosofia. Estudou também o problema dos pressupostos na filosofia em geral e em vários autores (especialmente em Aristóteles), problema estreitamente relacionado ao da protofilosofia (VER). Especialmente interessado, de início, pela filosofia francesa, destacou-se depois nos estudos de estética e de filosofia da arte.

⊃ Principais obras: *An Analysis of Certain Theories of Truth*, 1921 (tese). — *French Philosophies of the Romantic Period*, 1925. — *A Critical Analysis of the Philosophy of E. Meyerson*, 1930. — *The Happy Beast in French Thought of the Seventeenth Century*, 1933. — *Primitivism and Related Ideas in Antiquity*, 1935 (em colaboração com A. O. Lovejoy). — *Essays on Primitivism and Related Ideas in the Middle Ages*, 1948. — *Wingless Pegasus: A Handbook for Critics*, 1950. — *Dominant Themes of Modern Philosophy*, 1957. — "Some Assumptions of Aristotle", *Transactions of the American Philosophical Society*, N. S. 49 (1959), 5-92; há ed. separada, 1959. — *The Inquiring Mind: An Introduction to Epistemology*, 1959 [Paul Carus Lectures]. — *The Limits of Reason*, 1961. — *Rationalism in Greek Philosophy*, 1961. — *The Heaven of Invention*, 1962. — *The Challenge of Science*, 1965. — *What Is a Picture?* 1965 (em colaboração com Harold Holmes Wrenn). — *The History of Ideas: An Introduction*, 1969. — *Vox Populi: Essays in the History of an Idea*, 1969. — *The History of Ideas: An Introduction*, 1969. ⊂

BOAS RAZÕES. Falou-se às vezes do "ponto de vista moral". Pode-se entender por isto um ponto de vista no qual é legítimo usar termos como 'justo', 'injusto', 'bom', 'mau', 'legítimo', 'ilegítimo', 'deve', 'é obrigado a', 'o melhor que se pode fazer é' etc. A adoção do "ponto de vista moral" costuma estar associada à idéia de que é possível "raciocinar moralmente", isto é, de que é possível, além de desejável, fazer "raciocínios práticos", ou segundo a razão prática. Esses raciocínios não têm por que coincidir, ou coincidir exatamente, com os "raciocínios teóricos", e especificamente com raciocínios de natureza estritamente lógica.

O citado "ponto de vista moral" é semelhante, se não idêntico, ao ponto de vista segundo o qual se podem dar "boas razões", às vezes chamadas "razões válidas", em questões morais. Essas boas razões, ou razões morais, não equivalem a razões pelas quais se estabelecem conexões necessárias nem a razões fundadas no próprio interesse (cf. Kurt Baier, *The Moral Point of View*, 1958, pp. 170 ss.). Por outro lado, as boas razões não devem ser consideradas completamente desvinculadas de outros tipos de razões em virtude da "versatilidade da razão": "Se não se mostra completamente sem sentido falar de 'boas e más razões' e de 'inferências válidas e inválidas', inclusive com respeito a um mero jogo de palavras, tanto menos o será quando se tratar de argumentos usados em domínios mais importantes — na matemática, na ciência, na ética, na estética —, quando expressamos nossas reações diante das coisas, quando explicamos nossos motivos, quando damos ordens, e em mil e uma maneiras de usar a linguagem" (Stephen Toulmin, *The Place of Reason in Ethics*, 1960, p. 83).

O enfoque denominado das "boas razões" é aplicável a outros campos além do moral. Ele parece adequado também a domínios como o estético e o campo das opiniões políticas, mas, dadas as tendências "absolutistas" que às vezes prevalecem em questões morais, torna-se mais compreensível a natureza do enfoque quando se examinam as últimas. As "boas razões" correspondentes ao ponto de vista moral estão ligadas à noção de justificação (VER). Em numerosos casos, com efeito, o que se deseja fazer no terreno moral é antes justificar propostas, normas, imperativos etc. que "demonstrá-los".

BOAVENTURA (SÃO) (1221-1274). Chamado *doctor seraphicus*, nasceu em Bagnoregio (Balneoregium), perto de Viterbo, na Toscana, sendo seu nome João Fidanza. Em 1238, ingressou na ordem dos franciscanos, da qual foi nomeado, por volta de 1257, vigário geral. Estudou em Paris sob o magistério de Alexandre de Hales e lecionou na mesma Universidade de 1248 a 1255. Em 1273, foi nomeado cardeal.

A principal intenção de São Boaventura era mostrar o caminho que conduz a alma a Deus. Discutiu-se até que ponto Santo Agostinho influenciou o pensamento de São Boaventura. Enquanto Gilson considera São Boaventura fundamentalmente um agostiniano, F. Van Steenberghen discorda dessa opinião (ver AGOSTINISMO). Independentemente dos "complexos doutrinais" que tenham influenciado São Boaventura, parece certo, em todo caso, que ele interessou-se basicamente por Deus e pela alma (o que Santo Agostinho manifestara lhe interessava acima de tudo). Isso não exclui em São Boaventura, assim como não excluíra em Santo Agostinho, uma investigação de natureza filosófica. Esta, contudo, pode ser entendida como um auxílio para compreender o mencionado caminho e prosseguir nele. Se há em São Boaventura um ingrediente agostiniano — maior ou menor —, ele se encontra filosoficamente modificado, pois na época de nosso pensador já se desenvolvera consideravelmente o método escolástico e avançara-se muito na via de uma interpretação e de uma assimilação das doutrinas de Aristóteles. Pode-se dizer, portanto, que a teologia — e mesmo a teologia mística — de São Boaventura está permeada de elementos escolásticos. Entretanto, para São Boaventura existe uma diferença fundamental entre teologia e filosofia: a primeira começa com aquela Realidade com a qual a filosofia no máximo termina. Ora, esta diferença não significa incompatibilidade; ela significa apenas que se deve atender à ordem própria dos saberes e das atividades humanas. O saber e a atividade mais elevados são os contemplativos; a esta suprema luz estão subordinadas as luzes das outras artes, sendo tida por ínfima dentre elas — mas não inteiramente desprezível — a mecânica, que trata do mais baixo e do mais externo. A filosofia ocupa um lugar intermediário; embora o conhecimento que proporciona seja considerável, termina por mostrar-se impotente e obscuro se não for iluminado pela luz da fé. É nesse quadro que devem ser entendidas as doutrinas propriamente filosóficas de São Boaventura, tais como a concepção realista na questão dos universais; trata-se, com efeito, de uma doutrina destinada a resolver um problema de natureza mais elevada que as questões epistemológicas ou mesmo metafísicas. Por isso, conhecer a Deus, por exemplo, não é, para São Boaventura, chegar ao limite da razão e do mistério e aceitar a partir de então o dogma da fé; é partir da luz divina, sem a qual sequer a razão poderia ser entendida. Por causa disto, destacou-se com freqüência a diferença entre São Boaventura e Santo Tomás. Tal diferença é inegável, não apenas por causa da atitude que ambos adotam com relação ao Estagirita e à filosofia em geral, mas também pela linguagem empregada por cada um deles: a linguagem em geral simbólica do primeiro, correspondente à concepção de que o sensível é sinal destinado a ser sempre transcendido e suplantado, e a linguagem quase sempre formal do segundo. Essa diferença, porém, não deve ser exagerada, pois o quadro dos *cre-*

dibilia é o mesmo em ambos. Trata-se, por conseguinte, de duas vias distintas (ou de dois itinerários distintos) que conduzem à mesma meta. O itinerário preconizado por São Boaventura funda-se numa fé que passa, quando necessário, à razão, mas que dirige esta última, incessantemente, à contemplação.

A parte mais conhecida, e mais freqüentemente abordada, da doutrina de São Boaventura é a denominada "doutrina da iluminação" e também "doutrina da iluminação divina". Referimo-nos mais detidamente a ela no verbete ILUMINAÇÃO; limitar-nos-emos aqui a destacar que essa doutrina, de inspiração agostiniana (e em última análise platônica), afirma haver no homem uma luz intelectual — distinta da luz da graça — que torna possível a intelecção natural. Essa luz procede de Deus e nela se funda a compreensão do ser. A intelecção do real não é, portanto, como em Santo Tomás, resultado de uma abstração fundada na experiência, mas a conseqüência de uma iluminação prévia. Esta doutrina de São Boaventura exerceu grande influência sobre muitos pensadores medievais. A esse respeito podem ser mencionados Mateo de Aquasparta, João Pecham, Pedro João Olivi, Henrique de Gand e, em certa medida, John Duns Scot. Considera-se às vezes que o chamado "boaventurismo" coincide com a história da doutrina da iluminação.

↪ Entre as obras de São Boaventura de interesse filosófico e teológico, destacamos: *Comentarii in quatuor libros Sententiarum Petri Lombardi*, redigidos entre 1248 e 1255. — *Breviloquium, id. ca.* 1255. — *Itinerarium mentis in Deum, id.* 1259. — *Opusculum de reductione artium ad theologiam.* — *Collationes in Hexaemeron, id.* 1273. — *Sermones selecti de rebus theologicis.* — São Boaventura é autor também de diversos comentários às Escrituras (ao Eclesiastes, aos Evangelhos de São João e São Lucas), de diversos opúsculos místicos (como *De triplici via* — também denominado *Incendium amoris*; *Tractatus de praeparatione ad Missam*; *De regimine animae*; *Vitis mystica*) e de numerosos *Sermones*.

Edições: *Opera omnia* (Veneza, 14 vols., 1753-1756). — *Opera omnia* (ed. crítica, chamada "edição de Quaracchi, preparada pelos franciscanos do Colégio São Boaventura: 11 vols., 1882-1902: I-IV, em 5 tomos, comentários aos 4 livros das Sentenças; V, obras teológicas; VI, comentários à Sagrada Escritura; VII, comentário ao Evangelho de S. Lucas; VIII, obras místicas e relacionadas com a Ordem; IX, Sermões; X, complemento das obras completas; e um vol. que contém os índices dos 5 primeiros tomos (I-IV). Os mesmos franciscanos editaram separadamente: *Decem opuscula ad theologiam mysticam spectantia*, 1900 (incluem os opúsculos místicos mencionados *supra* e também os seguintes: *Soliloquium de quatuor mentalibus exercitiis*;

Lignum vitae; *De quinque festivitatibus pueri Jesu. De perfectione vitae ad sorores. De sex alis Seraphim*; *Officium de Passione Domini*), e *Tria opuscula* (que inclui: *Breviloquium*; *Itinerarium mentis in Deum*; *De reductione artium ad theologiam*). — Reimpressão de comentários às Sentenças, 4 vols., 1934 ss. — Edição com texto latino de Quaracchi e trad. esp.: Madri, 6 vols., 1943-1949 (o vol. I com bibliografia).

Em português: *Recondução das ciências à teologia*, s.d.

Ver: F. Zigliara, *Della luce intelettuale e dell'ontologismo secondo la dottrina di S. B. e Tommaso d'Aquino*, 1874. — K. Werner, *Die Psychologie und Erkenntnislehre des hl. Bonaventuras*, 1909. — G. Palohriès, *S. B.*, 1913. — B. Luyckx, *Die Erkenntnislehre Bonaventuras*, 1923. — É. Gilson, *La philosophie de S. B.*, 1924; 3ª ed., 1953. — J. M. Bissen, *L'exemplarisme divin selon S. B.*, 1929. — F. Immle, *Gott und Geist. Zusammenwirken des geschaffenen und des ungeschaffenen Geistes im höheren Erkenntnisakte nach Bonaventura*, 1934. — F. Hohmann, *B. und das existenzielle Sein des Menschen*, 1935. — P. Robert, O. F. M., *Hylémorphisme et devenir chez S. B.*, 1936. — H. Legowicz, *Essai sur la philosophie sociale du docter Séraphique*, 1937. — L. Venthey, *S. Bonaventurae philosophia cristiana*, 1943. — M. M. de Benedictis, *The Social Thought of S. B.*, 1946. — R. Lazzarini, *S. B. filosofo e mistico del Cristianesimo*, 1946. — Z. Alszeghy, *Grundformen der Liebe. Die Theorie der Gottesliebe bei dem hl. B.*, 1946. — A. Sépinski, *La psychologie du Christ chez S. B.*, 1948. — P. Robert, O. F. M., "Le problème de la philosophie bonaventurienne", *Laval théologique et philosophique*, 6 (1950), 146-162; 7 (1951), 9-58. — R. P. Prentice, *The Psychology of Love according to S. B.*, 1951. — E. J. M. Spargo, *The Category of Theology according to S. B.*, 1955. — G. H. Tavard, *Transciency and Permanence. The Nature of Theology according to S. B.*, 1955. — Colman J. Majchrzak, O. F. M., *A Brief History of Bonaventurianism*, 1957. — J.-C. Bougerol, *Introduction à l'étude de Saint Bonaventure*, 1962. — *Id., id., St. Bonaventure et la sagesse chrétienne*, 1963. — Ciriaco Morón Arroyo, *Abstraktion und Illumination. Grenzproblem der Metaphysik Bonaventuras*, 1963 (tese). — F. Sakaguchi, *Der Begriff der Weisheit in den Hauptwerken B. S.*, 1968. — M. Wiegels, *Die Logik der Spontaneität. Zum Gedanken der Schöpfung bei B.*, 1969. — G. Joaquim Cerqueira, *Homem e mundo em São Bonaventura*, 1970. — V.V. A.A., *S. B. (1274-1974)*, 5 vols., 1973-1974. — John Francis Quinn, *The Historical Constitution of St. Bonaventure's Philosophy*, 1973. — Dionisio Castillo Caballero, *Trascendencia e immanencia de Dios en S. B.*, 1974. — Édouard-Henri Wéber, *Dialogue et dissensions entre*

Saint Bonaventure et Saint Thomas d'Aquin à Paris (1252-1273), 1974. — P. F. Foley, ed., *Proceedings of the Seventh Centenary Celebration of the Death of S. B.*, 1974. — J. P. Dourley, *Paul Tillich and Bonaventure: An Evaluation of Tillich's Claim to stand in the Agustinian-Franciscan Tradition*, 1975. — R. W. Shahan, F. J. Kovach, eds., *Bonaventure and Aquinas: Enduring Philosophers*, 1976. — A. Musco, ed., *Il concetto di "sapientia" in S. Bonaventura e S. Tommaso*, 1983. — R. Jehl, *Melancholie und Acedia. Ein Beitrag zur Anthropologie und Ethik Bonaventuras*, 1984. — M. P. Malloy, *Civil Authority in Medieval Philosophy: Lombard, Aquinas and Bonaventure*, 1985. — A. Speer, *Triplex veritas. Wahrheitsverständnis und philosophische Denkform B. S.*, 1987. ¢

BOCA DI FERRO, LUDOVICO. Ver ALEXANDRISMO.

BOCARDO. É o nome que designa um dos modos (ver MODO) válidos dos silogismos da terceira figura (VER). Um exemplo de *Bocardo* pode ser:

Se alguns barcos não são pequenos
e todos os barcos são caros,
então algumas coisas caras não são pequenas,

exemplo que corresponde à seguinte lei da lógica quantificacional elementar:

$$(\vee x \ (Gx \wedge \neg Hx) \wedge \wedge x \ (Gx \to Fx))$$
$$\to \vee x \ (Fx \wedge \neg Hx)$$

e que, usando-se as letras 'S', 'P' e 'M' da lógica tradicional, pode ser expresso mediante o seguinte esquema:

$$(MoP \wedge MaS) \to SoP$$

no qual aparece claramente a seqüência das letras 'O', 'A', 'O', origem do termo *Bocardo*, na ordem MP-MS-SP.

BOCHEŃSKI, JÓZEF [Padre I. M.]. Nascido (1902) em Czuszów (Polônia), ingressou na Ordem dos Pregadores em 1927. Professor no Angelicum de Roma (1935-1940), professor contratado na Universidade de Friburgo, Suíça (1945-1948), e titular na mesma Universidade (a partir de 1948), distinguiu-se em diversos trabalhos: pelas exposições e interpretações da filosofia contemporânea; pela investigação, análise e crítica da filosofia soviética, tanto por meio de diversos escritos como pela direção das publicações do Ost-Europa Institut, de Friburgo, Suíça; pelo estudo de várias noções metafísicas com o recurso às técnicas oferecidas pela lógica simbólica (ver ANALOGIA); por estudos dos métodos de pensamento, e por investigações de história da lógica, aplicando a ela as técnicas atuais como continuação do trabalho iniciado a esse respeito por seu mestre, Jan Ł ukasiewicz. Entre os trabalhos citados, destacam-se por seu número e pela nova luz que lançam aqueles realizados na esfera da história da lógica. A esse propósito, cabe mencionar as pesquisas de Bocheński sobre a lógica de Teofrasto, sobre a lógica antiga em geral e depois sobre o conjunto da história da lógica, incluindo partes da chamada "lógica oriental". Bocheński avalia que a história da lógica deve ser revisada por inteiro, prestando-se particular atenção às seus períodos de florescimento (estóicos, escolásticos dos séculos XIII e XIV etc.). Em oposição às pretensões de alguns filósofos de erigir lógicas transcendentais, dialéticas, históricas, concretas etc., Bocheński proclama que as chamadas "sutilezas" da lógica formal proporcionam mais ensinamentos filosóficos que as construções grandiosas embebidas em metafísicas injustificadas e, na maioria dos casos, puramente verbais. As investigações de Bocheński referem-se, além disso, não apenas à lógica, mas a muitas partes da semiótica, especialmente da semântica.

⊃ Obras: *Elementa logicae graecae*, 1937. — *Z histrii logiki zdan modalnych*, 1938 (*Sobre a história das proposições modais*). — *Nove lezioni di logica simbolica*, 1938. — *La logique de Téophraste*, 1947. — *Europäische Philosophie der Gegenwart*, 1947. — *Précis de logique matematique*, 1949 (a mesma obra, em alemão e ampliada, *Grundriss der Logistik*, 1954, em colaboração com A. Menne. — *Der Sowjetrussische dialektische Materialismus [Diamat]*, 1950; 3ª ed., 1960. — *Ancient Formal Logic*, 1951. — *Die zeitgenössischen Denkmethoden*, 1954; 2ª ed., 1959. — *Formale Logik*, 1956 [história da lógica, incluindo a lógica indiana] (trad. inglesa, com algumas modificações: *A History of Formal Logic*, 1961; 2ª ed., 1962; 3ª ed., 1970. — *Wege zum philosophischen Denken. Einführung in die Grundbegriffe*, 1959. — *Formale Logik*, 2ª ed., 1962. — *The Logic of Religion*, 1965. — *Wast is Autorität? Einführung in die Logik der Autorität*, 1974.

Além disso, Bocheński tem artigos em diversas publicações. Destacamos: "Notiones historiae logicae formalis", *Angelicum*, XIII (1936), 109-123; "Sancti Thomae Aquinatis de modalibus opusculum et doctrina", *ibid.* 15 (1939), 1-18; "De consequentiis scholasticorum earumque origine", *ibid.*, 14 (1938), 92-109; "Wstep do teorii analogii", *Roczniki filozoficzne*, 1 (1948), 64-82; "On Analogy", *The Thomist*, 11 (1948), 424-447; "On the Categorical Syllogism", *Dominican Studies*, 1 (1948), 35-57; "Non-Analytical Laws and Rules in Aristotle", *Methodos*, 3 (1951), 70-80; "Spitzfindigkeit", *Festgabe an die Schweizer Katholiken*, Freiburg (Suíça), 1954, pp. 334-352 [entre os arts., mencionamos também a trad. francesa do título: *Z historii logiki...*: "Notes historiques sur les propositions modales", *Revue des sciences philosophiques et théologiques*, 26 (1937), 673-692]; "Soviet Logic", *Studies in Soviet Thought*, 1 (1961), 29-38; "Logic and Ontology", *Philosophy East and West*, 24 (1974), 275-292. No que se refere a colaborações em volumes coletivos, mencionamos as contidas em: *The Problem of Universals. A Symposium*, 1956 [com outros trabalhos de Alonzo Church e Nelson Goodman]; *Logischphilosophische Studien*, 1959; *Modern Logic. A Survey*, 1981, ed. J. Hintikka, e *Advances in Scientific Philosophy*, 1991, ed. G. Schurz e G. J. W. Dorn.

Bocheński fundou em Friburgo (Suíça) o Instituto de Estudos da Europa do Leste, no qual também se realizaram investigações sobre a filosofia soviética contemporânea. Sob os auspícios do citado Instituto é editada a série *Sovietica* com trabalhos sobre essa filosofia, traduções de textos, resenhas de Congressos etc. (ver Marxismo). O vol. 3 dessa série é do próprio Bocheński: *Die dogmatischen Grundlagen der Sowjetischen Philosophie (Stand 1958). Zusammenfassung der "Osnovy Marksistjoj Filosofi" mit Register*, 1959. — *Studies in Soviet Thought*, 1961, ed. J. M. Bocheński e T. J. Blakeley (com bibliografia). — J. M. Bocheński, "Why Studies in Soviet Philosophy?", *Studies in Soviet Thought*, 3 (1963), 1-10. — *Id.*, "Did We Not Waste Our Time?", *ibid.*, 42(3) (1991), 295-302. Bocheński dirigiu igualmente as *Bibliographische Einführungen* mencionadas na bibliografia de Filosofia.

Bibliografia em P. Bernays, H. B. Curry *et al.*, *Contributions to Logic and Methodology in Honor of I. M. B.*, 1965, ed. A.-T. Tymieniecka e Charles Parsons, pp. IX-XVIII.

Ver: M. M. Drachkovitch, ed., *Marxist Ideology in the Contemporary World: Its Appeals and Paradoxes*, 1966. — A. Rodríguez Bachiller, "Examen de algunos conceptos de B. sobre lógica simbólica", em *Lenguaje y filosofía*, Exposições e Comunicações da 9ª Semana Espanhola de Filosofia, 1969, pp. 397-407 (inclui duas cartas de B. a Bachiller [1957], em resposta às perguntas deste). — E. Garulli, "L'assiomatismo del discorso religioso secondo J. M. B.", *Rivista di Filosofia Neo-Scolastica*, 67 (1975), 537-546. — W. A. Christian, "B. on the Structure of Schemes of Doctrines", *Religious Studies*, 13 (1977), 203-219. — N. Lobkowicz, R. T. de George *et al.*, *Contemporary Marxism: Essays in honor of J. M. B.*, 1983, ed. J. J. O'Rourke, T. J. Blakeley e F. J. Rapp (com bibliografia de escritos de B.). — E. Mc Mullin, "The Problem of Universals", *Philosophical Studies*, 8, 122-139. — *Id.*, *id.*, "Mathematical Logic", *ibid.*, 9, 190-199. ℭ

BODIN, JEAN (1530-1596). Nascido em Angers, estudou em Paris e em Toulouse, tendo lecionado na Faculdade de Direito desta última cidade. Tanto em Toulouse como, mais tarde, em Paris, onde foi advogado no Parlamento, desenvolveu intensa atividade política e jurídica. Devem-se a Bodin trabalhos sobre teologia, história natural e história humana, que eram, a seu ver, os três grandes ramos do conhecimento; porém, enquanto suas contribuições aos dois primeiros ramos citados são de pouca importância e representam um instável ecleticismo (a alma é material, mas dirigida por espíritos; certas partes da Bíblia são comuns a todas as religiões, mas o cristianismo, e especificamente o catolismo, têm uma qualidade e uma estabilidade superiores), sua contribuição para a "história humana" ou o conhecimento do homem foi significativa e influente. Bodin elaborou uma doutrina da soberania de acordo com a qual o rei é o único soberano no Estado. Isso, no entanto, não representa uma defesa da tirania — se equivale a uma defesa do despotismo é apenas na medida em que o soberano é aquele em quem se concentram todos os poderes, mas não para exercê-los arbitrariamente, e sim enquanto quem encarna o princípio da soberania única que corresponde aos interesses do Estado. Portanto, para Bodin, a soberania não é divisível, assim como não o é o Estado. Nesse sentido, o rei não é um déspota. Há diversos tipos de monarquia, que não devem ser confundidos com diversos tipos de aristocracia, já que esta pode ou não ser regida monarquicamente. Bodin não nega com isso a complexidade e a riqueza dos elementos que constituem o Estado; ele afirma essa variedade, mas insiste na necessidade de que apenas o soberano detenha a soberania. A não-arbitrariedade desta última se manifesta não apenas no cumprimento, por parte do soberano, das leis justas como também nos acordos de um soberano com outros.

Embora Bodin tenha desenvolvido sua filosofia política em estreita relação com a situação política da França de seu tempo, constituindo com isso uma teoria da monarquia francesa, essa filosofia se adapta a uma concepção geral, ao mesmo tempo "natural" e histórica. Segundo Bodin, os "climas", isto é, as condições geográficas naturais, são um elemento fundamental na constituição dos Estados, de maneira que estes devem se formar e se desenvolver de acordo com os "climas" (assim como de acordo com as "psicologias" que se ajustam a esses "climas"). Por outro lado, é preciso levar em conta as situações históricas concretas, sem o que a teoria política se transforma numa série de normas abstratas e ineficazes. Embora seja às vezes julgado como um teórico do absolutismo monárquico contra o "relativismo" de alguns autores que seguiam Maquiavel, Bodin leva em consideração a posição histórica e "natural" que sua doutrina da monarquia ocupa como soberania absoluta.

Pela crítica que fez da magia e da demonologia em sua *Démonomanie* (cf. *infra*), Bodin foi tido por inimigo de toda especulação fantasiosa e de toda tendência ao uso de práticas mágicas. Contudo, isso é certo apenas no que se refere à sua oposição à chamada "magia renascentista", de Pico della Mirandola e, sobretudo, de Agripa. Para Bodin, esta magia é demoníaca e totalmente pagã. Em contrapartida, há uma magia "boa", que é a dos "segredos do sublime". Trata-se da magia cabalística, baseada na Lei de Deus e completamente oposta a toda bruxaria. Os "segredos do sublime" são os da Lei de Deus, compatível com a Lei natural. Houve discussões sobre a questão de saber se Bodin foi um partidário da *prisca theologia*. Há opiniões que afirmam isso (Marion Leathers, Daniel Kuntz) e outras que são decididamente contrárias (Frances Yates).

➪ As principais obras de B. são: *Methodus ad facilem historiarum cognitionem*, 1566; reimp., 1967. — *Response au paradoxe de M. de Malestroict touchant l'enchérissement de toutes choses et le moyen d'y remédier*, 1568. — *Six Livres de la République*, 1576; reimp., 1977. — *De la démonomanie des sorciers*, 1580. — *Apologie de René Herpin pour la République de Jean Bodin*, 1581. — *Universae Naturae Theatrum*, 1596. — *Colloquium Heptaplomeres de rerum submiun arcanis abditis*, publicado em 1857 por L. Noack; reimp., 1970; esta obra circulara muito em forma manuscrita, havendo nela uma defesa da "religião natural", embora com as especificações mencionadas *supra*.

Edição de obras: *Oeuvres philosophiques*, desde 1951, ed. P. Mesnard. — As opiniões de Marion e Kuntz mencionadas *supra* acham-se na introdução e notas à sua versão inglesa do *Colloquium Heptaplomeres*; crítica de Frances Yates em *The New York Review of Books*, vol. XXIII, n. 16 (1976), 47-50.

Ver: E. Hancke, *B. Eine Studie über den Begriff der Souveränität*, 1894. — R. Chauvire, *J. B., l'auteur de la République*, 1914. — J. Moreau-Reibel, *B. et le droit publique comparé dans ses rapports avec la philosophie de l'histoire*, 1933. — A. Garosci, *J. B.*, 1934. — Preston King, *The Ideology of Order: A Comparative Analysis of J. B. and Thomas Hobbes*, 1974. — G. Treffer, *J. B., Zum Versuch einer juristisch-philosophischen Bewältigung des allgemeinen religiösen Bürgerkrieges in Frankreich*, 1977. — *J. B.- Actes du Colloque Interdisciplinaire d'Angers*, 2 vols., 1985. — K. F. Faltenbacher, *Das Colloquium Heptaplomeres, ein Religionsgespräch zwischen Scholastik und Aufklärung*, 1988.

Os trabalhos de Pierre Mesnard sobre J. B. estão, em sua maioria, incorporados às introduções e notas de sua edição de *Oeuvres philosophiques*. Três conferências de P. Mesnard feitas em Madri foram publicadas com o título: *J. B. en la historia del pensamiento*, 1962 (com introdução de José Antonio Maravall). C

BOÉCIO, ANCIUS MANLIUS TORQUATUS SEVERINUS BOETIUS (ca. 480-524/525). Nascido em Roma, foi cônsul de Roma em 510 e esteve a serviço de Teodorico, rei dos ostrogodos, até que, falsamente acusado de traição e de práticas mágicas, foi preso em Pavia e executado. É geralmente considerado um neoplatônico cristão, mas seria melhor denominá-lo um filósofo eclético. Com efeito, não apenas Boécio tendia a uma conciliação do platonismo com o aristotelismo — conciliação freqüente em muitos autores neoplatônicos — no quadro da vida e do pensamento cristãos, como também se podem encontrar em sua obra muitos outros elementos. A amplitude destes é determinada em boa parte pelo fato de que Boécio podia ver já com certa perspectiva toda a tradição filosófica grega e helenístico-romana, assim como boa parte da tradição cristã; uma e outra mostravam-se a ele bem arraigadas no tempo e dificilmente elimináveis. Contudo, ao mesmo tempo em que se sentia situado no interior dessa ampla tradição, Boécio tinha consciência de que toda a sua estrutura estava ameaçada e de que vivia no final de uma época e no começo de outra. Por esse motivo, ele foi denominado o último romano e o primeiro escolástico. Sua obra é, com efeito, um exemplo quase perfeito de uma "obra-limite", e exprime a intenção de conservar para o futuro o que ameaçava arruinar-se e parecia a ponto de ser destruído. Isto explica o duplo caráter da obra de Boécio: por um lado, um esforço de compilação, ordenação, esclarecimento e interpretação de segmentos consideráveis da tradição grega; por outro, a expressão de uma série de experiências de caráter moral e religioso. Este último aspecto é o mais conhecido de Boécio: ele está expresso em sua célebre obra *De consolatione philosophiae* (*Sobre a consolação pela filosofia*), que redigiu, mesclando prosa e verso, enquanto estava no cárcere de Pavia e que exerceu enorme influência como guia filosófico. Boécio apresentou nessa obra um homem oprimido pelas desventuras da vida a quem aparece, personificada, a Filosofia, com a qual ele conversa sobre os temas teológicos, metafísicos e éticos que considerava fundamentais. Quando a Filosofia lhe mostra o contraste entre os bens transitórios desta terra e os bens eternos que se obtém mediante a contemplação do bem e a prática das virtudes, seu interlocutor compreende que está chegando a um reino do qual está afastada toda inquietação: o reino da ciência divina, "que precede todas as coisas", e também o reino de uma Providência que tem sempre presente o homem. Engendra-se com isso um estado de espírito que é estóico pela vontade de resistência e cristão pela fé na Providência.

Outro aspecto menos famoso de Boécio não é filosoficamente menos importante. Consiste em obras sobre aritmética, geometria e música, em traduções e comentários de obras de Aristóteles (*Categorias, Analíticos, Tópicos, Refutação dos sofistas*), em tratados lógicos, em comentários aos *Tópicos* de Cícero, na tradução e em comentários à *Isagoge* de Porfírio, em tratados retóricos e em certo número de obras teológicas. Em suas obras lógicas, Boécio elaborou — tendo como base fontes gregas e os escritos lógicos de Mário Vitorino — a maior parte da obra aristotélica, mas também parcelas consideráveis dos tratados lógicos escritos por comentadores do Estagirita e pelos estóicos, como, por exemplo, em seus escritos sobre os silogismos hipotéticos. Todas essas obras exerceram grande influência na filosofia medieval, especialmente a partir do século XI. Deve-se observar que a influência de Boécio não se reduz à transmissão e elaboração de doutrinas antigas, pois consiste também na criação de uma terminologia filosófica latina. Algumas das formas e vocábulos usados por Boécio não tardaram a assumir decisiva importância para a abordagem dos problemas metafísicos, teológicos e lógicos; exemplos significativos são as duas famosas definições de Eternidade e de Pessoa (VER), assim como o emprego do vocábulo *"Essentia"* (ver ESSÊNCIA).

◐ Edições de Boécio, Veneza (1492, 1499), Basiléia (1546, 1570), Migne, *P. L.*, LXIII e LXIV. Nesta última edição, as obras lógicas (LXIV) abrangem: *Dialogi in Porphyrium a Victorino translati, Commentaria in Porphyrium, In Categorias Aristotelis libri quattuor, In librum Aristotelis de interpretatione Commentaria minora, In eundem librum Commentaria maiora, Interpretatio priorum Analyticorum Aristotelis, Interpretatio posteriorum Analyticorum Aristotelis, Introductio ad Syllogismos categoricos, De Syllogismo libri duo, De Syllogismo hypothetico libri duo, Liber de divisione, Liber de definitione, Interpretatio Topicorum Aristotelis, Interpretatio Elenchorum Sophisticorum eiusdem, Commentaria in Topica Ciceronis, De diferentiis topicis, De rethorica cognatione. Locorum rhetoricorum distinctio.* As obras teológicas (LXIII) compreendem: *De unitate Trinitatis* (na citada ed. com o comentário de Gilberto de la Porrée), *Utrum Pater et Filius et Spiritus Sanctus de divinitate substantialiter praedicantur* (*ibid.*), *Liber de persona et duabus naturis et una persona Christi contra Eutychen et Nestorium* (*ibid.*), *Brevis fidei christiana complexio.*

Há edições separadas de várias obras. Destacamos, dentre elas: *De institutione arithmetica* e *De institutione musica*, ed. G. Friedlein, 1867, ambas reimp. 1966; *Commentatio* a *De Interpretatione*, ed. C. Meiser, 1877-1880; *Commentatio* à *Isagoge*, ed. G. Scheps e S. Brandt (no *Corpus Script. Ecc. Latin.*, XLVIII), 1906; obras teológicas, ed. M. F. Stewart e E. K. Rand, 1918-1926.

São particularmente numerosas as edições e traduções da *Consolação*; citamos a ed. de G. Weinberger no citado *Corpus*, LXVII, 1934; a ed., baseada na anterior e com quadro de *Varias Lectiones*, por K. Büchner, 1947; a ed. de L. Bieler no *Corpus Christ. Ser. Iat.*, XCIV (1957) [com bibliografia, índice de citações e de *incipit* para os *carmina*].

Em português: *A consolação da filosofia*, 1998.

Bibliografia: L. M. De Rijk, "On the Cronology of Boethiu's Works on Logic", *Vivarium*, 2 (1964), I, pp. 1-49; II, pp. 125-162.

Ver: Hermann Usener, *Anecdoton Holderi. Ein Beitrag zur Geschichte Roms in ostgothischer Zeit*, 1877. — Th. Hodgkin, *Italy and Her Invaders: 476-535*, vol. III, 1885 (cap. iv). — H. F. Stewart, *Boethius*, 1891; reimp. 1975. — E. Ursoleo, *La Teodicea di Boezio in rapporto al cristianesimo ed al neoplatonismo*, 1910. — V. de Dominicis, *Boezio*, 1911. — F. Klinger, *De Boethii Consolatione Philosophiae*, 1921. — H. J. Brosch, *Der Seinsbegriff bei Boëthius. Mit besonderer Berücksichtigung der Beziehung von Sosein und Dasein*, 1931. — H. R. Patch, *The Tradition of Boethius: A Study of His Importance in Medieval Culture*, 1935 (especialmente sobre a influência da *Consolação*). — V. Schurr, *Die Trinitäslehre des Boëthius im Lichte der "skythischen" Kontroversen*, 1935. — E. K. Rand, *Founders of the Middle Ages*, 1938. — H. M. Barrett, *Boethius, Some Aspects of His Times and Work*, 1940. — K. Dürr, *The Propositional Logic of Boethius*, 1951 (escrito, mas não publicado, em alemão, em 1939, com alguns acréscimos posteriores). — E. Rapisarda, *Consolatio poesis in Boezio*, 1956. — Gangolf Schrimpf, *Boethius De Hebdomadibus und seine Rezeption durch die mittelalterliche Kommentatoren*, 1966 [Studien zur Problemgeschichte der antiken und mittelalterlichen Philosophie, 1]. — *Id., Die Axiomenschrift des Boethius De hebdomadibus als philosophisches Lehrbuch des Mittelalters*, 1966 [Studien zur Problemgeschichte der antiken und mittelalterlichen Philosophie, 2] [*De hebdomadibus* é o título de uma abreviatura medieval da obra *Quomodo substantiae bonae, sint*, cit. *supra*.] — Luca Obertello, *Severizo Boezio*, 2 vols., 1974. — Peter (Thomas Morus) Huber, *Die Vereinbarkeit von göttlicher Vorsehung und menschlicher Freiheit in der* Consolatio Philosophiae *des Boethius*, 1976 (tese). — J. Gruber, *Kommentar zur B. De consolatione Philosophiae, 1978* (comentário filológico). — M. Gibson, ed., *B. —His Life, Thought and Influence*, 1981. — V.V. A.A., *Actas del "Congresso Internazionale di Studi Boeziani"*, 1981, ed. L. Obertello. — H. Chadwick, *Boethius: The Consolations of Music, Logic, Theology, and Philosophy*, 1981. — E. Reiss, *B.*, 1982. — M. Masi, *Boethian Number Theory*, 1983. — G. Righi, *Boezio. De Syllogismo Cathegorici. Studio sul I Libro*, 1984. — M. Fuhrmann, J. Gruber, eds., *B.*, 1984. — S. Lerer, *Boethius and Dialogue: Literary Method in* The Consolation of Philosophy, 1985. — J. C. Magee, *Boethius on Signification and Mind*, 1989. — G. O'Daly, *The Poetry of Boethius*, 1991. — D. Hall, *The Trinity: An Analysis of St. Thomas Aquinas' Expositio of the De Trinitate of Boethius*, 1992. ◐

BOÉCIO DE DÁCIA (BOÉCIO DA SUÉCIA) (*fl. ca.* 1260). Foi mestre de Artes na Universidade de Paris pelo menos até 1277, quando foi condenado por averroísmo com Siger de Brabante, indo ambos para a Itália. Sua mais interessante obra filosófica é até agora a descoberta por Martin Grabmann, que tem o nome de *De summo bono sive de vita philosophi*. Boécio de Dácia trata nessa obra do sumo bem como acessível ao homem quando este põe em funcionamento o intelecto, principalmente enquanto intelecto especulativo, mas também enquanto intelecto prático. A contemplação do sumo bem e a ação de acordo com ele são o fundamento da felicidade humana. Embora Boécio de Dácia fale da fé como distinta da razão e superior a ela, seu interesse pelo sumo bem e pelo primeiro ser, apreendidos mediante a razão especulativa, induziu alguns a considerar a citada obra como exemplo de racionalismo radical. Boécio de Dácia escreveu também um tratado *De somno et vigilia* e contribuiu para a literatura dos chamados *Sophismata*. Em 1954, foi descoberto o *Tractatus de aeternitate mundi*, de Boécio (ed. Géza Sájo, 1964 [Miscellanea Medievalia, 4]).

⊃ Ver: M. Grabmann, "Die opuscula *De summo bono sive De vita philosophi* und *De somniis* des Boetius von Dacien", *Archives d'histoire doctrinale et littéraire du moyen âge*, VI (1931), 287-317; reimp. em *Mittelalterliches Geistesleben*, I (1936), pp. 200-224. — Id., *Die Sophismataliteratur des 12. und 13. Jahrhunderts, mit Textausgabe eines Sophisma des Boetius von Dacien* [Beiträge zur Geschichte der Philosophie des Mittelalters, 36, n. 1 (1940)]. Edição de obras: *Boethii Daci Opera*, desde 1969, ed. J. Pinborg e H. Roos, N. G. Green-Pedersen *et al.*, na série *Corpus Philosophorum Danicorum Medii Aevi*.

Ver também: J. Nordström, *Bidrag rörande Boetius de Dacia*, 1927; P. Mandonnet, "Note complémentaire sur Boèce de Dacie", *Revue des sciences philosophiques et théologiques*, 22 (1933), 246-250, e Géza Sájo, "Boetius de Dacia und seine philosophische Bedeutung", em *Die Metaphysik im Mittelalter*, ed. Paul Wilpert e W. P. Eckert, 1963, pp. 454-463. — B. Braswell, "G. of Fontaines' Abridgement of B. of D.'s 'Quaestiones Supra Librum Topicorum Aristotelis'", *Medieval Studies*, 26 (1964), 302-314. — E. Joos, "L'actualité de Boèce de Dacie", *Dialogue* (Canadá), 6 (1968), 527-538. ⊂

BOEHM, RUDOLF. Ver Husserl, Edmund.

BOETO (BOEZO) DE SÍDON. Ver Estóicos; Peripatéticos.

BOGDANOV, A. A. Um dos pseudônimos de Aleksandr Aleksandrovitch Malinovsky (1873-1928), nascido em Sokolka, Rússia. Seus outros pseudônimos foram: Verner, Maksimov e Riadovoy. Economista, filósofo e cientista, graduou-se médico em 1899 na Universidade de Jarkov. A partir de 1903, foi membro do Partido Social-Democrata russo, ala bolchevique, a cujo Comitê Central pertenceu em várias ocasiões. Foi expulso em 1909.

Bogdanov polemizou duramente com Lenin, que o criticou em sua obra *Materialismo e empiriocriticismo* (1929). Muitos outros marxistas ortodoxos também combateram Bogdanov, considerando-o um traidor do marxismo e um dos que levaram as tendências "revisionistas" a suas últimas conseqüências. Bogdanov foi influenciado de início por Marx, e declarou-se materialista, mas a obra de Ostwald e depois, sobretudo, a de Ernst Mach conduziram-no à formulação de uma filosofia que ele qualificou de empiriomonista e que, embora Bogdanov negue depender de Mach, adota dele a idéia fundamental da neutralidade dos elementos da experiência em relação ao físico e ao psíquico.

O pensamento de Bogdanov foi, por muito tempo, estudado unicamente à luz da crítica de Lenin, tendo-se ignorado, portanto, sua verdadeira contribuição não apenas à filosofia, como também à economia política e à ciência. No plano metodológico, Bogdanov opôs-se ao "marxismo dogmático" e à tentativa de transformar a dialética materialista numa nova "escolástica". É sua a conhecida frase: "Para defender a filosofia de Marx, é útil (...) conhecê-la". É a crítica que ele faz ao próprio Lenin em seu conhecido livro *A Queda de um Grande Fetichismo (A Crise Contemporânea da Ideologia). A Fé e a Ciência*, Moscou, 1910. Nesse trabalho, Bogdanov procura demonstrar que a filosofia marxista, tal como entendida por Lenin, leva a uma nova religião. Esta crítica afetou Lenin seriamente, tendo constituído um dos motivos que o conduziram a dedicar vários anos de sua vida ao estudo do marxismo e da filosofia em geral. Fruto desse estudo foram os apontamentos e as anotações hoje conhecidos como *Os cadernos filosóficos* de Lenin.

Em 1918, Bogdanov foi um dos ideólogos do *Proletkult* (*Cultura Proletária*). A partir de 1921, dedicou-se à investigação médica, passando a ser, em 1926, diretor do Instituto de transfusões de sangue, morrendo, em 1928, justamente por realizar em si mesmo um experimento de transfusão.

Embora negando ter-se afastado do marxismo, Bogdanov substituiu a idéia da dialética como automovimento da matéria pelo conceito de organização criadora da realidade. Isto o levou a uma doutrina que denominou *tektologia*, que consiste fundamentalmente em fazer da filosofia uma ciência construtiva e não apenas explicativa. Por seu trabalho neste domínio é considerado um dos precursores e fundadores da "Teoria Geral dos Sistemas".

⊃ Principais obras: *Osnovnié elémentí istoritchéskovo vzgláda no prirodu*, 1899 (*Elementos básicos da concepção histórica da Natureza*). — *Empiriomonizm*, 1904-1906 (*Empiriomonismo*). — *Filosofiá xivovó opíta*, 1913 (*Filosofia da experiência viva*). — *Vseobščaja organizacionnaja nauka-Tektologija* (*Ciência universal da organização — Tektologia*), 1ª parte, 1913; 2ª parte, 1917; 1ª ed. das 3 partes, 1922; 3ª ed., 1925-1929; trad. alemã, Berlim, 1926 (vol. 1) e 1929 (vol. 2).

Seu trabalho como economista reflete-se em: *Curso breve de ciência econômica*, 1897; *Introdução à economia política*, 1914; 2ª ed., 1917; *Curso de economia política*, 2 vols., 1910-1920; *A economia e o desenvolvimento cultural*, 1920; *Sobre a cultura proletária*, 1904-1924 (seleção de artigos). — Alguns trabalhos de Bogdanov estão compilados em edições espanholas: *La ciencia y la clase obrera*, 1977; *El arte y la cultura contemporánea*, 1979.

Ver: S. V. Utechin, "Philosophy and Society: A. B.", em *Revisionism: Essays on the History of Marxist Ideas*, 1962, ed. L. Labedz, pp. 117-125. — L. F. Denisova, "Lenin's Critique of the Esthetics of Bogdanov and the Proletcult", *Soviet Studies of Philosophy*, 3 (1964-1965), 38-47. Dietrich Grille, *Lenins Rivale, B. und seine Philosophie*, 1966. — K. G. Ballestrem, "Lenin and Bogdanov", *Studies in Soviet Thought*, 9 (1969), 283-310. — K. M. Jensen, *Beyond Marx and Mach: A. B.'s "Philosophy of Living Experience"*, 1978. — Z. A. Sochor, "Was Bogdanov Russia's Answer to Gramsci?", *Studies in Soviet Thought*, 22 (1981), 59-81. — A. Yassour, "Lenin and Bogdanov", *ibid.*, 1-32. — K. M. Jensen, "Red Star: B. Builds a Utopia", *ibid.*, 23 (1982), 1-34. — E. Wright, "Dialectical Perception: A Synthesis of Lenin and Bogdanov", *Radical Philosophy* (1986), 9-16. — Z. A. Sochor, *Revolution and Culture: The B.-Lenin Controversy*, 1988. — G. D. Gloveli, "'Socialism of Science' versus 'Socialism of Feelings': B. and Lunacharsky", *Studies in Soviet Thought* (1991), 29-55. — Para uma exposição e avaliação da Tektologia, ver: R. Burguete, *La dialéctica y los métodos científicos de investigación*, Havana, 1982, vol. 2, pp. 135-140. C

BOHM, DAVID. Nascido (1917) na Pensilvânia, estudou no Pennsylvania State College (hoje The Pennsylvania State University), no California Institute of Technology (Caltech) e na Universidade da Califórnia. Lecionou nas Universidades de Princeton e de São Paulo, assim como no Technion, de Haifa (Israel). Bohm foi um dos críticos da chamada "interpretação de Copenhague" da mecânica quântica e postulou a existência de "parâmetros ocultos", procurando mostrar ao mesmo tempo que a prova de von Neumann da impossibilidade desses parâmetros não é tal prova, pois está ligada à aceitação da interpretação mencionada. As limitações, as dificuldades e as inconsistências da mecânica quântica podem desaparecer se se admite uma interpretação alternativa da teoria quântica. Essa interpretação alternativa, proposta já por Louis de Broglie e Jean Pierre Vigier, funda-se na aceitação de um nível mecânico subquântico. Admitem-se com isso processos de freqüência mais alta e mais rápidos do que os que ocorrem no nível usualmente aceito como "limite último". A chamada "criação" de uma partícula tal como o méson, por exemplo, é concebida, segundo Bohm, como "um processo bem definido que ocorre no nível mecânico subquântico". As considerações de Bohm têm um alcance ao mesmo tempo físico e epistemológico. Ele enfatiza que nem as considerações muito gerais — isto é, as considerações sem uma teoria concreta — nem a confiança de que da experimentação sairá oportunamente uma nova teoria são suficientes para alcançar novas idéias fisicamente fecundas. É preciso proporcionar sugestões concretas que permitam guiar o curso da investigação. Bohm rejeita as interpretações "subjetivas" e positivistas da teoria física; embora o conhecimento obtido seja "relativo", nem por isso se deve sucumbir a um relativismo. "O caráter essencial da investigação científica é (...) que ela se move na direção do absoluto estudando o relativo, em sua inesgotável multiplicidade e diversidade" (*Causality and Chance*, p. 170). Bohm critica igualmente o indeterminismo e o mecanicismo, propondo uma noção de "lei da Natureza" capaz de abranger as leis causais e as leis probabilísticas. No quadro dessa noção dá-se a possibilidade de domínios diversos e autônomos no estudo da realidade natural; não obstante, a existência de leis naturais implica a interconexão entre os diversos domínios.

➔ Uma das obras de B. filosoficamente mais importantes é *Causality and Chance in Modern Physics*, 1957 (com prólogo de Louis de Broglie). — Além disso: *Quantum Theory*, 1951. — *Wholeness and the Implicate Order*, 1980. — "Response to Schindler's Critique of my 'Wholeness and the Implicate Order'", *International Philosophical Quarterly*, 22 (1982), 329-339. — "Fragmentation and Wholeness in Religion and in Science", *Zygon*, 20 (1985), 125-134. — "Hidden variables and the Implicate Order", *ibid.*, 111-124. — *The Future of Humanity: A Conversation*, 1986 (com J. Krishnamurti).

Em português: *A totalidade e a ordem implicada*, 1992.

Ver: S. Toulmin, ed., *Quanta and Reality, A Symposium*, 1962. — *Id., id., Physical Reality: Philosophical Essays on 20th Century Physics*, 1970. — M. Audi, *The Interpretation of Quantum Mechanics*, 1973. — M. Jammer, *The Philosophy of Quantum Mechanics: The Interpretations of Quantum Mechanics in Historical Perspectives*, 1974. — D. R. Griffin, John B. Cobb, *et al., Physics and the Ultimate Significance of Time: Bohm, Prigogine, and the Process Philosophy*, 1986, ed. D. R. Griffin (com respostas de D. Bohm). C

BÖHM, FRANZ. Ver CARTESIANISMO.

BÖHM [BOEHM], KÁROLY [KARL] (1846-1911). Nascido em Besztercebánya (Hungria), foi professor (a partir de 1896) da Universidade de Kolozsvár. Influenciado de início pelo positivismo de A. Comte, rejeitou a possibilidade da metafísica como conhecimento rigoroso da realidade, mas admitiu-a como sistema de ideais de natureza reguladora. A influência da filosofia kantiana logo se sobrepôs à do positivismo comtiano; depois de várias tentativas de combater as duas orientações, inclinou-se para uma filosofia transcendental em alguns pontos semelhante ao idealismo de Fichte. Böhm preocupou-se sobremaneira com o problema da natureza dos valores e da relação entre estes e a realidade. Considerou os valores, por um lado, enquanto aquilo que se contrapõe ao ser, como o reino do dever ser, reino criado pelo espírito humano; por outro lado, julgou que essa criação do reino dos valores afeta unicamente o modo como os valores são realizados. Os valores enquanto tais possuem, para Bohm, uma realidade própria, que o homem não deve desvirtuar e a cujos imperativos tem de submeter sua ação.

➲ Obra capital: *Az ember és világa*, 6 vols., 1883-1942 (*O homem e seu mundo*); os vols. IV, V e VI ed. por G. Bartók. Os títulos dos volumes são: I: *Dialektica vagy alapfilozófia* (*Dialética ou filosofia fundamental*); II: *A szellem élete* (*A vida do espírito*); III: *Axiologia vagy értéktan* (*Axiologia ou teoria dos valores*); IV: *A logikai érték tana* (*Teoria do valor lógico*); V: *Az erkölcsi érték tana* (*Teoria do valor ético*); VI: *Az esztétikai érték tana* (*Teoria do valor estético*).

Ver: I. Kajlós, *B. K. élete és munkássága*, 3 vols., 1913 (*Vida e obra de K. B.*). — G. Bartók, *B. K.*, 1928. — L. Vatai, *A szociális filosófia alapjai B. K. tanában*, 1943 (*Fundamentos de filosofia social na teoria de K. B.*). ᴄ

BÖHME, JAKOB (1575-1624). Nascido em Alt-Seidenberg (Görlitz), Jacob Böhme desenvolveu suas doutrinas em freqüente oposição à ortodoxia no âmbito de uma corrente às vezes coincidente com a de Eckhart e Weigel e com influências da filosofia natural renascentista. A influência exercida por Böhme manifesta-se em dois planos: em primeiro lugar, na esfera da mística; em segundo, na da filosofia, na qual Böhme pareceu antecipar as especulações fundamentais do idealismo alemão pós-kantiano — com efeito, alguns dos maiores representantes deste último reconheciam em Böhme um precursor de suas próprias doutrinas. Contudo, a mística e a filosofia se encontravam em Böhme profundamente unidas por uma mesma "experiência especulativa" e por uma mesma busca do Absoluto que solucionasse, além disso, o problema da existência do mal no mundo. A concepção de Deus como uma pura atualidade e uma eminente energia criadora preparava já o terreno para uma explicação do mundo, mas esta não passava do reflexo do próprio processo da autogeração de Deus, que não é um ser estático, e sim uma vontade dinâmica, que se manifesta e se autodesdobra numa série de etapas que recordam a dialética hegeliana. O que poderia receber o nome de "conflitos de Deus" — análogos aos "conflitos da Idéia" — resulta dessa mesma potência divina infinita, à qual não basta o simples "pôr-se" de uma vez para sempre. Daí que em Deus viceje a negação, primeiro como uma maneira de fazer despertar o positivo e levá-lo ao ápice, mas também para reconhecer que a negação não é uma simples diminuição do ser, mas uma realidade efetiva. Esta é a única coisa que pode explicar o mal e a divisão última do ser no reino dos salvos e dos condenados; é também a única coisa que pode explicar o homem, que é de fato um composto de maldade e de bondade, de trevas e de luz, de tendência à desordem e de afã por ordem e harmonia. Em sua liberdade, ele pode escolher entre as duas naturezas opostas, mas sua escolha das trevas torna necessárias a intervenção e a manifestação de Deus como salvador.

➲ Obras: *Aurora, oder Morgenröthe im Aufgang*, 1612. — *De tribus principiis, oder Beschreibung der Drey Principien Göttlichen Wesens*, 1618-1619. — *De triplici vita hominis, oder Von dem Dreyfachen Leben des Menschen*, 1619-1620. — *Psychologia vera, oder Vierzig Fragen von der Seelen*, 1620. — *De incarnatione verbi, oder Von der Menschwerdung Jesu Christi*, 1620. — *Sex puncta theosophica, oder Von sechs Theosophischen Puncten*, 1620. — *Sex puncta mystica, oder Kurtze Erklärung Sechs Mystischer Puncte*, 1620. — *Mysterium pansophicum, oder Grüdllicher Bericht von dem Irdischen und Himmlischen Mysterio*, 1620. — *De signatura rerum, oder Von der Geburt und Bezeichnung aller Wesen*, 1622. — *De electione gratiae, oder Von der Gnaden-Wahl*, 1623. — *De testamentis Christi, oder Von Christi Testamenten*, 1623. — *Mysterium magnum, oder Erklärung über das Erste Buch Mosis*, 1623. — *Quaestiones theosophicae, oder Betrachtung Göttlicher Oftenbarung*, 1624. — *Tabulae principiorum, oder Tafeln von den Dreyen Principien Göttlicher Offenbarung*, 1624.

Edição de obras: 1620 (4 vols.); 1730-1731 (7 vols., ed. Johann Wilhelm Überfeld [reimp. fac-símile por Will-Erich Peuckert com novo material recompilado e ed. por August Faust, 11 vols.: I (1), 1955; II (2), 1960; III (3-4), 1960; IV (5-9), 1957; V (10-13), 1960; VI (14-16), 1957; VII (17), 1958; VIII (17), 1958; IX (18-21), 1956; XI (Register), 1960]); 1831-1837 (7 vols., ed. K. W. Schiebler, 3ª ed., 1922. — *Die Urschriften*, ed. Werner Buddecke, 2 vols., 1963-1966. Bibliografia de eds. de J. B.: Werner Buddecke, *Die J. B.- Ausgaben*, 2 vols., 1937-1957; reimp. 1981 (I. *Die Ausgaben in deutscher Sprache*. II. *Die Übersetzungen*).

Ver: Deussen, *J. B.*, 1897. — A. Wernicke, *J. Boehme*, 1898. — A. Bastian, *Der Gottesbegriff bei J. B.*, 1905. — Paul Hankamer, *J. B. Gestalt und Gestaltung*, 1924; reimp., 1960. — A. Koyré, *La philosophie de*

J. B., 1929. — H. Martensen, *J. B.*, 1949. — H. Grunsky, *J. B.*, 1956. — J. J. Stoudt, *J. B.: His Life and Thought*, 1957. ⊃

BOHR, NIELS [HENRIK DAVID] (1885-1962). Nascido em Copenhague, trabalhou no Laboratório Cavendish, de Cambridge, com J. J. Thompson, e na Victoria University, de Manchester, com E. Rutherford. Em 1920, encarregou-se da direção do Instituto de Física Teórica de Copenhague, recebendo, em 1922, o Prêmio Nobel de Física. Entre as contribuições científicas de Bohr, destacam-se duas. Por um lado, seu modelo atômico — "o modelo de Bohr" —, que, fundando-se no modelo de Rutherford, introduziu o *quantum* de energia de Planck para explicar as órbitas e as mudanças de órbitas dos elétrons em torno do núcleo. O às vezes chamado "modelo de Rutherford-Bohr" é quase sempre o modelo de Bohr modificado por A. Sommerfeld, de modo que deveria receber o nome de "modelo de Rutherford-Bohr-Sommerfeld". Por outro lado, Bohr não tardou a desenvolver a idéia de um "descontinuísmo" nos saltos quânticos, o que o levou a inclinar-se para o indeterminismo na explicação dos processos microfísicos. As idéias de Bohr, anteriores à formulação da mecânica ondulatória por Schrödinger e outros autores, amadureceram no decorrer da controvérsia entre Schrödinger e Heisenberg a respeito da interpretação que devia ser dada ao comportamento das ondas nessa mecânica. Bohr aceitou a formulação feita por Heisenberg das relações de incerteza (VER) e apoiou a esse respeito o "descontinuísmo" de Heisenberg contra a interpretação continuísta de Schrödinger. Porém, enquanto Heisenberg julgava que as linguagens nas quais se descrevem ondas e partículas são intertraduzíveis, Bohr considerou tratar-se de linguagens complementares. Daí o princípio de complementaridade (VER), um dos pilares da chamada Escola de Copenhague ou "interpretação de Copenhague", e, em geral, do chamado "indeterminismo na física". No famoso debate entre Einstein e Bohr no Congresso de Física de Solvay, de 1927, Bohr alegou, contra Einstein, que o princípio de incerteza referente à relação entre energia e tempo se mantém. Na disputa acerca do caráter acabado ou não-acabado da descrição física proporcionada pela mecânica quântica, Bohr, à frente da Escola de Copenhague, representou, diante de Einstein — assim como diante de Rosen, Bohm, de Broglie, Vigier e outros —, a opinião que favorecia o caráter não-inacabado dessa descrição física e a tese indeterminista. Ver COMPLEMENTARIDADE (PRINCÍPIO DE) e INCERTEZA (RELAÇÕES DE).

⊃ Edição de obras: *Collected Works* em dinamarquês e inglês, ed. L. Rosenfeld, desde 1972 (tomo I [1905-1911], ed. por J. Rud Nielsen). — *The Philosophical Writings of N. B.*, 3 vols., 1987 (I: *Atomic Theory and the Description of Nature*; II: *Essays 1933-1957 on Atomic Physics and Human Knowledge* este vol. contém o famoso ensaio "Discussions with Einstein", 1949; III: *Essays 1958-1962 on Atomic Physics and Human Knowledge*).

Em português: *Física atômica e conhecimento humano*, 1995.

Bibliografia: V. Röseberg, *N. B. Bibliographie der Sekundärliteratur*, 1985.

Ver: C. G. Darwin, W. Heisenberg *et al.*, *N. B. and the Development of Physics*, 1955, ed. W. Pauli, com a colaboração de L. Rosenfeld (volume por ocasião do 70° aniversário de N. B.). — K. M. Meyer-Abich, *Korrespondenz, Individualität und Komplementarität. Eine Studie zur Geistesgeschichte der Quantentheorie in den Beiträgen N. B. S*, 1965. — R. Silverberg, *N. B.*, 1965. — Ruth E. Moore, *N. B.: The Man, His Science, and the World They Changed*, 1966. — U. Hoyer, *Die Geschichte der Borschen Atomtheorie*, 1974 (com bibliografia). — U. Röseberg, *N. B. 1885-1962*, 1985. — H. J. Folse, *The Philosophy of N. B.: The Framework of Complementary*, 1985. — E. Fisher, P. Fisher, *N. B. Die Lektion der Atome*, 1987. — M. Sachs, *Einstein versus Bohr: The Continuing Controversies in Physics*, 1988. ⊃

BOIRAC, ÉMILE. Ver RENOUVIER, CHARLES.

BOLINGBROKE, HENRY ST. JOHN (LORD). Ver LIVRE-PENSADORES.

BOLLAND, G[ERARDUS] J[OHANNES] P[ETRUS] J[OSEPHUS] (1854-1922). Nascido em Groningen (Holanda), professor na Batávia (Java) e, a partir de 1898, em Leiden, foi o principal representante do neo-hegelianismo holandês, embora seu pensamento tenha freqüentemente saído do quadro do hegelianismo. De fato, Bolland partiu da filosofia de Eduard von Hartmann, de quem parecia, nos primeiros tempos, fiel discípulo. Somente no final do século, orientou seu pensamento para uma reelaboração independente dos temas essenciais da filosofia de Hegel; de imediato, no sentido de um pensar dialético. Poder-se-ia dizer até mesmo que o racionalismo dialético aumentou na mesma medida em que se tornou mais intenso seu "misticismo". A identificação realizada por Bolland das categorias do ser com as categorias do pensamento não impede, com efeito, que estas sejam sobretudo "postas", mais que "extraídas". É verdade que a novidade do pensamento de Bolland deve ser buscada em outro ponto que não neste fundamento comum com o "idealismo especulativo". Na realidade, a principal contribuição de seu pensamento consiste na nova ordenação introduzida no campo da dialética lógico-ontológica, o que lhe permitiu abordar com maior sucesso alguns problemas — tais como os da filosofia da religião e da Natureza — que Hegel teve em parte de desarticular a fim de fazê-los entrar em seu esquema. Daí o fato de que a importância da obra de Bolland resida antes na elaboração particular de algumas das disciplinas filosóficas do que numa nova direção ou num novo impulso dado à ontologia. Foi precisamente essa elaboração que produziu na Holanda um movimento filosófico intenso em torno de sua figura. O mesmo, e ainda com maior razão, poderia ser dito de seus discípulos mais próximos — Ester Van Nunes, G. A. van den Bergh van Eysinga, W. F. Staargard, Hessing —, que deram prosseguimento ao pensamento de Bolland e editaram parte de seus manuscritos e de suas aulas. Em 1922, o mesmo ano da morte do filósofo, seus discípulos fundaram a *Bolland Genootschap voor Zuivere Rede* (Sociedade Bolland para a Razão Pura), com um órgão de difusão: *De Idee*.

⮕ Principais obras: *Anschouwing en Verstand*, 1897 (*Intuição e entendimento*). — *Alte Vernunft und neuerer Verstand*, 1902 (*Velha razão e nova compreensão*). — *Zuivere Rede en Hare Werkelijkheid. Een bock voor Vrienden der Wijsheid*, 1901; 2ª ed., 1909; 3ª ed., 1912 (*A razão pura em sua realidade. Uma obra para amigos da sabedoria*). — *Collegium Logicum*, 2 vols., 1905 (dos cursos dados em Leiden em 1904-1905). — *De Natuur*, 1908. — *De logica*, 1911. — *Logica*, 1923. — Devem-se também a Bolland várias obras sobre os Evangelhos, a Bíblia e a teosofia de M. Blavatsky. Correspondência com E. von Hartmann em *Briefwechsel mit E. von H.*, 1937, editado pela citada *Bolland Genootschap*.

Ver: G. A. van der Bergh van Eysinga, "Der holländische Philosoph Bolland", *Proceed. Of the Xth Int. Cong. of Phil. Amsterdam* [1948], 1949, pp. 1198-1206. — Ver também o número 5 de *De Idee* (1927), dedicado a Bolland (com bibliografia). ⮜

BOLLNOW, OTTO FRIEDRICH (1903-1991). Nascido em Stettin, foi docente em Göttingen a partir de 1931, professor em Giessen (1938-1943), em Kiel, Giessen e Mainz (1945-1953), e professor de filosofia e de pedagogia em Tübingen (1953-1970). Trabalhou em temas pedagógicos, psicológicos, filosófico-antropológicos e metafísicos sob a influência da fenomenologia, da filosofia da vida e do existencialismo. Esta última tendência é a que mais se destaca em suas análises, mas, diante da insistência nos aspectos que poderiam ser qualificados de "românticos" do existencialismo, Bollnow acentua elementos mais "clássicos" e permanentes. Isto se mostra inclusive numa de suas contribuições mais importantes: a teoria dos estados de espírito (ver TÊMPERA). Com efeito, o estado de espírito não é para Bollnow uma mera afecção pré-racional pela qual entramos em contato com um *Urgrund* metafísico, mas se articula em diversos graus de clareza e, por conseguinte, numa hierarquia. Estas investigações estão intimamente relacionadas com um estudo da compreensão (VER), por meio da qual se dá a realidade espiritual; não, porém, de um modo confuso, mas ordenado.

⮕ Obras: *Die Lebensphilosophie F. H. Jacobis*, 1933; reimp. 1966 (*A filosofia da vida de F. H. J.*). — *Dilthey. Eine Einführung in seine Philosophie*, 1936; 3ª ed., 1967 (*D.: Introdução à sua filosofia*). — *Das Wesen der Stimmungen*, 1941; 5ª ed., 1974 (*A natureza dos estados de espírito*). — "Existenzphilosophie", em *Systematische Philosophie*, ed. N. Hartmann, 1942, pp. 315-430; 3ª ed., 1949. — *Die Ehrfurcht*, 1947; 2ª ed., 1958 (*O temor [respeitoso]*). — *Einfache Sittlichkeit. Kleine philosophische Schriften*, 1947; 4ª ed., 1968 (*Moralidade simples: Escritos filosóficos menores*). — *Das Verstehen. Drei Aufsätze zur Theorie der Geiteswissenschaften*, 1949 (*A compreensão: Três ensaios para a teoria das ciências do espírito*). — *Rilke*, 1951; 2ª ed., 1951. — *Die Pädagogik der deutschen Romantik von Arndt bis Fröbel*, 1952; 2ª ed., 1967 (*A pedagogia do romantismo alemão de Arndt a Fröbel*). — *Deutsche Existenzphilosophie*, 1953 (*Filosofia da existência alemã*). — *Unruhe und Geborgenheit im Weltbild neuerer Dichter. Acht Essays*, 1953; 3ª ed., 1968 (*Ansiedade e refúgio na visão de mundo dos novos poetas: oito ensaios*). — *Neue Geborgenheit. Das Problem einer Ueberwindung des Existentialismus*, 1955; 3ª ed., 1972 (*Novo refúgio: O problema de uma superação do existencialismo*). — *Der Mensch in Theologie und Pädagogik*, 1957 (*O homem na teologia e na pedagogia*). — *Die Lebensphilosophie*, 1958 (*A filosofia da vida*). — *Wesen und Wandel der Tugenden*, 1958. — *Existenzphilosophie und Pädagogik. Versuch über unstetige Formen der Erziehung*, 1959; 3ª ed., 1965 (*Filosofia da existência e pedagogia: Ensaio sobre formas mutáveis da educação*). — *Mass und Vermessenheit des Menschen. Philosophische Aufsätze, Neue Folge*, 1962 (*Proporção e imprudência dos homens: Ensaios filosóficos, nova série*). — *Mensch und Raum*, 1963. — *Die Macht des Worts. Sprachphilosophische Ueberlegungen aus pädagogischer Perspektive*, 1964 (*O poder das palavras: Reflexões filosófico-lingüísticas da perspectiva pedagógica*). — *Die pädagogische Atmosphäre. Untersuchungen über die gefühlsmässigen zwischenmenschlichen Voraussetzungen der Erziehung*, 1964 (*A atmosfera pedagógica: Investigações sobre a moderação dos sentimentos entre os homens. Pressupostos da educação*). — *Die anthropologische Betrachtungsweise in der Pädagogik*, 1965 (*A consideração antropológica em pedagogia*). — *Französischer Exis-*

tentialismus, 1965 (*Existencialismo francês*). — *Krise und neuer Anfang. Beiträge zur pädagogischen Anthropologie*, 1966 (*Crise e novo começo: Contribuições de antropologia pedagógica*). — *Sprache und Erziehung*, 1966; 2ª ed., 1969 (*Linguagem e educação*). — *Philosophie der Erkenntnis*, I. *Das Vorverständnis und die Erfahrung des Neuen*, 1970; II. *Das Doppelgesicht der Wahrheit*, 1975 (Introdução à filosofia do conhecimento. I. *A pré-compreensão e a experiência do novo*; II. *O duplo aspecto da verdade*). — *Das Verhältnis zur Zeit. Ein Beitrag zur pädagogischen Anthropologie*, 1972 (*A relação com o tempo: Uma contribuição de antropologia pedagógica*). — *Studien zur Hermeneutik*: I, *Zur Philosophie der Geisteswissenschaften*, 1982; II, *Zur hermeneutischen Logik von G. Misch and Hans Lipps*, 1983 (*Estudos de hermenêutica*: I, *Contribuição a uma das ciências do espírito*; II, *Contribuição à lógica hermenêutica de G. M. e H. L.*). — *Zwischen Philosophie und Pädagogik. Vörtrage und Aufsätze*, 1988 (*Entre filosofia e pedagogia. Conferências e ensaios*)

Bibliografia por Frithjof Rodi em *Zeitschrift für Philosophische Forschung*, 22 (1968), 293-309. — H.-P. Göbbeler, H.-U. Lessing, *O. F. B. im Gespräch*, 1983 (com bibliografia e com um prólogo de F. Rodi).

Ver: W. Buttemeyer, "Der Streit um 'Positivistische' Erziehungswissenschaft in Deutschland", *Scientia*, 110 (1975), 419-467. — E. Paczkowska-Lagowska, "The Anthropological Sense of O. F. B.'s Philosophy of Cognition", *Reports on Philosophy* (1978), 53-65. — G. Schwartländer, ed., *Die Verantwortung der Vernunft in einer friedlosen Welt*, 1984 (colóquio filosófico-pedagógico por ocasião do 80º aniversário de B.). — W. Gantke, *Die Bedeutung des hermeneutischen Ansatzes O. F. B. für die Religionswissenschaft*, 1987. ℭ

BOLONHA (ESCOLA DE). Ver ALEXANDRISMO; ARISTOTELISMO; POMPONAZZI, PIETRO.

BOLTZMANN, LUDWIG (1844-1906). Nascido em Viena, lecionou nas Universidades de Graz, Munique e Viena. Entre outros importantes trabalhos científicos de Boltzmann, destacam-se os referentes à mecânica estatística. A chamada "estatística de Boltzmann" foi consideravelmente influente na física deste século; os traços dos trabalhos e resultados de Boltzmann encontram-se em quase toda a física estatística e, evidentemente, na estatística quântica. A hidrodinâmica e a física molecular foram unidas por Boltzmann, que relacionou estreitamente a entropia com a probabilidade. Ele preconizou a teoria atômica numa época em que muitos físicos e filósofos da ciência a olhavam com desconfiança — os desenvolvimentos posteriores da física lhe deram razão. Boltzmann fez uso de considerações filosóficas para suas pesquisas científicas, a ponto de não haver em seu pensamento nenhuma distinção taxativa entre ciência e filosofia, e, em todo caso, não existe esse tipo de distinção entre ciência e filosofia da ciência. Na filosofia — e na filosofia da ciência — de Boltzmann se confere grande importância à formulação de hipóteses e à discussão crítica das hipóteses. Uma física que se apresenta supostamente como apenas "descritiva" — ou "fenomenológica" (ver FENOMENOLÓGICO) — não é menos discutível que uma física não-fenomenológica, nem — no caso de ser menos discutível — isto a torna mais desejável. Contudo, o caráter criador das hipóteses científicas não as transforma em simples convenções a respeito das quais, em princípio, uma vez aceitas, não cabem discussões; pelo contrário, as hipóteses científicas são objeto de constante disputa e crítica, e é graças a isso que se realiza o progresso científico.

⊃ Obras: *Vorlesungen über Maxwells Theorie der Elektrizität und des Lichtes*, 2 vols., 1891-1893 (*Lições sobre a teoria da eletricidade e da luz de M.*). — *Vorlesungen über Gastheorie*, 2 vols., 1896-1898 (*Lições sobre a teoria do gás*) (considerada por alguns sua obra fundamental). — *Vorlesungen über die Prinzipien der Mechanik*, 2 vols., 1897-1904 (*Lições sobre os princípios da mecânica*). — *Populäre Schriften*, 1905 (*Escritos populares*). — *Wissenschaftliche Abhandlungen*, 1909, ed. F. Hasenöhrl (*Trabalhos científicos*).

Biografia por E. Broda, *L. B.*, 1955.

Ver: Análise da contribuição filosófica de B. por Paul K. Feyerabend, em Paul Edwards, ed., *The Encyclopedia of Philosophy*, s. v. "Boltzmann, Ludwig". — Ver também E. Broda, *L. B. Mensch, Physiker, Philosoph*, 1955. — René Dugas, *La conception de la théorie physique chez B.*, 1959. — R. Born, "L. B.: Philosophie der Zeit", *Conceptus*, 11 (1977), 129-150. — D. Flamm, "L. B. and His Influence on Science", *Studies in History and Philosophy of Science*, 14 (1983), 255-278. — A. D. Wilson, "Hertz, B. and Wittgenstein Rheconsidered", *Studies in History and Philosophy of Science*, 20 (1989), 245-263. ℭ

BÓLYAI, JÁNOS (1802-1860). Nascido em Kolozsvár (Cluj, Transilvânia), formulou já em 1823 a idéia de que é possível desenvolver uma geometria não-euclidiana, isto é, uma geometria em que não se faça uso do postulado euclidiano das paralelas. Embora Gauss (VER) já houvesse antecipado resultados semelhantes, Bólyai é considerado, com Lobachevsky, um dos fundadores das geometrias não-euclidianas. Como Bólyai publicou seu trabalho *Appendix scientiam spatii absolute veram exhibens: a veritate aut falsitate XI Axiomatis Euclidei (a priori unquam decidenda independentem, adiecta ad casum falsitatis quadratura circuli geometrica)* em 1831, dois anos após a publicação por Lobachevsky, em 1829, de seu sistema geométrico, este último autor em geral prevalece sobre Bólyai como o descobridor da "geometria não-euclidiana".

BOLZANO, BERNHARD (1781-1848). Nascido em Praga, de pai italiano. Sacerdote da Igreja Católica, ocupou-se de problemas teológicos e manifestou neste domínio opiniões muito debatidas pelos teólogos católicos centro-europeus da época e, com freqüência, muito combatidas. Na metafísica, Bolzano opôs-se a Kant, reivindicando o caráter construtivo, e não apenas regulador, de algumas idéias metafísicas, tais como as relativas a Deus e à imortalidade da alma. Segundo Bolzano, podem-se formular juízos sintéticos sobre a realidade supra-sensível, pois nem Deus nem a alma são para ele meros conceitos vazios de conteúdo; o conteúdo dessas realidades suplanta seu conceito. Positivamente, Bolzano defendeu uma concepção metafísica pluralista ligada à doutrina leibniziana das mônadas, mas negando a falta de abertura de cada um dos elementos últimos constitutivos do real. A realidade é plural, mas ao mesmo tempo homogênea; assim sendo, não é preciso sustentar a doutrina de uma harmonia preestabelecida. A realidade evolui rumo a um aperfeiçoamento progressivo da força representativa radicada no âmago de todo ser; esse aperfeiçoamento leva ao espiritual, que não é um ser estático dado de uma vez para sempre, mas um contínuo dinamismo. A alma é para Bolzano uma substância simples e espiritual, mas a substancialidade da alma é a de uma energia e não a de uma coisa.

Por mais interessantes que sejam as especulações metafísicas e teológicas de Bolzano, é hoje unânime que a mais importante e influente contribuição desse pensador à filosofia está em suas idéias sobre lógica e teoria do conhecimento. Suas idéias sobre a lógica, sobretudo, tiveram grande influência sobre Husserl e, em geral, sobre muitos dos autores que procuraram depurar a lógica de todo psicologismo e fundá-la na análise das proposições e não das supostas "idéias" constitutivas das proposições. Segundo Bolzano, a lógica tem como missão estudar as proposições como tais, isto é, as proposições em si (*Sätze an sich*). Deve-se, pois, prescindir do sujeito pensante, real ou possível, assim como dos vocábulos mediante os quais se podem formular as proposições, pois estas não são nem fenômenos psíquicos nem palavras, mas enunciados por meio dos quais se declara que algo é ou não é, independentemente de ser verdadeiro ou falso, de ser formulado desta ou daquela maneira, de ser ou não efetivamente pensado por um sujeito. Contudo, dizer que as proposições são enunciados é ainda confuso — as proposições são o que os enunciados significam, ou o que pretendem enunciar. As proposições tampouco devem ser confundidas com as existências às quais se referem ou com as existências que afirmam ou negam. Como declarou Bolzano, as proposições "não pertencem de modo algum à mesma espécie de coisas que são denominadas entes reais ou inclusive existentes". "Uma existência torna-se pensada", ou seja, torna-se objeto de proposições (ou de juízos considerados verdadeiros), mas as "proposições em si" são a *matéria* (matéria lógica) do pensamento (*Wissenschaftslehre*, § 122). Pode-se dizer que as proposições em si são como puras essências (embora não necessariamente no sentido platônico); seu modo de ser é "objetivo" e até se pode dizer que é "um objetivo" no sentido posteriormente conferido a esse termo por Meinong.

Além das proposições em si, Bolzano examinou as "representações em si". Estas são o conteúdo das proposições, mas tampouco exigem em princípio a existência de um sujeito pensante; com isto, o vocábulo "representação" não deve ser interpretado em sentido psicológico, mas lógico-epistemológico. As representações em si podem ser concretas ou abstratas, segundo possuam ou não o caráter do objeto por elas representado. Bolzano também examinou as "verdades em si", independentemente de serem ou não pensadas, e insistiu no fato de que a verdade não é de maneira alguma uma "existência".

A despsicologização da lógica — ou, melhor dizendo, dos "objetos" de que se ocupa a lógica — não significa que Bolzano tenha negligenciado o problema da apreensão das proposições. Contudo, se suas meditações a esse respeito podem ser chamadas de "psicológicas", isso seria apenas no sentido que Brentano dá à psicologia. Bolzano estudou especialmente os processos do representar e do julgar. Estes processos são distintos: o representar é o conteúdo dos juízos, enquanto o julgar é uma afirmação cujo termo é a proposição em si.

A contribuição de Bolzano estendeu-se também aos problemas da fundamentação da matemática, não apenas por sua teoria lógica, mas também por seus estudos dos paradoxos do infinito. Sua obra, quase esquecida durante algumas décadas, foi grandemente atualizada pela escola de Brentano, pela fenomenologia, por Meinong e pelo desenvolvimento da lógica formal no curso dos primeiros anos deste século.

➲ Principais obras: *Athanasia oder Gründe für die Unsterblichkeit der Seele*, 1827; 2ª ed., 1838 (*Atanásia ou razões a favor da imortalidade da alma*). — *Lehrbuch der Religionswissenschaft*, 1834 (*Manual de ciência da religião*). — *Wissenschaftslehre*, 4 vols., 1837 (*Teoria da ciência*). Há reedição desta obra a cargo de Alois Höfler, 1914, e outra de seleções de vols. 1 e 2 por Friedrich Kambartel, 1963. — *Versuch einer objektiven Begründung der Lehre von den drei Dimensionen des Raumes*, 1842 (*Ensaio de uma fundamentação objetiva da teoria da tridimensionalidade do espaço*). — Obras póstumas: *Paradoxien des Unendlichen*, 1850 (*Paradoxos do infinito*). — *Drei philosophische Abhandlungen*, 1851 (*Três tratados filosóficos*). — *Untersuchung zur Grundlegung der Ästhetik*, 1972 (*Investigação para a fundamentação da estética*). — *Kleine Wissenschaftslehre*, 1975 (*Pequena teoria da ciência*).

Edição de obras: *Gesamtausgabe*, desde 1969, ed. Eduard Winter, Jan Berg, Friedrich Kambartel, Jaromír Louzil e Bob van Rootselaar, 50 vols., em 2 vols. introdutórios (biografia e bibliografia) e 4 séries: I. *Schriften*, II. *Nachgelassene Schriften*, III. *Briefwechsel*, e IV. *Dokumente*.
Bibliografia: E. Winter, W. Schuffenhauer, H. Pantsch, eds., *Studien und Quellen*, 1981. — J. Svejda, "Selected Bibliography of the Works of B. B. and their Czech Translations" (em tcheco), *Filozofický Casopis*, 29 (1981), 954-961. — J. Berg, E. Morscher, eds., *B.- Bibliographie und Editionsprinzipien der Gesamtausgabe*, 1988. — *Id.*, *id.*, *Bolzano-Forschung: 1989-1991*, 1992.
Ver: J. K. Kreibig, *Ueber ein Paradoxon in der Logik Bolzanos*, 1900. — L. Jacob, *Ueber die Grundbegriffe der Wissenschaftslehre Bolzanos*, 1902. — Melchior Palágyi, *Kant und Bolzano*, 1902. — G. Gotthardt, *Bolzanos Lehre vom "Satz an sich"*, 1909. — H. Bergmann, *Das philosophische Werk Bolzanos, nebst einen Anhang: Bolzanos Beiträge zur philosophischen Grundlegung der Mathematik*, 1909 (reed. 1970). — F. St. Schindler, *B. B., sein Leben und Wirken*, 1912. — J. Gotthardt, *Das Wahrheitsproblem und das philosophische Lebenswerk B. Bolzanos*, 1928. — H. Fels, *B. B., sein Leben und sein Werk*, 1929. — Eduard Winter, *B. und sein Kreis*, 1933. — Emerich Franzis, *B. B. Der pädagogische Gehalt seiner Lehre*, 1933. — Heinrich Scholz, "Die Wissenschafslehre Bolzanos. Eine Jahrhundertbetrachtung", *Abhandlungen der Fries'schen Schule*, N. F., 7 (1937), 401-472; reimp. em sua obra *Mathesis universalis. Abhandlungen zur Philosophie als strenger Wissenschaft*, 1961, ed. H. Hermes, F. Kambartel e J. Ritter, pp. 219-267. — Ludwig Waldschmitt, *Bolzanos Begründung des Objektivismus in der theoretischen und praktischen Philosophie*, 1937. — Eduard J. Winter, *Leben und geistige Entwicklung des Sozialethikers und Mathematikers B. Bolzanos (1781-1848)*, 1949. — *Id.*, *B. B. Ein Denker und Erzieher im österreichen Vormärz* (em colaboração com Paul Funk e Jan Berg). — *Id.*, *B. B. Ein Lebensbild*, 1969. — Ernest Kolman, *B. B.*, 1955 [em russo] (trad. alemã, 1963). — Günther Buhl, *Ableitbarkeit und Abfolge in der Wissenschafstheorie Bolzanos*, 1961. — Jan Berg, *Bolzano's Logic*, 1962. — K. Rychlik, *Theorie der Reellen Zahlen in Bolzanos Handschriftlichem Nachlass*, 1962. — Ikichi Fujita, *B. no Tetsugaku*, 1964 (*A filosofia de B.*) [em japonês]. — Jaromír Danek, *Weiterentwicklung der leibnizschen Logik bei B.*, 1970. — *Id.*, *id.*, *Les projects de Leibniz et de B., deux sources de la logique contemporaine*, 1975. — U. Neeman, *B. Bolzanos Lehre von Anschauung und Begriff in ihrer Bedeutung für erkenntnistheoretische und pädagogische Probleme*, 1972. — Edgar Morscher, *Das logische An-sich bei B. B.*, 1973. — Jaromír Louzil, *B. B. Kleine Wissenschaftslehre*, 1975. — C. Christian, ed., *B. B. Leben und Wirkung*, 1981. — E. Winter, ed., *Die Sozial- und Ethnoethik B. B.s*, 1977. — E. Herrmann, *Der religionsphilosophische Standpunkt B. Bolzanos unter Berücksichtigung seiner Semantik, Wissenschafstheorie und Moralphilosophie*, 1977. — J. C. Nyíri, ed., *Von B. zu Wittgenstein*, 1986. — J. Berg, *Ontology Without Ultrafilters and Possible Worlds: An Examination of Bolzano's Ontology*, 1992. ◒

BOM. Ver BEM.

BONALD, LOUIS-GABRIEL-AMBROISE (Visconde de) (1754-1840). Nascido em Le Monna, perto de Millau (Aveyron, França), foi Par de França (membro da Câmara Alta Francesa) e um dos principais representantes do tradicionalismo como doutrina filosófica e política. Combateu violentamente as tendências do século XVIII, nas quais incluiu o ateísmo, a oposição ao inatismo e a doutrina da soberania popular como fundamento da ordem social. Segundo De Bonald, todas essas tendências deviam desembocar forçosamente numa revolução destruidora na qual se desencadeariam paixões sem freio, conseqüência natural de um estado de desvinculação de Deus e, com isso, da autoridade de origem divina. Por esse motivo, a salvação da ordem e, por conseguinte, da continuidade histórica reside para De Bonald, assim como para De Maistre, na revalorização da teocracia. Esta é o governo da monarquia absoluta fundado no sistema de crenças da Igreja Católica depositária da (verdadeira) tradição.

A insistência de De Bonald na existência de idéias inatas devia-se à sua opinião de que, ao criar o homem, Deus depositou em sua alma as verdades fundamentais e, com elas, a linguagem. Todas as linguagens têm, segundo De Bonald, uma origem única, e são todas, em última análise, a mesma linguagem. Essa linguagem única é, com o pensamento, inata; une os homens entre si numa forte comunidade que se expressa na tradição.

◐ Principais obras: *Théorie du pouvoir politique et religieux dans la société civile*, 3 vols., 1796. — *Essai analytique sur les lois naturelles de l'ordre social*, 1800. — *Législation primitive considérée dans les derniers temps par les seules lumières de la raison*, 3 vols., 1802.

Edição de obras: *Oeuvres complètes*, 12 vols., 1817-1836. — *Oeuvres*, 3 vols., 1959.

Ver: Chr. Maréchal, *La philosophie de De Bonald*, 1910. — R. Manduit, *Les conceptions politiques et sociales de De Bonald*, 1913. — Heinz Wilhelm Reinerz, *Bonald als Politiker, Philosoph und Mensch*, 1940. — L. Eulogio Palacios, *El platonismo empírico em L. de Bonald*, 1954. — R. Spaemann, *Der Ursprung der Soziologie aus dem Geist der Restauration. Studien über L. G. A. de B.*, 1959. — V. Petyx, *I selvaggi in Europa. La Francia rivoluzionaria di Maistre e B.*, 1987. ☯

BONATELLI, FRANCESCO (1830-1911). Nascido em Iseo di Brescia (Itália), professor da Universidade de Bolonha (1861-1867) e da Universidade de Pádua (1867-1911), estabeleceu uma ontologia geral que, influenciada ao mesmo tempo pelo criticismo, pelo realismo herbartiano e pelo pensamento de Trendelenburg, tendia a fundamentar a distinção entre o físico e o psíquico por meio dos modos de *ser* últimos destes fenômenos. Em seu entender, com efeito, não se tratava de mera distinção entre coisas materiais e mentais, mas de uma diferença na forma última de seus processos: o físico é um acontecer entre substâncias fixas; o psíquico é um movimento que ocorre na consciência e que, em lugar de permanecer em si, volta a si mesmo. A classificação dos fenômenos psíquicos é realizada também por meio de um fundamento ontológico-descritivo, e sua irredutibilidade não é uma irredutibilidade fática, mas de princípio e ontológica. Ora, isto não significava, segundo Bonatelli, a negação de uma realidade substante que pudesse ser sujeito de suas manifestações; porém, essa realidade seria de ordem metafísica e não simplesmente psíquica. Uma filosofia do Absoluto, para a qual o eu era a própria realidade, coroava, desse modo, o pensamento de Bonatelli, no qual o primado da razão pura era ao mesmo tempo o primado do conhecimento e da racionalidade da idéia.

➲ Obras: *Dell'esperimento in psicologia*, 1858. — *Attinenze della logica colla psicologia*, 1861. — *Pensiero e conoscenza*, 1864. — *La coscienza e il meccanismo interiore*, 1872. — *La filosofia dell'inconscio esposta ed esaminata*, 1876. — *La filosofia e la sua storia*, 1877. — *L'io e l'egoismo*, 1886. — *L'unità nel pensiero*, 1886. — *Psicologia e logica dei licei*, 1897 e seguintes. — *Il concetto della vita*, 1904. — *L'essere e il conoscere*, 1908.

Ver: B. Varisco, *F. B.*, 1912. — G. Alliney, *B.*, 1947. ☯

BONILLA Y SAN MARTÍN, ADOLFO. Ver Menéndez y Pelayo, Marcelino.

BONITZ, HERMANN. Ver Herbart, Johann Friedrich.

BONNET, CHARLES (1720-1793). Nascido em Genebra, desenvolveu em seu *Essai analytique sur les facultés de l'âme* (1760) idéias semelhantes às de Condillac. Afirmou a importância da sensação como fundamento da vida psíquica, mas formulou o problema da atividade originária e irredutível do espírito na transformação das sensações, enfatizando, por conseguinte, a intervenção da força espiritual interna na origem das faculdades que Condillac derivava exclusivamente da sensação. É certo que a força interna a que Bonnet se refere parece ser tanto o conjunto das faculdades inatas da alma como a organização psicofisiológica que, em vez de confrontar a realidade externa de modo inteiramente passivo, reage de maneira ativa diante dos estímulos. A imprecisão na definição desta atividade originária do espírito deve-se em parte ao interesse manifestado por Bonnet em vincular a crença cristã na imortalidade às investigações psicofisiológicas que às vezes possuem um marcante caráter naturalista. Com efeito, Bonnet defendia, com base em suas experiências, uma ressurreição do corpo, uma chamada "palingenesia filosófica" que unisse a existência biológica e o ser puramente espiritual. (*La Palingénésie philosophique ou Idées sur l'état passé et sur l'état futur des êtres vivants*, 2 vols., 1769-1770.)

➲ Edição de obras em 8 vols. (Neuchâtel), intitulada *Oeuvres d'histoire naturelle et de philosophie, de Charles Bonnet*. Indicamos as obras compreendidas em cada volume e as datas de publicação: I (*Traité d'Insectologie ou observations sur les puçerons. Observations diverses sur les insectes*), 1779. — II (*Mémoires d'Histoire Naturelle, Recherches sur l'usage des feuilles*), 1779. — III (*Considérations sur les corps organisés*), 1779. — IV (1: *Contemplation de la nature*, i-viii; 2: *Contemplation de la nature*, ix-xii), 1781. — V (1: *Écrits d'histoire naturelle*; 2: *Lettres sur divers sujets d'histoire naturelle*). — VI (*Essai analytique sur les facultés de l'âme*), 1782 ("L'homme est un être mixte; il n'a des idées que par l'intervention des sens"). — VII (*La palingénésie philosophique*), 1783. — VIII (*Essai de psychologie et écrits divers*), 1783.

As primeiras edições de suas obras filosóficas fundamentais são: *Essai de Psychologie* (1755, reed., 1978). Ver também: J. Starobinski, "L'essai de psychologie de Ch. B.: une version corrigée inédite", *Gesnerus*, 32 (1975); *Essai analytique* (1760); *Contemplation*, 2 vols. (1764); *Palingénésie* (1769-1770).

Autobiografia: *Mémoires autobiographiques de Ch. B. de Genève*, 1948, ed. R. Savioz.

Ver: A. Lemoine, *Charles B., de Genève, philosophe et naturaliste*, 1850 (tese). — M. Offner, *Die Psychologie Ch. Bonnets*, 1893. — E. Claparède, *La psychologie animale de Ch. B.*, 1909. — Johannes Krüger, *Der Organismusbegriff bei B.*, 1929. — G. Bonnet, *Ch. B., 1720-1793*, 1929 (tese). — F. Pamp, '*Palingenesie' bei Ch. Bonnet, Herder und Jean Paul. Zur Entwicklung des Palingenesie-Gedankens in der Schweiz, in Deutschland und in Frankreich*, 1955 (tese). — G. Rocci, *Ch. B. Filosofia e Scienza*, 1975. — J. Marx, *Ch. B. contre les Lumières, 1738-1850*, 1976 (com bibliografia). — L. Anderson, *Ch. B. and the Order of the Known*, 1982. ☯

BONTADINI, GUSTAVO. Ver Protologia.

BONUM. Ver Bem; Transcendental, transcendentais.

BOODIN, JOHN ELOF (1869-1950). Nascido em Pjetteryd, Småland (Suécia), emigrou para os Estados

Unidos em 1887, tendo lecionado nas Universidades de Harvard e da Califórnia (Los Angeles). Empirista radical e temporariamente realista em sua primeira fase — inimigo, portanto, do estatismo dos mecanicistas e dos idealistas absolutos —, tendeu mais tarde, como o próprio autor admite, à filosofia da evolução emergente, reconhecendo, afinal, "a realidade pragmática do mundo dos valores ideais". Convencido finalmente do caráter estrutural da realidade cósmica desdobrada no espaço e no tempo, esta intuição o conduziu à hipótese de que há uma realidade que exerce uma direção espiritual e que introduz no processo natural uma ordem e uma medida. Desse modo, a cosmologia evolucionista culminou numa teologia. Boodin partiu, portanto, de um ponto de vista heraclitiano para desembocar numa posição idealista de caráter platonizante. Esse idealismo, porém, não era de caráter "mentalista" nem "subjetivista", como foi geralmente o idealismo a partir de Hegel; era, antes, de caráter "realista axiológico" e constituía uma síntese *sui generis* de mentalismo e materialismo. Com base nisto, Boodin erigiu uma cosmologia e uma teologia nas quais admitiu a noção de criação como uma síntese das idéias opostas de preformação e "emergência". Esta criação é um processo eterno. Boodin reconhece que a realidade estrutural constitui o guia da história individual. Assim, "todo o processo de evolução é um processo de espiritualização" (*Three Interpretations of the Universe*, cap. XI), mas não à maneira de Samuel Alexander, para quem Deus "se faz" na elevação de nível da realidade, mas pelo reconhecimento de que o Espírito aparece *já* na primeira fase do ser. Por isso, Deus é, a rigor, um "campo espiritual" no qual tudo vive, se move e tem seu ser (*op. cit.*, cap. I); Deus é, em suma, a alma de tudo, que insufla sentido a toda a realidade. A matéria é envolvida e controlada pelo espírito. O espaço é o campo da infinita expansividade de Deus. O tempo reflete o ritmo de sua eterna atividade. Deus, em suma, não é apenas "o mais alto nível da evolução", nem depende do processo no espaço e no tempo, mas é o "campo" de todo movimento possível: toda a ordem do ser depende então da estrutura deste "campo" divino, que, além disso, não é um campo estático, mas algo que engendra continuamente a realidade que se move dentro dele.

➲ Obras: *A Theory of Time*, 1899 (tese de doutoramento). — *Time and Reality*, 1904. — *Truth and Reality*, 1911. — *A Realistic Universe*, 1916, ed. revisada, 1931. — *Cosmic Evolution*, 1925. — *God and Creation*, 1934, 2 vols.: I. *God. A Cosmic Philosophy of Religion*; II. *Three Interpretations of the Universe*. — *The Social Mind, Foundations of Social Philosophy*, 1939. — *Religion of Tomorrow*, 1943. — *A Cosmic Philosophy*, 1947.

Ver: Eugene Clay Holmes, *Social Philosophy and the Social Mind: A Study of the Genetic Methods of J. M. Baldwin, G. H. Mead and J. E. Boodin*, 1942. — J. A. Martin, *Empirical Philosophies of Religion, with Special Reference to Boodin, Brightman, Hocking, MacIntosh and Wieman*, 1945. — A. J. Reck, "The Philosophy of J. E. B. (1869-1950)", *Review of Metaphysics*, 15 (1961), 148-173. — J. W. Dye, "J. E. B.'s Theory of Consciousness", *Southern Journal of Philosophy*, 12 (1974), 313-332. — C. H. Nelson, *J. E. Bodin: Philosopher-Poet*, 1987. ◖

BOOLE, GEORGE (1815-1864). Nascido em Lincoln (Inglaterra), foi professor de matemática no Queen's College, de Cork, de 1849 até sua morte. É comumente considerado o fundador da lógica simbólica. Embora seja certo que esse título não é inteiramente justo em virtude das importantes contribuições à lógica simbólica que se descobriram no passado (ver LÓGICA; LOGÍSTICA), a verdade é que o movimento lógico contemporâneo, na medida em que possui consciência de sua novidade e importância, costuma remontar a 1847 e, mais precisamente, a 1854, data da publicação da obra fundamental de Boole. Este desenvolveu sobretudo a álgebra da lógica; o cálculo de classes (ver CLASSE) é habitualmente denominado álgebra booleana de classes.

➲ As duas obras lógicas fundamentais de Boole são: *The Mathematical Analysis of Logic being an Essay toward a Calculus of Deductive Reasoning*, 1847. — *An Investigation of the Laws of Thought, on which are founded the Mathematical Theories of Logic and Probabilities*, 1854. — Ver igualmente *Studies in Logic and Probability*, 1952 (abrange as obras reunidas de Boole, incluindo *The Mathematical Analysis of Logic* e escritos inéditos). — O artigo de Mary B. Hesse, "Boole's Philosophy of Thought", *Annals of Science*, 8 (1952), 61-82, refere-se a manuscritos de Boole que lhe deviam servir para escrever uma obra que seria a continuação de *The Laws of Thought*, na qual ele não empregaria o simbolismo.

Correspondência: I. Grattan-Guinness, "The Correspondence between G. Boole and Stanley Jevons, 1863-1864", *History and Philosophy of Logic* (1990), 15-35.

Ver: E. W. Beth, "Hundred Years of Symbolic Logic: A Retrospect on the Occasion of the Boole-De Morgan Centenary", *Dialectica*, 1 (1964), 331-346. — Armando Asti Vera, *G. B., precursor de la lógica simbólica*, 1968. — Theodore Hailperin, *Boole's Logic and Probability*, 1976. — E. Michael, "An Examination of the Influence of Boole's Algebra on Peirce's Developments in Logic", *Notre Dame Journal of Formal Logic*, 20 (1979), 801-806. — L. M. Laita, "Boolean Algebra and Its Extra-Logical Sources: The Testimony of Mary Everest Boole", *History and Philosophy of Logic*, 1 (1980), 37-60. — B. Csakany, I. Rosenberg,

eds., *Finite Algebra and Multiple-Valued Logic*, 1981.
— D. McHale, *G. B.*, 1985. ℭ

BORELIUS, JOHAN JAKOB. Ver Hegelianismo.

BOSANQUET, BERNARD (1848-1923). Nascido em Alnwick (Inglaterra), estudou em Oxford. Lecionou (1871-1881) no University College, de Oxford, e, depois de afastar-se por algum tempo para dedicar-se a escrever e à direção da London Ethical Society, lecionou na Universidade de Saint Andrews (1903-1908).

Bosanquet recebeu a influência de Hegel e depois a de Bradley, sendo considerado um dos principais pensadores da Escola (idealista) de Oxford (ver Oxford) e também da suposta "escola hegeliana" inglesa. Sua concepção do universal como "universal concreto" depende consideravelmente de Hegel; o universal concreto é uma realidade total e absoluta que contém, em síntese, seus próprios momentos. Bosanquet enfatizou grandemente o caráter concreto desse universal, ao contrário da suposta universalidade abstrata de que se ocupa a ciência. Além disso, há em Bosanquet fortes tendências monistas; a realidade pode ser apenas uma, e apenas ela mesma pode integrar as distinções que contém. Essas idéias metafísicas de Bosanquet apoiavam-se, como as de Bradley (ver), numa idéia da lógica como lógica do juízo, em contraposição à lógica do sujeito-predicado. O juízo se refere a uma totalidade, que por sua vez é parte integrante de totalidades maiores e, em última análise, do todo. Assim, há na metafísica e na lógica de Bosanquet uma forte tendência totalista-organológica, em contraste com qualquer tendência "universalista"-abstrata. A partir desses pontos de vista, submeteu à crítica o mecanicismo e o associacionismo. Bosanquet demonstrou grande interesse pela questão da individualidade em todos os seus aspectos, isto é, não apenas pela individualidade em sentido metafísico, mas também em sentido ético, humano, social, comunitário etc. Esta individualidade não era, porém, nem uma parte de um conjunto nem, menos ainda, um elemento em princípio isolável e suscetível de independência em relação a um todo. O individual é também um universal concreto, possuidor de diferenças internas que sintetizam a si mesmas e capaz de incorporar-se a outros universais concretos, e, em última análise, à realidade como absoluto (ou, melhor dizendo, ao absoluto como realidade). As supostas "partes" de que se compõe uma individualidade são momentos integrantes da totalidade.

Bosanquet interessou-se especialmente pelo modo como a individualidade pode ser concebida na comunidade humana e no mundo da arte; além de sua metafísica (e de sua lógica), há, pois, em nosso autor, uma ética e uma estética. A ética está estreitamente ligada a uma teoria do Estado como uma comunidade de pessoas que possuem, ou podem possuir, uma vontade geral (num sentido às vezes semelhante ao rousseauniano); cada pessoa é uma individualidade, mas uma individualidade integrada ou, ao menos, "integrável". A estética se ocupa do exame das obras de arte individuais, mas também enquanto integráveis a um conjunto: o do mundo da arte e dos valores artísticos. Deve-se observar, porém, que, à medida que se foi deixando influenciar por Bradley, Bosanquet acentuou cada vez mais o caráter puramente "interno" das individualidades integráveis, considerando que apenas do ponto de vista do Absoluto é possível abordar de maneira adequada a questão da individualidade.

➭ Obras: *Knowledge and Reality*, 1885; reimp. 1968. — *Logic, or the Morphology of Knowledge*, 2 vols., 1888. — *Essays and Addresses*, 1889. — *A History of Aesthetics*, 1892; reimp. 1966. — *The Civilization of Christendom and Other Studies*, 1893. — *Aspects of the Social Problem*, 1895. — *The Essentials of Logic*, 1895. — *Psychology of the Moral Life*, 1897. — *The Philosophical Theory of the State*, 1899; reimp. 1965. — *The Principle of Individuality and Value*, 1912. — *The Value and Destiny of the Individual*, 1913. — *The Distinction Between Mind and Its Objects*, 1913. — *Three Lectures on Aesthetics*, 1915. — *Social and International Ideals*, 1917. — *Some Suggestions in Ethics*, 1918. — *Implication and Linear Inference*, 1920. — *What Religion Is*, 1920. — *The Meeting of Extremes in Contemporary Philosophy*, 1920. — *Three Chapters on the Nature of Mind*, 1923. — *Science and Philosophy, and Other Essays*, 1927 (póstuma, ed. J. H. Muirhead e R. C. Bosanquet).

Biografias: Helen Bosanquet, *B. B.: a Short Account of His Life*, 1924. — J. H. Muirhead, ed., *B. B. and His Friends*, 1935 (com correspondência de B.).

Bibliografia: P. P. Nicholson, "A Bibliography of the Writings of B. Bosanquet (1848-1923)", *Idealistic Studies*, 8 (1978), 261-280.

Ver: Berril Pfannenstill, *B. Bosanquet's Philosophy of the State. A Historical and Systematic Study*, 1936. — F. Houang, *De l'humanisme à l'absolutisme. L'évolution de la pensée religieuse du néohégélianisme anglais*, 1954. — Id., *Le néohégélianisme en Angleterre. La philosophie de B. B.*, 1954. — Charles Le Chevalier, *Ethique et idéalisme. Le courant néo-hégélien en Angleterre. B. B. et ses amis*, 1963. — J. H. Randall, "Idealistic Social Philosophy and B. B.", *Philosophy and Phenomenological Research*, 26 (1966), 473-502. — B. Lang, "Bosanquet's Aesthetic: A History and Philosophy of the Symbol", *Journal of Aesthetics and Art Criticism*, 26 (1968), 377-387. — J. Robinson, "Bradley and B.", *Idealistic Studies*, 10 (1980), 1-23. — D. Jacquette, "B.'s Concept of Difficult Beauty", *Journal of Aesthetics and Art Criticism*, 43 (1984), 79-88. — C. Parker, "B. B., Historical Knowledge, and the History of Ideas", *Philosophy of the Social Sciences*, 18 (1988), 213-230. ℂ

BOSCOVICH, ROGER JOSEF [BOSKOVIC, RUDER JOSIP] (1711-1787). Nascido em Dubrovnik (Ragusa-Dalmácia). Em 1726 ingressou, em Roma, na Companhia de Jesus. Por mais de vinte anos (1740-1773), lecionou matemática e ciências naturais em vários lugares (Roma, Pavia, Milão, Veneza). Durante uma breve permanência na Inglaterra, foi nomeado membro da Royal Society; entre 1773 e 1783, foi diretor do serviço de ótica para a Marinha em Paris.

Fortemente influenciado, por um lado, por Newton e, por outro, por Leibniz, Boscovich desenvolveu uma filosofia natural na qual procurou solucionar o problema — amplamente discutido em sua época — da chamada "ação à distância", isto é, o problema de como os corpos e as forças podem influir uns sobre os outros reciprocamente sem necessidade de entrar em contato direto. Para isso, ele postulou a existência de "átomos imateriais" ou "pontos de força", em muitos aspectos semelhantes às mônadas leibnizianas, mas também aos "indivisíveis" de Galileu e, em geral, aos "pontos de massa" de que trata a mecânica clássica. Ao contrário das mônadas leibnizianas, os pontos de força de Boscovich carecem da faculdade de representação, e, por conseguinte, não são entidades psíquicas nem são equiparáveis a tais entidades. Esses pontos de força ocupam posições determinadas e se atraem e repelem mutuamente de acordo com as distâncias — segundo as leis newtonianas — e dentro de certa distância. Quando esta última distância limitadora diminui, exercem-se entre os pontos de força atrações e repulsões distintas. Quando, por exemplo, reduz-se indefinidamente a distância dentro do limite mencionado, a força de repulsão vai aumentando também indefinidamente, até chegar a uma repulsão infinita no caso da supressão absoluta de distância (o que equivale a dizer que nunca há essa supressão, ou seja, que nunca há contato entre os pontos de força). As leis que regem este tipo de atração e repulsão aplicam-se não apenas aos pontos de força individuais como também a sistemas de pontos de força, isto é, aos chamados "corpos".

Visto que os pontos de força não possuem extensão, esta não pode ser considerada uma propriedade física real; a extensão é um campo engendrado pelos pontos de força. As ações recíprocas entre esses pontos engendram também as propriedades secundárias da matéria. O mesmo que ocorre com a extensão ocorre com o tempo. Extensão e duração são modos de ser dos pontos de força e "existem" apenas na medida em que esses pontos se encontram em relações recíprocas. O espaço e o tempo de que Newton falava — ou de que se supõe que falasse — como "absolutos" são para Boscovich, no máximo, possibilidades de que os pontos de força se manifestem espacial e temporalmente. Nossa representação intuitiva desses modos de manifestação dos pontos de força produz as idéias de espaço e de tempo das quais nos servimos para explicar o comportamento da realidade física, mas que descrevem apenas de maneira muito imperfeita o espaço e o tempo "verdadeiros", isto é, os modos de ser atuais dos pontos de força ou átomos imateriais.

⮕ A obra fundamental de Boscovich intitula-se *Philosophiae naturalis theoria redacta ad unicam legem virium in natura existentium*, 1758, 1759, 1764; outra ed., 1763. A edição publicada em Veneza em 1763 contém também dois breves tratados de Boscovich: *De anima et Deo* e *De spatio et tempore*. Ed. (texto latino e trad. inglesa) da *Philosophiae naturalis theoria* por J. M. Child, com biografia de Boscovich por Branislav Petronievitch (Manchester, 1922).

Edição de obras científicas: *Opera pertinentia ad opticam et astronomiam*, 5 vols., 1785-1786.

Ver: F. Evellin, *Quid de rebus vel corporeis vel incorporeis senserit Boscovich*, 1880 (tese de doutoramento em latim). — M. Oster, *R. J. B. als Naturphilosoph*, 1909. — Dusan Nedeljkovic, *La philosophie naturelle et relativiste de R. J. B.*, 1922. — *Id.*, *R. B. u svom vremenu i danas*, 1961 (*R. B. em seu tempo e hoje*) (coletânea de artigos, 1938-1961). — V. H. Gill, S. J., *R. B., S. J. (1711-1787) Forerunner of Modern Physical Theories*, 1941. — L. L. Whyte, "R. J. B., S. J., F. R. S. (1711-1787), and the Mathematics of Atomism", *Notes and Records of the Royal Society of London*, 13, n. 1 (1958), 38-48. — Ilija Poplasen, *Zum Problem des integralen Dynamismus bei R. J. B.*, 1967. — L. L. Whyte, ed. *R. J. B., SJ, FRS, 1711-1787: Studies of His Life and Work on the 250 Anniversary of His Birth*, 1961 (com bibliografia). — Z. Markovic, *R. B.*, 2 vols., 1968-1969. — M. A. Sutton, "J. F. Daniell and the Boscovichean Atom", *Studies in History and Philosophy of Science*, 1 (1971), 277-292. — I. Supek, "B.'s Philosophy of Nature", *Poznan Studies*, 2 (1976), 112-120. — Vários autores, *R. B.*, 1983, ed. G. Vidan. — P. Casini, "Ottica, Astronomia, Relatività: B. a Roma, 1738-1748", *Rivista di Filosofia*, 71 (1981), 354-381. — K. D. Stiegler, "Zur Entstehung der Idee der räumlich unausgedehnten Atome von Zenon bis Boscovich", *Philosophia Naturalis*, 18 (1981), 327-355. ℂ

BOSSUET, JACQUES-BENIGNE (1627-1704). Nascido em Dijon, recebeu a tonsura em 1635 e estudou teologia no jesuíta Collège de Navarre, de Paris, a partir de 1642. Defendeu a tese chamada *sorbonique*, em 1650. Doutorou-se em teologia em 1652, iniciando nesse mesmo ano sua residência e pregação em Metz — centro de suas famosas *oraisons funebres*. Foi bispo de Metz a partir de 1681 e preceptor do Delfim da França a partir de 1670.

Bossuet foi um dos grandes apologistas católicos modernos. Considerava que a Igreja católica apostólica romana é a depositária das verdades, a única e autêntica mestra universal, à qual devem aderir todos os que, como Leibniz, estão desejosos de unidade e buscam a pacificação dos espíritos. Bossuet opôs-se a todos os que se afastam dos princípios da verdade, como o mostra a chamada "disputa sobre o quietismo" (*affaire du quiétisme*), que durou de 1694 a 1699, terminando com a condenação, pelo Papa, do livro de Fénelon (que, além disso, Bossuet consagrara bispo de Cambrai em 1695). Diante a todos os que resistem às verdades de que a Igreja é depositária, alegando ser preciso modificar pelo menos algumas ou discuti-las antes de ingressar, ou de reingressar, na Igreja, Bossuet manteve firmemente a opinião de que apenas dentro da Igreja se pode falar das verdades; o que se deve fazer, portanto, é "obrigá-los a ingressar": *compellere entrare*.

Bossuet ocupou-se de todos os grandes temas teológicos de sua época (por exemplo, o problema da relação entre a graça e o livre-arbítrio, que procurou solucionar harmoniosamente, sem levar ao extremo nenhuma posição). Sua mais conhecida contribuição teológica e filosófica é, contudo, o *Discurso sobre a História Universal*, que compôs para a instrução e edificação do Delfim. Renovando para a época moderna o que Santo Agostinho fizera com sua *Cidade de Deus*, Bossuet desenvolveu uma teologia da história destinada a mostrar a obra da Providência como guia do curso de toda a humanidade. Bossuet considera que é possível, e desejável, apresentar o "grande espetáculo" da história universal acima de — embora ao mesmo tempo pressupondo — todas as histórias particulares: "Este tipo de história universal" — escreve ele no 'Avant-Propos' para 'Monseigneur le Dauphin' — "é, em relação às histórias de cada país e de cada povo, o que um mapa geral é em relação aos mapas particulares. Nos mapas particulares, vêem-se todos os detalhes de um reino ou de uma província em si mesma. Nos mapas universais, aprende-se a situar essas partes do mundo em sua totalidade: vê-se o que Paris ou a Île-de-France é no reino, o que o reino é na Europa ou o que a Europa é no universo". As histórias particulares representam em pormenor coisas que aconteceram a um povo, "mas, para entender tudo, é preciso conhecer a relação que cada história tem com todas as outras mediante uma abreviatura na qual se veja, de uma única olhada, toda a ordem do tempo".

Vista dessa grandiosa perspectiva, a história universal é a história da redenção do gênero humano pelo sacrifício de Cristo. Não se trata apenas de história religiosa; não obstante, o governo civil e a história política — a formação, o desenvolvimento e a queda dos impérios — são compreensíveis somente no âmbito do esquema providencial. Bossuet divide o curso da história universal em nove grandes épocas (Adão, Noé, a vocação de Abraão, Moisés, a conquista de Tróia, Salomão, Rômulo, Ciro, Cipião ou a derrota de Cartago, nascimento de Jesus Cristo, Constantino e Carlos Magno ou o estabelecimento do "novo império") e termina afirmando que tudo deve ser relacionado com a Providência, pois "tudo depende das ordens secretas da Divina Providência (*Discours*, Parte III, cap. 8).

➲ Principais obras de interesse filosófico e teológico: *Discours sur l'histoire universelle*, 1681; 3ª ed. revisada pelo autor, 1701; nova ed. 1966 por J. Truchet. — *Politique tirée des propres paroles de l'Écriture Sainte*, 1709. — *Traité du libre arbitre*, 1710 (publicado pelo sobrinho do autor, o abade Bossuet, bispo de Troyes). — *Traité de la connaissance de Dieu et de soi-même*, 1722.

Entre as muitas edições de obras, citamos: *Oeuvres*, ed. rev., 19 vols., 1772-1780; *Oeuvres complètes*, ed. F. Lachat, 31 vols., 1862-1866; *Oeuvres complètes*, ed. E. N. Guillaume, 11 vols., 1877.

Ver: A. Nourrisson, *Essai sur la philosophie de B.*, 1852. — C. de Courten, *B. e il suo "Discours sur l'histoire universelle"*, 1927. — Roger Labrousse, Introdução à ed. (texto francês e trad. esp.) do *Traité du libre arbitre* [Tucumán], (1948), pp. 7-83. — A. Auneau, *B.*, 1949. — Thérèse Goyet, *L'humanisme de B.*, 2 vols., 1965. — Jacques Le Brun, *La spiritualité de B.*, 1973. — G. Pflug, "The Development of Historical Method in the Eighteenth Century", *History and Theory*, 11 (1971), 1-23. — E. J. Kearns, *Ideas in Seventeenth-Century France*, 1979. — P. Magnard, T. Goyet et al., *Journées B. La prédication au XVIIe siècle*, 1980 (Jornadas em Dijon, 2-4 de dezembro de 1977). C

BOSTRÖM, CHRISTOPHER JACOB (1797-1866). Nascido em Pitea (Suécia), professor de 1838 a 1863 em Uppsala, desenvolveu uma filosofia qualificada de idealismo racional ou pessoal e que em muitos pontos coincide com o teísmo especulativo de Biberg (VER) e Grubbe (VER). Com efeito, Boström opõe-se tanto ao empirismo como ao racionalismo abstrato, que significam uma negação da pessoa. A realidade da pessoa é para Boström a realidade verdadeira, a única entidade realmente concreta. Essa realidade pessoal é determinada principalmente por meio da consciência, ou, mais exatamente, por meio do espiritual que nela reside. As coisas naturais e sensíveis são, por conseguinte, um aspecto que a realidade interior oferece, e precisamente o aspecto no qual a percepção de si se encontra reduzida a um mínimo. Se a percepção é o princípio do ser, isso significará que o ser será tanto mais real e concreto quanto maior for a soma das autopercepções por meio das quais se constitui. Quando estas atingem o ponto máximo, encontramo-nos diante do que Boström denomina o Absoluto, o Espírito absoluto, o Deus pessoal em cujo âmbito — assim como em Leibniz — se dá a comunidade das pessoas. Ora, essa concepção do verdadeiramente real introduz no pensamento de Boström algumas dificuldades que haviam sido abordadas já pelo idealismo racional clássico. A primeira e principal delas consiste na concepção que se deve ter, em tal sistema, do espácio-temporal. A solução de Boström é imprecisa nesse ponto. Por um lado, ele considera que o espácio-temporal está inteiramente fora do âmbito do Espírito absoluto e de suas idéias ou momentos. Por outro, vê-se obrigado a reconhecer que, de algum modo, é preciso estabelecer uma relação que não rompa a harmonia do conjunto. Esta segunda tendência é a que acaba por triunfar. Em última análise, a única realidade autêntica é, para Boström, a espiritual-pessoal, e, por conseguinte, apenas Deus como espírito absoluto é real. Isto, porém, não significa nem a anulação do sensível nem, menos ainda, a do espírito finito. Ambos estão subordinados, sem dúvida, à vida divina. Contudo, essa subordinação já não mostra dificuldade quando se leva em conta que, como assinalamos antes, o espiritual e o consciente nem sempre significam para Boström a plena consciência pessoal do eu; todo "representar", mesmo o menos consciente, pertence ao plano do espiritual, embora de uma espiritualidade inferior, porque compreende também tudo o que de algum modo for substância, princípio ou individualidade. Assim, as naturezas finitas, que se articulam num mundo de personalidades, acabam por ser manifestações da realidade superior divina, idéias existentes no âmago de Deus. Essas idéias, cuja revelação constitui o mundo da sensibilidade, se entretecem e vivem enquanto pessoas em uma hierarquia na qual o grau de perfeição corresponde ao grau de realidade. O idealismo racional e pessoal de Boström, complementado na ética por um racionalismo positivo diferente do apriorismo formal e do utilitarismo eudemonista, teve continuidade no trabalho de diversos pensadores. Entre os "discípulos" de Boström, muitos deles muito pouco bostromianos, figuraram Sigurd Ribbing (1816-1899), Hans Edfeldt (1836-1909), Axel Nyblaeus (VER), P. J. H. Leander (1831-1907) e, sobretudo, C. Y. Sahlin (VER) e Per Efraim Liljequist (VER).

↪ Obras: *De notionibus religionis, sapientiae et virtutis earumque inter se nexu*, 1841. — *Sätze über Gesetz und Gesetzgebung*, 1845 (Proposições sobre a lei e a legislação). — *Grundlineer till filosofiska Statslärän*, 1859 (Linhas fundamentais das lições sobre filosofia do Estado). — *Föreläsningar i etik varteminen*, 1861 (Lições sobre a moral). — Outras séries de aulas de Boström publicadas são: *Föreläsningar i religionsfilosofi*, 5 vols., 1906-1913, ed. G. J. Keijser (filosofia da religião), e *Föreläsningar i etiken*, 1897, ed. S. Ribbing (ética). — Escritos reunidos: *Skrifter av C. J. B.*, 3 vols., 1883-1901, ed. H. Edfeldt e G. J. Keijser. — Ver: J. J. Borelius, *Kritik of ver den Bosfrömska filosofien*, 1859. — H. Edfeldt, *Om Boströms ideelära*, 1884. — E. Zoeller, *Der Gottesbegriff in der neueren schwedischen Philosophie, mit besonderer Berücksichtigung der Weltanschauung Boströms und Lotzes*, 1888 (O conceito de Deus na nova filosofia sueca, com especial atenção à cosmovisão de Böstrom e Lotze). — C. Landströms, *B. och hans filosofie*, 1903. — J. Ljunghoffs, *C. J. B. Sveriges Platon*, 1916. — H. Larsson, *Minnesteckning öfver C. J. B.*, 1931. — S. Edvard Rohde, "Boströms Religionsfilosofiska askarning. I. Sanning och verglighet", *Goteborgs Högskolas Arskrift*, 4 (1949). ¢

BOUCHARD, JEAN-JACQUES. Ver LIBERTINOS.

BOUGLÉ, CÉLESTIN (1870-1940). Nascido em Saint-Brieuc, lecionou sociologia em Toulouse e foi professor de economia social na Sorbonne, onde sucedeu, em 1907, a Alfred Espinas (VER). Adversário da aplicação da biologia, e especificamente do darwinismo, à sociologia, Bouglé sustentou que o sociólogo não se ocupa, propriamente, de leis, mas de tendências e de influências. Ele se opôs ao individualismo liberal tradicional; em sua opinião, o valor do indivíduo apenas pode desenvolver-se no âmbito de uma concepção "solidarista". A sociedade "igualitária" é para Bouglé um ideal que salva a contraposição entre o puramente individual e o meramente universal abstrato. Este ideal, que é o da época atual, molda as investigações sociológicas, que não afastam, portanto, as avaliações, embora reconheçam que estas mudam no decorrer do tempo.

↪ Principais obras: *Les sciences sociales en Allemagne*, 1896. — *Les idées égalitaires*, 1899 (tese de doutoramento). — *La concurrence et la différentiation*, 1903; 3ª ed., 1923. — *La démocratie devant la science*, 1904. — *Qu'est-ce que la sociologie?*, 1907; 5ª ed., 1922. — *Essai sur le régime des castes*, 1908 (na Índia). — *La sociologie de Proudhon*, 1912. — *Leçons de sociologie sur l'évolution des valeurs*, 1922. — *La doctrine de Saint-Simon*, 1924 (em colaboração com Élie Halévy). — *Réformateurs sociaux*, 1928. — *Socialismes français*, 1932. — *Les maîtres de la philosophie universitaire en France*, 1938. — Bouglé dedicou-se à publicação das Obras de Proudhon, assim como à de textos de Saint-Simon.

Bibliografia em Maurice Halbwachs, "C. B., sociologue", *Revue de Métaphysique et de Morale*, 48 (1941), 24-27. ¢

BOUILLIER, FRANCISQUE [CYRILLE]. Ver IMPESSOAL, IMPERSONALISMO.

BOULANVILLIERS, HENRI (Conde de). Ver TRÊS IMPOSTORES.

BOUSSET, WILHELM. Ver FRIES, JAKOB FRIEDRICH.

BOUTERWEK, FRIEDRICH (1765-1828). Nascido em Oker (perto de Goslar), lecionou em Göttingen de

1798 a 1828. Bouterwerk seguiu os passos de Kant e desenvolveu a filosofia crítica num sentido próximo do de Jacobi (VER). Há uma ciência fundamental filosófica, que Bouterwerk denominou "Apodítica" e que deve explicar toda a experiência. A "Apodítica" é por isso a ciência de toda prova e do fundamento de todo saber. Divide-se em lógica, prática e transcendental. O princípio primeiro da ciência fundamental é o do "absolutamente virtual" — o real é, com efeito, anterior a todo sujeito e a todo objeto, os quais estão contidos virtualmente no princípio. O "virtualismo absoluto" de Bouterwerk sustenta que no princípio subsistem todas as forças e todas as resistências a essas forças. Não se pode, além disso, conceber nenhuma força sem uma resistência correspondente. Esta idéia faz de Bouterwerk, como observou Dilthey, um dos primeiros pensadores a desenvolver a noção de resistência (VER). Não obstante, nem a força nem a resistência são realidades absolutas; somente o virtual que está aquém delas é absoluto. Esse primado do virtual revela-se não apenas no mundo em geral como também no homem. O mundo funda-se numa virtualidade infinita; o homem, numa virtualidade finita, revelada na vontade. Contudo, por meio da virtualidade finita, o homem pode mergulhar no infinitamente virtual, que se torna assim acessível antes no querer que no pensar. É possível que algumas dessas idéias tenham influenciado Schopenhauer, que estudou em Göttingen na época em que Bouterwerk ali lecionava.

⊃ Obras: *Ideen zu einer allgemeinen Apodiktik*, 1799 (*Idéias para uma Apodítica geral*). — *Ästhetik*, 1806; 3ª ed., 1824; reimp. 1976. — *Lehrbuch der philosophischen Vorkenntnisse*, 1810 (*Manual dos pré-conhecimentos filosóficos*). — *Lehrbuch der philosophischen Wissenschaften, 1813* (*Manual de ciências filosóficas*). — *Kleine Schriften*, 1818; reimp. 1975 (*Escritos breves*). — Devem-se igualmente a Bouterwerk uma monumental história da poesia e eloqüência modernas — *Geschichte der neueren Poesie und Beredsamkeit*, 12 vols., 1801-1819 — e uma coleção de poemas e narrações intitulada *Graf Donamar*, 3 vols., 1791-1792.

Ver: C. Struck, F. B., 1919 (tese). — A. Banfi, "L'apoddítica di F. B.", *Archivio di Storia della Filosofia*, n. 4 (1933), n. 1 (1934). — C. Fabro, *Introduzione all'ateismo moderno*, 1964, pp. 90-93. ☉

BOUTROUX, ÉMILE (1845-1921). Nascido em Montrouge (Departamento do Sena), lecionou na École Normale Supérieure (1877-1885) e na Sorbonne (a partir de 1885). Boutroux seguiu a tradição do chamado "positivismo espiritualista" defendido por Jules Lachelier. Segundo Boutroux, tal posição filosófica era a única que podia opor-se com sucesso ao mecanicismo naturalista. Tanto Lachelier como Boutroux sustentavam que se devia levar o "positivismo" a suas últimas conseqüências. Isto significava não partir de pressupostos teóricos, e sim ater-se com a máxima fidelidade à experiência e procurar descrevê-la com esmero. Disso resultava não uma negação, mas uma afirmação da contingência (VER) e da liberdade.

Boutroux enfatizava que a afirmação de um determinismo absoluto, expresso nas leis — ou princípios — da conservação da matéria (da substância) e da energia, é uma hipótese que nem surgiu da experiência e nem é por esta confirmada. Uma descrição "reflexiva" da realidade mostra, segundo Boutroux, que a realidade se compõe de camadas irredutíveis entre si. Cada camada da realidade é contingente em relação à que a precede — de maneira alguma se deriva necessariamente dela. Assim, a consciência é contingente em relação à vida orgânica; a vida orgânica é contingente em relação à matéria; a matéria é contingente em relação aos gêneros; os gêneros são contingentes em relação ao ser; o ser é contingente em relação à necessidade relativa, e a necessidade relativa é contingente em relação à necessidade absoluta.

As diversas camadas do real estão organizadas, ou articuladas, numa forma "hierárquica". A "ascensão" de uma camada inferior a uma superior equivale a um "crescimento da contingência". A descrição das realidades equivale a uma análise reflexiva das condições de sua inteligibilidade. Depreende-se dessa análise que há em cada camada da realidade um "plus" contingente irredutível.

Segundo Boutroux, com a necessidade absoluta não podemos compor nem explicar nada do universo; a necessidade relativa que se manifesta nas leis naturais é já de *per se* uma espécie de *salto* — para praticá-lo, não nos basta a análise: necessitamos da *síntese*. Como diz Boutroux numa proposição fundamental para a compreensão de sua filosofia, nem mesmo a relação entre as partes e o todo é analítica, já que "a multiplicidade não contém a razão da unidade" (*De la contingence* etc., 10ª edição, 1929, p. 9). Esta diferença de extensão entre o sujeito e o predicado se acentua à medida que ascendemos na hierarquia ontológica, pois não apenas a multiplicidade não contém a razão da unidade como, além disso, conter a razão não significa conter a própria multiplicidade. O inferior pode ser, em relação ao superior, condição, mas não *vera causa* nem, menos ainda, fundamento de existência. Explicar a existência por sua condição significa permanecer no terreno puramente ideal; para passar ao real, é preciso admitir a novidade, a síntese, a contingência.

Não apenas o possível não contém o real, como é o real que contém o possível. Boutroux persegue a presença do contingentismo nos diversos graus do real, nos diferentes degraus de uma escada hierárquica que passa do ser aos gêneros, dos gêneros à matéria, desta aos corpos, deles aos seres vivos e dos seres vivos ao homem. Por isso, a distinção entre os diversos mundos sobrepostos — "da pura necessidade, da quantidade sem qualidade (idêntica ao nada) das causas das noções, o mundo matemático, o mundo físico, o mundo vivente e o mundo pensante" — equivale à distinção entre as realidades que se caracterizam por "suscitar" cada uma a inferior, em vez de constituir a condição, ou, melhor dizendo, a causa própria e verdadeira para que a superior irrompa na existência. Em outras palavras, temos aqui uma modelação da matéria pela forma, sem que possamos afirmar de que modo concreto se realizou essa modelação. Ora, o mais plausível é considerar que algum modo de criação é o motivo produtor dessa emergência de novidades, o cerne último da síntese. Pois, em última análise, é esta a única coisa que permite afirmar positivamente a liberdade, que existe no concreto e não num absoluto inteligível. O real o é eminentemente na existência livre; esta existência é como um modelo vivo e móvel cuja imitação faz surgir as realidades estáveis, que alcançam existência efetiva pela tendência do real a estabilizar-se. Contemplados do ângulo da metafísica, os princípios supremos são, portanto, leis morais e estéticas; à medida que descemos do supremo ao ínfimo, aproximamo-nos do material e do necessário, que são como que atraídos pelo ideal com uma atração análoga à que Deus exerce sobre suas criaturas. Dessa maneira, como observa Boutroux, "o triunfo completo do bem e do belo faria desaparecerem as leis da Natureza propriamente ditas e as substituiria pelo livre ímpeto das vontades rumo à perfeição, pela livre hierarquia das almas" (*op. cit.*, p. 170). Assim, a passagem ao reconhecimento da liberdade e da autonomia da vida moral se torna, para Boutroux, plenamente compreensível, constituindo uma introdução necessária à vida religiosa que a ciência enquanto tal forçosamente desconhece e que a metafísica pode indicar, mas não satisfazer.

⊃ Obras: *De veritatibus aeternis apud Cartesium*, 1874 (trad. francesa: *Des vérités éternelles chez Descartes*, 1927). — *De la contingence des lois de la nature*, 1874. — *De l'Idée de Loi naturelle dans les sciences et dans la philosophie*, 1895. — *Questions de Morale et de Pédagogie*, 1896. — *Études d'Histoire de la Philosophie*, 1897. — *La Psychologie du mysticisme*, 1902. — *Science et Religion dans la philosophie contemporaine*, 1908. — *William James*, 1911. — *Pascal*, 1914. — *La philosophie de Kant* (curso dado na Sorbonne, 1896-1897, publicado em *La Revue des Cours et Conférences*, 1894-1896, 1900-1901, editado por É. Gilson), 1926, reed., 1960. — *La nature et l'esprit*, 1926 (série de conferências dadas de 1902 a 1915). — *Études d'histoire de la philosophie allemande*, 1926.

Em português: *Aristóteles*, 2000.

Ver: P. Archambault, *É. Boutroux, choix de textes avec une étude sur l'oeuvre*, 1910. — A. P. Lafontaine, *Boutroux*, seleção de textos (1920; trad. esp., 1943). — Otto Boelitz, *Kausalität und Notwendigkeit in E.* *Boutrouxs Lehre von der Kontingenz*, 1907 (tese). — Id., id., *Die Lehre vom Zufall bei É. Boutroux*, 1908. — L. S. Crawford, *The Philosophy of E. Boutroux*, 1924. — Cesare Ranzoli, *Boutroux*, 1924. — M. Schyns, *La philosophie d'É. Boutroux*, 1924. — R. Roquel e Vilarrasa, *La moral contingentista de É. Boutroux*, 1951. — A. F. Baillot, *É. B. et la pensée religieuse*, 1957. — M. Bruno, "Autonomia e collaborazione tra scienza e filosofia nel pensiero di E. B.", *Incontri culturali*, 8 (1975). ℭ

BOWNE, BORDEN PARKER (1845-1910). Nascido em Leonardsville, NJ (Estados Unidos), estudou em Nova York, Halle e Göttingen, tendo lecionado na Universidade de Boston de 1876 até sua morte. Destacado representante do personalismo (VER) norte-americano, sua filosofia foi chamada — como a de Howison — um idealismo pessoal e, pelo próprio filósofo, um empirismo transcendental. Não obstante, esses nomes qualificam de maneira imperfeita o pensamento de Bowne, cujo tema fundamental — em parte sob a influência da reflexão kantiana — foi a busca de uma harmonia entre a razão teórica e a razão prática, harmonia que era aniquilada pelas correntes impersonalistas. Daí seu ataque a essas correntes. Mas o impersonalismo (VER) tem para Bowne duas faces: a do naturalismo, aplicação ao real das categorias do material, e a do idealismo absoluto, falácia do abstrato, também denunciada por Renouvier. Materialismo e idealismo absoluto, ateísmo e acosmismo são, porém, igualmente impotentes para dar conta do que a experiência imediata capta: a consciência e a pessoa. A doutrina de Lotze não é alheia a esta concepção do personalismo como única possibilidade de interpretação profunda e completa do real, mas Bowne não desenvolve abstratamente os princípios de Lotze; na verdade, partindo da situação concreta de seu tempo e de seu meio, propõe-se retificar o rumo de uma meditação filosófica que, como o impersonalismo, impede a harmonia entre o teórico e o prático. A esse propósito se devem a crítica de Spencer e a vinculação a uma tradição que procura sempre superar tais dificuldades: às influências de Lotze e de Kant devem-se acrescentar as de Leibniz, Berkeley, Santo Agostinho e Aristóteles. A personalidade é, segundo Bowne, o que explica as categorias do real, e não o contrário, e isso não em virtude de uma fuga da realidade e do concreto, mas justamente por causa de um afã por uma maior atenção ao dado e à experiência. Bowne sustenta, com efeito, que a personalidade não é o produto de uma abstração nem tampouco o resultado de uma composição: "Explicamos os objetos que estão diante do espelho pelas imagens que parecem existir atrás dele. *Mas não há nada atrás do espelho*. Quando vivemos e descrevemos a vida pessoal, fizemos já todo o possível no âmbito de uma sadia e sóbria especulação. Se procuramos fazer alguma coisa mais, tornamo-nos presa das abstrações. Esta existência autoconsciente é o fato verdadeiramente último" (*Personalism*, 1908, pp. 264-265). O realismo gnosiológico de Bowne une-se assim a um idealismo metafísico, mas a um idealismo pessoal e não abstrato ou absoluto. Isso não significa a redução de toda realidade à consciência humana: o personalismo de Bowne concebe esta consciência como uma pessoa, como um ser capaz de valor, mas para aquém dela há a experiência consciente que forma uma hierarquia. A referência da parte ao todo e a racionalidade última do ser não são, pois, eliminadas, mas antes salvaguardadas numa doutrina que não tem, de acordo com Bowne, outra alternativa senão "o personalismo ou nada".

↪ Obras: *The Philosophy of H. Spencer*, 1874. — *Studies in Theism*, 1879. — *Metaphysics*, 1882; 2ª ed., revisada, 1898. — *Introduction to Psychological Theory*, 1886. — *Philosophy of Theism*, 1887. — *Principles of Ethics*, 1892. — *Theory of Thought and Knowledge*, 1897. — *Theism*, 1902. — *The Immanence of God*, 1905. — *Personalism*, 1908. — *Studies in Christianity*, 1909. — *The Essence of Religion*, 1910 (póstuma). — *Kant and Spencer*, 1912 (póstuma).

Ampla antologia de escritos de B.: *Representative Essays of B. P. B.*, 1980, ed. W. E. Steinkraus (com seleção de "Cartas").

Biografia: B. P. Bowne, "Recovered Echos from a 'Wanderjahr' of B.", *Personalist*, 22 (1941), 393-400. — J. T. Varlyon, "Bowne in the Classroom", *ibid.*, 28 (1947), 266-272.

Correspondência: "Letters to W. Torrey Harris", *Philosophy Forum*, 13 (1955), 89-95 (ed. com comentários D. S. Robinson). — W. E. Steinkraus, "Five Letters of B. to James Mudge", *Personalist*, 46 (1965), 342-347. — *Id.*, "Some B. Letters from Europe, 1882-1883", *ibid.*, 49 (1968), 227-237. — *Id.*, "Bowne's Correspondence", *Idealistic Studies*, 2 (1972), 182-183.

Ver: E. S. Brightman, *The Philosophy of Personalism*, 1927. — F. J. McConnell, *B. P. B.*, 1929 (com bibliografia). — F. H. Ross, *Personalism and the Problem of Evil: A Study in the Personalism of B., Knudson and Brightman*, 1940. — José A. Fránquiz, *B. P. Bowne's Treatment of the Problem of Change and Identity*, 1942. — P. A. Bertocci, "B. P. B. and His Personalistic Theistic Idealism", *Ultimate Reality and Meaning*, 2 (1979), 205-227. — W. E. Steinkraus, "A Century of B.'s Theism", *Idealistic Studies*, 12 (1982), 56-71. — E. Buzzi, "B. P. B. e le origini della scuola personalista di Boston", *Rivista di Filosofia Neo-Scholastica*, 78 (1986), 404-431. — R. Burrow, "Moral Laws in B. P. B.'s Principles of Ethics", *Personalist Forum* (1990), 161-181. — D. W. Dotterer, "James and Bowne on the Philosophy of Religious Experience", *ibid.* (1990), 123-141. — D. R. Anderson, "B. and Peirce on the Logic of Religious Belief", *ibid.*, 107-121. ᴄ

BOYLE, ROBERT (1627-1691). Nascido no castelo de Lismore, perto de Waterford (Irlanda), estudou por algum tempo em Eton. Passou algum tempo em Genebra e em Florença, onde entrou em contato com o movimento de idéias centrado em Galileu. De regresso à Inglaterra, desenvolveu grande atividade científica, filosófica e teológica, principalmente em Londres, como um dos membros do chamado "Colégio Invisível", e depois em Oxford. Boyle é conhecido sobretudo pelos experimentos que o levaram a determinar e definir a elasticidade e o peso do ar, bem como pela formulação da depois chamada "lei de Boyle", referente à relação inversamente proporcional entre a pressão e o volume de um gás — a mesma lei denominada na França "lei de Mariotte", por ter sido formulada independentemente pelo físico francês Edme Mariotte (*ca.* 1620-1684), em sua obra *De la nature de l'air* (1676), sendo hoje comum chamá-la de "lei de Boyle-Mariotte".

Seguindo Francis Bacon, e contrariando a "filosofia livresca" de autores a quem se opôs categoricamente, Boyle defendeu com veemência a "filosofia experimental". Observou-se muitas vezes que isto não faz de Boyle um mero "experimentalista", pois, apesar de se mostrar claramente favorável à formulação de conjeturas, hipóteses e teorias, deve-se observar que ele as estimulava tão-somente na medida em que pudessem ser comprovadas experimentalmente ou na medida em que pudessem ser verificadas com certo grau de probabilidade. Isto não se referia exclusivamente a comprovações experimentais imediatas. Boyle levava em conta *possíveis* comprovações experimentais, como o atesta o fato de ter apadrinhado antecipações importantes, em especial o que se tornou depois a teoria cinética dos gases. O que Boyle rejeitava eram teorias meramente "aprióricas" ou hipóteses que tinham o aspecto de fantasiosas. Desse modo, ele se opôs às doutrinas sobre as almas e as naturezas plásticas preconizadas por alguns filósofos da Escola platônica de Cambridge — doutrinas que, em sua opinião, não explicavam realmente os fenômenos magnéticos. Em compensação, estes fenômenos pareciam explicáveis mediante uma teoria segundo a qual o éter se compõe de dois tipos de partículas.

Em geral, Boyle é considerado um dos mais eficazes propagadores da chamada "filosofia corpuscular". Ele emprestou sua autoridade à distinção clássica entre qualidades primárias e qualidades secundárias, mas isso não o levou a negar a "realidade" das últimas. Embora manifesto partidário, e praticante, da filosofia experimental, Boyle se opôs ao materialismo, assim como ao mecanicismo extremo de alguns cartesianos, e isso tanto por razões epistemológicas como por motivos teológicos. No entender de Boyle, o comportamento dos organismos não é explicável por causas puramente mecânicas. Menos ainda é explicável por essas causas o comportamento do homem, cuja importância como centro da criação por Deus foi acentuada repetidamente por Boyle. Longe de negar a existência e a providência de Deus, a ciência deve, na opinião de Boyle, confirmá-las. Deus não intervém constantemente na Natureza, que em última análise procede "mecanicamente", mas é senhor da Natureza, e neste sentido pode, em princípio, interromper seu curso por meio de milagres, caso estes tenham por objetivo revelar a presença de Deus.

↱ Entre as obras científicas mais importantes de Boyle, figuram: *New Experiments Physico-Mechanical touching the Spring of the Air and Its Effects*, 1660. — *The Experimental History of Colours*, 1663. — *The Sceptical Chymist*, 1661. — *General History of the Air*, 1691. — Muitos de seus trabalhos são monografias compiladas em volumes, tais como *Certain Physiological Essays and Tracts*, 1661, e *Tracts*, 1672-1674. — Seu ataque a Hobbes encontra-se em *Animadversions upon Mr. Hobbes' Problemata de Vacuo*. — Considerações filosóficas em: *The Origin of Forms and Qualities according to the Corpuscular Philosophy*, 1666. — *A Disquisition about the Final Causes of Natural Things*, 1688. — Várias de suas idéias teológicas se encontram em *The Christian Virtuoso*, 1690, e em seu primeiro romance *Seraphic Love*, 1648.

Edição de obras: *The Works of the Honourable Robert Boyle*, 5 vols., 1744, ed. T. Birch; 2ª ed., 6 vols., 1772; reimp., 1974. — M. A. Stewart, *Selected Philosophical Papers of R. B.*, 1979; nova ed., 1991. — J. T. Harwood, ed., *The Early Essays and Ethics of R. B.*, 1991.

Bibliografia: John Farquhar Fulton, *A Bibliography of the Honourable R. B.*, 2 vols., 1932-1933; 2ª ed., 1961. — Outra, por B. Fabian na reimp. de 1974 da biografia coetânea de Thomas Birch, *The Life of the Honourable R. B.*, 1741.

Ver: J. Meier, *R. Boyles Naturphilosophie*, 1907. — F. A. Farrington, *Life of the Honourable R. B.*, 1917. — L. T. More, *The Life and Works of the Honourable R. B.*, 1944. — M. S. Fisher, *R. B., Devout Naturalist: A Study in Science and Religion in the Seventeenth Century*, 1945. — Marie Boas Hall, *R. B. and Seventeenth Century Chemistry*, 1958. — Id., *R. B. on Natural Philosophy*, 1965 (com uma seleção de textos, prefácio e comentários). — B. Barger, *Locke on Substance and Boyle's Origin of Forms and Qualities*, 1976. — R. Pilkington, *R. B., Father of Chemistry*, 1959. — F. J. Ottole, "Qualities and Powers in the Corpuscular Philosophy of R. B.", *Journal of the History of Philosophy*, 12 (1974), 295-315. — A. Campodonico, *Filosofia dell'esperienza ed epistemologia della fede in R. B.*, 1978. — S. Shapin, S. Schaffer, *Leviathan and the Air-Pump: Hobbes, B. and the Experimental Life*, 1985. — P. Alexander, *Ideas, Qualities and Corpuscles: Locke and Boyle on the External World*, 1985. — C.

Pighetti, *L'influsso scientifico di R. B. nel tardo '600 italiano*, 1988. ↰

BRADLEY, F[RANCIS] H[ERBERT] (1846-1924). Nascido em Clapham (distrito residencial a sudoeste de Londres), ingressou em 1865 no University College, de Oxford, e em 1870 foi nomeado *Fellow* no Merton College, Oxford, onde viveu até o final de sua vida, salvo viagens ocasionais feitas ao continente europeu. Costuma-se apresentar a filosofia de Bradley como uma das manifestações do idealismo — e especificamente do idealismo hegeliano — na Inglaterra. Contudo, embora haja aspectos hegelianos no pensamento de Bradley — por exemplo, em sua doutrina da "experiência imediata" —, a caracterização anterior é muito insuficiente. O próprio Bradley confessou não ser um hegeliano e não pertencer a uma — de resto inexistente — "escola hegeliana" na Inglaterra. Em contrapartida, é possível afirmar que Bradley foi um filósofo idealista, monista e, sobretudo, antiempirista — pelo menos no sentido em que o empirismo era entendido em sua época e em seu ambiente —, e que, no decorrer de sua polêmica contra os empiristas, ele utilizou certas idéias dos idealistas alemães e, em particular, de Hegel.

Bradley com freqüência expressou suas idéias por meio de uma série de encarniçadas argumentações contra seus possíveis oponentes e contra as possíveis objeções à sua doutrina. No final das argumentações, desemboca-se em afirmações que às vezes se julgam ousadíssimas proposições metafísicas (de todo modo, em proposições quase sempre surpreendentes para o senso comum). Dada a índole desta obra, teremos de prescindir das argumentações, embora elas constituam um *ingrediente essencial* do pensamento de Bradley, e de ater-nos às proposições fundamentais. Referir-nos-emos principalmente à metafísica de Bradley e destacaremos os seguintes pontos: a crítica do empirismo e a oposição ao psicologismo, a fundamentação da lógica no juízo, a teoria das relações internas e a concepção monista do Absoluto.

Bradley polemizou sem cessar contra o empirismo, ou, mais exatamente, contra a tradição empirista inglesa, desde Locke e Hume até John Stuart Mill e os associacionistas. O empirismo pretende descrever a estrutura do espírito humano, mas o que faz, segundo Bradley, é adotar certos pressupostos — pressupostos "atomistas" e "pluralistas" — sobre esse espírito e explicar a realidade com base no que esses pressupostos proporcionam. Além disso, os empiristas julgam que as idéias são imagens da realidade — que, por seu turno, é descrita como "composta" de idéias —, sem levar em conta que em toda idéia há uma significação (ou várias significações) que não pode ser reduzida à idéia. Esta última exprime no máximo a existência e o conteúdo da realidade apreendida, mas não exprime a generalidade do conhecimento, que se encontra inserida na significação. O conhecimento não consiste, pois, em idéias e em combinações de idéias: consiste, de imediato, em símbolos e significações de símbolos.

Eis a razão pela qual os empiristas erraram em sua explicação do conhecimento: eles se apoiaram exclusivamente nos aspectos psicológicos do conhecer, sem levar em conta — ou levando em conta apenas perifericamente — os aspectos lógicos. Os empiristas deduziram as idéias como significações lógicas das idéias, como imagens psicológicas, sem pensar que estas últimas também fazem parte da realidade. Em outras palavras, os empiristas procuraram explicar o conhecimento por algo que não é conhecimento, mas realidade conhecida, ou cognoscível.

Do ponto de vista lógico, o conhecimento baseia-se não nas idéias ou nos conceitos — que são elementos do conhecimento —, mas no juízo. Pensar não é ter uma imagem de uma coisa; é afirmar ou negar algo acerca de uma coisa. Ora, tão logo analisamos a estrutura do juízo, percebemos que a lógica não é suficiente. Ou, se se quiser, a lógica que deve ser adotada para esse fim é uma lógica que, embora siga as leis formais, não consiste nessas leis. Com efeito, uma análise da estrutura do juízo enquanto juízo sobre a realidade mostra-nos que nenhum juízo isolado — ou, melhor dizendo, nenhum juízo sobre uma realidade ou acontecimento "isolados" — é possível como tal juízo. Dizer, por exemplo, que uma flor que agora contemplo é vermelha não é ainda dizer muito; tenho de determinar em que sentido a flor de que estou falando é esta flor, isto é, uma realidade única. Começam então a ser acumuladas nuanças sobre a flor vermelha: que é esta flor aqui, que é esta flor que vejo agora etc. Mas o "aqui" não é tal a não ser que esteja num lugar determinado, o qual é determinado em relação a outros lugares. E o "agora" não é tal a não ser que seja ou exprima um momento do tempo, o qual é determinado em relação a outros momentos. Por sua vez, quaisquer que sejam os lugares ou momentos aos quais eu me refira, eles o serão por referência a outros lugares ou momentos, e assim sucessivamente. Em conseqüência, todo juízo sobre um pretenso acontecimento singular ou uma pretensa coisa única implica um juízo sobre toda a realidade. Em suma, só se pode falar do ponto de vista da "Realidade".

Isso equivale a rejeitar em princípio todo pluralismo e já não apenas o pluralismo das "idéias" no sentido dos empiristas, mas também o dos juízos. Isso equivale igualmente a reconhecer que não há "fatos atômicos" nem "acontecimentos atômicos"; o que há é "a Realidade". Em outros termos, os "objetos" ou os "acontecimentos" não são "entidades" que possuem certas propriedades e que estão em relação com certos outros objetos, e que, ao mesmo tempo, podem mudar suas propriedades ou alterar suas relações com outros objetos — o que a "entidade" é, ela o é com suas relações. Por conseguinte, as relações não são externas às "entidades", mas "internas" a elas: o que algo é, o é também, se não sobretudo, "relacionalmente".

Falar de relações como relações internas parece uma "recaída" no pluralismo, pois, afinal de contas, o vocábulo "relações" é um plural. Contudo, ocorre aqui algo semelhante ao que acontece com o juízo. Também no juízo se fala de sujeito e de predicado como se se tratasse de dois elementos distintos e, mais especificamente, de um elemento (o predicado) que se aplica a outro elemento (o sujeito). O certo é que não há nem relações no plural nem sujeitos e predicados no plural. Um exame da realidade do ponto de vista metafísico, isto é, do ponto de vista do que a Realidade é, afasta todas essas supostas pluralidades. Bradley realiza este exame mediante uma análise da aparência e da realidade. A aparência, na qual se dão substâncias e acidentes, qualidades primárias e secundárias, relações e qualidades, espaço e tempo, relações causais etc., mostra ser contraditória. Poder-se-ia, em vista disso, adotar uma das duas soluções seguintes: o fenomenalismo ou o dualismo de aparência e realidade (ou de fenômenos e coisas em si). Nenhuma das duas soluções é aceita por Bradley. A única coisa que permite superar as contradições mencionadas é o reconhecimento da Realidade como una e como absoluta. Se isto não aparece à primeira vista é porque com muita freqüência não apenas se parte da experiência imediata, como também se concebe tal experiência como o único modo de se confrontar o real. Na experiência imediata não há dualidade nem pluralidade, mas tampouco há pensamento. Este surge, de imediato, no nível do juízo ou pensamento relacional. No entanto, o pensamento relacional não é pensamento da Realidade. A doutrina das relações internas supera as dificuldades do pensamento relacional, mas não é ainda suficiente: é preciso alcançar um pensar que transcenda todas as pluralidades e todas as relações. Este pensar se assemelha à experiência imediata pelo fato de não haver diferenciação, mas distingue-se dela pelo fato de ser autenticamente pensamento. Trata-se do pensar o Absoluto como pensamento da realidade total e, portanto, como pensamento verdadeiro. Deve-se levar em conta que esse Absoluto de que Bradley fala não é, a seu ver, uma abstração: o Absoluto tem como "matéria" a "experiência". O Absoluto também não é uma coisa em si — é simplesmente a Realidade sem contradições.

Dizer que o que há é o Absoluto não é, para Bradley, excluir a existência: é medir (metafisicamente) a existência por meio do Absoluto. A própria aparência fica salvaguardada como um "momento" do Absoluto. Pois "o erro fundamental" consiste em tomar a parte pelo todo e esquecer que a verdade reside unicamente no último. Por esse motivo, pode-se até mesmo dizer que "o Absoluto *é* suas aparências", sempre que se enfatize devidamente (como faz Bradley) o 'é'. Com isso, Bradley não sustenta que haja uma realidade especial ou transcendente que seja o Absoluto e, diante dele, as outras realidades; o Absoluto é propriamente a medida ontológica de toda realidade como realidade. Daí ser possível falar, como faz Bradley, de "graus de realidade e de verdade". Com efeito, não haveria graus se não houvesse um termo absoluto que permitisse "medi-los" e "determiná-los". Nenhuma aparência é o Absoluto, mas nenhuma aparência é sequer possível sem o Absoluto.

A metafísica de Bradley não é de modo algum independente de sua ética. Visto moralmente — diz Bradley —, o Absoluto é "bom" (ou, se se quiser, "o bem"). Isso suscita o problema de saber se o Absoluto não é senão o nome que tem metafisicamente Deus. Bradley responde a isso observando que, enquanto objeto pertencente à consciência prática, Deus (um Deus pessoal) pode ser objeto de culto, mas não de especulação metafísica, pois, "se se identifica o Absoluto com Deus, já não se tratará do Deus da religião. E, se o procedimento é separá-los, Deus se transforma num fator finito dentro do conjunto". A metafísica "absorve" dessa maneira tanto a ética como a religião. Isso não significa que não haja possibilidade de crenças religiosas ou de regras éticas, mas o papel dessas crenças e regras é metafisicamente determinado. Assim, na ética, o imperativo supremo é o da "realização de si mesmo". Provar esse imperativo, porém, não é uma questão ética: é uma questão metafísica. Há apenas uma maneira de provar que a finalidade moral humana é a "auto-realização": saber o que significa 'ser si mesmo', 'ser real', 'realizar' e 'finalidade', "e saber isto — escreve Bradley — é possuir algo como um sistema de metafísica, e dizê-lo equivale a apresentar esse sistema".

➲ Obras: *The Presuppositions of Critical History*, 1874. — *Ethical Studies*, 1876; 2ª ed., 1927. — *Principles of Logic*, 1883; 2ª ed., aprimorada, 1922. — *Appearance and Reality: A Metaphysical Essay*, 1893; 2ª ed., 1897. — *Essays on Truth and Reality*, 1914; reimp. 1962. — *Collected Essays*, 2 vols., 1935 [com bibliografia no final do vol. I].

Bibliografia: R. Ingardia, "F. H. Bradley (1846-1924): An Exhaustive Bibliography", *Philosophy Research Archives*, 7 (1981), 14-56.

Ver: Hastings Rashdall, "The Metaphysics of Mr. F. H. B.", *Proceedings of the British Academy*, n. 2 (1911), 429-455. — R. Kagey, *The Growth of F. H. Bradley's Logic*, 1931. — C. A. Campbell, *Scepticism and Construction: Bradley's Sceptical Principle on the Basis of Constructive Philosophy*, 1931. — G. Watts Cunningham, *The Idealistic Argument in Recent British and American Philosophy*, 1933. — Adrien Chappuis, *Der theoretische Weg Bradleys. Die Hauptgedanken der Wahrheits- und Wirklichkeislehre des englischen Philosophen F. H. Bradleys (1846-1924)*, 1934. — Torny T. Segerstedt, *Value and Reality in Bradley's Philosophy*, 1934. — E. Duprat, B., 1939. — R. G. Ross, *Scepticism and Dogma. A Study in the Philosophy of F. H. B.*, 1940. — R. W. Church, *Bradley's Dialectic*, 1942. — W. T. Lofhouse, *F. H. B.*, 1949. — Maria Teresa Antonelli, *La metafisica di F. H. B.*, 1952. — M. Ahmed, *The Theory of Judgement in the Philosophies of F. H. B. and John Cook Wilson*, 1955. — Jean Pucelle, *L'idéalisme en Angleterre de Coleridge à Bradley*, 1955. — Richard Wollheim, *F. H. B.*, 1959. — W. H. Walsh, J. Pucelle *et al.*, artigos sobre B. em número especial de *Les Études Philosophiques*, N. S., 15 (1960), 29-89. — J. de Marneffe, *La preuve de l'Absolu chez B. Analyse et critique de la méthode*, 1961 (tese). — Heinz-Jürgen Schüring, *Studien zur Philosophie von F. H. B. Ein Beitrag zur Erforschung der Dialektik*, 1963. — Ashoke Kumar Ganguly, *Bradley's Theory of Idea: A Critical Study*, 1964. — T. S. Eliot, *Knowledge and Experience in the Philosophy of F. H. Bradley*, 1964. — Sushil Kumar Saxena, *Studies in the Metaphysics of B.*, 1967. — Garrett L. Vander Veer, *Bradley's Metaphysics and the Self*, 1970. — J. Passmore, "Russell and B.", em R. Brown, C. D. Rollins, eds., *Contemporary Philosophy in Australia*, 1969, pp. 21-30. — T. Airaksinen, *The Ontological Criteria of Reality: A Study of Bradley and McTaggart*, 1975. — D. Sacchi, *Unità e relazione. Studi sul pensiero di F. H. B.*, 1981. — A. Manser, *B.'s Logic*, 1983. — Id., *The Philosophy of F. H. B.*, 1984. — D. Mac Niven, *B.'s Moral Psychology*, 1987. — L. B. Mc Henry, *Whitehead and B.: A Comparative Analysis*, 1992. ℂ

BRADWARDINE, THOMAS. Ver THOMAS BRADWARDINE.

BRAHE, TYHO [TYGE] (1546-1601). Nascido em Knudstrupp, Scania (então pertencente à Dinamarca), trabalhou em seu observatório perto de Praga e, como "matemático imperial" — cargo no qual foi sucedido por Kepler (VER) —, em observações e medições dos movimentos dos planetas, realizando várias descobertas, como a de uma variação na inclinação da órbita lunar. Os dados proporcionados por Tyho Brahe permitiram a Kepler formular suas três leis dos movimentos dos planetas ao redor do Sol. O próprio Tyho Brahe não aceitou o sistema copernicano (ver COPÉRNICO [NICOLAU] e REVOLUÇÃO COPERNICANA) e propôs um sistema que representava um compromisso entre o de Copérnico e o de Ptolomeu. Nesse sistema, denominado "sistema ticônico", supõe-se que a Terra está imóvel e que o Sol e os cinco planetas então conhecidos giram ao redor da Terra. Tyho Brahe julgava que o seu próprio sistema tinha a vantagem de explicar os movimentos aparentes dos corpos celestes e de estar de acordo com a Bíblia.

↻ A obra mais conhecida de T. B. é o *De mundi aetherei recentioribus phaenomenis liber secundus, qui est de illustri se talla caudata anno 1577 conspecta*, 1588. Trata-se do segundo volume de uma série de três em que T. B. compilou suas observações. O primeiro volume (*Astronomiae instauratae progymnastica*) foi publicado por Kepler em 1602. T. b. escreveu uma autobiografia, com a descrição dos instrumentos usados em suas observações, em *Astronomiae instauratae mechanica*, 1598.

A edição mais importante dos escritos de T. B. é a de J. L. E. Dreyer, *Opera omnia*, 15 vols., Copenhague, 1913-1929.

Ver: J. L. E. Dreyer, *T. B.*, 1890. — J. A. Gade, *T. B.*, 1947. — Arthur Koestler, *The Sleepwalkers*, 1959. — S. Toulmin, J. Goodfield, *The Fabric of the Heavens*, 1961. — A. Blair, "T. B.'s Critique of Copernicus and the Copernican System", *Journal of the History of Ideas*, 51(3) (1990), 355-377. ↻

BRAHMA-MIMĀMSĀ. Ver Mimāmsā, Ve-dānta.

BRAHMAN. Ver Brahman-Ātman.

BRAHMAN-ĀTMAN. Os termos sânscritos *Brahman* e *Ātman* designam dois conceitos fundamentais da filosofia indiana (ver). *Brahman* significa o princípio supremo (e único) do mundo, princípio que pode ser concebido como superior ao próprio ser. O significado etimológico de *Brahman* parece apontar para a idéia de um crescimento espontâneo por si mesmo e a partir de si mesmo; de certo modo, *Brahman* é, pois, como a φύσις, o manancial inesgotável do real. Às vezes, o *Brahman* aparece como idêntico ao mundo ou ao que é; às vezes, em contrapartida, surge como algo que se encontra na raiz do mundo ou do que é (entidades ilusórias diante da realidade suprema do *Brahman*). No primeiro caso, temos o *Brahman* como o todo do que é ou o conjunto do cosmos, de modo que ele pode ser entendido positivamente, acumulando sobre si todo tipo de predicados. No segundo caso, temos o *Brahman* como um Absoluto que é o que não é, de modo que ele só pode ser entendido negativamente, excluindo de si toda espécie de predicados ou negando que seja alguma das coisas (visíveis). Quanto a *Ātman*, significa a realidade interior ou o eu íntimo do indivíduo humano. Como tal, é também uma fonte inesgotável da qual vive o indivíduo. O significado etimológico de *Ātman* ("hálito", "respiração" [cf. o verbo alemão *atmen*]) parece aludir a esse caráter "interno" da realidade humana, caráter expresso fisiologicamente, mas transferido de imediato a uma entidade de caráter espiritual. Por isso, o *Ātman* pode ser concebido como o Eu. Assim como ocorre com o *Brahman*, além disso, pode haver duas concepções do *Ātman*: uma, positiva, segundo a qual o Eu é o indivíduo ou, melhor dizendo, a totalidade de seu ser e de suas funções; e outra, negativa, de acordo com a qual ele é algo que só pode ser apreendido quando suplantamos por inteiro a realidade corporal e "aparente" do homem.

Ora, os dois conceitos citados foram pouco a pouco se sobrepondo; em vez do *Brahman* ou do *Ātman*, deparamos com a idéia de *Brahman-Ātman*, ou, melhor dizendo, com o conceito de *Brahman* como equivalente ao de *Ātman* e vice-versa. Trata-se de um Absoluto que se supõe estar no fundo tanto do universo ou cosmos como do eu ou indivíduo. Um fundamento dessa identificação do *Brahman* com o *Ātman* no interior de uma realidade suma pode ser encontrado na constante e progressiva "interiorização" do *Brahman* e na não menos constante e progressiva "universalização" do *Ātman*. Ao tornar-se interno e espiritual, o *Brahman* transformou-se numa espécie de Eu (cósmico); ao tornar-se geral e universal, o *Ātman* transformou-se numa espécie de Cosmos (espiritual). Assim, *Brahman* e *Ātman* podem ser considerados duas faces da mesma Realidade Suprema ou Causa Suma de tudo. Dessa Realidade surgem as outras realidades. Quanto a ela mesma, ou é concebida como inserida em todo o resto (caso em que temos a mencionada concepção "positiva" e "cósmico-imanente"), ou é entendida como aquilo que, sendo a raiz do resto, permanece separado e sempre "para além" — o que significa também "mais aquém" — do resto (caso em que temos a mencionada concepção "negativa" e "ideal-transcendente").

BRĀHMANA. Ver Upanixade; Veda.

BRAITHWAITE, RICHARD B[EVAN]. Nascido em 1900, professor de Filosofia Moral na Universidade de Cambridge (a partir de 1953), distinguiu-se como filósofo da ciência especialmente por sua análise da estrutura das teorias físicas e por seu exame da relação entre as teorias científicas e os "modelos" dessas teorias. Braithwaite examinou detidamente os inconvenientes envolvidos na consideração de uma teoria, ou de partes de uma teoria, como expressão de uma necessidade lógica. Os enunciados científicos devem possuir em última análise significação empírica, mas isso não significa que haja uma relação direta e unívoca entre cada enunciado e os fatos a que este se refere. O significado empírico dos enunciados científicos, e em particular dos enunciados de probabilidade — abordados pelo autor de modo especialmente detalhado —, funda-se na possibilidade de escolher entre hipóteses estatísticas de acordo com a teoria dos jogos (ver Jogo). Mas deve-se levar em conta que os enunciados científicos possuem diversos níveis de universalidade, níveis que correspondem a diversas camadas teóricas. Braithwaite aplicou também a teoria dos jogos ao problema das decisões morais e examinou o sentido das crenças religiosas do ponto de vista do empirismo.

↻ Obras: *Scientific Explanation: A Study of the Function of Theory, Probability and Law in Science*, 1953.

— *Moral Principles and Inductive Policies*, 1953. — *An Empiricist's View of the Nature of Religious Belief*, 1955 [A. S. Eddington Memorial Lectures, 9]. — *Theory of Games as a Tool for the Moral Philosopher*, 1955 (Aula inaugural em Cambridge, 1951).
Ver: A. Shimony, "Braithwaite on Scientific Method", *Review of Metaphysics*, 7 (1954), 644-660. — R. J. Hirst, "R. B. Braithwaite on Science and Ethics", *Philosophical Quarterly*, 4 (1954), 351-355. — H. E. Kyburg, "R. B. Braithwaite on Probability and Induction", *British Journal of the Philosophy of Science*, 9 (1958), 203-220. — R. C. Coburn, "Braithwaite's Inductive Justification of Induction", *Philosophy of Science*, 28 (1961), 65-71. — G. Buchdahl, N. Jardine *et al., Science, Belief and Behaviour: Essays in Honour of R. B. B.*, 1980, ed. D. H. Mellor (com bibliografia de escritos de R. B. B.). ☙

BRANDENSTEIN, BÉLA VON (1901-1989). Nascido em Budapeste, professor da Universidade Peter Pázmány, de Budapeste (1934-1945), como sucessor de Ákos Pauler (VER), e da Universidade de Saarbrücken (Alemanha), a partir de 1948, distinguiu-se por seus trabalhos de antropologia filosófica, ontologia e metafísica. Segundo Brandenstein, o tema capital da filosofia é: todo ente, na medida em que é, é algo (*Etwas*). Esta realidade não é diretamente acessível, mas pode ser compreendida mediante redução do dado a suas premissas lógicas últimas. Do ponto de vista da ontologia (ou estudo do ser), o ser tem três determinações básicas: o conteúdo (ou "essência"), a forma (ou relações, incluindo, como mínimo, a de identidade) e a "formação" (ou unidade do ser). O estudo de cada uma dessas três determinações dá origem a um ramo distinto da ontologia: a "tótica" (doutrina dos conteúdos), a lógica (doutrina das formas) e a matemática. Do ponto de vista da metafísica (ou da realidade propriamente dita), o que é tem três componentes últimos: são também "conteúdos", "formas" e "formações", mas de índole específica. Cada uma dessas três determinações abrange um grupo de seis categorias, que são condições prévias da realidade. Cada categoria está organizada em três espécies categoriais. Há no total 54 categorias. Brandenstein concebe a metafísica como baseada em fatos — não como mera especulação que procede de forma dedutiva —, mas considera que esses fatos devem ser ampliados e interpretados até abarcar toda a realidade. A metafísica de Brandenstein é uma espécie de "metafísica indutiva", mas não no sentido de Wundt, e sim no de Aristóteles. Contudo, as simpatias filosóficas do autor são antes platônicas e scotistas que aristotélicas ou tomistas.

➲ Principais obras: *Grundlegung der Philosophie*, I, 1926; III, 1927 (nenhum outro foi publicado até a ed. em 6 vols., 1965-1970) (*Fundamentação da filosofia*). — *Metaphysik des organischen Lebens*, 1930 (*Metafísica da vida orgânica*). — *Müveszetfilozofia*, 1930, 2ª ed. 1941 (*Filosofia da arte*). — *Az ember a mindensegben*, 1934-1936 (ed. alemã: *Der Mensch und seine Stellung im All. Philosophische Anthropologie*, 1947 [*O homem e seu lugar no Todo*]. — *Nietzsche*, 1942 (em húngaro). — *Der Aufbau des Seins. System der Philosophie*, 1950 [versão condensada da primeira obra citada] (*A estrutura do ser. Sistema de filosofia*). — *Das Bild des Menschen und die Idee des Humanismus*, 1948 (*A imagem do homem e a idéia do humanismo*). — *Eine kurzgefasste philosophische Anthropologie und geistesgeschichtliche Darstellung des Humanismus*, 1954 (*Antropologia filosófica e exposição histórico-espiritual abreviadas do humanismo*). — *Vom Werdegang des Geistes in der Seele*, 1954 (*O vir-a-ser do espírito na alma*). — *Die Quellen des Seins. Einführung in die Metaphysik*, 1955 (*As fontes do ser. Introdução à metafísica*). — *Vom Sinn der Philosophie und ihrer Geschichte*, 1957 (*Do sentido da filosofia e de sua história*). — *Teleologisches Denken. Betrachtungen zu dem gleichnamigen Buche Nikolai Hartmanns*, 1960 (*Pensamento teleológico. Considerações sobre o livro do mesmo título de N. H.*). — *Wahrheit und Wirklichkeit*, 1965 (*Verdade e realidade*). — *Bewusstsein und Vergänglikeit*, 1975 (*Consciência e transitoriedade*). — *Logik und Ontologie*, 1976. — *Grundfragen der Philosophie*, 1979 (*Questões filosóficas fundamentais*, 1982). — *Das Problem einer philosophischen Ethik*, 1979 (*Problemas de uma ética filosófica*). — *Wesen und Weltstellung des Menschen*, 1979 (*Natureza e posição do homem no mundo*). — *Was ist Philosophie?*, 1981 (*O que é a filosofia?*). — *Sein, Welt, Mensch*, 1983 (*Ser, Mundo, Homem*). — *Der Mensch vor Gott*, 1984 (*O homem diante de Deus*).
Ver: Francis J. Kovach, "The Philosophy of B. von B.", *The Review of Metaphysics*, 11 (1957), 315-336. ☙

BREDA, HERMANN LEO VAN. Ver HUSSERL, EDMUND.

BRÉHIER, ÉMILE (1876-1952). Nascido em Barle-Duc (Meuse), foi professor de filosofia em vários Liceus (1900-1909) e nas Universidades de Rennes (1909-1911), de Bordeaux (1912-1919), e na Sorbonne, de Paris (1920-1946). Distinguiu-se como historiador da filosofia — história geral da filosofia, filosofia grega e, em particular, helenística, filosofia do idealismo alemão — e como pesquisador de conceitos filosóficos. Suas reflexões teóricas centraram-se nas questões suscitadas pela filosofia em sua história. Dentre os temas que preocuparam este autor, limitamo-nos a mencionar os seguintes: a questão de saber se existe uma filosofia cristã (que ele negou, por razões semelhantes às que tornam impossível falar de uma física cristã), o problema da causalidade na história da filosofia (em cuja abordagem procurou estabelecer de que maneira o pensamento filosófico tem uma "história interna" e de que outros modos é condicionado por acontecimentos externos aos raciocínios filosóficos), a questão da periodização na história da filosofia (na qual introduziu a noção de renascimento [VER] num sentido distinto do usual). Segundo Bréhier, no processo da filosofia há primariamente uma história das "iniciativas espirituais" e secundariamente uma história das "tradições" — ambas devem ser levadas em conta pelo historiador se não se deseja que a filosofia apareça ou como algo completamente independente da história da cultura ou como um mero epifenômeno desta.

◯ Obras: *Les idées philosophiques et religieuses de Philon d'Alexandrie*, 1907 (tese principal); 2ª ed., 1925; 3ª ed., 1950 [A tese abrangia igualmente uma edição, com trad., de Fílon: *Commentaire allégorique des Saintes Lois*, 1909]. — *La théorie des "Incorporels" dans l'Ancien Stoïcisme*, 1907 (tese complementar); 2ª ed., 1925 [reimpresso em *Études*, cf. *infra*]; 3ª ed., 1962. — *Chrysippe*, 1910; 2ª ed. com o título: *Chrysippe et l'Ancien Stoïcisme*, 1951; nova ed., 1971. — *Schelling*, 1912. — *Histoire de la philosophie allemande*, 1921; 3ª ed., 1954. — *Histoire de la philosophie*, 2 vols., 1926-1930; várias edições posteriores, rev. e ampliadas. — *La philosophie de Plotin*, 1928; nova ed., 1961. — *La notion de Renaissance dans l'Histoire de la Philosophie*, 1934 (The Zaharoff Lecture for 1933). — *La philosophie du moyen âge*, 1937; nova ed., 1949. — *La philosophie et son passé*, 1940; 2ª ed., 1950. — *Science et humanisme*, 1947. — *Transformation de la philosophie française*, 1950. — *Les thèmes actuels de la philosophie*, 1951. — *Études de philosophie antique*, 1955 (coletânea de estudos). — *Études de philosophie moderne*, 1965.

Devem-se igualmente a Bréhier uma ed. e trad. das *Enneadas*, de Plotino, 1924-1938. — Interessante para as idéias de Bréhier é o artigo "Comment je comprend l'histoire de la philosophie", *Les Études philosophiques* (abril-junho, 1947), 105-513 [reimp. em *Études*, cf. *supra*].

Em português: *História da filosofia*, s.d.

Ver: G. Marcel, *Notice sur la vie et les travaux d'E. B. 1876-1952*, 1954 (folheto). — I. Ivanciu, "La Méthodologie de l'histoire de la philosophie chez Émile Bréhier", *Philosophie et Logique*, 18 (1974), 57-69. ◯

BRENTANO, FRANZ (1838-1917). Nascido em Merienberg, na região do Reno. Ordenou-se sacerdote da Igreja Católica (1864), mas abandonou o sacerdócio e a Igreja (1873). Durante um ano (1872-1873), lecionou na Universidade Católica de Würzburg, mas teve de renunciar à cátedra por causa das dificuldades suscitadas por sua situação religiosa. Em 1874, foi para Viena, onde foi nomeado professor, mas em 1880 abandonou a cátedra pelas mesmas dificuldades citadas e por seu desejo de casar-se, motivo pelo qual se dirigiu a Leipzig e regressou a Viena, mas apenas como *Privatdozent*. Em 1896, mudou-se para Florença e, em 1915, para Zurique.

Brentano, grande estudioso de Aristóteles e da escolástica, desenvolveu um estilo filosófico oposto — tanto no conteúdo como na forma — ao do idealismo alemão, criticando severamente Hegel e Fichte, por suas tendências especulativas, e Kant, por ter sido, conscientemente ou não, o iniciador dessas tendências. O estilo filosófico de Brentano caracteriza-se pela sobriedade e pela análise conceitual. Nesse sentido, pode-se dizer que seu modo de pensar é aristotélico e se aproxima do de outro grande pesquisador de Aristóteles do século XIX: Trendelenburg (VER). Brentano considerou que a filosofia não deve afastar-se da ciência natural e até afirmou que "o verdadeiro método da filosofia é a ciência natural, e o verdadeiro método da ciência natural é a filosofia" ("Abajo los prejuicios", em *El porvenir de la filosofía* [trad. esp., 1936]). Isto não significa que Brentano fosse um "naturalista" no sentido que esse termo assumiu mais tarde. Seu propósito era resgatar a filosofia das mãos daqueles que haviam sido os responsáveis por sua "decadência" (ver a esse respeito FILOSOFIA [HISTÓRIA DA]) e que a tinham imbuído de "preconceitos" de todo tipo. Pulsava no fundo do idealismo especulativo um perigoso relativismo, que já se encontrava inclusive nos próprios esforços realizados por Kant para salvar a filosofia do ceticismo de Hume. Brentano escreveu a esse respeito: "No campo da filosofia, já não se pensa em pedir luz e verdade, mas apenas um entretenimento com novidades surpreendentes. Por estes frutos, que amadureceram na árvore dos conhecimentos sintéticos *a priori*, pode ser revelado a nós, de maneira mais que suficiente, o que estes são" (*op. cit.*).

Isso não significa que Brentano se opusesse à metafísica, da qual se ocupou constantemente; significa apenas que ele rejeitava a metafísica puramente especulativa e espetacular, e que desejava fundá-la na análise rigorosa dos conceitos empregados e no estudo das diversas categorias da linguagem. Brentano opunha-se, além disso, a confusões entre conceitos lógicos e conceitos psicológicos; em sua opinião, essas confusões conduziam ao relativismo contra o qual lutou por toda a vida. Seu propósito fundamental foi fundar a filosofia em bases sólidas. Em certo sentido, Alfred Kastil (VER), seu discípulo, tem razão ao observar que Brentano inaugurou um modo de filosofar análogo, em suas *intenções*, ao dos membros do Círculo de Viena (VER). Isto pode ser explicado historicamente se se leva em conta que Brentano se situava numa área filosófica (a da região inserida no antigo Império Austro-Húngaro, e que se estendia por alguns outros países, como a Polônia) que, embora usasse o alemão como língua cultural, era em muitos aspectos diferente de outra área que empregava a mesma língua — a área alemã propriamente dita. Muitos filósofos "austro-húngaros" e poloneses do século XIX seguiram tendências ao mesmo tempo empiristas e analíticas, mostrando pouca simpatia pelas tendências especulativas de vários filósofos alemães da primeira metade do século XIX. Brentano foi um dos que encabeçaram a inclinação para um pensamento sólido e sóbrio, analítico e rigoroso, de uma das "fases" da filosofia: a fase da cuidadosa elaboração dos conceitos. Seus escritos e ensinamentos exerceram grande influência sobre seus dois discípulos imediatos — os mencionados A. Kastil (VER) e Oscar Kraus (VER) — e também sobre uma série de pensadores que se separaram dele em pontos capitais mas foram fiéis ao estilo de pensar brentaniano. Mencionamos entre eles C. Stumpf, Ch. Ehrenfels, A. von Meinong, Anton Marty e A. Höfler (VER). Hoje, fala-se especialmente da influência exercida por Brentano sobre Husserl (que estudou com Brentano em 1881 e de 1884 a 1886); com efeito, foi a preeminência alcançada pela fenomenologia husserliana o que levou à revalorização da filosofia de Brentano em nossa época.

Das numerosas contribuições de Brentano, destacaremos algumas das mais importantes no âmbito da psicologia, da lógica, da teoria do conhecimento, da teoria dos valores e da metafísica. A psicologia e a teoria dos valores de Brentano — além disso, estreitamente relacionadas entre si — foram usualmente destacadas como as partes mais importantes de seu pensamento.

A psicologia de Brentano é de caráter descritivo (psicognosia) e não genético. Sua tarefa é estudar a natureza dos fenômenos psíquicos e classificar esses fenômenos. A característica dos fenômenos psíquicos, ao contrário dos físicos, é a intencionalidade, e o fato de "estarem dirigidos para" um objeto enquanto dado interiormente (ver INTENÇÃO, INTENCIONAL, INTENCIONALIDADE). A consciência, como conjunto de relações intencionais, é, pois, sempre "consciência de". Há três tipos de fenômenos psíquicos ou três espécies de relações intencionais: as representações (*Vorstellungen*), os juízos (*Urteile*) e os afetos (atividades afetivas ou movimentos afetivos [*Gemütstätigkeiten, Gemütsbewegungen*], tais como o amor e o ódio). O que caracteriza cada tipo de fenômeno psíquico é o modo de "estar dirigido para", e não, portanto — como nos fenômenos físicos —, o ser dado.

A psicologia desempenha em Brentano o papel de uma ciência fundamental num sentido similar ao que será depois o da teoria dos objetos e da fenomenologia, e por razões afins. O estudo das representações é a estética (no sentido de uma teoria das "idéias", sensíveis ou não-sensíveis). O estudo dos juízos é a lógica. Esta se ocupa do fato do reconhecimento ou da rejeição das representações no juízo. Os juízos são afirmações e negações dos objetos intencionais. Os juízos básicos são os de caráter existencial (no âmbito dos quais estão muitos juízos usualmente considerados categóricos). Ao lado deles, há os juízos predicativos. O estudo dos afetos (intencionais) é o tema da ética. Esta se funda numa concepção dos valores como atos de preferência e repugnância. Tais valores não são simplesmente representações subjetivas — como atos de preferir e de rejeitar, referem-se necessariamente ao valorizado ou desvalorizado. Brentano opõe-se com veemência ao subjetivismo ético e funda uma teoria objetiva dos valores. Segundo ele, é possível estabelecer leis rigorosamente universais de caráter axiológico (as mesmas leis que Max Scheler usou como uma das bases de sua *Ética*). Afirmar, por exemplo, que algo é bom não é ter apenas uma experiência subjetiva de algo bom: é um ato de preferência que se dirige para algo em virtude do caráter intencional do ato.

As relações entre os diversos atos intencionais e entre os atos e os objetos intencionais são conhecidas *a priori*. Por exemplo, pode-se estabelecer *a priori* que não há representações sem modos temporais, nem juízos sem representações, nem afetos sem amor ou ódio (ou preferência ou repugnância). Estes são exemplos de verdades apodíticas, ou evidentes *a priori*, as quais não devem ser confundidas com as evidências da experiência interna. O apriorismo de Brentano não é, por conseguinte, comparável ao apriorismo transcendental — trata-se antes do resultado de uma intuição derivada de um exame prévio da natureza dos atos intencionais.

Podem-se incluir no âmbito da metafísica de Brentano sua doutrina do espaço e do tempo, bem como sua teoria do ser. Brentano concebe a espacialidade e a temporalidade como contínuos unidos aos objetos corpóreos; não são, pois, substâncias absolutas, mas tampouco meras condições do conhecimento dos objetos. Em sua teoria do ser, Brentano defende a idéia de que todo o real é necessário de modo mediato ou imediato — o necessário de modo mediato é todo o suscetível de experiência. O necessário de um modo imediato é uma realidade transcendental. Esta última realidade é condição de todas as realidades. Mas o transcendental não é necessariamente uma substância infinita e imóvel, absolutamente distinta do que é acessível à experiência: ele é a condição real da experiência na medida em que está em evolução contínua.

➲ Obras: *Von der mannigfachen Bedeutung des Seienden nach Aristoteles*, 1862; reimp., 1960 (*Da múltipla significação do ser segundo Aristóteles*). — *Die Psychologie des Aristoteles*, 1867. — *Psychologie vom empirischen Standpunkt*, I, 1874. — *Ueber die Gründe der Entmutigung auf philosophischem Gebiete*, 1874 (*Sobre as razões do desalento na filosofia*. — *Was für ein Philosoph manchmal Epoche macht*, 1876 (*Que tipo de filósofos às vezes se destacam*). — *Neue Rätsel von Aenigmatias*, 1879 (*Novos enigmas de E.*). — *Ueber den Creationismus des Aristoteles*, 1882. — *Vom Ursprung sittlicher Erkenntnis*, 1889. — *Ueber die Zukunft der Philosophie. Mit apologetischkritischer Berücksichtigung der Inaugurationsrede von A. Exner "Ueber politische Bildung"*, 1893. — *Die vier Phasen der Philosophie und ihr augenblicklicher Stand*, 1895. — *Untersuchung zur Sinnespsychologie*, 1907 (*Investigação sobre psicologia dos sentidos*). — *Aristoteles und seine Weltanschauung*, 1911 (trad. esp.: *Aristóteles*, 1930; nova ed., 1983).

Edição de obras completas: *Gesammelte Schriften*, por Alfred Kastil e Oskar Kraus, incluindo alguns escritos póstumos, 11 vols., 1921-1934. Citamos os seguintes tomos desta edição: *Die Lehre Jesu und ihre bleibende Bedeutung* (1922); *Psychologie vom empirischen Standpunkt* (I, 1924; II, 1925; III, 1928; reed., 2 vols., 1955-1959); *Versuch über die Erkenntnis* (1925); *Die vier Phasen etc.* (1926); *Vom Dasein Gottes* (1929). Depois Franziska Mayer-Hillebrand editou os escritos não contidos na ed. anterior: *Grundlegung und Aufbau der Ethik*, 1952, aulas de B. sobre filosofia prática (*Fundamentação e estrutura da ética*). — *Religion und Philosophie*, 1954. — *Die Lehre vom richtigen Urteil*, 1956 (*Doutrina do reto juízo*). — *Grundzüge der Ästhetik*, 1959 (*Elementos básicos de estética*). — *Geschichte der griechischen Philosophie*, 1963, aulas de B. sobre história da filosofia (*Historia da filosofia grega*). — *Warheit und Evidenz*, 1964 (*Verdade e evidência*). — *Die Abkehr vom Nichtrealen. Nur Dinge sind vorstellbar und können existieren*, 1966, correspondência com Marty y Kraus, e artigos 1904-1917 (*Afastamento do não-real. Somente as coisas são representáveis e podem existir*). — *Über die Zukunft der Philosophie*, 1968 (*Sobre o futuro da filosofia*). — *Untersuchung zur Sinnespsychologie*, 2ª ed., 1979 (*Investigação sobre psicologia dos sentidos*). — *Philosophische Untersuchungen zu Raum, Zeit und Kontinuum*, 1976 (*Investigações filosóficas sobre espaço, tempo e contínuo*). — *Geschichte der mittelalterlichen Philosophie*, 1980 (*História da filosofia medieval*). — R. M. Chisholm e W. Baumgartner editaram as conferências feitas por B. em Viena, 1890-1891, e seleções de uma versão prévia dessas mesmas conferências, com o título *Deskriptive Psychologie*, 1982.

Parte dos manuscritos de Brentano foi destruída num bombardeio de Leipzig (1942). Massaryk fundou em Praga uma Brentano-Gesellschaft, presidida durante muito tempo por O. Kraus.

Bibliografia: P. Gregoretti, *F. B. Bibliografia completa (1862-1982)*, 1983.

Ver: O. Kraus, *F. B., Zur Kenntnis seines Lebens und seiner Lehre*, 1919. — O. Most, *Die Ethik F. Brentanos und ihre geschichtlichen Grundlagen*, 1931. — A. Werner, *Die psychologisch-erkenntnistheoretischen Grundlagen der Metaphysik F. Brentanos*, 1931. — M. Brück, *Ueber das Verhältnis E. Husserl zu F. B.*, 1933 (tese). — E. Rogge, *Das Kausalproblem bei F. B.*, 1935. — V. Hauber, *Wahrheit und Evidenz bei F. B.*, 1936 (tese). — E. Seiterich, *Die Gottesbeweise bei F. B.*, 1936. — I. Fisch, *F. Brentanos Lehre vom Urteil*, 1941 (tese). — H. Rodríguez Sanz, *El problema de los valores en la teoría del conocimiento moral de F. B.* (Acta Salmanticensia. Filosofia y Letras, t. IV, I, 1948). — A. Kastil, *Die Philosophie F. Brentanos. Eine Einführung in seine Lehre*, nova ed., 1951, ed. Franziska Mayer-Hillebrand. — M. Cruz Hernández, *F. Brentano*, 1953. — J. A. L. Taljaard, *B. B. as wysgeer ñ Bydrae tot die kennis van die neo-positiwisme*, 1955 (tese). — É. Gilson, *Méthode et métaphysique selon F. Brentano*, 1955. — *Id., La psychologie descriptive selon F. Brentano*, 1955. — Jan Srzednicki, *F. Brentano's Analysis of Truth*, 1965. — Gustav Bergmann, *Realism: A Critique of B. and Meinong*, 1967. — Adriano Bausola, *Conoscenza e moralità in F. B.*, 1968. — Antos C. Rancurello, *A Study of F. B.: His Psychological Standpoint and His Significance in The History of Psychology*, 1968. — Aquilina Satué Álvarez, *Doctrina de la intencionalidad en F. B.*, 1973. — G. Morscher, S. Körner et al., *Die Philosophie F. B.s*, 1978, ed. R. M. Chisholm y R. Haller (Atas do Simpósio B. de Graz, 4-8 de julho de 1977). — E. Campos, *Die Kantkritik Brentanos*, 1979. — F. Modenato, *Coscienza e essere in F. B.*, 1979. — R. M. Chisholm, *Brentano and Meinong Studies*, 1982. — L. McAlister, *The Development of F. B.'s Ethics*, 1982. — R. M. Chisholm, *B. and Intrinsic Value*, 1986. — J. M. Werle, *F. B. und die Zukunft der Philosophie*, 1989. ◐

BREUER, JOSEF (1842-1925). Nascido em Viena, fez pesquisas sobre a histeria numa época (por volta de 1880) em que Freud, segundo observa este, se achava ainda ocupado em concluir seus exames. As investigações de Breuer, juntamente com as de Freud, deram lugar à obra conjunta *Studien über Hysterie*, publicada em 1895.

Os sintomas manifestados por pacientes histéricos encontram-se, de acordo com Breuer, em traumas do passado (acontecimentos "traumáticos", que o paciente aparentemente esqueceu). A cura desses traumas consiste numa catarse ou purificação que se realiza quando eles são trazidos à lembrança. A noção de "conversão" — a descarga de quantidades anormais de excitação não manifesta de outro modo (normal) — constitui o fundamento teórico das investigações de Breuer.

Freud reconheceu o caráter de antecipação dos estudos de Breuer com relação à psicanálise, mas alertou para a existência de diferenças fundamentais entre as concepções de Breuer e a dele, especialmente na medida em que o primeiro tendia a uma teoria fisiológica "hipnóide", ao contrário da teoria da "defesa" (depois denominada "repressão") preconizada por Freud.

BREYSIG, KURT (1866-1940). Nascido em Posen (Poznan), foi *Privatdozent* (1892-1894), professor "extraordinário" (1896-1923) e professor efetivo (1923-1934) de Ciência da História da Universidade de Berlim. Segundo Breysig, o motor da história são os indivíduos, e especialmente as personalidades criadoras. Estas operam dentro das massas, e amiúde contra a resistência destas, que constituem a força inercial. A história "completa" é constituída por estes dois elementos: o primeiro, a personalidade, põe em marcha, imprime direção aos acontecimentos históricos; o segundo torna possível a continuidade e o equilíbrio, sem os quais a ação das personalidades se perderia em meros impulsos. Breysig enfatiza a dialética entre personalidade e comunidade, dialética que opera não apenas no curso da história mas também na relação entre cada indivíduo e o meio histórico-social. O desenvolvimento histórico é, a seu ver, paralelo (de modo algum idêntico) ao desenvolvimento biológico, dando-se nele, igualmente, uma ontogenia e uma filogenia. Para Breysig, a tarefa do historiador consiste em proporcionar uma base empírica à hipótese dos ritmos históricos e em averiguar se esta hipótese se realiza igualmente em todas as comunidades. Contudo, o paralelismo histórico e biológico não significa, para ele, que a história tenha uma estrutura biológica. Os processos de crescimento e degeneração não têm, no âmbito da história, nenhuma estrutura "circular". A história é um "vir-a-ser".

⊃ Obras: *Kulturgeschichte der Neuzeit*, 2 vols., 1900-1901 (*História da cultura moderna*). — *Der Stufenbau und die Gesetze der Weltgeschichte*, 1905 (*Estrutura e leis da história universal*). — *Geschichte der Menschheit*, 2 vols., 1906-1907 (*História da humanidade*). — *Vom geschichtlichen Werden*, 3 vols. (I: *Persönlichkeit und Entwicklung*, 1925; II: *Die Macht des Gedankens in der Geschichte*, 1926; III: *Der Weg der Menschheit*, 1928) (*Do vir-a-ser histórico*. I: *Personalidade e evolução*; II: *O poder da idéia na história*; III: *O caminho da humanidade*). — *Naturgeschichte und Menschheitsgeschichte*, 2 vols., 1933-1934 (*História natural e história humana*). — *Vom Sein und Erkennen geistlicher Dinge*, 3 vols. (I: *Die Geschichte der Seele im Werdegang der Menschheit*, 1931; II: *Psychologie der Geschichte*, 1935; III: *Gestaltung des Entwicklungsgedankens*, 1940) (*Do ser e do conhecer das coisas espirituais*. I: *A história da alma no processo da humanidade*; II: *Psicologia da história*; III: *Estruturação da idéia de evolução*).

Obra póstuma: *Gesellschaftslehre-Geschichtslehre*, 1958 (*Teoria da sociedade-Teoria da história*). — *Aus meinen Tagen und Träumen*, 1962 (*De meus dias e sonhos*). — *Gedankenblätter*, 1964, ed. Gertrud Breysig.

Ver: E. Hering, *Das Werden als Geschichte. K. B. in seinem Werk*, 1939. — F. Schilling, *K. B.s Forschungen und Vorlesungen*, 2 vols., 1962. ⊂

BRIDGES, JOHN HENRY. Ver COMTE, AUGUSTE.

BRIDGMAN, P[ERCY] W[ILLIAMS] (1882-1961). Nascido em Cambridge, Massachusetts (EUA), lecionou na Universidade de Harvard de 1908 a 1954 (1926-1950: professor da cátedra Hollis de matemática e filosofia natural; 1950-1954: recebeu o prêmio Nobel de física por seus trabalhos sobre a física de altas pressões). Sua mais importante contribuição filosófica foi a teoria operacionalista do conhecimento, em particular a teoria operacionalista do conhecimento físico. Referimo-nos a ela mais detidamente no verbete OPERACIONALISMO (VER). Acrescentemos aqui que Bridgman se dedicou também a problemas de filosofia humana e social à luz de sua "análise operacional".

⊃ Obras: *The Logic of Modern Physics*, 1927. — *The Nature of Physical Theory*, 1936. — *The Intelligent Individual and Society*, 1938. — *The Nature of Thermodynamics*, 1941. — *New Vistas for Intelligence*, 1947. — *Reflections of a Physicist*, 1950, nova edição 1955. — *The Nature of Some of our Physical Concepts*, 1952. — *The Way Things Are*, 1959. — Póstuma: *A Sophisticate's Primer of Relativity*, 1962 (com prólogo de A. W. Grünbaum).

Edição de obras: *Philosophical Writings of P. W. B.*, 1980.

Ver: U. Curi, *Analisi operazionale e operazionalismo*, 1970. — A. C. Benjamin, "Operationism. A Critical Evaluation", *Journal of Philosophy*, 47 (1950), 439-443. — J. Turner, "Professor Benjamin on Bridgman. A Rejoinder", *ibid.*, 774-777. — A. C. Benjamin, *Operationism*, 1955 (especialmente caps. II e III). — J. Bernstein, "P. W. Bridgman, in Revolt Against Formalism", *Synthese*, 8 (1949-1951), 331-341. — G. Schlesinger, "P. W. B.'s Operational Analysis: The Differential Aspect", *British Journal for the Philosophy of Science*, 9 (1959), 299-306. — H. J. Allen, "P. W. Bridgman and B. F. Skinner on Private Experience", *Behaviorism*, 8 (1980), 15-29. — A. E Moyer, "P. B.'s Operational Perspective on Physics", *Studies in History and Philosophy of Science* (1991): I, "Origins and Development", pp. 237-258; II, "Refinements, Publication, and Reception", pp. 373-397. — G. Holton, "A Personal View of P. W. B., Physicist and Philosopher", *Methodology and Science*, 26(1) (1993), 1-5. ↄ

BRIGHTMAN, E[DGAR] S[HEFFIELD] (1884-1952). Nascido em Holbrook, Massachusetts (EUA), foi professor da Universidade de Boston como sucessor de Bowne, deu continuidade aos ensinamentos de seu mestre, defendendo o personalismo (VER). Contudo, ao contrário de Bowne, Brightman reconheceu aspectos do real que haviam sido negligenciados pelos personalistas das gerações anteriores e que ampliaram consideravelmente o quadro da experiência. A rigor, Brightman insistiu — especialmente em suas últimas obras — na riqueza das experiências humanas, riqueza devida ao fato de ser a própria realidade uma "realidade reluzente", detentora de um sentido — ou, melhor dizendo, de uma multiplicidade e riqueza de sentidos —, que o homem deve empenhar-se em descrever, compreender e explicar, em lugar de tentar "reduzi-lo" como se faz nas orientações exclusivamente cientificistas. Brightman admitiu, no âmbito da corrente central personalista que representa, alguns resultados de outras tendências contemporâneas (incluindo a fenomenologia, a teoria dos valores, a filosofia do espírito e da cultura, bem como o existencialismo). Característica de sua posição filosófica é a afirmação de que a verdade tem uma forma total e orgânica e de que as verdades "atômicas" ou parciais são insuficientes para explicar qualquer tipo de realidade. Também é típica da posição de Brightman a afirmação do caráter finito de Deus (VER), com o objetivo de resolver o problema da existência do mal.

⮕ Obras: *The Sources of the Hexateuch*, 1918. — *An Introduction to Philosophy*, 1925; 3ª ed., 1963, rev. por Robert N. Beck. — *Immortality in Post-Kantian Idealism*, 1925 (Ingersoll Lecture). — *Religious Values*, 1925. — *A Philosophy of Ideals*, 1928. — *The Problem of God*, 1930. — *Moral Laws*, 1933. — *Personality and Religion*, 1934. — *The Future of Christianity*, 1937. — *A Philosophy of Religion*, 1940. — *The Spiritual Life*, 1942. — *Personalism in Theology*, 1943 (Simpósito em homenagem a A. C. Knudson). — *Nature and Values*, 1945. — *Person and Reality. An Introduction to Metaphysics*, 1958 (póstuma, ed. Peter A. Bertocci em col. com Jeanette E. Newhall e Robert S. Brightman; com bibliografia).

Bibliografia: J. E. Newhall, "Selected Bibliography of the Writings of E. S. B.", *Philosophy Forum*, 12 (1954), 22-28.

Ver: F. H. Ross, *Personalism and the Problem of Evil: A Study in the Personalism of Bowne, Knudson and B.*, 1940. — J. A. Martin, *Empirical Philosophies of Religion, with Special Reference to Boodin, Brightman, Hocking, MacIntosh, and Wieman*, 1945. ↄ

BRINCKMANN, CARL. Ver FRIES, JAKOB FRIEDRICH.

BROAD, C[HARLIE] D[UNBAR] (1887-1971). Nascido em Harlesden (Middlesex), estudou no Trinity College e foi professor assistente em St. Andrews, professor da Universidade de Bristol, *Fellow* e *Lecturer* no Trinity College e, de 1933 a 1953, *Knightbridge Professor* de Filosofia Moral em Cambridge. No decorrer de seu magistério, preparou seus livros, quase todos, como confessa, como resultado de seus cursos. Estreitamente associado a McTaggart (VER), embora não partidário de sua filosofia, editou seus escritos póstumos, tendo exposto e criticado detalhadamente seu pensamento. Broad trabalhou sobretudo nos problemas epistemológicos, tanto no sentido do neo-realismo (VER) como do extremo analiticismo do chamado grupo de Cambridge, ao qual, no entanto, não pertenceu formalmente e do qual esteve afastado no que tange a vários pontos importantes. Para Broad, o realismo não é uma posição da qual se deva partir na teoria do conhecimento, mas o resultado de uma maior atenção aos dados empíricos tal como apresentados pelo fenômeno da percepção (VER). Ora, com o realismo abre-se um campo de possibilidades para uma análise exaustiva da relação *sujeito-objeto* e, por meio disso, da constituição dos próprios objetos. Uma fenomenologia da percepção, análoga às elaboradas por outros representantes da mesma tendência (T. Percy Nunn, Norman Kemp Smith, Cyril E. M. Joad, Henry H. Price etc.), mostra, com efeito, que entre as operações psíquicas do conhecer e o objeto "físico" conhecido há um reino intermediário: os chamados — com um termo muito usado no pensamento inglês atual — *sensa*. O problema da forma da relação dos *sensa* com o psíquico ou o físico foi, portanto, o cavalo de batalha do pensamento neo-realista inglês, pois da decisão referente à natureza dessa realidade depende a maior ou menor inclinação para o realismo ou para o idealismo. Ora, essas *species* que são os *sensa* reformularam não apenas o problema de sua relação com o existente, mental ou físico, mas também o problema da própria natureza do existente. Tal problema foi resolvido por Broad num sentido que se orienta para domínios muito próximos do fenomenismo. Com efeito, mesmo a ontologia dos elementos da percepção se baseia numa descrição de cunho fenomênico, mas de um fenomenismo "ancorado", por assim dizer, nos próprios objetos, que se produzem continuamente com novas qualidades em virtude da evolução emergente que, assim como grande parte de seus colegas neo-realistas, Broad admitiu e desenvolveu. Daí a tendência de Broad a considerar os *sensa* como algo que depende, por sua qualidade, da operação mental e, por sua existência, do "mundo externo". Uma análise da relação neste último sentido conduz, além disso, a um esclarecimento do método da ciência natural que Broad elaborou com particular detalhe. No entanto, a fenomenologia da percepção não se detém nesta fase

— ela se prolonga com uma análise dos diferentes campos do sensorial, que somente permanecem unificados quando os diversos elementos se inserem na realidade quase orgânica do "acontecimento". O realismo fenomenista de Broad leva-o, assim, a uma ontologia dinamicista, e mesmo temporalista, para a qual acaba por desvanecer-se toda diferença entre o mental e o físico, o espaço e o tempo, e em que a realidade estável não passa da continuação temporal de uma "eventualidade", já que o "acontecimento" (*event*) é uma realidade fundamental que tem como característica primordial uma multiplicidade infinitamente rica de conteúdos concretos.

↷ Obras: *Perception, Physics and Reality, an Inquiry into the Information that Physical Science can supply about the Real*, 1914. — *Scientific Thought*, 1923. — *The Mind and Its Place in Nature*, 1925. — *The Philosophy of Francis Bacon*, 1926. — *Five Types of Ethical Theory*, 1930. — *Determinism, Indeterminism, and Libertarianism*, 1934 (Aula inaugural em Cambridge). — *Examination of Mc-Taggart's Philosophy*, I, 1933; II (em 2 partes), 1938. — *Ethics and the History of Philosophy, Selected Essays*, 1952. — *Religion, Philosophy and Psychical Research*, 1953. — *Human Personality and Its Survival*, 1955 [The Agnes E. and Constantine E. A. Foerster Lecture, 1954]. — *Personal Identity and Survival*, 1958 [The Thirteenth Frederic W. H. Myers Memorial Lecture, 1958]. — *Lectures on Psychical Research*, 1962 [The Perrott Lectures. Cambridge University, 1959-1960]. — *Induction, Probability and Causation: Selected Papers*, 1968. — *Critical Essays on Moral Philosophy*, 1971, ed. David Cheney (ensaios, 1914-1964). — *Leibniz: An Introduction*, 1975, ed. C. Lewy. — *Kant: An Introduction*, 1978, ed. C. Lewy. — *Ethics*, 1985, ed. C. Lewy.

Ver: M. Lean, *Sense-Perception and Matter: A Critical Analysis of C. D. Broad's Theory of Perception*, 1953. — Paul Arthur Schilpp, ed., *The Philosophy of C. D. B.*, 1959 (com colaborações de E. J. Nelson, S. Korner, B. Blanshard, G. H. von Wright, H. H. Price *et al.*, e com uma "Autobiography" [pp. 3-68] e um "A Reply to my Critics" [pp. 711-830], além de bibliografia de 1906 a 1959, comp. C. Lewy [pp. 833-852]). — R. L. Patterson, *The Philosophy of C. D. Broad*, 1959. ¢

BROCENSE (O). Ver SÁNCHEZ DE LAS BROZAS, FRANCISCO.

BROCHARD, VICTOR. Ver RENOUVIER, CHARLES.

BROKMEYER, HENRY C. [às vezes escrito 'Brockmeyer', como, por exemplo, no próprio *Journal of Speculative Philosophy*, I (1867), 178, e XXI (1887), 36, 151] (1826-1906). Nascido na Alemanha, mudou-se para os Estados Unidos aos 17 anos, tendo estudado primeiramente na Nova Inglaterra, passando depois a Saint Louis. Entusiasta hegeliano, Brokmeyer é considerado o fundador e a alma inspiradora da Sociedade Filosófica de Saint Louis (VER). Brokmeyer escreveu pouco; sua obra *A Mechanic's Diary* foi publicada apenas postumamente (1910). Em vida, publicou vários artigos no citado *Journal* e fez uma tradução da grande *Logik* de Hegel. O começo da influência de Brokmeyer pode ser datado de 1858, quando travou amizade com Harris (VER), encontrando nele um ponto de apoio para a difusão do que foi o hegelianismo norte-americano de Saint Louis. Brokmeyer pregou o hegelianismo quase como um profeta; considerando-a simultaneamente norma teórica e regra de ação, ele estendeu a doutrina hegeliana a todos os aspectos da existência. O interesse de Brokmeyer pela ação política levou-o a participar da redação da constituição de Missouri, de cujo governo, além disso, participou.

↷ Ver bibliografia do verbete SAINT LOUIS (SOCIEDADE FILOSÓFICA DE). ¢

BRONSTEIN, B. Ver ARQUITETÔNICA.

BROUWER, L[UITZEN] E[GBERTUS] J[AN] (1881-1966). Nascido em Overschie, perto de Rotterdam (Holanda), foi professor da Universidade de Amsterdã de 1912 até sua aposentadoria, em 1956. Deve-se a Brouwer importantes trabalhos no domínio da topologia, entre os quais se destaca sua prova, em 1911, da invariância do número de dimensões — sua fama, porém, assenta sobretudo em sua fundamentação e em seu desenvolvimento do intuicionismo (VER) na matemática, bem como na fundamentação e na filosofia da matemática. Brouwer submeteu a crítica certo número de idéias até então consideradas inalteráveis no âmbito da matemática e da lógica, tal como o princípio do terceiro excluído. Ele se opôs a praticamente toda a teoria dos conjuntos, de Cantor, assim como ao uso de provas não-construtivas. Contra os que procuraram encaixar a matemática na lógica, Brouwer preconizou o primado da matemática não apenas em relação à lógica, mas também em relação à linguagem. A noção de intuição matemática — próxima da fundamentação feita por Kant da aritmética na intuição do tempo como forma do sentido interno — levou Brouwer a um construtivismo para o qual, *grosso modo*, uma "entidade" matemática ou uma prova matemática são aceitáveis apenas na medida em que são passíveis de construção. Brouwer desenvolveu detalhadamente diversos ramos da matemática — inclusive o conjuntismo — do ponto de vista intuicionista, fundando com isso uma das três grandes escolas de filosofia matemática, na qual teve especial destaque seu discípulo Arend Heyting. A matemática intuicionista é fundamentalmente uma matemática "não-clássica" e, naturalmente, "não-logicista". As considerações filosóficas são muito importantes na fundamentação do intuicionismo matemático, mas são igualmente importantes nas idéias de Brouwer sobre a "ação matemática", na qual se funda a comunicação.

⊃ Devem-se a Brouwer numerosos trabalhos publicados em várias revistas (*Tijdschrift voor Wijsbegeerte*, *Mathematische Annalen* etc.). Indicamos aqui apenas alguns desses trabalhos, principalmente livros, nos quais, além disso, são amiúde compilados trabalhos isolados: *Leven, Kunst, en Mystiek*, 1905 (*Vida, arte e mística*). — *Over de grondslagen der wiskunde*, 1907 (tese) (*Sobre a fundamentação da matemática*). — "Beweis der Invarianz der Dimensionzahl", *Mathematische Annalen*, 70 (1911), 161-165 ("Prova da invariância do número de dimensões"). — *Intuitionisme en Formalisme*, 1912, reimpresso em *Wiskunde, Waarheid, Werkelijheid*, 1919 (*Matemática, verdade, realidade*). — "Begründung der Funktionslehre unabhängig vom logischen Satz ausgeschlossenen Dritten", *Verhandelingen der Koninklijke Nederlandse Akademie van Wetenschappen*, série A, vol. 13 (1923) ("Fundamentação da teoria das funções independentemente do princípio lógico do terceiro excluído"). — "Ueber die Bedeutung des Satzes vom ausgeschlossenen Dritten in der Mathematik, insbesondere in der Funktionentheorie", *Journal für die reine und angewandte Mathematik*, 154 (1924), 1-7 ("Sobre o significado do princípio do terceiro excluído na matemática, especialmente na teoria das funções"). — "Zur Begründung der intuitionischen Mathematik", I, II, III, *Mathematische Annalen*, 93 (1924), 244-257; 95 (1926), 453-473; 96 (1927), 451-489 ("Para a fundamentação da matemática intuicionista"). — *Die Struktur des Kontinuums*, 1928. — "Consciousness, Philosophy, and Mathematics", *Proceedings of the Tenth International Congress of Philosophy* (Amsterdã, 1948), 1949, pp. 1235-1249. — "Historical Background, Principles and Methods of Intuitionism", *South African Journal of Science*, 49 (1952), 139-146. — "Points and Spaces", *Canadian Journal of Mathematics*, 6 (1954), 1-17. — *Brouwer's Cambridge Lectures on Intuitionism*, 1982, ed. D. van Dalen. — Brouwer interessou-se também pelo movimento "signífico" (ver SIGNÍFICA) de Gerrit Mannoury (VER): "Synopsis of the Signific Movement in the Netherlands", *Synthèse*, 5 (1946), 201-208; "Address to Professor G. Mannoury", *Synthèse*, 6 (1947), 190-194.

Ed. de obras em inglês: *Collected Works*, ed. A. Heyting, 1975 ss.

Ver: H. Gerber, "Brouwer's Bar Theorem and A System of Ordinal Notations", em A. Kino, J. Myhill, R. E. Vesley, eds., *Intuitionism and Proof Theory*, 1970, pp. 327-338. — W. P. Van Stigt, *B.'s Intuitionism*, 1990 [Studies in the History and Philosophy of Mathematics, vol. 2]. ⊂

BROWN, THOMAS (1778-1820). Nascido em Kirkmabreck (Escócia), estudou na Universidade de Edimburgo, onde Dugald Stewart lecionava. A partir de 1810, lecionou filosofia moral na citada Universidade, juntamente com Stewart.

Brown tomou como ponto de partida as doutrinas da escola escocesa do senso comum (ver ESCOCESA [ESCOLA]), mas se afastou em muitos pontos dos métodos seguidos por essa escola e destacou a importância da análise de conceitos tendo em vista a elucidação e o esclarecimento de significados. Ele com freqüência criticou Thomas Reid, o "fundador" da "escola". O empirismo de Brown aproximou-se do de Hume e, sobretudo, do de Condillac.

Brown examinou a origem de idéias como as de causa, ação voluntária e consciência. Rejeitou qualquer idéia de causa como razão necessária para a produção de um efeito: a causa é simplesmente um antecedente invariável. No que diz respeito à chamada "vontade", não se trata de nenhuma faculdade especial (Brown opôs-se continuamente à multiplicação, que julgava desnecessária, de faculdades, bem como de operações mentais especiais destinadas a explicar outras operações mentais). O que se denomina "vontade" é o produto do desejo e da crença de que se pode realizar, ou obter, aquilo que se deseja. A consciência não é nenhuma realidade especial sobreimposta à multiplicidade de atos mentais — ou sotoposta a eles —; dados os atos mentais, há a consciência, que é, por assim dizer, concomitante.

Em sua análise da percepção, Brown mostrou, de modo semelhante a Condillac, que, partindo-se de sensações básicas, se podem explicar as percepções mais "complexas" e as "idéias". Estas últimas não se deduzem logicamente das primeiras; o que ocorre é que algumas sensações se combinam com outras e se diversificam de acordo com as resistências opostas pelas coisas externas, assim como pelas repetições.

⊃ Obras: *Observations on the Nature and Tendency of the Doctrine of Mr. Hume concerning the Relation of Cause and Effect*, 1804; 3ª ed., com o título: *An Inquiry into the Relation of Cause and Effect*, 1818; reimp. 1977. — *Lectures on the Philosophy of the Human Mind*, 4 vols., 1922, ed. D. Welsh, com biografia.

Ver: David Welsh, *Account of the Life and Writings of Th. B.*, 1825. — François Rétroré, *Critique de la philosophie de Th. B.*, 1863. — E. Kucera, *Die Erkenntnistheorie von Th. B.*, 1909. — T. Martin, *The Instructed Vision: Scottish Common Sense Philosophy and the Origins of American Fiction*, 1961. — B. E. Rollin, "T. B.'s Criticism of Hume on Causation", *Archive für Geschichte der Philosophie*, 51 (1969), 85-103. — J. C. Robertson, "A Bacon-Facing Generation: Scottish Philosophy in the Early Nineteenth Century", *Journal of the History of Philosophy*, 14 (1976), 37-49. — A. C. Rands, "T. B.'s Theories of Association and Perception as They Relate to His Theories of Poetry", *Journal of Aesthetics and Art Criticism*, 28 (1970), 473-483.

— J. A. Mills, "T. B.'s Theory of Causation, *Journal of the History of Philosophy*, 22 (1984), 207-228. — Ver também bibliografia de Escocesa (Escola). ⊃

BRUNER, JEROME S[EYMOUR]. Nascido (1915) em Nova York, estudou psicologia na Duke University e em Harvard, tendo lecionado em Harvard de 1945 a 1972 e em Oxford a partir de 1972. Em 1960, contribuiu para a fundação do Center for Cognitive Studies em Harvard, que dirigiu durante vários anos.

Interessado nos processos perceptivos e cognoscitivos, Bruner julgou que boa parte do comportamento depende da estruturação de nosso conhecimento do mundo e de nós mesmos. Seus trabalhos a esse respeito levaram-no a interessar-se por questões relativas aos processos educativos. Na abordagem dessas questões, os trabalhos de Bruner foram amiúde afins ou paralelos aos de Piaget. Por um lado, ele investigou a categorização como forma básica de conhecimento por meio da qual o sujeito reduz a complexidade ambiental identificando objetos, ordenando e relacionando acontecimentos etc. Por outro lado, estudou sobretudo as fases do crescimento intelectual, particularmente na criança, e na medida em que estas fases têm lugar por meio de mudanças que parecem bruscas. Bruner descreveu três estágios num desenvolvimento que consiste num processo de informação: o estado da ação, o da construção de imagens e o da abstração ou representação simbólica. As tendências funcionalistas e pragmatistas são importantes nas investigações de Bruner.

⊃ Obras: *Public Thinking on Post-War Problems*, 1943. — *Mandate from the People*, 1944. — *Opinions and Personality*, 1956 (em colaboração com Smith e White). — *A Study of Thinking*, 1956; reimp., 1962 (em colaboração com J. J. Goodnow *et al*.). — *The Process of Education*, 1960. — *On Knowing: Essays for the Left Hand*, 1962; reimp., 1965. — *Studies in Cognitive Growth*, 1966 (em colaboração com R. R. Olver *et al*.). — *Toward a Theory of Instruction*, 1966; reimp. 1968. — *Processes of Cognitive Growth: Infancy*, 1968. — *The Relevance of Education*, 1971, ed. Anita Gil; 2ª ed., 1973 (com bibliografia, pp. 169-170). — *Beyond the Information Given: Studies in the Psychology of Knowing*, 1973, ed. Jeremy M. Auglin. — *Actual Minds, Possible Worlds*, 1985.

B. dirigiu a publicação dos seguintes volumes coletivos: *Perception and Personality: A Symposium*, 1950; reimp., 1968. — *Learning about Learning: A Conference Report*, 1963.

Autobiografia: *In Search of Mind*, 1983. ⊃

BRUNNER, CONSTANTIN (1862-1937). Pseudônimo de Leopold Wertheimer, nascido em Altona. Em 1933 emigrou para a Holanda, onde faleceu. O pensamento de Brunner, que se reconheceu fortemente influenciado por Spinoza, é de caráter místico-especulativo. Segundo Brunner, o pensamento racional, e especificamente o pensamento racional de índole científica, está orientado para considerações práticas, sendo por isso inevitavelmente empirista e pragmatista. O pensamento filosófico tradicional é, por outro lado, um pensamento falso e fictício. O verdadeiro e autêntico pensamento é o espiritual, que se expressou na mística, na arte ou nos atos e nas palavras dos grandes fundadores de religiões. Brunner insiste na dicotomia entre o pensamento do "real" e o do "irreal". Essa dicotomia não é exatamente igual à que existe entre o pensamento do "povo" (*Volk*) e o pensamento dos "espirituais" (*Geistigen*), mas enquanto o primeiro não consegue distinguir o pensamento do real e o do irreal, confundindo-os, o segundo, em contrapartida, é pensamento da realidade e da verdade. Estabelecendo uma correspondência com as distinções apontadas, Brunner fala de três faculdades distintas "nas quais se articula a totalidade do pensar" (*Die Lehre von den Geistigen und vom Volk*, 3ª ed., I, 1962, p. 15): a do entendimento, ou seja, da prática e do cuidado da vida, a do espírito e a da superstição. Brunner insiste constantemente na superioridade do pensamento espiritual ou dos espirituais, em virtude do qual se anulam as usuais contraposições filosóficas na unidade do pensamento verdadeiro. Essa unidade, entretanto, é a unidade do pensamento de caráter idealista (embora não subjetivista), em função de ser "a verdadeira realidade" o mesmo que "o pensante" e em função de ser a consciência "nossa realidade" (*Materialismus und Idealismus*, nova ed., 1959, pp. 9, 21).

⊃ Obras: *Die Lehre von dem Geistigen und vom Volke*, 1908; 3ª ed., 2 tomos, 1962 (*A doutrina do espiritual e do povo*). — *Spinoza gegen Kant und die Sache der geistigen Wahrheit*, 1910; reimp., 1974 (*S. contra K. e a questão da verdade espiritual*). — *Der Judenhass und die Juden*, 1918 (*O ódio aos judeus e os judeus*). — *Materialismus und Idealismus*, 1928, nova edição, 1959.

Ver: A. Moebius, *C. Brunners Lehre*, 1910. — E. Bäumer, *C. B. und die Prinzipien der Naturwissenschaft und der Aberglaube in der Medizin*, 1911. — W. König, *Bedeutung C. Brunners zur Ueberwindung des Judentums*, 1928. — H. Stolte, *Het vuur der waarheid. De filosoof C. B.*, 1969. — I. Eisenstein e P. Grünberg, *Auf den Pfäden der Philosophie Spinozas und C. Brunners*, 1982. — H. Goetz, *Leben ist Denken: Eine Schrift zur Renaissance der Philosophie des deutschen Denkers C. B.*, 1987. — I. Eisenstein, "Zum fünfzigsten Todestag C. B.", *Philosophia Naturalis*, 24 (1987), 346-349. — *Id., id., Ein neuer Beitrag zum Verständnis Spinozas: Aufgrund der Lehre C. B.s*, 1989.

Em 1947 foi fundado em Haia, na Holanda, um International C. B. Institut, e em 1975 foi criada uma Fundação C. B. em Hamburgo. ⊃

BRUNNER, EMIL (1889-1966). Nascido em Winterthur (Suíça), foi professor (desde 1924) na Universidade de Zurique. Seguindo os passos da teologia dialética ou teologia da crise, no sentido de Karl Barth (VER), Emil Brunner aprofundou-se na significação que têm para a teologia — bem como para a compreensão do homem em sua "situação teológica" — as noções kierkegaardianas de "salto" e de "repetição". É necessário desfazer o equívoco que levou a teologia a mergulhar no "psicologismo" da experiência religiosa, mas é necessário também opor-se ao intelectualismo da teologia permeada de filosofia e de metafísica. Nem o sentimento nem a razão podem dar conta do caráter radical da "justificação" pela qual o homem estabelece relação com Deus. A fé não é um fenômeno "interior" nem matéria de especulação; não é tampouco uma operação mística — é uma realidade que vem de "fora", da revelação, da própria palavra de Deus. Não é a razão que funda a fé, e sim o contrário: a fé, como atenção ao Verbo, permite que a razão se desenvolva como um dos modos de contato com Deus. Ainda assim, deve-se levar em conta que a possível "mediação" da razão tem uma origem divina. Em princípio, há um abismo entre Deus e o homem. Esse abismo é um nada que nem a razão nem nenhuma experiência religiosa prática ou mística pode preencher. Com isso, porém, o homem se defronta com a palavra revelada sob uma forma completamente "gratuita". Brunner parece, com tudo isso, considerar a teologia de uma maneira "equívoca": por um lado, ela é o fundamento de toda razão e de toda experiência, e mesmo o fundamento de todo saber; mas, por outro lado, Brunner enfatiza o caráter meramente ilusório de todo saber e até de toda experiência "psicológica". Mais ainda: a Revelação pela Palavra de Deus é um fato "bruto" e "radical", absolutamente sobrenatural, e, não obstante, é possível uma revelação natural na história. O caráter "contraditório" desta teologia é função de seu caráter dialético e crítico, mas também função da tensão que existe perpetuamente entre a idéia da pura Palavra revelada e as situações concretas em que vive o homem que se abre à Palavra. Tal como Friedrich Gogarten (VER), Brunner destacou a dialética do tempo e da eternidade, que existem em conflito.

➲ Principais obras: *Das Symbolische in der religiösen Erkenntnis*, 1913 (*O simbólico no conhecimento religioso*). — *Erlebnis, Erkenntnis und Glaube*, 1921 (*Vivência, conhecimento e fé*). — *Die Mystik und das Wort*, 1924 (*A mística e a palavra*). — *Philosophie und Offenbarung. Reformation und Romantik*, 1925 (*Filosofia e revelação. Reforma e romantismo*). — *Religionsphilosophie evangelischer Theologie*, 1927 (*Filosofia da religião da teologia evangélica*) (em *Handbuch der Philosophie*, ed. A. Bäumler e M. Schröter, Abt. II). — *Der Mittler*, 1927 (*O mediador*). — *The Theology of Crisis*, 1929. — *Gott und Mensch*, 1930 (*Deus e o homem*). — *The Word and the World*, 1931. — *Das Gebot und die Ordnungen. Entwurf einer protestantischtheologischen Ethik*, 1933 (*O mandamento e as ordens. Esboço de uma ética teológico-protestante*). — *Unser Glauben*, 1935 (*Nossa fé*). — *Die Wahrheit als Begegnung*, 1938 (*A verdade como encontro*). — *Der Mensch im Widerspruch. Die christliche Lehre vom wahren und vom wirklichen Menschen*, 1937 (*O homem na contradição. A doutrina cristã do homem verdadeiro e real*). — *Offenbarung und Vernunft. Die Lehre von der christlichen Glaubenserkenntnis*, 1941 (*Revelação e razão. A doutrina do conhecimento cristão da fé*). — *Gerechtigkeit. Eine Lehre von den Grundgesetzen der Gesellschaftsordnung*, 1943 (*Justiça. Teoria das leis fundamentais da ordem social*). — *Dogmatik* I. *Die christliche Lehre von Schöpfung und Erlösung*, 1946 (*Dogmática*, I. *A doutrina cristã de Deus*). — *Dogmatik*, II. *Die christliche Lehre von Schöpfung und Erlösung*, 1950 (*Dogmática*, II. *A doutrina cristã da criação e da salvação*). — *Dogmatik*, III. *Die christliche Lehre von der Kirche, vom Glauben und von der Vollendung*, 1960 (*Dogmática*, III. *A doutrina cristã da Igreja, da fé e da consumação*). — *Das Ewige als Gegenwart und Zukunft*, 1953 (*O eterno como presente e futuro*).

Bibliografia por M. Brunner em *Der Auftrag der Kirche in der modernen Welt. Festgabe für E. B.*, 1959, pp. 349-370.

Ver: Rudolf Köhler, *Kritik der Theologie der Krisis*, 1926. — Karl Barth, *Nein! Antwort an E. B.*, 1934. — Hermann Volk, *E. Brunners, Lehre von der ursprünglichen Gottebenbildlichkeit*, 1939. — Id., id., *E. Brunners, Lehre von der Sünde. Eine Auseinendersetzung mit den Schweizer Theologen*, 1943. — L. Volken, *Der Glaube bei E. B.*, 1947. — E. L. Allen, *Creation and Grace: A Guide to the Thought of E. B.*, 1951. — G. Hubbeling, *Natuur en genade bij E. B. Een beoordeling van het conflict Barth-B.*, 1957. — S. Caiazzo, *La Rivelazione come idea centrale della teologia in E. B.*, 1960. — C. W. Kegley, ed., *The Living Theology of E. B.*, 1962. — I. H. Pöhl, *Das Problem des Naturrechts bei E. B.*, 1963. — J. J. Smith, "E. B.'s Theology of Revelation", *Heythrop Journal*, 6 (1965), 5-26. — R. W. Lovin, *Christian Faith and Public Choices: The Social Ethics of Barth, Brunner and Bonhoeffer*, 1984. ⊂

BRUNO, GIORDANO [FILIPPO] (1548-1600). Nascido em Nola (Nápoles). Discípulo de Francesco Patrizzi, mestre da Academia Florentina (VER), ingressou na ordem dos dominicanos em 1565, sendo ordenado sacerdote em 1572 e recebendo o grau de doutor em teologia em 1575. Em 1576, fugiu, uma vez que se tinham iniciado dois processos contra ele, segundo consta no *Index processatorum*, passando por Siena, Milão, Chambéry, Genebra, Lyon, Avignon, Montpellier, Toulouse (em cuja Universidade lecionou durante quase dois anos), Paris, Oxford, Londres, Vittemberg,

Praga, Helmstedt, Frankfurt, Zurique e, por fim, voltou à Itália, passando por Veneza e Roma, onde foi aprisionado pela Inquisição e queimado vivo na fogueira por negar-se a abjurar suas doutrinas. Muito poderosamente influenciado pelo neoplatonismo e pela teoria copernicana, mas acolhendo igualmente outros múltiplos elementos — estoicismo, mística etc. —, Bruno defendeu com exaltação poética a doutrina da infinidade do universo, que é concebido, por outro lado, não como um sistema de seres rígidos, articulados numa ordem dada desde a eternidade, mas como um conjunto que se transforma continuamente, que passa do inferior ao superior e deste àquele, sendo tudo, no fundo, uma e a mesma coisa, a vida infinita e inesgotável. Nesta vida ficam dissolvidas todas as diferenças, que são próprias unicamente do superficial, do finito e do limitado. A infinidade espacial e temporal do universo astronômico corresponde à infinidade de Deus, que se encontra ao mesmo tempo no mundo e fora do mundo, que é causa imanente do mundo e está infinitamente acima dele, oposições que para Bruno são paradoxais apenas quando não se compreendem do mesmo ponto de vista que Nicolau de Cusa atribui à razão especulativa: o ponto de vista da coincidência dos opostos no infinito. O Universo está permeado de vida e é, ele próprio, vida, isto é, organismo infinito em que estão os organismos dos mundos particulares, dos infinitos sistemas solares análogos ao nosso. O que rege essa infinidade de mundos é a mesma lei, porque é a mesma vida, o mesmo espírito e ordem, e, em última análise, o mesmo Deus. Deus está presente em todas as coisas, com seu poder, sua sabedoria e seu amor infinitos, porque Ele é todas as coisas, o máximo e o mínimo, ou, como diz Bruno, a mônada das mônadas. A concepção "monadológica" é o complemento desta visão de um universo-vida infinito; as mônadas são os componentes do organismo do mundo e não os átomos, que são dissolução e morte. A missão do homem é o entusiasmo diante da contemplação dessa infinidade, a adoração do infinito, que é Deus, adoração na qual se pode encontrar a verdadeira unidade das crenças religiosas para além de todo dogma positivo. Esse entusiasmo é, ao mesmo tempo, uma heroicidade, um "entusiasmo heróico" que Bruno sem dúvida experimentou do modo mais completo, morrendo justamente por tê-lo defendido até o fim.

A filosofia de Bruno manifestava, assim, de maneira eminente, esta condição peculiar do pensamento renascentista: a aspiração a uma filosofia dinâmica construída com os materiais clássicos e, sobretudo, com os materiais que eram amiúde formalmente rejeitados, os aristotélicos. Esta condição se revela particularmente na doutrina da matéria, submetida no pensamento de Bruno a um processo de dissolução que a leva ao ser pleno, assim como o ser pleno é dialeticamente transformado em matéria e em nada. Daí a afirmação de que "em nada se diferenciam a absoluta potência e o ato absoluto"; e daí também a tese de que "definitivamente, embora haja indivíduos inumeráveis, tudo é uno, e conhecer tal unidade é o objeto e o termo de toda filosofia e contemplação natural" (*Causa, principio y uno*, IV).

Frances A. Yates (*op. cit.* na bibliografia) enfatizou a importância da "tradição hermética" no pensamento de Bruno. Há, segundo este último, uma "antiga sabedoria", que os egípcios já possuíram — é a que se expressa no *Corpus Hermeticum* (VER) e foi desenvolvida por Platão, pelos neoplatônicos antigos e pelos neoplatônicos renascentistas. Trata-se de uma magia que torna possível a comunhão do homem com os poderes da Natureza. A verdadeira religião está incorporada ao panteísmo "hermético".

⊃ Obras italianas: *Della causa, principio e uno*, 1584. — *De l'infinito, universo e mondi*, 1584 (Gentile propõe vírgula depois de *infinito*; outros escrevem sem vírgula, significando então "o infinito universo"). — *Degli eroici furori*, 1585. — Obras latinas: *De compendiosa architectura et complemento artis*, 1580. — *De umbris idearum et arte memoriae*, 1582. — *De triplici minimo et mensura ad trium speculativarum scientiarum et multarum artium principia libri quinque*, 1591. — *De monade numero et figura liber, item de innumerabilibus, immenso et infigurabili seu de universo et mundis libro octo*, 1591.

Edições: *Opere italiane*, 3 vols.: I, *Dialoghi metafisici* e II, *Dialoghi morali*, ed. G. Gentile, 1907-1909, 2ª ed., 1927-1925 [sic], 3ª ed. num vol. ed. G. Aquilecchia, 1958; III, *Candelaio*, 1923, ed. V. Spampanato. — *Opera latine conscripta*, ed. Fiorentino, continuada por Imbriani e Tallarigo e concluída por F. Tocco e G. Vitelli, 3 tomos, 1879-1891 (reimp., 8 vols., 1961-1963). — Ed. de dois diálogos de G. B. até agora desconhecidos (*Idiota triumphans seu de Mordentio inter geometras deo dialogus* e *Dialogus qui de somnii interpretatione seu geometrica sylva inscribitur*) por Giovanni Aquilecchia (Roma, 1957). Incluem-se igualmente nesta edição os dois diálogos seguintes: *Mordentius sive de geometricis fractionibus ad exactam cosmimetriae praxim conducentibus* e *De Mordentii Salernitani circino*.

Bibliografia: V. Salvestrini, *Bibliografia di G. B. (1582-1950)*, publicada postumamente por L. Firpo, 1958. A. Nowicki complementou esta bibliografia em diversos trabalhos: "Intorno alla presenza di G. B. nella cultura del cinquecento e seicento. Aggiunte alla bibliografia di Salvestrini", em *Atti dell'Accademia di Scienze Morali e politiche della Società Nazionale di Scienze, Lettere ed Arti in Napoli*, 79 (1968), 505-526; "B. nel settecento", *ibid.*, 80 (1969), 199-230; "La presenza di G. B. nel cinque, sei e settecento (aggiunte ulteriori alla Bibliografia Bruniana del Salvestrini", *ibid.*, 81 (1970), 326-344; "G. B. nella cultura contemporanea (In appendice la continuazione della Bibliografia di Salvestrini)", *ibid.*, 83 (1972), 391-450. — M. Ciliberto, *Lessico di G. B.*, 2 vols., 1979.

Testemunho pessoal: V. Spampanato, *Documenti sulla vita di G. B.*, 1933. — J. Kirchhoff, *G. B. in Selbstzeugnissen und Bilddokumenten*, 1980.

Ver: Domenico Berti, *G. B. da Nola, sua vita e sue dottrine*, 1889. — J. Lewis McIntyre, *G. B.*, 1903. — Giovanni Gentile, *G. B. nella storia della cultura*, 1907 (2ª ed., ampliada, com o título: *G. B. e il pensiero del Rinascimento*, 1920). — Erminio Troilo, *La filosofia di G. B.*, 2 vols., 1907-1913 (I. *La filosofia oggetiva*; II. *La filosofia soggetiva*). — L. Kuhlenbeck, *G. B., Seine Lehre von Gott, von der Unsterblichkeit der Seele und von der Willensfreiheit*, 1913. — E. Namer, *Les aspects de Dieu dans la philosophie de G. B.*, 1926. — *Id., G. B. ou l'univers infini comme fondement de la philosophie moderne*, 1966. — Max Bergfeld, *G. B.*, 1929. — Augusto Guzzo, *I Dialoghi del B.*, 1932, nova ed. com o título: *G. B.*, 1960. — A. Corrano, *Il pensiero di G. B. nel suo svolgimento storico*, 1940. — Angela Mercati, *Il Sommario del Processo di G. B., con appendice di documenti sull'eresia e l'inquisizione a Modena nel secolo XVI*, 1942. — R. Hönigswald, *G. B.* — R. Mondolfo, *Tres filósofos del Renacimiento*, 1947 (Bruno, Galileu, Campanella). — L. Cicuttini, *G. B.*, 1950. — D. W. Singer, *G. B.*, 1950. — G. Fraccari, *G. B.*, 1951. — I. L. Horowitz, *The Renaissance Philosophy of G. B.*, 1952. — Lorenzo Giusso, *Scienza e filosofia in G. B.*, 1955. — John Charles Nelson, *The Renaissance Theory of Love*, 1958 (especialmente sobre os *Eroici furori*). — Manlio Ciardo, *G. B. tra l'umanismo e lo storicismo*, 1961. — Paul-Henri Michel, *La cosmologie de G. B.*, 1962. — Frances A. Yates, *G. B. and the Hermetic Tradition*, 1964 (trad. esp.: *G. B. y la tradición hermética*, 1983). — Karl Huber, *Einheit und Vielheit in Denken und Sprache G. Brunos*, 1965. — Hélène Védrine, *La conception de la nature chez G. B.*, 1967. — Fulvio Papi, *Antropologia e verità nel pensiero di G. B.*, 1968. — Antoinette Mann Patterson, *The Infinite Worlds of G. B.*, 1970. — Gallo Galli, *La vita e il pensiero di G. B.*, 1973. — F. B. Stern, *G. B. Vision einer Weltsicht*, 1977. — J. Kirchhoff, *G. B.*, 1980. — J. Teller, *G. B.: Von der Ursache, dem Prinzip und dem Einen*, 1984. — B. Hentschel, *Die Philosophie G. B.s. — Chaos oder Kosmos?*, 1988. **C**

BRUNSCHVICG, LÉON (1869-1944). Nascido em Paris, estudou na École Normale Supérieure e doutorou-se na Sorbonne. De 1909 a 1940, salvo durante o período da Primeira Guerra Mundial (1914-1918), foi professor de filosofia na Sorbonne.

Por suas aulas nessa Universidade, por suas publicações, por sua colaboração na *Revue de Métaphysique et de Morale* (1893) e pela formação da Société Française de Philosophie, em 1901 — que contribuiu para fundar —, Brunschvicg influenciou por várias décadas o desenvolvimento da filosofia francesa. Foi, com Lalande e outros, um dos racionalistas "assimilistas" de que falou Sartre, que os denunciou. Contudo, o racionalismo de Brunschvicg não é o de uma simples crença na razão — ele consiste numa crítica pela razão de suas próprias faculdades e possibilidades. Desse ponto de vista, sua posição foi qualificada de "criticismo" e tem pontos de contato com Kant e com o pensamento de Renouvier. Ela foi também qualificada de "idealismo", na medida em que Brunschvicg supõe, como o exprime o título de uma de suas obras, que há um "progresso da consciência" coincidente com o progresso do conhecimento. Este é, em última análise, o desenvolvimento sistemático da autoconsciência.

Brunschvicg opôs-se tanto ao empirismo positivista como a todo espiritualismo sem crítica. A "interioridade" e a "consciência" de que Brunschvicg fala são as de um espírito racional e não as de um feixe de processos mentais ou uma hipóstase metafísica. Assim, o verdadeiro conhecimento não é para Brunschvicg tanto o saber do objeto quanto o que o espírito possui de si mesmo no ato do conhecimento. Pode-se falar, pois, de um racionalismo concreto sempre que por este se entenda a única doutrina capaz de explicar o funcionamento integral do espírito em cada um de seus atos. Contudo, a concepção do espírito revela-se sobretudo na função do conhecimento e na pretensão de atingir uma verdade sobre o objeto — por isso, Brunschvicg afirma, já em sua primeira obra sobre a modalidade do juízo, que o ser é uma função do pensamento. Assim, o ser surge por um ato de interiorização do espírito, mas um ato no qual se dão as condições objetivas para que o ser seja. Portanto, a realidade é, em última análise, inteligível, e por esse motivo o processo do espírito é, em última análise, o caminhar para a constituição de si mesmo. Brunschvicg afirma que sua filosofia é um intelectualismo — mais ainda: um intelectualismo matemático; mas isso depende de que no juízo matemático se tenha introduzido previamente uma síntese. Daí a oposição a toda teoria empirista, intuicionista ou positivista, seja ela de caráter naturalista ou espiritualista. O espírito e a vida espiritual, em suma, são para Brunschvicg realidades essencialmente criadoras, e no processo desta criação, que se manifesta ao longo do "progresso da consciência na filosofia ocidental", o espírito caminha rumo a si mesmo e cria para si, por assim dizer, seu próprio âmbito de racionalidade e inteligibilidade. O erro de todas as filosofias parcialmente vitalistas ou irracionalistas consiste então, de acordo com Brunschvicg, na ignorância do elemento criador da atividade espiritual, elemento que, apesar de ter atuado desde a Antiguidade na formação da ciência e da filosofia, é desconhecido em muitas ocasiões pela interpretação equivocada do conceito como algo esquemático e rígido. A exposição da essência ativa do espírito-inteligência-razão, isto é, da "vida espiritual", torna possível, por sua vez, uma compreensão do mecanismo da descoberta científica e da averiguação filosófica. A filosofia do espírito de Brunschvicg representa uma tentativa de superação dos dois extremos a que leva a unilateral ênfase do conceito morto ou da pura vitalidade irracional.

➲ Obras: *Spinoza, sa philosophie*, 1894 (3ª ed., muito ampliada: *Spinoza et ses contemporains*, 1923). — *Qua ratione Aristoteles metaphysicam vim syllogismo inesse demonstraverit*, 1897 (tese). — *La modalité du jugement*, 1897 (tese). — *Introduction à la vie de l'esprit*, 1900. — *L'idéalisme contemporain*, 1905. — *Les étapes de la philosophie mathématique*, 1913. — *Nature et liberté*, 1921. — *L'Expérience humaine et la Causalité physique*, 1922. — *Le génie de Pascal*, 1924. — *Le progrès de la conscience dans la philosophie occidentale*, 2 vols., 1927. — *De la connaissance de soi*, 1931. — *Les âges de l'intelligence*, 1934. — *La physique du XXe siècle et la philosophie*, 1937. — *Descartes*, 1937. — *Rôle du pythagorisme dans l'évolution des idées*, 1937. — *La raison et la religion*, 1939. — *Descartes et Pascal, lecteurs de Montaigne*, 1944.

Obras póstumas: *Héritage de mots, héritage d'idées*, 1945. — *L'Esprit européen*, 1947. — *Agenda retrouvé, 1892-1942* (com introdução de Jean Wahl), 1948. — *La philosophie de l'esprit*, 1949. — *De la vraie et de la fausse conversion, suivi de La querelle de l'athéisme*, 1950. — *Blaise Pascal*, 1953 (contém: *Le génie de Pascal supra*; *Pascal*, 1932, e dois ensaios breves). — *Écrits philosophiques*, ed. A.-R. Weill-Brunschvicg e Claude Lehec: vol. I (*L'humanisme de l'Occident: Descartes — Spinoza — Kant*), 1951; vol. II (*L'orientation du rationalisme*), 1954; vol. III (*Science - Religion*), 1958 [com bibliografia de L. B., pp. 252-284].

Brunschvicg editou obras de Pascal: *Pascal. Pensées et opuscules*, 1897; *Original des "Pensées" de Pascal*, 1905; com Boutroux e Gazier, ele também editou as *Oeuvres complètes* de Pascal, 14 vols., 1904-1914.

Ver: M. A. Cochet, *Commentaire sur la conversion spirituelle dans la philosophie de Léon Brunschvicg*, 1937. — J. Messaut, *La philosophie de L. Brunschvicg*, 1938 (tese). — Samuel Berthoud, *Trois doctrines: Charles Secrétan, Jean-Jacques Gourd, Léon Brunschvicg*, 1939. — Marcel Deschoux, *La philosophie de Léon Brunschvicg*, 1949. — *Id., id., L. B., ou l'idéalisme à hauteur d'homme*, 1969 (textos, introdução e bibliografia). — F. Centineo, *La filosofia dello spirito di Leone Brunschvicg*, 1950. — L. Carpineti, *Filosofia e scienza nel pensiero francese contemporaneo. Saggio su L. B.*, 1978. — L. Jerphagnon, "De B. à Platon", *Revue de Philosophie de Louvain*, 79 (1981), 252-258. — M. Loi, "L. B. et les mathématiques", *Diotima*, 17 (1989), 99-111. — A. Forest, "Comparaison des doctrines de B. et de Pradines", *Giornale di Metafisica*, 11(2) (1989), 191-215.

Ver também as obras de A. Etchéverry, *L'idéalisme français contemporain*, 1934, e de H.-D. Gardeil, *Les étapes de la philosophie idéaliste*, 1935, assim como os tomos da *Revue de Métaphysique et de Morale*, 50 (números 1-2, janeiro-abril, 1945) e do *Bulletin de la Société Française de Philosophie* (1970, n. 1), dedicados a L. B. ➲

BUBER, MARTIN (1878-1965). Nascido em Viena. Professor em Jerusalém a partir de 1938, recebeu a influência de vários pensadores contemporâneos de tendência existencialista — no sentido amplo de existencialismo (VER) —, mas orientou-se filosoficamente sobretudo para os temas da mística judaica, em particular para certos movimentos judeus modernos como o hassidismo. Do ponto de vista filosófico — que em Buber é sempre filósofico-religioso —, são importantes especialmente dois temas. Um deles é o da fé e suas formas. Segundo Buber, deve-se distinguir a fé como confiança em alguém da fé como reconhecimento da verdade de algo. A primeira é, a seu ver, o sentido primário da verdade (VER) e o que permite que o homem se descubra a si mesmo. Outro tema — relacionado, além disso, com o anterior — é a questão dos diversos tipos de relação entre homens e homens e entre homens e coisas. Dois desses tipos são fundamentais: a relação *sujeito-sujeito*, que constitui o mundo do "tu", e a relação *sujeito-objeto*, que constitui o mundo do "isso". O mundo do "tu" está exemplificado na relação *eu-tu*, que só pode ser enunciada com o ser inteiro, ao contrário da relação *eu-isso*. Ora, segundo Buber, a autenticidade de cada homem reside em sua inserção na relação *eu-tu*, a ponto de cada um dos homens poder ser "*tu* em sua autenticidade". Por isso, a vida verdadeira está no "encontro" dos sujeitos, encontro que é direto e no qual não se interpõe nenhum sistema de idéias entre o *eu* e o *tu*. Ora, ainda que a autenticidade do homem consista em sua inserção no mundo do *tu*, isso não é fácil nem, menos ainda, automático, pois cada ser humano carrega consigo uma tragédia: a de ter de transformar-se — ao menos neste mundo — num isso. O que se pode fazer é evitar que a relação *eu-isso* (que em princípio não é má) absorva a relação *eu-tu*. Isso se consegue compreendendo que o *eu-tu* não se encontra, como o *eu-isso*, no contexto do espaço e do tempo, mas em outro contexto último, o do *tu* eterno, que nunca pode chegar a ser *isso*. Mas esse *tu* eterno é o nome que pode receber Deus, que é, por assim dizer, o *tu* essencial, desprovido de limites e de medidas e completamente estranho ao *isso*.

⮕ Obras: *Ekstatische Konfessionen*, 1908. — *Daniel*, 1913. — *Die Rede, die Lehre und das Lied*, 1917 (*A palavra, a doutrina e a canção*). — *Ich und Du*, 1922. — *Reden über das Judentum*, 1923 (*Discursos sobre o judaísmo*). — *Die chassidischen Bücher*, 1928 (*Os livros dos Hasidim*). — *Religion und Philosophie*, 1931. — *Zwiesprache. Ein Traktat vom dialogischen Leben*, 1932 (*Conversação. Tratado da vida do diálogo*). — *Kampf um Israel*, 1933 (*A luta por Israel*). — *Deutung des Chassidimus*, 1935 (*Interpretação do Hassidismo*). — *Königtum Gottes*, 1936 (*O reino de Deus*). — *O que é o homem?*, 1ª ed. [hebraico], 1942 (ed. inglesa, 1948; ed. alemã, 1948). — *Moses*, 1948. — *Zwei Glaubensweisen*, 1950 (*Duas formas da fé*). — *Urdistanz und Beziehung*, 1951 (*Protodistância e relação*). — *Bilder von Gut und Böse*, 1952 (*Imagens do bem e do mal*). — *Gottesfinsternis*, 1953 (*Eclipse de Deus*, 1955). — *Der Mensch und sein Gebild*, 1955 (*O homem e sua estrutura*). — *Logos. 2 Reden*, 1962. — O anterior é uma seleção das obras de Buber, com particular atenção às que oferecem maior interesse para o filósofo.

Edição de obras: *Gesammelte Werke*, 3 vols.: I, *Schriften zur Philosophie*, 1962; II, *Schriften zum Chassidismus*, 1964. — *Nachlese*, 1956 (escritos de 1902 a 1965, acrescentados à ed. de obras completas pelo próprio B.). — *Hinweise. Gesammelte Essays*, 1953.

Obras em português: *Do diálogo e do dialógico*, 1982. — *Eu e tu*, s.d. — *Histórias do Rabi*, 1996. — *Imagens do bem e do mal*, 1992. — *Sobre comunidade*, 1987. — *O socialismo utópico*, 1986.

Correspondência: *Briefwechsel aus sieben Jahrzehnten*, 3 vols., 1972-1973, ed. Grete Schaeder (com a colaboração de Ernst Simon, Margot Cohn e Gabriel Stern).

Biografia: *Begegnung. Autobiographische Fragmente*, 1960. — M. Friedman, *M. Buber's Life and Work: The Early Years 1878-1923*, 1981. — *Id., id., M. Buber's Life and Work: The Later Years 1945-1965*, 1984. — M. Buber, *A Believing Humanism: My Testament, 1902-1965*, 1990.

Bibliografia: Moshe Catanne, *A Bibliography of M. Buber's Works, 1895-1957*, 1961. — W. Moonan, *M. B.: An Annotated Bibliography of Scholarship in English*, 1979. — M. Cohn, *R. Buber. A Bibliography of His Writings, 1897-1978*, 1980.

Ver: A. Paquet, *M. B.*, 1918. — W. Michel, *M. B., Sein Gang in die Wirklichkeit*, 1926. — H. Kohn, *M. B. Sein Werk und seine Zeit*, 1930. — S. Maringer, *M. Bubers Metaphysik der Dialogik*, 1936. — W. Nigg, *M. Bubers Weg in unserer Zeit*, 1940. — W. Blumenfeld, *La antropología filosófica de M. B. y la filosofía antropológica*, 1951. — Paul E. Pfuetze, *The Social Self*, 1954 (especialmente pp. 117-299). — Nelson Pilosof, *M. B. o una filosofía del suceso y la eternidad*, 1956 (o "hassidismo" de B.). — M. S. Friedman, *M. B.: The Life of Dialogue*, 1956. — Arthur A. Cohen, *M. B.*, 1958 (especialmente sobre a idéia do santo em B.). — Malcolm M. Diamond, *M. B.: Jewish Existentialist*, 1960. — Gerhard Huber, *Menschenbild und Erziehung bei M. B.*, 1960. — P. A. Schilpp e M. S. Friedman, eds., *M. B.*, 1963. — Albino Babolin, *Essere ed alterità in M. B.*, 1965. — M. Theunissen, *Der Andere*, 1965 (a ontologia social de Husserl, Heidegger, Sartre e Buber). — León Dujovne, *M. B.*, 1966. — Grete Schaeder, *M. B. Hebräischer Humanismus*, 1966. — Vários autores, *The Philosophy of M. B.*, 1967, ed. P. A. Schilpp e M. S. Friedman. — Robert E. Wood, *M. B.'s Ontology: An Analysis of "I and Thou"*, 1969. — Gerda Sutter, *Wirklichkeit als Verhältnis. Der Dialog. Aufstieg bei M. B.*, 1972. — Werner Manheim, *M. B.*, 1974. — A. Poma, *La filosofia dialogica di M. B.*, 1974. — Vários autores, "Interrogation of M. B.", dir. Maurice S. Friedman, em Sydney e Beatrice Rome, eds., *Philosophical Interrogations*, 1964; reimp., 1970, pp. 13-117. — Johann Bloch, *Die Aporie des Du. Probleme der Dialogik M. Bubers*, 1977. — Rita Horwitz, *Buber's Way to "I and Thou"*, 1978 [com as conferências de B.: "Religion als Gegenwort"]. — P. B. Mendes-Flohr, *Von der Mystik zum Dialog. M. Bubers geistige Entwicklung bis hin zu Ich und Du*, 1978. — D. L. Berry, *Mutuality: The Vision of M. B.*, 1985. — J. M. Oesterreicher, *The Unfinished Dialogue: M. Buber and the Christian Way*, 1986. — A. Suter, *Menschenbild und Erziehung bei M. B. und C. Rogers*, 1986. — *Id., id., Encounter on the Narrow Ridge: A Life of M. B.*, 1991. — W. Kaufmann, *Discovering the Mind, vol. 2: Nietzsche, Heidegger and Buber*, 1992.

Há um Instituto M. B. na Universidade de Colônia e alguns Arquivos M. B. na Biblioteca Nacional Judaica da Universidade de Jerusalém. ⮕

BUCHLER, JUSTUS (1914-1992). Nascido em Nova York, foi "Instrutor" na Columbia University (1937-1947) e no Brooklyn College (1938-1943), professor assistente (1947-1956), professor titular (1956-1969) e *Johnsonian Professor* (1959-1969) na Columbia University. Também lecionou na Universidade de Nova York, de Stonybrook, Long Island.

Influenciado por H. W. Schneider, J. H. Randall Jr. e E. Nagel, Buchler interessou-se pelos aspectos empiristas e metodológicos do pensamento de Peirce e pelas possibilidades oferecidas por um naturalismo e por um pragmatismo entendidos de forma não-dogmática. Sem abandonar completamente estes pontos de partida, Buchler ampliou, entretanto, o campo de suas investigações e preocupações filosóficas. Sua teoria do "juízo" levou-o a integrar à atividade do julgar não apenas o conhecimento, mas também a ação, tanto moral como artística. As categorias do juízo, que exprimem uma "metafísica da enunciação", abrangem o campo integral da relação entre o sujeito e seu mundo. A rigor, não se trata tanto de uma relação em que cada termo tem seu campo bem delimitado, mas antes de uma forma de estar no mundo que, se bem expressa em termos naturalistas, tem ecos "existenciais". O conceito de "procepção", ou relação básica entre o homem e o mundo, permite, segundo Buchler, entender de que modo o homem — o "eu" (*self*) do homem — integra-se "acumulativamente" ao mundo. Dizer que o homem "procebe" (à diferença de "percebe") é distinto de dizer que ele se comporta ou reage, mas também é distinto de dizer que ele "faz", mais ou menos, "idealisticamente" seu mundo. O mundo pode ser considerado um "procepto" não por ser simplesmente resultado da "procepção" de um sujeito, mas porque expressa a situação em que mundo e sujeito constituem uma totalidade em constante movimento e processo. "Proceptor" e "procepto" unificam-se no processo da "procepção", mas isto não equivale a dizer que não há diferenças entre ambos. Tampouco significa que o "procepto" seja resultado de uma atividade do "proceptor", já que o "procepto" é parte do mundo "real". A teoria da procepção de Buchler é complementada e fortalecida por uma metafísica dos complexos naturais. Estes abrangem tudo o que há; isto é, tudo o que há é, de algum modo, um complexo natural: corpos físicos, indivíduos humanos, relações, sociedades, mitos, idéias, sentimentos, qualidades, possibilidades etc. Os "complexos" — que são "complexos de traços" — formam outros complexos, e cada um pertence a ordens distintas. Buchler acentua que não se trata de elementos básicos que constituem a realidade à maneira de "simples", precisamente porque não há tais "simples". Há sempre relação de um complexo com outro, ou outros, ainda que não haja relação de cada complexo com todos os outros. O "contorno" de um complexo natural é "a continuidade e a totalidade de seus lugares, a inter-relação de suas integridades". Os complexos naturais são determinados, embora não definidos, mediante categorias tais como a prevalência, o ocupar um lugar numa ordem ou série, a possibilidade, a atualidade etc. Em geral, Buchler tende a considerar essas categorias como "limites", de forma que se nega a falar, por exemplo, de reino de possibilidades ou de atualidades, já que não há puros exemplos de "entidades" pertencentes a tais "reinos".

⮕ Obras: *Charles Peirce's Empiricism*, 1939. — *Toward a General Theory of Human Judgement*, 1951. — *Nature and Judgement*, 1955. — *The Concept of Method*, 1961. — *Metaphysics of Natural Complexes*, 1966; 2ª ed. ampl., 1989. — *The Main of Light: On the Concept of Poetry*, 1974.

Em colaboração com John Hermann Randall, Jr.: *Philosophy: An Introduction*, 1942.

Depoimento pessoal: R. S. Corrington, "Conversation between J. Buchler and R. S. Corrington", *Journal of Speculative Philosophy*, 3 (1989), 261-274.

Ver: Richard J. Bernstein, "Buchler's Metaphysics", *Journal of Philosophy*, 64 (1967), 751-770. — Beth J. Singer, Andrew J. Reck *et al.*, arts. sobre J. B., com respostas de B. a cada um deles em número especial de *Southern Journal of Philosophy*, 14 (1976). — B. J. Singer, *Ordinal Naturalism: An Introduction to the Philosophy of J. B.*, 1983. — R. S. Corrington, "J. B.'s Ordinal Metaphysics and the Collapse of Foundationalism", *International Philosophical Quarterly*, 25 (1985), 289-298. — S. Gelber, K. Wallace, "J. B.: Nature, Power, and Prospect", *Process Studies*, 15 (1986), 106-119. — R. S. Corrington, "Finitude and Transcendence in the Thought of J. B.", *Southern Journal of Philosophy*, 25 (1987), 445-459. — R. Garret, "The Limits of Generalization in Metaphysics: The Case of J. B.", *ibid.*, 27 (1989), 1-28. — B. Singer, "Systematic Nonfoundationalism: The Philosophy of J. B.", *Journal of Speculative Philosophy*, 7(3) (1993), 191-205. ⮔

BÜCHNER, LUDWIG (1824-1899). Nascido em Darmstadt, estudou medicina, "habilitando-se" em 1854 em Tübingen. Lecionou nessa cidade; porém, em virtude do escândalo causado por sua profissão de fé materialista, teve de renunciar ao ensino, dedicando-se à prática médica em Darmstadt.

Büchner opunha-se vivamente àqueles que pretendiam falar de Deus e da alma e especular sobre a natureza da realidade (e estes abarcavam, segundo Büchner, praticamente todos os filósofos). Em sua obra *Força e matéria* (*Kraft und Stoff*, 1855) — que teve grande repercussão, sendo logo traduzida para vários idiomas e popularizando o materialismo e o monismo (materialista) —, Büchner insistiu no fato de que apenas a ciência, com a observação e o experimento, pode proporcionar uma concepção justa das coisas. O progresso científico é inegável e até inevitável, levando as descobertas da ciência a eliminar todo dualismo entre o espírito e o corpo e toda idéia de uma divindade. Todas as coisas são constituídas de força ou matéria, ou, melhor dizendo, de força-matéria, visto que não há diferença entre uma e outra — são apenas dois aspectos da mesma realidade. A força é o movimento da matéria. Como o movimento é a natureza da força, pode-se considerar o movimento (material) como a realidade fundamental. Não há, de acordo com Büchner, matéria "morta"; toda matéria é "ativa", isto é, está em movimento. Esta idéia levou a se pensar que Büchner, assim como outros materialistas alemães seus coetâneos, defendia uma espécie de hilozoísmo (VER) fundado em resultados científicos. O ser ou realidade fundamental, que é visto às vezes como matéria e às vezes como força, está em evolução, que é biológica, segundo a teoria de Darwin, e que pode ser cultural, mas que nunca deixa de ser material.

Büchner avalia que as leis naturais regem todos os fenômenos. Não há nenhuma realidade que legisle o movimento do universo. Este é completamente determinado segundo as leis "eternas". Büchner opôs-se em particular a todo dualismo espírito-corpo e afirmou que o que se denomina "espírito", "mente", "alma", "consciência" etc. é redutível a funções cerebrais. Uma "alma" ou uma "consciência" são um conjunto dessas funções.

No âmbito da ética, Büchner defendeu ao mesmo tempo um completo determinismo e um relativismo; de acordo com este último, não há nenhuma norma que possa ser considerada absoluta ou absolutamente obrigatória.

↪ Além da obra citada no texto: *Natur und Geist*, 1857 (*Natureza e espírito*). — *Aus Natur und Wissenschaft*, 1862 (*Da Natureza e da ciência*). — *Sechs Vorlesungen über die Darwinsche Theorie*, 1868 (*Seis lições sobre a teoria darwiniana*). — *Die Stellung des Menschen in der Natur*, 1869 (*O lugar do homem na Natureza*). — *Das künftige Leben und die moderne Wissenschaft*, 1889 (*A vida futura e a ciência moderna*). — *Die Darwinsche Theorie*, 1890 (*A teoria darwiniana*). — *Fremdes und Eignes aus dem geistigen Leben der Gegenwart*, 1890 (*O alheio e o próprio a partir da vida espiritual do presente*). — *Darwinismus und Sozialismus*, 1894. — *Gott und die Wissenschaft*, 1897 (*Deus e a ciência*). — *Im Dienst der Wahrheit*, 1899 (*A serviço da verdade*).

Ver: F. Gregory, *Scientific Materialism in Nineteenth Century Germany*, 1977. — P. Berglar, *Der neue Hamlet. L. B. in seiner Zeit*, 1978. ↪

BUCKHAM, JOHN WRIGHT. Ver PERSONALISMO; POLARIDADE.

BUCKINGHAM, THOMAS (*ca.* 1300-pouco depois de 1356). Foi *Fellow* em Merton (1324-1340). Embora tenha se interessado por questões de física e de matemática no sentido dos "calculatores" (ver MERTONIANOS), sua preocupação principal foram as questões teológicas. Buckingham ocupou-se sobretudo da questão da natureza da vontade divina e da relação entre causalidade divina e livre-arbítrio humano. Opôs-se, a esse respeito, a Thomas Bradwardine (VER) e procurou mostrar que, embora sendo ilimitada, a vontade de Deus não determina o livre-arbítrio humano. O homem recebe de Deus o poder de querer, mas esse querer não é "necessitado". Por outro lado, a vontade de Deus, ao referir-se aos futuros contingentes, atua também contingentemente. A contingência é energicamente sublinhada por Buckingham tanto em Deus como no homem, mas isso não o leva a limitar a vontade divina — muito pelo contrário, contingência e plenitude de tal vontade são para ele praticamente o mesmo. Com efeito, é por causa da absoluta vontade e potência de Deus que Seu querer não é determinante do futuro das ações humanas, pois, embora todo futuro venha de Deus e de sua vontade, nenhum futuro está determinado — se estivesse, a vontade divina não seria absoluta, pois estaria determinada por algo superior a ela. Buckingham escreveu comentários às questões sobre as *Sentenças*: *Quaestiones solertissimi viri Johannes Bokinkam genere anglici in quattuor libros sententiarum* (Paris, 1505). Devem-se a ele, da mesma forma, vários escritos ainda inéditos: *85 Quaestiones disputatae* divididas em várias séries (*De contingentia futurorum; De causalitate divina; De augmento gracie et de merito creature; De originali peccato; De limbo ante adventum Christi; De circunstantiis meriti et demeriti; De peccato et de pena peccati*) e um *Tractatus de infinito*.

↪ Ver: C. Michalski, "Les courants philosophiques à Oxford e à Paris pendant le XIVe siècle", *Bulletin international de l'Académie polonaise des sciences et des lettres. Classe d'histoire et de philosophie, et de philologie. Les Années 1919, 1920* (Cracóvia, 1922), pp. 59-88. — Id., "Le problème de la volonté à Oxford e à Paris au XIVe siècle", *Studia Philosophica* [Lemberg], 2 (1936), 233-365. — M. D. Chenu, "Les *Quaestiones* de Th. de B.", *Studia medievalia... in honorem R. J. Martin*, 1928, pp. 229-241. — J. A. Robson, *Wyclif and the Oxford Schools: The Relation of the* Summa de ente *to Scholastic Debates at Oxford in the Later Fourteenth Century*, 1961, pp. 40-69. — B. R. De la Torre, *T. B. and the Contingency of Futures: The Possibility of Human Freedom*, 1987. ↪

BUDISMO. Embora não seja, propriamente falando, uma filosofia, e sim uma religião, o budismo suscitou, com freqüência, grande interesse entre os filósofos. De início, ele pode ser apresentado como um dos sistemas heterodoxos (*nastika*) da filosofia indiana (VER); contudo, ele contém, além disso — como veremos adiante —, ensinamentos que podem ser vertidos a uma linguagem filosófica ou discutidos filosoficamente. Embora não se deva exagerar a esse respeito, considerando-o como um sistema de filosofia *stricto sensu*, não convém tampouco esvaziá-lo de toda doutrina e de toda conceptualização, definindo-o como um mero conjunto de recomendações sobre a melhor forma de vida humana.

O budismo foi fundado por Siddhārta, ou Gautama Buddha [Buda], isto é, "o Iluminado", nascido em Kapilāvastu (norte da Índia) e falecido *ca.* 483 a.C. Os ensinamentos de Gautama foram compilados por seu discípulo Ananda. As escrituras budistas dividiram-se em *Dharma* (ou *Sūtra*), *Vinaya* e *Abhidharma*, formando o chamado *Tipitaka* (três cestos): o *Dharma* e o *Abhidharma* contêm a doutrina ("elementar" e "superior"); o *Vinaya* contém as regras de comportamento, em particular as regras monásticas. Há muitas escolas budistas. Essas escolas podem ser classificadas de diversas maneiras. Uma classificação possível é de tipo geográfico-cultural. Segundo ela, há o budismo indiano, o budismo chinês, o budismo tibetano, o budismo japonês etc. Esta classificação apresenta vários inconvenientes, entre eles o de não levar em conta que certas escolas budistas (como o budismo Zen ou o amidismo) são comuns a vários países (China, Japão); por esse motivo, propôs-se às vezes uma classificação geográfico-cultural mais simples entre o budismo indiano e o não-indiano (principalmente o chinês). Outra classificação — mais comum e mais bem fundamentada — é a que se atém aos aspectos doutrinais religiosos ou filosóficos. Do ponto de vista religioso, há duas grandes escolas: a escola *Hīnayāna* (ou Pequeno veículo) e a escola *Mahāyāna* (ou Grande Veículo). O *Hīnayāna*, ou budismo *pāli* (canônico), manteve-se principalmente no sul (razão pela qual é qualificado também de budismo meridional), exercendo ainda grande influência no Ceilão, na Birmânia e em Sião. Seus partidários proclamam-se mais ortodoxos e estritos que os membros do *Mahāyāna*, isto é, mais próximos da "doutrina original" do Buda. O *Mahāyāna*, ou budismo sânscrito, estendeu-se pelo norte (sendo também qualificado de budismo setentrional), ultrapassando as fronteiras da Índia e difundindo-se pelo Tibete, pela China e pelo Japão. Seus partidários proclamam-se mais abertos que os membros do *Hīnayāna*, que qualificam de Veículo Inferior. Muitos dos escritos do budismo sânscrito foram traduzidos para o chinês (formando o chamado *Tipitaka chinês*); de fato, certos escritos, perdidos em sânscrito, conservam-se apenas em chinês, tendo sido retraduzidos ao que se considera seu idioma original. Muitos dos desenvolvimentos do *Mahāyāna* são exclusivamente tibetanos, chineses ou japoneses.

Falou-se de várias escolas filosóficas budistas. As principais são: *Sautrāntika* (fundada por Kumāralabdha no século II d.C. e denominada também *Sautrāntika-Dārṣṭāntika*), *Vaibhāsika*, *Mādhyamika* (fundada por Nāgārjuna — do século II d.C. —, que procurou desenvolver uma "Escola média" — significado de *Mādhyamika* —, que busca o centro de todas as teorias alternativas e extremas) e *Vijñānavāda* ou de *Yogācāra*. As duas primeiras pertencem ao *Hīnayāna*. As duas últimas, ao *Mahāyāna* ou "Grande Veículo". Adotaram-se epítetos filosóficos para caracterizar as mencionadas escolas: realismo pluralista ou realismo direto (*Vaibhāsika*), fenômeno ou realismo crítico (*Sautrāntika*), niilismo ou doutrina do "vazio", *śūnya* (*Mādhyamika*), idealismo (*Vijñānavāda*) etc. Esses epítetos são aceitáveis sempre que se tenha em mente que não devem ser entendidos de modo demasiadamente "ocidental".

Às escolas anteriores devem-se acrescentar outras manifestações do budismo: o budismo *Tantra* ou budismo mágico (difundido sobretudo no Tibete), o já mencionado budismo *Zen*, o amidismo etc. Quanto a nós, prescindiremos das diferenças entre essas orientações, atendo-nos apenas a alguns aspectos fundamentais da doutrina budista, particularmente aqueles que possam suscitar interesse filosófico.

A finalidade primária do budismo é a salvação. *Em princípio*, deve-se descartar toda questão que não sirva para obtê-la. Assim, questões como as de saber se o mundo é finito ou infinito, se a alma é ou não o mesmo que o corpo, se ela sobrevive à morte deste etc. são questões inúteis, além de incertas. As únicas questões úteis são questões como: o melhor meio de evitar o contínuo sofrimento provocado pela sede de existência, a descoberta das regras necessárias para libertar-se de tal servidão etc. Daí as quatro verdades sagradas ou verdades nobres de Buda: 1) a vida é sofrimento e mal-estar — nascimento, doença, morte, carência do que se deseja e posse do que não se deseja têm um nome comum: dor; 2) a causa do sofrimento é a sede de existir, o perpétuo renascer e a eterna roda do ser; 3) somente a cessação do sofrimento, ou a extinção completa dessa sede, pode produzir a salvação; 4) há um caminho para salvar-se (um caminho que tem oito estágios: conhecimento reto, intenção reta, fala reta, comportamento reto, vida reta, esforço reto, pensamento reto e concentração reta). Libertar-se é fundir-se no *Nirvāna* (VER), que não é supressão do ser (ou inatividade), mas cessação do sofrimento, da miséria e da contínua cadeia da reencarnação (ou do temor a ela). Não se trata, pois, de um desaparecimento da individualidade, mas do reconhecimento de que esta é um engano; o que chamamos um indivíduo ou uma alma não é uma realidade permanente: é uma crença (falsa), pois a individualidade carece de existência autêntica. O que há é um conjunto de cinco elementos (*skandhas*): corpo (ou formas corporais), sensações, percepções, impulsos e consciência. Esta transitoriedade e este engano do indivíduo são, além disso, paralelos à transitoriedade de toda existência; tudo é efêmero e, segundo alguns budistas (os da escola *Sautrāntika*), até momentâneo. A única coisa que permanece é a lei universal da mudança, à qual nada pode subtrair-se.

Ora, a insistência do budismo (ao menos de suas primeiras manifestações) em evitar toda especulação vã e suas incessantes recomendações para que o homem se limite a uma meditação sobre as quatro grandes verdades e sobre o melhor caminho para alcançar a libertação não impediram o cultivo de problemas filosóficos. A própria limitação mencionada aponta para uma característica do budismo que os ocidentais qualificariam de pragmática. A idéia do *Nirvāna* pressupõe (em alguns autores) uma tendência niilista. A afirmação de um sofrimento universal implica o pessimismo, e a possibilidade de libertar-se dele, um otimismo. A doutrina da mudança permanente desencadeia um tipo de pensamento dialético. A explicação do engano produzido pela crença na individualidade tende a transformar-se num fenomenismo etc. As diferentes escolas budistas indicadas desenvolveram estes traços teóricos. Antes de tudo, levantou-se o problema de se há realidade e de que diferentes modos se pode falar do real (o real é somente o mental, o real é ao mesmo tempo mental e não-mental etc.). Depois, o problema de como se pode conhecer a realidade. Por fim, o problema de saber se há relação — e, neste caso, qual é ela — entre o que aparece como real e o que é verdadeiramente real. A isso se acrescentam questões éticas como a de se é preciso seguir um caminho difícil ou um caminho mais plano; a de se cada um deve limitar-se a obter sua própria salvação ou se deve ocupar-se da salvação de outros; a de se é ou não possível conseguir o ideal de santidade (o ideal do *Bodhisattva*). Há também questões teológicas e filosófico-religiosas, tais como a da realidade própria do Buda (que pode ser concebido como Deus, como um profeta, como uma Luz encarnada, como uma realidade transcendental etc.). Estas questões suscitaram particular interesse entre os filósofos ocidentais, especialmente desde que Schopenhauer vinculou suas próprias concepções a idéias budistas (e outras manifestações da filosofia indiana). O budismo influenciou também a formação do movimento teosófico (ver Teosofia).

◌ Bibliografias: H. L. Heldt, *Deutsche Bibliographie des Buddhismus*, 1916. — M. Lalou e J. Przyluski, com a colaboração de outros autores, *Bibliographie bouddhique*, 1928 ss. — A. C. March, *Buddhist Bibliography*, 1935. — C. Regamey, *Buddhistische Philosophie*, 1950 (em *Bibliographische Einführungen in das Studium der Philosophie*, ed. I. M. Bochenski, 20-21).
Obras gerais: T. W. Rhys Davids, *Buddhism*, 1880. — Hermann Oldenberg, *Buddha, sein Leben, seine Lehre, seine Gemeinde*, 1881; 12ª ed., 1923, nova ed. por Helmuth von Glasenapp, 1959. — L. de la Vallée Poussin, *Bouddhisme, Études et Matériaux*, 1898. — *Id., Bouddhisme. Opinions sur l'histoire de la dogmatique*, 1909; 4ª ed., 1925. — *Id., Le dogme et la philosophie du bouddhisme*, 1930. — Th. Stcherbatsky, *The Central Conception of Buddhism and the Meaning of the Word "Dharma"*, 1923. — G. Tucci, *Il Buddhismo*, 1926. — J. Przyluski, *Le Bouddhisme*, 1932. — C. A. F. Rhys Davids, *A Manual of Buddhism for Advanced Students*, 1932. — *Id., Outlines of Buddhism*, 1934. — A. David-Neel, *Buddhism*, 1939. — Edward Conze, *Buddhism: Its Essence and Development*, 1951; reimp., 1957. — *Id., Buddhist Thought in India: Three Phases of Buddhist Philosophy*, 1962; reimp., 1967. — *Id., Thirty Years of Buddhist Studies: Selected Essays*, 1969. — A. Gallego, *Buda y budismo*, 1954. — H. de Lubac, *Aspects du bouddhisme*, tomo II (Amida), 1955. — G. P. Malalasekera, *Encyclopaedia of Buddhism*, 1963 ss. (em fascículos).

Obras sobre a história e a expansão do budismo: K. Köppen, *Die Religion des Buddha*, 2 vols. (I, 1857; II, 1859). — H. Kern, *Geschiedenis von het Buddhisme*, 1882. — L. Wieger, *Bouddhisme chinois*, 2 vols., 1910-1913. — K. J. Saunders, *Epochs in Buddhist History*, 1924. — Bu-Ston, *History of Buddhism*, trad. do tibetano por E. Obermiller, 2 vols., 1931-1932. — E. J. Thomas, *The History of Buddhist Thought*, 1933. — Étienne Lamotte, *Histoire du bouddhisme indien. Des origines à l'ère Saka* [VI a.C.-I d.C.], 1958 (Bibliothèque du Muséon, 43). — Kenneth Ch'en, *Buddhism in China: A Historical Survey*, 1965. — David J. Kalupahana, *Buddhist Philosophy: A Historical Analysis*, 1976.

Vida e doutrina de Buda: R. Pischel, *Leben und Lehre des Buddha*, 4ª ed., 1926. — H. Beckh, *Buddhismus (Buddha und seine Lehre)*, 2 vols.; 3ª ed., 1928.

Obras sobre filosofia budista (além dos capítulos correspondentes na bibliografia mencionada em Filosofia indiana e Filosofia oriental): M. Walleser, *Die Buddhistische Philosophie in ihrer geschichtlichen Entwicklung*, 4 vols., 1904-1927. — S. Yamakani, *Systems of Buddhist Thought*, 1912. — A. B. Keith, *Buddhist Philosophy in India and Ceylon*, 1923. — O. Rosenberg, *Die Probleme der Buddhistischen Philosophie*, 1924. — Th. Stcherbatsky, "Die drei Richtungen in der Philosophie des Buddhismus", *Rocznik orjentalistyczny*, 10 (1934), 1-37. — T. R. V. Murti, *The Central Philosophy of Buddhism. A Study of the Mādhyamika System*, 1955. — Bhikshu Sangharakshita, *A Survey on Buddhism*, 1958. — A. J. Bahm, *Philosophy of the Buddha*, 1958. — K. N. Jayatilleke, *Early Buddhist Theory of Knowledge*, 1964. — Ismael Quiles, *Filosofía budista*, 1968. — F. Yu-Lang, *A Short History of Chinese Philosophy*, 1948, ed. D. Bodde. — S. Radhakrishnan et al., eds., *History of Philosophy, Eastern and Western, VI: Indian, Chinese and Japanese Thought*, 1953. — E. Conze, *Buddhist Thought in India; Three Phases of Buddhist Philosophy*, 1962. — C. A. Moore, ed., *Philosophy and Culture East and West: East-West Philosophy in Practical Perspective*, 1962. — N. P. Jacobson, *Buddhism: The Religion of Analysis*, 1970. — H. Saddhatissa, *Essence of Buddhism*, 1970. — M. Sprung, ed., *The Problem of Two Truths in Buddhism and Vedanta*, 1973. — S. C. Hackett, *Oriental Philosophy: A Westerner's Guide to Eastern Thought*, 1979. — S. Odin, *Process Metaphysics and Hua-Yen Buddhism: A Critical Study of Cumulative Penetration versus Interpenetration*, 1982. — D. A. Fox, *The Heart of Buddhist Wisdom: A Translation of the Heart Sutra With Historical Introduction and Commentary*, 1985. — D. J. Kalupahana, *Nagarjuna: The Philosophy of the Middle Way*, 1986. — N. P. Jacobson, *Understanding Buddhism*, 1986. — *Id., The Heart of Buddhist Philosophy*, 1988. — C. Wei-hsum Fu, S. A.

Wawrytko, eds., *Buddhist Ethics and Modern Society: An International Symposium*, 1991. — J. Macy, *Mutual Causality in Buddhism and General Systems Theory*, 1991. — D. J. Kalupahana, *A History of Buddhist Philosophy*, 1992.

Budismo Zen: Alan W. Watts, *The Spirit of Zen*, 1936. — D. T. Suzuki, *An Introduction to Zen Buddhism*, 1949. — *Id., Studies in Zen*, 1955. — H. Benoit, *La doctrine suprême*, 1955. — M. Abe, W. R. La Fleur, eds., *Zen and Western Thought*, 1985. — J. Arraj, *God, Zen and the Intuition of Being*, 1988. — K. Nagasawa, *Das Ich im deutschen Idealismus und das Selbst im Zen-Buddhist Fichte und Dogen*, 1991. — R. F. Sasaki, "A Bibliography of Translations of Zen (Ch'an) Works", *Philosophy East and West*, 10 (1960-1961), 149-168. — R. B. Zeuschner, "A Selected Bibliography on Ch'an Buddhism in China", *Journal of Chinese Philosophy*, 3 (1976), 299-311.

Budismo e hinduísmo: Ch. Eliot, *Hinduism and Buddhism. An Historical Study*, 3 vols., 1921. — A. K. Coomaraswamy, *Hinduism and Buddhism*, 1943. — R. K. Mookerji, *Ancient Indian Education: Brahmanical and Buddhist*, 1947. — F. H. Ross, *The Meaning of Life in Hinduism and Buddhism*, 1953. — H. I. Fausset, *The Flame and the Light: Meanings in Vedanta and Buddhism*, 1958. — K. Sen, *Hinduism*, 1961. — N. W. Ross, *Three Ways of Asian Wisdom: Hinduism, Buddhism, Zen and their Significance for the West*, 1966. — T. W. Organ, *Hinduism: Its Historical Development*, 1974. — A. K. B. Pillai, *Transcendental Self: A Comparative Study of Thoreau and Psycho-Philosophy of Hinduism and Buddhism*, 1985. — *Id., Philosophy of Hinduism and Buddhism*, 1985.

Budismo e cristianismo: H. de Lubac, *La rencontre du bouddhisme et de l'Occident*, 1952. — D. T. Suzuki, *Mysticism: Christian and Buddhist*, 1957. — F. Masutani, *A Comparative Study of Buddhism and Christianity*, 1957. — A. W. Watts, *Supreme Identity: An Essay on Oriental Metaphysics and the Christian Religion*, 1957. — N. Smart, *Reasons and Faiths; An Investigation of Religious Discourse, Christian and Non-Christian*, 1958. — A. Osborne, *Buddhism and Christianity in the Light of Hinduism*, 1959. — G. Dharmasiri, *A Buddhist Critique of the Christian Concept of God*, 1974. — M. Pallis, *A Buddhist Spectrum*, 1981. — J. B. Cobb, *Beyond Dialogue: Toward a Mutual Transformation of Christianity and Buddhism*, 1982. — D. W. Mitchell, *Spirituality and Emptiness: The Dynamics of Spiritual Life in Buddhism and Christianity*, 1991.

Sobre lógica budista, ver bibliografia de LÓGICA (Da). ℭ

BUENO, GUSTAVO. Nascido (1924) em Santo Domingo de la Calzada (Logroño), estudou em Logroño, Saragoza e Madri. Foi professor, e diretor, do Instituto Lucía de Medrano, em Salamanca, e, de 1960 até sua aposentadoria, ocupou a cátedra de Fundamentos de Filosofia e História dos Sistemas Filosóficos na Universidade de Oviedo.

Em oposição às teses de Sacristán (VER) sobre o ensino e o papel da filosofia, Bueno defendeu a função desta como um elemento no conjunto do saber e também como uma totalização do saber. Adotando um ponto de vista marxista, Bueno procede a uma refundamentação do materialismo dialético, afastando-se de toda ortodoxia e fundando-se na prática, inclusive a prática do saber. Essa refundamentação está estreitamente associada a uma crítica das ciências e à construção de modelos epistemológicos do funcionamento das ciências. A esse respeito, Bueno elaborou em detalhe uma teoria do fechamento categorial sobre o qual nos aprofundamos no verbete específico dedicado a essa noção. O materialismo dialético no sentido de Bueno não é uma simples ideologia nem mera atitude ou crença — ele requer uma ontologia na qual se manifesta a racionalidade filosófica como o que Bueno denomina "symploké", ou "trama". Esta trama é fundamentalmente uma trama de realidades materiais, às quais corresponde uma trama conceitual. Essas tramas não formam necessariamente um conjunto harmonioso no sentido leibniziano — elas constituem um sistema de relações e conexões entre as quais figuram dissimilaridades e incompatibilidades. A categorização enfatiza as diferenças e incomensurabilidades, mas também a articulação sistemática. Essa articulação se exprime mediante um rigor formal que é um caso especial do rigor material.

Gustavo Bueno considera o materialismo equivalente à consciência filosófica. Deste ponto de vista, podem-se examinar os diversos sistemas filosóficos que se destacaram na história, reinterpretados em virtude da tomada de consciência materialista. A reinterpretação dos sistemas se faz acompanhar da crítica, tanto do idealismo e do espiritualismo como do "materialismo vulgar".

A ontologia desenvolvida por Gustavo Bueno abrange uma parte geral e uma especial. É importante na ontologia de Bueno o exame de três tipos de materialidade (tipos que são especificações da materialidade ontológico-geral). Esses tipos incluem a corporeidade ou exterioridade, a interioridade (que abarca as "interioridades alheias") e os objetos abstratos. A consideração desses tipos como especificações não significa, segundo Bueno, que todos eles se reduzam a uma espécie primordial de materialidade, já que neste caso não seria necessário introduzir nenhuma distinção. A rigor, cada tipo de materialidade é incomensurável em relação aos outros; se se fala de especificações é apenas na medida em que a ontologia geral proporciona a trama conceitual para o estudo dos diversos tipos de materialidade, e especialmente na medida em que essa ontologia se opõe a toda substancialização. Bueno critica diversas doutrinas — mecanicismo, subjetivismo, empiriocriticismo, idealismo, monismo neutro — como manifestações de formalismo. A idéia de matéria é, em última análise, uma idéia crítica, e é a manifestação da atividade filosófica, que é ao mesmo tempo teórica e prática.

➲ Principais obras: *El papel de la filosofía en el conjunto del saber*, 1970. — *Etnología y utopía*, 1971. — *Ensayo sobre las categorías de la economía política*, 1972. — *Ensayos materialistas*, 1972. — *La metafísica presocrática*, 1974. — *Veinte cuestiones sobre teoría y praxis*, 1975. — *Idea de ciencia desde la teoría del cierre categorial*, 1976. — *El animal divino. Ensayo de una filosofía materialista de la religión*, 1986.

Ver: Alain Guy, "Le matérialisme critique et socialiste de G. B.", na obra *Penseurs hétérodoxes du monde hispanique*, 1974, ed. A. Guy, pp. 311-328; reed. em esp. em A. Guy, "El materialismo crítico y socialista de G. B.", *Revista de Filosofía* (Costa Rica), 14 (1976), 85-96. — Artigos "Cierre categorial" (por Tomás R. Fernández), "Materialismo" (por Luis J. Álvarez), "Sinexión" e "Symploké" (por Pilar Palop Jonqueres) em Miguel A. Quintanilla, ed. *Diccionario de filosofía contemporánea*, 1976. — D. Alvargonzález, "Problemas en torno al concepto de 'ciencias humanas' como ciencias con doble plano operatorio", *El Basilisco*, 2 (1989), 51-56 (um com uma resposta de B. nas pp. 57-63). — A. F. Tresguerres, "Bueno y Bergson: Sobre filosofía de la religión", *ibid.*, 13 (1992), 74-88.

Ver também "Entrevista a G. B.", em *Teorema*, 3, n. 1 (1973), 123-140. ➲

BUFFIER, CLAUDE (1661-1737). Nascido em Varsóvia, mudou-se para a França, onde lecionou durante algum tempo em Rouen, estabelecendo-se depois em Paris. Membro da Companhia de Jesus, colaborou no *Journal de Trévoux*, publicado pelos jesuítas. Influenciado por várias correntes filosóficas modernas, especialmente pelo cartesianismo e pelo empirismo de Locke, Buffier elaborou, em sua obra principal, o *Traité des premières vérités*, uma doutrina do conhecimento na qual visava examinar as proposições que podem ser provadas para remontar delas às que já não são suscetíveis de prova, mas que constituem a base de todas as ciências e de todo juízo reto. Estas verdades primeiras, embora não possam ser provadas, podem ser discernidas. Buffier propôs-se examinar: 1) as diversas espécies de verdades primeiras, sua origem e o que têm em comum; 2) as verdades primeiras que podem ser descobertas com relação a todos os seres considerados em geral; 3) aquelas que são verdades primeiras com relação aos seres espirituais, e 4) as que são verdades primeiras com relação aos seres materiais e corporais (às quais se acrescentam as que servem de base às diversas ciências). A verdade primeiríssima é, segundo Buffier, a do sentimento íntimo da própria existência; a proposição "penso, sinto, existo" é de uma "evidência invencível". Contudo, enquanto alguns filósofos avaliam que não se pode alcançar evidência de nenhuma outra verdade, Buffier procura mostrar que há outras regras de verdade e evidência além do sentido íntimo da própria percepção. O fundo dessas verdades é o senso comum ou a "disposição que a natureza pôs em todos os homens, ou manifestamente na maioria deles, para fazê-los manter, quando atingem o uso da razão, um juízo comum e uniforme sobre objetos distintos do sentido íntimo de sua própria percepção; juízo que não é a conseqüência de nenhum princípio anterior" (*Traité*, Parte I, cap. v). A existência do mundo externo e de outros seres humanos é uma dessas verdades de senso comum.

A filosofia de Buffier é precursora da filosofia escocesa (ver ESCOCESA [ESCOLA]) do senso comum e, em muitos aspectos, é similar à doutrina de Thomas Reid (VER), que reconheceu essas semelhanças, mesmo tendo conhecido as teses de Buffier somente depois de ter elaborado as suas próprias. Contudo, é preciso levar em conta que historicamente as teses de Buffier procuram responder a certas dificuldades encontradas em Descartes, ao passo que as de Reid tentam responder a dificuldades encontradas em Hume.

➲ O título completo do citado tratado é: *Traité des premières vérités et de la nature de nos jugements, où l'on examine le sentiment des philosophes de ce temps sur les premières notions des choses*, 1724; nova ed. com o título: *Traité des premières vérités et de la source de nos jugements*, 1843 ("augmentée d'une notice et de notes critiques"). — Deve-se também a Buffier a série de trabalhos compilados no volume intitulado: *Cours de sciences sur des principes nouveaux et simples, pour former le langage, l'esprit et le coeur, dans l'usage ordinaire de la vie*, 1732.

Ver: G. Sortais, *Le cartésianisme chez les Jésuites français au XVIIe et au XVIIIe siècles*, 1929. — F. R. Montgomery, *La vie et l'oeuvre du Père Buffier*, 1930. — Juan A. Ventosa Aguilar, *El sentido común en las obras filosóficas del P. Claude Buffier, S. J. Contribución a la historia del sentido común*, 1957 (estuda a influência de Buffier não apenas sobre os pensadores escoceses, mas também sobre vários autores católicos dos séculos XVIII e XIX; segundo Ventosa, esses autores — alguns dos quais figuraram na vanguarda do movimento neotomista — foram influenciados em suas teses acerca do senso comum por Buffier e não pelos escoceses). — S. V. Bokil, "Introduction to Buffier's *éléments de métaphysique*", *Indian Philosophical Quarterly*, 7 (1979), 1-49. — L. Marcil-Lacoste, *C. Buffier and T. Reid: Two Common-Sense Philosophers*, 1982. ➲

BUFFON, GEORGES LOUIS LECLERC (Conde de) (1707-1788). Nascido em Montbard, na Borgonha, foi, a partir de 1749 e até sua morte, diretor do Jardin du Roi, em Paris. Sua vasta *História natural* é uma grandiosa síntese. Tal como ele a define no começo do Primeiro discurso, intitulado "Do modo de estudar e de tratar a história natural", no tomo I (1749) da série, "a história natural, tomada em toda a sua extensão, é uma história imensa — abrange todos os objetos que nos são apresentados pelo universo. Essa multiplicidade prodigiosa de quadrúpedes, de pássaros, de peixes, de insetos, de plantas, de minerais etc. oferece à curiosidade do espírito humano um vasto espetáculo, cujo conjunto é tão amplo que parece, e é, com efeito, inesgotável nos detalhes". Baseando-se em observações pessoais e em copiosas leituras, assim como nas idéias de Bacon, Newton, Locke e Leibniz, Buffon apresentou uma detalhada "imagem do mundo" explicável por causas naturais e sem necessidade de recorrer a uma grande "Causa final". Importante foi, para sua época, seu cômputo da idade da Terra, que multiplicava amplamente os cômputos tradicionais baseados na Bíblia. Buffon não foi um "evolucionista" em sentido darwiniano (embora o próprio Darwin o tenha homenageado como um "predecessor"); sua descrição da grande cadeia das espécies naturais, entretanto, favorecia a possibilidade de um evolucionismo. Com efeito, Buffon insistiu, por um lado, no fato de que as espécies se compõem de indivíduos muito diferentes entre si, de modo que os nomes de espécies são rigorosamente nomes que se dão a certos agrupamentos; por outro lado, enfatizou a existência de mudanças orgânicas que ocorrem ao longo do tempo. Por fim, e sobretudo, substituiu a organização das espécies em forma hierárquica por uma organização em forma serial. Não há diferenças essenciais, mas de grau, e isso não apenas entre espécies animais, mas também entre as espécies animais e as vegetais. No capítulo I do volume II de sua *História*, em que se formula a questão da comparação entre animais e vegetais, Buffon indica explicitamente que não há "em absoluto diferenças essenciais e gerais" entre ambos, já que "a Natureza descende por graus e matizes imperceptíveis de um animal que nos parece ser o mais perfeito a um que o é menos, e deste ao vegetal". As diversas espécies organizam-se numa "cadeia" feita de transições pequenas, de modo que se pode estabelecer uma continuidade. Na debatida questão da origem dos organismos, Buffon defendeu a teoria da preformação contra a epigênese. A passagem mais citada de Buffon não procede de sua *História natural*, mas de seu breve discurso sobre o estilo, que ele pronunciou ao ingressar, em 1753, na Academia Francesa. Costuma-se citar: "O estilo é o homem". O contexto no qual se encontra essa citação permite compreender seu significado. Buffon indica que os conhecimentos acrescentados, a novidade das descobertas e outras características que podem ser encontradas numa obra não são garantia de sua permanência. As obras permanentes são as que estão bem escritas; são aquelas em que aquilo que se diz está "fora do homem" (o que significa não marcado pelo próprio homem que as escreve). Em contrapartida, "o estilo é o próprio homem (*le style est l'homme même*)". Se o estilo é "elevado, nobre, sublime, o autor será igualmente admirado em todos os tempos, pois somente a verdade é duradoura, e até mesmo eterna".

➲ A *Histoire naturelle, générale et particulière* começou a ser publicada em 1749, com três volumes sobre a teoria da Terra e a história do homem. Seguiram-se volumes sobre os quadrúpedes, os pássaros, os minerais, e uma série de suplementos, entre eles "Les époques de la Nature" (1787). Quando da morte de B., haviam sido publicados 39 volumes. Outros volumes, completando 44, foram preparados por B. C. Lacepede. O *Discours sur le style* é de 1753. Edição dos escritos de B. mais interessantes filosoficamente no tomo *Buffon*, ed. Jean Piveteau, 1954 (Corpus Général des Philosophes Français, XLI, 1).

Ver: P.-M.-J. Flourens, *Histoire des travaux et des idées de B.*, 1850; reimpr. 1971. — R. Dujarric de la Rivière, *B.- Sa vie, ses oeuvres*, 1971. — O. Fellows, S. F. Milliken, *B.*, 1972. — F. Duchesneau, "The Role of Hypotheses in Descartes's and B.'s Theories of the Earth", em T. M. Lennon, ed., *Problems of Cartesianism*, 1982, pp. 113-126. — P. Gascar, *B.*, 1983. — D. Goodman, "B.'s *Histoire naturelle* as a Work of the Enlightenment", em J. J. Roche, ed., *The Light of Nature: Essays in the History and Philosophy of Science*, 1985, pp. 57-65. — W. Lepenies, *Autoren und Wissenschaftlerim 18. Jh.*, 1988. ◆

BUGAÉV, NIKOLAÉVITCH VASILEVITCH. Ver MÔNADA, MONADOLOGIA.

BÜHLER, KARL (1879-1963). Nascido em Meckesheim, em Baden, foi *Privatdozent* em Würzburg a partir de 1907, professor "extraordinário" em Munique de 1916 a 1918, professor titular em Dresden (1918-1922) e em Viena (1922-1938). Tendo emigrado para Oslo, fugindo dos nacional-socialistas, mudou-se depois para os Estados Unidos, onde lecionou em várias instituições.

Seguindo em parte as orientações de Oswald Kulpe (VER), Bühler começou sua carreira como psicólogo, distinguindo-se com pesquisas sobre as percepções de "formas" (ou de estruturas: *Gestalten*) e sobre o desenvolvimento psicológico infantil. De um ponto de vista filosófico, não tardou a formular o problema do fundamento e dos fins da investigação psicológica num difundido livro sobre a crise da psicologia. Já durante seus trabalhos psicológicos, manifestou um crescente interesse pelos problemas da linguagem, aos quais dedicou várias obras e, em particular, uma "teoria da linguagem" que na opinião de Julián Marías (art. cit. *infra*) é um dos livros contemporâneos fundamentais sobre o tema, não menos importante por ter sido relativamente pouco seguido e comentado.

Antecipando estudos e resultados da lingüística e da filosofia da linguagem que tiveram oportunamente grande difusão, Bühler enfatizou que a linguagem tem várias funções, e não apenas a representativa, embora esta última seja considerada básica. Bühler sugerira já em 1918 três funções denominadas "manifestação" (*Kundgabe*), "repercussão" (*Auslösung*) e "representação" (*Darstellung*). Em sua "Teoria" de 1934, ele prefere os termos "expressão" (*Ausdruck*), "apelação" (*Appell*) e "representação" (*Darstellung*). Trata-se de "variáveis independentes" ou de variáveis que podem ser abordadas "independentemente". Por outro lado, não é uma mera taxonomia de funções lingüísticas, pois as três variáveis indicadas constituem um modelo por meio do qual podem ser analisadas as funções que se entrecruzam em cada expressão lingüística. Bühler elaborou detalhadamente a aplicação desse modelo a vários campos lingüísticos e a uma grande multiplicidade de elementos lingüísticos (expressões nominativas, pronominais, conectivos, expressões metafóricas, estilos etc.). Em sua teoria, ocupa um importante lugar a idéia de que o objeto total da lingüística é formado por quatro campos: a ação verbal, o produto lingüístico, o ato verbal e a forma lingüística. Inclui-se nesses quatro campos, como uma distinção importante, a distinção muito comum desde De Saussure entre língua e fala. Bühler leva em conta uma distinção entre ação e ato, e produto e forma, em que Saussure não reparara.

➲ Principais obras: *Die Gestaltwahrnehmungen*, 1913 (*As percepções de forma*). — *Die geistige Entwicklung des Kindes*, 1918; 6ª ed., 1930 (*O desenvolvimento psíquico da criança*). — *Handbuch der Psychologie*, 1922 (*Manual de Psicologia*). — *Die Krise der Psychologie*, 1927; 2ª ed., 1929. — *Ausdruckstheorie. Das System and der Geschichte aufgezeit*, 1933. — *Sprachtheorie*, 1934. — Obra póstuma: *Die Axiomatik der Sprachwissenschaften*, 1969, ed. Elizabeth Ströker, 2ª ed., rev., 1976 (*Axiomática das ciências da linguagem*). — Bühler teve a seu cargo a edição de *Vorlesungen über Psychologie* (1920), de Külpe, e *Grundzüge der Psychologie*, 4ª ed. (1919), de Ebbinghaus.

Ver: Ramón Ceñal Lorente, S. I., *La teoría del lenguaje de K. B.*, 1941. — Julián Marías, "K. B. y la teoría del lenguaje", no volume *Doce ensayos sobre el lenguaje*, 1974 (publicado originariamente em Boletín Informativo de la Fundación Marc, 22 [1973], 515-525). — V.V.A.A., *B.-Studien*, 2 vols., 1984, ed. A. Eschbach. — W. Deutsch, A. Eschbach *et al., K. B.s Axiomatik. Fünfzig Jahre Axiomatik der Sprachwissenschaften*, 1984, ed. C. F. Graumann e T. Hermann. — E. Casarin Donadon, "La teoria linguistica di K. B. e sua influenza sulla epistemologia di K. Popper", *Sapienza*, 40 (1987), 421-434. ➲

BUKHARIN, NIKOLAI IVANOVITCH (1888-1937). Nascido em Moscou, uniu-se à ala bolchevique do Partido Social Democrata russo em 1905. Desterrado durante vários anos em diversos países da Europa (entre eles Áustria e Suíça), passou certo tempo nos Estados Unidos, onde entrou ilegalmente, e voltou à Rússia em 1917. Depois de ocupar vários postos importantes no Governo soviético, opôs-se a Stalin e morreu executado.

Bukharin recebeu a influência de várias correntes depois consideradas "idealistas" (como o empiriocriticismo de Avenarius e o empiriomonismo de Bogdanov), influência essa que se manifestou inclusive em suas críticas a essas teorias em nome do marxismo ortodoxo. No decorrer das discussões filosóficas que tiveram lugar na União Soviética durante vários anos depois da Revolução, Bukharin, embora manifestando-se fiel partidário do materialismo dialético e seguidor de Lenin em muitos pontos fundamentais, interpretou a dialética no sentido chamado "mecanicista" e considerou que o movimento é uma perturbação do equilíbrio entre forças opostas. Esta perturbação ocorre quando se modifica a relação entre um sistema e seu meio (por exemplo, o indivíduo e a sociedade, ou a sociedade e a Natureza). O processo dialético de toda a realidade segue o seguinte esquema: equilíbrio, perturbação do equilíbrio e restabelecimento do equilíbrio (ou, melhor dizendo, novo equilíbrio), que é uma síntese dos dois anteriores. Este esquema não era, para Bukharin, puramente conceitual, mas real.

➲ Principais obras: *Azbuka kommunizma*, 1919 (*O ABC do comunismo*, 1977) (em colaboração com Préobachénskiy). — *Teoriá istoritchéskovo matérializma*, 1921 (*Teoria do materialismo histórico*, 1973, com comentários de A. Gramsci e G. Lukács). — *Ataka*, 1928 (*Ataque*). — *V. zatchtchitu prolétarskoy diktaturi*, 1928 (*Em defesa da ditadura do proletariado*).

Ver: A. Deborin, *N. B. Kontroversen über dialektischen und mechanistischen Materialismus*, 1969. — A. G. Lowy, *Die Weltgeschichte ist das Weltgerich. Bucharin: Vision des Kommunismus*, 1969. — D. Hoffman, "B.'s Theory of Equilibrium", *Telos* (1972), 126-136. — M. A. Finocchiaro, "Science and Praxis in Gramci's Critique of B.", *Philosophy of Social Criticism*, 6 (1979), 25-56. — Id., "Philosophical Theory and Scientific Practice in B.'s Sociology", *Studies in Soviet Thought*, 21 (1980), 141-174. — R. B. Day, "The Blackmail of the Single Alternative: B., Trotsky and Perestrojka", *ibid.* (1990), 159-188. ➲

BULGAKOV, SERGEI NIKOLAIEVITCH (1871-1944).

Nascido em Livny, estudou Direito na Universidade de Moscou. Foi professor de economia política em Kiev e no Instituto de Comércio de Moscou. Em 1918, ordenou-se sacerdote na Igreja Ortodoxa. Em 1922, foi expulso da Rússia, indo a Praga e a Paris. Nesta última cidade, fundou o Instituto Teológico Ortodoxo, tendo também nele lecionado.

Interessado primeiramente no marxismo (o chamado "marxismo legal"), Bulgakov opôs-se, não obstante, às idéias centrais marxistas, afirmando que não eram aplicáveis à agricultura. Mais tarde, rompeu completamente com o marxismo, aderindo ao idealismo e mais tarde à tradição religiosa representada por Soloviev. Bulgakov afirmou que há uma "alma do mundo" que unifica toda a realidade, fazendo dela uma espécie de organismo. Tanto o mundo como a alma do mundo foram criados por Deus. Influenciado pela tradição platônica e neoplatônica, Bulgakov concebeu a criação do mundo como uma espécie de emanação de Deus. A alma do mundo é a sabedoria, que medeia entre Deus e o mundo e é como o aspecto feminino do criado. A Sabedoria é ao mesmo tempo de Deus e do mundo, embora se possa distinguir uma sabedoria divina de uma sabedoria mundana. Essas idéias beiravam o panteísmo, mas Bulgakov rejeitou toda acusação de panteísmo e manteve uma espécie de panenteísmo (VER) semelhante ao desenvolvido por Krause.

➲ Principais obras: *Kapitaliszm i Zemlédlie*, 2 vols., 1900 (*Capitalismo e agricultura*). — *Ot Marksizma k Idealizmu*, 1903 (*Do marxismo ao idealismo*). — *Filosofiia Jozyastyva*, 1912 (*A filosofia da economia*). — *Svet Nevetcherni*, 1917 (*A luz que se apaga*). — *Agnets Bozi*, 1933 (*O cordeiro de Deus*).

Ver: L. A. Zander, *Bog i mir. Mirosozertsaniie ottsa Sergiia Bulgakova*, 2 vols., 1948. — V. V. Zeñklovsky, *Istoriaa Russkoi Filosofi*, 2 vols., 1948-1950 (trad. ingl. de G. L. Kline: *A History of Russian Philosophy*, 2 vols., 1953 [vol. II, pp. 892-916]). — R. Kindersley, *The First Russian Revisionists: A Study of "Legal Marxism"*, 1962. — H. Dahm, "The Actuality of "Religious Evolutionism", *Studies in Soviet Thought*, 20 (1979), 51-59. ℭ

BULTMANN, RUDOLF [KARL] (1884-1976).

Nascido em Wiefelsted, que na época fazia parte do Grão-ducado de Oldenburg. Estudou em Tübingen, em Berlim (com Adolf Harnack) e em Marburgo (com Johannes Weiss). Ensinou, em Marburgo — de 1912 a 1916 — e em Breslau — de 1916 a 1920 —, exegese neotestamentária. Em 1920 foi nomeado professor titular em Giessen, mas mudou-se para Marburgo em 1921. Em 1951 lecionou na Universidade de Yale e em 1955 deu as "Gifford Lectures" de Edimburgo.

Bultmann dedicou-se ao diálogo e à viva polêmica com Rudolf Otto, Karl Barth, Friedrich Gogarten e outros teólogos. Embora no princípio parecesse simpatizar com a chamada "teologia dialética" — unindo-se a ela pela aversão comum à interpretação neotestamentária liberal e mais ou menos "historicista" —, Bultmann foi se separando dela, assim como de Karl Barth, por julgar que nela não se levava em conta a situação do homem moderno, para o qual Palavra de Deus, tal como expressa no Novo Testamento, se mostra incompatível com a concepção do mundo em consonância com a ciência e a filosofia modernas. Isso não significa, contudo, que se deva eliminar a Palavra de Deus (o *kerygma*), ou que se tenha de interpretar esta de uma forma meramente "histórica". Em alguma medida, a Palavra de Deus transcende a ordem histórica, mas não por achar-se a uma distância infinita da ordem humana. O que se deve fazer, segundo Bultmann, é desmitificar (ver DESMITIFICAÇÃO) todas as exegeses neotestamentárias, o que equivale a desmitificar todas as cosmologias e concepções do mundo em que se fundam essas exegeses. Bultmann reconhece que o pensamento de Heidegger, sob a forma de uma "filosofia existencial" (ou, melhor, "existenciária" [ver EXISTENCIÁRIO]), o ajudou grandemente em seus trabalhos hermenêuticos, mas estes não teriam sido possíveis sem apoio da chamada "teologia histórico-crítica".

Justamente pelo processo de desmitificação levado a suas últimas conseqüências é possível, segundo Bultmann, não ligar o não-mundano e divino com o mundano e humano. Isso não significa que haja uma separação completa entre o divino e o humano à maneira de uma teologia absolutamente "transcendente". Tampouco significa que os elementos mitológicos estejam desprovidos de todo valor para uma hermenêutica; como o diz expressamente Bultmann, a mitologia "exprime certa compreensão da existência humana". Assim, a desmitificação ou desmitologização, que já teve início com uma interpretação estritamente escatológica da Palavra de Deus, encontra-se na situação de ter de eliminar a mitologia reinterpretando-a. É evidente que a desmitologização em nossa época e a que pôde ocorrer em épocas anteriores são muito distintas. Na época atual, a desmitologização se faz acompanhar da aceitação de uma concepção moderna do mundo — que alguns autores, contrários a Bultmann, consideraram igualmente "mitológica" ou "mitológico-cosmológica" — que não rejeita a Escritura, mas a visão de mundo em que ela está (ou estava) enquadrada.

Bultmann considera que a desmitologização é um método hermenêutico, baseado em certos pressupostos, entre os quais figura de modo preeminente a relação "existencial" (relação "vital") com o assunto ou tema suscetível de interpretação. A filosofia — e especificamente a compreensão existencial ("existenciária") — da realidade humana desempenha aqui um papel capital, mas isto não significa que a teologia seja a conseqüência de uma série de teses e métodos filosóficos. Como observa Bultmann, há uma distinção básica entre a fé cristã e a compreensão natural da realidade, bem como entre o Novo Testamento e o existencialismo. A interpretação existencialista da "mitologia dualista" do Novo Testamento não passa do que pretende ser: interpretação. Mas essa interpretação é, por ora, a única que permite depurar a mensagem cristã de toda excrescência e, no fundo, de toda "má-fé".

Bultmann reconhece que o confronto da fé com a concepção que o homem moderno tem de si mesmo obriga a uma revisão que não é puramente "transcendentista", e que, em algum sentido, os fenômenos que devem ser abordados são de índole histórica, assim como psicológica. Ao mesmo tempo, ele indica que a mensagem cristã fica imunizada contra toda prova justamente por evitar ser "mitológica". Isto produz um paradoxo. No mito, a transcendência de Deus é reduzida à imanência, já que tal transcendência fica enquadrada e como que aprisionada pela mitologia. Mas ao mesmo tempo a desmitologização conduz a uma "idéia" de um Deus transcendente que se encontra, como diz Bultmann, "presente e ativo na história". Parece forçoso concluir com isso que a atividade de Deus na história não é, por seu turno, estritamente falando, "histórica".

⇨ Principais obras: *Der Stil der paulinischen Predigt und die kynisch-stoische Diatribe*, 1910 [Forschungen zur Religion und Literatur des Antiken und Neuen Testaments, 13] (*O estilo do sermão paulino e a diatribe cínico-estóica*). — *Die Geschichte der synoptischen Tradition*, 1921; 8ª ed., 1970 [*ibid.* N. F. 12] (*A história da tradição sinótica*). — *Die Erforschung der synoptischen Evangelien*, 1925 [Aus der Welt der Religion, 4]; 3ª ed., 1960 (*A investigação dos Evangelhos sinóticos*). — *Jesus*, 1926; 2ª ed., 1929. — *Der Begriff der Offenbarung im Neuen Testament*, 1929 [Sammlung gemeinverständicher Vorträge, 135] (*O conceito de revelação no Novo Testamento*). — *Glaube und Verstehen*, 1933 (coletânea de trabalhos aos quais sucederam os vols. II, 1952; III, 1959; e IV, 1965) (trad. esp.: *Creer y comprender*, vol. I, 1974; vol. II, 1976). — *Das Evangelium des Johannes*, 1941 (*O Evangelho de São João*). — *Offenbarung und Heilsgeschehen*, 1941 [Beiträge zur evangelischen Theologie, 7] (*Revelação e história da salvação*). Esta obra inclui o trabalho "Neues Testament und Mythologie. Das Problem der Entmythologisierung der neutestamentlichen Verkündigung" ("Novo Testamento e Mitologia. O problema da desmitologização [desmitificação] da mensagem neotestamentária"), depois compilado em *Kerygma und Mythos* (cf. *infra*).

— *Exegetische Probleme des zweiten Korintherbriefes*, 1947 [Symbolae Bibliocae Upsalienses, 9] (*Problemas exegéticos da segunda epístola aos Coríntios*). — *Theologie des Neuen Testaments*, em fascículos, de 1948 a 1953; 6ª ed., em um volume, 1965. — *Das Urchristentum im Rahmen der antiken Religionen*, 1949; 2ª ed., 1954 (*O cristianismo primitivo no quadro das antigas religiões*). — *History and Eschatology*, 1957 [Gifford Lectures; também publicado, em 1957, com o título *The Presence of Eternity*; ed. alemã; *Geschichte und Eschatologie*, 1958; 2ª ed., 1964]. — *Jesus Christ and Mythology*, 1958 (Shaffer Lectures em Yale, 1951, e Cole Lectures em Vanderbilt, 1951).

Para a noção de desmitificação e o chamado "debate em torno da desmitificação", é importante a série *Kerygma und Mythos* mencionada na bibliografia do verbete DESMITIFICAÇÃO; ela contém trabalhos de B. e de outros autores.

Correspondência: *K. Barth-R. B. Briefwechsel 1922-1966*, 1971.

Bibliografia: de 1908 a 1954, "Veröffentlichen von R. B.", *Theologische Rundschau*, 1 (1954), 3-20; de 1908 a 1965, Charles W. Kegley, ed., *The Theology of R. B.*, 1966, pp. 289-310. Esta última obra, com trabalhos de Günther Bornkamm, Edwin M. Good *et al.*, autobiografia de B. e "Resposta à interpretação e críticas" de B. numa das numerosas obras sobre o autor. Uma bibliografia razoavelmente completa de trabalhos sobre B. em R. B., Ernst Lohmeyer, Julius Schniewind *et al.*, *Kerygma and Myth: A Theological Debate*, 1961, pp. 224-228 (trad. da obra alemã, com um trabalho suplementar de Austin Farrer). — Uma boa bibliografia em *Exegetica* (ensaios sobre o Novo Testamento), 1967. — M. Kwiran, *Index to Literature on Barth, Bonhoeffer and B.*, 1977.

Ver: Theodor Siegfried, *Die Theologie der Existenz bei Friedrich Gogarten und R. B.*, 1933. — E. Steinbach, *Mythos und Geschichte*, 1951. — Friedrich Gogarten, *Entmythologisierung und Kirche*, 1953. — R. B. e Karl Jaspers, *Die Frage der Entmythologisierung*, 1954 (debate de B. com K. Jaspers). — L. Malevez, *Le message chrétien et le mythe. La théologie de R. B.*, 1954. — H. Fries, *R. B., Barth und die katholische Theologie*, 1955. — John Macquarrie, *An Existentialist Theology: A Comparison of Heidegger and B.*, 1955. — *Id., The Scope of Demythologizing*, 1960. — H. Ott, *Geschichte und Heilsgeschichte in der Theologie R. Bultmanns*, 1955. — O. Schubbe, *Der Existenzbegriff in der Theologie R. Bultmanns*, 1959. — A. Malet, *Mythos et logos: La pensée de R. B.*, 1962. — E. Ellwein, E. Kinder *et al.*, *Kerygma and History*, 1962, ed. Carl A. Braaten e Roy A. Harrisville. — F. Vonessen, *Mythos und Wahrheit. Bultmanns "Entmythologisierung" und die Philosophie der Mythologie*, 1964.

— Thomas C. Oden, *Radical obedience: The Ethics of R. B.*, 1964. — W. Schmitals, *Die Theologie R. Bultmanns. Eine Einführung*, 1965. — Bruno de Solages, *Critique des Évangiles et méthode historique: L'exégese des Synoptiques selon R. B.*, 1972. — Roger A. Johnson, *The origins of Demythologizing*, 1974. — M. Boutin, *Relationalität als Verstehensprinzip bei R. B.*, 1974. — O. Kaiser, ed., *Gedenken an R. B.*, 1977. — W. Stegemann, *Der Denkweg R. B.س*, 1978. — F. Costa, *Tra mito e filosofia. B. e la teologia contemporanea*, 1978. — B. Jaspert, ed., *R. B.s Werk und Wirkung*, 1984. — M. Evang, *R. B. in seiner Frühzeit*, 1988.

São importantes para as idéias de B. os debates iniciados por John A. R. Robinson em seu livro *Honest to God*, 1962. B. manifestou simpatia pelas idéias de Robinson; sobre o assunto, ver J. A. R. Robinson e David L. Edwards, eds., *The Honest to God Debate*, 1963, com um texto de B. (originalmente escrito para *Die Zeit*). c

BULYGIN, EUGÊNIO. Ver DEÔNTICO.

BUNGE, MÁRIO. Nascido (1919) em Buenos Aires, foi catedrático de física teórica em várias Universidades argentinas e norte-americanas. Em 1957, foi nomeado catedrático de filosofia da Universidade de Buenos Aires. A partir de 1966, lecionou a mesma disciplina na McGill University, de Montreal. Foi professor visitante em numerosas universidades americanas e européias.

Segundo Bunge, as ciências fáticas, ou empíricas, caracterizam-se pelo uso de um método denominado por antonomásia "científico". Não se trata de uma receita infalível, mas meramente da sucessão destas etapas: reconhecimento do problema no corpo de conhecimentos adquiridos, formulação de hipóteses (de preferência de sistemas de hipóteses, ou teorias) e contrastação (VER) dessas hipóteses com dados empíricos. Neste processo, repetível e público, nem a experiência nem a teoria têm a última palavra, porque não há "última palavra". Bunge adota as ferramentas formais, cujo uso foi preconizado pelos positivistas lógicos, mas se separa destes em aspectos importantes, entre os quais figuram sua rejeição de todo fenomenismo (ver FENOMENOLÓGICO) e de todo subjetivismo, bem como a adoção de um realismo crítico. Ao mesmo tempo que se opôs a vários dos pressupostos adotados pelos positivistas lógicos e a algumas das simplificações em que caíram, Bunge opôs-se também a muitas das posições adotadas pela às vezes chamada "nova filosofia da ciência". Em todo caso, ele rejeitou as tendências "historicistas" e "sociologistas" suscitadas por ela, ou a ela atribuídas.

Bunge propõe um modo de fazer filosofia, incluindo metafísica, que faça justiça às complexidades da atividade científica (como Bertrand Russell disse numa ocasião a propósito de uma obra de Gilbert Ryle, Bunge não crê na "filosofia sem lágrimas", isto é, em nenhuma filosofia na qual seja suficiente a análise da chamada "linguagem corrente"). Além disso, e ao contrário dos que têm em vista apenas os resultados das ciências, Bunge reconhece a existência de problemas profundos em filosofia e afirma que esta deve confrontar-se com questões sociais e éticas básicas. Neste amplo e ao mesmo tempo rigoroso sentido, a filosofia deve ser "filosofia científica" (VER). Deve ser também o que Bunge denominou 'filosofia exata' (VER).

Bunge afastou-se das tendências seguidas por grande parte dos filósofos analíticos (ver FILOSOFIA ANALÍTICA) de produzir "sínteses filosóficas", e vem trabalhando numa ampla síntese, que não é simplesmente um esquema ou programa, mas um desenvolvimento minucioso. Os temas já tratados nessa síntese da filosofia exata dizem respeito à filosofia da física, à semântica e à metafísica.

Em filosofia da física, Bunge sustenta que a investigação profunda das idéias físicas deve ser ao mesmo tempo filosófica e fundacional. Com esse objetivo, ele proporcionou uma análise filosófica dos fundamentos axiomáticos da física, assim como uma reconstrução axiomática à luz de princípios filosóficos (entre eles o realismo epistemológico). Em semântica, Bunge definiu o significado (VER) de um objeto conceitual (um predicado ou uma proposição, por exemplo) como o par ordenado "sentido-referência" (ver SENTIDO e REFERÊNCIA), e explicou ambas as coordenadas por meio de diferentes teorias. Ele introduziu de forma axiomática uma teoria da verdade de fato e parcial, criticando ao mesmo tempo as doutrinas semânticas de Frege e dos positivistas. Bunge concebeu a metafísica — ou ontologia — à maneira clássica, mas com duas restrições: as teorias ontológicas devem ser formuladas matematicamente e devem ser compatíveis com os conhecimentos científicos da época. A metafísica enquanto "metafísica exata" inclui a metafísica geral e as metafísicas especiais da física, do sistema biológico, do sistema pensante e do sistema social. O termo 'sistema' aponta aqui tanto para o modo como Bunge concebe as realidades estudadas como para a metodologia usada para estudá-las. Nos mundos biológico, mental e social, com efeito, o "sistemismo" (VER) como método pode responder melhor na descrição, na análise e na explicação dos citados "mundos" do que o individualismo ou o totalismo (ou globalismo), que acabam por mostrar-se unilaterais. Em todo caso, o crescente interesse de Bunge por questões suscitadas no interior das ciências sociais confirma o caráter ao mesmo tempo sintético e exato de seu trabalho filosófico.

Embora seja arriscado caracterizar o pensamento de um autor por "ismos", estes, tomados *cum grano salis*, podem orientar para a compreensão desse pensamento, mesmo que este último seja muito complexo. Em Bunge, há uma decidida inclinação para o materialismo ontológico e para o realismo epistemológico. O mencionado materialismo é às vezes menos ontológico que metodológico, especialmente quando se trata da semântica das ciências formais. O realismo não é em absoluto o que se denominou "realismo ingênuo", mas continua sendo realista no que diz respeito a todo idealismo e a todo instrumentalismo e convencionalismo.

↪ Obras: *Temas de educación popular*, 1943. — *La edad del universo*, 1955. — *Causality: The Place of the Causal Principle in Modern Science*, 1959. — *Metascientific Queries*, 1959. — *Ética y ciencia*, 1960, nova ed., 1972. — *Intuition and science*, 1962; reimp., 1975. — *The Myth of Simplicity: Problems of Scientific Philosophy*, 1963. — *Scientific Research*, 2 vols., 1967. — *Foundations of Physics*, 1967. — *Method, Model, and Matter*, 1973. — *Philosophy of Physics*, 1973. — *Tecnología y filosofia*, 1976. — *The Mind-Body Problem*, 1980. — *Materialismo y ciencia*, 1980. — *Epistemología*, 1980. — *Ciencia y desarrollo*, 1980. — *Economía y filosofía*, 1982. — *Lingüística y filosofía*, 1983. — *Controversias en física*, 1983. — *Seudo-ciencia e ideología*, 1985. — *Racionalidad y realismo*, 1985. — *Vistas y entrevistas*, 1987. — *Filosofía de la psicología* (com Rubén Ardila), 1988. — *Sociología de la ciencia*, 1993.

Além destas obras, há outras, em trad. esp., em que são compilados trabalhos de livros diversos originalmente publicados em inglês; por ex., *Teoría y realidad*, 1972.

O pensamento de B. é sistematizado, sintetizado e explicado em seu *Treatise on Basic Philosophy*, 8 vols. (1974-1989). O plano do *Treatise* é: 1. *Semantics I: Sense and Reference*; 2. *Semantics II: Interpretation and Truth*; 3. *Ontology I: The Furniture of the World*; 4. *Ontology II: A World of Systems*; 5. *Epistemology I: Exploring the World*; 6. *Epistemology II: Understanding the World*; 7. *Philosophy of Science and Technology* (em 2 vols.); 8. *Ethics and Value Theory: The Good and the Right*.

B. colaborou em numerosas revistas e obras coletivas, tendo também compilado várias obras: *Antología semántica*, 1960. — *The Critical Approach to Science and Philosophy: Essays in Honor of Karl Popper*, 1964. — *Delaware Seminar in the Foundations of Physics*, 1967. — *Quantum Theory and Reality*, 1967. — *Problems in the Foundations of Physics*, 1971. — *Exact Philosophy*, 1973. — *The Methodological Unity of Science*, 1973. — Além disso, B. dirige as séries "Exact Philosophy" e "Episteme".

Ver: J. Agassi, R. S. Cohen, eds., *Scientific Philosophy Today: Essays in Honor of M. B.*, 1982 (com bibliografia e lista de resenhas) [Boston Studies in the Philosophy of Science, 67]. — R. Serroni-Copello, *Encuentros com M. B.*, 1989. — P. Weingartner, G. Dorn, eds., *Studies on M. Bunge's Treatise*, 1990. — L.-M. Vacher, *Entretiens avec M. B.*, 1993. ℂ

BUONAIUTI, ERNESTO (1881-1946). Nascido em Roma, ordenou-se sacerdote em 1903. Não tardou a manifestar-se em favor do modernismo (VER), o que acarretou sua excomunhão, que Buonaiuti julgou inválida. Lecionou na Universidade de Roma (1915-1931) e, por oposição ao fascismo, mudou-se para a Suíça, tendo lecionado na Universidade de Lausanne. Seguiram-se novas excomunhões em 1921 e 1925. Buonaiuti distinguiu-se sobretudo por suas investigações e interpretações das origens e do desenvolvimento histórico do cristianismo. Influenciado por Harnack e Loisy, acentuou o caráter escatológico do movimento cristão e enfatizou até que ponto as crenças religiosas cristãs se desenvolveram como conseqüência de ideais coletivos de melhoria e aperfeiçoamento sociais. Longe de seguir uma concepção puramente imanentista da dimensão religiosa, porém, Buonaiuti sublinhou o caráter transcendente do objeto da crença religiosa enquanto absoluto irredutível a toda razão, mas hesitou repetidamente no que diz respeito ao modo de resolver o dualismo entre razão e fé resultante dessa idéia "transcendentista". Ele se apoiou por vezes no tomismo como ponte que permite entender a passagem do reino deste mundo ao reino de Deus; outras vezes, em contrapartida, opôs-se violentamente ao tomismo concebido como negação do puramente "religioso" e "sacro".

↪ Escritos principais: *Programma dei modernisti*, 1907 (publicado anonimamente). — *Lettere di um prete modernista*, 1908 (publicado anonimamente). — *L'essenza del cristianesimo*, 1922. — *Apologia del cattolicismo*, 1923. — *Verso la luce*, 1924. — *Storia del cristianesimo*, 3 vols., 1942-1943. — *I maestri della tradizione mediterranea*, 1945. — *Pellegrino di Roma*, 1945. — *La vita dello spirito*, 1948.

Bibliografia: M. Ravà, *Bibliografia degli scritti di E. B.*, 1951.

Ver: D. Grasso, *Il cristianesimo di E. B.*, 1953. — P. Scoppola, *Crisi modernista e rinnovamento cattolico*, 1961. ℂ

BURALI FORTI, CESARE (1861-1931). Nascido em Arezzo (Itália), distinguiu-se por seus trabalhos em lógica matemática, especialmente pelos trabalhos relativos a números transfinitos (ver INFINITO). O trabalho mais conhecido de Burali Forti é o apresentado em 1897 "sobre números transfinitos". Nele, destaca-se o chamado "paradoxo de Burali Forti" ou "paradoxo do maior número ordinal" ao qual nos referimos em PARADOXO: se o conjunto de números ordinais está bem ordenado, tem um número de elementos, mas este número será ao mesmo tempo um elemento do conjunto e maior do que qualquer ordinal no conjunto. A dificuldade apresentada pela noção de "bem ordenado" em Cantor — no sentido de que um conjunto cantoriano bem ordenado não está completamente bem ordenado — foi enfrentada por Burali Forti com um critério de conjunto perfeitamente ordenado. Depois de publicado o resultado a que nos referimos, Burali Forti chamou a atenção para a diferença entre conjunto bem ordenado e conjunto perfeitamente ordenado, diferença importante visto que nem todo conjunto perfeitamente ordenado está bem ordenado, embora todo conjunto bem ordenado esteja perfeitamente ordenado.

⊃ Entre os escritos de B. F. de interesse lógico, figuram: "Sulle classi ordinate e i numeri transfiniti", *Rendiconti del Circolo matematico di Palermo*, 8 (1894), 169-179. — *Logica matematica*, 1894; 2ª ed., 1910. — "Le classi finite", *Atti dell'Accademia di Torino*, 32 (1896), 34-52. — "Sopra un teorema del signor G. Cantor", ibid., 229-237. — "Una questione sui numeri transfiniti", *Rendiconti del Circolo matematico di Palermo*, 11 (1897), 104-111. — "Sulle classi ben ordinate", ibid., 260.

Além disso, devem-se a B. F. numerosos escritos matemáticos, especialmente sobre o cálculo vetorial, alguns deles em colaboração com R. Marcolongo. Entre os textos de B. F., mencionamos: *Lezioni di geometria metrico-proiettiva*, 1904; *Corso di geometria analitico-proiettiva*, 1908, 1926. — *Geometria descrittiva*, 2 vols., 1921-1922. C

BURGERDIJK, FRANCO. Ver HEEREBORD, ANDRIAAN; SUÁREZ, FRANCISCO.

BURIDAN (ASNO DE). Ver ASNO DE BURIDAN.

BURIDAN, JOÃO. Ver JOÃO BURIDAN.

BURKE, EDMUND (1729-1797). Nascido em Dublin, estudou no Trinity College. Poucos anos depois de ter publicado duas de suas obras mais conhecidas, ingressou no Parlamento Inglês, onde desenvolveu grande atividade política. Burke é conhecido por suas idéias em estética e em filosofia política. Contra o classicismo e o racionalismo característicos de boa parte do pensamento estético da Ilustração, Burke defendeu o caráter não-racional, e até não-voluntário, da percepção da beleza. Esta não consiste em proporção ou harmonia — é uma qualidade que se imprime diretamente sobre nossos sentidos e nossa imaginação. Trata-se, segundo Burke, de uma "qualidade social" correspondente a um instinto social. Há tantas formas de beleza quanto formas desse instinto: a simpatia, relacionada com a tragédia; a imitação, relacionada com a pintura, a escultura e a poesia; e a emulação, relacionada com o sublime. O sublime é inexplicável, mas por isso muito mais poderoso. É um erro crer que a clareza é uma virtude artística; ela é, no máximo, uma virtude racional, incapaz de apreender o belo, sem falar no ilimitado.

Muitas das idéias de Burke influenciaram Kant, embora este tenha considerado que Burke se limitou a dar uma descrição de emoções artísticas sem apresentar nenhum fundamento filosófico para explicá-las. Avalia-se que há na estética de Burke traços românticos. O mesmo se afirma de sua filosofia política, que é anti-racionalista e parece apoiar-se no "antigo regime", particularmente no modo como foi apresentada em suas muito comentadas e debatidas reflexões sobre a Revolução Francesa. Contudo, a filosofia política é mais complexa que um mero tradicionalismo mais ou menos "pró-romântico". Por um lado, há nas idéias políticas de Burke um forte ingrediente religioso, que constitui para ele o fundamento da ordem moral e social. Por outro lado, há em tais idéias políticas uma forte veia empirista. Os dois aspectos não são incompatíveis no âmbito de seu pensamento. Burke considerou que o racionalismo progressista na filosofia política e social é conseqüência de uma mescla de ateísmo e de utopismo. O passado e a tradição não podem ser descartados sem mais; quando se tenta fazê-lo em nome de idéias puramente abstratas, isoladas de toda realidade, como o progresso, a liberdade ou o humanitarismo, destroem-se a sociedade e a verdadeira liberdade, e se desencadeiam vícios maiores do que aqueles que se procuravam desterrar. O utopismo revolucionário produz corrupção, poder sem medida e sem fundamento e, então, ilegitimidade. Não se trata de seguir cegamente o passado e a tradição, mas de incorporá-los concretamente à história. Não há puros bens ou puros males na sociedade; há uma mescla de bens e males que deve ser aceita, aumentando na medida do possível os bens, mas sem pensar que se vão suprimir todos os males. A importância da tradição reside no fato de que se foram incorporando a ela todas as mudanças toleráveis. Por isso, Burke, que se opôs à Revolução Francesa, defendeu a luta irlandesa pela independência e a rebelião das colônias inglesas na América do Norte, já que considerou que estes dois movimentos propugnavam direitos tradicionais correspondentes a uma ordem moral em última análise imutável, embora desenvolvida concretamente na história.

⊃ Principais obras: *A Vindication of Natural Society*, 1756 (contra Henry St. Tohn Bolingbroke, 1678-1751, e a idéia de um estado natural puro); nova ed. de F. N. Pagano, 1982. — *A Philosophical Inquiry into the Origin of our Ideas on the Sublime and the Beautiful*, 1756; nova ed. de J. T. Boulton, 1958. — *Reflections on the Revolution in France*, 1790; nova ed. de J. G. A. Pocock, 1987.

Edição de obras: *Works*, 16 vols., 1803-1827. — *The Works of E. B.*, 12 vols., 1887; reimp. 1975.
Correspondência: E. Fitzwilliam e R. Bourke, eds., 4 vols., 1844; Thomas W. Copeland *et al.*, eds., 8 vols., a partir de 1958.
Bibliografia: C. I. Gandy, P. J. Stanlis, *E. B.: A Bibliography of Secondary Studies to 1982*, 1983.
Sobre a idéia do sublime em B.: S. H. Monk, *The Sublime: A Study of Critical Theories in Eighteenth Century England*, 1935. — Sobre B.: E. Garin, *Introduzione alla dottrina politica di B.*, 1938. — T. W. Copeland, *Our Eminent Friend, E. B.: Six Essays*, 1949. — C. Parkin, *The Moral Basis of Burke's Political Thought*, 1956. — Carl B. Cone, *B. and the Nature of Politics*, 2 vols., 1957-1964. — Peter J. Stanlis, *E. B. and the Natural Law*, 1958; reimp., 1965. — Francis Canavan, *The Political Reason of E. B.*, 1960. — Hans-Gerd Schumann, *E. Burkes Anschauungen vom Gleichgewicht in Staat und Staats-Systemen*, 1964. — Franz Schneider, *Das Rechts- und Staatsdenken E. Burkes*, 1965. — B. T. Wilkins, *The Problem of Burke's Political Philosophy*, 1967. — Frank O'Gorman, *E. B.: His Political Philosophy*, 1973. — M. Freeman, *E. B. and the Critique of Political Radicalism*, 1980. — C. B. Macpherson, *B.*, 1980. — G. Fasel, *E. B.*, 1983. — J. Waldron, ed., *Non-sense Upon Stilts: Bentham, Burke and Marx on the Rights of Man*, 1987. — P. Hindson, T. Gray, *Burke's Dramatic Theory of Politics*, 1988. — J. L. Pappin III, *The Metaphysics of E. B.*, 1992. — J. C. Weinsheimer, *Eighteenth-Century Hermeneutics: Philosophy of Interpretation in England from Locke to B.*, 1993. ꊱ

BURLEIGH, WALTER. Ver Walter Burleigh.

BURTHOGGE, RICHARD. Ver Organon.

BUSTO, JORGE DEL. Ver Deústua, Alexandre Otávio.

BUTLER, JOSEPH (1692-1752). Nascido em Wantage (Berkshire), bispo de Durham, opôs-se ao deísmo inglês de sua época, que considerava uma das manifestações da crescente falta de religiosidade. De acordo com Joseph Butler, as crenças reveladas no cristianismo — a existência de Deus, a vida futura e outras — são "razoáveis" (um dos conceitos fundamentais em suas argumentações); ou, em todo caso, não são menos razoáveis que o conhecimento e a experiência das coisas naturais. Há, na realidade, uma "analogia" entre o conhecimento natural e a verdade revelada: as dificuldades suscitadas pelo primeiro são semelhantes às que, segundo se alega, provoca a segunda. Além disso, a observação das coisas naturais permite inferir "razoavelmente" a verdade das crenças cristãs. Isso não significa que estas últimas sejam simplesmente derivadas da primeira, nem que a religião revelada seja uma espécie de religião natural — mas é pouco razoável desfazer os vínculos entre ambas. Sobretudo quando se considera em conjunto todo o plausível que pode ser dito acerca das verdades cristãs, tem-se de admitir que essas verdades não são menos razoáveis ou mais inadmissíveis que as outras verdades.

Em seu exame da natureza da virtude, Joseph Butler opôs-se àqueles que julgavam que a benevolência e o amor a si mesmo são incompatíveis; isso acontece apenas quando este último não é suficientemente "razoável". Na verdade, tanto a benevolência como o amor a si mesmo contribuem para dominar as paixões inferiores. Se isso não ocorre, é porque o homem segue tão-somente essas paixões, esquecendo a hierarquia e ao mesmo tempo o entrelaçamento dos sentimentos, e esquecendo, além disso, que é uma unidade complexa guiada pela consciência. Essa consciência é o princípio racional e razoável do ser humano, sendo o que torna possível distribuir razoavelmente os deveres. No decorrer de seu exame dos sentimentos, das paixões e dos deveres, Joseph Butler opôs-se a todos os que pretendiam reduzir o homem a uma única característica — fosse o egoísmo completo ou então a pura e simples benevolência. Butler nunca se esqueceu da unidade complexa do ser humano a que antes nos referimos, pois sublinhar apenas um de seus aspectos é tão pouco "razoável" quanto afirmar a existência de uma multiplicidade dispersa.

➲ Obras: *Fifteen Sermons upon Human Nature, or Man considered as a Moral Agent*, 1726. — *The Analogy of Religion, Natural and Revealed, to the Constitution and Course of Nature*, 1736 (com o apêndice intitulado: *Dissertation of the Nature of Virtue*).
Edição de obras: *Works*, ed. W. E. Gladstone, 2 vols., 1896; 2ª ed., 1910. — Ed. de *Fifteen Sermons* (e de *Dissertation on Virtue*) por W. R. Matthews, 1949.
Ver: E. C. Moessner, *Bishop B. and the Age of Reason*, 1936. — W. J. Norton, *Bishop B., Moralist and Divine*, 1940. — P. Allan Carson, *Butler's Ethics*, 1964. — Anders Jeffner, *B. and Hume on Religion: A Comparative Analysis*, 1966. — A. Babolin, *J. B.*, 1973. — T. Penelhum, T. Honderich, eds., *Butler: The Arguments of the Philosophers*, 1985. ꊱ

BUTLER, NICHOLAS MURRAY. Ver Neo-realismo.

BUYTENDIJK, F[REDERIK] J[ACOBUS] J[OHANNES]. Ver Existencialismo.

BUZZETTI, VINCENZO (1777-1824). Nascido em Piacenza, estudou no Collegio Alberoni (1793-1798) e lecionou no Seminário de Piacenza, ensinando primeiramente filosofia (1806-1808) e, depois, teologia (1808-1824). Seus ensinamentos, de base tomista, estão resumidos nos três volumes das *Institutiones sanae philosophiae* (cf. bibliografia): o primeiro sobre lógica e metafísica geral, o segundo sobre psicologia e o terceiro sobre cosmologia e ética. Buzzetti expôs e elucidou as teses fundamentais de Santo Tomás, adotando o hilemorfismo e a tese da distinção real entre essência e existência, contra as doutrinas de diversos filósofos modernos, tanto racionalistas (Descartes, Leibniz) como empiristas (Locke, Condillac). Buzzetti opôs-se particularmente à teoria sensualista do conhecimento. Em termos de fé, opôs-se a Lamennais e ao tradicionalismo.

Durante certo tempo, Buzzetti foi considerado o renovador do tomismo na Itália (Amato Masnovo). De acordo com isso, recebeu a influência do jesuíta espanhol Baltasar Masdeu (1741-1820), que no Colégio São Pedro pôs Buzzetti em contato com as doutrinas escolásticas, principalmente suarezianas. Hoje, avalia-se (Giovanni Felice Rossi) que o tomismo de Buzzetti procede diretamente dos ensinamentos no Colégio Alberoni, onde tanto Buzzetti como seu discípulo Afonso Testa usaram as *Institutiones Philosophicae*, do jesuíta Gaspare Sagner (edição de 1767-1768), nas quais eram abundantes as citações de Santo Tomás, e onde, além disso —, e sobretudo — eles foram encaminhados para o tomismo por Bartolomeo Bianchi, C. M. (nascido em 1761 em Basaluzzo) (ver Neotomismo).

➲ O título completo das *Institutiones* de B. é: *Institutiones sanae philosophiae iuxta divi Thomae atque Aristotelis inconcussa dogmata a V. B. cathedralis nostrae placentinae theologo et in eiusdem urbis Seminario theologiae dogmaticae lectore comparatae necnon a D. A. Testa theologiae doctore adauctae et traditae*. Há uma edição das *Institutiones* de Amato Masnovo (2 vols., 1940-1941), mas deve-se levar em conta que, segundo G. F. Rossi, esse texto "é apenas *inicialmente e parcialmente* de Buzzetti" e mereceria antes ser denominado as *Institutiones* de Buzzetti-Testa.

Ver: Alfonso Fermi, *Vincenzo Benedetto Buzzetti e la filosofia a Piacenza durante i decenni del suo sviluppo filosofico (1793-1824)*, 1923. — Amato Masnovo, *Il neo-tomismo in Italia. Origini e prime vicende*, 1923. — P. Dezza, *Alle origine del neotomismo*, 1940. — B. M. Bonansea, "Pioneers of the Nineteenth-Century Scholastic Revival in Italy", *New Scholasticism*, 28 (1954), 1-37. — G. F. Rossi, "La formazione tomistica di V. B. nel Collegio Alberoni", *Divus Thomae* (1957), 314-332, e, sobretudo, *La filosofia nel Collegio Alberoni e il neotomismo*, 1959. — B. Mondin, "La filosofia nel Collegio Alberoni, il neotomismo e il B.", *Aquinas* (1962), 101-121. **C**

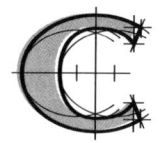

C. Para o uso da letra 'C' na lógica das classes, ver 'A'. A letra 'C' é usada por Łukasiewicz para representar o conectivo 'se... então', ou condicional (VER), que simbolizamos por '→'. 'C' se antepõe às fórmulas, de modo que '$p \to q$' se escreve, na notação de Łukasiewicz, '$C\,p\,q$'.

CABALA. O termo 'cabala' — *qabbalah* — significa, em hebraico, 'tradição'. Com este termo, designa-se uma série de especulações comumente consideradas como parte da 'filosofia judaica', embora se reconheçam na Cabala elementos muito diversos. Como indica Georges Vajda, a Cabala inclui a meditação da Escritura e de toda a tradição oral, da liturgia, da teurgia, das superstições populares etc. No decorrer dessas meditações, chega-se a interpretações sutis de textos, de letras, de anagramas, a interpretações dessas interpretações e dos textos, letras e anagramas que contêm, e assim sucessivamente, até se alcançar um incrível aprimoramento, que levou a prática da cabala a identificar-se com uma arte supersticiosa ou com um cálculo supersticioso com a finalidade de encontrar sentidos textuais. Daí também o sentido corriqueiro de 'cabalas' como reflexões complexas e em geral carentes de fundamento, ou cujo fundamento é tão remoto que já foi esquecido. Contudo, ao prolongar quase indefinidamente suas meditações e as meditações sobre as meditações, os cabalistas judeus desenvolvem muitos temas filosóficos — ou, se se quiser, metafísico-especulativos —, no mesmo sentido em que isso ocorreu com a gnose mágica (ver GNOSTICISMO), que constitui, além disso, um dos elementos da Cabala.

A Cabala surgiu por volta do século XIII, na Espanha e em Provença, como uma doutrina esotérica. É provável que a tivesse precedido um esoterismo similar, uma espécie de precabalismo, e que se fundasse em doutrinas muito antigas — as expostas no *Séfer Yesirah* (ver FILOSOFIA JUDAICA), às quais vieram acrescentar-se muitas especulações gnósticas, os escritos talmúdicos e boa parte de especulações produzidas durante o período judeu-árabe (Vajda). Distinguem-se, na Cabala propriamente dita, duas correntes: a contemplativa de Abraham Abul-Afiya (nascido em Saragoza em 1240), e a teosófica, exposta no chamado *Zohar* (ou "Esplendor"), presumivelmente redigido, ou refeito, por Moisés de León, e publicado na Espanha por volta do final do século XIII. Esta última corrente é a mais interessante do ponto de vista filosófico especulativo. A doutrina exposta no *Zohar* — que contém um comentário ao *Pentateuco* — é em grande parte emanatista (ver EMANAÇÃO). Deus é considerado no *Zohar* uma realidade 'sem limite' (*en sof*) cujas manifestações ou atributos são as *sefirot*. Estas *sefirot* são representadas como círculos ao redor de um centro na seguinte ordem a partir do centro: Coroa Suprema de Deus; Sabedoria ou Idéia de Deus; Inteligência ou princípio de organização do mundo; Amor ou Misericórdia; Poder ou Juízo; Compaixão ou Beleza; Duração (eterna); Majestade; Fundamento (das forças ativas em Deus); Realeza ou Presença divina, arquétipo de Israel. A lista das *sefirot* varia, mas corresponde sempre a uma série de dez: aos dez mandamentos, às dez palavras com as quais Deus criou o mundo etc.

Entre os filósofos que se interessaram pelas tradições cabalísticas, figuram Pico della Mirandola, Jacob Böhme, Johannes Reuchlin e Agrippa de Nettesheim (VER).

⊃ Da abundante literatura sobre a Cabala, limitar-nos-emos a mencionar: G. Scholem, artigo "Kabbala", em *Encyclopaedia Judaica*, IX (1932), cols. 630-732. — *Id.*, *Major Trends in Jewish Mysticism*, 1941; 2ª ed., 1946. — *Id.*, *Zur Kabbala und ihrer Symbolik*, 1960. — Georges Vajda, *Introduction à la pensée juive du moyen âge*, 1947, pp. 197-210, 238-240. — *Id.*, *Recherches sur la philosophie et la Kabbale dans la pensée juive du Moyen Âge*, 1962. — Henri Sérouya, *La Kabbale: Ses origines, sa psychologie mystique, sa métaphysique*, 1947; 2ª ed., rev. e ampl., 1957. — *Id.*, *La Kabbale*, 1964. — Leo Schaya, *L'homme et l'absolu selon la Kabbale*, 1958. — Alexandre Safran, *La Cabale*, 1960. — F. Secret, *Les Kabbalistes chrétiens de la Renaissance*, 1964. — R. Goetschel, *Meir ibn Gabay. Le discours de la Kabbale espagnole*, 1980. — A. Safran, *Sagesse de la Kabbale*, 2 vols., 1986-1987. — A. L. Mittleman, *Between Kant and Kabbalah: An Introduction to Rabbi Isaac Breuer's Philosophy of Judaism*, 1987. — M. Idel, *Kabbalah, New Perspectives*, 1988 — E. E. de Miranda, *O corpo território do sagrado*, Loyola, 2000.

Bibliografia: G. Scholem, *Bibliographia Kabbalistica*, 1927. — *Id., Kabbalah*, 1974. C

CABALLERO, JOSÉ AGUSTÍN. Ver VARELA Y MORALES, FÉLIX.

CABANIS, PIERRE-JEAN-GEORGES (1757-1808). Nascido em Salagnac, paróquia de Cosnac, perto de Brive (Limosin, França). Médico e professor da Escola Central de Medicina de Paris, pertenceu à corrente dos chamados 'ideólogos' (VER). Cabanis interessou-se especialmente pelo problema das relações entre 'o físico' e 'o moral', entre os processos fisiológicos e as atividades psicológicas. Tendo afirmado com freqüência que o pensamento é função da atividade cerebral, parecia tender a um 'reducionismo' fisiologista ou materialista. Porém, o que Cabanis pretendia mostrar, sobretudo, é que não há duas séries de processos — o físico e o psíquico — que sejam inteiramente separadas e se conjuguem por meio de uma oculta e não-comprovável harmonia preestabelecida. Cabanis afirmou que o físico e o psíquico se conjugam na unidade do sistema nervoso, e especialmente do cérebro, que constitui seu princípio. Pode-se comprovar uma "influência do sistema cerebral, como órgão do pensamento e da vontade, sobre os outros órgãos, cujas funções sua ação simpática pode excitar, suspender e até desnaturalizar" (*Rapports* etc., XI, § X, ed. Lehec y Cazeneuve, p. 616). Ao atuar como sistema de regulação, o cérebro permite que o físico 'influa' no psíquico e vice-versa. Eis aqui, aliás, tudo o que pode ser dito sobre a questão. O materialismo e o espiritualismo são interpretações metafísicas que nunca podem ser confirmadas mediante os fatos.

➲ Obras: *Rapports du physique et du moral de l'homme*, 2 vols., 1802; 2ª ed., 1805; 3ª ed., 1844 (o tomo I contém seis Memórias lidas em 1796; o tomo II contém seis Memórias apresentadas posteriormente). — *Lettre sur les causes premières* (ed. por G. de Montpellier), 1824.

Edição de obras no *Corpus général des philosophes français*: XLIV, 1; vol. I (*Du degré de certitude de la médecine. Rapport du physique et du moral*), 1956; vol. II (*Révolutions et réforme de la médecine*), 1956, a cargo de C. Lehec e J. Cazeneuve.

Ver: F. Picavet, *Les idéologues*, 1891. — F. C. d'Istria, "Cabanis et les origines de la vie psychologique" (*Rev. Met. et de Morale*, 19 [1911], 177-198). — *Id.,* "L'influence du physique sur le morale d'après Cabanis et Maine de Biran", *ibid.*, 21 (1913), 451-461. — M. Tencer, *La psychophysique de C. d'après son livre "Rapports etc."*, 1931 (tese). — M. Sheldon Staum, *C.: Enlightenment and Medical Philosophy in the French Revolution*, 1980. — J. Lefranc, "Schopenhauer Lecteur de Cabanis", *Revue de Métaphysique et Morale*, 88 (1983), 549-557. C

CADEIA. Ver ORDEM.

CAETANO DE THIENE [GAETANO DA THIENE, Cajetanus Thienaeus] (*ca.* 1387-1465). Foi discípulo de Paulo de Veneza (VER) e lecionou na Universidade de Pádua desde 1424, aproximadamente. Um dos mais radicais averroístas da chamada Escola de Pádua (VER), Caetano de Thiene recebeu também a influência dos físicos da Escola de Paris (VER), especialmente de Nicolau de Oresme. Embora tenha polemizado contra Swineshead, não ficou alheio à influência dos mertonianos, em particular de Heytesbury — deste último, comentou um dos tratados e expôs as idéias fundamentais de outro. Isto não significa que Caetano de Thiene seguisse literalmente os ensinamentos dos físicos de Paris e de alguns dos mertonianos. Em seus estudos sobre a natureza do calor e a transmissão do calor dos corpos, Caetano de Thiene desenvolveu uma teoria própria que Samuel Clagett (cf. *infra*) chama de "teoria da reflexão". Nela, ele procura superar algumas das dificuldades encontradas no problema por Heytesbury e Marsílio de Inghen. Essa teoria se baseia em certos princípios que, segundo ele supunha, regiam a reflexão da luz. Caetano de Thiene polemizou contra as idéias acerca da "reação", de João Marliani. Quanto a suas doutrinas mais propriamente averroístas, ele defendeu a mortalidade do intelecto especulativo em cada um dos indivíduos humanos, mas afirmou sua imortalidade enquanto intelecto comum a todos os indivíduos da espécie humana. A eternidade do intelecto comum à espécie constitui, de acordo com Caetano de Thiene, o fundamento da verdade dos princípios das ciências e de todas as verdades justamente denominadas "eternas".

➲ Obras: Devem-se a Caetano de Thiene comentários a Averróis (Veneza, 1522); um comentário ao *Tractatus Gulielmi Heutisberi de sensu composito et diviso* (Veneza, 1494); um comentário às *Regulae* de Heytesbury (VER) (Veneza, 1494); um tratado *De intensione et remissione formarum* (Veneza, 1491); algumas *Recollectae super octo libros Physicorum Aristotelis* (Veneza, 1494) e algumas *Recollectae super consequentias* (ainda inéditos).

Ver: Tratam de Caetano de Thiene quase todos os autores a que nos referimos nas bibliografias de MERTO-

NIANOS e PARIS (ESCOLA DE) (Duhem, Anneliese Maier etc.). — Ver especialmente A. D. Sartori, "Gaetano di Thiene, filosofo averroista nello Studio di Padova", *Atti della Società Italiana per il progresso delle scienze*. Riunione, 26 (Veneza, 1937), III (1938), 340-370. — Silvestro da Valsanzibio, *Vita e dottrine di Gaetano di Thiene, filosofo dello Studio di Padova (1387-1465)*, 2ª ed., 1949.

A obra de Samuel Clagett a que nos referimos no texto é: *Giovanni Marliani and Late Medieval Physics*, 1941 (tese), especialmente pp. 20, 23-25, 32, 41-42, 47, 51-56, 95-96, 99, 121. C

CAIRD, EDWARD (1835-1908). Nascido em Greenock (Renfrewshire, Escócia), foi professor em Glasgow (1866-1893) e *Master* no Balliol College, de Oxford (1893-1906). Expositor e intérprete de Kant do ponto de vista hegeliano, Caird destacou a possibilidade e a necessidade de reconciliar a ciência e a religião numa síntese em que a ciência mantenha suas leis e a religião afirme o caráter espiritual delas. Caird interessou-se especialmente pela idéia de desenvolvimento, o que o levou a simpatizar com idéias evolucionistas e positivistas comtianas, atraindo, ao mesmo tempo, o interesse de alguns darwinistas e positivistas. O desenvolvimento da idéia de Deus é para Caird de fundamental importância. Esta idéia pode ser encontrada já nas experiências primárias, nas quais se revela a contraposição de sujeito e objeto, com a necessidade de uma síntese, que é justamente Deus ou o infinito e serve de base a toda determinação. Na evolução do pensamento religioso, ocorrem três momentos: a religião objetiva, do tipo da mitologia grega; a religião subjetiva, do tipo do judaísmo; e a religião total ou sintetizadora, do tipo do cristianismo. Este sintetiza o objetivo e o subjetivo (moral) na unidade de um Deus imanente ao homem e à Natureza.

➲ Obras: *A Critical Account of the Philosophy of Kant*, 1877. — *The Social Philosophy and Religion of Compte* (sic), 1885. — *Hegel*, 1883. — *The Critical Philosophy of Kant*, 2 vols., 1889. — *Essays on Literature and Philosophy*, 2 vols., 1892. — *The Evolution of Religion*, 2 vols., 1893 [Gifford Lectures, 1890-1892]. — *The Evolution of Theology in the Greek Philosophers*, 2 vols., 1904.

Ver: Walter Oliver Lewis, *The Fundamental Principles involved in E. Caird's Philosophy of Religion*, e, sobretudo, J. H. Muirhead, *The Life and Philosophy of E. C.*, 1921. C

CAIRD, JOHN. Ver HEGELIANISMO.

CAIRNS, DORION. Ver HUSSERL, EDMUND.

CAJETANO (CARDEAL). Nome pelo qual se conhece Tomás de Vio (1468-1534). Ele nasceu em Gaeta, ingressou em 1480 na Ordem dos Pregadores, estudou em Nápoles, Bolonha e Pádua, lecionou em Pádua e Pavia, foi Mestre Geral da Ordem em 1508, cardeal em 1517, legado papal na Alemanha em 1518 e 1519, bispo de Gaeta em 1519, outra vez legado papal na Hungria, Boêmia e Polônia sob Adriano IV e, por fim, permaneceu em Roma como cardeal sob Clemente VII. Apesar dessas múltiplas atividades eclesiásticas, desenvolveu um importante trabalho filosófico e teológico, especialmente sob a forma de comentários a Aristóteles e a Santo Tomás de Aquino, de quem foi um dos mais importantes seguidores. Adversário moderado do scotismo, distinguiu-se sobretudo por sua doutrina da analogia, defendendo a teoria tomista da analogia de proporcionalidade e aprimorando-a de maneira considerável. Segundo Cajetano, essa analogia em sua forma não-metafórica permite solucionar os problemas clássicos da compreensão dos atributos de Deus a partir da consideração de predicações sobre o homem, sem por isso haver necessidade de recorrer à ordem psicológica dos conceitos. Tal analogia permite, pois, estabelecer raciocínios dos quais se deriva que Deus e as criaturas têm algum predicado em comum. Como assinala em seu clássico tratado sobre a analogia dos nomes, o raciocínio "Toda simples perfeição se acha em Deus. A sabedoria é uma simples perfeição. Portanto, a sabedoria se acha em Deus" é de tal tipo que "o termo 'sabedoria' na menor não representa esta ou aquela noção de sabedoria, mas a sabedoria, que é proporcionalmente una, isto é, representa ambas as noções de sabedoria, não tomadas em conjunção nem em disjunção, mas na medida em que estão proporcionalmente não divididas, na medida em que uma é proporcionalmente a outra e na medida em que ambas constituem uma noção que é proporcionalmente una" (*De Nominum Analogia*, cap. X: Solução à segunda dificuldade). Em outros campos filosóficos, Cajetano indicou a impossibilidade de demonstrar filosófica e racionalmente certos problemas, tais como os formulados pelos dogmas da Trindade e da imortalidade da alma; deve-se crer nesses dogmas, que são, em todo caso, objeto da teologia e não da filosofia racional. Cajetano ocupou-se também de problemas morais, especialmente em sua *Summula Peccatorum*.

➲ As principais obras filosóficas de Cajetano são as seguintes: *In de Ente et Essentia D. Thomae Aquinatis Commentaria* (1495), *Commentaria in reliquum libri secundi Peri Hermeneias* (1496), *In libros Posteriorum Analyticorum Aristotelicos additamenta* (1496), *Commentaria in Isagogen Porphyrii* (1497), *Commentaria in Praedicamenta Aristotelis* (1498), *De Nominum Analogia* (1498), *De subjecto naturalis philosophiae* (1499), *Commentaria in III libros Aristotelis de Anima* (1509), *De conceptu entis* (1509), *Utrum detur in naturalibus potentia naturae* (1510). Todos eles foram publicados.

Para edições antigas, ver: J. Quétif e J. Echard, *Scriptores ordinis Praedicatorum*, II, 16-21, 824, e H.

Hurter, *Nomenclator litterarius theologiae catholicae*, 3ª ed., 5 vols., 1903-1913, II, 1204-1209. — Entre as edições um pouco mais recentes, mencionamos a de comentários ao *Isagoge* e ao *De int.*, por I. M. Marega (1934); a do tratado sobre a analogia e sobre o conceito de ente por P. N. Zammit (1934), ed. revisada por P. H. Hering, O. P. (1952); a de comentários ao *De Anima*, por Y. Coquelle (1938); a do comentário ao *De ente et essentia*, por M. H. Laurent (1934). Os importantes *Commentaria in Summam Theologicam* foram publicados na edição leonina de Santo Tomás, IV-XII (opúsculos teológicos em X e XII; há também ed. de escritos teológicos por V. M. I. Pollet [I, 1936]). Três séries de comentários a Aristóteles (à *Phys.*, ao *De Caelo et Mundo* e à *Met.*) estão inéditas; ver: G. Frénaud, "Les inédits de Cajétan", *Revue Thomiste*, 41 (1936), 331-336.

Bibliografia: M.-J. Congar, O. P., "Biobibliographie de Cajétan", *Revue Thomiste*, 39 (1934), 3-49. — Bibliografia muito ampla sobre o problema da analogia nas pp. 84-87 da trad. ingl. de *De Nominum Analogia*.

Ver: J. Ramírez, O. P., *De analogia secundum doctrinam aristotelico-thomisticam*, 1922. — A. Goergen, *Die Lehre von der Analogie nach K. Cajetan und ihr Verhältnis zu T. v. Aquin*, 1938 (tese). — J. Giers, *Gerechtigkeit und Liebe. Die Grundpfeiler gesellschaftlicher Ordnung in der Sozialethik des K. Cajetans*, 1941. — J. F. Groner, O. P., *K. Cajetan. Eine Gestalt aus der Reformationszeit*, 1951. — J. Alfaro, S. J., *Lo natural y lo sobrenatural. Estudio histórico desde Santo Tomás hasta Cayetano (1274-1554)*, 1952. — R. Bauer, *Gotteserkenntnis und Gottesberweise bei Kardinal Kajetan*, 1955. — John P. Reilly, *Cajetan's Notion of Existence*, 1971. — Ver também os números de *Revue Thomiste*, 39, 1934-1935, e *Rivista di Filosofia Neoscolastica*, 27 (1935), suplemento, dedicados a Cajetano. Ͽ

CALCÍDIO (*fl.* 350). Calcídio é conhecido sobretudo por um *Comentário* latino ao *Timeu* platônico que teve grande influência durante a Idade Média e que representa um ponto culminante numa série de comentários a esse diálogo redigidos por vários filósofos, entre os quais devem ser mencionados Possidônio — cujo comentário serviu de base a quase todos os posteriores —, Adrasto de Afrodísia, Téon de Esmirna e Proclo. As idéias de que Calcídio se serviu para seu comentário são fundamentalmente platônicas e neoplatônicas, motivo pelo qual não é adequado incluí-lo, como se costuma fazer, na linha do neoplatonismo. Além disso, o uso feito por Calcídio de concepções judaicas e, sobretudo, cristãs permite considerá-lo um cristão platônico eclético. Segundo a tradição medieval, o comentário de Calcídio foi dedicado ao bispo Ósio, de Córdoba, de acordo com o título de um dos códices calcidianos — o *Codex Excorialensis*: *"Osio episcopo Calcidius archidiaconus"*.

Os principais temas filosóficos e teológicos discutidos por Calcídio em seu *Comentário* são: a origem do mundo, o lugar que a alma ocupa no corpo, o céu e a matéria. Calcídio discute com extremo detalhe diversas opiniões sobre cada um desses temas, em particular as de Platão, Aristóteles, Heráclito, Albino, Numênio, Fílon, Orígenes, 'os hebreus', os pitagóricos e os estóicos, tendendo em cada caso ao que considera a opinião correta de Platão no *Timeu* e usando várias interpretações de outros autores quando julga que estas ajudam a compreender melhor o texto platônico.

Ͽ Edições: F. W. A. Mullah, *Fragmenta philosophorum Graecorum*, II, 147-258. — J. Wrobel, *Platonis Timaeus interprete Chalcidio cum eiusdem commentario*, 1876. — *Timaeus (a Calcidio) translatus commentarioque instructus, in societatem operis coniuncto P. P. Jensen edidit J. H. Waszink*, 1962 [Corpus Platonicum Medii Aevi. Plato Latinus, vol. IV, ed. R. Klibansky].

Ver: B. W. Switalski, *Des Chalcidius Kommentar zu Platons* Timaeus, 1902. — E. Steinheimer, *Untersuchungen über die Quellen des Chalcidius*, 1912 (tese). — J. H. Waszink, "Die sogenannte Fünfteilung der Träume bei Chalcidius und ihre Quellen", *Mnemosine* (1941). — *Id., Studien zum Timaioskommentar des Calcidius*, I, 1964. — A. C. Vega, "Calcidio, escritor platónico español del siglo IV. Valor fundamental del comentario al *Timeo*", *La Ciudad de Dios*, n. 160 (1943), 219-241, e n. 162 (1952), 145-164. — J. C. M. Van Winden, *Calcidius on Matter, His Doctrines and Sources: A Chapter in the History of Platonism*, 1959. — J. den Boeft, *Calcidius on Fate: His Doctrine and Sources*, 1970. — J. den Boeft, *Calcidius on Demons* (Commentarius ch., 127-136), 1977. — P. E. Dutton, "Illustre civitatis et populi exemplum. Plato's *Timaeus* and the Transmission from Calcidius to the End of the Twelfth Century of a Tripartite Scheme of Society", *Medieval Studies*, 45 (1983), 79-119. — Artigo sobre Calcídio (Chalcidius), de W. Kroll, em Pauly-Wissowa. Ͽ

CÁLCULO. O cálculo é definido na lógica como um sistema de signos não interpretados, ao contrário da linguagem (lógica), que é definida como um sistema de signos interpretados. O estudo do cálculo pertence ao ramo da metalógica (VER) chamado *sintaxe* (VER). Os elementos com os quais se edifica um cálculo são os seguintes:

1) os signos do cálculo, que podem ser primitivos (ver SIGNOS PRIMITIVOS) ou definidos;
2) as expressões ou fórmulas do cálculo.

Entre essas expressões, figuram as expressões bem formadas ou fórmulas bem formadas do cálculo, obtidas por meio de regras de formação.

Entre as expressões bem formadas do cálculo, figuram, por sua vez, os teoremas do cálculo. Um teorema de um cálculo é definido como a última fórmula bem formada de uma prova em determinado cálculo.

Para uma definição geral da noção de teorema de um cálculo, é necessário introduzir as noções de axioma (VER), regra de inferência (VER) e prova (VER) no cálculo.

Entre os conceitos fundamentais do cálculo estão os de consistência, completude, decidibilidade e independência. Referimo-nos aos três primeiros nos verbetes sobre as expressões 'consistente', 'completo' e 'decidível'.

O cálculo é o resultado da formalização (VER) de determinada parte da lógica. Os cálculos que costumam apresentar-se nela são:

a) O *cálculo sentencial*, cujos signos são letras (ver LETRA) sentenciais, conectivos (ver CONECTIVO) e parênteses (VER). Em uma parte da literatura lógica este cálculo é edificado com base em proposições, caso em que recebe o nome de *cálculo proposicional*.

b) O *cálculo quantificacional*, cujos signos são letras sentenciais, letras predicados (que representam verbos), letras argumentos (variáveis), conectivos, parênteses e quantificadores (ver QUANTIFICAÇÃO, QUANTIFICACIONAL, QUANTIFICADOR). Este cálculo pode ser *b*1) o cálculo quantificacional elementar, no qual se quantificam apenas as letras argumentos, e *b*2) o cálculo quantificacional superior, no qual se quantificam também as letras predicados. Na literatura lógica, o cálculo quantificacional foi também denominado *cálculo funcional*, sendo o cálculo quantificacional elementar e o cálculo quantificacional superior chamados, respectivamente, *cálculo funcional elementar* e *cálculo funcional superior*.

Observemos que *b*1) é uma parte de *b*2); *b*1) usualmente recebe o nome de *cálculo quantificacional monádico de primeira ordem*. Há um número infinito de cálculos quantificacionais monádicos, denominados: *cálculo quantificacional monádico de primeira ordem, de segunda ordem, de terceira ordem* e, enfim, *de n ordem*.

c) O *cálculo de identidade*, cujos signos são os do cálculo quantificacional mais o signo de identidade (VER).

d) O *cálculo de classes*, cujos signos são os conectivos sentenciais, os símbolos booleanos (ver CLASSE) e os símbolos de classes.

e) O *cálculo de relações*, cujos signos são os conectivos sentenciais, os símbolos booleanos e os símbolos de relações.

CALDERÓN, ALFREDO. Ver KRAUSISMO.

CALDERWOOD, HENRY. Ver ESCOCESA (ESCOLA).

CALEMES. É o nome que designa um dos modos (ver MODO) válidos dos silogismos da quarta figura (VER). Um exemplo de *Calemes* pode ser:

Se todas as nuvens são efêmeras
e nenhuma coisa efêmera é vulgar,
nenhuma coisa vulgar é nuvem,

exemplo que corresponde à seguinte lei da lógica quantificacional elementar:

$$(\wedge x (Hx \to Gx) \wedge \wedge x (Gx \to \neg Fx)) \to$$
$$\to \wedge x (Fx \to \neg Hx)$$

e que, usando-se as letras 'S', 'P' e 'M' da lógica tradicional, pode ser expresso mediante o seguinte esquema:

$$(PaM \wedge MeS) \to SeP$$

no qual aparece claramente a seqüência das letras 'A', 'E', 'E', origem do termo *Calemes*, na ordem PM-MS-SP.

CALKINS, MARY WHITON. Ver NEO-REALISMO; PERSONALISMO.

CALOGERO, GUIDO (1904-1986). Nascido em Roma, foi professor em Florença, Pisa e Roma, até sua aposentadoria em 1975; distinguiu-se por seus estudos de história da filosofia e, especialmente, de história da lógica. Merece ser destacada a esse respeito sua interpretação do eleatismo como uma transposição à ontologia do plano lógico. Do ponto de vista sistemático, Calogero é um dos principais representantes do grupo de filósofos italianos que, partindo do atualismo, contribuiu para sua dissolução pelo desenvolvimento conseqüente das exigências internas do movimento. Com efeito, o atualismo 'clássico' foi infiel, segundo Calogero, à sua própria lei, confiando mais do que o devido em conceitos que não correspondiam a ele. De imediato, ele operou com conceitos (gnosiológicos) que não eram de fato atualistas pela simples razão de que, de acordo com nosso filósofo, a gnosiologia depende da ontologia e da metafísica. Dissolvidas estas duas últimas, a dissolução da primeira mostra-se inevitável. Somente desse modo será possível atender às exigências que o atualismo da consciência suscita em vez de se deixar levar por falsas objetivações. Contudo, tal atualismo significa que a consciência, não podendo objetivar-se, tampouco pode se transformar em objeto de reflexão teórica. Portanto, o teórico acaba cedendo terreno ao prático; um autonomismo prático absoluto, que é algumas vezes um "moralismo absoluto" e outras vezes um "pedagogismo absoluto", representa a culminância dessa filosofia do ato puramente vivido. Deve-se observar, porém, que isso não desemboca no desaparecimento da filosofia como conjunto sistemático, pois Calogero procurou justamente refazer esse conjunto, ainda que sobre novas bases.

↪ Obras: *I fondamenti della logica aristotelica*, 1927, 2ª ed., 1968. — *Studi sull'eleatismo*, 1932, 2ª ed., 1977. — *Compendio di storia della filosofia*, 3 vols., 1933; 2ª ed., 1936. — *La filosofia e la vita*, 1936. — *La logica del giudice e il suo controllo in Cassazione*, 1937. — *La conclusione della filosofia del conoscere*,

1938; 2ª ed., 1960. — *La scuola dell'uomo*, 1939; 2ª ed., 1956. — *Il metodo dell'economia e il marxismo*, 1944. — *Difesa del liberalsocialismo con alcuni documenti inediti*, 1945; 2ª ed., 1972. — *La democrazia al bivio e la terza via*, 1945. — *L'abbiccí della democrazia*, 1946. — *Lezioni di filosofia*, 3 vols. (I, *Logica, gnoseologia, ontologia*, 1948; II, *Etica, giuridica, politica*, 1946; III, *Estetica, semantica, istorica*, 1947). — *Saggi di etica e di teoria del diritto*, 1947. — *La filosofia di Bernardino Varisco*, 1950. — *Logo e dialogo*, 1950. — *Scuola sotto inchiesta*, 1957; 2ª ed., 1965. — *Filosofia del dialogo*, 1962. — *Storia della logica antica, I: L'età arcaica*, 1967. — *Quaderno laico*, 1967. — *Le regole della democrazia e le ragioni del socialismo*, 1968. — *Scritti minori di filosofia antica*, 1984.

Ver: Renzo Raggiunti, *Logica e linguistica nel pensiero di G. C.*, 1963. — G. Sasso, "L'esegesi parmenidea di G. C.", *La Cultura*, 1988, pp. 189-285. ◐

CALVINO, JOÃO [JEAN CALVIN, originalmente **JEAN CHAUVIN** ou **CAULVIN]** (1509-1564). Nascido em Noyon (Picardia), estudou teologia e ingressou na carreira eclesiástica. Depois de estudar hebraico em Paris (1531-1533) e de aprofundar-se nos escritos dos Padres da Igreja, abraçou a causa da Reforma. Em 1534, mudou-se para Angoulême (Angoumois), onde iniciou a redação de seu *Institutio* (ver bibliografia), que terminou em 1536, introduzindo mais tarde revisões e ampliações. Ainda em 1536, mudou-se para Genebra, onde foi chamado para aplicar sua reforma religiosa. As severas medidas ditadas por Calvino suscitaram a oposição dos chamados "libertinos", que conseguiram a expulsão de Calvino e de seus seguidores. Ele foi a Basiléia e depois a Estrasburgo; em 1541, regressou a Genebra e conseguiu impor nesta cidade um governo teocrático fundado na Bíblia e em seus próprios princípios de interpretação e comportamento. A oposição de Calvino às opiniões antitrinitárias de Miguel Servet (VER) levaram-no a ser julgado e condenado à fogueira (1553). Calvino opôs-se, em certos pontos, aos luteranos. Como conseqüência disso, produziu-se uma cisão na Igreja Evangélica, que se dividiu em "luteranos" e "reformados". Estes últimos constituíram a base do presbiterianismo, que procurou situar-se a igual distância do episcopalismo e do congregacionismo. As doutrinas de Calvino são o fundamento teológico, ritual e administrativo de grupos religiosos muito diversos: os presbiterianos — em particular os que seguiram as opiniões teológicas do reformador escocês John Knox (ca. 1505-1572), fundador do chamado 'presbiterianismo escocês' —, os huguenotes franceses, os puritanos ingleses (da Igreja Anglicana) etc. Entre os filósofos que integraram o calvinismo à sua doutrina figura Jonathan Edwards (VER), com sua peculiar combinação de "calvinismo" e "empirismo".

A doutrina de Calvino apresenta aspectos extremos e radicais tanto na crença como no comportamento. Ele acentuou a absoluta soberania de Deus na eleição e reprovação dos salvos e dos condenados; a "glória de Deus" predomina de maneira absoluta. Para Calvino, o homem, depois do pecado original, está corrompido pelo vício e pela concupiscência. Contudo, a "predestinação (VER) absoluta" que Calvino preconizou não se refere apenas ao homem depois da Queda; o homem está, para Calvino, "preordenado" desde sempre pela vontade de Deus. Da vontade absoluta de Deus depende a graça (VER). Mais ainda do que em Lutero (VER), o arbítrio (ver ARBÍTRIO [LIVRE-]) é, para Calvino, "servo". A fé é obra do Espírito Santo; por ela, pode-se alcançar o estado de "renascimento" que torna possível o viver somente por Deus e pela sua glória. Os homens se unem na comunidade de Jesus Cristo por meio dos sacramentos (batismo e eucaristia). O princípio de interpretação da Bíblia é o "testemunho do Espírito Santo"; entretanto, não se deve confundir a "inspiração pessoal" com a mera "opinião": não há interpretação possível sem o citado "testemunho".

Um dos problemas fundamentais suscitados no âmbito do calvinismo é o de conhecer os "sinais de Deus", isto é, o que torna possível saber a que uma pessoa está "predestinada". Segundo Calvino — e, mais ainda, segundo alguns calvinistas — esses sinais se manifestam na "recompensa econômica", que "assinala" os "eleitos". Os calvinistas acentuaram por isso as virtudes da sobriedade, da poupança, do trabalho esforçado e intenso, da responsabilidade e do valor da palavra empenhada. Nas regiões onde imperaram os princípios calvinistas, tendeu-se ao desenvolvimento da indústria e do comércio, ao contrário do "primitivismo agrário" pregado por muitos luteranos. O chamado "espírito empreendedor capitalista" foi, por isso, freqüentemente associado ao calvinismo, que figura de forma preeminente na tese de Max Weber (VER) sobre a estreita relação entre "protestantismo" e "capitalismo".

◐ Obras: A obra capital de Calvino é a *Christianae Religionis Institutio*, publicada em 1536; a edição definitiva, de 1559, intitula-se *De institutione christianae*. Mencionamos, além disso: *De necessitate reformandae Ecclesiae*, 1544. — *Commentaires sur la Concordance ou Harmonie des Evangélistes*, 1561, e numerosos *Commentarii* ao Antigo e Novo Testamentos.

Edição de obras: J. W. Baum, E. Cunitz, E. Reuss, *J. C. Opera quae supersunt omnia*, 59 vols., 1863-1900 (*Corpus Reformatorum*, vols. 29 a 87). Ed. do texto francês (de 1541) da *Institutio* por J. Pannier, 4 vols., 1936. — *Supplementa Calviniana. Sermons inédits*, 7 vols., 1936-1981; *Briefe in Auswahl*, 3 vols., 1961-1962. — *Opera Selecta*, 5 vols., 1963-1974.

Bibliografia: Alfred Erichson, *Bibliographia calviniana*, 1900; reimp., 1960 [catálogo de escritos de C.].
Biografia: F. Doumergue, *J. C. Les hommes et les choses de son temps*, 7 vols., 1899-1927. — R. Freschi, *G. C.*, 2 vols., 1934.

Das numerosas obras sobre C., e em particular sobre os aspectos mais propriamente filosóficos de sua teologia, limitamo-nos a mencionar: H. Bois, *La philosophie de C.*, 1919. — F. Wendel, *C.: Sources et évolution de sa pensée religieuse*, 1950. — T. F. Torrance, *Calvins Lehre vom Menschen*, 1951. — M. Marlet, *Grundlinien der kalvinistischen "Philosophie der Gesetzesidee" als christlicher Transzendentalphilosophie*, 1954. — C. Calvetti, *La filosofia di G. C.*, 1955. — Jean Cadier, *C.*, 1967. — C. Partee, *Calvin and Classical Philosophy*, 1977. — R. Reuter, *Vom Scholaren bis zum jungen Reformator. Studien zum Werdegang J. C.s*, 1981. — H. Hopfl, *The Christian Polity of J. Calvin*, 1982. — A. Ganoczy, S. Scheld, *Die Hermeneutik Calvins. Geistesgeschichtliche Voraussetzungen und Grundzüge*, 1983. — W. J. Bowsma, *J. C.*, 1988.

Para a tese (além disso discutível) da "estreita relação entre protestantismo [especialmente calvinismo] e capitalismo [moderno ou "racionalizado"], ver: Max Weber, "Das protestantische Ethik und der Geist des Kapitalismus", *Archiv für Sozialwissenschaft und Sozialpolitik*, 20 e 21 (1904-1905), depois compilado no tomo I dos *Gesammelte Aufsätze zur Religionssoziologie* (1920) (trad. esp.: *La ética protestante y el espíritu del capitalismo*, 1969). — Ernst Troeltsch, *Die Soziallehren der christlichen Kirchen und Gruppen*, 1912. — R. H. Tawney, *Religion and the Rise of Capitalism*, 1922. — F. Wendel, *Calvin. Sources et évolution de sa pensée religieuse*, 1950 [com bibliografia]. — Jean Boisset, *Sagesse et sainteté dans la pensée de J. Calvin. Essai sur l'humanisme du réformateur français*, 1959. C

CALVO (SOFISMA DO). Ver SORITES.

CAMBRIDGE (ESCOLA DE). Dá-se este nome, assim como o de Escola Analítica de Cambridge (*Cambridge School of Analysis*), a um grupo de filósofos que fizeram parte do movimento conhecido como "Análise" ou "filosofia analítica" (VER).

Visto que tanto Bertrand Russell como G. E. Moore e Ludwig Wittgenstein lecionaram em Cambridge, e visto que se trata precisamente de três dos mais influentes — para não dizer, pura e simplesmente, os mais influentes — filósofos analíticos, identificou-se às vezes a denominada "Escola de Cambridge" com a filosofia analítica. Isso ocorreu especialmente por volta dos anos 1930, no momento culminante do positivismo lógico e das discussões sobre as relações entre este movimento e os filósofos de Cambridge.

A identificação apontada é inadmissível por haver outros centros de desenvolvimento da filosofia analítica. Um deles é Viena; outro — na própria Grã-Bretanha —, Oxford (VER). Além disso, não há características especiais da Escola de Cambridge no âmbito do movimento analítico. Os filósofos de Oxford representaram sobretudo a análise da linguagem corrente, como é o caso de autores como Gilbert Ryle e Austin. Contudo, esse tipo de análise foi também importante em Cambridge, especialmente na direção a ela impressa por Moore, no princípio, e, depois, pelo "último Wittgenstein". Vários filósofos de Cambridge distinguiram-se por seus trabalhos lógicos, pelo interesse pela construção de uma linguagem ideal, como é o caso de Bertrand Russell e do "primeiro Wittgenstein"; porém, há hoje filósofos em Oxford que simpatizam com essa tendência, como, por exemplo, A. J. Ayer.

Parece, pois, que a diferença entre Cambridge e Oxford no âmbito do movimento analítico é principalmente "geográfica", com a correspondente dose de "atmosfera cultural". Ela é, também, em parte "histórica", na medida em que o movimento analítico dentro da Grã-Bretanha desenvolveu-se primeiro em Cambridge que em Oxford. Com efeito, falou-se dos "cantabrigenses" antes que dos "oxfordianos".

Não há teses comuns entre os filósofos analíticos de Cambridge (como é patente na diferença entre Russell e Moore). As únicas coisas comuns foram a tendência ao "esclarecimento" ou à "elucidação", a ponto de ter-se falado a esse respeito de "filósofos esclarecedores" (*clarificatory philosophers*); a atenção a problemas suscitados pela linguagem e na linguagem; a atitude crítica, e em geral antimetafísica, ao menos no que diz respeito à construção de grandes sistemas filosóficos; a pouca, ou nenhuma, simpatia pelo idealismo; o interesse por posições epistemologicamente realistas; o freqüente recurso ao senso comum, mesmo que este não tenha sido formalmente considerado um critério epistemológico. Durante certa época, o principal interesse dos cantabrigenses pareceu ser a análise dos "dados dos sentidos", mas seria excessivo, e pouco esclarecedor, identificar a Escola de Cambridge com esse tipo de análise.

↪ Sobre a Escola de Cambridge, ver: Max Black: "Relations Between Logical Positivism and the Cambridge School of Analysis", *The Journal of Unified Science-Erkenntnis*, 8 (1939-1940), 24-35. — L. S. Stebbing, *Logical Positivism and Analysis*, 1933. — Ver também obras mencionadas em ANÁLISE (especialmente a história do movimento analítico, de Urmson). C

CAMBRIDGE (PLATÔNICOS DE). Denominam-se às vezes "Platônicos de Cambridge" — ou se agrupa sob o nome "Escola de Cambridge" ou "Escola Platônica de Cambridge" — vários filósofos de tendência religiosa. Os mais importantes são Ralph Cudworth (VER) e Henry More (VER). Geralmente, acrescentam-se a eles Peter Sterry (1613-1672: *A Discourse of Free Will*, 1675), Benjamin Whichcote (1609-1683) — na medida em que este influenciou Ralph Cudworth — e Edward Stillingfleet (1635-1699: *Origines Sacrae, or a Rational Account of the Christian Faith*, 1662). Na lista de platônicos de Cambridge inclui-se quase sempre Nathanael Culverwel (VER); porém, embora tenha residido em Cambridge e estudado as doutrinas de Whichcote, Culverwel não é um platônico de Cambridge; a rigor, ele foi, antes, um antiplatônico. Também é costume incluir Richard Cumberland (VER), que foi pregador em Cambridge, onde estudara, e manteve contato muito direto com o ambiente platônico cantabrigense; contudo, Cumberland difere dos platônicos em vários aspectos importantes.

Comum aos platônicos de Cambridge foi uma intensa religiosidade cristã e uma definida orientação para o inatismo de caráter platônico — inatismo que, segundo Ernst Cassirer, está relacionado com o de alguns dos filósofos da Academia Florentina (VER), tais como Marsilio Ficino e Pico della Mirandola.

Os verbetes dedicados a Ralph Cudworth e Henry More permitem conhecer as orientações fundamentais dos platônicos de Cambridge. Uma de suas características é o mencionado inatismo (VER), ao qual se opôs Locke em seu *Essay*. Outra é a defesa, seguindo modelos neoplatônicos, e especialmente plotinianos, de distintos graus da espiritualidade criadora do mundo corporal que supõem a existência de "naturezas plásticas" (ver PLÁSTICO) que a tudo penetram. Para os platônicos de Cambridge, estas naturezas são, na realidade, as forças formadoras da Natureza, concebida como um organismo. Contudo, isto não significa, de modo algum, que o platonismo em questão tenha uma tendência "naturalista"; pelo contrário, os platônicos de Cambridge enfatizam em toda parte o aspecto espiritual do orgânico e fazem do grande organismo da Natureza um espírito e uma alma do mundo. O viés religioso do platonismo é vigorosamente destacado por eles, a ponto de acabar por imperar, especialmente nos platônicos "menores", sobre o aspecto puramente filosófico. Isto, não porque a Escola de Cambridge seja simplesmente, como já se afirmou, uma mescla de cabalismo e especulação platonizante — a rigor, o que os platônicos de Cambridge buscam é evitar todo abismo entre as diferentes naturezas, solucionar a separação cartesiana entre o pensante e o extenso, e por isso estes pensadores representam, como Cassirer assinalou, a primeira síntese de um grupo de tendências baseadas numa filosofia natural vinculada ao dinamismo renascentista e que se mostram ansiosas por remontar às fontes platônicas e neoplatônicas. Em todo caso, a Escola de Cambridge se manteve no centro vivo da especulação filosófica e relacionou-se com correntes — coincidentes ou contrárias — da filosofia inglesa do século XVII: o deísmo, o antimaterialismo de Clarke, a moral do sentimento de Shaftesbury etc.

O platonismo de Cambridge exerceu notável influência sobre o desenvolvimento da filosofia na Nova Inglaterra, especialmente mediante a introdução, por William Temple, em 1750, do sistema de Pierre de la Ramée em Cambridge. Os platônicos de Cambridge — ou, melhor dizendo, os puritanos da Escola — constituíram a base intelectual dos estudos filosóficos na Nova Inglaterra, onde o ramismo, o platonismo de Cambridge e a teologia congregacionista da aliança (*Covenant Theology*) se fundiram numa especulação que formou os alicerces do espírito filosófico puritano e assentou os fundamentos de uma *Technologia* prático-especulativa não alheia à ulterior evolução filosófica, religiosa e social da América do Norte.

⊃ Sobre os platônicos de Cambridge, ver: G. von Hertling, *Locke und die Schule von Cambridge*, 1892. — Frederick J. Powicke, *The Cambridge Platonists. A Study*, 1926. — G. P. R. Pawson, *The Cambridge Platonists and Their Place in Religious Thought*, 1930. — John De Boer, *Theory of Knowledge of the Cambridge Platonists*, 1931. — J. H. Muirhead, *The Platonic Tradition in Anglo-Saxon Philosophy*, 1931. — E. Cassirer, *Die platonische Renaissance in England und die Schule von Cambridge*, 1932. — Eugene Munger Austin, *The Ethics of the Cambridge Platonists*, 1935 (tese). — W. C. De Pauley, *The Candle of the Lord. Studies in the Cambridge Platonists*, 1937. — Rosalie L. Colie, *Light and Enlightenment: a Study of the Cambridge Platonists and the Dutch Arminians*, 1957. — Serge Hutin, *Henry More: Essai sur les doctrines théosophiques chez les platoniciens de Cambridge*, 1965. — John Tulloch, *Rational Theology and Christian Philosophy in England in the Seventeenth Century*, 1966. — Frederick J. Powicke, *The Cambridge Platonists: A Study*, 1971. — P. M. Davenport, *Moral Divinity with a Tincture of Christ: An Interpretation of the Theology of Benjamin Whichcote, Founder of Cambridge Platonism*, 1972. — L. Mijuskovic, *The Achilles of Rationalist Arguments: The Simplicity, Unity, and Identity of Thought and Soul from the Cambridge Platonists to Kant*, 1974. — C. A. Patrides, ed., *The Cambridge Platonists*, 1980. — B. Schmitt, ed., *The Cambridge History of Renaissance Philosophy*, 1988. ⊂

CAMESTRES. É o nome que designa um dos modos (ver MODO) válidos dos silogismos da segunda figura (VER). Um exemplo de *Camestres* pode ser:

> Se todos os estóicos são filósofos
> e nenhum jogador de futebol é filósofo,
> nenhum jogador de futebol é estóico,

exemplo que corresponde à seguinte lei da lógica quantificacional elementar:

$$(\wedge\, x\, (Hx \rightarrow Gx) \wedge \wedge\, x\, (Fx \rightarrow \neg\, Gx)) \rightarrow$$
$$\rightarrow \wedge\, x\, (Fx \rightarrow \neg Hx)$$

e que, usando-se as letras 'S', 'P' e 'M' da lógica tradicional, pode ser expresso mediante o seguinte esquema:

$$(PaM \wedge SeM) \rightarrow SeP$$

no qual aparece claramente a seqüência das letras 'A', 'E', 'E', origem do termo *Camestres* na ordem PM-SM-SP.

CAMPANELLA, TOMMASO (1568-1639). Nascido em Stilo (Calábria), ingressou no Convento Dominicano de Placanica em 1582. Em 1591-1592, foi processado por heresia, como conseqüência de um escrito muito laudatório sobre a filosofia de Telésio. De 1599 a 1626, esteve preso, acusado de participar de uma conspiração contra a dominação espanhola na Calábria. Pouco depois, foi condenado pela Inquisição à prisão perpétua, mas foi libertado em 1629 por ter sido declarado louco. Depois de uma estada de alguns anos em Roma, foi, em 1634, para a França, tendo falecido cinco anos depois em Paris.

As tendências filosóficas de Campanella, de ascendência ao mesmo tempo platônica, naturalista e animista, manifestam-se sobretudo em sua metafísica do conhecimento e em sua idéia da dupla revelação, positiva e natural, que permite um saber unitário e uma passagem contínua da Natureza à divindade e desta àquela. O conhecimento sensível é, para Campanella, uma relação entre o mundo externo e o sujeito, relação na qual ambos os termos acabam por ser identificados, de modo que cada sujeito possui um saber diferente de acordo com as impressões recebidas por seus sentidos. A identificação, além disso, mostra-se possível por causa do caráter "sensível" do próprio mundo, realidade animada e vivificada pela "sensação". Em contrapartida, o conhecimento intelectual tem seu fundamento no saber que a alma possui de si mesma, pois a alma conhece seu próprio ser e pode elevar-se dele à contemplação das idéias e, por fim, à contemplação de Deus. No entanto, o conhecimento do divino não é apenas uma elevação da alma à divindade, mas também uma descida da divindade à alma, pois as categorias da Sabedoria, do Amor e do Poder, pertencentes a Deus, se projetam em todo ser como um modelo das coisas.

Esta metafísica e esta teoria do conhecimento estão em relação direta com os planos de reforma política e religiosa elaborados por Campanella. Em vários escritos, sobre a monarquia cristã e o governo eclesiástico, redigidos entre 1593 e 1595, Campanella propu-

sera uma monarquia universal regida pelo Papa. Em 1625, em seu *De Monarchia Hispanica*, ele ofereceu ao Rei da Espanha, sob a tutela espiritual do Papa, a organização do império mundial. Em 1635, fez uma proposta análoga ao Rei da França em seu *Monarchie delle Nazioni*. Todos esses escritos — e as atividades do autor para apoiar suas teses — revelam sua preocupação — e até a sua obsessão — pela questão de uma monarquia universal, por uma "Cidade" capaz de abranger todos os homens e de solucionar de maneira radical o problema da concórdia entre seus súditos. O mais importante escrito de Campanella, neste sentido, é, porém, a *Cidade do Sol* (redigido em italiano, com o nome de *Città del Sole*, em 1602, revisado em 1613 e publicado, em latim, com o título de *Civitas Solis, appendix Politiae, Idea reipublicae philosophicae*, em 1623, como apêndice à *Realis philosophiae epilogisticae* etc., mencionada *infra*). Trata-se de uma utopia (VER) que tem por cenário uma parte ignota do Ceilão. Descreve-se nela uma cidade perfeita regida pelo Sol, isto é, "o Metafísico", com a colaboração de Poder, Sabedoria e Amor. A organização da Cidade do Sol segue, pois, o mesmo esquema da teologia e da metafísica de Campanella, motivo pelo qual o Sol deve ser interpretado como um símbolo e não como um objeto de idolatria. Nessa Cidade, reina a comunidade de bens (e até de mulheres), único modo de evitar, segundo Campanella, o instinto de aquisição e de rapina, origem de tantas guerras. A cidade é regida por uma rede de funcionários cuja principal missão é a organização e transmissão do saber e das técnicas. Esses funcionários são ao mesmo tempo sábios e sacerdotes. Deve-se observar que tal Cidade não é cristã, mas está, segundo Campanella, naturalmente tão próxima do cristianismo que basta, para que seja plenamente cristã, acrescentar-lhe os sacramentos. Assim, Campanella propôs, com sua *Cidade*, uma *base* de organização regida pela lei natural e pela fé cristã, que devem, ao ver, coincidir necessariamente.

↪ Obras: *De sensitiva rerum facultate*, 1590. — *Philosophia sensibus demonstrata*, 1591. — *De monarchia christianorum*, 1593. — *De regimine Ecclesiae*, 1593. — *Discorsi ai principi d'Italia*, 1591. — *Città del Sole*, cf. *supra*. — *De sensu rerum et magia libri quatuor*, 1620. — *Theologia*, 1613-1624. — *Metaphysica* (concluída em 1623) e *Philosophia rationalis* (1613), ambas publicadas em 1638: *Universalis philosophia seu Metaphysicarum rerum iuxta propria dogmata partes tres*. — *Philosophia realis* (1619, publicada em 1623 e depois em 1637; esta última edição inclui *Quaestiones*). — *De praedestinatione*, 1636. — *Atheismus triumphatus seu reductio ad religionem per scientiarum veritates*, 1621 (originalmente: *Recognitio verae religionis*, 1607). — A ed. da *Realis philo-*

sophia, de 1623 (título completo: *Realis philosophiae epilogisticae partes IV, h. e. de rerum natura, hominum, moribus, politica*), tem como apêndice o texto latino da *Città del Sole: Civitas Solis*. — Como vimos no verbete COGITO, ERGO SUM, Léon Blanchet (*Les antécédents historiques du 'Je pense, donc je suis'*, 1920, pp. 171-228) observou que há na *Universalis philosophia* (cf. *supra*) (assim como no mencionado *De sensu rerum et magia*) claros precedentes do *Cogito* cartesiano. Além disso, embora publicada em 1638, a *Universalis Philosophia* (ou Metafísica) foi, segundo Blanchet, escrita em italiano no final de 1602 e em 1605; foi recomeçada em latim no final de 1609 e em 1610, confiscada em maio de 1610, novamente recomeçada no final de 1610 e concluída em 1611.

Edição de obras: Paris, 1637 ss.; obras italianas por A. d'Ancona, Turim, 1854. — Edição crítica de obras na Edizione Nazionale dei Classici del Pensiero Italiano, por Romano Amerio, e outros, 1949 ss. — *Tutte le opere di T. C.*, 1954 ss., ed. L. Firpo.

Bibliografia: L. Firpo, *Bibliografia degli scritti di T. C.*, 1940, e *Ricerche campanelliane*, 1947.

Ver: Léon Blanchet, *Campanella*, 1920. — C. D. di Arcadia, *T. C.*, 1921. — M. Rossi, *Campanella metafisico*, 1921. — R. de Mattei, *Studi Campanelliani con l'aggiunta del testo inedito del Discorso delle Fiandre e degli Antiveneti di T. C.*, 1934. — Antonio Corsano, *T. C.*, 1944; nova ed., 1961. — L. Firpo, *Ricerche campanelliane*, 1947. — R. Amerio, *Campanella*, 1947. — *Id., Introduzione alla teologia di T. C.*, 1948. — G. di Napoli, *T. C., filosofo della restaurazione cattolica*, 1947. — R. Mondolfo, *Tres filósofos del Renacimiento*, 1947 (Bruno, Galileu, Campanella). — A. M. Jacobelli Isoldi, *T. C. La crisi della coscienza di se*, 1953. — D. P. Walker, *Spiritual and Demonic Magic: From Ficino to Campanella*, 1958; reed., 1975. — Nicola Badaloni, *T. C.*, 1965. — Salvatore Femiano, *Lo spiritualismo di T. C.*, 2 vols., 1965 (I: *La teorica dell'ente;* II: *Il problema di Dio*). — *Id., La metafisica di T. C.*, 1968. — Bernardino M. Bonansea, *T. C.: Renaissance Pioneer of Modern Thought*, 1969. — G. Bock, *T. C. — Politisches Interesse und philosophische Spekulation*, 1974. — R. Ahrbeck, *Morus, C., Bacon*, 1977. ↻

CAMPO. Ver CONTÍNUO; ESTRUTURA; MATÉRIA.

CAMPS, VICTORIA. Ver DIFERENÇA.

CAMUS, ALBERT (1913-1960). Nascido em Mondovi, Argel, figura na história da filosofia contemporânea sobretudo porque os críticos associaram seu nome ao existencialismo no período culminante desta tendência. Entretanto, embora os temas abordados por Camus em vários de seus romances — especialmente em *O Estrangeiro*, de 1942, e em *A peste*, de 1947 — e em seus primeiros ensaios — sobretudo em *O mito de Sísifo*, de 1942 — sejam temas também abordados por filósofos existencialistas, há diferenças importantes entre estes e Camus. Camus não procura fazer filosofia, ou metafísica — na página que precede o primeiro ensaio ("O absurdo e o suicídio") em *O mito de Sísifo*, ele afirma que em sua descrição de "um mal do espírito" em "estado puro" "não se mescla no momento nenhuma metafísica, nenhuma crença". O único problema filosófico verdadeiramente sério — escreve Camus — é o suicídio. Isso ocorre porque há "um divórcio entre o homem e sua vida" que produz o sentimento do absurdo e leva a considerar se o suicídio não será a única saída dessa situação. Camus nega-o. O suicídio não é nenhuma solução porque com ele se suprime meramente o homem que o comete: o mundo permanece. Para que o mundo adquira sentido, é preciso conferi-lo a ele; nesta perspectiva, Camus reconhece que filósofos como Kierkegaard, os fenomenólogos e Heidegger responderam ao "chamado" do homem por um mundo dotado de sentido. Não obstante, o "chamado" do homem choca-se com um "silêncio não-razoável do mundo". Daí o absurdo e a tentação do suicídio. Mas daí também o imperativo de não sucumbir ao niilismo. A reação diante da completa alienação do homem é a aceitação de tal situação e o impulso de sair dela evitando dois perigos: a auto-aniquilação e a mera crença.

Essa saída parece ser apenas individual ou pessoal. Contudo, Camus não permanece nela. Em *O homem revoltado*, de 1951, ele propõe ir além de uma rebelião simplesmente "metafísica", por um lado, e de qualquer tipo de rebelião que, em nome da realização de um ideal, produz uma nova escravidão. O que se poderia denominar "rebelião autêntica" é uma que o homem realiza mediante um pensamento e uma ação que "estão no seu nível médio". Toda ambição de alcançar um absoluto termina na injustiça. A rebelião pode ter "origens generosas"; mas, tão logo se esquece delas, quando substitui o homem de carne e osso por um homem abstrato, nega-se a si mesma, isto é, "nega a vida" e "corre para a destruição". "No auge do pensamento — escreve Camus —, a rebelião rejeita, assim, a divindade para participar das lutas e do destino comuns."

↪ Edição de ensaios: *Essais*, 1965. Textos estabelecidos e anotados por R. Quilliot e L. Faucon. Introdução de R. Quilliot. Contém: *L'envers et l'endroit; Noces; Le mythe de Sysyphe; Essai sur l'absurde; Actuelles I; L'homme révolté; Actuelles II; L'été; Chroniques algériennes; Réflexions sur la guillotine; Discours de Suède [Essais critiques]* e bibliografia de obras de C., pp. 1931-1960. — *Oeuvres complètes*, 9 vols., 1983-1984.

Obras em português: *O avesso e o direito seguido de Discursos da Suécia*, 1989. — *Calígula*, 1996. — *Cartas a um amigo alemão*, 1991. — *Diário de viagem*, 1997. — *Escritos de juventude*, 1995. — *Estado de*

sítio, 1997. — *O estrangeiro*, 1984. — *O exílio e o reino*, 1988. — *O homem revoltado*, 1996. — *A inteligência e o cadafalso*, 1998. — *O mito de Sísifo*, 1989. — *Morte feliz*, 1998. — *A peste*, 1997. — *Os possessos*, s.d. — *O primeiro homem*, 1999. — *Primeiros cadernos*, 1995. — *A queda*, 1997.
Correspondência: *Correspondance 1932-1960*, 1981. Bibliografia: Robert F. Roeming, *C.: A Bibliography*, 1968. — F. di Pilla, *A. C. et la critica. Bibliografia internazionale (1937-1971)*, 1973.
Dentre as numerosas obras sobre C., mencionamos: Germaine Brée, *C.*, 1959. — John Cruickshank, *A. C. and the Literature of Revolt*, 1959 (com bibliografia). — Philip Tody, *A. C.: 1913-1960*, 1962. — André Nicolas, *Un philosophe de l'existence. A. C.*, 1964. — Paul Viallaneix, *Le premier C. Suivi de "Écrits de jeunesse d'A. C."*, 1973. — Marcel Mélançon, *A. C. Analyse de sa pensée*, 1976. — H. R. Schlette, *A. C. Welt und Revolte*, 1980. — A. Rizzuto, *Camus' Imperial Vision*, 1981, ed. D. Seiters. — P. McCarthy, *C.*, 1982. — A. Pieper, *A. C.*, 1984. — R. C. Trundle, R. Puligandla, *Beyond Absurdity: The Philosophy of A. C.*, 1986. — J. W. Woelfel, *A. C. on the Sacred and the Secular*, 1987. — D. Sprintzen, *Camus: A Critical Examination*, 1988. c

CANALEJAS, FRANCISCO DE PAULA. Ver Krausismo.

CANELLA, GIULIO. Ver Milão (Escola de).

CANNABRAVA, EURYALO (1908-1981). Nascido em Cataguases, MG, lecionou no Colégio Pedro II do Rio de Janeiro. Depois de uma primeira fase que o próprio autor qualifica de dogmática, e na qual se inclinou a uma "filosofia concreta" situada entre a fenomenologia e o existencialismo alemão, ele passou a uma fase crítica que culmina em outra, sistemática. Na fase crítica — impulsionada pelo estudo da ciência contemporânea e pelas correntes atuais de filosofia científica, mas já precedida por certas orientações presentes na fase dogmática —, Cannabrava procurou reduzir a filosofia ao método e o método à linguagem. Partindo da distinção deweiana entre método matemático-formal e método genético-funcional, o pensador brasileiro mostrou que o primeiro (consubstancial com a axiomática) pode ser aplicado também a conteúdos empíricos, enquanto o segundo (redutível à técnica indutiva das ciências empíricas) pode ser também utilizado pelas disciplinas dedutivas, ao menos no estágio da formação dos conceitos analíticos. Isso significa, porém, que os dois métodos — que são duas regras de procedimento — não estão inteiramente separados entre si. De fato, ambos estão intimamente associados no método da síntese reflexiva, próprio do objetivismo crítico, o qual permite unificar os conceitos de verdade formal e de verdade empírica sem por isso recorrer nem à esfera transcendental, nem às essências materiais, tampouco a nenhum pressuposto metafísico não comprovado. Ele permite também esclarecer a questão da reversibilidade em relação com as operações lógico-matemáticas e manter a objetividade das formas lógicas sem recair ou num realismo platônico ou num mero convencionalismo lingüístico. Com base no método e no objetivismo citados, pode-se constituir, segundo o autor, uma filosofia científica aplicável aos mais diversos domínios, da mecânica quântica à questão da legitimidade do poder político. Elementos essenciais dessa filosofia são a interpretação do enunciado condicional enquanto distinto da relação lógica de implicação, a abordagem lógica da relação de inferência dedutiva, o estudo da função da hipótese no contexto da teoria de nível superior (dedutiva) e de nível inferior (indutiva) e o estabelecimento de um campo comum de estudo no qual ingressem tanto as ciências naturais como as políticas e sociais.

↪ Obras: À fase dogmática pertencem: *Seis temas de espírito moderno*, 1941. — *Descartes e Bergson*, 1943. — À fase crítica: *Elementos de metodologia filosófica*, 1956 (já concluído em 1949 e depois revisado). — À fase sistemática: *Introdução à filosofia científica*, 1956. — *Ensaios filosóficos*, 1957. — *Estética da crítica*, 1963. — *Teoria da decisão filosófica (Bases psicológicas da Matemática, da Lingüística e da Teoria do Conhecimento)*, 1977. c

CANO, MELCHIOR (ca. 1509-1560). Nascido em Tarancón, estudou na Universidade de Salamanca e no Colégio de São Gregório de Valladolid, onde, além disso, lecionou de 1536 a 1542. Em 1542, ganhou a cátedra de *prima* de teologia na Universidade de Alcalá, e, em 1546, da mesma disciplina na Universidade de Salamanca. Durante os anos de 1551 e 1552, interveio nas deliberações do Concílio de Trento. Em 1523, tinha ingressado na Ordem dos Pregadores, da qual foi Provincial.

Obras: Devem-se a Cano, além de uma obra ascética intitulada *Tratado de la victoria de sí mismo* e impressa em 1550, vários escritos procedentes de conferências ou *relectiones*: *De sacramentis in genere*, *De poenitentiae sacramento*. Sua obra capital e mais influente é, contudo, o tratado intitulado *De locis theologicis*, publicado pela primeira vez em Salamanca no ano de 1563. Trata-se de fazer com a teologia o mesmo que Aristóteles fez nos *Tópicos* com a filosofia ou o pensamento em geral: expor os "lugares" (*loci*) nos quais se acham os argumentos mais apropriados para demonstrar as verdades reveladas. O tratado de Cano divide-se em catorze livros; do ponto de vista filosófico, são especialmente importantes os onze primeiros. No decorrer desses livros, Cano examina dez fontes de autoridade para desenvolver os argumentos antes indicados. São as seguintes: as Sagradas Escrituras nos livros canônicos; as tradições apostólicas; as decisões da Igreja; as definições conciliares; as declarações da Igreja; os ensinamentos dos Santos Padres; as doutrinas dos doutores escolásticos; as doutrinas dos canonistas; a razão natural; os ensinamentos da história. Nem todas essas fontes possuem o mesmo valor demonstrativo; além disso, convém saber empregá-las. O exame de seu uso correto constitui justamente o eixo do tratado de Cano, que desenvolveu assim uma lógica, uma metodologia e uma epistemologia do conhecimento teológico.

⊃ Ver: Fermín Caballero, *Vida del Ilmo. Melchor Cano*, 1871. — A.-M. Jacquin, O. P., "Melchior Cano et la théologie moderne", *Revue des sciences philosophiques et théologiques*, 9 (1920), 121-141. — A. Lange, *Die Loci theologici des Melchior Cano und die Methode des dogmatischen Beweises*, 1925. — M. Solana, *Historia de la filosofía española. Época del Renacimiento (Siglo XVI)*, t. III, 1941, pp. 131-150. — E. Marcotte, *La nature de la théologie d'après M. C.*, 1949. — Ver também bibliografia de LUGAR. ⊂

CÂNON. No verbete CANÔNICA, referimo-nos à obra que Diógenes Laércio atribuiu a Epicuro: *O Cânon*. O termo 'cânon' foi usado em filosofia em outras ocasiões. Destacaremos quatro delas:

1) Como indica C. Prantl (*Geschichte*, II, 275), o filósofo bizantino Miguel Psellos empregou o vocábulo 'cânones' (κανόνες) em sua Sinopse do *Organon* de Aristóteles (*Mich. Pselli Synopsis Org. Arist.*, ed. Ehinger, I, 8, p. 33) para designar quatro regras que regem a eqüipolência das proposições categóricas, ἰσοδυναμοῦσαι προτάσεις.

2) Kant introduziu o termo 'cânon' no cap. II da Metodologia transcendental que figura na *Crítica da Razão Pura*. Ele entende por 'cânon' os princípios *a priori* do reto entendimento de certas faculdades de conhecimento. A lógica geral, por exemplo, é, enquanto analítica, um "cânon formal" para as faculdades do entendimento e da razão. No mesmo sentido, a Analítica transcendental se propõe a ser um cânon do entendimento puro, já que somente este é considerado capaz de enunciar conhecimentos sintéticos verdadeiros *a priori*. Kant observa que não pode existir nenhum cânon quando não é possível empregar de modo reto a faculdade do conhecimento. E, como se mostrou na parte anterior dessa *Crítica* que o conhecimento sintético da razão pura especulativa é impossível, deve-se declarar que não pode existir nenhum cânon para o exercício especulativo dessa faculdade (um exercício especulativo meramente dialético). A conclusão é que a lógica transcendental é apenas uma disciplina e não um cânon, e que o único modo correto de usar a faculdade da razão pura e de ter um cânon dessa faculdade é o uso prático da razão, e não o uso especulativo.

3) No Livro III (Sobre a indução), capítulo viii, de sua *Lógica*, J. Stuart Mill propõe cinco métodos para a investigação experimental: o método de concordância (VER), o de diferença (VER), o de combinação de concordância e diferença (VER), o de resíduos (VER) e o de variações concomitantes (VER). Cada método tem um cânon que constitui seu princípio regulador. O primeiro cânon (para o método de concordância) diz o seguinte: "Se dois ou mais casos do fenômeno que se investiga possuem apenas uma circunstância em comum, a circunstância única na qual concordam é a causa (ou o efeito) do fenômeno dado". O segundo cânon (para o método de diferença) diz o seguinte: "Se um caso no qual ocorre o fenômeno que se investiga e um caso no qual não ocorre o fenômeno que se investiga possuem todas as circunstâncias em comum exceto uma, que tem lugar unicamente no primeiro, a circunstância única na qual diferem os dois casos é o efeito, ou a causa, ou uma parte indispensável da causa do fenômeno". O terceiro cânon (para o método combinado de concordância e diferença) diz o seguinte: "Se dois ou mais casos nos quais ocorre o fenômeno possuem somente uma circunstância em comum, enquanto dois ou mais casos nos quais não ocorre o fenômeno não possuem nada em comum exceto a ausência de tal circunstância, a circunstância única na qual os dois grupos de casos diferem é o efeito, ou a causa, ou uma parte indispensável da causa do fenômeno". O quarto cânon (para o método de resíduos) diz o seguinte: "Subtraia-se de qualquer fenômeno a parte que, segundo induções prévias, constitui o efeito de certos antecedentes e resultará que o resíduo do fenômeno é o efeito dos antecedentes restantes". O quinto cânon (para o método de variações concomitantes) diz o seguinte: "O fenômeno que varia de algum modo enquanto outro fenômeno varia em algum aspecto particular é ou a causa ou o efeito desse fenômeno, ou está relacionado com ele mediante algum fato de índole causal".

Para mais detalhes, ver os verbetes CONCORDÂNCIA (MÉTODO DA); DIFERENÇA (MÉTODO DA); CONCORDÂNCIA E DIFERENÇA (MÉTODO DA); VARIAÇÕES CONCOMITANTES (MÉTODO DAS).

4) Ogden e Richards propuseram seis cânones do simbolismo para resolver os problemas suscitados pela relação entre os símbolos e os referentes; resumimos esses cânones no verbete "Símbolo e simbolismo" (VER).

CANÔNICA. Como vimos no verbete sobre Epicuro, este filósofo dividia a filosofia em três partes: canônica, física e ética — τὸ κανονικόν καὶ φυσικὸν καὶ ἠθικόν (Dióg. Laérc., X, 29-30). A canônica constituía, segundo Diógenes Laércio, a introdução à filosofia e estava contida numa obra especial de Epicuro denominada *O Cânon*. Ao que parece, essa obra se ocupava sobretudo das questões de teoria do conhecimento — a origem de nossas sensações pelas imagens (ver IMAGEM), os diferentes tipos de conhecimento etc. — a que nos referimos no verbete sobre Epicuro tomando por base a *Carta* do filósofo sobre a física a seu amigo Heródoto, carta contida em D. Laércio, X, 34-82 (cf. H. Usener, *Epicurea*, pp. 1-32). Como vimos, quase toda a teoria do conhecimento se baseava em considerações de caráter psicológico. Mas, como o estudo do organismo fisiológico era por sua vez uma parte da física, não surpreende ler em Diógenes Laércio (X, 37-38) que as doutrinas de Epicuro se dispunham de forma que a canônica era combinada com a física. Por isso, alguns autores (Cícero, *De fin.*, I, vii, 22) falam que as partes em que os epicuristas dividem a filosofia são apenas duas: a física (incluindo, pois, a canônica) e a ética. Esta opinião, porém, parece descrever melhor as tendências racionalistas (o próprio Epicuro, Lucrécio) que as tendências empiristas (Filodemo de Gadara) dentro da escola. Com efeito, os epicuristas de inclinação empírica dedicaram muito mais atenção que os de tendência racionalista aos problemas de caráter propriamente epistemológico (unidos a outros problemas de caráter lógico), de modo que a canônica devia aparecer entre eles como um estudo especial, devendo desempenhar, portanto, um papel mais fundamental do que aquele que tivera Epicuro.

Para a Canônica no sentido de Adrien Naville, ver CIÊNCIAS (CLASSIFICAÇÃO DAS).

CANTONI, CARLO. Ver NEOKANTISMO.

CANTOR, GEORG (1845-1918). Nascido em São Petersburgo, mudou-se para a Alemanha, com seus pais, aos 11 anos. Estudou na Universidade de Berlim com Karl Weierstrass, doutorando-se em 1867. Apresentou sua "dissertação inaugural" na Universidade de Halle (1869) e foi "professor assistente" (1872-1879) e professor titular (a partir de 1879) na mesma Universidade.

Cantor é o criador da teoria dos conjuntos, cujas características básicas apresentamos no verbete CONJUNTO, que deve ser complementado com vários outros verbetes, como, por exemplo: CONTÍNUO; CONTÍNUO (HIPÓTESE DO); INFINITO; NUMERÁVEL.

A teoria cantoriana dos conjuntos suscitou grande oposição por parte de alguns matemáticos, entre os quais se destacou Leopold Kronecker. Os ataques deste e de outros matemáticos, e os esforços de Cantor para solucionar alguns problemas da teoria — especialmente o problema do contínuo —, arruinaram sua saúde e paralisaram seu trabalho. A teoria cantoriana dos conjuntos provocou muitos debates entre matemáticos, lógicos e filósofos, que se dividiram às vezes em "infinitistas" ("cantorianos") e "finitistas" ("anticantorianos"). David Hilbert foi um dos que abraçaram com mais entusiasmo o "paraíso" que Cantor abrira. Uma parcela bastante considerável da matemática e da lógica do século XX fundou-se na noção cantoriana de conjunto, que foi amplamente aprimorada, especialmente por meio das teorias axiomáticas de que falamos em CONJUNTO.

➲ Obras: *Grundlage einer Mannigfaltigkeitslehre*, 1883 (*Fundamento de uma teoria da pluralidade*). — *Beiträge zur Begründung der transfiniten Mengenlehre*, 2 vols., 1885-1892 (*Contribuições para a fundamentação de uma teoria de conjuntos transfinitos*).

Edição de obras: *Gesammelte Abhandlungen mathematischen und philosophischen Inhalts. Mit erläuternden Anmerkungen sowie mit Ergänzungen aus dem Briefwechsel Cantor-Dedekind*, 1932, ed. E. Zermelo; reimp., 1962. — A correspondência com Dedekind ed. por E. Noether e J. Cavaillès, 1937.

Ver: H. Meschkowski, *Probleme des Unendlichen. Werke und Leben G. C.s*, 1967. — J. A. Faris, *Plato's Theory of Forms and Cantor's Theory of Sets*, 1968. — J. W. Dauben, *G. C.: His Mathematics and Philosophy of the Infinite*, 1979. — W. Purkert, H. J. Ilgauds, *G. C.*, 1985. — M. Tiles, *The Philosophy of Set Theory: An Historical Introduction to Cantor's Paradise*, 1989. ↻

CAPADÓCIOS. Dá-se este nome aos três teólogos: São Basílio Magno, São Gregório de Nissa e São Gregório de Nazianzo. Nos verbetes dedicados a eles, mencionamos suas principais doutrinas filosóficas e teológicas. Limitar-nos-emos aqui a destacar que a importância dos Capadócios — os "três grandes Capadócios" — na história da filosofia consiste essencialmente em seu trabalho de esclarecimento e purificação da dogmática teológica no âmbito da qual se inseriu mais tarde o pensamento cristão católico. Contra o excessivo racionalismo que se infiltrava em algumas das seitas (como o arianismo) e reduzia o valor da fé em benefício de uma compreensão metafísica dos dogmas, e contra a ênfase exclusiva na pura crença, que descartava toda explicação racional, os Capadócios procuraram trilhar um caminho intermediário que fizesse justiça à fé e à compreensão pela razão dentro das possibilidades do homem. Além disso, os Capadócios — particularmente São Gregório de Nissa — desenvolveram motivos místicos que exerceram grande influência sobre a mística medieval. Especialmente importantes, no que diz respeito à influência exercida sobre a Idade Média, são as idéias dos Capadócios acerca da Natureza como obra harmoniosa criada por Deus. O nome 'Capadócios' se deve ao lugar de nascimento de São Basílio Magno e de São Gregório de Nissa (Cesaréia, Capadócia), e ao lugar de nascimento de São Gregório de Nazianzo (Arianza, em Nazianzo, Capadócia).

➲ Além da bibliografia dos três Capadócios, ver: H. Weiss, *Die grossen Kappadozier Basilius, Gregor von Nazianz und Gregor von Nyssa als Exegeten*, 1872. — Id., *Die Erziehungslehre der drei Kappadozier*, 1903. —

K. Unterstein, *Die natürliche Gotteserkenntnis nach der Lehre der kappadozischen Kirchenväter Basilius, Gregor von Nazianz und Gregor von Nyssa*, 1902-1903. — C. Gronau, *De Basilio, Gregorio Nazianzano Nyssenoque Platonis imitatoribus*, 1908. — J. Maier, *Die Eucharistienlehre der drei grossen Kappadozier*, 1915. — C. Gronau, *Das Theodizeeproblem in der altchristlichen Auffassung*, 1922. — Bruno Salmona, *Il filosofare nei luminari di Cappadocia*, 1974. ⊂

CAPELLA. Ver Marciano Capella.

CAPREOLO, JOÃO. Ver João Capreolo.

CARABELLESE, PANTALEO (1877-1948). Nascido em Molfetta (Bari), discípulo de Varisco, centrou seu pensamento filosófico no problema do concreto, isto é, da consciência concreta, o que o levou a transformar o idealismo crítico de Varisco num ontologismo crítico. Carabellese partiu de uma análise da consciência segundo a qual o ambiente da consciência não é o "mundo", mas a própria consciência. Essa consciência não deve ser entendida, porém, como uma realidade que absorve as demais e as transforma à sua imagem e semelhança; a consciência se move dentro de um ambiente comum a todas as consciências, situado para aquém de suas determinações individuais ou históricas particulares. O ambiente comum, por outro lado, é essencialmente concreto, e por isso uma dialética da consciência e uma dialética da realidade podem coincidir sob a forma de uma elucidação da ação da consciência. O problema da ação (ver), num sentido semelhante ao de Blondel, insinua-se, assim, na especulação de Carabellese, que procura descrever, por todos os lados e em todas as suas dimensões, o processo concreto da consciência em seu ambiente, único modo de justificar sua ação e de eliminar todos os pseudoproblemas produzidos pelo construtivismo autocentralista. O ambiente da consciência ou a consciência *como* ambiente pode identificar-se com o ser; em contrapartida, o ambiente determinado representa o devir, assim como a individualidade (não-finita) das consciências denominadas particulares. A consciência não é, pois, nem um foco criador de toda realidade nem um mero epifenômeno do real: é a própria realidade na qual vivemos e pela qual vivemos, e isso a ponto de se poder falar de uma imortalidade da consciência, imortalidade que não é a eternidade atemporal nem tampouco a persistência individual, mas a submersão no vivente.

⊃ Obras: *La teoria della percezione intellettiva di A. Rosmini*, 1907. — *L'essere e il problema religioso*, 1914. — *La coscienza morale*, 1915. — *Critica del concreto*, 1921 (2ª ed., amp., 1940). — *La filosofia di Kant*, I, 1927. — *Il problema della filosofia da Kant a Fichte*, 1929. — *Il problema teologico come filosofia*, 1931. — "Il mio ontologismo" (no *Giornale critico della filosofia italiana*, 1936). — *L'idealismo italiano*, 1938. — *Il circolo vizioso di Cartesio*, 193-198. — *Il diritto naturale*, 1941. — *Chè cosa è la filosofia?*, 1942. — *Ontologismo critico*, 1942. — *L'essere e la sua manifestazione*, 2 vols., 1944-1947. — *Le obiezioni al cartesianesimo*, 3 vols., 1946-1947. — *Da Cartesio a Rosmini. Fondazione storica dell'ontologismo critico*, 1946.

Edição de obras: *Opere complete*, Florença, 1946ss.

Testemunho pessoal no artigo "La coscienza", publicado no volume de M. F. Sciacca, *Filosofi italiani contemporanei*, 1944, pp. 165-182.

Ver: G. Fano, "La metafisica ontologica di P. Carabellese", *Giornale critico della filosofia italiana*, 2-3 (1937). — G. Tarozzi, "L'ontologismo di P. Carabellese", *Archivo di filosofia*, I (1940). — G. Mattai, *Il pensiero filosofico di P. Carabellese*, 1944 (com bibliografia). — U. Spirito, R. Assunto, T. Moretti-Costanzi, artigos em *Giornale critico della filosofia italiana*, 1949. — A. Cioccetti, *L'ontologismo critico di P. C.*, 1951. — I. Tebaldeschi, *Il problema della natura del pensiero di P. C.*, 1955. — Roberto Tozzi, *P. C.*, 1955. — M. del Vescovo, *P. C. Profilo biografico e profilo umano*, 1977. — R. Pagliarani, *P. C., filosofo della coscienza concreta*, 1979. — G. Semerari, *La sabbia e la roccia. L'ontologia critica di P. C.*, 1982. ⊂

CARAMUEL DE LOBKOWITZ, JOÃO (JOANNES) (1606-1682). Nascido em Madri, estudou em Madri e em Salamanca. Ingressou na ordem cisterciense e lecionou em Alcalá e nos Países Baixos (Louvain), onde polemizou com Jansênio. Foi também, durante algum tempo, Vigário Geral em Praga. Caramuel distinguiu-se por seu espírito extremamente curioso, entusiasta das descobertas modernas e muito inclinado à aplicação de métodos aritméticos e geométricos a todas as questões. O autor tinha consciência de seu enciclopedismo ao estampar num de seus livros latinos — a *Mathesis biceps* — dois sonetos sobre si mesmo nos quais se lêem os seguintes versos: "Tu, Caramuel, em ciências prodigioso" e "Ó Caramuel! que bem a teus quadrantes / reduzes das causas os momentos / sem que seus exercícios os estorves".

Em sua filosofia, Caramuel mostrou-se eclético. Citando um antigo autor, afirmou que não é necessário escolher entre nenhuma das "seitas" (escolas filosóficas) existentes, mas antes admitir o que é verdadeiro em todas elas: em "estóicos, platônicos, epicuristas, aristotélicos" (*Rationalis et realis philosophia*). Desejoso de renovar todas as ciências e as artes, usou com freqüência termos novos e curiosos, a maioria deles logo caída em desuso. Foi um dos primeiros a adotar o nome 'ontosofia' (ver Ontologia) para designar uma ciência que se ocupa do ente como tal, em contraposição ao modo como se ocupam dele outras ciências, incluindo a metafísica, muito embora a ontosofia seja propriamente a metafísica enquanto filosofia primeira. Tratou detalhadamente dos princípios dessa filosofia primeira, incluindo entre eles, além disso, não apenas princípios ontológicos como também metodológicos. Em ética, expôs doutrinas consideravelmente anti-rigoristas e até relativistas; em todo caso, muito próximas de um probabilismo criticado por Pascal.

Caramuel foi às vezes criticado por falta de discernimento e de madura ponderação. Contudo, um exame cuidadoso de suas obras povavelmente revelaria antecipações nada desprezíveis. Uma é a que mencionamos anteriormente a propósito da filosofia primeira. Outra é a que A. Pastore enfatizou ao mostrar que se encontra em Caramuel uma idéia já bastante clara do que constituiu mais tarde a doutrina hamiltoniana da quantificação do predicado.

➲ Obras: A lista de obras de Caramuel figura em sua *Mathesis biceps vetus et nova* (1670), classificadas em *libri hispanici* (como a *Declaración mística de las armas de España*, 1619, e a *Arte nueva de Música*, 1669) e *libri latini*. Estes últimos incluem *libri critici & eruditi*, que tratam de filosofia, teologia, astronomia, matemática etc. Entre os livros mais propriamente filosóficos (e teológicos), mencionamos: *Rationalis et realis philosophia* (1642). — *Theologia moralis* (1643). — *Mathesis audax rationalem, naturalem, supernaturalem, divinamque sapientiam, arithmeticis, geometricis, catoptricis (...) fundamentis substruens exponensque* (1644). — *Theologia fundamentalis* (1651, 1656 e 1657). — *Severa argumentandi Methodus* (1643, 1644 e 1654). — *Metalogica [Progreditur ultra Logicae metas, & ex Parallelismis ad res Physicas resolvit Quaestiones de Formalitatibus]* (1654). — *Grammatica audax* (1651). — *Herculis Logici labores tres (1654). — Apparatus philosophicus* (1657 e 1665). — *Theologia (lege, Philosophia) rationalis; cujus partes sunt Logica Vocalis, Scripta, Mentalis: Recta, Obliqua* (1654). — *Theologia fundamentalis* (1651, 1656 e 1657). — *Teologia intentionalis* (1654). — *Paradoxium Physico-Ethicum, cujus Tomi sunt tres: Primus. Logicam realiter, & moraliter examinat* (1668); *Secundus. Philosophiam, Jurisprudentiam, Astronomian, Medicinam & c. realiter et moraliter, discutit* (s/d); *Tertius. Theologiam analoga servata realiter, & moraliter exhibet* (s/d). — *Mathesis biceps vetus et nova*, 2 vols. (1670) (I. *Vetus*. II. *Nova*).

Caramuel manteve correspondência com sábios e filósofos (cf. a esse respeito: R. Ceñal, S. J., "J. C. Su epistolario con Atanasio Kircher, S. J.", *Revista de Filosofía*, 12 [1953], 102-147). — A observação de A. Pastore em: "G. C. di L. e la teoria della quantificazione del predicato", *Rivista Classici e Neolatini* (1905).

Bibliografia: Ignacio Angelelli, "I. C. de L.: A Bio-Bibliographical Note", *Teorema*, 6 (1976), 513-517.

Ver: D. Pastine, *J. C.: Probabilismo ed Enciclopedia*, 1975. — A. Bernardini, "Un redescubrimiento del probabilismo ético del siglo XVII", *Revista de Filosofía* (Costa Rica), 15 (1977), 61-72. — P. Ballazzi, *J. C.*, 1982. — J. Velarde, "La filosofía de J. C.", *El Basilisco*, 15 (1983), 10-43. ➲

CARÁTER. O termo 'caráter' significa *marca* ou *nota* que assinala um ser e que por isso o *caracteriza* diante de todos os outros. Em princípio, o caráter pode ser aplicado, pois, a todo ente, mas desde muito cedo, em especial com Teofrasto, aplicou-se o termo aos seres humanos. Ele foi tomado no mesmo sentido por muitos escritores, particularmente por aqueles que, a partir da situação de sua época, quiseram revalorizar a doutrina dos caracteres de Teofrasto: La Bruyère (1636-1696) é, com sua obra *Les Caractères*, o exemplo mais freqüentemente citado dessa tendência. Identifica-se às vezes 'caráter' com 'temperamento', porém mais freqüentemente se estabelece uma distinção entre eles. Neste último caso, costuma-se indicar que, enquanto o primeiro se refere a todas as notas distintivas, o segundo é o que resulta de alguma forma de "mescla". Essa "mescla" era considerada em termos clássicos como a que ocorre nos humores do corpo dentro de cada indivíduo. Assim, desde Hipócrates se distinguiam os indivíduos segundo o predomínio de um dos quatro humores: sangue, fleuma, bílis e atrabílis — que dava origem aos temperamentos sangüíneos, fleumáticos, biliosos e melancólicos. A doutrina dos temperamentos é considerada hoje do ponto de vista da análise e da descrição do tipo (VER) psicológico. Ao mesmo tempo, ela se inseriu como um dos elementos da ciência dos caracteres ou caracterologia. Esta última procede sobretudo de Julius Bahnsen (VER), que tomou sua doutrina caracterológica principalmente de Schopenhauer e F. Paulhan. Contudo, já Ribot e John Stuart Mill, e mesmo antes Herbart, tinham investigado o problema de um ponto de vista muito semelhante. Na atualidade, a caracterologia não se limita, em geral, à descrição dos diferentes caracteres individuais, mas procura estabelecer, além de uma classificação sistemática dos caracteres de um ponto de vista psicofisiológico, um estudo das influências que os determinam, desde a constituição orgânica até a tradição histórica. A caracterologia utiliza, pois, um grupo de ciências, e se, por um lado, parece ser um mero capítulo da psicologia geral, por outro — especialmente quando leva em conta o conjunto de influências efetivas e possíveis — ultrapassa o quadro da psicologia.

Para Kant, o caráter é uma lei de causalidade da causa eficiente. Pode-se distinguir um caráter empírico e um caráter inteligível. O primeiro é uma manifestação do último, e por isso o caráter empírico é designado também como caráter fenomenal, isto é, como ca-

ráter cujas ações são inteiramente dependentes de outros fenômenos de acordo com leis naturais constantes. O caráter inteligível, em contrapartida, é aquele pelo qual o ser considerado é causa de suas próprias ações, sem que possa ser avaliado como fenômeno. Uma doutrina análoga é sustentada por Schopenhauer, que considera que o caráter inteligível é um ato voluntário inteiramente livre, situado além de toda fenomenalidade de tempo e de espaço, além de todo mero operar, visto que se trata, em última análise, de um ser.
➲ As obras consideradas precursoras da caracterologia contemporânea são as seguintes: Julius Bahnsen, *Beiträge zur Charakterologie, mit besonderer Berücksichtigung pädagogischer Fragen*, 2 vols., 1867. — F. Paulhan, *Les caractères*, 1891. — *Id., Les mensonges du caractère*, 1905. — Para a caracterologia em geral, ver: Ludwig Klages, *Prinzipien der Charakterologie*, 1910. — Emil Utitz, *Charakterologie*, 1925. — Ludwig Klages, *Zur Ausdruckslehre und Charakterkunde. Gesammelte Abhandlungen*, 1927. — *Id., Persönlichkeit. Einführung in die Charakterkunde*, 1927. — Th. Ziehen, *Die Grundlagen der Charakterologie*, 1930. — Hans Prinzhorn, *Charakterkunde de Gegenwart*, 1931. — Hubert Rohracher, *Kleine Einführung in die Charakterologie*, 1934. — Paul Helwig, *Charakterologie*, 1936. — R. Heiss, *Die Lehre vom Charakter*, 1936; 2ª ed., 1949. — A. Kriekemans, *Moderne Charakterologie*, 1943. — René Le Senne, *Traité de caractérologie*, 1945. — E. Mounier, *Traité du caractère*, 1946 (reimp. em *Oeuvres*, II, 1961. — J. Bourjade, *Principes de caractérologie*, 1959. — Roger Mucchielli, *La caractérologie à l'âge scientifique. Essai sur les méthodes et les limites de la caractérologie*, 1961.

Sobre a relação entre caráter e temperamento, caráter e estrutura corporal, caráter e destino, caráter e escritura etc.: A. Fouillée, *Tempérament et caractères selon les individus, les sexes et les races*, 1895. — Ernst Kretschmer, *Körperbau und Charakter*, 23ª e 24ª eds., 1961. — G. Ewald, *Temperament und Charakter*, 1924. — Ludwig Klages, *Handschrift und Charakter*, 1932. — Hermann Nohl, *Charakter und Schicksal. Eine pädagogische Menschenkunde*, 1938. — Rudolf Thiele, *Person und Charakter*, 1940. — M. Verdun, *Le caractère et ses corrélations*, I, 1950. — G. Berger, *Traité pratique d'analyse du caractère*, 1950. — *Id., Caractère et personalité*, 1954; 2ª ed., 1956. — G. Pittaluga, *Temperamento, carácter y personalidad*, 1954; 2ª ed., 1958. — F. Schoeman, ed., *Responsibility, Character, and the Emotions: New Essays in Moral Psychology*, 1987.

Sobre formação pedagógica do caráter, além do citado livro de Nohl: Georg Kerschensteiner, *Charakter und Charakterbildung*, 1915. — G. F. McLean et al., eds., *Act and Agent: Philosophical Foundations for Moral Education and Caracter Development*, 1986. — T. Van Doan, V. Shen, G. F. McLean, eds., *Chinese Foundations for Moral Education and Character Development*, 1991.

Sobre formação moral do caráter: S. Hauerwas, *Character and the Christian Life: A Study in Theological Ethics*, 1975. — B. A. Sichel, *Moral Education: Character, Community, and Ideals*, 1988. — O. Flanagan, ed., *Identity, Character, and Morality: Essays in Moral Psychology*, 1990.

Sobre natureza e teoria do caráter: Paul Häberlin, *Der Charakter*, 1925. — Hartshorne e May, *Studies in the Nature of Character*, I, 1928. — G. Thibon, *La théorie du caractère*, 1933. — W. Boven, *Introduction à la caractérologie*, 1941. — Josef Becker, *Einführung in die Charakterkunde*, 1947. — J. Budzizsewski, *The Resurrection of Nature: Political Theory and the Human Character*, 1986. — J. Kupperman, *Character*, 1991.

Sobre o caráter empírico: C. Prat, *Le caractère empirique et la personne*, 1906.

Sobre tipologia caracterológica, ver a bibliografia no verbete Tipo; além disso: Ph. Lersch, *Charakterologische Typologie*, 1934. ➲

CARBONARA, CLETO. Nascido (1904) em Potenza, estudou em Nápoles com A. Aliotta. Lecionou em Cagliari, Catânia e, desde 1949, na Universidade de Nápoles. Carbonara partiu do experimentalismo de Aliotta e do atualismo de Gentile, mas submeteu-os a crítica, elaborando o que denominou uma "filosofia crítica da experiência pura". Esta rejeita toda substancialização do sujeito e do objeto, assim como todo problema referente a alguma "realidade em si". A experiência pura é a própria realidade na medida em que se enquadra no âmbito de uma suprema forma transcendental, que é a autoconsciência e a condição de toda experiência possível. Não se trata de uma recaída no idealismo em sentido tradicional, mas tampouco de um "neutralismo" do tipo dos defendidos pelo imanentismo epistemológico ou pelo empiriocriticismo. Carbonara avalia que a experiência pura é equiparável à vida espiritual na medida em que constitui um incessante vir-a-ser. Este se desenvolve em forma histórica. A razão e a liberdade se constituem, segundo Carbonara, historicamente. Desse modo, fundem-se no pensamento de Carbonara elementos kantianos, gentilianos e historicistas, com tentativas de integração do marxismo como filosofia concreta que encontra sua justificação na experiência pura concebida criticamente.

Devem-se a Carbonara numerosos estudos de interpretação da filosofia antiga, moderna e contemporânea, assim como estudos de filosofia da arte. Destacam-se suas análises da estética de Croce, Lukács, Banfi e G. della Volpe.

➲ Obras: *Disegno d'una filosofia critica dell'esperienza pura*, 1938. — *La filosofia di Plotino*, 2 vols.,

1938-1939. — *Il secolo XV*, 1943. — *Del belo e dell'arte*, 1944. — *Introduzione alla filosofia*, 1946. — *Materialismo storico e idealismo critico*, 1947. — *Sviluppi e problemi dell'estetica crociana*, 1947. — *Galilei*, 1949. — *La filosofia greca*, 2 vols., 1951; 2ª ed. do vol. I, 1969; 2ª ed. do vol. II, 1967. — *Ricerche per un'estetica del contenuto*, 1960. — *L'estetica del particolare di G. Lukács*, 1960. — *L'estetica del particolare di G. Lukács e G. della Volpe*, 1961. — *La vita e il pensiero di Galileo Galilei*, 1963. — *L'esperienza e la prassi*, 1964. — *Renato Cartesio*, 1965. — *L'estetica filosofica di A. Banfi*, 1966. — *Hegel e Marx nella polemica del diritto pubblico*, 1967. — *La filosofia dell'esperienza e la fondazione dell'Umanesimo*, 3ª ed., 1969. — *Saggi di storiografia e critica filosofica*, 1972. — *Pensatori moderni*, 1972. — *Discorso empirico delle arti*, 1973.

Edição de obras: Publicaram-se as obras mais preeminentes de C. G. numa coleção de 6 vols.: I-IV, 1973; V, 1972; VI, 1974. Os volumes mais importantes do ponto de vista sistemático são: I (que inclui o *Disegno*) e VI (*L'empirismo come filosofia dell'esperienza; Pensiero e realtà*).

Depoimento: "La filosofia dell'esperienza", em *La filosofia contemporanea in Italia*, 1958, pp. 167-183.

Ver: Vários autores, *La filosofia dell'esperienza di C. C.*, 1966, ed. G. Martano e A. Masullo (com bibliografia). C

CARDANO, GIROLAMO [Hyeronimus Cardanus] (*ca.* 1501-1576). Nascido em Pavia, distinguiu-se por seus trabalhos matemáticos. No âmbito da filosofia, defendeu uma concepção organológica, hilozoísta e panteísta do mundo, influenciada por diversas correntes do Renascimento (principalmente por Nicolau de Cusa), assim como pelo neoplatonismo e pelo neopitagorismo. Cardano unia a essa concepção, que supunha a existência de uma alma do mundo, um mecanicismo pan-matemático e uma teoria do saber, segundo a qual este é próprio apenas de uma minoria ilustrada, cética e crítica, diante da qual uma maioria deve ser mantida, por conveniência social e política, na credulidade e na ignorância. Tal como Taurellus, e por motivos análogos, Cardano supunha que o conhecimento verdadeiro das coisas pode ter lugar, em última análise, mediante a união extática com Deus e o mundo inteligível, porém esta união não suprimia, mas implicava, um domínio da Natureza e das coisas, demonstração do nível singular e elevado que o homem, *alguns* homens, ocupavam na hierarquia do mundo.

↪ Obras: *De vita propria*, 1542. — *Ars magna*, 1545 [introduzindo números negativos]. — *De subtilitate rerum*, 1552. — *De varietate rerum*, 1556.

Edição de obras: *Opera Omnia*, Lyon, 10 vols., 1663; reimp., 1966.

Ver: Salvatore Fimiani, *Note ed appunti su la cultura filosofica del rinascimento. G. Cardano, la vita e le opere*, 1904. — E. Rivari, *La mente di Girolamo Cardano*, 1906. — A. Simili, *G. Cardano nella luce e nell'ombra del suo tempo*, 1941 (com bibliografia). — Ore Oystein, *Cardano, the Gambling Scholar*, 1953 (com tradução do tratado de Cardano sobre os jogos, introdução e notas). — Markus Fierz, *G. C., Artz, Naturphilosoph, Mathematiker, Astronom und Traumdeuter*, 1977. C

CARDEAL CAJETANO. Ver Cajetano (cardeal).

CARDILLO DE VILLALPANDO, GASPAR (1527-1581). Nascido em Segóvia, estudou teologia na Universidade de Alcalá de Henares. Depois de participar ativamente do Concílio de Trento (anos de 1562 e seguintes), foi nomeado (1575) Cônego da Colegial Complutense dos Santos Justo e Pastor. Cardillo de Villalpando distinguiu-se por suas exposições de obras de Aristóteles e por seus minuciosos comentários a elas, especialmente das obras sobre questões lógicas, dialéticas e físicas. Em seus comentários às *Categorias*, defendeu uma concepção do ente como equívoco e não-equívoco ou analógico, mas isso não impede, a seu ver, que o ente seja objeto da filosofia primeira. "O ente é equívoco — comenta Marcial Solana (cf. *infra*) — *ab uno atque ad unum*, isto é, referindo-se todos os predicamentos a um deles: os acidentes à substância." Cardillo ocupou-se também da questão da imortalidade da alma, recorrendo a argumentos extraídos de Aristóteles para demonstrá-la.

↪ Obras: *Commentarii in quinque voces Porphirii*, 1557. — *Summula Summularum*, 1557. — *Isagoge sive Introductio in Aristotelis Dialecticam*, 1557. — *Commentarius in libros de Priori Resolutione Aristotelis*, 1557. — *Commentarius in libros Aristotelis de Posteriori Resolutione*, 1558. — *Commentarius in Categorias Aristotelis una cum questionibus in easdem*, 1558. — *Commentarius in librum Perihermeneias Aristotelis*, 1558. — *Summa Dialecticae Aristoteleae*, 1558. — *Commentarius in Aristotelis* Topica, 1559. — *Apologia Aristotelis adversus eos qui aiunt sensisse animam cum corpore extingui*, 1560. — *Commentarius in octo libros Physicorum Aristotelis*, 2 vols., 1566. — *Disputationes adversus Protestationem triginta quatuor haereticorum Augustae Confessionis*, 1568. — *Commentarius in quatuor libros Aristotelis de coelo*, 1568 (1576). — *Commentarius in duos libros Aristotelis de ortu atque interitu (...)*, 1569. — *Interrogationes naturales, morales et mathematicae*, 1573.

A obra de M. Solana mencionada *supra* é *Historia de la Filosofía Española, Época del Renacimiento. Siglo XVI*, tomo II (1941), pp. 81-123, e especialmente p. 118. Ver: V. Muñoz Delgado, "C. de V. y la lógica renacentista en Alcalá", *Estudios*, 27 (1971), 511-555. ●

CARDOSO, ISAAC (1603/1604-1683). Nascido em Lisboa (ou, segundo alguns, em Celorico), estudou em Salamanca e lecionou filosofia e depois medicina em Valladolid. Foi médico da corte real até que, em 1648, mudou-se da Espanha para Veneza, onde fez profissão de fé judaica. De 1653 até o final de sua vida voltou a exercer a medicina em Verona.

Na *Philosophia libera*, Cardoso combinou ecleticamente elementos da escolástica hispânica com outros "modernos". Inclinou-se a favor do atomismo e criticou a física hilemórfica aristotélica, acusando-a de criar enganosos entes de ficção. Em contrapartida, o atomismo permite dar uma explicação razoável e suficiente dos fenômenos naturais. No quadro de sua "filosofia eclética livre", Cardoso desenvolveu uma doutrina do conhecimento na qual atribuiu significativo predomínio à informação proporcionada pelos sentidos. Suas idéias atomistas combinaram-se com as doutrinas clássicas dos quatro elementos e dos quatro temperamentos.

A partir de sua conversão ao judaísmo, Cardoso rejeitou todos os elementos filosóficos e científicos de que se tinha valido para formular sua "filosofia livre" e expôs, no livro *As excelências dos hebreus*, publicado em Amsterdã em 1679, um judaísmo ortodoxo; só é necessário conhecer a Lei e obedecer a ela. Isaac Cardoso opôs-se, em nome do conhecimento e da obediência estrita à Lei, aos movimentos de "renovação" do judaísmo do tipo dos iniciados por Sabbatai Levi e preconizados e difundidos pelo irmão de Isaac, Abraham.

➲ Obra fundamental: *Philosophia libera, in septem libros distributa, in quibus omnia quae ad Philosophum naturalem spectant, methodice colliguntur, & accurate disputantur, opus non solum Medicis & Philosophis, sed omnium disciplinarum studiosis utilissimum, Venetiis*, 1673.

Ver: O. V. Quiroz-Martínez, *La introducción de la filosofia moderna en España*, 1949, *passim*. — Josef Hayim Yerushalmi, *From Spanish Court to Italian Ghetto: I. C., A Study in Seventeenth-Century Marranism and Jewish Apologetics*, 1971. ●

CARIDADE. Ver AMOR; COMPAIXÃO.

CARLINI, ARMANDO (1878-1959). Nascido em Nápoles. Professor a partir de 1922 na Universidade de Pisa, foi primeiramente um adepto do atualismo de Gentile (VER), do qual partiu para desenvolver um espiritualismo realista que se harmonizasse com o pensamento católico. O realismo de Carlini não é, pois, totalmente alheio a alguns pressupostos do idealismo hegeliano. Isto se manifesta de maneira muito especial em sua concepção da religiosidade da arte e da filosofia. Com efeito, a arte une, no plano sensível, o mundo com Deus. Por isso, o artista descobre, na autoconsciência que suplanta o histórico e determinado, o transcendente. O mesmo ocorre com a filosofia: manifesta-se claramente nela a natureza dos atos transcendentes que conduzem ao absoluto e unem o pensamento filosófico à vida religiosa. Dessa maneira, todo o esforço de Carlini parece dirigir-se para um reconhecimento da transcendência, sem ver-se obrigado por isso a aderir a um realismo completo. A metafísica crítica como metafísica da problematicidade é a única que permite acolher certos "mitos" filosóficos no reino da fé. Por isso, ela é, no fundo, uma descrição inteligível dos atos de transcendência, inclusive da transcendência da alma por si mesma. A idéia metafísica pode inclusive ser formulada em termos histórico-sociais, segundo normas tais como "Promova com sua ação a socialidade do mundo histórico" ou "Promova com sua ação a unidade-totalidade dos valores da personalidade humana no mundo social" (cf. o artigo-auto-exposição citado na bibliografia; Sciacca, p. 195).

➲ Obras: *Del sistema filosofico dantesco nella Divina Commedia*, 1902. — *Il pensiero filosofico-religioso in Francesco Petrarca*, 1904. — *Le forme di governo nello Stato presso i Greci*, 1905. — *Del carattere come formazione psicologica*, 1910. — *Fra Michelino e la sua eresia*, 1912. — *La mente di G. Bovio*, 1914. — *Avviamento allo studio della filosofia*, 1914. — *La filosofia di G. Locke*, 2 vols., 1920-1921; 2ª ed., 1928. — *La vita dello spirito*, 1921; 2ª ed., 1940. — *La nostra scuola*, 1927; 5ª ed., 1946. — *Neoscolastica, idealismo e spiritualismo*, 1933 (em colaboração com F. Olgiati). — *La religiosità dell'arte e della filosofia*, 1934. — *Filosofia e religione nel pensiero di Mussolini*, 1934. — *Il mito del realismo*, 1936. — *Introduzione alla pedagogia*, 1936; 4ª ed., 1946. — *Verso la nuova scuola*, 1941. — *Saggio sul pensiero filosofico e religioso del fascismo*, 1942. — *Principi metafisichi del mondo storico*, 1942. — *Il problema di Cartesio*, 1948. — *Perchè credo*, 1950; 2ª ed., 1952. — *Alla ricerca di me stesso. Esame critico del mio pensiero*, 1951. — *Filosofia e storia della filosofia*, 1951. — *Cattolicesimo e pensiero moderno*, 1953 (trad. esp.: *Catolicismo y mundo moderno*, 2 vols., 1960-1961). — *Breve storia della filosofia*, 1957. — *Che cos'è la metafisica? Polemiche e ricostruzione*, 1957. — *Studi gentiliani*, 1958. — *Le ragioni della fede*, 1959.

Testemunho no artigo "Lineamenti di una concezione realistica dello spirito umano", em *Filosofi italiani contemporanei*, 1944, ed. M. F. Sciacca, pp. 183-197.

Ver: M. F. Sciacca, "Il pensiero filosofico di A. C.", *Archivio di storia della filosofia italiana*, 3 (1937). — *Id., Il Secolo XX*, 1942, col. II. — L. Pareyson, "Presistenzialismo di A. C.", *Giornale critico della filosofia italiana*, 5 (1941), 6 (1942). — George Uscatescu, "Filosofía italiana contemporánea: A. C.", *Revista de Filosofía* 16 (1957), 303-319. — M. T. Antonelli, G. Chiavacci, M. Gentile, A. Guzzo *et al.*, número especial sobre A. C. em *Giornale di Metafisica*, 15, n. 6 (nov.-dez., 1960). — G. Micheletti, "A. C.: La trascendentalità esistenziale", *Filosofia*, 21 (1970), 389-398. — G. Righi, "A. C. nella critica italiana", *Giornale di Metafisica*, 28 (1973), 337-362. — V. A. Bellezza, "Il concetto gentiliano di 'Dio' e la critica di A. C.", *Giornale Critico della Filosofia Italiana*, 56 (1977), 60-100. — V. Sainati, L. Sassi, eds., "Lettere di B. Croce ad A. C.", *Theoria*, 8 (1988), 3-48. ℭ

CARLYLE, THOMAS (1795-1881). Nascido em Ecclefechan (Escócia), é conhecido sobretudo por seu lugar na história da literatura, como romancista (*Sartor Resartus*, 1833-1834) e crítico. No âmbito da filosofia, destacam-se seus ensaios de crítica social, de filosofia política e de interpretação da história. Carlyle opôs-se ao que considerava um enfraquecimento e afrouxamento da sociedade de seu tempo, influenciada pelo que ele avaliava serem idéias superficiais da Ilustração, assim como pela crescente entrega aos ideais burgueses do bem-estar e do progresso. Influenciado pela literatura e pela filosofia românticas alemãs, Carlyle combateu as orientações materialistas e naturalistas e, sobretudo, o utilitarismo. Sua concepção da história é essencialmente biográfica. A história é feita, a seu ver, por homens individuais, e especialmente pelos que denomina "heróis". Com as personalidades dos heróis se tece a história. Os heróis são de muitas espécies, não apenas políticos e religiosos, mas também literários. O que importa, segundo Carlyle, é que o herói, ao mesmo tempo que faz a história, está sempre além de seu tempo. Justamente por isso faz a história: porque representa a força e os ideais sem os quais as sociedades humanas estancariam. Os heróis são forças primárias, salvadores da humanidade.

➲ A obra sobre os heróis de C. intitula-se: *On Heroes, Hero Worship, and the Heroic in History*, publicada em 1841.

Edição de obras: *Works*, 30 vols., 1896-1899, ed. H. D. Trail; reimp., 1969.

Entre a correspondência, é importante *The Correspondence of Th. C. and Ralph Waldo Emerson 1834-1872*, 2 vols., 1894, ed. por J. Slater, 1965.

Autobiografia: J. A. Froude, ed.: *T. C. 1795-1835*, 2 vols., 1882; *T. C. 1834-1881*, 1884.

Bibliografia: J. W. Dyer, *A Bibliography of T. C.'s Writings*, 1928, reimpr., 1968. — R. L. Tarr, *T. C. — A Bibliography of English-Language Criticism 1824-1974*, 1976.

Ver: J. A. Froude, *Th. Carlyle*, 1882. — Wilhelm Dilthey, *Th. Carlyle* [Archiv für Geschichte der Philosophie, IV], 1891; reimpresso em *Ges. Werke*, IV. — W. J. Johnson, *Th. Carlyle*, 1912. — Louis Cazamican, *Th. Carlyle*, 1913. — F. W. Roe, *The Social Philosophy of Carlyle and Ruskin*, 1921. — M. Storrs, *The Relation of Carlyle to Kant and Fichte*, 1929. — C. F. Harrold, *Carlyle and German Thought 1819-1834*, 1934. — Wilhelm Vollrath, *Th. Carlyle und H. St. Chamberlain*, 1935. — L. Marvin Young, *Th. Carlyle and the Art of History*, 1939. — Ernest Seillière, *Un précurseur du National-Socialisme. L'actualité de Carlyle*, 1939. — Hill Shine, *Carlyle and the Saint-Simonians*, 1941. — J. Kedenburg, *Teleologisches Geschichtsbild und theokratische Staatsauffassung im Werke T. C.s*, 1960. — E. R. Bentley, *Century of Hero Worship: A Study of the Idea of Heroism in Carlyle and Nietzsche*, 1960. — A. J. La Valley, *C. and the Idea of the Modern: Studies in C.s Prophetic Literature and Its Relation to Blake, Nietzsche, Marx, and Others*, 1968. — A. L. Le Quesne, *C.*, 1982. — T. Fasbender, *T. C.*, 1989. — E. M. Vida, *Romantic Affinities: German Authors and Carlyle. A Study in the History of Ideas*, 1993.

Unamuno dedicou a Carlyle um ensaio (*Maese Pedro. Notas sobre Carlyle*), de 1902, compilado em *Ensayos*, tomo III, 1916. Sobre Unamuno e Carlyle, ver o estudo do mesmo título, de Carlos Clavería (*Cuadernos Hispanoamericanos*, n. 10, 1949, compilado em *Temas de Unamuno*, 1953). À relação entre os dois escritores se refere também Alan Carey Taylor em *Carlyle et la pensée latine*, 1937 (tese). ℭ

CARNAP, RUDOLF (1891-1970). Nascido em Rundsdorf, perto de Barmen (hoje Wuppertal, Westfalia), foi professor em Viena (1926-1931), Praga (1931-1936), Chicago (1938-1952), Institute for Advanced Study, de Princeton (1952-1954) e Los Angeles (1954-1962). Podem ser enfatizados em seu trabalho filosófico, lógico e semiótico cinco aspectos, correspondentes aproximadamente a cinco fases: o aspecto crítico-filosófico, o aspecto da análise da constituição, o da sintaxe lógica da linguagem, o semântico e o do exame da indução. Nós os mencionaremos brevemente, observando que se encontrarão informações complementares em vários outros verbetes, entre os quais ANALÍTICO E SINTÉTICO; CONSTITUIÇÃO, CONSTITUTIVO; FISICALISMO; INDUÇÃO; METALINGUAGEM; MODALIDADE; NOME; ONTOLOGIA; PROBABILIDADE; SEMÂNTICA; SINTAXE; SIGNIFICAÇÃO, SIGNIFICAR; SIGNO.

O aspecto crítico-filosófico concentra-se em sua primeira análise do problema do espaço. Ressoam nele as influências kantianas — de um Kant interpretado em sentido crítico-fenomenista e lógico-regulativo.

A análise da constituição baseia-se numa teoria em que se ordenam os diferentes sistemas de objetos ou conceitos segundo graus. Para Carnap, 'constituir' equivale a 'reduzir', mas essa redução deve ser entendida em sentido lógico-sistemático e não metafísico. A teoria carnapiana da constituição pode ser considerada uma ontologia de base lógica no decorrer da qual se caracterizam os objetos mediante "meras propriedades estruturais" ou por "certas propriedades lógico-formais de relações ou tramas de relações".

A teoria da constituição encontra-se no âmbito das orientações do Círculo de Viena (VER), do qual Carnap foi um dos principais representantes. Ligada a essa teoria está sua elaboração do fisicalismo, sua crítica da metafísica e a elaboração da sintaxe lógica da linguagem. De acordo com Carnap, é preciso distinguir entre o modo formal e o modo material de falar. Quando tal distinção é esquecida, recai-se na metafísica e, portanto, na confusão entre as proposições e as pseudoproposições. Em sua opinião, as proposições metafísicas são, com efeito, pseudoproposições que parecem ter referentes objetivos mas não os têm. É preciso ver, por conseguinte, de que modo se podem formular corretamente proposições, isto é, deve-se examinar em cada caso se as "proposições" formuladas obedecem ou não às regras sintáticas da linguagem. A filosofia acaba sendo definida inclusive como uma "análise lógica da linguagem".

A insistência no aspecto sintático conduzia, no entanto, a dificuldades que obrigaram Carnap a prestar considerável atenção à semântica. Os detalhados estudos semânticos de Carnap abrangeram tanto os problemas semânticos em geral como os da formalização da lógica. A esse respeito, são também importantes os seus estudos sobre a modalidade.

Durante os últimos anos, Carnap ocupou-se intensamente da elaboração de um sistema de lógica indutiva com base num exame da probabilidade como grau de confirmação e do pressuposto de que todo raciocínio indutivo é um raciocínio em termos de probabilidade. A lógica indutiva de Carnap é antipsicologista e não pressupõe nenhuma das doutrinas que as lógicas indutivas clássicas julgavam indispensáveis, tais como, por exemplo, a da regularidade dos fenômenos naturais. Observaremos que a atenção preponderante dada à elaboração dessa lógica não impediu Carnap de dedicar-se também, com freqüência, a problemas lógicos e semânticos, bem como a reiterar certos pontos de vista — por exemplo, a oposição à ontologia, a separação estrita de expressões em analíticas e sintéticas etc. — que já tinham se manifestado nas fases anteriores.

➲ Obras: *Der Raum. Ein Beitrag zur Wissenschaftslehre*, 1922 (*O espaço. Contribuição à teoria da ciência*). — *Physikalische Begriffsbildung*, 1926 (*Conceituação fisicalista*). — *Der logische Aufbau der Welt. Versuch einer Konstitutionstheorie der Begriffe*, 1928 (*A estrutura lógica do mundo. Em busca de uma teoria da constituição dos conceitos*). — *Scheinprobleme in der Philosophie. Das Fremdpsychische und der Realismusstreit*, 1928 (*Problemas aparentes na filosofia. O psíquico alheio e a discussão em torno do realismo*). — *Abriss der Logistik, mit besonderer Berücksichtigung der Relationstheorie und ihrer Anwendungen*, 1929; 2ª ed., 1960 (*Compêndio de logística, com especial consideração da teoria da relação e de suas aplicações*). — "Ueberwindung der Metaphysik durch logische Analyse der Sprache", *Erkenntnis*, 2 (1931), 219-241. — *Die Aufgabe der Wissenschaftslogik*, 1934 (*A tarefa da lógica da ciência*). — *Logische Syntax der Sprache*, 1934; 2ª ed., 1968 (*Sintaxe lógica da linguagem*; ampliada em trad. ingl.: *The Logical Syntax of Language*, 1937). — *Foundations of Logic and Mathematics* [International Encyclopedia of Unified Science, I, 3]. — *Studies in Semantics* (I. *Introduction to Semantics*, 1942; II. *Formalization of Logic*, 1943). É tido como tomo III o livro *Meaning and Necessity. A Study in Semantics and Modal Logic*, 1947; 2ª ed., 1958. — *Logical Foundations of Probability*, I, 1950; 2ª ed. rev., 1962. — *The Continuum of Inductive Methods*, 1952. O conteúdo foi antecipado nos artigos "Testability and Meaning", *Philosophy of Science*, 3 (1936), 419-471; 4 (1937), 1-40, e "On the Application of Inductive Logic", *Philosophy and Phenomenological Research*, 3 (1947). Obra revisada e refundida por Wolfgang Stegmüller, *Induktive Logik und Wahrscheinlichkeit*, 1959. — *Einführung in die symbolische Logik*, 1954; nova ed., 1960; 3ª ed., 1968 (*Introdução à lógica simbólica*). — Obra póstuma: "A Basic System of Inductive Logic. Part. I", em *Studies in Inductive Logic and Probability*, ed. R. Carnap e Richard C. Jeffrey, 1971 [trabalhos de Carnap e seus colaboradores R. C. Jeffrey, Jürgen Humburg e Haim Gaifman].

Ver: Sobre a teoria da constituição de Carnap: Josef Burg, *Konstitution und Gegenstand im logistischen Neupositivismus R. Carnaps*, 1935 (tese).

Sobre sua teoria da verdade: D. R. Cousin, "Carnap's Theories of Truth", *Mind.*, N. S., 64 (1950), 1-22.

Sobre lógica indutiva: E. H. del Busto, *Las teorías modernas de la probabilidad. La probabilidad y la lógica inductiva de C.*, 1955. — P. Filiasi Carcano, L. Apostel, G. Petri, L. Geymonat, artigos em número especial de *Rivista critica di storia della filosofia*, ano 10, fascs. v-vi (1955), dedicados a R. C. (bibliografia de e sobre C. por A. Pasquinelli). — Wolfgang Stegmüller, *Das Wahrheitsproblem und die Idee der Semantik. Eine Einführung in die Theorie von A. Tarski und R. C.*, 1957; 2ª ed., 1968. — Jerzy Pelc, *Poglady Rudolfa Carnapa na kwestie znazcenia i oznaczania*, 1960 (*As idéias de R. C. sobre os problemas do sentido e da denotação*). — Número de *Synthese*, vol. XII, n. 4 (dezembro de 1960), dedicado a R. C. por ocasião de seu 70º aniversário [ver especialmente artigos de W. v. Quine, "C. and Logical Truth", e Karl Dürr, "Beleuchtung von Anwendungen der Logistik in Werken von R. C."]. — Vários autores, *Logic and Language: Studies Dedicated to Professor R. C. on the Occasion of His Seventieth Birthday*, 1962, ed. B. H. Kazemir e D. Vuysje. — K. R. Popper, W. Sellars *et al.*, *The Philosophie of R. C.*, 1963, ed. P. A. Schilpp [com "Intellectual Autobiography" (pp. 3-84) e "The Philosopher Replies" (pp. 859-1013) por R. C. e bibliografia de C. (pp. 1017-1070) por Arthur J. Benson]. — Peter Achinstein, "R. C.", *Review of Metaphysics*, 19 (1966), 517-549 e 758-779. — Alan Hausman e Fred Wilson, *C. and Goodman: Two Formalists*, 1967. — Richard Butrick, Jr., *C. on Meaning and Analyticity*, 1970. — L. Krauth, *Die Philosophie Carnaps*, 1970. — Roger C. Buck e Robert S. Cohen, eds., *In Memory of R. C.*, 1972 [Boston Studies in the Philosophy of Science, 8]. — C. G. Hempel, A. Wedberg *et al.*, *R. C., Logical Empiricist: Materials and Perspectives*, 1975, ed., Jaakko Hintikka. — Bryan G. Norton, *Linguistic Frameworks and Ontology: A Re-Examination of Carnap's Metaphilosophy*, 1977. — E. Tegtmeier, *Komparative Begriffe. Eine Kritik der Lehre von C. und Hempel*, 1981. — E. Runggaldier, *C.'s Early Conventionalism: An Inquiry into the Historical Background of the Vienna Circle*, 1984. — C. U. Moulines, "Hintergründe der Erkenntnistheorie des frühen C.", *Grazer Philosophische Studien*, 23 (1985), 1-18. — J. Proust, *Questions of Form: Logic and the Analytic Proposition from Kant to Carnap*, 1989. — R. Cirera Duocastella, *C. i el Cercle de Viena. Empirisme i sintaxi lògica*, 1990. — J. A. Coffa, *The Semantic Tradition from Kant to Carnap to the Vienna Station*, 1991. — R. Creath, ed., *Dear Carnap, Dear Van: The Quine-Carnap Correspondence and Related Work*, 1991. — W. Spohn, ed., *Erkenntnis Orientated: A Centennial Volume for R. C. and Hans Reichenbach*, 1991. ☉

CARNÉADES DE CIRENE (ca. 214-129 a.C.). Foi escolarca da Academia Nova, de 156 até sua morte. Enviado a Roma pelos atenienses, juntamente com o estóico Diógenes e o peripatético Critolau, para defender diante do Senado a resistência de Atenas a cumprir um castigo imposto à cidade, a estada dos três filósofos na metrópole dominadora representa um dos fatos decisivos na história da influência do pensamento grego sobre o mundo romano. Seguidor de Arcesilau e adversário de todo dogmatismo, Carnéades afirma que não há possibilidade de distinguir de modo absoluto as representações verdadeiras e as falsas, motivo pelo qual precisa estabelecer um critério de verdade teórica e prática, que encontra nas noções do verossímil, do provável e do persuasivo. Os ensinamentos de Carnéades — que combateu sobretudo a doutrina estóica do destino — foram difundidos por seu discípulo Clitômaco.

☉ Edição: *Karneades. Fragmente*, 1970.

Ver: C. Vick, *Quaestiones Carneadeae*, 1901. — B. Detmer, *Karneades und Hume ihre Wahrscheinlichkeistheorien*, 1910. — Ver também V. Brochard, *Les sceptiques grecs*, 1887, e D. Armand, *Fatalisme et liberté dans l'antiquité grecque*, 1945. — A. Schütz, "Das Problem des Carneades", em *id.*, *Das Problem der Relevanz*, 1971. — S. Nonvel Pieri, *C.*, 1978. — W. N. A. Klever, *C. Reconstructie en evaluatie van zijn kennistheoretische positie*, 1982. — R. Bett, "C.' Distinction Between Assent and Approval", *Monist*, 73(1) (1990), 3-20.

Ver também: Artigo de H. von Arnim sobre Carnéades (Karneades) em Pauly-Wissowa. ☉

CARO, ELME-MARIE (1826-1887). Nascido em Poitiers, foi professor na Sorbonne. Influenciado por Victor Cousin, Caro defendeu o espiritualismo e o teísmo cristãos contra o que considerava influências nocivas do positivismo e do ateísmo, especialmente de autores como Vacherot, Taine e Renan. Viu no pessimismo do século XIX uma sadia reação ao racionalismo ilustrado, mas julgou ao mesmo tempo que o pessimismo só podia conduzir a uma nova fase de descrença. Caro influenciou sobretudo a partir de seu preeminente posto docente na Sorbonne.

☉ Obras: *Du mysticisme du XVIIIe siècle*, 2 vols., 1852-1854. — *L'idée de Dieu et ses nouveaux critiques*, 1864; 7ª ed., 1883. — *Le matérialisme et la science*, 1868. — *Problèmes de morale sociale*, 1876. — *Le pessimisme au XIXe siècle. Leopardi, Schopenhauer, Hartmann*, 1878; 2ª ed., 1881. — *La fin du XVIIIe siècle*, 1880. — *La philosophie de Goethe*, 1883. — *Littré et le positivisme*, 1883. — *Philosophie et philosophes*, 1888. ☉

CAROVÉ, FRIEDRICH WILHELM. Ver Hegelianismo.

CARPENTER, WILLIAM BENJAMIN. Ver Martineau, James.

CARPÓCRATES DE ALEXANDRIA (*fl. ca.* 130) foi um dos representantes do gnosticismo (ver) especulativo, embora suas tendências a esse respeito fossem consideravelmente mais sóbrias que as de Valentino ou Basílides. Tratava-se de um gnosticismo fortemente influenciado pelo platonismo eclético. Havia nele duas teses fundamentais. Por um lado, Carpócrates afirmava que o Deus supremo e incriado, a máxima Unidade, produzira os espíritos inferiores, os quais, por sua vez, produziram o mundo. Segundo Carpócrates, tal produção se aproxima antes da emanação que da criação. Por outro lado, sustentava que as almas humanas existiram antes da produção do mundo e que viveram no interior da Unidade Máxima. Daí, desceram (ou caíram) à existência terrestre e se esforçam por regressar à sua fonte originária. As almas mais puras possuem a recordação de sua existência anterior; as mais impuras acham-se submersas no esquecimento. Estas últimas têm de transmigrar até purificar-se. Além dessas doutrinas, Carpócrates defendeu a tese de que Jesus é o Homem Perfeito, de alma absolutamente pura; por isso, é o Redentor das almas decaídas.

Ver bibliografia de GNOSTICISMO.

CARR, HERBERT WILDON (1857-1931). Professor do King's College, de Londres, a partir de 1918, e da Universidade de Southern California, desde 1925, opôs-se ao mecanicismo materialista e defendeu uma filosofia neo-evolucionista influenciada pelo bergsonismo, pelo atualismo italiano, por certas formas de hegelianismo, pelo neovitalismo e por determinadas interpretações da ciência moderna, em particular da teoria da relatividade. Muitas das idéias de Carr mostram afinidade com o pragmatismo contemporâneo; outras, com as concepções que defendem a evolução emergente (VER). O desenvolvimento de todas essas tendências e o interesse em unir os resultados da física a reflexões metafísicas levaram-no à formulação de uma teoria monadológica, afim à leibniziana, mas de caráter mais fortemente idealista que o dela.

⊃ Obras: *The Problem of Truth*, 1913. — *The General Principle of Relativity in Its Philosophical and Historical Aspects*, 1920. — *A Theory of Monads: Outlines of the Philosophy of the Principle of Relativity*, 1922. — *The Scientific Approach to Philosophy: Selected Essays and Reviews*, 1924. — *Changing Backgrounds in Religion and Ethics*, 1927. — *The Unique Status of Man*, 1928. — *The Freewill Problem*, 1928. — *Cogitans Cogitata*, 1930 (obra sintética fundamental). ⊂

CARRERAS ARTAU, JOAQUÍN. Ver BARCELONA (ESCOLA DE).

CARRERAS ARTAU, TOMÁS. Ver BARCELONA (ESCOLA DE).

CARRETERO, LUIS ABAD. Ver INSTANTE; ORTEGA Y GASSET, JOSÉ; VISCIÊNCIA.

CARROLL, LEWIS (pseudônimo de Charles Lutwidge Dodgson (1832-1898). Nascido em Daresbury, Cheshire (Inglaterra), estudou matemática no Christ Church, Oxford, onde lecionou até o fim de sua vida. O nome de Lewis Carroll figurou com freqüência numa parcela da literatura filosófica deste século, principalmente, embora não exclusivamente, anglo-saxã. Isso se deve ao fascínio exercido pelos problemas, casos, situações e ditos encontrados em sua obra e, antes de tudo, na mais conhecida delas: *Alice no País das Maravilhas (Alice in Wonderland*, 1865). O fascínio deve-se aos problemas, ou perplexidades, que se encontram ao longo da obra e que constituem uma rara mescla de profundidade filosófica e sem-sentido (amiúde sem que se saiba se é sem-sentido ou profundidade). É possível que Carroll tivesse consciência de que havia neste, bem como em outros livros seus, ecos de disputas filosóficas. Mas, além disso, antecipam-se outras disputas e outros temas filosófico-lógico-lingüísticos. No começo do livro, quando Alice desce pelo buraco aberto na terra, encontra-se já um exemplo que suscita o problema da relatividade dos pontos de vista e a possibilidade de chegar a uma conclusão por meio de uma consideração pragmática. Citou-se com freqüência Humpty Dumpty pela proclamação de que as palavras podem ter o sentido que se lhes atribui. O gato de Chesshire formula o problema de um acidente sem substância: é um sorriso sem gato, que desaparece não sem antes reconhecer sua demência. Aparece amiúde a distinção entre falar de algo e falar da fala que se usa para falar de algo. Dizer que alguém não vê ninguém (literalmente: "vê Ninguém") parece provar tratar-se de alguém dotado de excelente visão, pois ela tem de ser excelente para ver Ninguém, ainda que seja óbvio que ninguém não é ninguém nem coisa alguma, de modo que não se pode vê-lo etc. Embora *Alice no País das Maravilhas* seja o livro mais citado no que diz respeito a esses aspectos, há um grande número de problemas e ecos filosóficos, sentidos de sem-sentidos, absurdos perfeitamente claros e transparentes e alucinações lógicas (ou lógicas alucinantes) em outras obras de Carroll: *Através do espelho* (*Through the Looking Glass*, 1871), *Sylvie and Bruno* (Parte 1, 1889; Parte 2, 1893) — nesta última obra, por exemplo, o caso do mapa tão detalhado e completo, em escala 1:1, que se suprime a si mesmo: o próprio país serve de mapa — e *The Hunting of the Snark* (1876). — *The Philosopher's Alice*: Alice's Adventures in Wonderland *and* Through the Looking-Glass, *by L. C.*, 1974; nova ed. por P. L. Heath, com introd. e comentários.

⊃ C. escreveu outras obras matemáticas e lógicas: *Euclid and His Modern Rivals*, 1879. — *A Tangled Tale*, 1885. — *The Game of Logic*, 1887. — *Pillow Problems*, 1893. — *Symbolic Logic*, 1893; nova ed., 1977, por W. W. Bartley. — E também alguns artigos: "A Logical Paradox", *Mind*, N. S., 3 (1894), 436-440; "What the Tortoise Said to Achilles", *ibid.*, 4 (1895), 278-286.

Obras em português: *Alice no país das maravilhas*, 1995. — *Algumas aventuras de Silvia e Bruno*. 1997. — *Alice do outro lado do espelho*, 1978. — *Aventuras de Alice no país das maravilhas*, 1980. — *Cartas as suas amiguinhas*, 1997. — *Do outro lado do espelho*, 1997. — *Obras escolhidas*, 2 vols., 1999. — *Rimas do país das maravilhas*, 1998.

Encontra-se abundante informação nas edições anotadas: *The Annotated Alice* (1960) e *The Annotated Snark* (1962), por Martin Gardner. Este editou também (1977) um episódio de *Through the Looking Glass* não publicado em edições anteriores; a publicação apareceu na série "Estudios L. C.", sob os auspícios dos membros da L. C. Society of Great Britain. Ͽ

CARTESIANISMO. O termo 'cartesianismo' (derivado do nome latino de Descartes: Cartesius) é usado para designar 1) as doutrinas de Descartes, 2) a influência exercida por Descartes e 3) os debates acerca das doutrinas cartesianas e das várias interpretações dessas doutrinas. As "histórias do cartesianismo" costumam referir-se a todos esses aspectos.

Já durante a vida de Descartes, as opiniões metafísicas e físicas do filósofo foram objeto de acalorados debates. Estes não se confinaram aos círculos filosóficos, científicos ou teológicos, tendo penetrado profundamente nos círculos artísticos e literários e na própria "sociedade", como o mostram os tão freqüentemente citados versos de Molière em *Les femmes savantes* (At. III, esc. ii): "BÉLISE: *Je m'acommode assez pour moi des petits corps / Mais le vide à souffrir me semble difficile, / Et je goûte bien mieux la matière subtile.* — TRISSOTIN: *Descartes pour l'aimant donne fort dans mon sens.* — ARMANDE: *J'aime ses tourbillons.* — PHILAMINTE: *Moi, ses mondes tombants*", aos quais poderiam ser acrescentados outros testemunhos literários e de descrição e crítica de costumes. O próprio Descartes dedicou parte de seus escritos — públicos, como as Respostas às objeções às *Meditações metafísicas*, e particulares, como as numerosas referências que encontramos na correspondência — a responder a seus críticos, tanto aos que se opunham a suas teses (físicas, metafísicas e teológicas) como aos que discutiam sua originalidade. (Sobre este último ponto, ver ALMA DOS BRUTOS; COGITO ERGO SUM.) As referências a favor de Descartes e contra ele foram tão numerosas durante o século XVII e a primeira metade do século XVIII que, como o mostrou F. Bouillier, a história da filosofia nessa época coincide em parte com a história do cartesianismo. Limitar-nos-emos a alguns dados essenciais.

Entre os partidários de Descartes, figura antes de tudo o Padre Mersenne (VER), que via no mecanicismo cartesiano uma possibilidade de combater os ateus. Alguns jansenistas defenderam também teses cartesianas. São importantes a esse respeito a gramática e a filosofia da linguagem expressas na "lógica de Port-Royal" (ver PORT-ROYAL). O inatismo (VER) esteve estreitamente ligado ao cartesianismo, também defendido por alguns oratorianos, entre os quais se destacou Malebranche, que viu no pensamento de Descartes a possibilidade de uma vinculação com o agostinismo. Os ocasionalistas (ver OCASIONALISMO), embora se distinguissem de Descartes na solução do problema da relação entre corpo e alma, aceitaram a formulação do problema em termos estritamente cartesianos. É importante também o aspecto cartesiano de uma parte do pensamento de Spinoza, ainda que este pensador se encontre em vários aspectos muito distante de Descartes. Os problemas elucidados por Leibniz não podem ser entendidos sem referência ao cartesianismo. Algo semelhante deve ser dito acerca de Hobbes e de Locke. Isto não significa que esses pensadores sejam cartesianos nem que possam ser incluídos numa história do cartesianismo *stricto sensu*, mas há aspectos cartesianos em suas obras.

No final do século XVII, o cartesianismo foi defendido por Pierre-Sylvain Régis (VER) contra seus detratores, incluindo Pierre-Daniel Huet (VER), que foi conhecido em sua época sobretudo como cartesiano, mas que atacou Descartes em sua *Censura Philosophiae cartesianae* (1689), à qual Régis respondeu com sua *Réponse a la censure* (1691). O cartesianismo difundiu-se não apenas na França, mas também nos Países Baixos, com Heereboord (VER), Lambert, Welthuysen, Heidanus, Volder, Tobie André, Ruardus Andala; na Inglaterra, com Antoine Le Grand; na Alemanha, com Johannes Clauberg (VER); na Itália, com Michelangelo Fardella (VER) e Giacinto Sigismondo Gerdil (VER). Em alguns casos, como o de Gerdil, o cartesianismo foi, a rigor, um "malebranchismo".

Foi grande o entusiasmo com relação ao cartesianismo. A oposição a Descartes foi também considerável. Houve não só numerosas críticas filosóficas, teológicas, físicas e até morais, mas também várias condenações públicas, como um Decreto da Congregação do Índice (como conseqüência de indicações hostis sobre o cartesianismo dadas pela Universidade de Louvain), uma proibição verbal do Rei da França enviada à Universidade de Paris pelo Arcebispo da mesma cidade em 1671 etc. Todas essas proibições, porém, enfrentaram grandes dificuldades em conseqüência da difusão não apenas do cartesianismo como também, e até poderíamos dizer especialmente, do espírito cartesiano, tal como se observa, por exemplo, em Bossuet, cuja oposição a muitas das doutrinas de Descartes não parece incompatível com a aceitação desse espírito. Opuseram-se também ao cartesianismo muitos aristotélicos e a maioria dos jesuítas, embora neste último caso a oposição não se tenha mantido de maneira constante e firme ao longo de toda a época moderna, já que desde o século XVIII vemos tentativas de conciliar o cartesianismo e outras tendências. Os empíricos e céticos opuseram-se da mesma forma a Descartes. Aqui também, não obstante, houve mudanças notáveis; depois de conflitos aparentemente irredutíveis entre atomistas e cartesianos, o século XVIII viu várias tentativas de conciliar as duas correntes, bem como de encontrar pontos em comum entre Descartes e Gassendi. Outra oposição a Descartes veio da parte de Vico e daqueles que rejeitavam que o conhecimento dos fatos e do "fato" não tivesse importância em filosofia. Por fim, deve-se apontar a oposição que se manifestou contra o cartesianismo no século XVIII — especialmente contra o sistema do mundo cartesiano — por parte dos filósofos que preconizavam a nova filosofia natural, centrada na física newtoniana, e do novo empirismo, agrupado principalmente em torno de Locke. O antiinatismo (ver INATISMO) desempenhou um papel fundamental nestas últimas tendências. Como assinala Bouillier (*Histoire*, II, 560), "todo o século XVIII repetirá o que disse [Voltaire]: que a filosofia de Locke é, com relação à de Descartes e Malebranche, o que a história é com relação aos romances". "Todo o século XVIII" é, no entanto, um notório exagero; não só há ainda cartesianismo nas tendências ecléticas antes mencionadas e na persistência do "espírito cartesiano", mas também em defesas explícitas da física de Descartes, como as de Bernard Le Bovier de Fontenelle (VER) (nas obras *Entretiens sur la pluralité des mondes*, 1686; *Éloge de Newton*, 1727, e, sobretudo, *Théorie des tourbillons cartésiens avec des réflexions sur l'attraction*, 1752) e de Jean Terrason (1670-1750: *Philosophie applicable à tous les objets de l'esprit et de la raison*, 1751).

Por outro lado, é compreensível que, em virtude do caráter fundamental do pensamento cartesiano e do papel desempenhado por ele na história da filosofia moderna, inclusive muitos dos pensadores contemporâneos tenham manifestado determinada atitude diante do cartesianismo de acordo com as tendências básicas de suas próprias filosofias. Isso significa que o cartesianismo — como toda grande filosofia do passado, de resto — não é algo morto, mas algo que continua vigente mesmo naqueles que o rejeitam. Dentre os pensadores que tomaram de modo mais explícito uma atitude definida diante do cartesianismo na época atual, mencionaremos aqui quatro: E. Husserl, G. Ryle, Franz Böhm e J. Maritain. No que diz respeito a Husserl, falou-se até de um neocartesianismo, embora seja óbvio que o que há de cartesiano nesse filósofo seja quase unicamente o problema e em absoluto o método ou as soluções oferecidas. De qualquer maneira, é significativo o fato de que uma das obras de Husserl tenha recebido o título de *Meditações cartesianas*. No que se refere a Ryle e Böhm, manifestaram-se em oposição a Descartes: Ryle, por motivos filosófico-psicológicos, tal como vemos nos verbetes CORPO e RYLE (GILBERT); Böhm, por motivos sobretudo filosófico-políticos. O anticartesianismo político de Böhm (*Anti-Cartesianismus. Deutsche Philosophie im Widerstand*, 1938) manifesta-se, com efeito, em sua afirmação de que "Descartes é nosso inimigo filosófico mais imediato" quando o examinamos do ponto de vista "histórico-real" e não simplesmente filosófico. Para Böhm, toda a "verdadeira" filosofia alemã é anticartesiana e anti-racionalista, oposta, portanto, ao "universalismo vazio" e à tendência à "desrealização" característicos do filósofo francês. A filosofia alemã está atenta à "realidade", o que significa, segundo Böhm, que está atenta à realidade da tradição germânica, único fundamento da filosofia alemã do futuro. As implicações políticas desse anticartesianismo não precisam ser demonstradas nem foram, de resto, ocultadas por seu próprio autor. Quanto a Maritain, sua oposição a Descartes deve-se ao fato de este filósofo ter cometido, em sua opinião, o "pecado" especificamente moderno: o endeusamento do homem. Isto pode parecer surpreendente se se leva em conta o papel desempenhado por Deus no pensamento de Descartes. Maritain conclui, entretanto, que esse endeusamento é uma consequência da concepção angélica que Descartes manteve do entendimento do homem.

⇨ Ver a bibliografia do verbete DESCARTES. Além disso, sobre o cartesianismo em geral e particularmente sobre o cartesianismo na França: Bordas-Demoulin, *Le Cartésianisme*, 1843. — F. Bouillier, *Histoire et critique du cartésianisme*, 1842, reed. com o título *Histoire de la philosophie cartésienne*, 2 vols., 1854; 3ª ed., 1874. — E. Saisset, *Précurseurs et disciples de Descartes*, 1862. — A. Espinas, "Pour l'histoire du cartésianisme", *Revue de Métaphysique et de Morale*, 14 (1906), 265-293. — V.V.A.A., *Travaux du Xᵉ Congrès International de Philosophie* (*Études cartésiennes*, VII, VIII), 1937. — Ver também a parte sobre o cartesianismo nas histórias da filosofia citadas no verbete FILOSOFIA (HISTÓRIA DA), em especial a de Ueberweg (tomo III) e a parte intitulada *L'età cartesiana*, na *Storia della filosofia* de Guido de Ruggiero. Além disso: C. Carbonara, *Cartesio e la tradizione ontologica*, 1945 (antes sistemático que histórico: defesa da "metafísica clássica"). — G. Bontadini, *Studi su la filosofia dell'età cartesiana*, 1947 (o mesmo que o anterior). — A. G. A. Balz, *Cartesian Studies*, 1951 (sobre Courdemoy, Clerselier, Rouhault, L. de la Chambre, S. Sorbière, L. de la Forge, J. Clauberg e vários temas: ocasionalismo, alma dos brutos, paralelismo alma-corpo etc.). — Émile Callot, *Problèmes du cartésianisme*, 1956 (especialmente sobre D. Malebranche, Spinoza). — Rainer Specht, *Commercium mentis et corporis. Zur Entwicklung der Kausalvorstellungen im Cartesianismus*, 1966. — W. Röd, *Descartes' Erste Philosophie — Versuch einer Analyse mit besonderer Berücksichtigung der Cartesianischen Methodologie*, 1971. — H. Gouhier, *Cartésianisme et augustinisme au XVII siècle*, 1978. — G. Sebba, R. H. Popkin *et al.*, *Problems of Cartesianism*, 1982, eds. T. M. Lennon, J. M. Nicholas e J. W. Davis.

Acerca da influência do cartesianismo sobre os jesuítas franceses: G. Sortais, "Le cartésianisme chez les Jésuites français au XVIIᵉ et au XVIIIᵉ siècles", *Archives de philosophie*, 4 (1929), 253-261.

Sobre cartesianismo e jansenismo: J. Kohler, *Jansenismus und Cartesianismus*, 1905.

Sobre a escolástica cartesiana: Josef Bohatec, *Die cartesianische Scholastik in der Philosophie und reformierten Dogmatik des 17. Jahrhunderts*, 1912; reimp., 1966.

Sobre o declínio do cartesianismo: Richard A. Watson, *The Downfall of Cartesianism, 1673-1712: A Study of Epistemological Issues in Late 17th Century Cartesianism*, 1966.

Sobre o cartesianismo em diversos países: Ramón Ceñal, S. J., "Cartesianismo en España. Notas para su historia (1650-1750)", *Revista de la Universidad de Oviedo*. Série de Filosofia e Letras, 1945, pp. 5-97 (há separata). [Ceñal menciona como cartesianos espanhóis: Diego Matheo de Zapata, Gabriel Álvarez de Toledo, Miguel Jiménez Melero, Juan Bautista Corachán, Jaime Servera, até certo ponto, Tomás Vicente Tosca, Alejandro de Avendaño, embora esclarecendo que a maioria deles foi antes maignatista que cartesiana (ver ATOMISMO)]. — Guillermo Fúrtong, *Nacimiento y desarrollo de la filosofía en el Río de la Plata (1536-1810)*, 1952. — Werner, *Die Cartesisch-Malebranchische Philosophie in Italien*, 1883. — L. Berthé de Besaucèle, *Les Cartésiens d'Italie*, 1920 (tese). — G. Scerbo, *B. Vico e il cartesianesimo a Napoli*, 1933. — Georges Monchamp, *Histoire du cartésianisme en Belgique*, 1886. — E. J. Dijksterhuis e outros autores, *Descartes et le cartésianisme hollandais*, 1951 (somente os últimos capítulos do livro se referem ao tema anunciado. Na citada *Histoire* de F. Bouillier há dois capítulos sobre o cartesianismo nos Países Baixos). — C. Louise Thijssen-Schoute, *Nederlands Cartesianisme*, 1954. — Paul Dibon, *La philosophie néerlandaise au siècle d'Or*, t. I, 1954. — L. Chmaj, "Kartezjanism e Polsce w XVII i XVIII w.", *Mys filozoficzna*, 5 (1956), 67-102 ("O cartesianismo na Polônia nos séculos XVII e XVIII"). — L. C. Rosenfield, *Peripatetic Adversaries of Cartesianism in Seventeenth Century France*, 1957. — R. Lindborg, *Descartes i Uppsala. Striderna om "Nya filosofien" (1663-1689)*, 1965 [com resumo em ingl.]. — Z. Tordai, "Esquisse de l'histoire du cartésianisme en Hongrie", no vol. coletivo *Études sur Descartes*, 1965.

Sobre as objeções ao cartesianismo: P. Carabellese, *Le obiezioni al cartesianesimo* (vol. II. *La dualità*, 1947).

Sobre o cartesianismo de Fontenelle: Giuseppe Lissa, *Cartesianismo e anticartesianismo in Fontenelle*, 1971.

Desde 1980, edição de obras de cartesianos na série *Collectanea Cartesiana*. ᑕ

CARUS, CARL GUSTAV (1789-1869). Nascido em Leipzig, foi, a partir de 1814, professor de medicina na Universidade de Dresden. Seus interesses foram múltiplos (química, anatomia, medicina, psicologia, filosofia, teologia, pintura). Devem-se a ele trabalhos científicos em várias disciplinas, especialmente em anatomia, fisiologia e psicologia. Em filosofia e teologia, é considerado um seguidor de Schelling, mas recebeu também a influência de Goethe, a quem dedicou vários escritos, assim como de Aristóteles. Quase todas as suas especulações filosóficas se acham dominadas pela idéia de "evolução" orgânica da multiplicidade à unidade. Quanto mais real é uma coisa, tanto mais organicamente "una" ela é. A unidade "orgânica" é ao mesmo tempo unidade criadora. O ápice da realidade é a divindade, que se desdobra no mundo, permanecendo, porém, ela mesma transcendente ao — e fora do — mundo. A divindade é uma realidade universal inconsciente que se torna consciente no mundo orgânico e especialmente nos indivíduos humanos. Carus denominou sua concepção filosófico-teológica "enteísmo" (no sentido de ser "em Deus"), ao contrário do teísmo, do panteísmo e do panenteísmo.

ᑐ *Obras*: *Psyche. Zur Entwicklungsgeschichte der Seele*, 1846; 3ª ed., 1860; reimp., 1964 (*Psique. Para a história da evolução da alma*). — *Physis. Zur Geschichte des leiblichen Lebens*, 1851 (*Physis. Para a história da vida corporal*). — *Symbolik der menschlichen Gestalt*, 1853 (*Simbólica da forma humana*). — *Goethe, seine Bedeutung für unsere und die kommende Zeit*, 1863 (*G. Seu significado para o nosso tempo e para o tempo vindouro*). — *Natur und Idee, oder das Werdende und sein Gesetz*, 1861; reimp., 1967. — *Lebenserinnerungen und Denkwürdigkeiten*, 4 vols., 1865-1866 (*Recordações da vida e coisas dignas de rememoração*). — *Vergleichende Psychologie*, 1866 (*Psicologia comparada*).

Edição de obras: *Gesammelte Schriften*, 3 vols., 1938, ed. R. Zaunick e W. Keiper.

Ver: Christoph Bernouilli, *Die Psychologie von C. G. C.*, 1925. — Hans Kern, *C. Persönlichkeit und Werk*, 1942. — P. Stocklein, *C. G. C.*, 1943. — R. Abeln, *Unbewusstes und Unterbewusstes bei C. G. C. und Aristoteles*, 1976. — W. Genschorek, *C. G. C. — Arzt, Künstler, Naturforscher*, 1978. — E. Meffert, *C. G. C. — Sein Leben, seine Anschauungen von der Erde*, 1986. ᑕ

CARUS, PAUL (1852-1919). Nascido em Ilsenburg, estudou em Tübingen. Suas idéias religiosas pouco ortodoxas suscitaram animosidade em vários círculos alemães, razão pela qual emigrou para a Inglaterra e depois, em 1885, para os Estados Unidos. Não tardou a instalar-se em La Salle, Illinois, que se transformou num centro de debate e difusão de idéias filosóficas, graças à revista *The Open Court*, que Carus dirigiu por algum tempo, e especialmente graças à revista *The Monist*, fundada por Carus e dirigida por ele até o fim de sua vida. Também foram importantes as publicações filosóficas, em particular de autores clássicos, antigos e modernos, iniciadas por Carus. The Mo-

nist começou a aparecer em 1888, deixou de ser publicada em 1936 e reapareceu em 1962 (com o vol. 68, n. 1). A revista exerceu grande influência não só nos Estados Unidos como também em vários países europeus. Nela colaboraram alguns dos mais importantes filósofos deste século. O próprio Carus escreveu com freqüência artigos para a revista, às vezes polemizando com os próprios colaboradores.

Correspondendo ao título da revista, as idéias filosóficas de Carus costumam ser resumidas sob o rótulo de "monismo" (VER). Mas o monismo de Carus era, como ele mesmo afirmou, muito diferente do de Haeckel (VER). A unidade das realidades funda-se, de acordo com Carus, no fato de que todas estão submetidas a leis, que se resumem a uma única lei, identificada com Deus. O monismo de Carus não era materialista, tampouco idealista. Admitia que a realidade é "independente" da mente, mas ao mesmo tempo insistia em que a mente é capaz de refletir fielmente as realidades.

Há, segundo Carus, uma verdade única e absoluta que se manifesta em doutrinas muito diversas e que pode unir a religião e a ciência. A filosofia abrange uma metodologia, vinculada ao método científico, uma metafísica — que é a filosofia propriamente dita — e uma ética. Estes campos se unificam sob a "filosofia da forma", segundo a qual a descrição de formas — que são ao mesmo tempo subjetivas e objetivas — é o objeto próprio da atividade científica e filosófica. De acordo com Carus, o mundo pode ser melhorado por meio de um conhecimento cada vez mais profundo das leis que regem as realidades e de uma submissão à "Lei" do universo.

Paul Carus influenciou sobretudo como "promotor" de idéias e debates. Fundaram-se em sua homenagem as chamadas "Carus Lectures".

⊃ Obras: *Monism and Meliorism*, 1885. — *Form and Formal Thought: The Fundamental Problems of Philosophy*, 1889. — *Fundamental Problems: The Method of Philosophy as a Systematic Arrangement of Knowledge*, 1891. — *Primer of Philosophy*, 1896. — *The Foundation of Mathematics: a Contribution to the Philosophy of Geometry*, 1908. — *God: an Inquiry into the Nature of Man's Highest Ideal and a Solution to the Problem from the Standpoint of Science*, 1908. — *Introduction to Philosophy as a Science*, 1910 (há separata de parte desta obra, com o título: *The Philosophy of Form*, 1911; reed., 1979). — *Truth on Trial*, 1911 (contra o pragmatismo).

Ver: W. H. Hay, "P. C.: A Case-Study of Philosophy on the Frontier", *Journal of the History of Ideas*, 17 (1956), 498-510. — D. H. Bishop, "The Carus-James Controversy", *ibid.*, 35 (1974), 509-520. — H. Henderson, *Catalyst for Controversy: P. C. of Open Court*, 1993. ⊂

CARVALHO, JOAQUIM DE (1892-1958). Nascido em Figueira de Foz (Portugal), lecionou na Universidade de Coimbra e na Escola Normal Superior portuguesa. Suas contribuições mais importantes situam-se na história da filosofia.

Ele teve a seu cargo a publicação de obras de Pedro Nunes (Núñez) e de Francisco Sanches (Sánchez); deste último editou as *opera philosophica* (1955), com uma extensa introdução ao seu pensamento. A maior parte dos trabalhos de Joaquim de Carvalho encaminhou-se para a preparação dos materiais para uma história da filosofia em Portugal que incluísse a história da ciência.

⊃ Obras: *Antonio de Gouveia e o aristotelismo da renascença*, 1910 (tese). — *Leão Hebreu, filósofo: Para a história do platonismo no Renascimento*, 1918. — *Desenvolvimento da filosofia em Portugal durante a Idade Média: Discurso*, 1927. — *A evolução espiritual de Antero: Ensaio breve de interpretação*, 1929. — *Sobre o lugar de origem dos antepassados de Baruch de Espinosa*, 1930. — *Oróbio de Castro e o espinosismo*, 1937; reimp., 1940. — *Galileu e a cultura portuguesa sua contemporânea*, 1944. — *Estudos sobre a cultura portuguesa do século XIX*, vol. 1: *Antheriana*, 1947, reimp., 1949, 1955. — *Os sermões de Gil Vicente e a Arte de pregar*, 1948.

Edição de obras: *Obra completa*, 4 vols., 1978-1983; I e II, *Filosofia e História da Filosofia*; III e IV, *História da Cultura*.

Ver: Cruz Malpique, em *Miscelânea de Estudos a Joachim de Carvalho*, n. 2 (1959), 100-143. ⊂

CASAJUANA, VALENTIN. Ver NEO-ESCOLÁSTICA.

CASALE, JUAN DE. Ver MERTONIANOS.

CASAS, BARTOLOMÉ DE LAS (1470-1566). Nascido em Sevilha, ingressou na Ordem dos Pregadores e foi bispo de Chiapa. Sua *Brevísima relación de la destruyción de las Indias* (1552) alcançou grande fama pela defesa que faz dos índios americanos contra a crueldade e a ganância dos conquistadores e colonos espanhóis. A obra de Frei Bartolomé de las Casas foi usada como argumento para reforçar a chamada "lenda negra" e, nesse sentido, foi elogiada por alguns e criticada ou deplorada por outros. A obra tem certa importância filosófica, visto que formula questões básicas de ética, especialmente de ética política, assim como problemas de direito referentes à legitimidade ou ilegitimidade de conquistas, justificação ou não-justificação de guerras e outros problemas de filosofia do direito e filosofia política, assim como social. As idéias de Las Casas foram interpretadas de maneiras muito diversas. Alguns acentuaram o caráter tradicional e "medieval" do pensamento de Las Casas, especialmente as raízes tomistas relativas às guerras justas ou injustas. Outros destacaram o caráter "moderno", liberal ou libertador desse pensamento. Enfatizaram-se também características "utopistas" nas idéias de Las Casas.

As teses de Frei Bartolomé de las Casas foram combatidas por Juan Ginés de Sepúlveda (VER).

↪ Além da citada *Brevísima relación*, da qual há ed. facsímile, 1924, em "Biblioteca argentina de libros raros americanos", 3, devem-se a L. C.: *Historia de las Indias* e *Historia apologética de las Indias*; ed. da última por Serrano Sanz, 1909, em "Nueva Biblioteca de Autores Españoles", 13.

Edição de *Obras escogidas de Fray B. de las Casas*, 5 vols., ed. J. Pérez de Tudela, com introdução deste último, em "Biblioteca de Autores Españoles". — *Obras completas*, 14 vols., Madrid, 1989-1998.

Entre a extensa bibliografia sobre a obra e o pensamento de Frei B. de las C., mencionamos: Carlos Josaphat, *Las Casas — todos os direitos para todos*, Loyola, 2000. — S. Zavala, *La encomienda indiana*, 1935, nova ed., rev. e ampl., 1973. — L. Hanke, *Las teorías políticas de B. de L. C.*, 1935. — *Id.*, *La lucha por la justicia en la conquista de América*, 1949. — J. A. Maravall, Manuel Giménez Fernández, *B. de L. C.*, I, 1954. — M. Bataillon, *Études sur B. de Las Casas*, 1966. — M. Bataillon, J. L. Phelan *et al.*, arts. sobre Frei B. de las C. em *Revista de Occidente*, n. 141 (1974), número dirigido por Juan Antonio Maravall. — R.-J. Queraltó Moreno, *El pensamiento filosófico-político de B. de las C.*, 1976. — J. L. Abellán, *Historia crítica del pensamiento español*, vol. 2: *La Edad de Oro (siglo XVI)*, 1979, B, V. 3 ("Los orígenes españoles del mito del 'Buen salvaje'. Frei B. de las C. y su antropología utópica", pp. 407-428; também pp. 399-403). ↩

CASE, THOMAS. Ver NEO-REALISMO.

CASO, ANTONIO (1883-1946). Nascido na cidade do México, destacou-se filosoficamente por suas conferências de 1909, no decorrer das quais manteve um confronto com o positivismo extremamente arraigado no México desde a época de Barreda. Caso opôs a essa tendência as novas correntes, particularmente as que, postulando uma ampliação da experiência, permitiam superar o positivismo sem retroceder a posições anteriores a ele. Tanto na data mencionada como mais tarde, Caso procurou apresentar aos interessados em filosofia de seu país e da América Hispânica em geral as tendências que contribuíram para formar o novo ambiente filosófico: Boutroux, Meyerson, o bergsonismo, a fenomenologia de Husserl etc. Ora, Caso não se limitou a uma atividade de difusão, tendo também trabalhado na elaboração de seu próprio pensamento. Este não tem uma forma sistemática mas, em contrapartida, um núcleo de motivos e idéias relativamente invariável. Os mais importantes são as tendências pluralistas na concepção da realidade, a preocupação com os impulsos desinteressados (diante da insistência exclusiva no rendimento), a confiança no poder da intuição — tanto das essências como das existências — na filosofia, a idéia desta última como uma síntese dos resultados, aparentemente opostos, da ciência, da moral e da arte, assim como do mundo físico e do mundo cultural. A síntese se opera especialmente no mundo concebido como caridade, pois nesta o real chega à culminação. No entanto, a síntese não significa, para Caso, absorção dos outros momentos, os quais ficam justificados nas respectivas esferas da realidade.

A influência de Caso se deu sobretudo por meio de seus ensinamentos orais; foi com razão considerado o animador do movimento filosófico mexicano durante as últimas décadas. Entre os representantes desse mesmo movimento, citamos Samuel Ramos, Eduardo García Máynez, Francisco Larroyo, Guillermo Héctor Rodríguez, Adolfo Menéndez Samará, Miguel Ángel Cevallos, Leopoldo Zea, Oswaldo Robles, Antonio Gómez Robledo (*Política de Vitoria*, 1940; *Cristianismo y filosofía en la experiencia agustiniana*, 1942; *La filosofía en el Brasil*, 1946) e E. Uranga. Dedicamos verbetes específicos a quase todos os filósofos mencionados. Devem-se acrescentar a eles outros pensadores — a maior parte de gerações mais recentes —, cujos nomes foram citados em Filosofia americana (VER), assim como alguns escritores que, embora não propriamente filósofos, desenvolveram temas de filosofia relacionados com sua disciplina particular. Assim, Edmundo O'Gorman (*Fundamentos de la historia de América*, 1942, e sobretudo *Crisis y porvenir de la ciencia histórica*, 1947).

Delia Eleonor M. Sutton (*op. cit. infra*, p. 37) resume da seguinte maneira o pensamento expresso por Caso em sua obra fundamental, *La existencia como economía, como desinterés y como caridad* (1943) — que é, por seu turno, uma "suma" de todo o seu pensamento: "A filosofia é a explicação da existência, e, quando a economia é concebida ao mesmo tempo, a existência e o pensamento concordam com o conhecimento".

↪ Obras: *La filosofía de la intuición*, 1914. — *Problemas filosóficos*, 1915. — *Filósofos y doctrinas morales*, 1915. — *La existencia como economía y como caridad: Ensayos sobre la esencia del cristianismo*, 1916; 2ª ed., com o título *La existencia como economía, como desinterés y como caridad*, 1919; 3ª ed., 1943. — *La filosofía francesa contemporánea*, 1917. — *El concepto de la historia universal*, 1918. — *Discursos a la nación mexicana*, 1922. — *Ensayos críticos y polémicos*, 1923. — *El concepto de la historia universal*, 1923; 2ª ed., com o título *El concepto de la historia universal y la filosofía de los valores*, 1933; 3ª ed., 1955. — *Doctrinas e ideas*, 1924. — *Principios de estética*, 1925; 2ª ed., 1944. — *El problema de México y la ideología nacional*, 1924. — *Historia y antología del pensamiento filosófico*, 1926. — *Socio-*

logía genética y sistemática, 1927. — *La filosofía de Husserl*, 1934. — *El acto ideatorio*, 1934. — *Nuevos discursos a la nación mexicana*, 1934. — *La filosofía de la cultura y el materialismo histórico*, 1936. — *Meyerson y la física moderna*, 1939. — *La persona humana y el Estado totalitario*, 1941. — *Positivismo, neopositivismo y fenomenología*, 1941. — *El peligro del hombre*, 1942. — *Filósofos y moralistas franceses*, 1943. — *México: apuntamientos de cultura patria*, 1943. — *Ensayos polémicos sobre la escuela filosófica de Marburgo*, 1945 (com Guillermo Héctor Rodríguez).

Ver: A. Gómez Robledo, José Gaos *et al., Homenaje a Antonio Caso*, 1947. — Rosa Krauze de Kolteniuk, *La filosofía de Antonio Caso*, 1961. — Clotilde Montoya Suárez, *Antonio Caso y la metafísica de los valores*, 1968. — John Haddox, *Antonio Caso, Philosopher of Mexico*, 1971. — Delia Leonor M. Sutton, *Antonio Caso y su impacto cultural en el intelecto mexicano*, 1974. — J. S. Guandique, "Perfiles sobre Caso y Vasconcelos", *Humanitas* (México), 17 (1976), 215-266. — F. A. Padilla, "La existencia como economía, como desinterés y como caridad: A. C.", *Logos* (México), 11 (1983), 57-90. — J. A. Dacal Alonso, "La estética en A. C.", *ibid.*, 13 (1985), 73-101. **c**

CASO PARADIGMÁTICO. Dada uma tese filosófica — por exemplo, o realismo epistemológico —, há argumentos tão numerosos contra a tese que parece inevitável negá-la. Isso conduz a um ceticismo com relação a essa tese. Se a refutabilidade se estende a várias teses filosóficas e, no limite, a todas elas, acaba-se num completo ceticismo do qual parece ser difícil livrar-se. Foi comum considerar o ceticismo não como uma tese, mas como uma atitude ou uma regra, ou, se se deseja, uma metatese, de sorte que se pôde desse modo afirmar que o ceticismo se acha ele próprio fora das regras que estabelece.

A fim de combater diversas espécies de ceticismo, certos filósofos analíticos propuseram o chamado "argumento do caso paradigmático". Em substância, consiste em exibir algum caso ou exemplo considerado tão óbvio que qualquer tese contra casos do mesmo tipo se revela então inválida ou, pelo menos, sumamente problemática. A base do argumento do caso paradigmático é mostrar que determinadas formas de linguagem implicam a existência do caso. Assim, por exemplo, se se nega que é impossível perceber cores pelo fato de que não há, propriamente, cores, responde-se dizendo que a expressão "percebo cores" descreve um tipo de atividade que é a de perceber cores. É óbvio que grande parte do peso do argumento do caso paradigmático recai sobre a legitimidade de usos linguísticos, a ponto de aquele que nega a tese contra a qual se dirige o argumento do caso paradigmático ter de negar ao mesmo tempo essa legitimidade de usos linguísticos. Se uma expressão linguística é correta, então é parte da estrutura linguística dessa expressão o fato de que seja usada para dizer o que justa e precisamente diz e não outra coisa.

A discussão sobre a legitimidade do argumento do caso paradigmático gira em grande parte em torno do seguinte: se é aceitável identificar dizer que algo é A com o fato de que A seja um caso aceitável ou legítimo. Por sua própria natureza, o argumento do caso paradigmático tende a ser, por assim dizer, "intralinguístico", mas como aquele que argumenta contra esse argumento o faz também linguisticamente, o defensor do argumento do caso paradigmático pode responder que de modo algum é possível afastar-se da linguagem, e especificamente da "linguagem corrente", que é o que se costuma usar e mencionar nos referidos debates.

Há uma diferença entre o uso do argumento do caso paradigmático e o recurso ao senso comum, na medida em que este último não se funda em supostos caracteres da linguagem usada. Foi freqüente, porém, que os defensores, ou praticantes do argumento do caso paradigmático, tenham recorrido também, ou concomitantemente, ao senso comum e à linguagem "comum", "ordinária" ou "corrente" na qual se exprimem as "verdades" ou "evidências" de tal senso.

Há do mesmo modo uma diferença entre o uso do argumento do caso paradigmático tal como o descrevemos e o uso desse argumento quando com ele se enfatiza algum caso ou exemplo que tem um poder ilustrativo ou explicativo suficientemente poderoso para pôr em dúvida determinadas teses filosóficas. Este é o sentido original de "paradigmático"; um caso é paradigmático quando, apesar de contra-exemplos ou de casos contrários, ele opera numa forma, por assim dizer, "exemplar". Por isso foi corrente em muitos filósofos analíticos referir-se a exemplos determinados — e especialmente a determinadas expressões mais ou menos "típicas" — para eliminar objeções gerais a certas teses. Um procedimento muito comum foi, durante algum tempo, fazer uma análise do que se quer dizer ao enunciar algo para concluir que é perfeitamente legítimo enunciá-lo. A insistência em "casos" e em "diferenças" preconizada pelo último Wittgenstein deu grande impulso aos argumentos do caso paradigmático, que foram sendo abandonados não apenas por dificuldades internas, mas também pelo deslocamento do interesse pela análise de expressões (paradigmáticas) para o estudo crítico de problemas; nestes, embora ocorram também casos, o foco de interesse é sua legitimidade, que não é inteiramente, nem sequer predominantemente, "intralinguística".

CASSIODORO [FLAVIUS MAGNUS AURELIUS CASSIODORUS] (*ca.* 490-*ca.* 570). Nascido em Sylacium [Squillare] (Calábria). Amigo e discípulo de Boécio e servidor, como ele, de Teodorico, fundou o mosteiro de Vivarium, no sul da Itália, e desenvolveu ali uma intensa atividade filosófica e teológica. A importância de Cassiodoro consiste principalmente em sua transmissão à Idade Média de conceitos procedentes da cultura antiga, bem como em seu esforço para harmonizar esses conceitos com a teologia cristã. Deve-se a ele também a cunhagem de alguns vocábulos que depois passaram ao vocabulário filosófico escolástico. Contudo, a amplitude da obra de Cassiodoro a esse respeito é menor que a de Boécio. Suas principais obras de interesse filosófico e teológico são as *Institutiones theologiae*, cujo livro II, intitulado *De artibus ac disciplinis liberalium litterarum*, é uma enciclopédia das artes liberais muito usada nas escolas monásticas, e o *Liber de anima*, influenciado pelo *De statu animae* de Claudiano Mamerto e pelos tratados sobre a alma de Santo Agostinho, especialmente no que diz respeito à doutrina da imaterialidade da alma e à solução dada a essa questão tão debatida pelos neoplatônicos e pelos Padres da Igreja. Exerceram também considerável influência seus escritos lógicos gramaticais e retóricos.

⊃ Obras de Cassiodoro em Migne, *P. L.* LXIX-LXX. Edição de escritos retóricos por C. Halm, *Rhetores latini minores*, Lipsiae, 1863.

Ver: A. Franz, *M. A. Cassiodiorus Senator ein Beitrag zur Geschichte der theologischen Literatur*, 1872. — G. Minasi, *M. A. Cassiodoro, Senatore*, 1895. — Ph. Lehmann, "Cassiodor-studien", *Philologus*, 1917, pp. 351-383. — A. Van de Vyver, "Cassiodore et son oeuvre", *Speculum*, 1931, pp. 244-292. — G. Bardy, "Cassiodore et la fin du monde ancien", *Année théologique* (1945), pp. 383-425. — L. W. Jones, *C. Senator*, 1946. — J. W. Halporn, "The Manuscripts of Cassiodorus' *De Anima*", *Traditio*, 15 (1959), 385-386. — *Id.*, "M. A. C. Senatoris *Liber De Anima*: Introduction and Critical Text", *ibid.*, 16 (1960), 39-110. — A. Crocco, "*Liber De Anima* di C.", *Sapienza*, 25 (1972), 133-168. — J. J. O'Donnell, *C.*, 1979. ᴄ

CASSIRER, ERNST (1874-1945). Nascido em Breslau, estudou nas Universidades de Berlim, Leipzig, Heidelberg e Marburgo. Foi *Privatdozent* em Berlim (1906) e, de 1919 a 1933, professor na Universidade de Hamburgo. Exilou-se da Alemanha em 1933, tendo lecionado primeiramente em Oxford (1933-1935), depois em Göteborg (Suécia) (1935-1941) e, por fim, na Universidade de Yale, nos Estados Unidos (1941-1944), e, como professor visitante, na Universidade de Colúmbia (1944-1945).

Cassirer foi, com Hermann Cohen (VER) e Paul Natorp (VER), um dos "três grandes" da Escola de Marburgo (ver MARBURGO [ESCOLA DE]), mas, ao contrário especialmente do primeiro, interessou-se muito por outras correntes filosóficas contemporâneas, como a fenomenologia. Cassirer não abandonou o ponto de partida neokantiano, mas o transformou em muitos pontos fundamentais. Pode-se considerar Cassirer um continuador da grande tradição "idealista", de Platão a Kant e de Descartes a Leibniz.

Cassirer distingue-se pela universalidade de seus interesses: as ciências naturais, as ciências sociais, a antropologia, a filologia e a lingüística, a história. Suas numerosas contribuições à história da filosofia — seus escritos sobre Descartes, Kant, Leibniz, os platônicos de Cambridge, a filosofia da Ilustração — fazem parte integrante de seu pensamento filosófico. Isto ocorre também, e sobretudo, com sua volumosa obra sobre o problema do conhecimento na filosofia e na ciência modernas. Tal obra visa mostrar que na época moderna vai ganhando espaço a idéia, derivada de Kant, segundo a qual o conhecimento consiste numa conceptualização da experiência. Embora Kant represente um momento culminante nesse desenvolvimento, não é seu fim, mas antes um fecundo princípio. É preciso, pois, ir além de Kant. Portanto, Cassirer difere de Kant no seguinte: a conceptualização não se confina às ciências naturais, mas se estende a todas as ciências culturais e históricas; e, além disso, difere de Kant pelo fato de que os conceitos, ou categorias, não constituem nenhum sistema fechado e completo, mas um sistema aberto e essencialmente incompleto. Cassirer leva em conta, no que diz respeito às ciências naturais — e especialmente à física —, novos desenvolvimentos que não entravam na conceptualização kantiana. Cassirer continua fiel a Kant na idéia de que os conceitos básicos nas ciências são de caráter transcendental; há um hiato entre os conceitos envolvidos nas leis científicas e os conceitos filosóficos mediante os quais se examinam seus fundamentos. No entanto, tal hiato é, se assim se pode dizer, menos amplo e brusco que o kantiano. Apesar de sua fidelidade ao método transcendental kantiano, Cassirer indica amiúde um vínculo efetivo, e até uma espécie de "contínuo", entre a conceptualização epistemológica e a científica.

Um dos conceitos que parece desempenhar o papel de unificador é o de função (VER). Os conceitos, tanto científicos como filosóficos, têm um caráter funcional. O pensamento de Cassirer tende fortemente ao funcionalismo (VER) em contraposição a todo "substancialismo".

Outro dos conceitos unificadores, nas ciências e na filosofia, é o que Cassirer desenvolveu numa de suas obras capitais, se não sua obra principal: a *Filosofia das formas simbólicas*. Todos os modos de apreensão da realidade e, em última análise, todos os modos pelos quais o homem se confronta com a realidade, incluindo modos não estritamente cognoscitivos, têm um aspecto simbólico, isto é, estão fundados em simbolizações. O homem, afirma Cassirer, é "um animal simbólico", *homo symbolicus*. A cultura humana — ciência, arte, religião, ética, política — constitui-se no âmbito de uma trama de simbolizações. Cassirer examinou, na obra antes indicada, três sistemas simbólicos fundamentais. Cada um deles corresponde a determinada função: o sistema dos mitos, que corresponde a uma função expressiva dos símbolos; o sistema da linguagem comum, que corresponde a uma função intuitiva; e o sistema das ciências, que corresponde a uma função significativa. Cada uma dessas funções são outras tantas formas de "linguagem"; o estudo da "origem da função simbólica" é para Cassirer uma filosofia da linguagem em sentido amplo. Ao mesmo tempo, esta filosofia da linguagem é uma filosofia da cultura, ou das formas culturais. A "crítica da razão" transforma-se então em "crítica (ou exame) da cultura", que abrange todas as manifestações do espírito humano dentro da unidade do *homo symbolicus*.

⇨ Obras: *Leibniz' System in seinen wissenschaftlichen Grundlagen*, 1902 (*O sistema de Leibniz em seus fundamentos científicos*). — *Das Erkenntnisproblem in der Philosophie und Wissenschaft der neueren Zeit*, 4 vols. (I, 1906; 3ª ed., 1922; II, 1907; 3ª ed., 1922; III, 1920; 2ª ed., 1923; IV, 1957 (trad. esp.: *El problema del conocimiento*, 4 vols.: I, 1953; II, 1956; III, 1957; IV, 1948. — *Der kritische Idealismus und die Philosophie des "gesunden Menschenverstandes"*, 1906 (*O idealismo crítico e a filosofia do "são entendimento humano"*). — *Substanzbegriff und Funktionsbegriff*, 1910 (*Conceito de substância e conceito de função*). — *Kants Leben und Lehre*, 1918 (*Kant. Vida e doutrina*). Trata-se do tomo dedicado a Kant na ed. de obras do filósofo a que se fez referência na bibliografia correspondente. — *Zur Kritik der Einsteinschen Relativitätstheorie*, 1921 (*Para a crítica da teoria einsteiniana da relatividade*). — *Idee und Gestalt*, 1921; 2ª ed., 1924 (*Idéia e Forma [Estrutura]*). — *Philosophie der symbolischen Formen*, 3 vols. (I. *Die Sprache*, 1923; II. *Das mythische Denken*, 1925; III. *Phänomenologie der Erkenntnis*, 1929) — *Sprache und Mythos. Ein Beitrag zum Problem der Götternamen*, 1925. — *Individuum und Kosmos in der Philosophie der Renaissance*, 1927; reimp., 1962. — *Die platonische Renaissance in England und die Schule von Cambridge*, 1932 (*O renascimento platônico na Inglaterra e a escola de Cambridge*). — *Goethe und die geschichtliche Welt. Drei Aufsätze*, 1932 (*Goethe e o mundo histórico. Três ensaios*). — *Die Philosophie der Aufklärung*, 1932. — *Determinismus und Indeterminismus in der modernen Physik. Historische und systematische Studien zum Kausalproblem*, 1936 [Göteborgs Högskolas Arskrift, 52] (*Determinismo e indeterminismo na física moderna. Estudos históricos e sistemáticos em torno do problema da causa*). O vol. cit. *supra Zur Kritik der Einsteinschen R.* e *Determinismus und Indeterminismus*, num vol.: *Zur modernen Physik*, 1957. — *Descartes. Lehre, Persönlichkeit, Wirkung*, 1939 (*Descartes. Doutrina, personalidade, influência*). — *Logos, Dike, Kosmos in der Entwicklung der griechischen Philosophie*, 1941 [Göteborgs Högskolas Arskrift, 57] (*Logos, Dike, Cosmos na evolução da filosofia grega*). — *Zur Logik der Kulturwissenschaften*, 1942 [*ibid.*, 58]. — *An Essay on Man: An Introduction to the Philosophy of Human Culture*, 1945. — *The Myth of the State*, 1947. — *Symbol, Technik, Sprache. Aufsätze aus den Jahren 1927-1941*, 1984, ed. E. W. Orth e J. M. Krois (com a colaboração de J. M. Werle).

Obras em português: *Ensaio sobre o homem*, 1994. — *A filosofia do iluminismo*, 1997. — *Linguagem e mito*, 1992. — *A questão Jean-Jacques Rousseau*, 1999.

Bibliografia: W. Eggers, S. Mayer, *E. C. — An Annotated Bibliography*, 1989.

Ver: *Philosophy and History. Essays presented to E. C.*, 1936, ed. R. Klibansky e H. J. Paton, com bibliografia. — Alfred Jospe, *Die Unterscheidung von Mythos und Religion bei H. Cohen und E. C.*, 1932. — Felix Kaufmann, Kurt Lewin et al., *The Philosophy of E. C.*, ed. Paul Arthur Schlipp, 1949 (contém bibliografia completa por Carl H. Hamburg e W. M. Solmitz). — Carl H. Hamburg, *Symbol and Reality. Studies in the Philosophy of E. C.*, 1956. — Mercedes Rein, *La filosofía del lenguaje de E. C.*, 1959. — Seymour W. Itzkoff, *E. C. (1874-1945): Scientific Knowledge and the Concept of Man*, 1971. — Sara Ali Jafella de Dolgopol, *Las formas simbólicas en el pensamiento de E. C.: Una interpretación*, 1974. — Núm. especial de *Revue Internationale de Philosophie*, 10, fasc. 4 (1974). — H. Lübbe, *C. und die Mythen des 20. Jahrhunderts*, 1975 (Do simpósio de Hamburgo, 20-X-1974). — S. V. Itzkoff, *E. C.: Philosopher of Culture*, 1977. — D. R. Lipton, *E. C.: The Dilemma of a Liberal Intellectual in Germany 1914-1933*, 1979. — B. Bolognini, *L'oggetività istituzionale. Critica della cultura e critica del significare in E. C.*, 1980. — J.-P. Peters, *C., Kant und die Sprache*, 1983. — I. Kajon, *Il concetto dell'unità della cultura e il problema della trascendenza nella filosofia di E. C.*, 1984. — T. Göller, *E. C.s kritische Sprachphilosophie. Darstellung, Kritik, Aktualität*, 1986. — J. M. Krois, *C.: Symbolic Forms and History*, 1987. — K. Sundaram, *C.s Conception of Causality*, 1987. — H.-J. Braun et al., *Über E. C.s Philosophie der Symbolischen Formen*, 1988. — A. Cazzullo, *Il concetto e l'esperienza: Aristotele, Cassirer, Heidegger, Ricoeur*, 1988. ⇦

CASTAÑEDA, HÉCTOR-NERI. Nascido (1924) em Zacapa (Guatemala), estudou na Costa Rica, na Guatemala, nos Estados Unidos (Universidade de Minnesota, com Wilfrid Sellars) e em Oxford (especialmente com R. M. Hare). Lecionou na Duke University, na Carolina do Norte (1956-1957), na Wayne State University (1957-1969) e na Universidade de Indiana (a partir de 1969). Fundou e dirigiu a revista *Nous*.

Castañeda considera que não há diferença entre a metodologia filosófica e a científica, mas que a filosofia difere da ciência em função do caráter muito geral e abstrato das leis que busca. Em todo caso, embora admita diversos modos de se fazer filosofia como legítimos, ele prefere o que consiste em buscar grandes esboços do mundo com base em dados muito variados. Um dos resultados de suas investigações filosóficas é uma teoria da natureza dos objetos físicos. Mas, sem abandonar o ideal dos grandes esboços, Castañeda dedicou atenção especial às questões referentes ao pensar prático, que inclui o pensar prático moral. A esse respeito, desenvolveu um sistema unitário de teorias, com particular atenção à lógica do dever (incluindo as circunstâncias particulares nas quais se realizam ações de acordo com deveres), à conexão entre desejo e obrigação, à estrutura da ação e ao nível metafísico das propriedades deônticas.

Como, segundo Castañeda, o pensamento moral é um exercício no pensar prático, é preciso examinar a estrutura deste último como quadro para entender os raciocínios morais. Castañeda desenvolveu uma teoria das "unidades do pensar prático", ou dos *noemata* práticos, tais como as proposições fáticas e teóricas; as ordens, pedidos etc.; as decisões, resoluções e intenções; e os enunciados que formulam obrigações, deveres, proibições, direitos etc. Estas unidades do pensar prático desempenham funções cuja estrutura lógica deve ser explorada. Entretanto, Castañeda não se limita a um exame da "linguagem prática" e, no âmbito desta, da "linguagem moral"; a investigação lógica é ao mesmo tempo ontológica, porque a questão é analisar a estrutura do pensar prático e da moralidade. Esta última é, segundo Castañeda, uma "instituição muito complexa que contém como seu núcleo o ideal de que cada um persiga, com êxito, uma forma de vida que o faça feliz". O exame da estrutura da moralidade está por isso estreitamente ligado ao da estrutura das instituições.

Castañeda estudou a conexão entre pensamento e linguagem e a questão da "linguagem privada". Esse estudo levou-o a uma exploração do que chama de "quase indicadores" (como "um" no sentido do pronome indeterminado). Este estudo liga-se, por sua vez, aos temas já indicados sobre o pensar prático e também às questões da referência (que se vinculam com problemas relativos à crença). Trata-se de saber como o pensar e o crer podem referir-se a seus objetos e, com eles, à realidade do mundo.

Pela conexão que os referidos estudos proporcionaram, Castañeda voltou ao ideal dos grandes esboços; desde o princípio, seu tema central foi, como ele mesmo confessa, "a estrutura da realidade que encontramos no mundo". É preciso examinar para isso a estrutura dos fatos que compõem o mundo; fatos que são de categorias e tipos muito diversos, embora dentro de cada categoria "haja certos fatos mais simples, os fatos em que um indivíduo ou um conjunto de indivíduos possui uma propriedade". Com isso, o problema da predicação ocupou um lugar central no pensamento de Castañeda, a ponto de levá-lo a afirmar o seguinte: "Minhas teorias são principalmente teorias de predicação, e derivativamente teorias de conexões ou implicações entre famílias de conceitos filosóficos". Os modos de predicação são modos tal como se pode dizer de algo que "é"; o problema fundamental é então "a complexidade do sentido da palavra 'ser'".

➲ Obras: *Fundamentos de la didáctica del lenguaje*, 1948. — *La dialéctica de la conciencia de sí mismo*, 1960. — *Morality and the Language of Conduct*, 1963 (coeditor com G. Nakhinkian). — *Intentionality, Minds, and Perception*, 1967. — *The Structure of Morality*, 1974. — *Thinking and Doing: The Philosophical Foundations of Institutions*, 1975 (trad. esp. do autor: *Pensar y hacer*, 1985). — *La ontología de Platón en el Fédon*, 1976. — *On Philosophical Method*, 1980. — *Thinking, Language, and Experience*, 1989.

Entre os artigos e ensaios, mencionamos: "La lógica general de las normas y la ética", *Universidad de San Carlos*, 30 (1954), 129-196. — "Un sistema general de lógica normativa", *Dianoia*, 3 (1957), 303-333. — "A Theory of Morality", *Philosophy and Phenomenological Research*, 17 (1957), 339-352. — "The Logic of Obligation", *Philosophical Studies*, 10 (1959), 17-23. — "Imperative Reasonings", *Philosophy and Phenomenological Research*, 21 (1960), 21-49. — "Knowledge and Certainty", *Review of Metaphysics*, 18 (1965), 508-547. — "The Logic of Change, Action, and Norms", *Journal of Philosophy*, 67 (1965), 333-344. — "He", *Ratio*, 8 (1966), 130-157. — "On the Logic of Self-Knowledge", *Nous*, 1 (1967), 9-21. — "Omniscience and Indexical Reference", *Journal of Philosophy*, 64 (1967), 203-210. — "Indicators and Quasi-Indicators", *American Philosophical Quarterly*, 4 (1967), 85-100. — "Ought, Value, and Utilitarianism", *ibid.*, 6 (1969), 257-275. — "Thinking and the Structure of the World", *Philosophia*, 4 (1974), 3-40 (cf. também *Crítica*, 18 [1972], 43-81).

Ver: Vários autores, *Agent, Language, and the Structure of the World: Essays Presented to H.-N. C, with His Replies*, 1986, ed. J. E. Tomberlin. ➲

CASTELAR, EMILIO. Ver Krausismo.

CASTELLI, ENRICO [ENRICO CASTELLI-GATTINARA DI ZUBIENA] (1900-1977). Nascido em Turim, estudou em Roma com Bernardino Varisco (ver). Foi professor na Universidade de Roma, tendo fundado, e dirigido, o *Archivo di filosofia*, órgão da Società Filosofica Italiana (desde 1931). Seu interesse pelo problema da desmitificação (ver), ou desmitologização, levou-o a organizar em Roma vários *Convegni*; referimo-nos a eles no verbete que acabamos de mencionar.

Castelli ocupou-se do problema da natureza do sujeito cognoscente tendo em vista superar, por um lado, o solipsismo a que conduziria um idealismo conseqüente e, por outro, o "coisismo" ou "objeticismo puro" em que cai todo realismo extremado. A fim de evitar ambos os extremos, Castelli recorreu ao senso comum, mas a um senso comum fundado numa ampla experiência e não limitado a uma série de "noções" supostamente indubitáveis e absolutamente evidentes por si mesmas. O senso comum é, para Castelli, a manifestação da existência humana na medida em que esta transcende sua limitada subjetividade e se torna consciente de seu ser histórico. A consciência do ser histórico é para Castelli, ao mesmo tempo, a consciência dos "fundamentos teológicos" do ser humano. Castelli defendeu um "existencialismo teológico", à luz do qual efetuou uma análise e uma crítica das épocas moderna e contemporânea. A crise própria dessas épocas não pode ser superada, como pretendem alguns autores, levando-se ao extremo a "historicidade" do tempo. Essa historicidade deve ser reconhecida, mas ao mesmo tempo "dominada" e "absorvida". O tema do tempo — "o tempo esgotado", "o tempo inqualificável" — é fundamental no pensamento de Castelli.

➲ Obras: *Filosofia della vita*, 1924. — *Laberthonnière*, 1927. — *Filosofia e apologetica (Saggi critici di filosofia della religione)*, 1929. — *Idealismo e solipsismo e saggi critici*, 1933. — *Commentario al senso comune*, 1939. — *Preludio alla vita di un uomo qualunque*, 1941 (com o pseudônimo Dario Reiter). — *L'esperienza comune*, 1942. — *Pensieri e giornate: Diario intimo*, 1945; 2ª ed., 1963. — *Il tempo esaurito*, 1947; 2ª ed., 1954. — *Introduzione ad una fenomenologia della nostra epoca*, 1948. — *Existentialisme théologique*, 1948. — *Filosofia e dramma*, 1949. — *Il demoniaco nel arte*, 1952. — *I presupposti di una teologia della storia*, 1952. — *L'indagine quotidiana*, 1956. — *Demitizzazione e immagine*, 1962. — *Simboli e immagini: Studi di filosofia dell'arte sacra*, 1966. — *Il tempo invertebrato*, 1969. — *I paradossi del senso comune*, 1970. — *Il tempo inqualificabile. Contributi all'ermeneutica della secolarizzazione*, 1975.

Testemunho pessoal no artigo "L'orientamento filosofico e il problema del male", no vol. de M. F. Sciacca, *Filosofi italiani contemporanei*, 1944, pp. 199-206.

Ver: A. del Noce, *Senso comune e teologia della storia nel pensiero di E. C.*, 1954. — A. Pastore, *La morte del tempo nel pensiero filosofico di E. C.*, 1956. — P. Tomasi, "Temporalità e dialettica della buona fede nel pensiero di E. Castelli", *Giornale Critico della Filosofia Italiana*, 55 (1976), 584-590. — H. J. Dawson, "America and the West at Mid-Century: An Unpublished Santayana Essay on the Philosophy of E. C., *Journal of the History of Philosophy*, 17 (1979), 449-454. ℭ

CASTILLA DEL PINO, CARLOS (1922). Nascido em San Roque (Cádiz), trabalhou no departamento de Psiquiatria do Hospital Geral de Madri e no Instituto Cajal. De 1949 a 1987, ocupou a direção do Dispensário de Psiquiatria de Córdoba, e em 1983, até sua aposentadoria em 1987, a cátedra de Psiquiatria da Faculdade de Medicina da Universidade de Córdoba. Orientado primeiramente para a psiquiatria clínica e para a neuropatologia, depois para a psicanálise freudiana e a psicossociologia, criticou a "psiquiatria estabelecida", confrontando a "velha psiquiatria", meramente descritiva, com uma "nova psiquiatria" dinâmica, tanto nos aspectos biológicos e concretamente neurofisiológicos, como nos psicológicos, especificamente motivacionais, de inspiração freudiana. São múltiplos os interesses de Castilla del Pino: à psico(pato)logia — escrita assim, postula-se o contínuo psicologia/psicopatologia — e à psiquiatria se juntam a sociologia, a fenomenologia, a análise da linguagem, a hermenêutica e o marxismo em seus aspectos antropológicos. Nos últimos anos, foi elaborando uma psico(pato)logia de cunho lógico-formal — tendo em vista a objetivação precisa das alterações do juízo, características da psicose —, que não se opõe à consideração motivacional, em última análise, dinâmica, do comportamento normal, neurótico ou psicótico, mas antes complementa essa consideração.

➲ Obras principais: *Un estudio sobre la depresión*, 1966; 9ª ed., 1991. — *Dialéctica de la persona, dialéctica de la situación*, 1968; 6ª ed., 1992 (coletânea de artigos). — *La culpa*, 1968; 4ª ed., 1981. — *Psicoanálisis y marxismo*, 1969; 5ª ed., 1981. — *La incomunicación*, 1970; 13ª ed., 1990. — *Cuatro ensayos sobre la mujer*, 1971; 10ª ed., 1989. — *Patografías*, 1972; 3ª ed., 1991. — *Introducción a la hermenéutica del lenguaje*, 1972, 3ª ed., 1975. — *Introducción al masoquismo*, estudo preliminar a "La Venus de las pieles", de Sacher-Masoch, 1973; 3ª ed., 1983. — *El humanismo "imposible" seguido de "Naturaleza del saber"*, 1975 (reimp. de 1968 a 1970, respectivamente). — *Introducción a la psiquiatría*, 2 vols., 1978-1980; 4ª ed., 1993. — *Estudios de psico(pato)logía sexual*, 1984; 2ª ed., 1990. — *Teoría de la alucinación*, 1984. — *Cuarenta años de psiquiatría*, 1987 (coletânea de monografias psicológicas, psicopatológicas e psiquiatricoclínicas). — *Temas: hombre, cultura, sociedad*, 1989 (coletânea de artigos).

Ver: "Carlos Castilla del Pino. La construcción de una Psiquiatría científica", *Anthropos*, 121 (1991) [número monográfico]. ℭ

CASTILLEJO, JOSÉ. Ver KRAUSISMO.

CASTRO, ALONSO DE. Ver Escolástica.

CASTRO, AMÉRICO. Ver Endopatia; Fato; Semântica.

CASTRO, FERNANDO DE. Ver Krausismo.

CASTRO, JOSÉ DE. Ver Krausismo.

CASTRO Y FERNÁNDEZ, FEDERICO DE. Ver Krausismo.

CASUÍSMO. Ver Sentido moral.

CATAFÁTICO. Ver Apofático.

CATALÉPTICO. Os estóicos gregos empregaram a expressão φκαταληπτικὴ φαντασία em sua "lógica" (na parte da "lógica" que corresponderia hoje à teoria do conhecimento). Trata-se de um conceito fundamental no pensamento estóico. Traduzimos a citada expressão simplesmente por "fantasia cataléptica", seguindo Ortega y Gasset (cf. *op. cit. infra*), mas há outras traduções possíveis, como, por exemplo, representação compreensiva, apreensão direta, evidência imediata etc. O verbo καταλαμβάνειν pode ser traduzido por "apoderar-se de algo", "apreender algo", "ocupar algo", "comprimir". O nome κατάληψις designa a ação de apreender, ou tomar posse de algo. A καταληπτικὴ φαντασία significa, pois, a fantasia — no sentido de "aparição", "imagem", "representação" — mediante a qual se apreende firmemente algo real.

Os estóicos (e especialmente Crisipo) distinguiam aparências ou representações verdadeiras e falsas (cf. Sexto, *Adv. math.*, I, 245 ss.). Há dois tipos de representações verdadeiras: as causadas por objetos existentes que produzem uma imagem correspondente ao objeto, e as causadas por objetos de modo externo e fortuito. As primeiras representações levam em si o sinal da verdade e o critério de verdade, dando origem às fantasias catalépticas; as últimas não levam em si esse sinal nem constituem tal critério, dando origem às fantasias não-catalépticas. As fantasias catalépticas constituem a base do assentimento reflexivo e do conhecimento em sentido próprio; as fantasias não-catalépticas não desembocam em conhecimento, mas apenas em opinião.

Várias são as interpretações dadas à fantasia cataléptica estóica. Alguns supõem que essa fantasia é idêntica à percepção, κατάληψις. Outros indicam que não inclui ainda o assentimento. Outros, ainda, que é o assentimento expresso por meio do juízo. Bréhier (*Chrysippe*, 1951, p. 94) inclina-se ao caráter passivo da fantasia cataléptica, de sorte que não é o sujeito que opera sobre o objeto, mas o contrário. Ortega y Gasset (*La idea de principio en Leibniz*, 1958) acentua o caráter "surpreendente" e "arrebatador" da fantasia cataléptica; o καταληπτικόν é como uma força física irresistível. "'Fantasia' significa para eles [os estóicos] igualmente sensação, noção e proposição. Cícero traduziu a catalepsia por *compreendível*; mas os filólogos contemporâneos entenderam amiúde esse termo, em minha opinião erroneamente, como 'compreensão', isto é, intelecção, quando é o contrário: não é o homem que 'compreende a coisa', mas a coisa que 'comprime' o homem, 'grava-se' nele, 'sela-o'" (*op. cit.*, p. 295). De acordo com isso, a catalepsia não é, pois, uma faculdade inteligente: é uma "evidência" que opera igualmente na percepção e nos axiomas; ao que mais se assemelha é a uma "fé" (*op. cit.*, p. 298).

Andreas Graeser (*Zenon von Kition. Positionen und Probleme*, 1975, pp. 39 ss.) escreve que, "do ponto de vista sistemático-reconstrutivo, é interessante notar que, para Zenão de Cítio, vem antes de tudo o termo κατάληψις e só depois aparece καταληπτικός, como adjetivo derivado daquele substantivo". Isso parece indicar que se trata, não como alguns autores avaliam, de algo equivalente ao conhecimento, ou inclusive de uma forma básica de conhecimento, mas antes de uma condição, possivelmente fisiológica ou corporal, da apreensão cognoscitiva, e inclusive de uma forma de ser das próprias realidades. Assim considerado, não é necessário adotar uma concepção ou ativista ou passivista da "fantasia cataléptica" estóica.

CATARSE. O termo grego κάθαρσις, que literalmente se transcreve *katharsis*, significa "purificação", "regra (menstrual)", "poda (de árvores)". Entre os gregos, ele teve com freqüência um sentido religioso, ligado ao orfismo e aos mistérios de Elêusis. Isso acontece com o poema de Empédocles intitulado *As purificações*, καθαρμοί. Platão (*Crat.*, 405 A) fala das cerimônias de purificação para candidatos à iniciação nos mistérios de Elêusis. As antigas tradições, πάλαι (que são as tradições órficas), sustentavam, segundo Platão, que a purificação consiste em separar o máximo possível a alma do corpo (*Phaed.*, 67 C).

Fala-se de catarse sobretudo em relação com a idéia aristotélica da tragédia (ver). Segundo Aristóteles (*Poet.*, 1449 b), a tragédia descreve em forma dramática, não-narrativa, incidentes que suscitam piedade e temor; desse modo, consegue-se a catarse (purificação) dessas paixões. Também a música produz, segundo Aristóteles, uma catarse. A idéia de catarse foi desenvolvida por alguns autores românticos e fortemente enfatizada por Schleiermacher e Schopenhauer, para o qual a arte, e em especial a música, tem um poder catártico. A catarse artística schopenhaueriana é um passo no caminho de uma total catarse metafísica.

Pode-se considerar a catarse como uma liberação (ver), mas num sentido muito restrito desta — antes como um "escape" do que como uma auto-afirmação.

CATASTROFISMO. Ver Evolução, evolucionismo.

CATEGOREMÁTICO. Ver Sincategoremático.

CATEGORIA. Segundo L. M. de Rijk (*op. cit. infra*, pp. 89 ss.), o sentido de vocábulos como κατηγορία, κατήγορος, κατηγορέω antes de Aristóteles não foi filosófico. Em Ésquilo (*Sete contra Tebas*, 439) e em Hipócrates (*De arte*, 12), κατήγορος significa 'que revela'. Em Heródoto (III, 71), o mesmo termo significa 'acusador'. Também em Heródoto (III, 113), o verbo κατηγορέω significa 'mostro' ou 'afirmo'.

Com grande freqüência, κατηγορία significou 'acusação' ou 'censura'. Neste sentido, o termo κατηγορία contrapunha-se ao vocábulo άπολογία, 'defesa' ou 'louvor'. Aristóteles foi o primeiro a usar κατηγορία em sentido técnico. Às vezes, pode-se traduzir por 'denominação' (cf. *Top.*, 107 a 3 e 18); às vezes, por 'predicação' e 'atribuição' (cf. *Top.*, 141 a 4; *Met.*, Z, 1.1028 a 28; *An. Pr.*, I 41 b 31). O mais comum é se usar simplesmente o vocábulo 'categoria', que é o que adotamos aqui.

No tratado sobre as categorias (*Cat.*, I.16 a 15 ss.), Aristóteles divide as expressões em expressões sem ligação — como 'homem', 'é vencedor' — e expressões com ligação, como 'o homem corre', 'o homem é vencedor'. As expressões sem ligação não afirmam nem negam nada por si mesmas, mas apenas ligadas a outras expressões. No entanto, as expressões sem ligação ou termos últimos e não-analisáveis se agrupam em categorias. Aristóteles dá várias listas destas. A mais conhecida é a que aparece em *Cat.*, IV 1 b 26 ss.: 1) *Substância*, ούσία, como 'o homem' ou 'o cavalo'; 2) *Quantidade*, ποσόν, como 'duas ou três varas'; 3)*Qualidade*, ποιόν, como 'branco'; 4) *Relação*, πρός τι, como 'duplo', 'meio', 'maior'; 5) *Lugar*, πού, como 'no Liceu', 'no mercado'; 6) *Tempo* ou *data*, πότε, como 'ontem'; 7) *Situação* ou *posição*, κείσθαι, como 'deitado', 'sentado'; 8) *Posse* ou *condição*, έχειν, como 'armado'; 9) *Ação*, ποιείν, como 'corta', 'fala'; 10) *Paixão*, πάσχειν, como 'cortado'. Outra lista, também de dez categorias, mas na qual a expressão ούσία é substituída por τί έστι, aparece em *Top.*, IX 103 b 23, e outra, de oito categorias (as antes mencionadas, menos *situação* e *posse*), é apresentada em *Phys.*, V 225 b 5-9. Isto parece dar a entender que Aristóteles não considerava a lista das categorias como fixada de uma vez por todas e que, em princípio, se podia descobrir que uma categoria era redutível à outra, mas alguns autores não admitem esta interpretação e supõem que as categorias são e devem ser precisamente as *dez* indicadas.

Mencionaremos a seguir vários problemas suscitados pela doutrina aristotélica das categorias, mas antes observaremos que é necessário não confundir as categorias ou *praedicamenta* (*praedicamentum* foi o termo proposto por Boécio para traduzir κατηγορία e κατηγόρημα) nem com os predicáveis (VER) nem tampouco com expressões tais como 'o ser', 'o uno', que são transcendentais (VER).

O primeiro problema é o da natureza das categorias. Foram propostas várias interpretações, entre as quais mencionamos: 1) As categorias são equivalentes a partes da oração e, portanto, devem ser interpretadas *gramaticalmente* (Trendelenburg). Esta opinião esquece que uns e outros elementos não são exatamente sobreponíveis e que Aristóteles trata das partes da oração — como o nome e o verbo (VER) — separadamente (cf. *De int.*, I, 16 ss.). 2) As categorias designam expressões ou termos sem ligação que, como o próprio Aristóteles assinala, *significam* a substância, a quantidade, a qualidade etc. Esta opinião (W. D. Ross) baseia-se numa interpretação lingüística ou, melhor dizendo, *semântica* das categorias e tem um fundamento bem firme em muitos textos de Aristóteles. 3) As categorias designam possíveis grupos de respostas a certos *tipos de perguntas*: "Que é *x*?", "Como é *x*?", "Onde está *x*?" etc. Cada tipo de pergunta "recolhe" (como indica G. Ryle) certos tipos de predicados, de tal sorte que "quaisquer dois predicados que satisfaçam à mesma forma interrogativa são da mesma categoria". Esta opinião pode ser designada também como semântica, mas, como tem o inconveniente de não explicar a diferença entre a substância e o resto das categorias, deve ser complementada indicando-se que as categorias não apenas expressam grupos de predicados mas também grupos de sujeitos. 4) As categorias expressam *flexões* ou *casos* do ser e podem, por conseguinte, ser definidas como *gêneros supremos das coisas* (*suprema rerum genera*). Trata-se da opinião tradicional, que é admitida não apenas pelos escolásticos, mas por muitos historiadores modernos (Bréhier, Hamelin etc.). 5) Qualquer interpretação dada às categorias deve levar em conta a *evolução* do pensamento de Aristóteles a esse respeito. Pode-se supor, com efeito, que há uma evolução cujas etapas principais e sucessivas estão expostas nos *Tópicos*, na *Metafísica* e nas *Categorias*. K. von Fritz, defensor desta opinião (art. *infra*), indica em apoio a ela que o sentido primário de κατηγορείσθαι não tardou a transformar-se em Aristóteles — de *acusar* passou a significar *enunciar* (donde κατηγορούμενον, "enunciado"). Por isso, Aristóteles começou por conceber a categoria como "esquema da categoria", σχήμα τής κατηγορίας, ou "gêneros das categorias", γένη κατηγοριών, conforme ele diz nos *Tópicos*. Isso significa que, nos estágios iniciais de sua meditação sobre este problema, o Estagirita não concebia as categorias como "gêneros das coisas" e menos ainda como o serão depois em Kant, "categorias do entendimento", mas simplesmente como *tipos de enunciados* que indicam os diversos modos de dizer, πολλαχώς λεγόμενα. Baseia-se nisso a interpretação semântica. Mas, ao que parece, Aristóteles logo ultrapassou essa fase e, sem chegar à concepção puramente ontológica que caracteriza a doutrina platônica dos gêneros do ser, percebeu a necessidade de articulá-lo de imediato nos *modos* como o ser *se diz* e mais tarde nas formas como o ser aparece. Daí seu estudo das divisões do ser como tal, κατ' αὐτό, e do ser por acidente, κατὰ συμβεβηκός. Sobre as primeiras divisões do ser como tal montou-se então uma série de modos que constituíram predicações. Dessa forma, os motivos lingüísticos ou lingüístico-lógicos combinaram-se aos ontológicos.

É difícil decidir-se por uma das interpretações anteriores. A nosso ver, a interpretação semântica e a interpretação ontológica tradicional são igualmente válidas, pois as categorias não são para Aristóteles apenas termos sem ligação não ulteriormente analisáveis, mas também diversos modos de falar do ser *como* substância, qualidade, quantidade etc., o que seria impossível se o ser não estivesse articulado de acordo com esses modos de predicação. Isso está de acordo com outras formas de Aristóteles de abordar os problemas filosóficos: trata-se da mesma maneira de falar do ser e de analisar os modos como é possível falar acerca do que é. A opinião adotada aqui é também a que propõem L. M. de Rijk e J. Owens (art. cit. *infra*), embora estes autores falem de uma dupla interpretação lógica e ontológica, e lógica e metafísica, respectivamente, em lugar da semântica e ontológica que propomos.

O segundo problema é o da relação entre a substância e as outras categorias. Embora seja certo que se pode responder "Sócrates é uma substância" à pergunta "O que é Sócrates?", sempre resulta que a categoria de substância é concebida como mais fundamental que as outras, em virtude de conhecidos pressupostos filosóficos do Estagirita (ver ARISTÓTELES; SUBSTÂNCIA). Por outro lado, enquanto a substância se divide em substância primeira e substância segunda, nas outras categorias essa divisão não aparece. Esta dificuldade é solucionada por alguns autores (Ross, Stout) que afirmam que, embora todas as categorias que não são a substância estejam presentes num sujeito, há algumas coisas nessas categorias — por exemplo, o conhecimento — que são também afirmadas de um sujeito, e outras coisas — por exemplo, determinada parte de conhecimento gramatical — que não o são.

O terceiro problema é o do conhecimento das categorias. Pode-se perguntar, com efeito, se seu conhecimento é empírico ou não-empírico. A solução de Aristóteles é intermediária: as categorias são obtidas mediante uma espécie de *percepção* intelectual, distinta da que revela o princípio de não-contradição, mas distinta também da que proporciona o conhecimento sensível.

O quarto problema é o já mencionado sobre o número de categorias. As soluções são: *a*) Um número indeterminado; *b*) Um número determinado. Esta última opinião, que é a tradicional, se atém à lista de dez categorias. Mas, ao mesmo tempo, esta opinião pode manifestar-se de dois modos: (I) As categorias são deriváveis sistematicamente; (II) As categorias não são deriváveis sistematicamente. Os partidários de (I) procuram com sua resposta retorquir à objeção de Kant a que depois nos referiremos, mas sem levar suficientemente em conta o sentido diferente que têm as categorias kantianas. Para sua tese, eles se baseiam no fato de que: 1) o predicado denota o *quid* do sujeito (substância); 2) o predicado pode estar no sujeito em si mesmo invariavelmente (quantidade) ou 3) em si mesmo variavelmente (qualidade); 4) o predicado pode estar no sujeito com respeito a outra coisa (relação); 5) e 6) o predicado pode estar fora do sujeito como uma medida (lugar, tempo) ou 8) de modo absoluto (posse); 7) o predicado pode referir-se ao sujeito sem necessidade de cópula (situação); 9) o predicado pode estar no sujeito sob alguns aspectos e fora deles sob outros: no sujeito como seu princípio (ação) e 10) no sujeito como seu fim (paixão). Esta doutrina tem o inconveniente de basear-se excessivamente na relação sujeito-predicado, que não parece entrar senão de maneira muito forçada na doutrina das categorias.

Pode-se perguntar agora se há precedentes para a doutrina aristotélica. Costuma-se avaliar que os mais importantes se encontram em Platão, que considerou o *ser*, a *igualdade*, a *alteridade*, o *repouso* e o *movimento* como os gêneros supremos (*Soph.*, 254 D) e a *igualdade* e a *desigualdade*, o *ser* e o *não ser*, o *ímpar* e o *par*, a *unidade* e o *número* como propriedades comuns do ser (*Theaet.*, 185 A). Muitos autores, contudo, se negam a admitir que haja equivalência entre essas noções e as categorias aristotélicas, ainda que seja muito possível que a análise do Estagirita deva muito à platônica. O mesmo problema pode ser formulado no que tange às doutrinas que seguiram a de Aristóteles no curso da filosofia grega. Parece provável que as noções de *substância, qualidade, modo* e *relação* propostas pelos estóicos sejam uma derivação das categorias aristotélicas, embora tais filósofos as considerassem formas de um único gênero do ser, pois todo ser tinha para eles algo de comum, e toda forma podia ser compreendida num gênero comum. Isso era conseqüência de sua doutrina da matéria ou do corpo como princípio primeiro, doutrina que suscitava grande assombro entre os neoplatônicos, que não podiam conceber que o que é em potência fosse primeiro, invertendo assim a hierarquia do em potência e em ato. Em contrapartida, é menos provável que a doutrina categorial dos neoplatônicos seja sobreponível à aristotélica, ainda que o fato de que eles criticassem a doutrina estóica e admitissem tantos elementos aristotélicos em suas doutrinas possa permitir supor que a relação entre Aristóteles e os neoplatônicos fosse bastante grande a esse respeito.

Seguindo em grande parte Platão (cf. *supra*), Plotino admite, como *gêneros do ser*, os seguintes: o *ser*, o *movimento inteligível*, o *repouso* ou *estabilidade*, a *identidade* ou *o mesmo*, e a *diferença* ou *o outro*. O Uno não é incluído nos gêneros porque se acha acima deles e constitui seu fundamento e princípio comuns. Mas esta exclusão do Uno absoluto, ou primeiro, não implica a da unidade nos gêneros; a coisa, escreve Plotino, deve ser sem necessidade de ser "o Uno" (*Enn.*, VII, ii). Os gêneros são distintos entre si. Às vezes — como ocorre com *movimento* e *estabilidade*, *identidade* e *diferença* — parecem ser opostos; entretanto, pertencem à unidade suprema. São "os primeiros gêneros das coisas inteligíveis", πρῶτα τῶν νοητῶν — são "categorias" desse mundo inteligível. Quanto ao mundo sensível, ele tem também suas categorias — *substância*, *relação*, *quantidade*, *qualidade* e *movimento* —, que podem ser estudadas por si mesmas, embora sejam dependentes, em última análise, do mundo inteligível.

O problema das categorias foi abordado pelos filósofos medievais como doutrina dos que, a partir de Boécio, foram denominados *praedicamenta*. Estes eram também "gêneros supremos das coisas", *suprema rerum genera*. Os *predicamentos* — ou categorias — distinguem-se, de acordo com o que já dissera Aristóteles, dos *predicáveis* ou *categoremas*. Os predicáveis (VER) são as coisas atribuídas ao sujeito segundo a razão do gênero, da espécie, da diferença etc.; eles consideram a coisa em seu próprio ser e não do ponto de vista da mente, ou da "intenção". Os predicáveis são sujeitos da lógica. Os predicamentos podem ser considerados — segundo a razão em que sejam tomados — como objetos da lógica ou da metafísica. Na medida em que são gêneros, eles se distinguem dos transcendentais (VER).

Os escolásticos dividiam os predicamentos de acordo com a lista aristotélica — com algumas variantes, como as introduzidas por Guilherme de la Porrée.

A teoria escolástica das categorias sofreu várias transformações. Nenhuma delas é fundamental. Uma das mudanças foi a introduzida por Ockham quando este definiu os predicamentos como termos da primeira intenção, incluindo neles principalmente a *substância*, a *qualidade* e a *relação*.

Durante a época moderna, até Kant, houve pouco interesse pelo conceito de categoria, mas isso não significa que os filósofos, tanto racionalistas como empiristas, não tivessem doutrinas categoriais. Toda divisão em tipos de substâncias pode ser considerada uma divisão categorial. Deste ponto de vista, podem ser consideradas categorias a *substância extensa* e a *substância pensante* cartesianas. Leibniz falou de *substância, quantidade, qualidade, ação* ou *paixão* e *relação*. Os empiristas, como Locke, trataram das idéias e das classes de idéias em formas que permitem compará-las (ou ao menos algumas delas) com categorias. Os filósofos escoceses da escola do senso comum falaram de noções comuns (*notiones communes*) ou "princípios racionais comuns". Não são categorias, visto tratar-se de proposições, mas funcionam às vezes como categorias.

A mais importante doutrina moderna das categorias é a de Kant. Na "Analítica transcendental" da *Crítica da Razão Pura*, Kant formulou uma doutrina sistemática das categorias. Estas são "conceitos puros do entendimento" que, como escreve Kant, "referem-se *a priori* aos objetos da intuição em geral como funções lógicas". As categorias não são para Kant gêneros das coisas. Não são conceitos gerais nem formas lógicas. Não são tampouco ficções, conceitos-limite etc. Não descrevem a realidade, mas tornam possível dar conta dela. Assim, a categoria de causalidade não descreve nenhuma relação que possa haver entre as coisas tal como estas são em si mesmas — ela permite ligar certos fenômenos a outros de tal modo que se possam formular leis universais e necessárias.

Kant reconhece que o conceito de categoria procede de Aristóteles, mas observa que a enumeração aristotélica das categorias é fortuita. Além disso, Aristóteles inclui entre os conceitos originários alguns conceitos derivados. Para dar solução a estas (e a outras) falhas, Kant fundamenta sua tábua das categorias na tábua das formas do juízo. A lógica — que "não deu desde Aristóteles nem um passo adiante nem um passo atrás" — proporciona um fundamento seguro para saber de uma vez por todas que categorias há e como se organizam. As categorias correspondem a formas lógicas (do juízo), mas não são essas formas.

O sistema kantiano das categorias abrange: as categorias da *quantidade* (unidade, pluralidade, totalidade); as da *qualidade* (realidade, negação, limitação); as da *relação* (substância e acidente; causalidade e dependência; comunidade ou reciprocidade entre agente e paciente); as de *modalidade* (possibilidade-impossibilidade); existência-não existência; necessidade-contingência). Estas são as categorias originárias, além das quais cabe mencionar as derivadas, denominadas por Kant *predicáveis do entendimento puro*, em oposição aos predicamentos. As categorias são constitutivas, isto é, constituem o objeto do conhecimento e permitem, por conseguinte, um saber da Natureza e uma verificação da verdade como verdade transcendental. O problema das categorias como problema fundamental da crítica da razão conduz ao problema da verdade como questão fundamental da filosofia. A dedução transcendental (VER) das categorias é "a explicação do modo como se referem a objetos conceitos *a priori*, e se distingue da dedução empírica, que indica a maneira como um conceito foi adquirido por meio da experiência e de sua reflexão". O sentido construtivo dos conceitos puros do entendimento tem sua justificação no fato de que somente por eles o sujeito transcendental pode pensar os objetos da Natureza e conceber esta última como uma unidade submetida a leis. Mas, ao mesmo tempo, este pensamento das intuições sensíveis por meio das categorias é possível porque há sujeito transcendental, consciência unitária ou unidade transcendental da apercepção.

Além da já citada tábua de categorias que figura na *Crítica da Razão Pura*, Kant apresentou uma tábua de categorias da vontade em relação com as noções de bem e de mal na *Crítica da Razão Prática*. Essa tábua constrói-se também com base nas formas do juízo (VER). Temos dessa maneira as seguintes categorias: *quantidade* (subjetiva, segundo máximas [opiniões do indivíduo]; objetiva, segundo princípios [preceitos]); *a priori* (princípios da liberdade ao mesmo tempo objetivos e subjetivos [leis]); *qualidade* (regras práticas de ação [*praeceptivae*]; regras práticas de omissão [*prohibitivae*]; regras práticas de exceção [*exceptivae*]; *relação* (com a personalidade; com o estado ou condição da pessoa; recíproca, de uma pessoa com o estado ou condição de outra); *modalidade* (o permitido e o proibido; o dever e o contrário ao dever; dever perfeito e dever imperfeito). Nesta tábua, acrescenta Kant (*KpV*, 118), a liberdade é considerada uma forma de causalidade não submetida aos princípios empíricos de sua determinação.

Até Kant, o conceito de categoria fora entendido de vários modos. As categorias podiam ser entendidas como idéias gerais na mente, gêneros supremos das coisas, estruturas gerais lingüísticas ou lógicas etc. Kant entende-as do ponto de vista transcendental (VER) ou como "condições de possibilidade". As categorias não podem referir-se a coisas em si, das quais nada podemos saber (racionalmente). São modos de ordenar e conceituar os fenômenos.

A noção de categoria depois de Kant, especialmente entre os idealistas alemães que descartaram a distinção entre coisas em si e fenômenos, adquire de novo um caráter metafísico. Assim ocorre com Fichte, Hegel, Schopenhauer e Eduard von Hartmann.

Para Fichte, as categorias são engendradas para o Eu no curso de sua "atividade". São, pois, conceitos que se referem a um "Absoluto". Hegel distingue formas do ser e formas do pensar. Ambas as formas (categorias) são "momentos" do Absoluto, mas as categorias do ser são especialmente importantes.

Podemos considerar categorias o *ser* (qualidade, quantidade, medida), a *essência* (fundamento, fenômeno, realidade) e o *conceito* (conceito subjetivo, conceito objetivo, idéia); em todos os casos, trata-se de formas de ser correlacionadas com formas de pensar. Schopenhauer reduz as categorias kantianas somente à categoria de *causalidade*, única forma verdadeiramente *a priori*. Eduard von Hartmann (VER) aborda as categorias 1) na esfera subjetivamente ideal, 2) na esfera objetivamente real e 3) na esfera metafísica. Ele distingue, além disso, *categorias* (ou funções intelectuais inconscientes) e *conceitos das categorias* (ou representações conscientes das funções categoriais inconscientes indutivamente estabelecidas).

Trendelenburg define as categorias como conceitos que se originam na reflexão sobre as formas do movimento, concebidas como fontes dos predicamentos. Mas, ao distinguir *categorias reais* e *categorias modais* (estas últimas originadas no pensar), ele tenta estabelecer uma ponte entre o objetivo e o "subjetivo". Hermann Cohen admite que as categorias são condições do pensar, mas condições lógicas necessárias, de tal sorte que, em última análise, não se sabe se pertencem ou não realmente ao objeto. Tudo depende, com efeito, de que o momento constitutivo da categoria predomine sobre o regulativo, e até de que, acima deles, predomine a instância reflexiva. Podem-se rastrear caminhos análogos rumo a tentativas de mediação e à busca de um novo fundamento ontológico nas doutrinas categoriais, aparentemente só fenomenistas e relativistas, de Renouvier e Hamelin. Renouvier parte de um quadro de nove categorias (*relação, número, posição, sucessão, qualidade, porvir, causalidade, finalidade e personalidade*), a cada uma das quais corresponde uma tese, uma antítese e uma síntese. O propósito de tal quadro não é tanto o de estabelecer o conjunto das determinações pelas quais se rege o conhecimento como o de solucionar os dilemas metafísicos capitais e fazer pairar, acima de todas, as categorias da *pessoa*, que de forma do juízo se transforma assim em suprema entidade metafísica. A tendência ao primado da noção ontológica da categoria se afirma nos trabalhos posteriores desse autor, sobretudo quando ele reduz o quadro às categorias de *relação*, *lógicas*, de *posição* e de *personalidade*. Hamelin (VER) concebe as categorias como "elementos principais da representação", mas visa igualmente mostrar como o conjunto das relações categoriais é não apenas uma maneira de pensar o mundo, mas o que o pensamento descobre sobre a constituição última do real. Os "elementos" parecem situados também entre as categorias e os dados imediatos, entre o transcendental e o fenomênico, mas a síntese, que trabalha sobre os dois termos, tende a acentuar o momento primeiro sobre o segundo e, portanto, a devolver ao "elemento" o caráter predicamental que lhe faltava no princípio.

Os sistemas de categorias foram abundantes a partir das últimas décadas do século passado e no começo do atual. De acordo com Paul Natorp, há três tipos de categorias básicas (*Grundkategorien*): 1) categorias da modalidade (repouso, movimento, possibilidade, contradição, necessidade, criação etc.), 2) categorias da relação (quantidade, qualidade, "figuração", concentração, autoconservação etc.) e 3) categorias da individuação (propriedade, quantificação, continuidade, espaço, tempo etc.). Estas categorias são "funções produtivas da constituição do ser". William James esboçou uma trama categorial baseada na relação (VER) como algo pertencente à própria coisa. Assim, de menor a maior "intimidade", as relações ou categorias são: *estar com* (*simultaneidade* e *intervalo temporal*), *ser adjacente no espaço e distância* (*similaridade* e *diferença*), *atividade* (*mudança, tendência, resistência*), *causalidade* (*sistema contínuo do eu*). Heinrich Meier apresenta um lista categorial em que se analisam sucessivamente as *categorias apresentativas* (da apreensão e da intuição), *noéticas* (da compreensão e da quantidade), *abstrativas, objetivas* e *modais*. Peirce admite vários tipos de categorias. Antes de tudo, as categorias *fenomenológicas* ou *faneroscópicas*, que Peirce denomina *Categoria O Primeiro, Categoria O Segundo* e *Categoria O Terceiro*. A Categoria O Primeiro ou qualidade de sensibilidade é "a idéia do que é tal qual é, independentemente de qualquer outra coisa". A Categoria O Segundo ou reação é "a idéia do que é tal qual é, sendo Segundo com relação a algum Primeiro, independentemente de qualquer outra coisa". A Categoria O Terceiro é "a idéia do que é tal qual é, sendo um Terceiro ou meio entre um Segundo e um Primeiro". Estas categorias são também chamadas *Primeiridade* (*Firstness*), *Segundidade* (*Secondness*) e *Terceiridade* (*Thirdness*). A Primeiridade é o *quale* ou ser tal qual é. A Segundidade é o *fato*. A Terceiridade é a *lei*. Pode-se também dizer que a Primeiridade é a *originalidade*; a Segundidade, a *existência* ou *atualidade*; a Terceiridade, a *continuidade*. A articulação em três etapas se apresenta também, respectivamente, como *sensibilidade, esforço* e *hábito*. Além das categorias faneroscópicas, há as categorias *metafísicas*. Estas podem ser classificadas em modos de ser (*possibilidade, atualidade, destino*) e em modos de existência (*acaso, lei, hábito*). Por fim, há as categorias *cosmológicas*, que são: *acaso* (que dá origem ao tiquismo), *evolução* (ao agapismo) e *continuidade* (ao sinequismo). Estes sistemas categoriais entrelaçam-se às vezes (como se observa, por exemplo, nas noções de acaso, lei e continuidade, que aparecem em diversos modos categoriais). Paul Weiss formulou uma teoria dos "modos de ser" que pode ser considerada uma teoria geral das categorias. Segundo esse autor, há os quatro modos seguintes: atualidade, idealidade, existência e Deus.

B. Petronievitch (VER), S. Alexander (VER) e B. von Brandenstein (VER) também apresentaram sistemas categoriais.

Vários dos sistemas categoriais mencionados há pouco são de caráter "realista". As categorias são, nesses sistemas, modos de ser, e não formas "subjetivas" (ou sequer "transcendentais") impostas ao real, como ocorre nos sistemas categoriais de inclinação "idealista" (por exemplo, nos da maioria dos autores neokantianos). Vários autores a que nos referiremos a seguir manifestam também tendência realista.

Um deles é Husserl, ao menos numa fase de seu pensamento. Husserl e muitos fenomenólogos admitem a possibilidade de intuições categoriais. É possível, pois, distinguir categorias como conteúdos da intuição. Bergson não elaborou nenhum sistema categorial, mas sua classificação das "idéias" (ver IDÉIA) pode ser tomada como base de uma "teoria das categorias". Um detalhado sistema categorial se encontra em Whitehead. Esse filósofo admite quatro tipos de categorias: 1) as categorias do último, como a *criatividade*, a *multiplicidade* e *o uno*; 2) as categorias de existência, por sua vez subdivididas em oito espécies: *a*) *entidades atuais*, isto é, realidades finais ou *res verae*; *b*) *preensões* ou fatos concretos da relacionabilidade; *c*) *nexos*; *d*) *formas objetivas*; *e*) *objetos eternos* ou potenciais puros para a determinação específica do fato; *f*) *proposições* ou potenciais impuros, isto é, teorias; *g*) *multiplicidades* ou disjunções puras de entidades diversas e *h*) *contrastes* ou modos de síntese de entidades numa preensão; 3) as categorias de explicação, em número de 27, que exprimem, em última análise, a constituição do real sob a forma da relação entre as entidades atuais, os objetos eternos, as potencialidades, as preensões, os nexos, as "sensibilidades" e a concreção. 4) As obrigações categoriais, em nove tipos: a categoria de *unidade subjetiva*, de *identidade objetiva*, de *diversidade objetiva*, de *valoração conceitual*, de *reversão conceitual*, de *transmutação*, de *harmonia subjetiva*, de *intensidade subjetiva* e de *liberdade e determinação*.

Nicolai Hartmann elaborou uma minuciosa teoria das categorias tanto para os "objetos reais" como para os "objetos ideais". Devem-se distinguir, antes de tudo — afirma Hartmann —, a *categoria* e a *essência* e a *categoria* e a *coisa*. As categorias mais gerais devem distinguir-se das mais particulares, e estas não devem aplicar-se àquelas. Hartmann indica que seu sistema categorial não é "fechado", mas "aberto" (uma idéia semelhante se encontra em Francesco Orestano [VER], entre outros). Para Hartmann, há um grupo de categorias comuns ao ser real e ao ser ideal — elas podem dividir-se em três esferas: categorias da *modalidade*, da *oposição* e *leis categoriais*. O exame das categorias de modalidade leva ao estudo de várias noções fundamentais (forma e matéria; o interno e o externo; a determinação e o determinado; a quantidade e a qualidade). O exame da oposição leva ao estudo das noções do uno e do diverso, do discreto e do contínuo, do elementar e do estrutural. As leis categoriais constam de quatro princípios: o *princípio da validade*, segundo o qual as categorias determinam incondicionalmente seus elementos concretos; o *princípio de coerência*, segundo o qual cada categoria se encontra apenas no estrato categorial correspondente; o *princípio da estratificação*, segundo o qual as categorias de um estrato "inferior" se acham contidas nas de um estrato "superior", mas não o contrário; e o *princípio de dependência*, segundo o qual as categorias superiores dependem das inferiores.

Emil Lask (VER) elaborou também uma doutrina de categorias que aspirava ultrapassar a análise transcendental kantiana e visava deduzir uma lista categorial a partir de um princípio único.

Entre os sistemas categoriais detalhados mais recentes, figura o de Paul Weiss (VER), sob a forma de um estudo dos "modos de ser". A noção de categoria reapareceu em filósofos de tendência analítica que se interessaram por Kant e por sua interpretação. Um exemplo é P. F. Strawson. Se há nele um "sistema de categorias", não é, porém, transcendental, mas "metafísico-descritivo". Do ponto de vista lógico-gramatical, Strawson indica que o modo pelo qual se pode aplicar o critério categorial aos termos da linguagem é o modo pelo qual um termo pode transformar-se em princípio de "compilação" (ou "recompilação") de certos outros termos (uma opinião não demasiado afastada desta é a de Ryle sobre as categorias aristotélicas de que falamos no início deste verbete). Um dos autores que mais se interessaram pela questão das categorias como "esquemas conceituais" é Stephen Körner. Os filósofos da ciência que insistiram que os fatos estão "carregados de teoria" interessaram-se também por problemas de "categorização".

A noção de categoria tal como apresentada neste verbete tem dimensões ontológicas, metafísicas, epistemológicas e gramaticais (principalmente semânticas), com predomínio de umas ou outras segundo os autores examinados ou segundo as interpretações que se possam dar às correspondentes teorias das categorias. Desde Saunders MacLane e Samuel Eilenberg (1945), a noção de categoria foi usada também estritamente em lógica (e na matemática) para designar classes "associáveis" de estruturas lógicas e matemáticas de tipo muito diverso (classes de grupos, classes de espaços etc.). MacLane avaliou que a noção de categoria é mais básica que a de conjunto (VER) e que se pode até prescindir desta última para ater-se à primeira na fundamentação da matemática. Neste sentido, a noção de categoria não é completamente alheia ao sentido que tem "categoria" em Kant, embora se distinga da acepção kantiana por não possuir, como ela, um caráter "transcendental".

⊃ Além das obras dos autores mencionados no texto e que se encontram na bibliografia dos verbetes correspondentes, ver, para a parte histórica: A. Trendelenburg, *Historische Beiträge zur Philosophie. I. Geschichte der Kategorienlehre*, 1846; reimp., 1963. — P. Ragnisco, *Storia critica delle categorie dai primordi della filosofia greca fino al Hegel*, 2 vols., 1870. — G. Amendola, *La categoria: appunti critici sullo svolgimento della dottrina delle categorie da Kant a noi*, 1913.

Para as categorias em Aristóteles: A. Trendelenburg, *De Aristotelis categoriis*, 1833. — Hermann Bonitz, "Ueber die Kategorien des Aristoteles", *Sitzungsberichte der Kaiserlichen Akademie der Wissenschaften*, Philosophisch-historische Klasse, 10 (1853), 591-645, ed. sep., 1967. — Kurt von Fritz, "Der Ursprung der aristotelischen Kategorienlehre", *Archiv für Geschichte der Philosophie*, XL, 3 (1931), 449-496. — Lincoln Reis, *The Predicables and Predicaments in the* Totius Summa Logicae Aristotelis, 1936. — L. M. de Rijk, *The Place of the Categories of Being in Aristotle's Philosophy*, 1952. — K. Georr, *Les Catégories d'Aristote dans leurs versions syro-arabes*, 1948, com ed. do texto árabe e sírio, vocabulário árabe, sírio, latino e grego, e prefácio de L. Massignon. — L. Minio-Paluello, "The Text of the Categories: The Latin Tradition", *The Classical Quarterly*, 39 (1945), 63-74. — Id., "The Genuine Test of Boethius' Translation of Aristotle's Categories", *Mediaeval and Renaissance Studies*, 1 (1943), 151-177 [Deve-se a L. Minio-Paluello a melhor ed. crítica das Cat.: *Categoriae et Liber de interpretatione*, rec. L. M.-P., Oxford, 1949]. — M. M. Scheu, *The Categories of Being in Aristotle and St. Thomas*, 1944. — J. Owens, "Aristotle on Categories", *Review of Metaphysics*, 14 (1960), 73-90. — Ernst Vollrath, *Studien zur Kategorienlehre des Aristoteles*, 1969. — Alfred Schütze, *Die Kategorien des Aristoteles und der Logos*, 1972. — J.-F. Courtine, Denis O'Brien et al., *Concepts et catégories dans la pensée antique*, 1980, ed. P. Aubenque. — H. G. Apostle, *Aristotle's Categories and Propositions*, 1980. — M. Frede, "Categories in Aristotle", em D. J. O'Meara, ed., *Studies in Aristotle* (1981), 1-24.

Para as categorias em Santo Tomás: V. di Vittorio, *L'ente e le categorie in S. Tommaso*, 1953.

Para as categorias em Kant: O. Fechner, *Das Verhältnis der Kategorienlehre zur formalen Logik: Ein Versuch der Ueberwindung I. Kants*, 1927. — Heinz Heimsoeth, *Studien zur Philosophie I. Kants. Methaphysische Ursprünge und Ontologische Grundlagen*, 1956, pp. 1-92. — J. Simon, "Phenomena and Noumena: On the Use and Meaning of the Categories", em L. W. Beck, ed., *Proceedings of the 3rd. International Kant Congress*, 1972, pp. 521-527. — Ver também obras mencionadas na bibliografia de DEDUÇÃO TRANSCENDENTAL.

Para as categorias em Peirce: Eugene Freeman, *The Categories of Ch. Peirce*, 1970. — J. L. Esposito, *Evolutionary Metaphysics: The Development of Peirce's Theory of Categories*, 1980.

Para as categorias em E. von Hartmann: Johannes Hessen, *Die Kategorienlehre E. von Hartmanns*, 1925.

Para as categorias em N. Hartmann: J. Münzhuber, "N. Hartmanns Kategorienlehre. Ein Wendepunkt in der Geschichte der Naturphilosophie", *Zeitschrift für deutsche Kulturphilosophie*, 9, Heft 3 (1943). — Joachim Bernhard Forsche, *Zur Philosophie N. Hartmanns. Die Problematik von kategorialer Schichtung und Realdetermination*, 1965.

Do próprio N. H., ver "Ziele und Wege der Kategorialanalyse", *Zeitschrift für philosophische Forschung*, 2, n. 4 (1948); reimp. em *Kleinere Schriften*, I (1955), 89-122. O sistema categorial completo de N. H. se encontra em trad. esp. com o nome de *Ontologia* (ver bibl. de HARTMANN [NICOLAI]).

Sobre alguns sistemas categoriais: E. Zysinki, *Die Kategoriensysteme der Gegenwart*, 1913 (tese). — Paula Matthes, *Sprachform, Wort- und Bedeutungskategorie und Begriff. Philosophische Untersuchungen im Anschluss an das Kategorienproblem in der gegenwärtigen Sprachwissenschaft*, 1926; reimp., 1971. — R. I. Goldblatt, *Topoi: The Categorial Analysis of Logic*, 1980. — A. Alemán Pardo, *Teoría de las categorías en la filosofía analítica*, 1985.

Obras sistemáticas diversas: W. Windelband, *Vom System der Kategorien*, 1900. — James Hutchison Stirling, *The Categories*, 1903 (especialmente em sentido hegeliano). — Eugène Dupréel, *Essai sur les catégories*, 1906. — E. Lask, *Die Logik der Philosophie und die Kategorienlehre*, 1921. — Hans Heyse, *Einleitung in die Kategorienlehre*, 1921. — Othmar Spann, *Kategorienlehre*, 1924; 2ª ed., rev., 1939. — F. Brentano, *Kategorienlehre*, 1933, ed. O. Kraus. — Arthur Child, "On the Theory of Categories", *Philosophy and Phenomenological Research*, 7 (1945-1946), 316-335. — I. G. Bennett, *The Pragmatic Universe*, I: *The Foundations of Natural Philosophy*, 1957. — Paul Natorp, *Philosophische Systematik*, 1958 (obra póstuma), ed. Hans Natorp, introdução e notas de Henrich Knittermeyer, especialmente parte II. — P. F. Strawson, *Individuals: An Essay in Descriptive Metaphysics*, 1959. — Oskar Fechner, *Das System der ontischen Kategorien. Grundlegung der allgemeinen Ontologie oder der Metaphysik*, 1962. — Stephan Körner, *Categorial Frameworks*, 1970. — J. M. Rist, "Categories and Their Uses", em A. A. Long, ed., *Problems in Stoicism*, 1971, pp. 38-57. — H. Hardy, ed., *Concepts and Categories*, 1978. — G. Tamas, *The Logic of Categories*, 1987. — C. G. Vaught, Th. M. Seebohm et al.,

Categories: A Colloquium, 1978, ed. H. W. Johnstone. — R. Grossmann, *The Categorial Structure of the World*, 1982. **C**

CATEGÓRICO. O termo 'categórico' é usado em filosofia para adjetivar três termos: 'proposição' (ou, de acordo com o caso, 'juízo'), 'silogismo' e 'imperativo' (moral). Referimo-nos a este último em IMPERATIVO; o segundo é analisado em SILOGISMO. Neste verbete, definimos o significado de 'juízo' e 'proposição' categóricos.

As proposições categóricas são as proposições simples de índole atributiva ou predicativa que mencionamos em PROPOSIÇÃO. As proposições categóricas são do tipo 'S é P' (proposição categórica afirmativa) ou 'S não é P' (proposição categórica negativa). Na lógica atual, não se usa muito o termo "categórico" para designar um tipo de proposição. Tende-se antes a usar o termo em outros sentidos, como, por exemplo, o que Łukasiewicz propõe ao denominar *categórico* um sistema em que todas as interpretações verificam e falsificam as mesmas fórmulas ou são isomorfas.

O uso mais habitual de "categórico" é o que, desde Kant, se dá ao juízo. Segundo Kant, os juízos categóricos fazem parte dos juízos de relação (VER). O juízo categórico afirma ou nega simplesmente um predicado de um sujeito. Segundo Pfänder, o juízo categórico é aquele em que "desaparece todo condicionamento da enunciação, e a função enunciativa se verifica sem condição alguma sobre cujo cumprimento haja incerteza". A fórmula do juízo categórico coincide com a fórmula geral do juízo, mas não significa a mesma coisa. Enquanto na última a enunciação permanece indiferenciada, na primeira se afirma ou não se nega algo: a forma desta afirmação é categórica, e por isso recebe o mesmo nome todo juízo que siga tal esquema.

CATHREIN, VIKTOR. Ver NEOTOMISMO.

CATOLICISMO. Ver CRISTIANISMO (especialmente *ad finem*). Ver também verbetes sobre Padres da Igreja e Doutores da Igreja, filósofos (escolásticos e não-escolásticos) medievais e pensadores que se ocuparam de questões religiosas, teológicas e filosóficas relacionadas com os dogmas católicos (lista no Quadro Cronológico no final desta obra), assim como sobre diversos conceitos de alcance filosófico-teológico como ARBÍTRIO (LIVRE), CONCURSO, CONGRUÍSMO, CRIAÇÃO etc.

CATTANEO, CARLO (1801-1869). Nascido em Milão. Formado na tradição empirista de Romagnosi (VER), Cattaneo lecionou durante certo tempo no Ginásio de Milão. Em 1839, fundou o jornal mensal *Il Politecnico*, publicado até 1844, data em que Cattaneo participou da insurreição de Milão de 1848. Exilado em Paris e em Lugano, retomou neste último lugar uma nova série de *Il Politecnico*, publicado de 1860 a 1863.

Cattaneo interessou-se pela filosofia, pela história e pelas ciências sociais. Em todas essas disciplinas, aplicou um espírito empirista, em boa parte positivista e, em todo caso, historicista. Há semelhanças entre as idéias de Cattaneo e algumas correntes pragmatistas posteriores. Em todo caso, Cattaneo opôs-se vigorosamente ao espiritualismo e, evidentemente, ao rosminianismo, os quais acusou de subjetivismo e de divórcio entre a teoria e a prática. Para Cattaneo, o pensamento filosófico tem de elucidar situações históricas e sociais concretas e não pode deixar-se arrastar por especulações vazias. Não há em filosofia nenhum princípio universal e absoluto, tampouco um método universal; há uma pluralidade de noções e uma pluralidade de métodos, cada um dos quais se justifica por sua aplicabilidade. A filosofia não deve fugir da prática — ela tem de estar estreitamente ligada a esta, que é ao mesmo tempo a realidade e a possibilidade de sua transformação por meios técnicos e científicos. O desenvolvimento social da humanidade é o horizonte no âmbito do qual transcorre o pensamento filosófico; o homem é, desde seu início, um ser social, de modo que um exame do espírito humano é um exame do espírito associado a outros. Cattaneo foi por isso denominado um "positivista político".

➲ Grande parte dos escritos de Cattaneo foi publicada em forma de artigos, ensaios e prefácios (por exemplo, em *Il Politecnico*). São característicos de seu modo de pensar o *Invito agli amatori della filosofia* (1857), a *Idea di una psicologia della scienza* (1859), que constitui uma parte da obra ainda não inteiramente publicada *Psicologia delle menti associate*.

Edição de obras: *Opere edite e inedite*, 7 vols., 1881-1892, ed. A. Bertani, e *Scritti completi editi e inediti*, 1925 ss., ed. A. Ghisleri. — *Epistolario*, 1949, ed. R. Caddeo. — *Scritti filosofici*, 3 vols., 1959 (I, *Saggi*; II-III, *Lezioni*), ed. N. Bobbio.

Ver: F. Momigliano, *C. C. e gli Stati Uniti d'Europa*, 1919. — F. U. Saffioti, *C. C.*, 1922. — Bruno Brunello, *Il pensiero di C. C.*, 1925. — Alessandro Levi, *Il positivismo politico di C. C.*, 1928. — G. A. Belloni, *C. C.*, 1945. — E. Liguori, *C. C.*, 1952. — Luigi Ambrosi, *La formazione di C. C.*, 1959. — Adriana Dentone, *Il problema morale in Romagnosi e C.*, 1968. — F. Focher, "Croce e Cattaneo", *Rivista di Studi Crociani*, 5 (1968), 261-281. ➲

CAUSA. O termo grego αἰτία, traduzido por "causa", teve originalmente um sentido jurídico, significando "acusação" ou "imputação". Αἰτέω significa "acuso" e αἰτιάομαι, "peço". Alguns autores supõem que o termo latino *causa* procede do verbo *caveo*, "defendo-me", "aparo o golpe", "tomo precauções" (contra alguém ou algo) e até "não confio" (em alguém). Parece, pois, que também o vocábulo *causa* tem um sentido jurídico prévio, embora inverso ao grego; neste, enfatiza-se a imputação, enquanto no latim se destaca a defesa. Nestas acepções, percebe-se já — mesmo que vagamente — um significado que depois será considerado característico da relação causal: o passar de algo a algo. No entanto, o significado de "causa" tal como foi entendido mais tarde não pode ser derivado somente dessas acepções jurídicas. Quando se emprega filosoficamente a noção de causa, supõe-se que não há apenas "imputação" de algo a alguém (ou a algo), mas também, e especialmente, que há a produção de algo de acordo com certa norma, ou o acontecer algo segundo certa lei que vigora para todos os acontecimentos da mesma espécie, ou a transmissão de propriedades de uma coisa a outra segundo certo princípio, ou todas estas coisas ao mesmo tempo. Como a causa permite explicar por que certo efeito se produziu, logo se supôs que a causa era, ou podia ser, também uma razão ou motivo da produção do efeito. As idéias de causa, finalidade, princípio, fundamento, razão, explicação e outras similares relacionaram-se com muita freqüência, tendo ocasionalmente se confundido. Além disso, ao se abordarem as questões relativas à causa e à ação e efeito de causar algo — a causalidade —, indicou-se não poucas vezes quais coisas ou acontecimentos, e até que princípio último, podiam ser considerados propriamente como causas. Em todo caso, as noções de causa, causalidade, relação causal, princípio causal etc. foram, desde o início, fundamentais na filosofia.

Descreveremos neste verbete, em ordem aproximadamente histórica, diversas noções de causalidade, assim como várias doutrinas sobre realidades, acontecimentos ou princípios que foram considerados causas. Veremos como a noção de relação causal foi se transformando e como, em diversos períodos — entre eles o contemporâneo —, se tendeu a analisar com a maior precisão possível a natureza, as implicações e as formas da causalidade.

Os pré-socráticos não analisaram a fundo a idéia de causa — a primeira análise detalhada se deve a Aristóteles —, mas usaram-na em suas explicações da origem, do princípio e da razão do mundo físico. Aristóteles observou (*Met.*, A. 3.983 b ss.) que os pré-socráticos empregaram todas as concepções da causalidade, mas cada um deles o fez de um modo parcial. Por exemplo, os pitagóricos consideraram os números e as figuras geométricas como causas. Mas eram somente causas formais (ou, melhor, modelos). Empédocles considerou o Amor e a Discórdia (a União e a Separação) como causas, mas apenas como causas eficientes. Anaxágoras fez do Nous (VER) uma causa, mas tão-somente uma causa final. Os atomistas consideraram que todos os acontecimentos (ver, contudo, ACASO) ocorrem necessariamente e, com isso, que há um princípio de necessidade que é a universalidade do nexo causal. Dizer que nada procede do nada equivale a dizer que tudo tem uma causa (embora esta causa possa ser também interpretada como uma razão). Platão também considerou que tudo o que chega a ser tem uma causa, mas que a primeira causa não é puramente mecânica, e sim inteligível. Platão já estabelece, portanto, uma distinção que depois tornou-se famosa: a distinção entre causas primeiras, αἰτίαι, ou inteligíveis (as idéias), e causas segundas, αἰτίαι δευτέραι, ou sensíveis e eficazes (as causas das realidades materiais e sensíveis) (*Tim.*, 46 C). Além disso, ele subordinou as últimas às primeiras. As causas primeiras são modelos ou atrações — causam não por sua ação, mas por sua perfeição.

Aristóteles abordou o problema da causa, de sua natureza e de suas espécies em várias partes de sua obra, mas principalmente em *Met.*, A 3.983 b — 993 a 10; Δ, 2.1013 a 24 — 1014 a 25; e em *Phys.*, II. 3.194 b 29 ss. A mais célebre e influente doutrina aristotélica a esse respeito é a classificação das causas em quatro tipos: a *causa eficiente*, que é o princípio da mudança, ἡ ἀρχὴ τῆς μεταβολῆς; a *causa material*, ou aquilo de que algo surge ou mediante o qual chega a ser, τὸ ἐξ οὗ γίγνεται; a *causa formal*, que é a idéia ou o paradigma, τὸ εἶδος καὶ τὸ παράδιγμα, como a essência em que "é antes de ter sido", τὸ τί ἦν εἶναι; e a *causa final* ou o fim, τὸ τέλος, τὸ οὗ ἕνεκα, a realidade que algo tende a ser. Há, pois, na produção de algo, o concurso de várias causas, e não só de uma. Por outro lado, as causas podem ser recíprocas, καὶ ἀλλήλων αἰτία, como ocorre com a fadiga, que é a causa da boa saúde, sendo esta a da fadiga, embora não do mesmo modo, pois "uma é fim e a outra princípio do movimento". Ora, ainda que todas as causas concorram para a produção de algo — a produção do efeito —, a causa final parece ter certo predomínio, já que é o "bem" da coisa, e, enquanto tal, a causa final pode ser considerada o bem por excelência. Quando Aristóteles afirma que "tudo o que ocorre tem lugar a partir de algo", πᾶν τὸ γιγνόμενον γίγνεται (...) ὑπό τινος (*Met.*, Θ 8.1049 b 28) (ver OMNIA QUOD MOVETUR AB ALIA MOVETUR), que "é preciso que todo o movido se mova a partir de algo", ἅπαν τὸ κινούμενον ὑπό τινος ἀνάγκη κινεῖσθαι (*Phys.*, VII. 1.241 b 34), ele sustenta, com efeito, que não há movimento sem causa, mas isso não equivale a afirmar um determinismo de tipo mecânico ou puramente eficiente. Por outro lado, ao afirmar que tudo o que ocorre ocorre por algo, Aristóteles refere-se explicitamente à noção de substância (*Met.*, Θ 8.1049 b 57). Os pressupostos do pensamento causal aristotélico e, em geral, do pensamento grego não são em absoluto identificáveis aos pressupostos do pensamento causal moderno. Xavier Zubiri indicou que a relação *causa-efeito* não é no pensamento antigo uma mera relação. O que faz com que uma coisa tenha a possibilidade de produzir outras nesse pensamento não é tanto o fato de ser causa mas o fato de ser substância. Ser substância significa ser princípio das modificações, tanto das próprias como das executadas sobre outras substâncias. As quatro causas aristotélicas podem ser consideradas como os diversos modos em que se manifestam as substâncias enquanto substâncias.

Depois de Aristóteles, não poucos pensadores gregos teriam facilmente sido alvo das mesmas críticas que o Estagirita dirigiu a seus predecessores. Alguns filósofos acentuaram o papel da causa eficiente. Entre eles, destacam-se os céticos de tendência empirista (como Filodemo de Gadara e, em geral, os "médicos-filósofos"). Outros declararam que o efeito é em princípio heterogêneo à causa, de modo que a relação causal (concebida do ponto de vista da causa eficiente) não é completamente racional; entre eles figuram alguns céticos de tendência "dialética" — isso aproximou sua crítica à posterior de Algazel, de Nicolau de Autrecourt, de Hume e de outros autores (ver OCASIONALISMO). Os estóicos desenvolveram uma doutrina causal complexa. Por um lado, defenderam teorias similares às antes citadas. Por outro, falaram de causas como se fossem exclusivamente causas corporais. Por fim, conceberam a causa como um processo originado num corpo e que produz uma transformação ou mudança em outro corpo. Além disso, introduziram a noção de causa mútua (enquanto aplicável pelo menos a indivíduos pertencentes à mesma classe de entidades). A doutrina cosmológica estóica do mundo como um conjunto bem coeso e, em última análise, perfeitamente contínuo levou também esses filósofos a não admitir a possibilidade de qualquer mudança em qualquer coisa que não afetasse todas as outras coisas. Muitos pensadores inclinaram-se a afirmar que a causa é comparável à geração (não necessariamente de índole biológica, mas análoga a ela: no ato de geração produz-se uma imitação, que tem de ser distinta do objeto imitado, mas concebível por analogia com tal objeto). Para esses pensadores, portanto, a causa é, em sentido eminente, causa exemplar.

Plotino seguiu esta última doutrina, pois, embora admitisse a existência de diversos tipos de causa (*Enn.*, III i 10) e criticasse a noção de causa final, ao menos na forma como esta fora defendida por alguns filósofos (*Enn.*, V viii 7), o modo pelo qual se produz o processo de emanação (VER) do Uno é de índole predominantemente "exemplarista". Mais radicais que Plotino foram, a esse respeito, alguns autores neoplatônicos (Porfírio,

Proclo), ao procurar reduzir a um mínimo os instrumentos necessários para se produzir um efeito e ao prescindir quase por completo da noção de causa eficiente. Émile Bréhier ("Les analogies de la création chez Çankara et chez Proclus", *Revue philosophique*, ano 73 [1953], 329-333; reimp. em *Études de philosophie antique* [1955], pp. 284-288) descobriu uma analogia entre a concepção anteriormente citada e a que, segundo Olivier Lacombe (*L'absolu selon le Védanta* [tese, cit. por Bréhier]), há no sistema hindu de Sankara. Quanto a isso Bréhier referiu-se a vários textos de Proclo (em especial o comentário ao *Timeu*) nos quais, à semelhança de outros textos de Sankara, se estabelecem diferenças entre a produção de efeitos por parte dos artesãos (que precisam operar sobre uma matéria por meio de instrumentos) e a produção por parte das potências criadoras (as que impõem as formas por mera "presença"). Levando ao extremo este último caso, pode-se admitir que a atividade do pensamento pode ser suficiente para produzir o pensado. A mencionada diferença entre as duas formas de produção se encontra já destacada em textos de Platão e de Aristóteles, tendo proporcionado material para as distintas interpretações dadas às noções de criação e de emanação (VER).

Muitos filósofos do final do mundo antigo e da Idade Média trataram extensamente da noção de causa. Destacaremos duas tendências. Por um lado, o chamado "exemplarismo" agostiniano e boaventuriano. Por outro, uma parcela considerável do pensamento escolástico, no qual se destaca o tomismo.

No "exemplarismo" agostiniano e boaventuriano não se descarta por inteiro a ação das chamadas "causas segundas" (as causas tais como se supõe que operam na Natureza e que são, ao mesmo tempo, de tipo eficiente e final). Estas causas são admitidas ao lado das causas primeiras, mas sua eficácia é tida como limitada em virtude de certa "insuficiência" ontológica da Natureza. Causa em sentido próprio é somente a Causa criadora, que opera segundo as *rationes aeternae*. Isso não significa que a Causa criadora seja unicamente como um artífice ou demiurgo que se limita a organizar o real. A Causa criadora extrai a realidade do nada, sem que caiba perguntar-se acerca da "razão" de sua produção. Deve-se observar que o termo *causa* em Santo Agostinho (e possivelmente também em São Boaventura) é usado com freqüência no mesmo sentido de "razão" ou "motivo" (como em *causa [...] voluntatis Dei*). Deve-se também assinalar que Santo Agostinho usa às vezes o termo *efficiens* num sentido não exatamente igual ao que ele possui quando se fala de "causa eficiente" natural em sentido próximo do aristotélico.

No pensamento escolástico, e especialmente no tomismo, a doutrina aristotélica sobre a natureza da causa e suas espécies foi objeto de minuciosos estudos. Algumas afirmações de Santo Tomás são paralelas às de Aristóteles. Assim, por exemplo: *omne quod fit, habet causam* (*S. theol.*, I-II q. LXXV. 1 sed contra); *Omne quod movetur, ab alio movetur* (*ibid.*, I. 2,3). Esse também é o caso da classificação dos tipos de causas (*species causarum*) em quatro: *causa per modum materiae*; *causa formalis*; *causa movens, vel efficiens*; *causa finis* (ver *in* 1. c. lect. 2 e *in Phys.*, II lect. 10). A causa é, para Santo Tomás, aquilo a que algo sucede necessariamente. Trata-se de um princípio, mas de um princípio de caráter positivo que de fato afeta algo. A causa se distingue neste sentido do princípio em geral. O princípio é aquilo de que procede algo (o principiado) de "um modo qualquer"; a causa é aquilo de que procede algo (o causado) de um modo específico. Princípio e causa são, ambos, de algum modo "princípios", mas, enquanto o primeiro o é segundo o intelecto, a segunda o é segundo a coisa (ou a realidade). Assim se estabelece a diferença entre a relação *princípio-conseqüência* e a relação *causa-efeito*, de importância tão fundamental no tratamento da noção de causa — e que foi obliterada às vezes pelo racionalismo extremado. A partir dessas definições, Santo Tomás — e diversos autores tomistas — introduziu numerosas distinções, algumas baseadas em Aristóteles e outras próprias. Estabeleceu-se uma distinção entre causas primeiras e causas segundas, como Platão já fizera (cf. *supra*). Falou-se também das seguintes espécies de causa: causas constituintes (matéria e forma), causas extrínsecas (eficiente, final, exemplar), causas intrínsecas (matéria e forma), causas acidentais (ver ACASO), causas cooperantes ou concomitantes (concausas), causas instrumentais (subordinadas), causas ocasionais (ver OCASIONALISMO), causas imediatas (que produzem direta e imediatamente o efeito). Há expressões em que o termo *causa* intervém em outros sentidos diferentes (embora às vezes próximos) dos apontados e que podem entender-se claramente em seu enunciado: *causa adaequata, causa inadaequata, causa essendi; causa fiendi; causa cognoscendi, causa transiens, causa per se*. Cada um dos quatro tipos de causas foi, além disso, classificado pelos autores tomistas. Assim, temos na causa eficiente, entre outras, as seguintes espécies de causa: primeira e segunda; principal e subordinada; unívoca e análoga (ou "equívoca"); essencial e acidental; imanente e transitiva; imediata, mediata, remota e última; total e parcial; universal e particular.

Em geral, os filósofos antigos e medievais tenderam a considerar a relação *causa-efeito* de um ponto de vista predominantemente ontológico. Além disso, inclinaram-se com freqüência a considerar a noção de causa em estreita relação com a de substância (VER).

Isso não significa que todos esses filósofos estivessem de acordo. No âmbito do estoicismo e do ceticismo, encontram-se idéias sobre a causa nas quais se acentuam muito menos os aspectos ontológicos da relação causal. Por um lado, em vários pensadores medievais há análises da noção de causa diferentes tanto da concepção "exemplarista" como da tomista. Nos nominalistas, por exemplo (especialmente em Guilherme de Ockham), os universais não são concebidos como causas — a relação de causa a princípio como relação de espécie a gênero não é admitida. Por outro lado, reduz-se (e às vezes se suprime) o papel desempenhado pelas causas finais a favor do das causas eficientes nos processos naturais. O certo é que, no âmbito do aristotelismo, não se admite tampouco que a explicação dos processos naturais seja possível apenas por meio de causas finais; é necessária também a intervenção das causas eficientes. Ademais, como indica Anneliese Maier ("Ursache und Kräfte", em *Die Vorläufer Galileis im 14. Jahrhundert*, 1949, p. 53 [ver também pp. 54-78]), nessa doutrina as causas formais não têm importância para a explicação físico-dinâmica dos processos naturais, mas tão-somente para a interpretação metafísico-ontológica do mundo. Entretanto, esta interpretação é sempre prévia à citada explicação. Em vários autores medievais, em contrapartida — particularmente nos que elaboraram a noção de ímpeto (VER) —, expressa-se freqüente interesse em averiguar a natureza e o modo de produção das causas eficientes — e mecânicas — com relação às outras formas de causa.

Durante o Renascimento, despertou-se o interesse pela noção de causa final, especialmente entre autores que desenvolveram uma concepção do mundo de caráter "organológico" (J. B. van Helmont, Agrippa de Nettesheim). No princípio da época moderna, foi-se impondo cada vez mais a noção de causa eficiente; dentro desta noção, além disso, impôs-se a noção de uma causa que, em vez de dar razão das próprias coisas, dá razão de variações de estado e de deslocamento no espaço de acordo com leis expressáveis matematicamente. O exemplo mais célebre a esse respeito é Galileu. A física moderna renuncia explicar a "natureza ontológica" da mudança; ela dá uma razão mensurável do movimento. Para alguns autores, isto equivale a prescindir da noção de causa. Segundo Xavier Zubiri, "não apenas não foi a idéia de causa que deu origem à ciência moderna, como também esta teve sua origem no delicado cuidado com que eliminou aquela".

A noção da natureza da causa e de que realidades são propriamente causas foi discutida abundantemente durante os séculos XVII e XVIII, havendo o confronto de duas grandes posições. Uma delas pode ser denominada "racionalista"; seus defensores mais conhecidos são Descartes (cf., por exemplo, *Princ. phil.*, II, 30, 36; III, 43, 141 *et al.*), Spinoza (cf., por exemplo, *Eth.*, I, viii, schol. 2) e Leibniz (cf., por exemplo, *Discours de métaphysique*, 19, 22 *et al.*). A tendência mais destacada entre os racionalistas foi a equiparação de "causa" com "razão" segundo a fórmula *causa sive ratio*, "causa ou razão". Isto fazia com que a relação *causa-efeito* fosse muito parecida, se não-idêntica, à relação *princípio-conseqüência*: se *A* é causa de *B*, *A* é princípio de *B*, e vice-versa. Tal ponto de vista foi defendido posteriormente por Spinoza. Leibniz distinguia o princípio de não-contradição (que expressa a mencionada relação "princípio-conseqüência") e o de razão suficiente (que expressa a relação "causa-efeito"). Contudo, sua tese de que nada ocorre sem razão suficiente não é apenas um princípio causal, mas lógico (lógico e ontológico ao mesmo tempo).

Com isso, os racionalistas deparavam com uma dificuldade. Para entender racionalmente o efeito, este deve estar "incluído" na causa (caso contrário, haveria algo novo, que seria ininteligível). Mas, se está "incluído" na causa, não há realmente efeito. É verdade que o princípio racionalista — *causa aequat effectum*, "a causa é igual ao efeito" (literalmente: "a causa está 'no mesmo nível' do efeito") — pode ser interpretado da seguinte maneira: tem de haver uma completa correspondência entre a causa e o efeito (já que de outro modo não se entenderia como se produziu o efeito). Mas, em última análise, o princípio citado está subordinado ao de *causa sive ratio*.

Costuma-se usar o termo "racionalista" num sentido muito amplo. Nesse sentido, inserem-se no racionalismo autores como Malebranche, Geulincx e outros que defenderam o ocasionalismo (VER). No entanto, os ocasionalistas não mantiveram a concepção racionalista da causa, e sim uma muito diferente, mais semelhante à dos empiristas, de que falaremos depois. O conceito ocasionalista moderno de causa tem antecedentes. Um deles se encontra em Algazel (VER): a oposição ao racionalismo dos teólogos e filósofos árabes levava-o a mostrar a contradição da noção racional da causa: tal noção anulava tanto a causa como o efeito. De fato, o que os filósofos denominam *causas* são para Algazel meras *ocasiões*, pois apenas Deus pode ser considerado verdadeira causa eficiente. Num sentido análogo, Nicolau de Autrecourt, tido por vários autores como um "precursor" de Hume, criticou a noção de causa levando ao absurdo a concepção aristotélico-escolástica. A impossibilidade de deduzir ou de derivar o conhecimento de uma existência do conhecimento de outra com base no puro princípio de contradição obriga, de acordo com Autrecourt, a negar a racionalidade do vínculo causal e a fundar esse vínculo apenas na "sucessão de fatos". Malebranche e os ocasionalistas vêem-se obrigados a resolver o dualismo entre a substância pensante e a extensa formulado por Descartes, mediante a suposição de que as causas, ao menos as segundas, são ocasiões e de que, portanto, somente Deus pode ser verdadeira causa eficiente, pois, se já era difícil entender o nexo causal entre substâncias homogêneas, havendo heterogeneidade entre as substâncias a dificuldade aumentava de imediato. Ora, isto podia ser solucionado de vários modos: ou *a*) Deus intervém contínua e diretamente ou então *b*) as substâncias ficaram de tal modo reguladas que a "intervenção" existiu no princípio ou, ainda, *c*) há nas substâncias algo que permite remeter seus "movimentos" a manifestações de uma só, absoluta e única substância. A primeira solução é a de Malebranche; a segunda, a de Leibniz; a terceira, a de Spinoza.

As opiniões dos racionalistas e dos empiristas a respeito da causalidade diferem abertamente. Em sua *Philosophia prima sive ontologia* (§ 881), Wolff expressou a tese racionalista afirmando que a causa é um princípio (*principium*) e que o causado é algo principiado (*principatum*). A relação de causa a efeito aparece, pois, como uma relação de razão a conseqüência de razão. Locke interessou-se pela origem da noção de causa e afirmou que "causa" é "o que produz qualquer idéia simples ou complexa" (*Essay*, XXXVI, 1). Hume considerou não haver nenhuma razão para supor que, dado o que se chama um "efeito", deva haver uma causa invariavelmente unida a ele. Observamos sucessões de fenômenos: à noite sucede o dia, ao dia, a noite etc.; sempre que se solta um objeto, ele cai no chão etc. Diante da regularidade observada, concluímos que certos fenômenos são causas e outros, efeitos. Entretanto, podemos afirmar somente que um acontecimento sucede a outro — não podemos compreender que haja alguma força ou poder pelo qual opera a chamada "causa", e não podemos compreender que haja alguma conexão necessária entre semelhante "causa" e seu suposto "efeito". As relações necessárias se dão somente entre relações de idéias, não entre fatos. Estes se acham relacionados apenas de modo contingente. Assim, é certo que os fenômenos cuja sucessão regular observamos estão "unidos", mas isso não significa que estejam "conectados": *conjoined, but never connected* (cf. *Enquiry*, VII, 2).

A análise de Hume parecia desembocar no ceticismo, embora ele tenha proposto uma solução para as "dúvidas céticas" — é a solução que esteve na origem do indutivismo e de grande parte do positivismo. Kant aceitou a crítica de Hume da noção de causalidade (o mesmo acontecendo com sua crítica da noção de substância). Tais críticas destroem os pressupostos dos racionalistas. Mas, segundo Kant, a ciência natural (a física) não seria possível a menos que se supusesse que os fenômenos se sucedem de acordo com uma estrita relação de causa a efeito. A causalidade não se encontra, ou não pode encontrar-se, na mesma realidade, mas não pode consistir, como pensava Hume, numa "crença" fundada no "hábito", já que então as leis científicas não seriam, como Kant postulava, "universais e necessárias". De acordo com Kant, a causa não está "na realidade", mas não está somente "na mente (subjetivamente)": 'causa' é o nome de um dos conceitos do entendimento ou categorias (ver CATEGORIA). A causalidade não pode ser derivada empiricamente, mas tampouco é uma pura idéia da razão; ela tem um caráter sintético e ao mesmo tempo *a priori*. A categoria de causalidade (causalidade e dependência, causa e efeito) corresponde aos juízos de relação chamados "hipotéticos". Contudo, ela não é o esquema "vazio" de um juízo condicional, nem um princípio (ontológico) que se baste a si mesmo e cuja evidência seja radical. A noção de causalidade permanece assim inatacável, pois sua aceitação não depende nem de uma suposta evidência ontológica (que, de resto, é vazia de conteúdo) nem da demonstração empírica (que nunca chega a resultados universais e necessários). Evidentemente, a causalidade nesse sentido se restringe ao mundo fenomênico; não se pode dizer se ela afeta as coisas em si, porque não se pode ter acesso a essas coisas. Toda a "Analítica transcendental" na *Crítica da Razão Pura*, de Kant, é fundamental para se entender a crítica kantiana do racionalismo e do empirismo. Limitar-nos-emos a citar algumas passagens que expressam, no próprio vocabulário kantiano, o modo como Kant abordou a questão. Essas passagens procedem da seção sobre a segunda "analogia da experiência", na qual se trata do princípio de sucessão no tempo segundo a lei de causalidade: "Percebo que as aparências se seguem uma à outra, isto é, que em certo momento do tempo há um estado de coisas que é oposto ao que foi no momento precedente. Assim, estou pondo em relação dentro do tempo duas percepções. No entanto, a relação não resulta do mero sentido e da intuição, mas é o produto de uma faculdade sintética da imaginação, a qual determina o sentido interno com referência à relação temporal" (*KrV*, A 189, B 233). "O conceito que carrega consigo a necessidade da unidade sintética pode ser somente um conceito puro radicado no entendimento, não na percepção, e neste caso se acha o conceito *relação de causa a efeito*" (*ibid.*, A 189, B 234). Não se trata de uma sucessão subjetiva, mas de uma sucessão objetiva (porém fenomênica). Em suma: o entendimento contém a condição *a priori* da possibilidade de determinação de todos os instantes dos fenômenos no tempo, tal como se expressa por meio da lei de causalidade enquanto lei universal e necessária.

Depois de Kant, multiplicaram-se as doutrinas sobre a causalidade. Os idealistas alemães voltaram a acentuar o caráter metafísico da causa, mas num sentido diferente do racionalismo pré-kantiano. Schelling aparentou a noção de causa à de fundamento (VER) absoluto. Como tal fundamento é também liberdade absoluta, conclui-se que o problema da liberdade e o da causa estão estreitamente relacionados (ao contrário de como pensava Kant, para quem eles se achavam separados, correspondendo cada um deles a um mundo distinto, o inteligível e o sensível, respectivamente). Em Fichte, a relação entre a causa e o efeito foi com freqüência considerada como a relação entre a atividade e a passividade. Na filosofia de Hegel, a causa é apresentada como aquilo pelo qual um ser pode produzir-se a si mesmo (ver CAUSA SUI), produzindo desse modo seu desenvolvimento "interno". Para Schopenhauer, a causalidade é a única categoria originária, e investiga a quádrupla raiz do princípio de razão suficiente (VER) numa forma que permite conservar a causalidade como categoria em sentido kantiano e ao mesmo tempo considerá-la momento principal do Absoluto, da Vontade.

Hamilton supõe (*Lec. Met.*, XXXIX) que há oito teorias possíveis acerca da causa como fenômeno subjetivo, isto é, como origem do juízo causal. Quatro delas afirmam que esse juízo é *a posteriori* e quatro, que é *a priori*. O juízo causal *a posteriori* pode ser original ou derivado. O original pode ser objetivo-objetivo, com percepção de eficácia causal externa e interna, e objetivo-subjetivo, com percepção de eficácia causal interna. O derivado pode ser objetivo, baseado na indução e na generalização, ou subjetivo, fundado sobre a associação, o costume, o hábito. O juízo causal *a priori* pode ser também original e derivado. O original pode ser necessário ou baseado num princípio especial da inteligência, ou contingente, fundado na espera de uma constância na Natureza. O derivado pode basear-se na lei da contradição ou na do condicionado. Hamilton inclina-se a esta última acepção, derivada, segundo diz, não de uma potência, mas da impotência da mente (*loc. cit.*). Pelo contrário, outras tendências pretenderam fundamentar a "verdadeira" realidade da causa. Essas tendências se basearam quase sempre no exame das condições em que se desenvolve a atividade do eu. Isto ocorre sobretudo com Maine de Biran. Este considerava que a origem da causa reside na atividade da vontade ou consciência de que *somos* causa. Já a filosofia do senso comum sustentara algo parecido ao supor, como Reid, que a causa é derivada do poder que sentimos de produzir certos efeitos; mas essa filosofia deixava este conceito demasiado a cargo de um princípio comum não necessitado de explicação, em lugar de atender, como Maine de Biran, a uma radicalização da experiência do esforço que produzisse o duplo efeito da dissolução e afirmação da causa.

Os cientistas e filósofos que prestaram maior atenção à crítica das ciências procuraram aproximar a causa das noções de condição, relação, lei e função. Assim, por exemplo, John Stuart Mill concebe a causa como o antecedente invariável, dando à causalidade um sentido condicionista. A equiparação da causa com a condição, ou a redução da noção de causa à de condição, foi proposta por vários autores de tendência positivista. Mach julgava que a noção de causa pode, e deve, ser substituída pela de relação. Em geral, os positivistas desconfiaram da noção de causa, por ser ela demasiado geral, demasiado vaga ou demasiado metafísica: noções como as de "condição", "relação", "função", "lei" e outras similares parecem menos discutíveis. Bertrand Russell chegou a afirmar que na ciência não se faz uso da noção de causa; esta noção pode ser proscrita sem que haja prejuízo para a inteligibilidade das teorias científicas.

Outros autores avaliaram que não se pode prescindir da noção de causa, mesmo que, de fato, não se encontrem na Natureza "causas", mas diversos modos de relação entre fenômenos. Vários fenomenólogos admitiram a causalidade como uma noção originária, suscetível de "intuição essencial". Meyerson afirmou que a causalidade é uma noção inerente à razão, que busca constantemente a explicação do conseqüente pelo antecedente e inclusive a identificação de um com o outro. De acordo com este autor, deve-se distinguir a "causalidade teológica" e a "científica". A primeira se revela "quando, por um ato de volição, produzo uma mudança exterior ou quando o fiel atribui um fenômeno à intervenção da divindade". Nesta causalidade teológica, a noção de causa vai além dos fenômenos da ciência, ao contrário da causalidade científica, que se aplica a um aspecto dos fenômenos, e ao contrário também do que se pode denominar a causalidade eficiente, causalidade híbrida que participa das duas anteriores e se aplica, segundo assinala o autor citado, à parte dos fenômenos científicos que escapam à causalidade científica, ou seja, a seu aspecto irracional (*Identité et Réalité*, caps. I, IX).

Brentano considerou que a relação "causa-efeito" não é equiparável à relação "princípio-conseqüência". Hume tinha razão nisso. Essa relação não é tampouco uma conjunção de fenômenos heterogêneos unidos pelo hábito ou pela crença. Nisso tinham razão Kant e os filósofos do senso comum, como Reid; entretanto, nem Hume, nem Kant, nem Reid encontraram a solução correta. Segundo Brentano, há uma permanência contínua da causa no efeito, mas isto não significa que a causa contenha o efeito. Sem a causa, não haveria efeito, mas não o haveria tão-somente por haver uma causa.

Bergson distinguiu entre três sentidos distintos de causalidade. "Uma causa — escreve ele — pode atuar por *impulsão*, por *disparo* ou por *desenvolvimento*." O primeiro é exemplificado pela bola de bilhar; trata-se do exemplo em que se pensa quando se fala de causa física. O segundo é exemplificado pela faísca que faz explodir um depósito de pólvora. O terceiro é exemplificado pela distensão gradual da mola que faz girar o fonógrafo. Para Bergson, o que distingue os três casos é a maior ou menor solidariedade entre a causa e o efeito. "No primeiro, a quantidade e a qualidade do efeito variam segundo a quantidade e a qualidade da causa. No segundo, nem a qualidade nem a quantidade do efeito variam com a qualidade e a quantidade da causa: o efeito é invariável. No terceiro, por fim, a quantidade do efeito depende da quantidade da causa, mas a causa não influi sobre a qualidade do efeito." Só no primeiro caso, por conseguinte, a causa explica o efeito (*L'Évolution créatrice*, 1907, pp. 79-80).

Muitos filósofos se interessaram pelo tipo de relação que se pode estabelecer entre causa e efeito. Outros, como Locke e vários empiristas, demonstraram interesse pela origem da idéia de causalidade. Dewey procurou averiguar a idéia fundamental de que deriva a idéia de causalidade. Segundo esse autor, ela deriva do modelo da ferramenta e do trabalho que se executa com uma ferramenta. A causalidade não é o resultado de uma seqüência de fenômenos naturais (como pensa o cientista), nem uma categoria da razão (como afirmam alguns filósofos), nem tampouco derivada da observação por um sujeito dos atos voluntários (como propõem outros filósofos). "O primeiro pensador — escreve Dewey — que proclamou que todo acontecimento é efeito de algo e causa de outra coisa, que toda existência particular é ao mesmo tempo condicionada e condição, se limitou a expressar verbalmente o procedimento do trabalhador, transformando um modo de prática numa fórmula" (*Experience and Nature*, 1929, p. 84), de modo que "as artes industriais são as formas típicas de experiência que esclarecem as conexões seqüenciais das coisas entre si" (*op. cit.*, p. 85).

Segundo Cassirer (*Determinismus und Indeterminismus* [cf. bibliografia *infra*], pp. 75 ss.), o enunciado causal não é uma intelecção nova, do ponto de vista do conteúdo, mas tão-somente do ponto de vista do método. Um enunciado causal não diz mais do que aquilo que já se sabe. A causalidade pertence, de acordo com Cassirer, aos princípios modais; é um "postulado do pensamento empírico". Cassirer afirma (e nisso concorda com Richard Hönigswald) que a causalidade não é uma lei, mas "um ponto de vista para poder falar de leis". Um enunciado causal é "uma proposição sobre conhecimento" (*op. cit.*, p. 82), e não sobre coisas ou acontecimentos. Cassirer rejeita a noção de causalidade que se supôs tenha tido preeminência na física "clássica". Nesta, confiava-se no caráter inalterável das leis causais, e até num completo determinismo, que teve sua mais célebre formulação em Laplace. Com isso, Cassirer parece afastar-se de Kant, que teve como modelo justamente a física "clássica". Mas, na opinião de Cassirer, podem ainda ser usadas noções kantianas a fim de examinar as tendências da física atual para o indeterminismo, visto que essas noções não servem para descrever acontecimentos físicos, mas apenas os modos como se conhecem tais acontecimentos.

A despeito da observação de Bertrand Russell antes citada, a noção de causalidade foi objeto de numerosos trabalhos filosóficos na época atual. Esses trabalhos são muito diversos, a ponto de às vezes não parecerem discutir os mesmos problemas. Heidegger, por exemplo, examinou a causalidade em relação com o princípio de razão e com a noção de "fundamento". Segundo esse autor, a essência do fundamento só pode ser compreendida no quadro da transcendência do *Dasein*. Pode-se descobrir uma relação que une, em sua raiz, a liberdade e o fundamento ou razão determinante pelo qual a liberdade se fundamenta a si mesma em seu "estar no mundo" e chega, por meio de tal fundamentação, a conceber o princípio do fundamento como uma possibilidade autêntica. A essência do fundamento do qual emergem todas as espécies da causa é a própria liberdade, que se manifesta na transcendência do *Dasein* como uma possibilidade de "fundamentar". Essas especulações são, evidentemente, muito distintas de vários estudos da noção de causa dos pontos de vista lógico e epistemológico, especialmente no âmbito da filosofia da ciência (estudos que foram realizados tanto por filósofos como por cientistas, particularmente por físicos). Tais estudos abordaram, entre outros, dois temas fundamentais: o do modo como se pode entender a noção de causa e o da função desempenhada por essa noção no quadro das teorias científicas. No que diz respeito ao primeiro problema, reproduziram-se, em diferentes níveis, as discussões sobre se a causa é um antecedente invariável, uma expressão de regularidade nos fenômenos, uma condição etc. Quanto ao segundo problema, foi tratado amiúde em estreita relação com o debate entre determinismo e indeterminismo na física, particularmente na física nuclear. De maneira geral, os autores que defenderam alguma forma de indeterminismo consideraram supérflua a noção da causa; os que defenderam o determinismo apoiaram, por seu lado, o "causalismo".

Certos autores investigaram a noção de causa atentando para expressões na linguagem corrente em que se exprime que algo foi produzido. Entre outras questões, discutiu-se a de saber se as causas têm ou não prioridade (sobre os efeitos), isto é, a questão de saber se uma causa tem ou não de preceder necessariamente o efeito.

Uma análise um pouco completa da noção de causa requer não apenas levar em conta ao mesmo tempo os problemas filosóficos e científicos, como também estudar a causalidade em relação com muitos outros conceitos, tais como os de determinação, determinismo (VER), função (VER), lei (VER) e outros. Mário Bunge (*op. cit. infra*) fez uma análise detalhada da causalidade, distinguindo, de início, três significados: a causação (relação causal e tipos de nexo causal), o princípio causal ou de causalidade (enunciado da lei causal, como em "as mesmas causas produzem os mesmos efeitos"), e o determinismo causal, ou causalismo, isto é, causalidade propriamente dita (doutrina da validade universal do princípio causal, como em "tudo tem uma causa"). O princípio causal expressa a forma da causação; o determinismo causal afirma que tudo ocorre segundo lei causal. De acordo com Bunge, o princípio de determinação é de caráter mais amplo do que o do determinismo. O princípio de determinação inclui leis deterministas e leis não-deterministas (por exemplo, estatísticas). A causalidade é apenas uma espécie (embora muito importante) de determinação. Não se deve supor, pois, que a causação seja a única fonte da produção de mudança e de novidade. A determinação pode ser causal e não-causal. Incluem-se nesta última a determinação estatística, a estrutural, a teleológica e a dialética. Tais distinções (e outras introduzidas pelo autor citado) se destinam a evitar confusões muito comuns entre filósofos e cientistas. Bunge rejeita a interpretação puramente empirista ou "conjuncionista" da causa e afirma que a causa é uma produção real, mas ao mesmo tempo não admite que as hipóteses causais sejam identificáveis com a tese de uma determinação estrita. Uma crítica puramente "niilista" da causalidade favorece as tendências irracionalistas. Uma interpretação rígida do princípio de determinação conduz, por outro lado, a um pressuposto determinista não comprovável. A intenção de Bunge é mostrar que, "como qualquer outra categoria de determinação, a causação tem um alcance operativo limitado; que o princípio causal ocupa um lugar no contexto mais amplo do determinismo; e que os fracassos sofridos pelo princípio causal em certas esferas não implicam de maneira alguma o fracasso do determinismo *latu sensu*, ou a desintegração do entendimento racional" (*op. cit. infra*, p. 351).

⊃ Além das obras a que se fez referência no texto do verbete, ver para a história do problema da causa: Edmund König, *Die Entwicklung des Causalproblems. Studien zur Orientierung über die Aufgaben der Metaphysik und Erkenntnislehre*, 2 vols. (I. *Von Cartesius bis Kant*, 1888; II. *In der Philosophie seit Kant*, 1890). — G. Heymans, *Kritische Geschiedenis van het Causalitetsbegrip in de nieuwere Wijsbegierte*, 1896. — A. Lang, *Das Kausalproblem*, I, 1904. — T. Czezowski, *Jak powstalo zagadniene przyczynowsci. Zarys jego rozwoju w filozofji starozytnej*, 1933 (Gênese do problema causal. Esboço de sua evolução na filosofia antiga). — Mortimer Taube, *Causation, Freedom and Determinism. An Attempt to solve the Causal Problem through a Study of Its Origin in Seventeenth Century Philosophy*, 1936. — E. Wentscher, *Geschichte des Kausalproblems in der neueren Philosophie*, 1921. — Ottar Dahl, *Om arzakproblemer. 1. Historik forshning; fork, ók pa en vitenskapsteoretik analyse*, 1956 (com resumo em inglês). — K. Schmidt-Phiseldeck, *Aitia; historie og Kausaltaenknig*, 1951. — C. Giacon, *La causalità nel razionalismo moderno*, 1954 (sobre Descartes, Spinoza, Malebranche, Leibniz). — H. Dolch, *Kausalität im Verständnis der Theologen und der Begründer neutzeitlicher Physik*, 1954 (neotomista). — E. Ryding, *The Concept "Cause" as Used in Historical Explanation: Two Studies*, 1965. — W. A. Wallace, *Causality and Scientific Explanation*, 2 vols., 1981 (I, *Medieval and Early Classical Science*; II, *Classical and Contemporary Science*).

Sobre a noção de causa em diferentes autores e correntes: Joachim Klowski, "Der historische Ursprung des Kausalprinzips", *Archiv für Geschichte der Philosophie*, 48 (1966), 226-266 (especialmente nos pré-socráticos). — Helene Weiss, *Kausalität und Zufall in der Philosophie Aristoteles*, 1942; nova ed., 1967. — Francis X. Meehan, *Efficient Causality in Aristotle and Saint Thomas*, 1940 (tese). — William A. Wallace, *Causality and Scientific Explanation*, 2 vols., 1972-1974 (I: *Medieval and Early Classical Science*; II: *Classical and Contemporary Science*). — Théodore de Regnon, *La Métaphysique des Causes d'après Saint Thomas et Albert le Grand*, 1906. — G. Girardi, *Metafisica della causa esemplare in S. T. d'Aquino*, 1954. — Cornelio Fabro, *La nozione metafisica de partecipazione secondo S. Tomaso*, 1939, reed., 1950. Continuação e ampliação desta obra no livro: *Participation et causalité selon S. Thomas d'Aquin*, 1961. — P. Garin, *Le problème de la causalité en Saint Thomas d'Aquin*, 1958. — A. Kayserling, *Die Idee der Kausalität in den Lehren der Occasionalisten*, 1896 (tese). — H. Brömse, *Das metaphysische Kausalproblem bei Leibniz*, 1897 (tese). — Paul Richter, *D. Humes Kausalitätstheorie und ihre Bedeutung für die Begründung* der Theorie der Induktion, 1893. — A. C. Ewing, Kant's Treatment of Causality, 1924. — Eckard Klapp, Die Kausalität bei Salomon Maimon, 1968. — Marcel Méry, Essai sur la causalité phénoménale selon Schopenhauer, 1948. — Else Wentscher, Das Kausalproblem in Lotzes Philosophie, 1903. — Siegfried Becher, Erkenntnistheoretische Untersuchungen zu Stuart Mills Theorie der Kausalität, 1906 (ibid., 25). — E. Rogge, Das Kausalproblem bei Franz Brentano, 1935. — A. Heuss, Neuscholatische Begründungsversuche für das Kausalprinzip, 1930 (tese). — E. Götlind, B. Russell's Theories of Causation, 1952 (tese). — Werner Lichter, Die Kategorialanalyse der Kausaldetermination. Eine kritische Untersuchung zur Ontologie N. Hartmanns, 1964. — P. Sachta, Die Theorie der Kausalität in Kants Kritik der reinen Vernunft, 1975. — R. Sorabji, Necessity, Cause, and Blame: Perspectives on Aristotle's Theory, 1980. — T. L. Beauchamp, A. Rosenberg, Hume and the Problem of Causation, 1981. — T. Brown, The Doctrine of Mr. Hume, Concerning the Relation of Cause and Effect, 1983.

Sobre o problema geral da causalidade e a questão do conteúdo e validade da lei causal: A. Bollinger, Das Problem der Kausalität, 1878. — M. Adler, Kausalität und Teleologie, 1904. — A. Bellanger, Les concepts de cause et l'activité intentionelle de l'esprit, 1905. — Benno Erdmann, Ueber Inhalt und Geltung des Kausalgesetzes, 1905. — E. von Aster, Untersuchungen über den logischen Gehalt des Kausalgesetzes, 1905. — Sergius J. Hessen, Individuelle Kausalität. Studien zum traszendentalen Empirismus, 1909 (Kantstudien, Ergänzungshefte, 15). — C. D. Broad, Perception, Physics, and Reality, 1914 (esp. caps. II e IV). — A. Pastore, Il problema della causalità con particolare riguardo alla teoria del metodo sperimentale, 2 vols., 1921. — Ernst Berg, Das Problem der Kausalität. Eine philosophische Abhandlung, 1921. — Léon Brunschvicg, L'Expérience humaine et la Causalité physique, 1922. — C. J. Ducasse, Causation and Types of Necessity, 1924. — J. Hessen, Das Kausalprinzip, 1928; 2ª ed., 1958. — M. Heidegger, Vom Wesen des Grundes, 1929. — Vários autores, Causality, 1932 [University of California Publications in Philosophy, 15]. — Joseph Geyser, Das Gesetz von der Ursache. Untersuchungen zur Bregründung des allgemeinen Kausalgesetzes, 1933. — Ludwig Silberstein, Causality: a Law of Nature or a Maxim of the Naturalist?, 1933. — Henryk Mehlberg, "Essai sur la théorie causale du temps", Studia philosophica, 1 (1935), 119-260; ibid., 2 (1937), 111-231. — VV. AA. (Travaux du IX Cong. Int. de Philosophie, Paris, Fasc. VII, 1937). — John Oulton Wisdom, Causation and the Foundations of Science, 1946. — Roman Ingarden, "Quelques remarques sur la relation de causalité", Studia philosophica, 3 (1936-1946). — H. Ertel, Kausalität. Teleologie und Willensfreiheit als Problemkomplex der Naturphilosophie, 1954. — Daniel Lerner, ed., Cause and Effect, 1965 [The Hayden Colloquium on Scientific Method and Concept]. — M. Bunge, F. Halbwachs et al., Les théories de la causalité, 1971 [Études d'epistémologie génétique, 26]. — John L. Mackie, The Cement of the Universe: A Study of Causation, 1974. — Georg Henrik von Wright, Causality and Determinism, 1974 [The Woodbridge Lectures, 1972, Tenth Series]. — R. Harré, E. H. Madden, Causal Powers, 1975. — B. Skyrms, Causal Necessity: A Pragmatic Investigation of the Necessity of Laws, 1980. — W. J. Courtenay, Covenant and Causality, 1984. — D. Emmet, The Effectiveness of Causes, 1985.

Sobre a noção de causa, especialmente na física contemporânea: H. Bergmann, Der Kampf und das Kausalgesetz in der jüngsten Physik, 1929. — H. Reichenbach, R. von Mises, Paul Hertz, Friedrich Waismann, Herbert Feigl, "Wahrscheinlichkeit und Kausalität", Erkenntnis, I (1930-1931), 158-285. — Ph. Frank, Das Kausalgesetz und seine Grenzen, 1932. — M. Planck, Der Kausalbegriff in der Physik, 1932. — E. Schrödinger, Ueber Indeterminismus in der Physik, 1932. — Moritz Schlick, Die Kausalität in der gegenwärtigen Physik (Die Naturwissenschaften, 1931). — E. Cassirer, Determinismus und Indeterminismus in der modernen Physik. Historische und systematische Studien zum Kausalproblem, 1936. — Max Born, Natural Philosophy of Cause and Chance, 1949 [Waynflete Lectures, Oxford, 1948]. — V. F. Lenzen, Causality in Natural Science, 1954. — E. Kaila, Terminalkausalität als die Grundlage eines unitarischen Naturbegriffs. Eine naturphilosophiache Untersuchung, I. Teil, 1956 [Acta philosophica fennica, fasc. 10]. — David Bohm, Causality and Chance in Modern Physics, 1957; nova ed., 1964. — Mario Bunge, Causality: the Place of the Causal Principle in Modern Science, 1959. — Hans Titze, Der Kausalbegriff in Philosophie und Physik, 1964. — Patrick Suppes, A Probabilistic Theory of Causality, 1970.

Sobre a noção biológica de causa: F. Christmann, Biologische Kausalität, 1928.

Sobre o conceito filosófico-jurídico de causa: José Juan Bruera, El concepto filosófico-jurídico de causalidad, 1944. — H. L. A. Hart e A. M. Honoré, Causation in the Law, 1959.

Sobre a "causalidade instrumental" em sentido teológico: Édouard Hugon, La causalité instrumentale en théologie, 1907.

Sobre se a causa pode ou não anteceder o efeito: M. Dummett e A. Flew, "Can an Effect Precede Its Cause?", Aristotelian Society Proceedings, Suppl. vol. 28 (1954). — Max Black, "Why Cannot an Effect Precede Its Cause?", Analysis, 16 (1956). — A. Flew,

"Effects Before Their Causes? Addenda et Corringenda", *ibid.*, 17 (1957). — *Id., id.*, "Causal Disorder Again", *ibid.*, 17 (1957). — R. M. Chisholm e R. Taylor, "Making Things To Have Happened", *ibid.*, 29 (1960). — M. Dummett, "Bringing About the Past", *Philosophical Review*, 23 (1964). — S. Gorovitz, "Leaving the Past Alone", *ibid.*, 23 (1964). — A. Flew e C. J. Ducasse em *The Philosophy of C. D. Broad*, 1960, ed. P. A. Schilpp. — Richard M. Gale, "Why a Cause Cannot Be Later than Its Effect", *Review of Metaphysics*, 19 (1965). ↄ

CAUSA ADEQUADA, CONCOMITANTE, EFICIENTE, FINAL, FORMAL, MATERIAL, PER SE, PRIMEIRA, SEGUNDA etc. Ver CAUSA.

CAUSA SUI. No verbete sobre a noção de causa (VER), não falamos — a não ser tangencialmente — da questão da "causa de si mesmo", que se exprime mediante os termos *causa sui*.

A expressão *causa sui* parece ter sido introduzida na literatura filosófica medieval por meio de traduções latinas de Alfarabi (cf. Rudolf Eucken, *Ges. der phil. Terminologie*, 1879; reimp., 1960, p. 68). Indicou-se também que ela foi usada pela primeira vez no século XII — por exemplo, por Alain de Lille (cf. A. Guzzo-F. Barone, *Enciclopedia Filosofica Italiana*, I, A-Eq, 1957, s. v. "Causa sui", p. 979, col. 1). Alberto Magno usou a expressão *principium sui*; em sua doutrina da Trindade, o Pai é descrito como *principium* e não *causa* do Filho (Eucken, *op. cit.*, p. 91, nota 3). *Causa sui* foi usado por Santo Tomás, Suárez e muitos autores escolásticos, assim como por Descartes e, sobretudo, Spinoza.

Originariamente, *causa sui* não se referia a Deus (Deus era, antes, *principium sui*). *Causa sui* podia aplicar-se ao homem enquanto homem livre, indicando-se com isso que ele se determinava a si mesmo livremente. Dizia-se, contudo, que nada é propriamente *causa sui*, pois todo ente é enquanto tem uma origem distinta de si mesmo, ou seja, é causado.

Deus foi apresentado como *causa sui* por Descartes em sua prova (que Kant denominou "ontológica") da existência de Deus. Spinoza começou sua *Ética* (I, def. 1) com uma definição do conceito *causa sui*: "Por causa de si mesmo entendo aquilo cuja essência envolve a existência, isto é, aquilo cuja natureza não pode ser concebida senão existindo". Pode-se dizer que em Descartes e em Spinoza se dá uma definição positiva de *causa sui*, ao contrário da definição escolástica medieval, que era antes negativa, visto que afirmava que um ente é *causa sui* quando *não* tem causa (exterior ao ente considerado). Em Descartes, a *causa sui* definida positivamente se aplica à substância, mas, como a única substância que preenche todas as condições requeridas é a substância infinita, Deus acaba por ser definido como *causa sui* por excelência. O mesmo acontece em Hegel.

Em sua *Historia como sistema*, Ortega y Gasset afirma que o homem é *causa sui* num sentido ainda mais radical que o tradicional, pois o homem (a vida) tem de decidir constantemente qual "si mesmo" vai causar (*O. C.*, VI, 33).

CAUSALIDADE. Ver CAUSA; CAUSALIDADE (PERCEPÇÃO DA); DETERMINISMO; INCERTEZA (RELAÇÕES DE); LEI.

CAUSALIDADE (PERCEPÇÃO DA). Um problema que não costuma ser mencionado nos estudos epistemológicos — e só excepcionalmente é abordado nas análises metafísicas — na noção de causalidade é o dos modos de *percepção causal*. Este é um problema que foi estudado por J. Piaget e, em particular, por A. Michotte van der Berck, nas investigações experimentais realizadas pelo último em Louvain e resumidas no livro *La perception de la causalité* (1946; 2ª ed., 1954). Decorre dessas investigações que há *impressões* causais e que as condições de seu aparecimento podem ser determinadas. Os exames de Michotte incluem a causalidade chamada qualitativa (que se reduz a mudanças de forma), e a tese resultante de tais exames se opõe à negação de uma impressão primitiva da influência exercida por um fato físico sobre outro (negação comum a Hume e aos racionalistas continentais). De acordo com isso, seria preciso reformular o problema causal tal como foi abordado pelos filósofos clássicos modernos em termos psicológicos, ainda que não fosse senão pelo fato de que esses filósofos estabelecem, consciente ou inconscientemente, pressupostos psicológicos em suas análises aparentemente apenas filosóficas ou epistemológicas da noção de causalidade.

ↄ Ver: A. Michotte *et al., Causalité, permanence et réalité phénoménales*, 1963. — L. Houssiadas, *An Exploratory Study of Perception of Causality*, 1965 (discussão das idéias de Michotte e resultados do próprio trabalho experimental). ↄ

CAVAILLÈS, JEAN (1903-1944). Nascido em Saint-Maixent (França), estudou, com Léon Brunschvicg (VER), na École Normale Supérieure, de Paris, e deu continuidade a seus estudos na Alemanha. Foi encarregado de curso em Estrasburgo e, desde 1941, professor na Sorbonne. Membro ativo da Resistência, foi fuzilado pelos nazistas.

Cavaillès estudou a constituição da teoria dos conjuntos no período de 1872 a 1899 com o propósito de ver a necessidade da axiomatização depois desenvolvida por Zermelo, Fraenkel e von Neumann. O estudo histórico se justifica, segundo Cavaillès, porque "rejeitar ou fundar uma teoria não é um trabalho definitivo, nem desprovido de graus; sobretudo, assim como para as caracterizações de unidade, não se pode operar mediante simples investigação lógica" (*Remarques*. "Conclusion"). Em seu trabalho sobre contínuo e transfinito, Cavaillès enfatiza que há nas teorias formais um processo de desenvolvimento intelectual que ultrapassa a história empírica e que tem um caráter dialético. Esse processo é exemplificado no estudo da noção de contínuo e na formação da teoria dos conjuntos.

↪ Obras: *Méthode axiomatique et formalisme*, 1937. — *Remarques sur la formation de la théorie abstraite des ensembles*, 1938. — O trabalho "Transfini et Continu", destinado à *Revue Philosophique de la France et de l'Étranger*, foi escrito em 1940 ou 1941. Foi publicado no tomo *Philosophie mathématique*, 1962, junto com as citadas *Remarques* e a trad. da correspondência Cantor-Dedekind e os comentários e notas de Zermelo às cartas de 1899. — Postumamente, apareceu *Sur la logique et la théorie de la science*, 1947.

Ver: Renato Jacumin, *J. C. Alla ricerca di una fondazione dell'operare matematico*, 1967. — P. Cortois, "J. C.' aanloop tot de wetenschapstheorie", *Tijdschrift voor Filosofie*, 52(1) (1990), 100-120 [interpretação da obra de C. *Sur la logique (...)*]. ↩

CAVERNA DE PLATÃO. Uma das mais célebres alegorias, se não a mais célebre de todas, na história da filosofia é a da chamada Caverna de Platão. Este filósofo apresenta-a, pela boca de Sócrates, no início do livro VII da *República*, imediatamente depois de falar da linha dividida (VER) e em relação com as idéias expressas a propósito de tal "linha".

Sócrates pede a Glauco que imagine alguns homens vivendo num subterrâneo em forma de caverna, ἐν καταγείῳ οἰκήσει σπηλαιώδει. A entrada da caverna, σπήλαιον, ocupa toda a fachada. Os homens encontram-se no interior da caverna desde a infância, presos pelo pescoço e pelas pernas e sem poder mover-se nem virar a cabeça. A única coisa que podem ver é o fundo da caverna. Fora desta, e em certa elevação, brilha um fogo. Entre o fogo e os homens encarcerados — ou "encavernados" — interpõe-se um caminho elevado, ao longo do qual se erige um muro, semelhante aos palcos que se constroem para os saltimbancos. Ao longo do muro, há homens que carregam objetos de todo tipo. Eles transportam estátuas de homens e de animais, de pedra e de madeira. Alguns desses carregadores falam, e outros permanecem silenciosos.

Os homens agrilhoados na caverna, os "prisioneiros", assemelham-se a nós. Cada um deles vê o mesmo que todos os seus vizinhos: sombras projetadas pelo fogo sobre o fundo da caverna. Quando se comunicam entre si, os prisioneiros falam da mesma coisa; crêem que vêem e descrevem as coisas reais quando somente vêem e descrevem suas sombras, ou aparências. O mesmo acontece com as vozes dos homens que estão fora: eles ouvem não suas vozes "reais", mas os ecos refletidos pelo muro do fundo da caverna.

Se um desses prisioneiros tivesse seus grilhões retirados e fosse obrigado a se levantar, virar a cabeça e olhar a luz que vem do exterior, ele ficaria de imediato como cego. Se se lhe dissesse então que o que vira eram meras aparências e que agora está vendo coisas mais reais, ele não saberia o que dizer. O mais provável é que julgasse mais verdadeiras as coisas que tinha visto, isto é, os reflexos que se projetavam sobre o muro no fundo da caverna. E nem falemos se fosse ele obrigado a sair da caverna, subir à elevação e olhar de frente a luz; com certeza se rebelaria e, completamente cego, não veria nenhum dos objetos que agora consideramos verdadeiros.

Mas, se se habituasse a olhar as verdadeiras realidades e não as aparências, ele terminaria por descobrir que o que vira até então eram, de fato, meras aparências, sombras e reflexos. Veria no início as sombras ou "imagens" (ver LINHA DIVIDIDA), mas depois se acostumaria a ver as próprias coisas, modelos dessas imagens; mais tarde, iria se elevando até que, no final, poderia ver o próprio sol, e compreenderia que este é a fonte da luz e a causa da existência de estações e anos, e até, de certo modo, a causa de todas as coisas. Alegrar-se-ia então com a mudança e se compadeceria dos homens que ainda continuam agrilhoados. Teria pena deles não apenas por crerem que vêem coisas reais quando vêem somente aparências, mas também por crerem que as honrarias e recompensas que recebem, ou que se concedem uns aos outros, são coisas valiosas.

E, se regressasse à caverna e tentasse convencer seus antigos companheiros de prisão de que vivem num mundo de sombras, estes, em vez de agradecer-lhe pelos esforços para libertá-los dos grilhões, acusariam-no por sua petulância, ou suposta petulância, e até procurariam matá-lo (como aconteceu com Sócrates). Os que viram "a realidade", elevando-se às alturas do mundo inteligível, já não parecem querer abandonar esse mundo luminoso da verdade; a rigor, quando se acham entre os que continuam vivendo num mundo de sombras, têm um aspecto desajeitado e até ridículo. Isto é muito compreensível, diz Sócrates, mas, se se fosse razoável, ver-se-ia que há dois tipos de confusão: uma é produzida pela passagem da obscuridade à luz, e a outra, pela passagem inversa. A última espécie de confusão é simplesmente um sinal de que se conhece a verdade e a realidade e de que a pessoa fica turvada pela obscuridade.

A alegoria da caverna (*Rep.* 514 A-518 C) constitui para Platão o ponto de partida que o leva à idéia de que a educação deve destinar-se a orientar os homens para a contemplação da verdadeira realidade e, em última análise, da idéia do Bem. Como nem todos os homens são capazes de seguir essa difícil trilha, devem-se educar para isso os mais capazes. Estes serão os filósofos, que, conhecendo então a verdade e o bem, pela aquisição das ciências como prelúdio da dialética (VER), poderão transformar-se nos supremos governantes. O "filósofo-rei" — o filósofo que se converte em rei ou o rei que filosofa — é a culminação desse processo educativo, que parte das sombras e se eleva até a suprema luz.

CECCATO, SILVIO. Ver NEO-REALISMO.

CELARENT. É o nome que designa um dos modos (ver MODO) válidos dos silogismos da primeira figura (VER). Um exemplo de *Celarent* pode ser:

Se nenhum africano é europeu
e todos os abissínios são africanos,
então nenhum abissínio é europeu

exemplo que corresponde à seguinte lei da lógica quantificacional elementar:

$$(\wedge x \, (Gx \rightarrow \neg Hx) \wedge \wedge x \, (Fx \rightarrow Gx))$$
$$\rightarrow \wedge x \, (Fx \rightarrow \neg Hx)$$

e que, usando-se as letras 'S', 'P' e 'M' da lógica tradicional, pode ser expresso mediante o seguinte esquema:

$$(\text{MeP} \wedge \text{SaM}) \rightarrow \text{SeP}$$

no qual aparece claramente a seqüência das letras 'E', 'A', 'E', origem do termo *Celarent*, na ordem MP-SM-SP.

CELAYA, JUAN. Ver MERTONIANOS.

CELSO (*fl*. 170). Defendeu um platonismo em muitos aspectos semelhante ao de Ático (VER), mas, mesmo estando também imbuído de motivos estóicos e epicuristas, estes são menos importantes do que os que influenciaram o citado platônico, seu coetâneo. A tendência de Celso ao dualismo levou-o a uma ênfase da transcendência divina: Deus pode apenas relacionar-se com a parte superior da alma, e sua providência se estende ao mundo e não a cada um dos homens, que possuem na matéria mortal de que são compostos uma realidade que não pode entrar em contato com a realidade suprema. Ora, para restabelecer a separação, Celso introduziu uma doutrina demonológica análoga à de muitos platônicos e neoplatônicos do final do mundo antigo: uma hierarquia de espíritos é a encarregada de restabelecer a continuidade rompida pelo dualismo radical. Em nome desse platonismo, Celso combateu os cristãos em sua obra *Doutrina Verdadeira* ('Αληθὴς λόγος); partes da obra foram conservadas em virtude do escrito que Orígenes dirigiu contra ela.

⊃ Edição de fragmentos: C. R. Jachmann (1836); Th. Keim (1873); O. Glöckner (1924).

Ver: F. A. Philippi, *De Celso, adversario Christianorum, philosophandi genere*, 1836. — Artigos sobre Celso por O. Heine (*Philologische Abhandlungen*, II, 1899), P. Koetschau (*Jahrbuch für protestantische Theologie*, 18 [1892]; Koetschau editou também a obra de Orígenes (VER) contra Celso); F. M. Müller (*Deutsches Rundschau*, 84 [1895]). — Ver também: A. Miura-Stange, *Celsus und Origenes*, 1926, em *Zeitschrift für neuTestament. Wissenschaft und die Kunde der ält. Kirche*, Beiheft IV. — P. de Labriolle, *La réaction paienne. Étude sur la polémique antichrétienne du Ier au IVe siècle*, 1934. — H. O. Schröder, *Der* Alethes Logos *des Celsus. Untersuchungen zum Werk und seinem Verfasser mit einer Wiederherstellung des griechischen Textes und Kommentar*, 1939. — R. Bader, *Der* 'Αληθὴς λόγος *des Kelsos*, 1940 (tese). — A. Wifstrand, *Die wahre Lehre des Kelsos*, 1942. — Andresen, *Logos und Nomos. Die Polemik des Kelsos wider das Christentum*, 1955. — D. Letocha, "L'affrontement entre le christianisme et le paganisme dans le *Contre Celse*", *Dialogue*, 19 (1980), 373-395. — Artigo de K. J. Neumann sobre Celso (Celsus, 20) em Pauly-Wissowa. ⊂

CENOSCÓPICO. Bentham distinguiu a ontologia cenoscópica e a ontologia idioscópica. A primeira estuda as propriedades comuns a todos os indivíduos da espécie de objetos estudados pela ontologia, isto é, as propriedades de todos os indivíduos. A segunda estuda as propriedades comuns aos indivíduos de espécies determinadas de indivíduos. A divisão de Bentham tem certas afinidades com a que fora proposta por wolffianos e escolásticos entre a metafísica geral ou ontologia e a metafísica especial, ou com a que mais tarde foi desenvolvida por alguns filósofos (por exemplo, Husserl) entre a ontologia geral e as ontologias regionais.

Acolhendo a sugestão de Bentham, Peirce introduziu também em suas classificações das ciências os termos 'cenoscópico' e 'idioscópico'. Ambos os termos designam respectivamente duas espécies de ciências das três em que se podem dividir as ciências teóricas de descoberta (que, por sua vez, são um dos dois subramos das ciências teóricas). A primeira espécie é a matemática; a segunda (cenoscópica), a filosofia; a terceira (idioscópica), as ciências particulares. Enquanto ciência cenoscópica, a filosofia averigua a verdade positiva com base em observações que entram no horizonte da experiência cotidiana de todos os homens. Enquanto ciências idioscópicas, as ciências particulares estudam diversas regiões da realidade com base em observações especiais. A espécie das ciências idioscópicas subdivide-se em físicas (fisiognosia) e psíquicas (psicognosia). Todos os departamentos da idioscopia baseiam-se na cenoscopia ou filosofia. Para uma classificação mais detalhada das ciências, segundo Peirce, ver CIÊNCIAS (CLASSIFICAÇÃO DAS).

CENSURA. Ver Psicanálise.

CERTEZA. Equiparou-se às vezes a certeza à evidência (VER), mas se propuseram definições e classificações da primeira que nem sempre correspondem exatamente às da segunda.

Os escolásticos falavam de certeza como de "um estado firme da mente". Isso não garante ainda, em princípio, que o conteúdo do estado da mente corresponda à realidade, mas pode-se supor que há tanto maior correspondência com a realidade quanto maior seja o grau de "firmeza". Há diversos tipos de certeza. Por um, há uma certeza subjetiva; por outro lado, uma objetiva. A certeza subjetiva envolve um assentimento, mas não o fundamento desse assentimento. A certeza objetiva envolve o fundamento do assentimento; fundamento que pode ser um testemunho ou uma autoridade digna de crença.

A certeza subjetiva é, de maneira geral, "meramente subjetiva". Quando é "verdadeiramente subjetiva", transforma-se em "formal". Os tomistas dividiam a certeza formal em várias espécies, de acordo com a razão do objeto e também segundo a razão do fundamento. Mesmo que pela razão do objeto a certeza seja chamada certeza de evidência, aqui se indica com "evidência" não tanto o aspecto objetivo — a própria realidade da coisa na medida em que possui pretensão de evidência —, mas a percepção subjetiva desse aspecto. Por razão do fundamento objetivo, a certeza é, em contrapartida, denominada certeza da fé. As discussões sobre a maior ou menor perfeição de cada uma dessas formas essenciais de certeza foram confrontadas por muitos escolásticos tomistas mediante a observação de que não há uma univocidade da perfeição, mas um mento ou razão do conhecimento. A certeza da fé, em contrapartida, pode ser mais perfeita no que diz respeito à própria firmeza da adesão, sobretudo quando se trata de uma certeza sobrenatural e não simplesmente natural ou humana.

Essa divisão dos tipos da certeza é para os escolásticos uma divisão primária. Não suprime, mas relega, suas divisões mais usuais de acordo com a maior ou menor imediaticidade, a maior ou menor "ingenuidade" etc. Na época moderna, não se abandonou por completo a concepção anterior, mas se tendeu a desenvolver o aspecto "evidencial" da certeza e se procurou estabelecer uma divisão antes segundo os citados modos acidentais do que segundo os modos essenciais. A definição habitual da certeza foi muito lata: certeza é um ato do espírito pelo qual se reconhece sem reservas a verdade ou a falsidade de uma coisa. Tal certeza pode se referir a toda espécie de verdades ou falsidades, tanto às de razão como às de fato, e, por conseguinte, chegou a não coincidir ou a poder não coincidir exatamente com o caráter "claro e distinto" que, de acordo com o racionalismo cartesiano, era um traço básico da certeza. Segundo vários autores, a certeza não pode ser equiparada à evidência e, no máximo, deve-se vinculá-la a um de seus modos, àquele que, sendo primariamente subjetivo, oculte uma circunstância objetiva. Tampouco pode equiparar-se à crença, não apenas em virtude dos múltiplos significados desse termo, mas também porque não cabe em nenhum dos dois principais. Não pode, por fim, confundir-se com a mera asserção individual de algo sem razões ou fundamentos, pois então não se trataria de certeza, mas de posição arbitrária de qualquer situação objetiva, real ou imaginária. Por isso, alguns tentaram reduzir a certeza à certeza moral, que seria uma certeza de tipo evidente em razão da impossibilidade de afirmar ou demonstrar algo contrário a ela.

Hugo Dingler ("Probleme des Positivismus", *Zeitschrift für philosophische Forschung*, 5 [1951], 485-513) denominou *tendência certística* aquela que admite apenas proposições completamente seguras como base da ciência ou da filosofia. Para essa tendência, deve ser excluído tudo o que não possa ser rigorosamente *demonstrado*. Segundo Dingler, o certismo baseia-se num juízo de valor: o que outorga caráter positivo somente ao "inexpugnável". Ora, esse juízo de valor procede — também de acordo com Dingler — de uma exigência da vida, para cuja conservação desempenha um papel fundamental o ideal da "absoluta segurança" (*absolute Verlässlichkeit*). Pois "o inseguro é sempre espreitado pela surpresa, enquanto o seguro tem liberdade para dedicar-se a outras importantes atividades" (art. cit., p. 487). As exigências do certismo só se cumprem, segundo Dingler, mediante sua própria filosofia "metódico-operativa".

•• Na realidade, depois das constantes discussões modernas e contemporâneas sobre a certeza do conhecimento e sobre a correspondente fundamentação deste, encontramos, uma e outra vez, os argumentos de Descartes e os questionamentos de Hume. Russell, por exemplo — adotando a figura do cético (ver Ceticismo, céticos) —, não tem por absolutamente certo nenhum conhecimento que não possa ser adquirido de forma imediata e direta (*by acquaintance*).

Em oposição a Russell, Moore, em alguns célebres trabalhos (ver bibliografia *infra*), contribui de duas maneiras para o tema: por um lado, ele refuta a *generalização* da suspeita cética; por outro, aceita que a certeza pode ser absoluta, sem que tenha de basear-se necessariamente em algum conhecimento "direto"; isto é, afirma que é possível chegar à certeza por diversos caminhos. Moore nega, pois, a identificação de Russell entre "direto, imediato" e "absolutamente certo". Mas, se a desconfiança geral não está logicamente justificada, tampouco o está que, a partir da certeza de um único caso (ou de vários), concluamos a certeza de todos os casos similares. E o que isto significa para Moore é que ele deve limitar-se sempre, estritamente, a *provar que agora são verdadeiras estas ou aquelas proposições particulares*. Diante do "não se pode conhecer *p* com certeza" do cético, Moore se autopropõe como exemplo e proclama: "Eu (agora) conheço *p* com certeza". O problema enfrentado por Moore, quando quer chegar a conclusões certas (a provar *p*), é que ele continua crendo que a conclusão deve ser *estritamente deduzida a partir das premissas*. Caso contrário, a conclusão alcançada não lhe parece logicamente necessária, com o que não se teria chegado a um conhecimento absolutamente certo.

Tal assunção será questionada por Wittgenstein (ver *On Certainty*, cit. *infra*), para o qual a certeza não pode ser o resultado de um processo dedutivo (nem a partir de conhecimentos diretos nem a partir de conhecimentos indiretos). A certeza se obtém, ou não, em determinados casos porque as proposições aceitas se acham imersas num enorme tecido de muitos outros conhecimentos, crenças e costumes. "Que estejamos completamente seguros de determinada coisa não significa tão-somente que cada um isoladamente tenha certeza disso, mas que fazemos parte de uma comunidade unida pela ciência e pela educação" (*op. cit.*, 298). ••

➲ Ver: Adolphe Franck, *De la certitude*, 1847. — Wilhelm Windelband, *Ueber die Gewissheit der Erkenntnis*, 1873. — Léon Ollé-Laprune, *De la certitude morale*, 1880. — F. Grunz, *Das Problem der Gewissheit*, 1886. — Ernst Dürr, *Ueber die Grenzen der Gewissheit*, 1903. — Albert Farges, *La crise de la certitude*, 1907. — K. Heim, *Das Gewissheitsproblem in der systematischen Theologie bis zu Schleiermacher*, 1911. — Johannes Volkelt, *Gewissheit und Wahrheit. Untersuchung der Geltungsfragen als Grundlegung der Erkenntnistheorie*, 1918. — Id., *Die Gefühlsgewissheit*, 1922. — John Dewey, *The Quest for Certainty*, 1929. — Norman Malcolm, "Certainty and Empirical Statements", *Mind*, N. S., 51 (1942), 18-46. — Dom Illtyd Trethowan, *Certainty: Philosophical and Theological*, 1948. — Joseph Lebacqz, *Certitude et volonté*, 1962. — N. Malcolm, *Knowledge and Certainty: Essays and Lectures*, 1963. — H. G. Van Leeuwen, *The Problem of Certainty in English Thought, 1630-1690*, 1963. — J. M. Alejandro, *Gnoseología de la certeza*, 1965. — Franz Wiedmann, *Das Problem der Gewissheit. Eine erkenntnismetaphysische Studie*, 1966. — W. R. Fey, *Faith and Doubt: The Unfolding of Newman's Thought on Certainty*, 1976. — P. D. Klein, *Certainty: A Refutation of Scepticism*, 1981. — W. W. Spradlin, *The Search for Certainty*, 1984. — J. C. Flay, *The Quest for Certainty*, 1985. — K. L. Cope, *Criteria of Certainty: Truth and Judgment in the English Enlightenment*, 1990. — A. P. Martinich, M. J. White, eds., *Certainty and Surface in Epistemology and Philosophical Method*, 1991. — A. Stroll, *Moore and Wittgenstein on Certainty*, 1994.

Para a posição de Moore, ver sobretudo seus ensaios: "A Defence of Common Sense" (1925), "Proof of an External World" (1939), "Certainty" (1941), "Four Forms of Scepticism" (1944), todos eles incluídos em seus *Philosophical Papers*, 1959. — Para a posição de Wittgenstein, ver: *Über Gewissheit*, 1969. ⊂

CESALPINO, ANDREA. Ver ARISTOTELISMO.

CESARE. Nome que designa um dos modos (ver MODO) válidos dos silogismos da segunda figura (VER). Um exemplo de *Cesare* pode ser:

Se nenhum pedaço de ferro é branco
e todos os flocos de neve são brancos,

então nenhum floco de neve é um pedaço de ferro, exemplo que corresponde à seguinte lei da lógica quantificacional elementar:

$$(\wedge x \, (Hx \to \neg Gx) \wedge \wedge x \, (Fx \to Gx))$$
$$\to \wedge x \, (Fx \to \neg Hx)$$

e que, usando-se as letras 'S', 'P' e 'M' da lógica tradicional, pode ser expresso mediante o seguinte esquema:

$$(PeM \wedge SaM) \to SeP$$

no qual aparece claramente a seqüência das letras 'E', 'A', 'E', origem do termo *Cesare*, na ordem PM-SM-SP.

CETERIS PARIBUS. Pode ser traduzido por "mantendo-se todas as coisas iguais", "em condições idênticas", "nas circunstâncias esperadas", "em condições normais". A cláusula *ceteris paribus* restringe o alcance de orações declarativas. Consideremos a oração "A causa B". Caso se modifiquem as condições em que se encontra A, pode ocorrer que este não cause B, entendendo-se por isso, afirme-se ou não explicitamente, que A causa B *ceteris paribus*. A função da cláusula de referência fica clara em muitos exemplos de condicionais. Consideremos: "Se se aperta o gatilho de uma pistola carregada com pólvora e bala, dispara-se a pistola". Se supomos que a pólvora está molhada, então não se disparará a pistola. Portanto, o condicional mencionado é entendido *ceteris paribus*. A cláusula *ceteris paribus* não se mostra necessária se se especificam todas as condições em que se supõe que ocorre algo. Deste ponto de vista, a cláusula acentua o conjunto de condições necessárias e suficientes.

CETICISMO, CÉTICOS. O verbo grego σκέπτομαι significa "olhar cuidadosamente" (uma coisa, ou em torno), "vigiar", "examinar atentamente". De acordo com isso, o vocábulo 'cético' significa originariamente "aquele que olha ou examina cuidadosamente". 'Ceticismo' significa então "a tendência a olhar cuidadosamente" (entenda-se bem, antes de pronunciar-se sobre algo ou antes de tomar qualquer decisão). O fundamento da atitude cética é a cautela, a circunspeção.

O ceticismo como doutrina filosófica possui dois aspectos: um teórico e outro prático. Do ponto de vista teórico, o ceticismo é uma doutrina do conhecimento segundo a qual não há nenhum saber firme, nem se pode encontrar qualquer opinião absolutamente segura. Do ponto de vista prático, o ceticismo é uma atitude que encontra na negação a aderir a qualquer opinião determinada, na suspensão do juízo, ἐποχή (ver EPOCHÉ), a "salvação do indivíduo", a paz interior. No primeiro caso, ele se opõe ao que se poderia denominar "decisionismo". Ou, se se preferir, adota uma única decisão: a de abster-se de toda decisão.

O caráter peculiar do ceticismo antigo foi descrito por Sexto Empírico (VER) ao classificar as doutrinas — ou "seitas" — filosóficas em três tipos: 1) a daqueles que pensam ter descoberto a verdade, ou dogmáticos (como Aristóteles, os epicuristas e os estóicos), 2) a daqueles que supõem que ela não pode ser apreendida (como os "acadêmicos"), 3) a daqueles que continuam investigando (como os céticos). Daí que o cético também seja chamado de "cetético", ζητητικός, por causa de seu afã de indagação; "efético", ἐφεκτικός, pela suspensão do juízo produzida pela indagação; e "aporético", ἀπορητικός, pelo hábito de duvidar e pela indecisão que esse hábito acarreta. Quando o cético é realmente cético, ele se converte em "pirrônico" — por ter sido Pirro (VER) aquele que, ao que parece, levou o ceticismo a suas últimas consequências.

A estreita aliança entre o teórico e o prático no ceticismo antigo não significa que um aspecto não se distinga do outro. Mesmo que se considere o ceticismo — ao menos o ceticismo antigo — mais como uma "atitude" que como uma "doutrina", deve-se reconhecer que muitos céticos acumularam argumentos com o fim de mostrar o judicioso e razoável que é "suspender o juízo". Os céticos foram freqüentemente empedernidos "disputadores", cuja missão era, paradoxalmente, mostrar a inanidade de toda discussão.

Não há, propriamente falando, "uma escola cética antiga", mas diversas "correntes céticas", cada uma das quais forma uma espécie de "seita" ou "subseita" filosófica. Os sofistas às vezes são considerados como os primeiros céticos, ou como precursores dos céticos. No entanto, céticos propriamente ditos só começaram a existir aproximadamente no século II a.C., com Pirro e os pirrônicos (que freqüentemente foram pura e simplesmente chamados de "céticos"). Entre os discípulos de Pirro destacaram-se Fílon de Atenas, Nausífanes de Teos (também partidário de Demócrito e mestre de Epicuro) e Tímon de Flionte (*ca.* 320-230 a.C.), discípulo do megárico Estilpão, e cujas *Sátiras* (Σίλλοι) constituem uma polêmica contra todos os filósofos que pretendem ter encontrado um critério de verdade. Embora tenha havido céticos após os que foram citados, o ceticismo só voltou a ter força durante os dois primeiros séculos de nossa era, especialmente em Enesídemo (VER) e em Sexto Empírico (VER). Discute-se se os membros da Academia platônica no decorrer dos séculos III e II a.C. (platonismo médio: Arcesilau; e platonismo "novo": Carnéades) podem ser considerados céticos. Se entendemos 'cético' no sentido radical (pirrônico), certamente não; mais que a suspensão do juízo, os membros dessa Academia nos citados períodos defenderam teorias da verossimilitude e da probabilidade.

Embora se costume confinar o ceticismo como "escola filosófica" ao mundo antigo, houve correntes filosóficas céticas (e não apenas argumentos de caráter cético) até os nossos dias. Pois bem, dentro de uma possível "história geral do ceticismo no Ocidente" há, além da Antiguidade, certos períodos de intenso cultivo e difusão de tendências céticas. Um desses períodos é o que vai de Erasmo a Descartes. Segundo Richard H. Popkin (*op. cit. infra*), é característico desse período que o ceticismo — ou, melhor dizendo, o pirronismo — fosse elaborado e discutido como conseqüência da questão estabelecida pela Reforma: encontrar um critério de verdade religiosa. Isso recolocou "a questão do critério" de que já havia tratado Sexto Empírico em *Hyp. Pyrr.* (II, 4), isto é, o problema suscitado pelo fato de que para decidir em uma disputa é preciso ter um critério de verdade, o qual requer outro critério para decidir o primeiro e assim sucessivamente *ad infinitum*. O tratamento do critério de verdade religiosa foi examinado no citado período (1500-1650) não somente levando em conta as questões específicas suscitadas pela Reforma — validade dos ensinamentos da Igreja, interpretação das Escrituras, suposta iluminação por Deus etc. —, mas também tendo presentes — para segui-los, reforçá-los ou rebatê-los — os argumentos dos antigos céticos, particularmente os de Pirro, tal como foram expostos por Sexto Empírico, cujas obras começaram a ser difundidas a partir da publicação, em 1562, de uma versão latina (Henri Estienne) das *Hipotiposes*, à qual se seguiu, em 1569, uma reimpressão, junto com uma versão latina (Gentian Hervet) de *Adversus Mathematicos* (texto grego impresso em 1621). Entre os autores do período em questão que cabe mencionar, destacam-se Montaigne, Charron e Francisco Sánchez. Alguns autores da época são chamados de "neopirrônicos"; outros, de "eruditos libertinos".

O ceticismo antigo é, na maior parte dos casos, uma "atitude"; o ceticismo renascentista e moderno é freqüentemente uma "posição". Quando o estudamos independentemente da situação histórica e atendendo à sua significação epistemológica, o ceticismo aparece como uma certa "tese" sobre a possibilidade (ou impossibilidade) do conhecimento. Segundo o ceticismo, o sujeito nunca pode apreender o objeto, ou o pode apreender unicamente de forma relativa e mutável. Os antigos céticos haviam insistido nos obstáculos que se opõem ao conhecimento seguro (ver TROPOS). Os céticos de todos os tempos indicaram (ou supuseram) que se houvesse conhecimento seguro — identificado, além disso, com conhecimento puro e simples — não haveria mudanças no conteúdo do conhecimento. Dilthey observou que a chamada "anarquia dos sistemas filosóficos" foi a principal razão do ceticismo. Mas "uma profundidade muito maior que as conclusões céticas baseadas na contraposição das opiniões humanas" — escreve esse autor — "é alcançada pelas dúvidas surgidas da progressiva elaboração da consciência histórica". Isso significa que a consciência histórica não evita simplesmente o ceticismo, descartando-o em nome de um suposto conhecimento absoluto: ela o admite com o fim de dissolvê-lo na própria consciência histórica. O ceticismo de que se fala neste caso é um ceticismo relativo a toda realidade. Mas pode-se falar de ceticismo parcial, de acordo com a realidade à qual se aplique. Nesse caso temos tipos de ceticismo: metafísico, religioso, ético etc. Alguns autores declaram que um tipo de ceticismo parcial não merece o nome de ceticismo; somente o ceticismo como "concepção do mundo" suscita os problemas aos quais a consciência histórica diltheyana se dirige.

Argumentou-se às vezes que o ceticismo é impossível, porque abre espaço para paradoxos semânticos (ver PARADOXO). Com efeito, se se afirma que nenhuma proposição é verdadeira, é preciso admitir que existe pelo menos uma proposição que é verdadeira, isto é, a proposição de que nenhuma proposição é verdadeira, com o que esta última proposição torna-se falsa. Alega-se com isso que o ceticismo refuta-se a si próprio.

Dois pontos, porém, devem ser levados em conta. O primeiro deles é que o paradoxo gerado por uma proposição como 'Nenhuma proposição é verdadeira' é um dos paradoxos metalógicos (uma das formas adotadas pelos chamados "paradoxos sobre a verdade"). Portanto, pode-se resolver o paradoxo de modo similar ao que é usado para resolver tais paradoxos sobre a verdade (VER). Em outros termos, pode-se formular, sem que abra espaço a qualquer paradoxo, a seguinte proposição:

'Nenhuma proposição é verdadeira' é verdadeira.

O segundo ponto é que o ceticismo não afirma propriamente nenhuma proposição, mas se abstém de formular qualquer proposição por considerar que não vale a pena formular proposições que imediatamente se transformarão em duvidosas.

A maior parte das refutações do ceticismo são refutações da atitude cética. A seguir nos referimos a algumas dessas refutações. É característico da maior parte delas o fato de considerarem que o ceticismo deve ser não apenas refutado, mas também, e sobretudo, "superado".

Por exemplo, Ortega y Gasset indicou que todo cético sustenta, como um pressuposto por ele não percebido, que há uma espécie de verdade absoluta. Sem a mencionada suposição o cético não poderia nem sequer colocar-se na *situação* de duvidar dessa verdade.

Em uma primeira redação de sua obra *Réflexions métaphysiques sur la mort et le problème du sujet* (1957), José R. Echeverría observava que o cético teria de anular-se a si próprio, pois deveria eliminar o eu dubitante enquanto dubitante. Com efeito, se o eu duvida de algo, ele o põe na esfera da dúvida. Põe nessa esfera não só aquilo de que duvida, mas também o próprio eu dubitante. Mas tanto o conteúdo da dúvida como o eu dubitante passam então a ser "algo de que se duvidou". A recordação dessa dúvida não entra na esfera da dúvida exceto quando se passa a duvidar dessa recordação. Mas então passa a ser também "algo de que se duvidou". E assim sucessivamente. Não há, pois, possibilidade de ser em nenhum momento um "eu dubitante". Com isso, Echeverría considera a posição cética não como uma proposição intemporal que ninguém formularia, mas como uma proposição atualmente pensada por um eu dubitante.

Às vezes se alegou que não se pode dizer 'Tudo é ilusório', porque se atribui algo que não é (o ilusório) a algo que é ("tudo o que é"). Por outro lado, alegou-se que não se pode dizer 'Nada é ilusório' porque se atribui um predicado — ser ilusório — a um sujeito que não é "nada", isto é, nenhuma coisa. Isso parece levar à consideração de que somente é impossível o ceticismo completo, mas que também é impossível o dogmatismo completo. Afirmar algo de algo equivale, pois, a admitir a possibilidade de que o sujeito possa existir ou não existir e de que o que se diga do sujeito o seja ou não.

Alguns autores buscaram refutar o ceticismo indicando que não é possível subtrair-se a uma "fé" radical. Um exemplo desse tipo de refutação é a doutrina de Santayana sobre a "fé animal". Esta é uma conseqüência da realidade da vida e da necessidade que esta tem de "tomar a Natureza pela mão" no curso de sua existência. É lícito, pois, segundo Santayana, começar a levar o ceticismo a suas últimas conseqüências e ainda mais radicalmente do que o fizeram os céticos gregos, Descartes, Hume ou Kant, mas sem esquecer que "o ceticismo é uma forma de crença" (*Scepticism and Animal Faith* [1923] cap. I). Como o conhecimento também é uma "fé" — embora "uma fé com a interposição de símbolos" (*op. cit.*, cap. XVIII) —, não é possível opor o ceticismo ao dogmatismo, ou o contrário. Ambos se movem no mesmo âmbito (o da "vida"). A única coisa a ser feita é aceitá-los sem ilusão e com desprendimento. Essa atitude permite que Santayana passe da dúvida ao reconhecimento dos "reinos do ser", os quais não são diversos tipos de realidade, mas "categorias das coisas".

Segundo Peter Unger (*op. cit. infra*), a estrutura da linguagem — ao menos da língua que esse autor usa para chegar às conclusões a que chega — conduz ao paradoxo de que não se pode saber nada, isto é, a um ceticismo radical. Não se podendo saber nada, não podem ser sabidas (conhecidas) as razões pelas quais se afirma qualquer proposição, se acolhe qualquer crença ou se empreende qualquer ação. Tampouco há qualquer razão pela qual alguém possa sentir qualquer sentimento em relação a qualquer coisa ou qualquer pessoa. Uma vez que há esses sentimentos, é preciso considerar sua negação como um paradoxo e, portanto, é preciso modificar profundamente a linguagem, isto é, os modos de seu emprego. A ignorância que se declara no ceticismo é conseqüência de uma série de hábitos lingüísticos; mudando-se estes últimos, desaparece a ignorância e, portanto, pode desaparecer, ou atenuar-se, o ceticismo.

⊃ Obras sistemáticas, de vários pontos de vista: Richard Hönigswald, *Die Skepsis in Philosophie und Wissenschaft*, 1914. — Giuseppe Rensi, *Lineamenti di filosofia scettica*, 1919. — *Id.*, *La scepsi estetica*, 1920. — S. E. Rohde, *Zweifel und Erkenntnis. Ueber das Problem des Skeptizismus und den Begriff des Absoluten*, 1945. — S. Coval, *Scepticism and the First Person*, 1966. — Kai Nielsen, *Scepticism*, 1973 (Sobre o ceticismo religioso). — P. Unger, *Ignorance: A Case for Scepticism*, 1975. — J. W. Cornman, *Skepticism, Justification, and Explanation*, 1980. — N. Rescher, *Scepticism: A Critical Reappraisal*, 1980. — B. Mates, *Skeptical Essays*, 1981. — P. D. Klein, *Certainty: A Refutation of Scepticism*, 1981. — D. Odegard, *Knowledge and Scepticism*, 1982. — H. Craemer, *Für ein neues Skeptisches Denken*, 1983. — B. Stroud, *The Significance of Philosophical Scepticism*, 1984. — G. P. Baker, P. M. S. Hacker, *Scepticism, Rules and Language*, 1984. — A. C. Grayling, *The Refutation of Scepticism*, 1985. — P. F. Strawson, *Skepticism and Naturalism: Some Varieties*, 1985. — M. McGinn, *Sense and Certainty: A Dissolution of Scepticism*, 1989. — M. Williams, *Unnatural Doubts: Epistemological Realism and the Basis of Scepticism*, 1992. — C. Hookway, *Scepticism*, 1992. — J. Marrades, N. Sánchez Durá, eds., *Mirar con cuidado. Filosofía y escepticismo*, 1994.

Sobre o ceticismo ético: Joseph Klemens Kreibig, *Geschichte und Kritik des ethischen Skeptizismus*, 1896. — Carl Stumpf, *Von ethischen Skeptizismus*, 1908. — Giuseppe Rensi, *Introduzione alla scepsi etica*, 1921. — R. Bambrough, *Moral Scepticism and Moral Knowledge*, 1979.

Obras gerais sobre a história do ceticismo: Karl Friedrich Stäudin, *Geschichte und Geist des Skeptizismus, vorzüglich in Rücksicht auf Moral und Religion*, 1794-1795. — J. E. T. Tafel, *Geschichte und Kritik des Skeptizismus und Irrationalismus. Zugleich die letzen Gründe für Gott, Vernunftgesetz, Freiheit und Unsterblichkeit*, 1834. — Estas duas últimas obras são antes uma descrição dos "males do ceticismo" tal como se manifestam ao longo da história; uma investigação histórica encontra-se em Raoul Richter, *Der Skeptizismus in der Philosophie*, 2 vols.: I. *Die griechische Skepsis*, 1904. II. *Die Skepsis in der Epoche der Renaissance; die empirische Skepsis des 18. Jahr.; der biologische Skeptizismus im 19. Jahrhundert*, 1908. — Arne Naess, *Scepticism*, 1968. — Walter Cariddi, *Filosofi della scepsi*, 1968. — C. B. Schmitt, Barry Stroud et al., *The Skeptical Tradition*, 1983, ed. M. Burnyeat. — J. Annas, J. Barnes, *The Modes of Scepticism*, 1985. — A. Musgrave, *Common Sense, Science and Scepticism: A Historical Introduction to the Theory of Knowledge*, 1993.

Sobre o ceticismo antigo, além do tomo I da obra de Richter já citada: Norman Maccol, *The Greek Sceptics, Pyrrho to Sextus*, 1869. — Victor Brochard, *Les sceptiques grecs*, 1887; reimp., 1962. — Albert Goedeckemeyer, *die Geschichte des griechischen Skeptizismus*, 1905. — Mary Mills Patrick, *The Greek Sceptics*, 1929. — L. Robin, *Pyrrhon et le scepticisme grec*, 1944 (sobre pirrônicos, acadêmicos e neocéticos). — M. del Pra, *Lo scetticismo greco*, 1950. — A. Weische, *Cicero und die Neue Akademie. Untersuchungen zur Entstehung und Geschichte des antiken Skeptizismus*, 1961. — Adam Krokiewicz, *Sceptycyzm grecki*, 2 vols., 1964-1966. — Charlotte L. Stough, *Greek Scepticism: A Study in Epistemology*, 1969. — Jean-Paul Dumont, *Le scepticisme et le phénomène: Essai sur la signification et les origines du pyrrhonisme*, 1972. — H. Tarrant, *Scepticism or Platonism? The Philosophy of the Fourth Academy*, 1985. — L. Groarke, *Greek Scepticism: Anti-Realist Trends in Ancient Thought*, 1990.

Ver também as obras citadas na bibliografia dos verbetes dedicados aos pensadores céticos (Enesídemo, Pirro, Sexto Empírico); é especialmente importante a série de Eugen Pappenheim (*Die Tropen der griechischen Skeptiker*, 1885; *Lebensverhältnisse des Sextus Empiricus*, 1887; *Der Sitz der Schule der griechischen Skeptiker*; 1887; *Erläuterung zu des Sextus Empiricus Pyrrhonischen Grundzugen*, 1888; *Das angebliche He-*

raklitismus des Skeptikers Ainesidemos, 1889), e os estudos de Simon Sepp (*Pyrrhonische Studien. I. Die philosophische Richtung des Cornelius Celsus. II. Untersuchungen auf dem Gebiete der Skepsis*, 1893).

Sobre as correntes céticas medievais, ver os trabalhos de K. Michalski reunidos no volume *La philosophie au XIVᵉ siècle*, 1969, especialmente os ensaios sobre as fontes do criticismo e do ceticismo (1923), criticismo e ceticismo (1925) e correntes críticas e céticas (1925).

Sobre o ceticismo moderno, além do tomo II da obra de Richter: V. Sartini, *Storia dello scetticismo moderno*, 1876. — E. Saisset, *Le scepticisme (Enésideme, Pascal, Kant)*, 1865. — J. Loewenberg, "The Metaphysics of Modern Scepticism", *Philosophical Review*, 22 (1923), 278-288. — M. L. Wiley, *The Subtle Knot*, 1952 (sobre ceticismo na Inglaterra no século XVII). — Richard H. Popkin, *The History of Scepticism from Erasmus to Descartes*, 1960; ed. rev., 1964; nova ed., com o título *The History of Scepticism from Erasmus to Spinoza*, 1979. — Dom Cameron Allen, *Doubt's Boundless Sea: Scepticism and Faith in the Renaissance*, 1964. — Craig B. Brush, *Montaigne and Bayle: Variations on the Theme of Scepticism*, 1966. — André Verdan, *Le scepticisme philosophique*, 1971 (de Berkeley a nossos dias). — Th. Clarke, "The Legacy of Skepticism", *Journal of Philosophy* (1972). — B. Vestre, *Hume and Scepticism*, 1975. — E. M. Curley, *Descartes Against the Sceptics*, 1978. — S. Cavell, *The Claim of Reason: Wittgenstein, Skepticism, Morality, and Tragedy*, 1979. — R. H. Popkin, *The High Road to Pyrrhonism: Studies in Hume and Scottish Philosophy*, 1980. — E. de Olaso, *Escepticismo e Ilustración*, 1981. — S. Tweyman, *Scepticism and Belief in Hume's Dialogues Concerning Natural Religion*, 1986. — R. H. Popkin, A. Vanderjagt, comps., *Scepticism and Irreligion in the Seventeenth Centuries*, 1993. — F. de Olaso, "El escepticismo antiguo en la génesis y el desarrollo de la filosofía moderna", em *Del Renacimiento a la Ilustración*, I, 1994 [Enciclopedia Iberoamericana de Filosofía, 6].

Bibliografia: E. Sosa, "Beyond Scepticism, to the Best of our Knowledge", *Mind*, 97 (1988).

Revista especial sobre o pensamento cético: *Scheidewege. Vierteljahrschrift für skeptisches Denken*, ed. Friedrich Georg Jünger e Max Himmelheber, a partir de 1970.

Ver também a bibliografia de Pirronismo. ↻

CÉTICOS. Ver Ceticismo, céticos.

CEVALLOS, MIGUEL ÁNGEL. Ver Larroyo, Francisco.

CHAADAEV, PIOTR AKOVLEVITCH [às vezes transcrito **CHADAYEV**] (1794-1856). Nascido em Nixji Novgorod, é conhecido sobretudo como severo crítico da história e da civilização russas. Ora, devem-se levar em conta duas coisas a esse respeito. Antes de tudo, que essa crítica permite que o autor sublinhe com maior força que o destino da Rússia está no futuro e não no passado ou no presente. Depois, que as opiniões críticas em questão só podem ser entendidas à luz de uma completa filosofia da história, para cuja formulação Chaadaev recebeu, entre outras, as influências de Joseph de Maistre, de Bonald, Chateaubriand, Schelling e Hegel. Chaadaev manifesta uma constante hostilidade com relação ao individualismo do Renascimento e da Reforma, bem como ao que considera o otimismo superficial da Ilustração. O sentido da história não pode ser entendido sem o eixo em torno do qual giram todos os acontecimentos: a Igreja (entendida como Igreja cristã e ao mesmo tempo universal). Daí a crescente simpatia do autor pelo catolicismo e sua característica tendência a mesclar o institucional com o místico. Na opinião de Chaadaev, a Igreja encarna o Reino de Deus, e é a única entidade capaz de transfigurar o mundo. Trata-se, porém, de uma transfiguração da realidade que em nenhum momento esquece sua historicidade. Para o pensador russo, o providencialismo histórico não é, com efeito, uma mera abstração — é algo que se funda numa realidade muito concreta: a realidade da comunidade dos homens, sem a qual nem mesmo a razão existiria. Os individualistas mantiveram a tese da autonomia da moral e da razão — segundo Chaadaev, isso constitui uma ilusão devida ao esquecimento da realidade concreta. A filosofia da história de Chaadaev transforma-se dessa maneira numa metafísica social; a evolução do cosmos se explica por meio da evolução da comunidade humana (ou das comunidades humanas) e não o contrário.

↻ Obras: As opiniões de Chaadaev foram expressas nas célebres *Cartas filosóficas*, escritas pelo autor em francês. O título geral dessas cartas é *Lettres sur la philosophie de l'histoire*. A primeira foi publicada (em russo) em 1836. Em 1862, publicaram-se quatro em seu francês original, mas uma delas não é autêntica. Em 1935, descobriram-se outras cinco cartas, publicadas nos volumes 22-24 de *Literaturnoé Naslédstvo*, perfazendo um total de oito.

Edição de obras: *Sotchinéniá*, por Gerchenson, 1913 ss.

Ver: M. Winkler, *P. J. Caadaev*, 1927. — Ch. Quénet, *Tschaadaeff et ses lettres philosophiques*, 1931. — D. I. Chizhevski, *Hegel in Russland*, 1934. — V. V. Zéñkovskiy, *Istoriá russkoy filosofii*, I, 1948, pp. 157-179 (trad. ingl.: *A History of Russian Philosophy*, I, 1953, pp. 148-170). — A. Koyré, *Études sur l'histoire de la pensée philosophique en Russie*, 1950, pp. 19-102. —

H. Falk, S. J., *Das Weltbild Tschaadajews nach seinen acht Philosophischen Briefen. Ein Beitrag zur russischen Geistesgeschichte des 19. Jahr.*, 1954. — P. S. Schkurionow, *P. J. Tschaadajew: Leben, Tätigkeit, Weltanschauung*, 1960. **C**

CHARACTERISTICA UNIVERSALIS. Nome dado por Leibniz a um alfabeto geral ou universal de todas as idéias fundamentais com o fim de poder provar de um maneira formal e calculatória as verdades filosóficas, de modo semelhante a como se provam os teoremas em aritmética e geometria. Leibniz referiu-se com freqüência a semelhante característica e escreveu, além disso, uma dissertação sobre ela (*Philosophische Schriften*, ed. Gerhardt, VII, 184-301). Essa característica é uma espécie de simbolismo universal — ou *"spécieuse générale"* — no qual "todas as verdades de razão poderiam reduzir-se a um cálculo" (*op. cit.*, III, 605). A característica universal é considerada às vezes como a linguagem universal de todas as ciências, e às vezes como um auxílio para a *ars combinatoria* (VER), isto é, uma linguagem auxiliar de uma arte absolutamente universal. Tanto a característica universal como a arte combinatória estão destinadas a dar fim aos inúteis debates filosóficos e teológicos, já que devem tornar possíveis as provas de uma maneira formal. Trata-se, pois, de uma tentativa de formalização de toda linguagem cognoscitiva, não apenas a da matemática e das ciências da Natureza como também a da filosofia e da teologia. A característica universal está, pois, relacionada com tentativas similares, entre as quais cabe mencionar a da *ars magna* (VER) de Lúlio. Leibniz usa às vezes a expressão *characteristica verbalis*, na medida em que os vocábulos são considerados signos dos conceitos (cf. *Opuscules et fragments inédits de Leibniz*, ed. Louis Couturat, 1905, p. 433; entre outras passagens na mesma obra sobre o tema, ver pp. 29, 42, 60, 62-92, 94, 98, 99, 129, 181, 267, 274, 275, 284, 326, 338, 357, 359, 366, 367, 406, 429, 433-435, 511, 531, 562).

➲ Ver: Helmut Schnelle, *Zeichensysteme zur wissenschaftlichen Darstellung. Ein Beitrag zur Entfaltung der Ars characteristica im Sinne G. W. Leibniz*, 1962. — W. Risse, "Die Characteristica Universalis bei Leibniz", *Studies on International Philosophy*, 1 (1969), 107-116. — A. Heinekamp, "Ars Characteristica und natürliche Sprache bei Leibniz", *Tijdschrift voor Filosofie*, 34 (1972), 446-488. — B. C. Smith, *Characteristica Universalis in Language, Truth and Ontology*, 1992, ed. K. Mulligan. **C**

CHARCOT, JEAN-MARTIN (1825-1893). Nascido em Paris, distinguiu-se por suas investigações sobre as doenças do sistema nervoso realizadas na Salpetrière de Paris. Entre os numerosos resultados obtidos por Charcot, figura a distinção entre a esclerose múltipla e a chamada *paralysis agitans*. Charcot é recordado sobretudo por seus trabalhos sobre a histeria e por seus esforços para curá-la, que incluíam a hipnose. Freud, que estudou com Charcot durante o ano acadêmico de 1885-1886, reconheceu no mestre francês um dos precursores da psicanálise. Charcot é, segundo escreveu Freud, uma das três pessoas — as outras duas são Josef Breuer e o ginecologista vienense Chrobak — cuja opinião ele mais respeitou.

➲ Biografia por Georges Guillain, *J.-M. Ch.*, 1959. Há trad. esp. de *Aulas sobre a histeria traumática*, 1989.

Ver: T. Gelfand, "Charcot's Response to Freud's Rebellion", *Journal of the History of Ideas*, 50 (1989), 293-307. **C**

CHARRON, PIERRE (1541-1603). Nascido em Paris, dedicou-se primeiro à advocacia e ordenou-se depois sacerdote católico. Amigo de Montaigne, Charron costuma ser considerado um dos mais destacados céticos do Renascimento. Mas o termo "cético" não é suficiente para caracterizar seu pensamento. Por um lado, há uma evolução no modo de pensar de Charron em sua obra de 1593 contra os ateus, os hereges e os não-cristãos, e suas obras posteriores. Por outro lado, seu ceticismo é matizado não apenas por considerações teóricas de índole consoladora mas também por um estado de espírito que considera o ceticismo — ou, melhor, a oposição ao fanatismo e ao dogmatismo — como uma defesa contra os dissabores da existência e como um modo de conseguir a paz de espírito. Charron propunha cinco provas em favor da existência de Deus e da religião verdadeira. Em outras obras, em particular na dedicada à sabedoria, desconfiou das afirmações dogmáticas, incluindo as teológicas, o que suscitou violenta oposição a suas idéias, a tal ponto que, num resumo posterior, o autor expressou-as de forma mais moderada. Típica da atitude de Charron em sua obra fundamental e mais influente — isto é, nos livros sobre a sabedoria — é a visão das atividades que os homens consideram mais sérias e decisivas como aparências do próprio eu, que encontra sua realidade somente quando se recolhe em si mesmo; a verdadeira sabedoria acha-se no desapego do exterior. Mas isso equivale a afirmar que a única coisa que permanece é, em última análise, o homem, o único objeto de toda ciência possível. Charron afirma que a sabedoria é o caminho para atingir a *"preud'homie"*, que é uma espécie de uniformidade alegre e livre da existência e que permite viver sem sentir-se aterrorizado nem pelas desgraças do mundo exterior nem pelas ameaças de um inferno depois da morte. A *"preud'homie"* é inclusive o fundamento da religião e a única coisa capaz de reconciliar o homem com a Natureza e com Deus.

⇒ Obras: *Trois vérités contre tous les athées, idolâtres, juifs, mahométans, hérétiques et schismatiques*, 1593. — *Discours chrétiens*, 1601. — *De la sagesse*, 1601 (modificação de algumas idéias no *Petit traité de la sagesse*).
Edição de obras: *Opera*, 2 vols., Paris, 1635; reimp., 1970.

Ver: H. Teipel, *Zur Frage des Skeptizismus bei P. Charron*, 1912. — J. B. Sabrie, *De l'humanisme au rationalisme: Pierre Charron 1541-1603*, 1913. — Jean Daniel Charron, *The "Wisdom" of P. Charron: An original and Orthodox Code of Morality*, 1960. — M. C. Horowitz, "P. Charron's View of the Source of Wisdom", *Journal of the History of Philosophy*, 9 (1971), 443-457. — H. J. De Vleeschauwer, "Ha Arnold Geulincx letto *De la sagesse* di Pierre Charron?", *Filosofia*, 25 (1974), 117-134; 373-388. — M. Adam, "L'horizon philosophique de P. C.", *Revue de Philosophie Française* (1991), 273-293. — *Id.*, "R. Descartes et P. C"., *ibid.*, 4 (1992), 467-483. — Ver também a bibliografia de CETICISMO; obras dedicadas ao ceticismo moderno, especialmente a história de Richard H. Popkin. ⊂

CHARTRES (ESCOLA DE). O impulso dado por Gerberto (VER) aos estudos filosóficos e teológicos foi uma das causas de um renascimento platônico e humanista no século XII que teve um dos principais centros na escola da Catedral de Chartres. A atividade intelectual ali desenvolvida recebe por isso o nome de "Escola de Chartres" e também de "Escolas de Chartres". Não se deve pensar, porém, numa escola filosófica no sentido corrente, mas numa comunidade de estudo vivificada por certos interesses e aspirações difíceis de reduzir a um "ismo". As expressões "humanismo cristão", "racionalismo cristão", "platonismo cristão" e outras semelhantes podem ser empregadas a esse respeito, mas sempre levando-se em conta que a Escola de Chartres é menos uma tendência filosófica determinada que um "espírito".

O primeiro nome que cabe mencionar no que se refere à Escola de Chartres é o de Fulberto, bispo de Chartres (VER). Mais importantes são os nomes citados a seguir, todos eles de mestres em Chartres. Antes de tudo, Bernardo de Chartres, mestre da escola de 1114 a 1119 e "chanceler" entre 1119 e 1126, poucos anos antes de sua morte. O platonismo parece ter tido já uma considerável importância nos ensinamentos de Bernardo de Chartres, mestre da escola de importantes obras filosóficas e teológicas, Gilberto de la Porrée, Thierry de Chartres, Guilherme de Conches e Clarembaud de Arras, a todos os quais dedicamos verbetes neste *Dicionário*. Pelo conteúdo de tais verbetes podem-se ver quais foram os temas principais dos mestres de Chartres e suas teses filosóficas e teológicas mais importantes. Aqui, limitar-nos-emos apenas a apresentar algumas idéias gerais sobre as tendências mais preeminentes na Escola e sobre a base dos ensinamentos. Acrescentemos que João de Salisbury (VER) é tido igualmente como alguém inserido no espírito de Chartres, embora não se encontre ligado à Escola de maneira tão íntima quanto os mestres antes citados. Quanto a Bernardo Silvestre ou Bernardo de Tours, está relacionado com os mestres de Chartres, mas há dúvidas sobre se se deve incluí-lo na Escola.

Como foi indicado anteriormente, Platão teve uma importância capital para os mestres de Chartres, mas se tratava menos de um contato direto com a obra de Platão do que de contatos indiretos por meio do comentário de Calcídio (VER) e dos escritos de Macróbio e de Boécio. A mais influente obra de Platão foi o *Timeu*. Deve-se destacar também Santo Agostinho, especialmente na medida em que havia nele elementos platônicos. No que diz respeito aos autores profanos, os mais importantes parecem ter sido Cícero e Quintiliano (que proporcionaram a maioria dos elementos "humanistas"). Isso não deve levar à idéia de que o espírito de Chartres fosse vagamente "eclético". Os diversos elementos mencionados achavam-se unificados por uma visão da realidade articulada e hierarquizada em "Formas". De acordo com isso, compreender é apreender as formas desde as menos puras até as mais puras segundo os graus de abstração. Deus é concebido como a Pura Forma que confere seu ser às demais formas, mas sem identificar-se com elas. O espírito filosófico de Chartres era realista e exemplarista, repleto de confiança na racionalidade do real, mas numa racionalidade dada na e pela fé.

⇒ Ver: A. Clerval, *Les écoles de Chartres au moyen âge, du Ve au VIe siècle*, 1895. — J. M. Parent, *La doctrine de la création dans l'école de Chartres*, 1938. — T. Gregory, *Anima mundi: la filosofia di G. di Conches e la scuola di Chartres*, 1955. — Loren C. MacKinney, *Bishop Fulbert and Education at the School of Chartres*, 1957. — Carlo Mazzantini, *Il platonismo della scuola di Chartres*, 1958 (aulas compiladas por Laura Cazzola Palazzo). — Edouard Jeanneau, *"Lectio philosophorum": Recherches sur l'École de Chartres*, 1973. — N. M. Haring, *Chartres and Paris Revisited. Essays in Honour of A. Ch. Pegis*, 1974 [Pontifical Institute of Medieval Studies]. — R. W. Southern, *Platonism, Scholastic Method, and the School of Chartres*, 1979. — G. Zanoletti, *Il bello come vero alla scuola di Chartres. Giovanni di Salisbury*, 1979. — Além disso, M. Grabmann, *Geschichte der scholastischen Methode*, t. II (1909); reimp., 1957, pp. 407ss. ⊂

CHÂRVÂKA (*Cārvāka*). Nome que recebe um dos sistemas (ver DARSANA) heterodoxos (*nāstika*) da filosofia indiana (VER). Segundo alguns, o termo *Chārvāka* é o nome próprio do fundador da doutrina, ou de seu principal discípulo; segundo outros, *Chārvāka* significa 'doce língua' ('doce fala'), por causa do caráter prazeroso da mencionada doutrina; segundo outros ainda, *Chārvāka* significa 'comer, beber e estar alegre'. Em geral, *Chārvāka* é tido como equivalente a 'materialismo' ou 'materialista', por ser o sistema claramente orientado nessa direção. Também se denomina o sistema *Lokāyatamata* (ponto de vista do vulgo), isto é, doutrina sustentada por um *lokāyatika* (pessoa que professa uma opinião comum ou "materialista").

O sistema *Chārvāka*, incansavelmente denunciado por outras escolas da filosofia indiana, afirma que a percepção é a única fonte de conhecimento efetivo. O raciocínio por inferência é rejeitado, pois os partidários do sistema declaram que tal raciocínio é a descrição de percepções (caso em que não é uma inferência), ou é um pressuposto incomprovável, ou é um pressuposto redutível a percepções. Sob alguns aspectos, a doutrina epistemológica do sistema *Chārvāka* usa, pois, os mesmos argumentos que, segundo Sexto Empírico, muitos céticos gregos usavam contra o raciocínio (especialmente o silogístico), assim como as teses características do empirismo de alguns epicuristas (como Filodemo de Gadara). Concordando com essa teoria do conhecimento, o sistema *Chārvāka* rejeita toda afirmação acerca de realidades metafísicas. Na cosmologia, ele admite os quatro elementos (fogo, terra, água, ar), mas não o éter, cuja existência declara incomprovável. Os membros da escola rejeitam também toda afirmação sobre a existência da alma (pois o que recebe esse nome não é para eles senão uma manifestação do corpo), bem como sobre toda entidade divina. Deve-se rejeitar igualmente todo rito religioso (e, portanto, o conjunto do *Veda*). Quanto ao ideal de vida proposto, o sistema *Chārvāka* proclama que o único ideal admissível é a evitação da dor e a busca do prazer ou — visto ser a dor onipresente — a mescla da dor com a maior quantidade possível de prazer.

Ver a bibliografia de F<small>ILOSOFIA</small> <small>INDIANA</small>.

CHÁVEZ, EZEQUIEL A. (1868-1946). Nascido em Aguascalientes (México), foi professor e diretor da Escola Nacional Preparatória, Subsecretário de Educação Pública, Reitor da Universidade Nacional Autônoma e professor da Faculdade de Filosofia e Letras. Influenciado inicialmente pelo positivismo, introduzido no México por Barreda, mas afastando-se dele mais tarde, trabalhou sobretudo na esfera da psicologia experimental moderna e da ciência da educação. Chávez ocupou-se também de questões metafísicas com uma forte propensão moral.

➲ Obras: *Síntesis de los Principios de moral de Spencer*, 1894. — *Resumen sintético del sistema de lógica de J. Stuart Mill*, 1897. — *Ensayo de psicología de la adolescencia*, 1928. — *Dios, el Universo y la Libertad. Siete ensayos filosóficos*, 1935. — *Notas y reflexiones sobre importantes problemas filosóficos*, 1936. — *Conferencias*, 1937. — *Masaryk como filósofo*, 1938. — *Evolución de la educación. Estudio de filosofía científica*, 1940. — *¿De donde venimos y a dónde vamos?*, 1946. — *Glosario e Índice de la obra: ¿De dónde venimos y a dónde vamos?*, 1947.

Edição de obras: *Obras Completas*, 4 vols., 1994 ss.

Bibliografia: A. Sánchez Pineda e M. Menegus Bornemann, *Catálogo del archivo Ezequiel A. Chávez. Manuscritos y obras impresas*, 1984.

Ver: *Homenaje de El Colegio Nacional al Doctor Ezequiel A. Chávez*, 1947 (opúsculo). — Juan Hernández Luna, *Ezequiel A. Chávez. Impulsor de la educación mexicana*, 1981. ↄ

CHENU, M[ARIE]-D[OMINIQUE]. Ver L<small>E</small> S<small>AULCHOIR</small>.

CHERNISHEVSKI, NICOLAI GAVRILOVITCH (1828-1889). Nascido em Saratov, foi um dos dirigentes da revista *Sobrmennik* (*Contemporâneo*). Em 1855, apresentou sua tese de licenciatura *As relações estéticas entre a arte e a realidade*. Em 1862, foi preso por suas atividades revolucionárias: primeiro foi condenado a trabalhos forçados durante sete anos e, depois, desterrado para um dos lugares mais longínquos da Sibéria, onde permaneceu até 1883.

Chernishevski é a figura mais importante dos chamados "democratas revolucionários" russos. Ele recebera a influência dos pensadores socialistas franceses e depois a de Feuerbach. Esta última, sobretudo, conduziu-o à defesa de um cientificismo radical (interpretado em sentido materialista). Segundo Chernishevski, devem-se rejeitar todas as filosofias que não estejam de acordo com os fatos descobertos pelas ciências naturais. Com maior razão deve ser descartado, em sua opinião, todo pensamento que afirme a existência de uma realidade transcendente e, portanto, toda religião ou toda espécie de filosofia religiosa. Ora, o cientificismo de Chernishevski é, como assinala Zéñkovskiy, um "biologismo materialista" cuja principal finalidade consiste em estabelecer as bases para uma "nova antropologia". Trata-se de uma antropologia hostil a todo dualismo, uma vez que sua principal tese é a de que o homem se reduz a seu organismo material, sendo seu chamado comportamento moral e social resultado das leis desse organismo. Mas, ao mesmo tempo, trata-se de uma antropologia que pretende uma divinização do homem, prelúdio — como ocorre em tantos pensadores russos da época — de uma "nova era" na qual o homem conquistará sua liberdade definitiva.

➲ Obras: *Estétichéskié otnosheniá k destvitélnosti* (*As relações estéticas entre a arte e a realidade*). —

Ochérki Gogolévskozo périoda russkoi literaturi (*Esboços do período gogoliano da literatura russa*). — *Antropologichévskiy prinsip v filosofii* (*O princípio antropológico na filosofia*). — É também importante a esse respeito o seu *Dnévnik* (*Diário*), publicado em Moscou em 1931.

Edição de obras: *Sochinénia*, 11 vols., São Petersburgo, 1905-1906. — *Polnoe Sobranie Sochineniy*, 11 vols., Moscou, 1939 (*Obras Completas*). — Obras filosóficas no volume *Izbranníe filosofskie sochinénia* (*Escritos filosóficos selecionados*), Moscou, 1938.

Ver: G. V. Plékhanov, *N. C. Chérníshévskiy*, 1894. — M. Stéklov, *Chérníshévskiy*, 1909. — Chéchijin-Vétrinskiy, *N. G. Chérníshévskiy*, 1923. — Y. M. Steklov, *N. G. Ch. Ego zisn i deatelnost*, 2 vols., 1928 (*N. G. Ch. Sua vida e sua obra*). — V. V. Zéñkovskiy, *Istoria russkoy filosofii*, I, 1948, pp. 328-343 (trad. ingl.: *A History of Russian Philosophy*, I, 1953, pp. 322-336). — V. Y. Zevin, *Politicheskie vsgladi i politicheskaya programma N. G. Ch.*, 1953 (*As idéias políticas e o programa político de N. G. Ch.*). — A. A. Aznaurov, *Eticheskoe uchenie N. G. Ch.*, 1960 (*A doutrina ética de N. G. Ch.*). — William F. Woehrlin, *Chernyshevskii: The Man and the Journalist*, 1971. — N. G. O. Pereira, *The Thought and Teachings of N. G. Cernyscevskij*, 1975. — A. I. Volodin, Y. F. Kariakin, E. G. Plimak, *Ch. ili Nechaev? O podlinnoy i mnimoy revoluzionnosti v osvoboditelnom dvizenii Rossii 50-60 godov 19 veka*, 1976 (*Ch. ou Nechaev? Sobre as verdadeiras ou falsas idéias revolucionárias no movimento libertador da Rússia nos anos 50-60 do século XIX*). ↔

CHESTOV, LEV [LEON] ISAKOVICH [Schwarzman] (1866-1938). Nascido em Kiev, estudou na Universidade de Moscou, mudou-se mais tarde para São Petersburgo e exilou-se da Rússia depois da Revolução bolchevique, tendo vivido até o final de sua vida em Paris. Alguns autores (Sciacca) consideram-no um dos representantes do existencialismo — pelo menos do existencialismo religioso e cristão de tipo kierkegaardiano; outros (Zéñkovskiy) assinalam que, embora haja no pensamento de Chestov motivos de caráter existencialista, não é legítimo usar apenas essa tendência para caracterizá-lo, pois trata-se principalmente de um pensamento religioso teocêntrico que coincide com preocupações de Kierkegaard (que Chestov conheceu depois de ter produzido grande parte de sua obra) e não de um pensamento antropocêntrico e subjetivista. Esta última interpretação é, a nosso ver, a mais correta. Com efeito, o tema constante das obras de Chestov é a crítica do racionalismo, tanto antigo como moderno, tanto secular como religioso (teológico). O racionalismo esquece que o saber de que tanto se orgulha é uma conseqüência do pecado: o conhecimento é uma queda que oculta a verdade de Deus e o mistério da Redenção. Por isso, a razão, em lugar de libertar-nos, nos oprime, pois nos aprisiona num recinto que tendemos a identificar com o universo. É preciso desmontar, pois, uma a uma as camadas da razão que se apegam tenazmente à nossa existência e nos arrancam de nossa verdadeira morada: a infinidade dos mistérios. A razão — e a filosofia — engana-nos porque dá a impressão de libertar-nos da obediência; a rigor, somente a fé nos torna livres de toda coação. A fé não é, contudo, nem uma forma de conhecimento nem a base do conhecimento; a separação entre a fé e a razão é levada por Chestov a conseqüências tão extremas que se rompe toda compreensão possível de uma a partir da outra. As "verdades eternas" e as "normas éticas universais", patrimônio de Atenas e orgulho máximo da razão, devem ser afastadas pela fé viva e criadora, simbolizada por Jerusalém.

↔ Obras: *Apofeoz béspotchvénnosti. opít adogmatitchéskovo míchléniá*, 1905 (*A apoteose da falta de fundamento: ensaio de pensamento antidogmático*. Trad. ingl. intitulada: *All Things are Possible*, 1920). — *Dobro v utchénii Tolstovo i Nitsché*, 1907 (trad. franc.: *L'idée du bien chez Tolstoi et Nietzsche*, 1949). — *Dostoévskiy i Nitsché. Filosofia tragédii*, 1922 (trad. esp.: *Filosofía de la tragedia*, 1949). — *Vlast' klúchéy* [*Potestas Clavium*], 1923 (trad. franc.: *Le pouvoir des clefs*, 1928). — *Na vésaj Iova*, 1929 (trad. ingl.: *In Job's Balances*, 1932). — *Kirkégard i ekzisténtsiallnaá filosofiá*, 1939 (trad. franc.: *K. et la philosophie existentielle*, 1936). — *Afiní i Iérusalim*, 1951 (antes em fr.: *Athènes et Jerusalem*, 1938). — Também em trad. esp.: *Las revelaciones de la muerte*, 1938 (trad. do fr.: *Les révélations de la mort (Dostoievski-Tolstoi)*. — Artigos em *Sovréméníé Zapiski* (*Notas contemporâneas*) e *Russkié Kapiski* (*Notas russas*).

Ver: M. F. Sciacca, *La filosofia oggi*, 2ª ed., II, 1952, pp. 322-326; em 3ª ed. (1958), pp. 323-327. — V. V. Zéñkovskiy, *Istoriá russkoy filosofii*, II, 1950, pp. 318-330. — V. Fatone, *La existencia humana y sus filósofos*, 1953, cap. IV. — Ferruccio Dechet, *L'itinerario filosofico di Leone Sestov*, 1964. — James C. S. Wernham, *Two Russian Thinkers: An Essay in Berdyaev and Shestov*, 1968. — André Bédard, *La nuit libératrice: Liberté, raison et foi selon Léon Chestov*, 1973. — L. Martínez, "El no al 2 x 2 = 4 de L. C.", *Pensamiento*, 46(182) (1990), 241-249. ↔

CHEVALIER, JACQUES (1882-1962). Nascido em Cerilly (Allier), foi professor nos Liceus de Chateauroux e de Lyon, bem como na Universidade de Grenoble (1919-1946). Em 1940 foi nomeado Secretário Geral e depois Ministro de Instrução Pública no Governo de Vichy. Condenado em 1944 a vinte anos de trabalhos forçados, foi anistiado pouco depois. Desenvolveu —

influenciado por Bergson, pela tradição espiritualista francesa e por suas crenças católicas — um pensamento filosófico que, em lugar de subordinar-se às ciências particulares ou de desenvolver-se com inteira independência com relação a elas, procura servir de ponto de apoio a essas ciências. Esse ponto de apoio não é, entretanto, uma base metafísica definitivamente fixada de uma vez por todas, mas uma sabedoria em constante mudança e progresso dentro de uma continuidade e de uma tradição. Tal caráter incompleto e finito da sabedoria filosófica pode parecer desembocar numa visão da realidade como algo relativo e finito; a rigor, o sentido do incompleto, do relativo e do finito dá — segundo Chevalier — o sentido do absoluto. Esse absoluto é apreendido mediante intuição, mas uma intuição que é comunicável. De acordo com Chevalier, conhecer é apreender algo em si mesmo, não assimilá-lo (ou reduzi-lo) a outras coisas; é pensar a diversidade sem reduzi-la à unidade. Por isso, deve-se afirmar o individual em vez de negá-lo em nome de uma razão postulada por um pseudo-racionalismo. O individual e o contingente existem; é um erro eliminá-los em nome do inteligível. A ciência deve, portanto, mudar de rumo. Mostrar a via concreta com esse objetivo não é fácil — mas também não é impossível. Chevalier tentou-o num caso destinado a provar a fecundidade de seus pressupostos e de seu método: no problema do hábito. Estendemo-nos com mais detalhes sobre esse ponto no verbete correspondente (ver HÁBITO, *ad finem*). Trata-se, segundo Chevalier, de um problema-chave que implica um exame aprofundado da inércia, da adaptação, do uso e do desgaste, e que pode servir de ponto de contato de diversas ciências (ciências naturais, psicologia etc.), assim como das diversas ciências particulares com a metafísica. Uma das mais importantes conclusões de Chevalier a esse respeito é que o hábito pode transformar-se em órgão do espírito, o qual se apega ao espaço e ao tempo mediante o hábito. Apegar-se ao espaço e ao tempo não significa, contudo, limitar-se a eles. O espírito do homem, proclama Chevalier, só pode transcender o tempo e o espaço quando se instala neles e imita, na ordem que lhe é própria, a eternidade do ato puro.

➲ Obras: *Étude critique du dialogue pseudo-platonicien l'Axiochos sur la mort et sur l'immortalité de l'âme*, 1914 (tese). — *La notion du nécessaire chez Aristote et ses prédécesseurs*, 1915 (tese). — *Descartes*, 1921. — *Les deux conceptions de la morale*, 1922. — *Pascal*, 1922. — *Bergson*, 1926. — *L'Habitude. Essai de métaphysique scientifique*, 1929. — *La vie de l'esprit*, 1930; 4ª ed., 1940. — *L'Idée et le Réel*, 1932. — *Notes sur les obstacles à la vie morale. L'apparence*, 1934. — *Pascal*, 1936. — *Notes sur les fondements de la vie morale*, s/d. — *La vie morale et l'au-delà*, 1938. — *Cadences: chocs d'idées, disciplines d'action, aspects de la vie morale*, 1939. — *Cadences* (II), 1951. — *Leçons de philosophie*, 2 vols., 1943. — *Entretiens avec Bergson*, 1951. — *Histoire de la pensée*, 4 vols.: I. *La pensée antique*, 1955; II. *La pensée chrétienne des origines à la fin du XVIᵉ siècle*, 1956; III. 1. *La pensée moderne de Descartes à Kant*, 1961; III. 2. *La pensée moderne de Hegel à nos jours et Index général*, 1966, ed. L. Husson.

Ver: A. Guy, *Métaphysique et intuition: Le message de Jacques Chevalier*, 1940. — *Id.*, "J. C. et le thomisme", *Sapientia*, 29 (1974), 279-290. ✢

CHIAPPELLI, ALESSANDRO (1857-1931). Nascido em Pistóia, foi professor na Universidade de Nápoles (1887 a 1908). Chiappelli distinguiu-se por seus estudos de história da filosofia — em todo caso, suas próprias idéias filosóficas foram expostas quase sempre ao longo de uma exposição e de uma crítica históricas. É considerado um neokantiano, da geração posterior à de Alfonso Testa (VER). Ao contrário deste último, entretanto, interessou-se pela fundamentação epistemológica da metafísica. Visto que o exame epistemológico é um esclarecimento e uma justificação dos quadros conceituais que "impõe" o sujeito, a metafísica resultante tem um viés idealista, mas, de acordo com Chiappelli, nunca deve deixar de lado os elementos críticos nos quais se funda. No vocabulário da época, Chiappelli aparecia como tentando uma conciliação do idealismo e do realismo críticos.

➲ Obras: *Della interpretazione panteistica di Platone*, 1881. — *Saggi e note critiche*, 1895. — *Il socialismo e il pensiero moderno*, 1897. — *Dalla critica al nuovo idealismo*, 1910. — *Amore, morte e immortalità*, 1913; 2ª ed., intitulada *Guerra, amore e immortalità*, 1916. — Quase todos os livros de Chiappelli consistem em compilações de artigos e monografias. Seleção de textos pelo próprio autor: *Laboravi fidenter: 50 anni di opera scientifica e letteraria*, 1928. ✢

CHICHÉRIN, BORIS NIKOLAIEVITCH (1828-1904). Estudou Direito na Universidade de Moscou. De 1861 a 1868 foi professor dessa Universidade e, de 1881 a 1882, prefeito de Moscou. Foi na Universidade que começou a interessar-se pela filosofia de Hegel. Esse interesse continuou por toda a sua vida, fazendo de Chichérin um dos mais destacados hegelianos russos do século passado. Embora esse hegelianismo pertença ao ramo que se costuma denominar "ortodoxo", deve-se levar em conta que não se pode falar de identidade completa entre as idéias do filósofo alemão e as do pensador russo. Trata-se, a rigor, de uma completa reelaboração do sistema de Hegel com base em sua dialética, mas adotando um esquema tetrádico em vez do triádico. Afirmando ao mesmo tempo o Absoluto e sua racionalidade, Chichérin não considerava o Absoluto como o final do processo dialético, mas como seu começo. O Absoluto é para Chichérin uma realidade transcendente, análoga — se não idêntica — à divindade. Chichérin tampouco aderiu a um impessoalismo; pelo contrário, a realidade da pessoa foi afirmada por ele constantemente, a tal ponto que, na elaboração da ética, suas idéias se mostraram mais kantianas que hegelianas.

➲ Obras: *Istoriá polititchéskij ucheniy*, 5 vols., 1872-1877; 2ª ed., 1901 (*História das doutrinas políticas*). — *Nauka i réligiá*, 1879 (*Ciência e religião*). — *Mistizism v nauké*, 1892 (*O misticismo na ciência*). — *Poloxitélnaya filosofiá i édinstvo nauki*, 1892 (*A filosofia positiva e a unidade da ciência*). — *Osnovania logiki i métafiziki*, 1894 (*Princípios de lógica e de metafísica*). Estas duas obras foram traduzidas para o alemão com o título: *Philosophische Forschungen*, 1899. — *Filosofiá prava*, 1900 (*Filosofia do Direito*). — *Voprosí filosofii*, 1904 (*Problemas da filosofia*). — *Vospominania*, 3 vols., 1929 (*Memórias*).

Ver: D. Chizewsky, *Hegel v Rosii*, 1939 (*Hegel na Rússia*). — V. V. Zéñkovskyi, *Istoria russkoy filosofii*, II, 1950, pp. 149-162. — P. M. Grujic, C., *Plejanov und Lenin. Studien zur Geschichte des Hegelianismus in Russland*, 1985. — N. O. Losskiy, *Istoria russkoy filosofii*, 1991, pp. 154-165 (*História da filosofia russa*). C

CHIRIBOGA, JULIO. Ver Deústua, Alejandro Octavio.

•• CHISHOLM, R[ODERICK] M[ILTON]. Nascido (1916) em North Attleboro, Massachusetts, estudou em Harvard (1938-1942) com C. I. Lewis, D. C. Williams e W. V. Quine. Teve ali a oportunidade de ouvir B. Russell e G. E. Moore, que tiveram grande influência sobre sua orientação filosófica e sobre seu interesse por Meinong e Brentano, respectivamente. Contudo, de acordo com o que ele mesmo confessou, os três livros que o influenciaram mais que seus próprios professores foram: *Noveaux Essais*, de Leibniz, *Epistemology*, de P. Coffey, e *Inquiry into the Human Mind*, de Th. Reid.

Levando-se em conta os temas de que se ocupa e a maneira rigorosa como os aborda, Chisholm poderia ser considerado um filósofo analítico. No entanto, ele está em franca oposição a algumas proposições básicas da tradição analítica. Percebe-se isso particularmente quando se consideram sua concepção da pessoa e sua teoria da intencionalidade. Chisholm trata as propriedades intencionais (propriedades como "ter determinada reação" ou "propor-se a alguma coisa") como entidades abstratas cuja estrutura pode ser apreendida por reflexão sobre as propriedades intencionais de si mesmo. Apenas as pessoas — ou os seres pensantes — podem ter propriedades como essas. Nesse sentido Chisholm propõe a relação mente/corpo como uma relação pessoa/corpo. Contrariando a tese determinista que defende que cada acontecimento tem uma causa suficiente, ele sustenta que a pessoa é livre em suas ações quando não há nenhuma condição causal suficiente para que ela realize ou não essas ações. O conceito de identidade é um conceito básico, indefinido e, portanto, não definível a partir de alguma continuidade psicológica ou corpórea. Em sentido estrito, a identidade só é aplicável aos seres pensantes.

Chisholm aceita duas fontes de certeza: o saber *a priori*, isto é, o saber de verdades necessárias deduzidas de relações óbvias entre propriedades (com isso ele se opõe ao desaparecimento da distinção entre *a priori* e *a posteriori*, promovida por Quine); e a atribuição pela própria pessoa de propriedades que se automanifestam (*selfpresenting properties*), propriedades como 'ter dor de dentes'. Chisholm introduz, além disso, a noção de "preferência epistêmica": para uma pessoa P, é epistemicamente preferível (*epistemically preferable*) crer *p* do que crer *q* quando na situação epistêmica de P é mais razoável crer *p* do que crer *q*. A crença de Chisholm no valor intrínseco do conhecimento faz com que ele dê à preferência caráter normativo, de modo que P está, naquela situação, *obrigado* racionalmente a crer *p*.

➲ Obras: *Perceiving: A Philosophical Study*, 1957. — Ed., *Realism and the Background of Phenomenology*, 1960. — *Human Freedom and the Self*, 1964. — *The Theory of Knowledge*, 1966; 2ª ed., ampl., 1977; 3ª ed., 1989. — *The Problem of the Criterion*, 1973. — *Person and Object: A Metaphysical Study*, 1976 [The Carus Lectures, 1967, com outros trabalhos]. — *The First Person: An Essay on Reference and Intentionality*, 1981. — *Die Philosophie Franz Brentanos*, 1978, coed. com R. Haller. — *The Foundations of Knowing*, 1982. — *Brentano and Meinong Studies*, 1982. — *Brentano and Intrinsic Value*, 1986. — *On Metaphysics*, 1989. — *How We Refer to Things*, 1990 [Philosophical Studies, 58]. — *On the Simplicity of the Soul*, 1991.

Depoimento: *Profiles: R. M. Ch.*, 1986, ed. R. J. Bogdan.

As três obras citadas no princípio do verbete são: G. W. Leibniz, *Nouveau Essais sur l'entendement humain*, 1704; P. Coffey, *Epistemology of the Theory of Knowledge*, 1917; Th. Reid, *An Inquiry into the Human Mind*, 1970.

Ver: K. Lehrer, ed., *Analysis and Metaphysics: Essais in Honor of R. M. Chisholm*, 1975. — E. Sosa,

Essays on the Philosophy of R. M. Ch., 1979. — B. Aune, H.-N. Castañeda *et al.*, arts. sobre R. Ch. em *Grazer Philosophische Studien*, vols. 7-8 (1979) (com respostas de R. Ch.). — M. David, L. Stubenberg *et al.*, arts. em homenagem a R. Ch., em *ibid.*, 28 (1986). •• C

CHOMSKY, NOAM. Nascido (1928) na Filadélfia, Pensilvânia, estudou e doutorou-se na Universidade da Pensilvânia, onde recebeu, entre outros, os ensinamentos de Zellig Harris, no Departamento de Lingüística, e onde lecionava no Departamento de Filosofia, na época, Nelson Goodman. Chomsky é professor, desde 1955, no Massachusetts Institute of Technology (MIT), de Boston, no qual ocupa, a partir de 1966, a cátedra "Ferrari P. Ward" de Línguas Modernas e de Lingüística.

Chomsky revolucionou a lingüística. Embora tendo começado no quadro da tradição dos cultivadores da lingüística estrutural dos "bloomfieldianos" (seguidores do lingüista L. Bloomfield), entre os quais figurava Zellig Harris, por interessar-se principalmente, se não exclusivamente, por questões sintáticas e fonológicas — e ainda que tenha feito uso da chamada "análise de constituintes imediatos" —, não tardou a separar-se dessa tradição. Opôs-se às bases comportamentalistas da lingüística estrutural norte-americana — assim como às idéias de B. F. Skinner sobre comportamento verbal — e a toda idéia da linguagem como um *corpus* suscetível de mero exame taxonômico. Segundo Chomsky, a tarefa da lingüística não é simplesmente descrever uma linguagem, mas estabelecer as regras gramaticais que permitam produzir (gerar) todas as orações da linguagem que sejam gramaticais e não permitam gerar nenhuma oração que não seja gramatical. Em lugar dos "procedimentos de descoberta" em que insistiam os estruturalistas norte-americanos, Chomsky preconizou procedimentos de avaliação capazes de distinguir gramáticas alternativas. Uma distinção que chegou a ser fundamental em Chomsky foi a que o autor estabeleceu entre "competência" e "desempenho". A competência é *grosso modo* a internalização, num falante, das regras gramaticais; o desempenho é a atividade lingüística. No decorrer dessa atividade, podem-se produzir orações que não sejam gramaticais, ou que exibam "incorreções", mas isso se deve a fatores extralingüísticos. Nem sempre é perfeitamente claro o que se entende por "internalização", porém isso se deve, entre outras razões, à existência no pensamento de Chomsky de dois aspectos que não são independentes entre si, mas que nem sempre se encaixam completamente um no outro: o aspecto estritamente lingüístico e o de uma teoria acerca da estrutura da mente. Lingüisticamente, a chamada "competência" é uma idealização; melhor dizendo, por meio do conceito de "competência" se descreve de forma ideal a competência do falante de uma língua. Num sentido, a competência parece ser independente do falante e consistir tão-somente num conjunto de regras para gerar orações gramaticais (e não gerar orações não-gramaticais). Ao mesmo tempo, o falante tem de possuir competência, porque, caso contrário, não seria capaz de gerar um número infinito de orações, incluindo, evidentemente, orações que não ouviu antes. A idéia chomskyana de competência é, assim, ao mesmo tempo uma construção lingüística e um postulado referente ao sujeito humano. Esse postulado levou Chomsky a defender a tradição do racionalismo — especificamente a tradição de autores como Sánchez de las Brozas (VER), Descartes, os cartesianos como Cordemoy e La Forge, os autores da *Gramática de Port-Royal* — contra o empirismo, bem como a manter a noção de "idéia inata" (ver INATISMO) e a dos universais lingüísticos (VER), tanto formais como substantivos.

Chomsky elaborou vários modelos gramaticais da chamada "gramática gerativa": um modelo "linear", um modelo de "estrutura da frase" e um modelo transformacional (ver TRANSFORMAÇÃO, TRANSFORMACIONAL). Este último, que inclui também regras de estrutura de frase, é o que tem maior poder explicativo e o que Chomsky — assim como muitos discípulos, colaboradores e seguidores seus — aplicou ao estudo de várias línguas. Suscitaram-se objeções contra os modelos de Chomsky, e especificamente contra o modelo mais desenvolvido, que é conhecido comumente com o nome de "gramática gerativo-transformacional". As objeções dos que seguem a tradição do estruturalismo norte-americano clássico foram contestadas por Chomsky com argumentos extraídos de suas idéias contra a concepção meramente taxonômica da linguagem. As objeções suscitadas, por assim dizer, "a partir de dentro" por alguns dos próprios discípulos de Chomsky — como John R. Ross, George Lakoff e Paul M. Postal — levaram Chomsky a ampliar e aprimorar seus próprios modelos, em especial por meio da chamada "teoria standard ampliada". Alegou-se que Chomsky interessou-se excessivamente pela dimensão sintática (e pela fonológica) da linguagem em detrimento da semântica e se enfatizou também que algumas de suas noções — como as de "estrutura superficial" e "estrutura profunda" da frase — se prestam a mal-entendidos. No que diz respeito ao primeiro ponto, Chomsky considerou que uma ampliação de seus modelos pode resolver problemas semânticos. Quanto ao segundo ponto, ele admitiu a possibilidade, mas não a necessidade, de mal-entendidos quando 'superficial' e 'profundo' são entendidos de modo distorcido.

Muitos filósofos se interessaram pelas idéias lingüísticas de Chomsky porque elas suscitam questões filosóficas, de resto admitidas e abordadas pelo próprio Chomsky, que considerou que suas teorias lingüísticas fazem parte de uma teoria da mente humana, especialmente da faculdade cognoscitiva da mente; a lingüística é "um ramo particular da psicologia do conhecimento", ou "psicologia cognoscitiva". Ele considerou igualmente que não se podem separar suas idéias lingüísticas e psicológicas de suas idéias políticas e sociais, já que estas se fundam numa concepção do homem como ser livre, que aspira a desfazer-se de toda coação e de todo autoritarismo. Desse ponto de vista, o "mentalismo" (VER) — que muitos tinham considerado "retrógrado" ou "reacionário" — é progressista, enquanto o comportamentalismo — que muitos consideraram "científico" e "progressista" — é retrógrado, uma vez que apresenta o ser humano como manejável por condicionamentos, que podem muito bem ter um caráter totalitário. Chomsky não descartou a possibilidade de encontrar um fundamento biológico para sua "hipótese inatista" (uma expressão que, por outro lado, Chomsky diz ser usada antes pelos críticos do que pelos defensores da hipótese e que ele próprio se abstém de empregar por prestar-se a mal-entendidos), mas não parece ter encontrado dificuldades para reconciliar a possibilidade mencionada com sua atitude "libertária" fundamental. A rigor, quanto mais se descobrir que há em todas as realizações humanas, inclusive as mais humildes, e que há em todos os seres humanos, mesmo nos mais despossuídos, um sistema comum de estruturas e princípios invariantes, tanto mais ficarão confirmadas a igualdade fundamental de todos os homens e a possibilidade para todos de ser livre. Para Chomsky, os problemas do conhecimento e os problemas da liberdade não são duas séries distintas de problemas: são duas faces de um mesmo problema (tal como são duas faces do mesmo problema o interpretar o mundo e o mudá-lo). A liberdade está unida, para Chomsky, à criatividade, que é diferente de uma série de atos fortuitos e arbitrários. "É razoável supor" — escreve Chomsky — "que assim como as estruturas intrínsecas da mente subjazem ao desenvolvimento das estruturas cognoscitivas, assim também um 'caráter de espécie' fornece o quadro para o crescimento da consciência moral, da realização cultural e inclusive da participação numa comunidade livre e justa (...). Há uma importante tradição intelectual que apresenta algumas alegações interessantes a esse respeito. Embora essa tradição se inspire no compromisso empirista com o progresso e a ilustração, creio que encontra raízes intelectuais ainda mais profundas nos esforços racionalistas para fundar uma teoria da liberdade humana. Investigar, aprofundar-se e, se possível, estabelecer as idéias desenvolvidas nessa tradição pelos métodos da ciência é uma tarefa fundamental para a teoria social libertária" (*Reflections on Language*, 1975, p. 134). As paixões e os instintos do ser humano — acrescenta ele —, longe de serem reprimidos e deformados por estruturas sociais autoritárias e competitivas, podem eventualmente ajudar a pôr fim ao que Marx denomina "a pré-história da sociedade humana", de modo a instaurar-se "uma nova civilização científica na qual a 'natureza animal' seja transcendida e a natureza humana possa verdadeiramente florescer" (*loc. cit.*).

•• Nos últimos anos, Chomsky não cessou de reformular e aprofundar suas próprias teorias. Sua constante criatividade foi amiúde, precisamente, motivo de críticas. Talvez seja adequado agora resumir brevemente o caminho percorrido pelo modelo gerativista ao longo dos primeiros quarenta anos de sua história. Desde 1957, ano de publicação de *Syntactic Structures*, sete opções distintas serviram de quadro teórico aos estudos de sintaxe: o modelo *pré-standard* (1957-1965); o modelo da *Teoria standard* (1965-1970), também denominado modelo Chomsky-Katz-Postal; a *semântica interpretativa* (início dos anos setenta) ou *teoria standard ampliada*; a *semântica gerativa* (final dos anos 1960, início dos 1970), que foi um desvio heterodoxo do paradigma chomskiano; a *teoria standard ampliada e revisada* (final dos anos setenta); o modelo de *subordinação e coordenação*, ou modelo de *princípios e parâmetros*, formulado em 1981 em *Lectures on Government and Binding*; e o *modelo minimalista* iniciado com *A Minimalist Program for Linguistic Theory* [1992, versão datilografada que permitiu a aplicação do modelo antes da publicação desse trabalho em 1993].

Essa extensa lista que, com exceção da *semântica gerativa*, enumera a sucessão dos diferentes modelos da "ortodoxia chomskiana" dá conta da constante revisão a que são submetidos os distintos esboços da gramática. A fugacidade dos modelos não é, pois, um problema, mas uma condição necessária para progredir, isto é, dar um passo adiante no objetivo pretendido: a descrição da competência lingüística do falante. O objetivo central da gramática foi tornado explícito pelo próprio Chomsky em seu livro de 1986, *Knowledge of Language*, ao responder à pergunta: "Como se explica que os seres humanos, que têm um contato breve, pessoal e limitado com o mundo, sejam capazes, apesar disso, de saber tantas coisas como sabem?" O estudo da linguagem humana deve mostrar como uma pessoa constrói um sistema de conhecimento a partir da experiência diária e, portanto, deve tornar possível uma resposta ao problema formulado.

Muitos gramáticos defenderam as teorias chomskianas, mas elas também tiveram detratores. A controvérsia entre uns e outros fez com que a teoria lingüística seja hoje uma disciplina viva e polêmica, levando ao surgimento de modelos alternativos, seja por reação às idéias chomskianas, seja como desenvolvimentos paralelos. Os modelos alternativos mais importantes são: a *Case Theory* (Teoria de Casos), proposta pelo lingüista americano Charles Filmore (nasc. 1929), que estuda os papéis semânticos (ou 'casos') que devem ser atribuídos aos elementos da frase; a *Relational Grammar* (a Teoria Relacional), que se centra antes no estudo das relações gramaticais como 'sujeito' ou 'objeto' do que nas categorias formais (sintagma nominal, sintagma verbal...); a *Montague Grammar* (gramática de Montague), derivada do trabalho do lógico americano Richard Montague, 1930-1971 (VER), que estabelece uma correspondência lógica entre categorias sintáticas e semânticas; a *Generalized Phrase Structure Grammar*, modelo que não reconhece o papel das transformações na gramática gerativa; a *Functional Grammar* (Gramática funcional), que adota um ponto de vista pragmático da língua como interação social; a *Realistic Grammar* (Gramática realista), que postula que as análises gramaticais têm de ser 'psicologicamente reais' e que as estruturas formais devem ligar-se aos fatores psicológicos subjacentes ao comportamento lingüístico, como, por exemplo, a compreensão e a memória; e a *Network Grammar*, que relacionou a gramática e a inteligência artificial com a idéia de se simular a maneira como as pessoas interpretam as frases de uma língua. ••

➲ Obras: "Morphophonemics of Modern Hebrew" (tese de M. A., mimeografada; Universidade da Pensilvânia, 1951). — "The Logical Structure of Linguistic Theory" (manuscrito inédito, elaborado quando da preparação por Chomsky de sua tese de doutoramento. Cambridge, 1955). — *Syntatic Structures*, 1957 (tese de doutoramento; procedente em grande parte do manuscrito anterior). — "On Certain Formal Properties of Grammars", *Information and Control*, 2 (1959), 137-167; reimp. em R. D. Luce, Bush e Galanter, eds. — *Readings in Mathematical Psychology*, vol. 2, 1965. — "Verbal Behavior. By B. F. Skinner", (1957). Revisada por Noam Chomsky, *Language*, 35 (1959), 26-58 (cf. *infra*). — "On the Notion 'Rule of Grammar'", em R. Jakobson, ed., *Structure of Language and Its Mathematical Aspects. Proceedings of the 12th Symposium in Applied Mathematics* (Providence. Am. Mathem. Soc.), 1961, pp. 6-24. — "Some Methodological Remarks on Generative Grammar", *Word*, 17 (1961), 219-239. — "Explanatory Models in Linguistics", em E. Nagel, P. Suppes, A. Tarski, eds., *Logic, Methodology and Philosophy of Science*, 1962, pp. 528-550. — "Formal Properties of Grammars", "Introduction to the Formal Properties of Natural Languages" (com G. A. Miller), "Finitary Models of Language Users" (com G. A. Miller), em R. D. Luce, R. Bush, E. Galanter, eds., *Handbook of Mathematical Psychology*, vol. 2, 1963. — *Current Issues in Linguistic Theory*, 1964. — *Aspects of the Theory of Syntax*, 1965. — *Cartesian Linguistics: A Chapter in the History of Rationalist Thought*, 1966. — *Topics in the Theory of Generative Grammar*, 1966 [Conferências Universidade de Indiana, janeiro de 1964]. — "Recent Contributions to the Theory of Innate Ideas", em Robert S. Cohen, Marx Wartofsky, eds., *Boston Studies in the Philosophy of Science*, vol. 3, 1968. — *Language and Mind*, 1968 [Beckman Lectures. Universidade da Califórnia, janeiro de 1967]; 2ª ed., 1972, ampliada com três novos ensaios: "The Formal Nature of Language" (1967), "Linguistics and Philosophy" (1969) [cf. *infra*], "Form and Meaning in Natural Language" [conferência de 1969]. — "Quine's Empirical Assumptions", *Synthese* (1968); reimp. em D. Davidson, T. Hintikka, eds., *Semantics of Natural Languages*, 2ª ed., 1972. — *The Sound Pattern of English*, 1969 (com Morris Halle). — "Remarks on Nominalization", em R. Jacobs, P. S. Rosenbaum, eds., *Reading in English Transformational Grammar*, 1969. — "Linguistics and Philosophy" e "Comments on Harman's Reply", em Sidney Hook, ed., *Language and Philosophy: A Symposium*, 1969, pp. 51-94 e 152-159, respectivamente. — *At War with Asia*, 1970. — "Problems of Explanation in Linguistics" e "Reply" em R. Borger, F. Cioffi, eds., *Explanation in the Behavioural Sciences*, 1970. — *Problems of Knowledge and Freedom. The Russell Lectures*, 1971. — *American Power and the New Mandarins*, 1969. — *Studies on Semantics in Generative Grammar*, 1972. — *The Case Against B. F. Skinner*, 1972 (contém a resenha do livro de Skinner cit. *supra*, com outros textos). — "Conditions on Transformations", em S. R. Anderson, Paul Kiparsky, eds., *A Festschrift for Morris Halle*, 1973. — "Science and Ideology", *Jawarhal Nehru Memorial Lectures, 1967-1972*, 1973. — *For Reasons of State*, 1973. — "What the Linguist is Talking About", *Journal of Philosophy*, 71 (1974), 347-367 (com J. J. Katz). — *Peace in the Middle East? Reflections on Justice and Nationhood*, 1974. — "Knowledge of Language", em K. Gunderson, Grover Maxwell, eds., *Minnesota Studies in the Philosophy of Science*, vol. 3: *Language, Mind, and Knowledge*, 1975, pp. 299-320. — "Questions of Form and Interpretation", *Linguistic Analysis*, 1 (1975), 75-109. — "On Innateness: A Reply to Cooper", *Philosophical*

Review, 84 (1975), 70-87 (com J. J. Katz). — *Reflections on Language*, 1975 (The Whidden Lectures). — *The Logical Structure of Linguistic Theory*, 1975; nova ed., 1985 (ver também texto de 1955 *supra*). — *Essays on Form and Interpretation*, 1977 (compila 4 arts. publicados entre 1973 e 1976). — *The Political Economy of Human Rights*, 2 vols., 1979 (com E. Herman) (I, *The Washington Connection and Third World Fascism*; II, *After the Cataclysm: Post-War Indochina and the Reconstruction of Imperial Ideology*). — *Théories du langage. Théories de l'apprentissage. Le débat entre J. Piaget et N. Ch.*, 1979, ed. M. Piatelli-Palmarini. — *Rules and Representations*, 1980. — *Lectures on Government and Binding*, 1981. — *Radical Priorities*, 1981 [compila 22 artigos políticos escritos entre 1968 e 1980]. — *Some Concepts and Consequences of the Theory of Government and Binding*, 1982 [Conferências na Univ. de Pisa, abril de 1979). — *Towards a New Cold War: Essays on the Current Crisis and How to Get There*, 1982 [compila 13 arts. publicados entre 1973 e 1981]. — *Super Powers in Collision: The Cold War Crisis*, 1982 (com J. Steele e J. Gittings). — *The Fateful Triangle: The United States, Israel and the Palestinians*, 1983. — *Écrits politiques, 1977-1983*, 1984. — *Réponses inédites à mes détracteurs parisiens*, 1984. — *Knowledge of Language: Its Nature, Origin and Use*, 1986. — *Barriers*, 1986. — *Pirates and Emperors: International Terrorism and the Real World*, 1986. — *Turning the Tide: U. S. Intervention in Central America and the Struggle for Peace*, 1986. — *On Power and Ideology. The Managua Lectures*, 1988. — *Language and Problems of Knowledge: The Managua Lectures*. — *U. S. Gulf Policy*, 1990. — *The New World Order*, 1991. — *Media Control. The Spectacular Achievements of Propaganda*, 1991. — *Discurs polític*, 1993, ed. J. M. Terricabras [com bibliografia de escritos sociopolíticos de Ch. por C. Carreras e A. Quintanas). — *Language and Thought*, 1994. — *Bare Phrase Structure*, 1994.

Obras em português: *Camelot*, 1993. — *Os caminhos do poder*, 1998. — *Estruturas sintácticas*, 1980. — *A gramática generativa*, 1979. — *Linguagem e mente*, 1998. — *A luta de classes*, 1999. — *A minoria próspera e a multidão inquieta*, 1996. — *Novas e velhas ordens mundiais*, 1996. — *Um olhar sobre a América Latina*, 1998. — *O que o tio Sam realmente quer*, 1996. — *Reflexões sobre a linguagem*, 1997. — *Segredos, mentiras e democracia*, 1997. — *A sociedade global*, 1999. — *Teorias da linguagem, Teorias da aprendizagem*, 1997.

Debate entre N. Ch. e Michel Foucault no livro *Reflexive Water: The Basic Concerts of Mankind*, 1974.

Diálogo com Ch.: "Dialogue with N. Ch.", em Herman Parret, ed., *Discussing Language*, 1974. — *Dialogues avec N. Ch.*, 1977 [conversas com M. Ronat]. — *N. Ch. on the Generative Enterprise*, 1982 [entrevistas de Ch. com R. Huybregts e H. v. Riemsdijk].

Bibliografia: S. C. Sgroi, *N. Ch.: Bibliographia 1949-1981*, 1983. — L. S. Ramaiah, T. V. Prafulla Chandra, *N. Ch.: A Bibliography*, 1984. — C. P. Otero, *La revolución de Ch. Ciencia y sociedad*, 1984. — K. Koerner, M. Tajima, comps., *N. Ch.: A Personal Bibliography (1951-1986)*, 1986.

Ver: J. A. Fodor, J. J. Katz, *The Structure of Language: Readings in the Philosophy of Language*, 1964. — C. F. Hockett, *The State of the Art*, 1967 (contra Ch. em defesa da lingüística taxonômica). — John Lyons, *N. Ch.*, 1970; 2ª ed., rev., 1977. — J. Lyons, D. B. Ferry *et al.*, *New Horizons in Linguistics*, 1970, ed. J. Lyons. — John Searle, "Chomsky's Revolution in Linguistics", *The New York Review of Books*, 29 de junho de 1972, pp. 16-23; reimp. em G. Herman, ed., *infra*, pp. 2-33. — Judith Greene, *Psycholinguistics: Ch. and Psychology*, 1972. — J. Daniel Quesada, *La lingüística generativo-transformacional: Supuestos e implicaciones*, 1974. — John Hollander, Hilary Putnam, W. V. Quine *et al.*, *On N. Ch.: Critical Essays*, 1974, ed. Gilbert Harman. — Carlos Peregrín Otero, "Introducción" à trad. de *Estructuras* cit. *supra* [1974]. — Víctor Sánchez de Zavala, ed., *Semántica y sintaxis de la lingüística transformatoria*, 1974. — Justin Leiber, *N. Ch.: A Philosophic Overview*, 1975. — I. Robinson, *The New Grammarian's Funeral: A Critique of N. Chomsky's Linguistics*, 1975. — José Hierro S. Pescador, *La teoría de las ideas innatas en Ch.*, 1976. — R. Hindelbrandt, *Cartesianische Linguistik. Eine Analyse der Sprachauffassung N. Chomskys*, 1978. — R. Velilla, *Saussure y Ch.: Introducción a su lingüística*, 1978. — N. Smith, D. Wilson, *Modern Linguistics: The Results of Ch.'s Revolution*, 1979. — P. Matthews, *Generative Grammar and Linguistic Competence*, 1979. — G. Harman, ed., *On N. Ch.*, 1982. — T. Moore, C. Carling, *Understanding Language: Towards a Post-Chomskyan Linguistics*, 1982. — D. Lightfoot, *The Language Lottery*, 1982. — C. P. Otero, cit. *supra*. — F. d'Agostino, *Chomsky's System of Ideas*, 1986. — M. Fernández Pérez, *La investigación lingüística desde la filosofía de la ciencia: a propósito de la lingüística chomskiana*, 1986. — S. e C. Modhil, eds., *N. Ch.: Consensus and Controversy*, 1987. — V. J. Cook, *Chomsky's Universal Grammar: An Introduction*, 1988. — A. George, ed., *Reflections on Ch.*, 1989. — R. Botha, *Challenging Ch.*, 1989. — R. Salkie, *The Ch. Update. Linguistics and Politics*, 1990. — A. Kasher, ed., *The Chomskyan Turn*, 1990. — M. Beltrán, *Sociedad y lenguaje: una lectura sociológica de Saussure y Ch.*, 1991.

Ver também as seguintes introduções à gramática gerativa: F. Newmeyer, *Linguistic Theory in America*, 1980 (inclui um perfil biográfico de Ch., assim como a evolução da gramática gerativa de 1955 a 1980). — H. v. Riemsdijk, E. Williams, *Introduction to the Theory of Grammar*, 1986 (trad. esp.: *Introducción a la teoría gramatical*, 1990). — G. Horrocks, *Generative Grammar*, 1987. — A. Radford, *Transformational Grammar*, 1988. — F. Newmeyer, ed., *Linguistics: the Cambridge Survey*, 4 vols., 1988. — L. Haegeman, *Introduction to Government and Binding Theory*, 1991. ⊂

CHUANG TSÉ (ca. 369-286 a.C.). Nascido no Estado de Meng (atualmente Honan), foi um dos grandes pensadores da primeira escola do taoísmo (VER). Isso não significa, porém, que Chuang Tsé tenha sido um fiel discípulo de Lao Tsé; suas doutrinas diferiam em muitos aspectos fundamentais das deste último. Com base no *Tao* como princípio do Uno, que por sua vez gera *Te*, princípio da existência, Chuang Tsé desenvolveu uma doutrina segundo a qual todo o gerado está continuamente submetido a mudança. Essa mudança, não obstante, refere-se sempre àquilo que o originou, que é sua verdadeira natureza. A felicidade consiste, portanto, em seguir essa natureza que conduz à unidade e por fim ao *Tao*. Chuang Tsé exprimiu-se sobre esse ponto fundamental de muitas maneiras, não apenas por meio de conceitos, mas — e sobretudo — por meio de relatos, fábulas e exemplos. Na maioria destes, Chuang Tsé enfatiza que, enquanto geradas e, por conseguinte, situadas à distância da Unidade, as coisas estão submetidas a contradição e a oposição; nada parece possuir uma condição permanente, pois o que para uma coisa é proveitoso para outra é nocivo, o que é por um lado vida é, por outro, morte. Ora, toda oposição se desvanece quando o homem se coloca no centro originário. Daí podermos falar de uma Grande Circunferência em cujo centro se apazigua todo conflito. Referimo-nos a este ponto no verbete Esfera (VER), no qual comparamos a Grande Roda Cósmica de Chuang Tsé com outras metáforas propostas na filosofia ocidental.

CHUBB, THOMAS. Ver LIVRE-PENSADORES.

CHURCH, ALONZO. Nascido (1903) em Washington, D. C., professor do Departamento de Matemática da Universidade de Princeton (1929-1967) e da Universidade da Califórnia, Los Angeles (desde 1967 até deixar a docência em 1990), distinguiu-se em lógica matemática por duas contribuições. Uma é a formulação do princípio — conhecido como "tese de Church" e, embora não provado, aceito amplamente como axiomático — de que toda função efetivamente calculável é recursiva. O princípio permite conectar aspectos sintático-computacionais e aspectos numérico-abstratos da matemática. Seu trabalho sobre o problema de decisão de Hilbert conduziu-o à prova (proporcionada em 1936) de que não se pode formular nenhum procedimento de decisão para o cálculo quantificacional elementar, resultando disto que esse cálculo não é decidível (VER). A outra contribuição é a elaboração da lógica lambda, que opera apenas com variáveis cujo alcance de valores é deixado sem especificação. Os trabalhos de Church tiveram grande influência sobre as tentativas feitas para "computadorizar" a matemática. Church foi editor (de 1936 a 1980) do *Journal of Symbolic Logic* e preparou uma bibliografia da lógica simbólica que abrange o período de 1666 a 1936, publicada no citado *Journal* (vol. I, n. 4 [1936], 121-218; vol. III, n. 4 [1938], 177-212 [acréscimos ao anterior e correções deste]. Essa bibliografia é atualizada trimestralmente no *Journal*.

⊃ Obras: "Alternatives to Zermelo's Assumption", *Trans. Amer. Math. Soc.*, 19 (1927), 178-208. — "On the Law of Excluded Middle", *Bull. Amer. Math. Soc.*, 34 (1928), 75-78. — "A Set of Postulates for the Foundation of Logic", *Annals of Mathematics*, 2ª série, 33 (1932), 346-366. — "A Set of Postulates for the Foundation of Logic", *Annals of Math.*, 2ª série, 34 (1933), 839-864. — "A Proof of Freedom from Contradiction", *Proc. Nat. Acad. Sciences*, 21 (1935), 275-281. — "A Note on the Entscheidungsproblem", *Journal of Symbolic Logic*, 1 (1936), 40-41, 101-102. — "An Unsolvable Problem of Elementary Number Theory", *American Journal of Math.*, 58 (1936), 345-363. — "A Formulation of the Simple Theory of Types", *JSL*, 5 (1940), 56-68. — *The Calculi of Lambda Conversion*, 1941; reimp., com algumas revisões e correções, 1951. — "A Formulation of the Logic of Sense and Denotation", em *Structure Method, and Meaning. Essays in Honor of H. M. Sheffer*, 1951, pp. 3-24; "Outline of a Revised Formulation of the Logic of Sense and Denotation", I (*Nous*, 7 [1973], 24-33) e II (*ibid.*, 8 [1974], 135-156); "A Revised Formulation of the Logic of Sense and Denotation. Alternative (I)", *ibid.*, 27 (1993). — "Special Cases of the Decision Problem", *Revue Philosophique de Louvain*, 40 (1951), 203-221. — Id., "A Correction", *ibid.*, 50 (1952), 270-272. — *Introduction to Mathematical Logic*, I, 1944; ed. revisada, I, 1956. — "Propositions and Sentences" no volume de A. Church, N. Goodman e I. M. Bochenski, *The Problem of Universals*, 1956, pp. 1-11. — "Binary Recursive Arithmetic", *Journal de mathématiques pures et appliquées*, 36 (1957), 39-55. — "Symposium: Ontological Commitment", *Journal of Philosophy*, 55 (1958), 1008-1014. — "Russellian Simple Type Theory", *Proceedings. American Philosophical Association*, 47 (1973-1974), 21-33. — "Comparison of Russell's Resolution of the Semantical Antinomies with that of Tarski", *Journal of Symbolic Logic*, 41 (1976), 747-760. — "Schröder's Anticipation of the Simple Theory of Types", *Erkenntnis*, 10 (1976), 407-411. — "Set Theory with a Universal Set", *International Logic Review*, 8 (1977), 11-23. — "Russell's Theory of Identity of Propositions", *Philosophia Naturalis*, 21 (1984), 513-522. — "Intensionality and the Paradox of the Name Relation", em J. Almog., ed., *Themes from Kaplan*, 1989.

Além disso, numerosos verbetes sobre lógica e metalógica em *A Dictionary of Philosophy*, ed. D. D. Runes, 1942 e vários verbetes em *Encyclopedia Britannica* (Nova York, 1957): "Connotation", "Conversion" [em parte], "Definition", "Denotation", "Dilemma", "Names (in logic)", "Sorites", "Tautology", "Term".

Ver: M. Davis, *Computability and Unsolvability*, 1958; 2ª ed., 1982. — *Id., id., The Undecidable: Basic Papers on Undecidable Propositions, Unsolvable Problems, and Computable Functions*, 1965. **C**

CHWISTEK, LEON (1884-1944). Nascido em Cracóvia (Polônia), foi primeiro Leitor na Universidade de Cracóvia e, a partir de 1930, professor titular de filosofia matemática da Universidade de Lwow (Lemberg). Costuma ser considerado um dos filósofos e lógicos que trabalharam no Círculo de Varsóvia, também denominado Círculo de Varsóvia-Lwow (ver VARSÓVIA [CÍRCULO DE]) em virtude das estreitas relações entre vários professores dessas duas Universidades.

H. Hiz, o filósofo, lógico e lingüista polonês, apresentou (cf. bibliografia *infra*) um resumo das principais idéias filosóficas de Chwistek. Segundo Hiz, Chwistek procurou mostrar que muitas confusões que se originam na filosofia se devem ao pensamento de que há uma única realidade que inclui tudo. Diante dessa idéia, Chwistek afirmou que há uma pluralidade de realidades: os objetos naturais, pressupostos pelo senso comum; os objetos estudados pela física, que não são dados naturalmente e consistem em construções; a realidade das impressões ou elementos da sensação, que formam o mundo das aparências; e as imagens, produzidas pela nossa vontade, pela fantasia e pelos processos de criação.

Nenhuma dessas espécies de realidades tem predomínio sobre as outras; todas elas são necessárias à constituição do conhecimento. O sujeito que conhece as realidades e fala sobre elas não faz parte do universo do discurso; falar sobre as realidades não é por si uma realidade.

Chwistek admitiu vários sistemas matemáticos possíveis. A decisão sobre o uso de um desses sistemas não está incluída no sistema, especialmente se se aspira a que o sistema se aplique à descrição de uma ordem de realidade.

Segundo Chwistek, o quantificador existencial deve ser interpretado num sentido construtivista ou construcionista, isto é, na medida em que estabelece a possibilidade de construção de um objeto de acordo com certas regras. O nominalismo de Chwistek não é empirista, mas "construcionista" e "logicista". Deve-se a Chwistek a primeira formulação de uma teoria simplificada dos tipos (ver TIPO), assim como diversas investigações de caráter semântico e epistemológico.

↪ Obras: *Wielosc rzeczywistosci*, 1921 (*A pluralidade das realidades*). — "The Theory of Constructive Types: Principles of Logic and Mathematics", *Annales de la Société Polonaise de Mathématique*, vol. 2 (1924), pp. 9-48, e vol. 3 (1925), pp. 91-141. — *Granice Nauki: Zarys Logiki i Metodologji Nauk Scialych*, 1935 (edição ingl. rev. e ampl.: *The Limits of Science: Outline of Logic and the Methodology of the Exact Sciences*, 1948; reimp. 1949). — *Zagadnienia Kultury Duchowej w Polska*, 1933 (*Problemas da cultura intelectual na Polônia*). — *Krytyka Pojecia Zmiennej w Systemie Semantyki Racjonalnej*, 1938 (*Crítica do conceito de variável no sistema de semântica racional*). — *La Méthode générale des sciences positives: L'Esprit de la sémantique*, 1946. — *Wielosc Rzeczywistosci w Stuze*, ed. K. Estreicher, 1960 (*A pluralidade de realidades na arte*). — *Pisma Filozoficzne i Logiczne*, ed. K. Pasenkiewicz, 2 vols., 1961-1963 (*Escritos filosóficos e lógicos*).

Ver: John Myhill, "Report on Some Investigations Concerning the Consistency of the Axioms of Reducibility", *Journal of Symbolic Logic*, 14 (1949), 119-125; 16 (1951), 35-42. — M. Black, *The Nature of Mathematics: A Critical Survey*, 1959. — J. Juliusz Jadacki, *L. C.* — *B. Russell's Scientific Correspondence*, 1986. — G. Jozefczuk, "La idea del sentido común en la filosofía de L. C." (em polonês), *Ann. Univ. Mariae Curie-Phil.* (1986), 221-232. — H. Hiz, em J. E. Edwards, *The Encyclopedia of Philosophy*, vol. 2, s. v. "Chwistek, Leon". **C**

CIBERNÉTICA. Em seu *Essai sur la philosophie des sciences ou exposition analytique d'une classification naturelle de toutes les connaissances humaines* (1834), André Marie Ampère (VER) introduziu o vocábulo *cybernétique* (do grego κυβερνητική) para designar a ciência que se ocupa dos modos de governo. A cibernética é, segundo Ampère, uma das ciências "noológicas". Em sua influente obra *Cybernetics, or Control and Communication in the Animal and in the Machine* (1949; 2ª ed., 1961), Norbert Wiener († 1964) denominou "cibernética" (do grego κυβερνητήρ = piloto) a ciência que estuda os sistemas de controle, e especialmente de autocontrole, tanto nos organismos como nas máquinas. "O controle — define Wiener (*The Human Use of Human Beings*, 1950, p. 8) — não é senão o envio de mensagens que efetivamente mudam o comportamento do sistema receptor."

Referimo-nos a alguns dos principais problemas estudados pela cibernética no sentido de Wiener em vários verbetes desta obra (ver especialmente COMUNICAÇÃO; INFORMAÇÃO). Limitar-nos-emos aqui a destacar, ou a recordar, que a cibernética — ainda em formação e, portanto, sem limites precisos como ciência ou como disciplina científica — ocupa-se de temas muito diversos, embora todos eles de algum modo relacionados entre si. Entre esses temas, mencionamos os seguintes: o estudo do controle e do autocontrole, particularmente com base no conceito de "retroação" (*feedback*) — portanto, o estudo dos sistemas auto-reguladores, orgânicos e mecânicos —; o estudo da transmissão de mensagens na medida em que servem para realizar o controle e o autocontrole citados; o estudo da informação enquanto transmissão de sinais no âmbito de um sistema de auto-regulação; o estudo de diversas formas do chamado "comportamento com propósito"; o estudo dos paralelismos entre vários sistemas nos quais ocorrem processos de controle e de auto-regulação (como os chamados "servomecanismos"). Pelo que se mencionou, é possível ver a amplitude do campo da cibernética, na qual tem lugar uma série de estudos lógicos, matemáticos, físicos, neurofisiológicos etc. e que faz uso de conceitos bastante diversos, muitos dos quais procedentes de outros ramos (entropia, estrutura, linguagem, aprendizagem etc.). Por essa razão, alguns autores consideram que o termo "cibernética" é no momento apenas um vocábulo cômodo para agrupar estudos que oportunamente se distribuirão entre várias disciplinas científicas. Em todo caso, a cibernética parece ser uma típica "ciência-encruzilhada" e um conjunto de "ciências-limítrofes". Nesse sentido, pode ser comparada, no âmbito da ciência, com o que é amiúde a ontologia — pelo menos como "ontologia crítica e analítica" — no âmbito da filosofia.

Para bibliografia, ver a parte correspondente no verbete COMUNICAÇÃO.

CÍCERO (M. TULLIUS CICERO) (106-43 a.C.). Nasceu nas proximidades de Arpino. Sua carreira como orador e político não se enquadra em nosso propósito. Sua carreira como filósofo foi muito discutida: considerado por longo tempo uma das mais preeminentes figuras do pensamento antigo, insistiu-se depois em sua falta de originalidade e se reduziu ao mínimo seu papel na história da filosofia. A verdade acha-se provavelmente entre as duas posições: a filosofia de Cícero não é, sem dúvida, original, mas a influência que exerceu faz dela uma peça indispensável na história. Com efeito,

ele não apenas divulgou para o mundo romano o mais importante da tradição intelectual grega, como muitas de suas obras foram lidas com freqüência pelos filósofos posteriores, tanto pagãos como cristãos. A isso se deve acrescentar a influência exercida na formação do vocabulário filosófico latino — formação da qual o próprio Cícero tinha plena consciência ao observar que suas obras filosóficas ofereciam ao leitor principalmente "palavras": *verba... quibus abundo*.

No que diz respeito ao conteúdo, o pensamento filosófico de Cícero foi considerado essencialmente eclético, embora seja costume tê-lo como um dos membros da nova Academia platônica (VER). Discípulo do epicurista Fedro, do acadêmico Fílon, do estóico Diodoto, do acadêmico Antíoco de Áscalon, do epicurista Zenão e do estóico Possidônio (a cujas aulas assistiu em Rodes), encontram-se em suas obras as marcas de todas essas doutrinas, além das marcas das obras dos grandes mestres gregos, Platão e Aristóteles principalmente. Na doutrina do conhecimento, Cícero rejeitava o ceticismo extremo, pois o moderado tinha, a seu ver, uma razão de ser, como escudo contra o dogmatismo desmedido. As razões dadas por Cícero contra os céticos extremos não eram, porém, de natureza epistemológica, mas antes moral e social; é necessário, pensava ele, que haja noções inatas e consenso universal se se quer que a sociedade mantenha sua coesão. Na moral, Cícero inclinou-se para as doutrinas estóicas, mas desprovidas de seu extremo rigorismo; com efeito, os bens não eram, em sua opinião, inteiramente indiferentes à realização e ao desenvolvimento da virtude. Essas formas de ecletismo podem ser vistas em sua filosofia natural e em sua filosofia política, que parece dominada por uma espécie de "crença sem convicção", unida a um realismo político em nome do qual Cícero defendeu os ideais da República romana diante de todos os falsos realismos que em seu tempo ameaçavam destruir o que ele considerava as verdadeiras realidades: as tradições suscetíveis de transformação contínua e sem violência. O mesmo poderíamos dizer, por fim, de sua filosofia religiosa, mas seria sem dúvida uma simplificação apresentá-la como uma moderna racionalização das tradições. A complexidade do quadro religioso apresentado no famoso *Sonho de Cipião* (VER) mostra que, se temos de continuar falando de ecletismo, não podemos reduzi-lo a uma composição demasiadamente simples.

↪ As obras de Cícero mais importantes do ponto de vista filosófico são: *De natura deorum, De divinatione, De officiis, De finibus bonorum et malorum, De amicitia, Cato maior, De gloria, De fato, Tusculanae disputationes, De republica, De legibus, Academica priora et posteriora*.

Em português: *As catilinárias*, 1990. — *Da República*, 1995. — *Manual do candidato — As eleições*

— *Carta do bom*, 2000. — *Saber envelhecer*, 1997.
— *Sobre o destino*, 1993.
Dicionários: Hugo Merget, *Lexikon zu den philosophischen Schriften Ciceros*, 3 vols., 1877-1884; reimp., 1962. — *Id.*, *Lexikon zu den Reden des Cicero*, 4 vols., 1877-1884; reimp., 1962. — *Id.*, *Handlexikon zu Cicero*, 2 vols., 1905-1906; reimp., 1962.
Ver: Rudolf Hirzel, *Untersuchungen zu Ciceros philosophischen Schriften. I. De natura deorum*, 1877; *II. De finibus; de officiis*, 1882. *III. Academica Priora. Tusculanae Disputationes*, 1883. — C. Thiancourt, *Essai sur les traités philosophiques de Cicéron et leurs sources grecques*, 1885. — A. Degert, *Les idées morales de Cicéron*, 1907. — Karl Müller, *Cicero als Philosoph*, 1911. — J. C. Rolfe, *Cicero and His Influence*, 1923. — J. Moscarini, *Cicerone e l'Etica Stoica nell III libro del* De Finibus, 1930. — Th. Zielinski, *Cicero im Wandel der Jahrhunderte*, 4ª ed., 1929. — M. van den Bruwaene, *La théologie de Cicéron*, 1937. — E. Ciaceri, *C. e i suoi tempi*, 1939. — O. Seel, *Cicero. Wort, Staat, Welt*, 1953. — H. K. Hunt, *The Humanism of Cicero*, 1954. — E. Lepore, *Il Princeps ciceroniano e gli ideali politici della tarda republica*, 1954. — P. Milton Valente, S. J., *L'éthique stoicienne chez Cicéron*, 1956 (tese). — Michel Ruch, *Le préambule dans les oeuvres philosophiques de Cicéron. Essai sur la genese et l'art du dialogue*, 1958. — A. Michel, *Les rapports de la réthorique et la philosophie dans l'oeuvre de Cicéron*, 1960. — A. Weische, *Cicero und die Neue Akademie. Untersuchungen zur Entstehung und Geschichte des antiken Skeptizismus*, 1961. — Maria Bellincioni, *Struttura e pensiero del Laelio ciceriano*, 1970 (especialmente Parte II sobre Cícero, Aristóteles e os estóicos). — Virginia Guazzoni Foa, *I fondamenti filosofici della teologia ciceroniana*, 1970. — Hans-Joachim Hartung, *Ciceros Methode bei der Uebersetzung griechischer philosophischer Termini*, 1970. — P. Boyancé, *Études sur l'humanisme cicéronien*, 1970. — K. Büchner, *Das neue Cicerobild*, 1971. — Charles B. Schmitt, *Cicero Scepticus: A Study of the Influence of the Academica in the Renaissance*, 1972. — Woldemar Görler, *Untersuchungen zu Ciceros Philosophie*, 1974. — E. Rawson, *C.: A Portrait*, 1975. — T. N. Mitchell, *C.: The Ascending Years*, 1979. — G. Achard, *Pratique rhétorique et idéologie politique dans les discours "optimates" de C.*, 1981. — A. Trollope, *The Life of C.*, 2 vols., 1981. — J. Mancal, *Untersuchung zum Begriff der Philosophie bei M. T. Cicero*, 1982. — P. Grimal, *C.*, 1984. — F. Guillaumont, *Philosophe et Augure. Recherches sur la théorie cicéronienne de la divination*, 1987. — S. L. Utchenko, *C. y su tiempo*, 1987. — N. Wood, *C.'s Social and Political Thought*, 1988. — W. W. Fortenbaugh, ed., *C.'s Knowledge of the Peripatos*, 1989. — Ch. Habicht, *C. the Politician*, 1990. — J. M. Del Pozo, *Cicerón: conocimiento y política*, 1993. C

CIDADE DE DEUS. Embora a idéia da Cidade de Deus e de sua oposição à cidade do diabo tenha sido expressa antes de Santo Agostinho (por exemplo, em Ticônio — *Ecce duas civitates, unam Dei et unam diaboli* —, de quem Santo Agostinho provavelmente a tomou), somente nos livros *De civitate Dei* escritos pelo Padre da Igreja o problema foi formulado e desenvolvido com toda a amplitude. Trata-se de um problema que *pode* ser relacionado com o da contraposição, já enfatizada por alguns estóicos, entre o ser cidadão de uma Cidade-Estado (ou mesmo do Império) e o ser cidadão do mundo ou do cosmos, mas que não é simplesmente redutível a ela. Com efeito, o cosmos não é, propriamente falando, uma Cidade, de modo que ser cidadão do cosmos equivale sobretudo a sentir-se parte ou membro da Natureza, a qual se supõe ser a realidade que absorve em última análise todos os indivíduos. Assim, a contraposição estabelecida por Santo Agostinho entre a *Civitas Dei* e a *Civitas diaboli* só pode ser entendida no âmbito de uma concepção que acentua o caráter único da história e que faz do cosmos um cenário no qual se desenvolve o drama da história universal. Contudo, as expressões 'Cidade de Deus' e 'Cidade do diabo' foram interpretadas de várias maneiras, particularmente no que diz respeito a suas relações mútuas. Daremos, primeiramente, uma breve explicação do vocabulário usado por Santo Agostinho e mencionaremos depois três diferentes interpretações dos conceitos citados.

Santo Agostinho fala de uma cidade celeste espiritual (*civitas coelestis spiritualis*), de uma cidade terrena espiritual (*civitas terrena spiritualis*) e de uma cidade terrena carnal (*civitas terrena carnalis*). A primeira parece equivaler ao que São Paulo denomina a Jerusalém superior; a segunda, ao que o Apóstolo chama de Jerusalém atual. A última, à cidade (ou cidades) dos pagãos. A cidade celeste espiritual é também denominada cidade santa, *civitas sancta* ou comunidade dos santos. A cidade terrena espiritual é exemplificada em Sara e Isaac. A cidade terrena carnal é representada por Agar e Ismael. Santo Agostinho fala também da cidade terrena como uma sombra, *umbra*, da cidade de Deus, ou, melhor dizendo, da cidade de Deus no céu.

Uma das interpretações é a que relaciona o esquema de Santo Agostinho com um esquema platônico. Assim, Hans Leisegang indica que a Cidade de Deus no céu é paralela ao reino das idéias; a Cidade de Deus na terra, ou cidade terrena espiritual, é paralela à imagem — εἰκών — da idéia, e a cidade terrena carnal ou cidade do diabo, à imagem da imagem, isto é, à sombra, *umbra* — σκία —, da Cidade de Deus celeste, que seria o verdadeiro protótipo. De modo semelhante, Alfarabi falara de uma Cidade-modelo ou cidade ideal.

Outra interpretação é a que sublinha o contraste entre a Cidade de Deus, como representada pelo poder espiritual da Igreja, e a cidade do diabo, como representada pelo poder terreno (em especial o do Império). As lutas entre o Papado e o Império no decorrer da Idade Média foram com freqüência interpretadas nesse sentido. Muitos historiadores e filósofos apresentam esta interpretação em sua descrição da idéia agostiniana do contraste entre as duas cidades.

Outra interpretação, devida a Gilson — e provavelmente a mais correta —, é a que destaca o caráter teológico e místico da doutrina agostiniana. Segundo ela, a Cidade de Deus é a cidade dos eleitos, e a cidade do diabo, a dos reprovados. Por conseguinte, a Cidade de Deus não pode ser identificada com a Cidade nesta terra, nem sequer com a Igreja. Com efeito, mesmo dentro da Igreja há homens que são reprovados e não pertencem à Cidade de Deus. Gilson baseia-se para sua interpretação no sentido dado por Santo Agostinho ao termo 'cidade': a congregação de homens que reconhecem algumas crenças comuns. 'Cidade' é, pois, um termo que em Santo Agostinho tem um sentido místico. Assim, os nomes de *Cidade divina* e *Cidade terrena* são designações simbólicas que podem ser expressas de outros modos; por exemplo: Jerusalém ou *visio pacis* e Babilônia ou *confusio*. A *civitas terrena* é a cidade dos homens que têm o amor a Deus. As duas cidades acham-se confundidas nesta terra, mas separadas nos desígnios de Deus. São duas cidades místicas, "e seus respectivos povos são o dos eleitos e o dos condenados". Por isso, a cidade terrestre não é a cidade temporal e política, mas a cidade da perdição.

Podem-se formular dois problemas no que se refere à noção da Cidade de Deus. Um é o da relação entre a idéia de Cidade de Deus e a idéia da República ideal ou utopia (VER). Se consideramos a Cidade de Deus agostiniana como um protótipo de caráter platônico, as relações entre as duas idéias são inegáveis. Se a concebemos, em contrapartida, como uma realidade mística, teremos dificuldades em aproximar as duas concepções. As relações entre a idéia da Cidade de Deus e a da República ideal podem ser estudadas, além disso, por meio do contraste de certas analogias e diferenças entre Santo Agostinho, Platão e Cícero. Foi o que fez Domenico Pesce (*op. cit. infra*). Segundo esse autor, Santo Agostinho e Platão coincidem em ser pessimistas (e até "radicalmente pessimistas") em sua concepção do homem e da sociedade, enquanto Cícero é otimista e "humanista", pois afirma que o caráter altruísta do homem se manifesta ao longo da história. Por outro lado,

enquanto Platão e Cícero se baseiam no conceito "antigo" da Cidade-Estado, Santo Agostinho sustenta que há uma diferença entre o temporal e o espiritual, entre o político e o ético (diferença já entrevista por Sócrates). Por fim, enquanto Platão parece ocupar-se principalmente da sociedade dos filósofos, Cícero tem em vista a sociedade dos cidadãos, e Santo Agostinho, a dos santos.

Outro problema é o do prolongamento e da transformação da concepção agostiniana no decorrer da história. Gilson falou das metamorfoses da Cidade de Deus, incluindo entre elas as idéias da *Respublica christiana*, de Roger Bacon, da *Monarchia* ou Império universal, de Dante, da paz da fé (*pax fidei*), de Nicolau de Cusa, da *città del Sole*, de Campanella, da idéia da unidade da Europa tal como se manifestou em vários momentos da época moderna, da cidade leibniziana dos filósofos do século XVIII e da cidade dos sábios dos positivistas comtianos. Em contrapartida, ele não incluiu entre essas metamorfoses nem o messianismo marxista (por razões que indica expressamente) nem as idéias de Marsílio de Pádua (sem indicar razões). Por outro lado, C. L. Becker já falara da "Cidade de Deus dos filósofos do século XVIII". Poder-se-ia argumentar contra isso que, do ponto de vista místico agostiniano estrito, apenas algumas dessas metamorfoses entram no quadro da idéia da Cidade de Deus e que, se para evitar esse inconveniente, se amplia o ponto de vista citado, não há motivo para não incluir outras visões, talvez com uma única condição: a de que não sejam exclusivamente imanentes a este mundo.

⇨ Texto de *A Cidade de Deus*, com base na edição de Dombart-Kalb, revisada, com tradução de Lorenzo Riber, 1933.

Em português: *A Cidade de Deus*, 2 vols., 1989.

Ver: O. Schilling, *Die Staat- und Sozialehre des heiligen Augustinus*, 1910. — H. Scholz, *Glaube und Unglaube in der Weltgeschichte. Ein Kommentar zu Augustinus'De Civitate Dei, mit einem Exkurs:* Fruitio Dei, *ein Beitrag zur Geschichte der Theologie und der Mystik*, 1911. — Ernst Troeltsch, *Augustin, die christliche Antike und das Mittelalter. Im Anschluss and der Schrift* De Civitate Dei, 1915; reimp., 1963. — J. N. Figgis, *The Political Aspects of St. Augustine's* City of God, 1921. — A. Combes, *La doctrine politique de Saint Augustin*, 1927. — V. Stegemann, *Augustins Gottesstaat*, 1928. — E. Baker, *Church, State and Study*, 1930. — L. Curtis, *Civitas Dei*, 3 vols., 1950 (reimp. depois em 1 vol.). — T. H. S. Burleigh, *The City of God: A Study of St. Augustine's Philosophy*, 1949. — G. Ruotolo, *La filosofia della storia e la città di Dio*, 1950. — H. Leisegang, *Denkformen*, 2ª ed.,

1951. — Th. Mommsen, "Saint Augustine and the Christian Idea of Progress", *Journal of the History of Ideas*, 12 (1951), 346-374. — É. Gilson, *Les métamorphoses de la cité de Dieu*, 1952. — Domenico Pesce, *Città terrena e città celeste nel pensiero antico*, 1957. — Yves Congar, *"Civitas Dei et Ecclesia* chez Saint Augustin. Histoire de la recherche: son état présent", *Revue des Études augustiniennes*, 3 (1957), 1-14. — Manuel García Pelayo, *El reino de Dios como arquetipo político*, 1960 (Sobre o "reino de Deus" na alta Idade Média). — Sergio Cotta, *La città politica di S. Agostino*, 1960. — Jean-Claude Guy, *Unité et structure logique de la* Cité de Dieu *de Saint Augustin*, 1961. — John O'Meara, *Charter of Christendom: The Significance of the City of God*, 1961 [The Saint Augustine Lecture, Villanova University, 1961]. — G. L. Keyes, *Christian Faith and the Interpretation of History: A Study of St. Augustine's Philosophy of History*, 1969. — A. P. Orbán, "Ursprung und Inhalt der Zwei-Staaten-Lehre in Augustins De civitate Dei", *Archiv für Begriffsgeschichte*, XXIV, 2 (1980), 171-194. — Além disso: J.-M. del Estal, A. Custodio Vega *et al., Estudios sobre la* Ciudad de Dios, 2 vols., 1956 (arts. procedentes de números extraordinários da revista *La Ciudad de Dios*). €

CIÊNCIA. O substantivo *scientia* procede do verbo *scire*, que significa "saber"; etimologicamente, 'ciência' equivale, pois, a 'o saber'. Entretanto, não é recomendável ater-se a essa equivalência, pois há saberes que não pertencem à ciência: por exemplo, o saber que às vezes se qualifica de comum, ordinário ou vulgar. Sabem-se, com efeito, muitas coisas que ninguém ousaria apresentar como se fossem enunciados científicos. Saber, por exemplo, que o ministro de Obras Públicas da Islândia foi operado da próstata é saber algo. Mas a proposição 'O ministro de Obras Públicas da Islândia foi operado da próstata' não é uma proposição científica. A menos que tomemos o termo 'ciência' num sentido muito amplo, não podemos, pois, fazê-lo sinônimo de 'saber'. O próprio Platão, que distinguia rigorosamente o saber, ἐπιστήμη, e a opinião, δόξα, observava que esta não é mero não-saber — é algo situado entre a perfeita ciência e a absoluta ignorância. Parece necessário, portanto, definir que tipo de saber é o científico. Várias respostas nos ocorrem. Por exemplo: que é um saber culto ou desinteressado, que é um saber teórico, suscetível de aplicação prática e técnica, que é um saber rigoroso e metódico etc. Todas essas respostas nos proporcionam alguma informação sobre o tipo especial do saber científico, mas não são suficientes; têm, além disso, um inconveniente, em nosso caso importante: não permitem distinguir a ciência e a filosofia. Por muitos séculos, essa falta de diferenciação não pareceu coisa grave; ainda é árduo separar o propriamente científico (seja qual for seu valor atual) do propriamente filosófico na *Física* de Aristóteles, mas isso não nos dificulta mais do que é razoável a compreensão de suas proposições; de certo modo, ajuda-nos a compreender o caráter peculiar do pensamento aristotélico sobre a Natureza. Contudo, à medida que foram sendo organizadas as chamadas ciências particulares e foi se tornando mais intenso o que se qualificou de movimento de autonomia, primeiro, e, depois, de independência das ciências, a distinção em causa se tornou cada vez mais importante e urgente: não poder traçar uma linha divisória entre a contribuição filosófica e a científica de Descartes ou de Leibniz dificulta grandemente, com efeito, a compreensão dessas contribuições. É preciso, por conseguinte, esclarecer em que consiste o saber científico e quais são as principais diferenças existentes entre esse saber e o saber filosófico.

É comum considerar a ciência como um modo de conhecimento que visa formular, mediante linguagens rigorosas e apropriadas — na medida do possível, com o auxílio da linguagem matemática —, leis por meio das quais são regidos os fenômenos. Essas leis são de diversas ordens (ver LEI). Todas elas têm, não obstante, vários elementos em comum: a capacidade de descrever séries de fenômenos; a possibilidade de comprovação por meio da observação dos fatos e da experimentação; a capacidade de prever — seja mediante previsão completa, seja pela previsão estatística — acontecimentos futuros. De resto, a comprovação e a previsão nem sempre se efetuam da mesma maneira, não apenas em cada uma das ciências, mas também em diversas esferas da mesma ciência. Em grande parte, elas dependem do nível das teorias correspondentes. De modo geral, pode-se dizer que uma teoria (VER) científica mais abrangente obedece com maior facilidade a exigências de natureza interna à estrutura da própria teoria — simplicidade, harmonia, coerência etc. — que uma teoria menos abrangente. As teorias de teorias (como, por exemplo, a teoria da relatividade) parecem por isso mais "afastadas" dos fatos, ou, melhor dizendo, menos necessitadas de um grupo relativamente considerável de fatos a ser confirmados; o motivo disso é que elas traçam quadros gerais no âmbito dos quais podem-se reunir agrupamentos teóricos prévios de fatos ou então certos tipos de fatos observados no decorrer de algum *experimentum crucis*. A comprovação e a precisão mencionadas dependem também dos métodos empregados (ver MÉTODO), que são também diferentes para cada ciência e para partes diversas da mesma ciência. Em geral, considera-se que uma teoria científica é tanto mais perfeita quando mais formalizada se acha. Isso não significa, porém, que o único trabalho do cientista que mereça esse nome seja a formalização (VER). A rigor, esta é *uma* das tendências da ciência: a que ela adota quando se encontra num estado de relativa maturidade.

Até agora, falamos apenas *da* ciência, mas é preciso falar também *das* ciências. Estas são diversas — a tal ponto que, mais de uma vez, levantou-se o problema de saber se é possível que todas as ciências possuam características comuns. Certos autores o negaram; em sua opinião, há pelo menos dois grupos inteiramente diferentes de ciências: as ciências da natureza (VER) e as ciências do espírito (VER) ou da cultura (VER). Outros afirmaram o mesmo, mas fundando-se na limitação das ciências às ciências naturais; outros, por fim, o afirmaram fazendo das ciências classicamente qualificadas de morais ciências em última análise naturais, ou estabelecendo uma espécie de pirâmide das ciências na qual ou certas ciências servem de base às outras (a matemática, base da física; a física, base da biologia; a biologia, base da psicologia etc.) ou se supõe possível reduzir umas às outras (em geral, as menos simples às mais simples), se não em seus métodos particulares, pelo menos nas estruturas fundamentais de suas respectivas linguagens (ver REDUÇÃO). A diversidade das ciências levou também a muitas tentativas de classificação (ver CIÊNCIAS [CLASSIFICAÇÃO DAS]). Não podemos nos deter aqui nesses problemas. O que foi dito deve ser considerado suficiente para nosso propósito — dada a natureza desta obra, apresenta maior interesse a segunda questão: a relação entre ciência e filosofia.

Três respostas fundamentais são possíveis a esse respeito: 1) a ciência e a filosofia carecem de qualquer relação; 2) a ciência e a filosofia encontram-se tão intimamente relacionadas entre si que, de fato, são a mesma coisa; e 3) a ciência e a filosofia mantêm entre si relações muito complexas. Enumeraremos algumas das razões apresentadas a favor de cada uma dessas opiniões e concluiremos com algumas breves observações sobre o tipo de relação que consideramos mais plausível.

1) *a*1) A ciência progride e nos informa, de modo cada vez mais completo e detalhado, sobre a realidade, enquanto a filosofia não progride, porque é um incessante tecer e destecer de sistemas. *b*1) A ciência é um modo de conhecer, enquanto a filosofia é um modo de viver. *c*1) A ciência refere-se ao ser; a filosofia, ao dever ser ou, em geral, ao valor. *d*1) A ciência é conhecimento rigoroso; a filosofia, concepção do mundo exprimível igualmente mediante a religião ou a arte. Por isso, a ciência está de um lado, enquanto a filosofia (com a religião e a arte) está de outro (às vezes considerado oposto). *e*1) A ciência é conhecimento limitado; a filosofia, conhecimento ilimitado. *f*1) A ciência opera mediante observação, experimentação, inferência e dedução, enquanto a filosofia opera mediante intuição. Como conseqüência disso, a ciência refere-se somente ao fenomênico, enquanto a filosofia atinge o numênico etc.

2) *a*2) A filosofia não difere da ciência senão por constituir um estado primitivo (ou preliminar) da atividade científica: a filosofia é, pois, uma fase da ciência. *b*2) A filosofia é uma ciência igual às outras no que se refere à estrutura de suas teorias, aos métodos usados e aos propósitos que a movem. *c*3) Há uma filosofia que não pode ser denominada ciência, porque não é mais que expressão poética ou concepção do mundo, mas por isso mesmo não pode tampouco ser qualificada seriamente de filosofia; a filosofia que merece esse nome é uma ciência que se ocupa de certos problemas principalmente lógicos e semióticos, cuja análise constitui um auxílio indispensável ao desenvolvimento das outras ciências.

3) *a*3) A relação entre a filosofia e a ciência é de tipo histórico: a filosofia foi e continuará sendo a mãe das ciências, por ser a disciplina que se ocupa da formação de problemas, depois tomados pela ciência para ser solucionados. *b*3) A filosofia é não apenas a mãe das ciências no decorrer da história, mas a rainha das ciências sempre, seja por conhecer mediante o mais elevado grau de abstração, seja por ocupar-se do ser em geral, seja por tratar dos pressupostos das ciências. *c*3) A ciência — ou as ciências — constitui um dos objetos da filosofia, ao lado de outros; há por isso uma filosofia da ciência (e das diversas ciências fundamentais) tal como há uma filosofia da religião, da arte etc. *d*3) A filosofia é fundamentalmente a teoria do conhecimento das ciências. *e*3) As teorias científicas mais abrangentes são, como apontamos, teorias de teorias; a filosofia pode ser tida como uma teoria de teorias de teorias. *f*3) A filosofia acha-se em relação de constante intercâmbio com a ciência — ela proporciona a esta certos conceitos gerais (ou certas análises), enquanto a ciência proporciona a ela dados com base nos quais desenvolve esses conceitos gerais (ou realiza essas análises). *g*3) A filosofia examina certos enunciados que a ciência pressupõe, mas que não pertencem à linguagem da ciência.

Todos esses argumentos encontram na história da filosofia e da ciência pontos de apoio; tudo depende do modo como se interpretam os dados históricos. Mas a interpretação desses dados depende, por sua vez, de vários modos possíveis de entender a filosofia e a ciência. Eis um círculo vicioso do qual parece difícil — embora não impossível — escapar.

As relações entre a filosofia e a ciência constituem somente um aspecto dos problemas filosóficos suscitados pela ciência. Outro aspecto é a ciência como tema filosófico: o que se denominou "filosofia da ciência". Trata-se de uma disciplina extremamente ampla, sobre cujos principais temas nem sempre há acordo entre filósofos e cientistas com propensões filosóficas.

Alguns avaliam que a filosofia da ciência é fundamentalmente a análise da linguagem da ciência (ou das linguagens das diversas ciências); outros consideram que a filosofia da ciência tem de escrutar criticamente pressupostos (ontológicos e metodológicos) das ciências; outros inclinam-se a destacar a importância do estudo da história da ciência (ou das ciências). Por meio desse estudo, determinam-se os traços da evolução científica e das chamadas "mudanças conceituais", que, quando suficientemente radicais, podem ser mudanças de paradigma (ver PARADIGMA, PARADIGMÁTICO). Ao mesmo tempo, a história da ciência pode ser estudada de um ponto de vista interno — quando se atende apenas ao desenvolvimento das descobertas e das teorias científicas — ou de um ponto de vista externo — quando se atende a condições extracientíficas, principalmente históricas, e amiúde sociais (ver EXTERNALISMO, INTERNALISMO). Este último deu lugar a estudos, e até a disciplinas especiais, entre as quais se destaca a sociologia da ciência. Certos historiadores e sociólogos da ciência avaliam que o que se denominou "filosofia da ciência" é uma pura reconstrução lógica de teorias científicas — que não costuma levar em conta os processos da descoberta (VER) — ou uma simples e infundada especulação, tingida de vagos pressupostos metafísicos. Com a finalidade de corrigir alguns desses defeitos, reais ou imaginários, propôs-se o desenvolvimento da metaciência (VER), ou de uma "ciência da ciência".

Na filosofia da ciência das últimas décadas manifestaram-se duas direções. Uma é a que se chamou de "filosofia analítica da ciência"; a outra é a denominada "filosofia hermenêutica da ciência". Os filósofos de propensão lógica e epistemológica manifestaram-se sobretudo em favor da primeira; os de propensão histórica e sociológica, em favor da segunda. A chamada "nova filosofia da ciência" emergiu do complexo de técnicas analíticas e nesse sentido continua sendo "analítica", mas se opôs às interpretações positivistas, "ortodoxas", da ciência, e em alguns casos se mostrou favorável a correntes "hermenêuticas".

⊃ Sobre filosofia da ciência e das ciências: André Lalande, *Lectures sur la philosophie des sciences*, 1893; 9ª ed., 1927. — Werner Heisenberg, *Wandlungen in der Grundlagen der Naturwissenschaft*, 1935; 10ª ed., 1973. — A. Cornelius Benjamin, *An Introduction to the Philosophy of Science*, 1937. — Albert G. Ramsperger, *Philosophies of Science*, 1942. — W. H. Werkmeister, *A Philosophy of Science*, 1940. — J. D. García Bacca, *Filosofía de las ciencias*, 1941. — S. Toulmin, *The Philosophy of Science: An Introduction*, 1953. — P. H. van Laer, *Philosophy of Science*. Parte II: *A Study of the Division and Nature of Various Groups of Sciences*, 1962. — S. Watanabe, W. von Quine et al., *Boston Studies in the Philosophy of Science*, 1962, ed. M. W. Wartofsky (Colloquium for the Philosophy of Science, 1961-1962). — William L. Reese e Bernard Baumrin, eds., *Philosophy of Science*, vol. I, 1963 (The Delaware Seminar, 1961-1962); vol. II, 1964 (The Delaware Seminar, 1962-1963). — C. G. Hempel, W. Sellars et al., *Frontiers of Science and Philosophy*, 1963, ed. Robert G. Colodny. — Carl G. Hempel, *Philosophy of Natural Science*, 1964. — Peter Caws, *The Philosophy of Science: A Systematic Account*, 1965. — Leônidas Hegenberg, *Introdução à filosofia da ciência*, 1965. — Stephan Körner, *Experience and Theory: An Essay in the Philosophy of Science*, 1966. — M. Black, P. K. Feyerabend et al., *Philosophy of Science Today*, 1967, ed. Sidney Morgenbesser. — Peter Achinstein, *Concepts of Science: A Philosophical Analysis*, 1968. — Paul R. Durbin, *Philosophy of Science*, 1968. — Marx W. Wartofsky, *Conceptual Foundations of Scientific Thought: An Introduction to the Philosophy of Science*, 1968. — Imre Lakatos e Alan Musgrave, eds., *Problems in the Philosophy of Science*, 1968 (Proceedings of the International Colloquium in the Philosophy of Science, Londres, 1965, vol. 3). — Rom Harré, *The Philosophies of Science: An Introductory Survey*, 1972; reed., 1985. — Larry Laudan, *Progress and Its Problems: Towards a Theory of Scientific Growth*, 1977. — H. Brown, *Perception, Theory and Commitment: The New Philosophy of Science*, 1977 [Popper, Kuhn et al.]. — M. Hesse, *Revolutions and Reconstructions in the Philosophy of Science*, 1980. — G. Munévar, *Radical Knowledge*, 1981 [na linha de Feyerabend]. — J. T. Cushing, C. F. Delaney, G. M. Gutting, eds., *Science and Reality: Recent Work in the Philosophy of Science*, 1984. — A. Rivadulla, *Filosofía actual de la ciencia*, 1984 [prólogo de J. Mosterín]. — J. Grunfeld, *Changing Rational Standards: A Survey of Modern Philosophy of Science*, 1985.

Ver: R. J. Blackwell, *A Bibliography of the Philosophy of Science, 1945-1981*, 1983. — Ver também bibliografia (*infra*) sobre ciência e filosofia, bem como sobre a ciência atual. Ver também a bibliografia de MÉTODO.

Abundante material, com artigos de numerosos autores (H. Feigl, H. Putnam, P. K. Feyerabend etc.), encontra-se na série dos *Minnesota Studies in the Philosophy of Science*, sob a direção geral de H. Feigl e Grover Maxwell, e com editores especiais para cada volume.

Sobre a linguagem e a lógica da ciência: K. Pearson, *The Grammar of Science*, 1892. — W. S. Jevons, *The Principles of Science*, 1905. — H. Poincaré, *Science et méthode*, 1908. — E. Meyerson, *De l'explication dans les sciences*, 1921. — Harold R. Smart, *The Logic of Science*, 1931. — Karl Popper, *Logik der Forschung. Erkenntnistheorie der modernen Naturwissenschaft*, 1935 (trad. ingl., consideravelmente revisada: *The Logic of Scientific Discovery*, 1959). — Leon Chwistek, *Granice nauki. Zarys logiki i metodologji nauki scistych*, 1935 (trad. ingl.: *The Limits of Science*, 1948). — Eberhard Zschimmer, *Die Logik des wissenschaftlichen Bewusstseins*, 1936. — A. Cornelius Benjamin, *The Logical Structure of Science*, 1936. — P. Servien, *Le langage des sciences*, 1938. — S. M. Neuschlosz, *Análisis del conocimiento científico*, 1940. — F. C. S. Northrop, *The Logic of the Sciences and the Humanities*, 1947. — W. Szilasi, *¿Qué es la ciencia?* 1949. — M. Lins, *A evolução lógico-conceitual da ciência*, 1954. — P. Henry van Laer, *The Philosophy of Science*, 1956. — G. Bergmann, *Philosophy of Science*, 1957. — J. R. Kantor, *The Logic of Modern Science*, 1957. — Mario Bunge, *Metascientific Queries*, 1959. — Norwood Russell Hanson, *Patterns of Discovery: An Inquiry into the Conceptual Foundations of Science*, 1958. — *Id., Perception and Discovery: An Introduction to Scientific Inquiry*, 1969. — Rom Harré, *An Introduction to the Logic of the Sciences*, 1960. — Ernest Nagel, *The Structure of Science: Problems in the Logic of Scientific Explanation*, 1961. — Henry Margenau, *Open Vistas: Philosophical Perspectives of Modern Science*, 1961. — Israel Scheffler, *The Anatomy of Inquiry: Philosophical Studies in the Theory of Science*, 1963. — B. van Rootselaar e J. F. Staat, eds., *Logic, Methodology, and Philosophy of Science*, 3 vols., 1967. — Patrick Suppes, *Studies in the Methodology and Foundations of Science: Selected Papers from 1951 to 1969*, 1969. — Peter Achinstein, *Law and Explanation: An Essay in the Philosophy of Science*, 1971. — P. Achinstein, D. Bohm *et al., The Structure of Scientific Theories*, 1973, ed. Frederick Suppe (Simpósio na Universidade de Illinois); 2ª ed., 1978. — G. Radnitzky, G. Andersson, *Progress and Rationality in Science*, 1978. — B. C. van Fraassen, *The Scientific Image*, 1980. — C. Eisele, ed., *Historical Perspectives on Peirce's Logic of Science: A History of Science*, 2 vols., 1985. — D. Oldroyd, *The Arch of Knowledge: An Introductory Study of the History of the Philosophy and Methodology of Science*, 1987.

Sobre fundamentos das ciências: W. Sauer, *Grundlagen der Wissenschaft und der Wissenschaften*, 1926. — Ernest Sauberbeck, *Vom Wesen der Wissenschaft, insbesondere der drei Wirklichkeitswissenschaften, der "Naturwissenschaft", der "Psychologie" und der "Geschichte"*, 1914. — Erich Becher, *Geisteswissenschaften und Naturwissenschaften. Untersuchungen zur Theorie und Einteilung der Realwissenschaften*, 1921. — Paul Tillich, *Das System der Wissenschaft nach Gegenständen und Methoden*, 1923. — P. Oppenheim, *Die natürliche Ordnung der Wissenschaften*, 1926. — Russell Fox, Max Garbuny e Robert Hooke, *The Science of Science*, 1964. — Gerard Radnitzky, *Contemporary Schools of Metascience*, 2 vols., 1968; 3ª ed., 1973 (I. *Anglo-Saxon Schools of Metascience*; II. *Continental Schools of Metascience*). — *Id., Preconceptions in Research: A Study*, 1974. — D. J. de Solla Price, *Hacia una ciencia de la ciencia*, 1974. — J. Fetzer, *Foundations of Philosophy of Science: Recent Developments*, 1993.

Sobre a ciência como missão e a missão da ciência: Max Weber, *Wissenschaft als Beruf*, 1919. — E. von Kahler, *Der Beruf der Wissenschaft*, 1931.

Sobre ciência e filosofia: Paul Häberlin, *Wissenschaft und Philosophie*, 2 vols., I, 1910; II, 1912. — Hugo Dingler, *Grenzen und Ziele der Wissenschaft*, 1910. — *Id., Der Zusammenbruch der Wissenschaft und der Primat der Philosophie*, 1926. — Moritz Geiger, *Die Wirklichkeit der Wissenschaften und die Metaphysik*, 1930. — U. Spirito, *Scienza e Filosofia*, 1933; 2ª ed., 1950. — J. Maritain, *Science et sagesse*, 1935. — Andrew G. Van Melsen, *Natuurwetenschap en Wijsbegeerte*, 1946 (*Ciência natural e filosofia*). — Ph. Frank, *Modern Science and Its Philosophy*, 1949 (os capítulos 1, 2, 3, 4, 5, 8, 9 e 11 desta obra figuram também em *Between Physics and Philosophy*, 1941). — J. M. Riaza, *Ciencia moderna y filosofía*, 1954. — Everet W. Hall, *Science and Human Values*, 1956. — Ph. Frank, *Philosophy of Science. The Link Between Science and Philosophy*, 1957. — Carlos París, *Ciencia, conocimiento, ser*, 1957. — J. G. Kemeny, *A Philosopher Looks at Science*, 1959. — David Greenwood, *The Nature of Science*, 1960. — Raimundo Paniker, *Ontonomía de la ciencia: Sobre el sentido de la ciencia y sus relaciones con la filosofía*, 1961. — Eduardo Nicol, *Los principios de la ciencia*, 1965. — Errol E. Harris, *The Foundations of Metaphysics in Science*, 1965. — Israel Scheffler, *Science and Subjectivity*, 1967; 2ª ed., 1982, com mais dois trabalhos: "In Praise of Cognitive Emotion" (1977) e "Vision and Revolution: A Postscript on Kuhn" (1972). — H.-J. Barraud, *Science et philosophie*, 1968. — J. C. C. Smart, *Between Science and Philosophy: An Introduction to the Philosophy of Science*, 1968. — I. Lakatos, S. Toulmin *et al., The Interaction between Science and Philosophy*, 1974 (Homenagem a S. Sambursky). — Joseph Agassi, *Science in Flux*, 1975. — M. Bunge, J. Ferrater Mora *et al., La filosofía y la ciencia en nuestros días*, 1976 (do Primeiro Colóquio Nacional de Filosofia, Morélia, 4/9-VIII-1975). — Várias das obras mencionadas *supra* em outras epígrafes abordam também a questão aqui introduzida. — W. W. Lowrance, *Modern Science and Human Values*, 1985. — R. H. Schlagel, *Contextual Realism: A Meta-Physical Framework for Modern Science*, 1986. — P. Sherrard, *The Eclipse of Man and Nature: An Enquiry into the Origins and Consequences of Modern Science*, 1987. — R. E. Butts, J. R. Brown, eds., *Constructivism and Science: Essays in Recent German Philosophy*, 1989. — P. T. Grier, ed., *Dialectic and Contemporary Science*, 1989. — R. N. Proctor, *Value-Free Science?: Purity and Power in Modern Knowledge*, 1991.

Sobre a ciência atual: Vários autores, *L'orientation actuelle des sciences* e *De la méthode dans les sciences*, 2 vols., Paris, 1909-1911. — A. N. Whitehead, *Science and the Modern World*, 1925. — Cyril E. M. Joad, *Philosophical Aspects of Modern Science*, 1932. — Max Planck, *¿Adónde va la ciencia?*, 1941. — Gaston Bachelard, *Le nouvel esprit scientifique*, 1934. — *Id.*, *La philosophie du Non. Essai d'une philosophie du nouvel esprit scientifique*, 1940. — *Id.*, *La formation de l'esprit scientifique. Contribution à une psychanalyse de la connaissance objective*, 1938. — Muitas das obras citadas *supra* (Ph. Frank, G. Bergmann, M. Bunge, N. R. Hanson, E. Nagel, H. Margenau) também tratam da "ciência atual". Além disso: H. Feigl e G. Maxwell, eds., *Current Issues in the Philosophy of Science*, 1961. — R. K. Merton, *The Sociology of Science: Theoretical and Empirical Investigations*, 2 vols., 1973. — J. Mosterín, *Conceptos y teorías en la ciencia*, 1984. — P. Achinstein, O. Hannaway, eds., *Observation, Experiment, and Hypothesis in Modern Physical Science*, 1985. — J. O. Wisdom, *Challengeability in Modern Science*, 1987.

Sobre a história da ciência. Histórias de caráter geral: P. Duhem, *Le système du monde. Histoire des doctrines cosmologiques de Platon à Copernic*, 10 vols. (I, 1913; II, 1914; III, 1915; IV, 1916; V, 1917; VI, 1954; VII, 1956; VIII, 1958; IX, 1958; X, 1959). — L. Thorndike, *A History of Magic and Experimental Science*, I e II, 1923; 2ª ed., I, II, 1929; III e IV, 1934; V, VI, 1941; VII, VIII, 1958. — G. Sarton, *Introduction to the History of Science*, I, 1927; II, 1, 1931; II, 2, 1931; III, 1, 1947; III, 2, 1948. — *Id.*, *A History of Science* (I, 1952). — William Cecil Dampier-Wetham, *A History of Science and its Relations with Philosophy and Religion*, 1930. — F. Vera, *Historia de la ciencia*, 1937. — F. Enriques e G. de Santillana, *Compendio di storia del pensiero scientifico*, 1937 (em fr.: *Histoire de la pensée scientifique*, I, II, III, 1936). — Charles Singer, *A History of Science*, 1941. — W. T. Sedgwick e H. W. Taylor, *A Short History of Science*, 1939. — J. D. Bernal, *Science in History*, 4 vols., 1950; reimp., 1971 (I, The Emergence of Science; II, The Scientific and Industrial Revolutions; III, The Natural Sciences in our Time; IV, The Social Sciences; Conclusion). — A. C. Crombie, *Augustin to Galileo. The History of Science A. D. 400-1650*, 1952, caps. I-IV rev. e publicados sob o título: *Medieval and Early Modern Science*, 2 vols., 1959 (I, Science in the Middle Ages; II, Science in the Later Middle Ages and Early Modern Times). — *Panorama General de Historia de la Ciencia*, 12 vols., 1948-1961: vols. I-V, por Aldo Mieli; vols. VI-XII, por Desiderio Papp e José Babini. — René Taton, ed., *Histoire générale des sciences*, 3 vols., 1957-1961. — Thomas S. Kuhn, *The Structure of Scientific Revolutions*, 1962; 2ª ed. ampl., 1970. — Juan David García Bacca, *Historia filosófica de la ciencia*, 1964 (cf. também a bibliografia do verbete CIÊNCIAS [CLASSIFICAÇÃO DAS]). — D. Papp, *Ideas revolucionarias en la ciencia. Su historia desde el Renacimiento hasta promediar el siglo XX*, 3 vols. (I, *La ciencia clásica de Leonardo a Volta*, 1975; II, *La edad de las grandes síntesis. El siglo XIX*, 1977; III, *Grandes corrientes de la ciencia contemporánea*, 1979). — N. Jardine, *The Birth of History and Philosophy of Science*, 1984. — H. Gardner, *The Mind's New Science: A History of the Cognitive Revolution*, 1987. — G. Sarton, *The History of Science and the New Humanism*, 1988. — N. S. Hetherington, *Science and Objectivity: Episodes in the History of Astronomy*, 1988.

Para a história da ciência na Antiguidade, ver especialmente: J. Tannery, *Science et Philosophie*, 3ª ed., 1912. — G. Milhaud, *Études sur la pensée scientifique chez les Grecs et chez les Modernes*, 1906. — *Id.*, *Nouvelles études sur l'histoire de la pensée scientifique*, 1911. — A. Rey, *La science dans l'antiquité*, 5 vols., 1930-1948. — José Babini, *Enciclopedia de historia de la ciencia*, 14 fascs., 1967-1969 (da Antiguidade ao Renascimento). — F. Jürss *et al.*, *Geschichte des wissenschaftlichen Denkens im Altertum*, 1982. — P. Nicolacopoulos, ed., *Greek Studies in the Philosophy and History of Science*, 1990. — G. E. R. Lloyd, *Methods and Problems in Greek Science*, 1991.

Para a história da ciência moderna, ver especialmente: Leonard Olschki, *Geschichte der neusprachlichen wissenschaftlichen Literatur. I. Die Literatur der Technik und der angewandten Wissenschaften vom Mittelalter bis zur Renaissance*, 1918; II. *Bildung und Wissenschaft im Zeitalter der Renaissance in Italien*, 1922. — John Theodore Merz, *History of Scientific Thought in the Nineteenth Century*, 4 vols., 1896-1914. — R. R. Bolgar, ed., *Classical Influences on Western Thought A. D. 1650-1870*, 1978. — P. Weimar, ed., *Die Renaissance der Wissenschaften im 12. Jh.*, 1981. — J. Weinberger, *Science, Faith, and Politics: Francis Bacon and the Utopian Roots of the Modern Age*, 1985.

Bibliografias: Jean-Dominique Robert, *Philosophie et science: Éléments de bibliographie / Philosophy and Science: Elements of Bibliography*, 1968. — Magda Whitrow, *ISIS Cumulative Bibliography: A Bibliography of the History of Science Formed from ISIS Critical Bibliographies 1-90, 1913-1965*, 2 vols., 1971 (I: *Personalities*, A-J; II, Part I: *Personalities*, K-Z; Part II: *Institutions*).

Informações sobre questões relativas à filosofia da ciência poderão ser encontradas na maioria das revistas filosóficas, mas especialmente em *Erkenntnis* (que tem continuação no *Journal of Unified Science*), *Philosophy of Science, The British Journal for the Philosophy of Science, Studium Generale. Zeitschrift für die Einheit der Wissenschaften in Zusammenhang ihrer Begriffsbildungen und Forschungsmethoden, Philosophia naturalis. Archiv für Naturphilosophie und die philosophischen Grenzgebiete der exakten Wissenschaften und Wissenschaftsgechichte, Theoria, Zagadnienia Naukoznawstwa* (ed. ingl.: *Problems of the Science of Science*, com continuação em *Science of Science: An International Journal of Studies on Scientific Reasoning and Scientific Enterprise), Fundamenta Scientiae. The International Journal for Critical Analysis of Science and the Responsibility of Scientists*. Do ponto de vista mais estritamente científico, ver a revista *Scientia* (italiana). Para a história da ciência, ver a revista *Isis*, fundada e editada por George Sarton em 1913. Essa revista é dedicada à "história da ciência e da civilização" e publica periodicamente bibliografias de história da ciência. A revista *Osiris* (desde 1936), também editada por George Sarton, constitui uma série de volumes suplementares de *Isis*, volumes que costumam consagrar-se a um único tema ou a trabalhos mais extensos. Devem-se acrescentar às revistas citadas a francesa *Thales* (desde 1934), *Archaion*, fundada na Itália por Aldo Mieli e publicada depois na Argentina, e *Studies in History and Philosophy of Science* (desde 1979). C

CIÊNCIA (DOUTRINA DA; TEORIA DA). Literalmente, deve-se entender por 'doutrina da ciência' e 'teoria da ciência' algo similar a filosofia da ciência, seja de modo geral ou em formas especiais, correspondentes às diversas ciências. Segundo isso, 'doutrina da ciência' e 'teoria da ciência' designam o estudo da estrutura da teoria científica (ou, melhor, dos diversos tipos de teorias científicas), o estudo da relação entre termos da linguagem teórica e da linguagem observacional, métodos científicos, lógica da linguagem científica (ou das linguagens científicas) etc. Cabem então nesse contexto os conceitos que figuram em várias partes do Quadro sinótico no final desta obra: "Teoria da ciência e metodologia", "Filosofia da ciência", "Filosofia da matemática", "Filosofia da Natureza" (usado em sentido amplo e não necessariamente especulativo); e numerosos conceitos que figuram em "Lógica e metalógica", "Filosofia da linguagem e semiótica" e "Teoria do conhecimento". Um dos nomes que mais circularam para designar uma "doutrina da ciência" ou uma "teoria da ciência" é metaciência (VER), bem como "ciência da ciência".

Não obstante, reservam-se historicamente as expressões "doutrina da ciência" e "Teoria da ciência" a certos sistemas ou séries de sistemas especulativos do tipo dos elaborados por Fichte. As expressões de referência servem de tradução a *Wissenschaftslehre*. Deve-se observar que a palavra alemã *Wissenschaft* tem amiúde um significado mais amplo (ou mais vago) do que o que possui em espanhol, francês ou inglês "ciência" (ou seus correspondentes): trata-se de um "saber" ou de um "conhecimento" (supostamente básico e prévio a todas as ciências). Por outro lado, *Wissenschaft* é usado também em sentido mais restrito. A rigor, a expressão *Wissenschaftslehre* foi empregada não apenas por Fichte, mas também por Bolzano (VER), que não se ocupou da ciência no sentido especulativo do idealismo alemão.

CIÊNCIA MÉDIA. Os teólogos abordaram o problema da *intelligentia Dei* ou da *scientia Dei* sob o aspecto dos atributos divinos. Nesse sentido, entenderam antes de tudo que Deus possui a ciência de modo perfeitíssimo. Daí que o objeto primário dessa ciência seja a essência divina, isto é, o próprio Deus, enquanto o objeto secundário são as idéias divinas. O problema da "relação" entre Deus e as idéias, assim como, e sobretudo, o problema do que se denominou "a divina presciência dos futuros" — essencial para se compreender a questão da liberdade humana —, está, portanto, incluído na *scientia Dei*. O conceito de ciência média foi formulado precisamente para responder a algumas das maiores dificuldades suscitadas a esse respeito — veremos várias delas em nossa descrição da noção de futurível (VER). Digamos agora apenas que os teólogos estabeleceram na questão que nos ocupa uma distinção entre a chamada ciência de simples inteligência, ou também ciência divina, e uma ciência de visão. Entende-se pela primeira a forma de inteligência por meio da qual Deus conhece os entes e os atos possíveis como possíveis, estejam ou não no âmbito da possibilidade. O objeto dessa ciência são por isso as essências e os predicados essenciais, as "verdades eternas" (e também, por conseguinte, os próprios impossíveis). Pela segunda se entende a inteligência que Deus possui dos existentes como existentes, incluindo, naturalmente, o próprio Deus. Como já vimos na discussão do conceito de futurível, para alguns essa divisão é adequada; para outros, em contrapartida, é inapropriada. Estes últimos introduziram precisamente a noção de ciência média como ciência dos futuros condicionados. Como observa Ponce de León, a ciência média define-se de dois modos em última análise concordantes: é um conhecimento certo e infalível dos futuros condicionados, que antecede todo decreto absoluto de Deus (segundo afirma Bastida), ou é um conhecimento divino dos futuros contingentes condicionados, independente de todo meio conectado previamente com esses futuros (como sustenta Henao). Por isso, a ciência média "convém com a simples inteligência em que se dá em Deus independentemente de todo decreto livre atual, e por isso mesmo não se diz ciência livre, mas natural, como a ciência de simples inteligência", mas ao mesmo tempo imita a ciência de visão por versar "sobre verdades contingentes que podem ser ou não ser". O conceito de ciência média, embora conhecido desde a Antiguidade, foi elaborado sobretudo por Fonseca (no livro VI dos *Commentarium Petri Fonsecae Lusitani Doctoris Theologi Societatis Jesu, in libros Metaphysicorum Aristotelis Stagiritae*, t. I, 1577; II, 1589; III, 1604; IV, 1612) e por Luis de Molina (VER) em sua *Concordia* (1588), a ponto de o chamado molinismo ter como uma de suas bases fundamentais a citada doutrina, à qual se opuseram Domingo Báñez, dominicano, e Francisco Zúmel, agostiniano, entre outros, gerando a famosa controvérsia *de auxiliis*, que terminou sem que a Congregação formada para esse fim chegasse a nenhuma conclusão e, portanto, sem que se pudessem considerar heréticas as doutrinas molinistas nem tampouco, é evidente, as contrárias.

⊃ São também fundamentais por sua amplitude as duas obras de Gabriel de Henao sobre a ciência média (e a favor dela): *Scientia media historice propugnata, seu ventilabrum repurgans veras a falsis novellis narrationibus circa disputationes celeberrimas*, 1655; nova edição, 1685; e *Scientia media theologice defensa*, 2 vols., 1674. Ver, além disso, a bibliografia de MOLINA (LUIS DE). ⊂

CIÊNCIA UNIFICADA. A idéia de uma "ciência unificada" ou da "unidade da ciência" é encontrada em vários autores anteriores ao século XX. O mais citado a esse respeito é Leibniz. Sua idéia de uma *characteristica universalis* (VER) equivale à noção de uma linguagem universal para todas as ciências, mas o ideal de uma unificação das ciências e, em geral, dos conhecimentos, a *scientia generalis*, não é alheio aos propósitos de Leibniz.

Não obstante, fala-se de "ciência unificada" e de "unidade da ciência" com referência especificamente a um dos aspectos que apresentou o que poderia chamar-se o "ideário" do Círculo de Viena (VER). A idéia de "ciência unificada" (*Einheitswissenschaft*) e de "unidade da ciência" (*Einheit der Wissenschaft*) foi desenvolvida por vários autores, mas deve muito de seu impulso a Otto Neurath e Rudolf Carnap. Neurath sobretudo começou a incubar essa idéia por volta de 1920, como declarou numa carta de 1935, referente ao projeto de uma Enciclopédia que devia ser a Enciclopédia da Ciência Unificada. Segundo informa Charles Morris numa resenha "Sobre a história da Enciclopédia Internacional de Ciência Unificada" (*Synthese*, 12 [1960], 517-521), Neurath estabeleceu um Instituto de Ciência Unificada dentro do Instituto Mundaneum de Haia em 1936. Em 1937, este recebeu o nome de Instituto Internacional para a Unidade da Ciência, sob a égide de Neurath, Philipp Frank e Charles Morris. O Instituto devia preparar a "Enciclopédia" indicada, sob a direção de um Comitê integrado por Neurath, Carnap, Frank, Joergen Joergensen, Morris e Louis Rougier. A série de congressos internacionais para a Unidade da Ciência começou com o primeiro Congresso de filosofia científica, em Paris, no ano de 1935, no qual se aprovou o projeto, já elaborado antes, da Enciclopédia. "Unidade da ciência" e "Enciclopédia" eram noções estreitamente unidas na mente de Neurath, que, aparentemente inspirado pela Enciclopédia (VER) francesa, mas organizando-a antes em grupos de monografias que alfabeticamente, tinha o projeto de publicar 26 volumes, com dez monografias por volume, mais dez volumes de um *Thesaurus* visual, ou "Tesauro Isotipo", que deviam constituir um "Sumário do mundo em imagens" (*Weltübersicht in Bildern*).

A Enciclopédia deveria ser publicada em alemão, inglês e francês. Quando a maioria dos membros do Círculo de Viena emigrou, o inglês foi crescentemente adotado para realizar os trabalhos e projetos iniciados em Viena (e Berlim). *Erkenntnis* transformou-se no *Journal of Unified Science*, e a Enciclopédia neurathiana se desenvolveu na série de monografias que recebeu o título geral de *International Encyclopedia of United Science* e que, em 1969, foi reeditada num único volume (dez monografias do primitivo vol. I [1955] e nove do II), sob o título de *Foundations of the Unity of Science. Toward an International Encyclopedia of United Science*. Entre os autores de monografias figuram, além de Neurath e Carnap, Niels Bohr, Frank, Dewey, Russell, Morris, Nagel, Víctor F. Lenzen etc.

Nem todos os que contribuíram para a (incompleta) "Enciclopédia" têm uma noção idêntica acerca do sentido das expressões "ciência unificada" e "unidade da ciência", mas em todo caso não se trata de uma "síntese metafísica", e sim de uma unidade lógico-epistemológica e, como indica Neurath, de uma "integração lógico-empírica". Tampouco se trata necessariamente de reducionismo de todas as ciências a um único tipo de ciência, embora seja óbvio que muitos dos que seguiram o movimento denominado Ciência Unificada tinham como modelo as ciências naturais e, dentro delas, a física. No âmbito do movimento, houve autores que sustentaram teses fenomenistas "neutras" (ver FENOMENISMO), enquanto outros preconizaram teses fenomenistas fundadas numa linguagem descritiva de "dados últimos dos sentidos", e outros, teses de caráter fisicalista (ver FISICALISMO).

Comum a quase todos os autores do movimento esboçado é a consideração, como escreveu Carnap ("Logical Foundations of the Unity of Science"; reimp. em *Foundations of the Unity of Science*, I, p. 49), de que "a questão da unidade da ciência" é "um problema de lógica da ciência, não de ontologia". Por isso, não se formulam perguntas como "O mundo é uno?" ou "Todos os acontecimentos são fundamentalmente de um único tipo?" — como se faria em sistemas "metafísicos" —, de maneira que não se deve confundir a idéia da ciência unificada com nenhuma ontologia monista. As reduções que se operam no processo de unificação científico são reduções conceituais (ou "lingüísticas" e, especificamente, "lingüístico-formais"). Neurath exprimiu as tendências mais gerais do movimento para a ciência unificada, ou unidade da ciência, ao escrever, em seu trabalho sobre "a ciência unificada como integração enciclopédica", que "a nova versão da idéia de ciência unificada [ao contrário de versões como a da *scientia generalis* leibniziana) foi criada pela confluência de correntes intelectuais divergentes" e em particular por duas destas: "o trabalho empírico dos cientistas" e "as construções lógicas". Estas últimas já não são manifestações do "racionalismo *a priori* gerado por sistemas filosófico-religiosos". É óbvio que o ideal da ciência unificada está estreitamente ligado, em suas origens, ao "empirismo lógico", ou, como o expressa Neurath, também ao "racionalismo empírico" (termos que já não se mostram incompatíveis entre si).

No curso de seu desenvolvimento, o movimento da ciência unificada seguiu os avatares do empirismo ou positivismo lógicos e, portanto, dedicou cada vez menos atenção ao impulso "enciclopédico" originário e, por conseguinte, em larga medida, cada vez menos atenção aos problemas da unificação científica, ainda que estes sejam tidos como problemas de lógica das linguagens das ciências.

Uma versão mais recente do ideal da ciência unificada distinta da positivista e mais próxima da leibniziana foi preconizada por autores como Edward F. Haskell, Harold G. Cassidy, Arthur R. Jensen e outros. Este tipo de "ciência unificada" é antes uma tentativa de síntese de ciências e de formas de cultura do que de redução, seja esta real ou lingüística. Trata-se, de imediato, de integrar as ciências naturais e as culturais, ou as ciências e as "humanidades", isto é, as "duas culturas" no sentido da expressão procedente de C. P.

Snow. Mas a integração e a síntese apontadas não são, na intenção dos autores mencionados, nenhuma síntese de caráter "indutivo": trata-se de uma síntese que se encaixa num sistema. Este pode fundar-se numa teoria de sistemas similar à desenvolvida por Ervin Laszlo. Importante nesse novo movimento voltado para uma ciência unificada — que poderia igualmente denominar-se "cultura unificada" e, do ponto de vista educativo, "interdisciplinar" — é a tentativa de integrar valores ao corpo de concepções científicas.

CIÊNCIAS (CLASSIFICAÇÃO DAS). Num sentido estrito, a classificação das ciências é um tema especificamente moderno, já que só apareceu quando se reconheceu aquilo que foi chamado de "independência das ciências particulares em relação à filosofia". Num sentido amplo, entretanto, a classificação das ciências é análoga à dos saberes (ver SABER) e às subdivisões da filosofia freqüentemente discutidas pelos filósofos antigos e medievais. Neste verbete, referir-nos-emos principalmente às classificações das ciências na época moderna propostas a partir de Francis Bacon, mas precederemos essa informação de alguns dados sobre as divisões antigas e medievais.

Uma primeira divisão dos saberes foi a estabelecida por Platão quando este distinguiu a opinião (VER) e o saber propriamente dito. Aristóteles, Eudemo de Rodes e muitos comentadores posteriores do Estagirita dividiram a filosofia em teórica e prática, e com freqüência consideraram a lógica como um simples instrumento (e não uma parte) da filosofia. Aristóteles, além disso, classificou os saberes em três espécies: teóricos, práticos e poéticos (ou produtivos). O objeto dos saberes teóricos é a verdade; o dos saberes práticos, a ação encaminhada a um fim; o dos saberes poéticos ou produtivos, um objeto exterior produzido por um agente. Uma classificação muito comum da filosofia na idade antiga foi aquela popularizada pelos estóicos: a filosofia se divide, segundo estes, em lógica, física e ética (divisão que o próprio Kant ainda considerava adequada "à natureza das coisas"). Uma variante dessa divisão é a epicurista: a divisão da filosofia em canônica (VER), física e ética. Entre as classificações propostas durante a Idade Média, algumas se baseiam na organização do ensino (é o caso da divisão das artes liberais no *Trivium* e no *Quadrivium*) e outras seguem precedentes antigos, especialmente aristotélicos. No que tange às últimas, mencionaremos as seguintes: *a*) A classificação de Avicena, que, seguindo Aristóteles, dividiu as ciências em especulativas e práticas, e as primeiras em ciência superior (metafísica, filosofia primeira ou ciência divina), ciência média (matemática) e ciência ínfima (física). *b*) A classificação de Domingo Gundisalvo, que, seguindo a tradição aristotélica árabe, dividiu as ciências em ciência humana ou filosófica e ciência divina ou da revelação. A ciência humana subdividia-se em ciência da eloqüência, ciência média e ciência da sabedoria. A ciência da sabedoria tinha dois aspectos: a filosofia teórica e a filosofia prática. A filosofia teórica era subdividida em física, matemática e teologia ou filosofia primeira (de acordo com os graus de abstração [VER]). A filosofia prática, em política (ou arte do governo civil), economia (ou arte do governo familiar) e ética. *c*) A classificação de Hugo de São Vítor, segundo a qual a filosofia se divide em ciência teórica (teologia, matemática e física, por um lado, e aritmética, música, geometria e astronomia, por outro), em ciência prática (ética), em ciência mecânica (artes mecânicas) e lógica (subdividida em gramática e ciência dissertativa [a ciência dissertativa trata da demonstração provável e se subdivide em dialética e em retórica, ou arte da demonstração sofística]). *d*) A classificação de Roberto Kilwardby, segundo a qual a filosofia se divide em filosofia das coisas divinas (subdividida em natural, matemática e metafísica) e das coisas humanas (subdividida em ética, artes mecânicas e lógica). *e*) A classificação de um autor desconhecido do século XIII, apresentada por M. Grabmann, que consiste em dividir a filosofia em três ramos: natural, prática ou moral, e racional. A filosofia natural subdivide-se em metafísica, matemática (astronomia, geometria, aritmética, música) e física. A filosofia prática ou moral subdivide-se em teologia sobrenatural, hipótica (provavelmente, economia), política e ética. A filosofia racional subdivide-se em retórica, gramática e lógica. A estas classificações poderiam ser acrescentadas outras; por exemplo, foi comum na Idade Média a articulação hierárquica do saber em teologia, filosofia e ciência (incluindo arte mecânica), assim como a classificação dos saberes segundo diversos tipos de "luzes": luz superior e inferior, luz exterior e interior (como ocorre em São Boaventura). Tendeu-se com freqüência a organizar as ciências (como vimos em alguns exemplos anteriores) de acordo com os graus de abstração — o usual foi então apresentar a série: matemática, física e metafísica.

A classificação mais conhecida no início da época moderna é a de Francis Bacon, que classificou as ciências segundo as faculdades: memória, razão e fantasia. A memória dá origem à História, que se subdivide em sagrada, civil e natural. A razão dá origem à ciência, que se subdivide em teologia natural, ciência da Natureza e ciência do homem. A ciência da Natureza subdivide-se em metafísica, ou estudo das causas formais e finais, e física, ou estudo das causas materiais e eficientes. A ciência do homem subdivide-se em lógica, ou ciência da razão propriamente dita, ética, ou ciência da vontade, e ciência da sociedade. A fantasia dá origem à poesia, subdividida segundo as normas da poética clássica. Hobbes subdividiu as ciências em ciências de fatos (ou ciências históricas e empíricas) e ciências de razão (ou ciências científico-filosóficas, que têm por objeto a dedução do que o entendimento sinta como verdadeiro). Ampère dividiu as ciências em cosmológicas e noológicas. As ciências cosmológicas subdividem-se em ciências cosmológicas propriamente ditas (matemática, física) e ciências fisiológicas (naturais e médicas). As ciências noológicas subdividem-se em ciências noológicas propriamente ditas (subdivididas em filosóficas: psicologia, ontologia, ética; e nootécnicas: tecnestesia, glosologia) e ciências sociais (subdivididas em etnológicas: etnologia, arqueologia, história; e política: dos meios de governo ou cibernética, do Direito das gentes ou etnodicéia e da diplomacia). Schopenhauer dividiu as ciências em puras e empíricas. As ciências puras abrangem a teoria do princípio do ser e a teoria do princípio do conhecer. As ciências empíricas compreendem a teoria das causas, a teoria das excitações e a teoria dos motivos. Comte erigiu uma hierarquia das ciências de acordo com o grau de sua "positividade", ordenando-as numa série que começa com a matemática e continua com a astronomia, a física, a química, a biologia e a sociologia, com a filosofia como a ciência mais abrangente em virtude da concepção comteana do filósofo como "o especialista em generalidades". W. Whewell apresentou várias classificações das ciências. Segundo R. Blanché, nos manuscritos cantabrigenses de Whewell aparece uma parte dedicada às ciências puras, outra às ciências de observação e outra às ciências reflexas (*reflex sciences*). Estas últimas são "fundadas em nosso conhecimento das ações e dos sentimentos de nossas individualidades e não meramente em observações externas"; trata-se, pois, das ciências morais, também denominadas subjetivas. Em sua obra sobre a filosofia das ciências indutivas, Whewell eliminou as ciências reflexas ou subjetivas e se ateve a uma classificação baseada num certo número de idéias fundamentais (tais como o espaço, o tempo, o número, a causa, a polaridade, a simetria, a causa final etc.). Disso resulta uma classificação das ciências em: ciências puras, ciências mecânicas, ciências mecânicas secundárias, ciências mecânico-químicas, química, morfologia, ciências classificatórias, biologia e ciências paleoetiológicas (ou baseadas na chamada causação histórica). Balmes afirmou que há quatro espécies de seres e que há uma ciência especial que se ocupa de cada uma delas: a filosofia natural, que trata dos seres submetidos à ordem natural estabelecida por Deus; a filosofia moral, que trata dos seres morais submetidos a uma ordem moral constituída pelas leis que, sem forçar o homem, obrigam-no a usar retamente a razão e o livre-arbítrio que Deus lhe concedeu; a filosofia da história, que trata dos seres históricos ou sociais, seres que pertencem à ordem da sociedade humana; e a filosofia religiosa, que trata dos seres que se referem a uma providência extraordinária e estuda os fatos e revelações de uma ordem superior à natural e social. Spencer propôs uma divisão das ciências em ciências de formas dos fenômenos ou abstratas (que abrangem a lógica e a matemática) e ciências dos próprios fenômenos, que se subdividem em ciências abstrato-concretas (como a física, a química e a mecânica) e em ciências concretas (como a biologia, a psicologia e a sociologia). Wundt dividiu as ciências em formais e reais. As primeiras compreendem a matemática pura. As segundas subdividem-se em ciências da Natureza e ciências do espírito, devendo ser estudadas em seus três aspectos: o fenomenológico, o genérico e o sistemático. Peirce dedicou-se muito às classificações das ciências; fundamentalmente, dividiu as ciências em dois grandes ramos: ciências teóricas e ciências práticas. As ciências práticas abrangem as ciências de descoberta e as ciências de revisão (entre estas últimas figura a teoria das classificações das ciências). As ciências de descoberta se subdividem em três tipos: matemática, filosofia (que tem caráter cenoscópico [VER]) e idioscopia. A matemática se subdivide, ao mesmo tempo, em matemática da lógica, matemática das séries discretas e matemática do contínuo e pseudocontínuo. A filosofia subdivide-se em fenomenologia (VER), ciência normativa (que inclui estética, ética e lógica) e metafísica (que inclui ontologia, metafísica religiosa e metafísica física). A idioscopia tem duas grandes subdivisões: ciências físicas (física geral, física classificatória, física descritiva) e ciências psíquicas (física nomológica ou psicologia, física classificatória ou etnologia, física descritiva ou História). Esta classificação prossegue mediante numerosas subdivisões. Renouvier classificou as ciências em lógicas e físicas. As ciências lógicas compreendem a poiologia ou investigação da qualidade (subdividida em lógica formal e gramática geral) e a posologia ou investigação do número, posição, sucessão e vir-a-ser (subdividida em álgebra e aritmética, geometria, dinâmica e estática e cálculo de probabilidades). As ciências físicas abarcam a História natural (subdividida em cosmologia e geologia, que compreendem geografia, mineralogia, geologia propriamente dita e meteorologia, botanologia ou botânica, análise vegetal e zoologia, antropologia e análise animal) e a física (subdividida em astronomia, físico-química ou física especial, química e análise matemática físico-química, e biologia). Às ciências lógicas e físicas se acrescentam as ciências "imperfeitas" ou morais, agrupadas sob o nome geral de Crítica. Esta se subdivide em crítica tética (que compreende a tética do conhecimento em geral ou análise das categorias das funções humanas e dos elementos da síntese cósmica; a tética das ciências ou tética das ciências lógicas e físicas; e a tética das noções morais ou ética, estética, economia, política) e crítica histórica (ou crítica antropológica, etnologia, lingüística, arqueologia e História; crítica especialmente intelectual ou moral ou História das ciências, da filosofia, da moral, das religiões, da arte, do Direito, econômico e político etc.). Adrien Naville (1845-1930) classificou as ciências de acordo com as respostas a três questões fundamentais. A pergunta referente ao que é possível e ao que não é possível dá lugar às ciências de leis ou teoremática. A pergunta referente ao que é real e ao que não é real dá lugar às ciências de fatos ou História. A pergunta referente ao que é bom e ao que não é bom dá lugar às ciências de regras ou ciências normativas, isto é, à canônica. As ciências de leis compreendem a nomologia, a matemática, a físico-química, a biologia somática, a psicologia e a sociologia, cada uma das quais é mais complexa do que a anterior. As ciências de fatos abrangem quatro classes quatro espécies de ciências históricas: a do mundo inorgânico (astronomia, geologia, mineralogia etc.), a do mundo vegetal, a do mundo animal com exclusão do homem e a história do homem. A canônica divide-se em canônica da vontade ou teleocanônica e teoria da ação boa ou praxicanônica. Stumpf formula diversas classificações segundo vários princípios. Pelos objetos, as ciências dividem-se em ciências de funções e ciências de fenômenos psíquicos. As primeiras compreendem as ciências do espírito (subdivididas em psicologia como ciência das funções elementares, e ciências do espírito em geral enquanto ciências de funções complexas). A ciência natural e suas derivações correspondem ao grupo das ciências que estudam os objetos deduzidos dos fenômenos. As segundas compreendem a fenomenologia, a eidologia e a ciência das relações. A metafísica examina a mútua dependência entre esses tipos de objetos. Segundo outros critérios, as ciências dividem-se em individuais (ciências de fatos) e gerais (ciências de leis); em homogêneas (como a matemática) e heterogêneas (como as demais ciências); em ciências do que é (como a física) e ciências do que deve ser (como a ética). Para Dilthey, há dois grandes grupos de ciências: as ciências naturais e as ciências do espírito (que são às vezes denominadas culturais, humanísticas ou morais e políticas). De acordo com Windelband (VER), as ciências se dividem em nomotéticas e idiográficas. Segundo Rickert (VER), há ciências generalizantes e ciências individualizantes. Alguns autores propõem dividir as ciências em ciências de objetos ideais e ciências de objetos reais; outros, em ciências normativas e não normativas (fáticas). Uma das mais recentes classificações é a de L. Tatarkiewicz. De acordo com esse autor, todas as ciências *começam* por ter caráter idiográfico (no sentido de Windelband e Rickert), de modo que a divisão entre ciências idiográficas e ciências nomotéticas não é aceitável. Ora, as ciências que não são nomotéticas visam sobretudo agrupar os fenômenos, estabelecer seus diferentes *tipos*. Enfim, temos dois grupos de ciências: ciências nomotéticas, que estabelecem leis, e ciências tipológicas, que estabelecem tipos de fenômenos; entre as últimas figuram as ciências históricas. Contudo, há, segundo Tatarkiewicz, ciências que são tipológicas e não são históricas (como a geografia e a botânica). Quanto às ciências da Natureza, estas dividem-se em nomológicas e tipológicas; estas últimas, por sua vez, subdividem-se em sistemáticas (como a botânica) e históricas (como a geologia histórica).

Uma característica comum a todas as classificações das ciências é sua transitoriedade. Isso é compreensível: as ciências estão continuamente em formação; certos territórios-limite dão lugar freqüentemente a ciências novas; certas ciências podem inserir-se em duas ou mais classificações etc. Ora, esses inconvenientes não significam que as classificações em questão sejam inúteis; elas representam esforços para sistematizar e ordenar corpos dispersos de conhecimento e poderão ser aceitas sempre que aqueles que as propõem levarem em conta dois limites inevitáveis: o primeiro é sua inesgotabilidade; o segundo, seu caráter provisório.

⊃ Indicaremos apenas as referências para algumas das classificações apresentadas nos períodos mais recentes. Para Balmes, *El Criterio*, cap. XII, 1. — Para Peirce, *Collected Papers*, 1180-1283. — Para Renouvier, *Essais de critique générale* (III, *Les principes de la Nature*), 1864. — Para Wundt, *Einleitung in die Philosophie*, 1900. — Para A. Naville, *Classification des sciences. Les idées maîtresses des sciences et leurs rapports*, 1883 (3ª ed., muito modificada, 1920). — Para Rickert, *Kulturwissenschaft und Naturwissenschaft*, 1899. — Para Tatarkiewicz, "Sciences nomologiques et typologiques: essai d'une classification des sciences", *Proc. of the Xth. Int. Cong. of Philosophy*, 1949, t. II, pp. 621-623.

Ver, além disso: E. Goblot, *Essai sur la classification des sciences*, 1898. — J. Mariétan, *Problème de la classification des sciences d'Aristote à Saint Thomas*, 1901. — Robert Flint, *Philosophy as* scientia scientiarum *and a History of Classification of the Sciences*, 1904. — P. Tillich, *Das System der Wissenschaften nach Gegenständen und Methoden*, 1923. — Henry Evelyn Bliss, *The Organization of Knowledge and the System of the Sciences*, 1929. — Id., *The Organization of Knowledge in Libraries and the Subject Approach to Books*, 1933; 2ª ed. rev., 1939. — F. Romero, "Nota sobre las clasificaciones de las ciencias", *Cursos y Conferencias*, II, 3 (1932; reimp. em *Estudios de historia de las ideas*, 1953, pp. 178-187). — B. M. Kédrov, *Klassifikatsia nauk, I*, 1961 (trad. francesa: *La classification des sciences, I [Engels et ses prédécesseurs]*, 1977). — L. Apostel, S. G. Kiriakoff et al., *La classification dans les sciences*, 1963. — S. Dangelmayer, *Methode und System. Wissenschaftsklassifikation bei Bacon, Hobbes und Locke*, 1974. — R. Whitley, *The Intellectual and Social Organization of the Sciences*, 1984.

A classificação de W. Oswald é mencionada no verbete sobre esse autor. ⊂

CIFRA. Karl Jaspers (VER) usou o termo 'cifra' (*Chiffer*) como termo técnico em sua metafísica. Entre os locais em que esse autor abordou detidamente a noção de cifra — e a de "escrito cifrado" (*Chifferschrift*) — figuram *Philosophie*, II (1932) e *Von der Wahrheit. 1: Philosophische Logik* (1947), pp. 632 ss. (*et al.*).

Segundo Jaspers, a realidade empírica (*Realität*) não se basta a si mesma. Por outro lado, a realidade essencial (*Wirklichkeit*) ou realidade transcendente parece inacessível. Em vista disso, tentaram-se várias soluções, como a de imaginar a existência de uma faculdade especial capaz de apreender a realidade essencial. Afora o fato de que imaginar uma faculdade especial do tipo indicado não garante a existência dessa faculdade, resta que em muitos casos se requer deixar de lado a existência do sujeito como existência única e concreta para fazer dele uma entidade não-existencial. Manter a realidade do sujeito como existência única e concreta e ao mesmo tempo afirmar a transcendência exigem, pois, que se pense um modo de relacionar o sujeito com o transcendente a ele — a noção de cifra é uma resposta ao problema. Por meio dela, Jaspers pretende solucionar o dualismo *sujeito-objeto* e ao mesmo tempo evitar a fusão de sujeito e objeto numa única entidade. Com efeito, uma cifra é o modo como se "dá" o objeto como objeto puro, o transcendente, o Ser ou realidade essencial. A cifra não é, pois, a própria transcendência, mas é a "linguagem" na qual nos fala a transcendência. Pode-se dizer que o ser essencial se revela como cifra ou símbolo. Por isso, a cifra não é propriamente conhecida; somente se "escuta" sua mensagem. A cifra ou símbolo é "o modo mais penetrante de o que é estar presente". Naturalmente, é preciso evitar o que se poderia denominar a "depreciação" das cifras, transformando-as em alegorias, figuras estéticas, idéias metafísicas dogmáticas, seres mágicos etc. A cifra ou símbolo em sua plenitude é trans-parência do transcendente, é preciso saber "ler" a "linguagem cifrada" para saber o que o transcendente comunica. A leitura pode ser feita de diversas maneiras, porque há diversas espécies de cifras, de acordo com o conteúdo do que é interpretado. Na "ascensão" à leitura da linguagem cifrada, passa-se por uma série de estágios, tais como a investigação (ciência), "iluminação", reflexão e afirmação, até encontrar a objetividade que a cifra revela.

CINCO VOZES. Ver Predicáveis.

CÍNICOS. A chamada escola cínica recebe seu nome, segundo alguns autores, do vocábulo 'cão' (κύων), entendendo-se que os cínicos consideravam esse qualificativo como uma honra. Segundo Diógenes Laércio, o nome procede do fato de que Antístenes — usualmente tido como o "fundador" da "escola" — dava seus ensinamentos no Cinosargo, um ginásio situado nas proximidades de Atenas. O sentido pejorativo que a palavra adquiriu muito mais tarde se deve, em grande parte, ao desprezo que os cínicos nutriam pelas convenções sociais e, em parte, aos adversários da escola, sobretudo desde que alguns de seus "membros" abandonaram a característica ascética e se inclinaram ao hedonismo. De maneira geral, porém, o cínico era considerado o homem indiferente às coisas do mundo. Epicteto chega a dizer que é difícil ser um cínico, e Juliano, o Apóstata, estabelecia uma distinção entre os verdadeiros cínicos, que devem ser imitados, e os falsos cínicos, que devem ser combatidos. Mais que uma filosofia, o cinismo é, sem dúvida, uma forma de vida — ἔντασις Βίου, como já a denominou Diógenes Laércio —, forma "corajosa" surgida num momento de crise e que, como depois veremos, transforma a correção em dilaceração e até, em casos extremos, em "relaxamento".

Discutiu-se muito sobre quem foram os fundadores do cinismo. A opinião tradicional — mantida ainda por E. Zeller — é que há uma linha contínua de transmissão do pensamento cínico que vai de Antístenes a Diógenes e deste a seus discípulos, tanto diretos (Crates de Tebas, Onesícrito) como indiretos (Mônino de Siracusa). Essa linha teve prosseguimento, de acordo com a opinião tradicional, com os cínicos dos séculos III e II a.C. (Bion de Borístenes, Menipo de Gadara e outros). Depois de certa interrupção, o cinismo (sempre considerado como a "escola cínica") ressurgiu no fim do século I e durante o século II d. C., quando floresceram Dion Crisóstomo, Oinomao, Demonax, Peregrino Proteu, e se estendeu com maiores ou menores vicissitudes até o final do mundo antigo, época em que influenciou alguns autores cristãos (pelo menos do ponto de vista do uso metódico da "diatribe"), tendo sido até mesmo adotado por alguns destes, como aconteceu com Salústio, o filósofo, e Máximo de Alexandria. Essa opinião tradicional, que faz do cinismo quase exclusivamente uma escola filosófica, baseia-se, evidentemente, em testemunhos antigos. A relação entre Antístenes e Diógenes, sobretudo, tem seu fundamento em escritores da Antiguidade, especialmente em Diógenes Laércio, fundamento do qual parece resultar que Antístenes foi o fundador da escola e Diógenes de Sinope, seu mais popular seguidor e propagador. Ora, todas essas opiniões foram questionadas por investigações recentes. Já antes de discutir-se o papel desempenhado por Antístenes na formação da escola cínica, houve uma série de trabalhos favoráveis ao reconhecimento da importância desse pensador como antiplatônico e como fundador de um ramo particular e original do socratismo (F. Dümmler, K. Joël, H. Kesters). A esses trabalhos sucederam-se outros nos quais se pretendia reduzir a importância de Antístenes e acentuar a de Diógenes (E. Schwartz, U. von Wilamowitz-Moellendorff). Como conseqüência disso, foi-se difundindo a opinião de que a estreita relação entre Antístenes e Diógenes — opinião mantida pelos escritores antigos e sustentada por alguns modernos — não correspondia à realidade histórica. D. R. Dudley e F. Sayre levaram essa opinião às últimas conseqüências. O resultado de sua investigação é que Antístenes não teve nenhuma conexão com os cínicos e, por conseguinte, que não se pode dizer que os cínicos sejam descendentes dos socráticos. A relação *Antístenes-Diógenes* foi, de acordo com isso, inventada por cínicos posteriores que tinham interesse em mostrar que sua atitude era conseqüência do socratismo. Assim, Diógenes foi o verdadeiro fundador da escola e dele dependeram, em maior ou menor medida, todos os que mais tarde foram qualificados de cínicos, quaisquer que tenham sido seus propósitos: favorecer a "educação" e servir de modelos, pregar a igualdade social ou o retorno à Natureza, enfatizar a autarquia e a filantropia, desenvolver a forma literária da diatribe ou a vida mendicante e, sobretudo — o que era comum a todos os cínicos —, *depreciar as convenções*.

Estas últimas opiniões com relação às origens do cinismo não foram, contudo, aceitas por todos os autores. Assim, Hoistad afirmou que a imagem da sucessão tradicional *Sócrates-Antístenes-Diógenes* é ainda a mais adequada. As teses de Dudley e Sayre devem-se a uma excessiva atenção ao caráter anedótico e legendário de Diógenes em detrimento de seu caráter histórico e de seu valor intelectual. Isso obrigou Sayre — indica Hoistad — não apenas a rejeitar a conexão de Diógenes com Antístenes, como a negar toda possibilidade de que Diógenes tenha fundado a escola cínica. Com efeito, acentuar demasiadamente o anedótico de Diógenes equivale a duvidar de que seja um verdadeiro filósofo e a negar o que se tinha, justamente, pretendido demonstrar: que Diógenes, e não Antístenes, foi o fundador do cinismo. Sayre viu-se obrigado a atribuir a fundação da escola cínica a Crates, que teria tomado Diógenes como modelo, mas não como mestre.

Estendemo-nos sobre a questão das origens do cinismo por dois motivos: em primeiro lugar, para mostrar que se trata de um movimento que só até certo ponto pode ser denominado uma Escola; em segundo, para enfatizar que as sucessões dos filósofos ainda tradicionais nas histórias da filosofia oferecem consideráveis dificuldades quando submetidas a crítica. Ora, o *fato* de que o cinismo não tenha partido historicamente de Sócrates não permite concluir que teria sido possível *sem* Sócrates. Por esse motivo, atemo-nos à tese expressa em outro lugar (*El hombre en la encrucijada*, 1952, p. 31), segundo a qual "a série Sócrates-Antístenes-Diógenes, que alguns historiadores consideram historicamente inadmissível, mostra-se psicologicamente verdadeira". Em todo caso, é muito difícil escrever uma verdadeira história do cinismo, sobretudo quando o consideramos uma atitude vital última e o examinamos, como é plausível fazê-lo no cinismo antigo, como uma reação diante de uma situação histórica de exacerbação de uma crise (VER). O mais importante aspecto dos cínicos, já apontado anteriormente, o anticonvencionalismo, pode ser entendido dessa perspectiva. Mas, como a oposição às convenções é matizada de acordo com as convenções de que se trata, uma história do cinismo encontra-se provavelmente mais entremesclada com a história geral que a de qualquer uma das outras escolas filosóficas antigas.

➲ Ver: Jacob Bernays, *Lucian und die Kyniker*, 1879. — J. Geffcken, *Kynika und Verwandtes*, 1909. — O. Ewald, "Zur Psychologie des Cynikers", *Logos* 5 (1915). — Donald R. Dudley, *A History of Cynicism from Diogenes to the 6th Century*, 1937. — Farrand Sayre, *Diogenes of Sinope: A Study of Greek Cynism*, 1938; ed. rev. e ampl. com o título: *The Greek Cynics*, 1948. — R. Hoistad, *Cynic Hero and Cynic King: Studies in the Cynic Conception of Man*, 1948. — Léonce Paquet, *Les cyniques grécs. Fragments et témoignages*, 1975. — H. Niehues-Pröbsting, *Der Kynismus des Diogenes und der Begriff des Zynismus*, 1979. — P. Sloterdijk, *Kritik der zynischen Vernunft*, 2 vols., 1983. — H. D. Rankin, *Sophists, Socratics and Cynics*, 1983.

Influência dos cínicos sobre autores cristãos primevos: A. J. Visser, *Cynische filosofie en Christendam*, 1956 (aula inaugural na Univ. de Gröningen).

Ver também as bibliografias dos verbetes DIÓGENES DE SINOPE; SEXTO EMPÍRICO; e o verbete de Helm (Kyniken) em Pauly-Wissowa, XII, cols. 3-24. ℭ

CIORAN, ÉMILE M[ICHEL]. Nascido (1911) em Rasinari (Romênia), estudou em Bucareste, onde publicou, em 1933, seu primeiro livro em romeno. Tendo ido para Paris em 1937, com uma bolsa do Instituto Francês de Bucareste, passou a residir desde então na capital francesa, escrevendo em francês a maioria de seus livros. Cioran é às vezes considerado o pensador, e o poeta, da decomposição, da podridão, do vazio que ao mesmo tempo ameaça e sustenta todas as coisas e todas as atitudes humanas. Toda afirmação considerada positiva, toda crença, toda ideologia, toda doutrina conduz a uma "sangrenta farsa"; da "lógica" passa-se facilmente à "epilepsia" (*Précis de décomposition*, p. 9); os grandes sistemas são tautologias (*ibid.*, p. 73). O pensamento de Cioran tem, por vontade do autor, um caráter fragmentário e anti-sistemático. Pensar sistematicamente é para Cioran trair-se a si mesmo, justamente porque, ao estabelecer princípios, máximas ou apenas considerações com o propósito de seguir "seu fio", o pensamento fica prisioneiro de si mesmo. Nem mesmo o niilismo e o desespero podem ser objeto de alguma doutrina: o niilismo como doutrina é já uma armadilha. Alguns avaliam que Cioran expressa um pessimismo exacerbado; é a imagem que resulta de considerá-lo "o poeta, ou o filósofo, da decomposição". Outros opinam que ele manifesta uma espécie de exaltação vital e quase selvagem. O próprio Cioran inclina-se a pensar que se trata de ambas as coisas, ao afirmar, numa entrevista a Fernando Savater, que "um livro deve ser realmente uma ferida, deve transtornar a vida do leitor de um modo ou de outro. Minha idéia ao escrever um livro é *despertar* alguém, açoitá-lo".

➲ Obras: Livros em romeno: *Pe culmine disperâri*, 1934 (*No ápice do desespero*). — *Lacrimi si Sfinti*, 1937 (*De lágrimas e de santos*). — *Amurgul Gândurilor*, 1940 (*O crepúsculo dos pensamentos*). — *Indreptar Pâtimaç*, 1944 (*Breviário dos vencidos*). — Livros em francês: *Précis de décomposition*, 1949. — *Syllogismes de l'amertume*, 1952. — *La tentation d'exister*, 1956. — *Histoire et utopie*, 1960. — *La chûte dans le temps*, 1964. — *Le mauvais demiurge*, 1969. — *De l'inconvenient d'être né*, 1973. — *Écartèlement*, 1979. — *Exercices d'admiration*, 1986. — *Aveux et Anathèmes*, 1987. — Cioran compilou e fez o prólogo de textos de Joseph Marie Comte de Maistre 1753-1821, 1957.

Em português: *Antologia do retrato*, 1998. — *Breviário de decomposição*, 1995. — *História e utopia*, 1994.

Ver: Seleção de textos em trad. esp.: *Contra la historia*, 1976, e *Adiós a la filosofía y otros textos*, 1980. — Fernando Savater, *Ensayo sobre Cioran*, 1974. — A entrevista de C. a F. Savater a que nos referimos no texto foi publicada em *El País*, domingo, 23 de outubro de 1977. — A. M. Tripodi, *Cioran, metafisico dell'impossibile*, 1987. — S. Jaudeau, *Entretiens*, 1990. — F. Savater, *Ensayo sobre Cioran*, 1992 [nova ed. com introdução e uma entrevista, 1990]. ℭ

CÍRCULO. Este termo pode ser empregado em diversos contextos.

1) Designando, metaforicamente, uma forma básica, ou até a forma básica, como a realidade se com-

porta em sentido metafísico. Diz-se então que tal realidade opera de modo circular. Exemplo disso é o processo de emanação (VER) e retorno ou conversão do espiritual em alguns autores neoplatônicos (Plotino e Proclo principalmente) ou influenciados pelo neoplatonismo (João Escoto Erígena). O ponto de partida e o ponto de chegada coincidem, manifestando-se às vezes, como em Nicolau de Cusa, uma *coincidentia oppositorum*. Também em Hegel há a idéia do círculo, embora o caráter tanto idealista como dinâmico-histórico do sistema hegeliano represente uma idéia diferente da circularidade. Além disso, esta última se acentua em Hegel pela importância que adquire a "circularidade" de cada tríade. Como vimos em outra passagem (Ver PERIFILOSOFIA), pôde-se inclusive apresentar a filosofia hegeliana como o exemplo mais perfeito do modo de pensar designado por Hans Leisegang como "o círculo de círculos".

2) Como imagem de Deus quando o círculo é "infinito". Este é o caso de São Boaventura, quando diz que Deus é "como um círculo cujo centro está em qualquer lugar e a circunferência em parte alguma" (*Itinerarius mentis ad Deum*, 5). Como se usou também a esse respeito a imagem da esfera, remetemos ao verbete correspondente.

3) Nas expressões 'círculo na prova' (*circulus in probando*) e 'círculo vicioso' (*circulus vitiosus*). O círculo na prova é um sofisma, ou falácia, de que são exemplos o próprio círculo vicioso e a chamada "petição de princípio" (*petitio principii*). O círculo vicioso é identificado às vezes com a petição de princípio, mas quase sempre se estabelece uma distinção entre ambos: no círculo vicioso, há duas proposições que se "demonstram" uma pela outra, e vice-versa, enquanto na petição de princípio se trata da mesma proposição formulada de modos distintos.

Os céticos denominaram "círculo" um defeito do raciocínio no qual, em sua opinião, incorrem os dogmáticos: "O círculo surge quando aquilo que deve ser confirmado da coisa investigada requer a prova extraída da coisa investigada. Como não se pode aceitar nenhum dos dois para provar o outro, suspendemos o juízo acerca de ambos" (Sexto Empírico, *Hyp. pyrrh.*, I, xv, 168-169). O vício do raciocínio circular está vinculado à regressão ao infinito, como se vê em Sexto: "Se se pode dizer algo, perguntamo-nos por meio do que será decidido. Por exemplo, o sensível — já que basearemos nosso argumento antes de tudo nisto — será decidido com base no sensível ou no inteligível? Se é com base no sensível, resulta que, como investigamos as coisas sensíveis, também aquele precisará de outra coisa como prova. Se esta é algo sensível, novamente precisará de prova e assim ao infinito. Se o sensível é decidido com base no inteligível, resulta que, como também os

inteligíveis divergem, o inteligível necessitará de juízo e prova. Com base em que será ele provado? Se for no inteligível, cair-se-á de novo na regressão ao infinito; se for no sensível, introduz-se o círculo porque se tomou o inteligível para provar o sensível, e o sensível para provar o inteligível" (*ibid.*, I, xv, 171-172).

Os esclarecimentos dos autores antigos sobre a natureza do "círculo na prova" e do "círculo vicioso" passaram à época moderna sem maiores variações: "Demonstrar mediante um círculo é mostrar o mesmo por meio do mesmo, o que não só não é demonstrar, como nem sequer é simplesmente provar, uma vez que toda prova deve ser feita a partir de coisas mais conhecidas" (Goclenius, *Lexicon*, s. v. "Demonstratio", p. 504). O mesmo autor escreve em "Circulus": "A definição circular é viciosa porque, se se desse, o mesmo seria no mesmo mais conhecido e menos conhecido, o que não pode acontecer" (*ibid.*, p. 363).

O usual é rejeitar toda forma de raciocínio circular, mas alguns autores (Karl Jaspers, Jeanne Hersch e, por razões distintas, Francisco Romero) indicaram que certa circularidade é às vezes inevitável na abordagem de questões metafísicas. Badi Kasm (*L'idée de preuve en métaphysique*, 1959, pp. 224-225) afirma que em metafísica alguns chamados "círculos viciosos" são toleráveis, ou o são em "casos extremos".

Deve-se distinguir o raciocínio circular ou qualquer forma de "círculo vicioso" e procedimentos tais como os empregados nas definições contextuais. O fato de que essas definições não proporcionam informação, ou, como se disse, sejam "triviais", não implica que não proporcionem esclarecimento; mas, sobretudo, não há nas definições contextuais nenhuma tentativa de demonstração ou prova.

4) Na expressão "círculo cartesiano", raciocínio falacioso em que, na opinião de Arnauld y Gassendi, incorreu Descartes nas *Meditações metafísicas*. Segundo Gilson (Descartes, *Discours de la méthode. Texte et commentaire*, 1947, pp. 36-362. Ver também: Willis Doney, "The Cartesian Circle", *Journal of the History of Ideas*, 16 [1955], 324-338, e Henri Gouhier, "La veracité divine dans la *Méditation V*", *Études Philosophiques*, 11 [1956], 296-310), a formulação mais precisa do "círculo cartesiano" se encontra nesta passagem das *Instancias* de Gassendi: "Você admite que uma idéia clara e distinta é verdadeira porque Deus, que é o autor dessa idéia e não pode estar enganado, existe; e, por outro lado, você admite que Deus existe, que é criador e veraz, porque tem dele uma idéia clara. O círculo é evidente" (*In Med.*, IV, dubit., 4, Inst., 2, ed. Rochot. Para a formulação de Arnauld, ver "Quartas objeções" às *Meditaciones AT*, IX, A, 1966; resposta de Descartes em *AT*, IX, A, 189-190).

5) Na expressão "círculo hermenêutico", hoje muito difundida. Fala-se de "círculo hermenêutico" em vários

sentidos, e especialmente nos dois seguintes. Por um lado, há um círculo hermenêutico — de resto, "inevitável" — na interpretação de um texto e, em geral, de toda manifestação simbólica humana. Com efeito, uma parte do texto, ou do "sistema simbólico", só pode ser entendida se referida ao todo, que confere significação à parte. Mas a totalidade do texto, ou do "sistema simbólico", é entendida igualmente em função das partes que o constituem. Desse modo, vai-se da parte ao todo, e do todo à parte, ou partes, sem que nem um nem a outra, ou outras, constituam um ponto de partida suficiente. Por outro lado, há um círculo hermenêutico — igualmente "inevitável" — em toda tentativa de compreensão de linguagens, estruturas significativas, quadros conceituais, sistemas de pensamentos e de comportamentos e, em geral, formas de vida e de cultura "alheias". Tudo isso precisa de uma interpretação, que se dá dentro da própria linguagem, cultura, forma de vida etc., os quais são distintos da linguagem, cultura, forma de vida etc. estudados. O "círculo hermenêutico" consiste então em passar do "próprio" ao "alheio" e do "alheio" ao "próprio"; o "próprio" torna inteligível "o alheio", mas ao mesmo tempo "o alheio" reverte sobre, e torna inteligível, "o próprio". A interpretação pode ser uma deformação, mas esta é "corrigível" constantemente em virtude da crescente "compreensão" do interpretado.

Emerich Coreth (*op. cit.* bibliografia *infra*) observa que Schleiermacher enfatizara em sua *Hermeneutik* (1,7) que há um círculo (*Kreis, Zirkel*) na compreensão, porquanto o singular e o todo, assim como o especial e o geral, remetem-se um ao outro. A relação entre os dois pólos em que se move "o círculo da compreensão" ou "círculo hermenêutico" pode ser entendida ou de um modo divinatório, que consiste principalmente numa apreensão do individual para passar ao geral, e vice-versa; ou de um modo comparativo, que consiste principalmente numa apreensão do geral para passar ao individual ou singular, e vice-versa.

Os diferentes tipos de círculo hermenêutico dependem grandemente da espécie de hermenêutica considerada. Na hermenêutica em sentido "clássico" e "literal", o círculo é constituído pela relação recíproca entre um elemento do texto e o contexto. O elemento do texto é determinado pelo contexto e vice-versa. Deve-se levar em conta que um contexto pode servir de elemento em relação a outro contexto mais amplo. Na hermenêutica que se denominou (Gadamer) "romântica", o círculo é constituído pela relação recíproca entre um sujeito, especialmente um criador, e a obra. O sujeito, por suas "intenções" ou por seu "gênio", é entendido pela obra, que por sua vez serve para entender o sujeito. Na hermenêutica existencial heideggeriana, o "círculo" aparece no fato de que em toda compreensão do mundo a existência se compreende com ele, e vice-versa. Como diz Heidegger, toda interpretação, se deve contribuir para produzir uma compreensão, deve ter já compreendido o interpretado. Trata-se de um círculo vicioso, mas só se operamos dentro das regras mais elementares da lógica. O círculo hermenêutico como círculo da compreensão (VER) está arraigado na constituição existencial da Existência (*Dasein*), isto é, na compreensão que interpreta. Para Gadamer, o círculo hermenêutico é principalmente, embora não de maneira exclusiva, o que se dá entre uma tradição e sua interpretação, que é parte dessa mesma tradição. Só se pode interpretar uma tradição — e, evidentemente, também interpretá-la mal — a partir dela. Tanto no caso de Heidegger como no de Gadamer o círculo hermenêutico é função do caráter finito da existência humana. Em todo caso, ele oferece uma estrutura ontológica que não parece encontrar-se nas hermenêuticas clássica ou literal nem na "romântica", mais interessadas na epistemologia e metodologia da compreensão.

6) Disse-se que o círculo hermenêutico é similar ao chamado "paradoxo da análise" (VER): se os termos mediante os quais se analisa uma expressão não são sinônimos da expressão, então não há análise da expressão, e se são sinônimos repete-se a mesma expressão analisada. Nesse paradoxo entram as definições contextuais antes mencionadas, mas agora se apresenta com elas um problema diferente do citado, pois já não se pode alegar simplesmente que essas definições não tentam provar, mas tão-somente esclarecer. O paradoxo da análise e o que poderia denominar-se "círculo da análise" se dão no âmbito do processo de esclarecimento.

7) Fala-se às vezes de "círculo" para designar certos tipos, ou "formas", de pensamento. Falamos disto no verbete PERIFILOSOFIA, ao apresentar as duas "formas de pensar" analisadas por Hans Leisegang: "a forma de pensar circular" e "a forma de pensar segundo o círculo dos círculos".

8) Usa-se 'Círculo' em expressões que designam algum grupo de filósofos que, sem constituir formalmente uma escola no sentido tradicional, trabalham filosoficamente com base em pressupostos comuns ou com interesses comuns. Exemplos disto são as expressões 'Círculo de Göttingen', 'Círculo de Varsóvia' e, a mais conhecida, 'Círculo de Viena'.

CIRCUNSTÂNCIA. Este termo foi já empregado desde a Antiguidade latina para designar o que se encontra ao redor (por exemplo, o ar como algo que se acha ao redor da Terra). Se se parte de uma coisa determinada, a circunstância (*circumstantia*) é o que cerca essa coisa na medida em que pertence de alguma maneira ao que depois se denominou "horizonte" (VER). 'Circunstância' significou também "arredor, circuito ou contorno de uma coisa"; neste caso, a circunstância é o que rodeia a coisa em relação com ela, mas sem pertencer à sua essência.

O vocábulo 'circunstância' adquiriu um sentido determinado no pensamento de Ortega y Gasset. Nas *Meditaciones del Quijote* (1914; *O. C.*, I, 322), Ortega escreveu: "Eu sou eu e minha circunstância". Isso significa não apenas que o sujeito humano se acha rodeado de circunstâncias, mas também que se constitui como tal sujeito *com suas* circunstâncias. Nesse sentido, a circunstância é o que o sujeito vive como situação vital, e dentro dela se acha o mundo. O mundo físico ou orgânico se incorpora desse modo à circunstância humana como ingrediente seu. Não é legítimo identificar circunstância e mundo físico ou orgânico. De fato, o que denominamos o sujeito humano ou o eu é, juntamente com a circunstância, um "ingrediente" de uma realidade mais radical, chamada por Ortega de "minha vida" (*Historia como sistema*, 1941; *O. C.*, VI, 34). É dessa perspectiva que se deve compreender a tese orteguiana de que o homem vive *sub especie instantis* e de que é necessariamente "circunstancial".

Eis aqui três citações, em ordem cronológica, que permitem compreender melhor a complexa natureza da noção de circunstância:

No "Prólogo" à edição de *Obras* (1935), Ortega escreveu: "Sendo, pois, a vida em sua própria substância circunstancial, é evidente que, embora acreditemos no contrário, tudo o que fazemos, fazemos *em vista das circunstâncias*. Inclusive quando imaginamos que pensamos ou queremos algo *sub specie aeternitatis*, imaginamo-lo por necessidade circunstancial. E mais: a idéia de eternidade, do ser incondicionado, ubíquo, brota no homem porque há necessidade dela como *contraposto* salvador à sua inevitável circunstância".

No "Prólogo" à *Historia de la Filosofía*, de Émile Bréhier (*Dos Prólogos*, 1942; *O. C.*, VI, 391), lê-se: "Eis aqui o primeiro princípio de uma 'nova filologia': *a idéia é uma ação* que o homem realiza em vista de determinada circunstância e com uma finalidade precisa (...). Toda idéia está adscrita irremediavelmente à situação ou circunstância diante da qual representa seu papel ativo e exerce sua função".

Num inconcluso "Comentario al 'Banquete' de Platón" (*Obras Completas*, tomo IX, 1962, pp. 747-784), Ortega diz: "Este caráter em que, de imediato, consiste o mundo — seu ser-me —, e, por conseqüência, o estar *radicalmente* referido a mim, me levou há mais de trinta anos a buscar outro termo com que designá-lo, já que o vocábulo 'mundo' sempre significara em filosofia 'o que não consiste em referência a mim (ou Eu)'. Denominei-o *circunstância*. Esta palavra tem, além disso, outra vantagem. O conjunto do que nos afeta e nos importa — positiva ou negativamente —, em cujo confronto consiste nossa vida de cada instante, é o que homem comum chama 'as circunstâncias' ou 'a circunstância'", ou seja: "o mundo é que se dá na circunstância (não a circunstância no mundo); o mundo consiste na circunstância".

Julián Marías (*Introducción a la filosofía*, 3ª ed., 1953, § 52, pp. 235-241) elaborou a doutrina orteguiana da circunstância como "tudo o que se encontra em meu horizonte vital". A circunstância pode ter diversos ingredientes: o contorno físico; meu corpo; outros corpos que são, de imediato, coisas, mas que se apresentam como outros tantos centros de outras vidas; a realidade social com a qual tenho de lidar; os produtos humanos de natureza material ou artefatos; a história vivida como "mundo histórico"; os falecidos; o repertório de crenças nas quais se está (ver CRENÇA); as vivências (desejos, emoções etc.); o horizonte da vida individual e, por fim, o horizonte escatológico ou "as ultimidades".

Em certos aspectos, a noção orteguiana de circunstância é similar à de situação. Entretanto, não se devem simplesmente confundir ambos os conceitos; referimo-nos a este ponto no verbete sobre situação (*ad finem*).

CIRENAICOS. Consideram-se os cirenaicos — assim chamados por causa da cidade de Cirene, onde nasceu e viveu Aristipo — como uma das escolas socráticas (ver SOCRÁTICOS), uma vez que formularam sua doutrina filosófica com base no desenvolvimento de uma das características do socratismo (interpretando-o sobretudo como um guia moral para o comportamento do sábio). Os cirenaicos coincidiam com outras escolas socráticas, tais como a dos cínicos (VER) e a dos megáricos (VER), no pressuposto de que a felicidade consiste na tranqüilidade do ânimo e de que tal tranqüilidade é conseguida por meio da autarquia (VER), isto é, do império do homem sobre si mesmo, única maneira de dominar as coisas (e as circunstâncias) que o cercam. No âmbito desses pressupostos comuns, os cirenaicos mantinham várias doutrinas particulares. Mencionamos três delas. A primeira refere-se à definição do bem (VER). Como este era, para os cirenaicos, o prazer imediato, costuma-se qualificar sua doutrina de hedonismo. A segunda diz respeito ao método de alcançar o bem. Influenciados não apenas pelo socratismo, mas também pela sofística (ver SOFISTAS), os cirenaicos usavam a esse respeito uma dialética voltada a mostrar de que modos podem utilizar-se as circunstâncias para conseguir o prazer e ao mesmo tempo libertar-se dos desejos inquietadores produzidos pela aspiração a esse prazer. A terceira refere-se à teoria do conhecimento, que estava baseada na primazia da sensação — e com freqüência da sensação individual, irredutível a todas as outras —, de maneira que os cirenaicos desembocavam por isso muitas vezes num subjetivismo e num sensualismo (VER) radicais. Ora, nem todos os membros da escola cirenaica defendiam exatamente as mesmas doutrinas. Apresentamos as principais opiniões dos mais destacados cirenaicos nos verbetes sobre Aniceris, Aristipo, Heguesias e Teodoro, o Ateu.

➡ Edições: *I Cirenaici. Raccolta delle fonti antiche*, trad. e estudo preliminar de Gabriele Giannantoni, 1958 (Pubblicazioni dell'Instituto di Filosofia dell'Università di Roma, 5). — *Aristippi et Cyrenaicorum fragmenta*, ed. Erich Mannebach, 1961.
Ver também bibliografia de ARISTIPO e SOCRÁTICOS. Além disso, A. Wendt, *De philosophia cyrenaica*, 1841. — H. de Stein, *De philosophia Cyrenaica*, 1855 (trata sobretudo de Arístipo). — G. V. Lyng, *Om den Kyrenaiske Skole*, 1868 (principalmente sobre Aniceris e Teodoro, o Ateu). — Verbete sobre os Cirenaicos (Kyrenaiker) de J. Stenzel em Pauly-Wissowa. ☾

CIUDAD VÁZQUEZ, MARIO. Ver MOLINA, ENRIQUE.

CIVITAS DEI. Ver CIDADE DE DEUS.

CLAREMBAUD de Arras (Clarenbaldus) (*fl. ca.* 1155), arcediago na catedral de Arras, na Picardia, foi discípulo de Thierry de Chartres e de Hugo de São Vítor. Um dos representantes da chamada "Escola de Chartres" (VER), Clarembaud de Arras defendeu, como Thierry, uma doutrina realista dos universais e concebeu Deus como pura forma e puro ato (como "forma de ser" ou *forma essendi*). Esta última fórmula induziu alguns historiadores a falar do panteísmo de Clarembaud, mas observou-se (É. Gilson) que não há tal panteísmo; dizer que Deus se acha em toda parte por essência não é o mesmo que afirmar que tudo é Deus. Além da idéia de Deus como forma pura, Clarembaud apresentou a idéia de matéria como pura possibilidade. Os autores antigos que influenciaram o pensamento de Clarembaud parecem ter sido Boécio e os neoplatônicos, especialmente por meio da interpretação de Calcídio.

Clarembaud de Arras escreveu um comentário ao *De Trinitate*, de Boécio.

➡ Ver: Wilhelm Jansen, *Der Kommentar des Clarenbaldus von Arras zu Boethius* De Trinitate, *ein Werk aus der Schule von Chartres im 12. Jahrhundert*, 1926. — Ver também: N. M. Häring, "A Hitherto Unknown Commentary on Boethius' *De Hebdomadibus* Written by Clarenbaldus of Arras", *Mediaeval Studies*, 15 (1953), 212-221. — *Id., id., Life and Works of C. of A.: A Twelfth Century Master of the School of Chartres*, 1965. — Além disso, algumas das obras mencionadas na bibliografia de CHARTRES (ESCOLA DE) (J. M. Parent, T. Gregory). ☾

CLARKE, SAMUEL (1675-1729). Nascido em Norwich (Norfolk, Inglaterra), foi reitor de Drayton, perto de Norwich, de St. Bennet (Londres) e de St. James, Westminster. Amigo e seguidor de Newton, defendeu sua filosofia natural contra os cartesianos e contra as objeções de Leibniz. Polemizou também contra Hobbes, Locke e Collins, e, em geral, contra toda opinião que considerasse favorável ao materialismo e adversa ao cristianismo. Para Clarke, o conteúdo das verdades reveladas está em completa harmonia com a razão; não há diferença entre a religião natural e a religião revelada.

Clarke propôs-se desenvolver detidamente uma prova da existência e dos atributos de Deus que se mostrasse aceitável a todos os que seguem a razão natural — desse modo, eles terão também de seguir a religião revelada. Clarke apresenta Deus como eterno, existente por si mesmo e necessariamente existente. Deus é infinito, onipotente, onisciente e infinitamente bom e sábio. Embora as provas fornecidas por Clarke da existência e dos atributos de Deus sejam de diferentes tipos, as mais destacadas e elaboradas podem ser classificadas no âmbito da chamada "prova cosmológica" (ver COSMOLÓGICA [PROVA]). É óbvio em Clarke que se trata de uma prova que parte de premissas de fato, mas que usa um raciocínio de caráter dedutivo e o mais próximo possível da dedução matemática.

Deve-se também a Clarke uma ponderada defesa da racionalidade da moral cristã. Também aqui há, para Clarke, harmonia completa entre as obrigações derivadas da religião natural e as derivadas da revelação. Se não se aceita essa harmonia, deve-se admitir que o bem e o mal são arbitrários e dependem de convenções estabelecidas pelos seres humanos. A conformidade do sentido moral racional humano com a vontade de Deus e a ordem da Natureza não significa para Clarke que os atos humanos sejam completamente determinados por uma vontade divina inexorável. Clarke estabeleceu uma distinção entre a ordem moral e a ordem natural; ambas são racionais, mas a primeira inclui também a vontade.

Leibniz opinara que a física de Newton contribuíra para corromper a religião natural. Na primeira das dez cartas trocadas entre Clarke e Leibniz nos anos de 1715 e 1716 (cinco cartas cada um), Clarke admitiu que havia na Inglaterra, assim como em outros países, alguns "que negam ou que corrompem muito" a religião natural, e isso é deplorável. Mas Newton não pode ser criticado por isso — muito pelo contrário: a física de Newton é o mais sólido apoio da religião natural. "Os princípios matemáticos da filosofia" — escreve Clarke no começo de sua segunda carta — "são os contrários aos dos materialistas". Leibniz criticava as idéias de Newton sobre espaço (VER), tempo (VER) e gravitação. Clarke procurou demonstrar a Leibniz que as idéias de Newton eram justas e verdadeiras, que o fato de ter denominado o espaço *sensorium Dei* não deve ser interpretado como se "sensório" significasse "o órgão", mas "o lugar da sensação" (segunda carta); além disso, sensório significa apenas "à maneira de similitude, *como se fosse o sensório* etc." (de acordo com expressão do próprio Newton). Quanto à gravitação, o fato de rejeitá-la por se supor que se trata de uma misteriosa ação à distância é não entender a função da gravitação ou confundir a lei de gravitação com a causa última da atração e da repulsão dos corpos. Quanto ao mais, é pouco razoável — afirmou Clarke — rejeitar a noção de gravitação como milagrosa e admitir "uma hipótese tão estranha quanto a da *harmonia praestabilita*" (quinta carta).

⊃ Obras: C. traduziu para o latim o *Tratado de física* do cartesiano Jacques Rohault (VER), acrescentando-lhe notas críticas baseadas na física de Newton; a trad. foi publicada em 1697. Ele também traduziu para o latim a *Opticks* de Newton (*Optica*, 1706). Entre os tratados teológicos de C. figura *The Scripture Doctrine of the Trinity* (denunciado como "não-cristão"). Em 1704 e 1705, C. ofereceu duas séries de "Boyle Lectures": as de 1704 têm como título "A Discourse Concerning the Being and Attributes of God"; as de 1705, "A Discourse Concerning the Unchangeable Obligations of Natural Religion and the Truth and Certainty of the Christian Revelation". Ambos os discursos foram publicados em 1705 com o título: *A Discourse Concerning the Being and Attributes of God, the Obligations of Natural Religion, and the Truth and Certainty of the Christian Revelation.* — Deve-se também a C.: *Remarks Upon a Book Entitled* A Philosophical Enquiry Concerning Human Liberty, 1715.

Edição de obras: *Works of S. C.*, 4 vols., 1738-1742 (com a 9ª ed. de *A Discourse*).

A correspondência entre Leibniz e C. foi publicada em 1717. Ed. da correspondência por A. Robinet segundo os manuscritos originais das bibliotecas de Hanover e Londres, 1957. "Primeira edição completa em inglês" (desde a de 1738): H. G. Alexander, *The L.-C. Correspondence*, 1956, com introdução de Alexander, pp. ix-iv (o texto em inglês de L., que escreveu as cartas em francês, é trad. de Clarke).

Ver: R. Zimmermann, *Clarkes Leben und Lehre*, 1870. — James P. Ferguson, *The Philosophy of Dr. S. C. and Its Critics*, 1974. — R. Attfield, "C., Collins and Compounds", *Journal of History of Philosophy*, 15 (1977). ⊂

CLARO. Os escolásticos consideravam que um conceito de objeto é claro quando permite distinguir o objeto de outros objetos. Um conceito claro pode ser distinto ou indistinto (um conceito indistinto é também chamado de "confuso").

Um conceito claro de um objeto é distinto quando permite distinguir o objeto de outros por meio de denominações intrínsecas, isto é, exibindo as características ou traços que o constituem. É indistinto ou confuso quando a distinção se efetua extrinsecamente.

Os conceitos claros, distintos ou confusos se distinguem dos conceitos obscuros, que não permitem distinguir o objeto conceituado de outros objetos. Isso se deve à imperfeição e à pobreza da representação proporcionada pelos conceitos obscuros.

Essas distinções escolásticas nem sempre são tão claras como parecem. Em todo caso, a noção de "conceito obscuro" é problemática, pois, se não permite distinguir um objeto conceituado de outros, cabe perguntar se de fato o conceitua. Pode-se alegar que a representação proporcionada por um conceito obscuro é vaga, mas então o chamado "conceito obscuro" se parece muito com o conceito claro de natureza indistinta e confusa. Deve-se supor, por outro lado, que o objeto de que se trata é um universal (gênero ou espécie), pelo menos no caso dos conceitos claros de natureza distinta. Com efeito, as denominações intrínsecas que constituem o conceito e que se reconhecem distintas das que constituem outro conceito têm de ser denominações exprimíveis mediante universais.

A questão da clareza (e distinção) nas idéias desempenha um papel fundamental na filosofia cartesiana. A primeira das regras do método (*Discours*, II) é a de não admitir nada a menos que se apresente à mente tão clara e distintamente que não haja ocasião de pô-lo em dúvida (cf. também *Med.*, III). "As coisas que concebemos muito clara e distintamente" — escreve Descartes — "são todas elas verdadeiras" (*Med.*, IV). Nas *Regulae* (III), Descartes fala de "intuição clara e evidente". Nos *Princ. phil.* (1.45), de "conhecimento claro e distinto". Nessa mesma passagem, o filósofo dá uma definição desses termos tão usados em sua obra: "Denomino claro o conhecimento que se acha presente e manifesto a um espírito atento, como dizemos que vemos claramente os objetos quando, achando-se presentes a nossos olhos, operam assaz fortemente sobre eles, e na medida em que estes estejam dispostos a olhá-los. Denomino distinto o conhecimento que é tão preciso e diferente de todos os outros que não abarca em si senão o que aparece manifestamente a quem considera tal conhecimento como é devido". Embora fundada em concepções escolásticas, a doutrina de Descartes a esse respeito não coincide com elas. Por isso, Descartes admite (*Princ. phil.*, I, 46) que um conhecimento pode ser claro sem ser distinto, mas não o inverso. Pode-se observar que os critérios de clareza e distinção em Descartes são não apenas critérios lógicos ou epistemológicos, mas também critérios ontológicos. Isso se deve ao fato de Descartes considerar que a idéia é a própria coisa na medida em que é vista (diretamente intuída), de maneira que a clareza e distinção nas idéias é ao mesmo tempo a clareza e distinção nas coisas.

O problema que nos ocupa não foi tão fundamental em outros filósofos modernos quanto o foi em Descartes e Leibniz, mas a maioria dos pensadores dos séculos XVII e XVIII de algum modo o levaram em conta. A clareza foi com muita freqüência equiparada ao conhecimento completo, adequado, direto, intuitivo etc. (como o faz Locke, ao afirmar que o espírito tem uma percepção completa e evidente das idéias claras, sendo as idéias distintas aquelas nas quais o espírito percebe uma diferença em relação a qualquer outra idéia). Spinoza falava sobretudo de idéias adequadas (ver ADEQUADO) e idéias mutiladas ou confusas (*Eth.*, III, prop. I, dem.). Ele afirmava também que o espírito pode ter idéias confusas (*ibid.*, prop. IX). Em seu escrito *Meditationes de cognitione, veritate e ideis*, de 1684 (Gerhardt, IV. 422-426), Leibniz indica que o conhecimento pode ser obscuro ou claro. As idéias claras podem ser indistintas ou distintas; as idéias distintas, adequadas ou inadequadas, simbólicas ou intuitivas. O conhecimento perfeito é aquele que é ao mesmo tempo adequado e intuitivo. "O conhecimento é *claro*" — escreve Leibniz — "quando é suficiente para permitir-me reconhecer as coisas representadas." No *Discours de métaphysique* (XXIV), Leibniz escreve que um conhecimento é claro quando se pode reconhecer uma coisa entre outras sem poder dizer em que consistem suas diferenças ou propriedades. Assim, pode-se perceber (e julgar) algo claramente sem tornar evidentes as marcas ou sinais que o caracterizam. "Contra Locke, que denomina clara a percepção evidente, e distinta a que serve para distingui-la de outras, Leibniz sustenta que as idéias distintas são distinguidas" (Pierre Burgelin, *Commentaire du* Discours de Métaphysique *de Leibniz*, 1959, p. 236).

Apesar das diferenças entre os autores mencionados, todos parecem tender a considerar a clareza como uma espécie de transparência e a distinção como uma "precisão" (no sentido etimológico de "preciso", isto é, "separado").

Comum a todos eles parece ser, além disso, a idéia de que a clareza e a distinção pertencem a algo simples (como as *naturae simplices* cartesianas). Parece que nos encontramos aqui diante de um duplo condicional: 1) se o simples é verdadeiro e o verdadeiro é claro, o simples é claro; e 2) se o simples é claro, e o claro é verdadeiro, o simples é verdadeiro. Em todo caso, afirma-se que a clareza e a verdade caminham juntas. Assim o expressou Vauvenargues em vários apotegmas: "A obscuridade é o reino do erro"; "Não há erros que, transformados em claros, não pereceriam por si mesmos"; "A clareza é a boa-fé dos filósofos" (*Réflexions et maximes*, V, VI e CCCLXIV, respectivamente). Outros autores, em contrapartida, procuraram enfocar o problema da clareza de outros modos. Leia-se, por exemplo, o que escreve Kant no Prefácio à primeira edição da *Crítica da Razão Pura*: "Quanto à clareza, o leitor tem o direito de pedir, antes de tudo, clareza *discursiva* (lógica) por meio de *conceitos*, e, em segundo lugar, clareza *intuitiva* (estética) por meio de ilustrações". Não se pode dizer que baste o esforço de ser claro: alguns livros, de acordo com Kant, teriam sido muito mais claros se não se tivesse feito esse esforço de ser claro. Da clareza — como de Dulcinéia, segundo Dom Quixote —, há, pois, "muito que falar".

Por outro lado, tanto muitos filósofos não-analíticos como alguns dos próprios filósofos analíticos ou simpatizantes mostraram que "a clareza não basta". A clareza pode ser uma condição necessária, mas não é uma condição suficiente para um "discurso filosófico" digno de ser ouvido. A clareza pode também ser considerada um elemento em princípio desejável, mas nem sempre exeqüível. Assim, por exemplo, quando se exploram novos territórios, formulam-se novos problemas, buscam-se novas soluções etc., é muitas vezes difícil ser claro. Ocorre também que certos pensamentos filosóficos não são claros no momento em que são formulados, mas tornam-se claros depois, quando já se alcançou certa familiaridade com relação a eles ou quando se podem ver melhor seus pressupostos, vínculos e conseqüências.

Se a clareza se dá em detrimento do conteúdo da "riqueza de conteúdo" (ou, como também se diz às vezes, nem sempre muito claramente, da "profundidade"), então ela pode constituir um obstáculo à investigação e, em certos casos, um convite à trivialidade. É já trivial o fato de que certos pensadores são claros porque neles aparece grande número de truísmos. Por outro lado, uma espécie de "exortação à não-clareza" (ou à obscuridade) não é tampouco um grande benefício filosófico; alguns filósofos não são claros porque não podem deixar de ser obscuros.

Muito do que os filósofos, analíticos e não-analíticos, disseram sobre a clareza deve ser tomado *cum grano salis*. Ortega y Gasset afirmava que a clareza é a cortesia do filósofo; deve-se entender por isso que os problemas filosóficos são, ou podem ser, difíceis, mas que o filósofo não deve "aproveitar-se" dessa dificuldade para ser obscuro (poder-se-ia acrescentar: para ser "mais obscuro que o necessário"). Um famoso apotegma do *Tractatus* de Wittgenstein reza: "Tudo o que se pode dizer se pode dizer claramente". Isso elimina todo enunciado não claro que seja, *per impossibile*, ao mesmo tempo "dizível". Que Wittgenstein não entendia por 'claro' algo trivial pode ser mostrado por meio da referência a uma carta a Bertrand Russell, a propósito dos *Principia Ethica* de Moore (carta provavelmente do dia 12 de junho de 1912 e, portanto, escrita antes do *Tractatus*). Wittgenstein escreve: "Moore se repete dúzias de vezes. O que ele diz em três páginas poderia, creio eu, ser facilmente exposto em meia página. Os enunciados *não-claros* não se tornam nem um pouco mais claros pelo fato de serem repetidos" (*Letters to Russell, Keynes, and Moore*, 1974, p. 9, ed. G. H. von Wright com a ajuda de B. F. McGuinness). Na *Philosophische Grammatik* (Parte II: "Ueber Logik und Mathematik", § 25), Wittgenstein escreve que "a clareza filosófica produzirá sobre o desenvolvimento [crescimento = *Wachstum*] da matemática o mesmo efeito que a luz do sol sobre o crescimento do broto das batatas (num sótão escuro, crescem a metro)". Isso pode ser interpretado no sentido de supor que o desenvolvimento da matemática tem necessidade de certa "obscuridade" filosófica, mas pode ser igualmente interpretado no sentido de que não tem necessidade nem de obscuridade nem de clareza filosóficas. Esta última interpretação é atestada por outras passagens da mesma obra; assim: "Na matemática só pode haver dificuldades matemáticas, não filosóficas" (Parte II, § 24) e "É claro que uma questão matemática como 'Quantas permutações há, por exemplo, de 4 elementos?' é uma questão do mesmo tipo de 'Quantos são 25 x 18?', pois em ambos os casos há um método geral para a solução. Mas a questão existe tão-somente com referência a esse método" (Parte II, § 20). O "segundo Wittgenstein" reconheceu que há noções que não apenas não são claras como não têm por que sê-lo. É verdade que a idéia abordada por Wittgenstein a esse respeito era a de exatidão: há explicações que podem ser inexatas, mas isso não significa que não sejam utilizáveis (*Investigações filosóficas*, 88). Mas de alguma maneira a inexatidão se relaciona com a falta de clareza no sentido de ser um caráter de algo — um termo (seu significado, seu uso), uma noção — que não tem perfis definidos, bem marcados, isto é, que tem perfis e arestas "borrados". A vaguidade (*Vagheit*) pode estar nas regras de um jogo, mas isso não impede que se possa jogar (*op. cit.*, 100).

Segundo Bergson (*La pensée et le mouvant*, 1934, pp. 31-32), há duas espécies de clareza: 1) a da idéia que nos apresenta, dispostas numa nova ordem, idéias elementares já possuídas; 2) a da idéia radicalmente nova e absolutamente simples, captada por intuição. A primeira espécie de clareza não oferece dúvidas: a inteligência move-se num terreno familiar e passa do menos conhecido ao mais conhecido. A segunda espécie de clareza é negada com grande freqüência — como essa idéia nova é simples e não pode ser decomposta em outras, parece de início incompreensível. Não obstante — diz Bergson —, tão logo a adotamos provisoriamente e a "aplicamos" a territórios distintos dos do conhecimento, descobrimos que essa idéia, ela mesma obscura, serve para dissipar obscuridades. Deve-se, pois, distinguir *idéias que são luminosas em si mesmas* e *idéias que iluminam*. A cada espécie de idéias corresponde uma espécie de clareza: a "interna" e a "irradiante", respectivamente. A observação de Bergson levanta um problema. Com efeito, as idéias que não são claras em si mesmas, mas iluminam o pensamento, podem ser interpretadas de vários modos: *a*) ou como idéias que penetram "o fundo do real", *b*) ou como idéias que regulam nosso conhecimento do real, *c*) ou como idéias que carecem de toda significação porque sua verdade não pode ser comprovada no real. A cada uma dessas concepções corresponde uma filosofia distinta. A concepção de Bergson oscila provavelmente entre *a*) e *b*); Bergson não ousa afirmar que essas idéias sejam algo mais que reguladoras, mas o restante de sua filosofia permite interpretá-las como intuições que permitem desvelar o âmago da realidade.

Antonio Millán Puelles (*op. cit. infra*, pp. 19 ss.) distingue as seguintes espécies de clareza: 1) clareza radical, 2) clareza formal e 3) clareza instrumental (ou "clareza em sentido ordinário [corrente]"). A clareza radical e a formal caracterizam-se pelo rigor, mas são distintas entre si porque a primeira apresenta a verdade objetiva em sua completa transparência, e a segunda se manifesta na perfeição da exposição. A clareza instrumental é uma clareza auxiliar. A clareza formal pode ser, por sua vez, sistemática (ou discursiva) e conceitual (ou intuitiva).

⊃ Ver também o verbete Vaguidade e sua bibliografia. — Francisco Romero, "Teoría y práctica de la verdad, la claridad y la precisión" (em *Filosofía de la persona*, 1944). — Hans König, *Der Begriff der Heligkeit. Studie über seine Wandlung und seine Formen* (prefácio de F. Gonseth), 1947. — Antonio Millán Puelles, *La claridad en filosofía y otros estudios*, 1958. — P. Markie, "Clear and Distinct. Perception and Metaphysical Certainty", *Mind*, 88 (1979). — Y. G. Nighoskar, *Concepts and Clarity*, 1982. ⊂

CLASS, GUSTAV (1836-1908). Nascido em Niesky (Oberlausitz), professor em Tübingen e Erlangen, seguiu uma meditação sensivelmente análoga à de Eucken, com influência de Lotze e da tradição espiritualista teísta. O objeto próprio da reflexão filosófica é, para Class, a "vida espiritual", autônoma e subsistente em relação às outras formas de existência, e suscetível de ser fenomenologicamente descrita. A fenomenologia e a ontologia do espírito humano constituem desse modo o acesso a um pensamento metafísico de caráter espiritualista e personalista, e, sobretudo, à fundação de uma doutrina do pneuma, ou pneumatologia, que pode representar o ponto de união do pessoal com o objetivo, do eterno com o temporal e do ideal com o fato.

⊃ Obras: *Ideale und Güter*, 1886 (*Ideais e bens*). — *Untersuchungen zur Phänomenologie und Ontologie des menschlichen Geistes*, 1896 (*Investigações para a fenomenologia e ontologia do espírito humano*). — *Die Realität der Gottesidee*, 1904 (*A realidade da idéia de Deus*).

Ver: Hans Rust, *G. Class' Philosophie in systematischer Darstellung nebst einem Versuch ihrer Weiterbildung*, 1910. ⊂

CLASSE. Definiu-se às vezes a classe como uma série, um grupo, uma coleção, um agregado ou um conjunto de entidades (denominadas *membros*) que possuem pelo menos uma característica comum. Podem ser exemplos de classe: a classe dos homens, a classe de objetos cuja temperatura em estado sólido é inferior a 10° centígrados, a classe das palavras que começam com a letra 'c' nesta página etc. Entretanto, como aquela definição, embora útil como uma primeira introdução à noção de classe, é ao mesmo tempo pouco rigorosa e incompleta, é preciso dar maiores esclarecimentos a respeito. Nós o faremos seguindo uma linha histórica: começaremos com um resumo das contribuições de Boole e Schröder à lógica das classes, prosseguiremos com as definições oferecidas por Whitehead e Russell e terminaremos com uma exposição da noção de classe tal como admitida pela maioria dos lógicos contemporâneos.

Boole estabeleceu em 1854 um cálculo lógico de classes baseado nas leis a que são submetidos os símbolos que representam "coisas", tais como "todos os x" ou "a classe x". Se x representa, por exemplo, *coisas boas*, e se y representa homens, xy representará *a classe dos homens bons*. Podemos acrescentar outros símbolos para ir definindo a noção de classe. Assim, se z representa *suecos*, xyz representará *a classe dos homens suecos bons*. As leis que regulam a formação desses símbolos são, como diz Boole, leis do pensamento, e não das coisas. Mas, além disso, esses símbolos são comutativos, como os símbolos da álgebra, e portanto é possível construir uma álgebra de signos que representem classes. Essa álgebra é regida por certas leis, das quais abordaremos algumas posteriormente. Boole formulou algumas das leis fundamentais da álgebra de classes. Além disso, determinou o valor lógico dos símbolos '0' e '1', que representam respectivamente as classes nula e universal, das quais também nos ocuparemos mais tarde.

Em 1890, Ernst Schröder desenvolveu também o cálculo de classes com base nas investigações de Boole e de outros autores. O cálculo de classes apresentado nos tratados lógicos posteriores costuma receber por isso o nome de *álgebra de Boole-Schröder* (ainda que o nome de Augustus de Morgan devesse ser também acrescentado ao deles). Segundo Schröder, as classes se referem a *quaisquer coisas* ou "objetos do pensar", incluindo, portanto, a possibilidade de sua interpretação como classes de números. As classes são espécies de indivíduos, e em particular também conceitos considerados segundo seu alcance (*Umfang*). Cada classe é representada mediante uma letra. Essa representação é utilizada igualmente para o que Schröder denomina *territórios* (*Gebiete*) ou multiplicidades de elementos, conceitos considerados em seu conteúdo, juízos ou enunciados, inferências e grupos.

Nos *Principia Mathematica* (I. Int. Capítulo iii e Parte I, Seção C, 20), de Whitehead-Russell, apresenta-se a noção de classe da seguinte forma: "Em virtude do axioma de redutibilidade, se φz é qualquer função, há uma função predicativa formalmente equivalente $\psi \, ! \, z$; então a classe $\hat{z}(\varphi z)$ é idêntica à classe $\hat{z}(\psi \, ! \, z)$, de modo que cada classe pode ser definida mediante uma função *predicativa*. Daí que a totalidade das *classes* às quais se pode dizer significativamente que um termo dado pertence ou não pertence é uma totalidade legítima, embora a totalidade de *funções* às quais se pode dizer significativamente que um termo dado pertence ou não pertence não seja uma totalidade legítima. As classes às quais um termo dado, a, pertence ou não pertence são as classes definidas por funções a. Há também as classes definidas por funções *predicativas a*. Nós as denominaremos classes a. Então *as classes a* formam uma totalidade legítima, derivada das funções *predicativas a*".

Para se aceitar a definição anterior, é necessário, porém, indicar as condições que um símbolo deve preencher para operar ou servir como classe. Essas condições são as seguintes: 1) toda função proposicional deve determinar uma classe que pode ser considerada como a coleção de todos os argumentos que satisfazem a função em questão. 2) Duas funções proposicionais formalmente equivalentes devem determinar a mesma classe, e duas que não são formalmente equivalentes devem determinar diferentes classes. A classe fica determinada, pois, pela qualidade de membro (ou fato de pertença). De maneira inversa, duas funções proposicionais que determinam uma mesma classe devem ser formalmente equivalentes. 3) Devem-se poder definir não só classes, mas classes de classes. 4) Em todos os casos, deve carecer de significação (o que não equivale a ser falso) supor-se que uma classe é membro de si mesma ou não é membro de si mesma (ver PARADOXO). 5) Deve ser possível — embora muito difícil — formular proposições sobre *todas* as classes compostas de indivíduos, ou sobre *todas* as classes compostas de objetos de qualquer tipo (VER) lógico. Esta última condição foi muito discutida na lógica contemporânea, sobretudo na medida em que se questionou o princípio russelliano de redutibilidade.

As classes são consideradas por Whitehead e Russell como "ficções lógicas" e como "símbolos incompletos". "A seguinte teoria das classes" — escrevem esses autores —, "embora proporcione uma notação para representá-las, evita o pressuposto de que há coisas que podem ser denominadas classes (...). Os símbolos incompletos que ocupam o lugar das classes servem para proporcionar tecnicamente algo idêntico no caso de duas funções que possuem a mesma extensão; sem algo que represente classes, não podemos, por exemplo, contar as combinações que podem ser formadas com base numa dada série de objetos".

Segundo Russell, a teoria das classes se reduz a um axioma e a uma definição. O axioma enuncia: "Há um tipo, τ, tal que, se φ é uma função que pode tomar um objeto dado, *a*, como argumento, haverá uma função, ψ, do tipo τ que será formalmente equivalente a φ". A definição assinala: "se φ é uma função que pode tomar um objeto dado, *a*, como argumento, e τ é o tipo mencionado no axioma anterior, dizer que a classe determinada por φ tem a propriedade *f* será dizer que há uma função do tipo τ formalmente equivalente a φ e que possui a propriedade *f*'. Assim, uma classe, *F*, será a totalidade dos objetos que possuem certa propriedade *f*, isto é, a totalidade dos objetos *x* para os quais será verdadeira a expressão '*f (x)*'" (cf. *Introduction to Mathematical Philosophy*, 1919, pp. 184 ss.).

Estendemo-nos sobre as definições e precisões anteriores por serem elas consideradas a base, já tradicional, na qual se apóiam as investigações posteriores acerca da noção de classe. Ora, a lógica contemporânea considera que várias das formulações anteriores padecem de falta de rigor. Portanto, exporemos, conforme anunciamos, os traços fundamentais da atual lógica das classes.

Se consideramos o enunciado:

Oscar é colérico,

observaremos que 'é colérico' pode ser lido de dois modos: 1) 'tem a propriedade de ser colérico' ou 2) 'é um membro da classe das entidades coléricas' ou 'pertence à classe das entidades coléricas'. No primeiro caso, o enunciado em questão pode ser expresso mediante '*Fx*' (ver QUANTIFICAÇÃO, QUANTIFICACIONAL, QUANTIFICADOR), em que '*F*' é uma letra predicado que se lê 'é colérico'. No segundo caso, o enunciado em questão pode ser expresso mediante:

$x \in A$,

onde '∈' (abreviatura de 'ἐστί' proposta por Peano) se lê 'é um membro da classe' e '*A*' é uma letra que representa uma classe (no exemplo em questão, a classe das entidades coléricas). A expressão '*x* ∈ *A*' é empregada para substituir um *abstrato* ou nome de classe. Na lógica das classes, os abstratos designam, com efeito, as classes de todas as entidades que têm certas propriedades. A expressão

$\hat{x} Fx$

é um abstrato, que se lê 'a classe de todos os *x* tais que *Fx*'. O sinal '^' sobreposto a '*x*' recebe o nome de "capuz"; '$\hat{x}$' é chamada por isso "letra encapuzada". O enunciado 'Oscar é colérico', lido, no sentido mencionado em 2), como

Oscar ∈ colérico,

será, pois, igual a:

Oscar ∈ $\hat{x}$ (*x é colérico*),

isto é,

Oscar é um membro da classe de todos os *x* tais que *x* é colérico. De modo geral, usam-se na lógica das classes expressões tais como:

$y \in \hat{x} Fx$
$x \in \hat{z} Gzw$,
etc.,

mas, a fim de evitar as complexidades dessas notações, preferem-se abreviaturas tais como:

$x \in A$,
$x \in B$,
etc.

As letras '*A*', '*B*', '*C*' etc. são empregadas, portanto, para expressar 'a classe *A*', 'a classe *B*', 'a classe *C*' etc. Observemos que alguns autores preferem as minúsculas latinas cursivas '*a*', '*b*', '*c*'; outros, as letras '*K*', '*L*' etc.; outros, por fim (como Whitehead e Russell), as minúsculas gregas 'α', 'β' etc. Nós nos ateremos ao primeiro uso.

A noção de classe foi às vezes confundida com as noções de agregado ou de todo. Essa confusão deve ser evitada, pois, caso contrário, corre-se o risco de equiparar uma entidade concreta com uma entidade abstrata. As classes são entidades abstratas, ainda que os membros de que se compõem sejam entidades concretas. Também se equiparou a noção de classe com a de propriedade. Esta última equiparação tem maior fundamento. Como diz Carnap, duas classes — correspondentes a dois predicadores; por exemplo, 'P' e 'Q' — são idênticas se têm os mesmos elementos, isto é, se 'P' e 'Q' são logicamente equivalentes. A intensão do predicador 'P' é a propriedade P; sua extensão é a classe correspondente. 'Intensão' e 'propriedade' são usados aqui em sentido objetivo e não mental. Por sua vez, Quine assinala que classe e atributo são duas entidades abstratas, designadas por termos abstratos.

Na álgebra de Boole-Schröder, assume-se certo número de idéias elementares (símbolos de classes, negação, igualdade, produto, classe nula), constroem-se algumas definições (classe universal, soma lógica, inclusão) e se propõem vários postulados (operações com classes). Das definições e dos postulados se deduzem todas as leis da álgebra de classes. Tudo isso recebe o nome de *cálculo de classes*. Alguns autores estabelecem uma distinção entre relações de umas classes com outras (identidade, inclusão, exclusão, interseção) e operações com classes ou cálculo de classes propriamente dito (soma, produto). Nós nos limitaremos a mencionar as noções fundamentais da álgebra de classes e a formular algumas leis dessa álgebra.

As noções de referência fundamentais são a de complemento, a de inclusão, a de identidade, a de soma, a de produto, a de classe universal e a de classe nula. Excetuando-se as duas últimas, as demais foram apresentadas e definidas nos verbetes correspondentes (ver COMPLEMENTO; INCLUSÃO; IDENTIDADE; SOMA; PRODUTO). Limitar-nos-emos aqui às noções de classe universal e de classe nula e indicaremos em seguida as representações gráficas usuais de algumas das noções anteriores.

A classe universal é a classe de todos os membros no universo do discurso, simbolizada por 'V' (alguns autores usam '1'). A classe universal é definida por meio da seguinte expressão:

$$V = \text{def. } \hat{x} \, (x = x),$$

na qual a igualdade '$x = x$' é satisfeita por tudo.

A classe nula (também denominada *vazia*) é a classe à qual não pertence nenhum membro do universo do discurso, simbolizada por 'Λ' (alguns autores usam 'O'). A classe nula é definida por meio da seguinte expressão:

$$\Lambda = \text{def. } \hat{x} \, (x \neq x),$$

na qual a expressão '$x \neq x$' não é satisfeita por nada.

A representação gráfica das classes (muito usada para comprovar a validade ou não-validade dos silogismos a que nos referimos no verbete VENN [DIAGRAMAS DE]) baseia-se no diagrama:

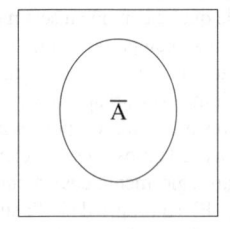

no qual se representa graficamente a classe A. O diagrama:

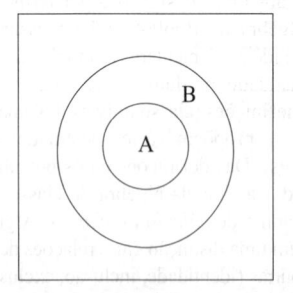

representa a inclusão de uma classe A numa classe B; todos os membros de A são, pois, membros de B. O diagrama

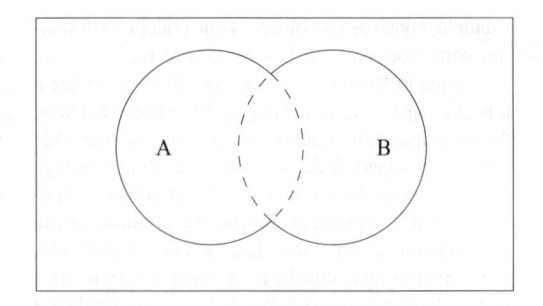

representa a soma de duas classes, A e B; há, pois, uma classe composta de todas as entidades que pertencem a A ou a B ou às duas. O diagrama

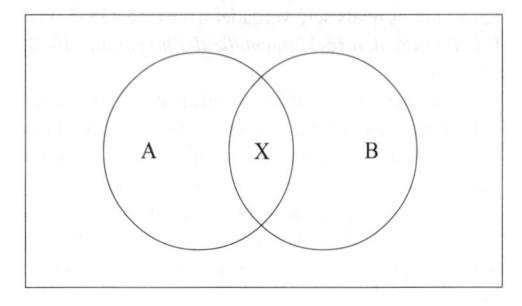

representa o produto de duas classes, A e B; a área marcada com uma cruz representa a classe de todas as entidades que pertençam ao mesmo tempo a A e a B. O diagrama

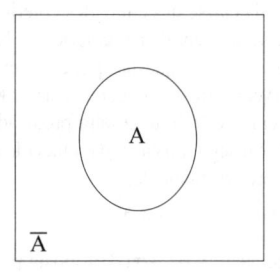

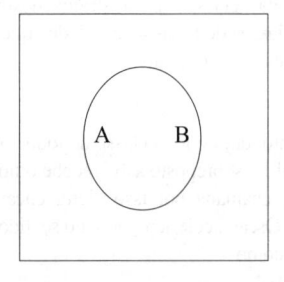

mostra o complemento $\overline{A}$, de A; a área na qual está $\overline{A}$ representa a classe de todos os membros que não pertencem a A. O diagrama representa a identidade de duas classes, A e B; os membros da classe A são os mesmos da classe B e vice-versa.

As leis da álgebra de classes são expressas mediante fórmulas boolianas, muitas das quais são paralelas às tautologias ou leis da lógica sentencial. Eis algumas das leis da álgebra de classes:

AC1: $A = A$,
AC2: $(A \cap \overline{A}) = \wedge$,
AC3: $(A \cup \overline{A}) = V$,
AC4: $A \subset A$,
AC5: $\wedge \subset A$,
AC6: $A \subset V$,
AC7: $A = \overline{\overline{A}}$,
AC8: $((A \cap B) \cap C) = (A \cap (B \cap C))$,
AC9: $(A \cup B) = (\overline{\overline{A} \cap \overline{B}})$,
AC10: $(A \cap B) = (\overline{\overline{A} \cup \overline{B}})$,
AC11: $\overline{\wedge} = V$,
AC12: $\overline{V} = \wedge$,
AC13: $(A \cap V)\ A$,
AC14: $(A \cap \wedge) = \wedge$,
AC15: $(A \cup \wedge) = A$,
AC16: $(A \cup V) = V$.

A leitura dessas leis se mostrará fácil com a ajuda dos sinais apresentados neste verbete, além dos contidos nos verbetes já citados: COMPLEMENTO; INCLUSÃO; IDENTIDADE; SOMA e PRODUTO. Algumas dessas leis recebem nomes. Assim, AC1, AC2 e AC3 chamam-se, respectivamente, *leis de identidade*, *de contradição* e *do terceiro excluído*; AC8 é uma das *leis de associação*; AC9 e AC10 são denominadas *leis de Morgan*.

CLASSE (CONSCIÊNCIA DE). Ver CLASSE SOCIAL.

CLASSE SOCIAL. Distinguimos o conceito lógico e o conceito sociológico de "classe", falando neste último caso de "classe social". Contudo, levando-se em conta apenas o contexto sociológico, pode-se falar simplesmente de "classe".

Entende-se por 'classe', em sentido amplo, um agrupamento de indivíduos que possuem o mesmo grau, ou a mesma qualidade (social), ou que exercem a mesma atividade. Pode-se falar então da classe dos nobres, da dos guerreiros, da dos comerciantes ou da dos artesãos. Assim concebida, a classe é a denominação comum, embora vaga, de toda espécie de agrupamentos: estados, estamentos, ofícios etc. De modo mais estrito, dá-se o nome de "classe" a certos agrupamentos humanos caracterizados por certos "constitutivos" sociais. Estes podem ser os meios de riqueza (especialmente a posse dos meios de produção), os modos de viver, a estima social em que se tenham seus membros etc.

O nome 'classe', no sentido de "classe social", é relativamente moderno; começou a ser usado por volta do final do século XVIII, tendo seu uso se estendido desde o começo do século XIX, especialmente a partir da metade do século. Falava-se antes de estamentos, ordens ou "estados". A divisão da sociedade em grupos correspondentes a algo semelhante ao que depois se entendeu por "classes" parece muito difundida em todas as épocas, chegando-se a duvidar de que o que Marx denominou "comunismo primitivo" tenha sido, efetivamente, comunismo, por mais primitivo que se suponha.

Os filósofos se ocuparam amiúde da organização da sociedade em classes, seja descritiva ou criticamente. Foi muito comum falar de uma estrutura tripartite da sociedade; os exemplos vão de Platão e Aristóteles à concepção medieval, e em boa parte moderna, dos "três estamentos" e dos "três estados", mudando, em cada caso, a natureza desses estamentos ou estados e, com isso, suas relações mútuas. Podem-se comparar as divisões que Platão propõe para sua *República* (artesãos, auxiliares ou "militares" e guardiães ou "chefes", com o rei filósofo eleito entre os guardiães) com as estruturas sociais geralmente aceitas na Idade Média e em grande parte da época moderna (trabalhadores, especialmente lavradores, clero e nobreza; ver TRABALHO). Falou-se às vezes de divisões bipartites ou dicotômicas. Por exemplo, a classe alta e a classe baixa, a classe rica e a pobre, a classe exploradora e a explorada. Certas divisões, aparentemente tripartites — como classe alta, média e baixa —, podem transformar-se em bipartites quando se supõe que a classe média tende a fazer parte da baixa e, especificamente, a "proletarizar-se". É comum que, enquanto as divisões tripartites insistem em alguma harmonia entre as classes, ou a pressupõem, as divisões bipartites ou dicotômicas enfatizem a tensão e a luta entre as classes. Em boa parte das doutrinas sociais reformadoras e revolucionárias do século XIX, de Babeuf e Saint-Simon a Louis Blanqui e Marx, as concepções bipartites e conflituosas predominaram sobre as tripartites e "harmonizadoras".

Sugeriu-se às vezes que, sendo os "constitutivos" que determinam uma classe social distintos em várias épocas, pode haver confusão em empregar indiscriminadamente o nome de "classe". Em todo caso, enquanto parece normal o uso de expressões como 'a classe proletária' ou 'a classe burguesa', podendo-se até admitir 'a classe nobre' ou 'a classe patrícia', parece menos próprio falar da "classe intelectual". Os historiadores tendem a distinguir "classe" e "estado" ou "categoria". Para o último, vale a expressão "ter nascido neste ou naquele estado". Alguns sociólogos distinguem "classe" e "grupo". Em alguns casos, prefere-se eliminar a noção de classe para substituí-la pela de grupo, falando-se, a esse respeito, de "agrupamentos sociais" (G. Gurvitch,

P. Sorokin e outros), que podem ser classificados de formas muito distintas (cf. G. Gurvitch, *La vocation actuelle de la sociologie; vers une sociologie différentielle*, 1950; 2ª ed., 1957).

Vários autores se preocuparam em determinar até que ponto a noção de classe social pode ser usada num modelo sociológico que permita explicar as mudanças sociais. Este é o caso de Ralf Dahrendorf (*Soziale Klassen und Klassenkonflikt in der industriellen Gesellschaft*, 1957). Não se trata aqui de considerar a noção de classe como reflexo de determinada situação social, ou econômico-social, e menos ainda como consciência dessa situação; o conceito de classe funciona antes como uma categoria cuja aceitação depende do poder explicativo que possua, no âmbito do modelo, para dar conta de mudanças na sociedade (ver José María Maravall, "Un intento de reconversión analítica de la categoría de 'clase social'", em *Teoría y sociedad. Homenaje al profesor Aranguren*, 1970, pp. 215-229).

O termo 'classe' tem uma importância fundamental entre autores marxistas. Segundo Lucien Goldmann (*Sciences humaines et philosophie*, 1952, pp. 94 ss.), a noção de classe é primária; só ela tem um caráter dinâmico e histórico, ao contrário da noção de grupo, fundamentalmente estática. Numerosos autores não-marxistas seguem os marxistas no que se refere a isso. Discutiu-se o fundamento da divisão da sociedade em classes é a diversidade de funções sociais ou se é a posse ou não-posse dos meios de produção. Alguns autores afirmam que, embora para várias épocas a diversidade de funções sociais possa ser a base de uma divisão da sociedade em classes, para a época moderna, pelo menos, a própria diversidade de funções sociais depende da posse ou não-posse dos meios de produção. Houve discussões sobre o caráter predominantemente "objetivo" ou "subjetivo" da noção de classe. Entre os que preconizam o caráter "objetivo", alguns não descuidam a importância que pode ter a consciência de classe para a determinação da classe, de modo que essa concepção "objetiva" se acha permeada de "subjetividade". Não obstante, denomina-se "concepção subjetiva" sobretudo aquela que, sem negligenciar por completo as relações econômicas como constitutivas da noção de classe, insiste em fatores como a estima, ou os modos de viver, e, em alguns casos, inclusive o modo de falar ou de exprimir-se.

Especialmente entre autores marxistas, discutiu-se com freqüência o problema da noção de classe como "consciência de classe" e também a questão da natureza da chamada "luta de classes". Jean-Yves Calvez (*La pensée de Karl Marx*, 1956, pp. 197 ss.) acentua que se encontram em Marx vestígios de concepções de "classe" muito diversas, fundadas em considerações psicológicas, culturais, "raciais" (em certas comunidades antigas ou colonizadas) etc., ou em considerações referentes à divisão do trabalho, disparidade de renda etc. Encontram-se também indicações favoráveis a uma teoria baseada em situações objetivas e também a uma teoria que se apóia na reflexão subjetiva sobre uma situação dada. Embora essa diversidade desapareça, ou se atenue, quando se considera a sociedade capitalista burguesa moderna, e embora seja possível, e até razoável, falar de uma correlação constante entre classe, ou situação objetiva, e consciência de classe, ou reflexão subjetiva, é compreensível que tenha havido muitas interpretações do conceito marxista de classe e da noção de consciência de classe. A interpretação adotada dependeu em grande parte da importância que se tenha dado em cada caso ao marxismo como conteúdo mais ou menos fixo ou como método aberto, aos aspectos "científicos" ou aos "filosóficos", à maior ou menor preponderância concedida aos elementos hegelianos etc. Em geral, a ênfase nos aspectos metódicos, filosóficos e "hegelianos" do marxismo conduziu a acentuar a noção de classe como consciência de classe. Por outro lado, os aspectos "subjetivos" da noção de classe em forma de consciência de classe não têm por que ser "pessoais"; eles podem oferecer, como acontece em Lukács, um caráter "impessoal", já que então se trata dos propósitos de determinado processo social. Cabe, além disso, como afirma Lukács (*Geschichte und Klassenbewusstsein*, 1923, ed. em *Werke*, 2, p. 235), uma oposição entre consciência de classe e interesse de classe. Essa oposição, que se dá na burguesia, não é, segundo esse autor, contraditória, mas dialética. Observe-se que uma teoria da consciência de classe não tem por que ser "subjetiva"; pode haver uma teoria objetiva da consciência de classe (*op. cit.*, p. 255). No âmbito dessa teoria objetiva, a consciência de classe de qualquer classe diferente da proletária não é um reflexo da realidade, nem sequer de sua própria realidade, mas uma deformação. Os que se opõem a Lukács com referência a esses aspectos — e o próprio Lukács na medida em que desautorizou suas próprias idéias — costumam enfatizar o aspecto objetivo, ou de situação social, da classe; a consciência de classe não fica eliminada, mas é função desse aspecto objetivo.

A idéia da história — da "história até o presente" — como luta de classes é considerada por Marx uma generalização de sua análise da sociedade burguesa capitalista moderna, mas de um modo ou de outro foi uma idéia que se impôs no âmbito do marxismo. Formulou-se a esse respeito a questão de saber se pode haver um momento em que as classes desapareçam, e isto pode querer dizer ou desaparecer (por "culminação") o próprio processo histórico, ou continuar numa forma completamente distinta da que houve até agora. Visto que o programa político-social do marxismo na maior parte de suas variantes visa instaurar uma sociedade sem classes, parece óbvio que em tal sociedade não pode haver, por definição, lutas de classes. E, com efeito, pode-se equiparar 'sociedade sem classes' com 'sociedade sem lutas de classes'. Muitas das interpretações do marxismo admitem esse tipo de equiparação. Porém, como isso parece pressupor que, uma vez realizada a revolução para a eliminação das classes, se terá atingido um estado no qual o problema terá sido resolvido, outras interpretações afirmam que nunca se suprimirá por inteiro a luta de classes. É o que propõem os maoístas. Eles não afirmam com isso que uma sociedade sem classes seja uma sociedade na qual haja lutas de classes; pressupõem unicamente que mesmo numa sociedade sem classes espreita sempre o perigo de que voltem a surgir divisões de classes. Por essa razão — ou suposição —, esta interpretação insiste no fato de que a revolução é, ou deve ser, permanente. Disso se segue que mesmo uma sociedade sem classes tem de estar em revolução — não para passar a outra sociedade na qual haja classes, mas para continuar mantendo-se como sociedade sem classes.

CLASSES (LUTA DE). Ver CLASSE SOCIAL; MARXISMO; MATERIALISMO HISTÓRICO.

CLAUBERG, JOHANNES (1622-1665). Nascido em Solingen, foi professor em Herborn (1649-1651) e em Duisburg (1651-1665). Clauberg seguiu a tradição aristotélica, muito difundida nas universidades alemãs e holandesas de sua época, mas recebeu também influências cartesianas, transformando-se num dos defensores do ocasionalismo (VER). Segundo Clauberg, é necessária a intervenção constante de Deus para produzir, e para se poder entender, a relação entre processos mentais e processos corporais. O que nestes últimos denominamos "causas" são antes "ocasiões" que permitem à alma possuir as idéias correspondentes. Isso não significa que não haja substâncias, mas que elas não se relacionam como se uma fosse causa própria da outra.

Clauberg foi o primeiro a usar os termos 'ontologia' e 'ontosofia' para designar a *metaphysica de ente*. A ontologia ou ontosofia trata do ser em geral e dos diversos sentidos em que cabe entendê-lo de um ponto de vista formal.

↪ Obras: *Elementa philosophiae sive ontosophia, scientia prima, de iis quae Deo creaturisque seu modo communiter attribuntur*, 1647; 3ª ed., 1664; edição anotada, com o título *Joannis Claubergii ontosophia quae vulgo metaphysica vocatur*, 1694 (com um apêndice que contém o trabalho intitulado *Logica contracta*). — *Differentia inter Cartesianam et in scholis vulgo usitatam philosophiam*, 1651. — *Defensio cartesiana*, 1652. — *Excertitationes centum de cognitione Dei et nostri*, 1656. — *Logica vetus et nova*, 1658. — *Physica contracta*, 1689.

Edição de obras: *Opera omnia philosophica, ante quidem separatim, nunc vero conjunctim edita, multis partibus auctiora et emendatiora; quibus accessere (...). Opuscula quaedam nova, numquam antehac edita (...)*, cura Joh. Theod. Schalbruchii (Amsterdã, 1961; reed., 1968). Contém uma *Series Tractatum*, entre os quais figuram: *Physica Contracta; Disputationes Physicae; Theoria Corporum Viventium; Conjunctio Animae & Corporis; Metaphysica de Ente, cum Notis; Paraphrasis in Meditationes Cartesii; Logica Vetus & Nova; Logica Contracta; Defensio Cartesiana. Dubitatio Cartesiana; Exercitationes & Epistolae* (entre J. C. e Tob. Andrea).

Ver: H. Müller, *J. Clauberg und seine Stellung im Cartesianismus mit besonderer Berücksichtigung seiner Stellung zur occasionalistischen Theorie*, 1891 (tese). — E. Göpfert, *Clauberg-Studien*, I, 1898. — P. Brosch, *Die Ontologie des J. Clauberg*, 1926. — E. Viola, "Scolastica e cartesianesimo nel pensiero di J. Clauberg", *Rivista di Filosofia Neo-Scolastica*, 67 (1975), 247-266. — F. Trevisani, *Descartes in Germania: La ricezione del cartesianesimo nella Facoltà filosofica e medica di Duisburg (1652-1703)*, 1992. ↩

CLÁUDIO PTOLOMEU. Ver PTOLOMEU, CLÁUDIO.

CLEANTO (331/330-233/232 ou 232/231 a.C.). Nascido em Assos, foi para Atenas, onde encontrou Zenão de Cício, com quem estudou e de quem é considerado discípulo. Parece ter seguido com grande fidelidade as doutrinas de Zenão e ter exercido grande influência em sua propagação sobre outros estóicos, em particular Crisipo e Esfero de Bosporo, ambos discípulos de Cleanto. Atribui-se a ele uma classificação da filosofia em seis partes (ao contrário das três partes preconizadas por Zenão de Cício, por muitos estóicos e por outros filósofos de diferentes escolas): a dialética, a retórica, a ética, a política, a física e a teologia. Diógenes Laércio (VII, 174-176) atribui-lhe numerosos escritos sobre todas as partes da filosofia, mas principalmente sobre ética e política. Seu *Hino a Zeus* influenciou consideravelmente, ao que parece, a religiosidade do estoicismo.

↪ Fragmentos: J. von Arnim, *Stoicorum veterum fragmenta*, I (1921), 552-588.

Ver: Artigos sobre Cleanto de Th. Gomperz, *Zeitschrift für das österreichischn Gymnasium* (1878); U. von Wilamowitz-Moellendorf, *Hermes* (1940), e G. Verbeke (Verhand. Kon. VI. Acad. von Wetensch. Lett. en Sch. Kunsten von Belgie, Kl. Leteteren, IX, 9, 1949. — Artigo sobre Cleanto (Kleanthes, 2), de J. von Arnim em Pauly-Wissowa. — Ver também: M. Dragona-Monachou, "Providence and Fate in Stoicism and Prae-Neoplatonism: Calcidius as an Authority on Cleanthes' Theodicy", *Philosophia* (Atenas), 3 (1973), 262-306 [comentário a *Stoicorum Veterum Fragmenta*, 2, 933]. ↩

CLEARCO de Soloi (nasc. *ca.* 340 a.C.). Um dos chamados antigos peripatéticos, dedicou-se à interpretação de obras platônicas (Diógenes Laércio menciona-o [III, 2] como autor de um *Encômio a Platão*, mas deve-se a ele, além disso, uma obra sobre os números e a estrutura numérica da alma do mundo tal como aparece na *República*), assim como à composição de numerosos tratados sobre diversas ciências, no espírito de Teofrasto, indo até mesmo além deste último — segundo afirma Fritz Wehrli —, no que se refere à tendência à investigação monográfica. Clearco escreveu obras sobre vários afetos (amor, pânico etc.), sobre a vida e sobre muitos aspectos da ciência natural (a ótica, a lua, as plantas, os minerais).

⊃ A mais recente edição de textos e comentários é a de Fritz Wehrli no Caderno III de *Die Schule des Aristoteles: Klearchos*, 1948; 2ª ed., 1969.

Ver: J. J. Schweighäuser, *Animadversiones in Athenaei Deipnosophistas post Isaacum Casaubonum conscripsit*, 1905-1906. — J. B. Verraert, *Diatribe acad. inaug. de Clearcho Solensi*, 1828. — M. Weber, *De Clearchi Solensis vita et operibus*, 1880 (tese). — Art. de W. Kroll sobre Clearco (Klearchos, 11) em Pauly-Wissowa. ¢

CLEMENS. Ver NEO-ESCOLÁSTICA.

CLEMENTE de Alexandria (*ca.* 150-*ca.* 215). Mestre da escola para catequistas da mesma cidade, dedicou-se antes de tudo a inserir a tradição filosófica grega no cristianismo, que é considerado por ele uma verdade total diante de uma verdade parcial, um saber completo diante do saber incompleto, fragmentário e freqüentemente falso do helenismo. No helenismo, e especialmente nos pitagóricos, em Platão e em alguns estóicos, encontram-se, segundo Clemente, verdades encobertas pelo grande erro do paganismo, antecipações que fazem da filosofia não algo oposto à fé cristã, mas uma preparação para a fé concedida por Deus àqueles que não constituíam até o Novo Testamento o povo eleito. A revelação do Verbo é o verdadeiro saber, mas um saber que, embora conhecido pela fé, conduz a um assentimento de caráter evidente, à maneira da "fantasia cataléptica" (ver CATALÉPTICO) dos estóicos. Essa revelação foi dada antes parcialmente aos judeus, mas também aos gregos na figura de seus sábios — de todos os sábios, e não apenas dos de determinada escola. Para Clemente, a assimilação da tradição grega é total e constitui em seu conjunto o que ele chama de filosofia, isto é, aquilo que pode preparar para a fé e ao mesmo tempo transformar a fé em conhecimento. Dessa maneira, entre a fé e o saber filosófico não há contradição, pois ambos se complementam e encontram sua verdade na verdade única do revelado. Mas isso não equivale a uma completa racionalização da fé, pois há nesta verdades que ultrapas-sam a compreensão. Por isso a filosofia não pode, por exemplo, chegar a um conhecimento positivo da essência e dos atributos de Deus.

⊃ Obras: Conservaram-se das obras de Clemente o *Protréptico aos gregos*, o *Pedagogo* e os *Stromata* (respectivamente, partes primeira, segunda e terceira de uma grande obra apologética e expositiva), assim como vários escritos menores e fragmentos.

Edição de obras: Florença, 1550; Heidelberg, 1592; Oxford, 1715. Edição na *Patrologia grega* de Migne, t. VIII e IX. Nova ed. crítica por O. Stählin em *Die griechischen christlichen Schrifsteller der drei ersten Jahrhunderte* (vol. I. *Protréptico* e *Pedagogo*, 1905; II. *Stromata I-VI*, 1906; III. *Stromata, VII-VIII*; escritos menores e fragmentos, 1909). Índice da edição de Stählin, publicado em 1934.

Ver: J. Cognat, *Clément d'Alexandrie, sa doctrine et sa polémique*, 1858. — E. Freppel, *Clément d'Alexandrie*, 1865. — E. de Faye, *Clément d'Alexandrie. Étude sur les rapports du christianisme et de la philosophie grecque du IIe siècle*, 1892; 2ª ed., 1906; reimp., 1967. — H. U. Meyboom, *Clemens Alexandrinus*, 1912. — J. Meifort, *Der Platonismus bei C. Alexandrinus*, 1928. — J. Munck, *Untersuchungen über Clemens Alexandrinus*, 1933. — Mondesert, *Clément d'Alexandrie. Introduction à l'étude de sa pensée religieuse à partir de l'Écriture*, 1944. — Th. Camelot, O. P., *Foi et Gnose. Introduction à l'étude de la connaissance mystique chez Clément d'Alexandrie*, 1945. — G. Catalfamo, *S. Clemente Alessandrino*, 1951. — E. F. Osborn, *The Philosophy of C. of A.*, 1957. — Andrés Méhat, *Étude sur les Stromates de Clément d'Alexandrie*, 1966. — Olivier Prunet, *La morale de Clément d'Alexandrie et le Nouveau Testament*, 1966. — Raoul Mortley, *Connaissance religieuse et herméneutique chez Clément d'Alexandrie*, 1973. — Morton Smith, *C. of A. and a Secret Gospel of Mark*, 1973. — H. B. Timothy, *The Early Christian Apologists and Greek Philosophy, Exemplified by Irenaeus, Tertullian and C. of A.*, 1973. — J. Ferguson, *C. of A.*, 1974. — G. Apostolopoulou, *Die Dialektik bei Klemens von Alexandria. Ein Beitrag zur Geschichte der philosophischen Methoden*, 1977. — R. Hoffmann, *Das prinzipielle Denken und seine praktische Anwendung bei C. von A. — Eine Untersuchung zum spätantiken Platonismus*, 1978. ¢

CLIFFORD, WILLIAM KINGDON (1845-1879). Nascido em Exeter, professor (1871-1879) no University College, de Londres, e habitualmente considerado um dos representantes do evolucionismo naturalista inglês das últimas décadas do século passado, ele defendeu em filosofia um sensacionismo para o qual todo objeto é, em última análise, um complexo de sensações. Nesse sentido, sua doutrina pode ser qualificada de empirista-fenomenalista e se encontra na linha que vai de Hume a Mach. A redução do ser a impressões não é, porém, para Clifford, uma mera psicologização do objeto. A rigor, objeto e sujeito pertencem à mesma ordem de realidade, e sua única diferença consiste no fato de que, enquanto o segundo é "sentido", o primeiro é uma *ejection* ou projeção do complexo de impressões do eu. Essa realidade "ejetiva" possui, em todo caso, certa objetividade. Com efeito, as impressões do "eu" nunca permanecem isoladas, mas em indissolúvel conexão com outros complexos de impressões. Em primeiro lugar, e antes de tudo, há os "objetos sociais" dentro de cuja trama é dado todo eu individual; em segundo lugar, há um mundo sem o qual o eu ficaria substancializado e, por conseguinte, eliminado. Os processos "ejetivos" estão submetidos, de resto, a uma evolução que percorre todas as ordens da natureza e permite concluir que o último estágio é um complexo de impressões conscientes. Daí a teoria do "tecido mental" (*mind-stuff*) que constitui a trama última da realidade e está destinado, segundo Clifford, a resolver o dualismo de sujeito e objeto, de espírito e corpo, de consciência e matéria. Assim, o que há, em última análise, é o "sentido", e o "sentido" é o em si, do qual emergem todos os dualismos, concebidos como divisões artificiais praticadas pela inteligência, mas que não correspondem à realidade da coisa. Matéria e psiquismo são, portanto, dois aspectos diferentes do "real". Entretanto, como Clifford se inclina mais a determinar os caracteres do psíquico por meio dos traços pertencentes ao físico do que o inverso, sua metafísica é, em última análise, um pampsiquismo com uma base ontológica materialista e evolucionista estreitamente afim à doutrina de Spencer.

↪ Obras: *Seeing and Thinking*, 1879. — *Lectures and Essays*, 2 vols., 1879, ed. L. Stephen e F. Pollock. — *The Commonsense of the Exact Sciences*, 1885, ed. por K. Pearson; reed. por J. R. Newman, com prefácio de B. Russell, 1955. — *The Ethics of Belief*, 1909. Todas estas obras são coletâneas de artigos e aulas, tendo sido publicadas postumamente.

Durante sua vida, Clifford publicou seus principais estudos matemáticos: *Preliminary Sketch of Bi-Quaternions*, 1873, e *On the Canonical Form and Dissection of a Riemann's Surface*, 1877. ↩

CLINAMEN. Aristóteles objetou a Demócrito (VER) que os átomos que se movem à mesma velocidade em direção vertical nunca podem encontrar-se. Para responder a essa objeção, supõe-se que Epicuro tenha formulado a doutrina depois chamada do *clinamen* ou *inclinação* dos átomos. Ela consiste em supor que os átomos experimentam um pequeno "desvio" que permite que eles se encontrem. O peso — *pondus* — dos átomos empurra-os para baixo; o desvio — o *clinamen* — permite que se movam em outras direções. Assim, o *clinamen* é considerado a inserção da liberdade no âmbito de um mundo dominado pelo mecanicismo. A doutrina em questão acha-se expressa claramente em Lucrécio, *De rerum natura*, II, 289-293:

> sed ne mens ipsa necessum
> intestinum habeat cunctis in rebus agendis
> et devicta quasi cogatur ferre pratique,
> id facit exiguum clinamen principiorum
> nec regione loci certa nec tempore certo

(ed. Bailey, I, 250), isto é: "Mas que o próprio espírito não tenha de estar dominado, tudo fazendo por uma necessidade interna, e que não tenha de estar obrigado, como coisa conquistada, a suportar passivamente os acontecimentos, isso é efeito desse exíguo desvio dos elementos principais, que não têm de ir a um lugar determinado num tempo fixado". O vocábulo *clinamen* foi cunhado pelo próprio Lucrécio, e é em seu texto ἅπαξ λεγόμενα, uma coisa dita uma única vez.

Alguns autores crêem que a doutrina em questão se encontrava já nos textos esotéricos de Aristóteles, como resposta dada pelo Estagirita a suas próprias objeções contra o atomismo de Demócrito. Contudo, a opinião até agora mais difundida é a que faz essa doutrina proceder de Epicuro ou de algum epicurista. É certo que ela não se encontra na *Carta* a Heródoto em que se expõe a doutrina física (cf. H. Usener, *Epicurea*, pp. 1-32), mas C. Bailey observa que pode ter estado no começo do parágrafo 43 — que não se conservou por inteiro — ou em algum outro parágrafo perdido e que, em todo caso, há provas disso em outras passagens (por exemplo, em Diógenes de Oinoanda, fragmento XXXII, ed. Williams, col. II, fin. O termo grego é ἔγκλισις, e às vezes παρέγκλισις). Em época recente, Ettore Bignone, pesquisador do "Aristóteles perdido", afirmou que a formação dessa doutrina exigiu um certo tempo, tendo ela se formado com base na conjunção de duas teses afins: a doutrina aristotélica, segundo a qual o movimento dos corpos é da mesma espécie do movimento da alma; e a doutrina de Heráclides Pôntico, segundo a qual os átomos são de natureza psíquica e possuem movimento por si mesmos. Entre a atribuição de espontaneidade completa aos átomos e a total negação dela, os epicuristas consideraram a doutrina do *clinamen* uma tese intermediária razoável, que permitia conservar o materialismo — ou, melhor dizendo, corporalismo — do atomismo de Demócrito, sem cair nas dificuldades de um determinismo completo.

A teoria do *clinamen* foi julgada de maneiras muito diversas. Cícero, em *De fato*, 45, *De fin.*, I 19, e *De nat. deor.*, I 69, considerou-a um expediente arbitrário, uma "ficção pueril" — *res ficta pueriliter* —, como ele diz nesta última obra (embora em *De fato*, I 23, reconheça que ela possui algum valor). Entre os historiadores modernos, Zeller (*Geschichte*, III. 3) contribuiu para difundir a opinião — que se encontra na maioria dos tratadistas — de que a doutrina do *clinamen* tem pouca consistência intelectual ou se desvia da concepção geral de Demócrito (cf., por exemplo, Windelband, *Geschichte der Philosophie*, § XV, 4). Contra tais opiniões, Guyau declarou que com a doutrina do *clinamen* os epicuristas mostraram uma profunda compreensão do contingentismo que, de acordo com o filósofo francês (que seguia, neste ponto, Boutroux), se acha no fundo de todas as realidades. Outra defesa da "consistência intelectual" da doutrina do *clinamen* é encontrada na obra de Cyril Bailey sobre Epicuro e os atomistas, quando ele diz que os epicuristas lutaram consistentemente contra a concepção de um "destino opressor", e não apenas do "destino religioso", mas do "destino determinista" preconizado por muitos físicos naturais. Por esse motivo, eles procuraram buscar uma brecha que permitisse salvaguardar a liberdade do homem sem com isso negar a validade das leis da Natureza.

⊃ Ver: A opinião de Guyau encontra-se em *La morale d'Epicure*, 1878, cap. II (pp. 85-91). — As explicações de Bailey, em *The Greek Atomists and Epicurus*, 1928, pp. 316 ss. — O folheto de E. Bignone mencionado no texto é: *La dottrina epicurea del "clinamen", sua formazione e sua cronologia, in rapporto con la polemica con le scuole avversarie. Nuove luci sulla storia dell'atomismo greco*, 1940. As obras do mesmo autor sobre a formação filosófica de Epicuro e o chamado "Aristóteles perdido" são mencionadas na bibliografia de Epicuro (VER). — Ver também José Barrio, "El 'clinamen' epicúreo", *Revista de Filosofia* (Madri), 20 (1961), 319-336. — F. Wolff, *Logique de l'élément. Clinamen*, 1981. ⊃

CLITÔMACO de Cartago (187/186-110/109 a.C.) (escolarca da Academia nova de 129 ou 126 a 110 ou 109). Tinha como verdadeiro nome, segundo Diógenes Laércio (IV, 67), o de Asdrúbal. Por volta dos 40 anos, e depois de ter lecionado em sua cidade natal, mudou-se para Atenas, onde foi discípulo de Carnéades, cujas opiniões parece ter comentado extensamente. Aparentemente, seus escritos proporcionaram muito material a Cícero e a Sexto Empírico, e até os influenciaram.

COATES, JOHN BOURNE. Ver PERSONALISMO.

COBBE, FRANCES POWER. Ver MARTINEAU, JAMES.

CODIGNOLA, ERNESTO. Ver GENTILE, GIOVANNI.

COERÊNCIA. Diz-se de duas ou mais coisas que são coerentes quando relacionadas entre si, e especialmente quando relacionadas entre si de acordo com algum padrão ou modelo. É freqüente considerar que as coisas coerentes são compatíveis. Fala-se mais particularmente de coerência de proposições. Duas ou mais proposições são coerentes quando são compatíveis. A compatibilidade pode ter diversos fundamentos; fala-se, por exemplo, de coerência lógica, que equivale à consistência (ver CONSISTÊNCIA [1]), de coerência sistemática, de coerência ordenada etc. Em geral, a coerência expressa conformidade de proposições ou enunciados a uma regra ou a um critério.

Usa-se especificamente o termo 'coerência' para falar da "teoria da verdade (VER) como coerência", que se distingue da teoria da verdade como correspondência. Na teoria da verdade como coerência — que poderia igualmente denominar-se "teoria coerencial da verdade" — uma proposição é verdadeira ou falsa conforme seja ou não compatível com um sistema dado de proposições. A teoria coerencial da verdade foi desenvolvida por duas diretrizes filosóficas muito distintas: por um lado, por várias tendências idealistas (entre as quais se destaca a de Bradley) e por vários positivistas lógicos. Classicamente, os autores racionalistas modernos tenderam à teoria da verdade como coerência, ao contrário dos empiristas, que tenderam à teoria da verdade como correspondência (do enunciado com a coisa). Os idealistas defensores da teoria da verdade como coerência inclinaram-se a favor de uma doutrina das relações (ver RELAÇÃO) como relações internas. Esta era uma doutrina principalmente — se não exclusivamente — metafísica. Não ocorre necessariamente o mesmo com relação aos positivistas lógicos mencionados; no caso destes, a teoria coerencial da verdade é conseqüência de pressupostos metodológicos referentes aos modos por meio dos quais, no âmbito de um sistema de proposições, se procede à verificação. Nas diretrizes da filosofia da ciência em que se acentua ao máximo o caráter "carregado de teoria" dos termos observacionais, é compreensível que se tenda a uma teoria da verdade como coerência. Isso parece aproximar essas diretrizes do positivismo lógico, mas os resultados obtidos em cada caso têm fontes distintas, e até opostas. O contraste de teorias com outras teorias dentro de um complexo de teorias alternativas, típico dessas diretrizes na filosofia da ciência, é muito diferente dos procedimentos de verificação e contraste característicos dos positivistas lógicos.

Embora haja elementos comuns na noção de coerência dentro de todas as teorias da verdade como coerência, e embora todas elas sejam passíveis do mesmo tipo de objeções — tais como, por exemplo, a impossibilidade de demonstrar a teoria da verdade como coerência com base na coerência das proposições no âmbito de um sistema —, é preciso distinguir cada uma dessas teorias das outras em vários aspectos importantes; assim, a teoria da verdade como coerência no racionalismo clássico (Leibniz) é distinta em pontos importantes da mesma teoria entre os idealistas (e, entre estes, entre Hegel e Bradley), bem como da mesma teoria entre os positivistas lógicos e alguns dos recentes filósofos da ciência.

Nicholas Rescher indica que há duas alternativas para explicar a verdade proposicional: a via "definicional" (definição da verdade ou do predicado 'é verdadeiro') e a via "criterial", ou "criteriológica", especificação de condições para determinar se se pode aplicar 'é verdadeiro' a uma proposição qualquer, *p* [*The Coherence Theory of Truth*, 1973, p. 1]. Freqüentemente se confundem estas duas vias, o que é causa de confusões ou de conclusões precipitadas. Por exemplo, mantendo a teoria coerencial da verdade como definição e ao mesmo tempo como critério, é-se levado a supor que a teoria da coerência é incompatível com, ou exclui, a teoria da correspondência. Não há, porém, esse tipo de incompatibilidade ou necessidade de exclusão (*op. cit.*, pp. 27 ss.). Em geral, e sempre de acordo com esse autor, é conveniente ater-se ao critério de verdade para determinar qual teoria de verdade se mantém, ou, em todo caso, é preciso distinguir o problema do critério e o da definição. A chamada "teoria da verdade como coerência" foi, a rigor, entendida de três modos: como doutrina metafísica concernente à natureza da realidade, como definição da verdade e como critério de verdade (*op. cit.*, p. 23). Convém distinguir esses três modos e, evidentemente, não confundir nenhum dos dois últimos com o primeiro, mesmo levando em conta que a base da teoria da coerência é a idéia de sistema (*op. cit.*, p. 31) e que, em última análise, pode-se pressupor o caráter "sistemático" da realidade e sua expressão numa teoria coerencial.

COFFEY, PETER. Ver Neotomismo.

COGITO, ERGO SUM. Indicou-se no verbete sobre Descartes que a proposição usualmente conhecida pela expressão *Cogito, ergo sum*, e amiúde pelo simples termo *Cogito*, é uma das teses centrais desse filósofo. No *Discurso do Método* (IV; A. T., VI 32), Descartes escreve: "E observando que esta verdade 'Penso, logo existo' [*Je pense, donc je suis*; no texto latino: *Ego cogito, ergo sum sive existo*] era tão firme e estava tão bem assegurada que não podiam enfraquecê-la as mais extravagantes suposições dos céticos, julguei que podia admiti-la sem escrúpulo como o primeiro princípio da filosofia que eu buscava". Nas *Meditações metafísicas* (II, A. T., VII 25), ele escreve: "De modo que depois de ter pensado bem nisso, e de ter examinado cuidadosamente todas as coisas, deve-se concluir e ter por constante que esta proposição *Eu sou, eu existo* é necessariamente verdadeira sempre que a pronuncio ou a concebo em meu espírito". E nos *Princípios da filosofia* (I 7; A. T., VIII 7) observa que,

"apesar de todas as suposições mais extravagantes, não poderíamos ser levados a crer que esta conclusão *Penso, logo existo* não seja verdadeira, e, por conseguinte, a primeira e mais certa que se apresenta a quem conduz ordenadamente seus pensamentos". Ora, pela importância dessa tese e pelas muitas discussões suscitadas em torno dela, daremos alguns esclarecimentos complementares. Algumas (I) se referem a seus antecedentes históricos, outras (II), à sua significação e às dificuldades que sua aceitação apresenta.

(I) Na época de Descartes — como investigaram É. Gilson e L. Blanchet, que sigo em grande parte no que se refere a isto —, observou-se ao filósofo que a proposição em questão tinha numerosos antecedentes. Na época atual, chegou-se a falar de uma possível fonte aristotélica do *Cogito*; Émile Bréhier, Egon Braun, Rodolfo Mondolfo e Pierre-Maxime Schuhl referiram-se a vários textos de Aristóteles (por exemplo: *De sensu*, VII 488 a 25, e *Phys.*, VIII 3, 254 a 22) em que o Estagirita afirma que a autopercepção é acompanhada do conhecimento da própria existência, e que a opinião (eleática) de que o movimento não existe implica uma opinião — e, por conseguinte, um movimento — que existe. No entanto, os próprios historiadores citados (talvez com a exceção de Mondolfo) não insistiram demasiadamente na importância para Descartes desses antecedentes. Em contrapartida, os antecedentes mencionados já na época de Descartes são importantes. O mais importante deles é o de Santo Agostinho. Pe. Mersenne observou a Descartes como seu argumento era semelhante ao que consta (como o próprio Descartes aceitou depois; cf. A. T., III 261) em *De civitate Dei*, de Santo Agostinho, Livro XI, cap. 26. Santo Agostinho escreveu ali o seguinte: "*Quid si falleris? Si enim fallor, sum*" — "Ora, e se você se engana? Se me engano, sou" —, uma proposição conhecida usualmente pela expressão *"Si fallor sum"* — "Se erro, existo". Uma observação análoga foi feita ao filósofo por um autor hoje desconhecido (A. T., III, 247-248). Nas *Quartas objeções* às *Meditações metafísicas* (A. T., VII, 197), Arnauld referiu-se a outros textos de Santo Agostinho (por ex.: *De libero arbitrio*, livro II, cap. 3, n. 7), em que, com base no fato de o Santo perguntar-se, como exórdio para a prova da existência de Deus, se o próprio indivíduo existe, responde: *"An tu fortasse metuis, ne in hac interrogatione fallaris, cum utique si non esses, falli omnino non posses"*, isto é: "E se acaso você teme enganar-se nessa pergunta? Mas, se não existisse, você não poderia de modo algum enganar-se". Como indica Gilson, Arnauld comparou esse texto com um que se encontra nas *Meditações metafísicas* (II, A. T., VII 25) sobre o problema da distinção entre a alma e o corpo. O próprio Arnauld, em carta a Descartes do dia 3 de junho de 1648 (A. T., V 186), indicou outro texto do agostiniano *De trinitate*, livro X, cap. 10, n. 12, em que, entre outros argumentos, consta o seguinte: *"Vivere se tamen et meminisse, et intelligere, et velle, et cogitare, et scire, et judicare, quis dubitet? Quandoquidem etiam si dubitat, vivit; se dubitat unde dubitet meminit; si dubitat, dubitare se intelligit, si dubitat certus esse vult; si dubitat cogitat; si dubitat, scit se nescire; si dubitat, judicat non se temere consentire oportere. Quisquis igitur aliunde dubitat, de his omnibus dubitare non debet: qua si non essent, de nulla re dubitare non posset"*; ou seja, "Quem pode duvidar de que vive, recorda, compreende, deseja, pensa, sabe e julga? Ainda mais que se duvida, vive; se duvida porque duvida, recorda; se duvida, compreende que duvida; se duvida, deseja estar certo; se duvida, pensa; se duvida, sabe que não sabe; se duvida, julga que não convém dar temerariamente seu consentimento. Portanto, aquele que duvida de todo o resto não pode duvidar do antes dito, pois, se isto não fosse assim, não poderia duvidar de nada".

Em diferentes respostas a essas observações, Descartes não indicou se já encontrara tais passagens *anteriormente* a suas próprias fórmulas, mas limitou-se a enfatizar: *a)* Que enquanto Santo Agostinho se serve de seus argumentos para provar a certeza de nosso ser — e, na passagem citada de *De civitate Dei*, para mostrar que há em nós uma imagem da Trindade —, ele, Descartes, se serve dos seus para dar a entender que o eu que pensa "é uma *substância* imaterial", "o que" — acrescenta — "são duas coisas muito diferentes" (carta datada do dia 2 de novembro de 1640. A. T., III, 247-248). Portanto, Santo Agostinho não faz do princípio "o mesmo uso" que ele, Descartes, faz (carta a Mersenne de 25 de maio de 1637; A. T., I, 376). *b)* Que não deixa de ser para ele motivo de alegria coincidir com Santo Agostinho, ainda que não seja senão para fechar a boca aos *petits esprits* que procuraram "pôr reparos a este princípio" (cf. A. T., III, 248, e *Respostas às Quartas objeções*, A. T., VII, 219). Tudo isso fez com que se levantassem vários problemas. Alguns são claramente históricos e dispõem-se em torno da pergunta: Descartes já conhecia (ou tinha presentes) as passagens de Santo Agostinho em questão e não fez em sua resposta senão continuar sendo, como disse Ortega y Gasset, "grande apagador de suas próprias marcas" (*O. C.*, VI [1953], 169 nota)? Os outros problemas são sistemáticos e se dispõem em torno da questão: Qual é o verdadeiro significado da proposição cartesiana?

Debateremos brevemente o último ponto na seção (II) deste verbete. Quanto ao primeiro, as opiniões se dividem entre aqueles que fazem francamente de Descartes um agostiniano, pelo menos nesse ponto capital, e os que afirmam que não há vínculo de nenhum tipo entre as duas doutrinas. Os primeiros se apóiam em várias razões. Mencionaremos cinco. 1) A citada tendência de Descartes, considerada suspeita, a não indicar suas "fontes". 2) O fato de que o *Cogito* agostiniano não é algo acidental em sua obra, mas que, como assinala Gilson, se repetiu nada menos que cinco vezes em seus livros (além das passagens citadas, outras duas que Gilson analisa em sua *Introduction à l'étude de Saint Augustin*, 3ª ed., 1949, pp. 53 ss., *De vita beata*, II, 2, 7, e *De vera religione*, 39, 73). 3) O fato de que a doutrina agostiniana não se tenha interrompido durante a Idade Média (João Escoto Erígena, Henrique de Auxerre, Hugo de São Vítor, Guilherme de Ockham, Guilherme de Auvérnia, Juan de Mirecourt, Pedro de Ailly) e durante o Renascimento e o início da Idade Moderna (Pico della Mirandola, Gómez Pereira, os apologistas cristãos anticéticos e, sobretudo, como indica L. Blanchet, Campanella, em seu *De sensu rerum* e na *Universalis Philosophia*), para não falar de alguns árabes como Avicena, bem conhecidos dos filósofos cristãos. Sem dúvida, pode-se afirmar quase com inteira segurança que alguns desses precedentes não eram conhecidos por Descartes. Um exemplo é a frase *"Nosco me aliquid noscere, et quidquid noscit est; ergo ego sum"* — "Conheço que conheço algo, e tudo o que conhece é; portanto, sou" — que se encontra na *Antoniana Margarita*, de Gómez Pereira, e foi citada a esse mesmo respeito por Blanco Soto (*Festgabe Cl. Baeumker*, 1913, p. 371) e por L. Blanchet (obra citada na bibliografia do final deste verbete). Pois, embora Menéndez y Pelayo tenha observado (*Heterodoxos*, Epílogo) que Gómez Pereira "adiantou-se ao entimema famoso", isso não implica que tenha havido influência direta, nem sequer que o "entimema" tivesse o mesmo sentido em ambos os autores. (Para uma questão paralela, ver ALMA DOS BRUTOS.) De outros precedentes, em contrapartida, não se pode afirmar com o mesmo grau de certeza a ignorância de Descartes. 4) O fato de Descartes achar-se em estreita relação e até sob a influência do Pe. Mersenne e do cardeal De Bérulle, e, portanto, ligado às tendências claramente agostinianas do Oratório. 5) O fato de que argumentos semelhantes foram empregados com freqüência para rebater opiniões dos céticos (o próprio Santo Agostinho usou também o *Cogito* com esse propósito). Os segundos, pelo contrário — isto é, os que negam a existência de vínculos entre Santo Agostinho ou outros precedentes e Descartes —, assinalam (como já fez Pascal) que o uso feito do *Cogito* pelos dois pensadores é tão diferente que não se pode falar de coincidência nem de influência. Esta é, por exemplo, a opinião de Ortega y Gasset, que observa (*op. cit.*, 168-169, nota) que as coincidências entre Descartes e o Padre da Igreja permitem ver "com maior evidência que se trata de duas teses filosóficas completamente distintas" — "Para rejeitar essa filiação, bastaria dar-se conta de que as frases de Santo Agostinho se encontravam aí, havia treze séculos, patentes a todos, sem que dessa fonte emergisse o *Cogito* — que casualidade! — até o decênio de 1620". Como se percebe, os primeiros apresentam sobretudo testemunhos históricos; os segundos (seguindo o próprio Descartes) apóiam-se em razões de conteúdo da doutrina. Diante de uns e de outros, há autores que buscam uma tese intermediária, afirmando (como Gilson) que, embora não se possa negar a importância dos argumentos agostinianos e daqueles que os adotaram ou transformaram, há em todo caso diferenças entre os dois grandes filósofos. De imediato, há diferenças na própria fórmula empregada. Depois, no fato de que os pressupostos teológicos que orientaram Santo Agostinho parecem quase completamente ausentes em Descartes. Por fim, no fato de que a metafísica de Descartes é uma metafísica do inteligível, que desemboca no mecanicismo, enquanto a de Santo Agostinho é uma metafísica do concreto, que desemboca no "animismo", isto é, no "intimismo".

(II) Isto nos leva a elucidar o significado do *Cogito* antes de indicar algumas das objeções suscitadas. Já vimos qual é a opinião do próprio Descartes a esse respeito: não se trata apenas, com efeito, de encontrar uma proposição apodítica que sirva de rocha firme ao edifício da filosofia, mas também de provar "a distinção real entre a alma e o corpo", como ele diz no título à *Sexta meditação*. Contudo, no âmbito dessa concepção fundamental, podem-se acentuar aspectos diferentes. Merleau-Ponty, por exemplo (cf. *Bulletin de la Société Française de Philosophie*, 1947, 129-130), indicou que oferece os três seguintes: 1) O *Cogito* equivale a dizer que, quando me apreendo a mim mesmo, limito-me a observar um fato psíquico. Esta significação predominantemente psicológica é a que aparece no próprio Descartes quando diz que está certo de existir todo o tempo que pensa nisso. 2) O *Cogito* pode referir-se tanto à apreensão do fato de que penso como aos objetos abarcados por esse pensamento. Neste caso, o *Cogito* não é mais certo que o *cogitum*. Esta significação aparece em Descartes quando ele considera nas *Regulae* o *se esse* como uma das verdades evidentes simples. 3) O *Cogito* pode ser entendido como o ato de duvidar pelo qual se põem em dúvida todos os conteúdos, atuais e possíveis, de minha experiência, excluindo-se da dúvida o próprio *Cogito*. É a significação que tem o *Cogito* como princípio da "reconstrução" do mundo. Embora todos esses sentidos apareçam em Descartes, 3) é o principal e o que a tradição acentuou com mais ênfase. Além da distinção entre esses sentidos do *Cogito ergo sum*, deve-se mencionar a distinção entre os diversos sentidos do *cogitare*, usualmente interpretado num sentido intelectual. No entanto, em *Princ. phil.*, I, 9 — e na raiz etimológica do vocábulo —, *cogitare* significa qualquer ato psicológico, contanto que pertença de modo direto à realidade do íntimo, enquanto distinta da realidade das substâncias externas. Nesse sentido, pode-se admitir a tese de J. de Finance, em que este compara o *Cogito* de Descartes à *reflexio* de Santo Tomás. Ambos são atos mediante os quais se afirma e reconhece o pensamento, em sua natureza própria, como algo distinto dos outros entes. Mas, enquanto em Descartes — escreve De Finance — a distinção é ontológica e se faz do eu uma substância separada, em Santo Tomás o eu continua vinculado ontologicamente ao restante dos entes. O ponto comum que há entre eles é, pois, que tanto Santo Tomás como Descartes passam do conceito de eu ou *reflexio* ou *cogito* ao da existência: Santo Tomás, de um modo claro e direto; Descartes, de um modo mediato.

São múltiplas as objeções suscitadas pelo princípio cartesiano. Muitos escolásticos argumentavam que o *Cogito* não pode ser um primeiro princípio no sentido em que pode sê-lo o princípio de contradição, sobretudo à luz de uma das pretensões do princípio cartesiano: o ser apodítico. Outros afirmavam que no raciocínio de Descartes há uma falha, a supressão da premissa maior: 'Tudo o que pensa existe', à qual deveriam suceder a premissa menor, 'Eu penso', e a conclusão, 'Portanto, eu existo'. O próprio Descartes já respondeu às duas objeções, que são de natureza formal e continuam sendo empregadas pelos escolásticos. Também respondeu a objeções de tipo diferente, das quais nos limitaremos a mencionar três. A primeira é a de que se poderia dizer com a mesma justificação "Respiro, logo existo" e "Penso, logo existo". A resposta dada a ela consiste em mostrar a ilegitimidade de considerar o respirar uma operação tão irredutível quanto o pensar. A segunda é a de que não é legítimo passar da afirmação "Eu penso" à afirmação "portanto, sou uma *coisa* pensante", isto é, de um ato a uma substância. O motivo dessa passagem foi atribuído ao pressuposto substancialista da filosofia de Descartes. A terceira refere-se principalmente ao alcance do *Cogito*. Com efeito, observou-se que a segurança de minha existência dada pelo *Cogito* é válida unicamente *à medida que* e *enquanto* penso. Esta condição já foi indicada por Descartes na *Segunda meditação*: "Outro [atributo da alma] é o de pensar; e aqui vejo que o pensamento é um atributo que me pertence; só ele não pode ser desligado de mim. *Eu sou, eu existo*: isto é certo, mas para quanto tempo? A saber, para tanto tempo quanto penso, pois poderia talvez ocorrer que, se deixasse de pensar, eu deixasse ao mesmo tempo de ser ou de existir". Mas Descartes não considerava que isso destruía sua conclusão principal: a afirmação de que sou uma coisa pensante.

Nietzsche dizia (*Jenseits*, § 16) que somente na afirmação 'Eu penso' já há um mundo de problemas que o metafísico não pode resolver; supõe-se que sou eu quem pensa, que deve haver forçosamente alguém que pensa, que o pensar é uma atividade realizada por um ser que supomos ser a causa do pensamento, que há um *'ego'* e que sei o que é. Portanto, a afirmação 'Eu penso" supõe tantas coisas que não pode ser considerada uma certeza imediata, de tal modo que o filósofo a quem se afirme tal coisa não terá outra solução senão admitir que, quando outro diz 'Eu penso', está provavelmente certo, mas que não se pode supor que isso seja forçosamente algo certo.

Entre as objeções que se formularam ao *Cogito* cartesiano em épocas mais recentes, figura a que Bertrand Russell reiterou ao afirmar que "Penso" não pode significar que eu sou aquele que pensa, mas, no máximo, que há um pensar que está ocorrendo. Respostas a essa objeção, presumivelmente fiéis às intenções de Descartes, são as de que a referência ao "eu" em "Penso" não é acidental, mas essencial. Caso contrário, não haveria a certeza imediata que Descartes destaca no *Cogito*; este seria — o que o próprio Descartes negou — ou a conclusão de uma proposição mais geral ou apenas uma proposição. Evidentemente, é uma proposição, porém não uma que *se* formula, mas uma que formula cada um que pensa ao dizer "Penso". Em vista da dificuldade de interpretar o *Cogito* como uma proposição e ao mesmo tempo como algo que não se esgota em sua dimensão proposicional ou enunciativa, Jaakko Hintikka fez uso da noção austiniana de "execução" (VER) ou enunciado "performativo" e sugeriu que o *Cogito* não enuncia propriamente algo, isto é, não é um enunciado indicativo ou "constativo"; não descreve algo ou informa sobre algo, incluindo o estado mental daquele que o formula, mas realiza algo. Desse modo, pode-se sustentar que não é possível negar que penso, já que negá-lo equivaleria a executar uma ação (lingüística) e ao mesmo tempo a não executá-la. Isso permite "salvar" o *Cogito* cartesiano, mas ao mesmo tempo elimina dele o que Descartes possivelmente julgava como o mais fundamental: o ser inegavelmente verdadeiro. Um ato executivo lingüístico, em contrapartida, ao contrário de um indicativo, não é um ato do qual se possa dizer que é verdadeiro ou falso.

⊃ Os comentários a que nos referimos no texto, além dos explicitamente citados, são: Étienne Gilson, *Études sur le rôle de la pensée médiévale dans la formation du systeme cartésien*, 2ª ed., rev. e ampl., de seus *Études de philosophie médiévale*, 1930, parte I, cap. 2, e Apêndices. — *Id.*, edição anotada do *Discours de la méthode*, 1947, pp. 295-301. — Léon Blanchet, *Les antécédents historiques du "Je pense, donc je suis"*,

1920. — Émile Bréhier, "Une forme archaïque du 'Cogito ergo sum'", *Revue philosophique de la France et de l'Étranger*, 132 (1942-1943), 142-143. — Egon Braun, "Vorläufer des 'Cogito ergo sum' bei Aristoteles", *Annales Universitatis Saraviensis* (Lettres), V (1956), 193-195. — Rodolfo Mondolfo, *La comprensión del sujeto humano en la cultura antigua*, 1955, pp. 287 ss. — Pierre-Maxime Schuhl, "Y a-t-il une source aristotélicienne du 'Cogito'?", *Revue Philosophique de la France et de l'Étranger*, 138 (1948), 191-194; reimp. em *Études platoniciennes*, 1960, pp. 146-151. — J. de Finance, S. J., *Cogito cartésien et réflexion thomiste*, 1946 (uma tese similar à de Finance pode ser encontrada em P. Hoenen, *Reality and Judgement According to St. Thomas*, 1952).

Vert também: P. Lachièze-Rey, *L'idéalisme kantien*, 1930; 2ª ed., 1950 ("Cogito kantien et Cogito cartésien"). — Heinrich Scholz, "Ueber das Cogito, ergo sum", *Kantstudien*, 36 (1931), 127-147; reimp. em *Mathesis universalis. Abhandlungen zur Philosophie als strenger Wissenschaft*, 1961, ed. H. Hermes, F. Kambartel, J. Ritter, pp. 75-94. — *Id.*, "Augustinus und Descartes", *Blätter für deutsche Philosophie*, 5 (1931-1932), 405-423; reimp. em *op. cit.*, pp. 45-61. — Ángel Custodio Vega, "Introducción a la filosofía de San Agustín", cap. VIII, em t. II de *Obras* de Santo Agostinho, da "Biblioteca de Autores Cristianos", 1946, pp. 193-226. — E. W. Beth, "Cogito ergo sum: raisonnement ou intuition?", *Logica. Studia Paul Bernays dedicata*, 1959, pp. 19-31, 223-245. — R. Lefèbvre, *La bataille du "Cogito"*, 1960. — José María Arias Azpiazu, *La certeza del yo dubitante en la filosofía prekantiana*, 1976. — H. Brands, *"Cogito ergo sum". Interpretation von Kant bis Nietzsche*, 1982. — J. J. Katz, *Cogitations: A Study of the* Cogito *in Relation to the Philosophy of Logic and Language, and a Study of Them in Relation to the* Cogito, 1986. — D. Jervolino, *The* Cogito *and Hermeneutics: The Question of the Subject in Ricoeur*, 1990.

O artigo de Jaako Hintikka mencionado no texto é: "Cogito Ergo Sum: Inference or Performance", *Philosophical Review*, 71 (1962), 3-32. ⊂

COHEN, HERMANN (1842-1918). Nascido em Coswig, lecionou na Universidade de Marburgo, onde, em 1876, sucedeu F. A. Lange. Tendo-se mudado para Berlim em 1912, residiu na capital até sua morte. Fundador da chamada Escola de Marburgo (VER) e figura máxima do neokantismo, seus primeiros trabalhos consistiram em exposições e elucidações da doutrina kantiana. O aparecimento, em 1902, da primeira parte de seu *Sistema de Filosofia*, parcialmente antecipado em suas obras anteriores, constituiu a consagração do neokantismo em seu aspecto idealista objetivo ou idealista crítico. Cohen propõe-se desenvolver até as últimas conseqüências o método transcendental kantiano e, portanto, ater-se antes ao espírito que à letra do kantismo. Sua orientação fundamental está determinada pelo propósito de considerar filosoficamente o conjunto da cultura, que para Cohen se resume à ciência — pela qual entende principalmente o saber natural, físico e matemático —, à ética e à estética, religadas pela unidade da consciência. O idealismo de Cohen não equivale a um mero idealismo subjetivo; de acordo com sua interpretação de Kant, Cohen faz do idealismo uma diretriz inteiramente objetiva, uma filosofia na qual o problema da dualidade do pensamento e do objeto é resolvido por sua identificação. Enquanto Kant distinguira o dado e o posto, Cohen admite apenas o posto; este equivale, porém, mais do que ao ato subjetivo do pensar, ao conteúdo objetivo do pensamento, que dessa maneira se transforma em fundamento do objeto. O pensamento não é para Cohen o produto de uma atividade subjetiva: é a estrutura interna do objeto da ciência, o conteúdo da consciência e ao mesmo tempo o do ser. Por conseguinte, se o ser é o pensamento, também o pensamento é aquilo que se acha posto no ser por constituir seu conteúdo essencial. Não se trata, portanto, como Cohen observa com freqüência, de uma negação do mundo externo. Tal negação, que é uma posição metafísica, não entra no quadro da teoria idealista do conhecimento senão quando, partindo de um inexistente dualismo entre a consciência e o ser, passa-se ao idealismo subjetivista. A filosofia de Cohen é formalmente inimiga da metafísica; o fato de que muitas proposições metafísicas se tenham inserido em seu âmbito não é reconhecido por seu autor, que julga seu objetivismo como o maior ataque dirigido contra toda pretensão transcendente. Baseado nessa posição, Cohen faz girar todo o seu sistema ao redor da noção da consciência pura e divide o conjunto numa lógica do conhecimento puro, que é primordialmente uma elaboração das categorias do conhecimento físico-matemático e uma reafirmação do ideal da ciência como conhecimento infinito; numa ética da vontade pura, apoiada na idéia kantiana do dever; e numa estética do sentimento puro, isto é, numa elucidação das categorias correspondentes às formas emotivas da consciência. A lógica é ao mesmo tempo a teoria do conhecimento; é uma lógica gnosiológica e em parte metafísica que supõe, de acordo com seu pensamento fundamental, a absoluta e perfeita racionalidade do real; a ética é uma ciência formal das categorias morais; a estética, uma ciência formal das categorias do sentimento puro. A unificação desses três domínios pela psicologia não deve ser entendida como uma tentativa de englobar as três partes numa ciência superior, pois a psicologia é concebida simplesmente como a ciência do homem "na unidade de sua consciência cultural". Dessa maneira, o sistema de Cohen se acha inteiramente penetrado por um racionalismo que não apenas rejeita a sensibilidade e a intuição como órgãos do conhecimento, como efetua amiúde uma passagem da pura afirmação da necessária racionalidade do conhecimento científico à necessária racionalidade do real. Por uma de suas partes essenciais, a filosofia de Cohen se vincula, pois, com o velho racionalismo; por outra, conecta-se com o naturalismo e, por meio dele, com o positivismo (ver NEOKANTISMO). As orientações de Cohen, a que deram continuidade — sem dúvida com muita liberdade — seus discípulos da Escola de Marburgo, representam o ponto culminante do intelectualismo naturalista. De acordo com isso, os trabalhos realizados pelo próprio Cohen e seus continuadores na esfera da história da filosofia e da crítica das ciências tendem a mostrar certa continuidade do idealismo objetivo ao longo da história do pensamento ocidental, e particularmente desde Platão, voltada para a formação da "verdadeira ciência", ou seja, da ciência natural matemática.

➲ Obras: *Kants Theorie der Erfahrung*, 1871 (3ª ed. modificada, 1918) (*A teoria da experiência* de Kant). — *Kants Begründung der Ethik*, 1877; 2ª ed., 1910 (*A fundamentação da ética por Kant*). — *Das Prinzip der Infinitesimal-Methode und seine Geschichte. Ein Kapitel zur Grundlegung der Erkenntniskritik*, 1883 (*O princípio do método infinitesimal e sua história. Um capítulo para a fundamentação da crítica do conhecimento*). — *Kants Begründung der Aesthetik*, 1889 (*A fundamentação da estética por Kant*). — *System der Philosophie. I. Logik der reinen Erkenntnis*, 1902; 2ª ed., 1914; 3ª ed., 1922 (*Lógica do conhecimento puro*). *II. Ethik des reinen Willens*, 1904; 2ª ed., 1907; 3ª ed., 1921 (*Ética da vontade pura*). *III. Aesthetik des reinen Gefühls*, 2 vols., 1912 (*Estética do sentimento puro*). — *Der Begriff der Religion im System der Philosophie*, 1915 (*O conceito da religião no sistema da filosofia*). — *Die Religion der Vernunft aus den Quellen des Judentums*, 1919; 2ª ed., 1929 (*A religião da razão segundo as fontes do judaísmo*). — *H. Cohens jüdische Schriften*, 3 vols., 1924, ed. Bruno Strauss. — *H. Cohens Schriften zur Philosophie und Zeitgeschichte*, ed. A. Gorland e E. Cassirer, 2 vols., 1928.

Edição de obras: *Werke*, 16 vols., 1976-1982, ed. Helmut Holzhey (inclui reedições anotadas por Konrad Cramer *et al.*, com base no Cohen-Archiv do Seminário Filosófico da Universidade de Zurique).

Índice à *Lógica do conhecimento puro*: *Index zu Cohens Logik einer reinen Erkenntnis*, por A. Görland.

Ver o tomo XVII de *Kantstudien*, 1912, e as seguintes obras: P. Natorp, *H. Cohens' philosophische Leistung unter dem Gesichtspunkte des Systems*, 1918 (*Kantstudien*. Ergänzungshefte, 21). — W. Kinkel, *H.*

Cohen, 1924. — Simon Kaplan, *Das Geschichtsproblem in der Philosophie H. Cohens*, 1930. — Josef Solowiejczyk, *Das reine Denken und die Seinskonstituierung bei H. Cohen*, 1932 (tese). — Trude Weiss Rosmarin, *Religion of Reason. H. Cohen's System of Religious Philosophy*, 1936. — Jules Vuillemin, *L'héritage kantien et la révolution copernicienne*, 1954, pp. 131-208. — J. Melber, *H. C.'s Philosophy of Judaism*, 1968. — Henning Günther, *Philosophie des Fortschritts, H. Cohens Rechtfertigung des bürgerlichen Gesellschaft*, 1972. — Wolfgang Marx, *Transzendentale Logik als wissenschafts-theorie. Zu Cohens Logik der reinen Erkentnnis*, 1976. — G. Gigliotti, *H. C. e la fondazione kantiana dell'etica*, 1977. — M. Dreyer, *Die Idee Gottes im Werk H. Cohens*, 1985. — W. Kluback, *The Idea of Humanity: H. C.'s Legacy to Philosophy and Theology*, 1987. — Id., id., *The Legacy of H. C.*, 1989.

Ver também a bibliografia do verbete MARBURGO (ESCOLA DE). C

COHEN, MORRIS RAPHAEL (1880-1947). Nascido em Minsk, mudou-se muito jovem para os EUA. Professor no City College de Nova York, rejeitou tanto o dogmatismo apriorista como o ceticismo empirista. Nem um nem outro podem, em sua opinião, dar a razão quer da regularidade dos processos reais quer da possibilidade de sua inteligibilidade. O puro irracionalismo deve, contudo, ser também recusado; se se admite a existência de algo irracional será apenas, segundo Cohen, como um dos pólos necessários da realidade. Caso contrário, todo o real seria puramente formal e se eliminaria a relativa impenetrabilidade do existente. O pensamento de Cohen aproxima-se assim, por meio de um processo quase dialético de admissões e negações, de uma atitude que ele mesmo qualificou de realismo lógico, de racionalismo realista, de relativismo relacionista e, por fim, de naturalismo racionalista. É característica dessa posição a afirmação das invariantes constituídas pelas puras relações lógicas e matemáticas. Contudo, essa invariabilidade, com a qual se destrói o empirismo cético, não apóia o apriorismo clássico da "auto-evidência" das verdades. Por isso, Cohen pode dizer que "as relações matemáticas e lógicas formam a substância inteligível das coisas" (*Reason and Nature*, 1931, p. 230), sem por isso supor que as coisas são racionalmente engendradas. Trata-se, pois, em última análise, de um naturalismo de caráter funcionalista, de um realismo logicista mais que de um logicismo formalista. Contribui também para isso a defesa do chamado princípio de polaridade, que não consiste, entretanto, nem numa dialética do conceito, nem num processo puramente empírico, nem num vago ecletismo. O princípio de polaridade afirma que nem a causalidade nem a razão suficiente bastam para a determinação, pelo menos conceitual, dos fenômenos; toda determinação supõe a contraposição, ou, melhor dizendo, a confluência de elementos opostos. Esses elementos não engendram por si mesmos a realidade, tampouco, ao contrário de Hegel, os contrários chegam a ser absorvidos e superados. O que acontece sobretudo é que a própria persistência da contrariedade é necessária para a adscrição de algo à realidade. Uma espécie de teoria da compensação, unida a uma doutrina das compossibilidades, no sentido de Leibniz, parece estar na base do polarismo mencionado. A elas se acrescentam um "tiquismo" de tipo semelhante ao de Peirce (ver ACASO) e um pluralismo por meio do qual a existência das invariantes lógicas não significa a supressão das novidades contingentes. Naturalismo e racionalismo unem-se sempre, de todo modo, para não dissolver o real nem no formal nem no místico, para centrá-lo "no natural", e isso no que se refere não apenas à realidade física e mental, mas também à realidade social e legal, uma das preocupações centrais de M. R. Cohen.

C *Obras: Reason and Nature*, 1931; nova ed., por F. Cohen, 1953. — *Law and the Social order*, 1933. — *An Introduction to Logic and Scientific Method* (em colaboração com Ernest Nagel), 1934. — *A Preface to Logic*, 1944. — *The Faith of a Liberal*, 1946. — *The Meaning of Human History*, 1947. — *Studies in Philosophy and Science*, 1949. — *A Dreamer's Journey*, 1949 (autobiografia). — *Reason and Law. Studies in Juristic Philosophy*, 1950. — *Reflections of a Wondering Jew*, 1950. — *American Thought: a Critical Sketch*, 1954.

Biografia: Leonora Cohen Rosenfield, *Portrait of a Philosopher: M. R. C. in Life and Letters*, 1962.

Bibliografia: Martin A. Kuhn, *M. R. C. A Bibliography*, 1958 (suplemento do *Journal of the History of Ideas*).

Ver o volume em homenagem a Cohen, *Freedom and Reason*, 1951, ed. S. W. Baron, E. Nagel e K. S. Pinson (especialmente os primeiros cinco trabalhos). — Além disso: Arturo Doregibus, *Il razionalismo de M. R. C. nella filosofia americana d'oggi*, 1960. — C. F. Delaney, *Mind and Nature: A Study of the Naturalistic Philosophies of C., Woodbridge and Sellars*, 1969. — David A. Hollinger, *M. R. C. and the Scientific Ideal*, 1975. C

COHN, JONAS (1869-1947). Nascido em Görlitz, foi professor em Friburgo i.B. Seguiu primeiramente as diretrizes da Escola de Baden (ver BADEN [ESCOLA DE]) e especialmente as de Heinrich Rickert. Inclinou-se depois crescentemente para uma filosofia dialética inspirada em Hegel. O próprio Cohn afirmou, na auto-exposição de seu pensamento (cf. bibliografia *infra*, pp. 69 ss.), que o moveram dois interesses filosóficos centrais. Por um lado, a tentativa de mostrar que toda ciência do valor deve orientar-se pela lógica (que inclui, em Cohn, a teoria do conhecimento e parcelas significativas de metafísica ou ontologia). Há duas razões para isso: 1) A lógica é a única ciência que pode demonstrar por si mesma sua própria validade; 2) toda ciência do valor deve esclarecer seus próprios fins e seus próprios limites, e isto equivale a uma lógica dos valores. Por outro lado, a tentativa de estudar o sentido da época atual. Segundo Cohn, isso só pode ser feito por meio de um exame geral de questões histórico-filosóficas e axiológicas.

Cohn fez uma série de investigações sobre o juízo, o pensamento, o valor e o que denominou "o eu ideal". A investigação do juízo desemboca numa doutrina que Cohn chamou de "utraquismo". De acordo com ela, a dissociação produzida no juízo entre a forma e o conteúdo do pensar, entre o que pertence ao pensamento e o alheio ou estranho a ele, é resolvida por meio da síntese unificadora da verdade. Mas, por sua vez, a unidade radical dessa dualidade é o que constitui, segundo Cohn, "o fenômeno primário do conhecimento". Por isso, a base de toda unificação é o eu que conhece. Ora, esse eu deve ser considerado, segundo Cohn, como algo distinto de uma realidade metafísica. Ou, melhor dizendo, o metafísico que houver nele não pertence à natureza da coisa e do estático, mas à do poder e do dinâmico. Na unidade do eu unificam-se por seu turno a verdade e o valor, e isso de tal maneira que sua existência real é uma existência dialética. A dialética concreta e não — como em Hegel — lógica da realidade representa a culminação desse processo, que abrange desse modo toda a realidade, incluindo a concreta e a ideal; sua raiz última será, por isso, mais que a realidade no sentido habitual do termo, a autenticidade.

⊃ Obras: *Geschichte des Unendlichkeitsproblems im abendländischen Denken bis Kant*, 1896; reimp., 1960 (*História do problema do infinito no pensamento ocidental até Kant*). — *Allgemeine Aesthetik*, 1901 (*Estética geral*). — *Voraussetzungen und Ziele des Erkennens. Untersuchungen über die Grundfragen der Logik*, 1908 (*Pressupostos e fins do conhecer. Investigações sobre as questões fundamentais da lógica*). — *Der Sinn der gegenwärtigen Kultur. Ein philosophischer Versuch*, 1914 (*O sentido da cultura atual. Ensaio filosófico*). "Relativität und Idealismus", *Kantstudien*, 21 (1917). — *Geist der Eerziehung. Pädagogik auf philosophischer Grundlage*, 1919. — *Die Theorie der Dialektik, Formenlehre der Philosophie*, 1923 (*A teoria da dialética, doutrina das formas de filosofia*). — *Die Philosophie im Zeitalter des Spezialismus*, 1925 (*A filosofia na época do especialismo*). — *Wertwissenschaft*, 3 vols., 1932-1933 (*Ciência do valor*). — *Wirklichkeit als Aufgabe. Aus dem Nachlass* (póstumo), 1955, ed. Jürgen von Kempski (*Realidade como tarefa*).

Depoimento em *Deutsche Philosophie der Gegenwart in Selbstdarstellungen*, II, 1921.

Ver: R. Klockenbusch, Husserl und Cohn: *Widerspruch, Reflexion, und Telos in Phänomenologie und Dialektik*, 1989. ⊃

COIMBRA, LEONARDO (1883-1936). Nascido no distrito de Felgueiras (Portugal), lecionou na Universidade do Porto. Em oposição ao materialismo e ao formalismo, Coimbra concebe o pensamento não como uma forma nem como uma substância, mas como uma atividade que gera ao mesmo tempo a forma e a matéria, como um absoluto cujo ser consiste em sua capacidade de criação. O criacionismo mostra, segundo Coimbra, a insuficiência de toda concepção que se atenha unicamente à experiência ou à idéia, pois a tese do pensamento como absoluto criador do mundo, como fundamento de toda oposição entre o sujeito e o objeto, entre o espírito e a natureza, permite reduzir à unidade o que se apresenta em aparência como antinômico e mutuamente irredutível. No entanto, o pensamento criador não é apenas a consciência, mas o que dá origem à consciência, aquilo que, unido indissoluvelmente à vida, faz com que todo ser, mesmo o que mais submerso esteja na matéria, possa assumir consciência de si mesmo e, com isso, consciência de sua radical unidade, de sua simpatia vital e amorosa com o resto do universo.

⊃ Obras: *O Criacionismo*, 1902. — *O pensamento criacionista*, 1914. — *A morte*, 1913. — *A luta pela imortalidade*, 1916. — *A Alegria, a Dor e a Graça*, 1916. — *Do Amor e da Morte*, 1922.

Edição de obras completas, Lisboa, 1957 ss. — Ed. de escritos inéditos ("O espírito e a guerra", "A alma", "A origem e o valor da idéia de vida espiritual", "Dois humanismos", "Duas liberdades", "Espíritos liberais e espíritos reacionários", "A personalidade espiritual de Guerra Junqueiro") em *Revista Portuguesa de Filosofia*, 12 (1956), 360-402. Esta edição de textos está precedida pelo estudo de A. de Magalhães, "A perenidade do pensamento filosófico de L. C.", *ibid.*, 337-359.

Ver: José Marinho, *O pensamento filosófico de L. C.*, 1945. — Delfim Santos, "Actualidade e valor do pensamento filosófico de L. C.", separata de *Studium generale*, 3 (1956), 51-67. — M. Spinelli, "O criacionismo de L. C.", *Revista Portuguesa de Filosofia*, 37 (1981), 3-35. — A. F. Morujão, "O sentido da filosofia em L. C.", *ibid.*, 39 (1983), 345-364. — M. Patricio, "O anti-aristotelismo explícito de L. C. (contribuição para o estudo do problema)", *ibid.*, 39 (1983), 408-452. — A. Alves, "Leitura Metafísica de *A Alegria, a Dor e A Graça* Obra-Prima de L. C.", *ibid.*, 41 (1985), 181-208. ⊃

CO-IMPLICAÇÃO, COMPLICAÇÃO. O termo técnico latino *complicatio*, usado por Nicolau de Cusa em relação com o termo *explicatio* ('explicação'), pode ser traduzido pelo vocábulo corrente 'complicação'. Enquanto a *explicatio* é um desenvolvimento, a *implicatio* é um "en-volvimento". Isso significa que na *complicatio* (ou complicação) uma realidade se ache em outra, enquanto na *explicatio* (explicação ou desenvolvimento) a realidade complicada se expressa ou manifesta. Nicolau de Cusa entendia Deus como aquele em quem tudo se acha "complicado" e, ao mesmo tempo, como aquele em quem tudo se "explica" por encontrar-se em tudo. A idéia de "complicação" e da relação entre "complicação" e "explicação" na realidade divina encontra-se, antes de Nicolau de Cusa, na Escola de Chartres (VER) e especialmente em Clarembaud (VER) de Arras; também em Thierry (VER) de Chartres.

Ortega y Gasset introduziu 'co-implicação' e 'complicação' — especialmente este último termo como contração do primeiro — para designar um modo de relação entre pensamentos distintos do da implicação (VER). Segundo esse autor (cf. *Origen y epílogo de la filosofía*, 1960, especialmente pp. 15-16; *O. C.*, IX, pp. 351-352), há dois modos de os pensamentos estarem ligados com evidência: o modo pelo qual um pensamento está implícito em outro — o que significa que este último implica o primeiro; e o modo pelo qual um pensamento co-implica (ou complica) outro. No primeiro caso, temos uma implicação lógica (num sentido muito amplo dessa expressão); no segundo, uma complicação. O primeiro modo de pensar é analítico; o segundo é sintético ou dialético. "Numa série dialética de pensamentos — escreve Ortega —, cada um destes complica e impõe pensar o seguinte", sem que isso signifique que implica logicamente o seguinte. Eis um exemplo de pensar sintético ou dialético no qual há complicação: se pensamos um esferóide, não temos outra solução senão pensá-lo com o espaço em torno, embora a idéia de "espaço em torno" não estivesse logicamente implicada na idéia de esferóide.

Segundo Julián Marías (*Introducción a la filosofía*, 3ª ed., 1953, § 41, p. 166), o pensamento mediante complicação aparece claramente na idéia husserliana de essência. "As 'essências' — escreve esse autor — são constituídas pela totalidade das notas unidas entre si por Fundação ou *Fundierung*, isto é, de tal sorte que uma nota *complica* a outra, a requer para ser, mas sem implicá-la, isto é, sem que a segunda esteja incluída na primeira". Exemplo: a extensão não está implicada pela cor, mas está "complicada" com ela.

COINCIDENTIA OPPOSITORUM. Ver CUSA, NICOLAU DE; OPOSIÇÃO.

COISA. Os escolásticos consideram o conceito de coisa (*res*) como um dos conceitos transcendentais (VER) (sendo os outros conceitos o de algo [*aliquid*], o uno [*unum*], o verdadeiro [*verum*] e o bom [*bonum*]). A coisa é um dos cinco modos de ser (*modi essendi*), e seu modo de ser corresponde, em geral, ao de todo ente (*ens*). O conceito de coisa distingue-se do de ente apenas por uma distinção (VER) de razão raciocinante. Pode-se dizer que *res* e *ens* são sinônimos, o que não ocorre com os outros transcendentais.

Considera-se amiúde que uma coisa é uma entidade individual, e especialmente uma entidade individual material (como uma pedra, uma árvore, uma maçã). Mas um pedaço de madeira é também uma coisa, embora faça parte, ou tenha feito parte, de outro pedaço de madeira maior. Debateu-se se as realidades designadas com nomes coletivos — como 'água', 'areia' etc. — são coisas. Pode-se responder afirmativamente.

Tradicionalmente, ligou-se a noção de coisa à de substância (VER). A coisa, assim como a substância, tem propriedades. Falou-se também de diversas espécies de coisas; assim, falou-se, como fez Spinoza, de coisas particulares, exteriores físicas, criadas etc. Se se pretende que tenha alguma aplicação, o conceito de coisa (a menos que se identifique pura e simplesmente com o conceito de ser) precisa de certa determinação.

Um dos modos de entender o conceito de coisa consiste em contrapô-lo ao conceito de pessoa. Segundo alguns autores, essa contraposição é meramente mental ou conceitual. Certos pensadores (chamados "impersonalistas") consideram, com efeito, que a noção de pessoa pode sempre ser reduzida (ontológica ou metafisicamente) à de coisa. Outros pensadores (chamados "personalistas") consideram que a noção de coisa pode sempre ser reduzida (ontológica ou metafisicamente) à de pessoa. Em ambos os casos, apenas uma das noções corresponde a uma realidade. Os autores impersonalistas foram em geral (metafisicamente) realistas; os autores personalistas foram em geral (metafisicamente) idealistas. A expressão 'em geral' é necessária aqui, pois é possível encontrar doutrinas realistas que destacam a realidade e o valor da pessoa, e doutrinas idealistas que podem destacar a realidade e o valor da coisa. Alguns autores rejeitam que haja possibilidade de redução da noção de pessoa à de coisa e vice-versa — o que de fato há é uma contraposição irredutível e, como afirmou Charles Renouvier, um dilema (um dos dilemas, possivelmente o mais fundamental, da metafísica pura). Para resolver esse dilema, é preciso tomar uma decisão. É uma decisão similar à que tomou Fichte ao pronunciar-se em favor do idealismo para salvaguardar a liberdade. Renouvier tomou uma decisão em favor da pessoa (o que supunha, a seu ver, uma série de posições metafísicas). Outros autores inclinam-se a considerar que a noção de coisa não exclui a de pessoa, nem a de pessoa a de coisa; ambas se referem a realidades fundamentais cuja relação deve então ser explicada e cuja interação apresenta problemas particularmente espinhosos — embora, segundo certos autores, lamentavelmente artificiosos.

Os conceitos de coisa e de pessoa podem ser considerados, do ponto de vista histórico, como conceitos nos quais se expressam certas "concepções do mundo" prévias às várias filosofias alojadas em cada uma delas. Num certo sentido do vocábulo 'coisa', pode-se dizer que o pensamento grego clássico tendeu ao "predomínio da coisa". Isso equivale ao predomínio de um pensar de tipo "coisista" e substancialista. Embora se admitisse que a realidade verdadeira não é de natureza sensível, mas inteligível, falava-se dela com freqüência numa linguagem calcada sobre "as coisas" (Bergson alega, além disso, que essa é a linguagem da inteligência, ao contrário da linguagem da intuição). O conceito de pessoa, em contrapartida, vai se introduzindo à medida que se reconhecem tipos de realidade não redutíveis ao fixo, ao estático, ao exterior, à figura etc. Entre esses tipos de realidade, destaca-se o que se denomina "vida íntima" ou "espírito". O cristianismo contribuiu para destacar esses tipos de realidade ao inverter as idéias "clássicas" sobre a relação entre a alma (VER) e a Natureza. Enquanto era comum na Antiguidade clássica conceber a alma — ou o espírito, a razão etc. — como uma espécie de culminação do movimento da Natureza, o cristianismo insistiu no fato de que a Natureza estava, por assim dizer, "na alma". Há, é claro, muitas exceções nas duas "tendências". Por um lado, muitos neoplatônicos, ao fazer da Natureza uma emanação do inteligível, negam-se a considerar que este é uma culminação daquela — ocorre, antes, que aquela é uma espécie de "degradação" deste. Por outro lado, não poucos elementos do modo de pensar "coisista" introduzem-se no pensamento personalista de muitos filósofos cristãos eminentes, em particular escolásticos. Porém, em geral, pode-se dizer, que na medida em que predomina a idéia de ser como ser em si, predomina também a noção de coisa, e, na proporção em que predomina a idéia de um ser como ser para si, predomina a noção de pessoa.

Heidegger tratou do problema "da coisa" numa conferência assim intitulada ("Das Ding", em *Gestalt und Gedanke*, ed. Academia Bávara de Belas Artes, 1951, pp. 128-148). Heidegger refere-se a vários sentidos etimológicos da "coisa" e especialmente ao sentido de "o que importa aos homens" ou "o assunto", "o caso" (como em "Sabe de suas coisas", isto é, o que interessa, o que importa). Ele se refere também à significação habitual de 'coisa' na metafísica ocidental como "o que em geral de algum modo é" e também "o objeto", e conclui que o primeiro sentido é mais esclarecedor que o segundo, pois toda coisa é o apresentar-se "do-que-se-apresenta" no modo de ser um algo determinado. A coisa opera no modo de coisificar, e coisificar é traçar e "afiançar o quadro" mediante o qual o mundo é mundo. "Os homens enquanto mortais obtêm o mundo enquanto mundo habitando-o. Somente o que é vinculado no mundo [por meio das coisas] torna-se, de uma vez, coisa."

COISA-EM-SI. Kant denominou "coisa-em-si" (*Ding an sich*) — às vezes "coisas-em-si" (*Dinge an sich*) — o que se acha fora do quadro da experiência possível, isto é, o que transcende as possibilidades do conhecimento tal como foram delineadas na "Estética transcendental" e na "Analítica transcendental" da *Crítica da Razão Pura*. A coisa-em-si pode ser pensada, ou, melhor dizendo, pode-se pensar o conceito de uma coisa-em-si; a rigor, 'coisa-em-si' é o nome que recebe "um pensamento completamente indeterminado de algo em geral" (*KrV*, A 253). A coisa-em-si, contudo, não pode ser conhecida, a ponto de poder ser chamada "o algo, x, do qual não sabemos nada nem, em geral (...), nada podemos saber" (*ibid.*, A 250).

A natureza e função da coisa-em-si — ou do conceito de "coisa-em-si" — na filosofia crítica de Kant foi objeto de numerosos debates, muitos deles incitados pelo caráter impreciso do vocabulário kantiano. Às vezes (na primeira edição da *Crítica da Razão Pura*), Kant distingue "coisa-em-si" e "objeto transcendental". Às vezes (na segunda edição), considera-os de modo conjunto, ou simplesmente deixa de falar do último. Ocasionalmente, a coisa-em-si parece ser o mesmo que o chamado "Númeno" (*Noumenon*); em outras ocasiões, distinguem-se ambos os conceitos. Referimo-nos ao último ponto no verbete NÚMENO. No mesmo verbete, falamos das duas interpretações — fenomenista e idealista transcendental; essas interpretações estão ligadas ao papel que se atribua à noção de coisa-em-si. Elas podem ser complementadas com as proporcionadas no verbete ANTINOMIA.

Kant parece mais cauteloso em sua abordagem do conceito de coisa-em-si na segunda do que na primeira edição da *Crítica da Razão Pura*. Não obstante, persistem numerosas ambigüidades e incertezas.

Complementaremos a informação proporcionada nos verbetes citados com uma breve apresentação do que se denominou "o destino da coisa-em-si" em algumas filosofias pós-kantianas.

Num texto que servia de apêndice a uma obra sobre Hume (1798), Friedrich Jacobi (VER) escreveu uma das frases mais freqüentemente citadas no que se refere à noção kantiana de coisa-em-si. Em substância, ela afirma o seguinte: "*sem* o conceito de coisa-em-si, não se pode penetrar no recinto da crítica da razão pura, mas *com* o conceito da coisa-em-si não se pode permanecer nele". Dessa maneira, Jacobi enfatizava o conflito entre a idéia que Kant parecia manter às vezes de que as coisas-em-si subjazem às — ou são até causas das — aparências e a afirmação de que o conceito de causa, enquanto um dos conceitos do entendimento ou categorias, aplica-se apenas a fenômenos, isto é, a afirmação de que o conhecimento se limita ao mundo fenomênico. Era óbvio, além disso, que, enquanto sustentava que não se podem conhecer as coisas-em-si, Kant falava delas, não para descrevê-las, mas — porém isto parecia já excessivo — para referir-se a elas, ou seja, para introduzir inteligivelmente a expressão 'coisa-em-si' no discurso (ainda que fosse um metadiscurso) filosófico. Parecia haver uma razão para isso: se as coisas-em-si não são reais, isto é, se não há algo "verdadeiramente real", e não apenas fenomênico, então o mundo de fenômenos carece de "suporte" e se transforma num mundo sonhado ou meramente imaginado.

Além de Jacobi, exprimiu dúvidas sobre a noção de coisa-em-si Gottlob Ernst Schulze (VER), que se referiu à ambígua idéia kantiana das "afecções" (ver AFETAR; AFECÇÃO); se o "objeto" que nos "afeta" é constituído pelo entendimento, não se pode falar de "afecção", mas, se se pode falar de "afecção", então será preciso falar de objeto não constituído apenas pelo entendimento (mais as formas da sensibilidade). Salomon Maimon manifestou a contradição que implica pensar algo que não seja pensado na consciência, bem como admitir algo (embora apenas como possível) que se encontre fora da consciência, afetando-a de algum modo.

De maneira geral, os primeiros kantianos procuraram resolver o problema suscitado pela noção de coisa-em-si eliminando essa noção como um resíduo de realismo, mas é necessário levar em conta que vários dos discípulos mais fiéis de Kant, como Kiesewetter e Johannes Schultz, que foi o comentador "oficial" de Kant (cf. Gottfried Martin, *Immanuel Kant. Ontologie und Wissenschaftstheorie*, 1951; 4ª ed., 1969), não rejeitaram essa noção. J. Segismund Beck afirmou que o conceito de coisa-em-si resultava simplesmente do "modo de exposição" kantiano. Os mais destacados pós-kantianos, representantes do idealismo alemão, recusaram a noção de coisa-em-si. Um exemplo de recusa plena e simples é a de Fichte. Ela também foi rejeitada pelos neokantianos, em particular os da escola de Marburgo, assim como por Bradley, que declarou que as coisas-em-si são incognoscíveis e que não se pode saber sequer se existem. Por razões diferentes, recusaram a noção de coisa-em-si os fenomenistas e os idealistas objetivos. Em contrapartida, alguns autores afirmaram que as coisas-em-si são acessíveis, ainda que não por meio do intelecto. Schopenhauer, por exemplo, identificou a coisa-em-si com a Vontade; isso talvez porque ele não cresse que houvesse nenhuma relação causal necessária entre númeno e fenômeno, ou entre o inteligível e o sensível.

Esta apresentação da noção de "coisa-em-si" kantiana é a tradicional, e era necessário segui-la para entender as discussões pós-kantianas referentes a esse problema. Gerold Prauss (*op. cit. infra*) observou, no entanto, que uma leitura mais atenta dos textos de Kant permite entender melhor a natureza e a função da noção em questão; e talvez tivesse permitido eliminar muitas das discussões suscitadas em torno do que significa em Kant "coisa" (*Ding, Sache*) ou "objeto" (*Gegenstand, Objekt*) "em si" (*an sich*). De imediato, observa Prauss, em muitos casos (a maioria) Kant acrescenta *selbst* ("mesma" para "coisa-em-si" ou "mesmas" para "coisas-em-si"); mais tarde, e sobretudo, isso serve como abreviatura de "coisa considerada (*betrachtet, angesehen, erwogen*) em si mesma", seguindo a fórmula wolffiana *res in se* (*vel per se*) *spectata*. Desse ponto de vista, não se pergunta tanto (ou apenas) o que pode ser uma coisa-em-si, mas antes o que pode ser uma "coisa-em-si considerada como separada, ou separável, da sensibilidade". Portanto, não é "a coisa", mas, por assim dizer, "a coisa considerada" ou "a coisa enquanto considerada" o que constitui o problema "da (suposta) coisa-em-si", isto é, o problema "das coisas-em-si" enquanto qualquer coisa considerada em si mesma.

↪ Todos os comentários à *Crítica da Razão Pura* (ver bibliografia de KANT [IMMANUEL]) se referem à questão da coisa-em-si. Ver também: Eduard von Hartmann, *Das Ding an sich und seine Beschaffenheit*, 1870. — P. Asmus, *Das Ich und das Ding an sich. Geschichte ihrer begrifflichen Entwicklung in der neuesten Philosophie*, 1873. — Rudolf Lehmann, *Kants Lehre vom Ding an sich. Ein Beitrag zur Kantphilologie*, 1878. — M. W. Drobisch, *Kants Ding an sich und sein Erfahrungsbegriff*, 1885. — Akós Pauler, *Das Problem des Dinges an sich in der neuren Philosophie*, 1902. — Hans Cornelius, "Die Erkenntnis der Dinge an sich", *Logos*, 1 (1910-1911), 361-367. — Ernst Cassirer, *Das Erkenntnisproblem in der Philosophie und Wissenschaft der neueren Zeit*, tomo III, 1920. — Cosmo Guastella, *La Cosa in se* (tomo II da obra *Le ragione del fenomenismo*, 3 vols., 1921, 1922, 1923). — Erich Adickes, *Kant und das Ding an sich*, 1924. — Felice Battaglia, "La Cosa in se", *Ann. della Reale Università di Cagliari*, 1927-1928. — B. Noll, *Kants und Fichtes Frage nach dem Ding an sich*, 1936. — O. W. Miller, *The Kantian Thing-in-Itself, or the Creative Mind*, 1956. — Gisela Shaw, *Das Problem des Dinges an sich in der englischen Kantinterpretation*, 1969. — Gerold Prauss, *Kant und das Problem der Dinge an sich*, 1974; 2ª ed., 1978. — F. Pitschl, *Das*

Verhältnis vom Ding an sich und den Ideen des Übersinnlichen in Kants kritischer Philosophie. Eine Auseinandersetzung mit T. I. Oiserman, 1979 (tese). — J. N. Findlay, *Kant and the Transcendental Object: A Hermeneutic Study*, 1981. — N. Rescher, *Kant's Theory of Knowledge and Reality: A Group of Essays*, 1983. — M. Gram, *The Transcendental Turn: The Foundations of Kant's Idealism*, 1985. — J. Seifert, *Back to Things in Themselves: A Phenomenological Foundation for Classical Realism*, 1987.

Ver também bibliografia de Númeno. ᘓ

COLETIVISMO. Num sentido geral (e vago), pode-se denominar "coletivismo" toda teoria que afirma a existência de uma "consciência coletiva", seja do ponto de vista psicológico ou do ponto de vista sociológico — ou de ambos. Num sentido mais estrito, denominou-se "coletivismo" o socialismo não-estatal proposto por vários delegados no Congresso de Basiléia de 1869 contra o socialismo estatal de numerosos delegados marxistas alemães. Muitas formas de socialismo não-marxista no final do século XIX e durante grande parte do século XX foram chamadas de "coletivistas". Receberam igualmente esse nome doutrinas não estritamente socialistas como o cooperativismo. Por outro lado, contra as doutrinas políticas e sociais tidas por "individualistas", as doutrinas socialistas marxistas se consideraram igualmente "coletivistas", com o que o nome 'coletivismo' perdeu seu sentido original de tendência político-social oposta ao marxismo enquanto comunismo de Estado. As diversas formas de socialismo, incluindo algumas muito reformistas, o comunismo estatal, o "mutualismo", o comunismo libertário etc., foram reagrupadas sob o nome de "coletivismo". Contudo, tende-se a usar esse nome para designar as doutrinas, por outro lado muito variadas, segundo as quais os instrumentos de produção são de propriedade coletiva, quer pertençam ao Estado, às "cooperativas", aos sindicatos, às empresas coletivizadas etc.

COLETIVO. 1) *Lógica*. Chama-se às vezes de "coletivo" um termo singular concreto que designa um conjunto de indivíduos que possuem alguma propriedade comum. Assim, o 'Partido Comunista Húngaro' é um termo coletivo. Os termos denominados "coletivos" coincidem com descrições definidas de entidades compostas de certo número de indivíduos. Alexander Pfänder, em sua *Lógica*, definiu 'conceito coletivo' como um conceito que designa um conjunto ou uma espécie de objetos, isto é, como um conceito "que se refere a um todo constituído por uma pluralidade de termos homogêneos". A definição de Pfänder não permite distinguir claramente um termo singular concreto coletivo e um termo comum coletivo. Em *World and Object* (§ 19: "Divided Reference"), Quine falou de "termos massivos" ou "termos-massa" (*mass terms*), tais como 'água' e 'vermelho', que possuem "a propriedade semântica de referir-se a algo cumulativamente: qualquer soma de partes que são água é água". Em termos gramaticais, acrescenta Quine, são como termos singulares que resistem à pluralização e aos artigos (em inglês; não em outras línguas, pois, em português, temos 'a água' como sujeito em 'A água é líquida', embora se diga 'Quero água', a menos que se refira a determinado "volume" de água). Semanticamente, são como termos singulares que não dividem, ou não dividem muito, sua referência. Quine recorda que Nelson Goodman (em *Structure of Appearance*) denomina "coletivo" um termo que tem os traços semânticos indicados e afirma que, "de fato, preferiria 'termo coletivo' a 'termo massivo' para palavras como 'água' e outras similares se isso não se prestasse demasiadamente a sugerir casos impensados como 'rebanho', 'exército'".

2) *Psicologia*. Falou-se às vezes de "psicologia coletiva" entendendo-se por ela diversas coisas: a intitulada "psicologia dos povos" (*Völkerpsychologie*) de Wundt e outros autores; a psicologia de grupos; a psicologia de massas etc. Identificou-se amiúde 'psicologia coletiva' com 'psicologia social', em contraposição à psicologia individual.

3) *Sociologia*. Há uma estreita relação entre certas investigações sociológicas e certas formas da chamada (cf. *supra*) "psicologia coletiva". A expressão 'consciência coletiva' proposta e desenvolvida por Emile Durkheim é um termo sociológico, mas que tem implicações psicológicas. Formulou-se amiúde a questão de saber se é possível falar propriamente de consciência coletiva. Autores com propensões nominalistas e os chamados "individualistas metodológicos" rejeitaram o conceito de uma consciência coletiva; pelo menos, negaram que semelhante "consciência" seja outra coisa que não uma soma de propriedades e comportamentos de indivíduos. Outros sustentaram que a "consciência coletiva" exibe comportamentos diferentes dos deriváveis dos comportamentos dos membros da coletividade ou grupo. Discutiu-se se o termo 'consciência' é apropriado, visto que os processos sociais coletivos podem ser, e freqüentemente são, inconscientes, mas esta questão é menos sociológica que psicológica. O próprio Durkheim distinguiu consciência coletiva e consciência social, mas essa distinção não parece ser fundamental exceto na medida em que o termo 'social' destaca mais que 'coletivo' os aspectos sociológicos estudados.

COLIGAÇÃO (*colligation*). Nome dado por W. Whewell no *Novum Organum Renovatum* (II, iv, 1) — ou segunda parte da terceira edição de sua obra sobre a filosofia das ciências indutivas — ao ato intelectual por meio do qual se estabelece "uma conexão precisa entre os fenômenos dados a nossos sentidos". A coligação — ou, mais exatamente, *coligação dos fatos* —

não era para Whewell um mero resultado da observação; requeria-se uma *interpretação* — uma *interpretatio naturae* no sentido dado por F. Bacon — atenta aos fatos. Usando a comparação estabelecida por R. Blanché na obra sobre Whewell mencionada na bibliografia sobre esse pensador, diremos que o cientista se situa diante dos fatos como o paleógrafo diante de uma inscrição cujo sentido ignora. A inscrição aparece, de imediato, como um conjunto de processos físicos que se transformam em enunciados com sentido somente quando o espírito do paleógrafo se põe em atividade. Essa atividade é a coligação, que, entretanto, não se reduz aos processos superiores do espírito, mas tem lugar na simples percepção em que se religam ou coligam grupos de impressões. De certa maneira, cabe comparar, pois, a doutrina de Whewell sobre a coligação com a doutrina de Kant sobre a atividade categorizadora do entendimento, especialmente no que esta tem de unificadora. Ao contrário de Kant, porém, Whewell concebe a coligação como algo que *se forma* no processo da atividade do cientista, e não como um sistema categorial que se pode descobrir no sujeito transcendental.

Na obra sobre a indução e a experimentação de A. Lalande (ver bibliografia de LALANDE), afirma-se que a coligação é às vezes entendida no sentido de uma indução completa, mas que esse sentido não é o que o termo 'coligação' possuía em Whewell, sendo produto da interpretação das idéias de Whewell por J. Stuart Mill. Em sua *Lógica*, Mill examinou a fundo as idéias de Whewell, afirmando que concorda com esse autor no que se refere à maioria das observações relativas ao processo mental de "coligação de fatos", mas que difere dele porque os princípios de indução não são "os princípios da mera coligação" (*A System of Logic*, III, ii, § 4, em *Collected Works*, VII, ed. J. M. Robson, p. 294).

Trata-se de dois processos distintos: "A operação mental que extrai de um número de observações separadas certos caracteres gerais em que os fenômenos observados se parecem entre si, ou se parecem com outros fatos conhecidos, é o que Bacon, Locke e a maioria dos metafísicos que os sucedeu entenderam pela palavra Abstração. Creio que uma expressão geral obtida por abstração, conectando fatos conhecidos por meio de caracteres comuns, mas sem concluir deles algo desconhecido, pode ser denominada, com estrita correção lógica, uma Descrição, e não sei de que outras maneiras podem as coisas ser descritas. Contudo, minha posição não depende do emprego dessa palavra particular. Conformo-me em usar o termo Coligação proposto pelo Dr. Whewell, ou as frases mais gerais 'modo de representar, ou de expressar, fenômenos', contanto que se observe claramente que o processo não é indução, mas algo radicalmente diferente" (III, ii, § 5; *Works*, VII, 305).

COLLIER, ARTHUR (1680-1732). Nascido em Langford Magna, ou Steeple Langford, perto de Salisbury, defendeu, ao que parece independentemente de Berkeley — cujas idéias, assinala Collier, foram conhecidas por ele apenas posteriormente —, um imaterialismo muito parecido com o do autor de *Hylas e Filonous*. A *Clavis universalis* apareceu em 1713, mas já em 1703, escreve Collier, ele chegou às mesmas conclusões, que, como é provável, foram notavelmente influenciadas por Malebranche. Estas conclusões indicam que a matéria não tem existência independente do espírito, de maneira que nossas percepções são efeitos da vontade de Deus. Collier não deseja aderir ao ceticismo daquele que sustenta que as coisas vistas não existem (*Clavis*, Introdução), e afirma que sua investigação não diz respeito à existência, mas à extraexistência de certas coisas e objetos: "O que afirmo e defendo — escreve — não é que os corpos não existem ou que não existe o mundo externo, mas que certos corpos que se supõem existentes não existem eternamente, ou, em termos gerais, que não há um mundo exterior" (*loc. cit*). A visão dos corpos, sua "quase-exterioridade", é, assim, tanto efeito da vontade de Deus como condição necessária de sua visibilidade. A dependência que têm os corpos em relação ao espírito humano é então o reflexo dessa sua situação em Deus. Por isso, Collier diz que podem existir mundos infinitos mesmo sem existir um único espírito; essa existência, porém, é uma existência completamente distinta da existência da pura exterioridade. Collier examina numa primeira parte da obra o problema do mundo visível e de sua significação, respondendo a várias objeções que manifestamente ignoram o sentido do problema. Numa segunda parte, ele procura demonstrar, usando nove argumentos, a impossibilidade da exterioridade pura do mundo. O pensamento de Collier estava vinculado, evidentemente, com o problema da relação entre as realidades pensantes e extensas, e entre elas e Deus, tal como fora formulada por Descartes, assim como pelo defensor de Malebranche contra Locke, John Norris, contemporâneo de Collier e a quem este se refere em seu escrito citado.

↪ Obras: O título completo da obra de Collier é *Clavis Universalis or a New Inquiry after Truth, Being a Demonstration of the non-Existence, or Impossibility, of an External World*, 1713. Em 1756, ela foi traduzida para o alemão por Eschenbach; uma edição, com outros folhetos da época, foi feita em 1837 por S. Parr. Edição com notas de Ethel Bowman, 1909. Reimp. da ed. de 1713, com notas de Heinz Heimsoeth, 1964. — Collier escreveu, além disso, *A Specimen of True Philosophy*; in *a Discourse on Genesis*, 1730, e uma *Logology*, 1732. A *Clavis* destinava-se justamente a servir de introdução a uma compreensão das Escrituras.

Ver: Robert Benson, *Arthur Collier*, 1837. — A. Kowalewski, *Kritische Analyse von A. Colliers Clavis universalis*, 1897 (tese). — Ethel Bowman, *Prefatory Note* à edição da *Clavis*, 1909. — G. A. Johnston, "The Relation between Collier and Berkeley", *Archiv für Geschichte der Philosophie*, 32, N. F., 25 (1918), 162-175. — F. E. Jordak, "A. C.'s Theory of Possibility", *Idealistic Studies*, 8 (1978), 253-260. ○

COLLINGWOOD, R[OBIN] G[EORGE] (1889-1943). Nascido em Cartwell Fell (Inglaterra), *Fellow* no Pembroke College (Oxford) e depois professor de Metafísica no Magdalen College (também em Oxford), iniciou sua meditação filosófica com o que denominava uma revisão crítica das principais formas da experiência humana. Um "Novo tratado da natureza humana" devia constituir, pois, seu fundamento. Essa revisão foi realizada no decurso de um novo idealismo (embora o autor desprezasse esse nome); Collingwood não apenas rejeitava as teses realistas como procurava mostrar os fracos pressupostos destas. Na verdade, o exame das formas da experiência humana — exame mais descritivo que propriamente especulativo — conduz-nos a considerar circularmente — e, até certo ponto, dialeticamente — a vida do espírito e, portanto, o "mapa do conhecimento". Collingwood considera que o campo da experiência divide-se em várias regiões: arte, religião, ciência, história, filosofia. Cada região é uma "atividade do espírito cognoscitivo" (*Speculum mentis*, II, p. 39). Cada uma é um "erro", isto é, um momento parcial da verdade. Não há dúvida de que, ao alcançarmos a história, parecemos chegar a um ponto em que a unificação se torna possível. Com efeito, a história é uma forma de experiência cujo objeto é a realidade concreta. "O objeto da história" — escreve Collingwood — "é o fato enquanto tal" (*op. cit.*, VI, 2; p. 211), e, em sua opinião, o mundo do fato é o objeto absoluto. Nenhuma atitude do espírito e nenhuma faceta da experiência seriam, assim, alheias à história. Ou, para dizê-lo na mesma fórmula concentrada do filósofo: "A arte baseia-se na ignorância da realidade; a religião, na ignorância do pensamento; a ciência, na ignorância do fato. Mas, com o reconhecimento do fato, reconhece-se tudo o que é real em algum sentido. O fato, tal como está historicamente determinado, é o objeto absoluto" (*op. cit.*, VI, 3, p. 218). Ora, se o Absoluto aparece sob a forma do universal concreto, o conhecimento histórico será um conhecimento de um mundo infinito de fatos e, por conseguinte, um conjunto infinito de pensamentos. A dialética nos conduz, uma vez mais, à impossibilidade do que parecia evidente. Mas somente a busca do fundamento do conjunto infinito concreto permite-nos superar o estágio anterior. Essa busca nos conduz justamente à filosofia, em que o ciclo dialético se fecha, não por esgotamento de todos os objetos, mas pelo conhecimento deles mediante o autoconhecimento do espírito. Esse espírito não é, todavia, uma idéia, mas uma experiência radical. Daí que a sua descrição equivalha à sua vivência; daí que o conhecimento de si mesmo seja a repetição do viver de si mesmo.

Uma metafísica, uma filosofia da Natureza, da história, da arte e da vida social humana são conseqüências inevitáveis desse movimento cognoscitivo e vivido do espírito. Collingwood admite a metafísica, porém não como uma ciência do puro ser, não como uma ontologia, mas como saber de algo concreto. Essa realidade concreta são as suposições, pressuposições ou pressupostos (ver Pressuposto), e isso de tal maneira que a metafísica se transforma em "ciência das pressuposições absolutas" (*An Essay on Metaphysics*, p. 32). Collingwood combate desse ponto de vista o neo-realismo e o analiticismo, afirmando que o pensar sobre o qual estes realizam suas análises é um pensar de grau inferior e que toda análise é, no fim, análise metafísica. Ora, esses pressupostos são, a rigor, pressupostos "históricos", motivo pelo qual a própria metafísica se torna "ciência histórica" (*op. cit.*, p. 49). A consideração do histórico vai se transformando desse modo no tema central da filosofia de Collingwood, cujas obras propriamente históricas chegam também a fazer parte de seu pensamento. Mas o histórico não se detém, naturalmente, na história propriamente dita, na metafísica e na vida "circular" e "dialética" do espírito — ela atinge igualmente, e em proporção considerável, a própria idéia de Natureza. Esta não é então simplesmente o conjunto das coisas naturais; em todo caso, essas coisas não podem ser vistas nem compreendidas senão a partir de uma idéia da Natureza que mostra ser, por sua vez, uma idéia histórica. Com isso, segundo Collingwood, em lugar de relativizar-se, a Natureza adquire a realidade da "historicidade". Em outros termos, a idéia da Natureza não se dá senão por meio de uma concepção histórica, não havendo, por conseguinte, uma Natureza idêntica, prévia a toda consideração e cujas possíveis idéias não foram senão pontos de vista determinados e parciais. Por isso, a historicidade é um caráter fundamental do real, e, assim, a realidade somente é acessível — e não apenas cognoscitivamente — por meio de uma idéia ou interpretação histórica.

◌ Obras: *Religion and Philosophy*, 1916. — *Speculum Mentis*, 1924. — *Outlines of a Philosophy of Art*, 1924. — *An Essay on Philosophical Method*, 1933. — *The Principles of Art*, 1938. — *An Autobiography*, 1939. — *An Essay on Metaphysics*, 1940. — *The New Leviathan, or Man, Society, Civilization, and Barbarism*, 1942. — Obras póstumas: *The Idea of Nature*, 1945. — *The Idea of History*, 1946. — *Essays in the Philosophy of Art*, 1964, ed. Alan Donagan (artigos de 1922 a 1929). — *Essays in the Philosophy of History*,

1965, ed. W. Debbins. — *Faith and Reason: Essays in the Philosophy of Religion*, 1968, ed. Lionel Rubinoff (contém partes de obras já publicadas, como *Speculum Mentis*, e artigos não publicados antes em livro).

Bibliografia: I. M. Richmond, "R. G. C.: Bibliography of Writings on Ancient History and Archaeology", *Proceedings of the British Academy*, 29 (1943), 481-485. — Michael Krausz, "C. Bibliography", no volume ed. pelo mesmo autor cit. *infra*, pp. 327-448. — D. S. Taylor, *R. G. C.: A Bibliography*, 1988. — C. Dreisbach, *R. G. C.: A Bibliographic Checklist*, 1993.

Ver: Alan Donagan, *The Later Philosophy of R. G. C.*, 1962. — H. R. Walpole, *R. G. C. and the Idea of Language*, 1963. — Merle Elliott Brown, *Neo-Idealistic Aesthetics: Croce-Gentile-C.*, 1966. — Albert Shalom, *R. G. C., philosophe et historien*, 1967. — W. M. Johnston, *The Formative Years of R. G. C.*, 1969. — Louis O. Mink, *Mind, History and Dialectic: The Philosophy of R. G. C.*, 1969. — Lionel Rubinoff, *C. and the Reform of Metaphysics: A Study in the Philosophy of Mind*, 1970 (com ampla bibliografia). — A. Donagan, L. Rubinoff et al., *Critical Essays on the Philosophy of R. G. C.*, 1972, ed. Michael Krausz. — Kenneth Laine Ketner, *An Emendation of R. G. Collingwood's Doctrine of Absolute Presuppositions*, 1973. — W. J. van der Dussen, *History as a Science: The Philosophy of R. G. Collingwood*, 1981. — A. F. Russell, *Logic, Philosophy, and History: A Study in the Philosophy of History Based on the Work of R. G. C.*, 1984. — H. Saari, *Re-Enactment: A Study in R. G. C.'s Philosophy of History*, 1984. — D. Boucher, *The Social and Political Thought of R. G. C.*, 1989. — M. Hinz, *Self-Creation and History: C. and Nietzsche on Conceptual Change*, 1994. Ͽ

COLLINS, [JOHN] ANTHONY (1676-1729). Nascido em Hounslow, nas proximidades de Londres. Seguidor de Locke, Collins foi um dos mais destacados deístas (ver DEÍSMO) e livre-pensadores (VER), tendo sustentado retumbantes polêmicas contra vários autores que acusou de não submeter a livre exame crítico as crenças religiosas recebidas dogmaticamente.

Segundo Collins, essas crenças não têm por que escapar ao livre exame a que se devem submeter todas as afirmações. Esse livre exame é conduzido pela razão, que não pode admitir enganos nem fraudes. Collins opõe-se vigorosamente a "argumentos" segundo os quais as verdades reveladas são "mistérios" impenetráveis à razão; tais "argumentos" são resultado da credulidade infundada e do temor de descobrir a verdade. O "livre-pensamento" é um pensamento não atemorizado pela autoridade e não submetido à superstição, ou ao falso entusiasmo, que Collins denuncia, assim como Shaftesbury, como origem de muitos males. A rigor, o temor e a superstição são piores que o ateísmo. Aqueles que se opõem ao livre-pensamento são os que manifestam ignorância e desumanidade. Os livre-pensadores, desde Sócrates e Platão, passando por Epicuro e Sêneca, até Bacon, Herbert de Cherbury e Locke, entre outros, são os verdadeiramente sábios e plenos de espírito humano.

Ao recusar o que considerava fraudes e superstições nas Escrituras, Collins efetuava a crítica bíblica depois desenvolvida por muitos filósofos e historiadores. Ao mesmo tempo, a eliminação dessas fraudes e superstições podia, a seu ver, descobrir o que havia na Bíblia de verdadeiro e razoável, que era o que correspondia às verdades morais naturais e universais.

Ͽ Entre os escritos de Collins, vários dos quais publicados anonimamente, figuram: *An Essay Concerning the Use of Reason in Propositions, the Evidence where of Depends upon Human Testimony*, 1707. — *A Discourse on Freethinking, Occasion'd by the Rise and the Growth of a Sect call'd Free-Thinkers*, 1713. — *A Philosophical Inquiry Concerning Human Liberty*, 1715. — *A Discourse of the Grounds and Reasons of the Christian Religion*, 1724. — *The Scheme of Literal Prophecy Considered*, 1725. — *A Discourse Concerning Ridicule and Irony in Writing*, 1727. — *Dissertation on Liberty and Necessity*, 1729.

Edição de obras: Eds. da *Philosophical Inquiry*, 1717, 1727, 1735, 1749, 1790 (ed. J. Priestley), 1890 (notas de G. W. Foote e int. de J. M. Wheeler); ed. de 1976 por J. O'Higgins (com "Introdução"), cit. *infra*.

Ver: James O'Higgins, *A. C.: The Man and His Works*, 1970. O mesmo autor preparou uma ed. do *Philosophical Inquiry* com discussão e opiniões de Hobbes, Locke, Bayle, William King e Leibniz, 1976. — D. Berman, "A. C.: His Thought and Writings", *Hermathena* (1975), 49-70. — R. Attfield, "Clarke, Collins and Compounds", *Journal of the History of Philosophy*, 15 (1977), 45-54. — W. L. Rowe, "Causality and Free Will in the Controversy Between Collins and Clarke", *ibid.*, 25 (1987), 51-67. Ͽ

COMELLAS Y CLUET, ANTONIO. Ver NEO-ESCOLÁSTICA.

COMÊNIO (COMENIUS; KOMENSKY, JAN AMOS) (1592-1670). Nascido em Uhersky Brod (Morávia, Tchecoslováquia). Membro da Unidade de Irmãos Morávios, que seguia as pregações de João Hus, estudou em Herborn e em Heidelberg. Ordenado pastor na Morávia, teve de exilar-se em conseqüência da perseguição de protestantes pelos Habsburgo na Guerra dos Trinta Anos. Comênio dedicou-se a várias matérias, científicas, religiosas e educativas; são abundantes em suas obras influências muito diversas: do neoplatonismo, da escolástica, da mística, da magia natural renascentista... O estudo de Luis Vives, Campanella e, sobretudo, Francis Bacon levou Comênio à idéia de uma "Grande Didática", na qual se preconiza e desenvolve um método universal para a aquisição e o ensinamento de todos os conhecimentos. A unidade de todos os conhecimentos e a universalidade do método indutivo empírico são fortemente enfatizadas por Comênio, em quem se combinam os interesses enciclopédico e pedagógico. Comênio é conhecido sobretudo como um dos grandes reformadores da pedagogia, e, com efeito, encontra-se em várias de suas obras, especialmente na *Didática*, um grande número de preceitos pedagógicos. Além disso, Comênio defendeu a formação de um "Colégio Universal", o uso de uma língua internacional e uma reforma educacional que atingisse todos os países. Tudo isso, porém, deve ser entendido em função de seu interesse enciclopédico, que era ao mesmo tempo a manifestação de um espírito de ilustração e de ordenação e pacificação dos espíritos. Os preceitos do ensino estavam correlacionados com os princípios das ciências, de maneira que a organização pedagógica correspondia à organização lógica das distintas matérias. Comênio foi um dos primeiros a preconizar o caráter ativo da educação, o que supunha a participação do estudante no processo pedagógico. Sua idéia de uma *pansophia* era ao mesmo tempo a idéia de uma *pan-harmonia* de todos os homens e de todas as comunidades na paz e no conhecimento universais.

⊃ Obras: *Janua linguarum reserata*, 1631. — *Didactica Magna*, escrita em tcheco, traduzida pelo próprio C. para o latim em 1635-1636 e publicada em 1657, com outra obras, em *Opera didactica omnia*. — *Via Lucis vestigata et vestiganda*, 1668.

Edição de obras: *J. A. Comenii Opera Omnia / Dílo Jana Amose Komenského* (latim-tcheco), 1969 ss., ed. A. Skaro.

Ver: J. Kvacala, *J. A. C. Sein Leben und seine Schriften*, 1892, e, sobretudo, do mesmo autor: *J. A. C.*, 1914. — Ver também: A. Faggi, *Il Galileo della pedagogia*, 1902. — F. Orestano, *C.*, 1906. — A. Heyberger, *J. A. C., sa vie et son oeuvre d'éducation*, 1928. — Frantisek Zozik, *The Sorrowful and Heroic Life of J. A. C.*, 1958. — M. Blekastad, *Comenius. Versuch eines Umrisses von Leben, Werk, Schicksal des Jan Amos Komensky*, 1969. — H. Tränker, *Die Pansophie der hermeneutischen Bruderschaft vom Rosenkreuz*, 1981. — K. Schaller, ed., *Comenius. Erkennen, Glauben, Handeln*, 1987. — Consultar também a introdução de G. Lombardo Radice à trad. italiana da *Didactica Magna*: *Didattica Magna*, 1913; 2ª ed., 1938.

A *Comenius Gesellschaft* publicou uma série de comunicações, exposições e monografias desde 1893 (anos 1-28, 1892-1919, subdivididos em 39 vols.).

O Museu Comênio de Uhersky Brod (Tchecoslováquia) publica a revista *Studia comeniana et historica*. ⊃

COMO. Aristóteles usou a expressão ὄν ἧ ὄν traduzida por "o ser como ser" ou "o ser enquanto ser". No vocabulário latino escolástico, emprega-se a expressão *qua*: *esse qua esse, homo qua homo*, "o ser como ser", "o homem como homem". Com os termos 'como' e 'enquanto' deseja-se indicar que o sujeito, termo ou conceito de que se trata são tomados em si mesmos; assim, o 'ser' de "o ser como ser" não é nenhuma entidade determinada, mas "o próprio ser"; o 'homem' de "o homem enquanto homem" não é nenhum homem determinado, mas "o próprio homem". Além disso, aspira-se a indicar, mediante as expressões 'como' e 'enquanto', que os sujeitos, termos ou conceitos de que se trata são tomados em sua completa "precisão", sem aditamentos, contextos ou possíveis resultados ou conseqüências.

Heidegger distinguiu o "como" (*als*) apofântico e o "como" hermenêutico (existenciário-hermenêutico) (*Sein und Zeit*, § 33). O "como" apofântico é o "como" da asserção (*Aussage*) e corresponde ao "como" do modo de "estar presente" (*vorhande*). O "como" apofântico é o "como" do modo do "estar à mão" (*zuhande*). Pode-se considerar um objeto determinado — por exemplo, uma mesa — e perguntar por suas propriedades. Neste caso, perguntamos pela mesa como mesa, e respondemos com asserções relativas à mesa. Mas a "compressão" (*Verstehen*) e interpretação (*Auslegung*) consistem em perguntar pelo *para que* (*wozu*) da mesa. Vemos então "a mesa como mesa" (*op. cit.*, § 32), mas este último 'como' não é apofântico, e sim hermenêutico. Do ponto de vista existenciário-hermenêutico, a mesa é algo de que me sirvo para escrever, ou algo que representa um obstáculo para abraçar um amigo. Pode-se alegar que as propriedades da mesa como objeto de asserção não são independentes do que a mesa é — hermenêutico-existenciariamente — como mesa. Isso é certo, mas também o é que essas propriedades não determinam sua constituição existenciária. Assim como o "estar à mão" não é uma conseqüência, e menos ainda uma propriedade, do "estar presente", assim também o "como" hermenêutico não é derivável do "como" apofântico. Segundo Heidegger, o primeiro é mais "originário" — não é preciso isolar (*auseinanderlegen*) o objeto e fazer asserções, porque é um considerar pré-predicativo. Heidegger acentua que o fato de não haver uma asserção explícita não significa que não haja uma articulação do compreendido (*Artikulation des Verstandenen*). O mero "ter a ver com" envolve a estrutura da interpretação.

COMO SE. A expressão 'como se' foi usada em filosofia para indicar explicitamente que se fala de algo atribuindo-lhe um *status* ontológico ou epistemológico (ou ambos) que funciona à maneira de hipótese, sem que haja possibilidade de comprovar a hipótese empiricamente ou sem que se derive logicamente de outras hipóteses aceitas. Exemplos deste uso são: "Trataremos os objetos singulares como se fossem substâncias" ou "a evolução orgânica tem lugar como se se tratasse de um progresso na direção de formas cada vez mais valiosas".

No vocabulário kantiano, a expressão 'como se' tem uma função reguladora e não constitutiva (ver CONSTITUIÇÃO, CONSTITUTIVO). Em virtude disso, cabe empregar os nomes de conceitos do entendimento como se designassem realidades ou coisas em si. Não obstante, pelas regras de constituição expostas na "Analítica transcendental", não é possível admitir que esses nomes designem efetivamente realidades ou coisas em si. A rigor, o vocábulo 'hipótese' introduzido no parágrafo anterior não é adequado para determinar o caráter do que se diz que é "como se...".

A cláusula 'como se' é usada por Kant não apenas em sua epistemologia, mas também em sua ética e em seu estudo da noção de finalidade. O conceito de finalidade aplicado à (ou pressuposto na) Natureza é característico do uso de um "como se...".

A idéia kantiana de proposições nas quais intervém a expressão 'como se' é diferente da idéia de ficção (VER) de Vaihinger. No capítulo XXII de sua *Filosofia do "como se"* (*Die Philosophie des Als ob*, 1911), Vaihinger apresenta uma análise das expressões *als ob*, *wie wenn* (e de suas análogas em outras línguas: *comme si*, *que si*; *quasi*, *sicut*; ὡς εἰ [ὡσεί], ὡς εἰ τε [ou "como se"]) e enfatiza que essas formas lingüísticas são partículas usadas de imediato para comparação. Trata-se de uma "apercepção comparativa" (como a que se exprime quando se diz que é possível pensar toda linha curva *como se* consistisse num número de linhas retas infinitamente pequenas). Isso fica claro no 'como' (*als*), que é modificado pelo 'se' (*ob*). Assim, revela-se não uma simples comparação, mas tampouco uma analogia real. Trata-se de algo entre essas duas, e esta é justamente a natureza e a função da ficção. Com isso, a ficção expressa no 'como se' parece-se com o erro e a hipótese, ao mesmo tempo que se distingue deles; trata-se, como diz Vaihinger, de "um erro mais consciente, mais prático e mais frutuoso".

Bergson usou amiúde a expressão 'como se' ao procurar descrever o movimento do *élan vital* (VER), mas neste caso não se trata de uma ficção no sentido de Vaihinger, nem de uma hipótese na acepção corrente (ou numa das principais acepções correntes): é sobretudo um uso metafórico exigido pela intuição (VER).

A expressão 'como se' tem seu lugar no âmbito de uma concepção instrumentalista do conhecimento, e seus usos variam tanto quanto os sentidos que se podem dar ao instrumentalismo (VER).

COMPAIXÃO. Este termo tem uma significação afim a vários outros vocábulos: 'piedade', 'misericórdia', 'comiseração', 'clemência' e até 'simpatia' e 'benevolência', na medida em que todos se referem a um sentimento em comum no qual se participa de uma emoção alheia e, na maioria dos casos, de uma emoção suscitada por uma dor ou pena. Eles não podem ser usados de maneira indistinta; contudo, numa história do conceito de compaixão poderiam ser incluídos vários dos outros conceitos citados, especialmente os de piedade, misericórdia, comiseração e, ao menos em parte, benevolência. Dedicamos um verbete específico ao conceito de simpatia (VER). Limitar-nos-emos aqui a assinalar vários significados básicos de 'compaixão', levando em conta que se usaram também para esses significados outros termos, particularmente piedade (*pietas*) e comiseração (*commiseratio*).

A compaixão — ou melhor, piedade (ἔλεος) — era para alguns autores gregos uma participação na dor alheia que fazia do "outro", de certa maneira, um "próximo", mesmo que não existissem laços concretos de proximidade, tais como os laços familiares. Os estóicos latinos, e particularmente Sêneca (em seu *De clementia*), dedicaram-se com freqüência ao sentimento de compaixão, piedade ou comiseração (*commiseratio*). Em geral, não o tiveram em alta conta: a compaixão era considerada uma fraqueza. Isso não significa de modo algum que os estóicos se opusessem a fazer o bem, e menos ainda que preconizassem a dureza com relação aos semelhantes, mas fazer o bem aos semelhantes era para eles algo parecido com um dever, e não o resultado de uma compaixão. Como escreveu Montaigne (*Essais*, I, 1), "a piedade é para os estóicos paixão viciosa; eles desejam que se preste socorro aos aflitos, mas não que uma pessoa amoleça e se compadeça deles". Assim, a oposição dos estóicos à compaixão ligava-se à sua oposição à brandura. É verdade que nem todos os estóicos se manifestaram igualmente hostis à compaixão e à piedade; há, por exemplo, em Marco Aurélio, várias frases que exprimem a compaixão, embora esta careça de valor a menos que aquele que se compadece tenha temperado seu coração nas adversidades.

A idéia de compaixão como amor (ou caridade) chegou a ser central no cristianismo, quando se considerou que toda compaixão autêntica afeta a raiz da pessoa (tanto de quem é objeto da compaixão como daquele que se compadece). No cristianismo, e especialmente no agostinismo, o amor de Deus pelo homem é a condição necessária ao amor do homem por Deus, e este a condição necessária ao amor pelo próximo e à compaixão como misericórdia.

Descartes examinou a compaixão (a *pitié*) como uma das "paixões da alma". "A piedade é uma espécie de tristeza mesclada com amor ou com boa vontade com relação àqueles que vemos padecer de algum mal do qual os consideramos indignos" (*Les passions de l'âme*, § 185). A simpatia (ou piedade) é o contrário da inveja. Os mais dignos de piedade são os mais fracos, e os mais piedosos são os mais generosos (*ibid.*, §§ 186-187). A piedade (*commiseratio*) é, segundo Spinoza, "a tristeza nascida do mal alheio" (*ex alterius damno* [*Eth.*, III, prop. xxii, sch.]). É curioso que Spinoza não encontre um nome para designar a alegria nascida do bem alheio ("*Quo autem nomine appelanda sit laetitia quae ex alterius bono oritur, nescio*" [*loc. cit.*]). Em todo caso, a piedade ou compaixão não é para Spinoza uma virtude superior, nem mesmo indispensável; o homem que vive de acordo com a razão nem precisa dela nem sequer pode considerá-la em si mesma um bem.

Referimo-nos brevemente à idéia de compaixão no pensamento de vários filósofos do chamado "senso moral" (por exemplo, Francis Hutcheson) no verbete sobre a noção de simpatia. Esta última pode ser considerada uma espécie de benevolência e pode, portanto, ser tratada como se fosse a compaixão ou, ao menos, uma forma dela. A compaixão (enquanto *benevolente*) é para Hutcheson um "instinto" promotor do bem alheio e constitui o fundamento do "senso moral".

Alguns autores pré-românticos e "românticos" (como, por exemplo, Rousseau) sublinharam a identificação, no ato da compaixão, daquele que se compadece com aquele que é objeto de compaixão, a ponto de fazer deste último o centro do qual surge a compaixão. Quando se afirma que na compaixão — como, além disso, na simpatia — há uma espécie de fundo comum a todos os homens, e inclusive a todos os seres vivos, a compaixão deixa de ser um ato intencional para transformar-se numa espécie de participação no todo. Foi o que aconteceu com a idéia schopenhauriana da compaixão (*Mitleid*): Schopenhauer reduz o amor à compaixão. Esta é fundamental, pois conduz à negação da vontade de viver, sendo o ato que precede a própria negação. A compaixão supõe a identidade de todos os seres, o fato de que a dor produzida pela Vontade, em seu caminho rumo à Consciência última e definitiva, não seja uma dor pertencente exclusivamente àquele que padece, mas a todo ser.

Na maioria dos autores, tendeu-se a dar uma definição — mais ou menos complexa — da noção de compaixão sem procurar desdobrá-la em vários aspectos, que podem ser muito diferentes e até contrários. Nietzsche (*Jenseits*, § 225) denunciou a compaixão (enquanto sofrimento junto com o próximo e amor ao próximo) como um modo de mascarar a fraqueza humana. Isso não o levou, porém, a criticar toda compaixão; há, com efeito, uma compaixão "superior" na qual e pela qual se pode até impor ao homem "a disciplina do sofrimento". Pode-se passar de Nietzsche a uma fenomenologia da compaixão na qual esta seja distinguida do amor, da piedade, da comiseração, da justiça etc. Pode-se dizer, por exemplo, que a compaixão é diferente do amor, já que neste não se considera a pessoa como "digna de lástima", e da justiça, uma vez que nesta simplesmente se atribui à pessoa "o que lhe é devido". Max Scheler elaborou detalhadamente essa fenomenologia. Nela aparecem certas concepções da compaixão — por exemplo, a de Schopenhauer — como apenas um dos aspectos da "simpatia": aquele que corresponde ao sentimento da unidade psicovital (*Einfühlen*) com o próximo e mesmo com todos os homens, e até com todo o existente. Pode-se considerar a compaixão não como um sentimento intencional único e unívoco, mas como um sentimento que se "estende", por assim dizer, em vários graus, da projeção sentimental ao ato do amor.

⊃ Ver: Wilhelm Stern, *Das Wesen des Mitleids*, 1903. — Gerhardi, *Das Wesen des Mitleids*, 1906. — K. V. Orelli, *Die philosophische Auffassung des Mitleids*, 1912. — Max Scheler, *Zur Phänomenologie und Theorie der Sympathiegefühle und von Liebe und Hass*, 1913; 2ª ed., com o título *Wesen und Formen der Sympathie*, 1923 (*Essência e formas da simpatía*). — Matthias Auerbach, *Mitleid und Charakter*, 1921. — R. S. Peters, *Reason and Compassion*, 1971. — H.-J. Schings, *Der mitleidigste Mensch ist der beste Mensch. Poetik des Mitleids von Lessing bis Büchner*, 1980. — K. Hamburger, *Das Mitleid*, 1985.

Para a história da noção de compaixão, ver: O. Herwegen, *Das Mitleid in der griechischen Philosophie bis auf die Stoa*, 1912 (tese). ◓

COMPARAÇÃO. Ver ANALOGIA; METÁFORA.

COMPATÍVEL. No sentido rigoroso do termo, 'compatível' é sinônimo de 'consistente' (VER). Assim, para Schröder os elementos de uma multiplicidade são compatíveis (*verträglich*) entre si caso sejam consistentes, e vice-versa. Deve-se dizer que duas ou mais proposições compatíveis entre si são (logicamente) consistentes. A sinonímia de 'compatível' com 'consistente' é comum ao tratar-se de sistemas formais; as questões metalógicas suscitadas pela noção de consistência são paralelas às que pode suscitar a noção de compatibilidade.

Num sentido menos rigoroso, 'compatível' significa simplesmente "conforme com" ou "está de acordo com". Dadas duas proposições, p e q, p é compatível com q e q é compatível com p se não há nada em p que seja contraditório com q e se não há nada em q que seja contraditório com p. No entanto, p e q podem ser compatíveis entre si somente porque p ou q são suficientemente gerais e vagas para não entrar em conflito. Isso pode ser mais bem visto quando consideramos três proposições, p, q e r, e examinamos se p é compatível ou não compatível com q e r, sendo q e r incompatíveis entre si. Se p é suficientemente geral e vaga, pode ser compatível ao mesmo tempo com q e com r. Suponhamos que 'q' equivale a 'Há mutações súbitas no processo de produção de novas espécies biológicas' e que 'r' equivale a 'O processo de produção das espécies biológicas ocorre lenta e gradualmente'. Se 'p' equivale a "Na Natureza orgânica não há saltos bruscos', então 'p' é compatível com 'r', mas não com 'q'. Isso acontece, porém, porque, embora seja formulada de maneira vaga, 'p' pode ser especificada de forma tal que equivalha a 'r' (a qual, além disso, é suscetível de especificações ulteriores e, em biologia teórica, tem de ser formulada de modo mais especificado que 'r'). Se 'p' equivale a 'Tudo, na Natureza orgânica, segue uma ordem', então 'p' é compatível com 'q' e com 'r', pois as mutações bruscas a que se refere 'q' podem ter lugar segundo uma ordem, assim como as mudanças lentas e graduais a que se refere 'r'. Isso indica que esse modo de ler p dá um resultado que é cientificamente, e também filosoficamente, suspeito.

COMPLEMENTARIDADE (PRINCÍPIO DE). Uma contribuição importante para o problema do princípio ou relação de indeterminação (ou incerteza) é a do físico dinamarquês Niels Bohr, primeiro em seu princípio de correspondência e depois — e sobretudo — em seu famoso princípio de complementaridade. Niels Bohr procurou, com efeito, manifestar os pseudoproblemas que surgem sempre que se aplicam as imagens usuais do espaço e do tempo (e as intuições ligadas à linguagem ordinária) aos processos microfísicos. Em sua opinião, as descrições habituais falham por completo quando se apresentam problemas tais como o da "adoção" da teoria corpuscular ou da teoria ondulatória, ou ainda o da incerteza expressa na fórmula: "Não podemos conhecer ao mesmo tempo a posição e a velocidade [quantidade de movimento] de um elétron". Louis de Broglie definira (sobretudo em seu *Physique et Microphysique*, 1948) que somente a enorme quantidade de observações sobre as quais está baseada a física clássica permite falar desses processos na linguagem ordinária e segundo as imagens intuitivas habituais. Portanto, apenas quando se elude essa linguagem pode adquirir sentido a afirmação de que um corpúsculo não está localizado num ponto do espaço, mas está potencialmente em todo um campo espacial. É certo que se podem dar interpretações da relação de incerteza mencionada; referimo-nos a algumas delas no verbete citado. Mas toda interpretação deve basear-se num certo princípio, que fora já antecipado por de Broglie, mas que assumiu maturidade apenas no princípio de complementaridade de Bohr. Em vários escritos (e ultimamente em seus artigos incluídos no volume *Nature des Problèmes en Philosophie*, mencionado no verbete Determinismo e no tomo *Einstein: Philosopher Scientist*, 1950), Bohr indicou, com efeito, que os conceitos "posição de uma partícula" e "quantidade de movimento de uma partícula" são expressões que podem ser usadas apenas em certas condições experimentais. Então, e só então, elas podem aparecer como mutuamente exclusivas (o próprio termo 'partícula' se mostra, além disso, ambíguo). Assim, a complementaridade exprime um novo tipo de relação que não tem analogia na física clássica e que permite "resolver" as dificuldades insuperáveis da questão causal situando-a num quadro conceitual diferente do habitual. Os distintos "aspectos" (aparentemente exclusivos) de um fenômeno descrevem, segundo Bohr, aspectos igualmente essenciais de um conhecimento perfeitamente definido acerca dos objetos. Com isso, o ponto de vista da complementaridade pode transformar-se numa "generalização racional" do ideal de causalidade, de tal modo que o ideal tradicional revelaria ser um dos casos possíveis, próprio dos processos macroscópicos. Bohr rejeita a freqüente aplicação de uma lógica trivalente aos referidos problemas (a que alguns físicos e filósofos, como Reichenbach, se inclinaram) para assinalar que, embora não analisáveis em termos da física clássica, os processos microfísicos podem ser expressos no âmbito da lógica bivalente. É interessante destacar que Bohr propõe uma aplicação universal do princípio de complementaridade; assim, esse princípio seria válido e fecundo, segundo o autor, nas discussões sobre mecanicismo e vitalismo dentro da biologia (que seriam aspectos complementares). Alguns autores, como Philipp Frank (*Modern Science and Its Philosophy*, 1949, pp. 179 ss.), preferem afirmar que se trata de um uso dos mesmos termos segundo "diferentes regras sintáticas", fato pelo qual ao se falar, por exemplo, de "partículas sem posição definida", não se falaria de maneira alguma de objetos "misteriosos", como tendem a fazer o filósofo ou o cientista quando usam uma linguagem calcada na sintaxe da linguagem ordinária.

↪ Ver: H. A. Kramers, "Das Korrespondenzprinzip und der Schalenbau der Atome", *Naturwissenschaft*, 11 (1923), 550 ss. — VV.AA. (N. Bohr, A. Einstein, L. de Broglie, W. Heisenberg, H. Reichenbach, J.-L. Destouches, P. Destouches, F. Gonseth), artigos sobre a noção de complementaridade em *Dialectica*, II (1948), 307-420, fascículo publicado sob a direção de W. Pauli. — M. Bunge, *Exposición y crítica del principio de complementaridad*, 1955. Id., "Strife about Complementarity", *The British Journal for the Philosophy of Science*, 6 (1955), 1-12 e 141-150; rev. e reimp. em *Metascientific Queries*, 1959, pp. 173-209 com o título "Is Complementarity the Final Interpretation of Atomic Physics?". — L. Rosenfeld, "Strife about Complementarity", *Science and Progress*, 158 (1953). — O. Costa de Beauregard, "Complémentarité et Relativité", *Revue philosophique de la France et de l'Étranger*, 80 (1955), 386-407. — L. von Strauss y Torney,

"Das Komplementaritätsprinzip der Physik in philosophischer Analyse", *Zeitschrift für philosophische Forschung*, 10 (1956), 109-129. — Adolf Grünbaum, "Complementarity in Quantum Physics and Its Philosophical Generalization", *The Journal of Philosophy*, 54 (1957), 713-726. — Patricia J. Doty, "Complementarity and Its Analysis", *The Journal of Philosophy*, 55 (1958), 1089-1104. — Norwood Russell Hanson, "Copenhagen Interpretation of Quantum Theory", *American Journal of Physics*, 27 (1959), 1-15; reimp. em A. Danto, S. Morgenbesser, *Philosophy of Science*, 1960, pp. 450-470. — A. Landé, *From Dualism to Unity in Quantum Mechanics*, 1960. — J. P. Losee, *Religious Language and Complementarity*, 1992. — Ver também bibliografia do verbete Incerteza (Relações de). ⊃

COMPLEMENTO. O termo 'complemento' é usado em lógica principalmente em dois aspectos.

Na álgebra de classes, denomina-se *complemento* de uma classe A a classe de todos os membros que não pertencem a A. O símbolo do complemento de classes é '–' colocado em cima da letra que designa a classe, de modo que $\bar{A}$ é lido 'A classe de todas as entidades que não são membros da classe A". Por exemplo, se $\bar{A}$ é a classe das entidades animadas, A é a classe das entidades não-animadas. O complemento de classe se define da seguinte maneira:

$$\bar{A} = \text{def. } \hat{x} \ (\hat{x} \notin A).$$

Na álgebra de relações, denomina-se *complemento* de uma relação R a relação de todos os x com todos os y tal que R não relacione x com y. O símbolo do complemento de relações é também '–'. Por exemplo, se R é a relação *idêntico a*, $\bar{R}$ é a relação *distinto de*.

COMPLETUDE. Ver Completo, completude.

COMPLETO (COMPLETUDE). O adjetivo 'completo' desempenha um papel fundamental em metalógica, ou na metateoria dos cálculos lógicos. Para designar a característica de ser um cálculo completo, cunhou-se o termo 'completude' (traduções de vocábulos como o alemão *Vollständigkeit* e o inglês *completeness*).

Denomina-se "completo" um cálculo, C, se, dada uma fórmula bem formada, f, de C, ou esta fórmula ou sua negação ($\neg f$) é um teorema de C. Denomina-se também "completo" um cálculo C quando há outro cálculo C' tal que C é inconsistente (ver Consistente) quando C' é igual a C exceto por conter uma fórmula que não é suscetível de prova em C. As duas definições anteriores correspondem a dois tipos de completude e são aplicadas, segundo os casos, a diversas espécies de cálculos.

Como ocorre com o conceito de consistência, o de completude é também um conceito sintático, mas levam-se em conta em sua formulação e desenvolvimento considerações de caráter semântico. Referência à relação entre consistência e completude no verbete Gödel (Teorema de).

Fala-se do "requisito de completude" juntamente com os requisitos de decidibilidade (ver Decidível) e consistência (ver) como requisitos fundamentais dos cálculos lógicos.

O vocábulo 'completo' foi também usado em sentidos não-metalógicos. Um dos sentidos é o metafísico (ou ontológico) que lhe dá Descartes: "Por uma coisa completa não entendo senão uma substância revestida de formas ou atributos que bastam para fazer-me saber que é uma substância" (*Respostas às Quartas Objeções*, AT, IX, 172). O termo 'completo' tem um sentido epistemológico em Leibniz (*Nouveaux Essais*, II, 31). Segundo este último, uma idéia é completa quando é distinta a ponto de se conhecerem clara e distintamente seus componentes. As idéias completas são (como dizia Locke) adequadas e perfeitas, ao contrário das idéias incompletas, que são inadequadas e imperfeitas.
⊃ Ver: A. Robinson, *Complete Theories*, 1958. — Richard Schlegel, *Completeness in Science*, 1967. — A. B. Manaster, *Completeness, Compactness, and Undecidability: An Introduction to Mathematical Logic*, 1975. — J. Bridge, *Beginning Model Theory: The Completeness Theorem and Some Consequences*, 1977. ⊃

COMPLEXO. Em geral, um conjunto de objetos determinados por caracteres comuns. O complexo equivale, nesse sentido, a classe, totalidade, estrutura ou conjunto. Costuma-se atribuir a ele um sistema de relações internas que o transformam num todo fechado e autônomo e permitem falar de complexo físico, psicológico, sociológico, casual, de sentido etc. Em psicanálise, denomina-se "complexo" o conjunto de representações unidas numa totalidade específica e submersas no inconsciente em virtude da censura; assim, o complexo é a causa mediata ou imediata das manifestações psíquicas exteriorizadas em inumeráveis atos — torpezas, movimentos de diversos tipos, sonhos, perturbações patológicas etc. —, compreensíveis de maneira cabal a partir da referência do ato ao complexo, única referência que permite atribuir-lhe um sentido. Em lógica, dá-se o nome de "proposição complexa" ou "termo complexo" ao que é constituído por diversos membros simplesmente aludidos na expressão ou mencionados explicitamente na qualidade de explicação complementar. Não obstante, essa explicação fica quase sempre implícita no termo, de modo que basta a simples enunciação deste último para que se subentendam as circunstâncias que nele concorrem necessariamente em virtude de sua própria estrutura.

'Complexo' é usado também no âmbito da história da filosofia para designar o que se denomina um *complexo doutrinal*. Exemplo deste último é o agostinismo (ver) na Idade Média.

Ver também Complexum significabile.

COMPLEXUM SIGNIFICABILE. Em *Cat.*, 10, 12 b 6-15, Aristóteles escreveu que a afirmação é uma proposição afirmativa e a negação, uma proposição negativa. No que diz respeito àquilo que recai sob a afirmação ou sob a negação, não é uma proposição, mas uma coisa, πρᾶγμα. Ao comentar essa passagem em *I Sent.*, D 2, q. I, a. 1, Gregório de Rimini (VER) indicou que a "coisa" a que se refere Aristóteles não é propriamente uma realidade — uma "coisa externa" —, mas algo significado por toda a proposição. Como a proposição é um conjunto ou "complexo", o que recai sob a proposição pode ser chamado de *complexum significabile*.

O *complexum significabile* é, segundo Gregório de Rimini, o objeto próprio do conhecimento. Com efeito, o objeto do conhecimento não pode ser a demonstração inteira (o que exigiria conhecer toda a demonstração mediante um único ato cognoscitivo), mas tampouco pode ser a conclusão da demonstração (já que então o ato de conhecimento adquirido por uma demonstração implicaria um ato pelo qual se conhece a conclusão da demonstração). Por outro lado, o objeto do conhecimento não pode ser a coisa exterior, já que nesse caso os objetos dos conhecimentos seriam realidades singulares e não entidades universais e necessárias. Portanto, resta somente o *complexum significabile* como objeto próprio de conhecimento.

A tese de Gregório de Rimini sobre o *complexum significabile* foi objeto de muitas discussões. Opuseram-se a essa tese Roberto Holkot (VER), Marsílio de Inghen (VER) e outros autores ockhamistas e nominalistas, pois, embora Gregório de Rimini seja considerado um ockhamista e um nominalista, na doutrina a que aqui nos referimos este autor se afasta por completo dessas tendências.

Em seu livro *Le complexe significabile* (1937), Hubert Élie indica que a doutrina de Gregório de Rimini sobre o *complexum significabile* é similar à proposta por Meinong (VER) sobre o chamado *Objektiv*, com a única diferença de que Gregório de Rimini abordou a questão muito mais detalhada e sutilmente que Meinong. Com efeito, o *Objektiv* — ou "objetivo" — de Meinong não é um objeto, mas um "significado", isto é, uma espécie de "objeto de segundo grau". Tal como o *complexum significabile*, o *Objektiv* não é algo que existe ou não existe, mas algo significado por um conjunto de termos que constituem uma afirmação ou uma negação.

Pode-se dizer que a doutrina de Gregório de Rimini é semelhante à de todos os autores que procuraram buscar um certo tipo de entidade como objeto de conhecimento distinto, por um lado, da própria coisa e, por outro, da expressão que se refere à coisa, e do conceito envolvido na expressão. Essa entidade não parece poder ser senão "algo significado"; o reino dos "significados como tais" é, assim, similar ao reino dos "significados mediante complexos". Por isso, a noção de *complexum significabile* se parece não apenas com a noção de *Objektiv* de Meinong, como também com a noção de *Sachverhalt* usada por Husserl (um "fato" que não é a "coisa", mas "aquilo de que se trata"). "Aquilo de que se trata" — o *complexum significabile* — é, com efeito, diferente de "aquilo" ou "a coisa".

COMPLICAÇÃO. Ver CO-IMPLICAÇÃO.

COMPLUTENSE. Entre os trabalhos filosóficos e teológicos efetuados na Espanha durante o século XVII com o propósito de revivificar a tradição escolástica e, em seu âmbito, a tomista, encontra-se a obra *Collegium Complutense philosophicum discalceatorum fratrum ord. B. M. de monte Carmeli*, devida a frades carmelitas de Alcalá e publicada em 4 volumes, o primeiro dos quais apareceu em 1624 e o último, em 1647. Fala-se a esse propósito de uma escola complutense de filosofia e teologia que compartilhou a influência, no que se refere à difusão do tomismo, com o chamado *Collegium Salmanticense* (ver SALAMANCA [ESCOLA DE]) e com os *Cursos* de João de Santo Tomás — referindo-nos apenas a obras do século XVII —, e que teve de enfrentar a influência paralela — e crescente — exercida na Europa pelo trabalho filosófico e teológico dos jesuítas, especialmente as obras de Pedro Fonseca, Francisco Suárez e o curso dos Conimbricenses (VER).

COMPORTAMENTALISMO. Este termo traduz o inglês (na forma americana) *Behaviorism* (às vezes transcrito por 'behaviorismo'). Seu sentido geral é: "Tendência a fundamentar o estudo dos seres humanos na observação de seu comportamento" (*Behavior, Behaviour*). Na medida em que se considera que outros organismos, além dos seres humanos, são objeto — e, segundo alguns, objeto principal — de estudo psicológico, o comportamentalismo é a tendência a estudar os organismos com base no exame de seu comportamento.

Em termos específicos, o comportamentalismo é uma escola psicológica, originada, e desenvolvida de maneira muito ampla, nos Estados Unidos. Alguns consideram que o precursor do comportamentalismo é C. Lloyd Morgan (VER), especialmente por suas obras *Animal Life and Intelligence* (1890-1891), *An Introduction to Comparative Psychology* (1894) e *Animal Behaviour* (1908), visto que esse autor se atém a critérios que considera objetivos, tais como o exame do comportamento. Incluem-se às vezes no comportamentalismo os reflexólogos, isto é, os psicólogos que trabalharam o estudo dos reflexos (ver REFLEXO) condicionais (ou condicionantes), especialmente Pavlov (VER) e V. M. Bechterev. Experimentos referentes ao comportamento foram realizados, ou preconizados, por autores tão diferentes quanto Wilhelm Wundt e William James, assim como pelos que trabalharam no Laboratório de Psicologia Experimental fundado por Wundt (VER) em Leipzig, em 1870. Caberia mencionar a esse respeito a psicologia experimental francesa de autores como Théodule Ribot e Georges Dumas, especialmente parte dos trabalhos do último, bem como os numerosos trabalhos de psicologia animal devidos a autores como E. L. Thorndyke, K. Lashley, Yerkes, Washburn etc. Não obstante, convém restringir a tendência denominada "comportamentalismo" aos autores que admitiram explicitamente segui-la e que, além disso, diferem entre si.

O primeiro desses autores é John B. Watson (VER), que seguiu algumas orientações de seu mestre J(ames) R(owland) Angell, o qual desenvolveu em Chicago, junto com John Dewey, a diretriz chamada "funcionalismo" (VER) — diretriz relacionada com os trabalhos de Edward B. Titchener (VER). Há, no entanto, grandes diferenças entre funcionalistas e comportamentalistas.

No verbete sobre Watson (VER), esboçamos as principais orientações desse autor. Embora haja diferenças entre os comportamentalistas, a orientação geral de todos eles é a iniciada por Watson quando este cunhou, em 1913, o termo *Behaviorism*. O comportamentalismo aparece antes de tudo como um método, que rejeita toda introspecção e se atém ao estudo da única coisa que julga observável e, portanto, cientificamente admissível: o comportamento. Todos os termos que designam estados "internos" e, entre eles, ou sobretudo, 'a consciência', são considerados suspeitos e eliminados do vocabulário comportamentalista. Em princípio, o comportamentalismo, embora "antimentalista", não é reducionista, isto é, não sustenta que os processos de comportamento sejam redutíveis a — ou explicáveis por — processos e fatores fisiológicos e neurofisiológicos. De fato, se houvesse semelhante redução e explicação, não teria sentido uma psicologia comportamentalista. O comportamentalismo é um modo de explicação de processos de comportamento independente das explicações neurofisiológicas. Contudo, já desde Watson os comportamentalistas não rejeitaram a possibilidade de que haja algum dia uma explicação fisiológica e neurofisiológica do comportamento. A única coisa que deve ser rejeitada são todos os modelos e todas as estruturas não experimentalmente manipuláveis. Assim, por exemplo, os chamados "modelos de hábito" não são descartados por completo, mas tende-se a reduzi-los em tal proporção que praticamente podem ser considerados inexistentes.

Nem todo estudo experimental do comportamento de organismos, humanos e não-humanos, equivale ao comportamentalismo. Isso pode ser visto especialmente na comparação entre os comportamentalistas, de Watson e Spence a Skinner, por um lado, e os cultivadores da etologia (ou etologia comparada), como Konrad Z. Lorenz. Os etólogos consideram que os fatores genéticos são determinantes. Os comportamentalistas não rejeitam totalmente os fatores genéticos, mas os integram ao âmbito do sistema de condições que constituem as relações entre os estímulos e as respostas a estímulos.

Estímulo e resposta são as noções fundamentais no comportamentalismo. O estímulo constitui a "entrada" ou *input* no sistema; a resposta constitui a saída ou *output*. Em princípio, a explicação mediante a relação direta entre estímulo e resposta é a mais desejável. Como não se mostra claro saber em que consiste uma relação "direta", e como obviamente um organismo não responde sempre direta e imediatamente a estímulos, pode-se supor que o organismo possui um mecanismo de reação constituído por uma série de "disposições". Os autores hostis ao comportamentalismo ou simplificam a doutrina comportamentalista negando que esta admite a existência do mencionado mecanismo, ou sustentam que afirmar a existência desse mecanismo equivale a supor que haja no organismo algo "inato". Os comportamentalistas respondem a essas objeções enfatizando que um mecanismo de reação não tem por que opor-se às explicações comportamentalistas. Além disso, muitos procuram explicar de uma forma comportamentalista a estrutura do mecanismo de reação.

Há entre comportamentalistas orientações mais ou menos "radicais". As mais radicais procuram ligar o mais estreitamente possível as respostas aos estímulos. As menos radicais introduzem contextos, tais como o "reforço" ("recompensa" ou "castigo"), que explicam os modos concretos pelos quais se produzem as respostas aos estímulos. Desse ponto de vista, Skinner é um autor comportamentalista menos "radical" que, por exemplo, Watson.

Depois de Watson, o comportamentalismo foi desenvolvido por uma grande quantidade de autores. Entre os mais conhecidos, figuram C. L. Hull (1884-1952) e K. W. Spence (nascido em 1907), que introduziram no comportamentalismo alguns dos conceitos propostos no âmbito do operacionalismo (VER). Considerou-se às vezes que o comportamentalismo é, como a psicologia baseada na idéia de associação (ver ASSOCIAÇÃO, ASSOCIACIONISMO), um "método atomista" que se contrapõe a todo "método totalista", "holista" ou "estrutural" como o adotado pelos seguidores da *Gestaltpsychologie* (ver ESTRUTURA); e às vezes se julgou que o primeiro é um método complementar do segundo. Entretanto, noções como as de "atomicidade" e "estrutura" são igualmente alheias ao desenvolvimento do comportamentalismo.

O mais conhecido dos comportamentalistas atuais é B. F. Skinner (VER), que dá continuidade ao programa iniciado por Watson e introduziu no comportamentalismo noções como as de "reforço" (ou "reforçador", *reinforcer*) e "operante".

Algumas das idéias do comportamentalismo entendido num sentido próximo ao pragmatismo (VER) foram adotadas, e consideravelmente modificadas, por G. H. Mead (VER).

O comportamentalismo psicológico no sentido de Watson e Skinner deve distinguir-se do às vezes chamado "comportamentalismo filosófico" ou "comportamentalismo analítico" (ocasionalmente recebe o nome de "comportamentalismo lingüístico", mas esse nome é passível de confusão em virtude de ter Skinner estudado do ponto de vista comportamentalista a atividade verbal e, embora isso pudesse ser denominado "lingüística comportamentalista", o fato de não ser parte de uma ciência lingüística fez com que ela receba às vezes o nome de "comportamentalismo lingüístico"). Segundo o comportamentalismo filosófico ou analítico, os termos mentais não se referem a atos mentais ou acontecimentos "internos". Gilbert Ryle, um dos principais promotores dessa forma de comportamentalismo, atacou o que denomina "o mito do fantasma na máquina" de estirpe cartesiana, isto é, a suposição de que há atos, processos, acontecimentos ou episódios "internos" (mentais), acompanhados dos — ou correlacionados com os — supostamente concomitantes atos de comportamento "externo". Os termos mentais não se referem nem a atos ou processos psíquicos nem a objetos ou processos físicos; eles se referem unicamente ao comportamento ou a disposições para conduzir-se (comportar-se) deste ou daquele modo.

Há certo número de observações nas *Investigações filosóficas* de Wittgenstein que levaram alguns a afirmar ser ele um comportamentalista (analítico ou filosófico), como, por exemplo, a tese de que o significado de uma palavra não é a experiência que uma pessoa tem ao ouvi-la ou ao dizê-la, de que os psicólogos observam o comportamento dos seres humanos, particularmente suas preferências (embora *estas* não sejam acerca do comportamento), e, sobretudo, o modo como ele desenvolve a noção de critério. Mas, como vimos neste último verbete (cf. CRITÉRIO), é possível, e plausível, dar uma interpretação não-comportamentalista da noção mencionada.

No sentido em que foi desenvolvido por J. B. Watson e Skinner, o comportamentalismo foi objeto de debate não apenas entre psicólogos como também entre cultivadores de outras disciplinas: filósofos, lingüistas etc. Em termos filosóficos, o comportamentalismo formulou problemas epistemológicos, tendo sido aceito ou rejeitado muitas vezes de acordo com as orientações correspondentes em teoria do conhecimento. Assim, por exemplo, Noam Chomsky (VER) atacou Skinner acusando-o de não dar conta dos mecanismos mediante os quais se produzem atos lingüísticos. É necessário supor que há uma competência lingüística sem a qual não se poderiam executar esses atos: entre os estímulos e as respostas, há um modelo que equivale a uma internalização das regras universais de qualquer linguagem. Desse ponto de vista, Chomsky defende o "mentalismo" — mesmo que este tenha um sentido diferente do tradicional —, enquanto Skinner é declaradamente antimentalista. Por outro lado, Quine incorporou à sua teoria da aquisição da linguagem traços comportamentalistas; a rigor, o fato de procurar explicar em detalhes a aquisição de uma linguagem por meio da qual falamos de objetos, desde os estágios mais primitivos até a quantificação e a referência, indica que temos de nos valer de uma psicologia na qual desempenham papéis importantes as noções de estímulo, resposta, similaridade perceptual etc. O comportamentalismo de Quine é, contudo, epistemologicamente mais refinado que o de Skinner e o de outros psicólogos comportamentalistas.

O empirismo epistemológico tende à — embora não a implique necessariamente — adoção de uma doutrina comportamentalista ou semicomportamentalista; o racionalismo epistemológico, em contrapartida, costuma opor-se a todo comportamentalismo. Por outro lado, o grau de comportamentalismo ou não-comportamentalismo aceito depende em boa parte da interpretação que se dê aos já citados "mecanismos internos" (ou mecanismos disposicionais) e modelos de hábitos. Se esses mecanismos ou modelos são concebidos tão-somente em função de relações de estímulo e resposta, tende-se ao comportamentalismo; se se acentua sua independência quanto à relação entre estímulo e resposta, tende-se ao não-comportamentalismo ou até ao anticomportamentalismo.

As principais obras de Watson, Titchener e Skinner foram mencionadas nas bibliografias dos verbetes correspondentes.

➲ Para os autores restantes: K. W. Spence, *The Solution of Multiple Choice Problems in Chimpanzees*, 1939. — C. L. Hull, *Principles of Behavior*, 1943. — Id., id., *A Behavior's System*, 1952.

Obras de E. L. Thorndyke: *Educational Psychology*, 1903; *The Original Nature of Man*, 1913; *Human Nature and the Social Order*, 1940; *Man and His Works*, 1943.

Para informação geral: J. R. Angell, *Psychology*, 1908. — Ch. J. Herrick, *The Thinking Machine*, 1929. — A. F. Bentley, *Behavior, Knowledge and Fact*, 1936. — A. Tilquin, *Le Béhaviorisme. Origine et développement de la psychologie de réaction en Amérique*, 1942; 2ª ed., 1950 (tese). — Sobre evolução histórica do comportamentalismo: R. Díaz Guerrero, "Historia del behaviorismo norteamericano", *Filosofía y Letras*, nn. 45-46 (1952), 59-98. — G. W. Roberts, "Incorrigibility,

Behaviourism and Predictionism", em R. Bambrough, ed., *Wisdom: Twelve Essays*, 1974, pp. 125-150. — B. D. Mackenzie, *Behaviourism and the Limits of Scientific Method*, 1977. — G. E. Zuriff, *Behaviourism: A Conceptual Reconstruction*, 1985. C

COMPOSIÇÃO. Ver Sofisma.

COMPOSSIBILIDADE. Entre as teses típicas da filosofia de Leibniz, encontramos: 1) tudo o que existe deve ser possível, isto é, não contraditório consigo mesmo; 2) tudo o que é possível, isto é, não contraditório consigo mesmo, tende a existir. As dificuldades que 1) suscita podem ser resolvidas mediante uma análise do conceito de possibilidade (ver). Já as de 2) requerem a introdução de outro conceito: o de *compossibilidade*. Com efeito, enquanto todas as possibilidades ou essências são compatíveis entre si, as realidades ou existências não são todas compatíveis entre si; caso contrário, dever-se-ia supor que tudo o que é possível é real, com a conseqüência de que o mundo não poderia conter a pletora das essências atualizadas. Isso explica por que há uma infinidade de mundos possíveis, mas apenas um mundo real. Este mundo real foi criado por Deus e é, tal como diz Leibniz repetidas vezes, o melhor de todos os mundos possíveis. Desse modo, a noção de compossibilidade explica não somente o ser do mundo como também sua perfeição (incluindo sua perfeição moral). Entretanto, uma vez admitida a referida noção, levanta-se um problema: o do critério da compossibilidade. Esse problema pode ser solucionado de várias maneiras: a) indicando-se — como fez Leibniz — que esse critério se acha na mente divina; b) assinalando-se — como faz Russell em sua interpretação da filosofia de Leibniz — que o critério consiste na submissão das existências a leis uniformes; c) apontando-se — como faz Lovejoy em sua obra sobre a idéia de plenitude ou "a grande cadeia do Ser" — que de fato Leibniz não dá nenhum exemplo suficientemente ilustrativo e inequívoco desse critério e que é legítimo admitir que a noção de compossibilidade é apenas um caso especial da noção de possibilidade em geral, de modo que, em última análise, a idéia do compossível não distingue essencialmente o princípio leibniziano de razão suficiente da idéia spinoziana de necessidade universal.

COMPREENSÃO de um conceito é o nome dado a seu conteúdo, motivo pelo qual se deve entender "o fato de que um conceito determinado se refira justamente a esse objeto determinado" (Pfänder), "o fato de que o conceito se refira a um objeto e seja composto pelas referências mediante as quais o conceito expõe seu objeto, as constâncias mentais que no conceito correspondem às notas constitutivas do objeto" (Romero). Compreensão ou conteúdo diferem, pois, da mera soma das notas do objeto e, evidentemente, do próprio objeto enquanto termo de referência dessas notas. Este novo sentido da compreensão ou conteúdo, posto em circulação pela lógica fenomenológica, destina-se a evitar as confusões de certas lógicas entre o conceito e o objeto, assim como entre o conceito e o objeto formal; dessa maneira, chega-se a uma distinção rigorosa entre conteúdo do conceito, objeto formal e objeto material, cuja correlação não equivale forçosamente a uma identificação. Um esforço semelhante para evitar esse tipo de confusão é feito por algumas outras diretrizes lógicas, como é o caso de J. S. Mill em sua definição de 'conotação' (ver).

Ver também Extensão; Intensão.

Em outro sentido muito diferente, denomina-se compreensão (*Verstehen* [ver]) uma forma de apreensão que se refere às expressões do espírito e se opõe, como método da psicologia e das ciências do espírito, ao método explicativo próprio da ciência natural. Embora a idéia da compreensão se encontre já mais ou menos claramente formulada no romantismo alemão e tenha sido aplicada por Eucken, deve-se a Dilthey sua elaboração precisa e conseqüente. Dilthey (cf. *Ges. Schriften*, V, 144, 172, 328; VII, 220 ss.) entende por compreensão o ato pelo qual se apreende o psíquico por meio de suas múltiplas exteriorizações. O psíquico, que constitui um reino particular e possui uma forma de realidade distinta da natural, não pode ser objeto de mera explicação. Como total e qualitativa, a vida psíquica resiste a toda apreensão que não aponte para o sentido de suas manifestações, de sua própria estrutura. Ao exteriorizar-se, a vida psíquica transforma-se em expressão ou em espírito objetivo. Este último, que constitui a parte fundamental e essencial das ciências do espírito propriamente ditas, consiste em exteriorizações relativamente autônomas da vida psíquica, exteriorizações que possuem em sua própria estrutura uma direção e um sentido. O método da compreensão, originariamente psicológico, torna-se, pois, para Dilthey, um procedimento mais amplo, uma hermenêutica voltada para a interpretação das estruturas objetivas enquanto expressões da vida psíquica. Compreender significa, portanto, passar de uma exteriorização do espírito à sua vivência originária, isto é, ao conjunto de atos que produzem ou produziram sob as formas mais diversas — gesto, linguagem, objetos da cultura etc. — a mencionada exteriorização. O que se compreende é, por um lado, o espírito objetivo próprio enquanto, por assim dizer, "solidificação" das expressões, mas é também, e muito especialmente, a própria expressão em sua atualidade. Espírito subjetivo e espírito objetivo constituem dessa maneira as duas regiões vinculadas entre si, mas separadas pela consideração científico-espiritual, às quais se adequa igualmente o método da compreensão.

A partir de Dilthey, contrapôs-se com freqüência a compreensão à explicação (*Erklärung*) (ver EXPLICAÇÃO), considerando-se a primeira como modo de apreensão dos objetos das ciências do espírito, ciências culturais, ciências humanas, história etc., e a segunda como modo de apreensão dos objetos das ciências naturais. Considerou-se também a compreensão um método que se ocupa de significações, sentidos, relações e complexos de sentidos, ao contrário da explicação, que se refere a fatos, a relações causais etc.

O verbo alemão *verstehen* (VER), que se traduz amiúde por 'compreender', pode ser também traduzido por 'entender'. Contudo, enquanto o ato de compreender tende a ser sintético e "global", o de entender tende a ser "analítico". A ação e efeito de compreender é o compreender ou a compreensão (*das Verstehen*), que se aplica a vivências ou a objetivações de experiências nas quais continua a revelar-se a vivência originária. A ação e efeito (assim como a faculdade) de entender é o entender ou o entendimento (*Verstand*) (ver ENTENDIMENTO), que se supõe aplicar-se a fatos ou a relações entre fatos.

No entanto, nem sempre é fácil distinguir vivências e fatos, sentidos e causas etc., e nem sempre é fácil distinguir compreender de entender (ou explicar). Por outro lado, sob o nome de 'compreensão' falou-se de atos muito diversos. Não são a mesma coisa, com efeito, compreender um texto e compreender um caráter humano ou uma situação histórica. Como a compreensão está estreitamente relacionada com a interpretação e com a hermenêutica (VER), distinguiram-se também diversos tipos de compreensão de acordo com diversos modos hermenêuticos, tais como a hermenêutica de um texto, a hermenêutica das vivências e a hermenêutica ontológica. Falou-se de compreensão histórica, compreensão metafísica, compreensão existencial etc.

Os autores que seguiram as inspirações de Dilthey — como, entre outros, Eduard Spranger, Georg Misch e Joachim Wach (VER) — elaboraram a noção de compreensão em vários sentidos, mas na grande maioria dos casos ativeram-se a seus aspectos epistemológicos e metodológicos. A idéia de compreensão ficou então confinada ao modo como funciona enquanto método da psicologia e das ciências do espírito. Em contrapartida, Heidegger desenvolveu uma idéia da compreensão de caráter existenciário (VER). A compreensão é um dos existenciários da Existência (*Dasein* [VER]), originariamente equiparável aos outros existenciários (ver HEIDEGGER, MARTIN). Segundo Heidegger, a "disposição" ou o "encontrar-se em" tem sempre sua compreensão. Esta consiste fundamentalmente no fato de que o *Dasein* é em cada caso o que *pode* ser (*Ser e Tempo*, § 31). Por isso, a compreensão é "o ser existenciário da própria possibilidade de ser do Dasein" (*loc. cit.*; sublinhado no original). Em outros termos, a compreensão é apenas derivativamente o que entendemos por apreensão de realidades. Essa apreensão está incluída como um modo de ser do *Dasein* na medida em que este último projeta seu próprio ser em possibilidades (*op. cit.*, § 32). Deve-se "entender" aqui possibilidade (VER) no sentido heideggeriano como possibilidade para o *Dasein* de ser o que ele mais "propriamente" é. Daí que a interpretação (*Auslegung*) seja não uma função cognoscitiva mais ou menos peculiar, mas o chegar a ser si mesmo da compreensão. A hermenêutica da compreensão que Heidegger desenvolve funda-se no ser do *Dasein*; "compreender" é, a rigor, um modo de ser. E, ao mesmo tempo, afirmar ou enunciar é um modo derivado de interpretar (ver COMO). Temos, assim, o *Dasein*, cujo "ser aí" consiste em encontrar-se "compreendendo", fato pelo qual pode interpretar e pelo qual pode afirmar algo de algo.

Hans-Georg Gadamer seguiu a linha iniciada por Heidegger, que consiste em superar tanto a hermenêutica clássica da interpretação dos textos como a "hermenêutica romântica" de Schleiermacher e Dilthey mediante a investigação fenomenológica (*Wahrheit und Methode*, 2ª ed., 1965, pp. 245 ss.; trad. br.: *Verdade e método*, s.d.). Não se trata já de um método para o acesso às ciências do espírito, mas de uma estrutura ontológica do ser do homem como ser histórico. Por isso, Gadamer fala de uma "historicidade do compreender" (*op. cit.*, pp. 250 ss.) em virtude da qual se torna possível a dissolução da contraposição abstrata entre tradição e historiografia e entre história e saber (*op. cit.*, p. 267). A compreensão é, a rigor, um "acontecer" que constitui a historicidade do homem (a historicidade da compreensão corre paralelamente com a compreensão da historicidade). A compreensão é por isso um "diálogo" dentro da tradição. Por isso, tradição, autoridade e preconceito (VER) não são necessariamente obstáculos à compreensão, mas antes possibilidades de compreensão. A dimensão ontológica da compreensão em Heidegger se completa (ou modifica) com uma dimensão histórico-ontológica. A compreensão encontra-se dentro do horizonte da "consciência da eficácia histórica" (*Wirkungsgeschichtliches Bewusstsein*), de tal modo que "a compreensão é, por sua essência, um processo de eficácia histórica" (*ein wirkungsgeschichtlicher Vorgang*) (*op. cit.*, p. 283). Por esse motivo, a incompreensão ou falta de compreensão não são alheias à compreensão: são possíveis na e a partir da compreensão como um obstáculo a ela ou como um modo defectivo da mesma. Não se trata de que a compreensão tenha limites traçados a partir de fora; os "limites", se se pode falar destes, são o horizonte do diálogo hermenêutico fora do qual não há nada, ou há meras abstrações sem alcance ou eficácia.

As idéias de Gadamer sobre a compreensão, e em particular a teoria hermenêutica ontológica, ou a hermenêutica das tradições, vinculada à compreensão, foram objeto de crítica de vários lados. Assim, por exemplo, Habermas opôs-se a Gadamer no curso de uma "crítica das ideologias", especialmente na medida em que considerou que não há limites — e muito menos limites "tradicionais" — na comunicação e na interpretação. Ainda assim, há em Habermas certa simpatia pela noção de compreensão, incluindo algumas de suas dimensões histórico-ontológicas. Autores de tendências analíticas, e especialmente neopositivistas, opuseram-se, em contrapartida, não apenas à interpretação ontológica e ontológico-histórica da compreensão, mas à própria idéia de compreensão de um ponto de vista metodológico. Foi típico desses autores, com efeito, destacar a importância da explicação. Ora, em virtude de várias transformações que ocorreram no âmbito do pensamento "analítico" em geral, especialmente na medida em que se foram dissolvendo os pressupostos neopositivistas da análise, foi emergindo dentro desse pensamento uma revalorização da noção de compreensão. Esta, porém, não é a compreensão ontológica ou histórico-ontológica de Heidegger e Gadamer, mas sobretudo a compreensão em sentido epistemológico e metodológico (mais próxima, portanto, dos modos como Dilthey e seus discípulos elaboraram a noção de compreensão, bem como dos modos pelos quais Collingwood elaborou a idéia de "entendimento histórico"). Georg H. von Wright (*Explanation and Understanding*, 1971, p. 33) enfatizou que as objeções dos filósofos da ciência positivistas à noção de compreensão se fundam em argumentos que poderiam ser válidos contra Dilthey ou Collingwood, mas que não o são contra outras versões (e, poder-se-ia acrescentar, que não o são tampouco necessariamente contra versões epistemologicamente mais refinadas das idéias dos próprios Collingwood e Dilthey). Numa forma bastante "atenuada", M. Scriven revalorizou a noção de compreensão (cf. "Verstehen Again", *Theory and Decision*, 1 (1971), e "Causes, connections, and conditions in History", *Philosophical Analysis and History*, 1966, ed. William Dray). De acordo com Scriven, o método da compreensão não somente é capaz de proporcionar conhecimento histórico como também de fazê-lo de tal maneira que o conhecimento obtido (a "compreensão assim ganha") não requer justificação ulterior e basta para dar a razão buscada. A compreensão é comparável então a um "diagnóstico" por meio do qual se compreende algo e se justifica essa compreensão. Howard Cohen ("Das Verstehen and Historical Knowledge", *American Philosophical Quarterly*, 10 [1973], 299-306) opôs-se a isso indicando que, mesmo nos casos em que se consegue um conhecimento por "compreensão", usam-se dados que, em princípio, deveriam ser acessíveis de outra maneira que não "compreensivamente". Por outro lado, Paul Ricoeur procurou desfazer a "dicotomia" entre compreensão e explicação no quadro de uma hermenêutica (VER) na qual compreensão e explicação são momentos relativos no processo da "interpretação".

O mais provável é que os debates acerca da natureza e da justificação, ou falta de justificação, da noção de compreensão prossigam, adotando-se certo número de posições básicas que podem ser esquematizadas do seguinte modo:

1) Não há compreensão, mas apenas explicação, à qual se pode reduzir todo método "compreensivo".
2) O que se denomina "explicação" é uma das formas que a compreensão pode adotar.
3) Há dicotomia entre compreensão e explicação, e cada uma destas tem um emprego determinado que depende do tipo de tema investigado ou do modo de abordar o tema.
4) Não há dicotomia, ou ao menos dicotomia estrita, entre compreensão e explicação, porque, ao menos em algumas áreas, ambas se mesclam ou se combinam.

Essas posições básicas dizem respeito à idéia epistemológica e metodológica da compreensão, mas não atingem as idéias acerca da compreensão desenvolvidas por Heidegger e Gadamer. Heidegger argumentaria, sem dúvida, que todas essas posições se fundam em asserções, as quais são derivativas com relação à interpretação, que é função da compreensão como um dos existenciários do *Dasein*. Gadamer argumentaria, provavelmente, que todas essas posições exprimem concepções abstratas da compreensão, situadas fora do horizonte no qual se dá o diálogo das tradições e da hermenêutica das tradições.

↪ Ver: W. Dilthey, *Die Entstehung der Hermeneutik*, 1900 [*Ges. Schriften*, VI, 1924] (sobre o conceito de compreensão em Dilthey, ver especialmente: Arthur Stein, *Der Begriff des Verstehens bei Dilthey*, 1926; 2ª edição da obra: *Der Begriff des Geistes bei Dilthey*, 1913; W. Erzleben, *Erlebnis, Verstehen und geschichtliche Wahrheit. Untersuchungen über die geschichtliche Stellung von Diltheys Grundlegung der Geisteswissenschaften*, 1937; R. Boehm, "'Erklären' und 'Verstehen' bei Dilthey", *Zeitschrift für philosophische Forschung*, 5, 1951, 410-417; e Howard Nelson Tuttle, *W. Dilthey's Philosophy of Historical Understanding: A Critical Analysis*, 1969). — Benno Erdmann, *Erkennen und Verstehen*, 1912. — E. Spranger, *Psychologie des Jugendalters*, 1924. — K. Schunk, *Verstehen und Einsehen*, 1926. — G. Roffenstein, *Das Problem des psychologischen Verstehens*, 1926. — Joachim Wach, *Das Verstehen: Grundzüge einer Geschichte der hermeneutischen Theorien im 19. Jahr.*, 3 vols., 1926-1933;

reimp., 1966. — L. Binswanger, "Verstehen und Erklären in der Psychologie", *Zeitschrift für die gesamte Neurologie und Psychologie*, 107 (1927). — G. Kafka, "Verstehende Psychologie und Psychologie des Verstehens", *Archiv für gesamte Psychologie*, 65 (1928). — H. Gomperz, *Ueber Sinn und Sinngebilde. Verstehen und Erklären*, 1929. — P. F. Linke, *Verstehen, Erkennen und Geist. Zur Philosophie der psychologisch-geisteswissenschaftlichen Betrachtungsweise*, 1936. — Walther Ehrlich, *Das Verstehen*, 1939. — Th. Abel, "The Operation Called 'Verstehen'", *The American Journal of Sociology*, 54 (1948), 211-218. — O. F. Bollnow, *Das Verstehen. Drei Aufsätze zur Theorie der Geisteswissenschaften*, s/d (1949). — K. O. Apel, "Das 'Verstehen'. Eine Problemgeschichte als Begriffsgeschichte", *Archiv für Begriffsgeschichte*, I (1955), 142-199. — Theodor Haering, *Philosophie des Verstehens. Versuch einer systematisch-erkenntnistheoretischen Grundlegung allen Erkennens*, 1963. — Emerich Coreth, *Grundfragen der Hermeneutik*, 1969, especialmente caps. II-IV. — Georg Henrik von Wright, *Explanation and Understanding*, 1971. — Carl Friedrich Gethmann, *Verstehen und Auslegung. Das Methodenproblem in der Philosophie M. Heideggers*, 1974. — William Outhwaite, *Understanding Social Life: The Method Called "Verstehen"*, 1975. — M. Riedel, *Verstehen oder Erklären? Zur Theorie und Geschichte der hermeneutischen Wissenschaften*, 1978. — F. M. Wimmer, *Verstehen, Beschreiben, Erklären. Zur Problematik geschichtlicher Ereignisse*, 1978. — J. Schmucker-Hartmann, *Logik des Verstehens*, 1979. — K.-O. Apel, *Die Erklären/Verstehen-Kontroverse in transzendentalpragmatischer Sicht*, 1979. — D. Hirschfeld, *"Verstehen" als Synthese. Die evolutionäre Form hermeneutischen Wissens*, 1985. — S. Strasser, *Understanding and Explanation: Basic Ideas Concerning the Humanity of the Human Sciences*, 1985. ∈

COMPREENSIVO (O) (*das Umgreifende*) é um conceito introduzido por Karl Jaspers (VER) em várias obras (*Vernunft und Existenz*, 1933; *Philosophische Logik* [I, 1947]; *Der philosophische Glaube*, 1948). Este conceito surge *como* conseqüência de um exame da noção de horizonte (VER). Nenhum dos horizontes abarca o Todo; cada horizonte é limitador e limitado. Pode-se perguntar então se há uma espécie de "horizonte dos horizontes" que o compreenda ou abarque todo. Jaspers responde negativamente, mas afirma que há o compreensivo, dentro do qual está todo horizonte particular, mas que não é visível como horizonte. O compreensivo não é apenas sujeito ou apenas objeto, encontrando-se em ambos os lados da divisão *sujeito-objeto*. Por isso, pode ser considerado de dois modos: como o ser em si mesmo que nos cerca ou como o ser que somos. Enquanto ser em si mesmo que nos cerca (ou está fora de nós), o compreensivo aparece em dois níveis: o mundo como totalidade (não um objeto, mas uma idéia) e a transcendência (o ser que fala como se fosse por meio do ser que está no mundo, isto é, o termo da existência [*Existenz*] que se torna livre quanto mais religada se encontra à transcendência). Enquanto ser que somos, o compreensivo aparece em três níveis: a existência como ser-aí (*Dasein* [nível do sensível, em que a verdade é de índole pragmática]); a consciência em geral (nível do objetivo, do obrigatório [*zwingend*], em que a verdade é científica e "objetiva"); e o espírito (*Geist*) (a vida das idéias, das generalizações).

COMPROMISSO. A noção de compromisso, como ação e efeito de comprometer-se, tão utilizada por muitas filosofias de cunho existencialista, está estreitamente relacionada com a noção de decisão (VER). Não é, contudo, exatamente equivalente a ela, motivo pelo qual lhe dedicamos algumas linhas à parte.

Pode-se empregar a noção de compromisso em dois sentidos: num sentido amplo, como designação de um constitutivo fundamental de toda existência humana, e num sentido mais estrito, como designação de um constitutivo fundamental do filósofo. Esses dois sentidos não podem separar-se por inteiro; de fato, eles estão co-implicados, visto que o estar comprometido, próprio de toda existência humana, transborda sobre o estar comprometido do filósofo, e ao mesmo tempo este encontra no horizonte de seu pensamento filosófico a noção de compromisso que, segundo alguns, corresponde a toda existência humana. No entanto, referir-nos-emos aqui brevemente apenas ao compromisso no sentido mais estrito; o que dissemos em parte do verbete Existência (VER) e em noções aparentadas com a de compromisso, tais como a de decisão (VER) e, parcialmente, a de vocação (VER), pode ser utilizado para a compreensão do sentido amplo citado.

Comprometer-se como filósofo significa principalmente ligar de modo íntimo uma proposição filosófica com o que se faz com essa proposição; em termos correntes, vincular intimamente a teoria com a prática. Recusar comprometer-se significa adotar a atitude oposta: supor que o que se faz com uma proposição não tem em princípio nenhum vínculo com a afirmação dessa proposição. A essas duas atitudes — compromisso e rejeição de compromisso — unem-se dois modos de julgar as proposições filosóficas: um segundo o qual essas proposições são consideradas juntamente com aquilo que o filósofo faz com elas e outro segundo o qual as proposições são julgadas por motivos extrapessoais — por sua consistência interna, por sua adequação à realidade objetiva etc. Observamos que esses modos de julgar afetam não apenas a relação (ou falta de relação) da proposição com o filósofo que a formula, mas também a significação da proposição de referência: os partidários da primeira atitude afirmam que a significação da proposição está unida ao fato de que o filósofo se comprometa (ou se negue a comprometer-se, o que é também para eles uma forma de comprometer-se) com relação a ela, enquanto os partidários da segunda atitude sustentam que a significação de qualquer proposição filosófica é independente de todo compromisso. Por seu turno, os partidários da primeira atitude distinguem filósofos que se comprometem (por exemplo, Sócrates e Kierkegaard) e filósofos que não se comprometem (como, por exemplo, Aristóteles e Hegel), ao passo que os partidários da segunda atitude rejeitam essa distinção por considerá-la pouco ou nada informativa sobre as respectivas filosofias. Observemos porém que, no que se refere a essa divisão entre tipos de filósofos, trata-se na maioria dos casos de um mero argumento a favor da noção de compromisso ou contra ela. De fato, nem os "compromissários" nem os "anticompromissários" deveriam admitir nenhuma divisão: os primeiros, porque terminam por afirmar que todo filósofo (deseje-o ou não) se compromete — a menos que sua filosofia careça de todo sentido —; os segundos, porque acabam por declarar que nenhum filósofo (enquanto filósofo) se compromete, a menos que suas proposições filosóficas careçam de todo sentido.

Michael Polanyi (VER) propôs e desenvolveu uma "lógica do compromisso". De acordo com esse autor, é inadmissível — "contraditório consigo mesmo", escreve ele — retirar-se de uma situação de compromisso no que se refere às crenças que nela se mantêm e ao mesmo tempo permanecer comprometido com as mesmas crenças reconhecendo a verdade de seu conteúdo fático. Em outras palavras, se há uma crença, C, cujo conteúdo fático é reconhecido como verdadeiro, T, então é contraditório proclamar que não se mantém nenhum compromisso, ou que não se está em nenhuma situação de compromisso com relação a C. Polanyi elabora uma "estrutura do compromisso" destinada a "dessubjetivizar" e "desrelativizar" o compromisso. "No quadro do compromisso" — escreve —, "dizer que um enunciado é verdadeiro é autorizar sua asserção. A verdade torna-se a justeza de uma ação. A verificação de um enunciado se transpõe a um dar razões para decidir aceitá-lo, embora essas razões nunca sejam completamente especificáveis. Devemos comprometer cada momento de nossa vida de um modo irrevogável em bases que, se o tempo pudesse ser suspenso, se mostrariam invariavelmente inadequadas. Mas nossa responsabilidade total para dispor de nós faz com que essas bases objetivamente inadequadas nos obriguem" (*Personal Knowledge*, parte III, X, 9).

➲ Ver: A. Caturelli, *El filosofar como decisión y compromiso*, 1958. — Peter Kemp, *Théorie de l'engagement. I: Pathétique de l'engagement*, 1973. — R. Trigg, *Reason and Commitment*, 1973. — H.-J. Wilting, *Der Kompromiss als theologisches und als ethisches Problem*, 1975. — E. J. Echeverría, *Criticism and Commitment: Major Themes in Contemporary Post-Critical Philosophy*, 1981. — J. Blustein, *Care and Commitment: Taking the Personal Point of View*, 1991. — C. G. Hill, *J.-P. Sartre: Freedom and Commitment*, 1992. ➲

COMPROMISSO ONTOLÓGICO. Costuma-se dar este nome ao resultado da atitude segundo a qual se aceita que há estas ou aquelas entidades. Uma pessoa pode comprometer-se a aceitar que há gatos, ou que há centauros, ou que há números primos, ou tudo isso simultaneamente. Filosoficamente, o compromisso ontológico — que pode ser também denominado, como às vezes ocorre, "compromisso ôntico" — é fundamental, porque enfatiza quais tipos de entidades se aceitam como reais.

Podem-se aceitar estas ou aquelas entidades como entidades que há sem dizer nada acerca de outras entidades. Isso não significa que se excluam essas outras entidades, mas tampouco significa que sejam aceitas. Simplesmente não se diz dessas outras entidades, ou supostas entidades, se as há ou não — elas não fazem parte do discurso. No entanto, tão logo façam parte do discurso, pode-se proceder a afirmar se são aceitas ou não. Aceitar que as há é comprometer-se ontologicamente com relação a elas.

Quine (VER) introduziu o chamado "critério de compromisso ontológico" por meio do qual deve ficar claro se se aceita ou não que haja estas ou aquelas entidades. Segundo Quine, o uso de nomes não constitui nenhum critério, pois cabe facilmente repudiar sua "nominabilidade" (melhor, seu ser nomes). Assim, os nomes são indiferentes à questão ontológica: eles podem transformar-se em descrições, e estas podem ser eliminadas. "Qualquer coisa que possamos dizer com a ajuda de nomes pode ser dito numa linguagem que descarta completamente os nomes. Ser assumido como uma entidade é, pura e simplesmente, ser contado como o valor de uma variável" ("On What There is", em *From a Logical Point of View*, p. 13).

"Ser é ser o valor de uma variável" — eis a mais difundida fórmula de Quine com referência à sua idéia de compromisso ontológico, e também a mais discutida. Não se trata de que, pelo fato de usar-se uma fórmula com uma variável ligada tal como '$(\exists x)(Fx)$' (em nossa notação: '$\lor x\, Fx$') — que se lê: 'Para alguns x, x é 'F', e se 'F' se lê 'é um cão', 'Há cães' —, se admita a existência de cães. Não se está afirmando que, sempre que se liga uma variável mediante um quantificador particular ou existencial, haja a entidade quantificada. O que há não depende da linguagem.

Como indica Quine, "o que está sendo considerado não é o estado de coisas ontológico, mas os compromissos ontológicos do discurso. O que há não depende em geral do uso que se faz da linguagem, mas o que se diz que há depende, por sua vez, desse uso" ("Logic and the Reification of Universals", em *op. cit.*, p. 103). Por isso, uma fórmula mais precisa do compromisso ontológico de Quine é: "Uma teoria assume uma entidade se e somente se deve ser contada entre os valores das variáveis a fim de que os enunciados afirmados na teoria sejam verdadeiros" (*loc. cit*; sublinhado por Quine).

Visto que não se trata de uma imposição da lógica à linguagem, mas da expressão mediante a linguagem de um compromisso ontológico, as objeções segundo as quais o critério de Quine se aplica aos que fazem uma afirmação de que algo existe não são válidas; o próprio Quine indica que o critério se aplica ao discurso e não àqueles que o usam. Entre os reparos feitos ao critério de Quine figura o de que ele não pode ser aplicado a expressões cujas variáveis estão ligadas por um quantificador universal. Isso parece ocorrer, mas deve-se levar em conta que ou mediante esse quantificador não se diz ainda nada, salvo quando se complementa com a afirmação de que há aquilo de que o quantificador fala — o que equivale a ligar a variável mediante um quantificador particular —, ou então se recorre à noção de pressuposição (VER).

Alguns afirmaram que o critério de compromisso ontológico aqui discutido é incompleto a menos que se quantifiquem também predicados. Mas é possível quantificar um predicado e interpretá-lo como uma construção. Alguns autores assinalam que existe uma diferença entre 'Há...' e '... existe', e que apenas a última expressão é adequada à expressão de um compromisso ontológico.

Desenvolveram-se lógicas quantificacionais sem pressupostos existenciais, que seriam indiferentes a todo compromisso ontológico. Em alguma medida, se assim é, ou se deve eliminar ou se deve reforçar o critério de compromisso ontológico de Quine. Eliminando-o, deve-se buscar outro critério de expressão lógica; reforçando, é necessário indicar as razões pelas quais se aceita que há a entidade que se quantifica existencialmente, mas então não parece bastar ligar a variável quantificacionalmente. A resposta de Quine a essas observações é possivelmente a já formulada de que "um modo no qual alguém pode deixar de admitir os compromissos ontológicos de seu discurso é, obviamente, o adotar uma atitude frívola". Essa resposta, porém, parece transcender a tese originária de que, se alguém quer expressar que se compromete a aceitar x, tem de expressar esse compromisso ligando x quantificacionalmente, pois uma pessoa pode não querer expressar — por frivolidade ou seja lá pelo que for — que se compromete a aceitar que há x mesmo ligando x quantificacionalmente.

Alguns filósofos da linguagem ordinária observaram que o critério lógico de compromisso ontológico deixa escapar matizes da noção de existência, que cabe expressar mediante 'Há...', '... existe', 'Há algo que...', 'Algo...' etc., de maneira que a "unificação lógica" se mostra artificiosa. Há várias respostas possíveis a essa observação. Uma é que um critério de compromisso ontológico expresso quantificacionalmente — na forma proposta por Quine ou por outras diferentes, ou mais refinadas, ou qualificadas — aplica-se principalmente, se não exclusivamente, a linguagens científicas. A outra é que é ainda possível desenvolver a lógica das linguagens naturais de modo tal que se possam levar em conta os matizes mencionados.

Em *O ser e o sentido* (1967, VIII, § 6), o autor desta obra ofereceu o que denomina "critério conceitual" de compromisso ontológico. A apresentação é um tanto crua, mas seu sentido geral é o seguinte: há compromisso ontológico quando se conceptualiza a realidade de tal modo que se aceitam domínios de realidades no âmbito dos quais se afirma que há estas ou aquelas entidades. A conceptualização em questão não é o estabelecimento de um esquema *a priori*: é o desenvolvimento de uma ontologia estreitamente ligada ao estado do conhecimento na época em que se desenvolve (estado do conhecimento sobre o qual, evidentemente, cabem disputas). Um aspecto fundamental no estado desse conhecimento é o das ciências. Uma vez feitas as correspondentes propostas ontológicas, o critério de Quine pode servir para dar-lhes uma expressão lógica.

⮡ Ver: L. B. Cebik, Ch. S. Chihara *et al.*, *Ontological Commitment*, 1974, ed. Richard H. Severens. — D. Gottlieb, *Ontological Economy: Substitutional Quantification and Mathematics*, 1980. — J. Humphries, "Quine's Ontological Commitment", *Southern Journal of Philosophy*, 18 (1980), 159-167. — H. T. Hodes, "Ontological Commitment: Thick and Thin", em *Meaning and Method: Essays in Honor of Hilary Putnam*, 1990. ⊂

COMPROVAÇÃO. Ver CONTRASTAÇÃO; CORROBORAÇÃO; VERIFICAÇÃO.

COMTE, AUGUSTE (1798-1857). Nascido em Montpellier. Secretário de Saint-Simon e colaborador no órgão do saint-simonismo, *Le Producteur*, rompeu com ele para formular livremente seu primeiro curso de filosofia positiva. Repetidor de matemática na Escola Politécnica, não pôde conseguir uma nomeação oficial e viveu, desde 1823 até a morte, da proteção de seus adeptos. Sua doutrina seguiu um curso sensivelmente distinto quando ele conheceu Clotilde de Vaux, que, como ele mesmo declarou, inspirou sua religião da humanidade. Comte deu à sua filosofia o nome de positiva; no entanto, o positivismo posterior, que tem Comte como fundador, não equivale exatamente a essa filosofia. Procedente, em sua parte afirmativa, do saint-simonismo, e, em sua parte negativa, da aversão ao espiritualismo metafísico, o positivismo de Comte constitui uma doutrina orgânica, não apenas no aspecto teórico, mas também, e muito especialmente, no prático. O propósito de Comte não é, de imediato, erigir uma nova filosofia ou estabelecer as ciências sobre novas bases; é proceder a uma reforma da sociedade. Mas a reforma da sociedade implica necessariamente a reforma do saber e do método, pois o que caracteriza uma sociedade é justamente, para Comte, a altura de seu espírito, o ponto a que ela chegou em seu desenvolvimento intelectual. Daí que o sistema de Comte compreenda três fatores básicos: em primeiro lugar, uma filosofia da história que deve mostrar por que a filosofia positiva é a que deve imperar no futuro próximo; em segundo lugar, uma fundamentação e uma classificação das ciências assentadas na filosofia positiva; por último, uma sociologia ou doutrina da sociedade que, ao determinar a estrutura essencial desta, permita passar à reforma prática e, por fim, à reforma religiosa, à religião da Humanidade.

A significação de 'positivo' ressalta imediatamente da filosofia da história de Comte, resumida na lei dos três estágios: o teológico, o metafísico e o positivo, que não são simplesmente formas adotadas pelo conhecimento científico, mas atitudes totais assumidas pela humanidade em cada um de seus períodos históricos fundamentais. O estágio teológico é aquele no qual o homem explica os fenômenos por meio de seres sobrenaturais e potências divinas ou demoníacas; a este estágio, cujas fases são o fetichismo, o politeísmo e o monoteísmo, corresponde um poder espiritual teocrático e um poder temporal monárquico, unidos num Estado de tipo militar. Sucede-o um estágio metafísico, que procede do monoteísmo como resumo de todas as forças divinas num único ser e que, ao personalizá-las numa unidade, permite ao mesmo tempo a sua despersonalização. As causas dos fenômenos transformam-se então em idéias abstratas, em princípios racionais. É um período crítico negativo, uma desorganização dos poderes espirituais e temporais, uma ausência de ordem que tende continuamente à anarquia, pois no estágio metafísico irrompem todas as forças dissolventes da inteligência. Por fim, sobrevém o estágio positivo, que substitui as hipóteses e as hipóstases metafísicas por uma investigação dos fenômenos limitada à enunciação de suas relações. A esta altura do progresso intelectual corresponde uma superação da fase crítica intermediária; o poder espiritual passa então às mãos dos sábios, e o poder temporal, às mãos dos industriais. O saint-simonismo ressurge claramente nesta fase última da história, mas a era industrial que Saint-Simon anunciava é completada e aperfeiçoada pelo positivismo da ciência, que renuncia a todo o transcendente e se reduz à averiguação e à comprovação das leis dadas na experiência, e isso não apenas para os fenômenos físicos, mas também para os puramente espirituais, para o mundo do social e do moral.

O positivo não é, pois, apenas uma forma de organização das ciências; é um estado total que requer, antes de tudo, uma ordem e uma hierarquia. A passagem pelos três estágios em cada uma das ciências é para Comte perfeitamente demonstrável, porém o que caracteriza as ciências não é a rigorosa vinculação de todas e de cada uma delas ao período social correspondente, mas cabalmente sua gradual antecipação no caminho que conduz ao positivo, o fato de que sua hierarquia coincida com seu maior ou menor estado de positivização. Essa hierarquia forma, por assim dizer, uma pirâmide em cuja base se encontra a matemática e em cujo vértice está a sociologia; entre uma e outro, e apoiando-se cada uma das ciências no conhecimento dos princípios da precedente, encontram-se a astronomia, a física, a química e a biologia. O que as diferencia entre si não é tanto seu maior ou menor caráter positivo *essencial*, mas a comprovação de que o positivo irrompeu nelas em épocas distintas e progressivamente mais avançadas da história. Pela simplicidade de seu objeto, a matemática é a ciência em que o positivo foi adquirido com anterioridade às outras: já na Antiguidade ela foi tratada positivamente. Mas a maior complicação gradual que oferecem os outros saberes, o predomínio neles do concreto e do indutivo, faz com que seu positivismo seja progressivamente mais tardio. Assim ocorre com a astronomia; assim também, e em grau maior, com a física, a química e a biologia. Por último, a ciência cujos objetos são mais concretos, a sociologia, é a que penetra com mais atraso no domínio do positivo. Justamente a inclusão da sociologia nesse domínio é o que caracteriza, em última análise, o advento do estágio positivo total, da fase na qual a sociologia como ciência do homem e da sociedade poderá, finalmente, ser transformada, pelo método naturalista, numa estática e numa dinâmica do social.

O tema da nova época é, portanto, a transformação da sociologia em ciência positiva de acordo com a irrupção de um novo estágio que supere a destruição do último grande período orgânico, a Idade Média, e substitua os fatores anárquicos do protestantismo, do liberalismo e do Estado jurídico por uma nova ordem de configuração medieval, mas sem a dogmática católica. Por isso, a nova época exige que a explicação dinâmica da sociedade, que culmina na lei dos três estágios, seja substituída por uma explicação estática. A estática social vincula-se por sua vez com a religião da Humanidade, pois somente quando a sociologia se torna possível como ciência positiva pode a nova ordem espiritual e temporal ter um fundamento religioso. A filosofia da história — de Comte — explica, assim, o esforço realizado por cada época em seu caminho rumo à fase positiva. Os estágios teológico e metafísico representam, sem dúvida, uma busca, mas uma busca infrutífera. O estágio último e definitivo apresenta-se dessa maneira como a descoberta do que, em seu fundo último, foi sempre a aspiração da Humanidade: a ciência positiva, que rejeita toda sobrenaturalização e toda hipóstase e transforma o filósofo num "especialista em generalidades"; o poder espiritual nas mãos dos sábios; o poder temporal nas mãos dos industriais; o pacifismo, a ordem e a hierarquia, e, como atmosfera que a tudo envolve, uma moral do altruísmo baseada na estática essencial da vida social, ou, como resume Comte, "o amor como princípio, a ordem como base, o progresso como fim".

A passagem à religião da Humanidade é uma conseqüência necessária da negação da "rebelião da inteligência contra o coração" própria do estágio metafísico, e é também uma derivação do próprio caráter positivo da estática social, que exige um objeto inteiramente positivo, uma entidade não-transcendente, mas perfeitamente cognoscível e próxima, tal como o é a Humanidade revelada pela história. A Humanidade, no conjunto de todos os seus esforços, mesmo dos meramente possíveis, constitui o objeto inevitável de um culto que nega a Deus como ser transcendente. O positivo penetra desse modo na própria religião, que, esvaziada do conteúdo dogmático do cristianismo, pode, contudo, produzir na sociedade os mesmos efeitos de ordem e organização. Essa religião, à qual Comte dedicou os últimos anos de sua vida, tem por objeto a Humanidade em seu passado, presente e futuro como o Grande Ser. Os sábios, que retêm o poder espiritual, são agora os sacerdotes do novo culto e por isso podem vencer, se a ciência positiva não bastasse, a insurreição da inteligência contra o coração.

A influência de Comte seguiu aproximadamente o mesmo curso do destino do positivismo (VER), que, em seu aspecto de reação à especulação do idealismo romântico, conservou de Comte principalmente a posição antimetafísica. Afora a influência perceptível de Comte em todas as direções positivas imperantes na segunda metade do século XIX e prescindindo da formação de numerosos grupos e associações positivistas que se difundiram particularmente na América do Sul (sobretudo no Brasil) — onde o positivismo de procedência européia se encontrou com o que Alexandre Korn denominou o "positivismo autóctone" —, o pensamento de Comte influenciou de modo mais direto Émile Littré (VER), que rejeitou, porém, a religião da Humanidade, e Pierre Laffite (VER), que acentuou justamente sua adesão a esta última fase da filosofia comtiana. Na Inglaterra, propagaram a doutrina de Comte, além de John Stuart Mill (VER), G. H. Lewes (VER), Harriet Martineau (1802-1876), que traduziu, resumiu e comentou o *Curso de filosofia*, e, sobretudo, Richard Congreve (1818-1899), que formou vários discípulos entusiastas do comtismo em Wadham — entre eles, distinguiram-se Frederic Harrison (1831-1923), autor, entre outros livros, de *Creed of a Layman* (1907), *The Philosophy of Common Sense* (1907), *The Positive Evolution of Religion* (1913) e suas *Autobiographic Memoirs* (2 vols., 1911); John Henry Bridges (1832-1906), que em seu *The Unity of Comte's Life and Doctrine* (1866) combateu a cisão usual entre o positivismo científico e a religião da Humanidade, e em seus *Five Discourses on Positive Religion* (1882) insistiu na importância desta última; e Edward Spencer Beesly (1831-1915), autor de *Comte as a Moral Type* (1885). O grupo de Wadham fundou em 1867 a *London Positivist Society*, filiada à organização positivista que tinha sua sede na França. A cisão aqui produzida entre Lafitte e Littré repercutiu também na Sociedade inglesa, que aderiu quase inteiramente ao primeiro. *The Positivist Review*, que se transformou em *Humanity* (1923) e desapareceu em 1925, foi fundada em 1893.

↪ Obras: *Cours de philosophie positive*, 6 vols., 1830-1842 (ed. crítica por Michel Serres, 1975). — *Discours sur l'esprit positif*, 1844. — *Discours sur l'ensemble du positivisme*, 1848. — *Système de politique positive, instituant la religion de l'Humanité*, 4 vols., 1851-1854 (contém, no vol. IV, a reimpressão de vários dos primeiros ensaios de Comte nos quais figuram já as grandes linhas de sua filosofia e, sobretudo, de sua doutrina social; entre eles, as *Considérations philosophiques sur les sciences et les savants*, 1825). — *Catéchisme positiviste ou sommaire exposition de la religion universelle*, 1852. — *Synthèse subjective ou système universel des conceptions propres à l'état normal de l'Humanité*, 1856.

Em português: *Catecismo positivista*, 1997. — *Discurso sobre o espírito positivo*, 1990.

Edição de obras: Os "Archives Positivistes" publicam uma série de obras inéditas, ed. Paulo E. de Berrêdo Carneiro e Pierre Arnaud: *Écrits de jeunesse, 1816-1828, suivis de Mémoire sur la cosmogonie de Laplace, 1835*, 1970: *Correspondance générale et Confessions*, 4 vols.: I (1814-1840), 1973; II (1841-1845), 1975; III (1845-1846), 1977; IV (1846-1848), 1981. — *Oeuvres complètes*, 12 vols., 1968-1970.

Ver: E. Littré, *A. Comte et la philosophie positive*, 1863. — John Stuart Mill, *A. Comte and Positivism*, 1865. — L. Lévy-Bruhl, *La philosophie d'Auguste Comte*, 1900. — Eugenio Rignano, *La soziologia nel corso di filosofia positiva d'A. Comte*, 1904. — Georg Mehlis, *Die Geschichtsphilosophie A. Comtes*, 1909. — René Mathis, *La loi des trois états*, 1924 (tese). —

Ch. de Rouvre, *A. Comte et le catholicisme*, 1928. — H. Marense, *Die Geschichtsphilosophie A. Comtes*, 1932. — Jean Devolvé, *Réflexions sur la pensée comtienne*, 1932. — Henri Gouhier, *La jeunesse d'A. Comte et la formation du positivisme. I. Sous le signe de la liberté*, 1933; *II. Saint-Simon jusqu'à la Restauration*, 1936; *III. A. Comte et Saint-Simon*, 1941. — Pierre Ducassé, *Essai sur les origines intuitives du positivisme*, 1939. — *Id., Méthode et intuition chez A. Comte*, 1939. — F. S. Marvin, *C., the Founder of Sociology*, 1936. — Jean Lacroix, *La sociologie d'A. C.*, 1956. — Margarete Steinhauer, *Die politische Soziologie A. Comtes*, 1966. — Antimo Negri, *A. C. e l'umanesimo positivistico*, 1971. — Paul Arbousse-Bastide, *La doctrine de l'éducation universelle dans la philosophie d'A. C.*, 2 vols., 1975 (I: *De la foi à l'amour*; II: *De l'amour à la foi*). — Kenneth Thompson, *A. C.: The Foundation of Sociology*, 1976. — W. Habermehl, *Historizismus und kritischer Rationalismus: Einwände gegen Poppers Kritik an C., Marx und Platon*, 1980. — A. R. Standley, *Auguste Comte*, 1981. — F. J. Gould, *The Life Story of A. C.*, 1984. — M. Pickering, *A. C.: An Intellectual Biography*, vol. I, 1993. ∈

COMUNICAÇÃO. O problema da comunicação foi tratado pela psicologia, pela antropologia filosófica, pela filosofia da linguagem e pela semiótica.

Referir-nos-emos aqui a dois aspectos desse problema: o que denominaremos "lingüístico" e o que qualificaremos de "existencial".

À primeira vista, esses dois aspectos parecem irreconciliáveis: o sentido lingüístico da comunicação não pode ser reduzido ao sentido existencial e vice-versa. Aqueles que afirmam a possibilidade de alguma dessas reduções limitam-se a sustentar sua tese de modo muito geral. Assim, os "lingüistas" sustentam que toda comunicação é, em última análise, transmissão de informação e, por conseguinte, transferência de símbolos, de maneira que a chamada comunicação existencial tem de ser igualmente simbólica. Os "existencialistas", por outro lado, afirmam que toda comunicação lingüística e simbólica tem lugar dentro de um contexto existencial, dentro de uma atitude, de uma situação, de um "horizonte" etc. Mas nenhuma dessas teses é plausível se não é provada. Ora, consideramos que não se pode dar nenhuma prova partindo-se simplesmente de uma ou da outra tese. Portanto, não restam senão duas soluções. Uma consiste em negar por completo a tese supostamente contrária ou em afirmar que aquele que sustenta esta última não usa o termo 'comunicação' de forma apropriada. Outra consiste em edificar um pensamento filosófico — e especialmente uma ontologia — que possua poder explicativo suficiente para poder abrigar em si ambas as formas de comunicação sem necessariamente confundi-las. A opinião do autor favorece esta última atitude, mas este não é o momento de torná-la explícita.

I. *Aspecto lingüístico*. A comunicação lingüística é transmissão de informação, num sentido muito amplo de 'informação'. É uma comunicação de tipo simbólico ou, melhor dizendo, semiótico. Tem, pois, ao menos duas formas fundamentais de todo nível semiótico: a semântica e a pragmática. Abordamos esse problema em vários verbetes deste Dicionário (por exemplo: LINGUAGEM; SIGNO; SÍMBOLO). Os filósofos que se ocuparam da comunicação deste ponto de vista interessaram-se especialmente pelas noções de signo, de *denotatum* de um signo e do chamado "intérprete" do signo ("intérprete" = "qualquer organismo para o qual algo é um signo"). As relações entre intérprete e signo, e entre signo e *denotatum* do signo, suscitaram muitos problemas. Especialmente importante é o problema da adequação entre cada um dos citados elementos e os outros. Além das noções mencionadas, os filósofos em questão interessaram-se pela natureza do "discurso" (VER) e pelos possíveis tipos de discurso. Encontramos exemplos a esse respeito em várias das obras de Charles W. Morris. Contudo, há pensadores cuja orientação filosófica não foi única e exclusivamente "lingüística", que se dedicaram também ao problema da comunicação no sentido agora elucidado, como é o caso de Ernst Cassirer e da chamada "filosofia do simbolismo" (ver SÍMBOLO, SIMBOLISMO). Os símbolos de que se trata neste caso não são unicamente os verbais.

Matemáticos, engenheiros, técnicos de informática (VER) etc. ocuparam-se de questões relativas à comunicação. Um exemplo simples de comunicação é a que se transmite numa rede telefônica. Vemos nela problemas relativos a interferências e a redundâncias que se tornam presentes também na comunicação humana (e possivelmente na comunicação de membros de espécies animais que transmitem mensagens entre si). A "teoria da comunicação" é em ampla medida "teoria das mensagens".

Os problemas da comunicação lingüística — no sentido amplo deste último termo — levaram à reformulação de questões relativas à natureza da inteligência, seguindo em parte as investigações impulsionadas pela chamada "Cibernética" (VER). Essas questões foram agrupadas sob a epígrafe "Inteligência artificial". Ver INTELIGÊNCIA ARTIFICIAL e TURING (MÁQUINAS DE).

II. *Sentido existencial*. Jaspers dedicou especial atenção à comunicação neste sentido. A comunicação existencial se encontra, segundo esse autor, no "limite da comunicação empírica". Esta se manifesta em diversos graus: como consciência individual coincidente com a consciência de pertença a uma comunidade; como oposição de um eu a outro (com diversas formas de apreensão do "ser outro": enquanto objeto, enquanto sujeito etc.); como aspiração a uma transcendência objetiva. A comunicação existencial não é o conjunto dessas formas de comunicação empírica, embora se manifeste por meio delas e as revele, a todas e a cada uma, como insuficientes. A comunicação existencial, única e irrepetível, tem lugar entre seres que são "si mesmos" e não representam outros (comunidades, ideais ou coisas). Apenas nessa comunicação "*o si mesmo existe para o outro si-mesmo em mútua criação*". Ser si-mesmo não é ser isoladamente, mas sê-lo com outros "si-mesmos" em liberdade. Desse modo, superam-se tanto o solipsismo como o universalismo da existência empírica; não se deve interpretar, com efeito, a comunicação existencial como um modo de solidão ou de comunidade empíricas. Essa comunicação pode formar-se e romper-se. Jaspers analisou essas formas (assim como as que denomina "situações comunicativas") com grande detalhe a fim de apreender o que nelas haja de propriamente existencial.

O problema da comunicação em sentido existencial (e, em geral, interpessoal) foi abordado de um modo ou de outro pela maioria dos filósofos usualmente (embora nem sempre corretamente) chamados "existencialistas". Referimo-nos a algumas das análises desses filósofos no verbete OUTRO (O); a questão do "outro" implica igualmente, com efeito, a da comunicação com "o outro". Limitar-nos-emos a destacar aqui algumas das idéias propostas sobre o nosso tema.

Sartre ocupou-se do assunto em sua análise da linguagem. De acordo com esse autor, a linguagem "não é um fenômeno sobreposto ao ser-para-outro: *é originalmente o ser-para-outro, isto é, o fato de que uma subjetividade se experimente a si mesma como objeto para outro*". Não há necessidade de "inventar" a linguagem num mundo de puros objetos. Tampouco há necessidade de "inventá-la" na intersubjetividade dos "para-outro", mas isso porque ela já está dada no reconhecimento do outro. Pode-se dizer, pois, que "sou linguagem" (num sentido semelhante a como Heidegger poderia empregar a fórmula — proposta por Alphonse de Waelhens: "Sou o que digo"). A linguagem é "originalmente a experiência que um para-si pode fazer de seu ser-para-outro (...); não se distingue, pois, do reconhecimento da existência do outro".

Também Martin Buber examinou o problema que aqui nos ocupa; remetemos, a esse respeito, ao verbete DIÁLOGO. Parcialmente semelhante à doutrina de Buber é a de Berdiaev sobre a comunicação. Numa de suas obras (cit. *infra*), esse autor distingue comunicação, comunhão e participação. A primeira é simbólica e própria da vida social; a segunda é intrapessoal e implica reciprocidade na relação "Eu-Você", encaminhando-se ao "mundo extranatural da existência autêntica"; a terceira é uma penetração na "realidade primária".

⊃ Para o sentido I, ver as obras de Morris sobre linguagem e teoria dos signos mencionadas no verbete sobre esse filósofo. As obras de Ogden e Richards, de S. K. Langer e de E. Cassirer mencionadas em SÍMBOLO, SIMBOLISMO podem também ser usadas a este propósito. Para N. Wiener, ver bibliografia desse autor.

Das muitas obras sobre problemas de comunicação, informação e cibernéticos em geral, citamos: L. de Broglie *et al.*, *La Cybernétique. Théorie du signal et de l'information*, 1951. — William Ross Ashby, *Design for a Brain*, 1952; 2ª ed., 1960. — *Id.*, *An Introduction to Cybernetics*, 1958. — L. Couffignal, *Les machines à penser*, 1952. — P. de Latil, *Introduction à la cybernétique. La pensée artificielle*, 1953. — W. Sluckin, *Minds and Machines*, 1954, ed. rev., 1960. — R. Ruyer, *La cybernétique et l'origine de l'information*, 1954. — G. Th. Guilbaud, *La cybernétique*, 1954. — E. Nagel, A. Tustin *et al.*, *Automatic Control*, 1955 (série de artigos originariamente publicados em *Scientific American*). — C. Cherry *et al.*, *On Human Communication: A Review, a Survey, and a Criticism. Studies in Communication*, 1957; 3ª ed., 1978. — Gotthard Günther, *Das Bewusstsein der Maschinen. Eine Metaphysik der Kybernetik*, 1957; 2ª ed., ampl., 1964. — Jean Ladrière, *Filosofía de la cibernética*, 1958). — John von Neumann, *The Computer and the Brain*, 1958 (*Silliman Lectures*). — George A. Miller, *Language and Communication*, 1958. — Y. P. Frolov, E. Kolman, *Examen de la cibernética* (trad. esp. do russo, 1958) (Suplementos do Seminário de Problemas científicos e filosóficos. México, 1,3 Série 2). — Léo Apostel, Benoît Mandelbrot, Jean Piaget, *Logique, langage et théorie de l'information*, 1956. — L. Couffignal, R. Ruyer *et al.*, arts. sobre cibernética em *Les Études Philosophiques*, N. S., 16 (1961), 147-224. — Ferrucio Rossi-Landi, *Significato, comunicazione e parlare comune*, 1961. — J. R. Pierce, *Symbols, Signals, and Noise. The Nature and Process of Communication*, 1961. — Georg Klaus, *Kybernetik in philosophischer Sicht*, 1961; 2ª ed., 1962. — *Id.*, *Kybernetik und Erkenntnistheorie*, 1966. — James T. Culbertson, *The Minds of Robots: Sense Data, Memory, Images, and Behavior in Conscious Automata*, 1963. — David Harrah, *Communication: A Logical Model*, 1963. — T. A. Brody, J. Ferrater Mora *et al.*, *Symposium sobre información y comunicación*, 1963 (do XIII Congresso Internacional de Filosofia). — Frederick J. Crosson e Kenneth M. Sayre, eds., *Philosophy and Cybernetics*, 1967. — José Luis Aranguren, *La comunicación humana*, 1967. — Carlos Castilla del Pino, *La incomunicación*, 1970. — Hans Joachim Flechtner, *Grundbegriffe der Kybernetik. Eine Einführung*, 1972. — J. C. Marshall, R. J. Wales *et al.*, *Pragmatic Aspects of*

Human Communication, 1974, ed. Colin Cherry. — Kenneth M. Sayre, *Cybernetics and the Philosophy of Mind*, 1976. — G. Meggle, ed., *Handlung, Kommunikation, Bedeutung*, 1979. — M. W. Singletary, G. Stone, *Communication Theory and Research Applications*, 1988. — V. Tejera, *Semiotics from Peirce to Barthes: A Conceptual Introduction to the Study of Communication, Interpretation and the Expression*, 1988. — P. R. Cohen, ed., *Intentions in Communication*, 1990. — W. T. Scott, *The Possibility of Communication*, 1990. — S. H. Chafee, *Explication (Communication Concepts)*, 1991.

Para o sentido II, indicamos as obras das quais procedem as citações no texto: K. Jaspers, *Philosophie*, 1932, livro II, cap. iii. — J.-P. Sartre, *L'Être et le Néant*, 1943, Parte III, cap. iii, 1, pp. 440-441. — N. Berdiaev, *Á i mir obéktov*, 1934 (*Eu e o mundo dos objetos*; na trad. esp.: *Cinco meditaciones sobre la existencia*, 1958). Ver também: María José Bono Guardiola, *Comunicación interpersonal y lenguaje*, 1976. — O. Uña Juárez, *Comunicación y libertad. La comunicación en el pensamiento de K. Jaspers*, 1984. — R. L. Lanigan, *Phenomenology of Communication: Merleau-Ponty's Thematics in Communicology and Semiology*, 1988. — G. Pattison, ed., *Kierkegaard on Art and Communication*, 1992. — Ver também a bibliografia de Outro (O). ⊂

COMUNIDADE. Tönnies (ver) denomina "comunidade" o conjunto social orgânico e originário oposto à *sociedade*. Em seu artigo "Gemeinschaft und Gesellschaft", publicado no *Handwörterbuch der Soziologie*, editado por A. Vierkandt (1931), e no qual resume as doutrinas expostas em seu livro de 1887, Tönnies define a comunidade (*Gemeinschaft*) como o tipo de associação no qual predomina a vontade natural. A sociedade (*Gesellschaft*) é, em contrapartida, o tipo de comunidade formado e condicionado pela vontade racional. Tönnies assinala que não se trata de realidades, mas de tipos ideais, pois todo agrupamento humano "participa", por assim dizer, dos dois caracteres mencionados em proporções diversas e mutáveis. E, no primeiro capítulo de seu citado livro, Tönnies tinha "oposto" a comunidade enquanto agrupamento caracterizado por sua vida real e orgânica à sociedade enquanto agrupamento ou estrutura de caráter mecânico. A contraposição entre o orgânico e o mecânico está, assim, na base da sociologia de Tönnies, mas o desenvolvimento detalhado de sua tese não permite supor que se trata de uma contraposição abstrata; somente os fatos histórico-sociológicos permitem dar, em sua opinião, um conteúdo significativo a essa concepção.

Kant denomina "comunidade de ação recíproca" uma das categorias da relação. A comunidade é "reciprocidade de ação entre o agente e o paciente" e corresponde ao juízo disjuntivo. Como analogia da experiência, a comunidade se expressa no seguinte princípio: "Todas as substâncias, na medida em que podem ser percebidas como simultâneas no espaço, estão numa ação recíproca geral". Kant emprega esse termo no sentido de "uma comunidade dinâmica sem a qual a própria comunidade local não poderia ser conhecida empiricamente", e, portanto, no sentido de um *commercium* pelo qual se concebem três relações dinâmicas originárias, chamadas "influência", "conseqüência" e "composição real".

⊃ Ver: F. Tönnies, *Gemeinschaft und Gesellschaft*, 1887. — Th. Litt, *Individuum und Gemeinschaft. Grundfragen der sozialen Theorie und Ethik*, 1919. — Von Hoerschelmann, *Person und Gemeinschaft*, 1919. — H. Plessner, *Grenzen der Gemeinschaft*, 1924. — Hans Pichler, *Logik der Gemeinschaft*, 1924 (do mesmo autor: *Leibniz' Metaphysik der Gemeinschaft*, 1929). — J. Culberg, *Das Du und die Wirklichkeit. Zum ontologischen Hintergrund der Gemeinschaftskategorie*, 1933. — E. Welty, *Gemeinschaft und Einzelmensch*, 1935. — Angerlinus, O. F. M., *Wijsgeerige Gemeenschapsleer. I. De Gemeenschap op zich*, 1937. — Johann Bierens de Hann, *Gemeenshap et maatschappij, een analyse von sociales verhondingen*, 1939. — H. Brandt, H. M. Peters et al., "Formen der Gemeinschaft", *Studium generale*, Cadernos (Hefte) 8, 9 e 10 do ano 3 (1950). — D. Hildebrandt, *Metaphysik der Gemeinschaft*, 1955. — Herbert Kühn, *Persönlichkeit und Gemeinschat*, 1959. — J. Kopper, *Dialektik der Gemeinschaft*, 1960. — R. Gascoigne, *Religion, Rationality and Community: Sacred and Secular in the Thought of Hegel and His Critics*, 1985. — J. H. Barker, *Individualism and Community: the State in Marx and early Anarchism*, 1986. — E. Fink, *Existenz und Coexistenz. Grundprobleme der menschlichen Gemeinschaft*, 1987. — F. F. Cruz, *J. Dewey's Theory of Community*, 1987. — L. S. Rouner, ed., *On Community*, 1992. — S. Benhabib, *Situating the Self: Gender, Community and Postmodernism in Contemporary Ethics*, 1992. — C. Thiebaut, *Los límites de la comunidad*, 1992. — A. F. Lingis, *The Community of Those Who Have Nothing in Common*, 1994. ⊂

COMUNISMO. Ver Anarquismo; Marxismo.

COMUTAÇÃO, COMUTATIVO. Diz-se em lógica que há comutatividade entre duas expressões quando a alteração ou a inversão dos termos de que se compõe uma expressão dão origem a outra expressão logicamente equivalente à primeira.

Assim,

"É noite e faz frio se e somente se faz frio e é noite" é um exemplo de comutação.

Usam-se com freqüência as expressões 'comutação', 'comutativo' e 'comutatividade' especialmente no que diz respeito a relações. Assim, dada uma relação, R, entre a e b, essa relação é equivalente à relação R entre b e a sempre que a e b sejam ambos elementos do domínio e do domínio converso da relação R.

A comutatividade é conhecida em matemática sob a forma de igualdades como:

$$x + y = y + x$$

Observe-se que, além da aritmética comutativa, há aritméticas não-comutativas, como as desenvolvidas no âmbito da chamada "teoria das matrizes", na qual não rege a lei de comutatividade.

Para o sentido de 'comutativo' na expressão 'justiça comutativa', ver JUSTIÇA.

CONATO. O termo grego ὁρμή significa "assalto", "ataque", e daí "violência", "ímpeto", "impulso". No sentido de "esforço", ὁρμή foi usado por Aristóteles para designar um agir segundo a Natureza e, especificamente, um agir correspondente a um impulso natural. Para os estóicos, ὁρμή designava às vezes a faculdade de esforçar-se e às vezes o impulso na direção de um objeto representado como meta. ὁρμή foi traduzido para o latim por *impetus*, mas o vocábulo mais usado pelos filósofos foi *conatus*, traduzido por "esforço", "empreendimento" e também "potência" (ativa). É comum na literatura filosófica empregar a palavra 'conato'.

O conceito de conato desempenhou um importante papel em vários autores modernos, entre os quais destacamos Hobbes, Leibniz e Spinoza. Hobbes usou o termo *conatus* principalmente em sentido mecânico. Em *De corpore*, o *conatus* é apresentado como um movimento determinado pelo espaço e pelo tempo, e mensurável numericamente. Em *De homine*, aparece como um movimento voluntário ou "paixão" que precede a ação corporal e que, embora "interno", possui determinações e propriedades mecanicamente exprimíveis. Leibniz concebeu o *conatus* como uma força (*vis*) ativa e não simplesmente como uma condição por meio da qual opera a força. O *conatus* não é mera potencialidade, nem sequer mero princípio de operação, mas a própria operação. A força que o implica não é simplesmente mecânica, mas dinâmica. Para Spinoza, cada coisa, na medida em que é, se esforça por perseverar em seu ser (*Eth.*, III, prop. vi), e o esforço (*conatus*) mediante o qual cada coisa se esforça por perseverar em seu ser é a essência atual da coisa (*ibid.*, prop. vii). A noção de conato tem em Spinoza uma função mais central do que em Hobbes e até do que em Leibniz. O conato aparece como vontade quando se refere somente ao espírito (*mens*), e como apetite (VER) quando se refere ao espírito e ao corpo; em ambos os casos, são modos de ser do conato ou esforço como determinação ontológica geral.

CONCEITO. O termo 'conceito' — e os correspondentes termos em várias línguas: *Concept*, *Begriff*, *Concetto* etc. — foi usado em acepções muito diversas, equiparando-se às vezes a 'noção', às vezes a 'idéia', às vezes a 'pensamento'. Como cada um destes últimos termos foi empregado também em acepções muito diferentes, nenhuma das equiparações mencionadas é de grande ajuda para se entender o significado ou o uso de 'conceito'. Freqüentemente, usa-se 'conceito' num sentido extremamente geral e bastante vago. Referências precisas ao contexto histórico, ou teórico (ou a ambos), no âmbito do qual se recorreu à "noção" de conceito seriam necessárias para eliminar ao menos uma parte da extrema generalidade e vaguidade a que aludimos.

Traduz-se às vezes λόγος (*logos*) por 'conceito'. Devido à multiplicidade de acepções de λόγος, essa tradução não é completamente satisfatória (mas tampouco o é, e por motivos semelhantes, a tradução de λόγος por "noção", "essência", "termo", "idéia" etc.). Remetemos aos verbetes IDÉIA; LOGOS; NOÇÃO para esclarecimentos a esse respeito. Foi freqüente na filosofia antiga, especialmente desde Platão e Aristóteles, tratar o que depois se denominou "conceito" como um "universal" que define ou determina a natureza de uma entidade. Nesse caso, o conceito é entendido como essência (VER), mas às vezes também como substância (VER) (dois termos que foram empregados como tradução de οὐσία [ver OUSIA]). Numa filosofia predominantemente "realista", como a de Platão, ou de alguns aspectos do pensamento platônico, o conceito tende a ser um "universal" real; numa filosofia predominantemente conceptualista (ver CONCEPTUALISMO; REALISMO), como a de Aristóteles, destaca-se o caráter de "substância" do conceito. Segundo Ernst Cassirer (*Substanzbegriff und Funktionsbegriff*, 1910, I, § 1), o conceito, tal como foi empregado por Aristóteles e pela lógica formal de tendência aristotélica, não representa apenas os caracteres comuns a um grupo de coisas, mas a forma ou o εἶδος delas. Em Platão, "o conceito" era já de algum modo órgão de conhecimento da realidade, porque se supunha que ele não "recortava" a realidade arbitrariamente, mas seguindo suas articulações naturais ("reais"). Depreende-se disso a idéia, desenvolvida por Aristóteles, de que as formas em que a realidade se distribui e de que "surge" metafisicamente correspondem aos conceitos que a mente forja — com base na abstração das percepções — e, por isso, como indica Cassirer, os vazios que a lógica de Aristóteles deixou na realidade ao executar uma abstração sobre ela foram "automaticamente" preenchidos por sua metafísica.

Muitos escolásticos empregaram o vocábulo *conceptus* para exprimir algo semelhante à *notio* (VER), mas introduzindo nuanças e distinções por meio das quais se efetua uma classificação de conceitos. Uma classificação famosa é a que distingue conceito formal e conceito objetivo do ente. Em *Disp. met.*, 2, sec. 1, 1, Suárez escreve: "Denomina-se conceito formal o próprio ato, ou, o que é igual, o verbo com que o entendimento concebe uma coisa ou uma razão comum (...). Denominamos conceito objetivo a coisa ou razão que, própria ou imediatamente, se conhece ou se representa por meio do conceito formal" (trad. Sergio Sábade Romeo, Salvador Caballero Sánchez e Antonio Puigcerver Zanón). Assim, ao conceber um homem, temos um conceito formal; e no homem concebido ou representado temos um conceito objetivo. Algo semelhante ocorre com um triângulo: o triângulo enquanto expresso pela mente e na mente é um conceito formal, e o próprio triângulo ao qual se refere o conceito formal é um conceito objetivo. Por isso, o conceito formal é de alguma maneira uma coisa, enquanto o conceito objetivo nem sempre é uma "coisa", já que pode ser uma privação ou um *ens rationis*. Em todo caso, o conceito possui uma semelhança com referência à coisa "conceptuada" e por isso é sempre alguma forma ou alguma "qualidade". Nem todos os escolásticos estão de acordo com essas nuanças de Suárez, mas a distinção entre conceito formal e conceito objetivo desempenhou um papel importante na escolástica "tardia" e na neo-escolástica.

O termo 'idéia' (VER) é usado na época moderna, especialmente a partir de Descartes, para falar do que freqüentemente se denominara *conceptus*. Durante a Idade Média e nos prolongamentos da filosofia escolástica (ou filosofias escolásticas), o sentido de 'conceito' foi determinado em grande parte pela posição, explícita ou implícita, adotada na disputa sobre os universais (VER). Por isso, tratava-se de saber se, e até que ponto, um conceito era, ou podia ser, uma "essência", ou se era uma "intenção da alma", *intentio animae*, ou um termo (VER) da linguagem etc. Na época moderna, o sentido de 'conceito' (de 'idéia') é, ou é também, determinado pelas orientações mais ou menos racionalistas ou mais ou menos empiristas. Entre os autores racionalistas como Descartes ou Leibniz, o conceito, ou a idéia, tem uma acepção "metafísica" e, como conseqüência de tal acepção, lhe é dada uma interpretação epistemológica. Entre os autores empiristas, como Locke ou Hume, o conceito ou a idéia costumam ter uma significação psicológica; em todo caso, esses autores procuram ver como se originam os "conceitos". Há na vertente empirista, além disso, de Locke a John Stuart Mill, uma propensão nominalista ou, em todo caso, "conceptualista" (por exemplo, conceptualista em Locke, nominalista em Hume e em John Stuart Mill e, por razões diferentes, em Berkeley). Por esse motivo, é importante em muitos desses autores o estudo da maneira como se "associam" os conceitos, enquanto idéias que a mente forma com base nas percepções ou perceptos e, em alguns casos, enquanto sendo as próprias "percepções".

O termo 'conceito', *Begriff*, desempenha um papel importante no pensamento de Kant. De imediato, trata-se de distinguir sensações e percepções, por um lado, e conceitos, por outro. Mais especificamente, trata-se de distinguir intuições (ver INTUIÇÃO) e conceitos. De acordo com Kant, as intuições sem conceitos são cegas, e os conceitos sem intuições são vazios. Para que haja conhecimento, é preciso, portanto, que os conceitos sejam aplicáveis a um "material" "dado" nas intuições. Os conceitos são nesse sentido o posto, em oposição ao dado (VER). Kant fala de todo conceituar, de modo que, enquanto síntese produzida pelo entendimento, o conceito é, por assim dizer, o "quadro" no qual se encaixa a experiência possível. Não obstante, é preciso distinguir conceitos em geral e conceitos do entendimento ou categorias (ver CATEGORIA); somente estes últimos são *a priori*, isto é, estabelecem as regras (ou são, alternativamente, o conjunto das regras) mediante as quais se "ordena" o material da experiência.

O sentido kantiano de "conceito" enquanto "quadro" prolonga-se em boa parte no uso contemporâneo de expressões como 'quadro conceitual', 'paradigma' etc. Contudo, o fato de se admitirem quadros conceituais não equivale necessariamente a concebê-los como elementos *a priori*. Há uma grande variedade de interpretações que podem ser dadas aos conceitos como constituintes de quadros conceituais. Alguns autores enfatizam o caráter convencional e instrumental dos conceitos. Outros equiparam os conceitos a significados. Outros, ainda, fundando-se em pressupostos empiristas ou positivistas, consideram que os conceitos são descrições abreviadas, vantajosas pela economia que oferecem nas operações de classificação, definição etc. Contra as interpretações mais ou menos empiristas e nominalistas do conceito, propuseram-se interpretações mais "realistas". Algumas recorrem a Kant e à distinção entre realidade psicológica e validade lógica, e afirmam que os conceitos possuem a última, mesmo se expressos mediante atos mentais. Outras acentuam o caráter "objetivo" dos conceitos contra toda inclinação a relativizá-los e a "subjetivizá-los". É o que ocorre, sob formas muito distintas, em autores como Bolzano, Frege e o primeiro Husserl. Cabe destacar a esse respeito a distinção estabelecida por Frege entre "conceito" e "objeto"; o objeto é um nome (nome próprio, no sentido de Frege), enquanto um conceito é aquilo a que se refere um predicado. O conceito é algo que se mostra verdadeiro para alguns objetos e falso para outros. Frege fala dos conceitos também, e concomitantemente, como funções de um argumento; seus valores são os valores do "Verdadeiro" e do "Falso".

Distinguiram-se às vezes "preceito" e "conceito" (William James, entre outros), considerando-se o conceito como algo percebido (ou perceptível) por um sujeito, que é o "acontecimento percipiente".

Distinguiram-se também, no âmbito de um contexto semântico, conceitos semânticos e conceitos absolutos (Carnap). Os conceitos absolutos são empregados quando a verdade não se refere somente às expressões, mas a seus *designata*.

Num sentido diferente dos últimos mencionados, e ligado a uma possível interpretação idealista da epistemologia de Kant, Hegel entendeu (no Livro III da *Lógica*) o conceito como um mediador ou "terceiro", *Drittes*, entre o ser e o vir-a-ser, entre o imediato e a reflexão, de maneira que em seu desenvolvimento dialético se manifestam não apenas o desenvolvimento do ser lógico como também o do ser real (que é, por outro lado, um desenvolvimento do ser "lógico" enquanto ser-em-si). Hegel fala de um processo do conceito, que passa do conceito subjetivo ao conceito objetivo, e deste à Idéia. Fala também das "determinações", *Bestimmungen*, ou "notas" do conceito, que são categorias "dialéticas". O conceito não é para Hegel apenas uma realidade mental ou uma determinação lógica; é uma realidade inerente às coisas, que se desenvolve "ativamente". Por isso, pode-se falar da "atividade do conceito", da "vida do conceito" etc. Os conceitos, enquanto determinações do "pensar", põem-se a si mesmos e põem o oposto a eles. O conceito é apresentado como "conceito geral" em seus três momentos da universalidade, da particularidade e da individualidade.

Um dos autores modernos que usou o termo 'conceito' como noção lógica capital é Alexander Pfänder, em sua exposição e no desenvolvimento de uma lógica fundada na fenomenologia. Segundo Pfänder, os conceitos são os elementos últimos de todos os pensamentos. Nesta caracterização do conceito está implícita, de acordo com a definição dada do pensamento (VER), uma radical distinção entre o conceito entendido como entidade lógica e o conceito tal como apreendido no curso dos atos psicológicos. A doutrina do conceito é, neste caso, unicamente uma parte da lógica, nada tendo a ver, como tal, com a psicologia. Dessa maneira, o conceito é distinguido da imagem, assim como do fato de sua possibilidade ou impossibilidade de representação. Mas, por outro lado, é preciso estabelecer uma rigorosa distinção entre outras instâncias que habitualmente vêm sendo confundidas pelo fato de se apresentarem juntas nos pensamentos de conceitos: o conceito, a palavra e o objeto. Se os conceitos podem ser, segundo o mencionado autor, "o conteúdo significativo de determinadas palavras", as palavras não são os conceitos, mas tãosomente os signos, os símbolos das significações. Isso fica demonstrado pelo fato de haver, ou poder haver, conceitos sem que existam as palavras correspondentes, assim como palavras ou frases sem sentido, sem que a elas correspondam significações. Deve-se também levar em conta que a palavra não é a única instância pela qual se pode nomear um conceito; além dela, existem os números, os sinais, os símbolos de todo tipo. O conceito distingue-se também do objeto; se é verdade que todo conceito se refere a um objeto no sentido mais geral deste vocábulo, o conceito não é o objeto, nem sequer o reproduz, sendo simplesmente seu correlato intencional. Os objetos a que os conceitos podem se referir são todos os objetos, os reais e os ideais, os metafísicos e os axiológicos e, portanto, os próprios conceitos. Neste último caso, não se cumpre a falta de semelhança entre o conceito e seu objeto. O caráter "objetivo" da idealidade, o ser objeto das idéias, requer também, por outro lado, uma distinção entre os conceitos e as idéias, pois há, ao que parece, conceitos dos objetos ideais. Sendo todo objeto, por conseguinte, um correlato intencional do conceito, será necessário distinguir o objeto como é em si do objeto como é determinado pelo conceito. O primeiro chama-se *objeto material*, isto é, objeto material do conceito; o segundo, *objeto formal*. Segundo a concepção anterior, a lógica trata predominantemente do objeto formal.

Todo conceito tem compreensão, ou conteúdo, e extensão. A primeira consiste, como se definiu (ver COMPREENSÃO), no "fato de que um conceito determinado se refira justamente a esse objeto determinado", sendo diferente da mera soma dos traços do objeto; a segunda consiste nos objetos que o conceito abrange, nos objetos que recaem sob o conceito. A extensão não pode ser determinada, porém, apenas pelo *número* dos objetos que o conceito compreende. A constância da extensão de um conceito, sua independência com relação ao número de objetos reais efetivamente existentes, exige que se atribua extensão unicamente aos conceitos de espécie e gênero, dependendo a extensão, portanto, do caráter específico ou genérico do conceito e, dentro dele, da índole ínfima ou suprema da espécie ou do gênero. Assim, deve-se distinguir uma extensão empírica, que é aquela à qual se referiu em alguns casos a lógica tradicional, e a extensão puramente lógica, que exclui os conceitos individuais.

No que diz respeito à sua classificação, os conceitos dividem-se principalmente em objetivos e funcionais. Os primeiros são os conceitos de objetos propriamente ditos, os que têm como correlato intencional um sujeito ou um predicado de um juízo. Os segundos são os conceitos que relacionam (por exemplo, a cópula do juízo), mas estes não devem ser confundidos com os conceitos das relações (por exemplo, igualdade, semelhança ou a cópula do juízo como sujeito de um juízo), que são objetos ideais e, portanto, objetos nomeados por um conceito. Os conceitos de objetos classificam-se, por sua vez, em conceitos de indivíduo, de espécie e de gênero: os primeiros se referem a seres singulares e, portanto, a objetos "reais"; os dois últimos, a objetos ideais. Essa classificação é, segundo Pfänder, ontológica e não puramente lógica, pois "é feita de acordo com o tipo de objeto a que se refere". A relação entre esses conceitos é uma relação de subordinação, de tal maneira que o conceito individual está subordinado ao específico e este ao genérico. Quando há subordinação de vários conceitos individuais a um mesmo conceito específico, ou de conceitos específicos do mesmo grau a um mesmo conceito genérico, não se fala de subordinação entre os inferiores, mas de coordenação.

Além da classificação indicada, pode-se falar de "conceitos gerais". Estes são, em primeiro lugar, os conceitos de espécie e de gênero, que se opõem aos individuais, mas há também conceitos gerais em outros sentidos: os conceitos plurais, isto é, "os conceitos que se referem ao mesmo tempo a uma pluralidade de objetos separados"; os conceitos universais, isto é, "os conceitos que primeiramente delimitam uma pluralidade de objetos e depois se referem a todos os objetos do círculo assim delimitado"; e os coletivos, "que se referem a um todo constituído por uma pluralidade de objetos homogêneos". Além desses, fala-se de conceitos abstratos e concretos, segundo os objetos visados; de conceitos simples ou compostos, de acordo com a estrutura de sua exposição verbal ou simbólica, e de conceitos *a priori* e *a posteriori*, conforme se deduzam ou não da experiência. Quanto aos conceitos denominados funcionais, podem ser objetivos, quando constituem o sujeito ou o predicado de um juízo, e funcionais propriamente ditos, os quais Pfänder divide em aperceptivos e mentais. Os primeiros subdividem-se em designativos (este, esse, aquele), retrospectivos (que, qual, cujo), antecipadores (aquele, que), ligativos equivalentes (e, além disso), ligativos condicionantes (com), ligativos de referência (é), separativos de simples separação (não, nem... nem), separativos de exclusão (menos, à parte, exceto), isolativos (sem... nem só), sublinhadores (especialmente), substitutivos (em vez de), diretivos (ora, pois). Os segundos subdividem-se em interrogativos, afirmativos, optativos, deprecativos, monitivos, imperativos etc. (que se exprimem pela entonação da linguagem), conceitos que enfraquecem um ato lógico (talvez), que o fortalecem (necessariamente), condicionantes (no caso de), disjuntivos (ou... ou), explanativos (isto é), determinativos (precisamente), explicativos (ou seja), condensativos (em suma), amplificativos (geralmente), limitativos (somente), de assentimento (evidentemente), de oposição (mas, não obstante), dedutivos (por conseguinte, portanto) e fundamentativos e probatórios (pois, já que).

⊃ Obras sistemáticas: Gottlob Frege, "Ueber Begriff und Gegenstand", *Vierteljahrschrift für wissenschaftliche Philosophie*, 16 (1892), 192-205. — E. Th. Erdmann, *Drei Beiträge zu einer allgemeinen Theorie der Begriffe und des Begreifens*, 1911. — N. Ach, *Ueber die Begriffsbildung*, 1913. — Akós Pauler, *Das Problem des Begriffes in der reinen Logik*, 1915. — A. Pfänder, *Logik*, 1921 [*Jahrbuch für Philosophie und phänomenologische Forschung*, 4]. — G. Raffs, *Das Irrationale im Begriff*, 1925. — A. Willwohl, *Begriffsbildung*, 1926. — Julius Stenzel, "Sinn, Bedeutung, Begriff, Definition", *Jahrbuch für Philosophie*, I (1926), 160-201. — P. Mathes, *Sprachform, Wort- und Bedeutungskategorie und Begriff*, 1926. — W. Burkamp, *Begriff und Beziehung. Studien zur Grundlegung der Logik*, 1927. — A. Burloud, *La pensée conceptuelle*, 1927. — G. Stammler, *Begriff, Urteil, Schluss*, 1928. — Konrad Marc-Wogau, *Inhalt und Umfang des Begriffs*, 1935. — F. Romero, E. Pucciarelli, *Lógica*, 2ª ed., 1939, cap. V. — G. Lebzeltern, *Der Begriff als psychisches Erlebnis*, 1946. — S. Körner, *Conceptual Thinking: A Logical Enquiry*, 1956. — Id., *Experience and Theory: An Essay in the Philosophy of Science*, 1966. — Alexander I. Wittenberg, *Vom Denken in Begriffen*, 1957. — D. A. Schon, *Displacement of Concepts*, 1963. — Robert Blanché, *Structures intellectuelles: Essai sur l'organisation systématique des concepts*, 1966. — Michel Combès, *Le concept de concept formel*, 1969. — Siegfried J. Schmidt, *Bedeutung und Begriff*, 1969. — Lennart Norreklit, *Concepts: Their Nature and Significance for Metaphysics and Epistemology*, 1973. — Philip L. Peterson, *Concepts and Language: An Essay in Generative Semantics and the Philosophy of Language*, 1973. — W. B. Gallie, "Essentially Contested Concepts", em M. Black, ed., *The Importance of Language*, 1962, pp. 121-146. — T. Pawlowski, *Begriffsbildung und Definition. Eine Einführung*, 1980 (trad. alemã do polonês). — G. Bealer, *Quality and Concept*, 1983. — W. Outhwaite, *Concept Formation in Social Science*, 1983. — L. Krukowski, *Art and Concept: A Philosophical Study*, 1987.

Obras históricas: W. von Gossler, *Die analytische und synoptische Begriffsbildung bei Sokrates, Platon und Aristoteles*, 1913 (tese). — Nicolai Hartmann, *Aristoteles und das Problem des Begriffs*, 1939. — J. F. Peifer, *The Concept in Thomism*, 1952. — Joachim Christian Horn, *Monade und Begriff. Der Weg von Leibniz zu Hegel*, 1965. — K. E. Schorr, "Der Begriff bei Frege und Kant", *Kant-Studien*, 58 (1967), 227-246. — Hermann Glockner, *Der Begriff in Hegels Philosophie. Versuch einer logischen Einstellung in das metalogische Grundproblem des Hegelianismus*, 1924. — R. Bruzina,

Logos and Eidos: The Concept in Phenomenology, 1970 (especialmente cap. VI). — T. Burger, *Max Weber's Theory of Concept Formation: Historical Laws, and Ideal Types*, 1976. — J.-F. Courtine, D. O'Brien *et al.*, *Concepts et catégories dans la pensée antique*, 1980, ed. P. Aubenque. — G. Brakas, *Aristotle's Concept of the Universal*, 1988.

Para a história de "conceito", ver: R. L. Schwartz, *Der Begriff des Begriffes in der philosophischen Lexikographie. Ein Beitrag zur Begriffsgeschichte*, 1983 (tese). C

CONCEPTUALISMO. Nos verbetes NOMINALISMO, REALISMO e UNIVERSAIS, referimo-nos já à posição denominada *conceptualismo*. Resumiremos aqui algumas das opiniões já mencionadas a esse respeito, acrescentando várias informações complementares.

O conceptualismo é definido, na questão dos universais, como a posição segundo a qual os universais existem somente enquanto conceitos universais em nossa mente (conceitos que possuem *esse obiectivum*), ou, se se quiser, enquanto idéias abstratas. Os universais ou entidades abstratas não são, pois, entidades reais, mas tampouco meros nomes usados para designar entidades concretas: são conceitos gerais. O *status* preciso desses conceitos foi muito debatido. Alguns autores indicam que se trata de conceitos "já feitos", para distingui-los dos "conceitos não-substantes" defendidos por vários terministas; outros assinalam que se trata principalmente de *sermões* cuja característica principal é a significação. Não menos debatido foi o problema do tipo de relação que esses conceitos gerais mantêm com as entidades concretas designadas; pode-se avaliar, por exemplo, que eles designam essas entidades ou que as denotam. As diferentes respostas dadas a essas questões fizeram com que em alguns casos o conceptualismo se tenha aproximado do realismo moderado, e, em outros, em contrapartida, tenha-se confundido com o nominalismo (pelo menos com o nominalismo moderado). Isso explica que autores como Pedro Auriol tenham podido ser chamados — por alguns — de conceptualistas e — por outros — de nominalistas (e até terministas). É recomendável, portanto, que, em cada ocasião em que se use o vocábulo "conceptualismo", se defina da maneira mais exata possível o que se entende por ele. O mais comum é usá-lo como posição intermediária entre o realismo moderado e o nominalismo e como uma tese que acentua o motivo epistemológico (ou criteriológico) sobre o motivo ontológico, predominante na questão dos universais. Não é surpreendente, portanto, que os neo-escolásticos tratem também a posição conceptualista no âmbito da criteriologia e que se tenha podido considerar Kant como conceptualista.

CONCLUSÃO. Ver ARGUMENTO; SILOGISMO.

CONCOMITANTE. Ver PREDICÁVEIS.

CONCORDÂNCIA (MÉTODO DE). John Stuart Mill (*Logic*, III, viii, § 1) denomina "método de concordância" (*agreement*) um dos quatro métodos de investigação experimental — ou cinco, se combinamos os dois primeiros: o de concordância e o de diferença (ver DIFERENÇA [MÉTODO DE] e CONCORDÂNCIA E DIFERENÇA [MÉTODO DE]).

O método de concordância pode ser aplicado para se averiguar a causa de um efeito dado ou para se averiguarem os efeitos ou propriedades de uma causa dada.

Suponhamos que denotamos as causas ou os agentes por A, B, C, D, E..., e os efeitos por *a, b, c, d, e*... Se se pode encontrar ou produzir A em tal variedade de circunstâncias que os diferentes casos não tenham circunstâncias comuns salvo A, então, seja qual for o efeito encontrado ou produzido, será efeito de A. Se provamos A junto com B e C e o efeito é *a b c*, e se provamos depois A junto com D e E (sem B e C), e o efeito é *a d e*, podemos inferir que *b* e *c* não são efeitos de *a*. Qualquer que seja o efeito de A, deve ter sido produzido em ambos os casos, e esta condição é satisfeita apenas por *a*. Ao mesmo tempo, *a* não pode ter sido efeito de B ou C, já que se produziu *a* sem B ou C, e não pode ser o efeito de D ou E, já que se produziu *a* quando não se produziram D ou E.

Um raciocínio semelhante pode ser efetuado quando inquirirmos a causa de um efeito dado, e começamos com o efeito *a*, e o observamos em duas diferentes combinações, *a b c* e *a d e*. Podemos inferir que *a* é efeito de A se podemos averiguar que as circunstâncias antecedentes foram respectivamente A B C e A D E. Deve-se levar em conta que aqui podemos recorrer apenas à observação e não podemos efetuar uma experimentação.

O princípio regulador do método de diferença é o primeiro cânon do qual demos uma formulação no verbete CÂNON.

CONCORDÂNCIA E DIFERENÇA (MÉTODO DE). Os métodos de concordância (ver CONCORDÂNCIA [MÉTODO DE] e de diferença (ver DIFERENÇA [MÉTODO DE]) oferecem, segundo John Stuart Mill (*Logic*, III, viii, § 3), várias similaridades, mas também diferenças. Ambos são métodos de eliminação. Contudo, enquanto o método de concordância se funda em que tudo o que pode ser eliminado não está conectado com o fenômeno por nenhuma lei, o de diferença se funda em que tudo o que pode ser eliminado está conectado com o fenômeno por uma lei.

Pode-se falar de um método conjunto de concordância e diferença, ou, simplesmente, método de concordância e diferença (*Logic*, III, viii, § 4). Esse método conjunto é empregado quando, embora nosso poder de produzir o fenômeno seja completo, não há possibilidade de se usar o método de diferença ou não se pode usá-lo sem o prévio uso do método de concordância. Isso acontece quando a causa ou "agência" com que podemos produzir um fenômeno não é um único antecedente, mas uma combinação deles.

Pelo método de concordância, podemos chegar à conclusão de que em todos os casos em que um efeito, *a*, ocorre há uma circunstância comum A e nenhuma outra, o que nos atesta a relação entre A e *a*. Para transformar esse testemunho de conexão numa prova de causação mediante o método de diferença, seria preciso poder deixar A à parte da conjunção de circunstâncias A B C, a fim de averiguar se desse modo não se produz *a*. Todavia, se não se pode levar a efeito essa separação, há ainda alguma maneira de chegar a uma conclusão sobre a causação de *a* por A. Assim, se examinamos vários casos nos quais ocorre *a*, e vemos que coincidem em conter A, podemos então observar vários casos nos quais não ocorre *a*, e verificar que coincidem em não conter A. Estabelece-se então, mediante o método de concordância, a mesma conexão entre a ausência de A e a ausência de *a* que se havia estabelecido entre suas presenças.

O método conjunto de concordância e diferença ou método indireto de diferença consiste num duplo emprego do método de concordância, em que cada prova é independente da outra e a corrobora: o princípio regulador do método conjunto de concordância e diferença é o terceiro cânon de que demos uma formulação no verbete CÂNON.

CONCRETO. O termo grego σύνολος, que se traduz por "concreto", significa, literalmente, "com-tudo", isto é, "tudo junto", ou "inteiro", "completo". Aristóteles denominou τὸ σύνολον a substância individual, já que esta se compõe de um substrato (ou matéria) e de uma forma. As substâncias individuais — como uma árvore ou um homem — são, pois, entidades concretas, ou seja, "concretos", ao contrário das entidades abstratas, que são o resultado de se "pôr à parte" (abs-trair) algo do indivíduo singular ou do concreto (ver ABSTRAÇÃO e ABSTRATO). Por isso, enquanto muitas vezes se identificou o concreto ao singular, particular, individual etc., identificou-se o abstrato ao genérico, ao universal. Em latim, *con-cretum* é o substantivo que corresponde a *concresco*, literalmente "formar-se por agregação", "tornar-se espesso", "endurecer-se".

'Concreto' aplica-se muitas vezes a algo que é considerado real no sentido de que é efetivo e de que é experimentável pela sensação. O τὸ σύνολον aristotélico ou a substância individual é "substância sensível", οὐσία αἰσθητή. Desse ponto de vista, somente as propriedades sensíveis parecem poder ser chamadas de "concretas". No entanto, uma propriedade ou uma qualidade é um predicado ou um "universal", de modo que apenas os entes singulares são, propriamente falando, sensíveis, e apenas eles parecem poder ser denominados "concretos". Ao menos de acordo com seu sentido originário, algo concreto é formado por agrupamento de partes. Uma propriedade não é uma "parte", porque pode ser comum a outros "concretos".

Falou-se também de termos concretos e de conceitos concretos, mas nem sempre é claro o que se entende por eles. Se nos atemos aos sentidos "ontológicos" de 'concreto' apontados anteriormente, um termo concreto é um termo que designa um conceito concreto, o qual denota (ou, se se quiser, nomeia ou descreve completa e univocamente algum indivíduo). O mais comum é que o termo concreto seja algum nome próprio — como 'Wamba Skinner' — ou alguma descrição definida — como 'o psiquiatra mais jovem de Bujaraloz'. Por outro lado, pode haver certas entidades particulares, como o outono, cujos termos de refência, como 'o outono', têm um *status* lingüístico pouco definido; talvez tão pouco definido quanto o *status* ontológico do próprio outono.

Para muitos autores, um termo concreto é uma expressão lingüística que, se corresponde a um conceito, é porque o conceito deve ser interpretado como uma entidade mental. O conceito designa então um atributo que está num sujeito, ao contrário do conceito abstrato, expresso por um termo abstrato. Estes últimos se referem a atributos separados, ou separáveis (mentalmente), do sujeito.

O vocábulo 'concreto' (*Konkret*) foi amplamente usado por Hegel, em cujo sistema a noção do concreto desempenha um papel fundamental. Hegel fala de um desenvolvimento "rumo ao pensar concreto" e afirma que "a consideração racional" (ao contrário da consideração do entendimento) é "concreta". Segundo seu conteúdo, a filosofia é abstrata, mas, na medida em que exprime o desenvolvimento dialético da Idéia, é concreta. O Espírito é "o absolutamente concreto". "O abstrato é finito, o concreto é verdade" etc. Todas estas — e muitas outras diferentes — manifestações de Hegel em favor do concreto estão ligadas ao processo dialético e giram, em última análise, em torno da noção do "universal concreto". Hegel considera que as abstrações próprias da lógica formal, da matemática ou da "ontologia geral" são unilaterais — elas têm um único lado e são incompletas e finitas. São também abstratas as noções de puro ser e de pura existência. Diante disso, caberia perguntar se o único concreto não seria, como afirmam os empiristas, o particular, o singular, o sensível etc. Entretanto, estes carecem de universalidade e são também unilaterais. A única coisa plenamente real é o que é universal e concreto, ou o universal-concreto. Trata-se antes de tudo do conceito, *Begriff* (ver CONCEITO), na medida em que incorpora em si os três "momentos" da universalidade, da particularidade e da individualidade. Não se deve confundir a universalidade do conceito com o universal concreto ou com o conceito na medida em que é plenamente concreto (cf. *Logik*, II, 1, i). A rigor, tampouco a individualidade em si mesma é concreta, ou é um universal concreto, uma vez que a "alma da individualidade" é "a abstração". Ora, a incorporação no conceito dos três "momentos" antes mencionados é apenas um passo no desenvolvimento do conceito: o passo, ou momento, da subjetividade, que se contrapõe ao da objetividade e se supera unicamente ao chegar à idéia.

Assim, a universalidade pode ser, para Hegel, abstrata ou concreta. A universalidade concreta não é nem o universal enquanto concreto, nem o universal enquanto contendo em si elementos concretos imediatamente dedutíveis daquele; é o universal na medida em que pode realizar-se concretamente, e isso de maneiras muito diversas. Isso ocorre, segundo Hegel, com a universalidade da razão e não com a do entendimento.

G. L. Kline ("Concept and Concrescence") indica que o conceito hegeliano é uma categoria ontológica e não simplesmente epistemológica. Os conceitos em Hegel são concretos no sentido hegeliano particular de 'concreto', isto é, "multilateral e adequadamente mediado". Há interessantes analogias, assim como diferenças, entre os conceitos concretos, de Hegel, e as "concrescências", de Whitehead. Estas são "suscetíveis de experimentar e são ativamente auto-relacionantes". Assim, os conceitos em Hegel e as concrescências em Whitehead são "multilaterais adequadamente mediados, suscetíveis de experimentar e ativamente auto-relacionantes". De acordo com Kline, tanto os conceitos hegelianos como as concrescências whiteheadianas são sujeitos e são plenamente atuais, sendo, portanto, em e por si mesmos (*an und für sich*), enquanto os objetos são meramente em si (*an sich*) e são potenciais. As determinações do conceito (*Begriffsbestimmungen*) de Hegel constituem a contrapartida funcional das "preensões" whiteheadianas.

Husserl ocupou-se detalhadamente das noções de concreto e abstrato na teoria da abstração que figura na terceira de suas *Investigações lógicas*. Dela resulta que algo é concreto quando é independente em relação a um todo. Exemplos de realidades concretas nesse sentido são: um pedaço de madeira, uma melodia, a cor amarela, um triângulo eqüilátero. Exemplos de "abstratos" *em relação com essas realidades concretas* são, respectivamente: o peso de um pedaço de madeira, uma nota musical, a cor, o triângulo. A relação concreto-abstrato é paralela à relação todo-parte. Observe-se que, sendo o conceito básico para a determinação dos sentidos de 'concreto' e 'abstrato' o conceito de "fundação" ou "fundamentação" (*Fundierung*), não se trata de modo algum de uma espécie de classificação entre "entidades concretas" e "entidades abstratas". Os predicados 'concreto' e 'abstrato' são adscritos em virtude das relações de "fundamentação" e de acordo com certo número de teoremas (princípios) exprimíveis em forma condicional (esses teoremas são distintos da expressão de leis causais). Assim, por exemplo, dados dois elementos *A* e *M*, se *A* precisa ser suplementado por (ou fundado em) *M*, então um todo do qual *A* é uma parte, mas do qual *M* não é necessariamente uma parte, precisa ser suplementado por *M*.

Falou-se em filosofia de uma "tendência ao concreto" que se opõe à "tendência ao abstrato". O livro de Jean Wahl, *Vers le concret*, de 1932 (sobre William James, Gabriel Marcel e A. N. Whitehead), serviu de base, durante certo tempo, a uma série de filósofos europeus que viram na "tendência ao concreto" uma necessária abertura do pensamento filosófico às "realidades", contra toda inclinação a organizar e a restringir o mundo em quadros conceituais à maneira dos racionalistas e dos neokantianos. Sartre, entre outros, celebrou o livro — e o título do livro — de Wahl como uma espécie de nova bandeira. Viu-se, por exemplo, na fenomenologia, com sua divisa "Às próprias coisas!" (*Zu den Sachen selbst!*), uma oportunidade, e ao mesmo tempo um programa detalhado, de efetuar essa "caminhada rumo ao concreto". Os existencialistas uniram-se a ela, e não se tardou a incluir na "tendência ao concreto" a multiplicidade de diretrizes filosóficas. Destacaram-se no século XIX pelo menos três delas: Kierkegaard e sua defesa da "subjetividade radical", Nietzsche e Marx — este último ao considerar, com Engels, em *A ideologia alemã*, que o material da história são "os indivíduos reais, sua atividade e as condições materiais em que vivem". Por muito tempo vira-se Hegel como um filósofo "abstrato", mas logo se fizeram esforços para incorporá-lo à "tendência ao concreto", e até para fazer dele uma das raízes dessa tendência. Em determinado momento, a tendência ao concreto abrigou grande quantidade de filósofos e tendências filosóficas: Bergson, Blondel, o personalismo, o pragmatismo etc. Falou-se igualmente de uma "lógica do concreto", embora nunca se tenha formulado essa lógica, possivelmente porque não se tratava de nenhuma lógica, ou porque se tratava de uma "lógica informal" — se é que 'informal' pode ser um adjetivo apropriado para 'lógica'.

Num sentido crescentemente amplo, e diluído, incluíram-se na tendência ao concreto correntes filosóficas de cunho distinto, ou de diferentes origens, contanto que enfatizassem os aspectos "informais"; foi o que ocorreu, por exemplo, com o segundo Wittgenstein — especialmente em virtude dos ataques deste às "generalizações" — e com vários dos filósofos da linguagem ordinária.

↪ Ver: Pantaleo Carabellese, *Critica del concreto*, 1921; 2ª ed., ampl., 1940. — Albert Spaier, *La pensée concrète. Essai sur le symbolisme intellectuel*, 1927. — Carmelo Ottaviano, *Metafísica do concreto*, 1930.

— Aimé Forest, *La réalité concrète et la dialectique*, 1931. — *Id.*, *La structure métaphysique du concret selon Saint Thomas d'Aquin*, 1931. — A. Rebollo Peña, *Abstracto y concreto en la filosofía de Sto. Tomás*, 1955. — August Seiffert, *Concretum: Gegebenheit, Rechtmässigkeit, Berichtigung*, 1961. — Escat, R. Ledrut *et al.*, artigos sobre a noção de "concreto" em *Les Études Philosophiques*, N. S., 22 (1967), 3-67. — Eduard von Hagen, *Abstraktion und Kronkretion bei Hegel und Kierkegaard*, 1969 (tese). — D. Claessens, *Das Konkrete und das Abstrakte. Soziologische Skizzen zur Anthropologie*, 1980. — G. L. Kline, "Concept and Concrescence: An Essay in Hegelian-Whiteheadian Ontology", em G. R. Lucas, ed., *Hegel and Whitehead: Contemporary Perspectives on Systematic Philosophy*, 1986, pp. 133-151. c

CONCURSO. Na teologia católica, entende-se por "concurso" (*concursus*) ou "concurso divino" uma ajuda dada por Deus imediatamente às operações das criaturas; por meio dessa ajuda, a energia de Deus flui em tais operações. Concebido em toda a sua generalidade, o concurso é denominado "concurso geral" (*concursus generalis*) ou "concurso comum" (*concursus communis*). A noção de concurso é considerada necessária porque, sem ela, seria preciso admitir que as ações das criaturas surgem do nada e que, por conseguinte, a criatura é criadora. Isso suscita um problema: o de saber se, uma vez admitido o concurso, não será necessário supor ao mesmo tempo que Deus é também o autor do mal (VER). Os teólogos costumam responder a essa questão afirmando que, embora coopere na ação da criatura, Deus não coopera na malícia dessa criatura. O ato da criatura por si mesmo é indiferente; a maldade reside em querer livremente o mal. Assim, o concurso não suprime, mas sim constitui a base da liberdade.

O concurso pode ser "em ato primeiro" (*in actu primo*) ou "em ato segundo" (*in actu secundo*). O concurso em ato primeiro é equivalente ao decreto eterno de Deus por meio do qual se presta o citado auxílio à criatura. O concurso em ato segundo é equivalente ao ato de pôr em prática nos casos concretos esse decreto. Fala-se também de concurso "mediato" e de concurso "imediato". O concurso mediato é um concurso primeiro que outorga (e conserva) o poder de operação das criaturas. O concurso imediato é como um concurso secundário que permite à criatura agir em circunstâncias concretas. O concurso imediato pode ser concebido ou como "anterior" ou como "simultâneo" ao ato — o primeiro é afirmado pelos tomistas; o segundo, pelos molinistas, que falam de "concurso simultâneo". Com efeito, os tomistas consideram o concurso imediato simultâneo como insuficiente e proclamam a necessidade de uma *premotio physica* (ver PREMOÇÃO) primária. Os molinistas, em contrapartida, rejeitam a doutrina da premoção física e julgam suficiente o concurso simultâneo. Em sua opinião, isso não equivale a negar que a energia da operação tem sua origem em Deus, e em compensação permite sustentar que o ato da criatura é livre; isso não aconteceria — apontam eles — se Deus o predeterminasse fisicamente, isto é, determinasse de um modo irresistível a vontade num sentido determinado.

CONDIÇÃO. Pierre-Michaud Quantin enfatizou a riqueza semântica do termo latino *conditio* (= 'condição'). Originado de *condo, -is, conditio* corresponde, por um lado, ao grego κτίσις (= 'fundação', 'criação'), na acepção de ato e ação de criar. Tem então um sentido teológico e equivale a *creatio*. Entendeu-se às vezes por *conditio*, enquanto *creatio*, o próprio ato criador, não "a Criação" ou o resultado desse ato. Por outro lado, entendeu-se por *conditio* o estado, *status*, de um ser no conjunto das realidades, ou de um homem na sociedade — sentido que 'condição' continua a ter quando se fala de "condição social" e que foi extrapolado amiúde ao falar-se da "condição humana". Em muitos casos este sentido é principalmente jurídico. No plural, *conditiones*, o termo foi também entendido como as propriedades (modos) de uma realidade. Por fim, entendeu-se por *conditio* o que em grego se denominou υπόθεσις, hipótese. Este sentido é principalmente lógico: os chamados "silogismos hipotéticos" são "silogismos condicionais" (cf. "*Condicio-Conditio*. Notes de lexicographie médiévale", publicadas originariamente em *Mélanges offerts à M-D. Chenu, Maître en théologie* [Paris, 1967], pp. 399-417; reimp. na obra de Quantin, *Études sur le vocabulaire philosophique du moyen âge*, 1970, pp. 25-57).

Na linguagem comum, usa-se 'condição' em sentidos como os indicados de "condição social", "condição humana" etc. Em linguagem mais técnica, 'condição' se emprega nos sentidos lógico e epistemológico.

O sentido estritamente lógico de 'condição' é abordado em CONDICIONAL (VER), mas o conceito, não estritamente lógico, de 'condição' continua tendo dimensões lógicas, visto que os exemplos que dele se dão são expressões condicionais.

Dados um antecedente e um conseqüente, o primeiro exprime uma condição do segundo. Essa condição é formal quando se atenta apenas ao seu aspecto lógico, e é "material", ou real, quando se atenta a aspectos não-lógicos. Do ponto de vista "material", ou real, a relação entre antecedente e conseqüente pode ser de vários tipos, especialmente dos seguintes: fundamento-fundado, meio-fim, causa-efeito. Na maioria dos casos, enfatiza-se a terceira classe de relação, mas se debate se todas as relações condicionais podem ou não equiparar-se à causal.

Alguns autores afirmam que há uma distinção fundamental entre causa e condição: a causa, dizem eles, tem um sentido "positivo", porque é aquilo em virtude do que se produz um efeito, enquanto a condição tem um sentido "negativo", porque é simplesmente aquilo sem o que não se produziria o efeito. Desse ponto de vista, a condição é um *sine qua non*. Outros autores sustentam que a distinção entre causa e condição é ou tema de debate ou assunto de convenção; dados vários antecedentes, escolhe-se um que é o mais importante e destacado para os efeitos que se têm em vista, e dá-se a ele o nome de "causa". Outros autores, por fim, acentuam que não há nenhuma distinção apreciável entre condição e causa, já que esta é apenas uma série ou conjunto de condições. Estes últimos autores foram chamados às vezes de "condicionistas"; exemplos são Schuppe e Verworn (VER) e ocasionalmente Mach. Verworn, em especial, fundou grande parte de sua filosofia no condicionismo.

A distinção seguinte entre dois tipos de condição é clássica: dados dois elementos, *a* e *b*, condicionalmente ligados, diz-se que *a* é uma *condição necessária* de *b* quando, embora não houvesse *b* sem *a*, continuaria a haver *a* sem *b*; por outro lado, diz-se que *a* é *condição suficiente* de *b* quando há *b* sempre que haja *a*. A chamada "condição necessária" tem o sentido "negativo" antes apontado; a "condição suficiente" tem o sentido "positivo" que a aproxima da causa. Dentro da noção de condição suficiente costuma-se estabelecer outra distinção entre condição como conjunto de circunstâncias requeridas para que uma causa opere e como eliminação dos impedimentos na produção da causa; esta última acepção é muito semelhante a uma condição necessária.

A noção de condição pode ser aprimorada no âmbito de uma lógica da indução e da probabilidade, introduzindo-se então outras distinções. Entre as mais importantes, figuram as de condição suficiente, máxima suficiente, mínima suficiente e total.

Em metafísica, a noção de condição funciona sobretudo relacionada ao par de conceitos "condicionado-incondicionado". 'Condicionado por' é geralmente interpretado como equivalente a '(metafisicamente) dependente de' ou '(metafisicamente) fundado em'.

Usam-se amiúde as expressões 'condição' e 'condicionado por' num sentido principalmente epistemológico quando se trata de averiguar se, e até que ponto, o sujeito cognoscente contribui para formar ou determinar o objeto, ao menos como objeto de conhecimento. Este é o sentido em que se usou muitas vezes o termo 'condição' a partir de Kant, em expressões como 'condições da possibilidade da experiência'.

Ao que parece, não se pode encontrar um quadro conceitual suficientemente unificado para alojar em si os principais significados filosóficos de 'condição'.

Franz Grégoire (art. cit. *infra*) é de opinião, porém, de que há um significado geral de 'condição' do qual podem destacar-se os vários significados. De acordo com esse autor, o significado mais geral se exprime dizendo que um termo é condição de outro quando este depende daquele em alguma medida e em qualquer aspecto. O termo condicionado seria, pois, num sentido muito amplo, função do termo condicionante. Ora, a condição pode ser entendida de vários modos. O primeiro termo pode envolver ou implicar necessariamente o segundo. Temos então a chamada *condição suficiente*. Essa condição suficiente pode ser *absoluta* (quando um termo implica, por si só, o outro) e *relativa* (quando o primeiro termo implica o segundo uma vez pressupostas outras condições). Se a dependência entre dois termos é tal que o primeiro é forçosamente necessário como condição do segundo, chama-se *condição necessária*. Entende-se então que a condição suficiente expressa não simplesmente o que torna possível a existência de uma coisa, mas o que torna impossível sua não-existência. Por isso, a condição suficiente pode ser denominada também *condição necessitante*, e isso de tal modo que a relação de condição necessária deriva de um dos casos da relação de condição suficiente, que por seu turno é a própria categoria de necessidade. Grégoire estabelece, baseando-se na análise anterior, uma série de relações possíveis entre termos. Essas relações são, abstração feita de sua compatibilidade, implicação e conversão, as seguintes: 1) a existência de *A* é condição suficiente da existência de *B*; 2) a existência de *A* é condição suficiente da não existência de *B*; 3) a não-existência de *A* é condição suficiente da não-existência de *B* — neste caso se dirá, por equivalência, que a existência de *A* é condição necessária da existência de *B* —; 4) a não-existência de *A* é condição suficiente (relativa) de *B* — neste caso se dirá que a existência de *A* é condição necessária da não-existência de *B*. Essas mesmas relações podem ser enunciadas em ordem inversa, de *B* a *A*. Daí uma maior precisão na definição da condição necessária e da condição suficiente, definição possível quando se torna possível vincular os dois tipos de condição nas mesmas relações. Assim, "um elemento se diz condição necessária da existência de outro quando sua não-existência é condição suficiente da não-existência deste outro", e será "condição necessária da não-existência de outro se sua não-existência é a condição suficiente da não-existência desse outro".

➲ Ver: Max Verworn, *Kausale und konditionale Weltanschauung*, 1912. — Gustav Heim, *Ursache und Bedingung. Widerlegung des Konditionismus und Aufbau der Kausalitätslehre auf der Mechanik*, 1913 (contra Verworn e Von Hansermann). — O trabalho de Grégoire resenhado é: "Condition, conditionné, inconditionné", *Revue philosophique de Louvain*, 46 (1948), 5-41. ↩

CONDICIONAL é o nome que recebe a conectiva (VER) binária 'se... então', simbolizada pelo signo '→'. De acordo com isso,

$$p \rightarrow q$$

lê-se:

se p, então q.

Um exemplo de '$p \rightarrow q$' pode ser:
Se Romeu fala, então Julieta se deleita
ou suas variantes em linguagem ordinária:
Se Romeu fala, Julieta se deleita
ou:
Julieta se deleita contanto que Romeu fale etc.

No condicional '$p \rightarrow q$', p é chamado de "antecedente" e q de "conseqüente".

Dado '$p \rightarrow q$', a fórmula:

$$q \rightarrow p$$

é denominada o "converso" de $p \rightarrow q$'. Por sua vez,

$$\neg p \rightarrow \neg q$$

é denominada o "inverso" de $p \rightarrow q$'. Finalmente,

$$\neg q \rightarrow \neg p$$

é denominada o "contrapositivo" de '$p \rightarrow q$'.

No verbete TABELAS DE VERDADE apresentamos uma tabela para p → q, da qual resulta que, quaisquer que sejam os valores de 'p' e de 'q', o resultado é "V" exceto quando 'p' é verdadeira e 'q' é falsa. Esta tabela é baseada na chamada "interpretação material" do condicional, adotada por muitos autores já a partir de Fílon de Megara (VER). De acordo com essa interpretação, são declarados verdadeiros condicionais tais como:

Se Hegel é um filósofo, Baudelaire é um poeta.
Se os corpos são inextensos, os diamantes são duros.
Se Virgílio foi um poeta norueguês, Dostoiévski foi um famoso ciclista.

Isso foi freqüentemente considerado um paradoxo. Tendo-se chamado o condicional, erroneamente, de implicação, falou-se dos "paradoxos da implicação material". Estes paradoxos são eliminados por uma interpretação estrita do condicional, chamada "interpretação estrita da implicação". Referimo-nos a ela no verbete sobre a noção de implicação. Ora, os citados "paradoxos da implicação material" devem-se à confusão entre o condicional e a implicação, pois → não deve ser lido como 'implica', e sim, como indicamos, como 'se... então'. Neste caso, fica claro que um condicional como:

Se Hegel é um filósofo, Baudelaire é um poeta
é um condicional verdadeiro, enquanto
'Hegel é um filósofo' implica 'Baudelaire é um poeta'

é uma implicação falsa. O motivo disso é que, ao contrário do condicional, composto por enunciados, a implicação compõe-se de nomes de enunciados. Apenas quando um condicional é logicamente verdadeiro há implicação do conseqüente pelo antecedente. Um exemplo deste último caso é:

Se Hegel é um filósofo e Baudelaire é um poeta, então Baudelaire é um poeta

que, sendo um condicional logicamente verdadeiro, permite enunciar:

'Hegel é um filósofo e Baudelaire é um poeta' implica 'Baudelaire é um poeta'.

Na lógica tradicional, as proposições condicionais são consideradas uma das classes em que se dividem as proposições formalmente hipotéticas, distinguindo-se, portanto, as proposições (formalmente) hipotéticas em geral e as proposições condicionais. O esquema das proposições condicionais que se costuma apresentar na lógica tradicional é:

Se P é S, então P é Q.

O termo 'condicional' foi também freqüentemente usado, nos últimos anos, com referência aos chamados "condicionais contrários aos fatos" ou "condicionais contrafáticos" (*contrary-to-fact conditionals*, *counterfactual conditionals*). As numerosas formas adotadas por estes condicionais e os problemas que suscitam foram examinados por numerosos autores. Destacam-se a esse respeito Nelson Goodman (que formulou a questão com precisão e amplitude particulares), Roderick Chisholm, C. I. Lewis, K. R. Popper, Stuart Hampshire, R. Weinberg, e A. P. Ushenko. Deve-se acrescentar a isso os estudos sobre os chamados "termos disposicionais" ou "disposições", realizados por R. Carnap e C. D. Broad, entre outros. Aqui nos limitaremos a fornecer algumas breves indicações sobre estes condicionais.

Um condicional contrafático (que poderíamos chamar simplesmente de um "contrafático") é definido como um enunciado condicional no qual intervém a noção de possibilidade, expressa gramaticalmente pela introdução do subjuntivo. Exemplos de contrafáticos são:

Se Júlio César não tivesse cruzado o Rubicão, a sorte de Roma teria sido outra   (1).
Se o vaso houvesse caído, teria se quebrado   (2).

Como, de acordo com a interpretação material do condicional de que já falamos, um condicional é verdadeiro quando seu antecedente e seu conseqüente são falsos, dever-se-á concluir que (1) e (2) são verdadeiros. Em vista das dificuldades suscitadas por isto, foi sugerido (por Nelson Goodman) que o importante não é examinar (1) e (2) — assim como outros exemplos análogos — enquanto funções de verdade, e sim esclarecer o tipo específico de relação que liga o antecedente e o conseqüente. Ora, assim que realizamos um estudo desse tipo, surpreende-nos a variedade de formas dos contrafáticos. Podem-se acrescentar, às formas antes citadas, outras, tais como:

Mesmo se houvesse tomado o remédio, não teria sarado (3).
Se Fichte fosse Hegel, teria escrito a *Fenomenologia do Espírito* (4).
Se soubesse muito, seria secretário perpétuo da Academia (5).
Se o átomo de cálcio tivesse 36 elétrons, não ocuparia o vigésimo lugar na tabela periódica dos elementos (6).

Seguindo Goodman, (3) pode ser considerado como exemplo de condicional semifático; (4), como exemplo de condicional contra-idêntico; (5), como exemplo de condicional contracomparativo, e (6), como exemplo de condicional contralegal. Ora, os problemas geralmente levantados a respeito dos contrafáticos são vários. Enumeramos os seguintes: *a*) a possibilidade de reduzir as diversas formas dos contrafáticos a uma forma comum; *b*) a possibilidade de expressar os contrafáticos no modo indicativo; *c*) o tipo de conexão estabelecido entre o antecedente e o conseqüente nos contrafáticos; *d*) a possibilidade de se analisarem os contrafáticos em termos das já citadas "disposições".

a) A redução dos contrafáticos a uma forma comum parece impossível. Entretanto, pode-se contribuir para isso estabelecendo-se classificações sumárias de tipos de contrafáticos, como as sugeridas nos exemplos (1) a (6).

b) Vários autores tentaram expressar os contrafáticos no modo indicativo, especialmente nos casos em que parece fácil transformar um contrafático em exemplo de uma lei geral, como acontece em (2) — que pode derivar-se de: 'os vasos que caem, quebram' —, sempre que se possa afirmar que 'para todo x, se x é um vaso que cai, então x quebra'. O argumento usualmente aduzido para se tentar *b*) é o de que, do contrário, os contrafáticos seriam improváveis.

c) O tipo de conexão estabelecido entre o antecedente e o conseqüente nos contrafáticos é ainda objeto de análise. Trata-se de uma questão sumamente complexa, pois requer, entre outras coisas, uma análise das condições sob as quais um contrafático é como tal admissível.

d) A análise dos contrafáticos em termos das citadas "disposições" é considerada (ao menos por Goodman) uma simplificação interessante do problema dos contrafáticos e, além disso, um quadro que proporciona esclarecimentos muito necessários sobre eles. Com efeito, as disposições não se referem apenas a termos como 'inquebrável', 'solúvel' etc., mas também a qualquer predicado que descreva um modo de ser (como 'vermelho', traduzível por 'cor visível dadas certas condições'), e, por conseguinte, a todo predicado exceto os que descrevem acontecimentos ('quebra-se', 'dissolve-se', 'mostra-se vermelho' etc.). Mesmo assim, o problema dos contrafáticos — problema importante, pois, como assinala Goodman, pode esclarecer questões relativas às noções de lei, confirmação e significação da potencialidade — está ainda em processo de análise, e pode, assim, como o fez Quine, qualificar-se como uma "questão aberta", "cheia de perplexidades para o investigador".

Ver também DISPOSIÇÃO, DISPOSICIONAL.

⊃ Citamos da bibliografia sobre o último tema os seguintes trabalhos: C. I. Lewis, *An Analysis of Knowledge and Valuation*, 1946, Livro II, cap. viii. — R. Chisholm, "The Contrary-to-Fact Conditionals", *Mind*, N. S., 56 (1946), 289-307. — N. Goodman, "The Problem of Counterfactual Conditionals", *Journal of Philosophy*, 44 (1947), 113-128 (reimp. com algumas modificações e vários acréscimos em *Fact, Fiction, and Forecast*, 1955, pp. 13-34; ver, no mesmo livro, pp. 39-62, a trad. do trabalho intitulado "The Passing of the Possible"). — Stuart Hampshire, "Subjective Conditionals", *Analysis*, 9 (1948), 9-14. — K. R. Popper, "A Note on Natural Laws and so-called Contrary-to-Fact Conditionals", *Mind*, N. S., 58 (1949), 62-66. — J. R. Weinberg, "Contrary-to-Fact Conditionals", *Journal of Philosophy*, 48 (1951), 17-22. — A. P. Ushenko, "The Counterfactual", *Journal of Philosophy*, 51 (1954), 369-373. — W. T. Parry, "Reeamination of the Problem of Counterfactual Conditionals", *Journal of Philosophy*, 54 (1957), 85-94. — Alan R. White, "Contrary-to-Fact Conditionals and Logical Impossibility", *Analysis*, 18 (1957-1958), 14-16. — John Watling, "The Problem of the Contrary-to-Fact Conditionals", *Analysis*, 18 (1957-1958), 73-80. — B. K. Milmed, "Counterfactual Statements and Logical Modality", *Mind*, N. S., 66 (1957), 453-470. — Nicholas Rescher, "A Factual Analysis of Counterfactual Conditionals", *Philosophical Studies*, 11 (1960), 49-54. — John A. Barker, *A Formal Analysis of Conditionals*, 1969. — Lennart Aqvist, *Modal Logic with Subjunctive Conditionals*, 1971. — David K. Lewis, *Counterfactuals*, 1973. — Ernest W. Adams, *The Logic of Conditionals: An Application of Probability to Deductive Logic*, 1975. — John L. Pollock, *Subjunctive Reasoning*, 1976. — D. Nute, *Topics in Conditional Logic*, 1980. — I. Kvart, *A Theory of Counterfactuals*, 1984.

Para a análise dos termos disposicionais, ver especialmente: R. Carnap, "Testability and Meaning", *Philosophy of Science*, 3 (1936), 419-471 e 4 (1937), 1-40 (reimp. em folheto à parte, 1950), e N. Goodman, *op. cit. supra*. **◖**

CONDILLAC, ÉTIENNE BONNOT DE (1714-1780). Nascido em Grenoble. Após ingressar num seminário, abandonou os estudos sacerdotais, passando a relacionar-se com destacadas personalidades do enciclopedismo, entre elas Diderot e Rousseau. Preceptor do filho do duque de Parma, retirou-se finalmente da vida pública em 1772. Condillac dedicou-se especialmente à análise dos problemas psicológicos, começando por uma severa crítica do racionalismo e do inatismo dos filósofos do século XVII, que acusava de insuficiência na explicação da origem dos conhecimentos intelectuais. Seguindo parcialmente Locke, de quem discordou, por outro lado, em muitos pontos, Condillac considerou toda noção intelectual superior como um composto de noções ou idéias simples no sentido das representações. Para descobrir o trânsito de umas a outras, é preciso uma rigorosa análise não tanto psicológica quanto lógica. A noção ou idéia simples é para Condillac o que permanece em todas as noções em geral, a que exerce, por assim dizer, a tarefa de uma constante ou função de todas elas. Essa idéia é a sensação (VER). Da sensação brotam todas as outras noções por meio de uma série de transformações sucessivas. A exposição dessa primazia da sensação se efetua pela conhecida imagem da estátua (ver ESTÁTUA DE CONDILLAC) de mármore carente de toda faculdade de pensamento e sem comunicação com o mundo externo. Se se concede a essa estátua qualquer um dos sentidos — por exemplo, o sentido inferior do olfato —, se verá como, partindo dele, têm origem todas as faculdades superiores: em primeiro lugar, a sensação olfativa como tal; a atenção como a aplicação exclusiva a essa única sensação; a memória como sua persistência depois do desaparecimento da sensação primária; a comparação quando à sensação olfativa de um objeto se sobrepõe outra; o juízo como a relação entre as sensações etc. Contudo, não apenas as faculdades da memória, da comparação e do juízo se originam assim, mas também as volitivas, derivadas do agrado ou desagrado de sua sensação e da tendência à persistência ou eliminação da sensação correspondente. Cada sensação supõe, por conseguinte, todas as faculdades superiores, incluindo-se as abstrativas, que não são, senão transformações das sensações originárias.

A teoria das sensações elaborada por Condillac é uma das duas principais contribuições filosóficas de nosso autor. A outra é sua teoria da linguagem. Cronologicamente, a ordem das contribuições de Condillac é inversa à aqui indicada: Condillac realizou primeiramente uma análise do significado da linguagem como sistema de símbolos na formação do conhecimento, e apenas depois passou a ocupar-se da questão da natureza e da origem das sensações. Não obstante, alteramos aqui a ordem de apresentação, porque o próprio Condillac reconheceu que a doutrina das sensações é básica. O princípio do conhecimento são as sensações; a linguagem constitui uma etapa mais avançada no processo cognoscitivo. Corrobora nossa ordem, além disso, o fato de que sob o nome de "teoria da linguagem" podem agrupar-se várias investigações semióticas de que Condillac continuou a ocupar-se depois de desenvolver a doutrina das sensações.

Condillac considerou que uma sensação determinada não constitui ainda uma "idéia" (no sentido lockiano deste termo). Para haver uma idéia, é preciso que uma sensação se vincule a outras (de mesmo ou de diferente caráter) por meio de um signo ou símbolo. O sistema desses símbolos é a linguagem. Esta é a trama no âmbito da qual se formam os conceitos e os juízos, tornando possível, propriamente falando, o conhecimento.

A maioria das linguagens existentes (por exemplo, as chamadas "linguagens naturais") é inadequada, por não haver correspondência perfeita entre o signo e o significado. Mas é possível construir linguagens em que essa correspondência se torne cada vez mais estreita. Quando a linguagem construída é perfeita, temos uma ciência perfeita. Condillac chegou a definir a ciência como "uma linguagem bem-feita". Isso não significa que as linguagens bastem-se a si mesmas — a correspondência dos termos da linguagem com os fenômenos é indispensável para que haja ciência. Por isso, Condillac rejeitou as construções sistemáticas de filósofos racionalistas, a seu ver demasiadamente especulativas (como Descartes ou Spinoza), alegando que essas construções eram aplicações errôneas da idéia da linguagem "bem-formada". O método que deve ser usado para a formação de uma linguagem satisfatória é o analítico, no qual (como em Locke e nos empiristas) se parte de um fenômeno que é decomposto em suas partes integrantes e depois reconstruído sinteticamente. É preciso rejeitar, pois, os sistemas que são apenas pseudo-sistemas, mas devem-se formar sistemas adequados à natureza do que se pretende investigar.

A chamada "língua dos cálculos" constitui um bom exemplo da teoria semiótica de Condillac. Enquanto "linguagens bem-formadas", as das ciências não exibem nenhum termo arbitrário. Quando exibem termos semelhantes, as ciências são inadequadas. Uma ciência adequada — ou uma "linguagem bem-formada" — apresenta os caracteres de simplicidade, "analiticidade" e exatidão que são próprios da matemática. Para levar todas as ciências a esse estado de perfeição, é preciso construir uma teoria geral dos signos, e da relação destes com os conceitos, e ver se a ciência examinada atende às condições semióticas estabelecidas.

Embora Condillac não tenha empregado esses termos, pode-se dizer que há em sua teoria semiótica elementos de sintaxe, de semântica e de pragmática. A semiótica de Condillac teve grande influência sobre Destutt de Tracy, Laromiguière, Degérando e, em geral, os chamados "ideólogos" (VER).

⇨ Obras: *Essai sur l'origine des connaissances humaines*, 1746. — *Traité des systèmes*, 1749. — *Recherches sur l'origine des idées que nous avons de la beauté*, 1749. — *Traité des sensations*, 1754. — *Traité des animaux*, 1755. — *Cours d'études pour l'instruction du prince de Parme*, 13 vols., 1769-1773, aos quais pertencem a *Art de Penser*. — *Logique*, 1780. — *La langue des calculs*, 1798.

Edição de obras completas: Paris, 1798, 23 vols.; Paris, 1803, 31 vols.; Paris, 1821-1822, 26 vols. — Nova edição crítica por Georges Le Roy no tomo XXXIII do *Corpus général des philosophes français modernes*: I, 1947; II, 1948; III, 1951. — *Les monades* (escrito entre 1746 e 1749), ed. L. L. Bongie, 1980. — Ed. crítica de *La langue des calculs*, por A.-M. Chouillet, 1981. — *Corpus Condillac 1714-1780*, ed. J. Sgard, 1981 (Biografia, catálogo de correspondência, iconografia etc.).

Ver: Pierre Laromiguière, *Paradoxes de Condillac ou Réflexions sur La Langue des Calculs*, 1805. — François Réthoré, *Condillac, ou l'empirisme et le rationalisme*, 1864. — Louis Robert, *Les théories logiques de Condillac*, 1869 (tese). — Léon Dewaule, *Condillac et la psychologie anglaise contemporaine*, 1891 (tese). — Wera Saltykow, *Die Philosophie Condillacs*, 1901. — Raguenault de Puchesne, *Condillac, sa vie, sa philosophie, son influence*, 1910. — J. Didier, *Condillac*, 1911. — Hans Hovemann, *Der erkenntnistheoretische Standpunkt Condillacs*, 1912. — Raymond Lenoir, *Condillac*, 1924. — Zora Schaupp, *The Naturalism of Condillac*, 1926. — R. Mondolfo, *L'opera di Condillac*, 1927. — Georges Le Roy, *La psychologie de Condillac*, 1937. — Paul Meyer, *E. Bonnot de Condillac*, 1944. — R. Bizzari, *Condillac*, 1945. — M. del Pra, *Condillac*, 1947. — Giovanni Solinas, *Condillac e l'illuminismo. Problemi e documenti*, 1955. — Pasquale Salvucci, *Linguaggio e mondo umano in Condillac*, 1957. — Id., *id.*, *Condillac, filosofo della communità umana*, 1961. — Isabel F. Knight, *The Geometric Spirit: The Abbé de Condillac and the French Enlightenment*, 1968. — Ángel J. Cappelletti, *Introducción a Condillac*, 1973. — E. McNiven Hine, *A Critical Study of C.'s Traité des Systèmes*, 1979. — F. Crispini, *Mentalismo e storia naturale nell'età di C. Studi e ricerche*, 1982. — M. Gueroult, *Dianoématique I: Histoire de l'histoire de la philosophie. 1. En occident, des origines jusqu'à C.*, 1984. — N. Rousseau, *Connaissance et langage chez Condillac*, 1986. **C**

CONDITIO SINE QUA NON (e também *condicio sine qua non*). Literalmente: "condição sem a qual não...". Na escolástica, e em boa parte da literatura filosófica moderna, a expressão *conditio sine qua non* foi entendida às vezes logicamente e às vezes realmente, ou "fisicamente". Em termos lógicos, diz-se que um enunciado, E, é uma *conditio sine qua non* em relação a um enunciado N quando não se pode admitir N a não ser admitindo-se E. Realmente, ou "fisicamente", fala-se de *conditio sine qua non* como uma causa *sine qua non*. Esta equivale também ao que se denominou "causa necessária". O termo 'necessário' não deve ser entendido aqui no sentido de que haja necessidade de uma causa C, mas antes no sentido de que um efeito E não pode ser produzido a menos que se produza C, que é então a condição sem a qual não se dá E. A causa é necessária na medida em que é indispensável para que o efeito se produza, mas é acidental (*causa per accidens*) na medida em que poderia muito bem não havê-la. Assim, quando se diz que o gelo na pista é uma condição necessária para que se patine nela, dá-se a entender não que tem de haver necessariamente gelo, mas que tem de havê-lo necessariamente para se patinar. Sem a causa (condição) "gelo", não haveria patinação. Naturalmente, pode não haver patinação mesmo que haja gelo.

CONDORCET, JEAN-ANTOINE-NICOLÁS CARITAT, MARQUÊS DE (1743-1794). Nascido em Ribemont, na Picardia, estudou no Collège de Navarre, dirigido pelos jesuítas (o mesmo Collège em que estudou Bossuet). Ingressou em 1769 na Academia de Ciências, tendo sido seu secretário vitalício a partir de 1776. Foi membro da Assembléia Legislativa e da Convenção Nacional. Tendo aderido ao grupo dos girondinos, foi acusado pelos jacobinos, sendo detido e encarcerado. Faleceu poucas horas depois de entrar na prisão.

A formação matemática de Condorcet e seu interesse pelas questões políticas e pelas ciências sociais levaram-no a procurar aplicar a estas últimas os métodos que tinham se mostrado muito proveitosos nas ciências naturais. O instrumento mais importante para esse propósito é a matemática. Como os fatores que intervêm nas realidades sociais são muitos e muito complexos, é preciso considerá-los do ponto de vista da probabilidade e aplicar o cálculo de probabilidades às "ciências morais e políticas". Esse cálculo não dá resultados incertos; os resultados são certos, mas expressos em termos de probabilidade. Dessa maneira, podem-se obter explicações e previsões das opiniões sobre matérias em discussão e das decisões a tomar pela maioria num grupo.

Condorcet considerou que não há incompatibilidade, e sim harmonia, entre o progresso científico e o moral. Ele quis mostrar que a história do homem é a história de um incessante aperfeiçoamento na capacidade humana de libertar-se de todos os obstáculos que se opõem à formação de uma sociedade na qual todos os cidadãos gozem de liberdade, satisfaçam suas necessidades básicas e aperfeiçoem seus sentidos, suas idéias e seus conhecimentos. O progresso social faz-se acompanhar do progresso científico e técnico, com o qual o homem pode, além disso, beneficiar-se das leis naturais. Condorcet não chegou a escrever mais que alguns fragmentos de uma obra sobre o progresso do espírito humano, mas terminou o "esboço" que expressa as idéias capitais da obra. No decorrer da história, os homens forjaram organizações políticas e sociais muito distintas, desenvolveram diversas religiões, sistemas de crenças, códigos morais. Produziram-se às vezes obstáculos ou movimentos regressivos, mas esses obstáculos foram removidos e se pôde corrigir (retificar) o rumo desses movimentos. À medida que se desenvolveram as ciências, as técnicas e as artes, produziram-se condições que foram assegurando o progresso. Este não é inevitável: ele requer um esforço coletivo e uma educação intelectual e moral constante. Assim, a história total da humanidade, vista em conjunto, é uma série de etapas no caminho para o progresso. Este é o progresso da razão. A razão vai abrindo passagem e vai libertando os homens de todo tipo de tiranias. O progresso é, em última análise, uma emancipação: emancipação da Natureza e de si mesmo.

➲ Obras: A obra mais conhecida de C. é seu *Esquisse d'un tableau historique des progrès de l'esprit humain*, publicada postumamente, em 1795. Devem-se a C. numerosas obras científicas (matemáticas, físicas e de ciências sociais); mencionamos: *Du calcul Intégral*, 1765. — *Du problème des trois corps*, 1767. — *Essais d'analyse*, I, 1768. — *Essai sur l'application de l'analyse à la probabilité des décisions rendues à la pluralité des voix*, 1785. — *Éléments du calcul des probabilités et son application aux jeux de hasard, à la loterie et aux jugements des hommes*, 1805 [ano XIII].
Edição de obras: *Oeuvres complètes de C.*, 21 vols., 1804, ed. Mme. de Condorcet, com a colaboração de A. A. Barnier, P.-J. G. Cabanis, D.-J. Garay, segunda ed. (com novo material): *Oeuvres de C.*, 12 vols., 1847-1849, ed. A. Condorcet-O'Connor e François Arago (conhecida como "edição de Arago"). Restam ainda muitos materiais de C. não incluídos nessas edições.
Ver: Mathurin Cillet, *L'Utopie de C.*, 1883. — E. Madelung, *Die Kulturphilosophische Leistung Condorcets*, 1912 (tese). — F. Buisson, *C.*, 1930. — Jacobo Salwyn Shapiro, *C. and the Rise of Liberalism*, 1934. — Gaston Granger, *La mathématique sociale du Marquis de C.*, 1956. — Alberto Cento, *C. e l'idea de progreso*, 1957. — Keith Michael Baker, *C.: From Natural Philosophy to Social Mathematics*, 1975 (com bibliografia, pp. 485-523). — G. M. Posso, *C. tra illuminismo e positivismo*, 1980. — VV.AA., *C. Studies*, 1984, eds. L. C. Rosenfield e R. H. Popkin. — J.-C. Perrot, *C. Présentation*, 1988 [*Revue de Synthèse*, 109]. — E. e R. Badinter, *C.*, 1988. ✌

CONECTIVA. Conectivas (substantivação do adjetivo 'conectivas' em 'partículas conectivas') é o nome que recebem em lógica certas conjunções que governam as fórmulas lógicas. Seis conectivas são apresentadas, de imediato, na lógica sentencial: uma que se refere a uma fórmula, e é chamada "conectiva singular", e cinco que se referem a duas fórmulas e são denominadas "conectivas binárias". Nós as enumeraremos brevemente, reservando para os verbetes correspondentes explicações mais amplas sobre algumas delas.

A conectiva singular é 'não', denominada "negação" (VER) e simbolizada por '¬'
Assim,

$$\neg p$$

lê-se:

$$\text{não } p$$

e pode ter como exemplo:

Zacarias não fala finlandês.

As cinco conectivas binárias são:
1) A conectiva 'e', denominada "conjunção" (VER) e simbolizada por '∧'. Assim,

$$p \wedge q$$

lê-se

$$p \text{ e } q$$

e pode ter como exemplo:

Roberto e Antônia correm.

2) A conectiva 'ou', chamada "disjunção" (VER) inclusiva e simbolizada por '∨'. Assim:

$$p \vee q$$

lê-se:

$$p \text{ ou } q$$

e pode ter como exemplo:

Silvério lê ou vai ao cinema.

3) A conectiva 'ou... ou', chamada "disjunção exclusiva", simbolizada por '↔'. Assim:

$$p \leftrightarrow q$$

lê-se:

$$\text{ou } p \text{ ou } q$$

e pode ter como exemplo:

Ou Mercedes gasta muito ou trabalha pouco.

4) A conectiva 'se... então', chamada "condicional" (VER), simbolizada por '→'. Assim:

$$p \rightarrow q$$

lê-se:

se *p*, então *q*

e pode ter como exemplo:

Se Newton trabalha, a física progride.

5) A conectiva 'se e somente se', chamada "bicondicional" (VER), simbolizada por '↔'. Assim:

$$p \leftrightarrow q$$

lê-se:

p se e somente se *q*

e pode ter como exemplo:

Francisco ganha se e somente se Ricardo perde.

'↮' é a negação de '↔', motivo pelo qual às vezes aparece no final da lista de conectivas.

Como indicamos em NOTAÇÃO SIMBÓLICA, empregaram-se também outros sinais para as conectivas. Durante muito tempo, e seguindo a tradição dos *Principia Mathematica*, os sinais para as conectivas 'não', 'e', 'ou... ou', 'se, então' e 'se e somente se' foram, respectivamente, '~', '.', '≢', '⊃', '≡'. A vantagem de '∧' sobre '.', por um lado, e de '→' e '↔' sobre '⊃' e '≡', por outro, é permitir relacionar visualmente '∧' com '∨' e → com '↔'.

Embora as conectivas em questão sejam usualmente apresentadas no início da exposição da lógica, no limiar da lógica sentencial, recebendo com isso o nome de *conectivas sentenciais*, elas são também usadas nas outras partes da lógica. Assim, as referidas conectivas figuram entre os sinais dos diferentes cálculos lógicos mencionados em cálculo (VER).

As conectivas podem ser representadas graficamente. Eis as representações gráficas propostas por F. Conseth (*apud* Bochenski, *Précis*, 3.91).

Se dividimos a área de um quadrado em quatro partes, dando a cada uma delas os valores que se atribuem na seguinte figura:

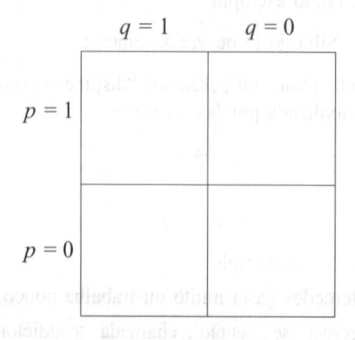

	q = 1	*q* = 0
p = 1		
p = 0		

teremos os diagramas seguintes para as fórmulas '*p* ∧ *q*', '*p* ∨ *q*', '*p* ↔ *q*', '*p* → *q*', '*p* ↔ *q*':

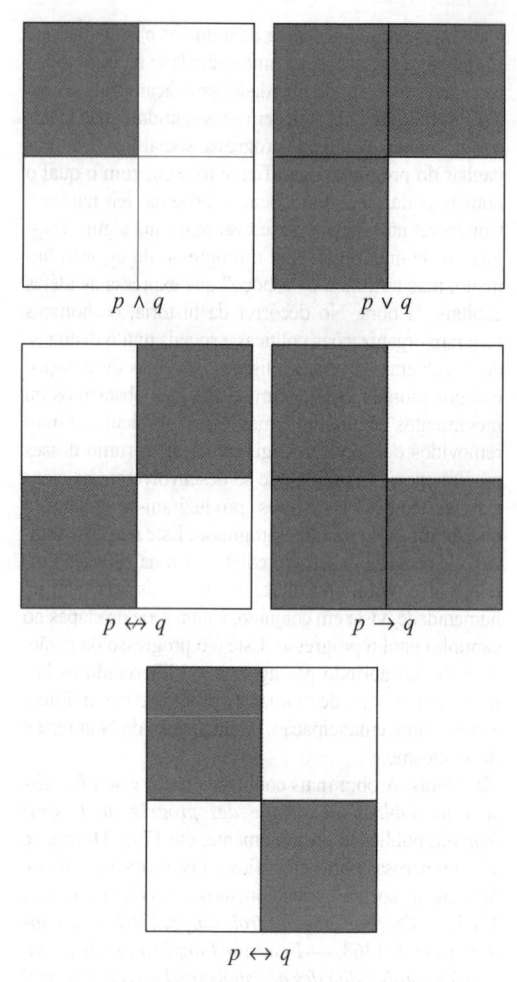

p ∧ *q*   *p* ∨ *q*

p ↔ *q*   *p* → *q*

p ↔ *q*

O número de conectivas pode reduzir-se, visto que algumas conectivas podem definir-se em função de outras. Esta última possibilidade recebe o nome de "interdefinibilidade das conectivas". Eis vários exemplos dela:

$(p \wedge q) = def. (\neg(\neg p \vee \neg q))$,

$(p \rightarrow q) = def.(\neg p \vee q)$,

$(p \leftrightarrow q) = def.((p \rightarrow q) \wedge (q \rightarrow p))$,

$(p \leftrightarrow q) = def.(\neg(p \leftrightarrow q))$.

Observe-se que os *definientes* (ver DEFINIÇÃO) anteriores não são os únicos possíveis para os *definienda* correspondentes. Assim, por exemplo, '→' pode ser também definido em termos de '¬' e '∧', como o mostra a definição:

$(p \rightarrow q) = def.(\neg(p \wedge \neg q))$.

Na lista anterior, acham-se ausentes entre os *definienda* '¬' e '∨'. Isso se deve ao fato de que, para sua definição, queremos introduzir outras duas conectivas. São as seguintes:

1) A conectiva '↓', que se lê 'nem... nem' e é denominada "negação conjunta". Assim:

$$p \downarrow q$$

lê-se:

nem p nem q

e pode ter como exemplo:

Nem os leões são mosquitos nem as salamandras são andorinhas.

2) A conectiva '|', que se pode ler 'não ou não' e é chamada "negação alternativa" (ou "negação disjuntiva"). Assim:

$$p \mid q$$

lê-se:

Não p ou não q

e pode ter como exemplo:

Napoleão não é inglês ou Wellington não é francês.

Desse modo, '⌐'poderá definir-se:

$$\neg p = \text{def.} \ (p \downarrow p)$$

ou então:

$$\neg p = \text{def.} \ (p \mid p)$$

e 'v' poderá definir-se:

$$(p \vee q) = \text{def.} \ ((p \downarrow q) \downarrow (p \downarrow q))$$

ou então:

$$(p \vee q) = \text{def.} \ (\neg p \mid \neg q).$$

Por outro lado, com a ajuda de '↓', podem-se definir todas as seis conectivas indicadas. De acordo com as conectivas que se deixem sem definir num cálculo e as que sejam definidas por meio das não-definidas, as conectivas funcionam respectivamente como sinais primitivos (VER) e como sinais definidos.

Ver NICOD (JEAN); ou SHEFFER (TRAÇO DE).

CONFIRMAÇÃO. Uma das dificuldades suscitadas pela noção de verificação (VER) é a de que, se por 'verificar p' (em que 'p' simboliza um enunciado sintético) se entende 'estabelecer definitivamente a verdade de p', é duvidoso que algum enunciado sintético seja alguma vez definitivamente verificado.

Para superar essa dificuldade, enfatizou-se que a verificação pode ter graus. No entanto, para não precisar enfatizar continuamente que não se trata de verificação definitiva, introduziram-se outros termos. O mais difundido é o termo 'confirmação' (e termos relacionados com ele, como 'confirmável', 'confirmabilidade' etc.). Carnap propõe uma substituição ao escrever: "Podemos somente confirmar uma sentença (VER) mais ou menos. Portanto, falaremos antes do problema da confirmação que do problema da verificação" ("Testability and Meaning", *Philosophy of Science*, 3 [1936] e 4 [1937], ed. em folheto, com a numeração da revista, e correções, 1950, p. 420).

Carnap usara o termo alemão *Bewährung* ("Wahrheit und Bewährung", *Actes du Congrès International de Philosophie scientifique*, 1936). Popper, que também usou esse termo, traduziu-o pelo equivalente inglês de 'corroboração' e defendeu este termo em virtude das diferenças que, em sua opinião, existem entre sua própria idéia de corroboração e o que Carnap denominou "confirmação". Como se pode ver no verbete CORROBORAÇÃO, não se trata meramente de uma disputa de vocabulário.

A noção de confirmação e, evidentemente, a de graus de confirmação foram objeto de exploração detalhada, assim como de várias interpretações. Visto que o grau de confirmação de uma hipótese é função do que se considera constituir um determinado grau de certeza da proposição que expressa a hipótese, julgou-se que há um elemento "subjetivo" na confirmação. Para descartar a possível arbitrariedade que introduziria toda dimensão "subjetiva", recorreu-se a vários procedimentos — incluindo uma interpretação comportamentalista — de aceitação ou rejeição deste ou daquele grau de certeza. Nenhum dos procedimentos propostos se mostrou completamente satisfatório. Propôs-se também estudar a confirmabilidade — os "graus de confirmabilidade" — em função da probabilidade, seja da chamada "probabilidade freqüencial" ou da "probabilidade lógica". Os estudos de probabilidade lógica relacionados à confirmabilidade devem muito aos trabalhos de lógica indutiva de Carnap.

Alguns autores propuseram desenvolver os aspectos não-quantitativos na confirmação de hipóteses, mas também a esse respeito encontram-se dificuldades.

Muito discutidos foram, a partir de C. G. Hempel, os chamados "paradoxos da confirmação". Consideremos o enunciado:

Todos os cisnes são brancos   (1).

(1) é logicamente equivalente a:

Todas as coisas não-brancas não são cisnes   (2).

É óbvio que:

A é um cisne branco   (3)

é uma confirmação de (1). Mas, se (2) é logicamente equivalente a (1), então

B é um sapato marrom   (4),

que é uma confirmação de (2), será também uma confirmação de (1). Em geral, todo objeto que não seja nem branco nem cisne confirmará que todas as coisas não-brancas são não-cisnes e, por conseguinte, confirmará que todos os cisnes são brancos. Assim:

C é um gato pardo,
D é uma pedra preciosa,
E é um sorvete de baunilha

confirmarão que todos os cisnes são brancos.

(1) não é um enunciado cientificamente muito interessante e pode-se alegar que o mencionado paradoxo da confirmação é uma simples curiosidade lógica. Não obstante, recaem no âmbito do paradoxo muitas hipóteses universais, que são cientificamente interessantes, motivo pelo qual vários autores procuraram resolver, ou dissolver, o paradoxo em questão.

O próprio Hempel observou que um enunciado como (1) não se refere apenas a cisnes, dizendo de fato algo sobre cada um dos objetos do universo; diz que ou não é um cisne (ou seja, é um não-cisne) ou é branco. Para evitar o paradoxo, é preciso restringir as regras por meio das quais se afirma que um enunciado dado confirma ou não uma hipótese. Isso significa evitar a introdução de informações não pertinentes à hipótese que se procura confirmar. Seguindo Popper, J. W. N. Watkins afirmou que, contrariamente ao que sugere Hempel, deve-se levar em conta o que se denomina "informação adicional" ou "de fundo". Uma hipótese só se confirma quando se efetuam rigorosas tentativas de falseamento e ela não se mostra por isso falseada (embora esteja sempre, por assim dizer, aberta a um possível falseamento). Mas não se pode obter essa confirmação por meio de rigorosas tentativas de falseamento se, com efeito, as tentativas não são rigorosas, isto é, se se produz informação adicional que não tem força suficiente para falsear a hipótese. Por outro lado, se a informação adicional que se possui nos indica que é provável que uma previsão resultante da hipótese seja falsa, então a contrastação dessa previsão constituirá uma tentativa de prova rigorosa. Se a informação adicional implica logicamente a negação da previsão, a prova da previsão mediante essa informação terá um rigor máximo. Assim, o que Watkins propõe não é descartar, como faz Hempel, mas incluir a informação adicional.

Observar-se-á que Watkins enfatiza a previsão. Por outro lado, Hempel indica que "o critério de previsão" da confirmação tem falhas, motivo pelo qual ele não pode aceitar a solução de Watkins (e de Popper), que considera inadequada para "hipóteses e teorias científicas mais complexas" ("Studies...", cit. *infra*, compilado em *Aspects*, cf. *infra*, p. 46).

Outro paradoxo — devido a Nelson Goodman (*Fact, Fiction, and Forecast*, 1955, pp. 74-75) — é o seguinte: "Suponhamos que todas as esmeraldas examinadas antes de certo tempo, *t*, sejam verdes. Em *t*, pois, nossas observações apóiam a hipótese de que todas as esmeraldas são verdes (...). Introduzamos agora outro predicado menos familiar que 'verde': é o predicado 'verul' [de '*ver*de' e '*azul*'], que se aplica a todas as coisas examinadas antes de *t* no caso de serem verdes mas a outras coisas no caso de serem azuis. Então, no tempo *t* temos, para cada enunciado probatório que afirma que uma esmeralda dada é verde, um enunciado probatório paralelo que afirma que a esmeralda é azul (...). Segundo nossa definição, a previsão de que todas as esmeraldas subseqüentemente examinadas serão verdes e a previsão de que todas serão veruis serão confirmadas também por enunciados probatórios que descrevem a mesma observação".

Esse paradoxo suscitou — e ainda suscita — muitos debates. Alguns sustentam que Goodman eliminou, ao prever (ou, em sua linguagem [ver INDUÇÃO], "projetar") 'é verul', parte da corroboração que recebeu ao prever (ou "projetar") 'é verde'. Outros, em contrapartida, afirmam que o paradoxo é um paradoxo autêntico e que se podem prever dois predicados incompatíveis com base na mesma quantidade de corroboração recebida.

Embora tenham sido os mais discutidos na literatura filosófica, os paradoxos de Hempel e de Goodman não são os únicos. Há uma pletora de paradoxos, muitas vezes apresentados com o nome de "paradoxos da indução" (e que são paradoxos de confirmação). Assim, por exemplo, se, com base em muitas observações sobre o comprimento das serpentes, se formula a seguinte conjetura: "Todas as serpentes têm um comprimento inferior a mil metros", cada serpente descoberta cujo comprimento for inferior a mil metros confirmará a conjetura, mas a descoberta de uma serpente de 999 metros de comprimento introduzirá sérias dúvidas sobre ela. Se se manejam fichas em cada uma das quais vão aparecendo apenas palavras em português, poder-se-á formular a conjetura: "Em nenhuma das fichas há palavras em dinamarquês". Depois de se examinarem 250.000 fichas, encontra-se uma, a ficha 250.001, que contém a palavra *Begriff*. É uma palavra alemã, e não dinamarquesa, de modo que a ficha 250.001 confirma a conjetura. No entanto, pode-se começar a ter dúvidas sobre a verdade da conjetura, pois o aparecimento de *Begriff* introduz a suspeita de que poderia de fato aparecer em alguma ficha uma palavra como *begrebet*, que significa, em dinamarquês, o mesmo que *Begriff* em alemão (ambas significam, em português, "conceito"). Por outro lado, a conjetura "todas as palavras nas fichas estão em português" (ou "em nenhuma das fichas há uma palavra que não esteja em português") fica desconfirmada pelo aparecimento de uma palavra como *Begriff*, de uma palavra como *begrebet*, de uma palavra como *ragione*, de uma palavra como *Life* etc.

Um dos ensinamentos que se depreendem dos paradoxos da confirmação não é que não haja nenhuma possibilidade de confirmação, mas que se devem impor restrições às regras de confirmação, por um lado, e que se deve determinar precisamente que tipo de informação se requer *na* conjetura. A maioria das conjeturas que servem de exemplos para expor paradoxos de confirmação apresenta escasso interesse científico.

Segundo Carnap, podem-se distinguir um conceito semântico e um conceito lógico de confirmação, e, no âmbito do primeiro, um conceito classificatório, um conceito comparativo e um conceito quantitativo de confirmação. Depois, podem-se distinguir diversos graus de confirmação (ou confirmabilidade). Com esse objetivo, podem-se usar diversos termos ou expressões tais como 'A é confirmado por B', 'A é apoiado por B', 'B proporciona uma prova positiva de A' etc. É possível também atribuir valores numéricos aos graus de confirmação. Alguns autores (como Popper) indicaram que é melhor empregar o termo 'corroboração' (VER).

⊃ Além de várias das obras mencionadas na bibliografia de INDUÇÃO (algumas das quais, além disso, repetimos aqui), ver: J. M. Keynes, *Treatise on Probability*, 1921. — Jean Nicod, *Le problème logique de l'induction*, 1923; 3ª ed., 1962. — Hans Reichenbach, *Wahrscheinlichkeitslehre*, 1935 (trad. ingl. do autor, rev. e ampl.: *The Theory of Probability*, 1949). — C. G. Hempel, "A Purely Synctatical Definition of Confirmation", *Journal of Symbolic Logic*, 8 (1943), 122-143. — *Id.*, "Studies in the Logic of Confirmation", *Mind*, N. S., 54 (1945), 1-26, 97-121, e 55 (1946), 79-82. — *Id.*, "Inductive Inconsistencies", *Synthese*, 12, n. 4 (dezembro de 1960), 439-469 [compilado em seu livro *Aspects of Scientific Explanation, and Other Essays in the Philosophy of Science*, 1965, pp. 30-79, com um "Postscript (1961) on Confirmation", pp. 47-51]. — *Id.*, [em colaboração com P. Oppenheim], "A Definition of 'Degree of Confirmation'", *Philosophy of Science*, 12 (1945), 98-115. — P. Oppenheim e Olaf Helmer, "A Syntactical Definition of Probability and of the Degree of Confirmation", *Journal of Symbolic Logic*, 10 (1945), 25-60. — R. Carnap, "On Inductive Logic", *Philosophy of Science*, 12 (1945), 72-97. — *Id.*, "The Two Concepts of Probability", *Philosophy and Phenomenological Research*, 5 (1945-1946), 513-532. — *Id.*, *Logical Foundations of Probability*, I, 1950 [inclui partes dos trabalhos do autor mencionados antes]. — Nelson Goodman, "A Query on Confirmation", *Journal of Philosophy*, 43 (1946), 383-385. — *Id.*, "On Infirmities of Confirmation Theory", *Philosophy and Phenomenological Research*, 8 (1947-1948), 149-151. — *Id.*, *Fact, Fiction, and Forecast*, 1955, especialmente pp. 63-86. — Georg Henrik von Wright, *A Treatise on Induction and Probability*, 1951, especialmente pp. 245-256. — S. F. Barker, *Induction and Hypothesis: A Study in the Logic of Confirmation*, 1957. — J. W. N. Watkins, "Between Analytical and Empirical", Philosophy, 32 (1957), 112-131. — *Id.*, "Confirmation, the Paradoxes, and Positivism", em Mario Bunge, ed., *The Critical Approach to Science and Philosophy*, 1964, pp. 92-115. — Karl R. Popper, *The Logic of Scientific Discovery*, 1959 [trad., com ampliações, da obra do autor: *Logik der Forschung*, 1935] (trad. br.: *A lógica da pesquisa científica*, 1966). — Hugues Leblanc, "A Revised Version of Goodman's Confirmation Paradox", *Philosophical Studies*, 14 (1963), 49-51. — *Id.*, "That Positive Instances Are No Help", *Journal of Philosophy*, 60, n. 16 (1963). — J. L. Mackie, "The Paradox of Confirmation", *British Journal for the Philosophy of Science*, 13 (1963), 265-277. — William M. Baumer, P. R. Wilson e Judith Schonberg, artigos sobre confirmação em *British Journal for the Philosophy of Science*, 15 (1964), 177-212. — N. Goodman, R. C. Jeffrey *et al.*, artigos sobre "The New Riddle of Induction", em *Journal of Philosophy*, 63 (1966), 281-331, e 64 (1967), 259-286 (a propósito de Goodman). — Wolfgang Lenzen, *Theorien der Bestätigung wissenschaftlicher Hypothesen*, 1973. — Richard Swinburne, *An Introduction to Confirmation Theory*, 1973. — Alan Musgrave, "Logical versus Historical Theories of Confirmation", *British Journal for the Philosophy of Science*, 25 (1974), 1-23. — G. Schlesinger, *Confirmation and Confirmability*, 1974. — W. C. Salmon, "Confirmation and Relevance", em G. Maxwell, R. M. Anderson, eds., *Minnesota Studies in the Philosophy of Science*, 1975, pp. 3-36. — M. Hanen, "Confirmation, Explanation and Acceptance", em K. Lehrer, ed., *Analysis and Metaphysics*, 1975, pp. 93-128. — G. Maxwell, R. M. Anderson, eds., *Induction, Probability, and Confirmation*, 1975. ⊂

CONFLUÊNCIA. O autor deste *Dicionário* considera que o que se denomina "confluência" é um dos haveres (VER) da realidade (cf. *El ser y el sentido*, VIII, § 4). Toda realidade é "insuficiente" no sentido de que 1) não se "basta" a si mesma, e está relacionada com algumas outras realidades (não todas); 2) nunca é completa na medida em que não se adequa a um suposto modelo, que seria a mesma realidade em seu estado "absoluto". O termo 'insuficiente' não é completamente apropriado, porque algo é insuficiente apenas em relação a algo suficiente, enquanto aqui se fala de "insuficiência" como algo que positivamente constitui qualquer realidade. Metaforicamente falando, uma realidade qualquer é sempre "precária".

Nenhuma realidade é constituída por um só modo, ou por uma única direção ontológica (sejam as direções ontológicas mais gerais do ser e do sentido, ou outras de alcance menos geral) — é "constituída" por (ao menos) dois modos ou duas direções ontológicas que confluem, entrecruzando-se. Nenhuma das direções indicadas, além disso, é absoluta ou completa por si mesma, porque precisa ser complementada pela que aparece como sua "oposta". Quaisquer direções ontológicas são expressáveis por meio de conceitos-limite, nenhum dos quais denota realidades, ainda que sejam eles próprios realidades (conceitos) das quais é possível falar.

"A imprecisão [insuficiência, "precariedade"] da realidade — da realidade de qualquer tipo, espécie ou forma — não leva necessariamente a afirmar que nada é o que é; ela conduz unicamente a sustentar que é o que é na medida em que está (ontologicamente falando) situado entre direções contrapostas, e isso de tal maneira que na maioria dos casos uma direção consegue predominar sobre a outra, mas nunca de modo absoluto. Toda realidade é função de uma confluência ontológica" (op. cit., p. 313). A noção de "confluência", como todas as outras noções que figuram na lista dos "haveres" da realidade (ou das realidades), é uma noção estrutural e organizacional.

CONFUCIONISMO. É o nome dado à "escola filosófica" chinesa presumivelmente fundada por Confúcio (K'ung Fu-tse ou "o Mestre Kung", nascido ca. 551 a.C. no Estado de Lu [o atual Shantung]). Confúcio foi na China um dos "sábios" que, durante o chamado período dos "Estados contendores" (ca. 650-221 a.C.), ofereciam-se, mediante remuneração, como conselheiros dos chefes dos diversos Estados chineses. Ele foi comparado por isso com um dos sofistas (VER) gregos. Entretanto, a finalidade de Confúcio não era apenas pedagógica, enciclopédica ou erística. De modo análogo a Sócrates — segundo indica Fung Yulan —, Confúcio dedicou-se ao ensino com um propósito prático e moral. Inimigo de toda especulação sem alcance imediato sobre a vida humana, Confúcio pretendeu, sobretudo, estabelecer regras de conduta social. É muito provável que ele tivesse a intenção de ajudar no restabelecimento da ordem e da unidade do país por meio de regras de comportamento e não (como os "legalistas" ou "realistas") mediante uma ação política direta e de caráter violento. De todo modo, o pensamento de Confúcio — expresso por meio de diálogos ou conversas com seus discípulos — não é de caráter abstrato; há nele uma mescla de ceticismo moderado e de bom senso.

Os termos mais fundamentais do pensamento de Confúcio (não exclusivos de Confúcio e do confucionismo, mas elaborados por eles com grande detalhe em um conjunto doutrinal relativamente coerente) são os seguintes.

O *Tao* (caminho ou vereda [para o sentido de *Tao* no Taoísmo, ver o verbete sobre esse conceito]). Trata-se da vereda mais conveniente, própria ou digna, que se descobre por meio do conhecimento da tradição, isto é, do que pensaram os "Sábios". O *Tao* de Confúcio é, a rigor, o "Caminho dos Sábios".

O *Te* (que se pode traduzir *grosso modo* por 'virtude'). O *Te* é um poder ou qualidade inerente ao indivíduo e está associado ao "nome". Este último é provavelmente o "nome" que recebem os indivíduos que são capazes de seguir o Caminho dos Sábios.

O *I* ou o sistema de direitos e deveres das diversas camadas da sociedade, estruturadas de um modo análogo ao feudal. Não obstante, em Confúcio o *I* (assim como todos os conceitos anteriores) tem um sentido predominantemente ético e equivale ao sentido de direito e justiça independentemente de qualquer ordem social.

O *Li* ou forma digna de comportamento, isto é, de fazer as coisas, está estreitamente vinculado às cerimônias (e à complicada etiqueta que foi objeto de ataque dos primeiros taoístas). A forma digna de comportamento é principalmente social e se refere à maneira de governar o Estado e de restabelecer a ordem social.

O *Cheng-ming* ou "a retificação dos Nomes". É expresso nas frases: "O rei é o rei, o pai é o pai etc." Significa que não devemos deixar-nos desviar pelos sofismas e que temos de reconhecer o lugar próprio de cada coisa e de cada nome. Mediante a Retificação dos Nomes, pode-se restabelecer o *I* e seguir o *Te*.

Hsiao ou a piedade filial, ligada ao respeito aos antepassados, à tradição e aos Sábios.

Li-yüeh ou o exercício da música, mas de certos tipos de música (solene, cerimonial), justamente a que permite praticar o *Li*, seguir o *Te*, compreender o *Tao* etc.

Jen ou a reciprocidade de comportamento. É a "regra de ouro" do confucionismo e pode ser expressa da seguinte forma: "Não trate os outros como você não gostaria que os outros o tratassem"; "os outros" significa aqui, em particular, os inferiores em nível social.

I e *Jen* representam dois lados opostos, e complementares, da mesma regra de conduta: *I* refere-se à relação do inferior com o superior; *Jen*, à relação do superior com o inferior.

Chün-tzu ou esquema da pessoa ideal. Todos os sábios foram *Chün-tzu*. À medida que se acentua o sentido ético do confucionismo, o ideal em questão adquire maior importância. A pessoa ideal não é determinada pelo nascimento, pela posição social etc., mas por seu valor (moral).

Os partidários do confucionismo foram com freqüência chamados *ju*, isto é, letrados. O confucionismo teve uma longa história e deu lugar a interpretações muito diversas. Uma das mais importantes é a de Mêncio (VER). Também o sistema de Mo Tsé (VER) deve muito ao confucionismo. Depois de um período de relativo estancamento intelectual, que não impediu sua influência política e educacional já desde o Imperador Wu (136 a.C.), o confucionismo renasceu, dando origem ao chamado "neoconfucionismo". Especialmente importante é o desenvolvimento neoconfuciano que ocorreu durante os séculos XII e XIII. Destacamos a figura de Chu Hsi (às vezes comparado com Santo Tomás de Aquino). O confucionismo com que se defrontaram os europeus que viajaram pela China durante os séculos XVII e XVIII foi principalmente o de Chu Hsi e de sua escola. No neoconfucionismo, encontramos desenvolvidos os motivos éticos do antigo confucionismo e também especulações sobre a realidade natural que este último não abordara ou não destacara de maneira suficiente. Podem-se rastrear no neoconfucionismo diversas influências não-confucianas (por exemplo, taoístas e budistas). A cosmologia e a metafísica cosmológica neoconfucianas afirmam uma espécie de dualismo de *ch'i* (ou matéria [ou éter]) e *li* (ou princípio [ou lei]) (contudo, certos neoconfucianos, como Lu Hsiang-shan, declararam-se monistas). O neoconfucionismo de Chu Hsi deve muito às idéias confucianas apresentadas alguns séculos antes por Han Yu (768-824), que já procurou fazer reviver o confucionismo contra o budismo e o taoísmo, inclinando-se para a interpretação dada por Mêncio às doutrinas de Confúcio. Em alguns casos, o dualismo neoconfuciano [por exemplo, o do *Ying, Yang* (VER)] fundia-se num monismo prévio: o do Pólo ou Princípio Supremo (o Não-limite). Importante elemento da doutrina neoconfuciana em geral foi a afirmação do *li* como componente essencial do homem (e talvez de todas as coisas na medida em que cumprem uma função essencial no universo). Dentro do *li humano* há o sistema de virtudes: a benevolência, o senso moral, as normas éticas e a sabedoria.

⇒ Da abundante literatura sobre Confúcio e o confucionismo, destacamos as obras seguintes: Richard Wilhelm, *Kung-tse*, 1925. — Liu Wu-chi, *A Short History of Confucian Philosophy*, 1955. — Étiemble, *Confucius*, 1956. — Jeanne Gripekoven, *Confucius et son temps*, 1955. — C. Chang, *The Development of Neo-Confucian Thought*, 1958. — J. Politella, *Taoism and Confucianism*, 1967. — C. e W. Chai, *Confucianism*, 1973. — T. Dow, *Confucianism versus Marxism: An Analytical Comparison of the Confucian and Marxian Theories of Knowledge — Dialectical Materialism*, 1977. — R. Dawson, *Confucius*, 1981. — H. C. Tillman, *Utilitarian Confucianism: Ch'en Liang's Challenge to Chu Hsi*, 1982. — W. T. De Bary, *The Message of the Mind in Neo-Confucianism*, 1989. — Id., *The Trouble with Confucianism*, 1991. — T. Yi-Jie, *Confucianism, Buddhism, Daoism, Christianity and Chinese Culture*, 1991, ed. G. F. McLean. ⇐

CONFUSO. Ver CLARO.

CONGAR, Y[VES] M[ARIE]-J[OSEPH]. Ver LE SAULCHOIR.

CONGREVE, RICHARD. Ver COMTE, AUGUSTE.

CONGRUÍSMO. No verbete sobre a noção de graça (VER), referimo-nos às diversas espécies de graça admitidas pelos teólogos (especialmente pelos teólogos católicos). Consideremos agora duas espécies de graça: a graça eficaz e a graça suficiente. Houve muitos debates acerca da relação entre elas. Segundo alguns autores, há diferença ontológica essencial entre as duas espécies de graça citadas; a primeira, além disso, se faz acompanhar da promoção (VER) física. Segundo outros autores, não há diferença ontológica essencial entre os dois tipos de graça: o que torna a graça eficaz é uma espécie de ajuda côngrua, adaptada às circunstâncias favoráveis à sua operação. A primeira opinião é própria de muitos tomistas e agostinianos; a segunda — que recebe o nome de *congruísmo* — foi defendida por vários teólogos, entre os quais figuram Suárez, Belarmino e Luis de Molina. É certo que às vezes se distingue molinismo de congruísmo, indicando-se ou que eles são muito diferentes entre si ou (com muita freqüência) que o congruísmo é a forma dada por Suárez (e por Belarmino) ao molinismo. O mais plausível é distinguir diversas formas de congruísmo segundo a natureza das circunstâncias adaptadas (ou côngruas) à operação da graça. Duas dessas formas são importantes: a que define essas circunstâncias em termos de temperamento, inclinações, tempo, lugar etc., e a que acentua o motivo do consentimento da vontade. A primeira é mais característica de Molina; a segunda, de Suárez.

CONHECER. No verbete CONHECIMENTO, abordamos os chamados "problemas do conhecimento" de acordo com os esquemas clássicos da teoria do conhecimento, epistemologia ou gnosiologia. Neste verbete, ocupamo-nos brevemente de algumas das questões que se formularam com referência aos vários sentidos que foram dados a 'conhecer'.

Em português, existem os termos 'conhecer' e 'saber'. Às vezes, eles podem ser usados indistintamente: '*S* conhece o alemão' e '*S* sabe alemão', '*S* conhece todos os truques' e '*S* sabe todos os truques'. Às vezes, não há diferenças muito apreciáveis: '*S* conhece que amanhã choverá' [sic] e '*S* sabe que amanhã choverá'. Em ambos os casos, conhece-se, ou sabe-se, que ocorrerá algo; não obstante, o conhecer que choverá amanhã parece envolver a razão pela qual vai chover. Por isso, é mais apropriado dizer '*S* conhece que choverá amanhã pela umidade da atmosfera' [sic] do que dizer simplesmente '*S* conhece que choverá amanhã' [sic]. Às vezes, é preciso usar ou 'conhecer' ou 'saber': '*S* conhece Roma', '*S* conhece Júlia', mas não '*S* sabe Roma' ou '*S* sabe Júlia'. O chamado "conhecimento direto" ou "imediato" é expresso mediante 'conhecer'; o chamado "conhecimento indireto" ou "mediato" pode ser expresso mediante 'conhecer' ou mediante 'saber', mas a tendência é usar este último. Assim, se '*p*' representa um enunciado declarativo, o fato de que alguém, *S*, conheça o que se expressa no enunciado se exprime dizendo-se que ele sabe que *p*.

A distinção entre conhecer algo e saber que há esta ou aquela coisa ou saber que determinada coisa tem estas ou aquelas propriedades é fundamental, e foi expressa de diversos modos: conhecimento direto, imediato, por contato ou presença direta; e conhecimento indireto, mediato ou por descrição. Nem sempre há estrita equivalência entre 'direto', 'imediato', 'por contato' e 'por presença direta', por um lado, e conhecimento 'indireto', 'mediato' ou 'por descrição', por outro. Assim, pode-se conhecer (saber) imediata e diretamente que p caso se conheça (saiba) que se p então p. Entretanto, este saber que p não é um conhecimento por contato ou presença direta. O menos arriscado a esse respeito é concluir que o conhecer por presença direta é o expresso no esquema 'S conhece M', em que 'M' representa algo — uma coisa, uma pessoa, uma situação etc. —, e o conhecer por descrição é o expresso no esquema 'S sabe que p'. Na grande maioria dos casos, quando se fala de conhecer, subentende-se que se "conhece (sabe) que".

Um problema capital é o conhecer (saber) — no sentido do conhecer (saber) —, que é o problema de se há diferença entre uma opinião verdadeira e um conhecimento. O mais comum é afirmar que há uma diferença. S pode opinar que M é branco, e, se M é branco, então sua opinião é verdadeira. Contudo, a opinião de M não está fundada, e por isso S não conhece (sabe), claramente, que M é branco. Para que se possa dizer que S conhece (sabe) que M é branco e, em geral, que S conhece (ou sabe) que p, é preciso admitir que S tem justificação (seja direta, seja indireta) para afirmar p. Isso levou a pensar que conhecer ou saber que p equivale a crer justificadamente que p. Por outro lado, enfatizou-se que é possível — embora um tanto "perverso" — que S saiba que p e, ao mesmo tempo, que S não creia que p. Não obstante, nos casos em que ocorre, isso se deve a que as razões que S tem para afirmar que sabe que p não são, ou não parecem ser a S, razões suficientes. Se S tem toda a justificação necessária para afirmar que conhece (sabe) que p, mostra-se surpreendente que a rejeite para dizer que não crê que p.

Hoje há consenso no fato de que conhecer não é, embora continue a ser assim chamado, uma atividade; em todo caso, não se diz que S conhece (sabe) algo no sentido em que se diz que S digere algo, e tampouco no sentido em que se diz que S prefere algo. Isso acontece especialmente no caso do "conhecer, ou saber, que". Nada disso pressupõe que para conhecer (saber) não seja necessário executar atividades; é provável que não se possa conhecer algo, nem se possa saber que algo é deste ou daquele modo sem que intervenham processos de caráter neurofisiológico. Porém, a análise de uma expressão como 'S sabe que p' não é uma análise de processos neurofisiológicos, mas uma análise do sentido em que se usa 'saber que'.

Neste ponto, há diferenças entre os filósofos. Austin afirmou que a expressão 'sei' não é uma expressão descritiva e, portanto, não está submetida às condições de verdade (ou falsidade) que se adscrevem às descrições. Dizer 'sei' é, de acordo com Austin, dar a própria palavra, de modo similar, embora não idêntico, ao que ocorre quando alguém diz 'prometo'. Ao se dizer 'sei', executa-se, segundo isso, uma ação — uma ação lingüística; nos termos de Austin, faz-se algo com as palavras. Os que seguem Austin no que se refere a este ponto são chamados "antidescritivistas", visto que não reduzem a linguagem a funções descritivas. Os chamados "descritivistas", em contrapartida, opõem-se a Austin e seguem a tradição de afirmar que, ao se dizer 'sei', diz-se algo que é verdadeiro ou falso. Observe-se que o fato de sustentar o caráter não-descritivo de 'sei' não é incompatível com sustentar o caráter descritivo de 'S conhece' e de 'S sabe que p', mas então a descrição se refere não ao conteúdo do que S proclama saber ou conhecer, e sim ao fato de que alguém, S, diz que conhece algo ou que sabe que p.

Desde Ryle discutiu-se muito se 'saber que' é ou não redutível a 'saber como'. Parece que em alguns casos saber (conhecer) algo pode ser saber como é. Assim, conhecer uma língua é saber como a língua funciona. Por outro lado, saber como uma língua funciona é conhecer as regras sintáticas e o vocabulário da língua, mesmo que não se seja capaz de explicitar essas regras nem compilar um dicionário da língua. Por razões diferentes das de Austin, Ryle opõe-se, como Austin, às tendências intelectualistas e racionalistas tradicionais relativas ao conhecer (ou saber). Em geral, a atenção aos aspectos pragmáticos e aos problemas da comunicação levam a destacar o caráter "executivo" (e não descritivo) e o caráter do "saber como" do conhecer (e do saber).

CONHECIMENTO. Perguntas como "O que é o conhecimento?", "Em que se funda o conhecimento?", "Como é possível o conhecimento?" etc. pertencem a uma disciplina filosófica denominada de várias maneiras: "teoria do conhecimento", "crítica do conhecimento", "gnosiologia", "epistemologia". Não nos ocuparemos aqui do significado dos diversos nomes dessa disciplina; remetemos para isso ao verbete GNOSIOLOGIA. Por ora, nós a chamaremos de "teoria do conhecimento" e "epistemologia" e usaremos os termos 'gnosiológico' e 'epistemológico' como adjetivos.

As perguntas antes formuladas, apesar de sua generalidade (ou talvez por causa dela), não esgotam os problemas suscitados na teoria do conhecimento. No decorrer desta exposição, examinaremos algumas questões de modo mais específico, mas uma lista suficiente delas só será possível agrupando-se os diversos verbetes que figuram, no "Quadro sinótico" ao final desta obra, sob o título "Teoria do conhecimento (Gnosiologia, Epistemologia)" — verbetes como A PRIORI; CATEGORIA; EMPIRISMO; INATISMO; UNIVERSAIS; VERDADE; e outros.

O problema — e os problemas — do conhecimento foram abordados por quase todos os filósofos, mas a importância que a teoria do conhecimento assumiu como "disciplina filosófica" especial é assunto relativamente recente. Os gregos introduziram na literatura filosófica, e com um sentido preciso, os termos que ainda nos servem para designar nossa disciplina: os vocábulos γνῶσις ("conhecimento") e ἐπιστήμη ("saber", às vezes traduzido também por "ciência"). Eles abordaram com freqüência problemas gnosiológicos, subordinando-os geralmente a questões depois denominadas "ontológicas". A pergunta "O que é o conhecimento?" foi amiúde formulada entre os gregos em estreita relação com a pergunta "O que é a realidade?". Algo semelhante aconteceu com muitos filósofos medievais. Isso não significa de maneira alguma que os filósofos mencionados não tratassem do problema do conhecimento em pormenor — não se pode dizer que, por exemplo, os céticos ou Santo Agostinho não dedicaram muitos esforços a esclarecer a possibilidade (ou impossibilidade) do conhecimento e dos tipos de conhecimento. Entretanto, é plausível sustentar que somente na época moderna (com vários autores renascentistas interessados pelo método e com Descartes, Malebranche, Leibniz, Locke, Berkeley, Hume e outros) o problema do conhecimento se transforma amiúde em problema central — embora não único — do pensamento filosófico. A constante preocupação dos autores mencionados com o "método" e com a "estrutura do conhecimento" é, nesse aspecto, muito reveladora. Mas ainda não se concebia o estudo do conhecimento como podendo dar impulso a uma "disciplina filosófica específica". A partir de Kant, em contrapartida, o problema do conhecimento começou a ser objeto da "teoria do conhecimento". A filosofia de Kant não pode ser reduzida, como o pretenderam alguns neokantianos, à teoria do conhecimento, mas é indubitável que esta teoria ocupa um lugar muito importante no pensamento desse filósofo. A partir de Kant, além disso, manifestou-se com freqüência no pensamento filosófico moderno e contemporâneo certa "epistemofilia", que contrasta com a "ontofilia" dos gregos e de muitos autores medievais. Em vista disso, alguns autores chegaram à conclusão de que a teoria do conhecimento é a disciplina filosófica mais importante. Outros avaliaram que os problemas de teoria do conhecimento, ou problemas epistemológicos (ou gnosiológicos), dependem de — ou se formulam no âmbito de — contextos metafísicos, ou ontológicos. Outros ainda — entre os quais se destaca Nicolai Hartmann — insistiram na existência de uma estreita dependência mútua entre a teoria do conhecimento e a metafísica (ou a ontologia). A questão da relação ou falta de relação entre teoria do conhecimento e metafísica, ou ontologia, foi formulada também com referência à lógica, dando-se respostas similares às antes apontadas no que tange à relação, ou falta de relação, entre teoria do conhecimento e lógica.

Consideraremos a seguir vários aspectos já clássicos em teoria do conhecimento: descrição, ou fenomenologia, do conhecimento; possibilidade do conhecimento; fundamentos do conhecimento; formas possíveis de conhecimento. No que diz respeito a este último aspecto, abordamos também, em verbete à parte, o problema do conhecer (VER).

Fenomenologia do conhecimento. No sentido muito amplo de "pura descrição do que aparece ou do que é imediatamente dado", a fenomenologia do conhecimento visa manifestar o "fenômeno", ou o "processo", do conhecer. Procurou-se fazê-lo independentemente de — e previamente a — quaisquer interpretações do conhecimento e quaisquer explicações que se possam dar das causas do conhecer. Portanto, a fenomenologia do conhecimento não é uma descrição genética e de fato, mas "pura". A única coisa que essa fenomenologia objetiva esclarece é o que significa ser objeto de conhecimento, ser sujeito cognoscente, apreender o objeto etc.

Um resultado de tal fenomenologia parece óbvio: conhecer é o que tem lugar quando um sujeito (chamado "cognoscente") apreende um objeto (chamado "objeto de conhecimento" e, para abreviar, simplesmente "objeto"). Contudo, o resultado não é nem óbvio nem tampouco simples. De imediato, a pura descrição do conhecimento ou, se se quiser, do conhecer enfatiza a indispensável coexistência, co-presença e, de certo modo, co-operação de dois elementos que não são admitidos, ou não são admitidos com o mesmo grau de necessidade, por todas as filosofias. Algumas filosofias insistem no primado do objeto (realismo em geral); outras, no primado do sujeito (idealismo em geral); outras, na equiparação "neutra" do sujeito e do objeto. A fenomenologia do conhecimento não reduz nem equipara: ela reconhece a necessidade do sujeito e do objeto sem definir em que consiste cada um deles, sem deter-se em averiguar a natureza de cada um deles ou de qualquer suposta realidade prévia a eles ou consistente em sua fusão.

Portanto, conhecer é, fenomenologicamente falando, "apreender", isto é, o ato pelo qual um sujeito apreende um objeto. O objeto deve ser, por conseguinte, pelo menos gnosiologicamente, transcendente ao sujeito, pois do contrário não haveria "apreensão" de algo exterior: o sujeito se "apreenderia" de algum modo a si mesmo. Dizer que o objeto é transcendente ao sujeito ainda não significa, porém, dizer que há uma realidade independente de todo sujeito: a fenomenologia do conhecimento, dizíamos, não adota de imediato nenhuma posição idealista, mas tampouco realista. Ao apreender o objeto, este se encontra, de alguma maneira, "no" sujeito. Não está nele, entretanto, nem física nem metafisicamente: está nele apenas 'representativamente'. Por isso, dizer que o sujeito apreende o objeto equivale a dizer que o representa. Quando o representa tal como o objeto é, o sujeito tem um conhecimento verdadeiro (embora possivelmente parcial) do objeto; quando não o representa tal como é, o sujeito tem um conhecimento falso do objeto.

O sujeito e o objeto de que aqui se fala são, pois, "o sujeito gnosiológico" e o "objeto gnosiológico", não os sujeitos e objetos "reais", "físicos" ou "metafísicos". Por isso, o tema da fenomenologia do conhecimento é a descrição do ato cognoscitivo como ato de conhecimento válido, não a explicação genética desse ato ou sua interpretação metafísica.

Não obstante, embora a fenomenologia do conhecimento aspire a "pôr entre parênteses" a maioria dos problemas do conhecimento, já dentro dela surgem alguns que não podem ser nem solucionados nem mesmo esclarecidos por meio de uma pura descrição. De início, há o problema do significado de 'apreender'. Pode-se "apreender" um objeto de maneiras muito diversas. Assim, por exemplo, há certa apreensão — e apreensão cognoscitiva, ou parcialmente cognoscitiva — de um objeto quando se procede a usá-lo para certos fins. Não se pode descartar sem mais esse aspecto da apreensão de objetos, visto que um estudo a fundo do conhecimento requer que se levem em conta modos muito diferentes de "capturar" objetos. No entanto, é característico da fenomenologia do conhecimento o fato de limitar-se a destacar a apreensão como fundamento de um enunciar ou dizer algo sobre o objeto. Por esse motivo, a apreensão de que se fala aqui é uma representação que proporciona o fundamento para enunciados.

Em segundo lugar, há o problema de qual é a natureza do "apreendido" ou do objeto enquanto apreendido. Não pode ser o objeto como tal objeto, mas então é preciso admitir que o objeto se desdobra em dois: o próprio objeto enquanto tal e o objeto enquanto representado ou representável. A clássica doutrina das "espécies" — espécies sensíveis, espécies intelectuais — constituiu um esforço no sentido de elucidar o problema do objeto enquanto representado ou representável. Constituíram igualmente esforços nessa direção as diversas teorias gnosiológicas (e amiúde psicológicas e até metafísicas) acerca da natureza das "idéias" (teorias desenvolvidas pela maioria dos autores racionalistas e empiristas modernos). Também foram esforços nessa direção as tentativas de conceber a apreensão representativa do objeto do ponto de vista causal (como ocorreu nas chamadas "teorias causais da percepção").

Por fim, há o problema da proporção de elementos sensíveis, intelectuais, emocionais etc. na representação dos objetos pelo sujeito. De acordo com os elementos que se supõe predominarem, propõem-se teorias do conhecimento muito diversas. Assim, tão logo se vai um pouco adiante na fenomenologia do conhecimento, suscitam-se questões que poderiam denominar-se "metafenomenológicas".

Possibilidade do conhecimento. À pergunta "O conhecimento é possível?" foram dadas respostas radicais. Uma é o ceticismo segundo o qual o conhecimento não é possível. Isso parece ser uma contradição, pois se afirma que se conhece algo e, ao mesmo tempo, que nada é cognoscível. Entretanto, o ceticismo é amiúde uma "atitude" na qual não se formulam proposições, mas se estabelecem, por assim dizer, "regras de comportamento intelectual". Outra é o dogmatismo, segundo o qual o conhecimento é possível. Mais ainda: as coisas são conhecidas tal como se oferecem ao sujeito.

As respostas radicais não são as mais freqüentes na história da teoria do conhecimento. O mais comum é que se adotem variantes do ceticismo ou do dogmatismo: por exemplo, um ceticismo moderado ou um dogmatismo moderado, que muitas vezes coincidem. Com efeito, nas formas moderadas de ceticismo ou de dogmatismo costuma-se afirmar que o conhecimento é possível, porém não de um modo absoluto, mas apenas relativamente. Os céticos moderados costumam sustentar que há limites no conhecimento. Os dogmáticos moderados sustentam habitualmente que o conhecimento é possível, mas apenas dentro de certos pressupostos. Tanto os limites como os pressupostos são determinados por meio de uma prévia "reflexão crítica" sobre o conhecimento. Os céticos moderados usam freqüentemente uma linguagem psicológica, ou, em todo caso, tendem a examinar as condições "concretas" do conhecimento. Assim, por exemplo, os limites de que se fala são limites dados pela estrutura psicológica do sujeito cognoscente, pelas ilusões dos sentidos, pela influência dos temperamentos, pelos modos de pensar devidos à época ou às condições sociais etc. Quando o que resulta é apenas um conhecimento provável, o ceticismo moderado adota a tese chamada "probabilismo". Os dogmáticos moderados, em contrapartida, usam uma linguagem predominantemente "crítico-racional": o que eles procuram averiguar não são os limites "abstratos", isto é, os limites estabelecidos por pressupostos, finalidades etc. É fácil ver que, enquanto os céticos moderados se ocupam predominantemente da questão da origem do conhecimento, os dogmáticos moderados interessam-se especialmente pelo problema da validade do conhecimento.

Os autores que não aderiram nem ao ceticismo nem ao dogmatismo radicais e que, por outro lado, não se contentaram em adotar uma posição moderada, considerada "meramente eclética", procuraram descobrir um fundamento para o conhecimento que fosse independente de quaisquer limites, pressupostos etc. Isso aconteceu com Descartes quando propôs o *Cogito, ergo sum* (VER) e com Kant, quando estabeleceu o que se pode denominar o "plano transcendental" (ver TRANSCENDENTAL, TRANSCENDENTAIS). No primeiro caso, conhecer é partir de uma proposição evidente (que é ao mesmo tempo resultado de uma intuição básica). No segundo caso, conhecer é sobretudo "constituir", ou seja, constituir o objeto enquanto objeto de conhecimento. Referimo-nos mais detidamente a esses pontos nos verbetes dedicados aos autores mencionados e a vários conceitos fundamentais, motivo pelo qual não julgamos necessário retomá-los.

Fundamento do conhecimento. Uma vez admitido que o conhecimento (total ou parcial, ilimitado ou limitado, incondicionado ou condicionado etc.) é possível, resta ainda o problema dos fundamentos de tal possibilidade.

Alguns autores afirmaram que o fundamento da possibilidade do conhecimento é sempre "a realidade" (ou, como às vezes se diz, "as próprias coisas"). Contudo, a expressão 'a realidade' não é, de maneira alguma, unívoca. De imediato, falou-se de "realidade sensível" em oposição a uma efetiva ou pressuposta "realidade inteligível". Não é a mesma coisa dizer que o fundamento do conhecimento está na realidade sensível (nas impressões, percepções sensíveis etc.), como fizeram muitos empiristas, e dizer que esse fundamento está na realidade inteligível (nas "idéias", num sentido mais ou menos platônico), como fizeram muitos racionalistas (especialmente os que foram ao mesmo tempo "realistas" na teoria dos universais). Por outro lado, mesmo adotando-se uma posição empirista ou racionalista a esse respeito, há muitas maneiras de apresentar, elaborar ou defender a posição correspondente. Assim, por exemplo, o empirismo freqüentemente chamado "radical" propõe que não apenas o conhecimento da realidade sensível está fundado em impressões, mas que o está também o conhecimento de realidades (ou quase-realidades) não-sensíveis, tais como os números, as figuras geométricas e, em geral, todas as "idéias" e todas as "abstrações". Porém o empirismo "radical" não é a única forma aceita, ou aceitável, de empirismo. Pode-se adotar um empirismo às vezes chamado "moderado" — que amiúde coincide com o racionalismo também chamado "moderado", como acontece, por exemplo, em Locke —, segundo o qual o fundamento do conhecimento se encontra nas impressões sensíveis, mas estas proporcionam apenas a base primária do conhecer (uma base sobre a qual se montam as idéias gerais). Pode-se adotar um empirismo que foi às vezes denominado "total": é o empirismo que recusa ater-se às impressões sensíveis por considerar que estas são apenas uma parte, e não a mais importante, da "experiência". Para esse empirismo, a "experiência" não é apenas experiência sensível: pode ser também experiência "intelectual", ou experiência "histórica", ou experiência "interior", ou todas essas coisas ao mesmo tempo. Pode-se adotar também um empirismo que não deriva das impressões sensíveis do conhecimento das estruturas lógicas e matemáticas, justamente porque considera que essas estruturas não são nem empíricas nem tampouco racionais: são estruturas puramente formais, sem conteúdo. Isso ocorre com Hume e com diversas formas de positivismo lógico. Pode-se abraçar também um empirismo que parte do material dado às impressões sensíveis mas admite a possibilidade de delas abstrair "formas"; é o empirismo de cunho aristotélico e seus derivados. Quanto ao chamado, *grosso modo*, "racionalismo", adotou igualmente formas muito diversas de acordo com o significado que se tenha dado a expressões tais como 'realidade inteligível', 'idéias', 'formas', 'razões' etc. Com efeito, um racionalismo que parte do inteligível como tal para considerar o sensível como reflexo do inteligível não é a mesma coisa que um racionalismo para o qual o conhecimento se funda na razão mas em que esta não é uma realidade inteligível e sim um conjunto de pressupostos ou "evidências", uma série de "verdades eternas" etc.

As posições empiristas e racionalistas, e suas múltiplas variantes, são apenas duas das posições fundamentais adotadas na questão do fundamento do conhecimento. Outras duas posições capitais são as conhecidas pelos nomes de "realismo" e "idealismo". Referimo-nos a elas de maneira mais detida nos verbetes correspondentes. Indiquemos aqui unicamente que o característico de cada uma dessas posições é a insistência respectiva em tomar um ponto de partida no "objeto" ou no "sujeito". Ainda assim, não é fácil esclarecer o significado próprio de 'realismo' e de 'idealismo' em virtude dos muitos sentidos que assumem no âmbito dessas posições os termos 'objeto' e 'sujeito'. Assim, por exemplo, no que diz respeito ao "sujeito", a natureza da posição adotada depende em grande parte de se o sujeito em questão é entendido como sujeito psicológico, como sujeito transcendental no sentido kantiano, como sujeito metafísico etc. Em alguns casos, o fato de partir do sujeito pode dar lugar a um subjetivismo, e até a um solipsismo (VER). No entanto, em outros casos, o termo 'sujeito' designa antes uma série de condições do conhecimento como tal, que não são precisamente "subjetivas". Por isso, quando se fala, por exemplo, de idealismo (VER), não é o mesmo entendê-lo em sentido subjetivista ou objetivista, crítico, lógico etc. Em outros casos, o fato de se partir do objeto pode dar lugar ao que se denominou "realismo fotográfico", mas em muitas ocasiões admitir que o fundamento do conhecimento está no objeto não equivale a fazer do sujeito um mero "reflexo" do objeto.

Nem todas as atitudes adotadas no problema que nos ocupa podem ser classificadas em posições como as apresentadas. A rigor, todas essas posições possuem em comum o fato de ter, de algum modo, o conhecimento por pressuposto. Além disso, quase todas tendem a conceber o conhecimento não apenas como uma atividade intelectual, mas também como uma atividade fundada em motivos intelectuais, isolados, ou isoláveis, em relação a quaisquer outros motivos. Em contrapartida, certas posições, especialmente as desenvolvidas na época contemporânea, porém precedidas por alguns autores (entre os quais devem-se mencionar Nietzsche e Dilthey), procuraram questionar-se acerca do fundamento do conhecimento em sentido diferente: em função de uma "experiência" mais ampla. Como resultado disso, a teoria do conhecimento não consistiu numa "filosofia da consciência" como "consciência cognoscente". Vemos exemplos dessas tentativas em vários autores: pragmatistas (Dewey, James), existencialistas (Sartre) e outros não facilmente classificáveis, como Ortega y Gasset, Heidegger, Gilles-Gaston Granger etc. Limitar-nos-emos aqui a sublinhar a doutrina de Ortega na qual o conhecimento é examinado como um saber: o "saber a que ater-se". Nega-se com isso que o conhecimento seja conatural e consubstancial ao homem, isto é, que o homem seja em última análise "um ser pensante". Isso não equivale a defender uma teoria "irracionalista" do conhecimento — equivale a não dar por suposto o conhecimento e a questionar-se sobre o modo como "se funda".

Formas do conhecimento. Referimo-nos antes aos chamados "conhecimento sensível" e "conhecimento inteligível", que correspondem *grosso modo* ao conhecimento das verdades de fato e ao conhecimento das verdades de razão. Alguns consideram que tanto o conhecimento sensível como o inteligível são "intuitivos", mas dão ao termo 'intuitivo' um sentido diferente em cada caso; o chamado "conhecimento inteligível intuitivo" é tido como absoluto, ao contrário do "conhecimento intuitivo sensível", que é relativo. Outros julgam que o conhecimento intuitivo inteligível não é absoluto do ponto de vista metafísico, mas é absoluto, ou, melhor dizendo, completo ou adequado, do ponto de vista epistemológico.

Falou-se também de conhecimento imediato, que às vezes se equiparou ao mencionado conhecimento sensível, e de conhecimento mediato, que amiúde se equiparou a um conhecimento inteligível, isto é, a um conhecimento de verdades de razão, ou ao conhecimento que se adquire por meio de inferências.

Falou-se da mesma maneira de um conhecimento *a priori* e de um conhecimento *a posteriori*, de um conhecimento analítico e de um sintético. Tratamos dessas questões nos verbetes A PRIORI; ANALÍTICO; e SINTÉTICO.

Estabeleceu-se uma distinção entre formas de conhecimento de acordo com os objetos que se procuram conhecer. Voltou-se novamente a falar, a esse respeito, de conhecimento sensível, enquanto conhecimento de coisas e objetos apreensíveis pelos sentidos, como as coisas e objetos físicos (ou macrofísicos), e de conhecimento inteligível, enquanto conhecimento de relações, objetos abstratos etc. Classificaram-se algumas vezes os possíveis objetos de conhecimento em espécies de objetos correspondentes a tipos, ou, ao menos, variedades de conhecimento.

Foi o que aconteceu quando se falou de conhecimento da Natureza, ao contrário do conhecimento do homem e dos "objetos humanos" (ações, avaliações, experiências individuais, objetos culturais, instituições, processos históricos etc.). Desse modo, estabeleceu-se a divisão entre ciências naturais e ciências do espírito (ou ciências sociais, ciências humanas, ciências da cultura etc.). O problema das formas de conhecimento nesse sentido está relacionado com o problema da classificação de conhecimentos, ou saberes, que abordamos no verbete CIÊNCIAS (CLASSIFICAÇÃO DAS). Além das formas antes mencionadas de conhecimento imediato e mediato, falou-se de conhecimento por contato ou presença direta e conhecimento por descrição. Estabeleceu-se também uma disitnção entre conhecer algo, conhecer que algo é deste ou daquele modo e conhecer como algo é. Abordamos essa questão — e, com ela, a de algumas formas de conhecimento mencionadas nesta seção — no verbete CONHECER.

↪ Exposições e interpretações da natureza do conhecimento como "teoria do conhecimento": A. Messer, *Einführung in die Erkenntnistheorie*, 1909. — Hans Cornelius, *Transzendentale Systematik. Untersuchungen zur Begründung der Erkenntnistheorie*, 1918. — Louis Rougier, *Les paralogismes du rationalisme. Essai sur la théorie de la connaissance*, 1920. — *Id.*, *Traité de la connaissance*, 1955. — M. Wentscher, *Erkenntnistheorie*, 2 vols., 1920 (trad. esp.: *Teoría del conocimiento*, 1932 [ver do mesmo autor a parte sobre a teoria do conhecimento em seu *Lehrbuch* (*Tratado*) citado em HESSEN (JOHANNES)]. — H. Lipps, *Untersuchungen zur Philosophie der Erkenntnis*, 2 vols., 1927-1928. — C. I. Lewis, *Mind and the World-Order: Outline of a Theory of Knowledge*, 1929; nova ed. (com correções), 1956. — *Id.*, *An Analysis of Knowledge and Valuation*, 1946. — W. T. Stace, *The Theory of Knowledge and Existence*, 1932. — Arthur Liebert, *Erkenntnistheorie*, 2 vols., 1932. — A. J. Ayer, *The Foundations of Empirical Knowledge*, 1940. — Ledger Wood, *The Analysis of Knowledge*, 1941. — M. F. van Steenbergen, *Epistémologie*, 1945; 3ª ed., 1956. —

W. H. Werkmeister, *The Basis and Structure of Knowledge*, 1948. — Bertrand Russell, *Human Knowledge: Its Scope and Limits*, 1948. — Amerio Franco, *Epistemología*, 1948. — Eduardo Mayz Vallenilla, *Fenomenología del conocimiento*, 1956. — *Id.*, *Ontología del conocimiento*, 1960. — J. Hartland-Swann, *An Analysis of Knowing*, 1958. — Georges Van Riet, *Problèmes d'épistémologie*, 1960. — A. Mercier, J. Jørgensen, *et al.*, artigos sobre o conhecimento com o título geral de "Limites et critères de la connaissance", em *Dialectica*, 15 1/2 (1961) [dos "Entretiens d'Oberhofen" organizados pelo Instituto Internacional de Filosofia]. — Roderick M. Chisholm, *The Theory of Knowledge*, 1966. — Marjorie Grene, *The Knower and the Known*, 1966. — Paul Grenet, *Qué es el conocimiento*, 1967 [Esquemas, 80]. — Arthur Danto, *Analytic Philosophy of Knowledge*, 1968. — Panayot Butcharov, *The Concept of Knowledge*, 1970. — Carlos Castilla del Pino, *Naturaleza del saber*, 1970. — D. W. Hamlyn, *The Theory of Knowledge*, 1970. — David Pears, *What Is Knowledge?*, 1971. — VV.AA., *Problems in the Theory of Knowledge / Problèmes de la théorie de la connaissance*, 1972, ed. G. H. von Wright [dos "Entretiens de Helsinki" organizados pelo Instituto Internacional de Filosofia, 24/27-VIII-1970]. — Jaakko Hintikka, *Knowledge and the Known: Historical Perspective in Epistemology*, 1974. — Michael Williams, *Groundless Belief: An Essay on the Possibility of Epistemology*, 1977. — Elizabeth Henkins Wolfgast, *Paradoxes of Knowledge*, 1977. — R. Rorty, *Philosophy and the Mirror of Nature*, 1979 (trad. br.: *A filosofia e o espelho da natureza*, 1994). — F. I. Fretske, *Knowledge and the Flow of Information*, 1980. — F. von Kutschera, *Grundfragen der Erkenntnistheorie*, 1981. — E. R. Eames, ed., *Theory of Knowledge: The 1913 Manuscript*, 1992 [The Collected Papers of B. Russell, vol. 7]. — F. Schmitt, *Knowledge and Belief*, 1992. — V. Potter, *On Understanding Understanding: A Philosophy of Knowledge*, 1994.

Obras sobre história da teoria do conhecimento ou exposições de teorias do conhecimento de diversos períodos, correntes, autores etc.: Paul Natorp, *Forschungen zur Geschichte des Erkenntnisproblems im Altertum*, 1884. — Ernst Cassirer, *Das Erkenntnisproblem in der Philosophie und Wissenschaft der neueren Zeit*, 4 vols. (I, 1906; II, 1907; III, 1920; IV, 1957). — Leslie Walker, *Theories of Knowledge*, 1910. — Ernst von Aster, *Geschichte der neueren Erkenntnistheorie*, 1921. — Karl Dürr, *Wesen und Geschichte der Erkenntnistheorie*, 1924. — R. Kynast, *Logik und Erkenntnistheorie der Gegenwart*, 1930. — Richard Hönigswald, *Geschichte der Erkenntnistheorie*, 1933. — T. E. Hill, *Contemporary Theories of Knowledge*, 1961 [especialmente na Inglaterra e nos EUA]. — B. Bubacz, *St. Augustine's Theory of Knowledge*, 1981. — A. Musgrave, *Common Sense, Science and Scepticism: A Historical Introduction to the Theory of Knowledge*, 1993.

Sobre ontologia do conhecimento: Nicolai Hartmann, *Grundzüge einer Metaphysik der Erkenntnis*, 1921. — Roman Ingarden, *Über die Stellung der Erkenntnistheorie im System der Philosophie*, 1925. — E. Günther, *Die ontologischen Grundlagen der neueren Erkenntnislehre*, 1933. — Eduardo Mayz Vallenilla, *op. cit. supra* (*Ontología...*).

Sobre o objeto do conhecimento, o próprio problema do conhecimento e outros problemas específicos: Heinrich Rickert, *Der Gegenstand der Erkenntnis. Ein Beitrag zum Problem der philosophischen Transzendenz*, 1892; 6ª ed., 1928. — L. Nelson, *Über das sogennante Erkenntnisproblem*, 1904. — Ernst Mach, *Erkenntnis und Irrtum*, 1905. — J. Schultz, *Die drei Welten der Erkenntnistheorie*, 1907. — R. Reininger, *Philosophie des Erkennens. Ein Beitrag zur Geschichte und Fortbildung des Erkenntnisproblems*, 1911. — A. Metzger, *Der Gegenstand der Erkenntnis*, 1925. — Hans Pichler, *Vom Wesen der Erkenntnis*, 1926. — M. D. Roland-Gosselin, *Essai d'une étude critique de la connaissance*, 1932. — H. W. Sanford, *Concerning Knowledge, Philosophic and Scientific. A Theory of Knowledge which also Includes a Criticism of Present Scientific Methods and Findings*, 1936. — Simon Frank, *La connaissance et l'être*, 1936. — F. Enriques e G. de Santillana, *Le Problème de la connaissance*, 1937. — K. Boldt, *Die Erkenntnisbeziehung*, 1937. — J. Paliard, *Le théorème de la connaissance*, 1938. — A. Brunner, *La connaissance humaine*, 1943. — É. Gilson, *Réalisme thomiste et critique de la connaissance*, 1947. — F. Schneider, *Kennen und Erkennen. Ein Lehrbuch der Erkenntnistheorie*, 1949. — H. Meyer, *Kennis en realiteit*, 1949. — A. Sinclair, *The Conditions of Knowing*, 1951. — Justus Buchler, *Toward a General Theory of Judgement*, 1951. — *Id.*, *Nature and Judgement*, 1955. — R. Pardo, *Del origen a la esencia del conocimiento*, 1954. — W. O. Martin, *The Order and Integration of Knowledge*, 1957. — Gilles-Gaston Granger, *Pensée formelle et sciences de l'homme*, 1960. — Charles F. Wallraff, *Philosophical Theory and Psychological Fact: An Attempt at a Synthesis*, 1961. — A. R. White, *The Nature of Knowledge*, 1982. — P. K. De, *The Roles of Sense and Thought in Knowledge*, 1992.

Sobre a relação entre o conceito aristotélico e o conceito kantiano de conhecimento: Severin Aicher, *Kants Begriff der Erkenntnis verglichen mit dem des Aristoteles*, 1907 (Kantstudien. Ergänzungshefte, 7].

Sobre a noção de conhecimento como saber: R. Schaerer, *Étude sur les notions de connaissance (Episteme) et d'art (Techne) d'Homère à Platon*, 1930. — L. Villoro, *Creer, saber, conocer*, 1982. **C**

CONHECIMENTO (SOCIOLOGIA DO). A obra de Max Scheler originariamente intitulada *Versuche zu einer Soziologie des Wissens* (1924) e cuja segunda edição, modificada, apareceu com o nome de *Die Wissensformen und die Gesellschaft* (1926) foi traduzida para o espanhol com o nome de *Sociología del saber* (1935), expressão correspondente à alemã *Wissenssoziologie*. Como 'saber' é uma tradução de *Wissen* mais adequada que 'conhecimento', o qual corresponde a *Erkenntnis*, poder-se-ia considerar a expressão 'sociologia do saber' — que foi usada com freqüência (e continua a sê-lo) — para designar o tipo de estudo do qual a mencionada obra de Scheler constitui um exemplo. Hoje, contudo, tende-se a empregar a expressão 'sociologia do conhecimento' por diversas razões, justificadas de modo melhor ou pior (certo sabor "metafísico" de 'saber'; uso em outras línguas, incluindo o alemão [*Erkenntnissoziologie*], de 'conhecimento' em vez de 'saber' etc.). Atemo-nos a esse uso hoje crescentemente difundido.

Toda referência às condições sociais no âmbito das quais tem lugar o conhecimento pode ser considerada parte da — ou contribuição à — sociologia do conhecimento, mas esta última só se desenvolveu de maneira sistemática quando se estudaram as mencionadas condições mais detidamente e se apresentaram, além disso, teorias destinadas a explicar a relação entre estruturas e condições sociais e estruturas cognoscitivas, e, em geral, a relação entre estruturas e condições sociais e estruturas culturais de todo tipo. Embora o estudo destas últimas — mais amplas — estruturas dê lugar a disciplinas sociológicas particulares — a sociologia da religião, a sociologia da arte etc. —, os problemas suscitados na sociologia do conhecimento são típicos dos problemas de toda "sociologia da cultura", motivo pelo qual podem estender-se facilmente a estes, ao menos por analogia. Assim, a sociologia do conhecimento tal como foi desenvolvida no século XX pode servir de modelo — no sentido que possui 'modelo' como esquema conceitual — para as outras disciplinas sociológicas particulares mencionadas.

Foi dado grande impulso à mais tarde chamada "sociologia do conhecimento" no século XIX por todos os autores de tendência "historicista", assim como pelos autores que procuraram buscar uma série de fatores subjacentes aos acontecimentos históricos. Desse amplo ponto de vista, tanto Dilthey como, por exemplo, Taine e Gobineau ajudaram a constituir a sociologia do conhecimento. Inclusive autores que buscaram um fator "espiritual" último de explicação da história podem ser considerados precursores dos sociólogos do conhecimento em sentido estrito, visto que, em princípio, não importa que o motor dos processos históricos e, especificamente, dos processos de conhecimento e das formas que estes podem adquirir seja de natureza "espiritual" ou "material"; em ambos os casos, supõe-se que não há um modelo eterno e um reino inteligível da "Verdade", já que o conhecimento depende de fatores subjacentes ao próprio conhecimento. No entanto, autores de tendência materialista, e especialmente "materialista-histórica", deram o maior impulso à sociologia do conhecimento, mesmo que esta se tenha desenvolvido com freqüência no âmbito de pressupostos não "materialistas". Nesse sentido, cabe mencionar Marx como um dos predecessores da sociologia do conhecimento, não sendo surpreendente o fato de que alguns dos autores desse século mais conhecidos por seus trabalhos nessa disciplina — como Karl Mannheim — tenham desenvolvido suas pesquisas em estreita relação com a problemática marxista, ainda que tenham rejeitado as tendências e grande parte dos pressupostos marxistas. Em geral, os sociólogos do conhecimento apoiaram-se em idéias do tipo da ideologia (VER), da superestrutura (VER), das "derivações" e outras semelhantes, pois não parece que sem elas se possa estudar sociologicamente o conhecimento.

Os autores do século XX que mais influenciaram a sociologia do conhecimento, ou que desenvolveram seus temas de forma mais detalhada, foram Pareto (VER), Max Weber (VER), Max Scheler (VER) e Karl Mannheim (VER) (mas devem-se também levar em conta autores como Tarde, Le Bon e, sobretudo, Durkheim [VER]). As questões que estes autores e os de gerações posteriores discutiram são em vários casos de natureza "filosófica", ao menos no sentido de que enfatizam os pressupostos da sociologia do conhecimento e os examinam criticamente. Entre essas questões, figura a da relação entre os fatores materiais e os "espirituais" ou (em um dos muitos sentidos da palavra) "ideológicos". Alguns autores tendem à redução dos últimos aos primeiros; outros avaliam que os fatores materiais provêm a força, mas não a direção, ou tendência, que somente as "idéias" podem proporcionar. Outra questão, muito debatida, é a de saber se o cultivo da sociologia do conhecimento não implica a aceitação de um "relativismo" epistemológico. Alguns aceitam plenamente esse relativismo real ou suposto, indicando que com ele se exprime francamente o caráter fundamentalmente variável de todo processo histórico e social, sem o qual não haveria conhecimento. Outros indicam que os pressupostos inerentes à sociologia do conhecimento são os únicos que podem permitir superar todo relativismo, o qual só tem sentido em relação com um pretenso "absolutismo" e se funda, em última análise, neste, ou pelo menos no conceito de conhecimento absoluto, por muito que se rejeite sua existência. Outra questão é a da forma conceitual pela qual se pode desenvolver a sociologia do conhecimento: enquanto alguns mantêm uma concepção predominantemente "estruturalista", outros preconizam um funcionalismo ou, em todo caso, um "sistemismo" (VER).

Uma espécie de "extensão" filosófica da idéia de uma sociologia do conhecimento é encontrada em autores que, como Jürgen Habermas e Karl-Otto Apel, consideram que os aspectos sociológicos são, no máximo, apenas uma parte de um todo: o da antropologia do conhecimento, isto é, o do estudo da relação entre o homem como espécie e os processos cognoscitivos. A evolução da espécie e a evolução do conhecimento devem ser consideradas paralelamente no âmbito dessa antropologia. De alguma maneira há nessa "extensão" certos aspectos do evolucionismo (VER) clássico.

➲ Ver bibliografia de IDEOLOGIA; além disso, ou sobretudo: Jacques J. Maquet, *Sociologie de la connaissance*, 1949. — V. Gordon Childe, *Society and Knowledge*, 1950. — Hans-Joachim Lieber, *Wissen und Gesellschaft. Die Probleme der Wissenssoziologie*, 1952. — Werner Stark, *The Sociology of Knowledge: An Essay in Aid of a Deeper Understanding of the History of Ideas*, 1958. — Irving Louis Horowitz, *Philosophy, Science, and the Sociology of Knowledge*, 1960. — Peter L. Berger e Thomas Luckman, *A construção social da realidade*, 1973. — Georges Gurvitch, *Les cadres sociaux de la connaissance*, 1966. — Ernst-Wolfgang Orth, *Philosophie — Wissenssoziologie oder Wissenschaftstheorie?*, 1972. — Robert K. Merton, *The Sociology of Science: Theoretical and Empirical Investigations*, 1973, ed. Norman W. Storer. — J. M. González García, *La sociología del conocimiento, hoy*, 1979. — T. W. Goff, *Marx and Mead: Contributions to a Sociology of Knowledge*, 1980. — E. R. Fuhrman, *The Sociology of Knowledge in America 1883-1915*, 1980. — K. H. Wolff, *Beyond the Sociology of Knowledge: An Introduction and a Development*, 1983. — S. J. Hekman, *Hermeneutics and the Sociology of Knowledge*, 1986. — H. Liebersohn, *Fate and Utopia in German Sociology, 1870-1923*, 1988. ∁

CONIMBRICENSES. Os ensinamentos que vários professores de filosofia pertencentes à Companhia de Jesus deram, a partir de 1555, na Faculdade de Artes da Universidade de Coimbra constituíram a base do *Cursus philosophicus conimbricensis* ou *Cursus conimbricensis*, que exerceu grande influência nos meios filosóficos e teológicos não apenas de Portugal e da Espanha, mas também da Europa, principalmente do Centro e do Centro-Oeste da Europa. Dá-se com freqüência a esse curso e ao conjunto das opiniões filosóficas e teológicas nele mantidas o simples nome de *Conimbricenses* ou *os Conimbricenses*. Colaboraram no curso, entre outros, os Padres Manuel de Goes, Cosme de Magallanes, Baltasar Álvarez e Sebastián de Couto, que se inspiraram grandemente nos ensinamentos de Pedro Fonseca (VER). O Curso consta de oito volumes, cujos títulos e datas de publicação são: I. *Commentarii Collegii Conimbricensis Societatis Jesu, in octo libros Physicorum Aristotelis Stagiritae* (1591); II. *Comm. Coll. Con. Soc. Jesu in libros Arist., quae parva Naturalia appellantur* (1592); III. *Comm. Coll. Con. Soc. Jesu, in quatuor libros de coelo Arist. Stag.* (1592); IV. *Comm. Coll. Con. Soc. Jesu, in libros Meteorum Arist. Stag.* (1592); V. *In libros Ethicorum Arist. ad Nichomacum, aliquot Conimbricensis Cursus disputationes, in quibus praecipua quaedam Ethicae disciplinae capita continentur* (1594); VI. *Comm. Coll. Con. Soc. Jesu, in duos libros de generatione et corruptione Arist. Stag.* (1597); VII. *Comm. Coll. Con. Soc. Jesu, in tres libros de anima Arist. Stag.* (1598); VIII. *Comm. Coll. Con. Soc. Jesu in universam dialecticam Arist. Stag.* (1607; reimp., 1976, com prólogo de W. Risse). Alguns volumes foram impressos em Lyon; outros, em Coimbra; um, em Lisboa. Os volumes foram reimpressos várias vezes (ulterior reed. da ed. de Colônia, 1607, 2 vols., Hildesheim, 1976, com prefácio de W. Risse). Como se pode perceber pelos títulos, o principal dos Conimbricenses consiste em comentários a textos físicos (incluindo os psicológicos) e lógicos do Estagirita. A parte moral foi reduzida ao mínimo. Quanto à metafísica, considera-se que as explicações de Pedro Fonseca a esse respeito complementavam o quadro filosófico do Curso no que este tinha de básico. Em muitos casos, o *Cursus* inclui os textos gregos comentados e sua tradução latina. Pode-se dizer em geral que vigora nos Conimbricenses, sob a linguagem escolástica tradicional, uma forte vontade de colocar a tradição escolástica no âmbito dos problemas da filosofia moderna. A esse respeito, há nos Conimbricenses um espírito de renovação — e ao mesmo tempo de refundamentação e totalização — do saber filosófico análogo ao que se encontra contemporaneamente nas *Disputationes* de Suárez (VER).

CONJUNÇÃO. É o nome que recebe a conectiva (VER) binária 'e', simbolizada pelo sinal '∧'. De acordo com isso,

$$p \wedge q$$

lê-se:

$$p \text{ e } q$$

Exemplo de $p \wedge q$ pode ser:

Paulo e Virgínia são tímidos,

forma idiomática do enunciado:

Paulo é tímido e Virgínia é tímida.

É muito comum ainda simbolizar 'e' por '.'.

Alguns autores preferem a simples conjunção das fórmulas, escrevendo, pois, '*p q*' em vez de *p* ∧ *q*. Na notação de Hilbert-Ackermann, '∧' é representado por '&'. Na de Łukasiewicz, pela letra '*K*' anteposta às fórmulas; assim, '*p* ∧ *q*' escreve-se '*K p q*'.

Como vimos no verbete sobre as Tabelas de Verdade, a tabela para '*p* ∧ *q*' dá falso para todos os valores de '*p*' e de '*q*' exceto quando '*p*' é verdadeiro e '*q*' é verdadeiro.

A conjunção é denominada às vezes "função copulativa". Na lógica tradicional, fala-se de proposições conjuntivas (e também de proposições copulativas), esquematizadas mediante:

P é S e Q.

Essas proposições são consideradas uma das espécies de proposições manifestamente (ou evidentemente) compostas, isto é, uma das espécies das chamadas proposições formalmente hipotéticas.

Fala-se também, na lógica clássica, de silogismos conjuntivos. Esses silogismos constituem um dos tipos dos silogismos hipotéticos. Muitos autores consideram que os silogismos conjuntivos podem ser reduzidos aos silogismos condicionais.

CONJUNTIVO. Ver CONJUNÇÃO.

CONJUNTO. Deve-se a Georg Cantor (VER) a elaboração da teoria dos conjuntos, que desempenhou desde então um papel fundamental na matemática e na lógica. O termo 'conjunto' (em alemão: *Menge*; em inglês: *set*; em francês: *ensemble*; em italiano: *insieme*) foi definido por Cantor da seguinte maneira: "Um conjunto é uma coleção (*Zusammenhang*) num todo (*Ganzes*) de objetos determinados e diferentes de nossa intuição ou de nosso entendimento, objetos que são denominados os *elementos* do conjunto" ("Beiträge zur Begründung der transfiniten Mengenlehre", *Mathematische Annalen*, 26 [1895], pp. 481 ss.). Esta definição é considerada crua e aproximada, não apenas com relação à forma como os conjuntos são introduzidos nas teorias axiomáticas de conjuntos, como também na obra do próprio Cantor, mas pode servir aqui como primeira abordagem da noção de conjunto de um ponto de vista não estritamente matemático.

Mesmo em toda a sua crueza, a definição anterior é um pouco mais precisa que uma idéia completamente intuitiva. Com efeito, se um conjunto é uma coleção de objetos que forma um todo, tender-se-á a pensar num "conjunto de casas", num "conjunto de folhas" etc. Para evitar esse modo de ver pouco matemático, Cantor falou já de "objetos de nossa intuição ou de nosso entendimento". Na definição cantoriana figuram as palavras 'objetos determinados e distintos'. Isso equivale a estabelecer critérios tais como o de que os objetos de que se trata sejam definidos, ou especificados, mediante um critério de acordo com o qual um objeto, *a*, é membro de um conjunto, *C*; assim como o de que os objetos sejam distinguíveis entre si, de modo que {1, 2, 3, 4, 5} são elementos de um conjunto (finito), enquanto {1, 2, 3, 3, 5} não o são. Sendo os objetos que constituem o conjunto elementos do conjunto, diz-se que o conjunto contém os elementos e também que estes pertencem ao conjunto.

Cantor falou igualmente de multiplicidades (*Vielheiten*), que podem ser consistentes ou inconsistentes. Um conjunto é uma multiplicidade consistente. Segundo Cantor, dadas duas multiplicidades equivalentes, M e M_1, elas são conjuntos se são consistentes. Se não são conjuntos, são inconsistentes.

Discutiu-se se — e até que ponto — cabe distinguir conjunto de classe (VER). Na época de Cantor, equiparou-se às vezes 'classe' com 'multiplicidade não-consistente'. Em vários sistemas de teoria de conjuntos (cf. *infra* sobre teorias axiomáticas de conjuntos) distinguiu-se classe de conjunto. Em outros (em Gödel, por exemplo), introduzem-se principalmente classes, sendo os conjuntos elementos de classes.

Se pertence a um conjunto, um elemento é denominado "membro" do conjunto. Mesmo nos casos em que se distinguiu conjunto de classe, abordou-se a relação "membro de" de uma maneira similar em conjuntos e em classes.

Suponhamos, a título de exemplo, que há num ônibus 42 assentos. Esses 42 assentos constituem o conjunto dos assentos do ônibus. Cada assento é membro do conjunto dos assentos. Se há no ônibus 42 passageiros sentados, os 42 passageiros sentados constituem outro conjunto. Os passageiros podem ser emparelhados com os assentos de modo a haver uma correspondência biunívoca — ou "de um a um" — entre os assentos e os passageiros, isto é, entre cada um dos assentos e cada um dos passageiros do ônibus. Os dois conjuntos são equivalentes: têm o mesmo "poder" (*Mächtigkeit*), expresso pelo número 42. 42 é o número cardinal ou poder de cada um desses conjuntos. Se houvesse 84 passageiros e 42 assentos, os dois conjuntos correspondentes teriam poder diferente e seriam expressos por números cardinais distintos. O poder do conjunto do número de passageiros é diferente do poder do conjunto dos assentos se o número de passageiros é maior ou menor que o número de assentos, ou se o número de assentos é maior ou menor que o número de passageiros. Se não há no ônibus nenhum assento, temos um conjunto vazio.

Dado um conjunto, M, N é um subconjunto de M se cada elemento de N é também um elemento de M, isto é, $N \subset M$, em que '⊂' lê-se 'é um subconjunto de'. Quando $N \neq M$, N é um subconjunto próprio de M. Assim, não sendo todo elemento de M um elemento de N, haverá pelo menos um elemento de M que não pertença a N. Quando $N = M$, N é um subconjunto impróprio de M. Para qualquer conjunto N, N é um subconjunto impróprio de N.

Admite-se um subconjunto, e apenas um subconjunto, vazio — em símbolos, ø —, que é um subconjunto de todo conjunto, de modo que, dado qualquer conjunto, N, ø $\subset N$.

Até agora, falamos de — ou supusemos — conjuntos finitos. Atribuímos a esses conjuntos números, que são o resultado de se contarem seus membros. Os conjuntos infinitos não têm propriamente um número, por maior que seja. Assim acontece com os números naturais $\{1, 2, 3...\}$. Não obstante, podem-se colocar os números naturais em correspondência biunívoca com os números pares, com os números ímpares, com os quadrados dos números naturais, com os números primos etc. Os conjuntos de todos esses tipos de números são equivalentes, isto é, têm o mesmo número cardinal C. Os conjuntos infinitos têm a propriedade de que, dados dois conjuntos infinitos, X e Y, X e Y são equivalentes, mas X é um subconjunto próprio de Y. Com as noções de equivalência e de subconjunto próprio, pode-se distinguir conjuntos finitos de conjuntos infinitos. Assim, se não há um subconjunto próprio de M que seja equivalente a M, M será um conjunto finito, mas, se há um subconjunto próprio de X que seja equivalente a X, X será um conjunto infinito.

O número que expressa os conjuntos infinitos é denominado "transfinito" ou "número cardinal transfinito". Todos os conjuntos infinitos equivalentes têm o mesmo número cardinal transfinito.

Entre os conjuntos infinitos, há conjuntos numeráveis (ver NUMERÁVEL) e conjuntos não-numeráveis. Os conjuntos numeráveis podem ser colocados em relação biunívoca, ou de um a um, com o conjunto dos números naturais. O número cardinal transfinito de todos os conjuntos infinitos numeráveis é representado pela notação $\aleph_0$, chamada "aleph-zero" (ou "aleph sub zero"), e às vezes simplesmente por $\aleph$. Exemplos desses conjuntos biunivocamente associáveis aos números naturais — ao conjunto dos números naturais — são o conjunto de todos os números naturais pares, o conjunto de todos os números naturais ímpares, o conjunto de todos os quadrados dos números inteiros positivos, o conjunto de todos os cubos dos números inteiros positivos, o conjunto de todos os números racionais, o conjunto de todos os números algébricos.

Há conjuntos cujo número cardinal não é representado por $\aleph_0$ (ou $\aleph$), isto é, conjuntos maiores do que qualquer conjunto numeravelmente infinito no sentido de que não podem ser postos em relação biunívoca com nenhum conjunto representado por $\aleph_0$. O conjunto de todos os números reais entre 0 e 1, incluindo 1, ou conjunto de todos os números reais no intervalo $0 < r < 1$ é um conjunto não-numerável. Seu número cardinal é chamado "a potência do contínuo", ou "o número cardinal do contínuo", K. Têm a mesma potência o conjunto de todos os números transcendentais entre dois números reais dados, o conjunto de todos os pontos de uma linha, o conjunto de todos os pontos de um plano, o conjunto de todos os pontos de um espaço tridimensional, o conjunto de todos os pontos de um espaço de quaisquer, n, dimensões. Expressamos o número cardinal transfinito desses conjuntos por K. Há outro nível de conjuntos infinitos que tem um número cardinal transfinito maior que K. Exemplo é o contínuo de todas as funções reais no intervalo $0 < r < 1$. Qualquer que seja o nível de conjunto infinito, haverá sempre outro nível superior ao dado, e assim sucessivamente. Retomando a notação $\aleph_0$, acima de $\aleph_0$ haverá $\aleph_1$, acima de $\aleph_1$ haverá $\aleph_2$, acima de $\aleph_2$ haverá $\aleph_3$, e, em geral, acima de $\aleph_n$ haverá $\aleph_{n+1}$.

O chamado, por antonomásia, "teorema de Cantor" aplica-se tanto a conjuntos finitos como a conjuntos infinitos. O teorema reza que o conjunto de todos os subconjuntos de um conjunto, C, tem um número cardinal maior que C. Isso pode ser visto intuitivamente para um conjunto finito de um número dado de elementos, por exemplo o conjunto $\{1, 2, 3, 4\}$. Podem-se formar vários subconjuntos desse conjunto (por exemplo, $\{1\}$, $\{2\}$, $\{3\}$, $\{4\}$, $\{1, 2\}$, $\{1, 2, 3\}$ etc.). Em geral, dados n elementos, o conjunto dos subconjuntos conterá 2^n elementos, sendo $2^n > n$. A aplicação do teorema a conjuntos infinitos explica que, dado o conjunto infinito K, o conjunto de todos os subconjuntos de K tenha um número cardinal maior que o conjunto K.

Um dos problemas suscitados na teoria cantoriana dos conjuntos é o chamado "problema do contínuo", considerado por Hilbert um dos grandes problemas matemáticos a se resolver durante o século XX. Ver CONTÍNUO (HIPÓTESE DO).

A teoria cantoriana deu lugar a acalorados debates entre os matemáticos. O mestre de Cantor, Leopold Kronecker, opôs-se tenazmente a ela. David Hilbert defendeu-a vigorosamente. No interior da teoria cantoriana, descobriram-se paradoxos (ver PARADOXO) que tornaram a teoria, na forma apresentada por Cantor, insustentável.

Brouwer e os intuicionistas (ver INTUICIONISMO) rejeitaram por completo a teoria, apresentando uma teoria matemática alternativa. Em geral, o intuicionismo foi hostil à teoria dos conjuntos, mas os desenvolvimentos ocorridos no interior desta última e os que aconteceram no âmbito da matemática intuicionista reduziram a hostilidade entre intuicionistas e antiintuicionistas.

A fim de fazer frente aos paradoxos, Bertrand Russell desenvolveu a teoria (ramificada) dos tipos (ver TIPO). Outros autores procuraram salvar a teoria dos conjuntos das dificuldades em que se viu envolvida pela descoberta dos paradoxos mediante a reformulação axiomática da teoria. Se a teoria dos conjuntos é, segundo a conhecida declaração dos matemáticos franceses que assinaram com o nome coletivo "Bourbaki", a fonte de toda a matemática, parece compreensível que se exija um esforço destinado a manter a viabilidade do "conjuntismo". Com esse objetivo, desenvolveram-se as teorias axiomáticas dos conjuntos, introduzindo-se no sistema de axiomas restrições que permitem evitar os paradoxos.

A primeira teoria axiomática de conjuntos deve-se a Ernst Zermelo (VER; cf. obras dos autores aqui mencionados na bibliografia *infra*), com base em sete axiomas, incluindo o de escolha (ver ESCOLHA [AXIOMA DA]). A. A. Fraenkel introduziu um novo axioma no sistema de Zermelo, formando-se a chamada "teoria axiomática de Zermelo-Fraenkel" (em sigla: Z-F). Johannes (John) von Neumann formulou uma teoria axiomática, reformulada e simplificada por Paul Bernays: é a chamada "teoria axiomática de von Neumann-Bernays" (em sigla: NB). W. van Quine desenvolveu duas teorias axiomáticas de conjuntos: uma situada entre B. Russell e Zermelo, e outra entre Russell e Von Neumann. Uma contradição nesta última teoria, indicada por J. B. Rosser e eliminada por Hao Wang, deu lugar a uma nova apresentação por parte de Quine. Várias simplificações introduzidas por Gödel em NB deram origem à teoria conhecida pela sigla NBG. Jesús Mosterin apresentou um sistema que, em suas próprias palavras, é "um sistema muito semelhante a NBG, mas com o esquema axiomático de formação de classes formulado por Quine. Este sistema poderia ser designado como NBGQ" (ou também, acrescentamos, como NBGQM).

Para a situação da teoria axiomática dos conjuntos em relação com a hipótese do contínuo, ver CONTÍNUO (HIPÓTESE DO).

◯ Os principais textos a que nos referimos no verbete são: Ernst Zermelo, "Untersuchungen über die Grundlagen der Mengenlehre, I", *Mathematische Annalen*, 65 (1908), 261-281. — Abraham A. Fraenkel, *Einleitung in die Mengenlehre*, 1923. — *Id.*, *Abstract Set Theory*, 1953; 2ª ed., 1961; 3ª ed., 1965; 4ª ed., 1976. — Abraham A. Fraenkel e Yehoshua Bar-Hillel, *Foundations of Set Theory*, 1958; 2ª ed. rev., 1973 (com A. Levy). — J. von Neumann, "Zur Einführung der transfiniten Zahlen", *Acta litterarum ac scientiarum Regiae Universitatis Hungaricae Francisco-Josephinae*. Sectio scientiarum mathematicarum, 1 (1923), 199-208. — *Id.*, "Eine Axiomatisierung der Mengenlehre", *Journal für die reine und angewandte Mathematik*, 154 (1925), 219-240. — *Id.*, "Zur Hilbertschen Beweistheorie", *Mathematische Zeitschrift*, 26 (1927), 1-46. — *Id.*, "Ueber die Definition durch transfinite Induktion und verwandte Fragen der allgemeinen Mengenlehre",

Journal für die reine und angewandte Mathematik, 160 (1929), 227-241. Reimp. destes trabalhos em *Collected Works* I (1961). — Paul Bernays, "A System of Axiomatic Set Theory", *Journal of Symbolic Logic*, 2 (1937), 65-77; 6 (1941), 1-17; 7 (1942), 65-89, 133-145; 8 (1943), 89-106; 13 (1948), 65-79; 19 (1954), 81-96. *Id.*, *Axiomatic Set Theory*, 1958. — W. O. v. Quine, "Set-theoretic Foundations for Logic", *Journal of Symbolic Logic*, 1 (1936). — *Id.*, *Mathematical Logic*, 1940; ed. rev., 1951. — *Id.*, *Set Theory and Its Logic*, 1963, ed. rev., 1969. — Jesús Mosterín, *Teoría axiomática de conjuntos*, 1971.

Ver também: K. Kuratowski e A. Mostowski, *Set Theory*, 1921 (ed. mimeog., ed. rev., 1961); ed. de 1967; 2ª ed., 1976. — Jean Cavaillès, *Remarques sur la formation de la théorie abstraite des ensembles*, 1938; reed. no tomo *Philosophie mathématique*, 1962, que inclui igualmente "Transfini et Continu" e a trad. da Correspondencia Cantor-Dedekind. — *Id.*, *Transfini et continu*, 1947. — N. Bourbaki, *Théorie des ensembles*, 1939-1956. — Hao Wang e R. McNaughton, *Les systèmes axiomatiques de la théorie des ensembles*, 1953. — D. Klaua, *Allgemeine Mengenlehre*, 1964; 2ª ed., 1968. — P. Suppes, *Axiomatic Set Theory*, 1960. — R. R. Stoll, *Set Theory and Logic*, 1963. — A. P. Morse, *A Theory of Sets*, 1965. — J. Schmidt, *Mengenlehre*, 1966. — E. J. Lemmon, *Introduction to Axiomatic Set Theory*, 1969. — Javier de Lorenzo, *Iniciación a la teoría intuitiva de conjuntos*, 1972. — F. R. Drake, *Set Theory: An Introduction to Large Cardinals*, 1974. — R. B. Chuaqui, *Axiomatic Set Theory*, 1981. — J. M. Henle, *An Outline of Set Theory*, 1986. — P. T. Johnstone, *Notes on Logic and Set Theory*, 1987. — M. Tiles, *The Philosophy of Set Theory: An Historical Introduction to Cantor's Paradise*, 1989. — S. Pollard, *Philosophical Introduction to Set Theory*, 1990. ◯

CONOTAÇÃO. Em sua *Summa logicae* (pars prima, ed. Ph. Boehner, 1951, cap. 10), Ockham introduziu uma distinção, muito discutida, entre *nomes conotativos* e *nomes absolutos*. Os nomes absolutos são, de acordo com Ockham, aqueles que não significam algo de um modo principal e outra coisa de um modo secundário, mas sim significam tudo do mesmo modo. Exemplo de um nome absoluto é *animal*, que significa homens, asnos, bois etc., e *não* significa uns primária e outros secundariamente. Isso significa que '*animal*' pode ser predicado de muitos tipos de indivíduos, como o mostram os exemplos *homo est animal, canis est animal*. Os nomes absolutos têm definições reais. Os nomes conotativos são, em contrapartida, aqueles que significam algo de um modo principal e algo de um modo secundário. Exemplo de um nome conotativo é *album*, pois, como diz Ockham, esse nome pode definir-se *in modo recto* (como em *aliquid informatum* *albedine*) ou *in modo obliquo* (como em *aliquid habens albedinem*). Outros exemplos de nomes conotativos são: nomes concretos, tais como *iustus, animatus, humanitum*; nomes relativos como *simile, pater*. Os nomes conotativos têm somente definições nominais. É preciso observar, porém, que enquanto 'branco' é conotativo, 'brancura' é absoluto. E deve-se perceber que nomes como *verum, bonum, unum, potentia, actus, intellectus, voluntas* etc. são, de acordo com a definição anterior, conotativos.

Juan Buridan assinalou que alguns nomes não conotam nada além do que "supõem" (ver Suposição), denominando *apelativos* os nomes que conotam algo. *Conotar* equivale, de acordo com isso, a *id quod appelat*, podendo-se designar *id pro quo supponit* como *denotar*. Introduzimos com isso dois termos — 'conotação' e 'denotação' — que foram usados com muita freqüência na literatura lógica moderna e contemporânea. Ora, o problema que se levanta é o de saber se o uso moderno e o medieval coincidem. A resposta não pode ser demasiadamente taxativa nem no sentido afirmativo nem no negativo. Com efeito, na literatura lógica moderna, costuma-se equiparar o termo 'conotação' aos termos 'intensão' e 'compreensão' (ver), e o termo 'denotação' ao termo 'extensão' (ver). Se assim o consideramos, devemos aceitar a tese de H. W. B. Joseph (*An Introduction to Logic*, 1906, pp. 140 ss.; 2ª ed., 1946, pp. 156 ss.), o qual, com base na informação proporcionada a esse respeito por Prantl (*Geschichte*, II, 364, III, 386), observa que as equiparações mencionadas carecem de sentido na linguagem dos lógicos medievais. Mas, por outro lado, deve-se ter presente que alguns autores modernos parecem não esquecer as definições medievais, em particular a de Ockham, em suas análises do significado de 'conotação'. Dois exemplos que confirmam esse ponto são os de James Mill e J. S. Mill. James Mill considerava que a expressão 'cavalo branco' denota duas coisas, cavalo e branco, mas denota a cor branca principalmente e o cavalo secundariamente. Ou, em termos mais rigorosos, a expressão mencionada *nota* a significação primária e *conota* a secundária. Por conseguinte, James Mill admite a diferença entre um modo de dizer reto e um modo de dizer oblíquo. J. S. Mill elaborou uma distinção entre conotação e denotação semelhante à usada hoje, baseando-se para isso na análise de James Mill. Segundo J. S. Mill, a conotação é a nota ou o conjunto de notas que determina o objeto ao qual um nome, termo ou símbolo se aplica, como quando dizemos que uma circunferência é uma figura plana curva cujos pontos eqüidistam de um ponto interior chamado *centro*, e a denotação é o objeto ou os objetos aos quais o nome, termo ou símbolo se aplica, como quando admitimos que todas as circunferências são a denotação do termo 'circunferência'.

Pode-se equiparar 'conotação' a 'significação'. Como esta última pode ser entendida ou num sentido "subjetivo" (o que alguém "tem em mente") ou num sentido "objetivo" (o que um termo enuncia), a noção de conotação recebeu no primeiro caso um sentido psicológico e no segundo um sentido lógico. Distinguiu-se às vezes conotação de compreensão, indicando-se que a conotação é o conjunto das características necessárias, enquanto a compreensão inclui características não-necessárias.

A distinção estabelecida por Frege entre o sentido e a referência (ver) foi ocasionalmente entendida como uma distinção muito semelhante à que se estabelece entre conotação e denotação, mas como o termo 'conotação' envolve sentidos diferentes do sentido de "sentido" em Frege, é preferível prescindir das similaridades indicadas.

Ogden e Richards rejeitaram a distinção "clássica" entre denotação e conotação. A seu ver, nem o denotar nem o conotar podem ser usados como se fossem uma relação simples ou uma relação fundamental (entre o denotar e o denotado; e o conotar e o conotado). No que diz respeito à denotação, nenhuma palavra tem denotação isolada de alguma referência que simboliza, pois as relações entre a palavra e a coisa são indiretas e casuais. Quanto à conotação, as propriedades de que se fala não se encontram em nenhum lugar. São entidades fictícias simuladas pela influência que exerce a analogia defeituosa com que tratamos certas partes de nossos símbolos como se fossem símbolos completos. Esses autores supõem que as únicas entidades que há no mundo são *propertied things*, apenas *simbolicamente* distinguíveis em propriedades e coisas (cf. *The Meaning of Meaning*, cap. III). L. S. Stebbing (*A Modern Introduction to Logic*, cap. III, § 4) assinala que a rejeição da noção de conotação no sentido de Mill, assim como, e com maior razão, a rejeição da distinção clássica entre extensão e compreensão, evitam confusões, como as procedentes dos seguintes fatos: 1) de que alguns nomes carecem de conotação (tais como os símbolos demonstrativos, os nomes próprios lógicos e os nomes de qualidades simples); 2) de que há diferentes tipos de nomes, ou palavras, que têm conotação (como nomes próprios comuns e frases descritivas); 3) de que alguns nomes carecem de denotação (como as frases descritivas que não descrevem nada: montanha de cristal, centauro etc.). E, por fim, C. I. Lewis (*An Analysis of Knowledge and Valuation*, 1946) sistematiza as noções de denotação, conotação, compreensão e significação, observando que há quatro modos ou tipos de significação em cada termo — pelo qual esse autor entende a expressão lingüística que se aplica a uma coisa ou a coisas de alguma classe, existentes ou pensadas: 1) a denotação ou extensão, ou seja, a classe de todas as coisas existentes às quais se aplica; 2) a compreensão, que inclui, além dos elementos de sua extensão, todas as coisas não-existentes, mas pensáveis, a que o termo pode aplicar-se; 3) a significação ou caráter, cuja presença numa coisa é necessária e suficiente para a correta possibilidade de aplicação do termo à coisa; 4) a conotação (a também chamada *intensão* [VER]) de um termo como a conjunção finita de todos os termos conotados por ele.

CONRAD-MARTIUS, HEDWIG (1888-1966). Nascida em Bergzabem, foi discípula de Husserl em Göttingen e é um dos mais significativos expoentes da chamada "velha escola fenomenológica". Lecionou na Universidade de Munique desde 1949. Conrad-Martius interessou-se especialmente pelos problemas ontológicos, procurando estender a fenomenologia husserliana a uma "fenomenologia total" do mundo. Embora conceba a fenomenologia como ciência de essências, Conrad-Martius avalia que ela não se limita a uma descrição pura dessas essências; a fenomenologia não é apenas descrição, mas também especulação. Nesse espírito, Conrad-Martius estudou os problemas ontológico-formais relativos ao espaço, ao tempo e ao ser e suas formas. Segundo nossa autora, o ser tem "analogias". Pode-se estabelecer uma distinção entre diversas formas de ser sem romper a unidade do ser. Referimo-nos a esse ponto nos verbetes IDEAL, e OBJETO E OBJETIVO.

⊃ Obras: "Zur Ontologie und Erscheinungslehre der realen Aussenwelt", *Jahrbuch für Philosophie und phänomenologische Forschung*, 3 (1916), 345-542 ("Para a ontologia e fenomenologia [doutrina da aparência] do mundo real externo"). — "Realontologie", *ibid.*, 9 (1923), 159-333. — *Der Selbstaufbau der Natur*, 1944 (*A autoconstituição da Natureza*), 2ª ed., 1961. — *Naturwissenschaftlich-metaphysische Perspektiven. Drei Vorträge*, 1948 (*Perspectivas científico-naturais metafísicas. Três conferências*). — *Abstammungslehre*, 1949 (*Teoria da evolução*). — *Bios und Psyche*, 1949. — *Das Lebendige, die Endlichkeit der Welt, der Mensch*, 1957 (*O vivente, a finitude do mundo, o homem*) (Disputa entre H. C.-M. e C. Emmrich). — *Die Zeit*, 1954. — *Utopien der Menschenzüchtung — Der Sozialdarwinismus und seine Folgen*, 1955 (*Utopias da formação humana. O darwinismo social e suas conseqüências*). — *Das Sein*, 1957 (*O ser*). — *Der Raum*, 1958 (*O espaço*). — *Die Geistseele des Menschen*, 1960 (*A alma espiritual do homem*).
Edição de obras: *Schriften zur Philosophie*, 3 vols., a cargo da autora com a colaboração de Eberhard Avé-Lallemant (I [com trabalhos de 1927 a 1935], 1963; II [com trabalhos de 1936 a 1948], 1964; III [com trabalhos a partir de 1949], 1965).
Bibliografia: "Gesamte Bibliographie", *Zeitschrift für philosophische Forschung*, 31 (1977).

Ver: A. Dempf, J. Wahl *et al.*, "Festschrift H. C.-M.", em *Philosophisches Jahrbuch der Görresgesellschaft*, 66 (1958) [com bibliografia]. ⊃

CONSCIÊNCIA. O termo 'consciência' tem pelo menos dois sentidos: 1) consideração ou reconhecimento de algo, seja de algo exterior, como um objeto, uma qualidade, uma situação etc., ou de algo interior, como as modificações experimentadas pelo próprio eu; 2) conhecimento do bem e do mal. O sentido 2) é expresso mais propriamente por meio da expressão 'consciência moral', motivo pelo qual reservamos um verbete específico a este último conceito. Neste verbete, referir-nos-emos apenas ao sentido 1). Em alguns idiomas, empregam-se termos diferentes para os dois sentidos mencionados: por exemplo, *Bewusstsein, Gewissen* (em alemão), *consciousness, conscience* (inglês), respectivamente. O vocábulo 'consciência' deriva do latim *conscientia* — cujo sentido originário foi 1) —, que é uma tradução dos vocábulos gregos συνείδησις, συνειδός ou συναίσθησις. Ao que parece, o primeiro desses vocábulos foi usado pela primeira vez por Crisipo (Eucken, *Geschichte der philosophischen Terminologie* [1879]; reimp., 1960, p. 175).

O sentido 1) pode desdobrar-se em outros três sentidos: *a*) o psicológico, *b*) o epistemológico ou gnosiológico e *c*) o metafísico. No sentido *a*), a consciência é a percepção do eu por si mesmo, às vezes também denominada apercepção (VER). Embora se possa também falar de consciência de um objeto ou de uma situação em geral, estas são conscientes na medida em que aparecem como modificações do eu psicológico. Afirmou-se por isso que toda consciência é em alguma medida autoconsciência, e até mesmo identificaram-se ambas. No sentido *b*), a consciência é principalmente o sujeito do conhecimento, falando-se então da relação consciência-objeto consciente como se fosse equivalente à relação sujeito-objeto (ver CONHECIMENTO). No sentido *c*), a consciência é freqüentemente denominada o Eu (VER). Trata-se às vezes de uma realidade que se supõe prévia a toda esfera psicológica ou gnosiológica.

Ao longo da história da filosofia, não apenas houve freqüentes confusões entre os sentidos 1) e 2) como também as houve entre os sentidos *a*), *b*) e *c*). A única coisa que parece comum a esses três sentidos é o caráter supostamente unificado e unificante da consciência.

No âmbito de cada um dos sentidos *a*), *b*) e *c*), e especialmente no âmbito dos dois primeiros, estabeleceram-se várias distinções. Falou-se, por exemplo, de consciência sensitiva e intelectiva, de consciência direta e de consciência reflexa, de consciência não-intencional e intencional. Esta última divisão é, em nossa opinião, fundamental. Com efeito, quase todas as concepções de consciência no curso da história filosófica podem ser classificadas em algumas que admitem a intencionalidade e outras que a negam ou simplesmente não a pressupõem. Os filósofos que tenderam a conceber a consciência como uma "coisa" entre as "coisas" negaram a intencionalidade ou não a levaram em conta. Com efeito, embora se admita que tal "coisa" é comparável antes a um espelho do que às realidades que reflete, supõe-se que o "espelho" em questão tem uma realidade, por assim dizer, substancial. A consciência é então descrita como uma "faculdade" que possui certas características relativamente fixas. As operações de tal consciência são determinadas por supostas características. Em contrapartida, os filósofos que tenderam a não considerar a consciência como uma "coisa" — nem mesmo como uma "coisa reflexante" — afirmaram ou supuseram de alguma maneira a intencionalidade da consciência. A consciência é então descrita como uma função ou um conjunto de funções, como um foco de atividades ou, melhor dizendo, como um conjunto de atos voltados para algo: aquilo de que a consciência é consciente.

Muitos filósofos gregos inclinaram-se a uma concepção não-intencional e "coisista" da consciência, embora em alguns pensadores — como em Plotino — o caráter puramente "interno" da consciência a distinga das "outras" realidades, as quais são, de certo modo, distensões da pura tensão em que a consciência consiste. Muitos filósofos cristãos enfatizaram o caráter intencional da consciência. Esse caráter intencional manifestou-se nas características de intimidade e autocerteza de que falou Santo Agostinho. Santo Tomás e vários escolásticos tenderam a uma concepção "realista" da consciência; muitos filósofos modernos — como, por exemplo, Descartes — inclinaram-se a uma concepção de natureza intencional e intimista. Quando essa concepção foi levada às últimas conseqüências, cortaram-se inclusive os fios que ligavam a consciência àquilo de que ela é consciente (sobretudo quando aquilo de que é consciente não é um ato de natureza espiritual). Paradoxalmente, a consciência foi vista então como uma realidade completamente independente da realidade por ela apreendida.

A acentuação do caráter metafísico da consciência teve lugar no âmbito de concepções intencionais e não-intencionais da consciência. Foi o que ocorreu no idealismo alemão (a que nos referimos adiante). A acentuação de seu caráter psicológico (e às vezes psicognosiológico) levou a considerar a consciência como uma faculdade ao lado de outras faculdades, bem como a identificá-la com um tipo determinado de atividade psíquica ou psicognoseológica. Assim, por exemplo, alguns filósofos destacaram na consciência as operações intelectuais; outros, as volitivas; outros, ainda, as perceptuais. Certos tipos de metafísica determinaram de maneira muito precisa a idéia de consciência. Desse modo, as metafísicas voluntaristas de Maine de Biran e, por razões muito diferentes, de Wundt chegaram a identificar consciência e vontade. As metafísicas orientadas para o empirismo tenderam a reduzir o papel da consciência.

Kant estabeleceu uma distinção entre a consciência empírica (psicológica) e a consciência transcendental (gnosiológica) (cf. *KrV*, B 131 ss.). A primeira pertence ao mundo fenomênico; sua unidade só pode ser proporcionada pelas sínteses efetuadas mediante as intuições do espaço e do tempo e os conceitos do entendimento. A segunda é a possibilidade da unificação de toda consciência empírica e, portanto, de sua identidade (e, em última análise, a possibilidade de todo conhecimento). A identidade da pessoa não é assunto empírico, mas transcendental (VER). É verdade que é possível "uma passagem gradual da consciência empírica à consciência pura [transcendental]" (*ibid.*, B 208), mas a consciência pura sem material a que aplicar-se não é senão uma condição formal. Para que seja "material", a consciência pura tem de aplicar-se ao material empírico proporcionado pelas percepções do mundo fenomênico. Ora, tão logo se descartou a noção de coisa em si, a consciência pura (transcendental) kantiana passou de princípio de unificação de um material empírico dado (embora não organizado) a princípio de realidade. Isso aconteceu com os idealistas pós-kantianos. Em Fichte e Hegel, temos uma passagem da idéia da consciência transcendental (gnosiológica) à idéia da consciência metafísica. Fichte faz da consciência o fundamento da experiência total e a identifica ao Eu que se põe a si mesmo. Hegel descreve os graus ou figuras da consciência num processo dialético no curso do qual o desenvolvimento da consciência é identificado ao desenvolvimento da realidade. Ainda que na *Fenomenologia do Espírito* a consciência apareça como o primeiro estágio, a autoconsciência como o segundo e o espírito, enquanto livre e concreto, como o terceiro (desenvolvendo-se em razão, espírito e religião, e culminando no saber absoluto), a consciência pode ser concebida como "a totalidade de seus momentos", e "os momentos" da noção do saber puro "adotam a forma de figuras ou modos da consciência". Em Hegel, a consciência abrange, portanto, a realidade que se desenvolve a si mesma, transcendendo-se a si mesma e superando-se continuamente a si mesma. No processo dialético da consciência, aparecem certas figuras de consciência particularmente interessantes ou reveladoras. Mencionamos a esse respeito a consciência infeliz, a consciência dilacerada. A "consciência infeliz" (cf. *Fenomenologia*, B.4, B.3; *Filosofia da História*, IV, seção 2, caps. 1 e 2) é "a alma alienada [alheada] que é a consciência de si enquanto dividida, um ser dobrado e meramente contraditório". A consciência aparece então como o olhar de uma autoconsciência a outra, sendo ela mesma as duas e sendo "a unidade de ambas sua própria essência, mas objetiva e conscientemente não é ainda essa mesma essência, isto é, não é ainda a unidade de ambas". Alguns autores (por exemplo, J. Hyppolite, *op. cit. infra*, p. 184) e Franz Grégoire (*op. cit. infra*, p. 47, nota) chegam a afirmar que a dialética hegeliana da consciência é, no fundo, a da consciência infeliz. Hyppolite afirma que na *Fenomenologia* se encontra sem cessar "o tema da consciência infeliz em diferentes formas". Grégoire assinala que "a *Fenomenologia* descreve o itinerário da consciência infeliz e de seu progressivo apaziguamento até o estado de satisfação que é o 'saber absoluto'".

A maior atenção dada, após o idealismo, à psicologia e a irrupção do positivismo deram ao termo 'consciência' um significado mais propriamente psicológico, e desde então a discussão passou a girar em torno do caráter ativo ou passivo, dependente ou independente, atual ou substancial, da consciência. Cada uma dessas concepções representa por sua vez um novo tipo de psicologia, combinando-se a noção de atividade com as de independência e substancialidade, ou a de passividade com as de atualidade e dependência.

Brentano concebe a consciência como intencionalidade e, por conseguinte, faz dela algo que não é continente nem conteúdo, mas mera projeção e referência àquilo que é nomeado (ver INTENÇÃO, INTENCIONAL, INTENCIONALIDADE). Apoiando-se em Brentano, Husserl discute na "primeira fase" de seu pensamento, nas *Investigações Lógicas*, a significação da consciência entendida: 1) "como a total consistência fenomenológica real do eu empírico", como o entrelaçamento das vivências psíquicas na unidade de seu curso; 2) como percepção interna das vivências psíquicas próprias, e 3) como nome coletivo para todo tipo de "atos psíquicos" ou "vivências intencionais", dando a maior amplitude à discussão da consciência como vivência intencional. Ao longo das fases ulteriores da fenomenologia, a concepção husserliana da consciência passa por várias modificações, pois a mera síntese vivencial se transforma num ponto de referência e, por fim, num eu puro cujo fundamento é constituído pela temporalidade e pela historicidade. Dessa maneira, e particularmente ao distinguir os diversos modos da consciência, Husserl chega a uma concepção da mesma de ascendência cartesiana. Assim, Husserl observa explicitamente que a descrição concreta da consciência abre enormes perspectivas de fatos nunca investigados antes. "Todos eles — escreve Husserl — podem ser designados como *fatos da estrutura sintética*, que dão unidade noético-noemática às distintas *cogitationes* (em si, como todos os concretos sintéticos) e também a umas em relação às outras. Unicamente o esclarecer a índole própria da síntese torna frutuoso o mostrar no *cogito*, na vivência intencional, uma *consciência de*, ou seja, torna proveitosa a importante descoberta, realizada por Franz Brentano, de que a intencionalidade é o caráter descritivo fundamental dos 'fenômenos psíquicos'; e unicamente isso deixa efetivamente livre o método de uma teoria descritiva da consciência, uma teoria tanto psicológico-natural como filosófico-transcendental" (*Meditaciones cartesianas*, trad. J. Gaos, § 17). Seguindo Husserl, e apoiando-se em alguns resultados da psicologia estruturalista (ver ESTRUTURA), Aron Gurwitsch (*op. cit. infra*) realizou uma detalhada análise fenomenológica da consciência (como "campo da consciência"). Gurwitsch descobriu três regiões ou partes estruturais no campo consciente: o tema, que forma a consciência atencional (ver ATENÇÃO); o campo temático, que designa tudo o que está presente na consciência ao mesmo tempo que o tema; e a margem, que inclui elementos co-presentes ao tema, mas não relacionados direta ou intrinsecamente com ele (num sentido que parece próximo a um dos elementos da circunstância [VER]). Em termos fenomenológicos, o tema constitui o núcleo noemático, e a margem constitui o sentido da realidade subjacente à consciência. O campo temático oferece uma estrutura muito complexa, em que se integram todos os elementos que se mostrem pertinentes a determinada atitude atencional da consciência. Partindo também de Husserl, J.-P. Sartre insistiu no caráter intencional da consciência, na impossibilidade de defini-la por meio de categorias pertencentes às "coisas". Sendo a consciência um "dirigir-se a", sua relação com a "realidade" não é a relação que pode haver entre uma "natureza" e outra "natureza". Por isso, pode haver consciência do "ausente" ou até do "inexistente". E por isso também, para compreender a relação entre a consciência e as coisas (existentes ou não-existentes, presentes ou ausentes), deve-se descartar toda idéia de relação causal, como a que sustentavam as teorias "clássicas" (e as que sustentam, diga-se de passagem, algumas doutrinas contemporâneas sobre a percepção [VER]). Não havendo, segundo Sartre, relação causal, a consciência pode, pois, apresentar-se como liberdade.

Independentemente de Husserl, mas numa direção análoga, Dilthey e Bergson coincidem sobre a noção de consciência em vários pontos importantes. O eu puro de Husserl, que tem tempo e história, corresponde, em parte, ao conceito diltheyano da consciência como historicidade e totalidade, assim como ao conceito bergsoniano da memória pura, da duração pura e da pura qualidade. Consciência, diz explicitamente Bergson, significa de imediato memória, pois a inconsciência pode definir-se justamente como uma consciência que não conserva nada de seu passado, que se esquece incessantemente de si mesma. Mas a consciência significa também antecipação, isto é, possibilidade de escolha. Daí o dualismo da matéria e da consciência, dualismo que se exprime na fórmula: "A matéria é necessidade; a consciência é liberdade". Mas esse dualismo nem sempre permanece irredutível. Por um lado, a vida encontra um meio de reconciliá-las. Por outro, Bergson tende à idéia da matéria como duração mínima e à idéia do universo como organismo do qual não se pode eliminar a consciência. "Que estas duas existências — matéria e consciência — derivam de uma fonte comum não me parece duvidoso. Anteriormente, procurei mostrar que, se a primeira é o inverso da segunda, se a consciência é ação que sem cessar se cria e se enriquece, enquanto a matéria é ação que se desfaz e se desgasta, nem a matéria nem a consciência se explicam por si mesmas" (*L'énergie spirituelle*, 1919, pp. 18-9). A admissão da coextensão da consciência com a vida é aceita por vários autores, mesmo que em alguns casos, como, por exemplo, em Scheler, a noção de consciência se aplique somente a certas formas superiores da vida orgânica. Por isso, a consciência, que, de acordo com Scheler, caracteriza, ao lado de outros traços, o espírito, é uma conversão em objeto da primitiva resistência (VER) ao impulso que apenas com muitas reservas se pode continuar a denominar "consciência". As características que os mencionados autores mais insistentemente destacam na noção de consciência parecem ser, pois, estas: temporalidade, historicidade, totalidade, memória, duração, qualidade. E, como esses traços foram usados também para caracterizar o real — ou "o mais real" —, chegou-se às vezes a identificar consciência a existência.

Em contrapartida, alguns filósofos de tendência fenomenista e empirista radical acabaram por dissolver a noção de consciência. Ainda em muitos autores naturalistas do século XIX, a consciência, sem ser negada, era inteiramente subordinada à realidade — isto é, à Natureza. Marx afirmou que a realidade determina a consciência e não o inverso. Embora seja possível encontrar no marxismo certa tendência a identificar — ao menos no campo histórico — a realidade social à consciência dessa realidade, muitos autores marxistas (por exemplo, Lenin) defenderam uma teoria do conhecimento "fotográfico", segundo a qual a consciência se limita a refletir o real. Vários filósofos naturalistas conceberam a consciência como um epifenômeno da realidade — como uma espécie de "fosforescência", como dizia, para criticar essa tese, Bergson. Mas em todos esses casos se atribuía ainda certo sentido à noção de consciência. Em contrapartida, certos filósofos empiristas, fenomenistas, imanentistas e "neutralistas" (Mach, Schuppe) foram tão longe em sua negação de caráter "subsistente" do real que envolveram nela a noção de consciência. Não se pode dizer, de acordo com esses filósofos, que há por um lado a realidade e por outro a consciência. Tampouco se pode dizer que há apenas a realidade ou apenas a consciência, e que cada uma delas pode ser compreendida unicamente em função da outra. Realidade e consciência são como duas faces de um mesmo modo de ser, que é ontologicamente "neutro". Os problemas acerca da natureza e realidade da consciência transformam-se desse modo em pseudoproblemas. Curiosamente, alguns pensadores neokantianos contribuíram para a elaboração de doutrinas similares. A interpretação idealista-objetiva do kantismo, própria da chamada "Escola de Marburgo", quando levada ao extremo, acabava por identificar a consciência ao sistema objetivo de categorias. A interpretação realista do kantismo aproximava-se das idéias de alguns realistas ingleses e norte-americanos: a consciência pode ser, em última análise, um "acontecimento percipiente" (*percipient event*). Em suma, a consciência não é consciência — é o nome que se dá a um dos aspectos do "dado", do "tecido mental", das partes integrantes da redução (VER), dos "*gignomene*" etc. (Avenarius, Schuppe, Schubert-Soldern, Rehmke, Ziehen etc.).

Influenciado em parte pelas tendências antes mencionadas, William James terminou por negar a consciência. Em seu artigo "A consciência existe?" (1904) — e prosseguindo as análises de pensadores que, como Ward, Baldwin, G. E. Moore, duvidavam da possibilidade de um emprego da noção de consciência como entidade "subsistente" —, James assinalava, com efeito, que esses autores "não são bastante ousados em suas negações" e que é preciso reduzir a consciência a suas equivalentes "realidades de experiência". Assim, a consciência não é entidade, mas função. Isso não implicava (paradoxalmente) negar o "papel desempenhado pela consciência", mas reafirmá-lo. Na trama da experiência pura — o único existente — ocorrem, segundo James, pelo menos duas funções: uma delas é a "consciência"; a outra, "as coisas". A relação do conhecimento — uma das relações a que a consciência já se reduzira — se dá, pois, também dentro do complexo único da experiência pura. Daí que a experiência possa ser indistintamente coisa e pensamento, e daí que "a separação entre consciência e conteúdo se realize não mediante subtração, mas por meio de adição".

Distinguiu-se às vezes aquilo de que se tem consciência (o "objeto da consciência" ou "objeto consciente"), a consciência do objeto, da consciência de si mesmo — esta última na medida em que se tem consciência de si mesmo ao ter-se consciência de um objeto. Aquilo de que se tem consciência é o termo de um ato consciente; a consciência do objeto é um ato; a consciência de si mesmo é um ato que tem por objeto outro ato.

A maior parte das teorias sobre a consciência entende a relação entre ato consciente e objeto do ato como uma intenção ou como uma reflexão. Nesses casos, o objeto não oferece nenhuma "resistência" a ser "apreendido" por uma consciência. Maine de Biran, em contrapartida, propôs uma teoria segundo a qual a consciência emerge como conseqüência de uma "resistência" oferecida pelo objeto. Isto pode ser entendido ou como um verdadeiro "obstáculo" ou, como propunha Max Scheler — que defendia, além da idéia da intencionalidade da consciência, um "realismo volitivo" afim ao de Maine de Biran —, como "a *reflexão* primitiva da sensação por ocasião das resistências que se opõem ao movimento espontâneo primitivo".

↪ Além dos autores citados no verbete, ver: Melchior Palágyi, *Naturphilosophische Vorlesungen über die Grundprobleme des Lebens und des Bewusstseins*, 1908. — Hans Armhein, *Kants Lehre vom "Bewusstsein überhaupt" und ihre Weiterbildung bis auf die Gegenwart*, 1909 (*Kantstudien*, Ergänzungshefte, 10). — Johannes Rehmke, *Das Bewusstsein*, 1910. — Edwin Bissett Holt, *The Concept of Consciousness*, 1914. — C. A. Strong, *The Origin of Consciousness. An Attempt to Conceive the Mind as a Product of Evolution*, 1918. — Kurt Joachim Grau, *Die Entwicklung des Bewusstseinsbegriffes im XV. und XVIII. Jahrhundert*, 1916. — Ludwig Klages, *Vom Wesen des Bewusstseins*, 1921; 4ª ed., 1955. — León Brunschvicg, *Le progrès de la conscience dans la philosophie occidentale*, 2 vols., 1927. — N. Tr. Burrow, *The Social Basis of Consciousness*, 1927. — Charlotte Bühler, *Kindheit und Jugend. Eine Genese des Bewusstseins*, 1928. — E. R. Jaensch, *Ueber den Aufbau des Bewusstseins*, 1930. — O. Janssen, *Dasein und Bewusstsein*, 1933. — B. Ray, *Consciousness in Neo-Realism: A Critical and Historical Study*, 1935. — R. Ruyer, *La conscience et le corps*, 1937. — W. Ehrlich, *Ontologie des Bewusstseins*, 1940. — Curt Weinschenk, *Das Bewusstsein und seine Leistung*, 1940. — A. M. de Craene, R. S. C. J., *L'Engagement à l'Être: Essai sur la signification de la conscience*, 1941. — G. Madinier, *Conscience et signification*, 1953. — C. Gattegno, *Conscience de la conscience*, 1956. — Aron Gurwitsch, *Théorie du champ de la conscience*, 1957 (trad. Michel Butor do texto inglês: *The Field of Consciousness*, 1964). — Joseph Moreau, *La conscience et l'être*, 1958. — Henry Ely, *La conscience*, 1963. — M. Esther Harding, *The "I" and the "Not I": A Study in the Development of Consciousness*, 1965. — Günter Ralfs, *Stufen des Bewusstseins. Vorlesungen zur Erkenntnistheorie*, 1965, ed. Hermann Glockner. — Peter Gorsen, *Zur Phänomenologie des Bewusstseinsstroms. Bergson, Dilthey, Simmel und die lebensphilosophische Antinomien*, 1966. — Erich Rothacker, *Zur Genealogie des menschlichen Bewusstseins*, 1966. — Kenneth M. Sayre, *Consciousness: A Philosophical Study of Minds and Machines*, 1969. — C. O. Evans, *The Subject of Consciousness*, 1970. — Pratima Bowes, *Consciousness and Freedom: Three Views*, 1971. — Gerhard Funke, *Bewusstsein*, 1975. — Ken Wilber, *The Spectrum of Consciousness*, 1977. — M. G. Baylor, *Action and Person: Conscience in Late Scholasticism and the Young Luther*, 1977. — G. Frey, *Theorie des Bewusstseins*, 1980. — T. C. Potts, *Conscience in Medieval Philosophy*, 1980. — J. T. Culbertson, *Consciousness: Natural and Artificial*, 1982. — P. M. Churchland, *Matter and Consciousness*, 1984. — E. Pöppel, *Grenzen des Bewusstseins*, 1985. — R. Ellis, *An Ontology of Consciousness*, 1986. — H. D. Kittsteiner, *Die Entstehung des modernen Gewissens*, 1991.

Para a "consciência infeliz" e a "má consciência" em Hegel, ver: Jean Wahl, *Le malheur de la conscience dans la philosophie de Hegel*, 1929. — Benjamin Fondane, *La conscience malheureuse*, 1936. — Jean Hyppolite, *Gênese e estrutura da* Fenomenologia do Espírito, *de Hegel*, 1999. — Jean Grenier, *L'existence malheureuse*, 1957. — Franz Grégoire, *Études hégéliennes. Les points capitaux du système*, 1958. — Joseph Gabel, *La fausse conscience. Essai sur la réification*, 1962. — E. Subirats, *Figuras de la consciencia desdichada*, 1979.

Sobre consciência de si: Héctor Neri-Castañeda, *La dialéctica de la conciencia de sí mismo*, 1960 (separata de *Rev. Univ. de S. Carlos*, n. 52). — Ursula Rohr-Dietschi, *Zur Genese des Selbstbewusstseins. Eine Studie über den Beitrag des phänomenologischen Denkens zur Frage der Entwicklung des Selbstbewusstsein*, 1974. — E. Tugendhat, *Selbstbewusstsein und Selbstbestimmung — Sprachanalytische Interpretationen*, 1979. — J. Schnelle, *Das Selbstbewusstseinsproblem*, 1985. ℭ

CONSCIÊNCIA (TIPOS DE). Em CONSCIÊNCIA (VER), falamos de algumas das formas de consciência: epistemológica e metafísica; empírica ou psicológica e transcendental ou epistemológica; intencional; absoluta etc. Referimo-nos também à consciência dilacerada ou consciência infeliz. Uma distinção fundamental é a que há entre consciência e consciência moral (VER). Distinções muito básicas continuam sendo as da consciência como consciência empírica e psicológica, consciência transcendental e consciência intencional. No âmbito da consciência empírica, cabe falar de consciência individual e consciência coletiva.

Além das citadas formas de consciência, ou tipos de consciência, pode-se falar de outras cuja explicação corresponde aos conceitos mediante os quais se caracteriza a consciência. Limitar-nos-emos a esboçar alguns desses tipos.

Pode-se falar de consciência metódica quando, como em Descartes e outros autores, se toma a consciência enquanto regida por regras de um método ou na medida em que constitui um método. A consciência metódica é quase sempre de caráter racional, tendo-se desenvolvido sobretudo em obras de filósofos dos séculos XVII e XVIII, culminando historicamente na Ilustração.

A consciência histórica, que teve já seu início no século XVIII, mas se intensificou e culminou durante o romantismo e no decorrer do século XIX, de Hegel a Dilthey, é a consciência que se considera vinculada ao desenvolvimento histórico, seja este concebido como um conjunto de circunstâncias determinadas ou como seguindo alguma lei de desenvolvimento. Se abrange o conjunto da história, a consciência histórica pode transformar-se em consciência absoluta.

A consciência hermenêutica, que encontramos, em parte, em Dilthey, e de forma sistemática em autores como Gadamer, é a consciência que está ligada à história e que se move dentro da tradição e, como afirma Gadamer, do preconceito (VER), mas não é nem uma consciência relativa nem tampouco uma consciência absoluta. Contudo, ela aspira a uma universalidade, ainda que se funde numa "localização" (histórica). Uma forma desta consciência é a que Gadamer denomina "consciência da eficácia histórica" (*Wirkungsgeschichtliches Bewusstsein*), isto é, a consciência que, ao contrário da consciência histórica, "nostálgica" e romântica (assim como, em grande parte, irracionalista), aspira a ligar a tradição histórica à razão sem por isso fazer de nenhuma destas um absoluto metafísico. A consciência da eficácia histórica, assim como a consciência hermenêutica, ou, melhor dizendo, pós-hermenêutica e pós-romântica, é capaz de desenvolver uma atitude crítica mesmo que continue sempre vinculada ao solo concreto das tradições.

A consciência crítica, da qual encontramos manifestações muito diversas em Kant (como consciência transcendental), em Marx e em Habermas, é a consciência que pode ampliar o nível e o alcance da comunicação, que não tem limites, razão pela qual pode efetuar uma crítica das ideologias, opondo-se desse modo (como fez Habermas em relação a Gadamer) à consciência hermenêutica, incluindo a que aspira à universalidade.

A consciência que poderia denominar-se utópica é um aspecto da consciência crítica, mas um aspecto que ultrapassa a crítica concreta das ideologias e se acha voltado para um futuro (em geral, não meramente abstrato). É uma consciência que abriga o "ainda não ser" de Ernst Bloch como algo que torna possível e fecundo o ser (atual), em virtude do caráter peculiar da possibilidade.

A consciência revolucionária tem aspectos críticos, embora não forçosamente de caráter racionalista e, naturalmente, não metódico (tidos como abstratos). É antes uma consciência de transformação que uma consciência de reflexo, ou uma consciência "meramente crítica".

Em muitos casos, o que se chama "consciência" é uma atitude básica que pode ser racionalizada ou ao menos conceptualizada, mas sem que essa racionalização ou conceptualização sejam meras transcrições racionais e, com isso, "passivas" da atitude adotada. A atitude em questão é "atitude diante da realidade" ou "atitude diante do mundo"; em que "realidade" e "mundo" são entendidos justa e precisamente em função da consciência.

CONSCIÊNCIA INFELIZ. Ver Consciência.

CONSCIÊNCIA MORAL. Esta consciência distingue-se da consciência no sentido psicológico, no sentido gnosiológico ou epistemológico e no sentido metafísico a que nos referimos no verbete Consciência. O sentido da expressão 'consciência moral' foi popularizado nas frases 'chamado da consciência', 'voz da consciência' etc. Em seu sentido mais comum, a consciência moral aparece como algo demasiado simples; os filósofos investigaram, com efeito, em que sentidos se pode falar de uma voz da consciência e, sobretudo, qual é — caso ela exista — a origem dessa "voz". No que diz respeito ao primeiro ponto, muitas são as definições dadas pelos filósofos. Para alguns (como Sócrates), a consciência moral pode ser um dos aspectos do "demônio" (VER) que intervém em momentos decisivos da existência humana (e aparece — convém observá-lo — não indicando o que se deve fazer, mas o que se deve omitir). Para outros (como Aristóteles), aparece como algo procedente do sentido (VER) moral; a consciência moral identifica-se freqüentemente nos textos do Estagirita com a φρόνησις. Os estóicos acentuam a natureza racional da moral; como conseqüência disso, a consciência moral é para eles a voz racional da natureza. Muitos Padres da Igreja e muitos escolásticos entendem a consciência moral como uma sindérese (VER). Além disso, Santo Tomás fala da consciência moral como um *spiritus corrector et paedagogus animae societatis*, espírito que indica se um ato é justo ou não.

Em *Les passions de l'âme* (II art. 177), Descartes fala de um remorso de consciência (*remords de conscience*) como de "uma espécie de tristeza que procede da dúvida que se tem de que uma coisa que se faz ou se fez seja boa; pois, se estivesse completamente segura de que o que faz é mau, uma pessoa se absteria de fazê-lo, assim como a vontade só se volta para as coisas que têm alguma aparência de bondade; e, se estivesse segura de que o que fez já é mau, uma pessoa teria arrependimento [*repentir*], e não apenas remorso". Portanto, o remorso é entendido, quase literalmente, como um re-moer, ação e efeito de um "moer" por parte da consciência (moral), a menos que consciência moral e remorso não sejam uma e a mesma coisa. À primeira vista, parece que Spinoza afirma algo semelhante ao falar de *conscientiae morsus*, "picada de consciência", que define como "a tristeza que se opõe à delícia" (*gaudium*), definida por seu turno como a alegria (*laetitia*) originada da imagem de uma coisa ocorrida de cujos resultados havíamos duvidado" (*Ethica*, III, prop. XVIII sch. 2). Não obstante, pela mesma definição que Spinoza dá de *conscientiae morsus*, pode-se perguntar se tem sentido moral. De acordo com Bidney (*The Psychology and Ethics of Spinoza*, 1940, p. 198), não se passa assim. Trata-se "simplesmente da pena ou arrependimento que se sente de que algo que uma vez foi meramente objeto de esperança ou de temor tenha ocorrido de fato — e não que se sente quando algo deveria ter acontecido de outro modo. Isso levou alguns tradutores a traduzir *conscientiae morsus* antes por 'desilusão' que por 'remorso'". A definição que Spinoza dá de *poenitentia* ("penitência", "arrependimento") em "*Affectuum Definitiones*, XXVII" — "a tristeza concomitante à idéia de algum ato que julgamos ter realizado por um livre decreto da mente" — parece, segundo Bidney, mais próxima de uma noção de consciência moral. O mencionado autor recorda que para Spinoza "não há nada surpreendente [*mirum non esse*]" no fato de que a tristeza [*tristitia*, "pena", "dor"] suceda a atos considerados equivocados, pois isso é conseqüência da educação recebida.

Não é certo que Locke julgue que a "consciência moral" (expressão pela qual habitualmente se traduz a palavra *conscience*, ao contrário de "consciência", *consciousness*) seja, efetivamente, moral — pelo menos em sentido estrito, ou "ético", de 'moral', e não em seu sentido mais geral e "diluído", ao contrário de 'físico'. No *Essay*, Locke enfatiza que essa consciência é "nossa própria opinião acerca de nossas ações" (I, ii, 7). Essa frase, que consta das três primeiras edições do *Essay*, foi substituída a partir da quarta edição por "nossa própria opinião ou juízo acerca da retidão moral ou pravidade [caráter "depravado"] de nossas ações", substituição que parece aumentar seu caráter moral (ético). Entretanto, Locke interessava-se sobretudo por acentuar que não há "princípios práticos inatos" e, portanto, noções morais "eternas"; se só estas últimas são, estritamente falando, morais, então deve-se continuar duvidando do caráter moral (ético) da consciência em questão. Visto que Locke afirma, no final do parágrafo citado, que "alguns homens que possuem a mesma inclinação de consciência perseguem o que outros evitam", cabe concluir que o termo lockiano *conscience* é um tanto ambíguo; a única coisa certa para Locke é que ele não constitui nenhuma prova de "uma regra moral inata".

Apenas na medida em que a consciência moral atua como "corretor", com um caráter de sanção para os atos passados e um de antecipação de sanção para os futuros, pode-se considerar que essa consciência é plenamente moral ou ética. Se, como afirma Teófilo, nos *Nouveaux Essais* de Leibniz (I, iii, 16), "a virtude não é inata, mas a idéia da virtude o é", os "princípios práticos inatos" serão "princípios morais". A dimensão moral da consciência ("consciência moral", como tradução de *Gewissen*, diferentemente de "consciência" ou *Bewusstsein*) parece compor-se quando, aproximadamente desde Wolff e Kant, essa consciência é interpretada cada vez mais como uma *faculdade* que emite juízos acerca da moralidade de nossas ações. Kant sobretudo entendeu essa faculdade de juízo como uma faculdade que se dirige ao próprio sujeito que julga. Este *caráter imediato* da consciência moral foi levado a suas últimas conseqüências por Fichte e — com mais atenção ao ético propriamente dito — por Hegel. Vários autores (especialmente Francis Hutcheson, Richard Cumberland, Adam Smith) tenderam a identificar a consciência moral com o sentido moral. Em autores do século XX, foi freqüente acentuar não a admonição da consciência moral com relação ao futuro, mas sobretudo com relação ao passado (é o caso de Schopenhauer, como já o havia sido o de Spinoza). Nos últimos cem anos, a concepção da consciência moral seguiu de maneira muito fiel as linhas gerais das doutrinas éticas correspondentes: os neokantianos definiram a consciência moral paralelamente à idéia do dever, os partidários da ética material dos valores definiram-na como o produto das exigências suscitadas por estes; os intuicionistas éticos basearam-na na chamada intuição moral, os utilitaristas a definiram em função do bem-estar da maioria etc. Não faltaram aqueles que enfatizaram o caráter estritamente social da consciência moral, seu caráter estritamente natural (marxismo, darwinismo ético), ou os que tentaram "desmascarar" a consciência moral como uma traição à "vida" (Nietzsche). Scheler considerou que a noção filosófica de consciência moral é um eco deixado pela crença religiosa; como tal eco, é algo de natureza "crepuscular" (*Ethik*, II,7) e que não pode adquirir vida de novo sem mergulhar outra vez nessa crença. Heidegger examinou o problema da consciência moral num sentido semelhante ao das outras manifestações da Existência (VER), isto é, de um ponto de vista existencial (VER). A consciência moral é um chamado, um "invocar" que revela à existência sua vocação (*Ruf*), o que ela é em sua autenticidade. É uma "voz" que não diz nada, que permanece silenciosa, porque não vem de fora, mas de dentro da Existência. É, para utilizar os termos da versão de José Gaos, um "avocar" ao "ser si mesmo" da Existência para que saia de seu estado de perda no "indeterminado" (ou no "se"). Portanto, a consciência moral é, para Heidegger, um fenômeno existencial que parte da Existência e se dirige à Existência. Em suma, a Existência no fundo de seu estado de "inospitalidade" no mundo é o verdadeiro "vocador da vocação da consciência moral". Por isso, a consciência moral revela-se como o chamado (ou "vocação") do cuidado (VER) enquanto ser da Existência. Como a Existência, a consciência moral é sempre a *minha*; nenhum homem pode pedir auxílio a outro (ou a outros) para determinar qual o chamado ou vocação que lhe é próprio e que se manifesta pelo "dizer silenciando" de sua consciência moral.

A descrição anterior segue *grosso modo* a linha histórica. Também é possível apresentar a questão de um modo sistemático atendo-se aos grandes princípios segundo os quais é definida a consciência moral. É o que fizeram Eduard von Hartmann e H. G. Stoker. O primeiro classificou as diversas *teorias* sobre a consciência moral de acordo com o caráter dos princípios morais sustentados. Daí sua descrição da consciência moral pseudomoral (egoísta ou individual-eudemonista, e heterônoma ou autoritária) e da consciência moral autêntica (moral do gosto ou dos princípios morais estéticos, moral do sentimento, moral da razão ou dos princípios morais racionalistas). O segundo se ateve a uma fenomenologia da consciência moral de acordo com a qual os diversos *modos* de aparecimento dessa consciência condicionam as diversas teorias. Adotaremos aqui uma classificação que se atém sobretudo às concepções sobre as origens da consciência moral, com a finalidade de abordar a questão à qual já se aludiu no começo deste verbete. De acordo com isso, encontramos as concepções seguintes (que em grande parte coincidem com as apresentadas no verbete sobre a noção de senso moral).

1) A consciência moral pode ser concebida como *inata*. Supõe-se neste caso que, pelo mero fato de existir, todos os homens possuam uma consciência moral, tal como se supõe que possuam certos princípios intelectuais. Pode-se falar assim de um inatismo moral como se fala de um inatismo (VER) intelectual. Ora, como este último, o primeiro pode ser entendido em dois sentidos: *a*) a consciência moral é algo que se tem sempre e de maneira efetiva; *b*) a consciência moral é algo que se tem a *possibilidade* de possuir sempre que se suscite para isso uma sensibilidade moral adequada.

2) A consciência moral pode ser concebida como *adquirida*. Pode-se considerar que se adquire por educação das potências morais ínsitas no homem, caso em que esta posição se aproxima da última mencionada 1*b*, ou pode-se supor — mais propriamente — que se adquire no decorrer da história, da evolução natural, das relações sociais etc. Uma conseqüência desta teoria é a de que a consciência moral não apenas *pode* surgir ou *pode não* surgir no homem, como também a de que seu *conteúdo* depende do conteúdo natural, histórico, social etc. As teorias naturalistas, historicistas, social-historicistas etc. entram neste grupo.

3) A origem da consciência moral pode ser atribuída a uma entidade *divina*. A moral resultante é então heterônoma ou, mais propriamente, teônoma. Supõe-se neste caso que Deus depositou no homem a *scintilla conscientiae*, a "centelha da consciência", por meio da qual se descobre se um ato é justo ou injusto.

4) A origem da consciência moral pode ser atribuída a uma fonte *humana*. Por seu turno, essa fonte humana pode ser concebida ou como natural, ou como histórica, ou como social, o que faz com que esta posição vincule-se com a 2). Também se pode considerar que essa fonte é ou *individual* ou *social*.

5) A base da qual procede a consciência moral pode ser *racional* ou *irracional*. Estas duas posições costumam combinar-se com quaisquer das antes mencionadas, dependendo da idéia que se tenha da estrutura racional ou irracional das fontes respectivas.

6) A base de que procede a consciência moral pode ser *pessoal* ou *impessoal*. Também estas posições combinam-se amiúde com as outras, embora algumas delas fiquem excluídas; por exemplo, a idéia de que a consciência moral tem uma origem natural exclui sua origem pessoal.

7) Por fim, a base da qual procede a consciência moral pode ser *autêntica* ou *inautêntica*. Se ocorre a primeira, podem-se admitir muitas das concepções anteriores. Se tem lugar a segunda, as concepções usualmente admitidas são as de sua origem natural e puramente social. A consciência moral é então desmascarada como um sentido que o homem adquiriu em virtude de certas conveniências sociais ou de certos processos naturais, sentido que pode desaparecer tão logo essas conveniências já não estejam em vigência.

↪ A maioria das obras sobre Ética e Moral (VER) aborda o problema da consciência moral. Indicamos aqui várias obras (algumas sistemáticas, outras históricas) sobre a noção de consciência moral: W. Dilthey, "Versuch einer Analyse des moralischen Bewusstseins", 1864 (*Gesammelte Schriften*, VI, 1924). — J. Jahnel, *Ueber den Begriff Gewissen in der griechischen Philosophie*, 1872. — J. Hoppe, *Das Gewissen*, 1876. — Martin Kahler, *Das Gewissen. Ethische Untersuchung. Die Entwicklung seines Namens und seines Begriffes, Geschichtlicher Teil 1: Geschichtliche Untersuchung zur Lehre von der Begründung der sittlichen Erkenntnis*, Seção I, 1878; reimp., 1967. — E. von Hartmann, *Phänomenologie des sittlichen Bewusstseins. Prolegomena zu jeder künftigen Ethik*, 1879, 2ª ed., com o título: *Das sittliche Bewusstsein*, 1886. — P. Rée, *Die Entstehung des Gewissens*, 1885. — Elsenhans, *Wesen und Entstehung des Gewissens*, 1894. — H. Friedmann, *Die Lehre vom Gewissen in den Systemen des etischen Idealismus*, 1904. — P. Carabellese, *La coscienza morale*, 1915. — H. G. Stoker, *Das Gewisen. Erscheinungsformen und Theorien*, 1925. — G. Madinier, *La conscience morale*, 1954; 2ª ed., 1958. — Philippe Delhaye, *Le problème de la conscience morale chez S. Bernard*, 1957. — J. Rudin, H. Schär, R. I. Z. Werblowsky, H. Hinden, *Das Gewissen*, 1958. — J. M. Hollenbach, *Sein und Gewissen. Über den Ursprung von Gewissenregungen. Eine Begegnung zwischen Heidegger und thomistischer Philosophie*, 1959. — Rodolfo Mondolfo, *Moralisti greci. La coscienza morale da Omero a Epicuro*, 1960. —

Johannes Stelzenberger, *Das Gewissen, Besinnliches zur Klarstellung eines Begriffes*, 1961. — Walter Blumenfeld, *Vom sittlichen Bewusstsein. Kritische und konstruktive Beiträge zu den Problemen der Ethik*, 1968. — Henry Chadwik, *Betrachtungen über das Gewissen in der griechischen, jüdischen und christlichen Tradition*, 1974. — M. Kroy, *The Conscience: A Structural Theory*, 1974. — M. G. Baylor, *Action and Person: Conscience in Late Scholasticism and the Young Luther*, 1977. — W. Heubült, *Die Gewissenslehre Kants in ihrer Endform von 1777. Grundriss einer Anthroponomie*, 1980. — T. C. Potts, *Conscience in Medieval Philosophy*, 1981. C

CONSENSUS GENTIUM. O *consensus gentium* ("consenso [ou consentimento] das pessoas", "consenso universal") foi considerado desde antigamente como possível prova de uma opinião, ao menos no que diz respeito a assuntos humanos, e especificamente a assuntos referentes a modos de comportamento social. Assim o admite Aristóteles na *Eth. Nic.*, X, 2 1172 b-1173 a). Supôs-se muitas vezes que, se todos estão de acordo no que tange a uma opinião, esta última tem de ser certa (ou, pelo menos, deve ser altamente provável). É característico de muitos filósofos ecléticos aceitar a idéia de um *consensus gentium*. Os filósofos céticos, em contrapartida, posicionam-se contra todo "consenso universal": uma opinião pode ser falsa ainda que mantida por todos (alguns autores "aristocratizantes", ou, como se diz às vezes, "elitistas", inclinam-se a pensar que uma opinião é falsa se mantida por todos, ou até por muitas pessoas). Por outro lado, é muito difícil, se não impossível, admitir que possa haver um consentimento universal. Equiparou-se às vezes o *consensus gentium* ao senso comum (VER), avaliando-se que, se se julga de modo reto, se encontram verdades que todo mundo deve reconhecer e sobre as quais, portanto, tem de haver acordo. É óbvio, porém, que há uma diferença entre afirmar que todos estão efetivamente de acordo com uma opinião, uma doutrina, uma idéia etc., e sustentar que todos têm de estar de acordo com ela sempre que sigam o senso comum; em muitos casos, isso significa que tem de haver consenso universal se há consentimento universal (ou se ele existe na base).

A idéia de um *consensus gentium* foi muito desacreditada por considerar-se que não há nenhuma razão pela qual uma afirmação deva ser aceita somente por haver acordo universal sobre ela, bem como por considerar-se, além disso, que, como apontava Descartes, não há opinião estranha ou surpreendente que não tenha sido mantida por um filósofo ou outro. Por outro lado, ao se investigarem os fundamentos ou razões pelas quais se sustentam muitas doutrinas ou opiniões — incluindo doutrinas ou opiniões de reconhecido caráter científico, no sentido de terem sido empiricamente contrastadas —, observou-se amiúde que a razão fundamental é o "consenso". Neste caso, trata-se não de um consenso de todas as pessoas, mas habitualmente do consenso dos membros de determinada "agremiação", de determinada "comunidade", familiarizada com as doutrinas ou opiniões admitidas como verdadeiras. Assim, a idéia do consenso adquiriu outra vez importância em sociologia e epistemologia.

CONSENTIMENTO. Ver OCASIONALISMO.

CONSEQÜÊNCIA. O termo 'conseqüência' é empregado em vários sentidos: 1) como equivalente a 'efeito', tal como na expressão: 'A redução de volume de um gás é conseqüência de sua compressão'; 2) como equivalente a "conclusão de um raciocínio", por exemplo, num silogismo; 3) como expressão de um conseqüente num condicional, tal como 'q' em 'se p, então q'; 4) como vocábulo técnico da lógica medieval na chamada teoria das conseqüências. No sentido 1), a conseqüência é fática; nos sentidos 2), 3) e 4), lógica. Destes três últimos sentidos, tem especial interesse aqui o 4), visto que há já outros termos que servem na expressão dos sentidos 2) e 3). Portanto, diremos algumas palavras sobre essa doutrina, tomando como base as investigações de I. M. Bochenski, Ph. Boehner e E. A. Moody.

A doutrina das conseqüências parece ter tido origem como um desenvolvimento de algumas passagens do primeiro livro dos *An. Pr.* e do segundo livro dos *Top.*, em que se estabelecem as chamadas regras tópicas. É provável que tenham servido também de base para a doutrina as considerações que há no tratado de Boécio sobre os silogismos hipotéticos e alguns elementos da lógica estóico-megárica. Entre os autores que elaboraram a doutrina com maior amplitude e precisão, figuram João Buridan em seu *De consequentiis*, Alberto da Saxônia em sua *Perulitis Logica*, Guilherme de Ockham em sua *Summa logica*, Ralphus Strodus em seu *Tractatus de consequentiis*, Paulo de Veneza em sua *Logica*, Gualtério Burleigh em sua *De puritate artis logicae*, Pedro Hispano nas *Summulae*, bem como o desconhecido autor das *Quaestiones in librum primum Priorum Analyticorum Aristotelis*, por muito tempo atribuídas a John Duns Scot. Comum em quase todos eles é considerar a conseqüência uma proposição condicional ou uma proposição hipotética composta pelo menos por dois enunciados unidos condicionalmente, de tal sorte que é declarada verdadeira quando o antecedente implica o conseqüente, isto é, quando do antecedente se pode inferir o conseqüente. Uma vez convenientemente elaborada, a doutrina das conseqüências proporciona um conjunto bastante completo de regras que governam as inferências válidas ou por meio das quais podem executar-se essas inferências. Eis alguns exemplos de regras conseqüenciais: "Do verdadeiro nunca se segue o falso", "Uma proposição conjuntiva implica qualquer um de seus componentes", "Uma proposição disjuntiva é implicada por qualquer de seus componentes". As regras conseqüenciais são, pois, em muitos casos, equivalentes a tautologias da lógica sentencial e, em outros, equivalentes a regras metalógicas de inferência. A distinção entre ambas nem sempre é clara entre os escolásticos, mas alguns autores — como Alberto da Saxônia e João Buridan — parecem tê-la levado em grande consideração. Em contrapartida, os escolásticos citados dedicaram especial atenção à classificação dos tipos de conseqüências. Estas podem ser fáticas ou simples, formais ou materiais etc. É importante, sobretudo, a distinção entre conseqüência formal e material. Conseqüência formal é aquela que vale para todos os termos segundo a disposição e forma desses mesmos termos, isto é, a que vale para todos os termos contanto que estes conservem a mesma forma. Conseqüência material é aquela na qual não se verifica essa validade, ou seja, aquela que não vale para todos os termos, ainda que estes conservem a mesma forma. A conseqüência formal, em suma, é logicamente válida por si mesma sem depender de nada senão da disposição dos termos. Logicamente falando, as regras conseqüenciais mais importantes são as que se referem a conseqüências formais, pois a validade (lógica) de uma conseqüência material depende da possibilidade de encaixá-la numa conseqüência formal.

Excluímos das considerações anteriores as proposições modais. Ora, as chamadas *conseqüências modais* foram também elucidadas pelos escolásticos. Aristóteles desenvolvera alguns dos teoremas da lógica modal em seu tratado *De int.* Esses teoremas foram apresentados pelos escolásticos na forma de conseqüências modais, tais como as seguintes: *Ab esse ad posse valet consequentia* ("Pode-se concluir do ser o poder"), *A posse ad esse not valet consequentia* ("Não se pode concluir do poder o ser"), *Ab non posse ad non esse valet consequentia* ("Pode-se concluir do não-poder o não-ser") etc. Todas elas podem ser traduzidas na forma de teoremas da lógica modal simbólica. Ora, há muitas conseqüências que não foram conhecidas pelos lógicos tradicionais; a formulação das conseqüências em linguagem ordinária e não em linguagem simbólica explica em boa parte essa limitação.

⊃ Ver: I. M. Bochenski, "De consequentiis scholasticorum earumque origine", *Angelicum*, 15 (1938), 92-109. — Ph. Boehner, *Medieval Logic*, 1952, especialmente Parte II, cap. iii. — E. A. Moody, *Truth and Consequence in Mediaeval logic*, 1953. — N. A. Prior, "On Some Consequentiae in Walter Burleigh", *New Scholasticism*, 27 (1953), 433-446. — L. Pozzi, *Le consequentiae nella logica medievale*, 1978. — J. Etchemendy, *The Concept of Logical Consequence*, 1990. — Para as conseqüências modais, ver, além disso, e especialmente: J. Lukasiewicz, "A System of Modal Logic", *Journal of Computing Systems*, I (1953), 112-113. ⊂

CONSEQÜENTE. Ver Antecedente, conseqüente.

CONSISTÊNCIA. Pode-se empregar "Consistência" em três contextos diferentes. 1) Em expressões tais como "prova de consistência", por meio da qual se prova se um cálculo dado é ou não consistente. Referimo-nos a este sentido no verbete "consistente" (ver). 2) Em expressões metafísicas nas quais se descreve a completa subsistência de uma realidade e se descreve tal subsistência em termos de "consistência real". Desse ponto de vista, costuma-se dizer que só realidades tais como o Absoluto e o Incondicionado são verdadeiramente consistentes. Este uso de consistência é, contudo, vago e pouco recomendável. 3) Em expressões — usualmente metafísicas — nas quais a consistência é equiparada à essência, porque se declara que a essência de algo é aquilo em que este algo "consiste". Neste caso, a consistência se contrapõe à existência. Pode-se perguntar por que é necessário introduzir um novo vocábulo para designar o mesmo que se designa pelo termo "essência" (ver). A resposta a esta pergunta geralmente se reduz a afirmar que os significados de "essência" e "consistência" não se superpõem exatamente. Enquanto "essência" corresponde à *essentia* tradicional, "consistência" aproxima-se mais de outros tipos de essência, entre os quais se pode contar a essência na acepção de fenomenologia.

CONSISTÊNCIA (ÁRVORES DE). Ver Árvore; Tabelas (Método de).

CONSISTENTE. O vocábulo 'consistente' designa um dos conceitos fundamentais usados em metalógica. Denomina-se *consistente* um cálculo C quando, dada uma fórmula bem formada, f, de C, não é o caso que f e a negação de f ($\neg f$) sejam ao mesmo tempo teoremas de C. Chama-se também *consistente* um cálculo C quando há pelo menos uma fórmula bem formada de C que não é um teorema de C. As duas definições anteriores correspondem a dois tipos de consistência e são aplicadas, de acordo com os casos, a diversos tipos de cálculos.

O conceito de consistência é um conceito sintático (ver Sintaxe). Isso não significa que em sua formulação e desenvolvimento se prescinda de toda consideração semântica (ver). Essa consideração é especialmente óbvia quando se trata de cálculos cujas fórmulas, ao ser interpretadas, se transformam em enunciados e podem ser declaradas, portanto, verdadeiras ou falsas. Pode-se dizer então que um cálculo C é consistente quando não há em C nenhuma fórmula que, uma vez interpretada, seja um enunciado falso. Portanto, compreender-se-á que, para que haja consistência na relação entre dois enunciados, é preciso que a conjunção desses enunciados não seja contraditória.

No âmbito da metalógica, a chamada *prova de consistência* — elaborada por vários autores de acordo com a *Beweistheorie*, de David Hilbert — suscitou várias discussões. Referir-nos-emos apenas a três delas.

Alguns autores alegaram que a prova de consistência mostra-se desnecessária porque só pode ser empregada uma vez que se saiba se o cálculo ao qual se aplica é ou não consistente. Embora esta opinião seja rejeitada pela maioria dos lógicos, seu exame teve como conseqüência a introdução de esclarecimentos e restrições na prova de consistência.

Debateu-se se a prova de consistência pode ou não ser feita na mesma linguagem do cálculo a que se aplica. Admite-se hoje, de acordo com os resultados de Gödel, que a prova de consistência para qualquer linguagem tem de ser feita numa metalinguagem que possua meios lógicos mais ricos que a referida linguagem. O teorema de Gödel afirma a esse respeito, de modo geral, que uma prova de consistência para um sistema logístico qualquer não pode ser formalizada no âmbito desse sistema.

Por fim, suscitou-se a questão da relação entre os conceitos de consistência e de completude; estudamos essa questão em várias outras passagens desta obra, em especial no verbete GÖDEL (TEOREMA DE).

CONSTANTE. I. *Em lógica*. O termo 'constante' empregado como substantivo ("uma constante") pode ser considerado 1) como específico de uma ciência ou 2) como um vocábulo da lógica. No sentido 1), fala-se, por exemplo, de constantes físicas, tal como a velocidade da luz, a constante h de Planck etc. No sentido 2), fala-se de expressões constantes, tais como 'y', 'se... então', 'todos', 'alguns' etc. As constantes ou expressões constantes distinguem-se das expressões variáveis. Assim,

(Todos) os homens (são) mortais

é uma proposição em que os termos dentro de '( )' são constantes e os termos fora de '( )' são variáveis. Deve-se observar que o vocábulo 'variável', quando aplicado aos termos de uma proposição, não tem o mesmo sentido que assume quando se aplica à proposição. Aqui o usamos no primeiro sentido. Para o segundo sentido, ver o verbete sobre a noção de variável.

O vocábulo 'constante' é usado também na expressão 'constante argumento'. Trata-se de argumentos que aparecem nas expressões como termos invariáveis. 'Filipe II' ou 'O Pártenon' são exemplos desses constantes argumentos. Não obstante, dentro delas há algumas que são indivíduos (ou nomes próprios), como 'Filipe II', e outras que são descrições (ver DESCRIÇÃO), como 'O Pártenon'. Tende-se em muitos casos à eliminação de nomes próprios e à sua substituição por descrições. A eliminação dos nomes próprios, porém, nem sempre é fácil. O modo mais habitual de eliminá-los consiste em definir o nome próprio mediante algum predicado que só corresponda a ele. Por exemplo, 'Filipe II' pode ser substituído por 'o rei da Espanha que lançou a *Armada Invencível* na luta contra a Inglaterra'. Em caso de necessidade, o nome próprio transforma-se em predicado por meio da anteposição de 'é' ao nome ou de sua substituição por uma forma verbal. A vantagem dessa eliminação reside na redução das proposições primitivas necessárias à lógica. Suprimidos os nomes próprios, permanecem apenas variáveis.

II. *Em filosofia da história*. Pode denominar-se *constante* qualquer fenômeno ou complexo de fenômenos históricos que se repitam seguindo certo modelo ou esquema. O filósofo da história pode limitar-se a descrever esses modelos e a observar sua reiteração na história ou então formular uma lei relativa a eles. Neste último caso, é necessário introduzir o conceito de condição histórica e averiguar até que ponto se pode estabelecer uma comparação, e até uma identificação, entre leis históricas e leis naturais. Dessa maneira, o conceito de constante em filosofia da história pode ser avaliado como um dos tipos de "constantes específicas de uma ciência" a que nos referimos anteriormente.

A noção de constante — às vezes sem receber exatamente esse nome — foi utilizada com muita freqüência em filosofia da história. Contudo, ela predominou muito mais em certos tipos de filosofias da história que em outros. Por exemplo, é fácil descobrir o conceito de constante em Vico, mas não é fácil descobri-lo em Santo Agostinho. Vico pode ser considerado, além disso, como o filósofo que mais conscientemente empregou e analisou esse conceito; sem este, seria impossível entender sua teoria cíclica da história. Outros filósofos que usaram o conceito de constante histórica foram Herder e Spengler: o primeiro, num sentido histórico-cultural; o segundo, num sentido histórico-biológico. Eugênio d'Ors falou de constantes históricas ou *éons* — a seu ver, o Barroco pode ser considerado uma das principais. Em geral, toda "recorrência" pode ser equiparada a uma constante.

Os problemas suscitados pela noção de constante histórica são dois: se há constantes e o que são elas. É difícil abordar um desses problemas sem envolver o outro. Não se pode dizer que o primeiro se resolva empiricamente e o segundo, analiticamente, pois para saber se há constantes é preciso definir previamente o que se entende por elas e, ao mesmo tempo, as constantes só podem ser definidas indutivamente com base no material histórico. Trata-se de um desses grupos de questões nas quais parece inevitável o círculo vicioso. Por conseguinte, ocorre com o problema das constantes históricas o mesmo que acontece quando se comparam os fatos históricos com os sociológicos: os "modelos" sociológicos baseiam-se num exame do material histórico, mas, para encontrar esses modelos, é necessário adotar um ponto de vista sociológico. A conexão entre os dois problemas é, de resto, muito grande. Com efeito, uma das constantes que foram enfatizadas com mais freqüência é a sociológica. Se assim se entende a questão, a noção weberiana do "tipo ideal" pode ser equiparada à de constante. Em nossa opinião, o problema deve ser formulado sem que se pretenda obter uma solução categórica e definitiva. Por outro lado, é conveniente assinalar quais tipos determinados de constantes pode haver na história. Certas condições, originadoras de tipos determinados de constantes, podem ser de índole muito geral; outras podem ser específicas de certas culturas ou períodos.

CONSTATIVO. Ver Executivo.

CONSTITUIÇÃO, CONSTITUTIVO. O termo latino *constitutio* significa "arranjo", "disposição", "ordem", "organização" e também, em sentido jurídico, "lei", "estatuto", "édito", "decreto". Do ponto de vista filosófico, é importante observar que *constitutio* foi utilizado para traduzir o grego καταβολή, na medida em que significa fundação, princípio ou começo, ação de assentar os alicerces de algo. Como καταβολή, *constitutio* pode ser empregado, pois, no sentido da fundação ou criação (VER) do mundo. No romano, a criação tem, antes de tudo, uma significação jurídica, mas isso se deve ao fato de que a *constitutio* não é mera norma, mas a forma concreta de engendrar a realidade por excelência: a sociedade. Em contrapartida, no âmbito do cristianismo o *constituere* pode significar não apenas o fundar ou o estabelecer, mas o criar propriamente dito; daí decorre que se possa falar da *constitutio mundi*. Em todo caso, o vocábulo 'constituição' envolve significados muito diversos que, embora centrados na ação de fundar, oscilam entre a criação e a simples ordenação do dado.

A citada oscilação entre vários significados transparece nos usos mais filosóficos que se fizeram mais tarde desse vocábulo e de seus derivados. Isso ocorre sobretudo quando o ato de constituir e o caráter constitutivo se referem a certas formas de relação entre o entendimento e o objeto apreendido por este. Kant denomina "constitutivos", por exemplo, os conceitos puros do entendimento ou categorias, visto que *constituem* (fundam, estabelecem) o objeto do conhecimento; a função das categorias é, portanto, fazer do *dado* algo constituído (disposto, ordenado) em objeto de conhecimento em virtude do que nele é *posto*. Em contrapartida, as idéias — em sentido kantiano — são "reguladoras"; não constituem o mencionado objeto por funcionar no vazio, mas são diretrizes mediante as quais se pode prosseguir até o infinito na investigação. As categorias estão situadas entre as "intuições" e as "idéias"; as primeiras são necessárias ao conhecimento, porque são sua condição; as segundas não facilitam o conhecimento, já que não são leis da realidade, mas permitem ao conhecimento formular seus problemas e solucioná-los no quadro traçado pelo uso regulador. No entanto, essa significação principalmente gnosiológica do constituir, do constitutivo e da constituição suscita problemas de tal índole que, a partir de Kant, e especialmente no âmbito do chamado idealismo pós-kantiano, a questão torna-se decididamente metafísica. Com efeito, na medida em que prevaleça o construtivismo do eu transcendental e em que se acentue, como em Fichte, o primado do posto sobre o dado, o constituir não será tão-somente o estabelecer o objeto enquanto ente suscetível de ser conhecido, mas também o formar o objeto enquanto objeto. Nesse sentido, podemos dizer que o construtivismo idealista levou a constituição a aproximar-se da "criação", pois não se trata de iluminar de maneira inteligível o ser, mas de transformá-lo num momento de uma dialética do eu que se põe a si mesmo e que põe ao mesmo tempo o não-eu. O problema da constituição e do constitutivo tornou-se desde então um problema capital para muitas diretrizes filosóficas, mesmo para as que rejeitaram explicitamente as bases construtivas do idealismo. Por exemplo, as investigações de Husserl levam em conta a questão do significado do "estabelecimento" do objeto na consciência e, por conseguinte, destacam o problema suscitado pela constituição da realidade. E isso a tal ponto que o Livro II das *Idéias* (*Husserliana*, IV, 1952) é dedicado a uma série de "investigações fenomenológicas para a constituição" no decorrer das quais se procede a uma descrição da constituição da natureza material, da natureza animal, da realidade anímica por meio do corpo, da realidade anímica na empatia e do mundo espiritual. O problema da constituição foi examinado também — embora num sentido predominantemente epistemológico — nos debates referentes ao primado do constitutivo ou do regulador que ocorreram, explícita ou implicitamente, em várias diretrizes filosóficas contemporâneas, das neokantianas às pragmatistas, dando com isso origem a duas opiniões contrapostas: o realismo metafísico-gnosiológico da constituição e o nominalismo quase radical da pura regulação e convenção.

Carnap utilizou o termo 'constituição' num sentido diferente, embora em parte aparentado com os anteriores, já que inclusive pretende, com sua *Konstitutionstheorie*, desbravar o caminho que conduza a uma superação definitiva da questão do dilema entre o ser "gerado" e o ser "conhecido" do objeto. Com esse propósito, ele avalia que o fato do constituir deve ser considerado de um ponto de vista puramente neutro, devendo fazer uso de uma linguagem neutra que não prejulgue questões de índole metafísica. Por isso, diz que "a finalidade da teoria da constituição consiste na elaboração de um sistema de constituição, isto é, de um sistema de objetos (ou conceitos) ordenado de acordo com diferentes graus; por seu turno, a ordem gradual está determinada pelo fato de que os objetos de cada grau são 'constituídos' com base nos objetos de grau inferior" (*Der logische Aufbau der Welt*, 1928, p. 34). Para essa finalidade, convém, antes de tudo — assinala o autor mencionado —, abordar quatro problemas fundamentais: 1) escolher um ponto de partida, um primeiro grau, sobre o qual possam fundar-se os outros; 2) determinar as formas recorrentes no âmbito das quais se realiza a passagem de um grau ao grau seguinte; 3) investigar de que modo são constituídos os objetos de diferentes espécies pela aplicação gradual das formas; 4) definir a forma geral do sistema. Estes quatro problemas são os da base, das formas graduais, das formas objetivas e da forma do sistema. Com isso, 'constituir' equivale, no fundo, a 'reduzir'" (*op. cit.*, p. 2), mas sem que essa redução deva ser entendida como derivação ontológica de objetos, e sim como processo de transformação de proposições sobre alguns objetos em proposições sobre outros. Efetua-se assim o trânsito às análises posteriores de Carnap, nas quais as "formas de determinação" das proposições sobre objetos se tornam as "regras de formação de sistemas sintáticos".

Xavier Zubiri introduziu o termo 'constituição' como termo filosófico técnico — ao lado de expressões como 'tipo constitucional', 'notas constitucionais' etc. Segundo Zubiri, há certas notas que fazem parte da índole de uma coisa; essas são notas constitucionais, ao contrário de outras notas que não fazem parte, estritamente falando, da índole de uma coisa, que são notas adventícias. A constituição de que fala Zubiri é "física", e não "lógica"; é, além disso, individual. "O 'modo' intrínseco e próprio de [algo] ser física e irredutivelmente 'uno' é precisamente o que denomino, em termos filosóficos, 'constituição'" (*Sobre la esencia* [1962], p. 140). A riqueza, a solidez e o "estar sendo", que são dimensões da coisa real, devem ser buscadas, de acordo com Zubiri, nas notas de caráter constitucional. É por essas notas que uma coisa é mais ou menos sólida, mais ou menos rica etc., e, por conseguinte, é por essas notas que se determina o "grau de realidade" de uma coisa "física". A unidade estrutural de uma coisa é "sua constituição física individual". "Aquilo que a tridimensionalidade afeta primariamente é a constituição. A unidade estrutural do real é, pois, concretamente 'constituição'" (*ibid.*, p. 142).

A unidade constitucional de que Zubiri fala não é aditiva, mas "sistemática": as notas constitucionais formam um sistema, e os indivíduos assim constituídos são "sistemas de notas". O caráter constitucional enquanto sistema é o que Zubiri denomina "substantividade" (ver SUBSTANTIVIDADE, SUBSTANTIVO) — a constituição constitui uma substantividade (*ibid.*, p. 146). A realidade enquanto "realidade essenciada" (ver ESSÊNCIA) é a suficiência na ordem constitucional. Zubiri distingue também essência constitutiva e essência quidditativa; esta última é — do ponto de vista da essência "física" — "um 'momento' da essência constitutiva" (*ibid.*, p. 225).

Sobre o sentido de 'constituição' em Kretschmer, ver KRETSCHMER, ERNST.

⊃ Para a noção de "constituição" (e de "constitutivo") em Kant: Malte Hossenfelder, *Kants Konstitutionstheorie und die transzendentale Deduktion*, 1978.

Para a teoria da constituição em Husserl: Robert Sokolowski, *The Formation of Husserl's Concept of Constitution*, 1964. — Yrjö Reenpää, *Wahrnehmen, Beobachten, Konstituieren. Phänomenologie und Begriffsbestimmung der ersten Erkenntnisakte*, 1967.

Sobre a teoria da constituição em Carnap: Josef Burg, *Konstitution und Gegenstand im logistischen Neupositivismus R. Carnap*, 1935 (tese). ⊂

CONSTRUCIONALISMO. Ver CONSTRUTIVISMO.

CONSTRUCIONISMO. Ver CONSTRUTIVISMO.

CONSTRUCTO. Deu-se este nome a um termo (ou a um grupo de termos teóricos) usado na formulação de uma hipótese científica com o fim de explicar e prever fatos. O constructo não é nenhuma entidade inferida, porque se supõe que não designa nenhuma entidade. Sua função é justamente a de evitar, ou reduzir a um mínimo, as entidades inferidas.

Pode-se dar também o nome de "constructo" a um conceito (ou a um grupo de conceitos) usado num sentido fenomenista (ver FENOMENISMO). Esses sistemas usam métodos construcionais, em que os termos introduzidos são definidos por termos previamente usados no sistema. Os termos básicos são introduzidos mediante definições ou postulados, ou ambos.

Mario Bunge empregou a noção de constructo, entendendo por este aquilo que resulta quando se procede a abstrações de ideações. Estas são processos cerebrais concretos. Os constructos pertencem ao domínio das ficções (*Treatise on Basic Philosophy*, I, 1.2). São exemplos de constructos: conceitos (em predicados particulares), proposições e corpos de proposições (como teorias). O elemento básico do constructo é o conceito. A interpretação dos constructos dada por Bunge é aquela do que ele denomina "materialismo conceptualista", distinto do platonismo, do psicologismo e do nominalismo (este último não admite constructos). Um constructo é, segundo ele, uma "classe de equivalência de processos cerebrais"; não é nem um indivíduo concreto nem uma idéia platônica. Pode-se "pretender", mas somente por razões pragmáticas, que os constructos existam por si mesmos (*ibid.*, Tabela 1.2).

Xavier Zubiri (*Sobre la esencia*, pp. 289 ss.) recorreu à noção gramatical de "constructo" — o que se chama "o estado constructo" — que figura na explicação de casos em algumas línguas semíticas (como o árabe e o hebraico). Zubiri refere-se ao problema de como se pode entender que determinada nota em determinado sistema se ache "intrinsecamente vertida" nas outras notas. A noção tradicional de relação não é suficiente, porque se trata de uma "respectividade interna". De acordo com isso, uma nota não é "nota" + "de" as outras (como se fosse um acréscimo), mas é "nota-de". A expressão desse "de" não é como a expressão do genitivo nas línguas indo-europeias, mas como a expressão do genitivo em algumas línguas semíticas. Assim, para seguir um exemplo de Zubiri, a "casa de Pedro" (em latim, *domus Petri*, com a flexão genitiva em *Petrus*) não é entendida, na forma constructa, como "casa-de-Pedro", mas antes como "casa-de Pedro", estando a casa "no genitivo".

Daremos um exemplo gramatical do estado constructo em árabe. A regra é que, se um nome governa outro no genitivo, então o primeiro está em estado constructo. "Uma casa de um homem" diz-se, em árabe, *baytu rajulin*, enquanto "a casa do homem" se diz: *bayturrajuli*. O segundo nome é definido, com o que o primeiro fica também definido. O primeiro é definido por sua "posição", de modo que não admite o artigo definido.

CONSTRUTIVISMO. Este termo, assim como 'construcionismo' e 'construcionalismo', é empregado para caracterizar tendências filosóficas nas quais a noção de construção — e a noção correlata de "constituição" — desempenha um papel importante.

Em sua obra *Der Konstruktionsbegriff im Umkreis des deutschen Idealismus* (1973 [Studien zur Wissenschaftstheorie, 7]), Helga Ende indica que o termo *constructio* aparece em latim no século I a.C. para designar os modos de articular palavras em frases. Antes se recorrera à noção de construção em geometria. Essa noção estendeu-se na época moderna à designação de modos de construção de figuras geométricas. A ideia de construção, e até o vocábulo correspondente, foi usada em arquitetura.

Há em Kant uma orientação para a construção enquanto constituição do material da experiência mediante formas *a priori* da sensibilidade e, sobretudo, mediante conceitos puros do entendimento. A tendência citada, que tem um sentido principalmente epistemológico em Kant, possui um sentido metafísico e metafísico-moral em Fichte e em Schelling. Em Fichte especialmente, a realidade é entendida em função do ato de sua construção por um Eu ativo. Trata-se de um "construtivismo" dinâmico e "operativo". A construção, ou constituição, é uma "posição" (ver PÔR, POSIÇÃO).

Um exemplo — muito diferente — de "construtivismo" é encontrado em Bertrand Russell, com a máxima: "Onde quer que seja possível, é preciso substituir as entidades inferidas por construções". Esta máxima se atrela ao uso da "navalha de Ockham". Inferir entidades é tender a povoar ontologicamente o mundo. Em vez disso, procede-se a construções lógicas, que não têm nenhuma realidade metafísica e podem ser consideradas, como indica Russell, "ficções simbolicamente construídas". Em seu trabalho sobre a relação entre os dados dos sentidos e a física (*The Relation of Sense-Data to Physics*), de 1914, Russell dá vários exemplos do procedimento construtivo proposto. Assim, em vez de tomar várias coleções e inferir delas um número cardinal que se supõe ser sua propriedade comum, define-se o número cardinal como classe de todas as coleções igualmente numerosas. Em vez de inferir entidades inobservadas e inobserváveis com base em observações sensíveis, procede-se à construção de noções como as de "espaço", "tempo", "coisa" e "matéria". Neste último caso, Russell liga o construtivismo ao perspectivismo (VER), segundo o qual as perspectivas são como "mundos privados" sem sujeitos percipientes.

A noção de construção é central na "teoria da constituição", de Carnap, desenvolvida em *A construção lógica do mundo* (*Der logische Aufbau der Welt*, 1928). 'Construção' equivale aqui a 'constituição', que por sua vez é entendida como 'redução'. Carnap fala de teoria da constituição ou teoria constitucional, definição constitucional e sistema constitucional (expressões que hoje se tende a transformar em 'construção' ou 'teoria construcional', 'definição construcional' e 'sistema construcional'). Referimo-nos à teoria da constituição (ou construção) de Carnap nos verbetes CONSTITUIÇÃO E CONSTITUTIVO e REDUÇÃO. Trata-se, por fim, de tomar um número de conceitos fundamentais e de derivar deles os outros conceitos (ou de reduzir os conceitos a um número de conceitos fundamentais). Carnap escreve que "construir [constituir] um conceito com base em outros conceitos é indicar sua 'definição construcional' ['constitucional'] com base nesses outros conceitos" (*Aufbau*, § 35), dizendo que "por 'definição construcional' [constitucional] de um conceito *a*, com base nos conceitos *b* e *c*, entende-se uma regra de tradução que proporciona uma indicação geral do modo como qualquer função proposicional na qual aparece *a* pode ser transformada numa função proposicional concomitante na qual já não aparece *a*, mas apenas *b* e *c*". Seguindo Carnap, Nelson Goodman fala de "definição construcional" e escreve que "num sistema construcional (...) introduz-se a maioria das definições para propósitos de explicação. As definições podem ser arbitrárias no sentido de que representam uma escolha entre certos *definientia* alternativos; contudo, qualquer que seja a escolha, o *definiens* é um complexo de termos interpretados, e o *definiendum* é um termo significativo familiar, e a exatidão da definição depende da relação entre ambos" (*The Structure of Appearance*, 1951; 2ª ed., 1966).

Tanto o sistema de Carnap como o de Goodman pertencem a uma série de possíveis "sistemas fenomenistas", expostos por C. Ulises Moulines (ver MOULINES) em *La estructura del mundo sensible (Sistemas fenomenistas)*, 1973. C. Ulises Moulines apresenta também seu próprio sistema fenomenista, o "sistema T-S" (temporalidade-semelhança), que é um sistema "construcional".

Os sistemas construcionais dos tipos indicados podem ter pressupostos ou implicações ontológicos, mas não é necessário aderir a eles. A escolha dos conceitos fundamentais é assunto de convenção. Assim, em princípio, pode tratar-se de conceitos mentais ou de conceitos físicos, mas pode tratar-se também de conceitos que não tenham conotação mental nem física.

Num sentido mais geral, falou-se de "construtivismo" com referência a tipos de análises nos quais desempenham um papel importante os conceitos lógicos e as operações lógicas, ao contrário da análise da "linguagem ordinária". Desse ponto de vista, pode-se considerar Quine "construtivista".

Fala-se do mesmo modo de construtivismo na matemática. Num sentido muito amplo, o construtivismo matemático, e metamatemático, é uma tendência que se opõe ao logicismo. Segundo o construtivismo, uma "entidade" matemática existe — ou seja, "é demonstrável" — tão-somente na medida em que se pode proporcionar uma regra ou técnica de construção dessa entidade. O construtivismo foi defendido por Poincaré e pelos intuicionistas; porém, como indica Javier de Lorenzo (*La filosofía de la matemática de Poincaré*, 1974, pp. 3, 356-357), "quase todas as formulações realizadas depois do aparecimento das antinomias, praticamente, recorrem, de uma maneira mais ou menos explícita, ao construtivismo; os próprios realistas platônicos que sustentavam taxativamente o logicismo primitivo, depois das restrições a seus excessos platônicos produzidas pelas limitações formalistas (...), aceitaram métodos que qualificam de construtivos".

Paul Lorenzen denominou "construtivismo material" o tipo de pensamento que desenvolveu em suas obras *Normative Logic and Ethics* (1969) e *Konstruktive Logik, Ethik und Wissenschaftstheorie* (1973) (esta última em colaboração com Oswald Schwemmer). Ele consiste na construção de uma linguagem que sirva de base comum a todas as linguagens científicas, técnicas e práticas. Essa linguagem comum é um esquema conceitual que vai introduzindo seus termos (conceitos) passo a passo, construindo a sintaxe e a semântica. Visto que esta última introduz o conteúdo ou a "matéria" da linguagem, o construtivismo é chamado de "material". A introdução dos termos é feita mediante o uso de uma linguagem corrente, mas a linguagem resultante da construção, embora contenha termos (ou talvez os mesmos termos) da linguagem corrente, é uma linguagem diferente. Lorenzen usa um método que denomina "dialógico", no qual é eliminada toda "subjetividade" (cf. *Metamathematik*, 1962). A linguagem básica "construída materialmente" consiste num grupo finito de termos chamados "ortotermos". Trata-se, pois, de termos "retos" (que têm uma função normativa). Além de Lorenzen, vários autores defenderam o construtivismo. De acordo com Christian Thiel ("¿Qué significa 'construtivismo'?", *Teorema*, 7 [1977], 5-19), Matthias Gatzemeier cita como construtivistas autores como Friedrich Kambartel, Kuno Lorenz, Jürgen Mittelstrass e o próprio Thiel (além de Lorenzen). Thiel acrescenta Ignacio Angelelli, Peter Janich, Ivan Glaser, Gottfried Gabriel, Hans Julius Schneider, Oswald Schwemmer, Rüdiger Inhetveen, Manuel Medina, Harald Wohlrapp, Gerrit Haas, Klaus Prätor. Alguns deles, como Gerrit Haas, ocuparam-se especialmente do conceito de construção (em sua tese de doutorado: *Zur konstruktiven Begründung der Analysis. Ein Beitrag zur Klärung des Konstruktivitätsbegriffs*, 1975). Thiel fala de possíveis relações entre construtivistas e neomarxistas (como Habermas), isto é, entre a Escola de Erlangen e a Escola de Frankfurt, embora, por outro lado, haja dúvidas sobre essas relações quando se levam em conta os ataques dos primeiros aos segundos (como em Hans Albert, "Konstruktivismus oder Realismus", em H. Albert, *Konstruktion und Kritik. Aufsätze zur Philosophie des kritischen Rationalismus*, 1972, citado por Thiel, art. supra, p. 19) e a conclusão de Thiel: "exigir isto [a fundamentação "passo a passo"] não significa senão operar seriamente com o espírito crítico que já inspirou o Círculo de Viena e, antes, inclusive, a matemática crítica do século XIX e os próprios Descartes e Leibniz, quando se interrogavam sobre os fundamentos da segurança das ciências e, em geral, de nosso conhecimento e nossa cosmo-orientação. Quem tornar radicalmente suas estas reflexões que tentei esboçar, esse é, no sentido moderno, um construtivista" (art. cit., p. 21).

O termo 'construtivismo' é preferível a 'construcionismo' e a 'construcionalismo' por derivar naturalmente do adjetivo 'construtivo', correspondente ao nome 'construção'. Pode-se defender o uso de 'construcionismo' para evitar o juízo de valor sub-reptício que costuma acompanhar 'construtivismo' (e especialmente 'construtivo'), mas 'construtivismo' já foi amiúde adotado para designar as orientações apresentadas neste verbete. Entretanto, na descrição de teorias fenomenistas é usado o adjetivo 'construcional' em vez de 'construtivo' ou de 'construtivista'.

CONTA, BASILIUS (1846-1882). Nascido em Ghisdaoani, às margens do Moldava, lecionou em Bucareste. Influenciado pelo positivismo, pelo materialismo alemão e pelo evolucionismo inglês, ele não rejeitou, contudo, a metafísica, mas considerou-a inevitável em todo sistema que pretenda explicar o universo sem contradições de um ponto de vista materialista. Segundo Conta, essa metafísica não deve ser, por outro lado, o produto de uma especulação racionalista, mas deve estar apoiada nas tarefas particulares da ciência. Dessa forma, a metafísica se constitui, tal como na metafísica indutiva de Wundt e na "poesia dos conceitos" de Lange, por reunião sintética e poética dos elementos científicos.

➲ Obras: *Teoria fatalismului*, 1875-1876 (trad. fr.: *Théorie du fatalisme. Essai de philosophie matérialiste*, 1877). — *Teoria ondulatiei universale*, 1876-1877 (trad. fr.: *Théorie de l'ondulation universelle. Essai sur l'évolution*, 1895). — *Origina specilor*, 1877 (tradução fr.: *L'origine des espèces*, 1888). — *Bazele metafizicei*, 1887 (trad. fr.: *Les fondements de la métaphysique*, 1890). — *Intaile principii cari alcatuesc lumea*, 1888 (trad. fr.: *Premiers principes composant le monde*, 1888).

Edição de obras completas: O. Minar, 1914; N. Petrescu, 1922.

Ver: Radulescu-Pogoneanu, *Ueber das Leben und die Philosophie Contas*, 1902. — D. Badareu, *B. Conta*, 1924. — P. Preca, *Conta*, 1927. ↩

CONTARINI, GASPAR. Ver ALEXANDRISMO.

CONTATO. Ver CONTÍNUO.

CONTEMPLAÇÃO. Contemplar é, originariamente, ver; contemplação é, pois, visão, isto é, teoria (VER). Segundo os dados proporcionados por A.-J. Festugière (*Contemplation et vie contemplative selon Platon*, 2ª ed., 1950), θεωρία é um composto de dois temas que indicam igualmente a ação de ver: θέα e Fop (ὁράω). A raiz 'Fop' designa a ação de "prestar atenção a", "cuidar de", "vigiar" e, por conseguinte, "observar" (cf. F. Boll, *Vita contemplativa*, 1922). Por isso, empregou-se muito θεωρία no sentido de divisão de algum espetáculo, do mundo etc. (cf. Heródoto, 1, 30, 4-5).

Na Antiguidade, deram-se várias interpretações a θεωρία. Plutarco e outros relacionaram (de maneira equivocada) θεωρία com θεός (Deus). Os latinos relacionaram θεωρία com *contemplatio*, dando a *contemplor* um sentido religioso (relativo a *templum*), como se observa no *Somnium Scipionis*, 15-17 (ver SONHO DE CIPIÃO). De acordo com isso, a θεωρία ou *contemplatio* designa o fato de estar em comunidade no *templum* e, portanto, o fato da visão em comum de algo que se acha em seu âmbito.

A θεωρία como contemplação constitui um tema central para Platão (e depois, num sentido muito parecido, para Plotino e os neoplatônicos). Platão entende a θεωρία, por um lado, como conhecimento de coisas celestes e de fenômenos da Natureza, e, por outro, como contemplação religiosa de uma estátua divina ou de uma festa dos cultos. É muito freqüente nele, como mostrou Festugière (*op. cit.*, p. 15), a união dos dois sentidos de exame científico e contemplação religiosa. Isso fora antecipado por alguns pré-socráticos (como Anaxágoras) e pelo ideal, desenvolvido por órficos e pitagóricos, da "vida contemplativa". Entretanto, a concepção platônica não se limita à idéia de θεωρία como contemplação intelectual de essências ou modelos eternos; a contemplação é entendida muitas vezes como um contato *direto* com o verdadeiramente real (com as Formas eternas). O verdadeiro saber do filósofo consiste em ter *visto* ou *contemplado* (*op. cit.*, pp. 216-217), designando a contemplação um contato místico do Ser em sua existência verdadeira. Neste caso, a contemplação caminha paralelamente à inefabilidade.

A identificação de 'teoria' com 'contemplação' nem sempre foi conservada nas línguas modernas, mas, apesar da crescente divergência de significados, subsistiram vários elementos comuns. As diferenças aparecem quando consideramos a teoria como uma atitude que se arraiga cada vez mais na esfera intelectual, e mesmo na esfera do chamado saber (VER) culto, enquanto concebemos a contemplação num sentido mais amplo que engloba o primitivo significado da "existência contemplativa", significado que a teoria já parece ter perdido por completo (um sentido que não exclui forçosamente a ação, mas que a compreende como um de seus momentos necessários). Essa acepção da noção de contemplação, à primeira vista paradoxal e sem dúvida um pouco confusa, é comprovada particularmente quando relacionamos o termo com a experiência que permitiu desenvolver todas as suas possibilidades: a mística. Para os místicos, com efeito, a contemplação não é precisamente inatividade, mas exercício. É certo que o mesmo ocorre com a contemplação intelectual, com o antigo βίος θεωρητικός ou com a "vida filosófica" no sentido tradicional desta expressão. Portanto, a teoria no sentido atual e a contemplação no sentido tradicional não podem distinguir-se de modo radical, porque, enquanto a primeira é habitualmente uma das maneiras de ser da existência contemplativa, a segunda não pode, em absoluto, evitar os elementos intelectuais e mesmo racionais da teoria. Se se deseja estabelecer alguma distinção entre ambas, convém referir a teoria ao conhecimento e vincular a contemplação com uma das espécies da ação, ou, se se quiser, com uma das formas de uma "prática". A teoria seria assim algo oposto à prática, ao passo que a contemplação seria uma das formas — senão a forma mais elevada — da vida ativa. Como antes se indicou, assim entenderam-na os místicos quando consideraram a contemplação como o grau supremo da *atividade* espiritual, a ação mais elevada que engloba o pensamento e põe na presença de Deus. Não obstante, convém insistir ainda uma vez no fato de que essa distinção tem um alcance quase unicamente terminológico, não somente em virtude da raiz comum da contemplação e da teoria, mas porque, como se assinalou, ainda que se leve a divergência a suas últimas conseqüências, cada uma delas possui uma considerável quantidade de elementos pertencentes à outra, pois, sem dúvida, a teoria moderna está tão vinculada à ação que precisamente uma das características da razão moderna, ao contrário da antiga, é o fato de ser decididamente "ativista". Levando um pouco estas fórmulas ao paradoxo, poder-se-ia dizer que, enquanto a teoria moderna é pensamento ativo, a ação antiga e tradicional é ação contemplativa. Talvez apenas assim se possa entender a "oposição" entre dois conceitos que poucas vezes podem estar completamente separados.

⮕ Ver: Jean Pétrin, *Connaissance spéculative et connaissance pratique*, 1948. — VV.AA., *Technique et contemplation*, 1949, ed. pelo P. Bruno (contribuições ao V Congresso Internacional de *Études carmélitaines*). — A.-M. Goichon, *La vie contemplative, est-elle possible dans le monde?*, 1952. — H. Arendt, *Vita Activa oder vom tätigen Leben*, 1960.

Sobre a contemplação em diversos autores: A.-J. Festugière, *op. cit. supra*. — R. Garrigou-Lagrange, *La contemplation mystique*, 1920. — Id., *Perfection chrétienne et contemplation*, 1923. — P. J. Couvée, *Vita beata en vita aeterna. Een onderzoek naar de ontwikkeling van het begrip "vita beata" naast en tegenover "vita aeterna" bij Lactantius. Ambrosius en Agustinus, onder invloed der Romeinsche Stoa*, 1947 (tese). — F. Cayré, *La contemplation augustinienne*, 1927; nova ed., 1954. — Jean Baruzi, *Création religieuse et pensée contemplative*, 1950 (*I. La mystique paulinienne et les données autobiographiques des Épitres; II. Angelus Silesius*). — Marcel Lenglart, *La théorie de la contemplation mystique dans l'oeuvre de Richard de Saint-Victor*, 1935. — A. Grilli, *Il problema della vita contemplativa nel mondo greco-romano*, 1953. — Josef Pieper, *Glück und Kontemplation*, 1957. — W. Eborowicz, *La contemplation selon Plotin*, 1958 (Biblioteca do *Giornale di Metafisica*, 14; reproduzido do *G. di M.* 12 [1957], 472-518; 13 [1958], 42-82). — Walther Völker, *Kontemplation und Ekstase bei Pseudo-Dionysius Areop.*, 1958. — J. N. J. Deck, *Nature, Contemplation and the One. A Study in the Philosophy of Plotinus*, 1967. ⮕

CONTEXTO. O verbo latino *contexere* significa "tecer", "entretecer", "entrelaçar". Os fios tecidos e entrelaçados formam uma textura, que é uma contextura. Fala-se por isso da contextura — assim como da textura — de um material. Num sentido figurado, falou-se da contextura de uma obra escrita, entendendo-se por ela certa configuração, isto é, determinada organização.

É comum hoje entender 'contexto' em relação com um 'texto', sendo que este pode ser, e com freqüência é, algo dito ou escrito, mas é também, ou concomitantemente, o sentido do dito ou escrito. Por extensão, entende-se por "contexto" de algo uma estrutura no âmbito da qual figura algo que sem o contexto se mostraria ininteligível ou menos inteligível.

Falou-se comumente de "contexto de descoberta" e de "contexto de justificação"; referimo-nos a esses tipos de contexto no verbete Descoberta. Em lingüística, fala-se de contexto quando, dada determinada expressão, essa expressão é analisada dentro de uma estrutura lingüística, que pode ser especificada ou então pode atingir a totalidade de uma linguagem dada. Uma análise de uma expressão "livre de contexto" é uma análise da estrutura profunda da expressão, em geral por derivação transformacional. Os lingüistas que atentaram para os aspectos pragmáticos da linguagem insistiram na importância dos contextos, não apenas dos propriamente lingüísticos, mas também de alguns extralingüísticos (ou extraverbais), tais como gestos, as formas (e formações) sociais etc. Alguns lógicos desenvolveram a "lógica do contexto", especialmente a "quantificação em contexto" (cf. Leonard Goddard e Richard Routley, *The Logic of Significance and Context*, 1973).

A distinção entre contexto lingüístico (ou intralingüístico) e contexto extralingüístico é apenas uma das possíveis distinções entre tipos de contextos. No âmbito dos contextos extralingüísticos, pode-se falar de contexto social, histórico, político, econômico, vital etc. Fala-se também de contexto psicológico e de contexto em sentido fenomenológico. Encontramos a idéia, ou ao menos o uso, de contexto psicológico na psicologia da forma ou da estrutura, *Gestalttheorie*. A idéia de contexto fenomenológico encontra-se em Husserl e foi elaborada por autores como Alfred Schutz (VER) e Aaron Gurwitsch (VER). Este último autor considera o contexto "fenomenológico", ademais, em estreita relação com o contexto "gestaltista" ou "a contextura da *Gestalt*". A teoria integral do "campo temático" da consciência (VER) insere-se no "fenômeno do contexto". Há, segundo esse autor, uma "experiência de contexto", e uma espécie de correlação entre a continuidade da consciência e a do contexto. O contexto é sempre uma articulação, com um sistema próprio.

A insistência em contextos recebe o nome de "contextualismo", ao contrário do "acontextualismo" da análise "livre de contexto" de elementos em princípio "independentes". O contextualismo lingüístico semântico pode estar ou não fundado num contextualismo pragmático. Este último pode estar mais ou menos estreitamente relacionado com elementos extralingüísticos e até com alguma forma da mencionada "experiência de contexto", ligada por sua vez a estruturas como "formas de vida", "formações sociais" etc. A despeito da freqüente relação, especialmente no nível lingüístico pragmático, entre contexto propriamente lingüístico e contexto extralingüístico, convém, pelo menos para efeitos de clareza metodológica, distinguir ambos, distinguindo-se com isso, ademais, formas de contextualismo.

CONTEXTO DE DESCOBERTA. Ver Contexto; Descoberta.

CONTEXTO DE JUSTIFICAÇÃO. Ver Contexto; Descoberta.

CONTEXTUALISMO. Ver Contexto.

CONTIGÜIDADE (LEI DE). Ver Associação; Associacionismo.

CONTINGÊNCIA. Para Aristóteles, o contingente, τὸ ἐνδεχόμενον, contrapõe-se ao necessário, τὸ ἀναγκαῖον. A expressão 'É contingente que *p*' (em que '*p*' representa uma proposição) é considerada em lógica uma das expressões modais a que nos referimos mais detalhadamente no verbete Modalidade (VER). O sentido de 'é contingente' é discutível. Alguns consideram que 'é contingente que *p*' é o mesmo que 'é possível que *p*'; outros avaliam que 'é contingente que *p*' é equivalente à conjunção: 'é possível que *p*' e 'é possível que não *p*'. Na literatura lógica clássica, é freqüente definir a contingência como a possibilidade de que *algo* seja e a possibilidade de que *algo* não seja. Se o termo 'algo' se refere a uma proposição, a definição corresponde efetivamente à lógica; se 'algo' designa um objeto, corresponde à ontologia. Nem sempre a referência aparece clara na citada literatura, mas é óbvio que, quando se fala de proposições contingentes, sua análise entra sempre no âmbito da lógica modal. Examinamos o problema lógico no mencionado verbete sobre a modalidade e no verbete sobre a oposição (VER) das proposições modais. Examinamos também o sentido de 'contingente' na doutrina kantiana nos verbetes Modalidade e Problemático (VER). Aqui, referir-nos-emos quase exclusivamente ao aspecto ontológico do problema, segundo os filósofos medievais e o chamado filósofo da contingência: Boutroux.

As definições medievais de 'contingente' podem resumir-se na tese de Santo Tomás, segundo o qual (como vimos antes a propósito do sentido lógico) o contingente é aquilo que pode ser e pode não ser. Nesse sentido, o *ens contingens* contrapõe-se ao *ens necessarium*. Em termos metafísicos, o ente contingente foi considerado como aquele que não é em si, mas em outro, e isso de tal forma que todo *ens contingens* é um *ens ab alio*. Essas definições suscitaram toda espécie de problemas, especialmente questões referentes à relação entre o Criador e o criado. Mencionaremos apenas uma delas à guisa de ilustração. Indica-se, com efeito, que os escolásticos, sobretudo os que defendiam a separação na criatura e em todo o criado entre a essência e a existência, acentuavam o caráter contingente de todo o criado, a fim de mostrar mais facilmente que este — e em particular o homem — dependiam do Criador. Assim, a separação completa entre um ser necessário e os seres contingentes seria um pressuposto indispensável à demonstração da existência de Deus. Ao que parece, Santo Tomás seguia inteiramente essa via. Entretanto, é preciso levar em conta que o uso de *contingens*, mesmo em Santo Tomás, é muito mais complexo que o decorrente das análises anteriores. Com efeito, Santo Tomás afirma, como indicamos, que contingente é "o que pode ser e pode não ser" (*S. theol.*, I, q. LXXXVI, 3 c), ao contrário do necessário, que por sua causa não pode não ser. Mas, quando o filósofo chega à demonstração da existência de Deus, sustenta que há algo necessário nas coisas. Essa necessidade não é, por certo, uma necessidade absoluta; é uma necessidade *per aliud*, que implica outro ser, mas que não faz da criatura algo *inteiramente* dependente em seu ser de outra realidade como se não tivesse nenhuma realidade própria, pois o ser contingente puro, sendo corruptível, não pode ser aplicado simplesmente à alma humana, que não é corruptível. Assim, a contingência *radical* do criado é admitida apenas por alguns autores que estabeleceram previamente uma separação completa entre o criado e Deus.

Os problemas citados não foram abandonados por completo na filosofia moderna, e alguns filósofos, como Leibniz, deram a eles considerável atenção. Assim, a conhecida distinção entre verdades de razão e verdades de fato (VER) pode ser equiparada a uma distinção entre o necessário e o contingente. No entanto, apenas um filósofo — Boutroux — tomou o conceito de contingência como base para uma filosofia completa. Por esse motivo, descreveremos mais detidamente suas teses. Boutroux sustenta, com efeito, que as diversas camadas do real são contingentes umas em relação às outras. Se não houvesse essa contingência — supõe Boutroux —, não poderia haver novidade no mundo e, por conseguinte, não poderia haver realidade. De acordo com Boutroux, se afirmamos a necessidade absoluta, vemo-nos obrigados a "eliminar toda relação que subordina a existência de uma coisa à de outra, como condição sua", isto é, vemo-nos obrigados a supor que "a necessidade absoluta exclui toda multiplicidade sintética, toda possibilidade de coisas ou de leis" (*De la contingence des lois de la nature* [1874]; 10ª ed., 1929, p. 7). A pura necessidade seria, em última análise, o puro nada. Já a necessidade "relativa" obriga a admitir a contingência. Esta aparece, pois, desde o instante em que se admite a síntese. Ora, a síntese surge já na própria igualdade analítica aparente que decompõe um todo em suas partes. A relação entre o todo e as partes pode ser, diz Boutroux, analítica. A das partes com o todo é, em contrapartida, sintética. Como observa Boutroux numa fórmula central para a compreensão de sua tese acerca da contingência, "a multiplicidade não contém a razão da unidade". Mas, mesmo no caso de que uma unidade contivesse a razão de uma multiplicidade, não poderia conter a própria multiplicidade. Supor outra coisa significa confundir a condição, e a condição *lógica*, com o fundamento real da existência de algo. Não poderemos, pois, como a teoria determinista (ou "necessitária") radical postula, deduzir o real partindo do possível. Para que haja realidade, é preciso admitir algo novo que não se acha contido na possibilidade. Essa novidade contingente é o que permite compreender a articulação do ser em realidades "ascendentes": com efeito, passa-se do ser aos gêneros, dos gêneros à matéria, desta aos corpos, dos corpos aos seres vivos e dos seres vivos ao homem. A máxima contingência coincidirá, neste caso, com a máxima liberdade, a máxima consciência e a máxima realidade. Ora, essa liberdade e realidade máximas não são tampouco, como se poderia supor à primeira vista, a arbitrariedade completa. Na verdade, de acordo com Boutroux, a liberdade e a necessidade coincidem quando "o ser está livre no absoluto e a ordem de suas manifestações é necessária" (*op. cit.*, pp. 146-147). Daí que a idéia de necessidade não seja, em última análise, senão a tradução, para uma linguagem abstratíssima, da ação exercida pelo ideal sobre as coisas e por Deus sobre as criaturas. E daí também que a pura contingência desemboque numa forma de ser que, por ser inteiramente livre, cria para si a sua própria lei, realiza-se maximamente a si mesma e atinge com isso um modo de "necessidade" que é o cumprimento de si e de todas as suas possibilidades de auto-realização.

Para o problema referente a se é possível formular enunciados que sejam ao mesmo tempo contingentes e *a priori* — em vez de considerar que todo enunciado contingente é *a posteriori*, e vice-versa —, ver os verbetes A PRIORI, AD FINEM e PROPRIEDADE.

➲ Ver: É. Boutroux, *De la contingence des lois de la nature*, 1871 (sobre esta obra: Otto Boelitz, *Die Lehre vom Zufall bei E. Boutroux*, 1907). — W. Windelband, *Die Lehren vom Zufall*, 1870. — Adolfo Levi, *L'indeterminismo nella filosofia francese contemporanea. La filosofia della contingenza*, 1904. — Timerding, *Die Analyse des Zufalls*, 1915. — A. Lasson, *Ueber den Zufall*, 2ª ed., 1918. — Lionel Dauriac, *Contingence et Rationalisme*, 1925. — G. Just, *Begriff und Bedeutung des Zufalls im organischen Geschehen*, 1925. — E. Stern, *Zufall und Schicksal*, 1926. — H. Konczewska, *Contingence, liberté et personnalité humaine*, 1937. — J. Segond, *Hasard et contingence*, 1938. — H. Barth, *Philosophie der Erscheinung. Eine Problemgeschichte* (I. Teil: *Altertum und Mittelalter*, 1947). — P. Césari, *Les déterminismes et la contingence*, 1950. — Wolfgang Cramer, *Das Absolute und das Kontingente*, 1959, cap. IX. — Cleto Carbonara, *L'irrazionale in filosofia*, 1958 (mimeog.), cap. II. — Walter Strich, *Telos und Zufall*, 1961. — Guy Jalabert, O. M. I., *Nécessité et contingence chez saint Thomas d'Aquin et chez ses prédécesseurs*, 1961. — Thomas O'Shaghnessy, "La théorie thomiste de la contingence chez Plotin et les penseurs arabes", *Revue philosophique de Louvain*, 65 (1967), 36-52. — J. Schmucker, *Das Problem der Kontingenz der Welt. Versuch einer positiven Aufarbeitung der Kritik Kants am Kosmologischen Argument*, 1969. — M. Oraison, *Zufall und Leben*, 1972. — S. Kim, *The Problem of the Contingency of the World in Husserl's Phenomenology*, 1976. — H. Hoerz, *Zufall*, 1980. — P. Erbrich, *Zufall. Eine naturwissenschaftlich-philosophische Untersuchung*, 1988. — R. Rorty, *Contingency, Irony, and Solidarity*, 1989. — D. Platt, *The Gift of Contingency*, 1991. — Ver também as obras citadas nos verbetes sobre a possibilidade, sobre o determinismo e sobre o acaso, especialmente a de C. de Koninck, a de H. Weiss, sobre causalidade e contingência na filosofia de Aristóteles, bem como o livro de G. E. Spaulding.

Para a história do termo, ver: Albrecht Becker-Freyseng, *Die Vorgeschichte des philosophischen Terminus "contingens". Die Bedeutung von "contingere" bei Boethius und ihr Verhältnis zu den aristotelischen Möglichkeitsbegriffen*, 1938. ◐

CONTÍNUO. Segundo Aristóteles, algo é sucessivo — ἐφεξῆς — a algo quando está depois dele sob algum aspecto sem que haja nada mais da mesma classe entre os dois (*Phys.*, V 3, 226 b 34-227 a 1). Quando se trata de coisas, o fato de uma estar sucedendo à outra produz a contigüidade, o ser contíguo — ἐχόμενον — ou contato. Duas coisas estão em contato quando seus limites exteriores coincidem no mesmo lugar. Quando há contato, há contigüidade; o contrário, no entanto, não é sempre válido (como acontece com os números, que são contíguos mas não estão em contato). A contigüidade é uma espécie da qual a continuidade é um gênero. "Os extremos de coisas podem estar juntos sem necessariamente serem um, mas não podem ser um sem estar necessariamente juntos" (*ibid.*, 227 a 22-24). Duas coisas são contínuas quando seus limites são idênticos — ἕν —, ao contrário de duas coisas contíguas, cujos limites estão juntos. Em outro ponto (*Met.*, Λ 1069 a 1-2), Aristóteles define o contínuo — τὸ συνεχές — como a magnitude cujas partes estão unidas num todo por limites comuns. Aristóteles faz distinção entre vários conceitos — o ser sucessivo (ἐφεξῆς), o ser contínuo (συνεχές), o ser contíguo (ἐχόμενον), o fato de coisas tocarem-se (ἅπτηται) —, mas ao mesmo tempo procura examinar as relações entre esses conceitos. Muitos escolásticos que se inspiraram em Aristóteles, e em particular Santo Tomás, estudaram também esses conceitos a fim de analisar seu significado e os diversos modos de seu significado (assim, por exemplo, Santo Tomás, ao estudar o conceito de contato — *contactus* —, divide-o em corporal ou corpóreo e espiritual, em contato quantitativo e contato virtual etc.). Analisar a história de todos e cada um desses conceitos seria uma tarefa longa. Além disso, um desses conceitos — o de contato — passou por numerosas vicissitudes no decorrer da época moderna, quando cientistas e filósofos se ocuparam do problema de como é possível, ou de se é possível, a produção de efeitos nos corpos sem contato, do problema de se é possível conceber uma "ação à distância". Limitar-nos-emos a esboçar uma história do que poderia denominar-se o debate entre os "continuístas" e os "descontinuístas", isto é, entre aqueles que consideram que a realidade — a realidade física principalmente, mas também toda realidade como tal — é contínua e aqueles que a consideram como descontínua. Ademais, ao longo desse debate foram dadas numerosas opiniões sobre a natureza da continuidade.

Já na filosofia antiga, o problema do contínuo foi um dos problemas filosóficos fundamentais; com efeito, ele estava essencialmente vinculado com o problema da compreensão racional do real, e especialmente do "cheio" (ver ESPAÇO), e por esse motivo apresentou já desde o princípio da reflexão filosófica algumas graves aporias (VER). As mais conhecidas são as expressas nos paradoxos de Zenão de Eléia: a infinita divisibilidade do espaço requer a anulação do movimento e da extensão. Demócrito tentou encontrar uma solução postulando a existência de entes indivisíveis, em que a racionalidade não penetrava: eram ilhas irredutíveis, rodeadas de descontinuidades e contendo em si mesmas, absolutamente compacta e por isso indivisível, uma continuidade. A solução de Aristóteles é célebre: consiste em intervir nessa dificuldade por meio das noções da potência e do ato, que solucionam o problema permitindo que um ser possa ser divisível em potência e indivisível em ato, sem ter de afirmar univocamente sua absoluta divisibilidade ou indivisibilidade. Contudo, pode-se dizer que, com exceção de Demócrito e de algumas diretrizes "pluralistas", o pensamento antigo inclina-se quase por completo à afirmação do contínuo. Tanto os neoplatônicos como os estóicos coincidiam nesse ponto, ainda que diferissem quanto ao modo de entender a continuidade. Com efeito, os neoplatônicos entendiam-na metafisicamente, como algo fundado na tensão infinita do Uno, do qual emanam ("continuamente") as outras realidades. Os estóicos a entendiam fisicamente: para eles, o universo é, como o indicou S. Samburksy, "um contínuo dinâmico", no qual não há hiatos ou vazios de nenhuma espécie, a não ser o vazio que cerca o próprio contínuo.

O pensamento medieval também se inclinava em favor do contínuo, embora nele se insiram concepções que tendem a uma espécie de descontinuísmo de tipo dinâmico, pois em nenhum momento se pode prescindir, quando se aborda o problema do contínuo, da questão das *partes*. A definição aristotélica menciona-a explicitamente. O mesmo ocorre na definição de Santo Tomás, que assinala que é contínuo o ente no qual estão contidas muitas partes em uma, e no qual elas se mantêm simultaneamente. Entretanto, já desde a Antiguidade se suspeitava que o problema do contínuo apresentava um aspecto distinto conforme se aplicasse à matéria ou ao espírito. E o que suscitava dificuldade, desde logo, era a continuidade primeira, pois, devido à perfeita simplicidade atribuída ao espiritual, podia-se supor que este era a extrema concentração de toda continuidade. No caso da matéria, em contrapartida, a dificuldade se ampliou quando na época moderna se reformularam todas as questões de fundo acerca de sua constituição. Descartes sustentava uma concepção da matéria contínua e a identificava com o espaço. Isso, porém, não significava negar um dinamismo na base do material, dinamismo manifesto na elasticidade. A física cartesiana e a teoria dos "turbilhões" estão estreitamente vinculadas ao problema da continuidade e são uma das tentativas de solucioná-lo. Mais fundamental ainda é a idéia da continuidade em Leibniz, que transforma o que denomina o *princípio de continuidade*, ou também a *lei de continuidade*, num dos princípios ou leis fundamentais do universo. Essa lei de continuidade exige que, "quando as determinações essenciais de um ser se aproximam das de outro, todas as propriedades do primeiro, por conseguinte, se aproximem também das do segundo" (*Opuscules et fragments inédits*, ed. Couturat, 1903, p. 108; de uma Carta a Varignon, 1702). A lei em questão permite compreender que as diferenças que observamos entre dois seres (por exemplo, entre a semente e o fruto, ou entre diversas formas geométricas, tais como a parábola, a elipse e a hipérbole) são diferenças puramente externas. Com efeito, tão logo descobrimos espécies intermediárias de seres que se introduzem entre as duas diferenças, observamos que podemos ir "enchendo" os aparentes vazios, de tal sorte que chega um momento em que vemos com perfeita clareza que um ser leva *continuamente* ao outro. Segundo Leibniz, os exemplos dessa continuidade são numerosos, não apenas nas figuras geométricas como também na Natureza. Tudo está ligado na realidade de um modo contínuo, porque tudo está "cheio" (e vice-versa). O princípio de continuidade (ou lei de continuidade) está em perfeita harmonia com o de plenitude. Ambos dependem, de resto, do princípio de razão suficiente. Quando se nega este último princípio, encontram-se no universo "hiatos" e descontinuidades. Mas esses "hiatos" e descontinuidades não podem então ser explicados, a não ser por meio de milagres ou pelo puro acaso. O princípio de continuidade garante a ordem e a regularidade na Natureza, sendo ao mesmo tempo a expressão dessa ordem e dessa regularidade. O poder da matemática reside no fato de que ela é capaz de expressar a continuidade da Natureza; a Geometria é a ciência do contínuo, e "para que haja regularidade e ordem na natureza o físico deve estar em constante harmonia com o geométrico" (*loc. cit.*). Tudo está ligado, tudo é contínuo, tudo está "cheio" (cf. *Principes de la nature et de la grâce*, § 3; *Monadologie*, § 54; *Nouveau système*, § 11 *et al.*). Mas Leibniz não se limitou a reiterar a idéia de continuidade: ele indicou que se pode descobrir a lei do contínuo. Assim como se pode expressar algebricamente a lei de uma curva, por mais complicada que esta seja, assim também se pode descobrir, mediante leis, a continuidade na Natureza, e, em última análise, poder-se-ia descobrir uma lei que seria *a* lei de toda a realidade e que por ora só podemos expressar assinalando sua existência no princípio universal de continuidade. Esta idéia não foi, contudo, aceita por todos os filósofos; muitos consideraram que parece impossível escapar às antinomias destacadas pela primeira vez por Zenão de Eléia. Assim, Kant abordou o problema do contínuo dentro da segunda antinomia (VER). A tese afirma a impossibilidade de uma divisibilidade infinita, caso contrário, o ser se dissolveria num nada. A antítese sustenta a infinita divisibilidade de uma parte dada, pois do contrário não haveria extensão. Ora, segundo Kant, a antinomia se deve ao fato de que na tese o espaço é considerado como algo em si, e na antítese como algo fenomênico. Com isso, parece ter-se descoberto a raiz da dificuldade. Mas, ao mesmo tempo, a solução baseia-se num pressuposto que não é forçoso aceitar e que sequer é plausível: a divisão do "real" em fenômeno e númeno. Suprimido o pressuposto, o problema tradicional volta a introduzir-se. Em vista disso, alguns pensadores consideraram ou que ele não tem solução ou que só pode ser solucionado adotando-se — por convenção ou por convicção — alguma posição metafísica última. Essa posição pode consistir ou em fazer da continuidade o produto de uma justaposição de descontinuidades ou em considerar a descontinuidade como um corte na continuidade (se se quiser, como um momento de "degradação", de "descenso" de uma simplicidade originária, de tal modo que espaço e tempo serão algo "gerado" pela distensão de um ser absolutamente tenso, contínuo e impenetrável). Essas posições são — explícita ou implicitamente — bastante freqüentes nos metafísicos que procuraram dar uma solução ao problema; é suspeito, entretanto, que a primeira posição se baseie na simples "afirmação" de que há entidades discretas e na metáfora da justaposição e que a segunda se edifique sobre a simples "afirmação" de que há uma — ou várias — entidade simples e na metáfora da "distensão".

Embora seja difícil separar o problema filosófico do contínuo dos problemas suscitados pela noção de continuidade na física e na matemática, referir-nos-emos agora de modo mais específico a esta última noção, insistentemente elucidada por físicos e matemáticos durante os últimos séculos.

Consideremos antes de tudo a física. Há nessa ciência uma noção — a noção de *campo* — que supõe a idéia de continuidade, pois não se trata de explicar um fenômeno pela ação de partículas, mas pela estrutura total de um conjunto físico. Esta noção não é uma novidade na física contemporânea — ela já estava latente na chamada física clássica a partir do século XVII, em conseqüência da tese da "ação à distância". Contudo, como constituía uma espécie de "corpo estranho" no âmbito da física e, além disso, algo inexplicável, considerou-se que chegaria um dia em que poderia ser afastada. Isso não ocorreu; pelo contrário, a teoria eletromagnética de Maxwell definiu a noção de campo, na qual se inseriram depois as concepções relativas às radiações, que apareceram como perturbações do campo eletromagnético. Essas concepções se chocaram com o descontinuísmo atomista. Reproduziram-se assim, mas de modo mais agudo, questões que tinham sido formuladas antes no problema da natureza — ondulatória ou corpuscular — da luz. Em função disso, as concepções continuístas e descontinuístas entraram em confronto com grande freqüência. Por algum tempo, o continuísmo pareceu triunfar: as físicas qualitativas e continuístas de Mach, Ostwald e (em parte) Duhem realizaram um grande esforço nesse sentido. Depois — sobretudo com a teoria dos quanta —, pareceu impor-se o descontinuísmo. E boa parte do trabalho na física durante os últimos trinta anos pode ser estudado do ponto de vista da oposição — e esforços de conciliação — das duas concepções. Assim, por exemplo, a mecânica ondulatória mostrou a possibilidade de unir as noções de campo e de partícula na noção da onda-corpúsculo (partícula à qual está associado um campo ondulatório). Isso não significa, por certo, que haja diferenças entre a onda e o corpúsculo; de fato, ocorre apenas que cada um obedece a uma estatística diferente (as ondas, à estatística Bose-Einstein, e os corpúsculos elementares, à estatística Fermi-Dirac). Dir-se-á que as mencionadas noções têm pouca relação com o que os filósofos entendem por continuidade e descontinuidade, e que, por conseguinte, não é legítimo transpor para os físicos as preocupações próprias dos filósofos. Entretanto, não é esse o caso. Embora os físicos estejam pouco inclinados a formular esses problemas nos mesmos termos usados pelos filósofos e resistam a uma interpretação precipitada dos resultados de sua ciência, a verdade é que buscam certas soluções que podem inscrever-se no cômputo de algumas das concepções mencionadas ou na síntese delas. Podemos mencionar a esse respeito a proposição de Heisenberg de uma "longitude mínima", da qual todas as longitudes seriam múltiplos, o que equivaleria a reconhecer a possibilidade de "dividir" a longitude em quantidades discretas. Podemos assinalar, também, o fato de que Louis de Broglie insistiu em que não apenas todo fenômeno macroscópico observável corresponde a um número enorme de transições quânticas elementares, como em que isso mostra até que ponto as dificuldades e antinomias suscitadas pelo problema da divisibilidade infinita de um segmento de espaço ou de tempo — e, por conseguinte, toda a questão do "labirinto do contínuo" — se desvanecem ou se atenuam na escala microfísica (observemos, todavia, que L. de Broglie propôs em 1956 a teoria segundo a qual corpúsculos e quanta de energia podem ser considerados deformações ondulatórias de um campo único: o espaço). Não há dúvida de que a última fórmula einsteiniana (ainda não suscetível de comprovação física) para a unificação da luz, do magnetismo, da radiação e da gravitação num "contínuo" pode questionar toda a teoria dos quanta (por causa do caráter não-discreto da gravitação). Recentemente, no entanto, J. Schwinger apresentou um sistema de equações de que parece poder deduzir-se a "existência" de "partículas mínimas de espácio-tempo" das quais todos os "segmentos espácio-temporais" seriam múltiplos. Em suma, embora o físico e, por vezes, o filósofo resistam a interpretações demasiadamente intuitivas e, por conseguinte, perigosas das teorias da física (VER), e ainda que se afirme que, na ausência de uma representação intuitiva, não se pode dizer que haja uma virada para o continuísmo ou para o descontinuísmo nessa ciência, não se pode evitar dar uma interpretação a *certas* soluções. E, mesmo se adotamos para este problema o princípio de complementaridade (VER) e fazemos da continuidade e da descontinuidade algo como "conceitos-limite", esses conceitos continuam a operar se se quer que possuam alguma significação e, portanto, não são inteiramente elimináveis.

Levantou-se o problema da continuidade na matemática com as antinomias ou os paradoxos de Zenão de Eléia. Proclo considerou que um número dado é como um "corte" na "compacta espessura" do contínuo dos números reais. O "corte" nesse contínuo é comparável ao "corte" de uma linha por outra. As dificuldades que busca elucidar a noção de contínuo na matemática levaram Leibniz a falar do "labirinto do contínuo". No entanto, foi freqüente falar da matemática — especialmente ao considerar a série de números reais ou os pontos numa linha — como "o reino do contínuo". A vaga idéia filosófico-matemática de continuidade experimentou um transtorno, segundo certos autores, quando Weierstrass descobriu a existência de funções descontínuas e de funções contínuas sem derivadas.

A noção de contínuo foi usada na matemática especialmente no âmbito da teoria dos conjuntos cantorianos, quando se levantou o chamado "problema do contínuo". Tratamos desse problema no verbete CONTÍNUO (HIPÓTESE DO).

↪ A noção de contínuo em vários autores: G. Schilling, *Aristotelis de continuo doctrina*, 1840 (tese). — Aldo Masullo, *La problematica del continuo nel pensiero di Zenone di Elea e di Aristotele*, 1955. — Maurice Clavelin, "Le problème du continu et les paradoxes de l'infini chez Galilée", *Thalès* (1959), 1-26. — D. Furley, J. Murdoch *et al.*, *Infinity and Continuity in Ancient and Medieval Thought*, 1982, ed. N. Kretzmann. — R. Sorabji, *Time, Creation, and the Continuum: Theories in Antiquity and the Early Middle Ages*, 1983.

A noção de continuidade na matemática e na física foi abordada em: L. Couturat, "Sur la définition du continu", *Revue de Métaphysique et de Morale*, 8 (1900), 157-158. — E. V. Huntington, "The Continuum as a Type of Order", *Ann. of Mathematics* (1905). — E. B. Wilson, "Logic and the Continuum", *American Mathematical Society Bulletin*, 14 (1908). — Hermann Weyl, *Das Kontinuum. Kritische Untersuchungen über die Grundlagen der Analysis*, 1918; reimp. no vol. *Das Kontinuum*, 1962, com outros trabalhos de F. Landau, B. Riemann *et al.* — *Id.*, *Philosophie der Mathematik und Naturwissenschaft*, 1927 (trad. ingl. ampliada pelo autor: *Philosophy of Mathematics and Natural Science*, 1959). — VV. AA., "Concepts of Continuity", *Proceedings of the Aristotelian Society*, Supl. vol. 6 (1924). — H. Buchholz, "Das Problem der Kontinuität. Die Unmöglichkeit absoluter metrischer Präzision", *Grundfragen der Philosophie*, Heft 1, 1927. — F. Warrain, *Quantité, infini, continu*, 1928. — L. de Broglie, *Continu et discontinu*, 1941. — Jean Cavaillès, *Transfini et continu*, 1947. — R. Carnap, *The Continuum of Inductive Methods*, 1952. — J. E. Murdoch, E. A. Synan, "Two Questions on the Continuum", *Franciscan Studies*, 26 (1966). — F. Brentano, *Philosophische Untersuchungen zu Raum, Zeit und Kontinuum*, 1976.

Para o "problema do contínuo", ver bibliografia em CONTÍNUO (HIPÓTESE DO). ⊂

CONTÍNUO (HIPÓTESE DO). Na teoria cantoriana dos conjuntos (ver CONJUNTO), há conjuntos numeráveis (ver NUMERÁVEL) finitos, conjuntos numeráveis infinitos e conjuntos não-numeráveis infinitos. Os dois últimos são também denominados "numeravelmente infinitos" e "não numeravelmente infinitos", respectivamente.

Todos os conjuntos numeravelmente infinitos têm o mesmo número cardinal ou o mesmo poder. Nem todos os conjuntos não numeravelmente infinitos têm o mesmo número cardinal ou o mesmo poder. O chamado "conjunto potência" (*Potenzmenge*) de um conjunto, S, é o conjunto cujos membros são todos os subconjuntos de S. Em virtude do chamado, por antonomásia, "teorema de Cantor", o conjunto potência de S tem um número cardinal maior que S.

O contínuo é o conjunto potência de um conjunto numerável. O conjunto de todos os números reais no intervalo $0 < r < 1$, o conjunto de todos os números reais, o conjunto de todos os pontos numa linha entre dois extremos — a e b — e o conjunto de todos os números num plano são conjuntos equivalentes e têm o mesmo número cardinal, K. O número cardinal de K é a chamada "potência do contínuo". Se denominamos N o conjunto de todos os números naturais, o número cardinal de K, ou potência do contínuo, será igual ao número cardinal do conjunto dos subconjuntos que são elementos de N.

Trata-se de saber se não existe um conjunto que tenha um número cardinal transfinito, T, tal que $T > C$ e $T < K$, isto é, um número cardinal que seja menor que o número cardinal do contínuo e maior que o número cardinal de um conjunto numeravelmente infinito.

Cantor conjeturou que esse número não existe, mas não pôde provar a conjetura. Esta é a chamada "hipótese do contínuo". Ela pode também ser denominada "hipótese simples do contínuo" para ser distinguida da hipótese generalizada do contínuo. Se adotamos a notação $\aleph$ para representar o número cardinal do contínuo, e as notações $\aleph_1, \aleph_2, \aleph_3, \aleph_4, \ldots \aleph_n$ para representar números cardinais transfinitos de conjuntos não numeravelmente infinitos em ordem ascendente de magnitude, poderemos perguntar se, dados $\aleph_n$ e $\aleph_{n+1}$, não há algum $\aleph_0$ tal que $\aleph_0 < \aleph_{n+1}$ e que $\aleph_0 > \aleph_n$. A resposta afirmativa é a hipótese generalizada do contínuo.

Kurt Gödel (*The Consistency of the Axiom of Choice and of the Generalized Continuum Hypothesis with the Axioms of Set Theory*, 1940; reimp. com ligeiras correções, 1951, 1953) demonstrou que a hipótese generalizada do contínuo é consistente com os outros axiomas da teoria dos conjuntos (teoria de von Neumann-Bernays) e com o axioma da escolha. Este último, porém, não é necessário para a consistência. P. J. Cohen ("The Independence of the Continuum Hypothesis", I e II, em *Proceedings of the National Academy of Sciences*, 50 [1963], 1143-1148; 51 [1964], 105-110; *Set Theory and the Continuum Hypothesis*, 1966) provou que a hipótese generalizada do contínuo e o axioma da escolha são independentes dos outros axiomas de qualquer teoria axiomática dos conjuntos considerada. A hipótese generalizada do contínuo e o axioma da escolha não são deriváveis dos outros axiomas da teoria dos conjuntos, cuja consistência é independente dessa hipótese e desse axioma. Pode-se desenvolver uma teoria axiomática dos conjuntos com ou sem a hipótese generalizada do contínuo, e com ou sem o axioma da escolha.

CONTRADIÇÃO. Estudamos o sentido da expressão 'proposições contraditórias' e as relações entre elas nos verbetes CONTRADITÓRIO, OPOSIÇÃO e PROPOSIÇÃO. No primeiro dos verbetes citados, referimo-nos, além disso, à relação de oposição contraditória nas funções de verdade. Nas linhas seguintes, referir-nos-emos à noção de contradição nos vários sentidos que ela recebeu.

Essa noção é estudada tradicionalmente sob a forma de um princípio: o chamado "princípio de contradição" (que poderia ser também chamado "princípio de não-contradição"). Esse princípio é com freqüência considerado um princípio ontológico, sendo então enunciado do seguinte modo: "É impossível que uma coisa seja e não seja ao mesmo tempo e sob o mesmo aspecto". Outras vezes, ele é considerado um princípio lógico (num sentido amplo deste termo), e então se enuncia assim: "Não ao mesmo tempo p e não p", em que 'p' é símbolo de um enunciado declarativo.

Alguns autores sugeriram que há também um sentido psicológico do princípio, o qual se enunciaria então da seguinte forma: "Não é possível pensar ao mesmo tempo p e não p" (se o conteúdo do pensar é lógico) ou então "não é possível pensar que uma coisa seja e não seja ao mesmo tempo e sob o mesmo aspecto" (se o conteúdo do pensar é ontológico). Consideramos que o "sentido psicológico" deve ser eliminado; a impossibilidade de pensar algo é um fato e não um princípio. Seria mais justificado considerar o princípio do ponto de vista epistemológico, enquanto lei "mental", "subjetiva" ou "transcendental" que conformaria todos os nossos juízos sobre a experiência, mas julgamos que isso equivaleria a introduzir pressupostos que não são necessários numa análise primária do significado e do sentido fundamentais do princípio. Observemos que a expressão 'ao mesmo tempo e sob o mesmo aspecto', utilizada na formulação do sentido ontológico do princípio, é absolutamente necessária para que este seja válido; a ausência desta restrição dá passagem a fáceis objeções a ele.

O primeiro pensador a apresentar o princípio de forma suficientemente ampla foi Aristóteles. Várias partes de suas obras são dedicadas ao tema; citamos, entre as mais destacadas: *De int.*, 17 a 23, 17 b 16 ss.; *An. post.*, 77 a 10 ss., 88 a 35 ss.; *Met*, Γ 1005 b 15 ss., e *ibid.*, 30 ss. O princípio nem sempre é formulado do mesmo modo. Às vezes, apresenta-se como uma das "noções comuns" ou "axiomas" que servem de premissa para toda demonstração sem que possam ser elas mesmas demonstradas. Às vezes, o princípio se apresenta como uma "noção comum" usada para a prova de certas conclusões. Outras vezes, apresenta-se como a tese que afirma que se uma proposição dada é verdadeira, sua negação é falsa, e que, se uma proposição é falsa, sua negação é verdadeira, isto é, como a tese segundo a qual duas proposições contraditórias não podem ser ambas verdadeiras ou ambas falsas. Ora, todas as formulações podem reduzir-se às três interpretações já citadas: a ontológica, a lógica e a metalógica. No primeiro caso, o princípio se refere à realidade; no segundo, transforma-se numa fórmula lógica ou numa tautologia da lógica sentencial, enunciada do seguinte modo:

$$\neg (p \wedge \neg p)$$

e que se chama usualmente "lei de contradição". Sendo uma tautologia, sua tabela de verdade dá V para todos os valores de verdade de 'p'. No terceiro caso, o princípio é uma regra que permite executar inferências lógicas.

As discussões travadas em torno do princípio de contradição diferiram conforme se tenha acentuado o aspecto ontológico (e principalmente metafísico) ou o aspecto lógico e metalógico. Quando houve o predomínio do lado ontológico, procurou-se sobretudo afirmar o princípio como expressão da estrutura constitutiva do real, ou então negá-lo por supor-se que a própria realidade é "contraditória" ou que no processo dialético de sua evolução a realidade "supera", "transcende" ou "vai além" do princípio de contradição. A esse respeito é típica a posição de Hegel, que faz da contradição uma das bases do movimento interno da realidade, embora se deva levar em conta que na maioria dos casos os exemplos dados pelo filósofo não se referem a realidades contraditórias, mas contrárias. Quando predominou o lado lógico e metalógico, em compensação, procurou-se sobretudo saber se o princípio deve ser considerado um axioma evidente por si mesmo ou uma convenção de nossa linguagem que nos permite falar acerca da realidade.

Fundando-se por um lado em Hegel, e, por outro, no exame da realidade social e histórica (e na ação a desenvolver sobre essa realidade), Marx propôs uma dialética (VER) na qual o princípio ou a lei de contradição era desbancado. De modo mais sistemático, Engels formulou como duas das três "grandes leis dialéticas" a "lei da negação da negação" e a "lei da coincidência dos opostos". Essas leis pareciam também — e muito determinantemente — negar o princípio lógico de contradição. Em geral, tanto os materialistas dialéticos que podem ser denominados "clássicos" (até a Revolução soviética de 1917) como os marxistas-leninistas e os materialistas dialéticos das últimas gerações, especialmente os soviéticos, viram com desconfiança o princípio de contradição por supor que este não dá conta do "movimento dialético da realidade". Ocasionalmente, contudo, suscitaram-se debates a esse respeito. Alguns autores afirmaram que, enquanto o princípio "clássico" de contradição deve manter-se na lógica e até na linguagem das ciências, é necessário adotar princípios dialéticos diferentes quando se aborda a realidade humana e social. Outros procuraram derivar leis lógicas das leis dialéticas que rejeitam o princípio clássico ou o põem entre parênteses. A esse respeito, é interessante a discussão ocorrida em Moscou, em 1958, entre vários materialistas dialéticos soviéticos (embora um deles, E. Kolman, fosse tcheco). Segundo informação fornecida por N. Lobkowicz (cf. *infra*), enquanto certos autores mantinham as leis dialéticas "clássicas" com todo o radicalismo e todas as suas conseqüências, outros (como o citado Kolman) assinalaram que, embora haja contradições *na realidade*, isso não significa que elas devam ser concebidas igualmente no pensamento. Neste, o princípio de contradição (ou não-contradição) é correto. Indicou-se também que a chamada "contradição" refere-se, a rigor (ver *supra*), a "contrários", e não a "contraditórios". É plausível supor que esses debates tenham sido suscitados em parte pela importância adquirida pela lógica formal e pela impossibilidade de encaixar nesta última as "leis dialéticas" clássicas.

Para a noção de contradição do ponto de vista lógico e metalógico, consultar os manuais de lógica indicados em LÓGICA e LOGÍSTICA.

➲ Indicamos em seguida algumas obras e trabalhos principalmente sobre os problemas ontológicos da noção de contradição: G. Knauer, *Konträr und kontradiktorisch*, 1868. — J. J. Borelius, *Ueber den Satz des Widerspruchs und die Bedeutung der Negation*, 1881. — F. Paulhan, *La logique de la contradiction*, 1911. — H. Pichler, *Möglichkeit und Widerspruchslosigkeit*, 1912. — S. Ranulf, *Der eleatische Satz vom Widerspruch*, 1924. — R. Heiss, *Die Logik des Widerspruchs*, 1932. — B. F. Kimpel, *A Critique of the Logic of Contradiction as the Exclusive Principle of Interpretation in an Idealistic Metaphysics*, 1934. — Stéphane Lupasco, *Du devenir logique et de l'affectivité*, 2 vols., 1935. — *Id.*, *Logique et contradiction*, 1947. — *Id.*, *Le principe d'antagonisme et la logique de l'énergie: Prolégomènes à une science de la contradiction*, 1951. — Galvano della Volpe, *Il prinzipio di contradizione e il concetto di sostanza prima in Aristotele*, 1938. — G. Siegmund, *Das Zeichen des Widerspruchs*, 1952. — L. Büchler, *L'armonia dei contrari*, 1955. — Arend Kulenkampff, *Antinomie und Dialektik. Zur Funktion des Widerspruchs in der Philosophie*, 1970. — L. Erdei, *Gegensatz und Widerspruch in der Logik*, 1972. — Jean Piaget et al., *Recherches sur la contradiction*, 2 vols., 1974. — Herbert A. Zwergel, *Principium contradictionis. Die aristotelische Begründung des Prinzips vom zu vermeidenden Widerspruch und die Einheit der ersten Philosophie*, 1972.

Para o conceito de contradição segundo Hegel: A. Bullinger, *Hegels Lehre vom Widerspruch*, 1884. — M. Wolff, *Der Begriff des Widerspruchs. Eine Studie zur Dialektik Kants und Hegels*, 1981.

Sobre as discussões acerca da contradição na União Soviética, ver a tradução de textos de G. A. Volkov, N. V. Karabanov, A. Kolman, A. A. Zinovév, em N. Lobkowicz, *Das Widerspruchsprinzip in der neueren sowjetischen Philosophie*, 1959. — Também em N. Lobkowicz, "The Principle of Contradiction", em *Studies in Soviet Thought*, 1961, ed. I. M. Bochenski e T. J. Blakeley, pp. 44-49.

Sobre o conceito de contradição no sentido do materialismo dialético: E. Conze, *Der Satz vom Widerspruch: Zur Theorie des dialektischen Materialismus*, 1932. — Gottfried Stiehler, *Hegel und der Marxismus über den Widerspruch. Überwindung der idealistischen Dialektik durch die wissenschaftliche materialistischen Dialektik*, 1960 (ponto de vista marxista). — *Id.*, *Der dialektische Widerspruch. Formen und Funktionen*, 1966; 2ª ed., rev., 1966. — Pierre Fougeyrollas, *Contradiction et totalité: Surgissement et déploiments de la dialectique*, 1964. ⊂

CONTRADITÓRIO. Estudamos a contradição como princípio ontológico e como regra metalógica em CONTRADIÇÃO (VER). Referimo-nos neste verbete à relação de oposição entre proposições contraditórias e entre funções de verdade contraditórias.

A relação de oposição entre proposições contraditórias (ver PROPOSIÇÃO) é a que se dá entre as proposições A – O e E – I, tal como se mostrou no quadro de Oposição (VER), em que também se fez referência à relação de contradição entre proposições modais. Segundo a relação de oposição contraditória, duas proposições contraditórias não podem ser ao mesmo tempo verdadeiras nem podem ser ao mesmo tempo falsas. Portanto,

Se A é verdadeira, O é falsa.
Se A é falsa, O é verdadeira.
Se E é verdadeira, I é falsa.
Se E é falsa, I é verdadeira.

A contradição diz respeito a proposições, não a idéias. As idéias não são contraditórias entre si; só podem ser contraditórias as proposições nas quais se afirma ou se nega algo.

Nas expressões veritativo-funcionais (ver VERITATIVO-FUNCIONAL), a contradição se mostra mediante tabelas de verdade. Se consideramos:

$$(p \wedge q) \rightarrow p \qquad (1)$$

e

$$\neg ((p \wedge q) \rightarrow p) \qquad (2)$$

e damos como tabela de verdade de (1):

V
V
V
V

a tabela de verdade de (2) será:

F
F
F
F

onde se mostra que as expressões em questão são mutuamente exclusivas, não podendo ser as duas verdadeiras, e implicando a verdade de uma a falsidade da outra e vice-versa.

Para a concepção hegeliana do contraditório e a não-distinção postulada por Hegel entre o contraditório e o contrário, ver CONTRÁRIO, DIALÉTICA, HEGEL.

CONTRAPOSITIVO (do condicional). Ver CONDICIONAL.

CONTRARIEDADE (LEI DE). Ver ASSOCIAÇÃO, ASSOCIACIONISMO.

CONTRÁRIO. A relação de oposição entre as proposições A e E (ver PROPOSIÇÃO), tal como foi exposta em Oposição (VER), chama-se relação de contrariedade, e essas proposições são denominadas "contrárias". Na lógica clássica, a relação de contrariedade afirma que duas proposições contrárias não podem ser ao mesmo tempo verdadeiras, mas *podem ser* ao mesmo tempo falsas. Assim:

Se A é verdadeira, E é falsa.
Se A é falsa, E *pode ser* falsa.
Se E é verdadeira, A é falsa.
Se E é falsa, A *pode ser* falsa.

Na lógica clássica, a distinção da matéria da proposição em matéria necessária e matéria contingente introduz uma restrição na afirmação 'Se A é falsa, E *pôde ser* também falsa'. Com efeito, avalia-se que quando a matéria é necessária, ou seja, quando P pertence à essência de S, duas proposições contrárias não podem ser ao mesmo tempo falsas. A relação de contrariedade ocorre também nos termos e nas proposições modais, como vimos em OPOSIÇÃO. No mesmo verbete, referimo-nos aos dois tipos de proposições contrárias (contrárias simples e contrárias oblíquas) resultantes do cubo de oposição proposto por Hans Reichenbach.

Na lógica moderna, a interpretação não-existencial de A e E torna inválidas, segundo os lógicos, as inferências antes mencionadas. Os lógicos clássicos objetam a isso com os argumentos que enfatizamos no verbete OPOSIÇÃO.

Para Hegel (*Enz.*, § 165; Glockner 6.133-34), a diferença entre "contrário" e "contraditório" (assim como entre "afirmativo" e "negativo") é uma mera seleção de acordo com as determinabilidades (contingentes) do pensar pertencentes à esfera do ser ou da essência, não tendo nenhuma relação com a esfera conceitual em si. As determinações (lógicas) são unilaterais (*Logik*, I Abt. II Kap; C.c; Glockner, 5.107), e sua unidade como verdade reside no 'ou...ou' do juízo disjuntivo. Como se pode perceber, a concepção hegeliana dificilmente se harmoniza com as concepções lógicas usuais e é um resultado da idéia metafísica da lógica, característica desse filósofo.

➲ Ver: John Peter Anton, *Aristotle's Theory of Contrariety*, 1957. ☉

CONTRASTAÇÃO. A noção de contrastação está relacionada com as de verificação, confirmação, corroboração e falseabilidade (VER). Em *Lógica da pesquisa científica* (1935), Popper falou de *Prüfbarkeit* e *Grade der Prüfbarkeit* (IV, pp. 67 ss.). *Prüfbarkeit* poderia ser traduzido por 'probabilidade' no sentido de "possibilidade de submeter algo a prova", e *Grade der Prüfbarkeit* poderia traduzir-se congruentemente por 'graus de probabilidade' ('contrastação' é igualmente versão de *Nachprüfung* e *Überprüfung*). Na frase 'submeter algo a prova' o termo 'prova' tem o sentido de "tentativa e experiência que se faz de algo", especialmente quando se quer averiguar se o que se diz disso é aceitável ou não. Contudo, o uso corrente de 'prova' em sentido lógico induziria a confusões e estas aumentariam ao empregar-se 'probabilidade', que se usaria antes como o nome que corresponde ao adjetivo 'provável'. Por essas razões, é melhor traduzir *Prüfbarkeit* por 'contrastação' — como ação e efeito de contrastar — e *Grade der Prüfbarkeit* por 'graus de contrastação'. Outro termo que poderia ser usado para isso seria 'exame' — assim como 'examinabilidade' —, mas 'contrastação' e os vocábulos relacionados — 'contrastabilidade', 'constrastável' etc. — parecem preferíveis.

De resto, Popper, na versão inglesa ampliada da *Logik* (*Logic of Scientific Discovery*, 1959, VI, pp. 112 ss.) usa o termo *testability* (e não *provability*, que teria um sentido mais estritamente lógico). Este termo obteve legitimidade nos trabalhos de filosofia da ciência em língua inglesa; entre eles, incluem-se alguns importantes trabalhos de autores originariamente de língua alemã.

De acordo com Popper, a relação entre contrastação e falseamento — e, portanto, entre contrastabilidade e falseabilidade — é tão estreita que o fato de que uma teoria (ou uma hipótese) seja mais ou menos severamente contrastável equivale a que ela seja mais ou menos facilmente falseável. Há, segundo isso, graus de contrastabilidade em correspondência com graus de falseabilidade de uma teoria (ou uma hipótese). A resistência de uma teoria a ser falseável — ou a resistência a falsear uma teoria — faz-se acompanhar por sua resistência a ser contrastável — ou pela resistência a contrastá-la. A contrastação é "contrastação com a experiência". Isso supõe, em princípio, que a chamada "experiência" não está condicionada — ou não o está excessivamente — por elementos conceituais prévios, ou, como se disse muitas vezes, não está carregada — ou, ao menos, não está sobrecarregada — de "teoria"; caso contrário, a própria teoria poderia estabelecer as condições de contrastação e, desse modo, "imunizar-se" contra o falseamento. Visto que, segundo Popper (*op. cit.*, VI, § 35), o conteúdo empírico de uma teoria aumenta com seu grau de falseabilidade, com esse aumento se eleva também o grau de contrastabilidade (e vice-versa); se a teoria é pouco contrastável, é pouco falseável, e se é pouco falseável, é pouco contrastável.

Em seu estudo da contrastabilidade ("Testability and Meaning", *Philosophy of Science*, 3 [1936] e 4 [1937], separata com correções, 1959), Carnap escreve que "distinguimos a contrastação de uma sentença (VER) da sua confirmação, entendendo por contrastação um procedimento — isto é, a realização de certos experimentos — que conduz a uma confirmação em certo grau ou da sentença ou de sua negação. Denominamos uma sentença *contrastável* se conhecemos o método para contrastá-la, e a chamamos *confirmável* se sabemos em que condições a sentença poderia ser confirmada". Normalmente, as sentenças (enunciados e, em geral, hipóteses ou teorias) são confirmáveis mediante contrastação, mas, em princípio, uma sentença poderia ser confirmável sem ser contrastável — contanto que se saiba que estas ou aquelas observações confirmariam a sentença. A noção de contrastação é desenvolvida por Carnap ao longo da substituição da noção de verificação pela de confirmação — ou, como alguns diriam, ao longo do aprimoramento da noção de verificação. Denominam-se "contrastáveis" os predicados observáveis ou os introduzidos por alguma série de contrastações; esses predicados podem ser ou completamente contrastáveis (se são introduzidos por observação ou por uma série de contrastações de forma molecular) ou incompletamente contrastáveis (nos outros casos) ("Definição 20" no art. cit.). O tipo de contrastação pode variar de acordo com o tipo de linguagem científica adotada e, portanto, de acordo com a determinação de quais termos nessa linguagem têm *designata*. Temos, por exemplo, na tese fisicalista (ver FISICALISMO) desenvolvida outrora por Carnap, que "todo predicado descritivo da linguagem da ciência é contrastável com base em coisas-predicados observáveis" (art. cit., p. 468).

CONTRASTE (LEI DE). Ver ASSOCIAÇÃO, ASSOCIACIONISMO.

CONTRATIPO. Ver TIPO.

CONTRATO SOCIAL. A teoria segundo a qual a sociedade humana deve sua origem (ou, melhor, sua possibilidade enquanto sociedade) a um contrato ou pacto entre indivíduos costuma ser denominada (pelo título da obra de Rousseau a que nos referiremos depois) "a teoria do contrato social" e também "contratualismo". Os defensores dessa teoria em geral não sustentam que a sociedade se originou efetivamente quando os homens, ou melhor, um grupo de homens, se reuniram com o objetivo de chegar a um acordo sobre fins comuns; eles afirmam simplesmente que, seja qual for a origem da sociedade, seu fundamento e sua possibilidade como sociedade se acham num pacto. Portanto, o contratualismo considera a sociedade *como se*, em algum momento histórico (ou pré-histórico), houvesse ocorrido um pacto ou contrato. É possível que alguns sofistas tivessem desenvolvido uma teoria contratualista da sociedade, a julgar pelo que afirma Platão (*Rep.*, II, 359 A) — com o propósito de refutá-la — daqueles que sustentavam que, para evitar as injustiças e os prejuízos que alguns homens infligiam a outros, era mais proveitosa a decisão de entender-se para não cometer nem sofrer a injustiça. Daí nasceram, escreve Platão, os pactos (συνθήκη, que significa pacto, tratado, convenção). Para os autores a que Platão se refere, a justiça não é (como para o filósofo) algo absoluto, um valor em si mesmo, mas resultado de um acordo, de um compromisso. Na obra platônica, a teoria contratualista é posta na boca de Trasímaco e de Glauco. Aristóteles (*Pol.*, III. 1280 b 10) atribui a teoria a Lícofron (um sofista). Epicuro e os epicuristas parecem ter também defendido o contratualismo, ao qual se refere Cícero em seu diálogo *De republica*. Durante a Idade Média, o contratualismo foi abordado por vários autores, e foi também defendido e elaborado por alguns (como, por exemplo, Marsílio de Pádua), sem que isso signifique que o contratualismo medieval fosse idêntico ao antigo, pois o primeiro é com freqüência condicionado pelo modo como se apresentou na Idade Média o conflito entre o poder temporal e o poder espiritual, conflito inexistente, ou de pequena importância, no mundo antigo. No século XV encontram-se elementos da teoria do contrato social em vários autores, entre eles Nicolau de Cusa.

Entretanto, esta teoria desenvolveu-se sobretudo na época moderna, em parte como conseqüência da crescente secularização do Estado e em parte como resultado de uma concepção de tipo "atomista", segundo a qual o Estado é composto principalmente por indivíduos cujas relações entre si são comparáveis às relações entre partículas — embora não necessariamente redutíveis a elas. Enquanto muitos autores escolásticos (como Santo Tomás e Suárez) fundam o Estado no bem comum (VER), do qual participam os diversos membros, muitos autores modernos tendem a um tipo de relação de caráter menos "organicista" e mais "mecanicista". Um dos exemplos desta última espécie de relação é o contratualismo, estreitamente ligado ao chamado "jusnaturalismo". Entre os autores que elaboraram essa teoria se encontram Grotius, Pufendorf e Locke. Mas os autores contratualistas modernos mais conhecidos são Hobbes e Rousseau, sobre cujas doutrinas discorreremos mais detalhadamente a seguir.

Como indica Richard Peters (*Hobbes*, 1956, p. 194), "a concepção a que Hobbes aderiu, segundo a qual a sociedade civil se baseava em alguma forma de contrato ou pacto, era coisa corrente em sua época". Admitiam-se dois tipos de pacto: o *pactum unionis*, considerado como a origem da sociedade civil e baseado na aceitação pela maioria das decisões tomadas, e o *pactum subjectionis*, pelo qual a comunidade se submetia a uma forma particular de governo civil (Peters, *loc. cit.*). Hobbes tratou do contrato social como *pactum unionis*; sua explicação do contrato social "foi uma tentativa de aplicar o método resolutivo-compositivo de Galileu à sociedade civil, de revelar os princípios básicos pressupostos por sua existência de modo que se pudesse realizar uma reconstrução racional de suas características mais conspícuas" (*op. cit.*, p. 201). Tratava-se em Hobbes de uma hipótese explicativa, não de uma hipótese relativa a acontecimentos históricos efetivos. Encontram-se importantes passagens a esse respeito no *Leviatã* (I. 14): "A transferência mútua de direitos é o que os homens chamam de *contrato*. Há uma diferença entre a transferência de direitos à coisa e a transferência da tradição,

isto é, a entrega da coisa em si mesma". E também: "Os sinais do contrato são ou expressos ou por inferência".

Rousseau, por sua vez, afirmou que a ordem social não está fundada na natureza, mas em "convenções" (*Contrat social*, I. 1). A sociedade mais antiga e natural é a família (1. 2). O primeiro modelo das sociedades políticas é aquele no qual o chefe assume a imagem de um pai. Ora, o mais forte, com a finalidade de continuar a sê-lo, transforma a força em direito e a obediência em dever (1. 3).

Em todo caso, para explicar a sociedade é preciso remontar sempre a uma primeira convenção (1. 5). Assim se forma o "pacto social", sobre o qual escreve Rousseau: "Suponho que os homens chegaram a este ponto no qual os obstáculos que prejudicam sua conservação no estado de natureza vencem, por meio de sua resistência, as forças que cada indivíduo pode empregar para manter-se nesse estado. Então esse estado primitivo já não pode continuar por mais tempo, e o gênero humano pereceria caso não mudasse seu modo de ser" (1. 6); e também: "Encontrar uma forma de associação que defenda e proteja com toda a força comum a pessoa e os bens de cada associado, e mediante a qual cada um, unindo-se a todos, não obedeça senão a si mesmo, e fique tão livre quanto antes" é "o problema fundamental para o qual o *Contrato social* dá a solução". As cláusulas do contrato reduzem-se a uma: "Total alienação de cada associado com todos os seus direitos diante de toda a comunidade" (*loc. cit.*). A essência do contrato social é: *"Cada um de nós põe em comum sua pessoa e todo o seu poder sob a direção suprema da vontade geral (...) [e assim] consideramos cada membro como parte indivisível do todo"* (*loc. cit.*). O contrato social explica a passagem do estado de natureza ao estado civil. É fundamental na concepção de Rousseau a idéia de vontade geral (*volonté générale*), ou vontade do corpo civil (ou a maioria de seus membros), a qual "é sempre justa e tende sempre à utilidade pública" (II. 3). Isso não significa que a vontade geral se exprima sempre correta ou adequadamente, pois, "embora se queira sempre o próprio bem, este nem sempre é visto; o povo nunca é corrompido, mas com freqüência é enganado, e somente então parece querer o que é mau" (*loc. cit.*).

As teorias modernas do contrato social, particularmente as expressas por Rousseau, influenciaram numerosos pensadores (por exemplo, Kant e Fichte). Vê-se em Rousseau, além disso, a possibilidade de combinar o contratualismo com uma teoria organicista da sociedade, o que não acontece nos contratualistas anteriores a esse filósofo.

Uma das manifestações mais recentes do "contratualismo" se encontra na teoria da justiça (VER) de John Rawls (ver RAWLS [JOHN]).

➲ Ver: A. Atger, *Essai sur l'histoire des doctrines du contrat social*, 1906. — J. W. Gough, *The Social Con-*

tract: *A Critical Study of Its Development*, 1936; 2ª ed., 1957. — M. D'Addio, *L'idea del contratto sociale dai Sofisti alla Riforma e il* Di principatu *di Mario Salamonio*, 1954. — G. del Vecchio, *Sui vari significati della teoria del contratto sociale*, 2ª ed., 1956. — VV.AA., *Études sur le Contrat Social de J.-J. Rousseau*, 1964 [Actes des Journées d'Études tenues à Dijon les 3, 4, 5, et 6 mai, 1962]. — J. McManners, *The Social Contract and Rousseau's Revolt against Society*, 1967. — L. G. Crocker, *Rousseau's Social Contract: An Interpretive Essay*, 1968. — R. Ardrey, *The Social Contract: A Personal Inquiry into the Evolutionary Sources of Order and Disorder*, 1970. — A. Levine, *The Politics of Autonomy: A Kantian Reading of Rousseau's* Social Contract, 1976. — C. Fried, *Contract as Promise: A Theory of Contractual Obligation*, 1981. — C. H. Kahn, "The Origins of Social Contract Theory in the Fifth Century B. C.", em G. B. Kerferd, ed., *The Sophists and Their Legacy*, 1981, pp. 92-108. — J. B. Noone, *Rousseau's Social Contract*, 1981. — H. Gildin, *Rousseau's Social Contract: The Design of the Argument*, 1983. — F. Vallespín Oña, *Nuevas teorías del contrato social. J. Rawls, R. Nozik, J. Buchanan*, 1985. — M. Lessnoff, *Social Contract*, 1986. — J. Hampton, *Hobbes and the Social Contract Tradition*, 1986. — A. De Jasay, *Social Contract, Free Ride: A Study of the Public Goods Problem*, 1989. **c**

CONTRATUALISMO. Ver Contrato social.

CONVENCIONALISMO. A distinção proposta pelos sofistas entre o que é por natureza — φύσει ("por nascimento", "por sua origem [natural]") — e o que é por "lei" — νόμῳ — equivale em muitos casos a uma distinção entre "verdadeiro" ou "real" (ou "verdadeiro-real") e "convencionado". Os sofistas discutiram se — e até que ponto — o que se diz acerca de algo e, em geral, a própria linguagem que se usa para dizê-lo são resultado de convenções. Se, como pensou a maioria dos sofistas, a resposta é positiva, é preciso renunciar a encontrar enunciados, teorias ou doutrinas absolutamente certas. O caráter aceitável de um enunciado, de uma teoria ou de uma doutrina é função das convenções de princípio adotadas, isto é, de que se tenha chegado — não necessariamente de modo explícito — a um "acordo" com referência a certas "verdades" básicas. Platão opôs-se ao "convencionalismo" dos sofistas, pelo menos na medida em que este podia desembocar num relativismo.

O contratualismo de que falamos no verbete Contrato social é uma forma de convencionalismo, destinado a evitar a "proliferação anárquica" de opiniões em matéria política e social. Entretanto, o termo "convencionalismo" foi usado com mais freqüência em relação com discussões acerca da natureza das teorias científicas, embora possa estender-se a discussões sobre a natureza de quaisquer teorias.

Reconheceu-se na teoria do conhecimento de Kant um fio que, desenvolvido conseqüentemente — e posto fora de contexto —, pode desembocar no convencionalismo. Em primeiro lugar, se se eliminam os critérios específicos estabelecidos por Kant para "deduzir" os conceitos do entendimento, pode-se afirmar que se trata de "convenções", mesmo que estas não sejam arbitrárias, pois devem justificar-se mediante o contraste com a experiência. Em segundo lugar, se se desenvolve a idéia kantiana dos elementos "reguladores" do conhecimento e se consideram as hipóteses e teorias como modos — que podem ser muito diversos e, além disso, "alternativos" — de descrever e explicar os fenômenos, destaca-se o caráter pragmático e, em última análise, "convencional" e "útil" das hipóteses e teorias. Não obstante, o convencionalismo moderno, do final do século XIX e do século XX, apenas acidentalmente é uma modificação da epistemologia kantiana.

Um dos autores mais citados como representante do convencionalismo é Henri Poincaré (ver). Ao examinar as diversas geometrias — euclidiana e não-euclidiana —, Poincaré conclui que os axiomas geométricos não são nem intuições sintéticas *a priori*, como afirmava Kant, nem fatos experimentais ou descrições desses fatos: são convenções (*La science et l'hypothèse*, 1902, parte II, cap. III). A escolha entre todas as convenções possíveis é guiada por fatos experimentais, mas continua sendo "livre", estando limitada apenas pela necessidade de evitar qualquer contradição no sistema de enunciados. Os axiomas da geometria, de acordo com Poincaré, são definições disfarçadas, de modo que não tem sentido perguntar se são verdadeiros ou falsos, assim como não tem sentido perguntar se o sistema métrico decimal é verdadeiro ou falso. Por outro lado, se não houvesse corpos sólidos na natureza, não haveria geometria (parte II, cap. IV). Portanto, Poincaré manifesta-se como um "convencionalista", declarando que não apenas os axiomas da geometria, mas também as leis físicas — como as leis de aceleração e composição de forças —, são "convenções"; ele acentua, porém, que não se trata de convenções arbitrárias, e sim de convenções adaptáveis aos fatos que se estudam (parte II, cap. VI). Assim, as "convenções" (hipóteses, teorias) devem ser submetidas a verificação e devem ser abandonadas caso não passem na prova experimental. O convencionalismo de Poincaré é, portanto, diferente — e, em algum sentido, menos "radical" — do de Edouard Le Roy, contra o qual escreveu em *La valeur de la science* (1905). Le Roy desenvolvera algumas das idéias de Bergson; embora este não houvesse ainda formulado seu pensamento a esse respeito na forma em que aparece depois — por exemplo, em *La pensée et le mouvant*, p. 84, *Oeuvres*, ed. Robinet, p. 1319: "A inteligência nos foi dada, tal como o instinto à abelha, para dirigir nosso comportamento" —, havia nele desde o começo elementos pragmatistas e "convencionalistas" suficientes para que se pudesse afirmar, como fez Le Roy, que a ciência é feita de convenções e que a isso deve ela sua certeza aparente. Como essas declarações de Le Roy estavam impregnadas de antiintelectualismo, Poincaré reagiu a ele. Segundo Le Roy, a ciência é "uma regra de ação". De acordo com Poincaré, embora haja regras na ciência, elas não são como as dos jogos: trata-se de regras com as quais se alcançam determinados fins, tais como a previsão de fenômenos. Segundo Le Roy, o cientista cria o fato, não talvez o "fato bruto", mas o "fato científico". Poincaré indica que o cientista não cria o fato científico, porque o fato bruto impõe-se a ele: "o fato científico é somente o fato bruto traduzido para uma linguagem cômoda" (*La valeur de la science*, parte III, cap. 10, 3). Em outras palavras, o cientista, segundo Poincaré, cria a linguagem, não o fato descrito pela linguagem.

Pode-se chamar Poincaré, portanto, de "convencionalista", mas com não poucas qualificações. É necessário tomar precauções semelhantes quando se fala do convencionalismo de autores como Mach, Avenarius, Pierre Duhem, e até de Vaihinger, com seu "ficcionalismo" (ver FICÇÃO). O que há de comum em todos esses autores é o fato de admitir que os enunciados científicos e, em particular, as teorias e hipóteses científicas não são descrições ou explicações absolutas dos fenômenos, e em muitos casos não são, propriamente falando, explicações. Esta última idéia foi expressa por Pierre Duhem ao afirmar que "uma teoria física não é uma explicação. É um sistema de proposições matemáticas, deduzidas de um número reduzido de princípios que têm por fim representar de modo tão simples, completo e exato quanto possível um conjunto de leis experimentais" (*La théorie physique*, 2ª ed., 1914, p. 24); e também quando ele precisou que "uma teoria *verdadeira* não é uma teoria que dá uma explicação em conformidade com a realidade das aparências físicas; é uma teoria que representa de modo satisfatório um conjunto de leis experimentais. Uma teoria *falsa* não é uma tentativa de explicação fundada em pressupostos contrários à realidade; é um conjunto de proposições que não concordam com as leis experimentais. *O acordo com a experiência é, para uma teoria física, o único critério de verdade*" (*op. cit.*, p. 26). Admite-se, portanto, que as teorias são "úteis", mas sua "utilidade" é circunscrita por seu modo de funcionar ao contrastá-las com a experiência.

Nas numerosas discussões que tiveram lugar mais tarde sobre as maneiras de entender os termos observacionais e os termos teóricos, assim como a relação entre ambos, reiteraram-se várias teses desenvolvidas no início do século. Também aqui é difícil saber quando se pode considerar um autor "convencionalista". A rigor, pode-se adotar uma atitude convencionalista tanto se se afirma que os termos observacionais são invariantes como se se mantém que as observações "estão carregadas de teoria". Em ambos os casos se pode — embora não seja necessário — defender a tese de que as teorias são "convenções". Se os termos observacionais são invariantes, as teorias podem ser "convencionais", mas também podem sê-lo em caso contrário. O que acontece é que o segundo tipo de convencionalismo possível pode ser mais radical que o primeiro, já que não apenas o desenvolvimento das teorias, mas também sua contrastabilidade com a experiência (que é reduzida então a um mínimo, sendo às vezes praticamente eliminada), são assunto de "convenção".

O convencionalismo de certos autores foi às vezes a manifestação, ou o correlato, de um "operacionalismo" (VER). Isso ocorreu com P. W. Bridgman, mas de maneira muito especial com Hugo Dingler (VER). Este último autor é apresentado às vezes como defensor de um convencionalismo radical. Contudo, embora seja certo que, particularmente na fase final de seu desenvolvimento filosófico, Dingler tenha se manifestado como um convencionalista convicto, seu convencionalismo continuava a apoiar-se nas regras de uma concepção "metódico-operacional", que eram controladas pela experiência e cuja finalidade era justamente eliminar teorias que "não funcionavam".

A admissão de convenções na formulação, explícita ou implícita, de postulados — e ao mesmo tempo a rejeição de interpretações "arbitrárias" — foi comum em vários autores. Em seu ensaio "Logic Without Ontology" (*Naturalism and the Human Spirit*, 1944, ed. Y. H. Krikorian, p. 211), Ernest Nagel enfatizou que não se pode dar conta adequadamente dos princípios empregados no conhecimento se se supõe que eles são meras generalizações da experiência, mas que, ao mesmo tempo, esses princípios não podem ser aplicados sem que se adote certa atitude "funcionalista" — em que se admitem estes ou aqueles termos levando em conta o modo como funcionam em contrastações com a experiência. Visto que a lógica e a matemática são usadas em "contextos específicos" e por "vias identificáveis", convém "compreender o significado dos conceitos e dos princípios lógico-matemáticos em termos das operações associadas a eles nesses contextos, e rejeitar interpretações acerca de sua significação última". Aceitase, em suma, o que às vezes se denominou "livre formação de conceitos", mas se rejeita que essa formação seja puramente arbitrária.

Um convencionalismo "absoluto" equivaleria a uma mera "arbitrariedade". Por outro lado, caso se restringisse excessivamente o grau de convencionalidade dos termos, conceitos, postulados, teorias etc., poder-se-ia desembocar numa posição nada convencionalista e até "realista". Parece que, com a finalidade de evitar esses extremos, toda concepção convencionalista tem de especificar os tipos de convenções adotadas e os graus de sua aplicabilidade.

Um modo especificamente circunscrito de "convencionalismo" é o que se encontra em Carnap. Segundo esse autor, o "princípio de tolerância" (ver TOLERÂNCIA) pode também ser chamado de "princípio de convencionalidade" (cf. *Logische Syntax der Sprache*, § 17). São puramente convencionais a própria construção de um cálculo e a escolha de suas características; em suma, há pura convenção em nível sintático. Em contrapartida, num sistema semântico, uma vez dado o sistema, o que dele se segue *não* é convenção. Carnap afirma que "enquanto ao construir um cálculo podemos escolher as regras arbitrariamente, ao construir um cálculo *K* de acordo com um sistema semântico dado *S*, não possuímos liberdade completa", de maneira que "em alguns aspectos essenciais as características de *S* determinam as de *K*, embora, por outro lado, haja ainda liberdade de escolha com referência a outras características" (*Studies in Semantics*, I, § 36).

Quine examinou o problema da "verdade por convenção" dando especial atenção a estruturas formais, em particular lógicas e matemáticas. Segundo Quine, afirmar que a matemática é verdadeira por convenção equivale simplesmente a dizer que "toda a matemática é (...) construível definicionalmente a partir da lógica" ("Truth By Convention", em *Philosophical Essays for A. N. Whitehead*, 1936, ed. O. H. Lee; reimp. em *The Ways of Paradox and Other Essays*, 1966, p. 80). Isso exige que se admita que os princípios lógicos aos quais se supõe que se reduzem os matemáticos são também "verdadeiros por convenção". Quine observa — e essa observação pode aplicar-se a outras esferas além da lógica e da matemática — que se podem adotar convenções sem anunciá-las para depois formulá-las verbalmente, e que se pode admitir que "a formulação verbal de convenções não é um requisito na adoção de convenções mais do que o é a redação de uma gramática para a língua; essa exposição explícita de convenções é meramente um dos muitos usos importantes de uma linguagem completa. Assim concebidas, as convenções já não nos deixam aprisionados num círculo vicioso" (*op. cit.*, p. 98).

David K. Lewis (cf. bibliografia) estudou a noção de convenção partindo de um exame da natureza do que denomina "atos coordenados", isto é, atos executados por duas ou mais pessoas e destinados a atingir um fim — ou um "ganho mútuo". Esses atos costumam ser executados com base num conhecimento mútuo, ou ao menos numa "expectativa mútua". A coordenação é fundamental em dois aspectos: primeiro, porque permite a repetição dos atos coordenados seguindo um modelo; segundo, porque o executar esses atos seguindo um modelo facilita e aperfeiçoa a coordenação. A convenção permite entender então noções como as de contrato mútuo, norma, regra etc. Segundo Lewis, ela permite entender também o papel das convenções lingüísticas, ao contrário das meras regularidades.

A nosso ver, cabe dizer que, em algum sentido, a verdade (ou falsidade) de todos os enunciados é convencional, incluindo a verdade (ou falsidade) de enunciados supostamente necessários, como o são as chamadas "leis do pensamento" (princípios de identidade e não-contradição). Embora essas leis não possam ser negadas por ninguém que aspire a negá-las inteligivelmente, podem ser negadas por alguém que não vise negá-las inteligivelmente e que, de fato, não as nega, mas simplesmente se nega a aceitá-las. Mas então a aceitação das referidas leis como necessárias é uma convenção que, evidentemente, se faz acompanhar de condições, como ocorre com todas as convenções. Nesse caso, as condições da convenção são os fins de discorrer, debater etc., inteligivelmente. Esses são os fins que deveriam ser denominados "fortes", isto é, que abrangem uma grande quantidade de possíveis operações, não apenas teóricas, mas também práticas, motivo pelo qual "na prática" se pode dizer que as leis do pensamento são necessárias e não convencionais, porém sem que haja nenhuma justificação teórica a esse respeito. Se isso acontece com as leis do pensamento, tanto mais ocorrerá com outras convenções cujas condições representem fins mais restritos, ou mais "fracos".

↪ Ver: Ernest Nagel, "Nature and Convention", *Journal of Philosophy*, 26 (1929), 169-182. — W. van Orman Quine, "Truth by Convention" (em *Philosophical Essays for A. N. Whitehead*), 1936. — Victor F. Lenzen, "Experience and Convention", *Erkenntnis*, 7 (1937-1938), 257-267. — Max Black, "Conventionalism in Geometry", *Philosophy of Science*, 9 (1942), 335-349. — J. N. Findlay, "Morality by Convention", *Mind*, N. S., 53 (1944), 142-169. — Karl Briton, J. O. Urmson e William Kneale, "Are Necessary Truths True by Convention?", *Arist. Soc. Supp.*, 21 (1947), pp. 78-133. — Euryalo Cannabrava, *Elementos de metodologia filosófica*, 1956, pp. 107-137 (trad. ingl. deste capítulo: "Convention, Nature and Art", em *Philosophy and Phenomenological Research*, 9 [1948-1949], 469-479). — W. Bruning, *Der Gesetzbegriff im Positivismus der Wiener Schule*, 1954. — David K. Lewis, *Convention: A Philosophical Study*, 1969. — Carlo B. Giannoni, *Conventionalism in Logic*, 1971. — L. Schäfer, *Erfahrung und Konvention. Zum Theoriebegriff der empirischen Wissenschaften*, 1974. — Izydora Dambska, *O konwencjach i konwencjonalizmie*, 1975 (*As convenções e o convencionalismo*). — A. Kemmerling, *Konvention und sprachliche Kommunikation*, 1976 (tese). — G. Rocci, *Scienza e convenzionalismo*, 1978. — J. Giedymin, *Essays on Conventionalism and 20th Century Philosophy of Science*, 1981. — E. Runggaldier, *Carnap's Early Conventiona-*

lism: An Inquiry into the Historical Background of the Vienna Circle, 1984. — A. Sidelle, *Necessity, Essence, and Individuation: A Defense of Conventionalism*, 1989. Ver também a bibliografia do verbete FICÇÃO. ⊃

CONVERSÃO. Na lógica clássica, a conversão é um modo de inversão de proposições, de tal sorte que, sem alterar a verdade de uma proposição dada, 'S é P', se possa colocar 'S' no lugar de 'P' ou 'P' no lugar de 'S'. Admitiram-se a esse respeito três modos principais de conversão: 1) a conversão simples, na qual sujeito e predicado conservam a quantidade ou a extensão; 2) a conversão por acidente, na qual se conserva apenas a extensão, e 3) a conversão por contraposição, na qual sujeito e predicado se convertem por meio da anteposição da negativa a cada um dos termos invertidos. Os lógicos estabelecem várias regras para a conversão, baseadas na conversão por um termo, enquanto sujeito, da mesma extensão que esse termo tinha como predicado. Quando não se cumpre essa condição, produzem-se sofismas. Assim, por exemplo, é admissível a conversão de 'Nenhum animal é racional' em 'Nenhum ser racional é animal', mas não o é a conversão de 'Todos os homens bondosos falam com franqueza' em 'Todos os que falam com franqueza são bondosos'.

A conversão é estudada na lógica não apenas nas proposições puras, mas também nas modais (como o fez já Aristóteles em *An. Pr.*, I 24 ss.). Deve-se observar que a doutrina tradicional da conversão não foi aceita em todos os seus pontos pelos lógicos modernos, especialmente os do século XIX. Vários desses lógicos consideram a conversão um exemplo da inferência imediata.

O significado anterior de 'conversão' é lógico. Há também (e, segundo alguns, sobretudo) um sentido espiritual — na maioria das vezes, metafísico — da conversão. Destacaremos aqui quatro aspectos desse sentido.

Em primeiro lugar, pode-se entender a noção de conversão como uma noção contraposta à de processão (VER). Este é o sentido mais comum entre os neoplatônicos e, em particular, em Plotino (VER).

Em segundo lugar, pode-se estudar a conversão como a transformação espiritual que torna possível um "homem novo". Um exemplo deste sentido é a conversão religiosa e, mais especificamente, a cristã tal como foi descrita por São Paulo.

Em terceiro lugar, a noção de conversão é empregada quando se faz referência à convertibilidade mútua dos transcendentais (VER).

Por fim, a noção de conversão pode ser considerada a base de uma metafísica. Mencionaremos a esse respeito a distinção estabelecida por Georges Bastide (1901-1969, nascido em Cournonterral [Hérault], professor desde 1941 da Universidade de Toulouse) entre a falsa conversão — como carnal sob o aspecto da espiritual, a mera introspecção psicológica etc. — e a conversão autêntica. Esta última pode se fundar, segundo Bastide, numa matéria empírica subjetiva, mas tem de orientar-se para "princípios de comunhão" e "valores de universalidade" mediante um "compromisso heróico" (*La conversion spirituelle*, 1956, pp. 42-43). "Na conversão — escreve Bastide à luz de seu 'idealismo autêntico', 'idealismo moral ou axiológico' e 'espiritualismo personalista' —, experimentam-se em sua essência profunda as três noções fundamentais que formam a tríade da qual depende toda a vida moral: a liberdade, a responsabilidade e o dever." Essas noções são usadas também pela consciência empírica, mas em sentido diferente e sem levar em conta o eixo — e ao mesmo tempo o propósito — de toda "conversão autêntica": a "transfiguração dos valores".

⊃ Ver: Paul Aubin, *Le problème de la "conversion": Étude sur un terme commun à l'hellénisme et au christianisme des trois premiers siècles*, 1963. ⊂

CONVERSO. É preciso ter cuidado para não confundir o termo 'conversão' com o termo 'converso' na lógica. Este último é usado na lógica das relações. Nela, denomina-se "converso" de uma relação R, em símbolos: $\check{R}$, a relação de todos os x com todos os y, tais que $y\,R\,x$. Por exemplo, o converso da relação *maior que* é a relação *menor que*. Há várias leis da lógica das relações nas quais intervém a noção de converso de uma relação. Mencionamos somente, à guisa de ilustração, a simples lei que se exprime do seguinte modo:

$$R = \check{\check{R}}$$

e que mostra que uma relação é idêntica ao converso do converso de si mesma.

Outras leis nas quais aparece a noção de referência, assim como uma definição mais formal de 'converso', podem ser encontradas nos manuais de lógica matemática (cf. J. Ferrater Mora e H. Leblanc, *Lógica matemática*, 55, § 29)

CONVERTÍVEL. Ver CONVERSÃO; PREDICÁVEIS.

COPENHAGUE (ESCOLA DE). Ver BOHR, NILS; QUANTA (TEORIA DOS); COMPLEMENTARIDADE (PRINCÍPIO DE).

COPÉRNICO, NICOLAU (Nicolaus Copernicus, versão latinizada do nome polonês Niklas Koppernigk) (1473-1543). Nascido em Torun (Thorn), Polônia, estudou nas universidades de Cracóvia (1491-*ca.* 1494), Bolonha (1496-1500) e Pádua (1501-*ca.* 1503) e doutorou-se em leis na Universidade de Ferrara (1503). Em 1497, fora eleito cônego da catedral de Frauenburg. De volta à Polônia, em 1506, e depois de servir de médico ao tio, Copérnico retornou, em 1512, a Frauenburg para assumir seu posto de cônego. Seu interesse por astronomia, suscitado já na Polônia antes de sua estada na Itália, reafirmou-se neste país, especialmente em Bolonha.

Denomina-se "sistema copernicano" o sistema segundo o qual o Sol se encontra no centro do Universo e a Terra gira em torno do Sol, ao contrário do "sistema ptolemaico", que é geocêntrico. A possibilidade de um heliocentrismo não foi completamente desconhecida na Antiguidade ou na Idade Média; o próprio Ptolomeu não descartava a possibilidade de explicações heliocêntricas, tendo sido estas abordadas por autores como João Buridan, Thomas Bradwardine, Nicolau de Oresme e vários dos filósofos e físicos que constituem os antecedentes medievais do desenvolvimento da ciência física moderna. Contudo, adotou-se geralmente o sistema geocêntrico ptolemaico, em parte por razões escriturárias e em parte porque a teoria ptolemaica dos epiciclos se aprimorara suficientemente para dar conta da maioria dos movimentos aparentes dos astros. O próprio refinamento da teoria ptolemaica dos epiciclos representava, porém, um obstáculo; de fato, a teoria funcionava graças a complicadas técnicas de computação que exigiam movimentos nada simples por parte dos planetas. A revolução copernicana apareceu antes de tudo como um movimento de simplificação; não se tratava apenas de resolver dificuldades ou anomalias no sistema ptolemaico — já que o sistema alternativo tinha também suas próprias dificuldades —, mas de mudar radical e completamente o modo de explicação. É preciso observar que a "simplicidade" do sistema copernicano em relação ao ptolemaico não consistia tanto no número de noções usadas mas na relação entre elas. Enquanto no chamado "sistema ptolemaico" o "sistema" era um conjunto de noções um tanto díspares e mais ou menos artificialmente unificadas pelos resultados obtidos, no sistema copernicano se procedia pela primeira vez, e isto com grande detalhe, a uma unificação do sistema posicional dos corpos celestes. Graças a essa sistematização posicional, puderam ser desenvolvidas as teorias de Tycho Brahe e de Kepler. Especialmente as três leis de Kepler, fundadas na sistematização copernicana, juntamente com a lei da inércia de Galileu, tornaram possível a mecânica newtoniana.

Discutiu-se até que ponto a idéia copernicana das órbitas circulares — em contraposição às órbitas elípticas de Kepler — tem seu fundamento em hipóteses científicas ou em concepções filosóficas, filosófico-religiosas e até artísticas. Também foi muito discutida a interpretação que se poderia dar ao sistema copernicano, especialmente se se tratava de um mero sistema de computação, que devia ser comparado com o de Ptolomeu pelos resultados obtidos, ou se se tratava de uma "representação real" dos movimentos planetários em relação à posição central do Sol. Quando a obra fundamental de Copérnico foi publicada, em 1543, Andreas Osiander antepôs a ela um prefácio afirmando tratar-se de um sistema de computação de movimentos. Não era essa a opinião do próprio Copérnico. A luta em torno do copernicanismo, durante os séculos XVI e XVII, foi uma luta que ultrapassou os limites da astronomia de posição por todos os lados. O nome clássico "revolução copernicana" expressa a seriedade com que se recebeu a possibilidade de uma explicação dos movimentos e posições respectivas do Sol e dos planetas no sistema solar, que, ao que parece, mudava a partir da base uma tradição geocêntrica que constituíra um dos elementos básicos da visão do mundo.

↪ Obras: por volta de 1512, C. compôs um chamado *Commentariolus*, que circulou em várias cópias manuscritas e que continha um esboço do sistema. Georg Joachim Rheticus publicou em 1540 a *Narratio Prima*, ou "primeira versão" do sistema. Os *De revolutionibus orbium coelestium libri IV* foram publicados em 1543, com o prefácio antes indicado.

Edição de obras por ocasião do quinto centenário do nascimento de C.: *Gesamtausgabe*, 10 vols. em 18 tomos, ed. Heribert M. Nobis, a partir de 1972. — Outra edição pela Academia Polonesa de Ciências e pelo Centro Nacional de Investigação Científica, ed. Pawel Czartoryski, a partir de 1973.

Ver: Ludwig Prowe, *N. C.*, 3 vols., 1883-1885. — L. Birkenmajer, *N. C. I: Studien über die Arbeiten Copernicus und biographisches Material*, 1900. — VV.AA., *N. K. Persönlichkeit und Werk. Zum 400 Wiederkehr seines Todestages*, 1943. — S. P. Mizwa, *N. C., 1543-1943*, 1943. — Will-Erich Peuckert, *N. K.*, 1943. — Thomas S. Kuhn, *The Copernican Revolution*, 1957 (trad. port.: *A revolução copernicana*, 1990). — Jerome R. Ravetz, *Astronomy and Cosmology in the Achievement of N. Copernicus*, 1965. — José A. Coffa, *C.*, 1969. — Fred Hoyle, *Nicolaus Copernicus: An Essay on His Life and Work*, 1973. — H. Blumenberg, *Die Genesis der kopernikanischen Welt*, 1975. — O. Gingerich, ed., *The Nature of Scientific Discovery: A Symposium Commemorating the 500th Anniversary of the Birth of N. C.*, 1975. ↩

CÓPULA. Num sentido geral, dá-se o nome de "cópula" ao verbo que numa oração une o sujeito ao atributo. Num sentido estrito, denominam-se "cópula" as partículas 'é' e 'são', que unem numa oração o sujeito ao atributo. Segundo a lógica qualificada de tradicional, todo enunciado pode ser convertido em outro no qual a cópula em sentido estrito desempenha o papel de meio unificador entre o sujeito (S) e o atributo ou predicado (P). Com efeito, enunciados como:

Serafim fuma	(1),
Soledad vive	(2)

podem ser traduzidos, de acordo com essa lógica, pelos enunciados:

Serafim é fumante	(3),
Soledad é um ser vivo	(4),

e mesmo o enunciado:

Eu sou (5)

pode ser traduzido por:

Eu sou um ente existente (6).

Em virtude disso, afirma-se que o verbo 'ser' é o verbo copulativo por excelência. Em (1) e (2), 'ser' manifesta a função copulativa indiretamente; em (3) e (4), diretamente ou *in actu signatu*. Em (5) e (6) indica-se que o verbo 'ser' exerce ao mesmo tempo a função de cópula e de predicado. Os enunciados que possuem um verbo-cópula, como (3), (4) e (6), são denominados enunciados *de tertio adjacente*. Os enunciados que possuem um verbo-predicado, como (1), (2) e (5), são denominados *de secundo adjacente*. Por meio dessas distinções, os autores escolásticos respondem às objeções que os lógicos contemporâneos costumam formular, objeções às quais nos referimos no verbete QUANTIFICAÇÃO, QUANTIFICACIONAL, QUANTIFICADOR ao apresentar a composição dos enunciados. É possível indicar, portanto, que no campo estritamente lógico os autores tradicionais nem sempre precisam fazer sua lógica depender de uma metafísica baseada na relação *substância-acidente* ou então edificar sua metafísica com base numa "má gramática". Ora, tão logo se começa a apresentar os enunciados em forma simbólica, percebe-se que não é necessário admitir que o verbo 'ser' seja o verbo copulativo por excelência. Por esse motivo, continuamos a considerar que na composição dos enunciados é melhor aceitar o que indicamos no citado verbete.

A função preeminente desempenhada pelo verbo 'ser' é destacada não apenas por muitos autores tradicionais como também por numerosos filósofos de tendência idealista. A rigor, estes últimos insistem ainda mais que os primeiros na preeminência tanto lógica como — e em particular — metafísica do verbo 'ser'. É o que ocorre, por exemplo, com Bradley, quando este indica que a cópula unifica o *that* (o que) do sujeito com o *what* (que) do predicado e, portanto, representa o meio pelo qual o juízo se anula a si mesmo e se sobrepõe inteiramente à realidade. Assim acontece também com Lachelier quando este assinala que há no 'é' (sobretudo quando se refere ao 'ser' e designa o fato de que "o ser é") um tríplice sentido. Por um lado, é a passagem do atributo ao sujeito, por se pôr o pensamento a sua própria forma, exprimindo então o ser, o próprio atributo. Por outro lado, é a passagem do sujeito ao atributo, em que o ser se põe a si mesmo como sujeito e como essência, manifestando-se depois fora de si pelo atributo da essência. Por fim, é algo que se manifesta na cópula como o reconhecimento de que "o ser é existente".

Os inconvenientes apresentados pela doutrina tradicional acerca da composição dos enunciados não são os mais importantes que afetam o problema da cópula,

tomada esta no sentido estrito assinalado das partículas 'é' e 'são'. Com efeito, uma vez que examinemos diversos enunciados nos quais intervém a partícula 'é', percebemos que suas funções podem ser várias. Se considerarmos os enunciados:

Descartes é francês (7),
Os madrilenos são espanhóis (8),
A neve é branca (9),
Dante é o autor de *A Divina Comédia* (10),

descobriremos que a cópula 'ser' (isto é, 'é' ou 'são') tem em cada caso um sentido diferente. Em (7), expressa pertinência de um membro a uma classe (VER); em (8), exprime inclusão de uma classe em outra; em (9), expressa predicação; em (10), identidade (VER). É necessário, pois, em cada caso em que assim não ocorra, tornar explícito o sentido da cópula, o que se consegue indicando o sinal correspondente.

Ver também SER.

COPULAÇÃO (COPULATIO). Ver PROPRIEDADES DOS TERMOS.

COPULATIVO. Ver CONJUNÇÃO; CÓPULA.

CORDEMOY, GÉRAUD DE (1626-1684). Nascido em Paris, advogado no Parlamento de Paris, foi tutor do Delfim e membro da Academia Francesa. Cordemoy foi um dos mais conhecidos cartesianos franceses (ver CARTESIANISMO) e um dos representantes do ocasionalismo (VER). Como indicamos no verbete sobre este último conceito, Cordemoy parece ter sido o primeiro a ampliar a tese ocasionalista de Louis de la Forge (que se limitava a fazer Deus intervir uma única vez na série das interações entre as substâncias pensante e extensa). Com efeito, Cordemoy assinalou que a intervenção de Deus ocorre em cada uma das interações e é, por conseguinte, contínua e constante. Além disso, Cordemoy inclinou-se à tese (também descrita no verbete citado) segundo a qual a cooperação humana na operação divina se faz acompanhar de certo afeto ou tonalidade, isto é, de certa inclinação à sua aceitação ou não-aceitação, único modo de poder dar um sentido ao termo 'liberdade' e, portanto, de não considerar o fato de ser espectador no mundo — e não ator — como uma identificação com um objeto inanimado qualquer.

➲ Obras: *Le discernement du corps et de l'âme, en six discours pour servir à l'éclaircissement de la physique*, 1666; 2ª ed., 1670; 3ª ed., com outros dois textos, e o título: *Dissertations physiques sur le discernement du corps et de l'âme, sur la parole, et sur le système de Monsieur Descartes*, 2 vols., 1689-1690 [o terceiro texto foi publicado primeiramente na ed. do *Du monde* de Descartes, de 1664]. — *Discours physique de la parole*, 1668; 2ª ed., 1671; 3ª ed. nas *Dissertations physiques*, cit. *supra*. — *Divers traitez de metaphysique, d'histoire, et de politique*, 1691.

Edição de obras: *Oeuvres de Feu Monsieur de Cordemoy*, 1704 (inclui o *Discernement*, o *Discours* e os *Traitez*). — *Oeuvres philosophiques*, 1968, ed. por Pierre Clair e François Girbal, com um estudo biobibliográfico.
Ver: F. Bouillier, *Histoire de la philosophie cartésienne*, 2 vols., 1854; 3ª ed., 1868, pp. 514 ss. — Albert G. A. Balz, *Cartesian Studies*, 1951, pp. 3-27. — Jean-François Battail, *L'avocat philosophe G. de C. (1624-1684)*, 1973. — Ver também a bibliografia do verbete OCASIONALISMO. ◘

CORDÓN, FAUSTINO. Ver EVOLUÇÃO; EVOLUCIONISMO.

CORNELIUS, HANS (1863-1947). Nascido em Munique, professor a partir de 1894 em Munique e a partir de 1910 em Frankfurt, considerou a psicologia, na forma que ele mesmo lhe deu, o fundamento da filosofia. Ora, essa psicologia, embora "ciência empírica", não transforma a filosofia numa ciência psicologista — o nome que melhor lhe conviria é, pois, segundo Cornelius, o que Husserl e Rehmke deram a suas respectivas disciplinas fundamentais: "fenomenologia pura" ou "ciência fundamental filosófica". Com isso, Cornelius queria dar a entender que sua filosofia é análoga à desses pensadores, ainda que construída independentemente deles. O mesmo poderia ser dito da relação entre Cornelius e Mach e Avenarius. Geralmente se considera Cornelius influenciado por estes pensadores, especialmente em sua doutrina da economia do pensamento; entretanto, Cornelius rejeita essas influências *diretas* e assinala que foi conduzido a teorias análogas partindo de uma elaboração independente das ciências naturais. Em todo caso, a filosofia de Cornelius é uma das filosofias típicas da passagem do positivismo empirista ao descricionismo neutro, em parte imanentista e em parte também psicológico-genético. Sua crítica do neokantismo segue o mesmo caminho: opondo-se à coisa em si e à interpretação idealista crítica de Kant, admite contudo um kantismo de cunho fenomenalista no qual se tenta uma indagação da significação dos conceitos que não seja puramente idealista, mas tampouco estritamente causal-genética. Em todo caso, o genético-causal pertence, segundo Cornelius, à descrição pura dos fenômenos e não à mera reconstrução empírica deles. Como diz o próprio filósofo, "a significação de todos os conceitos deve ser mostrada em última análise por meio dos elementos imediatamente dados" (*Die deutsche Philosophie der Gegenwart* etc., t. II, p. 13). Em outros termos, Cornelius admite o valor pleno da experiência como fonte de conhecimento, mas dá a essa experiência um sentido amplo e total, não restrito a uma forma particular psicologista. Daí a superação do fenomenismo a partir de dentro por meio do reconhecimento de conceitos de validade universal e da admissão dos juízos de valor, únicos que podem fundamentar a ação livre do homem e, com isso, o reino do espírito, sob a forma da história e da cultura.

◘ Obras: *Versuch einer Theorie der Existentialurteile*, 1894 (*Ensaio de uma teoria dos juízos existenciais*). — *Psychologie als Erfahrungswissenschaft*, 1897 (*A psicologia como ciência da experiência*). — *Einleitung in die Philosophie*, 1903 (*Introdução à filosofia*). — "Psychologische Prinzipienfragen", *Zeitschrift für Psychologie*, 42 e 43 (1906) ("Questões psicológicas de princípios"). — *Elementargesetze der bildenden Kunst*, 1908 (*Leis elementares da arte plástica*). — "Die Erkenntnis der Dinge an sich", *Logos*, 1 (1910-1911), 361-367 ("O conhecimento das coisas em si"). — *Transzendentale Systematik. Untersuchungen zur Begründung der Erkenntnistheorie*, 1916 (*Sistemática transcendental. Investigações para a fundamentação da teoria do conhecimento*). — *Völkerbund und Dauerfrieden*, 1919 (*União dos povos e paz perpétua*). — *Kommentar zur Kants Kritik der reinen Vernunft*, 1926 (*Comentário à* Crítica da razão pura*, de Kant*).
Depoimento: *Die deutsche Philosophie der Gegenwart in Selbstdarstellungen*, t. II, 1921.
Ver: art. de J. Leszcynski sobre a "teoria do mundo" de Cornelius em *Kwartalnik filozoficzny*, de Cracóvia, 18 (1949). — C. A. Emge, "Hans Cornelius (1863-1947)", *Zeitschrift für philosophische Forschung*, 4 (1949), 164-170. — R. D. Rollinger, "Husserl and C.", *Husserl Studies* (1991), 33-56. ◘

CORNUDO (O). Atribui-se a Crisipo, mas também a Eubúlides de Mileto (ver Diógenes Laércio, VII, 187 [sobre Crisipo], e II, 108 [sobre Euclides de Megara, Eubúlides de Mileto e outros]), um sofisma ou "raciocínio dialético" chamado "O Cornudo" — κερατίνης (de κεράτινος = "feito de corno"; κεράτιον = "corno"). "O Cornudo" reza o seguinte: se nunca perdeu uma coisa, você ainda a tem. Mas você nunca perdeu os cornos (κέρατα). Portanto, você tem cornos.
Evidentemente, se alguém tem cornos e não os perde (ou não caem, ou não se destroem etc.), continua a tê-los. A conclusão é, pois, óbvia. Por outro lado, se não se possuem cornos, estes não podem perder-se (ou cair, ou destruir-se etc.). O caráter "sofístico" do raciocínio consiste em afirmar que alguém tem cornos *por* não tê-los perdido (ou não terem caído, ou não se terem destruído etc.), mas, evidentemente, o fato de não ter perdido algo não garante que se continue tendo se não se teve antes; a rigor, se não se tem uma coisa, ela não pode ser perdida (ou cair, ou destruir-se etc.).

CORNUTO, LUCIUS ANNAEUS CORNUTUS, de Léptis ou Téstis (Líbia). Filósofo do chamado estoicismo novo, desterrado por Nero para uma ilha por volta de 66 d.C., destacou-se por seus escritos de interpretação alegórica da mitologia helênica. Cornuto empregou para isso os conceitos da filosofia — especialmente da cosmologia e da psicologia — estóica. Assim, Zeus era interpretado como a Alma do mundo; Atenas, como a inteligência (dessa Alma) etc. Não se tratava de uma inovação, pois já existia uma tradição exegética nesse sentido, particularmente nas interpretações alegóricas de Homero (o próprio Cornuto afirma que sua obra é um compêndio do Περὶ θεῶν, de Apolodoro). Há em Cornuto, porém, ao menos de modo implícito, certas idéias — por exemplo, de uma certa "emanação" de uma realidade em relação a outra — que poderiam ser consideradas diferentes das tradicionais.

⊃ A obra exegética alegórica de Cornuto intitula-se Ἐπιδρομὴ τῶν κατὰ τὴν Ἑλληνικὴν θεολογίαν παραδεδομένων (citada como *De natura deorum*, ou também *Compendium theologiae graecae*). Edição por C. Lang (Teubner, 1881).

Ver: Martini, *De L. Arnnaeo Cornuto*, 1825. — R. Reppe, *De L. A. Cornuto*, 1906 (tese). — G. W. Most, "Cornutus and Stoic allegoresis: A Preliminary Report", em H. Temporini, W. Haase, eds., *Aufstieg und Niedergang der römischen Welt*, II/36, 3 (1989), 2014-2065.

Artigo de H. von Arnim sobre Cornuto (Annaeus 5) em Pauly-Wissowa. ⊂

CORONEL, LUIS. Ver Mertonianos.

CORPO. Entende-se por 'corpo':

1) Um objeto físico que possui propriedades sensíveis, ou que possui propriedades tais que causam nos seres humanos — e, em geral, nos organismos biológicos — impressões, ou estímulos, ou ambas as coisas. Supõe-se que um corpo tem determinada extensão.

2) A matéria orgânica que constitui o homem e os animais.

3) Especificamente, a matéria orgânica que constitui o homem, o chamado "corpo humano".

A partir dos gregos, considerou-se a noção de corpo nos três sentidos antes mencionados. Enfatizou-se às vezes a terceira acepção, mas o interesse pelo "corpo" enquanto "meu corpo" ganhou espaço especialmente na época contemporânea. Quando, no passado, centrou-se o interesse nessa última acepção, a noção de corpo foi considerada em relação com a de alma (VER), levantando-se o problema corpo-alma (VER), ou corpo-espírito, corpo-psique, corpo-mente etc.

Aristóteles concebeu o corpo como uma realidade limitada por uma superfície. O corpo tem extensão — na realidade, ele tem seu próprio espaço, e é uma substância (VER). O corpo não é pura matéria ou pura potência: ele está, de alguma maneira, "informado" (por uma forma [VER]) (cf. *Phys.*, IV, 4, 204 b, 205 b; V, 1; 208 b; VIII, 2; 253 a).

Muitas discussões sobre a noção de corpo na Antigüidade giraram em torno da questão de saber se o corpo está ou não "penetrado" por uma forma ("informado"). Os aristotélicos responderam afirmativamente a essa questão; alguns platônicos, e possivelmente alguns pitagóricos, tenderam a considerar o corpo — neste caso, o corpo orgânico e, sobretudo, o corpo humano — como o sepulcro da alma. De acordo com isso, o corpo não tem, em princípio, forma, já que a alma não se encontra nele como um elemento que dá forma, mas como um "prisioneiro". Os neoplatônicos tenderam a considerar o corpo — todo corpo — como o último elo na cadeia da emanação (VER). Entretanto, a distinção proposta por Plotino entre o sensível e o inteligível se aplica a todas as esferas da realidade — salvo ao puramente inteligível — e, portanto, também ao corpo. Há assim um corpo sensível e um corpo inteligível (cf. Plotino, *Enn.*, IV, vii e viii). Por outro lado, estóicos e epicuristas tenderam a considerar a realidade do ponto de vista "corpóreo" ou "corporal": tudo o que há é, em última análise, corporal ou "material" — porém, esse "corpo" ou "matéria" não é "inerte", mas, de alguma maneira, "vivo".

Alguns Padres da Igreja estabeleceram uma distinção, pelo menos no que se refere ao ser humano, entre corpo e matéria. Os mais influenciados pela tradição platônica e neoplatônica viram na matéria uma espécie de "mal", muito afastado, se não infinitamente afastado, do "Ser". O corpo humano, em contrapartida, pode ser transformado e, no limite, "transfigurado". São Paulo falara (*1Cor* 15, 44) do "corpo espiritual", não submetido à matéria. Esta noção de corpo espiritual foi objeto de especulação por parte de muitos teólogos cristãos.

A maioria dos escolásticos concebeu o corpo como uma matéria formada, ou in-formada. O corpo é união de matéria e forma. Alguns falaram da *corporeitas* — corporeidade — como uma forma, ainda que uma forma "acidental".

Na disciplina denominada, na época moderna, "cosmologia racional", abordaram-se os problemas relativos à natureza do corpo do ponto de vista da oposição entre sistemas atomistas e sistemas dinamistas, abandonando-se em grande parte o chamado "hilemorfismo" (VER).

Na época moderna, tiveram prosseguimento muitas das discussões antigas e medievais sobre a noção de corpo enquanto realidade material e sobre a relação entre corpo (humano) e alma (o tradicionalmente chamado "problema da relação entre alma e o corpo", ou, para abreviar, "problema alma-corpo", que em épocas mais recentes foi reformulado, e grandemente modificado, como o problema da relação entre o físico e o psíquico, e, amiúde, como o problema da relação entre o físico e o mental, ou o problema da relação entre o corpo e a mente). Abordamos esse problema adiante, neste verbete, mas as informações a esse respeito devem ser complementadas com vários outros verbetes, como Alma, Identidade, Mental e Psíquico, tanto para as formulações tradicionais como para as modernas e contemporâneas.

Na época moderna, especialmente nos séculos XVII, XVIII e XIX, persistiram algumas das noções usadas no decorrer do que chamamos de "disputas tradicionais" referentes à relação entre corpo e alma. Ao mesmo tempo, acrescentaram-se noções novas ou se modificaram os sentidos de algumas das já antes usadas. Isso se deve em grande parte a mudanças experimentadas na concepção de "corpo material" em conseqüência de vários desenvolvimentos da ciência moderna — antes de tudo, a física — e especialmente como seqüela do predomínio alcançado durante certo tempo pelo chamado "mecanicismo" (VER), que se aliou, em alguns autores, a um radical dualismo do corpo e da alma, ou da extensão e do pensamento (atividade mental em geral), e, em outros autores, deu lugar a várias teses concernentes à identidade "físico-mental".

Apresentamos no verbete MATÉRIA (VER) algumas idéias modernas sobre a noção de corpo. Foi muito influente a distinção proposta e insistentemente desenvolvida por Descartes entre a substância ou "coisa" extensa — *res extensa* — e a substância ou "coisa" pensante — *res cogitans*. O corpo é substância extensa. Na *Segunda Meditação*, Descartes caracteriza o corpo de uma forma ainda "intuitiva", isto é, tal como o entendia antes de definir sua natureza: "Entendo por corpo tudo o que termina em alguma figura, o que pode estar incluído em algum lugar e preencher um espaço de tal modo que todo outro corpo fique excluído, que pode ser sentido ou pelo tato, ou pela visão, ou pelo ouvido, ou pelo gosto, ou pelo olfato; que pode mover-se de diversas maneiras, não por si mesmo, mas por algo alheio pelo qual seja tocado e do qual receba sua impressão". A mente — *mens humana, esprit humain* — é mais fácil de conhecer que o corpo por ser sua existência imediatamente dada, e absolutamente evidente, no *Cogito* (ver COGITO, ERGO SUM). Ora, quando a mente quer conhecer o corpo — *corpus, corps* —, tem de admitir que as noções aparentemente "intuitivas" do senso comum eram quase todas inválidas. Tomando-se como exemplo um pedaço de cera, percebe-se que nenhuma das características que supomos inerentes a ela — seu gosto, seu odor, sua cor, sua dureza etc. — permanece quando aproximamos esse pedaço de cera do fogo. Nenhuma dessas qualidades era conhecida distintamente; uma vez afastadas todas as coisas que não pertenciam ao pedaço de cera, fica *nihil aliud quam extensum quid, flexibile, mutabile*. A cera, como todos os corpos, consiste, em última análise, em extensão (uma extensão constante, básica e mais fundamental que a "extensão aparente", isto é, uma extensão constituída por propriedades geométricas que são as únicas que se entendem clara e distintamente). Não é o peso, nem a dureza nem a cor que constituem a natureza dos corpos, mas "apenas a extensão" (a extensão em longitude, largura e profundidade [*Princípios*, 11,4]. Alegou-se às vezes que a concepção cartesiana do corpo não é exatamente igual nas *Meditações* e nos *Princípios*, pois nestes últimos a necessidade de dar conta das "leis da natureza" (que incluem o princípio de inércia) e de explicar a composição dos corpos sólidos e fluidos obriga Descartes a atenuar seu "radicalismo" dualista: uma coisa é a "física" de Descartes — outra é sua "metafísica". Em todo caso, contudo, o comportamento dos corpos é explicado mediante os mesmos princípios que se admitem na matemática. "Não conheço outra matéria das coisas corporais senão a que pode ser dividida, formada e movida de todas as maneiras, isto é, a que os geômetras denominam a quantidade e tomam como objeto de suas demonstrações" (*Princípios*, II, 64). Continua sendo certo, pois, que para Descartes "a essência dos corpos é a extensão", enquanto objeto das demonstrações geométricas.

Partindo de Descartes, Spinoza começa por conceber a natureza do corpo — "ou seja, da matéria" — como consistente apenas na extensão (*Princ. phil. cart.*, Parte II, prop. ii), mas, ao contrário de Descartes, não distingue a substância extensa e a pensante, que são atributos de uma mesma substância (VER). Spinoza define o corpo da seguinte maneira: "Entendo por corpo um modo que expressa de forma certa e determinada a essência de Deus na medida em que é considerada estendida" (*Eth.*, Parte II, def. 1). Isso não quer dizer que não haja mais o que dizer sobre os corpos, assim como sobre as mentes. A alma (mente, *mens*) é uma coisa pensante que forma conceitos chamados "idéias". O corpo (humano) é "o objeto da idéia que constitui a mente humana", ou seja, "certo modo da extensão existente em ato" (*Eth.*, Parte II, prop. xiii). Assim, "o homem consiste numa mente e num corpo, o qual existe como o experimentamos" (*ibid.*, cor.). Spinoza elaborou uma doutrina geral dos corpos, sendo que uma de suas características consiste em afirmar que "um indivíduo" se compõe de corpos — as partes de um indivíduo põem-se em contato umas com as outras de acordo com superfícies maiores ou menores: quando as superfícies são grandes, temos corpos duros; quando são menores, corpos moles, e quando as partes se movem umas em outras, temos fluidos (*Eth.*, II, ax. iii). Também partiram de Descartes os ocasionalistas, mas estes deram soluções distintas, tanto da cartesiana como da spinoziana, ao problema da relação corpo-alma — relação que despertou seu interesse mais que o problema, seja "físico", seja "metafísico", da natureza dos corpos.

Enquanto era comum conceber o corpo como entidade "física", quaisquer que fossem suas características "metafísicas", Leibniz considerou os traços físicos dos corpos como "fenomênicos". Segundo Leibniz, o corpo físico é um *aggregatum* de mônadas (ver MÔNADA). Ao contrário de Descartes, Leibniz afirma que os corpos não possuem apenas propriedades geométricas —

ou passíveis de descrição em termos geométricos —, que são "estáticas"; eles possuem propriedades "dinâmicas". Todo corpo tem uma "força" própria. Pode-se distinguir num corpo o poder ativo e a força passiva, que é a resistência (ou resistências). A resistência caracteriza a matéria primária, ao contrário da secundária, que é uma força ativa, às vezes denominada "massa". Essa força ativa ou massa é a que se explica como composta de mônadas, sendo a que possui características dinâmicas e "orgânicas". Num artigo publicado no *Journal des Savants* (18 de junho de 1691), Leibniz escreve, reiterando o que dissera várias vezes e que voltaria a afirmar depois, que "na matéria há algo mais que o puramente geométrico, isto é, algo mais que extensão e pura mudança; e, considerando o assunto mais de perto, percebemos que podemos acrescentar-lhe alguma noção *mais elevada, ou metafísica: a de substância, ação e força*. Ainda concordo que todo corpo é extenso e que não há extensão sem corpo. No entanto, não devemos confundir as noções de lugar, espaço ou pura extensão com a noção de substância, que, além da extensão, inclui a resistência, isto é, ação e passividade". Pouco depois (1693), no mesmo *Journal*, Leibniz indica que "não podemos explicar por meio apenas da extensão *a inércia natural dos corpos* (...). Além da noção de extensão, devemos empregar a de força", já que a extensão, "tal como o espaço, é incapaz de ação e resistência, que pertencem tão-somente às substâncias". Numa carta a Bayle, em 1702, Leibniz escreve que, "embora o propósito do falecido sr. Descartes e outros filósofos de conservar a ação e de calcular a força pela ação fosse bom, eles chegaram a um *quid pro quo* ao confundir a quantidade de movimento com a quantidade de ação cinética" (o que equivale a confundir o "momento" com a energia). (Ver o verbete ENERGIA, com a "equação clássica", à qual cabe acrescentar a equação leibniziana correspondente à *vis viva* e aplicável apenas a corpos elásticos.)

Metafisicamente, as idéias (metafísicas) de Leibniz sobre os corpos foram similares às desenvolvidas pelos platônicos de Cambridge, mas há entre ambas algumas diferenças importantes que Leibniz se encarregou de realçar (ver PLÁSTICO). A concepção leibniziana recebeu às vezes o nome de "dinamismo" ou "dinamicismo". Em sentido muito amplo e geral, encontram-se no âmbito dessa concepção idéias de resto bastante distintas em outros aspectos, entre as quais podem-se mencionar as propostas por Kant em sua *Monadologia physica* e sobretudo as de Boscovich (VER). Em sua tentativa de desenvolver uma teoria física que tivesse caracteres comuns ao mesmo tempo com as teorias de Leibniz e a mecânica de Newton, Boscovich avaliou que os corpos, isto é, a matéria "é imutável e consiste em pontos perfeitamente simples, indivisíveis, inextensos e separados entre si" (*Theoria philosophiae naturalis*, Synopsis, Parte I).

Isso não é negar que haja uma realidade corporal ou física — ao contrário do "imaterialismo" de Collier, Berkeley e outros autores —, mas essa realidade deve ser interpretada não dinâmica, mas cinematicamente.

A idéia de corpo desempenha um papel capital na filosofia de Hobbes, para quem toda realidade é corporal, sendo a filosofia estudo dos corpos e de seus movimentos. Hobbes ocupou-se repetidamente da noção de corpo. Em *Philosophia prima*, cap. VIII, 1 (*Opera*, ed. Molesworth, I, 91), Hobbes define o corpo como "o que não depende de nosso pensamento e coincide com, ou é coextensivo a, uma parte do espaço". Em *De homine* (*Opera*, III, 280), ele indica que o corpo não depende de nossa imaginação, sendo "uma parte real do que chamamos de universo". Num "Apêndice" ao *Leviatã* (*Opera*, III, 537), diz que um corpo é uma coisa da qual se pode enunciar algo verdadeiro. O corpo "existe realmente em si mesmo e possui uma magnitude, ainda que não seja a própria magnitude". No cap. IX do *Leviatã*, Hobbes apresenta sua classificação das ciências como conhecimento de "conseqüências": umas são conseqüências dos acidentes de corpos naturais e outras conseqüências dos acidentes de corpos "políticos". Para Locke, é preciso distinguir (em oposição a Descartes) entre corpo e extensão; enquanto "o corpo é sólido e extenso e suas partes são separáveis e móveis de diferentes modos", a extensão é somente "o espaço que reside entre as extremidades dessas partes coerentes sólidas" (*Essay*, II, xiii, 11). É necessário distinguir também entre corpo e espírito, ou mente, porém isso equivale a distinguir entre dois tipos de idéias complexas de substâncias: as idéias primárias correspondentes a "corpo", ao contrário de "espírito", são: *a coesão de partes sólidas e, por conseguinte, separáveis, e um poder de comunicar movimento por impulso* " (II, xxiii, 17), enquanto as idéias peculiares ao espírito são: *"pensamento e vontade, ou um poder de colocar o corpo em movimento pelo pensamento e, o que decorre disso, a liberdade"* (II, xxiii, 18).

Embora a distinção entre "materialismo" e "espiritualismo" seja demasiado geral — sendo cada um deles nomes para o que Strawson denominou, rejeitando-as como inoperantes, "simples visões intensas" —, pode-se recorrer a ela para agrupar certos autores, em especial nos séculos XVIII e XIX, que consideraram respectivamente que os corpos enquanto entidades materiais são a única realidade existente e que, em última análise, há apenas realidades incorpóreas. O mais comum nos dois grupos de autores citados foi procurar "reduzir" um tipo de realidade à outra. As reduções propostas pelos materialistas foram de várias espécies: só há o corporal, e não se pode falar com sentido de nada mental; o chamado "mental" é um epifenômeno do corporal. Também foram de vários tipos as reduções propostas pelos antimaterialistas e "espiritualistas": só há o mental;

o corporal aparece como uma "resistência" que se oferece ao mental ou espiritual enquanto consciência ou eu etc. Uma forma idealista desta última concepção é a de Fichte. Sob formas não necessariamente idealistas, a mesma concepção foi defendida por autores como Maine de Biran (o corpo é uma resistência oposta ao esforço e vontade do "eu íntimo"), Fechner (o corpo é como a face "externa" da vida, a qual tem um caráter "interno"), Bergson (o corpo é como a distensão de uma realidade puramente "tensa"). Os que não admitiram nenhuma espécie de "redução", no sentido ao menos de uma "explicação por", mantiveram várias doutrinas, desde o puro dualismo, passando pelo ocasionalismo, a doutrina da harmonia preestabelecida e, em épocas mais recentes, o chamado "paralelismo psicofísico". Em muitas dessas concepções, manifestou-se mais interesse em explicar a relação entre o corporal e o mental, ou a redução de um ao outro, que em desenvolver uma teoria do corpo. Na maioria dos casos, não é claro se se fala do corpo como idêntico à "realidade material", "realidade física" etc., ou, mais especificamente, do corpo como corpo humano, isto é, se se fala de "matéria" ou de "corpo".

A noção de corpo, em particular a de "corpo humano", foi objeto de numerosas investigações e especulações no século XX. Richard M. Zaner (*The Problem of Embodiment*, 1964, pp. 245 ss.) assinala que se encontram em Bergson observações importantes sobre a função peculiar que desempenha o corpo (humano), ao contrário da "matéria" e do "espírito", mas servindo de ponte entre "matéria" e "espírito". No capítulo I de *Matéria e Memória* (intitulado "Da seleção das imagens para a representação. O papel do corpo"), Bergson disse que uma das imagens que se apresentam a mim quando meus sentidos funcionam é uma que secciona todas as outras na medida em que "não só a conheço a partir de fora, pelas percepções, mas também a partir de dentro, pelas afecções: é meu corpo" (*Oeuvres*, ed. Robinet, 1959, p. 169). O que sinto e vejo pode ser formulado de maneira muito simples: ocorre como se no conjunto de imagens que denomino "o universo" nada de novo se pudesse produzir salvo por intermédio de certas imagens particulares cujo tipo me é proporcionado por meu corpo (*op. cit.*, p. 170). Enquanto capaz de ações, essa imagem é distinta das outras, mas ao mesmo tempo representa o modo de inserção do "espírito" na matéria. As observações de Bergson a esse respeito, de acordo com Zaner, são muito semelhantes às que depois foram formuladas por Marcel, Sartre e Merleau-Ponty, sem que estes tenham sido influenciados — pelo menos direta ou conscientemente — por Bergson. Desse modo, Bergson pode figurar no âmbito de uma corrente que foi desenvolvida sobretudo por fenomenólogos ou por autores influenciados pela fenomenologia.

Husserl indicou que o corpo desempenha fenomenologicamente um papel muito fundamental. Corpo e alma formam o "mundo circundante" do espírito (que é a verdadeira concreta individualidade e personalidade). Embora corpo e alma sejam determinantes para o espírito, este pode mover o corpo "em sua liberdade" (*Ideen*, II. *Husserliana*, IV, p. 282). Ora, o corpo é, segundo Husserl, uma realidade bilateral quando a consideramos como corpo, isto é, quando prescindimos de que é uma coisa e, com isso, algo determinável como natureza física. Desse modo, constitui-se 1) o corpo estesiológico, que enquanto sensível depende do corpo material, mas não é identificável com ele; 2) o corpo volitivo, que se move livremente e é algo idêntico com relação aos diversos movimentos possíveis que o espírito nele realiza livremente (*ibid.*, 284). Portanto, Husserl concebe como possível não reduzir inteiramente o corpo ao natural, sem por isso negar sua vinculação com o material. Gabriel Marcel (VER) considera que todo existente aparece como prolongando "meu corpo" numa direção qualquer (entendendo pela expressão 'meu corpo' algo radicalmente meu e não algo "objetivo" [em virtude da distinção marceliana entre "objetividade" e "existência"]). De acordo com isso, "meu corpo" é o existente-tipo e a principal baliza dos existentes. "O mundo existe para mim — escreve Marcel —, no sentido rigoroso do termo 'existir', na medida em que mantenho com ele relações do tipo das que mantenho com meu corpo; isto é, na medida em que estou encarnado" (*Journal Métaphysique*, 3ª ed., 1927, p. 261; cf. também *Le mystère de l'être*, I, 1951, pp. 119-120). O corpo próprio é, por conseguinte, algo muito diferente de "um corpo ligado a outros corpos"; a relação entre meu corpo e eu é, segundo Marcel, de natureza absolutamente singular. De fato, a relação entre a alma e o corpo (ou, mais exatamente, a relação entre mim e meu corpo) não é um problema, mas um mistério. O corpo pode ser, sem dúvida, "objetivado", transformado em objeto de conhecimento científico. Mas então ele já não é propriamente "meu corpo" (não é o corpo de "ninguém"). É uma simples amostra; pois o que me é dado primariamente não é tanto *o* corpo como meu corpo, e isto constitui uma realidade "misteriosa". Por outro lado, J.-P. Sartre elaborou uma minuciosa fenomenologia do corpo enquanto "o que meu corpo é para mim", ao contrário da "objetividade" e "alterabilidade" em princípio de qualquer corpo como tal. Melhor dizendo, o corpo aparece sob três dimensões ontológicas. Na primeira, trata-se de um "corpo para mim", de uma forma de ser que permite enunciar "eu existo meu corpo". No âmbito dessa dimensão, o corpo é sempre "o transcendido". Pois o corpo que "eu existo" é o que "eu transcendo continuamente rumo a novas combinações de complexos" (*L'Être et le Néant*, 5ª ed., 1945, p. 390 (trad. br.: *O ser e o nada*, 1997), e por isso meu corpo pertence "às estruturas da consciência notética (de) si mesmo" (*op. cit.*, p. 394). Na segunda dimensão, o corpo é para outro (ou então o outro é para meu corpo); trata-se então de uma corporeidade radicalmente distinta da de meu corpo para mim. Neste caso, pode-se dizer que "meu corpo é utilizado e conhecido por outro". "Mas, enquanto eu *sou para outro*, o outro se revela a mim como o sujeito para o qual sou objeto. Então eu existo para mim como conhecido pelo outro, em particular em sua própria facticidade. Eu existo para mim como conhecido por outro em forma de corpo" (*op. cit.*, pp. 418-419). Essa é a terceira dimensão ontológica do corpo no âmbito da fenomenologia ontológica do ser para outro e da existência dessa alteridade. Também M. Merleau-Ponty analisou *in extenso* o problema do corpo e de sua percepção. O resultado dessa análise não é, porém, como o era ainda em Ernst Mach ou em Bertrand Russell, a "dissolução" das imagens percebidas em complexos de sensações, mas uma série de imagens fenomenológicas que deixam subsistente, por assim dizer, a "consistência" do corpo. Pois o corpo — o *próprio corpo* — não é um objeto. O corpo como objeto é, no máximo, o resultado da inserção do organismo no mundo do "em si" (no sentido de J.-P. Sartre). Esse modo de consideração é, evidentemente, legítimo. Mas não pode ser tido como exaustivo nem muito menos como *primário*. Ora, essa anterioridade da descrição fenomenológica do corpo leva, segundo Merleau-Ponty, a um terreno prévio ao que a submissão da análise à descrição dos "dados imediatos" levou Bergson. A unidade peculiar do corpo, diferente da unidade do corpo como objeto científico (*Phénoménologie de la perception*, 1945, pp. 203 ss.; trad. br.: *Fenomenologia da percepção*, 2ª ed., 1999), não conduz à "redução do corpo" nem no sentido do sensacionismo nem no do idealismo. Na verdade, parece que a fenomenologia do corpo no sentido de Merleau-Ponty tem como resultado fechar o ciclo aberto por Descartes com a separação entre corpo e alma e solucionar todos os debates suscitados durante a época moderna acerca desta questão (debates dos quais participaram tanto os "espiritualistas" como os "materialistas", por ter todos eles formulado o problema nos mesmos termos). Assim, "a unidade da alma e do corpo — diz o mencionado autor — não fica selada por meio de um decreto arbitrário entre dois termos exteriores, um objeto e o outro sujeito. Realiza-se a cada instante no movimento da existência" (*op. cit.*, p. 105). Com isso, Merleau-Ponty confirma a impossibilidade de estabelecer uma dualidade entre "meu corpo" e "minha subjetividade", dualidade que, tal como o observou Alphonse de Waelhens ("La Phénoménologie du Corps", *Revue philosophique de Louvain*, 48 [1950], 371-397), desaparece tão logo se concebe a existência como um "ser-no-mundo". Mas a negação da dualidade pode efetuar-se por outros caminhos e a partir de pressupostos muito distintos. É o que ocorre no livro de Gilbert Ryle *The Concept of Mind* (1949). Ryle opõe-se ao que denomina a teoria do "espectro na máquina" (a "doutrina oficial" de toda a psicologia moderna baseada no "mito cartesiano" da separação entre pensamento e extensão). Em última análise, essa separação se baseia na hipótese realista do "espírito" ou da "alma" como algo em princípio separado das atividades psíquicas. Tratar-se-ia, pois, de um erro de linguagem, ou, como diz Ryle, de um "erro categorial". Porém, uma vez mostrada a falácia da dissociação, deve-se evitar cair em qualquer um dos monismos (materialista ou espiritualista) que se baseiam justamente na dissociação prévia e incomprovável. A denúncia do "mito cartesiano" implica a negação tanto do materialismo como do idealismo, tanto do mecanicismo como do para-mecanicismo (todos eles conseqüência de uma falsa "lógica" do problema).

Por isso, é preciso dissipar o contraste entre espírito e matéria sem admitir a absorção de um elemento pelo outro (absorção que implica a admissão de que ambos pertencem ao mesmo tipo lógico). As duas expressões tradicionais, de acordo com Ryle, não indicam duas diferentes espécies de existência, mas dois sentidos distintos de 'existe'. Com isso, Ryle anula toda distinção entre o "público" e o "privado" nas atividades psíquicas, o que equivale a aproximar corpo e subjetividade num sentido parecido (embora, insistimos, a partir de pressupostos diferentes) com o estabelecido por Merleau-Ponty. Ainda que Ryle pareça inclinar-se ao comportamentalismo (teoria que Merleau-Ponty rejeita) e ele mesmo assinale que provavelmente sua doutrina será qualificada desse modo, não é legítimo equipará-la simplesmente a um comportamentalismo como o já tradicional na "psicologia objetiva". Pois Ryle insiste em seguida que o negar-se que o espírito seja um "espectro na máquina" não implica admitir uma "degradação" do homem. Ora, o importante em nosso caso era mostrar que tanto uma doutrina como a outra promovem uma concepção do corpo diferente das habituais nas teorias "clássicas" e, com isso, uma fenomenologia mais rica das atividades psíquicas. A rigor, tanto em Merleau-Ponty como em Ryle, o aspecto fenomenológico (aquele que Ryle denomina o "como") predomina sobre qualquer pressuposto anterior ou sobre qualquer interpretação ulterior. Ver também PARALELISMO.

⮕ Além das obras mencionadas no texto, citamos (em ordem cronológica) várias obras que se ocupam (algumas histórica, outras sistematicamente) do problema do corpo: A. Bain, *Mind and Body, the Theories of Their Relation*, 1873. — Paulus Mielle, *De substantiae corporalis vi et ratione secundum Aristotelem*, 1894. — Ludwig Busse, *Geist und Körper, Seele und Leib*, 1903. — Hans Driesch, *Leib und Seele. Eine Untersuchung über das psychophysische Grundproblem*, 1916. — Hermann Schwarz, *Leib und Seele*, 1922. — John Laird, *Our Mind and Their Bodies*, 1925. — Walter Goldstein, *Die historische Entwicklung der psychisch-physischen Probleme in der Antike*, 1932. — Josef Goldbrunner, *Das Leib-Seele Problem bei Augustinus*, 1934. — A. Wenzl, *Das Leib-Seele Problem im Lichte der neueren Theorien der physischen und seelischen Wirklichkeit*, 1933. — P. Helwig, *Seele als Äusserung. Untersuchungen zum Leib-Seele-Problem*, 1936. — Zimmermann, *Die Ueberwindung der Leib-Seele-Theorie*, 1937. — Raymond Ruyer, *La conscience et le corps*, 1937. — C. J. Ducasse, *Nature, Mind, and Death*, 1951. — M. Evangeline, *The Human Body in the Philosophy of St. Thomas Aquinas*, 1953. — A. Podlech, *Der Leib als Weise des In-der-Welt-Seins. Eine systematische Untersuchung innerhalb der phänomenologischen Existenzphilosophie*, 1955. — David M. Armstrong, *Bodily Sensations*, 1962. — Bernard Lorscheid, *Das Leibphänomen. Eine systematische Darbietung der Schelerschen Wesensanschau des Leiblichen in Gegenüberstellung zu leibontologischen Auffassungen der Gegenwartsphilosophie*, 1962. — Hans-Eduard Hengstenberg, "Phenomenology and Metaphysics of the Human Body", *International Philosophical Quarterly*, 3, n. 1 (1963), 165-200. — François Chirpaz, *Le corps*, 1963. — Ulrich Claesges, *Edmund Husserls Theorie der Raumkonstitution*, 1964. — Willi Maier, *Das Problem der Leiblichkeit bei Jean-Paul Sartre and Maurice Merleau-Ponty*, 1964. — Mary Rose Barral, *Merleau-Ponty: The Role of the Body Subject in Interpersonal Relations*, 1965. — Michel Henry, *Philosophie et phénoménologie du corps. Essai sur l'ontologie biranienne*, 1965. — G. N. A. Vesey, *The Embodied Mind*, 1965. — C. F. Presley, *The Identity Theory of Mind*, 1967. — Claude Bruaire, *Philosophie du corps*, 1968. — Keith Campbell, *Body and Mind*, 1970. — J. W. Cornman, *Materialism and Sensations*, 1971. — Fridolin Wiplinger, *Physis und Logos. Zum Körperphänomen in seiner Bedeutung für den Ursprung der Metaphysik bei Aristoteles*, 1971. — Hugo Tristam Engelhardt, Jr., *Mind-Body: A Categorial Relation*, 1973. — Felix Hammer, *Leib und Geschlecht. Philosophische Perspektiven von Nietzsche bis Merleau-Ponty und phänomenologisch-systematischer Aufriss*, 1974. — P. Fedida, *Corps du vide et espace de séance*, 1977 [sobre definição do corpo e o corpóreo]. — H. Schipperges, *Kosmos Anthropos. Entwürfe zu einer Philosophie des Leibes*, 1981. — H. Schoendorf, *Der Leib im Denken Schopenhauers und Fichtes*, 1982. — Y. Nitta, F. Dastur *et al.*, *Soul and Body in Husserlian Phenomenology: Man and Nature*, 1983, ed. A.-T. Tymienieska. — G. M. Jantzen, *God's World, God's Body*, 1984. — B. M. Ashley, *Theologies of the Body: Humanist and Christian*, 1985. — M. Johnston, *The Body in the Mind: The Bodily Basis of Meaning, Imagination, and Reason*, 1987. — D. Appelbaum, *The Interpenetrating Reality: Bringing the Body to Touch*, 1988. — J. Yhap, *The Rehabilitation of the Body as a Means of Knowing in Pascal's Philosophy of Experience*, 1991 — E. E. de Miranda, *O corpo, território do sagrado*, 2000. ℂ

CORPO-ALMA. Essa é a expressão tradicional para referir-se ao problema das relações entre processos corporais e processos psíquicos. Usam-se igualmente outras expressões: 'corpo-mente', 'físico-psíquico', 'fisiológico-psicológico' etc. 'Mental' vai tornando-se hoje mais comum que 'psíquico' ou 'anímico', e 'mente' mais comum que 'alma'. Enquanto não se distinguiu 'alma', 'psique', 'mente' etc., por um lado, e 'espírito', por outro, falou-se igualmente de "corpo-espírito", mas alguns autores estabeleceram uma distinção entre "alma" (ou "mente" ou "psique") e "espírito" (VER). Conservamos a designação tradicional para simplificar, mas entenderemos por 'alma' quaisquer processos psíquicos ou mentais: sensações, ou sentimentos, de prazer ou de dor, desejos, atos de vontade, pensamentos etc. Por 'corpo' entenderam-se na maioria das vezes processos fisiológicos em geral. Hoje, vai-se tornando corrente referir-se aos chamados "estados cerebrais". Embora em princípio se pudesse falar de "mental" no caso de muitos organismos não-humanos, o problema "corpo-alma" foi normalmente abordado em relação com seres humanos.

Ocupamo-nos do problema da relação "corpo-alma" em vários verbetes, como, por exemplo, CONSCIÊNCIA e CORPO. Neste verbete, limitar-nos-emos a esboçar algumas das soluções que foram dadas ao problema. Elas podem ser classificadas em dois grandes grupos: dualista e monista. Cada um desses grupos oferece numerosas variantes.

O dualismo corpo-alma pode ser entendido de vários modos. Os mais conhecidos são os mantidos por Platão (em alguns diálogos) e por Descartes. Comum a eles é a idéia de que corpo e alma são dois tipos distintos de realidade, ou, em termos cartesianos, duas substâncias. Todo dualismo deve manter que corpo e alma são ontologicamente independentes. Contudo, todo dualismo se esforça para explicar por que há correspondências entre processos mentais e processos corporais. Entre as várias teorias propostas, figuram as seguintes.

O corpo exerce ações causais sobre a alma e vice-versa. Se isso ocorre de uma maneira direta e imediata, é difícil continuar afirmando que corpo e alma são duas substâncias completamente diferentes. Vários filósofos modernos, em especial os que partiram das — ou prestaram considerável atenção às — idéias cartesianas, procuraram explicar como se efetua essa ação, ou interação, causal. Uma solução muito difundida durante um tempo foi o ocasionalismo (VER). Outra foi a da harmonia preestabelecida proposta por Leibniz. De alguma maneira, todas as doutrinas mencionadas defenderam o chamado paralelismo psicofísico. Detivemo-nos nessa solução, ou série de soluções, no verbete PARARELISMO, em que, além disso, indicamos algumas das principais críticas feitas a este. Figuram entre essas críticas as daquelas que adotaram doutrinas denominadas "epifenomenistas", mas a idéia da psique como um epifenômeno (VER) pode apresentar-se, do mesmo modo, como uma forma de relação causal entre corpo e alma, e supõe alguma forma de paralelismo.

Nem sempre é fácil distinguir o dualismo — e em particular entre as diversas soluções propostas para explicar o dualismo entre o corpo e a alma — de várias das doutrinas monistas. Por exemplo, certos autores expressaram a opinião, defendida por Spinoza e reelaborada, sob diversos pressupostos, por Fechner, de que corpo e alma, ou processos corporais e processos psíquicos, são dois aspectos de uma mesma realidade. Na medida em que se pode falar de aspectos, pressupõe-se alguma forma de dualismo. Por outro lado, se é a mesma realidade, defende-se, em última análise, um monismo.

As teorias monistas não solucionam com clareza o problema "corpo-alma", porque pressupõem que não há nenhuma dualidade entre ambos e que, por conseguinte, não há, pelo menos metafisicamente falando, um problema referente à relação entre processos corporais e processos psíquicos. Não obstante, na maioria dos casos elas discutem o problema aqui formulado em termos que fazem supor que se pode falar de "físico" (ou "fisiológico", ou "neurofisiológico", ou simplesmente "neural" ou "cerebral") e de "mental". Ocorre, no entanto, que em alguns casos se afirma que se trata de maneiras de falar. Isso equivale a um paralelismo e até a um fenomenismo sem nenhuma base ontológica dualista.

É característico de certas formas de materialismo sustentar que os processos psíquicos, ou os que recebem essa designação, se reduzem sempre a processos corporais e que, de todo modo, é possível falar dos primeiros em termos dos últimos. Os processos psíquicos de referência são reduzidos a comportamento, ou explicados em termos deste último. Esse tipo de teoria adota sempre uma forma comportamentalista e se opõe a todo "mentalismo".

A chamada "teoria da identidade" (ver IDENTIDADE [TEORIA DA]) afirma basicamente que embora haja, ou possa haver, diferenças nos significados dos termos usados para falar sobre os fenômenos mentais em comparação com os termos usados para falar sobre fenômenos físicos, e em especial neurofisiológicos, a referência de ambas as espécies de termos é a mesma. Tal referência é física, ou neurofisiológica; em particular, fala-se de estados cerebrais como a referência própria de todos os termos mentais. Alguns autores preferem abster-se de manter qualquer forma de materialismo; termos físicos e termos mentais referem-se a um mesmo tipo de entidade, que é "neutra" com relação ao físico e ao psíquico. Com isso, eles defendem uma das versões do chamado "neutralismo", ou monismo neutro (Ver NEUTRO; NEUTRALISMO; NEUTRALIZAÇÃO).

O reducionismo próprio do materialismo pode ser igualmente mantido, mas em favor da substância mental, ou dos processos físicos. Isso acontece quando se afirma, como Berkeley, que tudo o que há é perceber ou ser percebido (ver ESSE EST PERCIPI), isto é, que há apenas "espíritos". Isso não equivale a negar que haja coisas ou realidades materiais, mas equivale a afirmar que elas não têm realidade ontológica independente com relação à percepção (a seu ser percebido), à idéia (ou a seu ser ideado), ao pensamento (a seu ser pensado). Nestes casos, pode-se falar de um monismo idealista.

Falamos no verbete CORPO das "soluções" ao "problema corpo-alma" que negam as formulações tradicionais em termos de dualismo e monismo. Essas soluções são muito variadas, visto que dentro delas cabem doutrinas tão diferentes quanto as de Merleau-Ponty e Gilbert Ryle.

↪ Além da bibliografia do verbete CORPO, que em muitos casos já suscitava o problema da relação corpo-alma ou corpo-mente, ver agora de maneira específica: D. M. Armstrong, *A Materialist Theory of Mind*, 1968. — J. Margolis, *Persons and Minds: The Prospects of Nonreductive Materialism*, 1978. — M. E. Levin, *Metaphysics and the Mind-Body Problem*, 1979. — J. Seifert, *Das Leib-Seele-Problem und die gegenwärtige philosophische Diskussion. Eine systematisch-kritische Analyse*, 1979; 2ª ed., corr. e ampl., 1989. — A. Clark, *Psychological Models and Neural Mechanisms: An Examination of Reductionism in Psychology*, 1980. — J. Eccles, *The Human Psyche*, 1980 [Gifford Lectures, Edimburgo, 1978-1979]. — M. Bunge, *The Mind-Body Problem: A Psychobiological Approach*, 1980. — D. M. Armstrong, *The Nature of Mind and Other Essays*, 1981. — M. A. Boden, *Mind and Mechanisms*, 1981. — R. B. Carter, *Descartes' Medical Philosophy: the Organic Solution to the Mind-Body Problem*, 1983. — A. Shalom, *The Body/Mind Conceptual Framework and the Problem of Personal Identity*, 1985. — P. J. Griffiths, *On Being Mindless: Buddhist Meditation and the Mind-Body Problem*, 1986. — R. E. French, *The Geometry of Vision and the Mind Body Problem*, 1987. — H.-U. Hoche, "Das Leib-Seele-Problem: Dualismus, Monismus, Perspektivismus", *Philosophia Naturalis*, 24 (1987). — J. W. Cooper, *Body, Soul, and Life Everlasting: Biblical Anthropology and the Monism-Dualism Debate*, 1989. — C. MacDonald, *Mind-Body Identity Theories*, 1989. — M. Carrier, J. Mittelstrass, *Mind, Brain, Behavior: the Mind-Body Problem and the Philosophy of Psychology*, 1991. — M. Wolff, *Das Körper-Seele-Problem*, 1992. ↩

CORPUS ARISTOTELICUM. Ver ARISTÓTELES.

CORPUS GALENICUM. Ver GALENO.

CORPUS HERMETICUM. Exerceu influência em certos meios filosóficos (neopitagóricos, platônicos, ecléticos etc.) um conjunto de escritos atribuídos ao Deus egípcio Thoth (ou Tot), que se supunha equivalente ao deus grego Hermes (enquanto deus da comunicação e inventor de certas técnicas, como a escrita e a aritmética), que por esse motivo são reunidos com o nome de *Corpus Hermeticum*. O deus Thoth a que se referem esses escritos é o grande Toth, motivo pelo qual o Hermes correspondente é chamado de Hermes Trismegistos (τρισμέγιστος) ou Hermes Três Vezes Grande, equivalente à expressão antes usada pelos gregos de Grande, Grande e Grande: μέγιστος καὶ μέγιστος καὶ μέγιστος. Como indicou A.-J. Festugière, o *Corpus Hermeticum* não é, como alguns autores (por exemplo, R. Retzenstein) supuseram, um escrito usado por confrarias herméticas (como a chamada "confraria de Poimandres"), e sim um conjunto muito variado de escritos de astrologia, medicina astrológica, receitas de magia, obras de alquimia, tratados de filosofia, questões de astronomia, física, psicologia, embriologia etc., postos sob o patrocínio de Hermes e que começaram a exercer influência no momento em que se produziu um retrocesso da tradição racionalista grega e em que toda a mescla anterior foi considerada "o verdadeiro conhecimento". Os escritos em questão contêm uma parte de edificação moral e religiosa, mas nenhuma referência a práticas do culto ou rituais. Ora, o hermetismo possui duas formas de acordo com o aspecto que tenha sido enfatizado pelos escritos herméticos correspondentes. Por um lado, há um hermetismo que pode ser denominado filosófico, mais grego que egípcio (apesar das constantes referências aos mitos egípcios e do propósito de unir a religião grega à egípcia). Os escritos de vários autores sobre os mitos egípcios e sobre os mistérios egípcios (Plutarco, Asclepíades, Jâmblico etc.) estão nessa direção. Mas os exemplos clássicos desta última são os *Tratados herméticos* atribuídos a Poimandres e a Esculápio (Asclépio), tratados de origem intelectual grega nos quais se desenvolve, sob a forma de uma revelação de Hermes, uma cosmogonia, uma antropologia e uma escatologia, com numerosas doutrinas análogas às do gnosticismo: formação do mundo no *Primeiro Pai*, origem do *Homem Arquetípico*, perda da alma no corpo e divinização da alma em seu ascenso pelos círculos planetários. Por outro lado, há um hermetismo que pode ser denominado astrológico (ou mágico-astrológico), menos interessado na especulação teosófica que em certas práticas baseadas em supostas correspondências entre fenômenos terrestres e fenômenos celestes e entre as partes da Natureza e as do corpo humano. Em outros termos, e como observa Festugière, enquanto num sentido o hermetismo desemboca numa pura contemplação espiritual, no outro conduz a uma complexa demonologia que mostra características primitivistas. Não é raro que os dois tipos de hermetismo se combinem numa única doutrina e que em alguns casos — como no de Juliano, o Apóstata — tenha havido uma singular mescla de mística intelectual e de magia naturalista.

O *Corpus Hermeticum* exerceu considerável influência durante o Renascimento. Como mostrou D. P. Walker (*The Ancient Theology*, 1972), o neoplatonismo renascentista de autores como Marsilio Ficino foi muito influenciado pelos *Hermetica*. Podem-se acrescentar a esses escritos os *Oráculos Caldeus* e os *Orphica*, constituindo um corpo de textos e doutrina denominado *prisca theologia*. Essa "antiga doutrina teológica" influenciou muitos autores que se interessavam em destacar similaridades entre várias correntes religiosas, teológicas e filosóficas, o que os levava a adotar uma atitude de tolerância. Ernst Cassirer abordou em parte essa questão, sem estudar especificamente a *prisca theologia*, nos dois primeiros capítulos de *Die platonische Renaissance in England und die Schule von Cambridge*, 1932 (ver, do mesmo autor, *Individuum und Kosmos in der Philosophie der Renaissance*, 1927). Walker estendeu-se também sobre ela, descobrindo elementos "herméticos" nas origens do deísmo inglês de Herbert de Cherbury. As idéias sobre harmonia universal desenvolvidas por Bruno e Campanella, assim como por Copérnico, entre outros, parecem ter origem "hermética". A idéia de que "os antigos" (herméticos, órficos, "caldeus" etc.) possuíam uma sabedoria que precisa ser revelada se encontra também no movimento dos rosa-cruzes, originado nos escritos intitulados *Fama* (1614), *Confessio* (1615) e *O casamento alquímico de Christian Rosencreutz*, de Johann Valentin Andreae — movimento cujas influências podem ser observadas em Comênio, Kepler e até em Newton, e possivelmente em Francis Bacon, Robert Fludd, John Wilkins e Jakob Boehme. Como destacou Frances A. Yates (*The Rosicrucian Enlightenment*, 1972), o rosicrucianismo está ligado à tradição da *prisca theologia*.

➔ Edição do *Corpus Hermeticum* por A. D. Nock e A.-J. Festugière, trad. fr. de A.-J. Festugière, 4 vols.: I, 1945; II, 1945; III, 1954; IV, 1954. — Outra edição: *Hermetica, the Ancient Greek and Latin Writings which contain Religious or Philosophic Teachings ascribed to Hermes Trismegistus*, com trad. ingl., notas e índices de Walter Scott, 4 vols.: I, 1924; II, 1925; III, 1926; IV, 1936. Índice: L. Delatte, S. Govaerts, J. Denooz, *Index du Corpus Hermeticum*, 1977.

Ver: L. Ménard, *Hermes Trismégiste*, 1867 (com trad.). — R. Retzenstein, *Zwei religionsgeschichtliche Fragen*, 1901. — *Id.*, *Poimandres. Studien zur griechisch-ägyptischen und frühchristlichen Literatur*, 1904. — Th. Zielinski, "Hermes und die Hermetik", *Archiv für Religionswissenchaft*, 8 (1905) e 9 (1906). — P. Boylon, *Thoth, the Hermes of Egypt*, 1922. — R. Retzenstein e H. H. Schaeder, *Studien zum antiken Synkretismus aus Iran und Griechenland*, 1926. — A.-J. Festugière, *La révélation d'Hermès Trismégiste*, 4 vols.: I (*L'Astrologie et les sciences occultes*, com apêndice sobre o hermetismo árabe, por L. Massignon), 1944: II (*Le Dieu Cosmique*), 1949; III (*Les doctrines de l'âme*), 1953; IV (*Le Dieu inconnu et la Gnose*), 1954. — *Id., L'Hermétisme*, 1948. — *Id., Hermétisme et mystique païenne*, 1967. — R. S. Westman, J. E. McGuire, *Hermeticism and the Scientific Revolution*, 1977. **C**

CORREFERÊNCIA. Dois termos que têm o mesmo referente são chamados "correferentes". Na clássica distinção de Frege entre sentido e referência, podem ser denominados "correferentes" quaisquer termos que tenham o mesmo referente, ainda que os sentidos dos termos sejam distintos. Alguns lingüistas consideram que a relação entre pronomes e seus antecedentes é uma relação de correferência (cf. Barbara Hall Partee, "Opacity, Coreference, and Pronouns", em *Semantics of Natural Language*, 2ª ed., ed. Donald Davidson e Gilbert Harman, 1972, p. 415, em que a autora remete a Paul M. Postal, "On-So-Called 'Pronouns' in English", *Georgetown University Monograph Series on Language and Linguistics*, 19 [1966], ed. Francis P. Dinneen, S. J., pp. 177-206). Não obstante, Partee considera que a noção de correferência pode estender-se a muitos, mas não a todos os casos em que o antecedente é não-referencial. Assim, entre os vários casos possíveis, indica que na sentença 'Quem possui um gato afaga-*o*' o 'o' não é substituível por 'quem'. Como ao mesmo tempo 'o' não é um dos que Peter Geach qualificou de "pronomes preguiçosos", é preciso admitir a não-referencialidade de 'quem' a despeito de que, no exemplo dado, quem possui um gato afaga-*o*.

O autor deste *Dicionário* usou 'correferência' em outro sentido (cf. *El ser y el sentido*, 1967, VII, § 4). Considerem-se dois casos, um relativo a nomes e outro a descrições.

'Madame Bovary' refere-se a uma personagem de um romance intitulado *Madame Bovary* e não a uma mulher de carne e osso se se introduz um domínio especificado: o das personagens dos romances, ou, em geral, o das personagens de ficção objeto de narrações. Mas a personagem de Flaubert que ostenta o nome indicado representa uma mulher de carne e osso que, se tivesse existido, poderia ter agido como a personagem. 'Madame Bovary' se correfere a uma mulher de carne e osso.

'O primeiro astronauta que chegou a Júpiter' não se refere (ainda) a nenhuma entidade real, mas, havendo astronautas e havendo o planeta Júpiter, 'o primeiro astronauta...' se correfere a algum astronauta. Quanto a 'Júpiter', refere-se, enquanto nome isolado, a Júpiter; enquanto parte da descrição, correfere-se ao Júpiter onde desceu um primeiro astronauta.

Podem-se generalizar esses exemplos nas formas seguintes:

1) Um termo T — sendo T um nome — pode referir-se a A, sendo A um membro de um domínio especificado, O. Se na descrição dos membros de O aparecem caracteres comuns com membros de um domínio O_1, então T se correfere a algum membro de O_1.

2) Um termo D — sendo D uma descrição — pode não referir-se a nenhuma entidade E que possua a propriedade P, exibida em D. Contudo, E pode referir-se a um domínio especificado O, e P pode referir-se a outro domínio especificado, O_2. Nestes casos, E e P, em D, podem correferir-se a membros dos domínios O_1 e O_2, respectivamente.

CORRESPONDÊNCIA (REGRAS DE). No âmbito do que hoje se denomina "concepção ortodoxa" (ou "clássica" ou "tradicional") da estrutura das teorias científicas, estabelecem-se várias distinções entre os elementos que figuram no que se chama, por ora sem grandes matizações, "a teoria".

Duas dessas distinções são importantes:

Por um lado, distinguem-se teorias e leis experimentais; por outro, distinguem-se, no corpo de uma teoria, termos lógicos ou termos do cálculo (não-interpretado), termos teóricos e termos observacionais.

Para ligar esses vários elementos, propuseram-se as chamadas "regras de correspondência" ou "pontes". Assim, fala-se de leis de correspondência entre teorias e leis experimentais. A teoria contém termos que não se encontram nas leis, de modo que é necessário proporcionar regras ou conexões que permitam contrastar a teoria mediante verificações experimentais. Visto que estas últimas são verificações de entidades observáveis, as regras de correspondência entre teorias e leis experimentais são regras de correspondência entre termos teóricos e termos observacionais.

A distinção mais freqüentemente utilizada é a que se estabelece entre os termos lógicos ou termos do cálculo (não-interpretado), os termos teóricos e os termos observacionais. Assume-se então que os termos teóricos constituem já uma interpretação (parcial ou total) do cálculo, de modo que a distinção básica estabelecida é a que há entre termos teóricos, Tx, e termos observacionais, To. As regras de correspondência de que se fala o são entre estes dois termos ou tipos de termos.

Referimo-nos já ao assunto nos verbetes TERMOS OBSERVACIONAIS e TERMOS TEÓRICOS. Simplificando a questão, cabe dizer que se estabelecem regras de correspondência entre os termos mencionados quando se proporciona alguma definição dos segundos em função dos primeiros. A definição consiste em alguma proposição relativa a entidades observáveis. Houve entre os positivistas lógicos e filósofos da ciência que seguiram esta orientação numerosas disputas acerca do *status* das referidas proposições — principalmente discussões acerca do que os termos observacionais podem designar — e acerca de serem ou não as regras de correspondência estipulações, enunciados empíricos agregáveis aos que se supõe serem obtidos mediante conseqüências dedutivas a partir de cálculos interpretados, ou enunciados derivados de modelos construídos para interpretar a teoria.

Em todo caso, a versão mais simples e primitiva das regras de correspondência indicadas consiste na definição de Tx em função de To. Visto que To pode incluir termos disposicionais, os quais não são diretamente verificáveis ou observáveis, modificaram-se as regras de correspondência de modo que possam incluir esses termos.

Os problemas que suscitaram as regras de correspondência foram abordados, no âmbito da mencionada concepção ortodoxa, mediante refinamentos sucessivos das definições necessárias para vincular os termos teóricos com os observacionais. Um desses refinamentos consistiu em séries de restrições introduzidas nas regras.

As dúvidas expressas sobre a concepção ortodoxa levaram muitos autores a uma reforma mais radical. Simplificando, esta consistiu em mostrar que há dificuldades insuperáveis na própria distinção entre termos teóricos e termos observacionais. Isso levou a propor várias soluções, como as seguintes: o *status* de um termo como teórico ou como observacional nunca é definitivo, sendo antes relativo no sentido de que um termo é teórico ou observacional em relação com um contexto dado; não há absolutamente distinção entre esses termos, porque um termo é observacional apenas em função de termos teóricos (a chamada "concepção da observação como carregada de teoria"); o significado de um termo teórico é contextual, isto é, depende da própria teoria que faz uso do termo; cabe eliminar (ainda que trivialmente) os termos teóricos mediante o teorema de Craig (VER).

CORRESPONDÊNCIA (TEORIA DA VERDADE COMO). Ver VERDADE.

CORROBORAÇÃO. Ao discutir a questão do grau até o qual se podia, ou convinha, contrastar uma hipótese, Popper introduziu os termos *Bewährung* e *Grad der Bewährung* ou *Bewährungsgrad* (*Logik der Forschung*, pp. 185 ss.), traduzidos por esse autor para o inglês por *corroboration* e *degree of corroboration* (*Logic of Scientific Discovery*, nota de rodapé da p. 251) ('corroboração' e 'grau de corroboração'). Segundo Popper, as teorias não são verificáveis, mas podem ser "corroboradas". Com isso, Popper queria não apenas aprofundar-se em sua crítica do critério de verificação (VER), mas também evitar, ao menos de modo imediato, uma decisão sobre se, ao contrastar-se uma hipótese, esta se tornava "mais provável" em termos do cálculo de probabilidades.

A tradução inglesa de Popper difere da de Carnap, que usou 'confirmação' (VER) e 'grau de confirmação', termos geralmente aceitos, enquanto 'corroboração' caiu em desuso. Popper afirma que propôs a Carnap empregar o equivalente em inglês de 'corroboração' e que Carnap não aceitou a proposta, motivo pelo qual Popper aceitou por certo tempo o uso do equivalente inglês de 'confirmação', mesmo declarando que não apreciava esse termo por causa de algumas de suas associações, e também porque 'confirmar' corresponde antes a *erhärten* ou *bestätigen* que a *bewähren*.

Embora isso pareça uma mera disputa de palavras, deve-se levar em conta o seguinte: a intenção de Popper ao usar 'corroboração' era evitar justamente o que fez Carnap, isto é, considerar 'grau de corroboração' como sinônimo (ou explicativo) de 'probabilidade'. Dessa maneira, Carnap pôde "salvar" — "estendendo-o" e refinando-o — o critério de verificação, o que Popper julgou indesejável; por isso, abandonou 'confirmação' por 'corroboração'. "Segundo meu ponto de vista — escreve Popper —, a corroboração de uma teoria — e também o grau de corroboração de uma teoria que passou com êxito por severas provas — está, por assim dizer, na razão inversa de sua probabilidade lógica, pois ambas aumentam com seu grau de contrastabilidade e simplicidade. *Mas o ponto de vista implicado pela lógica da probabilidade é justamente oposto a este*. Aqueles que mantêm tal lógica permitem que a probabilidade de uma hipótese aumente em *proporção direta* à sua probabilidade lógica, embora não haja dúvida de que *aspiram* a que sua 'probabilidade de uma hipótese' equivalha praticamente ao mesmo que eu procuro indicar mediante a expressão 'grau de corroboração'" (*Logik*, cap. X, 83, p. 270).

CORTE EPISTEMOLÓGICO. Estas palavras traduzem a expressão *coupure épistémologique* proposta por Gaston Bachelard. Em seus estudos de história e filosofia da ciência, esse autor enfatizou que, às vezes, ocorrem mudanças bruscas na evolução de uma ciência e, em geral, do conhecimento. Essas mudanças representam um "corte" no processo da investigação científica e na própria idéia da ciência, ou, ao menos, de um determinado ramo da ciência. Assim, uma nova teoria científica pode não apenas se afastar muito de outra precedente, mas situar-se dentro de um novo contexto epistemológico não comparável ao anterior. A idéia de corte, nesse sentido, nega a idéia de continuidade na evolução do saber, assim como a idéia de uma acumulação de conhecimentos.

A noção de "corte epistemológico" é afim à de *episteme* (VER) tal como elaborada por Michel Foucault (VER). Afirmou-se que ambas as idéias constituem um precedente da idéia de paradigma (VER) proposta por Kuhn (VER), embora este último autor tenha formulado sua tese independentemente dos outros autores citados — no entanto, Kuhn não o fez independentemente de Alexandre Koyré (VER), que conhecia as idéias de Bachelard.

A idéia de "corte epistemológico" pode ser aplicada ao estudo do pensamento de um autor determinado. Assim, a interpretação de Marx por Althusser (VER), tomada em sentido "literal", supõe um "corte epistemológico" entre o "jovem Marx" e o "segundo Marx" ou "Marx maduro" (ver MARXISMO).

Pode-se relacionar a noção de corte epistemológico com outras empregadas em áreas distintas, como na crítica literária. Isso ocorre com a noção de "infração" de determinados padrões artísticos e lingüísticos quando seu volume é suficiente para produzir novas estruturas e novos "jogos". A infração neste sentido pode ser considerada um desvio suficientemente radical para que se produza um "corte" do tipo antes indicado.

Há relação, ainda, entre a noção de "corte epistemológico" e a noção, também proposta por Gaston Bachelard, de "fronteira epistemológica". A 'fronteira', aqui, determina, de modo geral, os limites do conhecimento, mas também, de modo menos geral, os limites de certo gênero de conhecimento. Bachelard nega que haja alguma fronteira absoluta — não, porém, por julgar que a ciência careça de limites, mas porque considera que traçar uma fronteira equivale já a ultrapassá-la ("Critique préliminaire du concept de frontière épistémologique" [Atas do Congresso Internacional de Filosofia, de 1934, 1936]; reimp. na obra desse autor *Études*, 1970, p. 80). Assim, a fronteira representa um corte, mas um corte que está destinado a ser eliminado.

Ver também FECHAMENTO CATEGORIAL.

COSMOLOGIA. É o nome que se dá a toda teoria geral ou a toda doutrina geral acerca do mundo ou cosmo — κόσμος — inteiro, isto é, acerca do mundo em sua totalidade (e às vezes, embora nem sempre, *como* totalidade). Nesse sentido, a cosmologia foi cultivada em muitas civilizações — uma concepção do mundo (ver MUNDO [CONCEPÇÃO DO]) equivale a uma cosmologia, ou a inclui. Na filosofia ocidental, da Grécia aos nossos dias, elaboraram-se numerosas cosmologias. Os primeiros filósofos gregos foram "cosmólogos" (ver PRÉ-SOCRÁTICOS). Entre eles, além disso, os pitagóricos interessam-se especialmente pelo que denominaram *cosmos*. Os astrônomos, como Aristarco de Samos, Hiparco e Ptolomeu, foram cosmólogos, mas também o foram muitos filósofos (Platão, Aristóteles, os estóicos etc.). Foram as cosmologias que receberam o nome de "sistemas do mundo", segundo a expressão de Laplace (VER) e o título da obra de Pierre Duhem (VER) sobre "os sistemas do mundo de Platão a Copérnico".

O termo 'cosmologia' foi introduzido por Wolff (*Cosmologia generalis*, 1731). Wolff definia a cosmologia geral como *una scientia mundi de universo in genere* (*op. cit.*, § 1). Os membros da escola de Wolff (ver LEIBNIZ-WOLFF [ESCOLA DE]) usaram abundantemente os termos 'cosmologia' (*cosmologia*) e 'cosmológico' (*cosmologicus*). Eles dividiam a cosmologia geral em racional e empírica. Essa terminologia foi adotada por Kant. A *cosmologia rationalis* era considerada uma parte da *metaphysica generalis seu ontologia*, que também incluía a *psychologia rationalis* e a *theologia rationalis*. A cosmologia geral trata do mundo em geral como "todo da realidade", *omnitudo realitatis*, o que inclui o estudo da natureza dos corpos e das leis gerais pelas quais se rege seu comportamento. Questões relativas à origem do mundo e referentes à questão de se o mundo existe por si mesmo ou se foi criado foram no passado questões cosmológicas centrais. Kant atacou a cosmologia racional sob a forma de uma crítica do chamado "argumento cosmológico" (ver COSMOLÓGICA [PROVA]) e enfatizou as "antinomias cosmológicas" (ver ANTINOMIA).

Na atualidade, a cosmologia é considerada uma disciplina científica, intimamente ligada à astronomia, à física teórica e à matemática, mas em princípio diferente delas. Seu principal tema consiste na construção de "modelos de universo" que sejam ao mesmo tempo logicamente coerentes e não incompatíveis com os dados fundamentais da ciência experimental da Natureza. As características gerais do universo, sua extensão no espaço, duração no tempo e, ocasionalmente, origem e desenvolvimento, constituem as principais preocupações dos cosmólogos. Os trabalhos realizados a esse respeito se intensificaram ao longo dos últimos quatro decênios, seguindo os progressos da física teórica e as novas observações físicas e astronômicas. Ora, as respostas dadas às questões anteriores são muito variadas. Para alguns, o universo é estático e fechado, enquanto para outros é dinâmico e aberto; para alguns, tem forma esférica, e, para outros, cilíndrica ou hiperbólica; para alguns, a curvatura do espaço é positiva; para outros, negativa. Os principais modelos de universo propostos são: o de Einstein (fechado, esférico, estático, finito), o de De Sitter (estático, vazio) e o de Friedmann e Lemâitre (dinâmico, aberto, expansivo). A questão da expansão do universo, suscitada pelo deslocamento das riscas espectrais das galáxias distantes na direção do vermelho, gerou muitos debates cosmológicos. Em geral, a expansão é admitida, mas as dificuldades que apresenta são solucionadas de diversas maneiras. Alguns cosmólogos, como Lemâitre, admitem um "átomo primitivo" que ao "explodir" engendrou o universo; outros, como Bondi, Gold e Hoyle, propõem a tese da criação (VER) contínua da matéria, com a finalidade de explicar a presença permanente desta nos lugares do universo que deveriam estar vazios por causa da expansão. Outros, como Gamow, apresentam a teoria segundo a qual de um estado primordial da matéria se produziu, em menos de meia hora, a série dos elementos existentes no universo: desde sua "origem", o universo esteve em contínua expansão, mas chegará um momento de rarefação máxima na qual o universo se desintegrará, produzindo-se de novo um estado primitivo que, por sua vez, gerará uma nova expansão. É fácil ver que todas essas teorias, embora apoiadas em observações astronômicas e empregando o instrumental matemático, levantam problemas que já haviam sido abordados pelas antigas cosmologias; e se vê até mesmo que algumas de suas soluções se assemelham extraordinariamente a várias delas. É o caso da concepção de uma "matéria primordial", ou de uma eterna expansão e concentração do universo, ou ainda de uma criação contínua da matéria. Deste modo, assim como a teoria do conhecimento, a cosmologia mostra muitos pontos de intersecção entre a linguagem científica e a filosófica.

⊃ Cosmologia em sentido tradicional: J. de Tonquédec, *Questions de cosmologie et de physique*, 1950. — F. Selvaggi, *Filosofia do mundo*, 1988.

Cosmologia moderna e "nova cosmologia": E. W. Beth, *La cosmologie dite naturelle et les sciences mathématiques de la nature*, 1948. — E. Finlay-Freundlich, *Cosmology*, 1951. — H. Bondi, *Cosmology*, 1952. — Fred Hoyle, *The Nature of the Universe*, 1953. — Hermann Wein, *Zugänge zu philosophischer Kosmologie*, 1954. — M. K. Munitz, *Space, Time, and Creation: Philosophical Aspects of Scientific Cosmology*, 1957. — H. Bondi, W. B. Bonner et al., *Rival Theories of Cosmology*, 1960. — M. Bunge, N. R. Hanson et al., "Philosophical Implications of the New Cosmology", artigos em *The Monist*, 47, 1 (1962). — C. G. McVitte, *Fact and Theory in Cosmology*, 1962. — Herbert A. Simon et al., *Mind and Cosmos: Essays in Contemporary Science and Philosophy*, 1966, ed. Robert G. Colodny. — Michel Ambacher, *Cosmologie et philosophie*, 1967. — J. Narlikar, *The Structure of the Universe*, 1977. — H. C. Stafford, *Culture and Cosmology: Essays on the Birth of World View*, 1981. — S. Toulmin, *The Return to Cosmology: Postmodern Science and the Theology of Nature*, 1982. — B. Gal-Or, *Cosmology, Physics, and Philosophy: Recent Advances as a Core Curriculum Course*, 1983. — B. Kanitscheider, *Kosmologie. Geschichte und Systematik in philosophischer Perspektive*, 1984. — J. Meurers, *Kosmologie heute*, 1984. — M. K. Munitz, *Cosmic Understanding: Philosophy and Science of the Universe*, 1987.

Obras históricas: Felix Schmeidler, *Alte und moderne Kosmologie*, 1962. — F. M. Cornford, *Plato's Cosmology*, 1937. — E. Wilhelm Möller, *Geschichte der Kosmologie in der griechischen Kirche bis auf Origenes, mit Specialuntersuchung über die gnostischen Systeme*, 1860; reimp., 1971. — E. A. Milne, *Modern Cosmology and the Christian Idea of God*, 1952 [Edward Cadbury Lectures, 1950]. — Jacques Merleau-Ponty, *Cosmologie du XXe siècle. Étude épistémologique et historique des théories de la cosmologie contemporaine*, 1965. — Jacques Merleau-Ponty e Bruno Morando, *Les trois étapes de la cosmologie*, 1971. — E. O. James, *Creation and Cosmology: A Historical and Comparative Inquiry*, 1969. — J. M. McTaggart, H. S. Harris, eds., *Studies in Hegelian Cosmology*, 1984. — R. D. Mohr, *The Platonic Cosmology*, 1985. — J. V. Field, *Kepler's Geometrical Cosmology*, 1988. — A. Moles, *Nietzsche's Philosophy of Nature and Cosmology*, 1989. — O. Blanchette, *The Perfection of the Universe According to Aquinas: A Teleological Cosmology*, 1992. ⊂

COSMOLÓGICA (PROVA). No livro XII da *Metafísica*, Aristóteles apresenta um argumento que foi desenvolvido, aprimorado e complementado por outros autores, especialmente na Idade Média e na época moderna. O mais conhecido e influente desses autores é Santo Tomás. Em sua *S. Theol.*, I, q. I, 1 a 2, 3, Santo Tomás apresenta *quinque viae* — "cinco vias" ou "cinco maneiras" — para provar a existência de Deus (ver DEUS e TOMÁS DE AQUINO [SANTO]). As três primeiras — fundadas em relações entre algo que se move e o que faz com que se mova (ver OMNE QUOD MOVETUR AB ALIO MOVETUR), entre um efeito e a causa do efeito, e entre uma realidade contingente e outra realidade da qual a primeira depende — são diferentes maneiras de apresentar o que se denominou depois "argumento cosmológico" e "prova cosmológica". De algum modo, essa prova consiste numa unificação das três primeiras "vias" ou "maneiras" citadas. De acordo com alguns autores, é uma unificação de todas as cinco "vias". Por outro lado, as formas como se elaborou mais freqüentemente a prova cosmológica estão relacionadas especialmente com a primeira das "vias". Trata-se então da prova da existência de Deus *ex parte motus*, isto é, da prova que parte da observação, considerada evidente, de que tudo no mundo se modifica. Se algo se modifica, ou está em processo de modificação, é modificado por alguma outra coisa. O que se modifica não tem a perfeição à qual tende ao modificar-se. Essa perfeição é possuída pelo que causa a mudança. Se o que causa a mudança por sua vez muda, tem de mudar em virtude de alguma outra coisa, e assim sucessivamente. Contudo, não se podendo admitir um *regressus in infinitum*, deve-se concluir que há uma primeira causa da mudança que, ela própria, não é modificada por outra coisa. Essa primeira causa é Deus.

A prova cosmológica é uma das chamadas provas *a posteriori* da existência de Deus, sendo similar nesse sentido à prova teleológica (ver TELEOLÓGICA [PROVA]) ou à prova pelo desígnio (ver DESÍGNIO [PROVA PELO]), ao contrário do argumento ontológico ou prova ontológica (ver ONTOLÓGICA [PROVA]), considerada *a priori*. Mas a prova cosmológica é *a posteriori* apenas no sentido de que parte de um fato; no procedimento da prova, recorre-se a argumentos *a priori*, ou aduzem-se evidências que são supostamente *a priori*. William L. Rowe (*The Cosmological Argument*, 1975, pp. 5-6) indica que a prova cosmológica tem duas partes: numa se procura provar a existência de um primeiro motor, de um ser necessário, de uma primeira causa; na segunda, procura-se provar que a entidade cuja existência se provou é um Deus tal como concebido pelo teísmo (VER). A segunda parte não é derivada da primeira. Mas os autores que defenderam a prova cosmológica consideraram que o Deus concebido pelo teísmo é a primeira causa, e vice-versa.

Entre os autores modernos que usaram — e defenderam — a prova destacam-se Leibniz e Samuel Clarke. Em seu escrito de 1697, *De rerum radicale originatione*, Leibniz afirma que a razão suficiente da existência "não pode encontrar-se nem em nenhuma coisa particular nem no conjunto da série. Suponhamos que haja um livro sobre os elementos da geometria que seja eterno e que os outros livros tenham sido copiados dele sucessivamente. É evidente que, embora possamos dar conta do livro atual pelo que lhe serviu de modelo, nunca poderíamos, qualquer que fosse o número de livros que supuséssemos, dar razão perfeita deles, pois podemos sempre perguntar por que esses livros existiram desde sempre, isto é, por que existem livros em absoluto e por que foram escritos". Clarke desenvolveu a prova cosmológica em suas conferências de 1704, *A Demonstration of the Being and Attributes of God*; segundo Rowe (*op. cit. supra*, p. 8), as demonstrações são as mais elaboradas e refinadas de todos os que defenderam a prova cosmológica. Clarke procurou provar antes de tudo que algo existiu desde toda a eternidade com base na evidência de que algo existe agora; se algo existe agora, tem de haver algo que o causou e assim sucessivamente, até chegar à tese de que há uma primeira causa que causou tudo o que existe, causa que existe desde toda a eternidade. A esta prova sucedem-se várias outras, entre elas a de que o ser que existiu desde toda a eternidade existe necessariamente.

Em Clarke, e sobretudo em Leibniz, o principal suporte da prova é o princípio de razão suficiente (VER). As objeções à prova ou descartam o princípio de razão suficiente, considerando-o vazio, ou enfraquecem-no de tal modo que sua aplicação se mostra totalmente infrutífera. Clarke e Leibniz, por outro lado, parecem ter tendido a reforçar o princípio de razão suficiente. De acordo com isso, é preciso que haja uma explicação da existência de um conjunto infinito de coisas que não é derivado necessariamente da explicação que se dá de cada coisa no conjunto.

Entre os autores que se opuseram à prova cosmológica figuram Hume e Kant. Hume indica (*Dialogues on Natural Religion*, IX) que não é necessário recorrer ao conjunto, ou ao conjunto de uma série (nem a nenhum membro fora da série) para explicar a existência dos membros da série. A explicação de cada um dos membros da série equivale à explicação de toda a série. Assim, portanto, um conjunto de membros é uma soma de membros, não uma entidade distinta dos membros que compõem o conjunto. Vários autores seguiram Hume a esse respeito enfatizando que é uma falácia supor que se A tem a causa B, B tem a causa C, C tem a causa D e assim sucessivamente, haja, além dessas causas, outra causa que é a causa de A, B, C, D etc. Kant fez uso da prova cosmológica ao apresentar, na seção sobre as antinomias da razão pura da *Crítica da Razão Pura* (*K. r. V.*, 452-B480), a tese de que pertence ao mundo, como parte ou como causa, um ser absolutamente necessário. Há um conflito insolúvel entre essa tese e sua antítese. Na prova da impossibilidade de uma prova cosmológica da existência de Deus (*KrV*, A603-B631 ss.), Kant reconhece que a razão especulativa proporcionou à prova "todos os recursos de sua habilidade dialética". Mas há na prova um número considerável de elementos pseudo-racionais que têm de ser desfeitos. De acordo com Kant, o princípio transcendental, segundo o qual inferimos uma causa de algo contingente, é aplicável apenas ao mundo sensível, mas não tem significação fora desse mundo. Tendo-se visto, segundo Kant, que a noção de causalidade é uma categoria aplicável à experiência, é inadmissível usá-la fora da experiência. Contudo, mesmo sendo a série de causas restrita a este mundo, não se justifica inferir a existência de uma primeira causa com base na impossibilidade de uma série infinita de causas. Além disso, há na prova cosmológica uma confusão entre a possibilidade lógica de um conceito de toda a realidade e a possibilidade transcendental dessa realidade. Kant admite que se pode *postular* a existência de um ser que se basta completamente a si mesmo como causa de todos os efeitos possíveis, mas isso apenas com o propósito de "iluminar a tarefa da razão em sua busca da unidade e dos fundamentos da explicação", não com a finalidade de explicar nada.

↪ Ver: W. L. Craig, *The Kalam Cosmological Argument*, 1979. — *Id.*, *The Cosmological Argument from Plato to Leibniz*, 1980.

Ver também a bibliografia de Deus. ↩

COSSÍO, MANUEL BARTOLOMÉ. Ver Krausismo.

COSSMANN, PAUL NICOLAUS. Ver Teleologia.

COSTA, JOAQUÍN. Ver Krausismo.

COSTUMES. Denominam-se "costumes" os hábitos, geralmente os hábitos humanos no âmbito de uma comunidade, sendo eles, portanto, "coletivos". Os costumes são adquiridos, isto é, são transmitidos por uma comunidade a seus membros, sejam estes membros nascidos na comunidade ou incorporados a ela.

Os costumes podem codificar-se em normas. Discutiu-se se, e até que ponto, os costumes são ou não morais. A resposta a essa questão depende em grande parte do sentido que se dê ao termo 'moral' (VER), etimologicamente derivado de *mos*, traduzido por 'costu-

me'. Às vezes, equiparou-se 'ética' a 'ciência dos costumes' ou 'doutrina dos costumes'.
Os costumes foram também investigados de modo empírico (J. J. Bachofen, E. Durkheim, E. Westermack, B. Malinowski etc.); sob esse aspecto, o problema dos costumes é um tema da chamada "antropologia" ("antropologia social"). Alguns autores consideram que se podem derivar normas éticas do estudo dos costumes, mas a maioria dos antropólogos e sociólogos atuais põe toda questão ética entre parênteses ou admite que são possíveis tantas "éticas" quantos "sistemas de costumes" ou comunidades humanas. Por outro lado, o exame dos costumes teve um significado principalmente ético ou moral. É o que ocorre, por exemplo, com o significado kantiano de Sitten — a "metafísica dos costumes" e a moral são então uma e a mesma coisa. Embora nem sempre seja fácil distinguir o plano ético e o teórico, seria conveniente ou distinguir em cada caso o sentido em que se usa o termo 'costumes' ou empregar dois termos diferentes para cada um dos dois tipos de investigação citados. Como hoje o vocábulo 'costumes' tem circulação reduzida no âmbito do pensamento ético, pode-se considerar que esse vocábulo adquiriu predominantemente um sentido empírico-antropológico.

Em outro sentido, Hume fala do costume ou hábito como o fundamento das inferências derivadas da experiência. O costume opõe-se aqui, portanto, ao raciocínio, e, mesmo que o próprio Hume observe taxativamente que não pretende com esse termo ter dado a razão última de tal propensão humana, o fato é que ele constitui "o único princípio que torna útil nossa experiência e nos faz esperar no futuro uma série de efeitos similares aos que tiveram lugar no passado" (*Enquiry*, V, 1).

➾ Ver: Lucien Lévy-Bruhl, *La morale et la science des moeurs*, 1903. — Edward Alexander Westermarck, *The Origin and Development of the Moral Ideas*, 2 vols., 1906-1908. — F. Tönnies, *Die Sitten*, 1909. — C. Constantin Pavel, *L'irréductibilité de la morale à la science des moeurs*, 1935. — Georges Gurvitch, *Morale théorique et science des moeurs, leurs possibilités, leurs conditions*, 1937; 2ª ed., rev. e corrigida, 1948; 3ª ed., 1961. — B. M. Leiser, *Custom, Law, and Morality. Conflict and Continuity in Social Behaviour*, 1969. — W. Woschak, *Zum Begriff der Sitten*, 1988. ☙

COURNOT, ANTOINE AUGUSTIN (1801-1877). Nascido em Gray (Garonne), estudou na École Normale Supérieure, de Paris, tendo lecionado nas Universidades de Lyon e Grenoble. Foi reitor da Academia de Dijon e inspetor geral de Estudos.

Cournot opôs-se a todo empirismo extremo e a todo racionalismo especulativo em nome de um emprego da razão capaz de ordenar os fatos da experiência e de dar conta deles. O conhecimento é para Cournot uma crítica racional dos fatos. Seu ponto de vista foi às vezes descrito como "relativista", mas isso significa apenas que para Cournot não há um conhecimento absoluto, mas unicamente provável, embora cada vez mais aproximado. A finalidade última, nunca alcançada, é o conhecimento verdadeiro da realidade tal como ela é "em si mesma", não simplesmente da realidade fenomênica, como propusera Kant.

Segundo Cournot, há uma série de categorias por meio das quais se pode examinar criticamente a realidade: são as categorias da ordem, do acaso e da probabilidade. Estas categorias permitem reduzir o número de hipóteses e teorias a princípios cada vez mais simples e abrangentes, assim como na física se unificam as relações entre fatos de modo que com o menor número possível de pressupostos se explique o maior número possível de fatos. Quanto mais ampla e geral é uma lei, tanto mais poder explicativo possui, mas sempre que por meio dela seja realmente possível explicar e predizer os fatos. As leis superiores não expressam apenas causas, mas razões que, por sua vez, incluem relações causais.

Cournot deu grande atenção à idéia de probabilidade, por meio da qual é possível compreender tanto a ordem dos fenômenos como o acaso. Embora tendesse à unificação racional de teorias e de conceitos, Cournot não adotou uma posição reducionista segundo a qual todos os fenômenos são explicados por uma única espécie de realidades. Ele considerou que há diversas regiões de realidade relacionadas entre si, cada uma das quais tem suas próprias características e suas próprias leis. Assim, há a região das realidades materiais, a das realidades orgânicas e a dos processos racionais. Ao mesmo tempo, cada uma dessas regiões mostra características que podem ser consideradas "superiores" às da região precedente, de modo que formam uma espécie de hierarquia ontológica. Em última análise, a região dos processos racionais, surgida das outras, embora diferente delas, tem um predomínio sobre toda a realidade. Isso levou Cournot a aceitar a possibilidade de níveis superiores até mesmo ao da razão, tal como ocorre com o das idéias de finalidade e de divindade, que são, como diz Cournot, "conseqüência necessária da inclinação do homem".

➾ Obras: *Recherches sur les principes mathématiques de la théorie des richesses*, 1838. — *Exposition de la théorie des chances et des probabilités*, 1843. — *Essai sur les fondements de la connaissance et sur les caractères de la critique philosophique*, 2 vols., 1851; 2ª ed., 1912; 3ª ed., 1922. — *Des méthodes dans les sciences de raisonnement*, 1865. — *Considérations sur la marche des idées et des événements dans les temps modernes*, 1872. — *Matérialisme, Vitalisme, Rationalisme*, 1875. — *Traité de l'enchaînement des idées fondamentales dans les sciences et dans l'histoire*, 1881.

Ed. de obras: *Oeuvres complètes*, ed. A. Robinet, 14 vols., 1975 ss.

Ver: F. Mentre, *C. et la Renaissance du probabilisme au XIXe siècle*, 1908. — A. Darbon, *Le concept du hasard dans la philosophie de C.*, 1911. — E. P. Bottinelli, *C., métaphysicien de la connaissance*, 1913. — Gaston Milhaud, *Études sur C. Le développement de la pensée de C.*, 1927. — R. Ruyer, *L'humanité de l'avenir d'après C.*, 1930. — Jean de la Harpe, *De l'ordre et du hasard. Le réalisme critique d'A.C.*, 1936. — VV. AA. (Amoroso, Baudin, Bordin, de Pietri-Tonelli, de la Harpe, Lanzillo, Roy, von Mises), *C. nella economia e nella filosofia*, 1939. — S. W. Floss, *An Outline of the Philosophy of A. A. C.*, 1941 (tese). — A. Waismann, "Introducción a la historiografía cournotiana", em *Cuatro ensayos sobre el pensamiento histórico*, 1959. — Émile Callot, *La philosophie biologique de C.*, 1960. — C. Ménard, *La formation d'une rationalité économique: A. A. C.*, 1978. — G. Jorland, D. Bernouilli *et al.*, *A. C. Études pour le centenaire de sa mort (1877-1977)*, 1978, ed. J. Brun e A. Robinet [Actes de la Table Ronde, 21-23/IV/1977]. ⊂

COUSIN, VICTOR (1792-1867). Nascido em Paris, lecionou na Universidade de Paris e na Escola Normal Superior. Sua posição costuma ser qualificada de eclética e de espiritualista. Influenciado pela escola escocesa nas orientações que a partir dos ideólogos conduziram à reação ativista e voluntarista de Maine de Biran e Royer Collard, assim como pela filosofia do idealismo alemão, com cujos principais representantes — Schelling e Hegel — manteve relações pessoais, Cousin pretendeu conciliar num sistema pouco definido aquilo que julgava verdadeiro em todos os sistemas, considerados manifestações parciais de uma verdade única e mais ampla. Está relacionado com essa tendência o seu interesse pela história da filosofia, no âmbito da qual, com seus discípulos, realizou amplas pesquisas, e que, de modo semelhante ao de Hegel, Cousin concebeu como a manifestação de sucessivas etapas do espírito, mas que, em oposição a ele, não entendeu como uma revelação ou autodesenvolvimento do Espírito absoluto no processo da história, e sim como formas do espírito suscetíveis de regressão e indefinidamente repetidas. Essas formas podem reduzir-se, segundo Cousin, a quatro. Elas são, por assim dizer, os diferentes aspectos de uma história da filosofia que não pode substituir a própria filosofia, porque há nesta última, como conciliação superior, algo mais do que aquilo que há em sua história: "A história da filosofia não carrega em si mesma sua clareza e não constitui seu próprio fim". Primeiramente, há o sensualismo, que quer explicar pela sensação todos os fenômenos, ou, melhor, que a considera a única ordem de fenômenos existente na consciência. A seu lado, o idealismo atende a outra realidade negligenciada pelo sensualismo, mas por sua vez negligencia a sensação e esquece a coexistência da idéia e da sensação na consciência. Depois, o ceticismo refuta os dois dogmatismos anteriores, mas considera como erro total o que não passa de erro parcial, acabando num dogmatismo de novo cunho. Por fim, para solucionar as dificuldades anteriores, a reflexão inclina-se à espontaneidade, e, situando-se mais aquém de toda análise, transforma-se em misticismo. Esses quatro sistemas "existiram: portanto, são verdadeiros pelo menos em parte" — se um deles perece, "toda a filosofia está em perigo" (*Hist. gén. de la phil.*, Lec. I). De acordo com Cousin, a observação direta da realidade, tal como é dada à consciência, permite perceber a origem dos dados que a análise de Condillac decompusera artificialmente em sensações, e permite, ao mesmo tempo, que sejam aceitas como primitivas as faculdades ativas do espírito e as próprias condições de possibilidade do conhecimento universal das coisas. Essa razão de origem equivale a reconhecer como verdadeiros os princípios negados ou suspensos pela análise cética e a afirmar as entidades que, como a substância e a causalidade, e enquanto suporte delas, Deus, são dissolvidas ou relegadas ao inconcebível pela crítica.

O ecletismo cousiniano foi um dos motores principais que o levaram a dedicar-se seriamente à história da filosofia. Sob este aspecto, a filosofia de Cousin produziu frutos similares aos produzidos pelas concepções de Hegel, que, além disso, parece ter influenciado Cousin. Este autor realizou não apenas trabalhos de exposição de história da filosofia, mas também trabalhos de investigação, com edições de manuscritos inéditos, edições críticas de textos etc. Com relação a isso, muitos dos discípulos de Cousin o seguiram, tal como o testemunham os trabalhos históricos de autores como Jules Simon, Jean-Philibert Damiron, Émile Saisset, B. Hauréau, Francisque Bouillier, A. Édouard Chaignet, Charles de Rémusat, Adolphe Franck e outros. Dedicamos verbetes específicos a Simon, Damiron e a Saisset, bem como a outros dos discípulos de Cousin que defenderam o espiritualismo contra materialistas e positivistas: Elme-Marie Caro e Paul Janet.

⊃ Quanto aos outros autores que não têm verbetes específicos, assinalamos em seguida datas e algumas obras: B. Hauréau (1812-1896: *De la philosophie scolastique*, 1850; *Histoire de la philosophie scolastique*, 3 vols., 1872-1881; *Notices et extraits de quelques manuscrits latins de la Bibliothèque Nationale*, 1890-1893); Francisque Bouillier (1813-1899: *Histoire et critique du cartésianisme*, 1842; reed., com o título *Histoire de la philosophie cartésienne*, 2 vols., 1854; 3ª ed., 1874; *Théorie de la raison impersonelle*, 1845; *Du plaisir et de la douleur*, 1855; 2ª ed., 1877; *Le principe vital et l'âme pensante*, 1862; 2ª ed., 1873; *De la conscience en psychologie et en morale*, 1872; *La vraie conscience*, 1882); A. Édouard Chaignet (1818-1901: *Essai sur la psychologie d'Aristote*, 1844; *Les principes de la science du beau*, 1860; *Pythagore et la philosophie pythagoricien-*

ne, 1873; *Histoire de la philosophie des Grecs*, 1887-1893); Charles de Rémusat (1797-1875: *Essais de philosophie*, 1842; *Abélard*, 1845; *De la philosophie allemande*, 1845; *Saint Anselme de Cantorbéry; tableau de la vie monastique et de la lutte du pouvoir spirituel avec le pouvoir temporel au XIe siècle*, 1853; *Bacon, sa vie, son temps, sa philosophie et son influence jusqu'à nos jours*, 1857. — *Histoire de la philosophie en Angleterre, depuis Bacon jusqu'à Locke*, 1875); Adolphe Franck (1809-1893: *De la certitude*, 1847; *Études orientales*, 1861; *Réformateurs et publicistes de l'Europe. I, Moyen Âge et Renaissance*, 1868. *II, Le XVIIe siècle*, 1881; *Philosophie du Droit penal*, 1863; *La philosophie mystique en France à la fin du XVIIIe siècle. Saint Martin et son maître Martinez Pasqualis*, 1866; *Philosophie et religion*, 1869; *Essais de critique philosophique*, 1885; *Philosophie du Droit civil*, 1886; *Nouveaux Essais*, 1890). Franck foi também redator e diretor do *Dictionnaire des sciences philosophiques*, 6 vols., 1844-1852; 2ª ed. em 1 vol., 1875. ⊂

A filosofia de Victor Cousin foi comumente rejeitada como conciliadora e superficial. Tivesse ou não essas características, ela se estendeu rapidamente por vários países, sobretudo pela Espanha, Itália e vários países hispano-americanos, onde deu lugar a acaloradas polêmicas (ver LUZ Y CABALLERO). A chamada "escola eclética" ou "escola espiritualista" de Cousin constituiu uma espécie de "filosofia oficial" francesa desde a revolução de julho de 1830 até a queda da monarquia constitucional de Luís Filipe em 1848.

↪ Obras: As obras de Cousin consistem principalmente em seus cursos: o chamado *Cours d'histoire de la philosophie moderne*, publicado em duas séries e em numerosas edições corrigidas e ampliadas. A primeira série, em 5 vols., publicados pela primeira vez em 1841, abrange as seguintes obras: *Premiers essais de philosophie; Du vrai, du beau et du bien; Philosophie sensualiste; Philosophie écossaise; Philosophie de Kant*. A segunda série, em 3 vols., publicados pela primeira vez em 1829, abrange as seguintes obras: *Introduction à l'histoire de la philosophie; Histoire générale de la philosophie jusqu'à la fin du XIIIe siècle* [2 vols.]. A primeira série reproduz cursos dados de 1815 a 1820; a segunda, cursos de 1828 e 1829. Além disso, devem-se a Cousin: *Fragments philosophiques*, 1826 (numerosas edições, a última em 5 vols.). — *De la Métaphysique d'Aristote*, 1835. — *Études sur Pascal*, 1842, e edições de vários autores (Platão, Abelardo, Pascal etc.).

Edição de obras completas, 1846 e seguintes.

Ver: F. Will, *Intelligible Beauty in Aesthetic Thought. From Winckelmann to V. C.*, 1958. — A. Cornelius, *Die Geschichtslehre V. C.s unter besonderer Berücksichtigung des Hegelschen Einflusses*, 1958. — F. Will, *Flumen Historicum: V. C.'s Aesthetics and Its Sources*, 1965. — W. V. Brewer, *V. C. as a Comparative Educator*, 1971. ⊂

COUTURAT, LOUIS (1868-1914). Nascido em Paris, professor na Universidade de Toulouse a partir de 1895, em Caen de 1895 a 1899 e, a partir de 1905, no Collège de France, foi um dos mais constantes defensores da investigação lógica simbólica na França e um dos que propugnaram a formação de uma *mathesis universalis* e de uma língua universal. Segundo Couturat, somente a aplicação conseqüente do simbolismo pode permitir que a filosofia saia do reino da vaguidade a que a condena a imprecisão da linguagem cotidiana. Couturat polemizou contra Poincaré, que se opunha ao movimento da lógica matemática, e pesquisou os precedentes modernos desse movimento, especialmente em Leibniz, cuja lógica comentou extensamente e alguns de cujos escritos inéditos de índole lógica publicou pela primeira vez. Referimo-nos a algumas das idéias de Couturat nos verbetes sobre antinomia e sobre infinito (VER). No que diz respeito a este último problema, deve-se lembrar que Couturat passou do finitismo ao infinitismo na matemática, defendendo as doutrinas de Cantor.

↪ Obras: *De l'infini mathématique*, 1896. — *La logique de Leibniz d'après des mss. inédits*, 1901; reimp., 1961. — *Opuscules et fragments inédits de Leibniz*, 1903. — *Les principes des mathématiques*, 1905. — *L'algèbre de la logique*, 1905. — *Histoire de la langue universelle*, 1903 (em colaboração com M. Léau).

Ver: C. C. Dassen, *Vida y obra de L. Couturat*, 1939. G. D. Bowne, *The Philosophy of Logic, 1880-1908*, 1966. ⊂

CRAIG (TEOREMA DE). Recebe este nome uma prova apresentada por William Craig em "On Axiomatizability Within a System", *Journal of Symbolic Logic*, 18 (1953), 30-32, e exposta pelo próprio autor em "Replacement of Auxiliary Expressions", *Philosophical Review*, 65 (1956), 38-55.

O chamado "teorema de Craig" suscitou interesse entre alguns filósofos da ciência e, portanto, apresentamos algumas de suas características.

Dado um sistema formal, S, podem-se dividir seus símbolos primitivos não-lógicos em dois conjuntos: um conjunto que consiste em símbolos chamados "preferidos" e um que consiste em todos os símbolos restantes, considerados "não-preferidos". A questão é ver se de S pode-se derivar um sistema formal S' que tenha como símbolos primitivos unicamente os símbolos preferidos de S e cujos teoremas sejam os teoremas preferidos de S.

Em princípio, cabe dispor as provas de S de maneira que, sempre que se encontre uma fórmula preferida, esta seja usada como axioma de S'. Visto que o número de provas é infinito, pode-se sempre proceder até que se encontre uma fórmula preferida utilizável como axioma de S'. As fórmulas em questão são em todo caso fórmulas bem formadas.

Esse procedimento tem o inconveniente de que, enquanto é possível descobrir num número finito de passos se uma fórmula bem formada é um axioma de *S'*, não é possível descobrir num número finito de passos, ou é possível descobrir apenas "acidentalmente" (ou sem uma regra formal para esse propósito), que a fórmula não é um teorema preferido de *S*.

Para evitar esse inconveniente, Craig propôs que, ao se encontrar, depois de certo número de provas (pelo menos uma), um teorema preferido de *S'*, se escolhesse como axioma de *S'* a conjunção de todos os teoremas até o número que correspondesse ao número ordinal de provas efetuadas até encontrar a fórmula preferida de *S*. Desse modo, pode-se descobrir num número finito de passos se a fórmula bem formada de *S'* é a reiteração do teorema encontrado tantas vezes quantas foram as provas efetuadas. Comprovando-se o número de provas em *S*, poder-se-á concluir se a fórmula encontrada pode servir como axioma de *S'*; ela pode servir como tal se o número de reiterações do teorema contido pela conjunção for o mesmo número das provas efetuadas até se chegar a ele.

Discutiu-se freqüentemente na filosofia da ciência que relação há, ou se há alguma relação, entre os termos chamados "observacionais" e os termos chamados "teóricos". Os autores que procuraram resolver o problema de saber se, e até que ponto, os termos observacionais estão ou não, como se disse metaforicamente, "carregados de teoria" — isto é, de alguma maneira determinados ou conformados por termos teóricos — e decidiram por uma resposta negativa encontraram no teorema de Craig um instrumento lógico adequado. Com efeito, se se divide *S* em dois conjuntos — um que contém somente termos teóricos e outro que contém somente termos observacionais —, a possibilidade de se construir um sistema *S'* que contenha apenas termos observacionais, derivado de um sistema *S*, que contenha termos observacionais e termos teóricos, tem por resultado a eliminação dos termos teóricos, de modo que com isso se resolve a questão de saber se os termos observacionais estão ou não "carregados de teoria", assim como a questão de saber que espécie de termos são os chamados "termos teóricos", que *designata* têm ou podem ter etc.

Os autores mencionados, evidentemente, manifestaram confiança no alcance filosófico do "programa de substituição" de Craig, como é o caso de S. F. Barker em *Induction and Hipothesis* (1957). Isso se faz acompanhar com freqüência de uma confiança na idéia de "programas de substituição" em geral. Outros autores se mostraram mais céticos a esse respeito. Para isso, não é preciso defender a tese do caráter "carregado de teoria" dos enunciados observacionais; basta indagar se se ganha muito ou não com um programa como o de Craig, e também perguntar até que ponto o sistema *S'* pode ser engendrado sem recurso ao sistema *S*. O próprio Craig, no artigo citado *supra* (1956), duvida da utilidade de um programa que evita o uso de expressões "auxiliares" (como seriam neste caso as teóricas). Max Black, no artigo "Craig's Theorem", em J. E. Edwards, ed., *Encyclopaedia of Philosophy*, vol. II, pp. 250-251, conclui que o "teorema de Craig" não tem importância filosófica porque a concepção de 'sistema formal' nele envolvida "não atende aos requisitos do que o cientista reconheceria como uma teoria". Essa conclusão é importante em ciência e em filosofia da ciência porque, de fato, se mostra válida mesmo que se rejeitem as objeções de Black de que, afinal de contas, "as regras para engendrar os axiomas de *S'* envolvem uma referência direta ou indireta ao sistema *S*, de sorte que de alguma maneira se recorre a um sistema que, como o sistema original *S*, contém ainda expressões traduzíveis a enunciados teóricos". Hempel (em "The Theoretician's Dilemma", em H. Feigl, M. Scriven, G. Maxwell, eds., *Concepts Theories, and the Mind-Body Problem*, Minnesota Studies in the Philosophy of Science, II, 1958, pp. 37-98, compilado em *Aspects of Scientific Explanation, and other Essays in the Philosophy of Science*, 1965, pp. 173-226, com algumas mudanças) destaca que as vantagens epistemológicas oferecidas por um programa de substituição como o de Craig ficam neutralizadas por desvantagens notórias com que o cientista se defronta. Mario Bunge ("Physical Axiomatics", *Review of Modern Physics*, 39 [1967], 463-474) observa que a eliminação do conteúdo teórico de uma ciência como a física equivaleria à eliminação da física. Num exame detalhado das objeções e contra-objeções ao programa de Craig, Raimo Tuomela (*Theoretical Concepts*, 1973, p. 36) aponta que nem todas as objeções são do mesmo tipo e que, enquanto algumas se dirigem a toda eliminação de conceitos auxiliares, outras se concentram na questão da chamada "dicotomia teórico-observacional". De acordo com Tuomela, as principais razões que impeliram muitos filósofos a opor-se à eliminação de termos teóricos são de caráter ontológico, fundando-se em alguma espécie de "realismo". Embora seja certo que isso ocorre em muitos casos e que certo "realismo", especialmente "realismo físico", subjaz às objeções aos programas de substituição em geral e ao programa específico constituído pelo "teorema de Craig" em particular, nem sempre é necessário recorrer a razões ontológicas; basta, como ocorre no caso de Bunge citado *supra*, enfatizar a estrutura das teorias físicas tal como produzidas pelos físicos.

CRANTOR (*ca.* 340-290 a.C.). Nascido em Soli, mudou para Atenas, onde assistiu, segundo Diógenes Laércio (IV, 24), às aulas de Xenócrates e Pólemon. Membro da antiga Academia Platônica (VER), dedicou-se principalmente, assim como Crates e Pólemon, a questões éticas. Também como os autores citados, Crantor insistiu na conveniência de uma sábia mescla das paixões, que devem ser ponderadas e aproveitadas, e não, como pregavam os cínicos e estóicos, suprimidas. Devem-se a Crantor uma obra *Sobre a pena* — Περὶ πένθους — e também um comentário ao *Timeu*. Quanto ao mais, Crantor parece ter sido o primeiro da longa série de comentadores desse diálogo platônico.

↪ Ver: F. Schneider, "De Crantore Solensis philosophi Academicorum philosophiae addicti libro, qui Περὶ πένθους inscribitur commentatio", *Zeitschrift für Altertumswissenschaft*, 104-105 (1836). — M. H. Ed. Meier, *Ueber die Schrift des Krantor* Περὶ πένθους, 1840. — F. Kayser, *De Crantore Academico*, 1881 [com os fragmentos] (tese). — Artigo sobre Crantor (Krantor), de J. von Arnim, em Pauly-Wissowa. ↩

CRATES DE ATENAS. Denominado 'o platônico' para ser distinguido de Crates de Tebas, o cínico, e de Crates de Tarso (também platônico, mas da Academia nova), foi escolarca da Academia Platônica de 270/269 a 268/264 a.C. Suas doutrinas coincidem em grande parte com as de Pólemon, pois também como este ele se dedicou principalmente à ética. Segundo Diógenes Laércio (IV, 22), Crates estudara com Teofrasto antes de entrar na Academia (VER), onde manteve relações muito estreitas com Pólemon, Crantor e Arcesilau, de quem foi, ao que parece, mestre. Foi também mestre do cínico Bíon de Boristene, e essa relação pessoal permite ver a conexão existente nas doutrinas éticas entre alguns dos antigos acadêmicos e os primeiros cínicos.

↪ Ver artigo sobre Crates de Atenas (Krates, 8), de J. vom Arnim, em Pauly-Wissowa. ↩

CRATES DE TEBAS (*fl.* 326 a.C.). Foi, segundo Diógenes Laércio (VI, 85), um dos discípulos de Diógenes, o Cínico, e segundo Hipoboto, discípulo de Brison, o Aqueu. A primeira opinião é a mais plausível. Autor de um poema burlesco — Παίγνια — no qual parodiou a epopéia, a elegia e a tragédia, Crates de Tebas defendeu por meio do sarcasmo e da ironia os pontos de vista cínicos contra as opiniões de outros filósofos. Sua atuação como filósofo cínico manifestou-se, entre outros coisas, em seu costume — relatado por Diógenes Laércio — de "abrir as portas" das casas e exortar seus moradores. Seu desprezo pelas convenções manifestase na resposta que, ao que parece, deu a Alexandre Magno quando este lhe perguntou se desejaria que reconstruísse sua cidade: "Por que seria necessário reconstruí-la?". Foi seguido nessa tendência por Mônimo de Siracusa (também discípulo de Diógenes, o Cínico). Assim como Crates de Tebas, Mônimo escreveu versos burlescos, e é, além disso, autor de dois livros, *Sobre os impulsos* (Περὶ ὁρμῶν) e um *Protréptico* (Προτρεπτικόν) ou *Exortação* (à filosofia).

↪ Artigo de J. Stenzel sobre Crates de Tebas (Krates, 6) em Pauly-Wissowa. ↩

CRÁTILO (século V a.C.), de Atenas, foi, segundo Aristóteles (*Met.*, I, 6, 987 a 29), um seguidor das doutrinas de Heráclito. Parece ter ido até mesmo mais longe que seu mestre na afirmação de que "tudo flui": não apenas uma pessoa não pode banhar-se duas vezes no mesmo rio, como sequer o pode uma única vez, já que não há nada que seja um rio no qual uma pessoa se banha — o rio muda sem cessar enquanto se banha nele. Crátilo sem dúvida influenciou Platão, ou os modos pelos quais Platão entendeu e interpretou Heráclito, mas há aqui um ponto que chamou a atenção. Em seu diálogo *Crátilo*, Platão apresenta as doutrinas do discípulo de Heráclito sobre a linguagem da seguinte forma: os nomes das coisas são adequados na medida em que correspondem à natureza das coisas que designam, e não são, ao contrário do que crêem alguns sofistas, meras convenções. Isso está em contradição com o que, seguindo Heráclito, Crátilo deveria manter, isto é, que ou os nomes são puras convenções ou, o que é mais provável, que as coisas são inomináveis, pois nenhum nome pode corresponder a coisa alguma, que não é, propriamente, coisa, mas um fluxo perpétuo. Por isso, afirmouse também que, ao contrário do que o faz dizer Platão, Crátilo sustenta que não se pode falar, mas apenas indicar com o dedo (e mesmo disto se deveria duvidar, porque o dedo não pode indicar nada, já que tudo está em perpétua mudança). Por outro lado, é possível interpretar a doutrina da linguagem de Crátilo no sentido de que as palavras são adequadas e nomeiam porque são tão "fluentes" quanto as próprias "coisas nomeadas". Em todo caso, Crátilo parece ter influenciado Platão no sentido de tê-lo levado a pensar que as coisas "deste mundo" são, efetivamente, fluentes e fugidias, impressões que dão origem a opiniões, ao contrário das idéias, imutáveis, que dão origem ao verdadeiro conhecimento.

↪ Fragmentos: Diels-Kranz, 65.

Ver: V. Goldschmidt, *Essai sur le Cratyle*, 1940. — J. M. de Estrada, "El oráculo de C.", *Revista de Filosofía* (La Plata), 4 (1952), 57-73. — G. S. Kirk, "The Problem of Cratylus", *American Journal of Philology*, 72 (1951), 225-253. — D. J. Allan, "The Problem of C.", *ibid.*, 75 (1954), 271-287. — Rodolfo Mondolfo, "Il problema di C. e l'interpretazione di Eraclito", *Rivista critica di storia della filosofia* (1954), 221-231. — J. Derbolav, *Platons Sprachphilosophie im Kratylos und in den späteren Schriften*, 1972. — K. Gaiser, *Name und Sache in Platons* Kratylos. *Mit einem Anhang über die Quelle der Zeichentheorie F. de Saussures*, 1978. — D. Markis, "Platon und das Problem der Sprachphilosophie", *Zeitschrift für philosophische Forschung*, 32 (1978), 274-289. — T. W. Bestor, "Plato's Semantics and Plato's *Cratylus*", *Phronesis*, 25 (1980), 306-330. ↩

CRÁTIPO, de Pérgamo (século I a.C.). Foi discípulo de Aristo, irmão de Antíoco de Ascalon e partidário, em seus primeiros tempos, das doutrinas que na época predominavam na Academia Platônica, que estava passando de um período cético a um "dogmático". Como Aristo, Crátipo foi amigo de Cícero. Seguindo depois Andrônico de Rodes (VER), inclinou-se ao aristotelismo e foi escolarca em Atenas, ca. 88-68 a.C.

CREATIO CONTINUA. No verbete sobre a noção de criação (VER), referimo-nos à opinião de Santo Tomás quanto à conservação das coisas não por uma nova ação divina, ou sucessão de ações, mas pelo prosseguimento da ação que dá o ser às coisas (criadas). Encontram-se nessa opinião germes do que foi posteriormente denominado *creatio continua* (criação contínua do mundo por Deus). Santo Tomás não usa o adjetivo 'contínua' para a criação, embora o empregue para referir-se ao ato, à geração, à operação, ao movimento etc. Literalmente, pois, ele não fala de *creatio continua* — fala de *creatio active accepta*, de *creatio passive accepta* etc. Não obstante, a idéia de uma criação contínua parece estar implicada já na referência que Santo Tomás faz a *Hebreus* I, 3 ("mantendo todas as coisas pela palavra de Seu Poder"), em *S. theol.*, I, q. CIV. Santo Tomás enfatiza que, em virtude da continuação da ação (de Deus) que dá o ser, as criaturas são mantidas em seu ser por Deus. Devem-se distinguir, segundo Santo Tomás, dois modos de ser uma coisa conservada por outra: o modo indireto e acidental (como quando se conserva a vida de uma criança evitando que caia no fogo) e o modo essencial e direto (quando o que se conserva depende do conservador). Deus conserva algumas coisas, mas não todas, do modo indireto e acidental, mas as conserva a todas do modo direto e essencial, pelo menos na medida em que as criaturas precisam ser conservadas (em seu ser) por Deus. Em *S. theol.*, I, q. XLV a 3, ad 3, Santo Tomás observa que "a criação comporta uma relação (*habitudo*) da criatura com o Criador, com uma certa novidade, ou um certo começo". O fato de afirmar que o criado é criado todo o tempo, isto é, que há em todo o criado uma relação permanente com referência ao Criador, leva a concluir que, embora o Criador não crie, literalmente falando, todo o tempo, o criado está sempre sendo criado, não podendo subsistir sem o Criador.

A idéia da "continuação" da criação — embora não a própria expressão *creatio continua* — remonta pelo menos a Santo Agostinho, *De genesi ad litteram*, IV, 12 e VIII, 12. Santo Tomás refere-se expressamente a Agostinho a esse respeito. Muito antes de Santo Agostinho, Fílon mantivera idéias semelhantes: sem a "presença" de Deus, o mundo desmoronaria, de maneira que, no vocabulário especulativo posterior, o mundo não tem subsistência ontológica à parte de Deus.

Em vários autores do século XVII, a idéia de uma *creatio continua* desempenha um papel fundamental. Este é o caso de Descartes, que se refere ao assunto em várias partes de suas obras (por exemplo, no *Discurso do Método* [ver CRIAÇÃO], IV e V, nas *Meditações*, Segundas Respostas [axioma 2], e nos *Princípios da Filosofia*, I, 21). Nesta última obra, ele afirma que basta a duração de nossa vida para demonstrar a existência de Deus, já que "de que sejamos agora não se segue necessariamente que sejamos um momento depois, se alguma causa, a saber, a mesma que nos produziu, não continua a produzir-nos, isto é, não nos conserva". A criação contínua do criado é, pois, sua conservação ou preservação. Explicitamente, Malebranche diz, pela boca de Teodoro, nas *Conversações metafísicas* (*Entretiens métaphysiques*, VII), que "a conservação das criaturas" não é da parte de Deus mais que uma "criação contínua". Para Spinoza (*Eth.*, I, prop. XXIV, corolário da demonstração), "Deus não é causa apenas de que as coisas comecem a existir, mas também de que perseverem na existência, ou (para servir-se de um termo escolástico), Deus é a causa do ser das coisas".

Falou-se também de "criação contínua" com referência à cosmologia de Bondi (ver CRIAÇÃO, *ad finem*), mas, na medida em que nessa cosmologia o sentido de 'criação' difere dos tradicionais, não é aceitável empregar aqui uma expressão como *creatio continua* (da matéria).

CREDO QUIA ABSURDUM. "Creio nisso porque é absurdo." Atribui-se esta frase a Tertuliano (VER), enfatizando que esse autor declarava crer em coisas que parecem incríveis — como a morte de Cristo e sua ressurreição —, ou seja, em coisas que são absurdas, e que o fato de serem absurdas é justa e precisamente a "razão" para se crer nelas.

Essa frase não se encontra em Tertuliano. Porém, em *De carne Christi*, 5, esse autor escreveu: *Et mortuus est dei filius; prorsus credibile est, quia ineptum est; et sepultus resurrexit; certum est quia impossibile est* — "E o Filho de Deus morreu, o que é crível justamente por ser inepto; e ressuscitou do sepulcro, o que é certo porque é impossível". O termo usado por Tertuliano é 'inepto', mas, como *ineptus* e *absurdus* (ver ABSURDO) têm praticamente o mesmo sentido, Tertuliano diz, com efeito, que isso é crível — e que, portanto, crê nisso — por ser absurdo, embora não tenha empregado a frase que lhe é atribuída.

A tendência a crer em algo por ser absurdo se contrapõe à tendência a crer em algo com a finalidade de entendê-lo (ver CREDO UT INTELLIGAM) e também à tese de que se deve rejeitar toda crença e toda proposição que se mostrem absurdas. Contudo, como a noção de "absurdo" pode ser entendida de várias maneiras, a atitude adotada com relação ao *Credo quia absurdum*, seja favorável ou desfavorável, é diferente de acordo com o significado de 'absurdo'.

CREDO UT INTELLIGAM. "Creio com a finalidade de entender [para entender]." Em CRENÇA (VER) referimo-nos à passagem do profeta *Isaías* (VII,9): 'Εὰν μὴ πιστεύσητη, οὐδὲ μὲ συνῆτε, *Nisi crederitis, non intelligetis* (na Vulgata: *Si non credideritis, non permanebitis*: a menos que creias, não entenderás). Essa passagem ressoa em numerosos trechos das obras de Santo Agostinho, nos quais ele vincula a fé à compreensão ou ao conhecimento. Isso acontece, por exemplo, quando Santo Agostinho afirma que "não creram *porque* conheceram, mas creram *para que* conhecessem, já que cremos para conhecer, e não conhecemos para crer" (*In Evangelium Ioannis*, XL). Em *De utilitate credendi* (XI, 25), Santo Agostinho diz que o conhecimento implica sempre a crença, mas a crença nem sempre implica o conhecimento. Na mesma obra, e seguindo uma tradição já muito difundida entre os cristãos de sua época, Santo Agostinho fala que apenas quando se crê em algo se busca, "e aquele que busca, encontrará" (XIV, 30, cf. também, entre outros *loci*, *De vera religione*, V, 24). Uma das mais conhecidas formulações de Santo Agostinho acerca da vinculação entre crença — ou fé — e conhecimento (compreensão ou entendimento) é o "Crê para que possas entender" ("Crê para que entendas"): *Crede ut intelligas*, que se encontra em *Sermo*, XLIII, 7.9, e se reitera em outros lugares, entre eles o já citado *In Evangelium Ioannis* (XXXVI, 7). A fé da qual Santo Agostinho fala não é uma fé "irracional" ou "instintiva", mas uma fé de caráter sobrenatural, e o conhecimento, o entendimento ou a compreensão de que fala não são qualquer saber, mas justa e precisamente um saber de origem divina, ligado à "iluminação" (VER). Os predicados 'subjetivo' ou 'objetivo' não correspondem, portanto, nem a uma nem à outra.

Atribui-se assim a Santo Agostinho o início da tradição do *Fides quaerens intellectum*, ou "A fé pede a compreensão" (nos sentidos apontados de 'fé' e de 'compreensão' ou seus supostos sinônimos). Essa tradição se reforça consideravelmente em Santo Anselmo, a ponto de alguns historiadores a centrarem nesse autor. Em todo caso, cita-se comumente a frase *Credo ut intelligam*, que dá título a este verbete e se encontra no *Proslogion* de Santo Anselmo (1, *ad finem*). Lemos ali o seguinte: "Não procuro, Senhor, penetrar tua altura, porque de maneira alguma comparo meu entendimento (*intellectus*) com ela, mas desejo entender (*intelligere*) algo de tua verdade na qual crê meu coração e que meu coração ama. Meu pedido não é, pois, entender para crer, e sim crer para entender (*Neque quaero intelligere ut credam sed credo ut intelligam*). Isto creio, pois, caso não cresse, não entenderia (*nisi credidero, non intelligam*)"; cf. também *Cur deus homo*, I, 1.

O *Credo ut intelligam* anselmiano acentua a necessidade de começar com a fé, no âmbito da qual, e apenas nele, se dá a compreensão daquilo que previamente à fé, ou fora dela, se mostraria ininteligível. Com isso, ele se opõe a um puro "fideísmo" — no sentido de uma mera "fé cega" — e a um puro "racionalismo" (que, mesmo não sendo necessariamente contrário à fé, é considerado insuficiente sem ela). Opõe-se, naturalmente, à idéia de que a crença se funda no absurdo daquilo em que se crê (ver CREDO QUIA ABSURDUM) e também à suposição de que o entendimento é apenas uma racionalização de uma fé.

CREIGHTON, JAMES EDWIN. Ver NEO-REALISMO.

CREMONINI, CESARE [Caesar Cremonius] (*ca.* 1550-1631). Nascido em Cento (Ferrara, Itália), lecionou na Universidade de Pádua, na cátedra que fora ocupada por Zabarella (VER). Um dos membros da chamada "Escola de Pádua" (VER), Cremonini seguiu Alexandre de Afrodísia, Pomponazzi e Zabarella na interpretação "naturalista" e "materialista" de Aristóteles, especialmente no que diz respeito à alma humana. Como isso não está de acordo com Santo Tomás, Cremonini conclui que a interpretação aristotélica tomista é falsa, embora sua doutrina teológica seja — diz Cremonini, embora não se saiba se literal ou ironicamente — verdadeira.

Ao contrário do que indica J. H. Randall Jr., Maria Assunta del Torre (cf. obra *infra*) enfatiza que Cremonini não antecipou Galileu. Em todo caso, ele deu pouca importância à matemática na análise racional da experiência e tomou como modelo sobretudo as descrições e classificações de seres orgânicos. Apoiando-se em parte na interpretação aristotélica dos alexandrinos, Cremonini afirmou não apenas o caráter "intramundano" do conhecimento da realidade física, como também a clara separação entre filosofia e teologia. Esta pode tratar de Deus como causa final, mas não como causa eficiente do cosmos.

⇨ Obras: *Explanatio proemii librorum Aristotelis De physico auditu*, 1596. — *Disputatio de caelo*, 1613. — *De calido innato et semine*, 1634. — *De imaginatione et memoria*, 1644. — *Tractatus tres: De sensibus externis, de sensibus internis, de facultate appetitiva*, 1644, ed. Troylus Lancetta.

Ver: D. Berti, *Di C. C. e della sua controversia con l'inquisizione di Padova e di Roma*, 1878. — G. Saitta, *Il pensiero italiano nell'Umanesimo e nel Rinascimento*, 1950. — John Hermann Randall, Jr., *The School of Padua and the Emergence of Modern Science*, 1961. — Maria Assunta del Torre, *Studi su C. C.: Cosmologia e logica nel tardo aristotelismo padovano*, 1968. — R. Pleckaitis, "C. e le origini del libertinismo", *Rivista di Filosofia Neo-Scolastica*, 81(2) (1989), 255-293. ↩

CRENÇA. Indicamos, no verbete sobre a noção de fé (VER), que em muitos casos os termos 'crença' e 'fé' são usados indistintamente. Em outros casos, usa-se 'crença' ou 'fé' segundo certos hábitos lingüísticos. Hoje, é bastante comum usar 'crença' num sentido mais geral, e 'fé' num sentido mais específico, quando se trata de crença religiosa. O termo hoje mais difundido em contextos não-religiosos é 'crença'.

Durante a Idade Média, quando por 'crer' se entendia "ter fé" (e às vezes "ter *a fé*"), debateu-se amiúde o problema da relação entre crença e ciência, crença e saber, crença e razão. Pode-se falar também — e se fala com grande freqüência — de "fé e razão".

Alguns consideraram que a razão é uma preparação para a crença (ou a fé). Isso equivale a supor que não há conflito entre ambas. Outros julgaram que somente se se crê se pode compreender, isto é, compreender as chamadas "verdades de fé". A crença, além disso, requer a compreensão, como é indicado na frase de Santo Anselmo, *Fides quarens intellectum*. Seguindo a tradição agostiniana, Santo Anselmo desenvolveu o tema do "Creio para compreender" — o *Credo ut intelligam* —, cujas origens se rastreiam no Ἐαν μὴ πιστεύσητε, οὐδὲ μὲ συνῆτε — *Nisi credideritis, non intelligetis*: "A menos que creias, não entenderás" (*Isaías*, VII, 9). Certos autores julgaram que pode haver conflitos entre a crença e a razão, mas que esses conflitos podem ser solucionados usando-se a razão de modo reto; isso equivale quase sempre a supor que é preciso partir da crença como fundamento com base no qual se alcança a racionalidade (daquilo em que se crê). Outros autores afirmaram haver conflito entre a crença e a razão, mas que então é necessário abandonar esta última para entregar-se à crença. Testemunho extremo dessa atitude é o *Credo quia absurdum* (VER). Também houve autores para quem o chamado "conflito entre a crença (ou fé) e a razão" é manifestação do fato de que há dois tipos de "verdades": as de crença e as racionais. É a posição da chamada "verdade dupla" (VER).

Em virtude do freqüente uso indistinto de 'crença' e 'fé', aplicaram-se a 'crença' as distinções que correspondem a 'fé'. Assim, por exemplo, falou-se de crença natural e crença sobrenatural, correspondendo, respectivamente, à fé natural, *fides naturalis*, e à fé sobrenatural, *fides supernaturalis*.

Em todo caso, o termo 'crença' foi algumas vezes usado num sentido mais "subjetivo"; esse é o sentido que ele provavelmente possui em alguns textos de Santo Tomás e de Hugo de São Vítor quando estes falam que a crença se acha "acima da opinião e abaixo da ciência (saber)" — *supra opinionem et infra scientiam*.

O sentido mais "subjetivo" — o que não significa necessariamente "arbitrário" — de 'crença' foi muito comum na época moderna, especialmente na medida em que se supôs que a crença é uma manifestação da vontade, isto é, um assentimento dado pela vontade. É provável que haja antecedentes dessa concepção no scotismo na medida em que se acentua o "voluntarismo" de Duns Scot. Essa concepção se manifesta também no racionalismo e no empirismo modernos. Assim, para o racionalismo, a crença é a evidência de princípios inatos. Para o empirismo, a crença é a "adesão" à vivacidade das impressões sensíveis. Em Hume, por exemplo, a noção de causalidade se mostra aceitável em virtude de uma crença natural que, ao mesmo tempo que destrói sua universalidade *a priori*, a torna plausível em virtude do hábito. Hume escreve que o máximo que podemos fazer em filosofia "é afirmar que a *crença* é algo sentido pelo espírito, que discrimina entre as idéias dos juízos e as ficções da imaginação" (*Enquiry*, V, 2).

Os filósofos do senso comum ocuparam-se amiúde da natureza e das funções da crença (ação e efeito de crer na medida em que "alguém crê que") e observaram que essa noção é bastante complexa. Segundo Reid, a crença não é uma operação simples da mente que tenha de ter necessariamente um objeto (*Intellectual Powers*, II, 20; *Inquiry*, XX, 20). Para Hamilton, a crença não precede o conhecimento na ordem da Natureza à maneira de um princípio — há hábitos de crença nos próprios atos cognoscitivos (cf. *Lect. Met.*, III).

No final do século XVIII e no início do século XIX, discutiu-se amiúde o problema da natureza e das formas da crença (ou da "fé"). A não ser que se aceite o "ceticismo" de Hume, é preciso supor que todos os fenômenos naturais estão encadeados causalmente (seja em si mesmos, como pensavam os racionalistas, ou em virtude da aplicação da categoria de causalidade, tal como propunha Kant). Se assim é, é difícil admitir que haja liberdade, isto é, que a vontade (humana) seja livre. A única maneira de admitir que há liberdade parece ser crer, ou ter fé, nela. Cita-se amiúde uma frase do "Prólogo" à segunda edição da *Crítica da Razão Pura*, de Kant: "Tive de afastar o saber para dar lugar à fé (*Glauben*)". Com essa frase, Kant parece dar a entender ou que a crença (particularmente na esfera moral) é completamente independente do saber ou que há até mesmo um "primado" da crença em relação ao saber (o que poderia explicar o tão comentado "primado da razão prática sobre a razão teórica"). Não obstante, é preciso levar em conta vários pontos. O primeiro é que o saber de que fala Kant nessa frase não é o verdadeiro conhecimento ou a ciência, mas o pretenso saber propugnado pelos racionalistas, que procede por princípios tidos por supremos sem os prévios exame e crítica dos limites da faculdade cognoscitiva. O segundo é que a crença de que fala Kant não é a "fé", mas a razão prática. O terceiro é que, afinal de contas, não há duas espécies distintas de razão, que sejam além disso mutuamente incompatíveis, mas uma única espécie de razão. Por conseguinte, é errôneo supor que aqui Kant manifesta um ceticismo anti-racionalista ou um "fideísmo" (VER).

Há, em contrapartida, um primado da crença (pelo menos moral) sobre o saber, incluindo o saber científico — especialmente se se sotopõe a este uma concepção determinista —, em Fichte. Isso ocorre em virtude da transformação do Eu transcendental num absoluto. Jacobi desenvolveu uma "filosofia da crença" (*Glaubensphilosophie*) para a qual a razão, considerada primordialmente como "entendimento", é uma atividade vazia. Para que ela tenha um conteúdo, é preciso recorrer a uma fonte que é um "conhecimento direto". Trata-se do que Jacobi denominava "o sentido" (*Sinn*), já que "separados o entendimento e a razão da faculdade reveladora, do sentido, como faculdade das percepções, carecem eles de conteúdo e são meros entes de ficção" (*Sämtliche Werke*, II [1815], p. 284). Curiosamente, as afirmações de Jacobi não parecem ser fundamentalmente diferentes de muitas das asserções de Kant, mas isso é assim apenas quando se acentua o caráter *percipiente* do citado "sentido" — com efeito, caberia comparar o "sentido" em questão com a "sensibilidade" kantiana e com as "intuições" sem as quais o entendimento é "cego". Não obstante, as afirmações de Jacobi são muito distintas das de Kant se o "sentido" é entendido como uma espécie de "revelação".

Autores como Balfour (VER) ligaram a noção de crença à de tradição histórica. Outros, como Peirce, afirmaram que a crença é o "estabelecimento de um hábito", de modo que as diferentes crenças distinguem-se entre si pelos "diferentes modos de ação a que dão origem" ("How to Make our Ideas Clear", *Popular Scientific Monthly*, 12 [1878], 286-302. *Collected Papers*, 5: 388-410). O caráter pragmático da crença foi enfatizado por William James em sua idéia (ou ideal) da "vontade de crer". James propõe a defesa "do direito de adotar uma atitude de crença em matéria religiosa, a despeito de nosso intelecto lógico poder não ter sido forçado" (*A vontade de crer*, I, 1). Com esse propósito, ele começa por definir 'hipótese' como "algo proposto à nossa crença". Uma hipótese pode ser morta ou viva. Apenas a última atrai como possibilidade real. Ora, dadas duas hipóteses, pode haver uma opção que pode ser igualmente viva ou morta, forçada ou evitável, importante ou trivial. Uma opção autêntica é a que é viva, forçada e importante. Uma opção viva é uma opção em que ambas as hipóteses são vivas. James considera que não há motivo para rejeitar opções vivas, isto é, opções entre proposições cuja "verdade" não pode ser decidida de modo puramente intelectual; a rigor, abster-se de decidir a esse respeito é já uma decisão pessoal (e "passional"). Com referência a isso, James menciona a aposta (VER) de Pascal e reconhece que se trata de uma decisão, mas de uma decisão que envolve a própria pessoa daquele que decide, assim como as conseqüências da decisão. Toda regra segundo a qual se evita que alguém aceite certas espécies de verdade se essas verdades "estão realmente aí" é uma regra irracional. Por isso, a vontade de crer não é em si mesma irracional — ela expressa o aspecto pragmático (no sentido de "ativo", "que implica conseqüências") da razão que decide.

De acordo com D. Roustan (*Leçons de Psychologie*, Liv. III, cap. ix), há uma distinção entre três sentidos da palavra crença:

1) A crença como a adesão a uma idéia, a persuasão de que uma idéia é verdadeira. Todo juízo formula então algo a título de verdade.

2) A crença como oposição a certeza passional, como o caso das crenças religiosas, metafísicas, morais, políticas; portanto, assentimento completo, com exclusão de dúvida.

3) Uma simples probabilidade, como na expressão "creio que vai chover". Roustan observa que apenas a primeira acepção, usual na psicologia, pode ser admitida como definição própria da crença.

Ortega y Gasset deu um sentido diferente ao vocábulo 'crença', sentido que lhe permite esclarecer à sua luz a metafísica da existência humana. Ao examinar a estrutura da vida humana, ele observa que pensar uma coisa não é o mesmo que "contar com ela". O "contar com" é justamente o típico da crença, pois, se o homem pode chegar até a morrer por uma idéia, só pode viver *da* crença. Essa distinção situa-se aquém de toda mera elucidação psicológica; a diferença entre idéias e crenças não deve ser entendida do ponto de vista particular da psicologia, mas do ponto de vista total, e metafísico, da vida. As crenças são assim o estrato mais profundo da vida humana, ou, se se quiser (pois isso não prejulga nada sobre um fundo último metafísico), o terreno sobre o qual a vida se move. Contudo, a crença não é um mero crer, mas um "estar em" e um "contar com" que englobam também a dúvida. Esta última é também um estar, embora um estar no inestável, uma perplexidade que se revela sobretudo nos momentos de crise. Desse ponto de vista, deve-se entender, segundo Ortega, a afirmação de que a idéia é aquilo que o homem forja para si mesmo quando a crença vacila: as idéias são as "coisas" que construímos de maneira consciente justamente porque *não cremos nelas* (*Ideas y creencias*, 1940, p. 37). Daí o que o próprio autor denomina a articulação dos "mundos interiores", isto é, a articulação das interpretações humanas do real que são, mesmo as mais evidentes, criações num sentido análogo ao da criação poética. Ciência, filosofia, religião e arte aparecem assim como "reações" do homem diante de uma situação vital, como instrumentos que a vida humana maneja diante da realidade problemática: "comparado com a realidade", o mundo da ciência "não é senão fantasmagoria" (*ibid.*, p. 54).

Segundo Gabriel Marcel (*Le mystère de l'être*, II, 5), é preciso distinguir o "crer" enquanto "crer que" e o "crer" enquanto "crer em". Dizer que alguém "crê que..." é afirmar simplesmente que presume algo; o sentido de 'crer' é aqui, escreve Marcel, "muito mais fraco, muito mais incerto que *estar convencido*". Dizer que alguém "crê em" implica que a pessoa que crê nisso "deposita confiança": "Se *creio em*, isto significa que me ponho eu mesmo à disposição, ou também que assumo um compromisso fundamental, que atinge não apenas *o que tenho*, mas também *o que sou*". "Crer que" é crer que algo é assim, que algo é desta ou daquela maneira, que algo tem estas ou aquelas propriedades ou qualidades etc.; em suma, é crer no conteúdo de uma proposição, ou no que essa proposição afirma. Em compensação, o "crer em" é um "seguir", mas não como uma aceitação passiva, e sim como um "unir-se a" que envolve uma concentração interna. A confiança depositada e expressa no "crer em" não é uma confiança numa proposição, mas numa pessoa, de modo que a "crença em" é fundamentalmente a crença em alguém, um tipo de crença que afeta fundamentalmente aquele que crê, ao contrário do "crer que", que não deixa aquele que crê afetado ou comprometido por sua "crença".

Os trabalhos relativos às chamadas "proposições de crença" — e também, mais propriamente, "enunciados de crença" — referem-se a expressões nas quais intervém o verbo 'crer', usualmente (embora não necessariamente) na terceira pessoa do singular do presente do indicativo ('crê que'). Os problemas que envolvem enunciados nos quais intervém a expressão 'crê que' já foram abordados por alguns filósofos e lógicos medievais do século XIV, especialmente os que seguiram a *via moderna*, como João Buridan, mas se reafirmaram na época moderna a partir de Frege. Em seu trabalho "Ueber Sinn und Bedeutung" (*Zeitschrift für Philosophie und philosophische Kritik*, 100 [1892] 25-50), Frege chama a atenção para expressões que pertencem ao discurso indireto (VER) (citações indiretas e cláusulas nominais abstratas introduzidas, em geral, mediante 'que'). Trata-se de orações que contêm uma cláusula subordinada. O problema que se formula é o da denotação dessa cláusula. Na oração direta:

A *abóbora* é comestível

a denotação é, para Frege, o valor de verdade dessa oração. O mesmo ocorre com a oração direta:

O *jerimum* é comestível.

'Jerimum' é o nome dado no Nordeste a um fruto que no Sudeste é chamado de 'abóbora'. Não podemos saber, exceto por comprovação empírica, se o *jerimum* e a *abóbora* são o mesmo fruto. Se a oração 'O *jerimum* é comestível' é verdadeira e a oração 'A *abóbora* é comestível' é verdadeira, a denotação de ambas as orações é, segundo Frege, o valor de verdade, "o verdadeiro". Essa concepção da denotação foi muito discutida; porém, mesmo que fosse aceita, permaneceria o problema formulado por Frege das orações em que os exemplos indicados são cláusulas subordinadas, tais como:

Remígio crê que o *jerimum* é comestível.

Remígio crê que a *abóbora* é comestível.

Embora possa ocorrer (e de fato ocorre) que tanto o *jerimum* como a *abóbora* sejam comestíveis, pode igualmente ocorrer que Remígio creia que o *jerimum* é comestível e que a *abóbora* não é comestível.

Propuseram-se soluções muito diversas para o problema. Uma delas é a de Frege. Segundo ela, a cláusula subordinada denota o sentido. Outra é a de autores para os quais as orações com verbos proposicionais como 'crer' não são elucidáveis logicamente. Outra, muito difundida, é a que procurou elaborar uma "lógica da crença", ou seja, uma lógica das expressões cuja forma mais comum é:

"*a* crê que *p*"

em que '*a*' simboliza alguém, um sujeito, especificamente um sujeito que crê no que se diz em *p*, e em que '*p*' simboliza uma proposição, isto é, aquilo em que *a* crê e que é expresso por meio da proposição. Eis alguns exemplos de enunciados de crença:

"*a* crê que *p*"
"*a* crê que não *p*"
"*p* é compatível com tudo aquilo em que *a* crê".

Jaakko Hintikka elaborou uma "lógica da crença" juntamente com uma "lógica do saber", isto é, uma lógica na qual intervêm as noções 'crê que' e 'sabe (ou conhece) que'. Como nem todas as noções — e especificamente nem todos os critérios — que correspondem a uma dessas lógicas têm necessariamente sua exata contrapartida em outra, a lógica da crença é às vezes denominada "lógica doxástica" (ver DOXA; DOXAL; DOXÁSTICO; DÓXICO), em contraposição à "lógica epistêmica", embora esta última ocasionalmente inclua também a lógica da crença. A expressão simbólica mais comum em lógica da crença é '*Cap*', que se lê '*a* crê que *p*' (em textos de língua inglesa, '*Bap*', em virtude da leitura de '*B*' como *believes*). '*C*' é, como o chama Hintikka (que usa '*B*'), um "operador epistêmico". Os outros operadores epistêmicos são '*S*' (sabe que), '*P*' (é possível que) e '*Co*' (é compatível com). São importantes na lógica da crença e, em geral, na lógica epistêmica (e, claro, doxástica) os critérios de consistência. Desde a publicação do livro de Hintikka sobre conhecimento e crença (*Knowledge and Belief: An Introduction to the Logic of the Two Notions*, 1962), passou-se a discutir quais regras e condições regem os enunciados de crença. Os enunciados dessa lógica que obedecem a certas regras e condições são, segundo Hintikka, "defensáveis"; os que não obedecem, são "indefensáveis". No modelo de Hintikka, por exemplo, é indefensável um enunciado no qual *p* seja inconsistente. Em contrapartida, outros autores argumentam que esse enunciado é defensável, por ser certo que há pessoas que crêem que *p*, mesmo quando *p* é (mesmo que seja) inconsistente.

Entre os múltiplos problemas suscitados na lógica da crença, figura o do sentido, ou dos sentidos, que cabe dar a 'crê' ou a 'crê que'. Alguns autores se declaram a favor de se interpretar 'crê' de um modo "completo", isto é, de se supor que, se *a* crê que *p*, deve comprometer-se (ou se compromete) a aceitar todas as conseqüências porventura derivadas de *p*. Outros assinalam que crer que *p* não envolve necessariamente aceitar as conseqüências, ou, pelo menos, todas as conseqüências possíveis de *p*, ou os pressupostos (todos os pressupostos, ou pressuposições) de *p*.

Há certo número de relações fundamentais relativas ao crer ou ao não crer que *p* e ao crer ou ao não crer que não *p*. Assim, o fato de não crer que *p* não implica crer que não *p* (o fato de *a* não crer que Júpiter gira ao redor do Sol não implica que *a* creia que Júpiter não gira ao redor do Sol). Por outro lado, o fato de que *a* creia que não *p* implica que não é o caso que *a* creia que *p* (se *a* crê que Júpiter não gira ao redor do Sol, não é certo que *a* crê que Júpiter gira ao redor do Sol).

Para o chamado "paradoxo de Moore" relativo à crença (G. E. Moore, *Ethics*, 1912, p. 125), ver ATITUDE PROPOSICIONAL.

⊃ Além das obras citadas no texto, ver: V. Brochard, "De la croyance", *Revue philosophique*, 1884 (compilado em *Études de philosophie ancienne et de philosophie moderne*, 1917, pp. 466-476). — A. Messer, *Glauben und Wissen*, 1919 (autobiografia intelectual relativa à questão da relação entre fé e saber). — E. Grisebach, *Erkenntnis und Glauben*, 1923. — F. C. S. Schiller, *Problems of Belief*, 1924. — Friedrich Gogarten, *Glauben und Wirklichkeit*, 1926. — W. G. Ballantine, *The Basis of Belief: Proof by Inductive Reasoning*, 1930. — M. C. d'Arcy, *The Nature of Belief*, 1931; nova ed., 1958. — John Laird, *Knowledge, Belief and Opinion*, 1931. — H. Reiner, *Das Phänomen des Glaubens, dargestellt im Hinblick seines metaphysischen Gehalts*, 1934. — D. E. Trueblood, *The Logic of Belief*, 1942. — Erich Frank, *Philosophical Understanding and Religious Truth*, 1945. — Paul Tillich, *Dynamics of Faith*, 1958. — W. Klausner e P. G. Kuntz, *Philosophy: The Study of Alternative Beliefs*, 1961. — Josef Pieper, *Über den Glauben. Ein philosophischer Traktat*, 1962. — Milton Rokeach, *Beliefs, Attitudes, and Values*, 1967. — Henry H. Price, *Belief*, 1969. — Alastair McKinnon, *Falsification and Belief*, 1970. — Robert J. Ackermann, *Belief and Knowledge*, 1972. — Mitchell Ginsberg, *Mind and Belief: Psychological Ascription and the Concept of Belief*, 1972. — F. Wolfram, *Zum Begriff der* πίστις *in der griechischen Philosophie (Parmenides, Platon, Aristoteles)*, 1972 (tese). — Paul Helm, *The Varieties of Belief*, 1973. — J. Sádaba, *Qué es un sistema de creencias*, s/d [1979]. — G. R. Evans, "The Academic Study of the Creeds in Twelfth-Century Schools", *Journal of Theological Studies*, 30 (1979), 463-480. — K. Dixon, *The Sociology of Belief: Fallacy and Foundations*, 1980. — G. Barth, "Pistis in hellenistischer Religiosität", *Zeitschrift für neutestamentliche Wissenschaft*, 73 (1982), 110-126. — L. Villoro, *Creer, saber, conocer*, 1982. — D. Z. Phillips, *Belief, Change and Forms of Life*, 1986. — G. Strawson, *Freedom and Belief*, 1987. — H. E. M. Hofmeister, *Truth and Belief: Interpretation and Critique of the Analytical Theory of Religion*, 1990. — I. Levi, *The Fixation of Belief and Its Undoing: Changing Beliefs Through Inquiry*, 1992. — R. C. Koons, *Paradoxes of Belief and Strategic Rationality*, 1992. — A. Bilgrami, *Belief and Meaning: The Unity and Locality of Mental Content*, 1992. — L. J. Cohen, *An Essay on Belief and Acceptance*, 1992. — F. Schmitt, *Knowledge and Belief*, 1992. — M. S. McLeod, *Rationality and Theistic Belief: An Essay on Reformed Epistemology*, 1993.

Ver, além disso, as obras citadas no texto do verbete, bem como as da bibliografia do verbete sobre Balfour.

Sobre o conceito de crença em Hume: Otto Quast, *Der Begriff des Beliefs bei David Hume*, 1903. — Francis Chilton Bayley, *The Causes and Evidences of Beliefs. An Examination of Hume's Procedure*, 1936 (tese). — G. Bianca, *La credenza come fondamento della attività pratica in Locke e in Hume*, 1950. — Anthony Flew, *Hume's Philosophy of Belief*, 1961. — S. Tweyman, *Scepticism and Belief in Hume's Dialogues Concerning Natural Religion*, 1986.

Sobre o conceito de crença no idealismo alemão: Walter Dietsch, *Das Problem des Glaubens in der Philosophie des deutschen Idealismus. Ein Beitrag zu einer Religionsphilosophie*, 1935 (tese).

Para o conceito de crença e fé em Jacobi: A. Frank, *F. H. Jacobis Lehre von Glauben*, 1910 (tese).

Para o conceito empirista de crença: R. B. Braithwaite, *An Empiricist's View of the Nature of Religious Belief*, 1955 [The Ninth A. S. Eddington Memorial Lecture, 22-XI-1955]. ⊂

CRESCAS, CHASDAI [Hasdai ben Abraham Crescas] (1340-1410). Nascido em Barcelona, opôs-se ao que considerava excessivo racionalismo e intelectualismo de Maimônides e de outros aristotélicos, em defesa da tradição judaica e da espiritualidade dessa tradição. Contudo, efetuou seus ataques não na forma poética e emotiva de Yehuda Ha-Levi, mas usando em muitos casos argumentos e raciocínios fundados no Estagirita. Contrariamente a Maimônides e à sua prova da existência de um Primeiro Motor pela impossibilidade de regresso ao infinito, Crescas afirmou a existência do infinito (de algo infinito fora do mundo). Crescas opôs-se também a Maimônides afirmando que podem dar-se a Deus atributos positivos, entre os quais figuram sua unicidade e simplicidade. No desenvolvimento de seu pensamento filosófico — ou melhor, teológico —, Crescas apoiava-se com freqüência na autoridade bíblica, mas procurava, ao mesmo tempo, dar um fundamento racional ou ao menos convincente a essa autoridade não apenas no que se refere à natureza de Deus, como também à sua ação providencial e ao papel capital desempenhado pela profecia.

⊃ Obras: A obra fundamental de Crescas é *Or Adonai* (*A luz do Senhor*), publicada em Ferrara em 1596 (2ª ed., 1860). A obra está dividida em quatro livros; os três primeiros se acham subdivididos em partes e estas em capítulos. Trad. inglesa e comentário dos primeiros 25 capítulos da Parte I do Livro I e dos primeiros vinte capítulos da Parte II do mesmo livro em Harry Austryn Wolfson, *Crescas' Critique of Aristotle. Problems of Aristotle's "Physics" in Jewish and Arabic Philosophy*, 1929, com intr., pp. 1-127.

Ver, além disso: M. Joël, *Don Chasdai Creskas' religionsphilosophische Lehren in ihrem geschichtlichen Einflusse dargestellt*, 1866. — Philipp Bloch, *Die Willensfreiheit von Chasdai Kreskas*, 1879. — Julius Wolfsohn, *Der Einfluss Gazâli's auf Chasdai Crescas*, 1905. — J. Guttmann, "Ch. C. als Kritiker der aristotelischen Physik", em *Festschrift zum 70. Geburtstag Jakob Guttmanns*, 1915, pp. 28-54. — Isaac Husik, *A History of Mediaeval Jewish Philosophy*, 1916, pp. 388-405. — Meyer-Waxmann, *The Philosophy of Don H. C.*, 1920. — Abraham Goldenson, "Réflexions sur quelques doctrines de Spinoza et de Hasdaï Crescas (Essai d'une contribution à l'étude des antécédents juifs du Spinozisme", *Mélanges de philosophie et littérature juives*, I-II (1956-1957), pp. 95-113. — Schlomo Pines, *Scholasticism after Thomas Aquinas and the Teachings of Hasdai Crescas and His Predecessors*, 1967. — S. T. Katz, *Jewish Philosophers*, 1975. — H. A. Wolfson, "Studies in Crescas", em A. Hyman, ed., *Essays in Medieval Jewish and Islamic Philosophy*, 1977 (trabalho de 1934). ⊂

CRIAÇÃO. O termo 'criação' pode ser entendido, filosoficamente, em quatro sentidos: 1) como a produção humana de algo a partir de alguma realidade preexistente, mas de tal modo que o produzido não se encontre necessariamente nessa realidade; 2) como a produção natural de algo a partir de algo preexistente, mas sem que o efeito esteja incluído na causa ou sem que haja uma estrita necessidade desse efeito; 3) como a produção divina de algo a partir de uma realidade preexistente, resultando então, de um caos anterior, uma ordem ou um cosmo; 4) como a produção divina de algo a partir do nada, ou *creatio ex nihilo*.

O primeiro sentido é o que se dá usualmente à produção humana de bens culturais e, particularmente, à produção ou criação artística. Este sentido esteve freqüentemente ligado, ao menos na história da filosofia ocidental, especialmente a partir do cristianismo, ao terceiro e ao quarto sentidos. O criador, e mais especificamente o artífice, foi comparado às vezes a um demiurgo e às vezes a um Deus (a um Deus, no entanto, finito, e capaz apenas de produzir coisas finitas, por mais valiosas ou sublimes que sejam). Pode-se falar, a esse respeito, de uma "grande analogia" (ver M. C. Nahm, *op. cit. infra*) como conseqüência das tentativas de explicação da atividade estética com base numa comparação com a atividade divina. Esta explicação foi dupla: por um lado, compararam-se o artista e Deus como criadores no sentido 4); por outro lado, eles foram comparados com "produtores" ou "fazedores" no sentido 3). Os problemas suscitados pela noção de criação no sentido 1) foram múltiplos, mas em geral se centraram nos seguintes níveis: psicológico, estético (e axiológico) e teológico. Filosoficamente, a estética (VER) é a disciplina que se ocupa principalmente da questão da criação artística, estabelecendo-se freqüentemente analogias entre esse tipo de criação e outros tipos de criação: a científica, a política, a filosófica etc. Dentro do presente sentido da criação, também pode ser incluído o conceito existencial de criação da própria existência no curso de decisões últimas.

O sentido 2) foi usado especialmente por autores que fizeram certas interpretações da evolução do mundo e especialmente das espécies biológicas. Isso ocorre com a noção de "evolução criadora" em Bergson, mas também em muitos dos autores que desenvolveram o conceito de evolução emergente (VER).

O sentido 3) é o que tem a criação quando interpretada na forma de um demiurgo (VER) de tipo platônico. Também se pode incluir neste sentido a noção de emanação (VER), mas nesse caso é preciso incluir modificações substanciais. Quanto ao sentido 4), foi o que foi considerado mais próprio dentro da tradição hebreucristã, e a ele nos referiremos mais detalhadamente neste verbete. Nós nos centraremos principalmente nas discussões em torno ao conceito de criação a partir do nada, e no conflito entre as posições helênica e cristã sobre o assunto, e terminaremos evocando alguns problemas em relação a vários modos contemporâneos de entender essa noção.

A criação no sentido de uma produção original de algo, mas com base em alguma realidade preexistente, foi amplamente tratada pelos gregos. Estes não podiam admitir — e, de fato, conceber — outra forma de criação, de acordo com o princípio *ex nihilo nihil fit*. Essa produção foi chamada pelos gregos de ποίησις, "poesia", obra, produção. Ela podia ocorrer de diversas formas e em diversas realidades (como produção do universo, dos seres orgânicos, de objetos inventados pelo homem etc.). Quando a produção ocorria no pensamento, eles deparavam com algumas dificuldades: produzir um pensamento não parece ser a mesma coisa que produzir um objeto. No entanto, os gregos procuraram entender um modo de produção a partir do outro. Alguns — epicuristas, parte dos estóicos — buscaram explicar a produção do pensamento em analogia com a produção de "coisas". Outros — principalmente os neoplatônicos — seguiram o caminho inverso. Esta última concepção estendeu-se rapidamente no final do mundo antigo, a ponto de às vezes ter sido considerada como a tipicamente helênica. Embora não se possa generalizar neste terreno, é justo reconhecer que houve durante a época do helenismo uma forte tendência a se representar as causas eficientes sob a espécie dos modos causais imitativos ou finais. Isso desembocou em uma idéia da produção ou "criação" como emanação (VER). De Aristóteles a Plotino abriu caminho o modo de consideração da causalidade exemplar — e ao mesmo tempo genética — na representação da produção das realidades a partir de um primeiro princípio, de um *primum mobile* do Uno. Veremos adiante uma importante diferença entre esses modos de produção e a criação em sentido cristão. Por enquanto, basta consignar que o pensamento grego, particularmente em sua última época, realizou muitos esforços para explicar a produção metafisicamente, mas sem nunca chegar à idéia hebreu-cristã de criação como *creatio ex nihilo*.

Esta última idéia não deve, pois, nada ao pensamento grego, embora depois se tenha utilizado este último amplamente com o fim de explicitá-la. Em compensação, na tradição hebreu-cristã a idéia de criação como criação a partir do nada é central. Ela já está parcialmente expressa nas Escrituras (*Gen* 1,1; *Eclo* 18,1), embora ainda se discuta muito se os termos usados expressam o que posteriormente se entendeu como criação a partir do nada. Ao se traduzir as Escrituras para o grego, em todo caso, não se pôde encontrar outro termo além do de "produção" ao se dizer que Deus fez, produziu, "criou", ἐποίησεν (o mundo). O próprio Fílon de Alexandria não encontrou outro termo além do verbo κτίξειν, "construir", "fundar"; contudo, parece que ele o empregou no sentido de "criar do nada", porque indica expressamente que Deus fez não apenas todas as coisas, mas também algo que antes absolutamente não existia. A partir desse momento contrapuseram-se as noções de emanação e de criação, e isso de tal modo que aceitar uma ou outra representava uma verdadeira divisória. A relação entre Deus e o que foi criado por Ele já não era no pensamento filônico e depois no pensamento cristão a relação entre uma causa exemplar e o que foi gerado por ela. Tampouco era a relação entre duas formas de ser em princípio distintas. Era a "relação" — se esse vocábulo pode continuar sendo usado quando um dos termos dessa "relação" foi propriamente criado totalmente pelo outro — entre o Criador e o criado. O criado não é um nada, mas não o é justamente porque foi "extraído" do nada por Deus. Em última análise, o emanatismo neoplatônico limitava-se a transpor à realidade o que é simples operação do espírito. Como diz a esse respeito Jean Guitton, "se essa imagem é uma imagem dinâmica, adotar-se-á com toda naturalidade o procedimento ou processo da inteligência humana como mecanismo de ação criadora". Por isso a "processão" de Plotino não é uma operação misteriosa; é algo "concebido segundo o tipo da produção intelectual, mediante o transtorno do movimento do silogismo no qual a conclusão recolhe o que se prepara nas premissas. No mundo inteligível, a conclusão é que se apresenta primeiramente; a alma e a Natureza a desenvolvem. Esse antropologismo formal, mais sutil e insidioso que o outro, conduz insensivelmente a confundir a produção com a intelecção" (cf. *Le temps et l'éternité chez Plotin et Saint Augustin*, 1933, pp. 154-155). Em contrapartida, a noção de criação tal como proposta dentro do judaísmo e tal como levada à maturidade intelectual no pensamento cristão admite novamente uma causalidade eficiente de natureza absoluta e divina. As questões relativas à eternidade do mundo foram, dentro desse conceito de criação, menos decisivas do que poderia parecer à primeira vista quando se admite, seguindo o citado autor, que o que importa é a forma de relação entre Deus e o mundo (relação bilateral e recíproca no helenismo; relação unilateral e subordinante no judaísmo e no cristianismo). É verdade que, não podendo a razão decidir sobre essa questão da eternidade — inclusive da eternidade como contingente —, será preciso ater-se, segundo a concepção cristã, à revelação. E esta manifesta a criação do mundo com o tempo e não a eternidade — nem sequer contingente — *daquele*. Foi isso que admitiu explicitamente Santo Agostinho em muitos pontos de sua obra (cf. sobretudo *Conf.*, XI, 31 e *De civ. Dei*, XII, 25), ao contrário do que havia declarado Orígenes (*De Princip.*, 1, 2, 10). Mas a teologia não pôde se limitar simplesmente a aceitar a *creatio ex nihilo*; necessitou esclarecer ao máximo essa noção diante das que poderiam ser confundidas com ela. Daí uma análise cada vez mais detalhada da criação como uma forma radical de produção, ao contrário da processão, da emanação ou da simples transformação. No verbete sobre a emanação (VER) salientamos que tanto esta como a criação são distintas maneiras de produção de um ser, mesmo quando, no presente caso, a distinção não seja simplesmente a que há entre duas espécies de um gênero comum. De acordo com isso, o modo de produção por criação aparece como próprio e exclusivo de um agente que, em vez de extrair de si uma substância parecida e, ao mesmo tempo, separada, ou em vez de fazer emergir de si um modo de ser novo e distinto, leva fora de si à existência algo não preexistente. Nenhum panteísmo e nenhum dualismo podem então ser aceitos. Pois, como Santo Tomás definiu, o nada do qual se extrai o algo que se leva à existência (e, é claro, o "extrair" é aqui somente uma metáfora) não é compreensível por analogia com qualquer uma das realidades que podem servir para entender uma produção não criadora; não é, com efeito, uma matéria, mas tampouco é um instrumento e ainda menos uma causa. Por isso Santo Tomás diz que na *creatio ex nihilo* o *ex* expressa apenas uma ordem de sucessão e não uma causa material: *non causam materialem, sed ordinem tantum* (*S. theol.*, I, q. XLV, a 1, *ad* 3). Além disso, somente assim se pode admitir a idéia de criação contínua, afirmada pela maior parte dos grandes filósofos cristãos, de Santo Tomás a Descartes e Leibniz. Segundo este último, a criatura depende continuamente da operação divina, de modo que não continuaria existindo se Deus não continuasse agindo (*Theod.*, I, 385). Santo Tomás já dizia que a conservação das coisas por Deus não se efetua por nenhuma nova ação, mas pela continuação da ação que dá o ser (*S. theol.*, I, q. CIV, a. 1, *ad* 4). E Descartes proclamava (*Medit.*, III) a momentaneidade essencial de cada instante do tempo e do mundo, sempre sustentados pela incessante operação divina. No entanto, como observou Gilson no comentário à sua edição do *Discurso do método* (2ª ed., 1930, p. 341), enquanto, segundo Santo Tomás, "Deus conserva o ser de um mundo de formas substanciais e essências", essências que "definem seres em movimento" (e movimento que é, por sua vez, uma realidade concreta, embora de ordem imperfeita, que constitui a própria substância da duração), segundo Descartes "Deus conserva simplesmente estados sucessivos de um mundo no qual nenhuma realidade substancial permanente se interpõe entre a ação de Deus e o estado atual de cada ser". Ou, dito de outro modo, enquanto na opinião de Santo Tomás "Deus conserva o homem, e a permanência substancial do homem assegura a continuidade de seu pensamento", na de Descartes, "Deus conserva a cada instante um pensamento cujo ser não pode ultrapassar o instante presente sem que o renove a criação contínua". O que explica a que ponto a concepção moderna de criação, que surgiu já com Duns Scot e com Ockham, acelerou a ruptura, tão energicamente combatida por Santo Tomás, entre o ser de Deus e o ser do mundo. O contato direto e imediato entre ambos, que parecia sublinhar a niilidade do mundo e a onipotência absoluta de Deus, não fez mais que separar Deus do mundo e fazer emergir de seu próprio fundo, previamente divinizada, a Natureza. Foi o que ocorreu em Spinoza, que desenvolveu certa forma de panteísmo ao mesmo tempo em que continuou utilizando os conceitos de criação e de criação contínua. Foi o que ocorreu, sobretudo, a partir do momento em que a postulada arbitrariedade da vontade de Deus obrigou a considerar sob um ponto de vista diferente as leis pelas quais se rege a Natureza. Essa situação permite entender por que em algumas tendências da filosofia atual chegou-se a aplicar o conceito tradicional de criação ao modo supostamente peculiar da vida humana. É verdade que essa criação nem sempre foi aceita como uma verdadeira *creatio ex nihilo*. Com efeito, a criação, pelo homem, de suas próprias possibilidades de existência nem sempre significa a criação radical de sua própria vida; o que haveria no homem não seria criação, mas, no máximo, quase-criação. Mas, se essa idéia for um pouco extremada, encontrar-se-á que o processo histórico que conduziu, primeiro à concepção da onipotência "arbitrária" de Deus e depois à separação entre Deus e mundo, pôde conduzir inclusive à teologização e divinização do homem. Desse ponto de vista, pode-se dizer, pois, que não somente no pensamento tradicional está vivo o problema do significado da criação.

Se retornarmos agora ao problema da compreensão intelectual da criação, seguindo o fio da clássica oposição entre o *ex nihilo nihil fit* e o *ex nihilo fit omne ens qua ens*, encontraremos várias opiniões, que compendiaremos nas seguintes posições. 1) A daqueles que, percebendo a impossibilidade de um tratamento conceitual da questão, *a*) relegaram-na a um artigo de fé (cisão entre o saber e a crença), *b*) negaram-na formalmente como incompatível com o saber racional ou empírico (eliminação da crença pelo saber) ou *c*) consideraram-na como uma questão metafísica que a razão não pode solucionar mas que jamais deixará de intrigar o espírito humano e que talvez possa ser resolvida pelo primado da ação, da razão prática etc. (agnosticismo parcial, superação das antinomias da razão pura etc.). 2) A daqueles que procuraram atacar o problema de um modo radical. Esta última posição uniu-se freqüentemente à daqueles que conceberam a questão como algo que transcende a razão pura e que pode ser viável por outros caminhos. A rigor, toda a filosofia ocidental, particularmente depois do cristianismo, poderia ser concebida como uma tentativa de saltar o precipício que Parmênides erigiu. Pois bem, esse precipício pode ser saltado somente quando se ampliar de alguma maneira o limite do princípio de identidade para abrir espaço a toda uma diferente série de princípios, desde os que buscam, partindo do próprio princípio de identidade, uma compreensão do real, até os que pretendem ir "às coisas mesmas". A ampliação do limite da lógica da identidade em uma lógica do devir, uma lógica da vida etc. é o resultado de um esforço que alcança, por exemplo em Hegel, uma proporção decisiva. Possivelmente por isso Xavier Zubiri indica que o processo filosófico de Santo Agostinho a Hegel é uma mesma marcha rumo a um pensamento do cristianismo, isto é, rumo a um pensamento daquilo que adveio junto com o cristianismo: a passagem da fórmula que mais se aproxima da identidade (do nada, nada advém) àquela que mais se afasta dela (do nada advém o ser criado; o mundo surgiu por um ato de pura e radical criação).

Mas a noção de criação parece recusar toda análise conceitual. Por isso alguns autores negaram ao intelecto, à inteligência, à razão, o poder de enfrentar o problema. Isso ocorre em Bergson, quando afirma que a realidade não é uma "coisa", mas uma ação, um ímpeto, e que somente pode ser apreendida mediante uma intuição (VER). Desse ponto de vista se pode compreender a criação e o "gesto criador". Com efeito, já não é preciso pensar que há uma *coisa* que cria *coisas* e, por conseguinte, uma incompreensível justaposição a *coisas* já existentes de *coisas* que não existiam. O que há então é algo parecido, embora nunca igual, à criação artística. Esta última sempre é, por mais extrema que seja sua pureza, uma plasmação e, portanto, uma mera "criação humana". Na criação radical ou divina não há, em compensação, simples transformação, mas um autêntico originar-se diante de um radical e absoluto não-ser. Assim, a criação poderia ser um "crescimento". "Deus, assim definido" — diz Bergson —, "não tem nada de completamente feito; é vida incessante, ação, liberdade. A criação assim concebida não é um mistério; nós a experimentamos em nós mesmos assim que agimos livremente. Falar de coisas que se criam equivaleria a dizer que o entendimento se dá mais do que se dá (afirmação contraditória consigo mesma, representação vazia e vã). Mas que a ação cresça avançando, que cresça à medida que ocorra seu progresso, isso é o que cada um de nós comprova quando nos vemos atuando."

Entre os filósofos contemporâneos que admitiram a noção de criação — ao menos como uma das categorias possíveis (ver CATEGORIA) — figura Whitehead, segundo o qual a criação é uma categoria última destinada a superar as dificuldades oferecidas pelo vazio — redutível ao racionalismo — da clássica noção de substância e de todas aquelas que, sem ser explicitamente substancialistas, tendem ao estático. A criação como categoria não é uma determinação a mais dos fenômenos, mas sua raiz última e o fundamento geral do real. Isso não equivale a reduzir toda realidade a um absoluto fazer-se, pois a criação é, para Whitehead, um processo que deita suas raízes em um passado e tende a um futuro.

Em certas teorias cosmológicas contemporâneas, admite-se a noção de criação. Exemplo eminente dessas teorias é a chamada "teoria do universo em estado estacionário" proposta por H. Bondi, T. Gold e F. Hoyle e hoje descartada por quase todos os astrônomos. De acordo com ela, cria-se continuamente matéria do espaço vazio — um átomo de hidrogênio em uma superfície de vários metros cúbicos ao longo de milhões de anos (o que, evidentemente, não pode ser objeto de comprovação experimental). Parece, pois, que alguns cosmólogos contemporâneos reintroduziram na ciência a noção de criação que a física — seguindo o princípio do *ex nihilo nihil fit*, expresso no princípio de conservação da matéria e da energia — nunca havia admitido. É preciso levar em conta, entretanto, que a atual noção cosmológica de criação não pode ser sobreposta à idéia teológica. Trata-se de uma teoria que sacrifica um certo princípio — o de conservação — por considerar que desse modo se obtém uma imagem mais simplificada do universo e ao mesmo tempo de maior poder explicativo. Bondi indicou que, ao fim e ao cabo, o princípio de conservação se baseia, como todos os princípios físicos, na observação, e que as observações efetuadas sobre o assunto são somente aproximativas. Além disso, nenhum princípio deve ser considerado como livre da possibilidade de ser vulnerável. Fazer o contrário seria tomar um princípio como um preconceito. A noção cosmológica de criação não é, pois, uma questão de fé, mas conseqüência de certas mudanças ocorridas na estrutura das teorias cosmológicas. Reconsiderando agora a noção de criação tal como foi tratada por filósofos e teólogos, e referindo-nos especialmente à questão da relação entre uma criação divina e uma humana — ou, se se preferir, entre criação e produção —, consideramos que há entre essas duas noções uma relação que poderia ser chamada de dialética. Assim que tentamos compreender uma, caímos facilmente na outra. De algum modo a criação humana só pode ser compreendida quando há nela algo do que pode ser considerado criação divina; isto é, quando consideramos que algo realmente se cria em vez de limitar-se a plasmar-se ou a transformar-se. A criação artística proporciona o melhor exemplo dessa relação. Ao mesmo tempo, a criação divina a partir do nada não parece ser bem entendida se não a consideramos ao mesmo tempo do ponto de vista de uma plasmação ou produção. Em conseqüência disso, parece legítimo ir da noção de produção à de criação e vice-versa para entender qualquer uma delas.

Esse procedimento tem a vantagem de permitir evitar alguns dos paradoxos suscitados pelas noções de referência. Com efeito, quanto tentamos entender a criação em seu sentido mais radical, temos de concluir que ela não consiste somente em criar algo, mas também em criar a possibilidade dessa possibilidade, e assim sucessivamente. Por outro lado, quando procuramos entender a noção de produção sem nenhum elemento de criação propriamente dita, desvanece-se toda possível novidade e, portanto, a própria idéia de produção. É possível, evidentemente, admitir certos "intermediários" (que em algumas teorias costumam ser os "modelos" ou as "idéias"). Mas então é preciso supor o primado do ato criador ou produtor. Também é possível tratar a criação e a produção como o aparecimento de algo "emergente" (VER), isto é, de algo novo em relação ao anterior, mas, ao mesmo tempo, procedendo dele. No entanto, esta última posição tem o inconveniente de ser mais uma descrição de fatos que uma teoria explicativa, razão pela qual preferimos a que foi formulada antes.

⇒ Obras gerais: E. Carpenter, *Die Schöpfung als Kunstwerk*, 1905. — G. H. Dole, *Philosophy of Creation*, 1906. — O. Braun, *Grundriss einer Philosophie des Schaffens als Kulturphilosophie. Einführung in die Philosophie als Weltanschauungslehre*, 1912. — J. E. Mercer, *The Problem of Creation*, 1917. — Philippe Fauré-Fremiet, *Pensée et recréation*, 1934. — Erich Rothacker, *Das Wesen des Schöpferischen*, 1937. — Heinrich Schaller, *Urgrund und Schöpfung. Ein Beitrag zur metaphysischen Ontologie und Kosmologie*, 1938. — L. Vivante, *Il concetto della indeterminazione*, 1938 (sobre indeterminação e criação). — Erich Frank, *Philosophical Understanding and Religious Truth*, 1945, pp. 55-85 (sobre criação e tempo). — A. D. Sertillanges, *L'idée de création et ses retentissements en philosophie*, 1945. — K. Barth, *Die kirchliche Dogmatik*, III/1, 1945; III/2, 1948; III/3, 1950; III/4, 1951 (*Die Lehre von der Schöpfung*). — Josef Santeler, *Vom Nichts zum Sein. Eine philosophische Schöpfungslehre*, 1948. — Hans Eduard Hengstenberg, *Sein und Ursprünglichkeit. Zur philosophischen Grundlegung der Schöpfungslehre*, 1958. — H. Hegermann, *Die Vorstellung von Schöpfungsmittler im hellenistischen Judentum und Urchristentum*, 1961. — Claude Tresmontant, *La métaphysique du christianisme et la naissance de la philosophie chrétienne. Le problème de la création et de l'anthropologie des origines à Saint Augustin*, 1961. — G. May, *Schöpfung aus dem Nichts: Die Entstehung der Lehre von der Creatio ex Nihilo*, 1978. — K. L. Schmitz, *The Gift: Creation*, 1982 [Aquinas Lecture, 1982]. — A. G. Choate, *The Core of Creation: An Investigation into the Fundamentals of Reality and the Foundation of Existence*, 1982. — P. Kaiser, ed., *Evolutionstheorie und Schöpfungsverständnis*, 1984. — D. Cupitt, *Creation Out of Nothing*, 1990.

Sobre o conceito de criação em vários autores e correntes: Arnold Erhardt, *The Beginning: A Study in the Greek Philosophical Approach to the Concept of Creation from Anaximander to St. John*, 1968. — R. Jolivet, "Aristote et la notion de création", *Revue des sciences philosophiques et théologiques*, 20 (1930), 5-50 e 209-235. — *Id.*, "Aristote et Saint Thomas ou l'idée de création", *Les Lettres*, abril de 1927, incluído em *Études sur les rapports entre la pensée grecque et la pensée chrétienne*, 1931; nova ed., 1955. — Eleuterio Elorduy, *Ammonio Sakkas. I: La doctrina de la creación y del mal en Proclo y el Pseudo Areopagita*, 1959. — R. Eckardt, *Der christliche Schöpfungsgedanke*, 1912. — Langdon Gilkey, *Maker of Heaven and Earth: A Study of the Christian Doctrine of Creation*, 1959. — A. R. de Prada, "La creación del mundo según S. Agustín", *La Ciudad de Dios*, 20-I-1906; 20-X-1906; 20-XI-1906. — K. Staritz, *Augustins Schöpfungsglaube, dargestellt nach seinen Genesisauslegungen*, 1931. — P. L. Pera, *La creazione simultanea e virtuale secondo S. Agostino. Ipotesi risolutive dei problemi cosmogonici, teologici e psichici fondate sulla concezione agostiniana della creazione*, 2 vols., 1928-1929. — W. Schulten, *Augustins Lehre vom* Summum esse *und* Esse creatum, 1935 (tese). — Ch. J. O'Toole, *The Philosophy of Creation in the Writings of St. Augustine*, 1944. — Anselm Rohner, *Das Schöpfungsproblem bei Moses Maimonides, Albertus Magnus und Thomas von Aquin, ein Beitrag zur Geschichte des Schöpfungsproblems im Mittelalter*, 1913. — Leo Dümpelmann, *Kreation als ontischontologisches Verhältnis. Zur Metaphysik der Schöpfungstheologie des Thomas von Aquin*, 1969. — S. Belmond, *L'idée de la création d'après Saint Bonaventure et Duns Scot*, 1913. — Eph. Longpré, "Thomas d'York et Mathieu d'Aquasparta. Textes inédits sur le problème de la création", *Archives d'histoires doctrinale et littéraire du moyen âge*, 1 (1926-1927), 293-308. — J. M. Parent, *La doctrine de la création dans l'École de Chartres*, 1938. — V. Biasiol, *De creatione secundum P. J. Olivi*, 1948. — P. Vollmer, *Die Schöpfungslehre des Aegidius Romanus*, 1931 (tese) (Egídio Romano [Gilles de Roma] define a criação como *quaedam essefactio qui realiter est ipsum esse creaturae*. Tudo foi criado *simul in materia*). — José Hellín, "Sobre el ser esencial y existencial en el ser creado", *Congreso Internacional de Filosofía de Barcelona. Actas*, II, 517-516 (ponto de vista suareziano). — W. Heynen, *Diltheys Psychologie des dichterischen Schaffens*, 1916. — N. P. Stallknecht, *Studies in the Philosophy of Creation, with special Reference to Bergson and Whitehead*, 1934. — N. H. Steneck, *Science and Creation in the Middle Ages: Henry of Langenstein († 1397) on Genesis*, 1976. — C. Lupi, *Il problema della creazione in S. Tomaso*, 1979. — R. Sorabji, *Time, Creation and the Continuum: Theories in Antiquity and the Early Middle Ages*, 1983. — H. A. Davidson, *Proofs for Eternity, Creation and the Existence of God in Medieval Islamic and Jewish Philosophy*, 1987.

Sobre a criação e invenção nas ciências: J. Picard, *Essai sur la logique de l'invention dans les sciences*, 1928. — *Id.*, *Essai sur les conditions positives de l'invention dans les sciences*, 1928. — J. Schward, *Das Schöpferische im Weltbilde der Wissenschaft*, 1947. — VV. AA., *The Concept of Creativity in Science and Art*, 1981, ed. D. Dutton, M. Krausz.

Sobre a criação artística: R. Müller-Freienfels, *Psychologie der Kunst* (t. II: *Psychologie des Kunstschaffens und der ästhetischen Wertung*), 1912. — L. Rusu, *Essai sur la création artistique: Contribution à une esthétique dynamique*, 1935. — M. Duval, *La poésie et le principe de transcendence: Essai sur la création poétique*, 1935. — J. Bahle, *Der musikalische Schaffensprozess*, 1936. — C. Lucques, *Um problème de l'expression: Essai sur les sources de l'inspiration*, 1948. — M. C. Nahm, *The Artist as Creator: An Essay of Human Freedom*, 1956; reimp. com o título *Genius and Creativity: An*

Essay in the History of Ideas, 1965 (especialmente pp. 63-83 sobre a "grande analogia" entre a criação em sentido teológico e em sentido artístico). — Maria Naksianowicz-Golaszewska, *Twórczosc a osobowosc twórcy. I: Analiza procesu twórczego*, 1958 (Disc.). (*A atividade criadora e a personalidade do criador. I: Análise do processo criador*). — Eugenio Frutos, *Creación filosófica y creación poética*, 1959. — C. R. Hausman, *A Discourse on Novelty and Creation*, 1984.

Sobre a criação nas novas teorias cosmológicas, ver: H. Bondi, *Cosmology*, 2ª ed., 1960. — *Id*., "The Steady-State Theory of the Universe", em *Rival Teories of Cosmology*, 1960, pp. 12-21. — E. O. James, *Creation and Cosmology*, 1969. — M. K. Munitz, *Space, Time and Creation: Philosophical Aspects of Scientific Cosmology*, 1981. C

CRIAÇÃO CONTÍNUA. Ver CREATIO CONTINUA.

CRIACIONISMO. Referimo-nos em alguma passagem (por exemplo, ver ALMA) à doutrina chamada *criacionismo*. Esse termo pode ser entendido em dois sentidos. 1) Como afirmação de que a criação (VER) do mundo teve lugar *ex nihilo* pela obra de Deus. Neste sentido, o criacionismo opõe-se à doutrina segundo a qual a realidade surgiu por emanação (VER) do Uno, ou realidade suprema, à doutrina segundo a qual o mundo foi formado por Deus — ou um demiurgo (VER) — a partir de uma matéria preexistente, bem como à doutrina segundo a qual o mundo é eterno, seja por ser suposto substancialmente invariável, seja por ser imaginado submetido a evolução contínua ou seguindo um movimento cíclico de acordo com o eterno retorno (VER). 2) Como afirmação de certo modo de produção das almas humanas. Neste último sentido, o termo foi empregado com mais freqüência que nos outros. Daremos breves esclarecimentos sobre ele.

Segundo os partidários do criacionismo, as almas humanas foram criadas e estão sendo criadas de um modo imediato por Deus. Não são, pois, preexistentes (como Platão afirmava), ou resultado de uma emanação; não são as conseqüências de uma geração física (como opina o traducianismo [VER] ou o generacionismo), nem constituem o produto de uma evolução emergente (VER). Por conseguinte, o criacionismo supõe a intervenção direta de Deus na criação de cada alma humana. Ora, isso não significa que seja preciso esquecer as condições necessárias para que essa criação ocorra. Os Padres da Igreja e os teólogos que discutiram o problema da origem das almas não tardaram a formular a questão do *momento* no qual as almas humanas eram engendradas. A resposta mais geralmente admitida, e que foi precisada com clareza por Santo Tomás, é a seguinte: há criação da alma quando existem as condições naturais — vitais e fisiológicas — suficientes para isso. Assim, pois, as causas segundas não são esquecidas, mas não têm a significação quase absoluta que oferecem no traducianismo, no generacionismo e menos ainda no emergentismo.

Para o criacionismo de Leonardo de Coimbra, ver o verbete sobre esse filósofo.

CRISÂNCIO DE SARDES (*fl.* 350). Discípulo de Edeso (Aidesios) e mestre e amigo de Eunápio de Sardes (VER), foi um dos filósofos neoplatônicos que defenderam, especialmente sob a égide de Juliano, o Apóstata, a "fé antiga" e a tradição helênica diante do cristianismo e contra ele. Conforme diz Eunápio na Βίος (*Vida*) de Crisâncio, incluída em suas *Vitae sophistarum*, este filósofo manifestou intensa piedade mística e tendências ao ascetismo.

CRISE. O sentido original de 'crise' (κρίσις) é 'juízo' (enquanto decisão final sobre um processo), 'escolha' e, em geral, conclusão de um acontecer num sentido ou em outro. Esse sentido se encontra ainda em expressões tais como 'a doença está num ponto crítico', 'o governo entrou em crise' etc. A crise "resolve", portanto, uma situação, mas ao mesmo tempo designa o ingresso numa nova situação que suscita seus próprios problemas. No significado mais habitual de 'crise', é essa nova situação e seus problemas que se acentuam. Por esse motivo, costuma-se entender por 'crise' uma fase perigosa da qual pode resultar algo benéfico ou algo pernicioso para a entidade que a experimenta. Em geral, não se pode, por conseguinte, avaliar uma crise *a priori* positiva ou negativamente, visto que ela oferece por igual possibilidades de bem e de mal. Contudo, certas avaliações antecipadas são possíveis tão logo se especifique o tipo geral da crise. Supõe-se, por exemplo, que uma crise de crescimento (de um organismo, de uma sociedade, de uma instituição) seja benéfica, enquanto uma crise de senectude é perniciosa. Uma característica comum a toda crise é seu caráter súbito e, de modo geral, acelerado. A crise nunca oferece um aspecto "gradual" e "normal"; além disso, parece ser sempre o contrário de toda permanência e estabilidade.

Entre as múltiplas manifestações da crise, interessam-nos aqui duas, além disso intimamente relacionadas entre si: a crise humana (individual) e a crise histórica (coletiva). Ambas designam uma situação na qual a realidade humana emerge de uma etapa "normal" — ou pretensamente "normal" — para ingressar numa fase acelerada de sua existência, fase cheia de perigos, mas também de possibilidades de renovação. Em virtude dessa crise, abre-se uma espécie de "abismo" entre um passado (que já não se considera vigente e influente) e um futuro (que ainda não está constituído). Em geral, a crise humana individual e a crise histórica são crises de crenças (ver CRENÇA), e, portanto, o ingresso na fase crítica equivale à entrada num âmbito em que reinam, de acordo com o caso, a desorientação, a desconfiança ou o desespero. Ora, sendo característica da vida humana a aspiração a uma vida orientada e confiante, é natural que, tão logo entre em crise, essa vida procure uma solução para sair dela. Essa solução pode ser de tipos muito diversos — ocasionalmente, é provisória (como quando a vida se entrega aos extremos opostos do fanatismo ou da ironia desesperada); outras vezes é definitiva (como quando a vida consegue realmente substituir as crenças perdidas por outras). Contudo, dizer, pois, que a crise e a tentativa de resolvê-la são simultâneas. Contudo, apesar dessas características comuns há múltiplas diferenças nas crises. Algumas são, por assim dizer, mais "normais" que outras: são as crises típicas para as quais há soluções "pré-fabricadas". Outras são de caráter único e exigem, para se sair delas, um verdadeiro esforço de invenção e criação. Algumas são efêmeras; outras são, em contrapartida, mais "permanentes". Umas são parciais; outras — pelo menos de maneira relativa — são totais. Uma descrição cuidadosa das características específicas de cada crise deve preceder toda análise geral dela e, em particular, toda formulação de hipóteses sobre suas causas.

Afirmou-se às vezes que o ser humano é "constitutivamente crítico". Quer-se dizer com isso que os homens vivem — pessoal e também historicamente — num estado de insegurança "ontológica". Entende-se por tal estado que o homem é sempre "um problema para si mesmo", que consiste em "ser problema" etc. Deste ponto de vista, não se poderia dizer que há crises — especificamente "crises históricas" —, porque então todo período histórico seria a modulação particular de uma "crise permanente". À parte sua vaguidão, a citada tese tem o inconveniente de não permitir entender em que pode consistir uma crise histórica, a qual tem sentido unicamente no contexto de um conjunto muito variado de descrições (descrições dos estados social, econômico, político, cultural etc. de uma comunidade humana). É melhor falar, pois, de "crises", no plural, e supor que, se elas existem, devem ser concebidas em relação com períodos não críticos, isto é, com períodos relativamente "normais".

Abordaram-se dois aspectos nas chamadas "crises históricas": a consciência da crise e as características gerais (se as há) de todas as crises.

A consciência de uma crise histórica não é igual em todos os homens que a experimentam. Interessa-nos aqui observar que com muita freqüência essa consciência se exprimiu com a máxima intensidade nos filósofos. Daí o aspecto "solitário" que o filósofo várias vezes apresentou no âmbito da história humana. Isso se deve ao fato de que o filósofo foi o primeiro a expressar a desorientação da época, mas ao mesmo tempo o primeiro que tentou encontrar soluções intelectuais para sair da crise. Por isso, algumas vezes se definiu a filosofia como hiperconsciência das crises históricas.

É preciso observar a esse respeito, porém, que isso não explica por inteiro nenhuma filosofia — e menos ainda seu conteúdo "técnico" —, mas apenas o sentido histórico de certas filosofias. Assim, a filosofia de Platão possui, *além* de seu conteúdo doutrinal especificamente filosófico, um sentido histórico que consiste em encontrar uma solução para certo estado de desorientação crítica sofrido pela sociedade de seu tempo.

Houve numerosas descrições de "crises históricas". Algumas dessas descrições visam estabelecer as características de *toda* crise histórica. Vico e — em época mais recente — Spengler apresentaram esse tipo de descrição, que tem freqüentemente uma estrutura cíclica. Outras descrições dão maior atenção a crises específicas, mas com base nelas procuram averiguar em que consiste "viver em crise". Em parte, Ortega y Gasset esboçou um "esquema das crises" que é ao mesmo tempo específico e tem alcance universal. O número de características que se apresentam para se descrever — de forma mais ou menos abstrata — uma crise é tão grande que descrições desse tipo tendem a perder-se numa miríade de traços com freqüência vagos e contraditórios. Considerando-se apenas os aspectos "filosóficos" do problema, ou, se se quiser, os aspectos "ideológicos", mencionaram-se, entre outros, os seguintes traços, que foram aplicados especialmente à chamada "crise ocidental moderna": hiperconsciência; aumento de possibilidades (portanto, não forçosamente decadência); perplexidade; desarraigamento; desvanecimento de certas crenças firmes, usualmente irrefletidas; inadequação entre o vivido e o vagamente desejado; inadequação entre teorias ou doutrinas e "práticas"; proliferação de "salvações parciais" (e, por isso, de seitas, grupos etc.); antropologismo e às vezes antropocentrismo (preocupação primária com o ser e com o destino do homem); exagero — por reação — de tendências anteriores ("retornos ao antigo"); tendência à confusão e à identificação do diverso; penetração recíproca de todo tipo de influências; particular inclinação a certos saberes que imediatamente se popularizam — psicologia, sociologia, pedagogia ou seus equivalentes; ironia; caricatura deformadora; intervenção freqüente das massas, muitas vezes por meio de um cesarismo; aparecimento de crenças ainda não bem formadas que disputam entre si o predomínio em forma de ideologias; estoicismo em grupos seletos; transcendências provisórias; desumanização unida ao sentimentalismo exagerado; irracionalismo (exaltação do irracional, distinta de seu reconhecimento ontológico); descoberta de verdades imediatamente exageradas e que apenas a época estável reduzirá às justas proporções; ao mesmo tempo, descoberta de noções em germe que apenas essa época explorará em todas as suas possibilidades; aparecimento de grupos aparentemente irredutíveis, mas separados por diferenças muito sutis; predomínio do homem de ação; retiro do intelectual a uma solidão não apenas espiritual, mas também social; "traição dos intelectuais"; utilitarismo e pragmatismo; aparecimento do dinamismo sem doutrina; conflito entre a moral individualista e as ideologias em luta; "realismo romântico" e "pessimismo realista"; historicismo ou seus equivalentes; profusão de consolações e guias de desencaminhados; aparecimento de um sistema metafísico que costuma ser uma "recapitulação" (Plotino, Santo Tomás, Hegel) e, depois, de uma filosofia programática que contém a época posterior em germe (Parmênides?, Santo Agostinho, Descartes).

Algumas das características citadas precisam de especificação. Outras pertencem a determinados momentos num processo histórico. Outras são mais ou menos "repetíveis". É óbvio que o conceito de "crise histórica" só pode assumir sentido mediante descrições históricas de crises determinadas. É o que fez Ortega y Gasset em seu "esquema das crises" e o que buscou fazer o autor desta obra ao falar da época moderna como crise e ao caracterizá-la pela intervenção, cada vez maior, de maiores quantidades de seres humanos na vida pública histórica. De acordo com isso, houve uma "crise dos poucos", uma "crise dos muitos" e uma "crise de todos"; a última corresponde ao período atual, e não apenas no "Ocidente" (cf. *op. cit. infra*).

⇒ Ver: J. Burckhardt, "Die historischen Krisen", em *Weltgeschichtliche Betrachtungen*, 1905. — José Ortega y Gasset, *Esquema de las crisis*, 1942. — *Id.*, "En torno a Galileo", em *O. C. V*, 9-164 (p. S procedentes de conferências dadas em 1933). — José Luis Romero, "Las concepciones historiográficas y las crisis", *Rev. Univ. Buenos Aires*, I, 1, 1942. — José Medina Echavarría, *Crisis humana*, 1944. — P. S. Sorokin, *Social Philosophies of an Age of Crisis*, 1950 (crítica das filosofias da sociedade e da história de vários autores: Spengler, Toynbee, Northrop, Schweitzer, Berdiaef etc.). — José Ferrater Mora, *El hombre en la encrucijada*, 1952, 2ª ed., 1965. — I. H. Conybeare, *Civilization of Chaos: A Study of the Present World Crisis in the Light of Eastern Metaphysics*, 1955. — M. Sarup, *Education, State and Crisis*, 1982. — R. Kosellek, *Critique and Crisis: Enlightenment and the Pathogenesis of Modern Society*, 1988. — A. R. Drengson, *Beyond Environmental Crisis: From Technocrat to Planetary Person*, 1989. C

CRISIPO (*ca.* 281-208 a.C.). De Sôli (Cilícia), foi discípulo de Zenão de Citio e escolarca, como sucessor de Cleantes, desde 232 até a morte. Sua vasta produção escrita, da qual se conservam poucos fragmentos, seu gosto pela dialética, seu afã por convencer e refutar sem preocupar-se com o estilo e sua decorrente prolixidade eram célebres na Antiguidade. Diógenes Laércio assinala que Crisipo foi de tal maneira laborioso que seus tratados alcançavam a cifra de 705. Deve-se a ele a fundamentação da maioria das questões debatidas no antigo estoicismo; conforme Laércio indica, se Crisipo não existisse, tampouco existiria a Stoa. Seu propósito essencial era de caráter dialético; o que lhe importava era menos edificar um sistema acabado, com independência dos outros, do que defender as próprias opiniões contra as seitas contrárias.

⇒ Os fragmentos de Crisipo encontram-se na ed. de J. von Arnim, *Stoicorum veterum fragmenta:* t. II (*Chrysippi fragmenta logica et physica*); t. III (*Chrysippi fragmenta moralia*). No próprio t. III estão os *Fragmenta succesorum Chrysippi*.

Ver: Chr. Petersen, *Philosophiae Chrysippi fundamenta*, 1827. — A. Gercke, *Chrysippea*, 1885. — P. Melcher, *Chrysippos Lehre von den Affekten*, 1908. — Émile Bréhier, *Chrysippe*, 1910; 2ª ed.: *Chrysippe et l'ancien Stoïcisme*, 1951; nova ed., 1971. — M. Pohlenz, *Zenon und Chrysipp*, 1938 (*Nachrichten von der Gesellschaft der Wissenschaften zu Göttingen*). — Josiah B. Gould, *The Philosophy of Chrysippus*, 1970. — M. Frede, *Die stoische Logik*, 1974. — Artigo de von Arnim sobre Crisipo (Chrysippos) em Pauly-Wissowa. C

CRISTIANISMO. O problema das relações entre cristianismo e filosofia é um aspecto do problema geral das relações entre religião (VER) e filosofia. Por outro lado, tendo o cristianismo se desenvolvido em áreas geográficas e domínios culturais que assistiram ao florescimento da filosofia, há entre cristianismo e filosofia relações especiais, incluindo relações de oposição e conflito. Em virtude da longa história do cristianismo e da ainda mais longa história da filosofia — mesmo restringindo-se esta à chamada "filosofia ocidental" —, tudo o que se possa dizer num verbete intitulado "Cristianismo" num *Dicionário de Filosofia* deve mostrar-se sumamente geral e vago. Não obstante, podem-se formular algumas considerações no âmbito dos dois pressupostos seguintes: que podemos dar por entendido o significado de 'cristianismo' como religião positiva, e que podemos nos limitar aos problemas da relação entre cristianismo e filosofia nas épocas em que esses problemas foram mais agudos. Isso aconteceu nos momentos em que alguns dos que abraçaram a confissão cristã se "encontraram", por assim dizer, com a tradição intelectual, e especificamente filosófica, grega — e greco-romana — e durante a Idade Média. A maioria das questões relativas ao problema "cristianismo e filosofia" na época moderna tem sua origem nos períodos históricos indicados.

O cristianismo não se desenvolveu, de início, como uma doutrina de caráter filosófico, e menos ainda como uma doutrina que se pretende fundamentada racionalmente. Como ocorre com muitas religiões positivas, trata-se de um conjunto de crenças fundadas numa tradição que comporta a revelação de Deus ao homem e, além disso, a encarnação de Deus. Dentro desse conjunto de crenças — ou junto a ele —, tem considerável importância o aspecto "pastoral": a pregação do amor e da salvação do homem.

Em suas origens, o cristianismo parecia até mesmo oposto à filosofia ou ao que poderíamos denominar "tradição racional". Essa situação se modificou já com os apologistas (VER): para se defender a religião cristã dos pagãos era preciso conhecer as doutrinas destes — mais ainda, era preciso usar suas próprias armas intelectuais. Assim, os cristãos que se dedicavam a defender e difundir as doutrinas cristãs se aproximaram dos "filósofos". Por outro lado, havia na tradição filosófica grega elementos que pareciam não estar muito separados de certas crenças cristãs. Nas escolas pós-socráticas e no neoplatonismo pareciam coexistir a "vontade de compreender" e a "vontade de salvação". Alguns autores chegaram a pensar que, em determinado momento dos primeiros séculos da nossa era, o cristianismo e o "helenismo" representaram dois aspectos de uma mesma realidade.

Outros autores julgaram essa tese exagerada. Segundo Gilson, "o cristianismo é uma religião; ao usar às vezes certos termos filosóficos para exprimir sua fé, os escritores sagrados cediam a uma necessidade humana, mas substituíam o sentido filosófico antigo desses termos por um sentido religioso novo (...). Esse sentido é o que deve ser-lhes atribuído quando são encontrados nos livros cristãos", e isto constitui uma norma que pode ser facilmente comprovada ao longo da história do pensamento cristão e que "é sempre perigoso esquecer" (*A filosofia na Idade Média*, 1995. Introdução).

As relações entre cristianismo e filosofia — especificamente, filosofia grega e filosofia greco-romana — exprimem-se numa série de debates sobre conceitos-chave (como ocorre, por exemplo, com o conceito de *logos* [VER]). Quase sempre são debates de caráter teológico, especialmente abundantes entre os Padres da Igreja de língua grega, mas não ausentes nos Padres da Igreja de língua latina, especialmente em — ou desde — Santo Agostinho. As questões formuladas com relação a Deus, ao mundo, à alma, às facilidades humanas etc. são expressas pelos teólogos cristãos quase sempre com o auxílio de conceitos gregos ou de conceitos latinos que transcrevem noções gregas. Algumas vezes, as diferenças entre cristãos e pagãos são marcadas, como é o caso da contraposição entre a idéia de Deus como Pai e a idéia de Deus como Princípio. São típicos a esse respeito os debates em torno das noções de criação (VER) e emanação (VER), com grande quantidade de simpatias e diferenças.

De acordo com Jean Guitton, devem-se levar em conta duas noções distintas: a da "filosofia cristã" e a de uma influência do cristianismo sobre a filosofia. A primeira supõe a possibilidade de fundar uma filosofia cujo conteúdo conceitual seja o cristianismo; a segunda supõe que a filosofia passou, ou ainda passa, por uma "etapa" — que, em princípio, pode ser "interminável" — na qual certos elementos — sejam problemas ou soluções — se inserem no corpo da filosofia e modificam-no substancialmente. Ambas as concepções supõem que cristianismo e filosofia são dois "elementos" analiticamente separáveis e que de alguma maneira se conjugam. Diante dessas duas noções, poder-se-ia conceber a "relação" entre filosofia e cristianismo de outro modo: como uma "relação interior", isto é, como algo decomponível por meio de uma análise artificial, mas não em sua própria realidade. Desse ponto de vista, cristianismo e filosofia apareceriam como inseridos num âmbito único que tornaria possível a unidade da fé e da razão, e apenas quando ele se fendesse se produziria a concepção da fé e da razão como duas instâncias heterogêneas, com as diversas conseqüências que isso implica (primado da fé, primado da razão, doutrina da dupla verdade). Daí a dificuldade de se falar de uma "filosofia cristã", sendo, ao mesmo tempo, relativamente inevitável empregar essa expressão. Todos os debates a esse respeito supõem a formulação desse problema. Com base nisso, é possível atribuir um sentido claro às várias posições adotadas.

Uma delas supõe que a filosofia cristã é o pensamento filosófico que não contradiz essencialmente as verdades do cristianismo e, inclusive, as apóia. A filosofia cristã seria então especialmente a filosofia medieval e certa parte das correntes modernas. Outra posição supõe que filosofia cristã é toda a filosofia que, de um modo ou de outro, se move no âmbito do cristianismo como seu pressuposto último. Neste caso, seria filosofia cristã toda a filosofia ocidental a partir do desmoronamento do helenismo. Outra posição admite que a filosofia cristã é a elaboração filosófica de certo "conteúdo" religioso. Neste caso, a filosofia cristã seria uma propedêutica para a fé, ou uma apologética. O que nos importa afirmar em todos estes casos, porém, é apenas o fato de que qualquer uma dessas posições supõe a adoção de uma atitude diante das questões apontadas. Por outro lado, houve uma posição de acordo com a qual a expressão 'filosofia cristã' carece de sentido a menos que seja a tradução de certa atitude vital correspondente a uma existência que transcorre segundo a *philosophia Christi*, mais ou menos equivalente à *imitatio Christi*. Parece, em todo caso, que a expressão 'filosofia cristã' oscilou quase sempre entre dois pólos, um dos quais foi constituído pela filosofia e o outro pelo cristianismo, ou, melhor dizendo, um dos quais foi a "razão filosófica" e o outro, a "atitude cristã". Ora, a maioria dos autores inclinou-se a rejeitar a absorção dessa atividade pensante por qualquer um dos dois pólos. Por isso, sustentou-se o que poderia parecer à primeira vista um truísmo, mas que se mostra, em última análise, algo sem o qual uma filosofia não poderia ter lugar no âmbito do cristianismo (seja como um simples "elemento" seu, como um princípio intelectual ou como uma "conclusão" racional): que a supressão de qualquer um dos dois termos suprimiria toda possibilidade de uma filosofia cristã. A filosofia não seria indispensável ao cristianismo, e até constituiria um elemento estranho a ele, se o cristianismo fosse um absoluto, isto é, algo que não apenas fosse *depositum* da história, mas um *depositum* que não necessitasse de nenhum *positum*. Contudo, a filosofia seria algo incorporado ao cristianismo se o consideramos, sem deixar de concebê-lo como verdade absoluta, como um fato que se desenvolve na história. E, ao mesmo tempo, o cristianismo seria indispensável à filosofia se o concebêssemos como um "fato" que nos diz algo acerca do homem e, por meio dele, acerca da própria Natureza. Somente mediante o entrecruzamento desse duplo sentido a expressão 'filosofia cristã' poderia ter um significado.

Entre outras posições sobre a relação entre cristianismo e filosofia, há as duas seguintes — ambas baseadas num exame da história, embora possivelmente influenciadas por considerações análogas às antes apresentadas. Segundo uma delas, os ensinamentos cristãos foram fundamentalmente modificados pela filosofia grega, e especialmente pela platônica, de modo que a chamada "filosofia cristã" é uma espécie de "degeneração" do cristianismo (Adolf Harnack). Segundo a outra, foi conatural ao cristianismo assimilar a si a filosofia grega. De acordo com a última opinião — que se pode ver expressa em G. L. Prestige (*God in Patristic Philosophy* [1936], 2ª ed., 1952, p. xiv) —, nenhuma idéia filosófica foi "importada" sem receber modificações substanciais, de modo que "a idéia foi recortada segundo o padrão da fé cristã, e não esta ajustada ao modelo da concepção importada".

As inumeráveis discussões sobre a "essência do cristianismo" obedecem, segundo Romano Guardini, ao fato de se ter tentado com demasiada freqüência ou deduzir a realidade cristã de premissas profanas ou determinar sua essência mediante categorias naturais. Contudo, nenhum desses procedimentos pode produzir, de acordo com Guardini, mais que um conjunto de proposições abstratas. Por meio delas se chega, com efeito, a proposições que, mesmo não sendo "verdadeiras", não deixam de ser contrárias a outras. De fato, alguns definem o cristianismo pela revelação de Deus como Pai ou pela aquisição de uma consciência religiosa individual. Outros, em contrapartida, o definem como uma religião na qual, sendo Deus inacessível, a mediação é necessária, ou então na qual a individualidade da consciência cede lugar à comunidade superindividual. Todas essas definições esquecem o caráter eminentemente concreto da realidade cristã, na qual aparece a ordem "natural" do mundo transtornada pelo "paradoxo" que representa a ordenação e a subordinação da Criação à Encarnação do Filho de Deus, e o decorrente abandono da (aparente) autonomia do criado. Por isso, Guardini diz que toda a criação recebe a potência atuante do Salvador e assume com isso uma nova forma. Em suma, de acordo com isto, não haveria possibilidade de se determinar *abstratamente* a essência do cristianismo, como se a doutrina cristã ou o seu sistema de valores pudessem ser desligados da pessoa de Cristo. Mas, ao mesmo tempo, essa pessoa, ao transcender o histórico, tampouco seria suscetível de uma determinação descritiva, à maneira do historicismo. Com isso, ficariam eliminados na consideração do cristianismo tanto o historicismo como o naturalismo, ambos tidos por abstrações da realidade.

Cremos que, tanto se se aceita como se não se aceita a existência de uma "filosofia cristã" — isto é, de uma filosofia especificamente adjetivada como tal —, é razoável admitir pelo menos que as doutrinas e a história das diversas igrejas cristãs estão amiúde estreitamente relacionadas com doutrinas filosóficas e com a evolução dessas doutrinas. Portanto, poder-se-ia complementar a informação apresentada neste verbete com verbetes específicos sobre catolicismo, protestantismo (em geral), luteranismo, calvinismo etc., na medida em que se suscitaram a esse respeito questões filosóficas.

Entretanto, não elaboramos esses verbetes por dois motivos. Em primeiro lugar, porque os "elementos filosóficos" nos correspondentes corpos de crença e doutrina são demasiado conhecidos pela maioria dos leitores. Em segundo lugar, porque o tratamento adequado das "relações" entre catolicismo e filosofia, protestantismo (em geral) e filosofia, luteranismo e filosofia, calvinismo e filosofia etc. resultaria excessivamente longo e nem sempre suficientemente filosófico para os propósitos deste *Dicionário*; com efeito, ele obrigaria a elucidar mais a fundo matérias de fé e questões teológicas — que foram introduzidas nesta obra apenas na medida em que foram abordadas, ou podem ser abordadas, filosoficamente.

Reconhecendo, porém, que as ausências indicadas podem mostrar-se desagradáveis, procuramos remediá-las de três maneiras.

Em primeiro lugar, referimo-nos a opiniões das principais igrejas cristãs sobre certos pontos de religião e teologia, sobretudo na medida em que foram objeto de debates filosóficos.

Em segundo lugar, dedicamos verbetes específicos a certas tendências ou movimentos no âmbito do cristianismo que se singularizaram por terem discutido certas questões filosóficas, teológicas e teológico-filosóficas fundamentais, bem como por terem suscitado polêmicas das quais participaram filósofos e teólogos célebres.

Em terceiro lugar, dedicamos verbetes específicos a certas figuras de interesse ao mesmo tempo teológico e filosófico.

Esta primeira coisa foi feita em certos verbetes como ARBÍTRIO (LIVRE-), ANJO, CIÊNCIA MÉDIA, CRIAÇÃO, DEUS, LOGOS etc. Referimo-nos de modo muito particular aos debates de interesse filosófico suscitados no âmbito do catolicismo, cuja "relação" com idéias filosóficas foi abundante e constante, mas não excluímos, quando necessário, dados baseados em opiniões, teses e argumentos procedentes de outras confissões.

Realizamos a segunda coisa em verbetes como os dedicados a Deísmo, Gnosticismo, Jansenismo, Pelagianismo, Quietismo, Socinianismo etc., assim como em verbetes como os dedicados aos Quacres. A seleção efetuada a esse respeito oferece um aspecto um tanto arbitrário, pois poderiam ter sido compostos muitos outros verbetes, como, por exemplo, sobre o Arianismo, o Docetismo, o Monofisismo, o Nestorianismo etc., por um lado, e sobre os adventistas, anabatistas, batistas, congregacionistas, fundamentalistas, metodistas, presbiterianos, puritanos etc., por outro. Procuramos reduzir a inevitável dose de arbitrariedade escolhendo verbetes cuja abordagem não nos afastava demasiadamente dos temas filosóficos e verbetes que consideramos importantes por se referirem a movimentos religiosos que, embora não especificamente "filosóficos", foram amplamente discutidos em alguma época por filósofos.

Fizemos a última coisa em verbetes sobre figuras como Calvino, Lutero, Melanchton, Zwinglio etc., nos quais, além disso, é possível introduzir alguma informação que alguns leitores gostariam de ver presente em virtude de não se terem dedicado verbetes específicos ao Calvinismo, ao Luteranismo etc. Por outro lado, com esses verbetes se complementam certas informações que podem ser encontradas nos verbetes dedicados a diversas figuras de importância no âmbito do catolicismo por sua contribuição a desenvolvimentos filosóficos ulteriores.

→ Na bibliografia dos verbetes ESCOLÁSTICA; FILOSOFIA MEDIEVAL e PATRÍSTICA, indicamos os textos fundamentais para o estudo de certas épocas da "filosofia cristã". Para a história do cristianismo em sua relação com a história da Igreja, ver: Adolf Harnack, *Lehrbuch der Dogmengeschichte*, 4 vols.; 3ª ed., 1893-1897 (os dois primeiros tomos são citados com o título de *Die Chronologie*). — L. M. O. Duchesne, *Histoire ancienne de l'Église*, 2 vols., 1908-1910. — *The Beginnings of Christianity*, ed. por F. J. Foakes-Jackson e Kisopp Lake, I, vols. i ao vi, 1920-1923. — Eduard Meyer, *Ursprung und Anfänge des Christentums*, 3 vols.; 4ª e 5ª eds., I, 1924; 4ª e 5ª, II, 1925; 1ª e 3ª, III, 1923. — O. Bardenhewer, *Geschichte der altkichlichen Literatur*, 5 vols., 1913-1932. — Dom Charles Poulet e outros autores, *Histoire du christianisme*, 1932 ss., *Histoire du christianisme*, 1932 ss. — K. S. Latourette, *A History of Christianity*, 1953.

Abundante informação sobre a história do cristianismo e dos dogmas pode ser encontrada no *Dictionnaire de théologie catholique*, de Vacant-Mongenot-Amann, no *Dictionnaire d'archéologie chrétienne et de liturgie*, ed. Dom Cabrol, e no *Kirchenlexikon oder Enzyklopädie der katholischen Theologie*, 2ª ed., Friburgo, 1888 ss.

Para a teologia protestante, ver a *Realenzyklopädie für protestantische Theologie und Kirche*, 3ª ed., Leipzig, 1896 ss.

Entre as revistas que podem ser consultadas, estão: *Revue biblique, Analecta Bollandiana, Revue bénédictine, Revue de l'histoire des religions, Revue d'histoire et de litérature religieuses, Archiv für Religionswissenschaft*.

Bibliografias para o estudo da história do cristianismo e do pensamento cristão: *A Bibliographical Guide to the History of Christianity*, compilada por S. J. Case, J. T. McNeill, W. W. Sweet, W. Pauck, M. Spinka, sob a direção de S. J. Case (1931), e *Guide bibliografiche* da Universidade Católica de Milão (II, 3 da série filosófica, por Carlo Giacon, com o título *Il pensiero cristiano*, 1943).

Para a história da filosofia cristã, ver especialmente: Heinrich Ritter, *Die christliche Philosophie nach ihrem Begriff, ihren äusseren Verhältnissen und in ihrer Geschichte bis auf die neuesten Zeiten*, I, 1858; II, 1859. — A. Stöckl, *Geschichte der christlichen Philosophie zur Zeit der Kirchenväter*. — Blaise Romeyer, S. J., *La philosophie chrétienne jusqu'à Descartes*, I, 1935; II, 1936; III, 1937. — É. Gilson e Philotheus Böhner, *Die Geschichte der christlichen Philosophie von ihren Anfängen bis Nikolaus von Cues*, 1937 (cf. Introdução, pp. 1-4: "Denominamos cristã toda filosofia elaborada por cristãos convictos, que distingue a ordem da fé e a ordem do saber, que funda o saber em meios naturais mesmo quando vê na revelação cristã um auxílio valioso e, em certa esfera, até necessário para a razão"). — A. D. Sertillanges, *Le Christianisme et les philosophies* (I. *De l'antiquité à Saint Thomas*, 1936; II. *Les temps modernes*, 1946). — J. Chevalier, *Histoire de la pensée. II. La pensée chrétienne*, 1950. — C. M. Natoli, *Nietzsche and Pascal on Christianity*, 1985. — E. Loreth et al., eds., *Christliche Philosophie im katholischen Denken des 19. und 20. Jh., I,* 1987. — J. W. Burbidge, *Hegel on Logic and Religion: The Reasonableness of Christianity*, 1992. — Ver também bibliografia de ESCOLÁSTICA e FILOSOFIA MEDIEVAL.

Para o problema suscitado pela noção de filosofia cristã e para a questão da relação entre cristianismo e filosofia grega, ver: W. R. Matthews, *Studies in Christian Philosophy*, 1921. — Corbière, *Le Christianisme et la fin de la philosophie antique*, 1921. — C. C. J. Webb, *The Debt of Modern Philosophy to the Christian Religion*, 1929. — Régis Jolivet, *Essai sur les rapports entre la pensée grecque et la pensée chrétienne*, 1931; nova ed., 1955. — Jacques Maritain, "De la notion de philosophie chrétienne", *Revue néo-scolastique de Philosophie*, 39 (1932), 153-186. — VV. AA., *Compte rendue*, Séance de la Société Française de Philosophie, 1931. — A.-J. Festugière, *L'idéal religieux des Grecs et l'Évangile*, 1932. — M.-D. Chenu, "Note pour l'histoire de la notion de philosophie chrétienne", *Revue des Sciences Philosophiques et Théologiques*, 21 (1932), 231-235. — Luigi Allevi, *Ellenismo e Cristianesimo*, 1933. — VV. AA., *La philosophie chrétienne*. Journée d'études de la Société thomiste, em Juvisy, 1933. — É. Gilson, *Christianisme et philosophie*, 1936 (do mesmo autor, as "Notes bibliographiques pour servir à l'histoire de la notion de philosophie chrétienne", em *L'Esprit de la philosophie médiévale*, 2ª série, 1944, pp. 412-440). — *Id.*, *Introduction à la philosophie chrétienne*, 1960. — Octavio Nicolás Derisi, *Concepto de la filosofía cristiana*, 1935; 2ª ed., modificada, 1943. — M. Blondel, *La philosophie et l'esprit chrétien (I. Autonomie essentielle et connexion indéclinable*, 1944; *II. Conditions de la symbiose seule normale et salutaire*, 1946). — J. Boisset, E. Rochedieu, P. Arbousse-Bastide, *Le problème de la philosophie chrétienne*, 1950. — J. V. L. Casserley, *The Christian in Philosophy*, 1951 (a primeira parte é histórica). — J. Leclercq, "Pour l'histoire de l'expression 'philosophie chrétienne'", *Mélanges de science et religion*, 9 (1952), 221-226. — Maurice Nédoncelle, *Existe-t-il une philosophie chrétienne?*, 1956). — A. H. Armstrong e R. A. Markus, *Christian Faith and Greek Philosophy*, 1964. — John Herman Randall, Jr., *Hellenistic Ways of Deliverance and the Making of the Christian Synthesis*, 1969. — P.-Ph. Druet, *Pour une philosophie chrétienne*, 1983. — J. Gómez Caffarena, *La entraña humanista del cristianismo*, 1984. — K. E. Yandell, *Christianity and Philosophy*, 1984. — R. H. Nash, *Christianity and the Hellenistic World*, 1984. — G. Vesey, ed., *The Philosophy in Christianity*, 1989. — L. S. Rouner, *To Be at Home: Christianity, Civil Religion, and World Community*, 1991.

Sobre a essência do cristianismo e o conceito de "caráter absoluto" do cristianismo: Johannes Hessen, *Die Absolutheit des Christentums*, 1917. — Romano Guardini, *Das Wesen del Christentums*, 1936 [publicado antes em *Die Schieldgenossen*, 1929].

Sobre cristianismo e outras religiões: A. Schweitzer, *Das Christentum und die Weltreligionen*, 1924. — A. J. Toynbee, *Christianity among the Religions of the World*, 1958. — J. B. Cobb, *Beyond Dialogue: Toward a Mutual Transformation of Christianity and Buddhism*, 1982. — D. W. Mitchell, *Spirituality and Emptiness: The Dynamics of Spiritual Life in Buddhism and Christianity*, 1991.

Sobre catolicismo e protestantismo: J. L. Aranguren, *Catolicismo y protestantismo como formas de existencia*, 1952. ℭ

CRITÉRIO. Em geral, entende-se por 'critério' o sinal, a marca, a característica ou a nota por meio da qual algo é reconhecido como verdadeiro. Portanto, critério é, nesse sentido, o critério da verdade. No vocabulário tradicional, o critério aproxima-se do que os escolásticos denominavam o objeto formal. O critério seria, por conseguinte, algo distinto não apenas do próprio objeto conhecido como também da faculdade cognoscitiva, que exigiria um critério para determinar o verdadeiro. O problema do critério foi examinado, por um lado, em estreita relação com o problema da verdade (sobretudo pelas orientações que pressupuseram que somente a verdade pode ser o critério para o verdadeiro), e, por outro lado, em relação com as questões suscitadas pelo grau de veracidade das diferentes fontes do conhecimento, em particular os chamados sentidos externos. As soluções para o problema do critério dependeram quase sempre das correspondentes soluções para a questão do conhecimento (VER). O critério da verdade variou de acordo com a posição última adotada e, em particular, segundo se tenha adotado o idealismo ou o realismo gnosiológicos. Ora, mesmo no âmbito de cada uma dessas posições extremas, houve múltiplas definições de critério, e, por conseguinte, diversos sentidos dados à chamada *criteriologia*. Isso se manifesta sobretudo na tendência do realismo (VER), de tal modo que o destino da própria criteriologia depende em grande parte da admissão ou da não-admissão de um realismo mais ou menos direto ou mais ou menos intelectualista. Observa-se isso em quem, como Désiré Mercier (VER), elaborou com particular detalhe o aspecto criteriológico do problema do conhecimento. Sua atitude diante do conhecer explica sua tese da criteriologia como o estudo reflexo de nosso conhecimento certo e dos fundamentos em que se baseia sua certeza. O critério de verdade, diz Mercier, é a prova pela qual distinguimos a verdade do erro. A criteriologia coincide, pois, quase inteiramente com a epistemologia, pelo menos na medida em que esta última for concebida previamente como uma teoria da certeza. Por isso, a criteriologia não é uma parte da lógica; ela não é uma lógica real, como Kant julgava poder edificá-la, pois a lógica real implica uma *contradictio in terminis*. A criteriologia estuda, em suma, a certeza, isto é, uma propriedade do ato do conhecimento. Está relacionada com a ideologia e, por conseguinte, com a psicologia. Ora, há, de acordo com Mercier, dois aspectos fundamentais da investigação criteriológica. Primeiramente, a criteriologia geral, que estuda a certeza em si mesma. Em segundo lugar, a criteriologia especial, que estuda a certeza em diferentes campos ou partes do conhecimento humano.

A noção de critério desempenha um papel importante no "último Wittgenstein". No *Livro Azul* (*The Blue and Brown Books*, 1958), Wittgenstein diz que "assim como é parte da gramática da palavra 'cadeira' o fato de que *isto* é o que chamamos 'sentar-se numa cadeira' e assim como é parte da gramática de 'significado' o fato de que *isto* é o que chamamos 'explicação de um significado', explicar meu critério para dizer que outra pessoa tem dor de dentes é dar uma explicação gramatical acerca da expressão 'dor de dente' e, nesse sentido, uma explicação referente ao significado da expressão 'dor de dente'". A definição de 'critério' é entendida quando se introduzem dois termos antitéticos para evitar certas confusões. À pergunta "como sabemos que isso é assim?" respondemos às vezes dando critérios e às vezes dando (especificando) sintomas. Se a angina é uma inflamação causada por determinado bacilo, e perguntamos, num caso particular, "por que você diz que este homem tem angina?", a resposta de que se encontrou esse bacilo determinado no sangue constitui o critério definidor da angina. Por outro lado, dizer que sua garganta está inflamada é mencionar um sintoma de angina. Wittgenstein observa que nem sempre é fácil saber se um fenômeno é um critério ou um sintoma, e que se responde às vezes com base numa decisão arbitrária *ad hoc*. Nas *Investigações filosóficas*, contudo, Wittgenstein, sem abandonar a distinção entre "critério" e "sintoma", parece tender a uma concepção mais estrita da noção de critério. Discutiu-se se uma concepção estrita de critério equivale à sua identificação com uma prova ou evidência decisiva. Isso não parece ocorrer, ao menos não em todos os casos. Suponha-se que se toma certo fenômeno observável como um critério que sirva de "prova" ou "evidência" de um estado mental (alheio) não-observável — o que é um dos mais importantes usos da noção wittgensteiniana de critério. Assim, o que alguém diz que ouve — o que é observável no sentido de que se ouve o que essa pessoa diz acerca de seu ouvir — é um fenômeno observável que serve de critério para o processo mental desse ouvir. No entanto, é possível que a pessoa que diz que ouve algo minta.

Alguns autores fizeram uma interpretação completamente comportamentalista ("behaviorista") da noção wittgensteiniana de critério. Segundo essa interpretação, o fenômeno observável constitui uma definição — e, além disso, a única definição possível do fenômeno não-observável. Outros autores tenderam a uma interpretação não-comportamentalista. De acordo com ela, o critério não é uma definição do comportamento, e, naturalmente, não esgota por inteiro o estado mental, reduzindo-o ao comportamento descrito pelo critério. Estes últimos autores apóiam-se na idéia wittgensteiniana de que o critério não tem por que ser sempre um fenômeno diretamente observável: a pessoa cujo estado mental se "infere" pode possuir certa destreza (em falar, contar etc.), o que é resultado de uma capacidade.

⊃ Exame e discussão da noção de critério em Wittgenstein por vários autores, sobretudo por Rogers Albritton, "On Wittgenstein's Use of the Term 'Criterion'", *Journal of Philosophy*, 56 (1959), 845-857, reimpresso em George Pitcher, *W. The Philosophical Investigations*, 1966, pp. 231-250. Depois: Norman Malcolm, *Dreaming*, 1959; Hilary Putnam, "Dreaming and 'Depth Grammar'", em Ronald Butler, ed., *Analytical Philosophy*, 1962, pp. 211-235; Carl Wellman, "Wittgenstein's Conception of a Criterion", *Philosophical Review*, 71 (1962), 433-447. Resumo e crítica de todas estas exposições em Anthony Kenny, *The Encyclopedia of Philosophy*, ed. J. E. Edwards, s. v. "Criterion". Ver também Dieter Birnbacher, *Die Logik der Kriterien. Analysen zur Spätphilosophie Wittgensteins*, 1974. ◖

CRITÉRIO MORAL. Muitos dos problemas suscitados a respeito da noção de "critério moral" são problemas que se formulam com relação a toda noção de "critério" (VER). Os critérios morais diferem dos outros critérios apenas no que se refere à esfera a que se aplicam. Esta é a esfera dos atos que se supõe serem objeto de aprovação, o que inclui (a omissão dos) atos que se supõe serem objeto de desaprovação.

Discutiu-se se os critérios morais são absolutos ou se estão condicionados (por condições biológicas, sociais ou culturais). Os que sustentam que estão condicionados são freqüentemente acusados de relativismo — a esta acusação, respondem que os supostos critérios morais absolutos são vazios e que o fato de que um critério seja "relativo" diz apenas que é relativo a uma determinada condição, com respeito à qual não é relativo.

Em sua obra *Moral y nueva cultura* (1971, especialmente pp. 42 ss.), Xavier Rubert de Ventós enfatizou que os critérios morais ou "princípios de aprovação" respondem a — e refletem — determinado conceito da "função do homem no mundo e das coisas no mundo" (conceito que tem raízes culturais concretas). Rubert de Ventós observa que os critérios morais ainda hoje generalizados são "a autenticidade, a concentricidade e a realização pessoal, a coerência, a autonomia, a convicção, o cumprimento do dever, a maturidade, a responsabilidade, o autodomínio etc." Ele contrapõe a isso uma série de critérios que vão ganhando espaço na sensibilidade moral atual e que se opõem aos mencionados: "A dependência, a vulnerabilidade e a dispersão, a excentricidade e a autodissolução, a disponibilidade e a receptividade, o cumprimento não do dever mas do desejo (que antes devia ser encoberto sob o termo ao mesmo tempo mais asséptico e solene de 'felicidade') etc." Esses critérios levam Rubert de Ventós a uma "moral outra", uma moral oposta à moral razoável e bem regulada, que insiste na "realização" em vez de insistir no "gasto" e até no "esbanjamento" (*op. cit.*, p. 158). A "moral outra" afasta-se de princípios, autoridades, fidelidades e autenticidades, e favorece o "tipo humano ambíguo e sem contornos definidos". Nem por isso, contudo, deixa de ter critérios; o que ocorre é que os critérios da "moral outra" são diferentes dos da moral tradicional, que identificou seus próprios critérios com a noção de "critérios morais".

CRITERIOLOGIA. Ver Critério.

CRITICISMO. Dá-se este nome à teoria do conhecimento de Kant, por considerar-se que ela consiste fundamentalmente numa crítica do conhecimento, ou da faculdade de conhecer. Num sentido mais geral, o criticismo é a tendência epistemológica que investiga as formas *a priori* que tornam possível o conhecimento.

Num sentido ainda mais geral, o criticismo é a atitude que considera a realidade, ou o mundo, de um ponto de vista crítico, isto é, a atitude segundo a qual não é possível, nem desejável, conhecer o mundo, ou agir nele, sem uma prévia crítica, ou um prévio exame, dos fundamentos do conhecimento e da ação. Neste caso, o criticismo não é apenas uma posição na teoria do conhecimento, mas uma atitude que matiza todos os atos da vida humana. A época moderna, que foi amiúde considerada uma "época crítica", revela o caráter desse criticismo que pretende averiguar o fundamento racional das crenças últimas, não, porém, apenas das crenças que são explicitamente reconhecidas como tais, mas também de todos os pressupostos. O criticismo aspira então a iluminar por completo as raízes da existência humana e até a basear o existir nessa iluminação. Também em Kant se encontra *este* criticismo quando ele afirma que "a indiferença, a dúvida e, por último, uma severa crítica são sobretudo mostras de um pensamento profundo. E nossa época é a época própria da crítica, à qual tudo deve submeter-se. Em vão pretendem escapar dela a *religião* por sua *santidade* e a *legislação* por sua *majestade*, as quais instigarão assim suspeitas motivadas e não poderão exigir o sincero respeito que a razão só concede àquele que pode enfrentar seu público e seu livre exame".

➲ O *Dicionário Enciclopédico da Filosofia Crítica*, de Mellin (*Enzyklopädisches Wörterbuch der kritischen Philosophie*), apareceu de 1797 a 1803. — Ver: J. Bergmann, *Zur Beurteilung des Kritizismus von idealistischen Standpunkt*, 1875. — Antonio Renda, *Il criticismo*, 1927. — Fr. Kreis, *Phänomenologie und Kritizismus*, 1930. — F. Lombardi, *La filosofia critica: I, La formazione del problema kantiano. II, Commento a la* Critica della ragione pura, 1946. — Mariano Campo, *La genesi del criticismo kantiano*, v. I, 1953. — R. Verneaux, *Esquisse d'une théorie de la connaissance; critique du néo-criticisme*, 1954. — Valerio Verra, *Dopo Kant. Il criticismo nell'età preromantica*, 1957. — Mariano Campo, *Schizzo storico della esegesi e critica kantiana*, 1959. — D. Collingridge, *Criticism: Its Philosophical Structure*, 1987. — Ver também Kantismo. ➲

CRITOLAU DE FASÉLIS. Em Lícia († *ca.* 156 a.C.), foi o sucessor de Aríston de Céos no Liceu. Fez parte, com Carnéades e Diógenes Selêucida, de uma embaixada de filósofos a Roma em 155 a.C. Embora na cosmologia tenha se oposto aos estóicos, defendendo a doutrina da persistência e da eternidade do cosmos, admitiu em ética certas doutrinas estóicas e cínicas. Critolau considerou que tanto os deuses como as almas procedem de uma quintessência: o éter.

➲ Textos em Fritz Werli, *Die Schule des Aristoteles. X: Hieronymos von Rhodos. Kritolaos und seine Schüler*, 1959; 2ª ed., 1969.

Ver: F. Oliver, *De Critolao peripatetico*, 1895 (tese). — Art. sobre Critolau (Kritolaos aus Phaselis) de H. von Arnim em Pauly-Wissowa. ➲

CROCE, BENEDETTO (1866-1952). Nascido em Pescasseroli (Abruzos), residiu em Nápoles, onde desenvolveu a maior parte de sua atividade crítica e filosófica. É considerado o mais eminente representante do neo-hegelianismo e do neo-idealismo italiano, mas em muitos pontos sua posição filosófica diferiu da neo-hegeliana. Isso se deve não apenas ao fato de ter recebido outras influências diversas — entre elas, e sobretudo, as positivistas e as historicistas da tradição de Vico —, como também, e muito especialmente, ao fato de formular problemas que mostravam a insuficiência do neo-idealismo. Não é menos certo, contudo, que a influência do neo-hegelianismo (ver) da Itália do século XIX, particularmente por meio de Bertrando Spaventa, parece determinar a origem da filosofia crociana. A princípio, Croce se propõe a, com efeito, aproveitar a riqueza do pensamento de Hegel, mas desprovido daquilo que, a seu ver, não era essencial a ele: o espírito especulativo encarnado na orgia de uma filosofia *a priori* da Natureza e de uma construção puramente artificiosa da história. Isso é "o morto" da filosofia de Hegel diante do qual Croce acentua "o vivo", a dialética, a primazia do pensamento na compreensão da realidade e a descoberta do Espírito. Os aspectos e os graus do Espírito — a que nos referiremos mais tarde — representam a melhor confirmação dessa possibilidade de uma dialética realmente viva, diante da qual desapareçam toda rigidez e mecanização, não apenas do real, mas dos próprios conceitos. Isso é, por outro lado, o que explicará a possibilidade das sínteses, assim como, e muito especialmente, a possibilidade de um acesso intuitivo ao singular que não precise dissolver-se no anti-racionalismo das intuições românticas, pois o acesso intuitivo, tal como o entende Croce, é, de acordo com o que se revela na estética, não uma inefável contemplação, mas uma vontade de expressão, uma intuição na qual a expressão constitui o principal aspecto. Assim, deve-se fazer na atualidade o que Hegel fez com relação a seu tempo: uma fenomenologia do Espírito, mas uma fenomenologia em que a absorção dos diferentes graus por uma síntese não equivalha a uma supressão, mas justamente a uma afirmação do diferente. A necessidade da síntese e a decorrente afirmação do caráter abstrato e negativo dos opostos não equivalem, segundo Croce, a uma supressão da autonomia das realidades diferentes. Somente assim é possível, segundo esse pensador, evitar a absorção de todo o real no idêntico em que desemboca com freqüência o idealismo romântico. A fenomenologia do Espírito de Croce, em que se pode resumir sua filosofia, tem, entretanto, uma aparência decididamente construtiva, mesmo que se sustente em toda parte a necessidade de recorrer à realidade irredutível, a uma realidade que tem sempre a racionalidade como fundo e a concreção como conteúdo. Os diferentes graus do Espírito estão implicados entre si; ou, melhor dizendo — de acordo com os últimos prolongamentos do pensamento de Croce —, constituem uma espécie de círculo em que não se pode indicar qual é a realidade primária, porque qualquer grau se apóia nos restantes e ao mesmo tempo os completa. Segundo Croce, o Espírito pode ser considerado em seu aspecto teórico ou em seu aspecto prático: no primeiro, cabe considerá-lo como consciência do individual, e este é o tema da estética, ou como conseqüência do universal concreto, sendo este o tema da lógica; no segundo, deve-se considerá-lo como querer do individual — ou economia — ou como querer do universal — ou ética. Cada uma dessas partes da filosofia do Espírito foi pormenorizadamente desenvolvida por Croce, que buscava a todo momento aquilo que podia vinculá-la com os graus restantes. Croce afirma assim, no que diz respeito à arte, seu caráter de compreensão intuitiva do singular. Mas essa intuição não é a tomada de contato imediato com uma natureza simples, à maneira cartesiana, e sim o que o próprio autor denomina "intuição lírica", o fato de expressar criativamente uma impressão. Daí a identificação da arte com uma "lingüística geral" que é, no fundo, uma teoria geral das expressões. Na lógica, Croce procura ampliar o quadro tradicional buscando, como Hegel, o concreto no conceito e sustentando a possibilidade de uma compreensão conceitual do singular. O pensamento é, desse modo, uma plenitude que nunca pode ser confundida com a pura formalidade do conceito lógico. Mais ainda, o pensamento é, forçosamente, enquanto pensamento, a plena verdade que compreende todos os momentos, inclusive o erro, que se integra à verdade e não pode, por conseguinte, ao menos do ponto de vista rigorosamente teórico, ser nada positivo.

Na filosofia prática, Croce volta repetidamente à sua primeira adscrição de plenitude ao pensamento. Contra toda filosofia do sentimento, sustenta que a emoção não existe senão como oscilação entre a atividade teórica e a prática. Contra todo pragmatismo e todo vitalismo ativista, afirma que apenas a plenitude do pensar pode dar um sentido à vida. Mas essa afirmação não equivale a negar a própria vida; pelo contrário, Croce tenta sem cessar estabelecer uma síntese de vida

e pensamento, na qual cada um desses dois elementos outorgue sentido ao outro. Essa evasão de toda ameaça formalista se confirma pela tendência "histórica" de Croce, que se manifestou concretamente na preocupação com a história e com a cultura não apenas no aspecto teórico, mas também prático. A historiografia teórica e prática de Croce é assim o coroamento de uma filosofia que se acha inteiramente imbuída da convicção da universalidade concreta do espiritual, convicção que, no mesmo sentido que inspirou Hegel, o faz sentir-se inimigo irredutível daqueles que, em nome do racional puro, desconhecem o valor e a função da evolução espiritual e, sobretudo, da evolução histórica, cuja riqueza só pode ser entendida, de acordo com Croce, do ponto de vista do Espírito concreto e absoluto.

⊃ Obras: *Materialismo storico ed economia marxistica*, 1900. — *Filosofia dello spirito*, 4 vols.: I. *Estetica come scienza dell'espressione e linguistica generale*, 1902; II. *Logica come scienza del concetto puro*, 1905; III. *Filosofia della pratica. Economia ed etica*, 1909; IV. *Teoria e storia della storiografia*, 1917. — *Saggio sullo Hegel*, 1907 (nova edição com o título: *Cio che è vivo e cio che è morto nella filosofia di Hegel*). — *Saggi filosofici*, 8 vols., 1910 ss. (abrangem, entre outros, o vol. II: *La filosofia di G. B. Vico*, 1911; vol. V: *Nuovi saggi di estetica*, 1920; vol. VI: *Frammenti di etica*; vol VII: *Ultimi saggi*, 1935; vol. VIII: *La poesia*, 1936). — *Problemi di estetica e contributi alla storia dell'estetica italiana*, 1910. — *Breviario di estetica*, 1913. — *Cultura e vita morale*, 1914. — *Contributo alla critica di me stesso*, 1918. — *Primi saggi*, 1919. — *Elementi di politica*, 1925. — *Aspetti morali della vita politica*, 1928. — *La critica e la storia dell'arte figurativa*, 1934. — *Piccoli saggi di filosofia politica*, 1934. — *La storia come pensiero e come azione*, 1938. — *Il carattere della filosofia moderna*, 1941. — *Storia dell'estetica per saggi*, 1942. — *Aesthetica in nuce*, 1946. — *Nuove pagine sparse. I. (Vita, pensiero, letteratura); II (Metodologia storica. Osservazioni su libri nuovi. Aneddoti storici)*, 1949. — *Storiografia e idealità morale*, 1950. — *Una pagina sconosciuta degli ultimi mesi della vita di Hegel*, 1950 (três trabalhos, um deles sobre o "renascimento hegeliano" propiciado por alguns existencialistas). — *Indagini su Hegel e schiarimenti filosofici*, 1952. — Muitos trabalhos de crítica e de história apareceram em *La Critica*, fundada por Croce em 1903 (desde 1945 aparece com o título *Quaderni della "Critica"*).

Depoimento em *Die Philosophie der Gegenwart in Selbstdarstellungen*, IV (1923).

Edição de obras: *Saggi filosofici* (ver antes); *Scritti di storia letteraria e politica*, 27 vols., 1911-1954; *Scritti vari*, 3 vols.

Em português: *Breviário de estética*, 1997.

Bibliografia de Croce na obra de M. F. Sciacca, *Il secolo XX*, 2 vols. (parte da *Storia della filosofia italiana*, dirigida por Sciacca), e especialmente nas obras de G. Castellano, *Introduzione allo studio delle opere di B. Croce*, 1920, e *Croce, il filosofo, il critico, il storico*, 1924 (há um terceiro vol., *L'opera filosofica, storica e letteraria di B. Croce*, 1942, que inclui os dois anteriores e os complementa). — Além disso: Edmondo Cione, *Bibliografia crociana*, 1956. — F. Nicolini, "L' 'editio ne varietur' delle opere di B. C.", *Banco di Napoli. Bollettino dell'archivio storico*, 1959-1960.

Ver: E. Chiochetti, *La filosofia di B. C.*, 1915. — H. W. Carr, *The Philosophy of B. C.*, 1917. — A. Fraenkel, *Die Philosophie B. Croces und das Problem der Naturerkenntnis*, 1919. — G. Calogero e D. Petrini, *Studi crociani*, 1930. — A. Waismann, *La filosofia di C.*, 1939. — Renato Treves, *B. C., filósofo de la libertad*, 1944. — P. Romanell, *C. versus Gentile. A dialogue on Contemporary Italian Philosophy*, 1946. — G. Fano, *La filosofia de C. Saggi di critica e primi lineamenti di un sistema dialettico dello Spirito*, 1946. — A. Lombardi, *La filosofia di B. C.*, 1946. — Cleto Carbonara, *Sviluppo e problemi dell'estetica crociana*, 1947. — Octavio Nicolás Derisi, *La Filosofia del espíritu de B. C.*, 1947. — A. Gramsci, *Il materialismo storico e la filosofia di B. C.*, 1948. — D. Faucci, *Storicismo e metafisica nel pensiero crociano*, 1950. — M. Corsi, *Le origini del pensiero di B. C.*, 1951. — C. Sprigge, *C.: Man and Thinker*, 1952. — F. Olgiati, *B. C. e lo storicismo*, 1954. — Michele Abbate, *La filosofia di B. C. e la crisis della società italiana*, 1955; 2ª ed., 1967. — R. Raggiunti, *La conoscenza storica; analisi della logica crociana*, 1955. — Alberto Caracciolo, *L'estetica e la religione di B. C.*, 1958. — Angelo A. de Gennaro, *The Philosophy of B. C.: An Introduction*, 1961. — Adriano Bausola, *Filosofia e storia nel pensiero crociano*, 1965. — Karl-Egon Lonne, *B. C. als Kritiker seiner Zeit*, 1967. — G. N. G. Orsini, B. T. Gates, *et al.*, *Thought, Action and Intuition as a Symposium on the Philosophy of B. C.*, 1975, ed. L. M. Palmer e H. S. Harris. — P. Olivier, *B. C. ou l'affirmation de l'immanence absolue*, 1975. — C. Boulay, *B. C. jusqu'en 1911. Trente ans de vie intellectuelle*, 1981. — R. Welleck, *Four Critics: Croce, Valéry, Lukács, and Ingarden*, 1981. — P. Colonnello, *C. e i Vociani*, 1984. — M. E. Moss, *B. C. Reconsidered: Truth and Error in Theories of Art*, 1987. C

CRUSIUS, CHRISTIAN AUGUST (1715-1775). Nascido em Leune (Saxônia), foi "professor extraordinário" de filosofia em Leipzig (1744-1750) e de teologia na mesma cidade (a partir de 1750). Em seus últimos anos de vida, foi cônego no Seminário teológico de Meissen, dedicando-se a estudos bíblicos.

Por meio de seu mestre, A. F. Hoffman (1703-1741), que seguira os ensinamentos de Thomasius (VER) e de Rüdiger (VER), Crusius incorporou a seu pensamento alguns elementos — principalmente no que diz respeito à organização de disciplinas filosóficas — do sistema de Wolff. Ele foi, não obstante, o exato contrário de um wolffiano — a rigor, foi um dos mais tenazes adversários de Wolff e dos que seguiam a chamada "Escola de Leibniz-Wolff". Diante do racionalismo wolffiano, Crusius defendeu um tipo de pensamento mais afim aos dos "empiristas". Isso se deve a motivos filosóficos, mas também ao fato de ter sido um pietista e de ter-se oposto, como todos os pietistas, ao racionalismo wolffiano. Não é fácil resgatar o papel desempenhado por um destes dois fatores — filosófico (epistemológico e ontológico) e religioso (pietista) — no desenvolvimento do pensamento de Crusius, mas os dois devem ser levados em conta.

Crusius exerceu marcada influência sobre Kant. Em função das chamadas "raízes pietistas" do pensamento de Kant, cabe perguntar se, e até que ponto, essas raízes se vinculam ao o pietismo de Crusius. Contudo, seria precipitado esquecer que a influência de Crusius sobre Kant se exerce, ou se exerce também, em pontos filosóficos tais como as noções de existência e de causalidade. Kant enalteceu Crusius em seu *Principiorum primorum cognitionis metaphysicae nova dilucidatio* (1755) e em seu *Untersuchung über die Deutlichkeit der Grundsätze der natürlichen Theologie und der Moral* (1764); depois, afastou-se dele. Em todo caso, a relação entre Crusius e Kant — abordada, entre outros, por Ernst Cassirer, Heinz Heimsoeth e Giorgio Tonelli — não significa que se deva limitar Crusius a um papel que oscila entre "adversário de Wolff" e "precursor de Kant".

Seja por convicções pietistas, seja pela adoção de certo ponto de vista epistemológico, Crusius opõe-se por completo ao paralelismo e ao que às vezes mostra ser até mesmo uma equiparação do lógico e do ontológico por parte de Wolff. O lógico não pode confundir-se, segundo Crusius, com o ontológico, porque então haveria igualdade ou equiparação entre o possível e o atual. Crusius afirma que a mente humana tem limitações. Para começar, ela não chega a compreender as verdades reveladas. Deve principiar por reconhecer o que é "pensável", e isso se dá na experiência. Wolff, embora reconhecesse que os enunciados sobre fatos são contingentes, tendia a enquadrá-los em noções ontológicas: os princípios de não-contradição e de razão suficiente davam racionalidade a todo o nosso pensamento. Crusius, em contrapartida, não apenas parte da realidade como explica as noções ontológicas fundamentais mediante referência à realidade. Isso ocorre com a noção de "coisa" e também com a de "causa". Isso não significa que a causalidade se encontre na própria realidade; significa, pelo contrário, que ela está somente nos modos como os acontecimentos são ligados entre si. Recorrer à realidade não é, pois, dotá-la de propriedades ontológicas excogitadas especulativamente. O que se chama "existência" não é uma propriedade da realidade — é a própria realidade na medida em que é dada à sensação. Nenhuma "forma do conhecimento" basta por si só sem uma "matéria do conhecimento" à qual se aplique.

A despeito dessa tendência "empirista" em epistemologia, há em Crusius numerosas especulações ontológicas que dizem respeito à teologia, à cosmologia e à psicologia (ou pneumatologia), isto é, aos três ramos da metafísica que foram introduzidos ou sistematizados por Wolff. Em teologia, Crusius afirmou a existência de Deus, que é demonstrável "moralmente". Em cosmologia, sustentou a existência de substâncias indivisíveis, enquadradas no espaço e no tempo, que são condições de sua existência. Em psicologia (ou pneumatologia), introduziu a idéia de substâncias que, embora não extensas, estão no espaço e se encontram em estado de interação com as realidades físicas.

A moral de Crusius está estreitamente ligada a suas convicções religiosas. Ela pode ser considerada uma moral teônoma porque equipara o bem com a vontade (livre) de fazer o que a vontade de Deus manda. Por outro lado, Crusius insiste com veemência na liberdade humana — esta não é contrária à razão nem é movida pela razão, mas atua conforme a razão.

➲ Obras: *De corruptelis intellectus a voluntate pendentibus*, 1740 (trad. al., 1768). — *De appetitibus insitis voluntati humanae*, 1742. — *De usu et limitibus principii rationis determinantis, vulgo sufficientis*, 1743 (trad. alemã, 1744). — *Anweisung, vernünftig zu leben*, 1744 (*Indicação para viver racionalmente*). — *Entwurf der notwendigen Vernuftwahrheiten, inwiefern sie den zufälligen entgegensetzt werden*, 1745 (*Esboço das verdades necessárias de razão na medida em que se opõem às contingentes*). — *Weg zur Gewissheit und Zuverlässigkeit der menschlichen Erkenntnis*, 1747 (*Caminho para alcançar a certeza e segurança do conhecimento humano*). — *Anleitung über natürliche Gegebenheiten ordentlich und vorsichtig nachzudenken*, 2 vols., 1749 (*Método para refletir com ordem e prudência sobre os acontecimentos naturais*). — *Opuscula philosophico-theologica*, 1950. — *Die philosophischen Hauptwerke*, 4 vols., 1740-1766; reimp., 1952, e reed. G. Tonelli, 1964-1968.

Ver: A. Marquardt, *Kant und Crusius. Ein Beitrag zum richtigen Verständnis der crusianischen Philosophie*, 1885. — C. Festner, *Ch. A. Crusius als Metaphysiker*, 1892. — A. von Seitz, *Die Willensfreiheit in der Philosophie des Ch. A. Crusius gegenüber dem Leibniz-Wolffschen Determinismus in historich-psychologischer Begründung*, 1899. — Heinz Heimsoeth, *Metaphysik und Kritik bei Crusius*, 1926. — Id., id., *Gesammelte Schriften, I. Studien zur Philosophie Immanuel Kants*, 1956, pp. 125-188. — Magdalene Benden, *Ch. A. Crusius (1715-1775). Wille und Verstand als Prinzipien des Handelns*, 1972. ➲

CRUZ VÉLEZ, DANILO. Nascido (1920) em Filadélfia (Caldas, Colômbia), estudou em Bogotá e na Universidade de Friburgo i.B. Foi por vários anos professor na Universidade Nacional da Colombia e na Universidade dos Andes, de Bogotá. Em 1972, abandonou voluntariamente a docência universitária para dedicar-se exclusivamente a escrever. Cruz Vélez interessou-se por problemas de antropologia filosófica, filosofia da cultura e metafísica, elaborando temas de Nietzsche, Scheler e Heidegger, entre outros, e tendo como pano de fundo o pensamento grego. Cruz Vélez vê a filosofia como um perpétuo recomeçar sem nada considerar como pressuposto — sem considerar pressupostas as crenças, os preconceitos, os resultados das ciências, a estrutura subjacente na linguagem corrente, as ideologias e mesmo as concepções do mundo. A filosofia consiste numa série, nunca acabada e sempre recomeçável, de aproximações, no decorrer das quais se trilham caminhos que têm de ser depois abandonados. Isso ocorre tanto no curso do pensamento do filósofo como no da própria história da filosofia.

•• Nesse mesmo sentido, convencido de que o *ego cogito* (ponto de partida de um filosofar voltado para a constituição de um mundo de objetos, segundo a metafísica da subjetividade de Descartes a Husserl) é o grande pressuposto da filosofia moderna que deve ser superado, Cruz Vélez procurou ultimamente retroceder a um estrato mais profundo da subjetividade humana: ao estrato imprescindível da linguagem, concebida como fonte de articulação e ordenação pré-ontológica da multiplicidade caótica do dado e de um mundo pré-filosófico e pré-científico. ••

➲ Obras: *Nueva imagen del hombre y de la cultura*, 1948. — *Filosofía sin supuestos. De Husserl a Heidegger*, 1970. — *Aproximaciones a la filosofía*, 1977. — *De Hegel a Marcuse*, 1981. — *Nietzscheana*, 1982. — "Nihilismo e inmoralismo", em R. Sierra Mejía, ed., *La filosofía en Colombia*, 1985. — *El mito del rey filósofo*, 1989. — *Tabula rasa*, 1991. — *¿Qué es el lenguaje?*, 1994.

Ver: F. Miró Quesada, "D. C. V.: denodado esclarecimiento del filosofar", em *Proyecto y realización del filosofar en Latinoamérica*, 1981. — R. Sierra Mejía, "Semblanza de D. C. V.", em *Encuentro de la palabra*, 1991. — N. Armando Gil. "D. C. V., el filósofo colombiano por excelencia", em *Reportaje a la filosofía*, 1993. ➲

CUBO DE OPOSIÇÕES. Ver OPOSIÇÃO.

CUDWORTH, RALPH (1617-1688). Nascido em Aller, Sommerset, estudou no Emmanuel College, Cambridge, sob a influência de Benjamin Whichcote (1609-1683).

Partidário dos puritanos, Cudworth foi nomeado, com a vitória de Cromwell, *master* do Clare College e professor de hebraico. Em 1654, foi nomeado *master* do Christ's College.

Cudworth e Henry More (VER) são os mais importantes filósofos da chamada "Escola de Cambridge" (ver CAMBRIDGE [ESCOLA DE]), isto é, os mais importantes "platônicos de Cambridge". Cudworth considera, seguindo Descartes, que se deve pensar clara e distintamente, e que apenas desse modo se podem refutar os erros que os incrédulos cometem. Ao falar desses erros, ele leva em conta principalmente o materialismo, ou a idéia de que toda realidade é material, e o hilozoísmo, ou a idéia de que a matéria está animada. Incrédulos, materialistas, hilozoístas e ateus são para Cudworth diferentes aspectos do erro (e do mal).

Para desfazer o materialismo, é preciso não apenas demonstrar que nem toda realidade é material como também provar que a matéria não é ativa. Cudworth adere, por esse motivo, ao atomismo e defende a idéia de que os átomos se limitam a ocupar espaço. A atividade pertence unicamente aos espíritos. Ora, Cudworth acrescenta aos objetos passivos formados de átomos e aos espíritos ativos o que denomina "naturezas plásticas" (ver PLÁSTICO). Essas naturezas não são divinas; trata-se de forças que movem tanto os espíritos como os organismos. São princípios "orgânicos" — melhor dizendo, "organizantes" — usados por Deus (uma "arte" praticada apenas por Deus). Falou-se, a esse respeito, de uma concepção espiritual ou ao menos "organológica" da natureza. Contudo, embora tenda a pensar que as naturezas plásticas infundem vida na realidade, Cudworth continua afirmando que os objetos materiais não são por eles mesmos ativos. É a natureza enquanto ser vivo o que é entendido do ponto de vista da ação que as naturezas plásticas exercem.

Em filosofia moral, Cudworth manifestou-se decidido partidário do caráter eterno, e racionalmente compreensível, do bem. Algo é bom, segundo Cudworth, porque o ser bom pertence à sua natureza. A bondade não depende, pois, da vontade de Deus; o que ocorre é que esta tem por objeto sempre o bom. A despeito do racionalismo e antivoluntarismo que essas opiniões possam envolver, Cudworth não crê que a razão seja uma causa, nem sequer um motivo, para a ação. As ações empreendidas podem submeter-se a exame racional, mas o empreendê-las não se deriva da razão, e sim de inclinações e volições.

⊃ Obras: *The True Intellectual System of the Universe*, 1678; trad. latina: *Sistema intellectuale huius universi*, 1731. — *A Treatise Concerning Eternal and Immutable Morality*, 1731 (póstumo, ed. Edward Chandler). — Edição de obras: *Works*, 4 vols., Oxford, 1829. — *Collected Works*, 3 vols., 1977 ss.

Ver: C. E. Lowrey, *The Philosophy of Ralph Cudworth*, 1884. — K. J. Schmitz, *Cudworth und der Platonismus*, 1919. — Joseph Beyer, *Ralph Cudworth als Ethiker, Staatsphilosoph und Aesthetiker auf Grund der gedruckten Schriften*, 1935 (tese). — G. Aspelin, *R. Cudworth's Interpretation of Greek Philosophy*, 1943. — J. A. Passmore, *R. Cudworth: An Interpretation*, 1951. — Lydia Gysi, *Platonism and Cartesianism in the Philosophy of R. C.*, 1962. — J. W. Yolton, *Thinking Matter: Materialism in Eighteenth-Century Britain*, 1983 [Locke e sua polêmica com R. Cudworth; Hume etc. Cudworth assinala quatro tipos de ateísmo que correspondem a quatro tipos de materialismo ou modos de conceber a matéria; ver o verbete MATERIALISMO]. — Ver também a bibliografia do verbete CAMBRIDGE (PLATÔNICOS DE). ℭ

CUETO FERNANDINI, CARLOS. Ver DEÚSTUA, ALEJANDRO OCTAVIO.

CUIDADO. O vocábulo *Sorge* — que traduzimos aqui por 'cuidado', que às vezes é traduzido por 'preocupação' e que alguns autores (seguindo Gaos) traduzem por 'cura' — desempenha um papel fundamental na filosofia de Heidegger, ao menos naquela exposta na Primeira Parte de *Ser e Tempo*. Heidegger declara, com efeito, que o cuidado é o ser da Existência (ver EXISTÊNCIA; DASEIN). Esse cuidado deve ser entendido, antes de tudo, num sentido existenciário (VER); não se trata, pois, de analisá-lo onticamente, mas sim ontologicamente. É certo que há uma compreensão preontológica do cuidado, que se expressa em exemplos como a fábula de Hyginus na qual se diz que o cuidado, *Cura*, deu forma ao homem e que por isso a *Cura* deve possuir o homem enquanto ele viver; ou numa passagem de Sêneca na qual se afirma que o bem do homem se realiza na *Cura*, no sentido que o termo μέριμνα tem entre os estóicos gregos e mesmo no Novo Testamento (na Vulgata, μέριμνα é traduzido por *sollicitudo*). Poderíamos acrescentar a isso outros testemunhos; como, por exemplo, um texto de Abenhazan (Ibn Hazm), onde se indica que tudo o que o homem faz é feito por ele para evitar a "preocupação" (num sentido quase idêntico ao que 'cuidado' possui aqui), o que mostra que essa preocupação se encontra na raiz da existência humana, ou então os textos de Quevedo relativos ao cuidado, tal como foram apresentados e comentados por P. Laín Entralgo em seu "Quevedo y Heidegger" (*Jerarquía* [1938], 199-215 [também em "La Vida del hombre en la poesía de Quevedo", 1947, *Vestigios*, 1948, 17-46]). Mas a interpretação ontológico-existenciária da cura não é uma simples generalização da compreensão ôntico-existencial; se há generalização, é ontológica e apriorística. Só assim se entende, de acordo com Heidegger, que o cuidado não possa ser reduzido a um impulso — a um impulso de viver —, a um querer e, em geral, a uma vivência. Muito pelo contrário: as citadas vivências — e outras — têm sua raiz no cuidado, que é ontologicamente anterior a elas. Por isso, o cuidado está ligado ao pré-ser-se (*sich-vor-wegsein*) da Existência, razão por que se pode declarar que, na "definição" do ser da Existência como *sich-vorweg-schon-sein-in [der Welt] als sein-bei* (na versão de Gaos: "pré-ser-se-já-no [mundo] como ser-cabe"), isto é, como um ser cuja existência está sempre em jogo, rumo a cujo ser segue sempre seu eu (*dem es in seinem Sein um dieses Selbst geht*) e cuja realidade consiste em antecipar-se a si mesma, está o significado próprio do termo "cuidado". Do ponto de vista do cuidado pode-se entender, assim, a famosa análise heideggeriana do projetar-se a si mesmo (*Entwurf*) e do poder ser (*Sein-können*). Ora, o fenômeno do cuidado não possui, segundo Heidegger, uma estrutura simples. Assim como a idéia do ser não é uma idéia simples, não o é tampouco a do ser da Existência, e, por conseguinte, a do sentido do cuidado, o qual está articulado estruturalmente. A investigação posterior da temporalidade volta-se precisamente para mostrar que o cuidado não é *por si mesmo*, apesar de seu caráter fundamental, um fenômeno radicalmente original.

CULTURA. A chamada "filosofia da cultura" é uma disciplina relativamente recente que se agregou às diversíssimas "filosofias de". A idéia de "cultura" como um "cultivo" de capacidades humanas e como o resultado do exercício dessas capacidades segundo certas normas é, não obstante, muito anterior a toda idéia formal de uma filosofia da cultura e às investigações sobre a estrutura da cultura no âmbito do sistema da sociedade. Houve, já entre os gregos, freqüentes disputas acerca da diferença entre o que se denominou posteriormente "estado de natureza" (natureza) e "estado de cultura" (civilização). Um dos aspectos mais conhecidos dessa diferença é o contraste estabelecido pelos sofistas entre o que é "por natureza" (φύσει) e o que é por convenção ou por "lei" (νόμῳ). Manifestaram-se posições muito diversas: a cultura é um desenvolvimento da Natureza; a cultura é algo em princípio contraposto à Natureza; a cultura é superior à Natureza; a cultura representa um obstáculo ao desenvolvimento "espontâneo" da Natureza etc. Os cínicos, por exemplo, proclamaram sua oposição a tudo o que não fosse a "simplicidade" natural, sendo a cultura considerada um sinal de corrupção e decadência. Por outro lado, segundo os estóicos, o viver segundo a Natureza era também viver segundo a razão universal.

Hoje, fala-se de "Natureza" e "cultura" principalmente com os seguintes propósitos: 1) distinguir dois aspectos da realidade: o não-humano e o humano; e 2) distinguir dois aspectos no ser humano: o natural e o cultural, ou, como também se chamou, o "espiritual". 1) e 2) podem ser interpretados ontologicamente ou metodologicamente, ou ambas as coisas ao mesmo tempo. Na interpretação ontológica, supõe-se que natureza e cultura diferem basicamente. Na interpretação metodológica, supõe-se que natureza e cultura podem formar uma espécie de "contínuo", mas que convém usar métodos distintos para cada um dos "aspectos" ou "fases" desse contínuo. Na interpretação ao mesmo tempo ontológica e metodológica, avalia-se que há uma diferença real entre natureza e cultura e que essa diferença se reflete nos métodos utilizados para estudar cada uma delas.

Foi mais comum associar a cultura ao ser humano; a maioria das opiniões apresentadas neste verbete segue esse caminho. Contudo, ganhou espaço recentemente a idéia de que se a cultura consiste, entre outras coisas, em possuir alguma linguagem para a comunicação, usar instrumentos, organizar-se socialmente etc., não há razão para restringir a cultura ao mundo humano. Em muitas espécies animais, podem ser observados traços culturais.

A distinção entre "natureza" e "cultura" foi amiúde considerada, sobretudo na Alemanha, como equivalente a uma distinção entre "natureza" e "espírito" (VER). Em muitos casos, a filosofia da cultura desenvolveu-se paralelamente à chamada "filosofia do espírito". Concomitantemente, as "ciências da cultura", *Kulturwissenschaften*, foram consideradas "ciências do espírito", *Geisteswissenschaften*. A tradição da filosofia alemã a que aludimos se manifestou a partir de Hegel e foi desenvolvida por autores como Dilthey, Windelband, Rickert, Simmel, Spengler, Spranger, Litt, Hans Freyer, Max Scheler, Nicolai Hartmann e outros.

Alguns dos autores indicados insistiram em que, enquanto a natureza é indiferente aos valores, na cultura estão incorporados valores. Às vezes, um mesmo objeto pode ser visto de dois ângulos. Assim, uma estátua é um pedaço de mármore, de madeira etc., cujas características são estudadas pelas ciências naturais, mas a própria estátua é um objeto cultural cujas características são estudadas pelas ciências da cultura. Outras vezes, não se trata de objetos materiais, mas de "coisas" tais como mitos, crenças religiosas, lendas, idéias científicas e filosóficas, códigos morais, costumes etc. Em todos os casos, adscrevem-se a esses objetos valores, que são considerados ou subjetiva ou objetivamente.

Tende-se a distinguir os atos de produção dos objetos culturais e os próprios objetos culturais. Essa distinção tem seu precedente na distinção hegeliana entre espírito subjetivo e espírito objetivo.

Entre os problemas da filosofia da cultura, mencionamos os seguintes: 1) a produção e transformação dos chamados "bens culturais", 2) a estrutura desses bens culturais na medida em que se tornaram independentes dos seres humanos que os produziram e constituem, como escreveu Simmel, "a provisão de espiritualidade objetivada pela espécie humana no decorrer da história", 3) a relação entre espírito subjetivo e espírito objetivo. Alguns autores (Dilthey, Simmel) consideram que, subjacente aos problemas indicados, há sempre alguma "teoria da vida (humana)".

Um dos problemas da filosofia da cultura, estreitamente relacionado com o segundo dos mencionados no parágrafo anterior, é o da possibilidade de classificar diversos produtos culturais, tais como a religião, a arte, as instituições políticas e sociais, a ciência etc. Essa classificação suscita ao mesmo tempo o problema de saber se há ou não alguma unidade subjacente aos diversos "ramos" da cultura. Uma opinião a esse respeito pouco conhecida, mas interessante, é a do filósofo polonês Bogumil Jasinowski. Ele observou (ver também Dialética; História) que os "desenvolvimentos internos" de cada um desses ramos parecem confirmar que não há unidade subjacente a eles. Entretanto, a unidade reaparece quando os consideramos do ponto de vista histórico. Não é preciso para isso aceitar a teoria hegeliana do Espírito. A afirmação da unidade da história da cultura como unidade de seus diversos ramos não significa que haja neles algo comum no sentido de um conteúdo meramente *conceitual* (o que, na opinião de Jasinowski, equivaleria a uma desfiguração intelectualista de alguns deles, como a arte). A unidade se refere, para esse autor, a um subsolo de caráter valorativo (ou valórico) subjacente à arte, à filosofia e à ciência. Somente dessa maneira a história das ciências, da filosofia e da arte se integraria à história do Espírito, o que seria especialmente importante para uma nova compreensão da ciência exata. Em todo caso, o desenvolvimento dos citados ramos culturais como manifestações da mesma aptidão axiológica não se apresenta, segundo Jasinowski, como uma simultaneidade de fenômenos, mas obedece a uma certa lei de sucessão determinada: a arte precede axiologicamente a filosofia e esta, a ciência. Trata-se de uma "lei de correspondência discrônica" (ou, melhor, diacrônica, se com isso queremos aludir a uma ordem determinada de sucessão entre diversos ramos da cultura). Um exemplo esclarecedor dessa ordem de sucessão é o fato de que a arte grega encontrou sua expressão máxima no século V a.C., a filosofia clássica, no século IV a.C. e a ciência, no século III a.C. De acordo com isso, poder-se-ia dizer que, para que um período histórico fosse homogêneo em sua essência, teria de desenvolver-se heterogeneamente no decorrer do tempo, sendo então o "tempo do período histórico" algo distinto do tempo extrinsecamente cronológico. Jasinowski explica a raiz da citada lei pela maior proximidade, respectivamente, da arte, da filosofia e da ciência em relação às camadas profundas da vitalidade anímica do homem.

Alguns autores, inspirando-se em Scheler, consideraram que a cultura é "o mundo próprio do homem", pois o que caracteriza este último é o "espírito", que pode ser entendido não só como uma espontaneidade, mas também como um conjunto de formas que foram antes vivas e espontâneas e pouco a pouco se transformam em estruturas rígidas, em modelos. Cultura é, segundo Scheler, humanização, mas essa humanização se refere tanto ao "processo que nos torna homens" como ao fato de que os produtos culturais fiquem humanizados. A história do homem como história da cultura é assim o processo da transformação de seu mundo e simultaneamente da transformação do homem. Por isso, a filosofia da cultura não é, nesse autor, o conjunto de investigações que tendem à classificação e à ordenação dos objetos culturais, mas também, e muito especialmente, um dos capítulos fundamentais da filosofia da existência humana. A cultura deve ser, enfim, algo que tem sentido para o homem e apenas para o homem. A filosofia da cultura implica assim a discussão do sentido da própria cultura como algo que acontece na vida humana, como algo que essa vida cria, transforma e de que se apropria.

Segundo Ortega y Gasset, a cultura é (ou é como) "um movimento de natação", um bracejar do homem no mar sem fundo de sua existência com o fim de não afundar, uma tábua de salvação pela qual a insegurança radical e constitutiva da existência pode transformar-se provisoriamente em firmeza e segurança. Por isso, a cultura deve ser, em última análise, o que salva o homem de seu afundamento, uma salvação que não deve ser, por outro lado, "excessiva", porque "o homem se perde em sua própria riqueza, e sua própria cultura, vegetando tropicalmente em torno dele, acaba por afogá-lo". Dessa maneira, a cultura poderia definir-se como aquilo que o homem faz, quando submerge, para permanecer à tona na vida, mas sempre que nesse fazer se crie algum valor.

Muitos filósofos — e, em todo caso, a maioria dos "filósofos da cultura" antes mencionados — tenderam a dar ao vocábulo 'cultura' uma acepção extremamente ampla. Se com isso eles querem dar a entender que as atividades humanas não estritamente naturais — como seria o caso, por exemplo, das atividades biológicas (sem nem mesmo incluir nelas as sociobiológicas) — são atividades culturais, esta acepção ampla é admissível. Isso pode ocorrer tanto quando se quer manter como quando se quer romper uma continuidade entre Natureza e cultura. Nesse caso, pode-se denominar "cultura" tudo aquilo que o homem faz e que o leve a "objetivizar" suas atividades em produtos, que passam a fazer parte de um sistema cultural transmitido de uma geração a outra e oportunamente modificado, e às vezes até mesmo radicalmente transformado.

Há, porém, inconvenientes em dar ao termo 'cultura' uma acepção tão ampla. Em virtude desses inconvenientes, e por várias outras razões, Mario Bunge propôs — num trabalho intitulado "Culture as a Subsystem of Society: Culture as an Aspect of Social Change", apresentado num simpósio de fevereiro de 1976 — considerar as atividades culturais como atividades sociais realizadas por indivíduos, seja por indivíduos sozinhos, ou, mais freqüentemente, em relação e cooperação com outros. A cultura constitui então um "subsistema" da sociedade, na qual se devem levar em conta igualmente os subsistemas da economia e da política. O fato de que nenhuma atividade social seja puramente econômica ou puramente política — ou puramente cultural — não impede que se introduzam as distinções necessárias destinadas a evidenciar a relação entre o subsistema chamado "cultura" e o sistema chamado "sociedade". O subsistema denominado "cultura" não é autônomo; ele está integrado aos outros sistemas indicados, mas pode distinguir-se deles e constituir por sua vez outros subsistemas (como a arte, a ideologia, a tecnologia, as humanidades, a ciência, a matemática).

Se se refina dessa maneira a noção de cultura como "subsistema social", evitam-se as ambigüidades até agora ligadas a essa noção. Evitam-se, naturalmente, as amplas e vagas generalidades comuns em muitas das "filosofias da cultura". Assim, pode-se compreender o sentido da expressão 'cultura de uma sociedade', ao contrário da duvidosa expressão 'cultura de uma cultura'. Pode-se compreender sobretudo por que a cultura não pode ter a pretensão de absorver os subsistemas da economia e da política, apesar da interação constante desses sistemas com o subsistema cultural. Por fim, e sobretudo, isso permite compreender por que, ou até que ponto, é possível falar de "cultura" em sociedades não-humanas, na medida em que pelo menos se provou que muitas dessas sociedades, justamente por serem sociedades, desenvolvem atividades que podem ser denominadas "culturais" (cf. a esse respeito Edward O. Wilson, *Sociobiology: the New Synthesis*, 1975, em especial pp. 559-562).

➲ Termo 'cultura': Wilhelm Perpeet, "Kulturphilosophie", *Archiv für Begriffsgeschichte*, 20, I (1977), 42-99.
Ver: Heinrich Rickert, *Kulturwissenschaft und Naturwissenschaft*, 1899. — Leopold Ziegler, *Das Wesen der Kultur*, 1904. — F. Müller-Lyer, *Phasen der Kultur und Richtungslinien des Fortschritts*, 1908. — Alfred Vierkandt, *Die Stetikgeit im Kulturwandel*, 1908. — Leo Frobenius, *Paideuma. Umrisse einer Kultur und Seelenlehre*, 1921. — Hans Freyer, *Prometheus. Ideen zur Philosophie der Kultur*, 1923. — Id., *Theorie des objektiven Geistes*, 1923. — Alois Dempf, *Kulturphilosophie*, 1923. — Albert Schweitzer, *Kulturphilosophie (I. Verfall und Wiederaufbau der Kultur. II. Kultur und Ethik)*, 1923. — E. Spranger, *Die Kulturzyklentheorie und das Problem des Kulturverfalls*, 1926. — Id., *Probleme der Kulturmorphologie*, 1936. — Max Scheler, *Die Formen des Wissens und die Bildung*, 1925 (reimp. em: *Philosophische Weltanschauung*, 1929). — Richard Kröner, *Die Selbstverwirklichung des Geistes. Prolegomena zur Kulturphilosophie*, 1928. — J. Huizinga, *Wege der Kulturgeschichte*, 1930. — Id., *Der Mensch und die Kultur*, 1938.

— Alfred Weber, *Kulturgeschichte als Kultursoziologie*, 1935; 2ª ed., 1950. — F. Romero, "Los problemas de la filosofia de la cultura", em *Filosofía contemporánea*, 1941. — E. Rothacker, *Probleme der Kulturanthropologie*, 1942. — Ernst Cassirer, *Zur Logik der Kulturwissenschaften*, 1942 [Göteborgs Högskolas Arskrift, 48]. — Rodolfo Mondolfo, *En los orígenes de la filosofía de la cultura*, 1942. — B. Malinowski, *A Scientific Theory of Culture*, 1944. — James Feiblemann, *The Theory of Human Culture*, 1946. — Leslie Alvin White, *The Science of Culture*, 1949. — Otto Samuel, *Die Ontologie der Kultur. Eine Einführung in die Meontologie*, 1955. — Miguel Bueno, *Reflexiones en torno a la filosofía de la cultura*, 1956. — Eugenio d'Ors, *La ciencia de la cultura*, 1963. — Octavio N. Derisi, *Filosofía de la cultura e de los valores*, 1963. — Enzo Paci, *Relazione e significati. I: Filosofia e fenomenologia della cultura*, 1965. — M. Reale, *Experiência e cultura. Para a fundação de uma teoria geral da experiência*, 1977. — J. Margolis, *Culture and Cultural Entities: Toward a New Unity of Science*, 1984. — S. Parman, *Dream and Culture: An Anthropological Study of the Western Intellectual Tradition*, 1990. — T. F. O'Meara, *Church and Culture: German Catholic Theology, 1860-1914*, 1991. — J. Storey, *An Introductory Guide to Cultural Theory and Popular Culture*, 1993. — L. Dupre, *Metaphysics and Culture*, 1994. ©

CULVERWEL, NATHANAEL (ca. 1618-ca. 1651). Estudou no Emmanuel College Cambridge, com Benjamin Whichcote, quase na mesma época de Ralph Cudworth. Isso o leva a ser considerado um dos platônicos de Cambridge (ver CAMBRIDGE [PLATÔNICOS DE]), mas, embora haja relações entre os temas e entre algumas das idéias dos filósofos morais e religiosos cantabrigenses e de Culverwel, existem diferenças consideráveis. Em princípio, não se pode dizer que Culverwel fosse platônico; trata-se antes do contrário, já que para ele os platônicos enfatizam excessivamente a relação entre Deus e o homem. Além disso, não é certo para Culverwel que o homem possua princípios inatos de conhecimento; supô-lo é esquecer a indignidade do homem diante de Deus. Culverwel parecia, assim, aplicar à filosofia as linhas de um calvinismo radical. O "empirismo" de Culverwel tem, pois, raízes teológicas. A alma é uma "folha em branco" onde as coisas imprimem suas marcas; não pode ser outra coisa, a menos que se imagine que ela é por si uma realidade divina, que brilha com a "Lâmpada do Senhor". A rigor, portanto, Culverwel é antiplatônico, encontrando em Aristóteles, em Santo Tomás, em Suárez e em Francis Bacon razões que apóiam seu antiinatismo de raiz calvinista. É absurdo pensar que respira no homem uma razão semelhante à divina. O que o homem deve fazer não é procurar entender a razão divina, nem, menos ainda, procurar entendê-la buscando em sua própria alma, mas antes acatar os desígnios de Deus, que não são "racionais" no sentido humano e que, se o são no sentido divino, mostram-se impenetráveis. Os decretos de Deus são absolutos e constituem uma lei, e não uma razão.

↪ Obra: Deve-se a Culverwel uma obra intitulada *An Elegant and Learned Discourse of the Light of Nature*, escrita por volta do final de sua vida e publicada postumamente em 1652. Ed. do *Discourse* por John Brown, 1857. Na primeira (e segunda, 1654) edição do *Discourse*, figuram sermões, entre eles um denominado *Spiritual Opticks: or a Glasse Discovering the Weaknesse and Imperfection of a Christians Knowledge in this Life*. ✦

CUMBERLAND, RICHARD (1631-1718). Nascido em Londres, estudou no Magdalene College, de Cambridge, lugar a que voltou como pregador depois de ter ingressado na igreja e de ter ocupado duas reitorias. Cumberland escreveu várias obras sobre história judaica, mas deve seu lugar na história da filosofia a uma obra "sobre as leis da Natureza" que, embora pouco lida e comentada em sua própria época, foi muito seguida no século XVIII. Nessa obra, Cumberland opõe-se às doutrinas de Hobbes e, apoiando-se sobretudo em Grotius, desenvolve a idéia de uma lei natural comum a todos os homens e não dependente dos arbítrios de nenhum soberano. Essa lei natural abrange, por sua vez, um conjunto de leis que correspondem à própria natureza das coisas e que regulam as relações entre os homens. Tanto a experiência como a razão abonam, segundo Cumberland, a idéia de que há princípios eternos e imutáveis de alcance político, social e moral. Nenhum desses princípios pressupõe que os homens sejam inimigos entre si, como opinava Hobbes, e precisem, portanto, de uma convenção posta em prática por um soberano absoluto. Muito pelo contrário — é natural nos homens a benevolência: em vez da guerra de todos contra todos, a ajuda de todos e de cada um para cada um e para todos. Quando os homens se afastam desse ímpeto natural da benevolência, como às vezes ocorre, é porque se desviam das próprias leis da Natureza. Essas leis morais, sociais e políticas são compatíveis com as leis mecânicas que regulam as coisas; dessa maneira, Cumberland opunha-se ao antimecanicismo característico dos membros da chamada "Escola Platônica de Cambridge" (ver CAMBRIDGE [PLATÔNICOS DE]). Cumberland estabelece uma série de avaliações que dependem do princípio da benevolência universal, considerando como bom tudo o que se ajusta a essa benevolência e como mau tudo o se opõe a ela. Segundo o autor, o bem particular coincide com o bem comum; promover um implica fazer progredir o outro.

↪ Obra: A obra filosófica de Cumberland, escrita em latim, é *De legibus naturae*. Ela foi publicada em 1672. Em 1692, apareceu uma edição resumida, em tradução inglesa de James Tyrrell, com o nome de *A Brief Disquisition of the Law of Nature*. Outra versão, mas da obra completa, foi publicada em 1727, e uma última, julgada a melhor e com numerosas notas, em 1750 (tradução e notas de John Towers). Esta última tradução contém uma *Life of C.* de Squier Payne.

Ver: Frank E. Spaulding, *R. C. als Begründer der englischen Ethik*, 1894. — Frank Chapman Sharp, "The Ethical System of R. C., and Its Place in the History of British Ethics", *Mind*, 21 (1912), 371-398. — M. Forsyth, "The Place of R. C. in the History of Natural Law", *Journal of the History of Philosophy*, 20 (1982), 23-42. ✦

CUNNINGHAM, G. WATTS. Ver VAGUIDADE.

CURA. Ver CUIDADO.

CURCI, CARLO MARIA. Ver NEOTOMISMO.

CURRY, H[ASKELL] B[ROOKS] (1900-1982). Nascido em Millis (Massachusetts, EUA), foi professor, a partir de 1941, no Pennsylvannia State College, hoje Pennsylvania State University (University Park, Pennsylvania). Curry distinguiu-se por seus trabalhos de fundamentação da matemática e, nesse âmbito, por sua contribuição à formação e ao desenvolvimento da chamada "lógica combinatória" (ver LÓGICA, *ad finem*). Nos trabalhos indicados, insistiu na noção de "sistema formal", ao contrário do "sistema axiomático". Um sistema axiomático pode constituir o ponto de partida para um sistema formal, mas, para se elaborar este último, é preciso eliminar a idéia de que a validade das regras lógicas é intuitivamente evidente. É importante, em Curry, a idéia de aceitabilidade de um sistema formal, isto é, a Idéia de que um sistema formal dado é aceitável para determinados propósitos. Isso não significa que a aceitabilidade seja a única característica digna de ser levada em conta nos sistemas formais. Podem-se destacar também características como a maior ou menor simplicidade, a maior ou menor relação que se possa estabelecer com outros sistemas formais etc. Em todo caso, a aceitabilidade não é equiparável simplesmente à validade. Curry acentuou que o fato de proceder à "representação" de um sistema formal — isto é, o fato de atribuir coisas (símbolos, entidades reais, números etc.) aos "objetos não-especificados" de um sistema formal — não o torna menos formal, pois o sistema é independente da "representação".

↪ Obras: *A Theory of Formal Deducibility*, 1950. — *An Outline of a Formalist Philosophy of Mathematics*, 1951. — *Leçons de Logique algébrique*, 1952. — *Combinatory Logic*, vol. I, 1958; reimp., 1968 [em colaboração com Robert Feys e duas seções de autoria de William Craig]; vol. II, 1972 [em colaboração com J. R. Hindley e J. P. Seldin]. — *Foundations of Mathematical Logic*, 1963. — "Representation of Markov Algorithms by Combinators", em A. R. Anderson, R. B. Marcus, R. M. Martin, eds., *The Logical Enterprise*, 1975, pp.

109-119. — Entre os artigos publicados por Curry, destacamos: "Grundlagen der kombinatorischen Logik", *American Journal of Mathematics*, 52 (1930), 509-536, 789-834. — "Remarks on the Definition and Nature of Mathematics", *Journal of Unified Science*, 9 (1939), 164-169; reimp. em *Dialectica*, 8 (1954), 228-233. — "Some Aspects of the Problem of Mathematical Rigor", *Bulletin American Mathematical Society*, 47 (1941), 221-241. — "The Combinatory Foundations of Mathematical Logic", *Journal of Symbolic Logic*, 7 (1942), 49-64. — "A Simplification of the Theory of Combinators", *Synthese*, 7 (1948-1949), 391-399. — "Language, Metalanguage, and Formal Systems", *Philosophical Review*, 59 (1950), 346-353. — "On the Definition of Substitution, Replacement, and Allied Notions in an Abstract Formal System", *Revue Philosophique de Louvain*, 50 (1952), 251-269. — "A New Proof of the Church-Rosser Theorem", *Nederl. Akad. Wetens.* Série A, 55 [Indag. Mathe., 14] (1952), 16-23. — "Mathematics, Syntactics, and Logic", *Mind*, N. S., 62 (1953), 172-183. — "Theory and Experience", *Dialectica*, 7 (1953), 176-178. — "Les systèmes formels et les langues", *Colloques Internationaux du Centre National de la Recherche Scientifique*, 36 (1953), pp. 1-10. ↻

CUSA, NICOLAU DE. Ver Nicolau de Cusa.

CUSANO. Ver Nicolau de Cusa.

CUVIER, GEORGES LÉOPOLD CHRÉTIEN FRÉDÉRIC DAGOBERT, CONDE DE. Ver Evolução; Evolucionismo.

CZOLBE, HEINRICH (1819-1873). Nascido nas proximidades de Danzig, estudou medicina e foi médico militar em Königsberg. Czolbe desenvolveu primeiramente uma concepção materialista e sensualista do mundo, influenciada por Feuerbach e por Bruno Bauer. Segundo Czolbe, devem-se rejeitar todas as idéias da existência de um mundo diferente do — e superior ao — mundo natural acessível aos sentidos. Influenciado também por David Friedrich Strauss e depois por Lotze, Czolbe reformulou suas idéias num sentido menos diretamente materialista e, em todo caso, se opôs ao materialismo tal como era representado por Büchner e Moleschott, por considerar que se tratava de um dogmatismo não mais aceitável que o espiritualismo. Isso não significa, para Czolbe, que haja um mundo supra-sensível. A única realidade que existe é a realidade natural — e material —, mas esta tem propriedades que os materialistas antes indicados lhe negam. Em princípio, há em toda matéria certa sensibilidade primigênia que vai desenvolvendo-se até chegar a realidades complexas, como os organismos biológicos e os seres humanos. Depois, toda a realidade está organizada tendo em vista um fim, que é a felicidade de todos os seres sentintes. O que se chama "consciência" é uma forma refinada de sensação.

As dificuldades que Czolbe enfrentou para explicar os processos psíquicos por propriedades puramente materiais levaram-no a considerar que os organismos e a "alma do mundo" constituem dois tipos de realidade distintos da material. Não obstante, suas tendências monistas e crescentemente panteístas se manifestaram numa concepção última segundo a qual o Espaço-Tempo é a substância infinita básica.

↻ Obras: *Neue Darstellung des Sensualismus*, 1956 (*Nova exposição do sensualismo*). — *Entstehung des Selbstbewusstseins. Eine Antwort an Herrn Prof. Lotze*, 1856 (*Origem da consciência de si mesmo. Uma resposta ao professor Lotze*). — *Die Grenzen und der Ursprung der menschlichen Erkenntnis im Gegensatze zu Kant und Hegel; naturalistisch-teleologische Durchführung des mechanischen Prinzips*, 1865 (*Os limites e a origem do conhecimento humano em oposição a Kant e a Hegel; desenvolvimento naturalista-teleológico do princípio mecanicista*). — "Die Mathematik als Ideal für alle andere Erkenntnis", *Zeitschrift für experimentale Philosophie*, VII (1866) ("*A matemática como ideal de todos os outros conhecimentos*"). — *Grundzüge einer extensionalen Erkenntnistheorie. Eine räumliche Abbildung von der Entstehung der sinnlichen Wahrnehmung*, 1875, ed. Johnson (*Características fundamentais de uma teoria extensional do conhecimento. Uma representação espacial da origem da percepção sensível*). Esta última obra é parte de um livro inédito intitulado: *Raum und Zeit als die eine Substanz der zahllosen Attribute der Welt, oder ein räumliches Abbild von den Prinzipien der Dinge im Gegensatz zu Herbarts Philosophie des Unräumlichen* (na qual se defende a última fase do materialismo de Ueberweg).

Ver: Hans Vaihinger, "Die drei Phasen des Czolbeschen Naturalismus", *Philosophische Monastshefte*, 12 (1876), 1-31. — P. Friedmann, *Darstellung und Kritik der naturalistischen Weltanschauung H. Czolbes*, 1905. — F. Gregory, *Scientific Materialism in Nineteenth Century Germany*, 1977. ↻

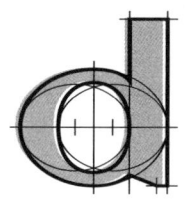

DADO. Diz-se de alguma realidade, ou da qualidade de alguma realidade, que é dada, e também que está dada, quando se encontra presente a um sujeito cognoscente sem a mediação de nenhum conceito. Por '*X* é dado' entende-se '*X* é dado imediatamente' e também '*X* é dado imediatamente a uma consciência'. Considerando que, quando algo é dado, tem de "aparecer", e que freqüentemente se equipara o que aparece a um "fenômeno", fala-se de fenômenos na medida em que estão dados. O conjunto de fenômenos dados recebe o nome de "o dado".

O dado é tido por alguns autores como um ponto de partida do conhecimento. Por essa razão, considera-se que o dado são "os dados últimos" (da experiência), que são também "os dados primeiros". Contudo, há certas diferenças entre estes dados e 'o dado'. Supõe-se, com efeito, que o dado é um "material" que não está organizado, isto é, categorizado ou conceptualizado. Este é o sentido que a expressão 'o dado' (*das Gegebene*) tem em Kant, e em muitos casos as expressões *the given* e *le donnée*, em inglês e em francês. Em inglês, francês, espanhol e português, distingue-se lingüisticamente "o dado" e "os dados" (*data, les données, los datos, os dados*). Muitos filósofos de língua inglesa falam dos dados especialmente como dados dos sentidos (*sense-data*), que são o dado, mas sem ser necessariamente algo "caótico". Alguns pensadores empiristas procuraram derivar os conceitos diretamente dos "dados dos sentidos". Bergson falou, por seu lado, dos "dados imediatos da consciência" (*les données inmédiates de la conscience*), que também são o dado, mas são diretamente acessíveis a uma intuição. Quando os fenomenólogos falam do "dado", não lhe dão o sentido de um material caótico, mas o de um dado imediato. A expressão alemã *das Gegebene* pode, pois, ser entendida em dois sentidos muito diferentes: o kantiano e o fenomenológico.

De acordo com Kant, o dado contrapõe-se ao posto (*das Gesetzte*). O dado é a "matéria" (ou o "material"), isto é, o "dado na (ou pela) sensação". O posto é a forma, ou as formas. Estas podem ser tanto intuições (espaço e tempo) como conceitos. Ora, como o dado e o posto são correlatos — e em algum sentido complementares —, resulta que algo é dado apenas em relação a algo posto e vice-versa. Assim, as sensações podem ser consideradas como algo posto com relação ao puro material "caótico" da experiência, mas as sensações podem ser algo dado com respeito às percepções. Ao mesmo tempo, as formas puras da intuição podem ser algo posto com referência às percepções, mas podem ser consideradas como algo dado com referência aos conceitos puros do entendimento ou às categorias. Nem o dado nem o posto são propriamente realidades, e sim modos de enfrentar uma realidade. O puramente dado é, a rigor, inconcebível, pois, a partir do instante em que o qualificamos de dado, já lhe impomos uma certa forma (a forma de ser dado). Por isso, o dado nunca aparece como puramente dado, mas como dado sob certos aspectos. Podem-se considerar como dados os objetos espaciais e temporais. Esses objetos são dados ao entendimento com relação a certos tipos possíveis de juízos: os "juízos empíricos" que têm lugar na linguagem do senso comum e na das ciências da Natureza.

O caráter plural e caótico do "simplesmente dado" não significa, por conseguinte, que o material das sensações seja dado aos sujeitos cognoscentes *como* plural e caótico. Os predicados 'plural' e 'caótico' não são dados, mas inferidos (e, a rigor, para Kant, postos). Somente quando subtraímos dos enunciados certas formas *a priori* podemos sustentar que "o que permanece" é algo, dado. A pura realidade da sensação não está ordenada por si mesma, mas não poderíamos falar de algo, a menos que nos fosse dado como algo já "ordenado".

Kant estabeleceu equilíbrios muito delicados entre o dado e o posto. Esse filósofo não queria, de modo algum, descartar inteiramente nem o empirismo nem o racionalismo, mas harmonizá-los no âmbito de sua filosofia transcendental. Em alguns casos, a epistemologia kantiana tende ao fenomenismo; temos um exemplo disso na "Estética transcendental" da *Crítica da razão pura*. Em outros casos, tende a um apriorismo; há um exemplo disso na "Analítica transcendental" da mesma *Crítica*. Contudo, em todos os casos é característico de sua epistemologia o fato de que o sistema de conceitos *a priori* esteja "orientado" na experiência. Em contrapartida, alguns dos idealistas pós-kantianos desprezaram quase inteiramente o dado em nome do posto. É o que acontece com Fichte e, em geral, com todo "idealismo transcendental" radical. Para Fichte, ser e pôr-se o ser são o mesmo; a rigor, o que põe o ser (o Eu) o põe também como dado. A realidade é, assim, o conceito da realidade enquanto posta pelo Eu. Tese semelhante encontra-se nos neokantianos da Escola de Marburgo (Hermann Cohen), embora a produção do pensamento nessa escola tenha um sentido epistemológico, e não, como em Fichte, principalmente ético-metafísico. O problema da natureza do dado e do posto, bem como das várias formas possíveis de relação entre ambos, explica as diversas interpretações que se puderam dar do pensamento kantiano. Os idealistas objetivos esfatizam a importância do posto; os realistas críticos e os fenomenistas, a do dado.

Apontemos que tendências como as de Schuppe (VER), Schubert-Soldern (VER), Avenarius (VER), Mach (VER) e Rehmke (VER) podem ser consideradas antes como interpretações fenomenistas do kantismo que como reações totalmente hostis à epistemologia kantiana. Algumas vezes o dado é acentuado com tal radicalismo (como, por exemplo, na doutrina de Rehmke do "dado em geral", assim como na doutrina sensacionista de Mach) que parece desvanecer-se toda possível contraposição entre o dado e o posto, e, por conseguinte, parece desvanecer-se por inteiro o próprio problema do "dado". No entanto, a questão da relação entre o dado e o posto subsiste ainda nessas tendências, e, em geral, em todas as filosofias imanentistas e "neutralistas" do final do século XIX e do início do século XX; ocorre que, nas orientações mais extremas (algumas delas, como em Mach, de ascendência humiana), procura-se deduzir ou derivar do dado o que possa haver de "posto". Por outro lado, nas filosofias que aceitam a possibilidade de uma apreensão direta e suficiente do dado como "dado primário e imediato" por meio da intuição (seja a bergsoniana, seja a fenomenológica), a questão a que nos referimos aqui se transforma numa pseudoquestão. O mesmo ocorre em algumas tendências pragmáticas (em especial em Dewey), nas quais se nega que o dado seja um material a organizar e se afirma que o dado é uma situação completa ou um campo (*field*). Bergson denunciou o problema da crítica da razão como um falso problema, pois, se a intuição alcança o real enquanto tal, não precisa conceitualizá-lo; de fato, toda conceptualização é espacialização e falsificação da realidade

como qualidade temporal. Husserl afirma que há uma diferença entre fatos e essências (ver ESSÊNCIA), mas ela não é uma diferença entre algo dado e algo posto, e sim uma diferença manifesta na participação dos primeiros nas segundas. As essências são diretamente acessíveis à intuição fenomenológica e não resultados de uma construção — qualquer que seja a interpretação (transcendental, pragmática etc.) dada a ela.

Seguindo a tendência fenomenológica, Max Scheler indicou em sua *Ética* que o "erro" kantiano procede de uma equiparação do par de conceitos *posto-dado* com os pares de conceitos *a priori-a posteriori* e *formal-material*. Scheler escreve que "ο πρῶτον ψεῦδος dessa equiparação consiste no fato de que, em vez de se fazer a simples pergunta: 'que é o dado?', se formula esta outra: 'que *pode* ser o dado?'. Então se pensa que não 'pode' ser-nos *dado* de nenhum modo aquilo para o qual não há nenhuma função sensível nem tampouco órgão sensível ou estímulo". Nicolai Hartmann sustenta que o dado não pode ser reduzido a uma forma de realidade reservando-se outra — a contrária — para o posto. Isso parece estar em conformidade com certa interpretação que pode ser dada aos conceitos aqui examinados. Já enfatizamos anteriormente, com efeito, que o dado e o posto são relativos entre si, e que o dado puro e o posto puro são interpretáveis como conceitos-limite. Entretanto, as razões apresentadas por Nicolai Hartmann para sustentar sua tese precisam de mais do que a interpretação anterior. Hartmann afirma, com efeito, que o não-dado pode ser real e que o dado pode ser ideal. Mas é óbvio que então é preciso admitir, em sentido fenomenológico, a "dadidade" (*Gegebenheit*) da idealidade e, com isso, uma certa idéia evidentemente nada kantiana da idealidade.

⊃ Há poucos escritos que se ocupam mais ou menos exclusivamente do problema do dado. Mencionamos os seguintes: Johannes von Malottki, *Das Problem des Gegebenen*, 1929 (*Kantstudien*, Ergänzungshefte 63). — Nicolai Hartmann, *Zum Problem der Realitätsgegebenheit*, 1931. — John Wild, "The Concept of the Given in Contemporary Philosophy", *Philosophy and Phenomenological Research*, 1 (1940-1941), 70-82. Muitas das obras dos autores citados no texto se referem ao problema do dado, ou implicam-no de alguma maneira; ocorre, porém, que o fazem apenas no âmbito de contextos muito amplos, de modo que é difícil aduzir passagens específicas. O leitor da *Crítica da razão pura*, de Kant; das *Idéias*, de Husserl; ou do *Ensaio sobre os dados imediatos da consciência*, de Bergson, pode comprová-lo facilmente; fala-se diretamente pouco, ou nada, do dado e do posto, mas o pensamento desses autores não pode ser entendido de forma cabal senão em função do problema aqui tratado. ⊂

DADOS. Ver DADO; PERCEPÇÃO.

DALGARNO, GEORGE (1627-1687). Nascido em Aberdeen, foi um dos precursores da idéia leibniziana da *characteristica universalis* (VER). Dalgarno propôs-se elaborar uma "língua filosófica" universal em cujos termos se pudessem formular com clareza e resolver mediante cálculo todos os problemas filosóficos. Sua obra capital é *Ars signorum, vulgo character universalis et lingua philosophica*, 1661.

➲ Ver: J. Cohen, "The Project of a Universal Character", *Mind*, 63 (1954), 49-63. — R. De Giosa, "*Ars signorum* di G. D.: Le contraddizioni di un progetto", *Ann. Fac. Lett. Filosof.*, 27-28 (1984-1985), 285-314. ○

DAMASCENO, JOÃO. Ver JOÃO DAMASCENO.

DAMÁSCIO. Nascido (*ca.* 470) em Damasco, pertenceu à chamada escola ateniense (ver ATENAS [ESCOLA DE]) do neoplatonismo, mas, ao contrário de seus precursores, negou a possibilidade de estabelecer racionalmente a hierarquia dos seres a partir do Uno. Na realidade, a suprema Unidade, que em Plotino carece já de toda determinação positiva, encontra-se desprovida, em Damáscio, até de toda determinação negativa: é propriamente aquilo que não se pode mencionar, aquilo cuja relação com as hipóstases inferiores é de descrição impossível, porque o próprio conceito de relação se acha fora dele. A suprema Unidade, superior inclusive à Bondade e, naturalmente, ao Ser, é de tal sorte inefável para Damáscio que se mostra impossível partir logicamente de algo inferior para levar à perfeição suma e infinita suas notas constitutivas. O intelectualismo de Proclo é substituído assim por um misticismo de tipo dialético que, entretanto, não detém a alma em seu impulso de chegar à única luz verdadeira da Unidade suprema. Damáscio teve como discípulo Simplício (VER), o "último" neoplatônico ateniense, que, ao ser publicado, em 529, o édito de Justiniano que proibia o ensinamento filosófico na cidade, se transferiu, com seu mestre e outros neoplatônicos, para a Pérsia.

➲ Dos escritos de Damáscio conservaram-se a *Vida de Isidoro, o filósofo* — Βίος Ἰσιδώρου τοῦ φιλοσόφον (uma biografia de Isidoro, membro da escola de Atenas [VER] e escolarca da Academia como sucessor de Marino) — as chamadas *Dúvidas e soluções sobre os princípios primeiros* — Ἀπορίαι καὶ λύσεις περὶ τῶν πρώτων ἀπχῶν — e uma parte do escrito *Dúvidas e soluções ao Parmênides, de Platão* — Εἰς τὸν Πλάτωνος Παρμενίδην ἀπορίαι καὶ λύσεις (que, segundo alguns autores, é uma continuação do tratado sobre os primeiros princípios).

Edição de obras: *Quaestiones de primis principiis*, por J. Kopp, 1826. — *Dubitationes et solutiones de primis principiis, in Platonem Parm., partim sec. curis rec. parte nunc prim.*, por C. E. Ruelle, 2 vols., 1889. — *Lectures on the Philebus* [erroneamente atribuído a Olimpiodoro]; texto, trad., notas e índices de L. G. Westerink, 1959.

Ver: C. E. Ruelle, *Le philosophe Damascius, étude sur sa vie et ses ouvrages*, 1861. Há artigos do citado Ruelle (*Archiv für Geschichte der Philosophie*, 1890; *Revue de philologie*, 1890), de A. E. Chaignet (*Séances et Travaux de l'Académie des scienc. mor. et pol.*, 1897), de E. Heitz (Abhandlungen zur Phil. Ed. Zeller zu s. 70 Geb., 1884), de A. Nauck (*Hermes*, 1889), de W. Kroll (*Rh. Museum*, 1897), de A. Ostheide (*Berl. phil. Wochenschrift*, 1907).

Art. de W. Kroll sobre Damáscio (Damaskios, 2), em Pauly-Wissowa. ○

DAMIÃO (SÃO PEDRO). Ver PEDRO DAMIÃO (SÃO).

DAMIRON, JEAN-PHILIBERT (1794-1862). Nascido em Belleville, no vale do Ródano, foi um dos fiéis seguidores de Victor Cousin. Contudo, seu principal interesse não foi tanto a defesa do espiritualismo ou mesmo do ecletismo, mas antes o estudo da história da filosofia. Este estudo foi impulsionado pelo ecleticismo cousiniano, mas seguiu em Damiron seu próprio curso como série de investigações independentes de uma confissão filosófica determinada. Devem-se a Damiron alguns dos mais importantes estudos da tradição filosófica francesa.

➲ Obras: *Essai sur l'histoire de la philosophie en France au dix-neuvième siècle*, 2 vols., 1828; 5ª ed., 1835. — *Cours de philosophie*, 4 vols., 1834. — *Essai sur l'histoire de la philosophie en France au dix-septième siècle*, 2 vols., 1846. — *Mémoires pour servir à l'histoire de la philosophie au dix-huitième siècle*, 3 vols., 1857-1862. ○

DANTE ALIGHIERI (1265-1321). Nascido em Florença, é considerado um dos grandes poetas filósofos. Segundo Santayana, Dante é o expoente poético máximo da concepção do mundo sobrenaturalista, assim como Lucrécio e Goethe são os expoentes poéticos máximos, respectivamente, da concepção naturalista e da romântico-dinamicista. Geralmente se considera que, na *Divina Comédia*, Dante exprimiu em forma poética as idéias filosóficas de Santo Tomás de Aquino. Alguns autores, como P. Mandonnet, chegam a sublinhar de forma muito acentuada o paralelismo de ambas as concepções. Outros, em contrapartida, destacam as diferenças entre elas e assinalam que o que há de comum nas duas — o papel preeminente desempenhado pela teologia, o uso de certa simbologia, a organização da realidade em esferas que têm Deus como chave de abóbada, e outras idéias similares — está dentro de certos pressupostos que correspondem a quase todos os autores medievais. A esse respeito, é interessante mostrar certas idéias de Dante, enfatizadas por Gilson, que aparecem, à primeira vista, como surpreendentes na Idade Média. Este é o caso, por exemplo, do primado exercido pela moral sobre a física e a metafísica, e da situação, tão elevada que quase chega ao isolamento, da teologia. Outros autores, ainda, interpretaram a obra de Dante num sentido averroísta (Asín Palacios, Bruno Nardi), ou, pelo menos, destacaram a enorme influência exercida sobre ele pelo pensamento árabe. Em todo caso, discutiu-se muitas vezes por que motivo Dante elogiou tão consideravelmente Siger de Brabante e levou a tão alta posição Averróis e Avicena. Os defensores do "arabismo" de Dante afirmam que muitas de suas importantes concepções — como a doutrina de Deus como luz, a doutrina das inteligências e a da iluminação — devem-se diretamente aos filósofos árabes e não à tradição agostiniana. Além das concepções filosófico-teológicas de Dante na *Divina Comédia*, devem-se mencionar suas influentes opiniões políticas, expressas sobretudo em seu tratado sobre a Monarquia. Afirmou-se repetidas vezes que Dante defendeu o Império contra as ingerências excessivas da Igreja. Embora isso seja provavelmente uma simplificação, é certo que ele buscou uma nova interpretação da natureza e do lugar do Império — como instrumento para a realização da *humana civilitas* —, a fim de chegar a um acordo novo e mais sólido entre os poderes temporal e espiritual.

⇒ Em português: *Dante Lírica*, s.d., — *Divina comédia*, 1996.

Edição de obras: *Le Opere di D.*, ed. pela Società Dantesca Italiana, 1921; 2ª ed., Florença, 1960. — *Tutte le opere*, ed. L. Blasucci, Florença, 1965. Ed. de *Obras completas*, com trad. esp. de N. González Ruiz, tendo como base a ed. de G. M. Bertini, 1956.

Entre os numerosos livros publicados sobre Dante do ponto de vista filosófico e teológico, mencionamos: H. Hatzfeld, *Dante, seine Weltanschauung*, 1921. — P. Mandonnet, *Dante, le théologien. Introduction à l'intelligence de la vie, des oeuvres et de l'art de Dante Alighieri*, 1935. — É. Gilson, *Dante et la philosophie médiévale*, 1939; 2ª ed., 1953. — H. Leisegang, *Dante und das christliche Weltbild*, 1941. — A. Renaudet, *Dante, humaniste*, 1952. — C. Michalski, *La gnoséologie de Dante*, 1954. — Romano Guardini, *Dante-Studien*, especialmente tomo II, 1958. — J. A. Mazzeo, *Medieval Cultural Tradition in D.'s Comedy*, 1960. — M. de Gandillac, *D.*, 1968. — E. L. Fortin, *Dissidence et philosophie au Moyen Âge. D. et ses antécédents*, 1981. — P. Boyle, *D. — Philomythes and Philosopher, Man in the Cosmos*, 1981.

Sobre a filosofia política de Dante: A. P. d'Entrèves, *Dante as Political Thinker*, 1952. — C. Vasoli, "Filosofia e politica in D. fra *Convivio et Monarchia*", em *Letture Classensi*, 9-10 (1982).

Sobre as influências árabes: M. Asín Palacios, *La escatología musulmana en la Divina Comedia*, 1912; 2ª ed., 1943. — Bruno Nardi, *Saggi di filosofia dantesca*, 1930; 2ª ed., 1967. — Id., *Dante e la cultura medievale: Nuovi saggi di filosofia dantesca*, 1930; 2ª ed., 1949; 3ª ed., 1983. — Id., *Saggi e note di critica dantesca*, 1966. — E. Cerulli, *Il "Libro della Scala" e la questione delle fonti arabo-spagnole della Divina Commedia*, 1949 [trad. do "Libro de la Escala": *La Escala de Mahoma*, por J. Muñoz Sandino, 1949].

Encontra-se abundante informação na edição da *Divina Commedia* (trad. inglesa) — com detalhado comentário — por Charles S. Singleton, 1970 ss. ⊂

DARAPTI é o nome que designa um dos modos (ver MODO), considerados válidos por muitos autores, da terceira figura (VER). Um exemplo de *Darapti* pode ser:

Se todas as crianças são travessas
e todas as crianças são distraídas,
então alguns seres distraídos são travessos,

exemplo que corresponde à seguinte lei da lógica quantificacional elementar:

$$\wedge x\,(Gx \to Hx) \wedge \wedge x\,(Gx \to Fx) \to \vee x\,(Fx \wedge Hx)$$

e que, usando-se as letras 'S', 'P' e 'M' da lógica tradicional, pode ser expresso mediante o seguinte esquema:

$$(MaP \wedge MaS) \to SiP$$

no qual aparece claramente a seqüência das letras 'A', 'A', 'I', origem do termo *Darapti*, na ordem MP-MS-SP.

D'ARCY, M[ARTIN] C[YRIL]. Ver NEOTOMISMO.

DARII é o nome que designa um dos modos (ver MODO) válidos dos silogismos da primeira figura (VER). Um exemplo de *Darii* pode ser:

Se todos os chineses são indolentes
e alguns residentes de Havana são chineses,
então alguns residentes de Havana são indolentes,

exemplo que corresponde à seguinte lei da lógica quantificacional elementar:

$$\wedge x\,(Gx \to Hx) \wedge \vee x\,(Fx \wedge Gx) \to \vee x\,(Fx \wedge Hx)$$

e que, usando-se as letras 'S', 'P' e 'M' da lógica tradicional, pode ser expresso mediante o seguinte esquema:

$$(MaP \wedge SiM) \to SiP$$

no qual aparece claramente a seqüência das letras 'A', 'I', 'I', origem do termo *Darii*, na ordem MP-SM-SP.

DARŚANA. O termo *darśana*, usado na literatura filosófica indiana, significa 'vista' ou 'visão'. Os sistemas ou as escolas filosóficas indianas são chamadas *darśanas*. Num sentido, *darśana* significa que a doutrina filosófica correspondente pretende ser uma visão direta da realidade e, além disso, uma visão completa. Em outro sentido, *darśana* significa que se assumiu um *ponto de vista* determinado sobre a realidade. Esse ponto de vista afeta todo o real, mas acentua o que se vê dele quando se contempla de determinada perspectiva, que pode ser predominantemente lógica e epistemológica (como nas escolas *Nyāya* e *Vaiśeṣika*), ou predominantemente "psíquico-ética" (como na escola *Ioga*) etc. O fato de cada *darśana* ser uma visão e um ponto de vista explica que as diferentes *darśanas* ou "sistemas" não sejam mutuamente incompatíveis; embora completos em si, são ao mesmo tempo de índole parcial. Essa parcialidade, porém, é a da perspectiva, não a do erro. Por isso, embora, seguindo o costume, as denominemos *escolas* ou *sistemas*, deve-se evitar identificar o conceito de *darśana* com o conceito de escola ou sistema no sentido ocidental. R. Guénon tem razão ao indicar que a atitude daqueles que os identificam "é inteiramente comparável à de um homem que, não tendo conhecido nada da civilização européia atual, e tendo tido por acaso nas mãos os programas de ensino de uma universidade, extraísse a singular conclusão de que os sábios da Europa estão divididos em várias escolas rivais, cada uma das quais com seu sistema filosófico particular, sendo as principais as dos matemáticos, dos físicos, dos químicos, dos biólogos, dos lógicos e dos psicólogos" (*Introduction générale à l'étude des doctrines hindoues*, 1921; 3ª ed., 1939, trad. esp. de R. Cabrera, *Introducción general al estudio de las doctrinas hindúes*, 1945, p. 200). Se quisermos continuar comparando as *darśanas* da filosofia indiana com os sistemas da filosofia européia, o melhor será (mantendo-se grandes diferenças mútuas) recordar, no que diz respeito a estes últimos, as diversas *vias* da escolástica.

DĀRSTĀNTIKA. Ver BUDISMO; FILOSOFIA INDIANA.

DARWIN, CHARLES [ROBERT] (1809-1882). Nascido em Shrewsbury, neto de Erasmus Darwin (1731-1802), estudou medicina em Edimburgo e em Cambridge. Em 1831, fez uma viagem no *Beagle*, comandado pelo capitão Robert Fitzroy, pela América do Sul e pelas ilhas do Pacífico. No decorrer da viagem, coletou uma impressionante quantidade de dados geológicos, botânicos e zoológicos, cuja ordenação e sistematização lhe ocuparam vários anos até a completa formulação de sua teoria da evolução (ver EVOLUÇÃO, EVOLUCIONISMO). Já haviam sido formuladas outras teorias da evolução, mas não se chegara a grande clareza com relação à força seletiva, ou às forças seletivas, produtoras das mudanças. Durante certo tempo, pensou-se que Darwin chegara as suas conclusões com base na leitura do *Essay on the Principle of Population* (1798), de Thomas Robert Malthus (1766-1834), obra na qual se observa que a população humana tende a aumentar mais depressa do que os recursos necessários à subsistência e que, em conseqüência disso, se produz uma "luta pela existência"; em todo caso, tende-se, de acordo com Malthus, a diminuir o nível de vida até um nível mínimo de "subsistência". Ora, embora seja certo que Darwin leu (como ele próprio diz em sua autobiografia) a obra de Malthus (em 1838), é improvável que unicamente as idéias de Malthus tenham sido o ponto de partida da teoria darwiniana. O que Darwin extraiu de Malthus é a idéia de que o processo de seleção natural exerce uma pressão que força alguns a "abandonar a partida" e outros a "adaptar-se" e a "sobreporem-se". As anotações e os documentos de Darwin mostram que, em 1837, um ano depois de regressar de sua viagem no *Beagle*, e antes da leitura da obra de Malthus, Darwin pensou seriamente numa das mais célebres idéias da teoria da evolução: a origem da variedade das espécies de um tronco comum. "Se não estabelecemos limites para nossas conjeturas, podemos supor que os animais, nossos irmãos na dor, na doença, na morte, no sofrimento e na fome — nossos escravos nos trabalhos mais árduos, nossos companheiros em nossas diversões —, participam conosco de um antepassado comum."

Em todo caso, Darwin chegou a um princípio fundamental: o de que a luta pela existência num mundo orgânico dentro de um ambiente variável gera alterações orgânicas no decorrer das quais sobrevivem somente os mais aptos, que transmitem a seus descendentes as modificações "vitoriosas". Assim se produz a "seleção natural". Darwin pretendeu escrever uma obra muito volumosa na qual essas idéias fossem demonstradas de uma maneira completa, mas, ao ler o manuscrito de uma comunicação de Alfred Russell Wallace (1823-1913) em que eram expostos princípios parecidos, decidiu divulgar seu próprio trabalho, o que fez, em princípio, num sumário apresentado, junto com a comunicação de Wallace, aos membros da Linneaean Society em 1858. Pouco depois (1859), apareceu a obra *Sobre a origem das espécies* (*On the Origin of Species by Means of Natural Selection, or the Preservation of Favoured Races in the Struggle for Life*, que o autor pretendera intitular *An Abstract of an Essay on the Origin of Species*), obra que obteve imediatamente grande sucesso e se transformou no texto fundamental do evolucionismo biológico. Seguiu-se depois uma série de obras, entre as quais destacamos: *On the Movements and Habits of Climbing Plants* (1865), *The Variation of Animals and Plants under Domestication* (1868), *The Descent of Man, and Selection in Relation to Sex* (2 vols., 1871; 2ª ed., rev. e ampl., 1874), *The Expression of Emotions in Man and Animals* (1872), *The Formation of Vegetable Mould through the Action of Worms* (1881). Antes da obra fundamental citada, Darwin publicara apenas algumas memórias com observações extraídas da viagem no *Beagle* (1844 ss.) e um diário de viagem intitulado *Journal and Remarks* (3 vols., 1832-1836), depois conhecido com o nome de *A Naturalist's Voyage around the World*.

Limitamo-nos neste verbete a dados biográficos, assim como à simples menção dos princípios fundamentais propostos por Darwin. Referências mais amplas às doutrinas darwinianas, e em particular às discussões filosóficas suscitadas por elas, se encontram nos verbetes DARWINISMO e EVOLUÇÃO (VER).

⮕ Para as doutrinas de Darwin, ver as bibliografias dos verbetes DARWINISMO e EVOLUÇÃO. De *On the Origin of Species* foram publicadas seis edições com variantes (afora numerosas reimpressões de cada uma dessas edições). Ed. com texto das variantes por Morse Peckam, 1959. Edição da viagem do *Beagle* por Nora Barlow, *Darwin's Diary of the Voyage of the Beagle*, 1933. Nora Barlow publicou também uma edição da *Autobiography* de D.: *The Autobiography of Ch. D.*, 1958, com muito material não incluído na "Autobiography" que apareceu no volume *Life and Letters of Ch. D.*, 1887.

Ed. de escritos: *The Collected Papers of Ch. D.*, 2 vols., 1977, ed. Paul H. Barrett. — *The Correspondence of Ch. D.*, vol. 1: *1821-1836*, 1985, ed. F. Birkhardt e S. Smith.

Em português: *Autobiografia 1809-1882*, 2000. — *O Beagle na América do Sul*, 1993. — *A expressão das emoções nos homens e nos animais*, 2000. — *Origem das espécies*, s.d. **C**

DARWINISMO. Nos verbetes DARWIN, CHARLES (ROBERT) e EVOLUÇÃO, EVOLUCIONISMO, referimo-nos à teoria de Darwin como a fase capital na história do evolucionismo moderno. Alfred Russell Wallace (VER) e Charles Darwin apresentaram, juntamente, em 1858, suas respectivas teses sobre "as tendências das variedades a desviar-se indefinidamente do tipo original" e sobre "as tendências das espécies a formar variedades, e sobre a perpetuação das variedades e das espécies dos processos de seleção natural". As teses de Darwin foram apresentadas com abundante material destinado a confirmá-las, na *Origem das espécies*, de 1859. Essa obra foi revisada em sucessivas edições: a segunda, no mesmo ano de 1859, e as outras, em 1861, 1866, 1869 e (a última revisada por Darwin) 1872, todas elas com abundantes materiais novos. No "esboço histórico sobre o progresso da opinião sobre a origem das espécies", que precede uma das edições de *The Origin of Species by Means of Natural Selection or the Preservation of Favoured Races in the Struggle for Life*, Darwin mencionou alguns dos precedentes de sua teoria, incluindo aqueles que, como Lamarck, mantiveram doutrinas evolucionistas muito diferentes das de Darwin. Além dos nomes mais conhecidos — Lamarck, Geoffroy Saint-Hilaire e Wallace (ver EVOLUÇÃO, EVOLUCIONISMO) —, Darwin menciona W. C. Wells (numa comunicação de 1813), Grant (em 1826 e 1834), Patrick Matthew (1831), Von Buch (1836), Rafinesque (1836), W. Herbert (1837), Haldeman (1843-1844), M. J. d'Omalius d'Halloy (1846) e Owen (1849). Ele se refere igualmente às idéias de Freke (1851), de Herbert Spencer (num ensaio de 1852, reimpresso nos *Essays* de 1858), de Naudin (1852), do conde Keyserling [não o filósofo desse nome] (1853), de Schaaffhausen (1853), de Lecoq (1854), de Von Baer (1859), de Thomas Henry Huxley (1859) e de Hooker (1859). Embora não mencionados no referido "esboço", eles são muito importantes na formação das idéias de Darwin e, em conseqüência, nas origens do darwinismo, nos trabalhos geológicos de Charles Lyell e nas idéias de Malthus (VER).

O darwinismo pode ser entendido em sentido muito amplo ou em sentido mais estrito. Num sentido muito amplo, ele constitui um corpo de doutrinas que suscitou grande oposição nos meios teológicos, que consideraram que *The Origin of Species* e particularmente *The Descent of Man, and Selection in Relation to Sex* (1871) constituíam um ataque às crenças cristãs fundadas numa interpretação literal da Bíblia. Por outro lado, esse corpo de doutrinas despertou grande entusiasmo não apenas entre geólogos e zoólogos, como também entre autores que viam no darwinismo um apoio contra todas as tradições do *ancien régime* e a expressão de um pensamento radical e revolucionário. Assim, Marx propôs a Darwin dedicar-lhe o primeiro volume de *Das Kapital*, proposta que Darwin rejeitou talvez por considerar que suas próprias doutrinas eram principalmente, se não exclusivamente, de caráter biológico ou "naturalista". Darwin insistia no apoio empírico de sua explicação da seleção natural, sendo esse apoio empírico o que explica em boa parte tanto a oposição como a acolhida favorável ao "darwinismo". As idéias de Darwin que mais criavam polêmicas não eram todas novas. Em todo caso, não era nova a idéia de uma evolução e até de uma origem do homem a partir de espécies não-humanas, mas eram novos a grande quantidade de dados empíricos proporcionados por Darwin e as características que ele imprimiu à noção de "seleção natural". A história do darwinismo, nesse sentido muito amplo, é um ingrediente essencial da história do evolucionismo moderno a partir de meados do século XIX. O alcance e a profundidade da revolução das idéias — não apenas na biologia, mas também nas ciências sociais e nas ideologias políticas — procedentes de Darwin são comparáveis apenas aos derivados de Marx, Freud e Einstein.

Num sentido mais estrito, o darwinismo é uma teoria biológica que procura explicar os mecanismos da evolução, mecanismos a que devem corresponder descrições filogenéticas. Neste sentido mais estrito, podem-se ainda distinguir várias fases do darwinismo. Uma é a teoria, ou o conjunto de teorias, do próprio Darwin — é o chamado "darwinismo clássico". Outra é a teoria evolucionista desenvolvida a partir do começo do século XX sob o nome de "darwinismo genético", "teoria genética da evolução" ou "neodarwinismo". Outra, por fim, é a chamada "teoria sintética" ou "teoria sintética da evolução".

A idéia dominante do darwinismo e, em seu interior, do darwinismo clássico é a da seleção natural. O crescimento das populações orgânicas em proporção geométrica, e o dos meios de subsistência em proporção aritmética, obriga as espécies a uma luta pela existência, tanto entre indivíduos e variedades da mesma espécie como entre espécies do mesmo gênero. Nessa luta sobrevivem apenas os mais aptos. Estes são os que exibem variações favoráveis. A preservação das variações e diferenças individuais favoráveis e a destruição das daninhas é "a seleção natural ou sobrevivência dos mais aptos". As variedades podem aparecer num indivíduo dentro de uma população ou numa população dentro de uma espécie; em todo caso, apenas as variações favoráveis permanecem. Darwin enfatiza (*Origin*, cap. 4) que a seleção natural não induz a variabilidade, mas "implica somente a preservação das variações que aparecem e são benéficas para o ser em suas condições de vida". As variações benéficas constituem características adquiridas que são transmitidas aos descendentes. Além de uma seleção natural há uma seleção sexual.

No darwinismo genético, rejeita-se a doutrina das características adquiridas. A principal idéia dessa forma de darwinismo — ou de teoria da evolução — é a introdução das leis genéticas de Mendel no mecanismo de explicação das variedades. É fundamental a esse respeito o estudo da distribuição de genes em gerações sucessivas. A teoria genética tem um caráter claramente estatístico.

A teoria sintética combina a teoria genética com as doutrinas darwinianas relativas às características fenotípicas e dá considerável atenção à relação entre os genes específicos e o fenótipo.

Foram numerosas as objeções empíricas e metodológicas ao darwinismo em suas várias formas ou fases. Cada uma dessas fases representa uma resposta a diversas objeções. O próprio Darwin (*Origin*, caps. 6 e 7) antecipou diversas dificuldades da teoria e objeções a ela. Uma dessas dificuldades consiste na ausência de variedades transicionais. Darwin assinalou que os dados paleontológicos não são muito completos, e ofereceu dados e argumentos em favor de transições não-bruscas nas espécies naturais (ao contrário de mudanças bruscas em raças domésticas), mantendo a idéia de um "desenvolvimento progressivo". De um ponto de vista metodológico, observou-se que o darwinismo admite, queira-o ou não, a noção de causas finais, isto é, considerações teleológicas. Entretanto, é preciso levar em conta que essas considerações não implicam necessariamente a introdução de propósitos. Além disso, a noção de "teleonomia" (VER) foi introduzida justamente para evitar as dificuldades suscitadas pela noção clássica de "teleologia". Indicou-se também que uma teoria evolucionista como a darwiniana não é, propriamente falando, explicativa, ou seja, não se encaixa nos critérios de explicação (VER) científica. A isso objetou-se que, se de fato é assim, isso não demonstra, porém, que o darwinismo, em qualquer uma de suas formas, especialmente nas últimas, seja incorreto, mas que é necessário modificar os critérios segundo os quais se estabelece que uma teoria é científica.

A objeção de que não há testemunho direto do processo de seleção natural vem acompanhada, em geral, da objeção de que não se podem efetuar previsões numa teoria do tipo da darwiniana. A resposta a ambas as objeções é que, embora não havendo testemunho direto nem previsão do tipo possível em outras teorias, físicas ou biológicas, o testemunho direto não é o único admissível numa ciência, e que há, em todo caso, mais possibilidades de se verificar, ou falsear, a teoria do que se pensa, especialmente por meio das chamadas "experimentações ecológicas".

↪ Ver: G. von Gizycki, *Philosophische Konsequenzen der Lamarck-darwinistischen Entwicklungstheorie*, 1876. — E. Dreher, *Der Darwinismus und seine Stellung in der Philosophie*, 1877. — Gustav Teichmüller, *Darwinismus und Philosophie*, 1877. — E. Le Dantec, *Lamarckiens et darwiniens*, 1899. — E. Dacqué, *Der Deszendenzgedanke und seine Geschichte*, 1903. — R. H. Francé, *Der heutige Stand der darwinischen Frage*, 1908. — Erich Becker, *Der Darwinismus und die soziale Ethik*, 1909. — John Dewey, *The Influence of Darwin on Philosophy*, 1910. — Indicam-se somente as obras clássicas mais diretamente relacionadas com o problema filosófico do darwinismo; ver também a bibliografia no verbete EVOLUÇÃO.

Entre as obras publicadas por ocasião do centenário da publicação de *Origem das espécies*, destacamos: J. S. Huxley, R. Niebuhr, O. L. Reiser, Swami Nikhilananda, *A Book that Shook the World: Anniversary Essays on Ch. Darwin's* Origin of Species, 1958. — B. Glass, O. Temkin, W. L. Straus, eds., *Forerunners of Darwin, 1745-1859*, 1959. — F. Cordón, "Generalización de los principios teóricos del darwinismo", *Cuaderno del Departamento de Investigación del Instituto de Biología y Sueroterapia* [Madri], 1 (1961), 7-74.

Além disso: B. Farrington, *What Darwin Really Said*, 1966. — É. Gilson, *D'Aristote à Darwin et retour. Essai sur quelques constantes de la biophilosophie*, 1971. — D. L. Hull, *Darwin and 19th Century Philosophies of Science*, 1972. — David L. Hull, ed., *Darwin and His Critics: The Reception of Darwin's Theory of Evolution by the Scientific Community*, 1973. — Thomas F. Glick, ed., *The Comparative Reception of Darwinism*, 1974. — M. Ruse, *The Darwinian Revolution: Science Red in Tooth and Claw*, 1979. — N. C. Gillespie, *Ch. D. and the Problem of Creation*, 1979. — G. Jones, *Social Darwinism and English Thought: The Interaction Between Biological and Social Theory*, 1980. — M. Ruse, *Darwinism Defended: A Guide to the Evolution Controversies*, 1982. — B. Norton, B. Rench *et al., Dimensions of*

Darwinism: Themes and Counterthemes in Twentieth-Century, 1983, ed. M. Grene. — A. R. Ruffa, *Darwinism and Determinism: The Role of Direction in Evolution*, 1983. — M. Ruse, *Taking Darwin Seriously: A Naturalistic Approach to Philosophy*, 1986. — R. J. Richards, *Darwin and the Emergence of Evolutionary Theories of Mind and Behaviour*, 1987. — Y. Johannisse, G. Lane, *La science comme mythe: pour en finir avec Darwin et les théories de l'évolution*, 1988. — A. Vucinich, *Darwin in Russian Thought*, 1989. — E. Mayr, *One Long Argument: Charles Darwin and the Genesis of Modern Evolutionary Thought*, 1991. ¢

DARWINISMO SOCIAL. Deu-se esse nome a doutrinas sociológicas, ou, mais exatamente, a ideologias político-sociais que se apoiaram em algumas das idéias gerais dominantes na teoria da evolução orgânica de Darwin, suplementadas amiúde por idéias procedentes do evolucionismo de Spencer (VER).

É preciso distinguir o darwinismo social e o fato de que praticamente todas as doutrinas e ideologias socialistas a partir de Darwin reconheceram na teoria darwiniana da evolução um elemento libertador de preconceitos e um novo ataque a toda doutrina antropocêntrica, freqüentemente vinculada com ideologias tidas por reacionárias e "providencialistas". O darwinismo social é, a rigor, oposto a todo socialismo. É também distinto do que Walter Bahegot denominou, em *Physics and Politics* (1873), "física social".

Fundamentalmente, o darwinismo social pode ser resumido nas seguintes palavras de William Graham Sumner (1840-1910, nasc. em Paterson, New Jersey, EUA), que foi considerado o mais fervoroso e extremado defensor dessa doutrina: "Deve ficar bem claro que não podemos sair desta alternativa: liberdade, desigualdade, sobrevivência do mais apto; não-liberdade, igualdade, sobrevivência do menos apto. O primeiro termo da alternativa faz com que a sociedade avance e favorece todos os seus melhores membros; o segundo leva-a a regredir e favorece seus piores membros" (citado por Richard Hofstadter, *Social Darwinism in American Thought 1860-1915*, 1944, p. 37). Mencionou-se às vezes John Fiske (VER) como partidário do darwinismo social; porém, embora esse autor tenha seguido muitas das orientações de Spencer, incorporou à sua própria filosofia elementos éticos de índole altruísta, incompatíveis com o individualismo sumneriano.

Para os darwinistas sociais, a sociedade funciona de tal modo que, caso não se dê livre curso à "competência", favorecem-se os fracos e, com isso, se debilita a própria sociedade. Considerando-se que a "competência" mencionada é usualmente a que promove o alto capitalismo individualista, o darwinismo social pode ser considerado a ideologia desse tipo de capitalismo,

com elementos "social-naturalistas" e resíduos da chamada "ética do trabalho" ou "ética do esforço". Sumner, por sua vez, via em suas doutrinas a expressão de realidades que devem ser enfrentadas, em vez de ocultadas com fraseologias mais ou menos piedosas. Sumner "procurou mostrar a seus coetâneos" — escreve Hofstadter (*op. cit.*, p. 51) — "que seu otimismo era um desafio insignificante às realidades da luta social; que não se encontravam em nenhuma parte na Natureza seus 'direitos naturais'; que seu humanitarismo, sua democracia e sua igualdade não eram verdades eternas, mas as formas sociais de um estágio na evolução social", de maneira que, "tal como um calvinista tardio, pregou a predestinação da ordem social e a salvação dos economicamente eleitos mediante a sobrevivência dos mais aptos". Nisso, distinguiam-se seus ataques dos que Nietzsche dirigiu ao igualitarismo e à democracia, que seriam expressões de "vida decadente", porém num sentido diferente do citado acima.

O darwinismo social foi às vezes considerado uma manifestação da chamada "ética evolucionista"; no entanto, embora esta última seja em grande parte uma reflexão ética fundada no fato da evolução, não pode ser confundida com uma racionalização de uma "luta (social) pela vida". Entretanto, o darwinismo social suscitou problemas importantes para os éticos evolucionistas, pois, à semelhança do que acontece com toda ética "naturalista", ou se mostra impossível derivar normas morais de fatos ou, então, seu caráter moral se torna muito duvidoso, podendo desembocar justamente num "darwinismo social". Vários éticos evolucionistas procuraram resolver os problemas mencionados enfatizando que, com o desenvolvimento do sistema nervoso central humano, se modificam, ou podem modificar-se, as direções da evolução. Embora reconhecendo-se o papel que a evolução orgânica desempenha na formação da sociedade humana e no desenvolvimento de suas idéias morais, acentua-se a possibilidade de incorporação de elementos "culturais" que são a continuação dos "naturais", mas que podem modificar, às vezes substancialmente, estes últimos.

DASEIN. No verbete EXISTÊNCIA (VER), referimo-nos ao modo como esse tema foi abordado por certos filósofos, como Heidegger e Jaspers. Distinguimos o conceito de existência nos dois autores escrevendo "Existência" (com maiúscula) para Heidegger e "existência" para Jaspers (ou também para o conceito heideggeriano de *Existenz* e para o conceito de existência em geral e na maioria das tendências filosóficas). Também informamos de várias outras maneiras como se traduziu para o português o citado vocábulo heideggeriano. Ora, como o termo alemão *Dasein*, utilizado por Heidegger, entrou com freqüência na literatura filosófica em seu modo original, e como Jaspers usa igualmente esse vocábulo com um sentido totalmente distinto — e até contrário — ao de Heidegger, cremos conveniente dizer algumas palavras sobre o próprio termo.

Para Heidegger (ver EXISTÊNCIA), o *Dasein* (*Da-sein*) é o único ser que tem seu ser em seu ser. Não é, pois, uma existência em geral. Tampouco é um ser *zuhandenes*, um ser "disponível", ou, como traduz Gaos, um "ser à mão" (tal como ocorre com um utensílio), nem um ser *vorhandenes*, um ser "presente", ou, como traduz Gaos, um "ser diante dos olhos". Não é uma realidade que tenha de ser submetida a análise existencial, mas a análise existenciária (VER). O *Dasein* restringe-se ao ser humano (ou, dito de outro modo, o ser humano, a respeito do qual posso dizer é "meu" ou "sou eu mesmo", é o único exemplo de *Dasein*). Sua essência radica na *Existenz*, porque não pode fazer senão existir. É o único ser que se pergunta pelo ser (*Sein*) e pelo sentido do ser (*Sinn des Seins*). Em contrapartida, para Jaspers, o *Dasein* é o ser como algo dado, ao contrário da *Existenz*, que é o único ser que se faz a si mesmo livre. A *Existenz* em Jaspers é, a rigor, algo anterior e prévio a certos caracteres que poderiam ser considerados superficialmente como ligados ao fazer-se livremente a si mesmo. A consciência, por exemplo, continua pertencendo ao reino do *Dasein* e não ao da *Existenz*.

Nos verbetes sobre Heidegger e Jaspers, além do verbete EXISTÊNCIA, estendemo-nos mais detidamente sobre o pensamento dos mencionados filósofos em torno do *Dasein* e da *Existenz*. Aqui, pretendíamos apenas evitar uma possível confusão. Acrescentemos que, embora a versão mais corrente de *Dasein* seja 'existência', convém indicar em cada caso o sentido em que esse termo é usado, principalmente ao se tratar de Heidegger e Jaspers, mas também de outros filósofos que usaram o mesmo vocábulo em sentido metafísico. Isso é o que ocorre, por exemplo, em Hegel, que concebe *Dasein* como existência, mas somente enquanto determinada, ou como o ser enquanto se acha determinado no processo dialético do devir (VER).

DASGUPTA, SURENDRANATH (1887-1952). Nascido em Calcutá, é conhecido sobretudo por sua extensa história da filosofia indiana, a mais completa publicada até esta data. Dasgupta, porém, não é apenas um historiador, mas um pensador sistemático que se esforçou por unir a tradição indiana (especialmente os seus elementos pluralistas: Sankhya, Jainismo [VER] a certas escolas filosóficas ocidentais (particularmente ao neo-realismo anglo-americano e às doutrinas da evolução emergente). Destacou a importância da experiência, mas ao mesmo tempo o caráter amplo que deve possuir, incluindo nela a experiência mística. Destacou também a importância do fenomenismo e do racionalismo na compreensão da realidade, concebida por ele como um constante desenvolvimento desde as formas inferiores até as mais elevadas manifestações espirituais.

➲ Obras: *A Study of Patanjali*, 1920. — *A History of Indian Philosophy*, 5 vols. (I, 1922; II, 1932; III, 1940; IV, 1949; V, 1955). — *Yoga as Philosophy and Religion*, 1924. — *Hindu Mysticism*, 1927. — *Yoga Philosophy and Its Relation to Other Systems of Thought*, 1930. — *Indian Idealism*, 1933; reed., 1962. ⊂

DATISI é o nome que designa um dos modos (ver MODO) válidos dos silogismos da terceira figura (VER). Um exemplo de *Datisi* pode ser:

Se todas as mulheres são faceiras
e algumas mulheres são inteligentes,
então algumas entidades inteligentes são faceiras,

exemplo que corresponde à seguinte lei da lógica quantificacional elementar:

$$(\wedge x (Gx \rightarrow Hx) \wedge \vee x (Gx \wedge Fx))$$
$$\rightarrow \vee x (Fx \wedge Hx)$$

e que, usando-se as letras 'S', 'P' e 'M' da lógica tradicional, pode ser expresso mediante o seguinte esquema:

$$(MaP \wedge MiS) \rightarrow SiP$$

no qual aparece claramente a seqüência das letras 'A', 'I', 'I', origem do termo *Datisi*, na ordem MP-MS-SP.

DAURIAC, LIONEL. Ver RENOUVIER, CHARLES.

DAVID DE DINANT (*fl.* 1200). Nasc. provavelmente na Bretanha, parece ter influenciado Almarico de Bena nas doutrinas de caráter panteísta que foram condenadas em 1210. O pouco que se conserva de David de Dinant (alguns fragmentos do escrito *De tomis, id est de divisionibus*) e as doutrinas que lhe são atribuídas por Santo Alberto Magno e por Santo Tomás levam a pensar que se trata de um filósofo voltado para Avicebrón, John Scot Erígena e, sobretudo, para a interpretação aristotélica de Alexandre de Afrodísia, que, como se sabe, enfatiza a tese da unidade do entendimento agente mais que qualquer outra. Com efeito, a divisão da realidade em três indivisíveis — os corpos, as almas e as substâncias separadas — parece ter levado David de Dinant a concluir que, em última análise, essas três coisas são apenas uma. O ser como tal seria então o princípio de toda divisão, e Deus seria identificado com o princípio material de todas as coisas, com o que matéria e Deus seriam o mesmo. As teses capitais da "Fonte da vida" ressoam, por conseguinte, na obra de David de Dinant, assim como algumas das conseqüências do neoplatonismo do *Liber de causis* (VER).

➲ Ed. de quatro séries de fragmentos dos *Quaternuli* redigidos por D. de D. tendo em vista o *De tomis: Davidis de Dinanto Quaternulorum fragmenta primum*, ed. Marianus Kurdzialek, 1963.

Ver: Gabriel Théry, *Autour du décret de 1210: I. David de Dinant*, 1925. — A. Brikenmajer, "Découverte de fragments manuscrits de D. de Dinant", *Revue néoscolastique de philosophie*, 35 (1933), 220-229. — E. Maccagnolo, "D. of D. and Aristotelianism in Paris", em P. Dronke, ed., *A History of Twelfth-Century Western Philosophy*, 1988, pp. 429-442. ↻

DAVIDSON, DONALD. Nascido (1917) em Springfield, Massachusetts, estudou na Universidade de Harvard, onde se doutorou em 1949. Foi "Instrutor" de filosofia no Queens College (1947-1950), professor auxiliar de filosofia (1951-1956), professor agregado (1950-1960) e professor numerário (1960-1967) na Universidade de Stanford. De 1967 a 1970, foi professor em Princeton, de 1970 a 1976 na Rockefeller University e, quando se dissolveu o Departamento de filosofia dessa Universidade, foi nomeado professor na Universidade de Chicago (1976-1981). Desde 1981, é professor da Universidade da Califórnia.

Devem-se a Davidson relativamente poucos, mas muito influentes trabalhos sobre as noções de decisão e ação, sobre a natureza dos atos mentais e das relações causais e sobre semântica das linguagens naturais. Uma das mais discutidas teorias de Davidson é a que examina em que medida cabe explicar um ato e que relação há entre a explicação do ato e a sua racionalização. Em princípio, Davidson está de acordo com alguns dos filósofos que propuseram distinguir causas de razões. Contudo, essa distinção não deve nos levar, conforme avalia Davidson, a considerar que as razões são completamente distintas das causas e, menos ainda, a supor que estas são subordinadas àquelas. Para Davidson, é necessário e suficiente delinear como construir uma razão primária com o fim de entender de que modo "uma razão de qualquer tipo racionaliza uma ação". A razão primária não é distinta da causa, porque é justa e precisamente sua causa. Ora, deve-se levar em conta que "as leis cuja existência se requer se as razões são causas de ações não dizem respeito a conceitos de que a racionalização deve tratar. Se as causas de uma classe de acontecimentos (ações) pertencem a certa classe (razões) e há uma lei que apóia cada enunciado causal singular, não se segue disso que há uma lei que conecta acontecimentos classificados como razões com acontecimentos classificados como ações (a classificação pode inclusive ser neurológica, química ou física)". Dessa maneira, Davidson modifica a noção que poderia chamar-se "ingenuamente causal" da ação, mas modifica ao mesmo tempo a concepção comum, ou tradicional, de "lei causal".

Davidson ampliou o estudo do "discurso indireto" ou "modo de falar indireto" (ver INDIRETO) buscando a forma lógica de expressões nesse discurso ou modo de falar. Para isso, julgou necessário construir uma teoria do significado que "dê conta explicitamente das condições de verdade de cada oração, e isto pode ser feito por meio de uma teoria que satisfaça os critérios de Quine". Deseja-se dessa maneira solucionar as dificuldades apresentadas pelo fato de que a relação entre verdade e conseqüência se rompe, ou parece romper-se, em expressões em discurso indireto. Davidson propõe que se evite falar de orações; em seu lugar, deve-se falar de inscrições ou de enunciações. Com isso, ele se opõe à idéia de que as expressões "executivas" (ver EXECUTIVO) não são nem verdadeiras nem falsas. "Uma teoria da verdade" — na linha esboçada por Tarski — pode "dar uma resposta precisa, profunda e confirmável à questão de como os recursos finitos são suficientes para explicar as capacidades semânticas infinitas da linguagem". Em geral, Davidson mostra-se firme defensor da realização de uma análise da estrutura dos significados de "todas as expressões independentemente significativas nas linguagens naturais"; para esse objetivo, a análise do conceito de verdade desempenha um papel básico. Embora as teorias formais da verdade não tenham sido desenvolvidas com o fim de resolver, e eliminar, ambigüidades nas linguagens naturais, essas ambigüidades (quando existem, pois em muitos casos elas não existem ou podem ser resolvidas mais facilmente do que se supõe) não constituem um obstáculo para a edificação dessas teorias formais.

•• Nos últimos anos, Davidson continuou aprofundando seu trabalho, que gira em torno de duas linhas principais de investigação: de uma parte, a filosofia da psicologia e da ação — em particular a questão da natureza das ações —, e também o problema metafísico da relação mente/corpo e outros problemas afins, como o da natureza das relações causais; de outra parte, o estudo do modo como é possível a interpretação da linguagem, isto é, a interpretação do próprio fato semântico; neste ponto, suas contribuições unem-se às de Tarski e Quine. ••

➲ Escritos: *Decision-Making: An Experimental Approach*, 1957 (com Patrick Suppes e a colaboração de Sidney Siegel). — "Actions, Reasons, and Causes", *Journal of Philosophy*, 60 (1963), 685-700; reimp. em May Brodbeck, ed., *Readings in the Philosophy of the Social Sciences*, 1968, pp. 55-58. — "Causal Relations", *Journal of Philosophy*, 64 (1964), 691-703 — "Truth and Meaning", *Synthese*, 17 (1967), 304-323. — "Theories of Meaning and Learnable Languages", em Yehoshua Bar-Hillel, ed., *Logic, Methodology, and Philosophy of Science. Proceedings of the 1964 International Congress*, 1965, pp. 383-392. — "The Logical Form of Action Sentences", em Nicholas Rescher, ed., *The Logic of Decision and Action*, 1966. — "Truth and Meaning", *Synthese*, 17 (1967), 304-323. — "On Saying That", *ibid.*, 19 (1968-1969), 130-146 (cf. também *Words and Objections: Essays on the Work of W. v. Quine*, 1969, eds., D. Davidson e J. Hintikka, pp. 158-174). — "True to

Facts", *Journal of Philosophy*, 66 (1969), 748-764. — "The Individuation of Events", em F. B. Fitch, A. Grünbaum *et al., Essays in Honor of Carl G. Hempel*, 1969, ed. D. Davidson, pp. 216-234. — "Semantics for Natural Languages", em *Linguaggi nella società e nella tecnica*, 1970, pp. 177-188; reimp. em Gilbert Harman, ed., *On Chomsky: Critical Essays*, 1974. — "Mental Events", em Lawrence Foster e J. W. Swanson, eds., *Theory and Experience*, 1970, pp. 79-101. — "Radical Interpretation", *Dialectica*, 27 (1973), 313-328. — "In Defense of Convention T", em Hugues Leblanc, ed., *Semantic Deviations: Truth, Syntax and Modality: Proceedings of the Temple University Conference on Alternative Semantics*, 1973, pp. 76-86 [a "convenção T", de Tarski]. — "Belief and the Basis of Meaning", *Synthese*, 27 (1974), 309-323. — "Hume's Cognitive Theory of Pride", *Journal of Philosophy*, 73 (1976), 744-757. — *Essays On Actions and Events*, 1980 [1963-1976]. — "Rational Animals", *Dialectica*, 36 (1982), 317-327; reed. em E. Lepore, B. McLaughlin, cit. *infra*. — *Inquiries into Truth and Interpretation*, 1984. — *Expressing Evaluations*, 1984. — "First Person Authority", *Dialectica*, 2, vol. 38 (1984). — *Plato's Philebus*, 1990. — *Dialektik und Dialog: Rede von D. D. anlässlich der Verleihung des Hegel-Preises*, 1992 (*Dialética e diálogo. Discurso de D. D. por ocasião da concessão do Prêmio Hegel*). — "The Second Person", em P. A. French, T. E. Uehling, H. R. Wettstein, eds., *Midwest Studies in Philosophy*, vol. XVII, 1992. — *Der Mythos des Subjektiven*, 1993 (*O mito do subjetivo*) (em alemão). — "Thinking Causes", em J. Heil, A. Mele, *Mental Causation*, 1993, pp. 3-17.

Além dos volumes mencionados *supra*, D. D. foi editor (com Gilbert Harman) de: *The Logic of Grammar*, 1975. Ver: E. Lepore, B. McLaughlin, eds., *Actions and Events. Perspectives on the Philosophy of D. D.*, 1985. — B. Vermazen, M. B. Hintikka, eds., *Essays on Davidson: Actions and Events*, 1985. — E. Lepore, ed., *Truth and Interpretation. Perspectives on the Philosophy of D. D.*, 1985. — R. M. Chisholm, P. F. Strawson *et al., Essays on D.: Actions and Events*, 1985. — B. T. Ramberg, *D. D.'s Philosophy of Language: An Introduction*, 1989. — J. P. Murphy, *Pragmatism: From Peirce to Davidson*, 1990. — J. Brandl, ed., *The Mind of D. D.*, 1989. — S. Evnine, *D. D.*, 1991. — J. E. Malpas, *D. D. and the Mirror of Meaning*, 1992. — R. W. Dasenbrock, ed., *Literary Theory After Davidson*, 1993 [com o art. de D. "Locating Literary Language", pp. 295-308]. — R. Stoecker, ed., *Reflecting Davidson*, 1993 [com respostas de D. aos dezessete ensaios]. ∊

DAVIDSON, THOMAS. Ver Neo-realismo.

DAVY, GEORGE-AMBROISE. Ver Durkheim, Émile.

DE CAUSIS. Ver Liber de causis.

DE INESSE (PROPOSIÇÕES DE INESSE). Ver Modalidade.

DE MORGAN, AUGUSTUS (1806-1871). Nascido em Madura (Índia), estudou na Inglaterra e foi professor de matemática do University College, de Londres, de 1828 a 1831 e de 1836 a 1866. Além disso, fundou e foi primeiro Presidente (1865) da London Mathematical Society. De Morgan desenvolveu uma álgebra da lógica similar à de Boole em muitos pontos, mas é conhecido sobretudo por sua elaboração da álgebra de relações (ver Relação), da qual, juntamente com Peirce, é um dos fundadores. As seguintes tautologias do cálculo de proposições:

$$\neg (p \wedge q) \leftrightarrow (\neg p \vee \neg q)$$
$$\neg (p \vee q) \leftrightarrow (\neg p \wedge \neg q)$$

ou leis de dualidade, são chamadas *leis de De Morgan*, ainda que já fossem conhecidas por Ockham. Também recebem o mesmo nome as duas leis correspondentes na álgebra de classes: '$(\overline{A} \cup \overline{B}) = (\overline{A} \cap \overline{B})$' e '$(\overline{A} \cap \overline{B}) = (\overline{A} \cup \overline{B})$'.

➲ Entre os trabalhos de De Morgan, destacam-se: *Formal Logic or the Calculus of Inference, Necessary and Probable*, 1847. — "On Syllogism", *Transactions of the Cambridge Philosophical Society*, 8 (1849), 379-408 (este trabalho [o título indicado é uma abreviatura] teve prosseguimento na mesma publicação: 9 [1850], 79-127; 10 [1864], 173-230; 10 [1864], 331-358; apêndice ao anterior, 10 [1864], 355-358; vol. 10 [1864], 428-487 [este último é particularmente importante]. — *Syllabus of a Proposed System of Logic*, 1860. Trabalhos de interesse matemático e lógico: *An Essay on Probabilities*, 1838. — *A Budget of Paradoxes*, 1872, 2ª ed., 2 vols., 1915. ∊

DE MUNDO. No *Corpus Aristotelicum* (ver Aristóteles), costuma-se incluir uma obra intitulada *Sobre o mundo*, Περὶ κόσμου. Esta obra não se deve a Aristóteles, tendo sido redigida provavelmente no século I a.C. (segundo alguns autores, no século I ou II d.C.). Manifestam-se nela influências estóicas, principalmente da cosmologia de Possidônio. Esses traços estóicos refletem-se nas tendências panteístas e, até certo ponto, monistas; os traços aristotélicos, na afirmação da transcendência do ser primeiro. De fato, o tratado *De mundo* revela o conflito, típico da maioria das teologias e cosmologias a partir do século I a.C., entre a tese da transcendência da realidade suprema e a tese de que deve haver uma conexão entre essa realidade e o mundo. Esse conflito assumiu características agudas em muitos filósofos platônicos dos dois primeiros séculos depois de Cristo, constituindo um dos temas fundamentais do neoplatonismo, o qual pode ser considerado, em certa medida, como uma tentativa de resolver o referido problema.

⊃ Ed. W. L. Lorimer, 1933; ed. E. König (com versão síria).
Ver: W. L. Lorimer, *The Text Tradition of Pseudo-Aristoteles* De mundo, 1933 (também em int. a ed. *supra*). — J. P. Maguire, "The Sources of Pseudo-Aristotle De Mundo", *Yale Classical Studies*, 6 (1939). A.-J. Festugière, *La révélation d'Hermes Trismégiste*, II, 1949. ⊂

DE TRIBUS IMPOSTORIBUS. Ver Três impostores.

DEAÑO, ALFREDO. Ver Obscuro; Dialética; Lógica; Pintura; Sentença.

DÉBORIN, ABRAM MOISÉÉVICH (1881-1963). Pseudônimo de Ioffe Abram Moiseevich, nascido em Kovno (Lituânia). Já muito jovem, aderiu aos grupos marxistas revolucionários russos, tendo de emigrar para a Suíça em 1903. Nesse país, começou a fazer parte da ala leninista do Partido Social Democrata russo. Em 1907, entrou na fração menchevique; em 1908, foi para a Rússia, e em 1917 abandonou os mencheviques e participou ativamente do movimento revolucionário bolchevique. Pouco depois, ingressou no Instituto do Professorado Vermelho, tendo lecionado na Universidade Svérdlov (Moscou). De 1926 a 1930, foi redator da revista *Pod Znamenem Marxisma* (*Sob a bandeira do marxismo*). Em 1929 foi nomeado Acadêmico.

Déborin combateu desde o início os materialistas que negavam a utilidade da filosofia para o marxismo, tendo defendido a dialética como instrumento marxista fundamental. O materialismo dialético é para Déborin uma concepção geral e completa, que se compõe de uma dialética como método geral (lógico e epistemológico), de uma dialética da Natureza, aplicável à ciência natural, e de uma dialética da história, ou materialismo histórico. Na discussão que ocorreu de 1925 a 1930 entre os chamados "mecanicistas" (Axelrod [ver], Stépanov e Timirázev [ver Marxismo]) e os "dialéticos", Déborin defendeu esta última posição, baseando-se principalmente em Engels e no texto da *Dialética da Natureza* (publicado em 1925), assim como nas notas filosóficas de Lenin (publicadas em 1929). Para Déborin, o materialismo é uma concepção do mundo em harmonia com as ciências naturais e fundada no método dialético proposto por Marx. Embora vinculado com as ciências sociais, o método dialético era para Déborin independente dessas ciências e ainda constituía o método de todo conhecimento científico. A dialética divide-se em lógica ou dialética subjetiva, ontologia ou dialética objetiva, e teoria do conhecimento como síntese das duas dialéticas citadas. A dialética não era, pois, um método aplicável apenas ao mundo social e histórico, mas a toda a realidade. Em 1931, ele foi duramente criticado por Stalin e acusado de "idealismo menchevique" (que não tem sentido nem em russo nem em português). Afirmava-se além disso que Déborin não compreendia a mudança revolucionária que Marx realizara na filosofia, nem o papel de Lenin como filósofo ao declarar que este era tão-somente um discípulo de Plekhanov. Déborin teve de renegar suas posições como "desvios de direita". Durante certo tempo, ele interrompeu suas publicações, mas depois as retomou, dando prosseguimento a suas atividades acadêmicas, embora de acordo com a chamada "linha geral".

⊃ Obras: *Vvédénie v filosofiú dialéktitchéskovo materializma*, 1916; 6ª ed., mais completa, 1931 (*Introdução à filosofia do materialismo dialético*). — *L. Feuerbach. Lichnost i mirovosrenie*, 1923 (*L. Feuerbach. Personalidade e concepção do mundo*). — *Lénin kak mislitél*, 1924 (*Lenin como pensador*). — *Dialéktika i éstéstvoznanié*, 1930 (*Dialética e ciência natural*). — *Filosofiá i marksizm*, 1930 (*Filosofia e marxismo*). — *Ocherki po istorii materializma*, vols. 17-18, 3ª ed., 1930 (*Ensaios de história do materialismo dos séculos XVII-XVIII*). — *Lenin i krisis sovremennoy fiziki*, 2ª ed., 1930 (*Lenin e a crise da física atual*). — *Karl Marx i sobremennost*, 1933 (*K. Marx e a atualidade*). — *Filosofia i politika*, 1960 [coleção de artigos].

Bibliografia: René Ahlberg, *A. M. D.*, 1950 (Bibliographische Mitteilungen des Osteuropa-Institutes an der Freien Universität Berlins. Heft 2).

Ver: René Ahlberg, "*Dialektische Philosophie*" *und Gesellschaft in der Sowjetunion*, 1960 (Osteuropa-Institut [cf. *supra*]. Philosophische und Soziologische Veröffentlichungen. Band 2). — D. Joravsky, *Soviet Marxism and Natural Science, 1917-1932*, 1961. — L. Labedz, *Revisionism: Essays on the History of Marxist Ideas*, 1962. — R. D. Rucker, "A. M. D.: Weltanschauung and Role in the Development of Soviet Philosophy", *Studies in Soviet Thought*, 19 (1979), 185-207. — J. B. Bakker, "D.'s Materialist Interpretation of Spinoza, *ibid.*, 24 (1982), 175-184. ⊂

DECIDIR, DECISÃO. Estes termos foram empregados, com vários sentidos, no âmbito de pelo menos quatro contextos filosóficos — ou de interesse filosófico.

Um dos sentidos é metalógico e diz respeito aos chamados "procedimentos de decisão" e "métodos de decisão". Esses procedimentos e métodos aplicam-se a teorias formalizadas e a cálculos, falando-se sobre se são decidíveis ou indecidíveis. Abordamos esse aspecto da noção de decisão no verbete Decidível.

Outro sentido é o que se dá a esses termos na chamada "teoria da decisão". Nessa teoria, considera-se qual ação pode ser adotada com referência a várias alternativas quando não se possui informação completa sobre elas, mas sim informação suficiente para determinar qual alternativa é a melhor (ou, nos termos da teoria, ótima). Fala-se então de "otimização" e se usam, visando-a, meios matemáticos, tais como o cálculo de probabilidades e os cálculos que se formularam na teoria dos jogos (ver Jogo). A teoria da decisão tem aplicações muito amplas, desde decisões individuais a decisões de grupo. Os campos de aplicação da teoria da decisão são variados: sistemas de normas (incluindo normas morais), jogos de todo tipo (incluindo jogos de estratégia), teoria política e teoria econômica.

Um sentido, ligado ao anterior, mas não inteiramente coincidente com ele, é o da decisão como tema básico da chamada "lógica da decisão" e também "lógica da decisão e da ação". A lógica da decisão está estreitamente vinculada ao cálculo de normas (ver NORMA, NORMATIVO) e foi empregada nos estudos de caráter deôntico (VER).

A lógica da decisão foi elaborada por Richard C. Jeffrey (cf. *op. cit.* na bibliografia), entre outros, com base nas noções de "probabilidade subjetiva" e de "desejabilidade" ou "utilidade subjetiva" fundadas em Bayes (ver BAYES [TEOREMA DE]). Jeffrey desenvolve uma "teoria da preferência entre proposições" no âmbito da qual "as funções de probabilidade e utilidade de um agente bayesiano são determinadas por características de sua hierarquia de preferência".

Falou-se ainda de "decisão" como um conceito básico dentro de um grupo de noções nas quais figuram também as de ação (VER) (ou atuação) e escolha (ver ESCOLHA, ELEGER). Em muitos casos, tratou-se esse conceito sem recorrer à lógica e limitando-se aos resultados que podem ser obtidos pela análise da linguagem corrente.

Os sentidos indicados até agora foram abordados em vários verbetes desta obra, como nos referidos anteriormente.

Há outro sentido de 'decisão' que pode ser qualificado de "existencial". De acordo com ele, a decisão é uma das estruturas fundamentais da Existência (VER) humana. Supõe-se, com efeito, que essa Existência *tem de decidir-se* continuamente. Tal decisão não afeta simplesmente os objetos de que a Existência está cercada, mas a própria Existência, ou algo que a afeta tão fundamentalmente que é uma e a mesma realidade com ela. Não é, dito de outro modo, um "decidir-se *entre*", mas um "decidir-se *por*". Daí que a decisão seja ao mesmo tempo uma escolha (a chamada *escolha existencial*). Isso significa antes de tudo que a Existência não é uma entidade análoga às outras coisas, que simplesmente são (ou, na linguagem de Sartre, são em si). Possuindo — ou, melhor dizendo, sendo — uma liberdade completa, a existência humana não pode deixar de decidir-se. Ao decidir-se, porém, ela escolhe o que vai *ser*. Não importa que o ser escolhido seja autêntico ou inautêntico; como assinalou Heidegger, os dois modos citados — o autêntico e o inautêntico — pertencem igualmente à estrutura da Existência. Ora, uma vez admitida essa "decidibilidade" da Existência, os filósofos diferem consideravelmente quanto ao seu sentido. Para alguns, a decisão é algo que a Existência efetua absolutamente sozinha; nem a sociedade, nem a Natureza, nem Deus intervêm — ou "devem intervir" — nela. Pelo contrário, supõe-se que, quando há auxílio ou coação externos, a decisão não é autêntica, pois está regida por normas exteriores. Outros autores, em contrapartida, assinalam que o ato da decisão é um ato que implica fatores tais como a invocação, o testemunho, a prece etc., e, por conseguinte, negam que a decisão seja absoluta. A diferença entre uns e outros autores deve-se em grande parte ao fato de que, enquanto para os primeiros a Existência está suspensa no nada, para os últimos, em compensação, está suspensa no ser (e ainda apenas na medida em que está por toda parte penetrada de ser). Por isso, os primeiros criticam os últimos alegando que sua concepção da decisão nada tem que ver com uma decisão existencial, enquanto os últimos criticam os primeiros assinalando que seu conceito de liberdade absoluta equivale à idéia de uma liberdade negativa, e que esta é somente uma "liberdade para o nada".

Se prescindirmos dos variados matizes vinculados ao conceito de decisão, poderemos defini-la como um ato no qual a existência individual humana, em vez de continuar perdida nas coisas ou no mundo, volta-se para si mesma, não para desapegar-se simplesmente das coisas nem para dedicar-se à contemplação desinteressada, mas para escolher-se a si mesma e com isso cumprir sua vocação ou destino. Essa decisão pode ser considerada — num sentido *amplo* — um salto e, naturalmente, um ato no qual a existência se compromete completamente a si mesma. Nesse comprometer-se, a Existência se resolve a não se falsear. Dessa maneira, as noções de eleição, vocação, destino, compromisso e resolução estão relacionadas com o conceito de decisão existencial, mas convém observar que com isso se prescinde das dificuldades técnicas de todo tipo suscitadas pela compreensão da decisão e, sobretudo, das interpretações muito diversas de que é passível. Um exame da noção de Existência (VER) (no sentido em que esse termo é empregado por várias filosofias contemporâneas) pode contribuir para esclarecer várias das confusões mais comuns na mencionada definição.

⮎ Para a teoria da decisão: John von Neumann e Oskar Morgenstern, *Theory of Games and Economic Behavior*, 1944. — Leonard J. Savage, *The Foundations of Statistics*, 1954. — R. Duncan Luce e Howard Raiffa, *Games and Decisions: Introduction and critical Survey*, 1957. — Donald Davidson, Patrick Suppes e Sidney Siegel, *Decision-Making: An Experimental Approach*, 1957. — Wayne Lee, *Decision Theory and Human Behavior*, 1971. — M. Medina, *Normative Spieltheorie. Spieltheorestische Modelle für rationale Lösung von Konfliktsituationen*, 1972. — Franz von Kutschera, *Einführung in die Logik der Normen, Werte und Entscheidungen*, 1973. — John C. Harsanyi, *Essays on Ethics, Social Behavior, and Scientific Explanation*, 1976. —

Euryalo Cannabrava, *Teoria de decisão filosófica (Bases psicológicas da Matemática, da Lingüística e da Teoria do Conhecimento)*, 1977. — R. L. Keeney, H. Raiffa, *Decisions with Multiple Objectives: Preferences and Value Tradeoffs*, 1976. — C. A. Hooker, J. J. Leach, E. F. McClennen, eds., *Foundations and Applications of Decision Theory*, 2 vols., 1977 (I, *Theoretical Foundations*; II, *Epistemic and Social Applications*). — I. Levi, *Hard Choices: Decision Making Under Unresolved Conflict*, 1986. — M. D. Resnik, *Choices: An Introduction to Decision Theory*, 1986. — K. J. Arrow, H. Raynaud, *Social Choice and Multicriterion Decision-Making*, 1986. — H. Moulin, *Axioms of Cooperative Decision Making*, 1988.

Para a lógica da decisão: Richard C. Jeffrey, *The Logic of Decision*, 1965; 2ª ed., 1984. — G. Gottlieb, *The Logic of Choice*, 1968. — H. A. Simon, G. H. von Wright et al., *The Logic of Decision and Action*, 1968, ed. Nicholas Rescher. — Vários autores, *Utility, Probability, and Human Decision Making*, 1975, ed. D. Wendt e C. A. J. Vlek (seleção de "Atas" de uma reunião em Roma, 3/6-IX-1973). — A. C. Michalos, *Foundations of Decision-Making*, 1978. — J. P. Van Gigch, ed., *Decision Making about Decision Making: Metamodels and Metasystems*, 1987. — J. J. Mechanic, *The Logic of Decision Making: An Introduction to Critical Thinking*, 1988.

Ver também bibliografia de DEÔNTICO.

Artigos sobre decisão na revista *Theory and Decision. An International Journal for Philosophy and Methodology of the Social Sciences*, publicada desde 1970.

Para o sentido existencial de 'decisão', cf. a bibliografia de EXISTENCIALISMO, assim como: Alberto Caturelli, *El filosofar como decisión y compromiso*, 1958. — Jean Paumen, *Temps et choix*, 1972. ⊃

DECIDÍVEL. Em vários verbetes lógicos deste *Dicionário*, usamos os termos 'decidível', 'indecidível', 'decidibilidade' e 'indecidibilidade', assim como as expressões 'método de decisão' e 'procedimento de decisão'. Daremos aqui uma breve explicação do significado desses termos com base no esclarecimento do uso do termo 'decidível'.

Esse termo pertence ao vocabulário da metalógica e expressa um dos conceitos sintáticos fundamentais nela usados (outros conceitos fundamentais são o de consistência [ver CONSISTENTE] e o de completude [ver COMPLETO]). Denomina-se "decidível" um cálculo C quando se pode forjar um método ou um procedimento mecânico mediante o qual seja possível decidir — numa série finita de operações — se uma fórmula bem formada de C é ou não um teorema de C. Também se define às vezes o termo 'decidível' indicando-se que se chama "decidível" uma teoria formalizada T quando se pode forjar um método que permita decidir se uma sentença qualquer formulada mediante os símbolos usados em T pode ser provada mediante os recursos proporcionados por T. O procedimento mecânico ou método antes mencionado recebe o nome de "procedimento de decisão" ou "método de decisão". O problema que se refere à determinação da existência ou da não-existência, num cálculo C ou numa teoria formalizada T, de um procedimento ou método de decisão é denominado "problema de decisão". Se se encontra esse procedimento ou método, o cálculo ou a teoria formalizada recebem o nome de "decidíveis"; caso contrário, o de "indecidíveis". Com relação a esses adjetivos, usam-se os substantivos 'decidibilidade' e 'indecidibilidade'.

As definições anteriores não têm caráter formal. Para uma definição formal suficiente do termo 'decidível' aplicado a uma teoria formalizada T, usaremos a formulação de A. Tarski (*Undecidable Theories*, 1953, I, 3): "Uma teoria T é chamada *decidível* se o conjunto de todas as suas sentenças válidas é recursivo; caso contrário, é denominada *indecidível*". Seguindo o mesmo autor, diremos que uma teoria formalizada T pode ser: 1) *decidível*; 2) *indecidível*; 3) *essencialmente indecidível*. É essencialmente indecidível uma teoria T na qual são indecidíveis não apenas T, mas toda extensão consistente de T que tenha as mesmas constantes de T. Observemos que toda teoria decidível é axiomatizável, mas nem toda teoria axiomatizável é decidível.

Os problemas de decisão ocuparam sobremaneira os lógicos e matemáticos durante os últimos trinta anos. Podemos estabelecer nessa época dois períodos: um, de 1920 a 1934, no decorrer do qual se pensou que toda a lógica e toda a matemática eram decidíveis, período em que obteve seus maiores triunfos a chamada matemática formalista; outro, de 1934 aos dias de hoje, ao longo do qual se desvaneceram as esperanças de uma completa decidibilidade dessas disciplinas. A demonstração, por parte de A. Church, de que não se pode elaborar nenhum procedimento de decisão, nem mesmo para o cálculo quantificacional elementar, representou um dos momentos decisivos nessa história. Não entraremos aqui na descrição das diversas tentativas e dos resultados nos problemas de decisão no que se refere aos diferentes cálculos lógicos (cálculo sentencial, cálculo quantificacional elementar, cálculo quantificacional superior). Limitar-nos-emos a indicar, como ilustração de nosso problema, que um dos métodos de decisão forjados para demonstrar a decidibilidade de um cálculo é o método das tabelas de verdade (VER). Esse método foi elaborado para provar que o cálculo sentencial é decidível.

⊃ Além da citada obra de A. Tarski (parte da qual em colaboração com A. Mostowski e R. M. Robinson), ver sobre os problemas de decisão em geral: W. v. Quine, "On Decidability and Completeness", *Synthese*, 7 (1948-1949), 441-446.

Sobre o problema da decisão no cálculo quantificacional monádico de primeira ordem, ver especialmente: K. Gödel, "Zum 'Entscheidungsproblem' des logischen Funktionenkalküsl", *Monatshefte für Mathematik und Physik*, 40 (1933), 433-443. — A. Church, "An Unsolvable Problem of Elementary Number Theory", *American Journal of Mathematics*, 58 (1936), 345-363. — *Id.*, "A Note on Entscheidungsproblem", *Journal of Symbolic Logic*, 1 (1936), 40-41, 101-102. — *Id.*, "Special Cases of the Decision Problem", *Revue Philosophique de Louvain*, 49 (1951), 203-221. — "Special Cases of the Decision Problem. A Correction", *ibid.*, 50 (1952), 270-272. — Wolfgang Stegmüller, *Unvollständigkeit und Unentscheidbarkeit. Die metamathematischen Resultate von Gödel, Kleene, Rosser und ihre erkenntnistheoretische Bedeutung*, 1959. — Richard M. Martin, *Intension and Decision*, 1963. — H. McDaniel, *An Introduction to Decision Logic Tables*, 1968. — Ver também a bibliografia de GÖDEL (KURT); GÖDEL (PROVA DE).

A informação dada neste verbete pode ser complementada com a que figura nos verbetes COMPLETO; CONSISTENTE; GÖDEL (PROVA DE); METALÓGICA; SINTAXE. ⊂

DECISIONISMO. Cabe dar este nome à tese segundo a qual certos problemas só podem ser resolvidos ou, ao menos, enfrentados mediante um ato de decisão em favor de uma dentre duas ou mais alternativas. O ato de decisão está unido a um juízo de valor (para não dizer que consiste em formular um juízo de valor de caráter "decisório" e supostamente "decisivo"). A decisão pode atingir inúmeras áreas da vida humana (política, social, econômica, moral etc.). Com extrema freqüência, ela atinge a área moral.

Quando se conhece o fim escolhido, a decisão dos meios a empregar para atingi-lo não é assunto de uma decisão no sentido antes apontado, exceto quando não há informação suficiente sobre as possibilidades oferecidas pelos meios ou sobre conseqüências que podem derivar de seu emprego. O aumento de informação vai eliminando a área de "arbitrariedade" na decisão e vai eliminando, portanto, também o caráter de decisão. A questão de saber se se deve adotar ou não uma decisão em sentido próprio, e de se a referida decisão é ou não "última", isto é, se ela é ou não justificada por razões de alguma espécie, costuma dizer respeito aos próprios fins.

Um extremo "racionalismo" tende a sustentar que os fins são sempre, ao menos em princípio, justificáveis e explicáveis, e que, por conseguinte, cabe sempre encontrar argumentos suficientes em favor de uma alternativa que elimine outras alternativas. No pólo oposto, temos um "decisionismo" extremo, que aparece como um "irracionalismo". Com efeito, o decisionismo puro e simples é transracional. A decisão adotada é considerada ou como subjetivamente "arbitrária", ou então como imposta por uma crença prévia sobre a qual não se têm dúvidas.

Entre essas duas posições há uma grande quantidade de atitudes intermediárias. Duas delas são importantes. Uma é a atitude de acordo com a qual os fins são "disputáveis", ou seja, pode haver razões a favor ou contra cada um deles. Embora se suponha que nenhuma razão é definitiva, admite-se que certas razões têm mais força, ou são mais persuasivas, que outras. Admite-se também que o futuro pode estar aberto a novas razões; sem dúvida, isso pressupõe que o conhecimento de novos fatos, ou de novas situações, pode alterar razões até então dadas, mas não há inconveniente em admitir que as razões são formuladas levando-se em conta fatos, ainda que não sejam logicamente deriváveis dos fatos.

Outra dessas posições intermediárias é a atitude segundo a qual a escolha de um fim — e, portanto, a decisão que se adota em favor dele — não é estritamente racional, ou não é racional no sentido de uma "razão teórica" supostamente pura. Pode ter, entretanto, uma importante dose de racionalidade fundada em "razões práticas". Pode também fundar-se no "bom senso", recorrer a uma espécie de "consciência moral" ou de "sentimento moral", ou pode afirmar que há uma possibilidade de um *a priori* não intelectual, mas "emotivo".

Consideremos, por exemplo, a questão de saber se determinada geração tem ou não de sacrificar-se em benefício de gerações futuras — o que pode significar o sacrifício de vantagens que a geração atual desfruta para que as gerações futuras não fiquem sem meios de subsistência ou sem possibilidades de dispor das quantidades mínimas de energia requeridas, ou então a fim de estabelecer no futuro uma sociedade melhor (mais justa, mais igualitária etc.) que a atual. O racionalista afirmará que se devem encontrar razões ou a favor ou contra o sacrifício da geração atual em benefício das futuras. O "decisionista" sustentará que não há outro remédio senão decidir-se a favor ou contra esse sacrifício, sem que haja razões suficientes para apoiar a decisão que se tome. Isso pode ser feito ou em virtude de uma decisão "arbitrária" ou em virtude de crença "última", ela mesma racionalmente injustificada, e injustificável. Os partidários das mencionadas posições intermediárias afirmarão várias teses como as seguintes: é possível, e desejável, encontrar "razões práticas" que conduzam a uma decisão satisfatória, que seja aceitável por todos, ou por quase todos, sem por isso pretender que seja uma decisão absolutamente correta e para sempre; é possível recorrer a um "sentimento moral" que não é irracional — embora tampouco, estritamente falando, racional; é possível recorrer à prudência como virtude, e atitude, capaz de proporcionar um critério cujo caráter razoável não deve ser confundido com o racional.

DECOSTER, PAUL (1886-1939). Nascido em Bruxelas, defendeu uma "metafísica única" que pode ser denominada a metafísica do ato. Essa metafísica não coincide estritamente nem com a filosofia nem mesmo com a ontologia enquanto mera "filosofia primeira" de caráter formal e crítico, pois se trata, em última análise, de uma metafísica não-demonstrativa, que começa com o incondicionado e exige todo condicionamento, o qual não pode sair da esfera lógica ou, no máximo, epistemológica. O ato é, em contrapartida, o que o pensamento encontra imediatamente diante de si como afirmação metafísica — não apenas psicológica — inevitável. Isso não significa, de acordo com Decoster, aceitar um irracionalismo; este ato é, em substância, um "ato intelectual". O fundamento da afirmação não é, assim, a indubitabilidade, mas a inevitabilidade. Daí uma dialética que passa do ato ao ato em vez de transcorrer no plano puramente formal ou na ordem imanente do idealismo. Porém, ao mesmo tempo, essa dialética atual requer, segundo Decoster, uma "mediação intrínseca ao ato" e, portanto, uma síntese pura ou concreta que possibilita uma adaptação do ato à mediação, os quais serão indistinguíveis, embora não identificáveis. Dessa maneira, o incondicionado metafísico se mostra dado numa espécie de "mediação imediata", que nos defronta com o ato puro. Com isso, a mediação será "a lei não-escrita de todo pensamento" (*De l'Unité métaphysique*, 1934, p. 74). Mas a linguagem do idealismo que parece empregar-se aqui não corresponde senão muito imperfeitamente, de acordo com Decoster, à realidade expressa; com isso, preenche-se meramente uma das condições de toda metafísica autêntica, que se vê obrigada a constituir-se mediante uma dissonância se deseja de fato recobrar sua "unidade".

➲ Obras: *La Réforme de la Conscience*, 1919. — *Le Règne de la Pensée*, 1922. — *Acte et Synthèse*, 1928. — "De l'Analyse réflexive à l'Expérience métaphysique" (*Travaux du IX Congrès Int. de Philosophie*, t. VIII [1931], 32-38). — *De l'Unité métaphysique. Épilogue philosophique*, 1934. — *Positions et Confessions*, 1940.

Ver: M. A. Cochet, *La Métaphysique de Paul Decoster et la Science*, 1937. — Jacques Gérard, *La Métaphysique de Paul Decoster*, 1945. — G. van Molle, *La Philosophie de Paul Decoster*, 1946. ⊂

DEDEKIND, JULIUS WILHELM RICHARD

(1831-1916). Nascido em Brunswick, foi discípulo de Gauss e professor no Instituto Politécnico de Zurique (1852-1862) e no de Brunswick (desde 1862 até sua aposentadoria em 1894). Sua mais conhecida e influente contribuição à matemática está em seu trabalho sobre "continuidade e números irracionais", no qual apresenta a idéia mais tarde chamada "corte de Dedekind". Esse "corte" consiste numa divisão de todos os números racionais em dois conjuntos A e B, sendo qualquer número do conjunto B maior que qualquer número do conjunto A. Quando "se cortam" esses conjuntos, o "corte" pode cair ou não sobre um número racional. Se cai sobre um número racional, ele define esse número, e, se não cai, define um número irracional. Desse modo, todos os números reais são definidos por meio de números racionais. São importantes também as contribuições de Dedekind à teoria dos números algébricos.

Os axiomas que caracterizam a seqüência dos números naturais são denominados "axiomas de Peano" (ver PEANO, GIUSEPPE). Eles poderiam ser também chamados de "axiomas de Dedekind", já que foram formulados por este, ou de "axiomas de Dedekind-Peano".

➲ Obras: *Stetigkeit und irrationale Zahlen*, 1862; 3ª ed., 1905 (*Continuidade e números irracionais*). — *Was sind und was sollen die Zahlen?*, 1888 (*O que são e o devem ser os números?*)

Edição de obras matemáticas completas: *Gesammelte mathematische Werke*, 1930. — É importante a correspondência entre D. e Cantor: *Briefwechsel Cantor-D.*, 1937, ed. E. Noether e Jean Cavailles.

Ver: P. Dugac, *R. D. et les fondements des mathématiques*, 1976 (com textos inéditos e bibliografia de e sobre D.). ⊂

DEDUÇÃO. Muitas são as definições que se deram da dedução. Eis algumas delas: 1) é um raciocínio de tipo mediato; 2) é um processo discursivo e descendente que passa do geral ao particular; 3) é um processo discursivo que passa de uma proposição a outras proposições até chegar a uma proposição que se considera a conclusão do processo; 4) é a derivação do concreto a partir do abstrato; 5) é a operação inversa à indução; 6) é um raciocínio equivalente ao silogismo e, portanto, uma operação estritamente distinta da indutiva; 7) é uma operação discursiva na qual se procede necessariamente de algumas proposições a outras.

Cada uma das definições anteriores padece de vários inconvenientes, mas ao mesmo tempo aponta para uma ou várias características esclarecedoras. Assim, a 1ª é insuficiente, pois o vocábulo 'raciocínio' é aqui demasiadamente vago, porém sublinha o caráter mediato e, portanto, não-intuitivo da operação dedutiva. A 2ª definição tem pressupostos ontológicos que não são estritamente necessários e que se mostram patentes na noção de *descendente*, mas, por outro lado, ela alude à passagem do mais geral ao menos geral. A 3ª é correta, mas esquece a necessidade de "mediação" (termo médio, regra de inferência etc.). A 4ª mostra o caráter abstrato, ao menos no ponto de partida, do processo dedutivo, mas negligencia outros aspectos importantes desse processo. A 5ª é justa sempre que não se interprete em sentido demasiadamente estrito o termo 'inverso' e sempre que não se esqueça que tanto a dedução como a indução são operações de índole formal. A 6ª é aceitável apenas na medida em que mostra que o silogismo é uma operação dedutiva, mas falha na afirmação da equivalência entre dedução e silogismo, visto que este último é apenas uma das muitas operações dedutivas possíveis. A 7ª é pouco explícita, mas destaca um elemento fundamental na operação dedutiva: o de necessidade.

Das definições mencionadas, a 1ª e a 2ª encontram-se em textos não-escolásticos escritos a partir do princípio do século XIX; a 3ª e a 4ª são às vezes usadas para completar outras definições; a 5ª foi uma definição muito habitual em autores da época moderna antes que do florescimento (ou reflorescimento) da lógica formal simbólica; a 6ª foi a definição mais freqüente entre autores de tendência aristotélico-escolástica, esquecendo que, embora o próprio Aristóteles pareça ocupar-se em pormenor apenas do silogismo entre os processos dedutivos, ele de fato se refere a outras formas de dedução (deduções matemáticas etc.); a 7ª pertence, mais propriamente, ao grupo de definições da dedução nas quais se procura dar uma interpretação dela. Esta última definição é interessante na medida em que enfatiza — como vimos — o caráter necessário do processo dedutivo, mas, para entendê-la bem, é preciso distinguir a necessidade causal, a necessidade ontológica (ontológico-essencial, segundo alguns, ontológico-formal de acordo com outros) e a necessidade lógica. É apenas do ponto de vista desta última que podemos falar de *necessidade* ao nos referir a um raciocínio dedutivo. Com efeito, este último é necessário no sentido de que, uma vez admitindo-se que uma conclusão C segue-se necessariamente das premissas P, P_1, P_2 etc., revela-se *contraditório* afirmar que essa conclusão não se segue dessas premissas. A noção de necessidade (lógica) está, pois, ligada à da negação de contraditoriedade consigo mesma. Alguns autores afirmam que este é o único tipo de necessidade legítimo, de modo que se devem descartar o aspecto causal e o ontológico (essencial ou formal) da necessidade, os quais poderiam ser, em última análise, reflexos da necessidade lógica manifestada na dedução.

As investigações atuais sobre a natureza da dedução levam em conta alguns dos elementos antes mencionados, mas procuram reduzi-los a suas justas proporções ou então completá-los mediante outras características sem as quais não se pode proporcionar nenhuma noção medianamente rigorosa das operações dedutivas. Uma definição hoje muito comum que se aplica a todas as formas de dedução é a que afirma que no processo dedutivo se derivam certos enunciados de outros enunciados de modo puramente formal, isto é, em virtude somente da forma (lógica) desses enunciados. O enunciado ou os enunciados do qual ou dos quais se parte para efetuar a derivação são a premissa ou as premissas; o enunciado último derivado dessas premissas é a conclusão. A derivação rumo à conclusão efetua-se por meio das regras de inferência (VER), que recebem também o nome de regras de dedução. Há uma estreita conexão entre a noção de dedução e a de implicação lógica, chegando-se às vezes a sustentar que a primeira depende da segunda. Esta é a opinião de Whitehead e de Russell ao escrever em *Principia Mathematica*: "A dedução depende, assim, da relação de *implicação*, e todo sistema dedutivo deve conter entre suas premissas tantas propriedades de implicação quantas sejam necessárias para legitimar o procedimento ordinário da dedução". Se um enunciado p implica logicamente outro enunciado, q, q é deduzido logicamente de p; e, se um enunciado q é deduzido de um enunciado p, pode-se dizer que p implica logicamente q.

O método dedutivo é usado em todas as ciências — matemática, física, biologia, ciências sociais —, mas é particularmente apropriado no âmbito das ciências mais formalizadas, tais como a lógica, a matemática e a física teórica. Por meio desse método, é possível efetuar nessas ciências provas formais, nas quais se estabelece que as conclusões às quais se chega são formalmente válidas.

Entre os problemas suscitados com relação à dedução, destacaremos um: o que consiste em determinar se todo conjunto de fórmulas primitivas dadas em determinado sistema formal é ou não equivalente aos princípios de dedução de tal sistema. Alguns autores afirmam que sim; nesse caso, as fórmulas primitivas em questão são declaradas materialmente verdadeiras. Outros autores, em contrapartida, afirmam que essa interpretação dessas fórmulas não é necessária, seja porque eles rejeitam a expressão 'materialmente verdadeiras', seja porque distinguem os axiomas ou fórmulas primitivas de um sistema formal — ou cálculo — das regras de dedução desse sistema. Essas regras de dedução são consideradas fórmulas metalógicas, enquanto os axiomas primitivos são fórmulas lógicas.

Difunde-se cada vez mais na lógica o método da chamada *dedução natural* (VER) ou *inferência natural* (cálculo seqüencial, *Sequenzenkalkül*) proposto por Gerhard Gentzen. Esse método usa certos esquemas de derivação em vez dos axiomas e das regras de inferência.

Sobre a "dedução transcendental" em sentido kantiano, ver DEDUÇÃO TRANSCENDENTAL.

⮕ Em todos os textos de lógica há referências à noção de dedução. Ver também Gregorio Klimovski, *El método deductivo y la lógica*, 1973. — M. Dummett, *The Justification of Deduction*, 1974. — R. Butrick, *Deduction and Analysis*, 1980.

Noção de dedução em Aristóteles e em Santo Tomás, *Projęcie deduckcji u Arystotelesa sw. Thomaza z Akwinu*, 1930. — J. Corcoran, "Aristotle's Natural Deduction System", em *id., id.*, ed., *Ancient Logic and Its Modern Interpretations*, 1974, pp. 85-131.

Ver bibliografia de DEDUÇÃO NATURAL. ⊂

DEDUÇÃO NATURAL. No verbete DEDUÇÃO, aludimos ao método da chamada "dedução natural" ou "inferência natural" ("cálculo seqüencial", *Sequenzenkalkül*), empregado na lógica e proposto por Gerhard Gentzen em 1934 e simultaneamente (embora de maneira independente) por Stanislav Jaskowski, com base em trabalhos realizados por volta de 1926 no seminário de lógica de J. Łukasiewicz. O método em questão consiste numa série de regras de inferência, denominadas "regras de Gentzen", para efetuar inferências tanto na lógica sentencial como na lógica quantificacional.

Algumas dessas regras são puras "regras de estrutura" e consistem em instruções muito gerais tais como "dado um enunciado E, podemos inferir dele o mesmo enunciado E". Essas regras são meramente implícitas.

Outras dessas regras, propriamente chamadas "regras de Gentzen", são as duas seguintes: regra de eliminação e regra de introdução. Há uma regra de eliminação para cada um dos conectivos: '⌐' '→', etc. (ver CONECTIVO); e para cada um dos quantificadores: '∧' e '∨' (ver QUANTIFICAÇÃO, QUANTIFICACIONAL, QUANTIFICADOR). Isto é, para cada um dos conectivos: 'não', 'se... então' etc.; e para cada um dos quantificadores: 'todos' e 'alguns'. Característico do método de dedução natural é o uso de esquemas de derivação em lugar dos axiomas e regras de inferência dedutiva.

Na forma habitualmente apresentada hoje em dia, e usando os símbolos introduzidos no verbete NOTAÇÃO SIMBÓLICA, os esquemas de derivação empregados no método de dedução natural são os indicados a seguir.

Há oito esquemas de derivação para a lógica sentencial: um esquema de introdução para cada um dos quatro conectivos: '⌐', '∧', '→' e '∨', e um esquema de eliminação para cada um dos mesmos quatro conectivos: '⌐', '∧', '→' e '∨'.

Eis os quatro esquemas de introdução, empregando-se para eles, como letras sentenciais, 'p' e 'q':

$$\frac{\begin{array}{c}p\\ \cdot\\ \cdot\\ \cdot\\ q \wedge \neg q\end{array}}{\neg p} \quad (1)$$

$$\frac{\begin{array}{c}p\\ q\end{array}}{p \wedge q} \quad (2)$$

$$\frac{\begin{array}{c}p\\ \cdot\\ \cdot\\ \cdot\\ q\end{array}}{p \rightarrow q} \quad (3)$$

$$\frac{p \qquad q}{p \vee q \qquad p \vee q} \quad (4)$$

Eis os quatro esquemas de eliminação:

$$\frac{p \wedge \neg p}{q} \quad (5)$$

$$\frac{p \vee q \qquad p \vee q}{p \qquad q} \quad (6)$$

$$\frac{\begin{array}{c}p \rightarrow q\\ p\end{array}}{q} \quad (7)$$

$$\frac{\begin{array}{c}p \vee q\\ (p \rightarrow r) \wedge (q \rightarrow r)\end{array}}{r} \quad (8)$$

Com base nesses esquemas, podem-se formar outros quatro: dois de introdução para '⌐⌐' e '↔', e dois de eliminação para os mesmos conectivos '⌐⌐' e '↔'. Os esquemas de introdução em questão são:

$$\frac{p}{\neg\neg p} \quad (1^a)$$

$$\frac{(p \rightarrow q) \wedge (q \rightarrow p)}{p \leftrightarrow q} \quad (3^a)$$

Os esquemas de eliminação em questão são:

$$\frac{\neg\neg p}{p} \quad (5^a)$$

$$\frac{p \leftrightarrow q}{(p \rightarrow q) \wedge (q \rightarrow p)} \quad (7^a)$$

Como exemplos, traduzimos para a linguagem corrente os esquemas (3) e (7), que podemos denominar "regras" (3) e (7), ou seja, respectivamente, as regras de introdução e de eliminação para '→'.

A regra (3) estabelece que, se uma conclusão se segue de certas premissas, o condicional formado pela última dessas premissas como antecedente e a conclusão originária como conseqüente se seguem das premissas restantes.

A regra (7) estabelece que o conseqüente de um condicional se segue desse condicional e de seu antecedente.

Para um exemplo de aplicação das regras de Gentzen, consideremos os dois enunciados:

Pedro se casa.
Pedro se aborrece.

É-nos pedido agora derivar deles o enunciado:

Se Pedro se casa, então quando Pedro se aborrece, Pedro se casa e Pedro se aborrece.

Simbolizando 'Pedro se casa' por 'C' e 'Pedro se aborrece' por 'A', temos:

$$\frac{\dfrac{\dfrac{C \qquad A}{C \wedge A}}{A \to (C \wedge A)}}{C \to (A \to (C \wedge A))}$$

Para esse propósito, usaram-se sucessivamente as regras (2), (3) e, novamente, (3).

Há quatro esquemas de derivação para a lógica quantificacional: um esquema de introdução para cada um dos quantificadores 'todos' e 'alguns', e um esquema de eliminação para cada um dos quantificadores 'todos' e 'alguns'.

Eis os dois esquemas de introdução — empregamos para eles, como letras quantificacionais, 'F', 'x', 'y' etc., e nos restringimos a predicados monádicos:

$$\frac{Fx}{\bigwedge y \, (Fy)} \qquad (9)$$

$$\frac{Fx}{\bigvee y \, (Fy)} \qquad (10)$$

Eis os dois esquemas de eliminação — empregamos as mesmas letras quantificacionais e nos restringimos aos mesmos predicados:

$$\frac{\bigwedge x \, (Fx)}{Fy} \qquad (11)$$

$$\frac{\begin{array}{c} \bigvee x \, (Fx) \\ \vdots \\ G \end{array}}{G} \qquad (12)$$

Enquanto os esquemas de derivação para a lógica sentencial não oferecem dificuldade particular, os esquemas de derivação para a lógica quantificacional são de manejo mais difícil. Com efeito, quando se efetuam as derivações, deve-se cuidar para que não se ligue uma variável que deveria permanecer livre (isto é, para que não ocorra o que se denomina às vezes "colisão de variáveis"). Para evitá-lo, é preciso levar em conta certas restrições de que costumam fazer-se acompanhar os esquemas em questão. Assim, por exemplo, no esquema (9) se estabelece que o esquema é aplicável sempre que 'x' não apareça como variável livre em nenhuma premissa, e sempre que 'Fx' seja como 'Fy' exceto por conter casos livres de 'x' onde 'Fy' contém casos livres de 'y'. O esquema (10), por outro lado, é aplicável sempre que 'Fx' seja como 'Fy' exceto por conter casos livres de 'x' onde 'Fy' contém casos livres de 'y'.

Para as restrições aos esquemas (11) e (12) e outras observações pertinentes ao uso de esquemas de derivação para a lógica quantificacional, remetemos a qualquer exposição de lógica baseada no sistema da dedução natural (ver bibliografia). Ver TABELAS (MÉTODO DE).

➲ Ver: Gerhard Gentzen, "Untersuchungen über das logische Schliessen", *Mathematische Zeitschrift*, 39 (1934-1935), 176-210, 405-431. — Stanislav Jaskowski, "On the Rules of Supposition in Formal Logic", *Studia Logica*, 1 (1934) [há ed. separada]. — Oliva Ketonen, *Untersuchungen zum Prätikatenkalkül*, 1944. — R. Feys, *Les méthodes récentes de déduction naturelle*, 1946. — H. B. Curry, *A Theory of Formal Deducibility*, 1950. — Kurt Schütte, "Schlussweisen-Kalküle der Prädikatenlogik", *Mathematische Annalen*, 122 (1950), 47-65. — W. van Quine, "On Natural Deduction", *Journal of Symbolic Logic*, 15 (1950), 93-102. — J.-B. Grize, "Un nouveau calcul de déduction naturelle dû à F.-B. Fitch", *Revue philosophique de Louvain*, 53 (1955), 328-367. — Hugues Leblanc, "Études sur les regles d'inférence dites règles de Gentzen, *Dialogue*, 1 (1962), 56-66. — Joseph Dopp, *Logiques construites par une méthode de déduction naturelle*, 1962. — John M. Ander, *Systems*, 1962. — Dag Prawitz, *Natural Deduction: A Proof-Theoretical Study*, 1965. — John Kozy, *Understanding Natural Deduction: A Formalist Approach to Introductory Logic*, 1974. — J. Corcoran, "Aristotle's Natural Deduction System", em *id., id.*, ed., *Ancient Logic and Its Modern Interpretations*, 1974, pp. 85-131. — P. Schroeder-Heister, "A Natural Extension of Natural Deduction", *Journal of Symbolic Logic*, 49 (1984), 1284-1300. **C**

DEDUÇÃO TRANSCENDENTAL. Na "Analítica transcendental" da *Crítica da razão pura* (A 84, b 117 ss.), Kant emprega o termo 'dedução' (*Deduktion*) — na expressão 'dedução transcendental' (*Transzendentale Deduktion*) — no antigo sentido jurídico de "justificação", isto é, de direito ou prova legal (*quid juris*) em contraposição à questão de fato (*quid facti*). Há muitos conceitos empíricos empregados sem justificação. Certos conceitos, porém, devem justificar-se "legalmente", isto é, devem ser objeto, em termos kantianos, de "dedução transcendental": são os conceitos puros do entendimento ou categorias (ver CATEGORIA).

Esses conceitos não podem ser simplesmente deduzidos — de novo, no sentido kantiano deste termo, além disso também relacionado com o sentido mais corrente de dedução ou procedência de um princípio — de modo casual e empírico; corresponde à sua natureza que eles sejam deduzidos *a priori*, pois de outra maneira não teriam validade objetiva, isto é, não poderiam ser empregados de tal forma que dessem por origem "enunciados empíricos" (enquanto enunciados que descrevem objetivamente o mundo como mundo fenomênico). Trata-se de saber "como as *condições subjetivas do pensamento* podem possuir *validade objetiva*, ou seja, como podem proporcionar as condições de possibilidade de todo conhecimento de objetos". A rigor, trata-se de saber como os objetos podem constituir-se como objetos de conhecimento para fundamentar o conhecimento objetivo da realidade e, portanto, estabelecer as condições de possibilidade da ciência (física).

O assunto é intricado. A dedução kantiana dos conceitos puros do entendimento é uma das partes mais difíceis, obscuras (e profundas) da *Crítica da razão pura*. Qualquer resumo dela mostra-se falaz, porque, neste caso, os detalhes são importantes. Dada a natureza desta obra, porém, não temos outra solução senão limitar-nos a traçar algumas linhas essenciais.

Kant proporciona a esse respeito vários argumentos. Antes de tudo, enfatiza que as diversas representações que constituem o conhecimento (ou o material do conhecimento) devem estar de alguma maneira unidas, já que de outro modo não se poderia falar propriamente de conhecimento. Essa união pode ser estudada do ponto de vista da atividade do sujeito cognoscente. A premissa fundamental é a consciência da diversidade no tempo, que produz por um lado a consciência de um eu unificado (não um eu metafísico ou um eu empírico, mas um eu transcendental) e por outro lado a consciência de algo que constitui o objeto enquanto objeto do conhecimento. A combinação da diversidade em unidade ocorre de três modos: 1) mediante síntese da apreensão na intuição, ou consciência da simultaneidade e não sucessividade de vários elementos; 2) mediante síntese da reprodução na imaginação, que torna possível voltar a apresentar as representações, e 3) mediante síntese do reconhecimento num conceito, que permite reconhecer a persistência dos mesmos elementos. Todas essas condições se baseiam numa condição fundamental originária: a chamada "apercepção (VER) transcendental" — ou "pura". Essa apercepção não tem caráter subjetivo, mas objetivo, na medida em que representa a condição para toda objetividade possível. Estendemo-nos a esse respeito no mencionado verbete APERCEPÇÃO. Acrescentemos aqui que a dedução transcendental dos puros conceitos do entendimento é algo distinto tanto de uma dedução (ou justificação) puramente lógica como de uma puramente metafísica. Em ambos os casos, seria uma "dedução" vazia ou por não referir-se à experiência ou por referir-se a uma suposta, mas incomprovada e incomprovável, realidade em si. A dedução transcendental tem por objeto justamente mostrar as condições *a priori* da experiência possível em geral como condições da possibilidade dos objetos da experiência (enquanto objetos cognoscentes). Ela não é uma imposição de algo "subjetivo" à "realidade"; não é uma derivação lógica de um princípio; não é uma indução efetuada a partir dos dados da experiência (os quais, justamente, devem ser tornados inteligíveis como tais dados) — ela é, antes, um modo de mostrar como se constitui o objeto como objeto de conhecimento na medida em que esse objeto se acha em geral ligado aos objetos reais empíricos.

A teoria kantiana da dedução transcendental apresenta numerosas dificuldades. Afirmou-se, por exemplo, que ela constitui, em última análise, um círculo vicioso, pois mostra a unidade do eu a partir da unidade (possível) do objeto e a unidade do objeto a partir da unidade (possível) do eu. Indicou-se também que, enquanto Kant parece falar, por um lado, das condições da realidade (como realidade cognoscível), por outro parece referir-se às condições da linguagem (ou das linguagens) na qual (ou nas quais) se fala da realidade. Em todo caso, deve-se reconhecer que Kant enfrentou lealmente um problema real, o problema do modo de conexão entre conceitos e dados empíricos, e que o enfrentou sem procurar deduzir uns dos outros. As questões abordadas por Kant na dedução transcendental não podiam, entretanto, ser suficientemente esclarecidas no quadro dessa dedução. Por isso, Kant introduziu a noção de "esquema (VER) das categorias", mais uma tentativa de restabelecer a continuidade entre os conceitos (e, em geral, a linguagem) e a realidade.

A idéia de uma "dedução transcendental" é também aplicada por Kant na *Crítica da razão prática*. Nesta, trata-se de mostrar como a lei moral é válida, isto é, de justificar a lei moral.

Deve-se distinguir a "dedução transcendental" e a "dedução metafísica" em ambas as *Críticas*. Na *Crítica da razão pura*, a "dedução metafísica" visa descobrir quais são as categorias, enquanto a "dedução transcendental" se ocupa de sua validade. Na *Crítica da razão prática*, a "dedução metafísica" tem por objetivo descobrir qual é a lei moral, ao passo que a "dedução transcendental" se ocupa da validade dessa lei, de sua aplicabilidade etc. Ambas as deduções são independentes uma da outra. Como na *Crítica da razão pura* a dedução transcendental é, em nossa opinião, mais fundamental que a metafísica, e como constitui o modelo para qualquer outra "dedução transcendental", dedicamos a ela quase todo este verbete.

⇨ Ver as obras em que se comenta a *Crítica da razão pura* (Paton, Weldon etc.) mencionadas no verbete KANT. Além disso: H. Clemens Birven, *I. Kants Transzendentale Deduktion*, 1913. — H. J. de Vleeschauwer, *La déduction transcendentale dans l'oeuvre de Kant*, 3 vols., 1934-1937. — Mikel Dufrenne, *La notion d'a priori*, 1959. — Pietro Chiodi, *La deduzione nell'opera di Kant*, 1961. — Mario Gattulo, *Categoria e ogetto in Kant: La deduzione transcendentale nella prima edizione della Critica della ragione pura*, 1967. — Dieter Henrich, *Identität und Objektivität. Eine Untersuchung über Kants transzendentale Deduktion*, 1976. — M. Hossenfelder, *Kants Konstitutionstheorie und die Transzendentale Deduktion*, 1978. — W. Hinsch, *Erfahrung und Selbstbewusstsein. Zur Kategoriendeduktion bei Kant*, 1986.

— M. Baum, *Deduktion und Beweis in Kants Transzendentalphilosophie*, 1986. — Forum für Philosophie, ed., *Kants transzendentale Deduktion und die Möglichkeit von Transzendentalphilosophie*, 1988. — R. E. Aquila, *Matter in Mind: A Study of Kant's Trascendental Deduction*, 1989. ᴄ

DEFENSÁVEL. Ver Crença.

DEFICIENTE. Uma entidade é deficiente quando se acha privada de algo que lhe pertence; nesse sentido, a deficiência é equiparável à privação (ver). Os escolásticos usaram os termos *defectivus*, *deficiens* e *defectibilis* referindo-se a certas causas ou a certos efeitos. Santo Tomás (*S. theol*. I, XLIX, 1 ob 3 ad 3) fala da *causa defectiva sive deficiens sive defectibilis* (causa deficiente). Um efeito deficiente, como o mal, só pode proceder de semelhante causa. O deficiente é o mal, e a causa do mal é o próprio mal. Ora, de acordo com Santo Tomás, o mal tem sua causa na ação de seres voluntários, que não são coisas naturais. Nesses seres, o defeito da ação procede de uma vontade efetivamente deficiente, isto é, que não se submete à sua própria regra. Por isso, o mal não tem uma causa direta, mas apenas acidental, e por isso Deus não pode ser causa do mal. Leibniz (*Essais de théodicée*, I, 20; Gerhardt, VI, 11) afirmava que a região (das verdades eternas) "é a causa ideal do mal (por assim dizer), assim como do bem, mas, propriamente falando, o formal do mal nada tem de eficiente, pois consiste na privação. Por isso, os escolásticos costumam denominar *deficiente* a causa do mal". Segundo Leibniz (*op. cit*., 1, 22; Gerhardt, VI, 22), a perfeição é positiva e é uma realidade absoluta, enquanto o defeito é privativo: "Procede da limitação e tende a novas privações". Por esse motivo, Leibniz dá seu total assentimento ao princípio *bonum ex causa integra, malum ex quolibet defectu*, assim como ao princípio *malum causam habet non efficientem, sed deficientem*. Em suma: tanto para Santo Tomás como para Leibniz não pode haver uma causa eficiente, mas apenas uma "causa deficiente" do mal.

DEFINIÇÃO. De um ponto de vista muito geral, a definição equivale à delimitação (*de-terminatio, de-finitio*), isto é, à indicação dos fins ou dos limites (conceituais) de um ente com referência aos demais. Por isso, a definição foi com freqüência concebida como uma negação: delimitamos um ente com respeito a outros porque negamos os outros até ficarmos mentalmente com o ente definido. Supõe-se que, ao efetuar de uma maneira conseqüente essa delimitação, alcançamos a natureza essencial da coisa definida. Por isso, definir não é o mesmo que discernir. Discernimos, com efeito, se um objeto dado A é verdadeiramente A; definimos, em contrapartida, em *que* consiste o ser A de A, sua essência (ver) ou qüididade (ver), de tal sorte que, uma vez obtida a definição de A, podemos saber de qualquer objeto se é efetivamente A ou não. Ora, enquanto a ação de discernir supõe comprovação empírica da verdade ou falsidade do objeto considerado, a de definir supõe delimitação intelectual de sua essência. Assim, por exemplo, podemos discernir, pelo gosto ou por outro tipo de verificação empírica, se um objeto que parece ser um pedaço de pão é ou não efetivamente um pedaço de pão. Por outro lado, podemos estabelecer quais são as propriedades que um pedaço de pão deve possuir para efetivamente sê-lo e definir com isso a entidade *pedaço de pão*. Isso não significa, naturalmente, que a definição seja sempre uma operação mental independente da comprovação empírica. É freqüente que só depois de muitas comprovações empíricas acerca de um ente dado possamos chegar a definir esse ente. Entretanto — especialmente em ontologias de tipo platônico —, tende-se a destacar o aspecto intelectual e, em todo caso, abstrativo (ver Abstração, abstrato) da operação ou das operações por meios das quais chegamos a formular definições.

As considerações anteriores baseiam-se, por um lado, numa análise de vários usos correntes dos vocábulos 'definição' e 'definir', e, por outro lado, no exame do modo como o problema da definição foi tratado pelos primeiros filósofos que o formularam: Sócrates e Platão. Deve-se a eles uma tese de grande influência: a de que uma definição (universal) de uma realidade é efetuada por meio da divisão (ver) — διαίρεσις — de todas as realidades de acordo com as correspondentes propriedades essenciais de cada tipo de realidade considerada. Assim, definir uma entidade consiste em considerar a classe à qual pertence e em colocá-la num determinado nível da hierarquia (ao mesmo tempo ontológica e lógica) de realidades. Esse nível é determinado — e isto foi aceito por grande parte da tradição filosófica — por dois elementos de caráter lógico: o gênero (ver) próximo e a diferença (ver) específica. Daí a fórmula tradicional: *definitio fit per genus proximum et differentiam specificam*. Uma das representações gráficas que melhor permitem compreender seu funcionamento é a da Árvore de Porfírio (ver). Dessa maneira, formula-se a célebre definição: *animal racional* que define *homem*. Com efeito, *animal* é o gênero próximo, a classe mais próxima em que está incluída a classe *homem*, e *racional* é a diferença específica por meio da qual separamos conceitualmente a espécie dos homens da espécie de todos os outros animais. Por outro lado, é necessário que em toda definição se esgotem as características consideradas essenciais do ente definido, pois se falta alguma delas o objeto não fica propriamente "situado", podendo facilmente confundir-se com outro. Assim, quando definimos *circunferência* dizendo *figura plana fechada eqüidistante em todos os seus pontos de um ponto interior que é seu centro*, enumeramos todas as características que delimitam essa figura com referência a todas as outras figuras. Dessa necessidade surgiram as regras que se propuseram com freqüência (sobretudo a partir dos escolásticos) para a definição. Eis algumas delas: a definição deve ser mais clara que a coisa definida; o definido tem de ficar excluído da definição; a definição não deve conter nem mais nem menos que o passível de ser definido.

Nem sempre, contudo, se seguiram os esquemas antes apontados para a produção de definições. Já desde Sócrates e, sobretudo, desde Platão foram formuladas definições de acordo com diversos métodos: não apenas a divisão e a abstração, mas também a dialética (VER), foram abundantemente empregadas. Além disso, os métodos variavam de acordo com o tipo de ente considerado. Era necessário, portanto, voltar a submeter o problema da definição a uma análise mais completa. Isso foi o que fez Aristóteles. Muitas são as indicações que encontramos em suas obras sobre o problema. Limitar-nos-emos aqui a dois tipos delas. Em primeiro lugar, Aristóteles examinou a definição — ὅρος, que significa "término", "limite" — de uma "proposição" ou "intervalo" — διάστημα — como uma das quatro classes de predicáveis (VER), o predicável que possui a característica de ser essencial e convertível. Em segundo lugar, a definição foi estudada como um processo mental por meio do qual se acha um termo médio que permite saber *o que* é um ente dado. Ao contrário da existência do ente e da causa pela qual o ente é, a definição tem então por missão averiguar a essência, isto é, aquilo que faz com que o ente seja *o que é*. É certo que em muitos casos há equivalência entre aquilo *por que* um ente é e o *quê* desse ente. Por esse motivo, pode-se falar também do quê — *quid* — do ente como de sua causa, mas esta última é quase sempre entendida como a causa essencial. Ao mesmo tempo, pode haver equivalência entre perguntar se um ente é e o que é tal ente; isso ocorre quando se declara que somente o conhecimento do quê do ente pode permitir responder à pergunta sobre se determinado ente é. Em ambos os casos, porém, a existência e a causa do ente põem-se na dependência do atributo ou dos atributos essenciais desse ente. Ver ESSÊNCIA.

Os escolásticos aproveitaram algumas das precedentes indicações de Aristóteles. Além disso, esclareceram que, quando se fala de definição, esta pode ser a definição de uma coisa ou o quê de uma coisa — *quid rei* — ou a definição de um nome ou o quê de um nome — *quid nominis*. Referimo-nos até aqui principalmente à definição de uma coisa ou ente, mas deve-se observar que se trata apenas de uma das formas tradicionalmente admitidas de definição. Além disso, é uma definição que supõe a do nome, isto é, a indicação do que o nome significa. Ora, sendo a definição real ou sendo ela nominal, é sentença comum dos escolásticos e de muitos lógicos considerar a definição como uma expressão ou como um termo complexo por meio do qual se indica o que algo (coisa ou nome) é (essencial-

mente). A definição não pode ser, pois, confundida com uma proposição. Assim, 'o cavalo é um animal solípede, da família dos eqüinos e do gênero *equus*' é uma proposição, mas a expressão 'animal solípede, da família dos eqüinos e do gênero *equus*' é uma definição do cavalo.

As definições real e nominal não são os únicos tipos de definição admitidos. Referir-nos-emos posteriormente a vários outros tipos. Não obstante, como alguns deles foram propostos pela lógica contemporânea, precederemos essa enumeração por algumas palavras sobre as idéias atualmente mais difundidas na lógica sobre a definição.

Seja qual for o tipo a que se refere, a definição é considerada hoje uma operação que se realiza no nível lingüístico. No curso dessa operação, une-se uma expressão que se procura definir, chamada *definiendum*, a uma expressão que define a citada expressão e recebe o nome de *definiens*. O *definiendum* pode substituir o *definiens* e é considerado uma abreviatura do *definiens*. O sinal que se coloca entre o *definiendum* e o *definiens* é '= def.' (alguns autores empregam '→'). Esse sinal se lê 'define-se' ou 'é por definição'. As expressões unidas por '= def.' podem ser de tipos muito diversos: termos simples, termos complexos, números, fórmulas lógicas etc. Assim:

Homem = def. animal racional (1);
Piróscafo = def. casco de vapor (2);
Tuberculose = def. doença causada pelo
    bacilo de Koch (3);
10 = def. 5 + 5 (4);
$p \to q = def. (\neg p \lor q)$ (5);
Livro = def. este objeto que o leitor tem em mãos (6);

são definições. O *definiendum* está, em todos os casos, à esquerda de '= def.'; o *definiens* encontra-se à direita do mesmo sinal.

Os tipos de definição antes mencionados são os seguintes:

Definição *real*. Alguns entendem por ela uma expressão por meio da qual se indica o que é uma coisa (sua natureza ou essência); outros, uma expressão pela qual se indica o que é um conceito objetivo; outros, uma igualdade na qual o *definiendum* e o *definiens* não são lidos do mesmo modo; a definição (1) é, por exemplo, uma definição real. Observamos que em nenhum caso se pretende delimitar por definição a própria coisa, mas seu conceito.

Definição *nominal*. Alguns entendem por ela uma expressão por meio da qual se indica o que significa um nome. Como o processo mediante o qual se efetua essa definição é o mesmo efetuado para a definição real, vários autores (principalmente escolásticos) argumentam que a definição nominal deve ser entendida como uma extensão da definição real, mesmo admitindo-se que antes de começar a definir de fato algo é preciso definir seu nome, a fim de evitar ambigüidades. Outros indicam que uma definição nominal é o mesmo que uma definição real na qual a realidade é representada pela palavra, mas esta concepção só pode ser admitida por aqueles que concebem os nomes como puras inscrições; a definição (1) pode ser considerada também um exemplo de definição nominal se se pretende definir o nome "homem" e não a realidade chamada homem.

Definição *verbal*. É equiparada por alguns à definição nominal. Outros assinalam que, enquanto a definição nominal é uma operação na qual uma expressão é abreviada por outra, na definição verbal não há necessariamente abreviatura, mas sinonímia entre duas expressões cujos significados são conhecidos. A definição (2) pode ser considerada uma definição verbal. Estas definições são denominadas também *definições de Dicionário*. Quando se atenta ao que há no *definiendum* de (2) de abreviatura, (2) pode valer também como exemplo de definição nominal.

Definição *causal*. É aquela na qual o *definiens* é uma expressão que designa a causa que produz a realidade designada pelo *definiendum*. A definição (3) é um exemplo de definição causal. Alguns chamam esta definição de *definição genética*, mas outros reservam este último nome para certo tipo de definição matemática, tal como 'círculo = def. área engendrada por uma linha reta finita que dá voltas ao redor de um de seus extremos'. Em relação com os tipos anteriores de definições — especialmente com a *genética* —, fala-se também de definição *criadora* ou *sintética*. Esta consiste em determinar a essência de uma coisa mediante indicação das características que se pressupõe que a constituam. Algumas das definições dadas por Spinoza no começo de sua *Ética* podem ser consideradas exemplos de definições criadoras ou sintéticas.

Definição *explícita*. É a que define o *definiendum* fora de um contexto. A definição (4) é um exemplo de definição explícita.

Definição *contextual*. É a que define o *definiendum* dentro de um contexto. A definição (5) é um exemplo de definição contextual.

Definição *ostensiva*. É a que consiste em exibir um exemplo do tipo de ente designado pelo *definiendum*. A definição (6) é um exemplo de definição ostensiva. Muitos autores não consideram este processo como uma definição autêntica. Às vezes, dá-se também a esta definição o nome de *denotativa*.

As definições explícitas e as contextuais são muito usadas em lógica. Comum a todas elas é a definição de certos signos primitivos em função de outros signos considerados não-primitivos. Um dos tipos de definição contextual é a chamada definição *recursiva*. Esta consiste em definir um signo ou uma expressão em duas ou mais etapas.

Definição *intrínseca*. É, segundo os escolásticos, a que explica o objeto a definir mediante indicação de princípios inerentes a esse objeto.

Definição *extrínseca*. É a que procede mediante princípios não inerentes ao objeto que se procura definir.

A definição intrínseca foi dividida por alguns autores em *essencial* e *descritiva*. Contudo, esta última forma de definição não é admitida tal por muitos autores, que consideram a descrição como insuficiente para assinalar a natureza essencial do objeto (ou conceito) que se procura definir.

Definição *por abstração*. É a que define a significação de um símbolo como propriedade comum de vários entes. Assim (empregando um exemplo de Dubislav), a definição de "direção" — como vocábulo da geometria — é conseguida determinando-se, por um lado, que duas linhas retas paralelas têm a mesma "direção", e, por outro, que se duas linhas retas têm a mesma "direção" são paralelas.

Definição *operacional* (ver OPERACIONALISMO).

Embora alguns lógicos atuais tendam a reduzir toda definição a uma definição nominal, e toda definição nominal a uma definição de índole sintática, muitos autores se negam a aceitar esta última redução, admitindo dois aspectos na definição: o sintático (próprio de um sistema não-interpretado) e o semântico (no qual se introduz um novo símbolo atribuindo-lhe uma significação). Por outro lado, reconhece-se que, se uma definição nominal (num sistema interpretado) traz *quase sempre* implícita uma definição semântica, há casos nos quais isso não ocorre. Teve lugar a esse respeito uma discussão sobre a possibilidade ou a impossibilidade de se encontrar um meio de formular, de maneira puramente formal, as exigências de uma definição semântica. Para alguns, isso não é possível. Outros, em compensação (como Hughes Leblanc), embora admitam que muitas definições são semânticas e implicam questões semânticas, afirmam que se deve evitar ao máximo o problema da significação. Com esse objetivo, o mencionado autor procura formular critérios exatos de definibilidade (critérios que são equivalentes aos critérios intuitivos de sinonímia sem recorrer, porém, à própria noção de sinonímia).

Assinalaremos para terminar que, além dos esforços efetuados para esclarecer a noção de definição e para enumerar diferentes tipos de definição, procurou-se também em várias ocasiões agrupar esses tipos. Duas classificações a esse respeito merecem menção especial.

Uma é a de W. Dubislav. De acordo com esse autor, há quatro doutrinas principais acerca da definição: 1) A doutrina segundo a qual a definição consiste, sobretudo, numa determinação da essência. Esta doutrina foi defendida, com variações maiores ou menores, por Aristóteles e pelos aristotélicos, com particulares interpretações por Ueberweg e Bolzano; em seu âmbito cabe a classificação de definições em nominais e reais. 2) A doutrina segundo a qual a definição é a determinação (construção ou decomposição) do conceito, principalmente representada por Kant e Fichte, e no âmbito da qual se admite também a classificação anterior. 3) A doutrina segundo a qual definir um signo é esclarecer seu significado (ou sua aplicabilidade). Esta doutrina não parece ter sido defendida explicitamente por nenhum autor; nela se mesclam a definição nominal e a real. 4) A doutrina da definição como determinação (e não esclarecimento) da significação de um signo (novamente introduzido) ou da aplicação que pode encontrar. Vinculam-se a esta doutrina as teorias da definição de Pascal, de Leibniz e da nova lógica. Dubislav propõe uma análise da definição em sentido estrito que abrange: a determinação da significação de um signo que se introduz de novo; a construção de um novo conceito a partir de contextos dados; a análise dos signos, e a determinação essencial (aspectos que, segundo Dubislav, as doutrinas tradicionais da definição confundem), tendo como conclusão que na ciência há cinco tipos de definições que é preciso distinguir: (I) regras de substituição introduzidas num cálculo mediante novos sinais ou marcas; (II) regras para a aplicação de fórmulas de um cálculo a situações determinadas; (III) construções de conceitos; (IV) esclarecimento de sinais, como ocorre nas investigações históricas e jurídicas; (V) esclarecimento de situações ou "coisas".

A outra classificação é a de Richard Robinson. Há, de acordo com ele, dois modos de se classificarem as "definições da definição": segundo o propósito e segundo o método. Limitar-nos-emos a resumir sua classificação segundo o propósito (a mais difundida em todos os autores). Antes de tudo, a definição pode ser real ou nominal. A definição nominal pode ser de "palavra-palavra" (correlação de um termo ou frase com outro termo ou frase) ou de "palavra-coisa" (correlação de um termo ou frase com uma coisa ou acontecimento). A definição nominal de "palavra-coisa" por sua vez, pode ser léxica ou estipulativa, segundo se refira aos usos de um termo dados na história ou à significação atribuída pelo definidor ao termo ou expressão.

⊃ Além das referências sobre a definição nos principais textos citados nos verbetes LÓGICA e LOGÍSTICA, ver: L. Liard, *Des définitions géométriques et des définitions empiriques*, 1873. — W. L. Davidson, *The Logic of Definition*, 1885. — H. Rickert, *Zur Lehre von der Definition*, 1888. — W. Dubislav, *Die Definition*, 1926; 3ª ed., 1931. — J. Stenzel, "Sinn, Bedeutung, Begriff, Definition", *Jahrbuch für Philosophie*, I (1926). — J. Wisdom, *Interpretation and Analysis*, 1931. — H. Scholz e H. Schweitzer, *Die sogenannten Definitionen durch Abstraktion. Eine Theorie der Definitionen durch Bildung von Gleichheitsverwandtschaften*, 1935. — John Dewey e A. F. Bentley, "Definition", *Journal of Philosophy*, 54 (1947), 281-306 (ver também o mesmo *Journal*, 52 [1945] e 53 [1946]). — H. Weyl, *Philosophy of Mathematics and Natural Science*, 1949, pp. 9 ss. — R. Robinson, *Definition*, 1950. — H. Leblanc, "On Definitions", *Philosophy of Science*, 17 (1950), 302-309. — Torgny T. Segerstedt, *Some Notes on Definitions in Empirical Science*, 1957. — Gustav Bergman, *Philosophy of Science*, 1957 (especialmente cap. I). — Henryk Stonert, *Definicje w naukach dedukcynych*, 1959 (*As definições nas ciências naturais*). — György Tamás, *A tudományos meghatórazás*, 1961 (trad. alemã: *Die wissenschaftliche Definition*, 1964) [ponto de vista marxista]. — Ralph Borsodi, *The Definition of Definition: A New Linguistic Approach to the Integration of Knowledge*, 1967. — E. v. Savigny, *Grundkurs im wissenschaftlichen Definieren*, 1970. — Gottfried Gabriel, *Definitionen und Interessen. Ueber die praktischen Grundlagen des Definitionslehre*, 1972. — R. Kleinknecht, *Grundlagen der modernen Definitionstheorie*, 1979. — T. Pawlowski, *Begriffsbildung und Definition. Eine Einführung*, 1980 (trad. alemã do polonês). — J. W. Miller, *The Definition of the Thing with Some Notes on Language*, 1980.

Obras históricas: Laura Grimm, *Definition in Plato's Meno: An Inquiry in the Light of Logic and Semantics into the Kind of Definition Intended by Socrates When He Asks "What Is Virtue?"*, 1962. — M. D. Roland-Gosselin, "Les méthodes de la définition d'après Aristote", *Revue des sciences philosophiques et théologiques*, 6 (1912), 235-252, 551-575. — S. Moser, *Zur Lehre von der Definition bei Aristoteles*, I, 1935. — J. M. Le Blond, *Logique et méthode chez Aristote*, 1939. — Matthias Kessler, *Aristoteles' Lehre von der Einheit der Definition*, 1976. ⊂

DEFINIENDUM. Ver DEFINIÇÃO.

DEFINIENS. Ver DEFINIÇÃO.

DEGÉRANDO, JOSEPH-MARIE (1772-1842). Nascido em Lyon, seguiu de início as orientações de Condillac e formulou uma doutrina dos signos a que nos referimos no verbete sobre a noção de Signo (VER). Entretanto, ele não aceitou algumas das doutrinas da escola condillaciana, tais como, por exemplo, a equiparação da perfeição da ciência à perfeição da linguagem científica. Hostil ao inatismo e defensor do empirismo, cujas idéias tomou não apenas de Condillac como também de De Tracy e de Condorcet, Degérando manteve, contudo, uma posição cada vez mais próxima do movimento que se qualificou de espiritualista, de modo que se aproximou depois, em muitos pontos, das teorias mantidas por Royer-Collard e por Cousin. Esta última tendência manifesta-se especialmente em seu importante trabalho histórico-filosófico, que influenciou Cousin, especialmente no que diz respeito à classificação dos sistemas. Pode-se dizer que a orientação geral de Degérando foi eclética, procurando mesclar o empirismo e certos elementos dos ideólogos com tendências espiritualistas, tendo em vista a formação de um sistema que unisse intimamente a teoria e a prática e fizesse da filosofia não apenas uma especulação teórica mas também, e muito especialmente, um método de aperfeiçoamento moral.

◯ Obras: *Des signes et de l'art de penser considérés dans leurs rapports mutuels*, 1800 [ano VIII], 4 vols. — *Considérations sur diverses méthodes d'observation des peuples sauvages*, 1801. — *De la génération des connaissances humaines*, 1802. — *Histoire comparée des systèmes de philosophie relativement aux principes des connaissances humaines*, 1804, 3 vols. — *Du perfectionnement moral et de l'éducation de soi-même*, 1825. — *De l'éducation des sourds-muets*, 1832, 2 vols. — *De la bienfaisance publique*, 1838, 4 vols. ◯

DEÍSMO. Em seu sentido mais lato, 'deísmo' significa a crença, doutrina ou tendência que afirma a existência de Deus, em oposição ao ateísmo (VER) e também ao panteísmo (VER). Sob esse aspecto, 'deísmo' tem a mesma significação de 'teísmo' (VER). Contudo, o modo como os chamados deístas dos séculos XVII e XVIII defenderam suas doutrinas levou a estabelecer uma distinção fundamental entre deísmo e teísmo. A base dessa distinção foi estabelecida por Kant da seguinte maneira: "Se entendo por teologia o conhecimento do ser originário, ela está então baseada apenas na razão (*theologia rationalis*) ou na revelação (*revelata*). A primeira pensa seu objeto ou mediante razão pura, exclusivamente por meio de conceitos transcendentais (*ens originarium, realissimum, ens entium*), caso em que é denominada teologia *transcendental*, ou mediante o conceito extraído da natureza — da natureza de nossa alma (conceito do ser originário como inteligência suprema). Neste caso, dever-se-ia chamar teologia *natural*. Aqueles que aceitam apenas uma teologia transcendental são chamados *deístas*; aqueles que admitem também uma teologia natural são denominados *teístas*. Os primeiros admitem que podemos conhecer a existência de um ser originário exclusivamente mediante a razão, mas afirmam que nosso conceito desse ser é somente transcendental, isto é, o conceito de um ser que possui toda a realidade, mas que não podemos determinar de nenhuma maneira mais específica. Os últimos afirmam que a razão é capaz de determinar seu objeto mais precisamente por meio da analogia com a Natureza, isto é, como um ser que contém em si mesmo, por meio do entendimento e da liberdade, o princípio último de todas as outras coisas. Assim, o deísta representa esse ser meramente *como causa do mundo* (sem que se possa dizer se é por necessidade de sua natureza ou por liberdade); o teísta, como *autor do mundo*" (*KrV*, A 631-632, B 659-660).

Fundando-se na distinção anterior, costuma-se entender hoje por 'deísmo' a afirmação da existência de um Deus à parte de qualquer revelação. Esse Deus é concebido primariamente como princípio e causa do universo. Trata-se do mesmo Deus afirmado pela chamada "religião natural" (ou também "religião racional" na medida em que se identificam "razão" e "Natureza"). Em conseqüência, o Deus dos deístas tem pouca — se é que tem alguma — relação com uma Providência e nenhuma relação com a graça. É um Deus racional, que pode identificar-se com uma Lei (no sentido racional-natural do termo 'lei'). Conceitos como os de pecado, mal, redenção etc. são excluídos pelos deístas, principalmente por causa de seu caráter irracional. Os deístas sustentaram, além disso, que o Deus de que falam é, em última análise, o Deus de todas as religiões, uma vez que estas últimas foram desprovidas de todos os seus elementos históricos e "positivos".

Naturalmente, houve consideráveis diferenças entre os deístas no que se refere à sua idéia de Deus e à relação entre Ele e o mundo e os homens. Enquanto alguns deístas admitiam certos elementos que consideravam "razoáveis" nas religiões reveladas, e em particular do cristianismo — por exemplo, que Deus governa o mundo, que castiga os maus e recompensa os bons, inclusive na vida futura —, outros consideravam que esses elementos não eram em si mesmos "razoáveis". A única coisa admitida por estes últimos deístas (que podemos denominar "radicais" e um de cujos exemplos é Voltaire) é que há um Deus que é princípio e causa do universo; mas eles não estavam dispostos a admitir que esse Deus se ocupasse dos homens, de sua história e de seu destino — caso contrário, não se poderia explicar a existência do mal (VER).

De modo geral, os deístas franceses (e a maioria dos enciclopedistas [ver ENCICLOPÉDIA] era deísta) foram, no sentido antes apontado, radicais. Isso não se harmoniza, porém, com Rousseau, por causa da íntima relação estabelecida por este entre Deus e a ordem moral, por um lado, e entre Deus e o sentimento, por outro. Alguns dos deístas alemães (sobretudo vários seguidores de Wolff) acentuaram o aspecto racional de Deus; outros (como Hermann Samuel Reimarus) uniram o aspecto racional e o moral; outros (como Johann Salomon Semler) destacaram a universalidade de Deus extraída, por assim dizer, da história. O caso de Kant é especial: enquanto na *Crítica da razão pura* ele tem de rejeitar tanto o deísmo como o teísmo, por serem ambos de algum modo "especulativos", na *Crítica da razão prática* ele chega a uma concepção de Deus que tem ao mesmo tempo características deístas e teístas, bem em *A Religião dentro dos limites da pura razão* Kant chega a uma idéia muito semelhante à de muitos deístas. Quanto aos deístas ingleses, eles representaram, pelo número de seus defensores, pela abundância de seus escritos e pela influência exercida por estes, a maior parte da tendência deísta moderna, de tal maneira que é comum identificar o deísmo com o deísmo inglês. Dedicamos verbetes aos deístas ingleses mais importantes referindo-nos justamente a suas idéias sobre o assunto, de modo que remetemos a esses verbetes para uma descrição dessa tendência deísta e para muitas das teses hoje consideradas típicas de todo deísmo. Limitar-nos-emos a recordar aqui que, precedido por alguns autores como Richard Hooker (1554-1600) e Benjamin Whichcote (1609-1683) — este último, membro da Escola de Cambridge (VER), embora nem todos os representantes dessa escola fossem deístas, como o mostra o caso de Ralph Cudworth —, deu grande impulso ao deísmo Eduard Herbert de Cherbury (VER), cujas idéias sobre uma religião natural racional foram muito influentes durante os séculos XVII e XVIII. Foram também influentes a esse respeito Matthews Tindal (1636-1733), que reconhece, em sua obra *Cristianity as Old as Creation* (1730), a coincidência entre a religião natural e a revelada; Thomas Woolston (1669-1731), autor do livro *The Moderator Between an Infidel* [John Anthony Collins (VER)] *and an Apostate* [o clero] e de uma série de *Discourses* (1729-1730), que defendeu uma interpretação alegórica dos milagres e da ressurreição de Cristo; e sobretudo John Toland (VER). Também podem ser considerados deístas Locke e Hume, ainda que, ao contrário da maior parte dos autores mencionados, esses pensadores colocassem o deísmo no âmbito de um contexto filosófico mais amplo.

Os deístas mais radicais aproximaram-se dos livre-pensadores; os mais moderados, dos teístas. Em todo caso, o deísmo em todas as suas formas foi uma fonte de escândalo em sua época e suscitou numerosas e inflamadas discussões. É curioso, não obstante, que alguns autores que se empenharam particularmente em combater o deísmo admitiram, conscientemente ou não, certas teses deístas em seu pensamento. O caso mais notório é o de Joseph Butler (VER).

A classificação que oferecemos das doutrinas deístas (de acordo com a nacionalidade dos autores ou com o caráter mais ou menos radical de suas idéias) não é a única possível. Entre outras classificações, mencionamos, à guisa de exemplo, a apresentada por Leslie Stephen (*op. cit. infra*, pp. 84 ss.), que se aplica especialmente ao deísmo inglês do século XVIII: 1) deísmo construtivo (redução de dogmas cristãos a um grupo de verdades abstratas metafisicamente demonstráveis, ou, em certos casos, passíveis de prova empírica [por exemplo, argumento teleológico]); 2) deísmo crítico (descrédito de todas as religiões ortodoxas, dos milagres, da história eclesiástica etc.); 3) deísmo decadente (extremamente crítico e "radical").

◐ Muitas das histórias do pensamento religioso na época moderna e muitos dos livros sobre a Ilustração (VER) se referem amplamente ao deísmo. Limitamo-nos aqui a mencionar algumas obras que versam especialmente sobre essa questão, sendo que a maior parte delas se refere ao deísmo inglês: G. L. Lechler, *Geschichte des englischen Deismus*, 1841. — N. L. Torrey, *Voltaire and the English Deists*, 1930. — J. Orr, *English Deism. Its Roots and Its Fruits*, 1934. — M. M. Rossi, *Alle fonti del deismo e del materialismo moderno*, 1942. — Ver igualmente a obra de M. M. Rossi sobre Herbert de Cherbury no verbete HERBERT DE CHERBURY. — R. Z. Lauer, *The Mind of Voltaire: A Study in His "Constructive Deism"*, 1961. — G. Szczesny, *Die Disziplinierung des Deismus*, 1974. — C. J. Betts, *Early Deism in France: From the So-Called "déistes" of Lyon (1564) to Voltaire's* Lettres philosophiques *(1734)*, 1984. — P. Byrne, *Natural Religion and the Nature of Religion: The Legacy of Deism*, 1989. — R. H. Popkin, "Politeism, Deism, and Newton", em *Essays on the Context, Nature, and Influence of Isaac Newton's Theology*, 1990. — J. E. Force, "The Newtonians and Deism", em P. J. Rossi, ed., *Kant's Philosophy of Religion Reconsidered*, 1991. — O livro de Leslie Stephen citado é: *History of the English Thought in the Eighteenth Century*, 1876; 3ª ed., 1902. ◑

DÊITICO. Procedente de δεικτικός, que significa "ostensivo", "exibitório", "mostrativo" (do verbo δείκνυμι, "ostentar", "exibir", "mostrar"), empregou-se às vezes o termo 'dêitico' como sinônimo de 'puramente descritivo'. Assim, C. A. van Peursen (*Wirklichkeit als Ereignis. Eine deiktische Ontologie*, 1971) propõe uma ontologia dêitica (*deiktische, aufzeigende*) como solução para a questão de se é possível uma ontologia uma vez que se admite que nem tudo pode reduzir-se a "fatos". Para esse autor, a ontologia não se ocupa de fatos, mas de "acontecimentos" que têm lugar na vida "prática" do homem e constituem a base para toda descrição de fatos e para toda teoria.

O uso de 'dêitico' por alguns fenomenólogos é às vezes predominantemente metódico, ou metódico-descritivo, e às vezes está próximo da noção husserliana de *Lebenswelt* (VER). 'Dêitico' equivale a 'ostensivo', mas, como este último termo foi usualmente empregado em outros contextos, reservamos para ele um verbete à parte.

DELEUZE, GILLES. Nascido (1925) em Paris, começou por desenvolver seu pensamento filosófico ao longo de comentários a outras filosofias e a outras visões de mundo (Nietzsche, Kant, Bergson, Spinoza, Proust, Sacher-Masoch). Em sua obra sobre a repetição (VER) e a diferença (VER), ele acentuou a oposição a toda mediação de tipo hegeliano em favor de múltiplas diferenciações e aspectos fragmentários. Um livro de filosofia pode transformar-se desse modo "numa espécie muito particular de romance policial, por um lado, e de ficção científica, por outro": os conceitos devem intervir para resolver situações locais. Seguindo a inspiração de Nietzsche, Deleuze buscou novos meios de expressão filosófica. A *Lógica do sentido* é "um ensaio de romance lógico e psicanalítico" com 34 séries de "paradoxos arbitrários"; se há algum vínculo entre elas, consiste na variação imprevisível de elementos. É como a trama de um tecido desigual em que aparecem as imagens do puro devir, das superfícies, das dualidades, do jogo ideal, do sem-sentido, do problema moral nos estóicos, da univocidade, da linguagem, da oralidade, da sexualidade, do fantasma, das aventuras de Alice etc. O que aparece é o não-ensinável, os vazios da razão. Não é o sonho da razão o que engendra monstros, mas a racionalidade insone. Por isso, é preciso crivar a razão de buracos e cortar todas as árvores genealógicas, seguir a lei de não obedecer à lei. A filosofia se salva, se é necessário salvá-la, na perversão. A perversidade e a loucura conscientes mostram os sistemas filosóficos como jogos de superfícies e profundidades (ou de superfícies-profundidades) e de desejos-significantes. Contra toda aspiração à profundidade, que se desejou expressar no escrito, Deleuze destaca o primado da superfície, o domínio do oral. A filosofia, ou os fragmentos de filosofia, serve para a destruição da filosofia, da cultura e da psicanálise.

Deleuze caminha assim para uma espécie de "esquizo-análise" no âmbito da qual se efetua uma desarticulação de todos os conceitos básicos da cultura moderna, e em particular uma "desedipização" do inconsciente. Trata-se de ver, segundo aponta Deleuze, como tudo caminha, como funciona "a máquina". A história aparece como o funcionamento de "máquinas", a última das quais é a máquina do Édipo familiar e capitalista; a história é uma aventura da "Esquize", que deve ser libertada de todas as forças de repressão, regressando (talvez) a uma razão pré-racional, sem cisões.

•• Deleuze dedicou também diversos estudos à filosofia da arte (em particular à literatura, à pintura e ao cinema) e preparou monografias sobre alguns grandes autores da história da filosofia (Hume, Nietzsche, Kant, Spinoza, Bergson, Foucault, Leibniz). Nestes últimos trabalhos, ele não persegue uma reconstrução historicista, mas pretende sempre desvelar as questões que subjazem inexpressas às posições dos diversos filósofos. ••

➲ Obras: *Empirisme et subjectivité*, 1953. — *Nietzsche et la philosophie*, 1962. — *La philosophie critique de Kant*, 1963. — *Marcel Proust et les signes*, 1964; nova ed. ampl., 1970. — *Le Bergsonisme*, 1966. — *Présentation de Sacher-Masoch*, 1967 (pp. 7-115). — *Différence et répétition*, 1969. — *Spinoza et le problème de l'expression*, 1969. — *Logique du sens*, 1969. — *Capitalisme et schizophrénie, I. L'Anti-Oedipe*, 1972 (em colaboração com Félix Guattari, autor de: *Psychanalyse et transversalité. Essais d'analyse institutionnelle*, 1972, com prefácio de G. D.; *L'inconscient machinique*, 1979). — *Kafka. Pour une littérature mineure*, 1974 (com F. Guattari). — *Rhizome*, 1976 (com F. Guattari). — *Dialogues*, 1977 (com C. Parnet). — *Capitalisme et schizophrénie, II. Mille Plateaux*, 1980 (com F. Guattari). — *Foucault*, 1986. — *Francis Bacon. Logique de la sensation*, 1981. — *Cinéma 1, L'image-mouvement*, 1983. — *Cinéma 2, L'image-temps*, 1985. — *Le pli. Leibniz et le baroque*, 1988. — *Pourparlers*, 1990.

Em português: *Bergsonismo*, 1999. — *Conversações*, 1992. — *Crítica e clínica*, 1997. — *Diálogos* (em colaboração com Claire Parnet), 1998. — *A dobra*, 1991. — *A filosofia crítica de Kant*, 1994. — *Foucault*, 1998. — *A lógica do sentido*, 4ª ed., 1998. — *Mil platôs*, 5 vols., 1995-1997. — *Nietzsche*, 1994. — *Proust e os signos*, 1987. — *O que é a filosofia?* (com F. Guattari), 3ª ed., 2000.

Ver: G. Kaleka, *G. D. ou l'autre scène de la philosophie*, 1975. — Michel Cressole, *D.*, 1973. — T. Lange, *Die Ordnung des Begehrens. Nietzscheanische Aspekte im philosophischen Werk von G. D.*, 1989. — J. L. Pardo, *D.: Violentar el pensamiento*, 1990. — G. B. Vaccaro, *D. e il pensiero del molteplice*, 1991. — C. V. Boundas, ed., *The Deleuze Reader*, 1993.

C. Backes-Clément, Pierre Klossowski *et al.*, arts. em número especial de *L'Arc* (49) dedicado a F.-G (contém um "*Entretien*: les intellectuels et le pouvoir", de Foucault-Deleuze; e outro "Entretien", compilado por C. Backes-Clément, com D. e seu colaborador Félix Guattari). ↔

DELGADO, HONÓRIO. Nascido (1892), professor da Universidade de San Marcos, em Lima (Peru), trabalhou em psiquiatria e em psicologia, disciplinas que constituíram a base de suas especulações filosóficas, influenciadas, entre outros autores, por Jaspers, Scheler e Blondel. Delgado qualifica seu próprio pensamento de idealismo objetivo, entendendo por isto uma doutrina que enfatiza um reino de valores para os quais se orienta a Natureza e que constituem ao mesmo tempo um sistema de postulados que permitem solucionar problemas éticos, políticos e educacionais.

➲ Obras: *El psicoanálisis*, 1916. — *La rehumanización de la cultura científica por la psicología*, 1923. — *S. Freud*, 1926. — *La filosofía del conde Keyserling*, 1927. — *S. George*, 1933. — *S. George y K. Jaspers*, 1934. — *La personalidad y el carácter*, 1943. — *Ecología, tiempo anímico y existencia*, 1949. — *Introducción a la psicopatología*, 1950. — *Paracelso*, 1954. — *Nicolai Hartmann y el reino del espíritu*, 1956. — *Enjuiciamiento de la medicina psicosomática*, 1964. ↔

DELHOMME, JEANNE. Ver Pergunta; Saber.

DELIBERAÇÃO, DELIBERAR. Platão considerara que há no homem algo específico em virtude do qual ele executa certo tipo de atividade tal como o mandar ou o deliberar. É o que denominou o ἔργον, "o feito", a "ocupação", a "atividade". A deliberação é, de acordo com isso, uma atividade humana que, quando executada em conformidade com a virtude, dá lugar à justiça. A deliberação tem em Platão um sentido predominantemente, se não exclusivamente, moral. Aristóteles também trata da deliberação tendo em vista um propósito moral, mas a noção de deliberação funciona no âmbito de um contexto mais geral. Ela está estreitamente relacionada com a noção de escolha (ver ESCOLHA, ESCOLHER). Esta última é entendida por Aristóteles como uma escolha deliberada ou como uma escolha antecipada (pela deliberação); em todo caso, esse parece ser o sentido primário do termo προαίρεσις, *proairesis*. O vocábulo que Aristóteles usa, e que se costuma traduzir por 'deliberação', é βούλευσις, *boúleusis*. Isso dá a entender que se trata de um movimento da vontade, de um momento ou fase no ato voluntário. De acordo com Aristóteles, a deliberação é um ato executado por um ser racional e pressupõe que pode resultar dela uma decisão. Delibera-se por isso unicamente acerca das coisas que se encontram em nosso poder. Não se delibera sobre coisas eternas (por exemplo, sobre os números), ou sobre o universo material, ou sobre a relação entre a diagonal e o lado de um quadrado. Nem mesmo se delibera sobre todas as coisas humanas; por exemplo — afirma Aristóteles —, os espartanos não deliberam acerca de qual é a melhor constituição (política) para os citas (*Eth. Nic.* III, 3. 1112 18-30).

A análise aristotélica da noção de deliberação foi aceita por muitos autores. É comum entender que a deliberação precede o ato da escolha entre duas ou mais alternativas, ato que pode ser completado com a ação ou execução (a menos que se considere que a ação é já, por si, escolha). Avaliou-se às vezes que a deliberação é uma vacilação, ou uma série de vacilações, mas, embora se possa vacilar ao deliberar, a deliberação não consiste em vacilações, mas em razões. Estas não são, contudo, processos mentais de inferência, mesmo que esses processos mentais possam intervir na deliberação. Por esse motivo, a deliberação é entendida no contexto da "razão prática", e não da "razão teórica". O propósito da deliberação não é conhecer, mas agir.

Assim como no caso da escolha, discutiu-se sobre se a deliberação é um ato ou processo mental ou se há deliberação apenas no contexto do comportamento, isto é, se a deliberação é um modo de comportamento. As respostas dadas a isso dependem em boa parte das bases filosóficas da teoria psicológica adotada (ou, se se considera que uma teoria psicológica não tem por que ter bases filosóficas, da teoria psicológica adotada). Em todo caso, uma teoria como o comportamentalismo reduz a um mínimo, ou tende a eliminar por completo, a noção de deliberação.

DEMARCAÇÃO. Para os positivistas lógicos clássicos, se uma expressão não pertence a um sistema formal ou se não é passível de verificação empírica, deve ser excluída do âmbito da ciência. Se um enunciado não-formal não é verificável, carece de significação. Isso serviu para que os positivistas lógicos distinguissem enunciados significativos (científicos) e enunciados não-significativos (não-científicos); afora as já mencionadas expressões de sistemas formais. Constituiu dessa maneira o que vem sendo chamado de "critério de demarcação".

O termo 'demarcação' vem sendo usado sobretudo desde Popper. Esse autor rejeitou o critério dos positivistas lógicos fundado na verificabilidade — mesmo nas versões mais refinadas — e propôs o critério de falseabilidade. Trata-se de um critério de demarcação entre ciência e não-ciência.

Esse critério passou por diversas mudanças e múltiplos aprimoramentos em resposta às dificuldades com que deparou. Entre elas, figura a dificuldade oferecida pelo fato de que as teorias freqüentemente se imunizam contra a falseabilidade, de modo que o critério de falseabilidade não pode ser já apenas um critério de demarcação.

Há duas atitudes possíveis com referência à adoção de um critério de demarcação. Uma consiste em afirmar que é possível formular um critério, ainda que este se ache provavelmente submetido a mudanças. O critério é necessário porque, caso não se dispusesse dele, não se poderiam avaliar as teorias científicas, isto é, não se poderia declarar qual entre várias teorias científicas rivais é aceitável. Dessa maneira, o critério de demarcação se transforma num caso limite do critério de avaliação.

A outra atitude consiste em declarar que não é possível oferecer nenhum critério de avaliação, e, portanto, nenhum critério de demarcação, pois a aceitação de uma teoria entre várias (avaliação) e a aceitação de uma teoria científica como tal critério (demarcação) são um assunto interno à teoria; ou dependem de um paradigma no âmbito do qual, e só nele, uma teoria é preferida a outra, ou simplesmente uma teoria é considerada como tal dependendo do assentimento (e talvez da maioria) de uma comunidade de pesquisadores.

Também se rejeitou a própria idéia de um critério de demarcação, por se considerar que todas as teorias (doutrinas, crenças, concepções, enunciados etc.), científicas e não-científicas, estariam no mesmo nível, sendo todas elas rivais.

Esta última posição pode dar lugar ainda a três concepções: 1) Todas as teorias, concepções, doutrinas, crenças etc. são iguais e rivais, sendo, portanto, igualmente verdadeiras ou igualmente falsas; 2) todas as teorias, concepções, doutrinas, crenças etc. são iguais, mas não rivais, visto que cada uma oferece uma contribuição própria, insubstituível por qualquer outra; 3) todas as teorias, concepções, doutrinas, crenças etc. são iguais e rivais, chocando-se entre si numa espécie de "luta pela sobrevivência". Pode-se denominar a primeira concepção de ceticismo (ou uma das versões do ceticismo), a segunda de ecletismo e a terceira de darwinismo doutrinal.

A noção de demarcação — e quaisquer outras noções relativas à ação e ao efeito de traçar linhas fronteiriças, linhas de separação etc. — vem assumindo uma importância tanto maior quanto mais dificuldades se acumularam para estabelecer demarcações: demarcações entre ciência e metafísica, entre ciência e não-ciência, entre diversas ciências, entre ciência e arte, entre teorias, entre estilos etc. Paradoxalmente, embora de maneira compreensível, a importância da noção de demarcação chamou a atenção para a importância da noção de não-demarcação. Uma das manifestações desta última é o desenvolvimento de atividades interdisciplinares. Outra são as tentativas de "desconstrução", de "desestabilização" e outras similares, que levaram a que se pusessem no mesmo nível todos os gêneros de "escritura" (ciência, ficção, filosofia, literatura etc.). É possível que a essas manifestações e a esses esforços sucedam tentativas de novas demarcações e "construções". É provável que todas as demarcações sejam históricas, no sentido de serem função de uma dada fase na chamada "história da cultura". Isso não as torna necessariamente relativas, mas é evidente que elimina toda aspiração a que sejam absolutas e delineáveis de uma vez por todas.

DEMÉTRIO DE FALERA (ca. 345-283 a.C.). Filósofo peripatético, discípulo de Teofrasto, ocupou-se de política ativa em favor da causa macedônia (foi arconte de Atenas durante dez anos em representação de Cassandro) e redigiu (Diógenes Laércio, V, 80) mais obras que qualquer um dos peripatéticos seus contemporâneos. Além de obras sobre questões éticas e caracterológicas, inspiração pelos sonhos, biografias de filósofos e legisladores, devem-se a ele várias obras sobre política, legislação, ciência militar e retórica. Os fragmentos mais extensos conservados são sobre a constituição de Atenas, sobre a vida (ou apologia) de Sócrates, sobre seu próprio arcontado, sobre retórica (incluindo discursos) e sobre questões filológicas.

↪ Ver: O mais recente texto e comentário é o de Fritz Wehrli no Caderno IV de *Die Schule des Aristoteles: Demetrios von Phaleron*, 1949; 2ª ed., 1968. — H. Dohrn, *De vita et rebus Demetrii Phalerei Peripatetici*, 1825. — Ch. Ostermann, *Commentatio de Demetrii Phalerei vita, rebus gestis et scriptorum reliquiis*, 1847 e 1857. — E. Bayer, "Demetrios Phalereus der Athener", *Tübinger Beiträge zur Altertumswissenschaft*, 36 (1942). — J. Lacroix, *Démétrios de Phalère*, 1942-1943 (tese). ℂ

DEMÉTRIO, O CÍNICO (assim chamado para ser distinguido de Demétrio de Falera, o peripatético) (século I). Acentuou o tradicional conceito cínico do πόνος, esforço, declarando que não é concebível a vida do verdadeiro sábio sem esforço, sem confronto com os obstáculos e adversidades, e, portanto, sem a posse de energia suficiente para enfrentar a experiência da vida. As opiniões de Demétrio aproximaram-se muito das dos estóicos, especialmente das de Epicteto, e influenciaram Sêneca, ao menos na doutrina do sábio cordobês sobre a necessidade de que o sábio considere como suficiente aquilo que tem à mão, sem buscar nada mais. Demétrio enfatizou também a conveniência de que o sábio considere a si mesmo como um elemento e como um membro da Natureza e possua essa "perspectiva cósmica" sem a qual não há virtude.

↪ Fragmentos e referências de Demétrio em Sêneca.

Sobre outras referências e sobre a vida de Demétrio, ver o artigo de J. von Arnim (Demetrios, 91) em Pauly-Wissowa.

Ver: M. Billerbeck, *Der Kyniker Demetrius. Ein Beitrag zur Geschichte der frühkaiserzeitlichen Popularphilosophie*, 1979. ℂ

DEMIURGO. Em *Rep*. (507 C, 530 A), Platão falara de um operário ou artífice dos sentidos e de um artífice dos céus. Em *Soph*. (265 C), qualificava-se o artífice de divino. Contudo, apenas no *Timeu* a teoria platônica do operário ou artífice do mundo está exposta em pormenor (especialmente 28 A-31 A), quando o filósofo fala de um operário — δημιουργός (em latim traduzido por *artifex, fabricator, genitor, aedificator, opifex*) — que plasma o mundo tendo os olhos sempre fixos no modelo do eterno e, por conseguinte, do belo. Esse demiurgo, que contemplou o modelo eterno — τὸ ἀίδιον ἔβλεπεν —, é a mais perfeita das causas — ἄριστος τῶν αἰτίων —, ele produziu o mundo em virtude de sua bondade e carência de inveja, desejando que todas as coisas fossem semelhantes a ele. O resultado de sua atividade foi o mundo como um ser vivo, provido de alma e de intelecto.

Essa doutrina de Platão foi objeto de muitas discussões. Limitar-nos-emos a assinalar algumas das posições adotadas com referência a essa doutrina e aos vários problemas que suscita. 1) A narração da produção do mundo pelo demiurgo deve ser levada "a sério", como a descrição mais literal possível, ainda que empregando forçosamente uma linguagem figurada, da origem do universo. 2) É uma narração que deve ser interpretada como um simples "mito verossímil". 3) A doutrina do demiurgo é acessível a todos, porque todos conhecem o fazedor do mundo de alguma maneira. 4) Trata-se de uma doutrina esotérica, comunicável somente a alguns poucos. 5) O demiurgo e Deus são a mesma coisa, havendo em Platão, portanto, uma doutrina monoteísta, oculta apenas por sua submissão à linguagem ordinária que o faz falar também dos deuses, no plural, e até de uma subordinação desses deuses ao demiurgo. 6) O demiurgo é "somente" um deus entre outros, embora seja o deus supremo e o "pai" de todos eles. 7) O demiurgo cria verdadeiramente o mundo, pois o devir não tem existência ontológica independente e surgiu como conseqüência da atividade demiúrgica. 8) O demiurgo limita-se a combinar elementos preexistentes, à maneira do artífice. 9) O demiurgo faz "livremente" o mundo. 10) O demiurgo não faz senão "o que deve ser". 11) O demiurgo é um objeto de adoração religiosa. 12) O demiurgo é um objeto de especulação filosófica.

É difícil decidir-se terminantemente por uma dessas posições excluindo completamente as outras. Contudo, muitas das dificuldades surgidas a esse respeito se devem ao fato de a noção platônica ter sido demasiadamente interpretada ou por analogia com a doutrina cristã de um criador ou por analogia com a doutrina de uma lei ou razão do universo. Quando prescindimos dessas analogias, esclarecem-se alguns dos problemas apresentados. Por exemplo, o fato de que o demiurgo não tenha criado ele mesmo nem o receptáculo do devir nem os modelos do devir não significa que seja mera causa subsidiária, pois sem a convicção de que a razão atende à necessidade não haveria um mundo ordenado; mas tampouco significa que o demiurgo seja meramente o símbolo da ordem do universo. Por outro lado, o fato de que o demiurgo apareça como um símbolo não significa que sua idéia não represente algo que efetivamente "ocorreu". Por fim, que o demiurgo faça "o que deve ser" não significa que ele seja redutível a um simples movimento de organização do universo que poderia ter acontecido mesmo na ausência do grande operário. Em suma, mostra-se mais conveniente em todos os casos situar a doutrina do demiurgo no contexto da filosofia geral de Platão do que interpretá-la à luz de concepções que Platão podia ter preludiado, mas que não desenvolveu explicitamente.

⊃ Entre os escritos sobre a questão, destacamos: Th. H. Martin, *Études sur le* Timée *de Platon*, 1841. — J. Nassen, "Ueber den platonischen Gottesbegriff", *Philosophisches Jahrbuch*, 7 (1894), 144-154, 367-380; 8 (1895), 30-51. — Th. Boreas, *Das weltbildende Prinzip in der platonischen Philosophie*, 1899 (tese). — P. Bovet, *Le Dieu de Platon d'après l'ordre chronologique des dialogues*, 1902 (tese). — C. Ritter, "Platons Gedanken über Gott und das Verhältnis der Welt und der Menschen zu ihm", *Archiv für Religionswissenschaft*, 19 (1919), 233-272, 466-500. — A. Dies, "Le Dieu de Platon", em *Autour de Platon*, 1927. — A. E. Taylor, *A Commentary on Plato's Cosmology*, 1928, especialmente pp. 61-86. — R. Mugnier, *Le sens du mot* θεῖος *chez Platon*, 1930. — F. M. Cornford, *Plato's Cosmology*, 1937, especialmente pp. 34-39. — F. Solmsen, *Plato's Theology*, 1942. — C. M. A. van den Oudenrijn, *Demiourgos*, 1951. — J. vam Camp e P. Canart, *Le sens du mot* θεῖος *chez Platon*, 1956. — Kevin F. Doherty, "The Demiurge and the Good in Plato", *New Scholasticism*, 35 (1961), 510-524. — Marcelino Legido López, *El problema de Dios en Platón. La teología del demiurgo*, 1963. — R. D. Mohr, "Plato's Theology Reconsidered: What the Demiurge Does", *History and Philosophy Quarterly*, 2 (1985), 131-144. — J.-C. Nilles, "Approche mythique du bien, du phytourgos et du demiurge", *Revue Internationale de Philosophie*, 40 (1986), 115-139. ⊂

DEMÓCRITO de Abdera (Trácia) (*ca.* 460-370 a.C.). Discípulo de Leucipo, parece ter feito numerosas viagens e, segundo conta Diógenes Laércio, ter estudado "com alguns magos e caldeus que o rei Xerxes deixou como mestres a seu pai quando se hospedou em sua casa". Embora tenha estado em Atenas, não se relacionou com os filósofos áticos de seu tempo, motivo pelo qual permaneceu relativamente ignorado, embora Aristóteles se refira a ele, assim como a Leucipo, com o mesmo detalhe que aos outros pré-socráticos, em sua *Metafísica* e em outras obras. Aristóteles dizia (*De gen. et cor.*, 315 a 35) que Demócrito "não apenas parece ter pensado cuidadosamente em todos os problemas, como ter-se distinguido do resto [dos filósofos] por seu método". Os argumentos de Demócrito são, de acordo com o Estagirita, apropriados a seu tema e derivados do conhecimento da Natureza (*ibid.*, 316 a 12), ainda que — como indica em *Met.*, Λ e *Phys.*, I e II — se mostrem insuficientes por não levarem em conta os múltiplos significados de 'causa' e de 'movimento'. As teorias de Leucipo e de Demócrito foram, porém, "as mais consistentes" (*De gen. et cor.*, 324 a 1). Mais que qualquer outro filósofo anterior, Demócrito enfatiza a incerteza das impressões sensíveis, afirmando que sua origem se encontra em algo mais fundamental que a sensação. Os princípios que ele estabelece em sua explicação do universo parecem ser uma síntese tanto da doutrina eleática como da de Heráclito: em vez do ser único e da fluência constante e perpétua, Demócrito, com efeito, estabelece como "princípios" o cheio e o vazio, isto é, o "ser" e o "não-ser". O "ser" são os átomos, cujo número é infinito, diferenciando-se entre si não pelas qualidades sensíveis, como as homeomerias de Anaxágoras, mas por sua ordem, figura e posição. Os átomos são elementos cujas determinações gerais são geométricas e, por conseguinte, quantitativas; seu movimento se efetua no vazio, que é, por assim dizer, o lugar das mudanças, e não o simples nada, pois o vazio existe de um modo efetivo, embora de forma distinta do ser sólido e cheio que são os átomos. Ora, o movimento que tem lugar no vazio não é impelido por uma força externa, que junta e desagrega as coisas, como o amor e o ódio; os átomos são eternos e incausados porque são o primeiro a partir do qual as coisas chegam à existência, mas sua eternidade pertence também a seu movimento, que se efetua assim de um modo inteiramente mecânico, com um rigoroso encadeamento causal que não é um simples acaso, pois "tudo acontece por razão e necessidade". Os átomos constituem o ser das "coisas que são", e, portanto, não apenas das coisas físicas, mas das que parecem imateriais, da alma, que é composta de átomos de fogo, isto é, de átomos redondos impelidos pelo mais rápido movimento. A solução dada por Demócrito é com isso uma das grandes soluções clássicas para o problema do ser e em particular para o problema do devir (VER), solução tanto mais perspicaz porque concilia a necessidade racional de um ser imóvel e a comprovação empírica de um mundo que se move. E isso de tal modo que os átomos de Demócrito parecem ser uma partição do ser único de Parmênides, que era evidentemente racional, mas que não podia explicar de maneira alguma o mundo da opinião e da mudança. Ao dividir esse ser, Demócrito conserva sua inteligibilidade sem contrapô-la violentamente à irracionalidade da mudança; daí que a doutrina de Demócrito tenha sido uma constante em toda a história do pensamento, em proporção muito maior do que pode levar a supor a imagem habitualmente dada da filosofia grega, imagem que reduz o democritismo apenas a uma das diversas posições pré-socráticas. No entanto, a importância de Demócrito manifesta-se no fato de que sua doutrina não tarda a passar de uma teoria sobre a realidade a uma concepção total do mundo que inclui a ética como uma de suas partes essenciais. Em suas máximas, Demócrito baseia a virtude no equilíbrio interno entre o tumulto das paixões. Esse equilíbrio pode ser obtido mediante o saber e a prudência, que ensinam como se deve viver, isto é, como se deve alcançar a felicidade, a qual não reside, em princípio, nos bens externos, mas na própria alma, que é "a mais nobre parte do homem".

Discípulos diretos ou indiretos de Demócrito são, entre outros, Metrodoro de Quíos, Anaxarco e Diógenes de Esmirna. O atomismo vinculou-se mais tarde, por um lado, ao ceticismo pirrônico, e, por outro, ao epicurismo. Fragmentos em Diels-Kranz, 68 (55).

➲ Ver: Frid. Heimsoeth, *Democrit. de anima doctrina*, 1835. — Fr. G. A. Mullach, *Quaestiones Democrit.*, 1835-1842. — Eduard Johnson, *Der Sensualismus des Demokritos und seiner Vorgänger, mit Bezug auf verwandte Erscheinungen der neueren Philosophie*, 1868. — L. Liard, *De Democrito philosopho*, 1873. — A. Brieger, *Die Urbewegung der Atome und Die Weltenstehung bei Leukipos und Demokritos*, 1884. — H. C. Liepmann, *Die Mechanik der Leukipp-Demokritischen Atome*, 1885. — Gustav Hart, *Zur Seelen- und Erkentnislehre des Demokrits*, 1886. — K. Modritzki, *Die atomistische Philosophie des Demokritos in ihrem Zusammenhang mit früheren philosophischen Systemen*, 1891. — P. Natorp, *Die Ethika des Demokrits* (com textos), 1893. — A. Goedeckemeyer, *Epikurs Verhältnis zu Demokritos in der Naturphilosophie*, 1897 (tese). — A. Dyroff, *Demokritstudien*, 1899. — L. Löwenheim, *Die Wissenschaft Demokrits und ihr Einfluss auf die moderne Naturwissenschaft*, 1913. — Hermann Langerbeck, Δόξις 'Επιρρυσμίη. *Studien zu Demokrits Ethik und Erkenntnislehre*, 1935. — F. Mesiano, *La morale materialistica di D. di A.*, 1951. — Alfredo Llanos, *D. y el materialismo*, 1965. — Thomas Cole, *Democritus and the Sources of Greek Anthropology*, 1967. — G. Montalenti, "From Aristotle to Democritus via Darwin", em F. J. Ayala e T. G. Dobzhansky, eds., *Studies in the Philosophy of Biology*, 1974, pp. 3-19. — R. Löbl, *D.s Atome*, 1976. — D. O'Brien, *Theories of Weight in the Ancient World. Four Essays on Democritus, Plato and Aristotle: A Study in the Development of Ideas, I*, 1981. — S. J. Dick, *Plurality of Worlds: The Origins of the Extraterrestrial Life Debate from D. to Kant*, 1982. — G. Ibscher, *D. y sus sentencias sobre ética y educación. Una introducción al pensamiento del atomista de Abdera*, 2 vols., 1983-1984.

Ver também as obras citadas no verbete ATOMISMO, acerca do atomismo grego. ℭ

DEMONAX DE CHIPRE (*ca.* 80-180). Combateu, assim como seu contemporâneo Oinomao de Gadara, o fatalismo dos estóicos e a consulta ao destino do ponto de vista da escola cínica. Em contrapartida, aproximou-se dos estóicos — foi, além disso, discípulo de Epicteto — e afastou-se dos antigos cínicos em muitas das questões morais e, em particular, na doutrina sobre a atitude do sábio. Com efeito, Demonax já não pregou o típico dilaceramento cínico, mas a necessidade de adotar a contenção e certa dignidade no porte. Embora mantendo — de acordo, segundo ele, com a tradição socrática — a necessidade de se limitar ao indispensável, ele introduziu nas pregações morais certo ecletismo, voltado para reconhecer a necessidade de pesar todas as circunstâncias antes de pronunciar um juízo. A liberdade do sábio é o eixo principal de sua vida; é, a rigor, o único princípio inflexível no contexto da moderação manifesta em todas as outras coisas. A personalidade e as doutrinas de Demonax foram muito apreciadas por Luciano de Samosata.

➲ Ver: F. W. A. Mullach, *Fragmenta philosophorum Graecorum* (1860), II, pp. 351 ss. — K. Funk, "Untersuchungen über d. Lukianische *Vita Demonactis*", *Philol. Suppl.* X (1907), 559-674. — A. Elter, Γνωμικὰ ὁμοιώματα (de Sócrates, Plutarco, Demófilo, Demonax, Aristônimo), 1900. — D. S. Robinson, "Kant and D.: A Footnote to the History of Philosophy", *Philosophy and Phenomenological Research*, 10 (1950), 374-379. ℭ

DEMÔNIO. Platão, em vários de seus diálogos, e Xenofonte, nos 'Απομνημονεύματα (*Memorabilia, Memórias*), referiram-se ao chamado *demônio* de Sócrates. A passagem mais célebre a esse respeito encontra-se na *Apologia de Sócrates* (31 C-D), quando o filósofo, ao explicar por que, apesar de interessar-se pelos assuntos de cada cidadão (ou melhor, de cada homem), não se ocupou dos da cidade, indica que o motivo disso reside em que algumas vezes emerge dele algo divino — θεῖον — e demoníaco — δαιμόνιον —, e que desde sua infância uma voz — φωνή — se fazia ouvir às vezes em seu interior para impeli-lo a não fazer o que estivera a ponto de fazer (embora nunca o impelisse à ação). Trata-se, assim, verdadeiramente de um sinal — σημεῖον (*ibid.*, 41 D).

O nome usado por Platão é o adjetivo (e às vezes substantivo) δαιμόνιον (*daimónion*) e não o substantivo δαίμων (*daímon*). Ambos costumam ser traduzidos para o português pelo mesmo vocábulo, 'demônio', mas convém observar que há uma diferença de significado entre os dois termos gregos (diferença confirmada pelo fato de que Platão põe na boca de Sócrates o vocábulo δαίμων quando quer designar algo muito diferente de δαιμόνιον). Encontramos exemplos a esse respeito na citada *Apologia* (27 C-D), onde se introduz δαίμων (os δαίμονες), significando essas entidades que haviam sido anteriormente concebidas como divindades e que na época de Sócrates designavam uma espécie de "super-homens" — seres filhos dos deuses, mas que não eram deuses nem heróis —, e em *O Banquete* (202 E ss.), onde o Amor é pintado como um grande demônio, intermediário, como todo o demoníaco, entre o mortal e o imortal.

O "demônio" de Sócrates é, pois, uma "voz". Esta pode ser interpretada de vários modos. Por um lado, pode-se insistir no aspecto "externo" dessa voz, atribuindo-a a uma entidade divina que providencialmente sussurra ao homem certos imperativos. Por outro lado, pode-se insistir no aspecto "interno" da voz, caso em que ela é geralmente identificada com a consciência moral (VER), em seu sentido mais individual e subjetivo. Por fim, pode-se conceber a "voz demoníaca" como a expressão da vocação intransferível de cada homem, adotando-se neste caso o ponto de vista existenciário (VER), ao qual nos referimos no citado verbete sobre a consciência moral. Cada uma dessas interpretações tem sua justificação, mas julgamos que o uso delas não deve fazer esquecer o caráter específico que tem o "demônio socrático", caráter que só pode ser adequadamente compreendido quando nos situamos no contexto da vida pessoal do Sócrates histórico. Em todo caso, convém ter sempre presente o que o próprio Sócrates afirmava: a voz "demoníaca" é negativa e, em lugar de proclamar o que se deve fazer, indica o que não se deve fazer; o imperativo é, pois — como o é, além disso, a maioria dos imperativos morais —, uma proibição. O sentido às vezes mitológico, às vezes teológico, de 'demônio' (empregado aqui como tradução de δαίμων) aparece claramente, em contrapartida, numa série de concepções que podem suscitar interesse filosófico. Duas dessas concepções merecem ser destacadas aqui. Uma é a que encontramos em textos de autores neopitagóricos, platônicos ecléticos antigos e neoplatônicos (Numênio de Apaméia, Plutarco, Plotino etc.). Esses textos baseiam-se amiúde em tradições mitológicas gregas (como aquela a que se aludiu ao se falar do significado de δαίμων em *O Banquete*), mas foram usualmente objeto de múltiplas interpretações filosóficas. Os demônios são às vezes concebidos como "intermediários", às vezes como "divindades inferiores" ("gênios" bons ou maus, favoráveis ou desfavoráveis), ocasionalmente como "personalidades divinas" às quais estamos ligados, de tal forma que cada um de nós tem seu próprio "demônio" (ou "gênio"). Esta demonologia é com freqüência muito complexa, sendo difícil desenredar mitologia e especulação conceitual.

Outra concepção é a que aparece no judaísmo e depois, sobretudo, no cristianismo. O demônio é concebido aqui como "agente do mal". Os demônios são os anjos que se rebelaram contra Deus (ver ANJO) sob a direção do Maligno por antonomásia, Satanás. Este é o Adversário por excelência, o Acusador ou Tentador descrito no Antigo Testamento (*Gênesis*, 3,1) sob a forma da serpente, o Mentiroso de que fala o *Apocalipse* (12,9). "A libertação do mal" pedida no Pai-nosso (cf. Mateus, 6,13) é, a rigor, "a libertação do Maligno", introdutor e administrador do mal no mundo, incapaz de atacar diretamente a Deus, mas ocupado incessantemente em corroer sua obra, em desfazer seu plano de salvação. Nada há de surpreendente, pois, no fato de que o Maligno (o Demônio) deva ser exorcizado e que se peça ao homem que "renuncie a Satanás". Jesus veio (João, 12,31) para expulsar o Príncipe das Trevas, o Maldito. Assim, a concepção do Demônio esboçada aqui está ligada às idéias acerca do mal, do império e do plano de Deus, dos anjos, do pecado. Ela se vincula sobretudo a determinada concepção sobre o ser espiritual, o qual, como não pode voltar atrás, é incapaz — ao contrário do homem — de arrependimento. Em todo caso, convém observar que, para os autores cristãos, o demônio não está fora do império de Deus: Este inclusive se serve dos demônios para tentar os homens e para pô-los à prova — assim, as tentações constituem uma parte do plano da Providência divina.

➲ Obras: M. Détienne, *La notion de Daimon dans le pythagorisme ancien*, 1963. — Robert Müler-Sternberg, *Die Dämonen. Wesen und Wirkung eines Urphänomens*, 1964. — Søren S. Jensen, *Dualism and Demonology: The Function of Demonology in Pythagorean and Platonic Thought*, 1966. — Max Mühl, "Die Traditiongeschichtlichen Grundlagen in Platons Lehre von den Dämonen", *Archiv für Begriffsgeschichte*, 10 (1966), 241-270. — Antonio Camarero, *Sócrates y las creencias demónicas griegas*, 1968. — R. C. Neville, *The Tao and the Daimon: Segments of a Religious Inquiry*, 1982. ➲

DEMONSTRAÇÃO. Na teoria platônica, a demonstração é essencialmente a definição: demonstra-se que uma coisa é o que é quando se torna patente o que essa coisa é. Para Aristóteles, a demonstração equivale a mostrar que algo é necessário. Por esse motivo, a demonstração é o processo por meio do qual se manifestam os princípios das coisas (*An. post.*, I 24, 85 b). A demonstração é considerada por Aristóteles um processo superior à simples definição. Esta última delimita o objeto que se pretende apreender mentalmente, enquanto a primeira mostra a origem "formal" de onde o objeto procede. Por isso, o instrumento mais apropriado da demonstração é o silogismo científico (não o silogismo em geral, cujas premissas podem ser falsas, mas o silogismo baseado no saber, cujas premissas são verdadeiras e, além disso, imediatas). A teoria aristotélica da demonstração baseia-se, portanto, numa busca das causas pelas quais uma coisa é o que é, busca que permite descobrir, ademais, que não é possível que a coisa seja diferente do que é. Assim, o estudo da demonstração equivale à investigação sobre os princípios da ciência, tanto de toda a ciência (caso em que os princípios são axiomas universalmente válidos, tais como o da não-contradição e o do terceiro excluído) como de ciências particulares (caso em que se usam hipóteses e definições).

Os escolásticos aceitaram a seguinte tese: a demonstração é uma argumentação mediante a qual se extrai uma conclusão de premissas certas. Por conseguinte, a demonstração se efetuava igualmente, como em Aristóteles, por meio do silogismo. Ora, distinguem-se dentro desse quadro diversos tipos de demonstração. Fala-se, com efeito, de demonstração *propter quid*, procedente de princípios que não apenas são evidentes por si mesmos, como são *simpliciter a priori* e dão a razão completa e adequada da coisa; de demonstração *quia*, que não procede desses princípios ou que não dá tal razão adequada. Fala-se também de demonstração *ad intellectum* e de demonstração *ad sensum*, segundo a faculdade que capte a verdade do enunciado. Introduzem-se às vezes outros tipos de demonstração, em geral baseados numa contraposição, como, por exemplo, demonstração *a priori* e demonstração *a posteriori*, demonstração absoluta e demonstração relativa. Há certos tipos de demonstração que, embora não sejam propriamente demonstrações, ou, pelo menos, não sejam demonstrações certas, continuam a receber esse nome: este é o caso da *ostensio*, que pode ser *exemplaris* e também *ad hominem*. Desta última, em particular, pode-se dizer que não é *vera-demonstratio*. Dois dois tipos especialmente importantes de demonstração são a direta e a indireta. Esta última é às vezes denominada abdução (VER), entendida como raciocínio apagógico e ocasionalmente qualificada de raciocínio *ad absurdum* e *ad impossibile*.

Durante a época moderna propuseram-se muitos tipos de demonstração. *Grosso modo*, eles podem ser classificados em dois grupos: o empirista e o racionalista. O primeiro efetua a demonstração pela passagem da observação do objeto singular à sua idéia mental, que representa o modo como a mente reflete a "apresentação" da coisa. O segundo tende a basear toda demonstração na relação *princípio-conseqüência*, inclusive reduzindo a ela a relação *causa-efeito*. Alguns autores, como Hegel, propuseram uma demonstração que poderíamos qualificar de dialética e que conduz ao universal concreto; demonstrar equivale então a refletir mentalmente a coisa que por si mesma se demonstra num processo que segue certa linha.

Muitas são também as formas de demonstração propostas na época contemporânea. Algumas delas se baseiam nas posições clássicas ou em combinações destas. Outras fundam-se numa teoria pragmática da prova segundo a qual se demonstra a verdade de uma proposição pelos "efeitos" que produz (ou pelo modo como a realidade responde a ela). De maneira geral, pode-se dizer que as análises da demonstração em nossa época dependeram de dois fatores. Por um lado, da maior ou menor insistência no papel desempenhado pelo sujeito no processo da demonstração e na aceitação de uma proposição como demonstrada ou não demonstrada. Por outro lado, do maior ou menor destaque dado ao empírico e ao formal. No que diz respeito ao primeiro ponto, alguns defenderam um psicologismo radical, segundo o qual algo é demonstrado quando se aceita sua validade, ao passo que outros pretenderam evitar ao máximo possível todo fator psicológico. Quanto ao segundo ponto, enquanto a teoria da demonstração relativa ao empírico se baseou na análise de conceitos como a verificação (VER), a comprovação, a confirmação etc., a teoria da demonstração relativa ao formal fundou-se no estudo do processo de prova na lógica e na matemática. Estudaremos brevemente este último aspecto da questão no verbete PROVA (VER). Observemos aqui, não obstante, que, embora neste último caso se tenha tendido a eliminar todo o psicológico, alguns autores sublinharam que se deve levar em conta que certas proposições ou certos métodos são aceitos por alguns e negados por outros. Bridgman indicou, por exemplo, que a prova pela diagonal de Cantor é aceita como válida por certos matemáticos, enquanto outros duvidam de sua validade. Em vista disso, Bridgman indica que há algo "privado" na aceitação ou não-aceitação de uma prova. Isso conduz, aparentemente, a um subjetivismo. Há, porém, maneiras de evitar esse perigo; de acordo com o autor citado, o operacionalismo (VER) é uma das teorias mais adequadas para tal propósito.

DEMPF, ALOIS (1891-1982). Nascido em Altomünster (Baviera), foi professor de filosofia em Bonn a partir de 1926 e em Viena a partir de 1937. Foi destituído pelos nazistas em 1938 e se reincorporou como professor em Munique em 1945. Além de seus trabalhos sobre filosofia medieval, Dempf elaborou uma filosofia da cultura que procurava combinar motivos historicistas com uma concepção do mundo cristã. De acordo com Dempf, as condições históricas e sociais devem ser levadas em conta para uma maior compreensão da natureza da razão humana, mas esta tem fundamentos metafísicos que explicam, por sua vez, as mencionadas condições.

↪ Obras: *Weltgeschichte als Tat und Gemeinschaft*, 1924 (*A história do mundo como ação e comunidade*). — *Kulturphilosophie*, 1923. — *Die Hauptform der mittelalterlichen Weltanschauung*, 1925 (*A forma principal da concepção medieval do mundo*). — *Ethik des Mittelalters*, 1927 (*Ética da Idade Média*). — *Sacrum Imperium*, 1929. — *Metaphysik des Mittelalters*, 1930 (*Metafísica da Idade Média*). — *Görres spricht zu unserer Zeit*, 1933 (*G. fala a nosso tempo*). — *Meister Eckhart*, 1934. — *Kierkegaards Folgen*, 1935 (*As conseqüências de K.*). — *Religionsphilosophie*, 1937. — *Christliche Staatsphilosophie in Spanien*, 1937 (*A filosofia cristã de Estado na Espanha*). — *Christliche Philosophie*, 1938. — *Selbstkritik der Philosophie und vergleichende Philosophiegeschichte*, 1937 (*Autocrítica da filosofia e história comparada da filosofia*). — *Theoretische Anthropologie*, 1950. — *Die Weltidee*, 1955 (*A idéia do mundo*). — *Die Einheit der Wissenschaft*, 1955 (*A unidade da ciência*). — *Kritik der historischen Vernunft*, 1957 (*Crítica da razão histórica*). — *Die unsichtbare Bilderwelt, eine Geistesgeschichte der Kunst*, 1959 (*A expressão artística das culturas*). — *Geitesgeschichte der altchristlichen Kultur*, 1964 (*História espiritual da cultura cristã antiga*). — *Religionssoziologie der Christenheit*, 1972 (*Sociologia religiosa da cristandade*). — Póstuma: *Metaphysik*, 1986.

Ver: VV. AA., *Festschrift für A. D., Philosophia Viva*, 1961 [com bibliografia completa]. — F. Mordstein, "Die Philosophie des dialektischen Realismus: A. D. zum 80. Geburtstag", *Philosophisches Jahrbuch*, 78 (1971), 134-144. — R. Specht, "Laudatio für A. D.", *Zeitschrift für philosophische Forschung*, 36 (1982), 95-100. ↩

DENIFLE, HEINRICH. Ver NEO-ESCOLÁSTICA.

DENOTAÇÃO. Já nos referimos à denotação no verbete sobre o conceito de conotação. Completaremos agora com alguns esclarecimentos o que foi ali indicado.

Para alguns autores a denotação é algo que se diz dos termos. Para outros, é algo que se diz dos conceitos. Em ambos os casos, porém, o que o termo ou o conceito denotam são entidades. Estas, por sua vez, podem ser concebidas ou como indivíduos ou como pensamentos das entidades, isto é, como conceitos-objetos. Falaremos da denotação como algo que se refere ao termos; quanto ao denotado, ele será considerado uma entidade ou entidades, sem que nos pronunciemos sobre o *status* ontológico delas.

Usualmente se contrapõe a denotação à conotação. Enquanto a primeira indica a referência do termo às entidades correspondentes, a segunda indica as características constitutivas do próprio termo. Por esse motivo, admite-se em geral que a denotação é equivalente à extensão (VER) e que a conotação é equivalente à compreensão ou à intensão (VER). Pode-se observar facilmente que há uma relação inversa entre denotação e conotação, de maneira que um termo denota tanto mais quanto menos conota, e conota tanto mais quanto menos denota. Assim, o termo 'homem' denota mais que o termo 'árabe', e este conota mais que o termo 'homem'. Pode-se observar também que há casos nos quais a denotação ou a conotação desaparecem. Assim, pode haver uma conotação não possuída por nenhuma entidade, ou pode haver denotação em certos termos — como ocorre com os pronomes demonstrativos — que não possuem nenhuma conotação.

A denotação foi às vezes equiparada a 'designação' (VER), mas, como um signo pode ter algo designado (um *designatum*) sem necessariamente denotar algo, isto é, sem ter um *denotatum*, propôs-se distinguir denotação de designação. É freqüente relacionar a noção de denotação com a de referência (VER), não tanto porque a denotação se funde em atos de referência como porque os problemas suscitados pela noção de denotação recaem em muitas das questões que se examinam ao abordar as referências (assim como as descrições).

Segundo Quine, a semântica tem dois domínios: um é a teoria da significação e o outro, a da referência. Este autor indicou que a denotação pode ser definida como 'a verdade de' no sentido de que o termo 'azul' denota, ou é verdadeiro de, cada entidade azul. Outros autores, especialmente aqueles que insistiram na distinção entre designação e denotação, não aceitam a opinião de Quine a esse respeito.

↪ Entre os trabalhos influentes sobre o problema, destaca-se o artigo de Bertrand Russell, "On Denoting", *Mind*, N. S. 14 (1905), compilado no volume de Russell, *Logic and Knowledge: Essays 1910-1950*, 1956, ed. R. C. Marsh, e em *Essays in Analysis*, 1973, ed. Douglas Lackey.

Ver também: R. M. Martin, *Truth and Denotation: A Study in Semantical Theory*, 1958. — E. Bencivenga, B. van Fraassen, K. Lambert, *Logic Bivalence and Denotation*, 1986. ↩

DEÔNTICO. Este termo celebrizou-se desde que foi introduzido por Georg Henrik von Wright em seu artigo

"Deontic Logic" (*Mind*, N. S. 40 [1951], 29-41; reimp. em von Wright, *Logical Studies*, 1957, pp. 58-74) e em seu livro *An Essay in Modal Logic* (1951). Embora se pudesse usar 'deontológico' em vez de 'deôntico', o primeiro desses termos nunca foi muito empregado, e o substantivo 'deontologia' (ver Deontologia, deontológico) ficou bastante fora de circulação. Acrescente-se a isso que a deontologia, enquanto disciplina que se ocupa dos "deveres", teve no passado propósitos diferentes das atuais investigações deônticas. Tudo isso justifica que se dedique a "deôntico" um verbete específico. Há ainda certa vacilação no vocabulário — 'deôntico' e 'normativo' usam-se muitas vezes como sinônimos. Por outro lado, o termo 'normativo' foi utilizado em linhas de pensamento não inteiramente coincidentes com as das investigações deônticas, razão por que também dedicamos um verbete específico a "normativo" (ver Norma, normativo). Em todo caso, parte daquele verbete é complemento deste.

De acordo com o que indica von Wright, o termo 'deôntico' lhe foi sugerido por C. D. Broad, que o empregou no artigo "Imperatives, Categorical and Hypothetical" (*The Philosopher*, 2 [1950], 62-75). A história "oficial" de 'deôntico', particularmente na expressão 'lógica deôntica', data de 1951, em virtude do citado artigo de von Wright, mas há numerosos antecedentes, alguns relativamente próximos e outros bastante distantes, dessa lógica e de investigações filosóficas que podem ser denominadas "deônticas" (ou também "normativas"). Esses antecedentes foram pontualmente apresentados por Miguel Sánchez-Mazas na "Introducción" (pp. 21-65, §§ 1.1, 1.2, 1.3, 1.4) de sua própria lógica deôntica, publicada com o título de *Cálculo de normas* (1973). Atemo-nos principalmente aos numerosos dados proporcionados por este autor.

Enquanto a lógica deôntica apareceu primeiro na esfera da lógica modal, seus antecedentes no pensamento ocidental se encontram em autores que cultivaram logicamente as modalidades, e especificamente as modalidades temporais, como ocorreu com os megáricos (ver) e com os estóico-megáricos. Na época moderna, pode-se destacar Leibniz, que é, de acordo com Sánchez-Mazas, "o primeiro antecedente direto do que chamamos de *Cálculo deôntico*". No século XIX, temos Bolzano. No século XX, Jean Ray (*Essai sur la structure logique du Code civil français*, 1926). Não é uma casualidade que se trate de um jurista (e tampouco o é que se possa mencionar a esse propósito Hans Kelsen [ver]). Em sua obra sobre sistemas normativos (*Normative Systems*, 1971), Carlos E. Alchourrón e Eugenio Bulygin destacaram a importância que tem a "ciência legal" como "um fundamento pré-analítico para estudos formais (e também como um campo interessante para a aplicação da lógica deôntica)" (*op. cit.*, p. 2). No campo jurídico, afinal, as normas desempenham um papel fundamental; nesse campo, mais que na lógica em geral — como o haviam considerado alguns autores "normativistas" no final do século XIX e no começo do século XX —, esboçam-se os traços básicos do que pode ser uma ciência normativa, distinta da ciência formal, por um lado, e da ciência empírica, por outro. Por isso, encontramos elementos de investigações deônticas em obras como a *Introducción a la lógica jurídica* (publicada no mesmo ano do artigo de von Wright, isto é, em 1951), de Eduardo García Máynez, a *Lógica jurídica* (*Juristische Logik*, também em 1951; 3ª ed., 1966, trad. esp. de uma ed. anterior: *Lógica jurídica*, 1961), de Ulrich Klug, e trabalhos mais recentes de lógica jurídica, como os de Antonio Hernández Gil (*Marxismo y positivismo lógico. Sus dimensiones jurídicas*, 1970; *Metodología de la ciencia del Derecho*, 2 vols., 1971).

Voltando agora a um filão mais estritamente filosófico, ou lógico, encontram-se antecedentes de investigações deônticas, conforme aponta Sánchez-Mazas, em Alois Höfler (ver) ("Abhängigskeitsbeziehungen zwischen den Abhängigskeitsbeziehungen, *Kaiserliche Akademie der Wissenschaften in Wien*, Philosophisch-historische Klasse, Sitzungsberichte 181, vol. 4, 1917, pp. 1-56) e em Ernst Mally (*Grundgesetze des Sollens. Elemente der Logik des Willens*, 1926; reimp. em E. Mally, *Logische Schriften*, 1971, ed. Karl Wolff, Paul Weingartner), que usou o substantivo *Deontik* ("Deôntica"). Pode-se acrescentar ainda Kurt Grelling, "Zur Logik der Sollsätze" (*Unity of Science Forum*, janeiro de 1939, 44-47). Em geral, os autores que se interessaram pelas estruturas lógicas ou pelo "dever ser" ocuparam-se, tenham ou não usado a expressão, de "lógica deôntica".

Desde a citada data de 1951, os estudos de lógica deôntica, cálculo deôntico, lógica das normas, sistemas normativos etc. se multiplicaram. Um dos autores que muitos cultivadores da lógica deôntica destacaram pela importância de seus estudos nesse campo, e especialmente em lógica jurídica, é Georges Kalinowski. Além dele, e dos autores mencionados nos parágrafos anteriores, podem ser citados Alan Ross Anderson, Lennart Aqvist, Robert Blanché, Héctor-Neri Castañeda, T. Cornides, Dagfinn Follesdal, Luis García San Miguel, Risto Hilpinen, Jaakko Hintikka, Franz von Kutschera, Luis Legaz y Lacambra, Chaim Perelman, A. N. Prior, Nicholas Rescher, Jesús Rodríguez Marín, Alf Ross, Zygmunt Ziembinski. Alguns deles tenderam a estudar mais especificamente a lógica jurídica; outros, a lógica deôntica ou a lógica dos sistemas normativos em geral; outros, ainda, as modalidades no âmbito das quais figuram as investigações deônticas. Indicamos na bibliografia algumas obras que devem ser complementadas com os títulos mencionados no corpo do verbete.

No verbete MODALIDADE, assinalamos os tipos de modalidade distinguidos por von Wright e Robert Blanché. Um desses tipos são as chamadas "modalidades deônticas": são as que se referem à execução ou à não-execução (ou omissão) de atos. Dos atos, cabe dizer que estão "permitidos", que estão "proibidos", que são "obrigatórios" (e também, segundo alguns, que são "facultativos" ou que são "indiferentes"). Há relações entre essas modalidades que são como a contrapartida das cláusulas modais 'é necessário que', 'é possível que', 'é impossível que' etc. Por exemplo, assim como se diz, na lógica modal, que se algo é necessário é possível, de modo similar se pode dizer, na lógica deôntica, que se algo (um ato) é obrigatório é permissível (contudo, parece difícil aceitar que, se um ato é impossível, então não é permissível).

Alguns autores consideraram que a lógica deôntica é apresentável como uma especificação da lógica modal. Em numerosos casos, os problemas suscitados em lógica modal se reproduzem no âmbito da lógica deôntica. Entretanto, surgiram dificuldades quando se buscou calcar mecanicamente a lógica deôntica sobre a modal.

Um exemplo do desenvolvimento dessas dificuldades é oferecido pela obra de von Wright, que passou por várias etapas para enfrentá-las. Em princípio, as expressões deônticas parecem ser simplesmente paralelas a expressões modais e, além disso, que umas e outras são simplesmente paralelas a expressões quantificacionais. Em *An Essay in Deontic Logic and the General Theory of Action* (1968, pp. 13-14), von Wright referiu-se a similaridades que encontrara entre três grupos de expressões: 1) expressões como 'alguns', 'nenhum', 'todos', isto é, quantificadores; 2) expressões como 'possível', 'impossível', 'necessário', isto é, expressões que designam conceitos modais; 3) expressões como 'permitido', 'proibido', 'obrigatório', isto é, expressões que designam conceitos deônticos ou normativos. Pode-se observar o paralelismo de cada um desses grupos de expressões entre si. Com isso, parece haver uma analogia entre lógica deôntica e lógica modal proposicional, de modo que cabe falar de um paralelismo entre ambas; assim, aos valores de verdade (verdadeiro e falso) no cálculo sentencial corresponderiam valores de execução [atos] (executado e não executado ou omitido) no cálculo deôntico; às funções de verdade no cálculo sentencial corresponderiam outras tantas funções de execução (executado estritamente falando, e não executado ou omitido) no cálculo deôntico (com construção de "tabelas de execução" similares a tabelas de verdade); e às modalidades sentenciais (comprovado, falseado, litigioso, plausível, indeciso) corresponderiam outras tantas modalidades de execução (permitido, não-obrigatório, indiferente) no cálculo deôntico. Ora, esses paralelismos não parecem funcionar sempre, motivo pelo qual von Wright chegou à conclusão de que "uma lógica deôntica análoga à lógica modal proposicional é inadequada como uma formalização proposta de normas (regras) de ação". Para solucionar esse estado de coisas, ele desenvolveu o que denominou uma "lógica da ação" — com noções como a de atuar e a de abster-se (de atuar) — baseada numa "lógica da mudança" (que inclui símbolos que funcionam para descrições de estados de mudança). A lógica da mudança está relacionada com a lógica de tempos (gramaticais). A lógica deôntica ou lógica das normas resultante tem então três camadas: a lógica de proposições clássica, a lógica de mudança e a lógica da ação (*Norm and Action: A Logical Enquiry*, 1963, p. 129). Embora continue havendo as noções básicas do tipo das execuções e omissões, a lógica deôntica resultante constitui um desvio mais importante com referência às teorias lógicas "standard" do que se admitira originariamente.

A proliferação de estudos de lógica deôntica conduziu a distinções que no princípio não foram levadas em conta. Há acordo geral em considerar que a lógica deôntica equivale a uma lógica de normas, mas as normas não são (ou não são "ainda") ordens, de maneira que se pode distinguir uma lógica de normas de uma de ordens ou de imperativos. Em todo caso, parece inadequado falar de enunciados imperativos, mas parece perfeitamente apropriado falar de enunciados deônticos e afirmar, como o faz Héctor-Neri Castañeda (*The Structure of Morality*, 1974, p. 97), que "os juízos deônticos são enunciados, isto é, proposições". Pode-se falar também de uma lógica da preferência e da escolha.

Entre as várias lógicas deônticas como lógicas de normas, limitamo-nos a mencionar as de Miguel Sánchez-Mazas, e Carlos E. Alchourrón e Eugenio Bulygin (cf. obras *supra*). Sánchez-Mazas elaborou um cálculo deôntico geral que combina e integra três cálculos parciais distintos correspondentes a três esferas: a normativa pura ou esfera de normas; a fática pura ou esfera de ações; e a esfera deôntica geral ou normativo-fática. O mencionado autor considera que seu cálculo é passível de várias interpretações, mas "foi concebido principalmente em vista de suas aplicações jurídicas" (*op. cit. supra*, p. 64). Ele tem, em todo caso, a vantagem de incorporar a esfera fática, que é negligenciada por muitos autores. Alchourrón e Bulygin desenvolvem uma teoria de sistemas normativos na qual se evita a ambigüidade do termo 'permitido' distinguindo normas de proposições normativas, isto é, proposições acerca de normas. De acordo com esses autores, "um problema normativo pode ser considerado uma questão referente *ao status* deôntico de certas ações, isto é, sobre se essas ações estão permitidas ou proibidas, se são obrigatórias etc." (*op. cit. supra*, p. 10).

⮕ Além dos escritos mencionados no corpo do verbete, ver: Eduardo García Máynez, *Los principios de la ontología formal del Derecho y su expresión simbólica*, 1953. — *Id.*, *Lógica del juicio jurídico*, 1955. — *Id.*, *Lógica del concepto jurídico*, 1959. — A. N. Prior, "The Paradoxes of Derived Obligation", *Mind*, N. S. 63 (1954), 64-65. — *Id.*, *Time and Modality*, 1957. — Alan Ross Anderson, "The Formal Analysis of Normative Systems", em N. Rescher, ed., *The Logic of Decision and Action*, 1966, pp. 147-213. — *Id.*, "Reduction of Deontic Logic to Alethic Modal Logic", *Mind*, N. S. 67 (1958), 100-103. — Héctor-Neri Castañeda, "On the Logic of Norms", *Methodos*, 9 (1957), 209-215. — *Id.*, "Un sistema general de lógica normativa", *Dianoia*, 3 (1957), 303-333. — *Id.*, "The Logic of Obligation", *Philosophical Studies*, 19 (1959), 17-23. — *Id.*, "Obligation and Modal Logic", *Logique et Analyse*, 3 (1960), 40-48. — *Id.*, "Imperatives, Decisions and Oughts: A Logico-Metaphysical Inquiry Into the Language of Action", em H.-N. Castañeda e G. Nakhnikian, eds., *Morality and the Language of Conduct*, 1963, pp. 219-299. — *Id.*, "Acts, the Logic of Obligation, and Deontic Calculi", *Crítica*, 1(1967), 77-99, e *Philosophical Studies*, 19 (1968), 13-26. — *Id.*, "Actions, Imperatives, and Obligations", *Proceedings of the Aristotelian Society*, 68 (1967-1968), 25-48. — K. Jaakko Hintikka, "Quantifiers in Deontic Logic", *Societas Scientiarum Fennica.*, Comm. humanorum litterarum, 23, n. 4 (1957). — *Id.*, *Models for Modalities*, 1969. — *Id.*, "Some Main Problems in Deontic Logic", em Risto Hilpinen, ed., *Deontic Logic: Introductory and Systematic Readings*, 1971, pp. 59-104. — Luis Legaz y Lacambra, "Lógica como posibilidad del pensamiento jurídico", *Anuario de Filosofía del Derecho* (1957). — Nicholas Rescher, "An Axiom System for Deontic Logic", *Philosophical Studies*, 9 (1958), 24-30. — *Id.*, "Corrigenda", *loc. cit.*, p. 64. — *Id.*, "Conditional Permission in Deontic Logic", *Philosophical Studies*, 13 (1962), 1-6. — *Id.*, "Recent Developments and Trends in Logic", *Logique et Analyse*, 9 (1966), 269-279 (trad. esp.: "Desarrollos y orientaciones recientes en lógica", *Teorema*, 1 [1971], 51-64). — *Id.*, *The Logic of Commands*, 1966. — Paul Taylor, *Normative Discourse*, 1961. — Robert Nozick e Richard Routley, "Escaping the Good Samaritan Paradox", *Mind*, N. S., 71 (1962), 377-382. — Lennart Aqvist, "Postulate Sets and Decision Procedure for Some Systems of Deontic Logic", *Theorie* (Lund), 19 (1963), 154-175. — *Id.*, "Interpretations of Deontic Logic", *Mind*, N. S. 73 (1964), 246-253. — *Id.*, "'Next' and 'Ought'. Alternative Foundations for von Wright's Tense-Logic, with an Application to Deontic Logic", *Logique et Analyse*, 9 (1966), 231-251. — Zygmunt Ziembinski, *Normy moralne a normy prawne*, 1963. — W. H. Hanson, "Semantics for Deontic Logic", *Logique et Analyse*, 8 (1965), 177-190. — E. J. Lemmon, "Deontic Logic and the Logic of Imperatives", *ibid.*, 8 (1965), 39-71. — VV.AA., *The Logic of Decision and Action*, 1966, ed. Nicholas Rescher. — Franz Loeser, *Deontik, Plannung und Leitung der moralischen Entwicklung*, 1966. — Georges Kalinowski, *Le problème de la vérité en morale et en droit*, 1967 (tese). — *Id.*, "Axiomatisation et formalisation de la théorie hexagonale de l'oposition de M. R. Blanché (Système B)", *Les Études Philosophiques*, 22 (1967), 203-209. — *Id.*, "Une nouvelle branche de la logique: la logique déontique. Son histoire, ses formes, ses résultats", *Archives de philosophie*, 34 (1971), 3-36. — *Id.*, *La logique des normes*, 1972. — *Id.*, *Études de logique déontique (1953-1969)*, 1972 (com prefácio de R. Blanché). — Robert Blanché, *Structures intellectuelles*, 1966. — Alf Ross, *Directives and Norms*, 1968. — Georg Henrik von Wright, *An Essay in Deontic Logic and the General Theory of Action*, 1968. — Luis García San Miguel, *Notas para una crítica de la razón jurídica*, 1969. — Zdzislaw Ziemba, *Logika deontyczna jako formalizacja rozumawan normatywnych*, 1969. — Paul Lorenzen, *Normative Logic and Ethics*, 1969. — Chaim Perelman, ed., *Études de logique juridique*, IV (1970) (Comunicaciones al "Coloquio de lógica deóntica", Bruxelas, 22-23 de dezembro de 1969). — Dagfinn Follesdal e Risto Hilpinen, "Deontic Logic: An Introduction", em Risto Hilpinen, ed., *Deontic Logic: Introductory and Systematic Readings*, 1971, pp. 1-35. — M. Medina, *Normative Spieltheorie. Spieltheoretische Modelle für rationale Lösung von Konfliktssituationen*, 1972. — Jesús Rodríguez Marín, "Lógica deóntica. Deducción natural mediante tablas semánticas", *Teorema*, 3 (1973), 511-512. — Franz von Kutschera, *Einführung in die Logik der Normen, Werte und Entscheidungen*, 1973. — T. Cornides, *Ordinale Deontik. Zusammenhänge zwischen Präferenztheorie, Normlogik und Rechtstheorie*, 1974. — Jean-Louis Gardies, *Système normatif et système de normes*, 1974. — Ota Weinberger, *Studien zur Normlogik und Rechtsinformatik*, 1974. — D. A. Rohatyn, *Naturalism and Deontology: An Essay on the Problem of Ethics*, 1975. — Joseph Raz, *Practical Reason and Norms*, 1975. — W. Korff, *Norm und Sittlichkeit. Untersuchungen zur Logik der normativen Vernunft*, 1976. — Edgar Morscher, *Philosophische Grundlagen der Normproblematik*, 1976. — Thomas D. Perry, *Moral Reasoning and Truth: An Essay in Philosophy and Jurisprudence*, 1976. — A. Rodríguez Tirado, *Lógica, deóntica y modelos semánticos*, 1976. — G. Kalinowski, *Lógica de las normas y lógica deóntica*, 1978. — A. Al-Hibri, *Deontic Logic: A Comprehensive Appraisal and a New Proposal*, 1979. — G. H. von Wright, H. N. Castañeda *et al.*, *New Studies in Deontic Logic: Norms, Actions, and the Foundations of Ethics*, 1981, ed. R. Hilpinen [Synthese Library, 152]. — F. Feldman, *Doing the Best We Can: An Essay in Informal Deontic Logic*, 1986. — J. W. Forrester, *Why You Should: The Pragmatics of Deontic Speech*, 1989. ↩

DEONTOLOGIA, DEONTOLÓGICO. O grego δέον, particípio neutro do impessoal δεῖ, significa "o obrigatório, o justo, o adequado". Jeremy Bentham recorreu a esse termo para cunhar o vocábulo "deontology", em seu *Deontology, or the Science of Morality*, 1834. A deontologia é a ciência dos deveres. Em Bentham, ela estuda os deveres que devem ser cumpridos para se atingir o ideal utilitário do maior prazer possível para o maior número possível de indivíduos. Desse ponto de vista, a deontologia é uma ciência de normas que servem de meios para alcançar normas que se consideram fins.

Desde Bentham, foi comum não considerar a deontologia uma disciplina estritamente normativa, mas uma disciplina descritiva e empírica cujo fim é a determinação dos deveres que cabe cumprir em determinadas circunstâncias sociais, e muito especialmente no âmbito de uma profissão determinada.

•• Parece que foi C. D. Broad que introduziu a classificação, agora clássica, das éticas em teleológicas e deontológicas. Josep-Maria Terricabras expõe assim a diferença entre ambos os enfoques: "Os dois aceitam que se deve fazer sempre o bem. O ponto de discussão reside, portanto, apenas no seguinte: se uma ação é moralmente boa por si mesma ou por causa de suas consequências. O deontologismo opina que as consequências não são decisivas para a bondade ou maldade da ação, mas que esta depende de critérios absolutos; daí que às vezes, com referência a esta posição, se fale também de absolutismo. O teleologismo, em contrapartida, diz que as consequências são decisivas para a avaliação moral de um ato e por isso recebe também, ocasionalmente, o nome de "conseqüencialismo" (*op. cit.* bibliografia *infra*, pp. 107-108). Terricabras mostra, ademais, que embora certas éticas se apresentem como estritamente deontológicas, amiúde devem recorrer, na prática, a argumentações de caráter teleológico. Em muitos casos, prescindir por completo das consequências dos próprios atos pode mostrar-se um princípio moral de difícil aplicação prática. ••

Rosmini falou de "ciências deontológicas" e "ciências ontológicas": estas últimas estudam o ser como é, enquanto as primeiras o estudam como deve ser. Entretanto, não há para Rosmini uma separação completa entre essas ciências. A deontologia tem de ser completada pela ontologia e vice-versa. Uma e outra constituem dois itens nas ciências de raciocínio, diferentes das ciências intuitivas, que se ocupam do conhecimento.

➲ Ver: C. D. Broad, *Five Types of Ethical Theory*, 1930. — J. M. Terricabras, *Etica i llibertat*, 1983; 2ª ed., 1989.

Os vocábulos 'deontologia' e 'deontológico' caíram em desuso, embora não tenham sido completamente abandonados (cf. Peter A. Carmichael, "The Logical Ground of Deontology", *Journal of Philosophy*, 46 [1949], 29-41; Claude Desjardins, *Dieu et l'obligation morale. L'argument déontologique dans la scholastique récente*, 1963; D. A. Rohatyn, *Naturalism and Deontology: An Essay on the Problems of Ethics*, 1975, *et al.*). Por outro lado, nas últimas décadas houve um crescente uso do termo 'deôntico' de igual maneira, mas, com a finalidade de ajustar-nos ao vocabulário mais difundido, dedicamos um verbete específico a DEÔNTICO. ꓛ

DEPENDÊNCIA (LEI OU PRINCÍPIO DE). Ver CATEGORIA.

DERISI, OCTÁVIO NICOLÁS. Ver NEOTOMISMO.

DERIVAÇÃO. Diz-se que um enunciado se deduz logicamente das premissas e também que se deriva logicamente — ou, simplesmente, se deriva — das premissas.

O termo 'derivação' foi usado para caracterizar um método chamado "método de derivações". Esse método, apresentado e desenvolvido por Hugues Leblanc e William A. Wisdom (*Deductive Logic*, 1972, 1.3), é uma formalização da técnica mediante a qual se pode proceder no sentido de extrair conclusões de uma série de premissas, ou, como na matemática, axiomas. A técnica é fundamentalmente a da dedução natural (VER). As regras usadas pelos mencionados autores são adaptações de regras propostas por Stanislaw Jaskowski (1934) e por Gerhard Gentzen (VER). A forma em que se expressam as regras e se constroem as derivações se deve fundamentalmente a Frederic Brenton Fitch (*Symbolic Logic: An Introduction*, 1952, cap. 2).

O método de derivação (ou de derivações) tem a vantagem, sobre os métodos das tabelas de verdade e do método de tabelas (ou "método de árvores"), de não limitar-se a determinar os valores de verdade de fórmulas; ele permite extrair conclusões. Além disso, não se trata, como nos mencionados métodos, de um procedimento puramente mecânico, sendo necessária uma série de "instruções" para o bom uso do método.

As regras usadas no método são a de reiteração — por meio da qual se admite qualquer membro de um conjunto especificado — e regras para introdução-eliminação (que podem denominar-se abreviadamente "regras de 'intelim'") para cada um dos conectivos.

Há uma série de princípios como os seguintes:
a) Se uma conjunção se segue de alguns pressupostos, cada elemento do conjunto se segue dos mesmos pressupostos.
b) Se dois enunciados se seguem de alguns pressupostos, suas conjunções se seguem igualmente dos pressupostos.
c) Se um condicional e seu antecedente se seguem ambos de alguns pressupostos, também se segue deles seu consequente.

d) Se um enunciado se segue de alguns pressupostos, se segue também deles sua disjunção com qualquer enunciado.

Um exemplo do uso do método de derivação seguindo os princípios citados é, *apud* Leblanc-Wisdom, o seguinte:

1	W	
2	$B \land C$	
3	$(B \land W) \to P$	
4	$B \land C$	linha 2
5	B	de linha 4, em virtude de *a*)
6	W	linha 1
7	$B \land W$	de linhas 5 e 6, em virtude de *b*)
8	$(B \land W) \to P$	linha 3
9	P	de linhas 7 e 8, em virtude de *c*)
10	$P \lor M$	de linha 9, em virtude de *d*)

onde, segundo nossa notação simbólica (VER), substituímos '&' por '∧' e '⊃' por '→'. A linha vertical indica o alcance da derivação. Em cima da linha horizontal estão as premissas. Essas premissas são tomadas como pressupostos. Debaixo da linha horizontal se acham as fórmulas que se afirmam dos pressupostos. As expressões à direita dão razão de cada uma das derivações.

Aqui, seguiram-se somente os princípios, mas não ainda as regras antes apontadas. O uso das regras faz-se acompanhar do dos princípios. Ao mesmo tempo, as regras justificam a aceitação dos princípios. No exemplo de derivação mencionado antes, as linhas 4 ($B \land C$), 6 (W) e 8 (($B \land W$) → P) são reiterações respectivamente das linhas (que expressam as premissas) 2, 1 e 3.

DERIVAÇÕES. Ver PARETO, VILFREDO; RESÍDUOS.

DERRIDA, JACQUES. Nascido (1930) em El Biar, Argel, professor na Escola Normal Superior, de Paris, colaborou, entre outras publicações, no *Tel Quel*, o que levou alguns a filiá-lo ao estruturalismo (VER) francês contemporâneo. Mas, embora se tenha ocupado de temas abordados por autores estruturalistas (Lévi-Strauss, Lacan) ou afins ao estruturalismo (Foucault), Derrida combinou esses temas com inspirações procedentes da fenomenologia de Husserl, de Heidegger e de Hegel. De todo modo, o método adotado por Derrida é o que ele denominou "desconstrução". Em alguma medida, Derrida levou às últimas conseqüências algumas das atitudes do último Heidegger, acentuando o caráter não representativo da linguagem. Isso equivale a situar-se, de imediato, contra todo "logocentrismo", ou discurso racional. Mas o logocentrismo, por seu turno, faz parte do tecido de todos os discursos, que se encontram todos no mesmo nível, não tendo nenhum deles privilégio. A própria desconstrução não é suficiente, e é talvez impossível, porque toda desconstrução é seguida por uma construção que deverá ser "descontruída", e assim sucessivamente. A linguagem tem de dissolver-se para dar lugar à "escritura". O saber da escritura, a gramatologia, é um saber *do que* está escrito, e isto é independente do logos e da verdade. A própria escritura é uma condição da *episteme* (*De la grammatologie*, p. 43). Por isso, não se trata de elaborar uma ciência, mas de fazer aparecer o horizonte histórico no qual a escritura tem lugar. Não se pode dizer sequer que o "fora" é o "dentro", porque o "é" do "fora" e do "dentro" é eliminado, à maneira do "Ser" e possivelmente por iguais motivos. Não se trata, por conseguinte, de reabilitar a escritura, pois esta somente foi possível com a condição de que "a linguagem 'original', 'natural' etc. nunca tenha existido, de que jamais tenha estado intacta, intocada pela escritura, de que ela mesma tenha sido uma escritura" (*op. cit.*, p. 82).

Não há, segundo Derrida, nenhum lugar central pelo qual discorra a filosofia, porque o que há não é nenhum "discorrer". Os temas tratados por Derrida são totalmente opostos aos tradicionais; são temas marginais, mas não são marginais em relação a supostos temas centrais: a marginalidade é a centralidade. Nas "margens", nos comentários, nas notas, aparece o essencial, que é inessencial, o livro que está "fora do livro". A verdade está disseminada ao longo de uma diferença (ver DIFERENÇA): difere-se tudo porque tudo se dissemina. O escrito (*l'écrit*) corre lado a lado com a tela (*l'écran*) e esta lado a lado com o cofre (*l'écrin*). Os jogos de palavras deixam de ser jogos justamente por sê-lo. Não se fala do primeiro nem do último, mas do antepenúltimo. O pensamento é a coluna e a encruzilhada. Repetição, polissemia, diferença e disseminação são instrumentos para uma "desconstrução" da escrita.

Todas as escritas, incluindo a escrita sobre essas escritas, entrecruzam-se, fazendo-se e desfazendo-se perpetuamente. A inclusão desfaz-se; a exclusão constitui-se com base em um discurso possível (que também é incluível). Derrida margina e fragmenta; não se trata de antologia, nem sequer de fragmentos de antologia, mas de fragmentos desses fragmentos. O que se busca é religar (*relier*) e reler (*relire*) a partir de todos os pontos de vista e de todos os fragmentos. Com isso, Derrida almeja "vomitar a filosofia", enviá-la ao campo geral que quis dominar, confrontá-la com a ficção e com outras práticas de escrita sobre as quais havia almejado exercer o domínio. Com isso procede-se à decapitação da filosofia. Mas situar-se no limite do discurso filosófico é apenas um modo de situar-se no limite de todos os discursos. A desconstrução é acompanhada pela, ou entrecruzada com a, recomposição, pelo deslocamento, pela dissociação de significantes como interrupção de

DESCARTES, RENÉ

sínteses, por todo desejo de uma separação. Os temas antifilosóficos, e antidiscursivos, de Derrida transformam-se então em palavras, que são as que aparecem e reaparecem, como se fossem obsessões: diferença, espaçamento, disseminação, enxerto, marca; margem, pharmakon, hímen e, é claro, desconstrução.

⊃ Obras: *La voix et le phénomène. Introduction au problème du signe dans la phénoménologie de Husserl*, 1967. — *L'écriture et la différence*, 1967 (inclui vários escritos, publicados anteriormente em revistas, como "Force et signification", "Cogito et histoire de la folie", "Violence et métaphysique. Essai sur la pensée d'Emmanuel Lévinas", "'Genèse et structure' et la Phénoménologie", "La parole soufflée", "La scène de l'écriture", "La clotûre de la représentation", "De l'économie restreinte à l'économie générale. Un hégélianisme sans réserve", "La structure, le signe et le jeu", "Ellipse"). — *De la gramatologie*, 1967 (a primeira parte intitulase: "L'écriture avant la lettre"; a segunda: "Nature, Culture, Écriture"). — "La Différence", *Bulletin de la Société Française de Philosophie*, 62 (1968), 73-101; reimp. em M. Foucault, J. Derrida *et al.*, *Théorie d'ensemble*, 1968. — *La dissémination*, 1972 (inclui: "Hors livre", "La Pharmacie de Platon", "La double séance", "La dissémination"). — *Marges*, 1972. — *Positions*, 1972 (entrevistas de Henri Ronse, Julia Kristeva, Jean-Louis Houdebine e Guy Scarpetta com J. D.). — *L'archéologie du frivole*, 1973. — *Glas*, 1974. — *Telepathie*, 1982. — *Éperons*, 1978. — *La vérité en peinture*, 1978. — *La carte postale*, 1980. — *D'un ton apocalyptique adopté naguère en philosophie*, 1983. — *Parages*, 1986. — *De l'esprit. Heidegger et la question*, 1987. — *Psyché. Invention de l'autre*, 1987.

Em português: *Do espírito*, 1990. — *Enlouquecer o subjétil*, 1998; — *A escritura e a diferença*, 2ª ed., 1995. — *Espectros de Marx*, 1994. — *A farmácia de Platão*, 1991. — *Gramatologia*, s.d. — *Jacques Derrida* (em colaboração com G. Bennington), s.d. — *Khora*, 1995. — *Limited, Inc.*, s.d. — *Margens da filosofia*, 1991. — *O olho da universidade*, 1999. — *Paixões*, 1995. — *A religião* (em colaboração com G. Vattimo), 2000. — *Salvo o nome*, 1995. — *A voz e o fenômeno*, 1994.

Bibliografia: J. M. Miller, *French Structuralism: A Multidisciplinary Bibliography*, 1981. — W. R. Schultz, L. L. B. Fried, *J. Derrida: An Annotated Primary and Secondary Bibliography*, 1992.

Ver: Luce Fontaine-De Visscher, "Des privilèges d'une grammatologie", *Revue philosophique de Louvain*, 67 (1969), 461-475. — Lucette Finas, Sarah Kofman, R. Laporte, Jean-Michel Rey, *Ecarts, quatre essais à propos de J. D.*, 1973. — F. Laruelle, *Machines textuelles. Déconstruction et libido d'écriture*, 1976. — Clement Rosset, *La dé-construction de la pensée*, 1976. — Newton Garver, Richard Rorty, Marjorie Grene, "The philosophy of J. D.", *Journal of Philosophy*, 74 (1977), 633-682. — Catherine Clément, C. Bugi-Glucksmann, E. Levinas *et al.*, arts. em número especial de *L'Arc* (54) sobre J. D. — H. J. Silverman, D. Janicaud *et al.*, artigos sobre D. em *Research in Phenomenology*, 8 (1978), 1-160, com bibliografia de D., pp. 145-160. — J. Sturrock, *Structuralism and Since: From Lévi-Strauss to D.*, 1979. — D. Giovannangeli, *Écriture et répétition. Approche de D.*, 1979. — G. H. Hartman, *Saving the Text: Litterature/Derrida/Philosophy*, 1982. — VV.AA., *Displacement: D. and After*, 1984, ed. M. Krupnick. — R. Magiola, *D. on the Mind*, 1984. — H. Staten, *Wittgenstein and D.*, 1985. — M. C. Taylor, *Errance. Lecture de J. D. Un essai d'a-théologie postmoderne*, 1985. — I. E. Harvey, *D. and the Economy of Différance*, 1985. — C. Norris, *D.*, 1987. — K. Englert, *Frivolität und Sprache. Zur Zeichentheorie bei J. D.*, 1987. — E. Behler, *Nietzsche-D.*, 1988. — L. de Vos, *De/Construction*, 1988. — D. L. Donkel, *The Understanding of Difference in Heidegger and Derrida*, 1992. — B. Martin, *Matrix and Line: Derrida and the Possibilities of Postmodern Social Theory*, 1992. — C. Johnson, *System and Writing in the Philosophy of J. Derrida*, 1993. ⊂

DESCARTES, RENÉ, Renatus Cartesius (1596-1650), nascido em La Haye (Touraine), educou-se (1606-1614) no Colégio de Jesuítas de La Flèche. Desejoso de ver o mundo, alistou-se, em 1618, no exército do príncipe Maurício de Nassau, e em 1619 no de Maximiliano da Baviera. Ocorreram vários anos de viagem e, ao que parece, uma peregrinação ao santuário de Nossa Senhora de Loreto para cumprir um voto feito após a descoberta de "uma ciência maravilhosa". Entre 1625 e 1628 residiu em Paris. Em 1628 mudou-se para a Holanda, onde permaneceu até 1646, quando foi convidado pela rainha Cristina à Suécia, onde faleceu.

Descartes é considerado o "pai da filosofia moderna" e também, embora com menos razão, "o fundador do idealismo moderno". Em todo caso, seu pensamento e sua obra encontram-se em um momento crucial do desenvolvimento da história da filosofia e podem ser considerados o início de um período que alguns historiadores fazem terminar em Hegel e outros até já avançada a época contemporânea. Fala-se freqüentemente do racionalismo de Descartes, e também do voluntarismo de Descartes. Sua filosofia foi interpretada de maneiras muito diversas (cf. *infra*, *ad finem*). Ele sem dúvida influenciou muito, não apenas a tendência, ou tradição, denominada "cartesianismo" (VER), mas também muitos autores que se opuseram a ela, mas que de algum modo devem a Descartes as suas principais incitações filosóficas. Certos autores destacaram a quase absoluta originalidade de Descartes. Outros mostraram que o filósofo forjou seus conceitos fundamentais tomando-os da escolástica. A verdade provavelmente não está no ponto médio, mas em outro mais capital: no fato de que Descartes representou, para usar uma expressão de Ortega, um novo "nível" na filosofia, e no fato de que esse nível foi justamente o que chamamos de "moderno".

A filosofia de Descartes não pode ser reduzida, como às vezes foi feito, à metodologia. Essa filosofia é um conjuto muito complexo de diversos elementos: método, metafísica, antropologia filosófica, desenvolvimentos científicos (especialmente matemáticos), preocupações religiosas e teológicas etc. É plausível, no entanto, começar destacando a busca cartesiana de um novo método. Este não deve ser, como segundo o nosso filósofo era a silogística aristotélica, uma mera ordenação e demonstração lógica de princípios já estabelecidos, mas um caminho para a invenção e para a descoberta. Esse caminho deve estar aberto a todos, isto é, a todos que participam da razão e do "bom senso".

O exemplo da matemática, na qual a análise (VER) constitui uma arte inventiva, representa a principal incitação do método cartesiano. A primeira condição para sua realização consiste (*Discurso*, II) em "não admitir como verdadeira nenhuma coisa que não se saiba com certeza que o é", evitando a precipitação e a prevenção e aceitando somente o que se apresenta clara e distintamente ao espírito; a segunda, em "dividir cada dificuldade em quantas partes seja possível e em quantas partes exija sua melhor solução"; a terceira, "em conduzir os pensamentos ordenadamente", começando pelos objetos mais simples e fáceis de conhecer para ascender gradualmente aos mais compostos; e a quarta, "em fazer sempre um inventário tão integral e revisões tão gerais que se fique seguro de não omitir nada". Essas quatro regras célebres resumem todos os caracteres essenciais do método. Para Descartes, em princípio não se pode conhecer nenhuma verdade a menos que seja imediatamente evidente. Mas a evidência (VER) como único critério admissível deve possuir as características da clareza e da distinção (ver CLARO). Descartes chama as idéias que possuem essas características de naturezas simples (VER) (*naturae simplices*). Seu conhecimento se efetua por uma intuição direta do espírito; sua verdade é, ao mesmo tempo, sua evidência imediata. Daí a necessidade de decompor toda questão em seus elementos últimos e mais simples e em reconstruí-la para a prova com os mesmos elementos, isto é, com suas próprias e primárias evidências. Toda verdade é composta, por conseguinte, por evidências originárias, simples, irredutíveis, ou por noções relacionadas a elas. O que o espírito deve fazer é distinguir o simples do composto e investigá-lo ordenadamente até chegar a um sistema de elementos no qual o composto possa ser reduzido progressivamente a algo mais simples. Essa regra é fundamental, "e não há" — diz Descartes explicitamente — "outra mais útil, pois ela diz que todas as coisas podem ser dispostas em séries distintas, não enquanto se referem a algum gênero do ente, tal como as dividiram os filósofos conforme suas categorias, mas enquanto umas podem ser conhecidas por outras, de tal modo que, toda vez que ocorrer alguma dificuldade, possamos nos dar conta no momento se talvez seja útil examinar primeiro algumas e quais e em que ordem" (*Regulae*, VI). Em outros termos, o verdadeiro segredo do método — e nenhum saber é possível sem método — consiste em retornar ao mais "absoluto".

Descartes busca uma proposição apodítica; não apenas uma verdade fundamental — pois as verdades de fé também possuem esse caráter —, mas uma verdade crível por si mesma, independentemente de toda tradição e autoridade; uma verdade, além disso, da qual se deduzam as restantes por meio de uma série de intuições no curso de uma cadeia dedutiva. Essa verdade há de ser, por outro lado, comum a todo espírito pensante, de tal modo que seja acessível a todo pensar, sempre que ele funcione de modo reto e se afaste de tudo o que se interponha para desviá-lo ou entorpecê-lo, pois "nada pode ser acrescentado à pura luz da razão que de algum modo a obscureça". Em outros termos, o espírito possui, pelo mero fato de ser sujeito pensante, uma série de princípios evidentes por si mesmos, idéias inatas (ver INATISMO), com as quais opera o conhecimento, o qual reduz a elas, mediante relacionamento e comparação, todas as outras noções que surjam da percepção e da representação. Esse afã de clareza e de evidência revela-se no processo da dúvida (VER) metódica, que elimina todas as objeções que poderiam opor-se a essa fundamentação nos últimos elementos intuitivos. Na dúvida metódica indaga-se pelo último critério de toda verdade. Não é uma dúvida em um sentido cético com uma finalidade niilista ou com um propósito moral: duvida-se justamente porque somente da dúvida pode nascer a certeza máxima. A dúvida põe apenas entre parênteses os juízos, mas não as ações. Toda irresolução nestas últimas é suprimida pelo que Descartes chama de "moral provisional", indispensável para não converter a atitude dubitativa em uma destruição da ordem moral, política e religiosa existente.

Descartes passa a duvidar de tudo, e não apenas das autoridades e das aparências do mundo sensível, mas também das próprias verdades matemáticas. O processo da dúvida é levado a suas últimas conseqüências pela hipótese do "gênio maligno" (*malin génie*), introduzido por Descartes para esgotar completamente a série de possíveis dubitações. Poderia existir, indica ele, um gênio maligno onipotente que se propusesse enganar o homem em todos os seus juízos, inclusive naqueles que, como os matemáticos, parecem isentos de toda suspeita. Mas, uma vez praticada essa dúvida metódica e radical enquanto o espírito pensa na possibilidade de todo tipo de falsidades, ele percebe que há algo de que não é possível duvidar de maneira alguma, isto é, de que o próprio sujeito pensa. A dúvida se detém, finalmente, nesse pensamento fundamental, no fato primário de que, ao duvidar, pensa-se que se duvida. Esse núcleo irredutível no qual o duvidar se detém é o *Cogito ergo sum* (VER). Penso, logo existo; eu sou, pois, uma coisa pensante, algo que permanece irredutível após o duvidar absoluto (*Discurso*, IV. *Meditações*, II). O *Cogito* é, por conseguinte, a evidência primária, a idéia clara e distinta por antonomásia (idéia distinta, certeza primária, pois, mais que primária realidade). Essa proposição é julgada por Descartes como uma verdade inalterável "pelas mais extravagantes suposições dos céticos". O *Cogito* — que não deve ser interpretado como um mero ato intelectual, mas como um "possuir na consciência" — afirma que "eu sou uma coisa pensante" com completa independência da coincidência do pensar com a situação objetiva e até mesmo da própria existência dessa situação.

Pois bem, o momento imanente do *Cogito* é transformado rapidamente em um momento transcendente. Isso ocorre na demonstração da existência de Deus e nas sucessivas afirmações da substancialidade da alma e da extensão dos corpos. Por isso o *Cogito* representa a posição de um idealismo que não renuncia ao realismo e que, por outro lado, não se satisfaz com o imanentismo da consciência. Daí que sua função seja distinta da que é apresentada no pensamento moderno pelo fenomenalismo espiritualista de Berkeley e pelo criticismo de Kant. Embora Descartes tenha em comum com esses autores a participação nos pressupostos do idealismo moderno, distingue-se deles por admitir, ao mesmo tempo, não poucos pressupostos realistas. Em todo caso, Descartes almeja sair o mais cedo possível do fenômeno ou da consciência com o fim de encontrar uma realidade que lhe garanta a existência das realidades. Isso ocorre por meio da passagem, já indicada, para a demonstração da existência de Deus (VER). Somente Deus pode garantir a coincidência entre tais evidências e suas existências correspondentes. Como demonstração principal Descartes usa o argumento ontológico, mas lhe confere um sentido distinto ao deduzir a existência de Deus de sua idéia como ser infinito no âmago da consciência finita. Somente porque uma natureza infinita existe, pode ela pôr sua idéia em uma natureza finita que a pensa. Assim, essa demonstração é uma superação do solipsismo da consciência e uma passagem para o reconhecimento da realidade e da consistência das objetividades.

Busca e descoberta do método (e de suas regras), processo metódico da dúvida, evidência do *Cogito* e demonstração da existência de Deus são quatro elementos fundamentais da filosofia cartesiana. O que liga esses elementos é o esforço para encontrar proposições apodíticas que sejam ao mesmo tempo explicativas do real. A razão na qual Descartes começou a "encerrar-se" não é, com efeito, uma razão puramente formal. Ou, se essa razão é formal, ela o é em um sentido mais parecido com as razões da matemática, nas quais há invenção e descoberta e não apenas ordenação ou pura "dialética". A razão cartesiana pode ser considerada, além disso, intuitiva, no sentido de que parte de intuições (ver INTUIÇÃO) para desembocar em intuições, em uma cadeia que tem de ser perfeitamente transparente. Pois bem, a filosofia de Descartes não se detém na passagem da prova de existência do eu como eu pensante para a prova de Deus como ser infinito capaz de garantir ao eu pensante as verdades, e particularmente as verdades eternas. O eu apreende-se a si mesmo como natureza pensante, e apreendeu a Deus como alguém que "concorre comigo para formar os atos de minha vontade", mas Descartes julga que se deve considerar também se há coisas externas. Essa consideração se faz, é claro, ao fio da idéia clara e distinta do externo. Tal idéia leva à consideração de outra substância também clara e transparente, a substância corporal enquanto substância extensa. A distinção entre substância pensante e substância extensa é absolutamente clara justamente porque cada uma delas se define pela exclusão da outra: o que é pensante não é extenso; o extenso não pensa. A extensão não é a essência do eu pensante; o pensamento não é a essência da realidade extensa. Assim são formadas as duas substâncias separadas e claramente definidas, na medida em que possamos dizer que são propriamente substâncias, já que, em alguma medida, somente Deus é substância. A conseqüência disso é um dualismo (e, segundo alguns autores, se levarmos em conta Deus, um "trialismo").

Consideremos agora somente o citado dualismo. Este último estabeleceu problemas muito agudos a Descartes, particularmente ao longo da famosa questão da relação entre alma e corpo como relação entre substâncias. Uma parte considerável do pensamento racionalista pós-cartesiano (Malebranche, ocasionalistas [ver OCASIONALISMO], Spinoza, Leibniz) ocupou-se dessa questão, dando-lhe soluções muito diversas. Mas seria errôneo pensar que há no pensamento de Descartes apenas uma metafísica: a separação das duas substâncias, embora metafisicamente incômoda, segundo Descartes é cientificamente fecunda. Ela é, em todo caso, o fundamento da doutrina do homem (da "psicologia") e da doutrina do mundo (da física).

Da física cartesiana haveria muito a dizer. Podem ser encontradas em várias partes de sua obra — especialmente nos *Princípios de filosofia* — elementos que permitem concluir que Descartes não foi tão extremado como pareceu em sua concepção das realidades físicas como puras substâncias extensas; a questão das forças que se manifestam nos corpos é, para Descartes, como para todos os físicos, uma questão capital. Mas, *grosso modo*, pode-se dizer que a física cartesiana aparece sob a forma de uma estática dominada pelo sistema das relações espaciais. As qualidades e as supostas forças ínsitas na natureza dos corpos são eliminadas; de outro modo não se poderia entender racionalmente a substância extensa. Isso equivale em grande parte a considerar a física do ponto de vista da geometria. Também equivale a adotar o que foi chamado posteriormente de "o método redutivo de análise", ao menos dentro de cada um dos tipos fundamentais de substância. É curioso observar que mesmo quando Descartes se opôs firmemente em sua física às teorias escolásticas, por considerar que essas teorias se fundavam em certas supostas "virtudes" dos corpos, das quais se procedia a derivar racionalmente suas propriedades, sua própria física é em muitos pontos não menos metafísica que a dos escolásticos. Com efeito, Descartes procura derivar certas teorias físicas — matéria como um complexo de "torvelinhos" — das propriedades racionais da matéria como substância extensa.

A "psicologia" de Descartes não segue inteiramente as linhas da racionalização geometrizante que opera na física. Por um lado, há nas idéias psicológicas de Descartes muito mais descrição que dedução racional. Por outro lado, Descartes tem consciência de que, embora todas as operações psíquicas sejam *cogitações*, a única coisa em comum a todas elas é seu caráter intencional. Os fenômenos da vontade, por exemplo, não se reduzem facilmente aos da inteligência. Pois bem, mesmo assim, Descartes busca encontrar em sua "psicologia" um método baseado na clareza e na distinção. Por isso cada uma das variedades dos modos psíquicos tem de ser deduzida da própria essência desse modo. Assim, Descartes define as paixões como "reações". As principais "reações" são a admiração (VER), o amor, o ódio, o desejo (VER), a alegria e a tristeza. A vontade (VER) é a faculdade de julgar ou abster-se de julgar, de consentir ou negar o juízo. Essa vontade é infinita e completamente livre para dar ou não sua adesão, pois o entendimento mostra simplesmente à vontade o que ela deve escolher. A infinidade da vontade contrapõe-se à finitude do entendimento: o erro (VER) baseia-se não apenas na adesão às representações confusas e obscuras, mas no ato volitivo que ultrapassa o caráter limitado do entendimento. Mas os pressupostos da filosofia cartesiana tampouco se esgotam na tendência à redução do complexo ao simples. Há nela a idéia de que é possível reconstruir o universo inteiro com base em elementos simples; há a segurança de que se alcançou pela primeira vez uma segurança intelectual completa; há a confiança em que todo homem, pelo mero fato de sê-lo, pode

chegar ao conhecimento sempre que utilize o método conveniente. O que importa para a verdade é, pois, menos a penetração espiritual que o adequado uso do método. Há, por fim, o pressuposto de uma ordenação da Natureza ou, mais ainda, de uma ordenação segundo uma lei matemática, pois o método contrapõe-se continuamente à sorte. Por isso o método é como a chave de uma linguagem. E por isso a filosofia de Descartes é quase o "programa" da época moderna, ao menos enquanto exploração das possibilidades da razão.

Como em todos os verbetes sobre os grandes filósofos, a exposição aqui apresentada deve ser completada com as referências a Descartes que figuram em outros verbetes deste *Dicionário*. Já indicamos alguns deles no decorrer da exposição (ANÁLISE; CLARO; COGITO ERGO SUM; INATISMO etc.); ao leitor será fácil recorrer a outros conceitos básicos (CRIAÇÃO; ESPAÇO; TEMPO etc.).

A filosofia de Descartes foi objeto de numerosas interpretações. Mencionaremos somente três grupos de teorias sobre três pontos considerados centrais.

Um desses grupos de teorias se refere a um aspecto sociológico-histórico: trata-se de saber se é preciso interpretar sempre de modo mais ou menos literal o que Descartes escreveu ou de se é preciso considerar Descartes um "filósofo mascarado", que oculta seu verdadeiro pensamento (*Larvatus prodeo*) por medo das conseqüências que sua manifestação poderia acarretar. A interpretação dos escritos de Descartes como expressão do pensamento autêntico do filósofo é não apenas a tradicional, mas também a geralmente aceita hoje por todos os expositores do cartesianismo. A interpretação de Descartes como "filósofo mascarado" foi proposta por M. Leroy.

Outro desses grupos diz respeito ao interesse predominante de Descartes. Para alguns o único interesse do filósofo consistiu em fundamentar filosoficamente a nova ciência natural, ou mesmo desenvolver pura e simplesmente esta última. Para outros (como Léon Blanchet), Descartes pretendeu fazer o mesmo que a Igreja Católica tentou freqüentemente: estabelecer um equilíbrio entre teologia e filosofia, e entre revelação e razão. Para outros (Cassirer), Descartes se interessava, como filósofo teórico, pela fundamentação filosófica da nova ciência, e, como crente, pela obtenção da *pax fidei*. Para outros (H. Gouhier), pode-se fazer a distinção entre Descartes e o cartesianismo e atribuir a cada um deles não interesses opostos, mas uma certa acentuação desses interesses em um sentido ou em outro.

Outro desses grupos, por fim, diz respeito à estrutura da obra filosófica de Descartes e à função desempenhada nela por certas afirmações (como o *Cogito ergo sum*). Para alguns (M. Guéroult), Descartes foi sobretudo um raciocinador, cuja filosofia seguiu uma estrita "ordem das razões"; para outros (F. Alquié), ele concebeu as verdades fundamentais como "experiências ontológicas".

⮕ Obras: *Discours de la méthode pour bien conduire la raison et chercher la vérité dans les sciences*. Esse *Discours* apareceu anonimamente em 1637, junto com os tratados de *Dioptrique, Météores* e *Géométrie* — dos quais constituía o prefácio —, com o título comum de *Essais philosophiques*. Tradução latina, revisada por Descartes, do Abbé Étienne de Courcelles, com o nome de *Specimina philosophica* (1644) com exclusão da *Geometria* (trad. por Schooten e publicada em 1649). — *Meditationes de prima philosophia, ubi de Dei existentia et animae immortalitate; his adjunctae sunt variae objectiones doctorum virorum in istas de Deo et anima demonstrationes cum responsionibus auctoris*, 1641 (as objeções procedem de: Caterus de Amberes; de *savants* de Paris reunidas por Pe. Mersenne; de Hobbes; de Arnauld; de Gassendi; de vários teólogos e filósofos). A segunda edição (1642) apareceu com o título: *Meditationes de prima philosophia, in quibus Dei existentia et animae humanae a corpore distinctio demonstratur*, incluindo as "objeções sétimas" do jesuíta Bourdin. Trad. fr. das *Meditaciones* pelo Conde de Luynes e das "objeções e respostas" por Clersier em 1647. — *Renati Descartes Principia philosophiae*, 1644 (trad. fr. por Picot, 1647). — *Les passions de l'âme*, 1649 (trad. latina 1650). — Depois da morte de Descartes, apareceu *Le monde ou traité de la lumière*, 1664 (edição mais completa, 1677). — *Traité de l'homme et de la formation du foetus*, 1664. — *Cartas* 1657-1667 (em latim, 1668, 1792). — *Regulae ad directionem ingenii* e *Inquisitio veritatis per lumen naturale* (ambas em *Opera posthuma Cartesii physica et mathematica*, 1701). Ed. crítica de Giovanni Crapulli da versão holandesa do século XVII, 1966. Ver também Jean-Paul Weber, *La constitution du texte des* Regulae, 1964. — Trad. fr., anotada, das *Regulae: Regles utiles et claires pour la direction de l'esprit et la recherche de la vérité*, 1976, ed. P. Costabel e Jean-Luc Marion.

Edição de obras: Ed. latina das obras filosóficas, Amsterdã, 1650; ed. em francês: Paris, 1701. — Ed. de Cousin, 1824-1826. — Ed. completa de Adam e Tannery, 11 vols., 1897-1909; reimp., com notas suplementares, por É. Gilson, M. Guéroult *et al.*, 1963 ss. — Ed. de *Oeuvres philosophiques*, ed. Ferdinand Alquié, 3 vols., 1967-1973. — Correspondência publicada por Ch. Adam e G. Milhaud, 8 vols., 1936-1963. — Correspondência entre Descartes e Huyghens: *Correspondence of Descartes with Constantyn Huyghens 1635-1647* (Oxford, 1926, ed. Leon Roth). — Para o *Discurso do Método*, ver especialmente a ed. de É. Gilson, com comentários, 1925; 3ª ed., 1930. — Edição de cartas sobre a moral por Jacques Chevalier, *Lettres sur la morale*. *Correspondance avec la princesse Elizabeth, Chanut et la reine Christine*, 1935 (Ed. esp.: *Cartas sobre la moral*, 1945).

Em português: *Discurso do método*, 3ª ed., 1999. — *Meditações metafísicas*, 2000. — *Obra escolhida*, s.d. — *As paixões da alma*, 1998. — *Princípios da filosofia*, 1997. — *Regras para a orientação do espírito*, 1999.

Bibliografia: Gregor Sebba, *Bibliographia Cartesiana: A Critical Guide to the Descartes Literature 1800-1960*, 1963. — W. Doney, "Some recent Work on Descartes: A Bibliography", *Philosophy Research Archives*, 2, n. 1134 (1976). — V. Chappell, ed., *Twenty-Five Years of Descartes Scholarship, 1960-1984: A Bibliography*, 1987 [a partir da bibliografia de Sebba].

Índices: Jean-Robert Armogathe e Jean-Luc Marion, *Index Verborum* das *Regulae*, 1975 (com lista de variantes por G. Crapulli). — P.-A. Cahné, índice ao *Discours*, 1977.

Biografia antiga: Adrien Baillet, *Vie de Monsieur D.*, 1691; reimp., 1946.

Ver: L. Liard, *Descartes*, 1882. — A. Fouillée, *Descartes*, 1893. — Norman Kemp Smith, *Studies in the Cartesian Philosophy*, 1902; reimp., 1962. — *Id., New Studies in the Philosophy of Descartes: Descartes as a Pioneer*, 1952. — A. Hoffmann, *Descartes*, 1905. — Octave Hamelin, *Le système de Descartes*, 1911. — É. Gilson, *La liberté chez Descartes et la théologie*, 1913. — *Id., Index scholastico-cartésien*, 1913. — *Id., Études sur le rôle de la pensée médiévale dans la formation du système cartésien*, 1930. — Léon Blanchet, *Les antécédents historiques du "Je pense donc je suis"*, 1920. — J. Chevalier, *Descartes*, 1921. — H. Gouhier, *La pensée religieuse de Descartes*, 1924. — *Id., Essais sur Descartes*, 937; 2ª ed., 1949. — *Id., Les premières pensées de Descartes: Contribution à l'histoire de l'antirenaissance*, 1958. — *Id., La pensée métaphysique de Descartes*, 1962; 2ª ed., 1972. — A. Espinas, *Descartes et la morale*, 2 vols., 1925. — É. Boutroux, *Des vérités éternelles chez Descartes*, 1927 (trad. fr. da tese de 1874: *De veritatibus aeternis apud Cartesium*). — Joaquín Xirau, *Descartes y el idealismo subjetivista moderno*, 1927. — Maxime Leroy, *Descartes, le philosophe au masque*, 2 vols., 1929. — J. Segond, *La sagesse cartésienne et la doctrine de la science*, 1932. — Francesco Olgiati, *Cartesio*, 1934. — W. A. Merrylees, *Descartes: An Examination of Some Features of His Metaphysics*, 1934. — Paul Mouy, *Le développement de la physique cartésienne, 1646-1712*, 1934. — K. Jaspers, *Descartes und die Philosophie*, 1937. — Ch. Adam, *Descartes: Sa vie et son oeuvre*, 1937. — H. J. de Vleeschauwer, *R. Descartes. Lebensweg en Wereldbeschouwing*, 1937. — E. Cassirer, *Descartes. Lehre. Persönlichkeit, Wirkung*, 1939. — VV.AA., *Descartes. Homenaje en el tercer centenario del* Discurso del método (Universidad de

Buenos Aires, 3 vols., 1938). — Marthinus Versfel, *An Essay on the Metaphysics of Descartes*, 1940. — J. Laporte, *Le rationalisme de Descartes*, 1945. — L. Laberthonnière, *Études sur Descartes* (em *Oeuvres*, I, II, 1945). — Elisabeth Goguel, *Descartes y su tiempo*, 1946. — C. E. Barié, *Descartes*, 1947. — J. P. Sartre, "La liberté cartésienne", em *Situations*, I, 1947. — Armando Carlini, *Il problema di Cartesio*, 1948. — VV. AA., número de *Filosofía y Letras* (México, tomo XX, n. 39, 1950) dedicado a Descartes. — F. Alquié, *La découverte métaphysique de l'homme chez Descartes*, 1950. — *Id., Descartes: L'homme et l'oeuvre*, 1956. — C. Serrurier, *Descartes: L'homme et le penseur*, 1951. — A. G. A. Balz, *Descartes and the Modern Mind*, 1952. — M. Guéroult, *Descartes selon l'ordre des raisons*: 2 vols. (I: *L'âme et Dieu*; II: *L'âme et le corps*), 1953; 2ª ed., 1968. — F. Alquié, M. T. Antonelli, L. Beck, E. W. Beth, H. Gouhier, M. Guéroult, J. Hyppolite, J. Wahl et al., *Descartes*, 1957. — Jules Vuillemin, *Mathématiques et métaphysique chez Descartes*, 1960. — Roger Lefèvre, *La pensée existentielle de D.*, 1965. — Luis Villoro, *La idea y el ente en la filosofía de D.*, 1965. — Detlef Mahnke, *Der Aufbau des philosophischen Wissens nach D.*, 1966. — Geneviève Rodis-Lewis, *D. et le rationalisme*, 1966. — *Id., L'oeuvre de D.*, 2 vols., 1971. — Anthony Kenny, *D.: A Study of His Philosophy*, 1968. — L. J. Lafleur, S. Rosen et al., *Cartesian Essays: A Collection of Critical Studies*, 1968, ed. B. Magnus e J. B. Wilbur. — Leslie J. Beck, *The Metaphysics of D.: A Study of the Meditations*, 1969. — James Collins, *Descartes' Philosophy of Nature*, 1971. — Élie Denisoff, *D., premier théoréticien de la physique mathématique*, 1971. — Juan de Dios Vial Larraín, *La metafísica cartesiana*, 1971. — Hiram Caton, *The Origin of Subjectivity: An Essay on D.*, 1973. — Jonathan Rée, *D.*, 1974. — J.-L. Mario, *Sur l'ontologie grise de D.*, 1974. — *Id., Sur la théologie blanche de D.*, 1981 [a "ontologia cinza" é a das *Regulae*; a "teologia branca" é a "teologia não-escrita"]. — B. Williams, *D.: The Project of Pure Enquiry*, 1978. — J.-M. Beyssade, *La philosophie première de D. Le temps et cohérence de la métaphysique*, 1979. — F. Bader, *Die Ursprünge der Transzendentalphilosophie bei D.: vol. 1, Genese und Systematik der Methodenreflexion*, 1979; vol. II, I. *D.' Erste Philosophie: Die Systematik des methodischen Zweifels*, 1982. — D. M. Clarke, *Descartes' Philosophy of Science*, 1982. — A. O. Rorty, *Essays on Descartes' Meditations*, 1986. — F. Bonicalzi, *L'ordine della certeza: Scientificità e persuasione in D.*, 1990. — M. Grene, *D. Among the Scholastics*, 1991. — D. Garber, *D.' Metaphysical Physics*, 1992. — T. Verbeek, *D. and the Dutch: Early Reactions to Cartesian Philosophy 1637-1650*, 1992. — J. Petrik, *D.' Theory of the Will*, 1992. — F. Trevisani, *D. in Germania: La ricezione del cartesianesimo nellà Facoltà filosofica e medica di Duisburg (1652-1703)*, 1992. — C. Wolf-Devine, *D. on Seeing: Epistemology and Visual Perception*, 1993.

Desde 1979, existe a revista anual *Studia Cartesiana*, ed. P. Dibon, G. Rodis-Lewis, G. Sebba et al. **G**

DESCOBERTA. Em *Experience and Prediction* (1938), Hans Reichenbach (VER) propõe que se distingam a tarefa da epistemologia e a da psicologia. A última se ocupa da maneira como têm lugar os processos do pensar; a primeira "procura construir os processos do pensar do modo como deveriam ocorrer se tivessem de ser dispostos num sistema consistente" (*op. cit.*, p. 5). Portanto, "a epistemologia trata antes de um substituto lógico que dos processos reais" (*loc. cit.*). Trata-se de uma reconstrução racional, mas, como acrescenta Reichenbach, não arbitrária, já que "está ligada ao pensamento efetivo mediante o postulado de correspondência" (*op. cit.*, p. 6); contudo, "em certo sentido é um modo de pensar melhor do que o que ocorre efetivamente".

Para distinguir a tarefa da psicologia e a da epistemologia, Reichenbach propõe duas expressões que ficaram célebres: o "contexto de descoberta" e o "contexto de justificação" (*op. cit.*, pp. 6 e 7). Somente o de justificação — às vezes também denominado "validação" — é de incumbência do epistemólogo.

Reichenbach reconhece que há uma "correspondência" entre o pensar construído (ou reconstruído) logicamente e o pensar efetivo, e admite, além disso, que as teorias científicas são só aproximações daquilo que ele entende por "contexto de justificação". Aqueles que admitiram a distinção proposta por Reichenbach, ou distinções similares — aqueles que elaboraram, seguindo as inspirações lógico-positivistas, o que Hilary Putman chamou, segundo frase já consagrada, "the Received View"; literalmente, "a concepção recebida; mais propriamente, "a concepção ortodoxa"; e, mais propriamente ainda, "a concepção [outrora] vigente" —, alegaram amiúde, contra os que atacaram a distinção, que esta não visa descrever os modos como se desenvolve a ciência, e especificamente as teorias científicas. A análise da ciência — que nesse caso é freqüentemente a análise lógica de linguagens científicas suficientemente maduras e desenvolvidas para poderem ser axiomatizadas — é uma reconstrução lógica de teorias científicas, ou "uma reconstrução racional do pensamento" (*op. cit.*, p. 382). De acordo com Reichenbach e outros autores, não desempenham nenhum papel nessa reconstrução as considerações psicológicas — ou, caberia acrescentar, sociológicas e históricas —, que se encontram no contexto da descoberta, mas não no da justificação ou validação.

Muitos dos autores que se opuseram à "concepção vigente" — ou outrora vigente — negam que exista a suposta dicotomia entre os dois contextos. Essa negação pode assumir várias formas: a mais conhecida, representada por R. N. Hanson, entre outros, seguindo precedentes de Peirce (ver ABDUÇÃO), faz-se acompanhar de esforços para constituir o que se denominou uma "lógica da descoberta". Os processos de descoberta não seguem necessariamente vias fortuitas nem estão condicionados e, com isso, validados por circunstâncias "externas"; há formas e modelos ou padrões de descoberta (ver do citado autor, *Patterns of Discovery*, 1958, *passim*). A "lógica da ciência" no sentido indicado no princípio é uma "lógica do produto terminado", enquanto uma "lógica da descoberta" é uma lógica que, mesmo que parta do produto terminado, segue os passos que levaram logicamente a tal produto (cf. ainda: "The Logic of Discovery", *Journal of Philosophy*, 55 [1958], 1073-1089; "More on the 'Logic of Discovery'", *ibid.*, 57 [1960], 182-188; "Is There a Logic of Discovery?", em *Current Issues in the Philosophy of Science*, ed. H. Feigl e G. Maxwell, 1961, pp. 20-35, 4-42; "Retroductive Inference", em *Philosophy of Science. The Delaware Seminar*, ed. B. Baumrin, vol. I, 1961, pp. 21-37; "Notes Toward a Logic of Discovery", em *Perspectives on Peirce*, ed. R. J. Bernstein, 1965, pp. 42-65). É evidente que os modos de desenvolver a "lógica da descoberta" variam dependendo daquilo que se entenda por 'contexto' na expressão 'contexto de descoberta'. Esse contexto pode ser entendido de um modo "máximo", caso em que a lógica da descoberta se "dissolve", com efeito, em psicologia ou em sociologia da ciência, perdendo então toda estrutura lógica ou fiando-se em "estruturas lógicas" do contexto a que se recorra em cada caso. Pode-se também entender o contexto de um modo "mínimo", ou ao menos "moderado", como faz Hanson ao falar da lógica da descoberta "filosoficamente respeitável", a qual inclui, entre outros elementos, estudos de passos inferenciais a partir do reconhecimento de anomalias e a determinação de *tipos* de hipóteses que possam servir para "explicar" as anomalias; essa lógica da descoberta constitui, em suas palavras, "uma área de investigação, não um manual de conclusões" (ou de receitas) ("Notes etc.", p. 65). Mesmo no sentido "mínimo" ou "moderado", porém, postula-se que uma "lógica da descoberta" deve distinguir-se de uma "lógica dos métodos de indução", que Reichenbach e outros autores "ortodoxos" consideram ser a metodologia apropriada ao estudo da descoberta científica.

O fato de que o título original do livro de K. R. Popper, *Logik der Forschung* (1935), tenha sido traduzido para o inglês por *Logic of Scientific Discovery*, 1959 (a trad. br. é: *Lógica da pesquisa científica*, 6ª ed., 1996), e o fato de Popper ter empregado essa expressão e de ter havido debates em torno dos problemas que ela suscita podem prestar-se a confusões — por exemplo, o trabalho de Thomas S. Kuhn "Lógica da descoberta ou psicologia da investigação?" (em *Criticism and the Growth of Knowledge*, 1970, ed. I. Lakatos e A. Musgrave) poderia levar a pensar que Kuhn debate o problema da "lógica da descoberta" na acepção que, como vimos, essa expressão tem em Hanson, ou como a que teve em Peirce. A rigor, Popper não aceita uma "lógica da descoberta" no sentido Peirce-Hanson, e quando fala, em inglês, de "lógica da descoberta", segundo o modelo, mais ou menos modificado, de sua *Logik der Forschung*, está falando de uma "lógica do conhecimento científico". Por outro lado, é justo reconhecer que uma "lógica da descoberta científica", quando abandona os últimos resíduos "reconstrucionistas" e "justificacionistas" próprios da filosofia da ciência desenvolvida por alguns positivistas, pode — sem transformar-se em "psicologia (ou sociologia) da ciência" — aproximar-se do estudo de passos inferenciais que se dão de fato na investigação científica e não se equiparam exatamente nem a processos dedutivos nem a indutivos. A distância existente entre o estudo desses passos inferenciais e um exame da psicologia (e de sociologia) da descoberta pode ser tornada tão curta — ou tão larga — quanto se queira.

Herbert A. Simon segue em parte os passos de Hanson ao sustentar (cf. "Does Scientific Discovery Have a Logic?", *Philosophy of Science*, 40 [1973], 471-480) que há uma lógica da descoberta entendida como teoria normativa dos processos de descoberta, e acrescenta a esse propósito uma série de exemplos de processos de retrodução (VER). Trata-se, em substância, de descobrir estruturas ou modelos de informação contidos em dados, e de usar a informação obtida para "recodificar" os dados.

Para a teoria da verdade como "descoberta", ver VERDADE.

DESCONSTRUÇÃO. Ver DERRIDA, JACQUES; LÚDICO.

DESCONTINUÍSMO. Ver ATOMISMO; CONTÍNUO.

DESCRIÇÃO. Vários autores antigos trataram a descrição como uma forma de definição: a chamada "definição descritiva", ὅρος διαιρετικός e também ὅρος ὑπογραφικῆς. Tratava-se de uma enumeração de características de uma coisa mediante a qual era possível distinguir essa coisa de outra sem por isso chegar à chamada "definição essencial". Na lógica medieval, considerou-se a descrição como um discurso por meio do qual se enunciam das coisas características acidentais e próprias: acidentais porque não são essenciais, e próprias porque, em todo caso, pertencem à coisa descrita. Em muitos casos, a descrição, *descriptio*, foi tida como uma *definitio secundum quid*, uma definição sob determinado aspecto.

A descrição não é, desses pontos de vista, o oposto da definição: é uma definição menos exata, *minus accurata definitio*. Na *Lógica de Port Royal*, afirma-se que "a definição menos exata (*définition moins exacte*) que se chama descrição é a que proporciona certos conhecimentos de uma coisa por meio dos acidentes que lhe são próprios e que a determinam o bastante para dar alguma idéia que a distingue de outras (*Logique de Port Royal*, parte II, cap. XVI). A descrição é suficiente para certos propósitos, mas nunca é completa. Contudo, descrição e definição encontram-se estreitamente relacionadas, já que se trata da mesma operação — porém, num caso se recorre a acidentes, e no outro a causas, à matéria, à forma, ao fim etc. A descrição pode ser denominada (como já o fez, entre outros, Petrus Ramus) *definitio imperfecta*, ao contrário da definição, que é *definitio perfecta*. Em ambos os casos, trata-se, pois, de definição. Uma definição é uma *definitio descriptiva*.

Por outro lado, e crescentemente a partir do século XIX, contrapuseram-se "descrição" e "definição", examinando-se quais funções podem ser desempenhadas pela primeira e não podem ser desempenhadas pela última. Também crescentemente, os filósofos ocuparam-se da noção de explicação (VER), contrastaram-se "explicação" e "descrição", e, em especial, explicação causal e descrição.

A partir de numerosos pressupostos, várias tendências filosóficas se ocuparam da natureza e das condições, assim como dos "méritos" e das "fraquezas", da descrição. O positivismo clássico de tipo comtiano destacou a importância da descrição dos fenômenos, em oposição à supostamente precipitada e amiúde meramente especulativa explicação dos mesmos. De qualquer modo, destacou-se a importância da descrição fiel dos fenômenos, em contraposição à pretensão de conhecer suas causas (últimas). Certas ciências — como a botânica, a zoologia e a mineralogia — foram consideradas desde a Antiguidade como ciências nas quais desempenha um papel fundamental o que se chamava "definição descritiva" ou a *definitio secundum quid*. No século XVIII, particularmente, essas ciências foram desenvolvidas como "ciências descritivas". O positivismo comtiano não defendeu que se tomassem essas ciências descritivas como modelos, mas sim que se desse maior atenção aos fatos, os quais requerem, de imediato, descrição cuidadosa. Autores como Mach, Schlick e, em geral, os neopositivistas também destacaram a importância da descrição dos fenômenos e elaboraram a noção de descrição introduzindo nela refinamentos que não se encontravam em Comte. Em geral, Mach e os neopositivistas avaliaram que há diversas operações descritivas, e, em particular, duas: uma é a descrição mais completa possível dos fenômenos, e a outra, uma espécie de "sumário simbólico" das descrições. Somente no último caso se pode falar de explicação. Alguns autores consideraram, porém, que não se pode passar da descrição à explicação, isto é, que esta última não é conseqüência de descrições. Requer-se a formulação de hipóteses, verificadas mediante oportunas descrições, mas não obtidas mediante sínteses de descrições.

Na classificação das ciências efetuada por Rickert em ciências nomotéticas e ciências idiográficas, a descrição desempenha um papel básico nas últimas. Em autores como Brentano, a descrição deve ser entendida como um método distinto, por um lado, da explicação causal e, por outro, de uma explicação (e inclusive de uma descrição) genética. Trata-se de descrever atos intencionais (ver INTENÇÃO, INTENCIONAL, INTENCIONALIDADE), que são classificados em três "grupos" de fenômenos psíquicos. Características desse tipo de descrição são a ausência de pressupostos e a atenção ao dado naquilo que poderia denominar-se "trama da intencionalidade" ou "tecido de vivências". Encaminham-se a uma direção similar os métodos descritivos de Husserl. A fenomenologia é apresentada como um método de pura descrição, mas não se trata da descrição de fenômenos, à maneira positivista, e sim da descrição das essências na medida em que são puramente dadas à consciência intencional. O método de descrição desempenha também um papel básico em Dilthey, tanto na psicologia como, em geral, nas "ciências do espírito". Estas são descritivas, ao contrário das ciências naturais, que são explicativas. Deve-se levar em conta, no entanto, que nem em Dilthey nem nos autores antes mencionados a descrição é concebida como uma espécie de "compreensão deficiente". Pelo contrário, especialmente em Dilthey, há uma estreita relação entre descrição e compreensão (VER). De certa maneira, a descrição é em todos esses autores mais fundamental do que a explicação, que se baseia em pressupostos, enquanto a descrição trata unicamente daquilo que ocorre, na medida em que ocorre e justamente como ocorre. A descrição antecede a predicação; não porque a linguagem descritiva não contenha predicações, mas porque estas são entendidas como reflexos imediatos do dado.

Foi comum em vários autores, seguindo com isso linhas da antiga distinção entre conhecimento imediato ou direto e conhecimento mediato ou indireto, propor uma distinção entre o conhecer algo e o saber acerca de algo. Esta distinção foi proposta por William James em seus *Principles of Psychology*, 1909, achando-se também em Bertrand Russell, em várias obras, como *Problems of Philosophy*, caps. IV e V. O termo *acquaintance* é usado por ambos os autores para caracterizar o conhecimento mediante o qual nos inteiramos de algo. O saber acerca de (*about*) é justamente o típico das descrições. Embora o objeto do conhecimento possa continuar sendo o mesmo, o que se conhece do objeto não é o mesmo em todos os casos. Conhecer Lisboa é diferente de saber (muito, pouco etc.) acerca de Lisboa, ainda que nos dois casos Lisboa seja o "objeto" que se supõe conhecer ou do qual se supõe saber algo.

Nem sempre é fácil determinar os limites entre o conhecimento "direto" e o "indireto", porque os contra-exemplos são tão abundantes quanto os exemplos. A existência dos verbos 'conhecer' e 'saber' e o fato de ser este último empregado amiúde em contextos nos quais se trata de conhecimento indireto ou descritivo, isto é, de um saber "acerca de" algo, não garantem que os usos verbais constituam um critério seguro (ver, de Ferrater Mora, "El laberinto del conocimiento", em *Homenaje a J. L. Aranguren*, 1972, também impresso em *Las palabras y los hombres*, 1971, pp. 123-138).

Métodos descritivos foram freqüentemente usados por muitos dos chamados "filósofos da linguagem comum". Isso se deve a fatores muito diversos, entre os quais figuram a escassa inclinação desses filósofos para construções teóricas com grande aparato de deduções, explicações e inferências, bem como sua simpatia pelos chamados "casos paradigmáticos". Há certas analogias entre as descrições "lingüísticas" e algumas das fenomenológicas; em todo caso, as descrições de Austin são descrições daquilo que o próprio autor denomina "fenomenologia lingüística". A inclinação desses filósofos, e em particular de Austin, pelas descrições não é, porém, incompatível com sua oposição ao chamado "descritivismo" em virtude do sentido que se deu a este último termo (ver DESCRITIVISMO).

Além das comparações e dos contrastes entre a descrição e a explicação, deve-se levar em conta a importantíssima contraposição entre as descrições e as prescrições (ver PRESCRIÇÃO).

O "último Wittgenstein" destacou o caráter "descritivo" da filosofia, pelo menos na medida em que, a seu ver, "a filosofia não explica (*erklärt*) nem deduz (*erfolgt*) nada, pois tudo está à vista (*alles offen darliegt*), de modo que não há nada a explicar" (*Philosophische Untersuchungen*, 126). "Temos de deixar de lado toda *explicação*, substituindo-a pela simples *descrição*" (*Beschreibung*) (*op. cit.* 109). No "Livro azul" (*The Blue and Brown Books*, 1958, p. 18), Wittgenstein já denunciara o afã de generalidade que aguilhooa os filósofos, os quais costumam ter constantemente presente como modelo o método da ciência e sucumbem à tentação de formular perguntas e de respondê-las da mesma maneira que o fazem os cientistas. "Essa tendência é a verdadeira fonte da metafísica e leva o filósofo a uma obscuridade completa. Quero dizer aqui que nossa tarefa nunca pode ser a de reduzir algo a algo, ou a de explicar algo. Na realidade, a filosofia *é* puramente descritiva." A insistência na descrição serve aqui de corretivo às tendências reducionistas, que são, ao mesmo tempo, como se indicou, conseqüências do afã de generalidade. Não obstante, deve-se levar em conta que, em última análise, a descrição é um dos jogos de linguagem (ver LINGUAGEM [JOGOS DE]) — e não apenas isso: há coisas muito diversas que podem ser denominadas "descrição", como "a descrição da posição do corpo mediante suas coordenadas, a descrição da expressão facial, a descrição de uma sensação tátil, a descrição de um gosto" (*Philosophische Untersuchungen*, § 24).

Para a chamada "teoria das descrições" no sentido de Russell, ver DESCRIÇÕES (TEORIA DAS).

DESCRIÇÕES (TEORIA DAS). Em seu trabalho de 1905, "Sobre o denotar", Bertrand Russell remete à distinção entre "conhecimento direto" (*by acquaintance*) e "conhecimento acerca de", da qual nos ocupamos em DESCRIÇÃO. Essa distinção é — afirma Russell — a mesma "que há entre as coisas das quais temos apresentações e as coisas que alcançamos apenas mediante frases denotativas" ("On Denoting", *Mind*, N. S. 14 [1905], 479; reimpr. em *Logic and Knowledge: Essays 1910-1950*, 1956, ed. R. C. Marsh). Exemplos de "frases denotativas" são, de acordo com Russell, 'um homem', 'algum homem', 'qualquer homem', 'todo homem', 'todos os homens', 'o atual rei da Inglaterra' [em 1905], 'o atual rei da França' [também em 1905], 'o centro da massa do sistema solar no primeiro instante do século XX', 'a volta da Terra em torno do Sol', 'a volta do Sol em torno da Terra'. Russell indica que uma frase denota somente por sua forma. Há três casos possíveis: uma frase pode ser denotativa e, contudo, não denotar nada, como 'o atual rei da França' (quando já se proclamou alguma das cinco Repúblicas); uma frase pode denotar um objeto definido, como 'a atual rainha da Inglaterra', que denota uma mulher determinada [para Russell, em 1905, 'o atual rei da Inglaterra', que denota certo homem]; uma frase pode denotar ambiguamente, como 'um homem', frase com que não se denotam muitos homens, mas um homem "ambíguo", que pode ser "este" ou "aquele outro" ou "qualquer outro".

Às vezes, ao se dizer 'o' seguido não de uma descrição, mas de um nome comum — como 'ônibus' em 'o ônibus' —, pode-se tomar a frase como uma frase denotativa. Ao dizer 'o ônibus chegou tarde', em geral nos referimos a determinado ônibus, embora possamos definir ainda melhor de que ônibus se trata sob forma descritiva, como em 'o ônibus das cinco', 'o ônibus das cinco da tarde do domingo passado' etc.

Em vários outros escritos, incluindo os *Principia Mathematica* (cf. bibliografia *infra*), Russell desenvolveu já a "teoria do denotar". Essa teoria permitiu-lhe examinar a fundo vários conceitos lógicos e ontológicos básicos, e também fundamentar sua tese de que "a lógica é a essência da filosofia", ao menos no sentido de considerar que apenas por meio de uma análise das estruturas lógicas das expressões se pode ver até que ponto certas estruturas gramaticais podem induzir a confusões. Entre os conceitos básicos examinados encontram-se os de denotação, significação e referência.

Uma das origens da teoria de Russell é seu desejo de encontrar uma saída para o problema suscitado por certas frases descritivas que, embora possuam, gramaticalmente falando, significação, não descrevem nada. Se se predica algo daquilo que essas frases descritivas poderiam descrever no caso de que existisse o descrito, dever-se-ia — diz Russell — concluir que se predica algo de alguma "coisa" que não existe. Mas, ao que parece, dizer que algo que não existe tem esta ou aquela propriedade ou característica não é dizer nada. Meinong atacara o problema postulando reinos de entidades ou tipos de entidades, como entidades subsistentes, entidades irreais, entidades desprovidas de ser (ou fora do ser) etc. Contudo, embora as idéias de Meinong sejam mais complexas do que acreditava ou considerava Russell — ou do que ele quis considerar —, elas não foram aceitas por ele, que acusou Meinong de multiplicar desnecessariamente as entidades, ou, melhor dizendo, os tipos de entidades.

Russell dividiu as descrições, ou frases descritivas, em indefinidas (como 'um tal') e definidas (como 'o tal'). Falaremos principalmente das últimas, sendo a teoria das descrições a teoria das descrições definidas. Russell indica que há algo comum na definição de uma descrição indefinida (ou ambígua) e na de uma descrição definida (ou não-ambígua): o fato de que a definição que se busca é uma definição de proposições nas quais aparecem expressões como 'um tal' ou 'o tal', não uma definição das expressões isoladas. Certos autores pensam que uma expressão como 'o cão' pode ser definida isoladamente, mas Russell não aceita essa opinião, que se deve, segundo ele, ao esquecimento de que há uma diferença entre um nome e uma descrição definida. Simplificaremos a teoria de Russell. Exemplos de descrições definidas são frases que se iniciam com o artigo determinado, como:

O atual rei da Suécia   (1).
O autor do *Quixote*   (2).
O homem mais alto da quinta espanhola de 1964   (3).

Cada uma dessas expressões pretende nomear uma entidade. Assim, (1) pretende nomear o rei da Suécia; (2) pretende nomear o autor do *Quixote*; (3) pretende nomear o homem mais alto da quinta espanhola de 1964. Em muitos casos, não parece haver problema; nos casos mencionados, não há qualquer problema se existe um rei da Suécia, se há (ou houve) um autor do *Quixote* e se há (ou houve) um homem que era o homem mais alto da quinta espanhola de 1964. O que for dito de (1), (2) e (3) tampouco parece oferecer problema; se o que se diz é verdadeiro, a oração correspondente será verdadeira, e, se o que se diz é falso, a oração correspondente será falsa. Assim,

O rei da Suécia é um rei constitucional   (4)

é um enunciado verdadeiro. Mas consideremos:

O atual rei do Uruguai   (5).
O autor da *Enciclopédia Britânica*   (6).

O problema é que não há entidade descrita por (5) e há mais de uma entidade descrita por (6). Dizer então:

O rei do Uruguai é muito simpático   (7) e
O autor da *Enciclopédia Britânica* é inglês   (8)

suscita problemas, pois, se não há nenhum rei do Uruguai, não pode ser simpático, e se não há somente um único autor da *Enciclopédia Britânica* não pode ser inglês, ainda que haja algum autor dessa *Enciclopédia* que o seja.

Segundo Russell, cai-se em todo tipo de dificuldades filosóficas (especificamente, acrescentamos, ontológicas) se se tomam descrições como (1), (2), (3), (5) e (6) como se se tratasse de sujeitos de possíveis orações. As dificuldades mostram-se patentes sobretudo nos exemplos (5) e (6), e nas orações subseqüentes (7) e (8). Com efeito, se não há aquilo de que se diz algo, o que se diz não diz nada sobre isso. Poder-se-ia concluir que, como (7) e (8) não têm referentes, (7) e (8) carecem de significação. Mas (7) e (8) têm significação; a questão é que, tomados isoladamente, (7) e (8) não descrevem nada, e, portanto, nada se pode dizer dos supostos "sujeitos" ou "entidades" (por irreais ou subsistentes que se julguem).

Russell muda o *status* lógico das frases nas quais aparecem descrições definidas. A frase definida é inserida num contexto lógico como se fosse um predicado. O contexto lógico é, para começar, o seguinte:

Há um x tal que D (9),

sendo 'há um x tal que' uma expressão quantificada. Simboliza-se por meio de ('ιx'), chamado "símbolo de descrição" ou "símbolo do caso único". ('ιx') lê-se "há pelo menos e há no máximo um x tal que, o que equivale a dizer 'há exatamente um x tal que'. 'D' expressa a frase descritiva. De (9) se predica então algo, digamos 'F'. Então temos:

Há um x tal que x é D; ninguém (ou nada)
  é x salvo D, e x é F (10).

Desse modo, a frase descritiva funciona à maneira de predicado de determinado x. Não afirmamos ou negamos algo de *D*, mas algo de um *x* que é *D*. Como diz Russell, "só se pode afirmar significativamente a existência de descrições — definidas ou indefinidas —, pois, se *'a'* é um nome, *deve* nomear algo. Aquilo que não nomeia nada não é um nome, e portanto, se se quiser transformá-lo num nome, é um símbolo vazio de sentido, ao passo que uma descrição [como 'o atual rei da Suécia' ou 'o atual rei do Uruguai'] não é incapaz de ocorrer significativamente apenas com base no fato de que não descreve nada, e a razão disso é que é um símbolo *complexo*, cuja origem deriva de seus símbolos constituintes" ("On Descriptions", cap. 16 de *Introduction to Mathematical Philosophy*, 1919). Em suma, não supomos que há ou não há uma entidade objeto da descrição (em nosso caso, definida), mas sim que há ou não há algo que é o que a descrição descreve, e disso se diz que é esta ou aquela coisa.

Desse ponto de vista, não diremos que há, ou que não há, (1), (2), (3), (5) ou (6). Consideremos agora:

O atual rei da Suécia é honrado (11).
O autor do *Quixote* esteve na prisão (12).
O homem mais alto da quinta espanhola
   de 1964 é trabalhador (13).

E acrescentemos a esses exemplos os já mencionados (7) e (8). Em todos esses exemplos figuram descrições definidas. Se reformulamos esses exemplos dentro do esquema (10), temos que em cada caso se diz, de um *x* tal, que é um tal e qual, e que este tal e qual é tal ou qual coisa. Ora, podemos concluir que (7) é falso, porque não há atualmente um rei do Uruguai, e, portanto, não pode ser simpático; (8) é falso porque há mais de um autor da *Enciclopédia Britânica*; (11) é verdadeiro, porque há atualmente um rei da Suécia e ele é honrado; (12) é verdadeiro, porque há no máximo e pelo menos um autor do *Quixote*, e ele esteve na prisão. Quanto a (13), é verdadeiro se o homem descrito que constitui o predicado de um *x* tal que recebe a descrição que lhe é atribuída é de fato um homem trabalhador.

Entre as críticas à teoria russelliana das descrições, teve especial ressonância a de P. F. Strawson. No artigo "On Referring", *Mind*, N. S. 59 (1950), 320-344 (reimp. em *Logico-linguistic Papers*, 1971, pp. 1-27), Strawson afirma que Russell erra ao supor que há somente dois modos de admitir que certos enunciados que, por sua estrutura gramatical, parecem ser enunciados sobre uma pessoa particular ou sobre um objeto ou acontecimento individuais são significativos: que sejam analisáveis em certo tipo de enunciado existencial, e que o sujeito gramatical seja um nome logicamente próprio, cujo significado é a coisa que designa. O que Strawson denomina "expressões que possuem uma referência única" não são, em sua opinião, nem nomes logicamente próprios nem descrições. Ora, se distinguimos um enunciado, o uso de um enunciado e a enunciação do enunciado, e se distinguimos também, correlativamente, uma expressão, o uso da expressão e a enunciação da expressão, perceberemos várias coisas. Se tomarmos o clássico exemplo "O rei da França é prudente", teremos de reconhecer que esse enunciado foi formulado em vários períodos, em alguns dos quais havia um rei na França, do qual se podia dizer talvez que era prudente, e em outros nos quais, em contrapartida, não havia rei na França. Mas, além disso, e sobretudo, deve-se reconhecer que nenhuma expressão propriamente menciona ou se refere a nada. O que acontece é que pode ser *usada para* mencionar algo ou referir-se a algo. O significado de uma frase como 'o rei da França', ou, mais especificamente, 'o atual rei da França', não é, a despeito de Russell, idêntico ao objeto a que a frase aparentemente "se refere". É evidente que Russell não identifica 'o atual rei da França' com o rei da França atual (que não existe), mas identifica o *x* do qual se diz que é rei da França com alguma pessoa, seja afirmando que existe ou negando-o, e isso de tal maneira que se o *x* em questão existe pode-se predicar dele algo que será verdadeiro ou falso. Russell defende uma teoria referencial do significado, e não distingue "referir-se a" de "mencionar". Ele também não distingue — e isto é para Strawson o mais fundamental — as expressões do uso que se possa fazer delas. *Um* dos usos das expressões é o referencial. Para isso, estabelecem-se convenções que regulam esse uso. Essas convenções não são necessariamente, para a linguagem comum, as da lógica formal: "Nem as regras aristotélicas nem as russellianas" — conclui Strawson — "proporcionam a lógica exata de qualquer expressão da linguagem comum, pois essa linguagem não possui uma lógica exata" (art. cit., p. 344).

Russell respondeu a Strawson ("Mr. Strawson on Referring", *Mind*, N. S. 66 [1957], 385-389; reimp. em *Essays in Analysis*, 1973), dizendo que seu contendor confundiu o problema lógico das descrições com o problema (talvez epistemológico) dos termos egocêntricos. É certo que para expressões como "o atual rei da França" há as dificuldades que Strawson aponta, mas essas dificuldades podem ser resolvidas especificando-se a expressão (evidenciando, por exemplo, em que momento se enuncia). E há muitos outros casos — que são para Russell os mais importantes — em que não se precisa de tais especificações; isso acontece sobretudo com expressões de linguagens específicas. De acordo com Russell, Strawson pecou por "egocentrismo" epistemológico, como ocorre sempre que se destaca o aspecto "subjetivo" — ou, no caso que nos ocupa, a dimensão do "uso" por alguém — das expressões.

Além dos textos de Russell mencionados no corpo do verbete, ver *Principia Mathematica*, I, 68. Para um exame mais detalhado dessa questão, que inclui o estudo da teoria de Russell, as principais objeções a essa teo-

ria, as doutrinas de Meinong e de Husserl e as posições de Frege e Church, ver José Ferrater Mora, "Cuestiones de palabras", em *Homenaje a Xavier Zubiri*, tomo I, 1970, pp. 547-567; reimp. com algumas modificações em *Las palabras y los hombres*, 1971, pp. 91-121.
➲ Ver: Uuno Sarnio, Heinz Enders, *Die Wahrheitstheorie der deskriptiven Sätze*, 1977. — Leonard Linsky, *Names and Descriptions*, 1977. — M. Nathanson, R. Sokolowski et al., *Descriptions*, 1985, eds. D. Ihde e H. J. Silverman. — J. J. Katz, "Has the Description Theory of Names Been Refuted?", em *Meaning and Method: Essays in Honour of Hilary Putnam*, 1990. ◖

DESCRITIVISMO. Este termo pode ser usado nos seguintes sentidos.

1) Para caracterizar uma tendência epistemológica segundo a qual todo conhecimento é alguma descrição (descrição de objetos, estados de coisas, situações, propriedades etc.). Como é difícil sustentar que o que não é descrição — por exemplo, e principalmente, as chamadas "explicações" — não constitui conhecimento, o descritivismo neste primeiro sentido é em geral a tendência segundo a qual a última justificação de todo conhecimento, incluindo as explicações, é alguma descrição. Certos autores afirmam que as descrições, por sua vez, devem se fundar em algum conhecimento "direto" ou "imediato", isto é, que o saber acerca de algo deve se fundar num "conhecer algo", mas isso não é estritamente necessário; a rigor, o que os autores antes aludidos afirmam dificilmente recai num "descritivismo" epistemológico.

2) Para caracterizar o que se considera constituir a tarefa principal, se não a única, da filosofia. Este tipo de "descritivismo" apresenta tantas variedades que é difícil encaixar todas elas numa única tendência; assim, por exemplo, encontramos um descritivismo (parcial) em Dilthey, um descritivismo (fenomenológico) em Husserl e em outros autores, e um descritivismo (lingüístico) no "último Wittgenstein". É claro que quando este último autor indica que em filosofia não se explica, mas se descreve, isso não significa exatamente o mesmo que Husserl quer dizer quando, de alguma maneira, ao menos em certa etapa da constituição do método fenomenológico, este fala da "descrição de essências". Não obstante, há algo comum nesses autores tão díspares entre si: sua antipatia por todo "construtivismo" do tipo que pode ser encontrado em orientações filosóficas também muito diversas entre si, tais como certos prolongamentos do empirismo lógico e certas formas de neokantismo.

3) Para caracterizar a tendência a considerar a linguagem em seu aspecto "descritivo". Este último termo é entendido então sob uma forma geral que inclui as explicações: "descritivo" equivale então a "indicativo", "declarativo" etc. Como a maioria dos filósofos se preocupou com enunciados e com os valores de verdade ou falsidade (ou quaisquer outros valores "intermediários" entre verdade e falsidade) dos enunciados, cabe dizer que o "descritivismo" predominou na filosofia. Contra ele argumentaram, com razões e argumentos diversos, autores como o "último Wittgenstein" e J. L. Austin. O primeiro enfatiza que o caráter "descritivo" da linguagem constitui uma de suas muitas dimensões; a rigor, descrever é um dos muitos (infinitos) jogos lingüísticos possíveis, e até o próprio termo 'descrever' diz muito pouco a esse respeito, porque uma linguagem descritiva (ou aparentemente descritiva) pode ser usada com propósitos não-descritivos (por exemplo, para assustar alguém ou para contar piadas). Austin tende a pensar que a descrição, talvez equiparável à dimensão locucionária (ver LOCUCIONÁRIO) da linguagem, fica quase sempre envolta, por assim dizer, em alguma linguagem não-descritiva, ou não estritamente descritiva, já que uma "locução" é sempre de algum modo uma "ilocução" ou tem alguma "força ilocucionária" (ver ILOCUCIONÁRIO). Isso acontece, segundo Austin, não só quando se executam atos lingüísticos expressáveis em verbos como 'prometer' ou 'agradecer', mas também em "enunciados aparentemente descritivos" quando se deixam de lado as circunstâncias em que se formulam esses "enunciados descritivos", ou quando não se levam em conta as reservas com as quais se formulam etc. A tentativa, consciente ou não, de reduzir todos os enunciados a enunciados descritivos é uma manifestação de descritivismo, conseqüência de se ter cometido o que Austin denomina "falácia descritiva".

O antidescritivismo tem, entre outras conseqüências, a de modificar substancialmente certos aspectos da teoria do conhecimento, em particular os que se fundam numa análise de expressões como 'Sei que p'. Austin e outros autores afirmam que essa expressão não é descritiva, e que não é tornada descritiva simplesmente pela reduplicação ou retriplicação mediante 'Sei que sei que p' e 'Sei que sei que sei que p'. Contra isso, outros autores sustentam que o descritivismo, radical ou até moderado, é indispensável na teoria do conhecimento se não se deseja reduzi-la a uma auxiliar da psicolingüística ou da sociolingüística; o descritivismo — no sentido apresentado neste item — é para eles a única forma de evitar que o exame da linguagem se transforme num exame — e, paradoxalmente, numa "descrição" — de enunciações ou de atos lingüísticos e das circunstâncias no âmbito das quais estes se produzem. Evidentemente, é possível afirmar que todas as expressões lingüísticas são *prima facie* atos lingüísticos, ou resultados desses atos, e sustentar ao mesmo tempo que algumas dessas expressões ao menos podem ser examinadas sem que o próprio ato lingüístico e as circunstâncias em que se produz entrem nesse exame. Esta posição poderia ser denominada "descritivismo moderado"; a validade dessa espécie de descritivismo não ficaria inteiramente descartada pelo fato de se adotar a tese de que ao menos algumas expressões são "descritivas", e de que isso é uma convenção sem a qual perderia sentido o estudo de questões epistemológicas referentes aos critérios adotáveis para validar e justificar essas expressões descritivas.

DESEJO. No verbete APETITE nos referimos à concepção clássica de 'apetite' como uma das potências da alma. Considerou-se às vezes que o conceito de "apetite" inclui o de "desejo"; julgou-se ocasionalmente que cada um desses conceitos é definível, ou analisável, independentemente do outro.

A distinção entre apetite e desejo na língua grega aparece como uma distinção entre ὄρεξις e ἐπιθυμία. Esta última voz foi usada por Platão e por Aristóteles, entre outros. Traduziu-se para o latim às vezes por *libido*, às vezes por *concupiscência* e às vezes por *cupiditas*. Em Aristóteles, o desejo é, como já indicamos (ver APETITE), uma das classes do apetite (*De an.*, III 433 a 25). O desejo é necessariamente irracional; pode ser, e com freqüência é, um ato deliberado (*Eth. Nic.*, III 1113 a 11), ou seja, é ter como objeto algo que se ache em nosso poder por deliberação. A rigor, o que se chama "escolha" ou "preferência" é "um desejo deliberado" (*ibid.*, VI 1139 a 24). Com essas análises, Aristóteles parecia rejeitar o constraste estabelecido por Platão entre desejo e razão (*Rep.*, IV 439-442), mas deve-se levar em conta que a concepção platônica do desejo é mais complexa do que se mostra se consideramos unicamente o texto citado; com efeito, Platão admitia não apenas a distinção entre desejos necessários e desnecessários (*ibid.*, VIII 859 A), como também a possibilidade de um desejo pertencente exclusivamente à natureza da alma (*Phil.*, 34 A-35 A).

Era comum no mundo antigo a referência ao desejo como a uma paixão ou *perturbatio* — πάρ θος — da alma, embora nem sempre seja preciso dar ao termo 'paixão' um sentido pejorativo. Quando se acentuava o caráter racional da alma, porém, qualquer uma de suas "paixões" podia aparecer como um obstáculo à razão. Assim ocorria com os velhos estóicos. Zenão de Cício falava do desejo como uma das quatro "paixões", ao lado do temor, da dor e do prazer. Cícero (*Tusc. Disp.*, IV 6) introduziu a doutrina estóica das paixões fundamentais e classificou-as em duas que se referem a bens (desejo [bens futuros], alegria [bens presentes]) e duas que se referem a males (temor [males futuros] e tristeza [males presentes]). A voz que Cícero usou para o que denominamos "desejo" é *libido*.

Em sua discussão da noção de *concupiscentia* (*S. theol.*, I-II q. XXX), Santo Tomás nega que a *concupiscentia*, ou desejo, esteja unicamente no apetite sensitivo. Isso não significa, contudo, que ela se estenda sem limites por todas as formas do apetite. Sem dúvida, o desejo pode ser sensível ou racional, e pode aspirar a um bem que não se possui. Contudo, o desejo não deve se confundir simplesmente com o amor ou com o deleite. Em virtude da importância que tem o objeto a que se aspira, o desejo parece ter em Santo Tomás um caráter ambivalente: sua bondade ou sua maldade dependem do objeto considerado. O fato de que o termo 'concupiscência' tenha hoje em português sentido pejorativo, como apetite de prazeres, não deve fazer esquecer o sentido mais completo da voz latina *concupiscentia*.

Os autores modernos em geral trataram do desejo como uma das chamadas "paixões da alma". Embora haja em muitos desses autores implicações éticas, o principal interesse que os move é "psicológico" (num sentido muito amplo desse termo). Assim é em Descartes, que escreveu que "a paixão do desejo é uma agitação da alma causada pelos espíritos que a dispõem a querer para o futuro coisas que ela representa como convenientes para si" (*Les passions de l'âme*, art. 86). Também em Locke: "A ansiedade que um homem encontra em si por causa da ausência de algo cujo presente gozo envolve a idéia de deleite é o que denominamos *desejo*, o qual é maior ou menor conforme seja a ansiedade mais ou menos veemente" (*Essay*, II xx 6). Tal ansiedade, além disso, não é em si mesma má; a rigor, ela pode ser o incentivo para a "indústria" [destreza] humana. Spinoza não estabelece nenhuma distinção entre apetite (*appetitus*) e desejo (*cupiditas*): "o desejo é o apetite acompanhado da consciência de si mesmo" (*Eth.*, III, prop ix, schol.).

Ecos metafísicos ressoam na idéia do desejo tal como foi apresentada por Schopenhauer (*Die Welt als Wille und Vorstellung*, II, 28), o que se compreende se se leva em conta que sua idéia de desejo está intimamente ligada à de Vontade. Por fim, em Hegel e em alguns autores contemporâneos, a noção de desejo foi abordada em sentido "metafísico-existencial". Hegel indica que "a consciência de si mesmo é o estado de *desejo* em geral", que "a consciência de si mesmo é *Desejo*" (*Phänomenologie des Geistes*. Int. B 4). A condição do "desejo" e do "trabalho" (ou esforço) aparece no processo em que a consciência volta a si mesma no curso de suas transformações como consciência (VER) infeliz (*ibid.*, Int. B 4 b). Segundo Heidegger, "o ser para as possibilidades" mostra-se como "puro *desejar*" (*Sein und Zeit*, § 41). Esse desejar pressupõe ontologicamente o cuidado (VER). Para Sartre, o desejo não é pura subjetividade (embora apareça como um modo singular de uma subjetividade), e tampouco é pura apetência, análoga à do conhecimento. A intencionalidade do desejo não se esgota num "rumo a algo". O desejo é algo que "eu me faço" ao mesmo tempo em que estou fazendo o outro desejado como desejado. Por isso, Sartre indica que o desejo — que exemplifica com o desejo sexual — tem um ideal impossível, porque aspira a possuir a transcendência do outro "como pura transcendência e, não obstante, como *corpo*", ou seja, porque aspira a "reduzir o outro à sua simples *faticidade*, já que se encontra então em meio a meu mundo" e ao mesmo tempo quer que "essa faticidade seja uma perpétua 'apresentação de sua transcendência aniquiladora'" (*L'Être et le Néant*, pp. 455 ss.).

⇒ Além das obras citadas, ver: J. Urban, *L'épithymologie (la désirologie). Désirs positifs et négatifs. Les lois des désirs. La valeur subjective, La volonté*, 1939. — Jean Lacroix, *Le désir et les désirs*, 1975. — J. Marks, ed., *The Ways of Desire: New Essays in Philosophical Psychology on the Concept of Wanting*, 1986. — J. P. Butler, *Subjects of Desire: Hegelian Reflections in Twentieth-Century France*, 1987. — T. M. Kavanagh, *Writing the Truth: Authority and Desire in Rousseau*, 1987. — H. A. Meynell, ed., *Grace, Politics and Desire: Essays on Augustine*, 1990. — K. D. Forbes, *Hegel on Want and Desire: A Psychology of Motivation*, 1991. ⊂

DESIDERATIVOS. Na teoria dos "objetos de apresentação emotiva parcial" (ver APRESENTAÇÃO), Meinong introduziu dois tipos de objetos — ambos de "ordem superior": os que denominou *Dignitative* ou dignitativos (VER) e os que qualificou de *Desiderative* ou desiderativos.

Tratamos dos desiderativos no verbetes sobre os dignitativos. Acrescentamos aqui que os dignitativos (objetos dignos de ser termos de sentimentos encaminhados à apreensão de valores) constituem o fundamento ou "pressuposição" (o "objeto pressuposicional") dos desiderativos (termos de desejos). Os desiderativos não são desejáveis e por isso termos de desejos, mas termos de desejos e por isso desejáveis. Os desiderativos são "objetivos" no sentido de "objetivamente desejáveis" (não "objetivos" na acepção particular dada por Meinong a este último termo). Do ponto de vista de Meinong, os desiderativos são objetos (*Gegenstände*).

Meinong fala da divisão dos desiderativos em *obrigações* (*Sollungen*) e "finalidades" ou "instrumentalidades" (*Zweckmässigkeiten*) segundo uma diferença de "objetos pressuposicionais" (*Voraussetzungsgegenstände*) entre objetos unimembres e bimembres (*Ueber emotionale Presentation* § II; *Gesamtausgabe*, III, 401). Por outro lado, os desiderativos podem ter caráter pessoal ou impessoal de acordo com a índole respectivamente pessoal ou impessoal das obrigações (*op. cit.* § 14, *Gesamtausgabe*, III, 444 ss.). Observe-se que os "desejos" suscitados, por assim dizer, pelos desiderativos não devem ser confundidos com desejos tais como a apropriação. Enquanto obrigações, os desiderativos podem "suscitar" desejos de conservação, cessão a outras pessoas etc.

DESIGNAÇÃO. Alguns autores usaram a expressão 'designar' como expressão da relação entre um signo, um termo etc., de uma linguagem e alguma realidade ou fato. De acordo com isso, o signo 'maçã' designa uma maçã, as maçãs etc. Isso equivale a confundir o conceito de designação com o de denotação e com o de referência.

Para evitar essa confusão, deve-se entender a expressão 'designa' como exprimindo a relação entre um signo, um termo etc., de uma linguagem e um conceito, uma propriedade, uma proposição etc. Assim, o signo 'maçã' designa o conceito de maçã; o signo 'triangular' designa a propriedade de ser triangular (também a classe dos objetos triangulares); o signo 'todos os homens são irmãos' designa a proposição segundo a qual todos os homens são irmãos (que é a proposição da qual a expressão entre aspas simples é o signo). Em geral, a designação é uma relação entre um elemento lingüístico e um não lingüístico, mas tampouco real. Esse elemento não-lingüístico e não-real pode ser denominado "conceitual". O designado, isto é, o conceito, propriedade (ou classe), proposição etc. que um signo designa é chamado *designatum* (no plural, *designata*).

O exame da designação não proporciona nenhuma informação sobre se o *designatum* é um *denotatum*, isto é, sobre se há ou não alguma realidade que seja objeto de referência — isto é uma questão de fato, que tem de ser comprovada. O exame da designação indica, em contrapartida, se o *designatum* é corretamente nomeado.

Quando se trata de realidades (fatos, situações, acontecimentos etc.), a distinção entre signo, *designatum* e *denotatum* (ou referência) é fundamental. Quando se trata de conceitos, estruturas conceituais etc., essa distinção tem menos importância; nestes casos, para abreviar, podem-se tomar juntamente o signo e aquilo designado por ele.

Atribuir *designata* aos signos de um cálculo equivale a dar uma interpretação semântica desses signos. Há discussões sobre quais são os signos de um cálculo aos quais devem atribuir-se *designata*. Alguns autores afirmam que isto se deve fazer apenas com signos quantificáveis; outros sustentam que se deve fazer também com os não-quantificáveis. Há ainda discussões sobre quais tipos de *designata* devem ser atribuídos aos signos de um cálculo. O resultado dessa discussão depende, em larga medida, da decisão ou das decisões a que se tenha chegado com relação à teoria dos universais (VER). Limitar-nos-emos a assinalar algumas possibilidades à guisa de ilustração. Os signos por meio dos quais se simbolizam enunciados podem ter como *designata* proposições, valores de verdade ou fatos. Os conectivos e os quantificadores podem ter como *designata* funções proposicionais. As variáveis argumentos nas fórmulas do cálculo quantificacional elementar podem ter como *designata* indivíduos, os quais podem ser tanto entidades concretas como entidades abstratas. Como se pode ver, não é possível dar *designata* únicos para todas as expressões.

DESIGNADOR RÍGIDO. Ver IDENTIDADE; KRIPKE, SAUL A.

DESÍGNIO (PROVA PELO). Se se entende por 'desígnio' um propósito, e se adscreve a Deus um desígnio determinado na criação do mundo e na ordem do universo, cabe chamar de "prova pelo desígnio" a prova proporcionada quando se procura demonstrar a existência de Deus pelo desígnio que se supôs ter tido Deus e que se manifesta na ordem e, reduplicativamente, no próprio "desígnio" do mundo. O termo 'desígnio' é aqui um tanto ambíguo, pois se refere ao mesmo tempo ao desígnio de Deus e ao do mundo, mas se admite que há entre os dois completa correspondência. Admite-se, além disso, que o desígnio é exibido na ordem e na harmonia revelados pelo cosmo.

Aspectos importantes da prova pelo desígnio se manifestam na idéia tradicional de providência. Se há uma providência, há um desígnio da providência, e vice-versa, a menos que se trate de dois nomes para referir-se à mesma coisa. Mais especificamente, a chamada "prova pelo desígnio" foi defendida, na época moderna, por todos os autores que viam uma ordem na Natureza, e que viam na ordem da Natureza o desígnio de Deus. Este é o caso de Newton e de muitos de seus seguidores, como indicou Robert H. Hurlbutt, III, em *Hume, Newton, and the Design Argument* (1965; nova ed. rev., 1985), em virtude do interesse em harmonizar o cristianismo com os resultados da nova ciência da Natureza. No entanto, também Leibniz, Wolff e outros autores defenderam algo similar à prova pelo desígnio, sob a forma do pressuposto de uma harmonia cósmica que remetia ao produtor dessa harmonia, assim como a ordem do Universo remetia a um ordenador.

Não é fácil — e talvez nem seja possível — separar claramente a prova pelo desígnio da chamada prova teleológica (ver TELEOLÓGICA [PROVA]) e dos argumentos apresentados na chamada "físico-teologia" (VER). A rigor, pode-se considerar a prova pelo desígnio como um caráter comum às numerosas provas de caráter físico-teológico que proliferaram no século XVIII. A prova teleológica pode ser considerada o tipo de prova mais geral. A prova pelo desígnio pode ser tida como uma especificação da prova teleológica, e as provas físico-teológicas, como manifestações da prova pelo desígnio. Todos esses tipos de prova, além disso, têm em comum a aceitação da possibilidade de uma teologia natural, e o pressuposto de que semelhante teologia natural não é incompatível com a revelada. Por diversos motivos, Hume e Kant opuseram-se a essas tendências teológico-naturais, ainda que, enquanto Hume procurou mostrar que a teologia natural — e, com ela, toda prova pelo desígnio — enfrenta dificuldades insuperáveis, Kant admitisse um dos aspectos da prova pelo desígnio — a denominada "prova físico-teológica" — como um incentivo com a finalidade de buscar o caminho que conduza a uma teologia. Tanto Hume como Kant, porém, negaram que houvesse alguma racionalidade intrínseca no suposto "propósito da Natureza" e, por conseguinte, rejeitaram os newtonianos (e os leibnizianos) que se inclinavam a favor de uma prova pelo desígnio.

➲ Ver: Thomas McPherson, *The Argument from Design*, 1972. — J. E. Horigan, *Chance or Design?*, 1979. ᑕ

DESMITIFICAÇÃO. A partir de Rudolf Bultmann (VER), muito se discutiu sobre a natureza, as condições e a necessidade da desmitificação ou desmitologização (*Entmythologisierung*). Esta se refere aos aspectos neotestamentários considerados "mitológicos". Em seu ensaio "Neues Testament und Mythologie. Das Problem der Entmythologisierung der neutestamentlichen Verkündigung" (incluído na obra *Offenbarung und Heilsgeschehen* [1941] e publicado depois no tomo I da série *Kerygma und Mythos. Ein theologisches Gespräch* [1948], ed. Hans-Werner Batsch), Rudolf Bultmann começa por afirmar que a cosmologia do Novo Testamento é mítica e que, dentro desse caráter mítico de um mundo com a Terra no centro, o céu em cima e o mundo inferior embaixo, se apresenta o "acontecimento da Redenção". O homem moderno recebe, pois, a mensagem da Redenção envolto numa mitologia na qual já não pode crer e que seria absurdo declarar como verdadeira. É necessário, portanto, reinterpretar o Novo Testamento, mostrando que a presença de Cristo nunca teve lugar tal como é descrita. Nem a ciência nem a compreensão que o homem moderno tem de si mesmo tornam possível aceitar a escatologia mítica e todas as coisas estranhas e incompreensíveis que o Novo Testamento diz acerca do Pneuma.

Para Bultmann, é mitológico "o modo de representação no qual o não-mundano e o divino aparecem como mundano e humano, e em que o para além aparece como o para aquém". Isso significa que se mitifica ou mitologiza quando se introduzem no que deve ser tido como a pura Palavra de Deus elementos extrínsecos, mundanos, históricos, culturais e, em última análise, relativos. A fim de proceder a uma desmitificação se pode, e até se deve, proceder a uma severa crítica dos textos. Contudo, isso não significa seguir as vias da teologia liberal, que eliminou não apenas a mitologia (coisa aceitável) como também o próprio *kerygma* (coisa inaceitável). O *kerygma*, a Palavra de Deus, a Redenção e a Salvação não são redutíveis a meros assuntos de ética ou de religião. A solução para o problema, afirma Bultmann, consiste numa interpretação existencialista, que permite ver no Novo Testamento não uma antropologia, científica ou filosófica, mas um conhecimento do homem por si mesmo que o leva a uma "decisão existencial".

Entre os muitos problemas suscitados pela questão da desmitificação na teologia do Novo Testamento, há o de saber se os fatos históricos como tais valem ou não como mitos. Em geral, o mitológico é algo não-observável e algo "meramente imaginado", motivo pelo qual se mostra difícil incluir nisso os fatos históricos. Uma resposta a essa questão é que os fatos históricos são apresentados de forma mitológica mas, quando se desmitificam, permitem que se torne transparente "a própria realidade". Entretanto, essa realidade transparece apenas mediante certa interpretação, razão pela qual as questões referentes à desmitificação estiveram estreitamente associadas a questões relativas à hermenêutica; parece, portanto, que é preciso desmitificar os próprios fatos históricos. Outra questão é a de saber se a desmitificação equivale a uma desideologização. Alguns dos que se opuseram à idéia de desmitificação em nome de uma tradição "crítico-liberal" se perguntaram se o que Bultmann denomina *kerygma* ("pronunciamento" ou "Palavra") não será justa e precisamente o núcleo mítico que por sua vez deverá ser desmitificado por meio de uma crítica histórica.

Cabe formular o problema de saber se o processo de desmitificação no sentido bultmanniano não será aplicável também a outros domínios; por exemplo, pode muito bem ocorrer que o marxismo tenha de ser "desmitificado", dele eliminando-se os mitos "históricos" e "culturais" nos quais se emaranhou desde o começo. No entanto, mesmo que isso ocorresse, seria preciso levar em conta que aqui a desmitificação não seria uma hermenêutica que deixaria a descoberto um núcleo que seria um "para além" ao qual se tivesse sobreposto o mito de um "para aquém".

Num sentido geral, falou-se de "desmitificação" com referência ao processo de desmascaramento de crenças históricas que se apegam a certas realidades e, em especial, à visão direta que se tem delas. *Neste* sentido, podem ser considerados esforços desmitificadores os de autores como Nietzsche, Marx e Freud. Entretanto, é evidente que então a desmitificação tem um sentido muito diferente daquele que lhe dá Bultmann. Propriamente, o *kerygma* bultmanniano seria um dos "mitos" que, segundo esse outro sentido da desmitificação, deveriam ser "desmitologizados".

➲ Para a literatura sobre desmitificação no sentido de Bultmann, ver a bibliografia do verbete sobre esse autor. Especialmente importante é a série *Kerygma und Mythos*. Fazem parte dessa série trabalhos derivados de alguns "Congressos internacionais" organizados pelo "Centro Internacional de Estudos Humanísticos e do Instituto de Estudos Filosóficos em Roma". Esses trabalhos, reunidos por Enrico Castelli, incluem textos do próprio Bultmann, de E. Castelli, Hans-Georg Gadamer, H. W. Bartsch, Renato Lazzarini, Raymundo Pannikker, Paul Ricoeur, Umberto Eco, J. Lotz, Alphonse de Waehlens, Jean Hyppolite, Felice Battaglia, Karl Kerényi e outros. O sexto Congresso (1961) intitula-se *Il problema della demitizzazione*; o sétimo (1962), *Demitizzazione e immagine*; e o décimo (1965), *Demitizzazione e morale*. Há versões para outras línguas de vários desses volumes. ↺

DESMITOLOGIZAÇÃO. Ver Desmitificação.

DESSOIR, MAX (1867-1947). Nasc. em Berlim, professor a partir de 1897 na mesma cidade, dedicou-se, por um lado, aos problemas da estética e da filosofia da arte, e, por outro, às questões da metapsíquica no sentido de uma interpretação da significação das investigações psíquicas. Dessoir procura superar no campo da estética o relativismo historicista por meio de um sistema de filosofia da arte que considere incluídos em si todos os princípios estéticos possíveis. Ele denominou essa concepção de "ceticismo estético", pelo qual entende, paradoxalmente, uma superação do subjetivismo e uma decidida afirmação do objetivismo na arte. Esse objetivismo parte de uma análise das estruturas artísticas segundo a qual a obra de arte possui uma consistência própria, um sentido estrutural específico; em outros termos, uma forma irredutível a qualquer exame de índole psicológico-genética ou histórico-causal. Em sua análise da investigação psíquica, Dessoir admite a importância psicológica desses fenômenos, mas rejeita as apressadas interpretações de cunho espiritista. O "para além" da alma permanece ainda aberto a uma investigação, mas esta pode revelar-nos antes as estruturas do anímico que seus problemáticos "destinos".

➲ Obras: *Bibliographie des modernen Hypnotismus*, 1888 (*Bibliografia do hipnotismo moderno*). — *Das Doppel-Ich*, 1890 (*O duplo eu*). — *Psychologische Skizzen*, 1893 (*Esboços psicológicos*). — *Geschichte der neueren deutschen Psychologie*, I, 1894 (*História da psicologia alemã moderna*). — *Die Grundfragen der gegenwärtigen Aesthetik*, 1904 (*As questões fundamentais da estética atual*). — *Aesthetik und allgemeine Kunstwissenschaft*, 1906 (*Estética e ciência geral da arte*). — *Abriss einer Geschichte der Psychologie*, 1911 (*Esboço de uma história da psicologia*). — *Kriegspsychologische Betrachtungen*, 1916 (*Considerações psicológicas de guerra*). — *Vom Jenseits der Seele. Die Geheimwissenschaften in kritischer Betrachtung*, 1917 (*Do para além da alma. Exame crítico das ciências ocultas*). — *Vom Diesseits der Seele*, 1923 (*Do para aquém da alma*). — *Lehrbuch der Philosophie*, 1925 (*Manual de filosofia*). — *Beiträge zur allgemeinen Kunstwissenschaft*, 1929 (*Contribuições à ciência geral da arte*). — *Einleitung in die Philosophie*, 1936 (*Introdução à filosofia*). — *Die Rede als Kunst*, 1940 (*A conversa como arte*). — *Buch der Erinnerung*, 1946 (*Livro da recordação*). — *Das Ich, der Traum, der Tod*, 1947 (*O eu, o sonho, a morte*).

Ver também a revista fundada por Dessoir em 1906: *Zeitschrift für Aesthetik und allgemeine Kunstwissenschaft*.

Ver: Christian Herrmann, *M. D., Mensch und Werk*, 1929. ↺

DESTINO. O problema da natureza e do sentido do destino foi amplamente tratado pelos filósofos antigos, especialmente durante o período helenístico-romano. Estóicos, platônicos, epicuristas, ecléticos etc. exprimiram opiniões sobre o destino (se ele existe, o que é, como se pode saber se é ou não compatível com a liberdade etc). Referimo-nos a vários dos problemas que essas opiniões suscitam no verbete ACASO. Sob alguns aspectos, com efeito, os conceitos de acaso e de destino estão estreitamente relacionados. Neste verbete, complementaremos a informação ali apresentada referindo-nos a vários tratados antigos sobre a noção de destino, à significação (ou às significações) dada ao termo *fatum*, a certas diferenças entre destino e determinismo e, por fim, a algumas opiniões contemporâneas sobre o tema.

Vários escritos produzidos durante o período helenístico-romano chamam-se *De fato*, título que corresponde quase exatamente ao muito usado em grego Περὶ τῆς εἱμαρμένης. Os tratados "Sobre o destino" mais conhecidos e influentes na Antiguidade foram os seguintes: 1) o de Crisipo em dois livros, que não chegou a nós, mas cujo conteúdo é parcialmente conhecido por meio de Cícero e Alexandre de Afrodísia; 2) um de Cícero, conservado em parte; 3) um de Plutarco; 4) um de Alexandre de Afrodísia.

O termo latino *fatum* significa, ao que parece, "o predito" (por um oráculo), o conjunto das "coisas ditas" *(fata)* acerca do futuro. Embora, como indicamos, *fatum* seja praticamente equivalente a εἱμαρμένη, deve-se levar em conta que este último vocábulo parece referir-se também à "parte" que cabe a cada homem (e, em geral, a cada ente) dentro da série de acontecimentos que constituem "a trama" do universo. Os dois sentidos podem, além disso, fundir-se num único: o "destino" é definível então como "a sorte" que "cabe" a cada coisa (e em particular a cada homem) na medida em que seja em princípio cognoscível ou enunciável por meio de oráculos, da intuição e até da reflexão racional.

Admite-se que Carnéades e Crisipo foram os primeiros a tratar o problema do destino como problema filosófico "técnico" ao mesmo tempo cosmológico e moral (ao menos de forma suficientemente sistemática e completa). Tratava-se, com efeito, de desenvolver o que hoje se chamaria uma "antropologia filosófica", paralela à idéia do rigoroso encadeamento causal (ou final) de todos os acontecimentos. Isso levava os estóicos, em princípio, a suprimir a noção de liberdade como "liberdade externa" e a conceber a liberdade como uma "conformidade com o universo" (ou com "a Natureza"). A liberdade era assim, para os estóicos, o modo como cada um atua com relação ao "destino". Dessa maneira, os estóicos acreditavam evitar as dificuldades suscitadas pela crença num decreto divino "arbitrário" ou pela idéia epicurista de um *clinamen* (VER) dos átomos. É possível que eles levassem em conta a minuciosa análise aristotélica da noção de acaso (VER) e a possível distinção entre o acaso propriamente dito e a sorte ou fortuna, mas suas idéias cosmológicas (e antropológicas) obrigavam-nos a apagar as diferenças.

Em todo caso, esse "apagar diferenças" não impedia que os estóicos analisassem cuidadosamente o significado de termos como 'coordenado', 'fatal' e 'confatal'. Assim, segundo indica Cícero (*De fato*, XIII, 30), Crisipo considerava que algumas coisas (ou fatos) eram simples e que outras estavam "coordenadas" (*copulata*), havendo com isso dois tipos de "fatalidade": a que corresponde a fatos simples e a que corresponde aos modos como se encadeiam os fatos. "Sócrates morrerá em tal dia" é uma proposição que expressa um fato simples, de maneira que, faça ele o que fizer, ou deixe de fazer o que deixar de fazer, sua morte está fixada (*finitus est moriendi dies*). Por outro lado, se o destino (*fatum*) é: "Édipo nascerá de Laio", não se poderá dizer se Laio esteve ou não com uma mulher, já que isso é uma coisa coordenada (*copulata*) e co-destinada (*confatalis*).

Pelo que apresentamos antes e pelo que foi dito no verbete sobre a noção de acaso, pode-se ver que a questão da significação do termo 'destino' é extremamente complexa. Com efeito, por um lado convém distinguir o destino e o acaso, o destino e o determinismo (VER) (universal), o destino e a predestinação (VER). Por outro lado, em qualquer análise do conceito de destino é obrigatória a referência às noções citadas. Do ponto de vista atual, não parece haver dificuldades em distinguir o conceito de destino e o de determinismo (universal), mas isso ocorre apenas porque se decide de antemão colocar entre parênteses qualquer problema de caráter antropológico ao se discutir a última noção citada. O determinismo (universal) tende a não admitir diversas linhas possíveis de causação, enquanto muitas das doutrinas antigas acerca do destino as admitem. Tampouco parece haver dificuldade hoje em distinguir o destino e a predestinação, mas isso se deve ao fato de que nesta última noção estão envolvidas questões teológicas que não estão necessariamente implicadas na primeira.

Entre os filósofos contemporâneos que abordaram a noção de destino figura Spengler. De acordo com esse autor, a idéia de destino opõe-se radicalmente ao princípio de causalidade. O destino é para Spengler um símbolo que se refere ao Universo-história e cuja compreensão é intuitiva, ao passo que a causalidade se refere ao Universo-Natureza, é lógica e racional. O destino está relacionado com a vida; a causalidade, com a morte. Por isso, o destino, que "é para a causalidade o que o tempo é para o espaço", representa a "necessidade iniludível da vida" e por isso também "a história real está grávida de destino, mas não tem lei" (*Der Untergang des Abendlandes*, 1923, t. 1, p. 156). Esta concepção de destino é rejeitada, em contrapartida, por Scheler (que não a menciona explicitamente), para quem a idéia spengleriana apareceria apenas como uma cega determinação do caráter biológico. "Exigimos por certo do destino" — diz Scheler — "que nos afete involuntariamente e quase sempre de maneira imprevisível, mas que represente algo distinto da série de dados e ações submetida à violência causal; a saber: a unidade de um sentido que a tudo anima, que representa no homem e em torno dele a conexão essencial e individual entre o caráter humano e o acontecer. O que constitui a peculiaridade do destino é precisamente isto: que, ao contemplar o panorama de toda uma vida ou de uma longa série de anos ou acontecimentos, sentimos tal vida como absolutamente contingente em cada caso particular, mas cuja conexão, por mais imprevisível que tenha sido o acontecer de cada um deles, reflete justamente isso que cremos constituir o núcleo da pessoa em questão" (*Ordo amoris*, trad. Zubiri, 1934, pp. 113-114). Em suma, Scheler faz do destino a expressão desse núcleo emocional — sistema de preferências ou repugnâncias ou *ethos* subjetivo — em que consiste o homem. Por isso, o destino é independente do querer e do desejo, assim como do acontecimento objetivo real.

➲ Ver, além dos textos citados: M. Lenz, *Wille, Macht und Schicksal*, 1922. — E. Stern, *Zufall und Schicksal*, 1926. — H. Rohracher, *Persönlichkeit und Schicksal*, 1926. — Leo Frobenius, *Schicksalskunde im Sinne des Kulturwandels*, 1932. — G. Pfahler, *Vererbung als Schicksal. Eine Charakterkunde*, 1932. — Hans H. Reinsch, *Das Gesetz des Schicksals*, 1934. — Vincent Cioffari, *Fortune and Fate from Democritus to Thomas Aquinas*, 1935 (tese). — Hermann Nohl, *Charakter und Schicksal. Eine pädagogische Menschenkunde*, 1938. — Helmut Groos, *Willensfreiheit oder Schicksal?*, 1939 (2ª ed., ampliada, da obra: *Die Konsequenzen und Inkonsequenzen des Determinismus*, 1931). — Eugenio Pucciarelli, *Historia y Destino*, 1940. — J. Kowrad, *Schicksal und Gott. Untersuchungen zur Philosophie und Theologie der Schicksalserfahrung*, 1947. — P. Lamy, *Le problème de la destinée*, 1947. — J. Lacroix, *Le sens du destin*, 1947. — J. Vuillemin, *Le sens du destin*, 1947. — Romano Guardini, *Freiheit, Gnade, Schicksal*, 1948 (trad. esp.: *Libertad, gracia y destino*, 1954). — R. Le Senne, *La destinée personelle*, 1951. — W. von Scholz, *Der Zufall und das Schicksal*, 1959. — Gottlieb Gut, *Schicksal in Freiheit. Versuch der Grundlegung eine integralen Theorie des Schicksals*, 1965. — J. den Boeft, *Calcidius on Fate: His Doctrine and Sources*, 1970. — S. Skousgaard, ed., *Phenomenology and the Understanding of Human Destiny*, 1981. — A. Magris, *L'idea di destino nel pensiero antico*, 2 vols., 1984-1985 (I, *Dalle origini al V secolo A. C.*; II, *Da Platone a S. Agostino*). — J. Owens, *Human Destiny: Some Problems for Catholic Philosophy*, 1985. — J. C. Frakes, *The Fate of Fortune in the Early Middle Age*, 1988. ➲

DESTUTT DE TRACY, ANTOINE LOUIS CLAUDE (Conde) (1754-1836). Nascido em Paris, estudou em Estrasburgo. Foi membro dos Estados Gerais e interveio na política numa linha reformista. Sua oposição aos extremos revolucionários levou-o primeiramente a retirar-se da política e depois a aderir a Napoleão, mas logo se opôs a este, que reagiu depreciativamente contra os "ideólogos".

Influenciado por Locke e por Condillac, Destutt de Tracy elaborou a doutrina chamada "ideologia" (VER) e foi o cabeça da corrente dos "ideólogos" franceses. A ideologia tem por objeto a análise das idéias com o fim de descobrir as sensações em que se baseiam. Desse modo, podem-se discriminar as idéias aceitáveis, fundadas na experiência, e as idéias inaceitáveis, que não têm nenhuma base na experiência. A ideologia tem um fundamento fisiológico, visto que as sensações básicas são sensações corporais.

Em seus *Elementos*, Destutt de Tracy fala de quatro faculdades ou operações: vontade, juízo, sentimento e recordação. O estudo da expressão das idéias baseia-se na faculdade do juízo e abrange a gramática e a lógica. Estas são definidas como ciências das significações expressas nos signos da linguagem e de seus vínculos. O estudo da formação dos desejos baseia-se na faculdade da vontade. Há dois efeitos básicos que derivam da faculdade volitiva: a economia e a moral. Outra parte dos *Elementos* devia abordar os fundamentos das ciências físicas e matemáticas.

Em Destutt de Tracy — e, em geral, nos ideólogos —, era importante o problema da sensação por meio da qual se entra em contato com o mundo exterior. Essa sensação é a do tato. Em princípio, pelo tato se percebe a resistência que oferece o mundo exterior; encontra-se seguramente nesta idéia de Destutt de Tracy a origem do "realismo volitivo" que foi desenvolvido, entre outros, por Maine de Biran. A resistência do mundo externo, contudo, leva o sujeito a reagir, o que introduz nele certa atividade; se esta se estende ao máximo, obtém-se uma espécie de "espontaneidade" que, em princípio, não tinha espaço no âmbito da análise "ideológica".

➲ Obra capital: *Eléments d'Idéologie*; abrange: *Idéologie*, 1801. — *Grammaire générale*, 1803. — *Logique*, 1805. — *Traité sur la Volonté*, 1815. — *Commentaire sur l'Esprit des Lois*, 1819.

Edição de obras completas, 4 vols., 1924-1925.

Ver: Ch. Chabot, *Destutt de Tracy*, 1885. — Vera Stepanowa, *Destutt de Tracy, eine historische-psychologische Studie*, 1908 (tese). — Oskar Kohler, *Die Logik des Destutt de Tracy*, 1928 (tese). — François Rastier, *Idéologie et théorie des signes: Analyse structurale des Éléments d'idéologie d'Antoine-Louis-Claude Destutt de Tracy*, 1972. — P. H. Imbert, *D. de T., critique de Montesquieu*, 1974. — M. Rodríguez Molinero, "Génesis, prehistoria y mutaciones del concepto de ideología", *Anales Cátedra Francisco Suárez*, 17 (1977), 103-131. — E. Kennedy, *A Philosophe in the Age of Revolution: D. de T. and the Origins of "Ideology"*, 1978. — A. J. Cappelletti, "La ideología como 'filosofía primera' y la clasificación de las ciencias en D. de T.", *Dianoia*, 31 (1985), 37-48. — B. M. Zolua, "De l'Idéologie comme

correlat des termes idéologiste et idéologue", *Quest* (1990), 62-79. — Além disso, F. Picavet, *Les idéologues*, 1897.
Ver também bibliografia de IDEOLOGIA. C

DESVALOR. Ver MAL; VALOR.

DESVIO, DESVIADO. A lógica silogística aristotélica, a lógica proposicional estóica, a lógica dos *Principia Mathematica*, de Whitehead e Russell, são exemplos eminentes de lógicas "normais" ou "*standard*". Tendo desaparecido a contraposição que se estabeleceu durante certo tempo entre a "lógica clássica" (pela qual se entendia principalmente a aristotélica) ou "tradicional", e a "lógica moderna", "matemática", "simbólica" etc., uma considerável proporção de "lógicas", ou de teorias lógicas, tanto antigas como medievais e modernas, pode agrupar-se já sob o nome de "clássicas".

Falou-se às vezes de outras lógicas ou de outros sistemas lógicos, como a lógica intuicionista (ver INTUICIONISMO) e as lógicas polivalentes (ver POLIVALENTE); como se desenvolveram no século XX, elas foram consideradas como parte da copiosa produção lógica contemporânea, isto é, parte da lógica "moderna" ou "simbólica". Se esta última é chamada "clássica", as mencionadas lógicas podem denominar-se também "clássicas". Contudo, há razões para distinguir a lógica "clássica" a que nos referimos no primeiro parágrafo destas outras lógicas. Curiosamente, no âmbito destas se inclui amiúde a lógica modal, que tem uma longa história e é, ao menos em termos cronológicos, igualmente "clássica". Não é fácil, pois, distinguir a lógica clássica ou "normal" e as lógicas não-clássicas. Entre estas últimas figura uma grande quantidade de tipos de lógica, tais como a lógica temporal (que usa índices cronológicos), a lógica deôntica, a lógica epistêmica, a lógica da crença, a lógica das ficções, a lógica das ordens, a lógica pressuposicional, as lógicas chamadas "livres", as lógicas com hiatos veritativo-funcionais, as lógicas do ambíguo ou do inexato, a lógica das perguntas ou lógica erotética etc.

A dificuldade de distinguir as lógicas clássicas e as não-clássicas deve-se em parte ao fato de que o grau de "desvio" das últimas em relação às primeiras varia de maneira considerável. Para simplificar, agrupam-se as lógicas em princípio tidas como não estritamente clássicas sob o nome geral de "lógicas desviadas" ou "sistemas lógicos desviados". O termo 'desviado' é usado como versão do inglês *deviant*. Também se poderia usar — e se usa — o termo 'divergente', falando-se então de lógicas divergentes, indicando que divergem das clássicas. A preferência por 'desviado' deve-se ao fato de ter este termo uma conotação, ou, melhor dizendo, o que Frege chama uma "coloração" (*Färbung*), que *deviant* também exibe e que não se acha em 'divergente'. Não obstante, o uso de 'desviado' ou de 'divergente' é assunto de mera estipulação semântica. Por outro lado, convém não usar o termo 'anormal', pois tem uma conotação que é melhor evitar — do ponto de vista lógico-formal, as lógicas desviadas não são anormais.

Numa primeira tentativa de classificação e teorização, Susan Haack considerou, em sua obra *Deviant Logic: Some Philosophical Issues* (1974), a questão do *status* de diversas lógicas em relação à lógica clássica. Embora todas as lógicas mencionadas possam ser denominadas "desviadas", há, como se indicou, diferenças apreciáveis no "desvio". Assim, Haack avalia que algumas lógicas são suplementos (ou extensões) da lógica clássica, enquanto outras são rivais da — ou alternativas à — lógica clássica. Entre as lógicas "suplementares", figuram a lógica modal do tipo da de C. I. Lewis, a lógica epistêmica, a lógica deôntica, a lógica temporal ou cronológica. Entre as lógicas supostamente alternativas ou rivais da lógica clássica figuram a lógica intuicionista, a lógica com hiatos veritativo-funcionais de B. C. van Fraassen, as lógicas polivalentes e as lógicas aplicáveis à mecânica quântica. O *status* da às vezes chamada "lógica do ambíguo" ou "lógica da vaguidade" é incerto; suspeitamos que ela pode ser considerada uma lógica suplementar não só em relação à lógica clássica, mas também em relação a lógicas tidas como alternativas ou rivais da lógica clássica.

Para saber se determinada lógica L_2 é suplementar, desviada ou quase-desviada em relação a outra lógica L_1, é preciso saber que relações de inclusão, derivação, coincidência ou diferença há entre a classe de fórmulas bem formadas e a classe de teoremas e inferências válidas de cada uma das lógicas L_2 e L_1. Seguimos a autora mencionada (*op. cit.*, pp. 4-5), simplificando a apresentação mediante simbolização da classe de fórmulas bem formadas e da classe de teoremas e inferências válidas de cada uma das lógicas L_2 e L_1, respectivamente, por Cf_2, Cf_1, Ct_2 e Ct_1.

Temos então: *a*) Se Cf_1 inclui Cf_2, e Ct_1 inclui Ct_2, e se L_2 é uma lógica clássica, então L_1 é uma lógica suplementar. Um exemplo é o sistema modal de Lewis como suplemento do cálculo proposicional clássico. *b*) Se Cf_1 coincide com Cf_2, mas Ct_1 difere de Ct_2, L_1 e L_2 são lógicas desviadas entre si, de tal modo que, se L_2 é a lógica clássica, L_1 é uma lógica desviada. *c*) Se Cf_1 inclui Cf_2, e Ct_1 difere de Ct_2 não apenas por incluir teoremas suplementares que implicam um vocabulário adicional, mas também porque as séries de teoremas que envolvem somente o vocabulário comum diferem entre si, então L_1 e L_2 são lógicas quase-desviadas respectivamente, de tal modo que, se L_2 é uma lógica clássica, L_1 é uma lógica desviada.

Uma conseqüência do que foi dito, especialmente clara em *b*), é que o conceito de "desvio" é comum. A lógica clássica, *C*, pode ser considerada desviada, *D*, em relação a uma lógica desviada da lógica clássica:

assim, *C* é desviada de *D* se e somente se *D* é desviada de *C*. Entretanto, costumam-se denominar "desviadas" as lógicas que se desviam da lógica clássica, julgada então como "não-desviada", embora evidentemente "desviável".

Discutiu-se se, e até que ponto, ou em que casos, se devem aceitar lógicas desviadas, *D*, no sentido de estarem desviadas da lógica clássica, *C*. Os autores que negam que se deva aceitar *D* formulam, entre outros argumentos, o de que *C* é mais simples que qualquer *D* (argumento referente à própria lógica) e o de que, sendo *C* mais estrita ou "forte" que qualquer *D*, constitui uma prova mais severa para determinada teoria (argumento referente à aplicação da lógica). Os autores que afirmam que se podem aceitar, ou até que se devem aceitar lógicas *D*, formulam, entre outros argumentos, o de que *C* combinada com uma teoria científica dada não é necessariamente um conjunto teórico mais simples e econômico que *D* combinada com outra teoria científica dada (argumento relativo à suposta simplicidade ou economia), e o de que *C* pode, e até deve, ser substituída por *D* (ou alguma *D*) se o emprego de *C* para tal teoria produz conseqüências inaceitáveis ou torna extremamente difícil, se não impossível, a apresentação da teoria em termos lógicos. Assim, por exemplo, uma lógica temporal pode mostrar-se necessária para evitar certas conseqüências derivadas de *C* aplicada a enunciados não-indicativos, e uma lógica polivalente pode revelar-se necessária para evitar conseqüências, se não dificuldades insuperáveis, derivadas da aplicação de *C* à mecânica quântica. O argumento de que o uso de *D* pode tender a tornar imune uma teoria científica é digno de consideração, porque, com efeito, isso pode acontecer; entretanto, isso não ocorre necessariamente. Além disso, a questão da tendência das teorias a se imunizarem contra falseamentos não é ainda um critério definitivo para propor determinado modelo de desenvolvimento científico. Por fim, a introdução de *D* representa uma ampliação do conjunto de sistemas lógicos e pode ser considerada um progresso na lógica, tal como na ciência é julgada como uma teoria científica.

Os autores que admitem determinada lógica desviada como preferível à lógica clássica podem fazê-lo de dois modos: ou afirmando que a lógica desviada é correta e que a lógica clássica é inadequada ou equivocada, ou sustentando que a preferência pela lógica desviada é regida por motivos pragmáticos, que podem mudar de acordo com as teorias científicas com as quais se vincule a lógica escolhida, e especialmente de acordo com o desenvolvimento das teorias científicas. Em geral, embora não necessariamente, os primeiros autores mantêm uma concepção absolutista da lógica — neste caso, de uma determinada lógica desviada —, ao passo que os segundos avaliam que não há nenhum sistema lógico que seja imune a mudanças, ou à substituição por outro sistema. Paradoxalmente, os primeiros autores adotam com respeito a uma determinada lógica desviada a mesma atitude absolutista que outros autores adotam em relação à lógica clássica, ao considerar que esta é a única aceitável, ou completa, ou a única aplicável. Há um paralelismo óbvio entre essas diversas atitudes com relação aos vários sistemas de lógica e as atitudes com relação às geometrias euclidiana e não-euclidiana.

Aqueles que argumentam em favor de lógicas desviadas, incluindo os que consideram que algumas delas (ou assim chamadas) "superam" e "deslocam" a lógica clássica — assim como, possivelmente, quaisquer outras lógicas desviadas —, tendem a restringir o alcance da lógica clássica. Essa restrição transparece no uso do artigo "a" para anunciar essa lógica. Pode-se perguntar agora se não se incluem demasiados sistemas lógicos no âmbito das lógicas desviadas, bem como se alguns deles não poderiam ser agrupados sob a expressão 'lógica clássica' devidamente ampliada e reforçada. Para evitar, além disso, os mal-entendidos que o vocábulo 'clássico' pode acarretar, cabe perguntar se não se poderia falar de "lógica ortodoxa", ou, melhor ainda, de "sistemas de lógica ortodoxa". Quine (*Philosophy of Logic*, 1970, cap. 6: "Deviant Logics", p. 80) indica que "os sistemas de lógica ortodoxa são muitos e variados" e que "as diferenças entre eles não são da cepa da qual saem as lógicas desviadas". Com isso, ele dá a entender que, quando se fala de lógicas alternativas — e as chamadas "lógicas desviadas" se apresentaram sob esse título —, trata-se simplesmente de mudanças no uso de vocábulos lógicos. Porém, mudar o uso de vocábulos lógicos e, especificamente, mudar o significado de constantes lógicas não é razão suficiente, segundo Quine, para produzir um desvio de tal calibre que seu resultado seja incompatível com a lógica ortodoxa ou com algum dos múltiplos sistemas desta. Se se introduzem mudanças no uso e no significado de constantes lógicas, essas mudanças formarão um dialeto lógico (desviado) traduzível para uma lógica ortodoxa, ou para algum sistema dela. Desse ponto de vista, a oposição dos lógicos intuicionistas à lei do terceiro excluído não tem necessariamente por que constar como exemplo de desvio lógico. Poder-se-ia falar de uma lógica realmente heterodoxa, ou radicalmente desviada, se se tentasse construir uma na qual se aceitassem uma proposição e a negação da mesma, mas, como isso acarretaria aceitar toda proposição como verdadeira, eliminar-se-ia todo critério de distinção entre o verdadeiro e o falso. Além disso, e sobretudo, ocorre que, embora se fale de negação no caso da aceitação de uma proposição e de sua negação, a notação correspondente à negação "deixa de ser reconhecível como negação quando se tomam proposições da forma 'p $\wedge \neg$ p' como verdadeiras" (*op. cit.*, p. 81), o que significa que se deixa de considerar essa proposição como implicando todas as outras. Susan Haack (*op. cit.*, *supra*, pp. 31 ss.) respondeu a essas observações chamando a atenção para a incompatibilidade entre essa posição "ortodoxa" de Quine e a posição do mesmo autor, formulada em "Two Dogmas of Empiricism" (1951; reimp. em *From a Logical Point of View*, 1953), de que "todas as nossas crenças, *incluídas as crenças sobre lógica*, são passíveis de revisão". Levanta-se com isso o problema da própria natureza da lógica (ou dos sistemas lógicos), acompanhado das teses correspondentes: caráter absoluto (seja puramente formal, ou puramente "transcendental") da lógica; caráter "relativo" (como mínimo, passível de revisão; como máximo, empírico; como médio, pragmático) da lógica.

Hugues Leblanc fala de "desvio semântico" para caracterizar tipos de semântica não-denotativa. As semânticas denotativas são a maior parte de sistemas clássicos semânticos nos quais se atribuem a fórmulas bem formadas valores que são domínios de entidades. Os sistemas semânticos não-denotativos se desviam dos mencionados sistemas clássicos ou "*standard*". Enquanto estes últimos requerem interpretação ontológica, os primeiros se restringem a atribuir valores de verdade a fórmulas bem formadas. As semânticas desviadas no sentido apontado são, pois, veritativo-funcionais (ver VERITATIVO FUNCIONAL) e não são comparáveis às lógicas com vazios de valores de verdade.

⊃ Exemplos de semânticas com desviações se encontram em E. W. Beth, Jaakko Hintikka e K. Schutte (ver Hugues Leblanc, "Semantic Deviation", em H. Leblanc, ed., *Truth, Syntax, and Modality*, 1973, pp. 1-16; do mesmo autor, em colaboração com R. K. Meyer, "Truth-value Semantics for the Theory of Types", em K. Lambert, ed., *Philosophical Problems in Logic: Some Recent Developments*, 1970, pp. 77-102; e *Truth-Value Semantics*, 1976).

Ver além disso: John Woods, *The Logic of Fiction: A Philosophical Sounding of Deviant Logic*, 1974. ⊂

DETERMINAÇÃO. Este conceito é usado, na literatura filosófica, em duas acepções: 1) como a ação e o efeito de tomar uma resolução; neste sentido, 'determinação' e 'resolução' são freqüentemente usados como sinônimos; 2) como a ação e o efeito de estabelecer ou fixar os termos de uma coisa; neste sentido, a "determinação" é uma forma da, ou equivale à, "de-finição".

O sentido mais difundido, ou o que se tornou mais importante em vários filósofos, é o 2). Determinar é definir a natureza de um objeto mediante uma predicação (essencial). Spinoza usou o termo 'determinação', *determinatio*, numa expressão que ficou famosa: *Omnis determinatio negatio est* — toda determinação é negação. Ao determinar-se um objeto, excluem-se todas as notas ou características que não lhe pertencem; o que permanece é o "ser" ou a "essência" do objeto considerado.

Hegel seguiu Spinoza a esse respeito. A determinação (*Bestimmung*) ou determinabilidade (*Bestimmtheit*) é, de acordo com Hegel, a negação posta como afirmativa. Por isso, a tese de Spinoza é fundamental: "Ora" — escreve Hegel —, "a negação como tal é a abstração sem forma. Em contrapartida, a filosofia especulativa não deve ser culpada por considerar a negação ou o nada como algo último". Assim, a indicada *Omnis determinatio negatio est*, de Spinoza, é para Hegel somente um "momento" na apreensão do real, mas não sua forma única e última.

Alguns autores consideraram que, se toda determinação é uma negação — ou uma série de negações —, o absoluto não pode ser determinado e merece o nome de "o indeterminado", ou "o indeterminável". No entanto, como a determinação de que se fala aqui é um ato racional, houve autores que consideraram que o absoluto é, com efeito, "indeterminável", mas somente pela razão, e não por outra "faculdade", como, por exemplo, a intuição.

DETERMINISMO. Numa acepção geral, o determinismo sustenta que tudo o que houve, há e haverá, e tudo o que aconteceu, acontece e acontecerá, está de antemão fixado, condicionado e estabelecido, não podendo haver nem acontecer senão o que está de antemão fixado, condicionado e estabelecido. Como as doutrinas segundo as quais há um destino (VER) inelutável, ou uma predestinação (VER), são, nessa acepção geral, deterministas, é preciso distinguir essas doutrinas e o determinismo em sentido mais estrito. Embora o destino possa ser impessoal — ditado por um "fado" que está acima dos deuses — e embora a predestinação possa afetar toda a realidade, tanto as idéias de destino como as de predestinação se referem principalmente às ações dos seres humanos. Em compensação, embora o determinismo também possa se referir a essas ações, ele é entendido como um condicionamento prévio de todos os fenômenos do universo. Por isso, é considerado "universal". Além disso, ele está quase sempre, se não sempre, associado à idéia de uma causalidade que rege todo o universo.

Distinguiu-se o determinismo enquanto "causalismo" de teleologia enquanto "finalismo". Contudo, Bergson opinou que um determinismo estrito e um "teleologismo" estrito têm as mesmas conseqüências: ambos afirmam que há um encadeamento rigoroso de todos os fenômenos e, portanto, nem numa doutrina nem na outra se pode afirmar a existência da criação e da liberdade. Embora haja na observação de Bergson uma parcela de verdade, deve-se fazer constar que o termo 'determinismo' é usado mais propriamente em relação com causas eficientes do que em relação com causas finais. Além disso, as doutrinas deterministas modernas, às quais nos referiremos aqui principalmente, estão vinculadas a uma concepção mecanicista do universo, de tal modo que às vezes se identificaram determinismo e mecanicismo (VER). Característico do determinismo moderno é o que se pode denominar seu "universalismo"; uma doutrina determinista costuma se referir a todos os acontecimentos do universo. A relação entre determinismo e mecanicismo pode então ser mais bem compreendida, pois o determinismo se aplica mais facilmente à realidade enquanto concebida de modo mecanicista.

A doutrina determinista não é suscetível de prova; tampouco o é a doutrina oposta ao determinismo, razão pela qual o determinismo é considerado de hábito uma hipótese. Alguns julgam que se trata de uma hipótese metafísica; outros, de uma hipótese científica. Certos autores afirmam que, embora a doutrina determinista não possa ser provada, isso se deve ao caráter finito da mente humana e à impossibilidade de levar em conta todos os fatores, ou, melhor dizendo, estados do universo. É célebre a esse respeito a passagem de Laplace no "Prefácio" à sua *Théorie analytique des probabilités* (1820): "Uma inteligência que conhecesse num momento dado todas as forças que atuam na Natureza e a situação dos seres de que se compõe, que fosse suficientemente ampla para submeter esses dados à análise matemática, poderia expressar numa única fórmula os movimentos dos maiores astros e dos menores átomos. Nada seria incerto para ela, e tanto o futuro como o passado estariam presentes diante de seu olhar". Afirmou-se que a passagem de Laplace mostra que a doutrina determinista é possível unicamente com base numa completa racionalização do real, segundo a qual o real é considerado algo em princípio inteiramente "já dado" (Bergson). O determinismo implica então o que Meyerson denominou "a eliminação do tempo", ao menos do tempo enquanto constitui a medida de processos irreversíveis, e não, digamos, do tempo enquanto "qualidade" ou "tempo experimentado". Da mesma maneira, de acordo com Meyerson, o determinismo rigoroso e universal está ligado ao processo identificador próprio da razão, que aspira a prever, a reduzir e, em última análise, a identificar.

A doutrina determinista pode ser admitida como aplicável a todos os acontecimentos do universo ou então pode ser admitida como aplicável somente a uma parte da realidade. Kant, por exemplo, afirmava o determinismo em relação ao mundo dos fenômenos, mas não em relação ao mundo numênico da liberdade (VER). De todo modo, a doutrina em questão foi objeto de debates muito numerosos. Os deterministas radicais afirmaram que não apenas os fenômenos naturais mas também as ações humanas (explicáveis então como fenômenos naturais) estão submetidas a um determinismo universal. Os motivos são considerados então causas eficientes, que operam dentro de uma trama causal rigorosa. Os que se opuseram ao determinismo alegaram ou que há zonas da realidade (como as ações e decisões humanas, pelo menos algumas delas) que se subtraem ao determinismo, ou então que este confunde a necessidade de fato com a necessidade de direito. Maritain aceita esta última opinião ao declarar que não só a origem de uma sucessão de fatos poderia ter sido distinta do que foi, como também que "nenhum dos inumeráveis encontros entre séries causais que se produziram no curso da evolução do mundo até a produção de determinado acontecimento possuía sua razão suficiente na estrutura essencial do universo ou numa essência qualquer". Alguns autores alegam contra a doutrina determinista radical que ela confunde noções diversas tais como a necessidade, a causalidade etc. Pode-se admitir, por exemplo, o que se denominou "o causalismo" sem por isso aceitar necessariamente o determinismo. Ou se pode rejeitar o determinismo radical e continuar considerando que tudo o que acontece tem lugar segundo leis. De acordo com isso, determinismo e legalismo não serão exatamente coincidentes.

Muitas das dificuldades apresentadas pela doutrina determinista obedecem a uma análise insuficiente do que se entende pelo termo 'determinismo'. De maneira geral, deram-se desse termo (como se pode ter visto antes) definições demasiadamente reais. Quando examinamos com maior detalhe e rigor de que modo se entende uma doutrina determinista num contexto bem especificado, concluímos que é pouco razoável falar simplesmente de "determinismo" e "antideterminismo" universais e, naturalmente, de "determinismo em geral". Muitas das doutrinas qualificadas de deterministas são uma extensão da "realidade" (ou da "Natureza") da maneira como se entendeu a estrutura da mecânica clássica. Nessa mecânica, atende-se a certas propriedades dos corpos e formula-se uma série de equações a fim de estabelecer a dependência funcional existente entre tais propriedades e outras. O número de propriedades escolhidas é escasso — mesmo que se considerem que são as propriedades fundamentais. A chamada "mecânica dos pontos-massa" é especialmente adequada para servir de modelo a certos sistemas físicos em que se cumpre rigorosamente a dependência funcional antes mencionada. O que distingue a mecânica clássica como teoria determinista de outros corpos de teoria física foi indicado com toda precisão por Ernest Nagel (*op. cit., infra*, p. 279): "Dada a força-função para um sistema físico, o estado mecânico do sistema num tempo qualquer se encontra completa e unicamente determinado pelo estado mecânico em algum tempo inicial arbitrário". Com isso, entretanto, não se diz ainda que há um sistema determinista, mas apenas uma teoria determinista acerca de determinado sistema físico. Em geral, pode-se afirmar que toda teoria determinista é a afirmação de que há um conjunto e leis deterministas que regem um sistema em relação com uma certa classe (definida) de propriedades. "O determinismo da mecânica clássica" — escreve Nagel (p. 283) — "encontra-se severamente limitado a um determinismo com respeito a estados mecânicos." Isso faz com que mesmo uma inteligência infinita como aquela de que falava Laplace tivesse de fazer mais do que Laplace propõe, isto é, tivesse de levar em conta todas as propriedades — e não só as mecânicas — dos corpos, e, além disso, tivesse de admitir que todas as propriedades são analisáveis umas em termos de outras. Mesmo limitando-nos às propriedades de que falam as teorias físicas (mecânicas, óticas, térmicas, eletromagnéticas etc.) e sem falar de outras propriedades possíveis, concordar-se-á que o chamado "ideal de Laplace" não passa de uma extrapolação muito audaciosa.

O que foi dito anteriormente não significa, evidentemente, que o determinismo seja uma doutrina errônea ou sem sentido; significa unicamente que é preciso ter extremo cuidado ao usar o termo 'determinismo'. De imediato, e como já foi indicado, não é legítimo identificar seu sentido com o de causalismo. Certas partes de teoria física que não são consideradas deterministas no mesmo sentido em que o é a mecânica clássica — por exemplo, a mecânica quântica — podem continuar sendo consideradas "causalistas". Ao mesmo tempo, certas equações físicas — como na termodinâmica — não são causais. Tampouco é legítimo identificar o determinismo com a possibilidade de predição. Retomaremos esse ponto no verbete dedicado às chamadas "relações de incerteza" de Heisenberg (ver INCERTEZA [RELAÇÕES DE]). Sendo este verbete principalmente filosófico, e não havendo outra solução senão generalizar muito mais do que seria desejável numa questão tão complexa, limitar-nos-emos agora a propor algumas idéias gerais que permitam entender melhor, em termos filosóficos, o vocábulo 'determinismo'.

Em primeiro lugar, repetimos que não se deve defini-lo de um modo demasiadamente precipitado. Não é uma boa definição do determinismo dizer que um universo ou um sistema é determinista quando "tudo já está dado", ou quando "todo acontecimento é uma conseqüência necessária de um acontecimento anterior ou de uma série de acontecimentos anteriores", ou quando "todos os acontecimentos (ou estados) são redutíveis a um conjunto de condições iniciais", ou quando "o presente se acha prenhe de futuro", ou quando "todos os acontecimentos podem ser preditos" etc. Todas e cada uma dessas supostas definições não somente se prestam a numerosas confusões, como, além disso, terminam por dizer muito pouco. É melhor, pois, procurar definir o determinismo de uma maneira mais rigorosa — mesmo adotando a inevitável linguagem generalizadora antes anunciada —, apresentando um sistema que pode ser denominado "determinista". Esse sistema pode, de resto, estender-se, se se quiser (mesmo quando isso oferece enormes dificuldades), ao universo ou à realidade inteiros.

Pressupomos que um sistema é determinista — ou, em termos mais rigorosos, que uma teoria sobre um sistema é determinista — quando esse sistema — ou o que se enuncia acerca dele — atende às seguintes condições:

1) O sistema deve ser "fechado"; não pode, com efeito, admitir elementos ou acontecimentos externos em princípio ao sistema, mas que depois acabem de alguma maneira por inserir-se nele e possivelmente alterar suas condições ou seu desenvolvimento.

2) O sistema deve abranger elementos, acontecimentos ou estados do mesmo tipo ontológico — no caso do mundo físico, elementos, acontecimentos ou estados físicos. Pode-se admitir um reducionismo segundo o qual há apenas um tipo supostamente privilegiado de realidade; contudo, admitindo-se esse reducionismo, sobrecarrega-se o problema do determinismo, já por si complexo, com outras dificuldades.

3) O sistema deve incluir seqüências temporais de modo que se evite reduzir as tendências funcionais de que falamos antes a dependências do tipo manifestado pelos sistemas formais dedutivos.

4) O sistema deve possuir um conjunto de condições iniciais que, no caso de se admitir que o sistema fechado é o único existente — ou seja, é o universo —, não precisa estar ele mesmo determinado. Dizer que está determinado por razões externas a ele é inserir nele outro sistema, o que foi provado ser inaceitável.

As condições anteriores podem ser consideradas necessárias e suficientes. Poder-se-á observar que a propriedade "ser previsível" — o que significa: poder prever qualquer estado do sistema uma vez conhecidas as condições iniciais, os elementos do sistema, a lei ou as leis de dependência funcional que ligam esses elementos etc. — não se encontra incluída nas condições anteriores. Isso pode parecer surpreendente, visto que alguns autores identificaram determinismo e previsibilidade. Não obstante, a exclusão é compreensível se se leva em conta que o termo "predição" pode referir-se a estados de um sistema não-determinista. Com efeito, é possível predizer estatisticamente certos estados de um sistema que não seja determinista. As relações de incerteza na física atual não excluem a previsibilidade; elas estabelecem em que condições esta se efetua. Para acrescentar a propriedade "ser previsível" às condições anteriores seria necessário redefinir essa propriedade.

Nenhuma doutrina determinista é conseqüência apenas da observação de fenômenos; também o é, e sobretudo, de uma série de condições previamente estabelecidas. Essas condições são de caráter "regulativo" em sentido kantiano e não "constitutivo" (ver CONSTITUIÇÃO, CONSTITUTIVO). São, pois, suscetíveis de discussão. As observações e a análise das teorias podem lançar muita luz sobre a aplicabilidade ou não-aplicabilidade das referidas condições, mas essas condições não são, por sua vez, resultado unicamente da observação ou da análise de teorias.

Na época atual, discutiu-se muito a questão de saber se uma teoria determinista é ou não, em última análise, um limite ideal de um conjunto de leis estatísticas. Afirmou-se a esse respeito que, enquanto a física clássica — e, em geral, a chamada "macrofísica" — é, ou pode ser, determinista, a microfísica, em contrapartida, é indeterminista. Referimo-nos a esses debates no verbete citado sobre o princípio de incerteza, de Heisenberg.

Os autores que se opuseram ao determinismo do ponto de vista ético e antropológico-filosófico acentuaram que no âmbito de uma doutrina determinista não caberia o livre-arbítrio (VER). Alguns dos pensadores de orientação existencialista criticaram (indiretamente) as doutrinas deterministas afirmando que na existência humana a liberdade é uma condição ontológica necessária. O existir humano, de acordo com esses pensadores, não é comparável a nenhuma das coisas naturais e, portanto, não se podem aplicar a ele as categorias aplicáveis a tais coisas. Com isso, os pensadores em questão chegaram à conclusão de que "existir" é fundamentalmente "ser livre". Abordamos essas questões em outros verbetes (por exemplo, EXISTENCIALISMO; LIBERDADE). Limitar-nos-emos aqui a enfatizar que a base dessas concepções fora já estabelecida por autores como Fichte (VER) por meio de uma decisão ética (ou "ético-existencial"); se se prefere a liberdade ao determinismo, é preciso "decidir-se" pelo idealismo e não pelo materialismo.

Não pudemos abordar aqui muitos dos debates em torno do determinismo que procuram provar que há neste uma falácia interna. Encontramos um exemplo desses debates na tese de Lequier (VER), segundo a qual afirmar que tudo está determinado equivale a afirmar que a afirmação está igualmente determinada e, portanto, a tirar-lhe todo valor de afirmação. O motivo de não termos nos estendido sobre essas discussões é o fato de julgarmos que quase todas elas se baseiam numa definição de 'determinismo' excessivamente ampla e geral.

⊃ A maioria de obras sobre filosofia da ciência (VER) discute o problema da natureza e das formas do determinismo. O livro de Ernest Nagel citado no texto é *The Structure of Science: Problems in the Logic of Scientific Explanation*, 1961 (ver especialmente pp. 277-335). Encontra-se abundante informação sobre a questão do determinismo nas duas obras de Cassirer, mencionadas na bibliografia do verbete sobre esse filósofo, acerca do problema do conhecimento e acerca do determinismo e indeterminismo na física moderna. Também abordam o problema do determinismo muitas das obras citadas nas bibliografias de ACASO; FIM; LIBERDADE; TELEOLOGIA. Sobre determinismo e indeterminismo na história, ver a parte correspondente na bibliografia de HISTÓRIA.

Mencionaremos aqui (simplesmente em ordem cronológica) algumas obras relativas à questão do determinismo em geral e do determinismo nas ciências naturais e remetemos à bibliografia de INCERTEZA (RELAÇÕES DE) para trabalhos complementares, especialmente os relativos à questão na física contemporânea; alguns dos trabalhos, de resto, figuram em ambos os lugares.

J. Metallmann, *Determinizm w naukach przyrodniczych*, 1934 (*O determinismo nas ciências naturais*). — A. S. Eddington, *Sur le problème du déterminisme*, 1935. — C. D. Broad, *Determinism, Indeterminism and Libertarianism*, 1934 (Aula inaug. em Cambridge). — R. S. Lacape, *La notion de liberté et la crise du déterminisme*, 1935. — Giuseppe Tarozzi, *La libertà umana e la critica del determinismo*, 1936. — Helmut Groos, *Die Konsequenzen und Inkonsequenzen des Determinismus*, 1931; 2ª ed., com o título: *Willensfreiheit oder Schicksal?*, 1939. — *Déterminisme et libre arbitre. Entretiens présidés par F. Gonseth et rédigés par Gagnebin*, 1944. — Yves Simon, *Prévoir et Savoir*, 1944. — E. Huant, *Des fissures du déterminisme à l'émergence des finalités*, 1946. — P. Césari, *Les déterminismes et la contingence*, 1950. — G. Mottier, *Déterminisme et liberté*, 1948. — Leonel Franca, *Liberdade e determinismo*, 1954. — Paulette Février, *Déterminisme et indéterminisme*, 1955. — Pierre Vendryès, *Déterminisme et autonomie*, 1956. — Louis de Broglie, *Nouvelles perspectives en microphysique*, 1956, pp. 115-164. — David Bohm, *Causality and Chance in Modern Physics*, 1957. — Louis Bonoure, *Déterminisme et finalité*, 1957. — M. Black, B. Blanshard, P. W. Bridgman, H. L. A. Hart, C. G. Hempel, E. Nagel, P. Weiss et al., *Determinism and Freedom in the Age of Modern Science*, 1958, ed. S. Hook. — Allan M. Munn, *Free Will and Determinism*, 1960. — Stanislaw Mazierski, *Determinizm i indeterminizm w aspekcie fizykalnym i filozoficznym*, 1961 (*O determinismo e o indeterminismo sob o aspecto físico e filosófico*). — Anatol von Spakovsky, *Freedom, Determinism, Indeterminism*, 1963. — Jacques Moreau, *Problèmes et pseudoproblèmes du déterminisme physique, biologique, psychologique*, 1964. — Sidney Morgenbesser, *Determinism and Human Behavior*, 1965. — M. R. Ayers, *The Refutation of Determinism*, 1968. — R. L. Franklin, *Freewill and Determinism: A Study of Rival Conceptions of Man*, 1968. — Bernard Berofsky, *Determinism*, 1971. — Georg Henrik von Wright, *Causality and Determinism*, 1975. — C. Williams, *Free Will and Determinism: A Dialogue*, 1980. — A. R. Ruffa, *Darwinism and Determinism: The Role of Direction in Evolution*, 1983. — J. Earman, *A Primer on Determinism*, 1986. — T. Honderich, *A Theory of Determinism: The Mind, Neuroscience, and Life-Hopes*, 1988. — M. Klein, *Determinism, Blameworthiness and Deprivation*, 1990. ⊂

DEUS. Examinaremos (I) o problema de Deus, considerando em especial as principais idéias que Dele teve o homem, pelo menos no Ocidente; (II) a questão da natureza de Deus tal como foi elucidada por teólogos e filósofos; e (III) as provas da existência de Deus. (III) é logicamente anterior a (II), mas aqui inverteremos a ordem a fim de mostrar o estreito vínculo entre (II) e (I). De fato, (I) e (II) entrecruzam-se continuamente, de tal modo que algumas das questões fundamentais relativas ao problema de Deus pertencem também à questão de Sua natureza.

(I) *O problema de Deus*. Consideraremos aqui três idéias: a religiosa, a filosófica e a comum. A primeira enfatiza a relação ou, para alguns autores, a falta de relação entre Deus e o homem. Daí a insistência em motivos tais como o sentimento de criaturidade, o caráter pessoal do divino, a dependência absoluta ou a transcendência absoluta etc. A segunda acentua a relação de Deus com o mundo. Por isso, segundo esta idéia, Deus é visto como um absoluto, como fundamento das existências, como causa primeira, como finalidade suprema etc. A terceira destaca o modo como Deus se dá na existência cotidiana, seja de uma forma constante, como horizonte permanente da vida, ou de uma forma ocasional, em meio às "distrações". As maneiras de aproximação de Deus são também diferentes de acordo com as correspondentes idéias: na primeira, Deus é sentido como se estivesse no fundo da própria personalidade, a qual, por outro lado, se considera indigna Dele; na segunda, Deus é pensado como Ente supremo; na terceira, é invocado como Pai. Convém observar que as três idéias em questão não costumam existir separadamente: o homem religioso, o filósofo e o homem comum podem coexistir numa mesma personalidade humana. Não obstante, certas relações são mais freqüentes que outras. Assim, por exemplo, há consideráveis analogias entre o Deus do homem religioso e o Deus do homem comum, como percebeu Pascal ao invocar o "Deus de Abraão, de Isaac e de Jacó, *não* dos filósofos e dos sábios". Deve-se observar ainda que, embora essas três idéias apareçam com especial clareza no que se refere ao Deus dos cristãos e em considerável medida ao "Deus dos hebreus", não deixam de se mostrar em outras concepções da divindade. Isso ocorre sobretudo quando uma pluralidade de deuses cede lugar a um único Deus: é o caso do deus supremo no âmbito do politeísmo, do chamado monoteísmo primitivo e até do henoteísmo ou da adoração de um deus adscrito a uma tribo ou a um grupo social quando essa tribo ou esse grupo se considera a si mesmos, e por motivos religiosos, privilegiados.

Das três idéias referidas, interessam-nos aqui especialmente a religiosa e a filosófica; além disso, tendo em vista a índole desta obra, daremos particular atenção a esta última. Tanto uma como a outra, porém, desempenham um papel capital na história da idéia de Deus, ao menos no Ocidente. Mais ainda, pode-se dizer em certa medida que essa história se esclarece sobremaneira quando a consideramos à luz de certa tensão — quase nunca de uma completa ruptura — entre a idéia de Deus cunhada pelo homem religioso e a idéia de Deus proposta pelo filósofo. Este último tende a fazer de Deus um objeto de especulação racional. Isso explica as conhecidas concepções dos filósofos, das quais mencionaremos algumas: Deus é um ente infinito; é o que é em si, e por si se concebe; é um absoluto ou, melhor dizendo, *o* Absoluto; é o princípio do universo, o Primeiro Motor, a causa primeira; é o Espírito ou a Razão universais; é o Bem; é o Uno; é o que está para além de todo ser; é o fundamento do mundo e até o próprio mundo entendido em seu fundamento; é a finalidade a que tudo tende etc. Algumas dessas concepções foram elaboradas e aprimoradas por filósofos cristãos; outras procedem da tradição grega; outras estão inseridas em certas estruturas "permanentes" da razão humana. O homem religioso, em contrapartida, sem rejeitar sempre as concepções em questão, com freqüência as deixa de lado a fim de permitir que transluza a pura realidade divina, ou então as considera resultado de uma elaboração posterior, que seria impossível sem a revelação ou sem a experiência religiosa e até mística. Trata-se, por conseguinte, de uma *tendência* da história espiritual do Ocidente tendente a *destacar* uma ou outra dessas idéias. Assim, por exemplo, podemos dizer que Santo Agostinho enfatizou a idéia religiosa, pois, embora tenha especulado também sobre Deus enquanto Ser onipotente e criador do mundo, deu grande atenção à relação pessoal entre Deus e o homem, e viu em Deus sobretudo essa Pessoa espiritual que se revela ao homem, que alguns místicos espanhóis denominaram "o estado de ocultamento" por causa de Sua bondade infinita. Em contrapartida, Santo Tomás, embora não tenha de modo algum deixado de filosofar sobre Deus com base nos dados da revelação e não tenha excluído a possibilidade da contemplação mística (declarada no fim de sua vida a suprema via), dedicou uma parte considerável de sua obra ao exame filosófico e racional do conceito de Deus. Este contraste reiterou-se na filosofia moderna. Muitos filósofos, em particular os de tendência racionalista, pareceram sacrificar o Deus Pai ao Deus abstrato, o Deus *absconditus* ao Deus racionalmente compreensível, e até a suma Existência à suma Essência. Contudo, houve tentativas de não levar essa tendência a suas últimas conseqüências e de atingir certo equilíbrio entre a idéia religiosa e a filosófica. No âmbito da filosofia moderna, um exemplo destacado a esse respeito é o de Leibniz, pois esse filósofo não apenas concebeu Deus como Mônada suprema, mas também como o Pai — e o Monarca — que rege o mundo dos espíritos. Em compensação, autores como Pascal ou Kant, por motivos muito distintos, acentuaram a tendência à idéia religiosa. Pascal exprimiu isso de modo explícito em muitas passagens de sua obra, entre as quais se destaca a anteriormente citada. Kant manifestou-o ao criticar a validade dos argumentos racionais em favor da existência de Deus e ao fazer de Deus um postulado da razão prática, isto é, ao afastar a razão para deixar lugar, como ele mesmo indicou, à fé. Os resultados desta última posição não se mantiveram, porém, durante muito tempo. Os sucessores de Kant terminaram por acentuar o aspecto filosófico da idéia de Deus ao fazer Dele, como Fichte, a ordem moral do mundo, ao transformar Deus, como fez Schelling, no Infinito, ou ao convertê-lo, como Hegel, na Idéia (Idéia que o cristão deve ter "a humildade de conhecer"). Contrastes e tentativas de conciliação análogos manifestaram-se nos últimos cento e cinqüenta anos. Kierkegaard e a teologia dialética, por exemplo, insistiram no aspecto religioso de Deus; os racionalistas e, por motivos diferentes, os neo-escolásticos de orientação intelectualista destacaram o aspecto filosófico.

(II) *A natureza de Deus*. Vários problemas são levantados a esse respeito. Entre eles, destacamos: *a*) a questão da diferença entre Deus e o divino; *b*) a questão do caráter infinito de Deus; *c*) a questão da relação entre a onipotência divina e a liberdade humana; *d*) a questão da relação entre a onisciência e a onipotência. Esta última questão permitirá que se formule formalmente o problema do *constitutivum* de Deus.

a) Alguns autores avaliam que Deus e o divino são a mesma realidade. Outros consideram que "Deus" é apenas um nome para designar o divino. Outros, por fim, indicam que o divino é uma das qualidades de Deus. A primeira opinião é neutra com relação à natureza pessoal ou impessoal de Deus. A segunda opinião tende a considerar a Deus como um ente impessoal. A terceira opinião inclina-se a conceber a Deus como uma realidade pessoal. A segunda e a terceira opiniões foram as mais discutidas. Os adversários da segunda opinião enfatizaram que ela não só é impessoalista como também panteísta. Os adversários da terceira opinião assinalaram que com sua adoção corre-se o risco de estabelecer separações demasiadamente taxativas entre Deus e suas qualidades. À primeira objeção respondeu-se que admitir o divino como objeto primário de descrição ou de análise não significa aceitar nenhuma teoria específica sobre a divindade. À segunda objeção respondeu-se que a análise do divino como qualidade de Deus deve ser compreendida do ponto de vista do *constitutivum* segundo nosso intelecto. Iremos nos ater a essa resposta ao examinar a questão *c*).

b) Embora esta questão mantenha estreita dependência em relação à que examinaremos depois, tratamo-la à parte para fins de maior clareza. Ela consiste essencialmente no problema de saber se Deus é infinito ou finito. A sentença quase universalmente aceita é a que afirma a infinitude. Como essa infinitude se refere, porém, não apenas à bondade mas também ao poder de Deus, parece que enfrentamos dificuldades insuperáveis. Entre elas, mencionamos as seguintes: (A) se Deus é infinitamente poderoso, o tempo e o drama do mundo mostram-se inúteis, num sentido semelhante a como, de acordo com Bergson, a evolução mecanicista torna inútil o tempo num universo que em princípio teria de estar *já* inteiramente "dado"; (B) se Deus é infinitamente poderoso, o problema da teodicéia (VER) é insolúvel, pois não se entende por que existe o mal (VER) num mundo que *poderia ter sido* perfeito. Com o objetivo de resolver essas dificuldades, foram propostas diversas soluções, às quais nos referiremos em *c*). Limitar-nos-emos aqui apenas a mencionar, por ser menos conhecida, a teoria defendida por J. S. Mill, que afirma a existência de um Deus finito, isto é, nos termos de E. S. Brightman, outro dos defensores desta tese, a doutrina que opõe a concentração (finitude) à expansão (infinitude) de Deus. Essa doutrina é aceita hoje, de modo geral, apenas por alguns filósofos pertencentes à seita metodista.

c) Duas posições fundamentais confrontaram-se no decorrer da história. De acordo com uma delas, a onipotência de Deus suprime por inteiro a liberdade humana. Segundo a outra, a liberdade humana não é incompatível com a onipotência de Deus, sendo, pelo contrário, confirmada por ela. A primeira posição pode ser formulada com propósitos muito diversos: com o fim de enfatizar pura e simplesmente a impossibilidade de comparar os atributos de Deus com os do homem ou com os de qualquer uma das coisas criadas e de destacar assim a intimidante grandeza de Deus; com o fim de mostrar que, se se quiser manter a liberdade humana, a única solução é atenuar a doutrina da absoluta onipotência, talvez aceitando a doutrina do Deus finito antes apresentada; com o fim de acentuar que o arbítrio é inteiramente servo e que a salvação do homem depende por completo do "arbítrio divino" etc. A segunda posição, em contrapartida, é usualmente formulada com um único propósito: o desejo de salvar ao mesmo tempo um dos atributos de Deus considerados mais essenciais e uma das propriedades humanas mais insistentemente enfatizadas. Para isso, argumenta-se que, por ter criado o mundo num ato de amor, unido a um ato de poder e de sabedoria, Deus outorgou ao homem uma liberdade da qual este pode usar ou abusar, que o aproxima ou o afasta de Deus, mas que lhe concede em todo caso uma dignidade suprema à qual o homem não pode renunciar sem deixar de ser homem — pois um "homem" que carecesse de liberdade não seria criação tão valiosa quanto um homem livre. Esse problema é abordado em vários verbetes (ver ARBÍTRIO [LIVRE-]; GRAÇA; LIBERDADE). Limitar-nos-emos aqui a indicar que essa questão é tão fundamental que, por pouco que seja aprofundada, obriga a efetuar uma análise completa do problema que constituirá o objeto do último item: o do *constitutivum* próprio de

Deus. Além disso, a questão da relação entre a onipotência divina e a liberdade humana está com freqüência vinculada ao problema da existência ou inexistência de intermediários entre Deus e o mundo. Os partidários da onipotência que negam a liberdade inclinam-se, com efeito, a suprimir todo intermediário. Os que mantêm ao mesmo tempo a onipotência divina e a liberdade humana, em contrapartida, enfatizam que os intermediários — sejam eles quais forem: seres, idéias etc. — são necessários, pois os intermediários podem ser considerados *filosoficamente* como as condições que a criação "impõe" a Deus e se impõe a si mesma quando não quer desembocar no puro absurdo.

d) Abordaremos aqui o que foi tradicionalmente chamado o *constitutivum metaphysicum* da natureza divina. Entretanto, devemos observar que não se trata de saber o que Deus é *realiter*, mas tão-somente o que é *quoad nos*, segundo nosso intelecto. É somente levando em conta essa restrição que se podem entender as diversas sentenças que se propuseram a esse respeito.

Essas sentenças podem se reduzir às seguintes posições: 1) a essência divina é constituída, como propuseram alguns autores nominalistas, pela reunião *atual* de todas as perfeições divinas, com o que o *constitutivum* se transforma de relativo em absoluto; 2) a essência de Deus está constituída pelo "grau máximo de intelectualidade"; 3) a essência de Deus é a aseidade ou o ser um *ens a se* (VER); 4) a essência de Deus é a infinitude; 5) a Pessoa divina é radicalmente onipotente; 6) a Pessoa divina é, acima de tudo, onisciente. Comum a essas posições é a idéia de que Deus é uma realidade incorpórea, simples, uma personalidade, atualidade pura e perfeição radical. Também comum a elas é a afirmação de que Deus é infinitude, bondade, verdade e amor supremos. As diferenças consistem sobretudo nos vários modos de constituição metafísica. As posições mais fundamentais a esse respeito são as duas últimas mencionadas, posições sobre as quais daremos em seguida alguns esclarecimentos históricos, a maioria procedente dos grandes debates sobre o *constitutivum metaphysicum* de Deus que ocorreram durante a Idade Média e no século XVII. Observamos, contudo, que apresentaremos aqui em particular as formas mais radicais das teorias correspondentes, não por terem sido as mais freqüentes, mas porque podem esclarecer-nos melhor a base e as dificuldades de cada uma das grandes concepções a esse respeito.

Por um lado, há aqueles que sustentaram que a onipotência de Deus não pode ser limitada por nada, que se trata de uma *potentia absoluta*. As próprias "verdades eternas" têm de estar submetidas ao poder de Deus; melhor dizendo, elas são o resultado de um decreto divino arbitrário. O constitutivo da natureza de Deus é, portanto, a vontade absoluta: as verdades eternas, as leis da natureza e a liberdade humana dependem dessa Vontade. Esta é, em substância, a opinião atribuída a John Duns Scot, Guilherme de Ockham, Gabriel Biel, ou Descartes. Das três características que, no âmbito da unidade, se atribuem a Deus — poder, saber, amor —, a primeira obtém um completo predomínio. Esta concepção é denominada por isso voluntarismo (VER); segundo ela, Deus poderia ser definido até como "o que quer ser".

Os inimigos dessa concepção alegam que, se ela fosse certa, se chegaria a conseqüências absurdas: a infinita potência de Deus lhe permitiria não apenas estabelecer, por exemplo, que '2 + 2 = 5' ou que '$p \wedge \neg p$', como também fazer com que o que foi não seja ou fazer com que o que se mostra ao homem como imoral seja moral e vice-versa. Os partidários dessa concepção, em contrapartida, assinalam que Deus não pode ser limitado por nada, e que a pretensa falta de racionalidade de Deus se deve simplesmente a uma idéia demasiadamente restrita de nossa própria razão.

Por outro lado, há aqueles que acentuam menos o poder que o saber de Deus. Quando essa posição é levada a suas últimas conseqüências, termina-se por identificar Deus com as "verdades eternas" ou com as "leis do universo". Por esse motivo, os inimigos dessa concepção argumentam que ela leva imediatamente à negação da existência (ou "vida") de Deus. Seus partidários, em compensação, observam que Deus não pode deixar de ser Saber sumo e que, portanto, se há Nele uma *potentia*, trata-se de uma *potentia ordinata*. De maneira geral, a concepção em questão recebeu o nome de intelectualista. Ora, quase todos os que costumam ser agrupados nessa corrente enfatizam que a acentuação do saber de Deus não pretende destruir Sua unidade, e, por conseguinte, não retira Dele os constitutivos do poder e do amor. Um eminente exemplo deste modo de pensar é o de Santo Tomás. De acordo com esse filósofo, Deus *pode* produzir por si mesmo todos os efeitos naturais, e é, portanto, uma verdadeira Causa primeira. No entanto, Deus possui uma bondade infinita, razão pela qual desejou comunicar às coisas Sua semelhança. Com isso, as coisas não só são como podem ser causas. Dessa maneira, procura-se salvar a "consistência" própria da Natureza, das verdades eternas e da liberdade humana sem necessidade de retirar de Deus a onipotência. Os que não admitem essa solução afirmam que uma coisa é o propósito e outra, o resultado. Mas os que a defendem e desenvolvem assinalam que a discrepância entre propósito e resultado aparece unicamente quando se parte (de forma equivocada) da criatura e não de Deus. Paul Vignaux, por exemplo, escreveu que o que parece contraditório no tomismo é que, depois de ter estabelecido que as coisas têm seu próprio ser e sua possibilidade de atuar em conseqüência da infinita bondade de Deus, Santo Tomás não erige em seguida uma ciência da razão pura ou uma pura *sapientia naturalis*, ou seja, não vai da criatura à criatura ou da criatura ao Criador, mas do Criador à criatura. Mas a contradição se desvanece — acrescenta ele — quando se observa que a análise filosófica foi realizada no quadro da fé e que, portanto, a própria fé nos mostra que o *detrahere* e o *subtrahere* as coisas de seu ser e de seu agir seriam incompatíveis com a bondade de Deus. E, visto que o *constitutivum* da bondade parece recuperar o primado no âmbito dos outros constitutivos metafísicos, mostra-se plausível enunciar que a posição intelectualista pode se transformar numa ponte sobre um pretenso abismo que teria como bordas a suma arbitrariedade das decisões e a eternidade da verdade e das leis.

Convém observar, para concluir este item, que na mente dos escolásticos e de muitos dos filósofos do século XVII que se ocuparam do problema anterior há algo que ninguém, qualquer que seja sua posição filosófica, pode evitar ao enfrentar este tipo de questão: o uso da analogia. Para esse fim, é indiferente que a posição seja voluntarista radical ou intelectualista extrema: nem num caso nem no outro se pretende dizer de Deus o que é *realiter* (embora tampouco se pretenda reduzir a ciência dos constitutivos metafísicos de Deus a um mero exame das características atribuíveis ao divino em geral). Podemos dizer, pois, que em todos os pensadores mencionados se tende a evitar dois obstáculos. Em primeiro lugar, o de fundir Deus como entidade real com seu modo de consideração. Em segundo, o de desembocar na tese da completa inacessibilidade de Deus pelo conhecimento. Somente quando se abandona o modo de consideração analógico surgem as conseqüências que a maioria dos teólogos pretende evitar, sobretudo as duas mais retumbantes: a da completa identificação entre Deus e o mundo ou a da completa separação entre ambos.

(III) *Provas da existência de Deus*. Já aludimos ao fato de que a questão do que é Deus — *quid sid Deus* — é considerada classicamente como posterior à questão de se Deus é — *an Deus sit* —, mas que, por conveniência de nossa exposição, decidimos abordar a primeira questão antes da segunda.

Se tomarmos a expressão 'provas da existência de Deus' em toda a sua amplitude, deveremos incluir nela a possibilidade tanto de que a prova oferecida fracasse ou seja inaceitável, como a possibilidade de que se possam oferecer provas de que Deus não existe; neste último caso, naturalmente, seria mais próprio falar de "provas da não-existência de Deus". Como na maioria dos casos se procurou provar que Deus existe — e, quando se rejeitou um tipo de prova, foi por se ter proposto outro, tido por mais adequado —, concentrar-nos-emos nas "provas da existência". É preciso levar em conta que todos os tipos de prova sugeridos, incluindo as provas da não-existência, pressupõem que o problema formulado tem sentido, isto é, que se pode provar, ou não provar, que Deus existe, ou que não existe.

Alguns filósofos negaram a mencionada pressuposição, alegando que como a expressão 'Deus existe' não é nem analítica nem sintética, e não há outras expressões admissíveis (numa linguagem cognoscitiva) senão as analíticas ou as sintéticas, essa expressão carece de sentido, e, por conseguinte, carece de sentido procurar prová-la, ou refutá-la. Vários filósofos do início do positivismo lógico mantiveram essa tese. Eles não apenas rejeitaram todas as provas apresentadas como também um ponto de vista como o "crítico" adotado por Kant. Outros filósofos, anteriores e posteriores aos positivistas lógicos, incluindo alguns que tinham partido do positivismo lógico, negaram-se a admitir que a proposição 'Deus existe' carece de sentido. Pode ser que não se possa provar, mas não se acha fora das regras do uso da linguagem (pelo menos da linguagem comum). Xavier Zubiri afirmou que a questão de provar (racionalmente) a existência de Deus não coincide formalmente com o que denominou "o problema de Deus". Este último surge sobretudo "quando se elucida o *pressuposto* de toda 'demonstração', assim como de toda 'negação', ou, até, de todo 'sentimento' da existência de Deus". Ora — e de acordo com o mesmo autor —, a constitutiva e ontológica religação da existência e o fato de que a religação seja "a possibilitação da existência enquanto tal" mostram que tanto os que negam como os que afirmam a existência de Deus se movem na mesma "dimensão".

Os tipos de prova da existência de Deus podem ser classificados de vários modos. As chamadas "provas tradicionais" podem ser classificadas em três grandes grupos.

1) A prova chamada "anselmiana" e, a partir de Kant, "ontológica". Quem primeiro a expôs foi Santo Anselmo. Muitos filósofos aderiram depois, de uma maneira ou de outra, a ela: Descartes, Malebranche, Leibniz, Hegel. Examinamos esta prova de maneira detalhada no verbete sobre a prova ontológica (ver ONTOLÓGICA [PROVA]); limitar-nos-emos aqui a indicar que este tipo de prova coincide com o argumento chamado *a simultaneo* e é distinta da simples prova *a priori*.

2) A prova *a posteriori*. Usualmente não é uma prova empírica, pois se baseia num argumento ou numa série de argumentos *a posteriori* de caráter *racional*. Os defensores desta prova — entre eles, Santo Tomás — insistem que a existência de Deus é algo evidente *per se*, mas não o é *quoad nos*, no que se refere a nós. Os partidários desta prova dividem, com efeito, toda proposição *per se nota*, ou analítica imediata, em dois grupos: *a*) proposição *per se nota* somente em si, isto é, proposição cujo predicado está incluído no conceito do sujeito (conceito que não possuímos); *b*) proposição *per se nota etiam quoad nos*, isto é, proposição analíti-

ca imediata *também* com respeito a nosso entendimento. Ora, visto que a proposição 'Deus existe' é analítica imediata apenas considerada em si, já que em Deus são uma mesma coisa real e formalmente a essência e a existência, é preciso buscar para sua demonstração argumentos que difiram do de declará-la evidente *quoad nos*. Entre esses argumentos, destacam-se as cinco vias (*quinque viae*) de Santo Tomás a que nos referimos no verbete sobre esse filósofo.

3) A prova *a priori*, tal como defendida por John Duns Scot e outros autores. Segundo eles, para que uma proposição seja *per se nota* é preciso não só que careça de meio em si mesma como que possamos conhecê-la também imediatamente e enunciá-la pela mera explicação de seus termos.

Os teólogos escolásticos com freqüência distinguem as provas citadas atendendo ao papel que nelas desempenha o termo médio. Assim, Ponce de León (*Curso de filosofia*, vol. VI: Teodicéia, pp. 24 ss.), indica que a prova *a simultaneo* ocorre "quando o termo médio não tem prioridade nem posterioridade em relação à conclusão, sendo estes simultâneos ontologicamente. A coisa se demonstra por sua essência ou por sua noção, ou por um predicado que não pode ser dito causa nem efeito seu". O exemplo máximo desta prova é a ontológica. A prova *a posteriori* ocorre ou se mostra possível "quando o termo médio não tem prioridade nem posterioridade em relação à conclusão. O termo médio são os efeitos, como quando se prova a natureza da alma por suas operações". A prova *a priori* ocorre "quando o termo médio tem prioridade ontológica (na ordem real, seja física ou metafísica) em relação à conclusão. O termo médio é a causa física do predicado da conclusão (prioridade física) ou é sua razão (prioridade metafísica), que não se distingue realmente do predicado, mas se concebe como sua raiz e fundamento, que é a espiritualidade da alma com respeito à imortalidade".

Observou-se às vezes que a escolha do tipo de prova depende da concepção que se tenha de Deus (ou, pelo menos, de Sua relação com a criatura) e da inteligência humana que o apreende. Assim, por exemplo, afirmou-se que, enquanto para Santo Tomás a inteligência humana não vê intuitivamente a Deus por sua própria constituição, para John Duns Scot ela não o vê porque Deus "se ocultou". Por outro lado, até dentro do mesmo tipo de prova há divergências entre os filósofos: a comparação entre Santo Anselmo e Descartes apresenta a esse respeito razões suficientes. Isso faz com que cada tipo de prova possa ser considerado sob diversos aspectos. Tomemos, por exemplo, a prova *a posteriori*. Os autores escolásticos falam dela em vários sentidos. Como prova *extrínseca*, funda-se no consenso do gênero humano, engendrando com freqüência um argumento de índole moral. Como prova *intrínseca*, está fundada na própria natureza das criaturas. Como as criaturas, por sua vez, podem ser consideradas de um ponto de vista *relativo* ou *absoluto*, temos duas formas de argumento denominadas respectivamente *física* e *metafísica*. Por fim, o argumento metafísico pode ser dividido em *simplesmente metafísico* e em *psicológico* (cf. Zigliara, *Summa philosophica*: Theologia, § 3).

Além dos tipos de prova indicados, há outros três.

1º) A chamada "prova pelo sentimento". Consiste em enfatizar que, deixando de lado quaisquer considerações racionais, há um "sentimento da existência de Deus" que constitui em si mesmo uma prova. O nome 'prova' não é muito adequado neste caso, visto que não intervém aqui nenhum argumento. Afirma-se que Deus existe, porque, por assim dizer, "se sente" que existe. A existência de Deus e o sentimento dessa existência são, pois, uma e a mesma coisa. Alguns autores negam que isto seja em algum caso uma prova, enquanto outros sustentam ou que é a única "prova" possível, ou efetiva, ou que constitui a condição indispensável a toda prova.

2º) A chamada "prova pela tradição". Consiste ou em afirmar que todos os povos da terra acreditaram na existência de Deus ("tradição universal" ou supostamente universal) ou em sustentar que há uma série de "dados históricos" incorporados "à tradição" que são mais básicos e fundamentais que todo argumento racional. Também aqui se alegou que não se trata de nenhuma prova, por não haver argumento; porém, o que não há é um argumento racional, mas antes uma espécie de comprovação empírica, ou uma interpretação dessa comprovação empírica.

3º) Há uma série de provas da existência de Deus que podem ser incluídas no item 2) mencionado anteriormente, isto é, nas chamadas "provas *a posteriori*". Não obstante, alguns as incluíram nas "provas *a priori*", ou, melhor dizendo, na seção dessas provas que consiste em apresentar provas de caráter relativo (que têm, entretanto, a pretensão de ser absolutas). Falou-se a esse propósito de prova moral (às vezes identificada com a "prova pelo sentimento", mas mais propriamente fundada na tentativa de justificação da ordem moral pela existência de Deus), de prova físico-teológica, teleológica, cosmológica, psicoteológica, prova pelo desígnio etc. De uma maneira ou de outra, todas essas provas foram apresentadas por filósofos antigos e medievais, mas foram objeto de grandes debates na época moderna, especialmente durante os séculos XVII e XVIII. Há grandes semelhanças entre a prova físico-teológica e a cosmológica, mas, em função do lugar central ocupado pela chamada "prova cosmológica" (e também "argumento cosmológico") na época moderna, e especialmente em Kant, dedicamos um verbete específico a essa prova (ver COSMOLÓGICA [PROVA]), embora parte da informação possa ser encontrada — ou ser encontrada também —

no verbete sobre físico-teologia (VER). Dedicamos também um verbete à prova pelo desígnio (ver DESÍGNIO [PROVA PELO]), embora parte do que se diz no verbete sobre físico-teologia e uma boa parte do que se diz no verbete sobre a prova teleológica (ver TELEOLÓGICA [PROVA]) possam ser úteis a esse respeito.

Houve uma tentativa de provar (demonstrar) a existência de Deus com o auxílio da lógica contemporânea. Trata-se da prova proposta por Frederic B. Fitch em seu artigo "On God and Immortality" (*Philosophy and Phenomenological Research*, 8 [1948], 688-693). Ela pode ser resumida do seguinte modo:

Cada espécie de fato no universo tem uma explicação se existe uma teoria consistente (VER) de tal índole que cada fato dessa espécie seja dedutível da teoria. Isto é, se uma espécie de fato tem uma explicação, essa explicação é uma teoria consistente que implica todos os fatos da espécie. Concluiremos, assim, que cada fato ou tipo de fato tem pelo menos uma explicação. Ora, um corolário disso é que a espécie de todos os fatos tem uma explicação. Há, em suma, uma teoria consistente que implica (e, daí, explica) todos os fatos do universo. Essa teoria, de acordo com Fitch, deve ser não apenas consistente como também verdadeira, pois, se implicasse o contraditório de qualquer fato, deveria ainda implicar o próprio fato (já que implica todos os fatos), e por isso seria inconsistente. Além disso, só pode haver uma teoria verdadeira consistente que explique todos os fatos do universo, já que, se houvesse duas teorias ou duas explicações distintas, o fato de que uma fosse verdadeira constituiria um fato que deveria ser explicado pela outra, de tal maneira que se implicariam mutuamente (elas se equivaleriam). A explicação última em questão pode ser denominada Primeira Causa ou Deus. Desse modo, teríamos um novo argumento *a posteriori*, o qual é, como Fitch reconhece, afim a várias das provas cosmológicas tradicionais, mas baseado numa linguagem mais explicativa que causal.

Charles A. Baylis criticou o argumento de Fitch (*ibid.*, pp. 694-697), e este respondeu à crítica desenvolvendo os argumentos lógicos relativos à sua prova em *The Journal of Symbolic Logic* (13, n. 2 [1948]). Alonzo Church (*Journal etc.*, 13 [1948], 148) indicou que o argumento de Fitch, cujo interesse é inegável, implica realismo e absolutismo com referência a qual teoria última é verdadeira. Além disso, o Deus de Fitch não é um Deus pessoal, mas uma "primeira causa" impessoal ou mesmo o "todo" divinizado.

↪ Sobre o problema de Deus: Joseph Geyser, *Das philosophische Gottesproblem in seinen wichtigsten Auffassungen*, 1899. — R. Garrigou-Lagrange, *Dieu, son existence et sa nature*, 1915; 11ª ed., 1950. — A. Titius, *Natur und Gott*, 1926. — Édouard Le Roy, *Le problème de Dieu*, 1939. — E. S. Brightman, *The problem of God*, 1930. — Xavier Zubiri, "En torno al problema de Dios", *Revista de Occidente*, n. 149 (1935), 129-159, compilado, com ampliações e correções, em *Naturaleza, Historia, Dios*, 1944, pp. 423-467. — É. Gilson, *God and Philosophy*, 1941. — Charles Harshorne, *Man's Vision of God and the Logic of Theism*, 1941. — *Id., The Divine Relativity: A Social Conception of God*, 1964. — E. L. Mascall, *He Who Is. A Study in Traditional Theism*, 1943. — *Id., Existence and Analogy. A Sequel to He Who Is*, 1949. — Julián Marías, *San Anselmo y el insensato y otros estudios de filosofía*, 1944. — VV.AA., *Il problema di Dio* (Publicazioni del Centro Romano di Studi, Roma), 1949. — L. Franca, *O problema de Deus*, 1953. — H. Urs von Balthasar, *Die Gottesfrage des heutigen Menschen*, 1955. — J. Daniélou, *Dieu et nous*, 1950. — R. Jolivet, *Le Dieu des philosophes et des savants*, 1956. — H. de Lubac, *Sur les chemins de Dieu*, 1956. — Vicente Fatone, *El hombre y Dios*, 1956. — Diamantino Martins, *O problema de Deus*, 1957. — Ch. de Moré-Pontgibaud, *Du fini à l'infini*, 1957. — Henri Duméry, *Le problème de Dieu et la philosophie de la religion. Examen critique de la catégorie d'Absolu et du schème de transcendance*, 1957. — H.-D. Lewis, *Our Experience of God*, 1959. — E. Borne, J. Guitton et al., *Dieu*, número especial de *Les Études Philosophiques*, N. S. 14 (1959), 273-340. — J. Vanneste, *Le mystère de Dieu*, 1959. — Frederick Sontag, *Divine Perfection: Possible Ideas of God*, 1962. — Arnold J. Benedetto, *Fundamentals in the Philosophy of God*, 1962. — Jean-Dominique Robert, *Approche contemporaine d'une affirmation de Dieu*, 1963. — Paul Weiss, *The God We Seek*, 1964; reimp. 1973. — Jean Nabert, *Le désir de Dieu*, 1966 (prefácio de Paul Ricoeur). — Anthony Flew, *God and Philosophy*, 1966. — Geddes MacGregor, *God Beyond Doubt: An Essay in the Philosophy of Religion*, 1966. — Alvin Plantinga, *God and Other Minds: A Study of the Rational Justification of Belief in God*, 1968. — Wilhelm Weischedel, *Der Gott der Philosophen. Grundlegung einer philosophischen, Theologie im Zeitalter des Nihilismus*, 1968. — C. E. Fuller, R. E. Carter et al., *God in Contemporary Thought*, 1977, ed. S. A. Metczak. — A. Kenny, *The God of the Philosophers*, 1979. — X. Zubiri, *El hombre y Dios*, 1984. — A. Case-Winters, *God's Power: Traditional Understandings and Contemporary Challenges*, 1990. — F. J. Beckwith, S. E. Parrish, *The Mormon Concept of God: A Philosophical Analysis*, 1991. — R. C. Neville, *Behind the Masks of God: An Essay Toward Comparative Theology*, 1991. — T. V. Morris, *Our Idea of God: An Introduction to Philosophical Theology*, 1991. — E. Joos, *God and Existence*, 1991 (em húngaro). — R. C. Neville, *God the Creator: On the Transcendence and Presence of God*, 1992. — J. F. Harris, ed., *Logic, God and Metaphysics*, 1992.

Sobre a concepção, o conhecimento, a idéia, a natureza e a existência de Deus: Alphonse Gratry, *De la connaissance de Dieu*, 1855. — Josiah Royce, *The Conception of God: An Address*, com comentários de Sidney Edward Meres *et al.*, 1895; ed. ampliada, *The Conception of God: A Philosophical Discussion Concerning the Nature of the Divine Idea as a Demonstrable Reality*, 1897. — Albert Farges, *L'idée de Dieu d'après la raison et la science*, 1894. — G. Class, *Die Realität der Gottesidee*, 1904. — Rudolf Otto, *Das Heilige*, 1917. — Clement Ch. J. Webb. *God and Personality*, 1919. — *Id.*, *Divine Personality and Human Life*, 1920. — L. R. Farnell, *The Attributes of God*, 1925. — Jules Lagneau, *De l'existence de Dieu*, 1925; reimp. em *Célebres leçons et fragments*, 1950, pp. 223-310 (estas páginas procedem de um curso dado no Liceu Michelet em 1892-1893). — J. Mausbach, *Dasein und Wesen Gottes*, 2 vols., 1930. — Georg Simmel, "La personalidad de Dios", *Revista de Occidente*, n. 43 [1934], 41-65; incluído no vol. *Cultura femenina y otros ensayos*, trad. esp., 1934. — A. Rubino, *La filosofia e il problema dell'esistenza di Dio*, 1949. — W. M. Urban, *Humanity and Deity*, 1951. — E. Souriau, *L'ombre de Dieu*, 1955. — Lace I. Matson, *The Existence of God*, 1964. — Claude Tresmontant, *Comment se pose aujourd'hui le problème de l'existence de Dieu*, 1966. — A. Plantinga, *Does God Have a Nature?*, 1980. — W. P. Alston, *Perceiving God: The Epistemology of Religious Experience*, 1991. — K. E. Borresen, ed., *Image of God and Gender Models: in Judaeo-Christian Tradition*, 1991. — J. Hallman, *The Descent of God: Divine Suffering in History and Theology*, 1991. — R. M. Gale, *On the Nature and Existence of God*, 1991. — K. J. Clark, ed., *Our Knowledge of God*, 1992. — V. Brummer, *Speaking of a Personal God: An Essay in Philosophical Theology*, 1993.

Sobre Deus na história: Hermann Schwarz, *Der Gottesgedanke in der Geschichte der Philosophie*. I. *Von Heraklit bis Böhme*, 1913. — L. O. J. Söderblom, *Das Werden des Gottesglaubens*, 1916. — Leopold Ziegler, *Gestaltwandel der Götter*, 1920. — W. Schmidt, *Der Ursprung der Gottesidee*, 6 vols., 1926-1935. — A. Schüt, *Gott in der Geschichte. Eine Geschichtsmetaphysik und Theologie*, 1936 (trad. do húngaro). — Robert Aron, *Histoire de Dieu: Le Dieu des origines*, 1964.

Sobre demonstrações da existência de Deus (levando-se em conta que várias das obras mencionadas no princípio se referem também a este ponto, e ainda que várias das obras assinaladas a seguir tratem também do problema, da concepção, do conhecimento, da idéia, da natureza e da existência de Deus): Ch. Dilio, *Der sittliche Gottesbeweis*, 1899. — Karl Stab, *Die Gottesbeweise in der katholischen deutschen Literatur von 1850-1900*, 1910. — F. Sawicki, *Die Gottesbeweise*, 1926.

— Franz Brentano, *Vom Dasein Gottes*, ed. A. Kastil, 1929. — A. Breuer, *Der Gottesbeweis bei Thomas und Suarez*, 1929 (tese). — A. E. Taylor, *Does God exist?*, 1945. — E. Whittaker, *Space and Spirit: Theories of the Universe, and the Arguments for the Existence of God*, 1946. — E. A. Milne, *Modern Cosmology and the Christian Idea of God*, 1952 [E. Cadbury Lectures 1950]. — J. Defever, *La preuve réelle de Dieu, étude critique*, 1953. — J. M. Dorta-Duque, *En torno a la existencia de Dios. Génesis y evolución histórica de los argumentos metafísicos de la existencia de Dios hasta Santo Tomás*, 1955. — F. Grégoire, *Phénoménologie des preuves métaphysiques de Dieu*, 2ª ed., 1955. — Johannes Bendiek, "Zur logischen Struktur der Gottesbeweise", *Franziskanische Studien*, 38 (1956), 1-38, 296-321. — J. Salamucha, "Do wód 'ex motu' na istnienie Boga. Analiza logiczna argumentacji sw. Tomasza z Akwinu", *Collectanea theologica*, 15 (1934), 53-92; trad. inglesa: "The Proof 'Ex Motu' for the Existence of God: Logical Analysis of St. Thomas' Argument", *The New Scholasticism*, 32 (1958), 334-372. — Bruce R. Reichenbach, *The Cosmological Argument: A Reassessment*, 1972. — R. R. N. Ross, *The Non-Existence of God: Linguistic Paradox in Tillich's Thought*, 1978. — R. Swinburne, *The Existence of God*, 1979. — J. P. Moreland, *Does God Exist? The Great Debate*, 1990. — T. Miethe, A. Flew, *Does God Exist?: A Believer and an Atheist Debate*, 1991. — A. Nichols, *A Grammar of Consent: the Existence of God in Christian Tradition*, 1991.

Sobre o conceito de Deus e as provas da existência de Deus em diferentes correntes, autores e comunidades: A. Mollard, *Le Dieu d'Israel*, 1933. — C. M. Rechenberg, *Die Entwicklung des Gottesbegriffes in der griechischen Philosophie*, 1872 (tese). — T. Pesch, *Der Gottesbegriff in der heidnischen Religion des Altertums*, 1885. — Adolfo Muñoz Alonso, *La trascendencia de Dios en la filosofia griega*, 1947. — G. M. Sciacca, *Gli dei in Protagora*, 1958. — R. Hack, *God in Greek Philosophy in the Time of Socrates*, 1931. — H. J. Rose, P. Chantraine, B. Snell *et al., La notion du divin depuis Homère jusqu'à Platon*, 1955 [Deus e o divino em Hesíodo, Homero, pré-socráticos, trágicos, Platão]. — P. Bovet, *Le Dieu de Platon d'après l'ordre chronologique des dialogues*, 1902. — Marcelino Legido López, *El problema de Dios en Platón: La teología del demiurgo*, 1963. — René Mugnier, *Le sens du mot* Θεῖος *chez Platon*, 1930 (tese). — J. van Camp e P. Canart, *Le sens du mot* Θεῖος *chez Platon*, 1956. — P. J. G. M. van Litsenburg, *God en het goddelike in de Dialogen van Plato*, 1955. — L. H. Grondjs, *La conception de Dieu*, 1965 [em Platão, Aristóteles, Plotino, Proclo, Damáscio] (ver também bibliografia de DEMIURGO). — A. Boehm, *Die Gottesidee bei Aristoteles auf ihrem religiösen Charakter untersucht*, 1914. — H. von Arnim, *Die Entstehung der Gotteslehre des Aristoteles*, 1931.

— A. Nolte, *Het Godsbegrip bij Aristoteles*, 1940. — Ambroglio Manno, *Il problema di Dio in Aristotele e nei suoi maggiori interpreti*, 1962. — R. Arnou, *Le désir de Dieu dans la philosophie de Plotin*, 1921. — Walter Hoeres, *Der Wille als reine Vollkommenheit nach Duns Scotus*, 1962. — H. Weertz, *Die Gotteslehre des Pseudo-Dyonisios Areop. und ihre Einwirkung auf Thomas von Aquin*, 1908. — Lucien Lévy-Bruhl, *Quid de Deo Seneca senserit*, 1884 (tese). — Johannes Hessen, *Die unmittelbare Gotteserkenntnis nach dem heiligen Augustinus*, 1919. — Id., *Der augustinische Gottesbeweis*, 1920. — G. L. Prestige, *God in Patristic Thought*, 1936; 2ª ed., 1952 (em particular sobre a patrística grega). — H. Crouzel, *Théologie de l'image de Dieu chez Origène*, 1956. — A. J. Wensinck, *Les preuves de l'existence de Dieu dans la théologie musulmane*, 1936. — S. Nierenstein, *The Problem of the Existence of God in Maimonides, Alanus, and Averroes*, 1924. — O. Jasniewicz, *Der Gottesbegriff und die Erkennbarkeit Gottes von Anselm von Canterbury zu René Descartes*, 1906. — G. Grünwald, *Geschichte der Gottesbeweise im Mittelalter bis zum Ausgang der Hochscholastik*, 1907. — Para outras obras sobre o argumento anselmiano (Daniels, Runze, Paschen, Essner, Barth, Lamm, Henrich), ver bibliografia do verbete ONTOLÓGICA (PROVA). — A. Koyré, *L'idée de Dieu dans la philosophie de Saint Anselme*, 1923. — E. Rolfes, *Die Gottesbeweise bei Thomas von Aquin und Aristoteles*, 1898. — A. Cappellazzi, *Qui est. Studio comparativo tra la seconda questione della somma teologica di Santo Tomasso e le conclusioni dei sistemi filosofici*, I, 1902. — S. Weber, *Der Gottesbeweis aus der Bewegung bei Thomas von Aquin auf seinem Wortlaut untersucht. Ein Beitrag zur Textkritik und Erklärung der* Summa Contra Gentiles, 1907. — Cl. Baeumker, *Witelo*, 1908 [Baeumker referese nesta edição e comentário do *De intelligentiis* atribuído a Witelo às provas tomistas e à crítica tomista do argumento anselmiano em diversos pontos]. — Robert D. Patterson, *The Conception of God in the Philosophy of S. T. Aquinas*, 1933. — W. Bryar, *St. Thomas and the Existence of God: Three Interpretations*, 1951 (sobre a prova pelo movimento). — Alexander M. Horváth, *Studien zum Gottesbegriff*, 1954 (2ª ed. de *Der thomistische Gottesbegriff*). — Thomas Bonhoeffer, *Die Gotteslehre des Thomas von Aquin als Sprachproblem*, 1961. — Anthony Kenny, *The Five Ways: St. Thomas Aquinas' Proof of God's Existence*, 1969. — Dennis Bonnette, *Aquinas' Proofs for God's Existence: St. Thomas Aquinas on "The Per Accidens Necessarily Implies the Per Se"*, 1972. — R. Bauer, *Gotteserkenntnis und Gottesbeweise bei Kardinal Kajetan*, 1955. — J. M. Rovira Belloso, *La visión de Dios según Enrique de Gante*, 1960. — S. Belmond, *Études sur la philosophie de Duns Scot. I. Dieu, existence et cognoscibilité*, 1931.

— J. Klein, *Der Gottesbegriff des Duns Scotus, vor allen nach seiner ethischen Seite betrachtet*, 1913. — F. P. Fackler, *Der Seinsbegriff in seiner Bedeutung für die Gotteserkenntnis bei Duns Scotus*, 1933 (tese). — F. Bettoni, *L'ascenso a Dio in Duns Scoto*, 1943. — F. Bruckmüller, *Die Gotteslehre, W. von Ockam*, 1911 (tese). — B. Nardi, *Il problema di Dio nella filosofia medioevale*, 1951. — B. Peters, *Der Gottesbegriff Meister Eckharts. Ein Beitrag zur Bestimmung der Methode der Eckharts-Interpretation*, 1936. — V. Lossky, *Théologie négative et connaissance de Dieu chez Maître Eckhart*, 1961. — F. Lamanna, *Il concetto di Dio nel pensiero di Pico della Mirandola*, 1930. — E. Namer, *Les aspects de Dieu dans la philosophie de Giordano Bruno*, 1926. — José Hellín, *La analogía del ser y del conocimiento de Dios en Suárez*, 1937. — A. Koyré, *L'idée de Dieu et les preuves de son existence chez Descartes*, 1923. — E. Albert Fraysse, *L'idée de Dieu dans Spinoza*, 1870. — E. E. Powell, *Spinozas Gottesbegriff*, 1899. — G. Huan, *Le Dieu de Spinoza*, 1870. — W. R. Brakel-Buys, *Het Godsbegrip bij Spinoza*, 1934. — P. Lachièze-Rey, *Les origines cartésiennes du Dieu de Spinoza*, 1934; 2ª ed., 1950. — Joseph Ratner, *Spinoza on God*, 1930. — G. Glöckner, *Der Gottesbegriff bei Leibniz*, 1906. — J. Iwanicky, *Leibniz et les preuves mathématiques de l'existence de Dieu*, 1933. — E. Rolland, *Le déterminisme monadique et le problème de Dieu dans la philosophie de Leibniz*, 1935. — Jacques Jelabert, *Le Dieu de Leibniz*, 1960. — M. Guéroult, *Berkeley. Quatre études sur la perception et sur Dieu*, 1956. — E. A. Sillem, *G. Berkeley and the Proofs for the Existence of God*, 1957. — P. Blanchard, *L'attention à Dieu selon Malebranche*, 1956. — T. Pesch, *Der Gottesbegriff in der heidnischen Religion der Neuzeit*, 1888. — Walter Schulz, *Der Gott der neuzeitlichen Metaphysik*, 1957 (de Nicolau de Cusa a Nietzsche). — Kumetaro Sasao, *Prolegomena zur Bestimmung des Gottesbegriffes bei Kant*, 1900. — Julius Guttmann, *Kants Gottesbegriffe in seiner positiven Entwicklung*, 1906. — F. Lienhard, *Die Gottesidee in Kants Opus postumum*, 1923. — F. E. England, *Kant's Conception of God: A Critical Exposition of Its Metaphysical Development Together with a Translation of the* Nova Dilucidatio, 1929; reimp. 1968. — R. W. Stine, *The Doctrine of God in the Philosophy of Fichte*, 1945. — K. Domke, *Das Problem der metaphysischen Gottesbeweise in der Philosophie Hegels*, 1940. — G. Dulckheit, *Die Idee Gottes im Geiste der Philosophie Hegels*, 1947. — W. Ogiermann, *Hegels Gottesbegriff*, 1948. — E. Schmidt, *Hegels Lehre von Gott. Eine kritische Darstellung*, 1952. — Wolfgang Albrecht, *Hegels Gottesbeweis. Eine Studie zur* Wissenschaft der Logik, 1958. — Francesco Petrini, *L'idea di Dio in Hegel*, 1976. — M. Wentscher, *Lotzes Gottesbegriff*, 1893. —

A. Darligne, *L'idée de Dieu dans le néocriticisme*, 1910 (tese). — Adrian J. Boekraad e Henry Tristam, *The Argument from Conscience to the Existence of God according to J. H. Newman*, 1961 [cap. IV contém ed. do texto, até então inédito, de Newman sobre o problema abordado]. — E. Seiterich, *Die Gottesbeweise bei Franz Brentano*, 1936. — Edward A. Jarvis, *The Conception of God in the Later Royce*, 1975. — R. Rideau, *Le Dieu de Bergson*, 1932. — M. T. L. Penido, *Dieu dans le bergsonisme*, 1934. — William A. Smith, *Giovanni Gentile on the Existence of God*, 1969. — Sabastián A. Matczak, *Karl Barth on God: The Knowledge of the Divine Existence*, 1962. — G. Th. Baskfield, *The Idea of God in British and American Personal Idealism*, 1933. — A. Seth (Pringle-Pattison), *The Idea of God in the Light of Recent Philosophy*, 1917 [Gifford Lectures 1912-1913]; 2ª ed., 1920. — P. A. Bertocci, *The Empirical Argument of God in Late British Thought*, 1938 (sobre Martineau, Pringle-Pattison, J. Ward, W. R. Sorley, Frederick de Tennant). — R. Jolivet, *Études sur le problème de Dieu dans la philosophie contemporaine*, 1923. — M. F. Sciacca, *Il problema di Dio e della religione nella filosofia attuale*, 1944; 2ª ed., revisada e ampliada, 1946. — James Collins, *God in Modern Philosophy*, 1959. — A. C. Cochrane, *The Existentialists and God*, 1956 (em Kierkegaard, Jaspers, Heidegger, Sartre, Tillich, Gilson, K. Barth). — A. González Martínez, *El tema de Dios en la filosofía existencial*, 1945. — H. Paissac, *Le Dieu de Sartre*, 1950. — G. Saitta, *Il problema di Dio e la filosofia dell'immanenza*, 1953 (imanentismo neo-atualista). — Q. Huonder, *Die Gottesbeweise. Geschichte und Schicksal*, 1968. — A. Kenny, *The Five Ways: Saint Thomas Aquinas' Proofs of God's Existence*, 1969. — F. Petrini, *L'idea di Dio in Hegel*. I. Stoccarda e Tubinga, 1976. — F. v. Steenberghen, *Le problème de l'existence de Dieu dans les écrits de Saint Thomas d'Aquin*, 1980. — Q. Lauer, *Hegel's Concept of God*, 1982. — D. M. Orange, *Peirce's Conception of God*, 1984. — G. Kovacs, *The Question of God in Heidegger's Phenomenology*, 1990. — G. F. O'Hanlon, *The Immutability of God in the Theology of Hans Urs v. Balthasar*, 1990. C

DEUS (MORTE DE). Em *Assim falou Zaratustra* (Prólogo, 2), Nietzsche descreve Zaratustra chegando aos bosques onde encontra um velho eremita "que abandonara sua santa choupana para buscar raízes no bosque". "E que faz o Santo no bosque?", perguntou Zaratustra. / O Santo respondeu: "Faço canções e as canto, e, ao fazê-las, rio, choro e grunho; assim louvo a Deus. / Cantando, chorando, rindo e grunhindo louvo ao Deus que é meu Deus. Mas que presente tu nos trazes?" / Ao ouvir essas palavras, Zaratustra saudou o Santo e disse: "O que eu poderia dar a vós?! Mas deixai-me partir depressa, para que não vos tire nada!" E assim se separaram, o ancião e o homem, rindo como riem as crianças. / Porém, quando ficou sozinho, Zaratustra assim disse a seu coração: "Será possível?! Esse velho Santo em seu bosque não ouviu ainda nada de que *Deus morreu*?!".

Na Parte IV ("Aposentado") da mesma obra, um Papa aposentado procura o mesmo eremita que Zaratustra encontrara: "Eu buscava o último homem piedoso, um santo e um eremita, que, sozinho em seu bosque, não tivesse ainda ouvido nada daquilo que hoje todo mundo sabe". / "O que todo mundo sabe hoje?" — perguntou Zaratustra. "Acaso que já não vive o velho Deus em quem todo mundo acreditava em outra época?" / "Tu o disseste" — respondeu o ancião contristado. "E eu servi esse velho Deus até seu último momento".

Essas duas passagens destacam-se sobre um fundo no qual ressoa com freqüência o tema da "morte de Deus". Na obra que precedeu *Assim falou Zaratustra*, *A Gaia Ciência* (*Die fröhliche Wissenschaft*), Nietzsche oferecera já na parábola do louco (*der tolle Mensch*) a idéia de uma busca infrutífera de Deus. O louco estava no mercado público com uma lanterna, como Diógenes, gritando sem parar: "Estou buscando a Deus!" As pessoas não o entendiam, ou, quando julgavam entendê-lo, riam: "Será que Deus se extraviou? Estará escondido em algum lugar? Estará viajando?" Mas o louco respondeu-lhes: "Eu vos direi onde está Deus. *Nós o matamos*; vós e eu. Somos todos seus assassinos". E depois, de uma nova tirada: "Deus morreu! Deus continua morto! E nós o matamos!" Mas as pessoas continuavam sem entender do que ele falava, motivo pelo qual o louco lhes disse que chegara prematuramente; a morte de Deus é um fato que ainda está acontecendo.

Interpretar essas passagens como manifestações de ateísmo — ou, pelo menos, do ateísmo que se difundira em diversos meios intelectuais no século XIX — seria uma simplificação do pensamento de Nietzsche. O ateu afirma que Deus não existe. Nietzsche proclama que ele morreu (ou que foi "assassinado" por nós). Antes de morrer, Deus estava, pois, vivo. Como não se podem interpretar 'morto' e 'assassinado' em sentido literal, deve-se supor que têm um sentido metafórico. Deus morreu cultural ou "espiritualmente" quando os homens deixaram de crer Nele, mesmo que alguns continuem agindo como se cressem. Isto tem um alcance maior do que poderia ter o abandono de muitas outras crenças; ao deixar de crer em Deus, os homens feriram mortalmente um sistema de valores. A morte de Deus é a expressão máxima do niilismo — um niilismo, além disso, sem o qual não poderia ocorrer "a transmutação de todos os valores" ou "transvaloração".

Nietzsche expressa um ponto culminante no processo de desdivinização, descristianização e secularização do mundo moderno europeu que foi objeto de investigações históricas detalhadas, particularmente centradas na França e nos modos como em várias regiões e períodos se enfrentou a idéia da morte, desde a antecipadora obra de Bernhard Groethuysen, *Die Entstehung der bürgerlichen Welt- und Lebensanschauung in Frankreich*, 1927-1930, até a síntese de Philippe Ariès, *Les attitudes occidentales devant la mort dès le moyen âge jusqu'au présent*, 1970, e a monografia de Michel Vovelle, *Piété baroque et déchristianisation en Provence au XVIIIe siècle. Les attitudes devant la mort d'après les clauses des testaments*, 1973. Parece depreender-se a partir desses estudos que a morte de Deus é, como dizia Nietzsche, um "processo", ainda que um processo em dois sentidos: no sentido de ser um acontecimento e no de um "julgamento" a que os "modernos" submeteram Deus.

Entre outros reflexos do tema da "morte de Deus", destaca-se o proporcionado pela "teologia sem Deus" ou "teologia radical", tal como foi desenvolvida por Thomas J. J. Altizer, Paul M. van Buren, William Hamilton, Herbert Braun, Helmut Gollwitzer, Dorothee Stölle e outros autores. Estes diferem consideravelmente entre si: alguns são mais "radicais" que outros; alguns se interessam pelos aspectos "práticos" e outros pelos aspectos "teóricos" da questão. Além disso, cada um usa métodos próprios e estabelece conclusões distintas. Assim, por exemplo, van Buren dedicou-se a um exame lingüístico, influenciado pelo positivismo lógico e pelo "último Wittgenstein" — do qual, além disso, aproximou-se excessivamente —, do qual deriva a idéia de que a palavra 'Deus' carece de significado. Isso lhe permite destacar os elementos não-cognoscitivos da teologia cristã e enfatizar "o significado secular do Evangelho". Altizer — que vincula seu pensamento ao de Nietzsche, a quem chama "um cristão radical" — rompe com a tradição das Escrituras, o que o leva a procurar restabelecer uma "comunidade da fé" independente da tradição e em consonância com a situação do homem atual, que perdeu (e "assassinou") Deus. Entretanto, todos esses autores concordam em vários pontos, sendo o principal deles a formulação dos problemas da teologia sem que se traia a realidade do homem atual, em cuja vida Deus já não está presente. Qualquer outra forma de teologia seria, na opinião desses autores, ou a continuação de uma tradição estéril ou, como o foi a extensa "Dogmática eclesiástica" de Karl Barth, uma ruptura com a situação presente. A teologia sem Deus visa exprimir, pois, uma situação real, sem paliativos, e manifestar o que Paul Tillich, considerado às vezes um precursor dos teólogos radicais, denominava "a coragem de ser".

Aqueles que se opõem à teologia sem Deus adotam pontos de vista muito diversos. Alguns adotam pontos de vista mais ou menos "tradicionais" (especialmente da tradição das Escrituras e de sua interpretação "eclesiástica"). Outros sustentam que uma teologia sem Deus não tem sentido e que, se Deus morreu, o melhor é simplesmente abandonar toda teologia, incluindo a teologia "radical". Outros ainda afirmam que "Deus não morreu", ou que, em todo caso, não morreu "o espírito religioso" — sobre isso muitos "teólogos radicais" sem dúvida estariam de acordo — e que só morreu a "institucionalização de Deus" ou das crenças religiosas.

⊃ Entre as obras de vários dos autores mencionados, figuram: Thomas J. J. Altizer, *Truth, Myth, and Symbol*, 1959. — *Id.*, *The Gospel of Christian Atheism*, 1966. — Paul M. van Buren, *The Secular Meaning of the Gospel*, 1963. — William Hamilton, *The Christian Man*, 1961. — *Id.*, *The New Essence of Christianity*, 1961. — Dorothee Stölle, *Stellvertretung. Ein Kapitel Theologie nach dem "Todes Gottes"*, 1965. — Thomas J. J. Altizer e William Hamilton, *Radical Theology and the Death of God*, 1966.

Ver, além disso: Eugen Biser, *"Gott ist tot". Nietzsches Destruktion des christlichen Bewusstseins*, 1962. — Georg Siegmund, *Nietzsches Kunde vom "Tode Gottes"*, 1964. — Ved Mehta, *The New Theologian*, 1966 (originariamente publicado como série de artigos em *The New Yorker*, 13, 20 e 27 de novembro de 1965). — Thomas W. Ogletree, *The Death of God Controversy*, 1966 (sobre Altizer, Hamilton e van Buren, com bibliografia, pp. 123-127). — Odette Laffoucrière, *Le destin de la pensée et la "mort de Dieu" selon Heidegger*, 1968. — Victoria Camps, *Los teólogos de la muerte de Dios*, 1969. — Peter Köster, *Der sterbliche Gott. Nietzsches Entwurf übermenschlicher Grösse*, 1972. — Jacques J. Natanson, *La mort de Dieu. Essai sur l'athéisme moderne*, 1975. ⊂

DEUS (PROVAS DA EXISTÊNCIA DE). Ver Cosmológica (Prova); Desígnio (Prova pelo); Deus; Físicoteologia; Ontológica (Prova); Teleológica (Prova).

DEUSSEN, PAUL (1845-1919). Nascido em Oberdreis (Westerwald), professor a partir de 1887 em Berlim e a partir de 1889 em Kiel, foi entusiasta partidário de Schopenhauer e fundou para seu estudo a Schopenhauer-Gesellschaft. O pensamento de Deussen pode ser caracterizado como um esforço para encontrar o fundamento comum de todas as religiões à luz da filosofia (schopenhaueriana). Embora no princípio a união de filosofia e religião significasse em Deussen a da citada filosofia com a religião cristã, seus estudos das filosofias e das religiões orientais, particularmente das hindus, levaram-no à convicção da identidade fundamental de todas as intuições religiosas. A concepção de Deus como entidade que está além de todo o pessoal mas continua sendo (e é sobretudo) uma realidade viva se impôs a Deussen como uma verdade evidente. Deussen distinguiu-se por sua história da filosofia, na qual acentuou os motivos religiosos e em especial os do pensamento hindu.

⇨ Obras: *Die Elemente der Metaphysik*, 1877. — *Das System der Vedanta*, 1883. — *Der kategorische Imperativ*, 1891. — *Allgemeine Geschichte der Philosophie, mit besonderer Berücksichtigung der Religionen*, 6 vols., 1894-1917 (História geral da filosofia, com especial consideração das religiões. Os três primeiros volumes são dedicados à filosofia indiana). — *J. Böhme*, 1897. — *Erinnerungen an F. Nietzsche*, 1901 (Recordações de Nietzsche). — *Erinnerungen an Indien*, 1904 (Recordações da Índia). — *Die Geheimlehre des Veda*, 1907-1909 (A doutrina secreta dos Vedas). — Deussen traduziu fragmentos dos Upanixades e editou as obras de Schopenhauer, 16 vols., 1911-1942.

Autobiografia: *Mein Leben*, 1922.

Ver: R. Biernatzki, *Kant und die höchsten Güter der Religion nach P. Deussen*, 1926. — H. Rollmann, "D., Nietzsche, and Vedanta", *Journal of the History of Ideas*, 39 (1978), 125-132. — H. G. Ingenkamp, "Der Platonismus in Schopenhauers Erkenntnistheorie und Metaphysik", *Schopenhauer-Jahrbuch*, 72 (1991), 45-66. ⊂

DEÚSTUA, ALEJANDRO (1849-1945). Nascido em Huancayo (Junin, Peru), lecionou na Universidade de São Marcos, em Lima. Partindo de uma crítica do intelectualismo, no qual incluiu tanto o aristotelismo como o ecletismo e o positivismo, Deústua começou defendendo uma posição voluntarista inspirada originariamente em Krause e parcialmente em Wundt, e uma filosofia da liberdade criadora, que, iniciada na estética, foi complementada pela influência de Bergson em outras disciplinas. Deústua assinalou no início que a liberdade é o princípio de toda estética, mas ampliou depois essa idéia afirmando que há uma ordem ou harmonia (que é liberdade estática) e um impulso criador (que é liberdade dinâmica). Essas duas liberdades se contrapõem, mas no decorrer dessa contraposição obtém o primado a liberdade dinâmica ou criadora, da qual se deriva todo o estético. O pensamento de Deústua culminou numa filosofia prática, na qual a própria liberdade constitui o fundamento de todos os valores — antes de tudo, dos valores morais.

Os escritos e especialmente o magistério universitário de Deústua exerceram grande influência na evolução filosófica peruana. Todo o movimento filosófico nesse país lhe deve, direta ou indiretamente, grande parte de seu dinamismo. Mencionaremos alguns pensadores que se destacaram posteriormente: Mariano Iberico Rodríguez (VER); Honorio Delgado (VER); Francisco García Calderón (1883-1953), que trabalhou especialmente no domínio sociológico; Julio Chiriboga (nasc. 1896), que se voltou de início para o bergsonismo, depois para o neokantismo da escola de Baden e, por fim, para o realismo de N. Hartmann, reunindo em torno de si um grupo de discípulos da geração filosófica mais recente; José de la Riva Agaero (1885-1944), que se dedicou à filosofia do Direito no quadro de um voluntarismo idealista (*Concepto del Derecho; ensayo de filosofía jurídica*, 1912); Juan Bautista de Lavalle (nasc. 1887), influenciado por Kelsen (*La crisis contemporánea de la filosofía del Derecho*, 1916; *Filosofía del Derecho y docencia jurídica*, 1939); José León Barandiarán (nasc. 1909), também filósofo do Direito (*Estudios de filosofía del Derecho*, 1929; *El derecho y el arte*, 1940); Oscar Miró Quesada (nasc. 1884), que se destacou na filosofia da ciência. Entre os pensadores de gerações mais recentes podem-se mencionar Enrique Barboza (nasc. 1903), que se ocupou da fenomenologia depois de ter estudado criticamente o atualismo italiano (*Ensayos de filosofía actualista*, 1931; *Ética*, 1936; *Psicología del artista*, 1940); Carlos Cueto Fernandini (nasc. 1913), que estudou o problema da intencionalidade (*El naturalismo frente a la fenomenología*, 1938; *Baltasar Gracián y la idea del hombre*, 1949); Luis Felipe Alarco (nasc. 1913), que se interessou pelo pensamento de N. Hartmann e pelos problemas ontológicos formais (*N. Hartmann y la idea de la metafísica*, 1943; *Lecciones de metafísica*, 1947; *Ensayos de filosofía prima*, 1951); Manuel Argüelles (nasc. 1904), que se dedicou à filosofia de Eucken (*El neoidealismo en Eucken*, 1929) e à fenomenologia e à psicologia individual de Adler; A. Salazar; Francisco Miró Quesada (VER); Augusto Salazar Bondy (VER), Walter Peñaloza (nasc. 1920), que se ocupou da história do conhecimento entre os gregos (*La evolución del conocimiento helénico: Eleatismo-Ylozoísmo*, 1946); Nelly Festini (nasc. 1921: *La imaginación en la teoría kantiana del conocimiento*, 1948); Gustavo Saco (*Pensamiento espontáneo y pensamiento reflexivo*, 1946). Além dos autores citados, devem-se levar em conta aqueles que se destacaram na Universidade Católica; mencionamos seu vice-reitor Víctor Andrés Belaúnde (VER); Alberto Wagner de Reyna (VER); o P. Luis Lituma (nasc. 1908); Mario Alzamora Valdez (nasc. 1909) — estes dois últimos de orientação neotomista; Carlos Rodríguez; Jorge del Busto (*La filosofía de O. Spengler*, 1942); Gabriel Martínez del Solar (*La intencionalidad: una relación entre Brentano y Tomás de Aquino*, 1944). Também se destacaram em filosofia vários professores da Universidade de Arequipa, entre eles Antenor Orrego (nasc. 1897: *El monólogo eterno*, 1929; *El pueblo continente*, 1939) e César Guardia Mayorga (1906-1983: *Léxico filosófico*, 1941; *Filosofía y ciencia*, 1948).

⇨ Obras: "Las ideas de orden y libertad en la historia del pensamiento humano", *Revista Universitaria*, Lima, 1917-1922; reimpresso como livro, 2 vols., 1919-1922. — *Estética general*, 1923. — *Estética aplicada: Lo bello en la naturaleza*, 1929. — *Estética aplicada. Lo bello en el arte: a arquitectura*, 1932. — *Estética aplicada. Lo bello en el arte: escultura, pintura, música*, 1955. — *Los sistemas de moral*, 2 vols., 1938-1940. — *La esté-*

tica de *José Vasconcelos*, 1939. — *Ensayos escogidos de filosofía y educación nacional*, 1967.
Bibliografia: *Bibliografía de las obras del doctor don Alejandro O. Deústua*, 1939, por G. Ariozola Tirado, Hermann Buse de la Guerra, A. Dapelo, M. Laberthe, M. Lugo, W. Peñaloza.
Ver: J. Chiriboga, "Deústua y la filosofía de los valores", *Letras* [Lima], n. 13 (1939), 179-191. — M. Iberico, "La obra filosófica de don Alejandro O. Deústua", *Letras* [Lima], n. 13 (1939), 145-160. — F. Romero, *La filosofía en América*, 1954. — J. Himmelblau, *A. O. D.: Philosophy in Defense of Man*, 1979. — H. E. Davis, "A. D. (1849-1945): His Critique of the Esthetics of José Vasconcelos", *International Philosophical Quarterly*, 24 (1984), 69-78. — U. Vetter, "A. O. D. Der 'neue Idealismus' in Lateinamerika zu Beginn des 20. Jahrhunderts", *Deutsche Zeitschrift für Philosophie*, 35 (1987), 548-554. ⊖

DEVER. Como indicamos em OBRIGAÇÃO (VER), 'dever' e 'obrigação' são freqüentemente usados como sinônimos. Alguém deve algo quando está obrigado a (fazer) algo. O que obriga pode ser uma lei, uma norma ou uma regra; uma série de prescrições correspondentes a um cargo ou a um "ofício" (*officium* = 'dever'); um compromisso assumido etc.

A noção geral de "dever" abrange todo tipo de deveres e, portanto, também o chamado "dever moral". Entretanto, distinguiu-se com freqüência os "deveres" do "dever (moral)". Os deveres podem ser especificados de acordo com o objeto do dever: deveres para com Deus, para com a natureza, para com o Estado, a família, os pais, os amigos, a profissão, o cargo etc. Supõe-se, em contrapartida, que o dever moral é absoluto e, portanto, não pode ser especificado: o dever é, simplesmente, o dever.

Essa distinção tem um inconveniente: o de que o chamado "dever moral" parece não ter nenhum conteúdo. Para evitar esse problema, propuseram-se várias soluções: o dever moral é o que há de comum em todos os deveres; o dever moral é o mais elevado em qualquer série de deveres etc.

A noção de dever desempenha um papel central na filosofia prática de Kant, que é em boa parte a fonte da distinção entre os deveres (particulares) e o dever moral (absoluto). Os deveres particulares não são necessariamente não-morais, ou "amorais". Contudo, a moralidade desses deveres é uma moralidade do tipo "material". Entende-se por 'material' qualquer princípio que não seja o próprio imperativo categórico. Assim, fundar o dever em Deus ou fundá-lo na norma de viver de acordo com a natureza é dar uma fundamentação "material" (não autônoma) ao dever. Para a moral formal que Kant propõe, o dever não se deduz de nenhum "bem" (Deus, a natureza, a sociedade etc.), por mais elevado que seja considerado. De acordo com Kant, o dever — "esse grande e sublime nome" — é a forma da obrigação moral. Dessa maneira, a moralidade tem lugar somente quando a ação é realizada por respeito ao dever e não apenas em cumprimento do dever. Isso equivale a uma identificação do dever com o soberano bem. Como diz Kant na *Fundamentação da metafísica dos costumes*, o dever é a *necessidade* de agir por puro respeito à lei, a necessidade *objetiva* de atuar a partir da obrigação, isto é, a matéria da obrigação. Em suma, se as máximas (ver MÁXIMA) dos seres racionais não coincidem por sua própria natureza com o princípio objetivo do agir segundo a lei universal (VER), isto é, de modo que a vontade possa ao mesmo tempo considerar-se a si mesma como se suas máximas fossem leis universais (ver IMPERATIVO), a necessidade de agir de acordo com esse princípio é a necessidade prática ou dever. O dever não se aplica, certamente, ao soberano no reino dos fins, mas se aplica a cada um de seus membros. A "força" residente na idéia do dever se manifesta vivamente, conforme escreve Kant na *Crítica da razão prática*, no verso de Juvenal — *Et propter vitam vivendi perdere causas* —, que mostra que, quando se introduz algo de auto-estima na ação, a pureza de seus motivos é maculada. Ora, Kant não nega que seja às vezes necessário o auxílio da sensibilidade, de modo que em certas ocasiões é preferível fazer com que esta intervenha a preterir toda ação em louvor à pura santidade do dever. Os tão criticados rigorismo e formalismo da ética de Kant não chegam a conseqüências tão extremadas que impeçam o filósofo de observar que podem ocorrer casos nos quais "o melhor é inimigo do bom"; crer o contrário é correr o risco de paralisar a ação moral.

Na ética apriórica material (Max Scheler), o dever é a expressão do domínio exercido sobre a consciência moral por certo número de valores. Esse domínio se exprime quase sempre de forma negativa. No entanto, pode-se admitir que também a intuição dos valores, e em especial dos valores supremos, produz em certos casos na consciência do dever, da realização e do cumprimento do valioso.

⊃ Ver: A. Aall, *Macht und Pflicht*, 1902. — G. Franceschini, *Il dovere*, 1906. — Max Küenburg, *Der Begriff der Pflicht in Kants vorkritischen Schriften*, 1927. — René Le Senne, *Le devoir*, 1930. — Hans Reiner, *Pflicht und Neigung*, 1949.

Sobre o dever ser (VER): A. Kitz, *Sein und Sollen*, 1864. — K. Wolff, *Grundlehre des Sollens, zugleich eine Theorie der Rechtserkenntnis*, 1924. — U. Wolf, *Das Problem des moralischen Sollens*, 1984.

Sobre a lógica dos imperativos, ver IMPERATIVO. ⊖

DEVER SER. Tratamos no verbete 'É'-'DEVE' do problema de saber se se podem inferir enunciados em que figura '...é...' de enunciados, ou expressões, em que figura '...deve...'. Esse problema é examinado às vezes considerando-se os conceitos de "ser" e de "dever ser".

Outras vezes, avalia-se que as questões suscitadas por 'é'-'deve' são paralelas — mas não exatamente coincidentes — às questões suscitadas por 'ser-dever ser'. Nas primeiras, atenta-se para, ou começa-se por considerar sobretudo, o aspecto lingüístico — que transparece também na comparação e na contraposição entre linguagem descritiva (ou indicativa) e linguagem prescritiva —, para passar eventualmente a aspectos não estritamente, ou exclusivamente, lingüísticos. Nas segundas, atenta-se para, ou começa-se por considerar sobretudo, o aspecto filosófico geral, ou "metafísico", passando-se oportunamente a aspectos lingüísticos. Enfim, esses aspectos podem coincidir, mas continua havendo diferenças de enfoque. O enfoque habitual do chamado "problema 'é'-'deve'" tem sua origem em modos de pensar cultivados pela filosofia analítica. O enfoque mais comum do chamado problema "ser-dever" tem suas origens em vários modos, não estritamente, ou necessariamente, analíticos, de pensar.

Por 'ser' entende-se algo existente, ou o fato de que algo tenha esta ou aquela propriedade, que esteja nesta ou naquela condição ou situação etc. Não é preciso que esse ser pertença à ordem natural, embora seja freqüente que, quando se fala de ser, ao contrário do, ou em contraposição ao, dever ser, entenda-se por ele alguma realidade natural, e até, simplesmente, a chamada "Natureza". Por 'dever ser' entende-se que algo que não é (seja uma entidade, uma propriedade etc.) "tenha de ser", não porque seja necessário que seja em virtude de algum encadeamento causal, mas porque é desejável que seja por ser melhor, para atender requisitos de alguma lei moral etc. O dever ser exprime algum imperativo, e, embora haja diferença entre imperativos e avaliações, o comum é que a avaliação acarrete um imperativo: se uma porta está aberta, o imperativo "Feche a porta" é diferente do juízo de valor "É melhor (preferível) que a porta fique fechada"; porém, se se avalia que é melhor que a porta fique fechada, é normal supor que se deva fechar a porta em vez de continuar mantendo-a aberta. Quando o dever ser não tem restrições — como em "Deve-se fechar a porta porque assim passará menos ar" —, ou quando as restrições são reduzidas a um mínimo, ele tende a se aproximar e, em última análise, a se identificar com alguma ordem moral. Tradicionalmente, o ser (natural) se contrapôs ao dever ser (moral). Por isso, definiu-se amiúde o dever ser como originado na vontade moral.

Esta última tese foi desenvolvida por Kant. Esse autor define o dever ser como um ditame de caráter inteligível e como o querer necessário que um membro de um mundo inteligível expressa. Hermann Cohen chega até mesmo a identificar o ser do dever ser com o ser da vontade. Outros autores (Simmel, por exemplo) consideram o dever ser como uma das categorias da moralidade. Trata-se, no seu caso, de uma categoria formal que não prejulga nada com respeito a seu conteúdo nem mesmo com respeito ao sujeito que quer. Outras morais assumem pontos de vista menos formais. Para uma ética material, o dever ser baseia-se no que se define como o bem. Para uma ética dos valores, como a de N. Hartmann, o dever ser não surge de um sujeito que quer, mas é um imperativo ideal. De resto, esta é, segundo N. Hartmann, a diferença entre o dever fazer e o dever ser: o dever fazer reside no sujeito; o dever ser, num mundo axiológico. O dever fazer está condicionado pelo dever ser. Isso, porém, não significa que cada vez que haja um dever ser a ele deva suceder necessariamente um dever fazer, isto é, um dever fazer algo para que o ser seja marcado pelo dever ser. Em todo caso, o dever ser se impõe ao dever fazer quando o primeiro é positivo, mas não quando é ideal.

Os problemas relacionados à origem do dever são análogos aos que se formulam com respeito à consciência moral (VER) e ao sentido moral (VER). Com efeito, pode-se conceber o dever ser como tendo uma origem mediata (na sociedade, por exemplo) ou imediata (por exemplo, na intimidade do indivíduo); adquirida (na sociedade, na história, nas leis divinas etc.) ou inata (descoberta por simples inspeção dos fundamentos do sujeito moral); incondicionada (ou absoluta e universal) ou condicionada (pela natureza, pela psicologia individual, pela sociedade, pelo momento histórico etc.); categórica (ou válida absolutamente) ou hipotética (ou válida somente dadas certas condições). É evidente que a tese adotada a esse respeito depende do tipo de moral sustentado: formal ou material, autônoma ou heterônoma, fundada numa realidade ou no reino dos valores etc. É claro também que em muitas morais se combinam as teses anteriores e que a concepção do dever ser como adquirido se combina com sua concepção como condicionado e hipotético.

Dizíamos antes que a ontologia do dever ser tem seu paralelo lingüístico na chamada "linguagem prescritiva". Com efeito, essa linguagem não indica o que é nem descreve nenhuma espécie de realidade; ela assinala o que convém fazer ou tendo em vista a um fim determinado ou de acordo com a lei moral universal. Ora, assim como a linguagem prescritiva está relacionada com a linguagem indicativa, o reino do dever ser não pode ser concebido como inteiramente separado do reino do ser. O mesmo ocorre na relação da linguagem prescritiva e do reino do dever ser com outras linguagens e outros reinos da realidade. Por exemplo, as relações da linguagem prescritiva com a linguagem valorativa têm seu paralelo nas relações entre o reino do dever ser e o reino do valor. Em suma, o entrecruzamento das linguagens apresenta as mesmas dificuldades do entrecruzamento do reino do dever ser com os outros reinos do real.

Distingue-se às vezes entre o "dever ser" do "dever fazer". O primeiro diz respeito a algo que não "é", mas "deve"; assim, por exemplo, um homem pode ser egoísta, mas isso não significa que deva sê-lo. O segundo refere-se àquilo que alguém deve realizar para cumprir alguma norma que é concebida como expressão do que "deve ser". Nem sempre é fácil distinguir o 'dever ser' do 'dever fazer', pois freqüentemente se julga que o que deve ser deve sê-lo em virtude de que se devem fazer estas ou aquelas coisas, ou executar estes ou aqueles atos, para cumpri-lo. Em todo caso, parece inadequado admitir um dever ser sem admitir ao mesmo tempo um dever fazer, isto é, o fato de que se deva fazer algo para um fim. Por outro lado, o sentido de 'dever ser' e o de 'dever fazer' não coincidem, já que é possível conceber que algo deve ser desta ou daquela maneira sem que seja necessário postular um "dever fazer", isto é, um dever fazer algo para consegui-lo.

⊃ Para as idéias de Kant, na *Crítica da razão prática* e na *Fundamentação da metafísica dos costumes*. As de H. Cohen, em *Kritik des reinen Willens*. Para Simmel, ver seu *Einleitung in die Moralwissenschaft*. Para N. Hartmann, seu *Ethik* (datas das edições nas bibliografias dos verbetes sobre os respectivos autores).

Sobre ser e dever ser: A. Kitz, *Sein und Sollen*, 1864. — Sobre a lógica do dever ser: E. Mally, *Grundgesetze des Sollens. Elemente der Logik des Willens*, 1926. — M. White, *What Is and What Ought to Be Done: An Essay on Ethics and Epistemology*, 1981. — Ver também a bibliografia de Imperativo.

Ver bibliografia de 'É'-'Deve'. ⊂

DEVIR. A significação do termo "devir" não é unívoca. É usado às vezes como sinônimo de 'tornar-se'; às vezes, é considerado o equivalente de 'vir a ser'; às vezes, é empregado para designar de um modo geral o mudar ou o mover-se (que, além disso, costumam ser expressos por meio do uso dos substantivos correspondentes: 'mudança' e 'movimento'). Nessa multiplicidade de significações parece haver, contudo, um núcleo significativo invariável no vocábulo 'devir': é o que destaca o processo do ser, ou, se se quiser, o ser *como processo*. Por isso, é habitual que se contraponha o devir ao ser num sentido análogo a como no vocabulário tradicional se contrapôs o *in fieri* ao *esse*; em que *in fieri* exprime, a rigor, o fato de *estar se fazendo*.

Escolhemos aqui o vocábulo 'devir' porque nos parece apropriado para discutir da forma *mais geral* possível as questões fundamentais implicadas em toda operação na qual se produz mudança. Poder-se-ia ter escolhido para o mesmo propósito o termo 'mudança'. Contudo, como veremos adiante, convém usar esse termo num sentido mais restrito do que aquele que corresponde a 'devir', a fim de que possamos distingui-lo do termo 'movimento' (ver). O vocábulo 'devir' oferece várias vantagens; enumeraremos duas delas. A primeira é o fato de ser capaz de designar todas as formas do tornar-se, do vir a ser, do modificar-se, do acontecer, do passar, do mover-se etc. A segunda é o fato de ser suscetível de assumir um sentido mais propriamente filosófico que outros vocábulos, em parte porque sua significação se mostra mais natural que a dos outros. O problema do devir é um dos problemas capitais da especulação filosófica. Isso é observado já no pensamento grego, que se propôs a questão do devir em estreito vínculo com a questão do ser (ver). Com efeito, esse pensamento surgiu em grande parte como um assombro diante do fato da mudança das coisas e como a necessidade de encontrar um princípio que pudesse explicar isso. O devir como tal se revelava inapreensível para a razão; por isso, era preciso descobrir a existência de um *ser* que *devém*. A isso tendiam já os filósofos jônicos. Seu ἀρχή, ou princípio da realidade, tinha como uma de suas características o fato de ser uma entidade que subjaz a toda mudança e que explica, juntamente com a mudança, a multiplicidade das coisas. É até possível dizer que os principais tipos de filosofia pré-socrática podem ser descritos com base nas correspondentes concepções mantidas por seus representantes sobre o problema do devir. Assim, os jônicos buscaram, como indicamos, o que permanece dentro do que devém, e julgaram encontrá-lo numa substância material. Os pitagóricos fizeram o mesmo, mas pensaram encontrar o princípio do devir e do múltiplo numa realidade ideal: as relações matemáticas. Heráclito fez do próprio devir, do γίγνεσθαι, o princípio da realidade, introduzindo no pensamento filosófico, com isso, uma virada que foi às vezes considerada "heterodoxa"; é preciso observar, contudo, que o devir em Heráclito, embora seja um puro fluir, está submetido a uma lei: a da "medida", que regula o incessante iluminar-se e extinguir-se dos mundos. Parmênides e os eleatas (ver) adotaram a esse respeito uma posição oposta à de Heráclito: como a razão não alcança o devir, eles afirmaram que a realidade que devém é puramente aparente; o ser verdadeiro é imóvel — diante do "tudo flui" de Heráclito, os eleatas proclamaram, pois, o "tudo permanece". Os pluralistas procuraram estabelecer um compromisso entre essas duas posições. Alguns — como Empédocles e Anaxágoras — admitiram a existência de várias substâncias (as de Empédocles, em quantidade limitada; as de Anaxágoras, em quantidade ilimitada) que não devêm, mas cujas combinações permitem explicar o fato do devir. No mesmo sentido desenvolveu-se o atomismo de Demócrito; porém, enquanto Empédocles e Anaxágoras entenderam o devir num sentido qualitativo (devir é mudar de qualidades), Demócrito entendeu-o num sentido quantitativo (devir é deslocamento de átomos em si mesmos invariáveis, sobre um fundo de não ser ou extensão indeterminada). Observemos a esse respeito que essa diferença entre o qualitativo e o quantitativo no devir mostrou-se fundamental na filosofia. Alguns autores chegam a indicar que o defeito da filosofia democritiana consiste em "reduzir" o devir como devir qualitativo (que se pode chamar "mudança") ao devir como devir quantitativo (que pode ser qualificado de "movimento"). Outros autores rejeitam essa acusação, pois assinalam que a idéia de Demócrito da subjetividade das qualidades secundárias permite explicar todo devir em termos de movimento e reduzir este a medida quantitativa. A tendência geral da filosofia grega depois de Demócrito, com algumas exceções (como a dos epicuristas), consiste em enfatizar o primado da mudança diante do "simples" movimento. *Em parte*, isso foi afirmado também por Platão e por Aristóteles. Não obstante, a filosofia do devir desses filósofos é demasiadamente complexa para que possa ser inserida comodamente nos esquemas anteriores. É necessário, portanto, desenvolver alguns de seus conceitos, especialmente no caso de Aristóteles, que abordou de maneira particularmente detalhada o problema que nos ocupa.

A tendência geral de Platão é fazer do devir — γίγνεσθαι — uma propriedade das coisas enquanto reflexos ou cópias das idéias. Essas coisas são às vezes chamadas justamente o engendrado ou devindo, γιγνόμενα. Podemos dizer, desse ponto de vista, que na filosofia de Platão somente o ser e a imobilidade do ser (ou das idéias) é "verdadeiramente real", enquanto o devir pertence ao mundo do participado. Considerando a questão do ponto de vista do conhecimento, pode-se dizer que o ser imóvel é objeto do saber, ao passo que o ser que devém é objeto da opinião. Podem ser citadas muitas passagens em apoio a essa contraposição. Uma das mais esclarecedoras encontra-se em *Tim.*, 27 E: "É preciso estabelecer uma distinção e perguntar: o que é que é sempre e nunca devém, e o que é o que sempre devém e nunca é?" Entretanto, seria um erro simplificar excessivamente o pensamento platônico. O estaticismo da realidade proclamado por Platão não o leva a esquecer por um único momento que os sólidos argumentos construídos em sua defesa pelos eleatas e pelos pitagóricos enfrentam argumentos não menos poderosos propostos pelos filósofos que defendem a mobilidade do real. Por isso, Platão às vezes concebe o Movimento e o Repouso como participando no ser — já que são "gêneros supremos do ser" — sem que o próprio ser seja movimento ou repouso (*Soph.*, 247 E ss.). Às vezes, inclusive — como neste mesmo diálogo —, Platão define o ser por meio do conceito de possibilidade — δύναμις —, de tal modo que a idéia de atividade se revela essencial para o ser. É claro que em outros lugares (cf. *Crat.*, 440 A ss.) a imutabilidade parece obter a primazia, de maneira que a interpretação do platonismo nesse ponto capital enfrenta todo tipo de dificuldades. Contudo, seja qual for a interpretação adotada, é indubitável que Platão dá uma atenção muito maior ao problema do devir do que poderia dar a entender a simples — e quase sempre superficial — equiparação entre o ser e o imóvel, e a aparência e o móvel. Prova disso é que há em Platão, particularmente em seus últimos diálogos, não apenas uma preocupação constante em averiguar a relação — ou a falta de relação — entre o ser verdadeiro e o devir, como também uma tentativa de entender as diversas formas nas quais pode dar-se este último. Assim, por exemplo, em *Phil.*, 54 C, o filósofo fala do devir como destruição, φθορά, e gênese, γένεσις. E no *Theait.*, 181 D, indica-nos que há duas formas de devir (ou movimento, κίνησις): a alteração, ἀλλοίωσις, e a translação, φορά (distinção usada também em *Parm.*, 138 B ss.). Esta última distinção é importante, sobretudo, porque volta a formular a questão nos termos anteriormente indicados do devir como movimento qualitativo ou mudança e do devir como processo quantitativo ou movimento. Ora, foi Aristóteles quem deu as maiores e mais influentes indicações sobre essas significações. Estudaremos, pois, seus conceitos a esse respeito em pormenor.

Aristóteles criticou antes de tudo as concepções sobre o devir propostas pelos filósofos anteriores (cf. *Phys.*, I e II, *passim*). Essas concepções podem ser reduzidas a quatro: 1) a solução eleática, que pretende dar conta do devir negando-o; 2) a solução pitagórica e platônica, que tende a separar os entes que se movem das realidades imóveis, para depois — sem consegui-lo — deduzir os primeiros das segundas; 3) a solução heraclitiana (e sofística), que proclama que a realidade é devir; e 4) a solução pluralista, que reduz as distintas formas do devir a uma única, seja qualitativa (Empédocles, Anaxágoras) ou quantitativa (Demócrito). Os defeitos dessas concepções são principalmente dois: *a*) a não-observação de que o devir é um fato que não pode ser negado ou reduzido a outros ou afirmado como substância (esquecendo-se neste caso que o devir é devir *de* uma substância), e *b*) a não-observação de que 'devir', como 'ser', é um termo que tem várias significações. Esses defeitos procedem em larga medida do fato de que os filósofos, embora sem perder de vista que para haver devir é necessário algum fator, condição ou elemento, não perceberam, em contrapartida, que se necessita de *mais um fator*. Por esse motivo, o problema do devir inclui a questão das diferentes espécies de causa (cf. *Phys.*, II 3, 194 b 16, 195 a 3; *De anima*, II 4, 415 b, 8-10; *Met.*, Λ 3, 983 a 26-33; Δ 2, 1013 a 24 ss.). Com efeito, todas as formas de causa são operantes na produção do devir, o que não significa, porém, que haja tantos gêneros de devir quantos são os tipos de causalidade.

Os gêneros do devir seguem uma classificação distinta. Aristóteles dedicou ao assunto um bom número de páginas de suas obras. Mencionaremos aqui as passagens que nos parecem fundamentais. Em *Cat.*, 13, 15 a 14, Aristóteles apresenta seis tipos de devir (às vezes se chama "mudança" ou "movimento", mas recordamos ao leitor o ponto de vista mais geral e neutro que adotamos ao propor nosso termo). São os seguintes: geração ou gênese, γένεσις; destruição, φθορά; aumento, αὔξησις; diminuição, φθίσις; alteração, αλλοίωσις; e translação, deslocamento, mudança de lugar, ou movimento local, φορά. Em *Phys.*, III 1, 201 a 5-7, o devir é 1) substancial (posse e privação [mas *não*, observemos, geração e corrupção ou destruição]); 2) qualitativo (como em branco e preto); 3) quantitativo (completo e incompleto [aumento e diminuição]); 4) local (para cima, para baixo, ou leve, pesado [mas *não*, observemos, para a direita, para a esquerda, sempre que consideremos o movimento local um movimento *natural*]). De fato, segundo indica Aristóteles, há tantos tipos de devir quantos são os significados do vocábulo 'é'. Em *Phys.*, V 224 a 21 ss., o devir é: *a*) por acidente, *b*) com relação a outra coisa, e *c*) em si mesmo. Se consideramos agora *c*), podemos classificar o devir em quatro classes, que são as que parecem mais fundamentais de todas: (I) de algo a algo, (II) de algo a não-algo, (III) de não-algo a algo, e (IV) de não-algo a não-algo. (IV) deve ser excluído, pois os termos que intervêm nele não são nem contrários nem contraditórios; (III) e (II) são casos de geração e corrupção (ou gênese e destruição), mas, como somente o que é pode devir, apenas (I) merece figurar como caso de movimento. De fato, (II) e (III) são formas de (I), e, como (I) pode ser concebido ou com relação à qualidade ou com relação à quantidade, restam apenas o movimento qualitativo (alteração) e o quantitativo (aumento e diminuição). A eles deve se acrescentar, contudo, o movimento local — com isso, temos três sentidos primários do devir. Pode-se perguntar agora se algum deles tem primazia sobre os outros. A resposta a essa questão é, sem dúvida, difícil. Por um lado, o devir qualitativo parece ter a primazia se observarmos o fato de que Aristóteles parece ter-se preocupado sobretudo em explicar o sentido ontológico da mudança, evitando toda redução desta ao deslocamento de partículas no espaço. Se assim o fazemos, então a explicação do devir estará determinada pela famosa definição do movimento como atualização do possível *qua* possível (*Phys.*, III, 1, 201 a 9), uma definição que requer, para ser devidamente entendida, uma análise das noções de ato (VER) e de potência (VER), pois o devir ou mudança consiste em última análise na passagem do possível ao atual. Por outro lado, é possível considerar que o sentido primário do devir é a translação ou movimento local: a forma mais elevada do mudar, à parte o Primeiro Motor, que move sem ser movido, é o movimento circular; somente muito mais embaixo, no reino sublunar, se dá o devir qualitativo e depois o ciclo da geração e da corrupção, cada um dos quais, como indica Bergson, não são senão reflexos do primitivo movimento circular original perfeito. Não podemos estender-nos devidamente acerca deste ponto. Digamos apenas que algumas das maiores dificuldades que a doutrina aristotélica do devir oferece devem-se não apenas ao problema anterior (pois, em última análise, ele poderia ser solucionado observando-se que em alguns casos Aristóteles trata do devir como questão física e, em outros, elucida-o como questão metafísica) mas também a algumas imprecisões que encontramos em sua obra, as quais neutralizam as vantagens oferecidas por sua constante atenção à classificação e ao esclarecimento das significações. Entre essas imprecisões, sublinhamos duas. Uma afeta o vocabulário e consiste em que, enquanto às vezes emprega o vocábulo κίνησις num sentido mais geral, e o vocábulo μεταβολή num sentido mais particular, às vezes Aristóteles também considera μεταβολή num sentido mais geral que κίνησις. Outra imprecisão refere-se à questão da mudança na substância. Com efeito, Aristóteles diz às vezes que não há com relação a ela movimento, mas às vezes afirma que só há movimento com relação à substância, à qualidade, à quantidade e ao lugar. Nem todas essas imprecisões têm a mesma gravidade. A primeira é bastante grave, pois o uso ambíguo do vocabulário afeta todas as análises posteriores. A segunda pode ser resolvida adotando-se uma das possibilidades: a que consiste em admitir o sentido mais geral de κίνησις e o mais estrito de μεταβολή, pois então se pode dizer que na substância não pode haver κίνησις, mas, em contrapartida, pode haver μεταβολή.

Os escolásticos de tendência aristotélica trataram de aprimorar e esclarecer os conceitos anteriores. Assim, Santo Tomás assinalava que a mudança é a atualização da potência enquanto potência, e por isso há devir quando uma causa eficiente leva, por assim dizer, a potência à atualidade, e outorga ao ser sua perfeição entitativa. O sujeito não muda assim por um mero desenvolvimento de algo que tinha implícito, nem tampouco pelo aparecimento *ex nihilo* de uma qualidade, mas pela ação de uma causa que, se se quiser, se "interioriza" no ser. Daí que o ato e a potência enquanto fatores do devir não sejam propriamente seres ou princípios constitutivos, mas, como dizem os escolásticos (pelo menos os tomistas), realidades complementares. Nega-se com isso que o ato seja o elemento dinâmico do ser e a potência, o elemento estático, mas também que o ato seja o elemento estático do ser — o ser "já cumprido" — e a potência, o elemento dinâmico — o ser "em vias de realizar-se". Ato e potência são igualmente necessários para que o devir ocorra — ao menos o devir dos entes criados. Pode-se dizer, pois, que a escolástica, e em particular a escolástica tomista, procura manter-se a igual distância entre uma filosofia inteiramente estaticista e uma filosofia completamente dinamicista; uma e outra são, segundo esta tendência, maneiras de evitar o problema do devir efetivo.

Em contrapartida, em certas direções da filosofia moderna se tendeu a considerar o próprio devir como o motor de todo movimento e como a única explicação plausível de toda mudança. Avaliou-se, com efeito, que a ontologia tradicional — tanto grega como escolástica — era excessivamente "estaticista" e que sob sua influência ficaram sepultadas todas as tentativas de transformar o devir numa noção filosófica central. Encontramos vislumbres desse dinamicismo em algumas filosofias renascentistas, mas em sua plena maturidade ele se revelou somente dentro do pensamento romântico. Entretanto, este se manifestou de duas maneiras: ou como uma constante afirmação do primado do devir, ou como uma tentativa de "racionalizar" o devir de alguma maneira. Encontramos um exemplo eminente desta última posição em Hegel, para quem o devir (*Werden*) representa a superação do puro ser e do puro nada, os quais são, em última análise, idênticos. "A verdade — escreve Hegel — não é nem o ser nem o nada, mas o fato de que o ser se transforme, ou melhor, tenha se transformado em nada e vice-versa. A verdade, porém, não é tampouco sua indiscernibilidade, e sim o fato de que *não sejam o mesmo*, de que sejam *absolutamente distintos*, mas ao mesmo tempo separados e separáveis, *desaparecendo cada um em seu contrário*. Sua verdade é, por conseguinte, esse *movimento* do imediato desaparecer de um no outro: o *devir*, um movimento no qual ambos os termos são distintos, mas com uma espécie de diferença que, por sua vez, dissolveu-se imediatamente" (*Logik*, ed. G. Lasson, 1, p. 67). Hegel afirma, além disso, que esse devir "não é a unidade feita por abstração do ser e do nada, mas que, como unidade do *ser* e do *nada*, essa unidade é *determinada*, isto é, algo no qual se encontram tanto nada como ser".

No decorrer do século XX irromperam diversas filosofias para as quais o devir é uma realidade primária — ou, se se quiser, para as quais o ser existe somente na medida em que devém. Em alguns casos, chegou-se a conceber o ser como uma imobilização do devir. Encontramos um exemplo disso em Bergson (VER) e no bergsonismo (VER). Em outros casos, opôs-se o devir (concebido como idêntico à vida) ao ser — ou, melhor, ao "devindo" (tido como idêntico à morte). Temos um exemplo disso em Spengler, para o qual o devindo é o que se encontra impregnado de extensão e "se encarna no número matemático", enquanto o devir é o orgânico, o que possui direção, irreversibilidade e história. Em outros casos, por fim, considerou-se que há duas espécies de devir: o devir físico — que, pela impossibilidade de conservar o passado, se reduz a um contínuo nascimento e aniquilação do ser — e o devir espiritual — que permanece sem ser idêntico. Exemplo desta última concepção é a de Alberto Rougès (VER). Freqüente em todas essas concepções é a afirmação de um primado do devir e até a redução de todo ser a devir, o que equivale, na maioria dos casos, a uma tentativa de explicar o movimento pelo crescimento, o mecânico pelo orgânico e, em última análise, o físico pelo espiritual.

Ver também DIALÉTICA.

⊃ Além das obras citadas, ver Karl Kölln, *Sein und Werden*, 1934. — A. Cosentino, *Temps, Espace, Devir, Moi: Les Sosies du Néant*, 1938. — Para o devir na história: S. Hering, *Das Werden als Geschichte*, 1939. — D. J. B. Hawkins, *Being and Becoming: An Essay Towards a Critical Metaphysic*, 1954. — D. A. Cardone, *Il divenire*, I, 1956 (sobre a individualidade como "momento" do devir).

Para o devir na filosofia grega: A. Rivaud, *Le problème du devir et la notion de matière dans la philosophie grecque depuis les origines jusqu'à Théophraste*, 1906. — Para o devir em Platão: Victor Brochard, *Études de philosophie ancienne et de philosophie moderne*, 1912 (pp. 95-112: "Le devir dans la philosophie de Platon"). — J. B. Skemp, *The Theory of Motion in Plato's Later Dialogues*, 1942. — Para o devir em Aristóteles: M. Kappes, *Die aristotelische Lehre über Begriff und Ursache der* κίνησις, 1887. — W. J. Verdenius e J. H. Waszink, *Aristotle On Coming-to-be and Passing-away*, 1946; 2ª ed., 1965. — Carlo Giacon, *Il divenire in Aristotele* (textos e comentários), 1947. — M. Schramm, *Die Bedeutung der Bewegungslehre des Aristoteles für seine beide Lösungen der zenonischen Paradoxien*, 1962. — R. J. Connell, *Matter and Becoming*, 1966 [Aristóteles e Tomás de A., à luz da filosofia da ciência contemporânea].

O devir em Hegel é abordado por praticamente todas as obras sobre esse filósofo mencionadas no verbete correspondente; ver, além disso, Giuseppe Fichera, *Il problema del cominciamento logico e la categoria del devire in Hegel e nei suoi critici*, 1956.

Sobre o devir em Nietzsche: Walter Bröker, *Das was kommt, gesehen von Nietzsche und Hölderlin*, 1963. — L. J. Hatab, *Nietzsche and Eternal Recurrence: The Redemption of Time and Becoming*, 1978.

Ver também a bibliografia do verbete MOVIMENTO. ⊂

DEWEY, JOHN (1859-1952). Nascido em Burlington (Vermont), lecionou em Michigan (1884-1888), Minnesota (1888-1889), Michigan (1889-1894), Chicago (1894-1904) e Columbia University (Nova York). Influenciado *em parte* pelo idealismo alemão, especialmente pelo hegelianismo — que representa para Dewey a "outra face", a sistemática e unificadora, de seu pensamento, orientado sobretudo para a mobilidade da experiência, e que o levou a superar as divisões do real subjacentes na herança da cultura da Nova Inglaterra —, ele não tardou a ser inscrito, pela filosofia de James e pela necessidade de outros métodos e vias para a realização de seus propósitos de reforma e "reconstrução", na "nova filosofia" — uma filosofia que, em sua opinião, distingue-se da tradicional não apenas por considerar a experiência como realidade central, mas também, e muito especialmente, pela nova inflexão que dá a essa mesma experiência (VER). O próprio Dewey, além disso, expôs numa breve autobiografia intelectual os "motivos" capitais que moldaram ou orientaram seu pensamento. Em primeiro lugar, a importância atribuída à teoria e prática da educação. Em segundo lugar, o desejo de superar o dualismo entre a "ciência" e a "moral" por meio de uma lógica que seja um "método de investigação efetiva" e não rompa a continuidade das diversas regiões da experiência. Em terceiro, a célebre influência de James. Por fim, a intuição da necessidade de uma integração do pensar que compreenda os problemas desenvolvidos pelas ciências sociais e permita resolver ao mesmo tempo as situações derivadas de tais problemas. A insistência na experiência só adquire sentido a partir dessas bases, pois a experiência não é, para Dewey, o meramente experimentado por um sujeito, e menos ainda o que este experimenta a fim de adquirir um saber, mas sim o resultado de uma relação que para o sujeito tem como termo ao mesmo tempo oposto e complementar o objeto e o meio, mas que pode ser concebida em sua maior generalidade como relação entre objetos, como sua forma própria de manter uma conexão. O ponto de vista "biológico" de Dewey não é, de acordo com isso, senão uma conseqüência de sua ampla noção da experiência, noção ampla por sua compreensão, mas não no sentido de que constitui o objeto de um absoluto. Daí o método empírico ou "denotativo" que Dewey utiliza, ou, se se quiser, o método empírico que deveria usar se se ativesse sempre a seus próprios postulados — pois, como se observou com freqüência, Dewey é "tecnicamente" um filósofo empirista, ainda que, de fato, o curso de seus raciocínios se edifique muitas vezes ao longo de uma dialética. Em todo caso, a filosofia postulada por ele é uma filosofia que renuncia a todo absoluto, que procura averiguar em cada processo a múltipla trama de relações entre os meios e os fins de que está composto, e que não se limita a considerar o instrumentalismo pragmatista como simples método, tal como ainda pretendia James. Apenas dentro desse quadro é possível então compreender o que Dewey entende por naturalismo (VER). Com efeito, o próprio filósofo qualificou seu pensamento de "naturalismo empírico", de "empirismo naturalista". Contudo, "Natureza" não é aqui simplesmente um conjunto de coisas regidas mecanicamente; é história, acontecimento e drama. Por isso, e somente por isso, o pragmatismo não é apenas um método, mas uma filosofia, isto é, uma maneira de se aproximar de uma realidade que se supõe infinitamente múltipla. Por todas as partes, Dewey tende ao concreto; isso, porém, não só em virtude de um postulado filosófico, mas como resultado de uma crítica da cultura moderna, cujo intelectualismo parcial Dewey deseja corrigir em todas as suas dimensões, particularmente nas educacionais e sociais. Sua teoria do pensamento, seu pragmatismo e seu instrumentalismo não têm, em última análise, outro propósito. Dewey parte do reconhecimento de que o homem se sente inseguro no mundo e busca algo permanente e estável. Tal permanência lhe é dada de múltiplas formas no decorrer da história: por ritos mediante os quais ele crê propiciar-se das forças da Natureza, pelas artes com que domina essa mesma Natureza, e também pelos objetos tradicionais do saber e da filosofia, por essa atividade filosófica que busca o imóvel por detrás da contingência e da mudança. Entretanto, a filosofia esqueceu que o pensamento não funciona meramente tendo em vista um saber, mas tendo em vista um "domínio", pois, em geral, todo conhecimento é um instrumento forjado pela vida para sua adaptação ao meio, e por isso o pensar não começa, como acreditava o racionalismo clássico, com premissas, mas com dificuldades. O que o pensar busca não é uma certeza intelectual, mas uma hipótese que se torne verdadeira mediante o resultado e a sanção pragmática. A noção de verdade (VER), tão próxima da de James, é conseqüência da substituição do conceptualismo do conhecer por um funcionalismo e um operacionismo do pensar. O pensamento funciona entre dificuldades que oprimem o homem, porém; mais do que relativizar o pensamento, o instrumentalismo de Dewey pretende justificá-lo de um modo concreto e não por qualquer absoluto transmundano. Por isso, o pensamento e a teoria são elementos imanentes à vida humana, "programas" que o homem forja para responder a situações futuras. A orientação para o futuro, tão vigorosa em Dewey, não se limita, porém, à ciência e à filosofia: ela impregna todo o esforço social e educativo desse pensamento e é como o norte para o qual se dirigem todos os seus pensamentos. A busca do concreto, contudo, conduziu Dewey, nos últimos tempos, a uma retomada de sua primitiva influência hegeliana: sua inclinação para a metafísica, que se torna tão patente nos últimos trabalhos sobre questões lógicas, não desmente a concepção pragmática e instrumentalista em torno da qual gira sua teoria do pensar, mas a torna ainda mais vinculada a certas correntes do existencialismo metafísico e a todos os esforços últimos para conseguir uma unidade da razão com a vida, pois isso é a única coisa que pode terminar com o divórcio da teoria e da prática tão característico da filosofia clássica e do intelectualismo moderno, o que pode levar a uma vida harmoniosa que é para Dewey o ideal último da educação.

⇒ Obras: *Psychology*, 1886. — *Outlines of a Critical Theory of Ethics*, 1891. — *The School and Society*, 1900. — *Studies in Logical Theory*, 1903. — *Experience and Objective Idealism*, 1907. — *Ethics* (em colaboração com J. H. Tufts), 1908. — *The Influence of Darwin on Philosophy and Other Essays*, 1910. — *How We Think*, 1910. — *Brief Studies in Realism*, 1911. — *Democracy and Education*, 1916. — *Essays in Experimental Logic*, 1916. — "The Need for a Recovery in Philosophy", no volume coletivo: *Creative Intelligence*, 1917. — *Reconstruction in Philosophy*, 1920. — *Human Nature and Conduct. An Introduction to Social Psychology*, 1922. — *Experience and Nature*, 1925; nova ed., 1929. — *The Public and Its Problems*, 1927. — *The Quest for Certainty*, 1929. — *Individualism, Old and New*, 1930. — *Philosophy and Civilization*, 1931. — *A Common Faith*, 1934. — *Art as Experience*, 1934. — *Liberalism and Social Action*, 1938. — *Freedom and Culture*, 1939. — *Theory of Valuation (International Encyclopedia of Unified Science*, 11,4), 1939. — *Problems of Men*, 1946. — *Knowing and the Known*, 1949 (em col. com A. P. Bentley). — *Essays in Experimental Logic*, 1954. — *Philosophy, Psychology and Social Practice*, 1963, ed. J. Ratner.

Edição de obras completas, incluindo textos inéditos: *Works*, em mais de 40 vols., 1969 ss.: *The Early Works of J. D.:* I (1882-1888), 1969; II (1887), 1967; III (1889-1892), 1969; IV (1893-1894), 1971; V (1895-1898), 1972. — *The Middle Works of J. D.:* I (1899-1901), 1976; II (1902-1903), 1976; III (1903-1906), 1977; IV (1907-1909), 1977; V (1908), 1978; VI (1910-1911), 1978; VII (1912-1914), 1979; VIII (1915), 1979; IX (1916), 1980; X (1916-1917), 1980; XI (1918-1919), 1982; XII (1920), 1982; XIII (1921-1922), 1983; XIV (1922), 1983; XV (1923-1924), 1984. — *The Later Works of J. D.:* I (1925), 1981; II (1925-1927), 1984; III (1927-1928), 1984; VII 1985; XII (1938), 1986. — *The Poems of J. D.*, 1977.

Correspondência: J. D. e Arthur F. Bentley, *A Philosophical Correspondence, 1932-1951*, 1964, sel. e ed. por Sidney Ratner e Jules Altman.

Bibliografia: Milton H. Thomas, *A Bibliography of J. Dewey 1882-1939*, 1929 (introdução de H. W. Schneider). — Id., *J. D.: A Centennial Bibliography*, 1962. — Jo Ann Boydston e Robert L. Andresen, *D.: A Checklist of Translations 1900-1967*, 1969. — Jo Ann Boydston e Kathleen Poules, *Checklist of Writings about J. D., 1887-1973*, 1974; 2ª ed. ampl. (1887-1977), 1978.

Ver: D. T. Howard, *John Dewey's Logical Theory*, 1918. — William Taft Feldmann, *The Philosophy of J. D.: A Critical Analysis*, 1934. — Sidney Hook, *J. D.: an Intellectual Portrait*, 1939. — F. Leander, *The Philosophy of J. D.: a Critical Study*, 1939. — J. H. Randall, Jr., B. Russell et al., *The Philosophy of J. D.*, ed. Paul A. Schillp, 1939. — A. Mendoza de Montoro, *Líneas fundamentales de la filosofía de J. D.*, 1940. — Stephen S. White, *A Comparison of the Philosophies of F. C. S. Schiller and J. D.*, 1940 (tese). — Morton G. White, *The Origin of Dewey's Instrumentalism*, 1943. — Benjamin Wolstein, *Experience and Valuation: A Study in John Dewey's Naturalism*, 1949 (tese). — VV.AA., *J. D.: Philosopher of Science and Freedom*, ed. Sidney Hook, 1950. — H. S. Thayer, *The Logic of Pragmatism: An examination of J. Dewey's Logic*, 1952. — G. Grana, *J. D. e la metodología americana*, 1955. — I. Edman, *J. D.: His Contribution to American Tradition*, 1955 (com seleção de textos de Dewey). — P. K. Crosser, *The Nihilism of J. D.*, 1955. — M. G. Gutzke, *J. Dewey's Thought and Its Implication for Christian Education*, 1956. — G. R. Geiger, *J. D. in Perspective*, 1959. — Charles W. Hendel, *J. D. and the Experimental Spirit in Philosophy*, 1959. — Corliss Lamont, ed., *Dialogue on J. D.*, 1959 (com colaborações de J. T. Farrell, J. Gutmann, E. Nagel et al.). — E. A. Burtt, J. Collins, S. Hook et al., *J. D. His Thought and Influence*, 1960, ed. J. Blewet, S. J. — Robert Roth, *J. D. and Self-Realization*, 1963. — Douglas E. Lawson e Arthur E. Lean, *J. D. and the World View*, 1964. — Anselmo Mataix, *La norma moral en J. D.*, 1965. — Richard J. Bernstein, *J. D.*, 1966. — H. Hart, *Communal Certainty and Authorized Truth: An Examination of J. Dewey's Philosophy of Verification*, 1966. — Lowell Nissen, *J. Dewey's Theory of Inquiry and Truth*, 1966. — Gérard Deledalle, *L'idée d'expérience dans la philosophie de J. D.*, 1967. — Harry M. Campbell, *J. D.*, 1971. — Mario Alcaro, *La logica sperimentale di J. D.*, 1972. — James Gouinlock, *J. Dewey's Philosophy of Value*, 1972. — George Dykhuizen, *The Life and Mind of J. D.*, 1973. — N. Coughlan, *The Young D.: An Essay in American Intellectual History*, 1975. — V. Milanesi, *Logica della valutazione et etica naturalistica in D.*, 1977. — R. Rorty, J. Margolis et al., *New Studies in the Philosophy of J. D.*, 1977. — R. E. Dewey, *The Philosophy of J. D.: A Critical Exposition of His Method, Metaphysics and Theory of Knowledge*, 1977. — VV.AA., *Dewey and his Critics: Essays from* The Journal of Philosophy, 1979, ed. S. Morgenbesser. — F. H. Peterson, *J. D.'s Reconstruction in Philosophy*, 1987. — T. M. Alexander, *J. D.'s Theory of Art, Experience, and Nature: The Horizons of Feeling*, 1987. — F. F. Cruz, *J. D.'s Theory of Community*, 1987. — R. D. Boisvert, *D.'s Metaphysics*, 1988. — J. E. Tiles, *D.*, 1988. — R. B. Westbrook, *J. D. and American Democracy*, 1991. — S. C. Rockefeller, *J. D.: Religious Faith and Democratic Humanism*, 1991. — L. A. Hickman, *J. D.'s Pragmatic Technology*, 1992.

Ver também H. W. Schneider, L. E. Hahn et al., *Guide to the Works of J. D.*, 1970, ed. Jo Ann Boydston (com bibliografias especializadas no final de cada capítulo). ⊂

DHARMA. A idéia do *dharma* é quase onipresente no pensamento hindu e se difundiu também em grande parte da filosofia indiana (VER). Seu sentido parece em princípio demasiadamente vago: trata-se de uma ordem. Essa ordem pode ser determinada por uma divindade ou pode ser de natureza cósmica e impessoal. Pode também referir-se ao governo do universo, ou ao conjunto das leis pelas quais se rege a sociedade, ou ao mundo individual e pessoal. No que diz respeito ao indivíduo, o *dharma* (às vezes traduzido por 'virtude') não se limita à vida terrena; ele constitui o "fio" (o "mérito religioso") que liga esta vida com a vida futura e, em última análise, a ordem ou o caminho reto e justo que permite passar de uma à outra. O *dharma* não é conhecido pela experiência comum; é acessível tão-somente por uma experiência superior. De certa maneira, é como uma voz que indica a vocação (a ordem própria) de cada ser e do universo em seu conjunto. O conceito de *dharma* desempenha um papel fundamental no budismo. Uma das coleções de escrituras básicas do budismo primitivo recebe o nome de *Dharma*. *Dharma* pode ser traduzido então por 'doutrina' (ou 'verdade', 'doutrina verdadeira'), mas deve-se observar que não se trata de uma série de proposições, e sim de indicações, isto é, de "vias" (como as "quatro verdades sagradas"). Por isso, E. Conze diz que "o *dharma* não é realmente um dogma, mas essencialmente uma senda" (*Buddhism*, s/d [1951], p. 64). Esse caminho é também uma ordem e ao mesmo tempo uma lei, ou melhor, uma série de ordens e de leis que parecem exprimir-se doutrinariamente, mas que não têm origem doutrinal nem mesmo humana, e sim intemporal e impessoal.

➲ Sobre a concepção budista do *dharma*: Th. Stcherbatsky, *The Central Conception of Buddhism and the Meaning of the Word 'Dharma'*, 1923. — H. Willman-Grabowska, "Évolution sémantique du mot 'dharma'", *Rocznik orjentalistyczny*, 10 (1934), 38-50. — H. von Glasenapp, "Zur Geschichte der buddhistischen Dharmatheorie", *Zeitschrift der deutschen morgenländischen Gesellschaft*, 92 (1938), 383-420. — *Id.*, "Der Ursprung der buddhistischen Dharmatheorie", *Wiener Zeitschrift für die Kunde des Morgenlandes*, 46 (1939), 242-266. — A. S. Altekar, *Sources of Hindu Dharma, in Its Socio-Religious Aspects*, 1953. — R. May, *Law and Society East and West. Dharma, Li, and Nomos*, 1985. ⊂

DIACRÔNICO. Em diversas ciências — na lingüística, na antropologia etc. —, e também na filosofia, introduziu-se uma distinção entre "diacrônico" e "sincrônico". Considera-se que um método, um ponto de vista, uma consideração etc. são diacrônicos quando se levam em conta principalmente a ordem e a sucessão cronólogicas e, por conseguinte, quando se atribui especial importância à noção de mudança, à de evolução e a outras similares (incluindo noções concomitantes como as de ruptura ou corte [ver FECHAMENTO; CORTE] no tempo). Conforme indica a etimologia do vocábulo, "diacrônico" se refere ao que tem lugar "através" ou "ao longo do" (*diá*) tempo. Em termos específicos, trata-se do chamado "tempo histórico" ou da "história", de modo que o método diacrônico é fundamentalmente um método histórico. Assim, o estudo diacrônico de uma linguagem, de uma comunidade humana etc. é um estudo cronológico, e especificamente cronológico-histórico, dessa comunidade. Supõe-se então que as estruturas mudam em função do tempo, ou que há equiparação entre mudanças estruturais e mudanças temporais. Por outro lado, um método, um ponto de vista ou uma consideração são sincrônicos quando o objeto estudado é tratado em sua estrutura "atual" ou efetiva, e especialmente em sua estrutura "profunda" ou mais "básica". Em função dessa estrutura, examina-se o processo de mudança e evolução temporais, ou histórico-temporais, e não o inverso. Assim, o estudo sincrônico de uma linguagem, de uma comunidade humana, é um estudo fundamentalmente estrutural.

O estruturalismo (VER) e várias diretrizes pós-estruturalistas destacaram, e acentuaram de maneira considerável, os aspectos sincrônicos, razão pela qual o estruturalismo, equiparado com um "sincronismo", foi tido como anti-histórico e anti-historicista. Alegou-se a esse propósito, porém, que não se trata, num estudo sincrônico, de prescindir de mudanças e evoluções, mas de integrá-las. Assim, o que se poderia chamar "sincronismo" considera que a dimensão diacrônica é um aspecto da estrutura estudada sincronicamente, e às vezes que a dimensão diacrônica é uma dimensão "superficial", embora não por isso desprovida de importância; o que se procura fazer é explicar essa dimensão mediante a estrutura, isto é, por procedimentos sincrônicos. O que se poderia denominar "diacronismo" avalia, por sua vez, que a dimensão sincrônica é um aspecto, e especificamente um "corte", da dimensão diacrônica, que é fundamental e determinante, embora não necessariamente determinada.

Cabe perguntar se, dadas duas ou mais estruturas, elas não poderiam ser consideradas diacronicamente, isto é, em sua sucessão cronológica. Se se responde que sim, pode-se concluir que a dimensão diacrônica é mais básica do que a sincrônica, mas também que a sucessão cronológica de estruturas pode ocorrer de acordo com alguma lei estrutural, que seria, por isso mesmo, sincrônica. Cabe perguntar também se o que se chama "história" não será uma história de estruturas analisáveis sincronicamente. Se se responde que sim, pode-se concluir que a dimensão sincrônica é a fundamental, mas também que, visto poder haver uma história de estruturas, a dimensão diacrônica tem primazia sobre a sincrônica. Assim, dadas duas comunidades humanas, C e C_1, pode-se dizer que elas estão ligadas por alguma história e que o que é sincrônico nelas é cada comunidade tomada isoladamente, mas pode-se dizer também que, ainda que estejam ligadas por alguma história, essa história pode ter uma estrutura, que engloba as estruturas de C e C_1.

Tanto essas formulações como as diversas respostas a elas têm, de início, um ar muito abstrato, mas podem tornar-se mais precisas com base em exemplos determinados. Especialmente fecundos a esse respeito são os exemplos derivados da lingüística. Embora a filologia tradicional tenda a ser diacrônica, e tanto a lingüística estrutural como a chomskyana (por mais distintas que sejam entre si em quase todos os outros aspectos) tendam a ser sincrônicas, alguns lingüistas reconheceram a necessidade ou de definir o sentido de 'diacrônico' e 'sincrônico' aplicado a casos específicos, ou então, pelo contrário, de procurar aproximar as dimensões diacrônica e sincrônica. Uma dessas aproximações se encontra nas tentativas de estabelecer as bases de gramáticas de mudanças sintáticas. Os "diacronistas", e em particular os mais "historicistas" entre eles, podem, não obstante, alegar que desse modo se subordina a dimensão diacrônica à sincrônica, já que uma gramática de mudanças sintáticas equivale a um conjunto de regras estruturais que dêem conta de processos normalmente considerados objetos de estudos diacrônicos.

No livro do autor desta obra *Indagaciones sobre el lenguaje* (1970, p. 215, nota 18), recorda-se que a distinção entre 'sincrônico' e 'diacrônico', que foi proposta por Ferdinand de Saussure e depois se estendeu a outras ciências além da lingüística, e em particular às ciências sociais, tem antecedentes em Comte, Brentano e Wilhelm Humboldt, entre outros, conforme indica Hans-Heinrich Lieb em "'Synchronic' versus 'Diachronic' Linguistics: A Historical Note", *Linguistics*, 36 (1967), 18-26. Em outro livro do autor desta obra, *Las palabras y los hombres* (1971), pp. 71-83, propõe-se uma aproximação entre as noções de "estrutura" e de "história", consideradas conceitos-limite, que pode ser aplicada às noções de "sincrônico" e "diacrônico". De acordo com vários pressupostos do autor, a afirmação de que as noções em questão podem ser ao mesmo tempo contrapostas e complementares indica, num primeiro momento, simplesmente que elas não são mutuamente redutíveis e sugere que podem ser funcionais (se se quiser, "dialeticamente funcionais").

DIÁDICO. Ver Polidiádico.

DIÁDOCO. Na historiografia filosófica antiga, denomina-se *diádoco* o chefe de uma escola filosófica que sucede a outro diádoco ou que vem imediatamente depois do fundador da escola. Como (especialmente depois de Sócrates) grande parte das atividades filosóficas se desenvolveu no interior das escolas, chegou-se a considerar a descrição das doutrinas dos diádocos e de sua sucessão cronológica como um método adequado de exposição da história da filosofia. Esse método foi fomentado pelo peripatético Sócio de Alexandria, que redigiu alguns *Diádocos* (ou *Sucessões*) *dos filósofos* — Διάδοοι φιλοσόφων — nas primeiras décadas do século II a.C. Ele foi seguido por vários autores, entre os quais mencionamos Heráclides Lembos, de meados do século II a.c.; o peripatético Antístenes de Rodes, da mesma época, autor de uma coletânea com o mesmo título da de Sócio; o estóico Jasão de Rodes, das últimas décadas do século II a.C., que escreveu alguns Φιλόσοφων διάδοχοι; o epicurista Filodemo de Gadara; Sosícrates e Nícias de Nicéia, ambos da mesma época do anterior; Hipoboto, de data incerta, autor de uma obra intitulada Τῶν φιλοσόφων ἀναγραφή; Diocles de Magnésia, do século I a.C., autor de uma 'Επιδρομὴ τῶν φιλοσόφων; e Alexandre Poliistor, da mesma época.

Um método parecido com o da historiografia por diádocos é o seguido por Diógenes Laércio em suas famosas *Vidas dos filósofos*. De fato, há grandes semelhanças na apresentação das escolas em Diógenes Laércio e em Sócio. Os dois, por exemplo, tomam como base a classificação das escolas filosóficas nas chamadas série dos jônicos (VER) e série dos itálicos (VER).

O termo 'diádoco' pode ser considerado equivalente ao termo 'escolarca'. No entanto, estabelecemos uma diferença: enquanto os diádocos são os sucessores, os escolarcas incluem também os fundadores das escolas. Por esse motivo, reservamos para o verbete escolarca (VER) as diversas sucessões das principais escolas filosóficas gregas chamadas atenienses.

DIAGRAMAS. O uso de diagramas foi menos freqüente na filosofia que nas ciências, mas não é inexistente — especialmente na lógica, usam-se diagramas já há muito tempo. Alguns foram empregados neste *Dicionário*, como os contidos nos verbetes Árvore de Porfírio (VER), Classe (VER), Conectivo (VER) e Oposição (VER). Devem-se acrescentar a eles as tabelas usadas em outros verbetes (Polivalente [VER], Tabelas de verdade [VER]) — que, embora não sejam propriamente diagramas, constituem outro exemplo do uso das representações gráficas em filosofia. Neste verbete, assinalaremos alguns dos diagramas usados em lógica a partir do fim da Antiguidade, com exceção dos diagramas de Venn, aos quais dedicamos um verbete específico (ver Venn [Diagramas de]). Para a história dos diagramas aqui descritos, *partimos* da informação apresentada no livro de John Venn, *Symbolic Logic* (2^a ed., 1894; cap. XX, Notas históricas, II) e a complementamos com dados extraídos de outros autores. Sempre que foi possível, comprovamos as informações dadas recorrendo aos textos originais. Os diagramas apresentados correspondem, na medida do possível, à definição de diagrama lógico dada no livro de Martin Gardner, *Logic Machines and Diagrams*, 1958, p. 28: "O diagrama lógico é uma figura geométrica bidimensional que mostra relações espaciais isomórficas com a estrutura de um enunciado lógico. Essas relações espaciais costumam ser de caráter topológico, o que não é surpreendente em vista do fato de que as relações lógicas são as relações primitivas subjacentes a todo raciocínio dedutivo, e de que as propriedades topológicas são, em certo sentido, as propriedades mais fundamentais das estruturas espaciais. Os diagramas lógicos encontram-se, com respeito às álgebras lógicas, na mesma relação em que os gráficos de curvas se encontram com respeito a suas fórmulas algébricas; trata-se simplesmente de outros modos de simbolizar a mesma estrutura básica".

Os diagramas que representam a árvore de Porfírio e a oposição das proposições são muito antigos. O mesmo ocorre com o diagrama que se destinava a ajudar na descoberta dos termos médios conhecido pelo nome de *Pons Asinorum* (VER). De acordo com Venn, há uma forma desse diagrama no *Compendium* (1680) de Sanderson e outra, anterior porém mais completa, no *Comentário a Porfírio* de Pedro Tartareto (1581). Muito antigas são as figuras nas quais se representavam as relações mútuas entre os termos num silogismo. As formas habituais eram:

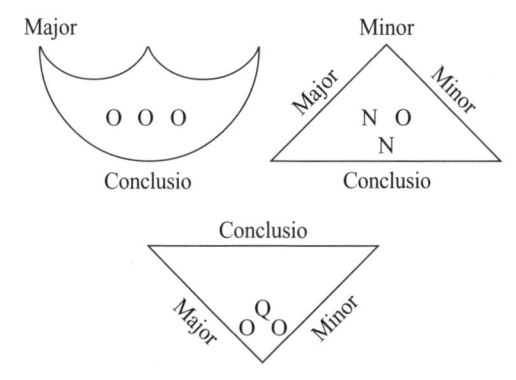

que representavam as três primeiras figuras. As letras 'O', 'N' e 'Q' designam, respectivamente, *omne, nullum* e *quoddam* e indicam a quantidade da proposição. Os três diagramas anteriores são uma representação de *Barbara, Cesare* e *Darapti*. Segundo W. Hamilton (*Discussions*, 3ª ed., 1866, 666 ss.), o texto mais antigo no qual aparecem esses diagramas, *claramente expressos*, são os *Escolios* de Joannes Neomagus à *Dialectica* de Jorge de Trebizonda (1533). Neomagus — diz Hamilton — os atribui a Faber Stapulensis (autor de uma *Logica Aristotelica* [1502] e de uma *Tertia Recognitio* [1531]). Faber Stapulensis, porém, indica que têm origem grega. Portanto, parecem ter sido extraídos de manuscritos gregos (como o afirma Barthélemy Saint Hilaire em sua obra *De la logique d'Aristote* [1838], que indica que as figuras em questão têm uma origem indubitavelmente mais antiga que os séculos medievais). O próprio Hamilton assinala que provavelmente datam do fim do século V e são a obra de Amônio Hermias (*ca.* 480). São atribuídos também a João Filoponos, em cujo *Comentario* interpolado sobre os *An. Pr.* parecem encontrar-se pela primeira vez. O *Comentario* em questão foi publicado em Veneza por Aldus (1535) e por Trincavelli (1536). Embora não nos interesse aqui detalhar muito o assunto, era conveniente destacar as atribuições anteriores para mostrar a provável antiguidade da utilização dos diagramas em lógica.

De acordo com Venn, os diagramas do tipo anterior não proporcionam nenhuma análise das proposições, não sendo, portanto, de grande ajuda no processo do raciocínio. Eles foram, por conta disso, abandonados na época moderna, com algumas exceções. Entre elas, mencionamos a de Hermann Samuel Reimarus (1694-1768), que usou em seu *Vernunftlehre* (Hamburgo, 1765; 5ª ed., 1790) um diagrama parecido, com uma ligeira modificação:

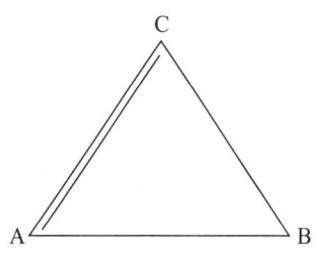

A figura anterior representa um silogismo no qual A e C estão conectados afirmativamente, e C e B negativamente; por conseguinte, A e B estão conectados negativamente. O silogismo em questão parece ser do modo *Cesare*.

Um tipo diferente de diagrama — que pode ser denominado diagrama analítico, no qual se distinguem sujeito e predicado, bem como os diferentes tipos de proposição — foi mais freqüente na época moderna. Precederam-no tipos de diagramas não inteiramente analíticos que não informam sobre a distinção entre proposições afirmativas e negativas, universais e particulares. Um exemplo desse tipo de diagrama é, segundo Venn, o que há no *De Censura Veri*, de Juan Luis Vives:

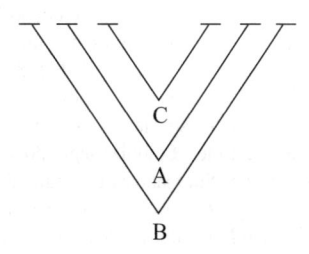

Neste diagrama, a relação mútua dos três termos dada pelas duas premissas em *Barbara* é representada de um modo já muito parecido com o euleriano. Hamilton indicou, por sua vez, que uma forma análoga de representação foi proposta por Alsted em sua *Logicae Systema harmonicum* (1614), na qual se antecipou o diagrama linear proposto por Lambert, que é do seguinte tipo:

```
           animal
     a ─────────── b
           sentir
     c ─────────── d
           homo
     e ─────────── f
```

no qual se assinala tão-somente que o termo médio está "debaixo" do termo maior e "acima" do termo menor.

São considerados diagramas propriamente analíticos os diagramas de Euler, assim chamados pelo uso que deles fez Leonhard Euler (VER) em suas *Lettres à une princesse d'Allemagne* (1768-1772). Contudo, antes de Euler eles foram empregados por vários autores. Venn assinala que J. H. Lambert fez uso, no *Neues Organon*, de linhas paralelas, linhas pontilhadas e de extensão de linhas com um objetivo semelhante ao que levou Euler ao emprego das áreas de círculos, muito embora Peirce (*Collected Papers*, 4.353) afirme que Lambert não tinha uma noção clara da natureza do sistema de diagramas silogísticos. Segundo informa, por outro lado, Heinrich Scholz em seu *Geschichte der Logik* (1931), diagramas do tipo euleriano foram usados por Julius Pacis (1550-1635), em seu comentário ao *Organon* (1584; 2ª ed., 1617), no qual alude, além disso, a precursores seus nesse sentido, e por Johann Christoph Sturm (1635-1703), em sua *Universalia Euclidea* (Haia, 1661), especialmente em seu apêndice intitulado *Novi Syllogizandi Modi*. Encontram-se ainda diagramas eulerianos na *schematica illationis syllogysticae delineatio* que figura nas pp. 249-345 do *Nucleus Logicae Weisianae... sic auctus est illustratus, ut vera ac solida Logicae peripatetico scholasticae purioriris fundamenta detegantur et ratione mathematica per varias schematicas praefigurationes huic usui inservientes ad ocularem evidentiam deducta* (Giessen, 1621), que Hamilton atribui a Christian Weise (1642-1708), mas que foi escrita por J. Christian Lange (1669-1756) e publicada em 1712 depois da morte de Weise (a *Doctrina Logica* de Weise, da qual o citado *Nucleus* é uma ampliação, não contém esses diagramas). Tanto Scholz como Lambert (*Architektonik*, I, 128) destacam esse antecedente de Lange e sua importância. Também — e de maneira muito especial — usou diagramas eulerianos, antes de Euler, Leibniz, segundo indicou G. Vacca em seu artigo "Sui manoscritti inediti di Leibniz", *Bolletino di bibliografia e storia delle scienze matematiche* (1890), apud L. Couturat, *Opuscules et fragments inédits* [de Leibniz] (1903), e segundo se depreende dos textos publicados pelo citado Couturat. Como exemplo deles, mencionamos os que constam no escrito *De Logicae Compositione par linearum ductus*.

A proposição universal afirmativa é representada por

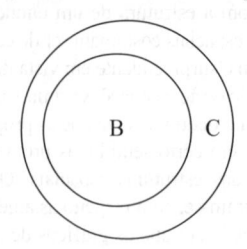

que se lê 'todo B é C'.

A proposição universal negativa é representada por

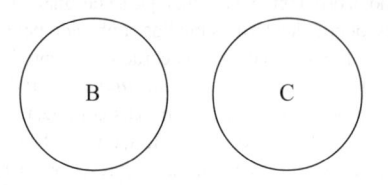

que se lê 'nenhum B é C'.

A proposição particular afirmativa é representada por

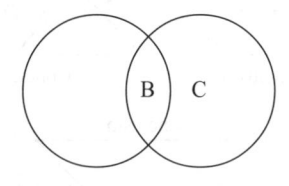

que se lê 'algum B é C'.

A proposição particular negativa é representada por

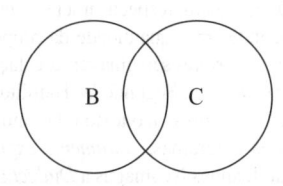

que se lê 'algum B não é C'.

Com base nesses diagramas, Leibniz representa as diferentes figuras e os diferentes modos do silogismo. Mostram-se alguns exemplos nas figs. I-IV.

Barbara **Celarent** **Callentes** **Baralip**
(mesmo modo de conclusão
de Camestres)

Darii **Ferio** **Dibatis** **Fessapmo**

Ferio

Figura I

Fresison

Figura IV

Cesare **Camestres**

Festino **Baroco**

Figura II

Utilizamos a esse respeito as mesmas designações usadas por Leibniz, a maioria, por outro lado, coincidente com as designações tradicionais.

Apesar disso, seguiremos o uso tradicional e designaremos os círculos mediante os quais se representa a inclusão de uma subclasse em outra círculos eulerianos, ou, em geral, diagramas eulerianos. O mais conhecido é o que está representado na figura A (na próxima página), que usamos em CLASSE. A elaboração desses círculos por Venn em seus conhecidos diagramas constitui a base para sua grande difusão nos últimos cem anos, mas os diagramas eulerianos começaram já a popularizar-se, conforme indica o próprio Venn, no começo do século XIX, a partir de *Grundriss der historischen Logik*, de Krause (1803). Isso não significa que tenha havido uma clara transmissão de um texto a outro, e, portanto, que se possa falar de uma história do emprego desses diagramas. O mais provável é que eles fossem usados por vários lógicos independentemente. Os próprios Venn e Augustus de Morgan indicam, por exemplo, que descobriram o esquema de Euler antes de tê-lo visto usado em qualquer lugar. "Na verdade" —, escreve Venn — "para qualquer um que esteja acostumado a visualizar figuras, parece-me provável que o *Dictum* de Aristóteles, uma vez entendido, se apresenta naturalmente à sua vista em forma de figuras fechadas de alguma classe, incluindo-se sucessivamente uma à outra."

Darapti **Felapton**

Disamis **Datisi**

Bocardo **Ferison**

Figura III

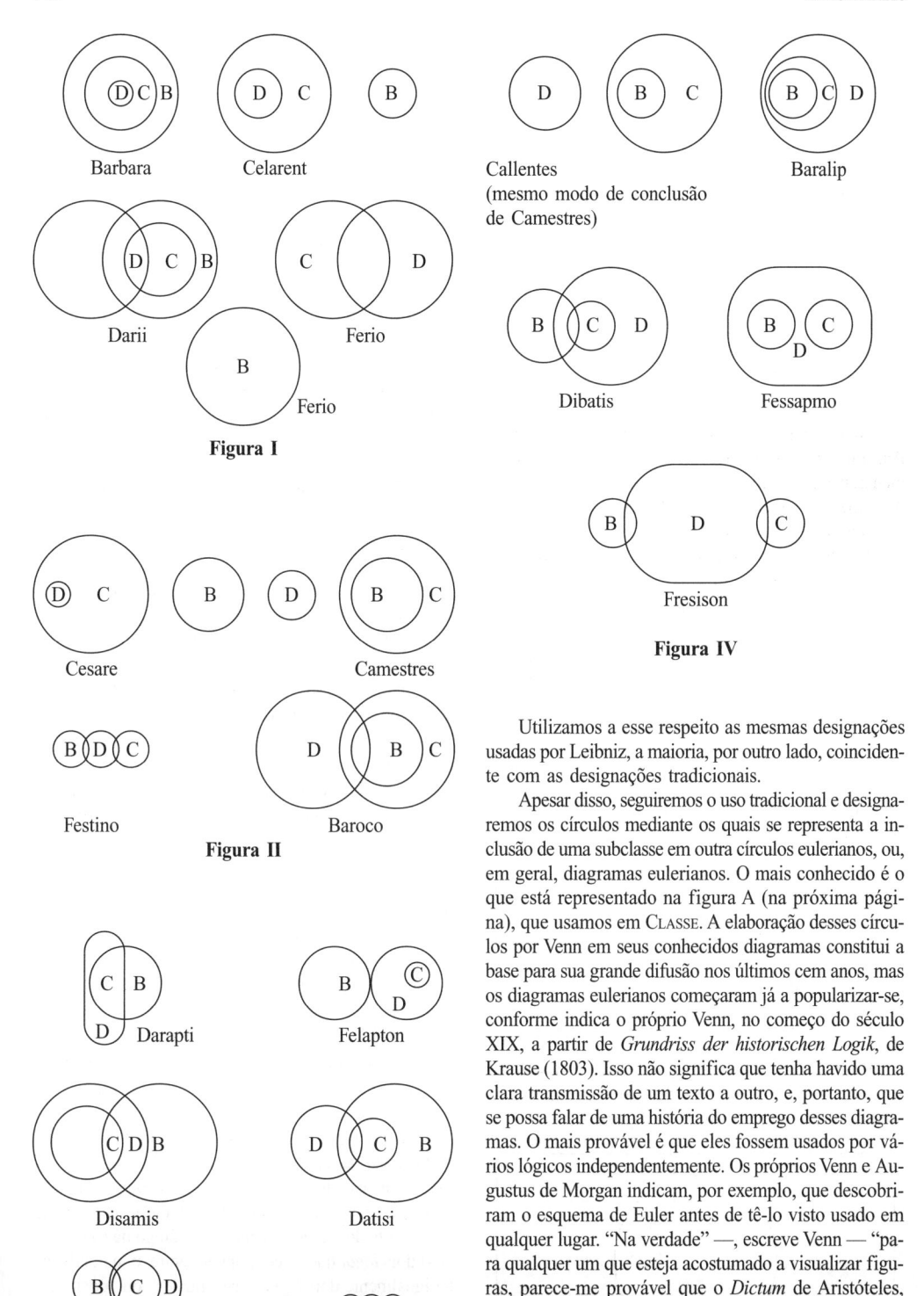

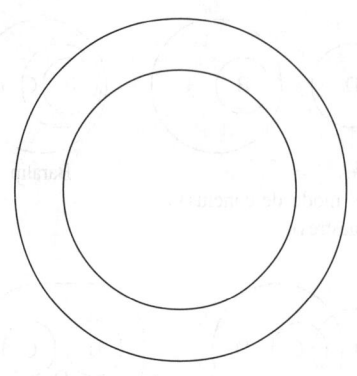

Figura A

Outros diagramas foram empregados em lógica. Pela importância do filósofo, limitar-nos-emos aqui a mencionar os usados por Kant em sua *Logik* (1860, I. Allgemeine Elementarlehre, § 29, ed. Cassirer, 8.414). Eles têm as seguintes formas:

Nos juízos categóricos, x, que está contido em b, também está contido em a. Assim,

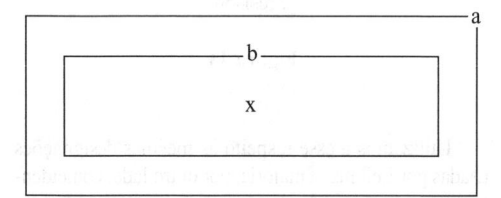

Nos juízos disjuntivos, x, que está contido em a, está em b ou c etc. Assim,

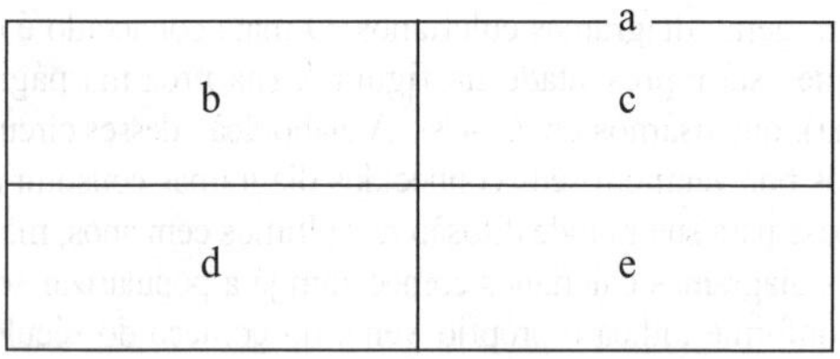

Kant empregou também (*op. cit.*, § 21; 8.410) as figuras 'O' e '□' para se referir respectivamente ao predicado e ao sujeito. Assim, a figura representava um juízo particular, e a figura

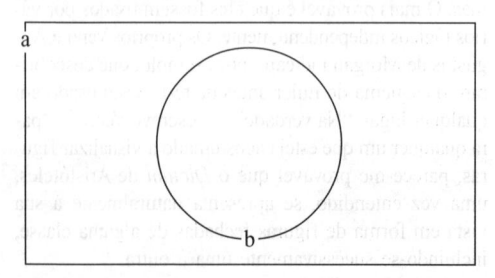

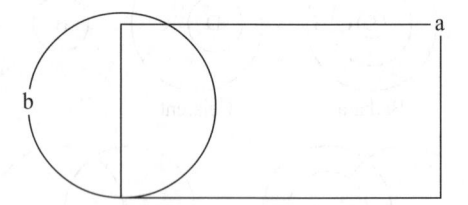

indica que todo a pode estar contido em b quando é menor, mas não quando é maior.

⇒ Além das obras mencionadas no texto, ver Charles K. Davenport, "The Role of Graphical Methods in the History of Logic", em *Hugo Dingler Gedenkbuch zum 75. Geburtstag*, 1956 [é rev. de um trabalho anteriormente publicado em *Methodos*].

Sobre os diagramas de Peirce, ver D. Roberts, *The Existencial Graphs of Charles S. Peirce*, 1973. **C**

DIALELO. Ver TROPOS.

DIALÉTICA. Em seu artigo "Le mythe de la raison dialectique" (*Revue de Métaphysique et de Morale*, 66 [1961], 1-34), Raymond Ruyer observou que o termo 'dialética' não costuma (ou não costuma mais) designar nada muito preciso. Com efeito, coisas muito diversas são — ou foram — denominadas "dialética": incompatibilidade entre dois sistemas, oscilações na realidade etc. Denominaram-se "princípios dialéticos" quaisquer princípios: oposições, reações, negações de negações etc. Em vista disso, Ruyer propõe dar um significado não-ambíguo a 'dialética'. É o que consiste num modo de dar razão do devir escapando aos dilemas suscitados pela razão não-dialética quando esta se propõe entender o devir, e em particular o devir histórico.

Infelizmente, embora possa não ser ambíguo, o sentido que Ruyer dá a 'dialética' tampouco é completo: é um dos muitos sentidos possíveis, e, mais especificamente, um dos sentidos contemporâneos. Neste verbete, e em função da natureza desta obra, não podemos limitar-nos a um único significado de 'dialética'; temos de apresentar todos os possíveis tal como se deram no decorrer da história da filosofia.

De imediato, o termo "dialética", e mais propriamente a expressão 'arte dialética', διαλεκτικὴ τέχνη, esteve em estreita relação com o vocábulo 'diálogo' (VER): "arte dialética" pode ser definida primariamente como "arte do diálogo". Como no diálogo há (pelo menos) dois *logoi* que se contrapõem entre si, na dialética há igualmente dois *logoi*, duas "razões" ou "posições" entre as quais se estabelece precisamente um diálogo, isto é, um confronto no qual há uma espécie de acordo no desacordo — sem o que não haveria diálogo —, mas também sucessivas mudanças de posição induzidas por cada uma das posições "contrárias".

Ora, esse sentido "dialógico" de 'dialética', embora primário, não é suficiente: nem todo diálogo é necessariamente dialético. Num sentido mais "técnico", a dialética foi entendida como um tipo de argumento similar ao argumento chamado "redução ao absurdo" (VER), mas não idêntico a ele. Nesse caso, continua havendo na dialética um "dialogar", que não ocorre porém necessariamente entre dois interlocutores, mas, por assim dizer, "dentro do próprio argumento". O modelo do argumento "dialético" pode ser esquematizado então da seguinte maneira:

$$p,$$

sendo que 'p' simboliza uma proposição qualquer,

Logo, $q, r, s,$
Mas não $q, r, s.$
Logo, não $p.$

Deve-se observar que 'p' é às vezes, e com freqüência, uma proposição condicional (simbolizável, pois, por 'se p, então p_1'), de modo que a negação do conseqüente conduz a uma negação (ou "refutação") do antecedente.

Nesse sentido mais preciso, a "arte dialética" foi usada por Parmênides para provar que, como conseqüência de "O que é é" e "O que não é não é", tudo o que seja (ou é) não muda, pois se mudasse se transformaria em "outro", mas não há "outro", exceto "o que é". Usou-a também para provar que o que é é um, pois se fosse, por exemplo, dois, haveria uma separação entre ambos, e essa separação não é uma realidade, mas um "não-ser" etc. Como se pode ver, este tipo de argumento consiste em supor o que ocorreria se uma proposição dada, declarada verdadeira, fosse negada.

Este sentido de 'dialética' é formal, isto é, baseia-se num modelo formal de argumentação acerca de proposições. Mas dizer 'não p' não significa necessariamente que 'não p' é contraditório com 'p'. Pode muito bem ocorrer que 'não p' seja falso (ou que não seja falso, caso em que 'não p' será verdadeiro). Ora, muitos dos argumentos arrolados por Sócrates nos diálogos platônicos são da última forma. Diz-se que esses argumentos são "dialéticos", caso em que a famosa dialética platônica, ou socrático-platônica, parece ser unicamente um tipo de argumento um pouco mais "frouxo" que os apresentados por Parmênides (ou por Zenão de Eléia). Resulta, porém, que o que temos em Platão não é simplesmente uma forma menos rigorosa ou formal de dialética, mas uma forma mais completa, e em grande parte distinta, de dialética.

A rigor, temos em Platão duas formas de dialética. Observou-se amiúde (cf., por exemplo, J. A. Nuño Montes em *op. cit.* na bibliografia) que, enquanto em certos diálogos (o *Fédon*, o *Fedro*, em parte a *República*) Platão apresenta a dialética como um método de subida do sensível ao inteligível, em alguns dos chamados "diálogos últimos" (como o *Parmênides* e em particular o *Sofista* e o *Filebo*) ele a apresenta como um método de dedução racional das Formas. Como método de subida ao inteligível, a dialética se vale de operações tais como a "divisão" e a "composição" (*Phaed.*, 265 A-266 B), que não são duas operações distintas, mas dois aspectos da mesma operação. A dialética permite então passar da multiplicidade à unidade e mostrar a segunda como fundamento da primeira. Como método de dedução racional, em contrapartida, a dialética permite discriminar as Idéias entre si e não confundi-las. É claro que isso não ocorre sem muitas dificuldades, lealmente reconhecidas por Platão, especialmente na perplexidade que mostra o "exercício dialético" do *Parmênides*. Com efeito, uma vez discriminadas as Idéias (*Soph.*, 253 D), trata-se de saber como elas podem se combinar. Se todas as Idéias fossem completamente heterogêneas umas em relação às outras, não haveria problema. Mas tampouco haveria ciência. Se todas as idéias se reduzissem a uma única Idéia — à Idéia do Ser ou do Uno —, tampouco haveria problema. Mas não se poderia dizer do que é mais do que já disse Parmênides: que "é". A questão é, pois, como a dialética torna possível uma ciência dos princípios fundada na idéia da unidade. Uma das soluções mais óbvias consiste em estabelecer uma hierarquia de Idéias e de princípios, da qual a doutrina dos *supremum rerum genera* constitui um ingrediente essencial. Aqui, encontramo-nos já longe da idéia da dialética como "impulsionada pelo Eros" (*Phaed.*, 250 A *et al.*). A dialética parece ter-se transformado na ciência da realidade como tal.

Em todo caso, a dialética nunca é em Platão nem uma mera disputa nem um sistema de raciocínio formal. Por isso, apesar das dificuldades suscitadas pela dialética, Platão a enaltece sem cessar, ao ponto de fazer dela o objeto do supremo treinamento do filósofo (*Rep.* VI, 511 B). Em contrapartida, Aristóteles contrasta a dialética com a demonstração, pelas mesmas razões pelas quais contrasta a indução com o silogismo. A dialética é, para Aristóteles, uma forma não-demonstrativa de conhecimento: é uma "aparência de filosofia", mas não a própria filosofia. Daí que Aristóteles tenda a considerar num mesmo nível disputa, probabilidade e dialética. A dialética, de acordo com Aristóteles, é disputa, e não ciência; probabilidade, e não certeza; "indução", e não propriamente "demonstração". Ocorre até mesmo que a dialética seja tomada por Aristóteles num sentido pejorativo, não apenas como um saber do meramente provável, mas como um "saber" (que é, evidentemente, um "pseudo-saber") do aparentemente tomado como real. Daí que Aristóteles chegue a chamar de "dialético" o silogismo "erístico", no qual as premissas não são sequer prováveis, mas só parecem prováveis.

O sentido positivo da dialética ressurgiu, em compensação, com o neoplatonismo, que entendeu por ela o modo de subida a realidades superiores, ao mundo inteligível. O sistema de Proclo, particularmente, utilizou como método universal a dialética na forma platônica. A dialética, diz Plotino, é uma *parte* da filosofia e *não* mero instrumento dela. Também entre os estóicos a dialética era um modo "positivo" de conhecimento; segundo Diógenes Laércio (VII, 43), a dialética nos estóicos se divide em "temas do discurso" e "linguagem", sendo necessário defender essa "dialética" dos ataques dos céticos (cf. Epicteto, *Discursos*, I, vii, viii, xvii, e especialmente II, xx, xxv). Na Idade Média, a dialética foi objeto de sentenças muito variadas. Por um lado, ela chegou a formar, ao lado da gramática e da retórica, o *Trivium* das artes liberais. Enquanto tal, era uma das *artes sermocinais*, isto é, uma das artes que se referem ao método e não à realidade. Por outro lado, constituiu (por exemplo, no *Didascalion*, de Hugo de São Vítor) uma das partes da chamada *logica dissertiva*, que se propõe elaborar a demonstração probatória (ver CIÊNCIAS [CLASSIFICAÇÃO DAS]). Por fim, constituiu o modo próprio de acesso intelectual ao que podia ser conhecido do reino das coisas críveis, dos *credibilia*. Assim, alguns entenderam por dialética não apenas o modo de estimular a mente, mas a maneira de *a falsis vera discernere*. A interpretação do exercício dialético como uma logomaquia e a insistência na dialética por parte de alguns disputadores (Anselmo de Cantuária, Berengário de Tours) deram origem, contudo, a uma forte reação antidialética por parte daqueles que, como São Pedro Damião, viam em seu uso o desconhecimento da onipotência divina. A discussão sobre o papel da dialética foi também acalorada na época de Abelardo, situado entre os dialéticos extremos e os extremos antidialéticos ao transformar a dialética em método crítico da escolástica. Mais tarde, a dialética readquiriu um sentido pejorativo, ao longo da comparação da dialética com a sofística, mas já no século XIII tendeu-se a estabelecer uma distinção entre elas. Santo Tomás, por exemplo, admitiu a definição aristotélica, mas ao mesmo tempo considerou a dialética uma parte justificada da lógica. De fato, a dialética foi se transformando mais e mais em lógica *simpliciter*. No Renascimento, em contrapartida, foi freqüente a rejeição da dialética, interpretada em muitas ocasiões como designando o conteúdo formal da lógica aristotélica.

A exposição anterior das concepções da dialética e dos juízos sobre ela desde as suas origens até o começo da época moderna é confirmada pelos vários usos do termo 'dialética'. O próprio nome foi transmitido aos filósofos medievais por Marciano Capella, que intitulou *De arte dialectica* o Livro III de sua obra *De nuptiis Philologiae et Mercurii*, e por Boécio, que intitulou *De dialectica* o capítulo III de sua obra *De artibus ac disciplinis liberalium litterarum*.

Para Isidoro de Sevilha, a dialética e a retórica são partes da lógica, ou disciplina racional. A dialética permite distinguir o verdadeiro do falso. Depois de Isidoro, não é pouco freqüente que *dialectica* substitua *logica* enquanto aquilo que o citado Marciano Capella denominou já *ars artium*.

No século XII a dialética é a arte de raciocinar. Alguns a consideram a maneira de encontrar a verdade; outros, o modo de produzir sofismas contrários à fé. O *Ars disserendi*, de Adão de Balsham (Adam Balsamiensis, "Parvipontanus"), do século XII, foi chamado de *Dialectica* (*Dialectica Alexandri*). Embora o próprio autor não tenha usado os termos *dialectica* ou *dialecticus*, isso se deve provavelmente ao fato de evitar o emprego de vocábulos gregos quando podia encontrar expressões latinas que se aproximassem deles ou os substituíssem (cf. L. Minio-Paluello, ed. do *Ars disserendi* em *Twelfth Century Logic. Texts and Studies*, I [1956], p. xxiii; do mesmo autor, "The 'Ars Disserendi' of Adam of Balsham 'Parvipontanus'", *Mediaeval and Renaissance Studies*, III [1954], 116-169). O conteúdo do texto, porém, é "dialético" no sentido de Capella e de Boécio. Trata-se nele das formas de *dissertatio* e dos *dicendi genera* (a natureza dos enunciados, as formas destes, o que designam, as "designações sofísticas" etc.). Uma parte da lógica de Abelardo é também denominada *Dialectica*. E se, nos séculos XIII e XIV, o nome *Logica* voltou com freqüência a ser usado designando aproximadamente o mesmo conteúdo da "Dialética" anterior (por exemplo, na pseudo-aquiniana *Summa totius logicae Aristotelis*; nas *Summulae logicales*, de Pedro Hispano; na *Summa totius logicae*, de Guilherme de Ockham), no século XVI tornou a predominar — entre os que seguiam as orientações "clássicas" e rejeitavam, por conseguinte, as críticas céticas renascentistas — o termo 'dialética'. Heinrich Scholz (*Geschichte der Logik*, 1931, p. 8) enumera uma série de obras publicadas neste século na qual tal nome aparece: as três edições dos escritos lógicos de Melanchton (VER) — *Compendiaria dialectices ratio*, 1520; *Dialectices libri quattuor*, 1528; *Erotemata dialectices*, 1547; a obra de Petrus Ramus (VER) (Pierre de la Ramée) — *Dialecticae Partitiones*, 1543; *Institutiones dialecticae*, 1547; *Scholae dialecticae*, 1548; *Dialectique*, 1553; as *Institutiones dialecticarum libri octo*, 1564, de Pedro Fonseca (VER). Acrescentemos a essa lista a *Dialectica Resolutio cum textu Aristotelis* de Frei Alonso de la Vera Cruz, publicada no México em 1554. Apenas no século XVII voltou a predominar o uso do termo 'lógica' pela maioria dos autores (discípulos centro-europeus de Suárez; Leibniz e filósofos por ele influenciados; ocasionalistas; autores de Port-Royal; lógicos e matemáticos diversos etc.). De resto, é corrente em vários filósofos do século XVII uma crítica dos procedimentos dialéticos. Assim, por exemplo, Descartes explica nas *Regulae* (X) por que omite "os preceitos pelos quais os dialéticos pensam governar a razão humana" prescrevendo-lhe certas formas de raciocínio que conduzem a conclusões que a razão não pode deixar de negar. Isso se deve, em sua opinião, ao fato de que a verdade escapa com freqüência dessas cadeias de raciocínio. "Os dialéticos" — escreve Descartes — "não podem formar nenhum silogismo em regra que desemboque numa conclusão verdadeira se previamente não tiveram a matéria, isto é, se não conheceram antes a própria verdade que deduzem de seu silogismo."

O sentido pejorativo da dialética foi comum no século XVIII. Assim, Kant considerou a lógica geral enquanto *Organon* como uma "lógica da aparência, isto é, dialética", pois ela "nada ensina sobre o conteúdo do conhecimento e se limita a apenas expor as condições formais da conformidade do conhecimento com o entendimento" (*KrV*, B 86). A crítica da aparência dialética constitui a segunda parte da lógica transcendental, isto é, a dialética transcendental, título que, segundo Kant, a define "não como arte de suscitar dogmaticamente essa aparência, mas como crítica do entendimento e da razão em seu uso hipercrítico". Daí que a terceira parte da *Crítica da razão pura*, a "Dialética transcendental", seja a crítica desse tipo de aparência que não procede da lógica nem da experiência, mas da razão na medida em que pretende ultrapassar os limites impostos pela possibilidade da experiência — limites traçados na "Estética transcendental" e na "Analítica transcendental" — e aspira a conhecer por si só, e segundo seus próprios princípios, o mundo, a alma e Deus.

O sentido platônico da dialética ressurge em Schleiermacher, que considera esse método a única possibilidade de conduzir a uma identificação do pensar com ser verdadeiro. "A dialética contém os princípios do filosofar" (*Dialektik*, ed. L. Jonas, 1839, § 3). Daí que ela seja um *caminho*, mas um caminho que se diversifica, segundo os objetos de que trata, numa parte formal e numa parte transcendental. A dialética é, dessa maneira, aquilo que conduz continuamente o pensamento a seu fim único sem jamais chegar a ele, pois o conhecimento absoluto transcende toda dialética. Muito mais central é, evidentemente, o papel desempenhado pela dialética no sistema de Hegel. Entretanto, as dificuldades para se compreender o significado preciso da dialética no pensamento desse filósofo são consideráveis. Com efeito, dialética significa em Hegel, de início, o momento negativo de toda realidade. Dir-se-á que, por ser a realidade total de caráter dialético — em virtude da identidade prévia entre a realidade e a razão, identidade que faz do método dialético a própria forma em que a realidade se desenvolve —, esse caráter afeta o mais positivo dela. E se levamos em conta a onipresença dos momentos da tese, da antítese e da síntese em todo o pensamento de Hegel, e o fato de que apenas pelo processo dialético do ser e do pensar o concreto pode ser absorvido pela razão, inclinar-nos-emos a considerar a dialética sob uma significação univocamente positiva. Contudo, tão logo nos atemos aos resultados mais gerais que se depreendem da filosofia de Hegel, observamos que o dialético representa, diante do abstrato, a acentuação de que essa abstração não é senão a realidade morta e esvaziada de sua própria substância. Para que isso não aconteça, o real deve aparecer sob um aspecto no qual se negue a si mesmo. Esse aspecto é justamente o dialético. Daí que a dialética não seja a forma de toda a realidade, mas aquilo que lhe permite alcançar o caráter verdadeiramente positivo. Isto foi afirmado por Hegel de maneira muito explícita: "O *lógico*" — escreve — "possui em sua forma três aspectos: *a*) o *abstrato* ou *intelectual*; *b*) o *dialético* ou *negativo-racional*; *c*) o *especulativo* ou *positivo-racional*." Mas não apenas isso. O mais importante é que "esses três aspectos não constituem três *partes* da Lógica, mas são *momentos* de todo o *lógico-real*" (*Enzyklopädie*, § 79). Assim, o que tem realidade dialética é o que tem a possibilidade de *não* ser abstrato. A dialética é, em suma, o que torna possível o desenvolvimento e, por conseguinte, o amadurecimento e a realização da realidade. Somente nesse sentido se pode dizer que, para Hegel, a realidade é dialética. O que importa nessa dialética do real, porém, é menos o movimento interno da realidade que o fato de que essa realidade atinja necessariamente sua plenitude em virtude desse seu movimento interno. Em outras palavras: Hegel não se declara "partidário" da dialética por sentir uma irreprimível tendência a ver a realidade do ponto de vista do movimento, mas por aspirar a ver a realidade do ponto de vista do movimento porque somente este lhe permitirá verdadeiramente realizá-la. Portanto, é a "realidade realizada" o que interessa a Hegel, e não apenas o movimento dialético que a realiza. Por conseguinte, não apenas está na base da dialética de Hegel uma ontologia do real, como também, além disso — e sobretudo —, essa ontologia se baseia numa vontade de salvação da própria realidade no que esta tenha de real, isto é, para continuar empregando o vocabulário de Hegel, no que tenha de positivo-racional ou de "especulativa". Sua dialética opera mediante tríades, das quais indicamos a seguir as *principais*:

A Idéia articula-se na tríade (1) Ser, (2) Essência e (3) Conceito. O *Ser*, na tríade (A) Qualidade, (B) Quantidade e (C) Medida. A Qualidade, em (a) Ser indeterminado, (b) Ser determinado e (c) Ser para si. O Ser indeterminado, em (α) Ser puro, (β) Nada e (γ) Devir. O Ser determinado em (x) Isto, (y) Outro e (z) Mudança. O Ser para si, em (f) Uno, (g) Repulsão e (h) Atração. A *Essência*, em (A) Reflexão de si, (B) Aparência e

(C) Realidade. A Reflexão de si, em (a) Aparência, (b) Determinações reflexivas e (c) Razão. O *Conceito*, em (A) Conceito subjetivo, (B) Conceito objetivo e (C) Idéia. E a Idéia, em (a) Vida, (b) Conhecimento e (c) Idéia absoluta.

A noção de dialética, o método dialético e, às vezes, a chamada "lógica dialética" são centrais no marxismo (VER), ou, melhor dizendo, em muitas das formas que a tradição marxista adotou, incluindo nela correntes consideradas por alguns apenas parcialmente marxistas. Um caráter comum a quase todos os pensadores marxistas é o fato de fazer da dialética um método para descrever e entender não o autodesenvolvimento da "Idéia", como em Hegel, mas a realidade enquanto realidade "empírica". Isso pode afetar todas as realidades, incluindo as naturais, ou somente — e, às vezes, principalmente — a realidade social humana. A forma mais simples e básica de "filosofia dialética" é a adotada pelo que foi considerado durante certo tempo como o marxismo "ortodoxo" soviético. Lenin e, sobretudo, Stálin — seguidos durante algum tempo pelos filósofos soviéticos "oficiais" e pelos que refletiam as orientações destes últimos — insistiram em que "a dialética" é o que já Engels disse dela: "A melhor ferramenta e a arma mais afiada" para realizar os propósitos revolucionários do Partido. Com efeito, o uso da dialética permite, na opinião desses autores, compreender o fenômeno das mudanças históricas (materialismo histórico) e das mudanças naturais (materialismo dialético). Todas essas mudanças são regidas pelas "três grandes leis dialéticas": a lei da negação da negação, a lei da passagem da quantidade à qualidade, e a lei da coincidência dos opostos. Essas leis permitem, no entender dos marxistas, afirmar 'S é P' e ao mesmo tempo negar 'S é P', pois eles assinalam que, se 'S é P', isto pode ser verdadeiro no tempo t, e não ser verdadeiro no tempo t_j. Vários autores argumentaram a esse respeito que isso representa unicamente a afirmação conjunta de contrários, mas não de contraditórios. Os marxistas "oficiais", porém, insistiram em que as leis dialéticas citadas representam uma verdadeira modificação das leis lógicas formais, e que, portanto, os princípios de identidade, de contradição e do terceiro excluído não regem a lógica dialética. Por esse motivo, a lógica formal (não-dialética) foi ou inteiramente rejeitada ou considerada uma lógica de nível inferior, apta apenas a descrever a realidade em sua fase estável. Nas últimas décadas houve por parte dos filósofos marxistas oficiais certas mudanças em suas concepções da dialética. Por um lado, alguns tentaram mostrar que as leis dialéticas podem ser axiomatizadas. Por outro, houve um crescente reconhecimento da importância da lógica formal (não-dialética). Os motivos dessa mudança são complexos, especialmente porque muitos são de índole política e não estritamente filosófica. Como resultado disso, o conceito de dialética na filosofia marxista ficou ainda mais obscurecido que o usual. Não se pode afirmar, com efeito, se a dialética é um nome para a filosofia geral, que inclui a lógica formal como uma de suas partes, ou se é um reflexo da realidade, ou se é simplesmente um método para a compreensão desta. Produziram-se mudanças importantes em todos esses pontos já a partir dos artigos de Stálin de 1950 acerca do marxismo na lingüística: os artigos in-titulados *Sobre várias questões de lingüística. Resposta à camarada Krachénnikovoi*, publicados em *Boltchévik*, número 12.

Depois da morte de Stálin (1953), aumentaram na União Soviética e nos chamados "países comunistas" as discussões acerca da natureza, do significado e do alcance da dialética, em particular do método dialético e da lógica dialética. O quadro resultante dessas discussões é muito complexo, porque se deveria inserir nele o pensamento de autores cuja obra se desenvolveu no âmbito do "período stalinista", como Lukács e Gramsci, mas que, independentemente de sua maior ou menor "ortodoxia política" do ponto de vista dos correspondentes Partidos Comunistas, não cabe encaixar no quadro da filosofia soviética "oficial". Esses autores contribuíram para manter vivo o espírito de debate e para renovar as idéias sobre a função da dialética. A isso se acrescentam elementos tão diversos quanto a interpretação e a "adaptação" do marxismo a outros países e a outras condições sociais, como ocorre com o maoísmo chinês, e as análises dos "frankfurtianos", incluindo a noção de "dialética negativa" elaborada por Adorno (cf. *infra*). Em todo caso, muitos dos próprios filósofos "oficiais" soviéticos se deram conta da importância de esclarecer a noção, que fora excessivamente simplificada, das "leis dialéticas". É interessante destacar os problemas suscitados ao enfatizar que o caráter científico do marxismo tem de fazer-se acompanhar do desenvolvimento das ciências naturais, assim como do das formais. O caso da lógica formal adiante — a que nos referiremos mais detalhadamente — é muito ilustrativo. Durante certo tempo, os materialistas dialéticos mais "ortodoxos", especialmente os soviéticos, procuraram escamotear as dificuldades suscitadas a esse respeito mostrando quais seriam as conseqüências de não se ater com o devido rigor às citadas leis. Desviar-se demais da dialética destruiria a doutrina. Mas, além disso, obrigaria a admitir a existência de inconsistências nas mudanças de cunho político e as subseqüentes modificações no pensamento filosófico (ver A. Philipov, *op. cit. infra*). Nos últimos anos, em contrapartida, enfrentou-se a questão de modo mais direto e leal, como se manifestou nas discussões sobre o princípio de contradição ao qual nos referimos em outro ponto (ver CONTRADIÇÃO). As críticas suscitadas no âmbito do materialismo dialético dessa perspectiva levaram alguns intérpretes a crer que chegará um momento em que os materialistas dialéticos, percebendo que não é possível harmonizar a lógica formal e a lógica dialética, decidirão desapegar-se definitivamente da última. Em todo caso, atenuarão tanto o papel da dialética que, no final, esta será um mero nome, ou uma espécie de "máscara". Entretanto, as coisas não são tão simples. É provável, por exemplo, que, enquanto no nível da formalização lógica e matemática os materialistas dialéticos dêem pouca atenção à dialética e à sua lógica, no que diz respeito à referência ao real — especialmente à realidade humana e social — a dialética continue a ser considerada um instrumento eficaz de conhecimento e, em particular, de transformação.

Entre os autores que se dedicaram mais criticamente à dialética, sem por isso abandonar a tradição marxista — muito pelo contrário, procurando reavivá-la —, mencionaremos Sartre e Adorno. Sartre considera que, diferentemente do "princípio científico de racionalidade", a dialética tem consciência de suas próprias características: "O conhecimento dialético é, de fato, conhecimento da dialética" (*Critique de la raison dialectique*, I, 1960, p. 119). "A dialética é um método e um movimento no objeto; ela se funda, no dialético, numa afirmação básica que se refere ao mesmo tempo à estrutura do real e à de nossa *práxis*" (*loc. cit.*). Ao contrário do cientista, que considera a razão como independente de todo sistema racional particular, o dialético, de acordo com Sartre, se coloca dentro de um sistema que aspira a superar todos os modelos de racionalidade e integrá-los: "A razão dialética não é nem razão constituinte nem razão constituída — é a razão na medida em que se constitui no mundo e pelo mundo mediante a dissolução nela de todas as razões constituídas a fim de constituir novas razões que, por sua vez, ela supera e dissolve" (*loc. cit.*). A razão dialética constitui um todo que deve fundar-se a si mesmo. Essa autofundação deve realizar-se dialeticamente (*op. cit.*, p. 130). A razão dialética não deve ser dogmática, mas crítica. O dogmatismo dialético leva a uma pseudocompreensão da realidade esquemática e abstrata. A dialética crítica, em contrapartida, "descobre-se e funda-se na e pela *práxis* humana" (p. 129). Isso permite dizer que "o materialismo histórico é sua própria prova no meio da racionalidade dialética, mas que não funda essa racionalidade, mesmo, e sobretudo, se restitui à história seu desenvolvimento como razão constituída" (p. 134). Em suma: a dialética "não possui outras leis senão as regras produzidas pela totalização em curso" (p. 139). Pode-se observar que Sartre se refere principalmente à realidade humana e social, e não à natural.

Durante o século passado e o presente, foi enorme a quantidade de tendências nas quais a noção de dialética ou alguma forma de método dialético desempenharam um papel importante. Algumas dessas tendências entenderam a 'dialética' de uma maneira "clássica", e especificamente platônica, como foi o caso, como vimos, de Schleiermacher. Este foi também o caso do Padre Gatry, que propôs um procedimento dialético ou "indutivo" de ascenso ao inteligível. Outras tendências seguiram mais ou menos fielmente os passos de Hegel ou de alguma forma de idealismo, como McTaggart, Croce e Gentile (sobre Gentile, cf. *infra*). Diferente de ambas as tendências é o movimento "neodialético" da Escola de Zurique (VER), encabeçada por Ferdinand Gonseth, com seu órgão, a revista *Dialectica*, publicada a partir de 1917. Trata-se de uma dialética não-especulativa e colocada sob a idéia dominante de "experiência perfectível". Em vários casos, o termo 'dialética' foi usado numa acepção extremamente geral; isso ocorre quando o autor desta obra certa vez qualificou sua própria "doutrina" filosófica com o nome de "empirismo dialético", dando a entender com isso que os conceitos-limite com os quais se opera no esquema conceitual proposto se contrapõem, ou, melhor dizendo, se "entrecruzam". Em alguma medida, há uma "dialética de conceitos-limite", mas seria igualmente próprio, se não mais próprio, falar a esse respeito de uma complementaridade ou de uma possibilidade de integração.

Entre as numerosas tentativas de reconstruir um pensamento orientado dialeticamente, podem-se mencionar as de Arthur Liebert e de J. Cohn. Liebert considera a dialética fundamento de toda filosofia, mas ao mesmo tempo avalia que a dialética não é um conjunto de operações meramente formais, nem tampouco um processo material transcendente a todo pensamento, mas a forma íntima de relação da realidade e do conceito, e, ao mesmo tempo, o modo peculiar de desenvolvimento da unidade dessas instâncias. Cohn, por sua vez, inclina-se para uma dialética mais próxima do conceito hegeliano, mas sem absorver todos os momentos num panlogismo; muito pelo contrário, ele procura fundir os momentos lógicos num todo concreto. Não obstante, estes tipos de dialética são ainda, como Gentile diria, dialéticas do "pensamento pensado" e não do "pensamento pensante". Com efeito, segundo Gentile, o primeiro tipo de pensamento supõe o último, que em sua *attuosità*, que é devir e desenvolvimento, "põe como seu objeto próprio o idêntico, mas isso justamente graças ao processo de seu desenvolvimento, que não é identidade, isto é, unidade abstrata, mas unidade e multiplicidade ao mesmo tempo, identidade e diferença (...)" (*Teoria generale dello Spirito*, IV, § 7). Por isso, a dialética não se baseia aqui, como em Hegel, na eliminação das leis lógicas tradicionais. E por isso também a dialética pensante é a única capaz, de acordo com Gentile, de romper o quadro do "devir" aristotélico, que continua apegado à realidade realizada e, por conseguinte, é incapaz de compreender a realidade realizante da história. A crítica da dialética platônico-aristotélica por parte do idealismo contemporâneo, e especialmente do atualismo, baseia-se, portanto, numa unilateral interpretação estaticista da noção do ato (VER) e no esquecimento do sentido dinâmico que tinha esse conceito já na filosofia "clássica".

A suposição de que o desenvolvimento dialético não se limita ao pensamento filosófico, atingindo também o domínio da ciência — inclusive da ciência exata —, foi estabelecida por Bogumil Jasinowski, que assinalou ("Science et Philosophie", *Scientia*, maio de 1938) que tanto a ciência como a filosofia estão submetidas a uma espécie de dialética universal, e recebem, ambas, sentido de seu passado. "Por isso" — escreve Jasinowski —, "tanto quanto a filosofia, a ciência de hoje não parece poder eliminar sua própria história". No decorrer dessa história, declara-se o mencionado processo dialético, ou, melhor dizendo, uma "síntese dialética das oposições" que pode ser comprovada, segundo Jasinowski, no próprio desenvolvimento da nova física que desembocou na mecânica ondulatória, de tal modo que o próprio Louis de Broglie reconheceu a existência desse processo dialético como fundo sobre o qual se destacou sua própria fundamentação da citada mecânica.

O conceito da dialética tem maior amplitude num autor contemporâneo, Mortimer J. Adler (nasc. em 1902), que propôs uma *Summa dialectica* que seja para nossa época o resumo e a assimilação do pensamento ocidental. De acordo com Adler, esse resumo tem de ser dialético e não histórico, pois a *Summa dialectica* tem de ser a exposição de argumentos implicados em teorias, sistemas e filosofias de que a história guardou indícios mas não soube conservar. Na opinião de Adler, isso permitiria limitar igualmente o dogmatismo e o historicismo. Pode-se dizer algo análogo de G. E. Müller, que apresentou uma teoria dialética como expressão da tensão criadora das forças da vida.

Robert Heiss (*op. cit. infra*) afirma que a dialética não tem por que seguir (como ocorreu com freqüência no passado) os passos da lógica. A partir de Kant (o primeiro que, segundo Heiss, teve consciência do processo do pensar dialético como processo *sui generis*), observou-se que o modo de pensar dialético possui uma legitimidade própria. Esta firmou-se em Hegel com base no conhecimento da história, assim como em vários autores depois de Hegel com base no conhecimento de outras esferas do real e de múltiplas formas de expressão. O fenômeno fundamental de todo pensar dialético é, para Heiss, o movimento. Nesse sentido, todo pensar dialético segue Hegel na medida em que este "proclama a falta de verdade do fenômeno imediato em face do movimento" (*op. cit.*, p. 131). Heiss indica que há três princípios operativos da dialética: a negação, a contradição e a sucessão ou série (dialética).

Adorno propõe e desenvolve uma "dialética negativa" (ou a dialética como negação). Trata-se, de início, de uma negação (dialética) de todas as posições filosóficas adotadas, mas também das "adotáveis". Qualquer que seja o conteúdo abrangido pela dialética, tem de ser, de acordo com Adorno, um conteúdo "aberto". Por outro lado, todo conteúdo, por mais aberto que seja, pode levar a dialética a uma posição metafísica dogmática, eliminando com isso a exigência de negatividade da dialética. É preciso, pois, acentuar o caráter crítico e negativo desta, deixando até mesmo que ela se volte contra si mesma. "Pertence à definição da dialética negativa" — escreve Adorno no final de sua *Negative Dialektik*, 1966 — "o fato de nunca conseguir descansar em si mesma, como se fosse ela mesma total."

A grande quantidade de correntes que ou se declaram explicitamente como "dialéticas" ou que, de um modo ou de outro, levam em conta, ainda que de maneira crítica, as formas de pensamento dialéticas torna muito difícil uma classificação das "teorias dialéticas". Torna também muito difícil entender várias das discussões acerca da possibilidade, da impossibilidade, das condições etc. de uma "lógica dialética", assim como as discussões entre os que defendem uma "razão analítica" e os que defendem uma "razão dialética". Com efeito, quase todas essas discussões pressupõem por parte dos que nelas intervêm uma idéia mais ou menos definida do que se deve entender por 'teoria dialética', idéia que não pode ser esclarecida sem alguma classificação de tais teorias. Em geral, as discussões antes mencionadas se relacionam de alguma maneira com aspectos da dialética enfatizados por autores marxistas e prescindem de outras formas de entender a dialética, salvo algumas como as da Escola de Zurique; essa limitação, porém, ajuda a classificar e, com isso, a elucidar os tipos de teorias dialéticas. Dessa perspectiva, Gustavo Bueno (*Ensayos materialistas*, 1972) apresentou uma útil classificação dessas teorias em quatro tipos, com base na distinção entre material e formal, por um lado, e subjetivo e objetivo, por outro. Segundo Bueno, há: 1) teorias subjetivo-formais; 2) teorias subjetivo-materiais; 3) teorias objetivo-formais, e 4) teorias objetivo-materiais. 1) é o tipo de teoria em que a dialética é uma dialética do pensamento. Admita-se ou não "ontologicamente" tal dialética, cabe sempre a possibilidade de formalizá-la "analiticamente", ou, o que vem a ser o mesmo, cabe abordar o pensamento dialético mediante uma lógica formal não-dialética. 2) é o tipo de teoria em que a dialética não é tanto um processo lógico quanto um processo psicológico; a teoria em questão descreve e explica formas dialéticas de pensamento, individuais ou coletivas. 3) é o tipo de teoria que admite a dialética como um processo objetivo (embora não necessariamente "material") e ao mesmo tempo formal. 4) é o tipo de teoria que admite a dialética como a forma da realidade e do pensamento, sendo a primeira o fundamento do segundo.

O debate entre "razão analítica" e "razão dialética", quando se confinou a uma discussão entre "lógica formal" e "lógica dialética", pode ser entendido em função das teorias citadas. É possível então não admitir nenhuma teoria dialética; admitir uma e formalizá-la "analiticamente" — ou tratar a teoria dialética formalmente —, admitir uma teoria dialética tal que a "lógica dialética" seja primária em relação a toda "lógica formal"; admitir uma teoria dialética como suscetível de descrição e sem se preocupar se é ou não objeto de formalização. As posições "extremas" a esse respeito são ou a de que toda razão é "analítica" e (em qualquer caso) toda lógica é formal, ou a de que toda razão é "dialética" e toda lógica é dialética. Em virtude da vaguidade usualmente atribuída ao termo 'dialética', contudo, fica ainda pouco claro se "a dualidade 'lógica formal'-'lógica dialética'" pode submeter-se a discussão inteligível (sobre a classificação de Gustavo Bueno e uma defesa da "dialetização da lógica", ao contrário de toda tentativa de "formalizar a dialética", ver o trabalho de Julián Velarde L., "Lógica y dialéctica", *Teorema*, IV, 2 [1974], 177-197).

É plausível supor que quase sempre que se fala de lógica dialética se entende 'lógica' num sentido tão diferente do "normal" que não corresponde ao que se faz no domínio dessa ciência. Entende-se, sobretudo, como uma espécie de racionalização de um tipo de "pensamento" distinto do pensamento "lógico". Mas isso supõe que a lógica é uma disciplina encarregada de articular e racionalizar tipos de "pensamento", coisa que a lógica não faz. Em vários dos escritos do autor desta obra insistiu-se na "neutralidade" da lógica — entendida única e univocamente como "lógica formal" — no sentido de que a lógica não organiza um "material" preexistente, seja ou não "dialético", nem constitui uma série de normas. Uma idéia análoga foi expressa por Alfredo Deaño (*Introducción a la lógica formal. La lógica de enunciados*, 1974, p. 12), que afirma que "a lógica — enquanto tal, e independentemente dos usos que dela se fizeram ou se pretendam fazer — é somente uma ciência: nem administra nem prescreve. Limita-se a apresentar de maneira formalizada as leis às quais a mente humana se atém quando se dedica a raciocinar". Isto não é incompatível com recorrer a partes da lógica (formal) como "modelos" nem tampouco com o reconhecimento de que certas exigências da investigação empírica estimulam a lógica — assim como o fazem com a matemática — a desenvolvimentos que possivelmente não ocorreriam caso se insistisse não apenas na "neutralidade" da lógica, mas também em sua "auto-suficiência" no processo de desenvolvimento (ver, do autor, *Cambio de marcha en filosofía*, 1974, pp. 94-95).

Tudo isso equivale a dizer que, qualquer que seja a proporção de elementos "dialéticos" que se descubram na descrição de realidades — especialmente de processos humanos e sociais —, no momento da formalização dos enunciados correspondentes esta terá de ser feita de acordo com a lógica, isto é, com a lógica formal.

⮕ Obras filosóficas gerais: Julius Bahnsen, *Der Widerspruch im Wissen und Wesen der Welt. Prinzip und Einzelbewährung der Realdialektik*, 2 vols., 1878. — Barón Carr von Brockdorff, *Diskontinuität und Dialektik*, 1914. — Jonas Cohn, *Theorie der Dialektik. Formenlehre der Philosophie*, 1923. — E. Lasbax, *Cahiers de synthèse dialectique. La Dialectique et le Rythme de l'Univers*, 1925. — Siegfried Behn, *Romantische oder klassische Dialektik? Vergleichende Dialektik des antinomischen Widerspruchs*, 1925. — Mortimer J. Adler, *Dialectic*, 1927. — Arthur Liebert, *Geist und Welt der Dialektik. I. Grundlegung der Dialektik*, 1929. — Aimé Forest, *La réalité concrète et la dialectique*, 1931. — Siegfried Marck, *Die Dialektik in der Philosophie der Gegenwart*, 2 vols., 1929-1931. — Max Raphaël, *Zur Erkenntnistheorie der konkreten Dialektik*, 1934. — Karl R. Popper, "What is Dialectic?", *Mind*, N. S., 49 (1940), 403-426. — Germaine Van Molle, *La connaissance dialectique et l'expérience existentielle*, 1946. — E. Victor Visconte, *A dialética transcendental e suas conseqüências*, 1946. — VV. AA., *Pouvoir de l'Esprit sur le réel. Les deuxièmes entretiens de Zürich sur l'idée de dialectique*, 1948. — Paul Foulquié, *La dialectique*, 1949. — G. E. Müller, *Dialectic: A Way Into and Within Philosophy*, 1953. — F. Mercadante, *Il problema della verità e la dialettica*, 1953. — M. Merleau-Ponty, *Les aventures de la dialectique*, 1955. — C. Capone Braga, *Della dialettica*, 1955. — A. Marc, P. Ricoeur, K. Axelos et al., *Aspects de la dialectique*, 1956. — G. E. Müller, *Interplay of Opposites: A Dialectical Ontology*, 1956. — B. Jasinowski, art. cit. supra, e *Saber y dialéctica*, 1957. — Hermann Wein, *Realdialektik. Von hegelscher Dialektik zu dialektischer Anthropologie*, 1957; reimp., 1964. — L. Sichirollo, *Logica e dialettica*, 1957. — R. Heiss, *Wesen und Formen der Dialektik. Einführung in das dialektische Denken*, 1959. — Jean-Paul Sartre, *Critique de la raison dialectique* [precedido de "Questions de méthode"], t. I: *Théorie des ensembles practiques*, 1960. — Louis Lavelle, *Manuel de méthodologie dialectique*, 1962. — Carlos Astrada, *La doble faz de la dialéctica*, 1962. — J. Coufal, M. Suchy et al., *Das dialektische Gesetz*, 1964. — Gottfried Stiehler, *Formen und Funktionen des dialektischen Widerspruchs*, 1966. — Francisco Vázquez, *La dialéctica, método de la filosofía. Fundamentos de uma metafísica crítica*, 1966. — Almir de Andrade, *As duas faces do tempo: Ensaio crítico sobre os fundamentos da filosofia dialética*, vol. 1, 1971. — Dominique Dubarle e André Doz, *Logique et dialectique*, 1972. — Bruno Leibrucks, *Erkenntnis und Dialektik. Zur Einführung in eine Philosophie von der Sprache her*, 1972. — Roland Simon-Schaefer, *Dialektik. Kritik eines Wortgebrauchs*, 1973. — A. Deaño, X. Rubert de Ventós *et al.*, artigos sobre "Análisis y Dialéctica", *Revista de Occidente*, 2ª época, n. 138 (setembro de 1974). — Wolfgang Rod, *Dialektische Philosophie der Neuzeit*, 2 vols., 1974. — VV.AA., *Dialectiques/Dialectics*, 1975, ed. Chaïm Perelman (Entretiens de Varna, 15-22 de setembro de 1973). — Gotthard Günther, *Beiträge zur Grundlegung einer operationsfähigen Dialektik*, 2 vols., 1976-1977. — N. Rescher, *Dialectics: A Controversy-Oriented Approach to the Theory of Knowledge*, 1977. — É. Balibar, G. Besse, J.-P. Cotteb, P. Jaglé, G. Labica, J. Texier, *Sur la dialectique*, 1977 (seis conferências, Paris, 1975). — J. Israel, *The Language of Dialectics and the Dialectics of Language*, 1979. — F. Kaulbach, H. Röttges *et al.*, *Konzepte der Dialektik*, 1981, ed. W. Becker e W. K. Essler. — R. Valls Plana, *La dialéctica. Un debate histórico*, 1981. — A. J. Bahm, *Polarity, Dialectic and Organicity*, 1988. — A. K. Min, *Dialectic of Salvation: Issues in Theology of Liberation*, 1989.

Uso do termo: Roland Simon-Schaefer, *op. cit. supra.*

Para a história da dialética: Michele Losacco, *Storia della Dialettica*, I, 1922. — E. Victor Visconte, *A evolução do pensamento dialético*, 2ª ed., 1944. — Zevedei Barbu, *Le développement de la pensée dialectique*, 1947. — Paul Sandor, *Histoire de la dialectique*, 1948. — N. Abbagnano, E. Paci *et al.*, *Studi sulla dialettica*, 1958; reimp. 1969.

Para a dialética nos gregos: Julius Stenzel, *Studien zur Entwicklung der platonischen Dialektik von Sokrates zu Aristoteles*, 1917. — A. Szabo, "Beiträge zur Geschichte der griechischen Dialektik", *Acta antigua*, 1 (1952), 377-410. — *Id.*, "Zur Geschichte der Dialektik des Denkens", *ibid.* 2 (1953), 17-57. — Branko Bosnjak, *Logos i dijalektika*, 1961. — L. Sichirollo, *Storicità della dialletica antica*, 1965. — *Id.*, ΔΙΑΛΕΓΕΣΘΑΙ-*Dialektik. Von Homer bis Aristoteles. Mit einem Anhang über Hegel und die Antike*, 1966. — J. Wolff, "Die platonische Dialektik, ihr Wesen und ihr Wert für die menschliche Erkenntnis", *Zeischrift für Philosophie and philosophische Kritik*, 64 (1874); 65 (1874); 66 (1875). — Richard Robinson, *Plato's Earlier Dialectic*, 1941. — V. Goldschmidt, *Le paradigme de la dialectique platonicienne*, 1947. — B. Liebrucks, *Platons Entwicklung zur Dialektik*, 1949 (sobretudo à luz da relação entre Platão e Parmênides). — A. de Marignac, *Imagination et dialectique*, 1951 (sobre Platão). — R. Loriaux, *L'Être et la Forme selon Platon. Essai sur la dialectique platonicienne*, 1955. — L. Sichirollo, *Antropologia e dialettica nella filosofia di Platone*, 1957. — Juan Antonio Nuño Montes, *La dialéctica platónica. Su desarrollo en relación con la teoría de las formas*, 1962. — Rainer Marten, *Der Logos der Dialektik. Eine Theorie zu Platons Sophistes*, 1965. — Gustav Emil Mueller, *Plato: The Founder of Philosophy as Dialectic*, 1965. — Lynn E. Rose, *Plato's Dialectic*, 1970. — Hermann Gundert, *Dialog und Dialektik zur Struktur des platonischen Dialogs*, 1971. — L. Sichirollo, *Giustificazioni della dialettica in Aristotele (ontologia, storia, politica)*, 1963. — J. D. G. Evans, *Aristotle's Concept of Dialectic*, 1977. — H. A. Overstreet, *The Dialectic of Plotinus*, 1909 (tese). — Marcel de Corte, "La dialectique de Plotin et le rythme de la vie spirituelle", *Revue de Philosophie* (1932), 323-367. — Rinaldi Nazzari, *La dialettica di Proclo e il sopravvento della filosofia cristiana*, 1921. — J. D. G. Evans, *Aristotle's Concept of Dialectic*, 1977. — G. E. L. Owen, *Logic, Science and Dialectic: Collected Papers in Greek Philosophy*, 1986, ed. M. Nussbaum.

Para a dialética em Scot Erigena: K. Samstag, *Die Dialektik des Johannes Scotus Erigena*, 1931 (tese).

Uso do termo 'dialéctica' na Idade Média: P. Michaud-Quantin, "L'emploi des termes *logica* et *dialectica* au moyen âge", em *Arts libéraux et philosophie au moyen âge*, 1969, pp. 855-862. — E. Stump, *Dialectic and Its Place in the Development of Medieval Logic*, 1989.

Dialética como lógica escolástica clássica: Thomas Gilby, *Barbara, Celarent: A Description of Scholastic Dialectic*, 1949.

Dialética em Petrus Ramus (Pierre de la Ramée): E. Wiesse, "Die Entwicklung der Dialektik bei Petrus Ramus", *Archiv für Geschichte der Philosophie*, 42 (1960), 36-72.

Dialética em Leibniz: Anna Simonovits, *Dialektisches Denken in der Philosophie von G. W. Leibniz*, 1968.

Para a síntese dialética em sentido kantiano: Erich Frank, *Das Prinzip der dialektischen Synthesis und die kantische Philosophie*, 1911 (*Kantstudien*. Ergänzungshefte 21). — Joachim Kopper, *Traszendentales und dialektisches Denken*, 1961 (*Kantstudien*. Ergänzungshefte 80) (trata também do problema em autores anteriores a Kant: Santo Anselmo, Eckhardt; e posteriores a Kant: Hegel). — G. Santinello, *Metafisica e critica in Kant*, 1965. — Heinz Heimsoeth, *Transzendentale Dialektik. Kommentar zu Kants* Kritik der reinen Vernunft, 4 vols., 1966-1971.

Para a dialética em Fichte: Pasquale Salvucci, *Dialettica e immaginazione in Fichte*, 1963.

Para a dialética em Schleiermacher: G. Wehrung, *Die Dialektik Schleiermachers*, 1920.

Para a dialética em sentido hegeliano: P. Janet, *Études sur la dialectique dans Platon et dans Hegel*, 1860. — Eduard von Hartmann, *Ueber die dialektische Methode. Historische-kritische Untersuchung*, 1868; reimp., 1962. — C. L. Michelet e G. H. Häring, *Historische-*

kritische Darstellung der dialektischen Methode, 1888. — E. Coreth, *Das dialektische Sein in Hegels Logik*, 1952. — E. Gennaro, *La rivoluzione della dialettica hegeliana*, 1954. — Bernhard Lakebrink, *Hegels dialektische Ontologie und die thomistische Analektik*, 1958. — Robert Heiss, *Die grossen Dialektiker des 19. Jahrhunderts. Hegel, Kierkegaard, Marx*, 1963. — Werner Becker, *Hegels Begriff der Dialektik und das Prinzip des Idealismus*, 1970. — Andries Sarlemijn, *Hegelsche Dialektik*, 1971. — Guillaume Guindey, *Le drame de la pensée dialectique: Hegel, Marx, Sartre*, 1974. — W. Hartkopf, *Der Durchbruch zur Dialektik in Hegels Denken, Studien zur Entwicklung der modernen Dialektik*, 1976. — P. Kondylis, *Die Entstehung der Dialektik. Eine Analyse der geistigen Entwicklung von Hölderlin, Schelling und Hegel bis 1802*, 1979. — T. Pinkard, *Hegel's Dialectic: the Explanation of Possibility*, 1988. — H. Williams, *Hegel, Heraclitus, and Marx's Dialectic*, 1989. — W. Desmond, *Beyond Hegel and Dialectic: Speculation, Cult, and Comedy*, 1992.

Para a dialética em Schelling: Erhard Oeser, *Die antike Dialektik in der Spätphilosophie Schellings. Ein Beitrag zur Kritik des Hegelschen Systems*, 1965. — Werner Hartkopf, *Die Dialektik in Schellings Transzendental- und Identitätsphilosophie. Studien zur Entwicklung der modernen Dialektik*, 1975.

Para a dialética em Kierkegaard: D. J. Gouwens, *Kierkegaard's Dialectic of the Imagination*, 1989.

Para a dialética em Proudhon: Chen Kuisi, *La dialectique dans l'oeuvre de Proudhon*, 1936.

Para a dialética no sentido marxista, ver a bibliografia de Marxismo e Filosofia soviética. Além disso (ou também): V. F. Asmus, *Dialéktitchéskiy materializm i logika*, 1924. — *Id., Logika*, 1947. — A. Varách, *Logika i dialéktika*, 1926. — A. K. Toporkov, *Elémentí dialéktitchéskoy logiki*, 1927. — VV. AA., *Dialéktitchéskiy i istoritchéskiy materializm*, ed. M. B. Mitin, 1934. — C. McFadden, *The Metaphysical Foundations of Dialectical Materialism*, 1938. — E. Walter, "Der Begriff der Dialektik im Marxismus", *Dialectica*, 1 (1947). — Artigos por V. I. Tchérkesov, I. I. Osmákov e M. S. Strogovitch em *Voprosí filosofii*, 1 (1948), nn. 2 e 3 (1950). — H. Lefèbvre, *Logique formelle, logique dialectique*, 1947; 2ª ed., 1969 (trad. br.: *Lógica formal e lógica dialética*, s.d.). — A. Philipov, *Logic and Dialectic in the Soviet Union*, 1952. — M. Cornforth, *op. cit.* em Marxismo, especialmente o vol. intitulado: *Materialism and the Dialectical Method*, II, 1953; ed. rev., 1962. — Eli de Gortari, *Introducción a la lógica dialéctica*, 1956; 2ª ed., 1959. — Helmut Ogiermann, *Materialistische Dialektik*, 1958. — Caio Prado Júnior, *Notas introdutórias à lógica dialética*, 1959. — Lucien Goldmann, *Recherches dialectiques*, 1959. — J.-P. Sartre, *op. cit. supra.* — Jean-Paul Sartre, Roger Garaudy, Jean Hyppolite, Jean-Pierre Vigier, J. Orcel, *Marxisme et Existentialisme. Controverse sur la dialectique*, 1962 [debate 7-XI1-1961]. — Karel Kosík, *Dialektika konkrétního*, 1963. — Robert Havemann, *Dialektik ohne Dogma?*, 1964. — Theodor W. Adorno, *Negative Dialektik*, 1966. — Eduard Huber, *Um eine "dialektische Logik". Diskussionen in der neueren Sowjetphilosophie*, 1966 (informe das disputas sobre lógica dialética na União Soviética entre 1956 e 1964). — Z. A. Jordan, *The Evolution of Dialectical Materialism*, 1967. — Enrique Tierno Galván, *Razón mecánica y razón dialéctica*, 1970. — Werner Becker, *Idealistische und materialistische Dialektik*, 1970. — R. Varró, *Dialektik in der lebenden Natur*, 1979. — F. Y. K. Soo, *Mao Tse-Tung's Theory of Dialectic*, 1981. — D. B. Low, *The Existential Dialectic of Marx and Merleau-Ponty*, 1987. Ver também a bibl. de Contradição e as obras de I. M. Bocheński e G. Wetter em Filosofia marxista na União Soviética. — A maioria das obras citadas neste último item foi escrita por partidários do materialismo dialético; outras (como as de McFadden, Philopov) são críticas.

Para a dialética em Lukács: István Mészarós, *Lukács' Concept of Dialectic*, 1972.

Para a dialética na escola de Frankfurt: S. Buck-Morss, *The Origin of Negative Dialectics: Th. W. Adorno, W. Benjamin and the Frankfurt Institute*, 1977.

Para a dialética em H.: D. Ingram, *Habermas and the Dialectic of Reason*, 1987. ◖

DIALEXEIS. Ver Anonymus Iamblichi.

DIÁLOGO. O diálogo foi com freqüência uma forma de expressão (ver) filosófica ou científico-filosófica. Encontramos exemplos a esse respeito em Platão, Santo Agostinho, Cícero, Galileu, Berkeley, Hume e, evidentemente, Sócrates (por meio de Platão). Às vezes, a forma do diálogo está oculta num aparente discurso contínuo. Vê-se isso em Plotino, que com freqüência pergunta e responde para si mesmo de forma "dialogal".

O diálogo filosófico não é uma forma literária entre outras que pudessem ser igualmente adotadas; ele responde a um modo de pensar essencialmente não-"dogmático", isto é, a um modo de pensar que procede "dialeticamente". Por isso, há uma estreita relação entre estrutura dialógica e estrutura dialética do pensar. Segundo Platão, aquele que sabe perguntar e responder é o prático ou especialista do diálogo, isto é, o "dialético" (*Crat.* 390 C). Platão afirma que a contemplação da realidade inteligível pela alma é efeito do conhecimento da "arte do diálogo" (*Rep.* VI 511 C), que é distinta da — e até oposta à — controvérsia sofística, na qual o diálogo é mera disputa e não processo cognoscitivo. No processo dialógico ou dialético há divisão e generalização (*Phaed.*, 266 B): o diálogo é um método rigoroso de conceptualização.

Nem todos os autores que, depois de Sócrates e de Platão, usaram o diálogo como forma de expressão filosófica fundaram-no em determinada forma de pensar, e muito menos numa estrutura "dialética" completa. Em todo caso, nem todos eles refletiram, além disso, sobre essa forma de pensar como tal. Por outro lado, na época contemporânea manifestou-se muito interesse pelas questões de índole "dialógica". A maioria dos autores que se ocuparam do problema da comunicação (VER) no sentido existencial e do chamado "problema do outro" (ver OUTRO [O]) referiu-se também à questão do diálogo. Destacamos entre eles Martin Buber, para quem o diálogo é uma "comunicação existencial" entre Eu e Tu. O silêncio pode então fazer parte do diálogo. Contudo, é preciso distinguir o diálogo autêntico do falso. O diálogo autêntico (quer implique ou não comunicação por meio de palavras) é aquele no qual se estabelece uma relação viva entre pessoas como pessoas. O diálogo falso (qualificado de "monólogo") é aquele no qual os homens crêem que se comunicam mutuamente, quando na verdade a única coisa que fazem é afastar-se uns dos outros. Uma forma de diálogo não autêntico, mas admissível, é o "diálogo técnico", no qual há somente comunicação de conhecimento objetivo (no mundo do "Isso"). Buber referiu-se à questão do diálogo em muitas de suas obras, mas é especialmente apropriado a esse respeito o tomo intitulado *Dialogisches Leben*, 1947 (*Vida dialógica*), que inclui *Eu e Tu* e vários escritos menores. Segundo Maurice S. Friedman, no livro *Martin Buber: The Life of Dialogue* (1955), cap. XIV, existe para Buber uma "esfera do 'entre'" (do "entre-humano" ou "inter-humano" [*das Zwischenmenschliche*]). "A participação de ambos os membros é o princípio indispensável a esta esfera, tanto se a reciprocidade é completamente efetiva como se é diretamente capaz de ser realizada mediante complementação ou intensificação. O desenvolvimento desta esfera é precisamente o que Buber chama 'o dialógico'."

Muitos outros autores de nosso século se ocuparam do problema do diálogo ou fizeram dele um dos fundamentos, e às vezes a principal base, tanto da expressão do pensamento como de toda a vida humana. Mencionaremos a esse respeito Unamuno, cuja preocupação com a polêmica e com o chamado "monodiálogo" constitui uma prova de que levou a atitude dialogística a suas últimas conseqüências ao colocá-la no próprio interior de cada ser humano; Eugenio d'Ors, que, como enfatizou José Luis L. Aranguren (*La filosofía de Eugenio d'Ors*, 1945, p. 113), bem poderia escrever que "eu sou meu diálogo" e que entende o pensamento como constante — mas harmoniosa e ordenado — movimento por meio do qual se efetuam a assimilação, a comunicação e a integração; Guido Calogero (*Logo e Dialogo*, 1950), que considera que o antigo sentido do diálogo como dialética flexível pode, e deve, ser incorporado ao pensamento atual; Aldo Testa (*Introduzione alla dialogica*, 1955; *La dialogica universale*, 1957; *Somma dialogica*, 1957), que desenvolveu uma "filosofia dialógica". De acordo com Testa, a linguagem tem sentido apenas na medida em que se funda "no encontrar-se recíproco do eu e do outro" (*La dialogica*, p. 19). Há quatro espécies básicas de diálogo: o natural, o educativo, o moral e o social. O conjunto de indivíduos "dialogantes" não é uma mera soma, mas uma realidade estrutural "vinculadora" (*Somma*, p. 27).

A noção de diálogo ocupa um lugar central em várias linhas da hermenêutica (VER) contemporânea. Collingwood já enfatizara que um problema não pode ser resolvido se não é entendido, e não é entendido se não se sabe que tipo de questão ele suscita. A pergunta e a resposta estão, dessa maneira, intimamente vinculadas. Hans-Georg Gadamer — que reconheceu o precedente de Collingwood de uma "lógica da pergunta e da resposta" — procura desenvolver essa lógica, mas sem limitá-la à compreensão do passado histórico. Pergunta e resposta circulam, por assim dizer, no âmbito do diálogo (*Gespräch*) hermenêutico e adquirem seu sentido dentro desse diálogo. No entanto, além disso, a chamada "resposta" não fecha o círculo, mas abre-o de novo, já que entender (compreender) uma pergunta é, por sua vez, outra pergunta. Pode-se falar de uma "dialética da pergunta e da resposta" (*Wahrheit und Methode*, 2ª ed., 1965, p. 359; trad. br.: *Verdade e método*, 1997). Essa dialética é um intercâmbio entre um sujeito que pergunta e um "objeto" que se desvela ou revela ao sujeito, mas somente porque o sujeito está, por assim dizer, disposto a escutar o que o "objeto" diz. O "dizer" é uma relação da qual sujeito e objeto são apenas abstrações. O diálogo mostra ser, por isso, um "acontecimento"; sua estrutura lingüística é um reflexo de sua estrutura ontológica.

Outras declarações da importância da noção de diálogo no pensamento atual são a chamada "lógica dialógica" — o método e o procedimento dialógicos — de Paul Lorenzen (cf. *Metamathematik*, 1962, e *Dialogische logik*, 1978 [com K. Lorenz]) e a "fenomenologia dialógica" de Stephan Strasser (*The Idea of Dialogical Phenomenology*, 1969; do mesmo autor: *Bouwstenen voor een filosofische anthropologie*, 1965). Segundo Strasser, uma parte da corrente fenomenológica errou ao insistir na egologia (VER) e na constituição egológica transcendental da consciência. A consciência se constitui, no entender de Strasser, intersubjetivamente, ou interindividualmente.

⊃ Sobre o problema do diálogo no sentido antigo: Jean Andrieu, *Le dialogue antique, structure et présentation*, 1954. — Miguel Ruch, *Le préambule dans les oeuvres philosophiques de Ciceron. Essai sur la genèse et l'art du dialogue*, 1959, especialmente pp. 17-55. — Manfred Hoffmann, *Der Dialog bei den christlichen*

Schriftstellern der ersten vier Jahrhunderte, 1966. — Bernd Reiner Voss, *Der Dialog in der frühchristlichen Literatur*, 1970. — Hermann Gundert, *Dialog und Dialektik. Zur Struktur des platonischen Dialogs*, 1971. — Émile de Strycker, *De kunst van het gesprek. Wat waren de dialogen van Plato?*, 1976. — W. J. Ong, *Ramus, Method, and the Decay of Dialogue: From the Art of Discourse to the Art of Reason*, 1983. — S. Lerer, *Boethius and Dialogue: Literary Method in* The Consolation of Philosophy, 1985. — K. Seeskin, *Dialogue and Discovery: A Study in Socratic Method*, 1987.

Outras obras sobre o problema do diálogo (além das dos autores citados no texto do verbete): R. Hirzel, *Der Dialog. Ein literar-historicher Versuch*, 2 vols., I, 1895. — A. Lüscher, *Das dialogische Verfahren*, 1937. — Jean Lacroix, *Le sens du dialogue*, 1956. — Stelio Zeppi, *Il problema del dialogo nel pensiero italiano contemporaneo: dal Crocianismo alla Volontà del Dialogo*, 1960. — Guido Calogero, *Filosofia del diálogo*, 1962. — Hermann Levin Goldschmidt, *Dialogik. Philosophie auf dem Boden der Neuzeit*, 1964. — Bernhard Casper, *Das dialogische Denken. Eine Untersuchung der religionsphilosophischen Bedeutung Franz Rosenzweigs, Ferdinand Ebners und Martin Bubers*, 1967. — Bernhard Waldenfels, *Das Zwischenreich des Dialogs. Sozialphilosophische Untersuchungen im Anschluss an E. Husserl*, 1970. — Karl-Otto Apel, Reiner Wiehl *et al., Dialog als Methode*, 1972. — I. Eibl-Eibesfeldt, H. Richter *et al., Dialoge. Beiträge zur Interaktions- und Diskursanalyse*, 1979, ed. W. Heindrichs e G. C. Rump. — F. Jacques, *Dialogiques. Recherches logiques sur le dialogue*, 1979. — E. M. Barth, E. C. W. Krabbe, *From Axiom to Dialogue: A Philosophical Study of Logics and Argumentation*, 1982. — D. N. Walton, *Logical Dialogue-Games and Fallacies*, 1984. — J. M. Oesterreicher, *The Unfinished Dialogue: Martin Buber and the Christian Way*, 1986. — S. A. Tyler, *The Unspeakable: Discourse, Dialogue, and Rhetoric in the Postmodern World*, 1988. **c**

DIANOÉTICO (διανοητικός) é o que pertence à *dianóia* (VER) (διάνοια). Sendo esta primariamente uma atividade intelectual ou uma forma dessa atividade, "dianoético" pode — e costuma — ser traduzido por "intelectual". É possível falar de um "pensamento dianoético", ao contrário de um "pensamento noético" (cf. Klaus Oehler, *Die Lehre vom noetischen und dianoetischen Denken bei Platon und Aristoteles*, 1962 [Zetemata. Monographien zur klassischen Altertumswissenschaft, 29]). De acordo com o que foi indicado em *dianóia* (VER), o pensamento dianoético é principalmente pensamento discursivo, que consiste em manipular segundo certas regras os conteúdos recebidos no pensamento noético ou *noesis* (VER).

O vocábulo 'dianoético' é usado sobretudo na expressão 'virtudes dianoéticas' (διανοητικαὶ ἀρεταί), usada por Aristóteles para distinguir essas virtudes e as virtudes éticas (ἠθικαὶ ἀρεταί) (ver VIRTUDE). Segundo Aristóteles, há dois modos mediante os quais se pode ter um princípio racional: tendo-o em si mesmo e de modo eminente, ou tendo uma tendência a obedecer (como se obedece ao próprio pai). De acordo com esses dois modos, há dois tipos de virtude: as dianoéticas (intelectuais) e as éticas (morais) (*Eth. Nic.*, II, 1, 1103 a 11 ss.). As virtudes dianoéticas devem sua origem e seu desenvolvimento principalmente ao treinamento, requerendo experiência e tempo, enquanto as éticas os devem principalmente ao hábito (ἦθος, donde ἠθικός). As virtudes dianoéticas ou os modos de ser pelos quais a alma possui a verdade mediante afirmação ou negação são cinco: a arte (τέχνη) como conhecimento do necessário; o saber (ἐπιστήμη) como conhecimento do necessário (das coisas necessárias e universais); a sabedoria prática (φρόνησις), a sabedoria teórica (σοφία) e a inteligência como razão intuitiva e direta dos primeiros princípios (νοῦς) (*ibid.*, VI, 3, 1139 b 15 ss.).

DIANÓIA. O termo grego διάνοια significa "pensamento", "intelecto", "espírito" etc. (e também "um pensamento", "uma noção", "uma crença" etc.). Desde Platão, foi comum na filosofia grega usar *dianóia* para designar o pensamento discursivo, o pensar que procede por raciocínio, ao contrário de νόησις, *noesis* (VER), entendida como pensamento intuitivo, isto é, como captação intelectual imediata de uma realidade (inteligível). Em *Rep.*, 510 D, Platão refere-se ao raciocínio sobre as figuras visíveis (da geometria); esse raciocínio, diz ele (*ibid.* 511 D), é um conhecimento discursivo (διάνοια), e não um conhecimento intuitivo ou inteligência (νόησις). Esse conhecimento discursivo ou *dianóia* é algo intermediário entre a opinião, δόξα, e a inteligência, νόησις.

Em Platão, a *dianóia* é inferior à *noesis*. Em Aristóteles, o termo *dianóia* também é usado para designar o pensamento discursivo; tudo o que é objeto de pensamento discursivo (τὸ διανοητόν) e intuitivo (νοητόν) — diz ele — é afirmado ou negado pelo pensamento (*Met.*, Γ 7, 1012 a 2-3). Entretanto, Aristóteles às vezes usa *dianóia* num sentido mais amplo; é o que ocorre, por exemplo, quando diz que todo pensamento, διάνοια, é prático ou "poético" ou teórico (*ibid.*, E, 1, 1025 b 25). Isso não significa que Aristóteles não reconheça, ao modo platônico, certa superioridade da *noesis* sobre a *dianóia*. Assim, em *Met.*, Λ 9, 1074 b 36, Aristóteles distingue entre o pensamento, νόησις, como objeto de si mesmo, "o pensamento do pensamento", νόησις νοήσεως, próprio da Inteligência suprema ou do Primeiro Motor (VER), e outros modos de conhecimento, tais como a ciência, a sensação, a opinião e o raciocínio ou pensamento discursivo, διάνοια, que têm por objeto algo diferente de si mesmos.

Outros autores usaram *dianóia* com o significado de "razão" (Epicuro; cf. Dióg. L., X, 144) ou "pensamento racional" (Crisipo e outros estóicos). Para Plotino, a *dianóia* é uma função intelectual contraposta à sensação, αἴσθησις (*Enn.*, I, 1 viii; cf. também I, 1, ix). Mas Plotino distingue o pensamento como *dianóia* (e como *epinoia*, ἐπίνοια), o pensamento como *noesis* (νόησις) e o pensamento de si mesmo. A *dianóia* isola o que está unido (*Enn.*, IV, iii, 9). A *noesis*, embora suponha multiplicidade e seja um pensar de segunda categoria (*ibid.*, V, vi, 5), está sempre ligada ao ser (*ibid.*, VII, vii, 40). O pensamento de si mesmo, em contrapartida, pertence propriamente à inteligência (*ibid.*, V, iii, 5) e é "pensamento em sentido próprio" (*ibid.*, V, vi, 1 e 2).

DIANOOLOGIA. Como indicamos em INTUIÇÃO (VER) e em DIANÓIA (VER), os gregos distinguiam o pensamento intuitivo direto, νόησις, e o pensamento racional discursivo, διανοια. Tomando este último termo como base, J. H. Lambert forjou o vocábulo 'Dianoologia' e denominou *Dianoologia ou doutrina das leis do pensar* (*Dianologie oder Lehre von den Gesetzen des Denkens*) a primeira parte de seu *Neues Organon* (1764). A *Dianoologia* de Lambert examina os conceitos e suas características internas, as divisões dos conceitos, os juízos, as conclusões (simples e compostas), a mostração, a indicação, a experiência e, por fim, o conceito de conhecimento científico. Trata-se, pois, da parte da teoria do conhecimento que examina os elementos por meio dos quais conhecemos e as leis que regem esses elementos. Deve-se levar em conta que alguns desses elementos também são examinados por Lambert em outras partes do *Organon*. Assim, a Aletiologia (VER) também trata de conceitos, mas analisa-os de um ponto de vista diferente, enquanto submetidos a princípios que permitem combiná-los e investigar sua verdade ou falsidade.

DIATRIBE. O significado originário de 'diatribe', διατριβή, na literatura filosófica é o de "conversação". Assim, as *Diatribes* atribuídas a Aristipo (Dióg. L., II, 8) eram a reprodução, por parte desse filósofo cirenaico, dos diálogos socráticos. Ora, como indica Joseph Souilhé em sua edição das *Diatribes ou Conversações* de Epicteto (Paris, tomo I, p. xxiii), seguindo a tese de O. Halbauer (*De Diatribis Epicteti*, 1911), 'diatribe' não tardou a ampliar sua significação e a designar composições variadíssimas. Incluíam-se nelas não apenas tratados de moral não dialogados ou dissertações de sofistas sobre retórica, música, matemática e física, como também prédicas de caráter popular que tinham quase sempre por tema assuntos de caráter moral. O gênero diatribe foi usado por cínicos, estóicos e alguns escritores cristãos.

Como termo empregado pelos estóicos, a diatribe é uma forma de expressão (VER) que se propõe reproduzir as conversações ocorridas entre o mestre e seus discípulos. Seu propósito é principalmente didático. A diatribe implica um intercâmbio de opiniões e uma quase sempre prolixa discussão entre várias pessoas sobre as teses principais. Por isso, Halbauer diz (*op. cit.*) que há quase identidade entre diatribe e *ensinamento*, entre διατριβή e σκολή. Desse tipo de diatribes, destacaram-se especialmente as de caráter moral-popular, nas quais se discutiam questões tais como: "O sábio é afetado pelas paixões?", "O mundo é regido pela Providência?", "Deve-se preferir a dor à desonra?" etc. Seguindo A. Oltramare (*Les origines de la diatribe romaine*, 1926), o citado Souilhé também indica que a diatribe popular se distingue dos diálogos socráticos pela impessoalidade com que apresenta o interlocutor, que representa o "povo" a quem o filósofo ensina e ao qual se opõe quando as opiniões daquele não seguem a trilha das conveniências públicas. A *diatribe* não se limita, porém, a uma discussão: desempenha nela importante papel a dissertação em forma de sermão, que utiliza toda espécie de comparações. Como o filósofo fala em geral contra antagonistas, a voz 'diatribe' adquiriu o significado de "polêmica", significado que ainda mantém em nossa linguagem. As *Diatribes* de Epicteto são o exemplo mais célebre desse gênero filosófico; elas costumam ser traduzidas hoje por *Dissertações* (seguindo a versão latina: *Dissertationes*), assim como por *Colóquios*, *Conversações*, *Discursos* etc. Na bibliografia de Epicteto, referimo-nos à composição das *Diatribes* desse filósofo.

⊃ Além das obras citadas no texto (Souilhé, Halbauer, Oltramare), ver: P. Wendland, "Philo und die kynischstoische Diatribe", *Beiträge zur Geschichte der griechischen*, 1895. — P. Renner, *Zu Epiktets Diatriben*, 1904. — R. Bultmann, *Der Stil der paulinischen Predigt und die kynisch-stoische Diatribe*, 1911. — A. C. van Geytenbeek, *Musonius Rufus en de griekse diatribe*, 1948 (tese) (trad. ingl., rev.: *M. R. and Greek Diatribe*, 1963). — K. Doering, *Exemplum Socratis. Studien zur Sokratesnachwirkung in der kynisch-stoischen Popularphilosophie der frühen Kaiserzeit und im frühen Christentum*, 1979. ⊂

DÍAZ CASANUEVA, HUMBERTO. Ver MOLINA, ENRIQUE.

DICEARCO DE MESSINA (Messena), na Sicília, filósofo peripatético, amigo de Aristóxeno de Tarento, enfatizou (segundo o testemunho de Cícero, que se referiu a ele freqüentemente) os motivos práticos e se ocupou pouco de especulação filosófica. Em contrapartida, dedicou-se a ciências especiais: história, em seu Βίος Ἑλλάδος; política, em seu Πολιτεία Σπαρτιατῶν ou Τριπολιτικός (em que defende Esparta como o país que soube mesclar harmoniosamente a democracia, a aristocracia e a monarquia); música e psicologia (num sentido muito semelhante à doutrina da harmonia de Aristóxeno), em Περὶ μουσικῶν ἀγώνων; geografia, em Γῆς περίοδος; e tratou também de questões homéricas.

⮕ Fragmentos por M. Fuhr (1841). Outros fragmentos por C. Müller (1848) e F. Schmidt (1867). A edição mais recente e completa é a de Fritz Wehrli no Caderno 1 de *Die Schule des Aristoteles: Dikaiarchos*, 1944; 2ª ed., 1967.

Ver artigo de E. Martini sobre Dicearco (Dikaiarchos, 3) em Pauly-Wissowa. ⮐

DICOTOMIA é a divisão de um conceito em dois conceitos contrários que esgotam a extensão do primeiro. Denomina-se também dicotomia o argumento de Zenão de Eléia contra a multiplicidade do ser e contra o movimento, por representar a afirmação de que toda divisão implica uma separação dela e assim até o infinito, de maneira que sempre permanece algo que separa o dividido e é suscetível de ser, por sua vez, dividido. Kant observa que sua tabela das categorias apresenta a particularidade de assinalar em cada classe três categorias, "o que não pode senão atrair a atenção, já que toda outra divisão por conceitos *a priori* deve ser uma dicotomia". A divisão kantiana mostra, assim, ser uma tricotomia na qual a última categoria é uma síntese das duas anteriores.

DICTUM. Ver MODALIDADE; OPOSIÇÃO; PROPOSIÇÃO.

DICTUM DE OMNI, DICTUM DE NULLO. Em *Cat.*, 1 b 10-15, Aristóteles indicou que, quando se atribui algo a outra coisa como a seu sujeito, tudo o que se afirma do predicado deverá ser também afirmado do sujeito. Se *homem* se atribui a *homem individual*, e se *animal* se atribui a *homem*, deverá também atribuir-se *animal* a *homem individual*, pois o homem individual é ao mesmo tempo homem e animal. Em *An. Pr.*, 24 b 26-30, Aristóteles afirmou que é a mesma coisa dizer que um termo está contido na totalidade de outro termo (de acordo com o estabelecido em *ibid.*, 24 a 13-15) ou dizer que um termo é atribuído a outro termo tomado universalmente. Assim, diz-se que um termo se afirma universalmente quando não se pode encontrar no sujeito nenhuma parte que não possa afirmar-se do outro termo. O mesmo ocorre quando se trata de conhecer a *significação* de "não ser atribuído a nenhum". Łukasiewicz (*Aristotle's Syllogistic*, 1951, p. 47) indicou que não se pode responsabilizar Aristóteles pelo "vago princípio" *Dictum de omni, dictum de nullo* (ou *Dictum de omni et nullo*) como princípio da silogística. Contudo, como nossas análises não são apenas sistemáticas, mas também históricas, temos de reconhecer como um fato que os escolásticos recolheram as observações anteriores de Aristóteles e as formularam sob os citados nomes. Segundo o *Dictum de omni*, o que se afirma universalmente de um sujeito é afirmado de tudo o que está contido sob esse sujeito (*quidquid universaliter dicitur de aliquo subjecto, dicitur de omni quod sub tale subjecto continetur*); ou, dito de outra forma: o que se diz de todos, diz-se de cada um; se se afirma universalmente que o homem é um animal racional, afirma-se o mesmo de cada homem individual. Segundo o *Dictum de nullo*, o que se nega universalmente de um sujeito, nega-se também de tudo o que está contido nesse sujeito (*quidquid universaliter negatur de aliquo subjecto, dicitur de nullo quod sub tale subjecto continetur*); ou, mais brevemente: o que não se diz de nenhum, não se diz nem mesmo de um único indivíduo — se se nega universalmente do homem que é vegetal, nega-se o mesmo de cada homem individual.

Esses dois princípios foram considerados pelos escolásticos como básicos para a conclusão silogística. É o que se reconhece quando se afirma que o princípio do silogismo reside no universal. Alguns autores (por exemplo, Lambert, no começo de seu *Neues Organon* [1764]) complementaram esses princípios com outros: o *Dictum de diverso*, o *Dictum de exemplo* e o *Dictum de reciproco*. Outros autores criticaram o *Dictum de omni, dictum de nullo* e procuraram introduzir bases distintas para apoiar a validade da conclusão silogística. Entre esses autores, mencionamos Kant, Lachelier e John Stuart Mill; em seguida, resumiremos suas respectivas doutrinas.

Kant propõe o duplo princípio *Ein Merkmal vom Merkmal ist ein Merkmal der Sache selbst* e *Was dem Merkmal eines Dinges widerspricht, widerspricht dem Dinge selbst* (*Nota notae est nota rei ipsius, repugnans notae repugnat rei ipsi*). Traduzindo *'Merkmal'* (característica, atributo) por *'nota'*, temos: uma nota de uma nota é uma característica da própria coisa; uma nota que repugna uma nota repugna a própria coisa. Consideremos a afirmativa. No silogismo:

Todos os homens são animais racionais
Os suecos são homens
Os suecos são animais racionais

'animal racional' entra na compreensão da nota 'homem' e, portanto, entra também na compreensão de 'sueco', que possui essa nota. Poderíamos dizer o mesmo numa negação.

Tal como expõe sua doutrina, Kant baseia-se nos seguintes pressupostos: 1) comparar algo como nota com uma coisa equivale a julgar; 2) a coisa mesma é o sujeito, a nota é o predicado, mas o fato de que P seja uma nota *não* significa que seja uma nota de S; 3) uma nota da nota de uma coisa é uma nota mediata; assim, 'necessário' é uma nota imediata de Deus, mas 'imutável' é uma nota de 'necessário' e, portanto, uma nota mediata de Deus; 4) todo juízo feito mediante nota mediata é um raciocínio (ou comparação de uma nota com uma coisa mediante uma nota intermediária) que é o termo médio do silogismo. Kant continua a considerar válido o *Dictum de omni, dictum de nullo*, mas considera que ele deve basear-se na regra *Nota notae*.

Lachelier aceita a tese de Kant. O exemplo:

Todo A é B
Algum A é A
Logo, algum A é B

mostra a subalternação da proposição 'Todo A é B'. O silogismo em questão tem três termos, e não apenas dois, pois a premissa menor 'Algum A é A' é idêntica apenas na aparência; significa na realidade, de acordo com Lachelier, que o sujeito 'X', seja qual for, possui o atributo 'A'. Trata-se de um silogismo da primeira figura em *Darii* que se baseia — como todas as figuras — no princípio de que o atributo implicado por outro pertence a todo sujeito no qual este resida (outro modo de formular o princípio *Nota notae*). O mesmo se pode dizer do silogismo da primeira figura em *Ferio*:

Nenhum A é B
Algum A é A
Logo, algum A não é B

em que há subalternação da universal negativa. Lachelier indica que o princípio *Nota notae* deve ser completado com o princípio de que o atributo de um sujeito se afirma por acidente de outro atributo desse mesmo sujeito na afirmativa e sua oposição na negativa. Isso dá lugar aos princípios: *Nota rei est accidens notae alterius* e *Repugnans rei repugnat per accidens nota*.

O princípio *Nota notae* baseia-se exclusivamente na compreensão (VER) dos termos, e seus defensores alegam que o *Dictum de omni, dictum de nullo* se apóia unicamente na extensão (VER) que, em sua opinião, está subordinada à compreensão. Diante disso, os defensores da lógica clássica afirmaram que, embora o princípio *Nota notae* seja válido, não é um princípio suficientemente básico. O *Dictum de omni, dictum de nullo* leva em conta *primariamente* a extensão, mas não exclui totalmente a compreensão. Além disso, possui a vantagem de que é um princípio comum para todas as figuras do silogismo, enquanto o princípio *Nota notae* exige a adoção de princípios distintos e autônomos para cada figura. Isso, segundo assinala Maritain, "destruiria a unidade genérica do silogismo categórico".

J. S. Mill baseou sua crítica do princípio *Dictum de omni et nullo* na suposição de que a silogística clássica se baseia numa metafísica realista, de acordo com a qual o princípio em questão é uma lei fundamental da Natureza: a que exprime que as propriedades de uma classe *enquanto substância geral* são as propriedades de todos os indivíduos dessa classe *enquanto substâncias individuais*. Tão logo se abandona essa metafísica, o princípio em questão perde seu sentido, mantendo-o tão-somente como uma definição na qual se procura explicar, de modo parafrástico, a significação da voz 'classe'. Uma solução parece então impor-se: considerar as proposições como meras expressões verbais (tal como fez Hobbes) e conservar o princípio *Dictum de omni et nullo* como uma regra de transformação lingüística. Não obstante, Mill também rejeita essa solução, porque avalia que ela se baseia numa metafísica nominalista, tão inaceitável para ele quanto a metafísica realista antes mencionada. Ao que parece, resta apenas a solução de substituir os princípios de raciocínio em que se baseia o *Dictum de omni et nullo* por outros princípios capazes de fundamentar uma "lógica indutiva". Mill propõe a esse propósito dois princípios que, a seu ver, se parecem muito com os axiomas da matemática: 1º que as coisas que coexistem com a mesma coisa coexistem entre si; ou, mais rigorosamente, que uma coisa que coexiste com outra coisa, a qual coexiste com uma terceira coisa, coexiste também com essa terceira coisa (princípio do silogismo afirmativo); 2º que uma coisa que coexiste com outra coisa, com cuja outra coisa uma terceira coisa não coexiste, não é coexistente com esta terceira coisa (princípio do silogismo negativo). Ambos os princípios, diz Mill, referem-se a fatos, não a convenções.

↪ Os *loci* aristotélicos foram indicados no texto. A exposição do princípio estudado é feita com base nos manuais escolásticos clássicos. A indicação de Lambert encontra-se no prefácio de sua obra já citada. As considerações de Kant, Lachelier e J. S. Mill, respectivamente em: *Die falsche Spitzfindgkeit der vier syllogistischen Figuren erwiesen* (1762), fig. § 2; G. Hartenstein II, 55-68; E. Cassirer (Arthur Buchenau) II, 49-65. — *Études sur le Syllogisme suivies de l'observation de Platner et d'une note sur Philèbe*, 1907. — *A System of Logic* (1834), II, iii, 2 e 3. — A citação de Maritain procede de sua *Petite Logique* (1923), § 72. — Ver também: P. Th. Geach, *Reference and Generality. An Examination of Some Medieval and Modern Theories*, 1962; 3ª ed., 1980, cap. 4, §§ 55-67. ↩

DIDEROT, DENIS (1713-1784). Nascido em Langres (Champagne), estudou em Langres e em Paris. A biografia intelectual de Diderot está estreitamente associada à preparação, direção (com D'Alembert) e publicação da *Enciclopédia* (VER). De 1772 a 1774, Diderot residiu no estrangeiro, principalmente em São Petersburgo, onde esteve em relação com Catarina, a Grande, que se interessou pelas idéias de Diderot assim como de outros "enciclopedistas" e *philosophes* (VER), mas que, por fim, considerou demasiado radicais algumas dessas idéias.

Desde suas primeiras obras, que coincidiram com a preparação da *Encyclopédie*, Diderot expressou opiniões que lhe granjearam a hostilidade dos poderes estabelecidos e tiveram como conseqüência seu encarceramento na prisão de Vincennes durante vários meses do ano de 1749. Algumas das mais conhecidas obras literárias de Diderot, como *Le neveu de Rameau*, *La religieuse* e *Jacques, le fataliste* (publicadas postumamente), constituem uma crítica mordaz à sociedade de seu tempo, que ele descreveu como vítima da hipocrisia e subjugada pela tirania religiosa e política. Uma extensa parte da obra de Diderot é dedicada a questões de estética e crítica literária e pictórica; destacam-se o *Paradoxe sur le Comédien* e os extensos *Salons*, que revelaram Diderot como um dos primeiros e mais importantes críticos modernos.

As concepções filosóficas de Diderot, influenciadas, entre outros, por Locke e Condillac, assim como pela atitude crítica e cética atribuída a Bayle, caracterizam-se pela constante oposição a toda especulação e a toda abstração e por sua defesa do empirismo e do sensacionismo, isto é, da tese segundo a qual todo o nosso conhecimento se funda em sensações. Ao mesmo tempo, o sensacionismo não é em Diderot uma teoria, mas uma convicção apoiada por casos concretos (como os cegos e os surdos-mudos). Diderot não negava, ao contrário, destacava fortemente o papel desempenhado pela imaginação, mas esta não era para ele nenhuma faculdade abstrata, ou separável das outras atividades mentais, estando na verdade estreitamente unida às sensações, isto é, ao contato sensível com as coisas.

Diderot interessou-se grandemente pelo progresso das ciências e das artes, que considerava atividades independentes uma da outra. Interessou-se especialmente por questões sobre a formação e o desenvolvimento de organismos biológicos. A esse respeito, opôs-se às idéias de que essa formação e desenvolvimento são explicados apenas por fatores externos, de caráter "mecânico", e antecipou a idéia da constituição celular dos seres vivos, assim como a importância daquilo que depois foi estudado sob a forma dos fatores genéticos.

Para Diderot, nada disso era incompatível com o materialismo; pelo contrário, contribuía para reafirmá-lo. A estrutura dos seres vivos é um modo de organização da matéria. A própria matéria possui uma sensibilidade primária que, unida ao movimento, torna possível a variedade e multiplicidade de fenômenos do universo, físicos, orgânicos e mentais. Diderot parece conceber os átomos como mônadas leibnizianas, mas se trata de mônadas materiais e não espirituais. O universo forma um contínuo de tal ordem que poderia ser comparado a um organismo no qual cada parte está em relação com outra. "Todos os seres" — escreveu Diderot — "circulam uns em outros (...). Tudo se acha em perpétua fluência (...). Não há outro indivíduo senão a totalidade. Nascer, viver e morrer são mudar de forma."

⇒ Entre as obras (principalmente as de interesse filosófico) publicadas durante a vida do autor, mencionamos: *Essai sur le mérite et la vertu*, 1745. — *Pensées philosophiques*, 1746 (anônimo). — *Les Bijoux indiscrets*, 1748. — *Lettres sur les Aveugles à l'usage de ceux qui voient*, 1749. — *Lettre sur les sourds et muets à l'usage de ceux qui entendent et qui parlent*, 1751. — *Pensées sur l'interprétation de la nature*, 1754. — Ver as *Oeuvres philosophiques, littéraires et dramatiques* publicadas em 1773 (junto com obras de Morelly, Coyer etc.).

— Entre as obras póstumas (nas quais figuram vários de seus importantes contos filosóficos), mencionamos: *Salons* (publicados a cada 2 anos, de 1759 a 1771, 1775 e 1781), 1795 e 1798. — *Supplément au voyage de Bougainville*, 1796 (escrito em 1772; ver a edição do *Supplément*, segundo os manuscritos de Leningrado, por Gilbert Chinard, 1935). — *La religieuse*, 1796 (escrita em 1760). — *Jacques, le Fataliste*, 1796 (escrita em 1773). — *Le Neveu de Rameau*, escrito em 1761, publicado pela primeira vez em trad. alemã de Goethe, em 1805, e em francês em 1823 (tomo XXI da edição de *Oeuvres* de Brière). — *Entretien de d'Alembert et de Diderot; le Rêve de d'Alembert, suite de l'Entretien*, 1830. — *Paradoxe sur le Comédien*, 1830. — *Est-il bon, est-il méchant?*, 1834.

Primeiras edições (muito imperfeitas): *Oeuvres philosophiques de D. D.* (Amsterdã, 1772, 6 vols.); *Collection complète des oeuvres philosophiques, littéraires et dramatiques de D. D.* (Londres, 1773, 5 vols., provavelmente impressa no continente). Primeiras edições mais completas: *Oeuvres*, por Jacques-André Naigeon, 1798, 15 volumes; *Oeuvres*, por J. L. Brière, 1821-1823, 21 vols. (o tomo XXI compreende obras até então inéditas); *Oeuvres complètes*, por J. Assérat e Tourneaux, 1875-1877, 20 vols.; *Oeuvres*, por A. Billy ("La Pléiade"), 1935. — Ed. de *Oeuvres complètes*, em 33 vols., 1956 ss., ed. P. Vernière.

Correspondência: *Correspondance inédite*, ed. A. Babelon, 1931, e *Lettres à Sophie Valand*, ed. A. Babelon, 1930. Ed. completa de *Correspondance de D. Diderot*, ed. G. Roth: I (1955); II (1956); III (1957).

Bibliografia: F. A. Spear, *Bibliographie de D. Repertoire analytique international*, 1980.

Em português: *Carta sobre os surdos-mudos*, 1993. — *Da interpretação da natureza e outros escritos*, 1989. — *Diderot, Obras 1: Filosofia e política*, 2000. — *Diderot, Obras 2: Poética e contos*, 2000. — *Ensaios sobre a pintura*, s.d. — *Jacques, o fatalista, e seu amo*, 1993. — *As jóias indiscretas*, 1976. — *Obras filosóficas*, 1989. — *A religiosa*, 1973.

Ver: K. Rosenkrantz, *Diderots Leben und Werke*, 1866. — J. Morley, *D. and the Encyclopaedists*, 1878; 2ª ed., 1886. — E. H. A. Scherer, *D.*, 1880. — Émile Faguet, "Diderot", em *Études littéraires*, 1890-1894, vol. 3. — Joseph Reinach, *D.*, 1894. — L. Lucros, *D., l'homme et l'écrivain*, 1894. — A. Gollignon, *D.*, 1895. — J. Mauveaux, *D., l'encyclopédiste et le penseur*, 1914. — K. von Roretz, *Diderots Weltanschauung*, 1914 (tese). — Werner Leo, *D. als Kunstphilosoph*, 1918 (tese). — I. K. Luppol, *D.*, 1924, 1934, ed. rev., 1960. — J. V. Johansson, *Études sur D. D.*, 1927. — Joseph Le Gras, *D. et l'Encyclopédie*, 3ª ed., 1928. — H. Dieckmann, *Stand und Problem der Diderots-Forschung*, 1931. — Jean Thomas, *L'humanisme de D.*, 1932. — André Billy, *D.*, 1932. — Otto Engelmayer, *Romantische Tendenzen im künstlerischen, kritischen und kunstphilosophischen Werke Diderots*, 1933 (tese). — Hubert Gillot, *D. D. L'homme. Ses idées philosophiques, esthétiques, littéraires*, 1937. — J. J. M. Pommier, *D. avant Vincennes*, 1939. — I. K. Luppol, *D.*, I. — Jean Luc, *Diderot*, II. — Eric M. Steel, *Diderot's Imagery: a Study of Literary Personality*, 1941. — Joseph Edmund Barber, *Diderot's Treatment of the Christian Religion in the* Encyclopédie, 1941 (tese). — Daniel Mornet, *D., l'homme et l'oeuvre*, 1941. — Mary Lane Charles, *The Growth of Diderot's Fame in France from 1784 to 1875*, 1942 (tese). — D. H. Gordon e N. L. Torrey, *The Censoring of Diderot's* Encyclopédie *and the Reestablished Text*, 1947. — H. Lefèbvre, *D.*, 1949. — P. Mesnard, *Le Cas D.*, 1952. — O. E. Fellows e N. L. Torrey, eds., *D. Studies*, I, 1949; II, 1953. — Arthur M. Wilson, *D.: The Testing Years, 1713-1759*, 1957; reimp. junto com a segunda parte: *The Appeal to Posterity, 1759-1784*, no vol. *D.*, 1972. — J. Mayer, *D., homme de science*, 1959. — P. Cassini, *D., "philosophe"*, 1962. — József Szigeti, *D. D. Une grande figure du matérialisme militant du XVIIIe siècle*, 1962. — Jacques Proust, *D. et l'*Encyclopédie, 1963. — Lester G. Crocker, *D.: The Embattled Philosopher*, 1966. — Id., *Diderot's Chaotic Order: Approach to Synthesis*, 1974. — R. Pomeau, *D.*, 1967. — Anthony Strugnell, *Diderot's Politics: A Study of the Evolution of Diderot's Political Thought After the* Encyclopédie, 1973. — Carol Blum, *D.: The Virtue of a Philosopher*, 1974. — J. Undank, *D.: Inside, Outside, and In-Between*, 1979. — E. B. Potulicki, *La modernité de la pensée de D. dans les* Oeuvres philosophiques, 1980. — W. F. Edmiston, *D. and the Family: A Conflict of Nature and Law*, 1985. — S. L. Pucci, *D. and a Poetics of Science*, 1986. ᴄ

DIELS, HERMANN (1848-1922). Nascido em Biebrich a. Rhein, estudou em Berlim com Hermann Usener (ᴠᴇʀ) e foi professor na Universidade de Berlim a partir de 1866. Diels é conhecido sobretudo por sua edição dos pré-socráticos, à qual se faz referência constantemente no estudo desses filósofos, citando-se como "Diels" e — mais tarde — "Diels-Kranz". Acrescenta-se a isso sua edição dos doxógrafos gregos. Devem-se a ele igualmente trabalhos fundamentais de investigação sobre o aristotelismo, incluindo o comentário de Simplício à *Physica*, e estudos sobre a técnica no mundo antigo e a medicina hipocrática.

⊃ Para as edições dos pré-socráticos, ver a bibliografia de Pʀé-sᴏᴄʀáᴛɪᴄᴏs, desde sua primeira edição: *Die Fragmente der Vorsokratiker*, 3 vols., 1903. — *Doxographi graeci*, 1879; 2ª ed., 1929. — *Elementum*, 1879. — *Parmenides*, 1897. — *Herakleitos*, 1901. — *Poetae philosophi*, 1902. Escritos menores: *Kleine Schiften zur Geschichte der antiken Philosophie*, ed. Walter Burkert, 1967. ᴄ

DIETRICH DE FREIBERG, Theodoricus Teutonicus de Vriberg (*ca.* 1250-*ca.* 1310). Nascido em Vriberg (Freiberg), Saxônia, estudou e lecionou em Paris (onde teve ocasião de ouvir Henrique de Gante). Membro da Ordem dos Pregadores, foi prior em Würzburg e provincial na Alemanha. Suas obras se caracterizam pela abundância e amplitude de seus temas; Dietrich de Freiberg escreveu, com efeito, sobre questões naturais, lógicas, psicológicas, éticas, teológicas, metafísicas e eclesiásticas. Fortemente inclinado à observação dos fenômenos naturais, elaborou uma teoria na qual se explicava a formação do arco-íris por meio da refração dos raios de luz nas gotas de chuva suspensas na atmosfera; de resto, tratava-se de uma das várias doutrinas de ótica — especialmente sobre as propriedades da luz e a formação das cores — formuladas pelo autor. Do ponto de vista filosófico e metafísico, Dietrich desenvolveu suas idéias sob influências não somente aristotélicas e agostinianas, como também, e de maneira especial, neoplatônicas (sobretudo de Proclo e Avicena). Ora, a insistência no processo de emanação (ᴠᴇʀ) e na irradiação de sua substância pelas inteligências por causa de sua própria superabundância não significa que o pensamento de Dietrich de Freiberg seja estritamente emanatista ou monista. Por um lado, ele destaca o ato primário de criação divina; por outro, defende a substancialidade e independência (relativas) das criaturas. O primeiro ponto exige uma idéia de criação que possa ser derivada, sem que se produza um salto conceitual demasiado brusco, da noção de transfusão; o segundo ponto exige uma idéia de independência substancial que possa ser derivada, sem salto brusco, da noção de intelecto agente. A dificuldade de combinar esses dois aspectos constitui uma das dificuldades mais óbvias, ainda que também um dos aspectos mais interessantes, do pensamento de Dietrich de Freiberg. No âmbito das tensões citadas, seu pensamento filosófico aparece, não obstante, como notavelmente consistente. Com efeito, o que acontece no reino das inteligências primeiras e agentes ocorre igualmente no reino das almas individuais. Nesse terreno, Dietrich parece sustentar a doutrina agostiniana da iluminação interior. Mas o que ele faz, a rigor, é interpretar essa doutrina à luz do neoplatonismo de Proclo, de tal forma que a alma em sua intimidade última aparece como um intelecto em ato capaz de conhecer por si mesmo as essências. Neste e em muitos outros aspectos, o pensamento de Dietrich opõe-se ao tomista. O mesmo ocorre com a questão da distinção entre a essência e a existência; Dietrich negou a distinção real tomista para afirmar uma mera distinção racional.

⊃ Entre os numerosos escritos de Dietrich, mencionamos os seguintes: *De iride et radialibus impressionibus, De luce et eius origine, De coloribus, De origine rerum praedicamentalium, De magis et minus, De esse et essentia, De quidditatibus entium, De accidentibus, De natura contrariorum, De miscilibus in mixto, De elementis corporum naturalium, De intelligentiis et motoribus caelo-*

rum, De tribus difficilibus articulis, De intellectu et intelligibili, De cognitione entium separatorum, De universitate entium, Quod substantia spiritualis non sit composita ex materia et forma (a doutrina de Dietrich de que apenas as substâncias corporais têm composição hilemórfica desempenha um papel central em seu pensamento), *De tempore, De causis, De substantia orbis, De habitibus, De voluntate, De efficientia Dei, De viribus inferioribus intellectu in angelis, De theologia quod est scientia secundum perfectam rationem scientiae, De subiecto theologiae.*

Entre as edições de obras de Dietrich com comentários críticos, mencionamos: E. Krebs, *Meister Dietrich (Theodoricus Teutonicus de Vriberg). Sein Leben, seine Werke, seine Wissenschaft*, 1906 [contém texto de *De intellectu et intelligibili* e *De habitibus*]. — Id., "Le traité *De ente et essentia* de Thierry de Fribourg", *Revue Néoscolastique*, 18 (1911), 516-536. — J. Würschmidt, D. von Freiberg. *Ueber den Regenbogen und die durch Strahlen erzeugten Eindrücke*, 1914 [Beiträge etc., XII, 5-6] (contém texto de *De iride et radialibus impressionibus*). — F. Stegmüller, "Meister Dietrich von Freiberg über die Zeit und das Sein", *Archives d'histoire doctrinale et littéraire du moyen âge*, 13 (1940-1942), 153-221 [contém textos de *De tempore* e de *De mensuris durationis*].

Ed. de obras: *Opera omnia*, ed. Kurt Flash, 4 vols., 1977 ss. Inclui: *De visione beatifica, De intellectu et intelligibili* (vol. I); *De habitibus, De ente et essentia, De magis et minus, De natura contrariorum, De corpore Christi mortuo, De cognitione entium separatorum et maxime animarum separatarum, De dotibus corporum gloriosorum, De substantiis spiritualibus et corporibus futurae resurrectionis, De intelligentiis et motoribus caelorum, De corporibus caelestibus quoad naturam eorum corporalem* (vol. II); *De animatione caeli, De accidentibus, De quidditatibus entium, De origine rerum praedicamentalium, De mensuris, De natura et propietate continuorum, De subjecto theologiae, Quaestio utrum in Deo sit aliqua vis cognitiva inferior intellectu, Utrum substantia spiritualis sit composita ex materia et forma, Quaestiones de philosophia, Quaestiones de theologia* (vol. III); *De luce et eius origine, De miscibilibus in mixto, De elementis corporum naturalium, De iride, de coloribus, Epistula ad Ioannem Cardinalem Tusculanum, Epistula ad Summum Poenitentiarium* (vol. IV).

Ver: L. Gauthier, "Un psychologue inconnu de la fin du XIIIe siècle", *Revue Augustinienne*, 15 (1909), 657-673, 16 (1910), 178-206, 541-566. — William A. Wallace, O. P., *The Scientific Methodology of Theodoric de Freiberg: A Case Study of the Relationship between Science and Philosophy*, 1959. — Pasquale Mazzarella, *Metafisica e gnoseologia nel pensiero di Teodorico di Vriberg*, 1967. — B. Mojsisch, *Die Theorie des Intellekts bei D. von F.*, 1977 [incluído em *Opera omnia*, cit. supra, Beiheft 1]. ⊃

DIETZGEN, JOSEF (1828-1888). Nascido em Blankenberg, nas cercanias de Colônia, foi um filósofo autodidata. Seguiu parcialmente o empiriocriticismo de Avenarius e também o marxismo, em especial sob a forma do materialismo histórico. De acordo com Dietzgen, a única coisa que pode ser considerada real é o que se dá como conteúdo de uma percepção direta. Não são, contudo, as sensações, mas as próprias coisas. Não se trata de "coisas em si", que sejam transcendentes ao sujeito cognoscente; toda coisa está, segundo Dietzgen, presente nos fenômenos. Portanto, o conhecimento do dado fenomenicamente na sensação e o das coisas reais são idênticos. Para que esse conhecimento seja completo, é preciso levar em conta as condições sociais em que se desenvolve. O que às vezes se denominou "reísmo radical", ou também "empirismo reísta", de Dietzgen, constitui para seu autor uma parte de uma concepção político-social do mundo, ou um socialismo filosófico. Tal como Marx, Dietzgen considera que a tarefa da filosofia não é apenas compreender o mundo, mas, e sobretudo, transformá-lo.

⊃ Obras: *Das Wesen der menschlichen Kopfarbeit, dargestellt von einem Handarbeiter*, 1869, ed. por G. Mende, 1955, ed. por Hellmut G. Haasis, 1972. — *Briefe über Logik, speziell demokratischproletarische Logik*, 1880-1883 (*Cartas sobre a lógica, especialmente a lógica democrático-proletária*). — *Die Religion der Sozialdemokratie*, 1895 (*A religião da socialdemocracia*). Edição de obras: *Sämtliche Schriften*, 3 vols., 1911; 3ª ed., 1922. — Nova ed.: *Schriften in drei Bänden*, ed. por um "grupo de trabalho filosófico" da Deutsche Akademie der Wissenschaften (Berlim-Leste), I, 1961; II, 1962; III, 1963.

Ver: Henriette Roland-Holst, *J. Dietzgens Philosophie, gemeinverständlich erläutert in ihrer Bedeutung für das Proletariat*, 1910. — A. Hepner, *Joseph Dietzgens philosophische Lehren*, 1916. — Max Apel, *Einführung in die Gedankenwelt J. Dietzgens*, 1931. — L. D. Easton, "Empiricism and Ethics in D.", *Journal of the History of Ideas*, 19 (1958), 77-90. — H. J. Sandkühler, "Die Erkenntnistheorie ist eine eminent sozialistische Angelegenheit", *Deutsche Zeitschrift für Philosophie*, 29 (1981), 485-502. — J. Ree, *Proletarian Philosophers: Problems in Socialist Culture in Britain, 1900-1940*, 1984 [sobre a "Plebs League", baseada na obra de J. D.]. — V. Wronga, "J. D. und der wissenschaftliche Sozialismus", *Deutsche Zeitschrift für Philosophie*, 36 (1988), 317-326. ⊃

DIFERENÇA. Aristóteles distinguiu a diferença de espécie, διαφορά, e a de gênero, ἑτερότης. Para diferenciar duas entidades, é preciso determinar em que diferem. Assim, por exemplo, entre uma bola branca e uma bola preta, há diferença, que é determinada neste caso pela cor. A alteridade não implica, em contrapartida, determinação; dessa maneira, um cão é um ser diferente de um gato. Contudo, a diferença não é incompatível com a alteridade, e vice-versa. Assim, a Terra é diferente do Sol, visto que diferem no fato de que, sendo ambos corpos celestes, um não tem luz própria e o outro a tem. Mas ao mesmo tempo a Terra é diferente do Sol, e este, diferente da Terra (cf. Aristóteles, *Met.*, I, 3, 1054, b 15 ss.).

A noção de diferença desempenhou um papel importante na metafísica e na lógica. Do ponto de vista metafísico, o problema da diferença foi tratado em estreita relação com o problema da divisão (VER) como divisão real. A diferença opõe-se à unidade, mas ao mesmo tempo não pode ser entendida sem certa unidade (ao menos, a unidade numérica das coisas distintas, por um lado, e a unidade do gênero do qual são diferenças as coisas distintas, por outro). A diferença — assim como a alteridade — pode ser considerada um dos "gêneros do ser" ou uma das "categorias" (ver CATEGORIA), como é o caso, por exemplo, de Platão, que introduz a alteridade como gênero supremo, e de Plotino, que introduz como gênero supremo a diferença (que neste caso equivale ao "outro"). Do ponto de vista lógico, a noção de diferença foi usada na formulação do modo mais geral de estabelecer uma definição: uma das condições de toda definição (clássica) satisfatória é a chamada "diferença específica", que abordamos em Definição (VER). Ao mesmo tempo, metafísica e logicamente, a noção de diferença foi considerada um dos predicáveis. Tratamos dessa questão com algum detalhamento no verbete PREDICÁVEIS, em que nos referimos especialmente às doutrinas de Porfírio e Avicena.

Porfírio introduziu uma classificação de tipos de diferença que foi aceita por muitos escolásticos: a diferença comum, que separa acidentalmente uma coisa de outra (como um homem de pé de um homem sentado); a diferença própria, que, embora separe também acidentalmente uma coisa de outra, o faz por meio de uma propriedade inseparável da coisa (como um corvo, que é preto, se distingue de um cisne, que é branco); a diferença maximamente própria, que distingue essencialmente uma coisa de outra, pois a diferença se funda numa propriedade essencial ou supostamente essencial (por exemplo, o predicado 'é racional' constitui a "diferença" do homem). Além disso, as diferenças podem ser, de acordo com Porfírio, separáveis ou inseparáveis; entre as inseparáveis, há as diferenças que são atributos por si mesmos e as que são atributos por acidente. Entre as diferenças inseparáveis que são atributos por si mesmos, há aquelas pelas quais se dividem os gêneros em suas espécies, e outras pelas quais as coisas divididas se constituem em espécies. Esta última divisão é análoga, ou idêntica, à que se propõe às vezes entre diferença divisiva e diferença constitutiva.

Muitos autores escolásticos partiram das classificações de Porfírio e estabeleceram diversos tipos de diferenças. Temos, por exemplo: diferença comum, própria, maximamente própria, essencial, divisiva, constitutiva, analógica, numérica, genérica, específica etc. Alguns desses tipos de diferença coincidem com outros. Dessa maneira, a diferença comum é evidentemente uma diferença acidental, e até maximamente acidental; a diferença específica é, ou pode ser, constitutiva etc. Alguns escolásticos distinguiram diferença e diversidade; é o que ocorre em Santo Tomás (*Cont. Gent.*, I, 17) quando este indica, seguindo Aristóteles, e contra a opinião de David de Dinant, que o diferente se diz relacionalmente, pois tudo o que é diferente é diferente em virtude de algo; o que é diverso, em contrapartida, o é pelo fato de não ser o mesmo que outra coisa dada. O problema da diferença foi freqüentemente examinado com base numa análise do sentido de 'diferir' (*differre*). Duas coisas — diz Ockham — podem diferir específica ou numericamente. Duas coisas diferem numericamente quando são da mesma natureza, mas uma não é a outra, tal como num todo as partes da mesma natureza são numericamente distintas, ou então como duas coisas são "todos" que não formam o mesmo ser. Diferem especificamente quando pertencem a duas espécies. Pode-se falar também de um *differre ratione* quando a diferença se aplica apenas a termos ou a conceitos (no sentido que Ockham dá a essas expressões). Duns Scot falou de diferenças últimas, *differentiae ultimae*, do ser, como as *passiones entis* ou "transcendentais", ao menos as *passiones convertibiles* (como o uno ou o bem), ou também as *passiones disiunctae* (como a potência e o ato), sempre que se tomem conjuntamente e se tornem então "conversíveis". A diferença também pode ser concebida como diferença individual, ou, melhor dizendo, como uma diferença que, ao contrair a espécie, constitui o indivíduo. É o que admite Suárez (*Met. Disp.*, V, 2) ao falar de *differentia individualis*.

Falando dos conceitos que fazem parte dos juízos empíricos ("juízos objetivos"), Kant afirma que se pode encontrar nesses conceitos identidade (de muitas representações sob um conceito) tendo em vista a formação de juízos universais, ou então diferença (de representações dentro de um conceito) tendo em vista a formação de juízos particulares (*KrV*, A 262/B 317). Os conceitos em questão parecem poder ser denominados, pois, conceitos de comparação. Mas, em virtude da função que exercem na formação dos juízos, é melhor chamá-los de "conceitos de reflexão". Em vista disso, as noções de identidade e de diferença são consideradas por Kant noções transcendentais (em sentido kantiano). Identidade e diferença podem ser consideradas "conceitos de reflexão", os quais não se aplicam às coisas em si, mas aos fenômenos. De maneira análoga, Hegel considera como conceitos de reflexão a identidade e a diferença, mas num sentido distinto do kantiano (ver REFLEXÃO) (na medida, pois, em que a reflexão se distingue da imediatidade). Desse ponto de vista, Hegel define a diferença (*Unterscheid*) como diferença de essência. Por isso, "o outro da essência é o outro em e para si mesmo, e não o outro que é simplesmente outro em relação a algo fora dele" (*Logik*, II, ii, B). Sendo algo em e para si mesmo, a diferença está estreitamente ligada à identidade: para Hegel, a rigor, o que determina a diferença determina a identidade, e vice-versa. A diferença distingue-se da diversidade (*Verschiedenheit*) na medida em que nela se torna explícita a pluralidade da diferença (*Unterscheid*).

Heidegger falou em diversas ocasiões da "diferença ontológica" (*ontologische Differenz*). Trata-se, em substância, da diferença entre o ser e o ente (VER), a qual ultrapassa quaisquer outras diferenças. Por outro lado, a diferença ontológica pode igualmente ser concebida como uma diferença no ser; nesse sentido, a diferença está também estreitamente relacionada, de forma ontológica, com a identidade (VER).

O "último Wittgenstein" criticou os filósofos que se mostram ansiosos e obcecados por generalidades. Esses filósofos — que são quase todos — se apressam, de acordo com Wittgenstein, em obter definições quase sempre mediante analogias precipitadas. Como amiúde um único termo se aplica a uma multiplicidade de casos distintos, os filósofos concluem que há uma essência comum a muitos casos, e coisas. Contudo, embora haja semelhanças familiares (ver SEMELHANÇA FAMILIAR) entre vários usos de um termo, não é legítimo concluir que existe um significado "geral". Contra o essencialismo (VER), o sistematismo e a tendência à "unidade", Wittgenstein proclama a diversidade e a diferença. "Mostrar-lhes-ei diferenças", diz Wittgenstein. Um espírito similar alimenta as análises de J. L. Austin. Victoria Camps denominou esse tipo de filosofia "filosofia diferencialista". "O que é realmente inovador no 'diferencialismo' analítico" — escreve a mencionada autora (*Pragmática del lenguaje y filosofía analítica*, 1976, p. 238) — "é, creio, a idéia de que a linguagem é em última análise injustificável e que, portanto, a Metalinguagem com maiúscula, aquela que tem como objeto a linguagem em geral — isto é, a realidade —, não pode repousar em nenhum critério."

Jacques Derrida (VER) falou de "diferância" (*différance*) ao contrário de 'diferença' (*différence*). Parece que o verbo 'diferir' (*différer*), escreve esse autor ("La Différance", *Bulletin de la Société Française de Philosophie*, 62 [1968], 73-101; reimp. em M. Foucault, J. Derrida et al., *Théorie d'ensemble*, 1968), difere de si mesmo. Por um lado, ele indica distinção ou desigualdade; por outro, expressa interposição ou atraso. Em francês, com efeito — assim como em português —, 'diferir' quer dizer ao mesmo tempo ser diferente e retardar. O "atraso" é um espaçamento e um temporalizar que pospõe o que se nega na atualidade, o possível que é agora impossível. Num caso, temos, segundo Derrida, não-identidade; no outro, a ordem do "mesmo". Porém, deve haver, continua a afirmar Derrida, algo comum, embora inteiramente diferante (*différante*), dentro do que relaciona os dois movimentos de diferir. O termo 'diferância' (*différance*) é usado para indicar a mesmeidade não idêntica; Derrida assinala que, com a vogal 'a', pode referir-se a diferir tanto no sentido de um "espaçar/temporalizando" como de um movimento que estrutura toda dissociação.

De acordo com Derrida, 'diferância' não é nem uma palavra nem um conceito. No entanto, pode-se ver nela a junção — não a soma — do que se escreve decisivamente no pensamento de nossa 'época': a diferença de forças em Nietzsche, o princípio de diferença semiológica de Saussure, a diferença como a possibilidade de abrir caminho (*Bahnung*) e efeito dilatório em Freud, a diferença como a irredutibilidade da marca do outro em Levinas e a diferença ôntico-ontológica em Heidegger. Derrida fala primeiro de uma letra — o 'a' —, que é possível tão-somente no âmbito do sistema de escritura fonética que por sua vez está enxertado numa forma inteira de cultura; ele fala depois do 'a' de 'diferância' na forma de dizer o que não é; e afirma, embora não definitivamente, que as diferenças são produzidas — diferidas — pela diferância. A diferância é — obviamente — "um nome metafísico".

Gilles Deleuze indicou que a diferença e a repetição (*Différence et répétition*, 1968) se manifestam em qualquer lugar na época; como sinais de um anti-hegelianismo generalizado, "ocuparam o lugar do idêntico e do negativo, da identidade e da contradição". Pois a diferença não implica o negativo e não se deixa levar até a contradição a não ser na medida em que se continua a subordiná-la ao idêntico". A diferença de que Deleuze fala é a "diferença em si mesma", que não deve ser confundida com a diferença entre duas coisas, a qual é apenas empírica, sendo suas determinações extrínsecas. "Mas, em vez de uma coisa que se distingue de outra, imaginemos algo que se distingue (e, contudo, *aquilo de que* se distingue não se distingue dele). O raio, por exemplo, distingue-se do céu negro, mas deve arrastá-lo consigo, como se se distinguisse do que não se distingue. Dir-se-ia que o fundo ascende à superfície sem deixar de ser fundo (...). A diferença é esse estado da determinação como distinção unilateral. Da diferença deve-se dizer, pois, que é feita, ou que se faz, como na expressão 'fazer a diferença'" (*op. cit.*, p. 43). Ao contrário de Platão, em quem a diferença remete ao Mesmo, ao Uno, a diferença de que Deleuze fala é "pensada em si mesma e não representada, não mediatizada" (*op. cit.*, p. 91).

Num "manifesto diferencialista" (*Manifeste différentialiste*, 1970), Henri Lefèbvre introduz a noção de diferença em várias esferas e campos — no materialismo histórico, na prática política, na história — com a finalidade de desfazer contradições e transpor limites. Lefèbvre enfatiza que em cada um desses campos e esferas se tendeu a fazer "reduções" unilaterais, como, por exemplo, na prática política, a redução do movimento revolucionário a um modelo supostamente puro ou ao impulso da produtividade e do desenvolvimento. A idéia de diferença permite ver que se trata de oposições que devem ser superadas mediante exclusão das exclusões e abertura a possibilidades.

⇨ Ver: G. Vattimo, *Le avventure della differenza. Che cosa significa pensare dopo Nietzsche e Heidegger*, 1980. — E. Beierwaltes, *Identität und Differenz*, 1980 [de Mario Victorino a Adorno]. — I. E. Harvey, *Derrida and the Economy of* Différance, 1985. — J. Taminiaux, *Dialectic and Difference*, 1985. ⇦

DIFERENÇA (MÉTODO DE). Outro dos métodos de investigação propostos por John Stuart Mill (*Logic*, III, viii, § 2) é, depois do método de concordância (ver Concordância [Método de]), o "método de diferença".

Enquanto no método de concordância se trata de obter casos que concordam numa circunstância dada, mas diferem em toda outra circunstância, no método de diferença se requerem "dois casos que se assemelham entre si em todos os aspectos mas diferem na presença ou ausência do fenômeno que desejamos estudar" (*loc. cit.*). Assim, se nos propomos descobrir os efeitos de A, procuraremos juntar A com B e C, e, uma vez que se tenha tomado nota dos efeitos produzidos, compará-los-emos com os efeitos que a conjunção B C (estando A, pois, ausente) produziu. Suponhamos que o efeito da conjunção A B C seja *a b c*, e suponhamos que o efeito de B C seja *b c*. Poderemos concluir que *a* é o efeito de A.

Um raciocínio similar pode ser realizado quando se começa com os efeitos: juntaremos então *a b c* como caso no qual ocorre o efeito sendo os antecedentes A B C. Se tomamos a conjunção *b c*, sendo os antecedentes B C, podemos inferir que A é a causa de *a*.

O princípio regulador do método de diferença é o segundo cânon de que demos uma formulação no verbete Cânon.

DIGNITATIVOS. No verbete Apresentação, indicou-se que Meinong elaborou uma teoria daquilo que chamou "objetos de apresentação emotiva parcial". Não se trata de "objetos" no sentido corrente de "coisas", nem mesmo de propriedades de coisas, nem se trata tampouco do que Meinong denominou "objetivos", mas as características que têm os citados "objetos de apresentação emotiva parcial" são similares às de outros "objetos", incluindo os "objetivos". Os objetos de apresentação emotiva parcial têm uma realidade (melhor, um "ser") independente, ou autônoma, e são os que também foram chamados de "valores" ou "propriedades de valores". Esses "valores" dividem-se em quatro tipos; positivamente, são designáveis mediante os termos 'agradável', 'belo', 'verdadeiro' e 'bom'; negativamente, mediante 'desagradável', 'feio', 'falso' (ou 'duvidoso') e mau (ou 'não-bom'). Para evitar (provavelmente) as confusões e ambigüidades a que o termo 'valores' dá origem, Meinong chama os objetos em questão de "dignitativos", no sentido de que são "dignos" ou possuem uma "dignidade". São, pois, "objetos" dignos de ser termos para os quais apontam os sentimentos. Os que são termos de desejos podem ser denominados, seguindo um padrão análogo, "desiderativos" (o que não se deve confundir simplesmente com "desejáveis"). Meinong indica que "não se trata, propriamente falando, de valores, mas, em todo caso, se trata de algo suficientemente valioso [ou 'valóide', *Wertartiges*], de sorte que cabe aplicar-lhes a designação 'valor' ao menos num sentido perfeitamente inteligível. Ora, se de minha parte não quero defender uma ampla aplicação do uso do termo 'valor', reconheço que a passagem de 'valor' a 'valiosidade' [*Würdigkeit*, 'dignidade'] não é muito grande, constituindo uma passagem que envolve o caráter de uma generalização, só que talvez envolva algo menos de in-subjetividade do que seria desejável nas impalpáveis intenções de um nome. A esse respeito, ganhar-se-ia pouco se 'valiosidade' fosse substituída por 'dignidade', mas como o termo ainda não usado 'dignitativo' carece, justamente por causa de não ter sido ainda usado, do caráter excessivo de 'dignidade', proponho empregar 'dignitativos' para objetos do sentimento, e 'desiderativos' para os do desejo" (*Über emotionale Präsentation*, § 11; *A. M. Gesamtausgabe*, III, pp. 396-397).

Dessa maneira, esclarece-se a classificação por parte de Meinong de todos os objetos (*Gegenstände*): são objetos (*Objekte*) objetivos, dignitativos e desiderativos. Meinong aponta que essa classificação foi elucidada só "até a data" (*zur Zeit*), já que não pode ainda afirmar se é ou não completa.

DILEMA. É o nome que recebe um antigo argumento apresentado em forma de silogismo com "dois fios" ou "dois chifres" e por isso também denominado *syllogismus cornutus*. Como quase todos os exemplos de dilema apresentados na lógica tradicional têm em sua conclusão uma proposição disjuntiva cujos dois membros são igualmente afirmados, costuma-se chamar a atenção para a diferença entre o dilema e o silogismo disjuntivo, no qual se afirma apenas um dos membros da disjunção. Um dos exemplos tradicionais de dilema é:

Os homens realizam os assassinatos que planejam ou não os realizam.
Se os realizam, pecam contra a lei de Deus e são culpados.
Se não os realizam, pecam contra sua consciência moral e são culpados.

Portanto, tanto se realizam como se não realizam os assassinatos que planejam, são culpados (se planejam um assassinato).

Quando os membros da proposição disjuntiva são três, fala-se de trilema; quando são quatro, quadrilema; quando são um número indeterminado, *n*, de membros, polilema.

Na lógica atual, o dilema é apresentado como uma das leis da lógica sentencial. Indicamos em seguida quatro formas dessa lei:

$((p \to r) \land (q \to r) \land (p \lor q)) \to r$
$((p \to q) \land (p \to r) \land (\neg q \lor \neg r)) \neg p$
$((p \to q) \land (r \to s) \land (p \lor r)) \to (q \lor s)$
$((p \to q) \land (r \to s) \land (\neg q \lor \neg s)) \to (\neg p \lor \neg r)$

Com base na informação que se encontra nos verbetes LETRA, NOTAÇÃO SIMBÓLICA e PARÊNTESES, o leitor pode encontrar facilmente exemplos para quaisquer das quatro formas antes mencionadas. Observar-se-á que comum a todas elas é o fato de tratar-se de um condicional cujo antecedente é composto de três fórmulas unidas por conjunções. As duas primeiras fórmulas do antecedente são por seu turno condicionais, e a terceira é uma disjunção. Quanto à conclusão, pode ser uma disjunção (como se vê nos dois últimos casos), ou a afirmação (primeiro caso) ou negação (segundo caso) de uma das sentenças.

De modo muito geral, denomina-se "dilema" a oposição de duas teses, de tal maneira que, se uma delas é verdadeira, a outra deve ser considerada falsa, e vice-versa. Uma decisão, baseada em motivos distintos dos lógicos, parece ser em certos casos necessária. Esse é o sentido em que Renouvier utiliza o termo 'dilema' em sua análise dos dilemas metafísicos. Segundo esse filósofo (cf. *Les dilemmes de la métaphysique pure*, 1903, *passim*), as doutrinas metafísicas podem agrupar-se em dilemas cuja solução não é suscetível de uma determinação racional por meio do princípio lógico de contradição, mas unicamente objeto de decisão e, no fundo, de crença. Esses dilemas, que se repetem constantemente no decorrer de toda a história da filosofia (e fazem dessa história não um processo único, mas uma série de dicotomias), resumem-se às seguintes oposições: o Incondicionado-o Condicionado; a Substância-a Lei ou Função dos fenômenos; o Infinito-o Finito; o Determinismo-a Liberdade; a Coisa-a Pessoa, ocorrendo que ambas as séries se opõem por sua vez num dilema único, que pode resumir-se à oposição: Impersonalismo-Personalismo.

DILTHEY, WILHELM (1833-1911). Nascido em Biebrich am Rhein, lecionou em Basiléia, Kiel e Breslau antes de ocupar, em 1882, a cátedra de história da filosofia que H. Lotze deixou vaga em Berlim.

O caráter fragmentário da obra de Dilthey torna difícil articulá-la em um "sistema", coisa que, por outro lado, era rejeitada pelo próprio Dilthey, que preferia a atitude inquisitiva à pretensão construtiva que mostram os grandes sistemas metafísicos. A importância de Dilthey reside sobretudo em suas investigações sobre a gnosiologia das ciências do espírito e sobre a psicologia, à qual deu o nome de psicologia descritiva e analítica, psicologia estrutural ou psicologia da compreensão.

Dilthey concorda com o positivismo e com o neokantismo em sua negação da possibilidade de conhecimento metafísico, mas sua oposição ao naturalismo de seu tempo separa-o deles. Sua dedicação às ciências do espírito e sua preferência pela História inserem-no numa linha que, procedente de Hegel, se vincula com Windelband e Rickert, segue em paralelo com os representantes da filosofia da vida e desemboca em várias tendências científico-espirituais. Seu propósito consiste sobretudo em completar a obra de Kant com uma gnosiologia das ciências do espírito, com uma "crítica da razão histórica" paralela à "crítica da razão pura". Seus estudos históricos — *Leben Schleiermachers*, 1870 (*Vida de Schleiermacher*); *Auffassung und Analyse des Menschen im XV. und XVI. Jahrhunderte*, 1891 (*Concepção e análise do homem nos séculos XV e XVI*) — constituem ensaios nesse sentido, visto que neles já se observa a diferença que separa a consideração hermenêutico-psicológica do apriorismo hegeliano e do empirismo historiográfico.

Dilthey separa as ciências da Natureza e as ciências do espírito não por seu método nem por seu objeto, que às vezes coincidem em ambas, mas por seu conteúdo. Os fatos espirituais não nos são dados, como os processos naturais, mediante uma andaimaria conceitual, mas de um modo real imediato e completo. Eles são apreendidos em toda a sua realidade. Essa apreensão é uma autognose (*Selbstbesinnung*), uma captura do objeto diferente da que ocorre no ato da compreensão imediata da interioridade quando se acrescentam elementos alheios a ela. Mas a autognose transforma-se, de apreensão do psíquico-espiritual, em fundamento do conhecimento filosófico-sistemático: "Autognose é" — escreve Dilthey — "conhecimento das condições da consciência nas quais se efetua a elevação do espírito à sua autonomia mediante determinações de validade universal; isto é, mediante um conhecimento de validade universal, determinações axiológicas de validade universal e normas do agir segundo fins de validade universal" (*Ges. Schriften*, VIII, 192-193). Por isso, as ciências do espírito são gnoseologicamente anteriores às da Natureza, às quais, por outro lado, abarcam, pois toda ciência é também um produto histórico.

Dilthey busca a fundamentação de semelhante gnosiologia numa psicologia que, longe de possuir a estrutura própria das ciências naturais, permita compreender o homem como entidade histórica e não como um ente imutável, uma natureza ou uma substância. Por isso, a psicologia aparece como "uma fundamentação psicológica das ciências do espírito", como uma sistemática à qual agregam materiais os estudos históricos e nos quais, ao mesmo tempo, estes se fundam. A psicologia de Dilthey não é, em suma, uma "psicologia explicativa", mas uma "psicologia descritiva e analítica". A psicologia explicativa baseia-se na "derivação dos fatos que se dão na experiência interna, no estudo dos outros homens e da realidade histórica com base num número limitado de elementos analiticamente descobertos" (*G. S.*, V, 158). Por isso, a psicologia explicativa costuma partir da análise da percepção e da memória e desembocar num associacionismo baseado em elementos a partir dos quais se procura construir toda representação superior. Em contrapartida, a psicologia descritiva e analítica "submete à descrição e, na medida do possível, à análise a poderosa realidade integral da vida *psíquica*" (*G. S.*, V, 156). A psicologia descritiva e analítica é uma "exposição das partes integrantes e dos complexos que se apresentam uniformemente em toda vida psíquica humana desenvolvida, tal como ficam vinculadas num único complexo, que não é inferido ou investigado pelo pensamento, mas simplesmente vivido (...). Tem por objeto as regularidades que se apresentam no complexo da vida psíquica desenvolvida. Expõe esse complexo da vida interna num homem típico. Observa, analisa, experimenta e compara. Serve-se de qualquer recurso para a solução de sua tarefa. Mas sua significação na articulação das ciências baseia-se justamente no fato de que todo complexo utilizado por ela pode ser mostrado como membro de um complexo maior, não inferido mas originariamente dado" (*G. S.*, V, 152). Mas tal coisa não bastaria se, além disso, não se levasse em conta a célebre "poderosa realidade efetiva da vida anímica" examinada na história e nas análises do homem efetuadas pelos grandes poetas e filósofos. Por isso, essa psicologia se baseia na compreensão histórica, sendo esta, por seu turno, tornada possível pela psicologia. Trata-se aparentemente de um círculo vicioso. Mas esse círculo se desvanece quando, em vez de prestar atenção exclusiva aos caracteres formais, levamos em conta "a profundidade da própria vida". Nessa vida manifestam-se características como a historicidade, a forma estrutural e a qualidade, as quais coincidem em grande parte com os traços da qualidade da duração e da dinamicidade estabelecidos por outras filosofias, como a bergsoniana. O importante, em todo caso, é observar tanto a riqueza da vida anímica como o fato da interconexão de todas as vivências não apenas individuais, mas também sociais e, naturalmente, históricas.

Dilthey opôs-se freqüentemente à metafísica na medida em que esta pretendeu ser um saber rigoroso do mundo e da vida. Mas isso não significa negar o fato da necessidade metafísica sentida constantemente pelo homem. A metafísica é ao mesmo tempo impossível e inevitável, pois o homem não pode permanecer num relativismo absoluto nem negar a condicionalidade histórica de cada um de seus produtos culturais. Daí a grande antinomia entre a pretensão de validade absoluta que tem todo pensamento humano e o fato da condição histórica do pensar efetivo. Essa antinomia se apresenta como uma contraposição "entre a consciência histórica atual e todo tipo de metafísica como concepção científica do mundo" (*G. S.*, VIII, 3). Para resolvê-la, é necessário, segundo Dilthey, pôr em funcionamento o que chama de "autognose histórica". "Esta terá" — escreve Dilthey — "de transformar em objetos seus os ideais e as concepções do mundo da humanidade. Valendo-se do método analítico, deverá descobrir, na matizada variedade dos sistemas, estrutura, conexão e articulação. Ao prosseguir desse modo sua caminhada até o ponto em que se apresenta *um conceito da filosofia que torna explicável a história desta* [grifo nosso], surge a perspectiva de poder resolver a antinomia existente entre os resultados da história da filosofia e a sistemática filosófica" (*G. S.*, VIII, 7). Esse conceito de filosofia não pode ser obtido, porém, a menos que o filósofo se situe no âmbito da experiência total dentro da qual as diversas concepções do mundo aparecem como símbolos da vida, falsos somente na medida em que pretendem ser independentes. Não se trata de uma filosofia transcendental, pois, enquanto esta passa dos conceitos formados sobre a realidade às condições sob as quais pensamos esses conceitos, a verdadeira autognose histórica da filosofia passa dos sistemas à relação do pensamento com a realidade, uma relação vislumbrada pelos filósofos transcendentais, mas nunca aprofundada por sua carência de análise histórica.

Funda-se nisso a "filosofia da filosofia". Como fato histórico, a filosofia transforma-se em objeto de si mesma. E dentro dela se dá a diversificação das concepções do mundo, as quais podem ser classificadas em três tipos fundamentais. O primeiro é o naturalismo, que pode ser materialista ou fenomenista e positivista. O segundo é o idealismo da liberdade, surgido principalmente do conflito moral e da percepção da atividade volitiva. O terceiro é o idealismo objetivo, que se manifesta quando se tende à objetivação do real, à transformação de toda realidade em ser e valores transcendentais, dos quais a realidade do mundo é, por fim, uma manifestação.

Dilthey estudou detalhadamente esses três tipos ao longo de uma história evolutiva das visões do mundo e da vida que se encontram de modo concreto no decorrer da história desde as etapas primitivas. Resultado dessa análise é o próprio pressuposto do qual ele havia partido: a consciência transcendental se resolve uma e outra vez em consciência histórica, mas essa consciência histórica não desemboca no relativismo, pois sempre permanece diante da ruína dos sistemas a atitude radical do homem, que consiste não em ser um ente permanente, mas uma "vida". De fato, a vida é a única e última raiz de todas as concepções. Com isso, a vida aparece como o verdadeiro fundamento irracional do mundo, a realidade irredutível às outras, mas que permite explicar todas as outras realidades. O pensamento de Dilthey encaminha-se assim como conseqüência da necessidade de superar o relativismo historicista na direção de uma filosofia da vida. Às vezes, Dilthey parece "retroceder" em sua caminhada ao supor que "a natureza humana é sempre a mesma", e ao supor, portanto, que há algo que pode ser qualificado de natureza humana. Mas esse "retrocesso" é provisório; em última análise, é a dialética incessante entre a vida e a história, bem como o fato de que cada um desses termos inclua o outro, o que permite que a filosofia da filosofia não fique em nenhum instante petrificada numa fórmula.

Em diversas ocasiões, Dilthey procurou elucidar os fundamentos de sua própria filosofia. A esse respeito, é importante um escrito de 1880 no qual ele afirmou que "a idéia fundamental de minha filosofia é o pensamento de que até o presente não se colocou sequer uma única vez como fundamento do filosofar a plena e não mutilada experiência, de que nem uma única vez se fundou o filosofar na total e plena realidade". Daí as características proposições de Dilthey sobre a inteligência, proposições que são ao mesmo tempo as teses para as quais se orienta essa filosofia total da experiência: "1) A inteligência não é um desenvolvimento que ocorrem no indivíduo particular e que seja por ele compreensível, constituindo na verdade um processo na evolução da espécie humana, sendo esta, por sua vez, o sujeito no qual o querer é o conhecimento. 2) A rigor, a inteligência existe como realidade nos atos vitais dos homens, todos os quais possuem também os aspectos da vontade e dos sentimentos, motivo pelo qual existe como realidade somente dentro da totalidade da natureza humana. 3) A proposição correlativa à anterior é a que afirma que unicamente por um processo histórico de abstração se formam o pensar, o conhecer e o saber abstratos. 4) Mas essa plena inteligência real tem também como aspectos de sua realidade a religião ou a metafísica ou o incondicionado, e sem estes nunca é real nem efetiva". Assim entendida, essa filosofia é a "ciência do real" (*G. S.* VIII, 175-176).

A influência de Dilthey se faz sentir em várias tendências filosóficas, especialmente na "filosofia da vida" e na "filosofia do espírito". Também se encontram ressonâncias diltheyanas na filosofia de Heidegger. Entre os filósofos mais diretamente influenciados por Dilthey e até mesmo considerados como pertencentes ao chamado "movimento diltheyano", figuram: Georg Misch (VER), Bernhard Groethuysen (VER), Erich Rothacker (VER), Joachim Wach (VER) e Hermann Nohl (VER). Devem-se acrescentar a eles Hans Freyer (VER), Max Frischeisen-Köhler (VER) e Eduard Spranger (VER), assim como, de certo modo, Theodor Litt (VER), que, mais do que seguidor de Dilthey, concordou em muitos pontos com o filósofo. Seria longo mencionar os pensadores em quem se pode rastrear a influência de Dilthey; limitamo-nos a mencionar Alfred Vierkandt (1867-1953), Fritz Heinemann (VER), Max Weber (VER), Karl Jaspers (VER), Ludwig Klages (VER), Walther Schmied-Kowarzik (nasc. em 1885: *Umriss einer neuen analytischen Psychologie*, 1912).

➲ Obras: *Leben Schleiermachers*, I, 1870 (vol. II, ed. por Martin Redeker, 1966, em vol. XIV de *G. S.*). — *Einleitung in die Geisteswissenschaften. Versuch einer Grundlegung für das Studium der Gesellschaft und der Geschichte*, I, 1883. — *Dichterische Einbildungskraft und Wahnsinn*, 1886. — "Die Einbildungskraft des Dichters, Bausteine zu einer Poetik", em *Phil. Aufsätze, E. Zeller gewidmet*, 1887. — "Ueber die Möglichkeit einer allgemeingültigen Pädagogik", *Sitzungsberichte der Preuss. Akademie der Wissenschaften*, 1888. — "Beiträge zur Lösung der Frage vom Ursprung unseres Glaubens an die Realität der Aussenwelt", *Sitz. der Preuss. Ak. der Wis.*, 1890. — "Ideen über eine beschreibende und zergliedernde Psychologie", *id.*, 1894. — "Beiträge zum Studium der Individualität", *id.*, 1896. — "Die Entstehung der Hermeneutik", *Philosophische Abhandlungen für Ch. Sigwart*, 1900. — "Studien zur Grundlegung der Geisteswissenschaften", *Sitz. der Preuss. Ak. der Wiss.*, 1905. — *Das Erlebnis und die Dichtung, Lessing Goethe, Novalis, Hölderlin*, 1905. — "Das Wesen der Philosophie", *Kultur der Gegenwart*, ed. P. Hinneberg, 1907. — "Der Aufbau der geschichtlichen Welt in den Geisteswissenschaften, I", *Abhandlungen der Preuss. Ak. der Wiss.*, 1910. — "Die Typen der Weltanschauung", em *Weltanschauung, Philosophie und Religion in Darstellungen*, 1911. — Ver também *Der junge Dilthey. Lebensbild in Briefen und Tagebüchern 1852-1870*, ed. Clara Misch, 1933.

Correspondência: *Briefwechsel zwischen Dilthey und dem Grafen Paul Yorck von Wartenburg 1877-1897*, 1923.

Edição de obras reunidas: *Gesammelte Schriften*, por C. Mish *et al.*, I-XIX, 1913-1982.

Em português: *Essência da filosofia*, 1997. — *Sistema de ética*, 1994. — *Teoria das concepções do mundo*, s.d.

Bibliografia: Ulrich Herrmann, *Bibliographie W. Diltheys. Schriftum und Sekundärliteratur*, 1969.

Ver: Arthur Stein, *Der Begriff des Geistes bei D.*, 1913; 2ª ed., *Der Begriff des Verstehens bei D.*, 1926. — Walter Heynen, *Diltheys Psychologie des dichteris-*

chen Schaffens, 1916. — G. Misch, "Vorbericht des Herausgebers", ao vol. V de Ges. Schriften, 1924, pp. VII-CXVII. — Id., Lebensphilosophie und Phänomenologie. Eine Auseinandersetzung der Diltheyschen Richtung mit Heidegger und Husserl, 1930. — Id., Vom Lebens- und Gedankenkreis Wilhelm Diltheys, 1947. — Ludwig Landgrebe, "W. Diltheys Teorie der Geisteswissenschaften. Analyse ihrer Grundbegriffe", Jahrbuch für Philosophie und phänomenologische Forschung, 11, 1927. — F. Romero, "Guillermo Dilthey", Humanidades, 22 (1930). — Kenzo Katsube, W. Diltheys Methode der Lebensphilosophie, 1931. — J. Ortega y Gasset, "Guillermo Dilthey y la idea de la vida", Revista de Occidente, 42 (1933), 197-214, 241-272; 43 (1934), 89-116 [reimp. em O. C., VI, 377-418]. — A. Liebert, W., D. Eine Würdigung seines Werkes zum 100 Geburtstag des Philosophen, 1933. — A. Degener, D. und das Problem der Metaphysik, 1933. — Johannes Helming, Lebensbegriff und Lebenskategorie, 1934. — Julius Stenzel, D. und die deutsche Philosophie der Gegenwart, 1934. — O. F. Bollnow, D. Eine Einführung in seine Philosophie, 1936; 4ª ed., 1980. — E. Pucciarelli, Introducción a la filosofía de D. [Publicaciones de la Universidad de La Plata 20, n. 10], 1937. — Id., La psicología de D. [ibid., 21], 1938. — R. Dietrich, Die Ethik W. Diltheys, 1937. — W. Erxleben, Erlebnis, Verstehen und geschichtliche Wahrheit. Untersuchungen über die geschichtliche Stellung von Wilhelm Diltheys Grundlegung der Geisteswissenschaften, 1937. — Carl Theodor Glock, Diltheys Grundlegung einer wissenschaftlichen Lebensphilosophie, 1939. — Lorenzo Giusso, W. D. e la filosofia come visione della vita, 1940. — Herbert Arthur Hodges, W. D. An Introduction, 1944. — Eugenio Imaz, Asedio a D., 1945. — Id., El pensamiento de Dilthey, 1946. — Juan Roura-Parella, El mundo histórico-social (Ensayo sobre la morfología de la cultura, de D.), 1947. — José Ferrater Mora, "D. y sus temas fundamentales", Revista Cubana de Filosofía, 5 (1949), 4-12 (foram extraídas algumas passagens desse trabalho para este verbete). — H. A. Hodges, The Philosophy of W. D., 1952. — W. Kluback, W. Dilthey's Philosophy of History, 1956. — Franco Díaz de Cerio Ruiz, S. J., W. D. y el problema del mundo histórico. Estudio genético-evolutivo con una bibliografía general, 1959. — Id., id., Introducción a la filosofía de W. D., 1963. — A. Waismann, D. o la lírica del historicismo, 1959. — J. F. Suter, Philosophie et histoire chez D. Essai sur le problème de l'historicisme, 1960. — Tomás Stefanovics, D.: Una filosofía de la vida, 1961. — W. Trejo, Introducción a D., 1962. — Hellmut Diwald, W. D. Erkenntnistheorie und Philosophie der Geschichte, 1963. — Peter Krausser, Kritik der endlichen Vernunft. W. Diltheys Revolution der allgemeinen Wissenschafts- und Handlungstheorie, 1968. — Frithjof Rodi, Morphologie und Hermeneutik. Diltheys Aesthetik, 1968. — Howard Nelson Tuttle, W. Dilthey's Philosophy of Historical Understanding: A Critical Analysis, 1969. — Franco Bianco, D. e la genesi della critica storica della ragione, 1971. — Karol Sauerland, Diltheys Erlebnisbegriff. Entstehung, Glanzzeit und Verkümmerung eines literatur-historischen Begriffs, 1972. — Hans Ineichen, Erkenntnistheorie und geschichtlich-gesellschaftliche Welt. Diltheys Logik der Geisteswissenschaften, 1975. — Rudolf A. Makkreel, D.: Philosopher of the Human Studies, 1975. — M. Ermarth, W. D.: The Critique of Historical Reason, 1978. — I. N. Bulhof, W. D.: A Hermeneutik Approach to the Study of History and Culture, 1980 [Martinus Nijhoff Philosophy Library 2]. — E. W. Orth, ed., D. und der Wandel des Philosophie-Begriffs seit dem 19. Jh., 1984. — H.-U. Lessing, Die Idee einer Kritik der historischen Vernunft. W. D. S erkenntnistheoretisch-methodologische Grundlegung der Geisteswissenschaften, 1984. — K.-O. Apel, F. Bianco et al., D. und die Philosophie der Gegenwart, 1985, ed. E. W. Orth. — H. P. Rickman, D. Today: A Critical Appraisal of the Contemporary Relevance of His Work, 1988. — A. G. Manno, Lo storicismo di W. D. (Il problema di Dio nei grandi pensatori, vol. 5), 1990. — B. A. Wilson, Hermeneutical Studies: Dilthey, Sophocles, and Plato, 1990. — W. Stegmaier, Philosophie der Fluktuanz. D. und Nietzsche, 1992.

Desde 1983, existe um Dilthey — Jahrbuch für Philosophie und Geschichte der Geisteswissenschaften. C

DIMATIS. É o nome que designa um dos modos (ver Modo) válidos dos silogismos da quarta figura (VER). Um exemplo de Dimatis pode ser:

Se alguns cineastas são ricos
e todos os ricos são acionistas
então alguns acionistas são cineastas,

exemplo que corresponde à seguinte lei da lógica quantificacional elementar:

$$\vee\, x\, (Hx \wedge Gx) \wedge \wedge\, x\, (Gx \to Fx)$$
$$\to \vee\, x\, (Fx \wedge Hx)$$

e que, usando-se as letras 'S', 'P' e 'M' da lógica tradicional, pode exprimir-se mediante o seguinte esquema:

$$(PiM \wedge MaS) \to SiP$$

no qual aparece claramente a seqüência das letras 'I', 'A', 'I', origem do termo Dimatis na ordem PM-MS-SP.

DIMINUIÇÃO (DIMINUTIO). Ver PROPRIEDADES DOS TERMOS.

DIMINUTIO. Ver PROPRIEDADES DOS TERMOS.

DINÂMICO. O termo 'dinâmico' foi empregado na filosofia moderna em dois sentidos: um amplo e outro restrito. Em sentido amplo, 'dinâmico' designa tudo o que se refere ao movimento e mesmo ao devir (VER): o ponto de vista dinâmico é então um ponto de vista ontológico que concebe o ser como um fazer-se — *in fieri*. Contrapõe-se então 'dinâmico' a 'estático' e, congruentemente, as filosofias "dinamicistas" às filosofias "estaticistas". Num sentido restrito, o sentido de 'dinâmico' procede da física: a dinâmica estuda as relações entre as forças e os movimentos, ao contrário da estática, que estuda o equilíbrio das forças. Dinâmica e estática são partes da mecânica, de modo que, estritamente falando, não se pode falar nem de contraposição entre o dinâmico e o estático nem, menos ainda, de contraposição entre o dinâmico e o mecânico.

Kant empregou o termo 'dinâmico' em oposição a 'matemático' para classificar suas doze categorias ou conceitos do entendimento (ver CATEGORIA). Os quatro tipos de conceitos do entendimento (segundo quantidade, qualidade, relação e modalidade) podem dividir-se em dois grupos: o grupo que compreende as categorias de quantidade e qualidade é um grupo de categorias que se referem aos objetos de intuição pura e empírica, podendo denominar-se "matemático"; o grupo que abrange as categorias de relação e modalidade diz respeito à existência dos citados objetos da intuição em sua relação entre si e com o entendimento, podendo chamar-se "dinâmico". A distinção, afirma Kant, deve ter alguma base na natureza do entendimento (*K. R. V.* A 83-B 110). Correlativamente, Kant indica que, na aplicação dos conceitos puros do entendimento à experiência possível, o emprego de sua síntese é ou "matemático" ou "dinâmico", segundo se refira em parte à mera intuição de uma aparência em geral ou à sua existência. Como a tabela de categorias ou conceitos do entendimento constitui o guia para a construção da tabela de princípios do entendimento, estes podem agrupar-se igualmente em matemáticos e dinâmicos. Assim, os axiomas da intuição e as antecipações da percepção são princípios matemáticos, enquanto as analogias da experiência e os postulados do pensamento empírico em geral são dinâmicos (*op. cit.*, B 201-A 162). Os princípios do entendimento puro são ou constitutivos *a priori*, como os princípios "matemáticos", ou reguladores, como os princípios "dinâmicos" (*op. cit.*, A 236-B 296). A distinção entre "matemático" e "dinâmico" reaparece na "Dialética transcendental", quando ele fala das antinomias da razão pura: o mundo como soma total de aparências e como a totalidade de sua síntese é "matemático"; o mundo visto como um conjunto dinâmico é, evidentemente, "dinâmico", e pode denominar-se "Natureza" (*op. cit.*, A 418-B 466; cf. também A 529-B 577, A 560-B 588). Estes podem ser alguns dos casos em que a tendência "arquitetônica" de Kant se sobreimpõe à marcha de seu pensamento.

Kant falou também de "dinâmica transcendental" (cf. Burkhard Tuschling, *Metaphysische und transzendentale Dynamik in Kants Opus Postumum*, 1971 [Quellen und Studien zur Philosophie, 3]). Este e os usos kantianos anteriores de 'dinâmico' e 'dinâmica' relacionam-se com o emprego de 'dinâmica' dentro da física apenas na medida em que se contrapõe 'dinâmico' a 'estático'. O mundo como "conjunto dinâmico", ou Natureza, ao qual se refere Kant, não é só, embora possa ser primariamente, o estudo do movimento de partículas e corpos rígidos objeto da dinâmica em sua acepção física. Ademais, não há em Kant a distinção entre cinética como estudo de relação entre movimentos e forças produtoras de movimentos, por um lado, e cinemática, ou estudo de puros movimentos, por outro; em todo caso, essa distinção não desempenha um papel na epistemologia kantiana.

Embora a maioria dos filósofos modernos tenha conhecido bem o citado sentido restrito, algumas vezes deslizaram, consciente ou inconscientemente, para o sentido amplo. Assim, quando opôs à física de Descartes suas próprias idéias físicas, Leibniz avaliava que se devia opor a uma física excessivamente geométrica e "estática" — ou mesmo "mecânica" — uma física dinâmica, que fazia intervir a força viva e o ímpeto em vez de limitar-se ao estudo de massas e movimentos destas, e inclusive a reduzir esses movimentos a posições no espaço. Mas o mencionado sentido amplo de 'dinâmico' aparece sobretudo quando se pretendem extrair as implicações metafísicas da física ou quando se pretendem "ditar" condições metafísicas à investigação física. Surgem então concepções dinâmicas — ou dinamicistas — do mundo que supostamente estão na base de toda compreensão possível da realidade. Comumente, supõe-se que as concepções dinamicistas eludem dificuldades tais como as que suscitam o rigoroso determinismo, a tendência à espacialização do tempo e do movimento e a propensão a negar a liberdade, a contingência, a individualidade — dos entes ou dos movimentos etc. Inserem-se nesse ponto as mencionadas oposições entre o dinâmico e o estático, e entre o dinâmico e o mecânico.

O termo 'dinâmico' também foi empregado na psicologia e na sociologia (especialmente a partir de A. Comte). Falou-se então de dinâmica dos estados psíquicos ou de dinâmica social, ao contrário da estática desses estados ou da estática social. Nesse uso, o significado de 'dinâmico' — e de 'estático' — está calcado no sentido físico, mas, na medida em que é ampliado para o resto da realidade, produz-se também a citada tendência a transformar o estudo da mecânica psíquica ou social numa concepção do mundo — ou numa filosofia geral — que se coloca na base de toda investigação psicológica ou sociológica ulterior.

Para completar a informação sobre as questões aqui suscitadas, ver os verbetes ATO; DEVIR; ENERGIA E POTÊNCIA.
➲ Ver: Von Dungern, *Dynamische Weltanschauung*, 1920. — Franz Freigl, *Die dynamische Struktur der Welt*, 1933. — Andrew Paul Ushenko, *Power and Events: an Essay on Dynamics in Philosophy*, 1946. — M. Jammer, *Concepts of Force. A Study in the Foundations of Dynamics*, 1957. — C. Dyke, *The Evolutionary Dynamics of Complex Systems: A Study in Biosocial Complexity*, 1988. — B. Skyrms, *The Dynamics of Rational Deliberation*, 1990.

Sobre dinâmica em Leibniz: M. Guéroult, *Dynamique et métaphysique Leibniziennes suivi d'une note sur le principe de la moindre action chez Maupertuis*, 1934. — Pierre Costabel, *Leibniz et la dynamique: les textes de 1692*, 1960. ⊃

DINGLER, HUGO (1881-1954). Nascido em Munique, foi professor na Universidade de Munique (1920-1932) e na Escola Superior Técnica de Darmstadt (1932-1934; nesta última data ele foi destituído pelos nazistas por antinazismo e pró-semitismo). Dingler se distinguiu por seus trabalhos em filosofia da ciência: sobretudo, na filosofia da matemática e depois na filosofia das ciências naturais, especialmente a física. Seu interesse na filosofia da matemática é principalmente epistemológico. Dingler não procura estabelecer princípios ou regras das quais possam derivar-se, ou validar-se, partes da matemática, ou toda a matemática; procura averiguar que tipo de operações é preciso executar com o fim de tornar possível a matemática (na qual inclui a mecânica). A epistemologia de Dingler tem fortes tendências operacionalistas, motivo pelo qual ele foi considerado um dos representantes máximos — e o mais importante representante na Alemanha — do operacionalismo (VER) contemporâneo. Há, de acordo com Dingler, analogias entre os modos de investigação matemática e as operações efetuadas no trato cotidiano com o mundo; em ambos os casos, procede-se a reconstruções a partir de alguns elementos tidos como básicos. Procedimentos similares são empregados nas ciências naturais. Deve-se observar que Dingler não procura estabelecer fundamentos ou propor teorias, mas descrever modos básicos de operação independentes de — e prévios a — toda teoria. Embora possa haver teorias alternativas, acerca das quais é possível (e freqüente) a disputa, não há modos de operação alternativos. O trabalho mais detalhado efetuado por Dingler foi feito no terreno da matemática, com provas de axiomas baseadas em construções operacionais.

Dingler também foi considerado convencionalista (ver CONVENCIONALISMO) e, com efeito, esse autor defendeu uma posição convencionalista, especialmente na fase final de seu pensamento. Esse convencionalismo está sempre, porém, muito estreitamente unido ao já mencionado operacionalismo. Dingler propôs-se desenvolver uma nova concepção do *a priori*, que deve muito a Kant mas difere notavelmente de Kant. De imediato, o que é *a priori* não é "irrepresentável" (*nicht... unvorstellbar*). Depois, e sobretudo, embora o *a priori* seja resultado de operações definitórias em virtude das quais se admite que os fenômenos obedecem a esta ou àquela lei, ou a esta ou àquela regularidade, por recair sob a lei ou sob a expressão generalizada de regularidades, todo aparato conceitual operacionalmente e convencionalmente elaborado tem de submeter-se a verificação experimental. As proposições que expressam resultados de experimentos são, certamente, de grande complexidade, isto é, não são simples descrições de supostas observações básicas, mas os experimentos são ao mesmo tempo resultados de atividades reais — *reale Handlungen*, na formulação de Dingler — e são sempre "representáveis" e "intuitivos".

Dingler insistiu amiúde no caráter "ativo", e até "manual", dos procedimentos empregados nas ciências, assim como — sob a influência, reconhecida pelo autor, de Mach e de Kirchhoff — na importância que tem a "descrição". Isso o aproximou do positivismo lógico. Contudo, ele também submeteu este último à crítica — especialmente em seu *Grundriss*, de 1949 — por considerar que os positivistas tendem a gerar "fantasmas" tão perigosos quanto os produzidos pelas filosofias "tradicionais". A negação por parte de alguns positivistas da autonomia do conhecimento filosófico se deve, segundo Dingler, ao fato de não terem levado a sério a possibilidade de uma "filosofia real". Esta é uma "filosofia metódica", que usa um método metódico-operacional e pode eliminar os pseudoproblemas que os positivistas se tinham empenhado — inutilmente — em eliminar.

➲ Obras: *Grundlinien einer Kritik und exakten Theorie der Wissenschaften insbesondere der mathematischen*, 1907 (*Linhas fundamentais de uma crítica e teoria exata das ciências, especialmente matemáticas*). — *Grenzen und Ziele der Wissenschaft*, 1910 (*Limites e fins da ciência*). — *Die Grundlagen der angewandten Geometrie. Eine Untersuchung über den Zusammenhang zwischen Theorie und Erfahrung in den exakten Wissenschaften*, 1911 (*Os fundamentos da geometria aplicada. Investigação sobre a relação entre teoria e experiência nas ciências exatas*). — *Die Grundlagen der Naturphilosophie*, 1913 (*Os fundamentos da filosofia da Natureza*). — *Das Prinzip der logischen Unabhängigkeit in der Mathematik zugleich als Einführung in die Axiomatic*, 1915 (*O princípio da independência lógica na matemática como introdução à axiomática*). — *Die Grundlagen der Physik. Synthetische Prinzipien der mathematischen Naturphilosophie*, 1919 (*Os funda-*

mentos da física. Princípios sintéticos da filosofia natural matemática). — Physik und Hypothesen. Versuch einer induktiven Wissenschaftslehre nebst einer kritischen Analyse der Fundamente der Relativitätstheorie, 1921 (Física e hipótese. Ensaio de uma teoria indutiva da ciência, com uma análise crítica dos fundamentos da teoria da relatividade). — Relativitätstheorie und Oekonomieprinzip, 1922. — Das Problem des absoluten Raumes in historischkritischer Behandlung, 1923 (O problema do espaço absoluto de um ponto de vista históricocrítico). — Die Grundgedanken der Machschen Philosophie, 1924 (As idéias fundamentais da filosofia de Mach). — Der Zusammenbruch der Wissenschaft und der Primat der Philosophie, 1926 (O colapso da ciência e o primado da filosofia). — Das Experiment. Sein Wesen und seine Geschichte, 1928 (O experimento. Sua natureza e sua história). — Metaphysik als Wissenschaft vom Letzten, 1929 (A metafísica como ciência do último). — Das System. Das philosophische-rationale Grundproblem und die exakte Methode der Philosophie, 1930 (O sistema. O problema filosófico-racional fundamental, e o método exato da filosofia). — Philosophie der Logik und Arithmetik, 1931. — Der Glaube an die Weltmaschine und seine Ueberwindung, 1932 (A crença na máquina do mundo e sua superação). — Geschichte der Naturphilosophie, 1932 (História da filosofia da Natureza). — Die Grundlagen der Geometrie, 1933 (Os fundamentos da geometria). — Das Handeln im Sinne des höchsten Zieles (Absolute Ethik), 1935 (O operar no sentido do fim supremo [Ética absoluta]). — Die Methode der Physik, 1938. — Max Planck und die Begründung der sogenannten modernen theoretischen Physik, 1939 (Max Planck e a fundamentação da chamada física teórica moderna). — Von der Tierseele zur Menschenseele. Geschichte der geistigen Menschwerdung, 1941 (Da alma animal à alma humana. História da formação espiritual do homem). — Grundriss der methodischen Philosophie, 1949 (Esboço de filosofia metódica). — Das physikalische Weltbild, 1953 (A imagem física do mundo). — "Was ist Konventionalismus", em Actes du XIe Congrès International de Philosophie, vol. 5, 1953, pp. 199-204. — Die Ergreifung des Wirklichen, 1955 (A captura do real). — Lehrbuch der exakten Fundamentalwissenschaften (Arithmetik, Geometrie, Kinematik und Mechanik), 1964 (Manual das ciências exatas fundamentais). — Aufsätze zur Methodik, 1987 (Artigos sobre a metódica).

Edição de obras: Werke, 4 vols.: I, 1931; II, 1928; III, 1930; IV, 1938, ed. A. Menne.

Ver Fritz Scheele, H. Dinglers philosophisches System, 1933. — Heinz Weinberg, Das Geltungsproblem bei Hugo Dingler, 1934 (tese). — W. Krampf, Die Philosophie H. Dinglers, 1955. — D. Silagi, G. Benini et al., Gedenkbuch für Hugo Dingler, 1956, ed. W. Krampf. — Karl Eberhard Schorr, "Der Begründungszusammenhang der Konzeption H. Dinglers", Philosophia naturalis, 7 (1961-1962), 207-240. — VV.AA., Methodische Philosophie. Beiträge zum Begründungsproblem der exakten Wissenschaften in Auseinandersetzung mit H. D., 1984, ed. P. Janich. Ͼ

DIODORO CRONOS († 307 a.C.), discípulo de Euclides de Megara e um dos mais célebres membros da chamada escola dos megáricos (VER), defendeu a tese, característica dessa escola, de que não existe o possível (nem no presente nem no futuro), pois tudo o que é é real (e, no sentido aristotélico, atual). O argumento empregado por Diodoro Cronos, o chamado ὁ κυριεύων — dominante (VER) —, consiste em afirmar que, se se dão dois acontecimentos mutuamente exclusivos e um deles chega a realizar-se, o outro acontecimento é impossível, pois se não o fosse se derivaria de algo possível algo impossível.

Ͼ Ver: E. Zeller, "Ueber den κυριεύων des Megarikers Diodoros", Sitz. Berichte Berl. Akad. (1882), 151-159, reimpresso em Kleine Schriften, I, 252-262. — N. Hartmann, "Der Megarische und der Aristotelische Möglichkeitsbegriff, ein Beitrag zur Geschichte des ontologischen Modalitätsproblems", Sitz.- Berichte der Preuss. Ak. der Wissenschaften, 1937; reimp. em Kleinere Schriften, II, 1957. — J. Hintikka, "Aristotle and 'the Master Argument' of Diodorus", American Philosophical Quaterly, 1 (1964), 101-114. — N. Rescher, "A Version of 'The Master Argument' of D.", Journal of Philosophy, 63 (1966), 438-444. — D. Sedley, "D. C. and Hellenistic Philosophy", Proceedings. Cambridge Philology Society, 203 (1977), 74-120. — M. J. White, "Diodorus' 'Master' Argument: A Semantic Interpretation", Erkenntnis, 15 (1980), 65-72. — P. Ohrstrom, "A New Reconstruction of the Master Argument of D. C.", International Logical Review, 11 (1980), 60-65. — N. Denyer, "Time and Modality in D. C.", Theoria, 47 (1981), 31-53. — J. A. Barker, T. D. Paxson, "Aristotle versus D.: Who Won the Fatalism Debate?", Philosophy Research Archives, 11 (1985), 41-75. — H. A. Ide, "Chrysippus's Response to D.'s Master Argument", History and Philosophy of Logic, 13(2) (1992), 133-148. Ͼ

DIODORO DE TIRO. Ver PERIPATÉTICOS.

DIÓGENES DE APOLÔNIA (fl. 450 a.C.) é considerado um dos filósofos pré-socráticos que continuaram na direção iniciada pelos milésios (VER), mas aproveitando muitos elementos do pensamento de Anaxágoras, de quem foi contemporâneo. Com efeito, por um lado Diógenes de Apolônia considerou que há uma substância primordial: o ar. Sob esse aspecto, sua doutrina é análoga à de Anaxímenes. Mas, enquanto para este último o ar era um elemento ao qual se reduziam todos os outros, para Diógenes se trata do princípio da existência, princípio animado que abarca por igual o mundo da matéria e o da alma. O ar é, assim, algo divino, por ser o princípio da animação de todas as coisas. Por outro lado, Diógenes de Apolônia acentuou, ainda mais que Anaxágoras, os motivos teleológicos e, como indica W. Jaeger, é muito plausível que tenha sido Diógenes, e não Anaxágoras, quem influenciou a esse respeito o pensamento teleológico de Sócrates, de Platão, de Aristóteles e, por fim, dos estóicos. O fato de que o homem e o mundo manifestem em sua organização um propósito divino é, para Diógenes, perfeitamente claro se examinamos a adequada disposição das partes de que ambos se compõem.

➲ Diels-Kranz, 64 (51). Em Dióg. L., IX, 57. — Ver: *Diogène d'Apollonie. La dernière cosmologie présocratique*, ed. trad. francesa e comentário por André Lars, 1983.

Ver: P. Natorp, em *Rheinisches Museum*, 41 (1886), 350-363 e 42 (1887), 374-386, e H. Diels, em *ibid.*, 42 (1887), 1-14. — Além disso, H. Diller, em *Hermes*, 76 (1941), 359-381, e W. Jaeger, em *The Theology of the Early Greek Philosophers* (1947), cap. IX. — Da mesma maneira, Jean Zafiropoulo, *Diogène d'Apollonie*, 1957. — Ángel J. Cappelletti, *D. de A. y la segunda filosofía jónica*, 1974. — Id., *Los fragmentos de D. de A.*, 1975. — J. R. Shaw, "A note on the Anatomical and Philosophical Claims of Diogenes of Apollonia", *Apeiron*, 11 (1977) [sobre o fragmento 6]. ℂ

DIÓGENES DE ENOANDA (*fl.* 200). Foi um dos propagadores da doutrina de Epicuro, especialmente na forma original desenvolvida pelo fundador da escola, isto é, baseada na necessidade de libertar-se do duplo temor da morte e dos deuses. Portanto, Diógenes de Enoanda representa a linha do que poderíamos denominar epicurismo moral, pouco preocupado com os problemas de teoria do conhecimento e pouco inclinado ao empirismo epistemológico que fora desenvolvido pela escola de Filodemo de Gadara. Além da divulgação das concepções epicuristas, Diógenes de Enoanda dedicou seus esforços a uma polêmica contra as outras escolas filosóficas, especialmente contra o estoicismo.

➲ Fragmentos de D. de E. foram descobertos em 1884, durante uma expedição à Lícia. Eles foram publicados em 1892 (*Bulletin de correspondance hellénique*), ed. V. Cousin; depois, no mesmo *Bulletin* (1897); mais tarde, em *Wiener Studien* (1907), ed. J. William. — Última ed.: *Diogenis Oenoandensis Fragmenta*, por A. Grilli, 1960 (*Testi e documenti per lo Studio dell'Antichità*, ed. I. Cazzaniga).

Ver: C. Capone Braga, "Aristotele, Epicuro e Diogene di Enoanda", *Atene e Roma*, 42 (1940), 35-48. — G. Pisano, "Colote, Epicuro e Diogene di Enoanda", *Atene e Roma*, 44 (1942), 67-75. — C. W. Chilton, "The Epicurean Theory of the Origin of Language. A Study of Diogenes of Oenoanda, Fragments X and XI", *American Journal of Philology*, 83 (1962), 159-167. — M. F. Smith, "Observations on the Text of D. of O.", *Hermathena*, 110 (1970), 52-78. — A. S. Hall, "Who Was D. of O.?", *Journal of Hellenistic Studies*, 99 (1979), 160-163. ℂ

DIÓGENES DE SINOPE (*ca.* 413-327 a.C.). Discípulo de Antístenes, foi considerado em toda a Antiguidade o perfeito tipo do cínico (VER), no qual se mesclaram as características da impudência, do desprezo às convenções e de certo "egoísmo", com a têmpera moral irrepreensível, a parcimônia e a constância. Segundo conta Diógenes Laércio, Diógenes de Sinope combatia o que denominava a falsa vaidade e o fasto de Platão, que parece ter censurado Diógenes por um fasto e por uma vaidade, mas de tipo diferente. Contra os sofismas habituais na época, difundidos sobretudo pelos megáricos, Diógenes aduzia a realidade visível e tangível, que em sua opinião era irrefutável. Isso se dirigia, porém, não só contra os sofistas e os partidários da erística, como também contra a teoria platônica das idéias, à qual ele opunha o individual e concreto. Daí seu menosprezo pelas ciências que, tal como a geometria ou a música, não conduziam para ele à verdadeira felicidade, à autosuficiência, ao viver conforme a Natureza e não segundo a complicada convenção social. Foram discípulos diretos de Diógenes: Mônimo, Onesícrito, Filisco e Crates.

➲ Ver: K. W. Göttling, *Diogenes der Kyniker, oder die Philosophie des griechischen Proletariats*, I, 1851. — Hermann Diels, *Aus dem Leben des Kynikers Diogenes*, 1894. — Kurt von Fritz, *Quellen-Untersuchungen zu Leben und Philosophie des Diogenes von Sinope* (*Philologus*, Supplementband 18, Heft 2), 1926. — Ferrand Sayre, *Diogenes of Sinope: A Study of Greek Cynicism*, 1938. — J. M. Finley, *D.*, 1968. — H. Niehues-Pröbsting, *Der Kynismus des Diogenes und der Begriff des Zynismus*, 1979. — P. Sloterdijk, *Kritik der zynischen Vernunft*, 2 vols., 1983. ℂ

DIÓGENES LAÉRCIO. Em vários verbetes (por exemplo, ver FILOSOFIA [HISTÓRIA DA]; FILOSOFIA GREGA), referimo-nos a esse autor, que alguns — Sopater, Suidas, W. Crönert — chamam de Laércio Diógenes, outros — Estêvão de Bizâncio — de Diógenes, outros — Hicks —, de Laércio, outros ainda — Estácio —, de Laertes etc. A obscuridade que envolveu o nome afeta também sua vida e as datas de nascimento e morte. A única coisa sobre a qual os historiadores e os filósofos parecem ter chegado a um acordo é a data de composição de sua única obra conhecida, data que se fixa entre 225 e 250 d.C. A obra em questão, em virtude da qual Diógenes Laércio se tornou famoso, são as chamadas *Vidas e opiniões dos filósofos*. O título exato e completo é: Βίοι καὶ γνῶμαι τῶν ἐν φιλοσοφίᾳ εὐδοκιμησάντων καὶ τῶν ἑκάστῃ αἱρέσει ἀρεσκόντων ἐν ἐπιτόμῳ συναγωγῇ, embora alguns autores lhe dêem outros títulos; por exemplo, Fócio, o de Φιλοσόφων Βίοι, e Estácio, o de Σοφισῶν Βίοι. Como indicamos nos verbetes antes mencionados, as *Vidas* de Diógenes Laércio, embora contenham muito material pouco fidedigno, constituem uma das mais importantes fontes para o conhecimento da filosofia antiga, visto que se perderam os outros possivelmente numerosos repertórios de análogo conteúdo biográfico e doxográfico. A obra de Diógenes Laércio deve muito, no que se refere à sua organização, a Socion (ver DIÁDOCOS, SEITA), mas entre suas fontes também estão Hermipo, Apolodoro de Atenas, Demétrio e Favorino. Nas apresentações biográficas e doutrinais, podem-se descobrir vários elementos estóicos e epicuristas. Presumiu-se que as opiniões de Diógenes Laércio tendem ao ceticismo, ou que, pelo menos, ele simpatizava com alguns céticos.

As *Vidas* compõem-se de dez livros. A organização geral, se se leva em conta a "sucessão" dos livros, é feita em quatro "partes": a filosofia dos "bárbaros" (cf. *infra*); a "série jônica" (ver JÔNICOS); a "série itálica" (ver ITÁLICOS); e uma série de filósofos "esporádicos", isto é, sem "sucessão", ou "escola". Cada um dos dez livros se divide em capítulos sobre diversos filósofos. Indicamos em seguida *alguns* dos autores de que trata cada livro: I (Tales, Sólon, Ferécides); II (Anaximandro, Anaxímenes, Anaxágoras, Sócrates, Xenofonte, Aristipo); III (Platão); IV (Espeusipo, Xenócrates, Polemon, Crates, Arcesilau, Carnéades, Clitômaco); V (Aristóteles, Teofrasto, Estraton); VI (Antístenes, Diógenes, Menipo); VII (Zenão de Cítio, Cleantes, Crisipo); VIII (Pitágoras, Empédocles, Arquitas, Alcmeon, Filolau); IX (Heráclito, Xenófanes, Parmênides, Melisso, Zenão de Eléia, Leucipo, Demócrito, Protágoras, Diógenes de Apolônia, Pirro); X (Epicuro). No Prólogo (Livro I), Diógenes Laércio refere-se às opiniões segundo as quais o estudo da filosofia tem sua origem nos "bárbaros" (magos da Pérsia, gimnossofistas da Índia etc.) e as rejeita em favor da origem grega, pois com os gregos "não só começou a filosofia como também a raça humana".

As *Vidas* foram traduzidas para o latim (com supressões) pelo monge Ambrosius Traversarius Camalduensis. Parece que a tradução ficou pronta em 1431 e foi publicada em Roma (provavelmente, 1432), dedicada a Cosme de Médicis. Parte do texto grego foi impresso pela primeira vez por Aldus Manucius Romanus (Venetiis, 1497). Primeira edição completa do grego em 1533, em Basiléia, pelo impressor Frobenius. Houve várias edições nos séculos XVI e XVII. Só a partir do século XIX se conta com edições críticas suficientemente fidedignas.

➪ Mencionamos: Hübner, 2 vols., Lipsiae, 1828-1831 (com *Comentários*, I, 1830; II, 1833); G. Cobet, Parisiis, 1850; Bywater, Oxonii, 1879; O. Apelt, 2 vols., Lipsiae, 1921; R. D. Hicks, Londres e Cambridge (Mass.), 2 vols., 1925; Herbert S. Long, Oxonii, 2 vols., 1964. Edições críticas parciais: C. Wachsmuth, Lipsiae, 1885; Usener (ver EPICURISTAS); H. Diels, 1901; H. Mutschmann, Lipsiae, 1906; H. Breitenbach, Basel, 1907; A. Kochalsky, 1914.

Ver: M. Trevissoi, *Diogene Laerzio: Saggio biografico*, 1909; *Id., id., Bibliografia laerziana*, 1909. — R. Hope, *The Book of Diogenes Laertius: Its Spirit and Its Methods*, 1930. — Mario Untersteiner, *Posidonio nei placita di Platone secondo Diogene Laerzio III*, 1970. — J. Mejer, *D. L. and His Hellenistic Background*, 1978. — U. Egli, *Das Dioklesfragment bei D. L.*, 1981. ◐

DIOGENIANO (século II). Coincidiu com Diógenes de Enoanda na defesa e popularização da primitiva doutrina epicurista, assim como na polêmica contra outras escolas filosóficas, particularmente contra o estoicismo de Crisipo. A oposição de Diogeniano e de Diógenes de Enoanda à doutrina estóica da Providência concebida como destino cósmico influenciou vários escritores cristãos, tal como o testemunha o exemplo de Eusébio, em cuja *Praeparatio evangelica* são usados alguns argumentos de Diogeniano.

➪ Fragmentos editados por A. Gercke em "Chrysippea", *Jahrbuch für klassische Philologie*, Suppl. 14, 1885. — Ed. (e trad. italiana) por E. Buonaiuti, 1921. — Em Migne, PG, figuram no t. II, cols. 1167-1186. — Artigo de J. von Arnim sobre Diogeniano (Diogenianos) em Pauly-Wissowa. ◐

DÍON CRISÓSTOMO (*ca.* 40-120). Nascido em Prusa (Bitínia) — e por isso chamado também de Díon de Prusa —, dedicou-se primeiro à política e à retórica, defendendo a retórica contra a filosofia em seus escritos — perdidos — Κατὰ τῶν φιλοσόφων e Πρὸς Μουσώνιον. Desterrado da Bitínia para a Itália, converteu-se ao cinismo no decorrer de suas peregrinações. Ao voltar do desterro, na época do imperador Nerva, praticou e difundiu extensamente as opiniões cínicas. Conhecemos uma considerável parte do cinismo justamente graças aos textos conservados de Díon Crisóstomo. O estilo de Díon é o da prédica, ou, melhor´ainda, o da prédica combinada com a diatribe (VER) (como forma literária tal como inaugurada por Bíon de Borístenes). Os oitenta *Discursos* (*Orationes*) que nos foram transmitidos com seu nome — de fato, os discursos 37 e 46 são obra de seu discípulo Favorino — apresentam não só um compêndio das opiniões cínicas como também um quadro das épocas de Nerva e Trajano. Ora, o interesse de Díon pela vida social e política faz com que seu cinismo seja menos o cinismo natural dos representantes anteriores da escola que uma espécie de cinismo social. Em alguns pontos, Díon Crisóstomo aproximou-se das opiniões dos estóicos, particularmente no que poderíamos denominar "perspectiva cósmica", que os estóicos acentuaram e que os antigos cínicos tinham negligenciado quase inteiramente, se não combatido. Díon Crisóstomo também escreveu várias obras filosóficas e históricas, hoje perdidas.

➲ Edição de escritos: A *editio princeps* (desaparecida) dos *Discursos* parece ser a de D. Parauisinus, Milão, 1476. A primeira edição de que dispomos é a de F. Turrisanus, Venetiis, 1555. Várias edições durante os séculos posteriores. Entre as edições críticas relativamente mais recentes, figuram as de L. Dindorf (2 vols., Teubner, Lipsiae, 1857; também em Teubner, a de Guy de Budé, Lipsiae, 1916-1919); a de H. von Arnim (*Dionis Prusaensis quem vocant Chrysostomum quae exstant omnia*, Berolini, 1893-1896) e a de J. W. Cohoon e H. L. Croby (Loeb, 1932). — *Sämtliche Reden*, 1967. Além do livro fundamental de H. von Arnim, *Leben und Werk des Dion von Prusa*, 1898, ver: P. Hagen, *Quaestiones Dioneae*, 1887. — L. François, *Essai sur Dion Chrysostome philosophe et moraliste cynique et Stoïcien*, 1921 (tese). — L. Lemarchand, *D. de Pruse. Les oeuvres d'avant l'exile*, 1926. — Artigo de W. Schmidt sobre Dion Crisóstomo (Dion, 18) em Pauly-Wissowa. — P. Kanellopoulos, "Plato and Dion", *Philosophia* (Atenas), 7 (1977), 111-161 (em grego). — D. Ferrante, "La conversión de D. C.", *Augustinus*, 32 (1987), 99-104. ↻

DIONISÍACO. Ver APOLÍNEO.

DIONÍSIO DE CIRENE. Ver ESTÓICOS.

DIONÍSIO DE HERÁCLIA. Ver ESTÓICOS.

DIONÍSIO, O AREOPAGITA. É o nome dado ao autor de uma série de escritos (aos quais nos referimos na bibliografia) que exerceram grande influência sobre o pensamento medieval. Por muito tempo se acreditou que o autor desses escritos fosse discípulo de São Paulo. Como base dessa crença temos as declarações do autor e o fato de ter-se identificado como o membro do Areópago convertido ao cristianismo depois da pregação do Apóstolo (Atos 17,34). Hoje, considera-se que as obras de referência foram redigidas no final do século IV ou começo do século V sob a influência neoplatônica e especialmente com base em fragmentos de Proclo. Por esse motivo, costuma-se denominar seu autor o Pseudo-Dionísio — e às vezes Dionísio, o místico. É também freqüente referir-se a suas doutrinas com os nomes do *Corpus areopagiticum* ou *Corpus dionysianum*. Seguindo o uso mais geralmente aceito na atualidade, usaremos amiúde o nome de Pseudo-Dionísio, mesmo que às vezes, fazendo referência a outros verbetes, falemos igualmente de Dionísio, o Areopagita.

O problema central no pensamento do Pseudo-Dionísio é o da natureza de Deus, e o das possibilidades — e impossibilidades — de nomeá-lo de maneira adequada. "É uma regra universal" — escreve no começo de seu tratado sobre os nomes divinos — "que convém evitar aplicar temerariamente qualquer palavra, e até qualquer pensamento, à Divindade sobre-essencial e secreta, com exceção do que nos foi revelado divinamente nas Sagradas Escrituras." Por conseguinte, todo conhecimento de Deus vem do próprio Deus. O que se pode dizer Dele de acordo com os nomes que aparecem nas Escrituras constitui o tema da teologia afirmativa. Superior a ela, não obstante, é a teologia negativa, na qual se nega tudo o que se havia afirmado. Mas como esta teologia negativa não faz senão reconhecer a impossibilidade daquela possibilidade, é necessário completá-la com uma teologia superlativa, que consiste em admitir os nomes de Deus, mas em declarar que não podemos concebê-los. Isso acontece, de acordo com o Pseudo-Dionísio, não apenas com os nomes com os quais se pretende descrever metaforicamente a Divindade, mas também com aqueles que apontam para uma descrição metafísica. Com efeito, Deus é de tal modo superior e transcendente que, embora falemos Dele como o Bem, como o Ser e como o Uno, deveremos entendê-lo num sentido que transcende todas as significações, mesmo as mais depuradas, desses termos. A rigor, podemos dizer — embora não propriamente entender — que Deus é o Supra-Ser e o Supra-Uno. Ora, a teologia superlativa não é uma "solução" metafísica. No final do tratado citado, o Pseudo-Dionísio assinala que continuamos sempre "aquém" do que significam os nomes divinos e que "os próprios anjos" devem confessar sua insuficiência a esse respeito. A conclusão parece ser, pois, uma teologia mística na qual o homem alcança o supremo "saber" por meio da suprema ignorância. Assim, tudo o que o Pseudo-Dionísio diz de Deus e de sua criação deve ser entendido à luz das mencionadas restrições. De acordo com elas, podemos dizer que Deus é a Luz que ilumina todos os seres, os quais são somente na medida em que são banhados por essa Luz que se esparrama por todos os entes. Ao esparramar-se, contudo, essa Luz não se perde, divide ou some na obscuridade. Todos os seres iluminados estão ligados pelo Amor, que os faz concentrar-se na direção da Unidade suprema. No entanto, a distribuição dessa Luz não é, por assim dizer, uniforme; ela se efetua numa série de gradações: as gradações divinas da hierarquia celeste, e as gradações terrenas da hierarquia eclesiástica. O Pseudo-Dionísio não pretende, de resto, descrevê-las exatamente, pois reconhece o caráter imaginativo de seus símbolos. Especialmente, no que se refere às gradações celestes — diz ele no final de seu tratado sobre a hierarquia divina —, teriam sido necessárias, para conhecê-las, "as luzes de seu iniciador".

Tal como indicamos, as obras do Pseudo-Dionísio exerceram grande influência na filosofia medieval, e não apenas na mística, mas também na filosofia e, naturalmente, na teologia. Traduzidas para o latim por Hilduíno e por John Scot Erígena, foram objeto de comentários por parte de muitos autores. Entre estes, citamos Hugo de São Vítor, Roberto Grosseteste, São Boaventura, Santo Alberto Magno e Santo Tomás de Aquino.

Os escritos conservados do Pseudo-Dionísio compreendem: Περὶ θείων ὀνομάτων, *De divinis nominibus*; a *Teologia mística*, Περὶ μυστικῆς θεολογίας; a *Hierarquia divina* e a *eclesiástica* (ver títulos no verbete HIERARQUIA). Não temos os *Esboços teológicos* aos quais o autor se refere no princípio do tratado sobre os nomes divinos.

➲ Edição de obras: Florença, 1516; Basiléia, 1539; Veneza, 1558; Paris, 1561 (ed. Morel); Paris, 1565 (Lansellius); Amberes, 1634 (Cordier ou Corderius; é a mesma edição reimpressa em Paris, 1644, e em Veneza, 1755-1756. Procede desta última o texto de Migne, *P. G.* III-IV). — O *Onomasticum Dionysianum*, que figura na edição de Cordier, consta na reimpressão de Migne. Ed. da *Hierarquia celeste: La hiérarchie céleste*, texto crít. por Günter Heil, trad. fr. e notas de M. de Gandillac, 1958.

Índice: A. Van den Daele, S. J., *Indices Pseudo-Dionysiani*, 1961.

Bibliografia: Ver a bibliografia (pp. 61-64) no final da introdução de M. de Gandillac à sua trad. fr. do Pseudo-Dionísio: *Oeuvres complètes du Pseudo-Denys l'Aréopagite*, 1943. — Essa introdução constitui um útil estudo preliminar. — Bibliografia de edições, traduções e escritos sobre Dionísio: K. F. Doherty, "Pseudo-Dyonisius the Areopagite: 1955-1960", *The Modern Schoolman*, 40 (1962), 55-59. — Para as trads. latinas: Dom Chevalier (em colaboração com Flinois, Bellot, Taillefer, Gsell, Cocherel, Ricaud, A. Schmitt), *Dyonisiaca, recueil donnant l'ensemble des ouvrages attribués au Denys de l'Aréopage, et synopse marquant la valeur des citations presque innombrables allant seules depuis trop longtemps remises enfin dans leur contexte au moyen d'une nomenclature d'un usage rendu très facile*, I, 1937; II, 1949.

Ver: J. Niemeyer, *Dyonisii Aeropagitae doctrinae philosophicae et theologicae*, 1869. — J. Kanakis, *Dyonisios der Aeropagita als Philosoph*, 1881. — O. Siebert, *Die Metaphysik und Ethik des Pseudo-Dionysius*, 1894. — J. Stiglmayr, *Das Aufkommen der Pseudo-Dionysii Schriften*, 1895. — H. Koch, *Pseudo-Dyonisios in seinen Beziehungen zum Neuplanismus und Mysterienwesen*, 1900. — P. Godet, art. "Denys l'Aréopagite", no *Dictionnaire de Théologie catholique*, de Vacant-Mangenot-Amann, t. IV, 1924. — Vladimir Losski, *La notion des analogies chez le Pseudo-Denys l'Aréopagite*, 1930. — G. P. Théry, *Études dionysiennes*. I. *Hilduin, traducteur de Denys*, 1932. II. *Hilduin trad. de Denys* (ed. da trad.), 1937. — *Id.*, "La théologie négative dans la doctrine de Denys l'Aréopagite", *Revue des Sciences philosophiques et théologiques*, 1939. — S. Scime, *Studi sul neoplatonismo: filosofia e teologia nello Pseudo Dionigi*, 1953. — R. Roques, *L'univers dionysien. Structure hiérarchique du monde selon le Pseudo-Denys*, 1954; reimp. 1983. — J. Vanneste, *Le mystère de Dieu. Essai sur la structure rationelle de la doctrine mystique du Pseudo-Denys l'Aréopagite*, 1959. — Michele Schiavone, *Neoplatonismo e cristianesimo nello Pseudo Dionigi*, 1963. — Ronald F. Hathaway, *Hierarchy and the Definition of Order in the Letters of Pseudo-Dionysius: A Study in the Form and Meaning of the Pseudo-Dionysian Writings*, 1969. — B. F. Mottoni, *Il "Corpus Dyonysianum" nel Medioevo. Rassegna di studi 1900-1972*, 1977. — S. Gersh, *From Iamblichus to Erigena: An Investigation of the Prehistory and Evolution of the Pseudo-Dionysian Tradition*, 1978. — K. Ruh, *Die mystische Gotteslehre des Dionysius Areopagita*, 1987. ➲

DIONÍSIO, O CARTUXO. Ver ESCOLÁSTICA.

DIREITO. Entende-se por algo que está dentro do Direito aquilo que está em conformidade com algo, ou, melhor dizendo, o que está de acordo com uma regra, aquilo que a acata ou cumpre sem desvios, rodeios ou vacilações. Esta significação é mais evidente em termos como ὀρθός, *right, Recht*, que aludem diretamente a essa conformidade, enquanto o termo português é sempre Direito, isto é, o conjunto de tudo o que é legítimo. Para alguns, o que é de direito é o que é justo; outros afirmam a independência mútua da justiça e do Direito; outros ainda, por fim, chegam a subordinar a justiça ao Direito, afirmando que algo é justo porque se ajusta ao Direito. O Direito opõe-se, por um lado, ao dever no sentido de que, enquanto o primeiro corresponde ao que pode ser exigido, o segundo refere-se ao que se deve cumprir. Por outro lado, o que é de direito se opõe ao que existe de fato, entendendo-se pelo primeiro o que deve ser de uma maneira determinada, aquilo que funciona em virtude de normas, e pelo segundo o que é assim, prescindindo de que deva ou não sê-lo. O que é de direito é entendido, por fim, em sentidos muito diversos, mas alude quase sempre ao que moralmente deve ser uma coisa, caso em que o que ocorre em conformidade com o direito se opõe ocasionalmente ao que transcorre em conformidade com a Natureza. A oposição entre o Direito e a Natureza, ou, melhor dizendo, entre o que existe em conformidade com a lei e o que é segundo a Natureza, foi já objeto de ampla discussão por parte dos sofistas e vinculou-se com o problema da validade universal da lei e do fundamento dessa validade. Como questão fundamental do Direito, ressurgiu em todas as épocas em que as concepções do Direito passaram por uma crise e, em particular, durante o Renascimento e no decorrer do romantismo. Mas a oposição entre a lei e a Natureza não é simplesmente a oposição entre a razão e o instintivo: pelo contrário, por 'Natureza' se entendeu quase sempre o estável e até o que existe em conformidade com a razão. O Direito natural foi assim o Direito resultante da natureza humana, considerada universal e idêntica ao longo da história, em oposição ao Direito positivo, que é um Direito histórico, e ao Direito divino, que às vezes coincide com o natural, sobretudo quando há um fundo racionalista na concepção do mundo, mas que às vezes é entendido como a idéia divina de justiça, inacessível à razão e à luz naturais e superior a toda condição histórica.

O estudo da definição do Direito, de sua origem, fundamento e desenvolvimento é o tema da filosofia do Direito, concebida às vezes como um dos ramos da filosofia (VER) e às vezes como a parte básica de uma ciência autônoma do Direito. Seja qual for o ponto de vista adotado a esse respeito, a história da filosofia do Direito é já muito complexa, e não podemos aqui sequer indicar seus momentos principais. Assinalaremos apenas que a filosofia do Direito como disciplina autônoma foi-se constituindo progressivamente ao longo da época moderna, em especial graças às grandes contribuições de Vitoria, Suárez, Grócio, Pufendorf e outros autores. O primeiro filósofo que, não obstante, parece ter tido a idéia de uma filosofia do Direito como disciplina relativamente autônoma foi Hegel, que definiu o Direito como a primeira posição do Espírito objetivo, como a pura exterioridade negada pela consciência moral e superada pela eticidade, isto é, pela ética objetiva propriamente dita. O reconhecimento hegeliano do caráter objetivo-espiritual do Direito exerceu grande influência sobre as filosofias do Direito dos séculos XIX e XX, no sentido de que contribuiu para delimitar a esfera do Direito com referência às outras esferas das criações espirituais humanas. Mas, ao lado da coincidência que houve sobre essa delimitação, produziram-se nos últimos cem anos múltiplas filosofias do Direito. Enumeraremos dentre elas tão-somente as que, em nossa opinião, atraíram principalmente a atenção dos filósofos e dos juristas com inclinações filosóficas. Em primeiro lugar, podemos falar de uma orientação positiva do Direito, segundo a qual o Direito como tal é independente de outras esferas (por exemplo, da ética). De acordo com essa orientação, o Direito representa uma codificação, o mais formal possível, de certas atividades humanas. Em segundo lugar, há uma orientação formalista do Direito. Esta orientação parece relacionar-se com a anterior, mas elas não são estritamente coincidentes. Com efeito, a segunda orientação tende sobretudo a buscar os fundamentos de uma lógica jurídica que termine numa axiomatização da ciência do Direito, tal como a perseguiu, entre os juristas de língua espanhola, E. García Máynez. Em terceiro lugar, há uma orientação que podemos chamar historicista do Direito. Segundo ela, a origem das normas jurídicas se baseia nas condições históricas. Atribuiu-se a esta orientação o ser essencialmente relativista, mas seus defensores declararam que era a única capaz de fazer justiça a todos os aspectos concretos do Direito. Em quarto lugar, há uma orientação naturalista do Direito, que pode ser compreendida em função dos postulados capitais do naturalismo (VER). Em quinto lugar, há uma orientação teológica do Direito, que coincide com algumas das posições clássicas antes mencionadas. Em sexto lugar, há uma orientação axiológica do Direito, para a qual a ciência do Direito se baseia numa teoria dos valores. Com alguma freqüência (como ocorre em L. Recaséns Siches), esta orientação se ligou a concepções de caráter mais ou menos existencial, baseadas numa prévia analítica da vida humana. Devemos observar que por vezes essas orientações se mesclam ou podem mesclar-se. Assim, por exemplo, a orientação axiológica ou a naturalista não são em princípio incompatíveis com a orientação formalista ou axiomática. Em contrapartida, ocasionalmente são incompatíveis, tal como ocorre com as filosofias do Direito de caráter naturalista e axiológico ou teológico. No âmbito de cada uma dessas orientações, voltam a suscitar-se algumas das questões clássicas. Dessa maneira, por exemplo, os problemas relativos à subjetividade ou objetividade, individualidade ou coletividade, relatividade ou caráter absoluto do Direito são abordados diversamente por cada uma das orientações citadas e recebem respostas congruentes com suas tendências fundamentais.

Além das referidas tendências em filosofia do Direito, podem-se mencionar diversas orientações com relação a determinados problemas filosófico-jurídicos. Um dos mais tratados nos últimos tempos foi o problema da natureza do raciocínio jurídico, em especial desde que se enfatizou que tal raciocínio não é, ou não é apenas, de caráter lógico-dedutivo. Para certos autores, o raciocínio jurídico ou raciocínio legal consiste num sistema mais ou menos "mecânico" de regras (positivistas, neokantianos como Kelsen). Outros reagiram ao positivismo mediante doutrinas de tipo voluntarista (Cardozo). Propôs-se igualmente uma base naturalista, ou uma historicista, ou uma pragmatista. Alguns autores sublinham o caráter convencional do raciocínio jurídico e outros equiparam esse raciocínio a uma forma de retórica (VER). Também se desenvolveu a teoria hermenêutica (VER) do raciocínio jurídico.

↪ Ver: R. von Ihering, *Der Kampf ums Recht*, 1872. — Id., *Der Zweck im Recht*, 2 vols., 1877-1883. —

Rudolf Stammler, *Die Lehre von richtigen Recht*, 1902; 2ª ed., 1926. — *Id., Lehrbuch der Rechtsphilosophie*, 1922. — *Id., Rechtsphilosophische Abhandlungen und Vorträge*, 2 vols., 1925. — G. del Vecchio, *Il sentimento giuridico*, 1902. — *Id., Diritto e personalità umana nella storia del pensiero*, 1904. — *Id., I presupposti filosofici della nozione del Diritto*, 1905. — *Id., Il concetto del Diritto*, 1906. — *Id., Il concetto della natura e il principio del Diritto*, 1908. — Victor Cathrein, *Recht, Naturrecht und positives Recht. Eine kritische Untersuchung der Grundbegriffe der Rechtsordnung*, 1901; 2ª ed., 1909. — Hans Kelsen, *Reine Rechtslehre*, 1933. — Fritz Sander, *Staat und Recht. Prolegomena zu einer Theorie der Rechtserfahrung*, 2 vols., 1922. — Felix Kaufmann, *Die Kriterien des Rechts*, 1924. — A. Stoop, *Analyse de la notion du Droit*, 1927. — K. Larenz, *Rechts- und Staatsphilosophie der Gegenwart*, 1932. — Karl Petrashek, *System der Rechtsphilosophie*, 1932. — Luis Recaséns Siches, *Vida humana, sociedad y Derecho*, 1939. — *Id., Nueva filosofía de la interpretación del Derecho*, 1957. — *Id., Tratado general de la filosofía del Derecho*, 1959. — F. Battaglia, *Corso di filosofia del Diritto*, 3 vols., 1940-1943. — Georges Gurvitch, *Sociology of Law*, 1942. — Carlos Cossío, *La teoría egológica del Derecho*, 1944. — Abel Naranjo Villegas, *Filosofía del Derecho*, 1946; 2ª ed., 1959. — Gustav Radbruch, *Vorschule der Rechtsphilosophie*, 1948. — Luis Legaz y Lacambra, *Filosofía del Derecho*, 1953; 2ª ed., 1961. — Miguel Reale, *Filosofia do Direito*, 2 vols., 1953; 3ª ed., rev. e ampl., 2 vols., 1963; 4ª ed., 1965 (I. *Propedêutica Filosófica "Ad Usum Jurisprudentiae"*; II. *Ontognoseologia Jurídica*). — Lino Rodríguez-Arias Bustamante, *Ciencia y filosofía del Derecho*, 1961; Eduardo García Máynez, *Introducción al estudio del Derecho*, 1963. — *Id., Filosofía del Derecho*, 1974. — Gerhart Husserl, *Recht und Welt. Rechtsphilosophische Abhandlungen*, 1964. — Hans Reiner, *Grundlagen, Grundsätze und Einzelnormen des Naturrechts*, 1964. — H. L. A. Hart, *Punishment and Responsibility: Essays in the Philosophy of Law*, 1968. — Antonio Hernández Gil, *Metodología de la ciencia del Derecho*, 1971. — *Id., Estructuralismo y Derecho*, 1973. — Elías Díaz, *Sociología y filosofía del Derecho*, 1971. — Ambrosio L. Gioja, *Ideas para una filosofía del Derecho*, 2 vols., 1973. — Vilmos Peschka, *Die Grundprobleme der modernen Rechtsphilosophie*, 1974. — Fernando Elías de Tejada, *Tratado de filosofía del Derecho*, 1974 ss. — Ronald M. Dworkin, *Taking Rights Seriously*, 1976. — VV. AA., *The Philosophy of Law*, 1977, ed. Ronald M. Dworkin. — M. Villey, *Philosophie du droit*, 2 vols., 1978-1979 (I, *Definition et fins du Droit*; II, *Les moyens du Droit*). — D. Mayer-Maly, O. Weinberger, M. Strasser, eds., *Recht als Sinn und Institution*, 1984. — J. G. Murphy, *Philosophy of Law: An Introduction to Jurisprudence*, 1980; ed. rev., 1989. — A. Baruzzi, *Freiheit, Recht und Gemeinwohl. Grundfragen einer Rechtsphilosophie*, 1990. — J. G. Murphy, *Retribution Reconsidered: More Essays in the Philosophy of Law*, 1992. — R. A. Belliotti, *Justifying Law: The Debate over Foundations, Goals, and Methods*, 1992. — R. D. Maters, M. D. Gruter, eds., *The Sense of Justice: Biological Foundations of Law*, 1992. — D. M. Adams, *Philosophical Problems in the Law*, 1992. — K. Greenawalt, *Law and Objectivity*, 1992. — P. Smith, ed., *The Nature and Process of Law: An Introduction to Legal Philosophy*, 1993.

Sobre lógica jurídica: von Ulrich Klug, *Juristische Logik*, 1951. — E. García Máynez, *Lógica del juicio jurídico*, 1956. — Rupert Schreiber, *Logik des Rechts*, 1962. — Georges Kalinowski, *Introduction à la logique juridique*, 1965. — Th. Viehweg, F. Rotter, eds., *Recht und Sprache*, 1977. — I. Tammelo, *Modern Logic in the Service of Law*, 1978.

Sobre história da filosofia do Direito: C. A. Emge, *Geschichte der Rechtsphilosophie*, 1931. — Huntington Cairns, *Legal Philosophy from Plato to Hegel*, 1949. — A. Ravà, *Breve storia della filosofia del diritto*, 1949. — J. Marín Mendoza, *Historia del Derecho natural y de gentes*, 1951. — Antonio Truyol y Serra, *Historia de la filosofía del Derecho y del Estado* (I. *De los orígenes a la Baja Edad Media*, 1953; 4ª ed., 1970; II. *Del Renacimiento a Kant*, 1976). — F. Flückiger, *Geschichte des Naturrechts*, I, 1954. — J. Llambías de Azevedo, *El pensamiento del Derecho y del Estado en la Antigüedad desde Homero a Platón*, 1950. — Carl Joachim Friedrich, *The Philosophy of Law in Historical Perspective*, 1958. — Guido Fassò, *Storia della filosofia del diritto*, 2 vols., 1966; 2ª ed., 3 vols., 1970. — R. Brandt, ed., *Rechtsphilosophie der Aufklärung*, 1982. — J. Triantaphyllopoulos, *Das Rechtsdenken der Griechen*, 1985. — B. H. Levy, *Anglo-American Philosophy of Law: An Introduction to Its Development and Outcome*, 1991.

Conceito de Direito em Kant: Kurt Lisser, *Der Begriff des Rechts bei Kant*, 1922 (trad. esp.: *El concepto del Derecho en K.*, 1959). — J. G. Murphy, *Kant: The Philosophy of Right*, 1970. **C**

DISAMIS. É o nome que designa um dos modos (ver MODO) válidos dos silogismos da terceira figura (VER). Um exemplo de *Disamis* pode ser:

Se alguns aviadores são jovens
e todos os aviadores são tímidos
então alguns tímidos são jovens,

exemplo que corresponde à seguinte lei da lógica quantificacional elementar:

$$\lor x \, (Gx \land Hx) \land \land x \, (Gx \to Fx)$$
$$\to \lor x \, (Fx \land Hx)$$

e que, usando-se as letras 'S', 'P' e 'M' da lógica tradicional, pode exprimir-se mediante o seguinte esquema:

(MiP ∧ MaS) → SiP

no qual aparece claramente a seqüência das letras 'I', 'A', 'I', origem do termo *Disamis*, na ordem MP-MS-SP.

DISCERNIMENTO. Ver CRITÉRIO; DEFINIÇÃO.

DISCERNÍVEL. Ver DISTINÇÃO; IDENTIDADE; INDISCERNÍVEIS (PRINCÍPIO DOS).

DISCURSO. Estudamos (I) a noção de discurso como tradução de διάνοια (*discursus*) na filosofia grega e medieval e, em parte, na filosofia moderna; (II) a noção de discurso como tradução de λόγος (*oratio*) na lógica aristotélico-escolástica; (III) a noção na semiótica contemporânea; (IV) a idéia de discurso no pensamento de Michel Foucault.

(I) O *discurso como* διάνοια (*discursus*). Neste caso, contrapõe-se o discurso à intuição (νόησις) (ver INTUIÇÃO). Isso ocorre em Platão, em Aristóteles, em Plotino, em Santo Tomás e — em parte — em Descartes, Kant e outros autores modernos. A contraposição não equivale, porém, à exclusão completa de um termo em favor do outro. O normal é considerar o processo discursivo como um pensar que em última análise se baseia num pensar intuitivo. Este proporciona o conteúdo da verdade; aquele, a forma. Quase nenhum dos grandes filósofos do passado admitiu a possibilidade de um conhecimento *inteiramente* discursivo; em contrapartida, julgou-se possível o que alguns escolásticos (Santo Tomás) denominavam *cognitio sine discursu*, e alguns modernos (Descartes), *simplex mentis inspectio*. A tendência a *sublinhar* a importância de um ou outro aspecto do conhecimento determinou em ampla medida as correspondentes filosofias. Assim, pode-se dizer *grosso modo* que há *insistência* no conhecimento *simplici intuitu* em Platão, Plotino, Descartes e Spinoza, enquanto há *insistência* no conhecimento *discursivo* em Aristóteles e Santo Tomás. O clássico debate entre platônicos e aristotélicos pode ser examinado deste ponto de vista.

No sentido anterior, o *discursus* alude ao fato do curso (*cursus*) de um termo a outro (ou de uma proposição a outra) no processo de um raciocínio (VER), de tal sorte que o discurso se detém quando se passa a uma proposição considerada "evidente por si mesma" (ou, melhor, "evidente para nós"). Na escolástica, é freqüente entender esse raciocínio como passagem da causa ao causado: *cursus causae in causatum*.

(II) *O discurso como tradução de* λόγος (*oratio*). Em *De int.*, 16 b 26-17 a 7, Aristóteles definiu o discurso (oração, locução, frase) como um som vocal ou uma série de sons vocais, φωνή σημαντική (o que os escolásticos denominaram *vox*), que possui uma significação convencional, e cada uma de cujas partes, tomada separadamente, tem um significado como dicção, mas não como afirmação e negação. Se dizemos 'homem', dizemos algo, mas não dizemos se existe ou não. Embora Aristóteles começasse por referir-se ao som vocal, o discurso foi entendido também, e sobretudo, como um conjunto de sinais escritos que possuem as condições antes nomeadas. A primeira divisão do discurso é, pois, esta: discurso *oral* e discurso *escrito*.

O discurso no sentido anterior tem de ser enunciativo. Uma prece não é um discurso. Mas o discurso enunciativo pode ser objeto não apenas da lógica, como também de outras disciplinas. Em Aristóteles, são a retórica (VER) e a poética. Estudaremos apenas o sentido lógico.

Nem toda combinação de vocábulos basta para constituir um discurso. Seguindo o Estagirita, os escolásticos distinguiram por isso o *termo complexo* e o *discurso*.

'O homem bom' é um termo complexo; 'o homem bom é generoso' é um discurso. O discurso compõe-se de conceitos ou de termos concatenados de tal forma que dizem algo acerca de algo. A definição do discurso assemelha-se, pois, à da proposição (VER). Entretanto, não coincide inteiramente com ela, pois, como indicamos, os discursos podem ser estudados também de outros pontos de vista além do lógico, ao passo que a proposição *como tal* é exclusivamente assunto da lógica. Portanto, a "confusão" que alguns rastrearam na definição escolástica de 'discurso' ('*oratio*') se desvanece quando o problema é analisado de maneira adequada. A lógica clássica estuda principalmente um tipo de discurso, mas os escolásticos observaram que há limites difíceis de estabelecer entre "lógica" e "gramática". A lógica atual, em compensação, não prescinde do tratamento lógico de discursos não propriamente enunciativos. Pode-se falar, com efeito, de uma "lógica dos discursos imperativos", de uma "lógica dos discursos dubitativos" etc.

Os escolásticos dividiram o discurso em *perfeito* e *imperfeito*. Na definição dada por Santo Tomás em *In Perih.*, I lect. 7 n. 4, o *discurso perfeito* é o que completa a sentença, isto é, o que proporciona à inteligência um significado completo ('o homem bom é generoso'). O *discurso imperfeito* é o que não completa a sentença ('o homem bom'). Parece que há identidade entre discurso imperfeito e termo complexo. Mas trata-se de uma identidade meramente verbal. Atendendo a seu significado, 'o homem bom' é um discurso imperfeito se considerado como um todo, como se não houvesse outros elementos na oração; o mesmo exemplo é um termo complexo se avaliado como parte de uma proposição.

O discurso imperfeito é de vários tipos. Os mais importantes em termos lógicos são a *definição* (VER) e a *divisão* (VER). O discurso perfeito tem três tipos: o discurso *enunciativo*, o discurso *argumentativo* e o discurso *ordenativo*. O primeiro expressa o juízo da mente; o segundo, o raciocínio da mente; o terceiro, o propósito prático. A lógica clássica ocupa-se apenas dos dois primeiros tipos. O discurso ordenativo ou prático é subdividido pelos escolásticos em *vocativo*, *interrogativo*, *imperativo* e *imprecativo*. Não julgamos necessário definir cada um deles por serem conhecidos do leitor familiarizado com a gramática clássica elementar.

(III) *O discurso na semiótica contemporânea*. Nela, entende-se por 'discurso' um complexo de signos que podem ter diversos modos de significação e ser usados com diversos propósitos. Segundo os modos e os propósitos, os discursos dividem-se em vários tipos. Ogden e Richards estabeleceram em *The Meaning of Meaning* (1923) uma divisão que teve grande ressonância: os discursos podem ser *simbólicos* (ou referenciais) e *emotivos* (ou expressivos). Os discursos simbólicos são os que comunicam referentes; os discursos emotivos, os que exprimem sentimentos e atitudes (*op. cit.*, cap. VII). Essa classificação é análoga a várias outras elaboradas por diversos autores contemporâneos: discurso *científico* e discurso *lírico* (P. Servien), discurso *reversível* e discurso *irreversível* (J. Piaget); referimo-nos a elas em outros verbetes (ver, por exemplo, LINGUAGEM; OBRA LITERÁRIA). Ela foi com freqüência considerada excessivamente simplista. Observou-se (Cassirer, Urban) que as fronteiras entre o simbólico-referencial e o emotivo-expressivo (e o mesmo caberia dizer das antes citadas) são difíceis de traçar, e que, além disso, há outros tipos de discursos possíveis. Entretanto, não se pode acusar inteiramente Ogden e Richards de ignorância no que diz respeito à complexidade do assunto. A divisão em questão foi proposta por eles como uma divisão primária que devia ser aprimorada por outra exaustiva. Esta última está contida no cap. X da mesma obra, em que se apresentam cinco funções da linguagem e, portanto, cinco tipos de discursos. Essas funções são: 1) a simbolização de referentes; 2) a expressão de atitudes diante de ouvintes; 3) a expressão de atitudes diante de referentes; 4) a promoção de efeitos propostos por aquele que usa os signos; e 5) o suporte de referentes. Quanto à distinção entre discurso científico (reversível) e discurso lírico (irreversível), as objeções a ela perdem grande parte de seu valor se esses discursos são concebidos — como tendemos a fazê-lo — como conceitos-limite.

Mais completa é a classificação proposta por Charles Morris. Segundo esse autor, as distinções entre vários tipos de discursos podem ser estabelecidas: *a*) com base nos *modos* de significar, *b*) com base nos diferentes *usos* dos complexos de signos, e *c*) com base em *modos e usos ao mesmo tempo*. Morris baseia-se principalmente em *c*). Assinalamos a seguir os tipos de discursos resultantes de sua análise.

Segundo o uso, o discurso pode ser *informativo*, *valorativo*, *incitativo* e *sistêmico* (*systemic*). O discurso é *informativo* (ou os signos do discurso são usados informativamente) quando os signos são produzidos de tal forma que eles são causa de que alguém aja como se algo tivesse tido, tivesse ou fosse ter certas características. O discurso é *valorativo* quando os signos são usados de modo a causarem um comportamento preferencial em alguém. O discurso é *incitativo* quando os signos são produzidos de tal maneira que se suscitem modos mais ou menos específicos de responder a algo. O discurso é *sistêmico* quando os signos são produzidos para organizar um comportamento que outros signos tendem a provocar. Quando são adequados, os signos dos quatro tipos denominam-se respectivamente *convincentes* (não forçosamente verdadeiros), *efetivos*, *persuasivos* e *corretos*.

De acordo com o modo de significar, o discurso pode ser *designativo*, *apreciativo*, *prescritivo* e *formativo*. Os signos que significam nesses modos são chamados *designadores*, *apreciadores*, *prescritores* e *formadores*. Um *designador* é um signo que significa características ou propriedades-estímulos de objetos-estímulos. Um *apreciador* é um signo que significa como se possuísse um *status* preferencial para o comportamento. Um *prescritor* é um signo que significa a exigência de certas respostas-seqüências. Um *formador* é um signo que significa como algo é significado num *ascriptor* (o chamado *ascriptor* é um signo complexo — ou combinação de signos complexos — mediante o qual algo é significado no modo identificativo de significar e em algum outro modo).

A classificação de Morris se funda numa complexa análise dos signos que não podemos resumir aqui. Observaremos apenas que, apesar de sua aparência, an teoria semiótica de Morris não depende de uma psicologia behaviorista. Tampouco depende de uma psicologia introspectiva. Essas duas psicologias são interpretações posteriores à semiótica, a qual proporciona a base de cada interpretação e não o inverso. Assim, a divisão resultante dos tipos de discurso deve ser concebida exclusivamente em termos semióticos.

A combinação dos quatro modos com os quatro usos origina dezesseis tipos de discurso que Morris chama de "maiores" (ao contrário dos tipos de discurso formados com base na introdução de outros signos diferentes). Reproduzimos aqui a tabela que o mencionado autor inclui em seu *Signs, Language, and Behavior*, 1946, p. 125.

Modo	*Uso*	*Informativo*	*Sistêmico*	*Valorativo*	*Incitativo*
Designativo	... ...	Científico	Cosmológico	Fictício	Legal
Apreciativo	... ...	Místico	Crítico	Poético	Moral
Prescritivo	... ...	Tecnológico	Propagandístico	Político	Religioso
Formativo	... ...	Lógico-matemático	Metafísico	Retórico	Gramático

Duas observações sobre esta tabela.

A primeira é que o discurso metafísico tem um lugar na classificação. É um discurso formativo e sistêmico, o que significa que tem como estrutura a referência ao todo e como função a formação ou orientação. Ele pertence, pois, ao nível que Kant denominava "regulador", e carece de significação apenas quando pretende substituir outras formas de discurso (em especial o designativo-informativo, próprio da ciência). A filosofia não está incluída no quadro, mas isso se deve, de acordo com Morris, ao fato de o discurso filosófico abranger todos os tipos de discurso dominados pelo uso sistemático dos signos em sua compreensão máxima, o que é próprio não apenas da metafísica como também de outros discursos.

A segunda observação é que os discursos mencionados são apenas exemplos (embora, certamente, os mais importantes) e que, além disso, representam "tipos ideais". A classificação é, com efeito, sistemática e não histórica. Na realidade, os tipos de discurso efetivamente usados são muitas vezes combinações dos diferentes "tipos ideais".

(IV) Para Michel Foucault, o discurso é, de imediato, "o que se diz", mas esse dizer não está confinado aos atos lingüísticos em sentido restrito, ainda que todo discurso esteja associado à linguagem. O discurso é uma ordem em virtude da qual se circunscrevem o campo da experiência e o do saber possível, definindo-se "o modo de ser dos objetos" que aparecem nesse campo (cf. *Les mots et les choses*, 1966, p. 171; trad. port.: *As palavras e as coisas*, 1993) e as subseqüentes descrições, classificações etc. Por isso, pode-se falar de um "discurso da Natureza". O discurso está correlacionado com uma *episteme*, que é como o "paradigma" no âmbito do qual se organiza o mundo. A dificuldade de compreender a diferença entre o discurso clássico e o discurso moderno deve-se ao fato de o primeiro estar ligado a uma teoria da representação, que persistimos em usar ao procurar entender o discurso moderno.

O "discurso" é para Foucault uma série de procedimentos por meio dos quais se estabelecem linhas divisórias entre o admitido e o não-admitido. Identifica-se amiúde 'discurso' com 'discurso admitido' — como ocorre com a "sanidade" e a "verdade", que são os discursos admitidos, diante da "loucura" e da "falsidade", que foram discursos excluídos (cf. *L'ordre du discours*, 1971, pp. 11 ss.; ed. br.: *A ordem do discurso*, 6ª ed., 2000). O discurso é uma delimitação, mas ao mesmo tempo pode-se falar de "procedimentos de controle e delimitação do discurso", que se exercem a partir do exterior ou são imanentes a ele.

Entre os princípios (ou regras) a que se deve recorrer com a finalidade de compreender a estrutura de um discurso no sentido de Foucault, podem ser mencionados os da especificidade e da exterioridade. De acordo com o primeiro, deve-se evitar supor que o mundo se manifesta a nós de uma maneira que é preciso apenas procurar decifrar; "não há" — escreve Foucault — "providência prediscursiva que o disponha para nós em nosso favor" (*op. cit.*, p. 55). De acordo com o segundo, não se deve partir do discurso para alcançar um núcleo de significações, mas antes partir de seu "aparecimento" e de sua "regularidade" com o objetivo de examinar "as condições de sua possibilidade".

DISJUNÇÃO. Como vimos no verbete sobre a noção de Conectivo, há dois conectivos sentenciais que recebem o nome de "disjunção" (e, às vezes, "alternação"). Um dos conectivos é 'ou', simbolizado por 'v' e chamado "disjunção inclusiva"; outro é 'ou...ou', simbolizado por '↔' e denominado "disjunção exclusiva". De acordo com isso,

$$p \vee q$$

se lê

p ou q

Exemplo de $p \vee q$ pode ser:

Daniel fala ou fuma.

Por sua vez,

$$p \leftrightarrow q$$

se lê:

Ou p ou q.

Exemplo de $p \leftrightarrow q$ pode ser:

Ou Amélia põe o chapéu ou fica em casa.

A diferença entre 'ou' e 'ou...ou' na linguagem ordinária manifesta-se tanto em português como em outros idiomas. Assim, em alemão (*oder* e *entweder...oder*), em inglês (*or* e *either...or*), em russo (*ili* e *ñeto...ñeto*), em latim (*vel* e *aut...aut*) etc. Em muitas dessas línguas, porém (e também em português), usa-se às vezes a primeira conjunção para qualquer uma das duas. Isso suscita confusões. Com o fim de evitá-las, é comum ler-se:

$$p \vee q$$

como segue:

p ou q (ou ambos)

e:

$$p \leftrightarrow q$$

como segue:

p ou q (mas não ambos).

Assim,

Rosinha toca piano ou critica as amigas

pode-se entender ou como:

Rosinha toca piano ou critica as amigas (ou ambas as coisas),

caso em que constitui um exemplo de $p \vee q$ ou disjunção inclusiva, ou pode-se entender:

Rosinha toca piano ou critica as amigas (mas não ambas as coisas), caso em que é um exemplo de $p \leftrightarrow q$ ou disjunção exclusiva.

Na notação de Łukasiewicz, 'v' é representado pela letra '*A*' anteposta às fórmulas; assim, '$p \vee q$' se escreve '*A p q*'.

Como vimos no verbete sobre as Tabelas de verdade, a tabela para '$p \vee q$' dá V para todos os valores de '*p*' e '*q*' exceto quando tanto '*p*' como '*q*' são falsos. A tabela para '$p \leftrightarrow q$' dá F quando tanto '*p*' como '*q*' são verdadeiros e quando tanto '*p*' como '*q*' são falsos; nos outros casos, a tabela dá V.

Na lógica clássica, as proposições disjuntivas constituem uma espécie das proposições manifestamente (ou evidentemente) compostas, isto é, uma das espécies das chamadas proposições formalmente hipotéticas. Fala-se também de juízos disjuntivos enquanto uma das espécies de juízo (ver Juízo) de relação. Em ambos os casos, apresenta-se como esquema:

P é S ou Q

ou:

P é ou S ou Q.

DISPERSÃO. Em algumas tendências filosóficas, especialmente no às vezes chamado "pós-estruturalismo" francês, abriu-se espaço para a noção de dispersão. Esta está relacionada com a diferença (VER) no sentido em que essa idéia foi desenvolvida por G. Deleuze tanto contra o continuísmo das séries como contra o continuísmo dos processos dialéticos. Eugenio Trías (*La dispersión*, 1971) elaborou essa noção, a qual implica a oposição a todas as mediações e a possibilidade de admitir rupturas. Estas se manifestam de maneiras muito diversas, tanto na existência humana como no pensamento e nas produções humanas. Em vez da ordem, ou, em todo caso, da ordem tradicional, temos um "caos", mas este não deve ser concebido como o oposto da ordem, já que tem sua própria realidade (se se considerasse que o caos se opõe à ordem, caberia considerar igualmente que a ordem se opõe ao caos). Acentua-se desse modo o caráter lúdico (VER) do pensamento, que perde o "espírito de seriedade" e o "espírito de gravidade", já combatidos por Nietzsche. Contra o pensamento e o juízo, aparece, em virtude da dispersão, o jogo. Contra o raciocínio, e especialmente o raciocínio sistemático, o aforismo (VER). Este último, de resto, não é entendido apenas como um gênero literário; é um modo de pensar, e também de viver, na dispersão.

DISPOSIÇÃO, DISPOSICIONAL. O termo 'disposição' pode ser usado em vários sentidos. Num deles, a disposição é o modo como estão ordenadas as partes numa totalidade ou conjunto. A disposição, διάθεσις, é neste caso uma ordem, τάξις. Referimo-nos a esse sentido de 'disposição' no verbete ORDEM. Em outro sentido, a disposição é um hábito (VER). Este pode ser entendido de vários modos: como uma das categorias — especialmente a categoria chamada "posição", "condição" ou "ter" (ver CATEGORIA; TER) —; como modo de ser de um ente, *dispositio entis*; como um hábito, natural ou adquirido. Pode-se falar de várias formas de disposição: essencial, acidental, ativa, passiva, material, remota, natural, habitual etc. Diz-se também "estar com certa disposição" no sentido de "estar disponível para algo", mas este último sentido de 'disposição' é mais bem expresso com um termo como 'disponibilidade'.

Neste verbete, referir-nos-emos especialmente ao conceito de disposição como um predicado — ou suposto predicado — de realidades (sobretudo de realidades naturais). Tal predicado é atribuído a uma realidade no sentido de que se presume que essa realidade poderá oportunamente manifestar esse predicado. Aqui, o sentido de 'disposição' é similar a alguns dos sentidos dos vocábulos 'potência', 'possibilidade' (sobretudo 'possibilidade real'), 'força' etc., que abordamos nos verbetes POTÊNCIA e POSSIBILIDADE (particularmente o último deles). Ademais, entendemos aqui 'disposição' como uma propriedade designada por um dos termos chamados "disposicionais": termos como 'quebrável', 'inquebrável', 'solúvel', 'insolúvel' etc. Suscitaram-se a esse respeito vários problemas. Alguns deles foram tratados por filósofos do passado, singularmente sob o conceito de potência. Limitar-nos-emos aqui ao modo como o problema das disposições e dos termos disposicionais foi formulado em algumas tendências da filosofia contemporânea.

Os filósofos que admitem simplesmente falar de possibilidades como tais afirmam que os termos disposicionais designam apenas certas qualidades inerentes a um objeto, embora não necessariamente manifestadas. Assim, o fato de um objeto de vidro ser 'frágil' significa que este possui uma certa qualidade: justamente a de ser 'frágil'. Entretanto, como essa "qualidade" parece ser uma "qualidade oculta", vários filósofos propuseram substituir os termos disposicionais por proposições contrafáticas (ver CONDICIONAL). Dessa maneira, dizer que um objeto é frágil equivale, de acordo com esses filósofos, a dizer que, se se dessem as condições adequadas, o objeto em questão se quebraria. Os termos disposicionais podem então ser eliminados da linguagem; apesar disso, são conservados, por razões de comodidade, nos modos de falar comuns e correntes.

Alguns filósofos, como Quine, indicaram que não há diferença entre uma propriedade que se manifesta efetivamente e uma que supostamente poderia manifestar-se. Isso não se deve somente à possibilidade de tradução (e eliminação) lingüística antes mencionada, mas também, e sobretudo, ao fato de que ambos os tipos de propriedade são da mesma classe (da mesma "classe natural"). Autores como Popper afirmaram que não é preciso usar termos de um certo tipo — como 'flexível', 'quebrável', 'solúvel' — que, por sua terminação em 'ível', 'ável', 'úvel', são qualificados de "disposicionais", ao contrário de outros termos que, por não ter essa espécie de terminação, ou outra similar, não o sejam. O termo 'duro' pode ser tão disposicional quanto o termo 'flexível'; que um objeto seja duro quer dizer que possui certas qualidades que revelam, ou revelarão oportunamente, ou que poderiam revelar se se dessem as condições requeridas, sua dureza. "Esquece-se" — escreveu Popper — "que *todos* os universais são disposicionais devido ao fato de que podem sê-lo em vários 'graus'" (*The Logic of Scientific Discovery* [1959], p. 424; ed. br.: *A lógica da pesquisa científica*, 6ª ed., 1996). Ora, essa admissão pode ser interpretada de dois modos; um é que, se todos os termos dos tipos indicados são disposicionais, todas as propriedades, incluindo as que não se manifestam efetivamente, são disposições; outro é que não há motivo para falar de disposições em absoluto, mas tão-somente de propriedades: dizer que 'duro' é tão disposicional quanto 'flexível' não está muito longe de afirmar que 'flexível' é tão pouco disposicional quanto 'duro'.

As posições adotadas em relação ao conceito de "disposição" podem ser classificadas do seguinte modo: 1) não há disposições, e os termos com que comumente se exprimem os termos disposicionais são traduzíveis para expressões nas quais não intervêm esses termos; 2) as disposições são propriedades reais de objetos; isso não significa necessariamente adotar uma atitude "realista" com respeito às disposições, porque a afirmação de referência pode ser expressa em várias linguagens, incluindo uma linguagem nominalista; 3) podem-se distinguir com clareza propriedades e disposições, correspondendo essa distinção, geralmente — ainda que não estritamente —, à que há entre termos não-disposicionais e termos disposicionais; 4) as chamadas "disposições" são de alguma forma "extensões" de propriedades reais, podendo-se falar então de distintos graus de realidade e de distintos graus de "disposicionabilidade".

DISPUTA. Segundo os historiadores da filosofia medieval, a disputa (*disputatio*) surgiu como ampliação da questão (*quaestio*) e da lição (*lectio*). Damos uma breve explicação desse processo, com indicações sobre cada uma das formas citadas, bem como de algumas outras estreitamente relacionadas com elas.

A *lectio* era a leitura de textos. Em princípio, a leitura era "literal" e neutra. Mas não há nenhuma leitura completamente neutra; a própria entonação destaca alguns aspectos e negligencia outros. Além disso, as dificuldades de compreensão de algumas passagens obrigam a repetir e a procurar elucidar o texto. Hugo de São Vítor (*Didascalion*, Lib. I, c. 1) dizia que há duas coisas que tornam possível a aquisição da ciência: uma é a citada *lectio*; a outra, a meditação (*meditatio*).

Com isso, a *meditatio* apareceu como uma primeira ampliação da *lectio*. Mas também não se mostrou suficiente. Tão logo se ampliou o número dos *auctores* aceitos — "recebidos" — para a leitura, acumularam-se as dificuldades. Foi preciso explicar. Um modo de explicação era o que davam os próprios "leitores" ao glosar o texto por escrito. O texto não tardou a abranger não apenas o escrito do *auctor* como também as glosas dos *leitores*. Essas glosas podiam ser "interlineares" ou "marginais"; as segundas eram menos "fiéis" ao texto que as primeiras e deram origem à exposição (*expositio*). Esta se organizou sobrepondo à *lectio* (glosada ou não) a explicação de frases ou *litterae* e a sentença (*sententia*) por meio da qual se conseguia uma verdadeira "compreensão do texto".

Sobre esse tipo de exposição do texto se organizou a *quaestio*. Em seus primeiros desenvolvimentos, as *quaestiones* eram uma manifestação a mais da *lectio* (entendida como ampla *expositio*). Mas quando o texto se mostrava difícil, ou se prestava a diversas interpretações, ou então oferecia sentenças contrapostas de um ou mais autores, as *quaestiones* chegavam a organizar-se com independência da "leitura". Na *quaestio* se perguntava "*si utrum...*" Com isso, as *quaestiones* transformaram-se num "gênero" distinto e independente.

Durante o século XIII destacou-se outro "gênero", ainda mais independente: a *disputatio*. Como o que se disputava ou discutia era, contudo, uma questão, nasceu a forma denominada *quaestio disputata*, da qual temos tantos exemplos na escolástica dos séculos XIII e XIV. A disputa podia ser verbal ou escrita. Como subgênero, logo surgiu a chamada *disputatio quodlibetal*, disputação quodlibética ou quodlibetal. Sua origem deve-se ao fato de que em certos dias se permitia aos ouvintes escolher uma ou várias questões de qualquer tipo. Estabeleceu-se assim a diferença entre as *quaestiones disputatae* e as *quaestiones quodlibetales* ou *de quolibet ad voluntatem cuiuslibet*. Exemplo das primeiras são as *Quaestiones disputatae de veritate*, e as *Quaestiones disputatae de malo*, de Santo Tomás. Exemplo das segundas são as *Quodlibeta* de Santo Tomás (em número de doze) e as *Quaestiones de predicamentis in divinis*, de Jacob de Viterbo.

Deve-se ter presente, porém, que as definições antes mencionadas valem apenas para a escolástica clássica. Em Suárez, *disputatio* designa um modo de apresentar e de solucionar as grandes questões filosóficas e teológicas por meio de uma prévia exposição e análise de todas as posições adotadas antes de mostrar a "verdadeira sentença".

Na *disputatio* escolástica, tal como ainda é praticada oralmente nas escolas que seguem essa orientação, a discussão se estabelece entre um *defendans*, que afirma uma tese, e um *arguens*, que a impugna. O *arguens* tem de provar sua impugnação de forma silogística. O *defendans* toma então o silogismo ou silogismos do *arguens* e começa a conceder (*concedo* ou *transeat*) as premissas que considera verdadeiras, a negar (*nego*) as que julga falsas e a distinguir (*distingo*) as que avalia como ambíguas ou apenas parcialmente aceitáveis. Ao distinguir-se, a distinção pode referir-se ao termo médio (M), ao sujeito (S) ou ao predicado (P). Se se distingue M, distingue-se (*distingo*) a premissa maior, contradistingue-se (*contradistingo*) a menor e se nega a conclusão. Se se distinguem S ou P, é distinguida somente a maior ou somente a menor; distingue-se também a conclusão. Se necessário, subdistingue-se (*subdistingo*). No decorrer da argumentação, intervêm igualmente explicações de significação, petições de exemplos, indicações de exceções em exemplos, declaração de sofismas e negação de pressupostos. As disputações podem ser litigiosas (contenciosas), doutrinais ou dialéticas; considera-se que apenas as duas últimas conduzem a conhecimento.

⊃ Sobre as questões disputadas e questões quodlibéticas em Santo Tomás, ver: A. Portmann, "Die Systematik in den *Quaestiones disputatae des heiligen Thomas von Aquin*", *Jahrbuch für Philosophia und spekulative Theologie*, 6 (1892), 48-64, 127-149. — W. Schneider, *Die* Quaestiones disputatae de veritate *des heiligen Thomas von Aquin in ihrer philosophiegeschichtlichen Beziehung zu Augustinus*, 1930. — B. Jansen, *Die Quodlibeta des heiligen Thomas von Aquin. Ein Beitrag zu ihrer Würdigung und eine Beurteilung ihrer Ausgaben*, 1912. — P. Mandonnet, "Saint Thomas d'Aquin, créateur de la dispute quodlibétique", *Revue des sciences philosophiques et théologiques*, 15 (1926), 477-505; 16 (1926), 5-38. — S. Simonson, "The Aristotelian Forms of Disputation", *New Scholasticism*, 19 (1944), 385-390. — A. M. Landgraf, "Zur Technik und Überlieferung der Disputation", *Collectanea Franciscana*, 20 (1950), 173-188. — V. Cilento, *La forma aristotelica in una "Quaestio" medioevale*, s/d (1960).

Sobre a literatura quodlibética: P. Glorieux, *La littérature quodlibétique de 1260 a 1320*, 2 vols., 1925-1935. ⊂

DISPUTATIO. Ver Disputa; Expressão.

DISSOI LOGOI. Ver Anonymus Iamblichi.

DISSOLUÇÃO. Spencer falou de dois processos que ocorrem em todo o universo, assim como em diversos sistemas (físico, biológico, psicológico, social): a evolução e a dissolução. Esses processos sempre são antagônicos, predominando às vezes temporariamente e às vezes de maneira permanente. "Em seu aspecto mais geral, a evolução é a integração da matéria e a dissipação concomitante de movimento, enquanto a dissolução é a absorção de movimento e a desintegração concomitante da matéria" (*First Principles*, § 97). Por meio da evolução, passa-se de um estado de homogeneidade indeterminada e incoerente a um estado de heterogeneidade determinada e coerente; por meio da dissolução, passa-se do coerente ao incoerente, da heterogeneidade à homogeneidade. Spencer indica que o termo antitético a 'dissolução', isto é, 'involução', poderia exprimir melhor a natureza da mudança (antes indicada), mas continua usando a palavra 'evolução', por estar já difundida.

André Lalande afirmou que o vocabulário empregado por Spencer é pouco feliz. O vocábulo 'dissolução' — escreveu — engana a imaginação, pois, opondo-se a 'involução', deveria significar "o abandono do ser que se comunica aos outros, que irradia ao seu redor, que se consome fora de si. Mas, em vez de sugerir imagens de geração, sugere imagens desagradáveis de desintegração e, moralmente, de corrupção" (*La dissolution opposée à l'évolution*, 1889, p. 6). Lalande estuda a idéia de dissolução, tomando-a em sentido favorável, como a passagem do heterogêneo ao homogêneo que ocorre nos processos espirituais, sobretudo nos de caráter racional, em que a assimilação parece ser a lei. Por isso, ele indica depois que a palavra 'dissolução', na qual primitivamente via implicados dois sentidos fundamentais distintos, é demasiado equívoca; convém falar, em seu lugar, de assimilação, pois, enquanto a evolução spenceriana se caracteriza pela desintegração, a assimilação enfatiza a integração que ocorre na vida espiritual. Essa integração poderá destruir, de acordo com Lalande, o processo de mecanização social e espiritual.

A palavra 'dissolução' foi empregada por vários filósofos, especialmente sob a influência do último Wittgenstein, para indicar o modo como podem e, a rigor, devem ser tratados muitos problemas filosóficos. Na medida em que esses problemas são pseudoproblemas, ou, melhor dizendo, confusões ou adivinhações, o que se deve fazer não é resolvê-los, mas dissolvê-los. A dissolução de "problemas" substitui sua pretensa solução, ou resolução.

⊃ Além da mencionada obra de André Lalande, ver: Arnold Reymond e outros autores, *Les doctrines de l'évolution et de l'involution envisagées dans leurs conséquences politiques et sociales* (Société Française de Philosophie. Sessão de 4-3-1933). *Bulletin de la Soc.*, 1933, pp. 1-52. ⊂

DISTELEOLOGIA. É a ciência que estuda os fatos biológicos, psicológicos e sociais que não estão de acordo com uma finalidade, que se separam da suposta adaptação de um ser a seu "fim". Haeckel empregou a disteleologia, sobretudo em seu aspecto biológico, como uma demonstração de que existem o mal e a imperfeição no mundo, contra as interpretações teleológicas e especialmente contra a teodicéia. De acordo com Haeckel e seus partidários, os fatos disteleológicos demonstram que a Natureza não é uma perfeição organizada por uma inteligência, mas algo que transcorre de modo puramente mecânico e pode desembocar, a não ser que haja uma intervenção do homem como consciência do universo, num triunfo absoluto do mal.

José Ortega y Gasset ("Del optimismo en Leibniz", *Freudengabe für Ernst Robert Curtius zum 14. April 1956*, pp. 152 ss.; reimp. em *La idea de principio en Leibniz*, 1958; cf. em especial p. 426) falou de uma disteleologia metafísica e de uma disteleologia empírica. Segundo Ortega, "se o mal efetivo se justifica como evitação de outro maior, somos obrigados a procurar uma *disteleologia* metafísica, isto é, a representar-nos esse mal possível 'ainda maior' de que o mal menor existente é sintoma, de certo modo, medida. A outra é que, quando o sistema otimista de Leibniz nos apresenta um panorama do ser em que aparece como constitutivo deste uma dimensão de maldade, de imperfeição, ele nos leva a perceber que falta até agora entre as disciplinas intelectuais uma *disteleologia* empírica que deveria investigar, definir e analisar a imperfeição da Natureza".

DISTINÇÃO. A idéia de distinção contrapõe-se, por um lado, à de unidade e, por outro, à de confusão. No primeiro caso, a distinção tem um caráter ontológico; no segundo, um caráter epistemológico.

Do ponto de vista epistemológico, a idéia de distinção foi estudada no verbete CLARO (VER). Abordaram-se nesse verbete as chamadas "idéias distintas". Do ponto de vista ontológico, a distinção foi freqüentemente tratada como uma distinção dentro da unidade e, portanto, como uma diferença dentro da (ou, segundo o caso, contra a) identidade (VER). Nesse sentido, a noção de distinção desempenhou um papel fundamental na filosofia antiga; muitas das investigações metafísicas e ontológicas de Platão, Aristóteles, dos estóicos e dos neoplatônicos estão fundadas numa certa concepção da distinção. Ora, mesmo nos casos em que era entendida em termos ontológicos, a distinção tinha igualmente um alcance epistemológico (ou, ainda, lógico-epistemológico). Com efeito, perguntava-se não apenas o que é o ser distinto (de outro) mas também como se pode saber que é distinto. Sob esse aspecto, é importante a noção de divisão (VER).

Contudo, a questão da distinção se formulava, além disso, quando se perguntava em que se distinguiam os principais conceitos mediante os quais se apreendia a realidade. Por exemplo, era preciso saber como, e em que medida, a forma era distinta da matéria, mesmo que ambas se referissem, ao menos nas entidades compostas, à mesma entidade. Um dos problemas mais gerais suscitados na filosofia antiga foi o de saber se a unidade é o princípio das distinções ou se estas constituem de alguma maneira a unidade. Os neoplatônicos sustentaram a primeira hipótese, que foi a mais influente durante a época do helenismo.

Não obstante, apenas na escolástica se discutiram formalmente, e de maneira suficientemente detalhada, as questões suscitadas pela idéia de distinção. Vários autores modernos usaram certos conceitos cunhados pelos escolásticos a esse respeito (por exemplo, Descartes e Spinoza, cf. *infra*), mas consideraram abusivas as múltiplas distinções escolásticas sobre a distinção. A idéia de distinção, ao menos num sentido geral, continuou a ser importante na filosofia moderna; porém, ou ela foi menos importante do que entre muitos escolásticos ou se relacionou com outras idéias, como as de divisão e classificação. Referir-nos-emos, por isso, principalmente aos escolásticos. O vocábulo 'escolásticos' é, por certo, impróprio aqui, porque nem todos os escolásticos conceberam a distinção do mesmo modo e, sobretudo, nem todos admitiram as mesmas formas da distinção. *Grosso modo*, há três períodos dentro da escolástica no que diz respeito ao nosso problema: até Santo Tomás, depois de Santo Tomás (principalmente em F. Mayronis, *In. 1 sent.*, I d. 8 1) e a partir de Duns Scot. Entretanto, por razões de simplicidade falaremos da idéia escolástica da distinção, ainda que introduzindo as diversas formas desta de acordo mais ou menos com a história desse conceito.

Comum a quase todos os escolásticos é a idéia de que a distinção se contrapõe à identidade. A distinção consiste em que um ente não é outro, ou seja, na carência de identidade entre dois ou mais entes. A distinção é, pois, definida como não-identidade, e, ao mesmo tempo, esta última é definida como não-distinção ou indistinção. Como estas definições são circulares, foi às vezes proposto (por autores não-escolásticos) que se começasse com uma prévia intuição ou experiência ou da unidade ou da distinção. Ora, considerando-se que essa suposta intuição ou experiência não seria suficiente para proporcionar uma fundamentação lógica (ou lógico-ontológica) de nenhuma das duas idéias, concluiu-se que era mais razoável aceitar que uma se defina em termos da outra e vice-versa.

A distinção é, como afirmaram alguns escolásticos, uma pluralidade. Dada esta última, cada um dos entes que a compõem deve ser de algum modo (ou ao menos sob alguns aspectos) distinto dos outros entes componentes. Ser distinto não significa, porém, achar-se fora de toda relação. Ainda que houvesse apenas a relação *distinto de*, ela seria suficiente (como o indicou Bradley com outro propósito) para admitir que dois entes distintos em tudo estão relacionados. O que se entender por distinção dependerá então do modo de relação entre entes ou grupos de entes distintos e também da formação do composto que contém entes, ou grupos de entes, distintos. É compreensível, portanto, que, logo que se começou a analisar o conceito de distinção, se tenha percebido que era preciso distinguir vários modos de distinção.

Uma das primeiras doutrinas propostas a esse respeito no âmbito da escolástica é a que sugere dois tipos de distinção: a *distinção formal* (*distinctio formalis*) ou *específica* (*specifica*) e a *distinção material* (*distinctio materialis*) ou *numérica* (*numerica*). O fundamento desta classificação, que se encontra em Santo Tomás, é a noção de espécie: a distinção formal é a distinção entre espécies diversas, e a material é a distinção entre elementos (e, em última análise, indivíduos) da mesma espécie.

Uma das mais influentes divisões de tipos de distinção, perceptível já em Santo Tomás (cf., por exemplo, *S. theol.* I q. XXVIII a 3; *De ver.*, q. 3 a 2, *ad* 3), aceita por todos os escolásticos, e, explícita ou implicitamente, por muitos autores modernos, é a que se popularizou sobretudo depois de Santo Tomás: *distinção real (realis)* e *distinção de razão (rationis)*, esta última também chamada, embora de modo impróprio, *lógica (logica)*. A distinção real refere-se às próprias coisas, independentemente das operações mentais por meio das quais se efetuam distinções. Trata-se aqui de uma carência de identidade entre várias coisas (ou, em geral, entidades), independentemente e anteriormente a toda consideração mental. Deu-se como exemplo desta distinção a que existe entre alma e corpo, ou entre dois indivíduos. A distinção de razão é a estabelecida unicamente pela operação mental, mesmo que não haja nas coisas uma distinção real. Deu-se como exemplo desta distinção a que se efetua quando se distinguem no homem a animalidade e a racionalidade. Os escolásticos ocuparam-se muito dessas duas formas de distinção, porque certos problemas metafísicos e teológicos fundamentais requeriam para seu esclarecimento (e suposta solução) uma teoria da distinção. Assim, temos, por exemplo, a distinção entre os atributos de Deus (que era comumente considerada uma distinção de razão) e a diferença entre essência e existência entre seres criados (que para alguns era tratada como uma distinção real e para outros como uma distinção de razão).

Depois, admitiu-se também uma divisão da distinção entre distinção *modal (modalis)* e distinção *absoluta*. A primeira se refere à distinção entre uma coisa e seu modo ou modos; a segunda diz respeito a coisas nas quais não há nenhuma relação entre a coisa ou substância e o modo. A distinção modal pode ser considerada uma das formas da distinção real. Outros modos de distinção real são: a distinção real pura e simples (*simpliciter*), também denominada *real-real* (ou *entitativa*), a distinção *propriamente modal* e a distinção *virtual (virtualis)*. Referimo-nos à distinção real pura e simples ao distinguir anteriormente a distinção real e a distinção de razão. A distinção propriamente modal é a que se refere, como já apontamos, à diferença entre uma coisa e seu modo ou modos (como a distinção entre um corpo e sua forma, um homem e seu estado, uma linha e sua classe). A distinção virtual é a que se refere à virtude ou à força residente numa coisa que permite transfundir-se a outra (como a alma racional que, sendo racional, possui virtudes correspondentes ao princípio vital de outros corpos animados).

Também se fala de distinção real *adequada (adaequata)*, como a distinção entre duas partes que são, ao mesmo tempo, todos, e *inadequada (inadaequata)*, como a distinção entre um todo e uma de suas partes.

Quanto à distinção de razão, introduziu-se uma classificação que muitos consideraram básica: a *distinção de razão raciocinante (distinctio rationis ratiocinantis)* e a *distinção de razão raciocinada (distinctio rationis ratiocinatae)*. A primeira é a estabelecida pela mente nas coisas *sem que* haja na realidade fundamento para fazê-la (como quando se distinguem a razão do sujeito e a do predicado; ou quando, numa definição completa, consideramos distintas a realidade definida e aquela pela qual se define). A segunda é a estabelecida pela mente em coisas não realmente distintas quando *há* algum fundamento na realidade para fazê-la (como a já célebre distinção virtual na alma).

O refinamento na teoria escolástica da distinção atingiu sua culminação em Duns Scot, mas não se deteve nele, visto que os debates sobre a noção de distinção, de suas formas e dos modos mais próprios de aplicá-la continuaram até a escolástica do século XVI (por exemplo, em Luis de Molina). Limitar-nos-emos aqui a um tipo de distinção de que se fala muito na literatura escolástica: a *distinção atual formal pela natureza da coisa (distinctio actualis formalis ex natura rei)*, também denominada *scotista* ou simplesmente *formal*. Este tipo de distinção parece ter sido proposta já pelo franciscano Pedro Tomás (Petrus Thomae, † *ca.* 1350), que, de acordo com G. G. Bridges (*op. cit. infra*), foi um dos primeiros "formalistas". Ao contrário da distinção real, da de razão e da modal, a distinção scotista refere-se a uma diferença que não está na coisa nem é tampouco resultado de uma mera operação mental. Essa distinção é formal por distinguir, numa realidade dada, elementos que, para a distinção de razão, não são distintos; é real (atual), porque se acha na realidade independentemente da operação mental; é por natureza da coisa, porque uma formalidade não inclui a outra. Duns Scot usava esta distinção para tratar do problema da relação entre atributos e essência na realidade divina. A distinção scotista medeia de algum modo a distinção de razão e a real, pois admite a possibilidade de incluir na definição de um ente completamente unitário notas que por um lado parecem idênticas dentro do objeto e, por outro, não podem equiparar-se entre si.

Como assinalamos anteriormente, parte da terminologia — e, com ela, da conceituação — escolástica relativa à noção de distinção passou ao pensamento moderno. Descartes falou das "distinções" e classificou-as em real, modal e de razão ou pensamento (*Princ. Phil.*, I, 60-62). A distinção real acha-se entre duas ou várias substâncias. Da modal, há duas formas: uma, a que existe entre o aspecto e a substância de que depende e que diversifica; outra, a que há entre dois diferentes aspectos de uma mesma substância. A de razão ou pensamento é a que consiste em distinguir uma substância e alguns de seus atributos sem os quais não se pode ter da substância um conhecimento distinto, ou a que consiste em separar de uma mesma substância dois desses atributos, pensando em um sem pensar no outro. Spinoza (*Cog. met.*, II v) falou também de três tipos de distinção: real, modal e de razão, referindo-se a esse respeito a Descartes.

Concluiremos assinalando um uso do termo 'distinção' (ou 'diferença') que tem uma função distinta das antes enumeradas, embora seja possível que se derive de algumas delas: é o uso em Hegel do vocábulo *Unterschied*. Hegel define a distinção (ou diferença) como "a negatividade que possui em si a reflexão", e fala de uma "distinção absoluta ou distinção em e por si mesma, que é a distinção da essência" (*Logik*, Buch II, Kap. ii, B; Glockner, 4: 515 ss.). A distinção ou diferença encontra-se no próprio interior do que é, e o que permite entender dialeticamente a processão (dinâmica) do ser. Por isso, "a própria identidade se decompõe (*zerfällt*) na diferenciação (*Ver-schiedenheit*)" (*loc. cit.*, p. 517).

Todos os textos em que se expõe a filosofia escolástica (e neo-escolástica) tratam da idéia de distinção e de suas formas. Os textos tomistas (por exemplo, J. Gredt) acolhem mais formas do que as que se encontram originariamente em Santo Tomás, mas não admitem necessariamente a distinção scotista.

➲ Sobre a distinção em Santo Tomás, pode-se consultar Guillermo Termenón Solís, O. F. M., *El concepto de distinción de razón en Santo Tomás*, 1958.

Sobre Pedro Tomás, Geoffred G. Bridges, *Identity and Distinction in Petrus Thomae*, O. F. M., 1959.

Sobre a distinção scotista: R. P. Symphorien, "La distinction formelle de Scot et les universaux", em *Études Franciscaines* (1909), e sobretudo Maurice J. Grajewski, *The Formal Distinction of Duns Scotus: A Study in Metaphysics*, 1944. ⊂

DISTRIBUIÇÃO, DISTRIBUTIVO. Em *De int.*, 17 b 13 ss., Aristóteles fala do modo como uma proposição do tipo *O homem é animal*, no sentido de *Todo homem é animal*, é entendida quando concebida universalmente. A opinião de Aristóteles é que, embora *homem* seja um termo universal, a proposição citada não se concebe universalmente; apenas o sujeito é entendido universalmente, já que, caso contrário, teríamos *Todo homem é todo animal*. A característica distributiva 'todo' não é atribuída ao mesmo tempo ao sujeito e ao predicado; isso se expressa também dizendo-se que o sujeito e o predicado não são ambos distribuídos.

Muitos escolásticos, especialmente a partir de Santo Tomás, seguiram as opiniões de Aristóteles a esse respeito. Foi comum equiparar 'distribuído' com 'termo entendido (ou tomado) universalmente'. Em todo caso, a noção de distribuição na lógica escolástica (ou em parte dela) tem por função tornar explícito o modo como opera o quantificador universal 'todo' (ou 'todos').

Foi bastante comum entender-se 'distributivo' como 'diviso', e 'distribuído' como 'dividido'. Os termos indivisos — tais como os chamados "coletivos" — se contrapõem aos termos distribuídos.

Numa acepção mais geral que qualquer uma das anteriores, fala-se às vezes de distribuição como equivalente a divisão (VER).

Fala-se hoje em lógica de distribuição quando se procede a "repartir" ou "distribuir" conectivos, de sorte que o resultado da distribuição seja uma tautologia, então denominada amiúde "uma lei de distribuição". Assim,

É dia ou faz calor e o prado é verde se e somente se é dia ou faz calor e é dia ou o prado é verde,

é um exemplo de lei de distribuição em que a disjunção:

É dia ou faz calor e o prado é verde

foi distribuída na conjunção:

É dia ou faz calor e é dia ou o prado é verde.

Observe-se que o primeiro termo do bicondicional ou tautologia apresentado como exemplo de lei de distribuição contém uma conjunção:

Faz calor e o prado é verde;

mas essa conjunção é o segundo termo da disjunção distribuída. Por sua vez, o conseqüente do bicondicional indicado contém duas disjunções, a saber:

É dia ou faz calor

e

É dia ou o prado é verde;

mas essas disjunções são os termos da conjunção em que se distribuiu a disjunção formada pelo antecedente do bicondicional.

Fala-se também de distribuição na lógica quantificacional quando, dado um esquema quantificacional, se o distribui em outro, sendo o primeiro termo o antecedente e o segundo o conseqüente de um bicondicional, ou de um condicional. Assim:

Se há no quarto uma mesa de cristal redonda, então há no quarto uma mesa de cristal e há no quarto uma mesa redonda

é um exemplo de distribuição em que o antecedente do condicional se distribui numa conjunção.

Por fim, e sobretudo, fala-se de distribuição na lógica de relações quando, dado um termo *a* de uma relação *R*, cujo outro termo é uma relação *R'* entre dois termos, *b* e *c*, a relação *R* é idêntica à relação *R'* entre a relação *R* de *a* com *b* e a relação *R* de *a* com *c*.

O tipo de distribuição que corresponde aos três casos anteriormente citados segue a forma geral da lei de distributividade da qual se costuma apresentar o exemplo:

$$x \times (y + z) = (x \times y) + (x \times z),$$

em que se vê que o signo 'x' do primeiro termo da igualdade está distribuído na adição do segundo termo da igualdade.

Para o sentido de 'distributivo' na chamada "justiça distributiva", ver JUSTIÇA.

DIVISÃO. A divisão — διαίρεσις (termo empregado já em sentido técnico por Platão) — é um conceito central da lógica clássica. Trata-se de proceder a uma divisão dos gêneros em espécies e das espécies em subespécies, a fim de poder "situar" cada realidade dentro do "lugar" lógico que lhe cabe e de tornar possível, portanto, sua definição, na medida em que esta se faça justamente *per genus proximum et differentiam specificam*. Usualmente, o conceito de divisão, elaborado sobretudo por Platão e por Aristóteles, não é considerado meramente lógico. Melhor dizendo, supõe-se que o conceito lógico adquire sua significação de um pressuposto metafísico prévio segundo o qual a realidade está ordenada hierarquicamente, de tal sorte que os recortes lógicos efetuados com base nela correspondem à sua constituição ontológica. Os escolásticos, que utilizaram amplamente a noção de divisão, assinalaram, de qualquer modo, a necessidade de distinguir não apenas a divisão lógica e metafísica, como também a divisão metafísica e a física.

Os escolásticos falaram de divisão do ato e divisão da potência. O ato pode dividir-se em absoluto e não-absoluto (ou não-puro), e a potência pode dividir-se em potência real e potência lógica. Falaram também de dois tipos de divisão que podem aplicar-se a todas as "entidades": a divisão de um gênero em espécies e a divisão de um todo em suas partes. O primeiro tipo de divisão é lógico ou, de acordo com o caso, lógico e metafísico; o segundo tipo pode ser "físico", mas cabe também entender um todo conceitualmente e dividi-lo nos conceitos que se supõe que o integram.

A divisão de um gênero em espécies não deve ser confundida com a divisão de um gênero em suas diferenças específicas, mas os dois tipos de divisão coincidem quando as espécies em que um gênero se divide são ao mesmo tempo diferenças específicas.

Fala-se às vezes da divisão de um sujeito em seus acidentes, e também da divisão ou repartição de um acidente em diversos sujeitos.

Em muitos casos, o que se denomina "divisão" equivale a uma disjunção. Com efeito, dividir S em F e G é o mesmo que dizer que S é F ou G.

O procedimento da divisão é empregado quando se procede a uma diversificação a partir de um elemento ou "tronco" comum. Mesmo com um grau de rigor muito distinto e com distintos propósitos, utiliza-se a divisão na Árvore de Porfírio (VER) e nas Árvores semânticas (VER).

DOBZHANSKY, THEODOSIUS. Ver EVOLUÇÃO, EVOLUCIONISMO.

DOCTA IGNORANTIA. Em várias ocasiões, pregou-se em filosofia uma ignorância sapiente. O primeiro exemplo importante disso é o de Sócrates, e sua mais acabada expressão encontra-se na *Apologia* platônica. Diante de seus acusadores, Sócrates declarou que possuía uma ciência superior a todas as dos outros mortais, e que isso não era uma afirmação presunçosa sua, mas uma resposta dada pelo oráculo de Delfos a Cerefon quando este lhe perguntou se havia alguém mais sábio que Sócrates. "Ninguém é mais sábio que Sócrates", respondeu o oráculo. Essa resposta significava, de acordo com Sócrates, que enquanto os outros acreditavam saber algo, ele, Sócrates, reconhecia não saber nada. Mas, entre o conhecimento falso de muitas coisas e o conhecimento verdadeiro da própria ignorância, não há dúvida de que o último é o mais sábio. Com o "só sei que nada sei" Sócrates exprimia, pois, ironicamente, uma concepção da sabedoria que mais tarde ficou célebre: a que se expressou com o nome de *docta ignorantia* e que, de um modo ou de outro, significou a rejeição dos falsos saberes pela dedicação ao único saber considerado autêntico. Assim, a *docta ignorantia* equivale, já desde Sócrates, a um estado de abertura da alma diante do conhecimento: mais que uma posse, a ignorância sapiente é uma "disposição".

A própria expressão *docta ignorantia* é encontrada já em filósofos dos primeiros séculos de nossa era, antes de tudo em Santo Agostinho (*Epist.* 130, c. 15, n. 28). Este falou de *docta ignorantia* como expressão de uma disposição da alma — disposição *douta* — a receber o espírito de Deus. Num sentido semelhante, São Boaventura falou da *docta ignorantia* como uma disposição do espírito necessária à transcendência das próprias limitações (*Breviloquium*, V vi 7: na "subida" ao reino onde reside o *Rex sapientissimus*, nosso espírito, movido *desiderio ferventissimo*, é como se encontrasse envolto *quadam ignorantia docta*). Ora, a expressão *docta ignorantia* é conhecida especialmente por meio da interpretação dada por Nicolau de Cusa, que escreveu sobre o tema seu mais famoso livro (*De docta ignorantia*, 1440), tendo defendido suas doutrinas no escrito *Apologia doctae ignorantiae*, por muito tempo atribuído a um discípulo seu, mas hoje considerado de autoria do próprio Nicolau de Cusa (ver R. Klibansky, "Praefatio editoris" ao tomo II de *Nicolai de Cusa Opera Omnia*, Lipsiae, 1937, p. V). Segundo o autor, pode-se mostrar que saber — *scire* — é ignorar — *ignorare* (*De docta ignorantia*, I, i) —, pois o saber começa somente quando um intelecto "sadio e livre" aspira a buscar a verdade segundo o desejo inato que nele reside e a apreende mediante um abraço amoroso, *amoroso amplexu*. O que se deve fazer antes de tudo, escreve Nicolau de Cusa, é conhecer nossa ignorância; somente quem for muito douto nela poderá alcançar a sabedoria perfeita (*loc. cit.*). Ou também: "A precisão da verdade reluz incompreensivelmente nas trevas de nossa ignorância" (*op. cit.*, I, xxvi). O fim da douta ignorância é, portanto, a sabedoria perfeita de Deus como bondade infinita, como *maximum* e como unidade suma.

A doutrina de Nicolau de Cusa representou um dos traços do platonismo cristão, particularmente na forma em que este foi desenvolvido durante o Renascimento. Dele participaram inclusive céticos como Montaigne e Francisco Sánchez. Contudo, enquanto Nicolau de Cusa tendia à teologia negativa, a um "saber" último inexprimível mediante a linguagem natural, os segundos se preocupavam sobretudo com a necessidade de livrar-se da miscelânea de saberes inúteis transmitidos, a fim de compreender melhor o homem e a Natureza. Um e outros, não obstante, coincidiam na ânsia de alcançar um conhecimento "direto" e, sobretudo, no fato de sublinhar a superioridade do processo de aquisição ou "conquista" do saber sobre sua mera transmissão: o saber que se faz é superior ao saber "feito", a disposição ao conhecimento é superior ao conhecimento. Assim, a doutrina da douta ignorância oferece ao mesmo tempo traços místicos e experimentais. Entretanto, como o mostrou Hiram Haydn em seu livro sobre o Contra-Renascimento (*The Counter-Renaissance*, 1950 *passim*, especialmente Introdução), esses traços têm um fundamento único: a aspiração por recuperar uma "experiência" original da qual participaram igualmente os "experimentalistas", "os céticos", "os realistas" e os *homines religiosi*.

DODGSON, CHARLES LUTWIDGE. Ver Carrol, Lewis.

DOGMA, DOGMÁTICO. Ver Dogmatismo.

DOGMATISMO. O termo 'dogmatismo' tem sentidos diferentes na filosofia e na religião. Nesta última, trata-se do conjunto dos dogmas considerados (em muitas igrejas cristãs, pelo menos, e em particular no catolicismo) proposições pertencentes à palavra de Deus e propostas pela Igreja. Os dogmas não estão necessariamente ligados a um sistema filosófico, embora se reconheça que há sistemas filosóficos opostos ao espírito do dogma.

Em termos religiosos, os dogmas são geralmente considerados verdades. Porém, um dogma poderia ser falso, caso em que se trata, como escreve Santo Tomás, de um *dogma perversum*. Filosoficamente, em contrapartida, o vocábulo 'dogma' — δόγμα — significou primitivamente "opinião". Tratava-se de uma opinião filosófica, isto é, de algo que se referia aos princípios. Por esse motivo, o termo 'dogmático' — δογματικός — significou "relativo a uma doutrina" ou "fundado em princípios". Ora, os filósofos que insistiam demasiadamente nos princípios terminavam por não dar atenção aos fatos ou aos argumentos (em especial aos fatos ou argumentos que pudessem questionar esses princípios) — tais filósofos não dedicavam sua atividade à observação ou ao exame, mas à afirmação, tendo sido chamados, por isso, de "filósofos dogmáticos" — δογματικοὶ φιλόσοφοι —, em contraposição aos "filósofos examinadores" ou "céticos" (ver Céticos para o significado originário de 'cético' e suas variedades) (Sexto, *Hyp. Pyrr.* III 56). Por isso, falou-se também de escola dogmática — δογματικὴ αἵρεσις —, que preconizava não o ceticismo (enquanto exame livre de preconceitos), mas o dogmatismo.

Não obstante, o sentido dos termos 'dogma', 'dogmático' e 'dogmatismo', mesmo confinando-se à filosofia, não é simples. Encontramos em Kant um exemplo de variedade no uso no pensamento de um único filósofo. Kant rejeita que se possa estabelecer o que chama "uma metafísica dogmática" e propõe, em vez disso, uma "crítica da razão". Por outro lado, afirma que todas as proposições apodíticas, tanto se são demonstráveis como se são imediatamente evidentes, podem dividir-se em *dogmata* e *mathemata*. Um "dogma" é, de acordo com isso, uma proposição sintética derivada diretamente de conceitos, ao contrário de um "mathemata", ou proposição sintética obtida mediante construção de conceitos (*KrV*, A 736, B 764). No entanto, pode-se dizer que, em geral, Kant usa o vocábulo 'dogmatismo', ao contrário da expressão 'procedimento dogmático' (ver *infra*), em sentido pejorativo, sendo este o que foi transmitido a nós no campo filosófico.

Examinaremos aqui a noção de dogmatismo especialmente na teoria do conhecimento. O dogmatismo é entendido principalmente em três sentidos: 1) como a posição própria do realismo ingênuo, que admite não só a possibilidade de conhecer as coisas em seu ser verdadeiro (ou em si), mas também a efetividade desse conhecimento no trato diário e direto com as coisas; 2) como a confiança absoluta em determinado órgão de conhecimento (ou suposto conhecimento), principalmente a razão; 3) como a completa submissão sem exame pessoal a certos princípios ou à autoridade que os impõe ou revela. Em filosofia, entende-se em geral o dogmatismo como uma atitude adotada no problema da possibilidade do conhecimento, e, portanto, abrange as duas primeiras acepções. Entretanto, a ausência do exame crítico se revela também em certas formas taxativas de ceticismo, dizendo-se por isso que certos céticos são, a seu modo, dogmáticos. O dogmatismo absoluto do realismo ingênuo não existe propriamente na filosofia, que começa sempre com a pergunta acerca do ser verdadeiro e, por conseguinte, busca esse ser mediante um exame crítico da aparência. Isso acontece não apenas no chamado dogmatismo dos primeiros pensadores gregos como também no dogmatismo racionalista do século

XVII, que desemboca numa grande confiança na razão mas *depois* de tê-la submetido a exame. Como posição gnosiológica, o dogmatismo opõe-se antes ao criticismo que ao ceticismo. Essa oposição entre o dogmatismo e o criticismo foi enfatizada especialmente por Kant, que, ao proclamar seu despertar do "sono dogmático" por obra da crítica de Hume, opõe a crítica da razão pura ao dogmatismo em metafísica. Entretanto — escreve Kant —, "a crítica não se opõe ao procedimento dogmático da razão em seu conhecimento puro como ciência (pois tem sempre de ser dogmática, isto é, tem de ser rigorosamente demonstrativa, por meio de princípios fixos *a priori*), mas ao dogmatismo, isto é, à pretensão de avançar com um conhecimento puro formado de conceitos (...). Dogmatismo é, pois, o procedimento dogmático da razão pura sem uma crítica prévia de seu próprio poder" (*KrV*, B xxxv).

A oposição entre o dogmatismo e o ceticismo assume um sentido diferente em Comte, que considera essas duas atitudes não só como posições diante do problema do conhecimento, mas como formas últimas de vida humana. A vida humana pode existir, com efeito, em estado dogmático ou em estado cético, que não é senão uma passagem de um dogmatismo anterior a um dogmatismo novo. Comte afirma que "o dogmatismo é o estado normal da inteligência humana, aquele ao qual ela tende, por sua natureza, de maneira contínua e em todos os gêneros, mesmo quando parece afastar-se mais deles, porque o ceticismo não é senão um estado de crise, resultado inevitável do interregno intelectual que sobrevém necessariamente sempre que o espírito humano é chamado a mudar de doutrinas, e, ao mesmo tempo, o meio indispensável empregado, seja pelo indivíduo ou pela espécie, para permitir a transição de um dogmatismo a outro, o que constitui a única utilidade fundamental da dúvida" (*Primeros Ensayos*, trad. esp., 1942, p. 270). O homem precisa, de acordo com isso, viver confiante ou, como dirá Ortega mais tarde, estar em alguma crença radical; portanto, o intelectual não pode penetrar de ponta a ponta a vida humana se não deseja provocar uma dissolução desta. Como diz Comte, "é à *ação* que é chamada no essencial a totalidade do gênero humano, salvo uma imperceptível fração principalmente dedicada por sua natureza à contemplação" (*op. cit.*).

DOMINANTE (ARGUMENTO) [ARGUMENTO SOBERANO]. Epicteto proporciona-nos (*Dis.* II, 19, 1) uma descrição do chamado "argumento dominante", ou "soberano" — κυριεύων λόγος —, como segue:
Não é certo que sejam verdadeiras as três proposições seguintes, isto é, há contradição mútua entre elas:
(1) Tudo o que se realizou no passado é necessário.
(2) O impossível não pode decorrer do possível.
(3) Há algo possível que não é atual ou que não será atual.

Epicteto acrescenta que Diodoro Cronos (VER), a quem se atribui esse argumento, se apoiava na verossimilhança das duas primeiras proposições a fim de estabelecer a seguinte:
Nada que não tenha ou não deva ter uma realidade atual é possível.

Cabe substituir em (1) 'é necessário' por 'é necessariamente verdadeiro'; em (3), 'não é atual' e 'não será atual' por 'não é verdadeiro' e 'não será verdadeiro'. Cabe também substituir, na proposição estabelecida por Diodoro Cronos, 'não tenha ou não deva ter uma realidade atual' por 'não seja verdadeiro ou não deva ser verdadeiro' sem que se altere fundamentalmente a substância do argumento. Logicamente falando, a forma do argumento se expressa mediante cláusulas usadas na lógica modal, mas pode-se dar a ela uma força "ontológica", que é sem dúvida a que possuía em muitos autores antigos. Cabe também reforçar o "não ter ou não dever ter uma realidade atual" pelo "não ser ou não dever ser necessário", expressável também por 'não ser ou não dever ser necessariamente verdadeiro'.

Na passagem citada, Epicteto apresenta outras opiniões sobre o "argumento dominante". Assim, a opinião de Cleantes, sustentada por Antipater, parecia ser a de que não se pode concluir que tudo o que ocorreu no passado tenha ocorrido necessariamente. Outros autores — sempre segundo Epicteto — conservam estas proposições:
(1) Há algo possível que não é atual ou que não será atual.
(2) Tudo o que ocorreu no passado ocorreu necessariamente,

do que concluem que o impossível não pode ser uma conseqüência do possível.

Segundo Epicteto, o estilo desses argumentos e a importância dada a eles favorecem a vanidade do argumentar. Uma pessoa torna-se então mais "faladora", esquecendo os preceitos morais, que são práticos e não teóricos.

Essa opinião de Epicteto não era compartilhada por muitos filósofos antigos, que viam no "argumento dominante" um nó de questões que afetam as disputas sobre se há ou não há liberdade humana, sobre se tudo está ou não determinado etc. O referido argumento formula também questões de lógica modal e de lógica temporal.

Diodoro Cronos e, em geral, os megáricos utilizaram o argumento dominante para provar que toda realidade é atual, que não há possibilidades que podem desenvolver-se em sentidos imprevistos, e que tudo está, portanto, "dado" e, em consequência, determinado. Em outros termos, para Diodoro Cronos não é possível o que não é verdadeiro nem o que não será verdadeiro. A necessidade, que a tudo domina, é uma necessidade mais rigorosa e ineludível que a do destino, pois é uma necessidade lógica. Aqueles que se opunham a essas conclusões, como os epicuristas e muitos aristotélicos, sustentavam que não se pode dizer de proposições contraditórias sobre o futuro se são verdadeiras ou falsas. Os estóicos, por seu lado, procuraram refutar o argumento dominante sem por isso declarar que as proposições concernentes ao futuro não são nem verdadeiras nem falsas; com esse objetivo, admitiram que o impossível não pode derivar-se do possível e que há algo possível que não é atual ou que não será atual, mas rejeitaram a primeira das proposições enunciadas por Epicteto, ou seja, que tudo o que se realizou no passado é necessário.

Muitos autores afirmaram que o nome 'dominante', ou 'proeminente' — κυριεύων —, na expressão 'argumento dominante' — κυριεύων λόγος —, se deve à importância do argumento. Em seu livro *Le dominateur et les possibles* (1960), no qual examina com detalhe as diversas formulações do argumento e as disputas sobre ele — especialmente entre os megáricos, epicuristas, aristotélicos e estóicos —, Pierre-Maxime Schuhl apresenta a opinião de que o argumento recebeu o nome de "dominante" devido ao papel que desempenham a idéia e a palavra de dominação ou domínio, isto é, devido ao "caráter *dominador* dessa teoria que submete a atividade humana ao jugo de uma necessidade inflexível" (*op. cit.*, p. 10).

⊃ Ver, além disso, R. Blanché, "Sur l'interprétation du κυριεύων λόγος", *Revue Philosophique de la France et de l'Étranger*, 90 (1965), pp. 133-149. — Ver também a bibliografia de Diodoro Cronos. ⊂

DOMINGO GUNDISALVO. Dominic Gundisalvi, Dominicus Gundissalinus, Domingo González (*fl.* 1150), arcediago de Segóvia, residiu durante muitos anos em Toledo, onde foi um dos mais destacados tradutores da chamada Escola de Tradutores (ver) de Toledo. Em colaboração com Abendaud, traduziu o tratado sobre a alma de Avicena e, em colaboração com um certo João, a *Lógica* e a *Metafísica* de Algazel e a *Fons Vitae* de Avicebron. Supõe-se que seja também tradutor da *Metafísica* de Avicena, de vários tratados de Alfarabi e de alguns escritos de Alkindi e de Isaac Israeli. No entanto, Domingo Gundisalvo não foi apenas um tradutor; usando as fontes aristotélicas neoplatônicas árabes e agostinianas, assim como escritos de Boécio, Santo Isidoro de Sevilha e Beda, o Venerável, nosso autor apresentou em várias obras originais um conjunto filosófico notavelmente amplo e consistente, e, em todo caso, de destacada influência sobre os escolásticos posteriores da Idade Média. Importante em sua contribuição é sua classificação das ciências a que nos referimos no verbete correspondente (ver Ciências [Classificação das]). Ele também contribuiu grandemente para a elaboração da metafísica, estabelecendo, com base no aristotelismo e no neoplatonismo, uma gradação dos seres fundada na concepção do primeiro ser ou Deus como pura forma e dos demais enquanto compostos, em diferentes graus, de matéria e forma. A influência de Avicena e de Avicebron manifesta-se especialmente no tratado de Domingo Gundisalvo sobre a origem do mundo, no qual se combina a doutrina cristã da criação com o uso de alguns conceitos derivados da teoria da emanação. Sincretismo análogo revela-se no tratado sobre a imortalidade da alma, em que os argumentos platônicos e aristotélicos são usados conjuntamente para o mesmo propósito fundamental. Um dos traços característicos dos escritos de Domingo Gundisalvo, e um dos que mais contribuíram para a influência exercida pelo filósofo, é a apresentação de algumas teses em fórmulas precisas e suscetíveis de desenvolvimento e comentário ulteriores — estas são especialmente evidentes nas partes de suas obras nas quais se fundamentam noções metafísicas (ou ontológicas) e psicológicas.

⊃ Obras: *De divisione philosophiae*, ed. por L. Baur, en *Beiträge zur Geschichte der Philosophie des Mittelalters*, IV, 2-3 (1903). — *De processione mundi*, ed. por G. Bülow, em *Beiträge etc.*, XXIV, 3 (1925); cf. também M. Menéndez y Pelayo, *Historia de los heterodoxos españoles*, tomo I. — *De unitate*, 1891, ed. por F. Correns [este tratado fora falsamente atribuído a Boécio]. — *De anima*, ed. em parte por A. Löwenthal, em *D. G. und sein psychologisches Kompendium*, 1890; completo por G. Bülow, en *Beiträge etc.*, II, 3 (1903), e por J. T. Muckle, em *Medieval Studies*, 2 (1940), 23-103. — *De scientiis*, ed. M. Alonso, S. I. 1984. — Todas estas edições contêm estudos e comentários.

Ver, além disso: A. Löwenthal, *Pseudo-Aristoteles über die Seele, eine psychologische Schrift des 11. Jahrh. und ihre Beziehungen zu Salomon ibn Gebirol*, 1891, pp. 79-131. — Cl. Baeumker, "D. G. als philosophischer Schriftsteller", *Compte rendu du 4e Congrès scientifique internationale des catholiques*, seção III, 1898, reimpresso em *Studien und Charakteristiken*, 1927, pp. 255-77. — A. Schneider, *Die abendländische Spekulation des zwölften Jahrhunderts in ihrem Verhältnis zur aristotelischen und jüdischarabischen Philosophie*, 1916. — M. Alonso, "Notas sobre los traductores toledanos Domingo Gundisalvo y Juan Hispano", *Al-Ándalus*, 11 (1943), 155-188. — Id., id., "Las fuentes literarias de Domingo Gundisalvo", *Al-Ándalus*, 11 (1947), 209-211. — A. H. Chroust, "The Definitions of Philosophy in the *De divisione Philosophiae of* Dominicus Gundissalinus", *The Thomist*, 25 (1951), 253-281. — Manuel Alonso, *Temas filosóficos medievales (Ibn Dawud y Gundisalvo)*, 1959 [Publicações anexas a *Miscelánea Comillas*. Série filosófica, 10].

Ver também a bibliografia de Tradutores de Toledo (Escola de). ⊂

DOMÍNIO. Usou-se freqüentemente o termo 'domínio' em expressões como 'o domínio do homem sobre a Natureza', 'o domínio do homem sobre o homem' (isto é, de um homem, ou de um grupo de homens, sobre outros). O termo 'domínio' é ambíguo, mas sua própria ambigüidade o torna adequado à expressão de idéias muito diversas. Uma delas é a de poder. A expressão de Nietzsche *Wille zur Macht*, que se traduziu com freqüência por 'vontade de potência', poderia ser traduzida também por 'vontade de domínio'.

A noção de domínio pode abrigar juízos de valor. Quando se dá a essa noção um valor positivo, ou que se suponha positivo, emprega-se, ou pode-se empregar, a palavra 'senhorio'; quando se atribui a ela um valor negativo, ou que se suponha negativo, emprega-se, ou pode-se empregar, a palavra 'exploração'. O sentido de 'domínio' como 'exploração' predomina em muitas das considerações contemporâneas, especialmente as que, vinculando-se ou não à questão do domínio do homem sobre a Natureza, acentuam o aspecto do domínio de homens sobre outros homens. Por essa razão, contrapõem-se às vezes à noção de domínio as de libertação (VER) e emancipação, quase sempre intercambiáveis.

A idéia de um possível domínio do homem — da espécie "homem" — sobre a Natureza encontra-se de maneira mais ou menos explícita em certo número de mitos, nos quais se outorga ao homem esse domínio ou é ele castigado por tê-lo arrebatado dos deuses. Esse castigo ocorre no mito de Prometeu, acorrentado por ter roubado dos deuses o fogo, princípio da "técnica". Numa das passagens mais citadas do Gênesis (1,26), expressa-se o domínio do homem sobre a Natureza em virtude do ato da criação do homem por Deus: "Deus disse: Façamos o homem à nossa imagem e semelhança, e que ele domine sobre os peixes do mar, as aves do céu, os animais domésticos, todas as feras e todos os répteis que rastejam sobre a terra". A idéia é reiterada no Eclesiástico (Sirácida), 17,3-4, quando se afirma que "a toda criatura inspirou o terror do homem para que este domine sobre as bestas selvagens e os pássaros". Sustentou-se às vezes que o maior impulso de domínio da Natureza pelo homem procede da tradição judeu-cristã, a esta remontando, em última análise, a sociedade industrial moderna e o desenvolvimento tecnológico, assim como o desenvolvimento da democracia moderna. Bergson, por exemplo, destacou a "essência evangélica" da democracia ao apontar que nela a fraternidade anula a contradição entre a igualdade e a liberdade (cf. *Les deux sources de la morale et de la religion*, cap. IV, em *Oeuvres*. Édition du Centenaire, ed. A. Robinet e H. Gouhier, 1959, p. 1219). Este autor indicou, além disso, que o *Homo hominis deus* — o homem é o deus do homem — e o *Homo hominis lupus* — o homem é o lobo do homem — são facilmente conciliados, pois na primeira fórmula se pensa num compatriota, e na segunda, nos estrangeiros. E todas essas fórmulas, que são fórmulas de alguma espécie de domínio, seja de domínio de homens sobre homens, ou de domínio da Natureza por essa espécie de "deus" que é o próprio homem, parecem ter sua origem remota numa tradição em que se destacaram a atividade e a transformação. Essa tradição é comparada então com as tendências "contemplativas" das tradições "orientais". Tais afirmações são, ao nosso ver, excessivas, pois os contra-exemplos são abundantes, mas continua sendo certo que a mais forte tendência na direção do domínio da Natureza pelo homem, especialmente do domínio "violento", foi se desenvolvendo sobretudo na época moderna, e isso em países que viveram durante séculos dentro da tradição judeu-cristã.

Do ponto de vista do domínio da Natureza, há uma estreita relação entre a magia — especificamente a chamada "magia natural" — e a ciência, particularmente quando esta última foi concebida como possibilidade de transformação e transmutação (da qual a transmutação dos metais em ouro é um exemplo eminente). Podem-se encontrar interessantes conexões entre os propósitos de pensadores renascentistas como Paracelso, Agripa de Nettesheim e Marsílio Ficino, por um lado, e pensadores "modernos", por outro. Entre os últimos, e com referência ao nosso tema, destaca-se Francis Bacon, que fez do "domínio da Natureza" um tema central.

No *Novo Órgão* (ver ORGANON), Bacon escreve que "o conhecimento humano e o poder humano coincidem, pois onde a causa não é conhecida o efeito não pode ser produzido" ("Aforismos relativos à interpretação da Natureza e ao reino do homem", 3). É certo que na mesma passagem Bacon fala de "obedecer à Natureza", mas isso porque, desse modo, pode-se "lhe dar ordens". No "segundo livro de aforismos" do *Novo Órgão*, Bacon é mais explícito: "O trabalho e o propósito do *poder humano* é gerar e superinduzir uma nova natureza ou novas naturezas num corpo dado. O trabalho e o propósito do *conhecimento humano* é descobrir a forma, ou a verdadeira diferença específica, ou a natureza que gera a natureza, ou a fonte da emanação (pois todos estes são os termos que melhor descrevem a coisa), de uma natureza dada". A *Nova Atlântida* apresenta a visão de uma sociedade científico-tecnológica em que o científico constitui um poder (eminente, remoto, inapelável, solene). Sob vários aspectos importantes, a visão da sociedade científico-tecnológica de Bacon é característica de bom número de utopias modernas, especialmente as inglesas (William Morris, H. G. Wells) — e menos das francesas, nas quais parecem predominar as considerações "sociais".

A questão da natureza e da justificação, ou da falta de justificação, do impulso do domínio do homem sobre a Natureza foi abordada em épocas mais recentes por autores que se interessaram pelas bases sociais do conhecimento. Ela constituiu, em todo caso, um dos temas capitais da sociologia do conhecimento ou sociologia do saber, e esteve freqüentemente vinculada a doutrinas como as que, principalmente a partir do marxismo, se preocuparam com as relações entre as estruturas sociais e os aspectos culturais, e especificamente tecnológicos e científico-tecnológicos. Max Scheler cunhou a expressão *Herrschaftswissenschaft* ("saber de domínio") para designar todo o saber científico e técnico, em contraposição ao saber metafísico e ao que chamou "saber de salvação". Scheler partia, com efeito, de uma estreita conexão entre ciência e técnica — conexão já vista, segundo Scheler, não só por Francis Bacon como também por Saint-Simon, Labriola e Marx (*Sociología del saber*, trad. esp., 1935, pp. 100 ss.). Assim, o conhecimento da Natureza faz-se acompanhar, inevitavelmente, do poder sobre a Natureza. Se esse poder é exercido por um grupo de homens tendo em vista o domínio sobre seus semelhantes, a idéia de domínio da Natureza liga-se à da exploração do homem pelo homem, de maneira que essa exploração aparece causalmente relacionada com o desenvolvimento da ciência e da técnica.

O problema da relação entre a ciência e a técnica, entre a técnica e o domínio da Natureza, e entre o domínio da Natureza e a exploração do homem foi amplamente tratado por muitos autores, marxistas e não-marxistas, e deu lugar a um considerável número de posições. Entre as mais conhecidas, figuram as adotadas e suscitadas por autores de procedência "frankfurtiana" (ver Frankfurt [Escola de]) tais como Horkheimer, Adorno e Habermas. Esses autores diferem consideravelmente entre si, mas todos coincidem em opor-se ao que julgam um pressuposto errado de todas as tendências cientificistas e positivistas, a saber, a idéia de que ciência e técnica são, em princípio, independentes dos interesses e fins humanos, de que a ciência obedece exclusivamente ao imperativo da verdade e de que a técnica é boa ou má segundo o uso que se faça dela. Acrescenta-se a isso o que Habermas denunciou como "o isolamento positivista da razão e da decisão" (J. Habermas, *Theorie und Praxis*, 1971, especialmente cap. VII). Horkheimer enfatizou o caráter essencialmente "dominador" da razão, embora esta possa ser concebida ou como razão objetiva, caso em que o impulso de domínio é mínimo ou nulo, ou razão subjetiva, fundamentalmente dominante. A atitude positivista e "neutralista", ou pretensamente neutralista, é por isso uma manifestação da razão subjetiva. Horkheimer e Adorno procuraram mostrar que a desmitologização ou desmitificação do mundo preconizada pela Ilustração conduziu a um engano das massas, propondo-lhes como fins aquilo que, em última análise, são meios para alcançar outros fins muito distintos dos declarados (*Dialektik der Aufklärung*, 1944, especialmente capítulo sobre a "Indústria Cultural"). Em geral, o debate acerca do conceito de domínio da Natureza e acerca do problema da natureza e da função da ciência (e da técnica) centrou-se em torno da questão da diferença entre a racionalidade dos meios e a dos fins. Para os positivistas, os fins, quando aceitos, não são "justificáveis", pois são objeto de decisão. Mas o domínio da Natureza não é — ou não é legítimo que seja — objeto de decisão irracional; em primeiro lugar, porque deve ter certa racionalidade, e, em segundo, porque sua suposta irracionalidade oculta motivos que, em última análise, têm seu centro em conflitos sociais e nos impulsos de dominação de alguns homens por outros. Nada disso significa que se devam simplesmente pôr de lado a ciência e a técnica, sem distingui-las em absoluto, nem tampouco que o composto "ciência-técnica" seja sempre resultado de uma determinação prévia de fins de dominação. O debate girou não apenas em torno do conceito de domínio da Natureza, mas também em torno da idéia de uma possível libertação da Natureza; em todo caso, como propôs William Leiss (*The Domination of Nature*, 1972, p. 193), "a idéia do domínio da Natureza deve ser reinterpretada de tal maneira que seu foco principal seja antes o *desenvolvimento ético ou moral* que a inovação científica e técnica". O domínio da Natureza como libertação da Natureza consiste assim num controle dos "aspectos irracionais e destrutivos dos desejos humanos". Estando isso estabelecido, porém, volta a formular-se a questão da origem desses aspectos irracionais e destrutivos. Certos autores falam desses aspectos de modo geral, tal como falam de modo geral do "homem". Outros, em contrapartida, insistem no fato de que o irracional e destrutivo é conseqüência de conflitos sociais, afirmando que sem a resolução desses conflitos não se poderá conseguir nem o domínio "moral" da Natureza nem o que equivale aproximadamente ao mesmo, a "libertação" de uma possível "tirania da Natureza".

O conceito de "domínio" foi usado também nas discussões acerca da origem e da legitimidade do poder, especialmente do poder político. Assim, na Idade Média debateu-se a questão do alcance do possível domínio do poder temporal e do poder espiritual ou eclesiástico. As noções de "domínio", "autoridade" e "poder" estiveram estreitamente relacionadas entre si e às vezes funcionaram como se fossem intercambiáveis.

O sentido de 'domínio' como 'autoridade' encontra-se em Santayana (ver), mas o vocábulo *domination* empregado por ele foi traduzido por dominação; assim, temos "dominações" (*dominations*) e "poderes".

O termo 'domínio' é empregado também em lógica. Na lógica das relações, a classe de todos os x tais que, para alguns y, x está relacionado com y é denominada "o domínio de R" (da relação R). Assim, sendo R a relação *treinador de*, seu domínio será a classe de todos os treinadores. A classe de todos os *x* tais que, para alguns *y*, *y* está relacionado com *x*, constitui o domínio converso. O domínio converso da relação *treinador de* é a classe de todos os treinadores.

Fala-se também em lógica de domínio para indicar que classe de objetos as variáveis individuais abarcam num sistema. Se, no sistema *S*, *x* é uma variável individual que abrange a classe dos cavalos, esta classe é o domínio de *x*.

DOMNINO. Ver ATENAS (ESCOLA DE).

DONATO, HÉLIO (AELIUS DONATUS) (*fl.* 350 d.C.). É importante sobretudo na filosofia medieval por sua *Ars Grammatica*, que estabeleceu o modelo dos estudos gramaticais e lingüísticos durante muitos séculos. Sob esse aspecto, Donato exerceu influência também sobre as investigações semânticas medievais e renascentistas. A *Ars grammatica* divide-se numa *Ars prima* ou *Ars minor*, que estuda as oito partes da oração, e uma *Ars secunda* ou *Ars maior*, em que se abordam sílabas, letras, tom, articulação do discurso e estilo. A *Ars prima* ou *Ars minor* tem forma de diálogo, estando parte de sua doutrina incorporada à maioria das gramáticas da época moderna.

➲ Edição crítica por H. Keil, *Grammatici latini*, IV, ii, 1864; reimp., 1913.

Ver: T. Borsche, "Quid est? Quid accidunt? Notizen zur Bedeutung und Entstehung des Begriffs der grammatischen Akzidentien bei Donatus", *Zeitschrift für Literaturwissenschaft und Linguistik*, 19 (1989), 13-28. ℭ

DONOSO CORTÉS, JUAN, marquês de Valdegamas (1809-1853). Nascido no Valle de la Serena (Extremadura), distinguiu-se como político, escritor, orador e diplomata (ministro plenipotenciário em Berlim em 1849 e embaixador em Paris em 1853). Representou na ação a ala direita dos cristinos e isabelinos, mas na teoria a defesa dos princípios dos carlistas. Depois de uma primeira época em que esteve próximo das teses do liberalismo doutrinário, "converteu-se" em paladino do ultramontanismo, representando na Espanha um papel análogo ao que foi desempenhado por Joseph de Maistre e Louis de Bonald na França, ou até por Joseph Gorres na Prússia. Suas idéias, expressas sistematicamente no *Ensayo sobre el catolicismo, el liberalismo y el socialismo*, centraram-se em torno das seguintes afirmações: a política depende da teologia; o processo de secularização da Idade Moderna é um erro gigantesco, engendrado pelo orgulho; o homem se julgou suficiente, desligou-se de sua fonte divina e produziu a série das revoluções; Deus é o Alfa e o Ômega de todas as coisas, sendo a política secular um contra-senso; a verdadeira teologia é a católica; portanto, o catolicismo é a civilização; o dogma católico não é um em meio a outros, como crêem os modernos: é o único verdadeiro e está depositado na Igreja; sendo esta infalível, não pode tolerar o erro.

Esse pensamento está baseado numa argumentação dialética (*Ensayo*, livro I, cap. iii) que, juntamente com a afirmação e demonstração de que há "secretas analogias entre as perturbações físicas e as morais, derivadas todas da liberdade humana" (*op. cit.*, livro II, cap. v), constitui o mais original no pensamento político-filosófico-teológico de Donoso. Reproduzimos seus argumentos com referência ao primeiro ponto no verbete TOLERÂNCIA. Quanto ao segundo, baseia-se na crítica da idéia de que o visível só se explica pelo visível, e o natural pelo natural (*op. cit.*, livro I, cap. vii); tão logo vemos no sobrenatural o fundamento do natural, admitimos que a concupiscência da carne e o orgulho do espírito são o mesmo: o pecado. Este culmina na pretensa deificação do homem por si mesmo (conseqüência da negação de um Deus transcendente). Mas essa deificação não destrói a ordem moral e física perfeita instituída por Deus. A negação dessa ordem é, pois, vã; sua única conseqüência é tornar mais pesado o jugo do homem por meio das catástrofes, "que são dadas sempre na proporção das negações" (*op. cit.*, Conclusão).

A primeira edição do *Ensayo* apareceu simultaneamente em espanhol (Madri, 1851) e em tradução francesa (Paris, 1851). A obra dirigia-se contra o ateísmo revolucionário da época, especialmente contra o de Proudhon, mas há também ataques (respeitosos) à doutrina de Guizot sobre o desenvolvimento da civilização na Europa.

➲ Edição de obras: Madri, 1848, 2 vols.; Madri, 1854-1856, 5 vols. (Gabino Tejada); Madri, 1891-1983, 3 vols. (Manuel Ortí y Lara); reimp. em 1903-1904, 4 vols. A melhor e mais completa edição é a dirigida por Juan Juretschke: *Obras completas*, Madri, 1946, 2 vols. (o *Ensayo* figura no tomo II, pp. 347-551). Entre os escritos de Donoso filosoficamente interessantes que figuram na última edição citada — além do *Ensayo* —, mencionamos: "La religión, la libertad, la inteligencia" (1837, em I, 375-379; "Filosofía de la historia. Juan Bautista Vico" (1838), em I, 537-572; "Consideraciones sobre el cristianismo" (1838), em I, 573-582; "Pensamientos varios", em II, 823-827. Correspondência em torno do *Ensayo*, em II, 553-562. Ver também a "Carta a Sua Santidade Pio IX", em II, 565-570.

Ver: Juan Valera, artigo sobre o *Ensayo* publicado em 1850 e compilado no tomo XXXIV (1913), intitulado *Estudios críticos sobre filosofía y religión* (1856-1863), pp. 9-61 da edição de *Obras completas*, de Valera. — Joaquín Costa, "Filosofía política de Donoso Cortés", em *Estudios jurídicos y políticos*, 1884. — Carl Schmitt, "Der unbekannte Donoso Cortés", *Hochland*, 27 (1929), reproduzido em *Positionen und Begriffe*, 1910. — Id., *Donoso Cortés. Su posicion en la historia de la filosofía del Estado europeo* (*Conferencias* en el Centro de Intercambio intelectual Germano-Español, de Madri, XXVI), 1930. — Id., *Interpretación europea de D. C.*, 1952. — Edmund Schramm, *Donoso Cortés. Leben und Werk eines spanischen Antiliberalen*, 1835. — Francisco Ayala, Estudio preliminar a su edición del *Ensayo* (Buenos Aires, 1943). — Luis Díez del Corral, *El liberalismo doctrinario*, 1945. — G. de Armas, *Donoso Cortés*, 1953. — J. Chaix-Ruy, *Donoso Cortés, théologien de l'histoire et prophète*, 1956. — Alberto Caturelli, *D. C. (Ensayo sobre su filosofía de la historia)*, 1958. — Pedro Domínguez Castañeda, "Una concepción teológico-filosófica de la sociedad: El orden social según D. C.", *Studium Legionense*, 1 (1960), 157-255. — F. Suárez, *Introducción a D. C.*, 1963. — J. Larraz, *Balmes y D. C.*, 1965. — B. Perrini, *D. C. La concezione della storia e la sua polemica con i liberali e i socialisti*, 1980. — J. L. Abellán, *Historia crítica del pensamiento español*, vol. 4: *Liberalismo y romanticismo (1808-1874)*, 1984, 5ª parte, cap. XIII. 3, pp. 331-345. ⊂

DORADO MONTERO, PEDRO. Ver KRAUSISMO.

DORIA, PAOLO MATTIA. Ver MALEBRANCHE, NICOLAS.

DOUTOR. O título honorífico mais corrente dado a muitos dos escolásticos — e a alguns místicos — é o de *doutor* seguido de um adjetivo por meio do qual se quer expressar a característica mais destacada do autor. Indicamos em seguida alguns dos mais importantes títulos honoríficos usados.

Doctor admirabilis (João Ruysbroeck); *Doctor angelicus* ou também *doctor communis* (Santo Tomás de Aquino); *Doctor authenticus* (Gregório de Rimini); *Doctor breviloquus* (Guiu de Terrena); *Doctor christianissimus* (João Gerson); *Doctor eximius* (Francisco Suárez); *Doctor fecundus* (Pedro de Auriol); *Doctor fundatissimus* (Egídio Romano [Gil de Roma]); *Doctor illuminatus* (Raimundo Lúlio); *Doctor irrefragabilis* (Alexandre de Halles); *Doctor mirabilis* (Roger Bacon); *Doctor modernus* ou também *doctor resolutissimus* (Durand de Saint Pourçain); *Doctor planus et perspicuus* (Gualtério Burleigh); *Doctor seraphicus* (São Boaventura); *Doctor solemnis* (Henrique de Gante); *Doctor solidus* (Ricardo de Mediavilla ou de Middleton); *Doctor subtilis* (John Duns Scot); *Doctor universalis* (Alberto Magno e também Alano de Lille). Propôs-se chamar Balmes de *doctor humanus*.

A todos os autores citados foram dedicados verbetes específicos. Outros títulos honoríficos usados são: *Doctor dulcifluus* (Antonio Andreas); *Doctor ecstaticus* (Dionísio, o Cartuxo [a quem nos referimos no final do verbete sobre João Ruysbroeck]); *Doctor succintus* (Francisco de Márcia).

Usaram-se às vezes outros títulos honoríficos. Eis alguns dos mais conhecidos: *Commentator* (Averróis);

Monachus albus (João de Mirecourt); *Philosophus teutonicus* (Jacob Böhme); *Praeceptor Germaniae* (Rabano Mauro); *Venerabilis Inceptor* (Guilherme de Ockham). Acrescentemos que em muitos textos escolásticos Aristóteles é designado simplesmente como *philosophus*.

DOUTRINA DA CIÊNCIA. Ver CIÊNCIA (DOUTRINA DA).

DOXA, DOXAL, DOXÁSTICO, DÓXICO. O termo grego δόξα — *doxa* — é geralmente traduzido por 'opinião' (VER). Foi usado em sentido filosófico já por Parmênides (VER), que apresentou e, de acordo com a maioria dos comentadores, contrastou a doutrina da opinião — δόξα — enquanto aparência, ilusão ou engano, com a da verdade — ἀλήθεια. O sentido de *doxa* como aparência é encontrado também em Platão (por exemplo, entre outros lugares, em *Rep.* IV, 431 C e *Soph.* 240 D). Platão fala também de *doxa* como opinião, que se contrapõe à ciência ou saber verdadeiro (entre outros lugares, em *Rep.* IV, 431 C e em *Soph.* 240 D). A relação entre a noção de aparência e a de opinião se manifesta em Platão no fato de que se admite amiúde que a opinião pode ser "reta" — ὀρθή —, mas isso não a constitui ainda num saber; a chamada "reta opinião" não é senão o "saber" comum e corrente, que se orienta para as aparências e não para as realidades. Algumas vezes, a *doxa* é apresentada por Platão como uma opinião pessoal, e, outras vezes, como uma opinião geral ou "comum" (isto é, "corrente"). Também se encontra em Platão o sentido de *doxa* como "glória", isto é, como a "boa opinião" em que se tem uma pessoa (a "clássica" noção de "honra"). Platão emprega uma grande variedade de termos relacionados lingüisticamente com *doxa*, tais como o verbo δοξάζειν (opinar ou ter uma opinião), o substantivo δόξασμα (opinião enquanto "o opinado"), δοξαστής (o que tem uma opinião), δοξαστός (objeto de opinião), δοξαστικός (da mesma maneira, objeto de opinião, a saber, "aparente").

A palavra δόξαι — *doxai* (plural de *doxa*) — foi empregada por vários autores antigos para designar as doutrinas de filósofos "físicos" etc., como no título Φυσικῶν δόξαι, de Teofrasto (VER).

Na época moderna, os termos 'doxa' e 'doxal' (ou 'dóxico' [adjetivos de *doxa*]) foram usados por Husserl, especialmente nas *Ideen*. Husserl não põe lado a lado, como o fizeram outros autores, *doxa*, ou "crença" (*Glaube*), e "suposição", "conjetura" etc. A *doxa* ou crença ocupa, de acordo com Husserl, um lugar único. As chamadas "modalidades doxais", ou "dóxicas" (*doxische Modalitäten*), não são espécies da *doxa* — elas têm um caráter racional, que se funda numa "Protodoxa" (*Urdoxa*). Todo tipo de crença implica uma *doxa* (*Ideen*, § 105). A crença originária (*Urdoxa*, *Urglaube*) é a referência intencional de todas as modalidades doxais (ou dóxicas) (*Ideen*, § 104). Em relação às modalidades doxais ou dóxicas, André de Muralt escreve: "Aos caracteres de ser do noema correspondem (...) *os caracteres de crença* da *noesis;* estes caracteres são dóxicos ou téticos, no sentido em que põem o ser de acordo com este ou aquele modo. Há (...) aqui uma relação intencional dos caracteres dóxicos entre si; estabelece-se uma ordem a partir da crença originária (*Urdoxa*), que é a *certeza.* Esta pode transformar-se intencionalmente em *suposição, conjetura, questão* ou *dúvida,* assim como, correlativamente, o caráter constituído originário de realidade se modifica em caráter *possível, verossímil, problemático* ou *duvidoso.* Precisa-se de (...) uma forma-mãe (*Urform*) que permita unificar, ordenar, a multiplicidade essencial dos caracteres dóxicos. A certeza de crença, caráter dóxico originário, desempenha esse papel, e está incluída de fato intencionalmente nas modificações derivadas" (*La idea de la fenomenología. El ejemplarismo husserliano,* 1963, § 48, p. 317).

Os termos 'dóxico' e 'doxástico' — especialmente o último — são empregados em pesquisas de epistemologia da crença (VER) e de lógica da crença. Como se indicou no referido verbete, o fato de que, em muitos casos, a epistemologia e a lógica de expressões como "*a* crê que *p*" sejam similares à epistemologia de expressões como "*a* sabe que *p*" faz com que as noções usadas na epistemologia e especialmente na lógica da crença sejam chamadas "noções epistêmicas". Nesse caso, as noções doxásticas são uma espécie das noções epistêmicas. Contudo, há casos em que as condições epistêmicas não correspondem exatamente às doxásticas, bem como casos em que há alternativas distintas para condições epistêmicas e condições doxásticas. Por essas razões, usou-se também o termo 'doxástico' aplicado especificamente a questões que afetam a noção de crença e a correspondente lógica. A expressão 'lógica doxástica' é apresentada então como equivalente a 'lógica da crença'.

DOXÓGRAFOS. Em FILOSOFIA [HISTÓRIA DA] (VER), referimo-nos a certas fontes para o estudo da história da filosofia grega. Mais informação a esse respeito se encontra no começo da bibliografia do verbete FILOSOFIA GREGA (VER). Aqui, recapitularemos e ampliaremos as informações apresentadas nesses verbetes com referência à chamada "tradição doxográfica".

Essa tradição é a dos "doxógrafos", termo que significa "compiladores de opiniões" (de δόξαι, que significa 'opiniões', e também 'teses', 'doutrinas'), ou seja, de "opiniões de outros autores". Além do vocábulo δόξαι, usou-se também o termo τὰ ἀρέσκοντα ('os preceitos'), que em latim se transformou em *placita.*

Deve-se a Hermann Diels a primeira e ainda a mais importante classificação do material doxográfico, assim como um estudo fundamental da tradição doxográfica. Para a edição de Diels e edições de outros textos a que nos referiremos depois, ver bibliografia.

O fundamento da tradição doxográfica são os dezesseis (ou dezoito) livros Φυσικῶν δόξαι, *Das opiniões dos físicos* (no sentido aristotélico de 'físicos' [ver FÍSICA]) de Teofrasto; essa obra é citada em latim como *De physicorum placitis.* Da mesma obra (perdida) foram feitos dois livros: o primeiro intitula-se *Sobre os princípios materiais,* e o segundo, *Sobre a sensação.* Do primeiro livro restam vários excertos conservados por Simplício em seus comentários à *Física* ("aos livros dos físicos") de Aristóteles. Simplício tomou vários desses excertos dos comentários (perdidos) de Alexandre de Afrodísia (VER). O segundo livro conservou-se em grande parte.

Depois de Teofrasto, e baseando-se em larga medida em sua compilação, há uma série de coleções ou doxografias. Elas podem ser classificadas da seguinte maneira: 1) obras doutrinais; 2) obras biográficas; 3) "sucessões". As obras doutrinais consistem em compilações de acordo com temas, em cada um dos quais são indicadas as opiniões de vários autores. As obras biográficas consistem em compilações de opiniões de acordo com os autores. As "sucessões" consistem em compilações de opiniões de acordo com as "sucessões" de autores em várias escolas. Algumas vezes, as obras biográficas estão igualmente organizadas por escolas ou "seitas".

Essa divisão pode ser considerada o fundamento de três grandes modos de apresentar a história da filosofia que de alguma maneira subsistiram até hoje: por "problemas", por "autores" e por "escolas". Excluímos aqui as meras "cronografias" (como a *Chronica,* de Apolodoro, baseada em parte na *Chronographia* de Erastóstenes de Cirene) porque se trata, do ponto de vista da história da filosofia, de meras "obras auxiliares". Com efeito, nas Crônicas e Cronografias há simplesmente listas de filósofos (organizadas por escolas ou seitas) de acordo com as supostas datas de nascimento dos autores (supõe-se que a data de nascimento teve lugar quarenta anos antes do *acme* ou do *floruit* ["florescimento"] do filósofo). O *acme* em questão está correlacionado com um acontecimento importante, ou tido como importante.

No âmbito das obras ou doxografias que denominamos "doutrinais" — as que seguem, pois, o método de apresentação segundo temas ou problemas adotado por Teofrasto —, encontra-se uma compilação à qual Diels deu o nome de *Vetusta Placita.* Essa compilação (perdida) foi redigida, ao que parece, por um discípulo de Possidônio (VER) durante o século I. Ela continha não somente "opiniões" de autores até Teofrasto, mas também de filósofos peripatéticos, estóicos e epicuristas. Os *Vetusta Placita* constituíram a base da compilação de Aécio (VER), as *Aetii Placita.* Por sua vez, a compilação de Aécio constituiu a base das duas mais importantes doxografias que chegaram a nós: o *Epitome ou Placita philosophorum,* do Pseudo-Plutarco (VER) — e que se atribuiu, pois, a Plutarco —, e os "Extratos"

(*Eclogae*) contidos na "Antologia" ou *Florilegium*, de João de Stobi ou Estobeu (VER).

Entre as obras ou doxografias biográficas, destaca-se a de Diógenes Laércio (VER), na qual são compiladas, com freqüência sem cuidado e quase sempre sem crítica, informações proporcionadas por numerosos historiadores e biógrafos da época alexandrina.

Quanto às "sucessões", referimo-nos a elas no verbete Diádocos (ver também ESCOLARCA). A obra mais importante a esse respeito é a de Sócio de Alexandria (VER), dela procedendo a distinção clássica entre a escola dos jônicos (VER) e a dos itálicos (VER).

Podem-se acrescentar às obras citadas outras "fontes doxográficas". Encontram-se doxografias em Varrão (que se baseou em parte nas *Vetusta Placita*), em Cícero, em Plutarco, nas *Noctae Atticae* de Aulo Gélio, em Sexto Empírico e em vários comentadores (por exemplo, no já citado Simplício). Importantes são os *Philosophoumena* da *Refutação de todas as heresias* de Hipólito (VER) — baseada em grande parte em Teofrasto — e diversos fragmentos que se atribuíram a Plutarco e são denominados *Stromateis Pseudoplutarquianos*. Esses fragmentos foram conservados na *Praeparatio evangelica* de Eusébio (VER).

Embora a compilação de Teofrasto possa continuar a ser considerada "fundamento da tradição doxográfica", isso não significa que todas as compilações dessa tradição procedam direta ou indiretamente de Teofrasto. Houve numerosos trabalhos doxográficos e biográficos produzidos independentemente de Teofrasto — talvez partes das doxografias de autores como Plutarco e Clemente de Alexandria tenham-se baseado em alguns deles.

⊃ O título da obra de Hermann Diels a que nos referimos no texto é: *Doxographi Graeci collegit recensuit prolegomenis indicibusque instruxit Hermannus Dies* (Berolini, 1879); editio iterata, 1929. Inclui: *Aetii de placitis reliquiae (Plutarchi Epitome, Stobaei Excerpta)*; *Arii Dydymi Epitomes fragmenta physica*; *Theophrasti Physic. opinionum, de sensibus fr.*; *Ciceronis ex L. I. de deorum natura*; *Philodemi ex L. I. de pietate*; *Hyppolyti Philosophoumena*; *Plutarchi Stromateon fr.*; *Epiphanii varia excerpta*; *Galeni historia philosophica*; *Hermiae irrisio gentilium philosophorum*. Os "Prolegomena" (em latim) de Diels encontram-se nas pp. 1-263. — A coleção de textos de Diels foi complementada por P. Wendland (1897); R. v. Scala (1898); A. Baumstark (1897); G. Pasquali (1910). A essas coleções de textos, já citadas no verbete FILOSOFIA GREGA, devem-se acrescentar as edições de fragmentos igualmente mencionados nesse verbete (Mullach, Müller, E. Reitzenstein, F. Wehrli e outros). — Ver da mesma forma as bibliografias dos verbetes citados no texto deste. — Muitas das obras mencionadas em FILOSOFIA GREGA e em FILOSOFIA (HISTÓRIA DA) tratam dos doxógrafos; limitamo-nos a mencionar: M. del Pra, *La storiografia filosofica antica*, 1948. ⊂

DRAKE, DURANT. Ver NEO-REALISMO.

DRAOMA. Ver IDEOMA.

DRIESCH, HANS (1867-1941). Nascido em Kreuznach, estudou, entre outros lugares, em Iena, com Ernst Haeckel, trabalhou em pesquisas zoológicas e biológicas em diversas instituições (Nápoles, Trieste), lecionou em Aberdeen (Gifford Lectures de 1907-1908), em Heidelberg (1909-1920) e, por fim, em Colônia e em Leipzig. Não obstante, seus interesses biológicos não tardaram a deslocar-se para a filosofia, a qual, por outro lado, não foi em grande parte senão a tradução conceitual de seus experimentos e de suas reflexões no campo das ciências naturais. As experiências realizadas com as células da gástrula de um ouriço marinho (que, ao ser divididas, não deram origem a organismos parciais, mas reproduziram, em tamanho menor, todo o organismo) convenceram-no de um princípio que se tornou básico de toda a sua filosofia: o de que a própria experiência, e não simplesmente uma reflexão apoiada em pressupostos metafísicos, obriga a rejeitar o mecanicismo. Na oposição contemporânea entre mecanicismo e vitalismo — antes de tudo na biologia, mas depois na interpretação total da realidade —, Driesch foi um dos principais e mais constantes defensores do segundo. Para isso era necessário, porém, fazer algo mais que mostrar a submissão dos processos orgânicos a um desenvolvimento não-mecânico: ele precisava elaborar filosoficamente diversos conceitos que permitissem entender a forma desses processos. Desse modo, Driesch chegou à elaboração filosófica dos conceitos de totalidade, de causalidade total e de entelequia. No que diz respeito ao primeiro, o primado da totalidade se mostra por meio da existência dos sistemas "harmônico-eqüipotenciais", nos quais o todo está contido, por assim dizer, na "parte" (que já não será parte, mas germe). No que se refere ao segundo, a causalidade de totalidade (*Ganzheitskausalität*), denominada também "causalidade entelequial", engloba em seu interior a causalidade mecânica, um pouco à maneira como no idealismo teleológico, tal como foi defendido por Lotze, a teleologia é ao mesmo tempo a cobertura e a base do mecanicismo. Com referência à entelequia (VER), enquanto substância individualizante, encontramo-nos, segundo supõe Driesch, diante do próprio princípio do mencionado primado da causalidade total e da estrutura. A entelequia não é então uma substância misteriosa situada no mesmo plano do acontecer físico-químico e destinada a dominar esse acontecer, mas uma realidade intraduzível à linguagem dos processos inferiores, porque sua função capital é a da direção e a da suspensão. Com isso, distingue-se o vitalismo de Driesch do vitalismo "clássico". Além disso, a concepção individualizante e causal-total não é, de acordo com Driesch, uma simples hipótese de filosofia biológica, mas um princípio da teoria do conhecimento. Ora, essa teoria do conhecimento que, unida a uma lógica, forma a "teoria da ordem" procura solucionar o dualismo de matéria e vida, de parte e todo, de energia e enteléquia, pressuposto na filosofia natural mediante uma concepção da ordem como algo "posto". Mesmo que o fato do "pôr" não deva ser interpretado num sentido idealista, a ordem posta coincide, no entanto, com a ordem "intuída", de tal modo que um idealismo fenomenológico não pode ser inteiramente descartado em sua filosofia. Contudo, esse pôr enquanto ter consciência da ordenação de algo supera, na "teoria da realidade" posterior, qualquer tendência que pudesse manifestar-se na direção de um subjetivismo gnosiológico ou metafísico. O exame dos elementos da lógica e da teoria do conhecimento conduz, portanto, a uma consideração metafísica que não será dessa maneira uma especulação romântica, mas algo parecido com uma "metafísica indutiva", pois as conclusões metafísicas da "teoria da realidade" serão em todo caso meramente hipotéticas, e a única coisa bem fundada que terão será aquilo que coincidir com os limites da "teoria da ordem" e das formas possíveis de ordenação. O caráter absoluto dos objetos abordados pela teoria da realidade — ao contrário do caráter fenomênico dos objetos analisados na teoria da ordem — não significa, contudo, que sua realidade seja maior que a dos objetos "postos" e "ordenados": significa simplesmente que suas possibilidades podem ser absolutas, e isso tanto mais quanto mais se aproxima o possível do real e quanto mais implicado está numa possibilidade o que ela tiver de realidade.

➲ Obras: *Die Biologie als selbständige Grundwissenschaft*, 1893 (*A biologia como ciência fundamental autônoma*). — *Die organische Regulation. Vorbereitungen zu einer Theorie des Lebens*, 1901 (*A regulação orgânica. Prolegômenos para uma teoria da vida*). — *Naturbegriffe und Natururteile. Analytische Untersuchung zur reinen und empirischen Naturwissenschaft*, 1904 (*Conceitos naturais e juízos naturais. Investigação analítica para uma ciência natural pura e empírica*). — *Der Vitalismus als Geschichte und Lehre*, 1906 (*O vitalismo como história e doutrina*). — *The Science and the Philosophy of the Organism* (Gifford Lectures, publicadas em inglês em 1908 e traduzidas para o alemão pelo autor com o título *Philosophie des Organischen*, 1909). — *Ordnungslehre. Ein System des nicht-metaphysischen Teiles der Philosophie. Mit besonderer Berücksichtigung der Lehre vom Werden*, 1912 (*Teoria da ordem. Sistema da parte não-metafísica da filosofia. Com especial consideração da doutrina do devir*). — *Die Logik als Aufgabe. Eine Studie über die Beziehung zwischen Phänomenologie und Logik, zugleich eine Einleitung in die Ordnungslehre*, 1913 (*A lógica como tarefa. Estudo sobre a relação entre fenomenologia e lógica, ao mesmo tempo que uma introdução à teoria da ordem*). — *Leib und Seele. Eine Untersuchung über das psycho-physische Grundproblem*, 1916 (*Corpo e alma. Uma investigação sobre o problema fundamental psicofísico*). — *Wirklichkeitslehre. Ein metaphysischer Versuch*, 1917 (*Teoria da realidade. Ensaio metafísico*). — *Das Problem der Freiheit*, 1917 (*O problema da liberdade*). — *Logische Studien über Entwicklung*, I, 1918; II, 1919 (*Estudos lógicos sobre a evolução*). — *Der Begriff der organischen Form*, 1919 (*O conceito de forma orgânica*). — *Wissen und Denken. Ein Prolegomenon zu aller Philosophie*, 1919 (*Saber e pensar. Prolegômeno a toda filosofia*). — *Das Ganze und die Summe*, 1921 (*O todo e a soma*). — *Geschichte des Vitalismus*, 1922 (*História do vitalismo*). — *Metaphysik*, 1924. — *Relativitätstheorie und Philosophie*, 1924. — *Grundprobleme der Psychologie. Ihre Krisis in der Gegenwart*, 1926 (*Problemas fundamentais da psicologia. Sua crise atual*). — *Metaphysik der Natur*, 1927 (*Metafísica da Natureza*). — *Die sittliche Tat. Ein moralphilosophischer Versuch*, 1927. — *Der Mensch und die Welt*, 1928. — *Philosophische Forchungswege. Ratschläge und Warnungen*, 1930 (*Vias de investigação filosófica. Conselhos e avisos*). — *Parapsychologie, die Wissenschaft von den "okkulten" Erscheinungen*, 1932 (*Parapsicologia, a ciência dos fenômenos "ocultos"*). — *Die Maschine und der Organismus*, 1935 (*A máquina e o organismo*). — *Alltagsrätsel des Seelenlebens*, 1938 (*Enigmas cotidianos da vida anímica*). — *Selbstbesinnung und Selbstkenntnis*, 1940 (*Precaução e conhecimento de si mesmo*). — *Biologische Probleme höherer Ordnung*, 1941 (*Problemas biológicos de ordem superior*). — *Zur Problematik des Alterns*, 1942 (*Sobre os problemas relativos ao envelhecimento*). — *Lebenserinnerungen*, 1951, ed. J. Tétaz-Driesch (*Memórias*).

Depoimentos em *Die Philosophie der Gegenwart in Selbstdarstellungen* (V, 1925) e *Deutsche systematische Philosophie nach ihren Gestaltern* (I, 1931).

Bibliografia em *Zeitschrift für philosphische Forschung*, vol. 1 (1947).

Ver os volumes de homenagem: *Zum 60. Geburtstag*. 1. *Wissen und Leben*, ed. H. Schneider e W. Schingnitz; 2. *Ordnung und Wirklichkeit*, ed. W. Schingnitz, 1927, e *Archiv für Entwicklungsmechanik der Organismen*, nn. 111 e 112, 1927. — Ver também: O. Heinichen, *Drieschs Philosophie*, 1924. — A. Gehlen, *Zur Theorie des Setzens und des setzungshaften Wissens bei Driesch*, 1927. — E. Heuss, *Rationale Biologie und ihre Kritik. Eine Auseinandersetzung mit dem Vitalismus H. Drieschs*, 1938. — U. Schöndorfer, G. von Natzmer, *et al.*, *H. D. Persönlichkeit und Bedeutung für Biologie und Philosophie von heute*, 1952, ed. A. Wenzl (com bibliografia). — E. T. Smith, "The Vitalism of H. D.", *Thomist*, 18 (1955), 186-227. — R. Mocek, "Zum Lebenswerk von H. D.", *Deutsche Zeitschrift für Philosophie*, 12 (1964).

— E. Ungerer, "Zum Gedenken an H. D.", *Philosophia Naturalis*, 11 (1969), 247-256. ℭ

DROBISCH, MORITZ WILHELM (1802-1896). Nascido em Leipzig, professor desde 1842 em Leipzig, foi um dos mais destacados membros da escola de Herbart (VER). Drobisch distinguiu-se por seus trabalhos em lógica e psicologia. Sua lógica é ao mesmo tempo uma ontologia na medida em que o autor identifica as formas do pensamento com as do ser. Por esse motivo, a lógica não pode ser inteiramente formal, a menos que 'formal' seja entendido como 'o que pertence aos princípios'; em todo caso, a pura formalidade pertence ao raciocínio, mas não aos conceitos usados neste. Na psicologia, Drobisch orientou-se para a fundamentação e o desenvolvimento de uma teoria geral das representações abordada por meio da matemática. De acordo com Drobisch, a psicologia matemática desempenha, com referência aos fenômenos psicológicos, o mesmo papel fundamental desempenhado pela geometria e pela mecânica em relação aos fenômenos físicos. Assim, a psicologia não é para Drobisch nem uma mera especulação nem uma simples coleção de fatos empíricos, mas uma elaboração científica destes últimos.

⇨ Obras: *Beiträge zur Orientierung über Herbarts System der Philosophie*, 1834 (*Contribuições para uma orientação no sistema herbartiano de filosofia*). — *Neue Darstellung der Logik nach ihren einfachsten Verhältnissen, nebst einem logisch-mathematischen Anhangen*, 1836; 2ª ed., 1851 (*Nova exposição da lógica segundo suas mais simples relações junto com um apêndice lógico-matemático*). — *Quaestionum mathematicopsychologicarum spec. I-V*, 1836-1839. — *Grundlehren der Religionsphilosophie*, 1840 (*Fundamentos de filosofia da religião*). — *Empirische Psychologie nach naturwissenschaftticher Methode*, 1843 (*Psicologia empírica segundo o método das ciências naturais*). — *Erste Grundlinien der mathematischen Psychologie*, 1850 (*Primeiros esboços da psicologia matemática*). — *Ueber die Stellung Kants zur Schillerschen Ethik*, 1859 (*Sobre a atitude de Kant em relação à ética de Schiller*). — *Die philosophia scientiae naturali insita*, 1864. — *Die moralische Statistik und die menschliche Willensfreiheit*, 1867 (*A estatística moral e a liberdade da vontade humana*). — *Ueber die Fortbildung der Philosophie durch Herbart*, 1876 (*Sobre o desenvolvimento da filosofia por Herbart*). — *Kants Ding an sich und sein Erfahrungsbegriff*, 1885 (*A coisa em si de Kant, e seu conceito de experiência*). — *Enzyklopädie der Philosophie*, 1908, ed. O. Flügel.

Ver: M. Heinze, *M. W. Drobisch*, 1897. — W. Neubert-Drobisch, *M. W. Drobisch, ein Gelehrtenleben*, 1902. ℭ

DU BOIS REYMOND, EMIL (1818-1896). Nascido em Berlim, foi professor "extraordinário" (1855-1858) e professor titular (a partir de 1858) de fisiologia na Universidade de Berlim e secretário vitalício da Academia de Ciências de Berlim. Du Boys Reymond suscitou numerosas e acaloradas polêmicas com suas conferências sobre os limites do conhecimento natural e "os sete enigmas do mundo". Esses enigmas (dos quais falou posteriormente Ernst Haeckel [VER]) são: 1) a essência da matéria e da energia; 2) a origem do movimento; 3) a origem da vida; 4) a finalidade da Natureza; 5) a origem da sensibilidade; 6) a origem do pensamento e da linguagem, e 7) o problema do livre-arbítrio. Du Bois Reymond levou ao extremo o agnosticismo (VER) científico ao proclamar a respeito de alguns desses enigmas, numa frase célebre, que não apenas os ignoramos como sempre os ignoraremos: *ignoramus et ignorabimus*.

⇨ As duas conferências mencionadas intitulam-se: *Über die Grenzen der Naturerkennens*, 1873 (numerosas eds.) e *Die sieben Welträtsel*, 1882 (numerosas eds.) (*Sobre os limites do conhecimento da natureza* e *Os sete enigmas do mundo*). — Outras obras: *Untersuchungen über tierische Elektrizität*. I, 1848; II, 1, 1849; II, 2, 1860 (*Investigações sobre eletricidade animal*). — *Reden*, 2 vols., 1885-1887; 2ª ed., 1912 (*Conferências*). — *Vorlesungen über die Physik des organischen Stoffwechsels*, 1900 (*Lições sobre a física do metabolismo orgânico*). — *Über Neovitalismus*, 1913, ed. Metze.

Ver: Boruttau, *E. du B.-R.*, 1922. — S. Wollgast, "E. du Bois-Reymond", *Magyar Filozofiai Szemle* (1979), 164-193 (em húngaro). ℭ

DU VAIR, GUILLAUME (1556-1621). Nascido em Paris, bispo de Lisieux, foi, com Justus Lipsius, um dos mais destacados neo-estóicos modernos. Ao contrário da atenção que, no âmbito do predomínio do prático-moral, Lipsius prestou aos aspectos teóricos do estoicismo, Du Vair concentrou-se quase exclusivamente na filosofia moral. De fato, seu estoicismo foi na maioria das ocasiões uma interpretação das máximas morais dos estóicos (particularmente de Epicteto) por meio do cristianismo. Podem-se encontrar também em seu pensamento, particularmente nos da última fase de sua vida, características platônicas.

⇨ Obras: *Sainte Philosophie*, 1603; ed. anotada por G. Michaud, 1946. — *La philosophie morale des Stoïques*, publicada pouco depois do aparecimento, em 1585, da trad. do *Manual*, de Epicteto. — *Constance*, 1594. — Cartas: *Lettres inédites de Du Vair*, por Tamizey de Larroque, 1876.

Edição de obras: *Oeuvres*, 1973.

Ver: M. R. Radouant, *G. de Vair-l'homme et l'orateur*, 1909. — L. Zanta, *La Renaissance du Stoïcisme au XVIᵉ siècle*, 1914 (parte III, caps. v-viii). ℭ

DUALISMO. De acordo com Rudolf Eucken, o vocábulo 'dualismo' foi empregado primeiramente por Thomas Hyde em sua *Historia religionis veterum Persarum*, de 1700 (cap. IX, p. 164), para designar o dualismo de Ormuz e Arimán; essa mesma significação tinha ainda em Bayle (*Dictionnaire historique et critique*, verbete "Zoroastre") e em Leibniz (*Theod.*, II, 144, 149). Somente com Wolff, que utiliza 'dualismo' como algo contrário a 'monismo', aparece um significado estritamente filosófico. Para Wolff, com efeito (*Psychologia rationalis*, 1734, § 34), são dualistas aqueles que afirmam a existência de duas substâncias, a material e a espiritual, em contraposição aos monistas, que não admitem senão uma. Em contrapartida, é diferente o sentido em que o termo foi empregado por Kant, que denominou dualistas (*Das Ende der Dinge*, 1794) aqueles que admitiam que somente um pequeno número de eleitos se salvam, contrariamente ao que pregavam os unitários. O significado filosófico, tal como foi utilizado por Wolff, é o que predominou em larga escala, tanto mais que com os vocábulos 'dualismo' e 'monismo' se caracterizavam posições muito fundamentais no problema da relação *alma-corpo*, de tão amplas ressonâncias na filosofia moderna a partir de Descartes. Assim, Descartes é caracterizado como francamente dualista, enquanto Spinoza representa o caso mais extremo de monismo. Somente a posterior generalização do significado do termo fez com que 'dualismo' significasse, em geral, toda contraposição de duas tendências irredutíveis entre si. Desse ponto de vista, podem ser entendidas como dualistas várias doutrinas filosóficas fundamentais: a filosofia pitagórica — que opõe o perfeito ao imperfeito, o limitado ao ilimitado, o masculino ao feminino e assim por diante, fazendo dessas oposições os princípios da formação das coisas —, a especulação gnóstica e maniqueísta, com sua oposição dos princípios do Bem e do Mal, e o sistema cartesiano, com a redução de todo ser à substância pensante ou à substância extensa. Além disso, pode-se entender o dualismo de diversas maneiras, segundo o campo ao qual se aplica: dualismo psicológico (o problema da união da alma com o corpo, o problema da liberdade e do determinismo), dualismo moral (o dualismo entre o bem e o mal, a Natureza e a graça), gnosiológico (sujeito e objeto), religioso etc. Entretanto, denomina-se dualista sobretudo toda doutrina metafísica que supõe a existência de dois princípios ou realidades irredutíveis entre si e não-subordináveis, que servem para a explicação do universo. Na verdade, esta última doutrina é a que se considera dualista por excelência. Os múltiplos dualismos que podem se manifestar nas teorias filosóficas — como o chamado dualismo aristotélico da forma e da matéria e o dualismo kantiano de necessidade e liberdade, ou o de fenômeno e número — o são apenas na medida em que se interpretam os termos opostos de modo absolutamente realista e em que se dá a eles até mesmo um certo tom valorativo. Apenas desse ponto de vista podemos dizer que o dualismo se opõe ao monismo, que não prega a subordinação de algumas realidades a outras mas tende sem cessar à identificação dos opostos mediante a subsunção destes numa ordem ou princípio superior.

A contraposição do dualismo ao monismo parece ser de tal maneira absoluta que, quando se trata de acolher uma das duas doutrinas, não se encontra outra possibilidade de orientação senão essa mesma decisão suprema a que se referia Fichte. Contudo, seria ilegítimo estabelecer uma comparação das doutrinas filosóficas baseando-se apenas em sua pertinência ao dualismo ou ao monismo. Isso pode ser observado sobretudo na questão do dualismo *matéria-espírito*, dualismo que deu origem, principalmente no decorrer da época moderna, a numerosas soluções, compreendendo entre elas diretrizes filosóficas dos mais diversos tipos. Dualismo e monismo são, portanto, insuficientes para caracterizar de modo cabal uma tendência filosófica. Daí que toda referência ao dualismo deva dizer respeito a uma época concreta. Foi o que fez Arthur O. Lovejoy ao assinalar que o dualismo *da época moderna* entre as idéias e a realidade, a experiência e a Natureza, e a ordem moral e a ordem física caminha rumo a uma superação, sem necessidade de cair num fenomenalismo ou num idealismo, que, em última análise, possuem bases dualistas. O dualismo aqui mencionado é um "clima" filosófico concreto que unifica diversas correntes filosóficas *de uma certa época*.

⊃ Ver: G. Portig, *Die Grundzüge der monistischen und dualistischen Weltanschauung*, 1904. — L. Stein, *Dualismus oder Monismus*, 1909. — M. Stefanescu, *Le dualisme logique*, 1909. — E. Nobile, *Dualismo e religione*, 1922. — Id., *Il dualismo nella filosofia. Sua ragione eterna e sue storiche vicissitudini*, 2ª ed., 1935. — Filipina d'Arcangelo, *Il dualismo kantiano ed i suoi vari tentativi per superarlo*, 1933. — Giovanni Bianca, *Il dualismo di spirito e realtà nell'idealismo moderno*, 1935. — Simone Pétrement, *Le dualisme dans l'histoire de la philosophie et des religions*, 1946. — Id., *Le dualisme chez Platon, les gnostiques et les manichéens*, 1947. — A. Beckermann, *Descartes' metaphysischer Beweis für den Dualismus*, 1986. — P. F. Fontaine, *The Light and the Dark. A Cultural History of Dualism*, 4 vols., 1986-1989. — J. W. Cooper, *Body, Soul, and Life Everlasting: Biblical Anthropology and the Monism-Dualism Debate*, 1989. — J. R. Smythies, ed., *The Case for Dualism*, 1989. ⊂

DUBARLE, DOMINIQUE. Ver LE SAULCHOIR.

DUCASSE C[URT] J[OHN] (1881-1969). Nascido em Angoulême, França, mudou-se em 1905 para os Estados Unidos. Estudou nas Universidades de Washington e Harvard e lecionou na Universidade de Washington (1912-1926) e na Brown University, Providence (Rhode Island) (1926-1958). Ducasse interessou-se pelo problema e pelo método da filosofia. Em sua opinião, a filosofia difere da ciência apenas por seu objeto, que são as avaliações ou apreciações (*appraisals*) nas quais intervêm termos como 'bom', 'mau', 'real', 'necessário' etc.

A atividade filosófica é, pois, primariamente "lingüística", mas não se trata somente de uma análise de termos que tenha um fim em si mesma. A análise lingüística leva a formular hipóteses que podem ser ou não confirmadas mediante substituição pelo resultado da análise do termo analisado. Ducasse empregou seu método e sua concepção da filosofia para o estudo de vários problemas, entre os quais se destacam a causalidade, a interação entre o corpóreo e o mental, a experiência estética e religiosa e a questão da sobrevivência. No que diz respeito à causalidade, defendeu uma descrição de relações causais tais que, dadas duas mudanças em determinado objeto ou situação, a mudança que antecede temporalmente a outra mudança é a causa desta. Ducasse distingue propriedades de qualidades, afirmando que, enquanto uma propriedade pode produzir efeitos, uma qualidade não os produz. Se X tem a propriedade de ser vermelho, pode produzir o efeito da cor vermelha na retina (ou produzir outros efeitos físicos em outros objetos). A qualidade de ser vermelho é o efeito da cor vermelha na retina. X pode ter a propriedade de ser vermelho sem ter a correspondente qualidade, e pode haver a qualidade de ser vermelho como estado de consciência sem que haja a propriedade de ser vermelho. Somente as propriedades, que podem ser primárias ou secundárias, têm poderes causais. Com isso, pode-se distinguir, segundo Ducasse, o que pertence à natureza ou mundo material e o que pertence ao mundo mental. Este último está constituído pelo fato de que algo é experimentado como sendo experimentado; o objeto do experimentado é o próprio experimentar. Não se pode, pois, distinguir o sentido e o senti-lo.

Com respeito à arte e à religião, Ducasse destaca seu caráter emotivo, mas isso não significa que se trate de experiências meramente "arbitrárias"; no que se refere à religião, especialmente, deve-se levar em conta a sua função social. Embora submetesse a crítica as idéias de sobrevivência, Ducasse procurou dar um fundamento empírico a certas formas de metempsicoses por meio do estudo dos fenômenos paranormais.

➲ Obras: *Causation and the Types of Necessity*, 1924. — *The Philosophy of Art*, 1929. — *Philosophy as a Science: Its Matter and Its Method*, 1941. — *The Method of Knowledge in Philosophy*, 1945 [University of California Publications in Philosophy, XVI, 7]. — *Nature, Mind, and Death*, 1949. — *A Philosophical Scrutiny of Religion*, 1953. — *A Critical Examination of the Belief in a Life after Death*, 1961. — *Truth, Knowledge, and Causation*, 1968 (ensaios, 1925-1965).

Ver: "Symposium in Honor of C. J. D.", *Philosophy and Phenomenological Research*, 13 (1952), com bibl. de obras de D. até 1951, pp. 96-102. — F. Dommeyer, ed., *Current Philosophical Issues: Essays in Honor of C. J. D.*, 1966. — Peter H. Hare e Edward H. Madden, *Causing, Perceiving, and Believing: An Examination of the Philosophy of C. J. D.*, 1975. ◖

DUFRENNE, MIKEL (1910). Nascido em Paris, foi, a partir de 1955, professor da Universidade de Poitiers. No âmbito da tradição fenomenológica elaborada por Sartre e Merleau-Ponty, diferindo porém desses filósofos em pontos importantes, Dufrenne trabalhou em temas de estética, antropologia filosófica e filosofia da linguagem. Empregou o método fenomenológico sem excluir outras possíveis perspectivas, em particular a de um estudo transcendental, que deve ser entendido como uma análise de estruturas conceituais e de modo algum como manifestação de uma tendência idealista. O mais conhecido trabalho de Dufrenne é sua fenomenologia tanto do objeto estético como da experiência estética. O objeto estético não é, para Dufrenne, uma realidade "em si" nem tampouco uma realidade "para si" (nas acepções que Sartre deu a essas locuções), porque é justamente ambas: uma união de dois tipos aparentemente incompatíveis de ser, que fazem desse objeto um "quase-sujeito". Dufrenne destaca assim a dupla "direção" do objeto estético: rumo ao espectador, ao qual se apresenta, e rumo a uma realidade autônoma, que pode justamente "apresentar-se" a um espectador. O objeto estético não existe como tal a menos que seja dado a um espectador numa presença, mas não pode ser dado dessa maneira se não possui em si mesmo uma certa realidade. O exame da experiência estética corresponde ao da estrutura do objeto estético. Nessa experiência, dá-se uma presença, no âmbito da percepção — ainda que de uma percepção que engloba mais elementos, ou elementos mais complexos, que a percepção física em sentido comum —, mas ocorrem também uma representação e uma reflexão. A representação medeia a presença e a reflexão, ostentando igualmente uma dupla "direção". Por meio da reflexão é possível, de acordo com Dufrenne, ter um sentimento total do objeto estético, o que não significa apreendê-lo por inteiro, mas em sua profundidade, como um objeto inesgotável. Dufrenne ligou a experiência do objeto estético a uma espécie de compreensão da realidade natural, de tal modo que a arte pode tornar-se um instrumento da própria Natureza. Isso não equivale a sustentar uma concepção "romântico-imaginativa" da arte, mas simplesmente a reconhecer na Natureza a fonte da qual emana o sentido da realidade artística.

Dufrenne investigou a noção de *a priori* (VER) de forma mais ampla que o *a priori* cognoscitivo em sentido kantiano. Em antropologia filosófica, opôs-se à "desumanização" a que conduzem, ou que postulam, certas formas de estruturalismo, mas também ao irracionalismo em que desembocaram certos tipos de existencialismo.

⊃ Obras: *Karl Jaspers et la philosophie de l'existence*, 1947 (em colaboração com Paul Ricoeur). — *Phénoménologie de l'expérience esthétique*, 2 vols., 1953; reimp., 1967. — *La personnalité de base, un concept sociologique*, 1953; 2ª ed., 1966. — *La notion d'a priori*, 1959. — *Language and Philosophy*, 1963; reimp., 1968 (conferências na Indiana University, 1959, tr. Henry B. Veatch). — *Le poétique*, 1963. — *Jalons*, 1966 (coletânea de ensaios). — *Esthétique et philosophie* (coletânea de artigos), 3 vols. (I, 1967; II, 1976: III, 1981). — *Pour l'homme: Essai*, 1968. — *Art et politique*, 1974. — *Subversion/Perversion*, 1977 (trad. esp.: *Subversión/Perversión*, 1980). — *L'inventaire des a priori*, 1981. — *Trattato di Estetica*, 1981 (com D. Formaggio).

Em português: *Estética e filosofia*, 3ª ed., 1998.

Bibliografia: J. A. Nahra, "Selected Bibliography of M. D.", *Philosophy Today*, 14 (1970), 213-216.

Ver: M. Saison, A. Cauquelin *et al., Vers une esthétique sans entraves: Mélanges offerts à M. D.*, 1975, com bibl. de M. D., pp. 143-146 por Lise Bovar. ⊂

DUHAMEL, JEAN-BAPTISTE. Ver Régis, Pierre-Sylvain.

DUHEM, PIERRE (1861-1916). Nascido em Paris, foi professor de física teórica em Lille, Rennes e (desde 1894 até sua morte) em Bordeaux. Duhem dedicou boa parte de seu trabalho a investigações sobre a história da ciência e da cosmologia. Essas investigações basearam-se quase sempre em suas próprias concepções filosóficas, das quais a mais importante e influente é a que se refere à estrutura das teorias físicas e, em geral, à estrutura do conhecimento da realidade.

De acordo com Duhem, a teoria física é uma construção artificial que tem uma finalidade precisa: resumir e classificar logicamente um grupo de leis experimentais. Isso significa, antes de tudo, que há uma diferença entre a teoria e a lei: esta última é uma generalização de observações e experimentos; a primeira é uma ordenação de todas as generalizações possíveis desse tipo. Isso significa também que a teoria não proporciona nenhuma explicação da realidade (se se entende por 'explicação' a operação mental que nos permite despojar a realidade de suas aparências para vê-la, como diz nosso autor, "face a face"). Por esse motivo, as teorias físicas não devem depender dos sistemas metafísicos adotados, pois "nenhum sistema metafísico basta para edificar uma teoria física". Em suma, uma teoria física é "*um sistema de proposições matemáticas, deduzidas de um reduzido número de princípios, que têm por objetivo representar do modo mais simples, completo e exato possível um conjunto de leis experimentais*" (*La théorie physique*, Parte I, cap. II, § 1). Assim, Duhem adere a uma concepção positivista da teoria física — e, em geral, da teoria —, sobretudo na medida em que sublinha as noções de classificação e de economia do pensamento e na medida em que pretende evitar toda subordinação da teoria física a uma construção mental metafísica.

Entretanto, Duhem não pode ser considerado apenas um pensador positivista. Em primeiro lugar, nosso autor reconhece que uma teoria física deve prever os fenômenos e, portanto, "adiantar-se à experiência". Em segundo lugar, são freqüentes na obra de Duhem alusões à idéia de que a teoria deve de alguma maneira refletir o real, e, no final de seu livro sobre a teoria física, há inclusive a tese de que para o físico "a ordem na qual dispõe os símbolos matemáticos para constituir a teoria física é um reflexo cada vez mais claro de uma ordem ontológica segundo a qual se dispõem as coisas inanimadas" (*ibid.*, "Physique du croyant", § 8). Os motivos das restrições fundamentais que Duhem introduz em suas próprias teses são vários. Primeiramente, o reconhecimento — antes mencionado — de que a teoria física pretende algo mais que classificar (ver Duhem-Quine [Tese de]). Em segundo lugar, o desejo de evitar o ceticismo a que o conduziria um convencionalismo puro. Por fim, sua decidida intenção de combater as objeções que vários físicos e filósofos formularam contra a fé católica. Como essas objeções se basearam em grande parte numa certa metafísica apoiada numa determinada interpretação da estrutura das teorias físicas, Duhem considera que a eliminação de tal metafísica é equivalente à eliminação das objeções. Contudo, a eliminação de uma metafísica não equivale à supressão de toda metafísica. Esta aparece em Duhem com sua conhecida tese de que há uma analogia entre a teoria física e a cosmologia peripatética, que — depurada de erros circunstanciais — é, segundo Duhem, o limite ideal a que tende a evolução da teoria física. Duhem foi chamado, por causa disso, de aristotélico e qualitativista. No que diz respeito ao primeiro ponto, deve-se observar que seu aristotelismo é uma conseqüência de sua oposição a certas características da física moderna — por exemplo, ao atomismo — que Duhem considera incompatíveis com a termodinâmica geral. Quanto ao segundo ponto, ele pode ser aceito sempre que se tenha em conta que Duhem insiste constantemente no papel fundamental da matemática, a ponto de afirmar que as qualidades primárias são qualidades irredutíveis de fato, mas não de direito (*ibid.*, Parte II, cap. II, § 2), de tal modo que as qualidades secundárias podem ser objeto de medida.

⊃ Obras: *Traité élémentaire de mécanique chimique*, 4 vols., 1897-1899. — *Leçons sur l'électricité et le magnétisme*, 3 vols., 1891-1892. — *Recherches sur l'hydrodynamique*, 1904. — *Le mixte et la combinaison chimique. Essai sur l'évolution de la mécanique*, 1903. — *Études sur Léonard de Vinci, ceux qu'il a lus, ceux qui l'ont lu*, 3 vols., 1906-1913. — *Les sources des théories physiques. Les origines de la statique*, 2 vols., 1905-1906. — *La théorie physique, son objet et sa estructure*, 1906. —

Essai sur la notion de théorie physique de Platon à Galilée, 1908. — *Le mouvement absolu et le mouvement relatif*, 1909. — *Le Système du monde. Histoire des doctrines cosmologiques de Platon à Copernic*, 10 vols. (I, 1913; II, 1914; III, 1915; IV, 1916; V, 1916; volumes publicados postumamente: VI, 1954; VII, 1956; VIII, 1958; IX, 1958; X, 1959). — *La science allemande*, 1915. — *Science allemande et vertus allemandes*, 1916.

Ver: Pierre Humbert, *Pierre Duhem (1861-1916)*, 1923. — Armand Lowinger, *The Methodology of P. D.*, 1941. — S. L. Jaki, *Uneasy Genius: The Life and Work of P. D.*, 1984. — R. N. D. Martin, *P. D.: Philosophy and History in the Work of a Believing Psysicist*, 1991. ∈

DUHEM-QUINE (TESE DE). Uma manifestação extrema de empirismo é considerar que todas e cada uma das proposições — ou enunciados declarativos — formuláveis com sentido são verificáveis ou refutáveis mediante fatos. O empirismo clássico e sobretudo o empirismo lógico consideraram propriamente as teorias, ou conjuntos sistemáticos de enunciados declarativos, como confirmáveis ou refutáveis por fatos, ou, como também se diz, mediante a experiência. Uma modificação — importante — a esse respeito é a proposta pela noção de refutabilidade com referência a uma teoria, mas em todo caso se supõe que haja uma correspondência entre determinada teoria e os fatos de que a teoria "fala", de maneira que a teoria é verdadeira se é confirmada, ou se não é (por ora) falseada.

Pierre Duhem (VER) opôs-se à tese da verificabilidade, confirmabilidade ou, em geral, contrastabilidade de uma única teoria por fatos, apresentando razões de cunho convencionalista (ver CONVENCIONALISMO). Quine (VER) mostrou que uma teoria deve ser considerada um sistema global. Em alguns pontos, o sistema toca diretamente, ou mais diretamente, a experiência, isto é, em certos níveis da teoria há proposições que são diretamente confirmáveis ou refutáveis (falseáveis) por fatos; em outros pontos, em contrapartida, em níveis diferentes (e mais elevados), teoricamente falando, as proposições não são diretamente confirmáveis, refutáveis ou falseáveis. Em muitas ocasiões, como o mostra a história do desenvolvimento das teorias científicas, uma teoria já aceita, mas refutada por algum fato, continua sendo proposta ou mantida, já que em conjunto atende melhor ao que se espera dela do que uma teoria alternativa. Por vezes, não há teoria alternativa e, por isso, continua-se a manter a teoria aceita. Em outras ocasiões, modificam-se pontos da teoria, mas não toda a teoria de forma global.

A tese anterior, de acordo com a qual as teorias devem ser concebidas "globalmente" — e, levando as coisas ao extremo, de acordo com a qual as teorias nunca são, ou nunca podem ser, definitivamente contrastadas e refutadas —, foi denominada "a tese de Duhem-Quine" e se poderia denominá-la igualmente "a hipótese (epistemológica) de Duhem-Quine".

Embora partindo de bases muito distintas, a tese da impossibilidade de uma contrastação e de uma refutação decisivas de teorias foi mantida por autores como Imre Lakatos e Paul K. Feyerabend, e constitui um dos temas das análises históricas de Thomas S. Kuhn. Em contrapartida, autores como Adolf Grünbaum opuseram-se à tese de Duhem-Quine.

∋ Ver a antologia de trabalhos de S. G. Harding, Duhem, Quine, Hempel, Popper, Adolf Grünbaum, Kuhn, Laurens Laudan, Carlo Giannonni, Gary Wedeking, Mary Hesse, Lakatos, Feyerabend: *Can Theories Be Refuted? Essays on the Duhem-Quine Thesis*, 1976, ed. Sandra G. Harding. ∈

DÜHRING, EUGEN KARL (1833-1921). Nascido em Berlim, estudou direito e filosofia, doutorando-se na Universidade de Berlim em 1861. Foi nomeado "leitor" na mesma universidade em 1863, mas por causa de suas polêmicas foi-lhe retirada, em 1877, a *venia legendi*.

Dühring polemizou constantemente contra toda espécie de tendências e grupos, de direita e de esquerda: a religião, o governo estabelecido, a metafísica, o marxismo etc. Sua oposição a toda metafísica aproximava-o do positivismo, mas ao mesmo tempo le negava, na prática, todo positivismo, ao conceber a filosofia como uma concepção total do mundo. Esta devia estar fundada cientificamente, mas ao mesmo tempo constituía, em sua opinião, uma base para as ciências. Seu sistema está repleto de contradições, ou, em todo caso, de especulações. De acordo com Dühring, não podemos conhecer a origem última das coisas, mas podemos afirmar que há um princípio a partir do qual se desenvolveu o mundo. Este é formado por um número finito de elementos; toda idéia de que há um número infinito, seja de elementos ou até mesmo de números, leva a contradições insolúveis. O universo está em contínua evolução, e é possível, embora não seja demonstrável, que, quando chegue a seu fim, irrompa dele outro universo. No entanto, de acordo com a tese finitista antes indicada, se há um retorno, não pode ser eterno.

Dühring rejeitou o materialismo e a idéia de que os processos mentais possam se reduzir a processos puramente materiais. Contudo, os processos mentais têm lugar quando a consciência se encontra com um mundo e se vê obrigada a conhecê-lo ou transformá-lo.

Para Dühring, o materialismo é pessimista, mas a religião é ainda pior, pois não passa de um conjunto de superstições que é necessário destruir a todo custo. Somente com a destruição da religião se poderá começar a obter o que é mais importante para o homem: sua felicidade, que é o mesmo que a perfeição moral. Isso é tanto mais fácil de conseguir porque o germe de toda vida feliz já se encontra neste mesmo mundo, e não precisa senão ser desenvolvido por meio de uma decidida afirmação da vida, de uma "concepção heróica da vida". Conseqüência desse otimismo radical é a afirmação da bondade natural do homem, bondade velada e encoberta por todo tipo de coações, da estatal à religiosa, mas que poderá revelar-se plenamente quando a atual organização for substituída por um socialismo livre, entendido de modo semelhante ao de Fourier. Desse modo, poder-se-á superar também a aparente oposição entre o indivíduo e a coletividade, e, por conseguinte, a essencial imoralidade implicada pelo egoísmo e pelo falso altruísmo. As concepções de Dühring, próximas, de certa maneira, do culto da humanidade de Feuerbach e de Comte, foram combatidas por Engels em sua *Anti-Dühring ou a transformação da ciência por E. Dühring*, 1878.

⊃ Obras: *De tempore, spatio, causalitate atque de analysis infinitesimalis logica*, 1861. — *Natürliche Dialektik. Neue logische Grundlegung der Wissenschaft und Philosophie*, 1865) (*Dialética natural. Nova fundamentação lógica da ciência e da filosofia*). — *Der Wert des Lebens im Sinne einer heroischen Lebensanschauung*, 1865 (*O valor da vida no sentido de uma concepção heróica da vida*). — *Kritische Geschichte der Philosophie*, 1869 (*História crítica da filosofia*). — *Kritische Geschichte der allgemeinen Prinzipien der Mechanik*, 1873 (*História crítica dos princípios gerais da mecânica*). — *Kursus der Philosophie*, 1875. — *Logik und Wissenschaftstheorie*, 1878 (*Lógica e teoria da ciência*). — *Robert Mayer, der Galilei des neuzehnten Jahrhunderts*, 2 vols., 1880-1895 (*R. M., o Galileu do século XIX*). — *Der Ersatz der Religion durch Vollkommeneres*, 1833 (*A substituição da religião por algo mais perfeito*). — *Gesamtkursus der Philosophie*, 1894 ss. (*Curso completo de filosofia*). — *Wirklichkeitsphilosophie*, 1895 (*Filosofia da realidade*).

Além disso, várias obras de caráter político, social e econômico: *Kritische Grundlegung der Volkswirtschaftslehre*, 1866. — *Kritische Geschichte der Nationalökonomie und des Sozialismus*, 1871. — *Kursus der National- und Sozialökonomie*, 1873. — *Die Judenfrage*, 1901. — *Soziale Rettung durch wirkliches Recht*, 1907.

Ver: H. Vaihinger, *Hartmann, Dühring und Lange*, 1876. — Friedrich Engels, *Herrn Dühring Umwälzung der Wissenschaft*, 1877-1878 (também chamado *Anti-Dühring*). — S. Posner, *Abriss der Philosophie E. Dührings*, 1906. — G. Albrecht, *E. Dühring. Beitrag zur Geschichte der Sozialwissenschaft*, 1927. — Arnold Voelske, *Die Entwicklung der "rassischen Antisemitismus" zum Mittelpunkt der Weltanschauung E. Dührings*, 1936 (tese). ⊂

DULLAERT, JUAN. Ver Mertonianos.

DUMARSAIS, CESAR CHESNEAU. Ver Três Impostores.

DUMAS, GEORGES (1862-1946). Nascido em Paris, lecionou na Sorbonne como encarregado de curso a partir de 1902 e como professor titular a partir de 1912. Discípulo de Théodule Ribot (ver), Dumas foi um dos grandes mestres da psicologia experimental francesa. Seu treinamento como médico e as influências de Ribot, Claude Bernard e Taine levaram-no a enfatizar as bases fisiológicas dos estados psíquicos. A metodologia de Dumas foi ao mesmo tempo comportamentalista e introspectiva. Além disso, ele levou em conta fatores sociais no estudo psicológico. Suas principais investigações trataram dos estados afetivos. Grande parte da influência de Dumas se deve à sua síntese psicológica, apresentada por ele, bem como por outros autores sob a sua direção, no *Tratado* e no *Novo Tratado* (cf. *infra*).

⊃ Obras: *Les états intellectuels dans la mélancolie*, 1898 (tese de doutorado de medicina). — *Tolstoï et la philosophie de l'amour*, 1893. — *La tristesse et la joie*, 1900 (tese de doutorado de "letras"). — *Le sourire et l'expression des émotions*, 1906. — *Troubles mentaux et troubles nerveux provoqués par la guerre*, 1918. — *Le surnaturel et les dieux dans les maladies mentales*, 1946. — *La vie affective*, 1948. — O *Traité de Psychologie*, em 2 vols., apareceu em 1924. — O *Nouveau Traité de Psychologie*, em 10 vols., foi publicado a partir de 1930, com reimp. de vários volumes. ⊂

DUMBLETON, JOÃO [ou JOÃO DE]. Nascido (*ca.* 1320) em Oxford, foi, ao que parece, *Fellow* no Merton College, sendo considerado um dos mertonianos (ver). Dumbleton seguiu tendências ockhamistas na lógica e parece ter seguido tendências averroístas na física, pelo menos no que se refere ao problema da formação de substâncias compostas com base em substâncias elementares. Segundo Dumbleton, as substâncias elementares estão sujeitas a mudanças de qualidade, podendo aumentar e diminuir sua "forma". Dumbleton ocupou-se também da questão dos graus de velocidade, e em especial da questão da aceleração uniforme dos corpos. Ele apresentou uma das formulações do chamado "teorema de Merton" ou teorema da velocidade média num movimento acelerado uniforme.

Devem-se a Dumbleton uma *Summa de logicitis et naturalibus*; uma *Declaratio super sex conclusiones quarti capituli tractatus proportionum mag. Thom. Bradwardin*; e uma *Summa theologica maior*. Todas elas permanecem inéditas.

⊃ Ver: P. Duhem, *Études*, III, 410-412. — Anneliese Maier, *An der Grenze etc.*, 1943, cap. I. — Samuel Clagett, *The Science of Mechanics in the Middle Ages*, 1959. Nessa obra, Clagett incluiu fragmentos (Parte III, cap. 10) da *Summa de logicitis et naturalibus* (ver pp. 305-325). ⊂

DUMÉRY, HENRY. Nascido (1920) em Auzances (Creuse), foi professor da Universidade de Caen. A partir de

1966, lecionou na Faculdade de Letras e Ciências Humanas da Universidade de Paris, em Nanterre, até sua aposentadoria em 1986. Desde 1954, é administrador do Institut International de Philosophie. Influenciado por Blondel, pela fenomenologia e por várias tendências existenciais e hermenêuticas, Duméry ocupou-se sobretudo de filosofia da religião, e especificamente das questões suscitadas pela fé cristã. De acordo com Duméry, é preciso partir de uma análise "imanente" e "fenomenológica" dos fenômenos religiosos, mas essa análise não leva necessariamente a uma posição imanentista ou idealista: leva sobretudo a uma concepção, por um lado, de Deus como suprema Unidade transcendente e, por outro, a uma reafirmação e a uma revalorização da existência humana como liberdade. Dessa maneira, Duméry evita o mero "transcendentismo" que corta todo vínculo do homem com Deus. A experiência religiosa, que inclui o exame crítico, e autocrítico, da crença, é o fundamento da constituição do objeto da crença. Ao mesmo tempo, sendo esse objeto absoluto e transcendente, tem lugar um paradoxo sob a forma de um dualismo aparentemente insuperável. Duméry procura resolver esse dualismo sem negar os extremos ou pólos que o formam — de fato, conjugando-os pela passagem incessante de um ao outro. A fé cristã não é mera aceitação de um conjunto de crenças dadas, mas o conteúdo dessa fé é ao mesmo tempo um conteúdo concreto, histórico e positivo. Esse conteúdo concreto não é simplesmente "racionalizado", mas algo assim como constituído racional ou inteligivelmente. Constituição humana e procedência divina do conteúdo da fé são duas condições igualmente indispensáveis para a religião.

➲ Obras: *La philosophie de l'action*, 1948. — *Les trois tentations de l'apostolat moderne*, 1948. — *Foi et interrogation*, 1953. — *Blondel et la religion*, 1954. — *Regards sur la philosophie contemporaine*, 1956. — *La tentation de faire du bien*, 1957. — *La foi n'est pas un cri*, 1957. — *Critique et religion. Problèmes de méthode en philosophie de la religion*, 1957. — *Le problème de Dieu en philosophie de la religion. Examen critique de la catégorie d'Absolu et du schème de transcendence*, 1957. — *Critique et religion. Essai sur la signification du christianisme*, 2 vols., 1957 (I: *Catégorie du sujet;* Catégorie de grâce. II: *Catégorie de Foi*). — *Philosophie de la religion*, 3 vols., 1957 ss. — *Phénoménologie et religion. Structures de l'institution chrétienne*, 1958. — *S. Bonaventure. L'itinéraire de l'esprit vers Dieu*, 1960. — *Raison et religion dans la philosophie de l'Action*, 1963. — "De la difficulté d'être platonicien", em VV.AA., *Permanence de la philosophie*, 1977. — "La personne qui...", em VV.AA., *Du Banal au merveilleux*, 1989. — "Passionisme et philosophie", em VV.AA., *Philosopher par passion et raison*, 1990.

Ver: L. Malavez, *Transcendance de Dieu et création des valeurs. L'absolu et l'homme dans la philosophie d'H. D.*, 1958. — G. v. Riet, "Idéalisme et christianisme. A propos de la 'Philosophie de la Religion' de M. H. Duméry", em VV.AA., *Problèmes d'épistémologie*, 1960. — H. van Luijk, *Philosophie du fait chrétien. L'analyse critique du christianisme d' H. D.*, 1964. — H. R. Burkle, *The Non-Existence of God: Antitheism From Hegel to Duméry*, 1969. — René F. de Brabander, *Religion and Human Autonomy: H. Duméry's Philosophy of Christianity*, 1972. — A. Pianazza, *L'itinerario concreto della coscienza secondo H. D.*, 1983. ◖

•• **DUMMETT, MICHAEL [ANTHONY EARDLEY]**. Nascido (1925) em Londres, estudou no Christ Church College (Oxford, 1947-1950). Foi docente de filosofia da matemática em Oxford (1962-1975) e "Wykeham Professor" de Lógica também em Oxford (como sucessor de A. J. Ayer) a partir de 1979 até sua aposentadoria em 1992.

A partir da publicação da obra *Frege: Philosophy of Language* (1973), de Dummett, reacendeu-se o debate em torno da obra de Frege, debate que ainda prossegue. Segundo Dummett, Frege é o fundador da filosofia da linguagem em seu sentido atual, pois soube romper com a teoria clássica do conhecimento de cunho cartesiano, que consistia na análise de conceitos, e passou decididamente a examinar o significado da *expressão* dos conceitos. Nessa teoria do significado há dois elementos capitais: 1) a proposição, que desempenha um papel central como molécula significativa básica ("o nome só tem significado na conexão proposicional"), e 2) o conceito de verdade. No que se refere a 1), Dummett assume os postulados fregianos e defende uma teoria do significado molecular, manifestamente oposta ao holismo (VER), por exemplo, de Quine ouDavidson. Quanto a 2), Dummett reconhece a importância do conceito de verdade para toda teoria do significado, mas, em oposição ao realismo de Frege (para o qual as condições de verdade de um enunciado são objetivamente independentes do sujeito), adota uma posição anti-realista, inspirada na obra de Wittgenstein e no intuicionismo matemático. Assim, o significado de nossas proposições depende das condições que justifiquem seu uso. Basta, pois, conhecer as condições de uso, não sendo necessário conhecer as condições de verdade ou falsidade. Dummett sustenta que o conhecimento dessas condições (e, portanto, do significado de nossas expressões) é um conhecimento implícito. O que uma teoria do significado deve fazer é explicitar os princípios que regem todos os nossos usos linguísticos habituais, inclusive os usos referentes à verdade ou falsidade de nossas proposições. Nesse sentido, pois, Dummett é anti-realista: porque a verdade ou falsidade de nossas proposições *depende* do conhecimento implícito que adquirimos com a aprendizagem dos usos da linguagem.

➲ Obras: *Frege, Philosophy of Language*, 1973. — *Elements of Intuitionism*, 1977. — *Truth and Other Enigmas*, 1978. — *The Interpretation of Frege's Philosophy*, 1981. — *Voting Procedures*, 1984. — *Ursprünge der analytischen Philosophie*, 1987 (ed. inglesa revisada: *Origins of Analytical Philosophy*, 1993). — *The Logical Basis of Metaphysics*, 1991. — *Frege and Other Philosophers*, 1991. — *Frege: Philosophy of Mathematics*, 1991. — *The Seas of Language*, 1993.

Ver B. Taylor, ed., *Michael Dummett: Contributions to Philosophy*, 1987. — N. Tennant, *Anti-Realism and Logic*, 1987. •• ⊂

DUNS SCOT, JOHN (1266-1308). Chamado o *doctor subtilis*, nasceu em Maxton (Condado de Roxburgh) e ingressou em 1281 na ordem franciscana. Estudante em Oxford (por volta de 1290) e em Paris (1293-1296), regressou a Oxford, onde lecionou teologia de 1300 a 1302. Neste último ano, mudou-se para Paris a fim de obter o grau de doutor. Expulso por sua oposição a Filipe, o Formoso, voltou à capital francesa em 1304, doutorando-se em 1305. Foi enviado em 1307 a Colônia, onde faleceu no ano seguinte. A influência do agostinismo tradicional em Oxford e da ciência tal como desenvolvida por Roberto Grosseteste e, antes de tudo, por Roger Bacon dão um caráter particular à obra de Duns Scot, obra que, por outro lado, surge também do fundo do aristotelismo dominante em Paris.

O proverbial antagonismo entre Duns Scot e Santo Tomás como manifestação da oposição entre franciscanos e dominicanos, entre a corrente agostiniana e a aristotélica, corresponde apenas parcialmente ao pensamento de Scot, que, como assinala Gilson, está edificado, assim como o tomista, com os materiais de conceitos procedentes de Aristóteles, mas com um estilo bem diferente. Esse estilo é determinado antes de tudo pela atitude diante do problema das relações entre a revelação e a razão. Duns Scot admite, sem dúvida, as demonstrações da existência de Deus a partir dos efeitos, mas considera-as apenas relativamente probatórias; no lugar delas, ele se atém, embora de modo peculiar, aos argumentos de Santo Anselmo, transformando-as no sentido de uma passagem do possível ao necessário. Ora, se a existência de Deus é demonstrável, não se pode chegar pela razão a uma demonstração de muitos dos atributos divinos que a fé confirma; esses atributos devem ser objeto de fé, constituem o reino dos *credibilia* que Scot amplia consideravelmente; melhor dizendo, são absolutamente certos, mas não sustentados na razão. A mera probabilidade de muitos dos argumentos tidos tradicionalmente como probatórios, tanto no que se refere a Deus como à alma e à sua imortalidade, não conduz, porém, a uma crítica da teologia, mas à transformação desta em "ciência prática". Para Scot, a revelação é cabalmente indemonstrável por ser revelação.

A principal característica da divindade é, para Duns Scot, a infinitude; essa infinitude manifesta-se em todos os seus atributos e contrapõe-se do modo mais radical à finitude do criado. A infinitude de Deus constitui o caráter mais patente de sua inteligibilidade, mas essa inteligibilidade não deve ser confundida com a possibilidade de uma compreensão racional de seus atributos. Por ser eminentemente infinito, ou, como dirá mais tarde Malebranche, infinitamente infinito, Deus é antes de tudo uma vontade infinita e onipotente que, embora não possa querer o que é logicamente impossível, embora não possa fazer, por exemplo — como afirmava São Pedro Damião —, que o que foi não tenha sido, continua a ter um poder infinito e absoluto. O que Deus manda fazer como bom é bom porque Deus o manda. Contrariamente ao que se diz às vezes, entretanto, Duns Scot não afirma que algo seja bom unicamente porque Deus o tem por bom. Amar a Deus, por exemplo, é algo bom por si mesmo, e o próprio Deus não poderia mandar um homem não amar a Deus (ou não poderia mandar que odiasse a Deus). Além disso, há atos cuja execução seria contrária ao aperfeiçoamento da criatura, e este é bom por si mesmo e não, ou não apenas, porque Deus o ordena. O que ocorre é que há atos que Deus manda ou proíbe sem que se possa encontrar uma razão suficiente de sua ordem ou proibição, e há de igual forma atos que Deus pode mandar executar embora pareçam contrários à lei natural.

O pensamento filosófico e teológico de Duns Scot não parece, pois, redutível a fórmulas ou termos taxativos — como "voluntarismo", "fideísmo" e outros similares; não foi em vão que se denominou Duns Scot *doctor subtilis*. No que diz respeito ao clássico problema teológico da relação entre as às vezes chamadas "essências" — e às vezes também "a razão divina" — e a vontade — ou "vontade divina" —, é certo que as primeiras não estão subordinadas à segunda, sendo certo também que a segunda determina as primeiras porque, em última análise, as cria. Contudo, nada disso deve ser interpretado como a afirmação de que as "essências" são "arbitrárias" nem como a afirmação de que não têm nenhuma "realidade" metafísica. Os universais são reais, e por isso é possível que o saber das essências seja um saber ontológico e não meramente lógico. Mas o autenticamente real não é somente o universal nem apenas o individual. Ao contrário de Santo Tomás, Duns Scot não concebe a *materia signata* como o único princípio de individuação: este princípio se encontra na própria forma. Não se trata, pois, de caracterizar o individual pelo meramente particular, pois há efetivamente universais apreendidos pelo intelecto; mas não se trata tampouco de caracterizá-lo por uma mera referência à essência, por uma subsunção do contingente no universal. A individualidade do indivíduo é a *hacceidade* (*haecceitas*) (VER), que é, propriamente falando, uma forma individual. Mas, por outro lado, todo o criado tem também, contra o que diz Santo Tomás, uma matéria, ainda que não uma matéria universal. Distinguem-se assim uma matéria primo-prima, criada imediatamente por Deus, uma matéria secundo-prima, que constitui o substrato da geração e da corrupção, e uma matéria tertio-prima, que é a matéria propriamente dita, o plasmável. Assim, a afirmação da universalidade da matéria vincula Duns Scot a uma tradição que, procedente em parte de Avicebron, fora interrompida por Santo Tomás; e não importa que — como assinalamos no verbete MATÉRIA (VER) — as mencionadas distinções, que constam em *De rerum principio*, não possam ser atribuídas com toda segurança a Duns Scot, pois, como indicamos naquele contexto, "permaneceu como algo firme sua idéia de uma matéria única que possui realidade e, por conseguinte, alguma inteligibilidade".

Um importante aspecto na doutrina filosófica de Duns Scot é constituído por sua tese da univocidade do ser enquanto ser. Referimo-nos a essa tese nos verbetes ANALOGIA e UNÍVOCO (VER). Reiteraremos aqui que a doutrina em questão mostra com toda a clareza a influência exercida sobre Duns Scot pelo aristotelismo avicenista. A idéia avicenista da essência (VER) e o idealismo dela derivado estão, pois, bem patentes em Duns Scot, a ponto de alguns autores terem feito dele um avicenista. Se com isso se quer indicar que Duns Scot encontrou no avicenismo materiais adequados à edificação de seu próprio sistema, essa qualificação convém à obra de nosso pensador; contudo, não é justo simplificar a doutrina de Duns Scot dessa maneira, nem indicar que essa doutrina é uma hábil combinação eclética de teses avicenianas, agostinianas e aristotélicas. É mais justo destacar a originalidade do pensamento do *doctor subtilis*, mesmo que, no atual estado das investigações sobre ele, se mostre ainda difícil divisar em que consiste exatamente essa originalidade (ver SCOTISMO).

➲ Obras: Os Comentários a Aristóteles abrangem as *Quaestiones supra libros Aristotelis de anima*, os *Commentaria in libros Physicorum* (não-autênticos), os *Meteorologiae libri quatuor* (não-autênticos). Atribuem-se a Duns Scot as *Conclusiones utilissimae metaphysicae*, as *Quaestiones in Metaphysicam subtilissimae*, o *Tractatus de rerum principio*, o *De primo principio*, o tratado *De cognitione Dei*, as *Quaestiones miscellanae de formalitatibus*, o escrito *De perfectione statuum* e vários escritos diversos (*Logicalia, Theoremata, Collationes*). As obras mais conhecidas e citadas são, no entanto, as *Quaestiones in quatuor libros sententiarum* (denominadas *Opus Oxoniense*) e os *Reportatorum Parisiensium libri quatuor* (chamados *Reportata Parisiensia*, ou lições dadas na Universidade de Paris. Devem-se acrescentar as *Quaestiones Quodlibetales*).

Edição de obras completas (apenas filosóficas e filosófico-dogmáticas por Lucas Wadding), 12 vols., Lyon, 1639 (reimp.: Vives, Paris, 1891-1895). A edição de Wadding contém notas e comentários de vários scotistas; reed. da ed. de 1639, com prefácio de Tullio Gregory, 12 partes em 16 vols., 1968-1969. Edição de *Opus oxoniense*, livros I e II, Quaracchi, 2 vols., 1912-1914. — Ver também P. Minges, O. F. M., *J. D. Scoti doctrina philosophica et theologica quoad res praecipuas proposita*, 2 vols., 1908. — Síntese de suas obras em: *Capitalia opera Beati Joannis Duns Scoti*, collecta labore R. P. Deodati Marie, Le Havre, 5 vols. (I. *Praeparatio philosophica*; II. *Synthesis theologica. Credendorum Primaria*; III. *Id. Credendorum Secundaria*; IV. *Íd. Diligendorum*; V. *Id. Sperandorum*), 1908 ss. — Edição do *De primo principio*, texto rev. e trad. de Evan Roche, 1949. — Edição crítica (conhecida como Edição Vaticana) de *Opera Omnia*, 1950 ss., aos cuidados da Comissão Scotista; trad. esp. dessa ed. crítica por B. Aperribay, O. F. M., B. de Madariaga, O. F. M., I. de Guerra, O. F. M., F. Alluntis, O. F. M.: *Obras del Doctor Sutil J. D. S.*, 1960 ss.

Em português: *Tratado do primeiro princípio*, 1998.

Léxicos scotistas: *Hieronymus de Ferrariis, Loci communes ex libris Sentent. et quodlib. Joannis Duns Scoti*, 1957. — C. Franciscus de Varisio, *Promptuarium Scoticum*, 1620. — Mariano Fernández García, *Lexicon scholasticum philosophico-theologicum, in quo termini, definitiones, distintiones et effata seu axiomaticae propositiones philosophiam ac theologiam spectantes a B. Joanne Duns Scoto, Doctore subtili exponuntur, declarantur*, 6 fascículos, 1906-1910; reimp., 1974.

Bibliografia: U. Smeets, *Lineamenta bib. scotisticae*, 1942. — O. Schäfer, *J. Duns Scotus* (em *Bibliographische Einführungen in das Studium der Philosophie*, ed. I. M. Bochenski, 1953). — *Id.*, *Bibliographia de vita, operibus et doctrina J. D. Scoti doctoris subtilis ac Mariani, saec. XIX-XX*, 1955.

Ver: K. Werner, *Die Scholastik des späteren Mittelalters*, vol. I: *Johannes Duns Scotus*, 1881. — E. Pluzanski, *Essai sur la philosophie de Duns Scot*, 1887. — F. E. Malo, *Defensa filosófica-teológica del Venerable Doctor Sutil y Mariano, Fr. Juan Duns Escoto*, 1889. — R. Seeberg, *Die Theologie des Duns Scotus*, 1900. — A. Gemelli, *La volontà nel pensiero del Ven. G. Duns Scoto*, 1906. — *Id.*, *Ancora sulla volontà nel pensiero del Ven. G. Duns Scoto*, 1907. — Parthenius Minges, *Das Verhältnis zwischen Glauben und Wissen, Theologie und Philosophie, nach Duns Scotus*, 1908. — P. Lozano, *Fr. Juan Duns Escoto, Doctor Mariano y Sutil*, 1908. — S. Belmond, *Études sur la philosophie de Duns Scot. I: Dieu, existence e cognoscibilité*, 1913. — J. Klein, *Der Gottesbegriff des Duns Scotus, vor allem nach seiner ethischen Seite betrachtet*, 1913. — Martin Heidegger, *Die Kategorien und Bedeutungslehre des*

Duns Scotus, 1916 (sobre a Gramática especulativa atribuída a Duns Scot e devida a Tomás de Erfurt). — B. Landry, *Duns Scot,* 1922. — J. Carreras y Artau, *Ensayo sobre el voluntarismo de J. Duns Scot,* 1923. — C. Albanesi, *La teoria del cognoscere (di J. D. Scoto),* 1923. — E. Longpré, *La philosophie du B. Duns Scot,* 1924. — C. R. S. Harris, *Duns Scotus,* 2 vols., 1927 (vol. I com bibl.). — J. Krauss, *Die Lehre des Johannes Duns Scotus, O. F. M., von der Natura Communis. Ein Beitrag zum Universalienproblem in der Scholastik,* 1927. — Cyril L. Shircel, *The Univocity of the Concept of Being in the Philosophy of Duns Scotus,* 1942 (tese). — Efrem Bettoni, *L'ascenso a Dio in Duns Scoto,* 1943. — *Id., Duns Scoto filosofo,* 1966. — Béraud de Saint-Maurice, *Jean Duns Scot. Un Docteur des temps nouveaux,* 1944. — *Id., J. Duns Scot,* 1948; 2ª ed., 1953. — G. Quadri, *Autorità e libertà nella filosofia di G. D. Scoto,* 1944. — É. Gilson, *J. D. S.: Introduction à ses positions fondamentales,* 1952. — H. Muhlen, *Sein und Person nach J. D. Scotus. Beitrag zur Grundlegung einer Metaphysik der Person,* 1954. — J.-F. Bonnefoy, *Le vénérable J. D. S., docteur de l'Immaculée Conception. Son milieu, sa doctrine, son influence,* 1960. — Josef Finkenzeller, *Offenbarung und Theologie nach der Lehre des J. D. S. Eine historische und systematische Untersuchung,* 1961. — Roy R. Effler, *J. D. S. and the Principle "Omne Quod Movetur ab Alio Movetur",* 1962. — John F. Boler, *Charles Peirce and Scholastic Realism: A Study of Peirce's Relation to J. D. S.,* 1963. — R. Prentice, E. M. Buytaert *et al.,* artigos em número especial de *Antonianum,* 40 (1965), fascs. 3-4. — W. Hoeres, E. Bettoni *et al.,* artigos em número especial de *Franziskanische Studien,* 47 (1965), fascs. 2-4. — C. Balic, E. Bettoni *et al., J. D. S., 1265-1965,* 1966, ed. John K. Ryan e Bernardino M. Bonansea. — Jan Peter Beckman, *Die Relation der Identität und Gleichheit nach J. D. S. Untersuchungen zur Ontologie der Beziehungen,* 1967. — P. Ramstetter, C. Balic *et al., S. Speaks Today: 1266-1966,* 1968 (Simpósio por ocasião do sétimo centenário da morte de J. D. E.). — H.-J. Werner, *Die Ermöglichung des endlichen Seins nach J. D. S.,* 1974. — B. M. Bonansea, *Man and His Approach to God in J. D. S.,* 1983. — M. M. Adams, ed., *The Philosophical Theology of J. D. S.,* 1990. ⊃

DUPLA NEGAÇÃO. Ver Negação; Tautologia.

DUPLA VERDADE. Ver Verdade dupla.

DUPRÉEL, EUGÈNE (1879-1967). Nascido em Malines, Bélgica, é considerado o "chef de file" da chamada "Escola de Bruxelas". Desde 1906, foi professor na universidade dessa cidade. Os principais trabalhos de Dupréel tratam de questões éticas, axiológicas e sociológicas. Sua tendência fundamental — que, como atitude, mais que por seu conteúdo específico, influenciou autores como Ferdinand Gonseth e Chaïm Perelman — é a de uma "filosofia aberta" na qual não se abandona a razão, mas se reconhece a possibilidade de sua mudança e, mediante tentativas, de um "progresso". Trata-se, como em Gonseth (ver), de uma experiência racional aperfeiçoável. Dupréel antecipou-se, desse modo, aos esforços feitos mais tarde na direção de uma concepção objetiva e, ao mesmo tempo, social e historicamente condicionada da racionalidade. Ele destacou o caráter simultaneamente universal e plural dos sistemas de valores. Em seus últimos trabalhos, procurou elaborar uma "pragmatologia" que, a seu ver, constituía o quadro conceitual da axiologia e da sociologia.

⊃ *Obras: La légende socratique et les sources de Platon,* 1922. — *Traité de morale,* 2 vols., 1932. — *Esquisse d'une philosophie des valeurs,* 1939. — *Les sophistes,* 1948. *Sociologie générale,* 1948. — *Similitude et dépassement,* 1968.

Bibliografia no volume coletivo: *Essais pluralistes,* 1949, por ocasião do 70º aniversário de D.

Ver: M. Barzin, F. Gonseth, Ch. Perelman *et al., E. D., l'homme et l'oeuvre,* 1968 (com "extrait des Carnets inédits" de E. D. selecionados por Jean Dupréel). — Arts. de M. Barzin, G. Bastide, J. Paumen, M. Ossowska, H. Janne, G. Davy, A. Sauvy, S. de Coster, T. Kotarbinski, F. Gonseth, P. M. Schuhl, G. Calogero, P. Aubenque, J. Croissant e Ch. Perelman no número especial de *Revue Internationale de Philosophie,* 22 (1968), que inclui uma "Bibliographie des travaux du Prof. E. D." nas pp. 238-240. ⊃

DURAÇÃO. A definição mais usual de 'duração' é: "Persistência de uma realidade no tempo". Essa definição pode ser interpretada de várias maneiras. Por um lado, pode-se não apenas insistir no caráter temporal da duração, mas também supor que o tempo da duração consiste em sucessão (sucessão de momentos). Por outro lado, pode-se destacar o permanecer — *manere* — na existência. Essas interpretações deram lugar a muitos debates sobre o conceito de duração, especialmente freqüentes entre os escolásticos e os filósofos modernos do século XVII. Apresentaremos algumas das atitudes típicas adotadas a esse respeito.

Quando se insistiu no fato do "permanecer", vinculou-se o conceito de duração ao de eternidade (ver). Alguns autores concluíram que o significado de ambos os conceitos é idêntico em vista do caráter fundamental que a noção de permanência tem para a eternidade. Outros, em contrapartida, sem ignorar as estreitas relações entre os dois conceitos, introduziram uma série de distinções. Assim, para Santo Tomás, por exemplo, o conceito de duração é como um gênero do qual os conceitos de eternidade e de eviternidade (o *aevum*) são espécies. Por esse motivo, o conceito de duração não inclui necessariamente o de sucessão, mas apenas o da permanência do ser que dura. O tempo é uma duração que tem começo e fim (começo e fim das coisas das quais o tempo é a medida). A eternidade é duração sem começo nem fim, e é, portanto, interminável (cf. *S. Theol.*, I, q. X a 5). Esta última concepção foi a mais difundida entre os autores escolásticos, tendo sido considerada por muitos a única que permite evitar a completa separação entre os conceitos de eternidade e de tempo, separação que surge sempre que se insiste no caráter temporal sucessivo da duração e ao mesmo tempo na índole atemporal da eternidade.

Muitos dos filósofos modernos compilaram as elaborações escolásticas — em particular a noção de "permanência" —, mas fizeram-nas servir para outros fins. Segundo Descartes, a duração de cada coisa é um modo pelo qual consideramos essa coisa na medida em que continua sendo (*Princ. phil.*, I, 56). Isso equivale a supor que o tempo é uma maneira de pensar a duração, bem como a distinguir a duração, a ordem e o número. Spinoza distingue a eternidade e a duração: a eternidade é o atributo mediante o qual concebemos a infinita existência de Deus, e a duração é "o atributo mediante o qual concebemos a existência das coisas criadas na medida em que perseveram em sua existência atual" (*Cog. met.*, I, iv). Mais precisamente (e laconicamente), a duração "é a continuidade indefinida de existência" (*Eth.*, II, def. v) — indefinida porque "nunca pode ser determinada pela própria natureza da coisa existente, nem pela causa eficiente, que põe necessariamente a existência da coisa, mas não a suprime". A duração distingue-se do tempo e da eternidade: do primeiro, por ser este um *modus cogitandi* da duração; da segunda, porque a duração é justamente algo fundado na eternidade.

Também os autores empiristas fazem uso de conceitos tradicionais, mas a tendência metafísica é gradualmente substituída por uma orientação psicológica (e epistemológica). Assim, Locke define a duração — ou, melhor dizendo, a *idéia* da duração — como "as partes fugazes e continuamente transitórias da sucessão" (*Essay*, II, XIV, sec. I). Mais adiante, porém, observa que a reflexão sobre "as aparências de várias idéias umas após as outras em nossos espíritos é o que nos proporciona a idéia de *sucessão*, e a distância entre quaisquer partes dessa sucessão ou entre as aparências de duas idéias quaisquer em nossos espíritos é que denominamos *duração*" (sec. 3). Essa tendência a "interiorizar" a noção de duração é freqüente no pensamento contemporâneo, mas a "interiorização" nem sempre foi entendida num sentido simplesmente "psicológico" ou "epistemológico". Isso é o que ocorre em Bergson. Para esse filósofo, a duração pura, concreta ou real é o tempo real em oposição à espacialização do tempo. Ao dizer, por exemplo, que o psíquico tem, entre outros caracteres, o de duração, ele não quer indicar senão que o psíquico é irredutível à espacialização a que é submetido o tempo por meio da matemática. O tempo matemático e o físico-matemático são por seu turno o resultado da necessidade que tem a vida de dominar pragmaticamente a realidade. A duração é, porém, a própria realidade, para além dos esquemas espaciais — aquilo que é intuitivamente vivido e não simplesmente compreendido ou entendido pelo intelecto. Por isso, o absoluto, entendido à maneira de Bergson, não pode ser um absoluto eterno, mas um absoluto que dura. Da concepção do absoluto como eterno — eternidade que Bergson entende mais como um recorte no devir que como um recolhimento autêntico do devir — decorrem as clássicas dificuldades metafísicas do problema do nada (VER): a concepção do absoluto como algo que dura elimina a possibilidade de confundi-lo com uma essência lógica ou matemática intemporal. "É preciso acostumar-se" — escreve Bergson — "a pensar o ser diretamente, sem fazer um rodeio, sem dirigir-se desde o primeiro instante ao fantasma do nada que se interpõe entre ele e nós. É necessário procurar aqui ver por ver e não já ver para agir. O absoluto se revela então muito perto de nós e, de certo modo, em nós. Ele é de natureza psicológica e não matemática ou lógica — vive conosco, como nós, mas, sob certos aspectos, infinitamente mais concentrado e mais recolhido sobre si, dura" (*L'évolution créatrice*, 1907, p. 323.

⊃ Ver: Alfred Eggenspieler, *Durée et instant. Essais sur le caractère analytique de l'être*, 1933. — Gaston Bachelard, *La dialectique de la durée*, 1936. — Émile Lubac, *Présent conscient et cycles de durée*, 1936. — E. Parsons, *Time Devoured: A Materialistic Discussion of Duration*, 1964. — C. Peter, *Participated Eternity in the Vision of God: A Study of the Opinion of Th. Aquinas and His Commentators on the Duration of the Acts of Glory*, 1964. — Ver também a bibliografia de ETERNIDADE. ⊂

DURAND DE SAINT POURÇAIN, Durandus de Sancto Porciano († 1334), dominicano, bispo de Le Puy e de Meaux, denominado o *doctor resolutissimus*, por causa da tenacidade com que defendeu suas opiniões, opôs-se em múltiplos pontos ao realismo tomista (o que lhe valeu freqüentes censuras por parte de comissões de sua Ordem e até por parte de uma comissão pontifícia) e tendeu a um nominalismo, ao menos na medida em que distinguiu realmente o sujeito e a relação, categoria que compreende os últimos seis predicamentos aristotélicos. Durand concebeu o universal como uma abstração da mente, como uma forma indeterminada ou que designa o indeterminado do indivíduo. A distinção entre o universal e o indivíduo é, pois, apenas mental. Esta doutrina devia enfrentar dificuldades, sobretudo ao referir-se à concepção da alma e da inteligência; isso conduzia, com efeito, a uma eliminação das formas das operações da mente, formas indevidamente multiplicadas, de acordo com Durand, que não só produzem confusão como também impedem uma coincidência do ser com o ser conhecido.

⇒ A principal obra de Durand são seus comentários às Sentenças: *In sententias theologicas Petri Lombardi i Libri IV* (Veneza, 1572); reimp., 1963. Além disso: *De visione Dei.*
Edição de obras: Edição de J. Koch, *Durandis de S. Porciano, O. P. Quaestio de natura cognitionis et disputatio cum anonymo quodam necnon Determinatio Hervaei Natalis, O. P.,* 1929; 2ª ed., 1935. — Também a de Takeshiro Takeda, *Tractatus de habitibus* (q. 1-q. 3), 1963. — Além disso, a de P. T. Stella, *Magistri Durandi a Sancto Porciano, O. P., Quodlibeta Avenionensia tria, additis Correctionibus Hervaei Natalis supra dicta Durandi in primo Quodlibet,* 1965 (os três *Quodlibeta* sustentados por Durand em Avinhão, 1314 a 1316).
Ver: J. Koch, *Durandus de Sancto Porciano, O. P. Forschungen zum Streit um Thomas von Aquin zu Beginn des 14. Jahrhunderts,* I, 1927. — Maria Teresa Beonio-Brocchieri Fumagalli, *Durando di S. Porziano: Elementi filosofici della terza redazione del* Commento alle Sentenze, 1969. — M. T. Beonio-Brocchieri, "Il *De Origine Iurisdictionum di* D. di S. P.", *Rivista di Filosofia Neo-Scolastica,* 70 (1978), 193-206. ⇐

DURKHEIM, ÉMILE (1858-1917). Nascido em Êpinal (Alsácia), lecionou a partir de 1896 em Bordeaux e, a partir de 1902, na Sorbonne. Pretendendo conferir um caráter estritamente positivo à sociologia, opôs-se a toda tentativa de transformar a investigação sociológica numa dedução a partir de leis universais do tipo das estabelecidas por Comte em sua teoria dos três estados. A sociologia deve, segundo Durkheim, ater-se a um método científico — deve buscar leis, porém não generalidades abstratas, e sim expressões precisas das relações descobertas entre os diversos grupos sociais.

A fidelidade aos fatos leva a reconhecer que a sociedade é uma realidade que tem suas próprias características e a que correspondem categorias próprias. As categorias mais próximas das sociais são as orgânicas ou biológicas. Isso não significa, porém, que aquelas possam ser derivadas destas, mas apenas que pode haver conceitos comuns a ambas. O que ocorre com os tipos de realidade ocorre também com os métodos usados para a pesquisa. Tanto nas ciências biológicas como nas ciências sociais a noção de função desempenha um papel importante. Entretanto, é preciso especificar de que modo se pode entender essa função nas ciências sociais. Para Durkheim, uma explicação funcional nessas ciências permite relacionar diversos fatores ou sistemas; em particular, permite ver de que modo as atividades, instituições, sistemas de crenças etc. que existem, ou se desenvolvem, numa sociedade se relacionam com a sociedade em conjunto. O exame das funções não substitui o das causas; porém, uma vez estabelecidas estas últimas, é necessário comprovar de que maneira contribuíram para a formação de relações funcionais.

O método funcional de Durkheim corresponde à sua idéia da sociedade como um conjunto que possui uma consciência coletiva, e, ao mesmo tempo, essa idéia da sociedade condiciona o método; os dois estão correlacionados. A mencionada "consciência coletiva" não deve ser entendida como uma "reificação" de representações e comportamentos individuais: trata-se de um traço constituinte dos fatos sociais. Ela não deve ser entendida, tampouco, como uma espécie de "consciência geral" independentemente das atividades, das normas, das instituições etc. A rigor, estas últimas são os fatos sociais por meio dos quais se pode descobrir a citada consciência coletiva.

Entre as contribuições de Durkheim à sociologia figura sua tipologia social, isto é, sua classificação das formas sociais, das mais primitivas, ou simples, às mais complexas, e desde as que podem ser consideradas normais até as que devem ser declaradas anormais ou patológicas. A anormalidade pode surgir em qualquer forma social e resulta principalmente, se não exclusivamente, de uma falta, ou enfraquecimento, de relações funcionais.

A obra de Durkheim exerceu, sobretudo na França, uma grande influência, favorecendo grandemente a tendência empírica na investigação sociológica, porém sem implicar uma formação estritamente naturalista. Mais ainda: a atenção ao fato e ao dado contribuía às vezes para libertar o pensamento sociológico de alguns pressupostos unilateralmente naturalistas. Desse modo, desenvolveu-se uma "Escola" à qual pertenceu a maioria dos sociólogos franceses da época. Entretanto, a vinculação a ela não significa sempre a adesão estrita às teses de Durkheim, pelo menos não às que não tinham um simples caráter metodológico. Desse ponto de vista e com estas reservas, podem-se considerar continuadores da obra de Durkheim sociólogos como George-Ambroise Davy (1883-1976, nasc. em Bernay, Normandia), que aplicou sobretudo o método ao domínio do Direito (*Le Droit, l'idéalisme et l'expérience,* 1922; *La Foi jurée. Étude sociologique du problème du contrat. La formation du lien contractuel,* 1922), François Simiand (1873-1936, nasc. em Saint-Raphaël), que se ocupou dos problemas sociológicos na economia (*La méthode positive en science économique,* 1912), Henri-Pierre-Eugène Hubert (1872-1927) e Marcel Mauss (1872-1950, nasc. em Épinal), que deram importantes contribuições à sociologia e à história das religiões (cf. sua obra em colaboração: *Mélanges d'histoire des religions,* 1909), Célestin Bouglé (VER), Maurice Halbwachs, que estudou a memória do ponto de vista social (*Les cadres sociaux de la mémoire,* 1925), e Paul Fauconnet, autor de uma teoria da responsabilidade social (*La responsibilité. Étude de sociologie,* 1920). A maior parte dos primeiros trabalhos da Escola de Durkheim apareceram em *L'Année Sociologique* (1898-1908).

DÜRR, ERNST

⊃ Obras: *Éléments de sociologie*, 1889. — *De la division du travail social*, 1893 (tese). — *Les règles de la méthode sociologique*, 1895. — *Le suicide*, 1897. — *Les formes élémentaires de la vie religieuse*, 1912. — *Education et sociologie*, 1922. — *L'éducation morale*, 1923. — *Sociologie et philosophie*, 1925. — *Le socialisme*, 1928. — *Pragmatisme et sociologie*, 1955 (curso na Sorbonne, 1913-1914, ed. segundo anotações de estudantes por A. Cuvillier). — *Journal sociologique*, 1969 (estudos 1896-1912, com e notas de Jean Duvignaud). — *La science sociale et l'action*, 1970 (artigos 1885-1914). Em português: *Ciência social e a ação*, 1975. — *Da divisão do trabalho social*, 2ª ed., 1999. — *Durkheim*, 1998. — *Evolução pedagógica*, 1995. — *As formas elementares da vida religiosa*, 1996. — *As regras do método sociológico*, 2ª ed., 1999. — *Socialismo*, 1993. — *O suicídio*, 2000.
Ver: C. E. Gehlke, *E. Durkheim's Contribution to Sociological Theory*, 1915. — G. Richards, *L'athéisme dogmatique en sociologie*, 1923. — Roger Lacombe, *La méthode sociologique de Durkheim*, 1926. — G. Davy, *E. Durkheim* (seleção de textos e comentário), 1927. — E. Marika, *E. Durkheim. Soziologie und Soziologismus*, 1932. — G. Simpson, *E. Durkheim on the Division of Labor*, 1933. — J. Vialatoux, *De Durkheim à Bergson*, 1938. — Harry Alpert, *E. Durkheim and His Sociology*, 1939 (trad. esp., 1945). — Ch. Peterson, *E. Durkheim. Ein historisk-kritisk Studie*, 1944. — Kurt H. Wolff, *E. D. 1858-1917*, 1960 (série de estudos, com bibl.). — Franciszek Indan, *Pozytywism etyczny E. Durkheima*, 1960 (*O positivismo ético de E. D.*). — Guy Aimard, *D. et la science économique: L'apport de la sociologie à la théorie économique moderne*, 1962. — Jean Duvignaud, *D.*, 1965. — Jerzy Szacki, *D.*, 1965 (em polonês). — Dominick Lacapra, *E. D.: Sociologist and Philosopher*, 1972. — Steven Lukes, *E. D.: His Life and Work*, 1972. — Ernest Wallwork, *D.: Morality and Milieu*, 1972. — Robert Nisbet, *The Sociology of E. D.*, 1974. — W. Pope, *D's Suicide: A Classic Analyzed*, 1976. — M. Fabris, *Morale e religione in É. D.*, 1981. — K. Thompson, *E. D.*, 1982. — R. A. Jones, *É. D.: An Introduction to Four Major Works*, 1986. — R. T. Hall, *É. D.: Ethics and the Sociology of Morals*, 1987. — M. Gane, *On D's Rules of Sociological Method*, 1989. ⊂

DÜRR, ERNST. Ver KÜLPE, OSWALD.

DÚVIDA. O termo 'dúvida' significa principalmente "vacilação", "irresolução", "perplexidade". Estas significações encontram-se já no vocábulo latino *dubitatis*. Na *dubitatio* há sempre pelo menos duas proposições ou teses entre as quais a mente se sente flutuante; ela vai, com efeito, de uma a outra sem deter-se. Por esse motivo, a dúvida não significa falta de crença, mas *indecisão* com respeito às crenças.

Há na dúvida um estado de suspensão que a torna a atitude própria do cético (ver CETICISMO), sempre que este último seja entendido não como aquele que não crê em nada, mas como o que põe entre parênteses seus juízos em vista da impossibilidade em que se encontra de *decidir-se*.

No âmbito dessa significação geral, a dúvida — ou, melhor dizendo, o *estado* de dúvida — pode ser entendido de vários modos. A nosso ver, estes se reduzem aos seguintes: 1) a dúvida como *atitude*; 2) a dúvida como *método*; 3) a dúvida como elemento necessário à fé. É pouco freqüente encontrar exemplos puros de qualquer uma dessas três significações na história da filosofia, mas pode-se falar de várias concepções da dúvida nas quais se manifesta a *tendência* a enfatizar uma delas.

A dúvida como atitude é freqüente entre os céticos gregos e os renascentistas. É também bastante habitual entre aqueles que, sem pretender elaborar nenhuma filosofia, se negam a aceitar qualquer crença firme e específica, ou que consideram que não há nenhuma proposição cuja validade possa ser provada de maneira suficiente para engendrar uma convicção *completa*. É característico dessa forma de dúvida considerar o estado de irresolução como permanente, mas ao mesmo tempo encontrar nele certa satisfação psicológica. Na dúvida como atitude, a mente regozija-se "em não dar nenhuma resposta e em não produzir nenhuma convicção", como, de acordo com Hume (*Enquiry*, sec. 12), ocorre quando adotamos argumentos "meramente céticos", do tipo dos de Bayle ou Berkeley. Afirmou-se que a atitude da dúvida, tal como se manifestou pelo menos entre os céticos gregos, é uma "conclusão" à qual se chega depois de se terem rejeitado como válidos todos os argumentos que demonstram a absoluta verdade de qualquer proposição. Contudo, pode-se dizer também que ela é um ponto de partida sem o qual não se produziria tal ceticismo. De fato, a dúvida como atitude se encontra em ambos os extremos: *parte-se* dela *para chegar* a ela. A questão que se formula então é a de saber se é factível permanecer *sempre* no estado de dúvida. Pode-se responder a isso afirmando que, se a dúvida fosse simplesmente uma não-crença, o estado em questão seria provavelmente pouco duradouro. Porém, como a dúvida enquanto atitude é uma forma de "crença" — a crença de que não é possível decidir-se —, sua plausibilidade psicológica permanece assegurada.

A dúvida como método foi empregada por muitos filósofos. Afirmou-se até mesmo que ela é o método filosófico por excelência, na medida em que a filosofia consiste em esclarecer todo tipo de "pressupostos" (o que não pode ser feito sem submetê-los à dúvida). Entretanto, apenas em alguns casos se adotou explicitamente a dúvida como método. Entre eles, destacam-se Santo Agostinho e Descartes: o primeiro na proposição

Si fallor, sum, pela qual aparece como indubitável a existência do sujeito que erra; e o segundo na proposição *Cogito, ergo sum* (VER), por meio da qual fica assegurada a existência do ser que duvida. Nesses exemplos, pode-se dizer que a dúvida é um ponto de partida, já que a evidência (do eu) surge do próprio ato de duvidar da redução do pensamento da dúvida ao fato fundamental e aparentemente inegável de que alguém pensa ao duvidar.

A concepção da dúvida como elemento necessário à fé consiste em supor que a fé *autêntica* não é um mero crer em algo de olhos fechados, mas um crer acompanhado da dúvida e, em larga medida, *alimentado* pela dúvida. Vários pensadores enfatizaram este aspecto da dúvida, destacando-se entre eles Unamuno. Com efeito, de acordo com esse autor, uma fé que não vacila não é uma fé: é um mero automatismo psicológico. Por conseguinte, nesta idéia da dúvida, a fé e a dúvida são inseparáveis.

As posições 1) e 3) são *predominantemente* de índole vital, ou, ainda, existencial; a posição 2), especialmente na forma cartesiana, é *predominantemente* de natureza intelectual. Destacamos 'predominantemente' porque na questão da dúvida não se podem traçar linhas divisórias demasiadamente rígidas entre o vital e o intelectual. Aqueles que adotam a dúvida como atitude ou como elemento subjacente à fé empregam igualmente inumeráveis argumentos. Aqueles que duvidam metodicamente por meio de argumentos têm previamente uma *atitude* de dúvida.

Uma última questão que surge com referência à dúvida é, uma vez adotando-a, como sair dela. Os céticos radicais afirmam que essa saída é impossível. Os céticos metódicos declaram que no próprio âmago da dúvida se encontra a possibilidade de descobrir uma proposição indubitável: pode-se duvidar de tudo menos de que se duvida de que se duvida. Os céticos por motivos de fé assinalam que não é conveniente sair da dúvida se se quer manter a vitalidade de uma crença. A essas respostas — correspondentes, *grosso modo*, às posições 1), 2) e 3) — pode-se acrescentar outra, muito própria das filosofias que podem ser qualificadas de ativistas: consiste em enfatizar que a ação (VER) é a única possibilidade para se vencer a dúvida. De acordo com esta posição, a dúvida emerge apenas quando permanecemos no plano intelectual — no plano vital, em contrapartida, as decisões são inevitáveis, de sorte que o estado de flutuação e irresolução que caracteriza a dúvida pode ocorrer somente de modo transitório.

⊃ Ver: Rodolfo Mondolfo, *Il dubbio metodico e la Storia della filosofia*, 1905. — Charles Francis Howland, *Doubt. A Study of Knowledge*, 1933. — Sven Edvard Rohde, *Zweifel und Erkenntnis. Ueber das Problem des Skeptizismus und den Begriff des Absoluten*, 1945. — J. Barnes *et al.*, eds., *Doubt and Dogmatism:* *Studies in Hellenistic Epistemology*, 1980. — P. Hoffman, *Doubt, Time, Violence*, 1987.

Sobre o problema da dúvida em Descartes e em Francisco Sánchez: Karlheinz, *Der Zweifelbeweis des Descartes. Eine Darstellung und methodologische Interpretation*, 1935 (tese). — Joaquín Iriarte, *Kartesischer oder Sanchezischer Zweifel? Ein kritischer und philosophischer Vergleich zwischen dem Kartesischen* Discours de la méthode *und dem Sanchezischen* Quod nihil scitur, 1935 (tese). — J. M. Arias Azpiezu, *La certeza del yo dubitante en la filosofía prekantiana*, 1974. — F. Bader, *Descartes' Erste Philosophie. Die Systematik des methodischen Zweifels*, 1982.

Sobre a dúvida no sentido existencial: Emilio Gouiran, *Interpretación existencial de la duda*, 1937. ⊂

•• **DWORKIN, RONALD MYLES**. Nascido (1931) em Worcester, Massachusetts. Depois de estudos de direito e humanidades em Harvard e em Oxford, lecionou em Yale (a partir de 1962) e em Oxford (a partir de 1969), cargo este que acumulou, a partir de 1975, com a docência na New York University.

Dworkin defende a conjugação do direito e da moral. Embora preconize uma "teoria liberal do direito", defende um liberalismo social oposto, por exemplo, ao liberalismo de Nozik (VER). Dworkin sustenta que não há legitimação genérica e abstrata do direito, e que este só está legitimado quando acompanhado de sua justificação. Ora, essa justificação não pode ser dada por um mero convencionalismo pragmático. Trata-se precisamente de que os princípios do direito não estejam sujeitos a interpretações arbitrárias ou caprichosas: daí que os juízes não devam ser depositários de uma margem excessiva de concreção da lei; daí também que seja preciso defender a possibilidade da desobediência civil. O formalmente acusado deve ficar protegido diante dos juízes, e o cidadão deve poder opor uma argumentação racional àquela que subjaz à formulação das leis. Em todo caso, deve-se garantir a dimensão moral da lei que requer tratamento e consideração iguais para todos. O direito sempre pressupõe a existência de respostas "corretas". Aplicar o direito e repartir justiça é sempre concretizar em respostas corretas os direitos e os deveres de cada um.

⊃ Obras: *Taking Rights Seriously*, 1977. — *A Matter of Principle*, 1985. — *Law's Empire*, 1986. — *Justice and the Good of Life*, 1990.

Ver: M. Cohen, ed., *R. D. and Contemporary Jurisprudence*, 1984. — C. F. Murphy, *Descent into Subjectivity: Studies of Rawls, Dworkin and Unger in the Context of Modern Thought*, 1990. — S. Guest, *R. D.*, 1991. •• ⊂

DYROFF, ADOLF (1866-1943). Nascido em Damm, perto de Aschaffenburg, estudou em Würzburgo e "habilitou-se" em Munique. De 1901 a 1903, foi professor "extraordinário" em Friburgo i.B., e, a partir de 1903, professor titular em Bonn. Segundo Dyroff, a tarefa da filosofia é a investigação dos princípios supremos de explicação do ser ou da existência com o fim de servir de base para as ciências, cujos resultados e métodos, por outro lado, a filosofia estuda a fim de proceder a uma ampla síntese. A filosofia divide-se em disciplinas fundamentais (como a teoria do conhecimento, a ética, a estética, a filosofia geral da religião), metafísica e disciplinas especiais (como as diversas "filosofias de", incluindo a filosofia "especial" da religião). A teoria do conhecimento de Dyroff funda-se num realismo crítico. A ética considera a relação entre o ser e a vontade. A estética estuda a relação entre o caráter individual das intuições e os atos espirituais orientados para certos ideais. A filosofia da religião ocupa-se das características do divino. A metafísica une e ao mesmo tempo fundamenta essas diversas disciplinas e proporciona as bases para sua aplicação a outros campos. Dyroff procurou mediar o reconhecimento da atividade produtora do sujeito cognoscente e a aceitação de um mundo real em princípio independente dos sujeitos. Sua metafísica contém elementos espiritualistas que o aproximaram da neo-escolástica, de modo que ele é às vezes considerado um neo-escolástico — contudo, tanto os quadros conceituais usados por Dyroff como suas orientações gerais não são estritamente equiparáveis à mencionada direção.

➲ Obras: *Die Ethik der alten Stoa*, 1897 (*A ética dos antigos estóicos*). — *Demokritstudien*, 1899 (*Estudos democritianos*). — *Ueber den Existenzialbegriff*, 1902 (*Sobre o conceito existencial*). — *Ueber das Seelenlegen des Kindes*, 1904; 2ª ed., 1911 (*Sobre a vida anímica da criança*). — *Rosmini*, 1906. — *Einführung in die Psychologie*, 1908; 6ª ed., 1932 (*Introdução à psicologia*). — *Religion und Moral*, 1925. — *Betrachtungen über Geschichte*, 1926 (*Considerações sobre a história*). — Póstumas: *Ästhetik des tätigen Geistes*, 1948 (*Estética do espírito ativo*). — *Einleitung in die Philosophie*, 1948 (*Introdução à filosofia*).

D. publicou (e reelaborou) as obras de Georg Hagemann (VER), *Psychologie y Logik*.

Depoimento em *Die Philosophie der Gegenwart in Selbstdarstellungen*, V, 1924.

Ver: W. Szylkarski, *A. D.*, 1947. ℭ

Edições Loyola

editoração impressão acabamento
rua 1822 n° 341
04216-000 são paulo sp
T 55 11 3385 8500/8501 • 2063 4275
www.loyola.com.br